Entwicklungspsychologie im Kindes- und Jugendalter

Robert Siegler   Judy DeLoache   Nancy Eisenberg

Entwicklungspsychologie im Kindes- und Jugendalter

Deutsche Auflage herausgegeben von Sabina Pauen

Aus dem Amerikanischen übersetzt von Joachim Grabowski

Titel der Originalausgabe: How Children Develop. First Edition.
First published in the United States by WORTH PUBLISHERS, New York and Basingstoke.
Copyright © 2003 by Worth Publishers. All Rights Reserved.
Erstveröffentlichung in den Vereinigten Staaten von WORTH PUBLISHERS, New York and Basingstoke.
Copyright © 2003 by Worth Publishers. Alle Rechte vorbehalten.

Wichtiger Hinweis für den Benutzer
Der Verlag, der Herausgeber und die Autoren haben alle Sorgfalt walten lassen, um vollständige und akkurate Informationen in diesem Buch zu publizieren. Der Verlag übernimmt weder Garantie noch die juristische Verantwortung oder irgendeine Haftung für die Nutzung dieser Informationen, für deren Wirtschaftlichkeit oder fehlerfreie Funktion für einen bestimmten Zweck. Der Verlag übernimmt keine Gewähr dafür, dass die beschriebenen Verfahren, Programme usw. frei von Schutzrechten Dritter sind. Die Wiedergabe von Gebrauchsnamen, Handelsnamen, Warenbezeichnungen usw. in diesem Buch berechtigt auch ohne besondere Kennzeichnung nicht zu der Annahme, dass solche Namen im Sinne der Warenzeichen- und Markenschutz-Gesetzgebung als frei zu betrachten wären und daher von jedermann benutzt werden dürften. Der Verlag hat sich bemüht, sämtliche Rechteinhaber von Abbildungen zu ermitteln. Sollte dem Verlag gegenüber dennoch der Nachweis der Rechtsinhaberschaft geführt werden, wird das branchenübliche Honorar gezahlt.

Bibliografische Information der Deutschen Nationalbibliothek
Die Deutsche Nationalbibliothek verzeichnet diese Publikation in der Deutschen Nationalbibliografie; detaillierte bibliografische Daten sind im Internet über http://dnb.d-nb.de abrufbar.

Springer ist ein Unternehmen von Springer Science+Business Media
springer.de

© Spektrum Akademischer Verlag Heidelberg 2008
Spektrum Akademischer Verlag ist ein Imprint von Springer

08 09 10 11 12   5 4 3 2

Das Werk einschließlich aller seiner Teile ist urheberrechtlich geschützt. Jede Verwertung außerhalb der engen Grenzen des Urheberrechtsgesetzes ist ohne Zustimmung des Verlages unzulässig und strafbar. Das gilt insbesondere für Vervielfältigungen, Übersetzungen, Mikroverfilmungen und die Einspeicherung und Verarbeitung in elektronischen Systemen.

Planung und Lektorat: Katharina Neuser-von Oettingen, Anja Groth
Herstellung: Katrin Frohberg
Umschlaggestaltung: SpieszDesign, Neu-Ulm
Titelfotografie: © Getty Images, München
Satz: Mitterweger & Partner, Plankstadt
Druck und Bindung: Appl Druck GmbH & Co. KG, Wemding

Printed in Germany

ISBN 978-3-8274-1490-8

Inhaltsübersicht

Autoren   IX

Vorwort   XI

Vorwort zur deutschen Auflage   XVII

1 Die Entwicklung von Kindern: eine Einführung   1

2 Pränatale Entwicklung, Geburt und die Phase des Neugeborenen   59

3 Biologie und Verhalten   115

4 Theorien der kognitiven Entwicklung   177

5 Die frühe Kindheit   239

6 Die Entwicklung des Sprach- und Symbolgebrauchs   295

7 Die Entwicklung von Konzepten   355

8 Intelligenz und schulische Leistungen   409

9 Theorien der sozialen Entwicklung   469

10 Emotionale Entwicklung   527

11 Bindung und die Entwicklung des Selbst   583

12 Die Familie   641

13 Beziehungen zu Gleichaltrigen   701

14 Moralentwicklung   755

15 Fazit   811

Glossar   851

Literaturverzeichnis   873

Abbildungsnachweis   949

Namensindex   951

Sachindex   973

Inhaltsverzeichnis

1 Die Entwicklung von Kindern: eine Einführung 1

Warum untersucht man die Kindesentwicklung? 3 • Historische Wurzeln der Beschäftigung mit Kindesentwicklung 9 • Leitfragen der Kindesentwicklung 13 • Methoden der Untersuchung kindlicher Entwicklung 36 • Zusammenfassung 56

2 Pränatale Entwicklung, Geburt und die Phase des Neugeborenen 59

Pränatale Entwicklung 61 • Die Geburtserfahrung 93 • Das Neugeborene 97 • Zusammenfassung 112

3 Biologie und Verhalten 115

Anlage und Umwelt 117 • Die Entwicklung des Gehirns 141 • Wachstum und Entwicklung des Körpers 159 • Ein Rückblick auf Lucy 172 • Zusammenfassung 172

4 Theorien der kognitiven Entwicklung 177

Die Theorie von Piaget 180 • Theorien der Informationsverarbeitung 201 • Theorien des Kernwissens 217 • Sozio-kulturelle Theorien 225 • Eine große einheitliche Theorie? 233 • Zusammenfassung 234

5 Die frühe Kindheit 239

Wahrnehmung 241 • Motorische Entwicklung 259 • Lernen 272 • Kognition 281 • Zusammenfassung 291

6 Die Entwicklung des Sprach- und Symbolgebrauchs 295

Sprachentwicklung 297 • Nichtsprachliche Symbole in der Entwicklung 342 • Zusammenfassung 351

7 Die Entwicklung von Konzepten 355

Die Dinge verstehen: Wer oder was 358 • Die Umstände verstehen: Wo, wann, warum und wie viel 385 • Zusammenfassung 406

8 Intelligenz und schulische Leistungen 409

Was ist Intelligenz? 411 • Intelligenzmessung 414 • IQ-Werte als Prädiktoren von Lebenserfolg 420 • Gene, Umwelt und Intelligenzentwicklung 423 • Alternative Ansätze zur Intelligenz 440 • Der Erwerb schulischer Fähigkeiten: Lesen, Schreiben und Mathematik 443 • Zusammenfassung 465

9 Theorien der sozialen Entwicklung 469

Psychoanalytische Theorien 471 • Lerntheorien 479 • Theorien der sozialen Kognition 486 • Ökologische Entwicklungstheorien 490 • Soziale Theorien und Geschlechterentwicklung 498 • Eine integrative Theorie: Maccobys Ansatz der Geschlechtertrennung 519 • Zusammenfassung 523

10 Emotionale Entwicklung 527

Die Entwicklung von Emotionen in der Kindheit 529 • Die Regulierung von Emotionen 544 • Individuelle Unterschiede bei Emotionen und ihrer Regulierung 549 • Die emotionale Entwicklung von Kindern in der Familie 560 • Kultur und die emotionale Entwicklung von Kindern 565 • Das Emotionsverständnis von Kindern 570 • Zusammenfassung 579

11 Bindung und die Entwicklung des Selbst 583

Die Bindung zwischen Kindern und ihren Bezugspersonen 585 • Konzeptionen des Selbst 602 • Ethnische Identität 619 • Sexuelle Orientierung als Teil der Identität 623 • Selbstwertgefühl 629 • Zusammenfassung 636

12 Die Familie 641

Struktur und Funktion der Familie 644 • Der Einfluss der elterlichen Sozialisation 648 • Mütter, Väter, Geschwister 664 • Wie sich US-amerikanische Familien verändert haben 669 • Mütterliche Berufstätigkeit und Kinderbetreuung 685 • Zusammenfassung 696

13 Beziehungen zu Gleichaltrigen 701

Was ist das Besondere an Peer-Beziehungen 704 • Freundschaften 706 • Das Kind und seine Peer-Gruppe 722 • Status in der Peer-Gruppe 728 • Die Rolle der Eltern bei den Peer-Beziehungen der Kinder 744 • Zusammenfassung 750

14 Moralentwicklung 755

Moralisches Denken und Urteilen 757 • Die frühe Entwicklung des Gewissens 774 • Prosoziales Verhalten 776 • Antisoziales Verhalten 789 • Zusammenfassung 806

15 Fazit 811

Thema 1: Anlage und Umwelt: Alle Interaktionen zu allen Zeitpunkten 812 • Thema 2: Kinder spielen bei ihrer Entwicklung eine aktive Rolle 817 • Thema 3: Entwicklung verläuft kontinuierlich und diskontinuierlich 821 • Thema 4: Mechanismen entwicklungsbedingter Veränderungen 825 • Thema 5: Der soziokulturelle Kontext formt die Entwicklung 832 • Thema 6: Warum werden Kinder so unterschiedlich? 837 • Thema 7: Entwicklungsforschung kann das Leben der Kinder verbessern 841

Glossar 851

Literaturverzeichnis 873

Abbildungsnachweis 949

Namensindex 951

Sachindex 973

Autoren

Robert Siegler ist Inhaber der Teresa-Heinz-Professur für Kognitive Psychologie an der Carnegie-Mellon-Universität. Er ist Autor von *Children's Thinking*, einem Lehrbuch der kognitiven Entwicklung, und hat mehrere weitere Bücher über die Kindesentwicklung geschrieben oder herausgegeben. Seine Bücher wurden ins Japanische, Koreanische, Spanische und Französische übersetzt. In den vergangenen Jahren war er als *Invited Speaker* bei etlichen wissenschaftlichen Zusammenkünften und Kongressen zu Vorträgen eingeladen: bei der Society for Research in Child Development, der Cognitive Development Society, der International Society for the Study of Behavioral Development, der Jean Piaget Society, der Conference on Human Development, der American Psychological Association und der American Psychological Society. Robert Siegler gehörte außerdem zu den Herausgebern der Zeitschrift *Developmental Psychology* und war Mitherausgeber des Bandes über kognitive Entwicklung im Rahmen des 1998 erschienenen *Handbook of Child Psychology*.

Judy DeLoache ist Inhaberin der Lawrence-R.-Kenan-Jr.-Professur für Psychologie an der Universität von Virginia. Sie war bei drei Ausgaben von *Current Research in Child Development*, einem Lektürekurs für entwicklungspsychologische Lehrveranstaltungen, Herausgeberin oder Mitherausgeberin. Auch ist sie Mitherausgeberin des kürzlich erschienenen Buches *A World of Babies*, welches kulturelle Unterschiede im Umgang mit Kleinkindern behandelt. In jüngster Zeit war sie Präsidentin der Entwicklungspsychologischen Division der American Psychological Association und Vorstandsmitglied der International Society for the Study of Infancy sowie der Cognitive Development Society. Judy DeLoache erhielt Einladungen zu wichtigen Plenarvorträgen bei Kongressen der Society for Research in Child Development, der American Psychological Association, der American Psychological Society (Zero-to-Three), der Cognitive Development Society und beim Minnesota Symposium on Child Psychology. Sie war Gastwissenschaftlerin am Center for Advanced Study in the Behavioral Sciences und ist MERIT-Preisträgerin des National Institute for Health. Mehrmals wurde sie für hervorragende akademische Lehre im ersten Studienabschnitt ausgezeichnet.

Nancy Eisenberg hat die Regent's Professur für Psychologie an der Arizona State University inne. Sie ist Herausgeberin oder Autorin zahlreicher Bücher über prosoziale, soziale und emotionale Entwicklung, einschließlich Band 3 des *Handbook of Child Psychology*, welches die soziale, emotionale und persönlichkeitsbezogene Entwicklung umfasst. Von ihr stammt auch das Buch *The Caring Child*. Mehrere ihrer Bücher wurden ins Japanische, Spanische oder Polnische übersetzt. Derzeit gehört sie dem Publikationsausschuss der Society for Research in Child Psychology an; bis vor Kurzem war sie die Herausgeberin des *Psychological Bulletin*. Nancy Eisenberg gehörte zu dem Herausgeberteam der Zeitschriften *Merrill-Palmer Quarterly* und *Personality and Social Psychology Bulletin* und war Präsidentin der Western Psychological Association. Sie gehörte dem Leitungsgremium der Society for Reserach in Child Development an und war Beiratsmitglied der American Psychological Association.

Sabina Pauen ist Professorin für Entwicklungspsychologie und Biologische Psychologie an der Universität Heidelberg. Sie ist Mitherausgeberin des Buches *Kognitive Entwicklungspsychologie: Aktuelle Forschungsergebnisse*. Sabina Pauen leitet die Sektion Säuglingsforschung der Fachgruppe Entwicklungspsychologie der Deutschen Gesellschaft für Psychologie. Ihr Forschungsschwerpunkt ist die geistige Entwicklung in der frühen Kindheit.

Joachim Grabowski ist Professor für Psychologie an der Pädagogischen Hochschule Heidelberg und Privat-Dozent für Germanistische Linguistik an der Universität Mannheim. Er ist Mitherausgeber des Bandes *Sprachproduktion* in der Enzyklopädie der Psychologie und des *Lehrbuchs für Angewandte Linguistik*. Neben Forschungsarbeiten im Bereich der Sprach- und Kognitionspsychologie hat er mehrere Übersetzungen von Lehrbüchern angefertigt und betreut, darunter Andersons *Kognitive Psychologie* und *Hilgards Einführung in die Psychologie*.

Vorwort

Dies ist eine aufregende Zeit, um ein Lehrbuch über Kindesentwicklung zu schreiben. Das vergangene Jahrzehnt brachte neue Theorien, neue Wege des Denkens, neue Forschungsbereiche und zahllose neue Befunde auf diesem Gebiet. Wir haben das vorliegende Buch geschrieben, um dieses stetig wachsende Wissen über Kinder zu beschreiben und um die Begeisterung zu vermitteln, die wir über die Fortschritte empfinden, die mit Blick auf ein Verständnis für Entwicklungsprozesse erzielt werden.

Als Lehrende im Bereich der Entwicklungspsychologie sind wir uns der Anforderungen bewusst, denen man sich gegenübersieht, wenn man versucht, die Fortschritte und Entdeckungen zusammen mit den wichtigsten früheren Vorstellungen und Befunden im Rahmen eines Semesters darzustellen. Wir haben deshalb nicht auf enzyklopädische Vollständigkeit abgezielt, sondern uns darauf konzentriert, die wichtigsten Entwicklungsphänomene zu identifizieren und diese in hinreichender Tiefe zu beschreiben, um sie für Studierende sinnvoll und einprägsam zu machen. Kurz gesagt, bestand unser Ziel darin, ein Lehrbuch zu schreiben, das als Grundlage einer Lehrveranstaltung zur Kindesentwicklung dienen kann, die für Studierende und Lehrende gleichermaßen schlüssig und unterhaltsam ist.

> **Widmung**
>
> Dieses Buch ist denen gewidmet, die wir lieben.

Klassische Themen

Der Ausgangspunkt für die Konzeption dieses Buches besteht darin, dass ganz verschiedene Bereiche der Kindesentwicklung von einer kleinen Anzahl gemeinsamer Themen zusammengehalten werden. Diese Themen können in Form von Fragen formuliert werden, welche die Forschung zur Kindesentwicklung zu beantworten versucht:

1. Wie formen Anlage und Umwelt gemeinsam die Entwicklung?
2. Wie formen Kinder ihre eigene Entwicklung?
3. In welcher Hinsicht verläuft Entwicklung kontinuierlich, in welcher diskontinuierlich?
4. Wie ergeben sich Veränderungen?
5. Wie beeinflusst der sozio-kulturelle Kontext die Entwicklung?
6. Wie kommt es, dass Kinder sich so stark voneinander unterscheiden?
7. Wie kann Forschung zur Förderung des Kindeswohls beitragen?

Diese sieben Themen bilden die Kernstruktur des Buches. Sie werden in Kapitel 1 anschaulich eingeführt und tauchen in den folgenden 13 Inhaltskapiteln immer wieder dann auf, wenn sie für einen Entwicklungsbereich besonders wichtig sind. Im Schlusskapitel dienen dieselben Themen als Rahmen für die Integration von Befunden aus verschiedenen Bereichen. Durch die kontinuierliche Behandlung der gleichen Fragen können wir eine Geschichte erzählen, die mit einer Einleitung beginnt (der Vorstellung der Themen), einen Mittelteil besitzt (die Darstellung der jeweils spezifischen Befunde) und einen Schluss hat (den Überblick darüber, was die Studierenden über die einzelnen Themen gelernt haben). Wir sind der Überzeugung, dass die Betonung einiger zentraler Themen und die Strukturierung in der Art einer Geschichte den Studierenden nicht nur hilft, die anhaltenden Fragen über die Kindesentwicklung zu verstehen, sondern ihnen – am Ende der Lehreinheit – auch ein stärkeres Gefühl der Zufriedenheit und der Vollständigkeit des Lehrstoffs vermittelt.

Die aktuelle Perspektive

Das Ziel, eine durch und durch zeitgemäße, aktuelle Perspektive auf die Kindesentwicklung zu bieten, hat sowohl den Aufbau als auch die Inhalte des Buches beeinflusst. Völlig neue Bereiche und Ansätze haben sich herausgebildet, die zum Teil noch gar nicht existierten, als die meisten der heute vorliegenden Lehrbücher der Kindesentwicklung ursprünglich verfasst wurden. In einem neu geschriebenen Buch ist es viel leichter, diese Themen in ihrem aktuellen Zusammenhang darzustellen.

Nehmen wir den Fall von Piagets Theorie und der zugehörigen Forschungen neueren Datums. Meistens wird die Theorie in einem eigenen Kapitel vorgestellt, von dem drei Viertel eine ausführliche Beschreibung der Theorie enthalten und der Rest aktuelle Forschungsarbeiten darstellt, die auf Probleme mit der Theorie aufmerksam machen. Diese Vorgehensweise ruft bei den Studierenden dann Verwunderung darüber hervor, warum der Theorie selbst so viel Raum gegeben wurde, wo die neuere Forschung doch zeigt, dass sie in vielerlei Hinsicht nicht zutrifft.

Tatsache ist, dass sich die Forschungsrichtung, die vor etwa 30 Jahren als Versuch begann, Piagets Theorie in Frage zu stellen, seitdem zu einem wichtigen eigenständigen Gebiet entwickelt hat – dem Bereich der Konzeptentwicklung. Forschungen zur Konzeptentwicklung bieten umfangreiche Informationen zu faszinierenden Themen, beispielsweise wie Kinder menschliche Wesen, Pflanzen, Tiere und das physikalische Universum verstehen. Wie in anderen Forschungszusammenhängen zielen die meisten Untersuchungen auf diesem Gebiet vorrangig darauf ab, Belege für derzeit diskutierte Behauptungen beizubringen und nicht für oder gegen die Annahmen Piagets.

Wir haben uns in zweifacher Weise dieser veränderten akademischen Landschaft angepasst. Erstens beschreibt unser Kapitel „Theorien der kognitiven Entwicklung" die grundlegenden Annahmen Piagets in aller Ausführlichkeit und bringt seinem Vermächtnis dadurch gebührenden Respekt entgegen, dass es sich auf diejenigen Beiträge seines Gesamtwerkes konzentriert, die sich als überdauernd erwiesen haben. Zweitens präsentieren wir ein völlig neues Kapitel über die Konzeptentwicklung, welches zwar Fragestellungen anspricht, die von Piagets Theorie inspiriert wurden, sich aber auf moderne Ansätze und Befunde konzentriert, die diese Fragestellungen betreffen. Durch eine solche Vorgehensweise können wir den Studierenden etwas über die zahlreichen interessanten Theorievorschläge und Beobachtungen vermitteln, die auf diesem Gebiet entstanden sind, ohne neue Befunde im Verhältnis zu Piaget künstlich als „pro" oder „kontra" klassifizieren zu müssen.

Die Gelegenheit, ein neues Lehrbuch auf der Grundlage des aktuellen Kenntnisstands anzulegen, ließ uns auch wichtige Positionen zu Bereichen aufnehmen, die sich in rapider Entwicklung befinden: Gehirnentwicklung, Verhaltensgenetik, Ernährungs- und Essstörungen, pränatales Lernen, das Denken des Säuglings, der Erwerb intellektueller Fähigkeiten, die emotionale Entwicklung, prosoziales Verhalten und Freundschaftsmuster. Auf allen genannten Forschungsbieten gab es in den vergangenen Jahren wichtige Durchbrüche, und ihre zunehmende Bedeutung spiegelt sich darin wider, wie sie in diesem Buch behandelt werden.

Zur Sache kommen

Unser Bestreben, eine aktuelle, geradlinige Herangehenswesie zu bieten, führte zu weiteren Abweichungen vom traditionellen Aufbau eines Lehrbuchs. Nach unserer Erfahrung belegen die heutigen Studenten Veranstaltungen zur Kindesentwicklung aus ganz unterschiedlichen praktischen Erwägungen und wollen vor allem etwas über *Kinder* lernen. In der Lehrbuchtradition mussten sie jedoch erst zwei, drei oder gar vier Kapitel – über die Geschichte des Forschungsgebiets, über die wichtigen Theorien, über Forschungsmethoden, über Genetik – abwarten, bevor die tatsächliche Untersuchung von Kindern losging. Wir wollen demgegenüber gleich von Anfang an auf die ursprüngliche studentische Motivation aufbauen. Statt also das Buch mit einem ausführlichen Bericht über die Geschichte des Forschungsgebiets zu eröffnen, bringen wir im ersten Kapitel einen kurzen Überblick über den sozialen und intellektuellen Kontext, aus dem die wissenschaftliche Beschäftigung mit Kindern entstand, und liefern historische Hintergründe in den nachfolgenden Kapiteln immer dann, wenn sie sachdienlich sind. Statt eines frühen Theoriekapitels, welches alle wichtigen kognitiven und sozialen Theorien auf einmal behandelt, und dies an einer Stelle, die weit von den Inhaltskapiteln entfernt liegt, in denen die Theorien dann zur Anwendung kommen, bringen wir ein Kapitel über Theorien der kognitiven Entwicklung vor den Kapiteln, die sich auf spezielle Aspekte der kognitiven Entwicklung konzentrieren, und ein Kapitel über Theorien der sozialen Entwicklung vor den Kapiteln, die sich mit speziellen Aspekten der sozialen Entwicklung befassen. Statt eines eigenen Kapitels über Genetik nehmen wir Grundlagen der Genetik in Kapitel 3 („Biologie und Verhalten") mit auf und behandeln die Beiträge der Genetik zu individuellen Unterschieden im weiteren Verlauf des Buches jeweils an Ort und Stelle. Mit Hilfe dieses Ansatzes können wir die Begeisterung der Studierenden, die etwas über die Entwicklung von Kindern erfahren möchten, von Anfang an wecken und schüren.

Spezielle Merkmale

Das wichtigste Merkmal dieses Buches ist die inhaltliche Darstellung, die wir so klar, überzeugend und interessant wie möglich zu gestalten versuchten. Wir hoffen, dass der Weg über mehrere Vorversionen, eine gewissenhafte Überarbeitung und mehrere Erprobungsrunden in der akademischen Lehre zu einer unmittelbaren, transparenten und einer breiten Gruppe von Studierenden zugänglichen Darbietung des Stoffes geführt haben.

Um den Reiz und die Zugänglichkeit des Textes weiter zu erhöhen, haben wir in Form von Kästen drei Arten von Exkursen aufgenommen, die Stoff und Materialien von speziellem Interesse näher untersuchen. „Anwendungs"-Kästen richten sich darauf, wie Forschungsarbeiten zur Kindesentwicklung für das Wohlergehen von Kindern angewandt werden können. Anwendungen, die in diesen Kästen behandelt werden, betreffen Alphabetisierungsprojekte, Maßnahmen zur Reduzierung von Kindesmissbrauch, Programme, mit deren Hilfe Außenseiter bei ihren Altersgenossen größere Akzeptanz finden können, oder Maßnahmen, die aggressiven Kindern beim Umgang mit ihrer Wut und ihren aggressiven Verhaltensweisen helfen. Kästen über „Individuelle Unterschiede" konzentrieren sich auf Menschengruppen, die sich hinsichtlich bestimmter Themen, um die es gerade geht, von der Norm unterscheiden, oder auf Unterschiede zwischen Kindern in der allgemeinen Bevölkerung. Diese Kästen behandeln Themen wie beispielsweise geistige Begabung, Depression im Jugendalter oder kulturelle Unterschiede des Emotionsausdrucks. Die Kästen „Näher betrachtet" untersuchen wichtige und interessante Forschungsarbeiten in einer Tiefe, die im normalen Textzusammenhang nicht möglich wäre; die behandelten Gebiete reichen von bildgebenden Verfahren des Gehirns bis zum Einfluss von Obdachlosigkeit auf die Entwicklung und Fragen, die sich um das Eintauchen von Kindern in die digitale Welt drehen.

Auch haben wir eine Reihe anderer Merkmale mit aufgenommen, die das studentische Lernen unterstützen sollen. Dazu gehören die Hervorhebung von Schlüsselbegriffen durch Fettdruck und ihre Definition sowohl direkt im Text als auch am Seitenrand in Marginalien; Zusammenfassungen am Ende jedes größeren Abschnitts sowie Gesamtzusammenfassungen am Kapitelende; weiterführende Fragen und Denkanstöße am Ende eines jeden Kapitels, die eine vertiefte Auseinandersetzung mit wichtigen Themen fördern sollen.

Danksagung

So viele Menschen haben direkt oder indirekt zu diesem Lehrbuch beigetragen, dass wir unmöglich wissen können, wo wir mit unserem Dank beginnen und wo wir aufhören sollen. Wir alle haben außergewöhnliche Unterstützung von unseren Ehepartnern und Lebensgefährten – Jerry Clore, Jerry Harris, Grazyna Kochanska, Alice Rysdon – und von unseren Kindern – Benjamin Clore, Michael Harris sowie Todd, Beth und Aaron Siegler – erhalten, was auch für unsere Eltern, Verwandten, Freunde und andere geliebte Menschen gilt. Unsere Betreuer im College und in der Graduate School, Ann Brown, Les Cohen, Harry Hake, Robert Liebert, Paul Mussen und Jim Pate, halfen uns beim Start in die Berufslaufbahn und lehrten uns, wie man gute Forschung erkennt und schätzen lernt. Auch haben wir alle von Mitarbeitern profitiert, die uns auf der Suche nach dem Verstehen der Kindesentwicklung begleiteten, und von sehr vielen außergewöhnlich hilfreichen und großzügigen Kolleginnen und Kollegen, darunter Karen Adolph, Martha Alibali, Renee Baillargeon, Zhe Chen, Shari Ellis, Richard Fabes, Cindy Fisher, David Klahr, Angel Lillard, Patrick Lemaire, John Opfer, Tracy Spinrad und David Uttal. Besonderer Dank gilt unseren Assistentinnen Sally Kaufman und Theresa Treasure, die auf unzählige Weise zur Vorbereitung des Buchs beitrugen.

Starke Verbesserungen erfuhr das Buch auch durch die Kommentare vieler gewissenhafter und aufmerksamer Reviewer früherer Fassungen des Manuskripts: **Mark Alcorn**, University of Northern Colorado; **Linda Acredolo**, University of California, Davis; **Karen Adolph**, New York University; **Martha Alibali**, University of Wisconsin, Madison; **Catherine Best**, Wesleyan University; **Rebecca S. Bigler**, University of Texas; **Susan Bowers**, Northern Illinois University; **Nathan Brody**, Wesleyan University; **Judith Becker Bryant**, University of South Florida; **Susan Calkins**, University of North Carolina, Greensboro; **Tara Callaghan**, St. Francis Xavier University; **Elaine Cassel**, Lord Fairfax Community College; **Keith Crnic**, Pennsylvania State University; **Zoe Ann Davidson**, Alabama A&M University; **Marlene DeVoe**, St. Cloud State University; **Maryann Fischer**, Indiana University Northwest; **Oney D. Fitzpatrick, Jr.**, Lamar University; **Kathleen Cranley Gallagher**, University of Wisconsin, Madison; **Leilani Greening**, University of Alabama; **Heather A. Holmes-Lonergan**, Metropolitan State College of Denver; **Kathleen V. Hoover-Dempsey**, Vanderbilt University; **Judith Hudson**, Rutgers University; **Lisa Huffman**, Ball State University; **Gavin Huntley-Fenner**, University of California, Irvine; **Scott P. Johnson**, Cornell University; **Roger Kobak**, University of Delaware; **Marta Laupa**, University of Nevada, Las Vegas; **Brett Laursen**, Florida Atlantic University; **Kathryn S. Lemery**, Arizona State University; **Kevin MacDonald**, California State University, Longbeach; **Derek Montgomery**, Bradley University; **Laura Namy**, Emory University; **Rochelle Newman**, University of Iowa; **Jodie Plumert**, University of Iowa; **Joe Price**, San Diego State University; **Amanda Rose**, University of Missouri, Columbia; **Rosemary Rosser**, University of Arizona; **Greg B.**

Simpson, University of Kansas; **Mark Strauss**, University of Pittsburgh; **Esther Thelen**, Indiana University; **David Uttal**, Northwestern University; **Marcia L. Weinstein**, Salem State College; **Arlene S. Walker-Andrews**, Rutgers University; **Noel Wescombe**, Whitworth College; **Jacqueline Woolley**, University of Texas. Wir lernten von ihren Fachkenntnissen und wurden durch ihre Rückmeldungen dazu angeregt, über sehr viele Fragen klarer und tiefer nachzudenken.

Unser besonderer Dank gilt Lynne Baker-Ward, North Carolina State University; Doreen Eichhorst, Northers Illinois University; Rona McCall, Regis College; und Georgene Troseth, Vanderbilt University. Dank auch an ihre Studenten, die das Manuskript in ihren Veranstaltungen zur Kindesentwicklung ausprobierten, für ihre scharfsinnigen Einsichten und ihre frühzeitige Begeisterung.

Unseren Freunden und Mitarbeitern bei Worth Publishers schulden wir besonderen Dank. Als *Sponsoring Editor* beziehungsweise als *Publisher* leisteten Marge Byers und Catherine Woods außergewöhnliche Unterstützung und lieferten eine Vielzahl exzellenter Vorschläge. Sie hegten und pflegten das Projekt und halfen uns, unsere Visionen zu realisieren. Peter Deane, der *Development Editor*, ist eine Klasse für sich, was seine Fähigkeit und seine Hingabe betrifft. Er setzte ein neues Maß für lektorielle Qualität, weit über dem, was wir bei früheren Gelegenheiten erfahren durften. Unser Dank geht auch an Vivien Weiss und Tracey Kuehn, beide *Project Editor*, an *Art Director* Barbara Reingold, *Photo Editor* Meg Kuhta, *Production Manager* Sarah Segal und *Page Designer* Paul Lacy für ihre hervorragende Arbeit. Sie haben ein Buch geschaffen, das Sie und Ihre Studierenden hoffentlich nicht nur mit Freude betrachten, sondern auch mit Freude lesen. *Marketing Manager* Renée Altier stellte ausgezeichnete Werbematerialen bereit, um Dozenten über das Buch zu informieren. *Supplements Editor* Graig Donini koordinierte das großartige Paket an Begleitmaterialien für die amerikanische Ausgabe.

Abschließend wollen wir unserem „Buchteam" der Verkäufer und Verkaufsleiter danken. Tom Kling, Julie Hirshman, Kari Ewalt, Greg David, Tom Scotty, Cindy Rabinowitz, Glenn Russell und Matt Dunning sorgten für eine Verkaufsperspektive, gaben wertvolle Hinweise und zeigten im gesamten Projektverlauf unerschöpfliche Begeisterung.

Vorwort zur deutschen Auflage

Wer immer im Alltag oft mit Kindern zu tun hat, fragt sich, wann eine Entwicklung „normal" verläuft, was man von Kindern in einem gegebenen Alter erwarten kann und wie man ihre Entwicklung auf unterschiedlichen Ebenen am besten fördert. Das gilt für Eltern, Großeltern und Verwandte genauso wie für Menschen, die professionell mit der Beratung, Unterrichtung und Behandlung von Kindern betraut sind, wie etwa Psychologen, Ärzte, Erzieher oder Lehrer. Auch die Politik hat mittlerweile erkannt, dass die Zukunft einer Gesellschaft wesentlich davon abhängt, wie gut sie dafür Sorge trägt, dass ihre Mitglieder von Geburt an gute Entwicklungsbedingungen vorfinden. Dieses veränderte gesellschaftliche Bewusstsein stärkt die Einsicht, dass wir eine moderne entwicklungspsychologische Forschung und Lehre brauchen.

Als Hochschullehrerin fragen mich Studenten immer wieder, welches Lehrbuch ich als Einstiegslektüre zur Prüfungsvorbereitung für das Vordiplom oder das Bachelorstudium empfehle. Sie suchen nach einem Werk, das „Lust aufs Lernen" macht. Bisher habe ich sie stets auf amerikanische Lehrbücher verwiesen, weil diese didaktisch besonders gut aufgebaut sind. Auf die Bitte des Elsevier-Verlages, ein solches Lehrbuch in deutscher Übersetzung herauszugeben, habe ich mich eingelassen, weil das Lernen leichter fällt, wenn keine Sprachbarriere das Verständnis erschwert. Schon bald hat mich das Projekt mehr gefangen genommen, als ich erwartet hatte.

Zunächst sind wir gemeinsam mit anderen Hochschullehrern auf die Suche nach einer Vorlage gegangen, die uns besonders geeignet schien, andere Menschen für die Entwicklungspsychologie zu begeistern. Die Wahl fiel auf „How Children Develop", dessen Autoren Bob Siegler, Judy DeLoache und Nancy Eisenberg zweifellos zu den einflussreichsten Entwicklungspsychologen unserer Zeit gehören. Der besondere Charme des Buches liegt darin, dass es von Wissenschaftlern verfasst wurde, die gleichzeitig Eltern sind und daher neben der Forschung auch die Anwendung nie aus dem Blick verlieren. So eignet sich ihr Werk nicht nur für Studenten, sondern auch als Nachschlagewerk für wissenschaftlich interessierte Erzieher, Lehrer, Ärzte und andere, die beruflich mit Kindern oder Jugendlichen arbeiten.

Anders als viele Standardwerke verzichtet das Buch bewusst auf eine strikte Ordnung nach Altersstufen, Entwicklungstheorien oder Funktionsbereichen. Stattdessen werden theoretische Überlegungen, empirische Beobachtungen und praktische Implikationen in jedem einzelnen Kapitel verzahnt. Einige Kapitelüberschriften beziehen sich auf Theorien (z. B. Kapitel 4: Theorien der kognitiven Entwicklung), andere auf einen definierten Altersbereich (z. B. Kapitel 5: Das Säuglingsalter) und wieder andere auf einen Funktionsbereich (z. B. Kapitel 6: Die Entwicklung der Sprache und des Symbolgebrauchs). Stets werden dabei die gleichen Leitfragen behandelt (z. B. „Wie wirken Anlage und Umwelt zusammen?" oder „Wie kommt es zu Veränderungen?"). Bei der Lektüre des Textes wird der Leser rasch feststellen, dass diese unkonventionelle Konzeption den Aufbau eines umfassenden Wissenssystems erleichtert, weil Sinnbezüge besonders gut deutlich werden.

Zentrale Begriffe sind dort, wo sie eingeführt werden, im Druck hervorgehoben; Kästen, in denen Forschung zu speziellen Fragen ausführlicher dargestellt wird, sind zum Teil für den deutschsprachigen Leser angepasst und ergänzt worden. Kurzzusammenfassungen der wichtigsten Fakten runden die Kapitel ab, die mit einer Reihe von Wissens- und Denkfragen zum Wiederholen und Vertiefen des Stoffes enden.

Ein Entwicklungspsychologie-Lehrbuch herauszugeben, erfordert Teamarbeit: Im ersten Schritt haben wir uns bei den Autoren über Aktualisierungen informiert, die sie bereits in ihren Korrekturexemplaren planen.

Ein wichtiges Anliegen von uns bestand darin, den Stil des englischen Originals in der deutschen Übersetzung zu wahren. Als erfahrener Lehrbuch-Übersetzer hat Joachim Grabowski die Leichtigkeit der englischen Darstellung erhalten. Fremdwörter und Fachtermini wurden näher erläutert, um das Buch verständlicher auch für „Einsteiger" lesbar zu machen.

Ein zweites Anliegen bestand darin, an ausgesuchten Stellen neuere Arbeiten deutscher Entwicklungspsychologen in den Originaltext zu integrieren, um exemplarisch zu zeigen, dass auch hierzulande spannende Forschung betrieben wird. Dabei geholfen haben verschiedene Kollegen und Kolleginnen, denen wir an dieser Stelle herzlich danken möchten! Nicole Fischer, Stefanie Schnattinger und Senta Olariu haben mit großer Sorgfalt das Literaturverzeichnis adaptiert und mit dem Text in Konsistenz gebracht.

Auch im Verlag hat uns ein Team zugearbeitet – darunter die Lektorin Anja Groth (Manuskript- und Bildredaktion), die für eine ansprechende optische Gestaltung gesorgt hat. Zahlreiche Bilder wurden von Bernadette Berg photographiert, andere stammen aus den Privatbeständen der Teammitglieder. Sie zusammenzustellen, hat allen Beteiligten viel Freude bereitet! Schließlich ist noch die Programmplanerin Katharina Neuser-von Oettingen zu nennen, von der die Initiative zu dem Buch ursprünglich ausging und die dafür gesorgt hat, dass unser Team in jeder Phase effektiv arbeiten konnte. Für fachliche Unzulänglichkeiten und Druckfehler, die trotz aller unserer Bemühungen übersehen wurden, trage ich als Herausgeberin die Verantwortung. Der Verlag hat zugesagt, eventuelle Fehlermeldungen in einer Errata-Liste im Internet zugänglich zu machen, Hinweise können Sie per E-Mail an siegler@elsevier.de schicken.

Wir haben uns beim Lesen und Bearbeiten des Buches nicht nur Mühe gemacht, sondern auch viel Spaß gehabt und viele neue Einsichten gewonnen! Und wir hoffen, dass die Leser dieses Buches unsere Begeisterung dafür teilen ...

Die Entwicklung von Kindern: eine Einführung

1

- Warum untersucht man die Kindesentwicklung?
- Historische Wurzeln der Beschäftigung mit Kindesentwicklung
- Leitfragen der Kindesentwicklung
- Methoden der Untersuchung kindlicher Entwicklung
- Zusammenfassung

Im Jahre 1955 begann eine mit der Kindesentwicklung befasste Forschergruppe eine bislang einzigartige Untersuchung. Wie bei vielen entwicklungspsychologischen Forschern bestand ihr Ziel herauszufinden, wie sich biologische und umweltbedingte Faktoren auf das intellektuelle, soziale und emotionale Wachstum von Kindern auswirken. Dieses Forschungsvorhaben war insofern einzigartig, als all die verschiedenen Entwicklungsaspekte an allen 698 Kindern untersucht wurden, die in dem betreffenden Jahr auf der Hawaii-Insel Kauai geboren wurden, und die Untersuchungen an den Kindern und ihren Eltern über mehr als 30 Jahre hinweg weitergeführt wurden.

Die Projektgruppe unter der Leitung von Emmy Werner hatte von den Eltern die Zustimmung erhalten, eine ganze Reihe von Daten über die Entwicklung der Kinder zu erheben. Um etwas über etwaige Komplikationen vor oder während der Geburt zu erfahren, nahmen die Forscher Einsicht in die ärztlichen Unterlagen. Informationen über das Verhalten der Kinder in ihrer Familie und über deren Zusammenleben erhielten sie von Erzieherinnen und Sozialarbeitern, die die Familien beobachteten und die Mütter befragten: einmal, als ihr Kind ein Jahr alt war, und dann noch einmal mit zehn Jahren. Weiterhin führte die Forschergruppe Interviews mit den Lehrkräften der Kinder, um etwas über deren schulische Leistungen und ihr Verhalten in den Grundschulklassen zu erfahren. Es wurden Akten von Polizei, Familiengericht und sozialen Einrichtungen durchgesehen, sofern die Kinder – als Opfer oder Täter – betroffen waren. Schließlich wurden die Kinder im Alter von zehn und 18 Jahren standardisierten Intelligenz- und Persönlichkeitstests unterzogen; mit 18 und mit Anfang 30 wurden sie interviewt, wie sie ihre eigene Entwicklung einschätzen.

Die Ergebnisse dieser Untersuchung illustrieren einige der vielfältigen Weisen, auf die biologische und umweltbedingte Faktoren gemeinsam die Kindesentwicklung beeinflussen. Wenn in der Schwangerschaft oder bei der Geburt Komplikationen und demzufolge biologische Risiken auftraten, entwickelten die Kinder mit größerer Wahrscheinlichkeit körperliche Behinderungen, Geisteskrankheiten und Lernschwierigkeiten als andere Kinder. Die Qualität der häuslichen Umwelt schien jedoch für die Kindesentwicklung eine noch größere Rolle zu spielen. Das Einkommen der Eltern, ihr Bildungsstand und ihre geistige Gesundheit wirkten sich – zusammen mit der Qualität der Beziehung zwischen den Eltern – besonders stark auf die spätere Entwicklung der Kinder aus. Mit zwei Jahren waren Kinder, bei deren Geburt ernste Schwierigkeiten aufgetreten waren, die jedoch in harmonischen Familien mit mittlerem Einkommen lebten, in ihren sprachlichen und motorischen Fähigkeiten fast so weit wie Kinder ohne entsprechende Anfangsprobleme. Im Alter von zehn Jahren gingen Probleme vor oder während der Geburt generell nur dann mit einer beeinträchtigten psychischen Entwicklung einher, wenn das Kind zugleich unter schlechten Bedingungen aufwuchs.

Was geschah mit den Kindern, denen sowohl die Biologie als auch die Umwelt einiges abverlangte – in Form von Komplikationen bei Schwangerschaft oder Geburt und in Form von ungünstigen Familienbedingungen? Die Mehrzahl solcher Kinder entwickelte mit zehn Jahren schwere Lern- oder Verhaltensprobleme. Mit 18 waren die meisten polizeilich erfasst, hatten Probleme mit ihrer geistigen und psychischen Gesundheit oder waren bereits schwanger. Ein Drittel solcher Risikokinder wuchs jedoch zu Erwachsenen heran, von denen Werner (1989, S. 109) sagte: „[they] loved well, worked well, and played well" – bei denen also in Beziehung, Arbeit und Freizeit alles zum Besten stand. Bei diesen Kindern gab es oft einen Erwachsenen außerhalb der unmittelbaren Familie – Onkel, Tante, Nachbar, Lehrer oder Geistlicher –, der sich ihrer angenommen hatte und sie durch Verlockungen und Gefahren ihrer Umgebung gut hindurchlotste. Diese Fähigkeit von Kindern und Erwachsenen, auch bei widrigen Umständen physisch und psychisch gesund zu bleiben, nennt man **Resilienz**.

Ein derart widerstandsfähiges Kind war Michael. Er war eine untergewichtige Frühgeburt, seine Eltern waren selbst noch nicht erwachsen, und er verbrachte die ersten drei Lebenswochen im Krankenhaus getrennt von seiner Mutter. Als er acht Jahre alt wurde, waren seine Eltern geschieden, die Mutter

---

Resilienz – (wörtlich: Unverwüstlichkeit, Widerstandsfähigkeit) die Fähigkeit, trotz negativer Umstände und Einflüsse seine körperliche und geistige Gesundheit aufrechtzuerhalten.

hatte die Familie endgültig verlassen, und sein Vater versorgte ihn und seine drei Geschwister mit Unterstützung der schon recht alten Großeltern. Mit 18 jedoch war Michael ein erfolgreicher und beliebter Schüler mit großem Selbstbewusstsein, ein empathischer junger Mann mit einer positiven Lebenseinstellung. Die Tatsache, dass es viele solcher Michaels gibt – Kinder mit hoher Resilienz trotz widrigster Umstände –, gehört zu den ermutigendsten Ergebnissen entwicklungspsychologischer Forschung.

Emmy Werners bemerkenswerte Untersuchung wirft, wie das bei Untersuchungen zur Kindesentwicklung häufig der Fall ist, mindestens so viele Fragen auf, wie sie beantwortet. Wie genau formt sich die Entwicklung im Zusammenspiel aus der biologischen Anlage der Kinder, ihrer familiären Umgebung und den Umwelten außerhalb der Familie? Hätte die Untersuchung dieselben Ergebnisse erbracht, wenn sie an einer vorwiegend afro-amerikanischen oder lateinamerikanischen städtischen Bevölkerung durchgeführt worden wäre statt an den überwiegend asiatisch, hawaiianisch und nordeuropäisch geprägten ländlichen Einwohnern von Kauai? War es nur Zufall, dass manche Kinder aus ungünstigen Familienverhältnissen außerhalb der eigentlichen Familie einen befreundeten Erwachsenen fanden, der sich ihrer annahm, oder vermochten ihre individuellen Eigenschaften, ihre Persönlichkeit beispielsweise, die Freundschaft und Hilfe anderer besonders anzuziehen? Kann man Hilfsprogramme entwerfen, mit denen mehr Kinder ihre schwierigen Familienverhältnisse überwinden?

Das vorliegende Kapitel gibt eine Einführung in die genannten und weitere Grundfragen der Kindesentwicklung. Bis zum Ende der Lektüre sollte deutlich geworden sein, warum es sich lohnt, die Entwicklung von Kindern zu untersuchen, was die Forscher über den Entwicklungsprozess herausfinden wollen und mit welchen Methoden sie dabei vorgehen.

Ist dieses Kind resilient genug, um die Benachteiligungen seiner Lebensumwelt auszugleichen? Die Antwort hängt größtenteils davon ab, wie vielen Risikofaktoren es ausgesetzt ist und über welche persönlichen Eigenschaften es verfügt.

Warum untersucht man die Kindesentwicklung?

Für uns Autoren – wie auch für viele andere Menschen – ist die Beschäftigung mit dem Thema allein schon durch die Freude gerechtfertigt, Kinder beobachten zu können und sie verstehen zu wollen: Was könnte mehr faszinieren als die Entwicklung eines Kindes? Doch gibt es auch praktische und intellektuelle Gründe für ihre Untersuchung: Wenn man mehr über die Kindesentwicklung weiß, kann man Eltern dabei unterstützen, ihre Kinder mit Erfolg großzuziehen, die Gesellschaft als Ganze dazu bringen, ihre Fürsorgepolitik gegenüber Kindern zu verbessern, und schließlich auch Antworten auf interessante Fragen über das Wesen des Menschen gewinnen.

Kinder erziehen

Gute Eltern zu sein ist nicht einfach und bringt viele Anforderungen mit sich. So stellen sich über die Jahre endlose Fragen: Ab wann wird mein Baby wissen, wer ich bin? Soll ich mit meinem Kind zu Hause bleiben oder ihm einen Krippenplatz besorgen, damit es mit anderen Kindern in Kontakt kommt? Ist es besonders begabt, falls es früher sprechen lernt als seine gleichaltrigen Freunde? Wird es sich mit Mathe genauso schwer tun wie ich seinerzeit? Wie bringe ich es dazu, weniger zornig zu sein? Warum verhält es sich in der Pubertät so zurückgezogen und schroff, wo es vorher doch so offen und freundlich war?

Entwicklungspsychologische Forschung kann dazu beitragen, solche Fragen zu beantworten. Ein Problem beispielsweise, mit dem sich praktisch alle Eltern konfrontiert sehen, besteht darin, ihren Kindern beim Umgang mit Ärger, Wut und anderen negativen Gefühlen zu helfen. Die Forschung zeigt mehrere wirksame Wege auf (Denham, 1998). Einer besteht darin, Verständnis zu zeigen: Wenn Eltern auf die Nöte verständnisvoll reagieren, können die Kinder besser mit der Situation umgehen, die ihre Gefühle verursacht. Wirksam ist auch, wütenden Kindern dabei zu helfen, positive Alternativen zu finden, um ihrem Ärger Ausdruck zu verleihen. Wenn man sie zum Beispiel von der Quelle ihres Ärgers ablenkt und sie stattdessen dazu bringt, etwas zu tun, was ihnen Freude macht, kommen sie mit ihren negativen Gefühlen besser zurecht.

Solche Strategien funktionieren nicht nur bei Eltern, sondern auch bei anderen Personen, die an der Erziehung beteiligt sind, also beispielsweise Tagesmüttern, Erzieherinnen oder Lehrerinnen. Einen Nachweis dafür erbrachte ein spezielles Trainingsprogramm für (3- und 4-jährige) Vorschulkinder, die sehr aggressiv und unkontrolliert waren (Denham & Burton, 1996). Das Lehrprogramm dauerte 32 Wochen. Die Vorschulerzieherinnen halfen den Kindern, ihre eigenen Gefühle sowie die Gefühle der anderen Kinder zu erkennen, sie vermittelten ihnen Techniken zur Überwindung ihrer Wut und gaben ihnen Anleitung, wie sie Konflikte mit anderen Kindern lösen können. Eine Methode, die den Kindern helfen sollte, mit ihrem Ärger umzugehen, war die so genannte Schildkrötentechnik: Wenn sie merkten, dass sie wütend wurden, sollten sie von den anderen Kindern weggehen und sich in ihren ‚Schildkrötenpanzer' zurückziehen, wo sie die Situation noch einmal überdenken konnten, bis sie bereit und in der Lage waren, den Panzer wieder zu verlassen.

Dieses Trainingsprogramm war sehr erfolgreich. Den teilnehmenden Kindern gelang es am Ende besser, ihren Ärger zu erkennen und zu regulieren, sobald er auftrat, und sie verhielten sich generell weniger negativ. Ein Junge, der regelmäßig handgreiflich wurde, wenn er sich ärgerte, sagte zu seiner Erzieherin, nachdem er sich mit einem anderen Kind über ein Spielzeug gestritten hatte: „Schau, ich habe meine Worte benutzt und nicht meine Hände" (Denham, 1998, S. 219). Ähnliche Programme haben sich bei Grundschulkindern als wirksam erwiesen (Greenberg, Kusche, Cook & Quamma, 1995). Ein für deutsche Kindergärten und Schulen adaptiertes Curriculum („Faustlos") wurde von Cierpka (2001) entwickelt und positiv evaluiert (Schick & Cierpka, 2003).

Nicht wenigen Kindern fällt es schwer, ihren Zorn zu kontrollieren. Aus der entwicklungspsychologischen Forschung lassen sich mehrere Strategien ableiten, die den Kindern im Umgang mit ihrer Wut helfen können, beispielsweise die Schildkrötentechnik.

Das Beispiel zeigt, dass die Kenntnis entwicklungspsychologischer Forschung Eltern, Erziehern und Lehrern gleichermaßen helfen kann. Im Verlauf des Buches wird eine Vielfalt von Forschungsbemühungen dargestellt, aus denen sich praktische Konsequenzen für den erzieherischen Umgang mit Kindern ableiten lassen.

Sozialpolitische Entscheidungen treffen

Ein weiterer Grund, sich mit Entwicklungspsychologie zu beschäftigen, besteht darin, begründete Entscheidungen nicht nur bei den eigenen Kindern treffen zu können, sondern auch bei sozialpolitischen Fragen, die Kinder allgemein betreffen. Sollte man öffentliche Gelder besser dafür ausgeben, potenzielle Entwicklungsauffälligkeiten – etwa hohe Aggressionsneigung – zu erkennen und ihnen vorzubeugen, oder sollte man sie für die Intervention bei bereits gravierend gewordenen Problemen reservieren? Wie viel Vertrauen können Richter und Schöffen in Fällen von Kindesmissbrauch dem Zeugnis eines Vorschulkindes schenken? Sollten besondere Vorschulprogramme, in denen geistige und soziale Fähigkeiten gefördert werden, für alle Kinder aus einkommensschwachen Familien zugänglich sein, und sollten solche Programme auch über die Vorschulzeit hinaus weitergeführt werden? Wie wirksam sind Präventionsmaßnahmen der Gesundheitserziehung, die auf eine Verringerung des Rauchens und Trinkens bei Jugendlichen und die Vermeidung früher Schwangerschaften abzielen? Wie lassen sich solche Maßnahmen verbessern? Die Erforschung der Kindesentwicklung liefert Informationen, die für die genannten und viele weitere politische Entscheidungen relevant sein können.

Nehmen wir die Frage, wie glaubwürdig Zeugenaussagen von Vorschulkindern vor Gericht sind. Derzeit werden in den USA pro Jahr mehr als 100 000 Kinder in Rechtsfällen angehört (Ceci & Bruck, 1998). Viele dieser Kinder sind noch sehr jung: Mehr als 40 Prozent der Kinder, die im Zusammenhang mit sexuellem Missbrauch aussagen, sind keine fünf Jahre alt (Gray, 1993). Dabei steht außerordentlich viel auf dem Spiel. Falls das Gericht einem Kind glaubt, dessen Aussage, es sei missbraucht worden, falsch ist, können Unschuldige jahrelang ins Gefängnis wandern, und ihr guter Ruf ist für immer ruiniert. Glaubt man wahrheitsgetreuen Aussagen dagegen nicht, kommen die

Täter ungeschoren davon und vergreifen sich vielleicht auch noch an anderen Kindern. Aber wie können wir wissen, wann man einem Kind glauben kann? Genauer: Welche Art der Befragung erhöht die Wahrscheinlichkeit, dass ein Kind zuverlässig über ein Geschehen aussagt, über das zu sprechen ihm sehr unangenehm ist, und welche Art der Befragung kann dazu führen, dass das Kind Dinge berichtet, die gar nicht passiert sind?

Psychologische Forschung konnte zur Beantwortung solcher Fragen beitragen. Ein Experiment untersuchte, wie exakt die Gedächtnisleistung jüngerer Kinder ist und wie sehr sie für suggestive Fragen empfänglich sind (Ceci, Leichtman & White, 1999). Drei- bis sechsjährige Kinder sollten im Rahmen eines Spiels bestimmte Körperteile von sich selbst und anderen berühren. Nach einem Monat wurden sie von einer Sozialarbeiterin über ihre Erlebnisse befragt. Diese hatte zuvor eine Beschreibung erhalten, aus der hervorging, was jedes Kind erlebt hatte, ohne jedoch zu wissen, dass ihre Information manchmal zutraf und manchmal nicht. Beispielsweise konnte ein Kind während des Spiels sich selbst an den Bauch und ein anderes Kind an die Nase gefasst haben, während man der Sozialarbeiterin sagte, das Kind hätte sich an den Bauch und das andere Kind an die Zehen gefasst. Danach erhielt die Fragestellerin eine Anweisung, wie sie auch im Gerichtsfall vorkommt: „Finde heraus, woran sich das Kind erinnert!"

Es stellte sich heraus, dass sich in der Art des Fragestellens, mit der sich die Sozialarbeiterin bemühte, die Erinnerungen der Kinder zu erfassen, häufig diejenige Version der Ereignisse widerspiegelte, die man ihr zuvor vermittelt hatte. Falls die Ereignisbeschreibungen eines Kindes dem widersprachen, was sie für zutreffend hielt, wiederholte sie meistens ihre Fragen über das Ereignis („Bist du sicher, dass du seine Nase angefasst hast? Könnte es nicht ein anderer Körperteil gewesen sein?"). Konfrontiert mit diesen Fragewiederholungen, nahmen die Kinder oft an, dass die Antwort, die sie gegeben hatten, irgendwie falsch gewesen sein musste, und in der Folge stimmten sie ihre Antwort auf die Erwartungen der Fragestellerin ab. Im Ergebnis bestätigten 34 Prozent der 3- und 4-Jährigen und 18 Prozent der 5- und 6-Jährigen mindestens eine der unzutreffenden Annahmen der Fragestellerin. Besonders beunruhigend ist der Befund, dass die Kinder von ihren unzutreffenden Erinnerungen mit wiederholtem Nachfragen der Sozialarbeiterin immer überzeugter wurden. Die Kinder wurden dazu verführt, nicht nur plausible, sondern auch unwahrscheinliche Geschehnisse zu ‚erinnern', die der Sozialarbeiterin im Vorfeld berichtet worden waren. Beispielsweise glaubten die Kinder sich daran zu erinnern, dass man sie am Knie geleckt und ihnen eine Murmel ins Ohr gesteckt habe. Die Annahmen und Überzeugungen, die die befragende Person über einen Ereignisablauf besitzt, können somit die Antworten der Kinder über ihre Erlebnisse beeinflussen. Neben Faktoren, die außerhalb des Kindes liegen, wie Voreingenommenheiten des Interviewers oder auch für Kinder angemessene Frage- und Interviewtechniken, beeinflussen vor allem Teilaspekte der kognitiven Entwicklung des Kindes in bedeutsamer Weise, wie genau und detailreich die Erinnerung an erlebte oder beobachtete Ereignisse ausfällt und auch, wie gut sie in der Lage sind, falschen Suggestionen zu widerstehen. Eine herausragende Stellung nehmen hierbei metakognitive Fähigkeiten ein; sie beinhalten beispielsweise, adäquat einschätzen zu können, ob die gerade gegebene Antwort auch wirklich sicher richtig ist oder ob sie eventuell falsch war. (Antworten, die falsch sein könnten, sollten in einem forensischen Kontext logischerweise besser zurückgehalten werden.) Gerade Kinder im Alter von unter acht Jahren haben in Bezug auf solche Sicherheitsurteile noch große Schwierigkeiten – sie sind einfach immer sehr sicher, dass ihre Antwort richtig war, auch dann, wenn sie definitiv falsch ist (Roebers, 2002).

Aus derartigen Untersuchungen lassen sich einige Konsequenzen für Zeugenaussagen von Kindern in Rechtsfällen ableiten. Der wichtigste Befund besteht darin, dass selbst drei- bis fünfjährige Kinder zuverlässige Zeugen vor Gericht sein können, sofern man sie vor Suggestivfragen schützt. Zwar vergessen sie oft Einzelheiten der Ereignisse, aber das, was sie sagen, ist meistens korrekt (Howe & Courage, 1997; Poole & Lindsay, 1995). Gleichzeitig sind jüngere Kinder für Suggestivfragen höchst anfällig, besonders wenn immer wieder nachgefragt wird. Je jünger die Kinder sind, desto anfälliger sind sie und desto mehr verzerrt sich ihre Erinnerung in Richtung der Fragesuggestion. Für exakte Zeugenaussagen, insbesondere von jüngeren Kindern, sollte man die Fragen deshalb auf neutrale Weise stellen, ohne eine bestimmte Antwort nahe zu legen, und sie nicht mehr wiederholen, wenn das Kind sie bereits beantwortet hat (Ceci & Bruck, 1998). Befunde dieser Art können dazu beitragen, dass die Gerichte genauere Zeugnisse von kleineren Kindern erhalten. In breiterem Zusammenhang gesehen, illustrieren die Befunde, wie das Wissen über die Entwicklung von Kindern zu sozialpolitischen Entscheidungen und Verfahrensweisen beitragen kann.

Vor Gericht ist es von größter Wichtigkeit, Fragen so zu stellen, dass sie Kindern helfen, sehr genaue Zeugenaussagen zu machen.

Das Wesen des Menschen verstehen

Ein dritter Grund für die Erforschung der Kindesentwicklung: Man kann das Wesen des Menschen besser verstehen. Viele der interessantesten Fragen über das Menschsein betreffen Kinder. Zum Beispiel: Beginnt der Prozess des Lernens erst nach der Geburt des Kindes oder schon im Mutterleib? Sieht das Neugeborene die Welt im Wesentlichen genauso wie Erwachsene, oder erscheint sie ihm völlig anders? Unterscheiden sich Kinder in ihrer Persönlichkeit und ihrer Intelligenz vom ersten Tag an, oder sind sie sich bei Geburt recht ähnlich, und die Unterschiede ergeben sich erst aus den verschiedenen Lebenserfahrungen? Bis vor kurzer Zeit konnten wir über solche Fragen nur spekulieren. Mittlerweile verfügen Entwicklungsforscher aber über Vorstellungen und Methoden, um den Entwicklungsprozess zu beobachten, zu beschreiben und zu erklären. Demzufolge sind unsere Kenntnisse über Kinder und über das Wesen des Menschen in schnellem Wachstum begriffen.

Nehmen wir die Frage, ob grundlegende Begriffe, beispielsweise der Zahlbegriff, sich schon in der frühen Kindheit entwickeln oder ob es dazu erst der Instruktion von Eltern und Lehrern bedarf. Natürlich wissen Kleinkinder nicht, dass fünf plus fünf zehn ergibt. Aber sind sie vielleicht mit einem intuitiven Verständnis für Zahlen auf die Welt gekommen? Es gibt Hinweise darauf, dass ein rudimentärer Zahlbegriff zu einem überraschend frühen Zeitpunkt bereits vorhanden sein könnte, vielleicht schon von Geburt an (Starkey, Spelke & Gelman, 1990; Strauss & Curtis, 1984; van Loosbroek & Smitsman, 1990). In den zugehörigen Untersuchungen zeigte man Kindern in ihrem ersten halben Lebensjahr eine Reihe von Fotos mit jeweils einer kleinen Anzahl von Objekten, zum Beispiel zwei oder drei Quadraten. Die Objekte auf den einzelnen Fotos unterschieden sich in mehrerlei Hinsicht (Größe, Farbe, Abstand, Helligkeit), aber innerhalb einer Fotoserie war die Anzahl der dargestellten Objekte immer dieselbe. Ungeachtet der sonstigen Unterschiede zwischen den Objekten wurde die Zeitdauer, mit der die Kinder das jeweils nächste Foto betrachteten, immer kürzer, was darauf schließen lässt, dass sie das Interesse an den Fotos verloren. Dann zeigte man ein Foto, das den vorher gezeigten in allen Aspekten entsprach, außer dass die Anzahl der Objekte nun eine andere war, also etwa drei Objekte, wo vorher immer zwei auf einem Foto waren, oder umgekehrt. Die veränderte Anzahl der gezeigten Objekte rief wieder eine längere Betrachtungsdauer hervor; dies kann als Anzeichen dafür gelten, dass die Kleinkinder Gruppen von zwei und drei Objekten unterscheiden konnten und dass sie dieser zahlenmäßige Unterschied interessierte. Kleinkinder scheinen also bereits ein rudimentäres Zahlenverständnis zu besitzen, lange bevor Eltern und Lehrer sie darin unterrichten. Dieses rudimentäre Zahlenverständnis ist allerdings nicht mit einem Verständnis für unser sprachlich-symbolisches Dezimalsystem oder der Fertigkeit des Abzählens zu verwechseln. Vielmehr ist darunter das Verständnis für nicht-symbolische Anzahlen zu sehen, also dafür, dass in unserer Umgebung immer mehrere Objekte und mehrere Geräusche voneinander zu unterscheiden sind. Dieser Zahlbegriff wurzelt also im perzeptuellen Unterscheiden diskreter Quantitäten (Mack, 2002).

Die Erforschung der Kindesentwicklung erbringt auch Informationen über allgemeinere Aspekte des Menschseins, beispielsweise, ob die frühe emotionale Bindung und die spätere emotionale Anpassung zusammenhängen. Eine Vielzahl von Forschungsarbeiten spricht dafür, dass Menschen, die als Kind eine enge und sichere Bindung zu ihrer Mutter hatten, sich später besser anpassen konnten als Menschen, deren frühe Mutterbindung unsicher war. Beispielsweise erwiesen sich Kinder, die die Forscher mit 18 Monaten als sicher an ihre Mutter gebunden einschätzten, in der späteren Kindheit als sozial kompetenter und emotional gesünder als andere Kinder (Shulman, Elicker & Sroufe, 1994). Im Gegensatz dazu fand sich bei Kleinkindern mit unsicherer Mutterbindung ein erhöhtes Risiko für Verhaltensauffälligkeiten im Verlauf der späteren Kindheit (Easterbrooks, Davidson & Chazan, 1993) und für Angststörungen im Jugendalter (Warren, Huston, Egeland & Sroufe, 1997).

Muss man das so verstehen, dass das Schicksal eines Menschen durch seine frühe Beziehung zur Mutter für immer festgelegt ist? Nein. Selbst Kinder, die ihre allerersten Jahre als Waisen in Konzentrationslagern verbrachten (und deshalb keinerlei Bindung zu ihrer Mutter haben konnten), führten als Erwachsene dennoch oft ein erfolgreiches Leben (Kagan, 1996; Moskowitz, 1983). Kinder werden durch ihre frühen Erfahrungen beeinflusst, aber manche sind in der Lage, selbst die traumatischsten Ausgangsbedingungen zu überwinden.

IN KÜRZE

Für die Untersuchung der Kindesentwicklung gibt es mindestens drei gute Gründe. Erstens kann man Informationen und Erkenntnisse gewinnen, die Eltern bei der erfolgreichen Erziehung ihrer Kinder helfen. Zweitens erhält man Einblick in kindesbezogene sozialpolitische Fragen, was der Gesellschaft hilft, das Kindeswohl auch politisch zu fördern. Drittens ergeben sich Erkenntnisse über das Menschsein im Allgemeinen.

Historische Wurzeln der Beschäftigung mit Kindesentwicklung

Von den alten Griechen bis zum Beginn des 20. Jahrhunderts haben sich etliche grundlegende Denker in ihren Beobachtungen und ihren Schriften mit Kindern befasst. Ihre Ziele waren kaum andere als die der heutigen Forscher: Sie wollten den Menschen helfen, bessere Eltern zu werden, sie wollten das Wohlergehen der Kinder befördern, und sie wollten das Wesen des Menschen ergründen. Anders als die Forscher von heute gründeten sie ihre Schlüsse jedoch auf unsystematische Beobachtungen weniger Kinder, mit denen sie eher zufällig zu tun hatten. Die aufgeworfenen Fragestellungen und die gewonnenen Einsichten waren jedoch wichtig genug, um ihren Ansichten auch heute noch mit Interesse zu begegnen.

Frühe philosophische Ansichten zur Kindesentwicklung

Zu den frühesten aufgezeichneten Ansichten über die Kindesentwicklung gehören die Schriften von Platon und Aristoteles. Diese beiden griechischen Philosophen lebten im vierten vorchristlichen Jahrhundert. Sie interessierten sich besonders dafür, wie sich die Anlagen der Kinder und ihre Umweltbedingungen auf ihre Entwicklung auswirken.

Sowohl Platon als auch Aristoteles glaubten, dass das Wohlergehen einer Gesellschaft auf lange Sicht davon abhängt, dass die Kinder anständig aufgezogen werden. Eine sorgfältige Aufzucht der Kinder war entscheidend, weil ihre Natur sie sonst rebellisch und wild werden lassen würde. Platon sah diesbezüglich bei Jungen ein besonders großes Problem. Er schrieb in seinen *Gesetzen* (Buch VII, 808):

> Das Kind ist aber von allen Tieren am schwierigsten zu behandeln; denn genau in dem Maße, wie die Quelle seines Denkens noch nicht in die rechte Bahn geleitet ist, erweist es sich als hinterhältig und verschlagen und als das übermütigste unter den Tieren.

In Übereinstimmung mit dieser Sichtweise betonte Platon Selbstkontrolle und Disziplin als die wichtigsten Erziehungsziele (Borstelmann, 1983).

Aristoteles stimmte mit Platon darin überein, dass Disziplin wichtig sei, befasste sich aber mehr damit, das Aufziehen der Kinder an die Bedürfnisse des einzelnen Kindes anzupassen. Er schrieb in der *Nikomachischen Ethik* (1979, 1180b):

> Überdies ist die Einzelerziehung der öffentlichen überlegen ... Man darf also annehmen, daß es auf einem Einzelgebiet zu schärferer Profilierung kommt, wenn die Fürsorge individuell ist; denn der einzelne gelangt dabei leichter zu dem, was zweckdienlich ist.

Weit stärker unterschieden sich Platon und Aristoteles in ihren Ansichten darüber, wie Kinder Wissen erwerben. Platon glaubte, dass Kinder mit angeborenem Wissen auf die Welt kommen. Beispielsweise nahm er an, dass Kinder mit der Idee vom „Tier" geboren werden, die es ihnen erlaubt, die Hunde oder Katzen, denen sie begegnen, als Tiere zu erkennen. Im Gegensatz dazu nahm Aristoteles an, dass alles Wissen aus der Erfahrung kommt und dass der Verstand ohne Erfahrung nur ein Potenzial des Menschen bleibt. Er verglich den Verstand eines Kleinkinds mit einer leeren Schiefertafel, auf die noch nichts geschrieben wurde.

Etwa 2000 Jahre später ergaben sich ähnliche, wenngleich im Detail unterschiedliche Auffassungen des englischen Philosophen John Locke (1632–1704) und des französischen Philosophen Jean-Jacques Rousseau (1712–1778) dazu, wie die Eltern und die allgemeine Gesellschaft die Kindesentwicklung am besten fördern können. Locke betrachtete Kinder, wie zuvor Aristoteles, als *tabula rasa*, als unbeschriebene Tafel, deren Entwicklung weitestgehend die Erziehung durch die Eltern und die gesellschaftliche Umgebung widerspiegelt. Er glaubte, das wichtigste Ziel der Kindeserziehung bestehe im Wachstum von Charakter und Persönlichkeit. Um diese Eigenschaften auf- und auszubauen, müssten die Eltern als gutes Beispiel für Ehrlichkeit, Beständigkeit und Sanftmut gelten. Sie sollten es vermeiden, dem Kind gegenüber allzu nachgiebig zu sein, besonders in den ersten Lebensjahren, aber sobald ihm Disziplin und Verstand eingetrichtert wurden,

> sollte die Autorität nachlassen, in dem Maße, in dem Alter, Ermessen und Wohlverhalten es zulassen ... Je eher man es wie einen Mann [einen Menschen] behandelt, desto früher wird es beginnen, ein solcher zu sein. (Zitiert nach Borstelmann, 1983, S. 20.)

Während sich Locke dafür aussprach, zuerst Disziplin herzustellen und dann dem Kind nach und nach größere Freiheiten zu geben, ging Rousseau davon aus, dass ihm die Eltern und die Gesellschaft von Anfang an maximale Freiheiten gewähren sollten. Rousseau behauptete, Kinder lernten vorrangig aus ihren eigenen spontanen Begegnungen mit Gegenständen und anderen Menschen und nicht durch Anweisungen ihrer Eltern und Lehrer. Er sprach sich sogar dafür aus, dass Kinder bis zum Alter von etwa zwölf Jahren keine formale Erziehung erhalten sollten; in diesem Alter erreichten sie das „Verstandesalter" und könnten den Wert dessen, was sie lesen und was ihnen gesagt wird, selbst beurteilen. Bis dahin sollten ihnen alle Freiheiten zugestanden werden, alles zu erkunden, was sie interessiert.

Zwar warfen all diese philosophischen Positionen grundlegende Fragen auf, doch beruhten sie mehr auf Eindrücken und allgemeinen Glaubenshaltungen und weniger auf systematischen Beobachtungen, die etwas darüber erkennen ließen, wie sich Kinder tatsächlich entwickeln. Solche systematischen Beobachtungen waren erst einem wissenschaftlichen Ansatz vorbehalten.

Die Anfänge kindesbezogener Forschungen

Ein forschungsbasierter Ansatz zum Verständnis der Kindesentwicklung kam im 19. Jahrhundert auf und ergab sich zum Teil aus zwei konvergierenden Kräften: den sozialen Reformbewegungen und der Evolutionstheorie von Charles Darwin.

Im Verlauf der industriellen Revolution wurde eine Vielzahl von Kindern in Europa und in den USA als bezahlte Arbeitskräfte eingesetzt. Manche waren gerade einmal fünf oder sechs Jahre alt; viele verbrachten arbeitend bis zu zwölf Stunden am Tag in Fabriken oder Minen, oft unter äußerst gefährlichen Umständen. Diese harten Bedingungen brachten einige Sozialreformer auf den Plan, die die Auswirkungen dieser Lebensbedingungen auf die Entwicklung der Kinder zu untersuchen begannen. Beispielsweise hielt der Earl of Shaftesbury 1842 eine Rede vor dem britischen Unterhaus, in der er die Befunde eines Ausschusses zusammenfasste, der sich mit den Bedingungen in den Minen befasst hatte. Er berichtete, dass die engen Schächte, in denen die Kinder die Kohle abbauen,

> in sehr schlichter Weise gearbeitet sind. Es besteht eine sehr unzureichende Entwässerung. Die Laufwege sind so niedrig, dass nur kleinwüchsige Jungen darin arbeiten können, was sie unbekleidet tun, oft in Schlamm und Wasser, wobei sie die Transportwannen mit Ketten an ihrem Gürtel ziehen ... Reverend W. Parlane von Tranent sagt: „Liebenswürdige, wohl erzogene Kinder im Alter von sieben Jahren kommen von den Zechen nach einer Saison oft völlig verdorben zurück, und – wie ein alter Lehrer es nennen würde – mit teuflischer Wesensart...". In der Nähe von Huddlesfield untersuchte der Vizepräsident ein weibliches Kind. Er sagt: „ Ich konnte nicht glauben, dass ich das menschliche Wesen so erniedrigt vorgefunden haben sollte." (Zitiert nach Kessen, 1965, S. 46–50.)

Im 18. und 19. Jahrhundert und auch noch zu Beginn des 20. Jahrhunderts arbeiteten viele jüngere Kinder in Kohlebergwerken und Fabriken. Die Arbeitszeiten waren lang, und die Tätigkeit war oft ungesund und gefährlich. Die Sorge um das Wohlergehen solcher Kinder führte zu einigen der frühesten Forschungen im Bereich der Kindesentwicklung.

Die sozialreformerischen Bemühungen des Grafen von Shaftesbury waren ein Stück weit erfolgreich – es erging ein Gesetz, wonach die Beschäftigung von Jungen und Mädchen unter zehn Jahren verboten wurde. Diese und weitere frühe Sozialreformbewegungen brachten nicht nur die ersten Gesetze über Kinderarbeit zu Wege; sie zogen auch Forschungen zum Nutzen von Kindern nach sich und lieferten einige der ersten Beschreibungen der negativen Auswirkungen, die harte Umweltbedingungen auf die Kindesentwicklung haben können.

Im weiteren Verlauf des 19. Jahrhunderts regten die Arbeiten von Charles Darwin zur biologischen Evolution viele Wissenschaftler zu der Annahme an, dass die intensive Untersuchung der Kindesentwicklung zu wichtigen Erkenntnissen über das Wesen der menschlichen Spezies führen könnte. Darwin selbst war schon an der Kindesentwicklung interessiert und veröffentlichte 1877 den Aufsatz „Eine biografische Skizze eines Kleinkinds" (*A Biographical Sketch on an Infant*), in dem er sorgfältige Beobachtungen der motorischen, sensorischen und emotionalen Entwicklung seines eigenen, gerade geborenen Sohnes niederschrieb. Darwins ‚Baby-Biografie' – eine systematische Beschreibung der täglichen Entwicklung – kann als eine der ersten Methoden für die Untersuchung von Kindern gelten.

Die Kindesentwicklung bildet sich als Fachdisziplin heraus

Zum Ende des 19. und Anfang des 20. Jahrhunderts bildete sich die Kindesentwicklung allmählich als ein eigenes Untersuchungsgebiet heraus. Einige Universitäten richteten Abteilungen für Kindesentwicklung ein, und die ersten einschlägigen Zeitschriften für die Untersuchung der Kindesentwicklung wurden gegründet. Auch ergaben sich in dieser Zeit die ersten Theorien der Kindesentwicklung, in denen die Forschungsbefunde integriert werden sollten. Eine prominente Theorie, die auf Sigmund Freud zurückgeht, gründete sich in großen Teilen auf Experimentalergebnisse, in denen mit Hypnose und der Erinnerung an Träume und Kindheitserinnerungen gearbeitet wurde. Auf der Basis dieser Befunde kam Freud zu dem Schluss, dass biologische, insbesondere sexuelle Triebe einen entscheidenden Einfluss auf die Entwicklung nehmen. Eine andere prominente Theorie aus derselben Zeit, die John Watson zuzuschreiben ist, gründete sich größtenteils auf Experimentalbefunde, in denen die Wirkungen von Belohnung und Bestrafung auf das Verhalten von Ratten und anderer Tiere untersucht wurde. Anhand dieser Befunde kam Watson zu dem Schluss, dass die Kindesentwicklung durch Umweltbedingungen gesteuert wird, besonders durch die Belohnungen und Strafen, die auf bestimmte Verhaltensweisen folgen.

Gemessen an den heutigen Standards muss man die Methoden, die diesen Theorien zu Grunde liegen, bestenfalls als primitiv bezeichnen; entsprechend waren die Theorien in ihrer Reichweite begrenzt. Dennoch waren diese frühen wissenschaftlichen Theorien immerhin, was ihre Forschungsgrundlage betrifft, besser begründet als ihre (philosophischen) Vorgänger, und sie brachten ein höheres und differenziertes Anregungspotenzial mit sich, wie die Entwicklung denn nun vonstatten geht.

IN KÜRZE

Philosophen wie Platon, Aristoteles, Locke und Rousseau und frühe wissenschaftliche Theoretiker wie Darwin, Freud und Watson haben viele zentrale Fragen der Kindesentwicklung bereits gestellt. Dazu gehört, wie Anlage und Umwelt die Entwicklung beeinflussen, wie man Kinder am besten erzieht und wie man das Wissen über die Kindesentwicklung heranziehen kann, um das Kindeswohl zu verbessern. Die wissenschaftliche Stringenz dieser Geistesgrößen war begrenzt; doch können sie als Wegbereiter der modernen Perspektiven auf die genannten und weitere Grundfragen gelten.

Leitfragen der Kindesentwicklung

Die neuere Untersuchung der Kindesentwicklung beginnt mit einer Reihe grundlegender Fragen. Alles Weitere – Theorien, Begriffe, Forschungsmethoden, Daten – ist Teil des Bemühens, Antworten auf diese Fragen zu finden. Zwar mag den verschiedenen Fachexperten die eine oder andere dieser Fragen als besonders wichtig erscheinen; es besteht doch breite Übereinstimmung darin, dass die in Tabelle 1.1 aufgelisteten Fragen zu den wichtigsten gehören. Die allgemeinen Antworten, die sich aus den Beantwortungsversuchen dieser Fragen ergeben haben, bilden eine Gruppe von sieben Themen, die im Verlauf dieses Buches immer wieder angesprochen und hervorgehoben werden, wenn es um bestimmte Aspekte der Kindesentwicklung geht. Im folgenden Abschnitt werden diese Fragen eingeführt, und es wird kurz erörtert, mit welchem Thema sie verknüpft sind.

Tabelle 1.1: Grundlegende Fragen zur Kindesentwicklung.

1. Wie wirken sich Anlage und Umwelt gemeinsam auf die Entwicklung aus? (Anlage und Umwelt)
2. Wie formen Kinder ihre eigene Entwicklung? (Das aktive Kind)
3. Inwiefern verläuft die Entwicklung kontinuierlich oder diskontinuierlich? (Kontinuität/Diskontinuität)
4. Wie kommt es zu Veränderungen? (Mechanismen entwicklungsbedingter Veränderungen)
5. Wie wirkt sich der sozio-kulturelle Kontext auf die Entwicklung aus? (Der sozio-kulturelle Kontext)
6. Warum werden Kinder so verschieden? (Interindividuelle Unterschiede)
7. Wie kann Forschung das Kindeswohl fördern? (Forschung und Kindeswohl)

1 *Anlage* und *Umwelt*: Wie wirken sich Anlage und Umwelt gemeinsam auf die Entwicklung aus?

Anlage – unsere biologische Grundaustattung; die von den Eltern übertragenen Gene.

Umwelt – die materielle und soziale Umgebung, die unsere Entwicklung beeinflusst.

Die mit Abstand grundlegendste Frage über die Kindesentwicklung richtet sich auf das Zusammenspiel von Anlage und Umwelt bei der Formung des Entwicklungsprozesses. **Anlage** bezieht sich dabei auf unsere biologische Grundausstattung, insbesondere auf die Gene, die unsere Eltern auf uns übertragen haben. Dieses genetische Erbe beeinflusst praktisch alles – von unserer äußeren Erscheinung, unserer Persönlichkeit, Intelligenz und geistigen Gesundheit bis zu bestimmten Vorlieben, beispielsweise den Hang zu Nervenkitzel und Abenteuer (Plomin, DeFries, McClearn & Rutter, 1997). **Umwelt** bezieht sich demgegenüber auf das breite Spektrum materieller und sozialer Umgebungen, die unsere Entwicklung beeinflussen: der Mutterleib, in dem wir die Zeit bis zur Geburt verbringen; das Zuhause, in dem wir aufwachsen; die Schulen, die wir besuchen; die sozialen und politischen Gemeinschaften, in denen wir leben; die vielen Menschen, mit denen wir zu tun haben.

In der Öffentlichkeit wird die Anlage-Umwelt-Diskussion oft als Entweder/Oder-Frage formuliert: „Was bestimmt das Schicksal eines Menschen, Erbanlagen *oder* Umwelt?" Dieses Entweder-Oder in der Fragestellung ist jedoch irreführend. Für die Entwicklung des Menschen braucht es sowohl normale DNS (die Trägersubstanz der Erbanlagen) als auch eine Umwelt, die einen normalen Umgang mit der materiellen und sozialen Welt ermöglicht.

Entwicklungsfachleute haben mittlerweile erkannt, dass jede Eigenschaft, die wir besitzen – Intelligenz, Persönlichkeit, Aussehen, Gefühle –, durch das *gemeinsame* Wirken von Anlage und Umwelt hervorgerufen wird. Dementsprechend lautet die Frage nicht mehr, ob der eine oder der andere Einfluss der wichtigere sei, sondern sie richtet sich auf das Zusammenspiel von Anlage *und* Umwelt bei der Entwicklung. Dass dies die richtige Art der Fragestellung ist, lässt sich an Befunden zur Entwicklung von Schizophrenien illustrieren. Schizophrenie ist eine schwere psychische Erkrankung, zu deren Symptomen irrationales Verhalten, Halluzinationen und Wahnvorstellungen gehören. Zwar erkranken die meisten Kinder schizophrener Eltern nicht selbst an Schizophrenie, doch ist die Wahrscheinlichkeit einer Erkrankung bei ihnen weit höher als in der allgemeinen Bevölkerung, selbst wenn sie als Adoptivkinder ihre biologischen (schizophrenen) Eltern gar nicht kennen (Kety et al., 1994). Die genetische Ausstattung der Kinder wirkt sich also auf die Wahrscheinlichkeit aus, schizophren zu werden. Doch bestehen auch Umwelteinflüsse: Kinder aus Problemfamilien werden mit höherer Wahrscheinlichkeit schizophren als andere Kinder. Am wichtigsten ist jedoch die Wechselwirkung zwischen genetischer Ausstattung und Umwelt. Eine Untersuchung adoptierter Kinder, von denen einige schizophrene biologische Eltern hatten, zeigte, dass eine nennenswerte Wahrscheinlichkeit, an Schizophrenie zu erkranken, nur bei den Kindern bestand, die von einem schizophrenen Elternteil abstammten *und* die in eine gestörte Familie adoptiert worden waren (Tienari et al.,

1990). Dieser Befund erinnert an die Kinder von Kauai: Nur die Kombination aus pränatalem Trauma oder Geburtstrauma und einer ungünstigen häuslichen Umwelt ging mit ernsten Entwicklungsrisiken einher.

Das Zusammenspiel von Anlage und Umwelt lässt sich genauer erkennen, wenn man die weit verbreiteten Stereotypen untersucht, die das frühe Jugendalter als eine Phase darstellen, die durch „Sturm und Drang" gekennzeichnet ist. Diesem Klischee zufolge rebellieren die Jugendlichen, die durch die körperlichen und psychischen Veränderungen im Gefolge der Pubertät stark verunsichert sind, gegen Autoritäten, bekämpfen ihre Eltern, unterliegen unvorhersagbaren Gefühlsschwankungen, leiden an geringem Selbstwertgefühl und bringen schlechte Noten nach Hause. Tatsächlich zeigen Forschungsergebnisse jedoch, dass diese Stereotypen auf die meisten Teenager nicht zutreffen, sondern nur für eine Minderheit gelten, die zwischen 15 und 30 Prozent liegt. Bei dieser Minderheit nehmen die Familienkonflikte, insbesondere über Fragen von Kontrolle und Freiheit, im frühen Jugendalter zu, während die Schulnoten, das Interesse an der Schule, die Erfolgsmotivation und die Selbsteinschätzung alle miteinander absacken (Collins, 1997; Grotevant, 1998; Larson & Richards, 1994; Petersen et al., 1993). Man muss fragen, warum solche Probleme auftreten (wenn sie überhaupt auftreten), warum sie bei manchen Jugendlichen auftreten und bei anderen nicht und wie Anlagen und Umweltbedingungen zu diesen Problemen beitragen.

Zur Beantwortung dieser Fragen sollte man nicht nur die körperlichen und seelischen Veränderungen betrachten, denen Jugendliche unterliegen, sondern auch die neuen Umgebungen, auf die sie stoßen (Eccles et al., 1993). Dazu gehört zum Beispiel die Schule. Die frühe Adoleszenz (das ist etwa der Altersbereich zwischen elf und 14 Jahren) ist im amerikanischen Schulsystem bei den meisten Schülern durch den Übergang von der (sechsjährigen) Grundschule zu einer weiterführenden Schule gekennzeichnet. Die neue Schulumwelt bringt im Vergleich zur Grundschule viele Unterschiede. Die Lehrkräfte sehen die einzelnen Schüler nicht mehr so häufig, wodurch die Lehrer-Schüler-Beziehungen unpersönlicher werden. Im Vergleich zu Grundschullehrerinnen legen die Lehrer auf der Junior High School mehr Wert auf Kontrolle und Disziplin, setzen strengere Bewertungsmaßstäbe und sind insgesamt kritischer (Eccles, Lord & Buchanan, 1996). Umgekehrt berichten die Schüler Gefühle verminderter Kompetenz und gesunkener Erfolgsmotivation (Anderman & Midgley, 1997). Auch bewerten sie ihre Lernerfahrungen auf der neuen Schule negativer als ihre Erfahrungen aus der Grundschule (Wigfield & Eccles, 1994). Sowohl Schüler als auch Lehrer sind der Überzeugung, dass die Siebtklässler in der Junior High School über weniger Freiheit und Entscheidungsverantwortung verfügen als Sechstklässler in der Grundschule (Simmons & Blyth, 1987). Da in Deutschland der Schulwechsel zwei Jahre früher erfolgt, kann diese Veränderung nicht als Auslöser für pubertierendes Verhalten im Umgang mit Autoritäten gesehen werden.

Die biologischen Veränderungen, die mit der Pubertät zusammenhängen, tragen auch dazu bei, dass sich ein bestimmter Anteil der Teenager gegen Regeln und Autorität auflehnt. Man kann deshalb erwarten, dass körperlich reife

Siebtklässler, deren Pubertät schon weiter fortgeschritten ist als die ihrer Mitschüler, besonders zu Konflikten mit Lehrern und anderen Autoritätspersonen neigen. Da die Schülerinnen der siebten Klassenstufe im Allgemeinen körperlich weiter entwickelt sind als die Jungen in diesem Alter, kann man ebenso erwarten, dass frühreife Mädchen den Übergang zur Junior High School besonders schwierig empfinden. Dies scheint auch tatsächlich der Fall zu sein. Körperlich reife Siebtklässlerinnen erleben im Vergleich zu ihren weniger reifen Mitschülerinnen und Mitschülern mit größerer Wahrscheinlichkeit große Diskrepanzen zwischen dem Ausmaß ihrer Unabhängigkeit im Klassenzimmer (zum Beispiel hinsichtlich der Freiheit zu entscheiden, wie sie nach der schnellen Erledigung eines Arbeitsauftrags die entstandene freie Zeit gestalten) und ihren eigenen Ansprüchen an das Ausmaß ihrer Selbstbestimmung. Im Vergleich zu weniger weit entwickelten Mädchen findet sich bei frühreifen Mädchen nach ihrem Eintritt in die Junior High School auch eine höhere Rate an schlechtem Benehmen und Fehlverhalten. Ihre Probleme beschränken sich nicht auf die Schule – frühreife Mädchen haben auch mehr Konflikte mit ihren Eltern (Steinberg, 1988) –, aber sie erleben die schulische Umgebung als besonders unerträglich.

Im deutschen Schulsystem fällt der Zeitpunkt des Übertritts von der Grundschule zu einer weiterführenden Schule vor die Zeit des biologischen Eintritts in die Pubertät, so dass hier biologische Veränderungen und Veränderungen der Umwelt nicht zeitgleich auftreten. Das Zusammenspiel von Anlage und Umwelt lässt sich aber auch daran demonstrieren, dass Jugendliche, die in streng autoritären Elternhäusern aufwachsen, mit Eintritt in die Pubertät ein höheres Risiko tragen, Autoritätskonflikte und Fehlverhalten zu zeigen, als Jugendliche, die in liberalen Elternhäusern aufwachsen.

Der Entwicklungsprozess wäre durch die Frage, ob die Einflüsse der Anlagen oder der Umwelt die wichtigeren sind, also zu stark vereinfacht. So wie die körperliche Reifung und die individuellen Eigenschaften mit der schulischen Umgebung und anderen Umweltfaktoren interaktiv Anpassungsprozesse im Jugendalter beeinflussen, so rufen Anlage und Umwelt gemeinsam all die beobachtbaren Ergebnisse jeglicher Entwicklungsprozesse hervor.

Eine wichtige Lektion aus der Forschung zur Anlage-Umwelt-Interaktion besteht in der Wichtigkeit des zeitlichen Verlaufs der Erfahrungen. Zum Beispiel haben wir gerade gesehen, dass der Zeitpunkt des Eintretens der Pubertät die Reaktionen junger Mädchen auf den Eintritt in die High School beeinflusst. Viele andere Beispiele für die große Wichtigkeit des Erfahrungszeitpunkts liegen in den ersten ein, zwei Jahren nach der Geburt. Kasten 1.1 illustriert, wie ungewöhnliche und abnorme Erlebnisse, die in sehr früher Kindheit eintreten, oft besonders schwer wiegende und nachhaltige negative Auswirkungen auf die Entwicklung haben können.

Zwölfjährige sind häufig unterschiedlich weit entwickelt. Das jeweilige Tempo der körperlichen Reife kann unterschiedliche Auswirkungen auf die psychische Entwicklung eines Kindes haben, was zum Teil auch vom sozialen Umfeld abhängt.

2 *Das aktive Kind*: Wie formen Kinder ihre eigene Entwicklung?

Bei der ganzen Aufmerksamkeit, die der Rolle von Anlage und Umwelt bei der Entwicklung zukommt, wird manchmal nur zu leicht übersehen, in welcher Weise die Kinder selbst zu ihrer eigenen Entwicklung beitragen. Schon bei Säuglingen und Kleinkindern lässt sich dieser Beitrag auf vielfältige Weise erkennen. Drei der wichtigsten Eigenbeiträge im Verlauf der ersten Lebensjahre betreffen ihre Aufmerksamkeitsmuster, ihren Sprachgebrauch und ihr Spielverhalten.

Kinder formen ihre eigene Entwicklung zuallererst durch die Auswahl dessen, worauf sie ihre Aufmerksamkeit richten. Schon Neugeborene blicken in die Richtung von Gegenständen, die Geräusche machen und sich bewegen. Diese Aufmerksamkeitspräferenz hilft ihnen, wichtige Teile der Welt – wie etwa Menschen und Tiere – kennen zu lernen. Die Aufmerksamkeit des Babys wird auch von Gesichtern angezogen, besonders vom Gesicht ihrer Mutter: Wenn die Wahl besteht zwischen dem Blick in das Gesicht der Mutter und dem Blick in das Gesicht einer Fremden, entscheiden sich Kinder schon im ersten Lebensmonat für den Blick zur Mutter (Bushnell, Sai & Mullin, 1989). Diese Blickpräferenz ist für das Kind insofern nützlich, als sie die Bindung zwischen Mutter und Kind festigt (welche junge Mutter wäre nicht glücklich darüber, dass ihr Kind ihr Gesicht bevorzugt?).

Kinder formen ihre eigene Entwicklung von Anfang an schon durch die Wahl, wohin sie schauen. Hohe Priorität besitzt dabei vom ersten Lebensmonat an der Anblick der Mutter.

Jüngere Kinder tragen zu ihrer eigenen Entwicklung oft dadurch bei, dass sie im Spiel vorgeblich andere Rollen einnehmen. Dabei können sie etwas über ihre Interessen und Präferenzen herausfinden.

Kasten 1.1 Individuelle Unterschiede

Die Wichtigkeit normaler früher Erfahrungen

Eine besonders berührende Illustration für die Wichtigkeit normaler Erfahrungen in der frühen Kindheit sind die Fälle von Kindern, die ihre ersten Lebensjahre Ende der 80er und Anfang der 90er Jahre des letzten Jahrhunderts in fürchterlich unzulänglichen rumänischen Waisenhäusern verbringen mussten (O'Connor et al., 2000; Rutter et al., 1998). Die Kinder in diesen Einrichtungen hatten fast keinen Kontakt zu irgendeiner Betreuungsperson; aus nicht nachvollziehbaren Gründen gab die grausame sozialistische Diktatur jener Zeit dem Personal vor, mit den Kindern nicht zu kommunizieren, selbst wenn sie ihnen ihr Fläschchen brachten. Die Bedingungen in den Heimen waren so schlecht, dass viele Kinder vom 18 bis 20 Stunden langen täglichen Liegen auf dem Rücken abgeflachte Hinterköpfe bekommen hatten.

Kurz nach dem Zusammenbruch der kommunistischen Herrschaft in Rumänien wurden einige Hundert dieser Kinder nach Großbritannien gebracht. Bei etwa 150 Kindern wurde die körperliche, geistige und soziale Entwicklung bis zu ihrem sechsten Lebensjahr verfolgt (O'Connor et al., 2000; O'Connor & Rutter, 2000). Manche dieser Waisenkinder kamen vor ihrem sechsten Monat in eine britische Adoptivfamilie, andere zwischen sechs und 24 Monaten, wieder andere waren bei ihrer Adoption zwischen zwei und dreieinhalb Jahren alt. Als Vergleichspunkt diente eine Kontrollgruppe von Kindern, die in Großbritannien geboren wurden und britische Adoptiveltern erhalten hatten; dadurch konnte bestimmt werden, ob die frühen materiellen, emotionalen und sozialen Entbehrungen der in Rumänien geborenen Kinder anhaltende negative Effekte nach sich zogen.

Bei ihrer Ankunft in Großbritannien waren die meisten der rumänischen Kinder massiv unterernährt; mehr als die Hälfte gehörten hinsichtlich Größe, Gewicht und Kopfumfang zu den untersten drei Prozent ihrer jeweiligen Altersgruppe. Auch waren die meisten geistig und sozial zurückgeblieben. Die Adoptiveltern wussten um den entbehrungsreichen Hintergrund der Kinder und waren hoch motiviert, ihnen ein liebevolles Zuhause einzurichten, mit dessen Hilfe sie all ihre verbliebenen Einschränkungen überwinden können sollten, die sie aus den frühen Leidensjahren mitbrachten. Bis zum Alter von sechs Jahren hatte sich die körperliche Entwicklung der in Rumänien geborenen Kinder beträchtlich verbessert, sowohl in absoluter Hinsicht als auch im Vergleich zur Kontrollgruppe britischstämmiger Kinder. Die frühen ungünstigen Erfahrungen der rumänischen Kinder beeinflussten ihre Entwicklung jedoch auch weiterhin, wobei das Ausmaß des negativen Einflusses davon abhing, wie lange sie sich im Waisenhaus befunden hatten. Waren sie im Alter von unter sechs Monaten adoptiert worden und hatten somit nur einen kleinen Teil ihres jungen Lebens in Heimen ver-

---

Wenn Kinder zu sprechen anfangen, was gewöhnlich zwischen neun und 15 Monaten passiert, wird der Beitrag ihrer geistigen Aktivitäten zu ihrer Entwicklung aus ihrer Sprachverwendung ersichtlich. In den ersten Jahren des aktiven Sprechens reden Kinder oft auch dann, wenn sie allein im Raum sind und keiner da ist, der sie bestärkt oder auf das Gesagte reagieren könnte. Nur weil Kinder aus sich heraus motiviert sind, die Sprache zu erlernen, lassen sich ihre Redeübungen unter den genannten Umständen nachvollziehen. Viele Eltern erschrecken, wenn sie solche Selbstgespräche hören, und fragen sich,

Kasten 1.1

bracht, wogen sie als Sechsjährige etwa gleich viel wie die Kontrollgruppenkinder britischer Abstammung. Rumänische Kinder, deren Adoption zwischen sechs Monaten und zwei Jahren erfolgte (und die somit länger im Waisenhaus gelebt hatten), wogen weniger; die Kinder, die erst mit mehr als zwei Jahren adoptiert wurden, wogen noch weniger.

Bei der geistigen Entwicklung zeigte sich ein ähnliches Muster. Die in ihren ersten sechs Lebensmonaten adoptierten rumänischen Kinder besaßen mit sechs Jahren eine geistige Leistungsfähigkeit, die sich mit den Kindern der Kontrollgruppe vergleichen lässt. Mit späterem Adoptionsalter fielen die geistigen Fähigkeiten im Alter von sechs Jahren jeweils schlechter aus.

Auch bei der sozialen Entwicklung ergaben sich analoge Negativeffekte der frühen Erfahrungen in den Waisenhäusern (O'Connor & Rutter, 2000). Fast 20 Prozent der rumänischen Kinder, die bei ihrer Adoption älter als sechs Monate waren, zeigten mit sechs Jahren ein extrem abweichendes Sozialverhalten (verglichen mit drei Prozent der britischstämmigen Kontrollgruppe). Besonders auffallend war, dass sie nicht zwischen ihren Eltern und anderen Erwachsenen zu unterscheiden schienen – sie gingen ohne weiteres auch mit einem Fremden mit; auch suchten sie in Angst auslösenden Situationen nicht den rückversichernden Blick zu ihren Eltern. Weiterhin konnten diese Kinder vielfach keine guten Beziehungen zu Gleichaltrigen aufbauen.

Die liebevolle familiäre Umgebung, die die Adoptiveltern bereitstellten, war für die körperliche, geistige und soziale Entwicklung der Kinder zweifellos eine Unterstützung. Und dennoch scheint es Grenzen zu geben, wie weit sich die frühen Entbehrungen der Kinder ausgleichen und überwinden lassen. Die Entwicklungskompensationen, die im Alter von sechs Jahren beobachtet werden konnten, waren auch schon zu Tage getreten, als die Kinder im Alter von vier Jahren untersucht wurden; zwischen vier und sechs Jahren konnten die rumänischen Kinder ihre Entwicklungsrückstände nicht mehr weiter wettmachen (O'Connor & Rutter, 2000). Weitere Forschungen werden uns zeigen, ob die permanenten Bemühungen und Hilfestellungen der Adoptiveltern den Kindern mit der Zeit doch noch ermöglichen, ihre Entwicklungsdefizite völlig auszugleichen, oder ob die schlimmen Entbehrungen der frühesten Kindheit sich auch weiterhin negativ auf die Entwicklung auswirken.

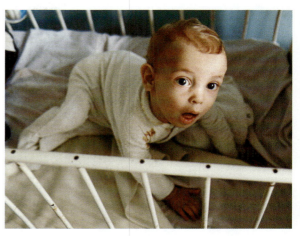

Welche langfristigen Folgen wird dieses Baby, nachdem es mittlerweile in eine liebevolle britische Familie adoptiert wurde, aus seinen frühen negativen Erfahrungen in einem rumänischen Waisenhaus zu tragen haben?

---

ob mit ihrem Kind, das sich so seltsam verhält, vielleicht etwas nicht in Ordnung ist. Tatsächlich ist das jedoch völlig normal, und die Übung hilft ein- bis zweijährigen Kindern wahrscheinlich, ihre Sprechweise zu verbessern.

Das Spielverhalten kleiner Kinder bietet viele Beispiele dafür, wie ihre intrinsisch motivierte Betätigung zu ihrer Entwicklung beiträgt. Kinder spielen von sich aus um den reinen ‚Spaß an der Freud', aber dabei lernen sie auch etliches. Jeder, der ein Baby einen Löffel gegen die verschiedenen Teile seines Hochstuhls hat schlagen sehen oder der zusah, wie es mit Absicht Essen auf

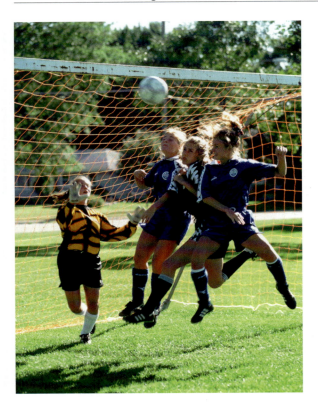

Jugendliche, die am Sport oder anderen Freizeitaktivitäten teilnehmen, schließen mit höherer Wahrscheinlichkeit ihre Schule ab und geraten seltener in Schwierigkeiten als Gleichaltrige, die sich nicht auf diese Weise betätigen. Dies kann als weiteres Beispiel dafür gelten, wie Kinder zu ihrer eigenen Entwicklung beitragen.

den Boden warf oder fallen ließ, wird zustimmen, dass für das Baby die Belohnung in der Tätigkeit selbst liegt. Gleichzeitig lernt das Baby aber auch, welche Geräusche entstehen, wenn verschiedene Gegenstände zusammenprallen, wie schnell etwas zu Boden fällt und vielleicht auch, wo die Geduld der Eltern ihre Grenzen hat. Der aktive Beitrag der Kinder zu ihrer eigenen Entwicklung wird auch in bestimmten Spielaktivitäten sichtbar, die sie wählen. Ab etwa zwei Jahren begeben sich Kinder manchmal in sozio-dramatische Spielsituationen, in denen sie vorgeben, in einer imaginären Situation eine andere Person zu sein. Zum Beispiel behaupten sie, sie wären jetzt Superhelden im Kampf mit Monstern. Neben dem ihnen innewohnenden Vergnügen bringen diese Phantasiespiele wertvollen Lernzuwachs, beispielsweise über die Möglichkeiten, wie man mit Ängsten umgehen kann (Howes & Matheson, 1992).

Mit zunehmendem Alter erhöhen sich die Beiträge der Kinder zu ihrer eigenen Entwicklung (Scarr & McCartney, 1983). Solange die Kinder klein sind, bestimmen ihre Eltern ihre Umgebung weitestgehend, entscheiden etwa, ob sie tagsüber außerhäusig untergebracht werden, ob sie in den Park oder zum Spielplatz gehen, ob sie mit diesem oder jenem Kind spielen, in die Musikschule gehen und so weiter. Im Gegensatz dazu wählen ältere Kinder und Jugendliche viele Umgebungen, Freunde und Betätigungen selbst. Ihre Entscheidungen können sich auf ihre Zukunft weit reichend auswirken. Um nur ein Beispiel anzuführen: Schüler, die sich zwischen der sechsten und der zehnten Klasse mindestens ein Jahr lang an einer oder mehreren Aktivitäten außerhalb des Schulunterrichts beteiligen, etwa im Mannschaftssport oder in Vereinen, schließen die High School mit größerer Wahrscheinlichkeit erfolgreich ab als ursprünglich vergleichbare Schüler, die sich nicht in dieser Weise engagierten (Mahoney, 2000). Die Teilnehmer solcher außerschulischen Aktivitäten werden im späteren Leben auch mit geringerer Wahrscheinlichkeit verhaftet. Die Unterschiede in den Entwicklungsergebnissen sind besonders ausgeprägt bei Kindern aus Familien mit niedrigem Einkommen, die zuvor von ihren Klassenkameraden als aggressiv und unbeliebt eingeschätzt wurden. Kinder tragen also von Beginn ihres Lebens an zu ihrer eigenen Entwicklung bei, und ihr Beitrag wächst mit zunehmendem Alter.

3 *Kontinuität/Diskontinuität*: Inwiefern verläuft die Entwicklung kontinuierlich oder diskontinuierlich?

Manche Wissenschaftler stellen sich die Kindesentwicklung als einen **kontinuierlichen** Prozess kleiner Veränderungen vor, wie bei einem Baum, der höher und höher wächst. Andere sehen den Entwicklungsprozess als eine Reihe plötzlicher **diskontinuierlicher** (sprunghafter) Veränderungen, wie den Übergang von der Raupe über den Kokon zum Schmetterling (Abbildung 1.1). Ein durchgehendes Ziel der Entwicklungsforschung besteht darin zu bestimmen, welche Sichtweise die größere Gültigkeit besitzt.

Forscher, die die Entwicklung als *diskontinuierlich* betrachten, gehen von einer allgemeinen Beobachtung aus: Kinder verschiedenen Alters erscheinen *qualitativ unterschiedlich*. Beispielsweise unterscheiden sich ein Vierjähriger und ein Sechsjähriger wohl nicht nur darin, wie viel sie wissen, sondern in der gesamten Art und Weise, wie sie an die Welt herangehen.

Um sich diese Unterschiede zu verdeutlichen, betrachte man die beiden (hier übersetzten) Unterhaltungen zwischen Beth, der Tochter eines der Autoren, und ihrer Mutter. Das erste Gespräch fand statt, als Beth vier Jahre alt war, das zweite mit sechs Jahren. Beide Gespräche ergaben sich, als Beth ihrer Mutter dabei zusah, wie sie das Wasser aus einem typischen Trinkglas vollständig in ein höheres Glas mit kleinerem Durchmesser umschüttete. So klang das Gespräch mit der vierjährigen Beth:

> *Mutter*: Ist das immer noch dieselbe Menge Wasser?
>
> *Beth*: Nein.
>
> *Mutter*: War es vorher mehr Wasser, oder ist es jetzt mehr?
>
> *Beth*: Jetzt isses mehr.
>
> *Mutter*: Warum glaubst du das?
>
> *Beth*: Das Wasser ist höher; man sieht, dass es mehr ist.
>
> *Mutter*: Ich schütte das Wasser jetzt in das normale Glas zurück. Ist das gleich viel Wasser wie vorher, als das Wasser auch in diesem Glas war?

Kontinuierliche Entwicklung – die Vorstellung, dass altersbedingte Veränderungen allmählich und in kleinen Schritten eintreten, so wie ein Baum höher und höher wächst.

Diskontinuierliche Entwicklung – die Vorstellung, dass altersbedingte Veränderungen mit gelegentlichen größeren Wandlungen einhergehen, so wie eine Raupe sich verpuppt und dann als Schmetterling schlüpft.

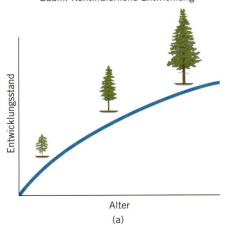 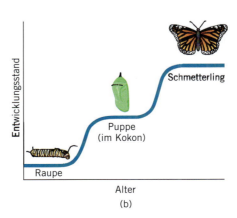

Abbildung 1.1: Kontinuierliche und diskontinuierliche Entwicklung. Manche Forscher betrachten Entwicklung als einen kontinuierlichen, graduellen Prozess, wie bei einem Baum, der von Jahr zu Jahr höher wächst (links). Andere sehen Entwicklung als diskontinuierlichen Prozess, an dem plötzliche einschneidende Veränderungen beteiligt sind, so wie die Verwandlung der Raupe über das Stadium der Verpuppung bis zum Schmetterling (rechts). Beide Ansichten passen zu bestimmten Aspekten der Kindesentwicklung.

Das Verhalten von Kindern bei Piagets Aufgabe zur Erhaltung von Flüssigkeitsmengen wird oft als Beispiel für die Vorstellung einer diskontinuierlichen Entwicklung herangezogen. Das Kind sieht zunächst gleiche Mengen an Flüssigkeit in gleich geformten Gläsern und ein leeres, anders geformtes Glas. Dann sieht das Kind, wie die Flüssigkeit aus einem Glas in das leere Glas umgeschüttet wird. Schließlich soll das Kind angeben, ob die Menge an Flüssigkeit dieselbe geblieben ist oder ob sich in einem Glas nun mehr Flüssigkeit befindet. Die meisten Fünf- und Sechsjährigen sind der unerschütterlichen Ansicht, dass das schmalere Glas mit der höheren Flüssigkeitssäule mehr Flüssigkeit enthält. Etwa ein Jahr später sind sie sich genau so sicher, dass die Flüssigkeitsmenge in beiden Gläsern natürlich dieselbe ist.

Beth: Ja.

Mutter: Jetzt schütte ich das Wasser wieder in das hohe dünne Glas. Ist die Menge an Wasser gleich geblieben?

Beth: Nein, ich hab dir schon gesagt, dass es mehr Wasser ist, wenn es im hohen Glas ist.

Zwei Jahre später, Beth war inzwischen sechs, reagierte sie auf dasselbe Problem ganz anders:

Mutter: Ist das immer noch dieselbe Menge Wasser?

Beth: Natürlich.

Welche Veränderungen in Beths Denken brachten diese sehr unterschiedlichen Reaktionen hervor? Die Unterschiede lassen sich nicht darauf zurückführen, dass sie zwischenzeitlich weitere Erfahrungen mir der Umfüllprozedur hätte sammeln können; nach bestem Wissen und Gewissen der Eltern war Beth in der Zwischenzeit nie wieder mit dieser Situation konfrontiert gewesen. Warum aber sollte sie als Vierjährige so sicher sein, dass das Umfüllen in das schmalere Glas die Wassermenge erhöht, und als Sechsjährige genau so überzeugt davon sein, dass die Menge gleich bleibt?

Eigentlich handelt es sich beim Umschüttversuch um ein klassisches Verfahren zur Überprüfung des kindlichen Denkniveaus. Es wurde weltweit bei Tausenden von Kindern angewandt – von denen fast alle genau so reagiert haben wie Beth. Solche altersabhängigen Unterschiede bei Verständnisleistungen durchziehen das kindliche Denken. Man betrachte zwei Briefe an Mr. Rogers (den Protagonisten einer Kindersendung), die ihm von einem vier- und einem fünfjährigen Kind zugesandt wurden (Rogers, 1996, S: 10–11):

Lieber Mr. Rogers,
ich würde gern wissen, wie du in den Fernsehapparat hineinkommst. (Robby, 4 Jahre alt)

Lieber Mr. Rogers,
ich wünsche mir, dass du aus Versehen einmal aus dem Fernseher in meine Wohnung trittst, damit ich mit dir spielen kann. (Josiah, 5 Jahre alt)

Das sind eindeutig keine Ideen, die ein älteres Kind hervorbringen würde. Was ist mit Vier- und Fünfjährigen los, das sie glauben lässt, eine Person könnte in einem Fernsehgerät ein- und ausgehen? Und welche Änderungen treten ein, die solche Annahmen für Sechs- oder Siebenjährige lächerlich erscheinen lassen?

Ein häufiger Ansatz zur Beantwortung solcher Fragen stammt aus Theorien, nach denen Entwicklung als Abfolge unterscheidbarer (distinkter) altersabhängiger Stadien oder Phasen eintritt. Diesen **Stufentheorien** zufolge sind am Eintritt des Kindes in eine neue Phase relativ plötzliche, qualitative Veränderungen beteiligt, in denen eine in sich geschlossene Weise, die Welt zu erleben und aufzufassen, in eine andere, wiederum in sich zusammenhängende Weltsicht übergeht. Zu den bekanntesten Stufentheorien gehört Jean Piagets *Theorie der kognitiven Entwicklung*, also der Entwicklung des Denkens und Schlussfolgerns. Nach dieser Theorie durchlaufen Kinder von der Geburt bis zur Adoleszenz vier Stadien, die durch jeweils unterschiedlich beschaffene geistige Fähigkeiten und durch unterschiedliche Arten, die Welt zu begreifen, gekennzeichnet sind. Beispielsweise befinden sich Piagets Theorie zufolge Zwei- bis Fünfjährige in einem Entwicklungsstadium, in dem sie zu jedem Zeitpunkt nur einen Aspekt eines Ereignisses oder eine Art von Information berücksichtigen können. Mit sechs oder sieben Jahren treten Kinder in ein anderes Stadium ein, in dem sie sich gleichzeitig auf zwei oder mehr Aspekte eines Ereignisses konzentrieren beziehungsweise zwei oder mehr Informationstypen koordinieren können. Wenn sich Vier- und Fünfjährige einer Aufgabe gegenübersehen, wie sie von Beths Mutter gestellt wurde, konzentrieren sie sich allein auf die Dimension der Höhe und kommen so zu der Erkenntnis, dass sich in dem schmalen, höheren Glas mehr Wasser befindet. Im Gegensatz dazu betrachten einige Sechsjährige und die meisten der Siebenjährigen die beiden relevanten Dimensionen der Aufgabe – Höhe und Durchmesser des Glases – gleichzeitig. Dadurch können sie erkennen, dass die Wassersäule in dem hohen Glas zwar höher steht, dass das Glas aber schmaler ist und sich die beiden Unterschiede am Ende wieder ausgleichen. Stufentheorien nehmen an, dass Kinder nach Erreichen eines neuen Stadiums – etwa nach dem Erwerb der Fähigkeit, zwei Aspekte einer Situation gleichzeitig zu berücksichtigen – ihre neue Art und Weise des Denkens bei einem breiten Spektrum von Aufgaben zum Einsatz bringen.

Bei der Lektüre des vorliegenden Buches werden wir einer Reihe von weiteren Stufentheorien begegnen, darunter Sigmund Freuds Theorie der psychosexuellen Entwicklung, Erik Eriksons Theorie der psychosozialen Entwicklung und Lawrence Kohlbergs Theorie der Moralentwicklung. Jede dieser Stufentheorien nimmt an, dass Kinder in einem bestimmten Alter über viele Situationen hinweg starke Ähnlichkeiten aufweisen und dass sich ihr Verhalten in verschiedenen Altersstufen deutlich unterscheidet.

Solche Stufentheorien erwiesen sich als sehr einflussreich. In den vergangenen 20 Jahren kamen viele Forscher jedoch zu dem Schluss, dass die Veränderungen in den meisten Entwicklungsaspekten eher allmählich und nicht abrupt verlaufen und dass die Entwicklung von Fähigkeit zu Fähigkeit, von Aufgabe zu Aufgabe voranschreitet und nicht in breiter und einheitlicher Weise (Elman et al., 1996; Klahr & MacWhinney, 1998; Rogoff, 1998). Diese Sicht auf die Entwicklung ist weniger dramatisch, wird aber durch eine Menge an Belegen unterstützt. Ein solcher Befund besteht in der Tatsache, dass sich Kinder oft bei einer Aufgabe gemäß einer Entwicklungsstufe und bei einer anderen Aufgabe in Übereinstimmung mit einer anderen Stufe verhalten (Fla-

Stufentheorien – Annahmen, die die Entwicklung als eine Reihe von diskontinuierlichen, altersgebundenen Stadien sehen.

vell, 1982). Dieses variable Niveau der Denkprozesse macht es schwierig zu sagen, das Kind befinde sich ‚in' einer der Phasen.

Ein Großteil der Schwierigkeit bei der Entscheidung, ob Entwicklung kontinuierlich verläuft oder nicht, hängt damit zusammen, dass dieselben Sachverhalte aus unterschiedlicher Perspektive jeweils anders aussehen können. Nehmen wir die scheinbar einfache Frage, ob die Körpergröße eines Kindes kontinuierlich oder diskontinuierlich wächst. Abbildung 1.2a zeigt die Körpergröße eines Jungen von der Geburt bis zum 18. Lebensjahr (Tanner, 1961). Betrachtet man die Größe des Jungen im jeweiligen Alter, so erscheint die Entwicklung geschmeidig und kontinuierlich, mit einem schnellen Wachstum am Lebensanfang, das sich dann verlangsamt.

Ein ganz anderes Bild ergibt sich jedoch, wenn man Abbildung 1.2b betrachtet. Diese Kurve zeigt das Wachstum desselben Jungen, stellt aber den Größenzuwachs von einem Jahr zum nächsten dar. Der Junge wuchs in jedem Jahr, aber am meisten im Verlauf zweier Abschnitte: von der Geburt bis zum dritten Lebensjahr und zwischen zwölf und 15. Daten, die so aussehen, führen dazu, dass manche von einem diskontinuierlichen Wachstum reden und ein eigenes Stadium der Adoleszenz annehmen, zu dem ein Wachstumsschub gehört.

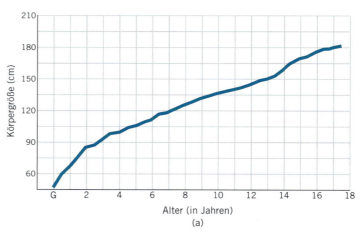

Abbildung 1.2: Kontinuierliches und diskontinuierliches Wachstum. Je nach Sichtweise können die Veränderungen der Körpergröße kontinuierlich oder diskontinuierlich erscheinen. (a) Untersucht man die Körpergröße eines Jungen jährlich von der Geburt bis zum 18. Lebensjahr, so sieht das Wachstum graduell und kontinuierlich aus (aus Tanner, 1961). (b) Untersucht man die Größenveränderungen desselben Jungen über dieselben Jahre hinweg jeweils im Vergleich zum Vorjahr, zeigt sich ein schnelles Wachstum in den ersten drei Jahren, dann ein langsameres Wachsen, dann ein Wachstumsschub in der Adoleszenz und schließlich ein schnelles Absinken der Wachstumsrate; so gesehen verläuft das Wachstum diskontinuierlich.

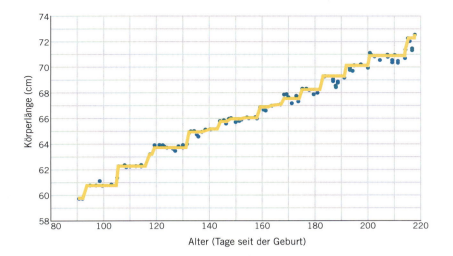

Abbildung 1.3: Kontinuierliches und diskontinuierliches Wachstum des Kleinkindes. Der allgemeine Trend in der Körperlänge eines Kleinkindes lässt auf kontinuierliches Wachstum schließen. Untersucht man jedoch die täglichen Veränderungen, ergeben sich an einzelnen Tagen diskontinuierliche Wachstumsschübe (Lampl et al., 1992).

Noch ein anderes Bild des Wachstums tritt in Abbildung 1.3 zu Tage. Die Daten illustrieren das Wachstum eines Kleinkinds, dessen Körperlänge zwischen seinem dritten und siebten Lebensmonat täglich gemessen wurde. Betrachtet man das Wachstum des Kindes von Tag zu Tag, so finden sich viele Tage ohne jegliches Wachstum und eine relativ kleine Anzahl an Tagen, an denen das Kind recht viel gewachsen ist. Genauer gesagt wuchs das Kind an den 13 wachstumsstarken Tagen in der Summe mehr als an den restlichen 115 Tagen zusammen. Der Befund trifft nicht nur auf dieses bestimmte Kind zu; bei anderen Kindern finden sich ähnliche Wachstumsmuster (Lampl, Veldhuis & Johnson, 1992). Auf einer sehr detaillierten Analyseebene erscheint das Wachstum somit als diskontinuierlich – es gibt ein paar „Wachstumstage", an den restlichen Tagen ist das Wachsen Fehlanzeige.

Verläuft die Entwicklung nun im Wesentlichen kontinuierlich oder im Wesentlichen diskontinuierlich? Die vernünftigste Antwort scheint zu lauten: „Es kommt darauf an, wie du sie betrachtest und wie oft du hinschaust." Man stelle sich den Unterschied zwischen der Perspektive eines Onkels, der seine Nichte alle zwei oder drei Jahre sieht, und der Perspektive ihrer Eltern vor, die sie täglich sehen. Der Onkel wird fast immer von den gewaltigen Veränderungen beeindruckt sein, die seine Nichte seit ihrem letzten Zusammentreffen durchgemacht hat. Das Mädchen wird so verändert sein, dass es den Anschein hat, es sei auf eine höhere Entwicklungsstufe gelangt. Im Gegensatz dazu werden die Eltern meistens die Kontinuität in der Veränderung erleben; für sie scheint das Mädchen Tag für Tag ein Stückchen größer zu werden. Jedoch sind auch Eltern zuweilen bestürzt, weil ihr Kind schlagartig viel reifer erscheint, als sie es bis dahin bemerkt hatten. Im Verlauf dieses Buches werden wir die Veränderungen – seien sie groß oder klein, abrupt oder allmählich – betrachten, die einige Forscher dazu veranlassten, die Kontinuität der Entwicklung zu betonen, und andere ihre Diskontinuität hervorheben ließ.

4 *Mechanismen entwicklungsbedingter Veränderungen*: Wie kommt es zu Veränderungen?

Das vielleicht größte Geheimnis der Kindesentwicklung drückt sich in der Frage „Wie kommt es zu Veränderungen?" aus. Welche Mechanismen rufen die beachtlichen Veränderungen hervor, denen alle Kinder unterliegen? Eine sehr allgemein gehaltene Antwort war in der Diskussion um das Thema von Anlage und Umwelt bereits implizit enthalten: Das Wechselspiel zwischen Genen und Umwelten bestimmt sowohl, welche Veränderungen eintreten, als auch, wann sie eintreten. Darüber hinaus bedarf es aber der genaueren Spezifikation, wie bestimmte Veränderungen ablaufen.

Darwins Evolutionstheorie bietet für derartige Fragestellungen einen hilfreichen gedanklichen Rahmen. Nach der Evolutionstheorie sind das Entstehen und die Veränderungen einer biologischen Art (einer Spezies) durch zwei zentrale Prozesse gekennzeichnet: Variation und Selektion. **Variation** bezieht sich auf die Unterschiede innerhalb und zwischen Individuen. **Selektion** erfolgt durch das häufigere Überleben – und deshalb die größere Reproduktion – von Organismen, die sich gut an ihre Umweltbedingungen angepasst haben. Durch das gemeinsame Wirken von Variation und Selektion bekommen Spezies, die sich besser an eine gegebene Umwelt anpassen konnten, mit der Zeit die Vorherrschaft in dieser Umwelt, während schlechter angepasste Spezies seltener werden oder ganz aussterben.

In analoger Weise scheint die psychische Variation und Selektion Veränderungen innerhalb der individuellen Lebensspanne zu produzieren. Psychische Variation bezeichnet die verschiedenen Arten und Weisen, wie Menschen denken, handeln und miteinander in Beziehung treten. Zur psychischen Selektion gehört unter anderem das mit Alter und Erfahrung wachsende Vertrauen in die brauchbarsten und zweckmäßigsten Formen des Denkens, Handelns und Interagierens. Zusammen scheinen Variation und Selektion im genannten Sinne eine Vielfalt von positiven Veränderungen unserer psychischen Funktionen zu bewirken (Changeux & Dehaene, 1989; Geary & Bjorklund, 2000; Gibson, 1994; Siegler, 1996; Thelen & Smith, 1994).

Wie Variation und Selektion zu psychischen Veränderungen führen, lässt sich anhand der veränderten Strategien jüngerer Kinder bei der Bearbeitung einstelliger Additionsaufgaben illustrieren. Betrachten wir zuerst die Variation der Strategien. Ab dem vierten oder fünften Lebensjahr verwenden Kinder ganz unterschiedliche Strategien, um einfache Aufgaben wie 3 + 5 zu lösen (Bisanz, Morrison & Dunn, 1995; Geary, 1994). Manchmal zählen sie von 1 an bis 3 + 5; dabei zählen sie zuerst bis 3 – „1, 2, 3" – und strecken drei Finger, dann von 1 bis 5 und strecken fünf Finger der anderen Hand, dann zählen sie alle ausgestreckten Finger noch einmal zusammen ab. Manchmal rufen Sie die Lösung direkt aus dem Gedächtnis ab. Oder sie verwenden eine Weiterzähl-Strategie, bei der sie von der größeren der zu addierenden Zahlen ausgehen und von dort aus so oft weiterzählen, wie der kleinere Summand angibt; im Beispiel würden sie also bei 5 beginnen und „6, 7, 8" weiterzählen. Oder aber,

---

Variation – Unterschiede im Denken und Verhalten innerhalb und zwischen Individuen.

Selektion – das häufigere Überleben und die größere Reproduktionsrate von Organismen mit guter Anpassung an die Umwelt.

wenn einem Kind kein besserer Lösungsweg einfällt, verlegt es sich auf die Strategie des Ratens. Fast alle fünf- bis achtjährigen Kinder verwenden zumindest drei dieser Additionsstrategien (Siegler, 1996).

Wenden wir uns nun dem Prozess der Selektion zu. Additionsstrategien unterscheiden sich sowohl in ihrer Geschwindigkeit als auch in der Genauigkeit, mit der sie zur Lösung führen. Gedächtnisabruf beispielsweise ist die schnellste Strategie, aber jüngere Kinder können sie bei schwierigen Aufgaben nicht korrekt anwenden. Andere Strategien, etwa das Abzählen von 1 an, sind langsamer und mühsamer, können aber auch bei Aufgaben, bei denen der Gedächtnisabruf versagt, zu korrekten Lösungen führen. Die Herausforderung liegt darin, seine Strategien so auszuwählen, dass Geschwindigkeit und Genauigkeit sich mit der Zeit verbessern und dass sich ein zunehmendes Vertrauen in die effektivsten Strategien einstellt.

Schon Vorschulkinder und Erstklässler setzen die Strategien, die sie kennen, nicht wahllos ein, sondern angepasst an die jeweilige Situation. Gedächtnisabruf (also ‚Auswendigwissen') verwenden sie vorrangig bei einfachen Aufgaben, wo die Strategie schnelle und korrekte Lösungen bringt. Bei schwierigeren Aufgaben verwenden sie dann jedoch zeitaufwendigere und anstrengendere Strategien, deren Einsatz für das Erreichen der richtigen Lösung notwendig ist. So können Sechsjährige im Allgemeinen die Lösung für 3 + 3 aus dem Gedächtnis angeben, bei 2 + 12 zählen sie aber von 12 an hoch (Siegler, 1987).

In der biologischen Evolution vermehren sich die am besten an ihre Umwelt angepassten Organismen mit der Zeit am stärksten. Ähnlich ist es bei der kognitiven Entwicklung: Die effektivsten Strategien werden mit zunehmendem Alter und zunehmender Erfahrung der Kinder immer häufiger verwendet. Wenn Kinder also die richtige Lösung bei einer Aufgabe immer häufiger produzieren, assoziieren sie die Lösung mit der Aufgabe, so dass sie die Lösung mit der Zeit immer häufiger direkt aus dem Gedächtnis abrufen können.

Evolutionäre Ansätze haben sich für das Verständnis von Entwicklungsprozessen auch in vielen anderen Bereichen als der Arithmetik als brauchbar erwiesen (Geary & Bjorklund, 2000). Dazu gehören die Entwicklung von sozialen Beziehungen (Bowlby, 1969), Geschlechtsunterschieden (Maccoby, 1998), Sprache (Pinker, 1997) und sportlicher Betätigung (Pellegrini & Smith, 1998). Neue Variationen auf diesen Gebieten ergeben sich oft aus der universellen Neigung von Kindern zu spielen und die Umwelt zu erkunden (Geary, 1998; Pellegrini & Smith, 1998). Selektion tritt durch den zunehmenden Einsatz derjenigen Varianten ein, mit denen die Kinder ihre Ziele regelmäßig, schnell und leicht erreichen können (Geary & Bjorklund, 2000; Siegler, 1996).

Ein zentraler Mechanismus für entwicklungsbedingte Veränderung ist die Variation und Selektion beim Einsatz von Strategien. Sobald ein Kind effektivere Wege herausfindet, um Zahlen zusammenzuzählen, wird es die vorherige Strategie, an den Fingern abzuzählen, aufgeben.

5 *Der sozio-kulturelle Kontext*: Wie wirkt sich der sozio-kulturelle Kontext auf die Entwicklung aus?

Kinder wachsen in bestimmten materiellen und sozialen Umwelten auf, in einer bestimmten Kultur, unter bestimmten ökonomischen Bedingungen, zu einem bestimmten historischen Zeitpunkt. Zusammen bilden diese materiellen, sozialen, kulturellen, ökonomischen und zeitgeschichtlichen Umstände den **sozio-kulturellen Kontext** im Leben eines Kindes. Dieser sozio-kulturelle Kontext wirkt sich auf jeden Aspekt der Kindesentwicklung aus.

Die ganz offensichtlich wichtigsten Teile des sozio-kulturellen Kontexts von Kindern sind die Menschen, mit denen sie zu tun haben – Eltern, Großeltern, Brüder, Schwestern, Erzieherinnen, Freunde, Gleichaltrige und so weiter –, und die materielle Umwelt, in der sie leben – Wohnung, Kindergarten, Schule, Nachbarschaft. Ein ebenfalls wichtiger, aber weniger konkreter Teil des sozio-kulturellen Kontexts sind die Institutionen, die das Leben der Kinder beeinflussen: das Schulsystem, religiöse Einrichtungen, Sportvereine oder Jugendgruppen. Andere wichtige Einflüsse stammen aus der allgemeinen Beschaffenheit der Gesellschaft, in der ein Kind aufwächst: ihr Wohlstand und ihr technologischer Fortschritt; ihre Werte, Einstellungen, Glaubenshaltungen und Traditionen; ihre Gesetze, ihre politische Struktur und so weiter.

Nicht nur die Menschen und die materielle Umgebung beeinflussen die Entwicklung eines Kindes, sondern auch die abstrakteren Aspekte des sozio-kulturellen Kontexts. In der Tatsache beispielsweise, dass in den USA und in manchen anderen Ländern die meisten Kinder im Anschluss an das Säuglingsalter Tagesstätten oder andere Betreuungseinrichtungen außerhalb der Familienwohnung besuchen, kommt eine ganze Reihe von sozio-kulturellen Faktoren zum Ausdruck: die historische Epoche (im größten Teil des 20. Jahrhunderts gingen in den USA weit weniger Kinder in Kindertagesstätten); die ökonomische Struktur (die meisten Mütter kleinerer Kinder arbeiten außerhalb ihrer Wohnung); kulturelle Überzeugungen innerhalb der Gesellschaft (zum Beispiel, dass eine außerhäusige Betreuung den Kindern nicht schadet) und kulturelle Werte (zum Beispiel, dass Mütter kleinerer Kinder in der Lage sein sollten, eine Arbeit aufzunehmen, falls sie das wünschen). Der Besuch des Kindergartens wirkt sich umgekehrt dann wieder darauf aus, welche Menschen ein Kind kennen lernt und an welchen Aktivitäten es sich beteiligt.

Eine Methode zur Untersuchung des Einflusses des sozio-kulturellen Kontexts besteht darin, das Leben von Kindern zu vergleichen, die in verschiedenen Kulturen aufwachsen. Solche Vergleiche lassen oft erkennen, dass Praktiken, die die eine Kultur für selbstverständlich hält und als ‚natürlich' begreift, in anderen Kulturen ganz anders beschaffen sind und dass Praktiken, die in der eigenen Kultur selten oder nicht existent sind, in anderen Kulturen geläufig sind und dort sogar entscheidende Vorteile mit sich bringen. Der folgende Vergleich der Schlafgewohnheiten jüngerer Kinder in verschiedenen Gesellschaften illustriert den Wert solcher kulturvergleichender Forschungen.

Sozio-kultureller Kontext – die materiellen, sozialen, kulturellen, ökonomischen und zeitgeschichtlichen Umstände, welche die Umwelt eines jeden Kindes bilden.

In den meisten US-amerikanischen Familien schlafen Säuglinge zunächst im Schlafzimmer der Eltern, entweder in einem Kinderbett oder im Bett der Eltern. Mit zwei bis sechs Monaten verfrachten die Eltern die Kinder jedoch für gewöhnlich in ein Kinderzimmer, wo sie dann allein schlafen (Shweder, Balle-Jensen & Goldstein, 1995). Dies erscheint nur für Menschen natürlich, die in bestimmten Ländern groß geworden sind. Weltweit gesehen sind solche Schlafgewohnheiten jedoch äußerst unüblich. In einer Umfrage in 100 Kulturen waren die USA die einzige, in der Babys in einem anderen Zimmer schlafen als die Eltern (Whiting & Edwards, 1988). In anderen Kulturen, darunter auch industrialisierte Nationen wie Italien, Japan und Korea, schlafen die Kinder in den ersten Lebensjahren fast immer im selben Bett wie die Mutter, und auch ältere Kinder schlafen im selben Zimmer wie sie, manchmal im selben Bett (z. B. Caudill & Plath, 1966). Wobei bleiben dabei die Väter? In einigen Kulturen schläft der Vater im selben Bett wie Mutter und Baby; in anderen Kulturen schläft er in einem eigenen Bett oder in einem anderen Zimmer; es gibt auch Kulturen, in denen der Vater gleich ganz in einem anderen Haus schläft.

In vielen Ländern, beispielsweise in Dänemark, schlafen Mutter und Kind mehrere Jahre lang im gleichen Bett. Dieses sozio-kulturelle Muster steht in starkem Gegensatz zu der Praxis in den USA, Kinder schon bald nach ihrer Geburt allein schlafen zu lassen.

Wie wirken sich diese unterschiedlichen Schlafarrangements auf die Kinder aus? Und das herauszufinden, interviewten Morelli, Rogoff, Oppenheim und Goldsmith (1992) Mütter aus amerikanischen Mittelklassefamilien in Salt Lake City (Utah) und aus ländlichen Maya-Familien in Guatemala. Die Interviews ließen erkennen, dass mit sechs Monaten eine große Mehrheit der amerikanischen Kinder bereits in ihrem eigenen Zimmer schläft. Mit dem Herauswachsen aus dem Säuglingsalter wurde die nächtliche Trennung von Kind und Eltern zu einem komplexen Ritual, zu dem Aktivitäten gehören, um das Kind zu trösten und zufrieden zu stellen: Geschichten erzählen, aus Kinderbüchern vorlesen, Lieder singen und so weiter. Eine Mutter sagte: „Wenn meine Freunde hören, dass für meinen Sohn Schlafenszeit ist, necken sie mich und sagen ‚Also bis in einer Stunde dann'" (Morelli et al., 1992, S. 608). Etwa bei der Hälfte der Kinder wurde berichtet, dass sie ein Kuschelobjekt, eine Decke oder einen Teddybär, mit ins Bett nehmen.

Im Gegensatz dazu zeigten die Interviews mit den Maya-Müttern, dass ihre Kinder typischerweise bis zum Alter von zwei oder drei Jahren mit ihrer Mutter im selben Bett und in den darauf folgenden Jahren weiterhin im selben Zimmer schlafen. Die Kinder gehen normalerweise gleichzeitig mit ihren Eltern schlafen oder schlafen in jemandes Armen ein. Keine der Maya-Eltern gaben irgendwelche Zubettgeh-Rituale an; fast nie wurde über irgendwelche Kuscheltiere, Puppen oder Decken berichtet, die die Kinder mit ins Bett nehmen. Außerdem lutschen die Maya-Kinder, anders als viele amerikanische Kinder, beim Schlafengehen auch nicht am Daumen.

Warum unterscheiden sich die Schlafarrangements in verschiedenen Kulturen? Eine offensichtliche Erklärungsmöglichkeit besteht darin, dass die Menschen in anderen, insbesondere ärmeren Kulturen gar keinen Platz für separate Schlafräume haben. Die Interviews mit den Maya-Eltern sprachen jedoch dafür, dass sie nicht den Raumbedarf als entscheidenden Faktor ansehen. Stattdessen sind die zentralen Überlegungen eher auf kulturelle Werte gerichtet. Die Maya-Kultur schätzt die wechselseitige Abhängigkeit zwischen den Menschen. Die Eltern gaben ihrer Überzeugung Ausdruck, dass der gemeinsame Schlaf des Kindes mit der Mutter für die Entwicklung einer guten Eltern-Kind-Beziehung wichtig sei; auch lässt sich so vermeiden, dass das Kind wegen seines Alleinseins bekümmert ist; und schließlich werden für die Eltern auf diese Weise Probleme, die das Kind haben könnte, leicht erkennbar.

Im Gegensatz dazu schätzt die amerikanische Kultur Unabhängigkeit und Selbstständigkeit. Die Mütter waren davon überzeugt, dass es diesen Werten entgegenkommt, wenn die Kinder auch schon in frühestem Alter allein schlafen. Das Beispiel lässt erkennen, wie sich einerseits Praktiken, die uns ganz natürlich erscheinen, über die Kulturen hinweg deutlich unterscheiden können und wie andererseits einfache Konventionen des Alltags oft tiefer liegende Werte und Überzeugungen widerspiegeln.

Entwicklungskontexte unterscheiden sich nicht nur zwischen Kulturen, sondern auch innerhalb der einzelnen Kulturen. In multikulturellen Gesellschaften hängen viele Kontextunterschiede mit der Volkszugehörigkeit, der Rasse und dem **sozio-ökonomischen Status** zusammen. (Der sozio-ökonomische Status ist ein Maß der sozialen Klassenzugehörigkeit, das auf Bildung und Einkommen basiert.) Praktisch jeder Aspekt des Kindeslebens wird von diesen Merkmalen beeinflusst, von der Art der Nahrung über die Disziplinierungsmaßnahmen der Eltern bis zu den Spielen, die gespielt werden.

Sozio-ökonomischer Status – ein Maß der sozialen Klassenzugehörigkeit auf der Basis von Bildung und Einkommen.

Der ökonomische Kontext wirkt sich besonders stark auf das Leben der Kinder aus. In wirtschaftlich entwickelten Gesellschaften wie der unseren wachsen die meisten Kinder unter komfortablen Umständen auf, was man von Millionen anderer Kinder nicht behaupten kann. In den USA beispielsweise lebten 1999 etwa 17 Prozent der Kinder in Familien, deren Einkommen unter der Armutsgrenze liegt (die für eine vierköpfige Familie mit etwa 17000 Dollar Jahreseinkommen angesetzt war). In absoluten Zahlen bedeutet das, dass etwa zwölf Millionen Kinder in diesem Land in Armut aufwachsen (U.S. Department of Health and Human Services, 2001). Wie Tabelle 1.2 zeigt, sind die Armutsraten unter schwarzen und hispanischen Familien sowie bei allein erziehenden Müttern besonders hoch. Nach Informationen der Bundeszentrale für politische Bildung (Bertsch, 2002) gelingt für Deutschland derzeit kein schlüssiger Ausweis von Armutszahlen. Ende 1998 erhielten etwa 570 000 Familien mit etwa einer Million Kindern (unter 18 Jahren) laufende Hilfe zum Lebensunterhalt (Sozialhilfe). 1999 waren rund 1,2 Millionen Familien mit schätzungsweise 2 Millionen Kindern überschuldet. Außerdem spricht der *Elfte Kinder- und Jugendbericht* von etwa 250 000 überschuldeten Jugendlichen und Heranwachsenden in Deutschland. Mangelnde Zahlungsfähigkeit (Überschuldung) und ihre Folgewirkungen bilden ein hartes Indiz für Armut.

Kinder aus armen Familien schneiden in vielfacher Hinsicht schlechter ab als andere Kinder (Duncan & Brooks-Gunn, 2000). Schon im Säuglingsalter haben sie mit größerer Wahrscheinlichkeit schwere Gesundheitsprobleme. In der Kindheit besitzen sie eine höhere Wahrscheinlichkeit für soziale und emotionale Probleme sowie für Verhaltensauffälligkeiten. In Kindheit und Jugendalter verfügen sie oft über einen kleineren Wortschatz, ihr IQ ist niedriger, und bei standardisierten Leistungstests erreichen sie niedrige Punktzahlen bei Mathematik- und Leseaufgaben. Sie werden in der Adoleszenz mit größerer Wahrscheinlichkeit schwanger oder gehen vorzeitig von der Schule ab (Garbarino, 1992; McLoyd, 1998).

Und doch, wie wir am Anfang dieses Kapitels am Beispiel von Werners Untersuchung der Kinder von Kauai gesehen haben, überwinden viele Kinder die Hindernisse, die durch Armut zustande kommen. Solche resiliente Kinder besitzen meistens drei Merkmale (Masten & Coatsworth, 1998): Das eine sind positive persönliche Eigenschaften wie hohe Intelligenz, gelassene Persönlichkeit und Anpassungsfähigkeit beziehungsweise Flexibilität gegenüber Veränderungen. Ein weiteres Merkmal resilienter Kinder besteht in der engen Beziehung zu mindestens einem Elternteil. Drittens findet sich häufig eine enge Beziehung zu mindestens einem Erwachsenen neben den Eltern, etwa zum Großvater oder zur Großmutter, zu einem Lehrer, Trainer oder Geistlichen. Obwohl Armut also einer erfolgreichen Entwicklung Hindernisse in den Weg stellt, können viele Kinder diese dennoch überwinden.

Tabelle 1.2: Anteile US-amerikanischer Kinder unter 18 Jahren aus verschiedenen Bevölkerungsgruppen, die in Familien unterhalb der Armutsgrenze aufwachsen.

Gruppe	Prozent in Armut
Gesamtbevölkerung USA	17
Weiß, nicht hispanisch	9
Schwarz	33
Hispanisch	30
Asiatisch oder Pazifische Inseln	12
Verheiratete Paare	9
Weiß, nicht hispanisch	4
Schwarz	10
Hispanisch	19
Asiatisch oder Pazifische Inseln	7
Allein Erziehend: Weiblicher Haushaltsvorstand	37
Weiß, nicht hispanisch	26
Schwarz	47
Hispanisch	46
Asiatisch oder Pazifische Inseln	26

(Stand 1999; Quelle: U.S. Census Bureau, 2001.)

6 *Individuelle Unterschiede:* Warum werden Kinder so verschieden?

Jeder, der Erfahrungen mit Kindern besitzt, ist von ihrer Individualität beeindruckt – Unterschiede bestehen ja nicht nur in ihrer äußeren Erscheinung, sondern auch in allem anderen, von ihrer Aktivität und ihrem Temperament bis hin zu ihrer Intelligenz, Ausdauer, Hartnäckigkeit, Emotionalität und so weiter. Diese Unterschiede zwischen Kindern ergeben sich recht früh. Schon im ersten Lebensjahr sind manche Kinder scheu, andere kontaktfreudig

(Kagan, 1998). Manche Kinder spielen mit Gegenständen oder betrachten sie über längere Zeiträume hinweg, andere springen von einer Betätigung zur anderen (Rothbart & Bates, 1998). Mark Twain beobachtete in seiner Autobiographie (1985, S. 52), dass sich selbst Kinder aus derselben Familie oft beträchtlich unterscheiden:

> Meine Mutter hatte ziemlich viel Ärger mit mir, aber ich glaube, sie genoß es. Sie hatte nie Ärger mit meinem zwei Jahre jüngeren Bruder Henry, und ich nehme an, daß ihr seine stets gleichbleibende Bravheit, Ehrlichkeit und Folgsamkeit zur Last geworden wäre, hätte ich ihr nicht mit dem Gegenteil Erleichterung und Abwechslung verschafft.

In neuerer Zeit widmete der Schriftsteller John Edgar Wideman ein ganzes Buch (Wideman, 1987) derselben Frage, warum sich Kinder aus derselben Familie manchmal so unterschiedlich entwickeln: Wie kam es, dass er ein bekannter Romancier wurde, während sein Bruder drogenabhängig und kriminell wurde?

Scarr (1992) identifizierte vier Faktoren, die dazu beitragen können, dass sich Kinder aus einer einzelnen Familie (genauso wie Kinder aus verschiedenen Familien) so unterschiedlich entwickeln:

1. genetische Unterschiede;
2. Unterschiede in der Behandlung durch die Eltern und andere Personen;
3. unterschiedliche Wirkungen gleichartiger Erfahrungen auf die Kinder;
4. die Wahl bestimmter Umgebungen durch die Kinder.

Der offensichtlichste Grund für Unterschiede zwischen Kindern besteht darin, dass – abgesehen von eineiigen Zwillingen – jedes Individuum genetisch einzigartig ist. Selbst Geschwister, deren Gene zu 50 Prozent übereinstimmen, unterscheiden sich in den anderen 50 Prozent.

Eine zweite wichtige Variationsquelle zwischen Kindern besteht darin, dass sie von ihren Eltern und von anderen Menschen verschieden behandelt werden. Die unterschiedliche Behandlung geht oft mit vorangehenden Unterschieden in den Eigenschaften der Kinder einher. So neigen Eltern beispielsweise dazu, wenig furchtsame, ‚einfachere' Kinder sensibler zu betreuen als ‚schwierige' Kinder; mit zwei Jahren sind Eltern schwieriger Kinder oft schon über sie verärgert, auch wenn die Kinder in der unmittelbaren Situation gar nichts falsch gemacht haben (van den Boom & Hoeksma, 1994). In ähnlicher Weise reagieren auch Lehrer auf die individuellen Eigenschaften der Kinder. Schülern, die gut lernen und sich anständig benehmen, schenken Lehrer im Allgemeinen positive Aufmerksamkeit und Ermutigung. Gegenüber schlechten und störenden Schülern zeigen sie häufig offene Kritik und verweigern ihre Bitten um spezielle Hilfen (Good & Brophy, 1996).

Kinder werden in ihrer Entwicklung nicht nur durch die objektiven Unterschiede in der Behandlung, die ihnen zuteil wird, geformt; sie sind auch von ihren subjektiven Interpretationen dieser Behandlung beeinflusst. Ein klassischer Fall liegt vor, wenn ein Geschwisterpaar wechselseitig annimmt, die Eltern würden jeweils den anderen bevorzugen. Geschwister können auch unterschiedlich auf Ereignisse reagieren, die die ganze Familie betreffen, wie etwa die Arbeitslosigkeit eines oder beider Elternteile. In einer Untersuchung riefen 69 Prozent negativer Ereignisse, beispielsweise wenn die Eltern den Arbeitsplatz verlieren, bei Geschwistern grundlegend unterschiedliche Reaktionen hervor (Beardsall & Dunn, 1989). Manche Kinder waren, wenn ein Elternteil seinen Job verlor, extrem besorgt; andere vertrauten darauf, dass alles gut würde.

Eine vierte Hauptquelle von Unterschieden zwischen Kindern aus derselben Familie bezieht sich auf das schon behandelte Thema des *aktiven Kindes*: Kinder wählen in zunehmendem Maße ihre Betätigungen und Freunde selbst aus und beeinflussen so ihre eigene Entwicklung in der Folgezeit (man erinnere sich an die Unterschiede zwischen Kindern in Abhängigkeit von ihrem Engagement außerhalb der Schule). Kinder suchen sich Nischen; in einer Familie wird ein Kind vielleicht „das kluge Kind", das andere „das beliebte Kind", dann gibt es noch „den bösen Jungen" (später dann „das schwarze Schaf") und so weiter (Scarr & McCartney, 1983). Ein Kind, das von den Familienmitgliedern das Etikett des „klugen" oder „gescheiten" Kindes erhält, wird sich vielleicht bemühen, dieser Etikettierung gerecht zu werden; dasselbe kann auf ein Kind zutreffen, das als „frech" und „ungezogen" gilt. Somit tragen die Gene der Kinder, ihre Behandlung durch andere Menschen, ihre subjektiven Reaktionen auf diese Behandlung und die Wahl ihrer Umgebungen gleichermaßen dazu bei, dass sich Kinder unterscheiden, selbst wenn sie in derselben Familie aufwachsen.

Verschiedene Kinder reagieren, selbst wenn sie aus derselben Familie stammen, auf dieselben Situationen oft völlig unterschiedlich.

7 *Forschung und Kindeswohl*: Wie kann Forschung das Kindeswohl fördern?

Ein besseres Verständnis der Kindesentwicklung bringt oft auch praktischen Nutzen. Einige Beispiele für solche praktische Nutzanwendungen wurden bereits beschrieben, etwa das Programm, das Kindern hilft, mit ihrer Wut umzugehen, und die Empfehlungen, wie man auch von jüngeren Kindern zutreffende Zeugenaussagen erhält.

Eine weitere Klasse von Vorteilen, die sich aus Forschungsarbeiten zur Kindesentwicklung ziehen ließ, sind Verfahren zur Frühdiagnose von Entwicklungsproblemen; im Frühstadium lassen sie sich am leichtesten und umfassendsten korrigieren. Beispielsweise kommen manche Kinder mit Katarakten auf die Welt; das sind Trübungen in der Augenlinse. Manchmal liegen die eingetrübten Bereiche sehr dicht und erfordern eindeutig eine Operation zum frühestmöglichen Zeitpunkt (Ellemberg, Lewis, Maurer & Brent, 2000). Wenn die Katarakte der Kinder jedoch leichter ausgeprägt sind, können die Augenärzte oft nicht entscheiden, ob der Verlust des Sehvermögens eine Operation rechtfertigt.

Bei den Standardverfahren zur Beurteilung des Sehvermögens müssen die Patienten angeben, was sie sehen; Säuglinge können solche Angaben natürlich nicht machen. Eine entwicklungspsychologische Forschungsmethode lässt jedoch das Verhalten der Kinder für sie sprechen: die Blickpräferenz. Diese Methode baut auf Forschungsergebnisse auf, denen zufolge Kinder, die den Unterschied zwischen einem einfachen Muster und einem unstrukturierten grauen Feld erkennen können, das Muster bevorzugt anschauen. Dies gilt selbst dann, wenn das Muster lediglich aus einer Menge von senkrechten Streifen besteht. Um die Auswirkungen der kindlichen Katarakte auf das Sehvermögen zu diagnostizieren, legen die Forscher den Kindern deshalb Karten vor, auf denen ein graues Feld und ein gestreiftes Feld nebeneinander liegen. Wenn der Abstand zwischen den Streifen und der Kontrast zwischen den Streifen und den weißen Zwischenräumen variiert werden, lässt sich das Ausmaß der visuellen Beeinträchtigung des Kindes aus seinem Blickverhalten bestimmen.

Dieses Verfahren der Blickpräferenz hat sich ab dem Alter von zwei Monaten als brauchbar erwiesen (Maurer, Lewis, Brent & Levin, 1999; Teller et al., 1986). Dobson (1983) beschreibt mehrere Fälle, in denen sie das Verfahren bei Kindern anwandte, die ihr von Augenärzten mit Verdacht auf Sehprobleme überwiesen wurden. In einigen Fällen zeigte der Blickpräferenz-Test an, dass das Sehvermögen des Kindes unbeeinträchtigt war, was die Besorgnis der Eltern linderte und eine unnötige Operation vermied. In anderen Fällen ließ der Test schwerwiegende visuelle Beeinträchtigungen erkennen; solche Befunde führten dazu, dass das Kind die operative Korrektur schon zu einem sehr frühen Zeitpunkt erhielt, an dem sie am wirksamsten sein konnte.

Eine andere wertvolle Anwendung entwicklungspsychologischer Forschung besteht in Hilfsprogrammen für ein effektiveres Lernen der Kinder. Eines der nützlichen Unterrichtsprogramme will Kindern mit einer so genannten *Spezifischen Sprachentwicklungsstörung* helfen. Diese Menschen, etwa fünf Prozent der Kinder in den USA, besitzen im nonverbalen Bereich eine normale Intelligenz, entwickeln die Fähigkeiten zur gesprochenen Sprache aber ungewöhnlich langsam. Ihre Hauptschwierigkeit scheint ihre Schwäche zu sein, auditive Information (bedeutungshaltige Laute) schnell zu verarbeiten. Hirnphysiologische Messungen haben gezeigt, dass solche Kinder oft in der Diskrimination von kurzen und langen Vokalen (zum Beispiel „Lamm" vs. „lahm") deutlich verlangsamt sind (Friedrich, Weber & Friederici, im Druck). Diese Schwierigkeit der zeitlichen Verarbeitung macht sich auch beim Sprachverstehen bemerkbar, wo es darum geht, Laute schnell zu Wörtern und Sätzen zu integrieren.

Eine Forschungsgruppe (Merzenich, 2001; Tallal et al., 1996) kam zu dem Schluss, dass die Schwierigkeit bei der schnellen Verarbeitung auditiver Information dadurch behoben werden könnte, dass man das psychologische Prinzip der *sukzessiven Annäherung* zur Anwendung bringt. Diesem Prinzip zufolge kann man den Erwerb einer schwierigen Fähigkeit dadurch unterstützen, dass man den Lernenden zunächst eine vereinfachte Version der Aufgabe vorgibt, bis sie diese erfolgreich bearbeiten können, und dann die Schwierigkeit der Aufgabe nach und nach steigert, bis die Lernenden so geübt sind, dass sie auch die ursprüngliche, anspruchsvolle Version der Aufgabe erfolgreich bewältigen.

Merzenich, Tallal und ihre Kollegen brachten dieses Prinzip in einem intensiven Programm zur Anwendung, bei dem Kinder mit *Spezifischer Sprachentwicklungsstörung* eine Vielzahl von Computerspielen spielten, die auf eine Steigerung der Geschwindigkeit abzielten, mit der sie Laute verarbeiten konnten. In einem Spiel beispielsweise hörten die Kinder zwei ähnliche Silben in verschiedener Reihenfolge (zum Beispiel *budu* und *dubu*) und sollten angeben, ob die Silbe *bu* als erste oder zweite zu hören war. Am Anfang wurden die Laute in einem im Vergleich zur normalen Sprache weit langsameren Tempo dargeboten; bei diesem Tempo konnten die sprachentwicklungsgestörten Kinder die Aufgabe erfolgreich bearbeiten. Dann wurden die Laute immer schneller dargeboten, was die Kinder zwang, sie immer schneller zu verarbeiten, bis die Laute im Tempo normalen Sprechens – oder sogar schneller – präsentiert wurden.

Diese Anwendung des Prinzips der sukzessiven Annäherung brachte starke Verbesserungen bei den trainierten Aufgaben. Wichtiger noch ist, dass die Kinder am Ende des Programms bei Sprachverstehenstests normale Leistungen erbrachten. Dieses und das vorangegangene Beispiel zeigen, dass die Erforschung der Kindesentwicklung praktischen Nutzen sowohl bei der Diagnose von Schwierigkeiten als auch bei der Hilfe zu deren Bewältigung besitzt.

IN KÜRZE

Die moderne Forschung zur Kindesentwicklung besteht weitestgehend in dem Versuch, eine kleine Anzahl grundlegender Fragen über Kinder zu beantworten. Dazu gehören:
1. Wie ist das Verhältnis von Anlage und Umwelt?
2. Wie tragen Kinder zu ihrer eigenen Entwicklung bei?
3. Verläuft die Entwicklung kontinuierlich oder diskontinuierlich?
4. Welche Mechanismen bewirken Entwicklung?
5. Wie beeinflusst der sozio-kulturelle Kontext die Entwicklung?
6. Warum sind Kinder so verschieden?
7. Wie können wir die Forschung zur Verbesserung des Kindeswohls einsetzen?

Methoden der Untersuchung kindlicher Entwicklung

Im vorangegangenen Abschnitt über die Leitfragen der Kindesentwicklung wurde gezeigt, dass die moderne wissenschaftliche Forschung unser Verständnis grundlegender Fragen der Kindesentwicklung ein gutes Stück weitergebracht hat, gemessen an den historischen Personen, die diese Fragen ursprünglich aufgebracht hatten. Dieser Fortschritt kommt nicht daher, dass die heutigen Forscher klüger wären oder härter arbeiten würden als die großen Denker der Vergangenheit; vielmehr ist der Fortschritt ein Ausdruck der erfolgreichen Anwendung der wissenschaftlichen Methode auf die Untersuchung der Kindesentwicklung. In diesem Abschnitt beschreiben wir die wissenschaftliche Methode und die Art und Weise, wie ihre Anwendung auf die Kindesentwicklung unser Wissen vorangebracht hat.

Die wissenschaftliche Methode

Wissenschaftliche Methode – ein Ansatz zur Prüfung von Annahmen, bei dem zunächst eine Fragestellung gewählt und dazu eine Hypothese formuliert wird, die man prüft, um danach auf der Basis der Ergebnisse dieser Prüfung eine Schlussfolgerung zu ziehen.

Hypothese – eine begründete Vermutung.

Das Grundpostulat der **wissenschaftlichen Methode** besteht darin, dass alle Annahmen, wie plausibel sie auch erscheinen mögen, falsch sein können. Solange die eigenen Überzeugungen nicht geprüft wurden, müssen sie deshalb als **Hypothesen** gelten; das sind nicht Wahrheiten, sondern begründete Vermutungen. Wenn eine Hypothese geprüft wird und die Befunde sie wiederholt als falsch ausweisen, muss sie aufgegeben werden, so plausibel sie auch scheinen mag.

Die Anwendung der wissenschaftlichen Methode erfolgt in vier Grundschritten:

1. die Auswahl einer Fragestellung, die beantwortet werden soll;
2. die Formulierung einer die Fragestellung betreffenden Hypothese;
3. die Entwicklung einer Methode zur Überprüfung der Hypothese;
4. eine Schlussfolgerung über die Hypothese unter Verwendung der Daten, die mit der Methode erhoben wurden.

Um diese Schritte zu veranschaulichen, ziehen wir folgende *Fragestellung* heran: „Welche Fähigkeiten von Vorschulkindern erlauben eine Vorhersage auf die zukünftige Lesefähigkeit der Kinder?" Eine sinnvolle *Hypothese* könnte lauten: „Vorschulkinder, die die einzelnen Laute von Wörtern identifizieren können, werden bessere Leser als solche, die das nicht können." Eine einfache *Methode* zur Überprüfung dieser Hypothese bestünde darin, eine Gruppe von Vorschulkindern auszuwählen, ihre Fähigkeit bei der Identifikation der einzelnen Laute von Wörtern zu testen und dann einige Jahre später die Lesefähigkeit derselben Kinder zu testen. Forschungen unter Einsatz dieser Methode haben tatsächlich zeigen können, dass Vorschulkinder, die sich der Lautbestandteile von Wörtern bewusst waren, später – zumindest bis zur vierten Klasse – besser lesen können als gleichaltrige Kinder, die diese Fähigkeit nicht besitzen (Wagner et al., 1997). Diese Befunde unterstützen den *Schluss*, dass die Fähigkeit von Vorschulkindern zur Identifikation der Laute, aus denen sich Wörter zusammensetzen, ihre spätere Lesekompetenz voraussagt.

Der erste, zweite und vierte der genannten Schritte kommt nicht nur bei der wissenschaftlichen Methode vor. Wir haben gesehen, dass die großen Denker der Vergangenheit ebenfalls Fragen stellten, Hypothesen formulierten und Schlüsse zogen, die gemessen an den vorhandenen Anhaltspunkten vernünftig waren. Was wissenschaftliche Forschung von den früheren Ansätzen unterscheidet, ist der dritte Schritt, die Forschungsmethoden, mit denen die Hypothesen geprüft werden. Diese Forschungsmethoden und die qualitativ besseren Belege, die sie beibringen, ermöglichen den Forschern, über ihre ursprünglichen Hypothesen hinauszugehen und gut begründete Schlüsse zu ziehen.

Die Wichtigkeit geeigneter Messungen

Für die wissenschaftliche Methode ist es entscheidend, Messwerte zu erhalten, die für die zu prüfende Hypothese relevant sind. Ein Forscher, der die Hypothese aufstellt, dass Kinder nach dem einen Lehrplan mehr lernen als nach einem anderen Lehrplan, wird wahrscheinlich den Anteil der korrekten Antworten messen, den die Kinder abgeben, nachdem sie nach dem einen oder dem anderen Lehrplan unterrichtet wurden. Die Hypothese ist nämlich darauf gerichtet, welcher Lehrplan zu größerem Wissen führt, und richtige Antworten sind ein gutes Maß für vorhandenes Wissen. Anders ist es bei einem Forscher mit der Hypothese, dass Säuglinge leuchtende Farben gegenüber matten Farben bevorzugen; er wird den Kindern identische Formen in leuchtenden und matten Farben zeigen und messen, wie lange die Kinder jeweils hinschauen. Die Hypothese betrifft nämlich die Präferenzen der Säuglinge, und die relative Betrachtungszeit ist ein gutes Maß für solche Präferenzen.

Unabhängig davon, welche Messmethode im Einzelnen verwendet wird, bestimmen oft dieselben Kriterien, ob ein Maß geeignet ist. Ein Schlüsselkriterium wurde bereits genannt – das Maß muss für die Hypothese unmittelbar relevant sein. Zwei weitere Eigenschaften, die gute Messungen besitzen müssen, sind die Reliabilität und die Validität.

Reliabilität Das Ausmaß, in dem unabhängige Messungen eines bestimmten Verhaltens übereinstimmen, wird als **Reliabilität** (Zuverlässigkeit) der Messung bezeichnet. Ein wichtiger Typ der Übereinstimmung, die **Interrater-Reliabilität**, gibt das Ausmaß an Übereinstimmung zwischen den Beobachtungen verschiedener Personen an, die dasselbe Verhalten bewerten beziehungsweise klassifizieren. Manchmal sind die Beobachtungen qualitativ, etwa wenn die einschätzenden Personen (die „Rater" vom englischen „to rate") das Temperament eines Kindes als „gelassen" oder „schwierig" einstufen. Manchmal sind die Beobachtungen aber auch quantitativ, etwa wenn die Rater auf einer Skala von 1 bis 10 angeben, wie aufgeregt ein Baby beim Kin-

Reliabilität – (Zuverlässigkeit) das Ausmaß, in dem unabhängige Messungen eines Verhaltens übereinstimmen.

Interrater-Reliabilität – das Ausmaß an Übereinstimmung zwischen den Beobachtungen mehrerer Beurteiler, die dasselbe Verhalten einschätzen.

derarzt ist. In beiden Fällen ergibt sich die Interrater-Reliabilität dadurch, dass zwischen den Urteilen verschiedener Beobachter eine hohe Übereinstimmung besteht. Ohne eine solche Übereinstimmung kann man den Forschungsergebnissen nicht trauen, weil man nicht entscheiden kann, welche Einschätzung die richtige ist (sofern überhaupt eine davon korrekt ist).

Ein zweiter wichtiger Typ der Übereinstimmung ist die **Test-Retest-Reliabilität**. Dieser Typ der Zuverlässigkeit ist erreicht, wenn die Maße der Leistungen eines Kindes bei mehreren (mindestens zwei) Gelegenheiten ähnlich ausfallen. Angenommen, die Forscher geben denselben Kindern einen Vokabeltest im Abstand von einer Woche zweimal vor. Wenn der Test reliabel ist, sollten die Kinder, die beim ersten Test die besten Resultate erzielten, auch beim zweiten Test wieder vorne mit dabei sein, weil sich das Wortschatzwissen der Kinder in einem so kurzen Zeitraum nicht sehr stark verändert. Wie im Beispiel der Interrater-Reliabilität würde ein Mangel an Retest-Reliabilität keine Beurteilung der Frage erlauben, welches Messergebnis das Wissen der Kinder korrekt widerspiegelt. (Vielleicht waren auch beide Messungen nicht brauchbar.)

Validität Die **Validität** eines Tests oder Experiments bezieht sich auf das Ausmaß, in dem ein Test misst, was er zu messen vorgibt. Um auf das Beispiel des Vokabeltests zurückzukommen: Wenn einige Kinder nur deshalb schlechte Resultate erzielen, weil sie beim Test nervös waren, wären ihre Messwerte kein valides Maß ihres Wortschatzes. Das gilt auch dann, wenn die Interrater- und Retest-Reliabilitäten des Tests hoch wären. Selbst wenn alle Beobachter darin übereinstimmen, dass das nervöse Kind bei beiden Gelegenheiten nur wenige Aufgaben richtig beantwortete, wäre der Test kein valides Maß für den Wortschatz des Kindes, weil er sein Wissen unterschätzt. Das Beispiel zeigt, dass ein Maß reliabel sein kann, ohne damit auch valide zu sein. Um valide zu sein, muss ein Test jedoch reliabel sein; wenn zwei Beurteiler einem Kind bei dem Vokabeltest unterschiedliche Werte zuweisen, können diese Werte keine validen Indikatoren für das tatsächliche Wissen des Kindes sein.

Forscher bemühen sich um zwei Arten der Validität: eine innere (interne) und eine äußere (externe) Validität. **Interne Validität** bezieht sich darauf, ob sich die Effekte, die in einem Experiment beobachtet wurden, tatsächlich auf die Bedingungen zurückführen lassen, die vom Forscher intendiert manipuliert wurden. Angenommen, eine Anzahl deprimierter Jugendlicher bekommt Psychotherapie, und nach drei Monaten sind manche nicht mehr deprimiert. Kann man daraus schließen, dass die Psychotherapie wirksam war? Nein, weil die Verbesserung auch allein durch das Verstreichen der Zeit verursacht sein könnte. Stimmungen schwanken, und viele Jugendliche, die zu einem bestimmten Zeitpunkt deprimiert sind, sind drei Monate später auch ohne Psychotherapie wieder fröhlicher. In diesem Beispiel ist das Verstreichen von Zeit eine mögliche Quelle fehlender interner Validität, weil der Faktor, auf den man die positive Veränderung ursächlich zurückführen wollte (die Psychotherapie), vielleicht gar keine Wirkung hatte.

Test-Retest-Reliabilität – das Ausmaß der Ähnlichkeit von Leistungsmessungen bei mehreren Gelegenheiten.

Validität – (Gültigkeit) das Ausmaß, in dem ein Test das misst, was er messen soll.

Interne Validität – das Ausmaß, in dem sich die im Experiment beobachteten Effekte auf die Variablen zurückführen lassen, die intendiert manipuliert wurden.

Tabelle 1.3: Wichtige Eigenschaften von Verhaltensmessungen.	
Eigenschaft	Leitfrage
Hypothesenbezogene Relevanz	Lässt sich aus den Hypothesen in einfacher Weise vorhersagen, was bei den gemessenen Variablen passieren sollte?
Interrater-Reliabilität	Kommen verschiedene Beurteiler, die dasselbe Verhalten beobachten, zu denselben Ergebnissen?
Test-Retest-Reliabilität	Sind die Punktwerte oder Klassifikationen, die die Kinder bei der Messung erhalten, über die Zeit hinweg stabil?
Interne Validität	Können die Effekte im Experiment auf die Variablen ursächlich zurückgeführt werden, die der Forscher absichtlich manipuliert hat?
Externe Validität	In welchem Umfang kann man die Befunde – über die Besonderheiten der jeweiligen Untersuchung hinaus – auf andere Kinder, Maße und experimentelle Verfahren generalisieren?

Die **externe Validität** bezieht sich im Gegensatz dazu auf die Berechtigung, über die Einzelheiten der Untersuchung hinaus zu generalisieren. Untersuchungen zur Kindesentwicklung zielen fast nie auf Schlussfolgerungen, die lediglich für die untersuchten Kinder und die in der jeweiligen Untersuchung gerade verwendeten Methoden gelten sollen. Vielmehr besteht das Ziel darin, zu allgemeingültigen Schlüssen zu kommen. In einem einzelnen Experiment Befunde zu erheben, steht nur am Anfang des Prozesses, in dem die externe Validität der Befunde bestimmt wird. Jede Untersuchung wird zwangsläufig mit einer bestimmten Probandengruppe und mit bestimmten Verfahren durchgeführt. Es bedarf notwendigerweise zusätzlicher Untersuchungen an anderen Teilnehmern unterschiedlicher Herkunft und mit unterschiedlichen Einzelmethoden, um die externe Validität der Befunde zu beurteilen.

Bei der wissenschaftlichen Methode wird also eine Fragestellung ausgewählt, dazu werden Hypothesen formuliert, man entwickelt Methoden, um diese Hypothesen zu testen, und man zieht Schlussfolgerungen, die mit den Daten vereinbar sind. Brauchbare Messergebnisse müssen für die Hypothese unmittelbar relevant, über Rater und Zeitpunkte hinweg reliabel sowie intern und extern valide sein (Tabelle 1.3).

Externe Validität – das Ausmaß, in dem sich die Befunde über die Besonderheiten der jeweiligen Untersuchung hinaus verallgemeinern lassen.

Rahmenbedingungen der Datenerhebung

Forscher gelangen im Wesentlichen auf drei verschiedene Arten zu Daten über Kinder: durch Interviews, durch naturalistische Beobachtung und durch strukturierte Beobachtung. In den folgenden Abschnitten erläutern wir, wie die Datenerhebung im jeweiligen Untersuchungszusammenhang zur Beantwortung wichtiger Fragen der Kindesentwicklung beitragen kann.

Interviews

Strukturiertes Interview – ein Forschungsverfahren, bei dem alle Teilnehmer dieselben Fragen beantworten sollen.

Der naheliegendste Weg, Daten über Kinder zu sammeln, besteht darin, direkt zur Quelle zu gehen und die Kinder über verschiedene Aspekte ihres Lebens zu befragen. Ein Interviewtyp, das **strukturierte Interview**, ist besonders hilfreich, wenn es darum geht, von allen untersuchten Personen Selbstauskünfte über dasselbe Thema zu erheben. Beispielsweise befragten Valeski und Stipek (2001) Erstklässler über ihre Gefühle gegenüber der Schule (Wie sehr kümmert sich dein Lehrer um dich? Wie fühlst du dich in der Schule?), und sie stellten ihnen Fragen, wie sie ihre schulischen Fähigkeiten einschätzen (Wie viel weißt du über Zahlen? Wie gut kannst du lesen?). Die allgemeine Einstellung der Schüler gegenüber der Schule und ihre Einschätzung der Beziehung zum Lehrer standen in einem positiven Zusammenhang mit ihren Annahmen über die eigenen Kompetenzen im Rechnen und Lesen. Kinder, die auf ihre Rechen- und Lesefähigkeiten vertrauten, wurden von den Lehrern als die engagierteren Kinder im Unterrichtsgeschehen beurteilt. Allein durch die Befragung der Kinder über ihre Gefühle und Überzeugungen konnten die Forscher etwas über sie in Erfahrung bringen.

Klinisches Interview – ein Verfahren, bei dem die Fragen in Abhängigkeit von den Antworten des Befragten angepasst werden.

Ein zweiter Interviewtyp, das **klinische Interview**, ist besonders nützlich, um eingehende Informationen über ein einzelnes Kind zu erhalten. Bei diesem Vorgehen beginnt der Interviewer mit einer Reihe vorbereiteter Fragen; wenn das Kind etwas Interessantes sagt, kann der Interviewer jedoch vom Fragefahrplan abweichen und den Wegen des Kindes folgen.

Klinische Interviews wurden mit großem Gewinn bei der Untersuchung von Bobby eingesetzt, einem zehnjährigen Jungen, bei dem ein Verdacht auf Depression bestand und der deshalb zur Untersuchung überwiesen wurde (Schwartz & Johnson, 1985). Als der Interviewer ihn über die Schule befragte, sagte Bobby, dass er die Schule nicht mag, weil ihn die anderen Kinder nicht mögen und er schlecht in Sport sei. Er sagte: „Ich bin bei allem nicht besonders gut" (S. 214). Um die Ursache für diese traurige Selbstbeschreibung zu erkunden, fragte der Interviewer Bobby, was er sich wünschen würde, wenn er drei Wünsche frei hätte. Bobby sagte: „Ich würde mir wünschen, so ein Junge zu sein, wie meine Mutter und mein Vater es wollen, ich würde mir wünschen, dass ich Freunde habe, und ich würde mir wünschen, mich nicht mehr so traurig zu fühlen" (S. 214). Solche herzzerreißenden Bemerkungen vermitteln einen Eindruck von dem subjektiven Erleben dieses deprimierten Kindes, den man mit Methoden, die nicht auf das einzelne Kind zugeschnitten sind, niemals erhalten könnte.

Manchmal beobachten Psychologen die Interaktion zwischen Familienmitgliedern am Esstisch, weil während der Mahlzeiten in vielen Familien starke Emotionen auftreten.

Wie bei allen Verfahrensweisen der Datenerhebung besitzen auch Interviews Stärken und Schwächen. Auf der positiven Seite produzieren sie große Datenmengen in recht kurzer Zeit und können eingehende Informationen über einzelne Kinder liefern. Auf der negativen Seite sind die Antworten auf Interviewfragen oft verzerrt. Kinder geben (wie Erwachsene auch) über vergangene Ereignisse nicht immer korrekte Auskunft. Sie vermeiden es, Tatsachen preiszugeben, die sie selbst in schlechtes Licht setzen, sie verdrehen den Gang der Ereignisse, und es gelingt ihnen nicht, ihre eigenen Motive zu verstehen (Nisbett & Wilson, 1977). Außerdem sind Kinder (auch hierin gleichen sie Erwachsenen) nicht sehr exakt, wenn es gilt vorherzusagen, wie sie sich in neuen Situationen verhalten würden. Diese Beschränkungen und Grenzen des Verfahrens brachten immer mehr Forscher dazu, ihre Daten zu erheben, indem sie das interessierende Verhalten selbst beobachten.

Naturalistische Beobachtung

Wenn das vorrangige Ziel darin besteht zu beschreiben, wie sich Kinder in ihren üblichen Umgebungen – Schule, Spielplatz, Zuhause et cetera – verhalten, ist die **naturalistische Beobachtung** die Methode der Wahl. Bei diesem Datenerhebungsverfahren versuchen die Beobachter, unauffällig im Hintergrund der jeweiligen Situation zu bleiben, um das beobachtete Verhalten nicht zu beeinflussen.

Ein herausragendes Beispiel für die naturalistische Beobachtung ist die vergleichende Untersuchung der Familiendynamik von Gerald Patterson (1982). Er untersuchte zwei Familientypen. Der eine Familientyp („troubled families") ist dadurch definiert, dass es mindestens ein Kind gibt, dem attestiert wurde, völlig außer Kontrolle geraten zu sein, und das von der Schule, einem Gericht oder einem Facharzt zur Behandlung überwiesen wurde. Der andere Familientyp („typical families") ist dadurch definiert, dass es in ihm keine Kinder mit Anzeichen für Verhaltensprobleme gibt. Die Einkommensverhältnisse und das Alter der Kinder wurden zwischen beiden Familientypen abgeglichen.

Um die Häufigkeit zu beobachten, mit der Kinder und Eltern negative Verhaltensweisen – sich aufziehen, brüllen, quengeln, herumkritteln – an den Tag legten, beobachteten Forschungsassistenten wiederholt die Interaktionen beim Abendessen in beiden Familientypen. Der einer bestimmten Familie zugeteilte Forschungsassistent machte zuerst mehrere Hausbesuche, bevor er mit der Datenerhebung begann, um die Familie an seine Anwesenheit zu gewöhnen; er oder sie saß immer still im Hintergrund und vermied während der Beobachtung jegliche Interaktion mit den Familienmitgliedern.

Die Forscher fanden, dass sich sowohl die Kinder als auch die Eltern in den problematischen Familien anders verhielten als ihre Vergleichspersonen aus den typischen Familien. Die Eltern in den Problemfamilien waren mehr mit sich selbst beschäftigt und für ihre Kinder weniger ansprechbar als die Eltern in den typischen Haushalten. Auf elterliche Strafen hin reagierten die Kinder in den Problemfamilien mit zunehmender Aggression, wo die Kinder der anderen Familien weniger aggressiv wurden. In den Problemfamilien geraten die Interaktionen oft in einen Teufelskreis, der sich wie folgt beschreiben lässt:

1. Das Kind verhält sich feindselig oder aggressiv, indem es sich zum Beispiel der Aufforderung eines Elternteils, sein Zimmer aufzuräumen, widersetzt.

2. Der Elternteil reagiert verärgert und brüllt das Kind beispielsweise an, es solle gefälligst gehorchen.
3. Das Kind erhöht seine Feindseligkeit, etwa indem es zurückschreit.
4. Der Elternteil treibt die Aggressivität noch höher und haut dem Kind zum Beispiel eine runter.

Pattersons Untersuchung lässt erkennen, dass naturalistische Beobachtungen besonders nützlich sind, um soziale Interaktionen – wie beispielsweise die zwischen Kindern und ihren Eltern – zu beleuchten.

Naturalistische Beobachtungen erbringen zwar detaillierte Informationen über bestimmte Aspekte des kindlichen Alltagslebens; sie unterliegen aber auch wichtigen Einschränkungen. Zum einen variieren natürlich auftretende Kontexte auf vielen Dimensionen, und man kann nur schwer herausfinden, welche davon das interessierende Verhalten beeinflusste. So war es in Pattersons Untersuchung zwar klar, dass sich die Interaktionen in den beiden Familientypen stark voneinander unterschieden; doch unterschieden sich die Interaktionen und Familiengeschichten in so vielfacher Weise, dass es schwer war, die jeweils spezifischen Beiträge zu identifizieren. Eine zweite Einschränkung naturalistischer Untersuchungen besteht darin, dass viele wichtige Verhaltensweisen nur gelegentlich in der alltäglichen Umwelt auftreten, was dem Forscher selten Gelegenheit gibt, sie überhaupt zu Gesicht zu bekommen und untersuchen zu können. Die Verwendung strukturierter Beobachtungen als Rahmen der Datengewinnung stellt ein Mittel bereit, diese beiden Einschränkungen zu überwinden.

Strukturierte Beobachtung

Um spezifische Hypothesen zu prüfen, gestalten Forscher oft eine Situation, die ein bestimmtes, für die Hypothese relevantes Verhalten hervorruft, und beobachten dann verschiedene Kinder in dieser Situation. In solchen Situationen **strukturierter Beobachtung** zeichnet der Forscher auf, was jedes Kind in der Situation tut, und bezieht dieses Verhalten auf Merkmale und Eigenschaften des Kindes wie Alter, Geschlecht und Persönlichkeit sowie auf das Verhalten des Kindes in anderen Situationen.

Strukturierte Beobachtung – ein Verfahren, bei dem jedem Kind dieselbe Situation dargeboten und das Verhalten aufgezeichnet wird.

In einer solchen Untersuchung interessierten sich Kochanska, Coy und Murray (2001) dafür, wie die Beziehung zwischen Mutter und Kind die Bereitschaft von Zwei- und Dreijährigen beeinflusst, auf attraktive Aktivitäten zu verzichten oder unattraktive Tätigkeiten auszuführen, wenn die Mutter sie darum bat. Die Forscher luden die Eltern mit ihren Kleinkindern in einen Laborraum, der eine Reihe besonders attraktiver Spielsachen auf einem Regal enthielt und viele weniger attraktive Spielsachen, die im Raum verstreut lagen. Die Mütter sollten ihren Kindern sagen, dass sie mit allen Spielsachen spielen dürften *außer* mit den besonders attraktiven auf dem Regal. Rater beobachteten die Kinder in den folgenden Minuten und stuften sie mit Blick auf ihre Einwilligung in die Kategorien „voll und ganz", „widerwillig" oder „gar nicht" ein. Dann bat der Experimentator die Mutter, den Raum zu verlassen, und beobachtete durch einen Einwegspiegel, ob das Kind in Abwesenheit der Mutter mit den ‚verbotenen' Spielsachen spielte.

Die Forscher fanden, dass Kinder, die sich zunächst voll und ganz mit der Aufforderung der Mutter einverstanden erklärt hatten, nicht mit den verbotenen Sachen zu spielen, in ihrer Abwesenheit das Verbot mit geringerer Wahrscheinlichkeit übertraten als die Kinder, die sich nur widerwillig oder gar nicht auf die Bitte der Mutter eingelassen hatten, als sie noch anwesend war. Die voll und ganz fügsamen Kinder waren auch mit größerer Wahrscheinlichkeit bei vollem Eifer bereit, die anstrengende Aufgabe auf sich zu nehmen, die vielen herumliegenden Spielsachen aufzuräumen, wenn ihre Mutter sie anschließend darum bat. Bei einer Nachfolgeuntersuchung im Alter von 45 Monaten waren die meisten Kinder in derselben Weise willig oder nicht wie ein bis zwei Jahre zuvor. Insgesamt zeigen die Befunde, dass die Qualität der kleinkindlichen Fügsamkeit gegenüber der Bitte der Mutter eine in gewisser Weise stabile, allgemeine Eigenschaft der Mutter-Kind-Beziehung darstellt.

Dieser Typ der strukturierten Beobachtung bietet gegenüber naturalistischen Beobachtungen einen wichtigen Vorteil. Es kann sichergestellt werden, dass alle Kinder auf identische Situationen stoßen, wodurch direkte Vergleiche der verschiedenen Verhaltensweisen möglich werden und die Allgemeingültigkeit der Verhaltensweisen über verschiedene Aufgaben hinweg be-

Die Welt steckt voller Versuchungen.

Naturalistische Beobachtung – die Untersuchung des kindlichen Verhaltens in seiner üblichen Umgebung (in der Schule, auf dem Spielplatz, zu Hause ...).

Tabelle 1.4: Vor- und Nachteile der drei Datenerhebungsmethoden.			
Situation der Datenerhebung	Zentrale Eigenschaften	Vorteile	Nachteile
Interview	Kinder beantworten Fragen entweder im Gespräch oder auf einem Fragebogen.	Kann das subjektive Erleben der Kinder verdeutlichen. Strukturierte Interviews sind preiswerte Mittel für die Gewinnung eingehender Daten über Einzelpersonen. Klinische Interviews sind flexibel, um unerwarteten Bemerkungen nachzugehen.	Die Angaben sind oft verzerrt, um einen guten Eindruck zu machen. Das Gedächtnis der interviewten Person ist oft ungenau und unvollständig. Die Vorhersage zukünftigen Verhaltens ist oft unzutreffend.
Naturalistische Beobachtung	Die Aktivitäten von Kindern in Alltagssituationen werden beobachtet.	Nützlich für die Verhaltensbeschreibung in Alltagssituationen. Hilft, soziale Interaktionsprozesse sichtbar zu machen.	Es ist schwer anzugeben, welche Aspekte der Situation den größten Einfluss haben. Begrenzter Nutzen bei der Untersuchung seltener Verhaltensweisen.
Strukturierte Beobachtung	Kinder werden ins Labor gebracht und mit vorarrangierten Aufgaben konfrontiert.	Es ist sichergestellt, dass das Verhalten aller Kinder im gleichen Kontext beobachtet wird. Erlaubt den kontrollierten Vergleich des kindlichen Verhaltens in verschiedenen Situationen.	Der Kontext ist weniger natürlich als bei der naturalistischen Beobachtung. Lässt weniger über subjektive Erlebnisqualitäten erkennen als Interviews.

stimmt werden kann. Andererseits liefert die strukturierte Beobachtung keine so umfassende Information über das subjektive Erleben einzelner Kinder, wie es mit Interviews möglich ist, und kann auch keine Situationen gestalten, die so natürlich und ungestellt wären wie bei der naturalistischen Beobachtung. Die ideale Situation für die Datenerhebung hängt also davon ab, welche Aspekte für das jeweilige Untersuchungsziel die wichtigsten sind. In Tabelle 1.4 sind die Vor- und Nachteile der verschiedenen Datenerhebungsmethoden – Interview, naturalistische und strukturierte Beobachtung – zusammengefasst.

Korrelation und Verursachung

Variablen – Eigenschaften, die von Person zu Person variieren, so wie Alter, Geschlecht oder Erwartungen.

Menschen unterscheiden sich auf einer unendlichen Anzahl von **Variablen** – das sind Merkmale, die von Person zu Person oder von Situation zu Situation variieren, wie Alter, Geschlecht, Aktivitätsniveau, sozioökonomischer Status oder bestimmte Erfahrungen. Zu den wichtigsten Zielen entwicklungspsychologischer Forschung gehört die Bestimmung des wechselseitigen Zusammenhangs der genannten und weiterer Variablen, und zwar sowohl hinsichtlich ihres gemeinsamen Auftretens als auch hinsichtlich ihrer Ursache-Wirkungs-Beziehungen. In den folgenden Abschnitten erläutern wir Forschungsdesigns, mit denen die verschiedenen Beziehungstypen untersucht werden. Als *Design* bezeichnen wir einen Plan zur Untersuchung und Analyse bestimmter Variablen und ihres Zusammenspiels.

Korrelationsdesigns

Korrelationsdesigns – Untersuchungen, die auf die Beziehung zwischen Variablen gerichtet sind.

In manchen Untersuchungen – den so genannten **Korrelationsdesigns** – besteht das vorrangige Ziel darin herauszufinden, ob sich Kinder, die sich in einer Eigenschaft unterscheiden, auch in anderen Merkmalen unterscheiden. Zum Beispiel könnte ein Forscher untersuchen, ob die Aggressivität eines Kleinkindes mit der Anzahl von Stunden zusammenhängt, die es in außerhäuslicher Betreuung verbringt, oder ob es eine Beziehung zwischen der Beliebtheit von Jugendlichen und ihrer Intelligenz gibt.

Korrelation – der Zusammenhang zwischen zwei Variablen.

Der Zusammenhang zweier Variablen wird als **Korrelation** bezeichnet. Wenn zwei Variablen hoch korrelieren, also stark zusammenhängen, kann man aus der Kenntnis der Ausprägung eines Kindes auf der einen Variablen die Ausprägung auf der anderen Variablen recht genau vorhersagen. So bedeutet beispielsweise die Tatsache, dass die Anzahl von Stunden, die Kinder wöchentlich mit Lesen verbringen, hoch mit ihren Ergebnissen bei einem Lesetest korreliert (Guthrie, Wigfield, Metsala & Cox, 1999), dass man das Ergebnis des Lesetests eines Kindes genau vorhersagen kann, wenn man weiß, wie viel Zeit das Kind zum Lesen aufwendet. Es bedeutet umgekehrt auch, dass sich die mit Lesen verbrachte Zeit aus den Testwerten eines Kindes vorhersagen lässt.

Korrelationskoeffizient – ein statistischer Kennwert für die Richtung und Stärke einer Korrelation (s. S. 45).

Korrelationen können von der Richtung des Zusammenhangs her positiv oder negativ sein. Die Zusammenhangsrichtung ist positiv, wenn hohe Werte auf der einen Variablen mit hohen Werten auf der anderen einhergehen; der Zusammenhang ist negativ, wenn hohe Werte auf der einen Variable mit niedrigen Werten auf der anderen assoziiert sind. Die Korrelation zwischen der aufgewendeten Lesezeit und dem Lesetestwert wäre also positiv, weil Kinder, die viel Zeit fürs Lesen aufwenden, auch hohe Testwerte erzielen. Ein deutliches Beispiel für eine negative Korrelation wäre der Zusammenhang zwischen Körperfülle und Laufgeschwindigkeit: Je korpulenter ein Kind ist, desto langsamer wird es im Allgemeinen rennen können.

Die Richtung und die Stärke einer Korrelation werden durch einen statistischen Kennwert angegeben, den **Korrelationskoeffizienten**. Die Richtung des Zusammenhangs ergibt sich aus dem positiven oder negativen Vorzeichen des Zahlenwerts. So hängen die beiden Variablen in Abbildung 1.4a und 1.4b positiv zusammen (je höher der Wert der einen Variable, desto höher der Wert der anderen Variable). Umgekehrt stehen die beiden Variablen in Abbildung 1.4c und 1.4d in einer negativen Beziehung (je höher der Wert der einen Variable, desto niedriger der Wert der anderen Variable), so dass vor dem Zahlenwert ein Minuszeichen steht.

Die Stärke des Zusammenhangs der beiden Variablen wird durch den Zahlenwert (mathematisch: den Betrag) des Korrelationskoeffizienten angegeben. Korrelationen können zwischen 1.0 und −1.0 betragen. Je höher der Absolutwert (je näher an den Extremwerten 1.0 beziehungsweise −1.0), desto stärker ist der Zusammenhang zwischen den Variablen; entsprechend ist die Beziehung schwächer, je niedriger (je näher an 0) der Absolutwert ist. Die in Abbildung 1.4a und 1.4c abgebildeten Korrelationen − 1.0 und −1.0 − sind gleich stark, der Zusammenhang ist beide Male der stärkst mögliche, auch wenn die Beziehungen in gegensätzliche Richtung verlaufen. In beiden Beziehungen kennt man mit der Ausprägung der einen Variable auch den exakten Wert der anderen Variable. Die Zusammenhänge in Abbildung 1.4b und 1.4d sind schwächer, aber auch sie sind noch informativ in dem Sinn, dass die Kenntnis der Ausprägung der einen Variable noch eine recht gute Vorhersage der Ausprägung der anderen Variable erlaubt. Wenn man in Abbildung 1.4d beispielsweise weiß, dass die eine Variable einen recht hohen Wert besitzt, können wir vorhersagen, dass der Wert der anderen Variable relativ niedrig sein wird. In Abbildung 1.4e schließlich beträgt der Wert des Korrelationskoeffizienten 0. In dieser Situation leistet die Kenntnis der Ausprägung der einen Variable überhaupt nichts für die Vorhersage des anderen Variablenwertes.

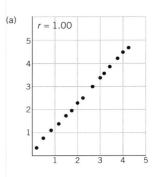

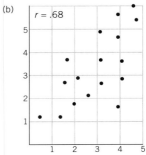

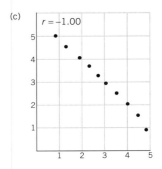

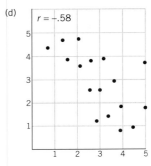

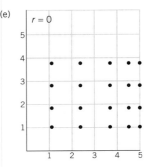

Abbildung 1.4: Fünf Korrelationen. (a) Die stärkst mögliche positive Korrelation; ausnahmslos gilt, dass ein höherer Wert auf der einen Variable auch einen höheren Wert auf der anderen Variable bedeutet. (b) Eine starke, aber nicht perfekte positive Korrelation; ein hoher Wert auf der einen Variable geht meistens mit einem hohen Wert auf der anderen einher. (c) Die stärkst mögliche negative Korrelation; je höher der Wert auf der einen, desto niedriger der Wert auf der anderen Variable. (d) Eine starke, aber nicht perfekte negative Korrelation. (e) Eine Korrelation, die das Fehlen jeglichen Zusammenhangs anzeigt; jeder Wert auf der einen Variable kann mit gleicher Wahrscheinlichkeit mit einem beliebigen Wert auf der anderen Variable einhergehen.

Korrelation bedeutet nicht Verursachung

Wenn zwei Variablen hoch korrelieren und wenn zwischen ihnen eine plausible Ursache-Wirkungs-Beziehung besteht, ist es oft verlockend zu schließen, dass die eine die andere verursacht. Dieser Schluss ist jedoch aus zwei Gründen nicht gerechtfertigt. Der erste Grund liegt im **Problem der Verursachungsrichtung**: eine Korrelation gibt nicht an, welche Variable die Ursache und welche die Wirkung ist. Im oben genannten Beispiel des Zusammenhangs zwischen aufgewendeter Lesezeit und Leseleistung *könnte* der größere Zeitaufwand die erhöhte Leseleistung verursacht haben. Andererseits könnte die Ursache-Wirkungs-Beziehung auch in umgekehrter Richtung verlaufen: Die höhere Lesefähigkeit könnte dafür verantwortlich sein, dass die Kinder mehr Zeit mit Lesen verbringen, weil sie das Lesen besser genießen können. Oder beides könnte zutreffen; allein aus der Korrelation kann man es eben nicht angeben.

Der zweite Grund dafür, dass Korrelation nicht Verursachung impliziert, liegt im **Problem der dritten Variable**: Die Korrelation zwischen zwei Variablen kann in Wirklichkeit das Resultat einer dritten, nicht spezifizierten Variable sein. Um beim Lesebeispiel zu bleiben, könnte das Aufwachsen in einer intellektuellen häuslichen Umgebung die Ursache sowohl für den größeren Lesezeitaufwand als auch für die höhere Lesetestleistung darstellen. Auch hier können wir aus einer Korrelation nicht auf eine Verursachungsbeziehung schließen.

Problem der Verursachungsrichtung – die Tatsache, dass eine Korrelation zwischen zwei Variablen nicht angibt, welche (und ob überhaupt eine) Variable die Ursache für die andere ist.

Problem der dritten Variable – die Tatsache, dass eine Korrelation zwischen zwei Variablen durch eine dritte Variable beeinflusst oder verursacht werden kann.

Experimentaldesigns

Wenn Korrelationen nicht hinreichen, um auf Ursache-Wirkungs-Beziehungen zu schließen, was wäre dann hinreichend? Die Antwort sind **Experimentaldesigns**; darunter versteht man eine Gruppe von Forschungsansätzen, die Schlussfolgerungen über Ursachen und Wirkungen erlauben. Die Logik experimenteller Designs lässt sich recht einfach zusammenfassen: Wenn (a) zwei oder mehrere Gruppen von Untersuchungsteilnehmern hinsichtlich ihrer Ausgangsbedingungen vergleichbar sind und (b) die Teilnehmer in jeder Untersuchungsgruppe mit Bedingungen konfrontiert sind, die sich von den Bedingungen der anderen Gruppe nur in einem Aspekt unterscheiden, *und* (c) sich die Probanden in den verschiedenen Gruppen nach Darbietung der jeweiligen Bedingung unterschiedlich verhalten, *dann* (d) müssen die unterschiedlichen Bedingungen die nachfolgenden Verhaltensunterschiede verursacht haben. Um die beiden erstgenannten Anforderungen zu erfüllen (a und b), werden in experimentellen Designs zwei grundlegende Verfahren eingesetzt, die *Randomisierung* und die *experimentelle Kontrolle*.

Experimentaldesigns – eine Gruppe von Forschungsansätzen, die Schlussfolgerungen über Ursachen und Wirkungen zulassen.

Randomisierung Es ist entscheidend, die erste Anforderung – dass sich die Probanden in jeder Gruppe am Anfang nicht unterscheiden – zu erfüllen, damit man danach den Schluss ziehen kann, dass es die variierten Erfahrungen im Experiment waren, die die späteren Unterschiede zwischen den Gruppen verursacht haben. Ansonsten hätten diese Unterschiede auch darauf beruhen können, dass zwischen den Untersuchungsteilnehmern in den Gruppen schon von vornherein Unterschiede bestanden haben. Angenommen, die Forscher wollten herausfinden, ob der Lehrplan A eine effektivere Lehrmethode darstellt als Lehrplan B. Wenn sie Lehrplan A bei den Kindern der einen Schule und Lehrplan B bei den Kindern einer anderen Schule einsetzen würden, könnten sie nachher nicht angeben, ob etwaige Unterschiede nach Durchführung der Lehrpläne durch die unterschiedliche Beschaffenheit der Lehrpläne verursacht waren oder durch andere Unterschiede zwischen den Kindern der beiden Schulen. Vielleicht waren die Kinder der einen Schule klüger oder motivierter und lernten deshalb besser.

Der Schlüssel, um Gruppen zu bilden, die in ihren Ausgangsbedingungen vergleichbar sind, besteht in der zufälligen Zuweisung von Probanden zu Experimentalgruppen. Dieses Verfahren der **Randomisierung** bedeutet, dass jedes Kind dieselbe Chance besitzt, in einer der Experimentalgruppen zu landen, so als ob die Gruppenmitgliedschaft eines jeden Kindes durch Münzwurf entschieden würde. Wenn Gruppen, die nach dem Prinzip der Zufallszuweisung gebildet wurden, eine hinreichend große Anzahl von Kindern enthalten (in der Praxis typischerweise 15 bis 20 Kinder pro Gruppe), sind die anfänglichen Unterschiede zwischen den Gruppen meistens minimal. Wenn beispielsweise 40 Kinder nach Zufall auf zwei Gruppen verteilt werden, werden in jeder Gruppe wahrscheinlich ein paar Kinder sein, die ungewöhnlich gut lesen können, ein paar ungewöhnlich schlechte Leser und viele, die sich dazwischen befinden. In ähnlicher Weise befinden sich in beiden Gruppen wahrscheinlich Kinder mit sehr extravertierten Persönlichkeiten, aber auch Kinder mit sehr introvertierten Persönlichkeiten und viele mittlere Persönlichkeitsausprägungen. Die Logik des Verfahrens impliziert, dass die durch Randomisierung erzeugten Probandengruppen auf jeder beliebigen Variablen vergleichbar sein sollten.

Experimentelle Kontrolle Die zweite wesentliche Eigenschaft eines Experimentaldesigns, die **experimentelle Kontrolle**, bezieht sich auf die Fähigkeit des Forschers, die spezifischen Erlebnisse und Erfahrungen, mit denen ein Kind in der jeweiligen Untersuchungsbedingung konfrontiert ist, zu bestimmen und festzulegen. Im einfachsten Fall eines Experimentaldesigns mit nur zwei Gruppen nennt man die beiden Gruppen „Experimentalgruppe" und „Kontrollgruppe". In der **Experimentalgruppe** wird den Kindern die interessierende Einflussgröße dargeboten; die Kinder in der **Kontrollgruppe** werden identisch behandelt, außer dass ihnen die entscheidende Einflussgröße nicht dargeboten wird.

Die Einflussgröße, die die Kinder in der Experimentalgruppe erfahren und die Kinder in der Kontrollgruppe nicht, werden als **unabhängige Variable** bezeichnet. Das Verhalten, auf das sich die unabhängige Variable hypothesengemäß auswirken soll, wird als **abhängige Variable** bezeichnet. Wenn ein Forscher also die Hypothese aufstellt, dass Kinder ihre Mitschüler weniger schikanieren, wenn sie einen Film gesehen haben, der sich gegen das so ge-

Randomisierung – ein Verfahren, bei dem jedes Kind dieselbe Chance besitzt, einer der Gruppen in einem Experiment zugeordnet zu werden.

Experimentelle Kontrolle – die Möglichkeit des Forschers, die Bedingungen zu bestimmen, denen die Kinder im Verlauf eines Experiments ausgesetzt sind.

Experimentalgruppe – die Gruppe von Kindern in einem Experiment, welche die interessierende Bedingungsmanipulation erfährt.

Kontrollgruppe – die Gruppe von Kindern in einem Experiment, welche die interessierende Bedingungsmanipulation nicht erfährt.

Unabhängige Variable – die manipulierte Bedingung, die sich für die Kinder der Experimentalgruppe und die Kinder der Kontrollgruppe unterscheidet.

Abhängige Variable – das Verhalten, das daraufhin untersucht wird, ob es von der unabhängigen Variablen beeinflusst wird.

nannte Bullying richtet, würde er eine Gruppe von Kindern einer Schule nach Zufall der Bedingung zuweisen, den Film gezeigt zu bekommen, und die andere Gruppe derselben Schule der Bedingung, den Film nicht zu sehen. In diesem Fall wäre das Sehen des Anti-Bullying-Films die unabhängige Variable, und das Ausmaß an Bullying, also an schikanierenden und drangsalierenden Taten, die die Kinder danach begehen, wäre die abhängige Variable. Wenn die unabhängige Variable, der Film, die beabsichtigte Wirkung hätte, sollte er eine Verringerung der abhängigen Variable bewirken, also das Ausmaß, in dem Kinder das Bullying auch nach dem Sehen des Films noch betreiben.

Eine Illustration, wie die Forscher auf der Grundlage experimenteller Designs Schlüsse über Ursache und Folgen ziehen können, liefert die methodisch geschickte Untersuchung der Fähigkeit von Vorschulkindern, bei der Problemlösung Analogien zu nutzen (Brown, Kane & Echols, 1986). In der Untersuchung wurde geprüft, ob Vier- und Fünfjährige Erkenntnisse, die sie aus einer ersten Aufgabe ziehen konnten, auf eine neue Aufgabe übertragen konnten, wenn man ihnen Fragen zu denjenigen Aspekten der Aufgabe stellte, die in ähnlicher Weise auch in der zweiten Aufgabe wieder vorkamen. Alle Kinder, die an der Untersuchung teilnahmen, hörten zunächst eine Phantasie-Geschichte über einen dienstbaren Geist, der Edelsteine über eine Mauer und in eine Flasche befördern sollte, ohne selbst über die Mauer zu klettern. Der Geist löste das Problem dadurch, dass er ein Stück Pappe zu einer Röhre formte, die er so über die Mauer legte, dass das eine Ende direkt in die Öffnung der Flasche führte, und die Edelsteine dann die Röhre hinunterrollen ließ.

Nachdem sie diese Geschichte gehört hatten, wurde die Hälfte der Kinder zufällig der Experimentalgruppe zugewiesen. Ihnen wurde eine Reihe von Fragen gestellt, die ihre Aufmerksamkeit auf die entscheidenden Teile der Lösung richten sollten. Was wollte der Geist erreichen? Was hat das erschwert? Wie konnte er das Problem lösen? Den Kindern in der Kontrollgruppe wurden solche Fragen nicht gestellt.

Danach wurde den Kindern beider Gruppen, der Experimentalgruppe und der Kontrollgruppe, eine zweite Geschichte erzählt, die von einem Osterhasen handelt, der auf der einen Seite eines schmalen Flusses steht und Eier in einen Korb auf der anderen Seite des Flusses transportieren soll. Alle Kinder wurden gefragt, wie der Hase mit Hilfe eines Stücks Pappkarton diese Eierüberführung bewerkstelligen könnte.

Die Forscher hatten die Hypothese, dass Fragen, die die Aufmerksamkeit der Kinder auf die zentralen Aspekte der ersten Geschichte lenken, ihnen dabei helfen würden, die entsprechende Analogie zu bilden und das Problem des Osterhasen zu lösen. Die Ergebnisse des Experiments sprechen für diese Hypothese. Fast 70 Prozent der Kinder in der Experimentalgruppe lösten das Problem, gegenüber weniger als 20 Prozent der Kontrollgruppen-Kinder. Anhand dieser Befunde konnten die Forscher schließen, dass die über die erste Geschichte gestellten Fragen häufiger zur Problemlösung führten, weil sich das Verfahren für die Experimental- und Kontrollgruppe nur in einer Hinsicht unterschied: ob Fragen über die Problemlösung des Flaschengeistes gestellt wurden oder nicht. Und da die Kinder den beiden Gruppen nach Zufall zugeordnet worden waren, gab es keinen Grund für die Annahme, die Ergebnisse ließen sich dadurch erklären, dass die Kinder der Experimentalgruppe klüger, höher motiviert oder in anderer Weise überlegen gewesen wären.

Experimentaldesigns der geschilderten Art besitzen den einzigartigen Vorteil, Schlüsse auf die Ursachen von eingetretenen Ereignissen zu erlauben; doch unterliegen sie auch einigen Beschränkungen; deren größte besteht darin, dass sich die kontrollierten Bedingungen des Labors oft sehr stark von den Bedingungen der alltäglichen Welt unterscheiden. Das wirft Fragen nach der externen Validität auf: Können die Befunde, die man im Labor (mit seinen gegebenenfalls künstlichen Bedingungen) erhalten hat, auch auf Situationen außerhalb des Labors verallgemeinert werden?

Experimentelle Untersuchungen und Alltagsbeobachtungen lassen darauf schließen, dass das Sehen von Fernsehsendungen, die Gewaltdarstellungen enthalten, bei Kindern eine erhöhte Aggressivität verursachen kann.

Naturalistische Experimente – Experimentaldesigns, bei denen die Daten in Alltagssituationen erhoben werden.

Naturalistische Experimente Dieses Problem kann man mit Hilfe von **naturalistischen Experimenten** überwinden. Wie bei der naturalistischen Beobachtung werden die Daten bei naturalistischen Experimenten in Alltagssituationen erhoben und nicht im Labor; dadurch steigt die externe Validität der Befunde. Wie bei anderen experimentellen Designs werden die Kinder auch bei naturalistischen Experimenten den jeweiligen Bedingungen per Zufall zugewiesen, so dass kausale Schlüsse zulässig sind.

Ein klassisches naturalistisches Experiment richtete sich auf die Frage, ob das Sehen Gewalt enthaltender Fernsehsendungen Kinder aggressiver macht (Steuer, Applefield & Smith, 1971). Vorschulkinder wurden zufällig einer Experimental- und einer Kontrollgruppe zugeteilt. Die Untersuchung der Kinder beider Gruppen während mehrerer Spielphasen ließ erkennen, dass sie ein vergleichbares anfängliches Aggressionsniveau besaßen. Dann ließ man die Kinder der Experimentalgruppe über mehrere Wochen hinweg Gewalt enthaltende Fernsehsendungen sehen, die am Samstagvormittag im Kinderprogramm liefen. Die Kinder der Kontrollgruppe sahen während der gleichen Zeit gewaltlose Kindersendungen. Nach Sehen der Sendungen zeigte sich, dass die Kinder der Experimentalgruppe, die Gewalt im Fernsehen konsumiert hatten, die anderen Kinder ihrer Vorschulklasse häufiger schlugen, traten, würgten und hart anfassten als die Kontrollgruppen-Kinder, die nur gewaltlose Sendungen gesehen hatten. Dieses naturalistische Experiment wies also nach, dass das Sehen gewalthaltiger Sendungen in einer Verursachungsbeziehung zu erhöhter Aggression steht, die in einer Alltagssituation auftritt.

Wenn die interessierenden Variablen so beschaffen sind, dass man die zu untersuchenden Kinder nach Zufall verschiedenen Gruppen zuweisen kann, sind Experimentaldesigns für den Nachweis von Ursache-Wirkungs-Beziehungen von unschätzbarem Wert. Bei vielen interessierenden Variablen lässt sich eine randomisierte Gruppenbildung jedoch nicht bewerkstelligen, so dass weder Labor- noch naturalistische Experimente möglich sind. Wenn beispiels-

Tabelle 1.5: Vor- und Nachteile von Korrelations- und Experimentaldesigns.

Design-Typ	Zentrale Eigenschaften	Vorteile	Nachteile
Korrelationsdesign	Vergleich bestehender Gruppen von Kindern oder Untersuchung der Beziehungen zwischen den Ausprägungen eines Kindes auf verschiedenen Variablen.	Bei vielen interessierenden Gruppen die einzige Vergleichsmöglichkeit (Jungen – Mädchen, reich – arm, etc.). Bei vielen interessierenden Variablen die einzige Möglichkeit, ihre Beziehungen zu untersuchen (IQ und Leistung, Beliebtheit und Zufriedenheit, etc.).	Problem der dritten Variable; Problem der Verursachungsrichtung.
Experimentaldesign	Zufallszuweisung der Kinder zu Gruppen und experimentelle Kontrolle der Bedingungen für die Gruppen.	Erlaubt Kausalschlüsse, weil die Probleme der Verursachungsrichtung und der dritten Variable ausgeschlossen werden können. Naturalistische Experimente können Ursache-Wirkungs-Verknüpfungen in natürlichen Situationen nachweisen.	Das Bedürfnis nach experimenteller Kontrolle führt oft zu künstlichen Experimentalsituationen. Kann bei der Untersuchung vieler interessierender Unterschiede und Variablen nicht verwendet werden (Alter, Geschlecht, Temperament etc.).

weise Forscher die Auswirkungen des individuellen Temperaments auf die Qualität von Freundschaften untersuchen wollen, kann man Kinder nicht den Gruppen angenehmer versus unangenehmer Wesensarten per Zufall zuordnen. Bei solchen und vielen weiteren wichtigen Variablen bleiben einem nur Korrelationsdesigns. Die Vor- und Nachteile korrelativer und experimenteller Designs sind in Tabelle 1.5 zusammengefasst.

Designs für die Untersuchung von Entwicklung

Große Teile der Forschungen zur Kindesentwicklung konzentrieren sich darauf, *wie* Kinder mit zunehmendem Alter und wachsender Erfahrung sich verändern oder gleich bleiben. Um die Entwicklung im Zeitverlauf zu untersuchen, werden drei Forschungsdesigns verwendet: Querschnitt- und Längsschnittdesigns sowie mikrogenetische Designs.

Querschnittdesigns

Der gebräuchlichste und einfachste Weg zur Untersuchung von altersabhängigen Veränderungen und Verläufen sind **Querschnittdesigns**. Bei dieser Methode werden Kinder unterschiedlichen Alters hinsichtlich bestimmter Verhaltensweisen, Fähigkeiten oder Eigenschaften verglichen. In einer Querschnittuntersuchung der Freundschaften von Kindern beispielsweise

Querschnittdesign – eine Forschungsmethode, bei der Kinder verschiedenen Alters zu einem Messzeitpunkt hinsichtlich bestimmter Eigenschaften oder Verhaltensweisen verglichen werden.

sollten Sechst- bis Zwölftklässler aus drei verschiedenen Schulen ihren besten Freund und bis zu zehn weitere Freunde aus ihrer Schule nennen (Urberg, Degirmencioglu, Tolson & Halliday-Scher, 1995). Die Befunde ließen erkennen, dass sich einige Aspekte von Freundschaft mit dem Alter veränderten: Beispielsweise nannten die älteren Kinder weniger Freunde, doch wurden sie von den Genannten auch selbst mit größerer Wahrscheinlichkeit als Freund genannt. Dieser Befund stimmt mit anderen Forschungsergebnissen überein, wonach bei Kindern der Freundeskreis mit zunehmendem Alter kleiner wird, die Freundschaften aber zunehmend stärker auf Wechselseitigkeit beruhen. Andere Aspekte von Freundschaft veränderten sich während der untersuchten Altersspanne nicht. So war es für Kinder aller Altersstufen, die zu der jeweiligen ethnischen Mehrheit an ihrer Schule gehörten (gleich ob diese weiß oder schwarz war), wahrscheinlicher, dass die von ihnen benannten Freundschaften auch erwidert wurden, verglichen mit Kindern aus der jeweiligen ethnischen Minderheit.

Mit Querschnittuntersuchungen lassen sich Ähnlichkeiten und Unterschiede zwischen älteren und jüngeren Kindern gut sichtbar machen. Sie erbringen jedoch keine Informationen über die Stabilität individueller Unterschiede im Zeitverlauf oder über Veränderungsmuster beim einzelnen Kind. Hier bekommen Längsschnittuntersuchungen ihre Bedeutung.

Längsschnittdesigns

Bei **Längsschnittdesigns** wird eine Gruppe von Kindern über einen längeren Zeitraum hinweg (meistens zwei oder mehr Jahre) verfolgt, und ihre Entwicklungsveränderungen und -verläufe werden im Untersuchungszeitraum beobachtet. Als Beispiel kann die Längsschnittuntersuchung von Brendgen und Mitarbeitern gelten (Brendgen et al., 2001), in der die Beliebtheit von Kindern bei ihren Klassenkameraden zwischen ihrem siebten und ihrem zwölften Lebensjahr jährlich untersucht wurde. Die Beliebtheit der einzelnen Kinder erwies sich in diesem Zeitraum als recht stabil: Eine große Zahl von Kindern war in den meisten Jahren beliebt; weniger Kinder waren in allen Jahren unbeliebt. Andererseits gab es bei Einzelnen eigenartige Veränderungsmuster zwischen den Jahren; dasselbe Kind konnte mit acht Jahren beliebt, mit zehn unbeliebt und mit zwölf durchschnittlich beliebt sein. Solche Erkenntnisse über die Zeitstabilität individueller Unterschiede und über individuelle Veränderungsmuster konnten nur mit einem Längsschnittdesign erzielt werden.

Wenn Längsschnittstudien Stabilität und Veränderung im Zeitverlauf so gut zum Vorschein bringen, warum sind dann Querschnittuntersuchungen üblicher? Die Gründe hierfür sind vorwiegend praktischer Natur. Die Untersuchung desselben Kindes über längere Zeitabschnitte hinweg bringt die schwierige und zeitaufwendige Aufgabe mit sich, das Kind für jede Nachuntersuchung wieder ausfindig zu machen. Es lässt sich nicht vermeiden, dass einige der Kinder wegziehen oder aus anderen Gründen die Schule verlassen. Ein solcher Teilnehmerverlust kann die externe Validität der Befunde in Frage stellen, weil sich die Kinder, die wegziehen oder nicht mehr weitermachen

Längsschnittdesign – eine Forschungsmethode, bei der dieselben Kinder über längere Zeit hinweg zweimal oder mehrmals untersucht werden.

Für keinen ist es schön, unbeliebt zu sein und ausgeschlossen zu werden. Mit Hilfe von Langzeitstudien wurde untersucht, ob über Jahre hinweg dieselben Kinder ausgeschlossen bleiben oder ob sich die soziale Beliebtheit im Verlauf der Zeit ändert.

Mikrogenetisches Design – eine Forschungsmethode, bei der dieselben Kinder während eines kurzen Zeitabschnitts wiederholt untersucht werden.

wollen, systematisch von den durchgehend teilnehmenden Kindern unterscheiden könnten. Wenn Längsschnittforschungen häufige wiederholte Testungen beinhalten, kann die externe Validität der Ergebnisse bedroht sein; beispielsweise könnte der wiederholte Umgang mit Intelligenztests die Kinder mit den Frageformaten der Tests vertraut werden lassen, was ihre Testergebnisse mit der Zeit verbessert. Aus diesen Gründen werden Längsschnittdesigns vorrangig dann eingesetzt, wenn es hauptsächlich um die Stabilität und Veränderungen einzelner Kinder im Zeitverlauf geht; diese Fragestellungen lassen sich nur längsschnittlich untersuchen. Richtet sich die zentrale entwicklungsbezogene Frage dagegen auf altersabhängige Änderungen bei typischen Leistungen, sind Querschnittuntersuchungen häufiger.

Mikrogenetische Designs

Eine wichtige Beschränkung sowohl quer- als auch längsschnittlicher Untersuchungen besteht darin, dass beide nur eine grobe Skizze des Veränderungsprozesses liefern. Dagegen sind **mikrogenetische Designs** speziell dafür gedacht, die Prozesse, die die Veränderungen hervorrufen, detailliert zu beschreiben (Kuhn, 1995; Miller & Coyle, 1999; Siegler, 2000). Die Grundidee dieses Ansatzes besteht darin, dass man Kinder, bei denen man das Eintreten einer wichtigen Entwicklungsveränderung in nächster Zeit erwartet, in gesteigertem Maße mit genau denjenigen Erfahrungen konfrontiert, von denen man annimmt, dass sie die Veränderungen hervorrufen – und das Verhalten der Kinder *veränderungsbegleitend* genau untersucht.

Ein Beispiel für den mikrogenetischen Ansatz liefert die Untersuchung von Siegler und Jenkins (1989). Hier wurde untersucht, wie Kindergartenkinder die Zählstrategie entwickeln, mit der sie bei Additionsaufgaben vom größeren Summanden aus den kleineren hochzählen. Bevor die Kinder diese Strategie entdecken, zählen sie bei Additionsaufgaben in der Regel von 1 an hoch. Das Weiterzählen vom größeren Summanden statt von 1 verringert die Menge an notwendigen Zähloperationen und führt zu schnelleren und genaueren Leistungen.

Siegler und Jenkins nahmen an, dass die Kinder diese Weiterzählstrategie von selbst entdecken, wenn sie Additionsaufgaben bearbeiten, und den Umgang damit nicht von Lehrern oder Eltern beigebracht bekommen. Um diese Hypothese zu prüfen und den Entdeckungsprozess zu beobachten, haben sie Kindern, die diese Weiterzählstrategie noch nicht beherrschen, die aber in Kürze in das Alter kommen würden, in dem die meisten Kinder die Strategie entdecken, mehr Additionsaufgaben vorgegeben als vor Schuleintritt normalerweise üblich. Anhand von Videoaufnahmen der Kinder bei der Aufgabenbearbeitung konnten die Forscher feststellen, ob und gegebenenfalls wann im

Untersuchungsverlauf ein bestimmtes Kind zum ersten Mal nicht mehr von 1, sondern vom größeren Summanden ab weiterzählte. Hatte man herausgefunden, wann ein Kind den neuen Lösungsansatz entdeckte, konnte man auch die Erfahrungen untersuchen, die dieser Entdeckung vorangingen, die emotionale Reaktion der Kinder auf ihre Entdeckung und die Verallgemeinerung der neuen Strategie im Anschluss an ihren erstmaligen Einsatz.

Während manche Kinder die Weiterzählstrategie recht schnell entdeckten, brauchten andere mehr als 200 Aufgaben, bevor sie so weit waren, und ein Kind kam gar nicht auf die Idee. Die Untersuchung der Aufgaben direkt vor der Entdeckung brachte Überraschendes zu Tage: Notwendigkeit ist nicht immer die Mutter der Erfindung. Etliche Kinder entdeckten die Weiterzählstrategie bei der Bearbeitung einfacher Aufgaben, die sie zuvor durch Zählen von 1 an richtig gelöst hatten. Offenbar machen Kinder Entdeckungen auch ohne äußeren Druck.

Die mikrogenetische Methode zeigt, dass mit der allerersten Verwendung der neuen Strategie oft eine eindrucksvolle Einsicht und Erregung einhergeht, wie beispielsweise bei Lauren:

Die Entdeckung, wie man Ziele erreicht, ist eine belohnende Erfahrung. Mikrogenetische Forschungsdesigns können Erkenntnisse sowohl über den Prozess dieser Entdeckung als auch über die begleitenden emotionalen Reaktionen der Kinder liefern.

> *Experimentator:* Wieviel ist 6 + 3?
> *Lauren:* (*lange Pause*) 9.
> *E:* OK, woher weißt du das?
> *L:* Ich glaub ich sagte ... ich glaub ich sagte ... ooh, hm ... 7 war 1, 8 war 2, 9 war 3.
> *E:* Woher wusstest du, wie du das machen musst? Warum hast du nicht 1, 2, 3, 4, 5, 6, 7, 8, 9, gezählt?
> *L:* (*erregt*) Weil man dann ja alle Zahlen zählen muss.

Trotz ihrer einsichtigen Erklärung des Weiterzählens und ihrer Erregung über die Entdeckung der Strategie verwendete Lauren sie bei den folgenden Aufgaben nur selten. Erst nachdem ihr Aufgaben wie 3 + 22 vorgelegt wurden, deren Lösung für Kinder in dem Alter durch Abzählen von 1 an fast unmöglich ist, die sich aber durch Weiterzählen vom größeren Summanden ab relativ leicht lösen lassen, wandte Lauren (und andere Kinder, die die Weiterzählstrategie entdeckt hatten) die neue Strategie häufiger an. Auch weitere mikrogenetische Untersuchungen haben gezeigt, dass die Verallgemeinerung und Übertragung von Entdeckungen auf neue Aufgaben und Probleme genauso anspruchsvoll sein kann wie die ursprüngliche Entdeckung selbst (Miller & Coyle, 1999).

Das Beispiel illustriert, wie mikrogenetische Methoden Erkenntnisse über den Veränderungsprozess und über individuelle Unterschiede bei Veränderungsprozessen, die sich auf kürzere Zeiträume beziehen, liefern können. Doch erbringen diese Methoden keine Informationen zur Stabilität und Ver-

Tabelle 1.6: Vor- und Nachteile der verschiedenen entwicklungspsychologischen Untersuchungsdesigns.

Design-Typ	Zentrale Eigenschaften	Vorteile	Nachteile
Querschnittdesign	Kinder unterschiedlichen Alters werden zu einem Zeitpunkt untersucht.	Erbringt nützliche Daten über Unterschiede zwischen Altersgruppen. Schnell und leicht durchzuführen.	Sagt nichts über die Stabilität individueller Unterschiede im Zeitverlauf. Sagt nichts über Ähnlichkeiten und Unterschiede in den Veränderungsmustern einzelner Kinder.
Längsschnittdesign	Kinder werden über längere Zeit hinweg wiederholt untersucht.	Zeigt das Ausmaß an Stabilität individueller Unterschiede über längere Zeiträume an. Macht das langfristige Veränderungsmuster einzelner Kinder sichtbar.	Untersuchungsteilnehmer können verloren gehen. Die wiederholte Testung derselben Kinder kann die externe Validität beeinträchtigen.
Mikrogenetisches Design	Kinder werden in einem relativ kurzen Zeitabschnitt, in dem eine Veränderung eintritt, intensiv beobachtet.	Die intensive Beobachtung von Veränderungen während ihres Eintretens kann Veränderungsprozesse erkennen lassen. Zeigt kurzfristige individuelle Veränderungsmuster in großem Detail.	Liefert keine Informationen über typische langfristige Veränderungsmuster. Lässt keine langfristigen individuellen Veränderungsmuster erkennen.

änderung über längere Zeiträume hinweg. Sie werden deshalb typischerweise dann verwendet, wenn das Grundmuster der altersbezogenen Veränderungen bereits bekannt ist und das nächste Ziel darin besteht herauszufinden, wie diese Veränderungen zustande kommen. In Tabelle 1.6 sind die Stärken und Schwächen der drei Ansätze zur Untersuchung von alters- und erfahrungsabhängigen Veränderungen – Querschnitt-, Längsschnitt- und mikrogenetische Designs – zusammengefasst.

Ethische Fragen bei der Erforschung der Kindesentwicklung

Jegliche Forschung an Menschen wirft ethische Probleme auf; dies trifft besonders auf die Untersuchung der Kindesentwicklung zu. Den Forschern kommt die unabdingbare Verantwortung zu, mögliche Risiken, die ihre Untersuchung für die Kinder darstellen könnte, vorauszusehen, solche Risiken zu minimieren und sicherzustellen, dass der Nutzen der Forschung den möglichen Schaden überwiegt.

Die *Society for Research on Child Development*, eine Organisation, die sich mit der Forschung an Kindern befasst, hat ethische Richtlinien formuliert, an die sich Forscher halten müssen (SRCD, 1999, S. 283–284). Einige der wichtigsten ethischen Prinzipien in diesem Kodex sind die folgenden:

1. Stelle sicher, dass die Forschung Kinder physisch und psychisch nicht verletzt.
2. Hole die informierte Einwilligung für die Untersuchungsteilnahme (vorzugsweise schriftlich) ein, und zwar von den Eltern oder anderen verantwortlichen Erwachsenen und auch von den Kindern, sofern sie alt genug

sind, dass ihnen das Forschungsvorhaben erklärt werden kann. Der Experimentator sollte die Kinder und die maßgeblichen Erwachsenen über alle Aspekte des Vorhabens informieren, die die Teilnahmebereitschaft beeinflussen könnten, und sollte erklären, dass die Verweigerung der Teilnahme keine negativen Folgen nach sich zieht.
3. Bewahre die Anonymität der Teilnehmer und verwende Informationen nur für die Zwecke, für die eine Erlaubnis gegeben wurde.
4. Besprich mit den Eltern oder Erziehungsberechtigten alle durch die Forschung entstandenen Informationen, die für das Wohl des Kindes wichtig sein könnten.
5. Versuche, allen unvorhergesehen negativen Folgen, die im Forschungsverlauf auftreten, entgegenzuwirken. Falls solche negativen Folgen eintreten, überarbeite das Verfahren, um ähnliche Probleme zukünftig zu vermeiden.
6. Korrigiere alle falschen Eindrücke, die das Kind im Verlauf der Untersuchung gewinnen könnte. Nach Beendigung der Untersuchung erkläre den Teilnehmern die allgemeinen Befunde auf einem Niveau, das sie verstehen können.

In Anerkennung der Wichtigkeit solcher ethischer Fragen haben Universitäten und Regierungsbehörden institutionalisierte Gremien eingerichtet, in denen unabhängige Wissenschaftler (und manchmal weitere außen stehende Personen) die Forschungsvorhaben beurteilen, um sicherzustellen, dass damit keine ethischen Richtlinien verletzt werden. Doch trägt letztlich der einzelne Forscher, der die Forschung am besten kennt und mögliche Probleme am besten antizipieren kann, die endgültige Verantwortung dafür, dass die Untersuchung mit den ethischen Standards im Einklang steht.

IN KÜRZE

Die wissenschaftliche Methode, bei der alle Hypothesen als potenziell falsch behandelt werden, ermöglichte dem heutigen Verständnis der Kindesentwicklung Fortschritte, die über die Erkenntnisse selbst der größten Denker der Vergangenheit weit hinausgehen. Dieser Fortschritt baut auf vier Arten von Neuerungen auf:

1. Messungen, die reliabel und valide sind;
2. Methoden der Datenerhebung, die nützliche Informationen über das Verhalten der Kinder hervorbringen, wie Interviews, naturalistische Beobachtungen und strukturierte Beobachtungen;
3. Designs, mit denen die Zusammenhänge und Ursache-Wirkungs-Beziehungen von Variablen identifiziert werden können, vor allem korrelative und experimentelle Designs;
4. Designs, die die Analyse von Kontinuität und Veränderung erlauben, wie sie mit Alter und Erfahrung einhergehen, insbesondere Quer- und Längsschnittdesigns sowie mikrogenetische Ansätze.

Die Durchführung wissenschaftlicher Experimente erfordert weiterhin die Einhaltung hoher ethischer Standards. Dazu gehört, die teilnehmenden Kinder in keinerlei Weise zu schädigen, vor ihrer Teilnahme die informierte Einwilligung einzuholen, die Anonymität aller Teilnehmer zu gewährleisten und im Anschluss an die Untersuchung die Ergebnisse den Eltern und, falls möglich, auch den Kindern zu erklären, und zwar auf einem verständlichen Niveau.

Zusammenfassung

Warum untersucht man die Kindesentwicklung?

- Es ist aus mehreren Gründen nützlich, etwas über die Kindesentwicklung zu erfahren: Es kann uns helfen, bessere Eltern zu werden, es formt unsere Meinung über soziale Fragen, die Kinder berühren, und es verbessert unser Verständnis vom Wesen des Menschen.

Historische Wurzeln der Beschäftigung mit Kindesentwicklung

- Große Denker wie Platon, Aristoteles, Locke und Rousseau formulierten grundlegende Fragen über die Kindesentwicklung und stellten dazu interessante Hypothesen auf, besaßen jedoch nicht die wissenschaftlichen Methoden zur Beantwortung dieser Fragen. Mit den jüngeren wissenschaftlichen Ansätzen wie denen von Freud und Watson begann die Bewegung hin zu modernen forschungsbasierten Theorien der Kindesentwicklung.

Leitfragen der Kindesentwicklung

- Das Gebiet der Kindesentwicklung stellt den Versuch dar, Antworten auf mehrere Grundfragen zu gewinnen:
  1. Wie wirken sich Anlage und Umwelt gemeinsam auf die Entwicklung aus?
  2. Wie formen Kinder ihre eigene Entwicklung?
  3. In welcher Hinsicht verläuft Entwicklung kontinuierlich, in welcher diskontinuierlich?
  4. Wie kommt es zu Veränderungen?
  5. Wie wirkt sich der sozio-kulturelle Kontext auf die Entwicklung aus?
  6. Warum werden Kinder so verschieden?
  7. Wie kann Forschung das Kindeswohl fördern?

- Jeder Entwicklungsaspekt, von der ganz speziellen Verhaltensweise bis zum allgemeinen Wesenszug, spiegelt sowohl die biologische Ausstattung (die Anlagen) als auch die bisherigen Erfahrungen (die Umwelteinflüsse) eines Menschen wider.
- Selbst Säuglinge und Kleinkinder tragen aktiv zu ihrer eigenen Entwicklung bei: durch ihre Aufmerksamkeitsmuster, ihren Sprachgebrauch und ihre Wahl spielerischer Tätigkeiten.
- Die meisten Entwicklungen können entweder kontinuierlich oder sprunghaft erscheinen, je nachdem, wie oft und wie genau man hinsieht.
- Entwicklungsveränderungen ergeben sich oft aus einem Prozess von Variation und Selektion, ähnlich wie bei der biologischen Evolution.
- Zu den Kontexten, die die Entwicklung formen, gehören die Menschen, mit denen Kinder direkt zu tun haben, also etwa Familie und Freunde; die Institutionen, die sie aufsuchen, wie die Schule oder religiöse Einrichtungen; und gesellschaftliche Einstellungen, beispielsweise gegenüber Rasse, Volkszugehörigkeit und sozialer Klasse.
- In individuellen Unterschieden, selbst zwischen Geschwistern, kommen Unterschiede in den Genen der Kinder, in der Behandlung durch andere Menschen, in ihren Interpretationen eigener Erlebnisse und Erfahrungen sowie in ihrer Auswahl von Kontexten, in denen sie sich bewegen, zum Vorschein.
- Prinzipien, Befunde und Methoden aus der Kindesentwicklungsforschung werden fortlaufend angewandt, um die Lebensqualität von Kindern zu erhöhen.

Methoden der Untersuchung kindlicher Entwicklung

- Mit der wissenschaftlichen Methode wurden große Fortschritte beim Verstehen von Kindern möglich. Dabei wird eine Forschungsfrage ausgewählt, eine relevante Hypothese formuliert, eine Methode entwickelt, um die Hypothese zu prüfen, und anhand von Daten entschieden, ob die Hypothese zutrifft.
- Damit Messwerte brauchbar sind, müssen sie für die Hypothese relevant, reliabel und valide sein. Reliabilität (oder Zuverlässigkeit) bedeutet, dass unabhängige Beobachtungen eines bestimmten Verhaltens übereinstimmen. Validität (oder Gültigkeit) bedeutet, dass ein Messwert dasjenige misst, was er messen soll.
- Wichtige Methoden der Datenerhebung bei Kindern sind Interviews, naturalistische Beobachtungen und strukturierte Beobachtungen. Interviews lassen besonders gut das subjektive Erleben von Kindern erkennen. Die naturalistische Beobachtung ist besonders hilfreich, wenn das primäre Ziel darin besteht zu beschreiben, wie sich Kinder in ihrer alltäglichen Umgebung verhalten. Die strukturierte Beobachtung ist dann am nützlichsten,

wenn hauptsächlich beschrieben werden soll, wie verschiedene Kinder auf dieselbe Situation reagieren.
- Korrelation impliziert nicht Kausalität. Korrelationen geben lediglich das Ausmaß an, in dem zwei Variablen zusammenhängen, während ein kausaler Zusammenhang bedeutet, dass die Veränderung der Ausprägung der einen Variable eine Änderung der Ausprägung der anderen Variable nach sich zieht.
- Der besondere Wert experimenteller Designs liegt darin, die Ursachen für das Verhalten von Kindern aufzudecken.
- Entwicklungsdaten erhält man durch Querschnittdesigns (die Untersuchung von Kindern verschiedenen Alters), Längsschnittdesigns (die Untersuchung derselben Kinder in verschiedenem Alter) oder mikrogenetische Designs (die Darbietung intensiver Erfahrungen in kurzem Zeitraum und die detaillierte Analyse des Veränderungsprozesses).
- Es ist für Forschende unabdingbar, sich an hohen ethischen Standards zu orientieren. Zu den wichtigsten ethischen Standards gehört, dass man versucht sicherzustellen, dass das Forschungsvorhaben Kinder weder physisch noch psychisch schädigt, dass man von den Eltern und nach Möglichkeit auch von den Kindern die informierte Einwilligung erhält, dass man die Anonymität der Teilnehmer bewahrt, dass man die Eltern über alles informiert, was für das Wohl des Kindes und dessen Aufrechterhaltung nötig ist, dass man jeglichen negativen Auswirkungen, die im Zuge der Untersuchung eintreten, entgegenwirkt und dass man jeden unzutreffenden Eindruck, den Kinder im Verlauf der Untersuchung erhalten, richtig stellt.

Fragen und Denkanstöße

1. Warum ist es wichtig, über die Kindesentwicklung Bescheid zu wissen, selbst wenn man selbst keine Kinder hat?
2. Warum konnten die Kinder, die weniger als sechs Monate in rumänischen Waisenhäusern verbracht hatten, ihre körperlichen, geistigen und sozialen Entwicklungsrückstände aufholen, während die Kinder, die längere Zeit dort zubringen mussten, bislang nicht alles aufholen konnten? Werden sie zukünftig alle Entwicklungsrückstände noch aufholen können?
3. Inwiefern ist es ein glücklicher Umstand, inwiefern ein ungünstiger, dass Kinder ihre eigene Entwicklung in beträchtlichem Umfang selbst formen?
4. Hatten die Informationen über die Schlafarrangements in den verschiedenen Kulturen einen Einfluss darauf, wie Sie es bei Ihren eigenen Kindern einmal halten wollen? Erläutern Sie, warum Sie das beeinflusst – oder auch nicht beeinflusst – hat!
5. Können Sie sich angesichts dessen, was Sie in diesem Kapitel über die Erforschung der Kindesentwicklung gelernt haben, praktische Anwendungen der Forschung vorstellen, die Ihnen sowohl durchführbar als auch wichtig erscheinen?

Pränatale Entwicklung, Geburt und die Phase des Neugeborenen

2

- Pränatale Entwicklung
- Die Geburtserfahrung
- Das Neugeborene
- Zusammenfassung

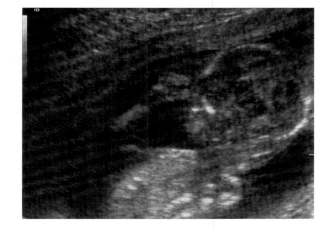

Man stelle sich folgende Situation vor: Eine Entwicklungspsychologin nähert sich ihrer Versuchsperson in der festen Absicht, ihre Wahrnehmungsfähigkeit und ihre Fähigkeit, aus Erfahrungen zu lernen, zu untersuchen. Zuerst spielt sie aus einem Lautsprecher nahe am Ohr der Versuchsperson ein lautes Schallereignis vor (einen Laut oder einen Ton) und stellt mit Befriedigung fest, dass die Versuchsperson darauf reagiert und sich heftig bewegt; sie schließt daraus, dass die Versuchsperson das Geräusch hören kann. Daraufhin spielt sie denselben Ton immer und immer wieder vor. So wie es jede andere Person im Labor kaum mehr erträgt, denselben Ton andauernd wieder zu hören, so scheint es auch der Versuchsperson zu gehen, die auf die Wiederholungen immer weniger reagiert und schließlich gar keine Reaktion mehr zeigt. Hat die Versuchsperson gelernt, den Ton zu erkennen, oder hat sie sich einfach schlafen gelegt? Um das herauszufinden, präsentiert die Forscherin nun einen anderen Ton, und die Versuchsperson beginnt wieder, heftig zu reagieren. Offenbar kann die Versuchsperson neben dem ersten Ton auch erkennen, dass der neue Ton anders beschaffen ist, was als Beleg dafür gelten kann, dass hier ein einfacher Lernprozess abgelaufen ist. Nun will die Forscherin herausfinden, ob die Versuchsperson auch etwas Komplexeres lernen kann und ob das Lernen auch in einer natürlicheren Umgebung funktioniert; sie schickt die Versuchsperson nach Hause und bittet deren Mutter, über einen Zeitraum von sechs Wochen hinweg mehrere Minuten täglich aus einem bekannten Kinderbuch vorzulesen. Doch bevor die Forscherin wieder mit ihrer Versuchsperson zusammentrifft, passiert etwas ziemlich Einschneidendes: Die Versuchsperson wird geboren!

Das beschriebene Szenario ist beileibe nicht unrealistisch: Tatsächlich handelt es sich um die exakte Beschreibung einer faszinierenden und informativen – in diesem Kapitel an späterer Stelle wieder aufgegriffenen – Untersuchung, die unser Wissen über die pränatale Entwicklung revolutionierte (DeCasper & Spence, 1986). Es wird sich zeigen, dass Forscher die Wahrnehmungs- und Lernfähigkeiten des menschlichen Fetus in vielerlei Weise untersucht haben. Sie haben herausgefunden, dass Feten schon im Mutterleib eine Vielzahl von Reizen, die von der Außenwelt kommen, wahrnehmen und aus Erfahrung lernen können, wobei diese Erfahrungen auch bis nach der Geburt noch wirksam bleiben.

Neben der Erörterung dieser Aspekte der pränatalen Entwicklung geht es im vorliegenden Kapitel auch um Umweltgefahren, die den sich entwickelnden Fetus schädigen können. Danach behandeln wir in Kürze den Prozess des Geboren-Werdens, und zwar vorrangig aus der Sicht des Kindes selbst. Schließlich untersuchen wir einige Verhaltensaspekte des Neugeborenen und diskutieren Probleme, die mit Frühgeburten einhergehen.

Bei unserer Erörterung der frühesten Entwicklungsphasen eines Menschen spielen fast alle Entwicklungsthemen, die im ersten Kapitel beschrieben wurden, eine wichtige Rolle. An erster Stelle ist die Frage nach *Anlage und Umwelt* zu nennen; wir werden besonders darauf abheben, wie jeder Aspekt der vorgeburtlichen Entwicklung aus einer Mischung von biologischen Faktoren und Umweltfaktoren entsteht. Unsere Gene enthalten ein Entwicklungsprogramm, das die endgültig zu erreichende Form jedoch nicht völlig vorschreibt; vielmehr liefern die Gene eine Menge relativ einfacher Anweisungen, aus denen sich am Ende sehr komplexe Formen herausbilden. Die pränatale Entwicklung umfasst eine kaskadische Folge kleinerer Ereignisse, die jeweils wieder zu einem weiteren kleineren Ereignis führen und von dort aus zu einem nächsten. Am Ende hat sich etwas sehr Kompliziertes ereignet, ohne dass der Endpunkt bereits von Anfang an spezifiziert gewesen wäre. Strukturen, die sich auf eine solche Weise herausbilden, nennt man *emergente Strukturen* (siehe Abbildung 2.1).

Auch das Thema des *aktiven Kindes* spielt wieder eine Rolle, insofern die Aktivitäten des Fetus auf zahlreiche Weise entscheidend zu seiner Entwicklung beitragen. Die normale pränatale Entwicklung hängt vom Verhalten des Fetus ab, der sich in der Gebärmutter hin und her dreht und Atembewegungen macht (beides ist für die Muskelentwicklung wichtig) bis hin zur Ausschüttung von Hormonen, die die Differenzierung der Sexualorgane bestimmen.

Ein weiteres Thema, das beleuchtet wird, betrifft den *sozio-kulturellen Kontext* der pränatalen Entwicklung und der Geburt; hier werden sich große Unterschiede feststellen lassen, wie die Menschen in den verschiedenen Kulturen und Gesellschaften über den Beginn des Lebens denken und wie der Geburtsvorgang jeweils gehandhabt wird. *Individuelle Unterschiede* kommen im Kapitel an verschiedenen Stellen immer wieder ins Spiel, schon bei den Geschlechtsunterschieden hinsichtlich der Überlebensrate seit der Befruchtung. Das Thema der *Kontinuität/Diskontinuität* ist ebenfalls wichtig: Trotz des dramatischen Wechsels zwischen dem Leben vor und nach der Geburt zeigt das Verhalten von Neugeborenen deutliche Beziehungen zu ihrem Erleben und Verhalten im Mutterleib. Und schließlich bildet die Frage nach dem *Kindeswohl* bei der *Forschung* den Hintergrund für die Diskussion der Rolle der Armut bei der pränatalen Entwicklung und den Geburtsresultaten sowie für die Beschreibung von Interventionsprogrammen zur Unterstützung der Entwicklung frühgeborener Kinder.

Pränatale Entwicklung

Der Prozess der pränatalen („vorgeburtlichen") Entwicklung – dem bloßen Auge verborgen – galt immer als mysteriös und faszinierend, und Mythen über den Ursprung des menschlichen Lebens und die Entwicklung vor der Geburt bildeten in allen Gesellschaften einen wichtigen Teil der Überlieferungen und Traditionen (siehe DeLoache & Gottlieb, 2000). Bei der Frage, wann das Leben beginnt, besteht eine enorme Glaubens- und Annahmenvielfalt sowohl zwischen als auch innerhalb von Kulturen. (Kasten 2.1 beschreibt, was die Menschen einer bestimmten Gesellschaft diesbezüglich glauben.) Auch beim Blick zurück in die Geschichte kann man große Unterschiede darin erkennen, wie sich die Menschen die pränatale Entwicklung vorgestellt haben. Im vierten vorchristlichen Jahrhundert stellte Aristoteles die fundamentale Frage über die vorgeburtliche Entwicklung, die dem westlichen Denken in den darauf folgenden 1500 Jahren zugrunde liegen sollte: Beginnt das pränatale Leben mit dem bereits vorgeformten neuen Individuum, das sich von Anfang an aus einer vollständigen Ausstattung winziger Einzelteile zusammensetzt, oder entwickeln sich die vielen Teile des menschlichen Körpers nacheinander? Aristoteles lehnte die Idee der Präformation (des Vorgeformt-Seins) ab zugunsten der von ihm so genannten **Epigenese** – der Herausbildung neuer Strukturen und Funktionen im Verlauf der Entwicklung (eine Sichtweise auf die Entwicklung, die heute großen Einfluss besitzt; Wolpert, 1991). Auf der Suche nach Belegen für seine Annahme beging er den für damalige Zeiten recht ungewöhnlichen Schritt und öffnete befruchtete Hühnereier, um die Wahrheit mit eigenen Augen zu sehen. Tatsächlich konnte er die Organe der heranwachsenden Küken in verschiedenen Entwicklungsstadien beobachten. Und dennoch hielt die Idee des Präformationismus noch lange nach Aristoteles an und wuchs sich zu einem Disput darüber aus, ob der

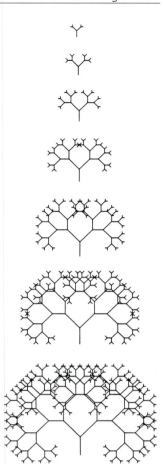

Abbildung 2.1: Emergente Struktur. Eine Struktur größter Komplexität kann aus einer einfachen Ausgangskonfiguration durch die wiederholte Ausführung von wenigen, recht einfachen Anweisungen entstehen. Können Sie herausfinden, nach welchen Regeln die Abbildung erzeugt wurde?

Epigenese – die Vorstellung, dass sich neue Strukturen und Funktionen allmählich herausbilden und dass die Strukturen nicht am Anfang einfach nur klein sind und mit der Zeit größer werden.

Kasten 2.1 Näher betrachtet

Die Anfänge bei den Beng

Wenige Themen haben in den vergangenen Jahren in Deutschland und in vielen anderen Ländern intensivere Debatten und Kontroversen ausgelöst als die Frage, an welcher Stelle der Entwicklung Leben anfängt – im Moment der Befruchtung oder irgendwann zwischen Befruchtung und Geburt. Ironischerweise erkennen nur wenige, die sich an dieser Auseinandersetzung beteiligen, wie komplex die Fragestellung ist und in welchem Ausmaß die verschiedenen Völker und Gesellschaften dieser Welt ganz unterschiedliche Sichtweisen auf diese Frage einnehmen.

Ein Bespiel für diese Vielfalt stammt von den Beng, einem Volk aus der westafrikanischen Elfenbeinküste, die glauben, jedes Kind sei die Reinkarnation eines Vorfahren (Gottlieb, 2000). Den Beng zufolge ist der Geist des Vorfahren, sein *wru*, nicht völlig auf ein irdisches Leben übergegangen und behält eine Doppelexistenz bei, die zwischen der Alltagswelt und *wrugbe*, dem „Geisterdorf", hin- und herreist. (Der Ausdruck *wrugbe* kann ungefähr als „Leben danach" übersetzt werden, aber „Leben davor" würde genauso gut passen.) Das Neugeborene wird erst dann als eine Person betrachtet – als ein aus dem *wrugbe* hervorgegangenes Wesen –, wenn seine Nabelschnur völlig abgefallen ist. Ein Neugeborenes, das stirbt, erhält kein Begräbnis, weil das Ableben eines Kindes einfach nur als körperliche Form der Rückkehr in den Raum aufgefasst wird, den das Kind psychisch ohnehin noch bewohnte.

Die Mutter dieses Babys vom Stamm der Beng hat viel Zeit darauf verwandt, das Gesicht des Babys kunstvoll zu bemalen. Sie tut das jeden Tag in der Bemühung, ihr Kind attraktiv zu machen, damit andere Menschen dazu beitragen, es in dieser Welt glücklich zu machen.

Der Praxis der Säuglingspflege liegen diesen Auffassungen in vielen Aspekten zugrunde. Dazu gehört das mehrmals tägliche Auftragen einer Kräutermischung auf das verbliebene Stück Nabelschnur, um dessen Vertrocknung und Abfallen zu beschleunigen – wodurch die geistige Reise des Kindes vom *wrugbe* zum irdischen Leben und seine Entwicklung als eine Person eingeleitet werden. Die Reise vom *wrugbe* ist schwierig und ist erst nach mehreren Jahren abgeschlossen; in der Zwischenzeit besteht permanent die Gefahr, dass das Kind als Säugling oder auch noch in jungen Jahren Heimweh nach seinem Leben im *wrugbe* bekommt und sich entscheidet, seine irdische Existenz aufzugeben. Um dem vorzubeugen, versuchen Eltern alles, damit ihr Baby glücklich ist und sich wohl fühlt, so dass es im diesseitigen Leben bleiben will. Zu den empfohlenen Verfahrensweisen gehört, das Gesicht und den Körper des Kindes kunstvoll zu verzieren, wodurch es attraktiv wird und die Aufmerksamkeit anderer auf sich zieht. Manchmal werden Wahrsager zu Rate gezogen, besonders, wenn das Baby einen unglücklichen Eindruck macht; eine häufige Diagnose bei länger anhaltendem Weinen lautet, dass sich das Baby einen anderen Namen wünscht, einen aus seinem früheren Leben im *wrugbe*.

Wann beginnt bei den Beng nun das individuelle Leben? Auf eine Art fängt das Leben eines Beng schon *vor* der Geburt an, weil man ja eine Reinkarnation eines Vorfahren ist. Auf eine andere Art fängt das Leben jedoch irgendwann *nach* der Geburt an, wenn das Individuum erstmals als Person betrachtet wird.

Abbildung 2.2: Präformatismus. Eine Zeichnung aus dem 17. Jahrhundert, die ein präformiertes Wesen in einem Spermium zeigt. Diese Zeichnung basiert auf der Behauptung überzeugter Präformatisten, sie würden im Kopf eines Spermiums tatsächlich eine winzige, zusammengerollte Gestalt sehen, wenn sie Proben von Samenflüssigkeit unter dem neu entwickelten Mikroskop betrachteten. Sie glauben, dass sich die Miniaturperson nach Eintritt in ein Ei vergrößern würde. (Aus Moore & Persaud, 1993, S. 7.) Wie diese Zeichnung illustriert, müssen wir immer darauf achten, unsere mit Hingabe gepflegten vorgefassten Meinungen unser Denken nicht so sehr beherrschen zu lassen, dass wir nur sehen, was wir sehen wollen – und nicht, was wirklich vorliegt.

präformierte Miniatur-Mensch im Ei der Mutter oder im Spermium des Vaters untergebracht war (siehe Abbildung 2.2).

Die Idee der Präformation mag uns, gelinde gesagt, etwas dumm erscheinen, wenn nicht gar idiotisch. Wir dürfen jedoch nicht vergessen, dass unsere Vorfahren nichts über die Existenz von Zellen und Genen in Erfahrung bringen konnten, ganz zu schweigen von den vielen Entdeckungen, die zu der modernen Revolution der **Embryologie** geführt haben – der Lehre von der pränatalen Entwicklung. Heutige Wissenschaftler verfügen über eine Vielzahl von Verfahren, mit denen sie die körperliche und verhaltensbezogene Entwicklung im Mutterleib untersuchen können. Viele der Mysterien, die unsere Vorfahren noch in Erstaunen versetzt hatten, sind heute geklärt, aber an ihre Stelle sind – wie das in der Wissenschaft der Regelfall ist – auch wieder neue Geheimnisse getreten.

Embryologie – die Lehre von der pränatalen Entwicklung.

Die Befruchtung

Jeder von uns entstand als eine einzige Zelle, die aus der Vereinigung zweier hoch spezialisierter Zellen resultierte – eines Spermiums vom Vater und einer Eizelle von der Mutter. Das Besondere dieser **Keimzellen** (oder *Gameten*) liegt nicht nur in ihrer Funktion, sondern auch in der Tatsache, dass sie verglichen mit den anderen Körperzellen jeweils nur das halbe genetische Material enthalten. Keimzellen werden durch einen speziellen Prozess der Zellteilung – die **Meiose** – produziert, bei dem Eizelle und Spermium jeweils nur 23 Chromosomen (einen *haploiden* Satz) erhalten, während alle anderen Körperzellen 46 Chromosomen (einen *diploiden* Satz) enthalten. Diese Halbierung ist für die Fortpflanzung notwendig: Wenn das Ei oder das Spermium einen vollständigen Chromosomensatz enthielte, könnten sie nicht verschmelzen, weil keine Zelle mit der doppelten Menge an genetischem Material überleben kann. Ein wichtiger Unterschied bei der Bildung dieser beiden Keimzelltypen besteht darin, dass alle Eizellen, die eine Frau jemals besitzt, im Verlauf ihrer pränatalen Entwicklung bereits gebildet wurden, während Männer kontinuierlich neues Sperma produzieren.

Der Fortpflanzungsprozess beginnt mit der Entlassung einer Eizelle (der größten Zelle im menschlichen Körper) aus einem der Eierstöcke der Frau

Keimzellen (Gameten) – Fortpflanzungszellen, die nur die Hälfte des genetischen Materials aller anderen normalen Zellen im Körper enthalten.

Meiose – eine für die Fortpflanzung erforderliche besondere Form der Zellteilung (auch Reifeteilung genannt), bei der Keimzellen (Gameten) produziert werden, die nur die Hälfte des normalen Chromosomensatzes besitzen.

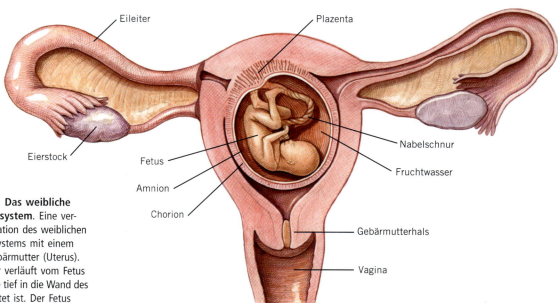

Abbildung 2.3: Das weibliche Fortpflanzungssystem. Eine vereinfachte Illustration des weiblichen Fortpflanzungssystems mit einem Fetus in der Gebärmutter (Uterus). Die Nabelschnur verläuft vom Fetus zur Plazenta, die tief in die Wand des Uterus eingebettet ist. Der Fetus schwimmt im Fruchtwasser in der Fruchtblase (Amnion), die von der Zottenhaut (Chorion) umgeben ist.

Befruchtung – die Vereinigung von Eizelle und Spermium.

in den Eileiter (siehe Abbildung 2.3). Bei der Reise durch den Eileiter in Richtung Gebärmutter gibt das Ei eine chemische Substanz ab, die wie eine Art Leuchtfeuer wirkt, ein „Kommt hierher!"-Signal, das die Spermien anzieht.

Falls in zeitlicher Nähe zur Freisetzung einer Eizelle Geschlechtsverkehr stattfindet, wird die **Befruchtung** – die Vereinigung von Eizelle und Spermium – möglich. Bei jedem Samenerguss werden nicht weniger als 500 Millionen Spermien in die Vagina der Frau hineingepumpt. Jedes Spermium, ein stromlinienförmiges Vehikel für die Zustellung der männlichen Gene an die Adresse der weiblichen Eizelle, besteht aus kaum mehr als einem spitzen Kopf, voll gepackt mit genetischem Material (den 23 Chromosomen), und einem Schwanz. Das Spermium durchquert das weibliche Fortpflanzungssystem, indem sich sein Schwanz schnell hin und her bewegt.

Um als Kandidat für die Einleitung einer Befruchtung in Frage zu kommen, muss ein Spermium etwa sechs Stunden unterwegs sein, bis es die 15 bis 18 Zentimeter von der Vagina durch die Gebärmutter bis zum Eileiter hinter sich gebracht hat. Die Ausfallquote auf dieser Reise ist enorm: Von den Millionen von Spermien, die in die Vagina gelan-

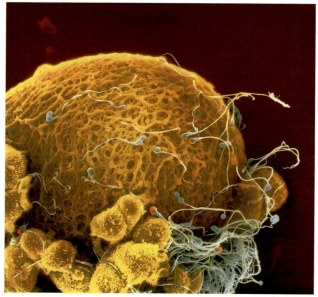

Abbildung 2.4: Die Reise der Spermien. Sperma nähert sich der Eizelle. Von den Millionen Spermien, die zusammen auf die Reise gingen, gelangen nur wenige in die Nähe der Eizelle. Die Eizelle ist der größte Zelltyp des Menschen (der einzige für das normale Auge sichtbare), während das Spermium zu den kleinsten Zellen gehört.

gen, schaffen es nur etwa 200, überhaupt in die Nähe der Eizelle zu gelangen (siehe Abbildung 2.4). Für diese hohe Versagensrate gibt es viele Gründe. Einige Ausfälle unterliegen dem Zufall: Viele Spermien verheddern sich mit anderen Spermien, die in der Vagina herumirren, und andere haben sich einfach nur für den falschen Eileiter ‚entschieden' (für den, der gerade keine Eizelle bereithält). Andere Ausfälle haben mit Problemen der Spermien selbst zu tun: Ein beträchtlicher Anteil der Spermien weist starke genetische oder andere Defekte auf, weshalb diese Spermien nicht in der Lage sind, sich kraftvoll genug vorwärts zu bewegen, um das Ei zu erreichen und zu befruchten. Jedes einzelne Spermium, das es tatsächlich bis zur Eizelle geschafft hat, ist mit ziemlich großer Wahrscheinlichkeit gesund und in bester baulicher Verfassung; damit tritt ein darwinistischer Prozess des „survival of the fittest" („nur der Stärkere überlebt") zu Tage, der bei der Befruchtung wirksam wird. (Kasten 2.2 beschreibt die Folgen dieses Selektionsprozesses für die Zeugung von Männern und Frauen.)

Sobald der Kopf eines Spermiums die äußere Membran der Eizelle ansticht, versiegelt eine chemische Reaktion die Membran, was andere Spermien am Eindringen hindert. Der Schwanz des Spermiums fällt ab, der Inhalt des Kopfes ergießt sich in die Eizelle, und die Nuclei (Zellkerne) der beiden Zellen verschmelzen. Die befruchtete Eizelle, die **Zygote**, besitzt jetzt einen vollständigen Satz des menschlichen Genmaterials, die eine Hälfte von der Mutter und die andere Hälfte vom Vater. Die erste der drei Phasen der pränatalen Entwicklung (siehe Tabelle 2.1) hat begonnen, und das Ganze wird, wenn alles gut verläuft, etwa neun Monate andauern (durchschnittlich 38 Wochen oder 266 Tage).

Zygote – das befruchtete Ei, das aus der Vereinigung einer Ei- und einer Spermienzelle entsteht.

Tabelle 2.1: Phasen der pränatalen Entwicklung.		
Befruchtung bis 2 Wochen	Zygote	Beginnt mit der Befruchtung und dauert, bis sich die Zygote in der Gebärmutterwand einnistet. Schnelle Zellteilung.
3. bis 8. Woche	Embryo	Folgt auf die Einnistung; alle Organe und Körpersysteme entwickeln sich stark, und zwar durch die Prozesse der Zellteilung, der Zellmigration, der Spezialisierung und des Absterbens von Zellen sowie durch hormonelle Einflüsse.
9. Woche bis Geburt	Fetus	Fortgesetzte Entwicklung der körperlichen Strukturen und schnelles Körperwachstum. Steigendes Verhaltensniveau, sensorische Erfahrung, Lernen.

Entwicklungsprozesse

Bevor wir den Verlauf der pränatalen Entwicklung beschreiben, müssen wir kurz vier wichtige Entwicklungsprozesse skizzieren, die der Umwandlung von der Zygote in einen Embryo und dann in einen Fetus zugrunde liegen. Der erste dieser Prozesse ist die *Zellteilung*. Innerhalb von etwa 12 Stunden nach der Befruchtung teilt sich die Zygote in zwei gleiche Teile, die beide

Kasten 2.2 — Individuelle Unterschiede

Die ersten Geschlechtsunterschiede

Den sprichwörtlichen Wettstreit zwischen den Geschlechtern könnte man bereits auf das Wettrennen der Spermien um die Befruchtung der Eizelle zurückführen, wobei die „Jungen" dieses Rennen sehr viel häufiger gewinnen als die „Mädchen". Die Spermien, die ein Y-Chromosom besitzen (die genetische Basis für das männliche Geschlecht), sind leichter und schwimmen schneller, so dass sie die Eizelle vor den Spermien erreichen, die ein X-Chromosom tragen. Im Ergebnis werden mehr genetische Männchen befruchtet als genetische Weibchen; Experten schätzen, dass auf 100 weibliche Zygoten ungefähr 120 bis 150 männliche Zygoten kommen.

Die Mädchen gewinnen den nächsten großen Wettbewerb – das Überleben. Die Geburtsquote beträgt nurmehr 106 Jungen auf 100 Mädchen. Wo sind die fehlenden Männer geblieben? Anscheinend ist ihre pränatale Anfälligkeit weit größer, so dass die Schwangerschaft viel häufiger vorzeitig zum Abbruch kommt. Die erhöhte Anfälligkeit ist nicht auf die pränatale Phase beschränkt; Jungen leiden überproportional häufiger an Entwicklungsstörungen wie Sprach- und Lernstörungen, Lese-Rechtschreib-Schwäche, Aufmerksamkeitsdefizitsyndrom, geistiges Zurückbleiben und Autismus. Die höhere Anfälligkeit der Männer setzt sich im Lebensverlauf fort, wie die Abbildung zeigt.

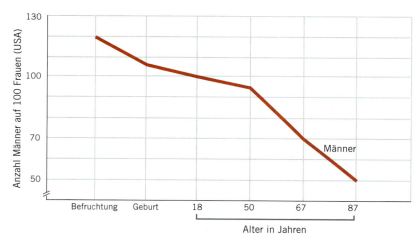

Männer sind über die Lebensspanne gefährdeter als Frauen. In den USA gibt es zum Zeitpunkt der Befruchtung mehr Männer als Frauen, aber dieser Vorteil verschwindet schnell. Etwa mit 18 Jahren haben die Frauen die Männer quantitativ eingeholt, und ab da stellen sie in der Bevölkerung den zunehmend größeren Anteil, besonders im hohen Alter.

Das differenzielle Überleben liegt nicht immer nur in der Hand der Natur. In vielen Gesellschaften, in der Geschichte wie in der Gegenwart, erfährt männlicher Nachwuchs mehr Wertschätzung als weiblicher Nachwuchs, und Eltern bedienen sich des Kindesmords, um keine Töchter haben zu müssen. Zum Beispiel waren die Inuit-Familien in Alaska traditionell auf männliche Kinder angewiesen, die bei der Jagd auf Nahrung mithelfen mussten, und Mädchen wurden bei den Inuit früher oft bei der Geburt getötet. Chinesische Eltern zählen früher wie heute auf ihre Söhne, die sie im hohen Alter versorgen sollen. Im heutigen China hat die Ein-Kind-Politik – eine Maßnahme zur Verringerung des Bevölkerungswachstums, die es Paaren untersagt, mehr als ein Kind zu bekommen – dazu geführt, dass viele weibliche Babys getötet oder ausgesetzt werden, um für einen Sohn Platz zu machen. Ein eher technologischer Ansatz wird derzeit in Indien und Süd-Korea praktiziert (und wahrscheinlich auch andernorts): Mit Hilfe von Schwangerschaftstests wird das Geschlecht des Fetus bestimmt, und weibliche Feten werden selektiv abgetrieben. Diese Fälle illustrieren das in Kapitel 1 beschriebene Kontextmodell der Entwicklung auf drastischste Weise; sie zeigen, wie kulturelle Werte, die Politik der jeweiligen Regierung und die verfügbare Technologie die Entwicklungsergebnisse beeinflussen.

einen vollständigen Satz des genetischen Materials enthalten. Diese beiden Zellen teilen sich wieder, so dass vier Zellen entstehen, daraus werden acht Zellen, und so weiter. Durch die fortgesetzte Zellteilung im Verlauf von 38 Wochen wird aus der kaum sichtbaren Zygote ein Neugeborenes, das aus Billionen von Zellen besteht.

Ein zweiter wichtiger Prozess, der während der embryonalen Phase auftritt, ist die *Zellmigration*, die Wanderung neu gebildeter Zellen von ihrem Ausgangspunkt an eine andere Stelle im Embryo. Zu den vielen migrierenden Zellen gehören die Neurone im Cortex, der äußeren Schicht des Gehirns. Diese Zellen entstehen tief im Inneren des embryonalen Gehirns und wandern dann, wie Pioniere, die neues Gebiet erschließen, in Wellen „durch den Teil des Cortex, der sich bereits niedergelassen hat, um dahinter eine neue Niederlassung, eine neue Zellschicht, zu gründen" (Vaughn, 1996, S. 146).

Der dritte für die weitere pränatale Entwicklung entscheidende Prozess ist die *Spezialisierung von Zellen*. Am Anfang sind alle embryonalen Zellen – auch Stammzellen genannt – gleichwertig und wechselseitig austauschbar: Keine besitzt ein festgelegtes Schicksal oder eine festgelegte Funktion. Die Zellen bleiben, nachdem sie an eine neue Stelle gewandert sind, für eine kurze Zeitspanne flexibel. Nach mehreren Zellteilungen fangen die Zellen jedoch an, sich zu spezialisieren beziehungsweise sich auszudifferenzieren; sie unterscheiden sich wechselseitig in Struktur und Funktion. Beim Menschen entwickeln sich Stammzellen zu etwa 350 verschiedenen Zelltypen, die von da an im Interesse des Gesamtorganismus eine bestimmte Funktion ausüben. (Wegen dieser Flexibilität bieten sehr frühe embryonale Stammzellen die Aussicht, eine Vielzahl von Krankheiten behandeln zu können, darunter die Parkinson'sche und die Alzheimer'sche Krankheit. Nachdem sie einer erkrankten oder verletzten Person injiziert wurden, besitzen die Zellen die Fähigkeit, sich zu gesunden Zellen zu entwickeln, die die erkrankten oder zerstörten Zellen ersetzen.)

Der Prozess der Spezialisierung von Zellen gehört zu den großen Geheimnissen der pränatalen Entwicklung. Was bestimmt, da doch alle Zellen im Körper dieselbe genetische Zusammensetzung besitzen, zu welchem Typ von Zelle sich eine bestimmte Stammzelle entwickeln wird? Eine umfassende Antwort ist alles andere als klar, doch glauben die Wissenschaftler, dass der *Ort*, an dem eine Zelle zufällig landet, für ihre zukünftige Entwicklung verantwortlich ist. Somit wäre es nichts, das in der Zelle selbst liegt, was sie zu einem Teil des sich entwickelnden Embryos werden lässt oder aber zu einem Teil der verschiedenen extraembryonalen Strukturen (Amnion, Chorion), welche die Entwicklung des Embryos unterstützen.

Die anfängliche Flexibilität und die anschließende Unflexibilität von Zellen sowie die Bedeutung ihres Ortes lassen sich anschaulich anhand der klassischen Forschungen mit Froschembryonen illustrieren. Wenn der Teil eines Froschembryos, der normalerweise zu einem Auge würde, sehr früh in der Entwicklung in seinen Bauch eingepflanzt wird, entwickelt sich der transplantierte Bereich als normaler Teil des Bauches. Obwohl sich die Zellen anfänglich also am richtigen Ort befanden, um zu einem Auge zu werden, hatten sie

Kasten 2.3 Näher betrachtet

Phylogenetische Kontinuität

Bei verschiedenen Gelegenheiten im Verlauf dieses Buches werden wir Forschungen an Tieren beschreiben, um Annahmen über die menschliche Entwicklung abzuleiten oder zu unterstützen. Damit schließen wir uns dem Prinzip der **phylogenetischen Kontinuität** an – der Vorstellung, dass Menschen wegen ihrer gemeinsamen Evolutionsgeschichte einige Eigenschaften und Entwicklungsprozesse mit anderen Tierarten teilen, insbesondere mit Säugetieren. Tatsächlich stimmen Mensch und Schimpanse in 99 Prozent ihrer Gene überein. In Kapitel 3 werden wir darauf zu sprechen kommen, wie das eine nicht gemeinsame Prozent dazu beiträgt, dass am Ende doch so große Unterschiede bestehen.

Die Annahme, dass verhaltens- und entwicklungsbezogene Tiermodelle für die Entwicklung des Menschen hilfreich und informativ sein können, liegt einer großen Menge von Forschungsarbeiten zugrunde. Beispielsweise stammt ein Großteil unseres Wissens über die Wirkungen von Alkoholkonsum bei schwangeren Frauen aus der Forschung an Tieren. Weil die Forscher den Verdacht hatten, dass Alkohol während der Schwangerschaft das Muster an Defekten verursachen könnte, das wir heute als Alkoholembryopathie kennen (wir werden in diesem Kapitel noch darauf zurückkommen), setzten sie im Experiment die Feten von Mäusen im Mutterleib unter Alkoholeinfluss. Eines der Ergebnisse bestand in der Entdeckung, dass dieser Eingriff zu missgebildeten Gesichtsstrukturen führte, die den Gesichtsanomalien von Kindern häufig alkoholisierter Mütter erstaunlich ähnlich sahen. Dieser Sachverhalt bestärkte die Forscher darin, dass die üblicherweise mit der Alkoholembryopathie assoziierten Probleme tatsächlich durch den Alkohol verursacht sind und nicht durch irgendeinen anderen Faktor, der für alkoholkranke Frauen ebenfalls charakteristisch sein könnte.

Zu den faszinierendsten Entdeckungen der vergangenen Jahre (auf die wir in diesem Kapitel noch eingehen werden) gehört die Existenz fetalen Lernens. Lange bevor dieses Phänomen für menschliche Feten nachgewiesen wurde, konnte es durch Forschungen an einem der beliebtesten Lebewesen vergleichender Psychologen – der Ratte – bereits belegt werden. Einige natürliche – zum Teil auch überlebenswichtige – Präferenzen, die neugeborene Rattenjunge an den Tag legen, basieren auf Lernprozessen, die im Mutterleib stattfanden. Um zu überleben, müssen die Neugeborenen eine Milch gebende Brustwarze der Rattenmutter finden. Woher wissen sie, wo sie sich hinwenden müssen? Beim Gebären werden die Brustwarzen an der Unterseite

---

Phylogenetische Kontinuität – die Vorstellung, dass Menschen wegen ihrer gemeinsamen Evolutionsgeschichte einige Eigenschaften und Entwicklungsprozesse mit anderen Tieren teilen, insbesondere mit Säugetieren.

---

sich noch nicht spezialisiert. Zu einem späteren Zeitpunkt führt dieselbe Operation zu einem – einzelnen und nicht sehenden – Auge, das im Bauch des Froschembryos angesiedelt ist (Wolpert, 1991).

Der vierte Entwicklungsprozess kommt uns normalerweise nicht als Teil einer Entwicklung in den Sinn: das Sterben. Doch ist der selektive Tod bestimmter Zellen der „fast regelmäßige Begleiter" der anderen, bereits beschriebenen Entwicklungsprozesse (Wolpert, 1991). Dessen Rolle wird beispielsweise bei der Entwicklung der Hand erkennbar, bei der die Ausbildung der Finger vom Absterben der Zellen zwischen den Rippen des Handtellers abhängt. Manchen Zelltod – die **Apoptose** – stellt man sich als eine Form des programmierten Suizids vor; mit anderen Worten ist das

Apoptose – programmierter Zelltod.

Kasten 2.3

Kind und Schimpanse besitzen etwa 99 Prozent gemeinsamer Gene.

des Bauches der Rattenmutter mit Fruchtwasser beschmiert. Der bekannte Geruch des Fruchtwassers lockt die Babys dorthin, wo sie hin müssen – mit ihren Nasen, und damit mit ihren Mündern, in die Nähe eines Nippels (Blass, 1990).

Woher wissen wir, dass der erste Brustwarzenkontakt der neugeborenen Ratte auf ihrer Erinnerung an das Fruchtwasser basiert? Zum einen dadurch: Wenn man den Bauch der Rattenmutter von jeglichem Fruchtwasser reinigt, finden die Jungen die Brustwarzen nicht; reinigt man die Hälfte der Nippel, werden die Jungen von den ungewaschenen angezogen, an denen noch Fruchtwasser haftet (Blass & Teicher, 1980). Noch eindrücklicher gelingt der Nachweis folgendermaßen: Wenn die Forscher dem Fruchtwasser Gerüche oder Geschmacksstoffe zusetzen, entweder durch direkte Injektion oder durch Beimischung zur Ernährung der Mutter, dann bevorzugen die Jungen nach der Geburt diese Gerüche und Geschmäcke (Hepper, 1988; Pedersen & Blass, 1982; Smotherman & Robinson, 1987). Diese und weitere experimentelle Nachweise des fetalen Lernens bei Nagetieren brachten die Forscher dazu, bei menschlichen Feten nach ähnlichen Prozessen zu suchen. Und ihre Suche war, wie wir noch sehen werden, erfolgreich.

Absterben ein Teil des Entwicklungsprogramms für diejenigen Zellen, die von den Handtellern selektiv verschwinden.

5 Zusätzlich zu diesen vier Entwicklungsprozessen müssen wir unsere Aufmerksamkeit auf den Einfluss der *Hormone* auf die pränatale Entwicklung richten. Beispielsweise spielen Hormone eine entscheidende Rolle bei der Geschlechtsdifferenzierung. Jeder menschliche Fetus kann, ungeachtet seiner Gene, männliche oder weibliche Genitalien ausbilden. Was die Entwicklung in die eine oder andere sexuelle Richtung verursacht, ist das Vorhandensein oder Fehlen von *Testosteron*, einem männlichen Hormon. Bei Vorhandensein von Testosteron entwickeln sich männliche Geschlechtsorgane; ohne Testosteron bilden sich weibliche Geschlechtsorgane aus. Die Quelle dieses einflussreichen Hormons ist der männliche Fetus selbst. Um die achte Woche

nach der Befruchtung beginnen die Hoden, Testosteron zu produzieren, und diese selbst erzeugte Substanz verändert den Fetus Zeit seines Lebens. Dabei handelt es sich nur um eine von vielen Arten und Weisen, wie der Fetus als Initiator seiner eigenen Entwicklung wirkt.

Wir richten die Aufmerksamkeit nun auf den allgemeinen Verlauf der pränatalen Entwicklung, der sich aus allen genannten Einflüssen ergibt, sowie auf weitere Entwicklungsprozesse.

Früheste Entwicklung

Blastozyste (Keimblase) – eine Hohlkugel aus Zellen, zu der sich die Zygote um den vierten Tag ihrer Entwicklung formt.

Innere Zellmasse (Embryoblast) – der Zellhaufen im Inneren der Blastozyste, aus dem sich schließlich der Embryo entwickeln wird.

Eineiige Zwillinge – Zwillinge, die aus der hälftigen Teilung der inneren Zellmasse im Stadium der Zygote entstehen, was den beiden Zygoten exakt dieselbe genetische Ausstattung gibt.

Zweieiige Zwillinge – Zwillinge, die aus der gleichzeitigen Freisetzung zweier Eizellen in den Eileiter entstehen, die von zwei verschiedenen Spermien befruchtet werden. Zweieiige Zwillinge stimmen nur in der Hälfte ihrer genetischen Ausstattung überein.

Gastrulation – der Prozess, in dem sich die Zellen zu differenzieren beginnen, nachdem sich die Zygote in die Gebärmutterschleimhaut einnistet; die innere Zellmasse wird zum Embryo, und der Rest der Zellen wird zu dessen Unterstützungssystem.

Embryo – der sich entwickelnde Organismus von der dritten bis zur achten Woche der pränatalen Entwicklung.

Neuralrohr – eine U-förmige Furche, die sich aus der oberen Schicht der differenzierten Zellen des Embryos bildet und die schließlich zum Gehirn und Rückenmark wird.

Auf seiner Reise durch den Eileiter zum in den Uterus verdoppelt die Zygote die Anzahl ihrer Zellen etwa zweimal am Tag. Am vierten Tag nach der Befruchtung formen sich die Zellen zu einer Hohlkugel, der **Blastozyste**, in der sich ein Zellhaufen – die **innere Zellmasse** – auf der einen Seite befindet.

Dies ist das Entwicklungsstadium, in dem **eineiige Zwillinge** am häufigsten entstehen. Sie resultieren aus der Teilung der inneren Zellmasse in zwei Hälften, die somit beide exakt dieselbe genetische Ausstattung besitzen (Moore & Persaud, 1993). **Zweieiige Zwillinge** ergeben sich demgegenüber dann, wenn zwei Eizellen aus dem Eierstock in den Eileiter entlassen und beide befruchtet werden. Weil sie von zwei verschiedenen Eizellen und zwei verschiedenen Spermien stammen, sind sich zweieiige Zwillinge genetisch nicht ähnlicher als jedes andere Geschwisterpaar.

Zum Ende der ersten Woche nach der Befruchtung findet, sofern alles gut geht (was nur bei weniger als der Hälfte der entstandenen Zygoten der Fall ist), ein entscheidendes Ereignis statt – die Einnistung (Nidation) der Zygote in die Gebärmutterschleimhaut, wodurch sie mit Blick auf ihre Ernährung von der Mutter abhängig wird. Deutlich vor Ende der zweiten Woche wird sie vollständig in die Gebärmutterwand eingebettet sein.

Nach der Einnistung beginnt der abgekapselte Zellhaufen, sich auszudifferenzieren. Im Prozess der **Gastrulation** wird die innere Zellmasse zum **Embryo**, und aus dem Rest der Zellen wird das Unterstützungssystem. Die innere Zellmasse besteht am Anfang nur aus einer Schicht, doch im Verlauf der zweiten Woche faltet sie sich zu drei Schichten mit einer jeweils anderen Bestimmung im Entwicklungsverlauf. Aus der oberen Schicht entstehen das Nervensystem, die Nägel und Zähne, das Innenohr, die Augenlinse und die äußere Oberfläche der Haut. Die mittlere Schicht wird am Ende zu Muskeln, Knochen, dem Blutkreislaufsystem, den inneren Schichten der Haut und anderen inneren Organen. Die untere Schicht entwickelt sich zum Verdauungssystem, zu den Lungen, den Harnorganen und den Drüsen. Ein paar Tage, nachdem sich der Embryo in diese drei Schichten ausdifferenziert hat, bildet sich vom Zentrum der oberen Schicht eine U-förmige Furche nach unten. Die Falten am oberen Ende der Furche bewegen sich aufeinander zu und verbinden sich, wodurch das **Neuralrohr** entsteht. Das eine Ende des Neuralrohrs wird anschwellen und sich zum Gehirn entwickeln, und der Rest wird zum Rückenmark.

Das Unterstützungssystem, das sich zeitgleich mit dem Embryo ausformt, ist ausgefeilt und für dessen Entwicklung unabdingbar. Ein Schlüsselelement dieses Unterstützungssystems ist die **Plazenta**, ein ganz besonderes Organ, das den Austausch von Stoffen möglich macht, die in den Blutkreisläufen der Mutter und des Fetus transportiert werden. Die Plazenta besteht aus einem außerordentlich reichen Netzwerk von Blutgefäßen, darunter auch ganz winzige, die in das Gewebe des mütterlichen Uterus hineinreichen und zusammen genommen eine Oberfläche von ungefähr acht Quadratmetern bilden – das ist etwa das Stück Straße, das ein Mittelklassewagen einnimmt (Vaughn, 1996). Die Blutgefäße, die von der Plazenta zum Embryo und zurück verlaufen, sind in der **Nabelschnur** enthalten.

Die Plazenta ermöglicht es den Blutkreislaufsystemen der Mutter und des Fetus, einander sehr nahe zu kommen, bewahrt ihr beider Blut aber dennoch davor, sich tatsächlich zu vermischen. Die Membran der Plazenta ist semipermeabel (halbdurchlässig), was bedeutet, dass manche Stoffe sie durchdringen können und andere nicht. Sauerstoff, Nährstoffe, Mineralien und manche Antikörper – alles Stoffe, die für den Fetus genauso lebenswichtig sind wie für uns – werden vom Blut der Mutter zur Plazenta transportiert. Dann durchqueren sie die Plazenta und gelangen in das Blutsystem des Fetus. Abfallprodukte vom Fetus (zum Beispiel Kohlendioxyd und Harnstoff) durchqueren die Plazenta in umgekehrter Richtung und werden vom Blutstrom der Mutter durch ihre normalen Ausscheidungsprozesse entsorgt.

Die Membran der Plazenta dient auch als Abwehrschranke gegen eine ganze Anzahl von Giftstoffen und Infektauslösern, die sich im Körper der Mutter befinden können und für den Fetus schädlich oder sogar tödlich wären. Leider ist die halbdurchlässige Plazenta keine perfekte Barriere, so dass, wie wir noch sehen werden, eine Vielzahl schädlicher Stoffe durch sie hindurch gelangen und den Fetus angreifen kann. Eine weitere Funktion der Plazenta besteht in der Produktion von Hormonen, einschließlich des Östrogens, das den mütterlichen Blutzufluss zum Uterus erhöht, und des Progesterons, das Kontraktionen des Uterus, die den Fetus vorzeitig ausstoßen könnten, unterdrückt (Nathanielsz, 1994).

Ein zweiter lebenswichtiger Teil des Unterstützungssystems ist die **Fruchtblase**, eine mit einer klaren, wässrigen Flüssigkeit gefüllte Membran, in der der Fetus schwimmt. Das Fruchtwasser wirkt auf mehrfache Weise wie ein schützender Puffer für den sich entwickelnden Fetus; zum Beispiel sorgt es für eine relativ gleich bleibende Temperatur und dämpft ruckartige Bewegungen und Stöße ab. Da der Fetus schwimmt, kann er außerdem seine kleinen, schwachen Muskeln relativ ungehindert von den Einflüssen der Schwerkraft trainieren.

Plazenta – ein Organ mit einem außergewöhnlich reichen Netzwerk von Blutgefäßen, die den Austausch von Stoffen zwischen den Blutkreisläufen der Mutter und des Fetus ermöglichen, wobei beide Kreisläufe dennoch separat bleiben.

Nabelschnur – eine Röhre, die die Blutgefäße enthält, die von der Plazenta zu dem sich entwickelnden Organismus führen und zurück.

Fruchtblase (Amnion) – eine mit einer klaren, wässrigen Flüssigkeit gefüllt Membran, in der der Fetus schwimmt und die den Fetus auf mehrerlei Weise beschützt.

Eine illustrierte Zusammenfassung der pränatalen Entwicklung

Wichtige Zwischenschritte der pränatalen Entwicklung ab der vierten Woche sind in den Abbildungen 2.5 bis 2.8 dargestellt, wobei im Text die bedeutsamsten Schritte gesondert hervorgehoben werden. Die erwähnten Verhaltensweisen des Fetus werden in einem späteren Abschnitt noch eingehender erörtert. Man beachte, dass die Entwicklung am Anfang viel schneller vonstatten geht als in späteren Stadien und dass sich die Bereiche in der Nähe des Kopfes früher entwickeln als die vom Kopf weiter entfernten Körperbereiche (also Kopf vor Körper, Hände vor Füße) – eine allgemeine Tendenz, die als **cephalo-caudale Entwicklung** (vom Kopf zum Schwanz) bezeichnet wird.

Cephalo-caudale Entwicklung – das Wachstumsmuster, bei dem sich die Bereiche in der Umgebung des Kopfes früher entwickeln als die weiter entfernt liegenden Körperbereiche.

Etwa vier Wochen nach der Befruchtung ist der kleine Körper des Embryos so stark zusammengekrümmt, dass sich der Kopf und die schwanzartige Struktur am anderen Ende fast berühren (Abbildung 2.5). Mehrere Merkmale des Gesichts haben ihren Ursprung in vier Falten vor dem Kopf des Embryos; das Gesicht entwickelt sich nach und nach dadurch, dass sich dieses Gewebe bewegt und dehnt, dass sich Teile davon verbinden und andere sich trennen. Der runde Bereich in der Nähe des oberen Kopfteils ist die Stelle, an der sich das Auge bilden wird, und der runde graue Bereich beim hinteren Teil des „Nackens" ist der Ausgangspunkt des Innenohrs. Ein primitives Herz ist sichtbar; es schlägt bereits und bringt Blut in Umlauf. An der Seite des Embryos kann man eine Armknospe erkennen; eine Beinknospe ist ebenfalls vorhanden, aber weniger deutlich.

Ein fünf bis sechs Wochen alter Embryo schwimmt frei im Fruchtwasser (Abbildung 2.6). In der fünften und sechsten Woche tritt eine schnelle Gehirnentwicklung ein, wie man an der vorgewölbten Stirn sehen kann. Die Anfänge eines Auges sind sichtbar, auch bildet sich eine Nase. Allmählich erscheinen separate Finger. Es treten die ersten spontanen Bewegungen auf, wenn der Embryo seinen Rücken krümmt. Weil der Embryo noch so klein und vom Fruchtwasser umgeben ist, kann die Mutter diese Bewegungen jedoch nicht spüren.

Bei einem neun Wochen alten Fetus nimmt der Kopf etwa die halbe Länge ein. Es bilden sich Ohren. Alle inneren Organe sind vorhanden, müssen aber meistens noch weiter entwickelt werden. Die geschlechtliche Unterscheidung hat begonnen. Es bilden sich Rippen; Ellbogen, Finger und Zehen sind entstanden; die Nägel wachsen. Der Fetus reagiert bereits auf äußere Berührungsreize: Die Berührung einer Seite des Mundbereichs verursacht ein Wegdrehen des Kopfes.

In den Wochen elf und zwölf sind die Augen fest verschlossen. Die Finger sind klar voneinander abgegrenzt, und die äußeren Genitalien haben sich entwickelt. Die Be-

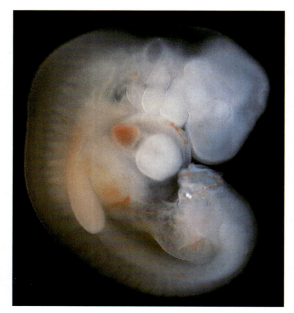

Abbildung 2.5: Ein vier Wochen alter Embryo.

wegungen des Fetus sind drastisch angestiegen: Die Brust macht Atembewegungen, und einige Reflexe – greifen, schlucken, saugen – sind bereits vorhanden. Die Arme und Beine befinden sich in heftiger, fast permanenter Bewegung, wobei diese Bewegungen des Fetus von der Mutter immer noch nicht wahrgenommen werden.

Während der letzten fünf Monate der pränatalen Entwicklung beschleunigt sich das Wachstum der unteren Körperpartien (Abbildung 2.7). Den kräftigen Tritt des 16 Wochen alten Fetus wird die Mutter jetzt spüren, aber nur als ein sanftes ‚Flattern'.

Mit 18 Wochen saugt der Fetus zuweilen an seinem Daumen; wenn die Hand zufällig den Mund streift, kann der Fetus mit einem Saugreflex reagieren. Er ist jetzt mit einer feinen Behaarung bedeckt, und eine fettige Schicht schützt seine Haut vor dem langen Aufenthalt in Flüssigkeit.

In der 20. Woche befindet sich der Fetus längere Zeit mit dem Kopf nach unten und nimmt schnell an Gewicht zu (Abbildung 2.8). In der Fruchtblase wird es allmählich eng, und die Bewegungen des Fetus werden weniger. Ein-

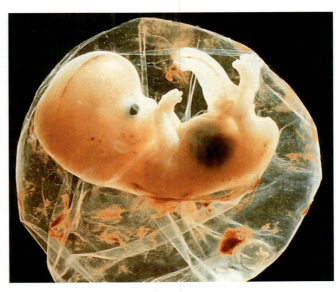

Abbildung 2.6: Ein fünf bis sechs Wochen alter Embryo.

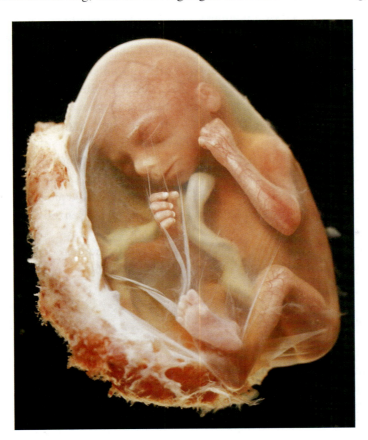

Abbildung 2.7: Ein 16 Wochen alter Fetus.

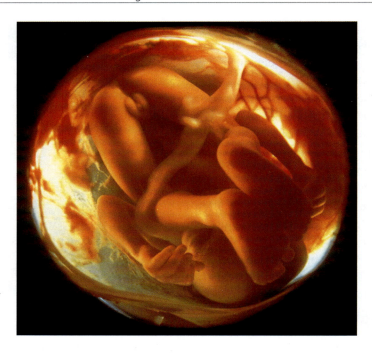

Abbildung 2.8: Ein 20 Wochen alter Fetus.

zelne Komponenten des Gesichtsausdrucks sind jetzt vorhanden – der Fetus kann die Augenbrauen hochziehen, seine Stirn runzeln und den Mund bewegen.

Die 28. Woche markiert dann den Punkt der Lebensfähigkeit in dem Sinne, dass das Gehirn und die Lungen weit genug entwickelt sind, damit der Fetus, falls er nun zur Welt käme, auch ohne medizinische Eingriffe eine Überlebenschance besäße. Die Augen können sich öffnen, und sie bewegen sich, insbesondere in Phasen des REM-Schlafs (der von schnellen Augenbewegungen gekennzeichnet ist; REM ist die Abkürzung für *rapid eye movement*). Das Hörsystem funktioniert jetzt, so dass der Fetus hört und auf eine Vielzahl von Geräuschen reagiert. Die Gehirnwellen dieses Fetus sind denen eines Neugeborenen sehr ähnlich. Im Verlauf der letzten drei Monate der pränatalen Entwicklung nimmt der Fetus massiv an Größe zu, tatsächlich verdreifacht sich sein Gewicht. Der Mutter wird es zunehmend unbequem, und das gilt wahrscheinlich auch für den Fetus in den beengenden Grenzen der Gebärmutter.

Das typische Ergebnis dieser neunmonatigen Phase der schnellen und bemerkenswerten Entwicklung ist ein gesunder Säugling.

Das Verhalten des Fetus

Wir haben schon erwähnt, dass der Fetus eigene aktive Beiträge zur Entwicklung seines Körpers und Verhaltens leistet. Tatsächlich hängt die normale Ausbildung von Organen und Muskeln von fetaler Aktivität ab, und der Fetus übt und erprobt das Verhaltensrepertoire, das er bei der Geburt benötigen wird.

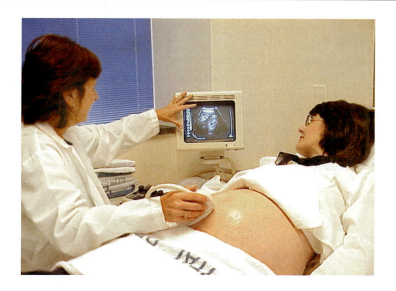

Mit Ultraschall werden bei dieser werdenden Mutter die Bewegungsmuster des Fetus untersucht.

Bewegung

Jede Mutter weiß, dass ihr Baby in der Gebärmutter bereits aktiv war, aber nur wenige sind sich darüber klar, wie früh ihr Kind anfing, sich zu bewegen. Ab der fünften oder sechsten Woche nach der Befruchtung zeigt der Organismus in seiner Entwicklung spontane Bewegungen, angefangen mit dem einfachen Beugen von Kopf und Rückgrat, gefolgt von einer Vielzahl zunehmend komplizierter Bewegungen, die über die nächsten Wochen hinweg einsetzen (De Vries, Visser & Prechtl, 1982). Eines der frühesten, klar erkennbaren Verhaltensmuster, das mit etwa sieben Wochen entsteht, ist – bemerkenswerterweise – der Schluckauf. Warum sollte ein Fetus den Schluckauf bekommen? Einer wissenschaftlichen Abhandlung über dieses Phänomen zufolge „bleibt der Auslösereiz für Schluckauf und die Mechanismen, die sein Auftreten steuern, beim Fetus genauso wenig erklärt wir beim Erwachsenen" (Stark & Myers, 1995, S. 61). Mit anderen Worten: Man weiß es nicht.

Weiterhin bewegt der Fetus Arme und Beine, wackelt mit den Fingern, umgreift die Nabelschnur, bewegt Kopf und Augen, gähnt, saugt und tut anderes mehr. Der Fetus kann seine Lage in der Gebärmutter durch eine Art von „Rolle rückwärts" auch vollständig ändern. Diese verschiedenen Bewegungen sind am Anfang ruckhaft und unkoordiniert, werden mit der Zeit aber immer geschmeidiger. In der zwölften Woche sind die meisten der Bewegungen, die bei der Geburt zu beobachten sind, bereits aufgetreten (De Vries et al., 1982); der Mutter ist davon allerdings noch nichts bewusst. Später dann, wenn die Mütter die Bewegungen ihres Fetus leicht erspüren können, lassen ihre Berichte erkennen, dass das Aktivitätsniveau – das Ausmaß, in dem sich ein Fetus bewegt – über die Zeit hinweg ziemlich gleich bleibt: Manche Feten sind typischerweise sehr aktiv, während andere eher bewegungsfaul erscheinen (Eaton & Saudino, 1992). Schon im Verhalten des Fetus werden also individuelle Unterschiede sichtbar. Darüber hinaus setzt sich die Kontinuität vom pränatalen zum postnatalen Verhalten fort. Aktivere Feten sind zum Beispiel später auch aktivere Kleinkinder (DiPietro, Costigan, Shupe, Pressman & Johnson, 1998).

Eine besonders wichtige Form der fetalen Bewegung ist das *Schlucken*. Der Fetus trinkt Fruchtwasser, das seinen Magen-Darm-Trakt durchläuft. Der größte Teil der Flüssigkeit wird dann wieder in die Fruchtblase ausgeschieden. Ein Vorteil dieser Tätigkeit besteht darin, dass die Zungenbewegungen, die mit dem Trinken und Schlucken einhergehen, die normale Entwicklung des Gaumens fördern (Walker & Quarles, 1962). Zusätzlich trägt der Durchlauf des Fruchtwassers durch Magen und Darm zur Reifung dieser Organe bei, so dass das Verdauungssystem bei der Geburt richtig funktioniert. Das Verschlucken von Fruchtwasser bereitet den Fetus also auf das Überleben außerhalb der Gebärmutter vor.

Eine weitere Form fetaler Bewegungen kann als Vorbereitung auf die Tatsache gesehen werden, dass das Kind bei der Geburt nur einen Moment Zeit hat, um mit dem Atmen zu beginnen. Damit das gelingt, müssen die Lungen und der Rest des Atmungssystems, einschließlich der Muskeln, die das Zwerchfell auf und ab bewegen, ausgereift und funktionsbereit sein. Der Fetus macht sich durch Übung dafür bereit: Schon von der zehnten Woche an bewegt er seine Brustwand auf und ab („*fetales Atmen*"; Nathanielsz, 1994). Natürlich atmet der Fetus keine Luft ein; vielmehr werden kleine Mengen an Fruchtwasser in die Lungen eingesogen und wieder ausgestoßen. Anders als bei der nachgeburtlichen Atmung, die permanent erfolgen muss, tritt das fetale Atmen nur in etwa 50 Prozent der Zeit auf (James, Pillai & Smoleniec, 1995).

Verhaltenszyklen

Wenn der Fetus anfängt, sich zu bewegen, bleibt er etwa einen Monat lang permanent in Bewegung. Dann treten nach und nach auch aktivitätslose Phasen auf. Zyklen aus Ruhepausen und Aktivität – Salven hoher Aktivität, die sich mit minutenlangen Phasen geringer oder völlig ausbleibender Aktivität abwechseln – treten schon mit zehn Wochen auf und werden in der zweiten Hälfte der Schwangerschaft sehr beständig (Robertson, 1990). In der zweiten Hälfte der pränatalen Zeit bewegt sich der Fetus nur in etwa 10 bis 30 Prozent der Zeit (DiPietro et al., 1998). Feten mit Anenzephalie (einer Fehlbildung, bei der die Großhirnrinde fehlt), bleiben während der gesamten Schwangerschaft hoch aktiv, was darauf schließen lässt, dass der Cortex an der Hemmung der fetalen Bewegung beteiligt ist (James et al., 1995).

Es werden auch Verhaltensmuster sichtbar, die sich über längere Zeitabschnitte erstrecken, wie tägliche (zirkadiane) Rhythmen, bei denen der Fetus am frühen Morgen weniger aktiv und am späteren Abend wieder aktiver ist (Arduini, Rizzo & Romanini, 1995). Schwangere Frauen haben immer den Eindruck, dass ihr Fetus gerade dann aufwacht und seine Turnübungen beginnt, wenn sie selbst schlafen gehen wollen. Scheinbar ist dieser Eindruck begründet.

Zum Ende der Schwangerschaft hin verbringt der Fetus mehr als drei Viertel seiner Zeit in ruhigen und aktiven Schlafzuständen, die denen von Neugeborenen gleichen (James et al., 1995; wir behandeln die Aktivitätszustände Neugeborener weiter hinten in diesem Kapitel). Der aktive Schlafzustand ist durch schnelle Augenbewegungen (siehe oben: REM-Schlaf) gekennzeichnet, wie dies auch bei Kindern und Erwachsenen der Fall ist. Die Schlafzustände in den Wochen vor der Geburt sind denen zwei Wochen nach der Geburt sehr ähnlich (Groome, Swiber, Atterbury, Bentz & Holland, 1997).

Das Erleben des Fetus

Es gibt die populäre – von allen, vom Gelehrten bis zum Karikaturisten, für zutreffend gehaltene – Vorstellung, dass wir uns unser Leben lang nach den friedvollen Tagen im Leib unserer Mutter zurücksehen. Aber ist der Mutterleib tatsächlich ein Hafen der Ruhe und des Friedens? Der Uterus und das Fruchtwasser schirmen zwar viel von den Reizen, die auf die Mutter einwirken, vom Fetus ab; doch hat die Forschung deutlich werden lassen, dass der Fetus eine Menge an Stimulation erfährt. Die sensorischen Strukturen, mit denen wir die äußere Welt erfahren, sind in der pränatalen Entwicklung relativ früh vorhanden; sie spielen eine entscheidende Rolle bei der Entwicklung des Fetus und, wie wir im folgenden Abschnitt sehen werden, auch für dessen Lernen.

Berührung

Der Fetus erfährt taktile Reizung als Ergebnis seiner eigenen Aktivität. Bei seinen Bewegungsvorgängen kommt die Hand des Fetus mit anderen Teilen seines Körpers in Kontakt; man hat beobachtet, dass Feten ihre Nabelschnur umfassen, ihr Gesicht reiben und am Daumen lutschen. Mit zunehmendem Größenwachstum stößt der Fetus auch häufiger gegen die Gebärmutterwand.

Geschmack

Das Fruchtwasser, das der Fetus schluckt, enthält eine Vielzahl von Geschmacksstoffen (Maurer & Maurer, 1988). Der Fetus kann diese Stoffe schmecken und mag die einen mehr als die anderen. Und in der Tat ist der Fetus ein süßes Leckermaul. Die ersten Belege für Geschmackspräferenzen von Feten stammen aus einer medizinischen Untersuchung von vor über sechzig Jahren (beschrieben bei Gandelman, 1992). Ein Arzt namens DeSnoo dachte sich eine raffinierte Behandlung für Frauen mit übermäßiger Fruchtwasserbildung aus. Er injizierte eine süß schmeckende Substanz (Saccharin) in ihr Fruchtwasser, in der Hoffnung, der Fetus würde der Mutter aushelfen, indem er erhöhte Mengen an Fruchtwasser aufnimmt und den Überschuss dadurch verringert. Um herauszufinden, ob das Verfahren funktioniert, injizierte DeSnoo ins Fruchtwasser außerdem einen Farbstoff, der im Urin sichtbar ist. Er dachte sich das folgendermaßen: Je mehr der Fetus von der gesüßten Flüssigkeit trinkt, desto mehr Farbstoff würde er aufnehmen; je mehr Farbstoff er aufnimmt, desto mehr sollte davon vom Fetus über die Plazenta auf die Mutter übergehen und mit ihrem Urin wieder ausgeschieden werden. DeSnoo musste also nur noch den Farbstoff im Urin der Mutter bestimmen. Er fand, dass der Urin von Müttern, denen das Saccharin zusammen mit dem Farbstoff ins Fruchtwasser injiziert worden war, stärker gefärbt war als der Urin von Müttern, die nur den Farbstoff erhalten hatten. Die Feten in dieser Untersuchung tranken also mehr Fruchtwasser, wenn es gesüßt war, was darauf schließen lässt, dass Geschmacksempfinden und Geschmackspräferenzen schon vor der Geburt vorhanden sind.

Geruch

In neuerer Zeit konnten Forscher nachweisen, dass Fruchtwasser die Gerüche von dem annehmen kann, was die Mutter gegessen hat (Mennella, Johnson & Beauchamp, 1995). Das bestätigt, was Geburtshelfer immer schon berichtet hatten: dass sie bei der Geburt Gerüche wie Curry oder Kaffee im Fruchtwasser wahrnehmen konnten, wenn die Mütter diese Stoffe vor Kurzem zu sich genommen hatten. Das menschliche Fruchtwasser hat sich als reiche Quelle von Geruchsstoffen erwiesen (wenngleich viele davon nicht sehr attraktiv klingen – manche werden als stechend ranzig oder ziegenartig oder „mit stark fäkaler Note" beschrieben; Schaal, Orgeur & Rognon, 1995). Durch die fetale Atmung kommt das Fruchtwasser mit den Geruchsrezeptoren des Fetus in Kontakt. Die Wissenschaftler kamen somit zu dem Schluss, dass der Fetus über olfaktorische Erfahrungen verfügt (Schaal et al., 1995).

Hören

Stellen Sie sich Wissenschaftler vor, die sich über eine schwangere Frau beugen und mit einer Glocke läuten, einen Gong ertönen lassen, Holzklötze gegeneinander schlagen oder sogar eine Autohupe betätigen. (Das müsste Sie eigentlich an den Anfang dieses Kapitels erinnern.) Um festzustellen, welche akustische Reizung im Mutterleib vorliegt, haben Wissenschaftler diese und andere Geräusche vor dem vorgewölbten Bauch einer zukünftigen Mutter dargeboten und geschaut, ob der Fetus reagiert. Wir wissen, dass viele Geräusche, die außerhalb des Körpers der Mutter erzeugt werden, in der Gebärmutter hörbar sind, weil kleine Aufzeichnungsgeräte unmittelbar vor der Geburt in den Uterus eingeführt wurden (Lecanuet, Granier-Deferre & Busnel, 1995; Querleu, Renard, Boutteville & Crepin, 1989). Zu den wahrnehmbaren Außengeräuschen gehören auch die Stimmen der Menschen, die mit der Frau sprechen. Dazu umfasst die pränatale Umgebung auch viele Geräusche, die im Inneren der Mutter entstanden sind – ihr Herzschlag, ihr Blut, wie es durch die Gefäße gepumpt wird, ihre Atmung, ihr Schlucken, und verschiedene weniger schickliche Geräusche, die ihr Verdauungssystem erzeugt. Eine besonders auffällige und häufige Quelle akustischer Reizung ist die Stimme der Mutter, wobei die deutlichsten Aspekte den allgemeinen Tonfall, die Intonation und das Betonungsmuster ihres Sprechens betreffen.

Der Fetus reagiert auf diese vielfältigen Geräusche spätestens ab dem sechsten Schwangerschaftsmonat. Während des letzten pränatalen Drittels rufen Außengeräusche Veränderungen in den Bewegungen und der Pulsfrequenz des Fetus hervor (Kisilevsky, Fearon & Muir, 1998; Lecanuet et al., 1995; Zimmer, Chao, Guy, Marks & Fifer, 1993). Der Pulsschlag des Fetus verändert (verlangsamt) sich auch dann kurzzeitig, wenn die Mutter zu sprechen beginnt (Fifer & Moon, 1995). Im nächsten Abschnitt zum fetalen Lernen werden wir besprechen, dass die ausgiebige akustische Erfahrung des Fetus mit menschlichen Stimmen zum Teil lang andauernde Wirkungen hat.

Sehen

Es ist in der Gebärmutter zwar nicht völlig dunkel, aber nur wenig Licht scheint hindurch. Es gibt Hinweise auf eine fetale Reaktion, wenn ein helles Licht direkt die gespannte Haut des mütterlichen Bauches bescheint (Vaughn, 1996); doch ist die visuelle Erfahrung des Fetus wahrscheinlich unbedeutend.

Das Lernen des Fetus

In den vorangegangenen Abschnitten haben wir die eindrucksvollen Fähigkeiten des Fetus in den Bereichen des Verhaltens und der sensorischen Wahrnehmung in den frühen Phasen der Entwicklung hervorgehoben. Noch beeindruckender ist das Ausmaß, in dem der Fetus aus vielen seiner Erfahrungen im Mutterleib lernt.

Direkte Belege für entsprechendes Lernen stammen aus Untersuchungen zur Habituation, einer der einfachsten Formen des Lernens (Thompson & Spencer, 1966). **Habituation** zeigt sich im Zurückgehen oder Abnehmen der Reaktion auf wiederholte oder andauernde Reize (siehe Abbildung 2.9). Wenn man neben dem Kopf eines Neugeborenen eine Rassel schüttelt, wird das Baby seinen Kopf dem Geräusch zuwenden. Gleichzeitig kann sich die Pulsfrequenz des Kindes für kurze Zeit senken. (Die vorübergehende Verlangsamung des Herzschlags ist ein Zeichen von Interesse.) Wenn man die Rassel jedoch immer wieder betätigt, werden die Drehungen des Kopfes und die Veränderungen der Pulsfrequenz mit der Zeit aufhören. Diese abnehmende Reaktion ist ein Beleg für Lernen und Gedächtnis; nur wenn das Kind den Reiz über die einzelnen Präsentationen hinweg erinnert, kann dieser seinen Neuheitswert verlieren. Wenn dann ein tatsächlich neuartiger Reiz auftritt, *erholt* sich die habituierte Reaktion (ihre Häufigkeit steigt an). Das Klingeln mit einer Glocke beispielsweise kann die Reaktionen des Kopfdrehens und des Pulsschlags wieder einsetzen lassen. (Entwicklungspsychologen haben das Phänomen der Habituation weidlich ausgenutzt, um eine Vielzahl von Fragestellungen zu untersuchen; in mehreren der folgenden Kapitel werden zahlreiche Untersuchungen beschrieben, in denen die Habituation zum Einsatz kommt.)

Habituation – eine einfache Form des Lernens, die sich in einem Abnehmen der Reaktion auf wiederholte oder andauernde Reizung zeigt.

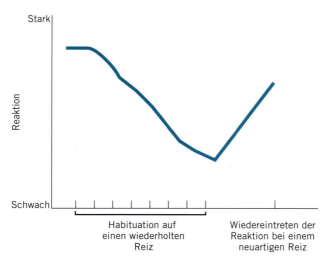

Abbildung 2.9: Habituation. Habituation tritt als Reaktion auf die wiederholte Darbietung eines Reizes auf. Wenn der erste Reiz wiederholt wird und vertraut wird, nimmt die Reaktion auf ihn nach und nach ab. Erscheint ein neuartiger Reiz, tritt die Reaktion wieder auf. Die abnehmende Reaktion auf den wiederholten Reiz indiziert die Erinnerung an ihn; die ansteigende Reaktion auf den neuartigen Reiz zeigt, dass er von dem vertrauten Reiz zuvor unterschieden werden kann; außerdem ist die Reaktion ein Zeichen der allgemeinen Präferenz für Neuartiges.

In einer Habituationsuntersuchung zum pränatalen Lernen von sprachlichen Lauten präsentierte ein französisches Forscherteam (Lecanuet et al., 1995) Feten im neunten Schwangerschaftsmonat wiederholt ein Silbenpaar – „babi". (Ein Lautsprecher wurde über dem Bauch der Mutter angebracht, durch den eine Aufnahme des Silbenpaars so laut abgespielt wurde, dass sie die Gebärmutter durchdringen konnte.) Die ersten Darbietungen riefen beim Fetus eine kurze, aber bemerkbare Verlangsamung des Herzschlags hervor. Mit den Wiederholungen der Laute sank das Ausmaß an Pulsveränderung. Dann wurde die Abfolge der beiden Silben verändert, so dass der neue Reiz „biba" erklang. Nun stieg die Reaktion der Herzfrequenz wieder an. Der Fetus hatte also auf den bekannten Reiz habituiert (das heißt, er hatte gelernt, ihn wieder zu erkennen) und konnte zwischen den beiden Silbenpaaren unterscheiden. Feten zeigen Aufmerksamkeits- und Habituationsreaktionen gegenüber einer Vielzahl von Lauten und Geräuschen, nicht nur bei menschlichen Stimmen (zum Beispiel Kisilevsky & Muir, 1991; Lecanuet et al., 1995).

Der früheste Zeitpunkt, an dem Habituationsreaktionen des Fetus bislang beobachtet wurden, ist die 32. Schwangerschaftswoche, was dafür spricht, dass das zentrale Nervensystem nun so weit entwickelt ist, dass Lern- und Gedächtnisleistungen auftreten können (Sandman, Wadhwa, Hetrick, Porto & Peeke, 1997). Längerfristiges Lernen und Behalten wurden ebenfalls nachgewiesen. Eine Gruppe von 37 Wochen alten Feten, deren Mütter ein kurzes Gedicht vier Wochen lang dreimal täglich rezitiert hatten, erkannten das Gedicht, was sich in der stärkeren Verlangsamung des Pulsschlags in Reaktion auf das vertraute im Vergleich zu einem neuen Gedicht zeigte (DeCasper, Lecanuet, Busnel, Granier-Deferre & Maugeais, 1994).

Die Effekte des pränatalen Lernens wurden auch *nach* der Geburt beobachtet. In einer klassischen Untersuchung ließen Anthony DeCaspar und Melanie Spence (1986) schwangere Frauen während der letzten sechs Wochen ihrer Schwangerschaft zweimal am Tag aus einem in den USA weit verbreiteten Kinderbuch vorlesen: *The cat in the hat* von Dr. Seuss. Die Feten der Frauen waren also demselben, sehr rhythmischen Muster sprachlicher Laute wiederholt ausgesetzt. Die Frage war nun, ob sie die bekannte Geschichte nach der Geburt wieder erkennen würden. Dazu testeten sie die Forscher als Neugeborene. Die Säuglinge wurden mit Minikopfhörern ausgestattet und bekamen einen speziellen Schnuller zum Saugen. Der Schnuller war mit einem Computer verkabelt, der das Saugmuster des Babys aufzeichnete. Wenn das Baby in einem bestimmten Muster saugte, hörte es über den Kopfhörer die bekannte Geschichte; saugte es in einem anderen Rhythmus, bekam es eine andere Geschichte zu hören. Schnell passten die Babys ihr Saugmuster so an, dass sie die bekannte Geschichte hören konnten. Diese Neugeborenen schienen also diejenige Geschichte zu erkennen und zu bevorzugen, die ihre Mutter ihnen vorgelesen hatten, als sie sich noch im Bauch befanden.

Neugeborene besitzen auch eine natürliche Präferenz für einen bekannten *Geruch* – das Fruchtwasser, in dem sie neun Monate lang lebten. In einer Reihe von Untersuchungen zum Nachweis dieser Präferenz erhielten Neugeborene zwei Wattebäusche; einer war mit ihrem eigenen Fruchtwasser getränkt und der andere mit dem Fruchtwasser eines anderen Babys. Positionierte man die beiden Geruchsquellen an beiden Seiten des Kopfes, zeigte das Kind eine Präferenz für den Geruch seines eigenen Fruchtwassers, indem es den Kopf längere Zeit darauf richtete (Marlier, Schaal & Soussignn, 1998).

Länger anhaltende Präferenzen, die auf pränatalen Erfahrungen beruhen, wurden für den *Geschmack* nachgewiesen (Mennella, Jagnow & Beauchamp, 2001). Schwangere Frauen wurden gebeten, gegen Ende ihrer Schwangerschaft drei Wochen lang an vier Tagen pro Woche Karottensaft zu trinken. Als ihre Babys im Alter von etwa fünfeinhalb Wochen nach der Geburt getestet wurden, reagierten sie auf Haferflocken, die mit Karottensaft angemacht waren, positiver als auf denselben Brei, der mit Wasser zubereitet wurde. Die Geschmackspräferenzen dieser fünfeinhalb Monate alten Kleinkinder spiegelten also den Einfluss ihrer Erfahrungen im Mutterleib mehrere Monate zuvor wider. Dieser Befund ist von großer theoretischer und praktischer Bedeutung. Auf theoretischer Seite handelt es sich um einen überzeugenden Beleg für die anhaltende Wirkung pränatalen Lernens. Auf der praktischen Seite wirft der Befund ein besonderes Licht auf die Durchsetzungskraft kultureller Nahrungspräferenzen. Ein Kind, dessen Mutter während der Schwangerschaft beispielsweise viel scharfe Peperoni, Ingwer und Kümmel aß, könnte von Anfang an gegenüber asiatischen Speisen positiver eingestellt sein als ein Kind, dessen Mutter sich weniger geschmacksintensiv ernährte.

Neugeborene legen auf der Basis ihrer pränatalen Erfahrungen auch viele *akustische* Präferenzen an den Tag. Zunächst hören sie der Stimme ihrer Mutter lieber zu als der Stimme einer anderen Frau; mit anderen Worten lernt der Fetus, genau die Stimme, die er am häufigsten gehört hat, zu erkennen und danach auch zu bevorzugen (DeCaspar & Fifer, 1980). Weiterhin bevorzugt das neugeborene Baby diejenige Version der Stimme seiner Mutter, die besonders vertraut klingt – weil sie so gefiltert wurde, wie sie wohl in der Gebärmutter geklungen haben mag (Moon & Fifer, 1990; Spence & Freeman, 1996). Schließlich hören Neugeborene lieber der Sprache zu, die sie im Mutterleib gehört hatten, als einer anderen Sprache (Mehler et al., 1988; Moon, Cooper & Fifer, 1993). So hören französische Säuglinge lieber Französisch als Russisch.

Es kann kaum bezweifelt werden, dass der menschliche Fetus zuhört und lernt. Sollten sich die zukünftigen Eltern deshalb für Programme anmelden, die eine „Erziehung des ungeborenen Kindes" versprechen? Solche Programme halten die werdenden Mütter dazu an, mit ihrem Fetus zu sprechen, ihm Bücher vorzulesen, ihm Musik vorzuspielen und so weiter. Der zukünftige Vater soll durch ein Megaphon sprechen, das er auf den schwangeren

Dieses Neugeborene kann beeinflussen, was es hört. Sein Schnuller ist an einen Computer angeschlossen, der wiederum mit einem Kassettenrekorder verbunden ist. Wenn das Baby in einem bestimmten (von den Forschern vorgegebenen) Muster saugt, hört es das eine Band. Saugt es in einem anderen Muster, hört es ein anderes Band. Mit diesem Verfahren haben Forscher viele Fragen über Fähigkeiten von Säuglingen untersucht, beispielsweise den Einfluss der Erfahrung von Feten auf die Hörpräferenzen von Neugeborenen.

Bauch seiner Frau richtet, in der Hoffnung, dass das Baby auch seine Stimme und nicht nur die seiner Mutter erkennt. Machen solche Übungen irgendeinen Sinn?

Wahrscheinlich nicht. Es ist zwar durchaus möglich, dass das deutliche und häufige Hören von Vaters Stimme ein Neugeborenes veranlasst, diese Stimme gegenüber unbekannten Stimmen zu bevorzugen, doch entwickelt sich eine solche Präferenz kurz nach der Geburt wahrscheinlich ohnehin. Und es ist recht klar, dass einige der angepriesenen Vorteile des vorgeburtlichen Trainings nicht eintreten werden. Wegen des Entwicklungsstands seines Gehirns kann ein Fetus unmöglich Wörter oder irgendwelches Faktenwissen erlernen, wie viel die werdende Mutter ihm auch laut vorlesen mag. Der Fetus wird nur ihre Stimme und das allgemeine Muster ihres Sprachflusses kennen lernen – und nicht irgendeinen bestimmten Bedeutungsgehalt. Wir vermuten, dass der modische Schrei nach „pränataler Erziehung" so enden wird wie andere wenig durchdachte Ansätze, mit denen die frühe Entwicklung von Kindern nach den Wünschen der Erwachsenen gestaltet werden soll.

Risiken der pränatalen Entwicklung

Bislang haben wir uns auf den normalen Entwicklungsverlauf vor der Geburt konzentriert. Unglücklicherweise verläuft die pränatale Entwicklung aber nicht immer fehlerfrei; nicht immer ist ihr ein gutes Schicksal beschieden. Das schlimmste und zugleich mit Abstand das häufigste Schicksal ist der spontane Abort (eine Fehlgeburt). Man kann annehmen, dass ungefähr 45 Prozent der Schwangerschaften, vielleicht sogar mehr, spontan beendet werden, bevor die Frau überhaupt merkt, dass sie schwanger ist (Moore & Persaud, 1993). Die meisten Embryos, die auf diese Weise abgehen, besitzen schwere Defekte wie ein fehlendes oder ein überzähliges Chromosom, die die weitere Entwicklung unmöglich machen. Von den Schwangerschaften, die Frauen bemerken, enden etwa 15 bis 20 Prozent mit einer Fehlgeburt. Wenige Paare machen sich klar, wie häufig diese Erfahrung ist, was sie nicht weniger schmerzlich macht, wenn es tatsächlich dazu kommt.

Die meisten Kinder, die der Gefahr einer Fehlgeburt entgehen, werden völlig normal geboren. Dies trifft auf weit über 90 Prozent der Neugeborenen in den heutigen USA zu, und der Rest weist größtenteils nur kleinere Defekte auf. Es gibt jedoch zahlreiche Faktoren, die vor der Geburt wirksam werden und zu weniger glücklichen Resultaten führen können (Lamb & Lang, 1992). Genetische Faktoren – die hier besonders häufige Ursachen von Fehlentwicklungen darstellen – werden im nächsten Kapitel behandelt. Im vorliegenden Zusammenhang betrachten wir die Beschaffenheit von Umwelteinflüssen, die sich auf die pränatale Entwicklung schädlich auswirken können.

Umwelteinflüsse

Ein riesiges Aufgebot an Umweltfaktoren besitzt das Potenzial, im Verlauf der pränatalen Entwicklung Schädigungen zu verursachen. Dieses reicht von Alkohol, Drogen und Medikamenten, die die Mutter ihrem Körper zuführt, bis hin zur Luftverschmutzung und Strahlung in ihrer Umwelt. Diese Faktoren, die als **Teratogene** bezeichnet werden, können alles von relativ harmlosen und leicht behebbaren Problemen bis zum Tod verursachen.

Ein entscheidender Faktor für die Schwere der Auswirkungen potenziell schädigender Einflüsse ist der Zeitpunkt ihres Einwirkens. Viele Faktoren verursachen nur dann Schädigungen, wenn sie während einer **sensiblen Phase** der pränatalen Entwicklung auftreten (siehe Abbildung 2.10). Jedes der größeren Organsysteme besitzt seine eigene sensible Phase, die den Zeitpunkt markiert, an dem seine Grundstrukturen gebildet werden. Es gibt keine drastischere oder klarere Illustration für die Wichtigkeit des Einwirkungszeitpunkts als den so genannten Contergan-Skandal in der 1960er Jahren. Viele schwangere Frauen, die dieses neue, angeblich sichere Schlafmittel einnahmen, brachten Babys mit schweren Fehlbildungen der Gliedmaßen auf die Welt. Manche Babys besaßen keine Arme und hatten flossenartige Hände, die direkt aus ihren Schultern wuchsen. Diese schweren Defekte traten jedoch nur auf, wenn die schwangere Frau das Medikament zwischen der vierten und sechsten Woche nach der Befruchtung einnahm; das ist die Zeit, in der sich die Gliedmaßen des Fetus herausbilden und entwickeln. Die Einnahme von Thalidomid (dem Wirkstoff in Contergan) vor Entwicklungsbeginn der Arme und Beine oder nachdem sie im Wesentlichen ausgebildet waren, hatte keine schädlichen Folgen.

In Abbildung 2.10 kann man erkennen, dass die sensible Phase – und damit die Zeit, in der die stärkste teratogene Schädigung resultieren kann, wenn die Mutter irgendetwas Ungünstiges tut oder erlebt – bei vielen Organsystemen vor dem Moment liegt, an dem die Mutter überhaupt bemerkt, dass sie schwanger ist. Dies ist besonders auch deshalb problematisch, weil ein beträchtlicher Anteil aller Schwangerschaften unbeabsichtigt entsteht. Sexuell aktive Menschen im gebärfähigen Alter müssen sich also generell mit der Vorbeugung gegen embryonale und fetale Defekte befassen.

Ein weiterer entscheidender Faktor, der die Schwere teratogener Wirkungen beeinflusst, ist die *Menge und Dauer* der Einwirkung. Die meisten Teratogene weisen eine korrelative Beziehung zwischen Dosis und Reaktion auf: Je mehr der Fetus einem potenziell schädigenden Einfluss ausgesetzt ist, desto wahrscheinlicher wird ein Defekt eintreten und desto schwerwiegender wird ein Defekt wahrscheinlich ausfallen.

Gemessen an der Wichtigkeit, Umwelteinflüsse zu vermeiden, die teratogene Wirkungen haben können, ist es oft leider sehr schwierig, diese zu identifizieren und genau zu bestimmen, welche Wirkungen sie haben können. Ein Grund besteht darin, dass sie oft in Kombination auftreten, was eine Separierung ihrer Wirkungen erschwert. Zum Beispiel ist es bei Familien aus städtischen Armutsvierteln schwierig, die Einflüsse von schlechter mütterlicher Er-

Teratogene – Umwelteinflüsse mit dem Potenzial, während der pränatalen Entwicklung Schädigungen hervorzurufen. Die Schädigungen reichen von leicht behebbaren Problemen bis zum Tod.

Sensible Phase – der Zeitabschnitt, in dem ein sich entwickelnder Organismus gegenüber schädigenden äußeren Einflüssen am anfälligsten ist.

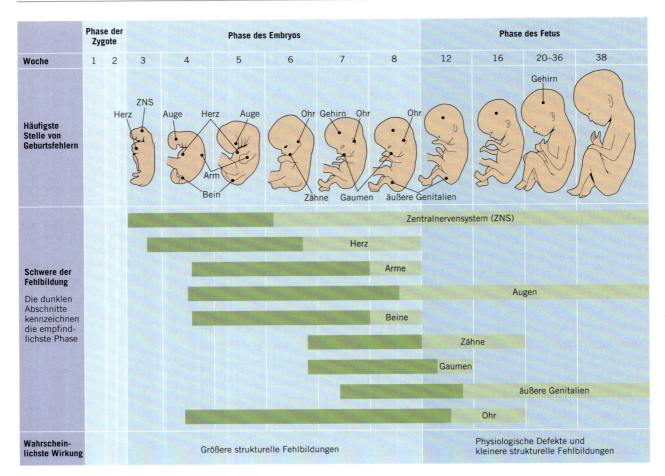

Abbildung 2.10: Phasen der pränatalen Entwicklung. Die empfindlichste oder kritische Phase der pränatalen Entwicklung ist die Phase des Embryos. In den ersten beiden Wochen, vor Einnistung in den Uterus, ist die Zygote im Allgemeinen nicht für Umwelteinflüsse empfänglich. Alle großen Organsysteme des Körpers machen ihre gesamte Entwicklung oder den größten Teil davon zwischen der dritten und dem Ende der achten Woche durch. In der Abbildung bezeichnen die dunkelgrünen Teile der Balken die Zeitabschnitte der am schnellsten verlaufenden Entwicklung, in denen größere Fehlbildungen möglich sind. Die hellgrünen Teile bezeichnen Phasen der fortgeschrittenen, aber weniger schnellen Entwicklung, in denen geringfügigere Defekte eintreten können. (Nach Moore & Persaud, 1993.)

nährung, Schwermetallen in der Luft, unzureichender pränataler Vorsorge und psychischem Stress in Folge von Arbeitslosigkeit, Partnerlosigkeit und kriminellem Wohnumfeld auseinander zu dividieren. Es kommt hinzu, dass das Vorhandensein mehrerer Faktoren einen *kumulativen Effekt* haben kann. Ein bestimmter Schädigungsfaktor kann für sich genommen wenig erkennbare Wirkung haben, sich aber in Kombination mit anderen schädigenden Einflüssen dann doch auswirken. Alkohol, Zigaretten und Sucht erzeugende Drogen bringen alle für sich genommen gewisse Risiken mit sich, aber der Fetus einer Mutter, die mit allen drei Substanzen Missbrauch treibt, ist einem besonders hohen Risiko ausgesetzt. Darüber hinaus wird eine Frau, die während der Schwangerschaft trinkt, raucht und/oder andere psychoaktive Substanzen zu sich nimmt, wahrscheinlich auch nach der Geburt damit fortfahren und ihrem Kind deshalb vermutlich eine schlechtere Fürsorge angedeihen lassen, als es sonst der Fall wäre.

Die Wirkungen von Teratogenen können auch in Abhängigkeit von individuellen Unterschieden in der Anfälligkeit (wahrscheinlich sowohl seitens des Fetus als auch seitens der Mutter) variieren. So kann eine Substanz, die für die meisten Menschen harmlos ist, bei einer Minderheit, die eine genetische Empfindlichkeit für diese Substanz aufweist, Probleme auslösen. Auch der Gegen-

Tabelle 2.2: Einige Umweltgefahren für den Fetus oder das Neugeborene. Achtung: Diese Liste gefährlicher Stoffe ist nicht umfassend; es gibt viele weitere Faktoren in der Umwelt, die sich negativ auf die Entwicklung eines Fetus oder auf ein Kind im Prozess seiner Geburt auswirken können!	
Drogen und Medikamente	**Krankheiten der Mutter**
Alkohol	AIDS
Antibaby-Pille (Sexualhormone)	Windpocken
Kokain	Chlamydia-Bakterien
Heroin	Zytomegalie-Virus
Marihuana	Gonorrhoe (Tripper)
Methadon	Herpes simplex (auch genital)
Tabak	Grippe
Umweltgifte	Mumps
Blei	Röteln
Quecksilber	Syphilis
PCB (polychlorierte Biphenyle)	Toxoplasmose

fall kann eintreten. Obwohl eine HIV-Infektion die Gesundheit einer erkrankten Frau massiv beeinträchtigt, sind die meisten Kinder von Frauen mit HIV oder mit AIDS im Vollstadium nicht selbst mit dem HIV-Virus infiziert (Valleroy, Harris & Way, 1990).

Schließlich ist die Identifikation von Teratogenen auch durch die Existenz von *Sleeper-Effekten* – Wirkungen, die erst längere Zeit nach Einwirkung der Ursachen eintreten – erschwert; manchmal wird die Wirkung eines Schädigungsfaktors jahrelang nicht sichtbar. Beispielsweise wurde das Hormon Diäthylstilböstrol (DES) in den 40er bis 60er Jahren des 20. Jahrhunderts häufig verschrieben, um Fehlgeburten zu verhindern; dies ohne erkennbare Krankheitseffekte bei den Babys, deren Mütter es eingenommen hatten. Im Jugend- und Erwachsenenalter wies dieser Nachwuchs dann jedoch erhöhte Raten an Gebärmutterhalskrebs und Hodenkrebs auf.

Nachdem wir nun einige der grundlegenden Faktoren besprochen haben, die an Umwelteinflüssen beteiligt sind, wenden wir uns einigen spezielleren Teratogenen zu, die die pränatale Entwicklung beeinträchtigen können. Da eine enorme Vielzahl potenzieller Teratogene identifiziert wurde, können wir uns nur auf einige der häufigsten konzentrieren; dabei werden wir insbesondere auf jene abheben, die mit dem Verhalten der schwangeren Frau zu tun haben. Tabelle 2.2 enthält die im Text angesprochenen und weitere Schädigungsfaktoren, doch sollte man sich bewusst machen, dass es zahlreiche andere gibt, von denen man weiß oder annimmt, dass sie die pränatale Entwicklung gefährden.

Legale Drogen Zwar können die meisten verschriebenen und rezeptfreien Medikamente von schwangeren Frauen risikolos eingenommen werden – aber eben nicht alle. Manche (so wie Contergan oder DES), die man ursprünglich für harmlos hielt, erwiesen sich später als Teratogene. Schwangere Frauen (und Frauen, die Grund zu der Annahme haben, dass sie jetzt oder bald schwanger werden könnten) sollten Medikamente nur unter ärztlicher Aufsicht einnehmen. Die zwei legalen Drogen, die den mit Abstand verheerendsten Schaden für die Entwicklung von Feten verursachen, sind Zigaretten (Nikotin) und Alkohol.

Rauchen Wir wissen alle, dass Rauchen für den Konsumenten ungesund ist, und es gibt eine Fülle an Belegen dafür, dass es für den Fetus einer Raucherin ebenfalls schlecht ist. Wenn eine Schwangere eine Zigarette raucht, bekommt sie weniger Sauerstoff, und das Gleiche gilt für ihren Fetus. Ein Zeichen dafür besteht darin, dass der Fetus weniger Atembewegungen macht, solange die Mutter raucht. Außerdem gehen einige der Krebs erregenden Stoffe, die im Tabak enthalten sind, in den Stoffwechsel des Fetus über. Und weil die werdende Mutter den Rauch auch inhaliert, wenn jemand anderer – beispielsweise der Vater – raucht, kann sich passives Rauchen indirekt auf die Sauerstoffversorgung des Fetus auswirken.

Die Hauptfolgen des mütterlichen Rauchens für den Fetus sind verlangsamtes Wachstum und geringes Geburtsgewicht, die beide die Gesundheit des Neugeborenen gefährden. Babys von starken Raucherinnen wiegen durchschnittlich 200 Gramm weniger als Babys von Nichtrauchern (Moore & Persaud, 1993). Darüber hinaus gibt es Hinweise darauf, dass Rauchen mit einem erhöhten Risiko für den plötzlichen Kindstod zusammenhängt (siehe Kasten 2.4), außerdem mit einer Vielzahl von Problemen wie geringerer IQ, Hörschäden und Krebs.

Trotz der bestens dokumentierten negativen Effekte des mütterlichen Rauchens auf die fetale Entwicklung rauchen fast 13 Prozent der Frauen in den USA während ihrer Schwangerschaft (National Center for Health Statistics, 2001). Diese Quote ist bei schwangeren 18- und 19-Jährigen besonders hoch (19 Prozent). Die meisten dieser Frauen rauchen auch nach der Geburt weiter; ihre Kinder sind also sowohl vor der Geburt einem bekannten Teratogen ausgesetzt als auch nach der Geburt einer bekannten Gefahr für die Gesundheit.

Wie eine aktuelle Studie des Deutschen Krebsforschungsinstituts in Heidelberg belegt, rauchen in Deutschland rund 20 Prozent der Schwangeren und rund 30 Prozent der Frauen mit einem Kleinkind unter einem Jahr. Auffällig scheint dabei, dass diese Zahlen mit der Schichtzugehörigkeit der Frauen variieren: In der Oberschicht liegt der Prozentsatz bei 24 Prozent, in der Mittelschicht bei 15 Prozent und in der Unterschicht bei 40 Prozent.

Alkohol Wenn eine schwangere Frau Alkohol zu sich nimmt, passiert der Alkohol in ihrem Blut die Plazenta und tritt sowohl in den Blutkreislauf des Fetus als auch in das Fruchtwasser über. Der Fetus bekommt den Alkohol also einmal direkt zugeführt und ein zweites Mal beim Trinken des Fruchtwasser-Cocktails. Die Alkoholkonzentrationen im Blut der Mutter und des Fetus gleichen sich schnell an, doch hat der Fetus weniger Möglichkeiten, den Alkohol durch Stoff-

Rauchende Frauen gefährden die Gesundheit ihres Fetus.

wechselprozesse aus seinem Blut abzubauen, so dass er im System des Fetus länger verbleibt.

Der dramatischste teratogene Effekt mütterlichen Alkoholkonsums tritt ein, wenn der Fetus über längere Zeit hinweg größeren Mengen an Alkohol ausgesetzt ist. Babys alkoholkranker Frauen kommen oft mit den Symptomen einer **Alkoholembryopathie** auf die Welt (Jones & Smith, 1973; Streissguth, Bookstein, Sampson & Barr, 1993). Zu den offensichtlichsten dieser Symptome gehören deformierte Gesichtszüge, wie sie in Abbildung 2.11 gezeigt sind. Zu den auf den ersten Blick weniger erkennbaren Symptomen der Alkoholembryopathie gehören geistige Retardierung in unterschiedlichem Ausmaß, Aufmerksamkeitsprobleme und Hyperaktivität, zudem verschiedene Organschäden. Mütterlicher Alkoholmissbrauch gilt als die häufigste nicht-genetische Ursache für geistige Retardierung (Moore & Persaud, 1993). Außerdem zeigen viele Kinder, die während ihrer pränatalen Entwicklung großen Mengen an Alkohol ausgesetzt waren, zwar keine voll ausgebildete Alkoholembryopathie, aber dennoch eine Vielzahl neuropsychologischer Beeinträchtigungen wie Aufmerksamkeitsstörungen und Hyperaktivität (Mattson, Riley, Delis & Jones, 1998).

Selbst mäßiges Trinken während der Schwangerschaft (das heißt, weniger als ein alkoholisches Getränk pro Tag) kann kurz- und langfristige negative Auswirkungen auf die Entwicklung haben (zum Beispiel Hunt, Streissguth, Kerr & Olson, 1995; Streissguth, Barr & Martin, 1983). Hinzu kommt, dass gelegentliche Alkoholräusche (verursacht durch den Konsum größerer Alkoholmengen innerhalb kurzer Zeit) besonders schädlich sein sollen (Moore & Persaud, 1993); mit anderen Worten kann das relativ schnelle Trinken einer bestimmten Menge Alkohol gefährlicher sein als das verteilte Trinken derselben Menge über einen größeren Zeitraum hinweg.

Alkoholembryopathie – die Effekte des mütterlichen Alkoholismus auf einen Fetus. Dazu gehören Deformationen des Gesichtsausdrucks, geistige Retardierung in variierendem Ausmaß, Aufmerksamkeitsstörungen, Hyperaktivität und Organschäden.

Abbildung 2.11: Effekte der Alkoholembryopathie. Dieses Bild zeigt das Kind einer alkoholkranken Mutter. Das Kind trägt die Symptome einer Alkoholembryopathie. Zu den charakteristischen Merkmalen, die durch ausgiebigen Kontakt mit Alkohol im Mutterleib verursacht werden, gehören Veränderungen des Gesichtsausdrucks (schmalere Oberlippe; kurze, verbreiterte Nase; schmale, weit auseinander stehende Augen) sowie neuropsychologische Störungen und Defizite, die Aufmerksamkeit, Lernen und Gedächtnisleistungen betreffen. Auf 1000 Kinder kommen nach Schätzungen ein bis drei Fälle von Alkoholembryopathie.

Kasten 2.4 — Anwendungen

Maßnahmen gegen den plötzlichen Kindestod

Plötzlicher Tod im Kindesalter (Krippentod) – der überraschende Tod eines weniger als ein Jahr alten Kindes ohne erkennbare Ursache.

Für Eltern gibt es keine entsetzlichere Vorstellung als der Tod ihres Kindes. Erstmaligen Eltern jagt das Gespenst des **plötzlichen Kindestods** besondere Angst ein. Damit ist der unvermutete Tod eines noch nicht einjährigen Kindes gemeint, für den keine erklärende Ursache nachgewiesen werden kann. Meistens passiert das so, dass ein scheinbar kerngesundes Baby für die Nacht in sein Bettchen gelegt wird und am Morgen tot ist. Bis in die 1990er Jahre starben in Deutschland auf diese Weise 1,8 von 1000 Kindern, im Jahr 2003 war die Rate bereits auf circa 0,5 von 1000 gesunken.

Im Rahmen einer jüngst vom Ministerium für Bildung und Forschung der Bundesrepublik Deutschland finanzierten Studie wurde ermittelt, dass das Risiko des plötzlichen Kindstods um mehr als das Zehnfache erhöht ist, wenn Mütter ihre Kinder auf dem Bauch schlafen legen. In vergleichbarer Höhe liegt das Risiko, wenn die Mutter jünger als 21 Jahre alt ist. Raucht die Mutter, hat sie keine höhere Schulbildung (weniger als zwölf Jahre) oder stillt sie ihr Kind nicht, erhöht sich das Risiko auf etwa das Achtfache.

„Wider den plötzlichen Kindstod!" Mit solchen Plakaten wurde die Bevölkerung in vielen Ländern der Welt über die wichtigste Maßnahme aufgeklärt, um das Risiko des plötzlichen Kindstods zu verringern: Babys sollen grundsätzlich auf dem Rücken schlafen!

Selten ereignet sich der plötzliche Kindstod im ersten Lebensmonat. Die Hälfte aller Sterbefälle ist für die folgenden sechs Lebensmonate dokumentiert, wobei das Maximum zwischen dem zweiten und vierten Lebensmonat liegt. Jungen sind etwas häufiger betroffen als Mädchen (60 : 40). Die meisten Säuglinge sterben in den Wintermonaten. Der Tod tritt stets im Schlaf und mit erhöhter Wahrscheinlichkeit in den frühen Morgenstunden auf. Ob das Kind im eigenen Bettchen liegt oder bei den Eltern schläft, spielt dabei keine Rolle.

Es gibt einige Maßnahmen, mit denen Eltern das Risiko für ihr Baby senken können. Deren wichtigste lautet: *Ein Baby soll beim Schlafen auf dem Rücken liegen*. Die Auftretenshäufigkeit des plötzlichen Kindstods hat sich in den vergangenen Jahren in Folge eines weltweiten Programms zur Gesundheitserziehung verringert, in dem die Eltern davon überzeugt werden sollten, ihre Säuglinge auf dem Rücken schlafen zu lassen.

Die zweite Maßnahme zur Verringerung des Risikos lautet: *Eltern sollen nicht rauchen*. Wenn sie schon rauchen, dann nicht im Umfeld ihres Babys.

Drittens: *Kinder sollen auf einer festen Matratze ohne Kissen schlafen*. Die Forschung hat gezeigt, dass ein weiches Betten der Kinder mit erhöhtem Risiko einhergeht, wahrscheinlich weil Decken und Kissen die Luft um das Gesicht des Kindes herum einsperren können, was das Baby seinen eigenen Kohlendioxydausstoß einatmen lässt statt frischen Sauerstoff.

Viertens: *Kinder sollen nicht in Mengen von Decken oder Kleidungsstücken eingepackt werden*. Zu warm angezogen oder zugedeckt zu sein, scheint mit dem plötzlichen Kindstod ebenfalls zusammenzuhängen.

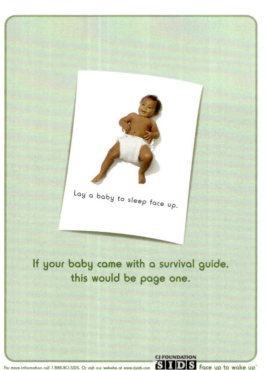

Es mehren sich die Hinweise darauf, dass die meisten der schädigenden Wirkungen des Alkoholkonsums deshalb auftreten, weil das Vorhandensein von Alkohol im Blut des Fetus ein weiträumiges Absterben der Zellen im fetalen Gehirn auslöst (siehe Baringa, 2000). Durch Alkohol induzierter Zelltod scheint im letzten Drittel der Schwangerschaft mit besonders hoher Wahrscheinlichkeit aufzutreten.

Gemessen an den potenziellen Resultaten und der Tatsache, dass keine gefahrlose Höhe des Alkoholkonsums für eine schwangere Frau bekannt ist (National Clearinghouse for Alcohol and Drug Information, 1995), sollten Frauen, die in guter Hoffnung sind, Alkohol am besten ganz vermeiden.

Illegale Drogen Fast alle der gängigen illegalen Drogen haben sich für die pränatale Entwicklung als gefährlich erwiesen oder stehen zumindest in einem entsprechenden Verdacht. Es ist nicht ganz einfach, die Schädlichkeit der einzelnen Substanzen genau zu bestimmen; wir haben nämlich bereits darauf hingewiesen, dass Schwangere, die eine illegale Substanz konsumieren, oft auch andere Drogen einnehmen und dazu noch rauchen und Alkohol trinken (Lester, 1998). Marihuana (die am häufigsten konsumierte illegale Droge) steht zwar im Verdacht, negative Auswirkungen auf die Entwicklung des Fetus zu haben, doch ergaben sich aus der Forschung noch keine eindeutigen Belege für einen entsprechenden Zusammenhang. Kokain in seinen verschiedenen Erscheinungsformen ist bei amerikanischen Frauen im gebärfähigen Alter die zweithäufigste illegale Droge (Hawley & Disney, 1992). Erste Berichte, denen zufolge der mütterliche Kokainkonsum eine Menge verheerender Wirkungen nach sich zieht, erwiesen sich wohl als übertrieben; doch besteht ein gut bestätigter Zusammenhang des Kokainkonsums mit verzögertem Größenwachstum im Uterus, mit Frühgeburt und mit kleinem Kopfumfang (Hawley & Disney, 1992). Bei Neugeborenen und älteren Kindern von Kokainabhängigen ist die Fähigkeit beeinträchtigt, Erregung und Aufmerksamkeit angemessen zu steuern (zum Beispiel DiPietro, Suess, Wheeler, Smouse & Newlin, 1995; Karmel & Gardner, 1996; Lester & Tronick, 1994; Lewkowicz, Karmel & Gardner, 1998). Manche von ihnen sind lethargisch und wenig erregbar, andere hochgradig reizbar und überregt, mit dem charakteristischen schrillen Geschrei in höchster Stimmlage, das Erwachsenen furchtbar auf die Nerven geht. Langzeituntersuchungen der Entwicklung von Kindern Kokain konsumierender Mütter berichten über anhaltende, wenngleich manchmal nur subtile kognitive und soziale Defizite (Lester, 1998). Diese Defizite lassen sich in bestimmtem Ausmaß auch wieder verringern, wie etwa die verbesserten Leistungsresultate von Kindern, die in unterstützende Mittelklassefamilien adoptiert wurden, erkennen lassen (Koren, Nulman, Rovet, Greenbaum, Loebstein & Einarson, 1998).

Umweltverschmutzung Wir sind uns alle darüber bewusst, dass wir von einer Vielzahl von Umweltgiften in Luft, Wasser und Nahrungsmitteln umgeben sind, von denen einige teratogene Wirkungen haben können. Das wurde beispielsweise in den 1950er Jahren offensichtlich, als die japanische Minamata-Bucht mit hohen Dosen von Quecksilber kontaminiert war. Die Kinder von Müttern, die verseuchten Fisch aus der Bucht gegessen hatten, litten an schweren neurologischen und verhaltensbezogenen Störungen. In neuerer Zeit gab es Mütter aus dem mittleren Westen der USA, die eine Diät zu sich genommen hatten, die große Bestandteile von Fisch aus dem Lake Michigan enthielt, der eine hohe Konzentration von PCB aufwies. (PCB sind polychlorierte Biphenyle, Industriegifte mit ähnlicher Wirkung wie Pestizide.) Deren Neugeborene waren unterdurchschnittlich klein und hatten auch kleinere Köpfe. Die Kinder mit dem höchsten pränatalen PCB-Kontakt hatten noch elf Jahre später etwas geringere Intelligenzwerte (Jacobson & Jacobson, 1996; J. L. Jacobson et al., 1992). Ein weiteres Beispiel für die schädlichen Auswirkungen der Umweltverschmutzung bildet der Zusammenhang zwischen der Bleiverpestung durch Fahrzeugemission und abblätternde Farbe und einer Vielzahl neurologischer und anderer Probleme bei Neugeborenen; diese Gefahrenquelle ist besonders für werdende Mütter relevant, die in verfallenden Stadtvierteln an stark befahrenen Straßen leben (Tesman & Hills, 1994).

Gefahren am Arbeitsplatz Eine weitere Klasse Besorgnis erregender Umweltfaktoren findet man am Arbeitsplatz. Viele Frauen führen Tätigkeiten aus, die sie mit einer Vielzahl an potenziell schädlichen Stoffen in Kontakt bringen. Die Kassiererinnen an Autobahnzahlstellen beispielsweise sind Auspuffgasen in hoher Konzentration ausgesetzt; in der Landwirtschaft sind es Pestizide und in den Fabriken zahlreiche Chemikalien. Arbeitgeber wie Arbeitnehmer bemühen sich darum, schwangere Frauen vor potenziellen Teratogenen zu schützen, ohne sie von bestimmten Berufsgruppen völlig auszuschließen und damit beruflich zu diskriminieren.

Mütterseitige Faktoren

Bestimmte Merkmale der zukünftigen Mutter selbst können die pränatale Entwicklung beeinflussen; schließlich stellt sie die unmittelbarste Umgebung für ihren Fetus dar. Dazu gehören Alter, Ernährungsstand, Gesundheit und Stress.

Alter Das Alter einer Schwangeren hat Konsequenzen für das Ergebnis ihrer Schwangerschaft. Eine Schwangerschaft führt mir größter Wahrscheinlichkeit zu einem gesunden Baby, wenn die Mutter über 15 und unter 35 ist. Ältere Mütter neigen allgemein zu häufigeren Gesundheitsproblemen, was eine erfolgreiche Schwangerschaft erschwert. Hinzu kommt, dass mit dem Alter der Frau auch das Alter ihrer Eizellen zunimmt und deshalb eine höhere Wahrscheinlichkeit besteht, dass sie sich nicht richtig teilen. Damit ergibt sich ein größeres Risiko, dass der Fetus abstirbt oder dass Kinder mit bestimmten genetischen Defekten geboren werden, beispielsweise mit dem Down-Syndrom (siehe Kapitel 3). Aber auch eine sehr junge Mutterschaft birgt Risiken. Sehr junge Mütter besitzen häufig einen niedrigen sozio-ökonomischen Status, und es fehlt ihnen mir größerer Wahrscheinlichkeit an angemessener Ernährung und Geburtsvorsorge. In den USA bleibt die hohe Schwangerschaftsrate bei Jugendlichen ein Anlass zur Besorgnis, auch wenn sie in den vergangenen Jahren rückläufig war. Während in Amerika circa 5,5 Prozent junger Frauen zwischen 15 und 19 Jahren schwanger werden, sind es in England 2,2 Prozent und in Deutschland nur 1,6 Prozent. Die niedrigste Rate innerhalb der Europäischen Union weist Holland auf; hier werden nur 0,4 Prozent im Jugendalter schwanger.

Ernährung In allen seinen Ernährungsbedürfnissen ist der Fetus auf seine Mutter angewiesen. Wenn sich eine schwangere Frau nicht angemessen ernährt, kann auch ihr ungeborenes Kind von Mangelerscheinungen betroffen sein (Pollitt et al., 1996). Das Gehirnwachstum ist besonders beeinträchtigt: Fehlernährte Neugeborene haben kleinere Gehirne, die weniger Gehirnzellen enthalten als Neugeborene aus guten Ernährungsverhältnissen. Sie sind weniger gut ansprechbar und leichter erregbar (Lozoff, 1989).

Weil schlechte Ernährung bei verarmten Familien häufiger auftritt, geht sie oft mit einer ganzen Reihe anderer Risikofaktoren einher, die mit der Armut zusammenhängen, so dass sich ihre Auswirkungen auf die pränatale Entwicklung nur schwer isolieren lassen (Lozoff, 1989; Sigman, 1995). In einer Entwicklungsstudie unter extremen Umständen konnten die Effekte mangelhafter Ernährung jedoch unabhängig vom sozio-ökonomischen Status bestimmt werden (Stein et al., 1975). Während des Zweiten Weltkriegs erlebten in Teilen Hollands Menschen aller Einkommens- und Bildungsschichten eine schwere Hungersnot. Die Durchsicht der Gesundheitsakten niederländischer Frauen, die in jener Zeit schwanger waren, ließen einen deutlichen negativen Einfluss der mütterlichen Ernährungsmängel auf die pränatale Entwicklung ihrer Kinder erkennen, wobei die Schwere der Auswirkung davon abhing, wann die Mutter nichts oder zu wenig zu essen hatte. Mütter, die lediglich in den letzten Monaten ihrer Schwangerschaft an Mangelernährung litten, bekamen meistens kleine, untergewichtige Babys mit kleinem Kopfumfang. Die Babys von Müttern, die sich schon ab den ersten Schwangerschaftsmonaten ungenügend ernähren konnten, wiesen oft schwerere körperliche Schädigungen auf.

Krankheit Die meisten mütterlichen Krankheiten, die im Verlauf einer Schwangerschaft auftreten, wirken sich nicht auf den Fetus aus; einige aber schon. Zum Beispiel können Röteln im Anfangsstadium einer Schwangerschaft verheerende Auswirkungen auf die Entwicklung haben, bis hin zu schweren Missbildungen, Gehörlosigkeit, Blindheit und geistiger Behinderung. In der Folge von Immunisierungsprogrammen wurde diese Erkrankung seltener, doch sollte sich jede Frau gegebenenfalls gegen Röteln impfen lassen, bevor sie schwanger wird.

Sexuell übertragbare Krankheiten, die weltweit im Vormarsch sind, sind für den Fetus ziemlich gefährlich. Der Zytomegalie-Virus bildet derzeit die häufigste pränatale Infektionsquelle; er kann das Zentralnervensystem des Fetus schädigen und andere Defekte verursachen. Herpes genitalis kann ebenfalls sehr gefährlich sein: Kommt das Kind mit offenen Verletzungen im Geburtskanal in Kontakt, kann das zu Blindheit oder sogar zum Tode führen. Eine

HIV-Infektion kann manchmal im Mutterleib oder während der Geburt auf den Fetus übergehen, nach der Geburt auch durch das Stillen.

Stress Man macht sich seit Langem darüber Gedanken, ob starker emotionaler Stress während der Schwangerschaft die pränatale Entwicklung beeinträchtigt, zumal Stress zur Ausschüttung von Hormonen führt, die den Sauerstoff vom Uterus zu anderen Organen der Mutter umdirigieren. Weil Menschen unter starkem Stress jedoch oft auch mehr als gewöhnlich trinken und rauchen, erwies es sich als schwierig, die Rolle des Stress als solchem zu isolieren. Eine geschickt angelegte Untersuchung konnte hier erfolgreich den Umstand nutzen, dass während des Zweiten Weltkriegs in Teilen Europas Alkohol und Zigaretten praktisch nicht vorhanden waren. Zwei finnische Forscher (Huttunen & Niskanen, 1978) untersuchten die Gesundheitsakten von Erwachsenen, deren Väter jeweils hälftig entweder noch während der Schwangerschaft ihrer Mütter oder in den ersten Monaten nach ihrer Geburt verstorben waren. (Die Forscher gingen davon aus, dass eine Frau, deren Mann gerade gestorben ist, starken Stress erlebt.) Die beiden Gruppen waren somit weitgehend vergleichbar, insofern sie ohne ihren leiblichen Vater aufgewachsen waren und ihre jungen Jahre mit einer Mutter verbracht hatten, die unter starkem Stress stand, ohne Zugang zu Alkohol und Zigaretten zu haben. Die Ergebnisse der Untersuchung ließen erkennen, dass die erwachsenen Kinder von Müttern, die während ihrer Schwangerschaft starken Stress erlebt hatten, eine höhere Rate an emotionalen Problemen und Verhaltensstörungen aufwiesen. In neuerer Zeit haben mehrere sorgfältige Untersuchungen einen Zusammenhang zwischen mütterlichem Stress und Maßen der physiologischen Funktionen des Fetus (Di Pietro, Hodgson, Costigan, Hilton & Johnson, 1996) sowie Frühgeburt und geringem Geburtsgewicht (Wadhwa, 1998) festgestellt.

IN KÜRZE

Die am schnellsten voranschreitende Phase der Entwicklung beginnt mit der Befruchtung, der Vereinigung von Eizelle und Spermium, und dauert etwa neun Monate, die sich in drei Entwicklungsstufen untergliedern lassen – Zygote, Embryo und Fetus. Bei jedem größeren Organsystem erfolgt die gesamte oder ein großer Teil der Entwicklung zwischen der dritten und der achten Woche nach der Befruchtung, so dass in dieser Zeit eine sensible Phase für potenzielle Schädigungen durch Umweltgefahren besteht. Zu den Prozessen der pränatalen Entwicklung gehören die Zellteilung, die Zellmigration, die Ausdifferenzierung von Zellen sowie ihr Absterben.

Die Forscher haben erst jüngst sehr viel über das Verhalten und Erleben des sich entwickelnden Organismus herausfinden können, der sich mit fünf bis sechs Wochen zu bewegen beginnt. Mit einigen Verhaltensweisen trägt der Fetus zu seiner eigenen Entwicklung aktiv bei; beispielsweise schluckt er Fruchtwasser und übt Atembewegungen. Durch Stimulation innerhalb und außerhalb des Mutterleibs hat der Fetus ein relativ reiches sensorisches Erleben, und diese Erfahrungen bilden die Grundlage des fetalen

Lernens. Mittlerweile wurden auch die Geburt überdauernde Effekte des fetalen Lernens nachgewiesen.

Viele Umweltfaktoren können die pränatale Entwicklung negativ beeinflussen; in vorderster Reihe stehen in westlichen Ländern das Rauchen von Zigaretten und der Alkoholkonsum. Mütterseitige Faktoren (Mangelernährung, Krankheiten etc.) können bei der Entwicklung des Fetus ebenfalls Probleme verursachen. Bei einigen Teratogenen ist der zeitliche Aspekt ihrer Einwirkung entscheidend; das Ausmaß ihrer Wirkungen hängt im Allgemeinen davon ab, wie viel und wie lange der Fetus ihnen ausgesetzt war. Relevant ist auch die Anzahl der verschiedenen negativen Einflüsse, mit denen ein Fetus fertig werden muss.

Die Geburtserfahrung

Neun Monate lang hat die werdende Mutter ein fremdes Objekt in ihrem Körper beherbergt. Ungefähr 38 Wochen nach der Befruchtung beginnen die Muskeln des Uterus zu kontrahieren, was die Geburt des Babys einleitet. Typischerweise hat das Baby selbst bereits zu diesem Prozess beigetragen, indem es sich in die normale Position mit abwärts gerichtetem Kopf gedreht hat.

Die Gebärmutterkontraktionen wie auch das Vordringen des Babys durch den Geburtskanal sind für die Mutter schmerzhaft, so dass man Frauen, die in den Wehen liegen, oft Schmerz stillende Medikamente gibt. Diese Medikamente können zwar der Mutter dabei helfen, den Geburtsprozess besser durchzustehen, sie helfen aber nicht ihrem Baby. Viele Medikationen zur Geburtshilfe verlangsamen die Wehen, und alles, was die Wehen verlängert, erhöht die Wahrscheinlichkeit einer fetalen *Hypoxie* (eines Sauerstoffmangels) und vergrößert damit das Risiko einer Gehirnschädigung. Medikamente, die eine Mutter während der Geburt erhält, können auch zu einem unter Medikamenten stehenden Baby führen – einem Säugling mit einer verringerten Sauerstoffversorgung, der weniger aufnahmebereit ist, eine geringere Muskelspannung besitzt, schwächer ausgeprägte Reflexe und weitere Symptome zeigt (Brackbill, McManus & Woodward, 1985; Brazelton, Nugent & Lester, 1987). Das Ausmaß dieser Effekte hängt davon ab, welche Medikamente eingesetzt werden und wie hoch sie dosiert wurden. Glücklicherweise zeigen entsprechende Effekte in der Regel keine Langzeitwirkung.

Ist das Geboren-Werden genau so schmerzhaft die das Gebären? Ausgehend von dem Schmerz der Mutter haben viele Menschen als Analogieschluss behauptet, dass die Geburtserfahrung für den Fetus tatsächlich schmerzhaft, ja sogar traumatisch sei. Wir können das natürlich nicht mit Sicherheit wissen; es gibt jedoch gute Gründe zu bezweifeln, dass die Geburt für das Baby traumatisch oder besonders schmerzhaft ist. Ein einfaches Experiment kann hier aufschlussreich sein. Dazu kneife man sich in die Haut am Unterarm und ziehe kräftig daran und vergleiche den Schmerz mit dem Schmerz, der entsteht, wenn man die Hand um den Unterarm legt und so fest wie möglich zusammendrückt. Das Auseinanderziehen tut weh, das Zusammendrücken nicht. Die Schmerzen der Mutter stammen daher, dass ihr Gewebe sehr stark gedehnt wird, während das Baby nur Druck erfährt. Die Erfahrungen der beiden Geburtsparteien dürften deshalb kaum vergleichbar sein (Mauer & Maurer, 1988). Geburtshilfeprogramme, die auf der Annahme beruhen, dass die Geburt für das Neugeborene schmerzhaft und traumatisch ist, gehen wahrscheinlich von falschen Voraussetzungen aus.

Dem Druck, den der Fetus bei der Geburt erfährt, kommen sogar mehrere wichtige Funktionen zu. Erstens verringert der Druck vorübergehend den Gesamtumfang des Kopfes, was dem überproportional großen Kopf dabei hilft, unbeschadet durch die Beckenknochen der Mutter hindurchzugelangen. Das ist deshalb möglich, weil der Schädel aus einzelnen Platten zusammengesetzt ist, die sich während der Geburt leicht übereinander schieben können (siehe Abbildung 2.12). Die ‚weiche Stelle' oben am Kopf des Babys, eine so genannte Fontanelle, ist nichts anderes als ein Zwischenraum zwischen den einzelnen Schädelplatten. Im Verlauf weniger Wochen nach der Geburt verschwinden die Fontanellen nach und nach, und die Schädelplatten wachsen zusammen.

Eine zweite Funktion des Druckes, der bei der Geburt auf den Kopf des Babys einwirkt, besteht darin, die Produktion von Hormonen zu stimulieren, mit deren Hilfe der Fetus den Sauerstoffmangel während der Geburt übersteht und die Atmung nach der Geburt regelt. Der Druck hindert den Fetus auch daran zu atmen, bevor der Kopf aus dem Geburtskanal herausgekommen ist. Das Zusammendrücken des kindlichen Körpers presst Fruchtwasser aus den Lungen, was das Neugeborene auf den entscheidenden ersten Atemzug vorbereitet (Lagercrantz & Slotkin, 1986; Nathanielsz, 1994). Der Geburtsschrei bildet einen sehr wirksamen Mechanismus für den Blitzstart der Atmung: Ein guter, kräftiger Schrei sorgt nicht nur für den notwendigen Sauerstoff, sondern öffnet auch die kleinen Alveolen in den Lungen (die Enden der Bronchialverzweigungen), was das weitere Atmen erleichtert.

Abbildung 2.12: Kopfplatten. Der Druck auf den Schädel im Verlauf der Geburt kann dazu führen, dass sich die einzelnen Platten des Schädels übereinander schieben, was vorübergehend zu einem deformierten Kopf führt. Zum Glück korrigiert sich das nach Geburt schnell wieder von selbst.

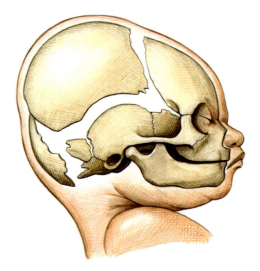
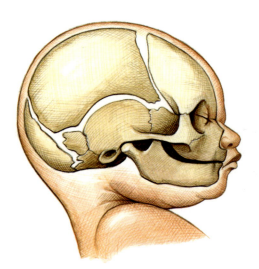

Unterschiedliche Geburtspraktiken

Zwar sind die biologischen Aspekte der Geburt überall weitestgehend identisch; die Geburtspraktiken unterscheiden sich jedoch enorm. Wie bei vielen anderen Verhaltensweisen des Menschen kann ein Geburtsvorgang, der in der einen Gesellschaft als normal oder erstrebenswert angesehen wird, in der anderen als seltsam und abweichend – oder sogar gefährlich – gelten.

Alle Kulturen verfolgen die beiden Ziele, *Überleben und Gesundheit* sowohl der Mutter als auch des Kindes zu schützen sowie die *soziale Integration* des Neuankömmlings zu sichern. Gruppen unterscheiden sich jedoch in der Relation der Wichtigkeit, die sie diesen Zielen beimessen. Wir illustrieren diese Unterschiede durch den Vergleich der Geburtspraktiken zweier Kulturen – Bali und den USA.

Eine werdende Mutter auf der Südpazifikinsel Bali geht davon aus, dass ihr Mann und andere Verwandte, einschließlich der vielleicht bereits vorhandenen Kinder, alle dem freudigen Anlass der Geburt eines neuen Kindes beiwohnen wollen. Ihre weiblichen Verwandten sowie eine Hebamme leisten im Verlauf der Geburt, die zu Hause stattfindet, aktive Hilfe. Da sie bereits bei vielen Geburten dabei war, weiß die balinesische Frau, was sie bei einer Geburt zu erwarten hat, auch wenn es ihr erstes eigenes Kind ist (Diener, 2000).

Ein ganz anderes Szenario hat in den USA Tradition; hier zieht sich die Mutter in den Wehen fast völlig von ihrem normalen Leben zurück. In den meisten Fällen geht sie zum Gebären in ein Krankenhaus, wobei sie nur von einer emotional nahe stehenden Person begleitet wird – meistens dem Kindesvater. Die Geburt wird von medizinischem Personal überwacht, das sich im Allgemeinen aus Fremden zusammensetzt. Da sie noch nie bei einer Geburt dabei war, hat die erstmalige Mutter vielleicht keine realistischen Erwartungen, was den Geburtsvorgang betrifft. Außerdem besteht eine nicht allzu geringe Wahrscheinlichkeit (von über 20 Prozent), dass ihr Kind mit einem Kaiserschnitt aus dem Uterus herausgeholt wird.

Dem balinesischen Ansatz, den Geburtsprozess zu gestalten, liegt eine große Betonung des sozialen Ziels zu Grunde, das Neugeborene sofort in die Familie und in die Gemeinschaft zu integrieren. Das Baby wird als Reinkarnation der Seele eines Vorfahren betrachtet, weshalb es mit weit mehr Menschen verwandt ist als nur mit seinen biologischen Eltern. Dementsprechend ist auch viel Verwandtschaft zugegen, um Mutter und Kind zu unterstützen. Im Gegensatz dazu haben die modernen westlichen Gemeinschaften die körperliche Gesundheit von Mutter und Kind über alle anderen Belange erhoben. Der Glaube an die höhere Sicherheit der Geburt in einer medizinischen Umgebung bekommt größeres Gewicht als die daraus resultierende soziale Isolierung von Mutter und Baby.

Die Praktiken beider Gesellschaften haben sich in bestimmtem Umfang geändert. In den USA fand die soziale Dimension der Geburt bei Ärzten und Kliniken zunehmend mehr Anerkennung; man bemüht sich im Allgemeinen, dem Erleben des Geburtsvorgangs als Familienereignis Raum zu verschaffen. Wie auf Bali werden mehrere Familienmitglieder – darunter manchmal sogar

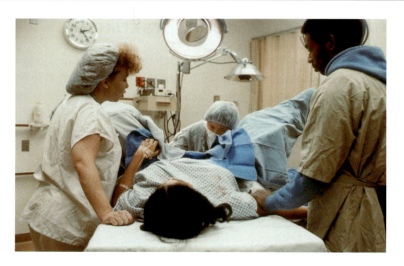

In Ländern wie Deutschland oder den USA ist das medizinische Geburtsmodell weit verbreitet.

die Geschwister des Neuankömmlings – ermutigt, dabei zu sein, um die kreißende Mutter zu unterstützen und am Familienereignis teilzuhaben. Diese Verschiebung ging einher mit einer moderateren Verabreichung von geburtserleichternden Medikamenten, was die bewusste Beteiligung der Frau an der Geburt erhöht und ihre Fähigkeit vergrößert, mit ihrem Baby in Kontakt zu treten. Es kommt hinzu, dass viele werdende Eltern Geburtsvorbereitungskurse besuchen, wo sie etwas von dem Wissen vermittelt bekommen, das ihre balinesischen Pendants bei ihrer üblichen Anwesenheit bei Geburten erwerben. Schwangere Frauen und ihre Partner bekommen Informationen darüber, was sie während der Geburt zu erwarten haben, und lernen spezielle Atmungs- und Entspannungstechniken zur Schmerzreduktion. In Anerkennung der sozialen Dimension der Geburt bildet die soziale Unterstützung eine zentrale Komponente dieser Kurse; dem Ehemann oder einer anderen Unterstützungsperson wird beigebracht, wie sie der Mutter bei der Geburt helfen können. Solche Geburtsvorbereitungskurse sind im Allgemeinen nützlich (Lindell, 1988), und Frauenärzte empfehlen werdenden Eltern generell die Teilnahme. Zur gleichen Zeit, in der diese Veränderungen in der westlichen Welt zu beobachten sind, werden von traditionellen, vorindustriellen Gesellschaften wie auf Bali die westlichen Gesundheitspraktiken übernommen, um die Überlebensraten der Neugeborenen zu erhöhen. Solche Veränderungen resultieren einerseits aus einem Wandel bei der Priorisierung der verschiedenen Ziele und andererseits aus der Entwicklung neuer Strategien, um diese Ziele zu erreichen.

IN KÜRZE

Die Erforschung des Geburtsprozesses ließ erkennen, dass viele Aspekte der Erfahrung des Geboren-Werdens – einschließlich des Eingezwängt-Seins im Geburtskanal – adaptiven Wert besitzen und die Überlebenswahrscheinlichkeit des Neugeborenen erhöhen. Zwischen den Kulturen bestehen große Unterschiede hinsichtlich der Überzeugungen und Praktiken im Zusammenhang mit der Geburt, wobei sich ein deutlicher Unterschied darauf bezieht, wie wichtig es ist, das Neugeborene sofort in die Gemeinschaft zu integrieren.

Das Neugeborene

Ein gesundes Neugeborenes ist bereit und in der Lage, die Geschichte seiner Entwicklung in einer neuen Umgebung fortzuschreiben. Das Baby tritt sofort in Interaktion mit der Umwelt, erkundet die vorfindbaren körperlichen und sozialen Gegebenheiten und lernt etwas darüber. Die Erkundung des unerforschten Territoriums wird dabei sehr stark von dem Aktivierungszustand beeinflusst, in dem sich das Baby jeweils befindet.

Aktivierungszustände

Der Begriff des **Aktivierungszustands** bezieht sich auf ein Kontinuum von Erregungsniveaus, das vom Tiefschlaf bis zu intensiver Aktivität reicht. Es ist allgemein bekannt, dass unser Aktivierungszustand die Interaktion mit der Umwelt – was wir überhaupt bemerken, was wir tun oder lernen, worüber wir nachdenken – drastisch beeinflusst. Er wirkt sich auch darauf aus, ob und wie andere mit uns interagieren können. Mit Blick auf die Erfahrungen des Kleinkindes in seiner Umgebung kommt dem Aktivierungszustand eine noch stärkere Vermittlungsfunktion zu.

Abbildung 2.13 zeigt den durchschnittlichen Zeitanteil in einem 24-Stunden-Zyklus, den westliche Neugeborene typischerweise in sechs Aktivierungszuständen verbringen, vom ruhigen Schlaf bis zum Schreien. Innerhalb dieses allgemeinen Musters gibt es jedoch starke Variationen. Manche Kinder schreien relativ selten, während andere jeden Tag stundenlang schreien; manche Kinder schlafen deutlich mehr, manche deutlich weniger als der in der Abbildung angegebene Durchschnitt von 16 Stunden. Manche Kinder verbringen mehr als durchschnittlich zweieinhalb Stunden im Zustand aufmerksamer Wachheit, in dem sie zwar wenig Aktivität zeigen, aber ihre Umgebung aufmerksam beobachten. Um ein Gefühl dafür zu bekommen, wie diese Unterschiede die Interaktion zwischen Eltern und Kind beeinflussen können, stelle man sich selbst als Elternteil eines Neugeborenen vor, das überdurchschnittlich viel schreit, wenig schläft und wenig

Aktivierungszustand – das Erregungsnivau eines Kindes und das Ausmaß seiner Beteiligung an der Umwelt, vom tiefen Schlaf bis zur intensiven Aktivität. Der Aktivierungszustand ist eine wichtige Vermittlungsinstanz für die Erfahrung des Kleinkinds mit der Welt.

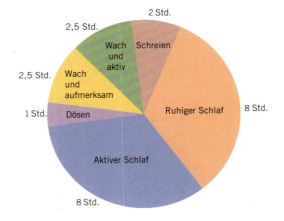

Abbildung 2.13: Aktivierungszustände des Neugeborenen. Durchschnittliche Zeitanteile, die westliche Neugeborene in einem 24-Stunden-Tag in sechs Aktivierungszuständen verbringen. Es bestehen beträchtliche individuelle und kulturelle Unterschiede, wie lange sich die Babys in den verschiedenen Zuständen befinden.

98   2 Pränatale Entwicklung, Geburt und die Phase des Neugeborenen

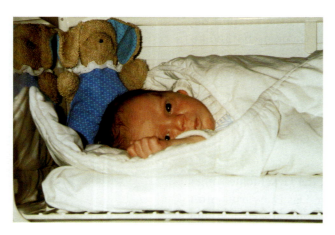

Abbildung 2.14: Ruhiger aufmerksamer Wachzustand. Die Eltern dieses ruhigen aufmerksamen Neugeborenen haben gute Gelegenheit für angenehme Interaktionen mit ihrem Baby.

REM-Schlaf – ein aktiver Schlafzustand, der bei Erwachsenen mit Träumen einhergeht, gekennzeichnet durch schnelle, ruckartige Augenbewegungen unter geschlossenen Lidern (daher Rapid-Eye-Movement-Schlaf).

Non-REM-Schlaf – ein ruhiger oder tiefer Schlafzustand, gekennzeichnet durch das Fehlen von motorischer Aktivität oder Augenbewegungen und regelmäßige und langsame Gehirnwellen, Atmung und Pulsrate.

Zeit in wacher Aufmerksamkeit verbringt. Dann stelle man sich den Umgang mit einen Baby vor, das relativ wenig schreit, gut schläft und überdurchschnittlich viel Zeit wach liegt und seine Eltern und den Rest der Umgebung ruhig betrachtet (siehe Abbildung 2.14). Eindeutig hätte man mit dem zweitgenannten Baby mehr Gelegenheit zu angenehmen Interaktionen.

Wir wenden uns jetzt den beiden Aktivierungszuständen des Neugeborenen zu, die die Eltern besonders betreffen: Schlafen und Schreien. Beide Zustände wurden intensiv untersucht.

Schlafen

In Abbildung 2.15 sind mehrere wichtige Fakten über den Schlaf und seine Entwicklung zusammengefasst; zwei davon sind besonders bedeutsam. Erstens bedeutet „wie ein Baby zu schlafen" zum Teil, viel zu schlafen; durchschnittlich schlafen Neugeborene etwa doppelt so lange wie junge Erwachsene. Die Gesamtschlafzeit sinkt im Verlauf der Kindheit gleichmäßig ab und verringert sich, wenn auch langsamer, im Verlauf des gesamten Lebens weiter.

Zweitens ändert sich das Muster von zwei verschiedenen Schlafzuständen – dem REM-Schlaf und dem Non-REM-Schlaf – mit dem Alter drastisch. Der **REM-Schlaf** ist ein aktiver Schlafzustand, der bei Erwachsenen mit Träumen einhergeht und der durch schnelle, ruckartige Augenbewegungen unter den geschlossenen Lidern gekennzeichnet ist (daher der Name REM für *rapid eye movement*, schnelle Augenbewegungen). Weitere Kennzeichen des REM-Schlafs sind ein auffälliges Muster der Gehirnaktivität, Körperbewegungen und ein unregelmäßiges Muster der Puls- und Atemfrequenz. Der **Non-REM-Schlaf** ist im Gegensatz dazu ein ruhiger oder tiefer Schlafzustand ohne motorische Aktivität oder Augenbewegungen und mit starker, langsamer Regelmäßigkeit bei Gehirnwellen, Atmung und Puls. Aus Abbildung 2.15 kann man entnehmen, dass der REM-Schlaf bei der Geburt ganze 50 Prozent der Gesamtschlafzeit des Neugeborenen ausmacht. Der Anteil des REM-Schlafs verringert sich recht schnell auf nurmehr 20 Prozent im Alter von drei oder vier Jahren und bleibt für den Rest des Lebens auf geringem Niveau.

Warum verbringen Kleinkinder so viel Zeit im REM-Schlaf? Manche Forscher glauben, dass das zur Entwicklung des visuellen Systems beiträgt. Das visuelle System des Menschen, einschließlich der Sehrinde im Gehirn, ist bei Geburt relativ unausgereift, und seine normale Entwicklung ist auf visuelle Stimulation angewiesen. Der im Mutterleib wohnende Fetus oder das Neugeborene, das seine Augen etwa zwei Drittel des Tages im Schlaf geschlossen hält, erfahren jedoch recht wenig an visueller Stimulation. Während des REM-Schlafs zeigt das Gehirn – man kann das mit den EEG, dem Elektroenzephalogramm, sichtbar machen – ein hohes Maß an neuroelektrischer Aktivität,

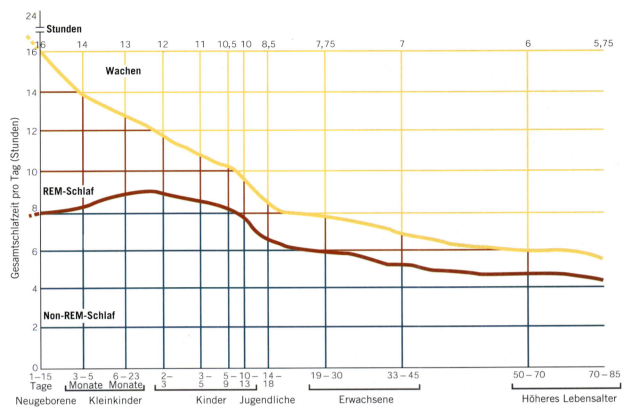

Abbildung 2.15: Gesamtschlafzeit und Anteile von REM- und Non-REM-Schlaf über die Lebensspanne. Neugeborene schlafen durchschnittlich 16 Stunden, etwa die Hälfte davon im REM-Schlaf. Die Gesamtmenge an Schlaf sinkt im Verlauf der frühen Kindheit stark ab und verringert sich im weiteren Lebensverlauf deutlich langsamer. Ab dem Jugendalter macht der REM-Schlaf etwa 20 Prozent der Gesamtschlafzeit aus. (Nach Roffwarg, Muzio & Dement, 1966, und einer späteren Revision dieser Autoren.)

insbesondere in den Sehbereichen. Nach der **Autostimulationstheorie** (Roffwarg, Muzio & Dement, 1966) trägt diese intern erzeugte Gehirnaktivität beim REM-Schlaf dazu bei, den natürlichen Mangel an externer Stimulation auszugleichen, und erleichtert damit die frühe Entwicklung des visuellen Systems beim Fetus und beim Neugeborenen.

Falls die Autostimulationstheorie zutrifft, sollten Kleinkinder, die im Wachzustand ein höheres Maß an Stimulation erfahren, im Schlaf weniger REM-Aktivität zeigen. Diese Vorhersage fand sich in dem Befund einer inversen Beziehung zwischen REM-Schlaf und visueller Erfahrung im Wachzustand bestätigt (Boismeyer, 1977). Neugeborenen wurden im Wachzustand komplexe Muster zum Betrachten dargeboten. Diejenigen Kinder, die ein hohes Maß an zusätzlicher Stimulation erfahren hatten, verbrachten einen geringeren Teil ihres darauf folgenden Schlafes im REM-Zustand als Kinder, denen ein geringeres Maß an visueller Stimulation dargeboten worden war.

(Abbildung 2.15 nicht abgebildeter) Unterschied zwischen Kinder und dem Schlaf älterer Personen liegt in den je-ch-Zyklen. Neugeborene wechseln im Allgemeinen im nden mehrmals zwischen Schlafen und Wachen hin und en Schlafanteilen nachts im Vergleich zu tagsüber (Whit-)4). Anders ausgedrückt: In Zeiten, in denen ihre Eltern afen, sind Neugeborene mit einiger Wahrscheinlichkeit

Autostimulationstheorie – die Annahme, dass die Gehirnaktivität beim REM-Schlaf den natürlichen Mangel an externer Stimulation beim Fetus und Neugeborenen ausgleicht und die frühe Entwicklung des visuellen Systems damit erleichtert.

Die meisten Eltern in unserer Kultur versuchen, das Schicksal dieses jungen Vaters zu vermeiden, der sich mitten in der Nacht um sein weinendes Baby kümmert. Sie betrachten das Durchschlafen des Babys als einen Triumph der Entwicklung – je früher, desto besser.

wach. Nach und nach entwickeln Kleinkinder das reifere Muster des Nachtschlafs, wobei das Alter, in dem dies erfolgt, sehr stark von kulturspezifischen Praktiken und entsprechenden Zwangsmaßnahmen abhängt. Beispielsweise schlafen die meisten Kinder in den USA ab etwa vier Monaten durch (Berg & Berg, 1987). Dieser Wandel wird von der Mehrheit der Eltern aktiv unterstützt, weil sie das ursprüngliche Schlafmuster des Kindes störend, anstrengend und erschöpfend finden (Halpern, Anders, Garcia-Coll & Hua, 1994). Solche Eltern versuchen es mit ganz unterschiedlichen Strategien, von der Einführung ausgefeilter, oft auch zeitlich ausgedehnter Zu-Bett-Geh-Rituale bis zum kaum zu ertragenden passiven Abwarten, bis sich das Kind von selbst in den Schlaf geschrien hat. Im Gegensatz dazu üben die Eltern der Kipsigis im ländlichen Kenia wenig oder keinen Druck auf ihre Kinder aus, die Nacht durchzuschlafen. Die Babys sind fast immer bei ihrer Mutter: Tagsüber werden sie häufig auf dem Rücken getragen, während die Mutter ihren Tätigkeiten nachgeht, und nachts schlafen sie ebenfalls bei der Mutter und dürfen immer, wenn sie wach sind, an der Brust trinken. In der Folge verteilen diese Babys ihren Schlaf mehrere Monate lang gleichermaßen über Tag und Nacht (Harkness & Super, 1995; Super & Harkness, 1986).

Kulturen unterscheiden sich also nicht nur, wie in Kapitel 1 bereits erwähnt, darin, wo Babys schlafen, sondern auch darin, wie stark die Eltern versuchen, das Schlafverhalten ihrer Kinder zu beeinflussen.

Schreien

Wie geht es Ihnen, wenn Sie ein Baby schreien hören? Wir dürfen annehmen, dass Sie, wie die meisten Menschen, den Klang eines schreienden Kindes extrem unangenehm empfinden. Warum löst das Geschrei in uns eine solche Abneigung aus?

Aus evolutionärer Perspektive könnten das Schreien des Kindes und die Aversion des Erwachsenen adaptiv bedeutsam sein. Kinder schreien aus verschiedenen Gründen – Krankheit, Schmerz, Hunger –, die die Aufmerksamkeit der Betreuungsperson erfordern. Das hohe Ausmaß an Motivation, das Schreien des Kindes zu beenden, bringt die Erwachsenen dazu, sich um die Bedürfnisse des Kindes zu kümmern, was zum Überleben des Kindes beiträgt. So haben manche sogar behauptet, dass in Notzeiten, beispielsweise während einer Hungersnot, akustisch anstrengende Babys mit größerer Wahrscheinlichkeit überleben als ruhigere Babys, möglicherweise weil die Schreihälse die Aufmerksamkeit der Erwachsenen hervorrufen und so von den kar-

‹cen mehr bekommen, als ihnen
(DeVries, 1984).

fahrene Eltern sind oft beängs-
sich den Kopf darüber, warum
e Mehrzahl der ersten Kinder-
mit der Besorgnis der Eltern
was sie für übermäßiges Schrei-
et al., 1996). Mit zunehmender
s den Eltern dann besser, die
hreiens selbst zu interpretieren
dringender Schrei beispielswei-
ens Schmerz) und den Kontext
wie lange liegt die letzte Mahl-
Jones & Gustafson, 1987).

reiphase liegt in den ersten drei
ien geht von durchschnittlich
g bei Neugeborenen auf insge-
de pro Tag im restlichen Teil des
zurück (St. James-Roberts &
en Tag gesehen liegt die ‚beste'
en am späten Nachmittag und

Kinder schreien weniger, wenn sie nah am Körper der Eltern herumgetragen werden. Viele Eltern in westlichen Kulturen übernehmen jetzt die traditionellen Tragemethoden anderer Gesellschaften.

nen des abendlichen Schreiens und Weinens, das für die
täuschend sein kann, die sich am Ende des Arbeitstages
ein mit ihren Kindern gefreut haben, kann an der Anhäu-
zessiver Stimulierung im Tagesverlauf liegen (Maurer &

it des Schreiens und seine Ursachen ändern sich im Laufe
m Anfang ist das Schreien der Ausdruck von Unbehagen –
Kälte oder Überreizung; allerdings schreien Kinder von
s Frustration (Lewis, Alessandri & Sullivan, 1990; Sten-
nde, 1983). Nach und nach wird daraus ein kommunika-
hrei der älteren Babys scheint häufig darauf gerichtet zu
sperson etwas ‚mitzuteilen' und sie zu einer Reaktion zu
son & Green, 1988).

ir Babys so außerordentlich ungern schreien hören: Was
sie zu trösten? Die meisten der traditionell eingesetzten
n recht gut: wiegen und schaukeln, Schlaflieder singen, das
nehmen (Korner & Thoman, 1970), einen Schnuller geben
. Im Allgemeinen zeichnen sich viele der wirksamen Ver-
ung durch mäßig starke, kontinuierliche oder wiederholte
ne solche Technik, die in vielen Kulturen zur Anwendung
keln. Dabei wird das Baby fest in Tücher oder eine Decke
rch die Bewegung der Gliedmaßen stark eingeschränkt ist.
keltsein bewirkt ein konstant hohes Maß an taktiler Rei-
Dieses Verfahren wird in ganz verschiedenen und weit aus-

Wickeln – ein in vielen Kulturen angewandtes Beruhigungsverfahren, bei dem ein Baby fest in Tücher oder eine Decke eingewickelt wird, so dass es seine Arme und Beine kaum mehr bewegen kann.

einander liegenden Kulturen angewandt; beispielsweise bei den Navajo und Hopi im Südwesten der USA (Chisolm, 1963), den Quechua in Peru (Tronick, Thomas & Daltabuit, 1994) und ländlichen Dorfbewohnern in der Türkei (Delaney, 2000). Ein anderer traditioneller Ansatz besteht darin, ein aufgebrachtes Kind mit interessanten Gegenständen oder Ereignissen abzulenken. Auch dies kann beruhigende Wirkung haben, die jedoch endet, sobald der interessante Reiz wieder entfernt wird (Harman, Rothbart & Posner, 1997).

Auch Berührung kann sich beruhigend auf Kinder auswirken, worin ein Grund dafür liegen dürfte, dass Mütter ihre Kinder im Umgang mit ihnen so häufig anfassen (Stack & Muir, 1990). Im Umgang mit einem Erwachsenen regen sich Kinder weniger auf und schreien seltener, lächeln und vokalisieren dagegen häufiger, wenn der Erwachsene sie tätschelt oder streichelt (Field et al., 1996; Peláez-Nogueras, Field, Hossain & Pickens, 1996; Stack & Arnold, 1998; Stack & Muir, 1992). Das Herumtragen kleiner Kinder, wie es weltweit in vielen Gesellschaften routinemäßig praktiziert wird, reduziert die Häufigkeit des Schreiens bei Babys (Hunziker & Barr, 1986).

In Laboruntersuchungen ließ sich ein beträchtlicher Beruhigungseffekt dadurch erzielen, dass man einem beunruhigten Neugeborenen eine kleine Kostprobe von etwas Süßem gab. Nach einem kleinen Tropfen einer süßen Lösung auf der Zunge, beispielsweise Saccharose, hören Neugeborene schnell damit auf, zu brüllen und um sich zu schlagen (Barr, Quek, Cousineau, Oberlander, Brian & Young, 1994; Blass & Ciaramitaro, 1994; Smith & Blass, 1996) Der Geschmack von Zucker hat einen ähnlich starken Effekt auf die Schmerzempfindlichkeit: Neugeborenen Jungen, die man bei der Beschneidung an einem gesüßten Schnuller saugen lässt, schreien viel weniger als Babys, bei denen diese einfache Maßnahme unterlassen wird (Blass & Hofmeyer, 1991)

Reaktion auf das kindliche Unbehagen Eltern fragen sich oft, ob sie auf ihr Kind immer schnellstmöglich und konsequent reagieren sollen, wenn es Zeichen des Unwohlseins von sich gibt. Sie fürchten, dass ihre Zuwendung das Kind für das Schreien belohnen und die Menge an Geschrei deshalb erhöhen könnte, wie einige Forscher behauptet haben (Gewirtz & Boyd, 1977). Oder, wie von anderer Seite vorgebracht wird, erzeugt das prompte und zuverlässige Reagieren ein Gefühl des Vertrauens und führt tatsächlich zu einem geringeren Ausmaß an Geschrei und Theater (Bell & Ainsworth, 1972)? Wie so oft scheint die Wahrheit in der Mitte zu liegen. In einer Langzeituntersuchung fanden Hubbard und van Ijzendoorn (1991), dass Kinder, deren Mütter mit einer gewissen Verzögerung auf das Schreien ihrer Babys reagieren, seltener zu Schreianfällen neigen als Kinder, deren Mütter jeweils schneller reagieren. Der entscheidende Punkt dürfte darin liegen, die Schwere des kindlichen Unbehagens zu berücksichtigen. Wenn die Eltern auf starke Missempfindungen des Kindes sofort reagieren, aber bei geringeren Anlässen nicht so unverzüglich aufspringen, lernt das Kind vielleicht, den leichteren Typ der Missempfindung selbst zu regulieren und damit insgesamt weniger zu schreien.

sehr manche Eltern auch versuchen, ihr Kind zu beruhi-
scheinen gegen diese Bemühungen immun zu sein. Sie
n den ersten Lebensmonaten, übermäßige, geradezu
nfälle ohne irgendeinen offensichtlichen Grund (Wessel,
is & Detwiler, 1954). Nicht nur, dass diese Babys viel
nnt man sie **Schreibabys**), ihre Schreie sind für gewöhn-
in höchster Tonlage; es ist äußerst unangenehm, sie hören
nimmt sie häufig so wahr, als ob sie irgendwie ‚krank'
n, Yaremko, Leduc & Francoeur, 1992; Lester, Boukydis,
Peucker, 1992; Zeskind & Barr, 1997). Leider kommen
ben selten vor: In den USA leidet in den ersten drei Le-
ls jedes zehnte Kleinkind (zusammen mit seinen Eltern)
eise hält die übermäßige Schreierei typischerweise nur
onate an und hinterlässt keine Krankheitseffekte (Stifter
St. James-Roberts, Conroy & Wilsher, 1998). Das Beste,
n tun können, besteht darin, soziale Unterstützung aufzu-
ichterung von der Frustration und dem Gefühl der Unzu-
haffen, die dadurch verursacht werden, dass es nicht ge-
genes Baby zu beruhigen. Verschiedene soziale und
ttungen bieten eigene Schreibaby-Beratungen an.
tierte Ursache für exzessives Säuglingsschreien sind
Anpassungsschwierigkeiten bei der Verdauung. Untersu-
es-Roberts, Conroy und Wilsher (1991) zeigen jedoch,
Schreien unter klinisch ansonsten unauffälligen Säuglin-
er gesamten Schreidauer pro Tag ausmacht. In Deutsch-
fassenden Studie von Wurmser und Papousek (2004) an-
Säugling, der in einer Säuglingssprechstunde vorgestellt
. Bei fast der Hälfte dieser Kinder hält das exzessive
lem dritten Lebensmonat noch weiter an. Entgegen gän-
d Jungen nicht häufiger betroffen als Mädchen.

Schreibabys – Babys, die ohne erkennbaren Grund exzessiv, regelmäßig und lang anhaltend schreien.

Geburtsausgänge

at einer Schwangerschaft besteht für eine Frau in einer
sellschaft in der Geburt eines gesunden Babys zum vor-
; dennoch gibt es manchmal auch weniger positive Aus-
te Ergebnis ist der Tod eines Kindes. Das häufigste der
n, aber dennoch ungünstigen Geburtsresultate ist ein zu
icht, das im Extremfall Langzeitfolgen nach sich ziehen

ichkeit

it ist definiert als Tod innerhalb des ersten Lebensjahres.
r Verbesserung bei der öffentlichen Gesundheitsfürsorge

und den allgemeinen wirtschaftlichen Bedingungen ist der frühe Tod eines Säuglings in der westlichen industrialisierten Welt zu einem relativ seltenen Ereignis geworden. In den USA betrug die Sterblichkeitsrate 1999 7 von 100 Lebendgeburten, was dem niedrigsten Wert in der amerikanischen Geschichte entspricht (Mathews, MacDorman & Menacker, 2002). In Deutschland liegt die Säuglingssterblichkeit mit etwa 5 pro Tausend sogar noch niedriger. Die USA steht somit vor dem Problem, dass ihre Kindessterblichkeitsrate zwar absolut gesehen recht gering, aber im Vergleich mit vielen anderen Industrienationen relativ hoch ist. 1996 rangierte die USA weltweit an 23. Stelle, was die Anzahl der Kinder betrifft, die ihr erstes Lebensjahr nicht überleben (siehe Tabelle 2.3). Diese relative Position der USA wurde im Verlauf der vergangenen Jahrzehnte immer schlechter, weil sich die Sterblichkeitsraten vieler anderer Länder schneller und stärker verringerten.

Zwischen Teilmengen der amerikanischen Bevölkerung bestehen krasse Unterschiede bei den Sterblichkeitsraten. Afro-amerikanische Kinder sterben mehr als zweimal so häufig vor ihrem ersten Geburtstag als euro-amerikanische Kinder. Die Kindersterblichkeit bei Afro-Amerikanern ist sogar ähnlich hoch wie die vieler unterentwickelter Länder.

Warum sterben in den USA – einem der reichsten Länder der Welt – anteilsmäßig mehr Babys als in 22 anderen Ländern? Warum sind die Überlebenschancen der afro-amerikanischen Kinder so viel schlechter als die der euro-amerikanischen? Dafür gibt es viele Gründe, von denen die meisten mit Armut zusammenhängen. Zum Beispiel besitzen viele einkommensschwache Schwangere, darunter eine überproportionale Zahl an Afro-Amerikanerinnen, keine Krankenversicherung und haben deshalb nur erschwerten Zugang zu guter Gesundheits- und Schwangerschaftsfürsorge (Kopp & Kaler, 1989; National Center for Health Statistics, 1998). Im Gegensatz dazu gibt es in allen Ländern, die in der Sterblichkeitsstatistik vor den USA liegen, ein staatlich finanziertes oder zumindest unterstütztes Gesundheitssystem, das schwangeren Frauen kostenlose oder preiswerte Vorsorgeuntersuchungen ermöglicht.

In weniger entwickelten Ländern insbesondere wenn sie an einem Zusammenbruch ihrer sozialen Ordnung in Folge von Krieg, Hungersnot, schweren Epidemien oder anhaltender extremer Armut leiden, können die Säuglingssterblichkeitsraten unglaubliche Höhen erreichen. Ein besonders erschreckendes Beispiel stammt aus den ärmsten Bezirken einer kleinen Stadt im Nordosten Brasiliens, wo die Bedingungen extremer Armut,

Tabelle 2.3: Säuglingssterblichkeit weltweit – 1996.	
Land	Todesfälle auf 1000 Lebendgeburten
Singapur	3,8
Japan	3,8
Finnland	4,0
Schweden	4,0
Norwegen	4,0
Hongkong	4,0
Schweiz	4,7
Spanien	4,7
Frankreich	4,9
Deutschland	**5,0**
Österreich	5,1
Irland	5,5
Belgien	5,6
Kanada	5,6
Dänemark	5,7
Niederlande	5,7
Australien	5,8
Italien	6,0
Tschechische Republik	6,0
Großbritannien	6,1
Neuseeland	6,7
Portugal	6,9
USA	**7,3**

(Quelle: Geyer et al., 1999.)

ozialwesens, zerrütteter Familien und einer Säuglings-
Prozent in einen Teufelskreis münden (Scheper-Hughes,
dieser Gegend geborene Baby ein hohes Risiko besitzt,
n, und weil die Ressourcen der Familien so eng bemessen
tter nach irgendwelchen Anhaltspunkten, ob ihr neues
en will", bevor sie viel in das Kind investieren, sei es
otional. Mit großer Wahrscheinlichkeit füttern und ver-
nur minimal und üben sich stattdessen im „wachsamen
n der „Kinderkrankheit" (deren Symptome dieselben
rnährung und Austrocknung). Unterernährung und Verzieren somit ein Kind mit den Anzeichen dafür, dass
Leben" besitzt oder „sterben will", was zu weiterem Nah-
tgesetzter Vernachlässigung führt. Wenn das praktisch
tritt und das Baby stirbt, soll die Mutter keine Trauer zei-
t, dass die Tränen einer Mutter „die Straße vom Himmel
chen und [das Baby] den Halt verlieren und fallen wird".

e Neugeborene in den USA wiegt 3400 Gramm (die meis-
2500 und 4500 Gramm), aber annähernd 7,5 Prozent der
geborenen wiegen weniger als 2500 Gramm. In diesen
on **untergewichtigen Neugeborenen** (*low birth weight*
nter for Health Statistics, 2000). Die Rate ist bei Afro-
h höher (12 Prozent) und ist eng mit Armut verknüpft.
an die Anzahl von Geburten unter 2500 Gramm auf
inder, davon 93 Prozent in Entwicklungsländern (UNI-
ntergewichtige Säuglinge werden als **Frühgeburten** bett der normalen 38 Wochen in der 35. Schwangerschafts-
boren wurden. (In Deutschland sind das zwischen 6 und 8
tergewichtige Neugeborene gelten als klein für ihr Ges-
den entweder ausgetragen oder sind Frühgeburten, aber
heblich unter dem, das für ihr jeweiliges Schwanger-
wäre. Die Gruppe der untergewichtigen Neugeborenen
usmaß an medizinischen Komplikationen, einschließlich
, die sie sich vor oder nach der Geburt zugezogen haben
ng, 1991). Stark untergewichtige Babys (die weniger als
n) sind besonders anfällig und verletzlich.
e Ursachen für Untergewicht und Frühgeburten, ein-
r zuvor behandelten Risikofaktoren. Auch ist der frühere
der Mutter relevant. Beispielsweise besteht für Frauen,
igenen pränatalen Entwicklung im Größenwachstum zu-
n, ein höheres Risiko für Frühgeburten (Nathanielsz,
virkungen der Armut über Generationen hinweg perpetu-
vangerschaften – Zwillinge, Drillinge und die Mehrfach-
der wachsenden Verwendung von Fruchtbarkeitsmedika-

Untergewichtige Neugeborene –
Babys mit einem Geburtsgewicht
von unter 2500 Gramm (*low birth
weight infants*).

Frühgeborene – Babys, die – im
Gegensatz zur normalen Schwangerschaftsdauer von 38 Wochen –
in der 35. Schwangerschaftswoche
oder davor zur Welt kommen.

> **Kasten 2.5** — **Anwendungen**
>
> ### Die Elternschaft für ein untergewichtiges Baby
>
> Elternschaft ist selbst unter den besten Umständen eine Herausforderung, aber besonders ist dies bei Eltern eines frühgeborenen oder untergewichtigen Babys der Fall. Erstens müssen sie ihre Enttäuschung darüber verwinden, dass sie nicht das perfekte Baby bekommen haben, das sie sich vorstellten, und gegebenenfalls müssen sie ebenfalls ihre Gefühle der Schuld („Was habe ich falsch gemacht?"), der Unzulänglichkeit („Wie kann ich für ein solch winziges, zerbrechliches Baby sorgen?") und der Angst („Wird mein Baby überleben?") bewältigen. Schon die Sorge für ein gesundes Baby kostet viel Zeit, doch die Versorgung eines untergewichtigen Babys kann besonders zeitaufwendig und stressreich sein sowie auch sehr kostenintensiv, falls das Kind umfangreiche intensivmedizinische Behandlung benötigt.
>
> Die Eltern eines untergewichtigen Babys müssen einiges lernen. Im Krankenhaus müssen sie lernen, erfolgreich mit einem zerbrechlichen Baby umzugehen, das in einem abgeschlossenen Behälter liegt und dessen winziger Körper an lebenserhaltenden Geräten hängt. Kommt das Kind nach Hause, müssen die Eltern mit einem Baby zurechtkommen, das relativ passiv ist und wenig reagiert, ohne das Kind zu sehr zu stimulieren, um endlich eine Reaktion hervorzurufen (Brazelton 1990; Brazelton et al., 1987; Patteson & Barnard, 1990). Untergewichtige Kleinkinder neigen weiterhin dazu, komplizierter und wählerischer zu sein als das Durchschnittsbaby und schwieriger zu beruhigen, wenn sie negativ erregt sind (Brachfeld, Goldberg & Sloman, 1980; Greene, Fox & Lewis, 1983). Und um dem Ganzen noch eins draufzusetzen, schreien sie oft in einem hohen Ton, der besonders unangenehm ist (Lester & Zeskind, 1978; Lester et al., 1989).
>
> Ein weiteres Problem für die Eltern besteht in der Tatsache, dass untergewichtige Kinder relativ chaotische Verhaltenszustände aufweisen, ihre Fütterungsintervalle sind unregelmäßig, und sie haben größere Schwierigkeiten mit dem Einschlafen, Aufwachen und Wachbleiben als Kinder mit normalem Geburtsgewicht (DiVeto & Goldberg, 1979; Meisels & Plunkett, 1988). Somit dauert es länger, bis das Baby einen regelmäßigen, vorhersagbaren Tagesablauf erreicht, was dem Leben der Eltern zusätzliche Hektik beschert.
>
> Die Eltern müssen begreifen, dass die erste Entwicklung ihres frühgeborenen Babys nicht demselben Zeitplan folgt wie ein ausgetragenes Kind. Meilensteine der Ent-

menten häufiger werden – bilden eine weitere Ursache für Frühgeburt und Untergewicht. (In Kasten 2.5 werden einige der Herausforderungen besprochen, denen sich Eltern mit untergewichtigen Neugeborenen gegenübersehen.)

Langfristige Resultate Was kann ein untergewichtiges Neugeborenes erwarten, wenn es überlebt? Diese Frage wird umso wichtiger als Neugeborene mit immer geringerem Geburtsgewicht – oft von nur 1000 Gramm – durch den Einsatz moderner Medizintechnologie am Leben erhalten werden. Die Antwort umfasst sowohl gute wie auch schlechte Nachrichten.

Die schlechte Botschaft besteht darin, dass frühgeborene untergewichtige Kinder, *als Gruppe gesehen, durchschnittlich* mehr Entwicklungsprobleme

Kasten 2.5

wicklung werden verspätet eintreten. Statt sich an dem beginnenden Lächeln des Kindes um die sechste Lebenswoche herum zu erfreuen, müssen die Eltern einer Frühgeburt vielleicht einige Wochen länger warten, bevor ihr Baby Augenkontakt aufnimmt und sein herzergreifendes, zutiefst belohnendes Lächeln beginnt. Frühgeborene Kinder sind also nicht nur anspruchsvoller in der Fürsorge, sondern in mancherlei Hinsicht auch weniger belohnend, was die Interaktion mit ihnen betrifft. Eine Folge daraus besteht darin, dass Kinder, die vorzeitig zur Welt kamen, häufiger zum Opfer elterlichen Kindesmissbrauchs werden (Frodi & Lamb, 1980; Parke & Collmer, 1975).

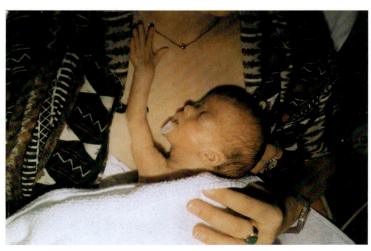

Eltern untergewichtiger Babys müssen normalerweise länger auf das freudige Erlebnis des ersten sozialen Lächelns ihres Kindes warten.

Ein hilfreicher Schritt für Eltern eines untergewichtigen oder frühgeborenen Säuglings kann darin bestehen, mehr über dessen Entwicklung zu lernen. Ein Interventionsprogamm, das Mütter darin trainierte, wie sie die Signale ihres frühgeborenen Babys interpretieren sollen, führte zu positiven Resultaten bei der Leistung der Kinder in mentalen Tests (Achenbach, Phares, Howell, Rauh & Nurcombe, 1990). Auch allgemeines Wissen kann hilfreich sein. Frühgeborene von Müttern, die einen relativ hohen Wissensstand über die Kindheit besaßen, erbrachten bei Entwicklungstests bessere Leistungen als eine ansonsten vergleichbare Gruppe von Kindern, deren Mütter weniger über Babys Bescheid wussten (Dichtelmiller, Meisels, Plunkett, Bozynski & Mangelsdorf, 1992).

Es kommt hinzu, dass jeder Elternteil, der versucht, mit einem untergewichtigen Baby oder einem Kleinkind mit anderen Problemen umzugehen, gut daran täte, sich soziale Unterstützung von jemandem zu suchen – dem Ehe- oder Lebenspartner, anderen Familienmitgliedern, Freunden oder einer formellen Unterstützungsgruppe für Eltern. Ganz generell besteht eines der am besten nachgewiesenen Phänomene in der Psychologie darin, dass wir mit praktisch jedem Lebensproblem besser zurechtkommen, wenn wir die Unterstützung anderer Menschen erfahren.

---

aufweisen als normalgewichtige voll ausgetragene Babys, insbesondere wenn medizinische Komplikationen eintreten (Goldson, 1996; Kopp & Kaler, 1989). Sie leiden an etwas stärkeren Beeinträchtigungen des Hörens, der Sprache und des Denkens. In der Vorschule und Grundschule sind sie mit höherer Wahrscheinlichkeit ablenkbar und hyperaktiv und zeigen Lernschwierigkeiten. Auch hat diese Gruppe mit größerer Wahrscheinlichkeit viele soziale Probleme, einschließlich schlechter Beziehungen zu Gleichaltrigen und zu ihren Eltern (Landry et al., 1990). Je geringer das Geburtsgewicht ist, desto wahrscheinlicher wird eines der genannten Probleme auftreten (Beckwith & Rodning, 1991).

Die gute Nachricht besteht darin, dass sich die Mehrzahl untergewichtiger Kinder recht gut entwickelt. Die negativen Effekte des Geburtsstatus verringern sich nach und nach, so dass Kinder mit leichtem oder mittlerem Untergewicht als Neugeborene im Allgemeinen bei den meisten Entwicklungsmaßen schließlich innerhalb der normalen Bandbreite landen (Kopp & Kaler, 1989; Liaw & Brooks-Gunn, 1993; Meisels & Plunkett, 1988; Sameroff & Chandler, 1975; Vohr & Garcia-Coll, 1988).

Interventionsprogramme Was kann man tun, um die Chancen zu erhöhen, dass ein untergewichtiges Baby die Nachteile seines ungünstigen Starts ins Leben überwinden kann? Entwicklungsspezialisten haben eine Vielzahl von Interventionsprogrammen kreiert, mit denen versucht wird, den aktuellen Status und die Entwicklungschancen untergewichtiger Neugeborener zu verbessern. Bei vielen dieser Programme sind die Eltern aktive Teilnehmer, was gegenüber der früheren Praxis eine bemerkenswerte Veränderung darstellt. Früher ließen die Kliniken keinerlei Kontakt der Eltern mit ihren Babys zu, vor allem wegen der Infektionsgefahr. Jetzt ermutigen die Krankenhäuser die Eltern explizit, so viel Körperkontakt und soziale Interaktionen aufzunehmen, wie der körperliche Zustand ihrer medizinisch betreuten Babys erlaubt.

Eine breit angelegte Interventionsmaßnahme beruht auf dem Gedanken, dass Berührung einen wichtigen Teil im Leben von Neugeborenen darstellt, wenn sie auf den Arm genommen, herumgetragen, gedrückt und beschmust werden. Viele untergewichtige Babys erfahren wegen der Vorsichtsmaßnahmen, die für sie getroffen werden müssen, wenig taktile Stimulation; sie liegen in isolierten ‚Glaskästen' und hängen an verschiedenen lebenserhaltenden Apparaturen. Um diesen Berührungsmangel zu kompensieren, entwickelte Tiffany Field mit ihren Kollegen (Field, 1990; Field, Scafidi & Schanberg, 1987) eine spezielle Therapie, bei der die Babys massiert und ihre Arme und Beine gebeugt werden (Abbildung 2.16). Untergewichtige Babys, die diese Therapie erhalten, sind aktiver und wachsamer und nehmen schneller an Gewicht zu als Babys, die keine Massage erhalten. In der Folge können sie auch früher nach Hause entlassen werden.

Abbildung 2.16: **Babymassage**. Jeder genießt eine gute Massage, aber für Neugeborene in der Klinik bringt ein zusätzliches Maß an Berührung besondere Vorteile.

Viele Interventionsprogramme für untergewichtige Neugeborene reichen über den Krankenhausaufenthalt hinaus, manche sind auf mehrere Jahre angelegt (zum Beispiel Ramey & Campbell, 1992). Ein erfolgreicher Ansatz wurde in dem *Infant Health and Development Project* präsentiert (Gross, Spiker & Haynes, 1997; McCarton, Brooks-Gunn, Wallace & Bauer, 1997). Alle untergewichtigen Neugeborenen erhielten gute medizinische Fürsorge, wobei nach Zufall eine Hälfte der Interventionsgruppe und die andere der Kontrollgruppe zugeteilt wurde. Zur Intervention gehörten Besuche im Elternhaus und ein intensives Förderprogramm in der frühen Kindheit, das in einer Tagesstätte stattfand. Die Maßnahme dauerte drei Jahre, und die Kinder wurden bis zum Alter von acht Jahren weiter beobachtet.

Der Erfolg, den dieses Interventionsprogramm hatte, war bei den Kindern mit einem Geburtsgewicht zwischen 2000 und 2500 Gramm und den Kindern mit einem Geburtsgewicht von unter 2000 Gramm verschieden. Die Intelligenzwerte der weniger stark untergewichtigen Neugeborenen (zwischen 2000 und 2500 Gramm) in der Interventionsgruppe lagen über denen der Kontrollgruppen-Kinder mit vergleichbarem Geburtsgewicht; im Alter von drei Jahren betrug der Unterschied 14 Punkte und verringerte sich bis zum Alter von acht Jahren auf 4 IQ-Punkte. Die Intelligenzwerte der stark untergewichtigen Kinder (unter 2000 Gramm) waren in der Interventionsgruppe nach drei Jahren zwar höher als in der Kontrollgruppe, aber im späteren Alter gab es keinen Unterschied mehr. Ähnliche Ergebnisse fanden sich bei Maßen für Verhaltensprobleme. Am meisten profitierten Kinder mit nur wenigen Risikofaktoren; den geringsten Vorteil konnten Kinder aus Familien mit mehrfachen Risiken erzielen.

Dieses Projekt illustriert drei wichtige allgemeine Punkte, die bei Interventionsbemühungen für extreme Risikokinder relevant sind: Erstens produzieren viele Programme nur mäßigen Zugewinn, und die positiven Ergebnisse verringern sich oft im Laufe der Zeit. Zweitens hängt der Erfolg jeder Intervention von dem anfänglichen Gesundheitszustand des Kindes ab. Viele Programme für untergewichtige Babys waren für diejenigen Kinder von größerem Vorteil, die zu Beginn nicht ganz so winzig klein waren. Diese Tatsache bietet Anlass zur Besorgnis, weil die moderne Medizintechnologie es heute möglich macht, das Leben von Kindern zu erhalten, die einem hohen Risiko für andauernde, schwere Behinderungen unterliegen. Der dritte Punkt ist die Bedeutung der kumulativen Risiken: Je mehr Risiken für das Kind bestehen, desto geringer sind die Chancen für einen positiven Ausgang. Weil dieses Prinzip auf alle Entwicklungsaspekte zutrifft, werden wir es im folgenden Abschnitt genauer untersuchen.

Das Modell multipler Risiken

Risikofaktoren neigen in dieser Welt dazu, gemeinsam aufzutreten. Eine Frau beispielsweise, die so alkohol-, kokain- oder heroinabhängig ist, dass sie ihren Drogenmissbrauch selbst in der Schwangerschaft fortsetzt, steht wahrscheinlich auch unter großem Stress und wird mit geringer Wahrscheinlichkeit sich gut ernähren, Vitamine zu sich nehmen, ein hohes Einkommen besitzen, die Schwangerschaftsvorsorgeuntersuchungen wahrnehmen und anders auf sich achten. Wie auch immer die kumulativen Effekte dieser pränatalen Risikofaktoren im Einzelnen ausfallen mögen, werden sie sich wahrscheinlich noch verschlimmern, weil die Mutter ihren ungesunden Lebensstil beibehält und dadurch ihre Fähigkeit einschränkt, ihr Kind gut zu versorgen (Hawley & Disney, 1992; Koop & Kaler, 1989; Myers, Olson & Kaltenbach, 1992; Weston, Ivins, Zuckerman, Jones & Lopez, 1989).

Wir werden in diesem Buch immer wieder darauf stoßen, dass ein negativer Entwicklungsausgang – gleich ob in der pränatalen oder in der späteren Entwicklung – mit höherer Wahrscheinlichkeit eintritt, wenn mehrere Risikofak-

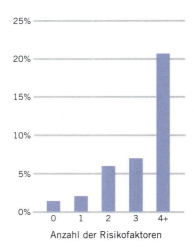

Abbildung 2.17: Multiple Risikofaktoren. Kinder, die in Familien mit mehreren Risikofaktoren aufwachsen, entwickeln mit höherer Wahrscheinlichkeit eine psychiatrische Störung als Kinder aus Familien mit nur ein oder zwei problematischen Merkmalen (Rutter, 1979).

toren gleichzeitig vorliegen. Als klassischer Nachweis dieser Tatsache gilt eine Studie von Michael Rutter (1979), der über eine erhöhte Quote psychiatrischer Störungen bei englischen Kindern berichtet, die in Familien mit vier oder mehr Risikofaktoren aufwachsen (darunter Eheprobleme, niedriger sozio-ökonomischer Status, Kriminalität väterlicher- und psychische Störungen mütterlicherseits) (Abbildung 2.17). Das Risiko, eine Störung zu entwickeln, ist bei Kindern, deren Eltern sich viel streiten, nur leicht erhöht, aber wenn die Familie auch noch arm ist, der Vater kriminell ist und die Mutter emotionale Probleme hat, dann erhöht sich das Risiko des Kindes auf fast das Zehnfache. Ähnliche Muster wurden für Intelligenztestwerte (Sameroff, Seifer, Baldwin & Baldwin, 1993) sowie für sozial-emotionale Kompetenzen (Sameroff, Seifer, Zax & Barocas, 1987) berichtet.

Armut als Entwicklungsrisiko

Man kann es, da es so außerordentlich wichtig ist, gar nicht oft genug betonen: Das Vorliegen mehrfacher Risiken hängt aufs Engste mit dem sozio-ökonomischen Status zusammen. Betrachten wir einige der schon behandelten Faktoren, die bekanntermaßen für die Entwicklung des Fetus gefährlich sind: unzureichende pränatale Vorsorge, schlechte Ernährung, Krankheit, emotionaler Stress, Rauchen, Substanzmissbrauch und der Kontakt mit beruflichen und umweltbedingten Gefahren. All diese Faktoren erfährt eine Frau, die unterhalb der Armutsgrenze lebt, mit größerer Wahrscheinlichkeit als eine Frau aus der Mittelschicht. So kann es nicht überraschen, dass das Ergebnis von Schwangerschaften für Kinder aus Familien mit niedrigem sozio-ökonomischem Status insgesamt weniger positiv ausfällt als für die Babys von Mittelschichteltern (Kopp, 1990; Minde, 1993; Sameroff, 1986). So sollte es auch nicht verwundern, dass bei untergewichtigen Babys die Entwicklung zu schlechteren Resultaten führt, wenn das Kind aus einer sozial und wirtschaftlich schwachen Familie stammt (Drillien, 1964; Gross et al., 1997; Kalmar, 1996; Largo et al., 1989; Lee & Barratt, 1993; McCarton et al., 1997; Meisels & Plunkett, 1988; Siegel, 1985).

Ein gleichermaßen trauriger Sachverhalt besteht darin, dass in vielen Ländern die Familien von Minderheiten in den niedrigsten Schichten überrepräsentiert sind. Eines der einschlägigsten Beispiele ist das der Afro-Amerikaner. 17 Prozent aller Kinder in den USA wachsen in Familien auf, deren Einkünfte unterhalb der Armutsgrenze liegen, doch leben von den afro-amerikanischen Kindern 33 Prozent in Armut (National Center for Children in Poverty, 2001). Deren sozio-ökonomischer Status setzt viele afro-amerikanische Feten, Neugeborene und Kleinkinder einem erhöhten Risiko für die Genese von Entwicklungsproblemen aus.

Risiko und Resilienz

Natürlich gibt es auch Individuen, die sich mehrfachen und scheinbar überwältigenden Risiken und Gefahren gegenübersehen und sich dennoch gut entwickeln. Bei der Untersuchung solcher Kinder bringen die Forscher das Konzept der **Entwicklungsresilienz** zum Einsatz (Garmezy, 1983; Masten, Best & Garmezy, 1990). Resiliente Kinder weisen oft zwei günstige Faktoren auf: (1) Sie erhalten von irgendeiner Person wohlwollende Fürsorge, und (2) sie besitzen bestimmte Persönlichkeitseigenschaften, insbesondere Intelligenz, Empathie und das Bewusstsein, die eigenen Ziele erreichen zu können. Man erinnere sich, dass in Werners (1989) Untersuchung der Kauai-Kinder (Kapitel 1) ein entscheidender Faktor für die weitere Entwicklung derjenigen Kinder, die einen problematischen Start ins Leben hatten, darin bestand, ob es eine Person gab, die ihrem Wohlergehen aktives Interesse entgegenbrachte.

Zusammen genommen ist die Entwicklung eine sehr komplexe Angelegenheit, schon vom Moment der Befruchtung und Empfängnis an. Dass diese Komplexität erhalten bleibt, werden wir im Verlauf des Buches erkennen. Zwar können die früheren Ereignisse und Erfahrungen die spätere Entwicklung nachhaltig beeinflussen, doch steht der Ausgang einer Entwicklung niemals von vornherein fest.

Entwicklungsresilienz – die erfolgreiche Entwicklung trotz mehrfacher und scheinbar überwältigender Entwicklungsrisiken.

IN KÜRZE

Die Erfahrungen des neugeborenen Kindes werden durch innere Erregungszustände vermittelt, die von tiefem Schlaf bis zu intensivem Schreien reichen, wobei zwischen den Individuen große Unterschiede bestehen, wie lange sie sich in welchem Zustand befinden. Neugeborene verbringen etwa die Hälfte der Zeit schlafend, und die Schlafmenge verringert sich über viele Jahre hinweg kontinuierlich. Die Forscher nehmen an, dass der große Anteil des Schlafs, den Neugeborene im REM-Schlaf verbringen, für die Entwicklung des visuellen Systems und des Gehirns wichtig ist. Das Schreien der Säuglinge ist für die Eltern eine besonders hervorstehende Form des Verhaltens und ruft im Allgemeinen Aufmerksamkeit und Fürsorge hervor. Manche Kinder sind Schreibabys, was jedoch keine andauernden Störungen hinterlässt. Wirksame Beruhigungstechniken bestehen in mäßig intensiver, kontinuierlicher oder wiederholter Stimulation. Es besteht eine Beziehung zwischen der Art, wie Eltern auf das Unbehagen ihres Kleinkindes reagieren, und dem späteren Schreiverhalten.

Negative Schwangerschaftsausgänge sind häufiger bei Familien, die in Armut leben und/oder Minderheiten angehören. Deutschland schneidet bei der Säuglingssterblichkeit vergleichbar gut ab; der Anteil untergewichtiger Geburten liegt bei 8 Prozent oder darunter. Obwohl die meisten dieser Kinder wenig überdauernde Folgen tragen müssen, ist die Entwicklung stark untergewichtiger Babys auf lange Sicht oft problematisch. Mehrere groß angelegte Interventionsprogramme konnten die Bilanz für untergewichtige Kinder erfolgreich verbessern.

Nach dem Modell multipler Risiken steigt mit der Anzahl der Risiken, denen ein Fetus oder Kind ausgesetzt ist, die Wahrscheinlichkeit für eine Vielzahl von Entwicklungsproblemen. Niedriger sozio-ökonomischer Status geht mit vielen Gefahren und Risiken für die Entwicklung einher. Trotz der mehrfachen Risiken, die für viele Kinder bestehen, legen einige davon eine bemerkenswerte Resilienz an den Tag und entwickeln sich gut.

Zusammenfassung

Pränatale Entwicklung

- Anlage und Umwelt wirken bei der pränatalen Entwicklung zusammen. Ein großer Teil dieser Entwicklung wird vom Fetus selbst hervorgebracht, was ihn zu einem aktiven Mitgestalter seines eigenen Fortschritts macht. Es besteht eine beträchtliche Kontinuität zwischen den Phasen vor und nach der Geburt, insofern die Kinder die Wirkungen dessen an den Tag legen, was ihnen im Mutterleib widerfahren ist.
- Die pränatale Entwicklung beginnt auf der Ebene einzelner Zellen mit der Befruchtung, der Vereinigung einer mütterlichen Eizelle mit einem Spermium des Vaters, wodurch die Zygote entsteht. Die Zygote vervielfältigt und teilt sich auf ihrem Weg durch einen der Eileiter.
- Die Zygote unterliegt den Prozessen der Zellteilung, der Zellmigration, der Spezialisierung und des Absterbens von Zellen (der Apoptose), all dies fördert die Entwicklung des Organismus. Diese Prozesse setzten sich in der gesamten pränatalen Entwicklung fort.
- Wenn sich die Zygote in der Gebärmutterwand einnistet, wird sie zum Embryo. Von diesem Moment an ist der Embryo von der Mutter abhängig, um Nährstoffe und Sauerstoff zu erhalten und um seine Abfallstoffe durch die Plazenta loszuwerden.
- Das Verhalten des Fetus beginnt fünf oder sechs Wochen nach der Befruchtung mit einfachen Bewegungen, die die Mutter noch nicht bemerkt; diese werden zunehmend komplexer und strukturieren sich zu Bewegungsmustern. Der Fetus übt Verhaltensweisen, die für ein unabhängiges Leben unerlässlich sind, darunter das Schlucken und eine Art intrauterine Atmung.
- Der Fetus erfährt eine Vielfalt an Stimulation aus dem Inneren des Mutterleibes wie aus der äußeren Umgebung. Aus dieser Erfahrung lernt der Fetus, was durch Untersuchungen nachgewiesen wurde, die bei Feten wie bei Neugeborenen anhaltende Geschmackspräferenzen und feine Unterscheidungen zwischen bekannten und neuartigen Geräuschen, insbesondere sprachlichen Lauten, zeigten.
- Für die pränatale Entwicklung bestehen viele Risiken. Das häufigste Schicksal eines befruchteten Eis ist der spontane Abort (eine Fehlgeburt). Eine ganze Palette von Umweltfaktoren kann die pränatale Entwicklung gefährden. Dazu gehören Teratogene aus der äußeren Umwelt und be-

stimmte mütterliche Merkmale und Gewohnheiten, zum Beispiel das Alter der Mutter, ihre schlechte Ernährung, der Konsum legaler und illegaler Drogen und der Kontakt mit Umweltgiften.

Die Geburtserfahrung

- Etwa 38 Wochen nach der Befruchtung ist das Baby so weit, geboren zu werden. Normalerweise hat es sich dazu mit dem Kopf nach unten gedreht, was die Geburt erleichtert.
- Der Prozess, in dem der Fetus durch den Geburtskanal gepresst wird, hat für das Neugeborene mehrere positive Auswirkungen; beispielsweise bereitet er das Kind auf seinen ersten Atemzug vor.
- Die Gesellschaften unterscheiden sich stark darin, wie der Prozess der Geburt gestaltet wird; das hängt zum Teil davon ab, welche Ziele und Werte von einer Kultur besonders betont werden.

Das Neugeborene

- Neugeborene zeigen sechs verschiedene Erregungszustände, vom tiefen Schlafen bis zum aktiven Schreien.
- Die Menge an Zeit, die die Säuglinge in den einzelnen Zuständen verbringen, kann sich stark unterscheiden, sowohl zwischen Individuen als auch zwischen Kulturen.
- Der REM-Schlaf scheint den Mangel an visueller Stimulation auszugleichen, der daraus resultiert, dass das Neugeborene die Hälfte der Zeit schläft.
- Der Klang eines schreienden Babys ist für andere äußerst unangenehm, und Eltern setzen viele Strategien ein, um aufgebrachte Babys zu beruhigen.
- Kinder mit einem Geburtsgewicht unter 2500 Gramm gelten als untergewichtig. Für diese Kinder besteht das Risiko vielfältiger Entwicklungsprobleme, und je geringer das Geburtsgewicht, desto höher ist das Risiko bleibender Schwierigkeiten.
- Es gibt eine Vielzahl von Interventionsprogrammen, um den Entwicklungsverlauf untergewichtiger Babys zu verbessern, aber der Erfolg solcher Programme hängt stark von der Anzahl der Risikofaktoren ab, denen das Baby ausgesetzt ist.
- Das Modell der multiplen Risiken verweist auf die Tatsache, dass Kinder mit einer gewissen Anzahl an Risikofaktoren eine erhöhte Wahrscheinlichkeit für andauernde Entwicklungsprobleme besitzen. Armut ist ein besonders tückisches Entwicklungsrisiko, insbesondere weil sie untrennbar mit zahlreichen anderen negativen Faktoren zusammenhängt.
- Manche Kinder erweisen sich selbst angesichts beträchtlicher Risikofaktoren als resilient. Resilienz scheint aus bestimmten persönlichen Eigenschaften hervorzugehen sowie aus der Aufmerksamkeit und der emotionalen Unterstützung anderer Menschen.

Fragen und Denkanstöße

1. Eine Karikatur zeigte kürzlich eine schwangere Frau, die eine Straße entlangläuft und einen Kassettenrekorder mit sich trägt, dessen überdimensionale Kopfhörer ihrem hervorquellenden Bauch aufgesetzt sind. Warum? Auf Grund welcher Forschungen könnte sie sich so verhalten, und welche Annahmen hat sie über das Ergebnis ihres Tuns? Wenn Sie oder Ihre Partnerin schwanger wären, würden Sie etwas Ähnliches tun?
2. Wir hören dauernd von den schrecklichen und tragischen Auswirkungen von illegalen Drogen wie Kokain und von Krankheiten wie AIDS auf die Entwicklung des Fetus. Welche mütterlichen Verhaltensweisen, die mit pränatalen Schädigungen einhergehen, wie wir sie in diesem Kapitel beschrieben haben, sind jedoch tatsächlich die häufigsten?
3. Beschreiben Sie einige der kulturellen Unterschiede, die in den Annahmen und Praktiken hinsichtlich von Empfängnis, Schwangerschaft und Geburt bestehen. Gibt es irgendeine Praxis einer anderen Gesellschaft, die Ihnen besser gefällt als das, was Sie aus Ihrer eigenen Kultur kennen?
4. Erklären Sie die grundlegende Annahme des Modells multipler Risiken und dessen Bezug zur Armut, was die pränatale Entwicklung und die Geburtsresultate betrifft.

Biologie und Verhalten 3

- Anlage und Umwelt
- Die Entwicklung des Gehirns
- Wachstum und Entwicklung des Körpers
- Ein Rückblick auf Lucy
- Zusammenfassung

Versuchen Sie sich an folgendem Gedankenexperiment: Ein Astronaut und eine Astronautin an Bord einer weit entfernten Raumstation verlieben sich ineinander, und schließlich wird die Frau schwanger. Da sie nicht zur Erde zurückkehren können, erfolgt die Geburt auf der Station, und das Paar beginnt, die kleine Lucy im Weltraum großzuziehen (für Beatles-Fans: dies ist „Lucy in the sky"). Wie alle Kinder hat Lucy von ihren Eltern – in ihrem Fall gesunde und sehr leistungsfähige Eltern – genetisches Material geerbt, aber ihre Entwicklung sowohl vor als auch nach ihrer Geburt wird in einer Umwelt stattfinden, die sich radikal von der Erde unterscheidet. Wie wird Lucy wohl werden? Wie wird sie sich entwickeln? Inwiefern würden Sie erwarten, dass sie den Kindern auf der alten Erde gleicht, und in welcher Hinsicht würde sie wohl anders sein?

Fangen wir mit all den Aspekten in Lucys Umgebung an, die sich sehr stark von dem unterscheiden würden, womit sie auf der Erde konfrontiert wäre. Hier sind einige Beispiele:

Schwerelosigkeit: Lucy wird die Auswirkungen der Schwerkraft auf ihren Körper und auf ihre Bewegungen nicht erfahren. Sie wird viele massive Gegenstände sehen, die durch die ‚Luft' gleiten.

Begrenzter Raum: Der größte Teil von Lucys visueller Erfahrung wird sich innerhalb der Raumstation abspielen, weshalb sie selten Objekte betrachten wird, die mehr als ein paar Meter oder Tausende von Kilometern entfernt sind.

Begrenzte Geräuschwelt: Lucy wird lediglich einige menschliche Stimmen vernehmen, und ihre allgemeine Hörerfahrung wird recht eingeschränkt sein – keine Gläser, die auf dem Fußboden zersplittern, keine Sirenen, keine bellenden Hunde, keine quietschenden Reifen, und so weiter.

Begrenzte soziale Erfahrung: Lucy wird nur mit einer kleinen Zahl von Erwachsenen zu tun haben und mit anderen Kindern überhaupt nicht interagieren.

Problemlos lassen sich viele weitere Aspekte vorstellen, die Lucys Erfahrungen von denen eines Erdenkindes unterscheiden würden. Wie würde sich die außerirdische Umwelt auf ihre Entwicklung auswirken? Dabei liegt die Frage zugrunde, in welchem Ausmaß die Entwicklung eines genetisch normalen menschlichen Wesens davon abhängt, in einer normalen menschlichen Umwelt aufzuwachsen. Behalten Sie Lucy beim weiteren Lesen im Gedächtnis.

Im Zentrum dieses Kapitels stehen die zentralen physischen Fundamente der menschlichen Entwicklung – das sind die Vererbung und die Einflüsse der Gene, die Entwicklung und frühe Funktion des Gehirns sowie wichtige Aspekte der körperlichen Entwicklung und Reifung. Jede unserer Körperzellen trägt das genetische Material, das wir bei der Befruchtung erbten, und wird auch selbst von diesem Material beeinflusst. Jede Verhaltensweise, die wir ausführen, wird vom Gehirn gesteuert, und wie unser Gehirn funktioniert, hängt zumindest in Teilen davon ab, wie es sich in den ersten Lebensjahren entwickelt. Alles, was wir in jeglichem Alter tun, tun wir mit einem materiellen Körper, der sich in der frühen Kindheit und in der Adoleszenz sehr schnell und drastisch, in anderen Lebensphasen langsamer und subtiler verändert.

Mehrere der in Kapitel 1 vorgestellten Themen spielen auch jetzt wieder eine wichtige Rolle. Die Fragen nach *Anlage und Umwelt* sowie nach *individuellen Unterschieden* zwischen Kindern sind im Verlauf des gesamten Kapitels relevant, insbesondere im ersten Abschnitt, der auf die Wechselwirkung zwischen genetischen Faktoren und Umweltfaktoren bei der Entwicklung gerichtet ist. Auch die *Kontinuität* der Entwicklung wird immer wieder betont werden, so wie die Aktivitätsabhängigkeit von Entwicklungsprozessen und die Rolle des *aktiven Kindes* bei der Richtungsbestimmung der eigenen Entwicklung.

Anlage und Umwelt

Jeder Aspekt eines Menschen – von der körperlichen Gestalt, der intellektuellen Fähigkeit und den Persönlichkeitseigenschaften bis zu den bevorzugten Hobbys und Nahrungsmitteln – ist eine gemeinsame Folge des von den Eltern geerbten genetischen Materials und der Umwelt, die man von der Befruchtung bis zum jeweiligen Moment erfahren hat. Diese beiden Faktoren – Anlage und Umwelt – prägen gemeinsam sowohl die Art und Weise, in der man anderen Menschen gleicht, als auch die Art und Weise, in der man einzigartig ist.

Die Menschen sind sich seit Langem bewusst, dass bestimmte Persönlichkeitszüge und Eigenschaften „in der Familie liegen". Seit es domestizierte Tiere gibt, praktizieren Landwirte die selektive Züchtung, um bestimmte Eigenschaften ihres Viehbestands zu verbessern – die Größe ihrer Pferde; den Milchertrag ihrer Ziegen, Kühe oder Yaks; die Qualität der Wolle ihrer Schafe. Manches Wissen über die Vererbung war schon im Altertum recht ausgeklügelt, selbst für heutige Verhältnisse. Zum Beispiel gibt eine Passage im Talmud den Rat, ein Kind, dessen Mutter einen hämophilen Bruder (einen so genannten Bluter) hatte, nicht zu beschneiden, weil zu befürchten steht, dass das Kind verbluten könnte. (Später in diesem Kapitel, wenn es um geschlechtsgebundene Vererbungsmuster geht, werden wir sehen, wie beeindruckend dieses frühe Verständnis bereits war.)

Auch ist der Menschheit seit Langem bekannt, dass die Umwelt bei der Entwicklung ebenfalls eine Rolle spielt – dass der Viehbestand beispielsweise nahrhaftes Futter benötigt, um viel Milch oder Wolle von guter Qualität zu produzieren. Der Rat des Alten Testaments „Wie man einen Knaben gewöhnt, so lässt er nicht davon, wenn er alt wird" (Sprüche 22, 6) lässt deutlich die Beschäftigung mit der Rolle der Erziehung bei der Entwicklung erkennen.

Als die Forscher zunächst begannen, die Beiträge von Vererbung und Umwelt zur Entwicklung zu untersuchen, betonten sie im Allgemeinen den einen oder den anderen Faktor – Vererbung *versus* Umwelt, Anlage *versus* Erziehung – als den wichtigsten Einfluss. Im England des 19. Jahrhunderts beispielsweise untersuchte Francis Galton, ein Cousin Charles Darwins, auf empirische Weise die Rolle der Vererbung bei einer Vielzahl menschlicher Leistungen. In einem frühen Versuch (Galton, 1869) identifizierte er Männer, die es auf vielerlei Gebieten wie Naturwissenschaft, Rechtswesen, Religion, Literatur, Musik oder Militärwesen zu hohem Ansehen gebracht hatten. Aus Biographien und anderen Dokumenten (sowie der allgemeinen Reputation) schloss er, dass Begabung in der Familie liegt: Sehr nahe Verwandte eines bedeutenden Mannes (sein Vater, Bruder, Sohn) erbrachten mit höherer Wahrscheinlichkeit auch selbst außergewöhnliche Leistungen als weniger nahe Verwandte.

Zu Galtons Fallbeispielen eng verwandter bedeutender Männer gehörte John Stuart Mill und dessen Vater, beide angesehene englische Philosophen. Ironischerweise schloss sich Mill selbst nicht Galtons Vorstellung von der Vorherrschaft erblicher Einflüsse an. Er wies darauf hin, dass die meisten von Galtons bedeutenden Männern gleichzeitig Mitglieder wohlhabender Familien waren, und er schrieb die Beziehung zwischen ihren Leistungen und ihrer Verwandtschaft der Tatsache zu, dass sie vergleichbare Lebensbedingungen hatten, was ihren ökonomischen Wohlstand, ihren sozialen Status, ihre Ausbildung und Erziehung und weitere Vorteile und Gelegenheiten betrifft. Kurz gesagt erreichten Galtons Fallbeispiele ihre Bedeutung mehr wegen Faktoren ihrer Umwelt als wegen Faktoren der Vererbung.

Um über eine vereinfachte Debatte über Anlage versus Umwelt, wie sie Galton und Mill (und viele andere) austrugen, hinauszukommen, brauchte es Fortschritte im Wissen über die genetischen und umweltbedingten Faktoren. Unser heutiges Verständnis darüber, wie Eigenschaften von den Eltern an die Nachkommen weitergegeben werden, hat seine Wurzeln in Erkenntnissen von Gregor Mendel, einem österreichischen Mönch des 19. Jahrhunderts, der Vererbungsmuster bei den Erbsenpflanzen in seinem Klostergarten beobachtete. Später stellte sich heraus, dass einige Aspekte dieser Vererbungsmuster für alle lebenden Dinge Gültigkeit besitzen. Weitere Fortschritte ergaben sich im Verlauf des 20. Jahrhunderts, wobei eine hervorstechende Leistung die 1953 publizierten Erkenntnisse von Watson und Crick über die Struktur der DNS darstellen, der Basis der genetischen Übertragung von Eigenschaften an Nachkommen.

Seit dieser bahnbrechenden Erkenntnis hat sich unser Verständnis genetischer Prozesse enorm vertieft, und internationale Wissenschaftlerteams befinden sich derzeit mitten in dem rapiden und spannenden Prozess der Funktionsbestimmung von ungefähr 30.000 bis 60.000 Genen, die zusammen das menschliche **Genom** bilden, den vollständigen Satz der menschlichen Gene. Eine Einsicht, die sich aus der Darstellung des menschlichen Genoms ergab, besteht darin, wie viel wir mit anderen Spezies gemeinsam haben. Die allgemeine Struktur unserer Gene ist dieselbe wie bei allen lebenden Dingen auf Erden; wir Menschen teilen einen großen Anteil unserer Gene mit Bären, Bohnen, Bachflohkrebsen und Bakterien. Die meisten unserer Gene sind dafür bestimmt, uns überhaupt zu Tieren zu machen; immer weniger Gene bestimmen uns als Wirbeltiere, Säugetiere, Primaten und – letztendlich – Menschen.

So wie die Forscher zu einem besseren Verständnis der Rolle von Vererbungsfaktoren bei der Entwicklung gelangten, so wurden sie sich auch der Grenzen dessen bewusst, was sich allein mit diesen Faktoren erklären lässt. In ähnlicher Weise wurde mit dem wachsenden Wissen über den Einfluss der Erfahrung auf die Entwicklung deutlich, dass Erfahrung allein nur selten eine befriedigende Erklärung bietet. Die Entwicklung resultiert aus dem engen und andauernden Zusammenspiel von Genen und Erfahrung, von Anlage und Umwelt, und dieses Thema steht im Zentrum des folgenden Abschnitts.

Genom – der komplette Satz von Genen, den ein Organismus besitzt.

Die Macht der Gene und die Macht der Umwelt

Das enge und andauernde Zusammenspiel von Genen und Umwelt ist äußerst komplex. Um die Diskussion der Wechselwirkungen zwischen genetischen Faktoren und Umweltfaktoren zu vereinfachen, werden wir sie anhand des Modells der Vererbungs- und Umwelteinflüsse strukturieren, das in Abbildung 3.1 dargestellt ist. Drei zentrale Elemente des Modells sind der **Genotyp** – das genetische Material, das ein Individuum erbt; der **Phänotyp** – der beobachtbare Ausdruck des Genotyps, das Erscheinungsbild eines Menschen, wozu sowohl die körperlichen Merkmale als auch das Verhalten gehören; und die **Umwelt** – Eigenschaften des Individuums und seiner Umgebung, die nicht die Gene selbst betreffen.

Diese drei Elemente sind an vier Beziehungen beteiligt, die grundlegend für die Entwicklung jedes Kindes sind: (1) der genetische Beitrag der Eltern zum Genotyp des Kindes; (2) der Beitrag des Genotyps des Kindes zu seinem eigenen Phänotyp; (3) der Beitrag der Umwelt des Kindes zu seinem Phänotyp; (4) der Einfluss des Phänotyps des Kindes auf seine Umgebung. Wir werden jede dieser vier Relationen nun nacheinander betrachten.

Genotyp – das genetische Material, das ein Individuum erbt.

Phänotyp – der beobachtbare Ausdruck des Genotyps, der sowohl die körperlichen Merkmale als auch das Verhalten im Erscheinungsbild eines Individuums umfasst.

Umwelt – jeder Aspekt des Individuums und seiner Umgebung mit Ausnahme der Gene.

1. Genotyp der Eltern – Genotyp des Kindes

Die erste Beziehung zwischen dem elterlichen Genotyp und dem Genotyp des Kindes betrifft die Übertragung des genetischen Materials – der **Chromosomen** und Gene – von den Eltern auf ihre Nachkommen. Der Nucleus jeder Körperzelle, der Zellkern, enthält Chromosomen, lange, fadenartige Moleküle, die aus zwei verdrillten Strängen aus **DNS** (**Desoxyribonucleinsäure**) bestehen. Die DNS trägt alle biochemischen Anweisungen, die an der Bildung und den Funktionen eines Organismus beteiligt sind. Diese Anweisungen sind in **Genen** ‚zusammengepackt', den Grundeinheiten der Vererbung bei allen lebenden Dingen. Gene sind Abschnitte von Chromosomen; genauer gesagt ist jedes Gen ein Segment von DNS, das den Code für die Produktion eines bestimmten *Proteins* darstellt. Einige Proteine sind die Bausteine der Körperzellen; andere steuern die Funktionen der Zelle. Gene beeinflussen die Ent-

Chromosomen – lange, fadenartige Moleküle, die die genetische Information übertragen. Chromosomen bestehen aus DNS.

DNS (Desoxyribonucleinsäure; auch **DNA** von Desoxyribonucleinacid) – Moleküle, die alle biochemischen Anweisungen tragen, die an der Bildung und der Funktion eines Organismus beteiligt sind.

Gene – Abschnitte auf den Chromosomen, die die Grundeinheiten der Vererbung bei allen lebenden Dingen darstellen.

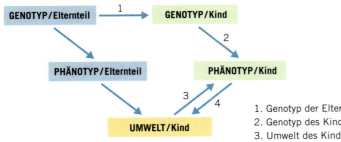

1. Genotyp der Eltern – Genotyp des Kindes
2. Genotyp des Kindes – Phänotyp des Kindes
3. Umwelt des Kindes – Phänotyp des Kindes
4. Phänotyp des Kindes – Umwelt des Kindes

Abbildung 3.1: Entwicklung. Entwicklung ist eine gemeinsame Funktion von genetischen Faktoren und Umweltfaktoren. Die vier nummerierten Relationen zwischen beiden Aspekten werden im Text ausführlich behandelt.

wicklung und das Verhalten ausschließlich durch die Herstellung von Proteinen – „die in Fleisch und Blut übersetzte DNS-Information" (Levine & Suzuki, 1993, S. 19).

Vererbung beim Menschen Menschen besitzen normalerweise insgesamt 46 Chromosomen im Nucleus jeder Zelle, mit der Ausnahme von Eizellen und Spermien. (Man erinnere sich an die Ausführungen in Kapitel 2, denen zufolge Eizelle und Spermium als Ergebnis der Meiose, der Zellteilung zur Produktion von Keimzellen, jeweils nur 23 Chromosomen besitzen.) Bei den 46 Chromosomen handelt es sich tatsächlich um 23 Chromosomenpaare (Abbildung 3.2). Mit einer Ausnahme besitzen die beiden Elemente jedes Chromosomenpaares dieselbe allgemeine Größe und Form und tragen Gene desselben Typs. Das bedeutet, dass jedes Paar an übereinstimmenden Orten DNS-Sequenzen trägt, die für dieselben Personenmerkmale relevant sind. Von jedem Elternteil wurde jeweils ein Element eines jeden Chromosomenpaares vererbt. Jedes Individuum besitzt demnach zwei Kopien von jedem Gen, eines auf dem vom Vater und eines auf dem von der Mutter geerbten Chromosom. Ihre Kinder wiederum werden die Hälfte Ihres genetischen Materials erhalten, und Ihre Enkel werden ein Viertel davon besitzen (so wie Sie selbst die Hälfte Ihrer Gene mit jedem Ihrer Elternteile gemeinsam haben und jeweils ein Viertel mit den Großeltern).

Die Bestimmung des Geschlechts Wie schon angedeutet, besteht eine wichtige Ausnahme von der Regel, dass die beiden Elemente eines Chromosomenpaares gleiche Größe und Form (ungefähr die Form des Buchstabens *x*) aufweisen und dieselben Gene tragen. Diese Ausnahme betrifft die **Geschlechtschromosomen**, die das Geschlecht eines Individuums bestimmen. Frauen besitzen zwei identische, relativ große Geschlechtschromosomen, die so genannten X-Chromosomen, aber Männer besitzen ein X- und ein sehr viel kleineres Y-Chromosom (das so bezeichnet wird, weil es wie der Buchstabe *y* geformt ist). Weil ein weibliches Individuum nur über X-Chromosomen verfügt, resultiert die meiotische Teilung ihrer Keimzellen darin, dass all ihre Eizellen ein X-Chromosom besitzen. Bei männlichen Individuen, die einen XY-Chromosomensatz haben, enthält die Hälfte der Spermien ein X- und die andere Hälfte ein Y-Chromosom. Aus diesem Grund ist es immer der Vater, der das Geschlecht der Nachkommen bestimmt: Wenn ein X-tragendes Spermium eine Eizelle befruchtet, entsteht eine weibliche (XX) Zygote; wird die Eizelle von einem Y-tragenden Spermium befruchtet, wird die Zygote männlich (XY). Es ist das *Vorhandensein* eines Y-Chromosoms – und nicht die Tatsache, dass man nur über ein X-Chromosom verfügt –, das ein Individuum männlich werden lässt. Ein Gen auf dem Y-Chromosom kodiert das Protein, das die Bildung der Hoden auslöst, indem es Gene auf anderen Chromosomen aktiviert. In der Folge übernimmt das in den Hoden produzierte Testosteron die Ausformung der männlichen Merkmale (Jegalian & Lahn, 2001).

Geschlechtschromosomen – die Chromosomen, die das Geschlecht eines Individuums bestimmen.

Anlage und Umwelt **121**

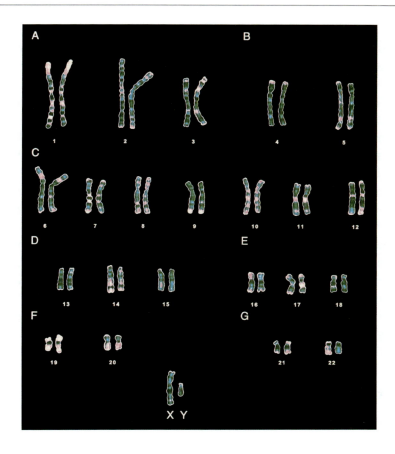

Abbildung 3.2: Karyogramm. Diese Photographie, ein Karyogramm, zeigt die 23 Chromosomenpaare eines männlichen Wesens. Die Chromosomenpaare wurden auf dem Photo jeweils zusammen angeordnet und nach ihrer Größe durchnummeriert. Die beiden Elemente des 23. Paares – der Geschlechtschromosomen – unterscheiden sich deutlich in ihrer Größe; das Y-Chromosom, welches das Merkmal der Männlichkeit bestimmt, ist viel kleiner als das X-Chromosom.

Variation und Individualität Wie wir gesehen haben, stellen die Gene sicher, dass wir anderen Menschen sowohl auf der Ebene der Spezies (wir sind alle Zweibeiner und besitzen opponierbare Daumen) als auch auf individueller Ebene (zum Beispiel in Form von Familienähnlichkeit) in bestimmter Weise gleichen. Gene sorgen aber auch auf beiden Ebenen für Unterschiede. Mehrere Mechanismen tragen zur genetischen Variation zwischen Menschen bei.

Ein solcher Mechanismus ist die **Mutation**, eine Veränderung in einem Abschnitt der DNS. Bei manchen Mutationen handelt es sich um zufällige, spontane Fehler, während andere durch Umweltfaktoren verursacht werden. Die meisten Mutationen sind für den Organismus schädlich. Mutationen, die in den Keimzellen auftreten, können an den Nachwuchs weitergegeben werden; viele vererbte Krankheiten und Störungen entstanden aus einem mutierten Gen. (In Kasten 3.1 wird die genetische Übertragung von Krankheiten und Störungen diskutiert.)

Gelegentlich jedoch steigert eine Mutation, die in einer Keimzelle oder in einer frühen Phase der pränatalen Entwicklung auftritt, die Lebensfähigkeit von Individuen, weil sie vielleicht die Widerstandskraft gegenüber einer Krankheit stärkt oder die Fähigkeit erhöht, sich an einen entscheidenden Umweltaspekt anzupassen. Solche vorteilhaften Mutationen bilden die Grundlage für die Evolution, weil ein Individuum, welches das mutierte Gen trägt, mit höherer Wahrscheinlichkeit lange genug lebt, um Nachkommen zu produzie-

Mutation – eine Veränderung in einem DNS-Abschnitt. Mutationen können zur genetischen Variation zwischen Menschen beitragen, gehen für das Individuum aber meistens mit einer schädlichen Wirkung einher.

ren, die das mutierte Gen dann wiederum mit einer gewissen Wahrscheinlichkeit besitzen und damit nunmehr ihre Chance erhöhen, zu überleben und sich zu reproduzieren.

Ein zweiter Mechanismus, der die Variation zwischen Individuen fördert, ist die *Zufallskombination* der Chromosomen bei der Bildung von Eizelle und Spermium. Im Verlauf der Meiose werden die 23 Chromosomenpaare zufällig gemischt, so dass auch nur durch Zufall das eine oder das andere Element eines Paares in eine neue Eizelle beziehungsweise Spermienzelle übergeht. Das bedeutet bei 23 Chromosomenpaaren, dass es für jede Keimzelle 2^{23} oder knapp 8,4 Millionen mögliche Chromosomenkombinationen gibt. Wenn sich also zwei Keimzellen – Spermium und Eizelle – vereinigen, stehen die Chancen praktisch bei Null, dass zwei beliebige Individuen – selbst Mitglieder derselben Familie – genau denselben Genotyp besitzen (mit Ausnahme natürlich von eineiigen Zwillingen). Weitere Variationsmöglichkeiten entstehen dadurch, dass die beiden Elemente eines Chromosenpaares während der Meiose manchmal Teile austauschen. In diesem Prozess des **Crossing over** wechseln DNS-Abschnitte von einem Chromosom zum anderen. In der Folge sind die Chromosomen, die Eltern an ihre Nachkommen weitergeben, anders zusammengesetzt als ihre eigenen.

Crossing over – der Prozess, bei dem DNS-Abschnitte von einem Chromosom auf das andere eines Paares überwechseln. Das Crossing over befördert die Variation zwischen Individuen.

Elvis-Imitatoren sehen aus wie Elvis, grinsen wie Elvis und singen sogar wie Elvis (oder zumindest so ähnlich). Aber sie sind nicht *Der King*. Die Wahrscheinlichkeit, dass zwei Menschen denselben Genotyp besitzen, ist praktisch gleich Null.

Genotyp des Kindes – Phänotyp des Kindes

Wir kommen nun zu der zweiten der in Abbildung 3.1 dargestellten Beziehungen: der Beziehung zwischen dem Genotyp und dem Phänotyp eines Individuums. Man beachte, dass auf den Phänotyp des Kindes in der Abbildung sowohl von seinem Genotyp als auch von der Umwelt Pfeile weisen, was anzeigt, dass die Merkmale eines jeden Kindes eine gemeinsame Funktion seiner einzigartigen genetischen Ausstattung und seiner einzigartigen Umweltbedingungen sind. In diesem Abschnitt konzentrieren wir uns auf die genetischen Faktoren, die den Phänotyp beeinflussen. Anschließend werden wir uns darauf konzentrieren, wie der Phänotyp durch Umweltfaktoren beeinflusst wird.

Unsere Untersuchung des genetischen Beitrags zum Phänotyp beginnt mit einer fundamentalen Feststellung: Obwohl jede Zelle in unserem Körper Kopien aller Gene enthält, die wir von unseren Eltern erhielten, kommen nur einige dieser Gene zum Ausdruck. Zu jedem Zeitpunkt sind in jeder beliebigen Körperzelle nur einige Gene aktiv und andere nicht. Manche Gene, die in Neuronen massiv am Werke sind, bleiben in Fußnägelzellen völlig inaktiv. Dafür gibt es mehrere Gründe.

Genexpression: Entwicklungsveränderungen Die menschliche Entwicklung verläuft von der Befruchtung bis zum Tod nur dann normal, wenn Gene am richtigen Ort, zur richtigen Zeit und für die richtige Zeitdauer an- oder abgeschaltet werden. Manche Gene werden nur in wenigen Zellen und nur ein paar Stunden lang angeschaltet und bleiben dann für immer stumm. Andere Gene sind an den Grundfunktionen praktisch aller Zellen zu fast jedem Zeitpunkt beteiligt.

Das An- und Abschalten von Genen wird auf mehrfache Weise gesteuert, so zum Beispiel durch **Regulatorgene** – Gene, die die Aktivität anderer Gene steuern – und durch Hormone. Die Aktivierung und Deaktivierung eines Gens ist immer Teil einer Kette genetischer Ereignisse. Wenn sich ein Gen einschaltet, bewirkt es bei anderen Genen das Ein- oder Ausschalten, was sich auf den Aktivitätsstatus weiterer Gene auswirkt, und dieser Prozess setzt sich fort. Das kontinuierliche An- und Abschalten von Genen unterliegt lebenslang der Entwicklung, von der anfänglichen pränatalen Zelldifferenzierung bis zu den genetisch induzierten Ereignissen der Pubertät und vielen Veränderungen, die mit dem Altern zusammenhängen, beispielsweise dem Ergrauen der Haare, der verringerten Kapazität von Organen und der Menopause.

Genexpression: Dominanzmuster Viele Gene eines Individuums kommen nie zum Ausdruck, und viele andere werden nur teilweise umgesetzt. Das liegt daran, dass etwa ein Drittel der menschlichen Gene zwei oder mehr unterschiedliche Formen besitzen, die so genannten **Allele**. Die Allele eines bestimmten Gens beeinflussen dasselbe Merkmal oder dieselbe Eigenschaft (zum Beispiel die Augenfarbe), aber sie tragen zu unterschiedlichen Entwicklungsresultaten bei (zum Beispiel braune, blaue oder graue Augen).

Betrachten wir das einfachste Muster der Genexpression – das von Mendel entdeckte Vererbungsmuster. Manche Gene besitzen nur zwei Allele, ein **dominantes** und ein **rezessives**. Bei diesem Muster erbt ein Individuum entweder zwei gleiche Allele – in diesem Fall ist es für das entsprechende Merkmal **homozygot** (reinerbig) – oder zwei verschiedene Allele – dann ist es mit Blick auf das fragliche Merkmal **heterozygot** (mischerbig). Ist ein Individuum bei einem bestimmten Merkmal heterozygot, dann kommen die Anweisungen des dominanten Allels zum Ausdruck. Bei einem homozygoten Individuum mit entweder zwei dominanten oder zwei rezessiven Allelen wird ein Merkmal so umgesetzt, wie es genetisch vorliegt (siehe Abbildung 3.3).

Zur Illustration betrachten wir zwei Eigenschaften, die für das menschliche Überleben nicht besonders wichtig sind: die Fähigkeit, die Zunge der Länge nach zusammenzurollen, und Locken auf dem Kopf. Wer seine Zunge der Länge nach wie zu einem Rohr rollen kann, der hat zumindest ein Elternteil (nicht notwendigerweise beide Elternteile), das dieses bemerkenswerte Talent ebenfalls besitzen muss. Aus dieser Aussage (zusammen mit Abbildung 3.3) sollte man in der Lage sein herauszufinden, dass das Zungenrollen von einem dominanten Allel gesteuert wird.

Um zum zweiten Merkmal zu kommen: Wenn jemand glatte Haare hat, müssen beide Elternteile ein Allel für dieses Merkmal tragen. Es kann jedoch sein, dass keiner der beiden tatsächlich glatte Haare besitzt. Weil glatte Haare von einem rezessiven Gen und gelockte Haare von einem dominanten Gen gesteuert werden, können Geschwister, von denen das eine Locken und das andere glatte Strähnen auf dem Kopf hat, durchaus von denselben Eltern abstammen. In diesem Fall dürfen aber nicht beide Elternteile glatte Haare besitzen.

Regulatorgene – Gene, die die Aktivität anderer Gene steuern.

Allele – zwei oder mehr verschiedene Formen eines Gens für ein bestimmtes Merkmal.

Dominantes Allel – dasjenige Allel, das bei Vorhandensein zum Ausdruck kommt.

Rezessives Allel – dasjenige Allel, das nicht zum Ausdruck kommt, falls ein dominantes Allel vorhanden ist.

Homozygot – die Bezeichnung einer Person, die hinsichtlich eines Merkmals zweimal dasselbe Allel geerbt hat.

Heterozygot – die Bezeichnung einer Person, die hinsichtlich eines Merkmals zwei verschiedene Allele geerbt hat.

Abbildung 3.3: Mendel'sche Vererbungsmuster. Dargestellt sind die Mendel'schen Vererbungsmuster für zwei Eltern mit braunen Haaren, die beide bezüglich der Haarfarbe heterozygot sind. Das Allel für braunes Haar (B) ist dominant, das Allel für blondes Haar (b) ist rezessiv. Man beachte, dass diese Eltern in drei von vier Fällen Kinder mit braunen Haaren produzieren werden. In zwei von vier Fällen kommen Kinder mit braunen Haaren heraus, die auch ein Gen für blondes Haar tragen.

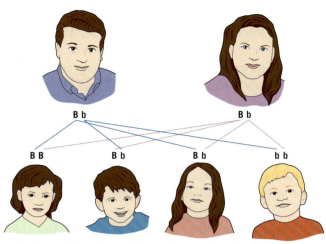

B = dominantes Gen für braune Haare   **b** = rezessives Gen für blonde Haare

Die Geschlechtschromosomen bringen eine interessante Nuance in die Geschichte der Dominanzmuster. Das Y-Chromosom ist kleiner als das X-Chromosom und trägt nur etwa ein Drittel von dessen Genen. Daraus folgt, dass seine Gene mit geringerer Wahrscheinlichkeit zum Ausdruck kommen. Nehmen wir beispielsweise an, dass eine Frau von ihrer Mutter ein rezessives Allel auf dem X-Chromosom erbt. Mit großer Wahrscheinlichkeit besitzt sie auf dem Chromosom von ihrem Vater ein dominantes Allel, das zum Ausdruck kommt. Jetzt nehmen wir an, dass ein Mann dasselbe rezessive Gen auf dem X-Chromosom von seiner Mutter erbt. Weil das Y-Chromosom von seinem Vater so klein ist, wird er aller Wahrscheinlichkeit nach kein dominantes Allel besitzen, das das mütterliche Erbe außer Kraft setzt, so dass er das entsprechende Merkmal im Phänotyp zeigt.

Nun verfügen wir über den Schlüssel zum Verständnis der höheren Anfälligkeit männlicher Individuen, die wir im vorigen Kapitel (Kasten 2.2) beschrieben haben: Männliche Exemplare leiden mit größerer Wahrscheinlichkeit an einer Vielzahl vererbter Störungen, die von rezessiven Allelen auf ihrem X-Chromosom verursacht werden. Zu den bekannten Beispielen geschlechtsgebundener Störungen (die über das X-Chromosom übertragen werden und deshalb häufiger bei Männern auftreten) gehören die Hämophilie (die Bluterkrankheit, bei der das Blut nicht normal gerinnt), die Rot-Grün-Blindheit (die Unfähigkeit, rote und grüne Farbtöne zu unterscheiden) sowie das Syndrom des fragilen X-Chromosoms (Marker-X-Syndrom; eine Störung, die mit geistigen Entwicklungsverzögerungen einhergeht).

Nur wenige Merkmale des Menschen folgen den einfachen, oben beschriebenen Mendel'schen Mustern, bei denen es zwei Allele gibt, ein dominantes und ein rezessives, die ein bestimmtes Merkmal beeinflussen. Vielmehr kann ein einziges Gen mehrere Merkmale beeinflussen, beide Allele können vollständig zum Ausdruck kommen oder bei heterozygoten Individuen in einer Mischform auftreten, und manche Gene werden unterschiedlich realisiert in Abhängigkeit davon, ob sie von der Mutter oder vom Vater geerbt wurden.

Anwendungen
Kasten 3.1

Die genetische Übertragung von Krankheiten und Störungen

Man weiß derzeit von etwa 5000 Krankheiten und Störungen des Menschen, dass sie genetische Ursachen haben. Solche Befindlichkeiten können auf verschiedenartige Weise zustande kommen.

Dominant-rezessive Muster

Viele Gesundheitszustände weisen einfache Mendel'sche (dominant-rezessive) Vererbungsmuster auf. Bei vielen gravierenden genetischen Störungen werden nur Individuen mit zwei rezessiven Allelen den ungünstigen Zustand ausbilden. Zu den Krankheiten, die über rezessive Gene übertragen werden, gehören die (im laufenden Kapitel besprochene) Phenylketonurie und die Sichelzellenanämie (siehe unten) sowie das Tay-Sachs-Syndrom, die Mukoviszidose und viele andere. Störungen, die von einem dominanten Gen verursacht werden, sind beispielsweise die Huntington-Chorea (Veitstanz) und die Recklinghausen-Krankheit.

In einigen Fällen kann ein einzelnes Gen sowohl schädliche als auch vorteilhafte Wirkungen haben. Die Sichelzellenanämie ist eine schwächende und manchmal tödliche Blutkrankheit, die etwa jeden 50sten Westafrikaner und einen von 400 Afro-Amerikanern betrifft (Levine & Suzuki, 1993). Ein Kind, das von beiden Elternteilen ein Sichelzellen-Gen erbt, wird auf jeden Fall an der Krankheit leiden. Menschen mit einem normalen und einem Sichelzellen-Gen weisen bestimmte Unregelmäßigkeiten in ihrem Blut auf, aber bemerken normalerweise keine negativen Auswirkungen. Sofern sie in solchen Regionen der Welt leben, in denen die Malaria grassiert (wie in Afrika), sind sie sogar im Vorteil, weil die Sichelzellen eine besondere Widerstandskraft gegen diese tödliche Krankheit verleihen. Im 19. Jahrhundert, als Europäer (denen das Sichelzellen-Gen fehlt) mit der Erkundung Afrikas begannen, wurde die Malaria als die „Krankheit des weißen Mannes" bekannt.

Phylogenetische Vererbung

Von vielen häufigen Krankheiten und Störungsbildern des Menschen wird angenommen, dass sie aus der kombinierten Tätigkeit mehrerer Gene resultieren, oft in Verbindung mit Umweltfaktoren. Unter die zahlreichen Krankheiten dieser Kategorie fallen einige Formen von Krebs und Herzerkrankungen. Auch psychiatrische Störungen wie Schizophrenie und Verhaltensstörungen wie das Aufmerksamkeits-Defizit-Syndrom gekoppelt mit Hyperaktivität gehören zu dieser Klasse.

Geschlechtsgebundene Vererbung

Wie im Haupttext erwähnt, werden manche genetisch bedingte Gesundheitszustände auf dem X-Chromosom weitergegeben und treten bei Männern weit häufiger auf. (Auch Frauen können solche Bedingungen erben, aber nur in dem sehr seltenen Fall, in dem sie auf ihren beiden X-Chromosomen rezessive Allele erben.) Geschlechtsgebundene Störungen reichen von relativ geringfügigen Problemen wie Glatzenbildung bei Männern und Rot-Grün-Farbenblindheit bis zu schwer wiegenden Störungen wie der Bluterkrankheit (Hämophilie) und der Duchenne-Muskeldystrophie.

Kasten 3.1

Chromosomenanomalien

Eine weitere Klasse von genetischen Störungen beginnt mit Fehlern bei der Keimzellenteilung, die zu einer Zygote führen, die entweder mehr oder weniger als den normalen Chromosomensatz besitzt. Die meisten derartigen Zygoten können nicht überleben, aber manchen gelingt es dennoch. Das Down-Syndrom wird durch überzähliges Chromosomenmaterial verursacht, am häufigsten durch eine zusätzliche Kopie des Chromosoms 21 (= Trisomie 21). Am häufigsten entsteht dies dadurch, dass sich die Eizelle der Mutter nicht richtig teilt und das befruchtete Ei eine zusätzliche Kopie des Chromosoms 21 enthält. Die Wahrscheinlichkeit eines solchen Fehlers bei der Zellteilung steigt mit dem Alter der Mutter, und die Geburtshäufigkeit von Kindern mit Down-Syndrom ist bei Frauen über 35 Jahren deutlich höher als bei jüngeren Frauen. Das Kind auf dem Photo zeigt einige der Gesichtsmerkmale, die für Down-Syndrom-Kinder typisch sind; weiterhin ist diese genetische Störung durch (leichte bis schwere) geistige Behinderung, eine Reihe körperlicher Probleme und ein lieb-freundliches Temperament gekennzeichnet.

Andere Störungen entstehen wegen überzähliger oder fehlender Geschlechtschromosomen. Beim Klinefelter-Syndrom beispielsweise, das bei Männern auftritt, liegt ein zusätzliches X-Chromosom vor (XXY); das bei Frauen auftretende Turner-Syndrom tritt bei nur einem vorhandenen X-Chromosom auf (X0). Das Turner-Syndrom (mit einer Auftretensrate von 1:2.500 Geburten) ist durch Kleinwuchs und eine eingeschränkte Sexualentwicklung in der Pubertät gekennzeichnet. Mädchen, deren X-Chromosom von ihrer Mutter stammt, haben mehr soziale und leistungsbezogene Schwierigkeiten als Mädchen, die ihr einziges X-Chromosom von ihrem Vater geerbt haben. Hier handelt es sich um das Beispiel eines Gens, das in Abhängigkeit von dem Elternteil, von dem es vererbt wurde, unterschiedlich funktioniert.

Mehrere Fälle von XY-Frauen wurden bei Tests entdeckt, die Männer von der Teilnahme als Frauen bei den Olympischen Spielen ausschließen sollten. Die spanische Athletin Maria Jose Martinez Patino (eine XY-Frau) wurde viele Jahre lang für olympische Wettbewerbe gesperrt, nachdem ihr genetischer Zustand durch entsprechende Tests entdeckt wurde. Schließlich erstritt sie sich das Recht, an den Spielen in Barcelona 1992 teilzunehmen.

Defekte von Regulatorgenen

Ein Defekt des Regulatorgens, das die Entwicklung eines Mannes initiiert, kann die normale Ereigniskette unterbrechen, was gelegentlich in einem Neugeborenen resultiert, das weibliche Genitalien besitzt, aber genetisch männlich ist (einem XY-Weibchen). Solche Fälle werden häufig dann bemerkt, wenn bei einem Mädchen die Menstruation nicht einsetzt oder wenn sich bei einer Fruchtbarkeitsbehandlung herausstellt, dass der Grund, warum ein Paar keinen Nachwuchs bekommt, darin liegt, dass die Person, die schwanger werden will, genetisch ein Mann ist.

Kasten 3.1

Die häufigste *identifizierte* Ursache für geistige Behinderung ist das Down-Syndrom, das im Durchschnitt eines von 700 Kindern betrifft. Mit dem Alter der Eltern, insbesondere der Mutter, steigt das Risiko drastisch an; mit 45 Jahren kommt fast jedes dreißigste Baby mit Down-Syndrom auf die Welt. Das Ausmaß der geistigen Behinderung variiert sehr stark und hängt zum Teil von der Art der Förderung und Ermutigung ab, die die Kinder erhalten.

Die Vererbungsmuster sind bei denjenigen Merkmalen und Verhaltenseigenschaften, die für Verhaltenswissenschaftler von vorrangigem Interesse sind, noch komplizierter. Eigenschaften wie Schüchternheit, Aggressivität, Sensationssuche oder Empathie beruhen auf **polygenetischer Vererbung**, bei der mehrere verschiedene Gene zu einer bestimmten phänotypischen Erscheinungsform beitragen. Im Hinblick auf solche Eigenschaften besteht zwischen den Menschen eine große Vielfalt, und es gibt wenige sauber abgrenzbare phänotypische Klassen wie etwa gelockte versus glatte Haare oder die Fähigkeit, seine Zunge der Länge nach einrollen zu können.

Polygenetische Vererbung – Vererbung, bei der Eigenschaften oder Wesenszüge von mehr als einem Gen bestimmt werden.

3. Umwelt des Kindes – Phänotyp des Kindes

Wir kommen jetzt zu der dritten Beziehung in unserem Modell – dem Einfluss der Umwelt auf den Phänotyp des Kindes. (Zur Erinnerung: Umwelt schließt alles ein, was nicht im genetischen Material selbst enthalten ist.) Das Modell zeigt, dass beobachtbare Eigenschaften des Kindes aus Umweltfaktoren resultieren, die im Einklang mit der genetischen Ausstattung des Kindes wirksam werden. (Beim Folgenden sollte man immer auch an Lucy denken.)

Wegen der permanenten Wechselwirkung zwischen Genotyp und Umwelt wird sich ein bestimmter Genotyp in verschiedenen Umwelten auch unterschiedlich entwickeln. Diese Vorstellung kommt in dem Konzept der **Reaktionsnorm** zum Ausdruck (Dobzhansky, 1955), das sich auf jene Phänotypen bezieht, die potenziell aus einem bestimmten Genotyp in seiner Beziehung zu allen Umwelten hervorgehen, in denen er überleben und sich entwickeln könnte. Nach diesem Konzept würde man für einen jeweiligen Genotyp in

Reaktionsnorm – das Konzept, das alle Phänotypen umfasst, die sich theoretisch aus einem bestimmten Genotyp in seiner Beziehung zu allen Umwelten, in denen er überleben und sich entwickeln kann, herausbilden können.

variierenden Umwelten ganz unterschiedliche Resultate erwarten. Ein Kind mit einem bestimmten Genotyp, das in einer bleifreien Umwelt aufwächst, zeigt vielleicht eine weit überdurchschnittliche Intelligenz; dasselbe Kind könnte eine Hirnschädigung aufweisen und geistig zurückbleiben, wenn es auf bleihaltigen Farbresten herumkaut, die in der Wohnung nicht beseitigt wurden. Abbildung 3.4 bietet eine einfache Illustration der Reaktionsnorm bei einer Wechselwirkung zwischen Genotyp und Umwelt.

Ein klassisches Beispiel für eine Genotyp-Umwelt-Interaktion Interaktionen zwischen Genotyp und Umwelt können direkt untersucht werden, indem die Wissenschaftler bei ihren Forschungen Tiere mit bekannten Genotypen in einer breiten Vielfalt von Umweltbedingungen aufwachsen lassen. Wenn sich genetisch identische Tiere in verschiedenen Umwelten unterschiedlich entwickeln, können die Forscher daraus schließen, dass die Umwelteinflüsse dafür verantwortlich sein müssen. Menschen können von Wissenschaftlern natürlich nicht nach dem Zufallsprinzip verschiedenen Bedingungen zugeordnet werden, unter denn sie aufwachsen sollen, aber es gibt dennoch überzeugende Beispiele für Genotyp-Umwelt-Interaktionen auch bei Menschen.

Ein solches Beispiel ist die **Phenylketonurie (PKU)**, eine Störung, die mit einem defekten rezessiven Gen auf dem Chromosom 12 zusammenhängt. In-

Phenylketonurie (PKU) – eine Störung, die auf ein defektes rezessives Gen auf Chromosom 12 zurückgeht, das den Umbau von Phenylalanin verhindert. Ohne Frühdiagnose und eine strenge Diät kann PKU zu schwerer geistiger Behinderung führen.

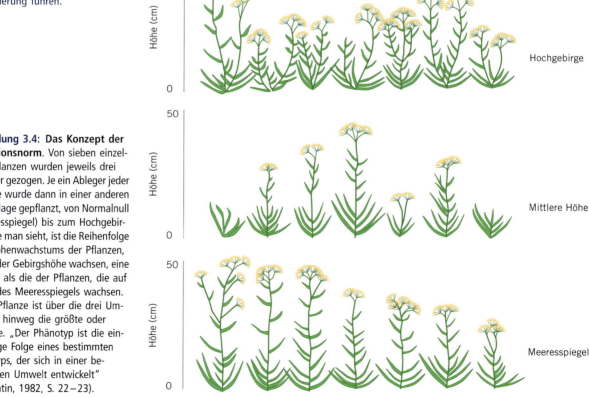

Abbildung 3.4: Das Konzept der Reaktionsnorm. Von sieben einzelnen Pflanzen wurden jeweils drei Ableger gezogen. Je ein Ableger jeder Pflanze wurde dann in einer anderen Höhenlage gepflanzt, von Normalnull (Meeresspiegel) bis zum Hochgebirge. Wie man sieht, ist die Reihenfolge des Höhenwachstums der Pflanzen, die in der Gebirgshöhe wachsen, eine andere als die der Pflanzen, die auf Höhe des Meeresspiegels wachsen. Keine Pflanze ist über die drei Umwelten hinweg die größte oder kleinste. „Der Phänotyp ist die einzigartige Folge eines bestimmten Genotyps, der sich in einer bestimmten Umwelt entwickelt" (Lewontin, 1982, S. 22–23).

Diese Mutter liest in ihrer Freizeit gern Romane und muss auch in ihrer Arbeit sehr viel lesen. Ihrem kleinen Kind bietet sie eine reichhaltige literarische Umwelt.

dividuen, die dieses Gen von beiden Elternteilen erben, können im Stoffwechsel Phenylalanin nicht umsetzen; das ist eine Aminosäure, die in vielen Lebensmitteln und künstlichen Süßstoffen vorkommt. Wenn sich diese Personen normal ernähren, reichert sich das Phenylalanin im Blut an und verhindert eine normale Gehirnentwicklung, was zu schwerer geistiger Behinderung führt. Wenn Kinder, die ein PKU-Gen tragen, jedoch gleich nach der Geburt identifiziert und auf eine strenge phenylalanin-freie Diät gesetzt werden, kann die Behinderung abgewendet werden. Ein bestimmter Genotyp führt also in Abhängigkeit von Umweltbedingungen zu ganz unterschiedlichen Phänotypen – schwere Behinderung oder relativ normale Intelligenz.

Elterliche Beiträge zur Kindesentwicklung Offensichtlich bilden die Eltern einen sehr salienten und wichtigen Teil der Umwelt eines Kindes – die allgemeine häusliche Umgebung, die sie bereitstellen; die Art und Weise, wie sie mit dem Kind umgehen; die Erfahrungsmöglichkeiten, die sie für das Kind arrangieren; die Ermutigung, die das Kind für bestimmte Verhaltensweisen und Aktivitäten erfährt; und so weiter. Weniger offenkundig ist die Vorstellung, dass die Umwelt, die die Eltern ihren Kindern bieten, zum Teil von ihrer eigenen genetischen Ausstattung abhängt. Das Verhalten der Eltern gegenüber ihren Kindern (zum Beispiel, wie warmherzig oder zurückhaltend sie sind, wie geduldig oder aufbrausend) unterliegt genetischen Einflüssen, genauso wie die Aktivitäten und Ressourcen, mit denen sie ihre Kinder in Kontakt bringen (Plomin & Bergeman, 1991). So wird das Kind eines Elternteils, das ein hohes Niveau an musikalischer Fähigkeit besitzt, in seinem frühen Leben wahrscheinlich mehr Musik hören als ein Kind weniger musikalisch begabter Eltern. Wenn wir – um ein anderen Beispiel heranzuziehen – annehmen, dass Leseinteresse und Lesekompetenz von genetischen Faktoren beeinflusst sind, kann man sich den Einfluss des elterlichen Genotyps auf die

Umwelt des Kindes leicht vorstellen: Eltern, die das Lesen genießen und wertschätzen und die kompetente Leser sind, werden wahrscheinlich häufig zum Zwecke des Vergnügens und der Information lesen und ebenso wahrscheinlich häufig ihren Kindern etwas vorlesen. Außerdem kaufen intensive Leser auch eher viele Bücher und Zeitschriften und haben sie im Haus zugänglich. Sie werden ihre Kinder mit größerer Wahrscheinlichkeit zu den Lesestunden von Büchereien mitnehmen und sie anhalten, ihre eigene Ausleihkarte zu haben. Im Gegensatz dazu bieten Eltern, für die das Lesen anstrengend und keine Quelle des Vergnügens ist, ihren Kindern eher keine textreiche Umwelt (Scarr, 1992).

4. Phänotyp des Kindes – Umwelt des Kindes

Schließlich kommt die vierte Beziehung unseres Modells wieder auf das Thema des *aktiven Kindes* zurück – das Kind als eine Quelle seiner eigenen Entwicklung. Wie in Kapitel 1 bereits angeführt, sind Kinder nicht nur die passiven Rezipienten einer vorgegebenen Umwelt. Vielmehr sind sie in zwei wichtigen Hinsichten aktive Gestalter der Umwelt, in der sie leben. Erstens rufen sie mit Hilfe ihres Wesens und ihres Verhaltens aktiv bestimmte Reaktionen hervor (Scarr, 1992; Scarr & McCartney, 1983). Babys, die es genießen, geknuddelt und beschmust zu werden, werden auch mit größerer Wahrscheinlichkeit geknuddelt als Babys, die engen Körperkontakt nicht so gern haben. Impulsive Kinder hören zweifelsohne Äußerungen wie „nein", „lass das", „hör auf" und „pass auf" wesentlich häufiger als zurückhaltende Kinder. Es gibt tatsächlich Belege dafür, dass das Ausmaß, in dem Eltern und Kinder in ihren Beziehungen wechselseitig aufeinander reagieren, weitgehend eine Funktion der genetisch beeinflussten Verhaltenseigenschaften des Kindes ist, also des Verhaltens, das die Kinder bei ihren Eltern hervorrufen (Deater-Deckard & O'Connor, 2000).

Die zweite Art, wie Kinder ihre eigene Umwelt mit gestalten, liegt in der aktiven Auswahl von Umgebungen und Erfahrungen, die ihren Interessen, Begabungen und Persönlichkeitseigenschaften zuträglich sind (Scarr, 1992). Sobald sich Kinder beispielsweise selbst fortbewegen können, suchen sie in ihrer Umgebung nach Gegenständen, die sie erkunden wollen – und das sind nicht notwendigerweise diejenigen Objekte, deren Erkundung die Eltern besonders billigen! Ab dem Vorschulalter hängen die Gelegenheiten der Kinder, Freundschaften zu schließen, immer mehr von ihren eigenen Charakteristika ab, insofern sie sich Spielkameraden und Freunde aussuchen, mit denen sie sich gut vertragen – gleich und gleich gesellt sich nun einmal gern. Und wir haben in Kapitel 1 bereits festgestellt, dass Kinder mit dem Alter eine zunehmend aktive Rolle bei der Auswahl ihrer Umgebung spielen. Je mehr Autonomie sie gewinnen, desto mehr wählen sie Aspekte ihrer Umwelt, die mit ihrem Temperament und ihren Fähigkeiten zusammenpassen. Um auf das zuvor schon erwähnte Beispiel zurückzukommen: Kinder, die gern lesen, werden mehr Bücher lesen als Kinder, die das Lesen langweilig finden. Je mehr sie lesen, umso geschulterte Leser werden sie, was dazu führt, dass sie zunehmend auch schwierigere Bücher auswählen, was wiederum dazu führt, dass sie einen erweiterten Wortschatz und ein größeres Allgemeinwissen erwerben.

Unsere Diskussion der vier Arten von Wechselwirkungen zwischen Genen und Umwelt betonte die äußerst große Komplexität des Entwicklungsprozesses. Es ist kaum zu schaffen, das Zusammenspiel von Anlage und Umwelt in diesem Prozess genau aufzuklären, und doch gab es bei dieser Aufgabe bereits wesentliche Fortschritte, wie im folgenden Abschnitt erkennbar wird.

Verhaltensgenetik

Das schnell wachsende Gebiet der Psychologie, das sich **Verhaltensgenetik** nennt, befasst sich damit, wie Variationen im Verhalten und in der Entwicklung aus der Kombination genetischer und umweltbedingter Faktoren entstehen. Verhaltensgenetiker stellen sich dieselbe Art von Frage wie Galton in Bezug auf herausragende Persönlichkeiten: „Warum unterscheiden sich die Menschen voneinander?" (Plomin, 1990). Warum unterscheiden sich Menschen darin, wie klug, kontaktfreudig, niedergeschlagen, aggressiv oder religiös sie sind? Die Antwort der Verhaltensgenetiker besteht darin, dass *jegliche* Verhaltensmerkmale vererbbar sind, also in gewissem Ausmaß durch Erbfaktoren beeinflusst werden, und dass sie sich alle in einer gegebenen Umwelt entwickeln (Turkheimer, 2000). Diejenigen Wesensmerkmale, die die Verhaltensgenetiker am meisten interessiert haben – Intelligenz, Geselligkeit, Stimmung, Aggression und Ähnliches –, sind sowohl *polygenetisch*, also durch eine Kombination vieler Gene beeinflusst, als auch **multifaktoriell**, was sich auf die ebenfalls gegebene Beeinflussung durch viele Umweltfaktoren bezieht. Die Quellen der interindividuellen Variation sind also äußerst umfangreich. Um Galtons Frage völlig zu beantworten, versuchen Verhaltensgenetiker, die Beiträge der Genetik und der Umwelt zu den Unterschieden, die innerhalb einer Population von Menschen oder Tieren beobachtbar sind, zu trennen.

Diesem Bestreben liegen zwei Prämissen zugrunde: (1) In dem Ausmaß, in dem genetische Faktoren für ein bestimmtes Persönlichkeitsmerkmal oder eine Verhaltensweise relevant sind, sollten Individuen, deren Genotypen ähnlich sind, auch phänotypisch ähnlich sein. Mit anderen Worten: Verhaltensmuster sollten familientypisch sein; Kinder sollten ihren Eltern und Geschwistern ähnlicher sein als Verwandten zweiten oder dritten Grades oder fremden Personen. (2) In dem Ausmaß, in dem gemeinsame Umweltfaktoren eine Rolle spielen, sollten gemeinsam aufgewachsene Individuen einander ähnlicher sein als Menschen, die nicht zusammen aufgewachsen sind.

Verhaltensgenetische Forschungsdesigns

Wie schon für Galton bildet die *Familienuntersuchung* die wesentliche Grundlage der Verhaltensgenetik. Um die genetischen und umweltbedingten Beiträge zu einem bestimmten Persönlichkeitsmerkmal oder einer Verhaltensweise

Verhaltensgenetik – die Wissenschaft davon, wie sich Variation im Verhalten und in der Entwicklung aus der Kombination von genetischen Faktoren und Umweltfaktoren ergibt.

Multifaktoriell – die Beteiligung vielfältiger Faktoren an jeglichem Verhaltensresultat.

zu untersuchen, messen Verhaltensgenetiker dieses Merkmal zunächst bei Menschen, die sich hinsichtlich der genetischen Verwandtschaft unterscheiden – bei Eltern und Kindern, eineiigen und zweieiigen Zwillingen, normalen Geschwistern und so weiter. Dann berechnen sie die Korrelationen der Messungen des Merkmals zwischen Paaren von Individuen, die verschiedene Ausprägungen von Verwandtschaftsbeziehungen aufweisen. (Wie aus Kapitel 1 erinnerlich, drückt ein Korrelationskoeffizient das Ausmaß aus, in dem zwei Variablen verknüpft sind; je höher die Korrelation, desto genauer können die Ausprägungen der einen Variable aus den Ausprägungen der anderen vorhergesagt werden.) Sie vergleichen dann die resultierenden Korrelationen, um zu prüfen, ob sie (1) zwischen näher verwandten Personen höher sind als zwischen entfernter oder gar nicht verwandten Personen und (2) zwischen Personen, die in derselben Umwelt aufgewachsen sind, höher sind als zwischen Personen, die in verschiedenen Umwelten lebten.

Es gibt mehrere spezielle Designs für Familienuntersuchungen, die bei der Bestimmung genetischer und umweltbedingter Einflüsse besonders hilfreich sind. Dazu gehört das *Zwillingsstudien*-Design, bei dem die Korrelationen zwischen eineiigen (monozygoten) Zwillingen mit denen zwischen gleichgeschlechtlichen zweieiigen (dizygoten) Zwillingen verglichen werden. Wie bereits erwähnt, besitzen eineiige Zwillinge 100 Prozent gemeinsamer Gene, während sich zweieiige Zwillinge (wie normale Geschwister) genetisch nur zu 50 Prozent gleichen. Das Ausmaß der Ähnlichkeit in der Umwelt der beiden Zwillingstypen wird im Allgemeinen als gleich oder annähernd gleich betrachtet. Beide Zwillingstypen teilten sich denselben Mutterleib, wurden zur gleichen Zeit geboren und sind bei ihrer Untersuchung immer gleich alt. Sofern sie zusammen aufwachsen, leben sie außerdem in derselben Familie und in derselben Gemeinschaft. Geht man also von den Unterschieden in der genetischen Ähnlichkeit und der im Wesentlichen gleichen Umwelt aus, kann man den Unterschied zwischen den Korrelationen bei den beiden Zwillingstypen als Anhaltspunkt für die Bedeutung genetischer Faktoren bei der Entwicklung heranziehen. Wenn die Korrelation zwischen eineiigen Zwillingen bei einem bestimmten Merkmal oder einer Verhaltensweise beträchtlich höher ist als zwischen zweieiigen Zwillingen, kann man annehmen, dass genetische Faktoren für diesen Unterschied maßgeblich verantwortlich sind.

Ein weiteres Familienuntersuchungs-Design, das bei der Bestimmung genetischer und umweltbedingter Einflüsse zum Einsatz kommt, ist die *Adoptionsstudie*, bei der die Forscher untersuchen, ob die Ausprägungen adoptierter Kinder auf einer bestimmten Messvariablen höher mit denen ihrer biologischen Eltern und Geschwister korrelieren oder mit denen ihrer Adoptiveltern und -geschwister. Auf genetische Einflüsse wird in dem Ausmaß rückgeschlossen, in dem die Kinder ihren biologischen Verwandten stärker ähneln als ihren durch Adoption erworbenen Verwandten. Bei dem idealen verhaltensgenetischen Design – der Untersuchung adoptierter Zwillinge – werden beide Designs kombiniert. Hier vergleicht man eineiige Zwillinge, die zusammen aufwuchsen, mit eineiigen Zwillingen, die kurz nach der Geburt getrennt wurden und in verschiedenen Kontexten aufwuchsen. Wenn die Korrelationen zwischen getrennt aufgewachsenen Zwillingen denen zwischen zusammen aufgewachsenen Zwillinge gleichen, kann man auf einen äußerst geringen Einfluss von Umweltfaktoren schließen. Wenn umgekehrt die Korrelationen zwischen eineiigen Zwillingen, die in unterschiedlichen Umwelten aufgewachsen sind, niedriger ausfallen als die Korrelationen zwischen zusammen aufgewachsenen Zwillingen, wird ein starker Umwelteinfluss vermutet. Kasten 3.2 beschreibt einige der bemerkenswerten Befunde aus Untersuchungen von getrennt aufgewachsenen Zwillingen sowie einige der Probleme, die bei solchen Forschungen auftreten.

Familienuntersuchungen der Intelligenz   Die Eigenschaft, auf die verhaltensgenetische Familienuntersuchungen bei weitem am häufigsten gerichtet waren, ist die Intelligenz. In Tabelle 3.1 sind die Ergebnisse von über 100 Familienuntersuchungen des IQ im Verlauf der Adoleszenz zusammengefasst; das Befundmuster lässt sowohl genetische als auch umweltbedingte Einflüsse erkennen. Der genetische Einfluss zeigt sich in den durchgehend höheren Korrelationen bei höheren Graden genetischer Ähnlichkeit. Am bemerkenswertesten ist der Befund, dass eineiige Zwillinge einander ähnlicher sind als gleichgeschlechtliche zweieiige Zwillinge.

Tabelle 3.1: Durchschnittliche familiäre IQ-Korrelationen (R).		
Verwandtschaftsbeziehung	Durchschnittliches R	Anzahl der Paare
Gemeinsam aufgewachsene biologische Verwandte		
Eineiige Zwillinge	0.86	4.672
Zweieiige Zwillinge	0.60	5.533
Geschwister	0.47	26.473
Eltern–Kinder	0.42	8.433
Halbgeschwister	0.35	200
Cousins/Cousinen	0.15	1.176
Getrennt aufgewachsene biologische Verwandte		
Eineiige Zwillinge	0.72	65
Geschwister	0.24	203
Eltern–Kinder	0.24	720
Gemeinsam aufgewachsene nicht-biologische Verwandte		
Geschwister	0.32	714
Eltern–Kinder	0.24	720

Zusammenfassung von Familienuntersuchungen zur Intelligenz (aus McGue, Bouchard, Iacono & Lykken, 1993).

> **Kasten 3.2** **Individuelle Unterschiede**

Getrennt aufgewachsene eineiige Zwillinge

Oskar Stohr und Jack Yufa sind eineiige Zwillinge, die kurz nach ihrer Geburt in Trinidad getrennt wurden. Oskar wurde von seiner Großmutter in Deutschland als Katholik und Nazi erzogen. Jack wuchs bei seinem Vater in der Karibik als Jude auf. Ungeachtet ihrer recht unterschiedlichen Lebenshintergründe entdeckten die beiden Brüder, als sie sich im mittleren Lebensalter zum ersten Mal im Rahmen einer Forschungsuntersuchung in Minneapolis trafen, eine Reihe von Ähnlichkeiten:

> Sie besitzen gemeinsame Eigenarten in Hülle und Fülle: Sie mögen scharfes Essen und süße Liköre, sind zerstreut, haben die Angewohnheit, vor dem Fernseher einzuschlafen, finden es witzig, mitten unter Fremden zu niesen, betätigen die Toilettenspülung, bevor sie sie benutzen, bewahren Gummiringe über ihrem Handgelenk auf, lesen Zeitschriften von hinten nach vorne, tunken gebutterten Toast in ihren Kaffee. Oskar tyrannisiert Frauen und schreit seine Frau an, was Jack vor seiner Scheidung ebenfalls tat (Holden, 1980, S. 1324).

Jack und Oskar sind Teilnehmer an der *Minnesota Study* getrennt aufgewachsener Zwillinge, einer umfangreichen Untersuchung von Zwillingspaaren, die früh im Leben getrennt wurden (Bouchard, Lykken, McGue, Segal & Tellegen, 1990). Es wurden mehr als 100 solcher Zwillingspaare ausfindig gemacht, für die Untersuchung angeworben und nach Minneapolis gebracht, wo sie einer umfangreichen Batterie physiologischer und psychologischer Tests unterzogen wurden. In vielen Fällen trafen sich die Zwillingsgeschwister zum ersten Mal seit ihrer Kindheit. (Die wieder zusammengeführten Zwillinge auf dem Photo legten fast so viele überzeugende Ähnlichkeiten an den Tag wie Jack und Oskar, einschließlich ihrer Berufswahl als Feuerwehrmann.) Die Motivation für diese ausgedehnte Studie bestand darin, die genetischen und umweltbedingten Beiträge zur Entwicklung und zum Verhalten zu erforschen, indem Individuen untersucht werden, die genetisch identisch sind, aber in unterschiedlichen Umwelten aufwuchsen.

Gleichzeitig spiegeln sich Umwelteinflüsse in der Tatsache wider, dass eineiige Zwillinge hinsichtlich ihrer Intelligenz nicht identisch sind. Weitere Belege für die Rolle der Umwelt bestehen darin, dass sich gemeinsam aufgewachsene Zwillinge ähnlicher sind als Zwillinge, die in verschiedene Familien adoptiert wurden. So sind im Allgemeinen – zumindest während des Jugendalters – die Korrelationen zwischen Personen aus einer geteilten familiären Umwelt (gleich ob sie biologisch miteinander verwandt sind oder nicht) höher als zwischen Personen des gleichen genetischen Verwandtschaftsgrads, die getrennt aufwuchsen. Man beachte jedoch, dass die Korrelationen für die Adoptivfamilien wahrscheinlich in Folge selektiver Vermittlung überhöht sind; Adoptionsagenturen versuchen für gewöhnlich, Kinder bei Adoptivfamilien des gleichen Hintergrunds und derselben Rasse unterzubringen.

Nach der Adoleszenz zeichnet sich ein ganz anderes Bild ab als das in Tabelle 3.1 dargestellte. Im Erwachsenenalter bleibt die Korrelation bei eineiigen Zwillingen etwa gleich hoch wie in der Tabelle (über .80), aber die Kor-

Kasten 3.2

Das Forschungsteam in Minnesota war von dem Ausmaß an Ähnlichkeit überwältigt, das sie bei den untersuchten getrennten Zwillingen fanden; sie fanden genetische Beiträge zu „fast jedem Verhaltensmerkmal, das bislang untersucht wurde, von der Reaktionszeit bis zur Religiosität" (Bouchard et al., 1990). Besonders starke Zusammenhänge fanden sich bei so unterschiedlichen Wesenszügen wie dem IQ, der Reaktion auf Stress, Aggression und Traditionalismus.

So erstaunlich die Ähnlichkeiten zwischen den getrennten Zwillingen auch sein mögen, gibt es doch mehrere Probleme mit der automatischen Schlussfolgerung, dass sich diese Ähnlichkeiten auf genetische Faktoren zurückführen lassen. Eines besteht in der im Text bereits angesprochenen Frage der selektiven Unterbringung: Die Umgebungen der getrennten Geschwister sind oft in mehrerlei Hinsicht ähnlich. Es ist extrem selten, dass getrennte Zwillinge wie Jack und Oskar aufwachsen, in verschiedenen Sprachen, Religionen und Kulturen. So stammt die Mehrheit der Zwillinge in den meisten verhaltensgenetischen Untersuchungen aus vorrangig weißen Mittelklassefamilien westlicher Länder. Ein Verhaltensgenetiker kommentierte dies folgendermaßen:

Die eineiigen Zwillinge Gerald Levey und Mark Newman wurden nach der Geburt getrennt und unabhängig voneinander in jüdischen Mittelklassefamilien in der Gegend von New York aufgezogen. Bei ihrem Wiedersehen im Alter von 31 Jahren fanden sie sich beide als Feuerwehrmänner mit heruntergezogenem Oberlippenbart, die Fliegerbrillen trugen.

> Nimm eines dieser Kinder und stecke es in eine *wirklich* andere Umgebung, etwa in eine Familie von Buschmännern in Afrika oder in ein Bauerndorf in Zentralchina, und komm *dann* nach zwanzig Jahren zurück: Ob du dann wohl zwei Feuerwehrmänner findest, die sich gleichartig kleiden? (Levine & Suzuki, 1993, S. 241.)

---

relation zwischen zweieiigen Zwillingen wird geringer (um .40 gegenüber .60 in der Tabelle) (Pedersen, Plomin, Nesselrode & McClearn, 1992). Die Korrelation zwischen genetisch nicht miteinander verwandten Personen, die getrennt voneinander aufgewachsen sind, liegt praktisch bei Null (McGue, Bouchard, Iacono & Lykken, 1993).

Die Muster stimmen mit der Idee der oben schon diskutierten Korrelation zwischen Phänotyp und Umwelt überein – der Tatsache, dass Menschen sich ihre Umwelt aktiv konstruieren (Mc Gue et al., 1993; Scarr & McCartney, 1983). Sobald Kinder älter werden, verringert sich der Einfluss der Eltern auf ihre Aktivitäten, und sie steuern ihre Erfahrungen zunehmend selbst. Es kann sein, dass der IQ eineiiger Zwillinge bis ins Erwachsenenalter hinein ähnlich bleibt, weil sie ähnliche Niveaus intellektueller Stimulation aufsuchen, während sich zweieiige Zwillinge zunehmend unähnlicher werden, weil sie sich jeweils andere Erfahrungen aussuchen (Scarr & McCartney, 1983).

Erblichkeit – eine statistische Schätzung desjenigen Anteils der gemessenen Variabilität eines bestimmten Persönlichkeitsmerkmals zwischen den Individuen einer bestimmten Population, der sich auf genetische Unterschiede zwischen diesen Individuen zurückführen lässt.

Erblichkeit

Viele Verhaltensgenetiker versuchen in ihren Ansätzen zur Anlage-Umwelt-Debatte das Ausmaß, in dem die Gene zu den verschiedenen Persönlichkeitsmerkmalen beitragen, zu quantifizieren. Um abzuschätzen, welche Variabilitätsanteile eines bestimmten Merkmals sich auf genetische oder umweltbedingte Faktoren zurückführen lassen, leiten sie aus Korrelationen, wie sie in Tabelle 3.1 dargestellt sind, Erblichkeitsschätzungen ab. Die **Erblichkeit** ist eine statistische Schätzung desjenigen Anteils der gemessenen Varianz eines bestimmten Persönlichkeitsmerkmals zwischen den Individuen einer bestimmten Population, der sich auf die genetischen Unterschiede dieser Individuen zurückführen lässt.

Man muss beim Umgang mit Erblichkeitsschätzungen jedoch auf jeden Fall verstehen, dass sie keine Auskünfte über die relativen Beiträge genetischer und umweltbedingter Faktoren zur Entwicklung eines Individuums geben. Sie schätzen stattdessen lediglich dasjenige Ausmaß der Variabilität innerhalb einer Population von Menschen, das auf die Unterschiede ihrer Gene zurückgeht. Eine einfache Analogie zeigt Abbildung 3.5. Der Erblichkeitsindex für Intelligenz liegt nach allgemeinen Annahmen bei etwa 50 Prozent; die zugrunde liegenden Schätzungen variieren zwischen 30 und 70 Prozent (Plomin, 1990). Das bedeutet, dass bei der untersuchten Population etwa 50 Prozent der Varianz der IQ-Ausprägungen auf genetische Unterschiede zwischen den Mitgliedern dieser Gruppe zurückgehen. (Es bedeutet *nicht*, dass 50 Prozent unserer Intelligenzausprägung auf unsere genetische Ausstattung und 50 Prozent auf unsere Erfahrung zurückgehen.) Man beachte, dass dieser Erblichkeitswert darauf hinweist, dass der Beitrag der Umwelt zur Intelligenzvariation ebenfalls etwa 50 Prozent beträgt.

Verhaltensgenetische Analysen wurden auf viele ganz unterschiedliche Aspekte des menschlichen Verhaltens angewandt; einigen davon werden wir in den späteren Kapiteln dieses Buches wieder begegnen. Um nur ein paar Beispiele anzuführen: Erblichkeit in bedeutsamer Ausprägung wurde berichtet für das *kindliche Aktivitätsniveau* (Saudino & Eaton, 1991), das *Temperament* (Goldsmith, Buss & Lemery, 1997), die *Unfähigkeit zu lesen* (DeFries & Gillis, 1993) sowie für *antisoziales Verhalten* (Gottesman & Goldsmith, 1994). Selbst

Abbildung 3.5: Gene *und* Umwelt. Was ist wichtiger für die Berechnung der Fläche von Rechteck (a) – seine Länge oder seine Breite? Offensichtlich ist diese Frage sinnlos, weil die Fläche das Produkt beider Dimensionen zugleich ist. Bei der *Gruppe* von Rechtecken in (b) *kann* man jedoch fragen, welchen Beitrag jede Dimension zur Flächenvariation zwischen den Elementen der Gruppe leistet. Hier geht die Variation weitestgehend auf Unterschiede der Länge zurück. Gleichermaßen ist es wenig sinnvoll zu fragen, ob eine Eigenschaft eines Individuums mehr auf den Genen oder mehr auf der Umwelt beruht; es ist jedoch eine sinnvolle Frage, welcher Anteil der Variation zwischen einer Gruppe von Individuen sich auf jeden Faktor zurückführen lässt.

für *Scheidung* (McGue & Lykken, 1992) und *Fernsehkonsum* (Plomin, Corley, DeFries & Fulker, 1990) wurde ein beträchtlicher Erbfaktor ermittelt.

Dass es wenig plausibel scheint, die Existenz von Genen für „gescheiterte Familienbeziehungen" oder „Dauerglotzen" anzunehmen, erinnert uns an einen wichtigen Gesichtspunkt: Trotz der üblichen Verwendung des Ausdrucks sollte man nicht davon sprechen, es gebe Gene „für" bestimmte Verhaltensmuster. Wir haben bereits betont, dass Gene nichts anderes tun, als den Code für Proteine zu liefern; sie wirken sich auf das Verhalten nur sehr indirekt aus, indem die nach ihrem Code kreierten Proteine Einfluss nehmen auf sensorische, neuronale und weitere physiologische Prozesse, die am Verhalten beteiligt sind. Der Erblichkeitsindex für Scheidung könnte so vielleicht mit der genetischen Prädisposition zur Suche nach Veränderungen und zum Reiz an Neuem zusammenhängen, und der Befund zum Fernsehkonsum geht vielleicht mit einem genetisch basierten niedrigen Aktivitätsniveau oder einer kurzen Aufmerksamkeitsspanne einher.

Schätzungen des Erblichkeitsfaktors wurden sowohl innerhalb der Psychologie (z. B. Gottlieb, 1992; Gottlieb, Wahlsten & Lickliter, 1997; Lerner, 1995) als auch von anderer Seite (z. B. Levine & Suzuki, 1993; Lewontin, 1982) kritisiert. Ein Teil der Kritik fußt auf der Tatsache, dass entsprechende Schätzungen oft falsch angewendet und fehlinterpretiert werden. So erkennen beispielsweise viele Menschen den oben betonten Sachverhalt nicht: *Erblichkeitsanteile gelten nur für Populationen, nicht für Individuen.* Dieser Punkt wird oft übersehen oder falsch verstanden, besonders in populären Abhandlungen über verhaltensgenetische Forschung.

Außerdem *gilt eine Erblichkeitsschätzung nur für eine bestimmte Gruppe, die zu einem bestimmten Zeitpunkt in einer bestimmten Umgebung lebt.* Die in Tabelle 3.1 aufgeführten IQ-Korrelationen und die daraus abgeleiteten Erblichkeitsschätzungen müssen nicht in gleicher Weise für verarmte Familien in den USA, für Hindus der indischen Oberschicht und für türkische Bauern gelten. Auch haben wir bereits festgestellt, dass sie nicht einmal bei denselben Individuen über das Alter hinweg stabil bleiben.

Weiterhin variieren Schätzungen des Erblichkeitsfaktors je nach Grad der genetischen und umweltbedingten Ähnlichkeit für eine gegebene Population. Als drastisches (wenngleich wenig realistisches) Beispiel stelle man sich eine futuristische Welt vor, in der eine große Anzahl von Klonen (genetisch identischen Individuen) in einer Vielfalt von unterschiedlichen Umwelten aufwächst. Der Erblichkeitsindex für jedes Merkmal in dieser Population läge bei Null, weil ohne Variation der genetischen Ausstattung kein Anteil der Variabilität im Verhalten auf genetische Faktoren zurückgeführt werden könnte. Oder nehmen wir das Gegenteil an, dass Menschen mit stark variierenden genetischen Ausstattungen alle in praktisch denselben Umweltbedingungen aufwachsen, in denen jeder exzellente Ernährung und medizinische Fürsorge erhält, eine liebevolle Familie, eine freundliche Wohnung und so weiter. In diesem Fall würde die Erblichkeitsschätzung extrem hoch ausfallen, weil fast keiner der Unterschiede zwischen diesen Menschen auf unterschiedliche Umwelten zurückgeführt werden könnte.

Betrachten wir, zur wirklichen Welt zurückkehrend, den Fall der Körpergröße. Die Forschung hierzu orientierte sich fast ausschließlich an Nordamerikanern und Europäern, überwiegend weißer Hautfarbe, überwiegend angemessenen ernährt. Hier wurde eine Erblichkeit von etwa 90 Prozent ermittelt. Was würde passieren, wenn ein großer Teil dieser Population einer schlimmen Hungersnot ausgesetzt wäre, während sich der andere Teil weiterhin gut ernähren könnte? Würde die Erblichkeit immer noch 90 Prozent betragen? Nein – denn die Variabilität, die auf Umweltfaktoren beruht, würde drastisch ansteigen (und damit würde die Variabilität, die sich auf genetische Faktoren zurückführen lässt, ebenso drastisch sinken).

Ein verwandter, häufig falsch verstandener Aspekt besteht darin, dass *hohe Erblichkeit nicht notwendigerweise Unveränderbarkeit bedeutet*. Die Tatsache, dass eine Persönlichkeitseigenschaft stark erblich ist, bedeutet *nicht*, dass der Versuch keinen Sinn macht, den Entwicklungsverlauf, der mit dieser Eigenschaft verknüpft ist, positiv zu beeinflussen. So bedeutet beispielsweise die Tatsache, dass die Erblichkeitsschätzung für Intelligenz relativ hoch ist, nicht, dass sich die intellektuelle Leistungsfähigkeit jüngerer Kinder durch geeignete Interventionsbemühungen nicht verbessern ließe (wie in den beiden vorangehenden Kapiteln dargestellt wurde).

Und schließlich sagen Erblichkeitsschätzungen – da sie für eine definierte Population gelten – nichts über Unterschiede *zwischen* Gruppen aus. Der Erblichkeitsindex des IQ beispielsweise vermittelt wenig Einsicht darin, was IQ-Unterschiede zwischen verschiedenen Bevölkerungsgruppen bedeuten. Europäische Amerikaner erreichen bei IQ-Tests durchschnittlich 15 Punkte mehr als Afro-Amerikaner. Manche Menschen nehmen irrigerweise an, dass der Unterschied zwischen den IQ-Werten der beiden Gruppen genetisch basiert ist, weil der IQ zu 50 Prozent als erblich gilt. Diese Annahme ist völlig ungerechtfertigt angesichts der großen Ungleichheit zwischen den beiden Gruppen hinsichtlich Familieneinkommen und Ausbildung, Qualität der Stadtteil-Schulen, Gesundheitsfürsorge und unzähliger weiterer Faktoren.

Effekte der Umwelt

Jede Untersuchung des genetischen Beitrags zum Verhalten und zur Entwicklung ist notwendigerweise zugleich eine Untersuchung von Umwelteinflüssen: Die Abschätzung der Erblichkeit führt automatisch auch zur Abschätzung derjenigen Varianzanteile, die *nicht* den Genen zugeschrieben werden können. Dass Erblichkeitsschätzungen den Wert von 50 Prozent selten übersteigen, lässt einen großen Beitrag der Umweltfaktoren erkennen. Forscher versuchen zu bestimmen, in welchem Ausmaß Aspekte der Umwelt, die wir in der Regel mit unseren nächsten Verwandten teilen, dazu beitragen, dass wir einander ähnlich werden, und in welchem Ausmaß Erfahrungen, die nur den jeweils Einzelnen betreffen, Unterschiede hervorrufen.

Da Mitglieder der gleichen Familie ganz offensichtlich besonders ähnlichen Umwelten ausgesetzt sind, beruht eine übliche Form der Schätzung von *Effekten einer geteilten Umwelt* auf einer Analyse der Ähnlichkeiten zwischen

Adoptivgeschwistern – biologisch nicht miteinander verwandten Individuen, die zusammen aufwuchsen (Plomin, DeFries, McClearn & Rutter, 1997). Die Effekte einer geteilten Umwelt spiegeln sich auch darin wider, dass Zwillinge oder andere Verwandte einander ähnlicher sind, als dies allein aufgrund ihrer genetischen Übereinstimmung zu erwarten wäre. Zum Beispiel konnte man einen beträchtlichen Einfluss der gemeinsamen Umwelt auf die positive Gefühlslage kleiner und jüngerer Kinder nachweisen, weil vergleichbare Ähnlichkeiten im Ausdruck von Freude und Vergnügen zwischen zusammen aufgewachsenen zweieiigen und zusammen aufgewachsenen eineiigen Zwillingen beobachtet wurden (Goldsmith et al., 1997). Die Ursache dieses Effekts ist unklar; es könnte aber an einem Aspekt des mütterlichen Verhaltens oder ihrer Persönlichkeit liegen, beispielsweise dem Merkmal der Extraversion.

Verhaltensgenetiker haben erstaunlich geringe Auswirkungen einer gemeinsamen Umwelt auf manche Entwicklungsaspekte festgestellt. Mit Blick auf die Persönlichkeit liegen die Korrelationen bei Adoptivgeschwistern häufig nahe bei Null (Rowe, 1994). Dasselbe gilt für manche Typen psychischer Störungen und Pathologien, einschließlich der Schizophrenie (Gottesman, 1991). Das Aufwachsen in einer Adoptivfamilie mit einem schizophrenen Geschwisterkind erhöht nicht das Risiko, selbst schizophren zu werden. Es kommt hinzu, dass es für das Schizophrenierisiko des biologischen Kindes eines schizophrenen Elternteils keine Rolle spielt, ob es bei der Geburt zur Adoption freigegeben wird oder ob es bei dem psychisch kranken Elternteil verbleibt (Kety et al., 1994).

Zu den *Effekten einer nicht geteilten* (also unterschiedlichen) *Umwelt* gehören die Auswirkungen von Erfahrungen, die nur das jeweilige Individuum betreffen. Selbst wenn Kinder in derselben Familie zusammen aufwachsen, verfügen sie nicht alle über dieselben Erlebnisse und Erfahrungen – weder innerhalb noch außerhalb der Familie. Einige Verhaltensgenetiker kamen zu dem Schluss, dass der primäre Effekt von nicht geteilten Umweltaspekten meistens darin besteht, die Unterschiede zwischen den Familienmitgliedern zu erhöhen, statt sie einander ähnlicher werden zu lassen (Plomin & Daniels, 1987). Die Effekte nicht geteilter Umwelten schätzt man aus der verbleibenden Varianz, die weder auf die Gene noch auf eine geteilte Umwelt zurückgeführt werden kann. Bei gemeinsam aufgewachsenen eineiigen Zwillingen wäre dies das Ausmaß, in dem sie sich bei einer Eigenschaft unterscheiden. Weil sie genetisch zu 100 Prozent übereinstimmen, muss jeder Unterschied zwischen ihnen auf Aspekte der Umwelt zurückgehen, die sie nicht in gleicher Weise erfahren haben. In vielen Fällen beträgt dieser Anteil etwa 50 Prozent.

Geschwister können wegen ihrer Altersunterschiede und ihrer Geburtsreihenfolge schon *innerhalb der Familie* recht Unterschiedliches erfahren. In einer vielköpfigen Familie mag das älteste Kind beispielsweise von relativ jungen, aktiven, aber unerfahrenen Eltern erzogen worden sein, während die deutlich jüngeren Geschwister mit älteren, gesetzteren, aber erfahrungsreicheren Eltern aufwachsen. Außerdem können Geschwister das Verhalten ihrer Eltern ihnen gegenüber unterschiedlich erleben (was man vielleicht das „Immer warst du Papas Liebling"-Syndrom nennen könnte); wir haben in Kapitel 1 schon darauf hingewiesen. Geschwister können weiterhin von einem Ereignis, das sie gemeinsam erleben, beispielsweise die Scheidung ihrer Eltern, ganz unterschiedlich betroffen sein (Hetherington & Clingempeel, 1992). Und schließlich sind Geschwister manchmal höchst motiviert, sich voneinander zu unterscheiden und gegeneinander abzugrenzen (Sulloway, 1996). Der jüngere Bruder einer Musterschülerin versucht vielleicht, stattdessen ein Supersportler zu werden, und ein Kind, das beobachten muss, wie sich ein Geschwisterteil in ein selbstzerstörerisches Muster von Drogen und Alkohol zurückzieht, mag zu dem Schluss kommen, einen anderen Weg zu wählen.

Geschwister, insbesondere wenn sie nicht vom selben Geschlecht sind, machen außerhalb ihres Zuhauses erst recht unterschiedliche Erfahrungen; beispielsweise haben sie verschiedene Freundeskreise und Bezugsgruppen (Harris, 1995). Zwei sehr aktive Brüder, die beide körperliche Herausforderungen und einen gewissen Nervenkitzel mögen, werden zu recht unterschiedlichen Erfahrungen gelangen, wenn der eine einem Turnverein beitritt, während sich der andere mit Kriminellen herumtreibt. Idiosynkratische Lebensereignisse – einen schweren Unfall oder eine schlimme Krankheit zu erleiden, einen inspirierenden Lehrer zu haben, auf dem Schulhof schikaniert zu werden – können darüber hinaus dazu beitragen, dass sich Geschwister unterschiedlich entwickeln.

IN KÜRZE

Die vier Beziehungen in Abbildung 3.1 bilden das komplexe Zusammenspiel zwischen genetischen Kräften und Umweltkräften bei der Entwicklung ab. (1) Der Verlauf der Entwicklung eines Kindes wird vom genetischen Erbe beeinflusst, das es von Mutter und Vater erhält, wobei das Geschlecht ausschließlich durch den Beitrag des Vaters bestimmt ist. (2) Die Beziehung zwischen dem Genotyp und dem Phänotyp des Kindes hängt zum Teil von Dominanzmustern bei der Expression einiger Gene ab, doch die meisten Merkmale, die für Verhaltenswissenschaftler von primärem Interesse sind, werden von mehreren Genen beeinflusst (polygenetische Vererbung). (3) Dem Konzept der Reaktionsnorm zufolge wird sich ein bestimmter Genotyp in verschiedenen Umwelten jeweils anders entwickeln. Ein besonders auffälliger Teil der kindlichen Umwelt sind ihre Eltern, einschließlich deren genetischer Ausstattung, die sich darauf auswirkt, wie sich die Eltern gegenüber ihren Kindern verhalten. (4) Die genetische Ausstattung des Kindes selbst beeinflusst sie bei der Auswahl und Gestaltung ihrer eigenen Umwelt und bei dem, was sie in dieser Umwelt erleben.

Das Gebiet der Verhaltensgenetik befasst sich damit, wie sich Entwicklung aus der Interaktion zwischen genetischen Faktoren und Umweltfaktoren ergibt. Verhaltensgenetiker verwenden die Methodologie der Familienuntersuchung und vergleichen die Korrelationen zwischen Individuen, die sich im Ausmaß ihrer genetischen Verwandtschaft und in der Ähnlichkeit der Umwelt, in der sie aufgewachsen sind, unterscheiden. Der Erblichkeitsindex ist die Schätzung desjenigen Anteils der Varianz zwischen Individuen einer bestimmten Population hinsichtlich eines bestimmten Merkmals, der sich auf ihre genetischen Unterschiede zurückführen lässt. Die meisten Verhaltenseigenschaften, die auf diese Weise gemessen wurden, zeigen einen beträchtlichen Erblichkeitsanteil. Zugleich lassen Erblichkeitsschätzungen die enge Gemeinschaft von Erbe und Umwelt bei der Entwicklung erkennen; es ist falsch und unangemessen, wenn man sich Anlage und Umwelt so vorstellt, als ob sie sich in einem permanenten wechselseitigen Kampf um die Vorherrschaft befinden.

Die Entwicklung des Gehirns

Wir werden nun sehen, dass die Zusammenarbeit zwischen Anlage und Umwelt auch für die Entwicklung des Gehirns und des Nervensystems entscheidend ist. Bevor wir jedoch die Entwicklungsprozesse bei der Ausbildung des Gehirns behandeln, müssen wir zunächst die grundlegende Beschaffenheit dieser „komplexesten Struktur im bekannten Universum" (Thompson, 2000, S. 1) betrachten.

Das Fundament für alle Aspekte der Verhaltensentwicklung liegt in der Entwicklung des zentralen Nervensystems (ZNS) und insbesondere des Gehirns. Ohne ein funktionierendes Gehirn gibt es kein Verhalten. So ist sogar das Fehlen von Gehirnaktivität die rechtliche Definition des eingetretenen Todes. Das Gehirn ist der Ursprung allen Denkens, Erinnerns, Wünschens, hier entstehen Ekel, Vorstellungskraft, Persönlichkeit – kurz gesagt: die Fähigkeiten und Eigenschaften, die uns zu dem machen, was wir sind.

Im Verlauf der Evolutionsgeschichte unserer Spezies (also im Verlauf der vergangenen drei Millionen Jahre) dehnte sich die Größe des menschlichen Gehirns sehr stark aus. Zwar besitzen Menschen nicht die größten Gehirne im Tierreich, doch ist unser Gehirn, gemessen an unserer Körpergröße, das größte (mehr als sechsmal größer, als man auf der Grundlage anderer Tierarten erwarten würde) (Kolb & Wishaw, 1996). Die Größe unseres Gehirns erlangen wir weitgehend in den ersten Jahren unserer Entwicklung. Das Gehirn eines Neugeborenen umfasst etwa 25 Prozent der Größe eines durchschnittlichen Erwachsenengehirns, das Gehirn eines 3-Jährigen jedoch bereits 80 Prozent.

Die zentrale Rolle des Gehirns für das menschliche Verhalten wurde sogar schon 3000 Jahre vor Christus von den Ägyptern erkannt. In einem Text aus dieser Zeit heißt es sinngemäß: „Wenn du einen Mann untersuchst, der ein Loch in der Schläfe hat, und ihn ansprichst, wird er sich als sprachlos und unfähig zu sprechen erweisen" (vgl. Changeux, 1985).

Gehirnstrukturen

Das Gehirn setzt sich aus einer sehr großen Zahl von Strukturen auf einer Vielfalt unterschiedlicher Ebenen zusammen. Wir begrenzen unsere Darstellung auf zwei davon, die für die Diskussion der Entwicklung des Gehirns und des Verhaltens entscheidend sind: das Neuron und der Cortex sowie einige ihrer diversen Teilstrukturen.

Das Neuron

Neurone – spezialisierte Zellen für das Senden und Empfangen elektrischer Botschaften zwischen dem Gehirn und allen Teilen des Körpers sowie innerhalb des Gehirns.

Zellkörper – ein Bestandteil des Neurons, der das grundlegende biologische Material enthält, mit dessen Hilfe die Nervenzelle funktioniert.

Dendriten – Nervenfasern, die Input von anderen Zellen erhalten und in Form von elektrischen Impulsen zum Zellkörper weiterleiten.

Axone – Nervenfasern, die elektrische Signale vom Zellkörper weg zu den Verbindungsstellen mit anderen Neuronen leiten.

Synapsen – mikroskopisch kleine Verbindungsstellen zwischen dem Axonende des einen Neurons und den Dendriten-Verzweigungen oder dem Zellkörper eines anderen Neurons. An den Synapsen erfolgt die Kommunikation zwischen Neuronen.

Gliazellen – Zellen im Gehirn, die eine Vielzahl von entscheidenden Stützfunktionen ausüben.

Myelinscheide – eine fetthaltige Schicht, die sich um bestimmte Axone im Körper bildet und die Geschwindigkeit und Effizenz der Informationsübertragung im Nervensystem erhöht.

Das Hauptgeschäft des Gehirns besteht in der Verarbeitung von Information. Die Grundeinheiten des bemerkenswert mächtigen Informationssystems Gehirn sind mehr als 100 Milliarden **Neurone** (Abbildung 3.6). Das sind Zellen, die für das Senden und Empfangen von elektrischen Botschaften zwischen dem Gehirn und allen Teilen des Körpers sowie auch innerhalb des Gehirns selbst spezialisiert sind. *Sensorische Neurone* übertragen Information von den Sinnesrezeptoren, die Reize in der äußeren Umwelt oder im Inneren des Körpers entdecken; *motorische Neurone* übertragen Information vom Gehirn zu den Muskeln und Drüsen; und *Interneurone* wirken als Vermittler zwischen sensorischen und motorischen Neuronen.

Obwohl sich die Neurone nach Größe, Form und Funktion beträchtlich unterscheiden, bestehen sie alle aus drei Hauptkomponenten: (a) einem **Zellkörper**, der das biologische Basismaterial enthält, das das Neuron funktionstüchtig macht; (2) **Dendriten**, das sind Fasern, die von anderen Zellen Input erhalten und diesen in Form von elektrischen Impulsen zum Zellkörper weiterleiten; und (3) einem **Axon**, einer Faser (deren Länge von ein paar Mikrometern bis zu mehr als einem Meter betragen kann), die elektrische Signale vom Zellkörper weg zu den Verbindungen mit anderen Neuronen überträgt.

Diese Verbindungen, die so genannten **Synapsen**, sind mikroskopisch kleine Anschlussstellen zwischen dem Axonende des einen Neurons und den dendritischen Verzweigungen oder dem Zellkörper eines anderen Neurons. Neurone kommunizieren miteinander an den Synapsen mit Hilfe eines komplexen Prozesses, bei dem elektrische Impulse in chemische Botschaften umgewandelt werden, die die Synapsen durchqueren und dann im empfangenden Neuron in elektrische Impulse zurückübersetzt werden. Die Gesamtzahl der Synapsen ist unglaublich – es sind viele Billionen –, wobei manche Neurone mehr als 15.000 synaptische Verbindungen mit anderen Neuronen besitzen.

Außer den Neuronen enthält das Gehirn auch andere Zelltypen, vor allem **Gliazellen**, die etwa zehnmal so häufig sind wie Neurone. Diese Zellen üben eine Vielzahl entscheidender unterstützender Funktionen aus. Eine Funktion besteht in der Bildung einer **Myelinscheide** um bestimmte Axone herum, wodurch diese isoliert werden, was die Geschwindigkeit und Effizienz der Informationsübertragung erhöht.

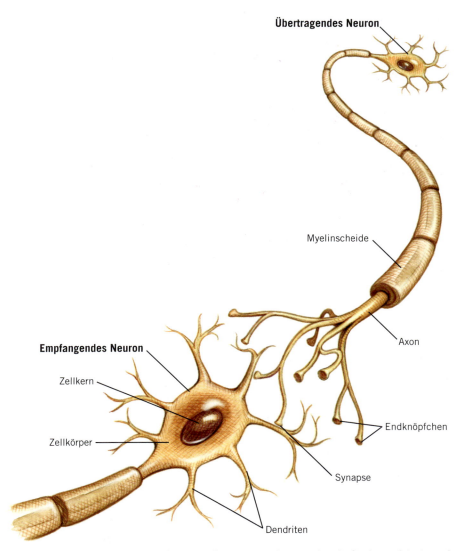

Abbildung 3.6: Das Neuron. Der *Zellkörper* stellt Proteine und Enzyme her, die für das Funktionieren der Zelle sorgen, sowie *Neurotransmitter*, das sind die chemischen Substanzen, welche die Kommunikation zwischen Neuronen ermöglichen. Das *Axon* ist der längliche Schaft, der elektrische Impulse vom Zellkörper weg überträgt. Viele Neurone sind von einer *Myelinscheide* umhüllt, welche die Geschwindigkeit und Effizienz steigert, mit der Signale das Axon entlangwandern. Die Verzweigungen am Ende des Axons besitzen Endknöpfchen, welche Neurotransmitter in die *Synapsen* – die schmalen Spalte zwischen den Axonenden des einen Neurons und den Dendriten oder dem Zellkörper eines anderen Neurons – freisetzen. Die *Dendriten* leiten Impulse zum Zellkörper hin. Ein Axon kann Synapsen mit Tausenden von anderen Neuronen aufweisen. (Nach Banich, 1997.)

Der Cortex

Der **cerebrale Cortex**, der in Abbildung 3.7 dargestellt ist, gilt als der „menschlichste Teil des menschlichen Gehirns" (McEwen & Schmeck, 1994). Es gibt natürlich eine ganze Reihe von subcortikalen Strukturen, aber wir konzentrieren uns vorrangig auf den Cortex, der 80 Prozent des Gehirns ausmacht, einen weit größeren Anteil als bei anderen Spezies (Kolb &

Cerebraler Cortex – die „graue Substanz" des Gehirns, die bei all dem die wesentliche Rolle spielt, was man sich unter den Funktionen vorstellt, die den Menschen besonders auszeichnen – vom Sehen und Hören bis zum Schreiben und zum Gefühlserleben.

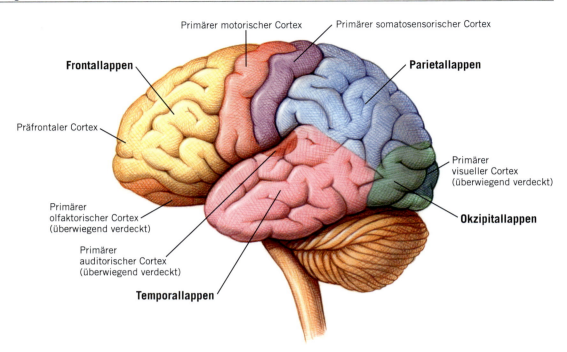

Abbildung 3.7: Der cerebrale Cortex des Menschen. Diese Ansicht der linken Hemisphäre eines erwachsenen Gehirns zeigt die vier größeren Regionen des Cortex – die so genannten Lappen –, die durch tiefe Furchen voneinander getrennt sind. Jedes der primären sensorischen Felder erhält Information von einem bestimmten Sinnessystem, und der primäre motorische Cortex steuert die Muskeln des Körpers. Information aus mehreren sensorischen Bereichen wird in Assoziationsfeldern verarbeitet.

Lappen – die größeren Bereiche des Cortex.

Okzipitallappen – der Teil des Gehirns (auch Hinterhauptslappen), der vorrangig an der Verarbeitung visueller Information beteiligt ist.

Temporallappen – der Teil des Gehirns (auch Schläfenlappen), der mit Gedächtnis, visueller Erkennung und deren Verarbeitung von Emotion und akustischer Information verknüpft ist.

Parietallappen – der Teil des Gehirns (auch Scheitellappen), der die räumliche Verarbeitung und die Integration des Sinnesinputs mit den im Gedächtnis gespeicherten Informationen steuert.

Frontallappen – der Teil des Gehirns (auch Stirnlappen), der für die Verhaltensorganisation zuständig ist und der für die menschliche Fähigkeit des Vorausplanens als verantwortlich gilt.

Wishaw, 1996). Fast das gesamte evolutionäre Wachstum der Größe des menschlichen Gehirns geht auf die Ausdehnung des cerebralen Cortex zurück. Die Furchen und Spalten, die in Abbildung 3.7 sichtbar sind, bilden sich während der Entwicklung, wenn das Gehirn innerhalb des begrenzten Raums des Schädels wächst; all diese Windungen machen es möglich, mehr Cortex in dem begrenzten Bereich unterzubringen.

Der Cortex spielt bei einer Vielzahl von geistigen Funktionen eine entscheidende Rolle, vom Sehen und Hören, Lesen, Schreiben, Kopfrechnen, Mitleid empfinden bis zum Kommunizieren. Wie Abbildung 3.7 zeigt, lassen sich die größeren Bereiche des Cortex – die **Lappen** – anhand der allgemeinen Verhaltenskategorien beschreiben, mit denen sie zusammenhängen. Der **Okzipitallappen** (oder Hinterhauptslappen) ist vorrangig an der Verarbeitung visueller Information beteiligt. Der **Temporallappen** (oder Schläfenlappen) hängt mit dem Gedächtnis, dem visuellen Erkennen und der Verarbeitung von Emotionen und akustischen Informationen zusammen. Der **Parietallappen** (oder Scheitellappen) ist für die räumliche Verarbeitung wichtig. Er ist außerdem an der Integration von Informationen aus verschiedenen Sinnesmodalitäten beteiligt und spielt eine Rolle bei der Integration des sensorischen Inputs mit der im Gedächtnis gespeicherten Information und mit Information über innere Zustände. Der **Frontallappen** (oder Stirnlappen), die „Exekutive" des Gehirns, ist an vielen spezifisch menschlichen Fähigkeiten beteiligt. Er ist besonders für das Planen und Organisieren von zielgerichtetem Verhalten wichtig. Information aus mehreren Sinnessystemen wird in den **Assoziationsfeldern** verarbeitet und integriert, die zwischen den sensorischen und motorischen Hauptbereichen liegen.

Es erscheint zwar praktisch, sich die verschiedenen cortikalen Bereiche so vorzustellen, dass sie jeweils spezifische Funktionen ausüben, aber diese Vorstellung ist irreführend. Die Forschung macht zunehmend deutlich, dass komplexe geistige Funktionen von mehreren Bereichen des Gehirns vermittelt werden. Ein bestimmter Bereich kann für eine Fähigkeit entscheidend sein, aber das bedeutet nicht, dass die Steuerung und Kontrolle dieser Fähigkeit in diesem einen Bereich lokalisiert wäre. (Kasten 3.3 geht auf einige der Techniken ein, mit denen die Forscher etwas über die Funktionen der spezifischen Bereiche des Gehirns herausfinden wollen.)

Assoziationsfelder – Teile des Gehirns, die zwischen den wichtigsten sensorischen und motorischen Feldern liegen und den Input aus diesen Feldern verarbeiten und integrieren.

Cerebrale Lateralisation Der Cortex ist in zwei separate Hälften aufgeteilt, die beiden **cerebralen Hemisphären**. Meistens gelangt der sensorische Input von einer Körperseite in die gegenüberliegende Hälfte des Gehirns, und die motorischen Felder des Cortex steuern die Bewegungen der gegenüberliegenden Körperhälfte. Wenn wir also mit der rechten Hand einen heißen Topf anfassen, registriert die linke Gehirnhälfte den Schmerz und sendet den Befehl, den Topf umgehend wieder loszulassen.

Cerebrale Hemisphären – die beiden Hälften des Cortex. In den meisten Fällen gelangt der sensorische Input von der einen Körperhälfte in die gegenüberliegende Hirnhemisphäre.

Die linke und rechte Hemisphäre sind miteinander verbunden, vor allem durch einen dichten Bereich von Nervenfasern, das so genannte **corpus callosum**, mit dessen Hilfe die beiden Hirnhälften miteinander kommunizieren können. Die beiden Hemisphären sind auf verschiedene Verarbeitungsmodalitäten spezialisiert; dieses Phänomen nennt man **cerebrale Lateralisation**. Bei den meisten Menschen beispielsweise verarbeitet die linke Hemisphäre Information Stück für Stück, in linearer Weise, wie es für logische Analysen, Sprache und sequenzielle Aufgaben benötigt wird; im Gegensatz dazu verarbeitet die rechte Hemisphäre in einer eher ganzheitlichen Weise, was sich für den Umgang mit räumlicher Information besser eignet. (Dieses Muster ist für Rechtshänder, aber nicht für Linkshänder charakteristisch; die Gehirne von Linkshändern sind weniger deutlich lateralisiert.)

Corpus callosum – ein dichter Bereich von Nervenfasern, durch den die beiden Hemisphären miteinander kommunizieren können.

Cerebrale Lateralisation – das Phänomen, dass die beiden Hirnhemisphären für unterschiedliche Verarbeitungsmodalitäten spezialisiert sind.

Entwicklungsprozesse

Wie entsteht die unglaublich komplexe Struktur des menschlichen Gehirns? Es wird nicht sehr überraschen zu hören, dass auch hier wieder Anlage und Umwelt zusammenwirken. Manche Aspekte der Ausbildung des Gehirns werden von den Genen – relativ unabhängig von Erfahrung – angestoßen und eng kontrolliert. Wir werden jedoch sehen, dass andere Aspekte sehr stark von Erfahrungen beeinflusst werden.

| Kasten 3.3 | Näher betrachtet |

Die Kartierung des Geistes

Entwicklungsforscher setzen eine Vielzahl von Verfahren ein um herauszufinden, welche Bereiche des Gehirns mit bestimmten Verhaltensweisen, Gedanken und Gefühlen assoziiert sind und wie sich die Gehirnfunktionen mit dem Alter ändern. Die Existenz von zunehmend mächtigeren Techniken zur Erforschung der Hirnfunktion hat eine Revolution entfacht, was unser Verständnis des Gehirns und seiner Entwicklung betrifft. Wir geben hier Forschungsbeispiele, in denen verschiedene Verfahren eingesetzt wurden, um das Gehirn und seine Arbeitsweise abzubilden.

Der neuropsychologische Ansatz

Lange Zeit haben Forscher von Verhaltensänderungen nach einer Gehirnschädigung auf die Gehirnfunktion geschlossen. Wenn eine bestimmte Funktion nach der Schädigung eines bestimmten Bereichs des Gehirns verloren geht oder beeinträchtigt ist, kann dies darauf hinweisen, dass dieser Teil des Gehirns an der jeweiligen Funktion beteiligt sein muss. Ein Beispiel für diesen neuropsychologischen Ansatz entstammt den Forschungen von Adele Diamond (1991), die nachweisen konnte, dass gesunde Kinder und erwachsene Affen mit Läsionen im präfrontalen Cortex ähnliche Fehler machen, wenn sie nach einem versteckten Objekt suchen (siehe dazu die Photos). In mehreren Untersuchungen beobachteten Kinder und Affen, wie ein begehrtes Objekt versteckt wurde, und nach einer kurzen Zwischenzeit konnten sie es erfolgreich wiederfinden. Beim nächsten Durchgang wurde das Objekt – wiederum unter Beobachtung des Kindes beziehungsweise des Affen – an einem neuen Ort versteckt. Dieses

a) **Beobachtung**
Proband beobachtet, wie E Zielobjekt in Schacht A versteckt.

b) **Reaktion**
Proband greift korrekt nach Schacht A.

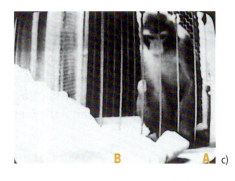 c)

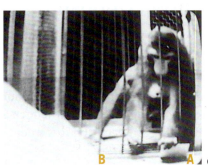 d)

Parallelen zwischen Tier und Mensch. Ähnliche Suchfehler eines Kindes und eines erwachsenen hirngeschädigten Affen. Nach der Beobachtung, wie ein Gegenstand am Ort A versteckt wird, und einer kurzen Zwischenzeit finden Kind wie Affe den Gegenstand erfolgreich wieder. Wenn sie jedoch beobachten, wie dasselbe Objekt an Ort B versteckt wird, wiederholen das Kind und auch der Affe ihre vorherige Handlung und suchen fälschlicherweise am Ort A, wo sie das Objekt zuvor gefunden hatten. (Aus Diamond, 1991.)

Die Entwicklung des Gehirns **147**

Kasten 3.3

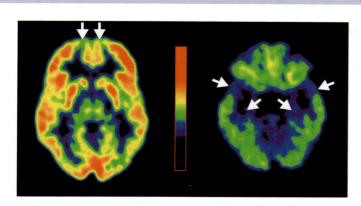

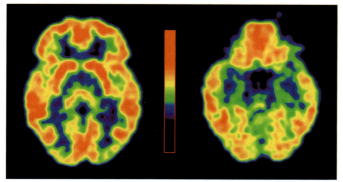

PET-Bilder. *Oben:* Zwei Schnittebenen des Gehirns eines neuneinhalbjährigen Mädchens, das ihre ersten 32 Lebensmonate in einem rumänischen Waisenhaus verbrachte, bevor es adoptiert wurde. *Unten:* Zwei Schnittebenen des Gehirns eines zehneinhalbjährigen Mädchens aus einer normalen häuslichen Umwelt. Bereiche höherer Hirnaktivität erscheinen als kräftigere Konzentrationen von Rot, während Dunkelblau niedrige Aktivität anzeigt. Die Pfeile weisen auf Bereiche ungewöhnlich niedriger Stoffwechselaktivität im Gehirn des rumänischen Kindes.

e) **Beobachtung**
Proband beobachtet, wie E Zielobjekt in Schacht B versteckt.

f) **Reaktion**
Proband greift falsch nach dem jetzt leeren Schacht A.

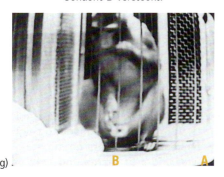

g)

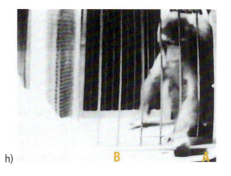

h)

Kasten 3.3

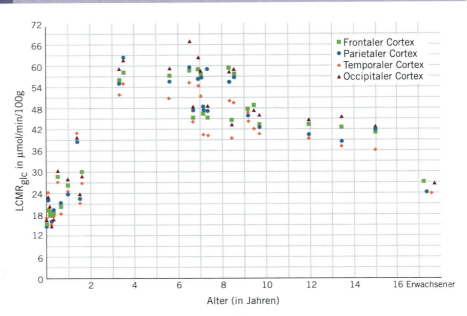

Veränderungen des cortikalen Stoffwechsels im Entwicklungsverlauf. Die Rate des Glukoseumsatzes im Gehirn, einschließlich der vier cortikalen Gehirnlappen, ist zwischen vier und acht Jahren am höchsten. (Aus Chugani, Phelps & Mazziotta, 1987.)

Mal irrten sich jedoch sowohl die gesunden Kinder als auch die hirngeschädigten Affen häufig und langten dorthin, wo sie das Objekt zuvor gefunden hatten, und nicht dahin, wo sie gerade gesehen hatten, dass es versteckt wurde. Älteren Kindern und unversehrten Affen unterläuft dieser Fehler nicht.

Aus diesen und anderen Forschungen kam Diamond zu dem Schluss, dass sowohl beim Menschen als auch beim Affen der präfrontale Cortex an der Koordination zweier Fähigkeiten beteiligt ist, die für die Suchaufgabe entscheidend sind: die Erinnerung des Ortes eines Objekts und die Hemmung des Impulses, wieder am „alten" Ort zu suchen. Sie schloss aus dem Fehler der Kinder bei der Aufgabe, dass der Präfrontalcortex bis zum Alter von neun Monaten noch relativ unausgereift ist.

Positronen-Emissions-Tomographie (PET)

PET ist ein Verfahren aus der Klasse des so genannten *Neuroimaging*; es produziert farbige Bilder, welche die verschiedenen Ebenen von Gehirnaktivität darstellen. Eine radioaktive Substanz wird in den Blutkreislauf einer Person injiziert, und der PET-Scanner zeichnet die Menge an Strahlung auf, die in den verschiedenen Gehirnregionen abgegeben wird (siehe die nebenstehenden Bilder). Weil man bei diesem Verfahren nicht ohne die Injektion radioaktiven Materials auskommt, stammen die meisten entwicklungsbezogenen Daten von Kindern, deren Gehirne aus diagnostischen Gründen gescannt wurden.

PET-Scans ließen faszinierende Veränderungen im Stoffwechsel des Gehirns mit dem Alter erkennen (Chugani, Phelps & Mazziotta, 1987). Wie die Abbildung zeigt, ist die Stoffwechselaktivität im Cortex in den ersten Lebensjahren sehr gering, steigt dann schnell bis zu ihrem Höchststand zwischen vier und acht Jahren und sinkt im

Die Entwicklung des Gehirns 149

Kasten 3.3

Verlauf des Jugendalters langsam ab bis auf ein vergleichsweise niedriges Niveau im Erwachsenenalter.

Funktionale Magnet-Resonanz-Tomographie (fMRT)

Auch die funktionale MRT (auch *MRI* von *Magnet-Resonanz-Imaging*) produziert Bilder, die den cerebralen Blutfluss im Zusammenhang mit Gehirnaktivität widerspiegeln. Das Verfahren beruht jedoch auf einem starken Magnetfeld, um genau angeben zu können, welche Bereiche des Gehirns während bestimmter geistiger Zustände aktiv sind. Die ausgegebenen Bilder gleichen den PET-Bildern.

Eine Person, deren Gehirn mit diesem Verfahren dargestellt wird, muss den Lärm und die Enge einer MRT-Röhre aushalten können und sich dabei sehr ruhig verhalten. Deshalb wurden die meisten fMRI-Untersuchungen mit Kindern an mindestens sechsjährigen Probanden durchgeführt und selten an Säuglingen wie auf nebenstehendem Photo. In einer der ersten fMRI-Untersuchungen an Kindern erwiesen sich die Muster der Gehirnaktivierung bei einer Gedächtnisaufgabe als denen Erwachsener ähnlich, was darauf schließen lässt, dass bildgebende Verfahren für die Untersuchung der normalen kognitiven Funktionen über eine breite Altersspanne hinweg geeignet sind (Casey et al., 1995).

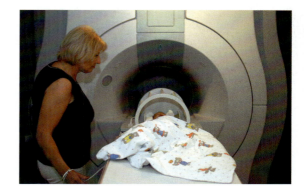

Funktionale Magnet-Resonanz-Tomographie. Bei diesem Baby wird gleich ein fMRI-Scan seines Gehirns durchgeführt. Die Unterlage, auf der das Kind liegt, wird in den Scanner geschoben. Veränderungen des Blutflusses im Gehirn des Kindes werden im Magnetfeld registriert und in ein Computerbild der Gehirnaktivität umgewandelt.

Elektrophysiologische Aufzeichnungen

Entwicklungsforscher nutzen Aufzeichnungen mit dem EEG (Elektroenzephalogramm), um die Zusammenhänge zwischen der elektrischen Hirnaktivität und den aktuellen Gedanken und Emotionen nachzuzeichnen. EEG-Aufzeichnungen erhält man über Elektroden, die einfach auf dem Schädel aufliegen; deshalb wird dieses Verfahren häufig bei Kindern und sogar Säuglingen eingesetzt (siehe Photo auf der folgenden Seite). Durch EEG-Messungen haben die Forscher entdeckt, dass bei Kindern genau wie bei Erwachsenen eine erhöhte elektrische Aktivität auf der linken Seite des frontalen Areals mit Annäherungsreaktionen (zum Beispiel eine positive Emotion wie Freude) assoziiert ist, während Rückzugsreaktionen (zum Beispiel negative Emotionen wie Ärger oder Furcht) mit einer höheren Aktivität auf der rechten Seite einhergehen (Sutton & Davidson, 1997). In ähnlicher Weise zeigen Kleinkinder im Allgemeinen bei spielerischen, vergnüglichen Interaktionen mit ihren Müttern eine erhöhte Aktivation im linken frontalen Gehirnbereich. Kinder depressiver Mütter zeigen jedoch keinen Unterschied zwischen der linksseitigen und rechtsseitigen Aktivierung des Frontalhirns, woran man erkennen kann, dass die Interaktion mit ihrer Mutter wohl nicht als sehr vergnüglich erlebt wird (Dawson, Klinger, Panagiotides, Spieker & Frey, 1992).

Die EEG-Aktivität bei Säuglingen und Kleinkindern hängt mit der späteren kognitiven Funktionstüchtigkeit zusammen. Beispielsweise korreliert das Aktivitätsmuster im EEG von Neugeborenen mit der Aufmerksamkeit und kognitiven Verarbeitung im Alter von zwölf Jahren (Parmelee et al., 1994). Auch wurden bei einer Aufgabe, bei der Zahlen verglichen werden müssen, ähnliche Muster hirnelektrischer Aktivität bei Fünfjährigen und Erwachsenen beobachtet (Temple & Posner, 1998).

Kasten 3.3

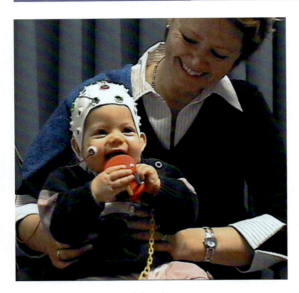

EEG. Eine Mütze hält die Elektroden am Schädel des Babys fest, so dass die Forscher die elektrische Aktivität aufzeichnen können, die über das gesamte Gehirn des Babys verteilt erzeugt wird.

Ein Verfahren, das für die Untersuchung der Beziehung zwischen Hirnaktivität und speziellen Arten der sensorischen Stimulation entwickelt wurde, ist die Aufzeichnung ereigniskorrelierter Potenziale (EKP); dabei handelt es sich um Änderungen der hirnelektrischen Aktivität, die als Reaktion auf die Präsentation eines bestimmten Reizes auftreten. Zum Beispiel unterscheiden sich die EKPs von neun Monate alten Kindern, wenn man ihnen Gesichter mit fröhlichem und mit ängstlichem Gesichtsausdruck zeigt (Nelson & de Haan, 1996). Misshandelte Kinder zeigen ein erhöhtes EKP als Reaktion auf ärgerliche Gesichter (im Vergleich zu fröhlichen Gesichtern) (Pollak, Cicchetti, Klorman & Brumaghim, 1997). Untersuchungen von EKPs auf akustische Reize haben gezeigt, dass die Fähigkeit von Neugeborenen, sprachliche Laute voneinander zu unterscheiden, in direktem Zusammenhang mit ihrer Sprachfähigkeit mit drei Jahren steht (Molfese & Molfese, 1994).

Weitere Verfahren

Bei den oben genannten handelt es sich um die wichtigsten Verfahren, die in der Entwicklungsforschung bis heute zur Anwendung kamen. Doch gibt es rapide Fortschritte. „Es besteht allgemeine Übereinstimmung darin, dass das 21. Jahrhundert eine Zeit einmaliger Entdeckungen sein wird, welche die anatomischen Strukturen und die physiologischen Systeme des Gehirns mit dem menschlichen Geist in Verbindung bringen" (Posner, Rothbart, Farah & Bruer, 2001, S. 293).

Die Neurogenese

In der dritten oder vierten pränatalen Lebenswoche beginnen die Zellen im frisch gebildeten Neuralrohr, sich mit einer erstaunlichen Rate zu teilen – die Höchstproduktion liegt bei 250.000 neuen Zellen pro Minute (Cowan, 1979). Die **Neurogenese** – die Vermehrung von Neuronen durch Zellteilung – ist etwa 18 Wochen nach der Befruchtung praktisch abgeschlossen (Rakic, 1995).

Die Neurone, die zu diesem Zeitpunkt aus kaum mehr als einem Zellkörper bestehen, wandern nach ihrer „Geburt" zu ihren endgültigen Bestimmungsorten. Manche Neurone werden passiv durch die nach ihnen gebildeten neueren Zellen vorangeschoben, während andere, so die für den Cortex bestimmten Neurone, sich aktiv an früher gebildeten vorbei zu ihrer neuen Heimat bewegen.

Sobald die Neurone ihren Bestimmungsort erreichen, wachsen sie und differenzieren sich aus. Zuerst wächst den Neuronen ein Axon und dann ein „Strauch" von Dendriten (s. noch einmal Abbildung 3.6). Schließlich nehmen sie spezifische strukturelle und funktionale Eigenschaften an, wenn sie die

Neurogenese – die Vermehrung von Neuronen durch Zellteilung.

verschiedenen Strukturen des Gehirns bilden. Axone verlängern sich, wenn sie zu einem bestimmten Ziel hin wachsen, wobei es sich je nach dem betreffenden Neuron um ein anderes Neuron im Gehirn oder um ein weiter entferntes Ziel handeln kann, im Extremfall um einen Knochen im großen Zeh. Die wichtigste Veränderung der Dendriten besteht in einer enormen Vergrößerung des „Dendriten-Baums" hinsichtlich Umfang und Komplexität als Ergebnis von Wachstum, Verästelung und der Bildung von **Stacheln** auf den Verzweigungen; all dies erhöht die Fähigkeit der Dendriten, Verbindungen mit anderen Neuronen einzugehen. Im Cortex erfolgt die Phase des intensivsten Wachstums und der stärksten Differenzierung nach der Geburt.

Stacheln – Auswüchse auf den Dendriten der Neurone, welche die Fähigkeit der Dendriten erhöhen, Verbindungen mit anderen Neuronen einzugehen.

Der Prozess der **Myelinisierung** – der Bildung einer isolierenden Myelinschicht um manche Axone herum – beginnt im Gehirn schon vor der Geburt und setzt sich bis ins Jugendalter oder noch später fort. Die verschiedenen Cortexbereiche werden in unterschiedlichem Tempo myelinisiert, was vielleicht zu den unterschiedlichen Entwicklungsraten bei einzelnen Verhaltensaspekten beträgt.

Myelinisierung – die Bildung von Myelin (einer fetthaltigen Schicht) um die Axone von Neuronen herum, was die Informationsleitung verbessert und beschleunigt.

Die Synaptogenese

Ein Ergebnis des außerordentlichen Wachstums der Axon- und Dendritenfasern besteht in einer überbordenden Explosion neuronaler Verbindungen. Im Prozess der **Synaptogenese** bildet jedes Neuron Synapsen mit Tausenden von anderen Neuronen, was in der schon erwähnten Ausbildung von Billionen von Verbindungen resultiert. Abbildung 3.8 zeigt den Prozess der Synaptogenese im Cortex. Man kann erkennen, dass die Synaptogenese pränatal beginnt und sowohl vor der Geburt als auch einige Zeit danach rapide vorangeht. Man beachte, dass der Zeitverlauf und die Rate der Synapsenproduktion in den verschiedenen Regionen des Cortex unterschiedlich verlaufen; im visuellen Cor-

Synaptogenese – der Prozess der Bildung von Synapsen mit anderen Neuronen, der in Billionen von Nervenverbindungen resultiert.

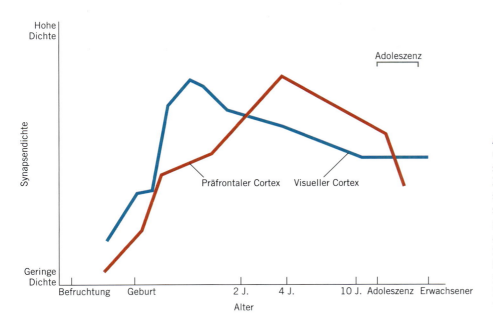

Abbildung 3.8: Synaptogenese und die Eliminierung von Synapsen. Die mittlere Synapsendichte (die Zahl der Synapsen in einem bestimmten Bereich) steigt zunächst steil an, wenn zu viele Synapsen produziert werden, und nimmt dann allmählich ab, wenn überschüssige Synapsen eliminiert werden. Man beachte, dass die Zeitskala in den höheren Altersbereichen gestaucht ist. (Aus Huttenlocher & Dabholkar, 1997.)

tex ist die Synaptogenese beispielsweise viel früher abgeschlossen als im frontalen Bereich.

Die Eliminierung von Synapsen

Wir kommen nun zu einem besonders bemerkenswerten Sachverhalt über die Entwicklung des menschlichen Gehirns. Die Erzeugung von Neuronen und Synapsen resultiert in einem großen Überschuss – weit mehr Nervenverbindungen, als ein Gehirn brauchen kann (Huttenlocher, 1994; Rakic, 1995). Dieser Überfluss an Synapsen schließt auch einen Überschuss an Verbindungen zwischen verschiedenen Teilen des Gehirns ein: Beispielsweise sind zu viele Neurone dort, wo der auditive Cortex entstehen wird, mit den Neuronen im visuellen Bereich verknüpft, und beide Regionen sind übermäßig mit jenen Neuronen verschaltet, die an Geschmack und Geruch beteiligt sind. Nachdem dieser große synaptische Überschuss erzeugt wurde, beginnt das Gehirn mit seiner Eliminierung. Wir haben im vorigen Kapitel erfahren, dass das Absterben ein normaler Teil der Entwicklung ist, und dies wird nirgends deutlicher als bei der systematischen Reduktion der überzähligen Synapsen, die pränatal bereits beginnt und sich Jahre nach der Geburt fortsetzt. Ein Kind mit sechs Monaten besitzt fast zweimal so viele Synapsen im visuellen Cortex wie es im Erwachsenenalter haben wird.

Die Synapsenreduktion tritt zu verschiedenen Zeitpunkten in verschiedenen Gehirnregionen auf, und der Prozess der Eliminierung von Synapsen ist erst im Jugendalter völlig abgeschlossen (Huttenlocher & Dabholkar, 1997). Abbildung 3.8 kann man entnehmen, dass die Eliminierung von Synapsen im visuellen Cortex gegen Ende des ersten Lebensjahres herum beginnt und bis zum Alter von etwa zehn Jahren weitergeht, während die Synapsenelimierung im frontalen Bereich langsamer verläuft. In den Spitzenzeiten der Reduktion können bis zu 100.000 Synapsen pro Sekunde eliminiert werden (Kolb, 1995)!

Vergleicht man dieses Muster mit den PET-Daten in Kasten 3.3, erkennt man deutliche Parallelen zwischen den Altersveränderungen bei der cerebralen Stoffwechselrate und der Synaptogenese beziehungsweise der Synapseneliminierung. Man nimmt an, dass das hohe Niveau der Stoffwechselaktivität in der frühen Kindheit mit dem hohen Energiebedarf der Synaptogenese im Cortex zusammenhängt und dass das Absinken der Stoffwechselaktivität in der späteren Kindheit dann eintritt, wenn das synaptische Auslichten den Energiebedarf des Gehirns reduziert hat (Chugani et al., 1987; Huttenlocher, 1994).

Die Bedeutung der Erfahrung

Was bestimmt darüber, welche der überschüssigen Synapsen des Gehirns aufgegeben und welche beibehalten werden? Die Erfahrung spielt in diesem Fall eine entscheidende Rolle. In einem Wettbewerbsprozess, der häufig als „neuronaler Darwinismus" bezeichnet wird (Edelman, 1987), bleiben diejenigen

Synapsen, die häufig aktiviert wurden, selektiv erhalten (Changeux & Danchin, 1976). Je häufiger eine Synapse aktiviert wird, desto stärker wird die Verbindung zwischen den beteiligten Neuronen. Umgekehrt wird eine Synapse, die selten aktiv ist, wahrscheinlich verschwinden; das Axon des einen Neurons zieht sich zurück, und der dendritische Stachel des anderen stirbt ab.

Die Fähigkeit des Gehirns, durch Erfahrung beeinflusst zu werden, ist als **Plastizität** bekannt. Ein gutes Beispiel für die Macht der Plastizität bei der Strukturierung des Nervensystems ist ein einfaches und nicht ungewöhnliches Augenproblem, der so genannte *Strabismus* (Huttenlocher, 1994). Am Strabismus, dem umgangssprachlichen „Schielen", ist ein Koordinationsmangel der Augenbewegungen beteiligt. Als Resultat der nicht übereinstimmenden sensorischen Information, die das Gehirn von den Augen empfängt, sieht das Kind verschwommen. Als Reaktion darauf beginnt das Gehirn, die Nachrichten von dem einen Auge zu unterdrücken und sich nur noch auf Input vom anderen Auge zu verlassen (was beim Kind dann klares, aber monokulares Sehen zur Folge hat). Schlussendlich resultiert eine *Ambylopie* – eine Schwachsichtigkeit oder Blindheit des unterdrückten Auges, wahrscheinlich deshalb, weil sich die Synapsen, die das Auge mit dem Gehirn verbinden, in Folge von Inaktivität zurückgebildet haben. Schielprobleme lassen sich zum Teil operieren, und Strabismus lässt sich korrigieren, indem man das dominante Auge abdeckt; dies muss aber vor einem Alter von sechs Jahren erfolgen, sonst kann das unterdrückte Auge grundlegend vom Gehirn abgekoppelt werden.

Plastizität – die Fähigkeit des Gehirns, sich durch Erfahrung beeinflussen zu lassen.

Die nahe liegende Frage lautet nun: Warum nimmt das menschliche Gehirn – das Produkt von Millionen von Jahren der Evolution – einen derart verschlungenen Entwicklungspfad und produziert einen riesigen Überschuss an Synapsen, nur um einen großen Anteil davon wieder zu zerstören? Es wird allgemein angenommen, dass diese Form der Plastizität, bei der die endgültige Verdrahtung des Gehirns zum Teil Umwelteinflüssen anheim gestellt wird, entscheidende Vorteile mit sich bringt, welche die Nachteile überwiegen. Ein Vorteil liegt in der *Ökonomie* – weniger Information muss genetisch kodiert werden. Diese Ökonomisierung könnte sogar eine Notwendigkeit sein: Obwohl zwar fast die Hälfte des gesamten menschlichen Genoms an der Bildung und den Funktionen des Nervensystems beteiligt sein dürfte, reicht diese Anzahl gerade aus, um einen nur kleinen Bruchteil des normalen Umfangs an Neuronen und Nervenverbindungen zu spezifizieren. Umweltfaktoren greifen Hand in Hand mit den Anlagefaktoren, um diese Aufgabe zum Ende zu bringen.

Die Zusammenarbeit zwischen Anlage und Umwelt beim Aufbau des Gehirns verläuft für zwei Arten von Erfahrungen jeweils unterschiedlich. Eine Art sind die allgemeinen Erfahrungen, die fast alle normalen Kinder allein deshalb machen, weil sie Menschen sind. Die zweite Art betrifft die spezifischen, idiosynkratischen Erfahrungen eines Kindes als Ergebnis seiner eigenen Lebensumstände – ob es in Deutschland oder im Regenwald des Amazonas aufwächst, ob es häufig in den Arm genommen oder aber missbraucht wird, ob es ein Einzelkind ist oder mehrere Geschwister hat, und so weiter.

Erfahrungserwartende Prozesse

Erfahrungserwartende Plastizität – der Prozess, durch den die normale Verdrahtung des Gehirns teilweise als Resultat derjenigen Arten allgemeiner Erfahrungen eintritt, die jeder Mensch macht, sofern er in einer halbwegs vernünftigen Umgebung lebt.

William Greenough bezeichnet die Rolle der allgemeinen menschlichen Erfahrung bei der Gehirnentwicklung als **erfahrungserwartende Plastizität**. Nach dieser Sichtweise resultiert die normale Verdrahtung des Gehirns zum Teil aus den Arten allgemeiner Erfahrungen, die im Verlauf der menschlichen Evolution vorgekommen sind – Erfahrungen, die jeder Mensch besitzt, der in irgendeiner halbwegs vernünftigen Umgebung lebt: visuelle Stimulation durch Reizmuster, Stimmen und andere Geräusche, Bewegung und Manipulation, etc. (Greenough & Black, 1992). In der Folge kann das Gehirn Input von diesen verlässlichen Quellen „erwarten", um manche Synapsen selektiv zu aktivieren und zu stabilisieren und gleichzeitig die Eliminierung inaktiver Synapsen zu veranlassen. Dies ist die Quelle der schon angesprochenen Ökonomisierung; es liegt an der erfahrungserwartenden Plastizität, dass weit weniger in den Genen kodiert werden muss, um einen normalen Entwicklungsverlauf sicherzustellen. Unsere Erfahrung der äußeren Welt spielt somit eine entscheidende Rolle bei der Formung fundamentaler Aspekte unserer inneren Struktur.

Die Kehrseite der erfahrungserwartenden Plastizität besteht darin, dass sie mit Verletzlichkeit einhergeht. Wenn die Erfahrung, die das sich entwickelnde Gehirn für die Feinabstimmung seiner Verschaltungen „erwartet", aus irgendeinem Grund ausbleibt, entweder wegen Reizarmut oder wegen Funktionsstörungen der Sinnesrezeptoren, kann die Entwicklung beeinträchtigt werden. Man betrachte dazu beispielsweise die Blindheit auf einem Auge, die (wie zuvor beschrieben) aus Strabismus resultieren kann, und die Tatsache, dass sich völlige Blindheit aufgrund eines angeborenen Kataraktes (Trübung der Augenlinse) ergeben kann. Die Trübung der Augenlinse lässt sich – sobald sie erkannt wurde – operativ vollständig beheben, aber wenn diese Operation erst nach der sechsten Lebenswoche stattfindet, ist die Sehleistung des Auges dauerhaft beeinträchtigt – je später die Behandlung erfolgt, desto stärker ist die Einschränkung bis hin zur völligen und irreversiblen Blindheit. Da das Auge nach der Operation wieder voll funktionsfähig ist, aber das Gehirn die von ihm gelieferten Informationen nicht mehr verarbeiten kann, spricht man auch von „cortikaler Blindheit". Sowohl beim unbehandelten Strabismus als auch beim unbehandelten Katarakt tritt die Blindheit deswegen ein, weil das sich entwickelnde Gehirn nicht die erwartete visuelle Stimulierung erhält, die es benötigt, um das visuelle System zu formen, und weil die Synapsen, die normalerweise am Sehen beteiligt wären, sich zurückbilden.

Was geschieht mit den Bereichen des Gehirns, die normalerweise aufgrund bestimmter Erfahrung spezialisiert werden würden, wenn eine erwartete Form der sensorischen Erfahrung ausbleibt? Eine Vielzahl von Daten aus Tierversuchen weist darauf hin, dass sich solche Bereiche zumindest teilweise restrukturieren können, um eine andere Funktion auszuüben. Belege für eine solche Reorganisation beim Menschen stammen aus Helen Nevilles Untersuchungen (1990) an von Geburt an gehörlosen Erwachsenen, die als Kinder die American Sign Language (ASL) gelernt hatten, eine voll ausdifferenzierte Ge-

Wie unterscheiden sich bei diesen beiden Berufsmusikern die cortikalen Repräsentationen der Hände?

bärdensprache auf visueller Grundlage. (Deutsche Gehörlose lernen die Deutsche Gebärdensprache.) Gehörlose Individuen verlassen sich bei der Sprachverarbeitung stark auf das periphere Sehen; typischerweise schauen sie einer Person, die ihnen gebärdet, in die Augen und überwachen deren Hand- und Armbewegungen mit Hilfe ihres peripheren Sehens. EKP-Aufzeichnungen der Gehirnaktivität (siehe Kasten 3.3) zeigten, dass die Reaktionen gehörloser Menschen auf periphere visuelle Reize um ein Vielfaches stärker sind als bei hörenden Personen. Es kommt hinzu, dass ihre Reaktionen anders über die Gehirnregionen verteilt sind. Diese Belege lassen darauf schließen, dass in Folge der Deprivierung auditiver Erfahrung jene Gehirnsysteme, die normalerweise am Hören und der Verarbeitung gesprochener Sprache beteiligt wären, so umstrukturiert werden, dass sie stattdessen visuelle Informationen verarbeiten.

Sensible Phasen Wie die voranstehenden Beispiele erkennen lassen, ist das Timing ein Schlüsselelement bei der erfahrungserwartenden Plastizität. Es gibt einige *sensible Phasen*, in denen das menschliche Gehirn für bestimmte Arten externer Reize besonders empfänglich ist. Es ist, also ob sich ein Zeitfenster vorübergehend öffnet und Umweltinput hereinbittet, um zur Organisation des Gehirns beizutragen. Allmählich schließt sich das Fenster wieder. Die neuronale Organisation, die im Verlauf sensibler Phasen eintritt (oder ausbleibt), ist typischerweise irreversibel. Als Beispiel für eine sensible Phase war bereits das erste Lebensjahr in seiner Bedeutung für die visuelle Wahrnehmung diskutiert worden.

- Wie wir in Kapitel 1 erörtert haben, wird die extreme Deprivation, welche die rumänischen Waisenkinder schon früh im Leben – wenn Kinder normalerweise eine Fülle an sozialer und anderer umweltbedingter Stimulation erfahren – erleiden mussten, als ein weiteres Beispiel für die Auswirkungen einer sensiblen Phase betrachtet. Erinnern wir uns an unsere Lucy: Wird sie genügend „erwartete" Erfahrung machen können, damit sich ihr Gehirn normal entwickelt?

Die Wiederherstellung von Funktionen nach Hirnschäden

Plastizitätsgrad und Alter spielen auch eine wichtige Rolle bei der Wiederherstellung von Funktionen nach einer Gehirnschädigung. Weil das Gehirn zu Beginn des Lebens besonders plastisch ist, kann es in der frühen Kindheit auch leicht neu verdrahtet werden – zumindest in bestimmtem Umfang. In gewisser Hinsicht besitzen Kinder, die eine Hirnschädigung erleiden, somit eine höhere Chance zur Wiederherstellung der beeinträchtigten Funktionen als Erwachsene mit einer vergleichbaren Schädigung.

Die stärksten Belege für eine geringere Beeinträchtigung durch früh erlittene Verletzungen ergeben sich aus dem Umstand, dass sich kleinere Kinder, deren Sprachareale des Cortex zerstört wurden, im Allgemeinen davon erholen und später im Leben selten eine *Aphasie* – einen Verlust der Sprachfähigkeit – aufweisen. Nach einer Schädigung desjenigen Teils der linken Hemisphäre, in der die Sprache bei Rechtshändern primär repräsentiert ist, verlagern sich die Sprachfunktionen an eine andere Stelle des jungen Gehirns, oft in die intakte rechte Hemisphäre. Im Ergebnis bleibt die Sprachfähigkeit verschont. Erwachsene dagegen durchlaufen nach einer Hirnschädigung keine entsprechende Reorganisation ihrer sprachbezogenen Funktionen, so dass sie je nachdem, welcher Bereich ihrer linken Hemisphäre zerstört ist, einen permanenten Verlust ihrer Fähigkeit zur Sprachproduktion oder zum Sprachverstehen erleiden können. Eine erhöhte Wiederherstellung nach früh erlittener Hirnschädigung wurde auch bei anderen als sprachlichen Funktionen beobachtet. Zum Beispiel können Erwachsene, deren frontaler Cortexbereich im Erwachsenenalter Schaden nahm, schlechter angemessene Gesichtsausdrücke produzieren als Erwachsene, bei denen die Verletzung des Frontallappens in der Kindheit erfolgte (Kolb, 1995).

Es trifft jedoch nicht generell zu, dass die Chance, sich von einer Gehirnverletzung zu erholen, mit dem Alter sinkt. Es hängt davon ab, wie ausgedehnt die Schädigung ist und in welcher Entwicklungsphase sich das Gehirn zur Zeit der Verletzung gerade befindet. Man betrachte beispielsweise den Nachwuchs jener japanischer Frauen, die während ihrer Schwangerschaft massiven Dosen radioaktiver Strahlung – in Folge der 1945 abgeworfenen Atombomben – ausgesetzt waren. Die Rate geistiger Retardierung war bei den überlebenden Kindern, die der Strahlung sehr früh – während der Zeit schneller Neurogenese und Neuronenwanderung – ausgesetzt waren, deutlich höher (Otake & Schull, 1984). In ähnlicher Weise resultiert eine Hirnverletzung im ersten Lebensjahr im Allgemeinen in einer gravierenderen Beeinträchtigung der Intelligenz als eine später eintretende Verletzung (Kolb, 1995).

Außerdem können selbst dann, wenn sich Kinder von einer früh eingetretenen Verletzung scheinbar völlig erholt haben, später noch Defizite auftauchen. Dies wurde in einer Untersuchung nachgewiesen, bei der kognitive Leistungen zwischen einer Gruppe von Kindern, die mit cerebralen Schäden geboren worden waren, und einer Kontrollgruppe von Kindern ohne Gehirn-

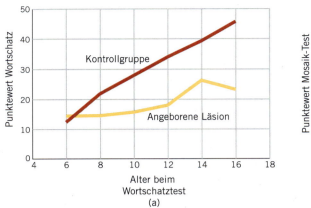 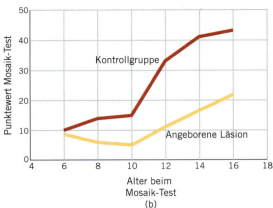

Abbildung 3.9: Verzögerte Auswirkungen früher Gehirnschädigung. Im Alter von sechs Jahren schnitten Kinder mit angeborener Hirnschädigung auf zwei Unterskalen eines Intelligenztests genauso ab wie normale Kinder. Die hirngeschädigten Kinder verbesserten ihre Leistungen jedoch nicht und fielen immer weiter hinter die normalen Kinder zurück, so dass im Jugendalter große Unterschiede zwischen den beiden Gruppen bestanden.

schäden verglichen wurden (Banich, Levine, Kim & Huttenlocher, 1990). Wie Abbildung 3.9 zeigt, unterschieden sich die beiden Gruppen von Kindern im Alter von sechs Jahren nicht, was ihre Leistung auf zwei Unterskalen eines Intelligenztests betrifft. Im weiteren Altersverlauf zeigten sich jedoch beträchtliche Unterschiede. Während sich die Leistung der normalen Kinder mit dem Alter verbessert, bleibt diese Steigerung bei den hirngeschädigten Kindern aus, und sie geraten immer mehr in Rückstand. Dieser Befund illustriert die Schwierigkeit, die Entwicklung von Kindern mit cerebralen Verletzungen vorherzusagen; Verhalten, das von Anfang an normal erscheint, kann mit der Zeit immer deutlicher von der Norm abweichen.

Aus der obigen Diskussion können wir den allgemeinen Schluss ziehen, dass der folgenreichste Zeitpunkt einer Gehirnschädigung sehr früh liegt, während der pränatalen Entwicklung und dem ersten Lebensjahr nach der Geburt, wenn die Neurogenese und die Neuronenwanderung erfolgen. Die Wiederherstellung von Funktionen kann unmöglich sein, wenn grundlegende Hirnstrukturen fehlgebildet sind. Die relativ gesehen „beste" Zeit für eine Rehabilitation scheint in der frühen Kindheit zu liegen, wenn die Synapsengenerierung und -eliminierung auftreten, wenn also die Plastizität am höchsten ist, was eine andere Verdrahtung des Gehirns und damit die Wiederherstellung von Funktionen ermöglicht. In späteren Jahren, wenn diese Entwicklungsprozesse weitgehend abgeschlossen sind und die Plastizität gering wird, ist die erfolgreiche funktionale Erholung von Gehirnschädigungen weniger wahrscheinlich.

IN KÜRZE

Anlage und Umwelt arbeiten bei der Konstruktion des menschlichen Gehirns zusammen. Zu den wichtigen Gehirnstrukturen gehören Neurone, die an ihren Synapsen miteinander kommunizieren; der Cortex, in dem verschiedene Funktionen in verschiedenen Arealen lokalisiert sind; und die cerebralen Hemisphären, die für verschiedene Arten der Verarbeitung spezialisiert sind. Prozesse, die an der Entwicklung des Gehirns beteiligt sind, sind die Neurogenese und die Synaptogenese, worauf die systematische Eliminierung von Synapsen als Funktion der Erfahrung folgt. Als Resultat der erfahrungserwartenden Plastizität wird das Gehirn durch Erfahrungen geformt, die in der Interaktion mit jeder normalen Umwelt verfügbar sind. Wegen der erfahrungsabhängigen Plastizität wird das Gehirn auch durch die idiosynkratischen Erfahrungen eines Individuums im Verlauf seines Lebens strukturiert.

Es gibt es sensible Phasen, während denen für eine normale Entwicklung bestimmte Erfahrungen verfügbar sein müssen, damit sie auf die Gehirnentwicklung Einfluss nehmen können. Das Timing ist auch für die Auswirkungen einer Hirnschädigung ein entscheidender Faktor.

Wachstum und Entwicklung des Körpers

In Kapitel 1 haben wir die vielfältigen Kontexte hervorgehoben, in denen Entwicklung stattfindet. An dieser Stelle konzentrieren wir uns nun auf den unmittelbarsten Rahmen von Entwicklung – den Körper selbst. An allem, was wir denken, fühlen, sagen und tun ist unser physisches Selbst beteiligt; das Verhalten wird ‚verkörpert', und Körperveränderungen führen zu Verhaltensänderungen. In diesem Abschnitt bieten wir einen breiten Überblick über das normale Muster des Körperwachstums und der körperlichen Reife von der Geburt bis zur Adoleszenz beziehungsweise Pubertät. Wir werden auch einige der Faktoren untersuchen, die dieses Muster stören können.

Wachstum und Reifung

Im Vergleich zu den meisten anderen Spezies durchlaufen Menschen eine verlängerte Phase des körperlichen Wachstums. Der Körper wächst und entwickelt sich über 20 Prozent der menschlichen Lebensspanne, wogegen Mäuse beispielsweise nur während 2 Prozent ihrer Lebensspanne wachsen. Abbildung 3.10 zeigt die offensichtlichsten Aspekte des Körperwachstums: Von der Geburt bis zum zwanzigsten Lebensjahr werden wir dreimal größer und fünfzehn bis zwanzig Mal schwerer. Die Zahlen geben natürlich nur

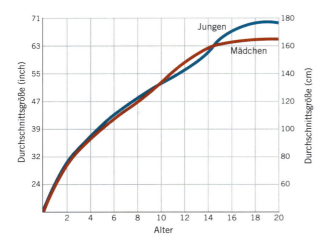
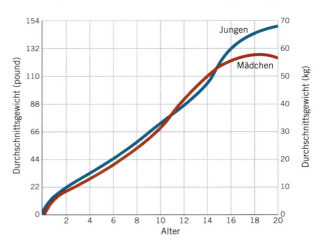

Abbildung 3.10: Wachstumskurven. Wachstumskurven für Größe und Gewicht von der Geburt bis zum zwanzigsten Lebensjahr. Je steiler die Steigung, desto schneller ergeben sich Veränderungen in Größe oder Gewicht. Diese Kurven beruhen auf den Messungen an 175 wohl ernährten Amerikanern; bei Individuen, die sich in den ärmeren Regionen der Welt entwickeln, würden sich recht unterschiedliche Muster beobachten lassen. (Aus R. M. Malina, 1975.)

Durchschnittswerte an; offensichtlich bestehen große interindividuelle Unterschiede in Körpergröße und -gewicht wie auch im Zeitverlauf der körperlichen Entwicklung.

Das Wachstum verläuft nicht gleichmäßig, wie man den Steigungsunterschieden in Abbildung 3.10 entnehmen kann. Die Steigungen sind am steilsten in den Phasen des schnellsten Wachstums – in den ersten beiden Jahren und in der Pubertät. Am Anfang wachsen Jungen und Mädchen mit etwa derselben Rate, und bis zum Alter von etwa zehn bis zwölf Jahren sind sie praktisch gleich groß und gleich schwer. Dann erfahren die Mädchen den pubertären Wachstumsschub, an dessen Ende sie etwas größer und schwerer sind als die Jungen. (Man erinnere sich an die schrecklichen Jahre der Mittelstufe, als die Mädchen die Jungen plötzlich überragten, was beiden nicht so angenehm war.) Die heranwachsenden Jungen erleben ihren Wachstumsschub etwa zwei Jahre nach den Mädchen und überholen diese dann auf Dauer in Größe und Gewicht. Die volle Körpergröße erreichen Mädchen mit durchschnittlich $15^{1}/_{2}$ und Jungen mit durchschnittlich $17^{1}/_{2}$ Jahren.

Das Wachstum verläuft auch über die verschiedenen Körperteile hinweg nicht gleichmäßig. Dem in Kapitel 2 beschriebenen Prinzip der cephalo-caudalen Entwicklung zufolge ist die Kopfregion am Anfang relativ groß – mit zwei Monaten ganze 50 Prozent der Körperlänge – und macht im Erwachsenenalter dann aber nur etwa 10 Prozent der Körpergröße aus. Die Schlaksigkeit und Ungelenkheit von Jugendlichen resultiert zum Teil aus dem Umstand, dass ihr Wachstumsschub mit drastischen Zuwächsen ihrer Hand- und Fußgröße beginnt; man stolpert leicht über seine eigenen Füße, wenn diese überproportional größer sind als der ganze Rest.

Auch die Zusammensetzung des Körpers ändert sich mit dem Alter. Der Anteil des Körperfetts ist in der Säuglingszeit am höchsten und sinkt danach allmählich ab bis zum Alter von etwa sechs bis acht Jahren. In der Pubertät sinkt der Fettanteil bei den Jungen, aber steigt bei den Mädchen, was dazu beiträgt, das Einsetzen der Menstruation auszulösen. Der Muskelanteil wächst bis zur Pubertät kontinuierlich und steigt dann, besonders bei den Jungen, drastisch an.

Zu diesem Zeitpunkt vergrößert sich die Kluft zwischen Mädchen und Jungen, was sportbezogene Fähigkeiten betrifft, beträchtlich; in den vorangegangenen Jahren war sie geringer ausgeprägt. Nun gibt es nur noch wenige jugendliche Mädchen, die so schnell laufen oder den Ball so weit werfen können wie die meisten Jungen (Malina & Bouchard, 1991). Die sich verbreiternde Kluft beruht vermutlich nicht allein auf den Unterschieden im Muskelwachstum, da die Jungen unseres Kulturkreises traditionell auch mehr Ermutigung erfahren haben als die Mädchen, athletische Fähigkeiten auszubilden. Als Resultat der in den vergangenen Jahrzehnten verstärkten Beteiligung von Mädchen und Frauen an sportlichen Aktivitäten wird sich dieser Unterschied vielleicht etwas verringern.

Im Jugendalter tritt eine Reihe von drastischen körperlichen Transformationen ein, die mit der **Pubertät** einhergehen – der Entwicklung der Fähigkeit zur sexuellen Reproduktion. Bei den Mädchen beginnt die Pubertät typischerweise mit der Vergrößerung der Brüste und dem allgemeinen Wachstumsschub in Größe und Gewicht, gefolgt vom Auftreten der Schambehaarung und dem Einsetzen der Menstruation (= **Menarche**). Bei den Jungen beginnt die Pubertät im Allgemeinen mit dem Wachstum der Hoden; darauf folgt die Schambehaarung, der allgemeine Wachstumsschub, das Peniswachstum und die Fähigkeit zur Ejakulation.

Schon deutlich vor Abschluss der Pubertät beginnt die sexuelle Attraktion. Nach einer Umfrage an amerikanischen Erwachsenen wird sexuelle Anziehung zuerst im Alter von etwa zehn Jahren erlebt, gleich ob die Attraktion Individuen des anderen oder desselben Geschlechts gilt (McClintock & Herdt, 1996). Das Einsetzen der sexuellen Attraktion korreliert mit der Reifung der Nebenniere, der Hauptquelle von sexuellen Steroidhormonen neben den Hoden und Eierstöcken.

Mit diesen vielfachen altersabhängigen Veränderungen des Körpers gehen psychische und verhaltensbezogene Veränderungen einher. Zum Beispiel kann der Anstieg des Körperfetts, den Mädchen im Jugendalter erleben, etwas mit den Geschlechtsunterschieden im **Körperbild** zu tun haben – wie ein Individuum seine körperliche Erscheinung wahrnimmt und sich dabei fühlt. Ab dem frühen Jugendalter neigen die Mädchen zu mehr negativen Einstellungen gegenüber ihrem Körper als Jungen, und Mädchen im Teenageralter wollen typischerweise abnehmen, unabhängig davon, wie viel sie tatsächlich wiegen (Tyrka, Graber & Brooks-Gunn, 2000). Das kulturelle Stereotyp des makellosen Schlankseins übernehmen zunehmend auch schon jüngere Kinder (Cramer & Steinwert, 1998).

Pubertät – die Entwicklungsphase, die durch die einsetzende Fähigkeit des Körpers markiert ist, sich zu reproduzieren. Diese Phase geht mit einschneidenden körperlichen Veränderungen einher.

Menarche – das erstmalige Einsetzen der Menstruation.

Körperbild (Körperschema) – die Art und Weise, wie ein Individuum seine körperliche Erscheinung wahrnimmt und sich dabei fühlt.

Variabilität

In allen Aspekten der körperlichen Entwicklung gibt es eine große Variabilität über Individuen und Gruppen hinweg, wie sich in den folgenden Beispielen zeigt. Das durchschnittliche Kind, das in Nordamerika oder Nordeuropa aufwächst, ist etwa zehn Zentimeter größer als ein durchschnittliches Kind in Kenia, Indien oder Neuguinea (Eveleth & Tanner, 1990). Die Reifungsrate verläuft bei afro-amerikanischen Kindern generell etwas schneller als bei ihren europäischstämmigen Altersgenossen, und bei afro-amerikanischen Mädchen setzt die Pubertät etwas früher ein. Der Beginn der Menstruation ist bei Mädchen mit einem sehr geringen Körperfettanteil oft verzögert, etwa bei Langstreckenläuferinnen oder Tänzerinnen (Brooks-Gunn, 1987).

Die soeben beschriebene Variabilität bei der körperlichen Entwicklung beruht sowohl auf genetischen als auch auf umweltbedingten Faktoren. Die Gene wirken sich auf das Größenwachstum und die sexuelle Reife größtenteils durch die Beeinflussung der Hormonproduktion aus, insbesondere des Wachstumshormons (die von der Hirnanhangdrüse ausgeschieden werden) und des Thyroxins (aus der Schilddrüse). Der Einfluss von Umweltfaktoren wird besonders in deutlichen Veränderungen der Körperentwicklung erkennbar, die über Generationen hinweg aufgetreten sind. In den heutigen Industrienationen sind die Erwachsenen mehrere Zentimeter größer, als ihre gleichgeschlechtlichen Großeltern waren. Diese Veränderung resultiert vermutlich vorwiegend aus Verbesserungen bei der Ernährung und der allgemeinen Gesundheit. Ein anderer Generationen übergreifender Trend spiegelt demgegenüber keine Verbesserung des Gesundheitsstatus wider. In den USA beginnt bei Mädchen die Menstruation ein paar Jahre früher als bei ihren Vorfahren. Da die Menstruation ein bestimmtes Maß an Körperfett voraussetzt, sieht man diese Veränderung eher im Zusammenhang mit der Übergewichtigkeit der heutigen Kinder.

Umweltfaktoren können auch bei der Störung des normalen Wachstums eine Rolle spielen. Zum Beispiel kann schwerer chronischer Stress, wie er

Diese Supersportlerin widerspricht dem Trend in den USA, nach dem Mädchen weniger aktiv sind und seltener Wettkampfsport betreiben als Jungen. Steht sie für das Modell der Zukunft, oder werden Jungen bei sportlichen Aktivitäten auch weiterhin in Überzahl sein?

beispielsweise mit einer häuslichen Umgebung einhergeht, die von schwer wiegenden ehelichen Streitigkeiten, Alkoholismus oder Kindesmisshandlung geprägt ist, das Wachstum beeinträchtigen, indem die Produktion des Wachstumshormons durch die Hirnanhangdrüse verringert wird (Powell, Brasel & Blizzard, 1967). Eine Kombination aus genetischen und umweltbedingten Faktoren scheint auch an einem nicht organisch bedingten *Entwicklungsstillstand* beteiligt zu sein; bei diesem (auch als *Gedeihstörung* bezeichneten) Zustand werden die Kinder unterernährt und gewinnen ohne erkennbaren medizinischen Grund nicht an Körpergröße oder Gewicht. Eine solche Entwicklungsverweigerung geht mit einer Störung der Mutter-Kind-Interaktion einher, bei der man annimmt, dass sie von Eigenschaften der Mutter und des Kindes herrührt (Bithoney & Newberger, 1987; Drotar, 1992; Drotar, Eckerle, Satola, Pallotta & Wyatt, 1990). Manche Mütter erleben es als schwierig und frustrierend, mit Kindern zurechtzukommen, die an der Nahrungsaufnahme vielleicht nicht besonders interessiert sind und denen es schwer fällt, zur Fütterung wach zu bleiben. Der frustrierten Mutter eines schlechten Essers fällt vielleicht irgendwann nichts mehr ein, um ihr Baby zum Essen zu bringen, was schließlich zu einer Unterernährung des Kindes führt (Maldonado-Duran, 2000). Wenn die Eltern bessere Strategien entwickeln, um mit den Fütterungsproblemen ihrer Säuglinge zurechtzukommen, und wenn sich die chronisch stressreiche Situation verbessert, wird das Kind wahrscheinlich schnell den Wachstumsrückstand aufholen.

Ernährungsverhalten

Die Gesundheit unseres Körpers hängt davon ab, was wir ihm zuführen, einschließlich der Menge und Art von Nahrung, die wir zu uns nehmen. Die Entwicklung des Essens beziehungsweise des Ernährungsverhaltens ist von Anfang an ein entscheidender Aspekt der Kindesentwicklung.

Das Füttern des Säuglings

Wie alle Säugetiere erhalten neugeborene Menschen ihre lebenserhaltende Nahrung dadurch, dass sie gesäugt beziehungsweise gestillt werden. Jedoch brauchen die menschlichen Babys dabei mehr Hilfestellung als die meisten anderen Säuger. Bis vor wenigen Jahrzehnten und seit Anbeginn der Menschheitsgeschichte war das Stillen die einzige oder primäre Ernährungsquelle für Kleinkinder. Muttermilch besitzt viele Vorteile (Newman, 1995). Sie ist auf natürliche Weise frei von Bakterien, stärkt das kindliche Immunsystem und enthält die mütterlichen Antikörper gegen die Infektionserreger, mit denen das Baby nach seiner Geburt wahrscheinlich in Kontakt kommt. Trotz der überlieferten ernährungsbezogenen Überlegenheit der Muttermilch und der Tatsache, dass sie nichts kostet, wird die Mehrzahl der Kleinkinder in den USA und ein Großteil der Säuglinge in anderen Industrienationen ausschließlich oder vorwiegend aus der Flasche ernährt.

Die bislang einzige repräsentative Studie zum Stillverhalten deutscher Mütter wurde von 1997 bis 1998 durchgeführt. Für diese Studie („Stillen und Säuglingsernährung" – kurz SuSe) wurden 1717 Mütter aus 177 Geburtskliniken kurz nach der Geburt und mehrfach bis zum Ende des ersten Lebensjahres ihres Kindes zu ihren Erfahrungen mit der Säuglingsernährung befragt. Die Ergebnisse wurden im Ernährungsbericht 2000 der Deutschen Gesellschaft für Ernährung veröffentlicht. Demnach versuchen 91 Prozent der Frauen nach der Geburt, ihr Kind zu stillen. Bei der Entlassung aus der Klinik geht der Anteil der ausschließlich stillenden Mütter schon auf 73 Prozent zurück. Nach 14 Tagen stillen noch 60 Prozent ausschließlich und 15 Prozent überwiegend, gegen Ende des zweiten Monats 42 Prozent ausschließlich und 17 Prozent überwiegend, und am Ende des sechsten Monats werden lediglich 10 Prozent der Säuglinge ausschließlich gestillt und weitere 3 Prozent überwiegend.

In den USA und anderen hoch entwickelten Ländern kann Babynahrung das normale Wachstum und die normale Entwicklung unterstützen, wenngleich mit einer etwas höheren Infektionsrate als bei Muttermilch. In unterentwickelten Ländern kann der Einsatz von Ersatznahrung jedoch einen hohen Tribut fordern. Ein Großteil der Welt verfügt nicht über sauberes Wasser, so dass die Babynahrung oft mit verschmutztem Wasser in unhygienischen Behältnissen zubereitet wird. Außerdem strecken arme, unerfahrene Eltern häufig das Trockenpulver in dem Bemühen, die teure Babynahrung nicht so schnell zu verbrauchen. Unter solchen Umständen führen die Versuche von Eltern, die Gesundheit ihrer Babys zu fördern, zum gerade gegenteiligen Effekt (Popkin & Doan, 1990).

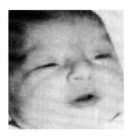

(a)

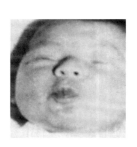

(b)

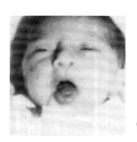

(c)

Abbildung 3.11: Geschmackspräferenzen. Geschmackspräferenzen und die Reaktionen auf verschiedene Geschmackserlebnisse sind bei Neugeborenen und Erwachsenen sehr ähnlich. (a) Eine süße Lösung ruft ansatzweise ein Lächeln hervor, (b) eine saure Lösung lässt uns den Mund verziehen, (c) und eine bittere Lösung lässt uns eine Grimasse ziehen.

Die Entwicklung von Nahrungspräferenzen und die Regulation des Essens

Nahrungspräferenzen bilden eine primäre Determinante dessen, was wir im Laufe unseres Lebens essen; zum Teil sind sie eindeutig angeboren. Abbildung 3.11 zeigt einige der ungelernten, reflexhaften Gesichtsausdrücke von Neugeborenen als Reaktion auf drei Grundgeschmackseindrücke – süß, sauer und bitter. Interessanterweise sind das dieselben Gesichtsausdrücke, mit denen auch Erwachsene auf den jeweiligen Geschmack reagieren (Rosenstein & Oster, 1988; Steiner, 1979). Die starke Bevorzugung von Süße bei Neugeborenen spiegelt sich sowohl in ihrem Lächeln als Reaktion auf süß Schmeckendes wider als auch in der Tatsache, dass sie bei gesüßtem Wasser größere Mengen trinken als bei neutralem Wasser (Lipsitt, 1977). Diese angeborenen Präferenzen könnten einen evolutionären Ursprung besitzen, insofern giftige Substanzen oft bitter oder sauer schmecken, aber niemals süß. Außerdem braucht das menschliche Gehirn vor allem Glukose für seinen rasanten Wachstumsprozess.

Die Geschmacksempfindlichkeit der Kleinkinder wird aus ihren Reaktionen auf die Milch ihrer Mutter ersichtlich, die den Geschmack dessen annehmen kann, was sie selbst gegessen hat. Babys nuckeln länger und nehmen mehr Muttermilch auf, wenn ihre Mutter etwas zu sich genommen hat, das nach Knoblauch oder Vanille schmeckt (Mennella & Beauchamp, 1993b, 1996), aber sie trinken weniger Milch an der Brust, wenn die Mutter vorher ein Bier getrunken hat (Mennella & Beauchamp, 1993a).

Vom Säuglingsalter an nimmt die Erfahrung einen wesentlichen Einfluss darauf, welche Nahrungsmittel Kinder mögen oder gerade nicht mögen und wie viel sie essen. Zum Beispiel steigt die Vorliebe von Kindergartenkindern für bestimmte Dinge, wenn sie andere Kinder sehen, die diese genießen (Birch & Fisher, 1996). Das Essverhalten der Kinder wird auch dadurch beeinflusst, was ihre Eltern gut finden und wovon sie die Kinder abhalten wollen. Dieser Einfluss nimmt jedoch nicht immer die von den Eltern ursprünglich beabsichtigte Richtung. So können die elterlichen Standardprozeduren, ihre kleinen Kinder durch gutes Zureden und Bestechung dazu zu bringen, etwas Neues oder Gesundes zu essen – „Wenn du deinen Spinat brav aufisst, bekommst du auch Nachtisch" –, in doppelter Weise kontraproduktiv sein. Das wahrscheinlichste Ergebnis besteht darin, dass das Kind das als gesund angepriesene Essen nachher noch weniger mag und das als Belohnung versprochene süße und/oder fette Essen noch stärker bevorzugt (Birch & Fisher, 1996). (Kasten 3.4 gibt einige Empfehlungen für Ernährung und Essgewohnheiten im Umgang mit kleinen Kindern.)

Vielleicht würden die Eltern weniger Mühen darauf verwenden, das Essverhalten ihrer Kinder kontrollieren und steuern zu wollen, wenn sie erkennen würden, dass Kleinkinder recht gut darin sind, die Menge an Essen, die sie zu sich nehmen, zu regulieren. Die Forschung hat gezeigt, dass Kinder im Vorschulalter die Menge, die sie zu einem bestimmten Zeitpunkt essen, auf der Grundlage dessen regulieren, wie viel sie zu einem früheren Zeitpunkt konsumiert haben. In einigen Untersuchungen aßen die Kinder weniger, wenn sie zuvor schon einen kleinen Imbiss bekommen hatten, im Vergleich zu der gegessenen Menge ohne vorherigen Imbiss (Birch & Fisher, 1996). (Eine Gruppe Erwachsener aß im Gegensatz dazu dieselbe Menge des zweiten Gangs, gleich ob es vorher schon eine Kleinigkeit gegeben hatte oder nicht.) Im Allgemeinen gilt: Kindern, deren Eltern ihre Essgewohnheiten zu kontrollieren versuchen, gelingt die eigene Regulierung ihrer Nahrungsaufnahme schlechter als Kindern, deren Eltern ihnen mehr Eigenkontrolle über ihr Essen lassen (Johnson & Birch, 1994).

Essstörungen

Die angemessene Regulation des Essens ist für eine gesunde körperliche und psychische Entwicklung wichtig, und abweichende Muster des Essverhaltens können ernste negative Folgen haben.

Kasten 3.4 — Anwendungen

Bitte iss deine Erbsen auf!

Eltern können einen starken Einfluss darauf nehmen, was ihre kleinen Kinder essen, und auf deren Fähigkeit, ihre eigene Ernährung auf lange Sicht zu regulieren. Die Forschung hat nachgewiesen, dass einige der häufigen elterlichen Praktiken unbeabsichtigte negative Folgen für die Selbstregulation des Kindes haben und dass andere Ansätze dagegen vorteilhaft sind. Die zugehörigen Listen von Empfehlungen und Warnungen sind dem Grunde nach aus Birch und Fisher (1996) übernommen.

Kindesernährung: Was man tun und was man lassen sollte

Das sollte man tun

Übernehmen Sie Verantwortung dafür, welche Nahrungsmittel für Ihr Kind verfügbar sind.
- Stellen Sie sicher, dass das Kind vorwiegend nur an gesundes Essen rankommt.
- Lassen Sie ab und an minderwertige Nahrung („junk food") zu, aber nur in begrenzter Menge. Wenn man solche Dinge generell verbietet, entwickeln Kinder sonst eine gesteigerte Vorliebe dafür.

Erwarten Sie eine anfänglich negative Reaktion auf jedes neue Nahrungsmittel.
- Bringen Sie neue Nahrungsmittel immer wieder auf den Tisch und ermutigen Sie Ihr Kind, einen kleinen Bissen zu probieren.
- Vermitteln Sie die Erwartung, dass das Kind neue Nahrungsmittel probieren wird.

Gehen Sie davon aus, dass Ihr Kind selbst gut regulieren kann, wie viel es aus einer Vielfalt nahrhafter Lebensmittel isst.
- Erwarten Sie Variabilität in der Menge und der Art der Nahrungsmittel, die das Kind bei einem bestimmten Essen nimmt. Kinder variieren die gegessene Menge von Mahlzeit zu Mahlzeit sehr stark, aber im Verlauf von 24 Stunden essen sie gleich bleibende Mengen.

Ermutigen Sie Ihr Kind, sein eigenes Essverhalten zu regulieren beziehungsweise diese Selbstregulation zu lernen.

Das sollte man nicht tun

Lassen Sie Ihr Kind nicht aus einer unbegrenzten Menge an Nahrungsmitteln auswählen, was es isst.
- Seien Sie sich bewusst, dass das wahrscheinlichste Ergebnis der Strategie, Ihrem Kind die alleinige Kontrolle über seine Nahrungsmittelwahl zu geben, eine fett- und zuckerreiche Ernährung sein wird.

Nehmen Sie wegen einer anfänglichen Zurückweisung eines neuen Nahrungsmittels nicht an, dass es auch in Zukunft immer nur abgelehnt wird.

Zwingen Sie Ihr Kind nicht zum Essen; jeder kurzfristige Erfolg wird durch die Erzeugung kontraproduktiver Vorlieben und Abneigungen zunichte gemacht.

Erwarten Sie keine Konsistenz in der Menge, die Ihr Kind von Mahlzeit zu Mahlzeit isst.

Versuchen Sie nicht, das Essverhalten Ihres Kindes zu steuern.
- Zwingen Sie Ihr Kind nicht, eine bestimmte Menge zu essen, von der Sie denken, dass Sie das Kind zu sich nehmen sollte; das schwächt nur die Fähigkeit des Kindes zur Regulierung der gegessenen Menge.
- Belohnen Sie Ihr Kind nicht dafür, etwas zu essen, was es nicht mag. Das wird die Abneigung des Kindes gegen diese Speisen nur erhöhen.
- Setzen Sie keine gern gemochten, aber ernährungsbezogen minderwertigen Speisen als Belohnung ein; das wird beim Kind nur die Bevorzugung dieser Nahrungsmittel erhöhen.

Übergewicht und Fettsucht Vielen Menschen fällt es schwer, ihr Essverhalten angemessen zu regulieren; das häufigste diesbezügliche Problem in den USA ist übermäßiges Essen und seine vielen Konsequenzen (Hill & Peters, 1998). In einer Art Epidemie der Verfettung hat sich der Anteil der übergewichtigen Amerikaner in den vergangenen zwei Jahrzehnten fast verdreifacht. Derzeit wiegen mehr als die Hälfte der Amerikaner mehr, als gesund ist, und fast ein Viertel gilt als fettleibig (adipös). In Deutschland stellte das Statistische Bundesamt 1999 einen Anteil von 47 Prozent der Männer und 39 Prozent der Frauen fest, die übergewichtig sind. Der Anteil amerikanischer Kinder und Jugendlicher mit Übergewicht hat sich in den vergangenen zwei Jahrzehnten mehr als verdoppelt, wobei die Steigerung bei den Latinos und Afro-Amerikanern besonders ausgeprägt ist. Die Aussichten für diese Kinder sind schlecht, weil die meisten dicken Kinder dicke Erwachsene werden und ihr ganzes Leben lang mit ihren Gewichtsproblemen zu kämpfen haben. Auch in Deutschland sind nach neuesten Schätzungen circa 10 bis 20 Prozent aller Kinder übergewichtig. Bei etwa 7 bis 8 Prozent liegt sogar Adipositas (starkes Übergewicht) vor.

Warum bekommen manche Menschen Übergewicht und andere nicht? Abbildung 3.12 gibt zwei Hinweise. Erstens liegt Dicksein in der Familie (Matheny, 1990; Plomin et al., 1997). Zweitens essen übergewichtige Personen mehr als schlanke Menschen (auch wenn sie dazu neigen, weniger anzugeben, als sie wirklich essen) (Allison & Pi-Sunyer, 1994). Somit spielen wahrscheinlich sowohl genetische als auch umweltbedingte Faktoren eine Rolle bei der Entstehung von Übergewicht und Fettleibigkeit (Adipositas).

Was die genetischen Faktoren betrifft, so gibt es eine starke Korrelation des Gewichts adoptierter Kinder mit dem Gewicht ihrer biologischen Eltern, aber nicht dem Gewicht ihrer Adoptiveltern. Außerdem sind sich eineiige Zwillinge hinsichtlich ihres Gewichts ähnlicher als zweieiige Zwillinge, und selbst

Abbildung 3.12: „**Dicksein liegt in der Familie.**" Die übergewichtigen Kinder und Erwachsenen auf diesem Bild sind alle genetisch miteinander verwandt, und sie essen alle zu viel.

getrennt aufgewachsene eineiige Zwillinge besitzen ein ähnliches Körpergewicht (Grilo & Pogue-Geile, 1991; Stunkard, Foch & Hrubeck, 1986; Stunkard, Sorenson et al., 1986).

Umweltfaktoren spielen ebenfalls eine Rolle beim Überhandnehmen der Verfettung. Man könnte das Dickwerden in den USA geradezu als eine normale Reaktion auf die derzeitigen Umweltverhältnisse betrachten (Hill & Peters, 1998). Diese Umwelt bietet einen Überfluss an schwerem Essen, wobei sich die Größe der Portionen drastisch erhöht hat. Es kommt hinzu, dass Jugendliche ihre Freizeit zunehmend sitzenden Beschäftigungen widmen – Videospiele spielen, am Computer sitzen, und insbesondere das Fernsehen. Ein Drittel der Kinder und Jugendlichen sehen mehr als drei Stunden am Tag fern, und junge Vor-der-Glotze-Rumhänger, die mehr als fünf Stunden täglich in die Röhre gucken, sind mit höherer Wahrscheinlichkeit fett als Kinder mit durchschnittlich zwei Stunden Fernsehkonsum am Tag oder weniger (Gortmaker, Must, Sobol et al., 1996). – Interessanterweise neigen übergewichtige Menschen auch dazu, übergewichtige Hunde zu besitzen (Allison & Pi-Sunyer, 1994).

Adipositas (der medizinische Name der Fettsucht) bringt eine große Menge an Gesundheitsrisiken mit sich, von Herzerkrankungen bis zu Diabetes. Außerdem leiden fettleibige Menschen oft an den Folgen der negativen Stereotype und Diskriminierung. Beispielsweise sind Erwachsene, die als Jugendliche übergewichtig waren, häufiger unverheiratet und haben ein geringeres Haushaltseinkommen als Personen, die als Teenager normalgewichtig waren (Gortmaker, Must, Perrin, Sobol & Dietz, 1993). Soziale Diskriminierung wird in verschiedenen Bereichen berichtet, von der Wohnungssuche bis zur Zulassung zu Studiengängen (Friedman & Brownell, 1995). Ein besonders schlagendes Beispiel ist der Fall einer Frau aus Tennessee, der ein Sitz im Kino verweigert wurde, weil sie beim Ausbrechen eines Feuers ein Risiko darstellen würde (Allison & Pi-Sunyer, 1994).

Bedauerlicherweise gibt es keine einfache Abhilfe für Fettleibigkeit bei Kindern. Ein bestimmter Langzeiterfolg wurde für ein familienbasiertes Programm zur Gewichtsabnahme berichtet, bei dem sowohl die Eltern als auch die Kinder ihre Essverhaltensmuster und ihr körperliches Training veränderten und ihren Erfolg wechselseitig bekräftigten (Epstein, Valoski, Wing & McCurley, 1994). Die Unterstützung von der Familie und den Freunden ist wichtig, wenn die Kinder Veränderungen ihres Essverhaltens und ihres Aktivitätslevels erfolgreich aufrechterhalten sollen.

Bulimie (bulimia nervosa) – eine Essstörung, gekennzeichnet durch Fressanfälle, auf die selbst herbeigeführtes Erbrechen, Fasten und andere drastische Maßnahmen zur Gewichtsabnahme folgen.

Bulimie Bulimie ist eine Essstörung, die durch Fressattacken gekennzeichnet ist, auf die selbst verursachtes Brechen, Fasten und andere drastische Maßnahmen folgen, um eine Gewichtszunahme zu vermeiden. Zwischen ein und fünf Prozent der Einwohner westlicher Länder sind bulimisch, wobei neun von zehn Betroffenen Frauen sind. Die meisten davon entwickelten die Störung als Teenager oder im frühen Erwachsenenalter. Die Betroffenen besitzen für gewöhnlich ein geringes Selbstwertgefühl, was schon in der Kindheit beginnt. Zu den Risikofaktoren gehören Übergewicht im Kindesalter oder stark übergewichtige Eltern, ein frühes Einsetzen der Menstruation (mit den begleitenden Änderungen der Körperform) und verschiedene psychiatrische Probleme (Fairburn et al., 1997). Etwa die Hälfte der Frauen, bei denen eine Bulimie diagnostiziert wird, überwinden die Störung binnen fünf bis zehn Jahren, während 20 Prozent unverändert auch weiterhin daran leiden. Der restliche Teil hat im weiteren Verlauf schwächer ausgeprägte Essprobleme (Keel & Mitchell, 1997).

Anorexie **Anorexie** ist eine weit seltenere Essstörung im Vergleich zur Bulimie (sie trifft nicht mehr als ein Prozent der US-amerikanischen Bevölkerung), aber eine äußerst schwer wiegende, bei der die Betroffenen sich selbst im Extremfall zu Tode hungern. Wie die Bulimie tritt auch die Anorexie vorwiegend bei Menschen weiblichen Geschlechts auf, typischerweise in der Pubertät beginnend, wenn die Mädchen anfangen, Körperfett anzusetzen und als Reaktion darauf eine Schlankheitskur beginnen (Attie, Brooks-Gunn & Petersen, 1990). Typischerweise entwickeln anorektische Personen ein extrem verzerrtes Körperbild und nehmen sich selbst in grotesker Weise als fett wahr: Ein Mädchen, das dermaßen abgemagert ist, dass es kaum noch aufstehen kann, kann ernsthaft glauben, es sei zu fett, um durch einen Türrahmen zu passen.

Anorexie (anorexia nervosa) – eine Essstörung, bei der die Betroffenen infolge eines stark verzerrten Körperbildes extrem hungern.

Die Ursachen der Anorexie sind nicht bekannt, aber diejenigen, die daran erkranken, sind für gewöhnlich pflichtbewusst, wohlerzogen, gute Schülerinnen aus Mittelklassefamilien, oft perfektionistisch veranlagt mit hohen Standards gegenüber sich selbst. Sie neigen auch dazu, kontrollierende Eltern zu haben, die hohe Erwartungen an sie richten. Viele Kliniker glauben, dass das extreme, selbst auferlegte Hungern anorektischer Individuen die Bemühung darstellt, Autonomie und Kontrolle über einen Teil seines Lebens herzustellen (Graber, Brooks-Gunn, Paikoff & Warren, 1994). Die Behandlung der Anorexie ist besonders schwierig, weil die Patientinnen nicht glauben, ein Essproblem zu haben; sie sehen ihr einziges Problem darin, zu dick zu sein. Etwa fünf Prozent der Anorexiepatientinnen – die vor Aufnahme ihrer Gewichtsreduktionsmaßnahmen völlig gesund waren – sterben am Hungern oder seinen Folgen (Harris, 1991).

Unterernährung

40 Prozent der Kinder unter fünf Jahren weltweit – etwa 190 Millionen an der Zahl – sind unterernährt oder mangelhaft ernährt (Pollitt et al., 1996). Die Ernährungsdefizite, denen diese Kinder ausgesetzt sind, können darin bestehen, dass sie unzureichend mit Kalorien, Proteinen, Vitaminen und/oder Mineralien versorgt sind (Sigman, 1995). Am offensichtlichsten wird das Problem bei den schweren Fällen von Fehlernährung bei Säuglingen und Kleinkindern in Entwicklungsländern, die an **Marasmus** (zu wenig Kalorien) oder **Kwashiorkor** (Eiweißmangel) leiden, beides Protein-Energie-Mangelsyndrome. Der weniger extreme Zustand der Unterernährung kommt, insbesondere in Entwicklungsländern, weit häufiger vor. 1992 wurden in den

Marasmus – eine Form von (quantitativer) Mangelernährung infolge zu geringer Kalorienaufnahme.

Kwashiorkor – eine Form von (qualitativer) Mangelernährung infolge unzureichender Proteinaufnahme.

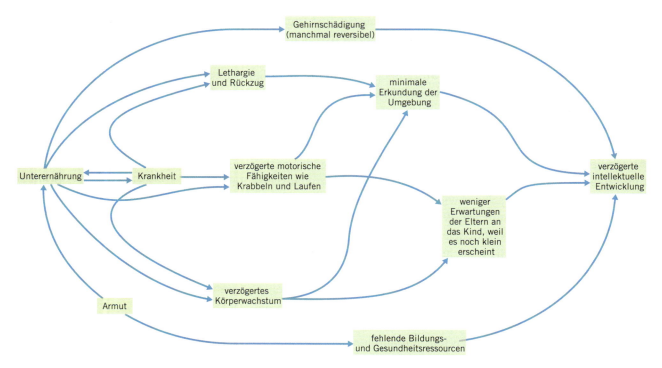

Abbildung 3.13: Unterernährung und kognitive Entwicklung. Unterernährung in Kombination mit Armut wirkt sich auf viele Aspekte der Entwicklung aus und kann zur Beeinträchtigung kognitiver Fähigkeiten führen.

USA 12 Millionen Kinder als unterernährt eingeschätzt (Brown & Pollitt, 1996).

Unterernährung und Mangelernährung gehen fast immer mit Armut und vielfältigen Zusammenhangsfaktoren einher wie einem begrenzten Zugang zur Gesundheitsfürsorge und eingeschränkter Bildung der Eltern. Darüber hinaus kann der Armutsstress die Fähigkeit oder Bereitschaft mancher Mütter, aufmerksam für ihre Kinder zu sorgen, einschränken, was die Kinder dem Risiko der Unterernährung aussetzt (Valenzuela, 1997).

Die Wechselwirkung zwischen Mangelernährung und Armut wie auch anderen Formen von Mangel und Entbehrung nehmen einen nachteiligen Einfluss auf alle Aspekte der Entwicklung. Abbildung 3.13 stellt ein Modell vor, wie die komplexe Interaktion dieser vielfältigen Faktoren die kognitive Entwicklung beeinträchtigt (Brown & Pollitt, 1996). Man kann daraus erkennen, dass Mangelernährung *direkte* Auswirkungen auf die strukturelle Entwicklung des Gehirns, das allgemeine Energieniveau, die Anfälligkeit für Infektionen und das Körperwachstum haben kann. Ohne angemessene Energiezufuhr neigen unterernährte Kinder dazu, ihren Energieverbrauch zu reduzieren, und ziehen sich bei Stimulation eher zurück, was sie generell ruhig und passiv macht, bei sozialen Interaktionen machen sie weniger mit, in der Schule sinkt ihre Aufmerksamkeit, und so weiter. Apathie, verlangsamtes Wachstum und eine verzögerte Entwicklung ihrer motorischen Fähigkeiten schmälern auch die Erkundung der Umgebung durch die Kinder, was ihre Lern- und Erfahrungsmöglichkeiten noch weiter einschränkt. Wegen ihrer kleinen Körpergröße und ihrer verzögerten Entwicklung werden unterernährte Kinder als jünger und unfähiger wahrgenommen als sie wirklich sind, was die Erwachsenen dazu bringt, weniger von ihnen zu erwarten und zu verlangen. Wenn von ihren Eltern und Lehrern relativ wenig von ihnen verlangt wird, werden sie aus ihrem Schulbesuch wahrscheinlich nicht denselben Nutzen ziehen wie ein gesundes Kind und auch hier wieder den Kürzeren ziehen. Alle diese Faktoren führen zu einer verzögerten intellektuellen Entwicklung, was durch das allgemein ärmliche Umfeld noch verschärft wird.

Kann man etwas tun, um unter- und fehlernährten Kindern zu helfen? Weil so viele Faktoren beteiligt sind, ist das nicht leicht; es ist aber auch nicht unmöglich, wie weltweit durch verschiedene groß angelegte Interventionsbemühungen deutlich wird (Sigman, 1995). In einem erfolgreichen Langzeitprojekt in Guatemala, unter der Leitung von Ernesto Pollitt, korrelierte eine hoch proteinhaltige Nahrungsergänzung, die schon im Kleinkindalter begann, mit erhöhten Leistungen bei verschiedenen Tests kognitiver Funktionen im Erwachsenenalter (Pollitt, Gorman, Engle, Martorell & Rivera, 1993). Obwohl es möglich ist, den Entwicklungsstand unterernährter Kinder zu verbessern, wäre es natürlich vorteilhafter, sowohl für die Kinder als auch generell für die Gesellschaft, in erster Linie das Auftreten von Unterernährung zu verhindern. Brown und Pollitt (1996) führen an: „In der Bilanz erscheint es eindeutig, dass die Prävention von Unterernährung bei Kleinkindern die beste Politik bleibt – nicht nur aus moralischen, sondern auch aus ökonomischen Gründen" (S. 702).

IN KÜRZE

Das Ernährungsverhalten ist für die allgemeine Gesundheit von grundsätzlicher Bedeutung. Präferenzen für bestimmte Nahrungsmittel sind von Geburt an erkennbar, und im Verlauf ihrer Entwicklung wird das, was sich Kinder zum Essen auswählen, durch viele Faktoren beeinflusst, beispielsweise durch die Vorlieben ihrer Freunde und durch die Versuche ihrer Eltern, auf ihr Essverhalten Einfluss zu nehmen. In den vergangenen Jahrzehnten ist in den USA bei Erwachsenen wie bei Kindern die Übergewichtigkeit drastisch gestiegen, nachdem man vermehrt energiereiche Lebensmittel in großen Portionen zur Verfügung hat und die körperliche Aktivität geringer wurde. Bulimie und Anorexie sind relativ seltene Essstörungen, die gleichwohl gravierende Folgen haben können. Das häufigste Ernährungsproblem weltweit ist die Unterernährung. Sie geht sehr eng einher mit Armut, und die kombinierten Auswirkungen von Ernährungsdefiziten und Armut wirken sich auf vielfältige Weise schädlich auf die Entwicklung aus.

Ein Rückblick auf Lucy

Nachdem wir nun wissen, wie eng die Beziehung zwischen Vererbung und Umwelt bei der Entwicklung menschlicher Wesen beschaffen ist, von der anfänglichen Konstruktion des Babygehirns bis zum Gewichtsstatus des Erwachsenen: Was, glauben Sie, würde Lucys Schicksal sein, unserer kleinen Freundin mit normalem Genotyp, die sich in einer Raumstation entwickelt?

Es ist denkbar, dass bei ihr grundlegende Aspekte der normalen menschlichen Entwicklung ungewöhnlich ausfallen würden. Die Varianz ihrer Umwelt wäre im Vergleich zu der eines Kindes auf der Erde deutlich begrenzt. In welchem Ausmaß würde das eine Rolle spielen? Würde sich ihr Gehirn als Resultat ihrer extrem eingeschränkten Bandbreite an visueller und akustischer Stimulation anders strukturieren? Wäre sie ohne Gleichaltrige und in der Gesellschaft von nur wenigen Erwachsenen ihren Eltern ähnlicher als das durchschnittliche Erdenkind, oder gerade nicht? Könnte es sein, dass sich ihre Muskeln (wie auch ihre Knochen) in ihrer schwerelosen Umwelt nicht ausreichend entwickeln, um ein normales Körpergewicht zu tragen? Dann würde sie gegebenenfalls nicht zu den Verhaltensweisen in der Lage sein, mit denen Kinder die Welt erkunden und daraus lernen. Wir können die Antworten auf diese oder hunderte weiterer Fragen, die sich leicht formulieren lassen, natürlich nicht wissen. Aber das Nachdenken über Lucy betont die enge Verknüpfung zwischen Anlage und Umwelt bei der menschlichen Entwicklung.

Zusammenfassung

Anlage und Umwelt

- Das komplexe Zusammenspiel zwischen Anlage und Umwelt bildete das durchgehende Thema dieses Kapitels. Auf der Bühne der Entwicklung haben Genotyp, Phänotyp und Umwelt ihren großen Auftritt, und die Geschichte setzt sich fort, indem sie auf viele mehr oder weniger offensichtliche Art und Weise interagieren.
- Der Ausgangspunkt der Entwicklung ist der Genotyp – die Gene, die man bei der Befruchtung von seinen Eltern erbt. Nur einige dieser Gene kommen im Phänotyp, den beobachtbaren Eigenschaften eines Menschen, auch zum Ausdruck. Ob *manche* Gene überhaupt zum Ausdruck kommen oder nicht, ist eine Funktion von Dominanzmustern. Die Genexpression, das An- und Abschalten von Genen im Zeitverlauf, liegt vielen Aspekten der Entwicklung zugrunde.
- Das schlussendliche Resultat eines bestimmten Genotyps hängt immer von der Umwelt ab, in der er sich entwickelt. Die Eltern und ihr Verhalten gegenüber dem Kind sind markante Teile der Umwelt eines Kindes. In ähnlicher Weise wird die Entwicklung eines Kindes durch die Aspekte derje-

nigen Umwelt beeinflusst, die sich das Kind auswählt, und durch die verschiedenartigen Reaktionen, die die Eigenschaften und Verhaltensweisen des Kindes bei anderen Menschen hervorrufen.
- Das Gebiet der Verhaltensgenetik befasst sich mit dem gemeinsamen Einfluss genetischer und umweltbedingter Faktoren auf das Verhalten. Mithilfe einer Vielzahl von Familienuntersuchungs-Designs haben Verhaltensgenetiker eine große Bandbreite an Verhaltensmustern entdeckt, die „in der Familie liegen": Viele Verhaltensgenetiker verwenden Erblichkeitsschätzungen, um die relativen Beiträge von Erbe und Umwelt auf das Verhalten statistisch abzuschätzen.

Die Entwicklung des Gehirns

- Ein aufblühender Bereich der Entwicklungsforschung richtet sich auf die Entwicklung des Gehirns – die komplexeste Struktur im bekannten Universum. Neurone sind die Basiseinheiten des Informationssystems Gehirn. Diese Zellen übermitteln Informationen durch elektrische Signale. Impulse von einem Neuron zu einem anderen werden an Synapsen übertragen.
- Der Cortex gilt als der Teil des menschlichen Gehirns, der uns am ehesten zu dem macht, was wir sind, weil er an einer Vielzahl höherer geistiger Funktionen beteiligt ist. Verschiedene Areale des Cortex sind für allgemeine Verhaltenskategorien spezialisiert. Der Cortex ist in zwei cerebrale Hemisphären geteilt, die jeweils auf bestimmte Verarbeitungsmodalitäten spezialisiert sind; dieses Phänomen nennt man cerebrale Lateralisation.
- Die Gehirnentwicklung umfasst mehrere Prozesse; sie beginnt mit der Neurogenese und der Differenzierung von Nervenzellen. Bei der Synaptogenese, die pränatal beginnt und die ersten Jahre nach der Geburt andauert, wird eine enorme Fülle an Verbindungen zwischen Neuronen erzeugt. Durch die Zurückbildung von Synapsen werden überzählige Verbindungen zwischen Neuronen eliminiert.
- Die Erfahrung spielt eine entscheidende Rolle bei der Stärkung oder Eliminierung von Synapsen und somit bei der normalen Verdrahtung des Gehirns. An der Feinabstimmung des Gehirns sind erfahrungserwartende Prozesse beteiligt, bei denen existierende Synapsen als Funktion derjenigen Stimulation, die praktisch jeder Mensch erfährt, erhalten bleiben, und erfahrungsabhängige Prozesse, bei denen neue Verbindungen als Funktion des Lernens gebildet werden.
- Plastizität bezieht sich auf die Tatsache, dass bei der normalen Entwicklung des Gehirns Umwelt und Anlage partnerschaftlich zusammenwirken. Dieser Umstand ermöglicht es dem Gehirn unter bestimmten Umständen, sich als Reaktion auf eine Schädigung neu zu verdrahten. Auch wird das sich entwickelnde Gehirn dadurch anfällig für das Fehlen von Stimulation in sensiblen Phasen der Entwicklung.
- Die Fähigkeit des Gehirns, sich von einer Verletzung zu erholen, hängt vom Alter des Kindes ab. Schädigungen zu einem sehr frühen Zeitpunkt, wenn

die Neurogenese und Synaptogenese stattfinden, können besonders verheerende Auswirkungen haben. Eine Schädigung während der Vorschuljahre, wenn die Eliminierung von Synapsen eintritt, wird mit geringerer Wahrscheinlichkeit andauernde Schäden bewirken.

Wachstum und Entwicklung des Körpers

- Menschen durchlaufen eine besonders lang andauernde Phase des Körperwachstums, die nicht gleichförmig verläuft, sondern durch schnelles Wachstum ganz früh im Leben und dann wieder im Jugendalter gekennzeichnet ist. Die Pubertät bringt viele körperliche und verhaltensbezogene Veränderungen mit sich, darunter Geschlechtsunterschiede bei den Körperproportionen und beim Verhältnis von Muskeln zu Fettgewebe, die wiederum mit Änderungen des Körperselbstbildes und der Aktivität einhergehen. Über Generationen hinweg wurde beobachtet, dass sich die durchschnittliche Körpergröße erhöht und das Alter beim Einsetzen der Menarche sinkt.
- Nahrungspräferenzen beginnen mit den angeborenen Reaktionen von Neugeborenen auf geschmackliche Grundkategorien, aber weitere Vorlieben entwickeln sich als Resultat der Erfahrung. Eltern haben einen großen Einfluss auf die Fähigkeit ihrer Kinder, ihr eigenes Essverhalten erfolgreich zu regulieren. Probleme mit der Regulation des Essens sind in den USA offenkundig, wo die Epidemie des Übergewichts eindeutig sowohl mit Umweltfaktoren als auch mit genetischen Faktoren zusammenhängt. Bizarre Essensmuster und Aversionen bedrohen die Gesundheit der Patienten mit schweren Essstörungen wie Bulimie und Anorexie; beide treten am häufigsten bei jungen Mädchen auf.
- In den meisten Teilen der Welt außerhalb der Industrieländer besteht das dominante Problem darin, ausreichend Nahrung zu bekommen, und fast die Hälfte aller Kinder weltweit leidet an Unterernährung. Unzureichende Ernährung hängt eng mit Armut zusammen und führt zu einer Vielzahl von körperlichen und verhaltensbezogenen Problemen in praktisch jedem Aspekt des Lebens eines betroffenen Kindes. Damit Millionen von Kindern normale Gehirne und Körper entwickeln können, bedarf es Präventionsmaßnahmen gegen Unterernährung.

Fragen und Denkanstöße

1. Ein zentraler Themenschwerpunkt dieses Kapitels war die Interaktion zwischen Anlage und Umwelt. Betrachten Sie sich und Ihre Familie (auch wenn Sie nicht bei Ihren biologischen Eltern aufgewachsen sind). Identifizieren Sie Aspekte dessen, was Sie sind und was Sie ausmacht, die jede der vier im Text beschriebenen Relationen illustrieren. (1) Wie und wann

wurde Ihr Geschlecht bestimmt? (2) Welches sind die Allele, von denen Sie sicher oder mit relativer Überzeugung annehmen, dass Sie sie mit anderen Mitgliedern Ihrer Familie gemeinsam haben? (3) Was könnte im Verhalten Ihrer Eltern Ihnen gegenüber als Beispiel für eine Interaktion zwischen Genen und Umwelt dienen? (4) Nennen Sie ein Beispiel für Ihre aktive Auswahl Ihrer eigenen Umgebung, die Ihre weitere Entwicklung beeinflusst haben könnte.

2. „Verhaltensgenetiker behaupten, dass 50 Prozent der Intelligenz einer Person auf Vererbung beruhen und 50 Prozent auf der Umwelt." Diskutieren Sie, was an dieser Aussage falsch ist, und beschreiben Sie, was Erblichkeitsschätzungen bedeuten und was sie nicht bedeuten.

3. Beziehen Sie die Entwicklungsprozesse der Synaptogenese und der Synapseneliminierung auf die Begriffe der erfahrungserwartenden und der erfahrungsabhängigen Plastizität.

4. Betrachten Sie Abbildung 3.13 zur Unternährung und kognitiven Entwicklung. Stellen Sie sich ein unterernährtes sechsjähriges Kind vor, das in Deutschland lebt. Gehen Sie die Abbildung durch und erfinden Sie spezifische Beispiele dafür, was dem Kind an jeder Stelle des Diagramms passieren könnte.

Theorien der kognitiven Entwicklung

4

- Die Theorie von Piaget
- Theorien der Informationsverarbeitung
- Theorien des Kernwissens
- Sozio-kulturelle Theorien
- Eine große einheitliche Theorie?
- Zusammenfassung

Ein sieben Monate altes Kind sitzt auf dem Schoß seines Vaters und ist von dessen Brille fasziniert, greift nach einem der Bügel und zieht daran. Der Vater sagt „Au!" und der Junge lässt los, fasst dann aber erneut hin und zieht an der Brille. Das bringt den Vater dazu, sich zu fragen, wie er die Brillengläser in Sicherheit bringen kann, ohne dass das Kind zu weinen anfängt. Glücklicherweise kommt der Vater, ein Entwicklungspsychologe, schnell auf die Idee, dass Jean Piagets Theorie der kognitiven Entwicklung eine einfache Lösung vorschlägt: Verberge die Brille hinter dem Rücken! Nach Piagets Theorie sollte das Entfernen der Brille aus dem Sichtfeld ein Baby dieses Alters dazu bringen, sich so zu verhalten, als ob diese niemals existierte. Die Strategie funktioniert genau wie geplant; nachdem der Vater die Brille aus dem Sichtfeld entfernt, zeigt der Junge kein weiteres Interesse daran und richtet seine Aufmerksamkeit woanders hin. Der Vater dankt im Stillen Piaget.

Diese Erfahrung, die einer der Autoren tatsächlich machte, illustriert in kleinem Umfang, wie das Verstehen von Theorien der Kindesentwicklung praktische Vorteile haben kann. Sie illustriert auch drei weiter gehende Vorteile, solche Theorien zu kennen:

1. Entwicklungstheorien bieten einen Rahmen, um wichtige Phänomene zu verstehen. Theorien weisen auf die Bedeutung von Beobachtungen in Forschungsuntersuchungen wie im Alltagsleben hin. Ein Zuschauer, der die Situation mit der Brille beobachtete, ohne die Theorie Piagets zu kennen, fand das Erlebnis vielleicht mäßig amüsant, aber ohne besondere Relevanz. Innerhalb der Theorie Piagets verdeutlicht diese flüchtige Begebenheit jedoch ein sehr allgemeines und zutiefst wichtiges Entwicklungsphänomen: Kinder unter acht Monaten reagieren auf das Verschwinden eines Objekts so, als ob sie nicht verstanden haben, dass das Objekt immer noch existiert: Sie besitzen noch kein Konzept der Objektpermanenz. Theorien der Kindesentwicklung setzen bestimmte Erfahrungen und Beobachtungen somit in einen breiten Zusammenhang und vertiefen unser Verständnis für deren Bedeutung.

2. Entwicklungstheorien werfen wichtige Fragen über das Wesen des Menschen auf. Nach der Beobachtung in einem informellen Experiment, dass Kinder unter acht Monaten selten nach einem Lieblingsgegenstand griffen, wenn er diesen unter einem Tuch verbarg oder anderweitig außer Sichtweite brachte, kam Piaget zu dem Schluss, dass Kinder bis zu diesem Alter nicht realisieren, dass verdeckte Gegenstände weiter existieren. Andere haben diese Erklärung in Frage gestellt mit der Behauptung, Kinder unter acht Monaten würden durchaus verstehen, dass verborgene Gegenstände weiterhin existieren, aber Defizite ihrer Gedächtnis- oder Problemlösefähigkeit würden sie davon abhalten, gemäß ihres Verständnisses zu handeln und die verborgenen Gegenstände wieder hervorzuholen (Baillargeon, 1993; Munakata, McClelland, Johnson & Siegler, 1997). Trotz solcher Unstimmigkeiten darüber, wie das Verhalten der Kinder am besten zu interpretieren sei, sind sich alle Forscher einig, dass Piagets Theorie eine entscheidende Frage über das Wesen des Menschen aufwirft: Erkennen Kinder von den ersten Tagen ihres Lebens an, dass verborgene Objekte weiter existieren, oder ist das etwas, was sie erst später lernen?

3. Entwicklungstheorien motivieren neue Forschungen. Theorien regen auch zu neuen Untersuchungen an, deren Befunde die ursprünglichen Annahmen unterstützen oder gerade nicht unterstützen können oder eine weitere Differenzierung erfordern. Beispielsweise brachten Piagets Ideen Bower und Wishart (1972) dazu zu testen, ob die Unfähigkeit sieben Monate alter Kinder, nach verdeckten Gegenständen zu greifen, an ihrer unzureichenden Motivation oder daran lag, dass sie nicht geschickt genug waren, so zu greifen, dass sie die Gegenstände erreichen. Um das zu überprüfen, kreierten die Forscher eine ähnliche Situation wie Piaget bei seinen Untersuchungen zur Objektpermanenz, nur dass sie das Objekt, ein attraktives Spielzeug, unter einer durchsichtigen Hülle ‚versteckten' statt unter einer undurchsichtigen. In dieser Situation nahmen die Kinder die Hülle schnell weg und nahmen das Spielzeug wieder in ihren Besitz, womit sie zeigten, dass sie sowohl hinreichend motiviert als auch hinreichend geschickt waren, um das Objekt wiederzuerlangen. Dieser Befund unterstützt Piagets ursprüngliche Interpretation. Im Gegensatz dazu wies ein von Diamond (1985) durchgeführtes Experiment auf die Notwendigkeit hin, Piagets Theorie zu modifizieren. Diamond variierte die Zeit zwischen dem Verstecken des Spielzeugs und dem Moment, in dem das Kind danach greifen durfte. Sie fand, dass sogar sechs Monate alte Kinder erfolgreich sein konnten, wenn sie sofort danach greifen durften, dass sieben Monate alte Kinder bis zu zwei Sekunden warten konnten und dennoch erfolgreich waren, dass acht Monate alte Kinder auch nach vier Sekunden noch erfolgreich waren und so weiter. Diamonds Befund ließ darauf schließen, dass auch die Erinnerung an den Ort des versteckten Objekts – und nicht nur die Erkenntnis, dass dieses weiterhin existiert – für den Erfolg bei der Aufgabe entscheidend ist. Theorien der Kindesentwicklung sind somit hilfreich, weil sie eine Rahmenkonzeption für das Verständnis wichtiger Phänomene bieten, weil sie grundlegende Fragen über das Wesen des Menschen aufwerfen und weil sie neue Forschungen motivieren.

Weil die Kindesentwicklung ein hoch komplexer und variationsreicher Prozess ist, kann keine einzelne Theorie alles erklären. Die aufschlussreichsten aktuellen Theorien konzentrieren sich vorrangig entweder auf die kognitive Entwicklung oder auf die soziale Entwicklung. Es stellt eine immense Herausforderung dar, in dem einen wie dem anderen Bereich einen guten theoretischen Ansatz zur Entwicklung vorzulegen, weil sich in beiden Fällen eine große Bandbreite an Themen aufspannt. Die kognitive Entwicklung umfasst die Entstehung solch verschiedenartiger Fähigkeiten wie der Wahrnehmung, der Aufmerksamkeit, der Sprache, des Problemlösens, des logischen Denkens, des Gedächtnisses und des Verstehens von Begriffen. Die soziale Entwicklung umfasst das Wachstum in ebenso vielen Bereichen: Emotionen, Persönlichkeit, Beziehungen zu Gleichaltrigen und Familienmitgliedern, Selbstverständnis, Aggression, moralisches Verständnis und Verhalten. Betrachtet man beide Fähigkeitsfelder, so kann man leicht verstehen, warum keine der Theorien allein die Gesamtheit der Kindesentwicklung erfasst hat. Wir behandeln die Theorien der kognitiven Entwicklung deshalb in diesem Kapitel und verschieben die Theorien der sozialen Entwicklung auf Kapitel 9.

Im vorliegenden Kapitel werden vier besonders einflussreiche Theorien der kognitiven Entwicklung untersucht: die Theorie Piagets, der Informationsverarbeitungsansatz, die Annahme domänenspezifischen Kernwissens und die sozio-kulturelle Perspektive. Bei jeder dieser vier Positionen fragen wir, auf welchen Annahmen über das Wesen von Kindern die Theorie basiert, auf welche Fragestellungen sie sich konzentriert, und geben praktische Beispiele für ihre pädagogische Brauchbarkeit.

Die genannten vier Theorien sind zum großen Teil deshalb so einflussreich, weil sie wichtige Einblicke in jene Grundfragen der Entwicklung gewähren, die in Kapitel 1 beschrieben wurden. Jede Theorie trägt in gewissem Ausmaß zur Klärung verschiedener Fragen bei, doch hebt jede unterschiedliche Aspekte besonders hervor. Piagets Theorie beispielsweise konzentriert sich auf Fragen nach der *Kontinuität/Diskontinuität* der Entwicklung und der *Aktivität des Kindes*, während sich Informationsverarbeitungsansätze vor allem

Tabelle 4.1: Zentrale Fragen, die von den Theorien der kognitiven Entwicklung behandelt werden.	
Theorie	Behandelte zentrale Fragen
Piaget	Anlage–Umwelt, Kontinuität/Diskontinuität, das aktive Kind.
Informationsverarbeitung	Anlage–Umwelt, Mechanismen der Veränderung.
Kernwissen	Anlage–Umwelt, Kontinuität/Diskontinuität.
Sozio-kulturell	Anlage–Umwelt, Einfluss des sozio-kulturellen Kontexts, Mechanismen der Veränderung.

auf die *Mechanismen von Veränderungen* konzentrieren (Tabelle 4.1). Zusammen erlauben die vier Theorien ein breiteres Verständnis der kognitiven Entwicklung als jede einzelne für sich genommen.

Die Theorie von Piaget

Jean Piagets Untersuchungen der kognitiven Entwicklung sind ein Zeugnis dafür, wie viel eine Person auf einem wissenschaftlichen Gebiet beizutragen vermag. Bevor er um 1920 mit seinen Arbeiten begann, gab es kein erkennbares Feld der kognitiven Entwicklung. Doch bis heute bleibt Piagets Theorie der Standard, an dem alle anderen Entwicklungstheorien gemessen werden. Wie lässt sich diese Langlebigkeit erklären?

Ein Grund besteht darin, dass Piagets Beobachtungen und Beschreibungen von Kindern die Atmosphäre ihres Denkens in verschiedenen Altersstufen lebhaft vermitteln. Ein weiterer Grund liegt in der außergewöhnlichen Breite der Theorie. Sie erstreckt sich von den ersten Tagen der Kindheit bis zum Jugendalter und untersucht Inhaltsbereiche so unterschiedlicher Art wie die Konzeptualisierung der Zeit, des Raumes und der Entfernung, den Sprachgebrauch, das Gedächtnis, das Verstehen der Perspektiven anderer Menschen, das wissenschaftliche Denken und das moralische Urteilen. Bis heute stellt sie damit die umfassendste Theorie der kognitiven Entwicklung dar. Einen dritten Grund für ihre Langlebigkeit bilden die überraschenden und zum Nachdenken anregenden Beobachtungen, mit denen Piaget seine Theorie unterstützte. Ein vierter Grund liegt in der intuitiv plausiblen Darstellung der Wechselwirkung zwischen Anlage und Umwelt und der Anerkennung sowohl kontinuierlicher als auch diskontinuierlicher Prozesse bei der Entwicklung.

Jean Piaget beobachtet Kinder beim Spielen; seine Arbeiten haben die Entwicklungspsychologie nachhaltig beeinflusst.

Die Sicht auf das Wesen des Kindes

Piagets grundlegende Annahme über Kinder besteht darin, dass sie von Geburt an geistig wie auch körperlich aktiv sind, wobei ihre Aktivität sehr stark zu ihrer eigenen Entwicklung beiträgt. Sein Ansatz wird oft *konstruktivistisch* genannt, weil er Kinder so darstellt, dass sie für sich selbst Wissen als Reaktion auf ihre Erfahrungen konstruieren. Drei der wichtigsten konstruktiven Prozesse von Kindern sind nach Piaget das Aufstellen von Hypothesen, das Durchführen von Experimenten und das Ziehen von Schlussfolgerungen. Es ist nicht zufällig, dass diese Beschreibung an das wissenschaftliche Problemlösen erinnert: Das Kind als „Wissenschaftler" ist die dominante Metapher in Piagets Theorie. Betrachten wir folgende Beschreibung seines kleinen Sohnes:

> Laurent [liegt] auf dem Rücken ... Er ergreift nacheinander einen Schwan aus Zelluloid, eine Schachtel usw., streckt den Arm aus und lässt sie fallen. Dabei variiert er ganz deutlich die Fallstellungen. ... Wenn der Gegenstand auf einen neuen Platz fällt (z. B. auf das Kopfkissen), läßt er ihn zweimal oder dreimal hintereinander auf diesen Ort fallen, wie um diese spezielle Relation genau zu studieren. (Piaget, 1996, S. 272.)

In einfachen Aktivitäten wie Laurents Spiel „lass das Spielzeug von verschiedenen Punkten aus fallen und sieh, was passiert" erkannte Piaget den Beginn des wissenschaftlichen Experimentierens.

Dieses Beispiel illustriert auch eine zweite Grundannahme Piagets: Kinder lernen viele wichtige Lektionen von selbst und sind nicht auf die Instruktion von Erwachsenen oder älteren Kindern angewiesen. Um diesen Aspekt weiter zu illustrieren, zitierte Piaget die Erinnerung eines Freundes aus seiner Kindheit:

> Als kleines Kind hatte er einmal Kieselsteine gezählt; er hatte sie in eine Zeile gelegt, von links nach rechts gezählt und war auf zehn gekommen. Nur so zum Spaß zählte er sie anschließend von rechts nach links, um zu sehen, welche Zahl er jetzt erhalten würde, und war erstaunt, als er wieder auf zehn kam. Er legte die Kiesel dann in einen Kreis, zählte sie, und wieder waren es zehn. Er zählte den Kreis in der anderen Richtung durch, und zählte auch auf diese Weise zehn. Und wie auch immer er die Kiesel anordnete, wenn er sie zählte, jedesmal kam er bis zur Zahl zehn. (Piaget, 1973, S. 24.)

Diese Begebenheit kann auch als Beispiel für eine dritte Grundannahme Piagets dienen: Kinder sind von sich aus (intrinsisch) motiviert zu lernen und bedürfen dafür nicht der Belohnung Erwachsener. Sobald sie eine neue Fähigkeit erworben haben, wenden sie diese so oft wie möglich an. Auch denken sie darüber nach, was sie aus ihrer Erfahrung lernen können, weil sie sich selbst und alles um sie herum verstehen wollen.

Zentrale Entwicklungsfragen

Zusätzlich zu der Einsicht, dass Kinder ihre eigene Umwelt aktiv formen, eröffnete Piaget wichtige Einblicke in die Rollen einerseits von Anlage und Umwelt und andererseits von Kontinuität und Diskontinuität bei der Entwicklung.

Anlage und Umwelt

Piaget nahm an, dass Anlage und Umwelt bei der kognitiven Entwicklung zusammenspielen. In seiner Sicht umfasst die Umwelt jede Art von Erfahrung, die das Kind macht. Zur Anlage gehören das reifende Gehirn und der reifende Körper des Kindes; die Fähigkeit wahrzunehmen, zu handeln und aus der Erfahrung zu lernen; und die Motivation, zwei grundlegenden Funktionen gerecht zu werden, die für das geistige Wachstum von zentraler Bedeutung sind: Adaptation und Strukturierung. **Adaptation** bezeichnet die Tendenz, auf die Anforderungen aus der Umwelt so zu reagieren, wie es den eigenen Zielen entspricht. **Strukturierung** ist die Tendenz, einzelne Beobachtungen in kohärente, zusammenhängende Wissenssysteme zu integrieren. Weil sowohl an der Adaptation als auch an der Strukturierung die kindliche Reaktion auf Erfahrungen beteiligt ist, kann man sagen, dass es zum angeborenen Wesen des Kindes gehört, auf seine Umwelt zu reagieren.

> **Adaptation** – die Tendenz, auf die Anforderungen der Umwelt so zu reagieren, wie es den eigenen Zielen entspricht.
>
> **Strukturierung** – die Tendenz, einzelne Beobachtungen in kohärente Wissensstrukturen zu integrieren.

Quellen der Kontinuität

Nach Piagets Beschreibung sind an der Entwicklung sowohl kontinuierliche als auch diskontinuierliche Prozesse beteiligt. Die wichtigsten Quellen der Kontinuität sind drei Prozesse, die von Geburt an zusammenwirken, um die Entwicklung voranzutreiben: Assimilation, Akkomodation und Äquilibration.

Assimilation ist der Prozess, durch den Menschen eintreffende Informationen in eine Form überführen, die sie verstehen können. Zur Illustration: Als eines unserer Kinder zwei Jahre alt war, sah es einen Mann, der oben auf dem Kopf eine Glatze hatte und langes, krauses Haar an den Seiten. Zum Schrecken seines Vaters rief der Kleine vergnügt: „Clown, Clown!" (Tatsächlich klang es mehr wie „kaun, kaun".) Der Mann sah offenbar einem Clown hinreichend ähnlich, so dass der Junge ihn an sein Clown-Konzept assimilieren konnte.

Akkomodation ist der Prozess, durch den Menschen vorhandene Wissensstrukturen als Reaktion auf neue Erfahrungen anpassen. Bei dem „Clown"-Vorfall erklärte der Vater seinem Sohn, dass der Mann kein Clown sei; zwar sehe sein Haar aus wie das eines Clowns, aber er trage kein lustiges Kostüm und mache keine komischen Sachen, um die Leute zum Lachen zu bringen. Mit dieser neuen Information konnte der Junge seine Vorstellung an das übliche Konzept von „Clown" anpassen, was andere Männer mit Glatze und langem Seitenhaar in Zukunft unbehelligt an ihm vorbeigehen ließ.

Äquilibration schließlich ist der Prozess, durch den Kinder (und andere Menschen) Assimilation und Akkomodation ausbalancieren, um stabile Ver-

> **Assimilation** – der Prozess, durch den Menschen eintreffende Information in eine Form überführen, die sie verstehen können.
>
> **Akkomodation** – der Prozess, durch den Menschen vorhandene Wissensstrukturen als Reaktion auf neue Erfahrungen anpassen.
>
> **Äquilibration** – der Prozess, durch den Kinder (und andere Menschen) Assimilation und Akkomodation ausbalancieren, um stabiles Verstehen zu schaffen.

stehensprozesse zu schaffen. Zur Äquilibration gehören drei Phasen: Zuerst sind Kinder mit ihrem Verständnis eines Phänomens zufrieden; Piaget bezeichnete diesen Zustand als *Äquilibrium*, weil die Kinder keine Diskrepanzen zwischen ihren Erfahrungen und ihren Verstehensstrukturen sehen. Dann bemerken sie, dass ihr Verständnis unzureichend ist; Piaget sagte, dass sich Kinder zu diesem Zeitpunkt in einem Zustand des *Disäquilibriums* befinden, weil sie die Unzulänglichkeiten ihrer bisherigen Verstehensstrukturen erkennen, aber noch keine Alternative entwickeln können, die ein besseres Verständnis ermöglichen würde. Schließlich entwickeln Kinder ein differenzierteres Verständnis, das die Unzulänglichkeiten der bisherigen Verstehensstrukturen überwindet. Dieses neue Verstehen ermöglicht ein stabileres Äquilibrium in dem Sinne, dass damit nun ein weiter Bereich neuer Erfahrungen richtig eingeordnet werden kann.

Um die Arbeitsweise der Äquilibration zu illustrieren, nehmen wir an, dass ein Mädchen in der Vorschule glaubt, nur Tiere seien lebende Dinge, weil nur sie sich so bewegen können, wie es für ihr Überleben wichtig ist. (Tatsächlich glauben das die meisten Vier- bis Siebenjährigen in einer großen Zahl von Kulturen; Hatano et al., 1993.) Früher oder später wird das Mädchen erkennen, dass sich auch Pflanzen so bewegen, dass es zu ihrem Überleben beiträgt (zum Beispiel zum Sonnenlicht hin). Diese neue Information wäre durch einfache Assimilation schwer in ihr bisheriges Denken zu integrieren. Die Diskrepanz zwischen dem bisherigen Verständnis lebender Dinge und ihrem neuen Wissen über Pflanzen würde bei dem Mädchen einen Zustand des Disäquilibriums erzeugen, in dem sie sich unsicher wäre, was es bedeutet, lebend zu sein. Später würde sich ihr Denken an die neue Information über Pflanzen akkomodieren. Sie würde also erkennen, dass sich sowohl Tiere als auch Pflanzen in überlebensdienlicher Weise bewegen und dass, weil diese Art der Bewegung ein Schlüsselmerkmal lebender Dinge ist, Pflanzen ebenso wie Tiere am Leben sein müssen (Opfer & Gelman, 2001). Dieses Denken errichtet ein fortgeschritteneres Äquilibrium, weil weitere Informationen über Pflanzen und Tiere mit den entsprechenden Wissensstrukturen vereinbar sind. Durch unzählige solcher Äquilibrationen erweitern Kinder nach und nach ihr Verständnis der Umwelt.

Quellen der Diskontinuität

Auch wenn Piaget gewisse kontinuierliche Aspekte der geistigen Entwicklung betonte, betrifft der bekannteste Teil seiner Theorie diskontinuierliche Aspekte, nämlich verschiedene Stufen der kognitiven Entwicklung. Piaget sah diese Stufen als Produkte der grundlegenden menschlichen Tendenz, Wissen strukturell zu organisieren. Jede Stufe repräsentiert eine in sich schlüssige Art, die eigenen Erfahrungen zu verstehen, und jeder Übergang zwischen Stufen repräsentiert einen diskontinuierlichen intellektuellen Sprung von einer kohärenten Art des Verstehens zur nächsthöheren. Die zentralen Eigenschaften von Piagets Stufentheorie lassen sich dabei wie folgt benennen:

1. Qualitative Veränderung. Piaget glaubte, dass Kinder verschiedenen Alters auf qualitativ unterschiedliche Weise denken. Zum Beispiel nahm er an, dass Kinder in den frühen Stadien der kognitiven Entwicklung Moral an den Konsequenzen des Verhaltens einer Person messen, während Kinder in späteren Stadien die Absicht der Person für eine moralische Beurteilung heranziehen. Ein Fünfjähriger würde jemanden, der unbeabsichtigt ein ganzes Marmeladenglas fallen lässt, als ‚böser' einschätzen als jemanden, der absichtlich und heimlich einen Löffel voll daraus nascht; ein Achtjähriger käme zu dem umgekehrten Schluss. Dieser Unterschied repräsentiert eine qualitative Veränderung, weil die beiden Kinder ihre moralischen Urteile auf völlig verschiedene Kriterien gründen.

2. Breite Anwendbarkeit. Die jeweilige Art des Denkens, die für eine Stufe charakteristisch ist, durchdringt das Denken des Kindes über ganz verschiedene Themen und Kontexte hinweg.

3. Kurze Übergangszeiten. Kinder bewegen sich nicht über Nacht von einer Stufe zur nächsten. Bevor sie eine neue Stufe erreichen, durchlaufen sie eine kurze Übergangsphase, in der sie zwischen der Art des Denkens auf der neuen, fortgeschritteneren Stufe und der Art des Denkens, wie sie die alte, weniger entwickelte Stufe kennzeichnet, hin und her schwanken.

4. Invariante Abfolge. Menschen an allen Orten und in allen historischen Epochen durchlaufen die Stufen in derselben Reihenfolge. Keine Stufe wird jemals übersprungen.

Piagets Stufentheorie erlaubt eine einfache und elegante Art, sich die geistige Entwicklung vorzustellen. In Wirklichkeit ist der Entwicklungsprozess beträchtlich komplizierter, als die Theorie annimmt. Doch bietet die Theorie einen hilfreichen Überblick über die altersabhängigen Muster der kognitiven Entwicklung sowie viele nützliche Erkenntnisse über diese Muster.

Wir wenden uns nun den Einzelheiten von Piagets Stufentheorie zu. Piaget nahm an, dass Kinder vier Stadien der geistigen Entwicklung durchlaufen: das *sensumotorische Stadium*, das *vor-operatorische* (oder präoperationale) *Stadium*, das *konkret-operatorische Stadium* und das *formal-operatorische Stadium*. In jedem Stadium fügen Kinder den Arten und Weisen, ihre Welt zu begreifen, über die sie schon verfügen, neue Möglichkeiten hinzu:

Sensumotorisches Stadium – die Phase in Piagets Theorie (von der Geburt bis zu 2 Jahren), in der die Intelligenz durch sensorische und motorische Fähigkeiten zum Ausdruck kommt.

1. Im **sensumotorischen Stadium** (von der Geburt bis zum Alter von 2 Jahren) entwickelt sich die Intelligenz der Kinder durch ihre sensorischen und motorischen Fähigkeiten und kommt darin zum Ausdruck. Kinder beginnen das Leben mit Reflexen; mit Wahrnehmungsfähigkeiten wie Sehen und Hören; und mit den grundlegenden Lernmechanismen der Assimilation, Akkomodation und Äquilibration. Durch die Reifung ihrer sensumotorischen Fähigkeiten und die Anwendung dieser Lernmechanismen auf ihre Erfahrungen lernen Kinder etwas über Menschen und Objekte; sie konstruieren elementare Formen grundlegender Begriffe wie Zeit, Raum und Kausalität. Im Verlauf dieses Stadiums leben sie weitestgehend im Hier und Jetzt: Ihr intellektuelles Leben ist an ihre unmittelbaren Wahrnehmungen und Handlungen gebunden.

2. Im **vor-operatorischen Stadium** (2 bis 7 Jahre) werden die Kinder fähig, ihre Erfahrungen in Form von Sprache, geistigen Vorstellungen und symbolischem Denken zu repräsentieren. Dadurch ist es ihnen möglich, ihre Erfahrungen über längere Zeiträume zu erinnern und differenziertere Konzepte zu bilden. Wie der Begriff *vor-operatorisch* jedoch nahe legt, glaubt Piaget, Kinder seien in diesem Stadium noch nicht in der Lage, *mentale Operationen* (reversible geistige Aktivitäten) auszuführen. Zum Beispiel kämen sie nicht zu dem Schluss, dass die Wassermenge unverändert bleiben muss, wenn man Wasser von einem Glas in ein anders geformtes Glas umschüttet (in dem der Wasserstand höher oder niedriger erscheint), weil sich das Wasser wieder zurückschütten ließe und die Menge dieselbe wäre wie am Anfang. Die Unfähigkeit, solche Operationen durchzuführen, führt bei kleinen Kindern zu Schwierigkeiten, logisch und konsistent zu denken. Stattdessen konzentrieren sie sich auf einzelne, wahrnehmungsbezogen auffällige Aspekte eines Ereignisses oder Problems, selbst wenn mehrere Aspekte dabei wichtig sind.

3. Im **konkret-operatorischen Stadium** (7 bis 12 Jahre) können Kinder über konkrete Gegenstände und Ereignisse logisch nachdenken. Es fällt ihnen jedoch schwer, in rein abstrakten Begriffen zu denken und Informationen systematisch zu kombinieren.

4. Im letzten Stadium der kognitiven Entwicklung, dem **formal-operatorischen Stadium** (12 Jahre und älter), können Kinder intensiv nicht nur über konkrete Ereignisse nachdenken, sondern auch über Abstraktionen und völlig hypothetische Situationen. Sie können systematisch wissenschaftliche Experimente durchführen und daraus die angemessenen Schlüsse ziehen.

Mit diesem Überblick über die Theorie Piagets können wir nun einige der wichtigsten Veränderungen, die in jedem Stadium eintreten, im Detail betrachten.

Vor-operatorisches Stadium – die Phase in Piagets Theorie (2 bis 7 Jahre), in der Kinder dazu fähig werden, ihre Erfahrungen in Form von Sprache, geistigen Vorstellungen und symbolischem Denken zu repräsentieren.

Konkret-operatorisches Stadium – die Phase in Piagets Theorie (7 bis 12 Jahre), in der die Kinder fähig werden, über konkrete Objekte und Ereignisse logisch nachzudenken.

Formal-operatorisches Stadium – die Phase in Piagets Theorie (12 Jahre und älter), in der Menschen die Fähigkeit erwerben, über Abstraktionen und hypothetische Situationen nachzudenken.

Das sensumotorische Stadium (Geburt bis 2 Jahre)

Am ersten Tag einer entwicklungspsychologischen Vorlesung vor einigen Jahren fragte einer von uns die Studierenden: „Was halten Sie für die wichtigsten Kennzeichen der Intelligenz von Säuglingen und Kleinkindern?" Nicht wenige der Studenten gaben keine Kennzeichen an und sagten, dass sie nicht glauben, dass Kinder in diesem Alter Intelligenz besäßen. Andere wählten die körperliche Koordination, die Aufmerksamkeit und das Wiedererkennen von Menschen und Objekten – ganz andersartige Qualitäten als die, mit denen man die Intelligenz in der späteren Kindheit charakterisiert. Gemessen an dem engen Spektrum des Säuglingsverhaltens und an ihrer allgemeinen Hilflosigkeit, erschienen diese Vorstellungen plausibel.

4 Theorien der kognitiven Entwicklung

Piaget zufolge bereitet es Kindern nicht nur Lust, an Objekten zu saugen, sondern sie gewinnen dadurch auch Wissen über die Welt jenseits ihres eigenen Körpers.

Ein Teil der Piaget'schen Genialität bestand jedoch gerade darin, dass er die Intelligenz von Säuglingen weit umfassender einschätzte, als ihre eingeschränkten Verhaltensmöglichkeiten nahe legen. Er erkannte, dass in den unbeholfenen Greif- und Fuchtelbewegungen der Kleinkinder die Saat für einige der anspruchsvollsten Denkprozesse der Menschheit liegt. Viele der deutlichsten Beispiele für das Thema des *aktiven Kindes* stammen aus Piagets Beschreibungen dieses Stadiums.

Im Verlauf der ersten beiden Lebensjahre entwickelt sich Piaget zufolge die sensumotorische Intelligenz der Kinder durch sechs Stufen zunehmender Komplexität, die jeweils auf den Errungenschaften der vorhergehenden aufbauen. Es mag zunächst so erscheinen, als ob in einer sehr kurzen Zeit recht viele Teilstufen durchlaufen werden müssen. Denkt man jedoch daran, dass sich das Gewicht des Gehirns zwischen der Geburt und dem Alter von drei Jahren verdreifacht (wobei das Gewicht als Indikator für die Reifung des Gehirns in dieser Phase gelten kann), dann erscheint die Anzahl der Stufen nicht übermäßig. Die tief greifenden Entwicklungen, deren Eintreten Piaget im Verlauf des Säuglings- und Kleinkindalters beschreibt, machen auf ein allgemeines Prinzip aufmerksam: Das Denken des Kindes entwickelt sich in den ersten Lebensjahren mit rasantem Tempo.

Bei der folgenden Beschreibung der sechs sensumotorischen Stufen Piagets kann das Alter, das mit diesen Entwicklungsschritten einhergeht, nur in Annäherung angegeben werden. Verschiedene Kinder entwickeln sich mit unterschiedlicher Geschwindigkeit, doch geben die Altersbereiche an, wann diese Entwicklungen typischerweise eintreten.

Stufe 1 (Geburt bis 1 Monat)

Babys werden mit vielen Reflexen geboren. Wenn sich Objekte vor ihren Augen bewegen, folgen ihre Augen der Bewegung; werden Objekte in ihren Mund gesteckt, saugen sie daran; wenn Objekte mit ihren Händen in Kontakt kommen, greifen sie zu; wenn sie Geräusche hören, drehen sie diesen ihren Kopf zu, und so weiter. Piaget glaubte, dass diese einfachen Reflexe und Wahrnehmungsfähigkeiten wesentliche Werkzeuge für den Aufbau der Intelligenz sind.

Im Verlauf ihres ersten Monats fangen die Säuglinge an, Reflexe zu modifizieren, um sie besser anzupassen. In den ersten Tagen nach der Geburt beispielsweise saugen sie immer auf dieselbe Weise an unterschiedlichen Objekten. Innerhalb von ein paar Wochen ändern sie ihr Saugverhalten jedoch und passen es dem Objekt an, das sich gerade in ihrem Mund befindet. An einer Milch gebenden Brustwarze saugen sie anders als an ihren eigenen Fingern.

Dieses Beispiel illustriert, dass Kinder schon in ihrem ersten Lebensmonat ihre Handlungen auf diejenigen Teile ihrer Umwelt einstellen (akkomodieren), mit denen sie gerade zu tun haben.

Stufe 2 (1 bis 4 Monate)

In dieser Phase beginnt das Kind, einzelne Reflexe zu größeren Verhaltenseinheiten zusammenzufassen, von denen die meisten auf den eigenen Körper zentriert sind. Statt Objekte, die ihre Handfläche berühren, nur zu greifen, und an Objekten, die in ihren Mund gelangen, nur zu saugen (wie es auf Stufe 1 der Fall war), integrieren die Babys diese Handlungen auf Stufe 2. Wenn sie zum Beispiel ein Objekt in der Hand halten, führen sie es häufig auch zum Mund. Ihre Reflexe dienen also allmählich als Bausteine für komplexeres Verhalten.

Stufe 3 (4 bis 8 Monate)

Auf den ersten beiden Stufen sind die Handlungen der Säuglinge reflexgebunden und auf den eigenen Körper zentriert. Nun, in Stufe 3, interessieren sich die Kinder zunehmend für die Welt um sie herum – Menschen, Tiere, Spielzeuge und andere Objekte und Ereignisse außerhalb ihres eigenen Körpers. Ein besonderes Kennzeichen dieser Stufe ist die Wiederholung von Handlungen an der Umgebung, die angenehme oder interessante Ergebnisse mit sich bringen. Das Schütteln einer Rassel beispielsweise ist eine bevorzugte Tätigkeit für Kinder auf Stufe 3.

Piaget (1974) stellte eine bemerkenswerte und kontrovers diskutierte Behauptung auf, die sich auf ein Defizit im kindlichen Denken während dieser Phase bezieht und auf die bereits zu Beginn des Kapitels in der Anekdote über den Vater, der seine Brille versteckt, eingegangen wurde. Die Behauptung lautet, dass dem Kind bis zum Alter von acht Monaten das Konzept der **Objektpermanenz** fehle: das Wissen, dass Objekte auch dann weiter existieren, wenn sie sich außerhalb des Wahrnehmungsfeldes befinden. Diese Behauptung, wie die meisten von Piagets Vorstellungen über Kleinkinder, beruht primär auf der Beobachtung seiner eigenen Kinder Laurent, Lucienne und Jacqueline. Die folgende Darstellung eines Experiments mit Laurent spiegelt den Typ von Beobachtung wider, der Piagets Annahmen bezüglich der Objektpermanenz inspirierte:

Objektpermanenz – das Wissen darüber, dass Objekte auch dann weiter existieren, wenn sie sich außerhalb des Wahrnehmungsfelds befinden.

> Mit 7 Monaten und 28 Tagen halte ich ihm eine Klapper hinter einem Kissen hin. Solange er die Klapper sieht, und wenn es auch noch so wenig davon ist, versucht er, sie zu ergreifen. Wenn aber die Klapper völlig verschwindet, sucht er nicht mehr.
>
> Ich wiederhole den Versuch, wobei ich meine Hand als Abschirmung verwende. Laurent hält den Arm ausgestreckt und will gerade die Klapper ergreifen, als ich sie hinter meiner offenen Hand in 15 cm Distanz verschwinden lasse: Er zieht seinen Arm sofort zurück, als ob die Klapper nicht mehr existierte. (Piaget, 1954, S. 39.)

A-/nicht-B-Suchfehler – die Tendenz, dorthin zu greifen, wo man ein Objekt zuvor gefunden hatte, und nicht dorthin, wo es zuletzt versteckt wurde.

In der Sichtweise Piagets ist für Kinder bis zum Alter von acht Monaten also die Redewendung „aus den Augen, aus dem Sinn" tatsächlich wörtlich zu verstehen. Sie können Objekte nur in den Momenten geistig repräsentieren, in denen sie diese auch wahrnehmen können.

Stufe 4 (8 bis 12 Monate)

Zum Ende des ersten Lebensjahres suchen Kinder nach versteckten Objekten und tun nicht mehr so, als ob diese verschwunden wären, was erkennen lässt, dass sie die Objekte auch dann im Geiste repräsentieren, wenn sie diese nicht mehr sehen. Diese anfänglichen Repräsentationen sind jedoch noch nicht sehr stabil; die Kinder bilden sie nur unter günstigen Rahmenbedingungen. Die geringe Stabilität von Objektrepräsentationen bei acht- bis zwölfmonatigen Kindern zeigt sich im **A-/nicht-B-Suchfehler**. Wenn Kinder dieses Alters wiederholt am Ort A ein verstecktes Objekt gefunden und gegriffen haben und anschließend sehen, dass das Objekt nun an einem anderen Ort B versteckt wird, aber nicht sofort danach suchen dürfen, dann neigen sie dazu, dorthin zu greifen, wo sie das Objekt zuvor immer gefunden hatten, also an Ort A (Abbildung 4.1). Erst ab ihrem ersten Geburtstag etwa suchen Kinder durchgängig am aktuellen Ort des Objekts.

Abbildung 4.1: Piagets A-/nicht-B-Suchaufgabe. Kurz vor dieser gefilmten Sequenz sah das Kind, wie ein Spielzeug in dem runden Versteck links von ihm aus gesehen versteckt und mit einem Tuch verdeckt wurde, und holte es unter dem Tuch wieder hervor. (a) Jetzt sieht es das Spielzeug in dem Versteck zu seiner Rechten. Statt das rechte Tuch hochzuheben, unter dem sich das Spielzeug jetzt befindet, (b) greift es nach dem linken Tuch, das den Ort bedeckt, an dem das Kind das Spielzeug vorher gefunden hatte, und (c, d) hebt dieses Tuch hoch.

a)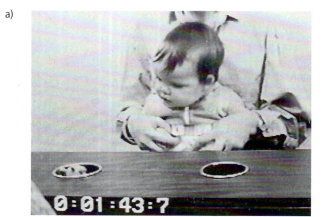

b)

c)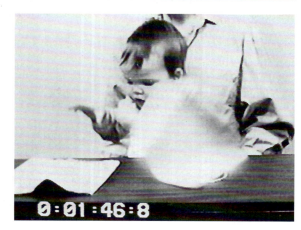

d)

Stufe 5 (12 bis 18 Monate)

Mit etwa einem Jahr fangen Kinder an, aktiv und begierig die potenziellen Funktionen auszuprobieren, die Objekte bieten. Das oben beschriebene Beispiel des „Kindes als Wissenschaftler", in dem Laurent die Positionen variierte, aus denen er verschiedene Gegenstände fallen ließ, um zu sehen, was passiert, liefert ein Beispiel für diese entstehende Fähigkeit. Ähnliche Beispiele kommen in jeder Familie vor. Nur wenige Eltern vergessen, wie ihr zwölf bis 18 Monate altes Kind auf seinem Hochstuhl sitzt, mit verschiedenen Gegenständen auf das vordere Tablett schlägt – zuerst ein Löffel, dann ein Teller, dann die Tasse – und scheinbar fasziniert ist von den verschiedenen Geräuschen, die die einzelnen Gegenstände verursachen. Noch weniger vergessen sie die Badartikel, die ihr Kind in die Toilette fallen ließ, oder die Packung Mehl, die auf dem Küchenboden ausgeschüttet wurde, nur um zu sehen, was passiert. In solchen erinnerungswürdigen Vorfällen sah Piaget keine bösen Absichten, sondern die Anfänge des wissenschaftlichen Experiments.

Stufe 6 (18 bis 24 Monate)

In dieser letzten Phase des sensumotorischen Stadiums erlangen Kinder nach Piaget die Fähigkeit, dauerhafte mentale Repräsentationen zu bilden. Das erste Anzeichen für diese neue Fähigkeit ist die **zeitlich verzögerte Nachahmung**; damit ist die Wiederholung des Verhaltens anderer Menschen Minuten, Stunden oder Tage nach dem ursprünglichen Auftreten gemeint. Betrachten wir Piagets Beobachtung der ein Jahr alten Jacqueline:

> Jacqueline bekam Besuch, und zwar von einem kleinen Jungen ... der sich im Verlauf des Nachmittags in eine fürchterliche Wut hineinsteigert: Er heult und versucht, aus seinem Laufställchen herauszukommen, und stampft mit den Füßen auf den Boden des Ställchens. ... am folgenden Tag ist sie es, die im Laufställchen schreit und es zu verschieben versucht, wobei sie mehrfach nacheinander leicht mit dem Fuß aufstampft. (Piaget, 1969, S. 85.)

Zeitlich verzögerte Nachahmung – die Wiederholung des Verhaltens anderer Menschen zu einem Zeitpunkt, der deutlich nach dem ursprünglichen Auftreten des Verhaltens liegt.

Piaget gab an, dass Jacqueline zuvor noch nie solch einen Wutanfall bekommen hatte. Anscheinend hatte sie das Verhalten ihres Spielkameraden beobachtet und sich gemerkt, eine Repräsentation dieses Verhaltens über Nacht aufrechterhalten, und es am nächsten Tag nachgemacht.

Wenn wir Piagets gesamte Darstellung der Entwicklung im Kleinkindalter betrachten, sind mehrere auffällige Tendenzen erkennbar. Zunächst kreisen die Aktivitäten des Kindes um seinen eigenen Körper; später schließen sie auch die umgebende Welt mit ein. Frühe Ziele sind konkreter Natur (eine Rassel zu schütteln und auf die dabei entstehenden Geräusche zu achten); spätere Ziele sind oft abstrakterer Art (die Höhe zu variieren, aus denen man Objekte fallen lässt, und zu beobachten, wie sich die damit erzielten Effekte verändern). Auch sind die Kinder zunehmend in der Lage,

Die Technik, mit der dieses Kind Lidschatten aufträgt, mag nicht ganz dem Verfahren entsprechen, das es bei seiner Mutter gesehen hat, aber beide sind ähnlich genug, um als überzeugendes Beispiel für zeitlich verzögerte Nachahmung gelten zu können. Diese Fähigkeit erwerben Kinder in ihrem zweiten Lebensjahr.

mentale Repräsentationen zu bilden, und schreiten vom „aus den Augen, aus dem Sinn" fort bis zur Erinnerung der Handlungen eines Spielgefährten, die einen ganzen Tag vorher stattgefunden haben. Solche überdauernden mentalen Repräsentationen ermöglichen das Erreichen des nächsten Stadiums, des vor-operatorischen Denkens.

Das vor-operatorische Stadium (2 bis 7 Jahre)

In Piagets Sicht umfasst das vor-operatorische Stadium eine Mischung aus eindrucksvollen kognitiven Errungenschaften und ebenso eindrucksvollen Beschränkungen. Die vielleicht wichtigste Errungenschaft ist die Entwicklung der *symbolischen Repräsentationen*; zu den auffälligsten Schwächen gehören der *Egozentrismus* und die *Zentrierung*.

Die Entwicklung symbolischer Repräsentationen

Haben Sie schon einmal gesehen, wie Kindergartenkinder mit einer Banane eine Pistole darstellen oder im Spiel ein Stück Stoff als Kissen benutzen? Die Verwendung solcher persönlicher Symbole kommt bei Drei- bis Fünfjährigen häufig vor. Es handelt sich dabei um einen Weg der Einübung ihrer entstehenden Fähigkeit zur **symbolischen Repräsentation** – der Verwendung eines Objekts als Stellvertretung eines anderen. Typischerweise ähneln die persönlichen Symbole den Dingen, die sie darstellen sollen. Die Form der Banane ist der Form einer Pistole ähnlich; die Oberflächenbeschaffenheit des Stofflappens gleicht der eines Kissens, und beide sind kuschelig.

Symbolische Repräsentation – die Verwendung eines Objekts in der Funktion, für ein anderes Objekt zu stehen.

Im Verlauf ihrer Entwicklung verlassen sich Kinder weniger auf diese selbst erzeugten Symbole und mehr auf konventionalisierte Symbolbeziehungen. Wenn zum Beispiel Fünfjährige Piraten spielen, tragen sie vielleicht eine Augenklappe und ein Kopftuch, weil Piraten meistens auf diese Weise abgebildet werden. Die gesteigerten symbolischen Fähigkeiten im Verlauf des vor-operatorischen Stadiums werden auch in der Entwicklung des Zeichnens erkennbar. Die Zeichnungen von Kindern dieser Altersklasse setzen zunehmend Konventionen ein, beispielsweise die Darstellung der Blätter von Blumen in „V"-Form (Abbildung 4.2).

Abbildung 4.2: Ein Sommertag, gezeichnet von einem vierjährigen Kind. Man beachte den Einsatz einfacher künstlerischer Konventionen wie der V-förmigen Blätter an den Blumen. (Dennis, 1992, S. 234.)

Egozentrismus

Egozentrismus – die Tendenz, die Welt ausschließlich aus der eigenen Perspektive wahrzunehmen.

Piaget bemerkte zwar wichtige positive Entwicklungen im Denken von Kindern während des vor-operatorischen Stadiums, aber er betonte vor allem die verbleibenden Einschränkungen. Dazu gehört vorrangig der kindliche **Egozentrismus**, das ist die Wahrnehmung der Welt ausschließlich aus der eigenen Perspektive. Ein Beispiel für diese Beschränkung betrifft die Schwierigkeit von Kindergartenkindern, den räumlichen Blickpunkt anderer Menschen einzunehmen. Piaget und Inhelder (1956) demonstrierten diese Schwierigkeit, indem sie vierjährige Kinder vor das Modell einer Landschaft setzten, die aus drei Bergen unterschiedlicher Größe und Höhe bestand (Abbildung 4.3). Die Kinder sollten angeben, welche von mehreren Photographien die Ansicht darstellte, die eine Puppe hätte, die an verschiedenen Seiten des Tisches säße. Die Lösung dieser Aufgabe erfordert von den Kindern die Erkenntnis, dass ihre eigene Perspektive nicht die einzig mögliche ist, und die Fähigkeit zur Vorstellung, wie die vorgegebene Szene aus einer anderen Position und Richtung betrachtet aussähe. Piaget zufolge sind die meisten Vierjährigen dazu nicht in der Lage.

Abbildung 4.3: Piagets Drei-Berge-Versuch. Die Kinder sollen das Bild auswählen, das der Perspektive der Puppe auf dem gegenüberliegenden Stuhl entspricht. Die meisten Kinder unter sechs Jahren wählen das Bild, das die Szene so zeigt, wie sie ihnen selbst erscheint. Dies illustriert die Schwierigkeit, die eigene Perspektive von der anderer zu trennen.

Die Perspektive anderer Menschen einzunehmen, erweist sich auch in ganz anderen Kontexten als schwierig, zum Beispiel bei der Kommunikation. Wie in Abbildung 4.4 dargestellt, reden Kinder im vorschulischen Alter oft aneinander vorbei beziehungsweise nebeneinander her; sie scheinen ungeniert darüber hinwegzusehen, dass ihr Zuhörer dem, was sie sagen, keinerlei Aufmerksamkeit schenkt. Die egozentrische Kommunikation von Kindern in diesem Alter wird auch erkennbar, wenn sie Aussagen treffen, die Wissen voraussetzen, über das nur sie selbst, kaum aber die Zuhörer verfügen. Beispielsweise beschweren sich Zwei- und Dreijährige häufig bei ihren Erzieherinnen: „Er hat es mir weggenommen", ohne dass aus der Situation erkennbar wäre, auf welche Person und welchen Gegenstand sich das Kind bezieht. Das egozentrische Denken wird auch in den Erklärungen von Ereignissen und Verhaltensweisen ersichtlich. Man betrachte die folgenden Interviews mit Kindern im Kindergartenalter, die in einer beliebten Fernsehsendung aus den 1950er-Jahren geführt wurden (nach Linkletter, 1957, S. 6):

Interviewer: Hast du Geschwister?

Kind: Ich habe einen Bruder, der ist eine Woche alt.

I: Was kann er schon?

K: Er kann „Mama" und „Papa" sagen.

I: Kann er laufen?

K: Nein, er ist zu faul dazu.

Interviewer: Hast du Geschwister?

Kind: Einen zwei Monate alten Bruder.

I: Wie benimmt er sich?

K: Er schreit jede Nacht.

I: Warum macht er das wohl?

K: Wahrscheinlich glaubt er, er verpasst was im Fernsehen.

Abbildung 4.4: Egozentrismus. Ein Beispiel für eine egozentrische Unterhaltung zwischen kleinen Kindern.

Im Verlauf des vor-operatorischen Stadiums wird der egozentrische Sprachgebrauch weniger häufig. Ein frühes Zeichen des Fortschritts besteht in den verbalen Streitereien, die das Kind in diesem Stadium immer häufiger eingeht. Die Tatsache, dass eine Behauptung eines Kindes den Widerspruch eines Spielgefährten hervorruft, lässt erkennen, dass dieser zumindest darauf achtet, was das Kind gesagt hat, und dass die darin enthaltene unterschiedliche Perspektive überhaupt bemerkt wird. Auch verbessert sich die Fähigkeit der Kinder, sich andere räumliche Perspektiven als ihre eigene vorzustellen. Natürlich bleiben wir alle im Verlauf unseres Lebens ein wenig egozentrisch, aber es gibt doch einen gewissen Fortschritt.

Zentrierung

Zentrierung – die Tendenz, sich auf ein einzelnes, perzeptuell auffälliges Merkmal eines Objekts oder Ereignisses zu konzentrieren.

Eine mit dem Egozentrismus verwandte Einschränkung beim Denken von Kindern im Kindergartenalter ist die **Zentrierung**; darunter versteht man die Konzentration auf ein einzelnes, in der Wahrnehmung auffälliges Merkmal eines Objekts oder Ereignisses unter Ausschluss anderer, weniger auffälliger Eigenschaften. Die Art, wie Kinder an eine Balkenwaage herangehen, liefert ein gutes Beispiel für die Zentrierung. Zeigt man Fünf- und Sechsjährigen eine Balkenwaage wie in Abbildung 4.5 und fragt sie, nach welcher Seite sie sich neigen wird, dann zentrieren sie auf die Gewichtsmenge auf beiden Seiten und ignorieren den Abstand der Gewichte von der Aufhängung: Diejenige Seite wird nach unten gehen, auf der sich mehr Gewicht befindet (Inhelder & Piaget, 1958).

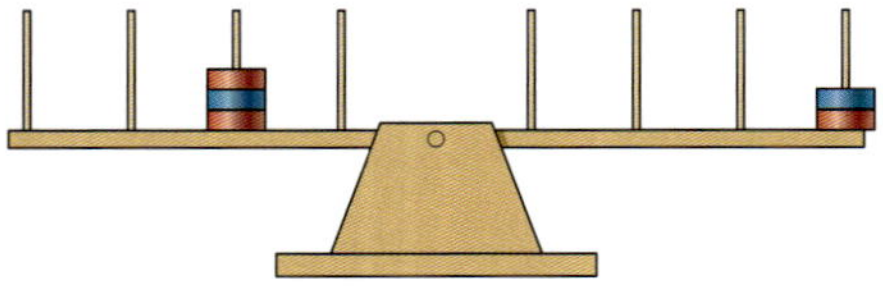

Abbildung 4.5: Eine Untersuchung zur Balkenwaage (Case, 1992). Auf die Frage, welche Seite einer Balkenwaage der hier abgebildeten Art sich neigen würde, wenn die Waage entriegelt wäre, zentrieren Fünf- und Sechsjährige ihre Aufmerksamkeit fast immer auf das Gewicht und ignorieren den Abstand der Gewichte vom Angelpunkt. Im gegebenen Fall würden sie also vorhersagen, dass die linke Seite nach unten gehen wird; tatsächlich wäre es in diesem Beispiel aber die rechte.

Ein weiteres gutes Beispiel für Zentrierung stammt aus Piagets Forschungen zum kindlichen Verständnis der Begriffe von Zeit, Geschwindigkeit und Entfernung. Diese Forschungen ergaben sich aus einer Begegnung zwischen Piaget und dem großen Physiker Albert Einstein. Einstein hörte 1928 eine Vorlesung von Piaget und fragte ihn danach über die Reihenfolge, in der Kinder die Begriffe von Zeit und Geschwindigkeit erwerben; diese Begriffe spielen in Einsteins Theorie eine fundamentale Rolle. Um diese Frage beantworten zu können, zeigte Piaget (1946) vier- bis zehnjährigen Kindern zwei Spielzeugeisenbahnen, die auf parallelen Gleisen in dieselbe Richtung fahren (Abbildung 4.6). Wenn die Wagen angehalten haben, fragte Piaget die Kinder: „Welcher Zug ist die längere Zeit gefahren (oder weiter gefahren, oder schneller gefahren)?"

Die meisten der Vier- und Fünfjährigen konzentrierten sich vollständig auf eine Dimension des Ereignisses – den Haltepunkt der Züge. Sie behaupteten, dass der Zug, der weiter vom Startpunkt entfernt gehalten hat, auch länger unterwegs war (oder weiter gefahren ist beziehungsweise auch schneller gefahren ist). Sie achteten nicht darauf, wo und wann die Züge starteten, wann sie anhielten und wie lang ihre Gesamtfahrzeit dauerte. Erst mit ungefähr neun Jahren berücksichtigten sie mehr als eine Dimension dieser Aufgabe.

Das Beispiel illustriert eine weitere Eigenschaft, die sich im vor-operatorischen Denken häufig erkennen lässt – den Fokus auf statische Zustände statt auf Veränderungen. Die Haltepunkte der Züge sind statische Positionen; sie bleiben konstant, nachdem die Züge ihre Reise beendet haben. Zeit, Geschwindigkeit und Entfernung der Zugreise umfassen jeweils Veränderungen und Übergänge, die für eine Prüfung nicht mehr zur Verfügung stehen, wenn sich der Zug nicht mehr bewegt. Kinder im vor-operatorischen Stadium ignorieren häufig die Veränderungen und konzentrieren sich stattdessen auf statische Zustände, selbst wenn das zu fehlerhaften Einschätzungen führt.

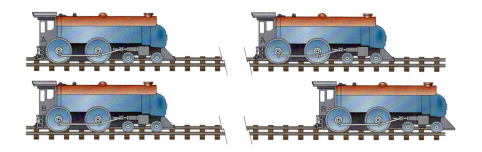

Abbildung 4.6: Piagets Zug-Aufgabe. Wenn zwei Züge gleichzeitig losfahren und gleichzeitig anhalten, aber einer davon hält weiter entfernt vom Startpunkt als der andere, dann sagen Kinder unter acht Jahren meistens, dass der Zug, der weiter gefahren ist, auch länger gefahren ist als der andere.

Zusammenfassend nahm Piaget also an, dass Kinder zwischen zwei und sieben Jahren Schwierigkeiten damit haben, andere Perspektiven als ihre eigene einzunehmen, dass sie auf wahrnehmungsbezogen auffällige Dimensionen zentrieren zu Lasten weniger hervorstechender, aber mindestens genauso wichtiger Dimensionen, und dass sie sich auf statische Zustände mehr konzentrieren als auf dynamische Übergänge und Veränderungen. In der nächsten Phase der kognitiven Entwicklung, dem konkret-operatorischen Stadium, überwinden die Kinder diese Einschränkungen weitgehend.

Das konkret-operatorische Stadium (7 bis 12 Jahre)

Im Alter von etwa sieben Jahren beginnen Kinder – Piaget zufolge – damit, logisch über konkrete Eigenschaften der Welt nachzudenken. Dieser Fortschritt lässt sich am Beispiel des Konzepts der Erhaltung – eine von Piagets bekanntesten Entdeckungen – illustrieren.

Die Idee des **Konzepts der Erhaltung** (Invarianzkonzept) besteht darin, dass die bloße Veränderung der Erscheinung oder Anordnung von Objekten nicht ihre zentralen Eigenschaften verändert, beispielsweise die Quantität (Menge) des Materials. Drei Varianten dieses Konzepts, die häufig an Kindern untersucht werden, sind die Erhaltung der Flüssigkeitsmenge, die Erhaltung der festen Masse und die Erhaltung der Zahl (Piaget, 1952a). In allen drei Fällen bestehen die Aufgaben, mit denen das Verstehen des Kindes untersucht wird, aus einem dreistufigen Verfahren (Abbildung 4.7). Zuerst sehen die Kinder zwei Objekte oder zwei Mengen von Objekten – zwei Gläser Orangensaft, zwei Tonklumpen oder zwei Reihen Münzen – in identischer Anzahl oder Menge. Wenn die Kinder zustimmen, dass die jeweils interessierende Dimension (zum Beispiel die Menge an Orangensaft) bei beiden gleich ist, folgt die zweite Phase. Dabei wird das eine Objekt (oder die eine Objektmenge) so transformiert, dass es nachher anders aussieht, ohne dass dabei die fragliche Dimension verändert wird. Ein Glas Orangensaft wird beispielsweise in ein höheres, aber schmaleres Glas umgeschüttet; eine kurze, dicke Wurst aus Ton wird zu einer dünnen, längeren Wurst geformt; eine Reihe von Münzen wird in die Länge gezogen. In der dritten Phase schließlich sollen die Kinder angeben, ob die in Frage stehende Dimension, auf der die Kinder die beiden Objekte

Konzept der Erhaltung (Invarianzkonzept) – die Vorstellung, dass bei einer Veränderung der bloßen Erscheinung von Objekten ihre Schlüsseleigenschaften erhalten bleiben.

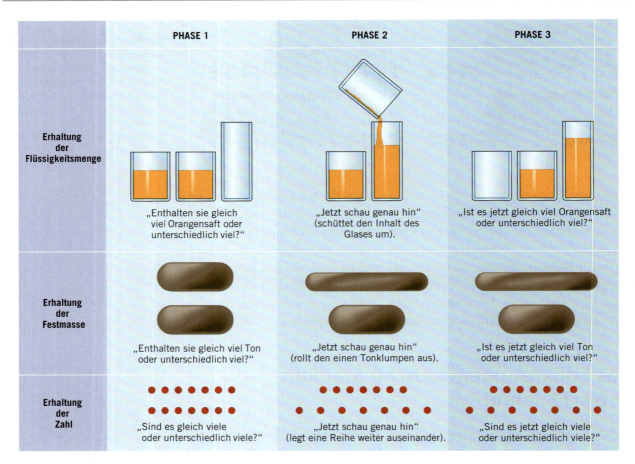

Abbildung 4.7: Verfahren zur Prüfung der Invarianzkonzepte von Flüssigkeitsmenge, fester Masse und Anzahl. Die meisten Kinder unter sieben Jahren sagen, dass die höhere Flüssigkeitssäule mehr Flüssigkeit, die längere Tonwurst mehr Ton und die längere Reihe mehr Objekte enthält.

(beziehungsweise Objektmengen) zuvor als gleich beurteilt hatten, immer noch gleich ausgeprägt ist. Kinder im Alter von sieben Jahren oder darüber bejahen dies im Allgemeinen, was natürlich korrekt ist.

Kinder im Alter von vier und fünf Jahren sagen hier jedoch meistens „nein". Bei Aufgaben zur Invarianz von Flüssigkeitsmengen behaupten sie, dass das schmalere, höhere Glas mehr Orangensaft enthalte; bei der Erhaltung fester Massen behaupten sie, dass die längere, dünnere Form aus mehr Ton bestehe als die kürzere, und so weiter.

All die Schwierigkeiten, die Piaget im vor-operatorischen Denken ausmachte, scheinen zu ihren Schwierigkeiten mit den Erhaltungsaufgaben beizutragen. Sie zentrieren ihre Aufmerksamkeit auf die eine, in der Wahrnehmung auffällige Dimension der Höhe oder Länge und lassen die anderen Dimensionen außer Acht. Sie reagieren auf das Erscheinungsbild und nicht auf die dahinter liegende Wirklichkeit, und sie können nicht verstehen, dass ihre eigene Perspektive irreführend sein kann. Sie konzentrieren sich auf den statischen Zustand (die Höhe der Flüssigkeitssäule oder die Länge der Tonwurst) und ignorieren die Transformationen (das Umschütten des Orangensafts oder die Umformung des Tonklumpens).

Derselbe Fortschritt im Denken, mit dessen Hilfe die Kinder im Stadium der konkreten Operationen Erhaltungsaufgaben lösen können, lässt sie auch viele andere Probleme und Aufgaben erfolgreich bearbeiten, bei denen die Aufmerksamkeit auf mehrere Dimensionen gerichtet werden muss und Umwandlungsprozesse Berücksichtigung finden müssen. Zum Beispiel beherrschen sie nun die Zug-Aufgabe, mit der das Verständnis von Zeit, Geschwindigkeit und Entfernung gemessen wurde, und sie beachten bei der Balkenwaage sowohl die Gewichte als auch ihren Abstand vom Drehpunkt.

Diese erfolgreichen logischen Denkprozesse bleiben jedoch weitgehend auf konkrete Situationen beschränkt. Sehr abstraktes Denken bleibt äußerst schwierig, ebenso das logische Folgern über hypothetische Situationen. Erst im Stadium der formalen Operationen nimmt Piaget an, dass Kinder in der Lage sind, über hypothetische Situationen und Abstraktionen genauso gut nachzudenken wie über konkrete Situationen.

Das formal-operatorische Stadium (12 Jahre und älter)

Das formal-operatorische Denken, das die Fähigkeit zum abstrakten Denken und zum hypothetischen Schlussfolgern umfasst, bildet den Gipfel der Piaget'schen Stufenfolge. Piaget nahm an, dass dieses Stadium, anders als die drei vorangegangenen Stadien, nicht universell ist; manche Erwachsene erreichen es und andere nicht. Bei denen, die es erreichen, erweitert und bereichert das formal-operatorische Denken ihre intellektuelle Welt außerordentlich. Ein solches Denken ermöglicht es ihnen, die besondere Wirklichkeit, in der sie leben, als nur eine von einer unendlichen Vielzahl möglicher Realitäten aufzufassen. Diese Erkenntnis bringt sie dazu, sich Alternativen vorzustellen, wie die Welt beschaffen sein könnte, und tief gehende Fragen abzuwägen, die Wahrheit, Gerechtigkeit und Moral betreffen. Zweifellos lässt sich so auch die Tatsache erklären, dass viele Menschen erst in ihrer Jugendzeit einen Geschmack an Sciencefiction finden. Die alternativen Welten, die in Sciencefictionromanen dargestellt werden, sprechen den Wunsch der Jugendlichen an, von ihrer im Entstehen begriffenen Fähigkeit Gebrauch zu machen, mit der sie sich unsere Welt als nur eine von vielen denkbaren Welten vorstellen und sich fragen, ob eine bessere Welt möglich wäre. Inhelder und Piaget fanden einen passenden Ausdruck für die intellektuelle Kraft, die das formal-operatorische Denken Jugendlichen vermittelt: „Jeder besitzt seine eigenen Ideen (und glaubt meistens auch, dass es seine eigenen sind), die ihn von der Kindheit befreien und ihm erlauben, sich als gleichwertig mit Erwachsenen zu positionieren" (1958, S. 340–341).

Eine andere entscheidende Eigenschaft des formal-operatorischen Denkens besteht – Piaget zufolge – in der Fähigkeit, systematisch alle möglichen Ergebnisse einer Situation abzuwägen. Diese Fähigkeit ist für das wissenschaftliche Denken unerlässlich, insbesondere die Fähigkeit, Experimente zu gestalten und ihre Ergebnisse zu interpretieren. Betrachten wir einige Unterschiede zwischen der Fähigkeit von Kindern und der Fähigkeit von Jugendlichen, sys-

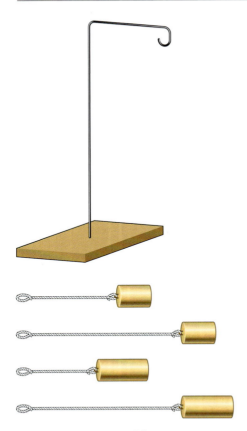

Abbildung 4.8: Das Pendelproblem von Piaget und Inhelder. Die Aufgabe besteht darin, die Bewegungen längerer und kürzerer Schnüre mit leichteren oder schwereren Gewichten zu vergleichen, um den Einfluss von Gewicht, Schnurlänge und Punkt des Loslassens auf die Zeit zu bestimmen, in der das Pendel einmal hin- und herschwingt. Kinder unter zwölf Jahren führen meistens unsystematische Experimente durch und gelangen zu fehlerhaften Schlussfolgerungen.

tematische wissenschaftliche Experimente zu entwickeln, um ein Pendelproblem (Inhelder & Piaget, 1958) zu lösen. Bei diesem Problem erhalten die Kinder ein Pendelgestell, eine Reihe von Schnüren unterschiedlicher Länge mit einer Schlaufe an beiden Enden und einen Satz Metallgewichte unterschiedlicher Schwere, die sich an beliebige Schnüre anhängen lassen. Wenn in die Schlaufe am einen Ende einer Schnur ein Gewicht eingehängt wird und das andere Ende am Pendelgestell befestigt wird, kann man das Ganze schwingen lassen (Abbildung 4.8). Die Aufgabe besteht darin herauszufinden, welcher Faktor oder welche Faktoren die Zeit beeinflussen, die das Pendel benötigt, um einmal hin- und herzuschwingen: die Länge der Schnur, die Schwere des Gewichts, die Höhe, aus der das Gewicht losgelassen wird, oder eine Kombination dieser Faktoren. Denken Sie selbst einen Moment nach: Wie würden Sie vorgehen, um diese Aufgabe zu lösen?

Die meisten konkret-operatorischen Kinder wie auch die meisten Jugendlichen beginnen ihre Experimente in dem Glauben, die Schwere des Gewichts sei der wichtigste Faktor und mit einer gewissen Wahrscheinlichkeit auch der einzige. Worin sich Kinder und Jugendliche unterscheiden, ist die Art und Weise, wie sie ihre Überzeugungen testen. Konkret-operatorische Kinder planen typischerweise unsystematische Experimente, aus denen keine eindeutigen Schlüsse gezogen werden können. Zum Beispiel vergleichen sie die Schwingungszeit eines schweren Gewichts an einer kurzen Schnur, das aus großer Höhe losgelassen wurde, mit der Schwingungszeit eines leichten Gewichts an einer langen Schnur aus niedriger Höhe. Wenn das erste Pendel schneller ausschlägt, würden sie daraus schließen, dass – wie erwartet – schwere Gewichte schneller pendeln.

Im Gegensatz dazu würden Jugendliche im formal-operatorischen Stadium das Problem abstrakter fassen. Sie würden erkennen, dass jede dieser Variablen – Gewicht, Schnurlänge und Starthöhe – die Zeit beeinflussen könnte, in der das Pendel hin- und herschwingt, und dass sie deshalb prüfen sollten, wie jede der Variablen die Schwingungszeit beeinflusst. Um die Rolle des Gewichts zu testen, würden sie also die Pendelzeit eines schwereren und eines leichteren Gewichts vergleichen, die an Schnüren gleicher Länge hängen und aus gleicher Höhe losgelassen wurden. Um den Effekt der Schnurlänge zu testen, würden sie die Pendelzeit einer kurzen und einer langen Schnur vergleichen und Gewicht und Starthöhe gleich lassen. Um den Einfluss der Höhe beim Loslassen einschätzen zu können, muss man diese variieren bei konstantem Gewicht und konstanter Schnurlänge. Ein derart systematischer Versuchsplan würde den formal-operatorischen Denker in die Lage versetzen zu erkennen, dass nur die Schnurlänge die Pendelzeit beeinflusst; das Gewicht und die Höhe des Startpunktes spielen keine Rolle.

Wenn Jugendliche fähig werden, systematische, formal-operatorische logische Schlussfolgerungen zu ziehen, impliziert das noch nicht, dass sie immer auf anspruchsvolle Weise denken würden, aber es markiert nach Piaget den

Tabelle 4.2: Piagets Stadien der kognitiven Entwicklung.

Stadium	Ungefähres Alter	Neue Wege des Erkennens
Sensumotorisch	Geburt bis 2 Jahre	Säuglinge erkennen die Welt mit ihren Sinnen und durch ihre Handlungen. Zum Beispiel lernen sie, wie Hunde aussehen und wie es sich anfühlt, sie zu streicheln.
Vor-operatorisch	2 bis 7 Jahre	Bis zum Schulalter erwerben Kinder die Fähigkeit, die Welt durch Sprache und geistige Vorstellungen intern zu repräsentieren. Auch werden sie allmählich dazu fähig, die Welt aus der Perspektive anderer zu sehen und nicht nur aus ihrer eigenen.
Konkret-operatorisch	7 bis 12 Jahre	Die Kinder werden dazu fähig, logisch und nicht nur intuitiv zu denken. Sie können Objekte jetzt in zusammenhängende Klassen gruppieren und verstehen, dass Ereignisse häufig von mehreren Faktoren und nicht nur von einem beeinflusst werden.
Formal-operatorisch	ab 12 Jahre	Jugendliche können systematisch denken und darüber spekulieren, was alternativ zum Bestehenden sein könnte. Das ermöglicht es ihnen, Politik, Ethik und Sciencefiction zu verstehen sowie wissenschaftlich-logisch zu denken.

Zeitpunkt, an dem Jugendliche das Denkpotenzial intelligenter Erwachsener erreichen. Wie Piagets Theorie zu Verbesserungen bei pädagogischen Maßnahmen beitragen kann, wird in einigen Aspekten in Kasten 4.1 diskutiert. – Tabelle 4.2 fasst die wichtigsten Kennzeichen der vier Stadien der kognitiven Entwicklung zusammen.

Piagets Vermächtnis

Obwohl große Teile von Piagets Theorie schon vor vielen Jahren formuliert wurden, bildet sie nach wie vor einen sehr einflussreichen Ansatz zur kognitiven Entwicklung. Einige ihrer Stärken wurden bereits angeführt. Sie bietet einen guten Überblick darüber, wie das Denken von Kindern zu verschiedenen Zeitpunkten ihrer Entwicklung beschaffen ist. Sie bietet eine plausible und attraktive Perspektive auf das Wesen des Kindes. Sie umfasst ein bemerkenswert breites Spektrum von Entwicklungsbereichen und behandelt die gesamte Altersspanne vom Säugling bis zum Jugendalter. Sie enthält zahllose faszinierende Beobachtungen über das Denken von Kindern.

Nachfolgende Analysen (Flavell, 1971, 1982; Miller, 2002) haben aber auch einige entscheidende Schwächen der Piaget'schen Theorie bemerkt. Die folgenden vier Schwachpunkte können als besonders wichtig gelten:

1. Das Stufenmodell stellt das Denken von Kindern konsistenter dar, als es ist. Nach Piaget zeigt das Denken von Kindern, sobald sie eine bestimmte Stufe erreicht haben, die Eigenschaften dieser Stufe konsistent über verschie-

Kasten 4.1 Anwendungen

Pädagogische Anwendungen der Theorie Piagets

Piagets Sichtweise der kognitiven Entwicklung enthält eine Reihe allgemeiner Implikationen, wie man Kinder erziehen sollte (Ginsburg & Opper, 1988; Piaget, 1970). Ganz grundsätzlich ist abzuleiten, dass die eigene Art des Denkens von Kindern in den jeweiligen Altersstufen bei der Entscheidung berücksichtigt werden sollte, wie man sie unterrichtet. Beispielsweise sollte man von Kindern im vor-operatorischen und konkret-operatorischen Stadium nicht erwarten, dass sie abstrakte Begriffe wie „Trägheit" oder „Gleichgewichtszustand" erlernen. Die Berücksichtigung solcher allgemeiner altersbezogener Unterschiede im kognitiven Niveau beim Vermitteln bestimmter Konzepte wird oft als „kindzentrierter Ansatz" bezeichnet.

Eine zweite Implikation des Piaget'schen Ansatzes besteht darin, dass Kinder stets durch Interaktion mit der Umwelt lernen, geistig wie körperlich. Eine Aktivität, bei der dies besonders betont wurde, betraf das Verstehen des Geschwindigkeitsbegriffs (Levin, Siegler & Druyan, 1990). Die Untersuchung konzentrierte sich auf Aufgaben, wie sie von Physiklehrern besonders geliebt werden: „Wenn sich ein Pferd über eine runde Rennbahn bewegt, bewegen sich seine linke und rechte Seite dann mit der gleichen Geschwindigkeit?" Offensichtlich scheint das der Fall zu sein, aber tatsächlich ist es anders: Der äußere Teil des Pferdes bei seiner Bewegung rund um die Bahn überstreicht in derselben Zeit eine etwas größere Distanz als die nach innen gerichtete Seite und bewegt sich deshalb etwas schneller.

Levin und ihre Kollegen gestalteten ein Verfahren, mit dessen Hilfe Kinder aktiv erfahren konnten, wie sich verschiedene Teile ein und desselben Objekts mit unterschiedlicher Geschwindigkeit bewegen können. Einer der Forscher kaufte eine gut zwei Meter lange Metallstange, brachte sie in einen Kellerraum seiner Wohnung und befestigte ein Ende drehbar an einem auf dem Boden montierten Lagerzapfen. Dann wurden Sechstklässler einzeln in das Haus des Forschers gebracht zu dem Raum, in dem sich die drehbare Metallstange befand. Der Forscher und das Kind liefen viermal im Kreis herum, wobei sie die Stange festhielten und vor sich her schoben. Bei zwei Runden hielt das Kind die Stange nah am Mittelzapfen und der Forscher am äußeren Ende; bei den beiden anderen Runden wechselten sie die Position (siehe Abbildung). Nach jeder Runde wurden die Kinder gefragt, ob sie oder der Experimentator schneller gegangen waren.

Die Unterschiede in den Geschwindigkeiten, mit denen man innen und außen an der Stange läuft, waren so drastisch, dass die Kinder ihre neue Erkenntnis auf andere Aufgaben übertragen konnten, an denen Kreisbewegungen beteiligt sind, beispielsweise, wenn sich Autos auf dem Computerbildschirm im Kreis bewegen. Mit anderen Worten konnte die körperliche Erfahrung vermitteln, was Jahre des formalen naturwissenschaftlichen Unterrichts nur selten schaffen. Ein Junge sagte: „Vorher hatte ich es nicht erlebt. Ich habe nie darüber nachgedacht. Nachdem ich jetzt diese Erfahrung gemacht habe, weiß ich, dass ich, wenn ich auf dem äußeren Kreis war, schneller laufen musste, um an der gleichen Stelle zu sein wie Sie" (Levin et al., 1990). Eindeutig können relevante körperliche Aktivitäten, begleitet von Fragen, die die Aufmerksamkeit darauf richten, was die Aktivität uns lehrt, das Lernen der Kinder fördern.

Ein Kind und ein Erwachsener halten sich an einer Stange fest und gehen im Kreis herum. Zweimal hielt das Kind die Stange nahe am Drehpunkt, zweimal nahe am äußeren Ende. Das deutlich höhere Tempo, das man brauchte, wenn man am äußeren Ende mit der Stange mithalten wollte, brachte Kinder zu der Erkenntnis, dass sich das Ende der Stange schneller bewegt als der zur Mitte gerichtete Teil (Levin, Siegler & Druyan, 1990).

dene Begriffe hinweg. Spätere Forschungen ließen jedoch erkennen, dass das Denken von Kindern weit variabler ist, als dieses Bild nahe legt. Selbst mit Blick auf einen einzelnen Begriff wie den der Erhaltung variieren die Leistungen bei verschiedenen Aufgaben beträchtlich. Zum Beispiel sind die meisten Kinder mit fünf oder sechs Jahren bei Aufgaben zur Erhaltung der Zahl erfolgreich, während die meisten Kinder Aufgaben zur Erhaltung fester Massen erst mit acht oder neun Jahren bewältigen (Field, 1987; Siegler, 1981). Piaget erkannte, dass eine solche Variabilität besteht, konnte sie aber nicht erfolgreich erklären.

2. Säuglinge und Kleinkinder sind kognitiv kompetenter als Piaget dachte. Piaget gab Kindern relativ schwierige Verstehenstests vor. Das hatte den Vorteil, dass ein Kind, welches bei einer dieser Aufgaben erfolgreich war, das untersuchte Konzept mit einiger Sicherheit gut verstanden hatte. Die anspruchsvollen Aufgaben führten Piaget aber dazu, die Anfänge des Wissens über diese Begriffe bei Säuglingen und Kleinkindern zu übersehen. Beispielsweise mussten die Kinder bei Piagets Test der Objektpermanenz nach dem verborgenen Objekt greifen; Piaget behauptete, dass Kinder dies nicht vor ihrem achten oder neunten Lebensmonat tun. Alternative Tests der Objektpermanenz, bei denen die Blickfixationen des Kindes analysiert werden, nachdem das Objekt aus dem Sichtfeld verschwunden ist, lassen erkennen, dass Kinder bereits mit drei Monaten ein gewisses Verständnis der kontinuierlichen Existenz von Objekten besitzen (Baillargeon, 1987, 1993).

3. Piagets Theorie schätzt den Beitrag der sozialen Welt zur kognitiven Entwicklung zu gering. Piagets Theorie konzentriert sich vorrangig darauf, wie es Kindern gelingt, die Welt durch ihre eigenen Anstrengungen zu verstehen. Jedoch leben Kinder von dem Tag an, an dem Sie aus dem Mutterleib kamen, in einer sozialen Umwelt, die ihre Entwicklung auf vielfältige Weise formt. Die kognitive Entwicklung eines Kindes spiegelt die Beiträge anderer Menschen und der Kultur im weiteren Sinne viel umfangreicher wider, als Piagets Theorie diesen Einflüssen zugesteht.

4. Piagets Theorie bleibt unscharf hinsichtlich der kognitiven Prozesse, die das Denken des Kindes verursachen, und der Mechanismen, die kognitives Wachstum hervorrufen. Piagets Theorie bietet zahllose exzellente Beschreibungen des kindlichen Denkens. Weit weniger klar und eindeutig ist die Theorie jedoch bei den Prozessen, die Kinder dazu bringen, auf eine bestimmte Weise zu denken, und die Änderungen ihres Denkens auslösen. Assimilation, Akkomodation und Äquilibration besitzen einen allgemeinen Anstrich von Plausibilität, wobei aber alles andere als klar ist, wie diese Prozesse funktionieren.

Diese Schwächen in Piagets Theorie sollen nicht die Größe der Leistung in Abrede stellen. Piagets unzählige aufschlussreiche Aufgaben zur Prüfung der Fähigkeiten von Kindern unterschiedlichen Alters, seine faszinierenden Beobachtungen altersabhängiger Veränderungen im Verhalten von Kindern und seine integrierte Darstellung der kognitiven Entwicklung von der Geburt bis zum Jugendalter lassen in ihrer Gesamtheit seine Theorie zu einer der großen intellektuellen Leistungen des 20. Jahrhunderts werden. Um zu verstehen, warum alternative Theorien der kognitiven Entwicklung zunehmend in den Vordergrund gerückt sind, muss man sich jedoch sowohl die Schwächen als auch die Stärken seiner Theorie bewusst machen.

In den folgenden Abschnitten behandeln wir die drei prominentesten alternativen theoretischen Ansätze: den *Informationsverarbeitungsansatz*, die *Kernwissenshypothese* und die *sozio-kulturelle Perspektive*. Jede Klasse dieser Theorien kann als Versuch gesehen werden, eine der zentralen Schwächen des Piaget'schen Ansatzes zu überwinden. Theorien der Informationsverarbeitung betonen präzise Beschreibungen der Prozesse, die für das Denken der Kinder verantwortlich sind, und der Mechanismen, die kognitives Wachstum hervorrufen. Theorien des Kernwissens betonen frühe Verstehensleistungen von Säuglingen und Kleinkindern auf einer vielleicht angeborenen evolutionären Grundlage. Sozio-kulturelle Theorien betonen die Wege, auf denen die Interaktionen der Kinder mit der sozialen Welt – wozu andere Menschen wie auch die Produkte ihrer Kultur gehören – die kognitive Entwicklung lenken. Außerdem stimmen Theoretiker aller drei Überzeugungen darin überein, dass das Denken des Kindes viel variabler ist, als ihm in Piagets Stufentheorie zugestanden wird. Der restliche Teil dieses Kapitels konzentriert sich auf diese drei alternativen Theorien.

IN KÜRZE

Piagets Theorie der kognitiven Entwicklung betont die Interaktion zwischen Anlage und Umwelt, Kontinuität und Diskontinuität sowie den aktiven Beitrag des Kindes zu seiner eigenen Entwicklung. Piaget nahm an, dass ein reifendes Gehirn, reifende Wahrnehmungs- und Handlungsfähigkeiten sowie zunehmend reichere und variablere Erfahrungen im Umgang mit der Umwelt Kinder in die Lage versetzen, sich auf immer mehr verschiedene Umstände und Situationen einzustellen.

Nach Piaget entsteht Kontinuität in der Entwicklung durch Assimilation, Akkomodation und Äquilibration. Assimilation geht mit der Vereinfachung einströmender Information einher, so dass man sie verstehen kann. Akkomodation bezeichnet die Anpassung des eigenen Denkens an die Umwelt, um die Einordnung neuer Erfahrungen zu erleichtern. Äquilibration ist die Balance zwischen Assimilation und Akkomodation in einer Weise, die stabile Verstehensleistungen ermöglicht.

Die Diskontinuitäten der Entwicklung umfassen vier diskrete Stufen – das sensumotorische Stadium (Geburt bis 2 Jahre), in dem die Kinder beginnen, die Welt durch die Sinneswahrnehmung und durch motorische Aktivitäten zu begreifen; das vor-operatorische Stadium (2 bis 7 Jahre), in dem Kinder zu mentalen Repräsentationen fähig werden, jedoch noch dazu neigen, egozentrisch zu sein und sich bei einem Ereignis oder Problem auf eine einzige Dimension zu konzentrieren; das konkret-operatorische Stadium (7 bis 12 Jahre), in dem Kinder logisch über konkrete Aspekte ihrer Umwelt nachdenken können, aber noch Schwierigkeiten haben, abstrakte Schlussfolgerungen zu ziehen; und das formal-operatorische Stadium (ab 12 Jahren), in dem Kinder vor und während der Pubertät zusätzlich die Fähigkeit zum abstrakten Denken erwerben.

Zu den wichtigsten Stärken der Piaget'schen Theorie gehören ihr breiter Überblick über die Entwicklung, ihre attraktive Perspektive auf das Wesen des Kindes, ihr Einbezug verschiedener Aufgaben und Altersgruppen sowie unendlich faszinierende Beobachtungen. Zu den wichtigsten Schwächen gehört die Unschärfe bei den kognitiven Mechanismen, die Unterschätzung der kognitiven Kompetenz von Säuglingen und Kleinkindern, die fehlende Beachtung der Beiträge aus der sozialen Umwelt sowie die Überschätzung der Konsistenz im Denken von Kindern.

Theorien der Informationsverarbeitung

Szene: Tochter und Vater sind im Garten. Eine Freundin kommt mit dem Fahrrad angefahren.

Kind: Papa, schließt du mir bitte die Kellertür auf?

Vater: Warum?

Kind: Weil ich Rad fahren möchte.

Vater: Dein Fahrrad ist in der Garage.

Kind: Aber meine Socken sind im Trockner.

(Nach Klahr, 1978, S. 181f.)

Welche gedanklichen Schlussfolgerungen könnten diesen rätselhaften Kommentar der Tochter „Aber meine Socken sind im Trockner" hervorgebracht haben? David Klahr, ein bekannter Informationsverarbeitungstheoretiker, formulierte das folgende Modell des Gedankenprozesses, der zu dieser Äußerung führte:

Oberziel: Ich will Rad fahren.
    Präferenz: Ich brauche Schuhe, um angenehm fahren zu können.
    Tatsache: Ich bin barfuß.
        Unterziel 1: Meine Turnschuhe holen.
        Tatsache: Die Turnschuhe sind im Garten.
        Tatsache: Sie tragen sich ohne Strümpfe nicht angenehm.
            Unterziel 2: Meine Socken holen.
            Tatsache: Die Sockenschublade war heute Morgen leer.
            Schluss: Wahrscheinlich sind die Socken im Trockner.
                Unterziel 3: Hol die Socken aus dem Trockner.
                Tatsache: Der Trockner ist im Keller.
                    Unterziel 4: Geh in den Keller.
                    Faktum: Durch den Hofeingang geht es schneller.
                    Faktum: Der Hofeingang ist immer verschlossen.
                        Unterziel 5: Öffne die Tür zum Keller.
                        Tatsache: Väter haben Schlüssel für alles.
                            Unterziel 6: Bitte Papa, die Tür aufzuschließen.

Aufgabenanalyse – eine Forschungstechnik, bei der für eine Aufgabe die Ziele, die relevante Umgebungsinformation und die möglichen Verarbeitungsstrategien identifiziert werden.

Klahrs Analyse des Denkens seiner Tochter illustriert mehrere bemerkenswerte Eigenschaften, die für Informationsverarbeitungstheorien üblich sind.[1] Wie weiter oben bereits erwähnt, besteht ein kennzeichnendes Merkmal in der präzisen Spezifizierung der am Denken der Kinder beteiligten Prozesse. Klahr versuchte also, die exakten Ziele seiner Tochter zu identifizieren, welche Hindernisse in ihrer Umgebung sie erwartete und welche Schlüsse sie zu der Strategie führten, ihn zu bitten, die Kellertür aufzuschließen. Solche **Aufgabenanalysen** – die Identifikation von Zielen, relevanten Umgebungsinformationen und möglichen Strategien des Vorgehens – helfen Informationsverarbeitungsforschern, das Verhalten von Kindern zu verstehen und vorherzusagen.

Ein zweites kennzeichnendes Merkmal, das aus Klahrs Analyse der Informationsverarbeitung ersichtlich wird, ist eine Betonung des Denkens als *Prozess* mit zeitlicher Erstreckung. In seiner Analyse beschreibt Klahr seine Tochter, wie sie bei ihrem Plan, auf welche Weise sie das Gesamtziel des ungetrübten Fahrradfahrens erreichen kann, nach und nach eine Abfolge von Teilzielen und relevanten Tatsachen generiert.

Ein drittes Kennzeichen von Informationsverarbeitungstheorien ist die zugrunde liegende Metapher des Kindes als ein System in der Art eines Computers. Die Informationsverarbeitung eines Computers ist durch seine Hardware und durch seine Software begrenzt. Zu den Hardwarebeschränkungen gehören die Speicherkapazität des Computers und die Leistungsfähigkeit (Prozessorgeschwindigkeit) bei der Ausführung grundlegender Operationen. Softwarebeschränkungen sind beispielsweise die für bestimmte Aufgaben verfügbaren Strategien und Informationen. Die Informationsverarbeitung des Menschen ist durch dieselben Faktoren begrenzt: Gedächtniskapazität, Effizienz der Denkprozesse und Verfügbarkeit relevanter Strategien und Informationen beziehungsweise Wissensbestände. Die Computeranalogie wird auch in der Ähnlichkeit zwischen den stufenweisen Prozessen von Computerprogrammen und den stufenweisen Analysen des kindlichen Denkens im Rahmen von Informationsverarbeitungsmodellen erkennbar (zum Beispiel Gentner, Ratterman, Markman & Kotovsky, 1995; Halford et al., 1995; Klahr & MacWhinney, 1998; Shrager & Siegler, 1998; Shultz, Schmidt, Buckingham & Mareschal, 1995). Aus Sicht der Informationsverarbeitung entsteht kognitive Entwicklung dadurch, dass Kinder ihre Verarbeitungsbeschränkungen nach und nach überwinden, und zwar durch die Effektivitätssteigerung bei der Ausführung grundlegender Prozesse, durch die Erweiterung von Gedächtniskapazitäten und durch den Erwerb neuer Strategien und Wissensbestände.

---

[1] Hier und im weiteren Verlauf dieses Abschnitts verwenden wir den Ausdruck „Informationsverarbeitungs*theorien*" im Plural und nicht im Singular, weil diese Theorien eine Vielzahl verwandter Ansätze umfassen und nicht die einheitlichen Vorstellungen eines einzelnen Theoretikers wie Piaget zum Ausdruck bringen. Aus demselben Grund werden wir auch in den nachfolgenden Abschnitten von „Theorien des Kernwissens" und „sozio-kulturellen Theorien" sprechen.

Die Sicht auf das Wesen des Kindes

In der Sicht von Informationsverarbeitungstheoretikern unterliegt das Kind kontinuierlichen kognitiven Veränderungen. Der Ausdruck „kontinuierlich" trifft in zweifacher Bedeutung zu. Erstens werden wichtige Veränderungen so gesehen, dass sie ständig auftreten und nicht auf bestimmte Übergangsphasen zwischen Stufen beschränkt sind. Zweitens wird das kognitive Wachstum so gesehen, dass es typischerweise in kleinen Schritten stattfindet und nicht abrupt. Diese Darstellung unterscheidet sich von Piagets Überzeugung, dass Kinder ihre Fortschritte durch qualitativ unterscheidbare Stufen erzielen, die nur durch relativ kurze Übergangsphasen voneinander getrennt sind.

Das Kind als Problemlöser

Ebenfalls grundlegend für Informationsverarbeitungstheorien ist die Annahme, dass Kinder aktive Problemlöser sind. Wie Klahrs Analyse des Verhaltens seiner Tochter erkennen lässt, gehören zum **Problemlösen** ein Ziel, ein wahrgenommenes Hindernis und eine Strategie oder Regel, um das Hindernis zu überwinden und das Ziel zu erreichen. Eine andere Beschreibung des Problemlösens bei einem Kleinkind zeigt dieselbe Kombination aus Ziel, Hindernis und Strategie:

Problemlösen – der Prozess, ein Ziel durch Anwendung einer Strategie zu verfolgen, mit der ein Hindernis überwunden werden kann.

> Georgie (zwei Jahre alt) will Steine aus dem Küchenfenster werfen. Draußen befindet sich der Rasenmäher. Papa sagt, dass Georgie keine Steine aus dem Fenster werfen darf, weil ihm von den Steinen der Rasenmäher kaputtgeht. Georgie sagt: „Ich hab eine Idee." Er geht nach draußen, bringt ein paar unreife Pfirsiche, mit denen er gespielt hatte, herein und sagt: „Die machen den Rasenmäher nicht kaputt." (Waters, 1989, S. 7.)

Neben der Illustration der Abfolge von Ziel, Hindernis und Strategie weist dieses Beispiel auf zwei zentrale kognitive Prozesse hin, die bei Informationsverarbeitungsanalysen des kindlichen Problemlösens besonders hervorgehoben werden: Planen und analoges Schließen.

Planen Problemlösen ist häufig erfolgreicher, wenn man zuerst plant, was man tun will. Georgie sammelte nicht einfach nur die unreifen Pfirsiche ein; sie waren Teil seines Plans, weiterhin etwas aus dem Fenster zu werfen und doch der Anweisung des Vaters zu gehorchen, keine Steine mehr zu werfen.

Kinder bilden einfache Pläne etwa mit ihrem ersten Geburtstag. In einer Demonstration dieser Fähigkeit konfrontierte Willatts (1990) zwölf Monate alte Kinder mit einer festen Barriere, hinter der ein Tuch lag, an dem eine Schnur festgemacht war, und mit einem Spielzeug, das sich außerhalb der Reichweite des Kindes befand (Abbildung 4.9). Manchmal war das Spielzeug an der Schnur festgemacht und manchmal nicht. Die Babys waren schneller damit, die Barriere aus dem Weg zu stoßen, das Tuch zu ergreifen und an der Schnur zu ziehen, wenn das Spielzeug an der Schnur angebunden war. Willatts Analyse der Informationsverarbeitung der Kinder wies darauf hin, dass diese einen dreistufigen Plan formuliert hatten, um das Ziel zu erreichen: Beseitige das Hindernis, zieh das Tuch heran und greif nach der Schnur, um das Spielzeug zu bekommen.

Wenn die Kinder älter werden, machen sie vielfältigere Pläne, beispielsweise wie man zum Haus eines Freundes gelangt, welche Bücher man für ein Referat liest oder wann man für eine Klassenarbeit lernt. Dieses Planen trägt dazu bei, eine breitere Palette an Problemen zu lösen, als dies ohne Planungen möglich wäre (Hudson, Sosa & Shapiro, 1997; Scholnick, Friedman & Wallner-Allen, 1997). Wenn man Kinder im mittleren Schulalter zunächst eine Strategie entwerfen ließ, bevor sie ein Fragespiel spielten, bei dem man eine Sache mit höchstens 20 Fragen herausfinden muss, dann kamen sie nach weniger Fragen auf die Antwort als Gleichaltrige, die nicht zum vorherigen Planen angehalten wurden (Ellis & Siegler, 1997). Ungeachtet der Vorteile des Planens gelingt es jedoch vielen Kindern nicht, in Situationen zu planen, in denen Planung die Problemlösung unterstützen würde (Berg, Strough, Calderone, Meegan & Sansone, 1997). Man fragt sich, warum.

Eine Analyse der Informationsverarbeitungsanforderungen des Planens lässt erkennen, dass es eine Art von Strategiewahl erfordert, bei der die Person beschließt, auf sofortige Lösungsversuche zu verzichten und stattdessen zu analysieren, welche Strategie wahrscheinlich am effektivsten sein wird. Im Rahmen dieser Perspektive dürften es mehrere Faktoren sein, die Kinder – insbesondere in frühem Alter – dazu bringen, sich nicht für das Planen zu entscheiden, obwohl es ihnen bei ihren Problemlösungen helfen würde:

1. Es fällt schwer, Handlungen zurückzuhalten. Das Planen verlangt von den Kindern, ihren Wunsch zu hemmen, sich direkt auf das Ziel zuzubewegen. Die Fähigkeit, Handlungen zu hemmen und zu unterdrücken, ist in der frühen Kindheit sehr beschränkt; Kindern unter fünf oder sechs Jahren fällt es besonders schwer, dem Wunsch zu handeln zu widerstehen (Dempster, 1993, 1995). Das liegt zum großen Teil daran, dass der Frontallappen, ein Teil des Gehirns, der für die Inhibition eine wichtige Rolle spielt, zu den Gehirnteilen gehört, die als letzte reifen, wobei beträchtliche Reifungsprozesse zwischen fünf Jahren und der Pubertät eintreten (Ridderinkhof & Molen, 1997).

Abbildung 4.9: Planen. Das von Willatts (1990) verwendete Verfahren zur Untersuchung des Planens zwölf Monate alter Kinder. Um an das attraktive Spielzeug heranzukommen, musste das Kind die Barriere wegstoßen (linkes Bild) und dann das Tuch heranziehen, das durch die Schnur mit dem Spielzeug verbunden war (rechtes Bild).

2. Kleine Kinder neigen zu übermäßigem Optimismus. Optimismus ist eine attraktive Eigenschaft, die kleine Kinder aber im Übermaß besitzen. Sie glauben, sie könnten sich mehr merken, könnten effektiver kommunizieren und ein Vorbild genauer nachmachen, als sie tatsächlich können (Bjorklund, 1997; Schneider, 1998). Dieser übergroße Optimismus kann sie dazu verleiten, nicht zu planen, weil sie glauben, dass sie auch ohne Plan zum Erfolg kommen. Der zu große Optimismus kann auch dazu führen, dass sie voreilig handeln. Zum Beispiel erleiden Sechsjährige, die ihre körperlichen Fähigkeiten überschätzen, mehr Unfälle als weniger optimistische Kinder (Plumert, 1995). Ältere Kinder sind bei der Einschätzung ihrer Fähigkeiten realistischer, was dazu beiträgt, dass sie häufiger planen.

3. Pläne können schief gehen. „Ja, mach nur einen Plan / Sei nur ein großes Licht! / Und mach dann noch 'nen zweiten Plan / Gehn tun sie beide nicht" heißt es in Bertolt Brechts „Dreigroschenoper". Pläne können scheitern, weil sie an sich falsch waren oder weil sie schlecht ausgeführt wurden. Die Pläne von Kindern und Jugendlichen scheitern oft aus beiden Gründen (Schauble, 1996). Diese hohen Fehlerraten lassen das Planen zu einer weniger attraktiven Option werden, als wenn es durchgängig erfolgreich wäre.

Diese Beispiele lassen darauf schließen, dass die Gehirnreifung zusammen mit Erfahrungen, die den übermäßigen Optimismus eindämmen und den Wert des Planens demonstrieren, zu einer Steigerung der Häufigkeit und der Qualität des Planens bis weit in die Pubertät führt (Chalmers & Lawrence, 1993). Selbst Jugendliche und Erwachsene versäumen das Planen jedoch in vielen Situationen, in denen es zur Problemlösung beitragen würde (Friedman & Scholnick, 1997).

Analoges Schließen Menschen verstehen neue Probleme oft anhand bereits bekannter Probleme. So fand zum Beispiel Goswami (1995), dass man drei- und vierjährigen Kindern helfen kann, Aufgaben zu lösen, bei denen Dinge auf Dimensionen wie der Temperatur angeordnet werden müssen (kochend heißes, heißes und warmes Essen), indem man sie an das in ihrem Heimatland bekannte Märchen von „Goldilocks und die drei Bären" erinnert. In diesem Märchen findet Goldilocks im Haus der Bärenfamilie Haferbrei, Stuhl und Bett zunächst zu heiß/groß/hart, dann zu kalt/klein/weich und dann jeweils gerade richtig. Analysen der Informationsverarbeitungsprozesse weisen darauf hin, dass es für erfolgreiches analoges Schließen (wie in diesem Beispiel) notwendig ist, oberflächliche Unähnlichkeiten zu ignorieren (es spielt keine Rolle, ob es um Bären oder Essen geht) und sich auf die zugrunde liegenden parallelen Beziehungen zu konzentrieren (die Anordnung vom Größten zum Kleinsten auf den Dimensionen der Größe und der Temperatur). Georgies Ersetzung der Steine durch unreife Pfirsiche bildete ein anderes Beispiel, beim Problemlösen Analogieschlüsse zu ziehen.

Der übergroße Optimismus kleiner Kinder verführt sie manchmal zu gefährlichen Aktionen. In diesem Fall hat der Plan funktioniert, aber solche riskanten Pläne können auch schief gehen.

Wie beim Planen bildet sich eine rudimentäre Form des analogen Schließers um den ersten Geburtstag herum aus. Diese frühe Kompetenz bleibt jedoch auf Situationen beschränkt, in denen das neue Problem dem alten stark ähnelt. Wenn also zehnmonatige Kinder ihre Mutter vormachen sahen, wie man das Problem mit der Barriere und dem Spielzeug (Abbildung 4.9) löst, dann konnten sie diese Lektion nur dann auf neue parallel strukturierte Probleme anwenden, wenn diese mehrere Oberflächenmerkmale – Farbe, Größe, Form und Ort der Objekte – enthielten, die dem Original glichen (Chen, Sanchez & Campbell, 1997). Im Gegensatz dazu zogen Kinder mit 13 Monaten den Analogieschluss auch dann, wenn das alte und das neue Problem weniger gemeinsame Oberflächenmerkmale aufwiesen.

Die äußerliche Ähnlichkeit zwischen dem ursprünglichen und dem neuen Problem beeinflusst das analoge Schließen noch weit über die frühe Kindheit hinaus. Selbst im mittleren Kindesalter brauchen jüngere Kinder für einen Analogieschluss häufig mehr Oberflächenähnlichkeit als ältere (Gentner, 1989). So neigten bei der Aufgabe, die Aussage „Eine Kamera ist wie ein Kassettenrekorder" zu erklären, sechsjährige Kinder dazu, äußere Ähnlichkeiten anzuführen, beispielsweise dass beide oft schwarz sind; Neunjährige führen im Gegensatz dazu eher tiefer liegende Ähnlichkeiten an, etwa dass man mit beiden Geräten Informationen aufzeichnet (Gentner et al., 1995). Das tiefere Verständnis der Neunjährigen über das Wesen von Kassettenrekordern und Kameras versetzt sie in die Lage, Analogien zwischen den beiden Geräten zu erkennen, die den Sechsjährigen, die weniger darüber wissen, entgehen.

Zentrale Entwicklungsfragen

Wie alle Theorien, die in diesem Kapitel beschrieben werden, untersuchen auch Informationsverarbeitungstheorien, wie *Anlage* und *Umwelt* im Rahmen von Entwicklungsprozessen zusammenwirken. Was Informationsverarbeitungstheorien ihren besonderen Status gibt, ist ihre Betonung einer präzisen Beschreibung der Art und Weise, *wie Veränderungen eintreten*. Wie Theorien der Informationsverarbeitung die Fragen nach Anlage und Umwelt und der Art und Weise des Auftretens von Veränderungen angehen, lässt sich besonders deutlich daran sehen, wie sie die Entwicklung von Gedächtnis und Lernen erklären.

Basisprozesse

Die einfachsten und am häufigsten eingesetzten geistigen Aktivitäten werden **Basisprozesse** genannt. Dazu gehört die wechselseitige Assoziation von Ereignissen, das Wiedererkennen von bekannten Objekten, das Verallgemeinern von einem Beispiel auf ein anderes und die **Enkodierung** (die Repräsentation im Gedächtnis) spezieller Merkmale von Objekten und Ereignissen.

Diese Basisprozesse tragen im Wesentlichen auf zweierlei Weise zur Gedächtnisentwicklung und zum Lernen bei. Erstens geht die Entwicklung durch

Basisprozesse – die einfachsten und am häufigsten eingesetzten geistigen Aktivitäten.

Enkodierung – die Bildung einer Repräsentation von Information, die Aufmerksamkeit erregt oder für wichtig erachtet wird, im Gedächtnis.

sie überhaupt erst los, weil sie die Kinder in die Lage versetzen, schon in ihren ersten Tagen zu lernen und zu erinnern. Zweitens führen Kinder die Basisprozesse im Laufe ihrer Entwicklung effizienter aus, was ihre Gedächtnis- und Lernfunktionen weiter steigert.

Enkodierung Auch wenn sich die Menschen das Gedächtnis oft als originalgetreue Aufzeichnung von Ereignissen vorstellen, wie einen Film von ihrem Leben, ist das Erinnerungsvermögen tatsächlich eine weitaus selektivere Angelegenheit. Menschen *enkodieren* Information, die ihre Aufmerksamkeit erregt oder die sie für wichtig erachten; einen Großteil der anderen Informationen enkodieren sie jedoch nicht. Diese fehlende Enkodierung dürfte sich beispielsweise an der eigenen Erinnerung an die amerikanische Fahne illustrieren lassen: Obwohl wir sie viele Male gesehen haben, haben wir mit großer Wahrscheinlichkeit nicht genau enkodiert, wie die Sterne im blauen Feld angeordnet sind. (Es sind neun Reihen mit abwechselnd sechs und fünf Sternen.)

Einige entscheidende Informationen, wie etwa Daten über die relative Häufigkeit von Ereignissen, werden automatisch enkodiert. Zum Beispiel kann fast jeder die Frage beantworten, ob der Buchstabe „e" oder „i" häufiger vorkommt. Doch versucht niemand, sich die relative Häufigkeit von Buchstaben im Alphabet zu merken. Wir bekommen lediglich ein Gefühl dafür, dass das „e" häufiger vorkommt, weil wir es öfter sehen (oder weil wir oft genug „Glücksrad" im Fernsehen schauen). Menschen aller Altersgruppen scheinen sich solche Häufigkeitsinformation automatisch zu merken, was ein glücklicher Umstand ist, da das automatische Enkodieren von Häufigkeiten beim Lernen eine entscheidende Rolle spielt (Hasher & Zacks, 1984). Wenn Kinder Begriffe bilden, müssen sie die Merkmale von Objekten und Ereignissen enkodieren und sich merken, welche Merkmale für gewöhnlich zusammen auftreten. Das Erlernen des Konzepts „Vogel" beispielsweise erfordert die Beobachtung, dass Tiere, die fliegen, meistens auch Federn und einen Schnabel haben und auf Bäumen leben. Ein derartiges Enkodieren von Häufigkeitsinformation ist bereits in frühester Kindheit festzustellen (Saffran, Aslin & Newport, 1996).

Kinder enkodieren jedoch nicht alle wichtigen Informationen aus ihrer Umwelt. Ihr begrenztes Enkodieren wird bei Aufgaben mit einer Balkenwaage ersichtlich, bei der fast alle Fünf- und Sechsjährigen vorhersagen, dass sich diejenige Seite neigen wird, auf der sich mehr Gewicht befindet, ungeachtet des Abstands der Gewichte vom Angelpunkt. Der Grund dafür, dass sich die Kinder ausschließlich auf das Gewicht beziehen, scheint darin zu liegen, dass sie in diesem Alter bei einer Balkenwaage keine Information über den Abstand vom Angelpunkt enkodieren. Diese Fehlkognition wurde in einem Experiment nachgewiesen, in dem Fünf- und Sechsjährigen eine Balkenwaage gezeigt wurde, deren Gewichte sich auf Stiften befanden. Dann sollten sie, ohne diese Waage zu sehen, die Anordnung der Gewichte auf den Stiften einer anderen, bis auf die Gewichte identischen Balkenwaage reproduzieren. Die meisten setzen die richtige Anzahl an Gewichten auf beide

Seiten (und zeigten damit, dass sie die Gewichte enkodiert hatten), aber sie setzten sie auf die falschen Stifte (und zeigten damit, dass sie die Abstände von der Mitte nicht enkodiert hatten). Außerdem wurde die Fähigkeit von Fünfjährigen, aus der nachfolgenden Erfahrung mit Balkenwaagen zu lernen, erhöht, wenn man sie anwies, den Abstand der Gewichte vom Auflagepunkt – und nicht nur die Gewichtsmenge – zu enkodieren, verglichen mit einer Kontrollgruppe Gleichaltriger, denen vorher nicht beigebracht wurde, den Abstand zu enkodieren (Siegler, 1976). Eine verbesserte Enkodierung führt also zu einer erhöhten Lernfähigkeit.

Verarbeitungsgeschwindigkeit Die Geschwindigkeit, mit der Kinder Basisprozesse ausführen, erhöht sich stark im Verlauf der Kindheit. Abbildung 4.10 zeigt, dass die Verarbeitungsgeschwindigkeit am schnellsten im frühen Alter steigt, aber sich noch bis ins Jugendalter hinein erhöht (Hale, Frye & Jessie, 1993; Kail, 1991, 1997; Miller & Vernon, 1997; Zelazo, Kearsley & Stack, 1995). Über diesen Sachverhalt herrscht völlige Übereinstimmung.

Eine beträchtliche Kontroverse besteht jedoch bezüglich der Frage, ob die steigende Verarbeitungsgeschwindigkeit sowohl biologische Reifung als auch Erfahrung widerspiegelt. Die Rolle der Erfahrung ergibt sich von selbst: Jeder verarbeitet bekannte und geläufige Information schneller als unbekannte Information (man denke nur daran, wie viel schneller man einen Satz in seiner Muttersprache versteht, verglichen mit dem Verstehen desselben Satzes in einer Fremdsprache, die man in der Schule gelernt hat). Einige Forscher nehmen an, dass die altersabhängige Steigerung der Verarbeitungsgeschwindigkeit primär auf die Menge an Erfahrung zurückgeht, die mit dem Alter steigt (zum Beispiel Chi, 1978); andere glauben, dass auch die biologische Reifung dazu beiträgt (zum Beispiel Case, 1992).

Neuere Belege sprechen für die Ansicht, dass neben der Erfahrung auch die biologische Reifung zur erhöhten Verarbeitungsgeschwindigkeit beiträgt. Eaton und Ritchot (1995) gaben Viertklässlern einfache Informationsverarbeitungsaufgaben vor, mit denen jeder aus derselben Altersstufe in etwa dieselbe Erfahrung haben sollte (zum Beispiel die Aufgabe, schnellstmöglich anzugeben, ob ein Pfeil nach links oder nach rechts zeigt). Sie fanden, dass diejenigen Viertklässler, die körperlich reifer waren als die meisten ihrer Klassenkameraden (das heißt, die einen höheren Prozentsatz der Körpergröße ihrer Eltern und damit ihrer eigenen erwartbaren Körpergröße erreicht hatten), solche Informationen schneller verarbeiteten. Sowohl die biologische Reifung als auch die Erfahrung scheinen demnach zu der steigenden Verarbeitungsgeschwindigkeit beizutragen.

Ein biologischer Prozess, der zur schnelleren Verarbeitung beiträgt, ist die *Myelinisierung*. Wie in Kapitel 3 dargestellt, werden viele Axone von Neuronen mit Myelin ummantelt, einer fetthaltigen Substanz, die das Axon isoliert und somit eine schnellere und zuverlässigere Übermittlung elektrischer Impulse im Gehirn befördert. Die Myelinisierung beginnt in der pränatalen Phase, setzt sich aber bis in die Kindheit und Pubertät fort (Korner, 1991; Lecours, 1975). Sie scheint zu einer höheren Verarbeitungsgeschwindigkeit nicht nur

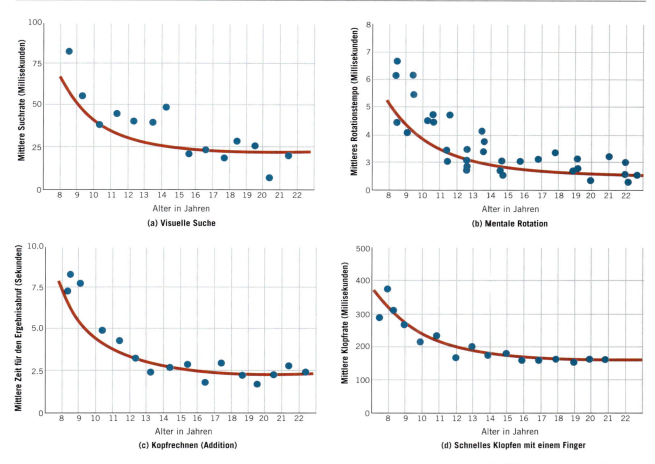

Abbildung 4.10: Altersabhängige Steigerung der Verarbeitung bei vier Aufgaben. Man beachte, dass die Steigerung bei allen vier Aufgaben in den frühen Jahren schnell und danach gemäßigter erfolgt.

durch die Verbesserung der neuronalen Kommunikation beizutragen, sondern ebenso durch die Erhöhung der Fähigkeit des Kindes, Ablenkungen zu widerstehen (Dempster, 1993; Harnishfeger & Bjorklund, 1993).

Strategien

Theorien der Informationsverarbeitung verweisen auf den Erwerb und den Ausbau von Strategien als weitere wichtige Quelle der Entwicklung von Lernen und Gedächtnis. Eine Reihe dieser Strategien entsteht zwischen fünf und acht Jahren, darunter die Strategie des **Rehearsal**, der Prozess der andauernden Wiederholung von Information. Der folgende Zeitungsausschnitt illustriert die Nützlichkeit des Rehearsal für die wortwörtliche Erinnerung:

Rehearsal – der Prozess der andauernden Wiederholung von Information als Gedächtnisstütze.

> Ein 9-jähriger Junge merkte sich das Autokennzeichen eines Fluchtfahrzeugs nach einem bewaffneten Überfall, wurde einem Gericht am Montag mitgeteilt ... Der Junge und sein Freund ... schauten in das Schaufenster eines Drogeriemarktes und sahen, wie ein Mann einen 14-jährigen Kassierer am Hals packte ... Nach dem Raubüberfall wiederholten die Jungen das Kennzeichen im Geiste, bis sie es der Polizei mitteilten. (*Edmonton Journal* vom 13. Januar 1981 (hier übersetzt), zitiert in Kail, 1984.)

Wenn die Jungen im Alter von fünf Jahren Zeugen desselben Ereignisses geworden wären, hätten sie die Buchstaben und Ziffern wahrscheinlich nicht memoriert und das Autokennzeichen wieder vergessen, bevor die Polizei kam.

Eine weitere, breit einsetzbare Gedächtnisstrategie, die in etwa demselben Alter zunehmend auftritt, ist die **selektive Aufmerksamkeit**, der Prozess der absichtlichen Konzentration auf die Information, die für das jeweils vorherrschende Ziel am relevantesten ist. Wenn man Sieben- und Achtjährigen mehrere Spielzeugtiere und Haushaltsgegenstände zeigt, und es wird ihnen mitgeteilt, dass sie später nur die Objekte in einer der beiden Kategorien erinnern müssen, dann richten sie ihre Aufmerksamkeit auf die Objekte der angekündigten Kategorie. Unter derselben Instruktion richten dagegen Drei- und Vierjährige etwa gleich viel Aufmerksamkeit auf die Objekte beider Kategorien, was ihr Gedächtnis für die Objekte, die sie sich merken sollen, verringert (De-Marie-Dreblow & Miller, 1988).

Wenn Kinder Gedächtnisstrategien wie das Rehearsal und die selektive Aufmerksamkeit neu erwerben, bleibt ihre Anwendung dieser Strategien zunächst oft begrenzt. Der Grund dafür scheint in der gleichen Kosten-Nutzen-Analyse zu liegen, die ihren Einsatz des Planens einschränkt. Der anfängliche Einsatz von Gedächtnisstrategien verbessert die Erinnerung nicht so sehr wie ihre spätere Verwendung; dieses Phänomen wird als **Verwendungsdefizit** bezeichnet (*utilization deficiency*; Bjorklund, Miller, Coyle & Slawinsky, 1997; Miller & Seier, 1994). Gleichzeitig sind die Kosten der mentalen Anstrengung für den Einsatz neuer Strategien höher als die Kosten für den Einsatz der bereits gelernten Strategien (Guttentag, 1984, 1985; Kee & Howell, 1988). In Übereinstimmung mit dieser Kosten-Nutzen-Analyse fanden die Forscher, dass entweder die Erhöhung des Nutzens der Verwendung einer Strategie (indem die Kinder für erfolgreiches Erinnern bezahlt werden) oder die Senkung der Kosten (durch die Darbietung von Material, auf das sich die Strategie leicht anwenden lässt) die Häufigkeit erhöht, mit der jüngere Kinder Gedächtnisstrategien zum Einsatz bringen (Kunzinger & Wittryol, 1984; Ornstein & Naus, 1985).

Selektive Aufmerksamkeit – der Prozess der intendierten Konzentration auf die Information, die für das aktuelle Ziel am relevantesten ist.

Verwendungsdefizit – das Phänomen, dass die anfängliche Anwendung von Strategien die Gedächtnisleistung nicht so stark verbessert wie der spätere Einsatz.

Inhaltswissen

Theorien der Informationsverarbeitung weisen auch auf eine dritte Quelle der Entwicklung von Lernen und Gedächtnis hin: verbessertes Wissen. Mit dem Alter wächst das Wissen der Kinder über fast alles. Ihr umfangreicheres Wissen verbessert das Gedächtnis für neues Material, indem es die Verknüpfung des neuen Materials mit bereits vorhandener Information erleichtert (Schneider & Pressley, 1997). Inhaltswissen übt einen derart starken Einfluss aus, dass das Gedächtnis von Kindern für neue Informationen über Themen, über die sie mehr wissen als Erwachsene, oft besser ist als das der Erwachsenen. Wenn Kindern und Erwachsenen zum Beispiel neue Informationen über das Fernsehprogramm und die Bücher der Kinder gegeben wird, dann merken sich Kinder im Allgemeinen mehr von dieser Information als die Erwachsenen (Lindberg, 1980, 1991). In ähnlicher Weise lernen Kinder, die viel über Fußball wissen, mehr vom Lesen neuer Fußballgeschichten als andere Kinder, die sowohl älter sind als auch höhere Intelligenzwerte aufweisen, aber über weniger Fußballkenntnisse verfügen (Schneider, Korkel & Weinert, 1989).

Eine Wissensart, die für Lernen und Gedächtnis besonders hilfreich ist, sind **Skripte** – das Wissen darüber, wie bestimmte Typen von Alltagsereignissen normalerweise ablaufen. Viele Typen alltäglicher Ereignisse laufen in einer festen Reihenfolge ab. Beim Essen in einem Schnellrestaurant beispielsweise stellt man sich zuerst an und gibt seine Bestellung auf, dann bezahlt man, bekommt das Essen und trägt es zu einem Tisch. Im Alter von drei oder vier Jahren bilden Kinder Skripte, mit deren Hilfe sie die Nahrungsaufnahme in Fastfood-Restaurants vorhersehen und sich merken können, sowie andere Skripte, die ihre Fähigkeit zur Antizipation und Erinnerung von Geburtstagsfeiern, Gute-Nacht-Ritualen und anderen wiederkehrenden Situationen erhöhen (Fivush & Hammond, 1990; Nelson & Hudson, 1988).

Skript – der übliche Ablauf bestimmter Typen von Alltagsereignissen.

Mit Alter und Erfahrung werden die Skripte von Kindern zunehmend detaillierter und stabiler. Das hilft den Kindern, sich nicht nur an das zu erinnern, was passierte, sondern auch daran, was nicht passierte, also Fakten von Fiktion zu unterscheiden. Wenn zum Beispiel sieben Jahre alten Kindern drei Monate nach einem Arztbesuch sonderbare Fragen gestellt wurden wie „Hat die Krankenschwester an deinem Knie geleckt?", dann antworteten sie fast immer mit „nein" (Ornstein, Shapiro, Clubb, Follmer & Baker-Ward, 1997). Dreijährige antworteten auf solche Fragen dagegen häufig mit „ja". Die weiter entwickelten Skripte der älteren Kinder halfen ihnen, nicht nur das zu wissen, was wahrscheinlich passiert, sondern auch das, was wahrscheinlich nicht eintritt, und unterstützen so ihre Gedächtnisleistung.

Durch wiederholte Arztbesuche und andere Erfahrungen, die mehr oder weniger festgelegte Abläufe enthalten, bilden Kinder Skripte, mit deren Hilfe sie wissen können, was sie zukünftig erwarten können.

Kognitive Prozesse arbeiten zusammen

Auch wenn Informationsverarbeitungstheorien Basisprozesse, Strategien und Inhaltswissen unterscheiden, betonen sie ebenso, dass diese Prozesse bei der kognitiven Entwicklung gemeinsam und nicht getrennt voneinander wirken. Die effiziente Ausführung von Basisprozessen unterstützt den Erwerb von neuem Inhaltswissen; zum Beispiel lernen und erinnern Kinder mit hoher Verarbeitungsgeschwindigkeit im Allgemeinen mehr als Kinder, deren Verarbeitungsgeschwindigkeit geringer ausgeprägt ist (Kail, 1991). In ähnlicher Weise unterstützt der Besitz umfangreichen Inhaltswissens auf einem Gebiet den Erwerb neuer Strategien; beispielsweise werden Strategien besser gelernt, wenn die Person, die sie erläutert, ihren Einsatz an bekannten Inhalten illustriert (Chi, 1981). Außerdem erhöht der geschickte Einsatz von Strategien die Effizienz von Basisprozessen; Kinder, die das Rehearsal gut beherrschen, bilden Assoziationen, an denen das memorierte Material beteiligt ist, effektiver als

Kinder mit geringeren Fähigkeiten beim Rehearsal (Miller & Seier, 1994). Verbesserungen bei jeder Art von Gedächtnisprozessen führen also auch bei den jeweils anderen Prozesstypen zu Verbesserungen.

Alternative Informationsverarbeitungstheorien

Studierende haben oft den Eindruck, dass Theorien so etwas wie Fertigprodukte sind, vollständig und unveränderlich vom Zeitpunkt ihrer Herstellung an. Tatsächlich verhalten sich Theorien eher wie Lebewesen, die sich fortwährend entwickeln. Eine Form, die diese Fortentwicklung annimmt, ist die Erzeugung spezieller neuer Theorien innerhalb einer schon bestehenden Klasse von Theorien. In diesen neuen Theorien werden die Kernannahmen der allgemeinen Klasse typischerweise beibehalten, aber sie werden erweitert, um ihre Fähigkeit zum Umgang mit speziellen Problemen zu verbessern. In diesem Abschnitt betrachten wir drei relativ neue Informationsverarbeitungstheorien des genannten Typs – konnektionistische Theorien, dynamische Systemtheorien und Theorien überlappender Wellen. Jede dieser Alternativen wurde entworfen, um eine Unzulänglichkeit der traditionellen Informationsverarbeitungsansätze zu beheben.

Konnektionistische Theorien

Sequentielle Verarbeitung – kognitive Prozesse, die nacheinander ablaufen.

Konnektionistische Theorien – eine Unterart des Informationsverarbeitungsansatzes, der die gleichzeitige Aktivität zahlreicher, eng vernetzter Verarbeitungseinheiten betont.

Parallele Verarbeitung – kognitive Prozesse, die gleichzeitig ablaufen.

Theorien neuronaler Netze – ein Synonym für konnektionistische Theorien.

Klahrs Analyse des „Socken im Trockner"-Kommentars seiner Tochter zeigt beispielhaft, wie traditionelle Informationsverarbeitungsansätze die **sequentielle Verarbeitung** betonen – Denkprozesse, die nacheinander ablaufen. **Konnektionistische Theorien** heben jedoch darauf ab, dass die Informationsverarbeitung auch in großem Umfang **parallele Prozesse** umfasst, bei denen verschiedene Typen kognitiver Aktivität gleichzeitig ablaufen. Forscher, die diesem Ansatz folgen, haben *konnektionistische Modelle* entwickelt; das sind Computersimulationen, die ähnlich wie das Gehirn mit einer großen Anzahl einfacher, dicht vernetzter Verarbeitungseinheiten operieren, die so miteinander verknüpft sind, dass sie parallele Prozesse ermöglichen. Die abstrakte Ähnlichkeit mit neuronaler Aktivität macht den konnektionistischen Ansatz – der auch als **Theorie neuronaler Netzwerke** bezeichnet wird – zu einem viel versprechenden Kandidaten für die Modellierung der Art und Weise, in der das Denken im Gehirn abläuft.

In Abbildung 4.11 wird dargestellt, dass die Verarbeitungseinheiten in konnektionistischen Modellen in zwei oder mehreren Schichten („layers") angeordnet sind. Die meisten Modelle weisen eine Input-Schicht auf, deren Verarbeitungseinheiten oder Knoten („units") die anfänglichen Situationsrepräsentationen enkodieren; eine oder mehrere verborgene Schichten („hidden layers"), deren Knoten die Informationen aus der Eingangsschicht verknüpfen, und eine Ausgabe-Schicht („output layer"), deren Knoten die Reaktion des Systems auf die an der Input-Schicht anliegenden Situation hervorbringen.

Konnektionistische Modelle enthalten auch eine Lernregel, die mit den Vorstellungen korrespondiert, wie Kinder Rückmeldungen anderer Menschen und der physikalischen Umgebung nutzen, um ihre eigene Leistung bei einer Aufgabe zu verbessern. Jedes Mal, wenn das System eine falsche Reaktion produziert, adjustiert die Lernregel die Verbindungen zwischen den Knoten der Schichten so, dass bei der nächsten Präsentation desselben oder eines ähnlichen Sachverhalts eine verbesserte Reaktion entsteht. Solche Modelle lernen also nach und nach, welche Reaktionen bei verschiedenen Input-Mustern die angemessenen sind.

Konnektionistische Systeme haben die Fähigkeit unter Beweis gestellt, eine Vielzahl von Begriffen und Fertigkeiten zu erlernen, zum Beispiel Objektpermanenz, Gesichtererkennung, Erwerb von Wortbedeutungen und Grammatik (Johnson, 1998; MacWhinney & Chang, 1995; Marchman, 1992; Munekata, McClelland, Johnson & Siegler, 1997). Die Modelle haben gezeigt, wie Entwicklungsverläufe, die man sich zuvor als plötzliche, diskontinuierliche Veränderungen vorgestellt hatte, tatsächlich graduelle, sich allmählich steigernde Prozesse zum Ausdruck bringen können. Beispielsweise lässt das Modell von McClelland und Rumelhart (1986) erkennen, wie Kinder lernen, regelmäßige Vergangenheitsformen von Verben im Englischen zu bilden. Dabei lernen sie die Regel „Verbstammform + -ed" nicht auf einmal und benutzen sie dann für alle Fälle. Vielmehr weiten sie die Regelanwendung nach und nach auf immer mehr Verben aus, was auch zu immer mehr Konsistenz im Sprachverhalten führt. In diesem Fall und in anderen Fällen, in denen Kinder über beträchtliche Erfahrungen mit der jeweiligen Aufgabe verfügen, haben konnektionistische Modelle Lernmuster erzeugt, die den tatsächlichen empirischen Lernverläufen der Kinder stark ähneln.

Theorien dynamischer Systeme

Die genaue Spezifizierung der Prozesse, die den großen Reiz traditioneller Informationsverarbeitungsansätze ausmacht, hat auch ihre Kehrseite: Sie kann den Eindruck hervorrufen, dass verschiedene Aspekte des kindlichen Denkens nichts miteinander zu tun haben. **Theorien dynamischer Systeme** begegnen diesem Eindruck, indem sie aufzeigen, wie unterschiedliche Aspekte des Kindes – Wahrnehmung, motorische Aktivität, Aufmerksamkeit, Sprache, Gedächtnis, Gefühle – als eine einzige, integrierte Gesamtheit funktionieren, die das Verhalten erzeugt (Thelen & Smith, 1998; van Geert, 1997).

Ein gutes Beispiel dafür, wie dynamische Systemtheorien zu neuartigen Perspektiven auf die Entwicklung führen, stammt aus der Untersuchung von Smith, Thelen, Titzer und McLin (1999) zum A-/nicht-B-Suchfehler. Wie bereits erwähnt, ist dieser Fehler für Kinder zwischen acht und zwölf

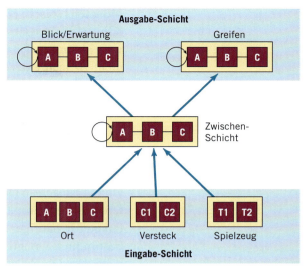

Abbildung 4.11: Konnektionistische Informationsverarbeitung. Ein konnektionistisches Modell der Objektpermanenz-Aufgabe bei Kindern. Die Input-Schicht (unterste Reihe) entspricht hier den Repräsentationen der Kinder in der Objektpermanenz-Situation, in der sich eines von zwei Spielzeugen unter einem von zwei Verstecken an einem von drei Orten befindet. Die Ausgabe-Schicht (oberste Reihe) entspricht den Reaktionen der Kinder in dieser Situation, links mit ihren Augen und rechts mit ihren Händen. Die verborgenen Zwischen-Schichten („hidden layers") enthalten Verarbeitungseinheiten („Knoten"), in denen die verschiedenen Informationsarten von der Eingabe-Schicht verknüpft werden. In diesem Modell entwickeln sich die Blickmuster der Kinder schneller als ihre Greifmuster, weil das Blick/Erwartungs-System aus jeder visuellen Erfahrung lernt, während das Greifsystem nur aus Erfahrungen lernt, die sich in Reichweite abspielen.

Theorie dynamischer Systeme – ein Informationsverarbeitungsansatz, der besonders darauf abhebt, wie unterschiedliche Aspekte des Kindes als ein einziges, integriertes Ganzes funktionieren.

Monaten typisch; er bezieht sich darauf, dass die Kinder nach einem Spielzeug dort suchen, wo sie es früher einmal gefunden haben (= Ort A), und nicht dort, wo es beim letzten Mal versteckt wurde (= Ort B). Piaget (1974) hat den A-/nicht-B-Suchfehler mit der Annahme erklärt, dass die Kinder bis zu ihrem ersten Geburtstag keinen eindeutigen Begriff von der permanenten Existenz von Objekten besitzen.

Smith und Kollegen sahen den A-/nicht-B-Suchfehler aus der Perspektive dynamischer Systeme und gelangten zu einer anderen Interpretation. Sie behaupteten, dass die vorherige Aufmerksamkeit und das vorherige Greifen der Babys nach Ort A ihre Aufmerksamkeit und ihr Greifen beeinflusst, wenn das Objekt danach an Ort B versteckt wurde. Auf der Basis dieser Annahme machten die Forscher mehrere Vorhersagen, die sich später bestätigten. Eine davon lautete: Je häufiger ein Baby ein Objekt gefunden hatte, indem es nach einem bestimmten Ort griff, desto häufiger würde es wieder dorthin greifen, auch wenn das Objekt an einem anderen Ort versteckt wäre. Eine andere, zutreffende Vorhersage bestand darin, dass Kinder immer dorthin greifen würden, wohin sie am Anfang des Greifens gerade blickten. Wenn ein Säugling also sah, wo ein Objekt versteckt wurde, und der Versuchsleiter berührte einen anderen Ort gerade dann, als das Kind nach dem Objekt greifen wollte, was dazu führte, dass das Kind auf diesen Ort blickt, dann griff das Kind meistens nach dem Ort, den der Versuchsleiter zuletzt angezeigt und auf den das Kind geblickt hatte. Eine dritte Vorhersage, die sich als zutreffend erwies, besteht darin, dass die Suche älterer (zweijähriger) Kinder nach einem versteckten Objekt auch dadurch beeinflusst ist, wie sich ihre persönliche Geschichte des Suchens, Greifens und Findens eines Objekts an einem anderen Ort als dem, an dem das Objekt zuletzt versteckt wurde, gestaltet (Spencer, Smith & Thelen, 2001). In Übereinstimmung mit der Sichtweise, dass sich eine Vielzahl von Entwicklungsaspekten wechselseitig beeinflusst, zeigen diese Experimente, dass motorische Aktivitäten und Aufmerksamkeit den Erfolg bei der A-/nicht-B-Suchaufgabe beeinflussen, die im Allgemeinen als ein stabiles Maß des grundsätzlichen Verstehens der Objektpermanenz betrachtet wird. Allgemeiner gesprochen, verbessern die Ansätze dynamischer Systeme durch ihre Betonung der Beziehungen zwischen motorischen Aktivitäten, Aufmerksamkeit und anderen Aspekten des kindlichen Verhaltens unser Verständnis darüber, wie Entwicklung vonstatten geht.

Theorien überlappender Wellen

Theorie überlappender Wellen – ein Informationsverarbeitungsansatz, der die Variabilität im Denken des Kindes betont.

Traditionelle Theorien der Informationsverarbeitung, und nicht anders die Theorie von Piaget, stellen jedes Kind so dar, als ob es bei einer gegebenen Aufgabe nur auf eine einzige Weise denkt. Nach den **Theorien überlappender Wellen** ist das Denken von Kindern jedoch viel variabler, als diese Darstellungen nahe legen. Das Hauptziel des Ansatzes überlappender Wellen besteht darin, die Quellen dieser kognitiven Variabilität zu verstehen sowie die Arten und Weisen, in denen sie das Denken und Lernen von Kindern verbessert.

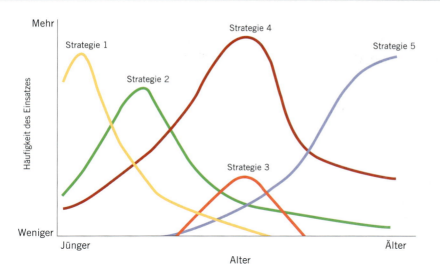

Abbildung 4.12: Das Modell überlappender Wellen. Das Model überlappender Wellen nimmt an, (1) dass Kinder in jedem Alter mehrere Strategien einsetzen; (2) dass sie sich mit Alter und Erfahrung auf anspruchsvollere Strategien verlassen (in der Abbildung mit höheren Zahlen bezeichnet); (3) und dass Entwicklung Veränderungen bei der Verwendung bestehender Strategien sowie die Entdeckung neuer Lösungsansätze umfasst.

Die grundlegende Beschreibung der Entwicklung, wie sie dem Ansatz überlappender Wellen entspricht, ist in Abbildung 4.12 illustriert. Zu jedem Zeitpunkt besitzen Kinder mehrere verschiedene Strategien, um ein bestimmtes Problem zu lösen. In dem jüngsten Alter, das in der Abbildung dargestellt ist, verwenden die Kinder beispielsweise meistens Strategie 1, aber manchmal auch Strategie 2 oder Strategie 4. Mit zunehmendem Alter und wachsender Erfahrung werden diejenigen Strategien vorherrschend, die zu erfolgreicheren Leistungen führen; auch neue Strategien werden entwickelt und, falls sie sich im Vergleich zu schon bestehenden Ansätzen als effektiver erweisen, immer häufiger eingesetzt. In der Mitte des in Abbildung 4.12 dargestellten Altersbereichs haben die Kinder zu dem anfänglichen Inventar die Strategien 3 und 5 hinzugefügt, während Strategie 1 fast gar nicht mehr zum Einsatz kommt.

Die variable Verwendung von Strategien fand sich in vielen neueren Untersuchungen, bei denen Kinder eines bestimmten Alters zuvor so dargestellt worden waren, als ob sie beim Lösen bestimmter Aufgaben nur eine einzige Strategie zum Einsatz brächten. Zu diesen Aufgaben gehören Kopfrechnen, Zeitangaben, Lesen, Buchstabieren, Erhaltung der Zahl, wissenschaftliches Experimentieren und Gedächtnisabruf (Alibali, 1999; Chen & Siegler, 2000; Kuhn, Garcia-Mila, Zohar & Anderson, 1995; Lemaire & Siegler, 1995; Miller & Coyle, 1999; Schauble, 1996). Bei Tests zur Erhaltung der Zahl beispielsweise wenden Fünfjährige häufig eine Strategie an, die Piaget beschrieben hat: Wenn ihnen zwei Reihen mit gleicher Anzahl von Perlen vorgelegt werden, von denen die eine länger erscheint, weil die Perlen weiter auseinander liegen, geben sie an, dass die längere Reihe mehr Objekte enthält. Dasselbe Kind, das bei einem Durchgang diesen Ansatz verwendet, kann in anderen Durchgängen jedoch korrekt schließen, dass das bloße Auseinanderziehen einer Reihe die Anzahl der Objekte nicht verändert; bei wiederum anderen Experimentaldurchgängen zählt es die Objekte in den Reihen vielleicht durch (Siegler, 1995).

Theorien überlappender Wellen nehmen weiterhin an, dass die Kinder aus dieser strategischen Variabilität Vorteile ziehen. Ein Grund dafür besteht darin, dass sie sich auf diese Weise an Unterschiede zwischen Problemen und Situationen anpassen können. Sollen sie sich kurze oder leicht enkodierbare Zahlenreihen merken (zum Beispiel 7, 8, 9, 10, 11), setzen Fünfjährige mit geringerer Wahrscheinlichkeit die Strategie des Rehearsal ein als im Umgang mit längeren und weniger geordneten Reihen (McGilly & Siegler, 1990). Ein weiterer Vorteil der strategischen Variabilität liegt darin, dass sie den Kindern Gelegenheiten bietet, ihre eigene zunehmende Kompetenz den jeweiligen Gegebenheiten anzupassen. Für einjährige Kinder ist es beispielsweise recht gefährlich, aufrecht eine Schräge hinunterzulaufen, weshalb sie sich oft dafür entscheiden, auf dem Bauch oder auf dem Hintern runterzurutschen (Adolph, 1997). In dem Maße, in dem sich ihre Balance und Koordination jedoch weiter entwickelt, erlangen sie mit der Zeit die Fähigkeit, dieselben Schrägen aufrecht hinunterzugehen, und entscheiden sich auch immer häufiger für diese Art der Fortbewegung. Aus den genannten und weiteren Gründen kann man sagen, dass das Lernen im Allgemeinen umso erfolgreicher verläuft, je mehr Strategien die Kinder kennen (Perry, Church & Goldin-Meadow, 1988; Siegler, 1995). So, wie der Konnektionismus unser Verständnis der Leistungssteigerung bei der Bewältigung häufig auftretender Aufgaben verbessert und die Theorie dynamischer Systeme zum Verständnis der Beziehungen zwischen motorischen Aktivitäten, Aufmerksamkeit und dem Begriffsverstehen beitragen, so fördert die Theorie überlappender Wellen das Verständnis der Entwicklung von Strategien. Kasten 4.2 illustriert pädagogische Vorteile, die sich aus dieser Betonung der strategischen Entwicklung ergeben.

IN KÜRZE

Informationsverarbeitungstheorien stellen sich Kinder als aktive Lerner und Problemlöser vor, die sich ständig neue Mittel ausdenken, um ihre Verarbeitungsbegrenzungen zu überwinden und ihre Ziele zu erreichen. Planen, analoges Schlussfolgern und Regelbildung sind Prozesse, die in der Sicht von Informationsverarbeitungstheorien am meisten zur Entwicklung des Problemlösens beitragen. Die kognitive Entwicklung im Allgemeinen und die Entwicklung von Lernen und Gedächtnis im Besonderen werden im Zusammenhang mit der zunehmend effektiven Ausführung von Basisoperationen, der Ausbildung effektiver Strategien und dem Erwerb neuen Inhaltswissens gesehen. In neuerer Zeit kamen zu den traditionellen Informationsverarbeitungsanalysen noch konnektionistische Theorien, die Theorie dynamischer Systeme und die Theorie überlappender Wellen hinzu, um besser zu verstehen, wie Veränderungen vonstatten gehen.

> **Anwendungen**   **Kasten 4.2**

Pädagogische Anwendungen von Informationsverarbeitungstheorien

Es wurde bereits darauf hingewiesen, dass ein Merkmal, das allen Informationsverarbeitungsansätzen gemeinsam ist, die besondere Betonung der Aufgabenanalyse ist. Neben ihrer Nützlichkeit für Forschungszwecke ermöglichen solche Analysen Lehrern, die Quelle der Lernprobleme einzelner Kinder zu bestimmen und den Unterricht auf die spezielle Schwierigkeit eines Kindes auszurichten.

Die Nützlichkeit der Aufgabenanalyse für den Unterricht haben Brown und Burton (1978) in ihrer Untersuchung des üblichen Algorithmus für die schriftliche Subtraktion mehrstelliger Zahlen illustriert. Es geht also um die Formel zur Lösung von Aufgaben wie

$$\begin{array}{r} 276 \\ -\ 182 \end{array}$$

Die Analyse ließ erkennen, dass die erfolgreiche Ausführung dieses Verfahrens den Rekurs auf mehrere Fertigkeits- und Wissensebenen erforderlich macht. Auf der obersten Ebene erfordert die Ausführung des Verfahrens, dass die Schüler mit der Subtraktion in der Spalte ganz rechts beginnen und dann jeweils eine Spalte weiter nach links rücken. Auf einer spezifischeren Ebene muss man das Unterziel erreichen, den Wert der oberen Ziffer um den Wert der unteren Ziffer zu vermindern. Dies wiederum erfordert die Kenntnis der Regeln der einstelligen Subtraktion; man muss wissen, wie man borgt und überträgt, insbesondere wie man von der Null und über eine Null hinaus borgt.

Vielen Grundschulkindern fällt es schwer, diesen Subtraktionsalgorithmus zu lernen, insbesondere den Teil, der das Borgen über die Null hinaus betrifft. Wenn sie den korrekten Ansatz nicht können, entwickeln sie systematische Fehlerstrategien. Betrachten wir das Muster der Fehler und Richtiglösungen, das ein Junge bei den nachstehenden Subtraktionsaufgaben produziert hat. Ein oberflächlicher Blick lässt lediglich erkennen, dass der Junge drei von fünf Aufgaben falsch gelöst hat. Bei der Korrektur eines solchen Aufgabenblattes würden viele Lehrer so etwas wie „Das

Theorien des Kernwissens

> „Ich hab' die Lampe nicht kaputtgemacht, und ich will es auch nicht wieder tun." – sagte eine Dreijährige zu ihrer Mutter (zitiert nach Vasek, 1986).

Auch wenn dieser Vertuschungsversuch eines dreijährigen Mädchens aus der Perspektive eines Erwachsenen recht durchsichtig erscheint, kommt hier eine erstaunlich differenzierte Denkleistung zum Ausdruck. Das Mädchen berücksichtigt, dass ihre Mutter nicht alles wissen kann, was sie selbst über den Vorgang weiß, wie die Lampe zu Schaden kam, weshalb sie versucht, jegliche Verantwortung von sich zu weisen. Gleichzeitig berücksichtigt sie die Möglichkeit, dass ihr die Mutter vielleicht nicht glaubt, und geht auf Nummer

Kasten 4.2

kannst du bestimmt noch besser" darunterschreiben und es dabei belassen. Eine Aufgabenanalyse bringt jedoch eine präzisere Interpretation der Schwierigkeit zum Vorschein. Der Junge weiß, wie man einstellige Zahlen subtrahiert, und beherrscht auch das Grundprinzip des Ausborgens. Er weiß aber nicht, wie man von einer Null borgt, worauf die Tatsache hinweist, dass alle drei Fehler, die er gemacht hat, bei Aufgaben entstanden sind, bei denen die obere Zahl eine Null enthielt.

Eine eingehende Analyse der Fehler des Jungen und der Probleme, die diese Fehler hervorriefen, bringt zwei systematische Fehlanwendungen zum Vorschein, die zu genau diesen falschen Lösungen führen. Die erste trat immer dann auf, wenn bei einer Aufgabe von Null subtrahiert werden muss; hier wählte der Junge die Strategie, die beiden Ziffern in der Spalte, in der die Null steht, einfach zu vertauschen. Bei der Aufgabe 605 − 379 beispielsweise behandelte er 0 − 7 als 7 − 0 und schrieb als Lösung „7". Die zweite Fehlstrategie trat immer dann auf, wenn in einer Aufgabe von der Ziffer links von einer Null geborgt werden musste; hier vergaß der Junge den Übertrag (zum Beispiel vergaß er, bei der Aufgabe 605 − 379 nach dem Borgen von der Null Eins zu übertragen und von der Sechs Vier und nicht Drei zu subtrahieren). Dieser Fehler macht im Kontext der ersten Fehlstrategie durchaus Sinn; wenn der Junge die Sieben und die Null vertauscht und letztlich 7 − 0 rechnet, entsteht dabei kein Übertrag. Die Aufgabenanalyse lässt also erkennen, dass der Junge zwei miteinander verknüpfte Schwierigkeiten beim Borgen von der Null hat. Allgemeiner gesprochen ist die Diagnose der speziellen Fehlstrategien, aus denen fehlerhafte Leistungen hervorgehen, ein notwendiger erster Schritt, um Kindern mit Schwierigkeiten eindeutig zu erklären warum sie etwas Falsches tun und was wie stattdessen tun sollten (Baffes & Mooney, 1996; Mark & Greer, 1995).

Beispiel einer systematischen Fehlstrategie beim Subtrahieren

307	856	606	308	835
− 182	− 699	− 568	− 287	− 217
285	157	168	181	618

Sicher. Die Fähigkeit des Mädchens zur Täuschung ist für ihr Alter typisch. Als in einem Experiment mehr als 50 Dreijährige vom Versuchsleiter ermutigt wurden, einen anderen Erwachsenen über den Ort eines „Schatzes" zu täuschen, an dem eine Puppe ihn versteckt hatte, vernichtete die Mehrzahl der Kinder die Hinweise, die die Puppe „zufällig" hinterlassen hatte, und logen, wenn sie nach dem Ort des Schatzes gefragt wurden (Chandler, Fritz & Hala, 1989).

Solche Untersuchungen über das Täuschen illustrieren zwei charakteristische Eigenschaften von Forschungsarbeiten, die durch die **Kernwissenshypothese** inspiriert wurden. Die eine besteht darin, dass sich die Forschung auf Bereiche konzentriert, die im Verlauf der menschlichen Evolutionsgeschichte immer schon wichtig waren – wie das Verstehen anderer Menschen. Weitere Schlüsselbereiche, die zum Kernwissen gezählt werden, betreffen das Erkennen des Unterschieds zwischen lebenden und unbelebten Dingen, die Identi-

---

Theorie des Kernwissens – ein Ansatz, der die Differenziertheit des Denkens von Säuglingen und Kleinkindern in Bereichen hervorhebt, die im Verlauf der menschlichen Evolutionsgeschichte von Bedeutung waren.

fikation menschlicher Gesichter, das Sich-Zurechtfinden in einer Umgebung und das Erlernen von Sprache.

Die zweite Eigenschaft der Kernwissenshypothese, die in Untersuchungen zum Täuschen zum Ausdruck kommt, bezieht sich auf die Annahme, dass kleine Kinder in bestimmten Bereichen, die im Verlauf der menschlichen Evolution wahrscheinlich eine gewisse Bedeutung besaßen, zu logischen Denkleistungen in der Lage sind, die weit über das hinausgehen, was nach der Theorie von Piaget als möglich gilt. Wenn Kinder bis zum Alter von sechs oder sieben Jahren völlig egozentrisch wären, würden sie annehmen, dass das Wissen anderer Menschen dasselbe ist wie ihr eigenes; aus dieser Perspektive gäbe es keine Veranlassung für eine falsche Behauptung, weil die andere Person ja wüsste, dass sie falsch ist. Die Befunde aus den Untersuchungen zum Täuschungsverhalten kleiner Kinder sprechen jedoch dafür, dass Dreijährige durchaus verstehen, dass andere Menschen hinters Licht geführt werden können. Es fragt sich allerdings, wie es Kinder so früh im Leben bereits zu so differenziertem Wissen gebracht haben.

Die Sicht auf das Wesen des Kindes

Ansätze, die von der Kernwissenshypothese ausgehen, stellen Kinder als aktive Lerner dar, die permanent danach streben, Probleme zu lösen und ihre Kenntnisse und Einsichten in kohärente Wissenssysteme zu integrieren. In dieser Hinsicht gleicht der Blick auf das Wesen des Kindes derjenigen der Piaget'schen Theorie und des Informationsverarbeitungsansatzes.

Der stärkste Unterschied zwischen der Theorie des Kernwissens und den beiden anderen Theorieklassen besteht aus Sicht ihrer Vertreter in der Annahme angeborener Fähigkeiten. Sowohl Piaget als auch die Informationsverarbeitungstheoretiker nehmen an, dass Kinder beim Eintritt in die Welt nur mit allgemeinen Lernfähigkeiten ausgestattet sind und dass sie diese Fähigkeiten aktiv zum Einsatz bringen müssen, um ihre Kenntnisse in allen möglichen Inhaltsbereichen zu vermehren. In der Auffassung von Kernwissen-Theoretikern kommen Kinder dagegen nicht nur mit allgemeinen Lernfähigkeiten auf die Welt, sondern auch mit spezialisierten Lernfähigkeiten, mit deren Hilfe sie Informationen von evolutionärer Bedeutung schnell und mühelos aufnehmen können. Die zentrale Metapher ist bei Piaget das Kind als Wissenschaftler, bei den Informationsverarbeitungstheorien das Kind als computationales kognitives System; im Ansatz des Kernwissens ist das Kind ein von der Evolution besonders gut ausgestattetes Produkt. Diese Metapher kommt in der folgenden Aussage von Rochel Gelman und Earl Williams, wichtigen Vertretern der Kernwissenshypothese, eindrucksvoll zum Ausdruck:

> Das Gehirn ist nicht weniger ein Produkt der natürlichen Selektion als der Rest der Strukturen und Funktionen des Körpers. ... Herzen entwickelten sich, um den Prozess des Blutkreislaufs zu unterstützen, Lebern entwickelten sich für den Prozess der Ausscheidung von Giftstoffen, und geistige Strukturen entwickelten sich, um das Erlernen bestimmter

Typen von Informationen, die für adaptives Verhalten benötigt werden, zu ermöglichen. (Gelman & Williams, 1998, S. 600.)

Untersuchungen an Tieren liefern viele verblüffende Beispiele für spezialisierte Lernmechanismen (Gallistel, Brown, Carey, Gelman & Keil, 1991; Keil, 1998). Die meisten Singvögel beispielsweise kommen ohne die Kenntnis der für ihre Spezies charakteristischen Lieder zur Welt; sie werden aber mit Lernmechanismen geboren, mit deren Hilfe sie die Melodien schnell beherrschen, sobald sie sie hören (Marler, 1991). In ähnlicher Weise kennen Ratten und Ameisen bei ihrer Geburt nicht die räumlich-territoriale Beschaffenheit ihres Baus, aber sie sind biologisch darauf vorbereitet, diese schnell zu erlernen (Gallistel, 1990).

Kernwissen-Theoretiker behaupten, dass Menschen ähnlich spezialisierte Lernmechanismen besitzen, von denen manche für unsere Spezies einzigartig sind. Ein gutes Beispiel bietet der Spracherwerb. Der bekannte Linguist Noam Chomsky nahm an, dass Menschen, aber nicht andere Lebewesen mit spezifischen Spracherwerbsmechanismen zur Welt kommen, mit denen sie schnell die komplizierten Systeme grammatischer Regeln beherrschen können, die es in jeder menschlichen Sprache gibt. Ein Hinweis auf die Existenz solcher Mechanismen ist die Universalität des Spracherwerbs. Praktisch alle Kinder in allen Gesellschaften beherrschen die Kerngrammatik ihrer Muttersprache schnell und mühelos, obwohl die Erwachsenen ihnen diese komplizierten Regeln fast nie erklären. Im Gegensatz dazu ist der Erwerb anderer komplizierter Regelsysteme – wie Rechtschreibung, Geometrie oder Algebra – nicht universell und erfordert die ausführliche Unterweisung durch Erwachsene und beträchtliche Anstrengungen seitens der Kinder.

Ein weiterer Grund für die Annahme, dass Kinder Mechanismen besitzen, die auf das Erlernen von Sprache spezialisiert sind, besteht darin, dass bestimmte Areale in der Mitte der linken Gehirnhemisphäre regelmäßig bei der Verarbeitung von Grammatik aktiv sind. Eine Schädigung dieser Bereiche der linken Hemisphäre beeinträchtigt die grammatische Kompetenz weit mehr als eine ähnliche Schädigung der entsprechenden Bereiche in der rechten Hemisphäre des Gehirns. Daten aus dem Verhalten und der Physiologie des Menschen liefern zusammen genommen gute Gründe für die Annahme, dass Menschen über spezialisierte Mechanismen für den Spracherwerb verfügen. Ähnliche Kombinationen aus verhaltensbasierten und physiologischen Daten sprechen dafür, dass Menschen auch spezialisierte Mechanismen für Lernprozesse in anderen Bereichen von evolutionärer Bedeutsamkeit besitzen, beispielsweise räumliche Anordnungen und menschliche Gesichter (Johnson, 1998). Während Theoretiker in der Tradition von Piaget oder der Informationsverarbeitung Intelligenz als ein einheitliches Ganzes darstellen, das Kenntnisse und Fähigkeiten in allen Bereichen gleichermaßen ermöglicht, skizzieren Vertreter der Kernwissenshypothese Intelligenz als eine Mischung aus allgemeinen Lernfähigkeiten und spezialisierten Fähigkeiten, mit deren Hilfe das Lösen evolutionär wichtiger Probleme – Probleme, die im Verlauf der Existenz der Spezies Mensch für das Überleben entscheidend waren – gelernt werden kann.

Zentrale Entwicklungsfragen

Kernwissen-Theoretiker nehmen genauso wie Theoretiker in der Tradition von Piaget oder der Informationsverarbeitung an, dass Entwicklung durch eine Interaktion zwischen Anlage und Umwelt zustande kommt. Anders als die meisten Theoretiker der beiden anderen Ansätze glauben sie jedoch, dass die Anlagen des Kindes auch angeborene Kenntnisse zentraler Konzepte umfassen.

Bereichsspezifität

Die angeborenen Kenntnisse, so wie sie in Theorien des Kernwissens angenommen werden, sind **domänenspezifisch**, das heißt begrenzt auf einen bestimmten Bereich wie Lebewesen oder die Eigenschaften unbelebter Objekte. Solche bereichsspezifischen Kenntnisse versetzen Kinder in die Lage, zwischen lebenden und unbelebten Dingen zu unterscheiden, indem sie die Erwartung ausbilden, dass unbelebte physikalische Objekte, denen sie zum ersten Mal begegnen, so lange an ihrem Ort bleiben werden, bis eine äußere Kraft auf sie einwirkt, während Tiere, denen sie zum ersten Mal begegnen, sich durchaus von selbst bewegen könnten. Wie verschiedene Studien belegen, sind bereits Kinder unter einem Jahr zur Unterscheidung von Lebewesen und unbelebten Objekten in der Lage (zum Beispiel Pauen, 2002). Auch auf anderen Feldern von mutmaßlich evolutionärer Bedeutsamkeit könnten Kinder mit angeborenem Kernwissen besonders schnell lernen. Zwei führende Vertreterinnen der Kernwissen-Ansätze, Susan Carey und Elizabeth Spelke, fassten ihre Auffassung der Domänenspezifität wie folgt zusammen:

> Wir vertreten den Standpunkt, dass das schlussfolgernde Denken des Menschen von einer Reihe angeborener, domänenspezifischer Wissenssysteme geleitet ist. Jedes System ist durch eine Menge von Kernprinzipien gekennzeichnet, die definieren, worauf sich die Domäne bezieht, und die logische Schlussfolgerungen in Bezug auf Gegenstände der betreffenden Domäne unterstützen. Aus dieser Perspektive besteht Lernen in der Erweiterung der Kernprinzipien. (Carey & Spelke, 1994, S. 169.)

In Übereinstimmung mit dieser Betonung angeborener domänenspezifischer Kenntnisse richteten die Vertreter der Kernwissenshypothese sehr viel Aufmerksamkeit auf die frühen Kenntnisse in zentralen Bereichen – Sprache, Raum, Zahl, physikalische Objekte, Pflanzen und Tiere sowie Menschen. In den nächsten drei Kapiteln werden diese Forschungen eine wichtige Rolle spielen.

Domänenspezifisch – begrenzt auf einen bestimmten Gegenstandsbereich, beispielsweise Lebewesen oder Menschen.

Die informellen Theorien von Kindern

Viele Theoretiker des Kernwissen-Ansatzes haben die Auffassung vertreten, dass Kleinkinder ihre Kenntnisse über die wichtigsten Wissensdomänen zu informellen Theorien strukturieren (Carey, 1985; Gopnik & Meltzoff, 1997; Wellman & S. Gelman, 1998). Insbesondere wird angenommen, dass Kinder naive Theorien der *Physik* (Wissen über Objekte), der *Psychologie* (Wissen über Menschen) und der *Biologie* (Wissen über Pflanzen und Tiere) bilden. Bei diesen informellen Theorien handelt es sich natürlich nicht um exakt definierte deduktive Systeme, doch teilen sie immerhin drei wichtige Kennzeichen mit formellen wissenschaftlichen Theorien:

1. Sie identifizieren grundlegende Einheiten, um die riesige Anzahl von Objekten und Ereignissen, die sie in ihrer Umwelt vorfinden, einzuordnen.
2. Sie erklären viele einzelne Phänomene anhand einiger weniger Grundprinzipien.
3. Sie erklären Ereignisse anhand nicht beobachtbarer Ursachen.

Jedes dieser Kennzeichen spiegelt sich in den Biologiekenntnissen von Kindern im Vorschulalter wider (Hatano & Inagaki, 1996; Keil, 1998). In Übereinstimmung mit dem ersten Merkmal unterteilen Kindergartenkinder materielle Einheiten in die Kategorien Menschen, andere Lebewesen, Pflanzen und unbelebte Dinge (S. Gelman, im Druck). In Übereinstimmung mit dem zweiten Merkmal verstehen Kinder in diesem Alter allgemein anwendbare Prinzipien, wie etwa das Prinzip, dass ein Verlangen nach Nahrung und Wasser vielen tierischen Verhaltensweisen zugrunde liegt. In Übereinstimmung mit dem dritten Merkmal wissen die Kinder, dass lebenswichtige Aktivitäten von Tieren und Pflanzen wie etwa Reproduktion und (im Fall von Tieren) Bewegung durch etwas verursacht werden, das in ihnen liegt, im Gegensatz zu den äußeren Kräften, die das Verhalten unbelebter Objekte bestimmen.

Warum sollten Kinder solche intuitiven Theorien der Phyisk, Biologie und Psychologie aufstellen? Folgt man den Kernwissen-Theoretikern Henry Wellman und Susan Gelman (1998), so liegt die Ursache wahrscheinlich in unserer evolutionären Vergangenheit. Kinder mussten immer etwas über physikalische Objekte wissen, um ihre Umwelt hinreichend genau wahrnehmen und sich in ihr bewegen zu können, ohne sich zu verletzen. Sie mussten etwas über Tiere und Pflanzen wissen, um Raubtieren und Giften zu entgehen. Und sie mussten andere Menschen verstehen, um ihre Wünsche und Bedürfnisse mitzuteilen. Wiederum wird die Metapher des Kindes als gut ausgestattetes Evolutionsprodukt deutlich.

Ab wann besitzen Kinder solche Kerntheorien? Spelke (1988, 1994) vermutet, dass Säuglinge ihr Leben mit einer primitiven Theorie der Physik beginnen, also einer Theorie über die Eigenschaften und das Verhalten unbelebter Objekte. Zu dieser Theorie gehört das Wissen, dass sich die Welt aus physikalischen Gegenständen zusammensetzt, die räumliche Ausdehnung besitzen, die sich nur in Reaktion auf äußere Kräfte bewegen, die sich auf kontinuierlichen Pfaden durch den Raum bewegen und nicht von einer Position zur nächsten springen. Als einen Beleg zitierte Spelke den Befund von Baillargeon (1987, 1994), dass drei Monate alte Kinder Überraschung zeigen, wenn sich ein massives Objekt (dank einer geschickten Anordnung von Spiegeln) durch den Raum zu bewegen scheint, den ein anderes massives Objekt einnimmt. Sie wies außerdem darauf hin, dass sich zwei Monate alte Kinder überrascht zeigen, wenn in Bewegung befindliche Objekte plötzlich (wiederum durch einen visuellen Trick) von einem Ort an einen anderen springen, ohne dazwischenliegende Positionen zu passieren, oder wenn Objekte, die nicht miteinander verbunden sind, sich gleichzeitig in Bewegung setzen und gleichzeitig wieder zum Stillstand kommen (Spelke, Breinlinger, Macomber & Jacobson, 1992).

Wellman und Gelman (1998) nehmen an, dass die erste psychologische Theorie um das Alter von 18 Monaten herum entsteht und die erste Theorie der Biologie um etwa drei Jahre. Die erste Theorie der Psychologie strukturiert sich um die Erkenntnis, dass die Handlungen von Menschen, und zwar nicht nur die eigenen, sondern auch die anderer, ihre Ziele und Wünsche widerspiegeln. Ein Kind mit zwei Jahren ist sich beispielsweise darüber im Klaren, dass andere Menschen etwas essen wollen, wenn sie hungrig sind, gleich ob das Kind gerade selbst hungrig ist oder nicht (Wellman & Gelman, 1998). Die erste Theorie der Biologie formiert sich um die Einsicht, dass Menschen und Tiere Lebewesen sind, die sich von unbelebten Objekten und Pflanzen unterscheiden. So erkennen drei- und vierjährige Kinder, dass sich Tiere, nicht aber handwerkliche Erzeugnisse aus eigener Kraft bewegen (Gelman & Gottfried, 1996).

Natürlich geht ein Großteil der Entwicklung über diese Anfangstheorien hinaus. Ein weiterführender Entwicklungsschritt besteht beispielsweise darin, die ursprüngliche Struktur auszubauen und Details einzufügen. Zum Beispiel verstehen schon drei Monate alte Kinder, dass ein Gegenstand (beispielsweise ein Glas) herunterfallen wird, wenn nicht zumindest ein Teil davon von einem anderen Objekt (beispielsweise einem Tisch) getragen wird, aber bis etwa sieben Monate verstehen Kinder noch nicht, dass das Objekt auch herunterfallen wird, wenn nur ein kleiner Anteil davon irgendwo aufliegt (wenn das Glas also zu weit über den Tischrand hinausragt) (Baillargeon, 1994). In anderen Fällen ersetzen Kinder primitive Theorien durch anspruchsvollere Theorien. Hatano und Inagaki (1996) beispielsweise stellten fest, dass Kinder bis zum Alter von sieben Jahren kaum davon überzeugt sind, dass zur Klasse der lebenden Dinge auch Pflanzen und nicht nur Tiere gehören, weil Pflanzen die zentralen Eigenschaften für Leben mit den Tieren gemeinsam haben: Wachstum, Vermehrung und Bewegung zur Anpassung an die Umgebungsverhältnisse.

Wie schon bei der Forschung über die anfänglichen begrifflichen Kenntnisse von Kindern wird auch die Forschung über ihre informellen Theorien in späteren Kapiteln eingehender untersucht werden. Kasten 4.3 behandelt einige Implikationen der Kernwissenshypothese für den Unterricht.

IN KÜRZE

Theoretiker des Kernwissens betrachten Kinder als bestens ausgestattete Produkte der Evolution. Sie konzentrieren sich darauf, die Entwicklung von Kenntnissen in Domänen mutmaßlicher evolutionärer Bedeutsamkeit zu untersuchen: Raum, Zeit, Sprache, Biologie und so weiter. Forscher dieser Tradition haben nachgewiesen, dass Säuglinge und jüngere Kinder überraschende Kenntnisse dieser Inhaltsbereiche besitzen. Kernwissen-Theoretiker glauben, dass solche frühen Kompetenzen erst durch angeborene, bereichsspezifische Kenntnisse und spezialisierte Lernmechanismen erworben werden können. Kinder werden als aktive Denker gesehen, die Theorien bilden, mit denen sich Objekte und Ereignisse anhand weniger grundlegender Kategorien klassifizieren lassen, die wirksame Prinzipien enthalten und die Ereignisse im Zusammenhang mit nicht beobachtbaren Ursachen interpretieren.

Kasten 4.3 Anwendungen

Pädagogische Anwendungen der Theorien des Kernwissens

Ausgehend von dem Prinzip, dass sich das vorhandene Wissen stark auf das Lernen eines Menschen auswirkt, wiesen Hatano und Inagaki (1996) auf mehrere Implikationen von Befunden im Zusammenhang mit den naiven Theorien von Kindern über Biologie hin, mit deren Hilfe die Kinder ein fortgeschrittenes Verständnis dieses Gegenstands erzielen könnten. Eine solche Implikation besteht darin, dass Kindern mit dem Eintritt in den Kindergarten aufbauend auf der Theorie der nicht beobachtbaren Ursachen – beispielsweise bezogen auf die lebenswichtigen Aktivitäten von Tieren – Begriffe beigebracht werden können, von denen man üblicherweise dachte, dass sie noch nicht verstanden werden können. Zum Beispiel können sie verstehen, dass unsichtbare Erreger Krankheiten verursachen und dass unsichtbare Gene für die Ähnlichkeit zwischen Eltern und Kindern sorgen (Kalish, 1996; Springer, 1996).

Eine zweite Implikation für mögliche Unterweisungen leitet sich aus einem spezielleren Befund ab: Die frühen biologischen Theorien der Kinder sind durch ihr Wissen über menschliche Wesen beeinflusst. Jüngere Kinder extrapolieren von dem, was sie über Menschen wissen, auf die Eigenschaften von Tieren; diesen Prozess nennt man **Personifizierung** (Carey, 1985; Inagaki & Hatano, 1991). Zwar führt die Personifizierung zu vielen gültigen Schlüssen, aber sie stört auch das Verständnis bestimmter biologischer Konzepte. Zum Beispiel erschwert sie den Kindern zu verstehen, dass Pflanzen leben, weil Pflanzen eindeutig keine Absichten ausbilden und Ziele verfolgen, so wie es Menschen tun. Unterrichtsprogramme, die darauf abheben, dass sich Pflanzen tatsächlich so bewegen, wie es ihren Funktionen dienlich ist – beispielsweise dem Sonnenlicht entgegen –, können kleinen Kindern helfen, solche unzulänglichen Konzeptionen zu überwinden (Opfer, 2001).

Sozio-kulturelle Theorien

Eine Mutter und ihre vierjährige Tochter Sadie setzen ein Spielzeug zusammen und benutzen dazu eine gezeichnete Anleitung:

> *Mutter:* Jetzt brauchst du so eines wie das hier auf der anderen Seite. Hm ... prima, genau so.
>
> *Sadie:* Dann brauche ich das hier, so wie das andere? Gleich, gleich. Lass los. Jetzt. Raus damit. Hoppla.
>
> *M:* Ich halt es fest, wenn du es drehst. (*Sieht zu, wie Sadie an dem Spielzeug montiert.*) Jetzt mach du es fertig.
>
> *S:* Das hier?
>
> *M:* Nein, schau auf das Bild. Hierhin (*zeigt auf die Zeichnung*). Dieses Teil.
>
> *S:* So?
>
> *M:* Ja.
>
> (Nach Gauvain, 2001, S. 32.)

Diese Interaktion kommt Ihnen wahrscheinlich völlig normal vor – und das ist sie auch. Aus der Perspektive **sozio-kultureller Theorien** besitzen solche unspektakulären Interaktionen aber größte Bedeutung, weil sie den Motor darstellen, der die Entwicklung vorwärts treibt.

Eine erwähnenswerte Eigenschaft des oben beschriebenen Ereignisses besteht aus sozio-kultureller Sicht in der Tatsache, dass Sadie den Zusammenbau des Spielzeugs in einem zwischenmenschlichen Kontext lernt. Sozio-kulturelle Ansätze betonen, dass ein Großteil der Entwicklung in direkten Interaktionen von Kindern mit anderen Menschen stattfindet: mit Eltern, Geschwistern, Lehrern, Spielkameraden und so weiter. Statt Kinder als Individuen zu betrachten, die sich durch ihre eigenen Bemühungen einen Reim auf die Welt machen, betrachten sozio-kulturelle Theorien Kinder als soziale Wesen, deren Leben verwoben ist mit den Leben anderer Menschen, die ihnen dabei helfen wollen, die Fähigkeiten und Kenntnisse zu erwerben, die in ihrer eigenen Kultur einen Wert besitzen. Während in den Theorien von Piaget, der Informationsverarbeitung und des Kernwissens also die aktive Rolle der Kinder bei ihrer eigenen Entwicklung hervorgehoben wird, betonen sozio-kulturelle Theorien die Bedeutung, die der Interaktion der Kinder mit anderen Menschen für die Entwicklung zukommt.

Die Interaktion zwischen Sadie und ihrer Mutter ist auch deshalb bemerkenswert, weil sie als Beispiel für **gelenkte Partizipation** gelten kann. Darunter versteht man einen Prozess, bei dem informierte Individuen (Experten) ihre Aktivitäten so gestalten, dass sich Menschen mit geringeren Kenntnissen daran auf einem höheren Niveau beteiligen können, als sie es von sich aus fertig brächten (Rogoff, 1990). Sadies Mutter zum Beispiel hält ein Teil des Spielzeugs so fest, dass Sadie ein anderes Teil hineinschrauben kann; ohne die Hilfe ihrer Mutter wäre Sadie nicht in der Lage, die beiden Teile zusammenzuschrauben, und könnte ihre Fähigkeiten bei dieser Aufgabe somit

Sozio-kulturelle Theorien – Ansätze, die den Beitrag anderer Menschen und der umgebenden Kultur zur Entwicklung von Kindern betonen.

Gelenkte Partizipation – ein Prozess, bei dem informierte Invidiuen (Experten) Situationen so gestalten, dass Personen mit weniger Kenntnissen und Fähigkeiten etwas lernen können.

Durch gelenkte Partizipation können Eltern ihren Kindern nicht nur beim unmittelbaren Erreichen von Zielen helfen, sondern auch beim Erwerb allgemeiner Fertigkeiten, beispielsweise der Nutzung von Anleitungen und Zeichnungen.

Kulturwerkzeuge – die zahllosen Produkte der menschlichen Erfindungskraft, die die Denkleistungen erhöhen.

auch nicht erweitern. In ähnlicher Weise zeigt Sadies Mutter auf den relevanten Teil der Bauanleitung und ermöglicht Sadie damit die Entscheidung, was als Nächstes zu tun ist, wobei sie außerdem lernt, in welcher Weise Bauanleitungen Informationen vermitteln. Diese Episode illustriert, dass gelenkte Partizipation oft in Situationen auftritt, in denen die explizite Absicht darin besteht, ein praktisches Ziel – wie den Zusammenbau eines Spielzeugs – zu erreichen, wobei das Lernen als ein Nebenprodukt der Tätigkeit stattfindet.

Eine dritte beachtenswerte Eigenschaft der Interaktion zwischen Sadie und ihrer Mutter bezieht sich auf die Einbettung in einen breiteren kulturellen Kontext. Zu diesem Kontext gehören nicht nur andere Menschen, sondern auch die zahllosen Produkte der menschlichen Erfindungskraft, die in sozio-kulturellen Theorien als **Kulturwerkzeuge** bezeichnet werden: Symbolsysteme, Artefakte, Fähigkeiten, Werte und so weiter. Im Beispiel von Sadie und ihrer Mutter betreffen die relevanten Symbolsysteme die Sprache, mit der sie ihre Gedanken wechselseitig vermitteln, und die Zeichnung, die ihnen beim Zusammenbau hilft. Zu den relevanten Artefakten gehören das Spielzeug und das bedruckte Blatt mit der Bauanleitung. Relevante Fähigkeiten sind die Beherrschung der Sprache, die es ihnen ermöglicht, miteinander zu kommunizieren, und die Verfahren, mit denen sie die Zeichnung interpretieren. Zu den Werten gehört, dass die Kultur es positiv einschätzt, wenn Eltern mit ihren Kindern so interagieren, wie es Sadies Mutter tut, und dass Mädchen mechanische Fertigkeiten erlernen. Im Hintergrund bestehen umfassendere Faktoren technologischer, ökonomischer und historischer Art. Die Interaktion würde nicht stattfinden ohne die Technologie zum Herstellen von Spielzeug und zum Drucken von Zeichnungen, ohne eine Wirtschaft, die Eltern die Freizeit für solche Interaktionen ermöglicht, und ohne eine Geschichte, die zu den in der Interaktion zum Ausdruck kommenden Symbolsystemen, Artefakten, Fähigkeiten, Werten, Technologien und wirtschaftlichen Verhältnissen überhaupt erst geführt hat. Sozio-kulturelle Theorien tragen also mit dazu bei, die vielen Aspekte der Kultur wertzuschätzen, die selbst in den unscheinbarsten Alltagsinteraktionen zum Ausdruck kommen.

Die Sicht auf das Wesen des Kindes

Der Nestor des sozio-kulturellen Ansatzes der kognitiven Entwicklung war der russische Psychologe Lew Semjonowitsch Wygotski. (Da die Transliteration aus dem Kyrillischen unterschiedlich gehandhabt wird, finden sich auch die Schreibweisen „Vygotski" oder „Vygotsky".) Obwohl Wygotski und Piaget Zeitgenossen waren, blieben große Teile der wichtigsten Werke Wygotskis bis in die 1970er Jahre außerhalb der Sowjetunion weitgehend unbekannt. Ihr

Erscheinen erregte einiges Aufsehen, zum Teil deshalb, weil sich Wygotskis Sicht auf das Wesen des Kindes von der Piagets stark unterscheidet.

Die Theorie von Wygotski

Wie weiter oben erwähnt, stellte Piaget Kinder als kleine Wissenschaftler dar, die die Welt aus eigenen Kräften zu verstehen versuchen. Wygotski dagegen zeichnete sie als soziale Wesen, deren Schicksal aufs Engste verwoben ist mit dem anderer Menschen, die sich darum bemühen, ihnen beim Erwerb von Fähigkeiten und Kenntnissen zu helfen. Wo die Kinder bei Piaget darauf aus sind, physikalische, mathematische und logische Begriffe zu beherrschen, die zu jeder Zeit und an jedem Ort dieselben sind, sind sie bei Wygotski darauf bedacht, an Aktivitäten teilzunehmen, die in ihrer lokalen Umgebung geläufig sind. Wenn Piaget qualitative Veränderungen im Denken betonte, hob Wygotski auf kontinuierliche, quantitative Veränderungen ab.

Diese Sicht Wygotskis gab den Anlass für die zentrale Metapher sozio-kultureller Theorien: Kinder als soziale Wesen, geformt durch ihren kulturellen Kontext, den sie auch selbst wiederum mitgestalten. Diese Perspektive auf das Wesen des Kindes ist in allen aktuellen sozio-kulturellen Theorien wesentlich enthalten, zu denen auch die Arbeiten von Barbara Rogoff (1990), Michael Cole (1996) und Michael Tomasello (1999) gehören.

Kinder als Lehrende und Lernende

Folgt man Michael Tomasello, so sind menschliche Wesen auf zwei miteinander verknüpfte Arten und Weisen einzigartig, die für unsere Fähigkeit, komplexe, schnell veränderliche Kulturen zu erschaffen, entscheidend sind. Eine dieser dem Menschen vorbehaltenen Eigenschaften ist die Neigung, anderen Mitgliedern der Spezies etwas beizubringen; die andere ist die Neigung, solche Unterweisungen zu beachten und daraus zu lernen (Tomasello, 1999; Tomasello, Kruger & Ratner, 1993). In jeder menschlichen Gesellschaft vermitteln die Erwachsenen Fakten, Fähigkeiten, Werte und Traditionen an ihren Nachwuchs. Das ist es, was Kultur ermöglicht; Sir Isaac Newton hat es so beschrieben: Die neue Generation steht auf den Schultern der alten und kann deshalb weiter sehen. Die Neigung zu lehren bleibt nicht auf Erwachsene beschränkt. Alle normalen Zweijährigen zeigen spontan auf ein Objekt, um die Aufmerksamkeit anderer Menschen auf ein Merkmal zu richten, das sie selbst interessant finden; ein solches elementares Lehrverhalten, das nicht direkt an das Überleben geknüpft ist, findet sich bei anderen Spezies nicht. Diese Vorliebe, aus Unterweisung zu lernen und selbst zu unterweisen, versetzt Kinder in die Lage, sich in ihre Kultur sozial einzufügen und diese an andere weiterzugeben.

Diese Maya-Mutter zeigt ihrer Tochter Webtechniken, indem sie sie mitmachen lässt. Die Neigung, anderen etwas zu vermitteln, und die Fähigkeit, daraus zu lernen, gehören zu den kennzeichnendsten Eigenschaften des Menschen.

Kinder als Produkt ihrer Kultur

Sozio-kulturelle Theoretiker glauben, dass viele der *Prozesse*, die Entwicklung anstoßen, wie etwa der Prozess der gelenkten Partizipation, in allen Gesellschaften gleichermaßen vorkommen. Die *Inhalte*, die die Kinder lernen – die jeweiligen Symbolsysteme, Artefakte, Fähigkeiten und Werte –, variieren jedoch stark von Kultur zu Kultur und formen das Denken des Kindes dementsprechend.

Ein Weg, den sozio-kulturelle Forscher eingeschlagen haben, um den Einfluss kulturspezifischer Aktivitäten auf das kindliche Denken zu erkunden, besteht in der intensiven Untersuchung bestimmter Arten des Lernens in ihrem jeweiligen kulturellen Kontext. Der Nutzen solcher Forschung lässt sich anhand von Experimenten illustrieren, in denen die Wirkungen der Erfahrung im Umgang mit einem Abakus (einem Rechenbrett mit auf Stäben verschiebbaren Kugeln) auf das Kopfrechnen ostasiatischer Kinder untersucht wurden (Hatano & Osawa, 1983; Stigler, 1984). Kinder, die das Rechnen mit dem Abakus versiert beherrschen, zeichneten sich bei Rechenaufgaben auch dann aus, wenn sie das Rechenbrett nicht zur Verfügung hatten. Ihre Überlegenheit kam daher, dass sie komplizierte Kopfrechenaufgaben dadurch lösten, dass sie sich einen Abakus vorstellten, sich geistig vor Augen führten, wie sie die Aufgabe darauf bearbeiten würden, und dann die Lösung von der vorgestellten Endposition der Kugeln ablasen (Abbildung 4.13). Es bedarf kaum der Erwähnung, dass diese Strategie nur in Gesellschaften auftritt, in denen Abakusse verwendet werden. Der Befund illustriert auch ein allgemeines Prinzip: Die Artefakte und Fertigkeiten einer Kultur formen das Denken der Menschen, die in dieser Kultur leben.

Abbildung 4.13: Kulturwerkzeuge formen das Lernen. Dieses Photo, auf dem ein ostasiatischer Vater seine Kinder den Umgang mit dem Abakus lehrt, illustriert, wie die in einer Kultur vorhandenen Werkzeuge das Lernen der Kinder, die in dieser Kultur leben, formt.

Zentrale Entwicklungsfragen

Zu den wichtigsten Aspekten der Wygotski'schen Hinterlassenschaft gehört die Vorstellung, dass kognitive Veränderung aus sozialer Interaktion hervorgeht. Wygotski und heutige sozio-kulturelle Theoretiker haben auch eine Reihe spezifischerer Beiträge zu den *Mechanismen entwicklungsbedingter Veränderungen* vorgebracht. Eine ihrer Ideen – die gelenkte Partizipation – wurde bereits behandelt. In diesem Abschnitt untersuchen wir drei damit zusammenhängende Konzepte, die in sozio-kulturellen Analysen von Veränderungsprozessen eine wichtige Rolle spielen: Intersubjektivität, soziale Stützung und die Zone proximaler Entwicklung.

Intersubjektivität

Sozio-kulturelle Theoretiker glauben, dass die Grundlage der kognitiven Entwicklung des Menschen in der Fähigkeit besteht, **Intersubjektivität** herzustellen, das wechselseitige Verständnis, das Menschen bei der Kommunikation füreinander aufbringen (Gauvain, 2001; Rogoff, 1990; Rommetveit, 1985). Die Idee, die sich hinter diesem imposant klingenden Ausdruck verbirgt, ist gleichermaßen einfach wie grundsätzlich: Für eine effektive Verständigung müssen sich die Beteiligten auf dasselbe Thema konzentrieren und ebenso auf die Reaktionen des anderen auf das, was jeweils gerade mitgeteilt wird. Eine solche „Begegnung der Gedanken" ist für wirksames Lehren und Lernen unverzichtbar.

Die Wurzeln der Intersubjektivität sind schon im frühesten Lebensalter erkennbar. Mit zwei bis drei Monaten sind die Säuglinge lebhafter und interessierter, wenn ihre Mütter auf ihre Aktionen reagieren, als wenn das Verhalten der Mütter unabhängig von ihnen ist (Murray & Trevarthen, 1985). Mit sechs Monaten können die Kinder neuartige Verhaltensweisen allein durch die Beobachtung des Verhaltens anderer Menschen erlernen (Collie & Hayne, 1999).

Diese Entwicklungen bereiten das Auftreten einer Fähigkeit vor, die im Zentrum der Intersubjektivität steht – die **geteilte Aufmerksamkeit** (im Englischen: *joint attention*). Dabei richten Kinder und ihre sozialen Partner ihre Aufmerksamkeit intendiert auf einen gemeinsamen Bezugspunkt (Sachverhalt, Gegenstand; allgemein: Referenten) in der äußeren Umwelt. Das Auftreten des Phänomens der geteilten Aufmerksamkeit wird auf verschiedene Weise sichtbar. Zwischen neun und 15 Monaten schauen die Kinder zunehmend auf dieselben Gegenstände wie ihre Sozialpartner, verfolgen Änderungen im Blickverhalten der Partner, passen ihre eigene Blickrichtung an, wenn der Partner ein neues Objekt fokussiert, und richten die Aufmerksamkeit von Erwachsenen aktiv auf Objekte, die sie selbst interessieren (Adamson & Bakeman, 1991; Gauvain, 2001; Scaife & Bruner, 1975; Tomasello & Farrar, 1986). Etwa im gleichen Alter beginnen die Kinder auch mit einer verwandten Verhaltensweise, dem **sozialen Referenzieren** (im Englischen: *social referencing*). Das ist die Angewohnheit, Sozialpartner anzuschauen, um einen Rat oder eine Anleitung zu bekommen, wie man auf unbekannte oder bedrohliche Ereignisse reagieren soll (Campos & Stenberg, 1981).

Die geteilte Aufmerksamkeit erhöht die Fähigkeit der Kinder, von anderen Menschen zu lernen, beträchtlich. Ein wichtiges Beispiel bezieht sich auf das Sprachlernen. Wenn ein Erwachsener einem Kleinkind sagt, wie ein Objekt heißt, schaut es der Erwachsene meistens an oder zeigt darauf; Kinder, die dasselbe Objekt anschauen, sind in einer besseren Lage zu lernen, was das Wort bedeutet, als Kinder, die irgendwo anders hinschauen (Baldwin, 1991). Die Wirksamkeit der gemeinsamen Aufmerksamkeitsrichtung zeigt sich in folgendem Sachverhalt: Je frü-

Intersubjektivität – das wechselseitige Verständnis, das Menschen bei der Kommunikation füreinander aufbringen.

Geteilte Aufmerksamkeit – ein Prozess, bei dem soziale Partner ihre Aufmerksamkeit bewusst auf einen gemeinsamen Gegenstand in der äußeren Umwelt richten.

Soziales Referenzieren – die Angewohnheit, Sozialpartner anzuschauen, um eine Hilfestellung zu bekommen, wie man auf unbekannte oder bedrohliche Ereignisse reagieren soll.

Der menschlichen Fähigkeit zu lehren und zu lernen liegt geteilte Aufmerksamkeit zugrunde: der Prozess, bei dem sich die Sozialpartner auf dasselbe Objekt in der Umwelt konzentrieren.

her ein Kind mit der geteilten Aufmerksamkeit beginnt, desto schneller verläuft sein anschließender Spracherwerb (Carpenter, Nagell & Tomasello, 1998).

Die Intersubjektivität entwickelt sich weit über das Kleinkindalter hinaus weiter, wenn die Kinder zunehmend besser in der Lage sind, die Perspektive anderer Menschen einzunehmen. Beispielsweise erreichen Kinder im Alter von viereinhalb Jahren, verglichen mit Dreijährigen, mit größerer Wahrscheinlichkeit Übereinstimmung mit Gleichaltrigen, was die Regeln des Spiels betrifft, das sie spielen wollen, und die Rollen, die jedes Kind dabei einnehmen soll (Goncu, 1993). Die fortgesetzte Entwicklung solcher Fähigkeiten der Perspektivenübernahme führt auch dazu, dass Kinder im Schulalter immer mehr in der Lage sind, sich wechselseitig etwas beizubringen und voneinander zu lernen (Gauvain, 2001).

Soziale Stützung

Soziale Stützung – ein Prozess, bei dem eine kompetentere Person zeitweilig ein Rahmengerüst bietet, welches das Denken des Kindes auf einer höheren Ebene ermöglicht, als das Kind von selbst bewältigen könnte.

Wenn hohe Gebäude errichtet werden, kommt den Bauarbeitern ein Gerüst zu Hilfe, eine Rahmenkonstruktion aus Metall oder Holz, mit deren Hilfe sie auch in großer Höhe arbeiten können. Wenn die Hauptstruktur des Gebäudes errichtet ist, kann sie selbst für die weiteren Arbeiten als Plattform dienen, und das Gerüst kann abgebaut werden. In analoger Weise wird das Lernen des Kindes durch **soziale Stützung** gefördert; dabei gestalten kompetentere Menschen vorübergehend eine Situation, die es Kindern ermöglicht, auf einem höheren Niveau zu denken, als sie es aus eigener Kraft können (Wood, Bruner & Ross, 1976). Im Idealfall gehört zu einer solchen Situation, dass das Ziel einer Aufgabe erklärt wird, mögliche Lösungswege aufgezeigt werden und das Kind Hilfe bei der Ausführung der schwierigsten Teile bekommt. Das ist letztlich die Art, wie Eltern ihren Kindern etwas beibringen (Pratt, Kerig, Cowan & Cowan, 1988; Saxe, Guberman & Gearhart, 1987; Wood, 1986). Durch den Prozess der sozialen Stützung werden Kinder befähigt, auf einem höheren Niveau zu arbeiten, als es ihnen ohne solche Hilfe möglich wäre. Zunächst verlangt dies umfangreiche Stützmaßnahmen, die mit der Zeit jedoch zurückgeschraubt werden können, bis das Kind die Aufgabe am Ende auch ohne fremde Hilfe bewältigen kann. Je besser die Qualität der sozialen Stützung beschaffen ist, desto besser wird der Lernerfolg des Kindes sein (Pacifici & Bearison, 1991).

Die Qualität der Hilfestellung, die Menschen geben, steigt im Allgemeinen mit Alter und Erfahrung. Die Unterstützung von Erwachsenen weist gewöhnlich eine höhere Qualität auf als die von Kindern, und hier hat die Hilfe älterer Kinder wiederum eine höhere Qualität als die jüngerer Kinder. Das liegt zum Teil daran, dass Erwachsene die lernende Person meistens dazu ermutigen, aktiv bei der Bearbeitung einer Aufgabe mitzuwirken, und ihr dabei helfen, Strategien zu nutzen, mit denen sie in Zukunft unabhängig vorgehen können (Ellis & Rogoff, 1986; Gauvain, 2001). Im Gegensatz dazu sagen Kinder – selbst wenn sie die Aufgabe genauso gut beherrschen wie Erwachsene – ihren weniger bewanderten Gleichaltrigen oft nur, was sie machen sollen, oder erledigen die Aufgabe gleich selbst. So überrascht wohl kaum, dass Kinder im Alter von fünf bis neun Jahren, die Aufgaben zuvor mit ihren Eltern bearbeitet und gelöst haben, bei neuen Aufgaben ähnlicher Art besser abschneiden als gleichaltrige Kinder, die dieselben Aufgabentypen zuvor zusammen mit anderen Kindern gelöst haben (Radziszewska & Rogoff, 1988).

Die Zone proximaler Entwicklung

Bei der Analyse des Prozesses der sozialen Unterstützung verwendete Wygotski (1978) den Begriff der **Zone der proximalen Entwicklung** (auch: Zone der nächsten Entwicklung). Damit bezeichnete er den Bereich zwischen der Leistung, die das Kind aus eigener Kraft erbringen kann, und der Leistung, die ihm mit optimaler Unterstützung möglich ist. In dieser Bezeichnung ist die Vorstellung enthalten, dass Entwicklung am wahrscheinlichsten stattfindet, wenn das Denken des Kindes von einer lehrenden Person auf einem geringfügig höheren Niveau unterstützt wird, als es dem Kind von sich aus möglich wäre – aber nicht so weit über dem eigenen Niveau, dass kein Verstehen mehr möglich ist.

Zone proximaler Entwicklung – der Bereich der Leistungsfähigkeit zwischen dem, was das Kind ohne Hilfestellung kann, und dem, was es mit optimaler Unterstützung bewältigt.

Mütter wie Väter justieren ihre Beiträge zur Aufgabenbewältigung von Kindern in einer Weise, die erkennen lässt, dass sie das Prinzip der Zone der proximalen Entwicklung implizit verstehen (Conner, Knight & Cross, 1997; Gauvain, 2001; Pratt et al., 1988). Sie richten ihre Unterweisungsbemühungen auf das obere Ende der kindlichen Fähigkeiten, und wenn Kinder die einfachen Aspekte einer Aufgabe beherrschen, ermutigen sie die Eltern dazu, auf einem höheren Niveau über die Aufgabe nachzudenken. Als Beispiel kann eine Untersuchung dienen, bei der Kinder Miniaturmöbel in Räume von Puppenhäusern stellen sollten (Freund, 1990). Bei dreijährigen Kindern fokussierten die Eltern am Anfang auf einfache, konkrete Ziele („Stell den Herd in die Küche"), bei fünfjährigen Kindern aber von Anfang an auf abstraktere Ziele („Räume erst die Küche ein und dann das Esszimmer"). Das Ausmaß, in dem Eltern auf weiter gehende Fähigkeiten abzielten, sobald die Kinder die einfacheren Fähigkeiten erlangt hatten, ging mit einer besseren Aufgabenbewältigung einher, wenn die Kinder später solche Aufgaben aus eigener Kraft bewältigen sollten. In Kasten 4.4 wird gezeigt, dass sich Konzepte aus den sozio-kulturellen Theorien auch für die Verbesserung des schulischen Unterrichts als nützlich erwiesen haben.

Kasten 4.4 Anwendungen

Pädagogische Anwendungen der sozio-kulturellen Theorien

In den vergangenen Jahren wurde das Bildungssystem der USA dafür kritisiert, dass es ein mechanisches Auswendiglernen von Fakten statt ein tieferes Verständnis von Zusammenhängen fördere, dass es Konkurrenz statt Zusammenarbeit zwischen den Schülern unterstütze und dass es ganz allgemein nicht gelinge, Begeisterung für das Lernen zu hervorzurufen (Bruner, 1996). Sozio-kulturelle Theorien betonen die zentrale Rolle der Kultur; daraus leitet sich eine Veränderung der Schulkultur als ein Weg ab, um die schulische Ausbildung zu verbessern. Es sollte eine Kultur geschaffen werden, in der Unterricht auf ein tieferes Verständnis gerichtet ist, in der Lernen als kooperative Angelegenheit gilt und in der kleine Lernfortschritte die Kinder dazu veranlassen, noch mehr lernen zu wollen.

Ein eindrucksvoller Ansatz, um diese Ziele umzusetzen, besteht in Ann Browns (1997) Programm einer *Lernergemeinschaft*. Versuche, Lernergemeinschaften aufzubauen, haben sich auf sechs- bis zwölfjährige, überwiegend afro-amerikanische Kinder aus innerstädtischen Schulen konzentriert. Die Unterrichtseinheiten drehen sich um Projekte, für die ein umfangreicheres Thema erarbeitetet werden muss, beispielsweise die wechselseitige Abhängigkeit zwischen Tieren und ihrem Lebensraum. Eine Klasse wird in Kleingruppen aufgeteilt, die sich jeweils auf einen bestimmten Aspekt des Themas konzentrieren. Bei dem Thema der Abhängigkeit zwischen Tieren und ihrem Lebensraum würde beispielsweise eine Gruppe die Beziehungen zwischen Raubtieren und ihrer Beute untersuchen, eine andere die Fortpflanzungsstrategien, eine dritte den Schutz vor den Elementen und so weiter. Am Ende der circa zehn Wochen werden neue Gruppen gebildet, mit je einem Kind aus jeder der ursprünglichen Gruppen. Die Kinder in den neuen Gruppen sollen eine Aufgabe bearbeiten, die alle Aspekte enthält, die von den vorherigen Gruppen untersucht wurden, beispielsweise

IN KÜRZE

Sozio-kulturelle Ansätze sehen Kinder als soziale Wesen, die von ihren kulturellen Kontexten geformt werden und diese selbst formen. Diese Ansätze legen besonderen Wert darauf, dass sich Kinder in einem kulturellen Kontext entwickeln, der andere Menschen und menschliche Erfindungen einschließt: Symbolsysteme, Artefakte, Fähigkeiten und Werte. Durch gelenkte Partizipation helfen Menschen, die es besser können, Kindern beim Erwerb von Fähigkeiten im Umgang mit diesen Kulturwerkzeugen; die Verwendung der Werkzeuge selbst verändert wiederum das Denken der Kinder. Kultur wird durch die Neigung des Menschen zum Denken und Lernen erst möglich; hinzu kommt die Fähigkeit, Intersubjektivität mit anderen Menschen herzustellen. Durch Prozesse wie die soziale Stützung, die Sensibilität gegenüber der Zone der proximalen Entwicklung von Kindern und die Einrichtung von Lerngemeinschaften helfen ältere und erfahrenere Individuen Kindern beim Erwerb von Fähigkeiten, Wissensbeständen und Werten ihrer Kultur.

Kasten 4.4

ein „Zukunftstier" zu entwerfen, das sich besonders gut an seinen Lebensraum anpassen könnte. Weil die Beteiligung eines jeden Kindes an der vorherigen Gruppe dazu geführt hat, dass es in dem von seiner Gruppe untersuchten Bereich Sachkenntnis gewonnen hat, die kein anderes Kind der neu zusammengesetzten Gruppe besitzt, sind die Beiträge aller Kinder wesentlich, damit die neue Gruppe erfolgreich sein kann. Dieses Vorgehen wurde auch als *Puzzle-Ansatz* bezeichnet, weil wie bei einem Puzzle jedes Teil für die schlussendliche Lösung notwendig ist.

Eine Vielzahl von Menschen trägt dazu bei, solche Lernergemeinschaften zu fördern. In der Schule stellen die Lehrer die Idee der Lerneinheit als solche vor und ermutigen die Klasse, ihr Wissen zusammenzulegen, um ein besseres Verständnis zu ermöglichen; sie geben den Kindern Anstöße, Belege für ihre Annahmen beizubringen, und lassen sie das, was sie wissen, zusammenfassen und neue Lernziele bestimmen. Experten von außerhalb werden in die Klasse gebracht, um thematisches Wissen zu lehren und diesbezügliche Fragen zu beantworten. Kinder und Lehrer tauschen mit anderen Schulen, die an denselben Fragestellungen arbeiten, E-Mails aus, um zu sehen, wie diese mit den Aspekten, die sich ergeben, umgehen.

Die Herstellung solcher Lernergemeinschaften hat sowohl kognitive als auch motivationale Vorteile. Die Teilnahme an solchen Gruppen führt dazu, dass die Kinder immer geschickter darin werden, qualitativ hoch stehende Lösungen für die Aufgaben zu generieren, die sie zu lösen versuchen. Sie führt auch dazu, dass die Kinder allgemeine Fähigkeiten erlernen wie die Identifikation zentraler Fragen und den Vergleich alternativer Lösungen bei einer Problemstellung. Weil die Kinder alle wechselseitig von ihren Beiträgen abhängig sind, fördert der Ansatz von Lernergemeinschaften nicht zuletzt auch gegenseitigen Respekt und die individuelle Verantwortung für den Erfolg der gesamten Gruppe. Kurz gesagt erzeugt dieser Ansatz eine Art von Lernkultur.

Eine große einheitliche Theorie?

Beim Lesen dieses Kapitels mag man sich gefragt haben: „Warum entwickelt man nicht eine Theorie, welche die Stärken aller vier Theorien verbindet?" Eine solche Theorie würde das Panorama der Theorie Piagets vermitteln, die präzise Beschreibung der kognitiven Prozesse und Veränderungsmechanismen der Informationsverarbeitungstheorien sowie die Erkenntnisse über die frühen Kompetenzen und die Beiträge der sozialen Welt, wie sie die Theorien des Kernwissens und der sozio-kulturellen Einflüsse einbringen.

Diese Frage lässt sich auf zweierlei Weise beantworten. Zum einen weisen die Theorien viele widersprüchliche Merkmale auf, die kaum miteinander in Einklang zu bringen und im Rahmen einer einzelnen zusammenhängenden Theorie zu integrieren wären. Sie unterscheiden sich doch beträchtlich in ihren Sichtweisen, was das Wesen des Kindes betrifft, ob die Entwicklung diskontinuierliche Aspekte umfasst, ob Kinder bereichsspezifische Lernmechanismen besitzen und welche Rolle die soziale Umwelt spielt. Es dürfte unmöglich sein, daraus eine formalisierte einheitliche Theorie zu bilden.

Andererseits ist es nicht nur möglich, informelle Theorien zu bilden, die Erkenntnisse aus allen vier Rahmentheorien integrieren – die meisten Forscher tun das. Sie beziehen Weisheit und Erkenntnis aus allen verfügbaren Quellen. So wie Kinder über die meisten Gegenstände auf mehrfache Weise nachdenken können, so können es auch die Forscher. Wenn sie sich beispielsweise damit befassen, wie die soziale Umwelt die Entwicklung formt, dann ziehen sie Erkenntnisse der sozio-kulturellen Theoretiker heran, auch wenn das nicht ihrer primären Ausrichtung entspricht. Entsprechendes gilt für die Befunde der drei anderen Theorien, insofern sie mit den Themen befasst sind, die gerade im Zentrum des Interesses stehen. Auch von Lesern erhoffen und erwarten wir, dass sie die vier Theorien im Gedächtnis behalten und bei den folgenden Kapiteln immer dann wieder heranziehen, wenn es sinnvoll erscheint.

Zusammenfassung

Entwicklungstheorien sind deshalb wichtig, weil sie einen Rahmen für das Verständnis wichtiger Phänomene bieten, relevante Fragen über das Wesen des Menschen aufwerfen und neue Forschungen anregen. Vier wichtige Theorieklassen der kognitiven Entwicklung sind die Theorie Piagets, der Informationsverarbeitungsansatz, die Theorien des Kernwissens und der sozio-kulturellen Einflüsse.

Die Theorie von Piaget

- Die Theorie Piagets hat unter anderem deshalb so lang anhaltende Wirkung, weil sie einen lebhaften Eindruck des kindlichen Denkens in verschiedenen Altersabschnitten vermittelt, weil sie eine breite Alters- und Inhaltsspanne umfasst und weil sie viele faszinierende und überraschende Beobachtungen kindlicher Denkleistungen bietet.
- Piagets Theorie wird oft als „konstruktivistisch" bezeichnet, weil nach ihrer Darstellung Kinder – als Reaktion auf ihre Erfahrungen und Erlebnisse – aktiv Wissen für sich selbst konstruieren. Piagets Theorie postuliert, dass Kinder mit Hilfe zweier von Geburt an vorhandener Prozesse lernen: Assimilation und Akkomodation. Weiterhin wird angenommen, dass sie die Beiträge dieser beiden Teilprozesse durch den dritten Prozess, die Äquilibration, in Balance bringen. Diese Prozesse bewirken Kontinuität im Entwicklungsverlauf.
- Piagets Theorie unterteilt die kognitive Entwicklung grob in vier Stadien: das sensumotorische Stadium (Geburt bis 2 Jahre), das vor-operatorische Stadium (2 bis 7 Jahre), das konkret-operatorische Stadium (7 bis 12 Jahre) und das formal-operatorische Stadium (12 Jahre und älter). Diese Stadien spiegeln einen diskontinuierlichen Entwicklungsverlauf wider.

- Im sensumotorischen Stadium kommt die Intelligenz der Kinder vorwiegend durch motorische Interaktionen mit der Umwelt zum Ausdruck. Sie erwerben Konzepte wie die Objektpermanenz und können das Verhalten anderer zeitlich verzögert nachahmen.
- Im vor-operatorischen Stadium erwerben Kinder die Fähigkeit, ihre Erfahrungen in Form von Sprache, mentalen Vorstellungsbildern und Gedanken zu repräsentieren; wegen kognitiver Beschränkungen wie dem Egozentrismus und der Zentrierung haben sie jedoch bei vielen Aufgaben Lösungsschwierigkeiten, beispielsweise bei Aufgaben zur Erhaltung, zur Balkenwaage und zum Verhältnis von Geschwindigkeit, Zeit und Entfernung.
- Im konkret-operatorischen Stadium erlangen Kinder die Fähigkeit, über konkrete Gegenstände und Ereignisse logisch zu schlussfolgern; es bestehen aber noch Schwierigkeiten im logischen Umgang mit rein abstrakten Begriffen und mit Aufgaben, die hypothetisches Denken erfordern, beispielsweise das Pendelproblem.
- Im formal-operatorischen Stadium erwerben Kinder all jene kognitiven Fähigkeiten, über die Erwachsene verfügen.
- Die wichtigsten Schwächen der Theorie Piagets bestehen darin, dass sie das Denken des Kindes konsistenter darstellt, als es ist, dass sie die kognitive Kompetenz von Säuglingen und Kleinkindern unterschätzt, ebenso den Beitrag der sozialen Welt zur kognitiven Entwicklung, und dass sie die Mechanismen, die das Denken und das kognitive Wachstum hervorbringen, nur andeutungsweise beschreibt.

Theorien der Informationsverarbeitung

- Informationsverarbeitungstheorien konzentrieren sich auf die speziellen geistigen Prozesse, die dem Denken des Kindes zugrunde liegen. Schon im Säuglingsalter wird Kindern zugeschrieben, dass sie Ziele aktiv verfolgen, an Verarbeitungsgrenzen stoßen und Strategien ausbilden, mit deren Hilfe sie die Verarbeitungsgrenzen überwinden und ihre Ziele erreichen können.
- Die wichtigsten Beiträge zur Entwicklung des Problemlösens kommen von der Entwicklung des Planens und des analogen Schlussfolgerns.
- Die Entwicklung von Gedächtnis und Lernen reflektiert in großem Ausmaß Fortschritte und Verbesserungen der Basisprozesse und Strategien sowie des Inhaltswissens.
- Mit Hilfe von kognitiven Basisprozessen können Säuglinge von Geburt an lernen und erinnern. Zu den wichtigsten Basisprozessen gehören Assoziation, Wiedererkennen, Generalisierung und Enkodierung.
- Der Einsatz von Strategien erhöht die Lern- und Gedächtnisleistungen über das Niveau hinaus, das allein durch die Basisprozesse erreicht werden könnte. Zwei wichtige Strategien sind das Rehearsal und die selektive Aufmerksamkeit.

- Zunehmendes Inhaltswissen erhöht die Lern- und Gedächtnisleistungen bei allen Typen von Information.
- Um Schwächen der traditionellen Ansätze zu beheben, sind alternative Informationsverarbeitungsansätze entstanden: Konnektionismus, dynamische Systeme und das Modell der überlappenden Wellen.

Theorien des Kernwissens

- Theorien des Kernwissens beruhen auf der Annahme, dass Kinder mit einer breiten Palette spezifischer kognitiver Fähigkeiten auf die Welt kommen.
- Theorien des Kernwissens nehmen weiterhin an, dass Kinder besonders geschickt darin sind, solche Informationen aufzunehmen, die evolutionär bedeutsam sind, beispielsweise Sprache, räumliche Anordnungen und die Erkennung von Gesichtern.
- Diese Ansätze postulieren, dass Kinder vom frühesten Alter an Informationen über die wichtigsten Wissensdomänen zu informellen Theorien strukturieren; solche Theorien beziehen sich beispielsweise auf die Physik, die Biologie und die Psychologie.

Sozio-kulturelle Theorien

- Ausgehend von der Theorie Wygotskis haben sich sozio-kulturelle Theorien darauf konzentriert zu klären, wie die soziale Welt die Entwicklung formt. Die Entwicklung gestaltet sich nicht nur durch Interaktionen mit anderen Menschen und die daraus gelernten Fertigkeiten, sondern auch durch die Kulturprodukte, mit denen Kinder umgehen, und durch die Werte und Traditionen der Gesellschaft als solcher.
- In der Sicht sozio-kultureller Theorien unterscheiden sich Menschen von anderen Lebewesen durch ihre Neigung zur Belehrung und ihre Fähigkeit, aus der Belehrung zu lernen.
- Die Herstellung von Intersubjektivität zwischen Menschen durch Prozesse wie die geteilte Aufmerksamkeit und das soziale Referenzieren ist wesentlich für das Lernen.
- Sozio-kulturellen Theorien zufolge lernen Menschen durch Beteiligung unter Anleitung, durch soziale Stützung und durch lehrende Maßnahmen, die auf die Zone der proximalen Entwicklung des Kindes gerichtet sind.

Fragen und Denkanstöße

1. Piagets Theorie ist seit mehr als 70 Jahren prominent. Wird sich diese Bedeutung auch über die kommenden 30 Jahre fortsetzen? Warum oder warum nicht?
2. Glauben Sie, dass der Ausdruck *egozentrisch* eine gute Beschreibung dafür ist, wie Kinder im Vorschulalter insgesamt die Welt sehen? Erläutern Sie Ihre Antwort auf der Grundlage des in diesem Kapitel Gelernten und Ihrer eigenen Erfahrung. Erklären Sie Ihre Antwort und geben Sie an, in welcher Hinsicht Kinder in diesem Alter egozentrisch sind und in welcher nicht.
3. Erscheint Ihnen die evolutionäre Perspektive der Theorien des Kernwissens vernünftig? Geben Sie Beispiele und erläutern Sie diese, wie das Lernen in Kernwissensdomänen zur Evolution des Menschen beigetragen haben könnte oder aber auch nicht.
4. Analysen im Rahmen der Informationsverarbeitung sind im Allgemeinen spezifischer als die Analysen, die andere Theorien vornehmen. Sehen Sie in dieser Detailliertheit einen Vorteil oder einen Nachteil? Warum?
5. Stellen Sie sich vor, wie Sie einem sechsjährigen Kind dabei helfen wollen, eine Fähigkeit zu erlernen, die Sie selbst besitzen. Beschreiben Sie, wie Sie dabei vorgehen würden, unter Einbeziehung der Annahmen zur Beteiligung unter Anleitung, der sozialen Stützung und der Zone der proximalen Entwicklung.

Die frühe Kindheit

5

- Wahrnehmung
- Motorische Entwicklung
- Lernen
- Kognition
- Zusammenfassung

Der vier Monate alte Benjamin ist in seinem Kindersitz auf der Arbeitsplatte der Küchenzeile festgemacht und schaut seinen Eltern beim Abwasch zu. Was er beobachtet, sind zwei Menschen, die sich von selbst bewegen, und eine Auswahl an Gegenständen aus Glas, Keramik und Metall unterschiedlicher Größe und Form, die sich nur dann bewegen, wenn sie von einem Menschen angefasst und in ihrer Raumlage verändert werden. Andere Bestandteile der Szene bewegen sich überhaupt nicht. Bei ihrer Tätigkeit entströmen den sich bewegenden Lippen der Menschen charakteristische Geräusche (nur wir wissen, dass das Laute sind), während andere Geräusche entstehen, wenn sie Besteck, Pfannen, Gläser und Spülschwämme auf der Arbeitsplatte ablegen. Einmal sieht Benjamin eine Tasse völlig aus seinem Sichtfeld verschwinden, als sein Vater sie hinter einen Kochtopf stellt; sie erscheint kurz danach wieder, nachdem der Topf woanders hingestellt wurde. Benjamin sieht Gegenstände auch verschwinden, wenn sie durch den Schaum ins Spülwasser getaucht werden, aber er sieht niemals, dass die Gegenstände einander durchdringen. Die

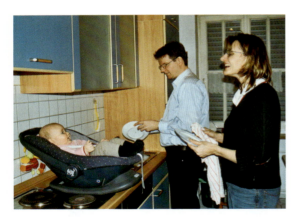

Baby Benjamin schaut und hört seinen Eltern beim Abwasch zu.

auf der Arbeitsplatte platzierten Gegenstände bleiben jeweils so stehen, wie sie hingestellt wurden, bis Benjamins Vater ein Kristallglas so hinstellt, dass mehr als die Hälfte über den Rand übersteht. Es resultiert ein lautes, klirrendes Geräusch, das alle drei anwesenden Personen erschreckt, und Benjamin ist umso mehr erschrocken, als die beiden Erwachsenen anfangen, scharfe, laute Geräusche gegeneinander auszusenden, ganz anders als die sanften, angenehmen Laute, die sie zuvor produziert hatten. Als Benjamin als Reaktion darauf zu weinen beginnt, stürzen sich die beiden Erwachsenen auf ihn, tätscheln ihn und machen für ihn sanfte, besonders angenehme Geräusche.

Dieses Beispiel, auf das wir im Verlauf des Kapitels noch mehrmals zurückkommen werden, illustriert die enorme Informationsmenge, die den meisten Säuglingen selbst in ganz alltäglichen Situationen zur Verfügung steht, um zu beobachten und daraus zu lernen. Beim Lernen, wie die Welt beschaffen ist, erkundet Benjamin wie die meisten Kinder enthusiastisch alles und jeden um ihn herum und setzt dabei alle verfügbaren Instrumente ein: Er sammelt Informationen durch Blicke und Zuhören genauso wie durch Schmecken, Riechen und Fühlen. Der Einzugsbereich seiner Erkundungen wird sich nach und nach erweitern, wenn er zunächst nach Objekten greifen und diese schließlich auch manipulieren kann, was ihn in die Lage versetzt, mehr über sie zu herauszufinden. Sobald er beginnt, sich aus eigener Kraft zu bewegen, wird ein noch größerer Teil der Welt für ihn verfügbar, was auch Dinge einschließt, die er im Sinne seiner Eltern lieber nicht erforschen sollte, beispielsweise elektrische Anlagen und Katzenstreu. Benjamin wird nie wieder so begierig alles erkunden und so schnell lernen wie in den ersten Jahren seines jungen Lebens.

In diesem Kapitel behandeln wir die Entwicklung in vier eng miteinander verwandten Bereichen: der Wahrnehmung, dem Handeln, dem Lernen und der Kognition. Unsere Diskussion konzentriert sich vorrangig auf Säuglinge und Kleinkinder. Ein Grund für die Konzentration auf diesen Lebensabschnitt besteht darin, dass sich während der ersten beiden Lebensjahre eines Kindes in allen vier Bereichen extrem schnelle Entwicklungen vollziehen. Ein zweiter Grund liegt in der Tatsache, dass die Entwicklung in den vier Bereichen während dieser Lebensphase besonders miteinander verwoben ist: Die kleinen Revolutionen, die das Verhalten und Erleben der Kinder in dem einen Funktionsbereich nachhaltig verändern, führen zu Minirevolutionen in anderen Bereichen. Zum Beispiel versetzt die ausgeprägte Erhöhung der Sehfähigkeit, die in den ersten Lebensmonaten eintritt, die Kinder in die Lage, mehr von den Menschen und Dingen in ihrer Umwelt zu sehen, was ihre Gelegenheiten, neue Informationen aufzunehmen, drastisch erweitert.

Ein dritter Grund für die Konzentration auf die frühe Kindheit in diesem Kapitel beruht auf der Tatsache, dass der Großteil neuerer Forschungen über die perzeptuelle und motorische Entwicklung an Säuglingen und Kleinkindern durchgeführt wurde. Auch zu Lernen und Kognition in den ersten Lebensjahren gibt es eine große Menge faszinierender Forschungsarbeiten. Einen Teil davon werden wir hier besprechen, während die spätere Entwicklung in diesen Bereichen in nachfolgenden Kapiteln behandelt wird. Ein letzter, forschungsbezogener Grund für die Konzentration auf die frühen Jahre im vorliegenden Kapitel liegt darin, dass sich die Methoden, mit denen die Entwicklung der Kinder in den vier genannten Bereichen untersucht wurde, notwendigerweise stark von denen unterscheiden, mit denen Forscher ältere Kinder untersuchen können.

Bei der Behandlung zentraler Entwicklungsaspekte der frühen Kindheit kommen mehrere Leitthemen dieses Buches vor. Das Thema des *aktiven Kindes* findet seinen lebhaften Ausdruck in den Ausführungen zu seiner eifrigen Erkundung der Umwelt. Die Frage nach *Kontinuität versus Diskontinuität* von Entwicklung taucht wiederholt in Forschungsarbeiten auf, die sich mit der Beziehung zwischen Verhalten und Entwicklung im Kleinkindalter und in späteren Lebensphasen beschäftigen. In manchen Abschnitten spielt auch das Thema der *Mechanismen entwicklungsbedingter Veränderungen* eine wichtige Rolle, insofern wir die Rolle untersuchen, die Variabilität und Selektion bei der Kindesentwicklung spielen. Bei der Behandlung der frühen motorischen Entwicklung werden wir außerdem Beiträge betrachten, die der *sozio-kulturelle Kontext* leistet.

Das Thema, das sich jedoch am stärksten durch dieses Kapitel zieht, ist die Wechselwirkung zwischen *Anlage und Umwelt* bei der Entwicklung. Seit mindestens 2000 Jahren gibt es eine nicht immer freundschaftlich geführte Debatte zwischen denjenigen Philosophen und Wissenschaftlern, die das angeborene Wissen betonen, und denjenigen, die das Lernen bei der Entwicklung menschlicher Wesen hervorheben (Spelke & Newport, 1998). Diese unterschiedlichen Schwerpunktsetzungen sind in den in Kapitel 4 behandelten Ansätzen zum Kernwissen einerseits und zum Konnektionismus andererseits gut erkennbar. Der Wunsch, etwas Licht in diese ewige Auseinandersetzung zu bringen, dürfte ein Grund dafür sein, warum eine enorme Anzahl an Forschungsarbeiten in den vergangenen Jahrzehnten zu Fragen der Wahrnehmung, des Handelns, des Lernens und der Kognition bei Kleinkindern durchgeführt wurde. Wir werden sehen, dass die neueren Erkenntnisse der Entwicklungsforscher über Babys und Kleinkinder zeigten, dass deren Entwicklung noch komplizierter und bemerkenswerter verläuft, als ursprünglich vermutet wurde.

Wahrnehmung

Die Eltern von Neugeborenen müssen sich wirklich fragen, was ihre Kinder überhaupt mitkriegen – wie viel sie schon sehen, wie gut sie schon hören können, und so weiter. Einer der ersten Psychologen, William James, hielt die Welt der Neugeborenen für ein „großes schimmerndes und dröhnendes Wirrwarr". Heutige Forscher teilen diese Ansicht nicht. Vielmehr lassen bemerkenswerte Fortschritte im Wissen über die frühen Empfindungen und Wahrnehmungen erkennen, dass die Sinnessysteme der Kinder, wenn sie auf die Welt kommen, bereits zu einem gewissen Grad funktionieren und die anschließende Entwicklung äußerst schnell erfolgt. **Empfindung** bezieht sich auf die Verarbeitung grundlegender Information der äußeren Welt durch Rezeptoren in den Sinnesorganen (Augen, Ohren, Haut etc.) und Neurone im Gehirn. **Wahrnehmung** bezeichnet den Prozess der Strukturierung und Interpretation von Sinnesinformation. Bei unserem Eingangsbeispiel gehörten zu den Empfindungen Licht und Schallwellen, welche die Rezeptoren in Benjamins Augen und Ohren aktivieren und als Information ins Gehirn gelangen. Die Wahrnehmung umfasste beispielsweise seine Erfahrung der visuellen und akustischen Reizung durch das zersplitternde Glas als ein einzelnes, zusammenhängendes Ereignis.

Im vorliegenden Abschnitt richten wir die meiste Aufmerksamkeit auf das Sehen, sowohl wegen seiner fundamentalen Bedeutung für den Menschen als auch deshalb, weil es zum Sehen weitaus mehr Forschungsarbeiten gibt als zu allen anderen Sinnesmodalitäten. Wir werden außerdem das Hören und, in geringerem Ausmaß, Geschmack, Geruch und Berührung behandeln; hinzu kommt die Koordination zwischen mehreren Sinnesmodalitäten.

Empfindung – die Verarbeitung basaler Information aus der äußeren Welt durch Rezeptoren in Sinnesorganen (Augen, Ohren, Haut etc.) und neuronale Verbände im Gehirn.

Wahrnehmung – der Prozess der Strukturierung und Interpretation sensorischer Information.

Sehen

Etwa 40 bis 50 Prozent unseres cerebralen Cortex sind an der visuellen Verarbeitung beteiligt (Kellman & Arterberry, 1998); damit sind Menschen stärker auf das Sehen angewiesen als die meisten anderen Arten. Erst vor wenigen Jahrzehnten noch wurde allgemein angenommen, dass das Sehen bei Neugeborenen so schlecht ausgeprägt sei, dass es kaum funktionsfähig sein könne. Nachdem Forscher aber damit begannen, das Blickverhalten von Säuglingen und Kleinkindern sorgfältig zu untersuchen, fanden sie heraus, dass die ursprüngliche Annahme viel zu pessimistisch war. Tatsächlich fangen Neugeborene schon Minuten, nachdem sie den Mutterleib verlassen haben, damit an, die Welt visuell zu erkunden. Sie lassen den Blick über die Umgebung schweifen, und wenn er auf eine Person oder einen Gegenstand trifft, halten sie inne und betrachten ihn (Haith, 1980). Zwar sehen Neugeborene das, worauf sie blicken, nicht so deutlich wie Erwachsene, aber ihr Sehvermögen verbessert sich in ihren ersten Lebensmonaten extrem schnell.

Die Belege, mit deren Hilfe wir dies mit so viel Überzeugung sagen können, wurden nur gefunden, weil die Forscher eine Vielzahl von raffinierten Methoden entwickelten, um Kleinkinder zu untersuchen. Der erste Durchbruch gelang mit der Methode der **Blickpräferenz**, mit der die visuelle Aufmerksamkeit der Kinder untersucht wurde. Bei diesem zuerst von Robert Fantz (1961) eingesetzten Verfahren werden überlicherweise verschiedene visuelle Reize auf zwei nebeneinander befindlichen Bildschirmen oder Projektionsflächen dargeboten. Wenn ein Säugling einen der beiden Reize länger betrachtet, kann der Forscher daraus schließen, dass das Baby den Unterschied zwischen

Blickpräferenz – ein Verfahren zur Untersuchung der visuellen Aufmerksamkeit bei Säuglingen, denen gleichzeitig zwei Muster oder Objekte gezeigt werden, um herauszufinden, ob die Kinder eines davon bevorzugen.

den beiden Reizen bemerkt und einen davon bevorzugt. Fantz stellte fest, dass Neugeborene – wie jeder andere auch – lieber dorthin schauen, wo sich irgendetwas befindet, als dorthin, wo sich nichts befindet. Wurde irgendein Muster – schwarze und weiße Streifen, Zeitungspapier, eine Zielscheibe, ein schematisiertes Gesicht – neben einer unstrukturierten Oberfläche gezeigt, bevorzugten die Kinder das Muster (das heißt, sie betrachteten es länger). Eine weitere Methode, die für die Untersuchung der Sinnes- und Wahrnehmungsentwicklung von Kleinkindern angepasst wurde, ist die Habituation, der wir in Kapitel 2 bereits als Methode zur Untersuchung der fetalen Entwicklung begegnet sind. Erinnerlich wird bei diesem Verfahren ein bestimmter Reiz wiederholt dargeboten, bis die Reaktion des Kindes zurückgeht oder habituiert. Dann wird ein neuartiger Reiz dargeboten. Wenn sich die Reaktion des Kindes daraufhin verstärkt, schließt der Forscher, dass das Kind den alten und den neuen Reiz unterscheiden kann. Diese Methode ist zwar extrem einfach; sie erwies sich aber als sehr stark bei der Untersuchung der kindlichen Wahrnehmung und ihrer Auffassung von der Welt.

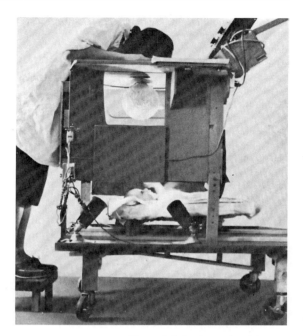

Dieser einfache Apparat wurde von Robert Fantz gestaltet, um Säuglingen visuelle Reize darzubieten. Der Beobachter schaute durch ein Guckloch auf die Augen des Babys und schrieb mit, wie lange das Baby die einzelnen Reize betrachtete. Die „Fantz-Box" wurde mittlerweile durch viel ausgefeiltere und präzisere Vorrichtungen ersetzt, doch sie bahnte den Weg zur modernen Kleinkindforschung.

Sehschärfe

Die neuen Methoden versetzten die Forscher in die Lage, die **Sehschärfe** von Säuglingen zu bestimmen, das heißt abzuschätzen, wie deutlich sie sehen können. Die Sehschärfe lässt sich bei Kleinkindern dadurch bestimmen, dass man ihnen beispielsweise ein einfarbiges graues Quadrat zusammen mit schwarzweißen Streifen verschiedener Breite zeigt (Abbildung 5.1). Weil die Kinder lieber ein Muster als eine homogene Fläche betrachten, kann man annehmen, dass die schmalsten Streifen, das ein Kind gegenüber der grauen Fläche bevorzugt, das kleinste Muster darstellen, welches das Kind noch unterscheiden kann (Fantz, Fagan & Miranda, 1975; Gwiazda, Brill, Mohindra & Held, 1980). (Wenn Sie Ihr Buch mit der aufgeschlagenen Abbildung 5.1 senkrecht aufstellen und sich dann rückwärts wegbewegen, dann verschwimmen die Streifen in der Abbildung mit zunehmender Entfernung zu einer grauen Fläche, und Sie können den Unterschied zwischen den schwarzen und weißen Streifen nicht mehr erkennen. (Ein Optiker kann die individuelle Sehschärfe aus der Entfernung berechnen, ab der die einzelnen Streifen nicht mehr erkennbar sind.) Forschungen mit diesem und ähnlichen Verfahren haben gezeigt, dass sich die Sehschärfe so schnell entwickelt, dass das Sehvermö-

Sehschärfe – die Fähigkeit zur Unterscheidung visueller Reize.

Abbildung 5.1: Sehschärfe. Die Sehschärfe eines Säuglings kann geschätzt werden, indem man vergleicht, wie lange er ein Streifenmuster wie das hier gezeigte gegenüber einem grauen Quadrat gleicher Größe und Gesamthelligkeit betrachtet. Dieser einfache Test wird häufig eingesetzt, um frühe Sehprobleme zu diagnostizieren; er wurde zuerst von Forschern entwickelt, die sich für die visuelle Entwicklung interessierten. (Aus Maurer & Maurer, 1988.)

Kontrastempfindlichkeit – die Fähigkeit, Unterschiede zwischen den hellen und dunklen Bereichen eines optischen Musters zu erkennen.

Retina (Netzhaut) – die Schicht im Augenhintergrund, welche die lichtempfindlichen Neurone enthält, die Stäbchen und Zapfen, die das einfallende Licht in Botschaften übersetzen, die an das Gehirn weitergeleitet werden.

gen eines Kindes mit acht Monaten bereits der eines Erwachsenen nahe kommt, auch wenn es sich danach noch mehrere Jahre lang erhöht (Kellman & Arterberry, 1998).

Kleinkinder zeigen im Zusammenhang mit ihren sensorischen Grundfähigkeiten eine Vielfalt anderer visueller Präferenzen. Zum Beispiel betrachten sie im Allgemeinen bevorzugt Muster, die einen starken visuellen Kontrast enthalten – so wie ein schwarz-weißes Schachbrett (Banks & Dannemiller, 1987). Das liegt daran, dass Kleinstkinder eine schwache **Kontrastempfindlichkeit** besitzen; sie können ein Muster nur erkennen, wenn es sich aus stark kontrastierenden Elementen zusammensetzt. Ein Grund für die schlechte Kontrastempfindlichkeit hat mit der Anatomie des Auges eines Neugeborenen zu tun, insbesondere mit der **Retina** (Netzhaut) am Augenhintergrund. Die Retina enthält die lichtempfindlichen Rezeptoren – die Stäbchen und Zapfen –, die das einfallende Licht in Botschaften übersetzen, die an das Gehirn gesendet werden. Die Zapfen, die beim Sehen der kleineren Details und der Farbe beteiligt sind, befinden sich stark konzentriert in der Fovea, der zentralen Region der Retina (Kellman & Banks, 1997). Die Zapfen von Neugeborenen besitzen eine andere Größe und Form als die von Erwachsenen, und sie liegen beim Neugeborenen auch weiter auseinander als beim Erwachsenen. Als Folge davon erreichen nur zwei Prozent des Lichts, das auf die Fovea fällt, die Zapfen der Neugeborenen; die Zapfen von Erwachsenen können demgegenüber 65 Prozent des Lichts auffangen (Banks & Shannon, 1993).

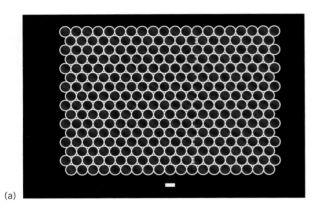
(a)

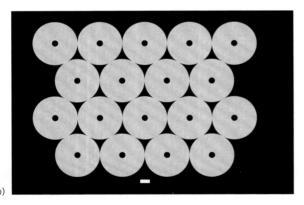
(b)

Diese Schemazeichnungen stellen die Bereiche dar, aus denen die fovealen Zapfen (a) beim Neugeborenen und (b) beim Erwachsenen tatsächlich Licht auffangen. Wegen ihrer unterschiedlichen Größe und Form und ihrer größeren Abstände sind die Zapfen von Neugeborenen viel weniger empfindlich als die von Erwachsenen.
(Aus Banks & Shannon, 1993.)

Visuelles Abtasten der Umwelt

Wir haben bereits erwähnt, dass schon Neugeborene damit beginnen, ihren Blick über ihre Umgebung wandern zu lassen. Von Anfang an sind sie von Reizen angezogen, die sich bewegen, denen zu folgen ihnen jedoch schwer fällt, weil ihre Augenbewegungen ruckartig verlaufen und oft nicht bei dem Objekt bleiben, das sie mit den Augen zu verfolgen versuchen. Erst mit zwei oder drei Monaten sind die Kinder in der Lage, beweglichen Objekten geschmeidig zu folgen, aber auch das nur, wenn sich das Objekt langsam genug bewegt (Aslin, 1981).

Eine weitere Einschränkung der visuellen Erfahrung von Kleinkindern (die zugleich begrenzt, was sie von der Welt lernen können) besteht in ihrer Beschränkung beim visuellen Abtasten von Objekten. Bei einer einfachen Figur wie einem Dreieck blicken Kinder unter zwei Monaten fast ausschließlich auf eine der Ecken. Bei komplexeren Formen beschränken Säuglinge ihren Blickverlauf meistens auf die äußeren Kanten (Haith, Bergman & Moore, 1977;

Milewski, 1976; Salapatek & Kessen, 1966). Wenn also Kinder im Alter von einem Monat die Zeichnung eines Gesichts betrachten (siehe Abbildung 5.2), konzentrieren sich ihre Fixationen für gewöhnlich auf die Außenkanten – auf das Kinn oder den Haaransatz, wo ein relativ starker Kontrast zum Hintergrund besteht. Ab zwei Monaten können die Kinder komplexe Reize viel umfangreicher absuchen, so dass sie sowohl auf die Gesamtform als auch auf Details im Inneren achten können.

Können Sie auf der Grundlage des gerade Gelesenen vorhersagen, wie Babys im Alter von einem Monat und von zwei Monaten auf das Bild eines in üblicher Weise konfigurierten Gesichts reagieren würden, verglichen mit einem Gesicht, dessen einzelne Merkmale gegeneinander vertauscht wurden? Weil Kinder mit einem Monat vorwiegend die äußere Kontur der Gesichtsmuster betrachten, würden sie den Unterschied zwischen den beiden Bildern nicht bemerken und das normale Gesicht deshalb gegenüber dem ‚verrückten' Gesicht nicht bevorzugen. Zweimonatige Kinder, die im Gegensatz dazu auch die innen liegenden Merkmale betrachten und nicht nur die äußere Kontur, würden mit großer Regelmäßigkeit das normale Gesicht bevorzugen (Maurer, 1985). Kasten 5.1 enthält weitere Informationen über die Reaktion von Säuglingen auf menschliche Gesichter.

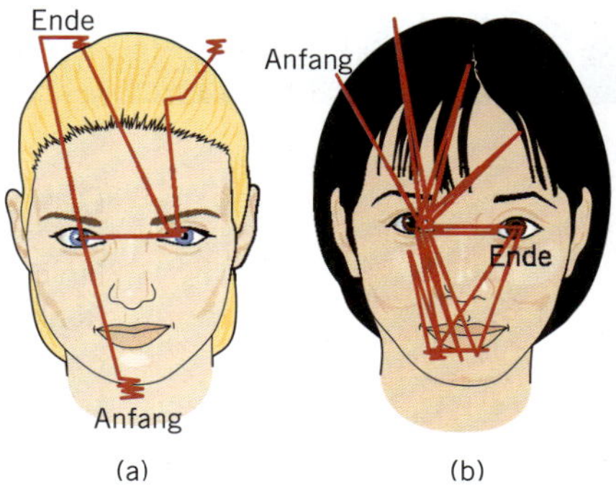

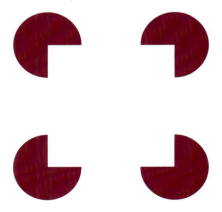

Abbildung 5.2: Visuelles Abtasten. Die eingezeichneten Linien auf diesen Gesichterzeichnungen zeigen die Fixationen von zwei Babys. (a) Ein einen Monat altes Baby blickte vorwiegend auf die äußere Kontur des Gesichts und des Kopfes, mit ein paar einzelnen Fixationen der Augenpartie. (b) Ein zwei Monate altes Baby fixierte vorwiegend die innen liegenden Merkmale des Gesichts, insbesondere Augen und Mund. (Aus Maurer & Salapatek, 1976.)

Musterwahrnehmung

Die akkurate Wahrnehmung der Welt erfordert mehr als Sehschärfe und systematisches Absuchen; sie setzt auch den aktiven Prozess des Analysierens und Integrierens der einzelnen Elemente einer visuellen Anordnung zu einem zusammenhängenden Muster voraus. Um das Gesicht in Abbildung 5.2 wahrzunehmen, wie es zwei Monate alte Kinder offenbar tun, müssen sie nicht nur die einzelnen Elemente sehen, sondern müssen diese auch integrieren.

Ein eindrucksvoller Nachweis der aktiven Musterwahrnehmung in der frühen Kindheit stammt aus Forschungen, in denen die in Abbildung 5.3 gezeigte Reizanordnung eingesetzt wurde. Wenn man diese betrachtet, kann man ohne zu zögern ein Quadrat wahrnehmen, obwohl tatsächlich kein Quadrat existiert. Diese Wahrnehmung der subjektiven Kontur resultiert aus der aktiven Integration der separaten Elemente der Reizanordnung zu einem einzigen Ganzen. Wenn man die einzelnen dargestellten Formen einfach nur nacheinander betrachten würde, entstünde nicht der Wahrnehmungseindruck eines Quadrats. Es gibt starke Hinweise darauf, dass Kinder im Alter von sieben Monaten das subjektive Quadrat in Abbildung 5.3 wahrnehmen (Bertenthal, Campos & Haith, 1980), und selbst jüngere Kinder können subjektive Konturen bereits in ähnlichen Reizanordnungen wahrnehmen (Ghim, 1990).

Säuglinge können auch schon Zusammenhänge zwischen sich bewegenden Elementen wahrnehmen. In den Untersuchungen von Bennett Bertenthal und seinen Mitarbeitern (Bertenthal, 1993; Bertenthal, Proffitt & Kramer, 1987) sahen Säuglinge einen Film mit wandernden

Abbildung 5.3: Subjektive Kontur. Beim Betrachten dieser Figur sieht man eindeutig ein Quadrat – dabei handelt es sich um eine *subjektive Kontur*, weil sie in der Abbildung nicht wirklich existiert. Kinder im Alter von sieben Monaten sehen hier das Gesamtmuster und entdecken das Scheinquadrat. (Aus Bertenthal, Campos & Haith, 1980.)

| Kasten 5.1 | Näher betrachtet |

Das Schöne und das Baby

Ein besonders faszinierender Aspekt der Wahrnehmung eines Säuglings betrifft seine Reaktion auf den sozialsten aller Reize – das menschliche Gesicht. Neugeborene zeigen in einer Situation eine besondere Sensibilität für gesichtsartige Reize: Wenn die schematische Zeichnung eines Gesichts (siehe Abbildung) langsam vor ihnen bewegt wird, verfolgen Neugeborene ein Muster, bei dem sich die Merkmale eines Gesichts an der richtigen Stelle befinden, länger als ein Muster, bei dem die Positionen der Merkmale vertauscht sind (Johnson, Dziurawiec, Ellis & Morton, 1991). Der entscheidende Faktor, der für diese Präferenz verantwortlich ist, scheint das Vorhandensein zweier auffälliger Punkte oder Tupfen zu sein, die waagerecht ausgerichtet sind, mit einem einzelnen, zentral darunter angeordneten Punkt, wobei alle Punkte in einer ovalen oder rechteckigen Form enthalten sind. Mit anderen Worten wird die Blickverfolgungsreaktion von Neugeborenen durch gesichtsähnliche Strukturen ausgelöst, die augen- und mundartige Elemente enthalten, aber nicht notwendigerweise durch Gesichter als solche (Johnson & Morton, 1991; Simion, Valenza, Umiltà & Barba, 1998).

Säuglinge entwickeln schnell Vorlieben für bestimmte wirkliche Gesichter. Nach etwa zwölf Stunden, die sie zusammen genommen über die ersten Tage nach ihrer Geburt mit ihrer Mutter zu tun hatten, betrachten Säuglinge länger das Gesicht der Mutter als das Gesicht einer unbekannten Frau, gleich ob dies mit Videopräsentationen (Walton, Bower & Bower, 1992) oder mit echten Menschen (Bushnell, 1998; Bushnell, Sai & Mullin, 1989) getestet wurde.

Mit dem Alter spielt die Bedeutung eine zunehmende Rolle bei der Reaktion auf Gesichter. Zwar gelingt es Säuglingen zwischen vier und zehn Monaten, eine Vielzahl von Gesichtsausdrücken zu unterscheiden, ohne dass sie jedoch zuverlässig den einen gegenüber dem anderen bevorzugen: Sie betrachten ein Gesicht mit einem ärgerlichen Stirnrunzeln genauso lang wie eines mit strahlendem Lächeln (Nelson, 1987; Walker-Andrews, 1997). Zwischen fünf und sieben Monaten bemerken Säuglinge häufig auftretende emotionale Ausdrücke in Gesichtern und Stimmen (Soken & Pick, 1992; Walker-Andrews, 1997): Wenn sie eine Stimme hören, die einen positiven Affekt zum Ausdruck bringt, schauen sie bevorzugt zu einem lächelnden Gesicht, aber sie schauen länger auf ein ärgerliches Gesicht, wenn sie eine ärgerliche Stimme hören. Bis zum Ende des ersten Lebensjahres bevorzugen sie generell lächelnde Gesichter gegenüber ängstlichen oder ärgerlichen Gesichtern. Mit der Zeit verstehen die Kleinkinder also die Bedeutung unterschiedlicher Gesichtsausdrücke.

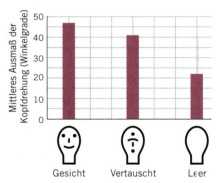

Neugeborene verfolgen ein normales schematisches Gesicht länger mit ihrem Blick als ein leeres Gesicht oder eines mit vertauschten Merkmalen. (Aus Johnson et al., 1991.)

Lichtpunkten. Erwachsene, die diesen Film sehen, identifizieren das, was sie sehen, sofort und eindeutig als einen gehenden Menschen; die sich bewegenden Lichtpunkte scheinen an den wichtigen Gelenken und am Kopf eines erwachsenen Menschen befestigt zu sein. Fünf Monate alte Kinder sehen offenbar dasselbe; sie betrachten menschenartige Lichtpunktreize länger als solche, bei denen genauso viel an Bewegung enthalten ist, die aber kein Muster menschlicher Fortbewegung darstellen.

Kasten 5.1

Zu den faszinierendsten Aspekten der Gesichterpräferenzen von Säuglingen gehört die Tatsache, dass sie – wie alle anderen von uns auch – hübsche Gesichter mögen. Sie betrachten Gesichter, die von Erwachsenen als sehr attraktiv beurteilt wurden, länger als Gesichter, denen weniger Attraktivität zugesprochen wurde. Diese Präferenz wurde für Kinder zwischen zwei und sechs Monaten (Langlois, Ritter, Roggman & Vaughn, 1991; Langlois et al., 1987; Rubenstein, Kalakanis & Langlois, 1999) und sogar für Neugeborene (Slater et al., 1998, 2000) nachgewiesen.

Bei älteren Säuglingen beeinflusst die Bevorzugung von Schönheit, wie bei Erwachsenen, auch ihr Verhalten gegenüber wirklichen Menschen. Dies wurde in einer außerordentlich gescheiten und gut geplanten Untersuchung gezeigt, in der zwölfmonatige Kinder mit einer Frau interagierten, deren Gesicht entweder sehr attraktiv oder sehr unattraktiv war (Langlois, Roggman & Rieser-Danner, 1990). Das erste zentrale Merkmal dieser Untersuchung bestand darin, dass es sich bei der attraktiven und der unattraktiven Frau um ein und dieselbe Person handelte!

Diese doppelte Erscheinung wurde durch den Einsatz von sehr natürlich wirkenden Maskierungen erreicht, die äußerst sorgfältig aufgetragen wurden, bevor die Frau mit den Kindern interagierte. An einem bestimmten Tag kam die junge Frau, die die Babys testen würde, vom Maskenbildner und sah entweder phantastisch oder weniger toll aus, je nachdem, welche Maske sie trug. Die Masken wurden sorgfältig entworfen und stimmten mit dem überein, was Erwachsene als sehr attraktives und als relativ unattraktives Gesicht einschätzen (ohne dass es sich um ein völlig ungewöhnliches oder deformiertes Gesicht handelte). Bei ihrer Interaktion mit der Frau verhielten sich die Säuglinge in Abhängigkeit von der Maske, die sie trug, unterschiedlich. Sie zeigten mehr Freude, beteiligten sich stärker beim Spiel und zogen sich mit geringerer Wahrscheinlichkeit zurück, wenn die Frau attraktiv maskiert war, verglichen mit der unattraktiven Maskerade.

Ein zweites Schlüsselmerkmal dieser Untersuchung – die Kontrolle, die die Ergebnisse verstärkt – besteht darin, dass die junge Frau niemals wusste, welche Maske sie am jeweiligen Tag trug. Das Verhalten der Kinder konnte somit nicht durch ihr eigenes Verhalten gesteuert worden sein; es konnte nur auf ihre Erscheinung zurückgeführt werden.

Dieses Kleinkind reagiert positiver auf diese recht attraktive junge Frau, als es auf eine weniger attraktive Person reagieren würde.

Objektwahrnehmung

Zu den bemerkenswertesten Tatsachen über die Wahrnehmung von Objekten in unserer Umwelt gehört die Stabilität unserer Wahrnehmung. Wenn eine andere Person sich uns nähert oder sich entfernt oder sich langsam im Kreis herum bewegt, verändert sich das retinale Abbild dieser Person hinsichtlich Größe und Form, aber wir haben nicht den Eindruck, dass die Person größer oder kleiner wird oder sich in ihrer Form verändert. Stattdessen nehmen wir eine

Wahrnehmungskonstanz – die Wahrnehmung von Objekten in konstanter Größe, Form, Farbe etc., trotz der physikalischen Unterschiede in ihrem retinalen Abbild.

konstante Form und eine konstante Größe wahr; dieses Phänomen wird **Wahrnehmungskonstanz** genannt. Eine geeignete Demonstration der Größenkonstanz ergibt sich, wenn man in den Spiegel schaut und bemerkt, dass das Bild des eigenen Gesichts der normalen Größe eines Gesichts zu entsprechen scheint. Dann lässt man den Spiegel beschlagen und zeichnet den Umriss des Gesichts auf den Spiegel. Man wird feststellen, dass der Umriss tatsächlich um Einiges kleiner ist als das wirkliche Gesicht. Der Ursprung der Größenkonstanz bildete einen traditionellen Gegenstand in der Debatte zwischen Empiristen und Nativisten. Die Empiristen behaupteten, dass sich unsere Wahrnehmung der konstanten Größe und Form von Objekten als Funktion der Erfahrung entwickelt, während die Nativisten behaupteten, dass diese perzeptuelle Regelhaftigkeit von immanenten Eigenschaften des Nervensystems herrührt.

Die nativistische Position erfährt Unterstützung durch Forschungen, die Nachweise für die Wahrnehmungskonstanz schon bei Neugeborenen erbringen. In einer Untersuchung zur Größenkonstanz (Slater, Mattock & Brown, 1990) wurde Neugeborenen mehrmals ein Würfel aus unterschiedlicher Entfernung gezeigt, so dass sich die Größe des retinalen Abbilds von Durchgang zu Durchgang veränderte. Es stellte sich die Frage, ob die Neugeborenen diese Ereignisse als mehrfache Darbietungen eines einzelnen Objekts oder als ähnliche Objekte unterschiedlicher Größe wahrnehmen würden. Zur Beantwortung dieser Frage zeigten die Forscher den Neugeborenen danach den ursprünglichen Würfel zusammen mit einem zweiten, doppelt so großen, aber ansonsten identischen Würfel. Das entscheidende Element der Untersuchung bestand darin, dass der zweite Würfel doppelt so weit entfernt war, so dass er ein retinales Abbild von derselben Größe wie der erste Würfel produzierte. Die Säuglinge betrachteten den neuen Würfel länger, was darauf hinweist, dass sie ihn im Vergleich zum ursprünglichen Würfel als unterschiedlich groß sahen. Dies wiederum ließ erkennen, dass sie die unterschiedlichen Repräsentationen des ursprünglichen Würfels als ein einziges Objekt von konstanter Größe wahrgenommen hatten, obgleich ihr retinales Abbild sich veränderte. Visuelle Erfahrung scheint demnach keine Voraussetzung für die Größenkonstanz zu sein (Granrud, 1987; Slater & Morison, 1985).

Objekttrennung – die Identifikation einzelner Objekte in einer sichtbaren Anordnung.

Eine weitere entscheidende Wahrnehmungsfähigkeit ist die **Objekttrennung**, die Wahrnehmung der Grenzlinien zwischen Objekten. Um die Wichtigkeit dieser Fähigkeit richtig einzuschätzen, stelle man sich vor, man sehe die Gegenstände in seiner momentanen Umgebung zum ersten Mal. Woher weiß man, wo das eine Objekt aufhört und das andere anfängt? Eine Lücke zwischen zwei Objekten liefert einen deutlichen Hinweis auf zwei separate Gegebenheiten, und Kleinkinder sind für diese Information empfänglich (Spelke & Newport, 1998). Aber was ist, wenn keine sichtbaren Lücken existieren? Nehmen wir zum Beispiel an, dass das Baby Benjamin seinen Eltern beim Abwasch zuschaut und dabei eine Tasse auf einer Untertasse stehen sieht. Wird er diese Anordnung als ein oder als zwei Objekte wahrnehmen? Da es ihm an Erfahrung im Umgang mit Porzellan fehlt, könnte er sich unsicher sein: Der Formunterschied spricht für zwei Objekte, aber die gleiche

Oberfläche lässt auf ein Objekt schließen. Angenommen, Benjamins Mutter nimmt die Tasse und taucht sie ins Spülwasser. Wird er sich immer noch unsicher sein? Nein, denn selbst für einen Säugling signalisiert die unabhängige Bewegung einer Tasse und einer Untertasse, dass es sich um separate Gegenstände handelt.

Die Bedeutung der Bewegung für die Objekttrennung bei Säuglingen wurde ursprünglich in einem klassischen Experiment von Kellman und Spelke (1983) nachgewiesen. Zuerst wurde vier Monate alten Kindern die in Abbildung 5.4a dargestellte Anordnung gezeigt, die Erwachsene als einen Stab wahrnehmen, der sich hinter einem Holzklotz hin- und herbewegt. Nachdem sie auf diese Darbietung habituiert waren, wurden den Säuglingen die beiden Testanordnungen in Abbildung 5.4b gezeigt. Die Forscher nahmen an, dass die Kinder die beiden Stabsegmente länger betrachten würden, falls sie, wie Erwachsene, davon ausgingen, dass sich in der Habituationsphase ein einziger Stab hinter dem Klotz befunden hat; in diesem Fall wäre die gezeigte Anordnung mit den beiden Stabsegmenten neuartig. Und exakt diese Erwartung traf bei den Babys ein.

Was brachte die Babys zu der Annahme, dass die beiden Stabsegmente, die sie sehen konnten, ein einzelnes, einheitliches Objekt bilden? Die Antwort liegt in der gemeinsamen Bewegung, der Tatsache, dass sich die beiden Segmente immer in die gleiche Richtung und mit gleicher Geschwindigkeit bewegten. Vier Monate alte Säuglinge, welche dieselbe Anordnung sahen wie in Abbildung 5.4a, nur dass der Stab ortsfest blieb, blickten beide Testanordnungen gleich lang an. Ohne das Moment der gemeinsamen Bewegung war die Anordnung mehrdeutig. Spätere Forschungen zeigten, dass selbst zwei Monate alte Kinder (allerdings nicht Neugeborene) einen einzigen Stab wahrnehmen, wenn der Klotz davor recht schmal ist, so dass bei der Hin- und Herbewegung ein größerer Teil des Stabes sichtbar ist (Johnson & Aslin, 1995; Slater, Johnson, Brown & Badenoch, 1996).

Gemeinsame Bewegung ist ein so starker Hinweis, dass er selbst Elemente, die in der Wahrnehmung zunächst getrennt erscheinen, wie ein einheitliches Objekt aussehen lässt. Es spielt keine Rolle, ob sich die beiden Teile des Gegenstands, der sich hinter dem Klotz bewegt, in ihrer Farbe, Textur oder Form unterscheiden (Kellman & Spelke, 1983); auch macht es keinen Unterschied, wie sie sich bewegen (seitlich, auf und ab, etc.) (Kellman, Spelke & Short, 1986).

Mit zunehmendem Alter nutzen die Säuglinge zusätzliche Informationsquellen für die Objekttrennung, einschließlich ihres allgemeinen Weltwissens (Needham, 1997; Needham & Baillargeon, 1997; Needham, Baillargeon & Kaufman, 1997). Man betrachte die ziemlich eigenartig aussehenden Anordnungen in Abbildung 5.5. Die Unterschiede in Farbe, Form und Textur zwischen dem Quader und dem Rohr in Abbildungsteil 5.5a legen die Annahme nahe, dass es sich um zwei getrennte Gegenstände handelt, wiewohl man sich dessen nicht wirklich sicher sein kann. Das Wissen, dass Gegenstände nicht frei in der Luft schweben können, sagt uns jedoch, dass es sich in Abbildung 5.4b

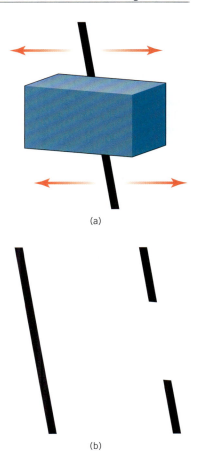

Abbildung 5.4: Objekttrennung. Säuglinge, welche die oben abgebildete Anordnung sahen, (a) nehmen sie als zwei separate Objekte wahr: als einen Stab, der sich hinter einem Klotz bewegt. Nach erfolgter Habituierung auf diese Anordnung blicken sie länger auf zwei Teilstäbe als auf einen einzelnen Stab (b), woraus man schließen kann, dass ihnen der einzelne Stab schon bekannt ist, während die beiden Stabsegmente etwas Neuartiges darstellen. Wenn sie am Anfang eine Darstellung ohne Bewegung sehen (in der der Stab also starr hinter dem Block bleibt), blicken sie auf beide Testdarstellungen gleich lang. Das Ergebnis lässt die Bedeutung der Bewegung für die Objekttrennung erkennen. (Aus Kellman & Spelke, 1983.)

Abbildung 5.5: Wissen und Objekttrennung. (a) Man kann nicht mit Sicherheit wissen, ob es sich bei dieser Figur um ein Objekt oder um zwei Objekte handelt. (b) Wegen unseres Wissens über Schwerkraft und Halterungen können wir uns nunmehr sicher sein, dass diese Figur ein einziges, zusammenhängendes (wenngleich ungewöhnliches) Objekt darstellt. (Aus Needham, 1997.)

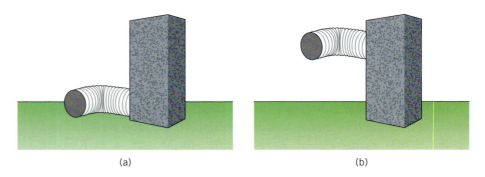

(a) (b)

um ein einzelnes Objekt handeln muss; das heißt, das Rohr *muss* an dem Quader festgemacht sein.

Wie wir Erwachsene interpretieren acht Monate alte Kinder diese beiden Darstellungen unterschiedlich. Wenn sie sehen, wie eine Hand in die Anordnung hineingreift und an dem Rohr in Abbildung 5.5a zieht, blicken sie länger hin (wahrscheinlich sind sie überraschter), wenn sich der Quader und das Rohr zusammen bewegen, als wenn sich das Rohr von dem Quader ablöst, was darauf schließen lässt, dass sie die Anordnung als zwei separate Objekte wahrnehmen. Das entgegengesetzte Befundmuster ergibt sich jedoch bei Abbildung 5.5b: Jetzt schauen die Kinder länger hin, wenn sich das Rohr allein bewegt, woraus man schließen kann, dass sie ein einzelnes, zusammenhängendes Objekt wahrnehmen.

Tiefenwahrnehmung

Um sich in der Umwelt zu bewegen, müssen wir wissen, wo wir uns im Verhältnis zu den Objekten und den Orientierungspunkten um uns herum befinden. Wir ziehen viele Arten von Tiefen- und Entfernungshinweisen heran, die uns sagen, ob wir an die Kaffeetasse auf dem Tisch heranreichen oder ob das Auto noch weit genug entfernt ist, um sicher vor ihm die Straße überqueren zu können. Von Anfang an sind Säuglinge für einige dieser Hinweise empfänglich, und sie werden schnell der restlichen Hinweisreize gewahr.

Ein solcher Hinweisreiz, für den Säuglinge schon sehr früh empfänglich sind, ist die **Objektausdehnung**: Wenn sich uns ein Gegenstand nähert, gewinnt sein visuelles Abbild an Größe, was dazu führt, dass vom Hintergrund immer mehr verdeckt wird. Wenn sich das Abbild eines sich nähernden Objekts symmetrisch ausdehnt, wissen wir, dass das Objekt direkt auf uns zufliegt, und eine vernünftige Reaktion besteht darin, sich zu ducken. Babys können sich nicht ducken, aber Säuglinge blinzeln schon mit einem Monat abwehrend, wenn ein Bild größer wird, das wie ein Objekt aussieht, das sich direkt auf sie zu bewegt (Ball & Tronick, 1971; Nanez & Yonas, 1994; Yonas, 1981).

Ein weiterer Tiefenhinweis, der schon früh ausgebildet ist, beruht auf der einfachen Tatsache, dass wir über zwei Augen verfügen. Das retinale Abbild eines Objekts ist in beiden Augen niemals exakt dasselbe, weshalb die Augen auch niemals genau dasselbe Signal an das Gehirn senden – dieses Phänomen

Objektausdehnung – ein Tiefenindikator, bei dem ein Gegenstand immer größere Anteile vom Hintergrund verdeckt, was anzeigt, dass sich das Objekt nähert.

nennt man **binokulare Disparität**. („Binokular" bedeutet „beidäugig", „Disparität" bedeutet „Verschiedenheit".) Je näher sich der Gegenstand, den wir betrachten, befindet, desto größer ist der Unterschied zwischen den beiden Abbildern; je weiter ein Objekt entfernt ist, desto weniger Disparität besteht. Im Prozess der **Stereopsie** (des beidäugigen Sehens) kombiniert der visuelle Cortex die unterschiedlichen Nervensignale, was in der Tiefenwahrnehmung resultiert. Diese Form der Tiefenwahrnehmung tritt mit etwa vier Monaten recht plötzlich auf und ist im Allgemeinen binnen weniger Wochen abgeschlossen (Held, Birch & Gwiazda, 1980), was wahrscheinlich auf die Reifung des visuellen Cortex zurückzuführen ist.

Mit etwa sechs oder sieben Monaten werden die Kinder für eine Vielzahl **monokularer** Tiefenindikatoren empfänglich (die so genannt werden, weil sie räumliche Tiefe auch dann anzeigen, wenn ein Auge geschlossen ist) (Yonas, Arterberry & Granrud, 1987). Diese Indikatoren werden auch als **Bild-Indikatoren** bezeichnet, weil sie dazu verwendet werden können, um in Bildern räumliche Tiefe darzustellen. Ein Beispiel dafür ist die relative Größe: Größere Objekte erscheinen näher als kleinere Objekte. Ein weiteres Beispiel ist die Verdeckung: Nahe Objekte verdecken teilweise Objekte, die sich weiter entfernt befinden.

In einer der ersten – und gut durchdachten – Untersuchungen zur Empfindlichkeit von Säuglingen für Tiefenindikatoren machten sich Albert Yonas und seine Mitarbeiter (Yonas, Cleaves & Petterson, 1978) die Tatsache zunutze, dass Kleinkinder bei zwei Objekten immer nach dem greifen werden, das näher ist. Die Forscher klebten fünf und sieben Monate alten Kindern ein Auge zu und zeigten ihnen ein trapezförmiges Fenster, dessen eine Seite beträchtlich länger war als die andere (Abbildung 5.6). Aus der Sicht eines Erwachsenen (der ein Auge geschlossen hält, so dass keine binokulare Tiefeninformation zur Verfügung steht) erscheint das Fenster als normales rechteckiges Fenster, das schräg zum Betrachter steht, so dass eine Seite näher erscheint als die andere. Die sieben Monate alten Kinder (aber nicht die jüngeren Babys) grif-

Binokulare Disparität – der Unterschied zwischen den retinalen Abbildern in den beiden Augen, der zu zwei leicht unterschiedlichen Signalen führt, die an das Gehirn weitergeleitet werden.

Stereopsie – der Prozess, in dem der visuelle Cortex die durch die binokulare Disparität verursachten unterschiedlichen Nervensignale kombiniert, was zur Wahrnehmung räumlicher Tiefe führt.

Monokulare oder **Bild-Indikatoren** – Tiefenindikatoren der Wahrnehmung, die mit einem Auge wahrgenommen werden können. Dazu gehören die relative Größe und die Verdeckung.

Abbildung 5.6: Monokulare Tiefenindikatoren. Dieses sieben Monate alte Kind verwendet das monokulare Tiefenkriterium der *relativen Größe*. Es trägt eine Augenklappe, um binokulare Tiefeninformation zu verhindern, und greift nach der längeren Seite eines trapezförmigen Fensters. Dieses Verhalten deutet darauf hin, dass sie das Baby als die nähere und deshalb leichter erreichbare Seite eines rechteckigen Fensters sieht. (Yonas et al., 1978.)

| Kasten 5.2 | Näher betrachtet |

Bildwahrnehmung

Ein besonderer Fall der Wahrnehmungsentwicklung betrifft Bilder. Bilder sind in den heutigen Gesellschaften allgegenwärtig, und eine immense Menge an Information nehmen wir durch Bilder auf. Ab wann können Kinder diese wichtigen Artefakte unserer Kultur wahrnehmen und verstehen?

Schon Kleinkinder nehmen Bilder weitestgehend in derselben Weise wahr wie wir. In einer klassischen Untersuchung haben Hochberg und Brooks (1962) ihren eigenen Sohn in einer Umgebung ohne jegliche Bilder aufwachsen lassen: keine Bilder an den Wänden ihrer Wohnung, keine Familienphotos, keine Bilderbücher, keine Muster auf Papier, Kleidung oder Spielsachen. Sie entfernten sogar die Banderolen von den Dosen. Und dennoch konnte das Kind, als es mit 18 Monaten getestet wurde, Menschen und Gegenstände auf Photos und Zeichnungen problemlos identifizieren. Spätere Forschungen wiesen nach, dass schon fünf Monate alte Kinder Menschen und Gegenstände anhand von Photographien und Zeichnungen erkennen können (zum Beispiel DeLoache, Strauss & Maynard, 1979; Dirks & Gibson, 1977), und selbst Neugeborene scheinen zweidimensionale Versionen von dreidimensionalen Objekten zu erkennen (Slater, Rose & Morison, 1984).

Trotz ihrer früh entwickelten Wahrnehmung von Bildern verstehen Kleinkinder ihre Beschaffenheit nicht wirklich. Die vier hier abgebildeten Babys – zwei aus den USA und zwei aus einem Dorf in Westafrika – versuchen alle, nach den dargestellten Gegenständen zu greifen. Zwar können diese Babys den Unterschied zwischen Bildern und den tatsächlichen Gegenständen wahrnehmen, aber sie verstehen noch nicht, was Zweidimensionalität bedeutet; darum versuchen sie, abgebildete Gegenstände so zu behandeln, als ob sie die tatsächlichen Gegenstände wären – zwangsläufig ohne Erfolg. Mit 19 Monaten und nach beträchtlicher Erfahrung mit Bildern versuchen amerikanische Kinder nicht mehr, Bilder mit den Händen zu untersuchen; offenbar haben sie die in der Kultur angemessene Verwendungsweise von Bildern gelernt – sie zu betrachten, darüber zu sprechen, aber sie nicht zu befühlen, nach ihnen zu greifen oder sie zu essen (DeLoache, Pierroutsakos, Uttal, Rosengren & Gottlieb, 1998; Pierroutsakos & DeLoache, 2002).

fen nach der längeren Seite. Der einzige Grund, warum sie diese Seite hätten bevorzugen sollen, liegt darin, dass sie diese Seite als näher wahrgenommen haben. Dieser Befund spricht somit für eine Empfindlichkeit für monokulare Tiefenindikatoren. (Kasten 5.2 beschreibt Forschungen über die Wahrnehmung von Bildern und Photographien durch Säuglinge.)

Akustische Wahrnehmung

Eine weitere reichhaltige Informationsquelle für Säuglinge ist die Welt der Klänge und Geräusche. Das akustische System des Menschen ist bei Geburt relativ gut entwickelt, wiewohl Neugeborene noch als etwas schwerhörig beschrieben werden müssen (Trehub & Schellenberg, 1995). Das schwächste

Kasten 5.2

Diese neun Monate alten Kinder – zwei aus den USA und zwei aus Westafrika – reagieren auf die Bilder von Gegenständen, als ob es sich um echte Gegenstände handelt. Sie haben die eigentliche Beschaffenheit von Bildern noch nicht begriffen. (Aus DeLoache, Pierroutsakos, Uttal, Rosengren & Gottlieb, 1998.)

Geräusch, auf das ein Neugeborenes reagiert, ist etwa viermal lauter als das leiseste Schallereignis, das ein Erwachsener wahrnehmen kann (Maurer & Maurer, 1988). Erst mit fünf bis acht Jahren erreicht das Hörvermögen das Niveau von Erwachsenen.

Neugeborene neigen dazu, sich einem Geräusch zuzuwenden, wenn sie es hören. Dieses Phänomen wird als **akustische Lokalisation** bezeichnet (Morrongiello, Fenwick, Hillier & Chance, 1994). Ein unbeirrbarer Wissenschaftler prüfte seine gerade einmal zehn Minuten alte Tochter noch im Kreißsaal und fand, dass sie ihren Kopf nach einem Klickgeräusch drehte, das er neben ihrem Kopf gemacht hatte (Wertheimer, 1961). Weil Neugeborene ihren Kopf ziemlich langsam drehen, lokalisieren sie die Quelle eines Geräusches mit größter Wahrscheinlichkeit dann, wenn es mehrere Sekunden lang andauert (Clarkson & Clifton, 1991).

Akustische Lokalisation – die Wahrnehmung des Ortes einer Schallquelle.

Säuglinge sind recht geschickt darin, im Strom der Laute und Geräusche, die sie hören, Regelmäßigkeiten wahrzunehmen, und es gelingt ihnen insbesondere, feinste Unterschiede in den Lauten der menschlichen Sprache zu entdecken. Weil die Sprachwahrnehmung für die Sprachentwicklung von Säuglingen so wichtig ist, werden wir in Kapitel 6 eingehend darauf zurückkommen. Im vorliegenden Zusammenhang konzentrieren wir uns auf einen anderen Weltausschnitt, in dem Kleinkinder ein überraschendes Ausmaß an Wahrnehmungssensibilität an den Tag legen – den Bereich der Musik.

Die Wahrnehmung von Musik

Thomas Carlyle, ein Essayist des 19. Jahrhunderts, bezeichnete Musik als „die Sprache der Engel", was auf eine ähnliche Basis dieser beiden akustischen Modalitäten hinweist. Neuere Forschungsarbeiten unterstützen diese Vorstellung und konnten nachweisen, dass Säuglinge mit sieben Monaten Tonfolgen in derselben Weise lernen, in der sie Folgen sprachlicher Laute lernen, was auf einem gemeinsamen Lernmechanismus schließen lässt (Saffran, Johnson, Aslin & Newport, 1999). Außerdem haben Wissenschaftler Ähnlichkeiten darin entdeckt, wie das Gehirn von Erwachsenen bestimmte Aspekte von Sprache und Musik verarbeitet, was zu Spekulationen über eine angeborene, biologische Grundlage der Musikwahrnehmung führte, wie man sie im Bereich der Sprache bereits kennt. In neueren Forschungen findet diese Idee Unterstützung; hier wurde gezeigt, dass die Reaktion von Säuglingen auf Musik der Reaktion von Erwachsenen ähnlich ist.

Zum einen teilen Säuglinge die starken Vorlieben, die Erwachsene für bestimmte musikalische Klänge haben. Viele Gelehrte – von Pythagoras über Galileo bis in die heutige Zeit – haben behauptet, konsonante Klänge seien dem menschlichen Ohr von Natur aus angenehm, während Dissonanzen als unangenehm empfunden würden (Schellenberg & Trehub, 1996; Trehub & Schellenberg, 1995). Um zu untersuchen, ob das auch bei Kleinkindern so ist, verwenden die Forscher ein Verfahren, bei dem vorne an dem Lautsprecher, aus dem die Musik ertönt, ein visueller Reiz angebracht wird. Wenn die Musik losgeht, schauen die Kinder normalerweise hin. Wie lange sie darauf blicken, wird als Maß für ihr Interesse oder ihre Präferenz bezüglich der Musik interpretiert, die gerade aus dem Lautsprecher kommt. Untersuchungen haben gezeigt, dass vier Monate alte Kinder einer konsonanten Version eines Volksliedes mehr Aufmerksamkeit widmen als einer dissonant gespielten Version (Zentner & Kagan, 1996, 1998) und dass sechs Monate alte Kinder die konsonante Fassung eines Menuetts gegenüber einer überwiegend dissonanten Fassung bevorzugen (Trainor & Heinmiller, 1998).

Säuglinge reagieren auch auf den Rhythmus der Musik. Es ist natürlich nicht so, dass sie im Takt mit den Füßen wippen, aber sie bewegen sich und wackeln erkennbar, wenn sie lebhafte, rhythmische Instrumentalmusik hören (Trehub, 1993). Auch sind sie für den zeitlichen Aufbau von Musik empfänglich. In einer Untersuchung beachteten Kinder schon im Alter von viereinhalb Monaten Mozartmenuette, die an den natürlichen Phrasengrenzen der Komposition Pausen von jeweils einer Sekunde enthielten, länger als dieselbe Musik mit Pausen innerhalb der Phrasen (Krumhansl & Jusczyk, 1990).

Gleichermaßen beeindruckend ist die Sensibilität von Säuglingen für Melodien; diese zeigt sich in einer Untersuchung von Chang und Trehub (1977), die fünf Monate alte Kinder auf eine einfache Melodie habituierten. Wenn dieselbe Melodie dann in einer höheren oder tieferen Tonlage gespielt wurde, blieben die Kinder habituiert. Für sie war es immer noch dasselbe Lied. Wenn dieselben Noten jedoch in veränderter Reihenfolge gespielt wurden (was das melodische Muster zerstört), zeigten die Babys erneutes Interesse. Die Kinder reagierten also wie Erwachsene, die eine Melodie als dieselbe wahrnehmen, gleich ob sie auf einer Piccoloflöte oder einer Basstuba gespielt wird, die aber den Eindruck einer anderen Melodie haben, wenn die Noten anders angeordnet sind.

Angesichts der vielen Ähnlichkeiten zwischen Säuglingen und Erwachsenen bei der Musikwahrnehmung und den zugehörigen Präferenzen sollte es nicht überraschen, dass es auch einige Belege für ähnliche Gehirnaktivitäten bei der Musikverarbeitung gibt. Beispielsweise beruht die Melodieerkennung bei Säuglingen vorwiegend auf rechtshemisphärischen Prozessen, wie es auch bei den meisten Erwachsenen der Fall ist (Balaban, Anderson & Wisniewski, 1998). Die gemeinsame Empfänglichkeit für musikalische Reize könnte einer der Gründe dafür sein, warum Babys überall auf der Welt gern etwas vorgesungen wird (Trehub & Schellenberg, 1995).

Geschmack und Geruch

In Kapitel 2 haben wir erfahren, dass sich die Empfindlichkeit für Geschmack und Geruch schon vor der Geburt entwickelt und dass Neugeborene eine angeborene Vorliebe für Süßes besitzen. Auch Geruchsvorlieben bestehen bereits sehr früh im Leben, wozu die generelle Anziehungskraft gehört, die der Geruch der Muttermilch besitzt – der natürlichen Nahrungsquelle für menschliche Säuglinge (Porter, Makin, Davis & Christensen, 1991, 1992). Der Geruchssinn spielt bei vielen Säugetierarten eine wichtige Rolle dabei, wie der Nachwuchs lernt, seine Mutter zu erkennen, und dasselbe gilt wahrscheinlich auch für den Menschen. Dies wurde in Untersuchungen nachgewiesen, in denen Säuglinge zwischen dem Geruch ihrer eigenen Mutter und dem einer anderen Frau wählen konnten. Beide Frauen hatten eine an ihrer Brust platzierte Einlage getragen, die danach links und rechts vom Kopf des Säuglings ausgelegt wurde. Schon mit zwei Wochen drehten die Kinder den Kopf häufiger zu dem Stoffstück, das den für die Mutter typischen Geruch enthielt, und blieben ihm auch länger zugewandt (MacFarlane, 1975; Porter et al., 1992).

Berührung

Eine weitere wichtige Methode, wie Säuglinge etwas über ihre Umgebung lernen, ist die aktive Berührung – mit ihren Händen und Fingern wie auch mit dem Mund und der Zunge. Die orale Erkundung dominiert in den ersten Monaten, wenn sie ihre eigenen Finger und Zehen in den Mund stecken und daran lutschen, ebenso praktisch alle anderen Gegenstände, mit denen sie in Kontakt kommen. (Deshalb muss man kleine, verschluckbare Dinge von Kleinkindern unbedingt fernhalten.) Auf dem Weg dieser begeisterten oralen Erkundungstour lernen Babys vermutlich ihren eigenen Körper kennen (oder zumindest die Teile davon, die sie an ihren Mund führen können) und erfahren die Oberflächenbeschaffenheit, den Geschmack und andere Eigenschaften der Gegenstände, mit denen sie in Berührung kommen.

Ab etwa dem vierten Lebensmonat gewinnen die Säuglinge mehr Kontrolle über ihre Hand- und Armbewegungen, so dass die Erkundung durch die Hände stärker wird und gegenüber der oralen Erforschung der Umwelt mit der Zeit Vorrang erhält. Mit großer Aktivität befühlen Säuglinge Objekte, fassen sie an, untersuchen sie, schlagen drauf; und ihre Handlungen werden mit der Zeit immer spezifischer mit Blick auf die Eigenschaften des Objekts. Zum Beispiel befühlen sie Gegenstände, die eine Oberflächenstruktur besitzen, und schlagen auf feste Gegenstände. Die Erweiterung der manuellen Kontrolle erleichtert auch die visuelle Erkundung, insofern die Kinder interessante Gegenstände festhalten können, um sie genauer zu untersuchen, sie können die Gegenstände drehen und aus verschiedenen Blickwinkeln betrachten, und auch der Wechsel von der einen Hand in die andere ermöglicht eine genauere Betrachtung (Bushnell & Boudreau, 1991; Lockman & McHale, 1989; Palmer, 1989; Rochat, 1989; Ruff, 1986).

Intermodale Wahrnehmung

An den meisten Ereignissen, die Säuglinge oder Erwachsene erleben, ist die gleichzeitige Stimulierung durch mehrere Sinnesmodalitäten beteiligt. Bei dem von Benjamin beobachteten Ereignis, als das Kristallglas auf den gekachelten Boden fiel, bewirkte das splitternde Glas sowohl eine visuelle als auch eine akustische Reizung. Durch das Phänomen der **intermodalen Wahrnehmung**, der Kombination von Informationen aus zwei oder mehreren Sinnessystemen, nahmen Benjamins Eltern die akustischen und visuellen Reize als ein einheitliches, zusammenhängendes Ereignis wahr, welches Gesehenes und Gehörtes umfasst. Wahrscheinlich gilt das auch für Benjamin, obgleich es eine größere Diskussion darüber gab, wie und zu welchem Zeitpunkt sich die intermodale Wahrnehmung entwickelt.

Nach Piaget (1974) und anderen (zum Beispiel Bryant, 1974) sind die Informationen aus den verschiedenen Sinnesmodalitäten am Anfang getrennt, und erst nach ein paar Monaten sind Kinder in der Lage, Assoziationen zu bilden zwischen dem Aussehen von Dingen und der Art, wie sie sich anhören

---

Intermodale Wahrnehmung – die Kombination von Informationen aus zwei oder mehreren Sinnessystemen.

und anfühlen, wie sie schmecken und so weiter. Im Gegensatz dazu behaupten Eleanor Gibson (1988) und ihre Kollegen (zum Beispiel Bahrick, 1994; Spelke, 1979), dass Säuglinge schon sehr früh damit beginnen, Informationen aus den verschiedenen Sinneskanälen zu integrieren. Ein sehr einfaches Beispiel ist das schon behandelte Phänomen der akustischen Lokalisation, dem zufolge sich Babys einem Geräusch, das sie hören, zuwenden, was auf ihre Erwartung schließen lässt, dass ein Geräusch immer mit einem Gegenstand verknüpft ist.

Sehr kleine Kinder verknüpfen auch ihre visuelle und ihre orale Erfahrung. In Untersuchungen an einem Monat alten Kindern (Meltzoff & Borton, 1979) und an Neugeborenen (Kaye & Bower, 1994) saugten die Babys an Schnullern, die sie aber nicht sehen konnten. Danach zeigte man ihnen ein Bild des Schnullers, an dem sie gesaugt hatten, und ein Bild eines neuartigen Schnullers mit einer anderen Form oder Oberflächenbeschaffenheit. Die Babys betrachteten das Bild des Schnullers, an dem sie gesaugt hatten, länger. Sie konnten somit einen Gegenstand, den sie nur durch orale Erkundung erfahren hatten, visuell wiedererkennen.

Wenn die Kinder Gegenstände auch mit den Händen erkunden können, integrieren sie leicht ihre visuellen und taktilen Erfahrungen. In einer Untersuchung beispielsweise durften vier Monate alte Säuglinge ein Paar Ringe festhalten und befühlen, aber nicht sehen; die beiden Ringe waren entweder durch einen starren Stab oder durch eine Schnur verbunden. Zeigte man den Babys beide Arten von Ringen, erkannten sie diejenigen, die sie zuvor mit ihren Händen befühlt hatten (Streri & Spelke, 1988). Eine anderer Beleg für die Integration visueller und taktiler Information besteht in der Beobachtung, dass fünf Monate alte Säuglinge eine Beziehung zwischen den Bewegungen ihrer eigenen Gliedmaßen und einer Videodarbietung dieser Bewegungen erkennen können, was sich darin zeigt, dass sie das Video, das nicht mit ihren eigenen Bewegungen synchronisiert ist, länger betrachten als das Video mit den Online-Bildern (Bahrick & Watson, 1985; Rochat & Morgan, 1995; Schmuckler, 1996).

Mit einer sehr raffinierten Technik haben Forscher herausgefunden, dass Säuglinge auch über mehrere Formen der intermodalen Wahrnehmung verfügen, was akustische und visuelle Informationen betrifft. Bei dieser Technik werden gleichzeitig zwei Filme nebeneinander dargeboten, während eine Tonspur abgespielt wird, die nur mit einem der beiden Filme synchronisiert ist. Wenn ein Kind stärker auf den Film reagiert, der mit dem Ton übereinstimmt, kann dies als Beleg dafür gelten, dass es die gemeinsame Struktur in der akustischen und visuellen Information entdeckt hat.

In einer der ersten Untersuchungen mit diesem Verfahren zeigte Elizabeth Spelke (1976) viermonatigen Säuglingen zwei Videos, eines mit einer Person, die Guck-Guck spielt, und eines mit einer Hand, die einen Trommelstock gegen einen Klotz schlägt. Die Kinder reagierten mehr auf den Film, der zu den Geräuschen passte, die sie hörten. Wenn sie eine Stimme hörten, die „Guck-Guck" sagte, betrachteten sie mehr die Person; wenn sie aber ein schlagendes Geräusch hörten, betrachteten sie länger die Hand. In Folgeuntersuchungen

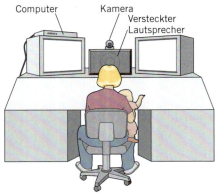

Mit einer Vorrichtung wie dieser können Forscher die intermodale Wahrnehmung zwischen Hören und Sehen untersuchen. Auf den beiden Computerbildschirmen laufen unterschiedliche Filme, von denen nur einer mit dem Ton synchronisiert ist. Die Videokamera zeichnet auf, wohin die Kinder blicken.

zeigten die Kinder auch feinere Unterscheidungen. Zum Beispiel reagierten vier Monate alte Kinder stärker auf den Film eines „hüpfenden" Spielzeugtiers, bei dem das Geräusch des Aufpralls auf der Unterlage mit den Bewegungen des Tieres übereinstimmte, verglichen mit dem Film, in dem sich das Tier jeweils gerade in der Luft befand, wenn das Aufprallgeräusch erklang (Spelke, 1979).

Ähnliche Untersuchungen dokumentieren, dass Babys besonders gut auf die Beziehung zwischen menschlichen Gesichtern und Stimmen eingestellt zu sein scheinen. Zeigt man Kindern im Alter von vier Monaten nebeneinander Filme einer sprechenden Person, wobei sie eine Stimme reden hören, betrachten sie das Gesicht länger, dessen Lippenbewegungen mit den gehörten Äußerungen synchron sind (Spelke & Cortelyou, 1980; Walker, 1982). Kinder dieses Alters entdecken sogar die Beziehung zwischen speziellen Sprachlauten wie „a" und „i" und den speziellen Lippenbewegungen, die mit ihnen einhergehen (Kuhl & Meltzoff, 1982, 1984).

IN KÜRZE

Mit einer Vielzahl spezieller Verfahren und Techniken sind Entwicklungspsychologen zahlreiche Entdeckungen über die Wahrnehmungsentwicklung in der frühen Kindheit gelungen. Sie haben die rapide Entwicklung der grundlegenden visuellen Fähigkeiten von der Geburt über die nächsten Lebensmonate hinweg nachgewiesen und herausgefunden, dass die Sehschärfe der Kinder, ihre Muster des visuellen Absuchens und ihre Farbwahrnehmung mit etwa acht Monaten den Fähigkeiten von Erwachsenen gleichen. Manche Formen der Tiefenwahrnehmung sind bei Geburt schon vorhanden, während sich andere erst in den Folgemonaten entwickeln. Mit fünf bis sieben Monaten können Kinder aktiv die einzelnen Elemente visueller Darstellungen integrieren, so dass sie ein zusammenhängendes Muster wahrnehmen. Sie nutzen viele Informationsquellen für die Trennung von Objekten, einschließlich der Bewegung und ihres Wissens über ihre Umwelt.

Forschungen zur akustischen Wahrnehmung haben gezeigt, dass sich Babys schon von Geburt an Geräuschen, die sie hören, zuwenden. Sie sind recht empfänglich für musikalische Reize und zeigen viele derselben Vorlieben wie Erwachsene, etwa die Präferenz für Konsonanz gegenüber Dissonanz. Geruch und Geschmack spielen eine wichtige Rolle bei der Interaktion der Kinder mit ihrer Umwelt. Die zentrale Fähigkeit, die Wahrnehmungen aus getrennten Modalitäten miteinander zu verknüpfen und einheitliche, zusammenhängende Ereignisse zu erleben, ist in einfacher Form bereits ab der Geburt gegeben, wobei sich komplexere Assoziationen jedoch erst mit der Zeit herausbilden. In der aktuellen Forschung gibt es somit viel Ermutigung für nativistische Überzeugungen. Gleichzeitig entwickeln sich die meisten Wahrnehmungsfertigkeiten aber auch im Verlauf der Zeit, woran in den meisten Fällen Lernprozesse beteiligt sind.

Motorische Entwicklung

Wir haben in Kapitel 2 bereits erfahren, dass der Mensch schon vor seiner Geburt mit Bewegungen beginnt, während der Fetus schwerelos im Fruchtwasser schwebt. Nach der Geburt sind die Bewegungen des Neugeborenen ungelenk und ziemlich unkoordiniert, zum Teil wegen fehlender körperlicher und neurologischer Reife und zum Teil, weil das Baby die volle Wirkung der Schwerkraft zum ersten Mal erfährt. Im folgenden Abschnitt werden wir erfahren, dass die Geschichte vom unkoordinierten, in der Schwerkraft gefangenen Neugeborenen zum Kleinkind, das sich zuversichtlich und kompetent umherbewegt und seine Umwelt erkundet, weit komplizierter und interessanter ist, als man ursprünglich dachte.

Reflexe

Neugeborene beginnen mit einigen fest strukturierten Verhaltensweisen. Dabei handelt es sich um frühkindliche (oder primitive) **Reflexe** – angeborene, feststehende Handlungsmuster, die als Reaktion auf bestimmte Reizungen auftreten. Einige Reflexe, beispielsweise das Zurückziehen von einem schmerzhaften Reiz, besitzen eindeutig adaptiven Wert; bei anderen kann man keine evolutionäre Bedeutung erkennen. Beim *Greifreflex* schließen Neugeborene ihre Finger um alles, was ihre Handinnenfläche berührt. Eine Berührung der Wange in der Nähe des Mundes setzt den *Suchreflex* in Gang, bei dem das Baby seinen Kopf in die Richtung der Berührung dreht und den Mund öffnet. Wenn die Wange also die Brust der Mutter berührt, dreht es sich zur Brust hin und öffnet dabei den Mund. Der Kontakt des Mundes mit der Brustwarze löst den *Saugreflex* aus, der bei jedem Reiz im Inneren des Mundes auftritt. Offensichtlich erhöhen diese beiden Reflexe die Chancen des Babys, Nahrung zu erhalten und letztlich zu überleben. Bei anderen Reflexen ist kein unmittelbar mit ihnen assoziierter Vorteil bekannt, beispielsweise beim *asymmetrischen tonischen Halsreflex*; wenn der Kopf des Kindes nach rechts gedreht wird, streckt sich der rechte Arm (und die Muskelspannung erhöht sich), und der linke Arm beugt sich (bei reduziertem Muskeltonus); manchmal beugt sich gleichzeitig auch das linke Knie.

Das Vorhandensein starker Reflexe bei der Geburt ist ein Zeichen dafür, dass sich das Nervensystem des Neugeborenen in guter Verfassung befindet. Gehirnschäden können durch Reflexe angezeigt werden, die entweder ungewöhnlich schwach oder ungewöhnlich stark ausgeprägt sind. Die meisten dieser frühkindlichen Reflexe verschwinden nach einem regelmäßigen Zeitplan, wobei einige davon ein Leben lang erhalten bleiben – beispielsweise das Husten, Niesen, Blinzeln und das Zurückziehen bei Schmerz. Das Andauern eines frühkindlichen Reflexes über den Zeitpunkt hinaus, an dem er erwartungsgemäß verschwinden sollte, ist ein Warnsignal für ein möglicherweise vorliegendes neurologisches Problem.

Reflexe – angeborene, festgefügte Handlungsmuster, die als Reaktion auf eine bestimmte Art der Reizung auftreten.

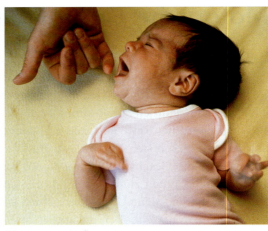

Reflexe des Neugeborenen: (a) Greifreflex (b) Wangensuchreflex

(c) Saugreflex (d) Tonischer Nackenreflex

Meilensteine der Motorik

Kleinkinder machen schnelle Fortschritte darin, die grundlegenden Bewegungsmuster unserer Spezies zu erwerben (siehe Abbildung 5.7). Wir werden sehen, dass das Erreichen eines jeden wichtigen „motorischen Meilensteins" in der Kindheit, insbesondere das freie Laufen, einen wichtigen Fortschritt für die Erfahrungsmöglichkeiten der Umwelt darstellt.

Das durchschnittliche Alter, das in Abbildung 5.7 für die Entwicklung der jeweiligen wichtigen motorischen Fähigkeiten angegeben ist, beruht auf Forschungen an Kindern der westlichen, überwiegend nordamerikanischen Welt. Man darf jedoch nicht vergessen, dass kulturelle Faktoren den Verlauf der motorischen Entwicklung beeinflussen können und dass sich Kulturen darin unterscheiden, in welchem Ausmaß sie motorische Fähigkeiten fördern und ermöglichen. Manche Kulturen versuchen, frühe Fortbewegung aktiv zu verhindern. Im modernen städtischen China beispielsweise werden Säuglinge typischerweise auf weiche Betten gelegt, umrahmt von dicken Kissen, damit

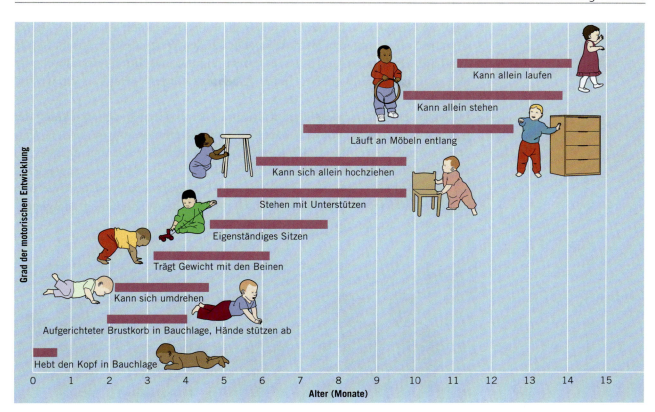

sie nicht herunterfallen können. Dieses Arrangement ermöglicht es den Kindern nicht, die Muskelstärke aufzubauen, die sie für die Unterstützung des Oberkörpers bräuchten, um krabbeln zu können. Die Eltern versuchen auch, die Kinder vom Krabbeln abzuhalten, weil sie sich um die Sauberkeit ihrer Hände sorgen (Campos, Anderson, Barbu-Roth, Hubbard, Hertenstein & Witherington, 2000). Bei den Aché, einem nomadischen Volk, das im Regenwald von Paraguay lebt, werden die Kinder fast ihre gesamten ersten drei Lebensjahre von der Mutter herumgetragen oder zumindest in ihrer unmittelbaren Nähe gehalten. Da die Aché typischerweise nur sehr kleine Waldstücke für ihre vorübergehenden Lagerstätten abroden, wird ein Baby, das sich mehr als ein paar Meter von seiner Mutter wegwagt, schnell wieder ‚eingefangen' und zur Mutter zurückgeholt (Kaplan & Dove, 1987). Im direkten Gegensatz dazu fördern die Kipsigi im ländlichen Kenia aktiv die motorische Entwicklung ihrer Kinder; zum Beispiel helfen sie ihren Babys beim Einüben des Sitzens, indem sie im Boden flache Gruben ausheben

Abbildung 5.7: Die wichtigsten Meilensteine der motorischen Entwicklung in der frühen Kindheit. Es werden das durchschnittliche Alter und der Altersbereich dargestellt, in dem jeder Entwicklungsfortschritt erreicht wird. Man beachte, dass die Altersnormen auf Forschungen an gesunden, gut ernährten nordamerikanischen Kindern beruhen. (Nach Santrock, 1988).

Um ihr Enkelkind zum eigenständigen Sitzen anzuregen, hat diese Kipsigi-Großmutter im ländlichen Kenia ein kleines Loch in den Sand gegraben, um das Baby darin angelehnt aufzusetzen. Diese Großmutter glaubt, dass es wichtig ist, dem Kind bei der Entwicklung seiner motorischen Fähigkeiten zu helfen (Super, 1976).

und die Kinder hineinsetzen, so dass ihr Rücken gestützt ist (Super, 1976). Andere Volksgruppen in Westafrika oder auf den Westindischen Inseln führen ein hartes Programm aus Massage, Manipulation und Stimulation durch, um die motorische Entwicklung ihrer Kinder zu fördern (Hopkins & Westra, 1988).

Diese sehr unterschiedlichen Kulturpraktiken können die Entwicklung der Kinder beeinflussen. Forscher haben eine etwas verlangsamte motorische Entwicklung bei den chinesischen Kindern und den Kindern der Aché nachgewiesen, verglichen mit den Normen aus Abbildung 5.7; die Babys der Kipsigi und solcher Gruppen, in denen konzentrierte Übungsmaßnahmen durchgeführt werden, sind in der Entwicklung ihrer motorischen Fähigkeiten demgegenüber weiter fortgeschritten.

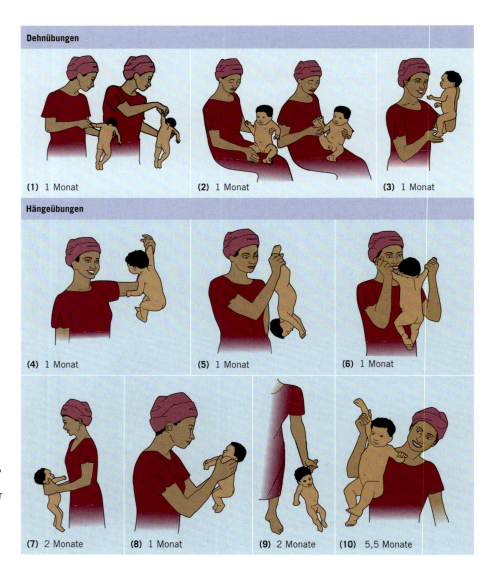

Mütter in Mali glauben, dass es wichtig ist, ihre Kinder zu trainieren, um ihre motorische und körperliche Entwicklung voranzubringen. Die hier gezeigten Übungen tun dem Baby keinen Schaden und beschleunigen seine frühen motorischen Fähigkeiten. (Nach Bril & Sabatier, 1986.)

Näher betrachtet Kasten 5.3

„Der Fall des verschwindenden Reflexes"

Esther Thelen ist eine der wichtigsten Vertreterinnen des Ansatzes dynamischer Systeme, wie wir ihn in Kapitel 4 besprochen haben. Frühe Forschungen von Thelen und Mitarbeitern liefern ein vorzügliches Beispiel für diesen Ansatz bei der Erforschung der motorischen Entwicklung und sind zugleich beispielhaft für die generelle Art, Hypothesen zu formulieren und zu prüfen. In einer Untersuchung hielten sie Kinder unten den Armen fest und tauchten sie bis zur Hüfte ins Wasser. Beim Lesen der folgenden Abschnitte werden Sie die Grundidee dieses etwas sonderbar anmutenden, aber tatsächlich äußerst gescheiten und informativen Experiments schnell begreifen.

Die genannte Untersuchung steht in einer Reihe von Forschungen, die Thelen (1995) als „den Fall des verschwindenden Reflexes" bezeichnete. Dabei geht es um den **Schreitreflex**, der sich dadurch auslösen lässt, dass man ein Neugeborenes so unter den Armen festhält, dass seine Füße eine Unterlage berühren; das Baby führt dann reflexhaft Schrittbewegungen aus, hebt zuerst das eine und dann das andere Bein wie beim Gehen. Der Reflex verschwindet normalerweise mit etwa zwei Monaten. Lange Zeit wurde angenommen, dass der Schreitreflex als Folge cortikaler Reifung aus dem motorischen Repertoire des Kindes verschwindet.

Die Befunde einer klassischen Untersuchung von Zelazo, Zelazo und Kolb (1972) stimmten mit dieser Annahme jedoch nicht überein. Bei diesen Forschungen erhielten zwei Monate alte Kinder zusätzliche Übungen, um ihren Schreitreflex zu trainieren, und in der Folge behielten die Kinder den Reflex viel länger bei, als es normalerweise der Fall wäre. Auch andere Forschungen wiesen das Fortdauern des Schreitmusters weit über zwei Monate hinaus nach. Zum einen ist das gleiche Muster der abwechselnden Beinbewegungen, welches das Schreiten kennzeichnet, auch beim rhythmischen Strampeln beteiligt, das Babys im Liegen ausführen. Anders als der Schreitreflex hält das Strampeln jedoch im Verlauf der frühen Kindheit an (Thelen & Fisher, 1982). Zum anderen machen sieben Monate alte Kinder, deren Schreitreflex schon verschwunden ist, rasche Gehbewegungen, wenn man ihnen auf einem sich bewegenden Laufband den notwendigen Halt gibt (Thelen, 1986). Wenn sich der Schreitreflex

Aktuelle Perspektiven

Zwei der frühen Pioniere bei der Untersuchung der motorischen Entwicklung, Arnold Gesell und Myrtle McGraw, waren von dem geregelten Erwerbsablauf der in Abbildung 5.7 dargestellten Fähigkeiten beeindruckt. Sie schlossen daraus, dass die motorische Entwicklung der Kinder durch die neuronale Reifung des Gehirns gesteuert wird, insbesondere durch die wachsende Kontrolle durch den Cortex (Gesell & Thompson, 1938; McGraw, 1943).

Heutige Theoretiker folgen häufig dem Ansatz dynamischer Systeme (siehe Kapitel 4) und heben darauf ab, dass die motorische Entwicklung aus dem Zusammenspiel zahlreicher Faktoren resultiert, zu denen schon auch die neuronalen Mechanismen gehören, aber auch der Zuwachs an Körperkraft, an Kontrolle über die Körperhaltung, an Balance und Wahrnehmungsfähigkeit

Kasten 5.3

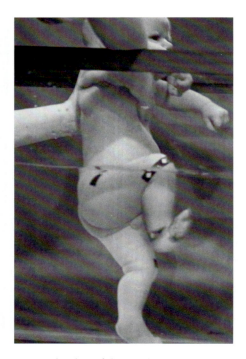

Dieses Baby, das auf dem Trockenen keinen Schreitreflex mehr zeigt, fängt wieder an zu schreiten, wenn man es ins Wasser hält.

verlängern lässt oder noch lange, nachdem er eigentlich verschwunden sein sollte, noch ausgelöst werden kann, kann die cortikale Reifung sein Verschwinden nicht erklären. Warum bildet sich der Schreitreflex dann dennoch normalerweise völlig zurück?

Ein Hinweis ergab sich aus der Beobachtung, dass pummelige Babys im Allgemeinen etwas später mit dem Laufen und Krabbeln beginnen als schlankere Babys. Thelen schloss daraus, dass die rasche Gewichtszunahme der Kinder in den ersten Lebenswochen dazu führen könnte, dass ihre Beine schneller schwerer als kräftiger werden. Zum Schreiten in aufgerichteter Position wird mehr Kraft benötigt als zum Strampeln im Liegen, und zum Heben eines dicken Beines braucht man mehr Kraft als zum Heben eines dünnen Beines. Thelen nahm also an, dass die Lösung des Rätsels mehr mit den Muskeln als mit dem Gehirn zu tun hat.

Um diese Hypothese zu prüfen, wurden zwei elegante Experimente durchgeführt (Thelen, Fisher & Ridley-Johnson, 1984). In einem Experiment brachten die Forscherinnen an den Knöcheln von Säuglingen, deren Schreitreflex noch vorhanden war, Gewichte an, die etwa der Menge an Fett entsprachen, die typischerweise in den ersten Lebensmonaten zugenommen wird. Plötzlich hörten diese Babys auf zu schreiten. In der zweiten Untersuchung wurden Säuglinge, die bereits keinen Schreitreflex mehr zeigten, bis zur Hüfte in ein Wasserbecken getaucht (siehe Photo). Erwartungsgemäß begannen die Babys wieder zu schreiten, wenn der Auftrieb ihr Gewicht im Wasser reduzierte. So kam durch die wissenschaftliche Detektivarbeit dieser Forscherinnen zu Tage, dass das normale Verschwinden des Schreitreflexes nicht, wie bislang angenommen, durch cortikale Reifung verursacht wird; vielmehr bleibt das Bewegungsmuster (und seine neuronale Grundlage) erhalten, wird jedoch durch das veränderte Verhältnis von Gewicht und Kraft der Beine überdeckt. Nur durch die gleichzeitige Beachtung mehrerer Variablen wurde es möglich, das Rätsel des verschwindenden Reflexes zu lösen.

---

sowie die Veränderungen der Körperproportionen und der Motivation bei den Kleinkindern (Bertenthal & Clifton, 1998; Lockman & Thelen, 1993; Thelen, 1995). (Kasten 5.3 bietet eine detaillierte Darstellung eines Forschungsprogramms, das als Beispiel für diesen Ansatz gelten kann.) Um sich die Rolle, die diese Faktoren spielen, besser vorstellen zu können, kann man einen Moment darüber nachdenken, wie jeder einzelne der genannten Faktoren das Erreichen der motorischen Meilensteine beeinflusst. Alle tragen zu dem allmählichen Übergang vom Neugeborenen, das noch nicht einmal seinen Kopf heben kann, zum Kleinkind bei, das aus eigener Kraft gehen kann, indem es seinen Oberkörper aufrecht hält und dabei die Bewegungen der Beine koordiniert, die stark genug geworden sind, um das Körpergewicht zu tragen. Jeder Fortschritt in diesem Übergang wird zusätzlich dadurch angetrieben, dass das Kind immer mehr von seiner Umwelt wahrnehmen kann und auch motiviert ist, mehr darüber zu erfahren.

Die Welt des Säuglings erweitert sich

Die Beherrschung jedes in Abbildung 5.7 gezeigten Meilensteins erweitert die Welt des Kindes sehr stark: Im Sitzen gibt es mehr zu sehen als im Liegen, es lässt sich mehr erkunden, wenn man selbst nach Dingen greifen kann, und wenn man sich aus eigener Kraft fortbewegen kann, gibt es noch mehr zu entdecken. In diesem Abschnitt betrachten wir einige der Wege, wie sich die motorische Entwicklung auf die Erfahrung der Kinder auswirkt.

Greifen

Die Entwicklung des Greifens löst im Leben des Kindes eine kleine Revolution aus: „Wenn Kinder erst einmal nach Gegenständen langen und sie greifen können, müssen sie nicht mehr darauf warten, dass die Welt zu ihnen kommt" (Bertenthal & Clifton, 1998). Wie Abbildung 5.7 erkennen lässt, braucht das Greifen seine Zeit, um sich zu entwickeln. Das liegt daran, dass an dieser scheinbar einfachen Verhaltensweise eine komplizierte Wechselwirkung vieler, voneinander unabhängiger Komponenten beteiligt ist, zum Beispiel die Muskelentwicklung, die Kontrolle der Körperhaltung oder die Entwicklung verschiedener Wahrnehmungs- und Bewegungsfertigkeiten (Spencer, Vereijken, Diedrich & Thelen, 2000; Thelen, Corbetta, Kamm, Spencer, Schneider & Zernicke, 1993). Damit das Greifen auftreten kann, muss das Kind zunächst motiviert sein, seine Hände überhaupt an einen Gegenstand bringen zu wollen. Diese Komponente scheint sich automatisch zu ergeben: Kinder sind von sich aus daran interessiert, mit Dingen in ihrer Umwelt etwas zu machen. Während der ersten Lebensmonate bleiben sie jedoch auf ungezielte Bewegungen beschränkt, die man noch nicht als eigentliches Greifen bezeichnen kann; im Englischen werden diese Bewegungen **prereaching movements** genannt. Dabei schlagen sie mit den Armen in die allgemeine Richtung von Objekten aus, die sie sehen (von Hofsten, 1982).

Mit etwa drei bis vier Monaten fangen die Kinder an, mit Erfolg nach Gegenständen zu greifen, auch wenn ihre Bewegungen noch etwas ungelenk und schlecht kontrolliert erscheinen. Eine verbesserte Kontrolle des Kopfes und des Oberkörpers sind entscheidend, damit das Greifen möglich wird. Diesem Zuwachs an Körperkontrolle liegen andere Fortschritte zugrunde, darunter eine erhöhte Kraft in den Nacken-, Schulter- und Armmuskeln sowie die verbesserte Fähigkeit, die Kraft zu modulieren, mit der der Arm auf ein Ziel hin bewegt wird (Spencer & Thelen, 2000).

Mit etwa sieben Monaten, wenn die Kinder die Fähigkeit erreicht haben, allein zu sitzen, wird ihr Greifvermögen ziemlich stabil, und die Bahn ihrer Greifbewegungen wird anhaltend geschmeidig und führt direkt zum Zielobjekt (Rochat, 1992; Spencer et al., 2000; Thelen et al., 1993; von Hofsten, 1979, 1991). Der Einflussbereich der Kinder erweitert sich durch die Errungenschaften des stabilen Sitzens und Greifens, weil sie sich jetzt nach vorne beugen können, um Gegenstände zu erreichen, die zuvor außerhalb ihrer Griffweite gewesen wären (Rochat & Goubet, 1995).

Prereaching movements – die ungelenken, ausschlagenden Bewegungen von Säuglingen in die grobe Nähe von Objekten, die sie sehen; eine Vorform des Greifens (daher *pre-reaching*).

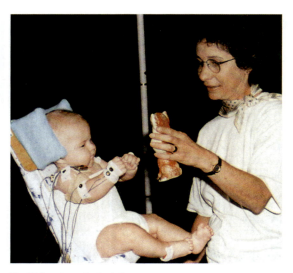

Die Elektroden, die im Labor von Esther Thelen am Arm dieses Babys befestigt sind, sind mit einem Computer verbunden, wodurch die Greifbewegungen des Kindes mit großer Genauigkeit analysiert werden können.

Einige Aspekte des Greifverhaltens von Säuglingen lassen erkennen, dass sie sich auf das „Gefühl" ihrer Hand und ihres Arms verlassen, die sich relativ zu ihrem Körper und zu den externen Objekten bewegen. Eine Form des Belegs für diesen Sachverhalt besteht in der Tatsache, dass das Sehen für akkurates Greifen nicht notwendig ist: Kinder zwischen vier und acht Monaten greifen auch in einem völlig dunklen Raum nach einem nicht sichtbaren Gegenstand, der Geräusche produziert (Clifton, Rochat, Litovsky & Perris, 1991). Sie koordinieren ihre Wahrnehmung des Ortes der Geräusche mit der Rückmeldung ihrer Hand- und Armbewegungen. Eine zweite Art des Nachweises besteht darin, dass sie beim Greifen nach Gegenständen, die sie sehen können, selten nach Objekten langen, die zu weit entfernt sind, was darauf schließen lässt, dass sie eine Vorstellung davon haben, wie lang ihre Arme sind (Bertenthal & Clifton, 1998). Das Greifen der Kinder in diesem Alter besitzt weitere Anzeichen der Antizipation; beispielsweise passen sie die Greifhand der Größe, Form oder Ausrichtung des angezielten Objekts an und nehmen ihre Finger beispielsweise weiter auseinander, wenn sie nach einem größeren Objekt fassen (Lockman, Ashmead & Bushnell, 1984; Newell, Scully, McDonald & Baillargeon, 1989). Sehr eindrucksvoll ist der Befund, dass sie auch ein sich bewegendes Objekt berühren können, indem sie dessen Bewegungsbahn vorausberechnen und ihr Greifen auf eine Stelle kurz vor dem Objekt richten (Robin, Berthier & Clifton, 1996; von Hofsten, 1980; von Hofsten, Vishton, Spelke, Feng & Rosander, 1998).

Eigene Fortbewegung

Die ersten Schritte sind ein großer Moment im Leben eines Kindes und seiner Eltern.

Mit etwa acht Monaten sind die Kinder zum ersten Mal in ihrem Leben in der Lage, sich von selbst fortzubewegen. Nun, da sie nicht mehr dadurch eingeschränkt sind, nur dort sein zu können, wo sie jemand anderes hinbringt, merken sie, dass der Weltausschnitt, der ihnen zur Verfügung steht, erheblich größer wird.

Die ersten Erfolge von Kleinkindern, sich aus eigener Kraft fortzubewegen, ergeben sich typischerweise durch das Krabbeln. (Kasten 5.4 beschreibt ein interessantes aktuelles Beispiel für die Variabilität des Alters, in dem das Krabbeln beginnt.) Viele (wahrscheinlich die meisten) Kinder fangen damit an, auf dem Bauch zu rutschen, oder greifen auf irgendein anderes ideosynkratisches Muster zurück, um vorwärts zu kommen (Beispiele geben Adolph, Vereijken & Denny, 1998). Die meisten Bauchkrabbler wechseln

> **Anwendungen** **Kasten 5.4**
>
> ### Eine aktuelle Veränderung bei der motorischen Entwicklung
>
> Ende der 1990er Jahre bemerkten Kinderärzte einen überraschenden Anstieg der Anzahl von Konsultationen, in denen Eltern darüber beunruhigt waren, dass ihre Kinder entweder erst spät zu krabbeln anfingen oder überhaupt nicht krabbelten. Viele Babys waren einfach vom Sitzen zum Laufen übergegangen.
>
> Die Ursache für diese völlig unbiologisch motivierte Veränderung bei der motorischen Entwicklung scheint auf die in Kasten 2.4 dargestellte Aufklärungskampagne zurückführbar zu sein, die Eltern eindringlich dazu anhält, ihre Babys auf dem Rücken schlafen zu lassen (Davis, Moon, Sachs & Ottolini, 1998). Wie in Kapitel 2 diskutiert, erwies sich diese öffentliche Gesundheitsmaßnahme als äußerst erfolgreich, um das Verhalten von Eltern zu verändern, was zu einem bemerkenswerten Rückgang der Auftretenshäufigkeit des plötzlichen Kindestods führte.
>
> Anscheinend senkt das Auf-dem-Rücken-Liegen die Wahrscheinlichkeit, dass sich Kinder zum erwartbaren Zeitpunkt von selbst umdrehen können. Eine Quelle für diesen Effekt könnte motivationaler Natur sein: Die bessere Übersicht über die Umgebung, die man auf dem Rücken liegend hat, könnte die Motivation, sich auf den Bauch zu drehen, verringern; in dieser Lage wäre der Ausblick recht eingeschränkt. Wenn sie jedoch weniger Zeit auf dem Bauch verbringen, haben die Kinder weniger Gelegenheit herauszufinden, dass sie sich durch eigenes Rutschen und Herumwinden selbst vorwärts bewegen können. Bei weniger Übung, den Oberkörper, auf dem Bauch liegend, aufzurichten, könnte sich die Kraft in den Armen etwas langsamer entwickeln.
>
> Wie auch immer: Die Forschungslage ist beruhigend. Beobachtet man die Kinder mit 18 Monaten, findet sich kein Unterschied in der Entwicklung, gleich ob sie beizeiten zu krabbeln begonnen haben oder nicht.

dann zum Krabbeln auf Händen und Knien (oder in manchen Fällen auf Händen und Füßen) über, was weniger anstrengend ist.

Wenn Kinder mit 13 oder 14 Monaten anfangen, aus eigener Kraft zu laufen, bedienen sie sich verschiedener vorsichtiger Strategien, um senkrecht zu bleiben und vorwärts zu kommen. Sie setzen ihre Füße relativ weit auseinander, was ihre stützende Basis vergrößert; sie beugen Hüfte und Knie ein wenig, wodurch ihr Schwerpunkt etwas tiefer liegt; sie halten die Hände in die Höhe, um besser Balance zu halten; und sie haben in 60 Prozent der Zeit beide Füße gleichzeitig auf dem Boden (im Gegensatz zu nur 20 Prozent bei Erwachsenen) (Bertenthal & Clifton, 1998; Clark & Phillips, 1993). Dadurch ergibt sich insgesamt eine etwas wacklige Gangart; im Englischen leitet sich daraus sogar die Bezeichnung für Kleinkinder in ihrem zweiten Lebensjahr ab („toddler" von „to toddle" – „wackeln").

Das tägliche Leben des neuerdings mobilen Krabbel- oder Laufkindes ist reichlich mit besonderen Anforderungen für die Fortbewegung ausgestattet – glatte Böden, weiche Teppiche, Wege voller Gegenstände und Hindernisse, Treppen, schräg abfallende Rasenflächen und so weiter. Die Kinder müssen permanent einschätzen, ob ihre sich entwickelnden Fähigkeiten genügen, um

Kasten 5.5 Näher betrachtet

Entwicklungsveränderungen durch Krabbeln und Laufen

Die wechselseitige Abhängigkeit verschiedener Entwicklungsbereiche lässt sich sehr schön anhand einer reichhaltigen und faszinierenden Serie von Experimenten illustrieren, die über drei Jahrzehnte hinweg durchgeführt wurde. Diese Arbeiten begannen mit einer markanten Untersuchung von Eleanor Gibson und Richard Walk (1960), in der sie der Frage nachgingen, ob Kleinkinder räumliche Tiefe wahrnehmen können, und gipfelten in Forschungen, die Tiefenwahrnehmung, Fortbewegung, kognitive Fähigkeiten, Emotion und den sozialen Kontext der Entwicklung miteinander verknüpfter.

Um die Frage nach der Tiefenwahrnehmung zu beantworten, verwendeten Gibson und Walk eine Vorrichtung, die „visuelle Klippe" genannt wird. Wie das Photo zeigt, besteht die visuelle Klippe aus einer dicken Schicht Plexiglas, die das Gewicht eines Kleinkinds aushält. Ein Steg in der Mitte teilt die Vorrichtung in zwei Seiten. Ein kariertes Muster, das sich auf der einen Hälfte knapp unter dem Glas befindet, lässt es wie eine feste, sichere Fläche aussehen. Auf der anderen Seite befindet sich das Muster weit unterhalb der Glasplatte, und der Kontrast in der Größe, in der die Karos erscheinen, führt zu dem Eindruck, dass zwischen den beiden Seiten ein gefährliches Gefälle – eine Klippe – besteht.

Gibson und Walk berichteten, dass Kinder im Alter von sechs bis 14 Monaten problemlos den flachen Teil der visuellen Klippe überqueren würden. Sie würden aber nicht den tiefen Teil überqueren, selbst wenn ein Elternteil sie hinüberzulocken versuchte. Offenbar waren die Kinder nicht gewillt, sich auf ein Gelände zu wagen, das wie ein Abgrund aussah – ein starker Beleg dafür, dass sie den Tiefenindikator der relativen Größe wahrnehmen und seine Bedeutung verstehen konnten.

Wie immer in der Wissenschaft ergaben sich sofort neue Fragen, zunächst danach, ab wann Kinder Tiefeninformation wahrnehmen können. Diese Frage wurde mit dem einfachen Mittel untersucht, Kinder im Alter von anderthalb Monaten langsam über der visuellen Klippe herunterzulassen und dabei ihre Pulsfrequenz zu messen (Campos, Langer & Krowitz, 1970). Es ergab sich ein sehr interessanter Befund: Der Puls der Säuglinge verlangsamte sich über der tiefen Seite, was darauf hinweist, dass sie den Tiefenunterschied wahrnehmen konnten und die tiefe Seite interessanter fanden als die flache. Doch zeigten die Kinder keine Furcht vor der tiefen Seite. Wann aber und in welcher Weise tritt die Angst vor Höhen erstmals auf?

In einer Untersuchungsreihe wiesen Joseph Campos und seine Mitarbeiter nach, dass die selbst verursachte Fortbewegung eine entscheidende Rolle bei der Entwicklung von Furcht oder Misstrauen gegenüber großen Höhen spielt (zusammengefasst in Campos, Anderson, Barbu-Roth, Hubbard, Hertenstein & Witherington, 2000; Campos, Bertenthal & Kermoian, 1992). Zunächst verglichen sie altersgleiche Kinder mit unterschiedlich umfangreicher Erfahrung, was die eigene Fortbewegung betrifft. Kinder mit sieben Monaten, die schon eine Zeit lang aus eigener Kraft krabbelten, zeigten eine Furchtreaktion (Pulsbeschleunigung), wenn man sie über der tiefen Seite der Klippe herunterließ; gleichaltrige Nichtkrabbler erkannten die tiefe Seite (was aus der Verlangsamung des Herzschlags hervorgeht), zeigten aber keine Anzeichen von Furcht oder Misstrauen.

Als Nächstes führten die Forscher eine experimentelle Untersuchung mit sieben Monate alten Nichtkrabblern durch. Die Hälfte dieser Kinder bekam mindestens 32 Stunden Erfahrung im Herumnavigieren in ihrer Wohnung mit Hilfe eines Lauf-

Motorische Entwicklung **269**

Kasten 5.5

gestells auf Rädern. Beim Test an der visuellen Klippe zeigten diese Babys mehr Misstrauen gegenüber der tiefen Seite als die gleichaltrigen Kinder ohne entsprechende Erfahrung im Laufgestell.

Ein zusätzlicher Beleg stammt aus einem so genannten „Naturexperiment" – eine natürlich auftretende Situation, die den Wissenschaftlern Antworten auf wichtige Fragen liefert, zu deren Beantwortung man aus ethischen Gründen keine Experimente planen könnte. Im vorliegenden Fall untersuchten die Forscher ein Kind, das wegen eines angeborenen Hüftproblems die ersten achteinhalb Monate seines Lebens in einem Ganzkörpergipsverband steckte und deshalb jeglicher Fortbewegungserfahrung entbehrte. Als der Verband entfernt wurde, zeigte der Junge keine Furcht, als er über der tiefen Seite der visuellen Klippe heruntergelassen wurde, obwohl er das Alter weit überschritten hatte, in dem Kinder diese Reaktion normalerweise zeigen. Nach ein paar Wochen Krabbelerfahrung jedoch zeigte er das klassische Muster des vorsichtigen Misstrauens.

Ein Kind weigert sich, die tiefe Seite der *visuellen Klippe* zu überqueren, obwohl es von seiner Mutter auf der anderen Seite herübergelockt wird.

Es scheint also so zu sein, dass die Erfahrung der selbst veranlassten Bewegung durch die Umgebung eine sehr wichtige Rolle dabei spielt, wie Babys ein Verständnis für die Bedeutung von Höhenunterschieden entwickeln. Glücklicherweise setzt diese Erfahrung nicht notwendigerweise harte Aufschläge voraus: Kinder müssen nicht erst im Sturzflug aus dem Bett oder die Treppen hinunterfallen, um Höhenunterschiede mit Gefahr zu assoziieren. Oft kommt die relevante Information von ihren Eltern auf dem Weg des so genannten *sozialen Referenzierens* (das in Kapitel 4 bereits eingeführt wurde), der Heranziehung der emotionalen Reaktion einer anderen Person, um eine uneindeutige Situation zu interpretieren (Campos & Stenberg, 1981; Rosen, Adamson & Bakeman, 1992; Walden & Baxter, 1989). Stellen Sie sich vor, Sie sehen Ihr sieben Monate altes Kind am oberen Rand einer Treppe stehen. Mit Sicherheit sähen Sie beängstigt aus und klängen auch so, während Sie „Halt" oder „Nein" schreien und sich beeilen, Ihr Baby in Sicherheit zu bringen. Das Baby würde diese emotionale Reaktion für den Schluss nutzen, dass Treppen gefährlich sind, ohne tatsächlich hinunterstürzen zu müssen.

Die Verwendung der emotionalen Reaktion anderer durch Kleinkinder wurde mit Hilfe einer visuellen Klippe nachgewiesen, die vergleichsweise flach abfiel und somit weniger bedrohlich aussah als die übliche tiefe Klippe (Sorce, Emde, Campos & Klinnert, 1985). Wiederum stand ein Elternteil am anderen Ende der Vorrichtung, was dem Kind einen Grund gab, die tiefe Seite überqueren zu wollen. Das entscheidende Merkmal dieser Untersuchung bestand darin, dass der Erwachsene entweder ein fröhliches oder ein ängstliches Gesicht machte: Wenn er fröhlich lächelte, krabbelte das Kind munter los; blickte der Erwachsene besorgt und ängstlich, blieb das Kind mit großer Wahrscheinlichkeit auf dem sicheren Gelände der flachen Seite der Klippe.

Der Beginn der selbst herbeigeführten Fortbewegung hängt mit einer Vielzahl von emotionalen Erfahrungen zusammen, nicht nur Angst und Besorgnis. Wenn Kinder anfangen, eine neue Fortbewegungsart zu beherrschen – mit einem Laufgestell,

Kasten 5.5

Soziales Referenzieren: Dieser kleine Junge verlässt sich auf das ermutigende Verhalten der Mutter und kommt zu dem Schluss, dass es für ihn sicher ist, ins Schwimmbecken zu springen.

durch Krabbeln oder durch aufrechten Gang –, sind sie froh und glücklich, sich selbst umherbewegen zu können. Kinder, die gerade laufen gelernt haben, wurden als „euphorisch" beschrieben, als ob sie „frisch verliebt mit der Welt" wären (Mahler, Pine & Bergman, 1975).

Darüber hinaus verursacht der Beginn der eigenen Fortbewegung des Kindes Veränderungen im allgemeinen Gefühlsklima der Familie, und zwar in positiver wie in negativer Richtung. Die Kinder neigen dazu, mehr zu lächeln und häufiger positive Interaktionen mit ihren Müttern einzugehen (Bertenthal & Campos, 1990; Biringen, Emde, Campos & Appelbaum, 1995; Campos, Kermoian & Zumbahlen, 1992; Gustafson, 1984). Gleichzeitig stellen gerade erst mobil gewordene Kinder jedoch auch ihre Eltern vor besondere Herausforderungen, und beide Seiten werden häufiger ärgerlich oder zornig. Was die Kinder betrifft, so scheinen die Erde in einem Blumentopf, der Lautstärkeknopf der Stereoanlage, Steckdosen und alles Zerbrechliche eine besonders intensive und eingehende Untersuchung zu verlangen. Das führt dazu, dass die Eltern Verbote aussprechen: „Nein!", „Finger weg!", „Leg das hin!" Das frustriert die Kinder und ruft Zorn hervor, so wie die hartnäckigen Anstrengungen der Kinder, verbotene Dinge zu erkunden, bei den Eltern Ärger auslösen (Campos et al., 1992). Die Meilensteine der Fortbewegung, die für die Babys eine Quelle der Freude und für die Eltern eine Quelle des Stolzes sein können, bilden zugleich eine Quelle der Frustration und der Familienkonflikte.

Dieses Beispiel illustriert anschaulich die Tatsache, dass die Entwicklung in einem bestimmten Bereich – Wahrnehmung, Motorik, Emotionen, Sozialverhalten oder irgendein anderes Feld – eng mit der Entwicklung auf anderen Gebieten interagiert. Es verweist eindrücklich auf die wichtige Rolle der selbst herbeigeführten Fortbewegung für die Stimulierung umfangreicher Entwicklungen. Vielleicht sollte uns die so entscheidende Bedeutung der eigenen Fortbewegung nicht überraschen. Schließlich braucht kein Tier so lange, bis es anfängt, sich von selbst im Raum zu bewegen, und wahrscheinlich empfindet kein Tier so viel Freude dabei, wenn es ihm schließlich gelingt.

---

damit von einem Ort an den anderen zu gelangen. Eleanor Gibson und ihre Mitarbeiter (Gibson, Riccio, Schmuckler, Stoffgren, Rosenberg & Taormina, 1987; Gibson & Schmuckler, 1989) untersuchten die Beziehung zwischen Wahrnehmung und Fortbewegung und fanden, dass die Kinder die Art ihrer Fortbewegung an die Merkmale anpassen, die sie an der Oberfläche, die sie überqueren wollen, wahrnehmen. Beispielsweise kehrten Kinder, die problemlos einen festen Steg aus Sperrholz aufrecht überquert hatten, klugerweise wieder zum Krabbeln zurück, um ein Wasserbett zu durchqueren. (Kasten 5.5 befasst sich weiter mit der engen Beziehung zwischen Wahrnehmung und Fortbewegung.)

In ähnlich gelagerten Forschungen entdeckten Karen Adolph und ihre Mitarbeiter ein überraschendes Ausmaß an Spezifität, wenn Kinder einzuschätzen

Abbildung 5.8: Die Integration von Wahrnehmungseindrücken mit neuen Bewegungsfähigkeiten. Die Forscherin Karen Adolph wird das Baby auf dem linken Bild, das gerade zu krabbeln begonnen hat, retten müssen, weil es nicht erkennt, dass der Weg zu steil ist, um mit dem vorhandenen Ausmaß an Krabbelfähigkeit bewältigt zu werden. Im Gegensatz dazu kommt das im aufrechten Gang bereits erfahrene Kind auf dem rechten Photo zu der klugen Entscheidung, dass es zum Laufen zu steil hinuntergeht.

lernen, was sie mit neu erlernten Fähigkeiten der Fortbewegung und der Körperhaltung bewältigen können und was nicht (Adolph, 1997, 2000; Adolph, Eppler & Gibson, 1993; Eppler, Adolph & Weiner, 1996). Diese Forschungen können als Beispiel für den Typ von *Veränderungsmechanismen* gelten, bei dem Variation und Selektion Entwicklungsveränderungen hervorrufen (vergleiche Kapitel 1). Die Forscherinnen ließen Eltern ihre Kinder dazu verleiten, sich auf schrägen, unterschiedlich steilen Gehsteigen im Labor hinunterzubewegen, wobei sich eine Versuchsleiterin in der unmittelbaren Nähe befand, um allzu abenteuerlustige Kinder gegebenenfalls aufzufangen (Abbildung 5.8). In ihren ersten Krabbelwochen krochen die (durchschnittlich achteinhalb Wochen alten) Kinder flache Schräglagen geschickt und ohne zu zögern hinunter. Wenn sie sich einem Gefälle gegenübersahen, das zu steil zum Hinunterkrabbeln war, betrachten sich die Babys die Sache typischerweise eine Weile lang, um sich dann dennoch kopfüber hinunterzuwagen (wobei sie von der Versuchsleiterin aufgefangen werden mussten). Nach einigen Wochen Übung im Krabbeln gelang es den Babys besser abzuschätzen, ob sie bei einer bestimmten Schrägneigung noch hinuntergelangen können, und sie dachten sich geeignetere Strategien dafür aus: Sie fingen bei mittelsteilen Neigungen an, sich vorsichtig Stück für Stück hinunterzutasten, während sie allzu steile Neigungen völlig vermieden. Nachdem die Kinder angefangen hatten zu laufen, schätzten sie wiederum zunächst schlecht ein, welche Steilheit sie mit ihrer neuen Fortbewegungsart bewältigen können. Kinder scheinen somit durch Erfahrung lernen zu müssen, wie die Information aus der Wahrnehmung mit dem jeweils neuen motorischen Verhalten, das sie entwickeln, zu integrieren ist (Berthenthal & Clifton, 1998; Lockman, 1984).

IN KÜRZE

Alle Kinder, die sich normal entwickeln, zeigen bei der Entwicklung ihres motorischen Verhaltens eine ähnliche Abfolge der wichtigen Schritte. Dies beginnt schon bei Neugeborenen mit einer gemeinsamen Menge angeborener Reflexe. Zunehmend haben Forscher die weit greifenden Zusammenhänge zwischen dem motorischen Verhalten, der Wahrnehmung und der Motivation von Kleinkindern betont; Gleiches gilt für die vielen Beispiele, wie sich mit jedem Fortschritt die Erfahrungen mit der Welt verändern. Bei der Entwicklung der eigenständigen Fortbewegung (krabbeln, laufen) praktizieren Kinder eine Vielzahl von unterschiedlichen Bewegungsmustern, um möglichst überall hinzukommen und die verschiedenen Herausforderungen, die ihre Umwelt bietet, zu bewältigen.

Lernen

Wer hat im Verlauf des heutigen Tages wohl mehr gelernt – Sie oder ein zehn Monate altes Kind? Wir würden auf das Baby setzen, schon weil es für ein kleines Kind so viel Neues gibt. Erinnern Sie sich an den kleinen Benjamin in der Küche seiner Eltern. In dieser Alltagssituation war eine Fülle von Lernanlässen und -gelegenheiten enthalten. Beispielsweise machte Benjamin neue Erfahrungen, was die Unterschiede zwischen belebten und unbelebten Objekten betrifft; er erlebte, wie bestimmte visuelle und akustische Eindrücke bei Ereignissen zusammen auftreten; er sah die Folgen, wenn Gegenstände ihre Standfestigkeit verlieren (einschließlich der Wirkung dieses Ereignisses auf den emotionalen Zustand seiner Eltern); und so weiter. Auch erfuhr er die Folgen seines eigenen Verhaltens, etwa die Reaktion der Eltern, als er zu weinen anfing.

In diesem Abschnitt behandeln wir sechs verschiedene Formen des Lernens, durch die Kinder von ihrer Erfahrung profitieren und Weltwissen erwerben. Diese Lerntypen sind die Habituation, das Wahrnehmungslernen, die Ausbildung einfacher visueller Erwartungen, das klassische Konditionieren, das operante Konditionieren (oder instrumentelles Lernen) und das Beobachtungslernen. Einige der Fragen von Entwicklungspsychologen, die auf das Lernen im frühen Kindesalter gerichtet sind, lauten: In welchem Alter treten die verschiedenen Formen des Lernens auf? Wie lange dauern die Lernresultate der frühen Kindheit an? Wie verhält sich das Lernen in der frühen Kindheit zu den späteren kognitiven Fähigkeiten? Eine weitere wichtige Frage betrifft das Ausmaß, in dem Kinder beim Lernen manches leichter und manches schwerer fällt.

Habituation

Die wahrscheinlich einfachste und früheste Form des Lernens besteht darin, etwas wiederzuerkennen, das man zuvor schon einmal erfahren hat. Wir haben in Kapitel 2 und an früherer Stelle im vorliegenden Kapitel bereits erwähnt, dass Babys – wie jeder andere auch – dazu neigen, relativ schwach auf Reize zu reagieren, die sie bereits kennen, und vergleichsweise stärker auf neuartige Reize (siehe Abbildung 5.9). *Habituation* – das Abnehmen der Reaktion bei wiederholter gleichartiger Stimulation – lässt erkennen, dass Lernen stattgefunden hat; das Kind besitzt eine Gedächtnisrepräsentation des wiederholten und mittlerweile vertrauten Reizes. Wenn ein anderer Reiz als neuartig wahrgenommen wird, tritt *Dishabituation* ein – ein erneutes Zunehmen der Reaktion. Habituation ist der Anpassung an die Umwelt sehr dienlich: Eine verringerte Aufmerksamkeit für das Alte und Bekannte versetzt Kinder in die Lage, auf das Neue zu achten und hierüber Neues zu lernen.

Man nimmt an, dass die Geschwindigkeit, mit der ein Kind habituiert, die allgemeine Effektivität seiner Informationsverarbeitung widerspiegelt. Ähnliche Aufmerksamkeitsmaße wie die Blickdauer und das Ausmaß der Präferenz von Neuartigem werden ebenso auf die Geschwindigkeit und Effektivität der Verarbeitung bezogen. Ein beträchtliches und überraschendes Ausmaß an Kontinuität ergab sich zwischen diesen Maßen in der Kindheit und den allgemeinen kognitiven Fähigkeiten im späteren Leben. Kleinkinder, die sehr schnell habituieren, die optische Reize nur sehr kurz betrachten und/oder die eine stärkere Präferenz für Neuartiges erkennen lassen, haben in der Regel sogar 18 Jahre später einen höheren IQ (Bornstein & Sigman, 1986; Colombo, 1995; McCall & Carriger, 1993; Rose & Feldman, 1995, 1997; Sigman, Cohen & Beckwith, 1997). Eine der frühesten und einfachsten Formen des menschlichen Lernens ist somit grundlegend für die allgemeine kognitive Entwicklung.

Abbildung 5.9: Habituation. Dieses drei Monate alte Kind bietet eine anschauliche Demonstration der *Habituation*. Das Mädchen sitzt vor einem Bildschirm, auf dem Photos gezeigt werden. Beim ersten Erscheinen eines Photos mit einem Gesicht weiten sich ihre Augen, und sie schaut konzentriert hin. Nach drei weiteren Darbietungen desselben Bildes lässt ihr Interesse nach, und sie gähnt. Beim fünften Erscheinen des Gesichts ziehen andere Dinge die Aufmerksamkeit des Babys auf sich, und beim sechsten Mal ist sogar das Kleid interessanter. Wenn schließlich ein neues Gesicht erscheint, wird das Interesse an einem neuartigen Reiz erkennbar. (Aus Maurer & Maurer, 1988.)

Wahrnehmungslernen

Von Anfang an suchen Säuglinge aktiv nach Ordnung und Regelmäßigkeit in ihrer Umwelt, und sie lernen eine Menge allein dadurch, dass sie sehr genau auf die Gegenstände und Ereignisse achten, die sie wahrnehmen. Nach Eleanor Gibson (1988) besteht der zentrale Prozess des Wahrnehmungslernens in der **Differenzierung** – dem Herausfiltern derjenigen Elemente aus dem sich ständig verändernden Reizangebot der Umwelt, die stabil und unverändert bleiben. Beispielsweise lernen Kinder den Zusammenhang zwischen Tonfall und Gesichtsausdruck deshalb, weil in ihrer Erfahrung ein angenehmer, fröhlicher oder begeisterter Tonfall normalerweise zusammen mit einem lächelnden Gesicht auftritt, während ein rauer, verärgerter Tonfall regelmäßig ge-

Differenzierung – das Herausfiltern derjenigen Elemente aus dem sich ständig verändernden Reizangebot der Umwelt, die stabil und unverändert bleiben.

meinsam mit einem finsteren Gesichtsausdruck auftritt, aber nicht mit einem Lächeln. Mit Zunahme an Alter und Erfahrung werden Kinder immer besser darin, die relevante Information herauszufiltern, und sie können immer feinere Unterscheidungen zwischen Reizen treffen.

Ein besonders wichtiger Teil des Wahrnehmungslernens besteht darin, dass die Kinder **Affordanzen** entdecken; darunter versteht man Angebote und Anregungen, die Gegenstände und Situationen mit Blick auf Handlungsmöglichkeiten eröffnen: Die Dinge und Situationen sagen uns, was wir mit ihnen beziehungsweise in ihnen tun können oder sollen (Gibson, 1988). Beispielsweise entdecken Kinder, dass man kleine – aber nicht große – Gegenstände hochheben kann, dass sich Flüssiges ausgießen lässt, dass Stühle einer bestimmten Größe zum Draufsitzen geeignet sind, und so weiter. Kinder entdecken solche Affordanzen dadurch, dass sie die Beziehungen zwischen den Dingen in ihrer Umwelt und ihrem eigenen Körper sowie ihren eigenen Fähigkeiten herausfinden. So haben wir beispielsweise schon dargestellt, dass Kinder mit der Zeit erkennen, dass feste, flache Oberflächen einen sicheren Gang ermöglichen, was bei glitschigen oder steil abfallenden Flächen nicht der Fall ist (Adolph, 1997; Gibson et al., 1987; Gibson & Schmuckler, 1989).

Wahrnehmungslernen ist an vielen, wenn auch nicht an allen Beispielen der intermodalen Koordination beteiligt. Wie wir zuvor schon ausgeführt haben, bedarf es keiner Lernprozesse, um ein integriertes Ereignis wahrzunehmen, an dem Sicht- und Hörbares beteiligt ist; so nimmt das Baby Benjamin von Natur aus ein einzelnes, zusammenhängendes Ereignis wahr, wenn er zum ersten Mal sieht und hört, wie ein Kristallglas am Fußboden zerspringt. Man muss jedoch lernen, welches die jeweiligen visuellen und akustischen Reize sind, die gemeinsam auftreten; nur durch Erfahrung kann Benjamin wissen, dass klirrende Geräusche mit zerbrechendem Glas zusammenhängen. Wir haben schon gesehen, dass Säuglinge von Anfang an auf die synchronen Zusammenhänge zwischen Lippenbewegungen und Lauten achten, während sie lernen müssen, den Bezug zwischen dem einzigartigen Anblick des Gesichts ihrer Mutter und dem einzigartigen Ton ihrer Stimme herzustellen (was ihnen mit dreieinhalb Monaten gelingt; Spelke & Owsley, 1979). Die Notwendigkeit des Wahrnehmungslernens wird besonders bei Ereignissen deutlich, an denen willkürliche Beziehungen beteiligt sind, beispielsweise die Assoziation zwischen der Farbe einer Tasse und dem Geschmack der darin befindlichen Nahrung. Die Tatsache, dass man sieben Monate alten Kindern im Labor Assoziationen zwischen Farbe und Geschmack beibringen kann (Reardon & Bushnell, 1988), wird all jene Eltern nicht überraschen, deren Kinder ihren Mund partout nicht aufmachen wollen, sobald sie einen Löffel sehen, auf dem sich irgendetwas Grünes befindet.

Affordanzen – Handlungsanregungen; die Handlungsmöglichkeiten, die Gegenstände und Situationen von sich aus anbieten.

Visuelle Erwartung

Eine weitere einfache Form des Lernens, die schon früh im Leben erkennbar ist, besteht in der Ausbildung von Erwartungen über zukünftige Ereignisse, die auf früheren Erfahrungen beruhen. Dieser Lerntyp wurde dadurch untersucht, dass man Säuglingen eine Reihe einfacher Reize dargeboten hat (Lichtreize oder Bilder), die auf einem vor dem Kind befindlichen Bildschirm an unterschiedlichen Stellen auftreten (Haith, Hazen & Goodman, 1988; Haith, Wentworth & Canfield, 1993). Die Reize erscheinen entweder in zufälliger oder in regelmäßiger, vorhersagbarer Abfolge, beispielsweise abwechselnd links und rechts. Bei Darbietung einer einfachen, regelhaften Sequenz fangen Kinder mit drei Monaten binnen Minuten an vorherzusehen, wo der nächste Reiz erscheinen wird, und blicken schon vor dessen Erscheinen zur jeweiligen Seite hin. Viele Kinder schaffen es auch, die Regel einer komplexeren Ereignisfolge zu entdecken (wie beispielsweise dreimal links und einmal rechts; Canfield & Haith, 1991). Die Fähigkeit von Kindern, diese einfachen Erwartungen auszubilden, hängt mit ihren späteren intellektuellen Funktionen zusammen: Die Leistung bei der visuellen Erwartungsaufgabe mit dreieinhalb Monaten korreliert positiv mit dem IQ im Alter von vier Jahren (Dougherty & Haith, 1997).

Klassisches Konditionieren

Eine andere wichtige Lernform ist das **klassische Konditionieren**, das zuerst von Pawlow in seinen berühmten Forschungen an Hunden entdeckt wurde; diese lernten eine Assoziation zwischen dem Klang einer Glocke und der Gabe von Futter und fingen mit der Zeit schon allein auf den Glockenton hin an zu speicheln. Das klassische Konditionieren spielt beim alltäglichen Lernen von Kindern eine Rolle, was die Zusammenhänge zwischen Umweltereignissen betrifft, die für die Kinder von Bedeutung sind. Betrachten wir die Rolle des klassischen Konditionierens beim Saugen. Die Mahlzeiten von Babys sind häufig und besitzen eine vorhersagbare Struktur. Zuerst wird das hungrige Kind von der Mutter (mit ihrer einzigartigen Konstellation von Wahrnehmungsmerkmalen) hochgenommen und auf eine bestimmte Weise gehalten. Dann berührt eine Brust oder eine Flasche den Mund des Kindes, was den Saugreflex auslöst. Das führt dazu, dass Milch in den Mund des Kindes fließt, welches die angenehmen Empfindungen eines köstlichen Geschmacks und die Befriedigung des Hungergefühls erfährt. Lernen in Form des klassischen Konditionierens wird erkennbar, wenn die Saugbewegungen des Kindes, die ursprünglich lediglich als Reflex auf die Reizung seines Mundes auftraten, nun schon an einer früheren Stelle der Ereignisabfolge begonnen werden, zum Beispiel beim bloßen Anblick der Flasche oder der Brust.

Am klassischen Konditionieren sind ein **unkonditionierter** (oder unbedingter) **Reiz** (**UCS** von *unconditioned stimulus*) und eine **unkonditionierte** (oder unbedingte) **Reaktion** (**UCR** von *unconditioned response*) beteiligt. Der unkonditionierte Reiz (UCS) löst zuverlässig durch Reflexe, also ohne vorangegangenes Lernen, die unkonditionierte Reaktion (UCR) aus. Im Beispiel wäre das Einführen der Brustwarze oder des Saugers in den Mund des Säuglings der UCS, der Saugreflex die UCR. Lernen beziehungsweise Konditio-

Klassisches Konditionieren – eine Form des Lernens, bei der ein ursprünglich neutraler Reiz mit einem Reiz assoziiert wird, der einen Reflex auslöst.

Unkonditionierter Reiz (UCS) – beim klassischen Konditionieren der Reiz, der einen Reflex auslöst.

Unkonditionierte Reaktion (UCR) – beim klassischen Konditionieren ein Reflex, der durch den unkonditionierten Reiz ausgelöst wird.

Konditionierter Reiz (CS) – beim klassischen Konditionieren ein neutraler Reiz, der wiederholt mit dem unkonditionierten Reiz gemeinsam auftritt.

Konditionierte Reaktion (CR) – beim klassischen Konditionieren der ursprüngliche Reflex, der nun auch durch den konditionierten Reiz ausgelöst wird.

nierung kann auftreten, wenn ein ursprünglich neutraler Reiz (also ein Reiz, der ursprünglich keinen Zusammenhang mit dem Reflex aufweist) wiederholt kurz vor dem unkonditionierten Reiz auftritt (das Baby sieht die Brust oder die Flasche, bevor es am Mund etwas spürt); dadurch wird der Reiz zum **konditionierten Reiz** (CS von *conditioned stimulus*). Mit der Zeit tritt die ursprünglich reflexhafte Reaktion – nun als gelernte oder **konditionierte Reaktion** (CS von *conditioned response*) – auch schon auf den ursprünglich neutralen Reiz hin auf (antizipatorische Saugbewegungen setzen jetzt schon ein, wenn das Baby Brust oder Flasche auch nur sieht). Mit anderen Worten wurde der Anblick von Brust oder Flasche zu einem Signal für das, was danach passieren wird. Nach und nach kann das Kind auch die Mutter selbst mit der gesamten Ereignisabfolge assoziieren, einschließlich des angenehmen Gefühls, das sich aus der Fütterung ergibt. Wenn dies eingetreten ist, können solche Gefühle schließlich allein durch die Anwesenheit der Mutter ausgelöst werden.

Ein Beispiel für konditioniertes Saugen aus der Laborforschung bietet eine Untersuchung von Elliott Blass und Mitarbeitern (Blass, Ganchrow & Steiner, 1984). Die Forscher tätschelten die Stirn von Neugeborenen, bevor sie eine kleine Portion Zuckerwasser in ihren Mund applizierten, und bald fingen die Kinder allein schon auf die Berührung ihrer Stirn (= CR) hin an, ihre Lippen zu spitzen und zu saugen (= CR) – bevor sich irgendetwas in ihrem Mund befand.

Bei vielen emotionalen Reaktionen wird angenommen, dass sie zuerst durch klassisches Konditionieren gelernt werden. Zu den ersten Nachweisen des emotionalen Konditionierens gehört der Fall des „Little Albert" (Watson & Rayner, 1920), eines neun Monate alten Jungens, den John B. Watson, der Begründer des Behaviorismus (vergleiche Kapitel 1), darauf konditioniert hatte, eine weiße Ratte zu fürchten. Als Watson den Jungen im Labor mit einer absolut sympathischen weißen Ratte bekannt machte, zeigte dieser zunächst eine positive Reaktion. Bei den folgenden Zusammentreffen zwischen Albert und der Ratte wurde an den Anblick der Ratte jedoch ein lautes, erschreckendes Geräusch gekoppelt. Nach einer Anzahl solcher Koppelungen bekam Albert schon vor dem Anblick der Ratte Angst. (In diesem Beispiel war das Angst erregende Geräusch der UCS, die Ratte war der CS, und Alberts Angstreaktion war die UCR auf das Geräusch und die CR auf die Ratte.) In einem alltäglichen Beispiel klassisch konditionierter Furcht ängstigen sich kleine Kinder häufig vor dem weißen Kittel einer Ärztin oder eines Krankenpflegers, was auf ihrer vorherigen Assoziation zwischen schmerzhaften Injektionen und Menschen in weißem Kittel beruht. (Um diesem Problem entgegenzuwirken, tragen heutige Kinderärzte oft Arbeitsmäntel mit Bildern von Zeichentrickfiguren, auf die Kinder im Allgemeinen positiv reagieren.)

So wie manche Beziehungen zwischen zwei Reizen leichter und andere schwerer zu lernen sind (was im Abschnitt über Wahrnehmungslernen dargestellt wurde), haben Untersuchungen auch gezeigt, dass sich manche Zusammenhänge zwischen Reiz und Reaktion leichter klassisch konditionieren lassen als andere. Beispielsweise lernten Neugeborene, ihren Kopf nach einer

Berührung ihrer Stirn zu drehen, wenn sie ein Klickgeräusch hörten, aber nicht, wenn sie „pssst" oder „schschsch" (die vokalen Zeichen für „leise") hörten (Blass, 1990). Eine wahrscheinliche Ursache für diesen Befund liegt darin, dass das Klickgeräusch ihre Aufmerksamkeit erfolgreicher erregen konnte. In ähnlicher Weise lernten vier Monate alte Kinder, ein Gesicht mit einer Stimme zu assoziieren, wenn der Gesichtsausdruck und die Stimmqualität übereinstimmten (zum Beispiel eine tröstende Stimme und ein trauriges Gesicht), aber nicht, wenn beide inkongruent erschienen (dieselbe Stimme und ein lachendes Gesicht) (Kaplan, Zarlengo-Strouse, Kirk & Angel, 1997).

Operantes Konditionieren

Eine Schlüsselvariante des Lernens ist für Kleinkinder (wie für jeden anderen) das Erlernen der Konsequenzen des eigenen Verhaltens. Im täglichen Leben lernen Kinder, dass das Schütteln einer Rassel ein interessantes Geräusch produziert, dass der Vater zurücklächelt, wenn man ihn anstrahlt, und dass die eingehende Beschäftigung mit der Erde in einem Blumentopf den Tadel der Eltern nach sich zieht. Diese Art des Lernens nennt man **operantes Konditionieren** oder *instrumentelles Lernen*; es umfasst die Beziehung zwischen dem eigenen Verhalten und der Belohnung oder Bestrafung, die daraus folgt. Die meisten Forschungen zum operanten Konditionieren bei Kindern arbeiten mit **positiver Verstärkung**; das bedeutet, dass eine Belohnung zuverlässig auf ein Verhalten folgt und die Wahrscheinlichkeit erhöht, dass das Verhalten wiederholt auftritt. Es besteht somit eine *Kontingenzbeziehung* (eine Abhängigkeitsbeziehung) zwischen dem kindlichen Verhalten und der Belohnung: *Wenn* das Kind die jeweilige Reaktion zeigt, *dann* erhält es die Belohnung. Tabelle 5.1 listet einige Beispiele aus der großen Vielfalt an einfallsreich gestalteten Situationen auf, die Forscher arrangiert haben, um das instrumentelle Lernen bei kleinen Kindern zu untersuchen.

Carolyn Rovee-Collier (1997) und ihre Mitarbeiter dachten sich ein recht einfaches, aber sehr raffiniertes Verfahren aus, um das instrumentelle Lernen und das Gedächtnis bei Säuglingen zu untersuchen: Sie schlingen ein Band um den Fuß eines Säuglings und verbinden ihn mit einem Mobile, das über dem

Operantes Konditionieren (*instrumentelles Lernen*) – das Erlernen der Beziehung zwischen dem eigenen Verhalten und den Folgen, die eintreten.

Positive Verstärkung – eine Belohnung, die zuverlässig auf ein Verhalten folgt und die Wahrscheinlichkeit erhöht, dass dieses Verhalten zukünftig wiederholt wird.

Tabelle 5.1: Untersuchungen zum operanten Konditionieren bei Kleinkindern.		
Altersgruppe	**Gelernte Reaktion**	**Belohnung**
Neugeborene	Seitliche Kopfdrehung	Zuckerlösung trinken
3 Wochen	Saugmuster	Interessante visuelle Darbietung
5–12 Wochen	Saugmuster	Einen Film im Blickzentrum halten
6 Monate	Einen Hebel drücken	Eine Spielzeugeisenbahn bewegt sich ein Gleis entlang

Abbildung 5.10: Kontingenz.
Dieser Säugling lernte innerhalb von Minuten, dass das eigene Strampeln das Mobile dazu bringt, sich in interessanter Weise zu bewegen; er lernte die *Kontingenz* zwischen dem eigenen Verhalten und einem äußeren Ereignis.

Bett des Kindes hängt (Abbildung 5.10). Im Laufe der Zeit strampeln die Säuglinge von sich aus mit den Beinen; schon mit zwei Monaten erlernen sie binnen Minuten die Beziehung zwischen ihren Beinbewegungen und dem unterhaltsamen Anblick des sich bewegenden Mobiles. Daraufhin steigern sie die Quote ihrer Strampelbewegungen ganz absichtlich und oft mit großer Freude. Die interessanten Bewegungen des Mobiles dienen so als Belohnung für das Strampelverhalten. Ein zusätzliches Merkmal dieses Verfahrens besteht darin, dass die Intensität der Belohnung von der Intensität des Verhaltens des Babys abhängt – je stärker es strampelt, umso heftiger bewegt sich das Mobile.

Auch wenn Kinder eine große Vielfalt an Kontingenzbeziehungen lernen können, gibt es doch eine Reihe von Begrenzungen für den Lernprozess. Je jünger das Kind beispielsweise ist, desto näher müssen das Verhalten und die Belohnung räumlich und zeitlich beieinander liegen: Kleine Babys lernen nur dann, wenn eine minimale Verzögerung zwischen ihrer Reaktion und der darauf folgenden Belohnung besteht, und nur dann, wenn die Belohnung sehr nah an dem Ort erfolgt, an dem das Verhalten gezeigt wurde. Sie können also vielleicht die Beziehung zwischen einem Knopfdruck und einem aufleuchtenden Licht lernen, aber nur, wenn das Licht unmittelbar neben dem Knopf aufleuchtet und dies auch unmittelbar nach dem Knopfdruck erfolgt (Millar, 1990).

Die große Motivation von Kindern schon ab dem jüngsten Alter, ihre Umgebung zu erkunden und zu beherrschen (wie sie im Rahmen unseres Themas des *aktiven Kindes* immer wieder betont wird), tritt in Situationen des instrumentellen Lernens zu Tage: Sie arbeiten hart daran, ihre Erfahrungen vorhersagen und kontrollieren zu lernen, und sie mögen es nicht gern, die Kontrolle zu verlieren, nachdem sie einmal erworben wurde. Forscher beschrieben den Gesichtsausdruck von Freude und Interesse, während Kinder im Alter von gerade einmal zwei Monaten eine Kontingenzbeziehung lernten, und den Ausdruck von Ärger und Zorn, wenn die gelernte Reaktion nicht mehr zum erwarteten Ergebnis führte (Lewis, Alessandri & Sullivan, 1990; Sullivan, Lewis & Alessandri, 1992). Wenn es Neugeborenen nicht mehr gelang, die Zuckerlösung zu erhalten, die ihrer Lernerfahrung gemäß auf eine Kopfdrehung hin eigentlich folgen sollte, begannen sieben von acht Kindern zu weinen (Blass, 1990).

Kleine Kinder können ebenfalls bereits lernen, dass es Situationen gibt, die sie nicht kontrollieren können. Zum Beispiel neigen die Kinder depressiver Mütter dazu, weniger zu lächeln und schwächere Ausprägungen positiver Affekte zu zeigen als Kinder von Müttern ohne Stimmungsbeeinträchtigung. Zum Teil kann das daran liegen, dass die Kinder depressiver Mütter lernen, dass solche freundlichen Verhaltensweisen von ihr mit anderen Dingen beschäftigten Elternteil selten belohnt werden (Campbell, Cohn & Meyers, 1995).

Auch können Kinder irrtümlicherweise zu dem Schluss kommen, dass sie in einer bestimmten Situation nichts bewirken können. In den Forschungen von Watson und Ramey (1972) lernte eine Gruppe von zwei Monate alten Säuglingen eine Kontingenzbeziehung zwischen Kopfdrehungen und der Bewegung eines Mobiles. Immer wenn die Babys ihren Kopf nach rechts (oder nach links) drehten, drehte sich ein Mobile über ihrem Kopf, was die Babys als Anblick sehr vergnüglich fanden. In der Folge stieg die Anzahl der Kopfdrehungen in die jeweils Erfolg versprechende Richtung. Eine zweite Gruppe von Säuglingen hatte Erfahrungen mit demselben Mobile, wobei dessen Bewegungen jedoch nicht mit ihrem eigenen Verhalten zusammenhingen. Der entscheidende Teil der Untersuchung trat ein, wenn die Babys der zweiten Gruppe ein neues Mobile sahen, das sie sehr wohl durch eigene Kopfdrehungen kontrollieren konnten: Es gelang ihnen nicht, die Kontingenz zu lernen. Das bedeutet, dass sie die Beziehung zwischen ihrem eigenen Verhalten und der Bewegung des Mobiles nicht herausfanden. Ihre Erfahrung mit einer nicht kontingenten Beziehung verhinderte also, dass sie eine kontingente Beziehung erlernten. Diese Forschungen lassen darauf schließen, dass schon Säuglinge mehr lernen als nur die jeweiligen Kontingenzbeziehungen, denen sie begegnen; sie lernen auch etwas über die Beziehung zwischen sich selbst und der Welt und über das Ausmaß, in dem sie den Zustand der Welt beeinflussen können.

Beobachtungslernen

Eine besondere Quelle des kindlichen Lernens ist ihre Beobachtung des Verhaltens anderer Menschen. Eltern, die sich häufig darüber amüsieren und manchmal auch in Verlegenheit geraten, wenn ihre Kinder ihr eigenes Verhalten nachmachen, sind sich sehr bewusst, dass ihr Nachwuchs vieles einfach durch Beobachtung lernt.

Die Fähigkeit, das Verhalten anderer zu imitieren, scheint schon sehr früh im Leben vorhanden zu sein, wenngleich zunächst in deutlich eingeschränkter Weise. Andrew Meltzoff und Keith Moore (1977, 1983) fanden, dass Neugeborene ihre Zunge häufig herausstrecken, wenn sie ein erwachsenes Modell dabei beobachten, wie es langsam und wiederholt seine Zunge herausstreckt (Meltzoff & Moore, 1977). Seit dem ersten Bericht über diese Befunde haben sich die Forscher darüber gestritten, ob dieses Verhalten wirklich einen Beleg für Nachahmung darstellt und ob Neugeborene, wie Meltzoff und Moore behaupteten, für einige Aspekte der Korrespondenz zwischen dem Körper von Erwachsenen und ihrem eigenen Körper empfänglich sind (Anisfeld et al., 2001).

Mit sechs Monaten jedoch steht die Nachahmung von Kindern außer Frage. Kinder in diesem Alter machen nicht nur nach, die Zunge rauszustrecken, sondern versuchen auch, ihre Zunge ausgestreckt nach der Seite zu biegen, wenn sie das bei einem Erwachsenen gesehen haben (Meltzoff & Moore, 1994). Ab diesem Alter erweitert sich der Bereich dessen, was Kinder imitieren. Sie machen neuartige Handlungen nach, die sie im Umgang mit Objekten beobachtet haben (beispielsweise wie sich ein Versuchsleiter mit dem Rumpf nach vornüber beugt, um mit der Stirn eine Schachtel zu berühren). Einige Zeit, nachdem sie eine solche Vorführung gesehen haben, erhalten die Kinder dieselben Objekte, mit denen der Versuchsleiter etwas getan hatte. Schon zwischen sechs und neun Monaten imitieren Kinder einige der neuartigen Handlungen, deren Zeuge sie waren, selbst nach einem Abstand von 24 Stunden (Barr, Dowden & Hayne, 1996; Meltzoff, 1988b), und mit 14 Monaten gelingt dies sogar noch nach einer ganzen Woche (Meltzoff, 1988a).

Die Nachahmungen älterer Kinder bringen nicht nur ein Verständnis der menschlichen Handlungsweise zum Ausdruck, sondern auch der Handlungsabsichten. Belege für diese Behauptung stammen aus Forschungen, in denen Kinder mit 18 Monaten beobachteten, wie ein Erwachsener – erfolglos – versuchte, eine kleine Spielzeughantel auseinander zu nehmen (Meltzoff, 1995). Der Erwachsene zog an beiden Enden, aber seine Hand ‚rutschte aus', und die Hantel blieb ganz (Abbildung 5.11a). Als die Kinder später selbst das Spielzeug in die Hand bekamen, zogen sie die beiden Enden auseinander und machten somit nach, was der Erwachsene zu tun *beabsichtigte*, nicht was er tatsächlich tat. Solche Nachahmungshandlungen bleiben auf Handlungen von Menschen beschränkt, was sich an einer anderen Gruppe von gleichaltrigen Kindern zeigt. Sie beobachteten eine mechanische Vorrichtung mit Greifzangen, die die beiden Enden der Hantel festhielten. Manche Kinder sahen, wie die Greifzangen die Hantel zerlegten, andere sahen die Greifzangen abrutschen, so wie es der menschlichen Hand ergangen war (Abbildung 5.11b). Gleich, was die Kinder an der mechanischen Vorrichtung beobachtet hatten: Sie versuchten selbst nur selten, die Hantel auseinander zu nehmen. Kinder versuchen also, das Verhalten und die Absichten anderer Menschen zu reproduzieren, nicht aber das Tun unbelebter Objekte.

Babys sind keineswegs darauf beschränkt, aus dem Verhalten ‚echter' erwachsener Modelle zu lernen. Schon mit 15 Monaten imitieren sie Handlungen, die sie einen Erwachsenen im Fernsehen haben ausführen sehen (Barr & Hayne, 1999; Meltzoff, 1988a). Auch Gleichaltrige können für Kinder im zweiten Lebensjahr bereits als Modell dienen: 14 Monate alte „Experten"-Peers mit entsprechender Übung machten ihren Altersgenossen – in der Kin-

Abbildung 5.11: Die Nachahmung von Absichten. (a) Wenn Kinder mit 18 Monaten sehen, wie eine Person offensichtlich versucht, die Enden einer Hantel auseinander zu nehmen, ohne dass dies gelingt, dann imitieren sie das Abziehen der Hantelenden – also die *beabsichtigte* Handlung der Person, nicht ihre tatsächliche Handlung. (b) Eine mechanische Vorrichtung imitieren sie überhaupt nicht. (Aus Meltzoff, 1995.)

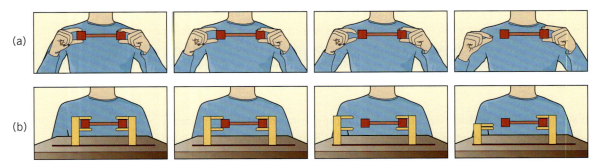

dertagesstätte oder im Labor – neuartige Handlungen vor (Hanna & Meltzoff, 1993). Beispielsweise drückten sie auf einen Knopf, der in einer Schachtel verborgen war, um einen Brummton auszulösen. Als die Kinder, die diesen Vorgang beobachtet hatten, 48 Stunden später zu Hause getestet wurden, machten sie das nach, was sie bei dem gleichaltrigen Kind als Modell zuvor gesehen hatten.

IN KÜRZE

Kinder beginnen von Geburt an, etwas über die Welt zu lernen. Sie habituieren auf wiederholt auftretende Reize, bilden Erwartungen über sich wiederholende Ereignisfolgen aus und lernen Assoziationen zwischen bestimmten optischen und akustischen Eindrücken, die regelmäßig zusammen auftreten. Das klassische Konditionieren wurde bei Neugeborenen und älteren Kindern nachgewiesen; es scheint besonders wichtig beim Lernen emotionaler Reaktionen zu sein. Kleine Kinder sind für eine Vielzahl von Kontingenzbeziehungen zwischen ihrem eigenen Verhalten und seinen Folgen empfänglich. Eine bei älteren Kindern besonders wirksame Form des Lernens ist das Beobachtungslernen: Ab dem Alter von sechs Monaten lernen Kinder viele neue Verhaltensweisen einfach durch die Beobachtung dessen, was andere tun. Auch wenn im Verlauf der frühen Kindheit eine enorme Menge an Lernprozessen abläuft, können Babys manche Assoziationen oder Beziehungen leichter lernen als andere. Beim Beobachtungslernen beispielsweise spielt die Intentionalität (die Handlungsabsicht) des Modells eine zentrale Rolle.

Kognition

Es ist klar, dass Säuglinge und Kleinkinder auf vielerlei Weise lernen können. Aber denken sie tatsächlich auch? Diese Frage hat Eltern und Entwicklungspsychologen gleichermaßen fasziniert (Kagan, 1972). Die Eltern von Baby Benjamin haben sich ihr Kind zweifellos mit Staunen betrachtet und sich gefragt: „Was denkt er? Denkt er überhaupt?" Im Verlauf etwa der vergangenen 20 Jahre haben Entwicklungsforscher große Anstrengungen unternommen, um herauszufinden, in welchem Umfang sich Kinder kognitiv betätigen (Wissen, Denken, Schlussfolgern); dabei fragten sie sich, wie Kinder Ereignisse, die sie erleben, interpretieren, welche Schlüsse sie bereits ziehen können, welche Vorhersagen ihnen gelingen, und so weiter. Es gab geradezu eine Explosion von faszinierenden Forschungsarbeiten mit dem Ergebnis, dass die kognitiven Fähigkeiten in der frühen Kindheit weit beeindruckender sind, als man zunächst annahm. Der Ursprung dieser eindrucksvollen Fähigkeiten blieb jedoch Gegenstand heftiger Debatten, so dass es derzeit eine Reihe von theoretischen Positionen gibt, die sich darin unterscheiden, wie sehr Anlage- oder Umweltfaktoren betont werden.

Nach der Theorie des Kernwissens, die in Kapitel 4 bereits beschrieben wurde, muss man den Kindern angeborenes Wissen in einigen Wissensbereichen von besonderer Bedeutung zuerkennen (Carey & Spelke, 1994; Gelman & Williams, 1998; Scholl & Leslie, 1999; Spelke, 2000). Vertreter der Kernwissenshypothese behaupten, dass Kinder mit einigem Wissen über die physikalische Welt geboren werden, beispielsweise dass zwei Objekte nicht denselben Ort einnehmen können oder dass physikalische Objekte sich nur bewegen, wenn sie durch eine Kraft in Bewegung gesetzt werden. Vertreter anderer Theorien behaupten, dass Kinder über spezialisierte Lernmechanismen verfügen, mit deren Hilfe sie Wissen in diesen Bereichen schnell und effektiv erwerben können (Baillargeon, 1994, 1995; Baillargeon, Kotovsky & Needham, 1995). Wieder andere Theorien betonen die allgemeinen Lernmechanismen, durch welche die mentalen Repräsentationen der physikalischen Welt bei den Kindern nach und nach angereichert werden (Munakata, McClelland, Johnson & Siegler, 1997). Schließlich besteht am anderen Ende des Spektrums, der Kernwissenshypothese entgegengesetzt, die Sichtweise, dass Kinder zunächst überhaupt keine Wissensrepräsentationen besitzen und dass perzeptuell-motorische Prozesse für vieles verantwortlich sein könnten, was als Kognition in der frühen Kindheit beschrieben wurde (Haith & Benson, 1998; Smith, 1999).

Denken über Dinge

Ein großer Teil dessen, was wir über die Kognition von kleinen Kindern wissen, hat seinen Ursprung in Forschungsarbeiten über die Entwicklung des Wissens über Objekte; solche Forschungen waren ursprünglich durch Jean Piagets Theorie der sensumotorischen Intelligenz inspiriert. Wie wir in Kapitel 4 erfahren haben, nahm Piaget an, dass das Verständnis der Welt bei Kleinkindern stark dadurch eingeschränkt ist, dass sie nicht dazu in der Lage sind, Dinge, die im jeweiligen Moment nicht der Wahrnehmung zugänglich sind, mental zu repräsentieren und darüber nachzudenken. Mit anderen Worten glaubte er, dass das Denken des Kindes auf das „Hier und Jetzt" begrenzt ist – dass es sich der Existenz nur derjenigen Dinge bewusst ist, die es gerade sehen, hören, berühren etc. kann. Wenn ein Kleinkind aus irgendeinem Grund den Blickkontakt zu einem Objekt verliert (beispielsweise weil es das Objekt fallen lässt und dann nicht mehr sehen kann oder weil jemand das Objekt unter einem Tuch versteckt), verschwindet es nicht nur aus dem Sichtfeld des Kindes, sondern auch aus seinem Geist. Mit Piagets Worten ist das Objekt „ein bloßes Abbild, das wieder ins Nichts eintritt, sobald es verschwindet" (Piaget, 1974). Piagets Beobachtung, dass Kinder unter acht Monaten nicht nach Objekten suchen, die sie nicht sehen können, führte ihn zur Formulierung des Konzepts der *Objektpermanenz*. Es bezieht sich darauf zu verstehen, dass Gegenstände unabhängig davon existieren, ob man sie selbst wahrnimmt und mit ihnen umgeht oder nicht.

Eine beträchtliche Menge an Forschungsarbeiten hat Piagets Behauptung unterstützt, dass Säuglinge nicht manuell nach versteckten Objekten suchen. Wie wir in Kapitel 4 bereits erwähnt haben, wuchsen aber mit der Zeit die Zweifel über seine Erklärung für dieses faszinierende Phänomen. Es gibt sehr viele Hinweise darauf, dass Säuglinge tatsächlich in der Lage sind, unsichtbare Objekte und Ereignisse mental zu repräsentieren und an ihre Existenz zu denken.

Der einfachste Nachweis für die Fähigkeit von Säuglingen, ein aus dem Sichtfeld verschwundenes Objekt zu repräsentieren, besteht in der Tatsache, dass sie im Dunkeln nach Objekten greifen. Wenn man ihnen einen attraktiven Gegenstand zeigt und den Raum dann verdunkelt, was dazu führt, dass der Gegenstand (wie alles andere auch) aus dem Sichtfeld verschwindet, greifen die meisten Babys dorthin, wo sie das Objekt zuletzt sahen, was darauf hindeutet, dass sie von der Erwartung ausgehen, es befinde sich immer noch dort (Hood & Willatts, 1986; Perris & Clifton, 1988; Stack, Muir, Sherriff & Roman, 1989).

Säuglinge scheinen sich sogar einige Merkmale von unsichtbaren Objekten vorstellen zu können, was man daran erkennen kann, dass sie auf unterschiedliche Weise greifen, je nachdem, was sie über das Objekt, das sie nicht sehen können, wissen. Wenn Kinder mit sechs Monaten im Dunkeln saßen und das Geräusch eines ihnen vertrauten großen Objekts hörten, griffen sie mit beiden Händen nach ihm (so wie sie es im Hellen tun); sie griffen aber mit nur einer Hand nach dem fraglichen Gegenstand, wenn das Geräusch, das sie hörten, zu einem ihnen vertrauten kleinen Objekt gehörte (Clifton, Rochat, Litovsky & Perris, 1991). In ähnlicher Weise beobachteten Kinder mit sechseinhalb Monaten, wie ein Ball geräuschvoll durch ein Rohr fiel und an einem von zwei Orten zu liegen kam. Wenn das Licht aus war, verließen sich die Kinder auf das Geräusch des Balls als Anhaltspunkt für dessen Bewegung und griffen nach der tatsächlichen Endposition des Balls (Goubet & Clifton, 1998).

Die Mehrzahl der Belege dafür, dass Säuglinge unsichtbare Objekte repräsentieren und zum Gegenstand ihres Denkens machen können, stammt aus Forschungen mit dem Verfahren der **Erwartungsverletzung**. Das Prinzip ist der oben schon dargestellten Methode der Blickpräferenz ähnlich. Die Grundannahme dieses Verfahrens lautet wie folgt: Wenn Säuglinge ein Ereignis beobachten, das im Widerspruch zu etwas steht, was sie darüber, wie die Welt normalerweise beschaffen ist, wissen, dann werden sie überrascht sein oder zumindest Interesse zeigen. Ein Ereignis, das unmöglich ist oder nicht mit dem Wissen des Kindes übereinstimmt, sollte somit eine stärkere Reaktion (eine längere Blickzuwendung oder einen veränderten Puls) hervorrufen als ein mögliches oder mit dem Weltwissen konsistentes Ereignis.

Die Technik der Erwartungsverletzung wurde von Renée Baillargeon und ihren Mitarbeitern (Baillargeon, 1987b; Baillargeon, Spelke & Wasserman, 1985) in einer klassischen Untersuchungsreihe eingesetzt, um herauszufinden, ob Kinder, die zu jung sind, um nach einem unsichtbaren Objekt zu suchen, vielleicht dennoch eine mentale Repräsentation von dessen Existenz besitzen. In einiger dieser Untersuchungen wurden die Kinder zunächst darauf habitu-

Erwartungsverletzung – ein Verfahren zur Untersuchung des kindlichen Denkens. Dabei wird Kindern ein Ereignis gezeigt, das Überraschung oder Interesse auslösen sollte, falls es gegen etwas verstößt, was das Kind weiß oder für zutreffend hält.

Abbildung 5.12: Mögliche versus unmögliche Ereignisse. In einer klassischen Testreihe zur Objektpermanenz haben Renée Baillargeon und ihre Mitarbeiter Säuglinge zunächst auf den Anblick eines Sichtschirms habituiert, der 180 Grad vor- und zurückklappt. Dann wurde eine Schachtel in den Weg des Schirms gestellt. Beim *möglichen Ereignis* klappte der Sichtschirm hoch, verdeckte die Schachtel und blieb stehen, als er an den oberen Rand der Schachtel stieß. Beim *unmöglichen Ereignis* klappte der Schirm hoch, verdeckte die Schachtel, drehte sich dann aber die ganzen 180 Grad weiter, so dass er scheinbar durch den Raum, den die Schachtel einnahm, hindurchging. Kinder blickten länger auf das unmögliche Ereignis, woraus ersichtlich wird, dass sie die Existenz der nicht sichtbaren Schachtel mental repräsentiert haben. (Aus Baillargeon, 1987a.)

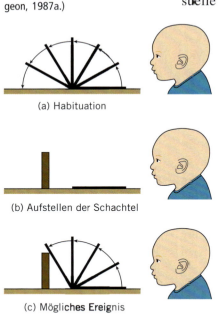

(a) Habituation

(b) Aufstellen der Schachtel

(c) Mögliches Ereignis

(d) Unmögliches Ereignis

iert, dass ein Sichtschirm 180 Grad vor- und zurückklappte (Abbildung 5.12). Dann wurde auf dem Weg, den der Schirm dabei überstrich, eine Schachtel platziert, und die Kinder sahen zwei Testereignisse. Bei dem *möglichen Ereignis* klappte der Sichtschirm hoch, verdeckte dabei den Blick auf die Schachtel und kam zum Stillstand, als er an diese anstieß. Beim *unmöglichen Ereignis* klappte der Sichtschirm die ganzen 180 Grad ungehindert nach hinten weg, was so aussah, als ob er durch den Raum, den die Schachtel einnimmt (die der Versuchsleiter heimlich weggestellt hatte), hindurchgegangen wäre.

Schon mit viereinhalb Monaten (manche sogar schon mit dreieinhalb Monaten) betrachteten die Säuglinge das unmögliche Ereignis länger als das mögliche Ereignis. Die Forscherinnen nahmen an, dass das vollständige Zurückklappen des Sichtschirms (auf das die Kinder zuvor ja habituiert worden waren) nur dann interessanter oder überraschender sein konnte, wenn die Kinder erwartet hatten, dass der Schirm, wenn er die Schachtel erreicht, zum Stillstand kommen würde. Und der einzige Grund dafür, warum sie eine solche Erwartung gehabt haben konnten, besteht darin, dass sie annahmen, die Schachtel existiere noch – was bedeutet, dass sie ein Objekt, das sie nicht mehr sehen konnten, mental noch repräsentiert hatten. Außerdem erwarteten die Säuglinge offenbar, dass die Schachtel an ihrem Ort bleibt, und erwarteten nicht, dass der Sichtschirm durch sie hindurchgehen könnte. Forschungen mit zwei ganz unterschiedlichen Aufgabentypen – Greifen im Dunkeln und visuelle Aufmerksamkeit – erbringen also übereinstimmende Belege dafür, dass Säuglinge, die noch nicht nach verborgenen Objekten suchen, dennoch die fortdauernde Existenz von Objekten repräsentieren können.

Andere Untersuchungen haben weitere Belege erbracht, was die Fähigkeit von Säuglingen betrifft, über Eigenschaften unsichtbarer Gegenstände nachzudenken. Einige Studien zeigten beispielsweise, dass die *Höhe* der Schachtel hinter dem zurückklappenden Schirm bei sechseinhalb Monate alten Kindern die Erwartungen darüber beeinflusste, wo der Schirm stoppen sollte. Sie erwarteten, dass der Schirm weiter nach hinten klappen sollte, wenn dort eine kleinere Schachtel stand, als wenn die Schachtel höher war (Baillargeon, 1991). Auch zeigte sich, dass die Erwartung der Kinder von Materialeigenschaften beeinflusst wird: Nachdem sie ein hartes, stabiles Objekt und ein weiches, zusammendrückbares Objekt angefasst hatten, hielten Kinder mit siebeneinhalb Monaten den Blick länger auf das Ereignis gerichtet, wenn der Schirm durch das harte Objekt hindurchzuklappen schien, während es offenbar weniger überraschend war, wenn er das weiche Objekt niederdrückte (Baillargeon, 1987a).

Die genannten Forschungsergebnisse zeigen, dass Säuglinge schon über mehr von jenen Erwartungen verfügen, die Erwachsene an Objekte knüpfen, als Piaget für möglich hielt. Zusätzliche Studien haben die Fähigkeit von Kindern untersucht, Interpretationen für ein rätselhaftes Ereignis zu entwickeln – was Erwachsene häufig tun. Säuglinge im Alter von dreieinhalb und fünfeinhalb Monaten sahen

Gewöhnungsereignisse

Ereignis „kleiner Hase"

Ereignis „großer Hase"

(a)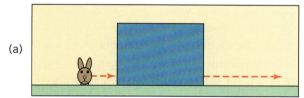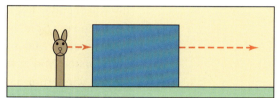

Testereignisse

Mögliches Ereignis

Unmögliches Ereignis

(b)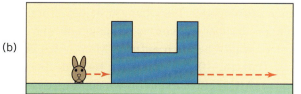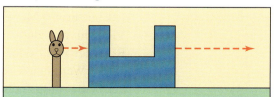

die Anordnung in Abbildung 5.13a (Baillargeon & DeVos, 1991; Baillargeon & Graber, 1987). In abwechselnden Durchgängen sahen sie entweder einen großen oder einen kleinen Spielzeughasen hinter einem Schirm verschwinden und nach einer angemessenen Zeit auf der anderen Seite wieder auftauchen. Vor Durchführung der Testereignisse wurde der rechteckige Sichtschirm durch einen anderen ersetzt, bei dem aus der oberen Hälfte ein Fenster ausgeschnitten war (Abbildung 5.13b). Bei dem möglichen Testereignis sahen die Kinder, wie der kleine Hase (der nicht bis zur Unterkante des Fensters reichte) hinter dem Schirm verschwand und auf der anderen Seite wieder auftauchte. Bei dem unmöglichen Ereignis sahen sie den großen Hasen hinter dem Schirm verschwinden und einige Sekunden später auf der anderen Seite wieder erscheinen – ohne dass er aber irgendwann in dem Fenster erschienen wäre. (Wahrscheinlich haben Sie schon vermutet, dass die Versuchsleiter heimlich zwei große Hasen verwendet haben, auf jeder Seite einen.)

Die Kinder schauten länger hin, wenn der große Hase nicht im Fenster erschien, als wenn der kleine Hase nicht zu sehen war. Dieses Ergebnis lässt darauf schließen, dass sie sowohl die Existenz als auch die Größe der Objekte repräsentierten und erwarteten, dass der große Hase im Fenster sichtbar werden müsste. Diese Schlussfolgerung findet Unterstützung durch das Verhalten einer anderen Gruppe von Kindern, denen zuerst gezeigt wurde, dass es hinter dem Schirm zwei große Hasen gab, je einen links und rechts vom Fenster. Nach diesem Hinweis schauten die Kinder im Testdurchgang, in dem der große Hase nicht im Fenster erschien, nicht länger hin. Das Wissen, dass zwei Hasen beteiligt sind, beseitigte das Rätselhafte des Ereignisses.

Wir sehen also, dass die Forscher Belege dafür finden, dass Säuglinge über ein weit umfangreicheres Verständnis der Objektpermanenz verfügen, als Piaget erkannt zu haben meinte; dabei haben sie jedoch das Blickverhalten der Kinder untersucht und nicht ihr Suchverhalten. Wenn die Kinder dann jedoch

Abbildung 5.13: Wissen über nicht sichtbare Objekte. (a) *Gewöhnungsereignisse:* Kinder beobachten, wie nacheinander ein kleiner und ein großer Spielzeughase links von einem Sichtschirm losgehen, hinter dem Schirm weiterlaufen und auf der anderen Seite wieder zum Vorschein kommen. (b) *Testereignisse:* Bei dem möglichen Ereignis geht der kleine Hase hinter dem Schirm durch, ohne im Fenster zu erscheinen. Bei dem unmöglichen Ereignis tut der große Hase dasselbe. Die Kinder betrachten das unmögliche Ereignis länger. (Aus Baillargeon & Graber, 1987; Baillargeon & DeVos, 1991.)

anfangen, nach versteckten Objekten zu suchen (wie in Kapitel 4 beschrieben), was etwa mit acht Monaten der Fall ist, dann unterläuft ihnen ein recht überraschender Fehler, den Piaget entdeckte (1954): der *A-/nicht-B-Suchfehler*. Wenn ein Spielzeug zweimal versteckt wird, beim ersten Mal an Ort A und beim zweiten Mal an Ort B, suchen Kinder zwischen acht und zwölf Monaten beim ersten Mal zutreffenderweise am Ort A, beim zweiten Mal aber suchen sie oft wiederum am Ort A. Piaget interpretierte dieses Verhalten als Beleg dafür, dass Kinder bis zum zwölften Lebensmonat nicht verstehen, dass ein Objekt unabhängig von ihren eigenen Handlungen mit diesem Objekt existiert, so dass sie es an der Stelle erwarten, an der sie es zuvor schon einmal gefunden hatten.

Eine große Menge an nachfolgenden Forschungsarbeiten erbrachte eine Vielzahl von Beobachtungen darüber, wovon es abhängt, ob der A-/nicht-B-Fehler mehr oder weniger wahrscheinlich auftritt (Marcovitch & Zelazo, 1999; Wellman, Cross & Bartsch, 1987). Einer der Befunde besagt, dass der Fehler mit zunehmendem Alter seltener auftritt; ein anderer, dass die Kinder seltener zum Ort A zurückgehen, wenn die Orte A und B in ihrem Erscheinungsbild deutlich zu unterscheiden sind (Bremner, 1978). Der Suchfehler unterläuft den Kindern häufiger, je länger die beiden Durchgänge A und B zeitlich auseinander liegen (Diamond, 1985) und je öfter das Objekt schon am Ort A versteckt worden ist (Marcovitch & Zelazo, 1999).

Zu den bemerkenswertesten Aspekten des A-/nicht-B-Fehlers gehört der Umstand, dass er, wenngleich nicht so häufig, auch dann auftreten kann, wenn das Spielzeug tatsächlich gar nicht versteckt wurde: Nachdem sie das Spielzeug am Ort A gefunden hatten, kehren Kinder häufig zu dieser Stelle zurück, selbst wenn das Spielzeug am Ort B unter einer durchsichtigen Abdeckung vollständig sichtbar ist (Bremner & Knowles, 1984; Harris, 1974; Sophian & Yengo, 1985). Sie reagieren in derselben Weise, wenn einfach nur zwei völlig sichtbare Objekte an zwei verschiedenen Orten vorhanden sind: Nachdem sie nach einem Objekt gegriffen haben, das die Versuchsleiterin hochgehoben, herumgeschwenkt und am Ort A wieder abgestellt hatte, neigen Kinder dazu, auch dann wieder nach dem Objekt am Ort A zu greifen, wenn sie danach ein ähnliches Objekt gesehen haben, das hochgehoben, bewegt und nun aber an einem Ort B abgesetzt wurde (Abbildung 5.14) (Smith, Thelen, Titzer & McLin, 1999).

Tests zur visuellen Aufmerksamkeit beim A-/nicht-B-Fehler lassen dieselbe Diskrepanz zwischen Blick- und Suchverhalten erkennen, die wir zuvor für die einfache Objektpermanenz diskutiert haben. Wenn Kinder zwischen sieben und elf Monaten einfach nur beobachten, wie etwas zuerst am Ort A und dann am Ort B versteckt wird, dann blicken sie für gewöhnlich auf den richtigen Ort B; beim Blickverhalten begehen sie also nicht den A-/nicht-B-Fehler (Hofstadter & Reznick, 1996). Auch bei Tests zur Erwartungsverletzung zeigen Kinder zwischen acht und zwölf Monaten, die ansonsten den A-/nicht-B-Suchfehler begehen würden, längere Blickzuwendung, wenn ein Spielzeug, bei dem sie beobachtet haben, wie es am Ort A versteckt wurde, am Ort B wieder zum Vorschein kommt, als wenn es bei A wieder erscheint (Ahmed

Abbildung 5.14: Der A-/nicht-B-Suchfehler. Babys zeigen den A-/nicht-B-Suchfehler auch dann, wenn das Objekt nicht versteckt wird, sondern wenn zuerst an einer und dann an einer anderen Position ein Objekt lediglich auf und ab bewegt wird, wobei beide Objekte permanent sichtbar bleiben. Beim nächsten Durchgang hält die Entwicklungspsychologin Linda Smith das andere Objekt in die Höhe, doch das Baby wird nach dem Objekt greifen, das es zuvor hochgehoben hatte.

& Ruffman, 1998; Baillargeon, DeVos & Graber, 1989). Es ist nicht völlig geklärt, warum Kinder kompetenter erscheinen, wenn sie mit Maßen der visuellen Aufmerksamkeit getestet werden, verglichen mit Tests, bei denen sie selbst etwas tun müssen; diese Frage ist Gegenstand intensiver Forschungen.

Für den A-/nicht-B-Suchfehler wurden viele Erklärungen angeboten. Diamond (1985) beschreibt ihn als Resultat einer Kombination aus Gedächtnisbeschränkungen und unzureichender inhibitorischer Kontrolle in Verbindung mit einem noch nicht ausgereiften präfrontalen Cortex (einer Gehirnregion, die – wie in Kapitel 3 beschrieben – an vielen höheren kognitiven Funktionen beteiligt ist). Anderen Erklärungsansätzen zufolge konkurriert ein Repräsentationssystem, das bevorzugt auf der Basis einer mentalen Repräsentation des derzeitigen Ortes des Objekts reagiert, mit einem Reaktionssystem, das die Wiederholung einer zuvor erfolgreichen motorischen Reaktion präferiert; dabei dominiert das Repräsentationssystem mit der Zeit das Reaktionssystem (Marcovitch & Zelazo, 1999). Bei manchen Theoretikern setzt sich das Beibehalten der Reaktion in der A-/nicht-B-Aufgabe letztlich durch, weil die repräsentationale Seite noch Unzulänglichkeiten aufweist. Aguiar und Baillargeon (2000) beispielsweise nehmen an, dass jüngere Kinder den Unterschied zwischen den beiden Durchgängen A und B nicht hinreichend analysieren, so dass sie einfach das wiederholen, was zuvor funktioniert hat. Linda Smith und ihre Gruppe (Smith et al., 1999), die der in Kapitel 4 beschriebenen Betonung der dynamischen Systeme bei hierarchieniedrigen Faktoren folgen, heben dagegen die Reaktionsseite hervor und behaupten, dass eine starke Tendenz, ein früheres motorisches Verhalten zu wiederholen, den primären Faktor darstellt, der dafür verantwortlich ist, dass immer wieder am Ort A gesucht wird. Jeder dieser Ansätze erklärt einige der Forschungsbefunde, aber keiner stimmt mit allen vorhandenen Daten überein.

Entwicklungsforscher haben somit sehr viel darüber erfahren, wie Kinder über Dinge denken, insbesondere über ihre Fähigkeit, abwesende Objekte im Gedächtnis zu behalten. Eine vollständige Integration ihrer Befunde muss jedoch erst noch erreicht werden.

Physikalisches Wissen

Das Wissen von Säuglingen über die physikalische Welt ist nicht darauf begrenzt, was sie über Gegenstände wissen und lernen. Eine ausgiebig untersuchte Wissensdomäne ist das Verstehen der *Schwerkraft*, eines Phänomens, über das Kinder schon bald recht viel wissen, ohne dass sie das Wort „Schwerkraft" oder „Gravitation" jemals gehört hätten: Sie wissen, dass Objekte nicht durch die Luft schweben, dass ein Objekt ohne hinreichende Unterlage herunterfallen wird, dass Bälle eine Steigung hinunter-, aber nicht hinaufrollen, dass ein eckiges (nicht rollendes) Objekt, das man auf eine stabile Fläche stellt, so stehen bleiben wird, und so weiter.

Dieses Wissen beginnt sich im ersten Lebensjahr zu entwickeln. Mit sieben (aber noch nicht mit fünf) Monaten blicken sie länger hin, wenn ein losgelassener Ball eine Steigung hinaufrollt, als wenn er hinunterrollt; das lässt erkennen, dass sie die Abwärtsbewegung erwartet hatten. In ähnlicher Weise betrachten sie ein Objekt, das sich auf seinem Weg eine Schräge hinunter verlangsamt, länger als ein Objekt, das auf dem Weg nach unten schneller wird (Kim & Spelke, 1992).

Auch verstehen Kinder im Laufe der Zeit, unter welchen Bedingungen ein Objekt stabil auf einem anderen Objekt aufliegen kann. In Abbildung 5.15 sind die Reaktionen von Kindern auf einfache Aufgaben zusammengefasst, die Schachteln und ein Podest umfassen (Baillargeon, Needham & DeVos, 1992; Needham & Baillargeon, 1993). Mit drei Monaten sind Kinder überrascht (sie sehen länger hin), wenn eine Schachtel mitten im Raum losgelassen wird und sozusagen in der Luft hängen bleibt, ohne herunterzufallen (Abbildung 5.15a). Solange jedoch irgendein Kontakt zwischen der Schachtel und dem Podest besteht (wie in Abbildung 5.15b und 5.15c), erscheinen Kinder in diesem frühen Alter nicht überrascht, wenn die Schachtel an Ort und Stelle bleibt. Mit etwa fünf Monaten sind sie sich der Relevanz bewusst, welche die *Art* des Kontakts für die Stützfunktion einer Unterlage besitzt. Sie wissen jetzt, dass die Schachtel nur ortsstabil bleiben wird, wenn sie oben auf dem Podest losgelassen wird, so dass sie jetzt auch bei der Anordnung in Abbildung 5.15b überrascht wären. Ungefähr einen Monat später erkennen sie die Bedeutung des *Ausmaßes* an Kontakt, weshalb sie jetzt die Anordnung in Abbildung 5.15c länger betrachten, in der die Schachtel auf dem Podest

Abbildung 5.15: Die Entwicklung des Verstehens vertikaler Stabilität. (Nach Baillargeon, 1998.)

Abweichung, die in der jeweiligen Phase bemerkt wird

Anfangskonzept: Kontakt/kein Kontakt

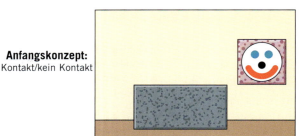

(a) 3 Monate

Variable: Art des Kontaktes

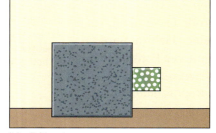

(b) 5 Monate

Variable: Ausmaß des Kontaktes

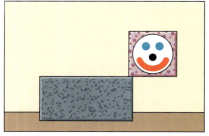

(c) 6.5 Monate

Variable: Form der Schachtel

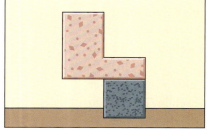

(d) 12.5 Monate

stehen bleibt, obwohl sich nur ein sehr kleiner Teil ihrer Unterseite auf dem Podest befindet. Kurz nach ihrem ersten Geburtstag berücksichtigen Kinder dann auch die *Form* des Objekts und sind deshalb überrascht, wenn ein asymmetrisches Objekt wie in Abbildung 5.15d stabil liegen bleibt.

Vermutlich entwickeln Säuglinge dieses zunehmend verfeinerte Verstehen der vertikalen Stabilitätsbeziehungen zwischen Objekten als Resultat ihrer Erfahrung. Sie beobachten bei zahllosen Gelegenheiten, wie Erwachsene Gegenstände auf Oberflächen abstellen, und ab und an erleben sie die Folgen einer unzureichenden Unterlage, wie bei Benjamin und dem Kristallglas. Zusätzliche Daten sammeln sie natürlich durch ihre eigene Handhabung von Objekten, die weit mehr Beweise dafür liefert, dass eine Tasse voll Milch nicht auf der Tischkante stehen bleibt, als ihren Eltern lieb ist.

Problemlösen

Eine wichtige Errungenschaft in der kognitiven Entwicklung von Kindern besteht in der Fähigkeit, das Wissen über Gegenstände und verschiedene physikalische Phänomene für die Lösung von Problemen einsetzen zu können – von dem einfachen Problem, wie man an ein begehrtes Objekt gelangt, das sich außer Reichweite befindet, bis zum Herausfinden des Mechanismus eines mechanischen Spielzeugs. Eine solche **Mittel-Ziel-Analyse beim Problemlösen** wurde bei Kindern zuerst von Piaget (1952) untersucht. In einer der einfachsten Aufgaben, die er ersann, wird ein begehrtes Spielzeug außerhalb des Greifbereichs eines Kleinkinds auf das entfernte Ende eines Tischläufers gestellt, dessen nahes Ende sehr wohl für das Kind erreichbar ist. Erst mit etwa acht Monaten (in dem Alter, in dem auch die Suche nach versteckten Objekten beginnt) ziehen Kinder sofort an dem für sie zugänglichen Ende des Tischtuchs, um auf diese Weise an das Spielzeug zu gelangen (Willatts, 1985, 1999). Bis dahin streben sie lediglich zu dem Objekt, das sie haben wollen, hin, versuchen es – vergeblich – direkt zu erreichen, ohne das Tuch zu beachten, das ihnen zum Erfolg verhelfen könnte.

Eine Schwierigkeitsquelle bei dieser Art von Problem liegt darin, dass die Kinder die Reaktion auf das faszinierende Spielzeug, das sie haben wollen, *unterdrücken* beziehungsweise *hemmen* und stattdessen ihre Aufmerksamkeit und ihre Handlungen auf etwas anderes richten müssen – auf das langweilige Stück Stoff, das darunterliegt. Die Schwierigkeit einer solchen Reaktionshemmung wurde in einer Untersuchung besonders offensichtlich, in der Kindern eine durchsichtige Schachtel gezeigt wurde, in der sich ein attraktives Spielzeug befand. Der Versuchsleiter zeigte dem Kind, dass die Schachtel an den Seitenwänden offen war, hielt die Schachtel auf dem Tisch fest und sagte ihm, es solle sich das Spielzeug nehmen. Die Babys konnten das Spielzeug also durch die vordere Wand der Schachtel sehen, mussten aber einen Umweg greifen, wenn sie es haben wollten – außen herum durch eine der offenen Seiten. Bis zum Alter von etwa elf Monaten gelang es Kindern nicht, mit diesem scheinbar einfachen Problem erfolgreich zurechtzukommen (Diamond & Gil-

Mittel-Ziel-Analyse beim Problemlösen – der Prozess, eine Handlung (das Mittel) zu finden und einzusetzen, um ein Ziel zu erreichen.

Ein acht Monate altes Kind zieht an der Decke als Mittel zur Lösung des bestehenden Problems – an das Objekt, das zu weit entfernt ist, heranzukommen.

bert, 1989), und zwar zum Teil deshalb, weil sie nicht von dem Versuch ablassen wollten oder konnten, direkt durch die durchsichtige Vorderwand der Schachtel zu greifen.

Ausblick

Die intensive Forschungstätigkeit, die sich auf die Kognition in der frühen Kindheit konzentrierte, erbrachte eine Fülle an faszinierenden Befunden. Diese neu gewonnenen Informationen haben jedoch die Grundfragen darüber, wie sich das Denken in der frühen Kindheit entwickelt, nicht beantwortet. Die dargestellten Befunde lassen eine bemerkenswerte Konstellation aus Fähigkeiten und Defiziten erkennen. Kleinkinder können sowohl überraschend clever als auch überraschend unbedarft sein. Sie können die Existenz eines nicht sichtbaren Objekts erschließen, aber sie können es nicht hervorholen. Sie erkennen, dass Objekte nicht in der freien Luft schweben können, denken aber, dass jede Art und jedes Ausmaß an Unterlage ausreicht, damit ein Objekt nicht herunterfällt. Die besondere Herausforderung für die Theoriebildung liegt darin, sowohl die Kompetenz als auch die Inkompetenz des kindlichen Denkens zu erklären. Derzeit lässt sich der Erkenntnisstand auf diesem Forschungsgebiet als sonderbare Kombination aus empirischer Reichhaltigkeit und theoretischer Ungeordnetheit beschreiben (Spelke & Newport, 1998).

IN KÜRZE

Aufbauend auf den brillanten Erkenntnissen und Beobachtungen von Jean Piaget und unter Verwendung einer Reihe von äußerst ausgeklügelten Methoden gelang kontemporären Forschern eine Menge an faszinierenden Entdeckungen über die kognitiven Prozesse der frühen Kindheit. Wir wissen, dass Kinder in diesem Alter nicht nur die Existenz verborgener Objekte mental repräsentieren, sondern auch deren Eigenschaften wie Größe, Gewicht oder die Art von Geräuschen, die sie produzieren. Dennoch sind sie schnell verwirrt, wenn ein Objekt mehrmals hintereinander versteckt wird. Das Verstehen der physikalischen Welt wächst bei den Kindern schnell, was sich darin zeigt, wie sie allmählich erkennen, welche Beziehungen zwischen Objekten eine tragfähige Unterlage bilden, und wie ihre Fähigkeit, Alltagsprobleme zu lösen, wächst.

Zusammenfassung

Wahrnehmung

- Das visuelle System des Menschen ist bei Geburt relativ unreif; Kleinkinder besitzen eine geringe Sehschärfe, eine geringe Kontrastempfindlichkeit, minimales Farbensehen und eine begrenzte Fähigkeit des visuellen Abtastens. Neuere Forschungen haben jedoch nachgewiesen, dass Neugeborene schon Minuten nach der Geburt damit beginnen, die Welt visuell abzutasten, und dass sehr kleine Kinder stark kontrastive Muster bevorzugen, dieselben Farben präferieren wie Erwachsene und insbesondere eine Vorliebe für menschliche Gesichter aufweisen.
- Einige Sehfähigkeiten, einschließlich der Wahrnehmung von Größen- und Formkonstanz, liegen bereits bei Geburt vor; andere entwickeln sich schnell im Verlauf des ersten Lebensjahres. Das beidäugige Sehen entwickelt sich mit etwa vier Monaten recht plötzlich; in diesem Alter ist auch die Fähigkeit zur Identifikation von Objektgrenzen – die Objekttrennung – vorhanden. Mit sieben Monaten sind Kinder für eine Vielzahl von monokularen (in der Bildebene vorliegenden) Tiefenindikatoren empfindlich; die Musterwahrnehmung hat sich so weit entwickelt, dass die Kinder – so wie Erwachsene – scheinbare (subjektive) Konturen wahrnehmen können.
- Das auditive System ist bei Geburt vergleichsweise gut entwickelt, so dass Neugeborene schon ihren Kopf drehen, um ein Geräusch zu lokalisieren. Die bemerkenswerte Fähigkeit von Kleinkindern, in akustischen Reizen Muster zu erkennen, liegt ihrer Empfindlichkeit für musikalische Strukturen zugrunde.
- Kinder empfinden von Geburt an Gerüche. Sie lernen, ihre Mutter unter anderem an ihrem einzigartigen Geruch zu erkennen.
- Durch aktives Berühren mit Hilfe von Mund und Hand erkunden und erfahren Kinder sich selbst und ihre Umwelt.
- Forschungen zum Phänomen der intermodalen Wahrnehmung ließen erkennen, dass Kinder vom frühesten Alter an Informationen aus den verschiedenen Sinnen integrieren, indem sie ihre visuellen Erfahrungen mit ihrem akustischen, olfaktorischen und taktilen Erleben verknüpfen.

Motorische Entwicklung

- Die motorische Entwicklung, die Entwicklung der Handlungsmöglichkeiten, erreicht in der frühen Kindheit eine Reihe von „motorischen Meilensteinen" und schreitet rapide voran, angefangen mit den starken Reflexen neugeborener Babys. Neuere Forschungsarbeiten haben nachgewiesen, dass das regelmäßige Entwicklungsmuster bis hin zum freihändigen Laufen aus dem Zusammentreffen vieler Faktoren resultiert, einschließlich der Entwicklung der Körperkraft, der Haltungskontrolle, des Gleichgewichts und der Wahrnehmungsfähigkeiten. Dieses Muster der motorischen Entwicklung variiert jedoch in den verschiedenen Kulturen je nach ihren speziellen kulturellen Praktiken.
- Jede neue motorische Errungenschaft, vom Greifen bis zur eigenen Fortbewegung, erweitert die Erfahrung des Kindes und bietet gleichzeitig neue Herausforderungen. Kleinkinder verwenden eine Vielzahl von Strategien, um sich in der Welt erfolgreich und sicher umherzubewegen.

Lernen

- In der frühen Kindheit liegen verschiedene Arten des Lernens vor. Kinder habituieren auf Reize, die sich wiederholen, und bilden Erwartungen über die eintreffenden Reize. Wahrnehmungslernen kommt durch aktive Exploration zustande. Kinder lernen auch durch klassisches Konditionieren, was die Bildung von Assoziationen zwischen natürlichen und neutralen Reizen einschließt, und durch operantes Konditionieren, wobei das Lernen über die Kontingenzen zwischen dem eigenen Verhalten und dessen Konsequenzen eine Rolle spielt. Es gefällt den Babys, ihre Erfahrungen durch Lernen kontrollieren zu können.
- Ab der zweiten Hälfte des ersten Lebensjahres bildet das Beobachtungslernen – das Betrachten und Nachmachen der Verhaltensweisen anderer Menschen – eine zunehmend bedeutsame Informationsquelle.

Kognition

- Mit leistungsfähigen neuen Forschungsverfahren – besonders mit der Methode der Erwartungsverletzung – wurde nachgewiesen, dass Säuglinge eindrucksvolle kognitive Fähigkeiten an den Tag legen. Ein großer Teil dieser Arbeiten zur mentalen Repräsentation und zum kindlichen Denken wurde ursprünglich von Jean Piagets Konzept der Objektpermanenz inspiriert. Im Gegensatz zu den Annahmen Piagets zeigte sich jedoch, dass Kleinkinder unsichtbare Objekte mental repräsentieren und aus beobachteten Ereignissen sogar einfache Schlussfolgerungen ziehen können.

- Wenn Kinder anfangen, nach unsichtbaren oder verborgenen Objekten zu suchen, unterläuft ihnen der A-/nicht-B-Suchfehler: Sie suchen das Objekt dort, wo sie es zuletzt gefunden hatten, und nicht dort, wo es unter ihren Augen zuletzt versteckt wurde. Für diesen Fehler wurden mehrere unterschiedliche Erklärungen vorgeschlagen; manche davon betonen Probleme auf Seiten der Reaktion, andere Faktoren, die in der Repräsentation liegen.
- Weitere Forschungsarbeiten konzentrieren sich auf die Entwicklung des Wissens über die physikalische Welt und zeigten, dass Kleinkinder bereits einige der Auswirkungen von Schwerkraft verstehen. Babys brauchen mehrere Monate, um die Bedingungen herauszufinden, unter denen ein Objekt stabil auf einem anderen aufliegt.
- Ein wesentlicher Schritt in der kognitiven Entwicklung des Kindes besteht im Erwerb der Fähigkeit, das Wissen über Objekte für die Lösung physikalischer Probleme einzusetzen – etwa an einem Ende des Tischtuchs zu ziehen, um ein begehrtes Spielzeug in Reichweite zu bringen. Solche Problemlösungen durch Mittel-Ziel-Analyse (wie sie Piaget bereits untersucht hatte) treten ab etwa acht Monaten zu Tage.
- Wenngleich viele faszinierende Phänomene im Bereich der Kognition der frühen Kindheit entdeckt wurden, bleiben grundlegende Fragen der kognitiven Entwicklung unbeantwortet. Es gibt strikte Unterschiede darin, wie Theoretiker die Fähigkeiten und die Defizite im kindlichen Denken erklären.

Fragen und Denkanstöße

1. Das Hauptthema in diesem Kapitel war das Verhältnis von Anlage und Umwelt. Betrachten Sie die folgenden Forschungsbefunde an Säuglingen, die im Kapitel erläutert wurden: die Bevorzugung von Konsonanz gegenüber Dissonanz bei der Musik; die Bevorzugung von Gesichtern, die Erwachsene attraktiv finden; die Fähigkeit, die Existenz und sogar die Größe eines verborgenen Objekts zu repräsentieren. Was glauben Sie: In welchem Umfang beruhen diese Präferenzen und Fähigkeiten auf angeborenen Faktoren, und in welchem Umfang resultieren sie aus Erfahrungen?
2. Aus dem vorliegenden Kapitel wurde erkennbar, dass die Forscher in der jüngeren Vergangenheit eine beträchtliche Menge an Erkenntnissen über die frühe Kindheit gewonnen haben. Haben Sie irgendwelche dieser Erkenntnisse überrascht? Schildern Sie einer Freundin oder einem Freund aus jedem der Hauptabschnitte des Kapitels etwas, was Kinder tun können oder wissen, das Sie niemals vermutet hätten. Schildern Sie in gleicher Weise einige Dinge, die Kinder zu Ihrer Überraschung noch nicht können oder wissen.
3. Angenommen, Sie hätten ein kleines Kind und würden sich Sorgen machen, dass es vielleicht nicht gut sehen kann. Wie könnten Entwicklungspsychologen das Sehvermögen Ihres Babys testen?

4. Erklären Sie, warum Kindheitsforscher Folgendes taten (wobei alles etwas sonderbar klingt, wenn man das dahinterliegende Rationale nicht kennt). Welche Hypothesen sollten damit geprüft werden?
   a. Kinder bis zur Hüfte ins Wasser halten.
   b. Kindern mit einem verdeckten Auge ein verzerrtes Fenster zeigen.
   c. Ein Spielzeug in einem durchsichtigen Behältnis „verstecken".
   d. Vorgeblich nicht in der Lage sein, das Endstück einer Hantel abzuziehen.

Die Entwicklung des Sprach- und Symbolgebrauchs

6

- Sprachentwicklung
- Nichtsprachliche Symbole in der Entwicklung
- Zusammenfassung

„Woof." [„Wauwau."] (mit 11 Monaten verwendet zur Bezeichnung des Nachbarhundes)

„Hot." [„Heiß."] (mit 14 Monaten verwendet zur Bezeichnung von Herd, Streichhölzern, Kerzen, Licht, das von glänzenden Oberflächen reflektiert wird)

„Read me." [„Lies mir."] (mit 21 Monaten verwendet, um die Mutter zu bitten, eine Geschichte vorzulesen)

„Why I don't have a dog?" [„Warum ich habe keinen Hund?"] (mit 27 Monaten)

„If you give me some candy, I'll be your best friend. I'll be your two best friends." [„Wenn du mir was Süßes abgibst, dann bin ich dein bester Freund. Deine zwei besten Freunde."] (mit 48 Monaten)

„Granna, we went to Cagoshin [Chicago]." [„Oma, wir waren in Gönneovel [Ovelgönne]."] (mit 65 Monaten)

„It was, like, ya' know, totally awesome, dude." [Mann, das war irgendwie, weißt du, voll super.] (mit 192 Monaten)

Diese Äußerungen, auf die wir im Verlauf des Kapitels wieder zurückkommen werden, wurden alle von demselben Jungen produziert, während er allmählich das Englische als Muttersprache zu beherrschen lernte (Clore, 1981). (Wir haben in Klammern vergleichbare Äußerungen auf dem Weg zur deutschen Muttersprache hinzugefügt.) Als er seine Muttersprache zu lernen begann, zeigte sich bei diesem Jungen jene Fähigkeit, die den Menschen am stärksten von anderen Spezies abhebt: Die kreative und flexible Verwendung von Symbolen, einschließlich der Sprache und vieler Arten von nichtsprachlichen Symbolen (Abdrücke, Zahlen, Bilder, Modelle, Landkarten etc.). **Symbole** sind Systeme, mit deren Hilfe wir (1) unsere Gedanken, Gefühle und Wissensbestände repräsentieren und (2) über diese inneren Gegebenheiten mit anderen Menschen kommunizieren. Die Fähigkeit zum Symbolgebrauch erweitert unsere kognitiven und kommunikativen Kompetenzen immens. Sie befreit uns von der Gegenwart und versetzt uns in die Lage, von früheren Generationen zu lernen und über die Zukunft nachzudenken. Weil Symbole für Lernen und Wissen eine so wichtige Quelle darstellen, bildet der Umgang mit Symbolen eine entscheidende Entwicklungsaufgabe für alle Kinder überall auf der Welt (DeLoache, 2002).

In diesem Kapitel konzentrieren wir uns zuerst und vorrangig auf den Erwerb der Sprache, des herausragenden Symbolsystems, der „Juwele in der Krone des Denkens" (Pinker, zitiert in Kolata, 1987). Wir werden danach den Umgang von Kindern mit nichtsprachlichen Symbolen, wie etwa mit Bildern und Modellen, betrachten sowie die Entwicklung des Symbolspiels (Alsob-Spiel).

Das dominierende Thema dieses Kapitels wird erneut die Frage nach der Bedeutung von *Anlage und Umwelt* sein. Die relativen Beiträge von Anlage und Umwelt zur Sprachentwicklung des Kindes waren in der Vergangenheit Gegenstand umfangreicher Debatten. Diese führten zu ganz unterschiedlichen Auffassungen darüber, in welchem Ausmaß der Spracherwerb durch Fähigkeiten zustande kommt, die speziell für das Erlernen von Sprache zuständig sind; die alternative Annahme unterstellt hier einen kognitiven Lernmechanismus, der universell alle Arten des Lernens gleichermaßen unterstützt.

Der *sozio-kulturelle Kontext* bildet ein weiteres wichtiges Thema in diesem Kapitel. Wir werden oft Forschungsstudien besprechen, die mit Kindern aus verschiedenen Sprachgemeinschaften durchgeführt wurden, wobei sich sowohl Ähnlichkeiten als auch Unterschiede im Spracherwerb über die Kulturen hinweg zeigen. Solche vergleichende Arbeiten liefern oft entscheidende Belege für oder gegen theoretische Annahmen über die Sprachentwicklung. Ein drittes Thema, das in diesem Kapitel mehrmals wiederkehrt, ist das der *individuellen Unterschiede*; wir werden sehen, dass es im Entwicklungsverlauf der meisten Aspekte des Spracher-

Symbole – Systeme, mit denen unsere Gedanken, Gefühle und Wissensbestände repräsentiert und anderen Menschen mitgeteilt werden können.

Diese Kinder üben sich darin, eines der vielen wichtigen Symbolsysteme der heutigen Welt zu beherrschen.

werbs eine große Variabilität gibt. Jeden Meilenstein der Sprachentwicklung erreichen manche Kinder viel früher und manche deutlich später als andere. Auch das Thema des *aktiven Kindes* wird wiederholt auftauchen. Säuglinge und Kleinkinder richten ihre Aufmerksamkeit intensiv auf Sprache und eine breite Vielfalt von anderen Symbolen, und sie strengen sich sehr an, um herauszufinden, wie man mit anderen Menschen kommuniziert.

Sprachentwicklung

Was können durchschnittliche fünf- bis zehnjährige Kinder fast so gut wie Erwachsene? Nicht viel; aber eine sehr wichtige Sache ist die Verwendung von Sprache, gleich ob in gesprochener oder gebärdeter Form. Mit fünf Jahren haben Kinder gelernt, die Grundstruktur ihrer Muttersprache zu beherrschen. Die Sätze, die ein durchschnittlicher Erstklässler hervorbringt, sind grammatisch genauso korrekt wie diejenigen eines durchschnittlichen Studenten im ersten Semester. Zwar mag das Ausdrucksvermögen des Erstklässlers noch weniger feinsinnig und sein Wortschatz noch kleiner sein, aber die grundlegende sprachliche Kompetenz ist bereits voll ausgeprägt.

Zur Sprachverwendung gehört sowohl das **Sprachverstehen**, also das Verständnis dessen, was andere sagen, schreiben oder gebärdensprachlich vermitteln, und die **Sprachproduktion**, also das tatsächliche Sprechen, Gebärden oder Schreiben gegenüber anderen. Wir werden in diesem Kapitel wiederholt sehen, dass das Sprachverstehen der Sprachproduktion vorangeht: Kinder verstehen Wörter und sprachliche Strukturen, die andere Menschen benutzen, bevor sie diese in ihren eigenen Äußerungen verwenden (Goldin-Meadow, Seligman & Gelman, 1976). Das trifft aber natürlich nicht nur auf kleine Kinder zu; zweifellos verstehen wir viele Wörter, die wir tatsächlich nie benutzen. Bei unserer Diskussion werden wir Entwicklungsprozesse betrachten, die am Sprachverstehen wie auch an der Sprachproduktion beteiligt sind, sowie die Beziehung zwischen diesen beiden Aspekten des Sprachgebrauchs.

Sprachverstehen – das Verstehen, was andere sagen (oder gebärden oder schreiben).

Sprachproduktion – das tatsächliche Sprechen (oder Gebärden oder Schreiben) gegenüber anderen.

Die Komponenten der Sprache

Jede der Tausende von Sprachen auf der Welt basiert auf einem komplexen System von Regeln, die beschreiben, wie die verschiedenen Arten von Elementen auf verschiedenen Hierarchieebenen zu kombinieren sind: Laute werden zusammengesetzt, um Wörter zu bilden, Wörter werden zu Sätzen kombiniert, und Sätze werden beispielsweise zu Geschichten zusammengefügt. Der Erwerb einer Sprache umfasst somit das Erlernen der Laute und Lautmuster dieser Sprache, ihre speziellen Wörter und die Art und Weise, in der Wörter in dieser Sprache kombiniert werden dürfen. Beim Erwerb einer Sprache muss man weiterhin lernen, wie man sie einsetzt, um mit anderen Menschen zu kommunizieren. Der enorme Vorteil, der sich aus diesem kombinatorischen

Generativität – die Idee, dass wir durch die Verwendung der endlichen Menge an Wörtern unseres Wortschatzes eine unendliche Anzahl an Sätzen zusammenbauen und eine unendliche Anzahl an Ideen ausdrücken können.

Phoneme – die elementaren lautlichen Einheiten einer Sprache, deren Veränderung mit Bedeutungsunterschieden einhergeht.

Phonologische Entwicklung – der Erwerb des Wissens über das Lautsystem einer Sprache.

Morpheme – die kleinsten bedeutungstragenden Einheiten einer Sprache, die aus einem oder mehreren Phonemen zusammengesetzt sind.

Semantische Entwicklung – das Erlernen des Systems, mit dem in einer Sprache Bedeutung ausgedrückt wird, einschließlich des Erlernens von Wörtern.

Prozess ergibt, ist die **Generativität**: Durch die Verwendung der endlichen Menge an Wörtern in unserem Wortschatz können wir eine unendliche Anzahl an Sätzen erzeugen und damit eine unendliche Anzahl an Ideen zum Ausdruck bringen.

Die generative Kraft der Sprache gibt es nicht umsonst; sie geht zu Lasten der Komplexität. Um sich die Herausforderung vorzustellen, vor der Kinder angesichts dieser Komplexität stehen, wenn sie ihre Muttersprache beherrschen müssen, stelle man sich selbst als Fremder in einem fremden Land vor. Jemand kommt auf Sie zu und sagt: „Jusczyk blickets Nthlakapmx". Sie hätten absolut keine Idee, was diese Person gerade gesagt hat. Warum?

Zunächst haben Sie vielleicht Schwierigkeiten, einige der Laute, die die Person äußerte, überhaupt wahrzunehmen. **Phoneme** sind die elementaren lautlichen Einheiten, mit denen Sprache produziert wird, und sie markieren Bedeutungsunterschiede. Zum Beispiel unterscheidet sich „Rippe" nur durch ein Phonem von „Lippe" (/r/ versus /l/), doch die beiden Wörter besitzen recht unterschiedliche Bedeutungen. Sprachen verwenden unterschiedliche Mengen von Phonemen; das Deutsche beispielsweise verwendet gut 40 der etwa 200 Lautklassen, die in den Sprachen der Welt vorkommen. Die Phoneme, die in einer bestimmten Sprache bedeutungsunterscheidend sind, überlappen sich mit denen in anderen Sprachen, wobei es aber auch Unterschiede gibt. Zum Beispiel transportieren die Laute, die den Lautklassen /r/ und /l/ zuzuordnen sind, im Japanischen keine unterschiedliche Bedeutung. Es kommt hinzu, dass Lautkombinationen, die in einer Sprache häufig auftreten, in anderen Sprachen vielleicht niemals vorkommen. Wenn man die Äußerung des Fremden aus dem vorangegangenen Abschnitt liest, hat man wahrscheinlich keine Idee, wie man „Nthlakapmx" aussprechen soll, weil die Lautkombinationen, die die Buchstaben dieses Wortes darstellen, im Deutschen nicht vorkommen. Der erste Schritt beim kindlichen Spracherwerb ist also die **phonologische Entwicklung**, der Erwerb von Wissen über das Lautsystem ihrer Sprache.

Ein weiterer Grund, warum wir nicht verstehen würden, was der Fremde zu uns gesagt hat, selbst wenn wir in der Lage gewesen wären, die geäußerten Laute wahrzunehmen, besteht darin, dass wir keine Idee hätten, was diese Laute bedeuten. Die kleinsten bedeutungstragenden Einheiten sind die **Morpheme**, die sich in der Regel aus mehreren Phonemen zusammensetzen. Morpheme bilden allein oder in Kombination Wörter. Die Wörter *ich* und *Hund* sind beispielsweise beide einzelne Morpheme, weil sie sich jeweils auf einen einzelnen Sachverhalt beziehen und ihre Bedeutung verlieren würden, wenn man sie weiter zerlegen würde. Das Wort *Hunde* besteht aus zwei Morphemen; das eine bezeichnet eine bekannte wilde Gegebenheit, und das zweite gibt an, dass es sich um mehr als ein Exemplar davon handelt. Der zweite Schritt beim Spracherwerb ist somit die **semantische Entwicklung**, bei der das System gelernt wird, mit dem man in einer Sprache Bedeutungen ausdrückt, einschließlich des Lernens der Wörter.

Aber selbst wenn man die Bedeutung jedes einzelnen Wortes, das der Fremde verwendet hatte, gesagt bekäme, würde man die Äußerung noch immer nicht verstehen, weil die Bedeutung in allen Sprachen davon abhängt, wie die Wörter zusammengefügt werden. Um eine Vorstellung beliebiger Komplexität auszudrücken, fügen wir Wörter zu Sätzen zusammen, aber nur bestimmte Kombinationen sind zulässig. In jeder Sprache gibt es eine große Menge an Regeln, die spezifizieren, wie Wörter verschiedener Wortklassen (Nomen, Verben, Adjektive etc.) kombiniert werden dürfen; diese Menge an Regeln nennt man die **Syntax** einer Sprache. Zum Beispiel beziehen sich grammatische Regeln auf die *Reihenfolge*, in der Wörter in einem Satz vorkommen können, wobei die Reihenfolge der Wörter einen Einfluss auf die Bedeutung hat. „Klaus liebt Anna" bedeutet nicht dasselbe wie „Anna liebt Klaus". Während im Deutschen und beispielsweise auch im Englischen die Wortreihenfolge bestimmt, welche Person liebt und welche geliebt wird, würde man diesen Sachverhalt in anderen Sprachen beispielsweise durch die Endungen von Wörtern oder durch subtile Lautunterschiede vermitteln. Die **syntaktische Entwicklung** bezieht sich also auf das Erlernen der Syntax einer Sprache, also der Regeln für die Kombination von Wörtern zu Sätzen und Satzteilen.

Und schließlich würde das vollständige Verstehen der Interaktion mit dem Fremden auch einiges Wissen über die kulturellen Regeln erfordern, die bei der Sprachverwendung gelten. In manchen Gesellschaften wäre es recht bizarr, einen Fremden gleich anzusprechen, während das in anderen Gesellschaften durchaus üblich ist. Die **pragmatische Entwicklung** bezieht sich auf den Erwerb des Wissens darüber, wie Sprache verwendet wird.

Unser Beispiel der Verwirrung, die wir erleben, wenn wir jemandem zuhören, dessen Sprache wir nicht kennen, konnte dazu dienen, die Komponenten des Sprachgebrauchs zu skizzieren. Als Analogie für die Situation, in der sich Säuglinge und kleine Kinder beim Erlernen ihrer Sprache befinden, ist das Beispiel jedoch von begrenztem Nutzen. Ein Erwachsener, der jemanden in einer unbekannten Sprache reden hört, weiß bereits, was Sprache ist, weiß, dass die Laute, die die Person äußert, Wörter bilden, weiß, dass die Wörter zu Sätzen kombiniert sind, und so weiter. Mit anderen Worten verfügen Erwachsene über ein beträchtliches **metalinguistisches Wissen** über die Eigenschaften von Sprache und Sprachgebrauch, was bei jungen Sprachlernern noch nicht der Fall ist.

Das Lernen, Sprache zu verstehen und zu produzieren, umfasst also phonologische, semantische, syntaktische und pragmatische Entwicklung sowie metalinguistisches Wissen über Sprache. Dieselben Faktoren sind auch beim Lernen von Gebärdensprachen beteiligt (wobei hier die Basiselemente Gesten und nicht Laute sind). Es gibt über 200 Gebärdensprachen, zum Beispiel die deutsche Gebärdensprache, die auf Gesten beruhen, die sowohl mit den Händen als auch mit der Gesichtsmimik gebildet werden. Es handelt sich hierbei um voll ausgeprägte Sprachen, und der Verlauf des Erwerbs einer Gebärdensprache zeigt bemerkenswerte Ähnlichkeiten mit dem bei gesprochenen Sprachen. Wir werden sehen, dass die Erforschung der Entwicklung von Gebärdensprache sehr viele Erkenntnisse über das allgemeine Wesen des Spracherwerbs erbracht hat.

Syntax – die Regeln einer Sprache, die spezifizieren, wie Wörter verschiedener Wortklassen (Nomen, Verben, Adjektive etc.) kombiniert werden können.

Syntaktische Entwicklung – das Erlernen der Syntax einer Sprache.

Pragmatische Entwicklung – der Erwerb des Wissens darüber, wie Sprache verwendet wird.

Metalinguistisches Wissen – das Verstehen der Eigenschaften und Funktionen der Sprache, also das reflexive Verstehen der Sprache als Sprache.

Vorraussetzungen des Spracherwerbs

Was ist notwendig, damit man überhaupt in der Lage ist, eine Sprache zu lernen? Eine voll ausgebildete Sprache wird nur von Menschen erworben, aber auch das nur, wenn sie Erfahrungen mit anderen Menschen haben, die Sprache zum Zwecke der Kommunikation verwenden.

Ein menschliches Gehirn

Ein menschliches Gehirn bildet wahrscheinlich eine unabdingbare Voraussetzung für die Entwicklung einer voll ausgebildeten Sprache. Sprache ist ein *artenspezifisches* Verhalten, insofern nur Menschen Sprache im normalen Entwicklungsverlauf in ihrer normalen Umwelt lernen. Außerdem ist Sprache für die Spezies des Menschen *universell*, insofern praktisch alle Menschen in der Kindheit Sprache erlernen. Um die Sprachentwicklung von Kindern nachhaltig zu stören, braucht es sehr ungewöhnliche Umweltbedingungen oder relativ starke kognitive Beeinträchtigungen.

Im Gegensatz dazu entwickelt keine andere Tierart auf natürliche Weise irgendeine Kompetenz, die der Komplexität oder Generativität der menschlichen Sprache nahe käme, auch wenn Tiere durchaus miteinander kommunizieren können. Zum Beispiel behaupten Vögel ihre territorialen Rechte durch ihren Gesang (Marler, 1970), und die Schreie einer in der Savanne lebenden Affenart geben die Anwesenheit eines Raubtieres zu erkennen und zeigen an, ob es sich dabei um einen Falken oder eine Schlange handelt (Seyfarth & Cheney, 1993).

Panbisha, ein Bonobo, kommuniziert mit ihren Pflegern, indem sie ein speziell entworfenes Set von Symbolen verwendet, die für ganz verschiedene Gegenstände, Personen und Handlungen stehen.

Forscher erzielten einen gewissen Erfolg dabei, nichtmenschliche Primaten darin zu trainieren, komplexe Kommunikationssysteme zu verwenden. Zu den frühen Anstrengungen dieser Art gehört ein sehr ambitioniertes Projekt, in dem ein äußerst engagiertes Ehepaar einen Schimpansen in ihrer eigenen Wohnung und mit ihren eigenen Kindern aufzog, um zu sehen, ob der Schimpanse mit Namen Vicki lernen würde zu sprechen (Hayes & Hayes, 1951). Vicki lernte zwar einige Wörter und Phrasen zu verstehen, sie produzierte aber praktisch keine erkennbaren Wörter. Spätere Forscher waren zu dem Schluss gekommen, dass es nichtmenschlichen Primaten für die Produktion gesprochener Sprache am Vokaltrakt fehlt, und lehrten den Affen Zeichensprache. Washoe, ein Schimpanse, und Koko, ein Gorilla, wurden für ihre Fähigkeit berühmt, mit ihren menschlichen Trainern und Pflegern durch Zeichen und Gebärden zu kommunizieren (Gardner & Gardner, 1969; Patterson & Linden, 1981). Washoe konnte eine Vielzahl von Objekten benennen und Aufforderungen und Kommentare abgeben (zum Beispiel „more fruit", „please tickle", „Washoe sorry"). Es besteht jedoch allgemeine Übereinstimmung darin, dass die Leistungen von Washoe und Koko, so eindrucksvoll sie auch waren, nicht als Sprache gelten können, weil es wenig Hinweise auf syntaktische

Strukturen in ihren „Äußerungen" gab (Terrace, Petitto, Sanders & Bever, 1979; Wallman, 1992).

Die erfolgreichsten Zeichen lernenden Affen waren die Bonobos (oder Zwergschimpansen) Kanzi und Panbisha. Kanzi lernte, mit Menschen dadurch zu kommunizieren, dass sie eine speziell entwickelte Tastatur benutzte, auf der sich zahlreiche Symbole befinden, die bestimmte Objekte und Handlungen bezeichnen („geben", „essen", „Banane", „umarmen" etc.) (Savage-Rumbaugh, Murphy, Sevcik, Brakke, Williams & Rumbaugh, 1993). Kanzi wurde sehr geschickt darin, die Tastatur zur Beantwortung von Fragen, für Aufforderungen und selbst für eigene Kommentare zu nutzen. Er kombinierte oft Zeichen, aber es ist nicht klar, ob man dies als regelbasierte Sätze betrachten kann. Auch verstand Kanzi viele Wörter und Phrasen, mit denen seine menschlichen Pfleger ihn ansprachen. Und er achtete sogar auf die Wortstellung. Wenn man ihn bat „give the shot to Liz" (eine Pflegerin), dann gab er ihr die (mit „shot" bezeichnete) Spritze; wenn man ihn jedoch anwies „give Liz a shot", berührte er ihren Arm mit der Spritze. („To give a shot" ist im Englischen, anders als bei der analogen deutschen Redewendung, nicht mit illegalen Drogen assoziiert.)

Wie auch immer die Entscheidung ausfällt, in welchem Ausmaß man Kanzi oder anderen nichtmenschlichen Primaten ein Sprachvermögen zuerkennt, so werden doch mehrere Dinge deutlich. Selbst die einfachsten sprachlichen Leistungen nichtmenschlicher Primaten ergeben sich erst nach großen und konzentrierten Bemühungen von Menschen, die Tiere Sprache zu lehren, während menschliche Kinder die Grundzüge ihrer Sprache bis zum Alter von fünf Jahren fast ohne explizite Unterweisung beherrschen. Mit fünf Jahren verstehen Menschenkinder Tausende von Wörtern, während nichtmenschliche Primaten relativ kleine Wortschätze besitzen. Außerdem gibt es bei Primaten wenig Hinweise auf eine syntaktische Struktur, die als definierendes Merkmal von Sprache gelten kann (Tomasello, 1994), auch wenn die fortgeschrittensten unter den nichtmenschlichen Kommunikatoren in ihren Äußerungen Symbole miteinander verbinden. Kurz gesagt erwirbt nur das menschliche Gehirn ein Kommunikationssystem, das die Komplexität, Struktur und Generativität der Sprache aufweist.

Beziehungen zwischen Sprache und Gehirn Eine große Menge an Forschungen war auf die Untersuchung der Beziehungen zwischen Sprache und Gehirn gerichtet. Es ist bekannt, dass die Sprachverarbeitung ein beträchtliches Ausmaß an funktionaler Lokalisation umfasst. Auf der allgemeinsten Ebene gibt es Hemisphärenunterschiede bei den Sprachfunktionen, die wir in gewissem Umfang bereits in Kapitel 3 behandelt haben. Bei den 90 Prozent von rechtshändigen Menschen ist Sprache vorwiegend in der linken Hemisphäre des Neocortex repräsentiert und wird von dort gesteuert. Dieser Zusammenhang wurde offiziell erstmals 1861 von Paul Broca berichtet, einem französischen Arzt, dessen Beobachtungen sprachlicher Defizite bei Patienten mit verschiedenen Formen von Hirnverletzungen ihn zu dem Schluss führten, dass „wir mit der linken Hemisphäre sprechen".

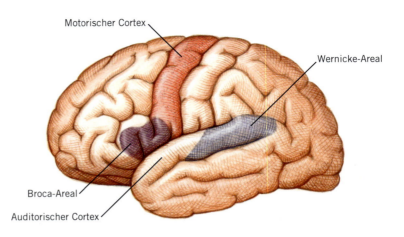

Abbildung 6.1: Die Lateralisation der Sprache. Bei den meisten Menschen ist die linke Hemisphäre des Neocortex auf Sprache spezialisiert. Eine Schädigung des Broca- oder Wernicke-Areals kann schwer wiegende Beeinträchtigungen der Sprachfunktionen hervorrufen, die Aphasie genannt werden.

Belege für die Spezialisierung der linken Hemisphäre auf die Entwicklung der Sprache stammen auch von EEG-Untersuchungen, die zeigen, dass sowohl bei Erwachsenen als auch bei Kindern das Hören von gesprochener Sprache mit einer erhöhten elektrischen Aktivität in der linken im Vergleich zur rechten Hemisphäre einhergeht. Dasselbe gilt für Kleinkinder, die stärkere linkshemisphärische Aktivität zeigen, wenn sie gesprochene Sprache hören, aber stärkere rechtshemisphärische Reaktionen auf nichtsprachliche Geräusche (Molfese & Betz, 1988; Molfese, Freeman & Palermo, 1975). Die linke Hemisphäre ist also schon in sehr jungen Jahren auf die Verarbeitung von Sprache (oder sprachähnlichen Reizen) spezialisiert, wobei das Ausmaß der hemisphärischen Spezialisierung mit dem Alter steigt (Mills, Coffey-Corina & Neville, 1997; Witelson, 1987).

Die Spezialisierung für Sprache wird auch *innerhalb* der linken Hemisphäre sichtbar (Abbildung 6.1). Eine Aphasie – der Zustand, bei dem sprachliche Funktionen stark beeinträchtigt sind – kann entstehen, wenn bestimmte, aber nicht andere Teile der linken Hemisphäre geschädigt sind. Eine Form der Aphasie, die Broca-Aphasie, geht typischerweise mit einer Verletzung im vorderen Teil der linken Hemisphäre, in der Nähe des motorischen Cortex, einher – dem so genannten Broca-Areal.

Patienten mit Broca-Aphasie haben Schwierigkeiten, Sprache zu produzieren; sie sagen ein einzelnes Wort immer wieder oder produzieren kurze Wortketten mit geringer oder fehlender grammatischer Struktur nur sehr zögernd, wie in folgendem Beispiel:

> Auf die Frage: „Als Sie Ihren Schlaganfall bekamen, wo waren Sie damals?" antwortet der Patient: „Ja ... ich allein ... allein allein ... und weit ... Wohnung ... allein ... ich ich ich ... le ... ledig ... und 14 Tage ... ich konnt nichts ... und Frau J. [Name der Nachbarin] ... ja meine Güte ... Frau J. ... Hilfe Hilfe ... und Kol ... Polizei ... Polizei und Feuerwehr ... so warte ... ich konnt nicht mehr ... so warte ... und des is ... St. Elisabethen Krankenhaus ... des is gut ..." (Dijkstra & Kempen, 1993, S. 109f.).

Ein anderer Typ der Aphasie ist die Wernicke-Aphasie (benannt nach dem Neurologen, der sie im 19. Jahrhundert zuerst beschrieben hat). Die Wernicke-Aphasie geht typischerweise mit der Schädigung eines Bereiches in der Nähe des auditiven Cortex einher (des Wernicke-Areals). Patienten mit diesem Aphasie-Typ haben keine Schwierigkeiten mit der Produktion von Sprache als solcher, aber was sie sagen, macht keinen Sinn, und auch ihr Sprachverstehen ist beeinträchtigt. Ein Patient mit Wernicke-Aphasie antwortete auf die Frage „Sie waren doch Polizist, haben Sie schon einmal einen geschnappt, der dann direkt eingelocht wurde?" folgendermaßen:

> „Schon sehr oft. ja. sind da reingekommen ja. so direkt ja nicht mehr meistenteils sind abends. wenn se versuchen irgendwo einzubringen. entweder ein waren ein besuchten waren festzunehmen. nicht. oder sie sprichen sonst etwas mit sie wollen was machen ... na ja. was se was sich so eben was ergibt ... einfache Sachen sinds kleine Sachen er hat was gestohlen was mitgenommen. nich. immer wenn er glaubt er ist jetzt frei wieder ... ist er festgenommen. jetzt wird er aufgenommen" (Dijkstra & Kempen, 1993, S. 106).

Bei Gehörlosen, die eine Gebärdensprache benutzen, führt eine Verletzung der linken Hemisphäre genauso zu einer Aphasie wie bei Verwendern gesprochener Sprache. Dies lässt darauf schließen, dass die linke Hemisphäre tatsächlich für die Art analytischer, serieller Verarbeitung spezialisiert ist, die die Sprache erfordert, und nicht für die jeweilige Modalität (gesprochene Wörter oder Gebärden), in der die Sprache ausgedrückt wird (Bellugi, Poizner & Klima, 1989).

Eine kritische Phase für die Sprachentwicklung Es gibt eine beträchtliche Menge an Hinweisen für die Hypothese, dass die frühen Lebensjahre eine kritische Phase darstellen, in der sich Sprache leicht entwickelt, und dass nach dieser Phase (irgendwann zwischen fünf Jahren und der Pubertät) der Spracherwerb viel schwieriger verläuft und letztlich auch weniger erfolgreich ist. Für diese Hypothese sind mehrere Berichte über Kinder relevant, denen es nicht gelang, Sprache zu entwickeln, nachdem ihnen ein früher sprachlicher Input fehlte.

Der bekannteste Fall ist der des „Wolfskindes" Viktor, der von seinen Eltern wohl ausgesetzt worden war und viele Jahre lang in den Wäldern in der Nähe von Aveyron in Frankreich gelebt hatte. Als der Junge im Jahre 1800 entdeckt wurde, schien er etwa zwölf Jahre alt zu sein, war nackt, lief manchmal auf allen Vieren und fürchtete sich vor Menschen. Er konnte zwar verschiedene Laute und Geräusche produzieren, besaß aber keine Sprache. Nach einigen Jahren intensiver Sozialisation einschließlich intensivem Sprachtraining lernte Viktor, sich in sozialen Situationen in den meisten Fällen angemessen zu verhalten, aber er lernte bis zum Schluss nicht mehr als ein paar Worte (Lane, 1976).

Ein „Wolfskind" heutiger Tage, Genie, wurde in den USA 1970 gefunden. Von einem Alter von etwa 18 Monaten an bis zu ihrer Rettung mit 13 Jahren hatten Genies Eltern sie allein in einem Zimmer eingeschlossen, wo sie Tag und Nacht angebunden war. Niemand sprach zu ihr während ihrer Gefangenschaft; wenn ihr Vater ihr etwas zu Essen brachte, knurrte er sie an wie ein

Tier. Zum Zeitpunkt ihrer Rettung war Genie körperlich, motorisch und emotional völlig unterentwickelt, und sie konnte kaum sprechen. Mit intensivem Training machte sie einige Fortschritte, aber ihre Sprachfähigkeit entwickelte sich nicht über die eines Kleinkinds hinaus: „Father take piece wood. Hit. Cry." (Curtiss, 1977, 1989; Rymer, 1993).

Sprechen die außergewöhnlichen Fälle dieser beiden Kinder für die Hypothese der kritischen Phase? Möglicherweise ja, aber man kann sich schwerlich sicher sein. Es könnte auch sein, dass Viktor schon von Kindheit an zurückgeblieben war und dass er eben deshalb ausgesetzt wurde. Die Tatsache, dass Genie keine Sprache entwickelt hat, könnte aus der bizarren und unmenschlichen Behandlung, die sie erleiden musste, genauso gut resultieren wie aus der kommunikativen Deprivation, die sie durchlitt.

Andere Forschungsbereiche liefern weit stärkere Belege für die Hypothese der kritischen Phase. In Kapitel 3 wurde bereits berichtet, dass eine Schädigung des Gehirns im Erwachsenenalter im Allgemeinen mit größerer Wahrscheinlichkeit zu einer permanenten sprachlichen Beeinträchtigung führt, als wenn die Schädigung in der Kindheit auftritt, weil wahrscheinlich andere Bereiche des jungen Gehirns in der Lage sind, die Sprachfunktionen zu übernehmen (siehe Johnson, 1998). (Die Rolle des Zeitverlaufs bei den langfristigen Auswirkungen von Hirnschädigungen wurde in Kapitel 3 eingehend behandelt.)

Zusätzliche starke Unterstützung für die Hypothese der kritischen Phase liefern Untersuchungen an Erwachsenen, die eine Zweitsprache in unterschiedlichem Alter erlernten. Die Forschungen von Helen Neville und ihren Mitarbeitern (Neville & Bavelier, 1999; Weber-Fox & Neville, 1996) zeigten unterschiedliche Muster der cerebralen Organisation bei späten und bei frühen Zweitsprachenlernern. Abbildung 6.2 lässt erkennen, dass Menschen, die Englisch im Alter von vier Jahren oder später als zweite Sprache erlernten, weniger linkshemisphärische Lokalisation jener Gehirnareale zeigten, die mit der Verarbeitung grammatischer Information im Englischen zu tun haben, als Menschen, die die Sprache in jüngerem Alter bereits lernten.

In einer sehr wichtigen Untersuchung testeten Forscher die Englischfähigkeit von japanischen und koreanischen Emigranten, die in die USA gekommen waren und dort damit begannen, Englisch entweder als Kinder oder als Erwachsene zu lernen (Johnson & Newport, 1989). Die in Abbildung 6.3 dargestellten Ergebnisse lassen erkennen, dass die Kenntnisse der englischen Grammatik mit dem Alter zusammenhängen, in dem diese Personen begannen, Englisch zu lernen,

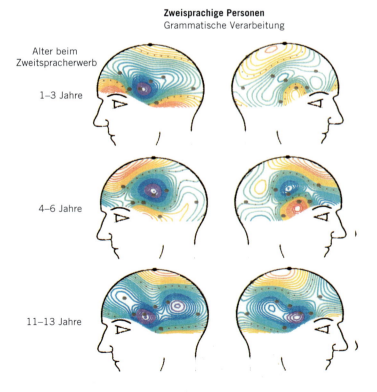

Abbildung 6.2: Hemisphärenunterschiede bei der Sprachverarbeitung. Erwachsene, die eine zweite Sprache im Alter zwischen ein und drei Jahren lernten, zeigen bei einem Test des grammatischen Wissens das normale Muster einer stärkeren linkshemisphärischen Aktivität. (Dunklere Farben stehen für stärkere Aktivation.) Diejenigen, die die Sprache später im Leben erlernten, zeigen erhöhte rechtshemisphärische Aktivität. (Nach Neville & Bavelier, 1999.)

aber nicht damit, wie lange sie der Sprache bereits ausgesetzt waren (das heißt, wie lang sie bereits in Amerika waren). Die besten Leistungen erbrachten diejenigen, die mit dem Englischlernen im Alter von weniger als sieben Jahren begonnen hatten. Dasselbe Ergebnismuster wurde auch für das Erlernen der Erstsprache beschrieben. In ähnlicher Weise hängt auch die Leistungsfähigkeit gehörloser Erwachsener in der American Sign Language von dem Alter ab, in dem sie anfingen, die Sprache zu lernen – je früher sie begannen, desto versierter waren sie als Erwachsene (Newport, 1990).

Elissa Newport (1991) hat eine interessante Hypothese für die Befunde vorgeschlagen und versucht zu erklären, warum Kinder im Allgemeinen bessere Sprachlerner sind als Erwachsene. Nach ihrem „Weniger ist mehr"-Ansatz entnehmen und speichern kleinere Kinder wegen ihrer wahrnehmungs- und gedächtnisbezogenen Beschränkungen kleinere Portionen von der Sprache, die sie hören, als Erwachsene. Da es weitaus leichter ist, die zu Grunde liegende Struktur anhand kürzerer Sprachbeispiele herauszufinden als anhand längerer, könnten tatsächlich die begrenzten kognitiven Fähigkeiten junger Lerner die Aufgabe erleichtern, Sprache zu analysieren und zu erlernen.

Die Belege zu Gunsten einer kritischen Phase des Spracherwerbs bringen einige sehr deutliche praktische Implikationen mit sich. Zum einen lässt sich ableiten, dass man gehörlose Kinder so früh wie möglich einer Gebärdensprache aussetzen sollte. Zum anderen sollte das schulische Training von Fremdsprachen schon in den ersten Klassenstufen beginnen (dies wird in Kasten 6.1 diskutiert); wenn die Schüler in die weiterführenden Schulen kommen, ist ihre Fähigkeit zum Erlernen einer Sprache bereits rückläufig.

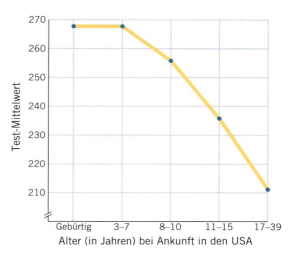

Abbildung 6.3: Ein Test der Hypothese der kritischen Phase. Die Leistungen bei einem Test der englischen Grammatik, der an Erwachsenen durchgeführt wurde, die ursprünglich aus Korea und China stammen, hängen direkt mit dem Alter zusammen, in dem sie in die USA kamen und mit der englischen Sprache konfrontiert wurden. Die Leistungen der Erwachsenen, die bei ihrer Emigration jünger als sieben Jahre alt waren, sind von denen englischer Muttersprachler nicht zu unterscheiden. (Nach Johnson & Newport, 1989.)

Eine menschliche Umwelt

Um eine Sprache zu entwickeln, genügt es nicht, ein menschliches Gehirn zu besitzen. Kinder müssen auch mit anderen Menschen in Kontakt kommen, die Sprache verwenden – gleich ob gesprochene oder gebärdete Sprache. Die angemessene Erfahrung, andere sprechen zu hören, ist in der Umgebung von fast allen Kindern auf der Welt leicht verfügbar (Jaswal & Fernald, 2002). Wie Benjamin, der seinen Eltern beim Abwasch zuschaut (Kapitel 5), hören Säuglinge und Kleinkinder bei zahllosen Gesprächen zu, und in den meisten Gesellschaften wird eine bestimmte Art der Sprache direkt an sie gerichtet. Ein großer Teil dieser an die Kinder gerichteten Sprache tritt im Kontext täglicher Routinen auf – während tausender Male von Essen, Windeln wechseln, Baden und Zu-Bett-Gehen sowie in zahllosen Spielen wie Kuckuck und Hoppehoppe-Reiter. Mit zunehmendem Alter sind die Kinder dann immer mehr an interaktiven Gesprächen mit älteren Geschwistern und Erwachsenen beteiligt.

> **Kasten 6.1** **Anwendungen**
>
> ### Zwei Sprachen sind besser als eine
>
> Das Thema **Bilingualismus**, die Fähigkeit, zwei Sprachen zu verwenden, erhielt in den vergangenen Jahren sehr viel Aufmerksamkeit, weil immer mehr Kinder zweisprachig aufwachsen. Tatsächlich ist fast die Hälfte der Kinder weltweit regelmäßig mit mehr als einer Sprache konfrontiert.
>
> Manche Kinder beginnen schon sehr früh in ihrem Leben, zwei Sprachen zu lernen, oft weil ihre Eltern oder andere Familienmitglieder verschiedene Sprachen sprechen. Bringt es die Kinder durcheinander, wenn sie schon früh mit zwei Sprachen konfrontiert sind, und wird die Aufgabe des Erlernens der Sprache dadurch erschwert? Die Forschung zum bilingualen Spracherwerb gibt wenig Anlass zu Sorge.
>
> Größtenteils scheinen Kinder, die zwei Sprachen erwerben, diese nicht durcheinander zu bringen; tatsächlich sieht es so aus, als ob sie zwei getrennte sprachliche Systeme aufbauen (deHouwer, 1995). Sie nutzen nicht fälschlicherweise das phonologische System der einen Sprache, um Wörter der anderen Sprache auszusprechen. Zwar mag es vorkommen, dass ein Wort aus der einen Sprache gelegentlich in einen Satz der anderen Sprache hineingerät, doch halten Kinder die grammatischen Regeln der beiden Sprachen getrennt.
>
> Das Erlernen zweier Sprachen ist natürlich anstrengender als das Erlernen nur einer Sprache, und Kinder, die sich zweisprachig entwickeln, bleiben am Anfang bei einigen sprachlichen Leistungsmaßen vielleicht ein wenig zurück (Oller & Pearson, 2002; Pearson & Fernandez, 1994). Jedoch sind sowohl der Verlauf als auch die Geschwindigkeit der Entwicklung bei bilingualen und monolingualen Kindern im Allgemeinen sehr ähnlich (deHouwer, 1995). Es kommt hinzu, dass Bilingualismus kognitive Vorteile mit sich bringt: Kinder, die in zwei Sprachen kompetent sind, schneiden bei einer Vielzahl von kognitiven Tests besser ab als monolinguale Kinder (Bialystok, Shenfield & Codd, 2000; Hakuta, Ferdman & Diaz, 1987; Peal & Lambert, 1962). Die Vorteile, die der Erwerb zweier Sprachen mit sich bringt, überwiegen somit die geringfügigen Nachteile.

An Kinder gerichtete Sprache Stellen Sie sich vor, Sie sitzen im Bus und hinter Ihnen spricht jemand zu einer anderen Person. Könnten Sie erraten, ob diese Person zu einem kleinen Kind oder zu einem Erwachsenen spricht? Zweifellos könnten Sie das wie jeder andere auch, selbst wenn Sie in einem anderen Land wären, dessen Sprache Sie selbst nicht sprechen. Der Grund dafür liegt darin, dass in praktisch allen Gesellschaften Erwachsene eine besondere Art des Sprechens annehmen, wenn sie zu Babys und sehr kleinen Kindern sprechen. Diese spezielle Art des Sprechens wurde ursprünglich als Ammensprache (*Motherese*) bezeichnet (Newport, Gleitman & Gleitman, 1977), aber der aktuelle Begriff der **an Kinder gerichteten Sprache** trägt dem Umstand Rechnung, dass dieser spezielle Sprechstil nicht ausschließlich von Ammen beziehungsweise Müttern verwendet wird.

Tatsächlich reden sogar schon jüngere Kinder so, wenn sie Babys ansprechen (Sachs & Devin, 1976; Shatz & Gelman, 1973). Wenn wir die Charakteristika der an Kinder gerichteten Sprache beschreiben, sollte man nicht ver-

Kasten 6.1

Größere Schwierigkeiten treten hinsichtlich des formalen Erwerbs einer Zweitsprache später in der Schule auf. Eine intensive Debatte in den USA hat sich mit dem Bilingualismus im Klassenzimmer befasst und mit der Frage, mit welchem Ansatz man Kinder im Schulalter unterrichten sollte, die nicht flüssig Englisch sprechen. Ähnliche Diskussionen kennen wir in Deutschland im Zusammenhang mit Türkisch sprechenden, neuerdings auch mit Russisch sprechenden Kindern. Die Diskussion über eine bilinguale Erziehung ist außerordentlich kompliziert und enthält eine Menge politischer und ethnischer Aspekte. Eine Seite dieser Diskussion spricht sich für die *totale Integration* aus, bei der mit Kindern ausschließlich die Landessprache gesprochen wird und sie auch ausschließlich in dieser Sprache unterrichtet werden, wobei das Ziel darin besteht, ihre diesbezüglichen Sprachkenntnisse so schnell wie möglich zu verbessern. Die andere Seite empfiehlt, den Kindern fachliche Grundkenntnisse zunächst in ihrer Muttersprache zu vermitteln und den Anteil des Unterrichts, der in der jeweiligen Landessprache erfolgt, erst nach und nach zu steigern. Für diese Sichtweise sprechen Belege dafür, (1) dass es Kindern oft nicht gelingt, fachliche Grundkenntnisse zu erwerben, wenn diese in einer Sprache vermittelt werden, die sie nicht vollständig verstehen, und (2) dass bei einer Integration beider Sprachen im Klassenzimmer die Kinder die Zweitsprache leichter lernen, sich aktiver beteiligen und weniger frustriert und gelangweilt sind (Augusta & Hakuta, 1998; Crawford, 1997; Hakuta, 1999). Dieser Ansatz trägt auch dazu bei, einem *Semilingualismus* vorzubeugen – einer unvollständigen Beherrschung beider Sprachen. Das kann passieren, wenn die Kinder ihre ursprüngliche Sprache mit der Zeit immer weniger beherrschen, weil sie in der Schule in einer zweiten Sprache unterrichtet werden.

Auch wenn die Frage nach dem Bilingualismus im Unterricht intensiv und widersprüchlich diskutiert wird, lässt die Forschung zum bilingualen Spracherwerb eine Vielzahl von Vorteilen erkennen.

---

gessen, dass sie nicht in allen Kulturen zum Einsatz kommt. Amerikanischen Müttern wird nachgesagt, dass sie dazu neigen, die an Kinder gerichtete Sprache extremer zu verwenden als praktisch jede andere kulturelle Gruppe (Fernald, 1989).

Die an Kinder gerichtete Sprache weist eine Reihe von besonderen Kennzeichen auf. Die vielleicht auffälligste Eigenschaft ist ihr emotionaler Tonfall. Darwin (1877) nannte sie „die süße Musik der Spezies", eine von Zuneigung durchflutete Sprache. Eine weitere erkennbare Eigenschaft der an Kinder gerichteten Sprache ist die Übertreibung (siehe Boysson-Bardies, 1999). Menschen sprechen mit Babys mit einer viel höheren

Die an Kinder gerichtete Sprache weckt die Aufmerksamkeit eines Babys und hält sie aufrecht.

In manchen Kulturen dieser Welt sprechen Eltern direkt zu ihren Babys, in anderen nicht.

Stimme, als sie dies jemals gegenüber einem Erwachsenen tun würden (ausgenommen vielleicht gegenüber einem geliebten Menschen), und ihr Intonationsmuster weist extreme Schwankungen auf und stürzt abrupt von sehr hohen Tönen zu sehr niedrigen Tönen. Auch sprechen Menschen gegenüber Babys langsamer und deutlicher und verlängern die Pausen zwischen ihren Äußerungen. Dieser ganze übertriebene Sprachgebrauch geht mit ebenso übertriebenen Gesichtsausdrücken einher. Viele dieser Kennzeichen wurden bei Erwachsenen bemerkt, die ganz unterschiedliche Sprachen sprechen, beispielsweise Arabisch, Französisch, Italienisch, Japanisch, Mandarin und Spanisch (siehe Boysson-Bardies, 1999). Dasselbe gilt für gehörlose Mütter beim Gebärden gegenüber ihren Säuglingen (Masataka, 1992).

Auch wenn der vorherrschende emotionale Tonfall der an Kinder gerichteten Sprache warm und liebevoll ist, variieren die Eltern älterer Kinder ihren emotionalen Ton, um wichtige Information zu vermitteln. Zum Beispiel zeigt das „Nein" einer Mutter, das mit scharf fallender Intonation geäußert wird, dem Baby deutlich, dass die Mutter etwas missbilligt, während ein gurrendes „Jaaa" Zustimmung erkennen lässt. Dieselben Intonationsmuster verwenden Mütter ganz unterschiedlicher Sprachen, um Zustimmung und Missbilligung zu signalisieren, vom Englischen über das Italienische bis zum Japanischen (Fernald, Taeschner, Dunn, Papousek, Boysson-Bardies & Fukui, 1989). Dass die Kleinkinder die Intonation in den Botschaften ihrer Mütter nutzen, um die Bedeutung zu interpretieren, hat Anne Fernald (1989) in einer Reihe raffinierter Experimente überzeugend nachgewiesen. In einem wurde acht Monate alten Kindern ein attraktives Spielzeug dargeboten, und ihre Mütter machten entweder eine zustimmende oder eine missbilligende Bemerkung („yes, good boy" versus „no, don't touch"). Die Hälfte der beiden Kommentare wurde jeweils entweder in einem gurrenden, unterstützenden Tonfall oder in einem scharfen, verbietenden Tonfall geäußert. Die Säuglinge spielten mit dem Spielzeug mehr, wenn der Tonfall der Stimme ihrer Mutter ermutigend war, unabhängig davon, was sie tatsächlich sagte.

Spielt es für kleine Kinder eine Rolle, wie sie angesprochen werden? Scheinbar ja. So bevorzugen sie an Kinder gerichtete Sprache gegenüber der Sprache, wie sie an Erwachsene gerichtet wird – selbst wenn die an Kinder gerichtete Sprache gegenüber einem anderen Kind und nicht gegenüber ihnen selbst verwendet wird (Cooper & Aslin, 1994; Fernald, 1985; Pegg, Werker & McLeod, 1992), und dies selbst, wenn sie in einer anderen Sprache als ihrer eigenen produziert wird. In einer Untersuchung beispielsweise hörten sowohl chinesische als auch amerikanische Säuglinge einer chinesischen Frau, die kantonesisch sprach, länger zu, wenn sie zu einem Baby redete, als wenn dieselbe Frau zu einem erwachsenen Freund sprach (Werker, Pegg & McLeod,

1994). Außerdem lernen Kleinkinder (und sogar Erwachsene) in einer Fremdsprache mehr neue Wörter, wenn die Wörter in der Art der an Kinder gerichteten Sprache dargeboten werden, als wenn sie so präsentiert werden, wie man sie an Erwachsene richtet (Golinkoff & Alioto, 1995; Golinkoff, Alioto & Hirsh-Pasek, 1996).

Auch wenn die an Kinder gerichtete Sprache weltweit sehr häufig auftritt, ist sie doch nicht universell. Bei den Kwara'ae auf den Solomon Islands im Südpazifik (Watson-Gegeo & Gegeo, 1986), den Kaluli auf Neuguinea (Schieffelin & Ochs, 1987) und den Ifalok auf Mikronesien (siehe Le, 2000) glauben die Erwachsenen, dass den Kindern jegliche Fähigkeit zum Sprachverstehen fehlt, so dass es keinen Grund gibt, mit ihnen zu sprechen. Wenn die Kinder der Kaluli zu sprechen beginnen und zeigen, dass sie schon ein wenig verstehen können, initiieren ihre Eltern ein sehr direktes Sprachtraining, sagen Wörter oder Sätze und heißen ihre Kinder das, was sie gerade sagten, zu wiederholen. Ob Eltern direkt zu ihren Kindern sprechen oder nicht, kann die Geschwindigkeit ihres frühen Sprachlernens beeinflussen, aber nicht das Niveau der Sprachbeherrschung, das sie schlussendlich erreichen (Lieven, 1994).

Wir sehen also, dass Kinder am Beginn ihres Lebens mit den beiden grundlegenden Notwendigkeiten für den Spracherwerb ausgestattet sind, einem menschlichen Gehirn und einer menschlichen Umwelt. Sofern sie keine schweren Gehirnschädigungen erleiden oder unter Bedingungen extremer sozialer Deprivation aufwachsen, werden sie ihre Muttersprache erlernen. Wir wenden uns nun den vielen Schritten zu, die diese bemerkenswerte Leistungsfähigkeit durchläuft.

Der Prozess des Spracherwerbs

Am Erwerb einer Sprache sind sowohl das Zuhören als auch das Sprechen (beziehungsweise das Zuschauen und das Gebärden) beteiligt; man muss dazu verstehen, was andere Menschen einem sagen wollen, und selbst Verständliches produzieren. Kleinkinder achten am Anfang darauf, was andere Menschen sagen oder gebärden, und sie wissen eine ganze Menge über Sprache, lange bevor sie selbst Sprache produzieren.

Sprachwahrnehmung

Wir haben in Kapitel 2 gesehen, dass die Aufgabe des Spracherwerbs schon im Mutterleib beginnt, wo der Fetus die Vorliebe entwickelt, der Stimme seiner Mutter und der Sprache, die sie spricht, zuzuhören. Die Basis für dieses sehr frühe Lernen ist die **Prosodie**, die charakteristischen Muster, mit denen eine Sprache gesprochen wird: Rhythmus, Tempo, Tonfall, Melodie, Intonation und so weiter. Unterschiede in der Prosodie sind zum großen Teil dafür verantwortlich, warum Sprachen so unterschiedlich klingen, und sie tragen auch dazu bei, warum Sprecher derselben Sprache sich so unterschiedlich anhören

Prosodie – die charakteristischen Muster, mit denen eine Sprache gesprochen wird: Rhythmus, Tempo, Tonfall, Melodie, Intonation und so weiter.

können. Man betrachte zum Beispiel die unterschiedlichen Sprachklänge des Japanischen, Französischen und Englischen und vergleiche die Sprachmelodien Hamburger, sächsischer und saarländischer Sprecher.

Das Einfühlungsvermögen in die Prosodie reicht jedoch nicht aus, um eine Sprache zu erlernen. Man muss auch in der Lage sein, die sprachlichen Laute zu unterscheiden, die in der jeweiligen Sprache einen Unterschied bedeuten. Um zum Beispiel Deutsch zu lernen, muss man zwischen *Rippe* und *Lippe*, *Bulle* und *Pulle*, *Deich* und *Teich* unterscheiden. Bemerkenswerterweise müssen Kinder nicht lernen, diese Unterschiede zu hören; Säuglinge nehmen sprachliche Laute bereits in derselben Weise wahr wie Erwachsene.

Die kategoriale Wahrnehmung von sprachlichen Lauten Sowohl Erwachsene als auch Säuglinge nehmen sprachliche Laute so wahr, als ob sie diskreten Klassen angehören. Dieses Phänomen wird **kategoriale Wahrnehmung** genannt. Es wurde durch die Untersuchung der Reaktionen auf künstliche Sprachlaute nachgewiesen. Bei diesen Forschungen wurde ein Sprachsynthesizer eingesetzt, um einen Sprachlaut, beispielsweise ein /b/, allmählich und kontinuierlich in einen ähnlichen Sprachlaut, beispielsweise ein /p/, zu verwandeln. Diese beiden Phoneme befinden sich auf einem akustischen Kontinuum; sie werden in exakt derselben Weise produziert, mit Ausnahme eines entscheidenden Unterschieds – der Zeitdauer zwischen dem Freilassen des Luftstroms durch die Lippen und dem Einsetzen der Vibration der Stimmbänder. Diese zeitliche Verzögerung nennt man die **Voice onset time (VOT)**. Sie ist bei einem /b/ (15 Millisekunden) viel kürzer als bei einem /p/ (100 Millisekunden). Die Forscher stellten Tonbandaufnahmen her, auf denen künstliche Sprachlaute auf diesem Kontinuum variieren, so dass sich jeder Laut vom vorhergehenden ein wenig unterscheidet und insgesamt ein /b/ nach und nach in ein /p/ übergeht. Erwachsene Hörer nahmen diesen kontinuierlichen Übergang zwischen den Lauten jedoch nicht wahr (Abbildung 6.4). Stattdessen hörten sie eine mehrfache Wiederholung von /b/ und dann einen abrupten Wechsel zu /p/; alle Laute mit einer *Voice onset time* von weniger als 25 Millisekunden werden als /b/ wahrgenommen, und alle Laute mit einer *Voice onset time* über 25 Millisekunden werden als /p/ wahrgenommen. Erwachsene trennen das kontinuierliche Signal somit automatisch in zwei diskontinuierliche Kategorien – /b/ und /p/.

Kleine Babys treffen bereits dieselben scharfen Unterscheidungen zwischen Sprachlauten. Dieser bemerkenswerte Sachverhalt wurde mit Hilfe der Habituationstechnik nachgewiesen, die Sie bereits aus den vorangegangenen Kapiteln kennen. In der ursprünglichen, klassischen Untersuchung saugten ein und vier Monate alte Säuglinge an einem Schnuller, der mit einem Computer verbunden war (Eimas, Siqueland, Jusczyk & Vigorito, 1971). (Dabei handelt es sich um eine der 100 am häufigsten zitierten psychologischen Untersuchungen.) Das Saugen führte dazu, dass ihnen sprachliche Laute eingespielt wurden, denen sie zuhören konnten. Nachdem sie denselben Laut wiederholt gehört hatten, saugten die Babys nach und nach weniger begeistert. Dann wurde ein neuer Laut vorgespielt. Wenn die Saugreaktion der Kinder auf

---

Kategoriale Wahrnehmung – die Wahrnehmung von Sprachlauten als Repräsentanten diskreter Kategorien.

Voice onset time (VOT) – die Zeit zwischen dem Ausströmen der Luft durch die Lippen und dem Einsetzen der Vibration der Stimmbänder.

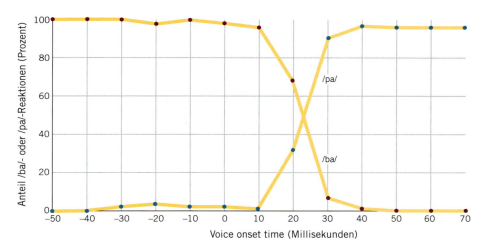

Abbildung 6.4: Die kategoriale Wahrnehmung von Sprachlauten bei Erwachsenen. Wenn Erwachsene ein Tonband mit künstlichen Sprachlauten hören, die allmählich von einem Laut zu einem anderen übergehen, beispielsweise von /ba/ zu /pa/ oder umgekehrt, dann kippt ihre Wahrnehmung plötzlich von einem Laut zum anderen. (Nach Wood, 1976.)

den neuen Laut hin anstieg, konnte daraus geschlossen werden, dass die Kinder den neuen Laut von dem alten unterscheiden konnten.

Der entscheidende Faktor in dieser Untersuchung bestand in der Beziehung zwischen dem alten und dem neuen Laut – insbesondere, ob sie aus derselben Kategorie oder aus unterschiedlichen Kategorien stammten. Bei einer Gruppe von Babys stammte der neue Laut aus einer anderen Erwachsenenkategorie; nach der Habituation auf eine Reihe von Lauten, die Erwachsene als /b/ wahrnehmen, ließ das Saugen nun einen Laut erklingen, den Erwachsene als /p/ identifizieren. Bei der zweiten Gruppe stammte der alte wie der neue Laut aus derselben Kategorie (beispielsweise würden Erwachsene beide Laute als /b/ wahrnehmen). Bei dieser Untersuchung ist entscheidend, dass sich in beiden Gruppen der neue und der alte Laut hinsichtlich ihrer *Voice onset time* in gleichem Ausmaß unterschieden. Abbildung 6.5 zeigt, dass die Säuglinge ihre Saugrate erhöhten, wenn der neue Laut aus einer anderen Phonemklasse stammte (/p/ statt /b/). Die Habituation setzte sich jedoch fort, wenn der neue Laut in dieselbe Lautklasse fiel wie der ursprüngliche. Seit der Veröf-

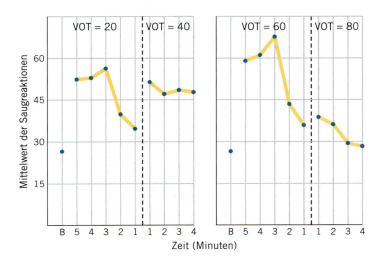

Kapitel 6.5: Die kategoriale Wahrnehmung von sprachlichen Lauten durch Säuglinge. Säuglinge im Alter von einem Monat und vier Monaten wurden an eine Bandaufzeichnung künstlicher Sprachlaute gewöhnt. Eine Gruppe hörte wiederholt die Silbe /ba/ mit einer *Voice onset time* (VOT) von 20, auf die sie nach und nach habituierte. Wenn sich der initiale Laut zu /ta/ veränderte, mit einer VOT von 40, erfolgte eine Dishabituation, was darauf schließen lässt, dass die Kinder den Unterschied zwischen den beiden Lauten wahrgenommen haben, so wie es Erwachsene tun. Eine andere Gruppe wurde auf die Silbe /pa/ mit einer VOT von 60 habituiert. Wenn sich der Anfangslaut zu einer anderen Variante von /pa/ mit einer VOT von 80 veränderte, erfolgte bei den Kindern keine Dishabituation, woraus man schließen kann, dass sie – wie Erwachsene – zwischen diesen beiden Lauten keinen Unterschied wahrgenommen haben. (Nach Eimas et al., 1971.)

fentlichung dieser klassischen Untersuchung konnte eine beträchtliche Menge an Forschungsarbeiten nachweisen, dass Säuglinge genauso wie Erwachsene eine Vielzahl sprachlicher Laute kategorial wahrnehmen (Aslin, Jusczyk & Pisoni, 1998).

Ein Unterschied zwischen Säuglingen und Erwachsenen besteht jedoch darin, dass die kleinen Kinder tatsächlich *mehr* Unterscheidungen machen als Erwachsene. Dieser überraschende Befund hängt damit zusammen, dass alle Sprachen nur eine Teilmenge der großen Vielfalt an Phonemklassen verwenden, die es gibt. Wir haben bereits darauf hingewiesen, dass die Laute /r/ und /l/ im Deutschen und Englischen, aber nicht im Japanischen einen Unterschied bedeuten. In ähnlicher Weise nehmen Sprecher des Arabischen, aber nicht des Deutschen, einen Unterschied zwischen dem /k/-Laut in „Kiemen" und „Kuchen" wahr. Erwachsene nehmen einfach die meisten Unterschiede der sprachlichen Laute nicht wahr, die in ihrer Muttersprache keine Bedeutung besitzen, was zum Teil erklärt, warum es für Erwachsene so schwierig ist, eine zweite Sprache zu erlernen.

Im Gegensatz dazu können Kleinkinder phonemische Kontraste unterscheiden, die in ihrer eigenen Sprache nicht getroffen werden. Zum Beispiel sind die Kinder der Kikuyu in Afrika genauso gut wie amerikanische Kinder, wenn es darum geht, englische Phonemkontraste zu entdecken, die in der Sprache der Kikuyu nicht vorkommen (Streeter, 1976). Untersuchungen an Kleinkindern aus Englisch sprechenden Familien haben gezeigt, dass sie Unterschiede entdecken, die nicht im Englischen, aber in Sprachen wie Deutsch und Spanisch, aber auch Thai, Hindi und Zulu bestehen (eine Übersicht dieser Arbeiten gibt Jusczyk, 1997).

Diese Forschungen lassen eine Fähigkeit erkennen, die sowohl angeboren ist in dem Sinne, dass sie bei der Geburt bereits vorhanden ist, als auch unabhängig von Erfahrungen, weil Kinder sprachliche Laute unterscheiden können, die sie zuvor noch niemals gehört hatten. Wahrscheinlich ist diese Fähigkeit zur kategorialen Wahrnehmung sprachlicher Laute für die Kinder enorm hilfreich, weil sie sie wesentlich darauf vorbereitet, jede beliebige Sprache auf der Welt zu lernen. Man beachte jedoch, dass die kategoriale Wahrnehmung auch bei manchen nichtsprachlichen Lauten auftritt (siehe Aslin et al., 1998) und dass die Fähigkeit, sprachliche Laute zu unterscheiden, nicht eine dem Menschen vorbehaltene Fähigkeit ist: Auch Tiere wie beispielsweise Affen, Chinchillas und die japanische Wachtel reagieren auf sprachliche Laute kategorial (Kluender, Diehl & Killeen, 1987; Kuhl & Miller, 1978; Kuhl & Padden, 1983). Diese Sachverhalte lassen darauf schließen, dass die kategoriale Wahrnehmung von Phonemen für menschliche Kleinkinder zwar hilfreich sein mag, dass sie jedoch nicht eine Art der Verarbeitung widerspiegelt, die ausschließlich auf Sprache spezialisiert wäre.

Entwicklungsveränderungen bei der Sprachwahrnehmung Die Fähigkeit kleiner Kinder, sprachliche Laute zu unterscheiden, die sie zuvor noch nie gehört haben, bleibt nicht lange bestehen. Am Ende ihres ersten Lebensjahres gleicht ihre Sprachwahrnehmung der ihrer Eltern. Der ursprüngliche

Abbildung 6.6: Sprachwahrnehmung. Dieses Kind nimmt im Labor von Janet Werker an einer Untersuchung zur Sprachwahrnehmung teil. Das Baby hat gelernt, seinen Kopf zu der Schallquelle hin zu drehen, sobald es beim Übergang von einem Laut zum nächsten eine Veränderung hört. Eine korrekte Kopfdrehung wird mit einer interessanten optischen Darbietung belohnt, außerdem applaudiert die Experimentatorin und lobt das Kind. Um sicherzustellen, dass die Mutter das Verhalten ihres Kindes nicht beeinflusst, trägt sie Kopfhörer, so dass sie nicht hören kann, was ihr Baby hört. (Aus Werker, 1989.)

Nachweis dieser Veränderung wurde von Janet Werker und ihren Kollegen erbracht, die die Fähigkeit von Kindern unterschiedlichen Alters testeten, sprachliche Laute zu unterscheiden (Werker 1989; Werker & Lalonde, 1988; Werker & Tees, 1984). Die Kinder stammten alle aus Englisch sprechenden Familien und wurden mit sprachlichen Kontrasten getestet, die im Englischen keine Rolle spielen, aber in zwei anderen Sprachen wichtig sind – Hindi und Nthlakapmx (einer Sprache, die von nordamerikanischen Indianern im Nordwestpazifik gesprochen wird). Um die Diskriminationsfähigkeit von sechs bis zwölf Monate alten Kindern zu testen, verwendeten die Forscherinnen ein einfaches Konditionierungsverfahren (siehe Abbildung 6.6). Die Kinder lernten, dass sie sich einen interessanten Anblick verschaffen können, wenn sie ihren Kopf zur Seite drehen, sofern sie in einer Serie von Lauten, die ihnen vorgespielt wurde, eine Veränderung hörten. Man schloss also auf die Fähigkeit zur Diskrimination sprachlicher Laute, wenn die Kinder ihren Kopf schnell in die richtige Richtung drehten, nachdem eine Lautveränderung aufgetreten war.

Abbildung 6.7 zeigt, dass die Kinder mit sechs bis acht Monaten die gehörten Laute leicht unterscheiden konnten; sie konnten zwei Silben auf Hindi gut auseinander halten und konnten ebenso zwei Laute in Nthlakapmx unterscheiden. Mit zwölf Monaten hörten die Kinder jedoch die Unterscheide, die sie ein paar Monate früher noch entdeckt hatten, nicht mehr. Eine ähnliche Veränderung tritt bei Vokalen ein, jedoch schon in etwas früherem Alter (Kuhl, 1991; Kuhl, Williams, Lacerda, Stevens & Lindblom, 1992; Polka & Werker, 1994).

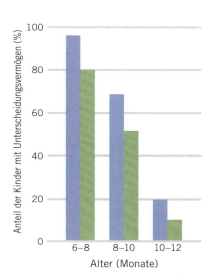

Abbildung 6.7: Altersbedingte Veränderungen der Sprachwahrnehmung. Die Fähigkeit von Säuglingen, sprachliche Laute zu unterscheiden, die *nicht* in ihrer Muttersprache vorkommen, nimmt zwischen sechs und zwölf Monaten ab. Sechs Monate alte Kinder aus Englisch sprechenden Familien können Silben in Hindi (blaue Balken) und Nthlakapmx (grüne Balken) problemlos unterscheiden, anders als zehn bis zwölf Monate alte Kinder. (Nach Werker, 1989.)

Sensibilität gegenüber Regelhaftigkeiten in der Sprache Kleine Kinder konzentrieren sich nicht nur auf die sprachlichen Laute, die in ihrer Muttersprache verwendet werden, sie werden auch immer empfänglicher für viele der zahlreichen Regelhaftigkeiten in dieser Sprache. Ein Beispiel ist das Betonungsmuster, eine Facette der Prosodie. Im Englischen beispielsweise wird bei zweisilbigen Wörtern die erste Silbe viel häufiger betont als die zweite (wie in „English", „often" und „second"). Neun Monate alte amerikanische Säuglinge richten ihre Aufmerksamkeit länger auf Wortlisten, die diesem Muster folgen, im Vergleich zu Wörtern, bei denen die zweite Silbe betont ist (Jusczyk, Cutler & Redanz, 1993).

Die Entdeckung, dass Kinder für diese regelmäßige Eigenschaft der Sprache, die sie hören, sensibel sind, wurde durch ein sehr einfaches Verfahren möglich, mit dem die akustischen Präferenzen der Kinder bestimmt werden sollten: das so genannte Head-turn-Paradigma. Links und rechts von den Kindern sind Lautsprecher in die Wand eingelassen, in deren Nähe sich ein Lichtreiz befindet. Dieser Lichtreiz richtet die Aufmerksamkeit der Kinder auf die eine oder die andere Seite. Sobald sich das Kind zu einem Licht hindreht, wird ein akustischer Reiz durch den Lautsprecher vorgespielt, der so lange anhält, wie das Baby in diese Richtung blickt. Die Zeit, die das Kind das Licht betrachtet – und damit auf den Laut hört – wird als Maß dafür genommen, wie sehr sich das Kind durch diesen Laut angezogen fühlt. Wir werden sehen, dass dieses Verfahren, bei dem das Kind seine Präferenzen durch Kopfdrehungen zum Ausdruck bringt, sehr häufig eingesetzt wurde, um Fragen über die Sprachentwicklung im Säuglingsalter zu untersuchen.

In neuerer Zeit verwendet man auch Hirnstrommessungen, um die Fähigkeit zur Lautdiskrimination von Babys zu untersuchen. So präsentierten Weber, Hahne, Friedrich und Friederici (2004) fünf Monate alten Babys eine lange Sequenz von Doppelsilben (zum Beispiel *ba-ba*) in stets gleichem zeitlichem Abstand, wobei entweder die zweite Silbe besonders häufig und die erste Silbe nur selten betont war (ba-bá) oder umgekehrt (bá-ba). Gewöhnt sich unser Gehirn an einen bestimmten Reiz und nimmt dann eine Abweichung von diesem Reiz wahr, so zeigt es charakteristische Hirnstrommuster. Solche Muster zeigten auch die Babys in der genannten Studie, wenn sie den Reiz mit der jeweils selteneren Betonung vorgespielt bekamen. Dazu müssen sie nicht einmal wach sein, denn die interessierenden Veränderungen der Hirnstromkurve treten sogar im Schlaf auf. Folglich scheint das Gehirn von Säuglingen bereits sehr früh zwischen verschiedenen Betonungsmustern unterscheiden zu können.

Eine weitere Regelhaftigkeit, für die die Kinder überraschend sensibel sind, betrifft die **Verteilungscharakteristik** in der Sprache, die sie hören. In jeder Sprache treten bestimmte Laute mit größerer Wahrscheinlichkeit zusammen auf als andere. Die Sensibilität für eine derartige Regelhaftigkeit im Sprachstrom wurde durch eine elegante Reihe von Experimenten nachgewiesen, bei der die Babys neue Wörter allein auf der Basis statistischer Regelmäßigkeiten lernten (Aslin, Saffran & Newport, 1998; Saffran, Aslin & Newport, 1996). Die Säuglinge in dieser Untersuchung hörten zwei Minuten lang ein Band mit

Verteilungscharakteristik – das Phänomen, dass in jeder Sprache bestimmte Laute mit höherer Wahrscheinlichkeit zusammen auftreten als andere.

vier verschiedenen dreisilbigen „Wörtern" (zum Beispiel *tupiro*, *golabu*, *bidaku*, *padoti*), die in zufälliger Abfolge ohne Pausen zwischen den Wörtern wiederholt wurden. Nach einer Reihe von Testdurchgängen wurden den Babys dann manchmal dieselben „Wörter" und manchmal „Nicht-Wörter" vorgespielt – die gleichen Silben, aber in anderer Kombination. Die Kinder achteten länger auf die neuartigen „Nicht-Wörter". Um diese Präferenz zum Ausdruck zu bringen, müssen die Babys bemerkt und erinnert haben, wie häufig bestimmte Silben in dem von ihnen gehörten Sprachbeispiel zusammen auftraten; sie lernten zum Beispiel, dass auf „bi" immer „da" und auf „da" immer „ku" folgt, aber dass auf „ku" drei unterschiedliche Silben folgen können („tu", „go" oder „pa"). Die Kinder nutzen also die sich wiederholenden Muster, um Wörter aus dem kontinuierlichen sprachlichen Strom, der ihr Ohr erreichte, herauszuhören.

Wie schnell könnten Sie aus dem hier gezeigten Sprachstrom ein Wort heraushören? Acht Monate alte Kinder brauchen dafür gerade mal zwei Minuten.

Und noch ein Sprachmerkmal liefert älteren Kleinkindern hilfreiche Information: die kurzen Pausen zwischen den Wörtern. Elf Monate alte Kinder achteten länger auf Sprache, bei der zwischen den aufeinander folgenden Wörtern jeweils Pausen von einer Sekunde Länge eingefügt wurden, als auf sprachliche Passagen, bei denen die Pausen zwischen Silben innerhalb von Wörtern auftraten (Myers et al., 1996). (Man beachte die Ähnlichkeit zwischen diesem Befund und der Präferenz kleinerer Kinder für Mozart-Minuette mit Pausen zwischen den musikalischen Phrasen, die wir in Kapitel 5 beschrieben haben.)

Höhle und Weissenborn (2000) konnten darüber hinaus zeigen, dass Deutsch lernende Kleinkinder im Verlauf der ersten 18 Lebensmonate auch schon lexikalische Information verarbeiten und zur Identifizierung und Kategorisierung von Einheiten im sprachlichen Input heranziehen können. So erkennen sie mit sieben bis acht Monaten unbetonte Lautfolgen, die Artikelformen wie *der* oder Präpositionen wie *bei* entsprechen, in einem auditiv dargebotenen Text wieder.

Aus den Forschungen zur Sprachwahrnehmung, die wir im Überblick dargeboten haben, lässt sich erkennen, dass sich Säuglinge von Anfang an sehr stark anstrengen, um in den Lauten, die sie andere Menschen produzieren hören, Muster zu identifizieren. Sie beginnen mit der Fähigkeit, relevante Unterscheidungen zwischen sprachlichen Lauten zu treffen, und engen ihren Fokus dann auf diejenigen Laute ein, die sie mit einer gewissen Regelmäßigkeit hören und die in der Sprache, die sie selbst erwerben, einen Unterschied bedeuten. Mit zunehmendem Kontakt zu der Sprachumgebung finden die Kinder in dem, was sie hören, bemerkenswert subtile Regelhaftigkeiten heraus.

Vorbereitung für die Sprachproduktion

In ihren ersten Monaten bereiten sich Babys auf das Sprechen vor. Das Lautrepertoire, das sie produzieren können, ist noch sehr stark eingeschränkt. Sie weinen, niesen, seufzen, rülpsen und schmatzen mit den Lippen, aber ihr Vokaltrakt ist noch nicht hinreichend entwickelt, um damit so etwas wie richtige sprachliche Laute hervorbringen zu können. Mit etwa sechs bis acht Wochen beginnen die Kinder dann plötzlich, einfache sprachliche Laute zu produzieren – lange, anhaltende vokalische Laute wie „oooh" oder „aaah" oder Konsonant-Vokal-Kombinationen wie „gu". Diese Form des Lautierens wird auch *cooing* genannt (vom englischen *to coo*, was *gurren* oder *girren* bezeichnet). Die Babys liegen in ihren Bettchen und unterhalten sich selbst mit Vokalgymnastik, wechseln von tiefen Grunzern zu hohen Schreien, von sanftem Murmeln zu lautem Rufen. Sie machen Knacklaute und produzieren Schmatzer, schnauben, quietschen und kreischen, und alles mit offensichtlicher Freude und Faszination. Durch diese Übung verbessert sich die motorische Kontrolle der Säuglinge über ihre Vokalisationen ständig.

Zur gleichen Zeit, in der sich ihr Lautrepertoire erweitert, werden sich die Kinder zunehmend der Tatsache bewusst, dass ihre Vokalisationen bei anderen Reaktionen hervorrufen, und sie beginnen mit ihren Eltern wechselseitige Dialoge von „oooh" und „aaah", von „uuuh" und „iiih". Mit verbesserter motorischer Kontrolle ihrer Vokalisation imitieren sie immer mehr die Laute ihrer „Gesprächspartner" und produzieren sogar höhere Laute, wenn sie mit ihren Müttern interagieren, und tiefere Laute im Umgang mit ihren Vätern (Boysson-Bardies, 1999). Die Neigung der Säuglinge, die sprachlichen Laute, die sie hören, nachzuahmen, wurde auch im Labor nachgewiesen: Fünf Monate alte Kinder, die ein Band mit einem einfachen vokalischen Laut hörten, produzierten als Reaktion einen ähnlichen Laut (Kuhl & Meltzoff, 1984).

Plappern Irgendwann zwischen dem sechsten und zehnten Lebensmonat, im Durchschnitt etwa mit sieben Monaten, tritt ein Meilenstein der Sprachentwicklung ein: Die Babys beginnen zu plappern (im Englischen: *babbling*). Beim normalen Plappern werden Silben produziert, die aus einem Konsonanten und einem darauf folgenden Vokal bestehen („pa", „ba", „ma") und die wiederholt aneinander gereiht werden („papapa"). Früher hat man angenommen, dass Kinder eine große Menge an Lauten aus ihrer eigenen Sprache und aus anderen Sprachen plappern (Jakobson, 1941), aber neuere Forschung ließ erkennen, dass Babys tatsächlich nur mit einer recht eingeschränkten Menge von Lauten plappern, zu denen auch einige Laute gehören, die nicht aus ihrer Muttersprache stammen (Boysson-Bardies, 1999; Locke, 1983).

Eine zentrale Komponente bei der Entwicklung des Plapperns besteht darin, über die Laute, die man produziert, Rückmeldung zu erhalten. Von Geburt an gehörlose Kinder produzieren zwar bis zum Alter von fünf oder sechs Monaten ähnliche Vokalisationen wie hörende Babys, aber ihr vokales Plappern tritt erst sehr spät auf und bleibt sehr begrenzt (Oller & Eilers, 1988). Dieser Befund widerspricht früheren Behauptungen, denen zufolge gehörlose Kinder im gleichen Alter wie hörende Babys zu lautieren beginnen (zum Beispiel Lenneberg, 1967). Manche von Geburt an gehörlose Babys plappern jedoch völlig im Zeitplan – diejenigen, die regelmäßig mit Zeichensprache in Kontakt stehen. Nach Petitto und Marentette (1991) beginnen gehörlose Kinder, mit denen gebärdet wurde, im Alter von etwa acht Monaten mit *manuellem* Plappern, wobei sie wiederholte Handbewegungen produzieren, die Komponenten voll-

 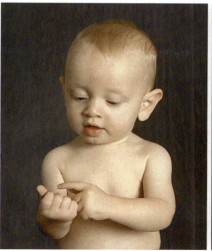 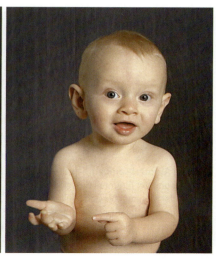

Abbildung 6.8: Stilles Plappern. Bei Babys, die mit der Zeichensprache ihrer gehörlosen Eltern konfrontiert sind, tritt „stilles Plappern" auf. Eine Teilmenge ihrer Handbewegungen unterscheidet sich insofern von denen solcher Kinder, die mit gesprochener Sprache aufwachsen, als ihr langsamerer Rhythmus mit dem rhythmischen Muster des erwachsenen Gebärdens übereinstimmt. (Nach Petitto, Holowka, Sergio & Ostry, 2001.)

ständiger Gebärden der verwendeten Zeichensprache sind, so wie die vokal geplapperten Laute Komponenten von Wörtern darstellen. So wie Kinder eine gesprochene Sprache lernen, scheinen also auch gehörlose Kinder mit den Elementen herumzuexperimentieren, die in ihrer Muttersprache kombiniert werden, um sinnvolle Wörter hervorzubringen (Abbildung 6.8).

Das Plappern der Kinder wird mit der Zeit variantenreicher und nimmt nach und nach die Laute, den Rhythmus und das Intonationsmuster der Sprache an, die die Kinder täglich hören. In einem einfachen, aber gut durchdachten Experiment hörten französische Erwachsene das Plappern eines acht Monate alten französischen Kindes und eines acht Monate alten Kindes aus entweder einer arabisch oder einer kantonesisch sprechenden Familie. Wenn sie angeben sollten, welches von zwei Babys jeweils das französische war, wählten die Erwachsenen in 70 Prozent der Fälle korrekt (Boysson-Bardies, Sagart & Durant, 1984). Auch bevor sie ihre ersten sinnvollen Wörter äußern, plappern Kinder sozusagen bereits in ihrer Muttersprache.

Frühe Interaktionen Bevor wir uns dem nächsten großen Schritt bei der Sprachproduktion zuwenden – den erkennbaren Wörtern –, müssen wir den sozialen Kontext berücksichtigen, der die Sprachentwicklung in den meisten Gesellschaften fördert und voranbringt. Schon bevor Kinder mit dem Sprechen beginnen, legen sie Anfänge kommunikativer Kompetenz an den Tag; das ist die Fähigkeit, intendiert mit einer anderen Person zu kommunizieren.

Das erste Anzeichen dieser kommunikativen Kompetenz besteht im so genannten Turn-taking. In einem Gespräch wechseln sich erwachsene Teilnehmer in ihrer Rolle als Sprecher und Hörer ab. Jerome Bruner und seine Kollegen (Bruner, 1977; Ratner & Bruner, 1978) haben die Annahme vertreten, dass das Lernen, wie man sich in sozialen Interaktionen abwechselt, durch Spiele zwischen Eltern und ihren Kindern Unterstützung findet. Solche Spiele sind beispielsweise Guck-guck und „Nimm-und-gib"-Spiele, bei denen sich die Beteiligten wiederholt und wechselseitig Objekte geben und dann wieder entgegennehmen. (Kleinen Kindern fällt es am Anfang viel leichter, ein Objekt anzubieten, als es dann auch tatsächlich loszulassen.) In diesen „Handlungsdialogen" (Bruner, 1977) wechselt das Kind zwischen aktiven und passiven Rollen hin und her, so wie man in Gesprächen zwischen dem Sprechen und dem Zuhören abwechselt.

Erfolgreiche Kommunikation setzt auch **Intersubjektivität** voraus: Zwei Interaktionspartner müssen ein gemeinsames Aufmerksamkeitszentrum besitzen. Am Anfang wird die **geteilte Aufmerksamkeit** (im Englischen: *joint attention*) dadurch hergestellt, dass die Eltern sich von ihrem Baby führen lassen und immer dorthin schauen und das kommentieren, was ihr Kind gerade betrachtet. Mit etwa sechs Monaten sind Kinder dann in der Lage, der Blickrichtung einer anderen Person zu folgen, solange diese Person etwas anschaut, das deutlich sichtbar ist. Mit 18 Monaten können die Kinder aus der Blickrichtung einer anderen Person bestimmen, wo sich ein Objekt befindet, das sie selbst gerade nicht sehen können (Butterworth & Grover, 1988).

Eine sichere Methode, um koorientierte Aufmerksamkeit mit einem anderen Erwachsenen herzustellen, besteht darin, auf dasjenige, worüber man sprechen will, zu zeigen. Wenn man dies jedoch mit einem kleinen Kind versucht, wird das Baby wahrscheinlich intensiv auf den ausgestreckten Finger starren und nicht auf das Objekt blicken, auf das man zeigt. Mit etwa neun Monaten jedoch schauen die meisten Babys dann in die Richtung, in die der Finger zeigt. Ein paar Monate später beginnen sie selbst, Zeigegesten zu produzieren (Butterworth, 1998), und mit zwei Jahren kann das Zeigen absichtlich eingesetzt werden, um die Aufmerksamkeit einer anderen Person zu lenken (Moore & D'Entremont, 2001). Diese frühen Interaktionen vermitteln den Kindern somit einen Rahmen, in den Wörter bei der Kommunikation mit anderen später aufgenommen werden können.

Wir haben nun gesehen, dass sich Säuglinge Zeit nehmen, um sich auf das Sprechen vorzubereiten. Durch das Plappern bekommen sie ein bestimmtes anfängliches Maß an Kontrolle über die Produktion von Lauten, die für Produktion sinnvoller Wörter notwendig sind. Dabei fangen sie schon an, so wie ihre Eltern zu klingen. Durch die frühen Interaktionen mit ihren Eltern entwickeln sie interaktive Routinen, die denen ähnlich sind, die sich auch für den kommunikativen Gebrauch der Sprache benötigen.

Intersubjektivität – das Bestehen eines gemeinsamen Aufmerksamkeitszentrums zwischen zwei oder mehreren Personen.

Geteilte Aufmerksamkeit – wenn das Baby und der Elternteil dasselbe Ding in der sie umgebenden Welt betrachten und darauf reagieren; oft begeben sich die Eltern dazu unter die Führung ihres Babys und schauen immer dahin und kommentieren das, was ihre Kinder gerade betrachten.

Die ersten Worte

Kinder lernen Wörter zunächst einfach als vertraute Lautmuster, ohne ihnen eine Bedeutung zuzuschreiben; aber dann, in einer großen Revolution, werden Wörter genutzt, um Bedeutung zu transportieren. Zuerst *erkennen* Kinder also Wörter, und dann *verstehen* sie sie allmählich. Danach fangen sie damit an, einige der Wörter, die sie gelernt haben, selbst zu produzieren.

Frühe Worterkennung Die erste Aufgabe beim Erlernen von Wörtern besteht darin, sie im Sprachstrom zu entdecken. Die erste vertraute Lautfolge, die in der Wahrnehmung der Sprache, die ein Kind hört, hervorspringt, ist der eigene Name. Kinder hören schon mit viereinhalb Monaten einem Tonband, auf dem ihr eigener Name wiederholt wird, länger zu als einem Band mit einem anderen, aber ähnlichen Namen (Mandel, Jusczyk & Pisoni, 1995). Mit sieben bis acht Monaten schaffen es die Kinder leicht, *neue* Wörter zu erkennen und sie sich wochenlang zu merken (Jusczyk & Aslin, 1995; Jusczyk & Hohne, 1997).

Das Problem der Referenz Sobald die Kinder aus der Sprache, die sie hören, wiederholt vorkommende Einheiten erkennen können, steht ein wirklich wichtiger Fortschritt bevor. Die Kinder können das Problem der **Referenz** angehen und damit beginnen, Wörter mit Bedeutungen zu assoziieren. Der Philosoph Willard Quine (1960) hat darauf hingewiesen, wie kompliziert es ist, aus der Menge der möglichen Referenten jenen herauszufinden, welcher für ein bestimmtes Wort der richtige ist. Wenn ein Kind in Gegenwart eines Hasen hört, wie jemand „Hase" sagt, wie kann das Kind wissen, ob dieses neue Wort sich auf den Hasen selbst bezieht, auf dessen Stummelschwanz, auf die Schnurrhaare links und rechts von seiner Nase oder auf die zuckenden Bewegungen, die der Hase mit seiner Nase macht? Dass das Problem der Referenz ein wirkliches Problem darstellt, lässt sich am Fall eines Säuglings illustrieren, der dachte, „oh je!" sei eine Begrüßung, weil es das Erste war, das seine Mutter jeden Morgen sagte, wenn sie das Kinderzimmer betrat (Ferrier, 1978).

Referenz – in der Linguistik die Beziehung zwischen Wörtern und dem, was sie bedeuten.

Es gibt Belege dafür, dass Kinder mit etwa sechs Monaten damit beginnen, sehr vertraute Wörter mit ihren Referenten zu assoziieren; wenn ein sechs Monate altes Kind entweder „Mama" oder „Papa" hört, schaut es die zutreffende Person an (Tincoff & Jusczyk, 1999). Mit der Zeit verstehen Kinder auch die Bedeutung von Wörtern, die sie weniger häufiger gehört haben, und das Tempo, mit dem sie ihren Wortschatz aufbauen, variiert zwischen den einzelnen Kindern sehr stark. Nach Berichten der Eltern von 1000 Kindern in den USA umfasst der *Verstehenswortschatz* von zehn Monate alten Kindern – die Wörter, die ein Kind versteht (aber vielleicht noch nicht selbst verwenden kann) – zwischen 11 und 145 Wörter (Fenson et al., 1994).

Frühe Wortproduktion Mit der Zeit beginnen die Kinder, einige der Wörter zu sagen, die sie verstehen. Die meisten produzieren ihre ersten Worte zwischen zehn und fünfzehn Monaten. Der Ausdruck *produktiver* (oder *aktiver*) *Wortschatz* bezieht sich auf die Wörter, die ein Kind selbst zu sagen in der Lage ist.

Was kann als „erstes Wort" gelten? Es kann sich um jede spezifische Äußerung handeln, die das Kind konsistent macht, um etwas zu bezeichnen oder etwas auszudrücken. Selbst mit diesem vagen Kriterium kann es problematisch sein, die ersten Wörter eines Kindes zu identifizieren. Zum einen interpretieren begeisterte Eltern oft zu viel in das Plappern ihrer Kinder hinein. Zum anderen können sich die ersten Worte von der entsprechenden Wortform der Erwachsenen unterscheiden. Zum Beispiel war *woof* eines der ersten Wörter des Jungen, dessen sprachlicher Fortschritt am Anfang dieses Kapitels

| Kasten 6.2 | Individuelle Unterschiede |

Variabilität bei der Sprachentwicklung

Eltern machen sich oft Sorgen, ob ihr Kind hinter Gleichaltrigen zurückzubleiben scheint, wenn es darum geht, bestimmte wichtige Stationen des Spracherwerbs zu erreichen. Wann sollten sie besorgt sein? Das Wichtigste, was Eltern erkennen müssen, ist, dass es bei vielen Aspekten des Spracherwerbs gewaltige individuelle Unterschiede gibt und dass die meisten dieser Unterschiede keine Prädiktoren für zukünftige Probleme darstellen.

Eine Form der Variation, die Sprachforscher identifiziert haben, ist der **Stil**. Darunter versteht man die Strategien, die kleine Kinder heranziehen, wenn sie mit dem Sprechen beginnen. Manche Kinder legen einen **referenziellen** oder **analytischen Stil** an den Tag, während andere durch einen **expressiven** oder **holistischen Stil** auffallen (Bates, Dale & Thal, 1995; Bloom, 1975; Nelson, 1973). Ein dritter Stil besteht im **Abwarten** (Boysson-Bardies, 1999).

Boysson-Bardies (1999) hat diese drei Stile anhand französischer Kinder beispielhaft beschrieben. Kinder, die als referenziell beschrieben werden, neigen dazu, den Sprachstrom in einzelne phonetische Elemente und Wörter zu analysieren, und ihre ersten Äußerungen sind für gewöhnlich isolierte, oft einsilbige Wörter. Dieser Stil lässt sich an Emilie illustrieren, deren erste 20 Wörter fast alle einsilbig waren und mit denselben drei Konsonanten anfingen, die zuvor ihr Plappern dominiert hatten. Von den Wörtern der Erwachsenen, die sie hörte, schien sie also systematisch diejenigen auszuwählen, die mit den Lauten anfangen, die sie bereits beherrscht. Ihre einfache und effektive Strategie versetzte Emilie in die Lage, ihren Wortschatz schnell zu erweitern.

Die als expressiv beschriebenen Kinder beachten mehr den Gesamtklang der Sprache – ihre Rhythmus- und Intonationsmuster – und nicht die phonetischen Elemente, aus denen die Sprache zusammengesetzt ist. Diesen Stil hatte Simon übernommen, dessen Strategie sich als „zuerst das Gespräch" skizzieren lässt. Statt wie Emilie mit kleinen sprachlichen Einheiten zu beginnen, nahm der gesellige Simon an den Gesprächen von Erwachsenen mit langen „Sätzen" oder sogar „Fragen" teil,

illustriert wurde. Mit diesem Wort bezog sich der Junge auf den Nachbarhund – sowohl um das Tier begeistert zu bezeichnen, wenn es im Garten des Nachbars erschien, als auch um die Anwesenheit des Hundes wehmütig zu erbitten, wenn er gerade nicht da war.

Am Anfang ist die frühe Wortproduktion der Kinder durch ihre Fähigkeit begrenzt, die Wörter, die sie bereits kennen, auch so gut aussprechen zu können, dass ein aufmerksamer Erwachsener ihre Bedeutung erschließen kann. Um sich das Leben leichter zu machen, übernehmen Kinder eine Vielzahl von Vereinfachungsstrategien (Gerken, 1994). Zum Beispiel lassen sie die schwierigen Teile von Wörtern aus (und machen *Banane* zu „nane") oder ersetzen schwer auszusprechende Laute durch leichtere (und machen *Krokodil* zu „gogil"). Manchmal bringen sie Teile eines Wortes auch in eine andere Reihenfolge, um einen leichteren Laut an den Wortanfang zu bringen, etwa bei „Pasketti" für *Spaghetti*. (Ein eher idiosynkratisches Beispiel ist die Be-

Kasten 6.2

die alle mit perfektem französischem Intonationsmuster geäußert wurden. Diese Äußerungen enthielten jedoch kaum ein erkennbares Wort.

Kinder, die unter die Strategie des „Abwartens" fallen, beginnen spät mit dem Sprechen – manche davon sehr spät. Henri plapperte sehr wenig, und selbst nachdem er schon viele Wörter verstehen konnte, blieb er still. Bis zum Alter von 20 Monaten sagte er kaum etwas über „Papa", „Maman" und „non" hinaus. Henri hatte jedoch eine ganze Zeit lang sorgfältig zugehört; im Alter von 20 Monaten fing er nämlich plötzlich an, eine große Zahl deutlich artikulierter Wörter zu sagen, und in der Folge wuchs sein Wortschatz schnell an.

Diese unterschiedlichen Stile spiegeln beträchtliche Unterschiede darin wider, *wie* die Kinder ihre sprachlichen Anfänge gestalten, sie nehmen aber praktisch keinen Einfluss auf das schlussendliche Ergebnis dieses Prozesses. „Alle Kinder erreichen ihr Ziel – den Erwerb ihrer Muttersprache – unabhängig davon, welche Strategie sie am Anfang eingesetzt haben" (Boysson-Bardies, 1999, S. 176).

Wir haben an früherer Stelle in diesem Kapitel auch schon darauf hingewiesen, dass sich Kinder ebenso drastisch in dem Alter unterscheiden, in dem sie ihr erstes erkennbares Wort sagen und ihren ersten Satz produzieren, und auch der Umfang ihres frühen Wortschatzes variiert sehr stark. Die meisten Kleinkinder, die hinter anderen zurückliegen oder deren Produktionswortschatz unterdurchschnittlich ist, holen alles binnen ein paar Jahren wieder auf (selbst Kinder, die weit unterhalb der Norm liegen). Eltern, die sich Sorgen über ihr Kind machen, das einfach nicht sprechen will, können aus dem Beispiel Albert Einsteins Mut schöpfen, von dem berichtet wird, dass er erst mit vier oder fünf Jahren angefangen hat zu sprechen.

Solange es also keine anderen Anzeichen für Entwicklungsprobleme gibt, sollten sich Eltern nicht allzu sehr den Kopf darüber zerbrechen, ob ihr Kind spät mit dem Sprechen beginnt. Es besteht jedoch Anlass zur Sorge, wenn ein kleines Kind mit dem *Sprachverstehen* zurückbleibt, weil diese Art der Entwicklungsverzögerung auf ein Hörproblem oder auf kognitive Schwierigkeiten hinweisen kann, woraus sich auch spätere Probleme vorhersagen lassen (Bates et al., 1995).

---

zeichnung „Cagoshin", wie der Junge, dessen Sprachentwicklung am Beginn dieses Kapitels illustriert wurde, viele Jahre lang für *Chicago* sagte.) Die frühe Sprache von Kindern hängt von einer Anzahl weiterer Faktoren ab, die ihren Eltern manchmal Sorge bereiten. Einige dieser Faktoren werden in Kasten 6.2 diskutiert.

Wenn Kinder gegen Ende des ersten Jahres mit dem Sprechen beginnen, worüber sprechen sie dann? Zu dem frühen Produktionswortschatz von Kindern in den USA gehören die Namen für Menschen, Gegenstände und Ereignisse aus dem Alltag der Kinder (Clark, 1979; Nelson, 1973). Die Kinder benennen ihre Eltern, ihre Geschwister und Haustiere sowie wichtige Gegenstände ihrer Umwelt wie Kekse, Saft und Bälle. Häufige Ereignisse und Routinen werden ebenso bezeichnet – „(r)auf", „winke-winke", „happa-happa". Auch werden wichtige Modifikatoren verwendet – „mein", „heiß", „ist alle".

Im frühen Produktionswortschatz von Kindern, die Englisch, Deutsch und verwandte Sprachen lernen, überwiegen Nomen, zum Teil wahrscheinlich deshalb, weil die Bedeutungen, die sie repräsentieren, durch Beobachtung leichter erschlossen werden können als die Bedeutungen von Verben; Nomen können Sachverhalte bezeichnen, während Verben Beziehungen zwischen Sachverhalten darstellen (Gentner, 1982). Außerdem hängt der Anteil der Nomen im Wortschatz sehr kleiner Kinder vom Anteil der Nomen in der an sie gerichteten Sprache ihrer Mutter ab (Pine, 1994), und amerikanische Mütter aus der Mittelschicht (der am häufigsten untersuchten Gruppe) liefern ihren Kindern sehr viele Objektbezeichnungen, weit mehr als Mütter in manch anderer Kultur, beispielsweise in Japan (Fernald & Morikawa, 1993).

Kinder verwenden die Wörter ihres kleinen Produktionswortschatzes am Anfang nur Wort für Wort. Diese Phase von Einwortäußerungen nennt man die **holophrasische Phase**, weil das Kind typischerweise mit einem einzigen Wort eine „ganze Phrase" zum Ausdruck bringt. „Trinken" kann sich auf den Wunsch des Kindes beziehen, dass seine Mutter ihm ein Glas Orangensaft eingießt. „Saft" könnte sich natürlich auf denselben Wunsch beziehen. Kinder, die nur Einwortäußerungen produzieren, sind nicht auf einzelne Ideen beschränkt; es gelingt ihnen, sich dadurch auszudrücken, dass sie mehrere Einwortäußerungen aneinander reihen. Ein Beispiel ist ein kleines Mädchen mit einer Entzündung im Auge, die auf ihr Auge zeigte, „au" sagte und dann, nach einer Pause, „Auge" (Hoff, 2001).

Die Rate der Entwicklung des Wortschatzes eines Kindes wird durch die bloße *Menge* an Sprache beeinflusst, die das Kind hört: Je mehr Sprache die Mutter an ihren Säugling richtet, desto schneller lernt dieser neue Wörter (Huttenlocher, Haight, Bryk, Seltzer & Lyons, 1991). Analog dazu sprechen Mütter mit höherer Ausbildung mehr mit ihren Kindern als Mütter mit geringerem Bildungsstand, und ihre Kinder besitzen zunehmend umfangreichere Wortschätze als Kinder von Eltern mit niedrigerem Ausbildungsgrad (Fenson et al., 1994; Hart & Risley, 1994; Hoff-Ginsberg, 1993, 1994; Huttenlocher et al., 1991).

Was kleine Kinder sagen wollen, übertrifft schnell die Anzahl der Wörter in ihrem begrenzten Wortschatz, deshalb nehmen sie die Wörter, über die sie verfügen, in die doppelte Pflicht. Zum einen tun sie das durch **Überdehnung** – die Verwendung eines bestimmen Wortes in einem breiteren Kontext, als es angemessen wäre, beispielsweise wenn Kinder *Hund* für jedes vierbeinige Tier verwenden, *Papa* für jeden Mann, *Mond* für den Einstellknopf des Geschirrspülers oder *heiß* für jedes reflektierende Metall (Tabelle 6.1). Die meisten Überdehnungen stellen die Bemühung dar zu kommunizieren, und weniger einen Mangel an Wissen, wie sich durch Forschungen zeigen lässt, bei denen Kinder, die einige Wörter überdehnten, Verstehenstests bearbeiten sollten (Naigles & Gelman, 1995; Thompson & Chapman, 1977). In einer Untersuchung beispielsweise wurden den Kindern Bilderpaare von Sachverhalten gezeigt, für die sie im Allgemeinen dieselbe Bezeichnung verwendeten – zum Beispiel ein Hund und ein Schaf, die von dem Kind normalerweise beide als „Hund" bezeichnet wurden. Wenn die Kinder jedoch auf das Schaf zeigen soll-

---

Holophrasische Phase – die Phase, in der die Kinder die Wörter ihres Produktionswortschatzes so einsetzen, dass ihre Äußerungen aus einem einzigen Wort bestehen.

Überdehnung – die Verwendung eines bestimmten Wortes in einem weiteren Kontext, als es der Bedeutung angemessen wäre.

Tabelle 6.1: Beispiele für die Überdehnung der Wortbedeutung bei kleinen Kindern.	
Wort	**Referenten**
ball [Ball]	Ball, Ballon, Murmel, Apfel, Ei, kugelförmiger Wasserkessel (Rescorla, 1980)
cat [Katze]	Katze, der übliche Ort der Katze oben auf dem Fernsehgerät, wenn sie selbst nicht da ist (Rescorla, 1980)
moon [Mond]	Mond, Zitronenscheibe in Form eines Halbmondes, runder Einstellknopf aus Chrom am Geschirrspüler, ein halbes Cornflake, Niednagel (Bowerman, 1978)
snow [Schnee]	Schnee, weißer Bettbezug aus Flanell, verschüttete Milch auf dem Fußboden (Bowerman, 1978)
baby [Baby]	das eigene Spiegelbild im Spiegel, ein gerahmtes Photo von sich selbst, gerahmte Photos von anderen (Hoff, 2001)

ten, wählten sie das korrekte Tier. Diese Kinder verstehen also die Bedeutung des Wortes *Schaf*, aber weil sich das Wort nicht in ihrem produktiven Wortschatz befand, verwendeten sie ein verwandtes Wort, das sie bereits sagen konnten, um über das Tier zu sprechen.

Das Lernen von Wörtern Nach dem Auftreten ihrer ersten Wörter machen die Kinder typischerweise gemächlich voran und erreichen mit 18 Monaten einen produktiven Wortschatz von etwa 50 Wörtern. Plötzlich ist jedoch Schluss mit gemächlich, und die meisten Kinder beginnen eine „Wortschatzexplosion" oder einen „Vokabelspurt" (Abbildung 6.9) (Benedict, 1979; Goldfield & Reznick, 1990). Das Kind schaltet beim Erlernen von Wörtern mehrere Gänge zu und sagt jeden Tag mehrere neue Wörter zum ersten Mal. Der passive Wortschatz der Kinder wächst ähnlich schnell; zwischen 18 Monaten und dem Zeitpunkt, an dem sie in die Schule kommen, lernen Kinder schätzungsweise durchschnittlich fünf bis zehn neue Wörter pro Tag (Anglin, 1993; Carey, 1978).

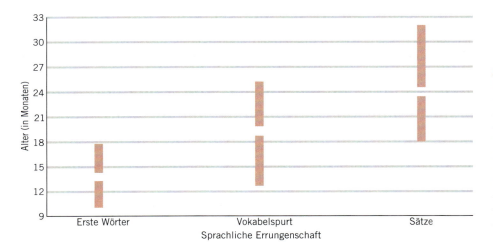

Abbildung 6.9: Sprachliche Errungenschaften. Amerikanische Kinder sagen ihr erstes Wort mit durchschnittlich 13 Monaten, erleben einen Vokabelspurt mit etwa 19 Monaten und fangen mit etwa 24 Monaten an, einfache Sätze zu produzieren. Die Balken um diese Mittelwerte herum zeigen jedoch, dass es eine große Variabilität gibt, wann die verschiedenen Kinder jede dieser Entwicklungsstationen erreichen. (Nach Bloom, 1998.)

Dieses kleine Inuit-Mädchen spielt ein Benennungsspiel; ihre Mutter hat sie gerade gefragt, wo ihre Nase ist.

Schnelle Bedeutungsabbildung – der Prozess, in dem ein neues Wort aus der bloßen kontrastiven Verwendung eines bekannten und eines unbekannten Wortes schnell gelernt wird.

Wie lässt sich die Geschwindigkeit kleiner Kinder erklären, mit der sie Wörter lernen? Bei genauerem Hinsehen kann man erkennen, dass es für das Erlernen neuer Wörter mehrere Quellen der Unterstützung gibt: Junge Lerner erhalten von den Menschen in ihrer Umgebung Hilfe, und sie helfen sich auch selbst.

Betrachten wir zunächst die Einflüsse Erwachsener auf das Lernen von Wörtern. Diese verwenden nicht nur die an Kinder gerichtete Sprache, die das Wörterlernen erleichtert, sondern tun auch andere hilfreiche Dinge, zum Beispiel neue Wörter stimmlich zu betonen und sie in einem Satz am Ende zu sagen. Hilfreich ist ebenso die Tendenz der Erwachsenen, solche Objekte zu bezeichnen, die sich bereits im Zentrum der Aufmerksamkeit des Kindes befinden, wodurch sie Unsicherheit über den Referenten reduzieren (Masur, 1982; Tomasello, 1988; Tomasello & Farrar, 1986). Ein weiterer Anreiz zum Wörterlernen ergibt sich aus den Benennungsspielen, die viele Familien mit ihren Kleinkindern spielen, indem sie das Kind auf eine Reihe von benannten Elementen zeigen lassen – „Wo ist Papa?", „Wo ist Mama?", „Wo ist dein Bauch?" Auch Wiederholung hilft; Kinder erwerben mit größerer Wahrscheinlichkeit solche Wörter, die ihre Eltern häufig verwenden (Huttenlocher et al., 1991).

Auch tragen Kinder selbst zum Erlernen von Wörtern bei. Wenn sie auf neue Wörter treffen, deren Bedeutung sie nicht kennen, nutzen sie aktiv den Kontext aus, in dem das neue Wort verwendet wurde, um auf seine Bedeutung zu schließen. Eine klassische Untersuchung von Susan Carey und Elsa Bartlett (1978) zeigte diesen Prozess der **schnellen Bedeutungsabbildung** – das rasche Lernen eines neuen Wortes aus der kontrastiven Verwendung eines bekannten und eines unbekannten Wortes. Im Rahmen der Alltagsaktivitäten in einem Kindergarten richtete die Versuchsleiterin die Aufmerksamkeit eines Kindes auf zwei Tabletts und bat das Kind, „das *chromerne* Tablett, nicht das rote" zu bringen. Das Kind wurde also mit einem Kontrast zwischen einem bekannten Ausdruck (*rot*) und einem unbekannten (*chromern*) konfrontiert. Aus diesem einfachen Kontrast konnte das Kind schließen, dass der Name für die Farbe des gewünschten Objekts „chromern" war. Nach dieser einmaligen Begegnung mit einem neuen Wort zeigte etwa die Hälfte der Kinder noch eine Woche später, dass sie etwas über seine Bedeutung wissen, indem sie aus einer Reihe von farbigen Spielmarken die *chromerne* korrekt herausgriffen.

Einige Theoretiker haben behauptet, dass die vielen Schlussfolgerungen, die Kinder beim Lernen von Wörtern ziehen, durch eine Reihe von Annahmen (auch Prinzipien, Beschränkungen oder Vorlieben genannt) gelenkt werden, die die möglichen Bedeutungen, die Kinder für ein neues Wort in Erwägung ziehen, eingrenzen. Ellen Markman und ihre Kollegen (Markman, 1989; Woodward & Markman, 1998) nehmen beispielsweise an, dass eine dieser

Annahmen Kinder dazu bringt, von einem neuen Wort zu erwarten, dass es sich auf ein ganzes Objekt bezieht und nicht auf einen Teil, eine Eigenschaft, eine Handlung oder einen anderen Aspekt dieses Objekts. Im Fall des oben erwähnten Problems von Quine führte die Annahme des ganzen Objekts also dazu, dass die Kinder das Wort *Hase* auf das ganze Tier anwenden und nicht auf seinen Schwanz oder seine Schnurrhaare oder auf das Mümmeln ihrer Nase.

Kinder erwarten weiterhin, dass ein bestimmter Sachverhalt nur einen einzigen Namen besitzt. Diese Erwartung nennen Woodward und Markman (1998) die Annahme *wechselseitiger Exklusivität* und Golinkoff, Mervis und Hirsh-Pasek (1994) das Prinzip „neuer Name für namenlose Kategorie". Frühe Belege für diese Annahme stammen aus einer Untersuchung, bei der drei Jahre alte Kinder Objektpaare sahen – ein vertrautes Objekt, für das die Kinder einen Namen hatten, und ein unbekanntes Objekt, für das sie keine Bezeichnung kannten. Wenn die Versuchsleiterin sagte: „Show me the blicket" (wobei „blicket" im Englischen keine Bedeutung besitzt, sondern ein Nicht-Wort ist), dann wählten die Kinder das Objekt aus, für das sie bislang noch keinen Namen hatten (Markman & Wachtel, 1988). Die Kinder bildeten die neue Bezeichnung also auf das neue Objekt ab. Selbst 13 Monate alte Kinder bringen neue Bezeichnungen noch mit einem Objekt in Verbindung, für das sie keinen Namen haben (Woodward, Markman & Fitzsimmons, 1994).

Zusätzlich zu ihrer allgemeinen Tendenz, neue Wörter auf neue Objekte zu beziehen, richten Kinder ihre Aufmerksamkeit auch auf den *sozialen Kontext*, in dem Sprache verwendet wird, und nutzen für das Lernen von Wörtern eine Vielzahl von **pragmatischen Hinweisen**. Zum Beispiel verwenden Kinder die Aufmerksamkeitsrichtung eines Erwachsenen als Hinweis auf die Wortbedeutung. In einer Untersuchung von Dare Baldwin (1993) zeigte eine Versuchsleiterin 18 Monate alten Kindern zwei neuartige Objekte und verbarg diese dann in getrennten Behältern. Dann lugte die Versuchsleiterin in einen der Behälter und bemerkte: „Hier drin ist ein Modi." Dann holte der Erwachsene die beiden Objekte wieder heraus und gab sie dem Kind. Bei der Frage nach dem „Modi" nahm das Kind den Gegenstand, den die Versuchsleiterin angesehen hatte, als sie die Bezeichnung sagte. Die Kinder verwendeten also die Beziehung zwischen dem Blick und der Bezeichnung, um einen neuen Namen für ein Objekt zu lernen, das sie noch gar nicht gesehen hatten (siehe Abbildung 6.10).

Ein weiterer pragmatischer Hinweis, mit dessen Hilfe Kinder Schlussfolgerungen über die Bedeutung eines Wortes ziehen, ist die *Intentionalität*. In einer Untersuchung beispielsweise hörten zweijährige Kinder, wie die Versuchsleiterin ankündigte: „Wir daxen jetzt die Mickey Mouse!" Die Versuchs-

Pragmatische Hinweise – Aspekte des sozialen Kontextes, die für das Lernen von Wörtern herangezogen werden.

Abbildung 6.10: Pragmatische Hinweise für das Lernen von Wörtern. Dieses Kind wird annehmen, dass ein neues Wort, das die Versuchsleiterin sagt, der Name desjenigen Objekts ist, das sie beim Sprechen betrachtet, selbst wenn das Kind auf ein anderes Objekt schaut, wenn es das Wort hört.

leiterin führte dann mit einer Mickey-Mouse-Puppe zwei Handlungen durch, eine in koordinierter und offenbar absichtlicher Weise, gefolgt von einem zufriedenen Kommentar, während die andere Handlung in umständlicher und scheinbar unbeabsichtigter Weise ausgeführt wurde, gefolgt von einem überraschten Ausruf. Die Kinder interpretierten das neue Verb *daxen* (im Englischen: *dax*) so, dass es sich auf die Handlung bezieht, die der Erwachsene beabsichtigt zu haben schien (Tomasello & Barton, 1994). In ähnlicher Weise nutzen 19 Monate alte Kinder die emotionale Reaktion eines Erwachsenen, um eine neue Objektbezeichnung zu lernen (Tomasello, Strosberg & Akhtar, 1996). Ein Erwachsener tat seine Absicht kund, den „gazzer" zu finden, hob ein Objekt auf und ließ es mit offensichtlicher Enttäuschung wieder los, um dann vergnügt ein zweites Objekt an sich zu nehmen. Die Kinder schlossen daraus, dass es sich bei dem zweiten Objekt um einen „gazzer" handelt.

Beim Lernen neuer Wörter verwenden kleine Kinder auch den *sprachlichen Kontext*, in dem neue Wörter auftreten, um auf ihre Bedeutung zu schließen. In einem der ersten Experimente zum Spracherwerb konnte Roger Brown (1957) nachweisen, dass die grammatische Form eines neuen Wortes dessen Interpretation beeinflusst. Er zeigte Kindergartenkindern ein Bild mit einem Händepaar, das eine Menge einer Substanz in einem Behältnis knetet oder durchmischt (Abbildung 6.11). Das Bild wurde einer Gruppe von Kindern als „sibbing" beschrieben (also als ein Vorgang), einer zweiten Gruppe gegenüber als „a sib" (also als ein einziger Gegenstand oder eine Sache) und einer dritten gegenüber als „some sib" (also als eine hinsichtlich der Anzahl ihrer Elemente nicht näher beschriebene Menge oder Masse). In der Folge interpretierten die Kinder das neue Wort *sib* so, dass es auf die Handlung, den Behälter oder das Material referierte, je nachdem, welche grammatische Form des Wortes (Verb, zählbares Nomen oder Mengen- beziehungsweise Massebezeichnung) sie vorher gehört hatten.

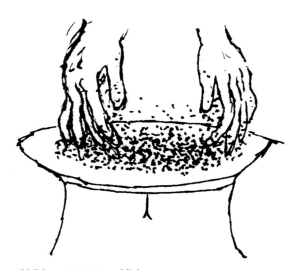

Abbildung 6.11: Sprachlicher Kontext. Je nachdem, ob Roger Brown, ein Pionier bei der Erforschung der Sprachentwicklung, dieses Bild als „sibbing", „a sib" oder „some sib" bezeichnete, gelangten Kindergartenkinder zu unterschiedlichen Annahmen über die Bedeutung von „sib". (Brian Kovaleski.)

Neuere Forschungen ließen erkennen, dass zwei und drei Jahre alte Kinder die grammatische Klasse neuer Wörter heranziehen, um ihre Bedeutung zu interpretieren (zum Beispiel Hall, Waxman & Hurwitz, 1993; Markman & Hutchinson, 1984; Waxman, 1990). Wenn ein Kind hört, wie die Äußerung „Dies ist ein Dax" auf ein Objekt angewendet wird, nimmt es an, dass sich *Dax* auf dieses Objekt bezieht und auch auf weitere Mitglieder derselben Objektklasse. Hören sie dagegen „Dies ist ein daxes Ding", nehmen sie an, dass *dax* sich auf eine Eigenschaft des Objektes bezieht (beispielsweise seine Farbe oder seine Oberflächenbeschaffenheit). Diese Verknüpfungen von Nomen mit Klasse und Adjektiv mit Eigenschaft finden sich schon bei Säuglingen und Kleinkindern (zum Beispiel Waxman & Hall, 1993; Waxman & Markow, 1995, 1998). Kinder erwarten also, dass Wörter aus unterschiedlichen grammatischen Kategorien auch unterschiedliche Arten von Bedeutung besitzen.

Neue Nomen erhöhen die Aufmerksamkeit der Kinder besonders für die Form, wahrscheinlich weil die Form einen guten Hinweis auf die Kategorie darstellt, zu der ein Objekt gehört. Kinder können ein neues Nomen leicht auf neuartige Objekte derselben Form übertragen, selbst wenn sich diese Objekte hinsichtlich ihrer Größe, Farbe und Textur stark unterscheiden (Landau, Smith & Jones, 1988; Smith, Jones & Landau, 1992). Wenn ein Kind also hört, dass ein U-förmiger Holzklotz „Dax" genannt wird, wird es annehmen, dass *Dax* ebenso ein U-förmiges Objekt bezeichnet, das in ein blaues Fell eingehüllt ist, oder ein U-förmiges Stück roten Drahtes, aber nicht einen Holzklotz anderer Form (Abbildung 6.12).

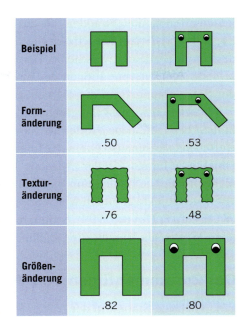

Abbildung 6.12: Bevorzugung der Form. Kinder sehen das Beispiel in der obersten Reihe dieser Abbildung. Sie werden dann getestet, um zu sehen, welche der Reize in den unteren Reihen ihrer Ansicht nach dieselbe Bezeichnung haben wie das Beispiel. Die Zahlen (Wahrscheinlichkeiten für die Akzeptanz der Beispielbezeichnung) lassen erkennen, dass die Kinder am häufigsten eine Bezeichnung auf Objekte derselben Form ausdehnen, selbst wenn sich Oberflächentextur oder Größe verändern. (Nach Landau, Smith & Jones, 1988.)

Kinder nutzen auch die grammatische Struktur ganzer Sätze, um die Bedeutung herauszufinden – eine Strategie, die man als **syntaktische Selbsthilfe** (*syntactic bootstrapping*) bezeichnen könnte (Fisher, 2000; Fisher, Gleitman & Gleitman, 1991; Landau & Gleitman, 1985). Bei einem Nachweis dieses Phänomens wurde zwei Jahre alten Kindern ein Videoband mit einer Ente gezeigt, die mit ihrer linken Hand einen Hasen in eine zusammengekauerte Position auf den Boden drückt, während beide Tiere mit ihrem jeweils rechten Arm Kreise beschrieben (Abbildung 6.13) (Naigles, 1990). Die Rollen des Hasen und der Ente wurden von kostümierten Erwachsenen gespielt. Während sie zusahen, wurde einigen Kindern gesagt: „The duck is kradding the rabbit" (analog im Deutschen: *Die Ente kraddet den Hasen*); anderen Kindern wurde gesagt: „The rabbit and the duck are kradding" (*Der Hase und die Ente kradden*). Danach sahen alle Kinder zwei Videos parallel, wobei auf dem einen eine Ente zu sehen ist, die den Hasen niederdrückt, während das andere zeigt, wie beide Tiere mit ihren Armen in der Luft wedeln. Bei der Aufgabe, das „Kradden" zu finden, schauten die beiden Gruppen auf dasjenige Ereignis, das mit der Syntax übereinstimmte, die sie gehört hatten, während sie das Anfangsvideo gesehen hatten. Diejenigen Kinder, die den ersten Satz gehört hatten,

Syntaktische Selbsthilfe – die Strategie, die grammatische Struktur ganzer Sätze zu verwenden, um die Bedeutung herauszufinden.

Abbildung 6.13: Syntaktische Selbsthilfe. Wenn die Kinder in der Untersuchung von Naigles (1990) hörten, wie ein Erwachsener diese Szene als „the duck is kradding the rabbit" beschrieb, dann verwendeten sie die syntaktische Struktur des Satzes, um darauf zu schließen, dass mit *kradding* das bezeichnet wird, was die Ente mit dem Hasen tut.

hatten offenbar das „Kradden" als das verstanden, was die Ente mit dem Hasen tat, während diejenigen Kinder, die den zweiten Satz gehört hatten, dachten, dass er das bedeutet, was beide Tiere taten. Die Kinder waren also zu unterschiedlichen Interpretationen des neuen Verbs gelangt, die von der *Struktur* der Sätze abhingen, in die die neuen Verben eingebettet waren.

Wir sehen also, dass Säuglinge und kleine Kinder eine bemerkenswerte Fähigkeit besitzen, neue Wörter als Namen für Objekte zu lernen. Interessanterweise sind sie genauso gut in der Lage, nichtsprachliche „Bezeichnungen" für Objekte zu lernen. Kinder zwischen 13 und 18 Monaten können Gesten oder nichtsprachliche Laute (zum Beispiel Quietsch- und Pfeiftöne) genauso leicht auf neue Objekte abbilden wie Wörter (Namy, 2001; Namy & Waxman, 1998; Woodward & Hoyne, 1999). Später, mit 20 bis 26 Monaten, akzeptieren sie nur noch Wörter als Namen für Objekte.

Das Zusammenfügen von Wörtern

Eine wichtige Station in der frühen Sprachentwicklung ist erreicht, wenn die Kinder damit beginnen, einzelne Wörter zu Sätzen zusammenzufügen; dieser Fortschritt versetzt sie in die Lage, zunehmend komplexere Ideen auszudrücken. Das Ausmaß, in dem Kinder Syntax entwickeln, und die Geschwindigkeit, mit der dies erfolgt, unterscheiden ihre sprachlichen Fähigkeiten am stärksten von denen nichtmenschlicher Primaten.

Erste Sätze Die meisten Kinder beginnen zum Ende ihres zweiten Lebensjahres, Wörter zu einfachen Sätzen zu verknüpfen. Hier liegt ein Beispiel dafür vor, dass das Verstehen der Sprachproduktion vorausgeht; kleine Kinder wissen sehr wohl etwas über die Kombination von Wörtern, bevor sie selbst Wortkombinationen produzieren. Beispielsweise hören zwölf bis vierzehn Monate alte Kinder Sätzen mit normaler Wortanordnung länger zu als Sätzen, deren Wörter durcheinander gewürfelt sind (Fernald & McRoberts, 1995). Auch sind sich 13 bis 15 Monate alte Kinder bewusst, dass Wörter in Kombination eine Bedeutung tragen, die sich von der Bedeutung der einzelnen Wörter unterscheidet. Kathy Hirsh-Pasek und Roberta Golinkoff (1991) zeigten dies, indem sie Kinder zwei auf Videoband aufgezeichnete Szenen darboten – in einer küsst eine Frau ein paar Schlüssel und hält dabei einen Ball in die Höhe, in der anderen hält die Frau die Schlüssel in die Höhe, während sie den Ball küsst. Dieselben Elemente – küssen, Schlüssel und ein Ball – kamen also in beiden Szenen vor. Wenn die Kinder nun den Satz „Sie küsst die Schlüssel" oder „Sie küsst den Ball" hörten, blickten sie bevorzugt auf die jeweils zugehörige Szene.

Bei den ersten Sätzen von Kindern handelt es sich um Zweiwortkombinationen; aus ihren einzelnen Äußerungen von „mehr", „Saft" und „trinken" wird „mehr Saft" und „Saft trinken". Diese Zweiwortäußerungen wurden als **Telegrammstil** beschrieben, weil unwesentliche Elemente, genauso wie in Telegrammen, fehlen (Brown & Fraser, 1963). Hier sind einige Beispiele für normale Zweiwortäußerungen (aus Grimm & Weinert, 2002): „Mama

Telegrammstil – die Charakterisierung der ersten Sätze von Kindern, die im Allgemeinen Zweiwortäußerungen sind.

Arm", „mehr habe", „Auge zu", „Tür auf", „Papa Hut", „Maxe weg". (Für Beispiele englischer Zweiwortäußerungen vergleiche Braine, 1976.) In diesen einfachen Sätzen ist eine Reihe von Elementen nicht enthalten, die in den Sätzen von Erwachsenen vorkommen würden, dazu gehören Funktionswörter (wie Artikel und Präpositionen), Hilfsverben (*ist, war, wird*) und Wortendungen (als Markierung von Plural oder Kasus bei Nomen oder Tempus bei Verben). Die ersten Sätze von Kindern besitzen diese telegrammartigen Eigenschaften in ganz unterschiedlichen Sprachen; beispielsweise auch im Englischen, Finnischen, Luo (Kenia) und Kaluli (Neuguinea) (Boysson-Bardies, 1999).

Für Kinder, die Englisch lernen, kommt noch eine Besonderheit hinzu: Da im Englischen die Wortstellung für die Bedeutung entscheidend ist, folgen die ersten, einfachen Sätze Englisch lernender Kinder einer einheitlichen Wortstellung. Ein Kind sagt vielleicht „eat cookie" (*essen Keks*), aber würde wahrscheinlich niemals sagen „cookie eat" (*Keks essen*). Viele Theoretiker haben diese Beibehaltung der korrekten Wortfolge in den frühen Äußerungen kleiner Kinder als Beleg dafür zitiert, dass diese Kinder bereits über grammatische Regeln verfügen, die denen der Erwachsenensprache ähnlich sind (zum Beispiel Gleitman, Gleitman, Landau & Wanner, 1988). Andere interpretieren Zweiwortäußerungen zwar auch als durch grammatische Regeln bestimmt, nehmen aber an, dass es sich hierbei um spezielle Regeln für die Sprache der Kinder handelt (Bloom, 1970; Braine, 1963). Wieder andere behaupten, dass die Regelhaftigkeit der frühen Wortkombinationen einfach nur dadurch zustande kommt, dass die Kinder die Wortreihenfolge nachahmen, die sie in der Sprache der Erwachsenen hören (Tomasello, 1992).

Viele Kinder produzieren Ein- und Zweiwortäußerungen noch eine Zeit lang weiter, während andere schnell zu Dreiwortsätzen und längeren Sätzen übergehen. Abbildung 6.14 zeigt das rapide Anwachsen der mittleren Äußerungslänge dreier Kinder aus Roger Browns (1973) klassischer Untersuchung der Sprachentwicklung. Wie man der Abbildung entnehmen kann, begann Eve mit ihrem explosiven Anstieg der Satzlänge viel früher als die beiden anderen Kinder. Die Länge der Äußerungen der Kinder steigt zum Teil deshalb an, weil sie anfangen, systematisch einige der Elemente, die in ihrer telegrammartigen Sprache fehlten, mit einzubeziehen (deVilliers & deVilliers, 1973). Betrachten wir zum Beispiel den Satz „Ich esse Kekse" eines zweijährigen Kindes. Vor kurzer Zeit hätte dieses Kind vielleicht nur gesagt „Keks essen", um genau dieselbe Idee zu kommunizieren. Jetzt sind jedoch zusätzliche Elemente vorhanden: das Pronomen der ersten Person, die Verbendung für die erste Person (gegenüber der Infinitivform) und die Pluralendung *-e* nach *Keks*. (Weil diese Elemente bei der weiteren Entwicklung entscheidend sind, wird die mittlere Satzlänge, wie in Abbildung 6.14, in Morphemen gemessen. Beispielsweise besteht der Satz „Ich esse Kekse" aus fünf Morphemen.)

Wenn die Kinder einmal in der Lage sind, Vierwortsätze zu bilden, was typischerweise mit etwa zweieinhalb Jahren der Fall ist, dann beginnen sie auch damit, komplexere Sätze zu produzieren, also Sätze, die mehr als eine Phrase enthalten (Bowerman, 1979): „Darf ich das, wenn wir zu Hause sind?", „Ich will diese Puppe, weil sie groß ist" (vergleiche Limber, 1973).

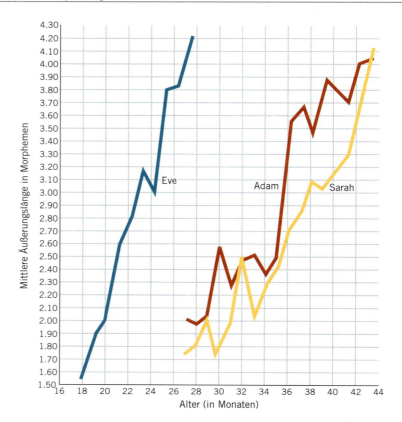

Abbildung 6.14: Äußerungslänge. Der Zusammenhang zwischen dem Alter und der mittleren Länge der Äußerungen von den drei Kindern – Adam, Eve und Sarah –, die von Roger Brown untersucht wurden. (Aus Brown, 1973.)

Eine wichtige Rolle bei der Perfektionierung der Sprachproduktion spielt die Übung. Kinder strengen sich selbst sehr an, um ihren Leistungsstand bei der Sprachverwendung zu erhöhen. Sie üben aktiv ihre sich entwickelnden sprachlichen Fähigkeiten, oft in einsamen Trainingseinheiten, die sie im Bett absolvieren, bevor sie einschlafen. Ruth Weir (1962) nahm das ‚Bettgespräch' ihres zweieinhalbjährigen Sohnes auf, in dem er eine Vielzahl grammatischer Formen ausprobierte und übte, wie in folgendem Beispiel:

> Block. [Klotz.]
> Yellow block. [Gelber Klotz.]
> Look at the yellow block. [Schau, der gelbe Klotz.]
>
> There is the light. [Da ist das Licht.]
> Where is the light? [Wo ist das Licht?]
> Here is the light. [Hier ist das Licht.]

Grammatische Regeln Wie bereits erwähnt, besteht eine Diskussion darüber, ob die Regelhaftigkeit der Wortstellung bei Kleinkindern eine Internalisierung grammatischer Regeln zum Ausdruck bringt. Die stärksten Belege zugunsten der Annahme, dass schon Kleinkinder die grammatischen Regeln ihrer Sprache lernen, ergeben sich aus ihrer Produktion von Wortendungen. Im Englischen sind die Regeln für die Pluralbildung bei Nomen und für die Bildung der Vergangenheitsformen bei Verben hochgradig regelmäßig: an Nomen wird -*s* und an Verben -*ed* angehängt. Diese einfachen Regeln sind für eine große Mehrheit der englischen Wörter völlig hinreichend.

Kleine Kinder befolgen diese Regeln; dies wurde in einem klassischen Experiment von Jean Berko (1958) nachgewiesen, in dem ihnen ein Bild mit einem Phantasietier gezeigt wurde, das die Experimentatorin ein „wug" nannte. Dann wurde ein Bild mit zwei dieser Kreaturen vorgelegt, und die Experimentatorin sagte: „Hier sind zwei davon; was sind das?" Schon vierjährige Kinder antworteten problemlos: „Wugs". Diese Kinder generierten also die korrekte Pluralform für ein völlig neues Wort.

Weitere Belege, die mit der Vorstellung einhergehen, dass Kinder Regeln erlernen, ergaben sich daraus, was die Kinder mit Wörtern tun, die den Standardregeln nicht entsprechen. Im Englischen werden beispielsweise der Plural von *man* und das Präteritum von *to go* unregelmäßig gebildet. Kinder verwenden die korrekten unregelmäßigen Formen dieser Wörter und sagen „men" als Plural von *man* und „went" als Vergangenheitsform von *go*. Nachdem sie die passenden regelmäßigen Endungen gelernt haben, unterlaufen ihnen gelegentliche **Übergeneralisierungen**; das sind Fehler, bei denen sie unregelmäßige Formen so behandeln, als ob sie regelmäßig wären. Ein Kind, das zuvor bereits korrekterweise „men" und „went" sagte, produziert nun manchmal neue Formen wie „mans" und „goed" (Berko, 1958; Kuczaj, 1977; Xu & Pinker, 1995); im Deutschen findet sich analog statt „kam" und „ging" plötzlich „kommte", „kamte" oder „gehte". Der folgende (hier strukturanalog übersetzte) Dialog zwischen einem zweieinhalbjährigen Kind und seinem Vater illustriert diese Fehlerart sowie die Schwierigkeit einer Korrektur (Clark, 1993):

> *Kind*: Ich habe früher Windeln getragen. Als ich dann größer werdete (Pause)
>
> *Vater*: Als du größer wurdest?
>
> *Kind*: Als ich größer wurdete, trug ich Unterhosen.

Übergeneralisierung – sprachliche Fehler, bei denen die Kinder unregelmäßige Wortformen so behandeln, als ob sie regelmäßig wären.

Die Tatsache, dass einem bestimmten Kind manchmal Übergeneralisierungsfehler unterlaufen und es manchmal aber auch die korrekten unregelmäßigen Wortendungen verwendet, führte Gary Marcus zum Vorschlag des „Regel und Gedächtnis"-Modells der Kindesgrammatik (Marcus, 1996; Marcus et al., 1992). Nach diesem Modell treten die Fehler dann auf, wenn es Kindern nicht gelingt, die korrekte Form, die sie für ein bestimmtes unregelmäßiges Verb bereits gelernt haben, aus dem Gedächtnis abzurufen, und sie deshalb die allgemeine Regel sozusagen als Standardvariante anwenden. Mit zunehmender Erfahrung im Umgang mit der Sprache treten solche Abruffehler immer seltener auf, und Übergeneralisierungsfehler verschwinden allmählich.

Viele syntaktische Regeln umfassen mehrere Komponenten, die kleine Kinder Schritt für Schritt bewältigen. Ein Beispiel betrifft die Negation. Das englische Wort *no* ist für Kleinkinder ein hilfreiches Werkzeug, das in den Anfängen des Sprechens häufig als Einwortäußerung auftritt. Etwas später wird *no* häufig mit ein oder zwei anderen Wörtern kombiniert, um eine Vielzahl von Bedeutungen auszudrücken, etwa die Weigerung, etwas zu tun („no bath" [nicht baden]), die Nicht-Existenz von etwas („no more cookie" [kein

Keks mehr]) oder die Verneinung („no the sun shining" [nicht Sonne scheint]) (Klima & Bellugi, 1967). Im Deutschen spaltet sich die Negation in *nicht*, *nein* und *kein* auf, weshalb keine der Formen so universell verwendet werden kann wie das englische *no*. Bei den ersten Negativsätzen von Kindern erscheint die Negationspartikel meistens am Anfang der Sätze, und das Subjekt wird weggelassen („no want juice", „no fit") (Klima & Bellugi, 1967). Mit etwa drei Jahren beginnen die Kinder, das Negationselement in den Satz einzubauen und passende Hilfsverben hinzuzufügen, so dass aus „no want bath" „I don't want a bath" wird.

Eine weitere syntaktische Regel, die Kinder schon in recht frühen Vorschuljahren zu lernen beginnen und dann immer weiter beherrschen, betrifft die Verwendung von Fragesätzen; Fragen sind der Schlüssel zu ihrer Fähigkeit, durch Nachforschungen die gewünschte Information von anderen zu erhalten. Am Anfang verwenden die Kinder einfach eine ansteigende Intonation, um eine Aussage in eine Frage zu verwandeln, beispielsweise in „Mama einkaufen?". Mit etwa zwei Jahren beginnen Englisch lernende Kinder mit der Produktion von „W"-Fragen, also Fragen, die sich auf das Wer (*who*), Was (*what*), Wo (*where*), Wann (*when*), Warum (*why*) und das Wie (*how*) richten. Bei den ersten Fragen mit Fragepronomen stellen die Kinder das W-Wort einfach an den Anfang eines Aussagesatzes (Klima & Bellugi, 1967), wie in der klagenden Beispielfrage am Anfang dieses Kapitels – „Why I don't have a dog?" Die Beherrschung von Fragepronomen und der syntaktisch notwendigen Inversion von Subjekt und Verb ist auch bei Deutsch lernenden Kindern zwischen zwei und vier Jahren zu beobachten (Clahsen, 1982).

Eltern spielen bei der grammatischen Entwicklung ihrer Kinder eine Rolle, obwohl diese begrenzter ist, als man vielleicht erwartet. Natürlich liefern die Eltern ein Modell der grammatisch korrekten Sprache. Außerdem wird die grammatische Entwicklung der Kinder in gewissem Ausmaß erleichtert, wenn die Eltern häufig die fehlenden Teile der unvollständigen kindlichen Äußerungen ergänzen (Nelson, Denninger, Bonvillian, Kaplan & Baker, 1984; Newport et al., 1977), beispielsweise wenn auf das „nein Bett gehen" eines Kindes reagiert wird mit „so, du willst jetzt also nicht ins Bett gehen".

Man könnte annehmen, dass Eltern auch dadurch zur Sprachentwicklung ihrer Kinder beitragen, dass sie die häufigen sprachlichen Fehler, die ihre Kinder machen, explizit korrigieren. Tatsächlich ignorieren Eltern im Allgemeinen selbst die wildesten grammatischen Fehler und Äußerungen, die in der jeweiligen Sprache eigentlich gar nicht gebildet werden können (Becker-Bryant & Polkosky, 2001; Brown & Hanlon, 1970). Alles andere wäre auch anstrengend, weil ein Großteil des kindlichen Sprechens so beschaffen ist. Und wie bei dem Elternteil, der versuchte, bei seinem Sohn die Verwendung von „werdete" zu korrigieren, sind solche Bemühungen ohnehin wenig effektiv. Eltern besitzen jedoch die Neigung, einige der Äußerungen ihrer Kinder richtig zu stellen – nämlich die Aussagen, die faktisch nicht zutreffen. Eltern sorgen sich also mehr um die Wahrheit dessen, was ihre Kinder sagen, als um die grammatische Korrektheit.

Die krönende Leistung beim Spracherwerb ist die Fähigkeit, Wörter so zusammenzufügen, dass interpretierbare Sätze entstehen. Kein sprachlicher Entwicklungsaspekt dürfte so atemberaubend sein wie der Fortschritt, den Kinder binnen weniger Jahre von einfachen Zweiwortäußerungen bis zu komplexen Sätzen machen, die den Grammatikregeln der eigenen Muttersprache gehorchen. Selbst Fehler lassen eine immer differenziertere Repräsentation der grammatischen Struktur erkennen. Diese Leistung erscheint umso eindrucksvoller, als gezeigt werden konnte, dass die Rückmeldung der Eltern dabei eine vergleichsweise kleine Rolle spielt.

Gesprächsfähigkeit

Kleine Kinder sind darauf erpicht, an Gesprächen mit anderen teilzunehmen, doch hinken ihre diesbezüglichen Kompetenzen am Anfang sehr hinter ihren aufblühenden sprachlichen Fähigkeiten her. Zum einen ist ein Großteil des Sprechens sehr kleiner Kinder auf sie selbst gerichtet und nicht auf andere Personen. Wygotski (1962) glaubte, dass diese Privatsprache kleiner Kinder eine wichtige regulative Funktion besitzt: Kinder sprechen zu sich selbst, um ihre Handlungen zu organisieren (Behrend, Rosengren & Perlmutter, 1992). Privates Sprechen tritt oft auf, wenn Kinder für sich allein spielen; aber mindestens die Hälfte der Äußerungen kleiner Kinder in der Gesellschaft anderer Kinder oder Erwachsener ist ebenfalls an sie selbst adressiert (Schoeber-Peterson & Johnson, 1991). Mit der Zeit wird das private Sprechen als Denken internalisiert, und die Kinder kommen in die Lage, ihr Verhalten mit geistigen Mitteln zu organisieren, so dass sie nicht mehr laut zu und mit sich selbst sprechen müssen.

In Kapitel 4 wurde bereits darauf hingewiesen, dass Kinder im Gespräch mit anderen Kindern dazu neigen, sich kommunikativ egozentrisch zu verhalten. Piaget (1926) bezeichnete dieses Sprechen von Kindern mit Gleichaltrigen als **kollektive Monologe**. Selbst wenn sie sich bei ihren Gesprächsbeiträgen abwechseln, entsteht insgesamt kaum ein logischer Zusammen-hang, sondern die Inhalte der jeweiligen Redebeiträge haben wenig oder nichts damit zu tun, was gerade zuvor gesagt wurde. Die folgende Unterhaltung zwischen zwei amerikanischen Vorschulkindern vermittelt eine Vorstellung von Piagets Beobachtungen (nach Stone & Church, 1957, S. 146–147):

Kollektive Monologe – Gespräche jüngerer Kinder untereinander, die oft nicht mehr als eine Folge unzusammenhängender Äußerungen sind, ohne dass sich die Redebeiträge wechselseitig aufeinander beziehen.

> *Jenny*: Meine Hasenhausschuhe ... sind braun und rot und sowas wie gelb und weiß. Und sie haben Augen und Ohren und solche Nasen, die sich auf die Seite biegen, wenn sie sich küssen.
>
> *Chris*: Ich habe ein Stück Zucker in einem roten Stück Papier. Ich würde es essen, aber vielleicht ist es für ein Pferd.
>
> *Jenny*: Wir haben sie gekauft. Meine Mama hat sie gekauft. Wir konnten die alten nicht mehr finden. Die jetzt sind genauso wie die alten. Sie waren nicht im Kofferraum.
>
> *Chris*: Das Stück Zucker kann man nicht essen, wenn man das Papier nicht wegmacht.

Eltern helfen ihren jüngeren Kindern meistens dabei, über vergangene Ereignisse zu sprechen.

Nach und nach wächst die Fähigkeit von Kindern, ein Gespräch aufrechtzuerhalten. In einer Längsschnittstudie der Eltern-Kind-Gespräche von vier Kindern im Alter von 21 bis zu 36 Monaten fanden Bloom, Rocissano und Hood (1976), dass sich der Anteil kindlicher Äußerungen, die sich auf dasselbe Thema bezogen, zu dem ein Erwachsener gerade etwas gesagt hatte, im Beobachtungszeitraum mehr als verdoppelte (von etwa 20 bis zu mehr als 40 Prozent). Im Gegensatz dazu fiel der Anteil der Folgeäußerungen, die sich auf andere Themen bezogen, von etwa 20 Prozent auf praktisch 0. Mit Gleichaltrigen haben Kinder dieses Alters noch beträchtliche Schwierigkeiten, einen Dialog aufrecht zu halten. Die Unterhaltungen von Vorschulkindern sind viel länger und komplexer, wenn sie im Kontext des Als-ob-Spiels vorkommen, zum Teil deshalb, weil sich solche vorgestellten Szenen auf sehr vertraute Routinen wie Kochen und Babypflege beziehen (French, Lucariello, Seidman & Nelson, 1985; Nelson & Gruendel, 1979).

Ein Aspekt in den Gesprächen jüngerer Kinder, der sich im Vorschulalter besonders drastisch verändert, ist das Ausmaß, in dem sie über Vergangenes sprechen. Die Unterhaltungen von Dreijährigen enthalten höchstens ab und zu kurze Beiträge, die sich auf vergangene Ereignisse beziehen. Im Gegensatz dazu produzieren Fünfjährige bereits **Erzählungen** – Beschreibungen zurückliegender Ereignisse, die die Grundstruktur einer Geschichte aufweisen (Miller & Sperry, 1988; Nelson, 1993). Die längeren, zusammenhängenderen Erzählungen werden unter anderem deshalb möglich, weil die Grundstruktur einer Geschichte von den Kindern besser verstanden wird (Peterson & McCabe, 1988; Shapiro & Hudson, 1991; Stein, 1988).

Erzählungen – Beschreibungen zurückliegender Ereignisse, die der Grundstruktur einer Geschichte folgen.

Eltern helfen ihren Kindern aktiv bei der Entwicklung der Fähigkeit, vergangene Ereignisse in zusammenhängender Weise zu reproduzieren, indem sie die in Kapitel 4 bereits erwähnte *soziale Stützung* auch für die Erzählungen ihrer Kinder gewähren (Bruner, 1975). Eine effektive Art, die kindlichen Redebeiträge über Vergangenes zu strukturieren, besteht darin, elaborative Fragen zu stellen – Fragen, die sie in die Lage versetzen, etwas zu sagen, was die Geschichte vorantreibt und weiterbringt (nach Farrant & Reese, 2002):

Mutter: Und was passierte bei der Feier noch?

Kind: Ich weiß nicht.

Mutter: Wir haben mit allen anderen Kindern etwas ganz Besonderes gemacht.

Kind: Was war das?

Mutter: Es waren ganz viele Leute am Strand, und alle taten etwas im Sand.

Kind: Was war das?

Mutter: Kannst du dich nicht daran erinnern, was wir im Sand gemacht haben? Wir haben nach etwas gesucht.

Kind: Hm, ich weiß nicht.

Mutter: Wir haben im Sand gegraben.

Kind: Hm, und das war äh als die gelbe Schaufel kaputtgegangen ist.

Mutter: Ach Gott ja, das hatte ich vergessen. Ja, die gelbe Schaufel ging kaputt, und was passierte dann?

Kind: Hm, wir mussten äh mit dem anderen Ende von dem abgebrochenen gelben Stück graben.

Mutter: Richtig. Wir haben das abgebrochene Stück genommen.

Kind: Jaah.

Das Kind sagt in dieser Unterhaltung nicht wirklich viel, aber die Fragen der Mutter helfen dem Kind, über das Geschehen nachzudenken, und sie liefert außerdem ein Gesprächsmodell. Kleinkinder, deren Eltern ihre frühen Gespräche unterstützen, indem sie sinnvolle, elaborative Fragen stellen, können ein paar Jahre später selbst bessere Erzählungen produzieren (Fivush, 1991; McCabe & Peterson, 1991; Reese & Fivush, 1993).

Wir sehen also, dass jüngere Kinder ihre wachsenden sprachlichen Fähigkeiten gut zum Einsatz bringen und so im Gespräch mit anderen Menschen immer bessere Kommunikationspartner werden. Am Anfang brauchen sie noch beträchtliche Unterstützung durch einen kompetenten Partner, aber ihre Gesprächskompetenz macht stetige Fortschritte.

Die spätere Entwicklung

Ab einem Alter von fünf oder sechs Jahren entwickeln Kinder ihre sprachlichen Fähigkeiten zwar weiter, aber sie zeigen dabei weniger drastische Neuleistungen. Beispielsweise erweitert sich ihre Fähigkeit, ein Gespräch aufrecht zu erhalten, noch viele Jahre lang, nachdem sie sich in den Vorschuljahren so dramatisch verbessert hatte. Abbildung 6.15 zeigt, dass die Gesprächsbeiträge der Kinder mit zunehmendem Alter immer häufiger auf das gerade behandelte Thema bezogen sind. Außerdem steigert sich die Länge ihrer Dialoge über ein einzelnes Thema beträchtlich (Dorval & Eckerman, 1984). Kinder im Schulalter sind zunehmend besser in der Lage, Sprache zu analysieren und zu reflektieren, und sie beherrschen komplexere grammatische Regeln wie beispielsweise den Gebrauch von Passivkonstruktionen.

Eine Folge der reflexiveren und analytischeren sprachlichen Fähigkeiten von Kindern im Schulalter besteht in ihrem zunehmenden Bewusstsein für die mehrfachen Bedeutungen von Wörtern, was für das Auftreten einer endlosen Reihe von Wortspielen, Rätseln und Witzchen verantwortlich ist, an denen sich Grundschulkinder erfreuen und mit denen sie ihre Eltern quälen (Ely & McCabe, 1994). Auch können sie die Bedeutung neuer Wörter einfach dadurch erlernen, dass sie ihre Definition hören (Pressley, Levin & McDaniel, 1987), wodurch sich ihr Verstehenswortschatz erweitert – von

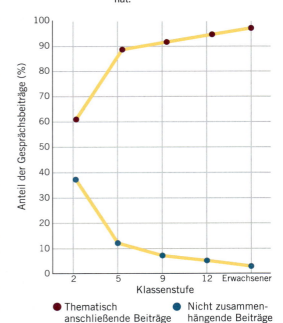

Abbildung 6.15: **Gesprächsbeiträge werden mit dem Alter häufiger aufeinander bezogen.** Mit zunehmendem Alter beziehen sich die Gesprächsbeiträge von Kindern häufiger darauf, was ihr Gesprächspartner gerade gesagt hat.

den 10.000 Wörtern, die Sechsjährige durchschnittlich kennen, zu den 40.000 Wörtern, die für Fünftklässler geschätzt werden (Anglin, 1993), und schließlich der Wortschatz von College-Studenten, der sogar auf durchschnittlich 150.000 Wörter geschätzt wird (Miller, 1977).

Wir sehen also, dass Kinder mit fünf oder sechs Jahren eine erstaunliche Leistung vollbracht haben. Diese Leistung umfasst das Hervorbringen jener Laute, aus denen die Wörter ihrer Sprache bestehen (phonologische Entwicklung), das Erlernen der Bedeutung von Tausenden von Wörtern (semantische Entwicklung) und die Beherrschung der grammatischen Struktur der Sprache (syntaktische Entwicklung). Auch haben sie schon einiges über den angemessenen Gebrauch ihrer Sprache gelernt und wurden recht gewandte Gesprächsteilnehmer (pragmatische Entwicklung). In den Theorien der Sprachentwicklung wurden für diese bemerkenswerten Leistungen sehr unterschiedliche Erklärungen vorgeschlagen.

Aktuelle Theoriefragen der Sprachentwicklung

Unter den Sprachentwicklungsforschern herrscht praktisch vollständige Übereinstimmung darüber, dass Kinder ihre Sprachfähigkeit als Ergebnis der Interaktion zwischen Eigenschaften des menschlichen Gehirns und der Sprache, auf die sie treffen, ausbilden. Die Forscher sind sich jedoch nicht darin einig, welche relative Rolle Anlage und Umwelt bei der Sprachentwicklung spielen, in welchem Ausmaß der Spracherwerb von sprachspezifischen gegenüber allgemeinen kognitiven Fähigkeiten geleitet wird und welche Rolle soziale Interaktion und Kommunikation bei der Sprachentwicklung spielen.

Nativistische Positionen

Von Platon und Kant bis zu ihren heutigen geistigen Nachfahren haben Nativisten immer behauptet, das Sprache zu komplex sei, um sich allein aus der Erfahrung zu ergeben, so dass es bereits existierende, angeborene Strukturen geben müsse, mit deren Hilfe junge Menschen sie erwerben können. Die einflussreichste moderne Version dieser Perspektive wurde von dem Linguisten Noam Chomsky (1957, 1959, 1988) weiterentwickelt, der annimmt, dass die Sprachverwendung das Wissen über eine Menge sehr abstrakter, unbewusster Regeln voraussetzt. Diese Regeln, die Chomsky als **Universalgrammatik** bezeichnet, sind allen Sprachen gemeinsam, und sie ermöglichen den Menschen, einzelne Sprachen zu erlernen. Jede Sprache besitzt also eine Reihe syntaktischer Regeln, die man beherrschen muss, um die Sprache zu lernen, und Menschen erfahren beim Erlernen dieser Regeln Hilfe durch ihr angeborenes Wissen über die allgemeine Form, die Sprachen annehmen können. Wegen diesem angeborenen Wissen benötigen Kinder nur minimalen Input, um die Sprachentwicklung auszulösen; es genügt schon, andere Menschen im

Universalgrammatik – eine Reihe hoch abstrakter, unbewusster Regeln, die allen Sprachen gemeinsam sind.

Umgang mit der Sprache zu hören. Obwohl Chomsky zugesteht, dass Sprache kommunikative Funktionen erfüllt, behauptet er, dass diese Funktionen wenig mit dem Wesen der Sprache an sich und mit der Art ihres Erwerbs zu tun haben.

Nach der nativistischen Position sind kognitive Fähigkeiten, die die Sprachentwicklung fördern, hochgradig sprachspezifisch. Steven Pinker beschreibt Sprache als „einen klar umrissenen Teil der biologischen Ausstattung unseres Gehirns ... von allgemeineren Fähigkeiten wie dem Verarbeiten von Informationen oder intelligentem Verhalten zu trennen" (1996, S. 21). Diese Behauptung wird von der **Modularitätshypothese** noch einen Schritt weitergeführt, derzufolge das menschliche Gehirn ein angeborenes, unabhängiges Modul enthält, das von anderen Aspekten des kognitiven Funktionierens getrennt und abgekapselt ist (Fodor, 1983). Die Idee spezialisierter geistiger Module bleibt nicht auf Sprache beschränkt. Wie schon in Kapitel 4 dargestellt wurde und in Kapitel 7 erneut aufgegriffen wird, hat man Module für spezifische Zwecke als Grundlage einer Vielzahl von Funktionsbereichen angenommen – so etwa als Grundlage der Wahrnehmung, räumlicher Fähigkeiten oder des sozialen Verstehens.

Nativistische Perspektiven auf die Sprachentwicklung finden dadurch Unterstützung, dass praktisch alle Kinder, die mit einer richtigen Sprache in Kontakt kommen, diese auch erlernen, was auf kein anderes Lebewesen als den Menschen zutrifft. Der Nachweis kritischer Phasen für die Sprachentwicklung sowie spezieller Verbindungen zwischen Gehirnstrukturen und sprachlichen Fähigkeiten gilt als Hinweis auf die Gültigkeit der nativistischen Position. Die vielleicht stärksten Belege für die Vorstellung, dass Kinder von Anfang an mit grundlegendem Wissen über sprachliche Regeln ausgestattet sind, liefern die in Kasten 6.3 dargestellten Forschungsarbeiten zur Erfindung von Zeichen- beziehungsweise Gebärdensprachen in Gruppen gehörloser Kinder ohne sprachlichen Input von Erwachsenen. Die Tatsache, dass diese Kinder von sich aus ihren einfachen Zeichensystemen eine grammatische Struktur gaben, lässt auf bereits vorhandenes strukturelles Wissen schließen, insbesondere weil Aspekte der grammatischen Systeme, die diese Kinder erfanden, mit denen einiger existierender gesprochener Sprachen übereinstimmen.

Die Ansichten von Chomsky und anderen Nativisten wurden unter vielen Aspekten kritisiert, insbesondere wegen der Annahme einer gemeinsamen Universalgrammatik für alle Sprachen (Maratsos, 1998; Slobin, 1985). Sie wurden auch deshalb kritisiert, weil sie sich fast ausschließlich auf die syntaktische Entwicklung konzentrieren und die Bedeutung der kommunikativen Rolle der Sprache ignorieren, sowie wegen der Behauptung, dass der Spracherwerb durch spezielle sprachspezifische Mechanismen geleitet werde.

Modularitätshypothese – die Idee, dass das menschliche Gehirn ein angeborenes, unabhängiges Sprachmodul enthält, das von anderen Aspekten des kognitiven Funktionierens getrennt ist.

Interaktionistische Positionen

Aus interaktionistischer Sicht ist praktisch alles, was die Sprachentwicklung betrifft, durch ihre kommunikative Funktion beeinflusst. Um irgendwo anzufangen: Kinder sind motiviert, mit anderen zu interagieren, ihre eigenen Ge-

| Kasten 6.3 | Näher betrachtet |

„Ohne meine Hände kann ich nicht reden": Was uns Gesten über unsere Sprache verraten

Die meisten Menschen auf der Welt begleiten ihr Sprechen mit spontanen Gesten (Goldin-Meadow, 1999). Die Natürlichkeit des Gestikulierens kommt durch die Tatsache zum Vorschein, dass blinde Menschen beim Sprechen genauso viel gestikulieren wie sehende, selbst wenn sie wissen, dass ihr Zuhörer ebenfalls blind ist (Iverson & Goldin-Meadow, 1998).

Die komplizierte Verbindung zwischen Gesten und Sprache führte einige Theoretiker zu der Behauptung, dass sich die menschliche Sprache tatsächlich aus Gesten entwickelt habe (Corballis, 1999). Der aufrechte Gang, der sich vor mindestens vier Millionen Jahren herausbildete, ließ Hände und Arme für Zwecke frei werden, die nicht mehr der Fortbewegung dienen mussten. Es wird daher vermutet, dass diese Freiheit die Entwicklung eines auf Gesten basierenden Kommunikationssystems ermöglichte und dass sich dieses Gestensystem, unter Nutzung von Veränderungen des Vokaltrakts und des Gehirns, später zu gesprochener Sprache entwickelte.

Wenden wir uns von der Entwicklung unserer Spezies zur Entwicklung des einzelnen Kindes. Hier finden wir, dass erkennbare Gesten oft früher auftreten als erkennbare Wörter. Nach Linda Acredolo und Susan Goodwyn (1990) werden viele „Babyzeichen" von den Kindern selbst erfunden. Eine ihrer Versuchspersonen zeigte „Krokodil", indem sie die Hände aneinander legte und wie zwei zuschnappende Kiefer auf- und zumachte; eine andere machte eine Geste für „Hund", indem sie ihre Zunge wie beim Hecheln herausstreckte; wieder eine andere signalisierte „Blume" durch Riechbewegungen. Einige Kleinkinder besitzen offenbar die kognitive Kapazität für die Bezeichnung von Objekten und Ereignissen, aber können Hände und Körper motorisch besser steuern als ihren Vokaltrakt. Fördert man die Verwendung von Bezeichnungsgesten, kann dies das frühe Sprechlernen positiv beeinflussen. Kinder, deren Eltern ihnen im Alter von elf Monaten eine Reihe von Babyzeichen beibrachten, besaßen mit drei Jahren größere verbale Wortschätze, sowohl für das Verstehen als auch für die eigene Sprachproduktion (Goodwyn, Acredolo & Brown, 2000).

Diese junge Versuchsperson in den Forschungen von Acredolo und Goodwyn produziert ihr idiosynkratisches „Babyzeichen" für *Schwein*.

Noch drastischere Belege für die engsten Beziehungen zwischen Gestik und Sprache stammen von der Erforschung von Kindern, die ihre eigenen gestenbasierten Sprachen selbst *kreiert* haben. Susan Goldin-Meadow und ihre Mitarbeiter (Feldman, Goldin-Meadow & Gleitman, 1978; Goldin-Meadow & Mylander, 1998) untersuchten von Geburt an gehörlose amerikanische und chinesische Kinder, deren Eltern wenig oder keine Kenntnisse in irgendeiner offiziellen Gebärdensprache besaßen. Diese Kinder und ihre Eltern erfanden sich „Hauszeichen", um sich miteinander zu verständigen. Das Gestenvokabular der Kinder übertraf jedoch schnell das ihrer Eltern. Wichtiger noch ist, dass die Kinder, aber nicht die Eltern ihren Gesten von sich mit einer Struktur – einer rudimentären Grammatik – versahen. Beide Gruppen von Kindern verwendeten eine grammatische Struktur, die in manchen Sprachen vorkommt, aber

Sprachentwicklung **339**

Kasten 6.3

weder im Englischen noch im Mandarin ihrer jeweiligen Eltern. Im Ergebnis waren die Zeichensysteme der Kinder untereinander ähnlicher, als sie es jeweils im Vergleich mit dem ihrer Eltern waren. Auch waren die Zeichen der Kinder komplexer als die ihrer Eltern.

Die Tendenz gehörloser Kinder, inkonsistenten Input von anderen von sich aus zu systematisieren, wurde auch von anderen Forschern berichtet (Singleton & Newport, im Druck). Eine besonders umfassende Betrachtung dieses Phänomens stammt aus einem groß angelegten Bildungsprogramm für Gehörlose, das 1979 in Nicaragua begann (Senghas & Coppola, 2001). Am Anfang dieses Programms wurden Hunderte gehörloser Kinder in der Stadt Managua in zwei Schulen zusammengeführt. Für die meisten der Kinder war es das erste Mal, dass sie mit anderen gehörlosen jungen Menschen zu tun hatten. Die Lehrer in den Schulen konnten keine offizielle Gebärdensprache, und die Kinder auch nicht, die nur über die einfachen Hauszeichen verfügten, mit denen sie sich mit ihren Familien verständigt hatten. Die Kinder fingen bald damit an, wechselseitig ihre bestehenden informellen Zeichen auszubauen, und konstruierten eine „Pidgin"-Gebärdensprache – ein relativ primitives, begrenztes Kommunikationssystem. (Eine Pidgin-Sprache muss man sich so ähnlich wie das bei uns bekannte „Gastarbeiterdeutsch" vorstellen.)

Gehörlose Kinder aus Nicaragua gebärden gemeinsam in der in ihrer Schule erfundenen Sprache.

Was als Nächstes passierte, war noch faszinierender. Als neue, jüngere Schüler in die Schulen kamen, verwandelten sie das von den älteren Schülern verwendete rudimentäre System in eines mit einer komplexen, völlig konsistenten Grammatik, das seither als *Idioma de Signos Nicaraguense* (ISN; Nicaraguanische Zeichensprache) bekannt ist. Die flüssigsten Gebärdenproduzenten sind diejenigen, die im frühen Alter in die Schule eintraten, nachdem ISN hoch entwickelt war. Anselmo, ein junger Mann, der mit sieben Jahren in eine der Schulen kam, fasste die lebensverändernde Wirkung zusammen, die der Erwerb einer funktionsfähigen Sprache auf sein Leben hatte: „Ich kann mich an meine Kindheit erinnern, aber ich kann mich ebenfalls erinnern, keine Möglichkeit zur Kommunikation zu haben. Damals war mein Verstand nur ein leerer Raum" (zitiert nach Osborne, 1999, S. 89).

Neben der Tatsache, dass es sich hier um eine an sich schon faszinierende Geschichte handelt, sind diese Berichte von Sprache erfindenden gehörlosen Kindern von großer theoretischer Bedeutung. Die Tatsache, dass Kinder über den sprachlichen Input, den sie erhalten, hinausgehen und von sich aus ihre Sprache verfeinern und systematisieren, spricht für die nativistischen Behauptungen eines angeborenen grammatischen Wissens.

danken und Gefühle zu kommunizieren und zu verstehen, was ihnen andere Menschen mitzuteilen versuchen (Bloom, 1991; Bloom & Tinker, 2001; Snow, 1999). Sie richten ihre Aufmerksamkeit stark auf die Vielfalt der in der gehörten Sprache vorhandenen Anhaltspunkte und auf den sozialen Kontext, in dem Sprache verwendet wird; dadurch entdecken sie nach und nach die zugrunde liegenden Regelhaftigkeiten der Sprache und ihrer Verwendung.

In einer strengeren Fassung dieser allgemeinen Perspektive behaupten Michael Tomasello und seine Mitarbeiter, dass Sprache im Wesentlichen eine soziale Fähigkeit ist (Carpenter, Nagell & Tomasello, 1998; Tomasello, 1995). Die formalen Struktureigenschaften der Sprache, die Chomsky für angeboren hält, werden stattdessen in dem Lernprozess, wie man mit anderen Menschen kommuniziert, zunehmend beherrscht; und die Sprache selbst denkt man sich am besten als eine Menge sozialer Konventionen, mit deren Hilfe die Menschen miteinander kommunizieren können.

Interaktionistische Theorien sehen sich durch die grundlegende Tatsache unterstützt, dass der wichtigste (wenngleich nicht der einzige) Zweck, zu dem Säuglinge und kleine Kinder ihre ständig wachsenden sprachlichen Fähigkeiten einsetzen, die Verständigung mit anderen Menschen ist. Die sich schnell häufenden Hinweise auf die bemerkenswerte Sensibilität der Kinder für eine Menge pragmatischer Hinweise und ihre Fähigkeit, selbst recht subtile Aspekte des sozialen Kontexts heranzuziehen, um Äußerungen zu interpretieren, stimmen gut mit dieser Sichtweise überein. Auch Hinweise gegen die Behauptung sprachspezifischer Lernmechanismen sprechen für die interaktionistische Position. Dazu gehört das schon dargestellte nicht sprachspezifische Wesen der kategorialen Wahrnehmung sprachlicher Laute wie auch die Tatsache, dass Säuglinge und Kleinkinder nonverbale Geräusche oder Gesten als Bezeichnung für Objekte genau so leicht akzeptieren wie sprachliche Laute.

Kritiker der interaktionistischen Position wenden ein, dass selbst die genaueste Aufmerksamkeit für Sprache und ihre begleitenden Verhaltensweisen niemals die komplexen, abstrakten grammatischen Prinzipien, die von Chomsky und anderen Nativisten so betont werden, zum Vorschein bringen könnte. In dieser Hinsicht merken sie an, dass die sehr beeindruckenden Demonstrationen der Sensibilität gegenüber pragmatischen Aspekten der Sprache, auf die Interaktionisten verweisen, primär die semantische (auf das Lernen von Wörtern und ihrer Bedeutung bezogene) Entwicklung betreffen und weniger die syntaktische Entwicklung, die sie als die größere Herausforderung betrachten.

Konnektionistische Positionen

Am anderen Ende des theoretischen Kontinuums, von der nativistischen Perspektive aus gesehen, befinden sich konnektionistische (oder netzwerktheoretische) Erklärungsansätze der Sprachentwicklung (zum Beispiel Bates & Elman, 1993). Diesen Ansätzen zufolge ist die Information, die zum Spracherwerb benötigt wird, in der Sprache selbst enthalten. Kinder brauchen kein angeborenes sprachliches Wissen oder spezielle sprachspezifische Mechanismen, um die vielen statistischen Regelhaftigkeiten in ihrem Sprachinput zu bemerken und zu lernen. Stattdessen wird angenommen, dass die Sprachentwicklung vorwiegend auf allgemeinen, nicht auf spezielle Zwecke gerichteten Lernmechanismen beruht: Sie erscheint als das Ergebnis der graduellen Erhöhung von Verbindungsstärken im neuronalen Netzwerk.

Diese Perspektive geht mit den bereits beschriebenen Forschungen zur Sprachwahrnehmung einher, in denen sich die beeindruckende Fähigkeit von Kleinkindern dokumentiert, strukturelle Eigenschaften der Sprache, die sie hören, zu erkennen und zu analysieren. Außerdem haben Konnektionisten eine einflussreiche Alternativerklärung für Übergeneralisierungsfehler vorgelegt. Wie bei konnektionistischen Analysen anderer Phänomene (siehe Kapitel 4) beruht diese Erklärung auf Computermodellen neuronaler Netzwerke, welche die Eigenschaft besitzen, sich selbst in Abhängigkeit vom Input zu verändern. Dem Netzwerkmodell wird eine große Menge an sprachlichem Input eingegeben, analog zu dem Input, den Kinder erfahren, um herauszufinden, ob das konnektionistische Netz am Ende solche Outputs produziert, die das Sprechen ‚echter' Kinder simuliert. Eines der bislang erfolgreichsten Modelle richtet sich auf den Erwerb der Vergangenheitsformen. Aus dem Input einer großen Menge englischer Sätze mit regelmäßigen und unregelmäßigen Verben können neuronale Netzwerk-Modelle lernen, die Vergangenheitsformen korrekt zu bilden. Im Verlauf des Lernprozesses machen die Modelle dieselben Arten von Übergeneralisierungsfehlern wie Kinder (Rumelhart & McClelland, 1986). Mit wenig eingebautem (angeborenen) grammatischen Wissen und ohne sprachspezifische Lernmechanismen können diese Modelle also aus der Erfahrung lernen, und der Verlauf ihres Lernens kann dem kleiner Kinder überraschend ähnlich sehen.

Obwohl konnektionistische Ansätze mit Blick auf die Modellierung einiger spezieller Aspekte der Sprachentwicklung, beispielsweise der Vergangenheitsformen im Englischen, eindrucksvollen Erfolg erzielen konnten, warten die meisten Aspekte der Sprachentwicklung noch auf ihre Modellierung. Außerdem müssen sich konnektionistische Modelle immer der Kritik stellen, die sich auf die Eigenschaften bezieht, die von Anfang an in die Modelle eingebaut wurden, sowie darauf, wie gut der Input der Modelle mit dem Input übereinstimmt, aus dem Kinder die Struktur ihrer Sprache ableiten.

IN KÜRZE

Der Prozess des Spracherwerbs ist sehr komplex und umfasst die Entwicklung vieler verschiedener Arten von Wissen und Fähigkeiten, die dem – gesprochenen wie gebärdeten – Sprachverstehen und der Sprachproduktion zugrunde liegen. Innerhalb von wenigen Jahren machen Kinder riesige Schritte bei der Beherrschung der Phonologie, der Semantik, der Syntax und Pragmatik ihrer Muttersprache. Diese bemerkenswerte Leistung wird erst durch zwei Voraussetzungen möglich: die Existenz eines menschlichen Gehirns und den Kontakt mit der menschlichen Sprache. Die aktuellen theoretischen Erklärungsansätze der Sprachentwicklung unterscheiden sich danach, wie sehr sie Anlage- oder Umwelteinflüsse betonen. Nativisten wie Chomsky und Pinker betonen deutlich das angeborene sprachliche Wissen und sprachspezifische Lernmechanismen, während Konnektionisten behaupten, dass das Erlernen von Sprache aus universellen Lernprinzipien hervorgehen kann. Interaktionisten legen besonderen Wert auf die kommunikative Funktion der Sprache und die Motivation von Kindern, andere Menschen zu verstehen und mit ihnen zu interagieren. Die umfangreiche Literatur zur Sprachentwicklung erlaubt eine gewisse Unterstützung für jede dieser Perspektiven, aber keine von ihnen erzählt die ganze Geschichte des kindlichen Erwerbs der Sprache – des „Juwels in der Krone der Kognition".

Nichtsprachliche Symbole in der Entwicklung

Auch wenn die Sprache unser herausragendes Symbolsystem ist, hat die Menschheit eine Fülle anderer Arten von Symbolen erfunden, um sich miteinander zu verständigen. Praktisch jedes Ding kann als nichtsprachliches Symbol dienen, solange jemand ihm die Eigenschaft zuschreibt, für etwas anderes zu stehen als es selbst (DeLoache, 1995). Die Liste der Symbole, mit denen wir regelmäßig zu tun haben, ist lang und vielfältig und reicht von den geschriebenen Wörtern, Zahlen, Graphiken, Photos und Zeichnungen in den Lehrbüchern bis zu Tausenden von alltäglichen Gegenständen wie Fernsehen, Filme, Computer-Icons, Landkarten, Uhren und so weiter. Weil Symbole in unserem Alltagsleben eine so zentrale Rolle spielen, liegt in der Beherrschung der verschiedenen Symbolsysteme, die in der jeweiligen Kultur von Bedeutung sind, eine entscheidende Entwicklungsaufgabe für alle Kinder (siehe dazu Kasten 6.4).

Zur Kompetenz im Umgang mit Symbolen gehört sowohl die Beherrschung der Symbolkreationen anderer als auch die Bildung neuer symbolischer Repräsentationen. Wir behandeln zunächst die frühen Symbolfunktionen und beginnen mit Forschungen zur Fähigkeit sehr kleiner Kinder, den Informationsgehalt symbolischer Artefakte auszuwerten. Danach konzentrieren wir uns auf die Symbolbildung von Kindern in Als-ob-Spielen und Zeichnungen. In Kapitel 8 werden wir bei älteren Kindern die Entwicklung von zwei der allerwichtigsten symbolischen Aktivitäten untersuchen – Lesen und Rechnen.

Anwendungen — Kasten 6.4

Digitale Entwicklung

> Überall auf der Welt gibt es eine leidenschaftliche Beziehung zwischen Kindern und Computern ... Sie scheinen zu wissen, dass [Computertechnologie] ganz im Inneren bereits zu ihnen gehört. Sie wissen, dass sie das leichter und natürlicher beherrschen können als ihre Eltern. Sie wissen: Sie sind die Computergeneration. (Papert, 1996, S. 000.)

In vielen der heutigen Gesellschaften verbringen Kinder immer mehr Zeit vor flimmernden Bildschirmen. Obwohl das Fernsehen seit Langem viele Stunden der Kinder beansprucht, konkurrieren nun Computer und Videospiele mit der ‚Glotze' als tägliche Lieblingsbeschäftigung. Nationale Umfragen in den USA beispielsweise lassen darauf schließen, dass Kinder zwischen zwei und 17 Jahren, die Zugang zu Computern und Videospielen haben, vier bis fünf Stunden pro Tag vor irgendeiner Art von Bildschirm verbringen. Zwischen acht und 13 Jahren ergibt sich ein Spitzenwert von fast sechs Stunden täglich (Roberts, Foehr, Rideout & Brodie, 1999; Stanger & Gridina, 1999). In Deutschland macht eine vergleichbare Studie deutlich, dass Kinder zwischen drei und 13 Jahren im Jahr 1996 durchschnittlich eineinhalb bis zwei Stunden vor dem Fernseher verbracht haben, wobei die älteren Kinder höhere Durchschnittswerte erzielten (120 Minuten) als die jüngeren (85 Minuten) und Zeiten am Computer in dieser Analyse unberücksichtigt blieben (Feierabend & Windgasse, 1997).

Welche Auswirkungen hat die Zeit, die Kinder mit diesen neuen Technologien verbringen? Wie bei jeder neuen Technologie hat sich ein Großteil der öffentlichen Aufmerksamkeit auf die möglichen Vorteile wie auch auf die Gefahren konzentriert, die mit dem tiefen Eintauchen der Kinder in das digitale Zeitalter einhergehen. Was Computer betrifft, so glauben viele, dass sie eine wichtige Bildungsquelle für die Kinder darstellen, besonders bei der Erledigung der Hausaufgaben. Es gibt zwar relativ wenige Forschungen darüber, ob die häusliche PC-Nutzung die Schulleistung erhöht; die Ergebnisse einiger Untersuchungen sind jedoch ermutigend und deuten darauf hin, dass sie sehr wohl hilfreich sein kann (Subrahmanyam, Kraut, Greenfield & Gross, 2000). (Gleichzeitig ließ die Forschung jedoch erkennen, dass sich die überwiegende Computeraktivität der Kinder auf Spiele richtet; Subrahmanyam et al., 2000.)

Es gibt ebenfalls Hinweise darauf, dass bestimmte Arten von Videospielen spezielle kognitive Vorteile nach sich ziehen. In einer Untersuchung übten Zehn- und Elfjährige ein Videospiel, bei dem man mit einem Joystick eine Murmel durch ein Gitter führen musste, ohne dass die Murmel herunterfallen durfte, und sie gleichzeitig vor Angriffen durch Eindringlinge zu schützen hatte. Danach zeigten sie erhöhte Leistungen bei einem Test räumlicher Fähigkeiten, der die Visualisierung und geistige Manipulation von bildhaften Vorstellungen umfasste (Subrahmanyam & Greenfield, 1994).

Wie groß der positive Nutzen auch sein mag: Die ausgedehnte Beschäftigung von Kindern mit Computern und Videospielen ist mit einer Reihe von Befürchtungen

Ein aktives Mitglied der Computergeneration.

Kasten 6.4

verknüpft. Das Kind, das am Computerbildschirm oder am Videospiel festklebt, spielt nicht draußen auf dem Spielplatz oder geht irgendeiner anderen gesunden körperlichen Aktivität nach. Der sitzende Charakter der Computerbenutzung soll, wie das Fernsehen, zur derzeitigen Übergewichts-Epidemie in den USA beitragen. (Witzigerweise hat die einzige Form von körperlicher Ertüchtigung bei der ausgiebigen Videospiel-Nutzung ein besonderes körperliches Syndrom hervorgebracht, die „Nintenditis" – eine schmerzhafte Form von Sehnenentzündung im Daumen, die durch das wiederholte Drücken der Funktionstasten entsteht, sozusagen der Tennisarm der Nintendo-Spieler; vgl. Brasington, 1990.)

Besondere Besorgnis kam darüber zum Ausdruck, dass die Kinder PC und Videospiele in der Regel allein nutzen und ihnen das möglicherweise die Zeit für ihre Freunde raubt. Es passt zu dieser Besorgnis, dass in den USA etwa 20 Prozent der Kinder zwischen acht und 18 Jahren einen Computer in ihrem Zimmer stehen haben und dass sie mehr als 60 Prozent der Nutzungszeit allein verbringen (Roberts et al., 1999). Einige neuere Belege können jedoch dazu beitragen, einige dieser Sorgen bezüglich der sozialen Deprivation zu zerstreuen. Zum einen ist ein Großteil der Zeit, die Kinder vor dem Computer verbringen, über das Internet der zwischenmenschlichen Kommunikation gewidmet. Zweitens deuten Forschungsarbeiten darauf hin, dass eine mäßige Beschäftigung mit Videospielen keinen bedeutsamen Einfluss auf die sozialen Fähigkeiten und Interaktionen von Kindern zu haben scheint. Tatsächlich können Computerspiele sogar Gleichaltrige und Familienmitglieder, denen dieselben Spiele Spaß machen, zusammenbringen (Colwell, Grady & Rhiati, 1995; Mitchell, 1985).

Ein weiterer Aspekt, der ernsthafte Besorgnis weckt, bezieht sich darauf, dass Computer wichtige soziale Probleme weiter vergrößern könnten. In den Kapiteln 9 und 14 werden wir auf Fragen zu sprechen kommen, welche die Wirkungen von Mediengewalt auf die Aggression bei Kindern und die Möglichkeit einer Kluft in den Computerfähigkeiten von Jungen und Mädchen betreffen.

Ein gleichermaßen wichtiger Aspekt bezieht sich auf die Befürchtung, dass ungleiche Zugangsmöglichkeiten zu Computern die bestehenden sozio-ökonomischen Unterschiede vertiefen könnten (siehe Becker, 2000). Nach einer 1998 veröffentlichten US-amerikanischen Volksbefragung hatten nur 22 Prozent der Kinder aus Familien mit einem Jahreseinkommen von unter 20.000 Dollar zu Hause Zugang zu einem Computer. Bei den Familien mit mehr als 75.000 Dollar Jahreseinkommen hatten dagegen mehr als 91 Prozent der Kinder zu Hause mindestens einen Computer zur Verfügung. Einen Computer zu haben ist jedoch nur ein Teil der Geschichte. Familien mit höherem sozio-ökonomischem Status besitzen mit größerer Wahrscheinlichkeit neuere, leistungsfähigere Computer und auch mehr als einen. Kinder aus Familien mit niedrigerem sozio-ökonomischem Status sind deshalb mit weit geringerer Wahrscheinlichkeit in der Lage, einen Computer bei ihren Hausaufgaben zu nutzen, im Internet zu surfen oder raffiniert gestaltete Spiele zu spielen. Die Ungleichheit im Zugang zu Computern ist in der Schule weniger extrem ausgeprägt, wo Computer in Klassen, deren Schüler sich eher aus sozial schwächeren Wohnvierteln zusammensetzen, intensiv eingesetzt werden. Lehrer in sozial besser gestellten Schulklassen nutzen den Klassencomputer jedoch häufig auf kreativere und innovativere Weise. Insgesamt ergibt sich ein eher düsteres Bild: Die digitale Kluft zwischen Kindern reicherer und ärmerer Familien ist sehr breit und dürfte sich eher noch verbreitern.

Der Symbolgebrauch als Information

Zu den entscheidenden Funktionen vieler Symbole gehört, dass sie uns nützliche Informationen vermitteln. Eine Karte beispielsweise – gleich ob eine grobe Bleistiftskizze auf der Rückseite eines Briefumschlags oder eine mehrfarbige Landkarte in einem teuren Weltatlas – kann entscheidend sein, um einen bestimmten Ort zu finden. Die Nutzung eines symbolischen Artefakts wie einer Karte erfordert eine **zweifache (duale) Repräsentation**: Das Artefakt muss im Geiste gleichzeitig in zweierlei Weise repräsentiert sein, als reales Objekt und als Symbol, das für etwas anderes als sich selbst steht (DeLoache, 1995, 2000). Um die Fülle an symbolischen Artefakten, die für das tägliche Leben der Bewohner westlicher Gesellschaften eine Bedeutung besitzen, auswerten zu können, müssen Kinder sehr versiert werden im Bilden dualer Repräsentationen.

Sehr kleine Kinder können mit der dualen Repräsentation noch beträchtliche Schwierigkeiten haben, was ihre Fähigkeit, Informationen aus symbolischen Artefakten zu nutzen, sehr einschränkt (DeLoache, 1987, 2000). Dies wurde durch Forschungsarbeiten nachgewiesen, in denen ein kleines Kind zusieht, wie die Experimentatorin ein Miniaturspielzeug in einem maßstabsgetreuen Modell eines Zimmers versteckt, das sich in Originalgröße nebenan befindet (Abbildung 6.16). Das Kind soll dann eine größere Version dieses Spielzeugs finden, wobei dem Kind gesagt wird, das Spielzeug „sei in dem großen Zimmer an derselben Stelle versteckt". Dreijährige können ihr Wissen um den Ort des Miniaturspielzeugs in dem Modell leicht dafür verwenden herauszufinden, wo sich das Original des Spielzeugs im Zimmer befindet. Den meisten zweieinhalbjährigen Kindern dagegen gelingt es nicht, das Spielzeug dort zu finden; sie scheinen keine Ahnung davon zu haben, dass ihnen das Modell irgendetwas über das Zimmer verrät. Vielleicht weil das Modell als dreidimensionales Objekt selbst so auffällig und interessant ist, fällt es sehr kleinen Kindern schwer, mit einer zweifachen Repräsentation zurechtzukommen, und sie übersehen die symbolische Beziehung zwischen dem Modell und dem Zimmer, für das es steht.

Diese Interpretation erhielt eine starke Stützung durch eine Untersuchung, bei der es keiner dualen Repräsentation bedurfte, um von einem Modell auf eine größere Raumanordnung zu schließen (DeLoache, Miller & Rosengren, 1997). Ein Versuchsleiter zeigte zweieinhalbjährigen Kindern eine „Schrumpfmaschine" (tatsächlich ein Oszilloskop mit vielen Knöpfen und Lichtern), und erklärte ihnen, dass die Maschine „Dinge kleiner machen" kann. Die Kinder sahen dann, wie eine Troll-Puppe in einem beweglichen, zeltartigen Raum von etwa zwei auf drei Meter Größe versteckt wurde, und die Schrumpfmaschine wurde angestellt. Während die Schrumpfmaschine arbeitete, warteten die Kinder und der Versuchsleiter in einem anderen Raum. Bei ihrer Rückkehr in das „Schrumpfzimmer" stand ein maßstabsgetreu verkleinertes Modell des zeltartigen Raumes an der Stelle des Originals. (Mitarbeiter hatten natürlich das Originalzelt entfernt und durch das ver-

> **Zweifache (duale) Repräsentation** – die Vorstellung, dass die Verwendung eines symbolischen Artefakts nur gelingen kann, wenn dieses mental gleichzeitig auf zweifache (duale) Weise repräsentiert ist: als reales Objekt und als Symbol, das für etwas anderes steht als sich selbst.

Abbildung 6.16: Informationsnutzung aus Modellen. Bei einem Test der Fähigkeit jüngerer Kinder, ein Symbol als Informationsquelle auszuwerten, beobachtet eine Dreijährige, wie die Experimentatorin (Judy DeLoache) in einem maßstabsgetreuen Modell des Nebenraums eine Miniaturpuppe unter einem Kissen versteckt. Das Kind sucht in dem Originalraum an dem korrespondierenden Ort erfolgreich nach der größeren Puppe, was erkennen lässt, dass es sich der Beziehung zwischen dem Modell und dem Raum bewusst ist. Das Kind findet ebenfalls das kleine Spielzeug erfolgreich wieder, bei dem es beobachtet hatte, wie es ursprünglich im Modell versteckt worden war.

kleinerte Modell ersetzt.) Es gelang den Kindern, den Troll in dem verkleinerten Zelt zu suchen und zu finden.

Warum sollte die Idee einer Schrumpfmaschine diese zweieinhalbjährigen Kinder in die Lage versetzen, mit der Aufgabe besser zurechtzukommen? Die Antwort besteht darin, dass – sofern das Kind die Behauptungen des Versuchsleiters über die Schrumpfmaschine glaubt – im Geiste des Kindes das Modell einfach immer noch der ursprüngliche Raum *ist*. Es gibt hier also keine symbolische Beziehung zwischen den beiden Räumen, weshalb eine duale Repräsentation auch nicht benötigt wird.

Die Schwierigkeit, die kleine Kinder mit dualen Repräsentationen und Symbolen haben, wird auch in anderen Zusammenhängen sichtbar. Beispielsweise verwenden die Untersucher oft anatomisch geformte Puppen, um jüngere Kinder in Fällen vermuteten sexuellen Missbrauchs zu befragen, in der Annahme, dass den Kindern die Beziehung zwischen der Puppe und ihnen selbst offensichtlich würde. Kindern unter fünf Jahren gelingt es jedoch oft nicht, irgendeine Beziehung zwischen sich selbst und der Puppe herzustellen, so dass die Hinzuziehung einer Puppe ihre Berichte über ihre Erinnerungen nicht verbessert, sondern sie vielleicht eher weniger zuverlässig macht (Bruck, Ceci, Francoeur & Renick, 1995; DeLoache & Marzolf, 1995; DeLoache & Smith, 1999; Goodman & Aman, 1990).

Die zunehmende Fähigkeit zur dualen Repräsentation – zur unmittelbaren Interpretation eines Symbols als das, wofür es steht – ermöglicht Kindern, die abstrakte Beschaffenheit vielfältiger symbolischer Artefakte zu entdecken. Schulkinder beispielsweise erkennen im Gegensatz zu jüngeren Kindern, dass die rote Linie auf einer Straßenkarte nicht bedeutet, dass die damit bezeichnete Straße ebenfalls rot ist (Liben, 1999). Ältere Kinder sind, sofern sie angemessen instruiert werden, auch in der Lage, Objekte wie Stäbe oder Klötze unterschiedlicher Größe, die unterschiedliche Zahlenmengen darstellen, dazu zu verwenden, um Rechenoperationen zu lernen und einzuüben (Uttal, Lui & DeLoache, 1999).

Das Als-ob-Spiel

Beim **Als-ob-Spiel** (auch Symbolspiel genannt) erfinden Kinder häufig neue Symbolbeziehungen. Am Anfang tun Kinder einfach so, als ob sie familiäre Tätigkeiten ausführen, wobei sie manchmal realistische Spielzeuge oder echte Gegenstände verwenden. Zum Beispiel legt ein Kind vielleicht seinen Kopf hin und macht zu Augen zu und tut so, als ob es schläft, oder es spricht angeregt in ein Spielzeugtelefon. Für die meisten Forscher taucht das echte *Symbolspiel* etwa mit 18 Monaten auf, wenn die Kinder dazu fähig werden, ad hoc Symbole zu erschaffen, indem sie ein Objekt so benutzen, „als ob" es etwas anderes darstellt: Eine Banane wird zum Telefonhörer, ein Besen wird zum Pferd (Huttenlocher & Higgins, 1978; McCune, 1995; Ungerer, Zelazo, Kearsley & O'Leary, 1981). Durch solche **Objektsubstitutionen** entkoppeln Kinder im Geiste die tatsächlichen Merkmale von den Objekten, so dass sie so tun können, als ob sie etwas anderes wären. Die meisten der realen Eigenschaften der Banane werden ignoriert, um in sie „hineinzusprechen" (Leslie, 1987).

Das Als-ob-Spiel der Kleinkinder wird zunehmend komplexer, wenn sie damit anfangen, eine Reihe verschiedener Als-ob-Handlungen zu einem sinnvoll zusammenhängenden Szenario zu verbinden und ihr eigenes Symbolspiel mit dem von anderen zu koordinieren. Man denke zum Beispiel an „Kaffeetrinken"-Rituale, bei denen ein Kind und ein Elternteil einander aus einer imaginären Kaffeekanne gegenseitig „Kaffee einschenken", geziert an den Tassen „nippen", herbeiphantasierte Kekse „essen" und sich darüber auslassen, wie köstlich diese schmecken, und so weiter. Das Als-ob-Spiel jüngerer Kinder ist typischerweise ausgefeilter, wenn sie mit einem Elternteil oder einem älteren Geschwister spielen, durch das die Spielsequenz eher mitgestaltet werden kann als beim Spiel mit Gleichaltrigen (Farver & Wimbarti, 1995; Tamis-LeMonda & Bornstein, 1994; Zukow-Goldring, 1995).

Selbst wenn ihr „So-tun-als-ob" hochgradig geschickt und ausgeklügelt wird, werden sich Kinder nur allmählich der Rolle bewusst, die der Verstand dabei spielt. In Forschungsarbeiten zur intuitiven Psychologie („theory of mind"), die in Kapitel 4 im Rahmen der informellen Theorien von Kindern eingeführt wurde, untersuchte Angeline Lillard (1998) das Verstehen von Als-ob-Handlungen, indem sie Kindern im Alter von vier und mehr Jahren eine Marionette namens Moe zeigte, die man herumhüpfen ließ, wozu die Versuchsleiterin bemerkte: „Schau, Moe hüpft gerade so wie ein Känguru." Dann erfuhren die Kinder auch andere Dinge über Moe, beispielsweise „Moe weiß nichts über Kängurus" oder „Moe denkt jetzt gerade nicht an Kängurus". Dann wurden die Kinder gefragt: „Tut Moe so, als ob sie ein Känguru wäre?" Die meisten vier- und fünfjährigen Kinder antworten, dass Moe tatsächlich so tue, als ob sie ein Känguru wäre, wobei sie ihre Einschätzung auf die

Als-ob-Spiel (Symbolspiel) – Phantasie-Handlungen, bei denen Kinder oft neue Symbolbeziehungen erschaffen – zum Beispiel einen Besen als ein Pferd zu verwenden.

Objektsubstitution – eine Form des Als-ob, bei der ein Gegenstand als etwas anderes gilt.

Eltern beteiligen sich mit ihren jüngeren Kindern oft an Als-ob-Spielen. Ein beliebtes Ritual ist das „Kaffeekränzchen"; Mutter und Tochter essen imaginäre Kekse und trinken nicht existierenden Kaffee.

Handlungen der Puppe und nicht auf ihren inneren geistigen Zustand gründen, was ein unvollständiges Verstehen der geistigen Basis des „So-tun-als-ob" erkennen lässt. Das Verständnis dafür, dass es sich beim So-tun-als-ob vorrangig um eine geistige Aktivität handelt, entwickelt sich erst mit der Zeit und ist erst mit etwa neun Jahren voll ausgeprägt.

Zeichnen

Bilder malen ist eine häufige symbolische Tätigkeit, zu der Eltern in vielen Gesellschaften ihre Kinder ermutigen. Wenn Kleinkinder die ersten Schritte machen, gezeichnete Spuren auf dem Papier zu hinterlassen, sind sie fast ausschließlich auf die Tätigkeit selbst konzentriert, ohne zu versuchen, irgendwelche erkennbaren Bilder zu produzieren. Mit etwa drei oder vier Jahren fangen die meisten Kinder damit an, Bilder von *etwas* zu zeichnen (oder dies zu versuchen): Sie produzieren darstellende Kunst.

Die künstlerischen Ideen der Kinder übertreffen oft ihre motorischen und planerischen Fähigkeiten (Yamagata, 1997). Abbildung 6.17 zeigt, was zunächst wie ein typisches Gekritzel erscheint. Der zweieinhalbjährige Künstler

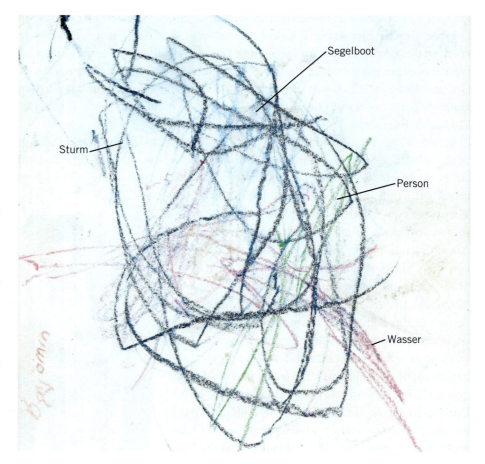

Abbildung 6.17: Erste Zeichnungen. Entgegen dem ersten Anschein handelt es sich hier nicht um ein Zufallsgekritzel, wie aus den Äußerungen des Zweijährigen, der das Bild produzierte, erkennbar wird. Beim Zeichnen der dreieckigen Figur sagte er, das sei ein „Segelboot". Eine Reihe wellenförmiger Linien wurde als „Wasser" bezeichnet. Einige hingekritzelte Linien unter dem „Segelboot" wurden als „jemand, der mit dem Boot fährt" benannt. Das wilde Gekritzel über den Rest des Blattes war „ein Sturm". Jedes Element war somit in gewissem Ausmaß gegenständlich, auch wenn das Bild als Ganzes kaum mehr symbolisch gedeutet werden kann.

Abbildung 6.18: Kopffüßler. Die ersten Zeichnungen kleiner Kinder, die Menschen darstellen, weisen typischerweise die Form von „Kopffüßlern" auf. (Aus Goodnow, 1977.)

erzählte beim Malen jedoch über seine Bemühungen, und eine Aufzeichnung seiner Äußerungen macht deutlich, dass er jedes einzelne Element seines Bildes ziemlich gut darzustellen wusste, aber dass er das Ganze auf dem Papier nicht räumlich zu koordinieren vermochte.

Der häufigste Gegenstand für kleinere Kinder sind menschliche Figuren. So wie Kinder beim Beginn ihres Sprechens die Wörter, die sie produzieren, vereinfachen, so vereinfachen Kinder auch ihre Zeichnungen menschlicher Figuren (Abbildung 6.18). Man beachte, dass das Kind die Zeichnung planen und die einzelnen Elemente räumlich koordinieren muss, um diese groben, einfachen Formen hervorzubringen. Selbst die frühen „Kopffüßler-Menschen" haben ihre Füße unten und die Arme an der Seite. Nach und nach werden weitere Elemente mit aufgenommen, typischerweise zuerst ein Körper, der unter den Kreis gezeichnet wird, der dann nur noch einen Kopf darstellt.

Abbildung 6.19 lässt einige der Strategien erkennen, mit deren Hilfe Kinder komplexere Zeichnungen anfertigen. In diesem Fall hat das Kind ein recht komplexes Bild gezeichnet, auf dem seine Wohnung, seine Schule, die Straße zwischen beiden und vier weitere Häuser entlang der Straße vorkommen. Eine Strategie, auf die es sich dabei verließ, war die gut geübte Formel, wie man ein Haus darstellt: ein Fünfeck mit einer Tür und einer Dachkante. Eine andere Strategie bestand darin, die Grundlinie eines Hauses mit der Straße zu koordinieren, auch wenn dies zu Lasten der Gesamtkoordination der Häuser ging. Mit der Zeit werden manche Kinder sehr geübt darin, die Beziehungen zwischen den verschiedenen Elementen in ihren Bildern geeignet darzustellen.

Ein besonders interessanter Fall einer frühen Begabung ist Nadja, ein autistisches Kind, welches das Pferd in Abbildung 6.20 (a) mit vier Jahren zeichnete. Ihre außergewöhnliche Zeichenbegabung ging mit sehr geringen motorischen und sprachlichen Fähigkeiten einher und ging mit dem Alter stark zurück (siehe das Pferd in Teil (b) der Abbildung). Forscher

Abbildung 6.19: Komplexere Zeichnungen. Diese Kinderzeichnung – der Weg zwischen der Wohnung und der Schule – setzt einige gut geübte Strategien ein, wobei das Kind aber noch nicht erkannt hat, wie sich komplexere räumliche Beziehungen darstellen lassen. (Aus Goodnow, 1977.)

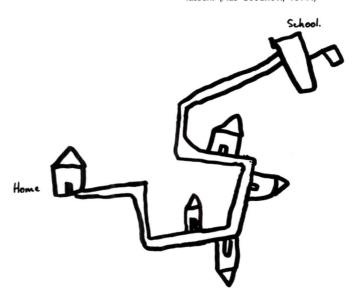

Abbildung 6.20: Autistische Kunst. (a) Nadja, ein autistisches Kind mit einer außergewöhnlichen künstlerischen Begabung, wurde für derartige Zeichnungen berühmt, die sie im Alter von vier Jahren anfertigte. (b) Im Alter von 25 Jahren war von Nadjas ehemaligem Talent nichts mehr zu erkennen. (Aus Selfe, 1995.)

haben sich besonders für autistische Personen interessiert, die – wie Nadja – außergewöhnliche künstlerische Fähigkeiten aufweisen (Selfe, 1995); zum Teil deshalb, weil diese seltenen Fälle für die weiter oben dargestellte Modularitätshypothese relevant sind. Solche ungewöhnlichen Zeichentalente inmitten einer allgemeinen geistigen Retardierung deuten auf eine abgegrenzte Fähigkeit hin, die unbeeinflusst von der allgemeinen Intelligenz oder anderer Defizite existiert. Jedoch liefern diese Fälle nur mäßige Unterstützung für die Modularitätshypothese, weil die Zeichenfähigkeit von Autisten auch aus der zwanghaften Beachtung von Details resultieren kann, die bei vielen autistischen Personen beobachtet wird.

IN KÜRZE

Nichtsprachliche Symbole spielen im Leben jüngerer Kinder eine wichtige Rolle. Sie werden sich des Informationsgehalts symbolischer Gegenstände, die von anderen erzeugt wurden, immer bewusster. Darin liegt ein wichtiger Schritt auf dem Weg zur geschickten Verwendung der vielen Symbolsysteme, die im modernen Leben von Bedeutung sind. In den meisten, wenngleich nicht in allen Gesellschaften erfinden Kinder neuartige Zeichen-Bedeutungs-Relationen im Rahmen des Als-ob- oder Symbolspiels. Symbolische Kreativität spricht auch aus den Produkten junger Künstler.

Zusammenfassung

Ein entscheidendes Merkmal des Menschseins ist der kreative und flexible Gebrauch einer Vielzahl sprachlicher und anderer Symbole. Die enorme Kraft der Sprache rührt von ihrer Generativität her – der Tatsache, dass sich aus einer endlichen Menge von Wörtern eine unendliche Anzahl von Sätzen erzeugen lässt.

Sprachentwicklung

- Eine Sprache zu erwerben bedeutet, das komplexe System aus phonologischen, semantischen, syntaktischen und pragmatischen Regeln zu lernen, welche die Laute, Bedeutungen, grammatischen Strukturen und Verwendungsmöglichkeiten der Sprache leiten. Die einzige Ausnahme bei Zeichen- oder Gebärdensprachen besteht darin, dass sie als ihre elementaren Einheiten Gebärden und nicht Laute verwenden.
- Die Sprachfähigkeit ist artspezifisch; die erste Voraussetzung für ihre voll ausgeprägte Entwicklung ist ein menschliches Gehirn, das Regionen enthält, die auf das Verstehen und die Produktion von Sprache spezialisiert sind. Forscher haben nichtmenschliche Primaten erfolgreich bemerkenswerte Fähigkeiten im Symbolgebrauch lehren können, aber keine voll ausgebildete Sprache.
- Die ersten Jahre des menschlichen Lebens bilden eine kritische Phase für den Spracherwerb; wer eine Sprache erst nach der Kindheit erlernt, erreicht nicht dasselbe Fähigkeitsniveau wie jemand, der sie früher erlernt.
- Eine zweite Voraussetzung für die Sprachentwicklung ist eine menschliche Umwelt. Alle hörenden Kinder erhalten eine enorme Menge an sprachlichem Input. Ein großer Teil dieses Inputs ist durch die spezielle Art gekennzeichnet, in der Erwachsene und ältere Kinder in den meisten Gesellschaften mit Babys sprechen. Die an Kinder gerichtete Sprache unterscheidet sich in mehrfacher Hinsicht von der Sprache, wie sie an ältere Personen gerichtet wird; sie ist durch eine höhere Tonlage, extreme Intonationsschwankungen, einen warmen, liebevollen Tonfall und übertriebene Mimik gekennzeichnet.
- Bei Säuglingen wurden bereits bemerkenswerte Sprachverstehensfähigkeiten nachgewiesen. Sie legen wie Erwachsene eine kategoriale Wahrnehmung von Sprachlauten an den Tag und nehmen physikalisch ähnliche Laute so wahr, dass sie diskreten Kategorien zugeordnet werden.
- Bei der Unterscheidung sprachlicher Laute außerhalb der eigenen Muttersprache sind Kleinstkinder Erwachsenen sogar überlegen. Wenn sie die Laute, die in ihrer Sprache wichtig sind, lernen, verringert sich ihre Fähigkeit, Laute in anderen Sprachen zu unterscheiden.
- Neuere Studien haben gezeigt, dass Säuglinge für die Verteilungscharakteristika der Sprache bemerkenswert sensibel sind; sie bemerken eine Viel-

zahl subtiler Regelhaftigkeiten in der Sprache, die sie hören, und nutzen diese Regelhaftigkeiten, um Wörter aus dem vorbeirauschenden Sprachstrom herauszugreifen.

- Von ihren ersten Monaten an bereiten sich Babys auf die Sprachproduktion vor, indem sie eine Vielzahl von Geräuschen beziehungsweise Lauten machen und zunehmende motorische Kontrolle über ihre Vokalisationen bekommen. Mit etwa sieben Monaten beginnen Kinder zu plappern. Hörende Kinder produzieren Lautfolgen wie „bababa"; manche gehörlose Kinder, die mit einer Gebärdensprache in Kontakt stehen, produzieren Handbewegungen mit derselben Art von Wiederholungsmustern. Mit der Zeit klingt das vokale Plappern immer mehr wie die Muttersprache des Babys.
- Die zweite Hälfte des ersten Lebensjahres ist auch dadurch gekennzeichnet, dass das Kind lernt, wie es mit anderen Menschen interagieren und kommunizieren kann. Dazu gehört die Fähigkeit, die Aufmerksamkeit mit anderen Menschen zu koorientieren, indem man der Richtung ihrer Blicke folgt oder deren Aufmerksamkeit durch eigenes Zeigen lenkt, so dass ein gemeinsamer Bezug möglich wird.
- Das Erkennen von Wortbedeutungen (die Assoziation vertrauter Wörter mit ihren Referenten) beginnt mit etwa sechs Monaten.
- Die Produktion erkennbarer Wörter beginnt mit etwa einem Jahr. In der holophrasischen Phase sagen Kinder jeweils nur ein Wort. Mit ihrem sehr eingeschränkten Wortschatz machen Kinder oft Überdehnungsfehler, bei denen ein bestimmtes Wort in einem weiteren Kontext verwendet wird, als es der Wortbedeutung angemessen wäre.
- Mit etwa 18 Monaten erfolgt der „Vokabelspurt"; Kinder lernen neue Wörter mit sehr großer Geschwindigkeit. Durch eigene Anstrengung oder mit der Hilfe von Erwachsenen nutzen sie eine Vielzahl von Annahmen und Strategien, um herauszufinden, was die neuen Wörter bedeuten.
- Zum Ende des zweiten Lebensjahres produzieren Kinder kurze Sätze, die oft als Telegrammstil bezeichnet werden, weil nur die wichtigsten Wörter darin enthalten sind. Die Länge und Komplexität ihrer Äußerungen wächst nach und nach, und sie üben die entstehenden sprachlichen Fähigkeiten von sich aus.
- Es gibt eine anhaltende Diskussion darüber, ob die Fähigkeit von Kleinkindern, eine regelhafte Wortreihenfolge einzuhalten (in Sprachen wie dem Englischen, in denen die Wortreihenfolge bedeutungsentscheidend ist), angeborenes Wissen über grammatische Regeln widerspiegelt.
- Mit etwa vier Jahren unterlaufen Kindern im Englischen wie im Deutschen Übergeneralisierungsfehler, bei denen unregelmäßige Formen so behandelt werden, als ob sie regelmäßig gebildet würden. Solche Fehler wurden oft als Beleg für das Regellernen herangezogen. Die weitere grammatische Entwicklung umfasst das Erlernen von Negations- und Frageformen.
- Kinder entwickeln ihre sprachlichen Fähigkeiten, indem sie von kollektiven Monologen zu längeren Gesprächen übergehen; wichtig ist dabei zunächst die Fähigkeit, zusammenhängende Erzählungen über ihre Erlebnisse abzugeben.

- Praktisch alle aktuellen Theorien der Sprachentwicklung erkennen an, dass dabei angeborene Faktoren und Erfahrung zusammenwirken. Wichtige theoretische Perspektiven sind die nativistische, die interaktionistische und die konnektionistische Perspektive.
- Nativisten, beispielsweise der einflussreiche Linguist Noam Chomsky, postulieren angeborenes Wissen in Form einer Universalgrammatik, der Menge hoch abstrakter Regeln, die allen Sprachen gemeinsam sind. Sie nehmen an, dass das Erlernen von Sprache durch sprachspezifische Fähigkeiten unterstützt wird.
- Interaktionistische Theorien betonen den kommunikativen Kontext der Sprachentwicklung und des Sprachgebrauchs. Sie verweisen auf das eindrucksvolle Ausmaß, in dem Säuglinge und Kleinkinder eine Vielzahl von pragmatischen Hinweisen nutzen, um herauszufinden, was andere sagen.
- Konnektionisten befinden sich am anderen Ende des Theoriekontinuums wie Nativisten. Sie nehmen an, dass sich Sprache auch ohne angeborenes Wissen entwickeln kann und dass ihr Erwerb lediglich leistungsfähige kognitive Allzweck-Mechanismen erfordert – das heißt, dass entsprechende Lernprozesse als Resultat der graduellen Erhöhung von Verbindungsstärken im neuronalen Netzwerk auftreten.

Nichtsprachliche Symbole in der Entwicklung

- Symbolische Artefakte wie Karten oder Modelle erfordern eine zweifache (duale) Repräsentation. Um sie zu verwenden, müssen Kinder im Geiste sowohl das Symbolobjekt selbst als auch seine symbolische Beziehung zum Referenten repräsentieren. Kleinkinder werden immer besser darin, duale Repräsentationen aufzubauen und symbolische Artefakte als Informationsquelle zu nutzen.
- Kleine Kinder kreieren Symbolbeziehungen durch ihr Als-ob-Spiel. Die Komplexität dieses Spiels erhöht sich im Verlauf des Vorschulalters. Die Rolle des Verstandes beim So-tun-als-ob verstehen Kinder jedoch erst nach und nach.
- Zeichnen ist eine symbolische Tätigkeit, die viele Kinder ausüben und dabei von den Erwachsenen ermutigt werden. Die frühen Kritzeleien der kleinen Kinder weichen bald der Absicht, Bilder *von* etwas zu zeichnen, wobei die Darstellung des menschlichen Körpers ein beliebtes Thema darstellt.
- Entwicklungsforscher interessieren sich für die seltenen Fälle autistischer Kinder mit bemerkenswerter künstlerischer Begabung zum Teil deshalb, weil diese isolierten Fähigkeiten für die Modularitätshypothese relevant sein können. Solche Fähigkeiten können jedoch auch aus dem Detail-Zwang resultieren, der bei vielen autistischen Personen beobachtbar ist.

Fragen und Denkanstöße

1. Im vorliegenden Kapitel wurden vielfach elterliche Verhaltensweisen erwähnt und diskutiert, die für die Sprachentwicklung relevant sind. Nennen Sie einige Beispiele dafür, wie – nach aktuellem Kenntnisstand – Eltern die Sprachentwicklung ihrer Kinder beeinflussen.
2. Die Sprachentwicklung ist ein besonders komplizierter Aspekt der Kindesentwicklung, und keine einzelne Theorie kann all das, was wir über den kindlichen Spracherwerb wissen, erfolgreich erklären. Welche der drei dargestellten theoretischen Perspektiven scheint in Ihren Augen am besten erklären zu können, was Sie in diesem Kapitel über die Sprachentwicklung gelernt haben?
3. Stellen Sie sich vor, Sie wären die Leiterin/der Leiter einer Tagesstätte für Kinder im Säuglings- und Kleinkindalter. Zu Ihnen kommt ein Elternpaar, das ihr einjähriges, seit Geburt gehörloses Kind anmelden möchte. Was würden Sie darüber wissen wollen, wie diese Eltern zu Hause mit ihrem Kind interagieren? Angenommen, Sie würden sich dafür entscheiden, das Kind aufzunehmen: Was müsste in der Tagesstätte alles eingeführt werden, um diesem Kind gerecht zu werden?
4. Es wurden viele Parallelen gezogen zwischen den Prozessen des Erwerbs gesprochener Sprache und des Erwerbs gebärdeter Sprache. Was sagen uns diese Ähnlichkeiten über die Grundlagen der menschlichen Sprache?

Die Entwicklung von Konzepten

7

- Die Dinge verstehen: Wer oder was
- Die Umstände verstehen: Wo, wann, warum und wie viel
- Zusammenfassung

Man stelle sich die folgende Szene vor. Sandra, ein Mädchen im Alter von zehn Monaten, krabbelt ins Schlafzimmer ihres sieben Jahre alten Bruders. Das Zimmer enthält viele Gegenstände: ein Bett, eine Kommode, einen Stuhl, einen herumlaufenden Hund, ein Aquarium, einen CD-Spieler, ein Radio, Lautsprecher, einen Baseball samt Fanghandschuh, Bücher, Hefte, Schuhe, schmutzige Socken und anderes. Sandras Bruder verfügt über solche Begriffe wie Möbel, Kleidung, Gedrucktes, Sportsachen und Tiere, mit deren Hilfe er die Dinge, die er in seinem Zimmer sieht, versteht. Aber wie sieht der Raum für Sandra aus? Babys besitzen vielleicht noch keine Konzepte von Möbeln, Druckerzeugnissen, Sportsachen und Ähnlichem, so dass ihr das Zimmer ganz anders erscheinen dürfte als einem älteren Kind. Über welches Begriffssystem verfügt Sandra in ihrem jungen Alter? Besitzt sie schon ein Konzept für lebende und unbelebte Dinge, mit deren Hilfe sie verstehen kann, warum Hunde von selbst herumlaufen und Bücher nicht, oder erscheint ihr dieser Unterschied eher merkwürdig? Besitzt sie schon eine Vorstellung von Leichtem gegenüber Schwerem, mit deren Hilfe sie verstehen kann, warum sie einen Socken, aber nicht einen Stuhl hochheben kann? Oder ist ihr das ein Rätsel? Und wie unterscheiden sich ihre Konzepte von denen, die sie zu früheren Zeitpunkten ihrer Kindheit besaß, und von denen, die sie in den kommenden Jahren erwerben wird?

Wie diese hypothetische Szene zeigt, sind Konzepte entscheidende Voraussetzungen dafür, dass einem die Welt sinnvoll erscheint. Was genau sind aber Begriffe, und wie tragen sie zu unserem Verstehen bei?

Konzepte sind Vorstellungen, mit deren Hilfe man Gegenstände, Ereignisse, Eigenschaften oder Abstraktionen, die sich auf irgendeine Art ähnlich sind oder etwas gemeinsam haben, gruppieren kann. Die Gruppierung selbst nennt man Kategorie, wobei jedoch die geistige Vorstellung, die der Kategorienbildung zugrunde liegt, das Konzept oder der Begriff ist. Als Fachterminus hat *Konzept* nichts mit einem Entwurf oder anderen umgangssprachlichen Bedeutungen zu tun. Es gibt eine unendliche Anzahl möglicher Konzepte, weil es unendlich viele Aspekte gibt, unter denen Gegenstände oder Ereignisse einander ähnlich sein können und sich in Kategorien zusammenfassen lassen. Zum Beispiel können Gegenstände ähnliche Funktionen (alle Tassen sind zum Trinken geeignet), ähnliche Formen (alle Fußballfelder sind rechteckig), ähnliche Materialien (alle Diamanten sind aus komprimiertem Kohlenstoff gemacht), ähnliche Größenausprägungen (alle Riesen sind groß), ähnliche Geschmacksrichtungen (alle Limonaden sind süß) aufweisen – und so weiter.

Mit Konzepten können wir die Welt vereinfachen und wirksam in ihr handeln, indem wir neue Situationen mit Hilfe unserer früheren Erfahrungen interpretieren. Wenn wir den Geschmack einer bestimmten Mohrrübe mögen, werden wir wahrscheinlich auch den Geschmack anderer Exemplare mögen, sofern wir erkennen, dass sie ebenfalls zur Kategorie der Mohrrüben gehören. Konzepte sagen uns auch, wie wir emotional auf neue Erfahrungen reagieren sollen, beispielsweise wenn wir mit allen unbekannten Hunden sehr vorsichtig umgehen, weil wir sie als Hunde klassifiziert haben und einmal von einem Mitglied dieser Kategorie gebissen wurden. Ein Leben ohne Konzepte wäre undenkbar; jede Situation wäre neuartig, und wir hätten keine Idee, welche frühere Erfahrung in der neuen Situation relevant wäre.

Wie überraschend es auch sein mag: Kinder bilden Konzepte von den ersten Monaten ihres Lebens an. Aber wie gelingt ihnen das? Nach Lektüre der Kapitel 4, 5 und 6 kennen Sie bereits einen Teil der Antwort. Jede der vier Theorien der kognitiven Entwicklung, über die Sie in Kapitel 4 gelesen haben, identifizierte zentrale Beiträge zur Konzeptentwicklung. Theorien des Kernwissens, die *biologische Veranlagungen* hervorheben, nehmen an, dass Kinder bei Eintritt in die Welt durch die Evolution darauf vorbereitet sind, bestimmte Arten von Konzepten zu bilden, beispielsweise das Konzept eines menschlichen Gesichts oder das eines festen Körpers. Sobald Kinder minimale einschlägige Erfahrungen machen, bilden sie diese Begriffe sehr schnell. Die Theorie von Jean Piaget verweist auf eine zweite Grundlage für die schnelle Konzeptentwicklung von Kindern: ihre *physische Interaktion mit Objekten*. Diese Interaktionen tragen dazu bei, dass Kinder etwas über die Eigenschaften

---

Konzepte – allgemeine Vorstellungen oder Auffassungen, mit deren Hilfe man Gegenstände, Ereignisse, Eigenschaften oder abstrakte Sachverhalte, die sich auf irgendeine Art ähnlich sind oder etwas gemeinsam haben, zu Klassen zusammenfassen kann.

von Objekten lernen, beispielsweise dass Objekte aus Gummi hüpfen und Objekte aus Glas nicht. Theorien der Informationsverarbeitung betonen einen dritten entscheidenden Faktor, die *grundlegenden Verarbeitungsfähigkeiten*. Der Prozess der Assoziation beispielsweise versetzt Kinder in die Lage, das Erscheinen einer Katze mit dem Geräusch des Miauens und dem Anfühlen von Fell zu verknüpfen und so den Begriff „Katze" zu bilden. Und schließlich weisen sozio-kulturelle Theorien darauf hin, in welcher Weise die *soziale Welt* zur Konzeptentwicklung beiträgt. Eltern, Verwandte, Nachbarn und Gleichaltrige formen die Kategorien und Konzepte, die Kinder aufbauen. Sie lenken die Aufmerksamkeit der Kinder auf Informationen, die sie erfassen können, und helfen ihnen bei der Interpretation ihrer Erfahrungen.

Was sieht dieses Kind, wenn es den Raum betrachtet?

In Kapitel 5 sind Sie auf eine weitere Grundlage der schnellen konzeptuellen Entwicklung von Kindern gestoßen: ihre differenzierten Wahrnehmungsfähigkeiten. Durch Sehen, Hören, Berühren, Schmecken und Riechen können Kinder etwas über die Welt lernen. Diese Wahrnehmungsfähigkeiten liefern die Daten, die sie für den Konzepterwerb benötigen.

Ein weiterer wichtiger Einfluss auf den Konzepterwerb, der in Kapitel 6 behandelt wurde, ist die Sprache. Sprache und die Entwicklung von konzeptuellem Denken bauen wechselseitig aufeinander auf. Ein Wort zu lernen fällt viel leichter, wenn man bereits über ein Verständnis des Konzepts verfügt, auf das es sich bezieht. Der Ausdruck „Luchs" beispielsweise lernt sich leichter, wenn man schon einmal Luchse gesehen hat. Gleichzeitig erweitert die Sprache das konzeptuelle Verstehen außerordentlich; manchmal schafft sie sogar neue Konzepte. Wenn man zu einem Kind sagt: „Ein Luchs ist eine Art Wildkatze mit kurzem, weichem Fell", kann das Kind einen Begriff von „Luchs" bilden, ohne jemals einen gesehen zu haben.

Dieser Hintergrund der Diskussion über die Konzeptentwicklung verweist auf mehrere der Themen, die in diesem Kapitel eine wichtige Rolle spielen werden. Eines betrifft *Anlage und Umwelt*; die Begriffe von Kindern sind ein Ausdruck der Interaktion ihrer biologischen Prädisposition, auf bestimmte Arten von Ereignissen zu achten und Informationen auf bestimmte Weise zu verarbeiten, mit den speziellen Erfahrungen, die sie machen. Ein weiteres wiederholt auftretendes Thema ist das des *aktiven Kindes*; schon ab der frühesten Kindheit spiegeln Konzepte die aktiven Versuche der Kinder wider, der Welt Bedeutung zu verleihen. Ein drittes wichtiges Thema betrifft die *Veränderungsmechanismen*; Forscher untersuchen die Konzeptentwicklung nicht nur um der Begriffe willen, die Kinder ausbilden, sondern auch, um die Prozesse zu verstehen, mit deren Hilfe sie die Konzepte bilden. Und natürlich durchzieht das Thema des *sozio-kulturellen Kontexts* dieses Kapitel, weil die soziale Welt entscheidenden Einfluss auf die Begriffsentwicklung von Kindern ausübt. Wir werden mehrere spezielle Beispiele für diese Einflüsse untersuchen, indem wir die Unterschiede in bestimmten Bereichen des Konzeptverstehens von Kindern im Kulturvergleich betrachten.

Im Zentrum des vorliegenden Kapitels steht die Entwicklung der grundlegendsten Begriffe, die sich in den allermeisten Situationen als nützlich erweisen. Diese Konzepte gliedern sich in zwei Gruppen. Die eine Gruppe wird verwendet, um Dinge zu klassifizieren, die in der Welt vorkommen: Menschen, Pflanzen, Tiere und unbelebte Objekte. Die andere Gruppe wird zusammen mit der erstgenannten Gruppe verwendet, um unsere Erfahrungen zu repräsentieren: Raum (wo die Erfahrung auftrat), Zeit (wann sie relativ zu anderen Ereignissen auftrat und wie lange sie dauerte), Kausalität (warum es passierte) und Zahl (wie viele Dinge daran beteiligt waren oder wie oft es passierte).

Falls Sie jemals für eine Zeitung gearbeitet oder einen Grundkurs in Journalistik besucht haben, sollten Sie bemerkt haben, dass diese Grundbegriffe eng mit den Fragen übereinstimmen, die jede Nachricht beantworten muss: Wer oder was? Wo? Wann? Warum? Wie viele? Diese Ähnlichkeit zwischen den Begriffen, die für Kinder grundlegend sind, und den wichtigsten Aspekten von Nachrichten ist nicht zufällig. Für das Verstehen fast jedes Ereignisses ist es wesentlich zu wissen, wer oder was, wo, wann, warum und wie oft beteiligt war.

Weil die frühe Begriffsentwicklung so entscheidend ist, konzentrieren wir uns in diesem Kapitel auf die Entwicklung in den ersten fünf Jahren. Das bedeutet natürlich nicht, dass die konzeptuelle Entwicklung mit fünf Jahren zum Stillstand kommt. Das kindliche Verständnis der Grundbegriffe vertieft sich auch danach noch viele weitere Jahre, und ältere Kinder erwerben eine große Anzahl zusätzlicher, spezieller Konzepte. Die Konzentration auf die Begriffsentwicklung in den ersten fünf Jahren spiegelt vielmehr die Tatsache wider, dass Kinder in dieser Phase ein grundlegendes Verständnis derjenigen Konzepte entwickeln, die die stärkste Basis für alles andere bilden, die über Gesellschaften hinweg universell sind, mit deren Hilfe Kinder ihre eigenen Erfahrungen und die anderer Menschen verstehen können und die eine Grundlage für die nachfolgende Begriffsentwicklung bilden.

Die Dinge verstehen: Wer oder was

Vom Moment ihrer Geburt an stehen Kinder der Aufgabe gegenüber, ihre Welt mit Blick auf das Wer und Was zu verstehen, das heißt anhand der Objekte, denen sie begegnen. Diese Aufgabe bedeutet nicht nur, Objekte zu erkennen und sie zu unterscheiden, sondern auch, ihre Funktionen und ihre Beziehungen zueinander zu verstehen.

Objekte in Klassen einteilen

Schon früh in ihrer Entwicklung teilen Kinder die Dinge in der Welt in ein paar wenige, breit gefasste Kategorien von der Art ein, wie sie die oberen Zeilen von Tabelle 7.1 zeigen: unbelebte Objekte, Menschen und andere Lebewesen (Wellman & Gelman, 1998). Die Ausbildung dieser groben Unterscheidungen ist ein wichtiger Entwicklungsschritt, weil unterschiedliche Begriffstypen auf unterschiedliche Objekttypen angewandt werden können (Keil, 1979). Manche Begriffe treffen auf alles zu – alle Dinge besitzen Höhe, Gewicht, Farbe und so weiter. Andere Begriffe lassen sich nur auf Menschen und Tiere anwenden – beispielsweise können nur Menschen und Tiere laufen oder lernen. Wieder andere Begriffe passen nur zu Menschen; lesen und einkaufen sind hierfür zwei Beispiele. Die Unterscheidung dieser Klassen ist wichtig, weil sie den Kindern dabei hilft, zutreffende Schlüsse über unbekannte Objekte zu ziehen. Wenn man ihnen sagt, dass ein Rhinozeros eine Tierart ist, dann wissen sie sofort, dass es sich bewegen kann, frisst, wächst, Nachwuchs hat und so weiter.

Geht man die Spalten in Tabelle 7.1 weiter nach unten, erkennt man ein wichtiges Prinzip der Kategorienbildung, das Kindern dabei hilft herauszufinden, wie die Dinge in der Welt miteinander zusammenhängen. Kinder unterteilen Objekte nach **Klassenhierarchien**, das sind Klassen oder Mengen von Objekten, die durch Ober-Unterbegriffs-Relationen verknüpft sind; dabei bilden Unterbegriffe Teilmengen ihrer Oberbegriffe. Ein Beispiel aus Tabelle 7.1 ist die Beziehung Möbel – Stuhl – Barhocker. Zur Kategorie „Möbel" gehören alle Stühle; die Kategorie „Stuhl" umfasst alle Barhocker. Die Bildung solcher Klassenhierarchien vereinfacht die Welt für Kinder wiederum sehr stark, indem sie mit ihrer Hilfe zutreffende Schlüsse ziehen können. Wenn Kinder erfahren, dass ein Barhocker eine Art von Stuhl ist, dann können sie aus ihrem allgemeinen Wissen über Stühle schließen, dass Menschen auf Barhockern sitzen und dass mit *Barhocker* nicht – analog zu *Stubenhocker* oder *Nesthocker* – ein Lebewesen gemeint ist.

Natürlich kommen Kinder nicht mit Wissen über Stühle und Barhocker auf die Welt, auch nicht mit Wissen über die anderen Kategorien in Tabelle 7.1. Im nächsten Abschnitt untersuchen wir einige der Wege, auf denen

Klassenhierarchie – Klassen oder Kategorien, die durch Ober-Unterbegriffs-Relationen verknüpft sind, wobei die Unterbegriffe Teilmengen der Oberbegriffe bilden, zum Beispiel Tier/Hund/Pudel.

Tabelle 7.1: Objekthierarchien.

Ebene	Objekttyp		
Ontologische Ebene	Unbelebte Dinge	Menschen	Lebewesen
Übergeordnete Ebene	Möbel, Fahrzeuge ...	Europäer, Asiaten ...	Tiere, Pflanzen ...
Basisebene	Stühle, Tische ...	Spanier, Finnen ...	Katzen, Hunde ...
Untergeordnete Ebene	Barhocker, Sessel ...	Picasso, Cervantes ...	Löwen, Luchse ...

Kinder Klassen bilden. Im Zentrum des Abschnitts werden Aspekte der Klassifikation stehen, die für alle Arten von Objekten – belebte und unbelebte – gelten.

Kategorienbildung in der frühen Kindheit

Schon in den ersten Monaten ihres Lebens scheinen Kinder Klassen von Objekten zu bilden (Haith & Benson, 1998; Wellman & Gelman, 1998). Dies wurde durch Habituationsexperimente nachgewiesen, wie sie in Kapitel 5 beschrieben wurden. Zum Beispiel fanden Quinn und Eimas (1996), dass Kinder im Alter von drei und vier Monaten habituierten, wenn man ihnen Photos mit jeweils zwei Tieren einer bestimmten Art zeigte, beispielsweise Photos von Katzen. Die Kinder betrachteten also die Photographien mit den Katzen immer weniger, je mehr Bildpaare dieser Art sie gesehen hatten. Zeigte man den Kindern danach jedoch ein Photo derselben Tierart zusammen mit einem Photo eines ähnlichen Tieres, das aber zu einer anderen Tierart gehört, beispielsweise eines Hundes (Abbildung 7.1), schauten sie länger auf das Tier, das der neuen Tierart angehört. Ihre Habituation auf die Photos mit der ursprünglichen Art von Tier lässt darauf schließen, dass sie trotz recht beachtlicher Unterschiede im Erscheinungsbild des jeweiligen Tieres alle als Mitglied einer einzigen Kategorie wahrnahmen. Die darauf folgende Bevorzugung des Photos mit dem Tier, das einer anderen Art angehört, deutet darauf hin, dass sie dieses als Mitglied einer anderen Kategorie gesehen haben. Es ist aber noch unklar, ob es sich bei dieser Fähigkeit um rein visuelle Abstraktionsbildung handelt oder ob sie tatsächlich die Grundlage konzeptuellen Denkens darstellt.

Kleine Kinder können auch allgemeinere Kategorien als „Katzen" bilden. Behl-Chadha (1996) fand, dass drei bis vier Monate alte Kinder habituierten, wenn man ihnen mehrmals hintereinander Bilderpaare mit verschiedenen Arten von Säugetieren (Katzen, Zebras, Elefanten und so weiter) zeigte; danach dishabituierten sie, wenn man ihnen das Bild eines Vogels oder eines Fisches zeigte. Offenbar konnten die Kinder Ähnlichkeiten zwischen den verschiedenen Säugetieren wahrnehmen, was dazu führte, dass sie schließlich ihr Interesse daran verloren. Auch schienen die Kinder Unterschiede zwischen den Säugetieren und dem Vogel oder dem Fisch wahrgenommen zu haben, was bei ihnen erneut Interesse und damit Zuwendung zu dem Reiz auslöste.

Wahrnehmungsbasierte Klassifikation – die Gruppierung von Objekten mit ähnlichem Erscheinungsbild.

Dieses Beispiel lässt erkennen, dass die **wahrnehmungsbasierte Klassifikation** – die Gruppierung von Objekten mit ähnlichem Erscheinungsbild – ein zentrales Element im Denken des Kindes darstellt (Eimas & Quinn, 1994; Madole & Cohen, 1995). Nur wenige der Kinder, die in der Untersuchung von Behl-Chadha (1996) untersucht wurden, hatten wohl zuvor bereits irgendwelche Erfahrungen mit Zebras oder Elefanten. Die Unterscheidung zwischen den großen vierbeinigen Säugetieren und den Vögeln und Fischen konnte nur auf den unterschiedlichen äußeren Erscheinungen der Tiere beruhen.

Im Labor klassifizieren Kinder Objekte anhand vieler Wahrnehmungsdimensionen wie Farbe, Größe und Bewegung. Oft beruht ihre Klassifikation in großem Ausmaß auf bestimmten Teilen der Objekte und nicht auf den Ob-

Abbildung 7.1: Kategorisierung. Diese Reize wurden von Quinn und Eimas (1996) dargeboten. Zuerst habituierten drei und vier Monate alte Kinder auf die wiederholte Darbietung von Bilderpaaren mit Katzen, die paarweise recht unterschiedlich aussahen (Durchgänge 1 bis 3). Danach, beim Testdurchgang, betrachteten sie ein Exemplar einer anderen Tierart länger als ein weiteres Katzenphoto. Auch ohne Wissen über Katzen und andere Tiere bilden Kinder also Kategorien, mit deren Hilfe sie Mitglieder dieser Kategorie von Mitgliedern ähnlicher, aber anderer Kategorien unterscheiden können.

jekten im Ganzen; beispielsweise verlassen sich Kinder unter 18 Monaten sehr stark auf das Vorhandensein von Beinen, um Objekte als Tiere zu klassifizieren, und sie beziehen sich auf das Vorhandensein von Rädern, um Objekte als Fahrzeuge zu klassifizieren (Rakison & Butterworth, 1998; Rakison & Poulin-Dubois, 2001).

Kasten 7.1 Näher betrachtet

Kennen Babys die Bedeutung von Spielzeugmodellen?

Die Mehrzahl der Säuglingsforscher, die sich mit Fragen der Kategorienbildung im ersten Lebensjahr beschäftigen, ist der Ansicht, dass Babys noch nicht über Objektwissen im eigentlichen Sinne verfügen und folglich auch noch keine Bedeutung mit den Bildern oder Spielzeugmodellen verbinden, die ihnen in Kategorisierungsexperimenten präsentiert werden.

Es gibt inzwischen allerdings Befunde, die vermuten lassen, dass zumindest die Darbietung von dreidimensionalen Spielzeugmodellen durchaus Vorwissen über reale Objekte aktiviert. So hat man zum Beispiel zeigen können, dass Kinder im Alter von sieben bis elf Monaten Plastikfigürchen von Menschen und Säugetieren eindeutig unterscheiden, obwohl alle Figuren Beine und Gesichter hatten und sitzend oder stehend dargestellt wurden, sich also insgesamt sehr ähnlich sahen. Diese Leistung erbrachten die Babys selbst dann, wenn ihnen nur Kopf- oder nur Körperinformation über beide Arten von Lebewesen zur Verfügung stand (Pauen, 2000). Betrachtet man die Spielzeugmodelle (siehe nebenstehende Abbildung), so scheint kaum vorstellbar, dass diese Leistung allein durch eine Analyse von Ähnlichkeiten und Unterschieden im Aussehen der Plastikfiguren zustande kam. Das ist aber noch kein harter Beleg für die These einer wissensbasierten Kategorisierung!

Andere Studien dokumentieren, dass elf Monate alte Kinder die Kategorien „Tiere" und „Möbel" nicht nur dann gut voneinander unterscheiden konnten, wenn es zwischen Exemplaren beider Kategorien deutliche Unterschiede im Aussehen gab (Tiere aus Holz, mit Rundungen und unebener Oberfläche, organischen Farben, einer bestimmten Teilkonfiguration; Möbel aus Holz, mit rechten Winkeln und geraden Kanten, künstlichen Farben und ohne Gesichter), sondern auch dann, wenn die Modelle beider Kategorien in ihrer äußeren Erscheinung (Material, Rundungen, Kanten, Farben, Muster, Gesichtermerkmale, Teilkonfiguration) einander stark angeglichen werden (Pauen, 2002). Tatsächlich unterscheiden sich die

Sieben bis elf Monate alte Babys unterscheiden bei einer Kategorisierungsaufgabe die hier gezeigten Spielzeugmodelle von Säugetieren und Menschen in aufrechter oder sitzender Position. Sie tun dies selbst dann, wenn ihnen nur Kopf- oder Körperinformation vorgegeben wird. Die Abbildung zeigt eine Auswahl der von Pauen (1999, 2000) verwendeten Reize.

Kasten 7.1

Gibt man elf Monate alten Säuglingen eine Kategorisierungsaufgabe mit Tieren und Möbeln vor, wobei sich die Exemplare beider Kategorien in einem Fall kaum ähneln (oberer Bildteil) und im anderen Fall besonders ähnlich gestaltet wurden (unterer Bildteil), dann zeigen die Kinder in beiden Bedingungen vergleichbar gute Diskriminationsleistungen. Dieses Ergebnis von Pauen (2002) lässt vermuten, dass sie sich nicht nur an Merkmalen der äußeren Erscheinung orientiert haben.

Ergebnisse unter beiden Bedingungen überhaupt nicht voneinander. Diese Beobachtung lässt sich nur schwer erklären, wenn man unterstellt, die Kinder hätten die Kategorie „Tiere" beziehungsweise „Möbel" erst während des Versuchs gebildet. Dann hätten ihre Leistungen in der Bedingung mit hoher Ähnlichkeit zwischen den Kategorien schlechter ausfallen müssen als in der anderen Bedingung. Das war aber nicht der Fall.

Wenn der zweite Geburtstag näher rückt, klassifizieren Kinder Objekte zunehmend auf der Basis ihrer Gesamtform. Zeigt man ihnen ein unbekanntes Objekt und sagt, dass es sich dabei um ein „dax" (ein Wort, das es im Englischen nicht gibt) handelt, dann nehmen sie an, dass andere Objekte mit derselben Form ebenfalls „dax" heißen, selbst wenn sie sich hinsichtlich ihrer Größe, ihrer Textur und ihrer Farbe unterscheiden (Landau, Smith & Jones, 1998). Dies ist eine nützliche Annahme, weil bei vielen Objekten tatsächlich die Form über die verschiedenen Mitglieder einer Kategorie hinweg ähnlich ist. Wenn wir die Silhouette einer Katze, eines Hammers oder eines Stuhls sehen, können wir anhand der Form angeben, um was es sich handelt. Dasselbe ist jedoch nicht möglich, wenn wir nur die Farbe oder die Größe oder die Oberflächenbeschaffenheit des Objekts kennen. (Kasten 7.1 erläutert neuere Befunde zur Kategorisierungsleistung von Kleinkindern bei Spielzeugen.)

Zum Ende ihres ersten Lebensjahres bilden Kinder Kategorien auch auf der Basis der Funktion von Objekten (also des Zwecks, zu dem das Objekt verwendet wird). Diese Fähigkeit wurde in einer Untersuchung erkennbar, in der neun und zehn Monate alte Kinder Kastagnetten sahen, die klappernde Geräusche verursachten, wenn man sie schüttelte (Baldwin, Markman & Mellartin, 1993). Gab man den Kindern zu einem späteren Zeitpunkt ein ähnlich aussehendes Spielzeug, versuchten sie aktiv, die Geräusche zu reproduzieren. Falls das ähnlich aussehende Spielzeug das erwartete Geräusch nicht hervorrief, versuchten die Kinder mehrmals hintereinander, das Geräusch hervorzurufen. Sie erwarteten anscheinend, dass ein Spielzeug, das dem Original ähnelt, auch dieselbe Funktion besitzen sollte – in diesem Fall das Hervorrufen eines interessanten Geräuschs.

Mit Beginn ihres zweiten Lebensjahres können Kinder ihr Wissen über Kategorien auch einsetzen, um zu bestimmen, welche Handlungen mit welcher Art von Objekten zusammen auftreten. Bei einer Demonstration dieses Phänomens sahen 14 Monate alte Kinder, wie eine Versuchsleiterin eine kleine Tasse an den Mund eines Spielzeughunds führte und sagte „trink, trink, mmh, gut" (Mandler & McDonough, 1998). Die Versuchsleiterin gab den Kindern dann ein Spielzeug aus derselben allgemeinen Klasse (zum Beispiel einen Hasen) oder ein Spielzeug, das einer anderen Kategorie angehörte (zum Beispiel ein Motorrad). Danach gab die Versuchsleiterin dem Kind die Tasse, sagte noch einmal „trink, trink, mmh, gut" und beobachtete, was das Kind tun würde. Wenn ein Kind mit 14 Monaten die Kategorie „Tier" gebildet hatte und diese bei seinem Spiel verwenden konnte, dann sollte es den imaginierten Inhalt der Tasse mit größerer Wahrscheinlichkeit in den Mund des Hasen gießen und nicht über das Motorrad. Das tatsächliche Verhalten der Kinder entsprach dieser Erwartung.

Kategorienbildung nach der frühen Kindheit

Mit dem Überschreiten der Phase der frühen Kindheit erweitert sich die Klassifikationsfähigkeit erheblich. In diesem Abschnitt beschreiben wir zuerst die beiden wichtigsten Richtungen dieser Entwicklung – das wachsende Verstehen von Klassenhierarchien und von Kausalbeziehungen; für beides braucht man Wissen über die Beziehungen zwischen Kategorien. Danach untersuchen wir zwei der wichtigsten Quellen für diese und weitere Verbesserungen der Objektkategorisierung.

Klassenhierarchien Wie zuvor dargestellt, sind viele Kategorien hierarchisch miteinander verknüpft. Zur Klasse der „Werkzeuge" gehört die Teilmenge der „Hämmer"; die Teilmenge der „Hämmer" umfasst die kleinere Teilmenge der „Vorschlaghämmer"; und so weiter. Wie in diesem Beispiel besitzen Klassenhierarchien oft drei Hauptebenen: eine allgemeine Ebene, die **übergeordnete Ebene** oder Oberbegriffsebene (*superordinate level*); eine sehr spezielle Ebene, die **untergeordnete Ebene** oder Unterbegriffsebene (*subordinate level*); und eine Ebene dazwischen, die so genannte **Basisebene** (*basic level*) (Rosch, Mervis, Gray, Johnson & Boyes-Braem, 1976). Beispiele für solche Hierarchien sind Pflanze/Baum/Eiche, Kleidung/Hose/Jeans oder Spielgerät/Ball/Golfball.

Wie der Name schon sagt, ist die Basisebene diejenige, die Kinder normalerweise als erste lernen, wenn sie anfangen zu sprechen. Nach neuesten Erkenntnissen vermutet man heute, dass das Kategorisierungsverhalten von Säuglingen eine Entwicklung im Sinne eines global-to-basic level shift beschreibt (vergleiche Mandler & McDonough, 1993, 1998; Quinn, Johnson, Mareshal, Rakison & Younger, 2000). Danach würden Babys anfangs nur grobe Klassen – wie etwa die Klassen „Lebewesen" und „unbelebte Objekte" – bilden, die sie dann im Laufe des ersten Lebensjahrs weiter verfeinern. Dennoch verwenden sie sprachlich zunächst Begriffe mittleren Allgemeinheitsgrades, zum Beispiel „Baum", bevor sie allgemeinere Begriffe – wie „Pflanze" – oder spezifischere Klassen – wie „Eiche" – benutzen. Die Gründe dafür sind leicht einzusehen. Ein Konzept der Basisebene, so wie „Baum", beschreibt Exemplare, die alle eine Reihe gleich bleibender Eigenschaften besitzen: Rinde, Zweige, Härtegrad, Höhenwachstum und so weiter. Im Gegensatz dazu besitzen die Mitglieder der allgemeineren Kategorie „Pflanze" weniger einheitliche Eigenschaften: Pflanzen haben sehr unterschiedliche Formen, Größen und Farben. (Man denke an eine Eiche, eine Rose und einen Grashalm.) Die Mitglieder der untergeordneten Ebene besitzen dieselben durchgängigen Eigenschaften wie die der zugehörigen Basisebene und einige zusätzliche Merkmale: Alle Eichen haben beispielsweise eine raue Rinde und gesägte Blätter. Es ist jedoch relativ schwer, die Mitglieder der untergeordneten Kategorienebene von denen der Basisebene zu unterscheiden (zum Beispiel Eiche gegenüber Ahorn oder Ulme). Somit überrascht es nicht, dass Kinder dazu neigen, in jüngsten Jahren zunächst sprachliche Kategorien auf Basisebene zu bilden.

Häufig stimmen die ersten Kategorien der Kinder mit denen überein, die Erwachsene als grundlegend (basal) erachten, manchmal bilden Kinder aber auch „Kinder-Basiskategorien" (Dromi, 1987; Mervis, 1987). Dabei handelt es sich um Kategorien, deren Allgemeinheitsgrad irgendwo zwischen der Basisebene und der übergeordneten Ebene liegt. Zum Beispiel umfasst die

> **Übergeordnete Ebene** – die allgemeinste Ebene einer Klassenhierarchie; zum Beispiel „Tier" in der Hierarchie Tier/Hund/Pudel.
>
> **Untergeordnete Ebene** – die spezifischste Ebene einer Klassenhierarchie; zum Beispiel „Pudel" in der Hierarchie Tier/Hund/Pudel.
>
> **Basisebene** – die mittlere und oft als erste gelernte Ebene einer Klassenhierarchie; zum Beispiel „Hund" in der Hierarchie Tier/Hund/Pudel.

Menge von Objekten, die ein- und zweijährige Kinder als „Ball" bezeichnen, nicht nur Bälle, sondern auch Walnüsse, runde Spardosen, große Perlen, runde Kerzen und anderes mehr. Ihre Vorstellung scheint somit der Klasse „Dinge, die rollen können" näher zu kommen als dem „Ball"-Begriff von Erwachsenen. In ähnlicher Weise scheint der Begriff von „Hund" oder „Wau-wau", den Kinder in diesem Alter besitzen, mehr einem „mittelgroßen vierbeinigen Säugetier" zu entsprechen als der Klasse „Hund" in der Auffassung von Erwachsenen, wenn man bedenkt, dass Kinder unter zwei Jahren häufig auch Katzen und Füchse und nicht nur Hunde als „Wau-wau" bezeichnen.

Wie gelangen Kinder dann von ihren Kinder-Basiskategorien zu den standardisierten Basiskategorien? Ein zentraler Prozess ist darauf gerichtet, die Rolle derjenigen Objekteigenschaften zu verstehen, die äußerlich nicht besonders auffallen, aber entscheidende Funktion besitzen (Tversky & Hemenway, 1984), beispielsweise der Docht einer Rundkerze oder die Schlitze in einer runden Spardose. Beide Merkmale stechen optisch kaum hervor, und es scheint wenig verwunderlich, dass Kinder sie zunächst übersehen. Doch sind diese Merkmale für die Funktionen von Kerzen und Spardosen entscheidend. Wenn Kinder die Bedeutung der Funktionen solcher und ähnlich subtiler Merkmale begreifen, werden ihre Begriffsklassen denen von Erwachsenen immer ähnlicher. In Übereinstimmung mit dieser Folgerung gelangen 24 Monate alte Kinder von ihren kindlichen Basisbegriffen zur Standard-Basisebene, wenn man im Experiment auf die Funktion von äußerlich unauffälligen, aber dennoch wichtigen Merkmalen wie dem Docht einer Kerze hinweist und diese erklärt (Banigan & Mervis, 1988).

Nachdem Kinder nun Kategorien und sprachliche Begriffe auf dem Niveau der Basisebene gebildet haben: Wie gehen sie weiter zu übergeordneten und untergeordneten Kategorien? Ein Teil der Antwort liegt darin, dass Eltern und andere Personen die spezifischeren und allgemeineren Kategorien auf der Grundlage derjenigen Kategorien erklären, über welche die Kinder bereits verfügen. Wenn Eltern ihren Kindern Oberbegriffe wie Säugetiere erklären und vermitteln, illustrieren sie diese typischerweise mit Beispielen der Basisebene, die das Kind bereits kennt (Callanan, 1985). Sie sagen vielleicht: „Säugetiere sind Tiere wie zum Beispiel Füchse, Bären und Kühe." Auch bei der Erläuterung von Begriffen der untergeordneten Ebene beziehen sich Eltern auf Basisbegriffe (Taylor & Gelman, 1989; Waxman & Senghas, 1992). Beispielsweise sagen sie: „Wellensittiche sind eine Art Vögel; sie sind klein, bunt und manchmal ganz zahm." Solche Beschreibungen versetzen Kinder in die Lage, das, was sie über Begriffe auf der Basisebene bereits wissen, heranzuziehen, um Ober- und Unterbegriffskategorien zu bilden. Dieses Beispiel illustriert auch die Bedeutung der sozialen Welt, wenn man erklären will, wie Veränderungen bei der Begriffsentwicklung eintreten.

Kausales Verstehen und Kategorisierung Vorschulkinder sind berüchtigt für ihre endlosen Fragen über Gründe und Ursachen: „Warum bellen Hunde?" „Wie weiß das Telefon, wo es anrufen soll?" „Wo kommt der Regen her?" Solche Fragen bringen die Eltern zwar manchmal zur Verzweiflung; doch erfüllen sie zusammen mit den Antworten, die sie hervorrufen, eine wichtige Funktion: Sie helfen den Kindern beim Lernen.

Für die Bildung vieler Begriffsklassen ist das Verstehen von Kausalbeziehungen unerlässlich. Wie könnten Kinder beispielsweise die Kategorie „Lichtschalter" bilden, wenn sie nicht verstehen, dass Lichtschalter der Auslöser dafür sind, dass das Licht angeht? Um zu untersuchen, wie das Verstehen von Ursachen die Kategorienbildung beeinflusst, erzählten Krascum und Andrews (1998) zwei Gruppen von vier und fünf Jahre alten Kindern von zwei Klassen von Phantasietieren, den „wugs" und den „gillies". Die eine Gruppe erfuhr, dass die Wugs normalerweise Krallen, Stacheln an der Schwanzspitze, Hörner auf dem Kopf und einen Rückenpanzer besitzen; die Gillies haben typischerweise große Ohren, Flügel, einen langen Schwanz und lange Zehen. Die andere Gruppe erhielt dieselbe Information zusammen mit einer einfachen Theorie zur Erklärung, warum die Wugs und die Gillies so sind, wie sie sind. Ihnen wurde gesagt, dass die Wugs Krallen, Stacheln, Hörner und Panzer haben, weil sie gerne kämpfen; die Gillies dagegen kämpfen nicht gern und verstecken sich dafür lieber in Bäumen. Mit ihren großen Ohren können sie hören, wenn sich ein Wug nähert, mit ihren Flügeln können sie hoch auf die Bäume fliegen, und so weiter.

Dann zeigte man den Kindern beider Gruppen Bilder von Phantasietieren und fragte sie, ob es sich jeweils um ein Wug oder ein Gillie handelt (Abbildung 7.2). Die Kinder, denen man erklärt hatte, warum Wugs und Gillies ihre jeweiligen Merkmale besitzen, konnten die Bilder besser der zutreffenden Kategorie zuordnen. Bei einem Test am nächsten Tag erinnerten diese Kinder sich auch besser an die Kategorien als die Kinder, die keine Erklärung erhalten hatten. Zu verstehen, warum Objekte so beschaffen sind, wie sie sind, hilft Kindern also, neue Begriffsklassen zu lernen und zu behalten.

Man vermutet inzwischen, dass sich sogar schon Babys für Kausalrelationen interessieren und Wissen darüber bei der Konzeptbildung integrieren: Pauen und Träuble (im Druck) präsentierten sieben Monate alten Babys eine Situation, in der ein ihnen unbekanntes Phantasietier (eine Art Fellwurm) und ein Ball umeinander rollten, ohne jemals Kontakt zu verlieren. Anschließend sahen die Babys Ball und Tier reglos in zwei getrennten Ecken liegen. Die gleiche Situation war ihnen auch vor Beginn der Bewegungsszene präsentiert worden. Wie sich herausstellte, haben die Babys vor der mehrdeutigen Bewegungsszene keines der beiden Objekte bevorzugt angeschaut, zeigten danach aber eindeutig längere Blickzeiten für das Tier. In Zusatzversuchen wiesen die Autorinnen nach, dass längere Blickzeiten nach Wahrnehmung der Bewegungsszene darauf zurückzuführen sind, dass die Kinder Erwartungen ausgebildet haben, welches Objekt möglicherweise wieder anfangen könnte, sich von allein zu bewegen. Im geschilderten Versuch haben die Kinder das Tier und nicht den Ball als Verursacher der Bewegung interpretiert, ob-

„Wug" „Gillie"

Abbildung 7.2: Ursache-Wirkungs-Beziehungen. Vorschulkinder konnten neuartige Bilder wie diese besser als Wugs oder Gillies klassifizieren, wenn sie vorher erklärt bekamen, dass Wugs zum Kämpfen und Gillies zum Flüchten ausgestattet sind (Krascum & Andrews, 1998). Allgemein hilft das Verstehen von Ursache-Wirkungs-Beziehungen Menschen jeden Alters beim Lernen und Behalten.

wohl die Bewegung in Wirklichkeit durch einen Motor im Ball hervorgerufen wurde und der Ball den Fellwurm lediglich mit sich herumgeschleudert hatte. Offensichtlich enthält ihr Konzept von Tieren bereits Annahmen über die Fähigkeit, sich von selbst zu bewegen oder andere Objekte in Bewegung zu versetzen.

Das Wissen über sich selbst und andere

Auch wenn keiner von uns sich selbst und andere Menschen völlig versteht, gibt es doch ein Alltagsmaß an Menschenkenntnis, das praktisch jeder besitzt. Wie in Kapitel 4 bereits angesprochen, ist diese **naive Psychologie** bei Kindern schon ab drei Jahren erkennbar (Wellman & Gelman, 1998). Im Zentrum der naiven Psychologie stehen drei **psychologische Konstrukte**; das sind Vorstellungen, die Menschen im Allgemeinen heranziehen, um das menschliche Verhalten zu verstehen: Wünsche, Überzeugungen (Annahmen, Glaubenshaltungen) und Handlungen. Wir wenden diese drei Konstrukte fast immer an, wenn wir erklären wollen, warum jemand etwas tat. Warum zum Beispiel ging Kevin zu Josefs Wohnung? Er *wollte* mit Josef spielen (ein Wunsch); er *glaubte*, Josef sei zu Hause (eine Überzeugung); und so *ging* er hin (eine Handlung). Warum hat Ursula den Fernseher eingeschaltet? Sie *wollte* Akte X sehen; sie *dachte*, dass es um diese Zeit läuft; und so *drückte* sie auf die Fernbedienung.

Drei Eigenschaften naiver psychologischer Konstrukte sind zu beachten. Erstens sind die meisten nicht sichtbar. Niemand kann einen Wunsch, eine Überzeugung, eine Wahrnehmung, einen physiologischen Zustand und Ähnliches sehen. Wir können die Verhaltensweisen sehen, die mit dem jeweiligen Konstrukt verknüpft sind, etwa wenn Kevin bei Josef an der Tür klingelt, aber nicht den Wunsch, der diesem Verhalten zugrunde liegt. Zweitens sind die unsichtbaren Konstrukte alle durch Ursache-Wirkungs-Beziehungen miteinander verknüpft. Als Beispiel fühlt sich Kevin vielleicht frustriert, *weil* Josef nicht zu Hause ist, und *deshalb* geht er zurück zu seiner Wohnung und lässt seine Laune an seinem kleinen Bruder aus. Die dritte bemerkenswerte Eigenschaft solcher naiver psychologischer Konstrukte besteht darin, dass sie sich außerordentlich früh entwickeln.

Naive Psychologie in der frühen Kindheit

Spätestens im Alter von einem Jahr, und recht wahrscheinlich schon früher, denken Kinder über andere Menschen anhand mehrerer unsichtbarer Konstrukte nach. Ein Grund dafür, warum solche Konstrukte, die sich auf andere Menschen beziehen, so schnell entstehen, besteht darin, dass kleine Kinder Menschen interessant und attraktiv finden und sie sorgfältig beobachten. Wir haben in Kapitel 5 bereits erfahren, dass schon sehr kleine Kinder lieber menschliche Gesichter betrachten als andere Objekte. Auch machen sie Gesichtsbewegungen von Menschen nach, beispielsweise die

---

Naive Psychologie – das Alltagsverständnis von sich selbst und anderen Menschen.

Psychologische Konstrukte – Vorstellungen, anhand derer man menschliches Verhalten versteht, zum Beispiel Wünsche, Überzeugungen und Handlungen.

Zunge herausstrecken, aber sie imitieren nicht die Bewegungen unbelebter Gegenstände.

Dieses frühe Interesse an anderen Menschen macht es den Babys leicht, etwas über andere Menschen zu lernen. Die Konzentration auf das Gesicht hilft dem Kind, etwas über den Menschen zu erfahren, dessen Körper an dem Gesicht dranhängt. Andere Menschen nachzumachen und emotionale Bindungen mit ihnen einzugehen regt diese dazu an, mehr mit dem Kind zu interagieren und ihm dadurch zusätzliche Möglichkeiten zu verschaffen, psychologisches Verstehen zu entwickeln. Das kindliche Lernen über Menschen wird auch dadurch gefördert, dass kleine Kinder genauso wie ältere Kinder und Erwachsene wollen, dass bestimmte Dinge passieren, dass sie bestimmte Handlungen beabsichtigen, um bestimmte Ergebnisse hervorzurufen, dass sie bestimmte Gefühle erleben, und so weiter. Babys können also auch ihre eigenen Erfahrungen heranziehen, um andere Menschen zu verstehen (Harris, 1992).

In der ersten Hälfte ihres zweiten Lebensjahres fangen Kinder an, zwei Konstrukte zu begreifen, die für psychologisches Verstehen entscheidend sind: Intentionen (Absichten) und das Selbst. Betrachten wir zunächst die **Intentionen**, den Wunsch oder die Absicht, in einer bestimmten Weise zu handeln. Um die Beziehung zwischen Wünschen und Handlungen oder zwischen Überzeugungen und Handlungen zu verstehen, müssen Kinder zuerst erkennen, dass die Handlungen von Menschen im Allgemeinen darauf gerichtet sind, ein Ziel zu erreichen (Baldwin & Moses, 1994). Dieses zielgerichtete Verhalten unterscheidet die Bewegungen von Menschen von denen unbelebter Objekte wie Federn oder Bällen, und selbst die Bewegungen von Aufziehspielzeug oder anderen Objekten mit Selbstantrieb sind nicht in dieser Weise zielgerichtet. Kasten 7.2 beschreibt, wie Babys schon mit einem Jahr Handlungen anderer Personen vorhersagen können.

Mit 18 Monaten können Kinder einfache Intentionen anderer Menschen erschließen. Ein Nachweis für diese Fähigkeit stammte von dem in Kapitel 5 beschriebenen Verfahren, bei dem Kinder dieses Alters sahen, wie sich eine Versuchsleiterin erfolglos bemühte, die Enden einer kleinen Hantel auseinander zu ziehen. In der Folge imitierten die Kinder das, was die Versuchsleiterin zu beabsichtigen schien, und nicht das, was sie tatsächlich tat (Meltzoff, 1995). Ein ähnliches Phänomen wird bei der Sprachentwicklung erkennbar. Wenn die Versuchsleiterin und ein 19 oder 20 Monate altes Kind gerade auf zwei verschiedene Objekte blicken und die Versuchsleiterin „Schau, ein ‚toma'!" sagt, dann kommen die meisten Babys zu dem Schluss, dass die Versuchsleiterin jeweils dasjenige Objekt bezeichnen wollte, das sie selbst gerade anschaute; diese Schlussfolgerung führt dazu, dass die Babys dann auch

Intention (Absicht) – das Ziel, in einer bestimmten Weise zu handeln.

Gegen Ende des zweiten Lebensjahrs erkennen Kinder allmählich, wer ihnen aus dem Spiegel heraus entgegenschaut.

| Kasten 7.2 | Näher betrachtet |

Mit zwölf Monaten können Babys Handlungen vorhersagen

Eine Frau sitzt an einem Tisch, auf dem zwei Spielzeuge liegen: eine Ente auf der einen, ein Ball auf der anderen Seite. Sie schaut den Ball wiederholt mit großem Interesse an. Nach welchem Spielzeug wird sie wohl demnächst greifen?

Philipps, Wellman und Spelke (2002) zeigten in einem Habituationsexperiment, dass zwölf Monate alte Babys bereits solche aus der Sicht des Erwachsenen plausible Handlungsvorhersagen machen können und dass ihnen dies aufgrund ihres Verständnisses der durch die Aufmerksamkeitszuwendung ausgedrückten Handlungsintention gelingt. Sodian und Thoermer (2004) konnten zeigen, dass zwölf Monate alte Babys verschiedene kommunikative Gesten (Schauen, Zeigen, Greifen) als Hinweise auf die Handlungsabsicht interpretieren können, sie fanden aber auch, dass man zwölf Monate alten Babys im Habituationsexperiment auch psychologisch unplausible Handlungserwartungen beibringen kann, wenn man die Zeigegeste einsetzt (die Person zeigt auf A und nimmt dann B). Die Befunde deuten darauf hin, dass im Alter von ungefähr einem Jahr grundsätzlich menschliches Handeln als absichtsvoll und zielgerichtet interpretiert wird, dass Babys aber die spezifische Funktion verschiedener kommunikativer Hinweise erst erlernen müssen.

Verstehen Babys also schon mit einem Jahr andere Menschen als psychische Wesen mit Gedanken, Gefühlen und Überzeugungen? Verfügen sie über eine *Theory of Mind* (die Fähigkeit, sich selbst und anderen mentale Zustände zuzuschreiben)? Die meisten Forscher interpretieren die sozial-kognitiven Kompetenzen, die sich um den ersten Geburtstag herum entwickeln, konservativer, im Sinne eines Verständnisses konkreter Handlungsziele. Im Alter von etwa 18 Monaten hingegen entwickeln sich Fähigkeiten, die als klare Evidenz für ein beginnendes Verständnis der psychologischen Welt gelten können: Kinder beginnen, Empathie zu zeigen, sie verstehen, dass Wünsche und Präferenzen subjektiv sind, und sie erschließen die Handlungsabsicht einer Person zutreffend, selbst wenn sie eine Fehlhandlung beobachten. (Für einen Überblick siehe Sodian, 2005.)

---

dieses Objekt wählen, wenn sie anschließend „auf das ‚toma' zeigen" sollen (Baldwin, 1991, 1993).

Eine weitere entscheidende Entwicklung beim psychologischen Verstehen, die in diesem Altersabschnitt eintritt, betrifft das Auftauchen eines grundlegenden Verständnisses des eigenen Selbst. Mit 24 Monaten erkennen die meisten Kinder, wenn sie in den Spiegel sehen, ein Bild ihrer selbst (Lewis & Brooks-Gunn, 1979). Im gleichen Alter lächeln auch mehr Kinder beim Betrachten eines Photoalbums bei den Bildern, auf denen sie selbst zu sehen sind, verglichen mit Bildern anderer Kinder, was wiederum darauf schließen lässt, dass sie wissen, wer auf dem Photo abgebildet ist (Lewis & Brooks-Gunn, 1979). Ein grundlegendes Verstehen sowohl der Intentionalität als auch des Selbst entwickelt sich also im Alter von zwei Jahren.

Entwicklung im späteren Kindesalter

Zwischen zwei und fünf Jahren bauen Kinder auf ihren früh entstandenen psychologischen Grundkenntnissen auf, um ein zunehmend differenzierteres Verständnis von sich selbst und anderen Menschen zu entwickeln. In zwei Bereichen ist diese Entwicklung besonders eindrucksvoll: bei den Spielaktivitäten und beim Verstehen des menschlichen Geistes.

Die Entwicklung des Spiels Das Spiel bezeichnet Tätigkeiten, denen man um ihrer selbst willen nachgeht, ohne andere Motivation als das intrinsische Vergnügen der Betätigung als solcher. Die frühesten spielerischen Aktivitäten, beispielsweise den Löffel auf die Tischplatte schlagen, werden für gewöhnlich allein durchgeführt. In den folgenden Jahren trägt das zunehmende Verstehen anderer Menschen jedoch dazu bei, dass das Spiel sowohl viel sozialer als auch komplexer wird.

In Kapitel 6 wurde bereits dargestellt, dass ein früher Meilenstein in der Entwicklung des Spiels darin besteht, dass mit etwa 18 Monaten das *Als-ob-Spiel* auftritt, bei dem Kinder so tun, als ob sie sich in einer anderen Situation befinden, als dies tatsächlich der Fall ist: wenn sie beispielsweise ein Stück Holz auf dem Boden entlang schieben und dabei „brumm, brumm" machen, als ob es sich um ein Auto handelt, oder ihr Kissen im Arm wiegen und zu ihm sprechen wie zu einem Baby. Etwa ein Jahr später fangen sie an, sich an *sozialen Rollenspielen* zu beteiligen, bei denen sie kleine soziale Situationen nachspielen wie „Mutter tröstet ihr Baby" oder „Doktor hilft krankem Kind" (O'Reilly & Bornstein, 1993). In der Grundschulzeit umfasst das Spiel dann auch Tätigkeiten wie Sport oder Brettspiele, bei denen es vereinbarte Regeln gibt, die für alle Teilnehmer gelten.

Weil das Spiel einen so universellen und durchdringenden Teil der Kindheit darstellt und weil sich die Form des Spiels im Verlauf der Entwicklung so stark ändert, haben wichtige Theoretiker wie Piaget und Wygotski im Spiel eine umfassendere Bedeutung vermutet. Insbesondere fragten sie sich, ob Als-ob-Spiele und soziale Rollenspiele einfach nur den Entwicklungsstand der Kinder widerspiegeln oder ob solche Spielformen diesen Entwicklungsstand auch fördern. Piaget (1928) nahm an, dass das Spielverhalten von Vorschulkindern ihren allgemeinen Egozentrismus zum Ausdruck bringt und dass erst im Verlauf der Grundschule, wenn Phantasiespiele gegenüber Spielen mit konventionellen Regeln zunehmend in den Hintergrund treten, das Spiel auch etwas zur Entwicklung beiträgt. Im Gegensatz dazu behauptete Wygotski (1978), dass das Als-ob-Spiel und das soziale Rollenspiel von Kindern bis zum Vorschulalter auch Zonen proximaler Entwicklung erzeugen kann (Kapitel 4), wodurch Kinder in

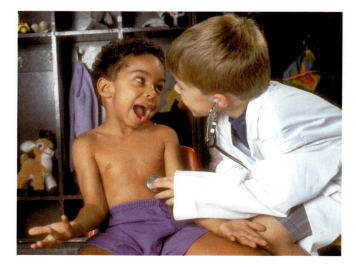

Rollenspiele, bei denen Kinder auf der Grundlage ihrer eigenen Erfahrungen kleine Situationen nachspielen, spiegeln das kindliche Verstehen der jeweiligen Situation wider und helfen den Kindern auch dabei, ihr Verstehen zu erweitern.

Kasten 7.3   Individuelle Unterschiede

Fiktive Begleiter

Das Interesse an anderen Menschen und ihr Verstehen liegt einem der faszinierendsten Aspekte der Entwicklung vieler Kinder zugrunde: der Erfindung fiktiver Begleiter. Auch wenn manche Eltern um die geistige Gesundheit ihrer Kinder besorgt sind, wenn diese über ihre unsichtbaren Freunde sprechen, ist es tatsächlich völlig normal, sich solche Begleiter zu erfinden. In einer faszinierenden Untersuchungsreihe fand Marjorie Taylor (1999), dass 63 Prozent der Kinder, die sie mit drei oder vier Jahren und dann noch einmal mit sieben oder acht Jahren interviewte, in einem oder in beiden Altersabschnitten angaben, einen fiktiven Begleiter zu haben. Zwar waren die meisten dieser fiktiven Spielgefährten normale Jungen und Mädchen, die zufällig unsichtbar waren, aber in einigen Fällen waren es schillerndere Figuren. Da gab es Derek, einen 91-jährigen Mann, der angeblich nur einen guten halben Meter groß war, aber Bären besiegen konnte; „das Mädchen", eine Vierjährige, die immer Pink trug und „eine bildhübsche Person" war; und Joshua, ein Opossum, das in San Francisco lebte. Andere fiktive Begleiter waren bestimmten Menschen nachgebildet, beispielsweise MacKenzie, ein fiktiver Spielgenosse, der einem Cousin gleichen Namens glich, den das Kind tatsächlich hatte, oder die „falsche Rachel", die der tatsächlichen Freundin Rachel ähnlich war.

Im Gegensatz zu der allgemeinen Vermutung, dass sich Kinder, die fiktive Spielgefährten erfinden, von ihren Altersgenossen hinsichtlich allgemeiner Eigenschaften wie Persönlichkeit, Intelligenz und Kreativität unterscheiden, fand Taylor (1999) keine solchen allgemeinen Unterschiede zwischen den beiden Gruppen. Jedoch konnte sie wie auch andere Forscher ein paar relativ spezifische Unterschiede feststellen. Kinder, die fiktive Spielgefährten erfinden, sind mit größerer Wahrscheinlichkeit (1) Erstgeborene oder Einzelkinder; (2) schauen relativ wenig fern; (3) sind verbal

---

die Lage versetzt werden, auf fortgeschrittenere Weise zu denken und zu handeln als zuvor. Nachfolgende Forschungsarbeiten weisen darauf hin, dass Wygotski Recht hatte: Das Als-ob-Spiel sehr junger Kinder bringt nicht nur ihr Verständnis vom psychischen Funktionieren anderer Menschen zum Ausdruck, es trägt auch zur Zunahme dieses Verständnisses bei.

Ein Beleg für diese Folgerung besteht darin, dass die Menge an Zeit, die Kleinkinder im Alter von 33 Monaten damit verbringen, Als-ob-Spiele mit anderen zu spielen, positiv mit ihrem Verstehen von Emotionen im Alter von 40 Monaten korreliert (Youngblade & Dunn, 1995). Das Als-ob-Spiel kann Kinder dazu bringen, sich darauf zu konzentrieren, welche Gefühle verschiedene Situationen bei ihnen selbst oder bei ihren Spielpartnern auslösen würden, wodurch ihr Verstehen anderer Menschen wächst. Es passt zu dieser Folgerung, dass Kinder, die solche Spiele häufig mit anderen Kindern spielen, tendenziell auch sozial reifer und bei anderen Kindern beliebter sind – vielleicht, weil sie die Gefühle der anderen Kinder besser verstehen (Howes & Matheson, 1992). Auch die Sprachentwicklung und die Kreativität im Vorschulalter scheinen durch das Als-ob-Spiel unterstützt zu werden (Fisher,

Kasten 7.3

geschickt; und (4) besitzen eine fortgeschritten entwickelte Theorie des Geistes (Singer & Singer, 1981; Taylor & Carlson, 1997). Diese Zusammenhänge ergeben einen Sinn. Keine Geschwister zu haben kann manche Erstgeborene und Einzelkinder dazu anregen, sich Freunde zu erfinden, die ihnen Gesellschaft leisten; wenig Fernsehen schafft Freizeit für phantasievolles Spiel; und verbales Geschick und eine entwickelte Theorie des Geistes könnten Kinder in die Lage versetzen, sich besonders interessante Begleiter vorzustellen, mit denen sie besonders interessante Abenteuer erleben.

Gesellschaft und Vergnügen an der Phantasie sind nicht die einzigen Gründe, warum Kinder fiktive Begleiter erfinden. Mit ihrer Hilfe kann man Schuld von sich abweisen („Ich war es nicht; Blebbi Ussi hat es getan"), Wut abreagieren („Ich hasse dich, Blebbi Ussi") und Informationen vermitteln, die man ungern direkt geben möchte („Blebbi Ussi hat Angst, ins Töpfchen zu fallen"). Taylor (1999, S. 63) sagt es so: „Fiktive Begleiter mögen dich, wenn du dich von anderen zurückgewiesen fühlst, sie hören dir zu, wenn du mit jemandem sprechen willst, und sie sagen das, was du ihnen sagst, bestimmt nicht weiter." So ist es kein Wunder, dass so viele Kinder einen erfinden.

Seinem Kind dabei zuzusehen, wie es jemanden füttert, der gar nicht da ist, löst bei manchen Eltern Besorgnis aus. Doch die meisten Kinder freuen sich irgendwann in ihrer frühen Kindheit an der Begleitung fiktiver Freunde.

1992). Obwohl Erwachsene Phantasiespiele manchmal als unwichtig oder sogar als verlorene Zeit erachten, scheinen sie tatsächlich die soziale und intellektuelle Entwicklung der Kinder zu verbessern. (Eine besonders interessante Form des Phantasiespiels – das Spiel mit fiktiven Begleitern – behandelt Kasten 7.3.)

Die Entwicklung einer Theorie des Geistes Zwischen zwei und fünf Jahren erweitern Kinder ihre anfängliche naive Psychologie und bilden eine **Theorie des Geistes** (*theory of mind*); sie entwickeln grundlegende Einsichten, wie der Verstand funktioniert und wie er das Verhalten beeinflusst. Diese Theorie des Geistes erklärt das geistige Funktionieren des Menschen anhand psychologischer Konstrukte wie Wünsche, Überzeugungen, Wahrnehmungen und Gefühle. Wenn sich die Theorie des Geistes bei Kindern weiter entwickelt, strukturiert sich ihr Wissen über solche psychologischen Konstrukte zu einem Netzwerk, das die Wechselbeziehungen zwischen den Konstrukten auf einer allgemeinen Ebene beschreibt (Wellman, 1990; Wellman & Gelman, 1998). Wie in Abbildung 7.3 illustriert, umfasst die Theorie des Geistes von Vor-

Theorie des Geistes (*theory of mind*) – ein grundlegendes Verständnis davon, wie der Verstand funktioniert und wie er das Verhalten beeinflusst.

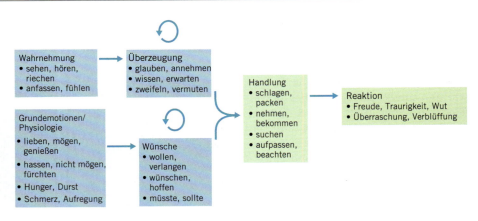

Abbildung 7.3: Die Entwicklung einer Theorie des Geistes. Wellmans (1990) Modell der Grundkategorien und ihrer wechselseitigen Beziehungen in der Theorie des Geistes von Vorschulkindern. Die Überschrift jedes Kastens bezeichnet die allgemeine Kategorie; die darunter stehenden Wörter verwenden Vorschulkinder häufig, wenn sie über die speziellen Funktionen, Gefühle, Handlungen und Zustände sprechen, die zu der jeweiligen Kategorie gehören.

schulkindern das Wissen, dass Überzeugungen häufig durch Wahrnehmungen entstehen, etwa wenn man ein Ereignis sieht oder hört, wie es jemand beschreibt. Sie enthält auch das Wissen darüber, dass Wünsche aus physiologischen Zuständen entstehen können, beispielsweise aus Hunger und Schmerz, oder aber aus psychischen Zuständen, etwa wenn wir eine Freundin treffen wollen, weil wir sie gut leiden können. Darüber hinaus erkennen Vorschulkinder, dass Wünsche und Überzeugungen zu Handlungen führen und dass Handlungen wiederum dieselben Wünsche und Überzeugungen verändern können.

Zu den ersten Schritten auf dem Weg zur Entwicklung einer solchen Theorie des Geistes gehört es, die Verbindung zwischen den Wünschen anderer und ihren Handlungen zu verstehen. Henry Wellman, ein führender Erforscher des Psychologieverständnisses von Kindern, fand heraus, dass die meisten Zweijährigen ein solches Verstehen bereits an den Tag legen. Zum Beispiel können zweijährige Kinder vorhersagen, dass die Personen in Geschichten in Übereinstimmung mit ihren eigenen Wünschen handeln werden, auch wenn sich diese Wünsche von denen der Kinder unterscheiden (Astington, 1993; Gopnik & Slaughter, 1991; Lillard & Flavell, 1992; Wellman & Woolley, 1990). Wenn also das zweijährige Kind selbst lieber mit Autos als mit Puppen spielen würde, ihm aber erzählt wird, dass eine Figur in einer Geschichte lieber mit Puppen als mit Autos spielen würde, dann sagen sie voraus, dass sich die Person in der Geschichte für Puppen entscheiden wird, wenn sie wählen kann, ob sie mit Autos oder mit Puppen spielen will.

Die meisten Zweijährigen verstehen zwar, dass *Wünsche* das Verhalten beeinflussen können; sie wissen aber wenig darüber, dass auch *Überzeugungen* einflussreich sind. Wenn man Zweijährigen also sagt, in einer Geschichte gebe es eine Person namens Sam, die glaubt, dass ein kleiner Hund auf der Veranda sei, während das zweijährige Kind selbst weiß, dass der Hund in der Garage ist, dann erwartet das Kind, dass Sam dort nach dem Hund suchen wird, wo er sich seinem Wissen gemäß befindet, und nicht dort, wo Sam den Hund vermutet (Wellman & Woolley, 1990). Im Gegensatz dazu äußern die meisten Dreijährigen die Erwartung, dass Sam dort nachsehen wird, wo er selbst das Hündchen vermutet, unabhängig von ihrem eigenen Wissen. Auch die Gespräche von Dreijährigen bringen ihr Verständnis der Beziehung zwischen

Annahmen und Handlungen zum Ausdruck. Zum Beispiel beantworten sie Fragen wie „Warum sucht Billy nach seinem Hund?" mit dem Verweis auf Überzeugungen beziehungsweise Wissensmodalitäten („Er glaubt, der Hund sei ihm weggelaufen.") wie auch mit Bezug zu Wünschen („Er will ihn bei sich haben.") (Bartsch & Wellman, 1995). Dreijährige verfügen also im Kern über das in Abbildung 7.3 dargestellte Modell, in dem Wünsche, Überzeugungen und Handlungen verknüpft sind.

Zusätzlich zu ihrem grundlegenden Verständnis, dass Wünsche und Überzeugungen das Verhalten beeinflussen, besitzen Dreijährige auch allgemeine Kenntnisse über geistige Sachverhalte. Sie erkennen, dass sich alle Arten geistiger Prozesse – nicht nur Wünsche und Annahmen, sondern auch Gedanken, Träume und Erinnerungen – sowohl von greifbaren Objekten wie Stühlen als auch von immateriellen physikalischen Gegebenheiten wie Schatten und Geräuschen unterscheiden. Beispielsweise liefern sie auf die Frage, warum man Schatten nicht anfassen kann, typischerweise Erklärungen wie „Weil das etwas ist, was man eben nicht spürt". Auf die Frage, warum man einen Traum nicht anfassen kann, erklären sie typischerweise, dass der Traum sich in ihrem Kopf befindet (Wellman, 1990). Auch wissen die meisten Dreijährigen etwas darüber, wie Annahmen und Wünsche entstehen. So wissen sie beispielsweise, dass das eigene Beobachten eines Ereignisses Annahmen und Überzeugungen über das Ereignis hervorruft, nicht aber die bloße Nähe zu einer Person, die das Ereignis beobachten kann (Pillow, 1988).

Gleichzeitig ist das Verstehen der Beziehung zwischen den Überzeugungen anderer Menschen und ihren eigenen Annahmen – ein zentraler Teil ihrer Theorie des Geistes – bei Dreijährigen auf entscheidende und zugleich überraschende Weise begrenzt. Diese Einschränkungen werden erkennbar, wenn man Kindern **Aufgaben mit falschen Überzeugungen** vorgibt. Diese prüfen das Verständnis eines Kindes, dass andere Menschen in Übereinstimmung mit ihren eigenen Annahmen und Überzeugungen handeln werden, auch wenn das getestete Kind weiß, dass diese Annahmen falsch sind (Abbildung 7.4). In einer Situation, die bei der Untersuchung des Verstehens falscher Überzeugungen häufig eingesetzt wird, sehen die Kinder eine Schachtel, die eine bestimmte Art von Süßigkeiten – Smarties – zu enthalten scheint, die auf dem Deckel der Schachtel auch abgebildet sind. Sie sollen angeben, was sich in der Schachtel befindet. Logischerweise sagen sie „Smarties". Danach öffnet der Versuchsleiter die Schachtel, und tatsächlich kommen Bleistifte zum Vorschein. Die meisten Fünfjährigen müssen lachen und zeigen sich überrascht. Wenn man sie danach fragt, was ein anderes Kind sagen würde, wenn es die geschlossene Schachtel sieht und ihren Inhalt erraten soll, sagen sie, dass das Kind „Smarties" sagen würde, so wie sie selbst zunächst gedacht hatten. Anders aber Dreijährige! Mehrheitlich behaupten sie, sie hätten immer schon gewusst, was sich in der Schachtel befindet, und sie geben an, dass andere Kinder, denen man die Schachtel zeigt, ebenso glauben würden, dass die Schachtel Bleistifte enthält (Gopnik & Astington, 1988; Wimmer & Perner, 1983). Die Antworten der Dreijährigen zeigen, dass es ihnen schwer fällt zu verstehen, dass in einer Situation, in der sie wissen, dass ihre eigene Über-

Aufgabentyp „falsche Überzeugung" – Aufgaben, mit denen getestet wird, ob ein Kind versteht, dass andere Menschen in Übereinstimmung mit ihren eigenen Überzeugungen handeln, auch wenn das getestete Kind weiß, dass diese Annahmen falsch sind.

Abbildung 7.4: **Die Smarties-Aufgabe**. Die Smarties-Aufgabe wird häufig verwendet, um die Theorie des Geistes bei Vorschulkindern zu untersuchen. Die meisten Dreijährigen antworten wie das Kind in der Zeichnung, was darauf schließen lässt, dass sie noch nicht erkennen, dass andere Menschen falsche Überzeugungen haben können, die von dem abweichen, was sie selbst bereits sicher wissen.

zeugung zutrifft und eine alternative Überzeugung falsch ist, andere Menschen dennoch die alternative Annahme für zutreffend halten können.

Kinder in anderen Gesellschaften außerhalb der westlichen Welt zeigen ähnliche Entwicklungen. Zum Beispiel antworten drei- bis fünfjährige Kinder der Pygmäen, die im afrikanischen Regenwald aufwachsen, bei Aufgaben vom Typ „falsche Überzeugung" ähnlich wie Drei- bis Fünfjährige in Nordamerika und Europa (Avis & Harris, 1991). Solche Ergebnisse weisen darauf hin, dass es dreijährigen Kindern überall auf der Welt schwer fällt, ihr eigenes Wissen über den wahren Stand der Dinge von ihren Annahmen darüber zu trennen, was andere Menschen wissen können, die nicht über ihre eigenen Erfahrungen verfügen.

In diesem Fall wie in vielen anderen bedeutet jedoch schwer nicht dasselbe wie unmöglich. Viele Dreijährige *sind* in der Lage, bei Aufgaben zu falschen Überzeugungen erfolgreich abzuschneiden, wenn die Aufgabe so dargeboten wird, dass sie das Verständnis erleichtert. Bei Aufgaben vom Typ „falsche Überzeugung" wie der Smarties-Aufgabe sind viele Dreijährige erfolgreich, wenn sie mit der Versuchsleiterin zusammenarbeiten, um ein anderes Kind in derselben Weise zu täuschen, in der sie selbst zuvor getäuscht wurden. In einer Untersuchung sagte die Versuchsleiterin dem Kind, dass sie beide nun einen Streich spielen würden, und bat das Kind, Bleistifte in der Süßigkeitenschachtel zu verstecken, bevor diese einem anderen Kind gezeigt wird (Sullivan & Winner, 1993). Unter diesen Umständen sagten die meisten Dreijährigen voraus, dass das andere Kind angeben würde, die Schachtel enthalte Smarties. Vermutlich half es den dreijährigen Kindern, die Rolle des ‚Betrügers' einzunehmen und die Stifte in der Süßigkeitenschachtel zu verstecken, um die Situation aus der Perspektive des anderen Kindes zu sehen. Dennoch ist es verblüffend, welche Schwierigkeiten drei Jahre alte Kinder mit normalen Aufgaben vom Typ „falsche Überzeugung" haben.

Aufgabentyp „Aussehen und Wirklichkeit" – Aufgaben, bei denen der äußere Anschein und die Wirklichkeit voneinander abweichen.

Ähnliche Einschränkungen bei den Theorien des Geistes, so wie sie Dreijährige besitzen, treten bei **Aufgaben vom Typ „Aussehen und Wirklichkeit"** zu Tage – bei diesen Aufgaben weichen der äußere Anschein und die Wirklichkeit voneinander ab. Bei einer Demonstration dieses Phänomens zeigten John Flavell und seine Mitarbeiter drei- bis fünfjährigen Kindern Schwämme, die wie Steine aussahen, und gaben ihnen die Gelegenheit, mit ihnen zu spielen, so dass sie das leichte Gewicht der Objekte und ihre schwammartige Konsistenz spüren konnten (Flavell, Flavell & Green, 1983). Auf die Frage, was für Gegenstände das tatsächlich seien, antworteten die Kinder aller Altersgruppen korrekt „Schwämme". Auf die Frage, wie die Gegenstände aussehen, sagten die meisten Dreijährigen, aber nur wenige Fünfjährige ebenfalls „Schwämme". Die Dreijährigen sagten weiterhin voraus, dass ein anderes Kind, das die Gegenstände zum ersten Mal sieht, wüsste, dass es sich um Schwämme handelt. Wie bei der Smarties-Aufgabe dachten die Dreijährigen also, das Verhalten eines anderen Kindes brächte das zum Ausdruck, was sie selbst bereits wüssten, und nicht die eigenen Annahmen des anderen Kindes. Wie schon im Fall der Aufgaben vom Typ „falsche Überzeugung" tritt dieselbe Altersabhängigkeit der Reaktionen auf die Aufgabe auch bei sehr unterschiedlichen Kulturen auf (Flavell, Zhang, Zou, Dong & Qi, 1983).

Auch wenn die breite Mehrheit der Fünfjährigen Aufgaben vom Typ „falsche Überzeugung" und „Aussehen und Wirklichkeit" lächerlich einfach findet, sind sie für eine bestimmte Gruppe sogar bis ins Teenageralter hinein sehr schwierig: für Kinder, die an **Autismus** leiden. Dieses Syndrom, das eine Vielzahl intellektueller und emotionaler Probleme umfasst, betrifft ungefähr vier von 10.000 Kindern. Sogar im Vergleich mit zurückgebliebenen Kindern im gleichen Alter und mit gleichem IQ haben autistische Kinder beim Lösen von Aufgaben zu falschen Überzeugungen und anderen Aufgaben, mit denen das Wissen über die Psyche anderer Menschen erfasst wird, besondere Schwierigkeiten (Baron-Cohen, 1991).

Die Probleme, die autistische Kinder mit Aufgaben zu falschen Überzeugungen haben, erscheinen angesichts ihrer vielen anderen zwischenmenschlichen Probleme durchaus nachvollziehbar. Autistische Kinder gehen selten enge Beziehungen mit anderen ein; sie neigen zu einem größeren Interesse an Objekten denn an Menschen. Viele beschäftigen sich allein mit monotonen Verhaltensweisen, beispielsweise fortwährend vor- und zurückschaukeln oder endlos im Zimmer herumhüpfen. Vielen solchen Kindern fehlen auch die normalen sprachlichen Fähigkeiten. Selbst diejenigen, die recht gut sprechen lernen, verwenden selten Verben wie „denken", „glauben" oder „wissen", die sich auf innere Zustände beziehen, während die meisten normalen Zweijährigen solche Verben durchaus verwenden (Tager-Flusberg, 1992). Außerdem spielen die meisten Kinder mit Autismus keine Als-ob-Spiele (Baron-Cohen, 1993). Zusammen genommen deuten diese Symptome darauf hin, dass autistische Kinder an einer besonderen Beeinträchtigung ihrer Mechanismen zum „Gedankenlesen" leiden (Baron-Cohen, 1993; Frith, 1989; Leslie, 1991).

Auch wenn sie ein sehr unterschiedliches Leben führen, reagieren afrikanische Pygmäen-Kinder und gleichaltrige Kinder in den Industrienationen Nordamerikas und Europas in gleicher Weise bei Aufgaben vom Typ „falsche Überzeugung".

Autismus – ein Syndrom, das meistens eine Reihe intellektueller und emotionaler Probleme hervorruft, insbesondere beim Verstehen anderer Menschen und beim Knüpfen sozialer Beziehungen.

Erklärungen für die Entwicklung einer Theorie des Geistes Die Daten von autistischen Kindern und von typischen Zwei- und Dreijährigen weisen darauf hin, dass ein Leben ohne Mechanismen zum „Gedankenlesen" sehr schwierig

Ein autistisches Kind sitzt auf dem Schoß seiner Mutter und zeigt ein deutliches fehlendes Interesse an ihrer Zuneigung. Ein solches Desinteresse an anderen Menschen kommt bei autistischen Kindern häufig vor und scheint mit ihren sehr schlechten Leistungen bei Aufgaben zusammenzuhängen, bei denen man das Innenleben anderer Menschen verstehen muss.

Theory-of-mind-Modul – ein hypothetischer Gehirnmechanismus, der das Verstehen anderer Menschen ermöglichen soll.

wäre. Die Befunde geben jedoch keinen Aufschluss darüber, was genau die Probleme beim Verstehen des Denkens anderer Menschen verursacht. Auch sagen die Befunde nichts darüber aus, was die typischen Verbesserungen der Kinder bei einer breiten Spanne von Aufgaben zur Theorie des Geistes zwischen drei und fünf Jahren auslöst oder was das Ausbleiben entsprechender Verbesserungen bei autistischen Kindern verursacht. Diese Ungewissheiten haben eine enorme Kontroverse ausgelöst, und es besteht nach wie vor wenig Einigkeit darüber, wie die bestehenden Fragen zu beantworten sind.

Im einen Lager behaupten die Forscher die Existenz eines eigenen Moduls für die Theorie des Geistes – ein **Theory-of-mind-Modul** als hypothetischer Gehirnmechanismus, der speziell zum Verstehen anderer Menschen bestimmt ist. Anhänger dieser Position behaupten, dass dieses Modul bei normalen Kindern, die in einer typischen Umwelt aufwachsen, im Verlauf der ersten fünf Lebensjahre reift und ein zunehmend differenziertes Verstehen der inneren Funktionen anderer Menschen mit sich bringt (Fodor, 1992; Leslie, 1994). Die Schwierigkeiten autistischer Kinder beim Verstehen anderer Menschen werden einem biologisch beeinträchtigten oder beschädigten Theory-of-mind-Modul zugeschrieben.

Die Forscher einer zweiten Gruppe betonen die Interaktionen mit anderen Menschen als entscheidende Quelle für die Entwicklung einer Theorie des Geistes (Perner, Ruffman & Leekham, 1994; Siegal, 1991). Sie berufen sich auf Befunde, nach denen Vorschulkinder mit älteren Geschwistern bei Aufgaben über falsche Überzeugungen besser abschneiden als Kinder ohne ältere Geschwister, vermutlich weil erstere über die größeren Möglichkeiten verfügen, etwas über das geistige Innenleben anderer Menschen zu erfahren (Jenkins & Astington, 1996; Ruffman, Perner, Naito, Parkin & Clements, 1998). Aus dieser Perspektive trägt die Tendenz autistischer Kinder, nicht mit anderen Menschen zu interagieren, wesentlich zu ihrer Schwierigkeit beim Verstehen anderer Menschen bei.

Eine dritte Gruppe von Forschern hebt die Entwicklung der allgemeinen Informationsverarbeitungsfähigkeiten als entscheidende Grundlage für das Verstehen des Geistes anderer Menschen hervor, insbesondere in Situationen, in denen Kinder sowohl das, was sie selbst wissen und als wahr erkannt haben, im Auge behalten müssen als auch die Verstehenslage einer anderen Person, die nicht über das Wissen des Kindes verfügt (Frye, Zelazo, Brooks & Samuels, 1996; Harris, 1991). Aus dieser Sicht verfügen typische Dreijährige, aber auch autistische Kinder nicht über die Verarbeitungsfähigkeiten, mit denen sie all diese widersprüchlichen Informationen berücksichtigen könnten, während dies vielen Vierjährigen und fast allen Fünfjährigen gelingt.

Alle drei Erklärungsansätze, die sich auf die Entwicklung einer Theorie des Geistes beziehen, scheinen ihre Vorzüge zu haben. Die Reifung von Gehirnregionen, die für das Verstehen anderer Menschen besonders wichtig sind, die wachsende Erfahrung mit anderen Menschen, eine erhöhte Informationsverarbeitungskapazität – all dies dürfte zur Entwicklung des psychologischen Verstehens im Verlauf der Vorschuljahre beitragen. Und mit noch größerer Sicherheit besitzen im Alter von fünf oder sechs Jahren fast alle Kinder ein solides Grundverständnis anderer Menschen, das sie gut dafür ausrüstet, sich in die komplexeren sozialen Kontexte hinauszuwagen, mit denen sie ab dem Schuleintritt konfrontiert sind.

Erfahrungen mit älteren Geschwistern zu teilen hilft den jüngeren Geschwistern, andere Menschen zu verstehen.

Das Wissen über lebende Dinge

Kinder finden lebende Dinge faszinierend. Ein Zeichen ihrer Faszination ist die Häufigkeit, mit der sie sich auf Lebewesen beziehen, wenn sie anfangen zu sprechen. In einer Untersuchung der ersten 50 Wörter, die Kinder verwenden, waren die beiden Ausdrücke, die von der größten Zahl von Kindern verwendet wurden, Wörter für Katze und Hund (einschließlich ihrer Verniedlichungsvarianten) (Nelson, 1973). Auch Wörter für Ente, Pferd, Bär, Vogel und Kuh fanden sich unter den häufigsten früh verwendeten Ausdrücken. Im Alter von vier oder fünf Jahren mündet die Faszination für lebende Dinge in eine überraschende Menge an Wissen über sie, einschließlich des Wissens über nicht beobachtbare biologische Vorgänge wie Vererbung, Krankheit und Genesung.

Neben diesen Wissensbeständen existieren jedoch auch sehr eigenwillige Überzeugungen. Man betrachte die Aussage eines sechsjährigen Jungen, der behauptet, ein großer Angler zu sein. Auf die Frage nach dem Geheimnis seines Erfolgs sagte er:

> Wenn du die Angel auswirfst, ist die Hauptsache, dass du nicht hungry aussiehst, weil wenn die Fische dich oben sehen, wie du Grimassen machst und dir die Lippen leckst, dann wissen sie, dass du sie essen willst. Wenn du aber so tust, als ob dich überhaupt nicht interessiert, was passiert, dann glauben sie, dass du sie einfach nur magst und willst, dass sie das essen, was du ihnen hingeworfen hast, und dann beißen sie an. (Linkletter, 1957, S. 22.)

Dieser Sechsjährige scheint sein Verstehen des menschlichen Geistes auf das von Fischen generalisiert zu haben. Eine solche Tendenz zur **Personifizierung** – der Zuschreibung von Eigenschaften menschlicher Wesen an Tiere – kommt bei Vier- bis Sechsjährigen recht häufig vor. Viele Kinder verwech-

Personifizierung – die Zuschreibung menschlicher Eigenschaften an Tiere oder Dinge.

Kinder interessieren sich für lebende Dinge, für Pflanzen wie für Tiere – besonders, wenn die Pflanzen auch noch gut schmecken.

seln in diesem Alter auch wesentliche Eigenschaften lebender und unbelebter Dinge. Zum Beispiel geben etwa 40 Prozent der Fünf- und Sechsjährigen in Israel und Japan an, dass Pflanzen nicht leben (Hatano et al., 1993), und etwa 20 Prozent der japanischen Kinder sagen, dass Steine und Stühle lebendig sind. Fehlannahmen wie diese führten einige Experten zu der Schlussfolgerung, dass Kinder nur über ein oberflächliches und bruchstückhaftes Verstehen von lebenden Dingen verfügen, bis sie sieben bis zehn Jahre alt sind (Carey, 1999; Slaughter, Jaakkola & Carey, 1999). Andere sehen das anders und nehmen an, dass Kinder mit fünf oder sechs Jahren die wesentlichen Eigenschaften von Lebewesen und das, was sie von unbelebten Objekten unterscheidet, durchaus verstehen (Keil, 1995; Springer, 1999). Mit dieser Kontroverse im Hinterkopf wenden wir uns nun der Frage zu, was jüngere Kinder über lebende Dinge wissen und was nicht und wie sie zu diesem Wissen kommen.

Die Unterscheidung lebender und unbelebter Dinge

Wie bereits erwähnt, interessieren sich Kinder für Menschen und können in ihrem ersten Lebensjahr zwischen Menschen und unbelebten Dingen unterscheiden (Abbildung 7.5). Auch Tiere ziehen das Interesse von Kindern auf sich, wobei diese sich gegenüber Tieren anders verhalten als gegenüber Menschen. Kinder mit neun Monaten beachten beispielsweise Kaninchen stärker als unbelebte Objekte, aber sie lächeln Kaninchen nicht so häufig an wie Menschen (Poulin-Dubois, 1999; Ricard & Allard, 1993). Kategorisierungsstudien mit noch jüngeren Säuglingen lassen sogar vermuten, dass schon sieben Monate alte Babys Menschen von Säugetieren unterscheiden (Pauen, 2000).

Diese Verhaltensreaktionen deuten darauf hin, dass die Unterscheidung zwischen Menschen, Tieren und unbelebten Objekten bereits im ersten Jahr entsteht. Die Reaktionen zeigen jedoch nicht, wann die Kinder eine allgemeine Klasse von Lebewesen aufbauen, die sowohl Pflanzen als auch Tiere umfasst, oder ab wann sie Menschen als eine besondere Art von Tieren begreifen. Es ist schwer, dieses Wissen einzuschätzen, bis sie drei oder vier Jahre alt sind und ihre Sprachentwicklung so weit fortgeschritten ist, dass sie entsprechende Fragen über ihr Wissen verstehen und beantworten

Abbildung 7.5: Die Unterscheidung zwischen Menschen und unbelebten Dingen. Mit dieser Aufgabe hat Poulin-Dubois (1999) die Reaktionen von Kleinkindern untersucht, wenn sie Menschen und unbelebte Objekte (in diesem Fall einen Roboter) bei denselben Handlungen beobachten. Sowohl mit neun als auch mit zwölf Monaten zeigen sie sich überrascht, wenn sie sehen, wie sich unbelebte Objekte von selbst bewegen, was darauf schließen lässt, dass sie verstehen, dass Eigenbewegung eine exklusive Eigenschaft von Menschen und Tieren darstellt.

können. In diesem Alter wissen sie definitiv einiges über die Ähnlichkeiten zwischen Lebewesen und über ihre Unterschiede gegenüber unbelebten Objekten. Diese Kenntnisse umfassen nicht nur wahrnehmbare Eigenschaften wie das Vorhandensein von Beinen, die Fortbewegung oder die Produktion einschlägiger Geräusche. Sie erstrecken sich vielmehr auch auf unsichtbare Prozesse wie Verdauung und Vererbung (Wellman & Inagaki, 1997).

Trotz all dieser Kenntnisse fällt es Kindern auch im fünften Lebensjahr noch schwer, sich Menschen als Tiere vorzustellen, die anderen Tieren in vielerlei Hinsicht ähnlich sind. Häufig streiten sie es ab, dass Menschen überhaupt Tiere sind. Ein Nachweis dieser Strenge bei der sprachlichen Unterscheidung zwischen Menschen und Tieren stammt aus der Befragung fünfjähriger Kinder, welche zwei der drei folgenden Dinge einander am ähnlichsten seien: Menschen, Schimpansen und Raupen. In zwei verschiedenen Untersuchungen sagten die meisten Kinder, dass die Schimpansen und die Raupen einander ähnlicher seien als beide jeweils im Vergleich zu Menschen (Coley, 1993; Johnson, Mervis & Boster, 1992).

Auch die Beantwortung der Frage, wie man sich den Lebensstatus von Pflanzen vorstellen soll, ist eine Herausforderung. Einerseits wissen die meisten Kinder im Vorschulalter, dass Pflanzen – so wie Tiere, aber anders als unbelebte Dinge – wachsen (Hickling & Gelman, 1995; Inagaki & Hatano, 1996), sich selbst heilen (Backscheider, Shatz & Gelman, 1993) und sterben (Springer, Nguyen & Samaniego, 1996). Andererseits glauben die meisten Kinder in diesem Alter, dass Pflanzen nicht am Leben sind; erst mit sieben bis neun Jahren beurteilt die deutliche Mehrheit der Kinder Pflanzen als lebende Dinge (Richards & Siegler, 1984). Ein Teil der Ursache, warum sich diese Erkenntnis über Pflanzen erst so spät entwickelt, besteht darin, dass Kinder das Lebendigsein mit der Fähigkeit gleichzusetzen scheinen, sich in Anpassung an die Umwelt bewegen zu können, wobei die überlebensnotwendige Bewegung in Richtung auf Ziele wie Sonne oder Wasser bei Pflanzen nur schwer zu beobachten ist (Opfer & Gelman, 2001).

Das Verstehen biologischer Prozesse

Vorschulkinder verstehen, dass sich biologische Eigenschaften wie Wachstum, Verdauung und Genesung von psychischen und physikalischen Prozessen unterscheiden (Wellman & Gelman, 1998). Während sie also erkennen, dass psychische Prozesse wie beispielsweise Wünsche das Handeln von Menschen beeinflussen, erkennen sie auch, dass es rein biologische Prozesse gibt, die unabhängig von den eigenen Wünschen ablaufen. Diese Unterscheidung psychologischer und biologischer Prozesse führt Kinder im Vorschulalter zu der Vorhersage, dass Menschen, die abnehmen wollen, aber viel essen, nicht ans Ziel ihrer Wünsche gelangen werden (Inagaki & Hatano, 1993; Schult & Wellman, 1997). Sie erkennen auch, dass die Eigenschaften von Lebewesen oft wichtige Funktionen für den Organismus besitzen, was für die Eigenschaften unbelebter Objekte nicht gilt. Mit fünf Jahren erkennen Kinder also, dass für Pflanzen ihre grüne Farbe wichtig ist, um sich zu ernähren, während die grüne

Farbe von Smaragden für die Smaragde selbst keine Funktion besitzt (Keil, 1992). Das Ausmaß, in dem Kinder in diesem Alter biologische Prozesse verstehen, lässt sich ausführlicher erkennen, wenn man die spezifischen Vorstellungen über Vererbung, Wachstum und Krankheit untersucht.

Vererbung Kinder im Vorschulalter wissen offenkundig nichts über DNA oder Vererbungsmechanismen, aber sie wissen sehr wohl, dass körperliche Eigenschaften in der Regel von den Eltern an ihren Nachwuchs weitergegeben werden. Wenn sie erfahren, dass die Herzen von Herrn und Frau Bull eine ungewöhnliche Farbe aufweisen, dann erwarten sie, dass auch Baby Bull ein ungewöhnlich gefärbtes Herz haben wird (Springer & Keil, 1991). In gleicher Weise glauben sie, dass ein Mäusebaby Haare in der gleichen Farbe wie seine Eltern bekommen wird, auch wenn es im Moment noch keine Haare besitzt.

Kinder wissen in diesem Alter auch, dass bestimmte Aspekte der Entwicklung angeboren sind und nicht von der Umwelt bestimmt werden. So erkennen Kinder mit fünf Jahren, dass ein Tier, das von Eltern einer anderen Spezies aufgezogen wurde, als Erwachsener dennoch der eigenen Art angehören wird (Johnson & Solomon, 1996). Zuweilen ist der Glaube an die Vererbung bei Vorschulkindern zu stark ausgeprägt, so dass sie einen Einfluss der Umwelt auch in Situationen abstreiten, in denen ältere Kinder deren Bedeutung durchaus erkennen. So glauben sie, dass die Unterschiede zwischen Jungen und Mädchen, was die bevorzugten Spiele und die vorhandenen Fähigkeiten betrifft, vollständig auf Vererbung zurückgehen. Erst mit neun oder zehn Jahren erkennen Kinder überhaupt Umwelteinflüsse auf die Geschlechterentwicklung (Taylor, 1993).

Mit diesem allgemeinen Glauben an die Bedeutsamkeit der Vererbung hängt einer der grundlegendsten Aspekte der biologischen Überzeugungen von Kindern zusammen: ihr **Essenzialismus**, die Annahme, dass jedes lebende Ding im Inneren ein Wesen (eine Essenz) besitzt, das es zu dem macht, was es ist (Atran, 1990; Gelman, Coley & Gottfried, 1994). Kleine Hunde haben im Inneren also etwas „Hundhaftes", Kätzchen haben etwas „Katzenhaftes", Rosen besitzen eine bestimmte „Rosenhaftigkeit", und so weiter. Vorschulkinder glauben, dass Tiere dieses Wesen von ihren Eltern erben und ihr Leben lang behalten.

Essenzialismus – die Ansicht, dass lebende Dinge im Inneren ein Wesen besitzen, das sie zu dem macht, was sie sind.

Wachstum, Krankheit und Genesung Im vorschulischen Alter erkennen Kinder, dass Wachstum wie die Vererbung ein Produkt innerer Prozesse ist. Wegen irgendetwas, das im Inneren von Lebewesen passiert (wobei sich die Kinder nicht sicher sind, was das ist), verändern sich Pflanzen und Tiere und sind zuerst kleiner und weniger komplex und dann größer und komplexer (Rosengren, Gelman, Kalish & McCormick, 1991). Drei- und Vierjährige erkennen auch, dass das Wachstum von Lebewesen nur in eine Richtung verläuft (von klein zu groß), während unbelebte Objekte, beispielsweise Ballons, kleiner oder größer werden können.

Vorschulkinder besitzen auch ein Grundverständnis von Krankheit. Mit drei Jahren haben sie von Keimen und Erregern gehört und haben eine allgemeine Vorstellung, wie sie wirken. Sie wissen, dass man krank werden kann, wenn man Nahrung zu sich nimmt, die mit Krankheitserregern verseucht ist, selbst wenn man sich der Erreger nicht bewusst ist (Kalish, 1997). Umgekehrt erkennen sie, dass psychische Prozesse – beispielsweise die Tatsache, dass man weiß, dass das Essen Erreger enthält – keine Krankheiten verursachen.

Schließlich wissen Vorschulkinder auch, dass Pflanzen und Tiere, aber nicht unbelebte Objekte, mit Hilfe innerer Prozesse genesen können. Zum Beispiel erkennen vier Jahre alte Kinder, dass eine Katze oder eine Tomatenpflanze, die einen Kratzer aufweist, sich selbst reparieren kann, was ein zerkratztes Auto oder ein zerkratzter Stuhl nicht vermag (Backscheider et al., 1993). Auch wissen sie, dass die Haare eines Tieres, die man abschneidet, wieder nachwachsen, nicht aber die Haare, die man einer Puppe abschneidet. Kinder in diesem Alter besitzen also beträchtliches biologisches Wissen.

Wie erwerben Kinder biologisches Wissen?

Es gibt eine Vielzahl von Annahmen darüber, wie Kinder ihr Wissen über lebende Dinge erwerben. Eine Vorstellung entspricht weitgehend dem Theory-of-mind-Modul, das in diesem Kapitel weiter oben beschrieben wurde. Sie postuliert, dass Menschen mit einem „Biologie-Modul" geboren werden – einer Gehirnstruktur oder einem neuronalen Mechanismus, mit dessen Hilfe sie schnell etwas über Lebewesen lernen (Atran, 1990, 1994). Die Verfechter eines Biologie-Moduls bringen drei wichtige Belege vor:

- Im Verlauf früherer Perioden unserer Evolution war es für das menschliche Überleben entscheidend, dass Kinder schnell etwas über Tiere und Pflanzen lernen.
- Weltweit sind Kinder von Pflanzen und Tieren fasziniert und lernen schnell und leicht etwas über sie.
- Weltweit strukturieren Kinder Informationen über Pflanzen und Tiere auf sehr ähnliche Weise (nach Wachstum, Reproduktion, Vererbung, Krankheit und Genesung).

Eine alternative Position besteht darin, dass die Informationen über Lebewesen, die Kinder von ihrer kulturellen Umgebung und von ihren Eltern und Lehrern erhalten, wesentlich zu ihrem frühen Verstehen von Wachstum, Vererbung und anderen biologischen Prozessen beitragen (Callanan, 1990; Chi, Hutchinson & Robin, 1989). Die Verfechter dieser Position finden bei der Erforschung kulturübergreifender Unterschiede des biologischen Wissens von Kindern empirische Belege, die ihre These unterstützen. Beispielsweise schreiben Fünfjährige in Japan unbelebten Objekten körperliche Empfindungen wie Schmerz- und Kältewahrnehmungen mit größerer Wahrscheinlichkeit zu als Kinder gleichen Alters in den USA oder in Israel (Hatano et al., 1993). Die Neigung japanischer Kinder zu der Annahme, unbelebte Objekte besäßen solche Eigenschaften, kann als Widerhall der in der japanischen Gesellschaft

Das Gefühl von Ehrfurcht, das viele Kinder (und Erwachsene) beim Anblick der Überreste von großen Tieren aus der Vergangenheit empfinden, bildete einen wichtigen Anlass für die Gründung naturhistorischer Museen. Trotz aller Darstellungen von Monstern und Superhelden im Fernsehen, in Filmen und in Videospielen wecken diese Fossile bei Kindern, die heute aufwachsen, immer noch dasselbe Gefühl des Erstaunens.

immer noch einflussreichen buddhistischen Tradition gelten, derzufolge alle Objekte bestimmte psychische Eigenschaften besitzen.

Um den Input, den kleine Kinder von ihren Eltern erhalten, zu untersuchen, beobachteten Susan Gelman und ihre Mitarbeiter Mütter, während diese ihren ein- und zweijährigen Kindern Tierbücher vorlasen und diese kommentierten (Gelman, Coley, Rosengren, Hartman & Pappas, 1998). Viele der mütterlichen Aussagen deuteten darauf hin, dass Tiere Absichten und Ziele haben, dass verschiedene Mitglieder einer bestimmten Kategorie, beispielsweise Hunde, sehr viel gemeinsam haben und dass sich Tiere stark von unbelebten Objekten unterscheiden. Solche Unterweisungen durch die Eltern tragen mit Sicherheit zum kindlichen Erwerb biologischen Wissens bei.

Wie bei den parallelen Argumenten hinsichtlich der Quellen des psychologischen Verständnisses von Kindern spielen auch beim Erwerb biologischen Wissens sowohl Anlage als auch Umwelt eindeutig wichtige Rollen. Kleine Kinder scheinen von Geburt an daran interessiert zu sein, etwas über Tiere zu erfahren. Wenn diese Lerninteressen nicht besonders ausgeprägt wären, würden weit weniger Bücher und Fernsehsendungen darauf abzielen, sie zu befriedigen. Gleichzeitig sind die Einzelheiten dessen, was Kinder lernen, offensichtlich durch die Information beeinflusst, die ihnen zur Verfügung gestellt wird. Die Existenz von Büchern, Fernsehsendungen und Videokassetten beziehungsweise DVDs über Tiere erhöht das Wissen über Tiere, das Kinder erwerben. Wie wir immer wieder erkennen, wirken Anlage und Umwelt bei der Festlegung dessen, was Kinder lernen, zusammen.

IN KÜRZE

Von frühester Kindheit an bilden Kinder Kategorien ähnlicher Objekte. Mit Hilfe solcher Klassifikationen können sie die Eigenschaften unbekannter Objekte innerhalb einer Katgeorie besser erschließen. Wenn Kinder beispielsweise lernen, dass es sich bei einem neuen Objekt um ein Tier handelt, dann wissen sie bereits, dass es wächst, sich bewegt und frisst. Kinder bilden neue Kategorien – und weisen neue Objekte bestehenden Kategorien zu – auf der Basis von Ähnlichkeiten zwischen dem Aussehen und der Funktion des neuen Objekts und anderer Objekte, deren Klassenmitgliedschaft sie bereits kennen.

Eine besonders wichtige Klasse sind Menschen. Von den ersten Tagen ihres Lebens an interessieren sich Kinder für andere Menschen und verwenden sehr viel Zeit darauf, sie anzusehen. Mit drei Jahren bilden sie eine einfache

Theorie des Geistes, die ein gewisses Verständnis der Kausalbeziehungen zwischen Intentionen, Wünschen, Überzeugungen und Handlungen einschließt. Aber erst mit etwa fünf Jahren begreifen die meisten Kinder den Unterschied zwischen Aussehen und Wirklichkeit. Nun können sie Aufgaben vom Typ „falsche Überzeugung" erfolgreich bearbeiten. Die Entwicklung des Verstehens der psychischen Funktionen anderer Menschen im Verlauf der Vorschuljahre wurde der biologischen Reifung eines Theory-of-mind-Moduls zugeschrieben, alternativ aber auch der Erfahrung im Umgang mit anderen Menschen oder der Entwicklung der Informationsverarbeitungsfähigkeiten, mit deren Hilfe Kinder immer komplexere soziale Situationen verstehen können.

Eine weitere wichtige Kategorie betrifft Lebewesen. Im Vorschulalter bekommen Kinder ein Grundverständnis von den Eigenschaften biologischer Sachverhalte wie Wachstum, Vererbung, Krankheit und Genesung. Aber erst im Schulalter zählen die meisten Kinder Pflanzen zur Klasse der lebenden Dinge. Erklärungen für den relativ schnellen Erwerb biologischen Wissens beziehen sich auf die Reifung von Gehirnmechanismen, die das Interesse an lebenden Dingen begründen, was wiederum Lernprozesse über Lebewesen beschleunigt und vereinfacht, und auf den umfassenden Kontakt mit biologischen Informationen, welche die meisten Familien und die Kultur bereitstellen.

Die Umstände verstehen: Wo, wann, warum und wie viel

Um in den Dingen und Abläufen des Lebens einen Sinn zu erkennen, muss man nicht nur genau repräsentieren, wer oder was an einem Ereignis beteiligt war, sondern auch, wo, wann, warum und wie oft das Ereignis auftrat. Um die Bedeutung der Aspekte Raum, Zeit, Kausalität und Zahl begreifen zu können, stellen wir uns vor, wie das Leben aussähe, wenn wir unsere Auffassung von irgendeinem dieser Konzepte verlören, beispielsweise unser Gefühl für Zeit. Ohne Zeitgefühl wüssten wir nicht einmal die Reihenfolge, in der die Ereignisse eintraten. Haben wir uns zuerst angezogen und sind dann zur Vorlesung gegangen, oder war es umgekehrt? Unser gesamter Eindruck vom Leben als einem kontinuierlichen Strom von Ereignissen wäre erschüttert. Dies würde, um es vorsichtig auszudrücken, ein paar Probleme aufwerfen. Ähnliche Probleme entstünden, wenn wir den Sinn für Raum oder Kausalität oder Zahl verlieren würden. Die Wirklichkeit erschiene uns wie ein Traum, in dem Ordnung und Vorhersagbarkeit außer Kraft sind und das Chaos regiert.

Im vorigen Abschnitt wurde bereits beschrieben, dass Kinder die Kategorien, die sie zur Beantwortung der Frage nach dem Wer oder Was benötigen, schon früh in ihrer Entwicklung bilden, wobei sich die Kenntnisse über Menschen, andere Lebewesen und Objekte über die gesamte Lebensspanne hinweg noch weiter entwickeln. Die Entwicklung des Verstehens von Raum, Zeit,

Kausalität und Zahl beschreibt einen ähnlichen Weg. In jedem der Fälle beginnt die Entwicklung in frühester Kindheit, wobei sich wichtige Fortschritte und Verbesserungen noch viele weitere Jahre lang ergeben.

Raum

Menschen setzen das räumliche Denken oft mit dem Sehen gleich; nach dieser Meinung können wir nur über solche Anordnungen räumlich denken, die wir gerade sehen oder zu einem früheren Zeitpunkt gesehen haben. Schon in der frühen Kindheit kann räumliches Denken jedoch auf anderen Sinnesmodalitäten als dem Sehen beruhen, und ein solches Denken ist auch in Fällen möglich, in denen es nichts zu sehen gibt. Wenn man beispielsweise drei Monate alte Kinder in einen völlig dunklen Raum bringt, in dem sie absolut nichts sehen können, können sie doch die Geräusche naher Objekte verwenden, um deren räumliche Lage zu erkennen, um nach ihnen zu greifen und sie zu berühren (Clifton, Muir, Ashmead & Clarkson, 1993).

Grundlegend für das frühe wie das spätere räumliche Denken ist die Spezialisierung bestimmter Gehirnbereiche auf die Kodierung bestimmter Arten räumlicher Information. Im Gegensatz zu der weit verbreiteten Annahme, räumliches Denken erfolge nur in der rechten Hemisphäre, spielt sich das räumliche Denken tatsächlich in beiden Hemisphären ab. Doch unterscheiden sich die beiden Hirnhälften in dem Ausmaß, in dem sie verschiedene Typen räumlicher Information verarbeiten (Newcombe & Huttenlocher, 2000). Areale in der rechten Hemisphäre sind von frühester Kindheit an bei der Verarbeitung feinkörniger, zusammenhängender räumlicher Information beteiligt, wie man sie für das Gesichtererkennen oder für die Identifikation von Objekten anhand des Abtastens mit den Händen benötigt (Wittelson & Swallow, 1988). Im Gegensatz dazu sind bestimmte Areale in der linken Hemisphäre besonders aktiv bei der Verarbeitung kategorialer räumlicher Information, beispielsweise der Information, dass sich ein bestimmtes Objekt im Badezimmer oder neben dem Fernsehapparat befindet (Chabris & Kosslyn, 1998; Newcombe & Huttenlocher, 2000).

Menschen und Tiere kodieren Räumliches sowohl relativ zu sich selbst als auch relativ zur äußeren Umwelt (Gallistel, 1990). In den folgenden Abschnitten behandeln wir diese beiden Arten der Kodierung.

Die Repräsentation des Raums relativ zu sich selbst

Von früher Kindheit an kodieren Kinder die Orte von Objekten in Beziehung zu ihrem eigenen Körper. In Kapitel 5 wurde bereits erwähnt, dass kleine Kinder dazu neigen, nach dem näheren von zwei Objekten zu greifen (von Hofsten & Spelke, 1985). Dies zeigt, dass sie erkennen können, welches Objekt näher ist, und auch die allgemeine Richtung dieses Objekts relativ zu sich selbst erkennen.

Im Verlauf der folgenden Monate wird die raumbezogene Repräsentation der Kinder immer dauerhafter, so dass sie Objekte lokalisieren können, die einige Sekunden zuvor vor ihren Augen versteckt wurden. Im Alter von sieben Monaten greifen die meisten Kinder zielgenau nach Objekten, die zwei Sekunden vorher unter einer von zwei identisch aussehenden Decken versteckt wurden, aber nicht nach Objekten, deren Verstecken bereits vier Sekunden zurückliegt. Mit zwölf Monaten greifen die meisten Kinder dann zielgenau nach Objekten, die schon zehn Sekunden vorher unter einer der beiden Decken versteckt worden waren (Diamond, 1985).

Diesen Beispielen für die Fähigkeit von Kindern, Räumliches zu kodieren, ist gemeinsam, dass das Kind selbst am gleichen Ort bleibt. Piaget (1971) behauptete, dass dies die einzige Art räumlicher Kodierung sei, die Kinder beherrschen. Der Grund dafür liegt seiner Theorie gemäß darin, dass während der sensumotorischen Phase die einzig möglichen räumlichen Repräsentationen **egozentrische Repräsentationen** sind, bei denen der Ort von Objekten relativ zur eigenen Position im Moment der Enkodierung dieses Ortes erinnert wird. Als Beleg dafür berichtete Piaget über Experimente, denen zufolge sich Kinder, die ein Spielzeug mehrere Male rechts von sich fanden, weiterhin nach rechts drehen, um es zu finden, auch nachdem man sie so umgedreht hatte, dass sich das Objekt nun links von ihnen befand.

Egozentrische Repräsentation – die Kodierung eines Ortes relativ zum eigenen Körper, unabhängig von der Umgebung.

Folgeuntersuchungen erbrachten für Kinder in ihrem ersten Lebensjahr ähnliche Befunde. Wenn Kinder mit sechs und mit elf Monaten einen interessanten Anblick wiederholt rechts von sich erscheinen sehen, dann wenden sie sich zunächst weiterhin nach rechts, nachdem sie so gedreht wurden, dass sich der interessante Anblick nun zu ihrer Linken befindet (Acredolo, 1978). Dieser Egozentrismus ist nicht absolut; wird ein Spielzeug rechts neben einem auffallenden Orientierungspunkt – beispielsweise einem großen Turm aus Bauklötzen – versteckt, dann finden Kinder das Spielzeug trotz einer Veränderung ihrer eigenen Position. Doch es bleibt die Frage: Wie erwerben Kinder die Fähigkeit, Objekte zu finden, wenn sich ihre eigene Position geändert hat und wenn keine Orientierungspunkte vorhanden sind, die ihnen bei der Suche helfen?

Die Fähigkeit zur eigenen Fortbewegung scheint eine große Rolle zu spielen, wenn es darum geht, ein Raumgefühl unabhängig von der eigenen Position zu entwickeln. Deshalb erinnern Kinder, die krabbeln oder Erfahrungen mit der eigenen Fortbewegung in einem Laufstuhl haben, den Ort von Objekten bei der Aufgabe zur Objektpermanenz (vergleiche Kapitel 4) häufiger als gleichaltrige Kinder, die noch nicht von selbst krabbeln können und auch keine Fortbewegungserfahrungen mit einer Laufhilfe haben (Bai & Berthenthal, 1992; Berthenthal, Campos & Kermoian, 1994). Kinder mit Erfahrungen in der eigenen Fortbewegung können auch räumliche Tiefe besser repräsentieren, was sich aus Veränderungen ihrer Herzfrequenz bei der Annäherung an die visuelle Klippe (vergleiche Kapitel 5) ablesen lässt.

Die Gründe dafür, warum selbst herbeigeführte Fortbewegung die räumliche Kodierung bei Kindern verbessert, dürften jedem vertraut sein, der selbst Auto fährt, aber auch schon einmal Beifahrer war. So wie das Selbstfahren die permanente Aktualisierung der Umgebungsinformation erfordert, so ergeht es dem Kind auch beim Krabbeln oder Laufen (Berthenthal, Campos & Kermoian, 1994). Ist man dagegen nur Beifahrer, muss man die eigene Raumposition nicht permanent aktualisieren, was ebenso gilt, wenn man als Kind lediglich herumgetragen wird.

Der Einfluss der eigenen Fortbewegung auf die räumliche Kodierung bei Kindern wurde in einer Untersuchung erkennbar, in der Kinder im Alter von zehn und elf Monaten neben einem großen Behälter platziert wurden, der eine offene Seite und drei durchsichtige Seiten aus Plexiglas hatte (siehe Abbildung 7.6). Die offene Seite war am weitesten von dem Kind entfernt, lag aber am nächsten zur Versuchsleiterin (Benson & Uzgiris, 1985). Die Versuchsleiterin fing damit an, ein attraktives Spielzeug in eine der beiden Vertiefungen in dem Behälter zu tun und dann die beiden Vertiefungen mit gleich aussehenden Stoffstücken zuzudecken. Danach wurden die Kinder entweder

Abbildung 7.6: Eigene Fortbewegung und räumliche Repräsentationen. Ein zehn Monate altes Kind (a) sieht, wie hinter einer Plexiglasscheibe ein Spielzeug in der von ihm aus linken Vertiefung versteckt wird. (b) Es merkt, dass es nicht durch das Plexiglas greifen kann, um das Spielzeug zu greifen, das nun zugedeckt ist. (c) Es ist auf diese andere Seite der Vorrichtung gekrabbelt und zieht das Tuch über dem Spielzeug weg, das sich nun rechts von ihm befindet. (d) Es greift nach dem Spielzeug und (e) genießt seinen Erfolg. Kinder, die sich aus eigener Kraft zur offenen Seite des Kastens hinbewegten, griffen mit größerer Wahrscheinlichkeit nach dem richtigen Ort als Kinder gleichen Alters, die man zur offenen Seite hingetragen hatte.

dazu gebracht, selbst zur offenen Seite hinzukrabbeln, oder sie wurden dorthin getragen. Nachdem sie an der offenen Seite waren, griffen die Kinder, die selbst hingekrabbelt waren, mit größerer Wahrscheinlichkeit nach der korrekten Vertiefung, um das Spielzeug herauszuholen. Eine vergleichbare Untersuchung mit einem ähnlichen Verfahren und derselben Altersgruppe ließ erkennen, dass die Kinder, die selbst krabbelten oder liefen, während ihrer Fortbewegung auch mehr auf den Ort des versteckten Objekts blickten als die Kinder, die getragen wurden (Acredolo, Adams & Goodwin, 1984). Die kontinuierliche Aktualisierung der räumlichen Repräsentationen, die bei der Fortbewegung aus eigener Kraft auftritt, scheint entscheidend dafür zu sein, ob die Kinder sich den Ort des versteckten Objekts merken können.

Die Bedeutung der eigenständigen Fortbewegung für die Verbesserung der räumlichen Kodierung wurde anschaulich in einer Studie an Kindergartenkindern illustriert, die alle aus derselben Vorschulklasse stammten und sich vorstellen sollten, sie seien in ihrem Klassenzimmer, während sie tatsächlich bei sich zu Hause waren. Einige sollten sich im Geiste vorstellen, wie sie von ihrem üblichen Sitzplatz zum Stuhl der Lehrerin vorgehen und sich dann umdrehen, so dass sie in die Klasse schauen. Dann sollten sie auf verschiedene Orte im Klassenzimmer zeigen: das Aquarium, die Buchstabentafel, die Garderobentür und so weiter. Unter diesen Bedingungen war das Zeigen von Fünfjährigen sehr ungenau. Andere Kinder der Gruppe sollten tatsächlich durch ihre Küche gehen, während sie sich den Gang von ihrem Platz zum Stuhl der Lehrerin vorstellten, und sich dann umdrehen. Unter dieser Bedingung war das Zeigen der Kinder auf die imaginierten Objekte im Klassenzimmer viel genauer. Dieses Ergebnis betont, wie schon der zuvor genannte Befund mit den Krabbelkindern, die grundlegende Verknüpfung zwischen den Systemen, welche die selbst hervorgerufene Bewegung durch den Raum erzeugen, und den Systemen, die für die mentale Repräsentation des Raums zuständig sind.

Die Entwicklung räumlicher Konzepte bei Blinden und Sehbehinderten

Der sich ständig verändernde Fluss visueller Information, der die eigene Fortbewegung begleitet, ist nicht nur für die Aktivierung unserer Raumauffassung wichtig, während wir uns bewegen, sondern auch für die Unterstützung der längerfristigen räumlichen Entwicklung. Die frühe visuelle Erfahrung dürfte eine besonders wichtige Rolle für die raumbezogene Entwicklung spielen. Belege für diese Folgerung stammen von Fällen, in denen bei Erwachsenen, die von Geburt an blind waren, das Sehvermögen operativ wiederhergestellt wurde (Carlson, Hyvarinen & Raninen, 1986; von Senden, 1960). In den meisten dieser Fälle hat die korrektive Operation im Erwachsenenalter blind geborene Menschen nicht in die Lage versetzt, visuelle Information für eine effektive Raumrepräsentation zu nutzen.

Diese Befunde bedeuten nicht, dass blind geborene Kinder Räumliches nicht repräsentieren können. Tatsächlich haben sie im Allgemeinen ein bes-

Blinde Erwachsene, selbst wenn sie von Geburt an blind sind, besitzen meistens ein recht genaues Raumgefühl, mit dessen Hilfe sie sich geschickt in ihrer Umwelt umherbewegen können.

seres Raumgefühl, als die meisten Menschen vermuten würden. Bei Aufgaben, die eine Repräsentation sehr kleiner Raumausschnitte erfordern, sind blind geborene Kinder genauso gut wie sehende Kinder, denen man die Augen verbunden hat; beispielsweise wenn man ihnen beim Zeichnen zweier Kanten eines Dreiecks die Hand führt und sie den dritten Schenkel des Dreiecks dann freihändig vervollständigen sollen (Thinus-Blanc & Gaunet, 1997). Bei Aufgaben, die auf die Repräsentation größerer Raumausschnitte zurückgreifen, beispielsweise wenn man ein unbekanntes Zimmer erkunden muss, sind die räumlichen Repräsentationen von Blindgeborenen ebenfalls überraschend gut – fast so gut wie die Repräsentationen sehender Menschen, denen während der Erkundungsphase die Augen verbunden wurden. Obwohl unsere Repräsentation größerer Raumausschnitte also von frühen visuellen Erfahrungen zu profitieren scheint, entwickeln viele blinde Menschen ein beeindruckendes Gefühl für Räumliches, ohne die Welt jemals gesehen zu haben.

Die Repräsentation des Raums relativ zur äußeren Umwelt

Wie bereits angeführt, können Babys schon mit sechs Monaten den Ort versteckter Objekte anhand von Orientierungspunkten kodieren. Damit so kleine Kinder einen Orientierungspunkt erfolgreich einsetzen können, muss es sich jedoch um den einzigen auffälligen Punkt in der Umgebung handeln, der sich zudem in der unmittelbaren Nähe des versteckten Objekts befinden sollte.

Im Verlauf der Entwicklung steigt die Fähigkeit von Kindern, sich aus mehreren möglichen Bezugspunkten einen auszuwählen. In einer Untersuchung an zwölf Monate alten Kindern, die ein einzelnes gelbes Kissen, ein einzelnes grünes Kissen und eine große Anzahl blauer Kissen sahen, hatten diese kein Problem damit, ein Objekt zu finden, das unter dem gelben oder dem grünen Kissen versteckt war (Bushnell, McKenzie, Lawrence & Connell, 1995). Mit fünf Jahren können Kinder die Position eines Objekts auch relativ zu mehreren Bezugspunkten repräsentieren, beispielsweise wenn es sich auf halbem Weg zwischen einem Baum und einer Straßenlaterne befindet (Newcombe & Huttenlocher, 2000).

Schwieriger für den Aufbau räumlicher Repräsentationen sind Situationen, in denen sich Kinder in einer Umgebung ohne besondere Orientierungspunkte umherbewegen oder in denen solche Bezugspunkte weit von der Zielposition entfernt sind. Um die Herausforderung solcher Aufgaben zu verstehen, stelle man sich vor, durch einen Wald zu wandern und sich nicht genau gemerkt zu haben, wann man wo abgebogen ist. Wie würde man zurückfinden? Einige Tiere, beispielsweise Ameisen, Nagetiere und Gänse, besitzen die Fähigkeit zur so genannten **Koppelung**. Dieser Begriff stammt ursprünglich aus der Navigation von Schiffen; im vorliegenden Zusammenhang bezeichnet er die Fähigkeit, die eigene Position relativ zum Ausgangspunkt kontinuierlich mitzuführen, so dass man jederzeit direkt zum Ausgangspunkt zurückfindet (Gallistel, 1990). Diese Fähigkeit ist für solche Geschöpfe, die nach Futter suchen und dann zu einem ortsfesten Nest zurückkehren, sehr wichtig. Kinder (und Erwachsene) sind in gewissem Ausmaß zur Koppelung fähig – es reicht, um ungefähr die richtige Richtung einzuschlagen (Loomis et al., 1993). Selbst zweijährige Kinder mit verbundenen Augen, die man auf verschlungenen Wegen herumgeführt hat, schaffen es, mit höherer als Zufallswahrscheinlichkeit zum Startpunkt zurückzufinden (Muller & Wehner, 1988).

Koppelung – die Fähigkeit, die eigene Position relativ zum Ausgangspunkt kontinuierlich zu repräsentieren, so dass man auf direktem Weg zurückfindet.

Andererseits bleibt der Aufbau einer relativ präzisen Positionskodierung in Abwesenheit eindeutiger Orientierungspunkte für Menschen auch weit über zwei Jahre hinaus eine schwierige Angelegenheit (Bremner, Knowles & Andreasen, 1994). Sechs- und Siebenjährige können das genauso wenig (Overman, Pate, Moore & Peleuster, 1996) wie viele Erwachsene (Gallistel, 1990). Wenn Erwachsene beispielsweise die Aufgabe erhalten, um das Gelände eines ihnen fremden Universitätscampus herumzugehen und dann direkt zum Ausgangspunkt zurückzukehren, wählen viele eine Route, die sie nicht einmal in die Nähe des tatsächlichen Startpunkts bringt (Cornell, Heth, Kneubuhler & Sehgal, 1996).

Das Ausmaß, in dem Menschen räumliche Fähigkeiten entwickeln, ist stark dadurch beeinflusst, wie wichtig diese Fähigkeiten in der jeweiligen Kultur sind. Um diesen Zusammenhang nachzuweisen, verglich Kearins (1981) die räumlichen Fähigkeiten von Kindern der Aborigines, die in der australischen Wüste aufwachsen, mit denen gleichaltriger Euro-Australier aus australischen Städten. In der Kultur der Aborigines sind räumliche Fähigkeiten entscheidend, weil ein Großteil des Lebens in dieser Kultur aus langen Märschen zwischen weit auseinander liegenden Oasen und Wasserlöchern besteht. Es muss nicht eigens erwähnt werden, dass sich die Aborigines dabei nicht auf Straßenschilder verlassen können; sie müssen sich auf ihre Raumorientierung verlassen, um das Wasser zu finden. In Übereinstimmung mit der Bedeutung räumlicher Fähigkeiten in ihrem täglichen Leben sind die Kinder der Aborigines den Stadtbewohnern bei der Gedächtnisleistung für Raumpositionen überlegen, und das selbst bei Brettspielen, die eher für die Stadtkinder einen vertrauten Kontext darstellen (Kearins, 1981). Es passt also zu der allgemeinen Bedeutung des sozio-kulturellen Kontexts, dass die Art und Weise, in der Menschen räumliches Denken bei ihren täglichen Aktivitäten einsetzen, den Leistungsstand beim räumlichen Denken, den sie erreichen, stark beeinflusst.

Zeit

Wir haben schon darauf hingewiesen, dass eine Grundauffassung des Ereignisstroms im Zeitverlauf angeboren zu sein scheint; ohne ein solches Zeitgefühl wäre die Welt völlig chaotisch. Ein Großteil der Entwicklung über diese Basis hinaus tritt jedoch dadurch ein, wie Kinder die Zeit erleben und wie sie gedanklich mit Zeit umgehen.

Das Erleben der Zeit

Der grundlegendste Aspekt des Zeitgefühls, der sich schon im frühesten Alter herausbildet, betrifft das Erleben der Zeit – zu wissen, was zuerst passierte, was als Nächstes passierte, und so weiter. Denkt man daran, wie rätselhaft das Leben ohne ein solches Zeitgefühl wäre, ist es nicht erstaunlich, dass Kinder die Reihenfolge, in der Ereignisse im Zeitverlauf auftreten, schon ab der frühesten Kindheit repräsentieren. In einer Untersuchung sahen drei Monate

Abbildung 7.7: Die Nachahmung von Handlungssequenzen. Es hilft Kindern, die Handlungen, die sie nachahmen, zu verstehen, um sie in der richtigen Reihenfolge auszuführen. In dieser Illustration eines Verfahrens von Bauer (1995) imitiert das Kind eine zuvor beobachtete Sequenz aus drei Handlungsschritten, um eine Rassel zu bauen. Das Kind (a) nimmt den Holzklotz, (b) legt ihn in die untere Hälfte des Behälters, (c) schraubt die obere Hälfte des Behälters auf die untere Hälfte, womit die Rassel fertig ist, und (d) schüttelt sie.

a)

b)

c)

d)

alte Kinder interessante Photos zuerst zu ihrer Linken, dann zu ihrer Rechten, dann wieder zu ihrer Linken, und so weiter; sie fingen an, auf die Seite zu schauen, auf der das nächste Photo erscheinen würde, schon bevor es tatsächlich gezeigt wurde (Haith, Wentworth & Canfield, 1993). Dieses Blickmuster ließ erkennen, dass die Kinder mit ihren drei Monaten die sich im Zeitverlauf wiederholende Ereignisfolge entdeckten und ihre Fortsetzung erwarteten. Mit zwölf Monaten, wenn nicht sogar früher, können Kinder die Abfolge von Ereignissen herausfinden, die sie nur einmal gesehen haben; nachdem sie zwei Handlungen gesehen hatten, imitierten sie diese Verhaltensweisen in der Reihenfolge ihres ursprünglichen Auftretens (Bauer, 1995). Mit 20 Monaten zeigen Kinder ähnliche Leistungen bei Abfolgen von drei Ereignissen (Bauer, 1995) (siehe Abbildung 7.7). Die Tatsache, dass sie die ursprüngliche Reihenfolge beibehalten, wenn sie die drei Handlungen nachmachen, spricht dafür, dass sie mental repräsentiert haben, was als Erstes und was als Nächstes drankam.

Die Dauer von Ereignissen zu schätzen ist schwieriger als sich nur die Reihenfolge zu merken, in der sie auftraten. Dementsprechend entwickelt sich diese Fähigkeit etwas später. Mit fünf Jahren können Kinder jedoch lernen, Zeitstrecken zwischen drei und 30 Sekunden recht genau zu schätzen, wenn man ihnen über die Länge des Intervalls Rückmeldung gibt (Fraisse, 1982). Wenn man ihnen zum Beispiel sagt, dass zwei Töne im Abstand von 30 Sekunden erklingen werden, und die Töne werden dann dargeboten, woraufhin sie selbst dieses Zeitintervall generieren sollen, gelingt dies den meisten ziemlich genau. Bei der Schätzung solcher kürzerer Zeitdauern zählen Kinder oft die Anzahl der vergehenden Sekunden. Diese Strategie ist manchmal, aber nicht immer nützlich. Das Problem liegt darin, dass Kinder im Vorschulalter oft nicht erkennen, wie wichtig es ist, gleichmäßig zu zählen (Levin, 1989). Diese Schwierigkeit trifft nicht nur auf den Zeitbegriff zu. Generell ist es für Kinder sehr schwierig, regelmäßige Maßeinheiten beizubehalten, gleich ob sie Nahrung einteilen, die Länge einer Linie abmessen oder die vergangene Zeit schätzen (Miller, 1989).

Wie ist es bei längeren Zeitabschnitten – Wochen, Monaten oder Jahren? William Friedman, ein Psychologe, der sich auf das kindliche Verstehen der Zeit konzentriert hat, fand heraus, dass Kinder im Vorschulalter in bestimmtem Umfang Wissen über solche langen Zeitabschnitte besitzen. Zum Beispiel auf die Frage, welches von zwei Ereignissen kürzer zurückliegt, wussten die meisten Vierjährigen, dass ein bestimmtes Ereignis, beispielsweise der Valentinstag, der vor einer Woche stattfand, noch nicht so lange zurückliegt wie ein Ereignis, das bereits vor sieben Wochen stattfand, beispielsweise Weihnachten (Friedman, 1991). Aber erst mit neun Jahren können Kinder einschätzen, ob ihr Geburtstag oder Weihnachten länger zurückliegt, wenn beide Ereignisse mehr als 60 Tage zuvor stattfanden (Friedman, Gardner & Zubin, 1995). Ein ähnlicher Entwicklungsverlauf – allerdings in etwas höherem Alter – ist mit Blick auf die Zeitrelationen zukünftiger Ereignisse erkennbar. Beispielsweise wissen Sechs- und Siebenjährige, welches von zwei Ereignissen noch weiter entfernt ist, wenn beide Ereignisse binnen zwei Monaten stattfinden werden.

Aber erst mit zehn Jahren wissen Kinder, welches von zwei in weiterer Zukunft liegenden Ereignissen später eintreten wird (Friedman, 2000). Im Verlauf ihrer Entwicklung erweitern Kinder somit ihren Zeithorizont in die Vergangenheit und in die Zukunft.

Zeitliches Schlussfolgern

Kinder werden in den mittleren Jahren ihrer Kindheit nicht nur immer besser darin, Zeitverläufe einzuschätzen, sie können auch immer besser zeitliche Schlussfolgerungen ziehen. Insbesondere können sie den Schluss ziehen, dass von zwei Ereignissen, die gleichzeitig anfingen, von denen aber das eine später endete als das andere, dasjenige Ereignis, das später endete, länger gedauert hat.

Schon mit fünf Jahren gelingen Kindern solche Schlussfolgerungen über die Zeit, aber nur dann, wenn die Situation keine potenziell ablenkenden Merkmale enthält. Auf die Angabe hin, dass zwei Puppen zum gleichen Zeitpunkt eingeschlafen sind und dass die eine Puppe vor der anderen aufwachte, kommen Fünfjährige zu dem korrekten Schluss, dass die Puppe, die später noch schlief, als die andere schon wach war, auch länger geschlafen hatte (Levin, 1982). In Kapitel 4 wurde jedoch bereits folgende Situation dargestellt: Zwei Spielzeugzüge fahren auf parallelen Gleisen in dieselbe Richtung, und der eine Zug hält an einer weiter entfernten Stelle als der andere. Hier sagen Fünfjährige in der Regel, dass der Zug, der weiter hinten erst angehalten hat, auch längere Zeit gefahren ist, unabhängig davon, wann die Züge losfuhren und anhielten und wie schnell sie fuhren (Acredolo & Schmidt, 1981). Das Problem liegt darin, dass die Aufmerksamkeit der fünfjährigen Kinder von dem einen Zug in Anspruch genommen ist, der weiter hinten angehalten hat, was sie dazu bringt, sich auf die räumliche Position der Züge zu konzentrieren statt auf ihren eigenen instabilen Zeitbegriff. Piagets (1969) Beobachtungen der Leistungen von Kindern bei dieser Aufgabe führten ihn, man erinnere sich, unter anderem zum Konzept der Zentrierung, der Vorstellung, dass sich Kinder in der prä-operatorischen Phase oft auf eine einzelne Dimension konzentrieren und andere, relevantere Dimensionen nicht beachten.

Kausalität

Der berühmte schottische Philosoph des 18. Jahrhunderts David Hume beschrieb Kausalität als den „Klebstoff des Universums". Ihm ging es darum, dass kausale Zusammenhänge diskrete Ereignisse zu einem Ganzen verknüpfen. Spätere Befunde deuteten darauf hin, dass sich Kinder ab einem frühen Zeitpunkt in ihrer Entwicklung sehr stark auf ihr Verständnis kausaler Mechanismen verlassen, um darauf zu schließen, welche Ereignisse eintreten werden. Wenn Kinder ein Spielzeug auseinander nehmen, um herauszufinden, wie es funktioniert, oder wenn sie fragen, warum das Licht angeht, wenn man den Schalter umlegt, oder erstaunt sind, dass ihre Mutter sie wegen kleinerer Regelverstöße bereits anschreit, dann versuchen sie, kausale Mechanismen zu verstehen.

Kausale Mechanismen beeinflussen physikalische und psychische Ereignisse, wobei sie in beiden Bereichen unterschiedlich funktionieren (Corrigan & Denton, 1996). Bei physikalischen Ereignissen beinhalten kausale Mechanismen einen Energietransfer von einem Objekt auf ein anderes (man denke an eine rollende Billardkugel, die auf eine ruhende Kugel trifft). Bei psychischen Ereignissen rufen Kausalmechanismen Motivationen und Gründe für Gefühle und Handlungen hervor (man denke an den enttäuschten Gesichtsausdruck einer Mutter, der ihren Sohn traurig macht). Wir haben die Entwicklung des Verstehens psychischer und biologischer Ursachen bereits in denjenigen Abschnitten dieses Kapitels erörtert, die dem Verstehen von Menschen und anderen Lebewesen gewidmet sind; in diesem Abschnitt konzentrieren wir uns auf das kindliche Verständnis der physikalischen Kausalität, wozu Mechanismen gehören, bei denen Kraft und Energie Veränderungen bewirken.

Kausales Schlussfolgern in der frühen Kindheit

Zwischen sechs und zehn Monaten nehmen Kinder kausale Verknüpfungen zwischen einigen physikalischen Ereignissen wahr (Leslie, 1987; Oakes & Cohen, 1995). In einem typischen Experiment zum Nachweis der Fähigkeit, dass solche Verknüpfungen hergestellt werden können, zeigten Les Cohen und Lisa Oakes Kindern eine Reihe von Videoclips, auf denen ein sich bewegendes Objekt mit einem ruhenden Objekt zusammenstößt, worauf das ruhende Objekt sofort anfängt, sich in die erwartete Richtung zu bewegen (Cohen & Oakes, 1993). In jedem Clip wurden andere sich bewegende und ruhende Objekte verwendet, aber der Ablauf als solcher blieb derselbe. Nachdem die Kinder einige dieser Videoclips gesehen hatten, habituierten sie auf die Zusammenstöße. Dann zeigte man ihnen einen leicht veränderten Clip, auf dem das ruhende Objekt seine Bewegung begann, bevor es mit dem anderen Objekt in Kontakt kam. Die Kinder betrachteten das ungewöhnliche Ereignis länger, als sie die vorangegangenen Durchgänge betrachtet hatten. Vermutlich deutet der längere Blick darauf hin, dass der neue Videoclip ihrer Auffassung widersprach, dass sich unbelebte Objekte nicht von selbst bewegen.

Zum Ende ihres ersten Lebensjahres hin scheinen Kinder auch zu erwarten, dass größere Objekte stärkere Kräfte ausüben als kleinere Objekte. Kotovsky und Baillargeon (1994) zeigten elf Monate alten Kindern wiederholt ein Video, auf dem ein Objekt mittlerer Größe mit einem ruhenden Objekt zusammenstößt und verursacht, dass sich dieses Objekt ein Stück weit bewegt. Nachdem die Kinder auf dieses Ereignis habituiert waren, sahen einige von ihnen ein größeres Objekt, das sich mit derselben Geschwindigkeit bewegte wie zuvor das Objekt mittlerer Größe und das ruhende Objekt anstieß, wodurch dieses sich weiter weg bewegte als zuvor, nachdem es von dem Objekt mittlerer Größe angestoßen worden war. Andere Kinder sahen ein Video mit einem kleineren sich bewegenden Objekt, das sich wiederum mit gleicher Geschwindigkeit wie zuvor bewegte, das ruhende Objekt anstieß und nun aber dazu führte, dass sich das ruhende Objekt weiter weg bewegte als nach der Kollision mit dem Objekt mittlerer Größe. Kinder, die diese Szene beobachteten, schauten länger hin als die Kinder, welche die zuvor beschriebene Szene sahen, offenbar aufgrund ihrer Verwunderung darüber, dass das kleinere Objekt die größere Wirkung auslöste.

Das Verständnis kausaler Einflüsse im ersten und zweiten Lebensjahr beeinflusst nicht nur die Erwartungen über physikalische Ereignisse, sondern auch die Fähigkeit von Kindern, Handlungsfolgen zu erinnern und nachzuahmen. Zeigt man Einjährigen eine willkürliche Folge von Ereignissen (beispielsweise wird eine Puppe in einen Spielzeuglaster gesetzt und dann werden Holzklötze in den Spielzeuglaster geladen), worauf sie die Handlungen in der Reihenfolge, in der sie sie gesehen hatten, erinnern und nachmachen sollen, gelingt es ihnen manchmal (Bauer, 1995; Hertsgaard & Bauer, 1990). Wenn sie jedoch Handlungsfolgen erinnern und nachmachen sollen, deren Abfolge durch Kausalität bestimmt ist (zum Beispiel eine Spielzeugrampe an der Ladefläche eines Lastwagens ansetzen, bevor ein Spielzeugauto diese Rampe hoch- und in den Lastwagen hineinfährt), erinnern Kinder im gleichen Alter die Handlungsfolge viel erfolgreicher und können sie auch entsprechend nachahmen. Besonders eindrücklich ist die Tatsache, dass sie nach einer Sequenz aus drei Handlungen, von denen zwei kausal verknüpft sind und die dritte nicht, häufig die beiden kausal verknüpften Handlungen nachmachen, aber die kausal irrelevante Handlung weglassen (Bauer & Fivush, 1992). Das Verstehen kausaler Verknüpfungen erleichtert also das Gedächtnis und die Nachahmung zumindest ab dem Ende des ersten Lebensjahrs.

Die weitere Entwicklung des Kausaldenkens

Auch wenn Kinder in ihrem ersten Lebensjahr eine allgemeine Vorstellung von Ursache und Wirkung besitzen, bringen sie diese nur in Situationen zur Anwendung, in denen die Zusammenhänge zwischen Ursache und Wirkung offensichtlich sind. Ein häufiges Thema, das über die frühe Kindheit hinaus viele einzelne Entwicklungsaspekte des Kausalitätsverstehens kennzeichnet, betrifft die kontinuierliche Erweiterung der Fähigkeit, kausale Beziehungen auch dann zu entdecken, wenn die Ursachen nicht unmittelbar ersichtlich sind.

Eine Illustration dieser Weiterentwicklung entnehmen wir einer Untersuchung von Zhe Chen und Robert Siegler (2000) über den Werkzeuggebrauch von eineinhalb und zweieinhalb Jahre alten Kindern, denen ein attraktives Spielzeug dargeboten wurde, das auf einem Tisch etwa 30 Zentimeter außerhalb ihrer Reichweite lag. Zwischen dem Kind und dem Spielzeug befanden sich sechs potenzielle Werkzeuge unterschiedlicher Länge und unterschiedlicher Formgebung am Ende des Stiels (Abbildung 7.8). Um bei dieser Aufgabe Erfolg zu haben, mussten die Kinder die kausale Beziehung erkennen, die eines der Werkzeuge gegenüber den anderen wirksamer macht, um das geeignete Spielzeug zu wählen. Insbesondere mussten sie erkennen, dass ein hinreichend langer Stiel und ein geeignet gebogenes Kopfende entscheidend sind.

Die zweieinhalb Jahre alten Kinder waren bei dem Problem, an das Spielzeug heranzukommen, deutlich häufiger erfolgreich als die Kinder mit anderthalb Jahren, und zwar sowohl bei ihren anfänglichen eigenen Bemühungen als auch, nachdem ihnen vom Versuchsleiter gezeigt wurde, wie sie das optimale Werkzeug einsetzen konnten. Ein Grund für den größeren Erfolg der älteren Kinder lag darin, dass sie überhaupt häufiger die Werkzeuge verwendeten und nicht nur mit ihren Händen über den Tisch zu greifen versuchten oder ihre Mütter um Hilfe baten. Ein weiterer Grund bestand darin, dass sie, sofern sie ein Werkzeug einsetzten, häufiger das optimal geeignete Werkzeug wählten. Auch konnten die älteren Kinder das, was sie bei der ersten Aufgabe dieser Art gelernt hatten, häufiger auf neue, auf den ersten Blick andersartige Aufgaben übertragen, an denen Werkzeuge und Spielzeuge mit anderen Formen, Farben und Musterungen beteiligt waren. Die Ergebnisse weisen darauf hin, dass die älteren Kleinkinder ein tieferes Verständnis der Kausalbeziehungen zwischen den Eigenschaften der Werkzeuge und ihrer Erfolgswahrscheinlichkeit für den Einsatz des Spielzeugs besaßen. Dieses vertiefte Verständnis versetzte sie in die Lage, die Aufgaben häufiger erfolgreich zu lösen.

In den darauf folgenden Jahren fangen Kinder an, aktiv nach Ursachen zu suchen, wenn keine Verursachungsquelle offensichtlich ist. In einer Untersuchung sahen Kinder im Alter von drei bis fünf Jahren zwei Objekte, die sich immer gemeinsam bewegten. Die Kinder wurden glauben gemacht, dass die koordinierte Bewegung dadurch verursacht war, dass die Objekte durch eine verborgene Schnur miteinander verbunden waren; wenn die Kinder aber den Teil der Vorrichtung überprüften, an dem sich die Schnur angeblich hätte befinden müssen, fanden sie nichts. Viele Vierjährige und die meisten Fünfjährigen lachten, warfen dem Versuchsleiter vor, sie hereinzulegen, und suchten an einer anderen Stelle nach der Verbindung. Im Gegensatz dazu zeigten fast alle dreijährigen Kinder keine dieser Reaktionen. Die Suche der älteren Vorschulkinder deutet auf ihr Wissen hin, dass es für den Effekt eine Ursache geben muss, auch wenn sie diese nicht identifizieren konnten.

Die Entwicklung der Erkenntnis, dass Ereignisse Ursachen besitzen müssen, scheint die Reaktionen von Kindern auf Zaubertricks zu beeinflussen. Die meisten Drei- und Vierjährigen erkennen die Pointe eines Zaubertricks nicht; sie kapieren, dass irgendetwas Merkwürdiges geschehen ist, aber finden den Trick nicht witzig und versuchen auch nicht, dem seltsamen Phänomen aktiv auf den Grund zu gehen (Rosengren & Hickling, 1994). Im Alter von fünf Jahren sind Kinder von Zaubertricks jedoch fasziniert, gerade weil die Effekte nicht von offensichtlichen Kausalmechanismen hervorgerufen werden, und viele wollen den Zauberhut oder eine andere Zauberapparatur durchsuchen,

Abbildung 7.8: Problemlösen. Diese Aufgabe verwendeten Chen und Siegler (2000) bei der Untersuchung des Problemlösens von Kleinkindern. Um das geeignete Werkzeug auszuwählen, mit dem man an das Spielzeug herankommt, mussten die Kinder die Bedeutung sowohl der Länge des Stiels als auch des Winkels des Kopfteils relativ zum Stiel erkennen. Das größere Verständnis älterer Kinder für solche kausalen Relationen führte dazu, dass sie häufiger überhaupt Werkzeuge verwenden und nicht nur nach dem Spielzeug greifen und dass sie häufiger das für die Problemlösung geeignete Werkzeug wählen.

Kasten 7.4 — Näher betrachtet

Magisches Denken und Phantasie

Falls Sie jetzt denken, das kausale Schlussfolgern fünfjähriger Kinder gleiche dem von Erwachsenen, betrachten Sie die folgende Unterhaltung zwischen zwei Kindergartenkindern und ihrer Erzieherin:

> *Lisa*: Wünschen sich Pflanzen kleine Babypflanzen?
> *Deana*: Ich glaub, nur Menschen können Wünsche haben. Aber Gott könnte einen Wunsch in eine Pflanze tun ...
> *Erzieherin*: Ich stelle mir Menschen immer so vor, dass sie Ideen haben.
> *Deana*: Das ist doch dasselbe. Gott tut eine kleine Idee in die Pflanze, die ihr sagt, was sie sein soll.
> *Lisa*: Meine Mutter wünschte sich mich und ich kam an meinem Geburtstag.
> (Paley, 1981, S. 79–80.)

Dieses Gespräch würde zwischen zwei Zehnjährigen und ihrer Lehrerin so nicht stattgefunden haben. Vielmehr spiegelt es, so der Psychologe Jacqui Woolley, der die Phantasien von Vorschulkindern untersucht hat, eine der bezauberndsten Seiten der frühen Kindheit wider: Vorschulkinder und Schulanfänger „leben in einer Welt, in der Phantasie und Realität stärker miteinander verwoben sind als bei Erwachsenen" (Woolley, 1997).

Dass kleinere Kinder an Phantasie und Magie, aber auch an normale Ursachen glauben, ist auf vielerlei Art erkennbar. Die meisten Vier- bis Sechsjährigen glauben, dass sie andere Menschen beeinflussen können, indem sie sie durch eigenes Wünschen dazu bringen, etwas zu tun, beispielsweise ein bestimmtes Geburtstagsgeschenk zu kaufen (Vikan & Clausen, 1993). Sie glauben, dass wirksames Wünschen große Fähigkeiten, vielleicht sogar Zauberkraft erfordert, aber dass es möglich ist. Viele fürchten, dass Monster ihnen etwas antun könnten (Woolley, 1997). Auf der positiven Seite glauben viele, dass ihre Hoffnungen eintreffen werden, wenn sie sich gut mit dem Nikolaus stellen (Rosengren, Kalish, Hickling & Gelman, 1994). Es wurde in diesem Kapitel bereits erwähnt, dass Vorschulkinder und Schulanfänger oft mit fiktiven Freunden spielen (Taylor, Cartwright & Carlson, 1993). Diese Welt der Phantasie ist zwischen drei und sechs Jahren am auffälligsten, wobei einzelne Aspekte auch noch Jahre später erkennbar sind.

Forschungsarbeiten haben gezeigt, dass kleinere Kinder nicht nur an Zauberei glauben; sie handeln auch ihrem Glauben entsprechend. In einem Experiment wurde Vorschulkindern gesagt, dass eine bestimmte Schachtel eine Zauberschachtel sei; wenn man eine Zeichnung hineinlegt und einen Zauberspruch sagt, würde das auf der

---

um zu sehen, wie ein solches Kunststück möglich war. Diese zunehmende Erkenntnis, dass selbst merkwürdige Ereignisse eine Ursache haben müssen, zusammen mit dem wachsenden Verstehen der Mechanismen, die Ursachen und ihre Wirkungen verknüpfen, ist für die Entwicklung des logischen kausalen Denkens entscheidend. Wie in Kasten 7.4 jedoch dargestellt wird, führt die wachsende Erkenntnis des Verursachungsprinzips nicht automatisch zur Beendigung des magischen Denkens.

Die Umstände verstehen: Wo, wann, warum und wie viel **399**

Kasten 7.4

Zeichnung dargestellte Objekt erscheinen. Dann ließ der Versuchsleiter das Kind mit der Schachtel und einer Reihe von Zeichnungen allein. Die Kinder legten Zeichnungen der attraktivsten Gegenstände in die Schachtel, sagten die „Zauberformel" und waren deutlich enttäuscht, als sie die Schachtel wieder öffneten und nur die Zeichnungen vorfanden (Subbotsky, 1993, 1994).

Wie lassen sich die Fähigkeiten zum logischen kausalen Denken mit dem Glauben an Zauberei und den Nikolaus in Einklang bringen? Im Wesentlichen muss man erkennen, dass Kinder hier wie in vielen anderen Situationen eine Vielzahl von Vorstellungen gleichzeitig besitzen und für wahr halten. Sie glauben, dass Zauberei Dinge verursacht, aber verlassen sich nicht darauf, wenn es sie in Verlegenheit bringen könnte. In einer Demonstration dieses begrenzten Glaubens an die Magie (Woolley & Phelps, 1994) zeigte der Versuchsleiter Vorschulkindern eine leere Schachtel, schloss sie und forderte die Kinder dann auf, sich darin einen Bleistift vorzustellen. Dann fragte er die Kinder, ob jetzt ein Bleistift in der Schachtel sei; viele sagten „ja". Dann betrat eine erwachsene Person den Raum und sagte, sie brauche einen Bleistift für ihre Arbeit. Nur sehr wenige der Kinder öffneten die Schachtel oder gaben sie dem Erwachsenen. Wenn es also keine weiteren Folgen hat, sagten viele Kinder, dass die Schachtel einen Bleistift enthalte, aber sie glaubten es nicht stark genug, um so zu handeln, dass es einem Erwachsenen dumm erscheinen könnte.

Wie überwinden Kinder ihren Glauben an Zauberkraft und Magie? Ein Mittel dazu besteht darin, mehr über wirkliche Ursachen zu erfahren; je mehr Kinder über die tatsächlichen Ursachen von Ereignissen wissen, umso unwahrscheinlicher ist es, dass sie magische Erklärungen heranziehen (Woolley, 1997). Ein weiteres Mittel betrifft Erfahrungen, die den ursprünglichen Glauben untergraben, etwa wenn man einen Mitschüler sagen hört, dass es den Nikolaus gar nicht gibt, oder wenn man selbst zwei Nikoläuse sieht, die einander auf der Straße begegnen. Manchmal gelingt es Kindern jedoch zumindest vorübergehend, die Desillusionierung zu vermeiden, die mit solchen Erfahrungen einhergeht, indem sie zwischen dem Ideal selbst und seinen mehr oder weniger schlechten Kopien einen Unterschied machen – zum Beispiel zwischen dem wirklichen Nikolaus und Schwindlern, die sich nur als Nikolaus verkleiden.

Der Glaube an Zauberwesen und Phantasiegeschöpfe endet manchmal nicht mit der Kindheit. In Meinungsumfragen gaben mehr als 20 Prozent der amerikanischen Erwachsenen an, an Geister und Spukhäuser zu glauben (Gallup & Newport, 1991). Unzählige weitere Erwachsene geben sich dem Aberglauben hin, nicht unter Leitern durchzugehen, auf Holz zu klopfen und nicht auf die Ritzen zwischen den Gehwegplatten zu treten. So sind viele von uns dem magischen Denken niemals völlig entwachsen.

Zahl

Das Konzept der Zahl ist ebenso wie das des Raumes, der Zeit und der Kausalität eine zentrale Dimension der menschlichen Erfahrung. Man kann sich kaum vorstellen, wie die Welt erscheinen würde, wenn wir nicht eine zumindest grobe Vorstellung von Anzahlen hätten; wir wüssten nicht, wie viele Finger wir besitzen, wie viele Mitglieder unsere Familie hat und so weiter. Alle

Kulturen haben numerische Systeme entwickelt, die in einigen Jäger-und-Sammler-Gesellschaften jedoch einfach nur aus den Elementen „1, 2, 3, viele" bestehen können (Dantzig, 1967). Dass die einfachsten Zahlensysteme bei 3 aufhören, dürfte kein Zufall sein. Auch Kinder gehen mit Mengen von einem, zwei oder drei Objekten viel differenzierter um als mit größeren Objektmengen. Im Folgenden untersuchen wir mehrere grundlegende Aspekte der Entwicklung des Zahlenverständnisses.

Numerische Gleichheit

Numerische Gleichheit – die Erkenntnis, dass alle Mengen von N Objekten etwas gemeinsam haben.

Das wohl grundlegendste numerische Verständnis richtet sich auf die **numerische Gleichheit**, die Erkenntnis, dass alle Mengen, die N Objekte enthalten, ein gemeinsames Merkmal besitzen. Wenn Kinder zum Beispiel erkennen, dass zwei Hunde, zwei Tassen, zwei Bälle und zwei Schuhe alle die Eigenschaft der „Zweiheit" teilen, besitzen sie ein elementares Verständnis der numerischen Gleichheit.

Schon im Alter von fünf Monaten scheinen Kinder eine solche Ahnung der numerischen Gleichheit zu besitzen, zumindest was Mengen aus bis zu drei Objekten betrifft. Wir wissen das aus Untersuchungen mit dem bekannten Habituationsparadigma, in denen Kleinkinder eine Folge von Bildern sahen, die alle dieselbe Anzahl von Objekten enthielten, welche sich jedoch auf andere Weise von Bild zu Bild unterschieden (Starkey, Spelke & Gelman, 1990; van Loosbroek & Smitsman, 1990). Zum Beispiel wurden den Kindern drei senkrecht angeordnete Sterne gezeigt, dann drei waagerecht angeordnete Kreise, dann drei Rauten in diagonaler Anordnung, und so weiter. Nach eingetretener Habituation auf die Bilder mit drei Objekten kam ein Bild mit einer anderen Anzahl von Objekten (zum Beispiel zwei Quadrate). Diese Untersuchungen lassen erkennen, dass Kinder mit fünf Monaten im Allgemeinen ein Objekt von zwei Objekten und zwei Objekte von drei Objekten unterscheiden können. Diese Tendenz ist jedoch schwach – die Unterscheidungen der Kinder beruhen häufig auf der Gesamtfläche, welche die Objekte einnehmen, oder auf der Länge ihrer Konturen statt auf ihrer Anzahl, wenn man beide Parameter variiert (Clearfield & Mix, 1999; Feigenson, Carey & Spelke, 2002). Die Tatsache jedoch, dass Kinder auch kleine Anzahlen von Ereignissen unterscheiden, weist darauf hin, dass sie unabhängig von Fläche und Kontur ein Zahlgefühl besitzen. Bei einem eindeutigeren Nachweis dieses elementaren Zahlverstehens zeigte Wynn (1995) sechs Monate alten Babys eine Puppe, die wiederholt immer zweimal hochsprang. Nach erfolgter Habituation sahen sie, wie die Puppe entweder einmal oder dreimal hochsprang. Die Blickdauer der Kinder erhöht sich, woraus man schließen kann, dass die Kinder den Unterschied zwischen zwei Sprüngen und einem oder drei Sprüngen erkannten.

Trotz dieser frühen Fähigkeit im Umgang mit sehr kleinen Mengen müssen Kinder erst drei oder vier *Jahre* alt werden, um ein vergleichbares Verständnis auch nur wenig größerer Mengen an den Tag zu legen. Selbst im Alter von 26 Monaten fällt es Kindern schwer, vier und fünf Objekte oder Ereignisse zu unterscheiden (Starkey, 1992; Strauss & Curtis, 1984). Dieser überraschende Unterschied zwischen der Kompetenz von Kleinkindern im Umgang mit sehr kleinen Mengen und ihrer Inkompetenz mit nur wenig größeren Mengen spielt auch bei der Beurteilung der Behauptung eine wichtige Rolle, dass Babys bereits ein elementares Rechenverständnis besitzen.

Rechnen in der frühen Kindheit

Einige Experten des kindlichen Zahlverstehens kamen zu dem Schluss, dass Kleinkinder bereits über Grundkenntnisse im Rechnen verfügen (R. Gelman & Williams, 1998; Wynn, 1992). Ihre Schlussfolgerungen beruhen auf Belegen der folgenden Art (Abbildung 7.9): Ein fünf Monate altes Kind sieht eine Puppe auf einer Bühne. Ein Schirm fährt hoch, der die Sicht auf die Puppe verbirgt. Dann sieht das Kind, wie eine Hand eine zweite Puppe hinter den Schirm stellt und sich ohne die Puppe wieder zurückzieht, so dass sie die zweite Puppe offenbar bei der ersten Puppe auf der Bühne gelassen hat. Schließlich bewegt sich der Sichtschirm wieder nach unten und gibt den Blick entweder auf eine oder auf zwei Puppen frei. Die meisten Kinder in diesem Alter schauen länger hin, wenn nur ein Objekt erscheint und nicht zwei Objekte; sie erwarteten offenbar, dass ein Objekt plus ein Objekt zwei Objekte ergeben sollte, so dass sie Überraschung zeigten, wenn sie am Ende nur eine Puppe sahen. Ähnliche Ergebnisse erhält man für die Subtraktion: Kinder mit fünf Monaten schauen länger hin, wenn von zwei Objekten eines weggenommen wurde und immer noch zwei Objekte vorhan-

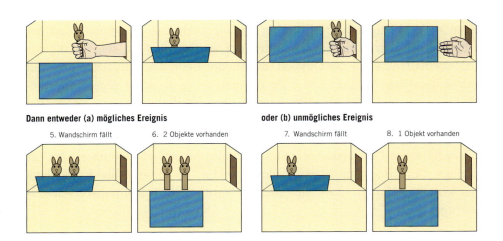

Abbildung 7.9: Eine Aufgabe, mit der Wynn (1992) das elementare Verständnis der Addition bei Kindern untersuchte. Das Kind sah, (1) wie eine Puppe auf die Bühne gestellt wurde. (2) Ein Wandschirm verdeckte die Sicht auf die Puppe. (3) Eine Hand, die eine weitere Puppe hielt, bewegte sich auf die Bühne und hinter den Schirm, (4) und die leere Hand bewegte sich wieder zurück. Dann fiel der Wandschirm und ließ entweder das mögliche Ereignis mit zwei Puppen auf der Bühne (5 und 6) oder das unmögliche Ereignis mit einer Puppe auf der Bühne (7 und 8) erkennen. Kinder unter sechs Monaten blickten länger auf das unmögliche Ereignis, was ihre Überraschung beim Anblick nur einer Puppe erkennen lässt.

den sind, als wenn nach dem Wegnehmen eines Objekts nur noch eines übrig blieb (Wynn, 1992).

Aber zeigen diese Ergebnisse wirklich, dass Kinder Rechenoperationen verstehen? Die entsprechende Behauptung hat heftige Diskussionen und Kontroversen ausgelöst. Das liegt zum Teil daran, dass Versuche, die Originalergebnisse zu replizieren, nur zum Teil Erfolg hatten: Manche Untersuchungen konnten die Befunde replizieren (Simon, Hespos & Rochat, 1995), andere nicht (Wakeley, Rivera & Langer, 2000). Ein allgemeiner Grund für die Kontroverse hat damit zu tun, dass die Kinder wie schon bei den im vorangegangenen Abschnitt beschriebenen Aufgaben nur in solchen Situationen arithmetische Kompetenzen erkennen ließen, in denen die Gesamtzahl der Objekte maximal 3 betrug. Ein ähnliches Verständnis der Effekte, wenn man zwei Objekte zu zwei weiteren Objekten dazuaddiert, zeigen Kinder erst in weit höherem Alter – mit vier oder fünf Jahren (Huttenlocher, Jordan & Levine, 1994; Starkey, 1992).

Die Tatsache, dass die Kompetenz kleiner Kinder auf Mengen von drei oder weniger Objekten begrenzt bleibt, führte eine zweite Gruppe von Experten (Clearfield & Mix, 1999; Haith & Benson, 1998; Simon, 1997) zu dem Schluss, dass die Reaktionen der Kinder auf solche Rechentests nicht auf ihrem Verstehen arithmetischer Operationen beruhen, sondern auf Wahrnehmungsprozessen. Zum Beispiel nehmen Haith und Benson (1998) an, dass Kinder auf einen Wahrnehmungsprozess zurückgreifen, über den auch Erwachsene verfügen und der bei Betrachtung von einem, zwei oder drei Objekten sofort und unmittelbar erkennen lässt, um wie viele Objekte es sich handelt: das **Auf-einen-Blick-Erfassen**. (Im Englischen wurde für diesen Prozess der Ausdruck *subitizing* geprägt.) Nach dieser Interpretation bilden Kinder ein geistiges Abbild der am Anfang vorhandenen Objekte und der Objekte, die hinzuaddiert oder subtrahiert werden, und sie zeigen längeres Blickverhalten, wenn die Objekte, die sie am Ende der Aufgabe sehen, mit ihrem mentalen Abbild nicht übereinstimmen. Es passt zu dieser Interpretation, dass fünf Monate alte Kinder unter Bedingungen, in denen die Schwierigkeit des Aufbaus eines mentalen Abbilds erhöht wurde, keine Überraschung zeigen, wenn am Ende 1 + 1 = 1 ist (Uller & Huntley-Fenner, 1995). Unter manchen Umständen zeigen Kinder also numerische Kompetenzen bei kleinen Objektmengen, aber es bleibt unklar, ob diese frühe Kompetenz tatsächlich bedeutet, dass sie über ein arithmetisches Grundverständnis verfügen.

Auf-einen-Blick-Erfassen (*subitizing*) – ein Prozess, mit dessen Hilfe Erwachsene und Kinder eine kleine Menge von Objekten betrachten können und unmittelbar wissen, um wie viele Objekte es sich handelt.

Zählen

Mit drei Jahren erwerben die meisten Kinder ein Mittel, um die Anzahl von Objekten in Mengen, die mehr als drei Elemente umfassen, präzise anzugeben – das Zählen. Die meisten Dreijährigen können fehlerfrei bis zu zehn Objekte abzählen. Vorschulkinder scheinen auch die Grundprinzipien zu verstehen, die dem Zählen zugrunde liegen. Rochel Gelman und Randy Gallistel (1978) nehmen die folgenden fünf Prinzipien des Zählens an:

- *Eins-zu-eins-Korrespondenz*: Jedes Objekt soll mit genau einem Zahlwort bezeichnet werden.
- *Stabile Reihenfolge*: Die Zahlen sollen immer in derselben Reihenfolge aufgesagt werden.
- *Kardinalzahlprinzip*: Die Anzahl der Objekte in der Menge entspricht der letzten genannten Zahl.
- *Irrelevanz der Reihenfolge*: Die Objekte können von links nach rechts, von rechts nach links oder in jeder beliebigen anderen Reihenfolge abgezählt werden.
- *Abstraktion*: Jede (endliche) Menge diskreter Objekte oder Ereignisse kann gezählt werden.

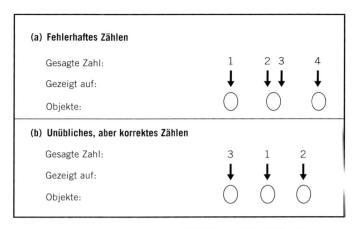

Abbildung 7.10: Zählweisen. Zählweisen, wie sie bei Frye et al. (1989) und Gelman et al. (1986) verwendet wurden. (a) Ein fehlerhaftes Zählverfahren. (b) Ein unübliches, aber korrektes Zählverfahren.

Viele Belege dafür, dass Kinder im Vorschulalter diese Prinzipien verstehen, ergeben sich aus ihrer Beurteilung von zwei Arten von Zählverfahren: falsche Zählweisen und unübliche, aber korrekte Zählweisen. Wenn Vier- oder Fünfjährige sehen, wie eine Puppe in einer Weise zählt, die das Prinzip der Eins-zu-eins-Korrespondenz verletzt – zum Beispiel, indem dasselbe Objekt mit zwei Zahlwörtern bezeichnet wird (Abbildung 7.10a) –, sagen sie einheitlich, dass falsch gezählt wurde (Frye, Braisby, Lowe, Maroudas & Nicholls, 1989; Gelman, Meck & Merkin, 1986). Sehen sie dagegen, wie die Puppe zwar auf ungewohnte Weise zählt, dabei aber keines der Prinzipien verletzt – zum Beispiel, indem sie in der Mitte einer Reihe mit dem Zählen beginnt, aber dennoch alle Objekte mitzählt (Abbildung 7.10b) –, beurteilen sie den Zählvorgang als korrekt. Vorschulkinder können zwar problemlos angeben, dass sie selbst nicht auf diese Weise zählen würden, aber es sei in Ordnung, wenn die Puppe das so macht. Die Fähigkeit zu erkennen, dass Verfahren, die sie selbst nicht anwenden würden, dennoch korrekt sind, zeigt, dass sie die Prinzipien verstehen, die korrektes Zählen von fehlerhaftem Zählen unterscheiden.

Überall auf der Welt lernen Kinder Zahlwörter, aber die Geschwindigkeit der betreffenden Lernprozesse hängt von dem System der Zahlwörter in ihrer Kultur ab. Zum Beispiel bemerkten Kevin Miller und eine Gruppe von Mitarbeitern, dass die meisten Fünfjährigen in China bis 100 oder weiter zählen können, während die meisten ihrer Altersgenossen in den USA nicht annähernd so weit zählen können (Miller, Smith, Zhu & Zhang, 1995). Die höheren Zählleistungen der chinesischen Kinder dürften zum Teil daran liegen, dass ihr Zahlensystem regelmäßiger ist, insbesondere zwischen 10 und 20. Im Chinesischen wie im Englischen werden die Zahlen über 20 nach einer Regel gebildet: Zuerst der Name der Zehnerstelle, dann der Name der Einerstelle (also zum Beispiel „twenty-one", „twenty-two"). Im Deutschen ist es übrigens gerade andersherum; wir nennen – auch anders als im Französischen oder Italienischen – bei Zahlen über 20 zuerst die Einer- und dann die Zehnerstelle

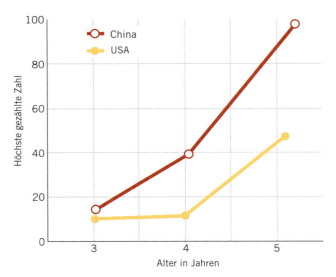

Abbildung 7.11: Wie weit Kinder zählen können. Mit drei Jahren können Kinder in China und in den USA etwa gleich weit zählen, aber mit vier und fünf Jahren können chinesische Kinder viel weiter zählen als ihre amerikanischen Altersgenossen. Ein Grund für die schnellere Entwicklung des Zählvermögens bei chinesischen Kindern dürfte darin liegen, dass die chinesischen Zahlwörter im Zehnerbereich einem einheitlichen, leicht erlernbaren Muster folgen, während die englischen Zahlwörter zwischen 10 und 20 praktisch einzeln gelernt werden müssen. (Daten aus Miller et al., 1995.)

(„ein-und-zwanzig", „zwei-und-zwanzig"), was nicht mit der Schreibweise der Zahlzeichen von links nach rechts korrespondiert und zu ‚Zahlendrehern' führen kann. Im Chinesischen folgen jedoch, anders als im Englischen, auch die Zahlen zwischen 10 und 20 der genannten Regel (also in der Art von „zehn-eins", „zehn-zwei"). Im Englischen gibt es keine Regel, nach der sich alle Zahlen zwischen 10 und 20 bilden lassen, so dass man praktisch jede Zahl einzeln lernen muss. In diesem Zahlenbereich stimmen das Deutsche und das Englische überein, sowohl hinsichtlich der ‚Sonderwörter' für 11 und 12 als auch hinsichtlich des weiteren Wortbildungsprinzips der Zahlen von 13 bis 19 (zum Beispiel „vier-zehn", „four-teen").

Abbildung 7.11 illustriert den offenkundigen Einfluss dieses sprachlichen Unterschieds. Dreijährige zählen in den USA und in China vergleichbar weit – beide können von 1 bis 10 zählen. Chinesische Vierjährige lernen dann jedoch schnell die Zehnerzahlen und die folgenden Zehnerschritte, während die Gleichaltrigen in den USA mit den Zehnerzahlen noch längere Zeit Schwierigkeiten haben. Der Unterschied im Sprachsystem ist aber nicht der einzige Grund, warum das Zählvermögen amerikanischer Kinder hinter dem der chinesischen Kinder zurückbleibt; ostasiatische Kulturen legen viel mehr Wert auf mathematische Fähigkeiten. Gleichwohl scheint die größere Einfachheit des chinesischen Systems und auch der Zahlwörtersysteme anderer ostasiatischer Sprachen im Bereich der Zehnerzahlen dazu beizutragen, dass Kinder das Zählen früher beherrschen.

Die Ordnung der Zahlen

Fünf Monate alte Kinder erkennen zwar, dass Zweier- oder Dreiermengen etwas mit anderen Mengen gemeinsam haben, die dieselbe Anzahl von Elementen umfassen; doch es dauert noch ein weiteres Jahr, bis sie für Zahlen das allgemeine Konzept von „größer" und „kleiner" gebildet haben. In einem Experiment (Strauss & Curtis, 1984) sahen Kinder im Alter von 16 Monaten wiederholt zwei Quadrate auf einem Bildschirm, von denen das eine einen Punkt und das andere zwei Punkte enthielt. Die Kinder erhielten jedes Mal eine Belohnung, wenn sie das Quadrat mit den beiden Punkten berührten. Nachdem sie gelernt hatten, regelmäßig das Quadrat mit den beiden Punkten zu berühren, zeigte man ihnen zwei neue Quadrate, von denen das eine drei und das andere vier Punkte enthielt. In dieser neuen Situation berührten sie im Allgemeinen das Quadrat mit den vier Punkten, woraus man schließen kann, dass sie das Konzept größerer und kleinerer Zahlen besitzen und gelernt hatten, das Quadrat mit der größeren Zahl von Punkten zu wählen.

Um diese Schlussfolgerung zu untermauern, wurde ein zweites Experiment durchgeführt, in dem die Kinder dafür belohnt wurden, dass sie das Quadrat mit dem einen Punkt – und nicht wie zuvor das Quadrat mit den zwei Punkten – berührten. Als diesen Kindern danach die größeren Punktmengen gezeigt wurden, wählten sie das Quadrat mit den drei (und nicht das mit den vier) Punkten. Es fand sich also Unterstützung für die Annahme, dass die Kinder mit 16 Monaten ein Grundverständnis für größere und kleinere Anzahlen erkennen lassen.

Wie bei den anderen Aspekten des numerischen Verstehens dauert es auch hier lange, bis die Kinder ihre Kompetenz auch nur auf etwas größere Zahlen ausweiten können. Zum Beispiel beantworten nur sehr wenige Dreijährige Fragen vom Typ „Was ist mehr: N Orangen oder M Orangen?" durchgehend korrekt, wenn für N und M Zahlen zwischen 5 und 9 eingesetzt werden (Siegler & Robinson, 1982). Manche Vierjährige lösen solche Aufgaben richtig, aber auch sie geraten häufig in Schwierigkeiten, wenn die Zahlen nahe beieinander liegen, wie im Fall von „Was ist mehr: 6 Orangen oder 7 Orangen?". Erst mit fünf Jahren kennen die meisten Kinder die relative Größe aller oder fast aller Zahlen zwischen 1 und 10. Dieses Wissen, zusammen mit den anderen zahlenbezogenen Erkenntnissen, die Kinder in ihren Vorschuljahren erwerben, bildet den Ausgangspunkt für die sehr schnelle Entwicklung der mathematischen Fähigkeiten, die in den Grundschuljahren einsetzt.

IN KÜRZE

Menschen sind, ebenso wie Tiere, biologisch darauf vorbereitet, bestimmte Arten räumlicher Information in speziellen Bereichen des Gehirns zu kodieren. Ab ihrem ersten Lebensjahr repräsentieren Kinder räumliche Positionen relativ zu ihrem eigenen Körper und relativ zu anderen Merkmalen der Umgebung, zum Beispiel auffälligen Orientierungspunkten. Eigene Fortbewegung scheint für die Entwicklung räumlicher Repräsentationen entscheidend zu sein.

Ein elementares Zeitgefühl ist ebenfalls schon sehr früh vorhanden; mit drei Monaten, wenn nicht schon früher, besitzen Kinder ein Gefühl der erlebten Zeit, der Reihenfolge, in der Ereignisse auftraten. Es dauert jedoch bis zum Alter von drei bis fünf Jahren, ein akkurates Gefühl für Zeitintervalle zu entwickeln, und die Fähigkeit zum schlussfolgernden Denken über Zeit wird noch später erworben.

Auch ein Grundverständnis für Kausalität kommt extrem früh in der Entwicklung zum Vorschein. In ihrem ersten Lebensjahr unterscheiden Kinder zwischen physikalischen und psychischen Ursachen. Im Verlauf der Vor- und Grundschulzeit werden Kinder zunehmend versierter im Erschließen von Kausalbeziehungen, auch wenn der Glaube an Zauberei und Übernatürliches gleichzeitig mit dem wachsenden Verständnis kausaler Mechanismen weiter existiert, insbesondere in der Zeit vor Schuleintritt.

Bei kleinen Zahlen zeigen Kinder (wie bei Raum, Zeit und Kausalität) schon innerhalb des ersten Lebensjahres ein gewisses Grundverständnis. Mit drei oder vier Jahren lernen sie die Prinzipien, die dem Zählen zugrunde liegen, zum Beispiel, dass jedes Objekt nur genau einmal gezählt werden darf. Mit fünf Jahren lernen die meisten die relativen Größen der verschiedenen Zahlen und beherrschen das Zählen über 20 hinaus. Die Lerngeschwindigkeit wird von der Regelhaftigkeit des Zahlensystems in der jeweiligen Muttersprache beeinflusst, aber auch dadurch, wie stark die jeweilige Kultur Wert auf mathematische Fähigkeiten legt.

Zusammenfassung

Um das, was sie erleben, zu verstehen, müssen Kinder lernen, dass die Welt verschiedenartige Typen von Objekten enthält: Menschen, andere Lebewesen und unbelebte Gegenstände. Auch benötigen Kinder ein Grundverständnis von Raum, Zeit, Kausalität und Zahl, so dass sie in der Lage sind, ihre Erfahrungen danach zu kodieren, wo, wann, warum und wie oft Ereignisse auftreten.

Die Dinge verstehen: Wer oder was

- Die ersten Objektkategorien von Kindern beruhen größtenteils auf perzeptueller Ähnlichkeit, insbesondere auf Formähnlichkeit. Zum Ende des ersten Lebensjahrs bilden sie auch Klassen von Objekten mit gleicher Funktion.
- Im Alter von zwei oder drei Jahren bilden Kinder Klassenhierarchien vom Typ Tier/Hund/Pudel oder Möbel/Stuhl/Barhocker.
- Ab der frühen Kindheit verhalten sich Kinder gegenüber Menschen anders als gegenüber Tieren oder unbelebten Objekten. Zum Beispiel lächeln sie Menschen mehr an als Kaninchen oder Roboter.
- Mit 18 Monaten verstehen Kinder, dass Menschen Absichten haben, was sich darin zeigt, dass sie dasjenige imitieren, was ein Erwachsener ihrer Meinung nach tun wollte, und nicht das, was der Erwachsene tatsächlich machte.
- Zwischen zwei und fünf Jahren entwickeln Kinder eine rudimentäre Theorie des Geistes, an der sie ihr Verständnis des Verhaltens von Menschen ausrichten. Eine zentrale Annahme dieser naiven Psychologie besteht darin, dass Wünsche und Überzeugungen zu Handlungen führen.
- Tiere und Pflanzen, besonders aber Tiere, sind für kleine Kinder von größtem Interesse. Wenn Tiere anwesend sind, werden sie von ihnen mit großer Aufmerksamkeit betrachtet.
- Mit vier Jahren haben Kinder ein recht differenziertes Verständnis von Lebewesen entwickelt, das kohärente Vorstellungen über unsichtbare Prozesse wie Wachstum, Vererbung, Krankheit und Genesung einschließt. Sowohl die natürliche Faszination für Lebewesen als auch der Informationsinput, den sie aus der Umwelt erhalten, trägt zur Erweiterung ihres Wissens über Pflanzen und Tiere bei.

Die Umstände verstehen:
Wo, wann, warum und wie viel

- Menschen sind, wie andere Tiere auch, biologisch darauf vorbereitet, räumliche Sachverhalte zu kodieren. In frühester Kindheit kodieren sie die Orte anderer Objekte hauptsächlich relativ zu ihrer eigenen Position. Mit dem Erwerb der Fähigkeit, sich aus eigener Kraft fortzubewegen, bekommen sie ein Gefühl für Raumpositionen relativ zur allgemeinen Umgebung wie auch relativ zu ihrer aktuellen Position. Ab der frühen Kindheit ziehen Kinder auch Orientierungspunkte heran, um sich an Orte zu erinnern.
- Blind geborene Kinder besitzen überraschend gute räumliche Repräsentationen.
- So wie Kinder mit der Fähigkeit auf die Welt kommen, bestimmte Aspekte des Raums zu repräsentieren, so sind sie auch mit der Fähigkeit geboren, bestimmte Aspekte der Zeit zu repräsentieren. Schon mit drei Monaten repräsentieren sie die Reihenfolge, in der Ereignisse auftreten. In diesem Alter repräsentieren Kinder nicht nur Vergangenheit und Gegenwart, sondern auch die Zukunft, was daran erkennbar wird, dass sie anhand von regelmäßigen Abfolgen vergangener Ereignisse zukünftige Ereignisse antizipieren.
- Mit fünf Jahren können Kinder auch logisch über Zeit nachdenken in dem Sinn, dass sie zu dem Schluss kommen, wenn zwei Ereignisse gleichzeitig begannen und eines später endete als das andere, dass dieses dann länger gedauert haben muss. Kinder sind zu solchen Schlüssen aber nur in der Lage, wenn ihre Wahrnehmung nicht abgelenkt ist.
- Die Entwicklung des kausalen Denkens beginnt ebenfalls in der frühen Kindheit. Zwischen sechs und zwölf Monaten beispielsweise verstehen Kinder, was vermutlich passieren wird, wenn zwei Objekte kollidieren. Das Verständnis für kausale Beziehungen zwischen Handlungen hilft einjährigen Kindern, diese Handlungen zu behalten und nachzuahmen.
- Mit vier oder fünf Jahren scheinen Kinder zu erkennen, dass Ursachen notwendig sind, damit Ereignisse eintreten. Wenn keine Ursache offensichtlich ist, suchen sie nach einer. Im Vorschulalter glauben Kinder jedoch an Magie und Zauberei genauso wie an bereits erkannte Beziehungen zwischen Ursache und Wirkung.
- Wie beim Verstehen von Raum, Zeit und Kausalität ist ein elementares Verstehen von Zahlen schon in frühester Kindheit vorhanden. Kinder bemerken Unterschiede zwischen Mengen von Ereignissen, die unterschiedlich oft wiederholt werden.
- Im Alter von drei Jahren lernen die meisten Kinder, bis zu zehn Objekte abzuzählen. Ihr Zählen scheint ein Verständnis der Prinzipien widerzuspiegeln, die dem Zählen zugrunde liegen, beispielsweise dass jedes gezählte Objekt nur mit einem einzigen Zahlwort bezeichnet werden darf.

- Im Verlauf der Vorschuljahre wissen Kinder auch immer mehr über die relative Größe von Zahlen; dieses Wissen wird besonders virulent, wenn sie rechnen lernen.

Fragen und Denkanstöße

1. Warum ist es nützlich für Menschen, ihre Begriffskategorien hierarchisch zu strukturieren in der Art Tier/Hund/Pudel oder Fahrzeug/Auto/Ferrari?
2. Kinder achten besonders auf die Form von Objekten. In welcher Weise trägt das zur Kategorienbildung und zum Lernen neuer Wörter bei?
3. Was ist naive Psychologie und inwiefern hilft sie jüngeren Kindern?
4. Warum sind Ihrer Meinung nach Fünfjährige so viel besser als Dreijährige, wenn es um Aufgaben zu falschen Überzeugungen geht?
5. Eigene Fortbewegung verbessert die räumliche Repräsentation. Welcher evolutionäre Zweck könnte dahinterstecken?
6. Warum glauben Kinder im Vorschulalter wohl an Zauberei und Phantasie, wenn sie doch auch zu differenzierten Schlussfolgerungen über Ursachen und Wirkungen in der Lage sind?

Intelligenz und schulische Leistungen

8

- Was ist Intelligenz?
- Intelligenzmessung
- IQ-Werte als Prädiktoren von Lebenserfolg
- Gene, Umwelt und Intelligenzentwicklung
- Alternative Ansätze zur Intelligenz
- Der Erwerb schulischer Fähigkeiten: Lesen, Schreiben und Mathematik
- Zusammenfassung

Im Jahre 1904 sah sich der französische Minister für Bildung und Erziehung einem Problem gegenüber. Frankreich hatte um das Jahr 1900 wie andere westeuropäische und nordamerikanische Staaten ein universelles öffentliches Bildungssystem eingeführt. Es wurde jedoch bald deutlich, dass manche Kinder nicht gut lernten. Deshalb wollte der Minister gern ein Mittel haben, mit dem sich Kinder identifizieren lassen, denen es schwer fallen würde, im normalen Unterricht erfolgreich zu sein, so dass man ihnen besondere Unterrichtsmaßnahmen zukommen lassen könnte. Sein Problem war: Wie konnte man solche Kinder identifizieren?

Ein offensichtlicher Weg bestand darin, Lehrer diejenigen Schüler aus ihren Klassen angeben zu lassen, die besondere Schwierigkeiten hatten. Der Minister war jedoch beunruhigt, dass die Lehrer voreingenommene Einschätzungen abgeben könnten. Insbesondere war er darüber besorgt, dass einige von ihnen Vorurteile gegenüber armen Kindern haben könnten und deshalb angeben würden, dass sie nicht fähig wären zu lernen, selbst wenn sie tatsächlich gut im Unterricht mitkommen. Er beschloss deshalb, dass ein objektiver

Test benötigt würde, der Kinder mit Lernschwierigkeiten identifizieren können sollte. Mit diesem Ziel im Hinterkopf beauftragte der Minister Alfred Binet, einen französischen Psychologen, der sich seit 15 Jahren mit Intelligenz befasst hatte, einen leicht anwendbaren, objektiven Intelligenztest zu entwickeln.

Andere Psychologen der damaligen Zeit hatten schon versucht, einen solchen Test zu entwickeln, und waren gescheitert. Im Rückblick lag ihr Scheitern an Unzulänglichkeiten ihrer Theorien der Intelligenz. Die vorherrschende Sichtweise zur damaligen Zeit war die, dass Intelligenz auf einfachen Fähigkeiten beruhe, beispielsweise Assoziationen zu bilden und herauszufinden, ob zwei Objekte gleich oder verschieden sind. Nach diesem Ansatz lernen Kinder, die bei solchen einfachen Aufgaben geschickter sind als ihre Altersgenossen, schneller und werden deshalb intelligenter. Die Theorie war plausibel, aber falsch. Heute wissen wir, dass einfache Fähigkeiten nur schwach mit den breiteren, alltäglichen Indikatoren der Intelligenz – beispielsweise der Schulleistung – zusammenhängen.

Binet hatte eine andere Theorie. Er glaubte, dass die zentralen Komponenten der Intelligenz höhere und komplexere Fähigkeiten seien, wie etwa Problemlösen, logisches Denken und Urteilsfähigkeit, und er behauptete, dass Intelligenztests solche Fähigkeiten direkt beurteilen können. Deshalb war der Test, den er und sein Mitarbeiter Théophile Simon entwickelten – der *Binet-Simon-Intelligenztest* –, so beschaffen, dass die Kinder (unter anderem) Sprichwörter interpretieren, Rätsel lösen, Objekte benennen und Cartoons so anordnen sollten, dass die Geschichte einen Sinn ergab.

Binets Ansatz war dahingehend erfolgreich, dass er Kinder identifizieren konnte, die im normalen Unterricht im Klassenzimmer Lernschwierigkeiten haben würden. Allgemeiner gesprochen, korrelierte die Leistung der Kinder im Binet-Simon-Test nicht nur hoch mit ihren Schulnoten zum Zeitpunkt der Testung, sondern auch mit ihren Noten in späteren Jahren. Der Erfolg dieses Tests bestätigt das Sprichwort: „Nichts ist so praktisch wie eine gute Theorie."

Über den praktischen Einfluss seines Tests hinaus hat Binets Intelligenzansatz auch einen anhaltenden Einfluss auf die Forschung auf diesem Gebiet ausgeübt. In den meisten Bereichen der kognitiven Entwicklung – Wahrnehmung, Sprache, Begriffsverstehen und so weiter – werden altersbezogene Veränderungen betont: wie sich jüngere Kinder von älteren Kindern unterscheiden. Unter Binets Führung hat sich die Intelligenzforschung jedoch auf *individuelle Unterschiede* konzentriert – in welcher Weise und warum sich Kinder im gleichen Alter voneinander unterscheiden, und auf die *Kontinuität* solcher individueller Unterschiede im Zeitverlauf. Das Wesen individueller Unterschiede ist ein durchgängiges Thema im Bereich der Kindesentwicklung, aber nirgends ist die Konzentration auf individuelle Unterschiede intensiver als bei der Untersuchung der Intelligenz.

Fragen, die die Entwicklung der Intelligenz betreffen, rufen starke Erregung hervor, was nicht weiter verwundern sollte. Die Forschung auf diesem Gebiet wirft viele der grundlegendsten Fragen über das Wesen des Menschen auf: die Rolle von Vererbung und Umwelt, den Einfluss ethnischer und rassischer Unterschiede, die Effekte von Reichtum und Armut und die Möglichkeit zur Verbesserung. Fast jeder besitzt – oft aus tiefster Überzeugung – Meinungen darüber, warum manche Menschen intelligenter sind als andere. Die Intelligenzforschung hat auch sehr stark zum Verständnis vieler Leitthemen dieses Buchs beigetragen, insbesondere was das Wesen und die Ursprünge von *individuellen Unterschieden* betrifft, weiterhin zu den Beiträgen des *aktiven Kindes* und des *sozio-kulturellen Kontexts*. Die Intelligenzforschung macht Aussagen darüber, wie *Anlage und Umwelt* gemeinsam die Entwicklung formen, zum Ausmaß der *Kontinuität* einer zentralen menschlichen Persönlichkeitseigenschaft und zur Rolle der *Forschung* für das *Kindeswohl*. Bevor wir jedoch Forschungsarbeiten zur Entwicklung der Intelligenz eingehender betrachten, wollen wir zuerst eine Frage aufwerfen, die harmlos klingt, aber tatsächlich im Zentrum vieler Kontroversen steht: Was *ist* überhaupt Intelligenz?

Was ist Intelligenz?

Intelligenz ist eine Angelegenheit, die sich schon immer schwer definieren ließ, was die Menschen jedoch nicht davon abgehalten hat, es trotzdem zu versuchen. Ein Teil der Schwierigkeit besteht darin, dass sich Intelligenz mit gutem Recht auf drei Analyseebenen beschreiben lässt: Intelligenz als einheitliche, aus mehreren Komponenten oder aber aus vielen Komponenten zusammengesetzte Eigenschaft.

Intelligenz als einheitliche Persönlichkeitseigenschaft

Manche Forscher betrachten Intelligenz als eine singuläre Eigenschaft, die alle Aspekte von kognitiven Funktionen beeinflusst. Für diese Vorstellung spricht die Tatsache, dass die Leistungen fast aller geistigen Aufgaben positiv miteinander korrelieren. Kinder, die bei einer intellektuellen Aufgabe gut abschneiden, sind im Allgemeinen auch bei anderen Aufgaben gut (Anderson, 1992). Diese positiven Korrelationen treten sogar zwischen recht unähnlichen intellektuellen Aufgaben auf, zum Beispiel zwischen dem Behalten von Zahlenfolgen und dem Falten von Papier nach einer Mustervorlage. Die allgegenwärtigen positiven Korrelationen führten zu der Hypothese, dass jeder von uns über ein bestimmtes Ausmaß an **allgemeiner Intelligenz** verfügt. Diese allgemeine Intelligenz wird in der Psychologie g genannt (von *general intelligence*). Es wird angenommen, dass g unsere Denk- und Lernfähigkeit bei allen geistigen Aufgaben beeinflusst (Jensen, 1973; Spearman, 1927).

Zahlreiche Quellen belegen die Nützlichkeit, Intelligenz als eine einheitliche Persönlichkeitseigenschaft zu betrachten. Maße der allgemeinen Intelligenz g, so wie sie die Gesamtwerte von Intelligenztests liefern, korrelieren

Allgemeine Intelligenz (g) – der Teil der Intelligenz, der allen geistigen Aufgaben gemeinsam ist.

positiv mit dem Schulabschluss und dem Abschneiden bei Leistungstests (Brody, 1992). Auf der Ebene kognitiver Prozesse korreliert *g* mit der Geschwindigkeit der Informationsverarbeitung (Deary, 1995) und mit der Geschwindigkeit der Übertragung von Nervenimpulsen ins Gehirn (Vernon, 1993). Auch korrelieren Maße von *g* sehr hoch mit dem Wissen von Menschen über Sachgebiete, die sie nicht in der Schule gelernt haben, beispielsweise Medizin, Recht, Kunstgeschichte, die Bibel und so weiter (Lubinski & Humphreys, 1997). Es gibt somit gute Gründe, Intelligenz als einheitliche Persönlichkeitseigenschaft anzusehen, die unsere Fähigkeit zum Denken und Lernen umfasst.

Intelligenz als Menge weniger grundlegender Fähigkeiten

Kristalline Intelligenz – Faktenwissen über die Welt.

Flüssige Intelligenz – die Fähigkeit zu spontanen Denkleistungen, um neuartige Probleme zu lösen.

Es gibt aber gute Gründe dafür, Intelligenz als eine aus mehreren Komponenten zusammengesetzte Eigenschaft zu betrachten. Die einfachste Annahme dieser Art geht davon aus, dass es zwei Typen von Intelligenz gibt: *kristalline Intelligenz* und *flüssige Inteliigenz* (Cattell, 1987). **Kristalline Intelligenz** ist Faktenwissen über die Welt: Wissen über Wortbedeutungen, Rechenoperationen, Hauptstädte und anderes. **Flüssige Intelligenz** bezeichnet demgegenüber die Fähigkeit zu spontanem Denken, beispielsweise Schlussfolgerungen zu ziehen und Beziehungen zwischen Konzepten zu verstehen, mit denen man zuvor noch nie etwas zu tun hatte. Bei Intelligenztests spiegelt sich flüssige Intelligenz in der Fähigkeit wider, neuartige Puzzles zusammenzusetzen, Zahlenreihen fortzusetzen, anzugeben, welches von vier Objekten mit vorgegebenen Objekten zusammenhängt, und so weiter.

Die Unterscheidung zwischen flüssiger und kristalliner Intelligenz wird durch die Tatsache unterstützt, dass Tests des einen Intelligenztyps untereinander höher korrelieren als mit Tests des jeweils anderen Intelligenztyps. Kinder, die bei einem Test der flüssigen Intelligenz gut abschneiden, werden dies also im Allgemeinen auch bei anderen Tests der flüssigen Intelligenz tun, aber nicht notwendigerweise auch bei Tests zur kristallinen Intelligenz. Außerdem nehmen die beiden Intelligenztypen unterschiedliche Entwicklungsverläufe. Die kristalline Intelligenz wächst kontinuierlich von frühen Lebensphasen bis ins hohe Alter, während die flüssige Intelligenz ihren Höhepunkt im frühen Erwachsenenalter hat und sich danach langsam verringert (Horn, Donaldson & Engstrom, 1981).

Primärfaktoren – sieben Fähigkeiten, die nach Thurstone entscheidend zur Intelligenz beitragen.

Eine etwas kompliziertere Betrachtungsweise der Intelligenz geht davon aus, dass sich die menschliche Intelligenz aus mehreren Fähigkeiten zusammensetzt. Ein bekannter Ansatz dieses Typs stammt von Thurstone (1938); nach seiner Darstellung umfasst Intelligenz sieben primäre geistige Fähigkeiten oder **Primärfaktoren**: Wortflüssigkeit, Sprachverständnis, schlussfolgerndes Denken, räumliches Vorstellungsvermögen, Rechenfertigkeit, Merkfähigkeit und Wahrnehmungsgeschwindigkeit. Der wichtigste Anhaltspunkt für den Nutzen, Intelligenz in sieben Fähigkeiten zu untergliedern, gleicht dem für die Unterscheidung zwischen kristalliner und flüssiger Intelligenz genannten: Die Leistung bei mehreren Tests innerhalb derselben Fähigkeit ist in der Regel ähnlicher als im Vergleich zu Tests, die einer der anderen Fähigkeiten zuzurechnen sind. Zum Beispiel sind die Faktoren „räumliches Vorstellungsvermögen" und „Wahrnehmungsgeschwindigkeit" beides Maße der flüssigen Intelligenz, doch Kinder erbringen auf zwei Tests zum räumlichen Vorstellungsvermögen ähnlichere Leistungen als bei einem Test zum räumlichen Vorstellungsvermögen verglichen mit einem Test zur Wahrnehmungsgeschwindigkeit. Im Vergleich der beiden Perspektiven geht die Einfachheit der Unterscheidung (die bei kristallin vs. flüssig größer ist) zu Lasten der Präzision (die bei den sieben Primärfaktoren größer ist) und umgekehrt.

Intelligenz als Konglomerat mehrerer Prozesse

Wieder anderen Auffassungen zufolge umfasst Intelligenz zahlreiche voneinander getrennte Prozesse. Analysen der Informationsverarbeitungsprozesse bei der Lösung von Intelligenztest-Items (Carpenter, Just & Shell, 1990; Hunt, 1978) und bei der Ausführung alltäglicher geistiger Tätigkeiten wie lesen, schreiben und rechnen (Geary, 1994; Stanovich, 1992) lassen erkennen, dass viele unterschiedliche Prozesse beteiligt sind. Dazu gehören Aufmerksamkeit, Wahrnehmung, Enkodierung, Assoziation, Generalisierung, Planung, logisches Denken, Konzeptbildung, Problemlösen, Strategien entwickeln und anwenden, Sprache verstehen und verwenden, und so weiter. Intelligenz als vielschichtige Eigenschaft zu begreifen, ermöglicht eine genauere Beschreibung der Prozesse, die an intelligentem Verhalten beteiligt sind, als Ansätze, die Intelligenz als eine einheitliche Eigenschaft oder als eine aus wenigen Teilkomponenten zusammengesetzte Eigenschaft betrachten.

Ein Lösungsvorschlag

Wie lassen sich diese widersprüchlichen Ansätze zur Intelligenz miteinander in Einklang bringen? Nach mehr als einem halben Jahrhundert des Studiums der Intelligenz gelang John Carroll (1993) eine große hierarchische Integration: das **Drei-Schichten-Modell der Intelligenz** (Abbildung 8.1). An der Spitze der Hierarchie steht g; in der Mitte befinden sich acht Fähigkeiten mittlerer Allgemeinheit (welche sowohl flüssige und kristalline Intelligenz als auch spezifischere Fähigkeiten in der Art der sieben Primärfaktoren umfassen); am unteren Ende der Hierarchie sind viele spezifische Prozesse angeordnet. Die allgemeine Intelligenz beeinflusst alle Fähigkeiten auf mittlerem Allgemeinheitsgrad, und diese beeinflussen zusammen mit der allgemeinen Intelligenz die spezifischen Prozesse. Wenn man beispielsweise die allgemeine Intelligenzausprägung einer Person kennt, kann man ihre allgemeine Ge-

Drei-Schichten-Modell der Intelligenz – ein Intelligenzstrukturmodell von Carroll mit der allgemeinen Intelligenz g an der Spitze, acht Fähigkeiten mittlerer Allgemeinheit in der Mitte und vielen spezifischen Prozessen am unteren Ende der Hierarchie.

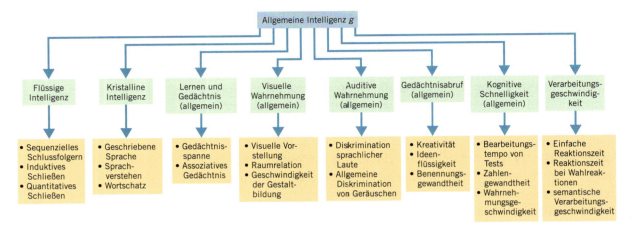

Abbildung 8.1: Carrolls Drei-Schichten-Modell der Intelligenz. In Carrolls Drei-Schichten-Modell der Intelligenz beeinflusst die allgemeine Intelligenz (*g*) mehrere Fähigkeiten auf mittlerer Ebene, die wiederum jeweils eine Vielzahl von spezifischen Prozessen beeinflussen. Wie dieses Modell erkennen lässt, kann man Intelligenz sinnvoll als einheitliches Konstrukt, als kleinere Gruppe von Fähigkeiten oder aber als große Anzahl spezifischer Prozesse auffassen.

dächtnisfähigkeit recht zuverlässig vorhersagen; kennt man beide Ausprägungen, ist eine recht gute Vorhersage der Gedächtnisspanne dieser Person möglich; mit der Kenntnis aller drei Ausprägungen kann man die Gedächtnisspanne dieser Person für den Umgang mit bestimmten Inhaltstypen wie Wörtern, Buchstaben oder Zahlen sehr exakt vorhersagen.

Carrolls umfassende Analyse der Forschungsliteratur weist darauf hin, dass alle drei Analyseebenen, die im vorliegenden Abschnitt skizziert wurden, nötig sind, um die Gesamtheit aller bekannten Fakten über Intelligenz zu erklären. Die zutreffende Antwort auf die Frage „Ist Intelligenz eine einheitliche oder aus wenigen beziehungsweise vielen Komponenten zusammengesetzte Eigenschaft?" scheint also „sowohl als auch" zu lauten.

IN KÜRZE

Intelligenz lässt sich auf drei Analyseebenen beschreiben. Man kann sie als eine singuläre allgemeine Fähigkeit des Lernens, des abstrakten Denkens und der Anpassung an Neues auffassen; oder als ein Persönlichkeitsmerkmal, das sich aus mehreren Fähigkeiten mittlerer Allgemeinheit wie räumliche, verbale und mathematische Fähigkeiten zusammensetzt; oder als umfangreiche Ansammlung von spezifischen Fertigkeiten, Prozessen und Inhaltswissen. Alle drei Ebenen tragen etwas zum Verständnis der Intelligenz bei.

Intelligenzmessung

Auch wenn Intelligenz normalerweise als eine *unsichtbare* Fähigkeit, als Potenzial, als Voraussetzung des Denkens und Lernens betrachtet wird, muss ihre Messung auf *beobachtbarem* Verhalten beruhen. Wenn wir also sagen, eine Person sei intelligent, dann meinen wir, dass sich diese Person auf intelligente Weise verhält. Eine profunde Erkenntnis Binets war, dass der beste Weg

Intelligenz zu messen darin besteht, das Verhalten von Menschen bei Aufgaben zu beobachten, die ganz unterschiedliche Typen von Intelligenz erfordern: Problemlösen, Gedächtnis, Sprachverstehen, räumliches Denken und so weiter. Auch heutige Intelligenztests setzen den Gedanken fort, Stichproben aus Aufgabentypen zu ziehen, die diese und andere Aspekte der Intelligenz erfassen.

Die Inhalte von Intelligenztests

Intelligenz bedeutet auf unterschiedlichen Altersstufen nicht immer genau dasselbe (McCall, Eichorn & Hogarty, 1977). Zum Beispiel sind sprachliche Fähigkeiten im Alter von sechs Monaten kein Teil der Intelligenz, weil so kleine Kinder Wörter weder verwenden noch verstehen, aber mit sechs Jahren bilden sie einen wichtigen Teil der Intelligenz. Die Aufgaben der Tests, die für die Messung der Intelligenz in verschiedenen Altersabschnitten entwickelt wurden, bringen diese sich verändernde Bedeutung einzelner Aspekte von Intelligenz zum Ausdruck. Zum Beispiel sollen beim Stanford-Binet-Intelligenztest (einer Weiterentwicklung des Binet-Simon-Tests) zweijährige Kinder Objekte identifizieren, die als Linienzeichnungen dargestellt sind (ein Test für Objekterkennung), ein Objekt, das vorher unter ihren Augen versteckt wurde, finden (ein Test für Lernen und Gedächtnis), und drei unterschiedlich geformte Gegenstände in Löcher mit dem jeweils passenden Ausschnitt stecken (ein Test für Wahrnehmungsfähigkeit und motorische Koordination). In der Version des Stanford-Binet-Tests für Zehnjährige müssen sie Wörter definieren (ein Test für verbale Fähigkeiten); erklären, warum bestimmte Institutionen existieren (ein Test für allgemeine Informiertheit und logisches Denken), und die Bauklötze auf einem Bild zählen, auf dem die Existenz einiger Blöcke nur erschlossen werden kann (ein Test für Problemlösen und logisches Denken).

Intelligenztests hatten ihre größten Erfolge und ihre am weitesten verbreitete Anwendung bei Vorschulkindern und im späteren Kindesalter. Von Test zu Test werden im Detail jeweils andere Fähigkeiten untersucht, und auch die Aufgaben dafür variieren ein wenig, aber zwischen den führenden Tests bestehen letztlich beträchtliche Übereinstimmungen. Das am häufigsten eingesetzte Messinstrument für Kinder ab sechs Jahren ist im englischen wie im deutschen Sprachraum der **Wechsler-Intelligenztest für Kinder**, der in aktueller deutscher Fassung als *HAWIK-III* (Tewes, Schallberger & Rossmann, 2000) vorliegt; dabei handelt es sich um die deutsche Fassung der *Wechsler Intelligence Scale for Children* (*WISC*).

Der HAWIK ist in zwei Hauptabschnitte untergliedert: einen Verbalteil und einen Handlungsteil. Der Verbalteil ist auf allgemeines Weltwissen und sprachliche Fähigkeiten gerichtet; er misst hauptsächlich kristalline Intelligenz. Der Handlungsteil zielt auf räumliche und wahrnehmungsbezogene Fähigkeiten; er misst vorwiegend flüssige Intelligenz. Jeder Teil umfasst in der deutschen Version fünf (in der amerikanischen Version sechs) Untertests, zu-

Hamburg-Wechsler-Intelligenztest für Kinder (HAWIK-III) – ein weit verbreiteter Intelligenztest für Kinder zwischen sechs und 16 Jahren.

Viele Intelligenztests messen räumliches Denken mit Aufgaben der dargestellten Art. Die Kinder sehen zuerst eine Bildvorlage, die sie aus kleinen Klötzen nachbauen sollen, deren Seiten unterschiedliche Muster und Farben zeigen. Viele Kinder finden solche Aufgaben interessant, andere finden sie nur frustrierend.

sätzlich dreier optionaler Teiltests, die eingesetzt werden können, um das Gesamtbild abzurunden – wenn Zweifel daran bestehen, dass die anderen Tests die Fähigkeiten des Kindes angemessen widerspiegeln. (Falls beispielsweise die Aufmerksamkeit eines Kindes während eines bestimmten Untertests abschweifte oder das Kind einige der Fragen nicht verstand, kann der Testleiter die Ergebnisse dieses Untertests verwerfen und durch einen der optionalen Tests ersetzen.) Die folgenden Beispiele geben einen Eindruck vom Typ der Aufgaben, die in dem Test gestellt werden. (Die tatsächlichen Items sind aus verlagsrechtlichen und testdiagnostischen Gründen geschützt und können deshalb nicht im Original wiedergegeben werden.)

HAWIK-III Verbalteil

Allgemeines Wissen: „Was ist die Hauptstadt von Frankreich?"
Wortschatz-Test: „Was ist ein Vertrag?"
Gemeinsamkeitenfinden: „Was haben Hammer und Meißel gemeinsam?"
Rechnerisches Denken: „Fritz hatte 8 Äpfel und gab 3 davon seinen Freunden. Wie viele Äpfel blieben ihm übrig?"
Allgemeines Verständnis: „Warum gibt es Gefängnisse?"
Zahlennachsprechen (optional): „Sprich die folgenden Zahlen in der richtigen Reihenfolge nach, wenn ich fertig bin: 5, 3, 7, 4, 9."

HAWIK-III Handlungsteil

Bilderergänzen: Den Kindern wird ein Bild gezeigt, beispielsweise ein Auto ohne Räder, und sie werden gefragt: „Welcher Teil fehlt auf diesem Bild?"
Bilderordnen: Die Kinder sollen mehrere Zeichnungen von Szenen so ordnen, dass sie eine zusammenhängende Geschichte ergeben.
Figurenlegen: Die Kinder erhalten Puzzlestücke mit Teilen bekannter Objekte, die sie zu dem jeweiligen Objekt zusammenlegen sollen. Wenn die Teile zum Beispiel Arme, Beine, Kopf und andere Teile des menschlichen Körpers zeigen, müssten diese so angeordnet werden, dass sie einem Menschen gleichen.
Mosaik-Test: Die Kinder sollen ein vorgegebenes zweifarbiges Mosaik-Muster aus Würfeln mit verschiedenfarbigen Seiten zusammenlegen.
Zahlen-Symbol-Test: Die Kinder enthalten ein Blatt, auf dem Zahlen in zufälliger Reihenfolge stehen. Sie sollen nach einer Zahlen-Symbol-Liste unter jede Zahl das zugehörige Symbol zeichnen. Es geht darum, in einer vorgegebenen Zeit möglichst viele Symbole korrekt zuzuordnen.
Symbolsuche (optional): Die Kinder sollen abstrakte Formen danach vergleichen, ob eine Teilform in allen enthalten ist.
Labyrinth-Test (optional): Die Kinder sollen in einem gezeichneten Labyrinth einen Weg vom Zentrum zum Ausgang finden.

Der Intelligenzquotient (IQ)

Intelligenztests wie der HAWIK oder der Stanford-Binet-Test liefern ein quantitatives Gesamtmaß der Intelligenz eines Kindes relativ zu anderen Kindern gleichen Alters. Dieses Gesamtmaß wird als der **Intelligenzquotient (IQ)** des Kindes bezeichnet. (Der Wortbestandteil „-quotient" rührt daher, dass ursprünglich das so genannte Intelligenzalter eines Kindes durch sein Lebensalter geteilt und mit 100 multipliziert wurde; nach heutiger Definition ist der IQ jedoch ein reines Abweichungsmaß.)

Es bedarf eines gewissen Hintergrunds, um zu verstehen, wie IQ-Werte berechnet werden und warum sie auf diese Art und Weise berechnet werden. Die ersten Entwickler von Intelligenztests beobachteten, dass viele der leicht zu messenden Eigenschaften des Menschen, beispielsweise die Körpergröße und das Gewicht von Männern beziehungsweise von Frauen, unter eine **Normalverteilung** fallen. Wie Abbildung 8.2 zeigt, sind Normalverteilungen um einen Mittelwert herum symmetrisch, wobei die meisten Messwerte relativ nah am Mittelwert liegen. Je weiter ein Wert vom Mittelwert entfernt liegt, desto geringer ist die Wahrscheinlichkeit, dass ein Mensch diesen Messwert besitzt. Zum Beispiel beträgt die durchschnittliche Körpergröße von Männern etwa 1,78 Meter. Viele Männer sind 1,75 oder 1,80 groß, aber wenige 1,60 oder 1,98 Meter. Je weiter eine Körpergröße vom Mittelwert entfernt liegt, desto weniger Männer mit dieser Körpergröße gibt es.

Eine ähnliche Verteilung findet sich bei den Intelligenztest-Messwerten von großen, repräsentativen Gruppen von Kindern eines bestimmten Alters. Diese Normalverteilung bedeutet, dass die meisten IQ-Werte recht nahe am jeweiligen Mittelwert liegen und wenige Kinder sehr hohe oder sehr niedrige Messwerte erzielen. Die historisch frühen Entwickler von Intelligenztests trafen eine willkürliche Entscheidung, die bis heute beibehalten wurde: Ein Kind, dessen Leistung exakt dem Mittelwert seiner Altersgruppe (zum Zeitpunkt der Testentwicklung) entspricht, erhält den Messwert 100. (Der Gruppen-Mittelwert kann sich in den Jahren nach der Testentwicklung nach oben oder unten verändern, und tatsächlich ergaben sich in der industrialisierten Welt in den vergangenen Jahren solche Veränderungen des mittleren IQ – wir kommen noch darauf zurück.)

> **Intelligenzquotient (IQ)** – ein zusammenfassendes Maß, mit dem die Intelligenz eines Kindes relativ zu anderen Kindern gleichen Alters angegeben wird.
>
> **Normalverteilung** – ein Datenmuster, bei dem alle Messwerte symmetrisch um einen Mittelwert verteilt sind, wobei die meisten Messwerte in dessen Näge liegen und mit zunehmender Entfernung vom Mittelwert immer weniger Messwerte existieren.

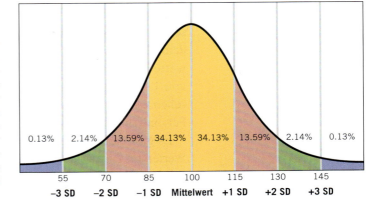

Abbildung 8.2: Eine Normalverteilung mit Standardabweichungen und IQ-Werten. IQ-Werte sind normalverteilt. Die Zahlen am Fuße der Abbildung (von 55 bis 145) entsprechen IQ-Werten. Die darunterstehende Zahl gibt an, wie viele Standardabweichungen (*SD* für *standard deviation*) dieser Messwert über oder unter dem Mittelwert liegt. Ein IQ von 55 liegt also drei Standardabweichungen unter dem Mittelwert. Die Prozentzahl in jedem Intervall gibt den Anteil der Kinder an, deren Messwerte im jeweiligen Intervall liegen. Beispielsweise besitzen weniger als 1 Prozent der Kinder IQ-Werte unter 55 und etwas mehr als 2 Prozent IQ-Werte zwischen 55 und 70.

Standardabweichung – ein Maß für die Variabilität von Messwerten in einer Verteilung; in einer Normalverteilung liegen 68 Prozent der Messwerte innerhalb einer Standardabweichung links und rechts vom Mittelwert und 95 Prozent innerhalb von zwei Standardabweichungen.

IQ-Werte sind nicht nur Ausdruck des Testmittelwerts, sondern auch seiner **Standardabweichung**. Dabei handelt es sich um ein Maß für die Variabilität der Messwerte in einer Verteilung. Eine Normalverteilung ist so definiert, dass 68 Prozent der Messwerte im Bereich zwischen einer Standardabweichung oberhalb und unterhalb des Mittelwerts liegen; 95 Prozent der Messwerte liegen im Bereich zwischen zwei Standardabweichungen über und unter dem Mittelwert.

Bei den meisten Intelligenztests beträgt eine Standardabweichung 15 Punkte. (Dies ist genauso willkürlich gesetzt wie der Wert 100 für den Mittelwert.) Ein Kind, dessen Intelligenz eine Standardabweichung über dem seinem Alter gemäßen Mittelwert liegt, erhält somit einen IQ-Wert von 115, nämlich den Mittelwert von 100 plus 15 für eine Standardabweichung. Dieser Wert von 115 bedeutet, dass 84 Prozent der Kinder, die zu derselben Verteilung gehören, einen niedrigeren IQ besitzen (siehe Abbildung 8.2). Analog erhält ein Kind, dessen Messwert eine Standardabweichung unter dem Mittelwert liegt, einen IQ von 85 (100 minus 15); dieser Wert bedeutet, dass nur 16 Prozent der Vergleichsgruppe einen niedrigeren Wert erzielen. Aus Abbildung 8.2 wird außerdem erkennbar, dass bei etwa 95 Prozent der Kinder die IQ-Werte innerhalb von zwei Standardabweichungen über und unter dem Mittelwert, also zwischen 70 und 130, liegen.

Ein Vorteil dieses Messwertsystems besteht darin, dass sich IQ-Werte auf verschiedenen Altersstufen trotz der großen Wissenszuwächse, die bei allen Kindern die Entwicklung begleiten, leicht miteinander vergleichen lassen. Ein Wert von 130 im Alter von fünf Jahren bedeutet, dass die Leistung des Kindes 98 Prozent der Altersgenossen übertrifft; ein IQ von 130 im Alter von zehn Jahren bedeutet genau dasselbe. Diese Eigenschaft der heutigen Definition des Intelligenzquotienten hat die Analyse der Stabilität von IQ-Werten im Zeitverlauf sehr erleichtert; diesem Thema wenden wir uns nun zu.

Die Kontinuität von IQ-Werten

Wenn der IQ eine gleich bleibende Eigenschaft einer Person ist, dann sollten die IQ-Werte, die jemand in unterschiedlichem Alter erhält, hoch miteinander korrelieren. Langzeitstudien, in denen der IQ derselben Kinder in unterschiedlichem Alter gemessen wurde, haben tatsächlich eine beeindruckende Kontinuität ab dem fünften Lebensjahr gezeigt. In einer Untersuchung beispielsweise ergab sich eine Korrelation von .67 zwischen dem IQ mit fünf Jahren und dem IQ mit 15 Jahren (Humphreys, 1989). Dies zeigt ein recht bemerkenswertes Ausmaß an Kontinuität über zehn Jahre hinweg! (Eine Korrelation von 1.00 bedeutet, wie in Kapitel 1 erläutert, eine perfekte Korrelation zwischen zwei Variablen.) Der IQ dürfte sogar die stabilste aller psychologischen Persönlichkeitseigenschaften sein (Brody, 1992).

Es gibt mehrere Variablen, die das Ausmaß an Stabilität zwischen den IQ-Werten im Zeitverlauf beeinflussen. Je näher die IQ-Tests zeitlich beieinander liegen, umso mehr Stabilität tritt auf; das ist erwartbar. So fand sich in derselben Untersuchung, in der der IQ mit fünf und mit 15 Jahren zu .67 korrelierte, eine Korrelation von .79 zwischen den IQ mit fünf und mit neun Jahren und eine Korrelation von .87 zwischen dem IQ mit fünf und mit sechs Jahren. Bei allen Zeitintervallen zwischen zwei Testungen sind die Werte im höheren Alter stabiler. In einer Untersuchung beispielsweise korrelierten die IQ-Werte im Alter von vier und fünf Jahren zu .80, mit sechs und sieben Jahren zu .87 und zwischen acht und neun Jahren zu .90 (Brody, 1992).

Die Tatsache, dass die IQ-Werte einer Person in unterschiedlichem Alter meistens ähnlich ausfallen, bedeutet nicht, dass die Werte an sich identisch wären. Kinder, die mit vier und dann wieder mit 17 Jahren einen IQ-Test machen, zeigen eine Veränderung von durchschnittlich 13 Punkten nach oben oder nach unten; zwischen der Testung mit acht und mit 17 Jahren beträgt die durchschnittliche Veränderung 9 Punkte; zwischen zwölf und 17 Jahren 7 Punkte (Brody, 1992). Diese Veränderungen beruhen zum Teil auf Zufallsvariation, zum Beispiel hinsichtlich der Aufmerksamkeit des Kindes am jeweiligen Tag der Testung, und darauf, ob das Kind die jeweiligen Items des zu bearbeitenden Tests kennt oder nicht.

Veränderungen der IQ-Werte im Zeitverlauf können auch von Eigenschaften der Kinder und ihrer Eltern beeinflusst sein, die nichts mit Intelligenz zu tun haben. So erhöhen sich die Testwerte in der Regel bei Kindern, die glauben, schulische Leistung sei sehr wichtig. Sie erhöhen sich im Allgemeinen auch bei Kindern, deren Eltern sich für ihren Lernfortschritt und ihren Schulerfolg interessieren und die konsequente, aber mäßige Disziplinierungsmaßnahmen einsetzen (McCall, Appelbaum & Hogarty, 1973). Im Gegensatz dazu verringern sich die IQ-Werte häufig bei Kindern, die Schulleistung als unwichtig betrachten und deren Eltern entweder sehr strenge oder sehr lasche Erziehungsmethoden einsetzen und sich wenig für die Leistungen des Kindes interessieren. Sowohl zufällige als auch systematische Faktoren tragen also zu IQ-Veränderungen im Verlauf der Zeit bei.

Die IQ-Werte von Kindern, deren Eltern sich für ihren schulischen Erfolg interessieren, steigen häufig im Verlauf der Zeit.

Intelligenztests bei Kleinkindern

Die Intelligenzmessung an Kleinkindern erwies sich als schwieriger, verglichen mit der Messung der Intelligenz bei älteren Kindern. Der Hauptgrund liegt darin, dass viele Fähigkeiten, die bei der späteren Intelligenz eine wichtige Rolle spielen – zum Beispiel Sprache, Mathematik oder logisches Denken –, im Kleinkindalter erst minimal entwickelt sind und deshalb zu diesem Zeitpunkt noch nicht zuverlässig gemessen werden können. Trotz dieser Schwierigkeiten wurden ein paar Tests für die Intelligenz im frühesten Kindesalter entwickelt. Solche Tests messen Wahrnehmung, Aufmerksamkeit, frühen Wortschatz und motorische Grundfähigkeiten und hatten einen gewissen Erfolg bei der Identifikation von Babys mit geistigen und anders gelagerten Entwicklungsverzögerungen (zum Beispiel Bayley, 1993; Colombo, 1993). Doch sind diese Tests nicht sehr hilfreich, um die Intelligenz von eher typischen, unauffälligen Kindern zu bestimmen.

IN KÜRZE

Intelligenztests untersuchen eine Bandbreite von Fähigkeiten und Wissenstypen, zum Beispiel Wortschatz, Sprachverstehen, Rechnen, Gedächtnis und räumliches Schlussfolgern. Mit Hilfe der Tests erhält man ein allgemeines Maß für die Intelligenz, den IQ-Wert. IQ-Tests sind so gestaltet, dass ihr Durchschnittswert bei 100 liegt und höhere Werte überdurchschnittliche, niedrigere Werte unterdurchschnittliche Intelligenz bedeuten. Die IQ-Werte einzelner Kinder sind auch über lange Zeitintervalle hinweg in der Regel sehr stabil, wobei sie dennoch von einer Testung zur anderen ein wenig variieren können.

IQ-Werte als Prädiktoren von Lebenserfolg

Der IQ ist ein starker Erfolgsprädiktor für die spätere Ausbildung, die finanziellen Verhältnisse, in denen man lebt, und den Beruf, den man wählt. Wie schon dargelegt, korrelieren IQ-Werte positiv und ziemlich hoch mit Schulnoten und dem Ergebnis bei Leistungstests, und zwar sowohl zum Zeitpunkt der IQ-Messung als auch in späteren Jahren (Brody, 1992). Auch korrelieren IQ-Werte positiv mit längerfristigen Schul- und Ausbildungsleistungen. In den USA korreliert die Intelligenz in der sechsten Klasse etwa zu .60 mit der Anzahl an Ausbildungsjahren, welche die betreffende Person letztendlich erhalten wird (Duncan, Featherman & Duncan, 1972; Jencks, 1979).

Zum Teil geht der positive Zusammenhang zwischen IQ und Einkommen oder Berufserfolg auf die Tatsache zurück, dass standardisierte Testleistungen als *Gatekeeper* wirken, also darüber bestimmen, welche Schüler Zugang zu Ausbildungsgängen und Abschlüssen bekommen, die für lukrative Positionen benötigt werden. Aber selbst von den Leuten, die am Anfang denselben Beruf haben, neigen diejenigen mit höherem IQ zu besseren Leistungen (Hunter, 1986), verdienen mehr Geld (Jencks, 1979) und werden eher befördert (Wilk, Desmarais & Sackett, 1995). Nach einer umfassenden Durchsicht der Forschungsarbeiten zur Intelligenz kam Brody (1992) zu dem Schluss: „IQ ist der wichtigste Prädiktor für die letztendlich erreichte Position eines Individuums in der amerikanischen Gesellschaft." Der IQ eines Kindes hängt enger mit seinem späteren Berufserfolg zusammen als der sozio-ökonomische Status der Familie, in der es aufwächst, das Familieneinkommen, die Schule,

Individuelle Unterschiede Kasten 8.1

Begabte Kinder

Als KyLee gerade mal 18 Monate alt war, war er schon von Zahlen fasziniert: Sein Lieblingsspielzeug waren Plastikzahlen und Bauklötze mit Zahlen drauf. Beim Spielen mit diesen Gegenständen sagte er immer wieder die Namen der Zahlen. Mit zwei Jahren sah er ein Autokennzeichen, auf dem zweimal die „8" zu sehen war, und sagte „8 + 8 = 16"; weder er noch seine Eltern konnten erklären, wie er das wissen konnte. Mit drei Jahren spielte KyLee täglich Mathematikspiele auf dem Computer. Während eines solchen Spiels entdeckte er die Idee von Primzahlen und war danach in der Lage, neue Primzahlen zu erkennen. Wiederum wusste weder er noch seine Eltern, wie ihm das gelang. Schon vor Eintritt in den Kindergarten konnte er addieren, subtrahieren, multiplizieren, dividieren, Überschlagsrechnungen durchführen und komplizierte Textaufgaben lösen. Auf die Frage, ob er der Zahlen jemals müde werde, sagte er „Nein, niemals"; er sei ein „Zahlenjunge" (Winner, 1996, S. 38–39).

Ellen Winner, eine Psychologin, die intellektuell und künstlerisch hoch begabte Kinder untersucht, bemerkte, dass manche Kinder wie KyLee erstaunlich frühe Fähigkeiten auf einem bestimmten Gebiet aufweisen: Zahlen, Zeichnen, Lesen, Musik oder irgendein anderes Gebiet. Eine kleinere Anzahl von Kindern bringt in einem breiten Spektrum intellektueller Bereiche außergewöhnliche Leistungen. Diese universell begabten Kinder zeigten meistens mehrere der folgenden Anzeichen für Hochbegabung schon sehr früh in ihrer Entwicklung (Robinson & Robinson, 1992):

- ungewöhnliche Aufmerksamkeit und lange Aufmerksamkeitsspanne in der frühen Kindheit;
- schnelle Sprachentwicklung;
- Lernen mit nur minimaler Hilfe von Erwachsenen;
- Neugier – tief gehende Verständnisfragen stellen und mit oberflächlichen Antworten nicht zufrieden sein;
- hohes Energieniveau, oft an der Grenze zur Hyperaktivität;
- intensive Reaktionen auf Frustration;
- sehr frühes Lesenkönnen und Interesse an Zahlen;
- außergewöhnliche logische und abstrakte Denkfähigkeit;
- ungewöhnlich gutes Gedächtnis;
- Vergnügen beim alleinigen Spielen.

Außergewöhnliche frühe Fähigkeiten zu besitzen bedeutet jedoch nicht, generell überall gut zu sein. Kinder, die auf einigen intellektuellen Gebieten außergewöhnliche Leistungen bringen, sind in anderen Bereichen oft nur Durchschnitt. Manche dieser Kinder haben auf bestimmten Gebieten sogar Lernschwierigkeiten (Benbow & Minor, 1990; Detterman, 1993). In gleicher Weise ist eine außergewöhnliche Fähigkeit auf einem Gebiet in der Kindheit keine Garantie dafür, auf diesem Gebiet auch im Erwachsenenalter herausragende Leistungen zu erbringen (Benbow, 1992; Simonton, 1991). Faktoren wie die Motivation, etwas besonders gut zu machen, Kreativität und Durchhaltevermögen bei Eintritt von Schwierigkeiten sind für Ausnahmeleistungen im Erwachsenenalter ebenfalls entscheidend.

Außergewöhnlich frühe Leser, wie dieses dreieinhalbjährige Kind, behalten im Allgemeinen während ihres ganzen Lebens eine exzellente Lesefähigkeit.

Abbildung 8.3: Die Effekte von IQ und Ausbildung auf das Einkommen. Der IQ beeinflusst das Einkommen, aber das gilt auch für andere Faktoren, beispielsweise die Ausbildung. In diesen Daten aus den späten 1980ern sind die genannten Beziehungen erkennbar; sie zeigen das Durchschnittseinkommen von Personen mit unterschiedlichem Ausbildungsniveau, deren IQ-Testwerte in verschiedene Quintile (fünf Intervalle von jeweils 20 Prozent) der IQ-Verteilung fallen. Auf jedem der Ausbildungsniveaus verdienten Menschen mit höherem IQ mehr. Bei Menschen, die nur über eine High-School-Ausbildung verfügen, verdienten die Mitglieder des untersten IQ-Quintils (blauer Balken) durchschnittlich wenig mehr als 250 Dollar pro Woche, während die obersten 20 Prozent der Intelligenzverteilung (violetter Balken) durchschnittlich fast 450 Dollar pro Woche verdienten. Vergleicht man andererseits die violetten Balken, verdienten die Personen im obersten IQ-Quintil, die nur einen High-School-Abschluss haben, im Durchschnitt etwa 450 Dollar pro Woche, Menschen mit vergleichbarem IQ, aber einem vierjährigen Studium verdienten fast 650 Dollar pro Woche. (Daten aus Ceci, 1996.)

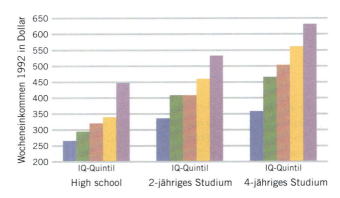

die das Kind besucht, oder irgendeine andere der untersuchten Variablen (Ceci, 1993; Duncan et al., 1972).

So starke Vorhersagekraft der IQ auch besitzen mag, leistet er natürlich nicht die vollständige Erklärung für den schulischen, ökonomischen und beruflichen Erfolg. Erfolgsmotivation, Kreativität, körperliche und geistige Gesundheit, soziale Fähigkeiten und eine Menge anderer Eigenschaften üben ebenso wichtige Einflüsse aus (Feldman, 1986; Sternberg, 2000; Tannenbaum, 1986). Abbildung 8.3 illustriert, wie derselbe Datensatz Nachweise für die Bedeutung sowohl des IQ als auch anderer Faktoren bringen kann. In Übereinstimmung mit der hervorgehobenen Bedeutung des IQ zeigt die Graphik, dass bei Menschen mit demselben Ausbildungsniveau diejenigen mehr Geld verdienen, die den höheren IQ besitzen. In Übereinstimmung mit der hervorgehobenen Bedeutung anderer Faktoren zeigt die Graphik aber auch, dass bei Menschen mit vergleichbarem IQ diejenigen mehr Geld verdienen, die eine längere Ausbildungszeit hatten. Während der IQ also einen zentralen Beitrag zum Erfolg in Schule, Ausbildung, Beruf und Einkommen leistet, sind andere Faktoren hier ebenfalls einflussreich.

IN KÜRZE

IQ-Werte hängen positiv mit Schulnoten und dem Abschneiden bei Leistungstests zusammen, sowohl zum gleichen Messzeitpunkt als auch in späteren Jahren. Auch hängen sie positiv mit dem Berufserfolg als Erwachsener zusammen. Der IQ ist jedoch nicht die einzige Einflussquelle für diese Erfolgsresultate. Motivation, Kreativität, Gesundheit, soziale Fähigkeiten und eine Vielzahl anderer Faktoren leisten ebenfalls ihren Beitrag.

Gene, Umwelt und Intelligenzentwicklung

Keine Fragestellung hat in der Psychologie eine längere oder erbittertere Debatte ausgelöst als die Frage danach, wie Vererbung und Umwelt die Intelligenz beeinflussen. Selbst Personen, die erkennen, dass die Intelligenz, wie alle menschlichen Eigenschaften, durch die fortwährende Interaktion zwischen Genen und Umwelt entsteht, vergessen diese Tatsache häufig und vertreten extreme Positionen, die mehr auf Emotionen und Ideologien begründet sind denn auf Fakten. Die vorliegende Diskussion hat zum Ziel, einen zusammenhängenden Rahmen für die Beurteilung der komplexen Einzelfragen auf diesem Gebiet zu bieten und das schon Bekannte zusammenzufassen.

Einen nützlichen Ausgangspunkt für die Beurteilung der Einflüsse von Genetik und Umwelt auf die Intelligenz liefert das ökologische Entwicklungsmodell von Bronfenbrenner (1993), das in Kapitel 9 eingehend behandelt wird. Nach diesem Modell ist das Leben von Kindern in eine Reihe von zunehmend umfassenderen Umwelten eingebettet. Im Zentrum befindet sich das Kind mit seinen einzigartigen Eigenschaften einschließlich seiner genetischen Ausstattung und seiner persönlichen Erfahrung. Das Kind ist von einer unmittelbaren Umwelt umgeben, insbesondere von den Menschen und Institutionen, mit denen das Kind direkt zu tun hat: Familie, Schule, Klassenkameraden, Lehrer, Nachbarn und so weiter. Jenseits der unmittelbaren Umwelt befinden sich die entfernteren, weniger greifbaren Umwelten, die sich ebenfalls auf die Entwicklung auswirken: kulturelle Einstellungen, das Sozial- und Wirtschaftssystem, die Massenmedien, die Regierung und so weiter. Wir werden im Folgenden untersuchen, wie die Eigenschaften des Kindes, seine unmittelbare Umwelt und die weiter abgesteckte Umgebung zur Entwicklung der Intelligenz beitragen.

Eigenschaften des Kindes

Kinder tragen in großem Ausmaß zu ihrer eigenen intellektuellen Entwicklung bei. Der Beitrag ergibt sich aus ihrer genetischen Ausstattung, aus den Reaktionen, die sie bei anderen Menschen hervorrufen, und aus der Wahl von Umgebungen, in denen sie ihre Zeit verbringen.

Genetische Beiträge zur Intelligenz

Wie in Kapitel 3 bereits dargestellt, haben die Gene einen beträchtlichen Einfluss auf die Intelligenz. Etwa 50 Prozent der IQ-Variation in der weißen amerikanischen Bevölkerung lässt sich auf genetische Variation zurückführen. (Man erinnere sich, dass eine solche Schätzung – die auf unterschiedlich hohen Korrelationen zwischen eineiigen Zwillingen, zweieiigen Zwillingen, Verwandten unterschiedlichen Grades und so weiter beruht – bedeutet, dass etwa die Hälfte der Unterschiede bei den Intelligenzwerten von Menschen auf ihre genetischen Unterschiede zurückgeht.)

Ein häufiges Stereotyp besteht darin, dass der relative Einfluss der Vererbung auf die Intelligenz früh im Leben am größten sei, wenn die Erfahrungen der Kinder noch begrenzt sind, und dass der relative Einfluss der Umwelt auf die Intelligenz mit zunehmender Erfahrung der Kinder wächst. Dieses Stereotyp ist falsch. Der genetische Beitrag zur Intelligenz ist bei älteren Kindern größer als bei jüngeren. Die IQ-Werte adoptierter Kinder und ihrer biologischen Eltern (mit denen sie nicht zusammenleben) korrelieren zunehmend höher, wenn die Kinder größer werden (Honzik, MacFarlane & Allen, 1948). Im Gegensatz dazu sinkt die Korrelation zwischen dem IQ adoptierter Kinder und ihren Adoptiveltern mit zunehmendem Alter der Kinder (Brody, 1992; DeFries, Plomin & LaBuda, 1987; McGue, Bouchard, Iacono & Lykken, 1993). Ein Grund für diesen wachsenden genetischen Einfluss besteht darin, dass einige der genetischen Prozesse ihre Auswirkungen auf den IQ erst ab der späteren Kindheit und dem Jugendalter zeigen (Loehlin, 1989). Zum Beispiel sind einige der Verbindungen, die bestimmte weit voneinander entfernt liegende Bereiche des Gehirns verknüpfen, erst im Jugendalter ausgebildet, und das Ausmaß solcher Verbindungen spiegelt genetische Einflüsse wider (Thatcher, 1992). Ein weiterer Grund besteht darin, dass die mit dem Alter zunehmende Unabhängigkeit der Kinder ihnen größere Freiheiten gibt, sich solche Umgebungen auszusuchen, die zu ihren eigenen, genetisch basierten Präferenzen passen, aber nicht notwendigerweise zu denen der Eltern, die sie großziehen (Scarr, 1992).

Interaktionen zwischen Genotyp und Umwelt

Wie in Kapitel 3 dargestellt, werden die Umwelttypen, mit denen das Kind zu tun hat, zum Teil durch ihren Genotyp beeinflusst. Sandra Scarr nimmt an, dass an diesen Beziehungen zwischen Genotyp und Umwelt drei Arten von Wirkungen beteiligt sind: passive, evozierende und aktive Wirkungen (Scarr, 1992). *Passive Wirkungen* des Genotyps entstehen, wenn Kinder von ihren biologischen Eltern erzogen werden. Diese Wirkungen treten nicht ein, weil die Kinder irgendetwas tun, sondern weil sich ihre eigenen Gene und die ihrer Eltern überlappen. Kinder, deren Genotyp sie dazu veranlagt, gern zu lesen, wachsen wahrscheinlich in einem Haus mit Büchern, Zeitschriften und Zeitungen auf, weil ihre Eltern ebenfalls gern lesen. *Evozierende Wirkungen* des Genotyps ergeben sich daraus, dass Kinder bei anderen Menschen ein bestimmtes Verhalten hervorrufen oder beeinflussen. Selbst wenn die Eltern eines kleinen Mädchens beispielsweise keine begeisterten Leser sind, werden sie ihr dennoch mehr Gutenachtgeschichten vorlesen, wenn sie an den Geschichten Interesse zeigt, als wenn sie einen gelangweilten Eindruck macht. Zu den *aktiven Wirkungen* des Genotyps gehört die kindliche Wahl von Umgebungen, die ihnen gefallen. Ein Gymnasiast, der gern liest, wird sich Bücher aus der Bibliothek ausleihen und anderweitig besorgen, gleich ob seine Eltern ihm, als er klein war, vorgelesen haben oder nicht. Mit Hilfe der evozierenden und aktiven Effekte des Genotyps lässt sich erklären, wie der IQ von Kindern dem seiner biologischen Eltern immer ähnlicher wird, selbst wenn sie adoptiert wurden und ihre leiblichen Eltern nie gesehen haben (Matheny, Wilson, Dolan & Krantz, 1981).

Geschlecht und Intelligenz

Trotz der weit verbreiteten gegenteiligen Annahme sind Jungen und Mädchen in den meisten Aspekten der Intelligenz gleich oder fast gleich ausgeprägt. Jungen scheinen sowohl im oberen als auch im unteren Extrembereich der Intelligenzverteilung stärker repräsentiert zu sein; beispielsweise sind viermal so viele Jungen wie Mädchen mathematisch sehr frühreif, aber bei Jungen wird auch fünfmal häufiger die Lesestörung Dyslexie diagnostiziert (Benbow, 1988; Halpern, 1992). Die durchschnittlichen IQ-Werte von Jungen und Mädchen sind aber praktisch identisch (Hyde & McKinley, 1997).

Einige kleinere Unterschiede bei der durchschnittlichen Leistung von Jungen und Mädchen fanden sich auf spezifischen intellektuellen Gebieten. Mädchen neigen insgesamt dazu, bei der verbalen Flüssigkeit, beim Schreiben und bei der Wahrnehmungsgeschwindigkeit besser zu sein als Jungen, wobei die Unterschiede in verbaler Flüssigkeit und Wahrnehmungstempo schon ab dem zweiten Lebensjahr auftreten (Hedges & Nowell, 1995; Kimura & Hampson, 1994; Reinisch & Sanders, 1992). Jungen neigen insgesamt zu stärkeren Leistungen bei der räumlich-visuellen Verarbeitung, bei Naturwissenschaften und beim Lösen mathematischer Aufgaben, wobei die Unterschiede bei der räumlich-visuellen Verarbeitung schon im Alter von drei Jahren auftreten und im Verlauf der Adoleszenz größer werden (Halpern, 1997; Masters & Sanders, 1993). Dieses Muster an Geschlechtsunterschieden ist in verschiedenen Ländern ähnlich. Eine Untersuchung des Wissens von Achtklässlern in den naturwissenschaftlichen Fächern zeigte über 41 Länder hinweg Unterschiede zugunsten der Jungen in 75 Prozent der Länder und keine Unterschiede in den restlichen 25 Prozent (Vogel, 1996). Zwar haben einige Forschungsarbeiten nahe gelegt, dass diese Geschlechtsunterschiede bei intellektuellen Fähigkeiten in den vergangenen Jahrzehnten geringer geworden sind (zum Beispiel Feingold, 1988); systematischere Analysen lassen jedoch darauf schließen, dass die Unterschiede tatsächlich recht stabil geblieben sind (Halpern, 1997; Hedges & Nowell, 1995; Voyer, Voyer & Bryden, 1995).

Erklärungsansätze für diese Unterschiede sind Gegenstand heißer Debatten. Manche behaupten, dass Geschlechtsunterschiede bei intellektuellen Fähigkeiten vorwiegend das Ergebnis biologischer Unterschiede seien (Collaer & Hines, 1995; Shaywitz et al., 1995). Andere schreiben die Unterschiede hauptsächlich den gesellschaftlichen Botschaften zu, welche die Angemessenheit unterschiedlicher intellektueller Beschäftigung für die Geschlechter betreffen (zum Beispiel „Mathematik ist für Männer"; Baenninger & Newcombe, 1989; Beal, 1994), oder auch dem Druck durch die Gruppe der Gleichaltrigen (Harris, 1995; Lytton, 2000; Lytton & Romney, 1991). Angesichts der angeheizten Atmosphäre bei dieser Frage darf man nicht vergessen, wie gering der Umfang der existierenden Unterschiede ist. Auch wenn Intelligenzunterschiede zwischen Jungen und Mädchen interessanter sein mögen als diesbezügliche Ähnlichkeiten, sind sie doch eher die Ausnahme.

Der Einfluss der unmittelbaren Umwelt

Der Einfluss der Umwelt auf die Entwicklung der Intelligenz beginnt mit der unmittelbaren Umgebung der Familie und Schule.

Familieneinflüsse

Auf die Frage, was der wichtigste Umwelteinfluss auf ihre Intelligenz gewesen sei, würden die meisten Menschen wahrscheinlich auf ihre Familie verweisen. Um den Einfluss der familiären Umwelt auf die Intelligenz des Kindes zu testen, bedarf es jedoch einiger Mittel, um die Beschaffenheit der familiären Umwelt überhaupt zu bestimmen. Wie können wir etwas so komplexes und vielseitiges wie ein familiäres Umfeld messen, insbesondere wenn dieses Umfeld für die verschiedenen Kinder innerhalb derselben Familie schon unterschiedlich sein kann?

Bettye Caldwell und Robert Bradley (1979) nahmen dieses komplizierte Problem in Angriff, indem sie ein Maß entwickelten, das als HOME bekannt ist (*Home Observation for Measurement of the Environment*). Dieses Maß vereinigt verschiedene Aspekte des häuslichen Lebens von Kindern, zum Beispiel die Ordnung und Sicherheit des Lebensraums, die intellektuelle Stimulation durch die Eltern, ob die Kinder eigene Bücher besitzen oder nicht, wie viel Interaktion zwischen Eltern und Kind stattfindet, die elterliche emotionale Unterstützung für das Kind, und so weiter. Tabelle 8.1 zeigt die Items und Unterskalen, die in der Originalversion von HOME verwendet werden, das für die Beurteilung der familiären Umwelt von Kindern zwischen ihrer Geburt und dem Alter von drei Jahren entwickelt wurde. Folgeversionen von HOME wurden für die Anwendung bei Kindern im Vorschulalter, bei Schulkindern und bei Jugendlichen entwickelt (Bradley, 1994).

Durch die gesamte Kindheit hindurch besteht eine positive Korrelation der IQ-Werte von Kindern mit der Qualität ihrer familiären Umwelt, gemessen mit HOME (Barnard, Bee & Hammond, 1984; Luster & Dubow, 1992; Siegel, 1984). HOME sagt auch zukünftige IQ-Werte vorher. Die HOME-Werte von Familien mit sechs Monate alten Kindern korrelieren positiv mit dem IQ der Kinder im Alter von viereinhalb Jahren (Bradley & Caldwell, 1984); die HOME-Werte von Zweijährigen korrelieren positiv mit den IQ-Werten und Schulleistungen von Elfjährigen (Bradley, 1989; Olson, Bates & Kaskie, 1992). Wenn die mit HOME gemessenen Werte im Zeitverlauf relativ stabil bleiben, sind auch die IQ-Werte im Allgemeinen stabil; wenn sich die HOME-Werte ändern, ändern sich häufig auch die IQ-Werte in dieselbe Richtung (Bradley, 1989). Die Beurteilung unterschiedlicher Aspekte der fa-

Tabelle 8.1: Items und Unterskalen von HOME (Kleinkindversion).

I. Emotionale und verbale Reaktivität der Mutter

1. Mutter spricht während des Besuchs mindestens zweimal zu dem Kind (außer schimpfen).
2. Mutter reagiert auf die Vokalisationen des Kinds mit einer verbalen Reaktion.
3. Mutter nennt dem Kind während des Besuchs den Namen eines Objekts oder sagt den Namen einer Person oder eines Objekts in einem „Lehrerinnen-Stil".
4. Die Sprache der Mutter ist deutlich, klar und hörbar.
5. Mutter initiiert verbalen Austausch mit dem Beobachter – stellt Fragen, gibt spontane Kommentare.
6. Mutter drückt ihre Vorstellungen freimütig und leicht aus und benutzt Aussagen angemessener Länge für ein Gespräch (zum Beispiel nicht nur kurze Antworten).
7. Mutter erlaubt dem Kind gelegentlich Spiele, bei denen man ‚schmutzig' wird.
8. Mutter lobt Eigenschaften oder Verhalten des Kindes zweimal während des Besuchs.
9. Beim Sprechen über das Kind oder zum Kind vermittelt die Stimme der Mutter positive Gefühle.
10. Mutter liebkost oder küsst das Kind, ihre Stimme vermittelt dabei positive Gefühle.
11. Mutter zeigt positive emotionale Reaktionen, wenn der Besucher das Kind lobt.

II. Vermeidung von Einschränkung und Bestrafung

12. Mutter schreit das Kind während des Besuchs nicht an.
13. Mutter bringt keinen offenen Ärger über das Kind oder Feindseligkeit zum Ausdruck.
14. Mutter gibt dem Kind während des Besuchs keine Ohrfeige oder Schläge.
15. Mutter gibt für die vergangene Woche nicht mehr als eine körperliche Bestrafung an.
16. Mutter brüllt das Kind während des Besuchs nicht an oder macht es runter.
17. Nicht mehr als dreimal während des Besuchs unterbricht die Mutter die Handlungen des Kindes oder schränkt seine Bewegungen ein.
18. Mindestens zehn Bücher sind vorhanden und sichtbar.
19. Die Familie hat ein Haustier.

III. Organisation der physikalischen und zeitlichen Umwelt

20. Wenn die Mutter abwesend ist, erfolgt die Versorgung durch einen von drei regelmäßigen Vertretern.
21. Jemand nimmt das Kind mindestens einmal pro Woche zum Einkaufen mit.
22. Kind kommt pro Woche mindestens viermal aus dem Haus.
23. Kind wird regelmäßig dem Arzt vorgestellt.
24. Kind hat einen bestimmten Platz für seine Spielsachen und „Schätze".
25. Die Spielumgebung des Kindes erscheint sicher und gefahrlos.

IV. Bereitstellung angemessener Spielmaterialien

26. Kind besitzt Spielsachen oder Gerätschaften, die Muskelkraft erfordern.
27. Kind besitzt ein Spielzeug zum Schieben oder Ziehen.
28. Kind besitzt ein Laufgestell, einen Bobbycar, einen Roller oder ein Dreirad.
29. Mutter bietet dem Kind während des Interviews Spielsachen oder interessante Aktivitäten an.
30. Altersgemäße Ausstattung mit Lernmöglichkeiten vorhanden – Kuscheltier oder Spielzeug für Rollenspiele.
31. Altersgemäße Ausstattung mit Lernmöglichkeiten vorhanden – Mobile, Tisch und Stuhl, Hochstuhl, Laufstall.
32. Spielzeug für Auge-Hand-Koordination vorhanden – Dinge, die in einen Behälter hinein und wieder heraus sollen, Zusammensteck-Spielzeug, Perlen zum Auffädeln.
33. Kombinierbares Spielzeug für Auge-Hand-Koordination vorhanden – Bauklötze, Legosteine.
34. Spielzeug vorhanden, an dem Literatur oder Musik beteiligt ist.

V. Mütterliche Beteiligung an dem Kind

35. Mutter hält das Kind meistens in Blickweite und schaut öfter nach ihm.
36. Mutter „spricht" zu dem Kind, während sie ihre Arbeit tut.
37. Mutter unterstützt bewusst Entwicklungsfortschritte.
38. Mutter setzt wertvolles Förderspielzeug durch ihre Aufmerksamkeit ein.
39. Mutter strukturiert die Spielphasen des Kindes.
40. Mutter stellt Spielsachen bereit, die das Kind anregen, neue Fähigkeiten zu entwickeln.

VI. Gelegenheit zu vielfältigen Anregungen im Alltag

41. Vater beteiligt sich jeden Tag an der Betreuung.
42. Mutter liest mindestens dreimal in der Woche eine Geschichte vor.
43. Kind nimmt mindestens eine Mahlzeit am Tag mit beiden Eltern ein.
44. Familie besucht Verwandte oder erhält Besuch von Verwandten.
45. Kind besitzt drei oder mehr eigene Bücher.

miliären Umwelt eines Kindes erlaubt somit eine gute Vorhersage seiner gemessenen Intelligenz.

Angesichts dieser Befunde wäre der Schluss verlockend, dass häusliche Umwelten von höherer Qualität einen höheren IQ der Kinder verursachen. Es ist jedoch noch nicht bekannt, ob dies tatsächlich der Fall ist. Die Unsicherheit darüber spiegelt zwei Faktoren wider. Erstens dürfte die Art der häuslichen intellektuellen Umwelt, die Eltern einrichten, mit Sicherheit auch von ihrer genetischen Ausstattung beeinflusst sein. Zweitens haben sich fast alle Untersuchungen, in denen HOME eingesetzt wurde, auf Familien konzentriert, in denen Kinder mit ihren biologischen Eltern zusammenleben. Diese beiden Umstände könnten bedeuten, dass die Gene der Eltern sowohl die intellektuelle Qualität der häuslichen Umwelt als auch den IQ der Kinder beeinflussen; damit wäre es nicht die häusliche Umwelt als solche, die den höheren oder niedrigeren IQ der Kinder verursacht. Übereinstimmend mit dieser Möglichkeit waren in den wenigen Studien, in denen mit HOME Adoptivfamilien untersucht wurden, die Korrelationen zwischen den HOME-Werten und dem IQ der Kinder niedriger als in den Studien von Kindern, die bei ihren leiblichen Eltern leben (Plomin, DeFries, McClearn & Rutter, 1997). Obwohl die Messwerte von HOME eindeutig mit dem IQ der Kinder korrelieren, wurden zwischen beiden noch keine kausalen Zusammenhänge nachgewiesen.

Gemeinsame und nicht gemeinsame familiäre Umgebung Wenn wir uns das intellektuelle Umfeld einer Familie vorstellen, dann denken wir normalerweise an Eigenschaften, die für alle Kinder einer Familie gleich sind: die Bedeutung der Bildung für die Eltern, die Anzahl vorhandener Bücher, die Häufigkeit anspruchsvoller Diskussionen am Esstisch, und so weiter. Wie wir in Kapitel 3 jedoch bereits dargelegt haben, kommt jedes Kind einer bestimmten Familie auch mit speziellen, nicht allen gemeinsamen Umgebungsfaktoren in Kontakt. So kann in jeder Familie nur ein Kind das Erstgeborene sein und zu Beginn seines Lebens die intensive, ungeteilte Aufmerksamkeit erhalten, die dieser Status oft mit sich bringt. Genauso kann ein Kind, das Interessen oder Persönlichkeitseigenschaften besitzt, die denen eines Elternteils oder beider Elternteile gleichen, mehr positive Aufmerksamkeit erhalten als andere Kinder der Familie. Kinder besetzen in ihren Familien auch Nischen, und die Tatsache, dass ein Kind schon als „das schlaue" klassifiziert ist, kann die Geschwister dazu bringen, sich von geistigen Aktivitäten eher zurückzuziehen und stattdessen „das bei allen beliebte", „das sportliche" oder sogar „das böse" Kind zu werden (Scarr, 1992). Sieht man einmal von sehr unzulänglichen Elternhäusern ab, scheinen solche familieninternen Unterschiede in den Umwelten der Kinder einen größeren Einfluss auf die Intelligenzentwicklung zu haben als Unterschiede zwischen Familien (Plomin & Daniels, 1987; Scarr & Weinberg, 1983; Teasdale & Owen, 1984). In Übereinstimmung mit diesem Befund beurteilen die meisten Items des HOME-Fragebogens (siehe Tabelle 8.1) nicht das von allen geteilte Familienumfeld, sondern vielmehr die Umgebung für das einzelne Kind, um das es gerade geht: ob die Mutter während des Besuchs mit diesem Kind spricht, ob sie dieses Kind lobt, ob sie auf die Aussagen dieses Kindes reagiert, und so weiter.

Einflüsse des Schulbesuchs

Kinder werden klüger, wenn sie zur Schule gehen. Eine Art von Belegen für diese Annahme stammt aus einer Studie, in der die IQ-Werte von älteren und jüngeren israelischen Kindern in der vierten, fünften und sechsten Klasse untersucht wurden (Cahan & Cahan, 1989). Wie die leichten Aufwärtstrends der einzelnen Linien von Abbildung 8.4 erkennen lassen, erbrachten in beiden Testteilen innerhalb jeder Klassenstufe die älteren Kinder etwas bessere Leistungen als die jüngeren Kinder. Die Sprünge zwischen den Klassenstufen zeigen jedoch, dass diejenigen Kinder, die nur ein wenig älter, aber ein Jahr länger in der Schule waren, viel besser abschnitten als die nur wenig jüngeren Kinder in der Klasse darunter. Zum Beispiel bei dem Untertest „Kuriose Wörter" (bei dem man angeben soll, welches Wort aus einer Reihe von Wörtern nicht zu den anderen passt) zeigen die Ergebnisse einen kleinen Unterschied zwischen 134 und 135 Monate alten Fünftklässlern, aber einen großen Abstand zwischen diesen beiden und den 136 Monate alten Sechstklässlern.

Eine andere Art von Belegen dafür, dass Kinder durch den Schulbesuch klüger werden, besteht darin, dass die durchschnittlichen Werte bei IQ und Leistungstests während des Schuljahres steigen und während der Sommerferien absinken (Ceci, 1991; Huttenlocher, Levine & Vevea, 1998). Die Art und Weise, wie diese Veränderungen mit dem Familienhintergrund von Kindern zusammenhängen, bietet weitere Unterstützung für die Annahme, dass der Schulbesuch die Kinder klüger macht (Alexander & Entwistle, 1996; Entwistle & Alexander, 1992; Heyns, 1978). Kinder aus Familien mit niedrigem sozio-ökonomischem Status und aus Familien mit hohem sozio-ökonomischem Status erzielen während des Schuljahrs vergleichbare Zuwächse bei ihren Schulleistungen. Über den schulfreien Sommer sinken die Leistungstestwerte bei den Kindern aus niedrigem Status jedoch ab, während die Werte der Kinder aus hohem Sozialstatus gleich bleiben oder leicht ansteigen. Eine wahrscheinliche Erklärung könnte lauten, dass die Schule im Verlauf des Schuljahrs Kinder aus allen sozialen Hintergründen mit einer relativ anregenden intellektuellen Umgebung versorgt, den Kindern aus Familien mit sozial niedrigem Hintergrund während der Ferien aber mit geringerer Wahrscheinlichkeit die Art von Erfahrungen geboten wird, die ihre intellektuellen Leistungen erhält oder sogar steigert.

Ein Schluss, der sich aus diesen Befunden ziehen lässt, lautet: Die meisten Kinder besäßen einen höheren intellektuellen Leistungsstand, wenn sie an mehr Tagen im Jahr zur Schule gingen. Mehrere Arten von Nachweisen lassen darauf schließen, dass dieser Schluss wahrscheinlich zutrifft. Zum Bei-

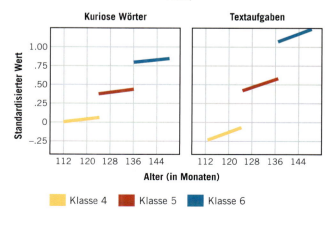

Abbildung 8.4: **Die Beziehung zwischen Alter und Klassenstufe bei der Leistung auf zwei IQ-Untertests.** Die Sprünge zwischen den Klassenstufen lassen erkennen, dass der Schulbesuch einen Einfluss auf die Leistung bei Intelligenztests ausübt, der über den des Alters hinausgeht. (Daten aus Cahan & Cahan, 1989.)

spiel zeigen die Kinder in europäischen und asiatischen Ländern, in denen die Schuljahre länger sind als in den USA, auch durchweg höhere Schulleistungen (Geary, 1996; Stevenson & Stigler, 1992). In einem Experiment mit Kindern eines amerikanischen Kindergartens (den man sich hier eher als Vorschule vorstellen muss), erhöhte eine Verlängerung des Schuljahrs von den üblichen 180 Tagen auf 210 Tage (was einem Schuljahr in Europa und Ostasien entspricht) die Fähigkeiten im Rechnen und Lesen (Frazier & Morrison, 1998). Der Besuch einer Sommerschule hatte einen ähnlich positiven Effekt, besonders für das Verstehen von Mathematik, einem Schulfach, das die meisten Kinder ignorieren, wenn Schulferien sind (Cooper, Charlton, Valentile & Muhlenbruck, 2000). Der Schulbesuch erhöht also sowohl die IQ-Werte als auch spezielle schulische Fähigkeiten.

Der Einfluss der Gesellschaft

Die intellektuelle Entwicklung wird nicht nur durch Eigenschaften des Kindes, ihre Familien und ihre Schulen beeinflusst, sondern auch durch die allgemeine Beschaffenheit des wirtschaftlichen und sozialen Systems, in dem diese Entwicklung abläuft. Entwicklungsforscher sind besonders daran interessiert, diejenigen wirtschaftlichen und sozialen Merkmale zu verstehen, welche die Kindesentwicklung beeinträchtigen können. Ein besonders einflussreiches Merkmal dieser Art ist Armut. In diesem Abschnitt betrachten wir zunächst, wie sich Armut auf die Kindesentwicklung in verschiedenen Gesellschaften auswirkt, und untersuchen dann, wie sie zu Intelligenz- und Schulleistungsunterschieden zwischen rassischen und ethnischen Gruppen beiträgt. Danach betrachten wir weitere Faktoren, die die intellektuelle Entwicklung gefährden. Abschließend behandeln wir Programme, die auf eine Förderung der intellektuellen Entwicklung benachteiligter Kinder gerichtet sind.

Auswirkungen von Armut

Das Aufwachsen in einem Umfeld von Armut kann starke negative Auswirkungen auf die Intelligenzwerte von Kindern haben. Selbst wenn man solche Faktoren wie den Bildungsstand der Mutter, die Zugehörigkeit zu einer ethnischen Gruppe oder allein erziehende Mütter als Haushaltsvorstand herausrechnet, hängt die Angemessenheit des Familieneinkommens für die Befriedigung der familiären Bedürfnisse mit dem IQ der Kinder zusammen (Duncan et al., 1994). Es kommt hinzu, dass der IQ der Kinder meistens umso niedriger ist, je mehr Jahre sie in Armut verbringen.

Armut kann sich auf zahlreiche Weise negativ auf die intellektuelle Entwicklung auswirken. Zum Beispiel kann eine chronisch unzureichende Ernährung in den ersten Lebensjahren die Gehirnentwicklung nachhaltig stören, und eine entweder chronisch oder auch nur kurzzeitig unzulängliche Ernährung zu jedem Zeitpunkt des Lebens kann die intellektuelle Funktionstüchtigkeit beeinträchtigen. Ein eingeschränkter Zugang zu medizinischen Dienstleistungen, unzulängliche Versorgung oder unzulängliche geistige Anregung und emotionale Unterstützung im Elternhaus sind weitere Faktoren, die mit Armut einhergehen und das intellektuelle Wachstum beeinträchtigen können.

Es wirft ein besonderes Schlaglicht auf die Beziehung zwischen Armut und IQ, dass in allen untersuchten Ländern Kinder aus vermögenden Familien bei IQ-Tests und Leistungstest höhere Werte erzielen als Kinder aus ärmeren Elternhäusern (Case, Griffin & Kelley, 1999; Keating & Hertzman, 1999). Es sagt noch mehr aus, dass in kapitalistisch weiter entwickelten Ländern wie den USA, in denen die Einkommenskluft zwischen Arm und Reich am größten ist, der intellektuelle Leistungsunterschied zwischen Kindern aus reichen und armen Elternhäusern weitaus größer ist als in Ländern, in denen diese Kluft weniger stark ausgeprägt ist, wie in den skandinavischen Ländern oder, in reduziertem Ausmaß, in Deutschland, Kanada und Großbritannien. Abbildung 8.5 zeigt, dass Kinder aus wohlhabenden Familien in den USA bei intellektuellen Leistungstests etwa genauso hohe Werte erzielen wie Kinder aus wohlhabenden Familien in anderen Ländern. Im Gegensatz dazu erreichen Kinder aus armen Familien in den USA weit geringere Werte als Kinder armer Familien in Ländern mit höherer Einkommensgleichheit. Der entscheidende Unterschied liegt darin, dass arme Familien in den USA weit ärmer sind als in anderen wirtschaftlich entwickelten Ländern. 1998 lebten in den USA 19 Prozent der Kinder in Familien, deren Einkünfte unterhalb der Armutsgrenze liegen (United States Census Bureau, 2002); dieser Anteil ist mehr als doppelt so hoch wie in Deutschland und mehr als dreimal so hoch wie in der Schweiz und in Schweden vor zehn Jahren (Bound, Duncan, Laren & Oleinick, 1991).

Aktuelle Vergleichszahlen aus Deutschland liegen leider nicht vor. In ihrem ersten *Armuts- und Reichtumsbericht* gelingt der deutschen Bundesregierung keine schlüssige Bestandsaufnahme der Kinderarmut in konkreten Zahlen. Im Jahr 1998 erhielten circa 570 000 Familien mit etwa einer Million minderjährigen Kindern Sozialhilfe. Im Jahr 1999 waren rund 1,2 Millionen Familien mit geschätzten 2 Millionen Kindern überschuldet. Der *Elfte Kinder- und Jugendbericht* spricht zudem von etwa 250 000 überschuldeten Jugendlichen und Heranwachsenden. Besonders Schulabbrecher und beruflich gering qualifizierte Jugendliche und Erwachsene, Familien mit Langzeitarbeitslosen, Schwangere, allein erziehende Frauen, junge Familien mit kleinen Kindern und Migrantenfamilien sind armutsgefährdet (Bertsch, 2002). Generell zeichnet sich ab, dass Kinderarmut auch in Deutschland zu einem wachsenden Problem wird.

Einige Kinder, die in Armut leben, überwinden ihre Nachteile und kommen mit Schule und Leben gut zurecht. Was unterscheidet diese *resilienten Kinder* (Werner, 1993) von anderen Kindern, die unter ähnlichen Umständen leben? Bradley und Mitarbeiter (1994) identifizierten eine Gruppe von Kindern, die mit drei Jahren im normalen oder oberen Bereich von kognitiven, sozialen, gesundheitlichen und wachstumsbezogenen Maßen rangierten,

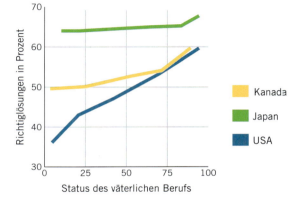

Abbildung 8.5: Die Beziehung zwischen dem beruflichen Status des Vaters und der Mathematikleistung der Kinder in drei Ländern. US-amerikanische Kinder, deren Väter statusniedrige Berufe ausüben, erbringen bei einem mathematischen Leistungstest weit schlechtere Leistungen als Kinder, deren Väter vergleichbare Tätigkeiten in Kanada oder Japan ausüben. Im Gegensatz dazu schneiden Kinder mit Vätern in statushohen Berufen genauso gut ab wie Kinder von Vätern mit vergleichbarem beruflichem Status in Kanada und fast so gut wie japanische Kinder mit ähnlichem familiärem Hintergrund. (Daten aus Case et al., 1999.)

obwohl sie in arme Familien hineingeboren wurden, und dies auch noch als Frühgeburten. Die Forscher fanden, dass die Eltern dieser Kinder sie auf mehrfache Weise vor den üblichen nachteiligen Auswirkungen der Armut beschützt haben. Mit größerer Wahrscheinlichkeit als andere verarmte Eltern reagierten sie interessiert auf ihre Kinder und stellten ihnen sichere Spielbereiche und abwechslungsreiche Lernmaterialien zur Verfügung. Elterliche Fürsorge in hoher Qualität kann Kindern somit helfen, mit den besonderen Anforderungen der Armut besser zurechtzukommen.

Rassische und ethnische Abstammung und Intelligenz

Kaum eine Behauptung ruft so leidenschaftliche Reaktionen hervor wie die, dass rassische und ethnische Gruppen unterschiedlich intelligent sind. Umso wichtiger ist es, die diesbezüglichen Tatsachen zu kennen und zu wissen, was daraus geschlossen werden kann und was nicht. Kurz zur Begriffsklärung: „Rasse" bedeutet das Vorhandensein bestimmter genetischer Merkmale, beim Menschen beispielsweise die Hautfarbe. Die ethnische Zugehörigkeit bezieht sich demgegenüber auf eine Volksgruppe mit ihren kulturellen, historischen und sprachlichen Merkmalen.

Es ist eine Tatsache, dass sich die *durchschnittlichen* IQ-Werte verschiedener rassischer und ethnischer Gruppen unterscheiden. Beispielsweise liegt der durchschnittliche IQ euro-amerikanischer Kinder zehn bis 15 Punkte über dem afro-amerikanischer Kinder. Die durchschnittlichen IQ-Werte von Kindern lateinamerikanischer oder indianischer Abstammung liegen dazwischen, während die Durchschnittswerte amerikanischer Kinder asiatischer Abstammung höher sind als bei allen anderen Bevölkerungsgruppen in den USA (Suzuki & Valencia, 1997). Diese Unterschiede erklären sich zum Teil durch Unterschiede der sozialen Klassenzugehörigkeit. Jedoch sind auch innerhalb jeder sozialen Klasse Unterschiede zwischen dem mittleren IQ von Afro-Amerikanern und Euro-Amerikanern vorhanden, auch wenn diese kleiner ausfallen als die Unterschiede vor der Herausrechnung der sozialen Klassenzugehörigkeit (Suzuki & Valencia, 1997).

Eine weitere Tatsache besteht darin, dass sich Aussagen über Gruppenunterschiede des IQ auf statistische Durchschnitte beziehen und nicht auf die Werte bestimmter Einzelpersonen. Man muss diese zweite Tatsache verstehen, um die erste interpretieren zu können. Millionen afro-amerikanische Kinder besitzen einen höheren IQ als das durchschnittliche euro-amerikanische Kind, und Millionen euro-amerikanischer Kinder besitzen einen niedrigeren IQ als das durchschnittliche afro-amerikanische Kind. Es gibt weitaus mehr Variabilität *innerhalb* jeder Abstammungsgruppe als *zwischen* ihnen. Die Daten über den Durchschnitts-IQ der Mitglieder irgendeiner ethnischen oder rassischen Gruppe sagen also nichts über ein bestimmtes Individuum aus.

Eine dritte Tatsache bezieht sich darauf, dass sich rassische beziehungsweise ethnische Gruppen auch in ihrem Profil der intellektuellen Fähigkeiten unterscheiden und nicht nur im Gesamtwert. Die Untersuchung von 93 indianischen Gruppen und Untergruppen zeigte, dass ihr Durchschnittswert im

Handlungsteil von IQ-Tests 100 betrug, aber dass ihr Durchschnittswert im Verbalteil bei 83 lag (Vraniak, 1994). Kinder lateinamerikanischer Abstammung haben im Allgemeinen ebenfalls höhere Werte im Handlungsteil als im Verbalteil (Suzuki & Valencia, 1997), was auch für amerikanische Kinder asiatischer Abstammung (Lynn & Hampson, 1986) sowie in Japan lebende japanische Kinder gilt (Kodama, Shinagawa & Motegi, 1978; Suzuki & Valencia, 1997). Im Gegensatz dazu weisen einige Untersuchungen an afro-amerikanischen Kindern darauf hin, dass ihre Punktwerte im verbalen Teil von IQ-Tests tendenziell höher sind als ihre Punktwerte im Handlungsteil (Taylor & Richards, 1991; Vance, Hankins & McGee, 1979). Für diese Unterschiede in den Fähigkeitsprofilen gibt es viele mögliche Ursachen. Zum Beispiel wurden die überlegenen visuellen und räumlichen Fähigkeiten der asiatisch-stämmigen Kinder neurologischen Faktoren, einem nonverbalen Kommunikationsstil, kulturellen Werten und einer Menge anderer Faktoren zugeschrieben (Sue & Okazaki, 1990).

Eine vierte entscheidende Tatsache ist, dass die Unterschiede zwischen den IQ-Werten von Kindern aus verschiedenen rassischen und ethnischen Gruppen die Leistungen der Kinder nur in der Umgebung beschreiben, in der die Kinder jeweils leben. Die Befunde sind keine Indikatoren ihres intellektuellen Potenzials und sagen auch nichts darüber aus, was passieren würde, wenn die Kinder in einer anderen Umwelt lebten. In einer eindrucksvollen Illustration dieser Tatsache untersuchten Scarr und Weinberg (1976, 1983) die IQ-Werte von mehr als 100 afro-amerikanischen Kindern, die von euro-amerikanischen Eltern adoptiert worden waren. Die Adoptiveltern lagen hinsichtlich Einkommen, Ausbildung und Intelligenz (mittlerer IQ = 119) über dem Durchschnitt, während die biologischen Eltern der Kinder auf diesen Dimensionen etwa durchschnittliche Werte aufwiesen. Die afro-amerikanischen Kinder, die in ihrem ersten Lebensjahr adoptiert worden waren, wurden etwa mit sieben Jahren getestet und hatten einen durchschnittlichen IQ von 110, was über dem durchschnittlichen IQ euro-amerikanischer Kinder in den USA liegt. Ähnliche Effekte wurden auch im höheren Alter von Kindern beobachtet. In einer Untersuchung an 16- bis 22-jährigen Afro-Amerikanern, die als Kind in relativ wohlhabende und gebildete euro-amerikanische Familien adoptiert worden waren, betrug der durchschnittliche IQ 106 (Scarr & Weinberg, 1983).

Die derzeitigen Gruppenunterschiede im IQ der allgemeinen Bevölkerung bestehen also nicht zwangsläufig. Tatsächlich haben sich im Zuge abnehmender Diskriminierung und Ungleichheit in der zweiten Hälfte des 20. Jahrhunderts die IQ-Unterschiede zwischen euro-amerikanischen und afro-amerikanischen Kindern verringert (Brody, 1992).

Risikofaktoren und intellektuelle Entwicklung

Beiträge in populären Zeitschriften darüber, wie man allen Kindern helfen könne, ihr intellektuelles Potenzial zu erreichen, konzentrieren sich oft auf einen einzigen Faktor. Manche Beiträge betonen, dass man die Armut bekämpfen müsse; andere betonen, wie wichtig es wäre, den Rassismus zu be-

> **Tabelle 8.2: Risikofaktoren für niedrige IQ-Werte.**
>
> 1. Haushaltsvorstand ist arbeitslos oder arbeitet in einem einfachen Beruf.
> 2. Mutter hat die High-School nicht abgeschlossen.
> 3. Familie umfasst mindestens vier Kinder.
> 4. Zuhause kein Vater oder Stiefvater vorhanden.
> 5. Afro-amerikanische Familie.
> 6. Viele stressreiche Ereignisse in den vergangenen Jahren.
> 7. Rigide Überzeugungen der Eltern über Kindesentwicklung.
> 8. Hohe Ängstlichkeit der Mutter.
> 9. Eingeschränkte geistige Gesundheit der Mutter.
> 10. Negative Interaktionen zwischen Mutter und Kind.
>
> (Aus Sameroff et al., 1993.)

enden; wieder andere stellen die Notwendigkeit in den Vordergrund, die Zwei-Eltern-Familie zu erhalten; und so weiter. Man kann jedoch keinen einzelnen Faktor und auch keine kleine Gruppe von Faktoren als *den* Schlüssel zum Problem bezeichnen. Vielmehr trägt eine Vielzahl von Faktoren gemeinsam zu dem Problem bei, dass eine beträchtliche Anzahl von Kindern ihr intellektuelles Potenzial nicht erreicht.

Um das Ausmaß dieser multiplen Einflussgrößen zu erfassen, entwickelte Arnold Sameroff mit seinen Mitarbeitern eine Skala der *Entwicklungsrisiken* (Sameroff, Seifer, Baldwin & Baldwin, 1993). Diese Skala beruht auf einer Reihe von Umweltmerkmalen, die für Kinder als Risiken für einen niedrigen IQ gelten können (Tabelle 8.2). Der Risikowert für jedes Kind ist einfach die Summe der Hauptrisiken, denen das Kind ausgesetzt ist. Das Kind einer Mutter, die arbeitslos und unverheiratet ist, ängstliche Besorgtheit zeigt und die High-School vorzeitig verließ, hätte den Risikofaktor 4 (sofern keiner der anderen Risikofaktoren zutrifft).

Sameroff und Mitarbeiter maßen die IQs und die Entwicklungsrisiken bei mehr als 100 Kindern im Alter von vier Jahren und dann noch einmal mit 13 Jahren. Sie fanden, dass der IQ eines Kindes tendenziell umso niedriger war, je mehr Risiken seine Umwelt enthielt. Wie Abbildung 8.6 zeigt, war der Effekt stark ausgeprägt. Der durchschnittliche IQ derjenigen Kinder, deren Umwelt keinen einzigen Risikofaktor enthielt, lag bei 115; der durchschnittliche IQ der Kinder mit sechs oder mehr vorhandenen Risiken lag bei 85. Die bloße Anzahl der Risiken in der Umwelt des Kindes war ein besserer Prädiktor für den IQ des Kindes als das Vorhandensein eines bestimmten Risikos.

Diese Untersuchung zeigte auch eine interessante Perspektive auf, warum die IQ-Werte von Kindern so stabil sind. Es ist nicht nur so, dass Kinder denselben Genotyp beibehalten; die meisten leben auch fortwährend in einer ähnlichen Umwelt. Die Untersuchung ließ erkennen, dass die Risikohaltigkeit der Umwelten der Kinder mit vier und mit 14 Jahren genauso stabil war wie ihre IQ-Werte.

Die Anzahl der Risikofaktoren in der Umwelt eines vierjährigen Kindes korreliert nicht nur hoch mit seinem IQ in diesem Alter, sondern sagt auch die Wahrscheinlichkeit vorher, dass sich der IQ des Kindes zwischen vier und 13 Jahren ändert. Wenn zwei Kinder also im Alter von vier Jahren denselben IQ besitzen, wobei die Umwelt des einen Kindes mehr Risikofaktoren enthält, dann wird dieses Kind mit 13 Jahren wahr-

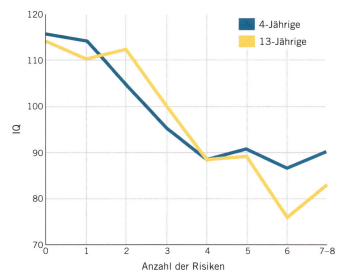

Abbildung 8.6: Risikofaktoren und IQ. Für die jüngeren und die älteren Kinder gilt: Je mehr Risikofaktoren in ihrer Umwelt vorhanden sind, desto niedriger ist ihr durchschnittlicher IQ. (Daten aus Sameroff et al., 1993.)

scheinlich einen niedrigeren IQ aufweisen als das andere Kind. Umweltrisiken haben also sowohl unmittelbare als auch langfristige Auswirkungen auf die intellektuelle Entwicklung von Kindern.

Auch wenn Sameroff und Mitarbeiter ihr Maß als einen „Risikoindex" beschrieben haben, ist es genauso gut ein Maß für die Güte der kindlichen Umwelt wie ein Maß des Bedrohungspotenzials. Wie schon erwähnt, haben Kinder, deren Umwelt wenige oder keine Risikofaktoren aufweist, im Allgemeinen gut überdurchschnittliche IQs. Ihr hoher IQ spiegelt die Vorteile ihrer Umwelt genauso wider, wie die niedrigen IQs anderer Kinder ihre ungünstige Umwelt zum Ausdruck bringen. Einfacher gesagt: Keiner macht alles selber. Unsere Erfolge und unser Versagen resultieren nicht nur aus unseren eigenen Fähigkeiten, sondern auch aus der Qualität der Unterstützung, die unsere Familien, andere Menschen, die uns beeinflussen, und die Gesellschaft im weiteren Sinne bieten.

Hilfsprogramme für Kinder in Armut

Zu Anfang der 1960er Jahre entwickelte sich in den USA ein politischer Konsens, dass es nationale Priorität besitzen sollte, Kindern aus armen Familien zu helfen. Psychologische Forschung trug zu dieser Konsensbildung bei, indem sie nachwies, dass die Umwelten der Kinder bedeutsame Auswirkungen auf ihre kognitive Entwicklung haben (Dennis & Najarian, 1957; Hunt, 1961). In der Folge wurden im Verlauf der nächsten Jahre viele Interventionsprogramme initiiert, um die intellektuelle Entwicklung armer Kinder zu fördern.

Bei den meisten dieser Interventionen handelte es sich um experimentelle Maßnahmen kleineren Umfangs, mit denen Ideen darüber geprüft werden sollten, welcher Interventionstyp am nützlichsten wäre. Manche Programme konzentrierten ihre Bildungsbemühungen vorwiegend auf die Eltern, insbesondere die Mütter. Die beiden Hauptprämissen dieser Programme waren, dass Eltern den größten Einfluss auf die frühe Entwicklung von Kindern haben und dass eine Verbesserung der elterlichen Qualitäten allen Kindern in der Familie helfen würde. Andere Interventionen setzen auf Einrichtungen, die in der Art traditioneller vorschulischer Kindergärten arbeiteten, deren Lehrerinnen direkt mit den Kindern interagierten. Manche Programme bezogen sich auf behavioristische Theorien, betonten die direkte Instruktion der Fertigkeiten und Konzepte, die es zum Rechnen und Lesenlernen braucht, und belohnten die Kinder für entsprechenden Lernerfolg. Andere Programme bezogen sich auf die Theorie Piagets und betonten die Bereitstellung stimulierender Umwelten, welche die Kinder dazu anhalten sollten, neue Fertigkeiten und Konzepte ohne direkte Unterweisung oder Belohnung von außen aufzubauen. Wieder andere Programme waren eine eklektische Mischung aus behavioristischen und Piaget'schen Ideen, gepaart mit traditionellen Vorschulelementen wie Lieder singen und Geschichten erzählen.

In einer umfassenden Analyse von elf der prominentesten ersten Frühinterventionsprogramme – die sich alle auf zwei- bis fünfjährige afro-amerikanische Kinder aus einkommensschwachen Familien konzentrierten – fanden

Kasten 8.2 Anwendungen

Eine äußerst erfolgreiche Frühintervention: das *Carolina-Abecedarian*-Projekt

Die Schwierigkeit, anhaltende Zugewinne beim IQ und anderen Leistungstestwerten armer Kinder zu erzielen, führte einige Begutachter entsprechender Interventionsprogramme zu dem Schluss, dass die Intelligenz unveränderbar sei (Jensen, 1973; Westinghouse Learning Center, 1969). Dieselben Ergebnisse motivierten andere Forscher jedoch herauszufinden, ob Interventionen, die in der frühesten Kindheit ansetzen und versuchen, viele Aspekte des Lebens von Kindern parallel zu verbessern, nicht doch zu lang anhaltenden Steigerungen des IQ führen können, auch wenn das weniger intensiven, später beginnenden Maßnahmen nicht gelungen war. Ein Versuch, der zu einer positiven Antwort auf diese Frage geführt hat, ist das **Carolina-Abecedarian-Projekt**, ein Programm, das anschaulich demonstriert, wie Forschung zum Kindeswohl beitragen kann (Campbell & Ramey, 1994, 1995; Ramey, Yeates & Short, 1984). (*Abecedarian* ist ein Kunstwort aus den Anfangsbuchstaben des Alphabets, im Deutschen etwa durch ein Wort wie „ABCler" nachbildbar.)

Carolina-Abecedarian-Projekt – ein umfassendes und erfolgreiches Unterstützungsprogramm für Kinder aus einkommensschwachen Familien.

Die an dem Programm teilnehmenden Kinder waren nach Kriterien ausgewählt wie ein geringes Familieneinkommen, die Abwesenheit des Vaters im häuslichen Leben, geringer IQ und Bildungsstand der Mutter und andere Faktoren, die auf drohende Entwicklungsprobleme hindeuten. Mehr als 95 Prozent der teilnehmenden Kinder waren afro-amerikanischer Abstammung.

In dem Programm fingen die Kinder mit sechs Monaten an, eine spezielle Tagesstätte zu besuchen, und setzten dies bis zum Alter von fünf Jahren fort. Die Tagesstätte war den ganzen Werktag geöffnet, von 7.45 Uhr bis 17.30 Uhr, und das Verhältnis von Lehrern zu Kindern war optimal: 1 : 3 für Kinder bis zu drei Jahren und 1 : 6 für Vierjährige. Das Programm für Kinder bis zu drei Jahren betonte die allgemeine soziale, kognitive und motorische Entwicklung; für Kinder über drei Jahre kam systematischer Unterricht in Mathematik, Naturwissenschaften, Lesen und Musik hinzu. Auf allen Altersstufen betonte das Programm die Sprachentwicklung und stellte eine ausgiebige verbale Kommunikation zwischen Lehrern und Kindern sicher. Die Beschäftigten des Programms arbeiteten auch mit den Müttern der Kinder außerhalb des Zentrums, um deren Kenntnisse über die Kindesentwicklung zu verbessern. Die Familien der Kinder, die sich in dem Pilotprogramm befanden, erhielten Nahrungsergänzungen und Zugang zu guter Gesundheitsversorgung. Die Familien von Kindern

Irving Lazar und seine Mitarbeiter ein einheitliches Muster (Lazar, Darlington, Murry, Royce & Snipper, 1982). Die Teilnahme an den Programmen, die meistens auf ein oder zwei Jahre angelegt waren, erhöhte die IQ-Werte der Kinder am Anfang beträchtlich – um zehn bis 15 Punkte. Im Verlauf der nächsten zwei oder drei Jahre baute sich der Zugewinn jedoch wieder ab, und vier Jahre nach Beendigung des Programms waren zwischen den IQ-Werten der Teilnehmer und denjenigen von Kindern aus vergleichbaren Wohnvierteln und Familienhintergründen, die nicht teilgenommen hatten, keine Unterschiede mehr erkennbar. Ähnliche Muster ergaben sich in einer Analyse von Programmen, bei denen Mathematik und Leseleistung im Vordergrund standen (McKey et al., 1985).

> **Kasten 8.2**

in einer Kontrollgruppe erhielten dieselben Gesundheits- und Ernährungsvorteile, aber die Kinder besuchten nicht die Tagesstätte.

Dieses sorgfältig geplante, vielseitige Programm erbrachte anhaltende positive Effekte auf die IQ-Werte und Leistungsgrade der Kinder in der Experimentalgruppe. (Da in den USA der Zugang zu weiterführenden Schulen und Ausbildungsgängen stark von landesweit standardisierten Leistungstests wie dem GRE oder SAT abhängt, wird in den Programmen neben dem IQ in der Regel auch diese Art von Leistungsfähigkeitsnachweisen auf Verbesserungen geprüft.) Im Alter von 15 Jahren, zehn Jahre nach individueller Beendigung des Programms, besaßen diese Kinder höhere mittlere IQ-Werte als die Kinder der Kontrollgruppe: 98 gegenüber 93 (Ramey et al., 2000). Die Leistungstestwerte in Lesen, Sozialkunde und Naturwissenschaft waren ebenfalls höher. Wie bei den weniger umfassenden Interventionsprogrammen blieben weniger Teilnehmer jemals sitzen oder wurden speziellen Förder- oder Sonderschulklassen zugewiesen.

Die fünf Jahre kostenloser täglicher pädagogischer Kindesbetreuung hatten auch positive Auswirkungen auf das Leben der Mütter. 15 Jahre nach Ende des Programms hatten sie mit größerer Wahrscheinlichkeit ein Beschäftigungsverhältnis als die Mütter der Kontrollgruppenkinder, und auch mit größerer Wahrscheinlichkeit eine Ausbildung über die High-School hinaus geschafft (Ramey et al., 2000). Den größten Gewinn hatten Mütter, die selbst noch keine 20 Jahre alt waren.

Was kann man aus dem *Abecedarian*-Projekt lernen? Zunächst scheint es von Vorteil zu sein, Interventionen sehr früh zu beginnen und sie über lange Zeiträume aufrecht zu halten. Eine Version des Programms, die mit drei Jahren endete, produzierte genauso wenig Langzeiteffekte auf die Intelligenz wie ein Programm, das pädagogische Unterstützung vom Kindergarten bis zur zweiten Klasse anbot (Burchinal et al., 1997; Ramey et al., 2000). Eine zweite entscheidende Lehre bezieht sich auf die Notwendigkeit, dass die Betreuungspersonen mit den Kindern auf positive, interessierte Weise interagieren. Eine niedrige Quote von Erwachsenen zu Kindern in den Tagesstätten macht solche Interaktionen wahrscheinlicher; auch hilft es, die Mitarbeiter hinsichtlich der Notwendigkeit solcher Interaktionen zu schulen. Das vielleicht wichtigste Fazit ist zugleich das grundlegendste: *Es ist möglich*, Interventionen so zu gestalten, dass sie erhebliche, andauernde positive Effekte auf die intellektuelle Entwicklung armer Kinder haben. Diese Gewissheit sollte vielleicht noch erfolgreichere Versuche anregen, das Leben solcher Kinder zu verbessern.

Glücklicherweise hielten andere Effekte dieser experimentellen Programme länger an. Nur halb so viele Programmteilnehmer wie Kinder, die an keinem Programm teilgenommen hatten, wurden später einer Sonderschul- oder Förderklasse zugewiesen – 14 Prozent gegenüber 29 Prozent. Auch blieben weniger Teilnehmer in der Schule sitzen, und teilnehmende Kinder machten später häufiger ihren High-School-Abschluss.

Diese Ergebniskombination erscheint rätselhaft. Wenn die Interventionsprogramme nicht zu lang anhaltenden IQ-Zuwächsen oder Verbesserungen bei Leistungstests führten, wie sollten sie dann Kinder vor der Sonderschule oder vorm Sitzenbleiben bewahrt haben? Wahrscheinlich liegt die Ursache darin, dass die Interventionen langfristige Auswirkungen auf Selbstwert, Motivation und Verhalten im Unterricht hatten. Einige der Interventionen könnten auch den elterlichen Fähigkeiten der Mütter und ihrer Fähigkeit zur Kommunikation mit den Lehrern gedient haben (Lazar et al., 1982). Diese Auswirkungen könnten Kindern und ihren Eltern helfen, bei Lehrern, Rektoren und Schulpsychologen vorteilhafte Eindrücke zu hinterlassen und sie somit in Grenzfällen davon zu überzeugen, dass das Kind zusammen mit seinen Klassenkameraden versetzt werden soll.

Die Teilnahme an solchen Programmen führte auch zu Vorteilen in der Zeit nach Beendigung der Schule. Bei einigen Programmen mussten sich die Teilnehmer später seltener an die Sozialfürsorge wenden und hatten ein höheres Einkommen (Haskins, 1989; McLoyd, 1998). Positive Effekte wie diese lassen darauf schließen, dass die Programme zur Frühintervention den Teilnehmern nicht nur dabei helfen können, ein erfolgreicheres Leben zu führen; sie können auch ihre Kosten mehr als wieder einspielen, indem sie die Nachfrage bei Sozialleistungen verringern. (In Kasten 8.2 wird dargestellt, wie ein spezialisiertes, intensives Programm die Möglichkeit aufgezeigt hat, auch anhaltende Zuwächse an IQ und Schulleistung hervorzubringen.)

Das Projekt Head Start Als Reaktion auf denselben politischen Konsens aus den sechziger Jahren des vorigen Jahrhunderts, der zu Frühinterventionsprogrammen kleineren Umfangs führte, initiierte die Regierung der USA ein umfassendes Interventionsprogramm: das Projekt *Head Start* (wörtlich übersetzt: *Vorsprung*). In den vergangenen 35 Jahren hat dieses Programm für mehr als 13 Millionen Kinder eine breite Palette an Leistungen erbracht (McLoyd, 1998).

Derzeit hilft *Head Start* etwa einer Million Drei- bis Fünfjährigen pro Jahr in ungefähr 2000 Zentren in den ganzen USA. Die meisten Teilnehmer sind vier Jahre alt. Die Dienstleistungen des Programms kommen einer Vielfalt von rassischen und ethnischen Gruppen zu Gute: Eine Umfrage Mitte der 1990er Jahre ergab, dass 36 Prozent der *Head-Start*-Kinder Afro-Amerikaner waren, 33 Prozent europäischen Ursprungs, 24 Prozent lateinamerikanischer, 4 Prozent indianischer und 3 Prozent asiatischer Abstammung (National Center for Educational Statistics, 1995). Fast alle Kinder kommen aus Familien mit Einkünften unterhalb der Armutsgrenze, meistens handelt es sich um Alleinerziehende. In dem Programm erhalten die Kinder medizinische und zahnärztliche Versorgung und nährstoffreiche Mahlzeiten, und sie bekommen in einer Tagesstätte eine sichere und anregende Umgebung geboten. Viele Eltern der teilnehmenden Kinder arbeiten als Betreuungspersonen in den Programmzentren, beteiligen sich an der Gremienarbeit, um die speziellen Richtlinien der jeweiligen Einrichtung zu planen, und bekommen bei ihren beruflichen und emotionalen Bedürfnissen selbst geholfen. Die Zentren sind nicht alle gleich, aber sie sind alle von einer Philosophie geleitet, welche die Beteiligung der Familie und der örtlichen Gemeinde betont; die auf den Stärken der Kinder aufbaut und nicht nur versucht, Schwachstellen zu stützen; die auf die soziale, emotionale und körperliche Entwicklung der Kinder wie auch auf ihre intellektuelle Entwicklung achtet.

In Übereinstimmung mit den Befunden der kleineren experimentellen Interventionsprogramme, die ebenfalls auf Drei- und Vierjährige zielten, führt die Teilnahme an *Head Start* zu höheren IQ-Werten und Leistungstestwerten bei Programmende oder ein paar Jahre später. Über dieses Wirkfenster hinaus sind die Leistungen aber nicht mehr von den Leistungen von Kindern unterscheidbar, die nicht teilgenommen haben und aus ähnlichen familiären Umständen stammen (McKey et al., 1985; McLoyd, 1998). Andererseits ruft die Teilnahme an *Head Start* eine Reihe anderer positiver Wirkungen hervor, die anhalten: verbesserte soziale Fähigkeiten und Gesundheit, geringere Häufigkeit des Sitzenbleibens, größere Wahrscheinlichkeit, den High-School-Abschluss zu machen, und eine stärkere Beteiligung der Familien am Erziehungs- und Bildungsprozess (Lee, Brooks-Gunn, Schnur & Liaw, 1990; Zigler & Styfco, 1993). Dies sind wichtige Erfolge, die zu der anhaltenden politischen Popularität von *Head Start* beigetragen haben. (Ein vergleichbares überregionales Programm für sozial benachteiligte Kinder in Deutschland gibt es bis heute noch nicht!)

Zu den Vorteilen von *Head Start* gehört die Bereitstellung nährstoffreicher Mahlzeiten für Kinder, die sonst durch Unter- oder Fehlernährung gefährdet sein könnten.

IN KÜRZE

Die Entwicklung der Intelligenz wird durch Eigenschaften des Kindes, seiner unmittelbaren Umgebung und der Gesellschaft im weiteren Sinne beeinflusst. Das genetische Erbe des Kindes stellt einen wichtigen Einfluss dar, der im Entwicklungsverlauf stetig zunimmt. Auch die intellektuelle Umwelt in der Familie des Kindes und die Erfahrung des Schulbesuchs wirken sich auf die Intelligenz aus. Allgemeinere Faktoren wie der ökonomische Status und der Bildungsstand der Familie sowie das Vorhandensein beider Elternteile sind ebenfalls wichtig.

Hilfsprogamme für Kinder im Vorschulalter, deren Intelligenzentwicklung gefährdet ist, sind oft auf vielfältige Weise vorteilhaft, wobei ihre Wirkung auf den IQ und andere Leistungstestwerte in vielen Fällen mit der Zeit verblasst. Zumindest ein Frühinterventionsprogramm, das *Carolina Abecedarian Project*, berichtet über positive Effekte auf IQ und Leistungsmaße bis ins Jugend- und Erwachsenenalter.

Alternative Ansätze zur Intelligenz

Die Diskussion der intellektuellen Entwicklung hat sich in diesem Kapitel bislang auf den IQ-Testwert als zentrales Maß der Intelligenzentwicklung gestützt. Forschungsarbeiten, in denen IQ-Tests verwendet wurden, erbrachten sehr viele Aufschlüsse über die Entwicklung der Intelligenz. Eine Reihe neuerer Theoretiker hat jedoch behauptet, dass viele ebenfalls wichtige Aspekte der Intelligenz mit IQ-Tests nicht erfasst würden. Solche Tests erheben verbale, mathematische und räumliche Fähigkeiten, aber sie untersuchen andere Fähigkeiten nicht unmittelbar, die doch ebenfalls Teil der Intelligenz sein dürften: Kreativität, soziales Verstehen, Wissen um die eigenen Stärken und Schwächen, und so weiter. Diese Sichtweise brachte Howard Gardner und Robert Sternberg dazu, Intelligenztheorien zu formulieren, die einen größeren Bereich menschlicher Fähigkeiten umfassen als traditionelle Intelligenzkonzeptionen.

Theorie der multiplen Intelligenzen – Gardners Theorie des menschlichen Intellekts, die auf der Annahme beruht, dass es mindestens acht Typen von Intelligenz gibt.

Gardner nannte seinen Ansatz **Theorie der multiplen Intelligenzen**. Die Grundannahme besteht darin, dass Menschen acht Intelligenzen besitzen: sprachliche, logisch-mathematische und räumliche Fähigkeiten, die in den Vorgängertheorien bereits Beachtung gefunden haben und in den IQ-Tests erfasst werden, und dazu musikalische, naturalistische, kinästhetische, intrapersonale und interpersonale Fähigkeiten (siehe Tabelle 8.3).

Gardner zog mehrere Arten von Belegen und Hinweisen heran, um diese Gruppe von Intelligenzen zu identifizieren. Ein Belegtyp bezieht sich auf Defizite, die bei Menschen mit Gehirnschädigungen auftreten. Beispielsweise funktionieren manche hirngeschädigte Patienten in den meisten Bereichen noch bestens, besitzen aber kein Verständnis mehr für die Belange anderer Menschen (Damasio, 1999). Aus diesem Phänomen schloss Gardner, dass sich die interpersonale Intelligenz von anderen Typen der Intelligenz unterscheiden lässt. Eine zweite Kategorie von Belegen, anhand derer Gardner seine Gruppe von Intelligenzen identifizierte, liegt in der Existenz von Wunderkindern, Menschen, die schon sehr früh im Leben außergewöhnliche Fähigkeiten auf einem Gebiet zeigen, aber nicht in anderen Bereichen. Ein Beispiel hierfür ist Mozart, der schon als Kind musikalisches Genie offenbarte, ansonsten aber nicht ungewöhnlich war. Man betrachte diese Beschreibung des achtjährigen Mozart aus dem Mund eines Erwachsenen, dem Mozart seine Virtuosität an der Tastatur demonstrierte:

> Er besaß nicht nur eine äußerst kindische Erscheinung, sondern vollführte ebenso all die Handlungen dieser Altersstufe. Zum Beispiel kam, während er mir vorspielte, seine Lieblingskatze herein, worauf er sofort sein Cembalo verließ, und wir konnten ihn für beträchtliche Zeit nicht mehr zurückbefördern. Auch sprang er zuweilen mit einem Stecken zwischen seinen Beinen wie ein Pferd im Zimmer herum. (Barrington, 1764; zitiert in Gould, 1992, S. 10.)

Die Existenz derart hoch spezialisierter musikalischer Talente wie Mozart kann als Beleg dafür gelten, musikalische Fähigkeiten als eine separate Form der Intelligenz zu betrachten.

Tabelle 8.3: Gardners Theorie der multiplen Intelligenzen.		
Intelligenztyp	**Beschreibung**	**Beispiele**
Sprachliche Intelligenz	Gespür für die Bedeutungen und Laute von Wörtern; Beherrschung der Syntax; Verständnis dafür, wie sich die Sprache verwenden lässt.	Dichter Politische Redner Lehrer
Logisch-mathematische Intelligenz	Verstehen von Objekten und Symbolen, der Handlungen, die man mit ihnen ausführen kann, und der Beziehungen zwischen diesen Handlungen; Fähigkeit zur Abstraktion; Fähigkeit, Probleme zu erkennen und nach Erklärungen zu suchen.	Mathematiker Wissenschaftler
Räumliche Intelligenz	Fähigkeit zur akkuraten Wahrnehmung der sichtbaren Welt; zur Ausführung von Transformationen dieser Wahrnehmungen und zur Wiederherstellung von Aspekten der visuellen Erfahrung in Abwesenheit der physikalischen Reize; Gespür für Spannung, Ausgewogenheit und Komposition; Fähigkeit, ähnliche Muster zu entdecken.	Künstler Ingenieur Schachmeister
Musikalische Intelligenz	Gespür für einzelne musikalische Töne, Klänge und Phrasen; Verständnis für die Kombination von Tönen und Phrasen zu größeren musikalischen Rhythmen und Strukturen; Bewusstsein für emotionale Aspekte der Musik.	Musiker Komponist
Naturalistische Intelligenz	Gespür und Verstehen von Pflanzen, Tieren und anderen Aspekten der Natur.	Biologe
Kinästhetische Intelligenz	Einsatz des eigenen Körpers in äußerst befähigter Weise für expressive oder zielgerichtete Zwecke; Fähigkeit zum geschickten Umgang mit Objekten.	Tänzer Athlet Schauspieler
Intrapersonale Intelligenz	Zugang zum eigenen Gefühlsleben; Fähigkeit, sich beim Leiten und Verstehen des eigenen Verhaltens auf die eigenen Emotionen zu beziehen.	Romancier Therapeut Patient
Interpersonale Intelligenz	Fähigkeit, die Stimmungen, Temperamentseigenschaften, Motive und Absichten anderer Menschen zu bemerken und zu unterscheiden und nach Möglichkeit auf Grund dieses Wissens zu handeln.	Politischer Führer Religiöser Führer Eltern, Lehrer Therapeut

(Nach Gardner, 1993.)

Gardner nahm an, dass das einzelne Kind am besten durch Unterricht lernt, mit dessen Hilfe es auf seinen intellektuellen Stärken aufbauen kann. Ein Kind mit hoher räumlicher Intelligenz lernt Geschichte also vielleicht am besten durch die häufige Verwendung von Karten und Graphiken, während ein Kind mit hoher sozialer Intelligenz Geschichte am besten in Gruppendiskussionen und Projekten lernt. Auch wenn sich Gardners Intelligenztheorie nicht auf so viele Befunde stützen kann wie traditionelle Intelligenztheorien, liefert sie zahlreiche Hinweise, wie Unterricht auf den individuellen Stärken der Kinder aufbauen kann, und diese optimistische Botschaft hat dazu geführt, dass Gardners Theorie einen starken Einfluss auf die Pädagogik nahm.

Sternberg (2000) behauptet ebenfalls, dass die Schwerpunktsetzung von IQ-Tests auf den Typ von Intelligenz, den man braucht, um in der Schule erfolgreich zu sein, zu eng gefasst ist. Seine alternative Sicht auf die Intelligenz

Theorie der erfolgreichen Intelligenz – Sternbergs Theorie des menschlichen Intellekts, die auf der Annahme beruht, dass Intelligenz die Fähigkeit bedeutet, im Leben erfolgreich zu sein.

unterscheidet sich aber von den Vorschlägen Gardners. Sternbergs **Theorie der erfolgreichen Intelligenz** betrachtet Intelligenz als „die Fähigkeit, im Leben erfolgreich zu sein, unter der Voraussetzung seiner persönlichen Standards und innerhalb seines sozio-kulturellen Kontexts" (S. 4). Aus seiner Sicht spiegelt Erfolg im Leben die Fähigkeit von Menschen wider, auf ihre Stärken zu setzen, ihre Schwächen zu kompensieren und Umgebungen auszuwählen, in denen sie erfolgreich sein können. Wenn sich jemand zum Beispiel für einen Job entscheidet, kann sein Erkennen der Bedingungen, die ihn dazu motivieren, sein Bestes zu geben, für den Erfolg genauso wichtig sein wie seine sprachlichen, räumlichen und mathematischen Fähigkeiten.

Sternberg behauptet, dass das Ausmaß, in dem Menschen im Leben Erfolg haben können, von drei Fähigkeitsgruppen abhängt: von analytischen, praktischen und kreativen Fähigkeiten. *Analytische Fähigkeiten* umfassen die Arten sprachlicher, mathematischer und räumlicher Fähigkeiten, wie sie in traditionellen Intelligenztests gemessen werden. *Praktische Fähigkeiten* meinen das vernünftige Nachdenken über Alltagsprobleme, etwa die Konfliktlösung mit anderen Menschen betreffend. *Kreative Fähigkeiten* beziehen sich auf das effektive logische Denken unter neuartigen Umständen (zum Beispiel Spiele zu erfinden, um seine Kinder auf einer langen Autofahrt abzulenken, wenn sie die üblichen Spiele schon satt haben).

Die Berücksichtigung aller drei Fähigkeitstypen kann die Vorhersage intellektueller Ergebnisse so weit verbessern, wie es mit traditionellen IQ-Tests nicht möglich ist. In einer Untersuchung, die an einer Stichprobe von überwiegend einkommensschwachen Afro-Amerikanern an einem College ohne Zulassungsbeschränkungen durchgeführt wurde, war der Test der praktischen Intelligenz ein besserer Prädiktor für die Schulnoten als der Test für analytische Fähigkeiten (Sternberg, 2000). Eine weitere Untersuchung, die an einer Eliteschule der amerikanischen Ostküste durchgeführt wurde, zeigte, dass sich die Noten besser vorhersagen lassen, wenn man alle drei Typen von Fähigkeiten misst, verglichen mit jedem einzelnen Fähigkeitstyp. Ein interessantes Merkmal von Sternbergs Test der praktischen und kreativen Intelligenz besteht darin, dass die Schüler und Studenten, die hierin Bestleistungen erbringen, hinsichtlich Hautfarbe und Geldbeutel unterschiedlicher sind als diejenigen, die bei traditionelleren analytischen Tests ausgezeichnete Werte erzielten. Wenn man also alle drei Typen von Intelligenz heranzieht, kann man damit vielleicht ein größeres Spektrum begabter Menschen identifizieren als bei ausschließlicher Berücksichtigung der analytischen Fähigkeiten, wie sie in traditionellen Intelligenztests gemessen werden.

Die neueren Intelligenztheorien von Gardner, Sternberg und anderen (zum Beispiel Ceci, 1996) haben dazu angeregt, die lang gehegten Annahmen über Intelligenz zu überdenken. Traditionelle Sichtweisen der Intelligenz und der geeigneten Art ihrer Messung sind das Resultat von historischen Faktoren (weil Intelligenztests entwickelt wurden, um Schulleistungen vorherzusagen und nicht Lebenserfolg), Werturteilen (weil der Zugang zu den höheren Klassen und Elitecolleges größtenteils vom Erfolg bei Tests abhängen sollte) und pragmatischen Erwägungen (weil mit solchen Tests eher Fähigkeiten erfasst werden, die sich schnell und leicht messen lassen). Dennoch ist an der Intelligenz und dem Lebenserfolg sicherlich ein breiteres Spektrum an Fähigkeiten beteiligt als diejenigen, die in traditionellen Intelligenztests gemessen werden, und es könnte durchaus sein, dass sich Tests verbessern lassen, wenn man diesen breiteren Bereich von Fähigkeiten misst. Es gibt bis dato keine allumfassende richtige Intelligenztheorie, und es wird vermutlich auch in Zukunft keine solche geben. Vorstellbar ist dagegen eine Vielfalt von Theorien und darauf aufbauenden Tests, die zusammen die unterschiedlichen Möglichkeiten identifizieren, wie Menschen intelligent denken und handeln können.

IN KÜRZE

Howard Gardner und Robert Sternberg haben neue Intelligenztheorien formuliert. Gardners Theorie der multiplen Intelligenzen nimmt acht Intelligenzen an: sprachliche, logisch-mathematische, räumliche, musikalische, naturalistische, kinästhetische, intrapersonale und interpersonale Intelligenz. Sternbergs Theorie der erfolgreichen Intelligenz nimmt an, dass Erfolg im Leben von drei Typen von Fähigkeiten abhängt: analytische, praktische und kreative Fähigkeiten. Beide verstehen unter Intelligenz ein breiteres Spektrum von Fähigkeiten, als es in traditionellen Theorien der Fall ist.

Der Erwerb schulischer Fähigkeiten: Lesen, Schreiben und Mathematik

Zu den wichtigsten Nutzanwendungen der Intelligenz von Kindern gehört das Erlernen der Fähigkeiten und Begriffe, die in der Schule vermittelt werden. Weil diese Fähigkeiten und Begriffe so entscheidend sind, um in der heutigen Gesellschaft Erfolg zu haben, und weil sie nicht ganz einfach zu beherrschen sind, verbringen Kinder von der ersten bis zur zwölften Klasse etwa 15.000 Stunden in der Schule. Ein großer Teil dieser Zeit wird dafür aufgewandt, lesen, schreiben und rechnen zu lernen. In diesem Abschnitt konzentrieren wir uns darauf, wie Kinder diese Fähigkeiten erwerben und warum manche Kinder solche Schwierigkeiten dabei haben.

Lesen

Viele Kinder lernen mühelos lesen, entweder schon, bevor sie in die Schule gehen, oder nach nur wenig Anleitung. Andere jedoch finden den Lernprozess schwer und frustrierend. Wer könnte sich nicht an die schmerzliche Erfahrung erinnern, Klassenkameraden – oder gar sich selbst – beim Vorlesen zuzuhö-

Der Reiz von Kinderreimen für kleine Kinder war schon immer offensichtlich, doch erst kürzlich erkannte man den Nutzen solcher Reime für die phonologische Bewusstheit und das Lesenlernen.

Phonologische Bewusstheit – die Fähigkeit, die lautliche Struktur von Wörtern zu identifizieren.

Phonologische Rekodierung – die Fähigkeit, Buchstaben in Laute zu übersetzen und diese zu Wörtern zu verbinden.

ren, zögernd und fehlerhaft, die scheinbar ewig brauchten, um einfache Sätze abzulesen, auch noch in der zweiten und dritten Klasse. Wie kommt es, dass manche Kinder so mühelos lesen lernen, während es andere als große Schwierigkeit erleben? Um diese Frage zu beantworten, müssen wir den typischen Weg der Leseentwicklung untersuchen und dann sehen, wie und warum Kinder von ihm abweichen.

Chall (1979) beschrieb fünf Stufen der Leseentwicklung. Diese Stufen bieten einen guten Überblick über den typischen Weg bis zum Lesenkönnen:

Stufe 0 (von der Geburt bis zur Einschulung): In dieser Zeit erwerben viele Kinder zentrale Voraussetzungen des Lesens. Dazu gehört die Kenntnis der Buchstaben des Alphabets und der Erwerb **phonologischer Bewusstheit**; darunter versteht man die Fähigkeit, lautliche Bestandteile in gesprochenen Wörtern zu identifizieren.

Stufe 1 (erste und zweite Klasse): Die Kinder erwerben die Fähigkeit zur **phonologischen Rekodierung**; das ist die Fähigkeit, Buchstaben in Laute zu übersetzen und diese zu Wörtern zu verbinden. (In alltäglicher Terminologie ist das die Fähigkeit, ein Wort laut auszubuchstabieren.)

Stufe 2 (zweite und dritte Klasse): Die Kinder erreichen Flüssigkeit beim Lesen einfacher sprachlicher Materialien.

Stufe 3 (vierte bis achte Klasse): Die Kinder werden fähig, aus Gedrucktem neue Informationen zu beziehen. Oder mit Chall (1979, S. 24): „In den unteren Klassen lernen die Kinder zu lesen, in den höheren Klassen lesen sie zum Lernen."

Stufe 4 (achte bis zwölfte Klasse): Jugendliche werden fähig, nicht nur Information zu verstehen, die aus einer Perspektive dargeboten wird, sondern auch mehrere Perspektiven zu koordinieren. Das ermöglicht es ihnen, sich an den Feinheiten großer Romane zu erfreuen, die fast immer mehrere Standpunkte enthalten.

Diese Beschreibung der Entwicklungsstufen erlaubt ein allgemeines Verständnis des Leselernprozesses und bietet einen Verständnisrahmen dafür, wie sich spezielle Entwicklungen in das Gesamtbild einfügen.

Vorläuferfähigkeiten des Lesens

Vor Schuleintritt erwerben Kinder eine bestimmte Grundinformation über das Lesen allein dadurch, dass sie Bücher betrachten und sich von ihren Eltern vorlesen lassen. Sie lernen, dass (im Deutschen und anderen europäischen Sprachen) Texte von links nach rechts gelesen werden; dass man bei Erreichen des Zeilenendes links außen in der nächsten Zeile weiter liest; dass Wörter durch kleine Zwischenräume voneinander getrennt sind.

Viele Kinder, besonders aus der Mittelschicht, lernen auch bereits die Namen der meisten oder aller Buchstaben des Alphabets, bevor sie in die Schule kommen. Für die einkommensschwachen Mitglieder von Minderheitengruppen gilt das im Allgemeinen jedoch nicht. In einer kalifornischen Stichprobe konnten 17 Prozent der Englisch sprechenden Fünfjährigen, aber nur vier Prozent der Spanisch sprechenden gleichaltrigen Kinder die meisten Großbuchstaben richtig benennen (Masonheimer, 1980, zitiert in Ehri, 1986). Die Beherrschung der Buchstabennamen bei Kindergartenkindern ist positiv mit ihrer späteren Leseleistung zumindest bis zur siebten Klasse korreliert (Vellutino & Scanlon, 1987). Es besteht jedoch keine kausale Beziehung zwischen beidem; es erhöht nicht die spätere Leseleistung, wenn man zufällig ausgewählten Vorschulkindern die Namen der Buchstaben beibringt (Adams, 1990). Stattdessen scheinen andere Variablen sowohl das frühe Kennen des Alphabets als auch die spätere hohe Leseleistung anzuregen, beispielsweise das Interesse des Kindes an Büchern und das Interesse der Eltern am Lesen ihrer Kinder.

Die phonologische Bewusstheit andererseits ist mit der späteren Leseleistung nicht nur korreliert, sondern auch eine Ursache dafür. Um die Bewusstheit der Lautbestandteile in Wörtern zu messen, stellten Juel (1988) und andere Erstklässlern am Schulanfang Fragen nach den Lauten, aus denen sich kurze, einfache Wörter zusammensetzen, oder wie ein Wort klingen würde, wenn man beispielsweise den ersten Laut wegließe. (Auch dies findet sich in Kinderliedern wie *Auf der Mauer, auf der Lauer* in spielerischer Form.) Die Leistung bei diesen einfachen Aufgaben zur phonologischen Bewusstheit zu Beginn der ersten Klasse besitzt hohe Vorhersagekraft für die Fähigkeit des Kindes, am Ende der ersten Klasse gelesene Wörter aussprechen zu können, und zwar über den Einfluss von IQ und Hörverstehen hinaus. Aus der phonologischen Bewusstheit im Kindergarten lässt sich auch die Fähigkeit vorhersagen, bis zum Ende der vierten Klasse Wörter vorlesen zu können (Bruck, 1992; Juel, 1988; Olson, Forsberg & Wise, 1994; Wagner et al., 1997). Noch eindrucksvoller ist der Befund, dass vier- und fünfjährige Kinder nach einem Training ihrer Fähigkeiten zur phonologischen Bewusstheit mindestens in den vier Jahren nach dem Training zu besseren Lesern wurden (und auch besser rechtschreiben konnten) (Bradley & Bryant, 1983; Byrne & Fielding-Barnsley, 1995).

Auch wenn explizites Training der phonologischen Bewusstheit zur Förderung dieser Fähigkeit beitragen kann, erhielten Kinder normalerweise außerhalb des Labors kein solches explizites Training. Die Situation hat sich in den letzten beiden Jahrzehnten jedoch grundlegend geändert. Die Publikation der positiven Effekte eines sehr systematischen Trainingsprogramms zur phonologischen Bewusstheit, das über neun Monate in mehreren dänischen Kindergärten praktiziert wurde (Lundberg, Frost & Petersen, 1988), löste im europäischen und anglo-amerikanischen Raum einen wahren Forschungsboom zu diesem Förderansatz aus, der sich unabhängig von den jeweils betroffenen

Sprachen beziehungsweise Orthographien außerordentlich bewährte (für einen Überblick siehe Bus & van IJzendoorn, 1999).

Im deutschen Sprachraum wurde das Würzburger Förderprogramm „Hören – Lauschen – Lernen" (Küspert & Schneider, 2003) sehr populär, das inzwischen in zahlreichen Kindergärten Deutschlands, Österreichs und der Schweiz eingesetzt und in vielen Fällen auch wissenschaftlich begleitet wird. Die Evaluationsergebnisse weisen zum Einen nach, dass das Programm bei ‚normalen' Kindergartenkindern nicht nur die phonologische Bewusstheit deutlich steigert, sondern sich auch nachhaltig und langfristig auf den Schriftspracherwerb auswirkt (Schneider, Küspert, Roth, Visé & Marx, 1997). Nachfolgende Überprüfungen mit so genannten Risikokindern (also Kindergartenkindern mit unterdurchschnittlichen Werten im Bereich der phonologischen Bewusstheit) konnten zum Anderen belegen, dass sich auch für diese Teilgruppe substanzielle Verbesserungen demonstrieren lassen, die in der Regel dafür sorgen, dass diese Risikokinder das Lesen und Rechtschreiben normal erwerben und keineswegs zu Problemkindern in der Schule werden (Schneider & Küspert, 2003).

Woher können Kinder außerhalb solcher Fördermaßnahmen die phonologische Bewusstheit in der natürlichen Umgebung beziehen? Eine relevante Erfahrung ist das Hören von Kinderreimen. Viele Kinderreime betonen den Beitrag einzelner Laute zu den Unterschieden zwischen Wörtern (zum Beispiel „es war einmal ein *Hase* mit einer roten *Nase*"; „das ist der *Daumen*, der schüttelt die *Pflaumen*"). In Übereinstimmung mit dieser Analyse korreliert das Kennen von Kinderversen bei Dreijährigen positiv mit ihrer späteren phonologischen Bewusstheit, über die Einflüsse ihres IQs und des Bildungsstands ihrer Mutter hinaus (Maclean, Bryant & Bradley, 1987). Wenn die Kinder schon zu lesen beginnen, ist es so, dass ihre phonologische Bewusstheit umso mehr wächst, je mehr sie lesen (Cardoso-Martins, 1991; Tunmer & Nesdale, 1985).

Worterkennung

Das schnelle, mühelose Erkennen von Wörtern ist nicht nur für das Leseverstehen entscheidend, sondern auch für die Freude am Lesen. Ein bemerkenswerter Befund bringt es auf den Punkt: 40 Prozent der Viertklässler, die bei der Worterkennung nicht besonders gut waren, sagten, sie würden lieber ihr Zimmer aufräumen als lesen (Juel, 1988). Einer ging so weit zu sagen: „Ich würde lieber den Schimmel neben der Badewanne wegputzen als zu lesen." Eine schlechte Worterkennung macht den Leseprozess nicht nur langsam und mühselig; sie bringt die Kinder auch dazu, nicht mehr als das absolut Notwendige zu lesen, was wiederum das weitere Lesenlernen verzögert.

Wörter kann man hauptsächlich mit Hilfe von zwei Prozessen erkennen: durch *phonologische Rekodierung* oder durch *direkten visuell gestützten Abruf*. Wie zuvor angedeutet, impliziert phonologische Rekodierung die Umwandlung der visuellen Form eines Wortes in eine verbale, phonologische Form (als ob man es aussprechen würde), mit deren Hilfe man die Bedeutung des Wortes bestimmen kann. Beim **visuell gestützten Abruf** aus dem Gedächtnis greift man von der wahrgenommenen visuellen Form des Wortes direkt auf seine Bedeutung zu.

Schon früh in der ersten Klasse wählen die Kinder je nach Bedarf zwischen diesen beiden Ansätzen. Das tun sie mit Hilfe eines **Strategiewahlprozesses**, bei dem sie den schnelleren Weg wählen, der wahrscheinlich zum richtigen Ergebnis führen wird (Siegler, 1988b). Im Zusammenhang mit dem Lesen bedeutet das, dass sich die Kinder bei leichten Wörtern stark auf den schnellen, aber nicht immer akkuraten Ansatz des visuell gestützten Abrufs verlassen, während sie sich bei schweren Wörtern auf die langsamere, aber sicherere Strategie der phonologischen Rekodierung stützen. Wie Abbildung 8.7 zeigt, sind Erstklässler sehr geschickt darin, ihre Häufigkeit im Einsatz von Hilfsstrategien an die Schwierigkeit des jeweiligen Wortes anzupassen.

Das Strategiewahlmodell kann nicht nur angeben, wie Kinder zu einem bestimmten Zeitpunkt zwischen Strategien wählen, es trägt auch zur Klärung der Frage bei, wie sich die Wahlen der Kinder mit der Zeit verändern. Zwischen dem Beginn der ersten Klasse und dem Ende der zweiten Klasse machen die meisten Kinder Fortschritte; am Anfang verlassen sie sich vorwiegend auf die umständlichere phonologische Rekodierung, während sie dann die Wörter überwiegend direkt abrufen. Diese Änderung ihrer Worterkennungsstrategien scheint durch ihre eigenen Leseaktivitäten geformt zu werden. Das korrekte

Visuell gestützter Abruf – das direkte Übergehen von der visuellen Form eines Wortes zu seiner Bedeutung; ein möglicher Prozess der Worterkennung.

Strategiewahlprozess – ein Verfahren für die Wahl zwischen verschiedenen Wegen, ein Problem zu lösen.

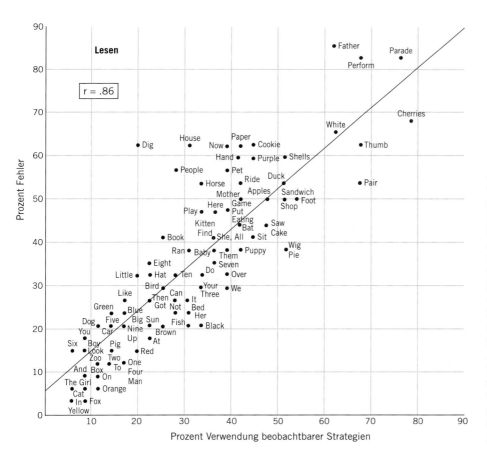

Abbildung 8.7: Die Strategiewahlen jüngerer Kinder beim Lesen. Es besteht eine starke positive Korrelation zwischen der Schwierigkeit eines Wortes, definiert durch die Anzahl der Fehler, die Kinder beim Lesen dieses Wortes machen, und der Häufigkeit, mit der jüngere Kinder beim Lesen eine beobachtbare Strategie verwenden, beispielsweise hörbares phonologisches Rekodieren. Bei leichten Wörtern, welche Kinder fast immer korrekt lesen, zum Beispiel *in*, verwenden sie bei der Worterkennung im Allgemeinen den direkten Abruf, aber bei schwierigen Wörtern, die viele Fehler hervorrufen, zum Beispiel *parade*, greifen die Kinder häufig auf Strategien wie das laute Lesen zurück (Siegler, 1986).

| Kasten 8.3 | Individuelle Unterschiede |

Dyslexie

Dyslexie – die Unfähigkeit, flüssig zu lesen trotz normal ausgeprägter Intelligenz.

Phonologische Verarbeitung – die Fähigkeit, Laute innerhalb von Wörtern zu unterscheiden und zu erinnern.

Manche Kinder, die über normale Intelligenz verfügen und die mit Eltern groß wurden, die sie zum Lesen anhalten und ermutigen, können dennoch nur schlecht lesen. Diese Unfähigkeit zu lesen, obwohl keine Intelligenzminderung vorliegt, wird **Dyslexie** genannt und betrifft etwa drei bis fünf Prozent der Kinder in den USA (Rayner & Pollatsek, 1989). Die meisten dyslexischen Kinder können hauptsächlich wegen einer allgemeinen Schwäche ihrer **phonologischen Verarbeitung** schlecht lesen. Diese Schwäche kommt in der schlecht ausgeprägten Fähigkeit der Kinder zum Vorschein, Phoneme zu unterscheiden, in ihrem schlechten Kurzzeitgedächtnis für verbales Material (was beispielsweise durch die geringe Fähigkeit zur Wiedergabe einer Liste beliebig aneinander gereihter Wörter erkennbar wird) und in ihrer langsamen Wiedergabe der Namen von Objekten (Vellutino, Scanlon & Spearing, 1995). Die Laute zu bestimmen, die mit einem Vokalbuchstaben einhergehen, ist für dyslexische Kinder besonders schwer, zumindest im Englischen, wo dasselbe Vokalzeichen auf mehrere Weise ausgesprochen werden kann (wie beispielsweise das *a* in „hate", „hat", „hall" und „hard"). Wegen dieser eingeschränkten phonologischen Verarbeitung haben dyslexische Kinder große Schwierigkeiten damit, die Buchstaben-Laut-Korrespondenzen zu beherrschen, die beim phonologischen Rekodieren genutzt werden (Shankweiler et al., 1995; Stanovich & Siegel, 1994). Die Abbildung zeigt beispielsweise, dass 13 und 14 Jahre alte Kinder mit Dyslexie bei der Aufgabe, Pseudowörter vorzulesen, Leistungen erbringen, die normalerweise für Sieben- und Achtjährige typisch sind (Siegel, 1993). (Pseudowörter sind Wörter, die es in einer Sprache nicht gibt, die aber phonologisch möglich wären; im Deutschen zum Beispiel *Pirsel*.) Nach dem oben beschriebenen Strategiewahlmodell ist zu erwarten, dass diese Schwierigkeit der phonologischen Verarbeitung bei den meisten dyslexischen Kindern auch den visuell gestützten Abruf und das laute Lesen von Wörtern beeinträchtigt (Manis, Seidenberg, Doi, McBride-Chang & Peterson, 1996). Das Problem kann lange anhalten: Individuen mit schlechten phonologischen Verarbeitungsfähigkeiten zu Beginn der Grundschule sind meistens auch als Erwachsene schlechte Leser (Wagner et al., 1997).

Untersuchungen der Gehirnfunktionen unterstützen die Annahme, dass eine schlechte phonologische Verarbeitung den Kern der Dyslexie ausmacht. Wenn dyslexische Erwachsene lesen, sind zwei Areale ihres Gehirns weniger aktiv als die entsprechenden Areale typischer Erwachsener beim Lesen derselben Wörter (Shaywitz et al., 1998). Eines dieser Areale im hinteren Teil des Gehirns ist direkt an der

---

Erkennen eines Wortes, gleich ob durch Abruf oder durch phonologische Rekodierung, versetzt die Kinder in die Lage, die visuelle Erscheinung des Wortes mit seiner Bedeutung zu assoziieren. Je stärker diese Assoziation zwischen Erscheinungsbild und Bedeutung wird, desto wahrscheinlicher wird das Kind in der Lage sein, die Identität des Wortes aus dem Gedächtnis abzurufen. Bei relativ einfachen Wörtern (die kurz sind, häufig auftreten und regelmäßige Buchstaben-Laut-Korrespondenzen aufweisen) wird der visuell gestützte Abruf schnell zur vorherrschenden Strategie. Bei Wörtern, die länger, weniger häufig und weniger regelmäßig in ihren Buchstaben-Laut-Zuordnungen sind, bleibt die phonologische Rekodierung für lange Zeit die Strategie der

Kasten 8.3

phonologischen Verarbeitung beteiligt; das andere, mehr in der Mitte des Gehirns gelegene Areal ist an der Integration visueller und auditiver Daten beteiligt (in diesem Fall der Integration der Buchstaben auf dem Blatt mit den zugehörigen Lauten).

Wie kann man dyslexischen Kindern helfen? Ein verlockender Schluss wäre, dass diese Kinder wegen ihrer Schwierigkeiten beim Lernen der Laute besser mit einem Ansatz zurechtkämen, der nicht so sehr auf die Beziehungen zwischen Buchstaben und Lauten abhebt, sondern stattdessen den visuell gestützten Abruf oder das Schließen aus dem Kontext betont. Diese alternativen Methoden funktionieren jedoch schlecht (Lyon, 1995). Es gibt einfach keinen Ersatz für die Fähigkeit, die Aussprache unbekannter Wörter lautlich aus den Buchstaben zusammensetzen zu können. Was am besten zu funktionieren scheint, ist die Vermittlung von Strategien, welche die phonologische Rekodierung verbessern (Lovett et al., 1994). Wirksame Strategien sind zum Beispiel das Ziehen von Analogieschlüssen auf bekannte Wörter mit ähnlicher Schreibweise; die Erzeugung alternativer Aussprachevarianten der Vokale, wenn der erste Versuch, das Wort auszusprechen, zu keinem plausiblen Wort geführt hat; und bei langen Wörtern Vor- und Nachsilben erst einmal abzutrennen und den Rest des Wortes zu identifizieren versuchen. Der Einsatz solcher Strategien hilft Kindern mit Dyslexie, ihre Lese- und Rechtschreibleistungen zu verbessern (Lovett et al., 1994).

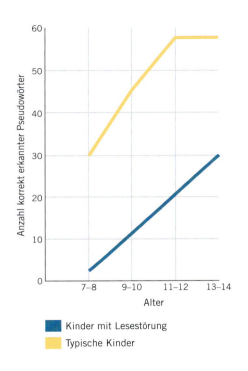

Die Anzahl der korrekt identifizierten Pseudowörter bei 7- bis 14-Jährigen mit und ohne Leseschwäche. 13- und 14-Jährige mit einer beeinträchtigten Lesefähigkeit konnten nicht mehr Wörter korrekt identifizieren als typische 7- und 8-Jährige. Die schlechte phonologische Rekodierfähigkeit von Kindern mit Leseschwächen bereitet ihnen besondere Schwierigkeit mit Pseudowörtern, die man nur durch phonologische Rekodierung aussprechen kann, weil sie ja völlig unbekannt sind. (Daten aus Siegel, 1993.)

Wahl, weil sich Assoziationen zwischen der Wortform und der Bedeutung langsamer aufbauen.

Wie so häufig bei der Entwicklung trägt das Ausmaß, in dem die sich früher entwickelnde Strategie beherrscht wird, direkt dazu bei, wie gut die Kinder die sich später entwickelnde Fähigkeit beherrschen. Kinder, die Wörter besser ausbuchstabieren können, haben mehr Gelegenheit, die gedruckte Wortform mit ihrer Bedeutung zu assoziieren. Paradoxerweise versetzen starke Fähigkeiten zur phonologischen Rekodierung Kinder also in die Lage, früher mit dem phonologischen Rekodieren aufzuhören und stärker zum visuell gestützten Abruf überzugehen. Es ist deshalb nicht überraschend, dass Leseunterricht, bei dem die Lautstruktur und die Strategie der phonologischen Rekodierung betont werden, zu einer schnellen und akkuraten Worterkennung beiträgt (Adams, Treiman & Pressley, 1998). (In Kasten 8.3 wird die Beziehung zwischen schwacher phonologischer Rekodierfähigkeit und der als Dyslexie bezeichneten Lesestörung erörtert.)

Verstehen

Einzelne Wörter zu lesen lernt man, um den längeren Text, in dem die einzelnen Wörter vorkommen, verstehen zu können. Am Leseverstehen ist die Bildung eines **mentalen Modells** von der Situation oder Vorstellung beteiligt, die im Text dargestellt wird, und das fortwährende Aktualisieren dieses Modells, wenn neue Information auftaucht (Johnson-Laird, 1983; Oakhill & Cain, 2000). Alle Faktoren, welche die Entwicklung der allgemeinen Kognition beeinflussen – Basisprozesse, Strategien, Metakognition (das Wissen über das Denken von Menschen) und Inhaltswissen –, beeinflussen auch die Entwicklung des Leseverständnisses.

Grundlegende Prozesse und Fähigkeiten wie die Enkodierung (die Identifikation der zentralen Merkmale eines Objekts oder Ereignisses) und Automatisierung (die Ausführung eines Prozesses mit minimalem Bedarf an kognitiven Ressourcen) sind für das Leseverständnis entscheidend. Der Grund dafür ist einfach: Kinder, welche die zentralen Merkmale von Wörtern ohne den Verbrauch kognitiver Ressourcen erkennen können, haben mehr Ressourcen übrig, die sie für den Verstehensprozess einsetzen können. Eine schnelle und akkurate Worterkennung korreliert positiv mit dem Leseverständnis zu jedem Zeitpunkt von der ersten Klasse bis zum Erwachsenenalter (Saarnio, Oka & Paris, 1990; Vellutino, 1991).

Die Entwicklung des Leseverstehens erfährt auch durch den Erwerb von Strategien Unterstützung. Gute Leser gehen beispielsweise langsam voran, wenn sie das schriftliche Material nachher gründlich beherrschen müssen, und lesen schneller, wenn sie nur ungefähr verstehen müssen, um was es geht (Pressley, El-Dinary, Stein, Marks & Brown, 1992). Der gekonnte Umgang mit solchen strategischen Anpassungsleistungen entwickelt sich jedoch überraschend spät. Selbst wenn Kindern im Alter von zehn Jahren gesagt wird, dass ein Teil des Lesestoffs entscheidend ist und ein anderer nicht, lesen sie das gesamte Textmaterial meistens mit gleich bleibender Geschwindigkeit. Im Gegensatz dazu überfliegen 14-Jährige die unwesentlichen Teile und widmen den wichtigen Abschnitten mehr Zeit (Kobasigawa, Ransom & Holland, 1980).

Zunehmendes metakognitives Wissen trägt ebenfalls zur Verbesserung des Leseverstehens bei. Mit Alter und Erfahrung überwachen und kontrollieren Leser immer mehr ihr Verständnis dessen, was sie lesen, und lesen Abschnitte noch einmal, die sie nicht verstanden haben (Baker, 1994). Eine solche **Verständniskontrolle** unterscheidet gute Leser von schlechten Lesern in jedem Alter, von der ersten Klasse bis zum Erwachsenen. Ansätze für den Unterricht, die sich auf die Verständniskontrolle und andere metakognitive Fähigkeiten

---

Mentales Modell – das Ergebnis von Prozessen der Repräsentation einer Situation oder Ereignisfolge, zum Beispiel anhand gelesener Information.

Verständniskontrolle – der Prozess, das eigene Verstehen eines gelesenen Textes zu kontrollieren.

konzentrieren, beispielsweise Fragen zu antizipieren, die der Lehrer über den Lesestoff stellen könnte, erwiesen sich als geeignetes Mittel, um das Leseverstehen zu verbessern (Palincsar & Magnusson, 2001; Rosenshine & Meister, 1994).

Der vielleicht größte Einfluss auf die Entwicklung des Leseverstehens ist das Inhaltswissen. Der Zuwachs an Inhaltswissen setzt kognitive Ressourcen frei, die sich darauf richten können, was im Text neu oder kompliziert ist. Mit Hilfe von Inhaltswissen können Leser auch sinnvolle Schlüsse über Informationen ziehen, die nicht explizit im Text stehen. Beim Lesen der Überschrift „Gladbacher Fohlen schlagen die roten Teufel" erkennen informierte Leser, dass es um Fußball geht; es ist unklar, wie weniger bewanderte Leser eine solche Überschrift interpretieren würden.

Das Leseverstehen von Kindern wird auch dadurch beeinflusst, wie viel sie lesen – was stark zwischen Kindern variiert. Amerikanische Fünftklässler, deren Leseleistungstestwerte in den oberen zehn Prozent ihrer Altersklasse liegen, geben beispielsweise an, etwa 200-mal mehr zu lesen als Gleichaltrige, deren Testwerte zu den untersten zehn Prozent gehören (Anderson, Wilson & Fielding, 1988). Eine hohe Lesefähigkeit bringt Kinder dazu, mehr zu lesen; Kinder, die mehr lesen, bekommen im Verlauf der Zeit wiederum stärkere Zuwächse ihres Leseverstehens als Kinder mit gleicher Fähigkeit, die aber weniger lesen (Guthrie, Wigfield, Metsala & Cox, 1999).

Das Leseverständnis von Kindern wird nicht nur durch ihre eigenen Aktivitäten beeinflusst, sondern auch durch die ihrer Eltern. Vorschulkinder, deren Eltern ihnen Geschichten erzählen und vorlesen, lernen, wie solche Geschichten normalerweise aufgebaut sind, was ihnen dabei hilft, neue Geschichten zu verstehen, wenn sie mit dem Lesen beginnen (Bus, van Ijzendoorn & Pellegrini, 1995; Scarborough & Dobrich, 1994). Unterschiede in den Fähigkeiten des Leseverständnisses zwischen Kindern aus Familien mit mittlerem und niedrigem Einkommen sind zum Teil Ausdruck der Unterschiede, wie viel sie von den Eltern in der Zeit vor Schuleintritt vorgelesen bekommen haben. So zeigte eine in Israel durchgeführte Untersuchung, dass in einem wohlhabenden Schulbezirk mit hohen Leseleistungstestwerten 96 Prozent der Eltern ihren Kindern im Vorschulalter täglich etwas vorlesen. In einem ärmlichen Bezirk mit niedrigen Lesetestleistungen war dies nur bei 15 Prozent der Eltern von Vorschulkindern der Fall (Feitelson & Goldstein, 1986).

Die einfache Bedeutung dieser Befunde lautet: Würde den Vorschulkindern aus armen Familien täglich vorgelesen, würden sie ebenfalls bessere Leser werden. Die Befundlage stimmt mit diesem Schluss überein. In einer Untersuchung in Mexiko las ein Student zweijährigen Kindern sechs Wochen lang täglich Geschichten vor; dies vergrößerte den Wortschatz und die Fähigkeit der Kinder im Sprachgebrauch, verglichen mit einer Gruppe gleichaltriger Kinder, denen nicht vorgelesen wurde (Valdez-Menchaca & Whitehurst, 1992). Ähnliche Effekte wurden bei den Kindern des *Head-Start*-Projekts beobachtet, deren Eltern und Lehrer angehalten wurden, ihnen Geschichten vorzulesen und Verfahren zur Verständniserleichterung einzusetzen, etwa die Kinder aufzufordern, die Ziele und Motive der Personen in der Geschichte zu erklären (Whitehurst et al., 1994). Es ist nicht leicht, einkommensschwache Eltern zu überreden, sich an solchen Programmen zu beteiligen und ihren Kindern regelmäßig vorzulesen (Adams et al., 1998; Whitehurst et al., 1994), aber wenn Eltern dazu bereit sind, profitieren ihre Kinder.

Schreiben

Über die kindliche Entwicklung des Schreibens ist viel weniger bekannt als über die Entwicklung des Lesens; doch was man weiß, zeigt interessante Parallelen.

Vorläuferfertigkeiten des Schreibens

Die Entwicklung des Schreibens beginnt wie die Entwicklung des Lesens schon vor der formalen Beschulung. Abbildung 8.8 zeigt die „Einkaufsliste" eines typischen Dreijährigen. Die Zeichen sind keine konventionellen Buchstaben des Alphabets, aber sie besitzen eine vage Ähnlichkeit mit ihnen und stehen waagerecht in einer Reihe. Mit vier Jahren ist das „Schreiben" von Kindern so weit fortgeschritten, dass Erwachsene es problemlos von den Figuren unterscheiden können, welche die Vierjährigen produzieren, wenn sie eine Blume oder ein Haus malen sollen (Tolchinsky-Landsmann & Levin, 1985).

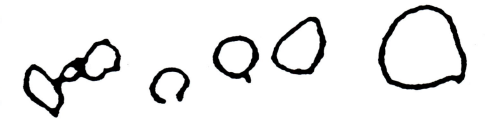

Abbildung 8.8: Der Versuch eines dreieinhalb Jahre alten Kindes, eine Einkaufsliste für einen Teddybär zu schreiben. Die Symbole des Kindes sind zwar unkonventionell, lassen aber das Verständnis erkennen, dass jedes Wort ein eigenes Symbol erfordert. (Jones, 1990.)

Das „Schreiben" im Vorschulalter lässt erkennen, dass die Kinder erwarten, dass sich in der Schrift Bedeutung widerspiegelt. Sie verwenden mehr Zeichen, um Wörter darzustellen, die viele Objekte bezeichnen, beispielsweise „Wald", als bei Wörtern, die nur ein einzelnes Objekt bezeichnen, zum Beispiel „Baum" (Levin & Korat, 1993). Auch wenn sie raten sollen, welches von mehreren Wörtern ein bestimmtes Objekt bezeichnet, wählen sie im Allgemeinen längere Wörter für größere Objekte. Auch wenn die geschriebene Sprache dieser „Regel" ganz offenkundig nicht folgt, sind die Vermutungen der Kinder doch nachvollziehbar.

Die Produktion schriftlicher Texte

Schreiben zu lernen – im Sinne von eine Geschichte schreiben zu können – ist ein ganzes Stück schwieriger als lesen zu lernen. Das ist nicht überraschend, weil man sich beim Schreiben gleichzeitig auf mehrere Ziele auf hoher und niedriger Hierarchieebene konzentrieren muss. Die Ziele auf niedriger Hierarchieebene (*Low-level-Ziele*) betreffen die Formung von Buchstaben, die Rechtschreibung der Wörter sowie eine korrekte Zeichensetzung und Groß- und Kleinschreibung. Zu den Zielen auf höherer Hierarchieebene (*High-level-Ziele*) gehört es, seine Aussagen auch ohne Intonation und Gestik verständlich zu machen, die uns beim Sprechen unterstützen, die einzelnen Punkte zu einem zusammenhängenden Ganzen anzuordnen und die Hintergrundinformation zu geben, die der Leser benötigt, um das Geschriebene zu verstehen (Boscolo, 1995). Die Schwierigkeiten, diesen beiden Gruppen von Zielen gerecht zu werden, führen zu Schreibversuchen vom Typ der in Abbildung 8.9 wiedergegebenen Geschichte.

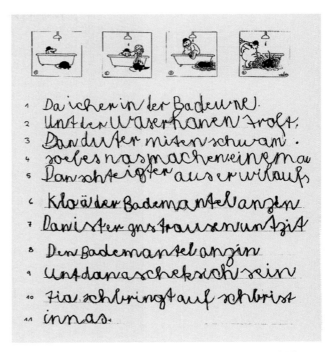

Abbildung 8.9: Die Geschichte eines Grundschulkinds. Es handelt sich hier um den Versuch eines Kindes aus dem alemannisch-dialektalen Sprachraum, die Geschichte vom Vater, der seinen Hund beim Baden nass macht und anschließend von ihm selbst nass gespritzt wird, anhand der Bildervorlage niederzuschreiben (aus Röber-Siekmeyer, 2004).

Wie bei der Entwicklung des Leseverstehens spiegelt auch der Zuwachs an Schreibkompetenz Fortschritte in grundlegenden Fähigkeiten, Strategien, Metakognition und Inhaltswissen wider. Die Automatisierung von Low-level-Fertigkeiten wie Rechtschreibung und Zeichensetzung unterstützt das Schreiben nicht nur, weil man das Geschriebene leichter verstehen kann, wenn es in der üblichen Schreibweise der Wörter und mit den Satzzeichen an der richtigen Stelle geschrieben ist, sondern auch deshalb, weil automatisierte Low-level-Prozesse den kognitiven Ressourcen mehr Freiraum geben, um die High-level-Ziele des Schreibens zu verfolgen. In Übereinstimmung mit dieser Annahme korreliert die Kompetenz von Kindern im Bereich der Low-level-Fertigkeiten wie Rechtschreibung positiv mit der Qualität ihrer Aufsätze (Juel, 1994).

Der Erwerb von Strategien des Schreibens trägt ebenfalls dazu bei, die kognitive Beanspruchung durch das Schreiben zu verringern. Eine häufige Strategie besteht darin, eine bestimmte Standardreihenfolge der Informationsbestandteile eines Textes zu bilden, die sich immer wieder verwenden lässt. Die Psychologin Harriet Waters hatte als Kind einen solchen strategischen Ansatz herangezogen (Waters, 1980). Ihre stolze Mutter hat alle ihre Schreibaufgaben aus der zweiten Klasse aufgehoben, in denen sie ein Klassentagebuch weiterführen sollte. Wie man in Tabelle 8.4 erkennen kann, gibt Waters bei jedem Tagebucheintrag zuerst das Datum an, bespricht dann das Wetter und erläutert danach Ereignisse des Schultages; diese Strategie dürfte die Schreibaufgabe deutlich vereinfacht haben. Bei älteren Kindern dient die Formulierung einer Inhaltsübersicht dem ähnlichen Zweck, die Schreibaufgabe in überschaubare Teile zu zerlegen: Finde erst heraus, was du sagen willst; finde dann heraus, wie du es sagen willst.

Das metakognitive Verstehen spielt beim Schreiben in mehrfacher Hinsicht eine entscheidende Rolle. Der vielleicht grundlegendste Typ metakognitiven

> **Tabelle 8.4: Texte für das Klassentagebuch zu Beginn, in der Mitte und am Ende des zweiten Schuljahres.**
>
> 24. SEPTEMBER 1956
> Heute ist Montag, der 24. September 1956. Es ist ein Regentag. Wir hoffen, dass die Sonne scheint. Wie bekamen neue Fibeln. Es wurden Bilder von uns gemacht. Wir sangen für Barbara ein Geburtstagslied.
>
> 22. JANUAR 1957
> Heute ist Dienstag, der 22. Januar 1957. Es ist neblig. Wir müssen aufpassen, wenn wir über die Straße gehen.
> Heute Morgen hatten wir Musik. Wir lernten ein neues Lied.
> Linda fehlt. Wie hoffen, dass sie bald wieder kommt.
> Wir hatten Rechnen. Wir taten so, als ob wir Süßigkeiten kaufen. Das machte Spaß.
> Wir arbeiten in unseren Englischbüchern. Wir lernen, wann man ist und sind sagen muss.
>
> 27. MAI 1957
> Heute ist Montag, der 27. Mai 1957. Es ist warm und bewölkt. Wir hoffen, dass die Sonne scheint.
> Heute Nachmittag hatten wir Musik. Das gefiel uns. Wir gingen nach draußen zum Spielen.
> Carole fehlt. Wir hoffen, dass sie bald wieder kommt.
> Wir haben eine Stunde Buchstabieren, wir lernten, was ein Dutzend ist.
> Morgen haben wir Zeigen und Erzählen.
> Manche von uns haben Sätze auf, die sie richtig schreiben müssen.
> Danny brachte einen Kokon mit. Er wird sich in einen Schmetterling verwandeln.

(Nach Waters, 1980.)

Verstehens ist die Erkenntnis, dass die Leser vielleicht nicht dasselbe Wissen haben wie der Schreiber und dass man deshalb alle diejenigen Informationen, die man als Leser braucht, um das Geschriebene zu begreifen, mit in den Text aufnehmen sollte. Gute Schreiber lassen ein solches Verständnis spätestens in der High-School durchgehend erkennen; schlechten Schreibern fehlt es häufig daran (Scardamalia & Bereiter, 1984). Ein zweiter wichtiger Typ des metakognitiven Wissens betrifft die Notwendigkeit, das eigene Schreiben zu planen und nicht einfach nur loszulegen. Gute Schreiber verbringen viel mehr Zeit als schlechte Schreiber mit der Planung, was sie sagen wollen, bevor sie konkret anfangen zu schreiben (Kellogg, 1994). Die Notwendigkeit der Überarbeitung ist ein dritter zentraler Typ des metakognitiven Wissens. Zwar produzieren gute Schreiber auch schon bessere Erstfassungen als schlechte Schreiber, sie bringen aber auch mehr Zeit mit der Überarbeitung dessen zu, was sie geschrieben haben (Fitzgerald, 1992).

Glücklicherweise kann wie schon beim Lesen ein Unterricht, der auf metakognitive Prozesse abzielt, die Schreibfähigkeiten erhöhen (Graham & Harris, 1992; Harris & Graham, 1992). Insbesondere das Schreiben von Dritt- bis Sechstklässlern verbessert sich, wenn man ihnen beibringt, sich selbst routinemäßig bestimmte Fragen zu stellen: Wer ist in dieser Geschichte die Hauptfigur? Was macht die Hauptfigur? Wie reagieren die anderen Personen? Wie reagiert die Hauptfigur auf die Reaktionen der anderen Personen? Was passiert am Schluss? Es führt zu besseren Erstfassungen, wenn man Kinder anhält, sich auf solche Fragen zu konzentrieren. Die überarbeiteten Fassungen werden besser, wenn man die Kinder außerdem dazu anregt, sich zu überlegen, wie gut ihre erste Fassung diesen Fragen entsprochen hat (Beal, Garrod & Bonitatibus, 1990).

Schließlich spielt wie beim Lesen auch das Inhaltswissen eine entscheidende Rolle beim Schreiben. Kinder schreiben im Allgemeinen bessere Texte, wenn sie mit dem Thema vertraut sind, als wenn sie nur wenig darüber wissen (Bereiter & Scardamalia, 1982). Der Standardratschlag „Schreib über das, was du kennst" gilt für Kinder also genauso wie für angehende Schriftsteller.

Mathematik

In Kapitel 7 wurde bereits angesprochen, dass Kinder schon früh in ihrem ersten Lebensjahr ein elementares Zahlenverständnis erkennen lassen, das jedoch auf Mengen von ein, zwei oder drei Objekten begrenzt ist. Mit drei oder vier Jahren erweitern sie diese anfängliche Kompetenz um die Fähigkeit zu zählen und das Wissen um die relative Größe von einstelligen Zahlen. Diese sich früh entwickelnden numerischen Kompetenzen bilden einen Grundstock, von dem aus Kinder rechnerische und höhere mathematische Fähigkeiten erwerben können.

Rechnen

Zu den bemerkenswertesten Eigenschaften des kindlichen Rechnens gehört die Vielzahl an offen erkennbaren Strategien, die sie einsetzen, um Probleme und Aufgaben zu lösen. Die meisten Kinder erwerben ihre erste beobachtbare Rechenstrategie mit vier oder fünf Jahren, indem sie von 1 hochzählen (zum Beispiel für die Lösung der Aufgabe 2 + 2 zwei Finger an jeder Hand ausstrecken und „1, 2, 3, 4" abzählen; Geary, 1994; Siegler & Robinson, 1982). Sehr schnell beginnen sie, die Strategie des Abrufs zu verwenden, um einige wenige einfache Aufgaben wie 2 + 2 zu lösen (also die Lösung unmittelbar aus dem Gedächtnis abzurufen, weil die Kinder sie auswendig wissen). In der ersten Klasse, wenn die Kinder anfangen, jeden Tag zu rechnen, kommen mehrere neue Strategien hinzu. Die häufigste ist das *Zählen vom größeren Summanden aus* (also Aufgaben wie 3 + 9 zu lösen, indem man „9, 10, 11, 12" zählt). Eine andere häufige Strategie ist die *Zerlegung*, bei der eine Aufgabe in zwei leichtere Aufgaben aufgeteilt wird (zum Beispiel 3 + 9 dadurch zu lösen, dass man „3 + 10 = 13" und „13 − 1 = 12" denkt). Eine ähnliche Verwendung unterschiedlicher Strategien kommt auch bei anderen Rechenoperationen vor (Siegler, 1987, 1988a). Um beispielsweise eine Multiplikationsaufgabe wie 3 × 4 zu lösen, schreiben Kinder manchmal dreimal die 4 auf und zählen sie zusammen, manchmal machen sie drei Bündel aus je vier Strichen und zählen diese ab, und manchmal rufen sie die Lösung 12 direkt aus dem Gedächtnis ab.

So wie die Auswahl zwischen den Strategien der Worterkennung bei Kindern sehr anpassungsfähig ist, so ist es auch bei ihren Rechenstrategien (Geary, 1994; Siegler & Shrager, 1984). Schon Vierjährige wählen auf vernünftige

Kasten 8.4 Individuelle Unterschiede

Aufmerksamkeitsstörungen

Der Erwerb schulischer Fähigkeiten wie Lesen und Schreiben erfordert von den Kindern, dass sie ihre Aufmerksamkeit über längere Zeitabschnitte bündeln. Wie sollten Kinder ohne ausdauernde Aufmerksamkeit eine Geschichte oder eine Buchbesprechung schreiben, insbesondere wenn um sie herum viele potenzielle Ablenkungen bestehen? Jeder findet eine solche Situation anstrengend, aber einige Kinder (und Erwachsene) stoßen in solchen Situationen auf besondere Schwierigkeiten. Das betrifft vor allem Menschen, die an einer **Aufmerksamkeitsdefizit-/Hyperaktivitätsstörung (ADHS)** leiden.

ADHS (Aufmerksamkeitsdefizit-/Hyperaktivitätsstörung) – ein Syndrom, das durch die Schwierigkeit gekennzeichnet ist, die Aufmerksamkeit auf eine Sache aufrechtzuerhalten.

Die Bezeichnung ADHS ist relativ neu, die Symptomatik ist schon seit Langem bekannt – in Deutschland wird gern auf das Beispiel des Zappelphilipps aus dem Struwwelpeter verwiesen. Andere Bezeichnungen sind *Hyperaktivität*, *minimale cerebrale Dysfunktion* oder *Aufmerksamkeits-Defizit-Syndrom* (*ADS*); die jetzige Bezeichnung entstammt dem Klassifikationsmanual für psychische Störungen DSM-IV aus dem Jahre 1996. Kinder mit ADHS besitzen im Allgemeinen eine normale Intelligenz und zeigen typischerweise keine schwer wiegenden emotionalen Störungen. Es fällt ihnen jedoch schwer, an Plänen festzuhalten, Regeln und Vorschriften einzuhalten und bei Aufgaben dranzubleiben, die anhaltende Aufmerksamkeit erfordern (besonders, wenn sie die Aufgaben auch noch uninteressant finden). Viele Betroffene sind hyperaktiv, zappeln permanent herum, trommeln auf ihre Tische und bewegen sich auch dann im Raum herum, wenn man von ihnen erwartet, dass sie ruhig auf ihrem Stuhl im Klassenzimmer sitzen bleiben. Vielen fällt es auch schwer, aggressive Reaktionen zu unterdrücken, wenn sie frustriert sind. Alle diese Symptome scheinen eine zugrunde liegende Schwierigkeit zum Ausdruck zu bringen, Handlungsimpulse zu unterdrücken beziehungsweise zu hemmen (Barkley, 1997). Diese Schwierigkeit ist am stärksten, wenn interessante Ablenkungsreize vorhanden sind. In einer Untersuchung beachteten sechs- bis zwölfjährige Jungen, bei denen ADHS diagnostiziert wurde, eine pädagogische Fernsehsendung nur halb so lang wie Jungen ohne diese Störung, wenn sich ablenkende Spielsachen im Raum befanden, waren aber genauso aufmerksam wie die anderen Jungen, wenn es keine ablenkenden Spielsachen gab (Landau, Lorch & Milich, 1992).

Nach derzeitiger Definition betrifft ADHS drei bis fünf Prozent der Kinder in den USA (American Psychiatric Association, 1994), in Deutschland bewegen sich die Schätzungen zwischen 2,5 und 6 Prozent. Mehrheitlich sind Jungen betroffen. Dieser Geschlechtsunterschied muss jedoch nicht auf einen Unterschied in der Auftretenshäufigkeit zurückgehen, sondern kann auch daran liegen, dass sich Jungen mit ADHS mit größerer Wahrscheinlichkeit störend verhalten, was dazu führt, dass sie die entsprechende Diagnose erhalten (Gaub & Carlson, 1997; Silver, 1992). Einige Kinder mit ADHS entwachsen ihren frühen Problemen, aber die meisten tragen ihre Schwierigkeiten bis in ihr Jugend- und Erwachsenenalter hinein. Mit beträchtlich höherer Wahrscheinlichkeit als andere Kinder verlassen sie später vorzeitig die High-School und begehen aus Leichtsinn kriminelle Handlungen (Green, Biederman, Faraone, Sienna & Garcia-Jetton, 1997; Wender, 1995).

Die Ursachen für ADHS sind recht vielfältig. Eindeutig spielt die Biologie eine Rolle. Wenn ein eineiiger Zwilling an ADHS leidet, stehen die Chancen bei 50 Prozent, dass das auch für den Zwillingspartner gilt, was etwa zehn Mal höher ist als das allgemeine Risiko (Goodman & Stevenson, 1989). Außerdem hängt ADHS bei adoptierten Kindern

Kasten 8.4

mit derselben Störung bei den biologischen Eltern zusammen, aber nicht bei den Eltern, bei denen das Kind lebt (Zametkin, 1995). Ein weiterer Befund, der auf biologische Faktoren hindeutet, betrifft die Tatsache, dass bei ADHS-Kindern der präfrontale Cortex, der Teil des Gehirns, der am stärksten an der Aufmerksamkeitssteuerung und der Unterdrückung von Handlungsimpulsen beteiligt ist, häufig ungewöhnliche Aktivität zeigt (Riccio, Hynd, Cohen & Gonzalez, 1993).

Auch Umweltbedingungen beeinflussen die Entwicklung einer Aufmerksamkeitsstörung. Einige davon wirken sich unmittelbar aus. Zum Beispiel geht der pränatale Kontakt mit Alkohol, der die Gehirnentwicklung beeinträchtigen kann, damit einher, dass Kinder später ADHS entwickeln (Silver, 1992). Andere Umweltfaktoren tragen indirekt zur ADHS bei. Eltern und Lehrer bestrafen ADHS-Kinder oft wegen ihres unaufmerksamen und störenden Verhaltens, und die Kameraden weisen sie aus denselben Gründen zurück (Bernier & Siegel, 1994). Diese Reaktionen verschärfen das Problem leider nur (Hinshaw et al., 1997).

Die kurze Aufmerksamkeitsspanne von Kindern mit einer Aufmerksamkeitsstörung führt häufig dazu, dass sie nicht nur sich selbst, sondern auch andere Kinder in der Klasse stören.

Gleichzeitig leisten mehrere Umweltfaktoren keinen Beitrag zu einer Aufmerksamkeitsstörung, obwohl sie in Zeitungen und Zeitschriften häufig als Ursachen angeführt werden. Der Verzehr von Nahrungszusätzen und Zucker beispielsweise weist nach allem, was man bisher weiß, keinen Bezug zu ADHS auf (Hynd, Horn, Voeller & Marshall, 1991). Genauso gibt es trotz der Besorgnis, die schnellen Schnittfolgen in Fernsehsendungen wie der *Sesamstraße* könnten die Aufmerksamkeitsspanne von Kindern verringern, keine empirischen Anhaltspunkte, die dafür sprechen, dass dies tatsächlich der Fall ist (Huston & Wright, 1998).

Die häufigste Behandlung von ADHS-Kindern ist die Gabe anregender Medikamente wie Ritalin. Es erscheint zwar paradox, dass ein Stimulans Kindern helfen soll, die ohnehin überaktiv sind; aber Ritalin hilft etwa 70 Prozent der Kinder, denen es verschrieben wird. Mit diesem Medikament können ADHS-Kinder ihre Aufmerksamkeit besser bündeln und sind nicht so leicht ablenkbar. Das führt zu einer verbesserten Schulleistung, besseren Beziehungen zu den Klassenkameraden und einem verringerten Aktivitätsniveau (Cantwell, 1996; Silver, 1992). Die Vorteile halten jedoch nur so lange an, wie die Kinder das Mittel einnehmen. Für länger anhaltende Fortschritte bedarf es verhaltenstherapeutischer Maßnahmen, beispielsweise den Kindern Strategien beizubringen, mit denen sie Störungen ausblenden können, zusammen mit medikamentöser Behandlung (Barkley, 1994). Zu den wirksamsten verhaltensbezogenen Interventionen gehört auch die Arbeit mit denjenigen, die täglich mit den Kindern zu tun haben, nämlich Lehrer und Eltern (Pelham & Hoza, 1996). Als besonders wirksam scheint sich zu erweisen, die Lehrer zu ermutigen, den ADHS-Kindern zu erlauben, zwischen Lernphasen und dem Herumlaufen im Klassenzimmer abzuwechseln, und den Eltern dabei zu helfen, die Geduld aufzubringen, die es braucht, um mit diesen anstrengenden Kindern umzugehen. Diese Verhaltensmaßnahmen in Kombination mit Medikamenten helfen einer großen Zahl von Kindern mit ADHS.

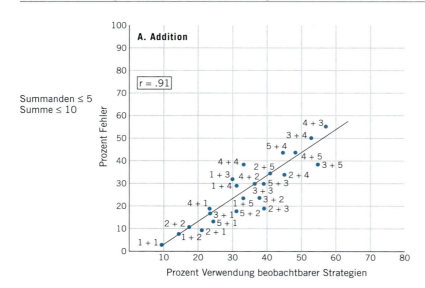

Abbildung 8.10: Die Strategiewahlen jüngerer Kinder bei der Addition, Subtraktion und Multiplikation. Wie zuvor schon für das Lesen gezeigt wurde (Abbildung 8.7), besteht eine starke positive Korrelation zwischen der Schwierigkeit einer Aufgabe, die durch den Prozentsatz der falschen Lösungen definiert ist, und der Häufigkeit einer beobachtbaren Strategie wie das Abzählen an den Fingern. Bei Aufgaben wie 2 + 2, die Vier- und Fünfjährige einfach fanden, verwendeten sie häufig den direkten Gedächtnisabruf (der keine beobachtbare Strategie darstellt). Bei Aufgaben, die sie schwierig fanden, beispielsweise 4 + 3, verwendeten sie meistens erkennbare Strategien wie das Hochzählen von 1. (Siegler, 1986.)

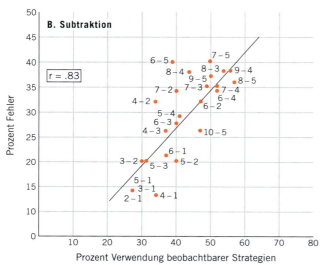

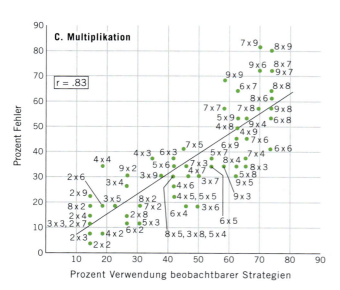

Weise und lösen leichte Aufgaben schnell und akkurat durch direkten Gedächtnisabruf, während sie schwerere Aufgaben langsamer, aber immer noch akkurat durch Abzählen lösen (Abbildung 8.10). So wie die Kinder Erfahrungen im Umgang mit dem Rechnen gewinnen, verschieben sich ihre Strategiewahlen hin zur häufigeren Verwendung des Gedächtnisabrufs. Der Lernprozess scheint derselbe zu sein wie bei der analogen Verschiebung beim Lesen hin zum visuell gestützten Abruf. Je häufiger ein Kind die korrekte Lösung einer Aufgabe hervorbringt, gleich mit welcher Strategie dies gelungen ist, desto häufiger wird es in der Lage sein, die Lösung aus dem Gedächtnis abzurufen, wodurch die Notwendigkeit vermieden wird, auf einen langsameren Prozess wie den des Abzählens zurückzugreifen.

Wie beim Lesen zeigen Kinder beträchtliche individuelle Unterschiede beim Rechnenlernen. Solche Unterschiede treten sowohl in der Lerngeschwindigkeit als auch in ihrem kognitiven Stil zu Tage. Die Lerner lassen sich in drei Gruppen aufteilen: *gute Schüler*, *weniger gute Schüler* und *Perfektionisten* (Siegler, 1988b). Gute Schüler arbeiten schnell und genau und wissen die Lösungen für viele Aufgaben. Die nicht so guten Schüler gehen langsamer und weniger genau vor und wissen die Lösungen von weniger Aufgaben auswendig. Die Perfektionisten sind dahingehend wie die guten Schüler, dass sie die Aufgabe schnell und akkurat lösen; sie verwenden den direkten Gedächtnisabruf jedoch nicht häufiger als die weniger guten Schüler; diese Strategie bleibt Aufgaben vorbehalten, bei denen sie sich über die Lösung wirklich sicher sind. Bei Aufgaben, bei denen sie glauben, die Lösung zu kennen, sich aber nicht hundertprozentig sicher sind, verwenden sie andere Strategien zur Überprüfung. Dieselben drei Gruppen finden sich unter Kindern aus Familien mit mittlerem und niedrigem Einkommen, unter afro-amerikanischen und euro-amerikanischen Kindern und beim Lesen wie beim Rechnen (Kerkman & Siegler, 1993). Diese individuellen Unterschiede bei der Strategiewahl sind Ausdruck von Wissensunterschieden (gute Schüler und Perfektionisten können die Lösungen von mehr Aufgaben abrufen als weniger gute Schüler) und von Unterschieden hinsichtlich der Kriterien, die erfüllt sein müssen, damit man eine Lösung direkt aus dem Gedächtnis abruft (Perfektionisten müssen sich sicherer sein als gute oder weniger gute Schüler). (Wie in Kasten 8.5 ausgeführt, sind das geringe Wissen und die häufigen fehlerhaften Lösungsabrufe, die weniger gute Schüler kennzeichnen, auch für Kinder charakteristisch, die an einer allgemeinen Rechenschwäche leiden.)

Verstehen mathematischer Begriffe Das Rechnen zu verstehen und zu beherrschen erfordert mehr als das Erinnern von Lösungen und Lösungsverfahren. Es erfordert auch das Begreifen der dahinterstehenden Begriffe und Prinzipien. Leider lernen viele Kinder Rechenverfahren, die bei typischen Aufgabenstellungen zum Erfolg führen, ohne zu verstehen, warum die Verfahren geeignet sind. Ein solches oberflächliches Verständnis führt zu Schwierigkeiten, wenn diese Kinder auf neuartige Aufgaben stoßen, die auf denselben Grundbegriffen aufbauen, die aber andere Lösungsverfahren erfordern.

Ein gutes Beispiel für diese Erfahrung betrifft das Konzept der **mathematischen Gleichheit**, die Vorstellung, dass die Werte zu beiden Seiten des Gleichheitszeichens ausgeglichen sein müssen. In der überwältigenden Mehrzahl von Fällen, in denen jüngere Kinder einem Gleichheitszeichen begegnen, stehen nur auf seiner linken Seite Zahlen (zum Beispiel 3 + 4 = ??; 3 + 4 + 5 = ??). Um solche Aufgaben zu lösen, kann man das Gleichheitszeichen als eine Art Startsignal betrachten, um mit dem Addieren anzufangen. Irgendwann stoßen Kinder aber auch auf Aufgaben mit Zahlen auf beiden Seiten des Gleichheitszeichens, wie bei 3 + 4 + 5 = ?? + 5. Susan Goldin-Meadow, Martha Alibali und ihre Mitarbeiterinnen fanden, dass die meisten Kinder in den USA solche Aufgaben noch in der vierten Klasse falsch bearbeiten (Alibali, 1999; Goldin-Meadow, 2001; Graham & Perry, 1993). Der häufigste falsche Lösungsansatz besteht darin, alle Zahlen links vom Gleichheitszeichen zusammenzuzählen, was bei der obigen Aufgabe zu der Lösung „12" führen würde. Kinder, die diesen Ansatz wählen, dehnen ein Verfahren, das bei typischen Aufgaben funktioniert, auf Aufgaben aus, auf die es nicht anwendbar ist. Allgemeiner gesprochen, lassen solche Fehler ein fehlendes Verständnis dafür erkennen, dass das Gleichheitszeichen bedeutet, dass die Werte auf beiden Seiten sich insgesamt entsprechen müssen.

Mathematische Gleichheit – das Konzept, dass sich die Werte auf beiden Seiten des Gleichheitszeichens entsprechen müssen.

Kasten 8.5 — 8.5 Individuelle Unterschiede

Rechenschwäche

Ungefähr sechs Prozent der Kinder bringen in Mathematik so schlechte Leistungen, dass ihnen eine Rechenschwäche attestiert wird. Der Psychologe David Geary, der solche Kinder intensiv untersucht hat, bemerkte, dass sie beim Lösen von Rechenaufgaben meistens langsam und ungenau sind und selten die Strategie des Gedächtnisabrufs nutzen, ganz ähnlich wie die im Haupttext beschriebenen weniger guten Schüler (Geary, 1993; Hoard, Geary & Hamson, 1999). Ihre Leistungen werden mit zunehmender Erfahrung besser, aber die meisten bleiben im Rechnen selbst als Erwachsene langsam (Geary & Brown, 1991; Goldman, Pellegrino & Mertz, 1988; Jordan, Levine & Huttenlocher, 1995). Auch haben sie bei vielen mathematischen Fähigkeiten Schwierigkeiten, die auf einstelligem Rechnen aufbauen, wie bei Textaufgaben, Rechnen mit mehrstelligen Zahlen und dem Lösen von Gleichungen (Ostad, 1998; Zawaiza & Gerber, 1993; Zentall & Ferkis, 1993).

Mehrere spezifische Probleme tragen zu den Schwierigkeiten dieser Kinder bei. Viele Kinder mit Rechenschwäche stammen aus ungünstigen Verhältnissen und hatten bis zum Schuleintritt nur wenig mit Zahlen zu tun. Das führt dazu, dass ihnen zentrale Begriffe und Fähigkeiten fehlen, die andere Kinder schon mitbringen und die für das weitere Lernen entscheidend sind (Griffin, im Druck; Hitch & McAuley, 1991). Andere Ursachen für eine Rechenstörung betreffen eine geringe Arbeitsgedächtniskapazität für Zahlen, die langsame Verarbeitung numerischer Information, schlechten Unterricht und Angst vor Mathematik (Ashcraft, Kirk & Hopko, 1998; Hoard et al., 1999).

Es wurde eine Vielzahl von Programmen entwickelt, um betroffenen Kindern zu helfen. Zu den viel versprechenden Maßnahmen gehört das **Projekt Rightstart**, ein Curriculum, mit dem Kindergartenkinder aus einkommensschwachen Familien auf die Grundschulmathematik vorbereitet werden sollen (Griffin & Case, 1996). Um dieses Ziel zu erreichen, versorgt das Projekt *Rightstart* die Kinder im Kindergarten mit einer Vielzahl von Brettspielen, bei denen sie würfeln oder Zahlenkärtchen ziehen und dabei addieren oder subtrahieren müssen, um die Anzahl an Feldern zu ermitteln, um die sie ihre Spielfigur vorwärts bewegen dürfen. Im Spielverlauf erwerben die Kinder mathematische Fähigkeiten, etwa Zählen und Zahlen lesen, und mathematische Begriffe wie die Beziehung zwischen Addition und Subtraktion. Brettspiele, mit denen sich diese Dinge lernen lassen, sind in Mittelschichtfamilien häufig vorhanden, aber seltener in sozial schwachen Familien.

Dem Projekt *Rightstart* liegt die Theorie zugrunde, dass solche Alltagserfahrungen in den Familien den Grundstock für das spätere Lernen von Mathematik legen. In Übereinstimmung mit dieser Theorie hat die Teilnahme am Projekt *Rightstart* die mathematischen Fähigkeiten und das begriffliche Verstehen von einkommensschwachen Kindergartenkindern aus verschiedenen ethnischen und rassischen Gruppen auf das Niveau ihrer typischen Altersgenossen aus der Mittelschicht angehoben. Das Programm führt zu beträchtlichen Verbesserungen bei den Lehrerurteilen und bei standardisierten mathematischen Leistungstests, die zumindest bis zum Ende der zweiten Klasse anhalten. Programme wie *Rightstart*, welche die mathematischen Fähigkeiten und das Verständnis mathematischer Begriffe im Vorschulalter erhöhen, können also die Zahl der Kinder verringern, die mit Mathematik besondere Schwierigkeiten haben, zumindest in den ersten Klassen des Schulbesuchs.

Projekt Rightstart – ein Curriculum, um Kindergartenkinder mit einkommensschwachem familiärem Hintergrund auf die Grundschulmathematik vorzubereiten.

Manche Kinder, die solche Aufgaben falsch bearbeiten, haben tatsächlich vielleicht mehr verstanden, als aus dem, was sie sagen oder schreiben, ersichtlich ist. Bei der Aufgabe 3 + 4 + 5 = ?? + 5 beispielsweise sagen diese Kinder „12", wenn sie ihren Lösungsweg aber erklären sollen, zeigen sie auf alle vier Zahlen und nicht nur auf die drei Zahlen vor dem Gleichheitszeichen. Dieses Zeigen deutet auf das implizite Erkennen hin, dass es da eine vierte Zahl gibt, die berücksichtigt werden muss, auch wenn ihre gegebene Antwort „12" und ihre verbale Erklärung des Lösungswegs dies unbeachtet ließen (Alibali, 1999; Goldin-Meadow, Alibali & Church, 1993). Kinder, die am Anfang solche **Sprache-Gesten-Widersprüche** zeigen, bei denen ihre Gesten andere Informationen vermitteln als ihre verbalen Aussagen, lernen im Unterricht mehr als gleichaltrige Kinder, deren Gestik und Sprache übereinstimmen (die also „12" sagen und nur auf die drei Zahlen vor dem Gleichheitszeichen deuten). In gleicher Weise lernen Kinder, deren Erklärungen ihrer Antwort bei einem Vortest vage und fehlerhaft sind, durch den nachfolgenden Unterricht mehr als Kinder, deren Erklärungen im Vortest eindeutig und falsch sind (Graham & Perry, 1993). Diese Befunde illustrieren eine allgemeine Schlussfolgerung: Die zunehmende Variabilität im Denken und Handeln (zum Beispiel divergierende Gesten und sprachliche Äußerungen) kann oft als ein Zeichen für erhöhte Lernbereitschaft gelten (Church, 1999; Perry & Elder, 1997; Siegler, 1994; Thelen, 2001).

Kultureller Kontext Die Rechenleistung variiert, wie andere Fähigkeiten, mit dem Kontext, in dem sie auftritt. Manchmal können sich Kinder, die im schulischen Kontext des Klassenzimmers im Rechnen eher unbeholfen sind, in alltäglichen Kontexten, die ihnen vertraut und wichtig sind, im Addieren und Subtrahieren als weitaus geschickter erweisen. Eine besonders drastische Illustration dieses Phänomens stammt aus einer Untersuchung an brasilianischen Kindern, die zu den bescheidenen Einkünften ihrer Familien dadurch beitrugen, dass sie an der Straßenecke Süßigkeiten, Softdrinks und Obst verkauften (Nunes, Schliemann & Carraher, 1993). Die Kinder waren zwischen neun und 15 Jahren alt und hatten die Schule – oft nur sporadisch – zwischen einem und acht Jahren besucht.

Diese Kinder zeigten ein exzellentes Rechenverständnis, wenn Aufgaben im Kontext des Straßenverkaufs präsentiert wurden, aber ein schwaches Verstehen, wenn dieselben Aufgaben in einem konventionellen schulischen Format gestellt wurden. Auch verwendeten sie in den beiden Situationen unterschiedliche Strategien. Wenn sich der Interviewer beispielsweise an den Stand stellte und nach dem Preis für vier Kokosnüsse à 35 Cruzeiros fragte, sagte das Kind: „Drei machen 105, plus 30, macht 135 ... eine Kokosnuss ist 35 ... also ... 140" (Nunes & Bryant, 1996, S. 106). Das Kind setzte also geschickt die Strategie der Zerlegung ein, um die Aufgabe zu lösen. Wenn dassel-

Sprache-Gesten-Widerspruch – ein Phänomen, bei dem die Handbewegungen und die verbalen Aussagen verschiedene Ideen vermitteln.

Das Zeigen dieses Jungen illustriert einen Sprache-Gesten-Widerspruch. Er antwortete bei dieser Aufgabe mit „17", weil er alle vier Zahlen zusammengezählt hat. Sein Zeigen auf die beiden 4er lässt jedoch erkennen, dass er ihre Gleichheit bemerkte und interessant fand, auch wenn er diese Erkenntnis bei der Ableitung seiner Lösung nicht verwendete. Gesten, die – wie in diesem Fall – Wissen anzeigen, das in den sprachlichen Äußerungen nicht erkennbar wird, gehen mit einer hohen Wahrscheinlichkeit einher, durch weiteren Unterricht dazuzulernen.

Brasilianische Kinder, die Süßigkeiten, Obst und andere Kleinigkeiten an Straßenständen verkaufen und deshalb ihren Kunden oft Restgeld passend herausgeben müssen, erwerben exzellente informelle Rechenfähigkeiten, obwohl sie nicht zur Schule gehen. Dieselben Kinder sind aber viel schlechter, wenn die Aufgaben so präsentiert werden, wie es in der Schule üblich ist, also beispielsweise „Wie viel ist 35 mal 4?".

be Kind im Gegensatz dazu gefragt wurde „Was ist 35 mal 4?", schrieb es die 35 über die 4 und sagte dann: „4 mal 5, 20, übertrage die 2, 2 plus 3 ist 5, mal 4 ist 20" (S. 106). Es schrieb dann 20 neben seine 0 von vorher, was zu der falschen Antwort 200 führte. Obwohl die beiden Aufgaben mathematisch identisch waren, ließen die verschiedenen Kontexte sie dem Kind als recht unterschiedlich erscheinen. Dasselbe galt auch für die anderen Kinder in ihrer Rolle als Straßenverkäufer: Wenn die Aufgabe im Kontext des Verkaufs dargeboten wurde, ergab sie für die Kinder einen Sinn, und sie lösten sie in einer Weise, die ihre Bedeutung zum Ausdruck brachte. Wurde die Aufgabe als formales mathematisches Problem präsentiert (in der Form 35×4), erschien sie ihnen bedeutungslos, und sie versuchten, sie mit einem Algorithmus zu lösen, den sie nicht verstanden hatten. Die Mathematik für Kinder sinnvoll zu machen und sicherzustellen, dass sie die zugrunde liegenden Konzepte und Verfahrenswege verstehen, gehört zu den größten Aufgaben, denen sich Lehrer gegenübersehen.

Länderübergreifende Vergleiche des mathematischen Wissens von Schülern deuten darauf hin, dass es manchen Bildungssystemen weit besser gelingt als anderen, den Kindern beim Verstehen grundlegender Begriffe zu helfen. Die umfassendste neuere internationale Vergleichsstudie TIMSS beispielsweise (*Third International Mathematics and Science Study*; Martin et al., 1997) ließ erkennen, dass Achtklässler in Japan, Hongkong, Ungarn und den Niederlanden alle über ein weit besseres begriffliches Verstehen verfügen als Achtklässler in den USA. Frühere Untersuchungen an Viert- und Zwölftklässlern zeigten ähnliche Muster (Stigler & Hiebert, 1999). Es scheint dafür zwei Gründe zu geben. Zum einen verbringen Lehrer und Schüler in den Ländern mit den höchsten Mathematikleistungen viel mehr Zeit mit Mathematik als in den USA. Zum anderen ist der Unterricht in den Ländern mit den höchsten Mathematikleistungen im Allgemeinen mehr auf das Verständnis der Grundbegriffe gerichtet und weniger auf das Auswendiglernen von Rechenwegen (Stigler & Hiebert, 1999). In Japan verbringen die Schüler oft eine ganze Stunde mit der Besprechung einer einzigen Aufgabe: Erst versuchen sie, die Aufgabe unabhängig voneinander zu lösen, dann schreiben sie alternative Lösungswege an die Tafel, und dann diskutiert die ganze Klasse, warum jeder der richtigen Lösungsansätze richtig und warum jeder der falschen Lösungsansätze falsch ist. Diese Unterrichtstechnik scheint zu dem überlegenen Mathematikverständnis der japanischen Schüler beizutragen.

Algebra

Algebra lernen erweitert das Spektrum an Aufgaben, welche die Kinder mathematisch behandeln können, um den Umgang mit Gleichungen. Wiederum steht dem Lernen fehlendes begriffliches Verständnis entgegen. Das Problem besteht darin, dass viele Schüler Algebra als eine Übung behandeln, bei der man willkürlichen Regeln der Symbolmanipulation folgen muss, und nicht als ein System, in dem sich Problemstellungen in sinnvoller Weise darstellen und Lösungen finden lassen. Wenn sie eine Gleichung aufschreiben sollten, um die Aussage „Es gibt sechsmal so viele Studenten wie Professoren an dieser Universität" darzustellen, schrieb ein hoher Prozentsatz der ingenieurwissenschaftlichen Studenten an einer angesehenen Universität $6 \times S = P$ (Clement, 1982). Auf den ersten Blick mag diese Gleichung vernünftig aussehen – aber nur bis zu der Erkenntnis, dass die Gleichung bedeutet, dass die Multiplikation der größeren Zahl (der Zahl der Studenten) mit 6 zu einem Ergebnis führt, das der kleineren Zahl (der Zahl der Professoren) entsprechen soll.

Zwei Prozesse scheinen für das Lernen von Algebra entscheidend zu sein: die Schemabildung und die Automatisierung grundlegender Verfahren (Cooper & Sweller, 1987). **Schemata** sind Strategien, die sich anwenden lassen, um jede Aufgabe im Rahmen einer bestimmten Aufgabenklasse zu lösen. Zum Beispiel lernen Kinder, dass man bei Kenntnis von zwei Größen aus der Menge von Zeit, Weg und Geschwindigkeit die dritte Größe durch Division oder Multiplikation berechnen kann. Wenn die Aufgabe lautet, wie lang ein Zug braucht, um 200 Kilometer mit einer Durchschnittsgeschwindigkeit von 100 Kilometer pro Stunde zurückzulegen, dann wissen sie, dass sie den Weg durch die Geschwindigkeit teilen müssen. Der andere zentrale Prozess beim Algebralernen ist die Automatisierung breit anwendbarer Verfahren, beispielsweise die Addition gleicher Größen auf beiden Seiten einer Gleichung, um die Größe von der einen Seite der Gleichung zu entfernen. Die Automatisierung solcher häufigen Rechenoperationen setzt kognitive Ressourcen für das Nachdenken über die weniger routinemäßigen Aspekte der Aufgabe frei.

Schema – eine Strategie, die sich bei der Lösung jeder Aufgabe aus einer Klasse von Problemstellungen anwenden lässt.

Intelligente computerbasierte Tutoren wie PAT (*Practical Algebra Tutor*; Koedinger, Anderson, Hadley & Mark, 1997) vermitteln Algebra in einer Weise, die beiden Zielen gerecht wird. PAT konzentriert sich darauf, wie man mit Hilfe von Algebra Alltagsprobleme lösen kann, beispielsweise zwischen den Angebotspaketen alternativer Telefongesellschaften oder den Preisen von Autovermietungen eine Wahl zu treffen. Bei einer Aufgabe, die PAT stellt, müssen die Schüler zum Beispiel entscheiden, ob es billiger wäre, einen Lastwagen von Hertz oder von Avis zu mieten. Um die Aufgabe zu lösen, erstellen die Schüler eine Tabellenkalkulation, in der sie die relevanten Größen identifizieren (Kosten pro Tag, Kosten pro Wegstreckeneinheit, Anzahl der Tage und so weiter), die Spalten mit den Variablennamen bezeichnen, algebraische Gleichungen eingeben und eine Lösung ableiten. Sie konstruieren auch Graphiken für die Lösung, aus denen hervorgeht, wie sich der Preis in Abhängigkeit von der Mietdauer ändert.

Zu den Stärken computerbasierter Tutoren gehört, dass sie jedem Schüler unmittelbare, individualisierte Rückmeldung geben können. PAT enthält nicht nur ein Modell, wie Schüler richtige algebraische Regeln bilden, sondern auch ein Modell häufiger falscher Regelanwendungen. Zum Beispiel antizipiert PAT, dass einige Schüler als Analogie aus der Regel „*a (b + c) = ab + ac*" den Fehlschluss „*a + (bc) = ab + ac*" ziehen werden. Wenn ein Schüler also mit dem Ausdruck *a + (bc)* arbeitet und dann einen Fehler macht, der daraus folgt, dass der Ausdruck wie *ab + ac* behandelt wurde, fragt PAT den Schüler, ob es das war, was er gedacht hat. Wenn die Antwort „ja" lautet, erklärt das Programm, warum dieser Lösungsansatz falsch ist, und gibt dann Hinweise auf den richtigen Lösungsweg. Wenn ein Schüler mit dem ersten, allgemein gehaltenen Hinweis die Aufgabe nicht bewältigen kann, gibt PAT zunehmend spezifischere Hinweise, bis der Student erfolgreich ist. Die Schüler können PAT auch um Hilfe fragen, wenn sie irgendwo stecken bleiben. Außerdem merkt sich PAT die Stärken und Schwächen jedes Schülers und bietet aufgrund dieser Aufzeichnungen zusätzliche Übungen in den Bereichen an, die noch Schwierigkeiten machen, bis der Schüler auch diese beherrscht. Die vom Tutor vorgegebenen Aufgaben enthalten die wichtigsten Schemata, mit denen sich Algebraaufgaben der neunten Klasse erfolgreich bearbeiten lassen; auch bietet PAT reichlich Übungsmöglichkeiten zu ihrer Anwendung, so dass die Schüler ihren Einsatz automatisieren können.

Dieses intelligente computerbasierte System hat beeindruckende Ergebnisse erbracht. Bei einem Test wurde PAT 470 Neuntklässlern in 20 Algebraklassen in der Innenstadt von Pittsburgh angeboten (Koedinger et al., 1997). Die Schülerinnen und Schüler dieser Klassen erbrachten bei standardisierten Algebratests und relevanten Aufgaben aus dem SAT (einem Eingangstest fürs College) bessere Leistungen als andere Schüler derselben High-Schools mit ähnlichem familiären Hintergrund, denen Algebra mit konventionellen Mitteln beigebracht wurde. Vergleichbare Erfolge wurden auch für einen Geometrietutor berichtet, den dasselbe Forscherteam entwickelt hat (Anderson & Lebiere, 1998). Durch die Bereitstellung sorgfältig durchdachter Aufgaben, unmittelbarer und individualisierter Rückmeldung und umfangreicher Übungsmöglichkeiten versprechen intelligente computerbasierte Tutoren Schülern eine Verbesserung beim Lernen von Algebra, Geometrie und anderen Bereichen der Mathematik.

IN KÜRZE

Das Lesenlernen beginnt schon vor Schuleintritt, wenn viele Kinder die Buchstaben des Alphabets erkennen und phonologische Bewusstheit erwerben. In der Grundschule lernen die Kinder früh, Wörter durch zwei wichtige Prozesse zu erkennen – die phonologische Rekodierung und den Gedächtnisabruf auf Grundlage der gesehenen Wortform; und sie können je nach Situation zwischen diesen beiden Strategien wählen. Das Leseverstehen verbessert sich durch die Automatisierung der Worterkennung, die Entwicklung von Strategien und den Erwerb von Metakognition und Inhaltswissen. Die Leseentwicklung wird auch dadurch beeinflusst, wie viel Kinder lesen und wie viel ihnen ihre Eltern vorlesen.

Schreiben zu lernen ist schwer. Es erfordert die gleichzeitige Konzentration auf Low-level-Ziele (Rechtschreibung, Zeichensetzung, Groß- und Kleinschreibung) und High-level-Ziele (die Aussagen klar und überzeugend zu gestalten). Viele westliche Kinder wissen bei Schuleintritt, dass man waagerecht von links nach rechts schreibt, dass der Text in der jeweils nächsten

Zeile weitergeht und dass Wörter durch kleine Zwischenräume getrennt werden. Verbesserungen des Schreibens mit Alter und Erfahrung sind Ausdruck der Automatisierung von Low-level-Zielen, neuer Strategien des Textaufbaus, eines wachsenden metakognitiven Verständnisses für die Bedürfnisse der Leser und einer Zunahme des Inhaltswissens.

Die mathematische Entwicklung folgt einem ähnlichen allgemeinen Muster. Die meisten Kinder kommen schon mit nützlichen Kenntnissen in die Schule (Zählen können; von 1 ab hochzählen beim Zusammenzählen). In der Schule lernen Kinder dann ein breites Spektrum an Strategien für die Lösung arithmetischer und anderer mathematischer Aufgaben, und im Allgemeinen setzen sie diese Strategien sinnvoll ein. Zum Mathematiklernen muss man auch grundlegende Begriffe und Prinzipien verstehen, was vielen Schülern schwer fällt. Computerbasierte Tutoren, welche die Quellen falscher Lösungen diagnostizieren und Hinweise auf ihre Überwindung geben können, haben sich als erfolgreich erwiesen, um Kindern beim Verständnis zentraler Begriffe und beim Erwerb von Problemlösefähigkeiten in Geometrie, Algebra und anderen Bereichen der Mathematik zu helfen.

Zusammenfassung

- Alfred Binet und sein Mitarbeiter Théophile Simon entwickelten den ersten weit verbreiteten Intelligenztest. Sie wollten damit Kinder identifizieren, die vom normalen Unterricht in der Klasse wahrscheinlich nicht profitieren würden. Moderne Intelligenztests sind Nachkommen des Binet-Simon-Tests.
- Eine zentrale Erkenntnis Binets war, dass Intelligenz verschiedene Teilfähigkeiten umfasst, die man beurteilen muss, um Intelligenz genau messen zu können.

Was ist Intelligenz?

- Man kann Intelligenz als eine einzige Eigenschaft betrachten, so wie g; als wenige verschiedene Fähigkeiten, wie bei Thurstones Primärfaktoren; oder als große Anzahl spezifischer Prozesse, wie sie in Analysen der Informationsverarbeitung beschrieben werden.
- Intelligenz wird oft durch IQ-Tests gemessen, wie den Stanford-Binet oder den HAWIK. Diese Tests untersuchen Allgemeinwissen, Wortschatz, Rechnen, Sprachverstehen, räumliches Denken und eine Vielzahl anderer intellektueller Fähigkeiten.

Intelligenzmessung

- Der Gesamtwert einer Person auf einem Intelligenztest, der IQ, ist ein Maß der allgemeinen Intelligenz. Der IQ bringt die geistigen Fähigkeiten der Person im Vergleich mit Gleichaltrigen zum Ausdruck.
- Die IQ-Werte der meisten Kinder sind über Jahre hinweg recht stabil, können im Zeitverlauf aber etwas schwanken.

IQ-Werte als Prädiktoren von Lebenserfolg

- IQ-Werte korrelieren positiv mit langfristigem Bildungs- und Berufserfolg.
- Andere Faktoren wie soziales Verständnis, Kreativität und Motivation beeinflussen ebenfalls den Lebenserfolg.

Gene, Umwelt und Intelligenzentwicklung

- Die Intelligenzentwicklung wird durch die Eigenschaften des Kindes selbst, durch die unmittelbare Umgebung und durch den breiteren gesellschaftlichen Kontext beeinflusst.
- Ein wichtiger Einfluss auf den IQ ist das genetische Erbe. Dieser Einfluss vergrößert sich meistens mit dem Alter, zum Teil, weil Gene erst in der späten Kindheit und im Jugendalter wirksam werden, und zum Teil, weil die Gene auch beeinflussen, welche Umgebungen sich das Kind aussucht.
- Der durchschnittliche IQ ist bei Jungen und Mädchen gleich, es gibt aber geringe Unterschiede bei bestimmten Fähigkeiten.
- Das familiäre Umfeld eines Kindes, wie es mit HOME gemessen werden kann, hängt mit seinem IQ zusammen. Dieser Zusammenhang spiegelt Einflüsse innerhalb der Familie wider, etwa die intellektuelle und emotionale Unterstützung der Eltern für das jeweilige Kind, aber auch Einflüsse zwischen Familien, beispielsweise Unterschiede hinsichtlich Bildung und Wohlstand der Eltern.
- Der Schulbesuch wirkt sich positiv auf den IQ und die Schulleistungen aus.
- Allgemeine gesellschaftliche Faktoren wie Armut und Diskriminierung rassischer und ethnischer Minderheiten beeinflussen den IQ von Kindern ebenfalls.
- Um die negativen Auswirkungen der Armut zu mindern, gab es in den USA sowohl kleinere vorschulische Interventionsprogramme als auch das weit umfangreichere Projekt *Head Start*. Beide bewirken zu Anfang positive Veränderungen von Intelligenz und Schulleistung, die mit der Zeit jedoch verblassen. Andererseits haben die Programme anhaltende positive Auswirkungen in dem Sinn, dass die Wahrscheinlichkeit, nicht sitzenzubleiben und die High-School erfolgreich abzuschließen, steigt.

- Intensive Interventionsprogramme wie das *Carolina-Abecedarian-Projekt*, die in den ersten Lebensjahren der Kinder einsetzen und optimale Bedingungen der Kindesbetreuung und strukturierte inhaltliche Lehrpläne bereitstellen, haben Intelligenzzuwächse hervorgerufen, die bis in das Jugend- und Erwachsenenalter hineinreichen.

Alternative Ansätze zur Intelligenz

- Neue Ansätze zur Intelligenz, beispielsweise Gardners Theorie der multiplen Intelligenzen oder Sternbergs Theorie der erfolgreichen Intelligenz, sind Versuche, traditionelle Intelligenzkonzeptionen zu erweitern.

Der Erwerb schulischer Fähigkeiten: Lesen, Schreiben und Mathematik

- Viele Kinder lernen die Buchstabenbezeichnungen und erwerben phonologische Bewusstheit schon vor Schuleintritt. Beides korreliert mit der späteren Leseleistung, wobei die phonologische Bewusstheit einen kausalen Faktor darstellt.
- Die Worterkennung gelingt durch zwei Strategien: phonologische Rekodierung und visuell gestützter Gedächtnisabruf.
- Das Leseverstehen profitiert von der Automatisierung der Worterkennung, weil diese kognitive Ressourcen für das Textverstehen freisetzt. Weitere Einflüsse auf das Leseverständnis sind der Einsatz von Strategien, metakognitives Verständnis und Inhaltswissen, außerdem das Ausmaß, in dem Eltern ihren Kindern vorlesen, und das Ausmaß, in dem die Kinder selbst lesen.
- Auch wenn viele Kinder schon im Vorschulalter mit dem Schreiben anfangen, bleibt gutes Schreiben für die meisten Kinder noch jahrelang recht schwierig. Ein Großteil der Schwierigkeit resultiert aus der Tatsache, dass die Kinder beim Schreiben gleichzeitig auf Low-level-Prozesse wie Rechtschreibung und Zeichensetzung und auf High-level-Prozesse wie die Antizipation dessen, was der Leser bereits weiß oder nicht, achten müssen.
- Die Automatisierung der grundlegenden Prozesse, der Einsatz von Strategien, metakognitives Verständnis und Inhaltswissen beeinflussen nicht nur das Lesen, sondern auch das Schreiben.
- ADHS ist eine Aufmerksamkeitsstörung, die mit Schwierigkeiten bei der Unterdrückung von Handlungsimpulsen einhergeht. Sie wirkt sich negativ auf den Erwerb von Lese- und Schreibfähigkeiten aus. Sowohl Gehirnauffälligkeiten als auch Umweltfaktoren, beispielsweise pränataler Alkoholeinfluss, tragen zu diesem Syndrom bei.

- Die meisten Kinder verwenden, wenn sie rechnen lernen, mehrere Strategien, beispielsweise an den Fingern abzählen und Lösungen fertig aus dem Gedächtnis abrufen. Sie wählen die Strategien je nach Situation und verwenden die zeitaufwendigeren und mühsameren Strategien nur bei schwierigeren Aufgaben, wo sie für die richtige Lösung notwendig sind.
- Im Umgang mit höherer Mathematik kommt dem Verständnis grundlegender Begriffe eine wachsende Bedeutung zu. Viele Kinder können bekannte Verfahren anwenden, ohne deren Bedeutung zu verstehen.
- Computerbasierte Tutoren bieten einen viel versprechenden Weg, um sowohl die rechnerischen Verfahren als auch die zugrunde liegenden mathematischen Begriffe besser zu verstehen.

Fragen und Denkanstöße

1. Intelligenz kann man als einheitliche oder aus mehreren beziehungsweise vielen Teilkomponenten zusammengesetzte Eigenschaft verstehen. Machen Sie eine Liste der nach Ihrer Auffassung wichtigen Komponenten der Intelligenz und erklären Sie deren Bedeutung.
2. Individuelle Intelligenzunterschiede sind stabiler als individuelle Unterschiede in anderen psychischen Funktionsbereichen, beispielsweise der emotionalen Regulation oder der Aggressivität. Warum ist das wohl so?
3. Glauben Sie, dass zukünftig die breiter ansetzenden Intelligenztheorien wie die von Gardner oder Sternberg die derzeit noch dominanten traditionellen, enger gefassten Ansätze ersetzen werden? Oder werden die traditionellen Ansätze ihre Stellung behaupten? Erklären Sie Ihre Meinung.
4. Die Teilnahme an *Head Start* führt nicht zu einem höheren IQ oder zu besseren Testleistungen am Ende der Schulzeit, aber zu geringeren Abbrecherquoten und weniger Schulwechseln in Sonderschulen. Warum ist das der Fall?
5. Erläutern Sie die – hier leicht abgewandelte – Aussage von Chall (1979): „Die ersten Klassen sind dazu da, um lesen zu lernen, die höheren Klassen, um lesend zu lernen."

Theorien der sozialen Entwicklung 9

- Psychoanalytische Theorien
- Lerntheorien
- Theorien der sozialen Kognition
- Ökologische Entwicklungstheorien
- Soziale Theorien und Geschlechterentwicklung
- Eine integrative Theorie: Maccobys Ansatz der Geschlechtertrennung
- Zusammenfassung

An einem Nachmittag im Spätsommer spielten die beiden auf der folgenden Seite abgebildeten Kinder im Hof hinter dem Wohnhaus des Jungen, während ihre seit vielen Jahren eng befreundeten Mütter auf der Terrasse Tee tranken. Der fünfjährige Colin und die viereinhalbjährige Catherine spielten trotz der vielen Unterschiede zwischen ihnen schon seit frühester Kindheit miteinander. Catherine konnte beispielsweise Filme mit irgendwelchen wilden oder gruseligen Inhalten überhaupt nicht leiden; als Baby wollte sie nicht einmal die *Sesamstraße* sehen, weil sie sich vor Oskar aus der Mülltonne ängstigte. Colin hingegen mochte Actionfilme voll mit Autorennen, Feuer und Explosionen. Sein Gewehr und sein Helm bezeugen seine Faszination für Waffen und Militär.

Am betreffenden Nachmittag hatten die Kinder fröhlich vor sich hin gespielt, bis Colins Mutter sie bat, kurz innezuhalten, damit sie ein paar Photos machen könne. Catherine war erkennbar glücklich, dieser Bitte nachzukommen. Sie schmiss sich bereitwillig in eine feminine Pose, so wie sie ein Filmstar für die Pressephotographen einnehmen würde. Colin wollte nicht photo-

graphiert werden und war ausgesprochen wenig entgegenkommend. Sein Ärger über die mütterliche Störung seines Spiels zeigt sich in seiner aggressiven Ausdruckshaltung.

Wie lässt sich das sehr unterschiedliche Verhalten der beiden Kinder erklären? Warum besitzen sie so deutlich verschiedene Vorlieben für bestimmte Tätigkeiten? Wieso reagieren sie auf den von einem Erwachsenen vorgenommenen störenden Eingriff in ihr Spiel so verschiedenartig? Auf grundlegendster Ebene sind die beiden Kinder natürlich genetisch verschieden. Und als Angehörige unterschiedlicher Geschlechter unterliegen sie mehreren hormonellen und anderen biologischen Unterschieden, die damit einhergehen, dass sie männlich beziehungsweise weiblich sind. Für das vorliegende Kapitel ist jedoch besonders wichtig, dass Colin und Catherine anders lautende Lebensgeschichten besitzen. Sie wurden von verschiedenen Elternpaaren erzogen und verbrachten Zeit mit unterschiedlichen Geschwistern und Freunden. Auch wenn sie in derselben Gegend wohnten und denselben Kindergarten besucht haben, hatten sie doch andere Nachbarn und Lehrer. Bei dem Versuch, die auf den Photos der beiden Kinder so deutlichen Unterschiede zu erklären, wird im vorliegenden Kapitel die folgende Grundfrage gestellt: Welche Rolle spielt die soziale Umwelt bei der Entwicklung von Colin und Catherine?

Wir geben in diesem Kapitel einen Überblick über einige der wichtigsten und einflussreichsten allgemeinen Theorien der sozialen Entwicklung. Solche Theorien versuchen zu erklären, wie Menschen und soziale Institutionen in der Umwelt von Kindern auf ihre Entwicklung einwirken. In Kapitel 4 über Theorien der kognitiven Entwicklung haben wir bereits einige Gründe behandelt, warum Theorien wichtig sind. Diese Gründe gelten gleichermaßen für die Theorien der sozialen Entwicklung, die in diesem Kapitel dargestellt werden.

Theorien der sozialen Entwicklung sind auf die Erklärung vieler wichtiger Entwicklungsaspekte gerichtet, beispielsweise Emotion, Persönlichkeit, Bindung, Selbst, Beziehungen zu Gleichaltrigen, Moral oder Geschlecht. In der ersten Hälfte des Kapitels beschreiben wir vier Theorietypen – psychoanalytische Theorien, Lerntheorien, sozial-kognitive Theorien und ökologische Theorien – und erläutern ihre Kernannahmen und einige der relevanten Befunde. Die zweite Hälfte des Kapitels ist auf die Art der Beiträge der jeweiligen Theorien konzentriert, indem die Erkenntnisse untersucht werden, die sie zu einem einzelnen Thema beigesteuert haben – der Geschlechterentwicklung. Weil das Geschlecht eine so auffällige und wichtige Kategorie der menschlichen Entwicklung darstellt, haben Psychologen der Untersuchung, wie sich geschlechtsspezifische Einstellungen und Werte und das zugehörige Verhalten entwickeln, sehr viel Aufmerksamkeit gewidmet. Die genauere Analyse der Art und Weise, wie die wichtigen Theorien einen bestimmten Bereich der sozialen Entwicklung behandeln, sollte zur Verdeutlichung sowohl der Unterschiede zwischen den Theorien als auch ihrer wechselseitigen Ergänzung beitragen.

Jedes der sieben Leitthemen dieses Buches kommt in diesem Kapitel wieder vor, wobei drei davon besonders hervorstechen. Das Thema der *individuellen Unterschiede* durchzieht das gesamte Kapitel: Die erste Hälfte befasst sich damit, wie die soziale Umwelt des Kindes seine Entwicklung beeinflusst, die zweite Hälfte konzentriert sich darauf, wie und warum sich die beiden Geschlechter unterscheiden. Das Thema *Anlage und Umwelt* tritt wiederholt auf, insofern sich die Theorien darin unterscheiden, in welchem Ausmaß sie biologische Faktoren betonen. Und auch das Thema des *aktiven Kindes* steht im Zentrum: Einige der Theorien heben die aktive Beteiligung der Kinder an ihrer eigenen Sozialisation und die damit einhergehenden Einflüsse hervor, während in anderen Theorien vorwiegend äußere Kräfte die Entwicklung eines Kindes formen.

Psychoanalytische Theorien

Keine psychologische Theorie hatte einen größeren Einfluss auf die westliche Kultur und ihr Denken über Persönlichkeit und soziale Entwicklung als die psychoanalytische Theorie Sigmund Freuds. Die Entwicklungstheorie der Lebensspanne von Erik Erikson, in der Nachfolge von Freuds Theorie, erwies sich ebenfalls als ziemlich einflussreich.

Die Sicht auf das Wesen des Kindes

In den Theorien von Freud und Erikson wird die Entwicklung sehr stark durch biologische Reifung vorangetrieben. Für Freud ist Verhalten durch das Bedürfnis motiviert, grundlegende Triebe zu befriedigen. Diese Triebe und die verschiedenen Motive, die ihnen entspringen, sind weitestgehend unbewusst, so dass Menschen oft nur eine bestenfalls verschwommene Ahnung davon haben, warum sie sich so oder so verhalten. Die vorherrschende Metapher aus Freud'scher Sicht ist ein Invididuum, das von vielen inneren wie äußeren Kräften hin- und hergeworfen ist, die es weder versteht noch steuern kann. In Eriksons Theorie wird die Entwicklung durch eine Reihe altersbezogener Entwicklungskrisen oder Entwicklungsaufgaben vorangetrieben, die das Individuum bewältigen muss, um eine gesunde Entwicklung zu ermöglichen.

Zentrale Entwicklungsfragen

Bei der psychoanalytischen Theorie spielen drei unserer sieben Leitthemen eine wichtige Rolle: *Kontinuität versus Diskontinuität*, *individuelle Unterschiede* und *Anlage versus Umwelt*. Bei den Entwicklungsannahmen von Freud und Erikson handelt es sich, wie bei der in Kapitel 4 bereits dargestellten Theorie Piagets, um Stufentheorien, welche die Diskontinuität bei der Entwicklung betonen. Im Rahmen dieser diskontinuierlichen Entwicklung heben die psychoanalytischen Theorien jedoch auf die Kontinuität individueller Unterschiede ab, indem sie behaupten, dass die frühen Erfahrungen von Kindern ihre spätere Entwicklung prägen. Das Zusammenspiel von Anlage und Umwelt ergibt sich durch die Betonung der biologischen Grundlagen der Entwicklungsstufen bei Freud und Erikson und ihrer Interaktion mit den Erfahrungen des Kindes.

Freuds Theorie der psychosexuellen Entwicklung

Sigmund Freud (1856–1939), der Begründer der psychoanalytischen Theorie, wurde von seinen Wiener Eltern zu seinen akademischen Beschäftigungen ermutigt: Während sich der Rest der Familie mit Kerzen begnügen musste, hatte der junge Sigmund eine Öllampe, um seine Studien zu erhellen (Crain, 1985). Als Neurologe interessierte sich Freud für die Ursprünge von Geisteskrankheiten und ihre Behandlung. Sein Interesse an der psychischen Entwicklung wuchs mit der Überzeugung, dass die Mehrzahl der emotionalen Probleme seiner Patienten ihren Ursprung schon früh in der Kindheit hat, insbesondere in ihren sehr frühen Beziehungen zu den Eltern.

Freuds Beiträge zur Entwicklungspsychologie sind grundlegend und nachhaltig. Dazu gehört zunächst die Betonung der Rolle der *Früherfahrung* bei der Entwicklung von Persönlichkeit und psychischer Krankheit. Die Bedeutung der frühen Erfahrungen erscheint heute offensichtlich, doch wurde sie nicht beachtet, bevor Freud sie ins theoretische Scheinwerferlicht rückte. Ein zweiter Beitrag betrifft die Bedeutung der *subjektiven* Erfahrung, die

Freud erkannte. Wie eine Person ihre Erfahrungen erlebt und versteht, ist für die Entwicklung entscheidender als die objektive Realität. Ein dritter wichtiger Beitrag ist Freuds Entdeckung des *Unbewussten*, der geistigen Aktivität, die ohne Bewusstheit abläuft, aber dennoch viele Aspekte des eigenen Denkens und Handelns beeinflusst. Unbewusste Prozesse spielen in den derzeitigen Theorien und Forschungsarbeiten zur Kognition und Emotion eine große Rolle. Und schließlich ist Freuds Hinweis auf die Bedeutung enger, emotionaler *Beziehungen* zu nennen, der ebenfalls einen enormen Einfluss auf die Entwicklungspsychologie hatte.

Bei der Behandlung der theoretischen Ansichten Freuds konzentrieren wir uns vorrangig auf die entwicklungsbezogenen Aspekte seiner Theorie, insbesondere auf die allgemeinen Themen, deren Einfluss bis heute angehalten hat. Man wird aus den Zitaten und Bezügen auf Freuds Arbeiten erkennen, wie interessant und provokativ seine Schriften waren.

Sigmund Freud, der Vater der Psychoanalyse, hatte einen nachhaltigen Einfluss auf die Entwicklungspsychologie, vor allem wegen der Betonung des lebenslangen Einflusses früher Beziehungen.

Grundlegende Merkmale der Freud'schen Theorie

Freuds Entwicklungstheorie enthält drei Hauptkomponenten: (1) fünf biologisch bestimmte Entwicklungsphasen; (2) Motivation, die Trieben und der Reduktion von Trieben entspringt; und (3) Grundstrukturen der Persönlichkeit. Insgesamt wird diese Theorie als eine Theorie der *psychosexuellen* Entwicklung bezeichnet, weil sie eine Reihe von universellen Entwicklungsphasen postuliert, in denen **psychische Energie** – die biologisch bestimmten instinktiven Triebe, die Verhalten, Gedanken und Gefühle energetisieren – auf verschiedene **erogene Zonen** (erotisch empfindliche Stellen) des Körpers gerichtet wird. Am Anfang beruhen alle instinktiven Triebe auf körperlichen Bedürfnissen, aber im Verlauf der Entwicklung wird ein Teil der psychischen Energie abgezweigt und in psychologische Bedürfnisse und Wünsche umgewandelt.

Psychische Energie – Freuds Ausdruck für die biologisch begründeten instinktiven Triebe, die Verhalten, Gedanken und Gefühle seiner Ansicht nach antreiben.

Erogene Zonen – in der Freud'schen Theorie diejenigen Körperbereiche, die in den einzelnen Entwicklungsphasen erotisch empfindlich werden.

Der Entwicklungsprozess

Nach der Ansicht Sigmund Freuds beginnt die Entwicklung mit einem hilflosen Säugling, von instinktiven Trieben geplagt, deren Befriedigung für das Überleben unerlässlich ist. An erster Stelle steht dabei das Bedürfnis nach Nahrung. Hunger erzeugt Spannung. Das kleine Baby weiß nichts darüber, wie es diese Spannung verringern kann, weshalb die Erregung und das Leiden, die mit Hunger einhergehen, durch Weinen zum Ausdruck kommen, was die Mutter dazu veranlasst, das Baby zu stillen. (In Freuds Zeit wurden praktisch alle Babys gestillt.) Die resultierende Befriedigung des Hungers sowie die Erfahrung des Stillens sind für das Kind eine Quelle intensiver Lust.

Die biologischen Triebe, mit denen das Kind auf die Welt kommt, bilden das **Es** – die früheste und primitivste der drei Persönlichkeitsstrukturen. Das Es ist völlig unbewusst und bildet die Quelle der psychischen Energie. Es ist der

Es – in der psychoanalytischen Theorie die früheste und primitivste Persönlichkeitsstruktur. Das Es ist unbewusst und folgt dem Ziel des Lustgewinns.

"dunkle, unzugängliche Teil unserer Persönlichkeit ... ein Kessel voll brodelnder Erregungen", die der Befriedigung bedürfen (Freud, 1933). Das Es wird vom Lustprinzip geleitet – dem Ziel, schnellstmöglich maximale Befriedigung zu erlangen. Ein hungriges Baby will *jetzt und sofort* was zu essen. Das Es bleibt lebenslang die Quelle der psychischen Energie. Seine Aktivität ist bei egoistischem oder impulsivem Verhalten am offensichtlichsten, wenn die unmittelbare Befriedigung ohne oder mit nur wenig Rücksicht auf die Folgen angestrebt wird, oder in Träumen, die nicht den Einschränkungen der Wirklichkeit unterliegen.

Im ersten Lebensjahr befindet sich der Säugling in Freuds erster Phase der psychosexuellen Entwicklung, der **oralen Phase**. Diese wird so genannt, weil die primäre Quelle für Befriedigung und Lust orale Tätigkeiten wie Saugen, Lutschen und Essen sind. „Wenn sich der Säugling selbst ausdrücken könnte, würde er zweifellos anerkennen, dass das Saugen an der Mutterbrust mit Abstand das Wichtigste im Leben ist" (Freud, 1920). Die mit dem Stillen assoziierte Lust ist so intensiv, dass andere Tätigkeiten mit dem Mund – zum Beispiel am Daumen oder Schnuller zu saugen – ebenfalls Lust bereiten. Für Freud sind die Gefühle des Babys für seine Mutter „einzigartig und unvergleichbar", und durch sie ist die Mutter „unverwechselbar ein Leben lang als das erste und stärkste Objekt der Liebe und als Prototyp für alle späteren Liebesbeziehungen eingeführt" (1940).

Die Mutter des Säuglings ist auch eine Quelle der Sicherheit. Diese Sicherheit gibt es jedoch nicht umsonst. Wie immer bei Freud gibt es auch eine dunkle Seite: Säuglinge „bezahlen diese Sicherheit mit einer Furcht vor Liebesverlust" (Freud, 1940). Für Freud beruhen die häufigen ängstlichen Reaktionen, wenn man allein oder im Dunkeln ist, darauf, jemanden zu vermissen, den man liebt und nach dem man sich sehnt (Freud, 1926).

Gegen Ende des ersten Jahres entsteht allmählich die zweite Persönlichkeitsstruktur, das **Ich**. Das Ich ist die Verbindung des Geistes mit der Realität der äußeren Welt. „Das Es steht für die ungezähmten Leidenschaften", während das Ich „für Vernunft und Verstand steht" (1933). Das Ich arbeitet nach dem Realitätsprinzip und versucht, die Forderungen des Es unter Kontrolle zu halten, um die Wirklichkeit richtig wahrzunehmen, relevante frühere Situationen zu erinnern und wirksame Handlungspläne zu entwerfen. Mit der Zeit, in der das Ich fortwährend die Aussöhnung zwischen den Anforderungen des Es und den Anforderungen der Realität sucht, wird es stärker und differenzierter und entwickelt sich schließlich zu der individuellen Vorstellung des Selbst. Dennoch übernimmt das Ich niemals die vollständige Kontrolle:

> Man könnte das Verhältnis des Ichs zum Es mit dem des Reiters zu seinem Pferd vergleichen. Das Pferd gibt die Energie für die Lokomotive her, der Reiter hat das Vorrecht, das Ziel zu bestimmen, die Bewegung des starken Tieres zu leiten. Aber zwischen Ich und Es ereignet sich allzu häufig der nicht ideale Fall, daß der Reiter das Roß dahin führen muß, wohin es selbst gehen will. (Freud, 1933/1969, S. 514.)

Orale Phase – die erste Phase in Freuds Theorie im ersten Lebensjahr, in der die primäre Quelle für Befriedigung und Lust in oralen Aktivitäten besteht.

Ich – in der psychoanalytischen Theorie die zweite Persönlichkeitsstruktur, die sich entwickelt. Diese ist die rationale, logische, problemlösende Komponente der Persönlichkeit.

Im Verlauf des zweiten Lebensjahres eines Kindes ermöglicht die Reifung die Entwicklung der Kontrolle über einige Körperprozesse, zum Beispiel das Urinieren und die Darmentleerung. An dieser Stelle tritt das Kind in Freuds zweite Phase ein, die **anale Phase**, die bis zum Alter von etwa drei Jahren andauert. In dieser Phase wird der anale Bereich zum Zentrum der erotischen Interessen des Kindes – insbesondere der lustvolle Spannungsabbau beim Stuhlgang. Es ergibt sich ein Konflikt, wenn die Eltern zum ersten Mal spezielle Anforderungen an das Kind stellen, hauptsächlich wenn sie auf Sauberkeit bestehen. In den folgenden Jahren werden die Eltern und andere Personen ihre Anforderungen an das Kind erhöhen, um seine Impulse zu kontrollieren und Befriedigungen aufzuschieben.

Freuds dritte Entwicklungsstufe, die **phallische Phase**, umfasst das dritte bis sechste Lebensjahr. In dieser Phase verändert sich der Fokus des sexuellen Vergnügens erneut, wenn die Kinder sich für ihre eigenen Genitalien interessieren und neugierig sind, wie es um die Genitalien ihrer Eltern und Spielgefährten bestellt ist. Sowohl Jungen als auch Mädchen beziehen Lustgefühle aus der Masturbation – eine Betätigung, die von Eltern zu Zeiten Freuds und im entsprechenden Kulturkreis oft aufs Schwerste bestraft wurde.

Während dieser Phase tritt die dritte Persönlichkeitsstruktur auf: das **Über-Ich**. Das Über-Ich ist im Wesentlichen das, was wir uns als Gewissen vorstellen. Mit seiner Hilfe kann das Kind sein eigenes Verhalten auf der Grundlage seiner Überzeugungen, was richtig und was falsch ist, steuern. Das Über-Ich beruht auf der Identifikation mit seinen Eltern und der **Internalisierung** (oder Übernahme) ihrer Regeln und Normen für akzeptables und unangemessenes Verhalten. Das Über-Ich leitet das Kind bei der Vermeidung von Handlungen, die zu Schuldgefühlen führen würden, die das Kind hätte, wenn es diese verinnerlichten Regeln und Normen verletzt.

Der vierte Entwicklungsabschnitt, die **Latenzphase**, dauert etwa vom sechsten bis zum zwölften Lebensjahr. Wie der Name schon andeutet, ist diese Phase eine Zeit relativer Ruhe. Sexuelle Wünsche werden sicher im Unbewussten verwahrt, und die psychische Energie kanalisiert sich in konstruktiven, sozial akzeptablen Handlungen sowohl intellektueller als auch sozialer Art. Im Ergebnis entwickeln sich sowohl das Ich als auch das Über-Ich weiter.

Die fünfte und letzte Phase, die **genitale Phase**, beginnt mit dem Eintreten der sexuellen Reifung. Die sexuelle Energie, die viele Jahre lang unter Kontrolle gehalten wurde, kommt mit voller Kraft wieder zur Geltung, wobei sie sich nun auf Angehörige des jeweils anderen Geschlechts richtet. Im Idealfall hat das Individuum ein starkes Ich entwickelt, welches das Zurechtkommen mit der Realität erleichtert, und ein Über-Ich, das weder zu stark noch zu schwach ausgeprägt ist.

Freud glaubte, dass eine gesunde Entwicklung auf die Fähigkeit hinausläuft, sich für die Bereiche von Liebe und Arbeit einzusetzen und daraus Lust beziehungsweise Vergnügen zu beziehen. Dieses Entwicklungsresultat kann jedoch in vielfacher Hinsicht sabotiert werden. Wenn in einer der Phasen grundlegende Bedürfnisse nicht erfüllt werden, kann das Kind auf diese Bedürfnisse *fixiert* bleiben und permanent versuchen, sie zu befriedigen und die

---

Anale Phase – die zweite Phase in Freuds Theorie, etwa zwischen dem ersten und dem dritten Lebensjahr, in der die Körperausscheidungen die primäre Lustquelle darstellen.

Phallische Phase – die dritte Phase in Freuds Theorie zwischen dem dritten und dem sechsten Lebensjahr, in der sich der sexuelle Lustgewinn auf die Genitalien richtet.

Über-Ich – in der psychoanalytischen Theorie die dritte Persönlichkeitsstruktur, die verinnerlichte moralische Normen umfasst.

Internalisierung – der Prozess der Übernahme (Verinnerlichung) der Eigenschaften, Überzeugungen und Normen einer anderen Person.

Latenzphase – die vierte Phase in Freuds Theorie zwischen dem sechsten und dem zwölften Lebensjahr, in der sich sexuelle Energie zu sozial akzeptablen Handlungen kanalisiert.

Genitale Phase – die fünfte und letzte Phase in Freuds Theorie. Sie beginnt im Jugendalter, wenn die sexuelle Reifung abgeschlossen ist und Geschlechtsverkehr zu einem Hauptziel wird.

Durch die Identifikation mit seinem Vater sollte dieser Junge nach der Theorie Freuds ein starkes Über-Ich entwickeln.

Fragen und Konflikte, die für die betreffende Phase relevant sind, zu lösen. Wenn eine Mutter beispielsweise den Bedürfnissen ihres Kindes nach oraler Befriedigung nicht angemessen nachkommt, sucht sich das Kind im späteren Lebensverlauf vielleicht andauernd orale Ersatzhandlungen wie übermäßiges Essen, Nägelkauen, Rauchen und so weiter. Kleinkinder, die in der analen Phase einer sehr harten Sauberkeitserziehung ausgesetzt waren, bleiben vielleicht auf Fragen der Sauberkeit fixiert und werden entweder zwanghaft ordentlich und rigide oder aber besonders schlampig und nachlässig. Nach Ansicht Freuds formt also die Art, in der das Kind die Phasen der psychosexuellen Entwicklung durchlaufen hat, die Persönlichkeit des Individuums ein Leben lang.

Eriksons Theorie der psychosozialen Entwicklung

Von den vielen Nachfolgern Freuds hatte keiner einen größeren Einfluss auf die Entwicklungspsychologie als Erik Erikson (1902–1994). Erikson übernahm die Grundelemente der Theorie Freuds, aber erweiterte ihren Einzugsbereich um andere Faktoren, welche die Entwicklung formen, zum Beispiel kulturelle und aktuelle Fragen wie Jugendkriminalität, veränderte sexuelle Rollen und die Generationsunterschiede. Somit handelt es sich um eine Theorie der *psychosozialen* Entwicklung.

Erik Erikson wurde in Deutschland geboren und brauchte lange, um sich eine berufliche Existenz aufzubauen. Statt zu studieren, wanderte er mehrere Jahre in Europa herum und ging seinem Interesse an Kunst nach. Schließlich wurde er an einer Schule, die von Sigmund Freuds Tochter Anna Freud geleitet wurde, als Kunsterzieher eingestellt und machte eine Ausbildung zum Analytiker. Anfang der 1930er Jahre, mit dem aufkommenden Faschismus in Deutschland, wanderte er in die USA aus.

Der Entwicklungsprozess

Erikson nahm acht altersabhängige Entwicklungsstufen an, welche die Zeit von der frühen Kindheit bis zum hohen Alter umspannen. Wir werden nur die ersten fünf Phasen besprechen, welche auf die Entwicklung vom Kleinkind bis zum Jugendlichen gerichtet sind. Jede der Stufen ist bei Erikson durch eine spezielle *Krise* oder eine Menge von Entwicklungsaufgaben gekennzeichnet, die das Individuum bewältigen muss. Wenn die dominante Problemstellung einer Phase nicht erfolgreich gelöst wurde, bevor Reifungsprozesse und sozialer Druck die nächste Phase einleiten, wird die Person weiterhin mit diesen Problemen zu kämpfen haben.

1. Urvertrauen versus Misstrauen (erstes Lebensjahr). In Eriksons erster Phase (die Freuds oraler Phase entspricht) besteht das entscheidende Problem des Kindes in der Entwicklung eines grundlegenden Gefühls des Vertrauens – „sowohl ein wesenhaftes Zutrauen zu anderen als auch ein fundamentales Gefühl der eigenen Vertrauenswürdigkeit" (Erikson, 1981, S. 97). Ist die Mutter in ihrer Fürsorge gleich bleibend warm und zuverlässig, lernt das Kind, dass man ihr trauen kann. Allgemeiner gesprochen, lernt das Kind, sich in der Nähe anderer Menschen gut und sicher zu fühlen. Hat sich die Fähigkeit, anderen in den richtigen Situationen zu vertrauen, nicht entwickelt, wird es dem Individuum im späteren Leben schwer fallen, enge, vertraute Beziehungen einzugehen.

Den Eltern dieses Kindes ist es noch nicht gelungen, ihr Kind zu einem sozial angemessenen Verhalten beim Essen zu erziehen. Wenn das Erziehungsziel erreicht ist, wird sich das Kind schämen, nach einer Mahlzeit so auszusehen.

2. Autonomie versus Scham und Zweifel (ein bis dreieinhalb Jahre). Die Herausforderung für Kinder zwischen einem Jahr und dreieinhalb Jahren (der Zeitraum von Freuds analer Phase) besteht darin, ein starkes Gefühl der Autonomie aufzubauen, während sie sich wachsenden sozialen Anforderungen stellen müssen. Erikson geht dann aber weit über Freuds Konzentration auf die Sauberkeitserziehung hinaus und weist darauf hin, dass im Verlauf dieser Phase dramatische Erweiterungen in jedem Bereich der lebensweltlichen Kompetenz der Kinder – motorische Fertigkeiten, kognitive Fähigkeiten, Sprache – ihren Wunsch, selbst auszuwählen und Entscheidungen zu treffen, fördert. Die neue Fähigkeit des Kleinkinds, die Umwelt zu erkunden, verändert die Familiendynamik (wie in Kapitel 5 dargestellt) und leitet einen lang anhaltenden Kampf zwischen dem kindlichen und dem elterlichen Wollen ein, bei dem die Eltern versuchen, den Freiraum des Kindes einzuschränken und ihm beizubringen, welche Verhaltensweisen akzeptabel sind und welche nicht. Falls die Eltern eine unterstützende Atmosphäre bieten, in der die Kinder Selbstkontrolle ohne gleichzeitigen Verlust an Selbstachtung erlangen können, bekommen die Kinder ein Gefühl der Autonomie. Wenn Kinder im Gegensatz dazu schwer bestraft, lächerlich gemacht oder beschämt werden, können sie letztlich an ihren Fähigkeiten zweifeln oder ein generelles Schamgefühl empfinden.

3. Initiative versus Schuldgefühl (vier bis sechs Jahre). Wie schon Freud fasste auch Erikson die Zeit zwischen vier und sechs Jahren als eine Phase auf, in der die Kinder beginnen, sich mit ihren Eltern zu identifizieren und von ihnen zu lernen: „Und dabei greift es gleich nach den Sternen: es will so werden die Vater und Mutter, die ihm sehr mächtig und sehr schön erscheinen" (Erikson, 1977, S. 87). In dieser dritten Lebensphase setzt sich das Kind andauernd Ziele (einen höheren Turm aus Bauklötzen bauen, das Alphabet lernen) und arbeitet auf diese Ziele hin. Erikson glaubte wie Freud, dass ein entscheidender Schritt dabei in der Entwicklung des Gewissens besteht, der Internalisierung der elterlichen Regeln und Normen, und im Erleben von Schuld, wenn man diesen nicht gerecht wird. Die Herausforderung für das Kind ist eine Balance zwischen Initiative und Schuld. Wenn die Eltern nicht übermäßig kontrollieren oder strafen, können Kinder hohe normative Standards und die Initiative, diesen gerecht zu werden, entwickeln, ohne von der Besorgnis niedergedrückt zu werden, nicht gut genug zu sein und alle zu enttäuschen.

4. Werksinn versus Minderwertigkeitsgefühl (sechs Jahre bis zur Pubertät). Eriksons vierte Phase dauert vom sechsten Lebensjahr bis zur Pubertät und entspricht Freuds Latenzphase. Sie ist entscheidend für die Ich-Entwicklung. Im Verlauf dieser Phase beherrschen Kinder kognitive und soziale Fähigkeiten, die in ihrer Kultur eine Bedeutung besitzen, und lernen, fleißig einer Arbeit nachzugehen und gut mit Gleichaltrigen zu spielen. Erfolgreiche Erfahrungen vermitteln dem Kind ein Gefühl der Kompetenz, aber Misserfolge können zu übermäßigen Gefühlen der Minderwertigkeit oder Unzulänglichkeit führen. Erikson wies darauf hin, dass Lehrer in dieser Phase sehr hilfreich sein können: „Immer wieder konnte ich im Lebenslauf von Menschen mit einer speziellen Begabung beobachten, daß es einer ihrer Lehrer war, der irgendwann einmal den Funken eines verborgenen Talents entdeckt und entfacht hatte." (1977, S. 104).

5. Identität versus Rollenkonfusion (Pubertät bis frühes Erwachsenenalter). Erikson verlieh dem Jugendalter eine besondere Bedeutung und betrachtete es als eine entscheidende Phase, um ein Grundgefühl der *Identität* zu erlangen. Heranwachsende verändern sich in vielerlei Hinsicht so schnell, dass sie sich kaum selbst erkennen können, weder im Spiegel noch im Geist. Die drastischen körperlichen Veränderungen der Pubertät und das Entstehen starker sexueller Bedürfnisse gehen mit neuen sozialen Anforderungen und Zwängen einher, beispielsweise der Notwendigkeit, Entscheidungen hinsichtlich Ausbildung und Beruf zu treffen. Gefangen zwischen ihrer vorherigen Identität als Kind und den vielen Möglichkeiten und Unsicherheiten ihrer Zukunft müssen Heranwachsende die Frage beantworten, wer sie wirklich sind, oder mit der Frage leben, welche Rolle sie als Erwachsene spielen sollten. Wir werden in Kapitel 11 sehen, dass die Idee der Suche nach Identität besonders bei jungen Menschen in modernen multikulturellen Gesellschaften relevant ist, so dass Entwicklungsforscher der Phase der Identität versus Rollenkonfusion sehr viel Aufmerksamkeit gewidmet haben.

Aktuelle Perspektiven

Die bedeutsamsten Beiträge Freuds zur Entwicklungspsychologie waren seine Betonung der Wichtigkeit frühester Lebenserfahrungen und emotionaler Beziehungen und seine Erkenntnis der Rolle subjektiver Erfahrungen und unbewusster geistiger Aktivität. Eriksons Hervorhebung der Suche nach Identität in der Adoleszenz hatte einen anhaltenden Einfluss und bildete die Grundlage für eine große Menge an Forschungsarbeiten zu diesem Aspekt des Jugendalters.

Die eklatante Schwäche der Freud'schen wie der Erikson'schen Theorie besteht darin, dass ihre zentralen theoretischen Behauptungen zu ungenau und vage formuliert sind, um prüfbar zu sein. Als Folge daraus sind die allgemeinen Themen der beiden Theorien als solche nach wie vor wichtig, aber die Details dieser Theorien werden von den meisten Entwicklungsforschern als höchst fragwürdig betrachtet. Dennoch steht außer Frage, dass Freuds Theorie zu den einflussreichsten psychologischen Theorien gehört, die jemals formuliert wurden.

IN KÜRZE

Die psychoanalytischen Theorien von Sigmund Freud und Erik Erikson nehmen an, dass die soziale und emotionale Entwicklung in einer Reihe von Phasen erfolgt, die jeweils durch eine bestimmte Aufgabe oder Krise gekennzeichnet sind, die für eine gesunde weitere Entwicklung bewältigt werden muss. Zu einer gesunden Persönlichkeit gehört eine geeignete Balance zwischen den drei Persönlichkeitsstrukturen Es, Ich und Über-Ich. Reifungsbezogene Faktoren spielen eine wichtige Rolle, und psychische Energie sowie sexuelle Impulse werden, besonders bei Freud, als zentrale Entwicklungskräfte angesehen. Der frühen Erfahrung im Kontext der Familie wird ein anhaltender Einfluss auf die Beziehungen eines Individuums zu anderen Menschen zugesprochen. Diese Theorien hatten einen enormen, immer noch anhaltenden Einfluss auf die westliche Kultur.

Lerntheorien

> Ich stelle mir den Geist von Kindern als leicht in diese oder jene Richtung lenkbar vor, dem Wasser gleich. (John Locke)

Sie werden sich aus Kapitel 1 vielleicht noch daran erinnern, dass der empiristische Philosoph John Locke glaubte, dass die Erfahrung das Wesen des menschlichen Geistes formt. Die intellektuellen Nachfolger von Locke sind Psychologen, die das Lernen durch Erfahrung als den primären Faktor bei der sozialen Entwicklung und der Herausbildung der Persönlichkeit ansehen.

Die Sicht auf das Wesen des Kindes

Im Gegensatz zu Freuds Betonung der inneren Kräfte und der subjektiven Erfahrung haben die meisten Lerntheoretiker die Rolle äußerer Faktoren bei der Formung der Persönlichkeit und des Sozialverhaltens hervorgehoben. Sie haben oft sehr kühne Behauptungen über das Ausmaß aufgestellt, in dem die Entwicklung dadurch gelenkt werden könne, wie man Kinder behandelt, bestimmte Verhaltensweisen belohnt oder bekräftigt und andere bestraft oder ignoriert. John Watson verstieg sich zu der Behauptung, dass er bei vollständiger Kontrolle der Umwelt jedes Kind dazu erziehen könne, nach seiner eigenen willkürlichen Auswahl eine beliebige Spezialisierung zu erwerben. Neuere Lerntheorien heben die Bedeutung kognitiver Faktoren hervor sowie die aktive Rolle, die Kinder bei ihrer eigenen Entwicklung spielen.

Zentrale Entwicklungsfragen

Die primäre Entwicklungsfrage, zu der Lerntheorien eine einheitliche Position beziehen, ist die der *Kontinuität versus Diskontinuität*: Alle betonen die Kontinuität und nehmen an, dass dieselben Prinzipien das Lernen und Verhalten über die gesamte Lebensspanne hinweg steuern und dass es deshalb keine qualitativ verschiedenen Entwicklungsstufen gibt. Wie bei den Informationsverarbeitungstheorien konzentrieren sich auch Lerntheorien auf die Rolle der spezifischen *Veränderungsmechanismen* – Lernprinzipien wie Verstärkung und Beobachtungslernen. In Lerntheorien wird angenommen, dass sich Kinder vor allem deshalb voneinander unterscheiden, weil sie verschiedene Biographien besitzen, was ihre Verstärkung und ihr Beobachtungslernen betrifft. Das Thema des Verhältnisses von *Forschung und Kindeswohl* ist insofern relevant, als therapeutische Ansätze auf der Basis von Lernprinzipien in großem Umfang eingesetzt wurden, um Kinder mit vielfältigen Problemen zu behandeln.

Der Behaviorismus von Watson

John B. Watson (1878–1958), der Begründer des Behaviorismus (dem wir bereits in den Kapiteln 1 und 5 begegnet sind), nahm an, dass sich jegliches Verhalten als Reaktion auf Umweltereignisse verstehen lässt und dass Psychologen nur objektiv nachprüfbare Verhaltensweisen untersuchen sollten und nicht den „Geist". Er glaubte, dass die Entwicklung von Kindern durch ihre soziale Umwelt bestimmt ist – insbesondere dadurch, wie ihre Eltern mit ihnen umgehen. Nachdem er die Verantwortung für die Kindesentwicklung schwer auf die Schultern der Eltern gelegt hatte, gab ihnen Watson Hilfestellungen und ging sogar so weit, ein Handbuch der Kindeserziehung zu schreiben, das ein Jahr nach seiner Herausgabe schon in deutscher Übersetzung erschienen ist (*Psychische Erziehung im frühen Kindesalter*, 1929). Ein Element seiner Ratschläge, das in den USA größtenteils übernommen wurde, bestand darin, Säuglinge nach einem strengen Zeitplan zu füttern. Die Idee war, dass das Baby darauf konditioniert würde, die Nahrungszufuhr in regelmäßigen Intervallen zu erwarten, und deshalb in der Zwischenzeit nicht mehr nach Aufmerksamkeit schreien würde. Um eine solche strenge Maßnahme durchzuführen, empfahl Watson den Eltern, im Umgang mit ihrem Nachwuchs zu einer distanzierten und objektiven Haltung zu gelangen (so wie er die Psychologen ermahnte, bei ihrer Forschung objektiv zu sein).

Watsons Außer-Acht-Lassen von mentalen Zuständen und seine praktisch ausschließliche Betonung der Konditionierung wird mittlerweile als zu starke Vereinfachung gesehen. Dennoch legte seine berühmte Studie der klassischen Konditionierung von Furcht bei dem elf Monate alten *Little Albert* (Watson & Rayner, 1920) die Grundlage für Behandlungsverfahren, die auf dem entgegengesetzten Prozess beruhen – der Dekonditionierung oder Eliminierung von Furcht. Ein Student von Watson (Jones, 1924) behandelte den zwei Jahre alten Peter, der sich vor weißen Kaninchen zu Tode fürchtete (wie auch vor weißen Ratten, weißen Pelzmänteln, weißen Federn und einer Vielzahl anderer weißer Dinge). Um die Furchtkonditionierung aufzuheben, gab ihm der Experimentator zuerst einen kleinen Imbiss, den er sehr mochte. Während Peter aß, wurde dann ein Kaninchen in einem Käfig ganz langsam nach und nach näher zu ihm gebracht – aber nie so nah, dass er Angst bekam. Nachdem er wiederholt das gefürchtete Objekt in einem Kontext erlebte, in dem er selbst keine Furcht hatte, sondern die positive Erfahrung seiner Zwischenmahlzeit machte, überwand Peter seine Furcht. Schließlich schaffte er es sogar, das Kaninchen zu streicheln. Dieser Ansatz – heute als **systematische Desensibilisierung** bekannt – wurde häufig angewandt, um Menschen von Ängsten und Phobien vor allem Möglichem zu befreien, von Hunden bis zu Zahnärzten.

Systematische Desensibilisierung – eine Therapieform, die auf dem klassischen Konditionieren aufbaut; besonders nützlich bei der Behandlung von Ängsten und Phobien. Dabei werden positive Reaktionen nach und nach auf Reize konditioniert, die anfänglich eine sehr negative Reaktion hervorrufen.

Das operante Konditionieren von Skinner

Burrhus F. Skinner (1904–1990) war genauso strikt wie Watson ein Vertreter des durch die Umwelt gesteuerten Verhaltens. Er behauptete einmal sogar, dass eine Person nicht auf die Umwelt einwirkt, sondern dass die Umwelt auf den Menschen einwirkt (Skinner, 1971). Wie in Kapitel 5 beschrieben, lautet eine wichtige Grundüberzeugung in Skinners Theorie des *operanten Konditionierens*, dass wir dazu neigen, Verhaltensweisen zu wiederholen, die zu günstigen Ergebnissen (Verstärkung) führen, und jene zu unterdrücken, die zu ungünstigen Ergebnissen (Bestrafung) führen. Skinner glaubte, dass alles, was wir im Leben tun – jede einzelne Handlung –, eine operante, von den Ergebnissen des vergangenen Verhaltens beeinflusste Reaktion sei.

Skinners Forschungen über das Wesen und die Funktion der Verstärkung führte zu vielen Entdeckungen; zwei davon sind für Eltern und Lehrer besonders interessant. Erstens kann *Aufmerksamkeit* als solche einen wirksamen Verstärker darstellen: Kinder tun Dinge oft allein nur deshalb, um Aufmerksamkeit zu bekommen (Skinner, 1953). Die beste Strategie, um Kinder von weiteren Wutausbrüchen abzuhalten, besteht also darin, dieses Verhalten immer, wenn es auftritt, zu ignorieren. Die *Auszeit* oder zeitweilige Isolierung (aufs Zimmer, vor die Tür gehen etc.), eine beliebte Strategie des Verhaltensmanagements, enthält den systematischen Entzug von Aufmerksamkeit, wodurch die Verstärkung für unangemessenes Verhalten aus der Situation entfernt wird, und zwar mit dem Ziel, das Verhalten zu löschen. Eine zweite wichtige Entdeckung besteht in der großen Schwierigkeit, Verhaltensweisen zu löschen, die *intermittierend* verstärkt wurden; das bedeutet, dass auf das Verhalten manchmal eine Belohnung folgte und manchmal nicht. Skinner entdeckte in seinen Forschungen an Tieren, dass intermittierende Verstärkung Verhaltensweisen gegen Lö-

Burrhus F. Skinner nahm an, dass die Entwicklung von Kindern primär eine Frage ihrer Verstärkungsgeschichte sei. In einer Liste der 100 wichtigsten Menschen der Menschheitsgeschichte, aufgestellt von einer populären Zeitschrift, erschien er einmal auf dem vierzigsten Platz (Miller, 1993).

schung immunisiert; wird die Belohnung völlig entfernt, bleibt das Verhalten länger bestehen, als es bei vorheriger kontinuierlicher Verstärkung der Fall wäre.

Zum Nachteil ihrer Erziehungsziele setzen Eltern oft unbeabsichtigt intermittierende Verstärker ein. Sie versuchen tapfer, die heulend oder aggressiv vorgetragenen Forderungen und Wünsche ihrer Kinder nicht zu belohnen, aber manchmal – aus reiner Menschlichkeit – geben sie doch nach. Solche intermittierende Verstärkung wirkt sich sehr nachhaltig aus: Selbst wenn ein Elternteil, das gelegentlich beim Heulen des Kindes nachgegeben hat, dies niemals wieder tut, würde das Kind dennoch lange Zeit immer wieder zum Mittel des Weinens zurückgreifen in der Annahme: Was in der Vergangenheit funktionierte, sollte auch zukünftig wieder funktionieren. Diese Wirkung der intermittierenden Verstärkung ist eine Ursache dafür, warum die meisten Eltern Kinder haben, die zumindest ein paar anhaltende schlechte Gewohnheiten besitzen.

Skinners Arbeiten über die Verstärkung führten auch zu der Therapieform der **Verhaltensmodifikation**, die sich für bei Veränderung unerwünschter Verhaltensweisen als hilfreich erwiesen hat. Ein einfaches Beispiel für diesen Ansatz betraf ein Vorschulkind, das zu häufig allein vor sich hin spielte. Beobachter stellten fest, dass die Betreuungspersonen das Rückzugsverhalten des Jungen verstärkten: Sie sprachen mit ihm und trösteten ihn, wenn er allein war, aber schenkten ihm meistens keine Beachtung mehr, wenn er mit anderen Kindern spielte. Das Rückzugsverhalten des Kindes wurde dadurch verändert, dass die Verstärkungskontingenzen umgekehrt wurden: Die Erzieherinnen schenkten dem Jungen immer dann Aufmerksamkeit, wenn er sich einer Gruppe anschloss, und ignorierten ihn, wenn er sich zurückzog. Bald verbrachte das Kind den größten Teil seiner Zeit im Spiel mit seinen Klassenkameraden (Harris, Wolf & Baer, 1967).

Verhaltensmodifikation – eine Therapieform, die auf Prinzipien des operanten Konditionierens beruht. Dabei werden Verstärkungskontingenzen verändert, um ein angepassteres Verhalten zu fördern.

Die Theorie des sozialen Lernens

Die Theorie des sozialen Lernens versucht, wie andere Lerntheorien auch, die Persönlichkeit und andere Aspekte der sozialen Entwicklung anhand von Lernmechanismen zu erklären. Um den Einfluss der Umwelt auf die Entwicklung von Kindern abzuschätzen, betonen soziale Lerntheorien jedoch Beobachtung und Nachahmung – und weniger die Verstärkung – als hauptsächliche Entwicklungsmechanismen. Albert Bandura zum Beispiel (1979, 1986) behauptete, dass der größte Teil des menschlichen Lernens dem Wesen nach *sozialer* Natur ist und auf der Beobachtung des Verhaltens anderer Menschen beruht. Kinder lernen am schnellsten und wirksamsten, indem sie einfach zuschauen, was andere Menschen machen, und sie dann imitieren. Verstärkung kann die Wahrscheinlichkeit der Imitation erhöhen, ist aber zum Lernen nicht notwendig. Weil Lernen keine unmittelbare Verstärkung erfordert, können Kinder auch von symbolischen Modellen lernen, also was sie in Büchern lesen oder in Filmen und im Fernsehen sehen (siehe Kasten 9.1).

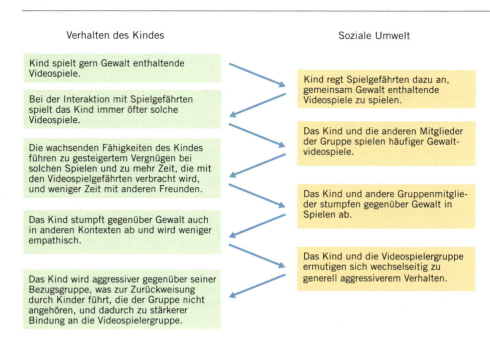

Abbildung 9.1: Reziproker Determinismus. Ein hypothetisches Beispiel, welches zeigt, wie ein Kind seine soziale Umwelt beeinflusst und zugleich von ihr beeinflusst wird. (Beruht auf Daten von Anderson & Bushman, 2001.)

Im Laufe der Zeit betonte Bandura immer mehr die kognitiven Aspekte des Beobachtungslernens und benannte seinen Ansatz schließlich als „sozial-kognitive Lerntheorie". Das Beobachtungslernen hängt eindeutig von grundlegenden kognitiven Prozessen ab: der *Aufmerksamkeit* auf das Verhalten anderer, der *Enkodierung* des Beobachteten, der *Speicherung* der Information im Gedächtnis und ihrem *Abruf* zu einem späteren Zeitpunkt, um das zuvor beobachtete Verhalten zu reproduzieren. Dank des Beobachtungslernens wissen viele Kinder bereits einiges über Tätigkeiten wie Auto fahren – den Schlüssel ins Zündschloss stecken, aufs Gaspedal drücken, das Lenkrad drehen –, lange bevor sie sich selbst hinters Steuer setzen dürfen.

Im Gegensatz zu den meisten anderen Lerntheoretikern betonte Bandura die aktive Rolle von Kindern in ihrer Umwelt und beschrieb Entwicklung als einen **reziproken Determinismus** zwischen Kindern und ihrer sozialen Umgebung. Diese Vorstellung wird in Abbildung 9.1 illustriert, die einen Fall darstellt, in dem die aggressiven Neigungen eines Kindes seine Spielkameraden beeinflussen und wiederum dadurch geformt werden, wie diese Spielkameraden reagieren.

Reziproker Determinismus – die Vorstellung Banduras, dass Einflüsse zwischen Kindern und ihrer Umwelt in beide Richtungen verlaufen Kinder werden durch Umweltaspekte beeinflusst, beeinflussen aber auch selbst ihre Umwelt.

Aktuelle Perspektiven

Im Gegensatz zu den psychoanalytischen Theorien beruhen Lerntheorien auf Prinzipien, die aus empirischen Forschungsarbeiten abgeleitet sind. Als Folge davon treffen sie klare, explizite Vorhersagen, die sich empirisch prüfen lassen. Dies trug dazu bei, dass sie eine große Menge weiterer Forschungsarbeiten angeregt haben, aus denen wir viel über die elterlichen Erziehungspraktiken gelernt haben und auch darüber, wie Kinder soziale Verhaltens-

Kasten 9.1 Näher betrachtet

Bandura und das Stehaufmännchen

Eine Reihe klassischer Untersuchungen von Albert Bandura und seinen Mitarbeitern (Bandura, 1965; Bandura, Ross & Ross, 1963) vermittelt eine gute Vorstellung von den Fragestellungen und Methoden, die für Forschungsarbeiten im Rahmen der sozialkognitiven Lerntheorie typisch sind. Die Forscher fingen damit an, dass sie Kinder im Vorschulalter einzeln einen kurzen Film sehen ließen, in dem ein erwachsenes Modell sehr ungewöhnliche aggressive Handlungen an einem großen aufblasbaren Stehaufmännchen vornahm (wie auf den Photos: eine Puppe mit einem Gewicht im unteren Teil, so dass sie sich immer wieder aufrichtet, wenn sie ausgelenkt beziehungsweise umgestoßen wird). Das Modell boxte die Puppe, schlug sie mit einem Holzhammer und rief dabei „sockeroo", warf mit Bällen nach ihr, wobei es „bang, bang" schrie, und so weiter.

In einer Untersuchung beobachteten drei Gruppen von Kindern, wie das Modell jeweils andere Folgen für sein aggressives Verhalten erfuhr. Eine Gruppe sah, wie das Modell belohnt wurde (ein Erwachsener gab dem Modell etwas Süßes und ein Getränk und lobte die ‚Meisterleistung'). Die zweite Gruppe sah, wie das Modell für das aggressive Verhalten ausgeschimpft und körperlich bestraft (vulgo: versohlt) wurde. In der Version für die dritte Gruppe erfuhr das Modell keine Konsequenzen. Die Frage war, ob sich **stellvertretende Verstärkung** – die Beobachtung, wie jemand anders eine Belohnung oder Bestrafung erhält – darauf auswirken würde, ob das Kind später das Verhalten reproduziert. Nachdem es einen der Filme gesehen hatte, wurde jedes Kind allein in einem Spielzimmer gelassen, in dem sich die Aufblaspuppe befand. Es wurde versteckt beobachtet, ob es nachmacht, was es bei dem Modell zuvor gesehen hat. Gleich, ob ein Kind das Modell nachgemacht hatte oder nicht, wurden ihm nachher Saft und ein Geschenk angeboten, wenn es alle Handlungen des Modells nachmacht, an die es sich erinnern kann.

Stellvertretende Verstärkung – die Beobachtung, wie jemand anderes eine Belohnung oder Bestrafung erhält.

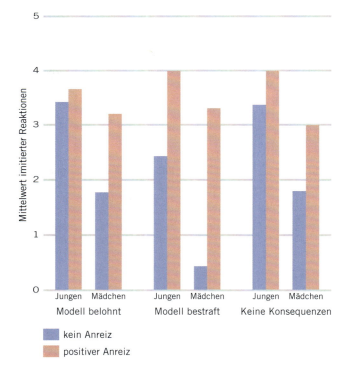

Die durchschnittliche Anzahl aggressiver Handlungen, welche die Kinder imitierten, nachdem sie ein Modell sahen, das für sein Verhalten belohnt oder bestraft wurde beziehungsweise keine Konsequenzen erfuhr. In dem Test ohne Anreiz wurden die Kinder einfach in einem Raum mit der Puppe allein gelassen, ohne bestimmte Anweisungen zu erhalten. In dem Test mit positivem Anreiz wurde ihnen eine Belohnung versprochen, wenn sie das taten, was sie das Modell hatten tun sehen. Die Ergebnisse zeigen deutlich, dass die Kinder aus dem Beobachteten gelernt hatten und dass sie mehr gelernt hatten, als sie in der ersten Testphase zeigten. (Nach Bandura, 1965.)

Kasten 9.1

Diese Photos zeigen, wie ein Erwachsener eine Reihe aggressiver Handlungen an einer Aufblaspuppe vornimmt. Der Junge, der das Verhalten des Erwachsenen beobachtet hatte, imitierte es danach, wenn er sich allein in einem Raum mit der Puppe befand. Das Mädchen, welches die aggressiven Handlungen des Modells zunächst nicht reproduziert hatte, imitierte nun das Modellverhalten, nachdem ihm dafür eine Belohnung versprochen wurde.

Die Ergebnisse sind in der Graphik dargestellt. Die Kinder, die eine Bestrafung des Modells gesehen hatten, imitierten das Verhalten seltener als die Kinder in den beiden anderen Gruppen. Doch hatten die Kinder aller drei Gruppen aus der Beobachtung des Modellverhaltens *gelernt* und konnten sich erinnern, was sie gesehen hatten; nachdem ihnen eine Belohnung versprochen wurde, wenn sie die aggressiven Handlungen wiederholen würden, taten sie dies, auch wenn sie die Handlungen im ersten Teil des Tests nicht spontan ausgeführt hatten.

Ein besonders interessantes Merkmal dieser Forschungsarbeit waren die auftretenden Geschlechtsunterschiede: Jungen waren gegenüber der Puppe körperlich aggressiver als Mädchen. Die Mädchen hatten jedoch genauso viel vom Verhalten des Modells gelernt wie die Jungen, was sich an ihrer erhöhten Nachahmungsrate zeigt, nachdem ihnen eine Belohnung versprochen wurde. Wahrscheinlich lernen Jungen und Mädchen generell viel darüber, welche Verhaltensweisen für beide Geschlechter als angemessen betrachtet werden, aber unterdrücken jene Verhaltensweisen, die nach ihrer Ansicht für das eigene Geschlecht unpassend sind.

Diese klassische Forschungsarbeit weist somit nach, dass Kinder neue Verhaltensweisen schnell dadurch erwerben können, dass sie andere beobachten, dass ihre Tendenz, das Gelernte selbst zu reproduzieren, davon abhängt, ob die Person, deren Handlungen sie beobachtet hatten, dafür belohnt oder bestraft wurde, und dass nicht notwendigerweise alles, was Kinder aus der Beobachtung anderer lernen, in ihrem eigenen Verhalten zu Tage tritt.

weisen in vielen Bereichen lernen. Es ergaben sich wichtige Anwendungsmöglichkeiten, so zum Beispiel die klinisch-psychologischen Verfahren der systematischen Desensibilisierung und der Verhaltensmodifikation. Die Hauptschwäche des lerntheoretischen Ansatzes ist die fehlende Beachtung biologischer Einflüsse und, abgesehen von Banduras Theorie, die Wirkung der Kognition.

> **IN KÜRZE**
>
> In Lerntheorien wird angenommen, dass sich die soziale Entwicklung zu großen Teilen auf das zurückführen lässt, was Kinder durch ihre Interaktionen mit anderen Menschen lernen. Frühe Behavioristen wie Watson und Skinner betonten die Verstärkungsgeschichte des Individuums und glaubten, dass das Sozialverhalten der Kinder durch das Muster an Belohnungen und Bestrafungen geformt wird, die sie von anderen erhalten. Soziale Lerntheoretiker, allen voran Albert Bandura, betonen die Rolle der Kognition beim sozialen Lernen und stellen fest, dass Kinder sehr viel einfach nur durch die Beobachtung des Verhaltens anderer Menschen lernen. Lernpsychologische Ansätze haben zu einer Vielzahl von Behandlungsmethoden angeregt, die sich für ein breites Spektrum von Verhaltensproblemen bei Kindern als nützlich erwiesen haben.

Theorien der sozialen Kognition

Entwicklungstheorien der sozialen Kognition befassen sich mit der Fähigkeit von Kindern, über ihre eigenen und anderer Menschen Gedanken, Gefühle, Motive und Verhaltensweisen nachzudenken und daraus Schlüsse zu ziehen. Auch schon Kinder verarbeiten soziale Informationen aktiv. Sie achten darauf, was andere Menschen tun und sagen, und sie ziehen aus dem, was sie beobachten, permanent Schlüsse, nehmen Interpretationen vor und konstruieren Erklärungen. Sie verarbeiten Informationen über ihr eigenes Verhalten und ihre eigenen Erfahrungen in vergleichbarer Weise.

Die Komplexität des kindlichen Denkens und Schlussfolgerns über die soziale Welt hängt mit der Komplexität ihrer allgemeinen Denkprozesse zusammen und ist durch diese begrenzt. So ist es derselbe Verstandesapparat, der Rechen- und Erhaltungsaufgaben löst, der auch mit dem Problem umzugehen weiß, wie man Freunde bekommt oder wie man moralische Dilemmata löst. Mit Fortschreiten der allgemeinen kognitiven Entwicklung verändert sich auch die Art und Weise, wie Kinder über ihre eigene Person und andere Menschen nachdenken. Beides wird zunehmend abstrakter.

Die Sicht auf das Wesen des Kindes

Theorien der sozialen Kognition bilden einen scharfen Kontrast zu psychoanalytischen Ansätzen und zu den Theorien des sozialen Lernens im Hinblick auf den Einfluss, den äußere Kräfte auf die Entwicklung haben sollen. Sozialkognitive Theorien heben den Prozess der **Selbstsozialisation** hervor – der aktiven Formung der eigenen Entwicklung. Demnach motivieren Annahmen über sich selbst und über andere Menschen die Kinder dazu, bestimmte Ziele und Normen zu übernehmen, die in der Folge ihr eigenes Verhalten leiten sollen.

Selbstsozialisation – die Vorstellung, dass Kinder zum Beispiel durch ihre präferierten Tätigkeiten oder ihre Auswahl von Freunden eine sehr aktive Rolle bei ihrer eigenen Sozialisation spielen.

Zentrale Entwicklungsfragen

Offensichtlich ist das *aktive Kind* das Leitthema für Theorien der sozialen Kognition. Auch die Frage nach *individuellen Unterschieden* spielt im Bereich der sozialen Kognition eine wichtige Rolle; oft werden Vergleiche gezogen zwischen dem Denken und Verhalten von Jungen und Mädchen, von aggressiven und nicht aggressiven Kindern, und so weiter. Ein dritter wichtiger Aspekt in Theorien der sozialen Kognition ist die Frage nach *Kontinuität versus Diskontinuität*. Manche Theoretiker wie Robert Selman oder Lawrence Kohlberg haben unter einer Perspektive diskontinuierlicher Entwicklung Stufentheorien formuliert, die altersabhängige qualitative Veränderungen im kindlichen Denken über die soziale Welt thematisieren. Andere Theoretiker wie Kenneth Dodge brachten bei der sozialen Entwicklung Konzepte des Informationsverarbeitungsansatzes zur Anwendung, wobei die Kontinuität der am sozialen Schlussfolgern beteiligten Prozesse besonders betont wurde. Wir betrachten als Nächstes diese beiden Theorieansätze der sozialen Kognition.

Selmans Stufentheorie der Perspektivenübernahme

Bei der Formulierung seiner Theorie der sozialen Kognition konzentrierte sich Selman (1980; Yeates & Selman, 1989) auf die Entwicklung der **Perspektivenübernahme** – der Fähigkeit, den Blickwinkel einer anderen Person einzunehmen und über einen Sachverhalt aus der Sicht eines anderen nachzudenken. Er nahm an, dass die Fähigkeit, die Perspektive einer anderen Person einzunehmen, notwendig ist, um die Gedanken, Gefühle und Motive dieser Person zu verstehen. Wenn man nicht den Blickwinkel einer anderen Person einnehmen kann, gelingt es auch nicht, diese Person gegebenenfalls zu verstehen.

Perspektivenübernahme – das Bewusstsein über die Perspektive einer anderen Person, wodurch das Verhalten, Denken und Fühlen dieser Person besser verstanden werden kann.

Nach Selman ist die soziale Kognition kleiner Kinder sehr begrenzt, weil ihnen die Fähigkeit zur Perspektivenübernahme fehlt. So nahm Selman, wie vor ihm auch schon Piaget, an, dass sich Kinder bis zum Alter von sechs Jahren praktisch nicht bewusst sind, dass es irgendeine andere Perspektive als die ihrige geben könnte; sie glauben, dass andere in allem genauso denken wie sie selbst. Die Unfähigkeit, die diskrepante Sicht einer anderen Person zu erkennen, liegt vielleicht den endlosen Streitereien vom bekannten Typ „Hab ich nicht" – „Hast du doch" – „Hab ich nicht" – „Doch" zwischen Geschwistern zu Grunde.

Selman behauptete, dass Kinder bei ihrem Denken über andere Menschen vier zunehmend komplexe und abstrakte Phasen durchlaufen. In Phase 1 (etwa zwischen sechs und acht Jahren) werden sich Kinder bewusst, dass jemand anderes eine Perspektive einnehmen kann, die nicht ihrer eigenen entspricht, wobei sie aber annehmen, dass diese unterschiedliche Sichtweise deshalb zu Stande kommt, weil diese Person nicht über dieselbe Information verfügt wie sie selbst. In Phase 2 (acht bis zehn Jahre) erkennen die Kinder nicht nur, dass andere eine andere Perspektive einnehmen können, sondern können auch über die Perspektive der anderen Person nachdenken. Aber erst in Phase 3 (zehn bis zwölf Jahre) können Kinder systematisch ihre eigene Perspektive mit der von anderen Menschen vergleichen. In dieser Phase können sie auch die Perspektive einer dritten Partei einnehmen und daraus die Sichtweisen der beiden anderen Beteiligten bewerten. In Phase 4 (ab zwölf Jahre) versuchen die Jugendlichen, die Perspektive einer anderen Person zu verstehen, indem sie diese mit einer „Durchschnittsmeinung" vergleichen, um einzuschätzen, ob die Sichtweise einer Person mit der Perspektive der meisten Menschen in ihrer sozialen Gruppe übereinstimmt.

Man beachte, dass Kinder in Selmans Phasen der Perspektivenübernahme bei ihren Schlussfolgerungen immer weniger egozentrisch werden und zunehmend fähig und in der Lage sind, mehrere Perspektiven gleichzeitig zu berücksichtigen (also beispielsweise ihre eigene, die einer anderen Person und die der „meisten Menschen"). Diese beiden Veränderungen bei der sozialen Kognition spiegeln die von Piaget identifizierten (und in Kapitel 4 behandelten) kognitiven Veränderungen wider. So ist es nicht überraschend, dass das Voranschreiten von Kindern durch die Selman'schen Phasen der Perspektivenübernahme stark mit ihrem Fortschritt auf den Stufen Piagets zusammenhängt (Keating & Clark, 1980).

Die Informationsverarbeitungstheorie des sozialen Problemlösens von Dodge

Der Informationsverarbeitungsansatz bei der sozialen Kognition betont die entscheidende Rolle kognitiver Prozesse für das Sozialverhalten. Dieser Ansatz lässt sich am Beispiel von Kenneth Dodges Analyse des kindlichen Einsatzes von Aggression als Problemlösestrategie illustrieren (Crick & Dodge, 1994; Dodge, 1986). Dodge und seine Mitarbeiter nehmen an, dass Kinder beim Lösen sozialer Probleme sechs Stufen durchlaufen. Sie *enkodieren* ein problematisches Ereignis, *interpretieren* die beteiligten sozialen Anhaltspunkte, *formulieren ein Ziel*, um den Vorfall irgendwie zu lösen, *generieren* Strategien zur Zielerreichung, *bewerten* die Erfolgswahrscheinlichkeit dieser potenziellen Strategien und *verhalten* sich dann entsprechend. Bei der Ausführung einer solchen Analyse kommen ihre vorhandenen Wissensbestände, Begriffe und Einstellungen zum Tragen, einschließlich ihrer früheren sozialen Erfahrungen, ihrer allgemeinen sozialen Erwartungen und ihrer Kenntnis sozialer Regeln.

Der Junge, dem der andere Junge Milch übergeschüttet hat, scheint einem feindlichen Attributionsfehler zu unterliegen. Weil er bereitwillig annimmt, andere Menschen wollten ihm nur schaden, unterstellt er dem anderen Jungen eine feindselige Absicht, was seinerseits zu einer aggressiven Reaktion führt.

In den Forschungsuntersuchungen, auf die sich Dodges Theorie gründen, hören die Kinder Geschichten, in denen ein Kind wegen der Handlungen eines anderen Kindes leidet, wobei die Situation aber hinsichtlich der Absicht des Übeltäters uneindeutig ist. In einer Geschichte zum Beispiel strengt sich ein Kind sehr an, ein Puzzle zusammenzulegen, wobei dann ein anderes Kind gegen den Tisch stößt, so dass die Puzzleteile in der Gegend herumfliegen, und lediglich „Hoppla" sagt. Die Kinder sollen sich als das Opfer in dieser Szene vorstellen und beschreiben, was sie tun würden und warum. Manche Kinder interpretieren den Stoß gegen das Puzzle zum Beispiel als Missgeschick und ignorieren das Ereignis einfach. Andere kommen vielleicht zu dem Schluss, dass das andere Kind absichtlich gegen den Tisch stieß, beschließen, ihm das heimzuzahlen, und versetzen ihm einen Schlag, um dieses Ziel zu erreichen.

Unter Verwendung dieses Modells fanden Dodge und seine Mitarbeiter, dass aggressive Kinder auf uneindeutige Szenen anders reagieren als nicht aggressive Kinder. Viele der hoch aggressiven Kinder scheinen einem **feindlichen Attributionsfehler** zu unterliegen, also der generellen Erwartung, dass sich andere ihnen gegenüber feindlich verhalten würden (Crick & Dodge, 1994; Dodge, 1980; Graham & Hudley, 1994). Diese Erwartungsverzerrung bringt die Kinder dazu, bei der anderen Person in der Szene nach Anzeichen für feindliche Absichten zu suchen und dem Gegenüber den Wunsch zu unterstellen, ihnen schaden zu wollen. Mit hoher Wahrscheinlichkeit gelangen sie zu dem Schluss, dass Vergeltung die angemessene Reaktion auf das Verhalten des anderen Kindes darstellt. Der feindliche Attributionsfehler wird zur sich selbst erfüllenden Prophezeiung: Die aggressive Vergeltung eines Kindes für den unterstellten feindlichen Akt eines anderen Kindes ruft Gegenangriffe und Zurückweisung durch die Bezugsgruppe hervor, was dem Glauben des Kindes an die Feindseligkeit der anderen weitere Nahrung gibt.

Feindlicher Attributionsfehler – in Dodges Theorie die Tendenz, mehrdeutigen Handlungen anderer eine feindliche Absicht zu unterstellen.

Aktuelle Perspektiven

Theorien der sozialen Kognition haben mehrere wichtige Beiträge zur Untersuchung der sozialen Entwicklung geleistet. Ein Beitrag besteht in der starken Betonung der Tatsache, dass Kinder aktiv Information über die soziale Welt suchen und nicht nur passive Empfänger der sozialen Handlungen anderer sind. Ein weiterer Beitrag liegt in der theoretischen Erkenntnis, dass die Wirkung der sozialen Erfahrungen von Kindern davon abhängt, wie sie diese Erfahrungen interpretieren. Kinder, die einem bestimmten sozialen Ereignis andere Ursachen zuschreiben, zum Beispiel, dass ihnen jemand Schaden zufügen will, werden auch anders darauf reagieren. Außerdem haben sehr viele Forschungsergebnisse die sozial-kognitive Position untermauert. Zwar lieferten diese Theorien ein wirksames Gegenmittel gegen soziale Theorien, in denen die Kognitionen der Kinder keine Rolle spielten, aber sie bieten auch selbst wieder nur unvollständige Erklärungen. Vor allem wissen sie wenig über die biologischen Faktoren bei der sozialen Entwicklung zu sagen.

IN KÜRZE

Theorien der sozialen Kognition betonen die Rolle kognitiver Prozesse – Aufmerksamkeit, Wissen, Interpretation, Schlussfolgern, Erklären – bei der sozialen Entwicklung von Kindern. Ein zentraler Aspekt dieser Theorien ist die Schwerpunktlegung auf einen Prozess der Selbstsozialisation, durch den Kinder ihre eigene Umwelt aktiv gestalten. Robert Selmans Theorie der Perspektivenübernahme geht davon aus, dass Kinder Phasen durchlaufen, was ihre Fähigkeit betrifft, sich darüber bewusst zu sein, dass andere Menschen einen anderen Blickwinkel einnehmen können. Der Informationsverarbeitungsansatz von Kenneth Dodge bezieht sich auf die Untersuchung der Aggression und hebt die Rolle der Interpretation des Verhaltens anderer Menschen hervor. Aggressive Kinder unterliegen häufig einem feindlichen Attributionsfehler, der generellen Erwartung, dass sich andere ihnen gegenüber feindselig verhalten werden.

Ökologische Entwicklungstheorien

Wir wenden uns jetzt einer Reihe von Theorien zu, denen die Tatsache gemeinsam ist, dass sie eine sehr breite Auffassung von *Kontext* bei der sozialen Entwicklung vertreten. Fast alle psychologischen Theorien, und sicherlich alle, die wir im vorliegenden Kapitel bislang behandelt haben, betonen die Rolle der Umwelt für die Entwicklung des einzelnen Kindes. Die „Umwelt" wird in vielen dieser Theorien jedoch häufig recht eng ausgelegt und betrifft nur den unmittelbaren Kontext – Familie, Altersgenossen, Schule. Der erste im vorliegenden Abschnitt dargestellte Ansatz – das bio-ökologische Modell – berücksichtigt mehrere Ebenen des Umwelteinflusses, die sich gleichzeitig auf die Entwicklung auswirken. Die beiden anderen Ansätze – der ethologische und der evolutionspsychologische Ansatz – beziehen die Kindesentwicklung auf nicht weniger als den Gesamtkontext der Evolutionsgeschichte unserer Spezies.

Die Sicht auf das Wesen des Kindes

Obwohl das bio-ökologische Modell die Kontexteinflüsse auf die Entwicklung hervorhebt, betont es auch die aktive Rolle des Kindes bei der Auswahl und Beeinflussung dieser Kontexte. Die persönlichen Eigenschaften von Kindern – Temperament, intellektuelle Fähigkeit, Sportlichkeit und so weiter – lassen sie bestimmte Umgebungen aufsuchen und auch die Menschen in ihrer Umgebung beeinflussen. Ethologische und evolutionäre Theorien sehen Kinder als die Erben genetisch basierter Fähigkeiten und Veranlagungen, die den meisten Aspekten ihres Verhaltens zugrunde liegen. Der Schwerpunkt dieser Theorien liegt weitgehend auf Verhaltensaspekten, die eine adaptive Funktion besitzen oder ehemals besaßen.

Zentrale Entwicklungsfragen

Die entwicklungsbezogene Fragestellung, die das A und O ökologischer Theorien bildet, ist die Wechselwirkung zwischen *Anlage und Umwelt*. Die Bedeutung des *sozio-kulturellen Kontexts* und der *Kontinuität* von Entwicklung sind weitere implizite Schwerpunkte aller dieser Theorien. Auch die *aktive Rolle* des Kindes bei seiner eigenen Entwicklung steht im Zentrum des Interesses, insbesondere beim bio-ökologischen Ansatz.

Das bio-ökologische Modell

Das umfassendste Modell des allgemeinen Entwicklungskontexts ist das bio-ökologische Modell von Urie Bronfenbrenner (Bronfenbrenner, 1979; Bronfenbrenner & Morris, 1998). Bronfenbrenner begreift die Umwelt als „eine Menge verschachtelter Strukturen, jede innerhalb der nächsten, wie bei russischen Puppen" (1979, S. 22). Jede Struktur stellt eine andere Einflussebene auf die Entwicklung dar (Abbildung 9.2). Im Zentrum der verschiedenen Einflussebenen ist das individuelle Kind eingebettet, mit seiner besonderen Konstellation aus Merkmalen und Eigenschaften (Geschlecht, Alter, Temperament, Gesundheit, Intelligenz, körperliche Attraktivität und so weiter), welche im Entwicklungsverlauf mit den Umweltkräften interagieren, die jede der Ebenen umfassen. Die verschiedenen Ebenen unterscheiden sich in der Unmittelbarkeit ihrer Wirkungen, wobei Bronfenbrenner darauf abhebt, dass sich *jede* Ebene, vom engen Kontext der Kernfamilie eines Kindes bis zur allgemeinen Kultur, in der die Familie lebt, auf die Entwicklung des Kindes auswirkt. Man beachte, dass jede der in Abbildung 9.2 dargestellten Ebenen als ein „System" bezeichnet wird, was die Komplexität und Verwobenheit der Abläufe innerhalb jeder Ebene betonen soll.

Die erste Ebene, in die das Kind eingebettet ist, ist das **Mikrosystem** – die Aktivitäten, Rollen und Beziehungen, an denen das Kind im Laufe der Zeit direkt teilnimmt. Die Familie des Kindes ist eine entscheidende Komponente

Mikrosystem – in der bio-ökologischen Theorie die unmittelbare Umgebung, die ein Individuum persönlich erfährt.

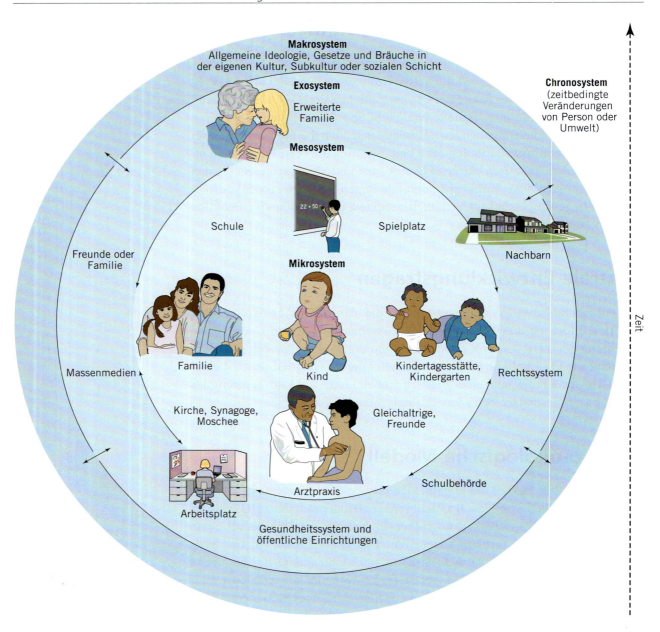

Abbildung 9.2: Das bio-ökologische Modell. Urie Bronfenbrenner stellt sich die Umwelt des Kindes als Zusammensetzung einer Reihe ineinander geschachtelter Strukturen vor, zu denen das Mikrosystem (die unmittelbare Umwelt, mit der das Kind direkt zu tun hat), das Mesosystem (die Verbindungen, die zwischen Mikrosystemen bestehen), das Exosystem (soziale Rahmenbedingungen, an denen das Kind nicht Teil hat, aber die es dennoch beeinflussen) und das Makrosystem (der allgemeine kulturelle Kontext, in den alle anderen Systeme eingebettet sind) gehören. Diese Abbildung illustriert die typische Umwelt eines Kindes in der westlichen Welt. (Nach Bronfenbrenner, 1979.)

des Mikrosystems, deren Einfluss im Säuglingsalter und in der frühen Kindheit vorherrschend ist. Das Mikrosystem wird reicher und komplexer, so wie das Kind älter wird und zunehmend häufiger mit Gleichaltrigen, Lehrern und anderen Personen im Rahmen von Schule, Nachbarschaft, Sport- und anderen Freizeitvereinen, religiösen Aktivitäten und so weiter interagiert. Bronfenbrenner betont die *bidirektionale* Natur aller Beziehungen innerhalb des Mikrosystems. Zum Beispiel kann sich die Ehebeziehung zwischen Eltern auf ihre Kinder auswirken, und das Verhalten der Kinder kann die eheliche Beziehung beeinflussen. Eine gute, unterstützende Ehebeziehung hilft den Eltern, mit ihren Kindern sensibler und wirkungsvoller umzugehen (Cowan, Powell & Cowan, 1998; Cox, Owen, Lewis & Henderson, 1989), aber ein chronisch schwieriges Baby kann Reibungen hervorrufen und die Beziehung zwischen den Eltern sogar zerstören (Belsky, Rosenberger & Crnic, 1995).

Die zweite Ebene in Bronfenbrenners Modell ist das **Mesosystem**, welches die *Verbindungen* zwischen den verschiedenen Mikrosystemen wie Familie, Gleichaltrige und Schule umfasst. Unterstützende Beziehungen zwischen diesen Kontexten können dem Kind zu Gute kommen. Zum Beispiel wird der Schulerfolg eines Kindes erleichtert, wenn seine Eltern seine Anstrengungen für die schulischen Belange wertschätzen und einen positiven Kontakt zu den Lehrern pflegen (Luster & McAdoo, 1996; Stevenson, Chen & Lee, 1993) und wenn der Freundeskreis schulische Leistungen gut findet (Steinberg, Darling & Fletcher, 1995). Wenn die Beziehungen im Mesosystem nicht unterstützend sind, werden negative Ergebnisse wahrscheinlicher.

Die dritte Ebene des sozialen Kontexts, das **Exosystem**, umfasst Umgebungen, denen die Kinder vielleicht nicht direkt angehören, die sich aber dennoch auf ihre Entwicklung auswirken können. Die Arbeitsstätte ihrer Eltern kann Kinder beispielsweise auf vielerlei Weise beeinflussen, von der Unternehmenspolitik, was flexible Arbeitszeiten, Elternzeit und Kinderbetreuung vor Ort betrifft, bis zu der allgemeinen Atmosphäre, in der die Eltern arbeiten. Ob die Eltern ihrer Arbeit gern oder nur mit starker Aversion nachgehen, kann die emotionalen Beziehungen innerhalb der Familie stark beeinflussen (Greenberger, O'Neil & Nagel, 1994). Selbst etwas vom Kind scheinbar so Entferntes wie die wirtschaftliche Lage des elterlichen Arbeitsgebers kann entscheidend sein: Der Verlust des Arbeitsplatzes beispielsweise hängt mit elterlichem Missbrauch oder elterlicher Vernachlässigung zusammen (Emery & Laumann-Billings, 1998).

Die äußere Ebene in Bronfenbrenners Modell ist das **Makrosystem**, welches aus den allgemeinen Überzeugungen, Werten, Bräuchen und Gesetzen der gesamten Gesellschaft besteht, in die alle anderen Ebenen eingebettet sind. Es enthält die allgemeinen Gruppen von Kultur, Subkultur und sozialer Schicht, zu denen das Kind gehört. Kulturelle und schichtspezifische Unterschiede durchdringen fast jeden Aspekt des Lebens von Kindern, einschließlich unterschiedliche Überzeugungen darüber, welche Eigenschaften man bei Kindern fördern sollte und auf welche Weise dies am besten gelingt.

Schließlich weist Bronfenbrenners Modell auch eine Zeitdimension auf, die als **Chronosystem** bezeichnet wird. In jeder Gesellschaft verändern sich die Grundüberzeugungen, Werte, Bräuche, Technologien und sozialen Lebensumstände im Laufe der Zeit, was für die Entwicklung von Kindern Folgen nach sich zieht. Beispielsweise haben Kinder heute, als Ergebnis der technischen Fortschritte, die das „digitale Zeitalter" begründeten, Zugang zu einer gewaltigen Menge an Information und Unterhaltung, die für frühere Genera-

Mesosystem – in der bio-ökologischen Theorie die Verbindungen zwischen den unmittelbaren Rahmenbedingungen des Mikrosystems.

Exosystem – in der bio-ökologischen Theorie Umweltbedingungen, die eine Person nicht direkt erfährt, welche die Person aber indirekt beeinflussen können.

Makrosystem – in der bio-ökologischen Theorie der größere kulturelle und soziale Kontext, in den die anderen Systeme eingebettet sind.

Chronosystem – in der bio-ökologischen Theorie die historischen Veränderungen, sie sich auf die anderen Systeme auswirken.

tionen unvorstellbar gewesen wäre. Außerdem hängen die Wirkungen von Umweltereignissen auch noch von einer anderen Zeitvariablen ab – dem Alter des Kindes. Zum Beispiel wirkt sich die elterliche Scheidung auf Kleinkinder und Pubertierende unterschiedlich aus; selbst wenn sich beide Altersgruppen dabei unglücklich fühlen, müssen im Allgemeinen nur die jüngeren Kinder mit der zusätzlichen Belastung zurechtkommen, dass sie sich an der Scheidung für schuldig halten (Hetherington & Clingempeel, 1992). Ein weiterer wichtiger Aspekt der Zeitdimension, auf den wir schon verschiedentlich hingewiesen haben, betrifft die Tatsache, dass Kinder mit zunehmendem Alter eine immer aktivere Rolle bei ihrer Entwicklung einnehmen, indem sie bei der Wahl von Freunden, Aktivitäten und Umgebungen ihre eigenen Entscheidungen treffen.

Ethologische und evolutionsbezogene Theorien

Der breite historische Entwicklungskontext wird auch in Theorien hervorgehoben, die sich mit solchen Aspekten der menschlichen Entwicklung befassen, die gemeinhin einem evolutionären Erbe zugeschrieben werden. Solche Theorien konzentrieren sich hauptsächlich auf artspezifisches Verhalten – Verhaltensweisen, die allen Menschen gemeinsam sind, unabhängig von der Gesellschaft, in der sie leben. In diesen Theorien bildet die Evolutionsgeschichte und nicht die geteilte kulturelle Erfahrung den gemeinsamen Entwicklungskontext.

Ethologie

Ethologie – die Untersuchung der evolutionären Grundlagen des Verhaltens.

Die **Ethologie** untersucht das Verhalten in einem evolutionären Kontext und versucht es mit Blick auf seinen adaptiven Wert (seinen Überlebenswert) zu begreifen. Ethologen nehmen an, dass eine Vielzahl angeborener Verhaltensmuster von Tieren genauso sicher durch die Evolution geformt wurde wie ihre körperlichen Erscheinungsmerkmale (Crain, 1985).

Ein ethologischer Ansatz wurde häufig auch auf entwicklungsbezogene Fragen angewandt. Das prototypische und bekannteste Beispiel ist die Untersuchung über die Prägung von Graugänsen von Konrad Lorenz (1903–1989), der häufig als der Vater der modernen Ethologie bezeichnet wird (Lorenz, 1935, 1952). **Prägung** ist ein Prozess, bei dem neugeborene Vögel und Säugetiere mancher Arten beim ersten Anblick an ihre Mutter gebunden werden und ihr überall hin folgen; dieses Verhalten gewährleistet, dass sich das Baby immer in der Nähe einer Schutz- und Nahrungsquelle aufhält. Damit Prägung erfolgt, muss das Baby seiner Mutter in einer bestimmten *kritischen* Phase sehr früh im Leben begegnen.

Prägung – eine Form des Lernens, die bei manchen Vogel- und Säugetierarten auftritt; bei der Bindungsprägung binden sich die Neugeborenen fest an einen erwachsenen Vertreter ihrer Art (meistens ihre Mutter) und folgen ihm überall hin.

Die Grundlage der Prägung ist nicht tatsächlich die Mutter des Babys an sich; vielmehr sind die Kinder einiger Spezies dafür prädisponiert, dem ersten sich bewegenden Objekt mit bestimmten Eigenschaften zu folgen, das sie sehen, nachdem sie auf die Welt gekommen sind. Bei Hühnerküken beispielsweise wird die Prägung speziell durch den Anblick von Kopf und Halsgegend eines Vogels ausgelöst (Johnson, 1992). Welchem konkreten Objekt das einzelne Neugeborene gehorsam hinterherlaufen wird, ist somit eine Frage der Erfahrung; es handelt sich hier um einen Fall von erfahrungserwartendem Lernen (siehe Kapitel 3). Typischerweise handelt es sich bei dem ersten sich bewegenden Objekt, das ein Küken sieht, tatsächlich um seine Mutter, so dass sich alles aufs Beste zusammenfügt.

Menschliche Neugeborene werden nicht ‚geprägt'; sie besitzen jedoch die starke Tendenz, mit den Augen einem Reiz zu folgen, der zwei waagerecht angeordnete Tupfer im oberen Drittel einer ovalen Form enthält – mit anderen Worten: einer Gesichtsform mit Augen (siehe Kapitel 5). Schon von Geburt an bemühen sich Kinder also darum, Blickkontakt mit anderen Menschen aufrecht zu halten. Zu den einflussreichsten Anwendungen der Ethologie auf die menschliche Entwicklung gehört Bowlbys (1969) Übertragung des Prägungskonzepts auf den Prozess, in dessen Verlauf Kinder emotionale Bindungen an ihre Mutter ausbilden; dies wird in Kapitel 11 behandelt.

Dieses berühmte Foto zeigt Konrad Lorenz (1952) und eine Schar von Graugänsen, die auf ihn geprägt wurden und ihm überall hin folgten. Lorenz entdeckte, dass Stockenten genauer hinsehen: Sie lassen sich nur auf ihn prägen, wenn er sich hinkauert und in dieser Haltung herumkriecht und dabei die ganze Zeit und stundenlang ununterbrochen schnattert. Lorenz war ein hingebungsvoller Wissenschaftler.

Evolutionspsychologie

Die Evolutionspsychologie ist ein relativ neues Teilgebiet der Psychologie, das der Ethologie eng verwandt ist; sie wendet die Darwin'schen Konzepte der natürlichen Selektion und Anpassung auf das menschliche Verhalten an. Die Grundidee dieses Ansatzes besteht darin, dass in der Evolutionsgeschichte unserer Spezies bestimmte Gene die Individuen dafür prädisponierten, sich so zu verhalten, dass sie die Adaptationsprobleme, denen sie sich gegenübersahen (Nahrungsgewinnung, Abwehr von Raubtieren), lösen konnten und somit die Wahrscheinlichkeit erhöhten zu überleben, sich zu paaren und fortzupflanzen. Durch natürliche Selektion wurden diese Gene zunehmend verbreitet und schließlich an den heutigen Menschen weitergegeben. Nach dieser Ansicht handelt es sich bei vielen unserer heutigen Verhaltensweisen um das Vermächtnis unserer prähistorischen Vorfahren (Geary, 1999).

Eine zentrale Prämisse der Evolutionspsychologie lautet: Organismen – einschließlich des Menschen – sind motiviert, sich so zu verhalten, dass ihre Gene im Genpool der Spezies erhalten bleiben. (Diesem Konzept sind wir in Kapitel 3 im Zusammenhang mit der Genetik bereits begegnet.) Aus diesem Grund haben sich Evolutionspsychologen intensiv für Fragen der sexuellen Anziehung, der Partnerwahl und der Fortpflanzung interessiert. Sie interessieren sich auch für die Elternschaft, insofern die Gene einer Person

Theorie der elterlichen Investition – eine Theorie, welche die evolutionäre Grundlage vieler Aspekte des elterlichen Verhaltens betont, einschließlich der umfangreichen Investitionen von Eltern in ihren Nachwuchs.

nur dann im Genpool bewahrt bleiben, wenn ihr Nachwuchs lang genug überlebt, um diese Gene an die nächste Generation weiterzugeben. Nach der **Theorie der elterlichen Investition** lässt sich aus diesem Zusammenhang erklären, warum Eltern eine so enorme Menge an Zeit, Energie und Ressourcen einsetzen, um ihren Nachwuchs aufzuziehen (Bjorklund & Shackelford, 1999; Trivers, 1972). Die Theorie der elterlichen Investition verweist auch auf eine möglicherweise dunkle Stelle im Bild des evolutionären Geschehens. Wie Abbildung 9.3 zeigt, liegen die Schätzungen, wie oft Stiefväter Kinder, mit denen sie zusammenleben, töten beziehungsweise ermorden, um ein Hundertfaches höher als bei Vätern und ihren biologischen Kindern. In Familien, in denen sowohl leibliche als auch Stiefkinder leben, richtet sich der Missbrauch von Eltern zudem typischerweise gegen ihre Stiefkinder (Daly & Wilson, 1996). Sicherlich gibt es viele Faktoren, die zu diesen Befundmustern beitragen; doch stimmen sie mit der Theorie der elterlichen Investition gut überein: Weil die Elternschaft so aufwendig ist, lohnt es sich aus evolutionärer Sicht nicht, in Kinder zu investieren, die zur Aufrechterhaltung der eigenen Gene nichts beitragen können.

Ein anderes aktuelles Phänomen, das die Aufmerksamkeit von Evolutionspsychologen auf sich zieht, ist die verlängerte Phase der Unreife und Abhängigkeit von Menschenkindern. David Bjorklund (1997, S. 153) zum Beispiel glaubt, dass diese ausgedehnte Unreifephase adaptive Vorteile besitzt:

> Eine verlängerte Jugendphase ist für Menschen notwendig, die mehr als andere Spezies mit Hilfe ihres Verstands überleben müssen; menschliche Gemeinschaften sind komplexer und verschiedenartiger als die jeder anderen Spezies, und dies erfordert, dass sie nicht nur eine flexible Intelligenz besitzen, um die Konventionen ihrer Gesellschaften zu lernen, sondern auch lang genug Zeit haben, um sie zu lernen.

Viele Evolutionstheoretiker haben darauf hingewiesen, dass das *Spiel* – eine der bei Säugetieren auffälligsten Verhaltensformen während der Phase der

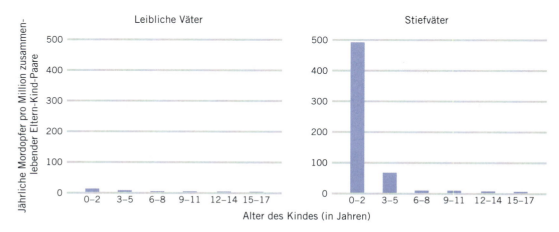

Abbildung 9.3: **Geschätzte Raten an Kindestötungen durch Stiefväter gegenüber leiblichen Vätern in Kanada zwischen 1974 und 1990.** Es wird in schockierender Weise deutlich, dass Stiefkinder, insbesondere in sehr jungem Alter, mit weit höherer Wahrscheinlichkeit zum Opfer von Gewaltverbrechen werden als leibliche Kinder. (Nach Daly & Wilson, 1996.)

Unreife – eine ideale Lernplattform darstellt. Kinder entwickeln motorische Fähigkeiten, wenn sie miteinander kämpfen und um die Wette laufen, Gummitwist spielen, mit Spielzeugspeeren werfen oder einen Ball ins Tor kicken. Sie probieren und üben eine Vielzahl von Rollen ein (wie in Kapitel 7 erwähnt) und stellen das dar, was sie über Busfahrer und Schafhirten wissen. Zu den wichtigsten Vorteilen des Spiels gehört, dass Kinder in einer Situation mit minimalen Folgen experimentieren können; es wird niemand verletzt, wenn eine Babypuppe aus Versehen auf den Kopf fällt oder eine Platzpatrone auf die Brust eine „Bösewichts" abgefeuert wird.

Aktuelle Perspektiven

Die drei in diesem Abschnitt behandelten theoretischen Positionen haben allesamt wichtige Beiträge zur Entwicklungspsychologie geleistet, indem sie die individuelle Entwicklung in einen viel weiteren Zusammenhang setzen, als es in der Psychologie im Allgemeinen üblich ist. Alle diese Ansätze halten Forscher dazu an, auch über das Labor hinaus zu schauen – und zwar weit darüber hinaus.

Man kann Bronfenbrenners bio-ökologisches Modell dafür kritisieren, dass es nicht viel Konkretes über die speziellen biologischen Faktoren bei der Entwicklung zu sagen weiß. Im Gegensatz dazu liegt der vorwiegende Beitrag der Ethologie und der Evolutionspsychologie in ihrer Betonung der biologischen Anlagen aller Kinder, einschließlich der genetischen Tendenzen, die in der Evolution wurzeln.

Die Evolutionspsychologie hat sich harter Kritik aussetzen müssen. Ein häufiger Einwand bezieht sich (ähnlich wie gegenüber der Psychoanalyse) darauf, dass sich viele Behauptungen der Evolutionspsychologen einer Prüfung entziehen. Oft ist ein Verhaltensmuster, das mit einem evolutionären Ansatz gut im Einklang steht, ebenso mit Ansätzen des sozialen Lernens oder einer anderen Perspektive gut vereinbar. In der Sicht von Steven Jay Gould (1978), einem bekannten Evolutionsexperten, besteht der Nachweis von Behauptungen, dass soziale Verhaltensweisen bei heutigen Menschen durch natürliche Selektion entstanden sind, bestenfalls in beifälliger Zustimmung – solche Erklärungen klingen plausibel, vielleicht sind sie sogar zutreffend, aber es fehlt ihnen an unterstützenden Belegen. Und schließlich neigen evolutionspsychologische Theorien dazu, eine der bemerkenswertesten Eigenschaften menschlicher Wesen zu übersehen, die bei Bronfenbrenner stark betont wird – unsere Fähigkeit, unsere Umwelt und uns selbst zu verändern.

IN KÜRZE

Die Theorien, die wir unter der Überschrift „ökologische Theorien" zusammengefasst haben, untersuchen Entwicklung in einem viel weiteren Zusammenhang als andere Theorieansätze. Urie Bronfenbrenners äußerst einflussreiches bio-ökologisches Modell konzipiert die Umwelt, in der sich

Kinder entwickeln, als eine Menge ineinander geschachtelter Ebenen. Diese Ebenen reichen von den Umweltaspekten, die das Kind täglich und unmittelbar erfährt, bis zur allgemeinen Gesellschaft und dem historischen Zeitabschnitt, in dem das Kind lebt. Entwicklungstheorien auf der Grundlage von Ethologie und Evolutionspsychologie betonen den Einfluss der Evolutionsgeschichte der menschlichen Spezies auf die Entwicklung der einzelnen Kinder. Die Theorie der elterlichen Investition nimmt an, dass die Aufrechterhaltung der eigenen Gene die Triebfeder für den enormen Aufwand darstellt, den Eltern beim Aufziehen ihrer Kinder betreiben. Andere Evolutionstheorien heben die adaptive Funktion des Spiels bei Kindern und unreifen Individuen anderer Säugetierarten hervor.

Soziale Theorien und Geschlechterentwicklung

Es gibt eine Vielzahl von Gründen dafür, dass sich die Menschen überall viel Gedanken über das Geschlecht machen. So handelt es sich beim Geschlecht typischerweise um das Erste, was man Eltern über ihr frisch geborenes Baby mitteilt. Das Geschlecht gehört auch zu den ersten Eigenschaften, die man an einer fremden Person bemerkt, und bei den eher seltenen Gelegenheiten, bei denen es sich als schwierig erweist, das Geschlecht einer Person zu bestimmen, verwendet man normalerweise eine gewisse Anstrengung darauf, um es herauszufinden.

Alle großen Theorien, die wir in diesem Kapitel besprochen haben, widmen der Geschlechterthematik eine beträchtliche Aufmerksamkeit. In diesem Abschnitt werden wir betrachten, was jede dieser Theorien über die Geschlechter zu sagen weiß, einschließlich der Frage, wie Kinder ein Verständnis ihrer Geschlechtszugehörigkeit entwickeln und wie sich das Geschlecht auf das Verhalten auswirkt. Es wurde schon darauf hingewiesen, dass die Betrachtung, auf welche Weise die wichtigsten Theorien die Frage des Geschlechts angehen, nicht nur viele Erkenntnisse über die Geschlechtsentwicklung liefert, sondern auch erkennen lässt, wie sich diese Theorien voneinander unterscheiden und sich aber auch wechselseitig ergänzen.

Bevor wir die Anwendungen dieser Theorien auf die Geschlechterentwicklung diskutieren, bedarf es einer kurzen Betrachtung dessen, was wir über Geschlechtsunterschiede wissen. Männliche und weibliche Individuen unterscheiden sich anatomisch, physiologisch und hormonell auf mehrere Weise deutlich voneinander. Was psychologische Variablen betrifft, sind Geschlechtsunterschiede jedoch weniger deutlich ausgeprägt. (Diese psychologischen, sozialen, gesellschaftlichen Aspekte des Geschlechts und seiner kulturellen Konstruktion werden im Englischen häufig unter dem Begriff des *Gender* – im Gegensatz zum *Sex* als biologischem Geschlecht – behandelt; entsprechende Entlehnungen finden sich im Deutschen beispielsweise in der Bezeichnung eines bestimmten Fachgebiets als *Genderforschung*.)

Im Allgemeinen glauben Menschen, sie wüssten viel über Geschlechtsunterschiede, und sie glauben auch, dass es viele Unterschiede gibt, über die man Bescheid wissen kann. Doch ist die Anzahl an Stereotypen über Geschlechtsunterschiede, welche die meisten von uns kennen, wenn nicht gar selbst vertreten, weit größer als die Zahl der Geschlechtsunterschiede, die tatsächlich existieren. Tabelle 9.1 stellt eine Liste von Geschlechtsunterschieden zusammen, für die es umfangreiche Belege gibt, die auf Übersichten über sehr große Anzahlen von Untersuchungen beruhen, in denen Männer und Frauen verglichen wurden. Zwei wichtige Aspekte dieser Befunde verdienen eine besondere Betonung. Erstens ist die Liste ziemlich kurz – sie enthält nur neun konsistent dokumentierte Unterschiede. Zweitens fallen die Unterschiede selbst bei den gut nachgewiesenen Geschlechtsunterschieden immer recht klein aus. Abbildung 9.4 stellt das übliche Muster dar, bei dem die durchschnittliche Leistung des einen Geschlechts bei einem bestimmten psychologischen Maß ein *bisschen* höher ausfällt als beim anderen Geschlecht. Das hervorstechendste Merkmal der Graphik ist die extreme Überlappung der Messwertverteilungen von Männern und Frauen. In psychologischer Sicht sind sich Männer und Frauen viel ähnlicher, als sie sich voneinander unterscheiden.

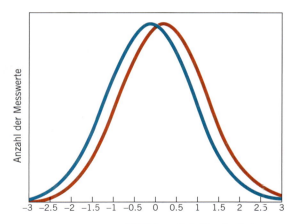

Abbildung 9.4: Eine typische Messwerteverteilung. Diese Graphik zeigt eine typische Verteilung der Messwerte von Männern und Frauen auf einer hypothetisch angenommenen Dimension. Auch wenn es einen statistisch bedeutsamen Unterschied in der Durchschnittsleistung gibt, ist dieser Unterschied sehr klein, und zwischen den Messwerten der beiden Gruppen besteht ein beträchtlicher Überlappungsbereich. Dies ist das typische Muster, wenn sich auf psychologischen Variablen Geschlechtsunterschiede ergeben.

Tabelle 9.1: Nachgewiesene psychologische Geschlechterunterschiede.	
Verbale Fähigkeit	Mädchen entwickeln verbale Fähigkeiten früher und behalten während Kindheit und Jugendalter einen leichten Vorsprung.
Räumlich-visuelle Fähigkeiten	Ab der mittleren Kindheit erbringen Jungen bei räumlichen Tests zu mentaler Rotation und räumlichen Schlussfolgerungen etwas bessere Leistungen.
Mathematische Fähigkeit	Ab der Adoleszenz sind Jungen bei mathematischen Schlüssen (aber nicht beim Rechnen) gegenüber den Mädchen leicht im Vorteil. Ein größerer Vorteil zugunsten der Männer wird bei mathematisch Hochbegabten erkennbar.
Aggression	Schon sehr früh im Leben sind männliche Kinder aggressiver als weibliche; als Jugendliche und Erwachsene sind sie häufiger an Gewaltverbrechen beteiligt.
Aktivitätsniveau	Jungen sind von Geburt an körperlich aktiver als Mädchen.
Angst, Zaghaftigkeit, Risikobereitschaft	Ab dem ersten Lebensjahr sind Jungen weniger ängstlich und weniger vorsichtig als Mädchen, auch sind sie risikobereiter.
Emotionaler Ausdruck	Schon sehr früh im Leben sind Mädchen emotional ausdrucksfähiger als Jungen.
Fügsamkeit	Ab dem Kindergartenalter sind Mädchen gegenüber den Wünschen und Anforderungen von Erwachsenen fügsamer als Jungen.
Anfälligkeit/Resistenz	Ab der Befruchtung sind Jungen für ein breites Spektrum von Entwicklungsproblemen anfälliger.

(Zusammengestellt aus Eaton & Enns, 1986; Feingold, 1994; Halpern, 1997; Maccoby & Jacklin, 1974; Ruble & Martin, 1998.)

Wir kommen nun zu einer Zusammenfassung der Perspektiven auf die Geschlechterentwicklung, die in der psychoanalytischen Theorie, der Theorie des sozialen Lernens, den sozial-kognitiven Theorien und den ökologischen Theorien vertreten werden.

Die psychoanalytische Theorie

„Biologie ist Schicksal", erklärte Freud in einer seiner bekanntesten und provokativsten Äußerungen. Er meinte damit, dass die psychische Entwicklung eines Individuums in großem Ausmaß durch sein biologisches Geschlecht bestimmt ist, einfach durch die Tatsache, männlich oder weiblich zu sein. Er glaubte, dass schon kleine Kinder ein sexuelles Wesen besitzen, das ihr Verhalten und ihre Beziehungen zu anderen Menschen beeinflusst. Kein anderer Aspekt von Freuds Theorie wurde heißer umkämpft als seine Sicht auf die kindliche Sexualität und ihre Folgen für die Geschlechterentwicklung, einschließlich seiner Überzeugung, dass es Geschlechtsunterschiede bei der Stärke des Über-Ichs gebe.

Freud nahm an, dass Geschlechtsunterschiede in Einstellungen und Verhalten ihren Ursprung in der Identifikation des Kindes mit dem gleichgeschlechtlichen Elternteil haben. Diese Identifikation beginnt während der phallischen Phase (zwischen drei und sechs Jahren) mit der Entdeckung des entscheidenden Unterschieds, einen Penis zu haben oder nicht. In dieser Zeit interessiert sich ein Junge sehr für seinen Penis, der „so leicht erregbar und veränderbar ist und so reich an Empfindungen" (Freud, 1923). Freud nahm an, dass Mädchen die Tatsache, dass sie keinen Penis besitzen, negativ bemerken und den von Freud so genannten *Penisneid* erleben.

Freud nahm weiterhin an, dass kleine Kinder während der phallischen Phase intensive sexuelle Wünsche erleben. Diese Annahme entstammte der Tatsache, dass in seiner therapeutischen Praxis von erwachsenen Frauen häufig die Erinnerung vorgetragen wurde, dass sie in ihrer Kindheit von ihren Vätern sexuell missbraucht worden seien – zu häufig, um glaubhaft zu sein, wie er schließlich entschied. Er kam zu dem Schluss, dass es Phantasien über sexuelle Wünsche und Gefühle sein müssen, die seine Patientinnen berichten und die sie in ihrer Kindheit erlebt haben.

Die Bewältigung dieser kindlichen sexuellen Wünsche ist nach Freud der Weg zur Entwicklung des Über-Ichs. Bei Jungen verläuft dieser Weg durch den **Ödipus-Komplex** und seine Lösung; dabei handelt es sich um einen psychosexuellen Konflikt, in dem ein Junge gegenüber seiner Mutter eine Form von sexueller Begierde erlebt und eine ausschließliche Beziehung zu ihr haben möchte. (Als Produkt seiner Zeit und der Gesellschaft, in der er lebte, konzentrierte sich Freud prototypisch auf Jungen beziehungsweise Männer und betrachtete Frauen als zweitrangig.) Freud benannte den Komplex nach dem König aus der griechischen Sage, der (unwissentlich) seinen Vater tötete und danach (wiederum unwissentlich) seine Mutter ehelichte. Freud nahm an, dass diese klassische Tragödie auf abstrakte Weise im Leben einer jeden Fa-

---

Ödipus-Komplex – Freuds Bezeichnung für den Konflikt, den Jungen in der phallischen Phase erleben, weil sie ihre Mutter sexuell begehren und sich vor der Vergeltung durch ihren Vater fürchten.

milie sozusagen nachgespielt wird. Auch wenn seine Idee sonderbar erscheint, haben die meisten Familien doch Episoden erlebt, die mit der dargestellten Konstellation übereinstimmen. Als einer unserer Söhne beispielsweise fünf Jahre alt war, teilte er seiner Mutter mit, dass er sie irgendwann einmal heiraten wolle. Sie sagte, es täte ihr leid, aber sie sei bereits mit Papa verheiratet, und er müsse sich zum Heiraten wohl eine andere suchen. Darauf antwortete der Junge: „Ich habe eine gute Idee! Ich stecke Papa in eine große Kiste und schicke ihn mit der Post irgendwo hin. Dann können wir heiraten!"

In Freuds Version des Ödipus-Konflikts sieht der Sohn seinen Vater als allmächtigen Rivalen um die Zuneigung der Mutter. Er empfindet sich seinem Vater gegenüber als feindselig und fürchtet dessen Vergeltung – den Verlust des Penis (Kastrationsangst). (Zu Freuds Zeiten drohten österreichische Eltern oft mit Kastration, um Selbstbefriedigung zu verhindern.) Der Wunsch des Jungen nach seiner Mutter und die Feindseligkeit gegenüber seinem Vater sind so bedrohlich, dass das Ego des Jungen tätig wird, um ihn durch Verdrängung zu beschützen, indem es die Angst auslösenden Gedanken und Impulse ins Unbewusste verbannt. Außerdem erhöht der Junge seine *Identifikation* mit dem Vater: Statt ihn herausfordern zu wollen, versucht er, ihm ähnlicher zu werden, und verwandelt sich vom Rivalen zum Schützling, der sich unter des Vaters Obhut begibt. Das wichtigste Ergebnis des Ödipus-Komplexes besteht darin, dass der Junge durch die Bemühung, so wie sein Vater zu sein, dessen Werte, Überzeugungen und Einstellungen *internalisiert* – wodurch sich die Grundlage des Gewissens bildet. Die erfolgreiche Bewältigung des Ödipus-Komplexes bei einem Jungen besteht somit in der Entwicklung eines starken Gewissens und Ich-Ideals.

Freud nahm an, dass Mädchen einen ähnlichen, aber weniger intensiven Konflikt in der phallischen Phase erleben: den **Elektra-Komplex** (der ebenfalls nach einer Figur der griechischen Mythologie benannt ist). Danach entwickelt die Tochter erotische Gefühle gegenüber ihrem Vater und betrachtet ihre Mutter als Rivalin. Zwar erfährt sie nicht die intensive Angst vor sexueller Verstümmelung, welche die Jungen erleben, doch die Besorgnis um den Verlust der elterlichen Liebe führt dazu, dass sie ihre unakzeptablen Gefühle gegenüber ihrem Vater verdrängt. Da Mädchen jedoch einen nicht so starken Konflikt erleben wie Jungen, glaubte Freud, dass sie weniger motiviert wären, sich mit ihrer Mutter zu identifizieren, und deshalb ein schwächeres Über-Ich entwickeln würden als Jungen.

Wie viele seiner Ideen hat auch Freuds ödipale Erklärung von Über-Ich- und Geschlechterentwicklung das 20. Jahrhundert außerordentlich beeinflusst. Es gab jedoch zu keinem Zeitpunkt irgendeine empirische Unterstützung für Freuds Theorie, so dass sie heute bestenfalls als interessanter Fehlschritt betrachtet wird. Dennoch sind Freuds Ansichten über die Geschlechterentwicklung wichtig, insofern sie den historischen Hintergrund für die moderneren Ansätze bilden.

Elektra-Komplex – Freuds Bezeichnung für den Konflikt, den Mädchen in der phallischen Phase erleben, wenn sie unakzeptable Liebesgefühle für ihren Vater entwickeln und ihre Mutter als Rivalin sehen.

Die Theorie des sozialen Lernens

In Theorien des sozialen Lernens wird angenommen, dass Kinder über eine Vielfalt von Erfahrungsmöglichkeiten verfügen, durch die sie Verhaltensweisen, Überzeugungen und Werte lernen, die ihre Gesellschaft für ihr Geschlecht als wünschenswert oder angemessen erachtet (Bandura, 1979; Bandura & Walters, 1963; Mischel, 1970; Perry & Bussey, 1984). Aus dieser Perspektive werden Kinder sowohl durch Beobachtungslernen als auch durch unmittelbares Lernen für ihre Geschlechterrolle sozialisiert.

Beobachtungslernen

Die soziale Lerntheorie betont, dass Kinder allein durch die Beobachtung anderer Menschen vielfältig Gelegenheit dazu haben, Informationen über die Geschlechter zu sammeln und etwas darüber zu erfahren, welche Verhaltensweisen für ihr eigenes Geschlecht als angemessen betrachtet werden. Diese Gelegenheiten ergeben sich nicht nur in den direkten Interaktionen mit anderen Menschen, sondern auch durch eine Vielfalt von Medien (siehe Kasten 9.2).

Da alle Gesellschaften Männern und Frauen jeweils unterschiedliche Arbeitsrollen zuordnen, sehen alle Kinder, dass und wie ihre Eltern, aber auch andere Erwachsene und Kinder, geschlechtstypische Aktivitäten ausüben. Zum Beispiel sehen Kinder überall auf der Welt, unabhängig davon, was als männertypisches Verhalten gilt, dass ihre Mutter die primäre Betreuungsperson in der Familie ist und gleichzeitig die Person, die für die Nahrungszubereitung verantwortlich ist (Rossi, 1977). Außerdem beobachten Kinder das Verhalten ihres eigenen Geschlechts mehr als das des anderen Geschlechts, weil sie meistens mehr Zeit mit Menschen ihres eigenen Geschlechts verbringen. Naturalistische Beobachtungen in öffentlichen Situationen ließen erkennen, dass sich die Jungen häufiger in männlicher Begleitung befanden, während Mädchen öfter mit Frauen zusammen waren (Hoffman & Teyber, 1985); während ihrer Kindheit verbringen Kinder mehr Zeit in der Gesellschaft gleichgeschlechtlicher Altersgenossen (Maccoby, 1998).

Werden Kinder dadurch beeinflusst, was sie beim Verhalten ihrer männlichen und weiblichen Mitmenschen beobachten? Laboruntersuchungen konnten nachweisen, dass Kinder gleichgeschlechtlichen erwachsenen Modellen mehr Aufmerksamkeit widmen und sich das, was diese getan haben, demzufolge auch besser merken können. Außerdem imitieren Kinder gleichgeschlechtliche Modelle häufiger (Bussey & Bandura, 1984; Perry & Bussey, 1979). Wiewohl diese Präferenz für Jungen und Mädchen gleichermaßen gilt, sind Mädchen eher bereit, auch männliche Modelle nachzuahmen, während Jungen nicht so häufig weibliche Modelle imitieren.

Wirkungen des Verhaltens von Modellen sind auch im täglichen Leben offensichtlich, was schon in der Familie beginnt. Im Allgemeinen sind Kinder, die in weniger konventionellen Familien aufwachsen, nicht so stark geschlechtstypisiert wie Kinder, die in traditionelleren Familien aufwachsen. Zum Beispiel wurden die außerhäusige Berufstätigkeit der Mutter, eine egalitäre Arbeitsteilung im Haushalt, das Aufwachsen bei einer allein erziehenden Mutter und nicht-traditionelle Werte seitens der Eltern allesamt mit geringeren Ausprägungen der Geschlechtstypisierung bei den Kindern in Zusammenhang gebracht (siehe Ruble & Martin, 1998).

Kinder werden auch durch gleichaltrige Modelle stark hinsichtlich des für ihr Geschlecht angemessenen Verhaltens beeinflusst. Beispielsweise wurden in einer Beobachtungsstudie an einer Vorschulklasse die Jungen durch Anzahl und Anteil der gleichgeschlechtlichen Kinder beeinflusst, die mit den jeweiligen Spielzeugen spielten: Sie wandten sich den Spielsachen zu, mit denen vorwiegend Jungen spielten, und vermieden diejenigen, die hauptsächlich bei den Mädchen beliebt waren (Shell & Eisenberg, 1990).

Direkte Unterweisung

Theoretiker des sozialen Lernens gehen davon aus, dass geschlechtstypische Verhaltensweisen nicht nur durch Beobachtung gelernt werden, sondern dass sie Kinder auch durch direkte Unterweisung erlernen. Es gibt konsistente Unterschiede darin, wie Eltern mit ihren Söhnen und Töchtern umgehen, indem sie die für Jungen und Mädchen jeweils geschlechtsbezogen ‚passenden' Verhaltensweisen fördern und belohnen. Amerikanische Eltern beispielsweise versorgen ihre Kinder, auch schon im Säuglingsalter, ständig mit geschlechtstypischen Spielzeugen (Fisher-Thompson, 1993). Sie kaufen Spielwerkzeug und Lastwagen für ihre Jungen, Puppen und Küchengeräte für ihre Mädchen. Die Weihnachtsgeschenke von Eltern für ihre Kinder sind generell entweder zum Geschlecht passend oder neutral; insbesondere Jungen erhalten kaum einmal ein typisches Mädchenspielzeug (Robinson & Morris, 1986). Diese Spielzeugkäufe beruhen natürlich nicht nur auf der Intention der Eltern, ihre Kinder in die richtigen Geschlechtsrollen zu sozialisieren, sondern auch auf den Vorlieben der Kinder. So zeigte die Untersuchung von 750 Briefen, die fünf- bis neunjährige Kinder an den Nikolaus geschrieben haben, dass die meisten Bitten eindeutig geschlechtstypischer Art waren: Viel mehr Jungen als Mädchen baten um ein Fahrzeug, während fast ein Drittel der Mädchen, aber praktisch keiner der Jungen den Nikolaus um eine Puppe bat (Robinson & Morris, 1986). Viele feste Vorsätze von Eltern, ihren Kindern niemals Actionfiguren beziehungsweise Barbiepuppen zu kaufen, wurden durch die anhaltenden und inständigen Bitten ihrer Söhne oder Töchter ad absurdum geführt.

Ein weiterer durchgehender Unterschied darin, wie Eltern Jungen und Mädchen behandeln, besteht darin, das sie auf geschlechtsspezifische Spielthematiken und Aktivitäten mehr reagieren und diese mehr unterstützen als geschlechtsübergreifende Spiele (zum Beispiel Fagot & Hagan, 1991; Lytton & Romney, 1991; Roopnarine, 1986). Die meisten Väter würden wahrscheinlich mit ihren Söhnen mit größerer Begeisterung auf ein Räuber- und Gendarm-Spiel eingehen als auf das Spiel „Kaffeetrinken am gedeckten Tisch",

Kasten 9.2　Anwendungen

Eine Schlumpfine auf ein Dorf voller Schlümpfe

Nehmen Sie sich, bevor Sie weiter lesen, einen Moment Zeit und zählen Sie Ihre fünf liebsten Fernsehsendungen auf. Zählen Sie dann die Anzahl der Hauptfiguren in diesen Sendungen, die männlichen oder weiblichen Geschlechts sind. Welche Figuren sind sehr aktiv und/oder nehmen in der Sendung eine machtvolle Position ein? Wie würden Sie die allgemeine Art Ihrer Lieblingssendungen charakterisieren – actionlastige Abenteuerfilme, Liebeskomödien, Sportereignisse oder ‚daily soaps'? Was wäre anders, wenn Sie eine Liste der Sendungen machen würden, die Sie als Kind am liebsten mochten?

Wir gehen jede Wette ein, dass Ihre Liste von Hauptfiguren mehr Männer als Frauen enthält, wahrscheinlich sogar in beträchtlichem Ausmaß (abgesehen vielleicht von den täglichen Vorabendserien). Weiterhin vermuten wir, dass Action- und Sportsendungen mehr von den männlichen Lesern aufgezählt wurden, während die Frauen mehr Liebesfilme und Soaps auf ihrer Liste haben. Auch glauben wir nicht, dass sich das Ungleichgewicht von männlichen gegenüber weiblichen Hauptfiguren bei den aktuellen Lieblingssendungen großartig von den Verhältnissen in den Sendungen unterscheidet, die Sie früher gerne sahen; wahrscheinlich wäre die Unausgewogenheit bei den Kindheitsvorlieben sogar stärker. Der Grund, warum wir uns bei unseren Vorhersagen so sicher fühlen, besteht darin, dass diese Unterschiede in der Darstellung der Geschlechter von Fernsehrollen sehr gut nachgewiesen und dokumentiert wurden, sehr groß ausfallen und sich in den letzten drei Jahrzehnten in Amerika relativ wenig verändert haben (Huston, 1983; Huston & Wright, 1998; Signorielli, 1993).

Die unterschiedliche Behandlung der Geschlechter in den Medien bleibt nicht auf ihre zahlenmäßige Repräsentanz beschränkt. Die Darstellungen von Männern und Frauen sind im Allgemeinen äußerst stereotyp mit Blick auf äußere Erscheinung, persönliche Eigenschaften, berufliche Tätigkeit, Betätigungsfelder und die Art der Rollen, die sie spielen. Im Durchschnitt sind männliche Charaktere älter und befinden sich in mächtigeren Rollen; Frauen sind häufig jung, attraktiv und provokativ gekleidet (Calvert & Huston, 1987; Signorielli, 1993; Signorielli, McLeod & Healy, 1994).

Ist es irgendwie erheblich, dass hinsichtlich der Anzahl und der Art der Darstellungen der Geschlechter im Fernsehen große Unterschiede bestehen? Man darf nicht vergessen, dass amerikanische Kinder zwischen drei und elf Jahren durchschnittlich zwei bis vier Stunden am Tag fernsehen (Huston & Wright, 1998). Die Tatsache, dass Kinder stark stereotypen Geschlechtermodellen so umfangreich ausgesetzt sind, sollte unter allen Perspektiven – soziale Lerntheorie, Geschlechterschema, bio-ökologische Theorie – eine große Rolle spielen.

Es gibt einige Belege für eine solche Unterstellung. Zum Beispiel besitzen Kinder, die sehr viel fernsehen, mehr stark stereotype Annahmen über Männer und Frauen und bevorzugen in stärkerem Ausmaß geschlechtstypische Aktivitäten als Kinder, die weniger häufig vor dem Fernseher sitzen (McGhee & Frueh, 1980; Signorielli & Lears, 1992). Da diese Befunde jedoch nur korrelativer Art sind, sind sie schwer zu interpretieren. Beeinflusst der Fernsehkonsum die Kinder so, dass sie rigidere Geschlechtsstereotype ausbilden, oder finden Kinder, die solche Stereotype bereits besitzen, das Fernsehen attraktiver?

Wie viele der Figuren aus der *Sesamstraße* kennen Sie beim Namen? Und noch wichtiger: Wie viele davon sind männlich?

Kasten 9.2

Einige Anhaltspunkte dafür, dass der Fernsehkonsum die Stereotype verursacht, stammt aus einer Untersuchung darüber, was zu Beginn der 1980er Jahre passierte, als das Fernsehen in einer isolierten Stadt in Kanada eingeführt wurde – für Forschungszwecke „Notel" genannt. Davor besaßen die Kinder der Stadt Notel weniger stereotype Ansichten über die Geschlechter als Kinder von Vergleichsstädten, die Zugang zum Fernsehen hatten. Wenige Jahre, nachdem auch in Notel Fernsehen empfangen werden konnte, zeigten die Kinder der Stadt ein beträchtliches Anwachsen ihrer Geschlechtstypisierung (Williams, 1986).

Kinder kommen natürlich auch mit anderen Medien als dem Fernsehen in Kontakt, aber auch in ihnen wurden ähnlich ungleiche Geschlechterverteilungen dokumentiert. Zum Beispiel enthalten Kinderbücher immer noch viel mehr männliche als weibliche Figuren, und die Gestalten beiden Geschlechts werden anhand ihrer jeweiligen Geschlechtsstereotypen dargestellt. Männer werden als aktiv und effektiv in der großen weiten Welt dargestellt, während Frauen passiv sind, typischerweise im Haus anzutreffen sind und Probleme aufwerfen, für deren Lösung sie der Hilfe von Männern bedürfen (Kortenhaus & Demorest, 1993; Tognoli, Pullen & Lieber, 1994; Turner-Bowker, 1996).

Ein Weg, um dieses Ungleichgewicht in den Bilderbüchern von Kindern anzugehen, könnte in der Verwendung geschlechtsneutraler Figuren bestehen – Tiere oder Phantasiefiguren uneindeutigen Geschlechts. Ein solcher Ansatz könnte jedoch Schwierigkeiten aufwerfen. In einer Untersuchung zum Vorlesen von Bilderbüchern zwischen Mutter und Kind war das Geschlecht der Bärenfiguren im Buch weder im Text noch in den Bildern zu identifizieren: Sie waren nicht gekleidet, es gab keine Haarschleifen oder Krawatten, und sie wurden nicht bei der Ausübung geschlechtstypischer Aktivitäten gezeigt. Ohne Hinweise auf das Geschlecht bezeichneten die Mütter fast alle der dargestellten Bären als männlich (DeLoache, Cassidy & Carpenter, 1987).

Ein anderes Medium, das reich an Geschlechtsunterschieden ist, sind Videospiele. Die Spiele selbst kommen typischerweise im Action-Format mit Gewaltthemen, und sie sind voll von Geschlechtsstereotypen, insofern männliche Helden mit prallen Oberarmmuskeln spärlich bekleidete Heldinnen mit prallen Brüsten retten. Zum Teil wegen dieser Eigenschaften sind Jungen viel begeistertere Videospieler als Mädchen, und dieser Unterschied bietet Anlass zur Sorge. Weil *einige* Videospiele, an denen schnelle Handlungen und verteilte Aufmerksamkeit beteiligt sind, die räumlichen und aufmerksamkeitsbezogenen Fähigkeiten von Kindern verbessern (Greenfield, deWinstanley, Kilpatrick & Kaye, 1994; Okagaki & Frensch, 1996; Subrahmanyam & Greenfield, 1996), könnte der Umstand, dass Jungen länger und häufiger mit solchen Spielen umgehen, den Unterschied zwischen den räumlichen Fähigkeiten von Jungen und Mädchen vergrößern.

Größere Besorgnis hat die Kluft zwischen den Geschlechtern hervorgerufen, was Computerkompetenzen betrifft. Da Fähigkeiten im Umgang mit Computern in der modernen Welt immer wichtiger werden, hätten Mädchen einen zunehmenden Nachteil, wenn sie in der Benutzung von Computern weniger geschickt wären als Jungen. Zum Glück ließen neuere Übersichten erkennen, dass sich die Kluft in den USA praktisch geschlossen hat. Mädchen und Jungen haben mittlerweile gleich viel mit Computern zu tun, besitzen gleiche Computerfähigkeiten und vertrauen auch gleichermaßen darauf (Subrahmanyam, Kraut, Greenfield & Gross, 2000).

> **Kasten 9.3**   **Individuelle Unterschiede**
>
> ### Asymmetrien bei der Geschlechtertypisierung
>
> Erinnern Sie sich an die Photos der beiden Kinder am Anfang dieses Kapitels. Wenn es Ihre Kinder wären: Welches Verhalten würden Sie als weniger akzeptabel finden – wenn das Mädchen den Helm aufsetzte und das Gewehr in die Hand nähme oder wenn der Junge die Filmstarpose einnähme? Würde es Sie mehr ärgern, wenn ein anderes Kind Ihre Tochter „Rabauke" nennen würde oder wenn Ihr Sohn eine „Heulsuse" genannt würde? Angenommen, Ihr Partner würde Ihrem kleinen Jungen ein rosafarbenes Rüschenkleid oder Ihrem kleinen Mädchen einen blauen Overall anziehen: Wäre es in einem der beiden Fälle wahrscheinlicher, dass Sie die Kleidung Ihres Kindes verändern?
>
> Es geht uns bei diesen Beispielen darum, dass das Ausmaß nicht symmetrisch ist, in dem es die meisten Menschen akzeptabel finden, dass Jungen und Mädchen Tätigkeiten ausüben, die für das jeweils andere Geschlecht als geeigneter angesehen werden. Im Allgemeinen reagieren Eltern, Gleichaltrige und Lehrer negativer auf Jungen, die sich wie Mädchen verhalten, als umgekehrt. Eines unserer Kinder besuchte den Kindergarten mit einem Mädchen, das die meiste Zeit in der Bauecke verbrachte, und einem Jungen, der sich fast täglich aus der Verkleidungskiste ein pinkfarbenes Ballettröckchen überzog. Die Erzieherinnen, Eltern und andere Erwachsene, die diese beiden Kinder beobachteten, machten sich um das Verhalten des Jungen Sorgen, nicht um das des Mädchens.
>
> Es besteht auch eine Asymmetrie darin, wie Eltern auf geschlechtstypisches Verhalten ihrer Kinder reagieren. Diese Ungleichheit zeigt sich sehr deutlich in den gegensätzlichen Reaktionen einer Mutter und eines Vaters darauf, dass ihr Kind, das gerade laufen kann, hinfällt und sich weh tut (aus Gable, Belsky & Crnic, 1993, S. 32). Während die Mutter sagt: „Komm her, mein Schatz. Ich puste drauf, bis es heile ist", sagt der Vater: „Komm, das hältst du aus! Hör auf zu jammern!" Dieses Beispiel lässt erkennen, dass sich Mütter im Allgemeinen gegenüber ihren Söhnen und Töchtern weniger unterschiedlich verhalten und beiden Geschlechtern mehr Verhaltensspielraum zugestehen als Väter. Väter spielen eine besonders aktive Rolle, wenn es darum geht, ihren Söhnen männliches Verhalten beizubringen (Jacklin, DiPietro & Maccoby,

und manche würden den Jungen sogar dafür herabwürdigen oder aktiv davon abhalten, sich für eine so ‚weibische' Aktivität wie Kaffee oder Kuchen servieren zu interessieren (siehe Kasten 9.3).

Eine relativ subtile Form der Geschlechtstypisierung wurde in den Gesprächen zwischen Eltern und Kindern festgestellt. Wie in Kapitel 10 dargelegt wird, besprechen Mütter, wenn sie mit Mädchen sprechen, häufiger Gefühle und sprechen auch über eine größere Vielfalt von Gefühlen als in Gesprächen mit Jungen. Umgekehrt sprechen Mädchen häufiger über Gefühlszustände als Jungen (Dunn, Bretherton & Munn, 1987; Kuebli, Butler & Fivush, 1995). Ein weniger subtiler Unterschied im Sprachverhalten von Eltern mit Jungen und Mädchen wurde in natürlichen Gesprächen in einem Wissenschaftsmuseum beobachtet. Beim Umgang mit interaktiven Exponaten gaben Eltern den Jungen mit dreimal höherer Wahrscheinlichkeit als den Mädchen Erklärungen für

Kasten 9.3

1984; Leve & Fagot, 1997; Turner & Gervai, 1995). Sie reagieren generell negativer, wenn ihr Sohn irgendetwas tut, was sie für „weiblich" halten, beispielsweise weinen. Dagegen zeigen Väter weniger Missbilligung, wenn ihre Töchter etwas „Männliches" tun. Ein Sohn, der mit Puppen spielt, wird also mit größerer Wahrscheinlichkeit eine stark negative Reaktion von seinem Vater ernten als eine Tochter, die mit Autos spielt. Ähnliche Differenzierungsmuster sind auch bei Kindern erkennbar und treten schon früh auf: In der Grundschule weisen Jungen nicht geschlechtskonforme Verhaltensweisen bei anderen stärker zurück als Mädchen (Bussey & Perry, 1982).

Eine dritte Form der Asymmetrie bei der Geschlechtertypisierung resultiert wahrscheinlich aus den beiden erstgenannten: Jungen sind stärker oder rigider geschlechtstypisiert als Mädchen (Carter & McCloskey, 1984). Auf allen Altersstufen lassen sich Jungen (und Männer) nur auf ein ziemlich enges Spektrum an Aktivitäten ein, und zwar fast ausschließlich auf solche, die als männlich oder als neutral erachtet werden. Verglichen mit den Jungen besitzen Mädchen ein breiteres Interessenspektrum, und sie tun mit größerer Wahrscheinlichkeit auch solche Dinge, die für Jungen als angemessen gelten (Bussey & Bandura, 1992; Fagot & Leinbach, 1993). Der Unterschied scheint zum größten Teil daher zu rühren, dass Männer feminine Aktivitäten *vermeiden* und nicht nur maskuline Aktivitäten bevorzugen (Bussey & Bandura, 1992; Martin et al., 1995; Powlishta, Serbin & Moller, 1993). Im Alter von fünf Jahren bringen Jungen mit größerer Wahrscheinlichkeit als Mädchen eine *Ablehnung* gegen die typisch gegengeschlechtlichen Spielzeuge zum Ausdruck (Bussey & Bandura, 1992; Eisenberg, Murray & Hite, 1982). Im Verlauf der Schulzeit verringert sich die Bevorzugung von Gegenständen und Tätigkeiten, die für das eigene Geschlecht als angemessen gelten, und die Abneigung gegen alles, was für das andere Geschlecht passend erscheint, wobei dies bei Mädchen weitaus stärker der Fall ist als bei Jungen (Serbin et al., 1993).

Dieser Vater unterstützt die Entwicklung eines geschlechtertypischen Verhaltens bei seinem Sohn. Er würde wahrscheinlich negativ reagieren, wenn der Junge etwas täte, was für Jungen als unpassend gilt.

---

das, was sie gerade beobachteten (Crowley, Callanan, Tenenbaum & Allen, 2001).

Eltern behandeln ihre Söhne und Töchter also in gewissem Ausmaß unterschiedlich. Mehrere umfassende Forschungsübersichten über die elterlichen Sozialisationspraktiken in natürlichen Umgebungen ließen jedoch weniger Unterschiede und mehr Ähnlichkeiten beim elterlichen Umgang mit ihren Kindern erkennen, als nach der Position des sozialen Lernens zu erwarten wäre (Huston, 1983; Lytton, 2000; Lytton & Romney, 1991; Maccoby & Jacklin, 1974; Leaper, Anderson & Sanders, 1998). Zum Beispiel verhalten sich Eltern gegenüber ihren Söhnen und Töchtern nicht verschieden, (a) was die Menge an Zuneigung und Wärme betrifft, die sie ihren Kindern geben, (b) hinsichtlich der Menge an Zeit, die sie mit ihren Kindern interagieren, (c) im Ausmaß des Interesses und der Reaktionen, die sie für ihren Nachwuchs aufbringen, oder (d) in dem Ausmaß, in dem sie die Aktivitäten ihrer Kinder einschränken.

Ohne Zweifel ist es so, wie die soziale Lerntheorie annimmt: Kinder lernen sehr viel über das ihrem Geschlecht angemessene Verhalten sowohl durch direkte Instruktion als auch durch die Beobachtung gleichgeschlechtlicher Modelle unterschiedlichen Alters. Der aktuelle Konsens zwischen den Forschern lautet jedoch, dass Eltern durch ihre differenzielle Verstärkung keine so entscheidende Rolle bei der Formung des geschlechtsspezifischen Verhaltens ihrer Kinder spielen, wie die sozialen Lerntheoretiker ursprünglich annahmen. Die Forschung hat gezeigt, dass sich zwölf bis 18 Monate alte Kinder bereits in ihren Präferenzen für dasjenige Spielzeug unterscheiden, das für ihr Geschlecht als passend gilt (Caldera, Huston & O'Brien, 1989; Snow, Jacklin & Maccoby, 1983). Die Unterstützung, die Eltern für geschlechtsspezifische Spielzeugpräferenzen bieten, verstärkt somit vielleicht eher schon bestehende Vorlieben, als dass sie neue Präferenzen erzeugt. Mit anderen Worten führt vielleicht der Genotyp eines Kindes irgendwie zur Bevorzugung von Spielzeug, was dann bei den Eltern unterschiedliche Reaktionen hervorruft (so dass es sich um ein Beispiel für einen Effekt von Genotyp und Umwelt handelt, wie er in Kapitel 3 beschrieben wurde) (Lytton, 2000). Zusätzlich wurde gezeigt, dass Eltern nach den Vorschuljahren ihrer Kinder mit geringerer Wahrscheinlichkeit geschlechtstypische Einstellungen und Verhaltensweisen differenziell verstärken und dass dies, wie wir in diesem Kapitel noch sehen werden, eher die Altersgenossen übernehmen (zum Beispiel Carter & McCloskey, 1984).

Sozial-kognitive Theorien

Die Nachahmung gleichgeschlechtlicher Modelle – ein grundlegender Mechanismus in sozialen Lerntheorien für den Aufbau der Geschlechterrolle – hängt zuallererst davon ab, dass die Kinder überhaupt wissen, welches Geschlecht sie besitzen. Woher stammt dieses Wissen, und trägt es, zusammen mit anderen Wissensbeständen, zur Entwicklung der Geschlechterrolle bei? Zwei Theorien, die Antworten auf diese Fragen bieten, sind Kohlbergs kognitive Entwicklungstheorie und die Theorie der Geschlechterschemata.

Kohlbergs kognitive Entwicklungstheorie

Ausgehend von der Reflexion der Piaget'schen Rahmentheorie nimmt Lawrence Kohlberg in seiner kognitiven Entwicklungstheorie der Geschlechtsrollenentwicklung (1966) an, dass Kinder Wissen über die Geschlechter in derselben Weise aktiv konstruieren, wie sie auch andere Wissensbestände über die Welt konstruieren. Und so, wie das Verstehen der physikalischen Welt bei kleinen Kindern noch beschränkt ist, ist auch ihr Verstehen der sozialen Welt noch eingeschränkt, einschließlich ihres Wissens über die Bedeutung und Unveränderlichkeit des Geschlechts.

Die Begrenztheit des kindlichen Verständnisses des Geschlechts wird in einem Erlebnis sichtbar, das ein Junge namens Jeremy hatte, als er eines Tages in den Kindergarten ging und Haarspangen trug. Seine Mutter, die Entwicklungspsychologin Sandra Bem, berichtet Folgendes (Bem, 1989, S.662):

> ... mehrere Male an diesem Tag bestand ein anderer kleiner Junge darauf, dass Jeremy ein Mädchen sein müsse, weil „nur Mädchen Haarspangen tragen". Jeremy behauptete mehrmals steif und fest, dass es keine Rolle spiele, ob man Haarspangen trägt; ein Junge zu sein bedeute, einen Penis und Hoden zu haben; und zog schließlich seine Hose herunter, um seine Position überzeugender darzustellen. Doch der kleine Junge war wenig beeindruckt. Er sagte einfach „Jeder hat einen Penis; nur Mädchen tragen Haarspangen."

Wie gelangen jüngere Kinder wie der Junge in Jeremys Gruppe über ihre sehr oberflächliche Vorstellung des Geschlechts hinaus? Kohlberg spezifizierte drei Stufen der Entwicklung eines reifen Geschlechtsverständnisses. Zunächst erwerben Kinder **Geschlechtsidentität**: Im Alter von etwa 30 Monaten lernen sie, dass sie der einen oder der anderen Geschlechtskategorie angehören, und fangen an, sich selbst als Junge oder als Mädchen zu bezeichnen („Ich bin ein Mädchen.") (Fagot & Leinbach, 1989). Sie erkennen jedoch noch nicht, dass das Geschlecht etwas Permanentes ist (und denken zum Beispiel, ein Mädchen könnte als Erwachsene zu einem Vater werden) (Slaby & Frey, 1975). Die nächste Stufe, die **Geschlechtsstabilität**, beginnt mit etwa drei oder vier Jahren, wenn die Kinder allmählich erkennen, dass das Geschlecht im Zeitverlauf stabil bleibt. („Ich bin ein Mädchen und werde auch immer ein Mädchen bleiben.") Es ist ihnen aber noch nicht klar, dass das Geschlecht nicht von der äußeren Erscheinung abhängt; sie glauben, dass ein Junge, der ein Kleid anhat und nun wie ein Mädchen aussieht, auch zu einem Mädchen geworden ist.

Das Grundverständnis des Geschlechts komplettiert sich auf der dritten Stufe (mit etwa fünf bis sieben Jahren), wenn die Kinder **Geschlechtskonstanz** erwerben, das Verständnis, dass das Geschlecht etwas über Situationen hinweg gleich Bleibendes ist. („Ich bin ein Mädchen, und nichts kann das ändern.") Kohlberg stellte fest, dass es sich um dasselbe Alter handelt, in dem Kinder anfangen, Piaget'sche Erhaltungsaufgaben erfolgreich zu bearbeiten (siehe Kapitel 4), und behauptete, dass beide Leistungen dieselbe Stufe des Denkens reflektieren. Das Verständnis der Kinder, dass das Geschlecht konstant bleibt, auch wenn äußerliche Veränderungen eintreten, gleiche dem Verständnis, dass die Menge einer Substanz erhalten bleibt, auch wenn ihre Erscheinung verändert wird (ein Tonklumpen, der flach geklopft wurde, enthält immer noch dieselbe Menge an Ton; ein Mädchen, das Tabak kaut und ein Baseballtrikot anhat, ist immer noch ein Mädchen).

Wenn die Geschlechtskonstanz einmal erreicht wurde, beginnen Kinder nach Kohlberg damit, gleichgeschlechtliche Modelle auszusuchen und zu beobachten, um zu lernen, wie man sich verhalten soll. („Da ich ein Mädchen bin, sollte ich gern Mädchenhaftes tun, und deshalb muss ich herausfinden, was mädchenhaft ist."). Die Nachahmung des Verhaltens gleichgeschlechtlicher Modelle bildet also eine wichtige Komponente der kognitiven Entwick-

---

Geschlechtsidentität – das Bewusstsein des eigenen Geschlechts.

Geschlechtsstabilität – das Bewusstsein, dass das Geschlecht über die Zeit hinweg stabil bleibt.

Geschlechtskonstanz – die Erkenntnis, dass das Geschlecht auch gegenüber äußeren Änderungen der Erscheinung oder Tätigkeit invariant bleibt.

lungstheorie, so wie es auch in der sozialen Lerntheorie der Fall ist, doch tritt die Modellorientierung als eine Folge kognitiver Veränderungen auf. Die extrem maskulinen beziehungsweise femininen Posen von Colin und Catherine auf den Photos am Kapitelanfang lassen darauf schließen, dass beide Kinder das Stadium der Geschlechtskonstanz erreicht und sich bei gleichgeschlechtlichen erwachsenen Modellen kundig gemacht haben.

Das Geschlechterverstehen der Kinder entwickelt sich tatsächlich in der von Kohlberg beschriebenen Abfolge, und das Erreichen der Geschlechtskonstanz tritt in ungefähr demselben Alter ein wie der Erfolg bei Erhaltungsaufgaben (zum Beispiel Marcus & Overton, 1978; Munroe, Shimmin & Munroe, 1984). Ein großes Problem für die Theorie bildet jedoch die Tatsache, dass jüngere Kinder geschlechtsbasierte Präferenzen für Spielzeuge, Aktivitäten und Spielkameraden schon viel eher an den Tag legen, als sie über ein reifes Verstehen der Geschlechtskonstanz verfügen oder begonnen haben, gleichgeschlechtliche Modelle selektiv zu beachten. Außerdem wurde deutlich, dass dem Voranschreiten auf den Kohlberg'schen Stufen auch andere Faktoren als die allgemeine kognitive Entwicklung zugrunde liegen. Zum Beispiel hilft das Wissen über die genitalen Unterschiede zwischen den Geschlechtern (weil man andere Menschen auch mal nackt gesehen hat) den Kindern, sich darüber bewusst zu werden, dass die Geschlechtszugehörigkeit nicht auf der äußeren Erscheinung beruht (Bem, 1989). Eine weitere einflussreiche sozial-kognitive Theorie der Geschlechtsentwicklung, die diese Probleme speziell angeht, ist die Theorie der Geschlechterschemata.

Die Theorie der Geschlechterschemata

Die Theorie der Geschlechterschemata (Bem, 1981; Martin, 1993; Martin & Halverson, 1981) bietet eine Sichtweise der Geschlechtsentwicklung, die der Kohlberg'schen Theorie zwar ähnlich ist, sich aber in mehreren wichtigen Aspekten unterscheidet. So behauptet sie, dass die intrinsische Motivation der Kinder, mit ihrem Geschlecht übereinstimmende Interessen, Werte und Verhaltensweisen zu erwerben, entsteht, sobald Kinder ihr eigenes Geschlecht *identifizieren* können, manchmal schon im dritten Lebensjahr – viel früher, als Kohlberg annahm. Die Theorie nimmt weiterhin an, dass sich das kindliche Verständnis des Geschlechts durch ihre Konstruktion von **Geschlechterschemata** entwickelt – mentalen Repräsentationen, die alles umfassen, was sie über die Geschlechter wissen, einschließlich Gedächtnisrepräsentationen ihrer eigenen Erfahrungen mit Männlichem und Weiblichem, Geschlechtsstereotypen, die ihnen von Erwachsenen und Gleichaltrigen direkt vermittelt wurden („Jungen weinen nicht", „Mädchen sind zickig"), und Botschaften, die indirekt über die Medien transportiert wurden. Diese Schemata sind dynamisch und ändern sich permanent, wenn Kinder neue geschlechtsbezogene Konzepte erwerben (Ruble & Martin, 1998).

Jüngere Kinder fangen mit einem einfachen In-Group/Out-Group-Geschlechterschema an, mit dessen Hilfe sie andere Menschen danach klassifizieren, ob sie „gleich wie ich" sind oder nicht. Eine natürliche Motivation, die

Geschlechtsschemata – strukturierte mentale Repräsentationen (Konzepte, Überzeugungen, Erinnerungen) über die Geschlechter, einschließlich der zugehörigen Stereotype.

auf kognitive Übereinstimmung gerichtet ist, bringt sie dazu, andere Menschen ihres eigenen Geschlechts zu bevorzugen, mit Aufmerksamkeit zu bedenken und mehr über sie im Gedächtnis zu behalten. Als Folge davon wird ein *eigengeschlechtliches Schema* gebildet, das aus detailliertem Wissen darüber besteht, wie man Dinge tut, die mit dem eigenen Geschlecht übereinstimmen.

Es gibt starke Belege dafür, dass Kinder im Allgemeinen solche Gegebenheiten bevorzugen und mehr über sie lernen, die als passend für ihr eigenes Geschlecht gekennzeichnet sind. Zum Beispiel genügt es zu lernen, dass ein unbekanntes Objekt „für mein Geschlecht" gemacht ist, damit Kinder es stärker mögen. In einer Untersuchung zeigte der Versuchsleiter vier- bis fünfjährigen Kindern unbekannte, geschlechtsneutrale Objekte und sagte den Kindern, diese Objekte seien „für Jungen" oder „für Mädchen" gemacht. (Jedes der Objekte wurde für einige der Kinder auf die eine und für die anderen Kinder auf die andere Weise bezeichnet.) Die Mädchen gaben an, die „Mädchen"-Objekte stärker zu mögen, als die Jungen diese mochten – und umgekehrt. Die Mädchen glaubten außerdem, dass andere Mädchen die „Mädchen"-Objekte lieber mögen würden als andere Jungen (Martin, Eisenbud & Rose, 1995). In einer anderen Untersuchung erhielten Kinder zwischen vier und neun Jahren Schachteln mit unbekannten geschlechtsneutralen Objekten, die entweder als „Jungen"- oder als „Mädchen"-Sachen beschrieben wurden. Die Kinder verbrachten mehr Zeit damit, diejenigen Spielsachen zu erkunden und auszuprobieren, die als passend für ihr eigenes Geschlecht bezeichnet worden waren, und nach einer Woche wussten sie noch mehr über die Gegenstände für das eigene Geschlecht (Bradbard, Martin, Endsley & Halverson, 1986).

Abbildung 9.5 illustriert diesen Prozess der **geschlechtsbezogenen Selbstsozialisation**, durch den die Kinder in Folge ihrer Tendenz, sich in Übereinstimmung mit ihrer Geschlechtsidentität zu verhalten, mehr Wissen und Expertise im Umgang mit solchen Gegebenheiten erwerben, die ihrem eigenen Geschlecht entsprechen. Stellen Sie sich ein kleines Mädchen vor, das vor die Wahl zwischen einem Spielzeuglaster und einer Puppe gestellt wird. Ihre Wahl wird sowohl von ihrer Geschlechtsidentität als auch von ihrem Wissen über genau diese Spielsachen abhängen. Wenn sie weiß, dass sie ein Mädchen ist (also Geschlechtsidentität besitzt), und außerdem weiß, dass Lastwagen „Jungenspielzeug" und Puppen „Mädchenspielzeug" sind, wird sie sich wahrscheinlich die Puppe aussuchen. Durch ihren anschließenden Umgang mit der Puppe wird sie mehr über Puppen lernen, wie man mit ihnen spielt, wie andere darüber denken, wenn sie mit Puppen spielt, und so weiter. Indem sie den Lastwagen vermeidet, wird sie nichts Neues über Lastwagen lernen. Die Kraft der geschlechtsbezogenen Selbstsozialisation ihrer Kinder ist vielen Eltern nur zu vertraut, die erfolglos versucht haben, die Entwicklung ihrer Kinder in geschlechtsneutralere Bahnen zu lenken. Trotz großer Anstrengungen ihrer Eltern wollen viele kleine Jungen einfach kein Interesse an der Fütterung von Babypuppen aufbringen, und viele kleine Mädchen widmen sich pinkfarbenen Anziehsachen und Barbiepuppen.

Geschlechtsbezogene Selbstsozialisation – der Prozess, durch den Kinder in Folge ihrer Tendenz, sich in Übereinstimmung mit ihrer Geschlechtsidentität zu verhalten, mehr Wissen und Expertise im Umgang mit solchen Gegebenheiten erwerben, die ihrem eigenen Geschlecht entsprechen.

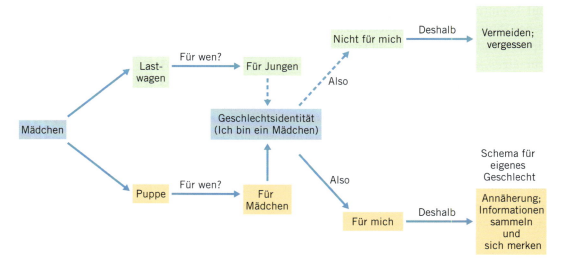

Abbildung 9.5: Die Theorie der Geschlechterschemata. Nach der Theorie der Geschlechtsschemata klassifizieren Kinder neue Objekte und Aktivitäten zunächst nach einem In-Group/Out-Group-Schema als „für Jungen" oder „für Mädchen" geeignet. Objekte oder Aktivitäten, die für das andere Geschlecht gemacht sind, werden ignoriert, während man diejenigen für das eigene Geschlecht näher erkundet, und das dabei Gelernte wird dem Schema des eigenen Geschlechts einverleibt. (Nach Martin & Halverson, 1987.)

Jüngere Kinder, die diese Photos sehen, würden sich wahrscheinlich daran erinnern, dass sie einen Jungen mit Autos und ein Mädchen mit einer Puppe spielen sahen. Dies illustriert die Kraft von Geschlechtsschemata, Erinnerungen an Informationen zu verzerren, die nicht mit dem Schema übereinstimmen.

Da es sich um kognitive Strukturen handelt, sind Geschlechterschemata auch für eine einseitige Ausrichtung bei der Verarbeitung und Erinnerung von geschlechtsbezogenen Informationen verantwortlich. Kinder neigen dazu, sich mehr davon zu merken, was sie andere Angehörige ihres eigenen Geschlechts tun sehen, als was gegengeschlechtliche Individuen tun (Signorella, Bigler & Liben, 1997; Stangor & McMillan, 1992). Außerdem enkodieren und erinnern sie Information über Figuren in Geschichten, die sich in Übereinstimmung mit ihrem Geschlecht verhalten, in der Regel recht genau, während sie mit dem Geschlecht inkonsistente Informationen vergessen oder verdrehen (Liben & Signorella, 1993; Martin & Halverson, 1983). Zum Beispiel hörten Kinder eine Geschichte, in der ein Mädchen vorkam, das Holz sägte, und erinnerten sich später an eine Geschichte über einen Jungen, der Holz sägte; oder Kinder sahen Werbespots, in denen ein Junge mit einer Puppe und ein Mädchen mit einem Lastwagen spielte, und neigten später dazu, das Geschlecht der Kinder, die die jeweiligen Handlungen ausgeführt hatten, falsch zu erinnern (Martin & Halverson, 1983; Stangor & Ruble, 1989). Die beiden paarweise auftretenden Tendenzen, schemakonsistente Information zu behalten und inkonsistente Information zu ignorieren oder zu verzerren, tragen dazu bei, Geschlechtsstereotype aufrechtzuerhalten, die in der Realität keine oder nur eine schwache Grundlage besitzen.

Ökologische Theorien

Das Thema der Geschlechterentwicklung ist mit Bronfenbrenners bio-ökologischem Modell und mit der Evolutionspsychologie gut vereinbar. Die Theorien geben einen sehr brauchbaren Rahmen vor, in dem sich die Vielfalt der differenziellen Einflüsse darauf betrachten lässt, wie Jungen und Mädchen die Vorlieben, Einstellungen und Verhaltensweisen entwickeln, die für ihr jeweiliges Geschlecht typisch sind.

Das bio-ökologische Modell

Geschlechterunterschiede treten auf jeder Ebene des bio-ökologischen Modells von Bronfenbrenner zu Tage und interagieren mit Aspekten der genetischen und biologischen Ausstattung des Kindes, die für sein Geschlecht charakteristisch sind. Auf der Ebene des *Mikrosystems* besteht ein leicht zu erkennender Unterschied in der physikalischen Umgebung, in der sehr kleine Kinder leben. Viele amerikanische Eltern entwerfen für ihre Kinder männliche oder weibliche Lebensräume (Pomerleau, Bolduc, Malcuit & Cossette, 1990; Rheingold & Cook, 1975). Wie schwer wäre wohl das Geschlecht des Bewohners eines in Pastellfarben getönten Zimmers zu erraten, in dem eine Puppensammlung auf dem Bett drapiert ist, auf dem sich eine rosafarbene Tagesdecke mit Rüschen befindet?

Ebenfalls auf der Mikrosystem-Ebene bilden amerikanische Klassenzimmer einen Ort, an dem Jungen und Mädchen in großem Umfang unterschiedlich behandelt werden. Zum Beispiel neigen Grundschullehrerinnen und Vorschulerzieherinnen dazu, das stereotypisch „feminine" Verhalten des Gehorsams mit Wertschätzung zu belegen und die „maskuline" Beharrlichkeit – als Dickköpfigkeit – abzuwehren (Fagot, 1985). Außerdem erhalten Jungen von ihren Lehrern mehr Missbilligung und Kritik als Mädchen (Huston, 1983). Typisch Feminines wird in amerikanischen Schulen also deutlich bevorzugt. Diese Einseitigkeit wirkt sich aber nicht notwendigerweise zu Gunsten der Mädchen aus, weil sie dafür verstärkt werden, sich konform zu verhalten und still und ruhig in der Klasse zu sitzen (Serbin, Powlishta & Gulko, 1993), was sie wahrscheinlich Leistungsfähigkeit und Unabhängigkeit kostet.

Andere Aspekte an amerikanischen Schulen kann man jedoch auch als Belege für eine Männlichkeitsorientierung betrachten. Jungen dominieren die Klasse. Wenn beispielsweise Grundschulkinder eifrig die Hand strecken, weil sie eine Frage des Lehrers beantworten wollen, dann ruft der Lehrer mit größerer Wahrscheinlichkeit einen Jungen auf als ein Mädchen, so dass sich die Aufmerksamkeit häufiger auf Jungen richtet (Sadker & Sadker, 1994). Ein Grund, warum Jungen häufiger aufgerufen werden, besteht jedoch auch darin, dass sich mehr Jungen melden (Altermatt, Jovanovic & Perry, 1998).

Die Ebene des *Mesosystems* in Bronfenbrenners bio-ökologischem Modell umfasst die Interaktionen zwischen Mikrosystemen wie der Schule und der Familie. Forschungen über die elterlichen Überzeugungen und Erwartungen bezüglich schulischer Leistungen haben gezeigt, dass Eltern und Lehrer glauben, dass in der Grundschule die Mädchen besser im Lesen sind als die Jungen, aber dass die Jungen besser im Rechnen sind als die Mädchen (Eccles, Jacobs & Harold, 1990; Meece, Parsons, Kaczala, Goff & Futterman, 1982). Diese Überzeugungen sind ziemlich unabhängig von der tatsächlichen Leistung der Kinder in diesen Fächern. Diese ähnlichen Stereotype seitens der Eltern und der Lehrer werden wahrscheinlich auch an die Kinder kommuniziert, wodurch über zwei Mirkosysteme hinweg gleich lautende Botschaften vermittelt werden.

Kinder scheinen auf diese Botschaften zu hören. Forschungsarbeiten von Jacqueline Eccles und ihren Mitarbeiterinnen (Eccles et al., 1993; Jacobs, Lanza, Osgood, Eccles & Wigfield, 2002) lassen erkennen, dass sich die Mädchen selbst in Mathematik als weniger kompetent wahrnehmen, Mathe als weniger nützliches Fach ansehen und weniger daran interessiert sind, zukünftig mehr Mathekurse zu belegen. Sie neigen dazu, ihren Erfolg in Mathematikkursen auf *externale* Faktoren zu attribuieren und ihren Misserfolg auf *internale* Faktoren. Ein Mädchen, das bei einer Klassenarbeit gut abgeschnitten hat, denkt also „Diesmal habe ich aber Glück gehabt" oder „Ich glaube, der Lehrer mag mich". Wenn sie schlecht abschneidet, denkt sie „Ich bin halt nicht gut in Mathe". Jungen neigen zu dem entgegengesetzten Muster aus Selbstwahrnehmung, Interessen und Ursachenzuschreibungen.

Auf der Ebene des Exosystems sind die Berufsrollen, die für Männer und Frauen in einer bestimmten Gesellschaft zugänglich sind, recht unterschiedlich. Kinder in Nordamerika kommen beispielsweise durchschnittlich mit mehr weiblichem Krankenpflegepersonal und mit mehr männlichen Ärzten in Kontakt, und sie sehen, dass in Sekretariaten meistens Frauen arbeiten und dass die Mehrzahl von Generaldirektoren Männer sind. Auch sehen sie, dass sie meistens von Erzieherinnen betreut und von Lehrerinnen unterrichtet werden, und viele jüngere Kinder kommen zu dem Glauben, dass Erziehung ein reiner Frauenberuf ist. So berichtet einer unserer Kollegen, ein College-Professor, dass sein vierjähriger Sohn die Behauptung seines Vaters, ein Lehrer zu sein, vehement abstritt und darauf bestand, dass alle Lehrer Frauen seien. Das Kind im Zentrum des bio-ökologischen Modells wird also durch die Verteilung der Geschlechtsrollen in der Gesellschaft beeinflusst.

Das *Makrosystem*, welches die allgemeine Kultur umfasst, in der das Kind lebt, bildet eine entscheidende Quelle der Geschlechterdifferenzierung. Das fängt schon mit dem grundlegenden Ausmaß an Wertschätzung an, das Männer und Frauen in der Gesellschaft erhalten. In vielen, wenn nicht in den meisten Gesellschaften erfuhren und erfahren Männer höhere Wertschätzung als Frauen (Durkin, 1995). Im Verlauf der Geschichte wurden immer wieder weibliche Kindstötungen praktiziert, um dem männlichen Nachwuchs Platz zu machen, und diese Praxis gibt es – wie in Kapitel 2 angeführt – auch heute noch in einigen Teilen der Welt (Hrdy, 1999). Die westliche Welt zeigt dieselbe Verschiebung zugunsten der Männer, wenngleich nicht in derart extremer

Welche unterschiedlichen Erfahrungen stehen Kindern zur Verfügung, die in verschiedenen historischen Zeiten geboren wurden?

Folgt man der Evolutionspsychologie, so haben Geschlechterunterschiede im Spielverhalten ihren Ursprung wahrscheinlich in der Evolutionsgeschichte der menschlichen Spezies. Geschlechtsstereotypes Spiel soll die Kinder auf ihre unterschiedlichen Rollen in der Gesellschaft vorbereitet haben.

Weise. US-amerikanischen Umfragen zufolge hoffen beispielsweise die meisten Menschen, dass ihr erstes Kind ein Junge wird, besonders wenn sie nur ein Kind geplant haben (Frenkiel, 1993). In manchen Gesellschaften wird der höhere Wert der Männer explizit an die Kinder kommuniziert. Muslimischen Jungen in türkischen Dörfern wird beispielsweise von frühester Kindheit an beigebracht, „männlichen Stolz" zu fühlen und zu zeigen. Im Schulalter erwartet man von ihnen, sich anständig zu benehmen – um ihre Männlichkeit zu wissen und diese auch zu beweisen (Delaney, 2000).

Schließlich ist auch Bronfenbrenners *Chronosystem* für die Geschlechterentwicklung relevant. Man bedenke die drastischen Veränderungen in den sozialen Einstellungen gegenüber Geschlechterrollen, die in den westlichen Gesellschaften im Verlauf der vergangenen Jahrzehnte eingetreten sind. Ein Bereich, in dem dies besonders ersichtlich wird, sind die Karrierechancen. Als die Autorinnen dieses Buches noch Kinder waren, war das Spektrum an Berufen, die für Frauen offen standen, erheblich schmaler als heute. Wir sahen niemals eine Frau einen Telefonmasten hochklettern, einen Feuerwehrschlauch tragen oder ein Militärflugzeug fliegen. Auch gab es weit weniger weibliche Rechtsanwälte, Ärzte und Professoren als heute.

Das bio-ökologische Modell ist durch die Existenz komplexer Interaktionen zwischen den Ebenen gekennzeichnet. Ein ausgezeichnetes Beispiel für eine solche Interaktion, an der das Geschlecht beteiligt ist, kann man den Forschungen von Glen Elder und seinen Kollegen entnehmen, die sich mit Erwachsenen befassen, deren Kindheit in der Großen Depression der 1930er Jahre lag (Elder, Van Nguyen & Caspi, 1985). Die ökonomische Härte, die so viele Familien während der wirtschaftlichen Depression betraf, beeinträchtigte das psychische Wohlergehen der Mädchen stärker als das der Jungen. Dieser Effekt lag daran, dass die Väter sich ihnen gegenüber zurückweisend und strafend verhielten. Doch wurden nicht alle Mädchen auf diese Weise behandelt; sehr attraktive Mädchen mussten die väterliche Zurückweisung nur selten erleiden, gleich wie schwer der wirtschaftliche Druck auf der Familie lastete. Wenn man sich in Bronfenbrenners Modell von außen nach innen durcharbeitet, sehen wir einen besonderen historischen Abschnitt (Chronosystem), in dem die Politik von Regierung und Wirtschaft (Makrosystem) einen umfassenden finanziellen Kollaps verursachte, der zur Massenarbeitslosigkeit (Exosystem) der Familienernährer (Mesosystem) führte. Die daraus resultierenden finanziellen und weiteren Belastungen erhöhten wiederum das ablehnende Verhalten der Väter gegenüber bestimmten Teilen ihrer Kinder (Mikrosystem).

Evolutionspsychologie

Die Evolutionspsychologie und die Theorie der elterlichen Investition können sehr viel über Geschlechtsunterschiede in der Kindheit wie auch im Jugend- und Erwachsenenalter beitragen. Man betrachte beispielsweise die ausgeprägten Geschlechtsunterschiede, die beim Spiel häufig auftreten. Zu den ziemlich leicht beobachtbaren Unterschieden über eine Vielzahl von Kulturen hinweg gehört vor allem die Vorliebe der Jungen fürs Toben und Herumbalgen. Aus evolutionärer Perspektive nimmt David Geary (1999, S. 31) an, dass das spielerische Kämpfen der Jungen eine sich herausgebildete Neigung darstellen könnte, die Fähigkeiten zu üben, die mit der Konkurrenzsituation Mann gegen Mann im Verlauf der menschlichen Evolution assoziiert war. Im Gegensatz dazu ist das Spiel „Eltern sein und Kinder versorgen", einschließlich des Spiels mit Puppen, in allen Kulturen, in denen das Spielverhalten von Kindern untersucht wurde, bei Mädchen viel häufiger als bei Jungen. Aus evolutionärer Sicht erscheint auch dies sinnvoll. Bis vor kurzem war die mütterliche Fürsorge in Form des Stillens für das Überleben des Säuglings unerlässlich, so dass die Mütter keine Alternative hatten, als beträchtliche Mengen an Zeit, Anstrengung und Energie in die Pflege und Versorgung ihrer kleinen Kinder zu investieren. In allen Kulturen, in denen die Kindesbetreuung untersucht wurde, versorgen die Mütter auch heute noch ihre Kinder weit mehr als die Väter (Geary, 1998). Die Tatsache, dass das Eltern-versorgen-Kinder-Spiel auch bei jungen weiblichen Primaten beobachtet wurde und in der Folge mit erhöhten Überlebensraten ihres Nachwuchses zusammenhängt, führte Geary (1999, S. 31) dazu, diese Form des Spiels als eine Tendenz zu betrachten, diejenigen Tätigkeiten herauszufinden, welche die späteren Fähigkeiten bei der elterlichen Fürsorge verbessern.

Die Theorie der elterlichen Investition behauptet, dass nach dem Eintreten der Pubertät Geschlechtsunterschiede in der Art und Weise entstehen, wie Männer und Frauen die Aufgabe angehen, einen Partner zu finden. Für eine Frau ist es wichtig, einen Partner zu haben, der in sie und in die langfristige Versorgung ihrer Kinder investieren wird, um damit das Überleben ihrer Kinder zu sichern, die ihre Gene weitergeben können. Es dient ihren Interessen somit am besten, wählerisch zu sein und auf einen Partner Wert zu legen, der kulturellen Erfolg erzielt hat und somit wertvolle Ressourcen bereitstellen kann – je nach Kultur können das Geld, Kühe oder Kaurischneckenhäuser sein. Andererseits können Männer Kinder haben, ohne dass es sie mehr als ihr Sperma kostet, weshalb es dem Ziel, die eigenen Gene zu bewahren, am besten dient, wenn sie kurzfristige Beziehungen eingehen und sich mit mehreren Partnerinnen einlassen, die jung und fruchtbar genug sind, um gesunde Kinder zu produzieren. Mit dieser Sicht stimmen Forschungsergebnisse überein, die berichten, dass sich Frauen eher von Männern angezogen fühlen, die reif und kulturell erfolgreich erscheinen (also potenzielle Partner, die Ressourcen beisteuern können), während sich Männer mehr an Jugend und körperlicher Attraktivität (Zeichen von Fruchtbarkeit) orientieren (Buss, 1994).

Die interessanten und provokativen Erklärungen, welche die Theorie der elterlichen Investition für Geschlechtsunterschiede im Verhalten anbietet, blieben nicht unwidersprochen. Die allgemeinen Kritikpunkte an der Evolutionspsychologie, die zuvor schon angeführt wurden, gelten in diesem Themenbereich gleichermaßen, und viele spezielle Kritikpunkte sowohl empirischer als auch theoretischer Natur wurden ebenfalls vorgebracht (zum Beispiel Miller, Putcha-Bhagavatula & Pedersen, 2002). Die Annahme beispielsweise, dass Frauen grundsätzlich eine evolutionsbasierte Vorliebe für Männer haben, die viele Ressourcen bereitstellen können, wird durch die Tatsache in Frage gestellt, dass diese Präferenz vorwiegend für solche Kulturen typisch ist, in denen Frauen wenig Macht besitzen (Eagly & Wood, 1999); die Strategien der Partnerwahl könnten somit eine Folge der kulturellen Machtverteilung und weniger der evolutionsbedingten Prädispositionen der Geschlechter sein.

IN KÜRZE

Das Geschlecht bildet ein wichtiges Thema für alle allgemeinen Theorien der sozialen Entwicklung. Auch wenn die Ähnlichkeiten zwischen den Geschlechtern die Unterschiede bei weitem übertreffen, stand die Art und Weise, in der sich Männer und Frauen unterscheiden, im Zentrum großen theoretischen Interesses. Freuds Perspektive beruhte auf seinen Annahmen über die kindliche Sexualität und die Unterschiede zwischen Jungen und Mädchen bei der Entwicklung des Über-Ichs, um sexuelle Impulse zu kontrollieren. Nach der Theorie des sozialen Lernens lernen Männer und Frauen geschlechtstypische Verhaltensweisen dadurch, dass sie gleichgeschlechtliche Modelle stärker beachten und häufiger imitieren als gegengeschlechtliche Modelle. Außerdem hebt die soziale Lerntheorie hervor, dass Eltern und andere Erwachsene Geschlechtstypisierungen bei ihren Kindern oft direkt unterstützen, indem sie sie für geschlechtsangepasstes Verhalten differenziell verstärken. Die Theorie der Geschlechterschemata ist ein sozial-kognitiver Ansatz zur Geschlechtsentwicklung, der sich aus Lawrence Kohlbergs Annahme entwickelte, der zufolge die Entwicklung von Geschlechterrollen damit beginnt, dass sich Kinder mit ihrem eigenen Geschlecht identifizieren. Kinder konstruieren dann Geschlechterschemata beziehungsweise mentale Repräsentationen von allem, was sie über die Geschlechter wissen, einschließlich der Geschlechterstereotype. Sie sind intrinsisch motiviert, Interessen, Werthaltungen und Verhaltensweisen zu erwerben, die mit ihrem Geschlecht übereinstimmen – also sich selbst so zu sozialisieren, dass sie sich in Übereinstimmung mit ihrer Geschlechtsidentität verhalten.

In Bronfenbrenners bio-ökologischem Modell gibt es auf jeder Ebene des Systems Einflüsse auf die Geschlechterentwicklung, von der unterschiedlichen Behandlung von Jungen und Mädchen durch Lehrer bis zu den kulturellen und historischen Unterschieden im Wert, der männlichen und weiblichen Nachkommen zugemessen wird. Evolutionspsychologen nehmen an, dass Geschlechtsunterschiede im Spielverhalten von Kindern – das Herumtoben und Balgen von Jungen und die Versorgungsspiele von Mädchen – mit evolutionsbasierten sozialen Rollen zusammenhängen könnten.

Eine integrative Theorie: Maccobys Ansatz der Geschlechtertrennung

Bei unserer Diskussion der wichtigsten Theorien der sozialen Entwicklung und ihrer Sicht auf die Geschlechterentwicklung haben wir die Theorien mehr oder weniger getrennt voneinander betrachtet. Eleanor Maccoby (1998, 2002) hat jedoch nachgewiesen, dass sich Elemente dieser allgemeinen theoretischen Positionen erfolgreich integrieren lassen. Die Theorieansätze des sozialen Lernens, der sozialen Kognition und der Evolutionspsychologie spielen alle eine Rolle in Maccobys Ansatz der **Geschlechtertrennung** (*segregation*) – der starken Neigung von Kindern, Gleichaltrige des eigenen Geschlechts zu finden und mit ihnen zu interagieren und Kindern des anderen Geschlechts aktiv aus dem Weg zu gehen. Maccobys Theorie beruht auf einer ansehnlichen Reihe von Forschungsergebnissen, die belegen, wie selbstverständlich die Geschlechtertrennung für Grundschulkinder ist. Diese Natürlichkeit kommt in den folgenden Interviews deutlich zum Ausdruck (aus Schofield, 1981, zitiert in Maccoby, 1998, S. 61–62):

> *Interviewer*: Sind in deiner Klasse die Jungen mehr mit den Jungen oder mehr mit den Mädchen zusammen?
>
> *Harry*: Mit den Jungen!
>
> *Interviewer*: Warum?
>
> *Harry*: Nun, es gibt Jungen-Gespräche und es gibt Mädchen-Gespräche.
>
> *Interviewer*: Mit ist aufgefallen, dass im Speisesaal sehr oft die Jungen zusammensitzen und die Mädchen zusammensitzen. Was glaubst du, warum das so ist?
>
> *Bob*: Damit sie reden können. Die Jungen sprechen über Fußball und Sport und die Mädchen sprechen über das, worüber sie halt so reden.
>
> *Sandra*: Wenn du mit Jungen redest, sagen sie [die anderen Mädchen], dass du fast mit ihnen gehst.
>
> *Interviewer*: Was denkt sich der Junge dabei?

Geschlechtertrennung – die Neigung von Kindern, sich mit gleichgeschlechtlichen Gleichaltrigen zusammenzutun und denen des anderen Geschlechts aus dem Weg zu gehen.

Sandra: Weiß ich nicht. Ich kann nicht sagen, was ein Junge denkt. Ist schwierig.

Interviewer: Du hast erwähnt, dass du mit deinen Freundinnen tief greifende Gespräche führst. Hast du solche Gespräche jemals auch mit Jungen?

Sandra: Niemals. Ich meine, das ist mir nie eingefallen.

Geschlechtertrennung lässt sich recht früh beobachten. Schon in der Tagesstätte oder in Spielgruppen fangen amerikanische Kleinkinder an, gleichgeschlechtliche Spielpartner zu bevorzugen, wobei Mädchen diese Präferenz etwas eher zeigen als Jungen. Diese Tendenz wird zunehmend stärker, bis sie in der Grundschule sehr ausgeprägt ist (LaFreniere, Strayer & Gauthier, 1984; Maccoby & Jacklin, 1987; Serbin, Moller, Gulko, Powlishta & Colburne, 1994; Sippola, Bukowski & Noll, 1997). Abbildung 9.6 zeigt die Ergebnisse einer Untersuchung, in der Vorschulkinder fast drei Mal so lange mit gleichgeschlechtlichen Kindern spielten als mit Kindern vom anderen Geschlecht. Bis zur ersten Klasse Grundschule war das Verhältnis 11 zu 1 (Maccoby & Jacklin, 1987). Die Geschlechtertrennung erreicht ihren Höhepunkt mit etwa acht bis elf Jahren und verringert sich dann langsam, besonders wenn die Jugendlichen anfangen, sich in Liebesdingen fürs andere Geschlecht zu interessieren.

Die allgemeine Tendenz zur Geschlechtertrennung, die bei amerikanischen Kindern erkennbar ist, scheint praktisch universell zu sein (Ruble & Martin, 1998). Whiting und Edwards (1988) beobachteten die Präferenz für Gleichgeschlechtliche in mehreren kleinen Gesellschaften auf der ganzen Welt, darunter in Dörfern und Wohnvierteln in Afrika, Indien, Mexiko, den Philippinen und den USA. An allen Orten suchen sich Kinder gleichgeschlechtliche Spielgefährten und verbringen mehr von ihrer Spielzeit in Interaktion mit Kindern des eigenen Geschlechts. Zwischen sechs und zehn Jahren initiierten Kinder soziale Handlungen fünf Mal so häufig mit gleichgeschlechtlichen als mit gegengeschlechtlichen Altersgenossen.

Die Trennung der Kinder in gleichgeschlechtliche Gruppen wird zum größten Teil von den Kindern selbst initiiert. Somit bildet sie ein weiteres Beispiel für die geschlechtsbezogene Selbstsozialisation. Das Ausmaß, in dem die Kinder selbst die Geschlechtertrennung erzwingen, wird durch die folgende Beschreibung eines Ereignisses in einer amerikanischen Grundschule anschaulich dargestellt (Thorne, 1986, zitiert in Maccoby, 1998, S. 24):

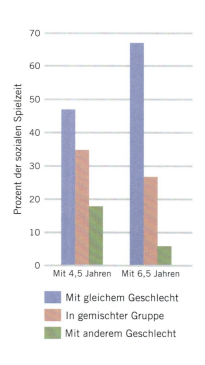

Abbildung 9.6: Geschlechtertrennung beim Spiel. Anteil der sozialen Spielzeit, die Kinder in der Vorschule und der ersten Klasse Grundschule mit Kindern ihres eigenen und des anderen Geschlechts verbrachten (nach Maccoby, 1998).

> Im Speisesaal, als sich die Zweitklässlertische füllten, kam ein Junge mit hohem sozialem Status am vorderen Tisch vorbei, an dem Jungen und Mädchen gemischt saßen, und sagte laut: „Oh, zu viele Mädchen", als er als er sich einen Platz am hinteren Tisch suchte. Die Jungen am vorderen Tisch nahmen ihre Tabletts und gingen, so dass keine Jungen mehr am vorderen Tisch saßen; mit der Äußerung wurde dieser Tisch wirksam zur Tabuzone für Jungen erklärt.

Die Stärke der Tendenz zur Geschlechtertrennung spiegelt sich auch in der Schwierigkeit wider, diese zu ändern. Interventionsprogramme, die das geschlechtsübergreifende Spiel fördern sollten, waren nicht spürbar wirksam und hatten auch keine längerfristigen Effekte (Lockheed & Harris, 1984; Serbin, Tonick & Sternglanz, 1977; Theokas, Ramsey & Sweeney, 1993). Stattdessen stoßen die Bemühungen von Lehrern, die Interaktion der Kinder mit Angehörigen des anderen Geschlechts zu erhöhen, häufig auf starke Widerstände; ein elfjähriges Mädchen drückte es so aus, dass Lehrer, die versuchen, Jungen und Mädchen häufiger zum gemeinsamen Spiel zu bewegen, „eklig und widerlich" seien (Maccoby, 1998, S. 26)

Warum sind Kinder schon sehr früh so motiviert, bei ihrer „eigenen Art" zu bleiben? Maccoby (1998) nimmt an, dass die Wahl gleichgeschlechtlicher Spielkameraden in der Entdeckung ihren Ursprung hat, dass der Spielstil der gleichgeschlechtlichen Altersgenossen besser mit den eigenen Spielvorlieben übereinstimmt; diese Entdeckung wiederum stammt aus den frühen Interaktionen mit Jungen und Mädchen. Insbesondere lernen sie, dass sich Jungen häufig an körperlich aktiven Spielen wie Herumtoben und Herumbalgen beteiligen, gern in relativ großen Gruppen spielen und beträchtliche Anstrengungen darauf verwenden, sich in eine dominante Rolle zu bringen und in dieser auch gesehen zu werden, um die Altersgenossen zu beeindrucken. Direkte wechselseitige Konfrontationen treten in ihren Interaktionen häufig auf, und das raue, körperbetonte Spiel kann leicht zu Aggressionen führen. Außerdem bewachen Jungen ihre Abtrennung eifrig: Sie sondern sich aktiv von den Erwachsenen ab, testen die Grenzen der Regeln und Sanktionen der Erwachsenen und schließen Mädchen aktiv aus ihren Gruppen aus.

Kinder können ebenso lernen, dass Mädchen viel Mühe darauf verwenden, positive soziale Beziehungen zu etablieren und aufrechtzuerhalten. Sie verbringen mehr Zeit mit nur einem oder wenigen anderen Mädchen und vermeiden bei ihren Interaktionen offene Konflikte; Feindseligkeit drücken sie indirekt aus. Selbstmitteilungen bilden eine wichtige Komponente in ihren Interaktionen, welche wechselseitig sind und längere Zeit anhalten. Anders als die Jungen neigen Mädchen dazu, die Kommunikation mit Erwachsenen aufrechtzuerhalten.

Maccoby nimmt an, dass mehrere Faktoren zu den Unterschieden in den Interaktionsstilen von Jungen und Mädchen und somit zu der selbst herbeigeführten Tren-

Jungen sitzen bei den Jungen, Mädchen sitzen bei den Mädchen. Diese typische Szene illustriert die Geschlechtertrennung.

nung der Geschlechter beitragen. Einige Faktoren könnten evolutionären Ursprungs sein; dazu gehört die männliche Eigenschaft, Dominanzhierarchien anzustreben. Ähnliche Unterschiede in den Spielstilen von männlichen und weiblichen Kindern und die Tendenz zur Geschlechtertrennung wurden auch bei einigen Primaten gefunden. Auch physiologische (hormonelle) Faktoren scheinen einen Beitrag zu leisten; hierzu gehört die Tatsache, dass männliche Feten normalerweise Androgenen (männlichen Hormonen) ausgesetzt sind. Belege für die Rolle der Androgene stammen aus Forschungsarbeiten, die erkennen lassen, dass sich weibliche Affen, denen pränatal Androgene verabreicht wurden, häufiger an Rauf- und Balgspielen beteiligen als normale Weibchen. Ähnliche Beobachtungen ergaben sich bei Mädchen, die pränatal unbeabsichtigt mit Androgen in Berührung gekommen waren.

Auch kognitive Faktoren spielen in Maccobys Ansatz der Geschlechtertrennung eine Rolle. Zwar scheint das Wissen über Geschlechtsstereotype nicht sehr stark mit der Geschlechtertrennung zusammenzuhängen; es besteht jedoch ein offensichtlicher Zusammenhang zwischen der Geschlechtertrennung und dem Wissen über das eigene Geschlecht sowie über das Geschlecht anderer. Auch Sozialisationsdruck trägt zur Geschlechtertrennung bei, wobei der Druck jedoch vorwiegend von den Altersgenossen der Kinder kommt und weniger von Erwachsenen, wie es im vorher zitierten Beispiel aus dem Speisesaal der Fall war. Kinder beider Geschlechter, die versuchen, mit einem Kind des jeweils anderen Geschlechts in Kontakt zu treten, werden damit aufgezogen, sie würden dieses Kind „lieben" oder „mögen". Der Beitrag der Erwachsenen zur Geschlechtertrennung resultiert vorwiegend daraus, dass sie die Unterschiede in den Interaktionsstilen von Jungen und Mädchen unterstützen. Wir haben schon dargestellt, dass Eltern mit ihren Töchtern behutsamer spielen und sie ermutigen, über ihre Gefühle zu sprechen, während sie mit den Söhnen wilder spielen und sie nicht darin unterstützen, zu weinen oder Angst und Schwäche zu zeigen.

Bei der Geschlechtertrennung handelt es sich somit um eine sehr starke Tendenz, die in verschiedenen Gesellschaften und sogar bei verschiedenen Spezies immer wieder beobachtet wurde. In großem Ausmaß wird sie von den Kindern selbst initiiert und durchgesetzt. Wegen ihrer unterschiedlichen Vorlieben, was die Art von Spielen und anderen Interaktionen betrifft, beziehen Kinder mehr Freude und Zufriedenheit daraus, vorwiegend mit ihrer „eigenen Art" zusammen zu bleiben. Diese freiwillige Geschlechtertrennung fördert wiederum die Selbstsozialisation der Geschlechtsunterschiede.

IN KÜRZE

Die von Eleanor Maccoby aufgestellte Theorie der Geschlechtertrennung bringt Elemente aller wichtigen Theorien der sozialen Entwicklung zusammen; sie versucht, die starke Neigung zu verstehen, dass sich Kinder weltweit mit Altersgenossen desselben Geschlechts zusammentun und Kindern des anderen Geschlechts aus dem Weg gehen. Die Selbstsozialisation spielt in ihrer Theorie eine wichtige Rolle, da es vorwiegend die Kinder selbst sind, welche die Geschlechtertrennung initiieren und durchführen. Der Impuls für geschlechtsgetrennte Gruppen stammt größtenteils von grundlegenden Unterschieden in den Interaktionsstilen, welche selbst wiederum aus mehreren Faktoren resultieren, zu denen geschlechtsbezogenes Wissen und Sozialisationsdruck genauso gehören wie biologische Faktoren mit vermutlich evolutionärem Ursprung.

Zusammenfassung

Vier Haupttypen von Theorien der sozialen Entwicklung bieten gegensätzliche Perspektiven auf die soziale Welt von Kindern wie auch auf die Geschlechterentwicklung.

Psychoanalytische Theorien

- Die psychoanalytische Theorie von Sigmund Freud hatte einen enormen Einfluss auf die Entwicklungspsychologie und die Psychologie als Ganze, und zwar vorwiegend wegen Freuds Betonung der Bedeutung früher Erfahrungen für die Persönlichkeit und die soziale Entwicklung, seiner Darlegung unbewusster Motive und Prozesse und seinem Hinweis auf die Bedeutung enger Beziehungen.
- Freud postulierte fünf biologisch determinierte Phasen der psychosexuellen Entwicklung (orale, anale, phallische, Latenz- und genitale Phase), in denen sich die psychische Energie auf verschiedene Bereiche des Körpers konzentriert. In jeder Phase stehen Kinder speziellen Konflikten gegenüber, die gelöst werden müssen, damit eine gesunde Entwicklung möglich wird. Freud postulierte außerdem drei Persönlichkeitsstrukturen – das Es (unbewusste Triebe), das Ich (rationales Denken) und das Über-Ich (Gewissen).
- Erik Erikson erweiterte Freuds Theorie, indem er acht Stufen der psychosozialen Entwicklung identifizierte, die sich über die gesamte Lebensspanne erstrecken. Auf jeder Stufe wird eine Entwicklungskrise erlebt, die erfolgreich gelöst werden muss, damit das Individuum nicht auch im späteren Leben von dieser Krise beeinträchtigt bleibt.

Lerntheorien

- John Watson glaubte stark an die Macht von Umweltfaktoren, insbesondere die Verstärkung, als Einflussquelle der Kindesentwicklung.
- B. F. Skinner nahm an, dass sich jegliches Verhalten anhand des operanten Konditionierens erklären lässt. Er entdeckte die Bedeutung der intermit-

tierenden Verstärkung und den mächtigen Verstärkungswert der Aufmerksamkeit.
- Albert Banduras Theorie des sozialen Lernens betonte ursprünglich die Nachahmung als die primäre Quelle des Lernens. Seine Forschungen erbrachten den Nachweis, dass Kinder einfach dadurch lernen können, dass sie andere Menschen beobachten. Zunehmend hat Bandura auf die Bedeutung der Kognition beim sozialen Lernen hingewiesen.

Theorien der sozialen Kognition

- Theorien der sozialen Kognition nehmen an, dass insbesondere das Wissen und die Überzeugungen der Kinder von entscheidender Bedeutung für die soziale Entwicklung sind.
- Robert Selmans Theorie geht davon aus, dass Kinder bei der Entwicklung der Fähigkeit, die Rolle oder Perspektive einer anderen Person einzunehmen, vier Phasen durchlaufen. Diese schreiten von der einfachen Anerkennung der Tatsache, dass jemand anderes eine Perspektive haben kann, die sich von der eigenen unterscheidet, bis zu der Fähigkeit voran, sich die Perspektive eines „generalisierten Anderen" vorzustellen.
- Der Ansatz der sozialen Informationsverarbeitung betont die Attributionen der Kinder im Hinblick auf ihr eigenes Verhalten und das Verhalten anderer. Die Rolle solcher Ursachenzuschreibungen spiegelt sich deutlich im feindlichen Attributionsfehler wider, der Kinder dazu bringt, bei anderen feindliche Absichten zu unterstellen und in Situationen, in denen die Absicht von anderen uneindeutig ist, aggressiv zu reagieren.

Ökologische Entwicklungstheorien

- Bronfenbrenners bio-ökologisches Modell konzipiert die Umwelt als eine Menge von ineinander geschachtelten Kontexten, in deren Zentrum sich das Kind befindet. Diese Kontexte reichen vom Mikrosystem, welches die Aktivitäten, Rollen und Beziehungen umfasst, an denen ein Kind regelmäßig und direkt teilnimmt, bis zum Makrosystem, dem allgemeinen kulturellen Kontext, in dem das Kind lebt.
- Ethologische Theorien untersuchen das Verhalten innerhalb eines evolutionären Kontexts und versuchen, seinen adaptiven Wert (seinen Überlebenswert) zu verstehen. Die Forschungen von Konrad Lorenz über die Prägung sind für die soziale Entwicklung von Kindern besonders relevant.
- Evolutionspsychologen wenden die Darwin'schen Konzepte der natürlichen Selektion auf das menschliche Verhalten an. Charakteristisch für ihren Ansatz ist die Theorie der elterlichen Investition und die Vorstellung, dass die lange Phase der Unreife und Abhängigkeit in der menschlichen Kindheit kleine Kinder in die Lage versetzt, viele der Fähigkeiten, die sie später im Leben benötigen, zu lernen und einzuüben.

Soziale Theorien und Geschlechterentwicklung

- Freud nahm an, dass der Ödipus-Komplex und der Elektra-Komplex die Basis für die Entwicklung des Über-Ichs (des Gewissens) bilden; das Kind fürchtet dafür, dass es sein gegengeschlechtliches Elternteil liebt und begehrt, die Zurückweisung des gleichgeschlechtlichen Elternteils, weshalb es sich mit ihm identifiziert und seine Werte übernimmt. Freud nahm an, dass Mädchen weniger Angst erleben als Jungen, was dazu führt, dass sie sich weniger stark mit ihrer Mutter identifizieren als Jungen mit ihrem Vater und deshalb ein schwächer ausgeprägtes Gewissen entwickeln.
- In den Theorien des sozialen Lernens wird angenommen, dass Kinder „geschlechtsspezifisches" Verhalten durch Nachahmung, direkte Verstärkung und Beobachtungslernen erwerben.
- Ein vorrangiges Kennzeichen sozial-kognitiver Theorien der Geschlechterentwicklung, wozu Kohlbergs kognitive Entwicklungstheorie und die Theorie der Geschlechterschemata gehören, ist die Selbstsozialisation. Das Wissen der Kinder über ihr eigenes Geschlecht und die Geschlechterstereotype motiviert sie dazu, diejenigen Vorlieben und Verhaltensweisen zu übernehmen, die sie für ihr eigenes Geschlecht als angemessen erachten.
- Ökologische Theorien berücksichtigen den breiteren Kontext der Geschlechterentwicklung. Nach dem bio-ökologischen Modell spielen soziale Einflüsse auf vielen Ebenen bei der Geschlechterentwicklung eine Rolle. Nach der Theorie der elterlichen Investition beruhen viele Geschlechtsunterschiede im zwischengeschlechtlich-sexuellen Verhalten auf genetisch vererbten Strategien der Partnerwahl und zur Produktion von Nachwuchs, der überlebensfähig genug ist, um die Gene der Eltern weiterzugeben.

Eine integrative Theorie: Maccobys Ansatz der Geschlechtertrennung

- Eleanor Maccobys Ansatz der Geschlechtertrennung, der freiwilligen und selbst herbeigeführten Trennung von Kindern in Gruppen, die nur Mädchen oder nur Jungen enthalten, integriert Elemente der anderen Theorien. Die evolutionsbasierte Neigung zu raueren Spielen macht Jungen für Mädchen zu weniger befriedigenden Spielpartnern; diese bevorzugen ruhigere Aktivitäten. Es verstärkt die natürlichen Tendenzen von Jungen wie von Mädchen, den größten Teil der Zeit mit Angehörigen des eigenen Geschlechts zu verbringen.

Fragen und Denkanstöße

1. Das Konzept der Selbstsozialisation spielt in den sozial-kognitiven Theorien eine wichtige Rolle. Erklären Sie, was mit diesem Begriff gemeint ist. In welchem Ausmaß und auf welche Weise ist die Möglichkeit zur Selbstsozialisation in den anderen Haupttheorien vorgesehen, die in diesem Kapitel behandelt wurden?
2. Betrachten Sie noch einmal die Bilder von Colin und Catherine am Anfang des Kapitels und die offensichtlichen Geschlechtsunterschiede in ihrem Verhalten. Überlegen Sie sich eine Behauptung über diese Unterschiede, die jede der vier Theorieklassen dieses Kapitels aufstellen würde.
3. Stellen Sie sich vor, Sie wollen Ihre eigenen Kinder so wenig geschlechtstypisch wie möglich erziehen. Was haben Sie in diesem Kapitel gelernt, das Sie anwenden könnten, um diesem Ziel näher zu kommen? Auf welchen der vier Theorietypen würden Sie sich am meisten stützen?
4. Wenn Sie an Ihre Kindheit zurückdenken: Was haben Mädchen und Jungen getan, um Geschlechtertrennung herzustellen und durchzusetzen? Auf welche Weise haben Erwachsene (Eltern, Lehrer) zur Trennung der Geschlechter beigetragen?
5. Es besteht ein starkes Ungleichgewicht in der Anzahl und Macht von männlichen und weiblichen Figuren im Fernsehen, dem wichtigsten Massenmedium der westlichen Welt. Welche Botschaft wird den Kindern Ihrer Ansicht nach dadurch übermittelt?

Emotionale Entwicklung

10

- Die Entwicklung von Emotionen in der Kindheit
- Die Regulierung von Emotionen
- Individuelle Unterschiede bei Emotionen und ihrer Regulierung
- Die emotionale Entwicklung von Kindern in der Familie
- Kultur und emotionale Entwicklung von Kindern
- Das Emotionsverständnis von Kindern
- Zusammenfassung

Man stelle sich folgende Situation vor: Ein junges Mädchen wird in den Raum eines Kindergartens gebracht, in dem ihr ein Versuchsleiter Süßigkeiten wie M&Ms, Marshmallows oder Brezeln zeigt. Anschließend erzählt der Versuchsleiter dem Mädchen, dass er den Raum „für eine Weile" verlassen wird und dass sie zwei Alternativen hat: Wenn sie wartet, bis er in den Raum zurückkehrt, kann sie zwei von den Süßigkeiten haben. Oder sie klingelt, woraufhin der Versuchsleiter umgehend zurückkommen wird – allerdings wird sie dann nur eine Sache bekommen. Das Kind wird anschließend für eine beträchtliche Zeitspanne von etwa 15 bis 20 Minuten (beziehungsweise bis es die Glocke betätigt) allein gelassen.

Walter Mischel und seine Kollegen wandten dieses Verfahren in zahlreichen Studien mit Kindergartenkindern und jungen Grundschülern an, um ihre Fähigkeit zu testen, eine sofortige Befriedigung aufzuschieben, um dafür eine größere Belohnung zu erhalten. Sie fanden anhand von Videoaufnahmen der Kinder, während diese mit den Süßigkeiten allein waren, heraus, dass die Kinder unterschiedliche Strategien anwandten. Einige lenkten sich ab, in-

Dieses Mädchen nahm an einer von Mischels Untersuchungen über den Belohnungsaufschub bei Vorschulkindern teil. Kinder halten es länger aus, wenn sie ihre Aufmerksamkeit von dem erwünschten Objekt (in dieser Studie eine Brezel) abwenden.

Emotionale Intelligenz – eine Reihe von Fähigkeiten, die zur Kompetenz im sozialen und emotionalen Bereich beitragen und die Fähigkeit umfassen, sich selbst zu motivieren, trotz Frustration, Kontrollimpulsen und Belohnungsaufschub hartnäckig zu bleiben, eigene Gefühle und die Gefühle anderer zu erkennen und zu verstehen, eigene Stimmungen und den Gefühlsausdruck in sozialen Interaktionen zu regulieren und sich in die Emotionen anderer hineinzuversetzen.

dem sie mit sich selbst sprachen, sangen, versuchten zu schlafen oder sich Spiele ausdachten. Andere schauten permanent auf die Belohnungen oder auf die Klingel.

Welche Kinder waren Ihrer Meinung nach am erfolgreichsten beim Aufschieben ihres Wunsches und hielten um der größeren Belohnung willen durch? Natürlich die Kinder, die sich ablenkten (Mischel, 1981; Rodriguez, Mischel & Shoda, 1989). Noch wichtiger war jedoch das Ergebnis, dass sich die Länge der Zeit, für die die Kinder ihren Wunsch aufschieben konnten, als besonders guter Prädiktor für ihre soziale und kognitive Kompetenz sowie ihre Fähigkeit zur Bewältigung von Anforderungen in späteren Jahren erwies. Zehn Jahre nach dem Experiment wurden die Kinder beispielsweise von ihren Eltern hinsichtlich ihrer intellektuellen und sozialen Kompetenz sowie ihrer verbalen Gewandtheit, ihres rationalen Denkens, ihrer Aufmerksamkeit, Planungsfähigkeit und Fähigkeit, mit Frustration umzugehen, eingeschätzt. Jene, die in Mischels Experiment die längste Zeit gewartet hatten, wurden höher auf diesen Dimensionen eingeschätzt als jene, die den Versuchsleiter nach kürzeren Zeitspannen zurückgerufen hatten (Mischel, Shoda & Peake, 1988; Peake, Hebl & Mischel, 2002). Sie erreichten außerdem höhere Werte im SAT (*Scholastic Aptitude Test*), einem Eingangstest für das College-Studium (Shoda, Mischel & Peake, 1990). Weiterhin wurden sie gegen Ende ihres dritten Lebensjahrzehnts als sozial kompetenter, planungsfähiger und selbstregulierter eingeschätzt und besaßen mehr Selbstachtung. Männer dieser Gruppe hatten im Zeitraum des vorangegangenen Jahres seltener Kokain oder Crack konsumiert (Ayduk, Mendoza-Denton, Downey, Peake & Rodriguez, 2000; Mischel, 2002; Peake & Mischel, 2000).

Die Tatsache, dass die Fähigkeit von Kindern, ihre Bedürfnisbefriedigung in einer einzelnen Situation im Kindergarten aufzuschieben, ihre soziale, emotionale und intellektuelle Kompetenz nach so vielen Jahren vorhersagt, veranschaulicht die Relevanz dessen, was als „emotionale Intelligenz" oder „affektive soziale Komepetenz" bezeichnet wird. **Emotionale Intelligenz** bezieht sich auf eine Reihe von Fähigkeiten, die für kompetentes soziales Funktionieren zentral sind. Diese umfassen die Fähigkeit, sich selbst zu motivieren, trotz Frustration, Kontrollimpulsen und Belohnungsaufschub hartnäckig zu bleiben, eigene Gefühle und die Gefühle anderer zu erkennen und zu verstehen, eigene Stimmungen zu regulieren, seinen Gefühlsausdruck in sozialen Interaktionen unter Kontrolle zu halten und sich in die Emotionen anderer hineinzuversetzen (Goleman, 1995; Halberstadt, Denham & Dunsmore, 2001; Saarni, 1990).

Die Relevanz von emotionaler Intelligenz spiegelt sich in der Tatsache wider, dass sie besser als der IQ vorhersagt, wie gut Menschen in ihrem Leben zurechtkommen werden, besonders in ihrem sozialen Leben. Beispielsweise zeigte sich in einer Studie, in der 450 Jungen aus Armutsvierteln bis zu ihrem mittleren Lebensalter längsschnittlich begleitet wurden, dass das Ausmaß, in dem sie mit ihrer Arbeit oder mit anderen Bereichen ihres Lebens zurechtkamen, relativ wenig mit dem IQ zusammenhing. Vielmehr korrespondierte ihr Lebenserfolg mit ihrer Fähigkeit, mit Frustration umzugehen, ihre Emotionen zu kontrollieren und mit anderen auszukommen (Felsman & Vaillant, 1987). Die Ähnlichkeit zwischen den Ergebnissen dieser Studie und den Befunden von Mischel und seinen Kollegen unterstreicht die Tatsache, dass unsere Emotionen und der Umgang mit ihnen eine herausragende Rolle für die Qualität unseres Lebens und für unsere Beziehungen zu anderen spielen.

In diesem Kapitel untersuchen wir die Entwicklung von Emotionen sowie die Entwicklung der Fähigkeit von Kindern, ihre Emotionen und das mit ihnen verbundene Verhalten zu regulieren. Weiterhin diskutieren wir die Entwicklung des kindlichen Verständnisses von Emotionen, das beeinflusst, was Kinder fühlen und wie gut sie ihre Emotionen und ihr Verhalten kontrollieren können. Im Verlauf der Diskussion werden wir einige unserer Leitthemen genauer betrachten: Der Schwerpunkt wird dabei auf dem Thema *interindividuelle Unterschiede* liegen, da wir vor allem Differenzen zwischen Kindern hinsichtlich mehrerer Aspekte der emotionalen Verarbeitung untersuchen. Wir diskutieren außerdem mögliche Ursachen solcher Differenzen wie etwa Vererbung, elterlicher Erziehungsstil und kulturelle Überzeugungen, die sich auf Emotionen beziehen. Folglich werden auch die Themen *Anlage und Umwelt* sowie der *sozio-kulturelle Kontext* angesprochen.

Die Entwicklung von Emotionen in der Kindheit

Die meisten Menschen finden die Vorstellung von **Emotionen** selbstverständlich und setzen den Begriff mit „Gefühlen" gleich. Theoretiker haben jedoch eine viel komplexere Auffassung von Emotionen. Sie betrachten Emotionen anhand verschiedener Komponenten: (1) der Wunsch, etwas zu tun, einschließlich des Wunsches, Menschen oder Dingen in der Umwelt zu entfliehen, sich ihnen zu nähern oder sie zu verändern; (2) physiologische Korrelate wie Herz- und Atemfrequenz, Hormonspiegel und Ähnliches; (3) subjektive Gefühle; und (4) die Kognitionen, die Emotionen hervorrufen oder begleiten können. Ein einfaches Beispiel kann das Zusammenspiel dieser Komponenten verdeutlichen: Wenn Menschen angesichts eines knurrenden Hundes Angst empfinden, haben sie typischerweise die Motivation, vor dem Hund wegzulaufen, erfahren höhere physiologische Erregung, spüren subjektiv ihre Angst und überlegen wahrscheinlich, in welcher Form sie der Hund verletzen

Emotion – Emotion ist durch eine motivationale Kraft oder Handlungstendenz gekennzeichnet und durch Veränderungen der Physiologie, der subjektiven Erfahrung und des beobachtbaren Verhaltens. Von Funktionalisten wird sie als der Versuch oder die Bereitschaft definiert, eine Beziehung mit der Umwelt hinsichtlich relevanter Aspekte herzustellen, zu erhalten oder zu verändern.

könnte. Aufgrund der angenommenen Bedeutung der motivationalen Komponente werden Emotionen manchmal als der Versuch oder die Bereitschaft eines Individuums definiert, eine Beziehung mit der Umwelt hinsichtlich relevanter Aspekte herbeizuführen, zu erhalten oder zu verändern (Saarni, Mumme & Campos, 1998).

Obwohl die meisten Psychologen diese allgemeine Sicht auf Emotionen teilen, schätzen sie die relative Bedeutung wichtiger Komponenten oft unterschiedlich ein (Saarni et al. 1998; Sroufe, 1995). So glauben zum Beispiel einige Theoretiker, dass Kognitionen im Vergleich zu anderen Komponenten eine hervorgehobene Rolle beim Emotionserleben spielen. Außerdem wird heftig über die grundlegende Natur von Emotionen debattiert – ob sie angeboren oder teilweise erlernt sind – und darüber, wann und in welcher Form verschiedene Emotionen während der Kindheit entstehen.

Bevor wir uns der Entwicklung spezifischer Emotionen in der Kindheit zuwenden, müssen wir zunächst einige zentrale Ansichten über die Natur und Entstehung von Emotionen näher betrachten.

Theorien über Wesen und Entstehung von Emotionen

Die Debatte über das Wesen und die Entstehung von Emotionen bei Kindern hat tiefe Wurzeln. In seinem Buch *Der Ausdruck der Gemütsbewegungen bei dem Menschen und den Tieren* (2001; Original 1872 unter dem Titel *The Expression of the Emotions in Man and Animals*) behauptet Charles Darwin, dass es eine direkte Verbindung zwischen bestimmten inneren emotionalen Zuständen und ihrem Gesichtsausdruck gebe und dass diese Assoziationen nicht gelernt und sogar bei Säuglingen vorhanden seien. Darwin glaubte, dass der menschliche Gefühlsausdruck auf einem beschränkten Satz von Grundemotionen basiere, welche der menschlichen Spezies größtenteils angeboren und daher zwischen Menschen weitgehend vergleichbar seien. Eine ähnliche Ansicht vertreten heutige Forscher wie Silvan Tomkins und Carroll Izard mit ihrer **Theorie der diskreten Emotionen** oder **Basis-Emotionen**, nach der Emotionen angeboren sind, jede Emotion einen spezifischen und unverwechselbaren Satz von körperlichen und mimischen Reaktionen aufweist und diese abgrenzbaren Emotionen seit frühster Kindheit vorhanden sind (Izard, 1991; Tomkins, 1962).

Andere Forscher behaupten, dass Emotionen bei Geburt nicht gegeneinander abgegrenzt sind und dass Umweltfaktoren bei der Entstehung von Gefühlen und dem Ausdruck von Emotionen eine wichtige Rolle spielen. Einige dieser Forscher behaupten zum Beispiel, dass Kinder in ihren ersten Lebenswochen nur positive oder negative Erregung erleben und dass andere Emotionen erst im späteren Alter durch Erfahrung entstehen (Sroufe, 1979). Nach Alan Sroufe (1979, 1995) gibt es drei grundlegende Affektsysteme – Freude/Vergnügen, Wut/Frustration und Misstrauen/Angst –, welche in den ersten

---

Theorie der diskreten Emotionen (Basis-Emotionen) – eine von Tomkins, Izard und anderen diskutierte Emotionstheorie, in der Emotionen als angeboren und seit frühster Kindheit voneinander abgegrenzt betrachtet werden. Weiter wird angenommen, dass jede Emotion mit einem spezifischen und unverwechselbaren Satz körperlicher und mimischer Reaktionen einhergeht.

Lebensjahren entwicklungsbedingte Veränderungen von primitiven zu fortgeschritteneren Formen erfahren. Zum Beispiel wird Misstrauen/Angst zunächst als eine Schreck- oder Schmerzreaktion ausgedrückt. Im Alter von ein paar Monaten beginnen die Kleinkinder, Misstrauen gegenüber neuen Situationen zu zeigen, und einige Monate später zeigen sie in neuen Situationen klare Anzeichen von Angst. Nach Sroufes Ansicht sind diese Veränderungen weitgehend auf wachsende Erfahrungen in sozialen Interaktionen zurückzuführen und auf die sich entwickelnde Fähigkeit des Kindes, Erfahrungen richtig zu verstehen. Beispielsweise durchlaufen Kleinkinder eine Phase, in der sie oft Angst vor Fremden zeigen. Diese Angst tritt jedoch noch nicht vor sechs oder sieben Monaten auf, vermutlich weil die Kinder erst in diesem Alter genügend soziale Erfahrung gesammelt haben, um zu erkennen, dass Fremde und vertraute Menschen nicht austauschbar sind.

Theoretiker, die einen **funktionalistischen Ansatz** der emotionalen Entwicklung vertreten, betonen ebenfalls die Rolle der Umwelt für die emotionale Entwicklung und behaupten, dass die Grundfunktion von Emotionen darin bestehe, zielgerichtete Handlungen zu fördern (Campos, Mumme, Kermoian & Campos, 1994; Saarni et al., 1998). Die Emotion der Angst beispielsweise veranlasst Menschen häufig zu flüchten oder einen bedrohlichen Reiz auf andere Weise zu meiden. Diese Handlung hilft, das Ziel der Selbsterhaltung zu erreichen. (Weitere Beispiele gibt Tabelle 10.1.) Funktionalisten wie Joseph Campos behaupten außerdem, dass das Verständnis der Menschen von verschiedenen Situationen, ihre Ziele in diesen Situationen und damit

Funktionalistischer Ansatz – eine von Campos und anderen vorgeschlagene Emotionstheorie, nach der die Grundfunktion von Emotionen darin besteht, zielgerichtete Handlungen zu fördern. Nach diesem Ansatz sind Emotionen nicht gegeneinander abgegrenzt und können je nach sozialer Umwelt in bestimmtem Ausmaß variieren.

Tabelle 10.1: Die Merkmale einiger Emotionsfamilien.

Emotionstyp	Mit der Emotion verbundenes Ziel	Bedeutung für das Selbst	Bedeutung für andere	Handlungstendenz
Ekel	Verunreinigung oder Krankheit vermeiden	Der Reiz könnte mich verschmutzen oder krank machen	–	Aktive Zurückweisung der Dinge, die Ekel verursachen
Angst	Die eigene physische und psychische Einheit bewahren	Der Reiz bedroht mich	–	Flucht oder Rückzug
Wut	Den Endzustand erreichen, für den sich das Individuum momentan einsetzt	Ein Hindernis steht meiner Zielerreichung im Weg	–	Weiterführende Handlungen, besonders Beseitigung von Hindernissen für die Zielerreichung
Traurigkeit	Den Endzustand erreichen, für den sich das Individuum momentan einsetzt	Mein Ziel ist unerreichbar	–	Antriebslosigkeit, Rückzug
Scham	Sich den Respekt und die Zuneigung anderer sichern; Selbstachtung erhalten	Ich bin schlecht (meine Selbstachtung ist zerstört)	Andere bemerken, wie schlecht ich bin	Rückzug, andere meiden, sich verstecken
Schuld	Den eigenen internalisierten Werten gerecht werden	Ich habe etwas getan, das meinen Werten widerspricht	Jemand wurde durch meine Handlungen verletzt	Versuche der Wiedergutmachung, andere informieren oder sich selbst bestrafen

(Nach Saarni et al., 1998, S. 239.)

Der Gesichtsausdruck dieses Kindes lässt erkennen, dass es oft nicht leicht ist, die negative Emotion zu identifizieren, die ein Säugling gerade empfindet.

auch ihre emotionalen Reaktionen von wichtigen Mitmenschen beeinflusst werden, weil wir soziale Wesen sind. Zum Beispiel hängt bei kleinen Kindern das Erleben von Emotionen wie Scham und Schuld sowohl mit den Werten und Standards zusammen, die sie von ihren Eltern vermittelt bekommen, als auch mit der Art und Weise, wie diese vermittelt werden.

Empirische Studien unterstützen alle oben genannten Ansätze in gewisser Hinsicht, wobei sich keine Theorie als die überlegene herausgestellt hat. Wie wir im nächsten Abschnitt sehen werden, zeigen Säuglinge eine Vielzahl von Emotionen, wobei der Gesichtsausdruck von Interesse, Lächeln und Ekel kurz nach ihrer Geburt, der Ausdruck von Wut und Traurigkeit schon mit zwei Monaten ganz oder teilweise erkennbar ist (Izard, Hembree & Huebner, 1987; Rosenstein & Oster, 1988). Wie wir jedoch sehen werden, ist es nicht klar, in welchem Ausmaß diese Gesichtsausdrücke, insbesondere die negativen Mimiken, zuverlässig unterschieden werden können und in bestimmten Situationen erwartbar auftreten. Es ist auch nicht klar, in welchem Ausmaß die Basisemotionen von Kindern angeboren sind oder sich als Folge von Erfahrungen entwickeln. Ohne Zweifel spielen hier Vererbung und Erfahrung eine Rolle.

Die Entstehung von Emotionen im Entwicklungsverlauf

Eltern glauben wahrscheinlich, bei ihren Säuglingen – sogar schon nach einem Monat – viele Emotionen wie Freude und Interesse, Wut, Angst und Traurigkeit zu erkennen. Die Identifikation der Emotion, die das Kind zu einem bestimmten Zeitpunkt erlebt, ist jedoch subjektiv: Die Eltern lesen in die Reaktion ihres Kindes oft die Emotion hinein, die in der jeweiligen Situation angemessen erscheint. Beispielsweise könnte ein Elternteil annehmen, dass die negative Reaktion des Säuglings auf ein neues Spielzeug ein Ausdruck von Angst sei. Tatsächlich könnte es ebenso gut Wut oder Verstimmung über zu viel Stimulation oder über die Unterbrechung der momentanen Aktivität sein.

Um ihre eigenen Interpretationen von Emotionen bei Säuglingen zu objektivieren, haben Forscher ausgefeilte Systeme für die Kodierung und Klassifizierung der emotionalen Bedeutung kindlicher Gesichtsausdrücke entwickelt. Diese Systeme identifizieren Emotionen zuerst anhand der Kodierung Dutzender Anhaltspunkte im Gesicht – ob die Augenbrauen gehoben oder zusammengezogen sind; ob die Augen weit geöffnet, eng geschlossen oder verengt sind; ob die Lippen einen Schmollmund formen, leicht gerundet oder gerade nach hinten gezogen sind; und so weiter. Danach werden die Kombinationen dieser Indikatoren ausgewertet. Dennoch ist es oft schwierig, exakt zu bestimmen, welche Emotionen die Säuglinge erleben, und besonders schwierig, zwischen den verschiedenen negativen Emotionen zu unterscheiden. Entsprechend ist die Aufgabe, ein deutliches Bild der frühen emotionalen Entwicklung zu bekommen, bei negativen Emotionen schwieriger als hinsichtlich der positiven Emotionen.

Wir beginnen unsere Untersuchung der Entstehung von Emotionen mit der leichteren Aufgabe – der frühen Entwicklung positiver Emotionen.

Positive Emotionen

Das erste eindeutige Signal von Freude bei Säuglingen ist das Lächeln. Säuglinge lächeln von Anfang an, aber die Bedeutung ihres Lächelns scheint sich mit dem Alter zu verändern. Während ihres ersten Lebensmonats zeigen die Säuglinge ein flüchtiges Lächeln, hauptsächlich während der REM-Schlafphase, in der Träume auftreten. Nach dem ersten Lebensmonat lächeln Säuglinge manchmal, wenn sie sanft gestreichelt werden. Dieses frühe Lächeln könnte reflexhaft sein und scheint eher durch biologische Zustände als durch soziale Interaktion hervorgerufen zu werden (Sroufe & Waters, 1976; Wolff, 1987).

Während des dritten Lebensmonats, aber vielleicht auch schon im Alter von sechs oder sieben Wochen, zeigen Babys eine unglaublich wichtige Entwicklung – die Entstehung des **sozialen Lächelns**, das an Menschen gerichtet ist (White, 1985). Soziales Lächeln tritt häufig während der Interaktion mit den Eltern auf (Malatesta, Culver, Tesman & Shepard, 1989), bei denen es für gewöhnlich Freude, Interesse und Zuneigung hervorruft (Huebner & Izard, 1988; Malatesta & Haviland, 1982). Im Gegenzug regt diese Reaktion dann meistens zu weiterem sozialem Lächeln des Kindes an. Auf diese Art verstärkt das frühe soziale Lächeln des Säuglings wahrscheinlich die Fürsorge der Eltern und anderer Erwachsener und erhöht die Qualität seiner Beziehung zu anderen Menschen.

Die soziale Basis des Lächelns wird dadurch deutlich, dass Kleinkinder zwar manchmal bei interessanten Objekten lächeln, Menschen sie jedoch viel eher zum Lächeln bringen als Objekte. Dieser Unterschied wurde im Rahmen einer Studie nachgewiesen, in der man feststellte, dass drei Monate alte Säuglinge sehr viel häufiger in Reaktion auf Menschen, auch fremde Menschen, lächelten und Laute von sich gaben als in Reaktion auf puppenähnliche Schaumbälle, die wie Menschen aussahen, animiert waren und zu dem Kind „sprachen" (Ellsworth, Muir & Hains, 1993).

Wenn Säuglinge mindestens zwei Monate alt sind, zeigen sie außerdem Freude, wenn sie ein bestimmtes Ereignis kontrollieren können. In einer Untersuchung, die dies anschaulich deutlich macht, teilten die Forscher die Säuglinge in zwei Gruppen ein und befestigten eine Schnur am Arm jedes Kindes. Während ein Teil der Kinder immer nur dann Musik hörte, wenn sie an der Schnur zogen, wurde den anderen Musik in zufälligen Intervallen vorgespielt. Die Säuglinge, die die Musik durch das Ziehen an der Schnur „hervorriefen", zeigten mehr Interesse und Lächeln, wenn die Musik ertönte, als die Kinder, bei denen das Schnur-Ziehen in keinem Zusammenhang zum Ertönen der Mu-

Soziales Lächeln – Lächeln, das an Menschen gerichtet ist. Es tritt ab dem im Alter von sechs oder sieben Wochen auf.

Lächeln, das als Funktion einer sozialen Interaktion entsteht und nicht nur mit rein biologischen Reizen zusammenhängt, tritt typischerweise erstmals im dritten Lebensmonat auf.

sik stand (Lewis, Alessandri & Sullivan, 1990). Dieses Vergnügen daran, Ereignisse zu kontrollieren, wird auch deutlich, wenn man sich die Freude vor Augen führt, mit der Säuglinge reagieren, wenn sie durchgängig und zuverlässig ein Geräusch erzeugen können, indem sie beispielsweise eine Rassel schütteln oder ein Spielzeug zu Boden werfen.

Im Alter von ungefähr sieben Monaten fangen die Kinder an, hauptsächlich *bekannte* Menschen und nicht mehr Menschen allgemein anzulächeln. (Tatsächlich führt der Anblick fremder Personen, wie wir sehen werden, in diesem Alter häufig zur Beunruhigung der Kinder.) Dieses selektive Lächeln ruft wahrscheinlich Freude bei den Eltern hervor und motiviert sie, weiter mit dem Säugling zu interagieren. Umgekehrt reagieren Säuglinge in diesem Alter auf eine positive Stimmung der Eltern und deren Lächeln häufig mit Erregung und Vergnügen, was die Dauer positiver sozialer Interaktionen ebenfalls verlängert (Weinberg & Tronick, 1994). Dieser Austausch positiver Affekte, besonders wenn er mit den Eltern und nicht mit Fremden auftritt, gibt den Eltern das Gefühl, etwas Besonderes für ihr Kind zu sein und verstärkt so die Bindung zwischen ihnen.

Ab einem Alter von ungefähr drei oder vier Monaten sieht man die Säuglinge bei einer Vielzahl von Aktivitäten sowohl lachen als auch lächeln. Zum Beispiel lachen sie häufig, wenn ein Elternteil sie kitzelt oder auf ihren Bauch pustet, sie auf den Knien reiten lässt, in der Luft herumwirbelt oder mit ihnen zusammen etwas tut, was sie selbst gern tun, beispielsweise baden. Gegen Ende des ersten Lebensjahres lässt die kognitive Entwicklung Kinder Vergnügen an unerwarteten oder ungewöhnlichen Ereignissen finden, etwa wenn die Mutter lustige Geräusche von sich gibt oder einen lustigen Hut trägt (Kagan, Kearsley & Zelazo, 1978).

Während des zweiten Lebensjahres beginnen die Kinder, selbst herumzukaspern und sind erfreut, wenn sie andere zum Lachen bringen können – wie im Falle des 18 Monate alten Kindes, das in voller Montur auf seinem Töpfchen sitzt und seine Mutter anschaut:

> *Kind:* Puh (ächzt schwer). Puh! (ächzt) Puh! (steht auf, schaut seine Mutter an, nimmt den leeren Topf und winkt damit seiner Mutter lachend zu).
>
> (Dunn, 1988, S. 154.)

Begebenheiten wie diese sind im zweiten Lebensjahr häufig und zeigen den Wunsch der Kinder, positive Emotionen und Aktivitäten mit ihren Eltern zu teilen.

Negative Emotionen

Die erste negative Emotion, die bei Säuglingen erkennbar ist, ist allgemeines Missbehagen, welches durch eine Reihe von stressvollen Erfahrungen, die von Hunger und Schmerz bis zu Überstimulierung reichen, hervorgerufen werden kann. Oftmals ausgedrückt durch durchdringende Schreie und ein Gesicht, das zu einer verkniffenen Grimasse zusammengezogen ist, ist diese Art von Missempfindung unverwechselbar.

Die Entstehung und Entwicklung weiterer negativer Emotionen in der Kindheit ist, wie bereits angemerkt, schwieriger zu umreißen. Dennoch ist es Forschern gelungen, einige negative Emotionen bei sehr kleinen Kindern zu unterscheiden. Bei zwei Monate alten Kindern wurden Gesichtsausdrücke, die Wut oder Traurigkeit darzustellen scheinen, beobachtet und zuverlässig voneinander und gegen Unbehagen/Schmerz in *einigen* Kontexten abgegrenzt, etwa wenn Säuglingen während einer medizinischen Untersuchung eine Spritze gegeben werden wurde (Izard et al., 1987). Außerdem liefern Analysen der Gesichtsreaktionen von zweieinhalb bis sechs Monate alten Säuglingen Nachweise für die Übereinstimmung zwischen ihrem Erleben negativer Situationen und den Gesichtsausdrücken, die sie in diesen Situationen zeigen. Zum Beispiel rufen negative Situationen (etwa der Ausdruck von Traurigkeit oder Ärger bei der Mutter) mehr Wut und Traurigkeit sowie Mischungen dieser Emotionen bei Säuglingen hervor als positive Situationen (etwa beim Spiel des Kleinkinds mit der Mutter oder wenn diese Freude ausdrückt) (Izard et al., 1995).

Jedoch wird die Interpretation negativer Emotionen dadurch verkompliziert, dass Säuglinge manchmal negative Emotionen zeigen, die mit der Situation, die sie erleben, nicht übereinzustimmen scheinen (Camras, 1992). In der zuvor berichteten Studie, in der die Säuglinge an einer Schnur ziehen konnten, um Musik zu starten, regten sich zum Beispiel die Säuglinge, welche die Musik durch das Ziehen der Schnur an ihrem Arm „kontrollieren" konnten, auf und zeigten manchmal Wut, wenn beim Schnurziehen die Musik nicht mehr ertönte. Andere Male zeigten die Säuglinge jedoch Angst, wenn das Schnurziehen keine Musik mehr produzierte (Lewis et al., 1990). Unstimmigkeiten wie diese unterstreichen die Schwierigkeit, sicher zu wissen, welche Emotion ein Säugling in einer bestimmten Situation tatsächlich erlebt.

Eine Möglichkeit, das zu untersuchen, ist zu beobachten, ob Säuglinge in denjenigen Situationen spezifische negative Emotionen zeigen, in denen sie auftreten sollten, nicht aber in anderen Situationen. Zeigen Säuglinge zum Beispiel in Angst induzierenden Situationen öfter Angst als andere Emotionen wie etwa Überraschung? Und zeigen sie mehr Angst in Situationen, die typischerweise Angst hervorrufen, als in Situationen, die normalerweise andere Emotionen hervorrufen? Eine Gruppe von Forschern (Hiatt, Campos & Emde, 1979) untersuchte diese Fragen,

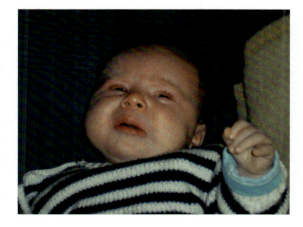

Manche Theoretiker glauben, dass Kleinkinder Traurigkeit und Wut empfinden können, während andere annehmen, dass sie nur einen undifferenzierten Zustand des Missbehagens erleben.

indem sie zehn bis zwölf Monate alte Kinder in sechs verschiedenen Situationen beobachteten, die Freude, Angst oder Überraschung hervorrufen sollten. Die freudigen Situationen bestanden in Guck-Guck-Spielen oder gaben dem Kind Gelegenheit, mit einem attraktiven Spielzeug zu spielen. In Angst induzierenden Situationen mussten die Kinder über eine visuelle Klippe krabbeln (die in Kapitel 5 beschriebene Laborplattform, welche die Illusion vermittelt, als gäbe es in der Mitte einen steilen Abhang), oder ein Fremder näherte sich ihnen (ein häufiger Auslöser von Angst in diesem Alter). In den Überraschungssituationen sahen die Kinder, wie ein Objekt verschwand (eine durch den Versuchsleiter hervorgerufene Illusion) oder wie ein Spielzeug an einem bestimmten Ort verschwand, an dem danach ein anderes Spielzeug wieder auftauchte. In den Freude-Situationen zeigten die Babys mehr Freude als andere Emotionen und mehr Freude als in den anderen Situationen, in denen Angst beziehungsweise Überraschung induziert wurden. Hingegen zeigten die Kleinkinder im Angstkontext nicht mehr Angst als andere negative Emotionen. In den Überraschungssituationen traten Überraschungsreaktionen häufiger auf als Freude oder Angst, aber Überraschung wurde in den Angst- und Freudesituationen ebenso häufig gezeigt wie in den Situationen, in denen Überraschung erwartet wurde. Es wurde also nicht deutlich, dass Angst- und Überraschungsreaktionen der Kleinkinder von anderen emotionalen Antworten unterscheidbar sind.

Auf der Basis von Befunden weiterer Untersuchungen der gleichen Art wurde außerdem angenommen, dass Kleinkinder undifferenziertes Missbehagen erleben, wenn sie nach außen negative Emotionen zeigen (Oster, Hegley & Nagel, 1992), und dass Wut und Schmerz/Missbehagen oft nicht differenziert werden (Camras, 1992). Was Eltern betrifft, sollte es nicht von Bedeutung sein, dass sie nicht unterscheiden können, ob ihre Kinder Unwohlsein oder Wut oder Angst erleben; das Wichtigste ist, dass sie wissen, dass etwas nicht in Ordnung ist. Mütter neigen dazu, ihre Kinder schnell auf den Arm zu nehmen, wenn sie eine dieser Emotionen zeigen (Huebner & Izard, 1988). Wenn die Kinder jedoch größer werden, wird es wahrscheinlich immer wichtiger, dass andere Menschen verstehen, ob sie Schmerz, Kummer oder Wut empfinden (Camras, 1992).

Angst und Unbehagen Wie wir gesehen haben, gibt es nur wenige konkrete Belege für klar unterscheidbare Angstreaktionen bei Kleinkindern während der ersten Lebensmonate (Witherington, Campos & Hertenstein, 2001). Im Alter von ungefähr sechs oder sieben Monaten beginnen dann deutliche Anzeichen von Angst aufzutreten, insbesondere die Angst vor Fremden in vielen Situationen. Betrachten wir den folgenden Kontrast: Im Alter von zehn Wochen wimmerte Janine in ihrem Kinderbett vor sich hin, als ein Fremder zu ihr kam, sie anlächelte und mit ihr sprach. Janine beruhigte sich und lächelte den Fremden an. Janine ist nun acht Monate alt und spielt auf dem Schoß ihrer Mutter, als ihre Mutter sie absetzen muss und den Raum verlässt, um die Tür zu öffnen. Einen Moment später betritt der Besucher, ein Fremder, ohne Janines Mutter den Raum.

Als der Besucher den Raum betritt, beginnt Janine zu weinen. Der Besucher versucht, Janine zu beruhigen, indem er sie auf den Arm nimmt und sanft mit ihr spricht, aber sie weint noch verzweifelter, bis ihre Mutter zurückkehrt und sie auf den Arm nimmt. Dann beruhigt sich Janine und lächelt, als ihre Mutter sie im Spiel durch die Luft wirbelt. (Bronson, 1972.)

Im Alter von sechs oder sieben Monaten empfinden Kleinkinder bei unvertrauten Personen also nicht mehr so viel Trost und Freude wie bei vertrauten Personen. Diese Veränderung im Verhalten des Kleinkindes spiegelt wahrscheinlich die wachsende Bindung an die Eltern wider.

Allgemein verstärkt sich die Angst vor Fremden, was etwa bis zum zweiten Lebensjahr anhält. Es muss jedoch angemerkt werden, dass die Angst vor Fremden stark variiert; sie hängt vom Temperament des Kindes (zum Beispiel wie ängstlich das Kind im Allgemeinen ist) und dem spezifischen Kontext ab, zum Beispiel ob ein Elternteil anwesend ist und wie sich der Fremde nähert (abrupt und aufgeregt oder langsam und ruhig).

Andere Ängste werden im Alter von ungefähr sieben Monaten ebenfalls erkennbar, zum Beispiel die Angst vor neuem Spielzeug, lauten Geräuschen und plötzlichen Bewegungen von Menschen oder Objekten; mit zwölf Monaten nehmen diese Ängste in der Regel wieder ab, wie in Abbildung 10.1 dargestellt wird (Kagan et al., 1978; Scarr & Salapatek, 1970). Die Entstehung solcher Ängste hat offensichtlich adaptive Funktion. Da Babys oftmals nicht die Fähigkeit besitzen, aus potenziell gefährlichen Situationen zu fliehen, müssen sie sich darauf verlassen, dass ihre Eltern sie schützen, und der Ausdruck von Angst und Unbehagen ist eine wirkungsvolle Methode, um Hilfe und Unterstützung zu erlangen, wenn sie gebraucht werden.

Abbildung 10.1: Anteile der Kleinkinder, die Angst zeigen vor (a) der visuellen Klippe oder (b) Hunden, Geräuschen und einem Springteufel. Kinder im Alter von eineinhalb bis zwei Jahren zeigen am meisten Angst vor der visuellen Klippe. Die meiste Angst vor dem Springteufel und lautem Lärm zeigen Kinder mit einem Jahr, und die meiste Angst vor Hunden haben die Ein- bis Eineinhalbjährigen. (Nach Scarr & Salapatek, 1970.)

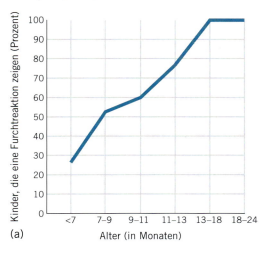
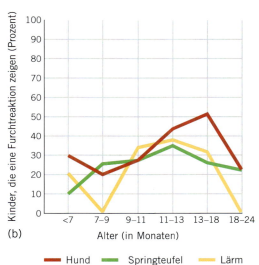

Trennungsangst – negative Gefühle, die Kinder, im Besonderen Säuglinge und Kleinkinder, erfahren, wenn sie von Individuen, an denen sie hängen, getrennt sind oder eine solche Trennung erwarten.

Eine besonders hervorstechende und wichtige Form von Angst oder Unbehagen, die im Alter von ungefähr acht Monaten beginnt, ist die **Trennungsangst** – eine Missempfindung, die durch die Trennung vom Elternteil entsteht, der in erster Linie für das Kind sorgt. Wenn Kleinkinder Trennungsangst erleben, jammern und weinen sie typischerweise oder drücken ihre Angst und ihren Unmut auf andere Weise aus. Das Ausmaß, in dem die Kinder ihr Unbehagen ausdrücken, wenn sie von ihren Eltern getrennt sind, variiert jedoch mit dem Kontext. Kleinkinder zeigen zum Beispiel weniger Unbehagen, wenn sie selbst von ihren Eltern wegkrabbeln oder weglaufen, als wenn die Eltern die Trennung bewirken (Rheingold & Eckerman, 1970). Die Trennungsangst wächst normalerweise vom achten bis zum 13. oder 15. Lebensmonat und beginnt dann wieder abzuklingen (Kagan, 1976).

Dieses Muster der Trennungsangst tritt in vielen Kulturen auf und findet sich auch bei Kindern, die in ganz anderen Umgebungen aufwachsen, als sie in der westlichen Welt üblich sind, beispielsweise im israelischen Kibbuz (kommunalen landwirtschaftlichen Gemeinschaften) und bei den San, einer Jäger-und-Sammlergesellschaft in der afrikanischen Kalahari-Wüste (Kagan, 1976) (siehe Abbildung 10.2).

Blinde Kinder zeigen ebenfalls Trennungsangst, jedoch ein paar Monate später als Kinder, die sehen können. Die plötzliche Abwesenheit der mütterlichen Stimme oder die Geräusche, wenn sie sich wegbewegt, können bei ihnen Trennungsangst auslösen. Typisch ist der Fall von Karen, die sich im Alter von elf Monaten

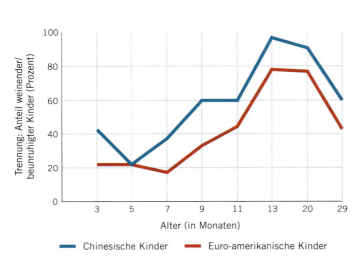

Abbildung 10.2: Anteile chinesischer und euro-amerikanischer Kinder verschiedener Altersklassen, die beim Weggehen der Mutter beunruhigt sind oder weinen. Kinder zeigen die meisten Anzeichen von Trennungsangst im Alter von 13 Monaten, und chinesische Kinder zeigen etwas mehr Angst und Unbehagen als euro-amerikanische Kinder. (Nach Kagan, Kearsley & Zelazo, 1978.)

auf den Boden setzte und zu der Schachtel zu krabbeln begann, die einen guten halben Meter von ihr entfernt stand. Sie war etwas zögerlich und vorsichtig, aber auch neugierig. In diesem Moment stand ihre Mutter auf, um zu Debby (ihrer jüngeren Schwester im Babyalter) zu gehen und ihr den Schnuller zu geben, weil sie quengelte. Karen begann sofort zu wimmern, drehte sich um und krabbelte zurück, um sich am Stuhl ihrer Mutter festzuklammern. Als ihre Mutter sich wieder hinsetzte, versuchte sie, den Arm ihrer Mutter zu berühren. (Fraiberg, 1975, S. 330.)

Wut und Traurigkeit Wenn Kinder zwei Jahre alt sind, fällt die Unterscheidung zwischen Wut und anderen negativen Emotionen bei ihnen nicht mehr schwer (Camras, Oster, Campos, Miyake & Bradshaw, 1992): Ein Jahr alte Kinder drücken klar und häufig ihre Wut aus, oftmals gegenüber anderen Menschen (Radke-Yarrow & Kochanska, 1990). Wutgefühle werden im zweiten Lebensjahr häufiger, wenn die Kinder besser in der Lage sind, ihre Umwelt zu kontrollieren, und häufig ärgerlich werden, wenn ihnen die Kontrolle entzogen wird oder wenn sie auf andere Weise frustriert sind (siehe Abbildung 10.3) (Goodenough, 1931).

Kleinkinder zeigen Traurigkeit oft in denselben Situationen, in denen sie auch Ärger zeigen, zum Beispiel nach einem schmerzhaften Ereignis, wenn sie die Ergebnisse ihrer Umwelt nicht kontrollieren können und wenn sie von ihren Eltern getrennt werden, wobei der Ausdruck von Traurigkeit seltener ist das Zeigen von Wut oder Unbehagen (Izard et al., 1987, 1995; Lewis et al., 1990; Shiller, Izard & Hembree, 1986). Wenn jedoch ältere Säuglinge oder Kleinkinder von ihren Eltern über eine längere Zeitspanne getrennt sind und man sich während dieser Zeit nicht einfühlsam um sie kümmert, zeigen sie oft intensive und lang anhaltende Merkmale von Traurigkeit (Bowlby, 1973; Robertson & Robertson, 1971).

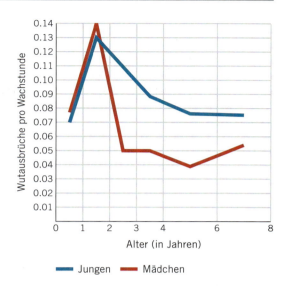

Abbildung 10.3: Häufigkeit von Wutanfällen zu Hause. Kinder zeigen zu Hause am meisten Wut während des zweiten Lebensjahres. Danach nehmen die Wutausbrüche stark ab, besonders bei Mädchen. (Nach Goodenough, 1931.)

Selbst-bewusste Emotionen – Emotionen wie Schuld, Scham, Verlegenheit und Stolz, die auf die Wahrnehmung unseres Selbst bezogen sind und auf unser Bewusstsein, wie andere auf uns reagieren.

Die selbst-bewussten Emotionen: Verlegenheit, Stolz, Schuld und Scham

Während des zweiten Lebensjahres beginnen Kinder, eine Bandbreite neuer Emotionen zu zeigen: Verlegenheit, Stolz, Schuld und Scham (Stipek, Gralinski & Kopp, 1990; Zahn-Waxler & Robinson, 1995). Diese Emotionen werden häufig **selbst-bewusste Emotionen** genannt, weil sie auf die Wahrnehmung unseres Selbst bezogen sind und auf unser Bewusstsein, wie andere auf uns reagieren. Forscher wie Michael Lewis glauben, dass diese Emotionen nicht vor dem zweiten Lebensjahr entstehen, weil sie auf dem Verständnis des Kleinkinds beruhen, selbst eine von anderen Menschen abgrenzbare Person zu sein. Dieses Verständnis entsteht nach und nach während der ersten Lebensjahre (Lewis, 1998).

Im Alter von ungefähr 15 bis 24 Monaten beginnen einige Kinder, Verlegenheit zu zeigen, wenn sie im Mittelpunkt der Aufmerksamkeit stehen. Wenn sie zum Beispiel eine Fähigkeit vormachen oder ein neues Kleidungsstück vorführen sollen, senken sie ihren Blick, lassen den Kopf nach vorn hängen, erröten oder verstecken ihr Gesicht hinter ihren Händen (Lewis, 1995).

Die ersten Anzeichen von Stolz zeigen sich im lächelnden Blick der Kinder gegenüber anderen, wenn sie eine Herausforderung erfolgreich bewältigt haben oder ihnen etwas Neues gelungen ist, beispielsweise die ersten freihändigen Schritte. Im Alter von drei Jahren ist der Stolz der Kinder immer stärker an ihre Leistung geknüpft. Kinder zeigen zum Beispiel bei erfolgreich bewältigten schwierigen Aufgaben mehr Stolz als bei leichten Aufgaben (Lewis, Alessandri & Sullivan, 1992).

Die beiden anderen selbst-bewussten Emotionen Schuld und Scham werden manchmal fälschlicherweise als weitgehend gleichwertig angesehen, aber sie sind tatsächlich recht unterschiedlich. Schuld ist mit Empathie für andere verbunden und umfasst Gefühle von Reue und Bedauern über das eigene Verhalten und den Wunsch, die Folgen dieses Verhaltens ungeschehen zu machen (Hoffman, 1998). Wenn sich Kinder schuldig fühlen, konzentrieren sie sich auf die Folgen ihres Fehlverhaltens und versuchen, es bei denjenigen wieder

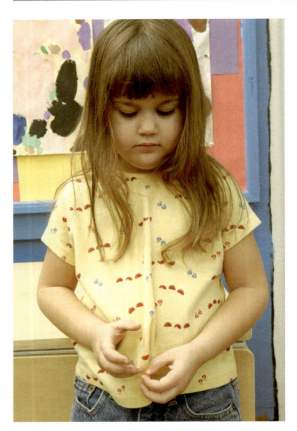

Im Kindergartenalter zeigen Kinder oft Scham- oder Schuldgefühle, wenn sie etwas Falsches tun.

gutzumachen, die durch ihr Verhalten betroffen sind. Hingegen scheint man sich bei Scham keine Gedanken über andere zu machen (Eisenberg, 2000; Tangney, 1998). Wenn Kinder sich schämen, liegt der Fokus auf ihnen selbst: Sie fühlen sich allen Blicken ausgesetzt und möchten sich am liebsten verstecken.

Scham und Schuld können sehr früh voneinander unterschieden werden. In einer Studie arrangierten Forscher, dass Zweijährige mit einer zerlumpten Puppe spielten, die einer Erwachsenen (der Versuchsleiterin) gehörte. Die Puppe war so manipuliert worden, dass ein Bein während des Spielens abfallen würde, wenn die Erwachsene gerade nicht im Raum war. Wenn sich der „Unfall" ereignete, zeigten einige Kleinkinder ein Verhaltensmuster, das Scham zu reflektieren schien – sie mieden die Erwachsene, wenn sie in den Raum zurückkehrte, und erzählten nicht gleich von dem Missgeschick. Andere Kinder zeigten ein Verhaltensmuster, das Schuld zu reflektieren schien – sie setzten die Puppe schnell wieder zusammen, erzählten der Erwachsenen von ihrem Missgeschick, kurz nachdem sie in den Raum zurückgekehrt war, und mieden sie relativ selten (Barrett et al., 1993).

Obwohl einige Situationen eher Scham als Schuld hervorrufen, ruft die gleiche Situation oftmals bei einigen Personen Scham und bei anderen Schuld hervor. Ob Kinder Schuld oder Scham erleben, hängt zum Teil von den Erziehungspraktiken der Eltern ab. Kinder erleben eher Schuld als Scham, wenn sie etwas Falsches getan haben und ihre Eltern die „Schlechtigkeit" des Verhaltens und nicht die des Kindes unterstreichen – indem sie zum Beispiel sagen „John, du hast etwas Schlechtes *getan*, als du..." im Gegensatz zu „John, du bist ein böser *Junge*" oder „John, du bist so *dumm* (oder unvorsichtig oder gemein)" (Tangney & Dearing, 2002). Weiterhin empfinden Kinder eher Schuld als Scham, wenn ihre Eltern ihnen helfen, die Konsequenzen ihrer Handlungen für andere zu verstehen, ihnen beibringen, dass es notwendig ist, den Schaden, den sie angerichtet haben, wieder gutzumachen, es vermeiden, sie öffentlich zu demütigen oder spöttischen Humor zu gebrauchen, um Scham hervorzurufen, und ihren Kindern sogar in Situationen von Bestrafung und Maßregelung Respekt und Liebe entgegenbringen (Hoffman, 2000; Tangney & Dearing, 2002).

Die Situationen, die häufig selbst-bewusste Emotionen bei Kindern hervorrufen, variieren über die Kulturen hinweg. Bei den traditionellen Zuñi-Indianern beispielsweise soll man nicht gegenüber anderen auffallen. Dadurch empfinden Zuñi-Kinder, die einen individuellen Erfolg erzielten, zum Beispiel eine Aufgabe besser zu bewältigen als andere, häufig Verlegenheit oder Scham (Benedict, 1934). In ähnlicher Weise scheinen die Japaner zu vermeiden, Lob zu spenden, weil sie glauben, dass sonst der Fokus auf die Bedürfnisse des Einzelnen und nicht auf die Bedürfnisse der größeren sozialen Gruppe gerichtet wäre (Lewis, 1992). Somit erleben japanische Kinder im Vergleich zu US-amerikanischen Kindern mit geringerer Wahrscheinlichkeit Stolz als Konsequenz eines persönlichen Erfolgs. Darüber hinaus führt in Kulturen wie auf der indonesischen Insel Java, die das Wohlergehen der Gruppe über das des Einzelnen stellt, die Verletzung kultureller Standards, die anderen Gruppenmitgliedern nützen, häufig zu Schamgefühlen (Lewis, 1992).

Das Auftreten von sozialen Emotionen im zweiten und dritten Lebensjahr basiert nicht nur auf der Entstehung der Selbst-Bewusstheit, sondern auch auf der wachsenden Bewusstheit des Kindes im Hinblick auf die Reaktionen und Erwartungen Erwachsener (Lewis, 1998). Stolz und Scham werden im Besonderen stärker, wenn das Kind versteht, welche Verhaltensweisen eher die Anerkennung oder die Verurteilung der Erwachsenen hervorrufen. Obwohl Menschen Stolz oder Scham empfinden können, ohne dass andere von ihren Handlungen wissen, ist es wahrscheinlich, dass diese Emotionen ursprünglich in Situationen auftreten, in denen kleine Kinder mit Menschen interagieren, deren Meinungen von ihnen für sie von Bedeutung ist.

Die emotionale Entwicklung in der Kindheit

Die Ursachen von Emotionen verändern sich weiterhin im Laufe der Kindheit. Wenn sich zum Beispiel die Grundlagen des kindlichen Selbstwertgefühls und der Selbstbewertung im Rahmen der kognitiven Entwicklung und Erfahrung ändern (siehe Kapitel 11), ändern sich wahrscheinlich auch die Ereignisse, welche Gefühle von Freude oder Stolz auslösen. Von der frühen zur mittleren Kindheit werden beispielsweise die Akzeptanz durch Gleichaltrige und die Zielerreichung immer bedeutsamere Quellen von Freude und Stolz. Auch was die Kinder zum Lächeln und Lachen bringt, ändert sich mit dem Alter. Wenn sich ihre sprachlichen Fähigkeiten zusammen mit ihrem Verständnis von Menschen und Ereignissen entwickeln, fangen Kinder im Vorschulalter an, Witze und Wortspiele lustig zu finden (Dunn, 1988).

Ähnliche Beispiele finden sich hinsichtlich der negativen Emotionen von Kindern. Wenn sich beispielsweise die kognitive Fähigkeit der Kinder, imaginäre Phänomene zu repräsentieren, im Vorschulalter entwickelt, beginnen sie oft, imaginäre Kreaturen wie Geister oder Monster zu fürchten. Solche Ängste sind bei Grundschulkindern selten (Silverman, La Greca & Wasserstein, 1995), weil Kinder dieses Alters wahrscheinlich ein besseres Realitätsverständnis besitzen als jüngere Kinder. Stattdessen sind die Ängste von Schulkindern allgemein auf wichtige reale Inhalte bezogen (wenn auch manchmal in übertriebener Weise) wie Herausforderungen in der Schule (Tests und Noten, aufgerufen werden, den Lehrern gefallen), Gesundheit (die eigene und die ihrer Eltern) und persönliche Verletzung (beraubt, überfallen oder erschossen werden). In einer Untersuchung an US-amerikanischen Zweit- bis Fünftklässlern berichteten 56 Prozent der Kinder über ihre Besorgnis, physisch angegriffen oder auf andere Weise von jemandem verletzt zu werden (Silverman et al., 1995).

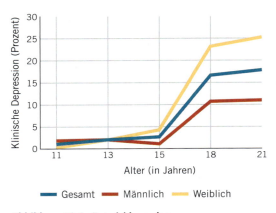

Abbildung 10.4: Entwicklung der klinischen Depressionsraten nach Geschlecht und Alter. Der Anteil an Depressionen steigt zu Beginn der Jugend und besonders drastisch im Alter zwischen 15 und 18 an, besonders bei Mädchen. (Nach Hankin et al., 1998.)

Die Ursachen von Wut verändern sich ebenfalls, wenn Kinder in den ersten Schuljahren ein besseres Verständnis der Intentionen und Motive anderer entwickeln. Dazu ein Beispiel: Ob ein Kind Wut empfindet, wenn es von einem Gleichaltrigen geschubst wurde, hängt bei Eintritt in den Kindergarten wahrscheinlich nicht davon ab, ob der Schubs beabsichtigt war oder nicht. Kinder im Schulalter sind hingegen seltener wütend, wenn sie glauben, dass andere ihnen unbeabsichtigt Schaden zugefügt haben oder dass die Motive der schädigenden Handlung eigentlich gutartig oder zumindest nicht böswillig waren (Dodge, Murphy & Buchsbaum, 1984).

Auch die Häufigkeit, mit der spezifische Emotionen erlebt werden, kann sich im Laufe der Kindheit und Jugend verändern. Es gibt Belege dafür, dass Kinder negative Emotionen in der frühen Schulzeit immer seltener und weniger intensiv erleben (Guerin & Gottfried, 1994; Murphy, Eisenberg, Fabes, Shepard & Guthrie, 1999). Man fand ebenfalls Belege für die allgemeine Annahme, dass die Pubertät eine Phase stärkerer negativer Emotionen ist als die mittlere Kindheit. Der typische Jugendliche erfährt einen geringen Anstieg in der Häufigkeit oder Intensität von negativen Emotionen oder einen geringen Abfall der positiven Emotionen in der frühen und mittleren Adoleszenz (Greene, 1990; Larson & Lampman-Petraitis, 1989). Zur selben Zeit erlebt eine Minderheit der Jugendlichen einen starken Anstieg der Auftretenshäufigkeit von negativen Emotionen, vorzugsweise in der Beziehung zu den eigenen Eltern (Collins, 1990; siehe Kapitel 13). Weiterhin treten depressive Perioden in der Pubertät häufiger auf als zuvor. Nur ungefähr ein Prozent der Elfjährigen wird als klinisch depressiv und somit behandlungsbedürftig diagnostiziert (Abbildung 10.4) (Hankin & Abramson, 1999); allerdings fallen die Angaben über Ängste und Depressionen im vorklinischen Stadium um einiges höher aus (Esser, 1990; Weems, Silverman & La Greca, 2000). Im Verlauf der Pubertät steigt die Depressionsrate drastisch an – in einer Studie auf 15 bis 20 Prozent (Hankin et al., 1998), und auch vorklinische Depressionssymptomatiken werden deutlich häufiger beobachtet (Wichstrom, 1999). Diese Veränderungen in der Emotionalität während der Adoleszenz reflektieren wahrscheinlich eine Kombination aus physiologischen Veränderungen und einer Zunahme an stressreichen Interaktionen mit Gleichaltrigen oder in der Familie. (Kasten 10.1 diskutiert Geschlechtsunterschiede bei der jugendlichen Depression.)

Kinder erleben häufig eine moderate Erhöhung ihrer negativen Emotionen, wenn sie ins Jugendalter eintreten. Dieser Anstieg wird oft in familiären Interaktionen erkennbar.

Individuelle Unterschiede Kasten 10.1

Geschlechterunterschiede bei der jugendlichen Depression

Eines der auffallendsten Merkmale von Jugenddepression ist der Unterschied in der Auftretenshäufigkeit bei Jungen und Mädchen. Mädchen in den USA beginnen im Alter von 13 bis 15 Jahren, höhere Depressionsraten zu zeigen als Jungen (Garber, Keiley & Martin, 2002; Hankin & Abramson, 1999; Nolen-Hoeksema & Girgus, 1994). Dieser Unterschied vergrößert sich mit der Zeit und ist besonders groß im Alter von 18 Jahren (siehe Abbildung 10.4). Ähnliche Geschlechtsunterschiede im Muster von Jugenddepression wurden in zahlreichen Ländern gefunden (Hankin et al., 1998; Nolen-Hoeksema, 1990; Wichstrom, 1999).

Warum erleben Frauen häufiger Depressionen? Belege für eine Rolle der Hormone oder allgemein der Vererbung sind relativ schwach (Hankin & Abramson, 1999). Vielmehr scheint der entscheidende Faktor der größere Stress zu sein, den die Jugendzeit für Mädchen mit sich bringt (Petersen, Sarigiani & Kennedy, 1991), zumindest in bestimmten Kulturen. Ein wichtiger Stressor können Sorgen über den eigenen Körper und das Aussehen sein. Wie in Kapitel 3 diskutiert, berichten junge Mädchen in den USA über größere Unzufriedenheit mit ihrem Körper als Jungen. Diese Unzufriedenheit, angetrieben von einer kulturellen Besessenheit nach einem idealen Körper, den nur wenige erreichen können, scheint wesentlich zur geringeren Selbsteinschätzung und Depression beizutragen (Hankin & Abramson, 1999; Wichstrom, 1999).

Ein weiterer Stressor für Mädchen kann auch die frühe oder späte Pubertät sein, die ein deutliches Risiko für Depression darstellt. Frühe Reife kann bei Mädchen Stress erzeugen, weil Jungen dann häufiger Druck auf sie ausüben, das typische Verhalten älterer Jugendlicher zu zeigen, was sexuelle Aktivitäten, Trinken und Kriminalität betrifft, und viele junge Mädchen sind kognitiv und sozial nicht reif genug, um mit diesem Druck zurechtzukommen (Ge, Conger & Elder, 1996). Eine späte Reife kann bei Mädchen mit Depression verbunden sein, weil sich ihre „unweibliche" körperliche Erscheinung von der ihrer Altersgenossinnen unterscheidet (Wichstrom, 1999). So oder so entstehen leicht Sorgen über die Akzeptanz bei anderen, und Mädchen scheinen von ihren Problemen in ihren Beziehungen zu Gleichaltrigen stärker mitgenommen und deprimiert zu sein als Jungen (Nolen-Hoeksema, 2001).

Es ist ebenso wahrscheinlich, dass junge Mädchen ähnlich wie junge Frauen mehr als ihre männlichen Altersgenossen zum Grübeln neigen – und sich immer wieder auf die Symptome („Ich bin so dick" oder „Ich bin so fertig") und die Bedeutung („Was läuft falsch in meinem Leben?") ihres Unbehagens konzentrieren (Nolen-Hoeksema, Larson & Grayson, 1999). Ein solches Denken scheint die Wahrscheinlichkeit zu erhöhen, dass Frauen depressiv werden (Hankin & Abramson, 1999).

IN KÜRZE

Emotionen sind für viele menschliche Funktionen grundlegend und verändern sich in den ersten Lebensmonaten und -jahren. Das Lächeln entsteht früh, wird aber erst im zweiten bis dritten Lebensmonat zum sozialen Lächeln. Was Kinder zum Lächeln und Lachen bringt, ändert sich mit dem Alter und der kognitiven Entwicklung. Zu den Missempfindungen von Neugeborenen gehören Hunger und verschiedene andere Beschwerden. Im Alter von sechs oder sieben Monaten werden diese oft durch das Auftreten eines Fremden verursacht und im Alter von ungefähr acht Monaten häufig durch die Trennung von den Eltern ausgelöst. Trennungsangst entwickelt sich in verschiedenen Kulturen und bei blinden Kindern auf unterschiedliche Art und Weise.

Man kann nicht genau angeben, wann Wut entsteht, weil Schmerz/Unbehagen und Wut in den ersten Lebensmonaten schwer voneinander zu trennen sind. Kinder können mit zwei Monaten Wut als Reaktion auf Kontrollverlust erleben. In den ersten Monaten ist es ähnlich schwer, Angst und Unbehagen zu unterscheiden. Wahrscheinlich entsteht Angst im Alter von sechs oder sieben Monaten, wenn Kinder damit beginnen, Angst vor Fremden zu empfinden. Kleine Kinder zeigen auch Traurigkeit, besonders wenn sie von ihren Lieben für eine längere Zeitspanne getrennt werden.

Die selbst-bewussten Emotionen – Verlegenheit, Stolz, Scham und Schuld – entstehen etwas später als die meisten anderen Emotionen, wahrscheinlich während des zweiten Lebensjahres. Ihre Entstehung ist teilweise mit der Entwicklung einer elementaren Wahrnehmung des Selbst verknüpft sowie mit der Erkenntnis, dass andere auf dieses Selbst reagieren. Welche Situationen diese Emotionen hervorrufen, variiert zwischen den Kulturen.

Emotionen verändern sich weiter in ihrem Auftreten und ihren Auslösern im Laufe der Kindheit und Pubertät. Altersbezogene kognitive, biologische und erfahrungsbasierte Faktoren tragen wahrscheinlich zu diesen Veränderungen bei.

Die Regulierung von Emotionen

Emotionale Selbst-Regulation – der Prozess der Initiierung, Hemmung oder Modulierung innerer Gefühlszustände, emotionsbezogener physiologischer Prozesse und Kognitionen sowie des Verhaltens im Dienste der Zielerreichung.

Während des ganzen Lebens ist die Fähigkeit, die eigenen Emotionen zu regulieren, entscheidend, um eigene Ziele zu erreichen. Das ist keine einfache Aufgabe. In der Tat ist die **emotionale Selbst-Regulierung** ein komplexer Prozess, an dem die Initiierung, Hemmung und Modulierung mehrerer Aspekte beteiligt sind, die im Dienste der Zielerreichung stehen. Zu diesen Komponenten gehören (1) *innere Gefühlszustände* (die subjektive Erfahrung von Emotionen); (2) *emotionsbezogene physiologische Prozesse* (zum Beispiel Pulsfrequenz, hormonale oder andere physiologische Reaktionen, die mit Emotionen einhergehen); (3) *emotionsbezogene Kognitionen* (zum Beispiel Gedanken darüber, was man will oder wie eine Situation zu interpretieren ist); und (4) *emotionsbezogenes Verhalten* (zum Beispiel der Gesichtsausdruck von Gefühlen oder Aggression aufgrund von Wut).

Die Entstehung emotionaler Regulierung im Laufe der Kindheit ist ein langer, langsamer Prozess. Offensichtlich sind Kleinkinder nicht sehr gut darin, ihre emotionalen Reaktionen zu kontrollieren. Sie werden leicht von lauten Geräuschen, abrupten Bewegungen, Hunger oder Schmerz überwältigt und müssen sich auf ihre Versorgungspersonen verlassen, um wieder beruhigt zu werden. Ältere Kinder haben ebenfalls Schwierigkeiten, mit intensiven

Emotionen umzugehen, wie etwa mit der Angst vor Fremden oder davor, allein gelassen zu werden; oft suchen sie oft Trost bei ihren Eltern. Tatsächlich brauchen Kinder Jahre, um die Fähigkeit zu entwickeln, ihre Emotionen verlässlich zu regulieren und emotionales Verhalten zu steuern.

Die Entwicklung der Emotionsregulierung

Die Entwicklung der Emotionsregulierung ist durch drei allgemeine altersbezogene Veränderungsmuster charakterisiert. Das erste Muster bezieht sich auf den Übergang der Kinder, sich zunächst fast völlig auf andere Personen zu verlassen, die ihnen bei der Regulierung der Emotionen helfen sollen, bis zur wachsenden Fähigkeit zur Selbst-Regulierung während der frühen Kindheit. Das zweite Muster umfasst den Gebrauch von kognitiven Strategien zur Kontrolle negativer Emotionen. Das dritte Muster schließt die Auswahl von geeigneten Regulierungsstrategien ein.

Von der Regulierung durch andere zur Selbst-Regulierung

In den ersten Lebensmonaten helfen Eltern ihren Kindern, ihre emotionale Erregung zu regulieren, indem sie kontrollieren, wie stark diese stimulierenden Ereignissen ausgesetzt sind (Gianino & Tronick, 1988). Wenn ein Kleinkind sich unwohl fühlt, frustriert oder verängstigt ist, versuchen Eltern typischerweise, das Baby zu beruhigen oder abzulenken. Ein schreiendes Kind zum Beispiel wird oft besänftigt, indem Eltern mit ihrem Kind in einem sanften und beruhigenden Ton sprechen oder, wenn das Kind schon ein paar Monate alt ist, indem sie kurzfristig seine Aufmerksamkeit auf ein interessantes Objekt lenken.

Das alleinige Vertrauen von Säuglingen auf die elterlichen Bemühungen, ihre Emotionen zu regulieren, beginnt sich jedoch schnell zu verändern. Im Alter von sechs Monaten können Kleinkinder ihre Missempfindungen reduzieren, indem sie ihren Blick bei aufregenden oder unsicheren Situationen abwenden. Gelegentlich können sechs Monate alte Kinder sich auch *selbst beruhigen* – indem sie ihren Körper oder ihre Kleidung in stilisierter, immer gleicher und wiederholter Weise reiben oder streicheln – oder sich ablenken, indem sie speziell neutrale oder positive Objekte anschauen statt die Personen oder Objekte, die ihre Aufregung verursachen. Im Alter von ein bis zwei Jahren wenden sich Kinder vermehrt Objekten oder Personen zu, die kein Unbehagen auslösen, um sich selbst von unangenehmen Reizen abzulenken (Grolnick, Bridges & Connell, 1996; Mangelsdorf, Shapiro & Marzolf, 1995; Parritz, 1996). Solche Veränderungen im Verhalten kleiner Kinder werden wahrscheinlich durch ihre wachsende Fähigkeit ermöglicht, sowohl ihre Aufmerksamkeit als auch ihre Bewegungen zu steuern.

Im Laufe der ersten Jahre entwickeln und verbessern Kinder ihre Fähigkeit, sich selbst abzulenken, wenn sie sich unwohl fühlen, in dem sie von sich aus

Eltern helfen ihren kleinen Kindern oft, sich zu regulieren, indem sie sie körperlich beruhigen oder mit einem Gegenstand ablenken.

zu spielen anfangen, und sie suchen seltener Trost bei ihren Eltern, wenn sie eine Belohnung aufschieben müssen oder aufgeregt sind (Bridges & Grolnick, 1995). Da sie außerdem mit zunehmendem Alter besser sprechen können, wenn sie Trost suchen, diskutieren Kinder aufregende emotionale Situationen mit ihren Eltern eher, als dass sie einfach nur weinen (Kopp, 1992). Mit dem Alter verbessert sich auch die Fähigkeit von Kindern, den Ausdruck negativer Emotionen zu regulieren. Anstatt den Eltern nicht zu gehorchen oder einen Wutanfall zu bekommen, können Kinder besser mit ihrer negativen emotionalen Erregung umgehen, indem sie mit anderen sprechen und Möglichkeiten diskutieren, um Situationen so zu gestalten, dass sie zumindest teilweise auch ihren eigenen Bedürfnissen entsprechen (Klimes-Dougan & Kopp, 1999; Kopp, 1992). Wenn ein Kindergartenkind zum Beispiel unglücklich darüber ist, dass es von einem Elternteil aufgefordert wurde, sofort mit dem Spielen aufzuhören und sein Zimmer aufzuräumen, kann das Kind verbal protestieren und weitere Zeit zum Spielen heraushandeln, anstatt zu weinen oder einen Wutanfall zu bekommen.

Vermutlich ist die verbesserte Selbst-Regulierung der Kinder nicht nur auf die altersbezogen erhöhte Kontrollfähigkeit der Aufmerksamkeit und Bewegungen zurückzuführen, sondern auch auf die veränderten Erwartungen der Eltern an ihre Kinder. Wenn die Kinder älter werden, erwartet man von ihnen verstärkt, dass sie mit ihrer eigenen emotionalen Erregung und dem zugehörigen Verhalten umgehen können. Sobald die Kinder zum Beispiel krabbeln können, macht man sie eher für ihr Verhalten verantwortlich und verlangt von ihnen, den Erwartungen der Eltern zu entsprechen (Campos, Kermoian & Zumbahlen, 1992). Im Alter von neun bis zwölf Monaten beginnen die Kinder, sich der elterlichen Forderungen bewusst zu werden, und regulieren ihr Verhalten entsprechend. Einfachen Anweisungen kommen sie eher nach und befolgen Verbote häufiger – zum Beispiel das Verbot, ein gefährliches Objekt anzufassen. Während des zweiten Lebensjahres wächst auch die Fähigkeit, motorisches Verhalten zu hemmen – zum Beispiel langsamer zu laufen, wenn man dazu aufgefordert wird (Kochanska, Murray & Harlan, 2000). Wenngleich diese Fähigkeiten im Kleinkindalter noch ziemlich eingeschränkt sind, verbessern sie sich wesentlich im vierten Lebensjahr (Reed, Pien & Rothbart, 1984) und weiter während der Schulzeit (Williams, Ponesse, Schachar, Logan & Tannock, 1999). Als Ergebnis dieses Prozesses sind die Kinder immer besser in der Lage, den Erwartungen der Erwachsenen zu entsprechen, etwa andere nicht zu verletzen, wenn man wütend ist, und in der Schule auf dem Stuhl sitzen zu bleiben, obwohl man lieber aufstehen und reden oder spielen würde.

Der Gebrauch kognitiver Strategien zur Steuerung negativer Emotionen

Während kleinere Kinder ihre negativen Emotionen meistens regulieren, indem sie Verhaltensstrategien (wie etwa Ablenkung durch Spielen) anwenden, benutzen ältere Kinder zusätzlich kognitive Strategien, um sich selbst mental von negativen oder stressreichen Ereignissen abzulenken oder um Dinge in einem positiven Licht zu sehen (Altshuler, Genevro, Ruble & Bornstein, 1995; Mischel & Mischel, 1983). In den Studien zum Belohnungsaufschub, die zu Beginn des Kapitels besprochen wurden, fand Mischel zum Beispiel, dass Fünfjährige sich mehr als jüngere Kindergartenkinder bewusst waren, dass es helfen würde, ihre Aufmerksamkeit von dem leckeren Essen abzulenken, um die Belohnung aufzuschieben und eine zusätzliche Süßigkeit zu erhalten. In der sechsten Klasse erkannten die Kinder, dass das Nachdenken über die Süßigkeiten in einer abstrakten – nicht vorrangig begehrenden – Weise hilfreich ist, um sich gegen Versuchungen zu wehren (Mischel & Mischel, 1983). Um beispielsweise Brezeln zu widerstehen, kann man darüber nachdenken, wie sich mit ihrer Hilfe eine kleine Blockhütte bauen ließe, und nicht darüber, wie gut Brezeln schmecken.

Mit zunehmendem Alter können die Kinder nötigenfalls besser kognitive Strategien einsetzen, um sich auf emotional schwierige Situationen einzustellen. Befinden sie sich selbst in einer unangenehmen oder bedrohlichen Situation, können sie über ihre Ziele oder die Bedeutung von Ereignissen in einem anderen Licht nachdenken, so dass sie sich relativ flexibel der Situation anpassen können. Diese Fähigkeit hilft den Kindern zu vermeiden, auf eine kontraproduktive Art und Weise zu handeln. Wenn Kinder zum Beispiel von Gleichaltrigen gehänselt werden, können sie die Situation entschärfen, indem sie die Bedeutung der Hänseleien herunterspielen und darauf nicht in einer Weise reagieren, die noch weitere Angriffe provozieren würde.

Die Auswahl geeigneter Regulierungsstrategien

Durch den Umgang mit Emotionen sind Kinder mit der Zeit immer besser in der Lage, kognitive Strategien oder Verhaltensstrategien auszuwählen, die in der jeweiligen Situation zur Reduzierung von Stress geeignet sind (Brenner & Salovey, 1997). Das liegt unter anderem daran, dass Kinder sich mit dem Alter mehr und mehr darüber bewusst werden, dass die Eignung einer bestimmten Bewältigungsstrategie von den spezifischen Bedürfnissen und Zielen des Individuums abhängt wie auch von der Beschaffenheit des Problems. In einer Demonstration der Zunahme dieser Fähigkeit wurden Fünft-, Acht- und Elftklässlern alltägliche Problemsituationen dargeboten – zum Beispiel keinen Platz in einem Computerkurs zu bekommen, den sie sehr gern besucht hätten. Sie sollten schätzen, wie gut verschiedene Reaktionen geeignet wären, um mit der jeweiligen Situation umzugehen. Reaktionen auf das Computerkurs-Dilemma waren Möglichkeiten wie „Finde heraus, warum du nicht in den Computerkurs gekommen bist", „Verbringe jeden Tag nach der Schule ein wenig

Zeit am Computer und arbeite das Buch über Computer durch, das du dir gekauft hast" und „Entscheide dich, nicht zu lernen, wie man mit Computern umgeht". Bei diesem Dilemma, ebenso wie bei den anderen präsentierten Problemsituationen, wählten die Kinder mit zunehmendem Alter häufiger solche Bewältigungsstrategien aus, die von Lehrern als geeignet angesehen wurden (Berg, 1989).

Die Fähigkeit der Kinder, geeignete Strategien für den Umgang mit negativen Situationen auszuwählen, wird unter anderem dadurch gesteigert, dass sie lernen, immer besser zwischen solchen Stressoren zu unterscheiden, die kontrollierbar sind (wie Hausaufgaben), und solchen, die nicht kontrolliert werden können (wie schmerzhafte medizinische Verfahren). Ferner wächst die Fähigkeit zur Auswahl der effektivsten Strategie, um auf bestimmte Stressoren zu reagieren. Ältere Kinder sind sich beispielsweise bewusster als jüngere Kinder, dass es in nicht zu kontrollierenden Situationen leichter ist, mit seinen Emotionen umzugehen, indem man sich einfach der Situation anpasst, statt zu versuchen, sie zu ändern (zum Beispiel Altshuler et al., 1995; Hoffner, 1993; Rudolph, Dennig & Weisz, 1995). Konfrontiert man sie etwa mit der Tatsache, dass sie sich einer schweren Operation unterziehen müssen, passen sich ältere Kinder an, indem sie versuchen, über die positiven Folgen der Operation nachzudenken (zum Beispiel dass sie anschließend wieder bei besserer Gesundheit sein werden), oder indem sie sich ablenken und an angenehme Tätigkeiten denken beziehungsweise diese ausführen. Kleinere Kinder würden wohl eher darauf bestehen, dass es gar nicht nötig ist, sich operieren zu lassen.

Der Zusammenhang zwischen Emotionsregulierung und sozialer Kompetenz

Wie zuvor angesprochen, hat die Entwicklung der emotionalen Regulierung wichtige Konsequenzen für Kinder, besonders hinsichtlich ihrer sozialen Kompetenz. **Soziale Kompetenz** umfasst eine Reihe von Fähigkeiten, die den Individuen helfen, ihre persönlichen Ziele in sozialen Interaktionen zu erreichen und gleichzeitig positive Beziehungen zu anderen aufrechtzuerhalten (Rubin et al., 1998). Kinder, denen es besser gelingt, unangemessenes Verhalten zu unterdrücken, Belohnungen aufzuschieben sowie kognitive Methoden zur Emotions- und Verhaltenskontrolle zu nutzen, sind meistens insgesamt sozial kompetenter, werden von Gleichaltrigen gemocht und sind gut angepasst (Calkins & Dedmon, 2000; Gilliom, Shaw, Beck, Schonberg & Lukon, 2002; Lemery, Essex & Smider, 2002; Lengua, 2002).

In ähnlicher Weise sind Kinder, die konstruktiv mit einer stressvollen Situation umgehen können – mit anderen verhandeln, um Konflikte beizulegen, Strategien planen, um unangenehme Situationen zu lösen, soziale Unterstützung suchen und so weiter –, insgesamt sozial kompetenter als Kinder, die völlig vermeiden, sich mit stressvollen Situationen auseinander zu setzen

Soziale Kompetenz – die Fähigkeit, persönliche Ziele in sozialen Situationen zu erreichen und gleichzeitig positive Beziehungen zu anderen aufrechtzuerhalten.

(Compas, Connor, Saltzman, Thomsen & Wadsworth, 2001). Kinder und Jugendliche, die wissen, wie man um soziale Unterstützung bittet, wenn man Hilfe braucht, oder wie man Sorgen und Ängste teilt, gehen wahrscheinlich auch relativ gut mit den vielen Stressoren um, denen die meisten Kinder im Leben begegnen (Bryant, 1987; Rutter, 1987).

> **IN KÜRZE**
>
> Die Bemühungen der Kinder, ihre Emotionen und ihr emotional angetriebenes Verhalten zu regulieren, verändern sich mit dem Alter. Während sich Säuglinge noch ganz darauf verlassen, dass ihnen Erwachsene helfen, ihre Emotionen zu regulieren, entwickeln Kleinkinder bereits Mittel der Selbstregulation von eigenen Emotionen und Verhaltensweisen; dazu gehören Methoden wie der Versuch, die Aufmerksamkeit von der Stressquelle abzuwenden, sich selbst zu beruhigen oder sich mit anderen Aktivitäten abzulenken. Die kindliche Fähigkeit, Handlungen zu unterdrücken, verbessert sich ebenfalls mit dem Alter. Verbesserungen des Regulierungsvermögens der Kinder basieren wahrscheinlich darauf, dass Kinder ihre Aufmerksamkeit und ihren Körper immer besser zu kontrollieren lernen, sowie auf Veränderungen in den Erwartungen, die Erwachsene an Kinder richten.
>
> Im Gegensatz zu kleinen Kindern, die oft versuchen, mit ihren Emotionen durch unmittelbares Handeln umzugehen, sind ältere Kinder auch in der Lage, kognitive Bewältigungsstrategien anzuwenden, zum Beispiel zu versuchen, an etwas anderes zu denken oder sich auf positive Aspekte einer negativen Situation zu konzentrieren. Außerdem wächst ihre Fähigkeit, Wege der Selbstregulation und der Stressbewältigung auszuwählen, die den Anforderungen der jeweiligen Situation entsprechen.
>
> Die Fähigkeiten, die eigenen Emotionen und das darauf bezogene Verhalten zu regulieren und konstruktiv mit stressvollen Situationen umzugehen, gehen mit hoher sozialer Kompetenz einher.

Individuelle Unterschiede bei Emotionen und ihrer Regulierung

Obwohl zwischen Kindern Ähnlichkeiten hinsichtlich der allgemeinen Entwicklung ihrer Emotionen und ihrer Fähigkeiten zur Selbstregulierung bestehen, gibt es auch sehr große individuelle Unterschiede in ihren emotionalen Funktionen. Manche Kinder sind relativ sanft gestimmt: Sie regen sich nicht schnell auf und sind besser als andere Kinder ihres Alters in der Lage, sich zu beruhigen, wenn sie aufgebracht sind. Andere Kinder sind recht emotional; sie werden schnell erregt, und ihre negative Emotion hält lange an, was dazu führt, dass andere es schwierig finden, mit ihnen umzugehen. Darüber hinaus unterscheiden sich Kinder in ihrer Schüchternheit, in ihrem Ausdruck von positiver Emotion und in der Art und Weise, wie sie ihre Emotionen regulieren. Man vergleiche diese beiden dreijährigen Kinder, Maria und Bruce, wie sie auf Teri reagieren, eine erwachsene weibliche fremde Person (Laborbeobachtungen von Eisenberg):

> Wenn Teri zu Maria hinübergeht und beginnt, mit ihr zu sprechen, lächelt Maria und will Teri unbedingt zeigen, was sie macht. Wenn Teri Maria fragt, ob sie Lust hätte, hinunter in die Halle zum Spielraum zu gehen (wo Experimente durchgeführt werden), springt Maria auf und nimmt Teri bei der Hand.
>
> Wenn Teri jedoch zu Bruce hinübergeht, dreht sich Bruce weg. Er spricht nicht mit ihr und wendet seinen Blick ab. Wenn Teri ihn fragt, ob er ein Spiel spielen möchte, geht Bruce weg, schaut ängstlich und sagt leise „nein".

Kinder unterscheiden sich auch hinsichtlich der Geschwindigkeit, mit der sie ihre Emotionen ausdrücken, wie der Unterschied zwischen diesen beiden Jungen im Kindergarten illustriert (Denham, 1998, S. 21):

> Wenn sich jemand Taylor widersetzt, zeigt sich sein Zorn sofort. Es ist keine Frage, wie er fühlt, es bleibt keine Zeit, die Situation klarzustellen, bevor er explodiert. Douglas hingegen scheint eher über die gerade ablaufende emotionale Situation nachzudenken. Man kann fast sehen, wie sich der Ärger aufbaut, bis er schließlich rauslässt: „Hör auf damit!"

Es wurde eine Vielzahl von Erklärungen für die Unterschiede bei der Emotionalität und Emotionsregulierung von Kindern vorgebracht, ebenso wie für ihre unterschiedliche Neigung, auf andere mit Ängstlichkeit und Scheu zu reagieren. Einige Erklärungen unterstreichen biologisch basierte Unterschiede der Kinder, die sich in ihrem Temperament zeigen; andere betonen die Rolle der Sozialisation bei der Entwicklung der kindlichen Persönlichkeit. Es ist nahezu sicher, dass biologische Faktoren und Umweltfaktoren zu den Unterschieden beitragen, die wir in den kindlichen Emotionen und dem zugehörigen Verhalten sehen.

Temperament

Temperament – veranlagungsbedingte individuelle Unterschiede in der emotionalen, motorischen und aufmerksamkeitsbezogenen Reagibilität und in der Selbstregulierung, die über Situationen hinweg konsistent sowie über die Zeit hinweg stabil sind.

Da sich Säuglinge sogar schon von Geburt an sehr stark in ihrer emotionalen Reagibilität unterscheiden, nimmt man häufig an, dass Kinder mit verschiedenen emotionalen Eigenschaften geboren werden. Die Unterschiedsdimensionen verschiedener Aspekte der kindlichen emotionalen Reagibilität, die sich früh im Leben ausbilden, werden als **Temperament** bezeichnet. Mary Rothbart und John Bates (1998, S. 109), zwei führende Forscher bei der Untersuchung des Temperaments, definieren Temperament als

> veranlagungsbedingte individuelle Unterschiede der emotionalen, motorischen und aufmerksamkeitsbezogenen Reagibilität und Selbstregulierung. Temperamentseigenschaften erweisen sich über Situationen hinweg als konsistent und im Zeitverlauf als relativ stabil.

Der Ausdruck „veranlagungsbedingt" in dieser Definition verweist auf eine biologische Grundlage und bezieht sich sowohl auf Vererbung als auch auf Aspekte der biologischen Funktion wie die neuronale Entwicklung und hormonelle Reaktionen, die durch die Umwelt während der pränatalen Phase und nach der Geburt beeinflusst werden können. Somit ist das Konstrukt des Temperaments von großer Bedeutung für unsere Themen der *individuellen Unterschiede* und der Rolle von *Anlage und Umwelt* bei der Entwicklung.

Die Pionierarbeit auf dem Gebiet der Temperamentsforschung war die New Yorker Langzeitstudie, die von Stella Chess und Alexander Thomas durchgeführt wurde (Thomas, Chess & Birch, 1963; Thomas & Chess, 1977). Diese Forscher begannen damit, eine Reihe von Eltern wiederholt zu interviewen und intensiv das spezifische Verhalten des Kleinkindes zu erfragen. Um die Möglichkeit von Verzerrungen in den Berichten der Eltern zu reduzieren, baten die Forscher die Eltern um detaillierte Beschreibungen des Verhaltens ihres Kindes statt um interpretative Charakterisierungen. Um die Offenheit der Eltern zu unterstützen, versuchten sie, völlig wertfrei zu bleiben. Anhand der so gewonnenen Interviewdaten wurden neun Aspekte des kindlichen Temperaments identifiziert: Aktivitätsniveau, Rhythmus, Annäherung/Rückzug, Anpassungsfähigkeit, Reaktionsintensität, Reaktionsschwelle, Stimmung, Ablenkbarkeit und Aufmerksamkeitsspanne (siehe Tabelle 10.2). Auf Basis

Tabelle 10.2: Beispiele für die Temperamentsdimensionen auf verschiedenen Altersstufen.

Temperaments-qualität	Einschätzung	2 Monate	2 Jahre	10 Jahre
Aktivitätsniveau	Hoch	Bewegt sich oft im Schlaf. Zappelt beim Windelnwechseln.	Klettert auf Möbel. Erkundet die Umwelt. Geht ins Bett und steht wieder auf, wenn es schlafen gelegt wird.	Spielt Ball und betreibt andere Sportarten. Kann nicht lang genug stillsitzen, um Hausaufgaben zu machen.
	Niedrig	Bewegt sich nicht beim Anziehen oder während des Schlafs.	Genießt es, ruhig zu puzzeln. Kann stundenlang Kassette hören.	Mag Schach und Lesen. Isst sehr langsam.
Rhythmus	Regelmäßig	Hat seit Geburt einen Vier-Stunden-Essensrhythmus. Regelmäßiger Stuhlgang.	Isst jeden Tag ein ordentliches Mittagessen. Isst immer eine Kleinigkeit vorm Ins-Bett-Gehen.	Isst nur zu den Mahlzeiten. Schläft jede Nacht gleich lang.
	Unregelmäßig	Wacht jeden Morgen zu einer anderen Zeit auf. Die Essensmenge variiert.	Schlafenszeit variiert von Tag zu Tag. Sauberkeitserziehung ist schwierig, da der Stuhlgang unvorhersehbar ist.	Essensaufnahme variiert. Geht jeden Abend zu einer anderen Zeit schlafen.
Ablenkbarkeit	Ablenkbar	Hört auf zu weinen, wenn es geschaukelt wird. Beruhigt sich, wenn es einen Schnuller beim Windelnwechseln bekommt.	Wird mit dem Wutanfall aufhören, wenn ihm eine andere Aktivität angeboten wird.	Braucht absolute Ruhe für seine Hausaufgaben. Tut sich schwer, ein Hemd im Laden auszusuchen, weil ihm alle gefallen.
	Nicht ablenkbar	Hört nicht auf zu weinen, wenn die Windel gewechselt wird. Macht nach dem Essen Theater, auch wenn es geschaukelt wird.	Schreit, wenn ihm ein begehrtes Objekt verweigert wird. Ignoriert die Rufe der Mutter.	Kann ein Buch lesen, während der Fernseher laut läuft. Erledigt Hausarbeiten pünktlich.

Tabelle 10.2: Beispiele für die Temperamentsdimensionen auf verschiedenen Altersstufen. *(Forts.)*

Temperamentsqualität	Einschätzung	2 Monate	2 Jahre	10 Jahre
Annäherung/ Rückzug	Positiv	Lächelt und leckt am Waschlappen. Mochte immer schon die Flasche.	Schlief die erste Nacht gut, die es bei den Großeltern verbrachte.	Ging gern ins Ferienlager. Mochte erste Skifahr-Versuche.
	Negativ	Wies das Müsli beim ersten Mal zurück. Schreit, wenn Fremde auftauchen.	Meidet fremde Kinder auf dem Spielplatz. Weint zum ersten Mal am Strand. Geht nicht ins Wasser.	Großes Heimweh während der ersten Tage im Ferienlager. Mag keine neuen Aktivitäten.
Anpassungsfähigkeit	Anpassungsfähig	War passiv während des ersten Bades; genießt nun das Baden. Lächelt das Kindermädchen an.	Gehorcht sofort. Blieb zufrieden eine Woche bei den Großeltern.	Mag Ferienlager trotz Heimweh in den ersten Tagen. Lernt mit Begeisterung.
	Nicht anpassungsfähig	Erschreckt sich noch bei plötzlichen, durchdringenden Geräuschen. Wehrt sich gegen das Wickeln.	Weint und schreit jedes Mal beim Haareschneiden. Gehorcht permanent nicht.	Stellt sich nicht gut auf neue Schule oder neuen Lehrer ein. Kommt trotz Strafe spät zum Abendessen nach Hause.
Aufmerksamkeitsspanne und Ausdauer	Lang	Wenn dreckig, weint es, bis es umgezogen ist. Weist wiederholt Wasser zurück, wenn es Milch will.	Arbeitet an einem Puzzle, bis es fertig ist. Schaut zu, wenn ihm gezeigt wird, wie man etwas macht.	Liest zwei Stunden vorm Einschlafen. Macht die Hausaufgaben sorgfältig.
	Kurz	Weint beim Aufwachen, aber hört gleich wieder auf. Protestiert nur wenig, wenn es die Haferflocken vor der Flasche bekommt.	Gibt schnell auf, wenn ein Spielzeug schwierig zu benutzen ist. Bittet sofort um Hilfe, wenn das Ausziehen schwierig wird.	Steht häufig von den Hausaufgaben für einen Imbiss auf. Liest nie ein Buch bis zum Ende.
Reaktionsintensität	Stark	Weint, wenn die Windeln nass sind. Weist Essen energisch zurück, wenn es satt ist.	Schreit, wenn es erregt oder erfreut ist. Weint laut, wenn ihm ein Spielzeug weggenommen wird.	Zerreißt wegen eines Fehlers die ganze Seite Hausaufgaben. Knallt die Tür zu, wenn es vom jüngeren Bruder geärgert wird.
	Schwach	Weint nicht, wenn die Windeln nass sind. Wimmert statt zu weinen, wenn es hungrig ist.	Wenn ein anderes Kind es schlägt, schaut es überrascht. Schlägt nicht zurück.	Wenn bei einem Modellflugzeug ein Fehler gemacht wurde, korrigiert es diesen leise. Gibt keinen Kommentar, wenn es getadelt wird.
Reaktionsschwelle	Niedrig	Hört auf, an der Flasche zu saugen, wenn jemand sich nähert.	Läuft zur Tür, wenn der Vater nach Hause kommt. Muss immer streng ins Bett gebracht werden.	Weist fettiges Essen zurück. Stellt die Dusche so lange ein, bis das Wasser die exakte Temperatur hat.
	Hoch	Wird nicht durch laute Geräusche erschreckt. Nimmt gleich gut die Flasche und die Brust.	Kann mit jedem allein gelassen werden. Schläft auf dem Rücken wie auf dem Bauch leicht ein.	Beschwert sich nie, wenn es krank ist. Isst alles.
Stimmungsqualität	Positiv	Schmatzt mit den Lippen, wenn es zum ersten Mal etwas Neues probiert. Lächelt die Eltern an.	Spielt mit der Schwester; lacht und kichert. Lächelt, wenn es schafft, die Schuhe anzuziehen.	Genießt neue Leistungen. Lacht laut, wenn es einen lustigen Abschnitt liest.
	Negativ	Ist nach der Körperpflege aufgeregt. Weint, wenn der Kinderwagen geschaukelt wird.	Weint und windet sich beim Haareschneiden. Weint, wenn die Mutter weggeht.	Weint, wenn es eine Hausaufgabe nicht lösen kann. Sehr weinerlich, wenn es nicht genug Schlaf bekommt.

(Nach Thomas, Chess & Birch, 1970.)

dieser Merkmale wurden Kleinkinder in drei Gruppen eingeteilt: einfach (*easy*), schwierig (*difficult* oder *hard-to-handle*) und langsam auftauend (*slow-to-warm-up*).

1. *Einfache Babys* stellten sich leicht auf neue Situationen ein, entwickelten schnell Routinen und waren allgemein vergnügter Stimmung und leicht zu beruhigen.
2. *Schwierige Babys* stellten sich langsam auf neue Erfahrungen ein, reagierten häufig negativ und intensiv auf Reize und Ereignisse und hatten unregelmäßige Körperfunktionen.
3. *Langsam auftauende Babys* waren zunächst etwas schwierig, wurden über die Zeit aber einfacher.

In der ursprünglichen Studie wurden 40 Prozent der Kleinkinder als einfach klassifiziert, 10 Prozent als schwierig und 15 Prozent als langsam auftauend. Die Restlichen passten in keine dieser Kategorien. Besonders wichtig war, dass sich einige Dimensionen des kindlichen Temperaments über die Zeit hinweg als relativ stabil erwiesen, so dass das Temperament des Kleinkindes vorhersagt, wie es sich ein paar Jahre später verhält. Zum Beispiel neigten schwierige Säuglinge dazu, Anpassungsprobleme und Probleme in der Schule zu haben, während nur wenige der einfachen Kinder Schwierigkeiten dieser Art hatten. (Wir kommen in Kürze auf den Aspekt der Stabilität des Temperaments und seine sozialen und emotionalen Zusammenhänge zurück.)

Seit den bahnbrechenden Leistungen von Thomas und Chess widmeten sich umfangreiche Arbeiten der Frage, wie sich verschiedene Temperamentsaspekte am besten konzeptualisieren und messen lassen (siehe Kasten 10.2). Im Gegensatz zum Ansatz von Thomas und Chess glauben viele der heutigen Wissenschaftler, dass es wichtig ist, positive und negative Emotio-

Wegen ihrer verschiedenen Temperamentsausprägungen zeigen Kinder in derselben Situation oft sehr unterschiedliche Reaktionen.

nen als separate Komponenten des Temperaments zu beurteilen, zwischen Typen von negativer Emotionalität zu unterscheiden und verschiedene Typen des Regulierungsvermögens einzuschätzen. Neuere Studien, die diesen Ansatz verfolgt haben, orientieren sich an der Idee, dass das Temperament des Kleinkindes durch sechs Dimensionen erfasst werden kann (Rothbart & Bates, 1998):

1. *Angstvolles Unbehagen* – Unbehagen und Zurückzug in neuen Situationen und wie lange das Kind braucht, um sich auf die neue Situation einzustellen.
2. *Reizbares Unbehagen* – Aufgeregtheit, Wut und Frustration, besonders wenn das Kind nicht tun darf, was es will.
3. *Aufmerksamkeitsspanne und Ausdauer* – Dauer der Zuwendung zu Objekten oder Ereignissen, die von Interesse sind.
4. *Aktivitätsniveau* – wie viel ein Kind sich bewegt (zum Beispiel treten, krabbeln).
5. *Positiver Affekt* – Lächeln und Lachen, Annäherung an Menschen, Ausmaß von Kooperationsbereitschaft und Folgsamkeit.
6. *Rhythmus* – die Regelmäßigkeit und Vorhersagbarkeit der Körperfunktionen des Kindes, beispielsweise essen und schlafen.

Im Kindesalter sind nur die ersten fünf Aspekte des Temperaments besonders wichtig, um Kinder zu klassifizieren und ihr Verhalten vorherzusagen (Rothbart & Bates, 1998). Die Begriffe, mit denen sich die Forscher auf diese Dimensionen beziehen, variieren ein wenig – zum Beispiel kann das reizbare Unbehagen auch Frustration oder Wut genannt werden –, aber allgemein umfassen diese Dimensionen die meisten Aspekte des Temperaments, die ausgiebig untersucht wurden.

Die Stabilität des Temperaments im Zeitverlauf

Wie wir gesehen haben, umfasst das Temperament definitionsgemäß Eigenschaften, die über die Zeit hinweg relativ konstant bleiben. Ein Beispiel für eine solche Stabilität geben die Forschungsarbeiten, die in Kasten 10.2 beschrieben werden; hier zeigten Kinder, die als Säuglinge bei neuartigen Reizen Verhaltenshemmungen oder ängstliches Unbehagen erkennen ließen, im Alter von zwei Jahren ebenfalls ein erhöhtes Angstniveau in neuen Situationen und im Alter von viereinhalb Jahren ein erhöhtes Niveau an sozialer Hemmung. Ähnliche Stabilitätsmuster zeigten sich bei Kindern, die im Alter von drei Jahren eher zu negativen Emotionen neigten als ihre Altersgenossen und auch im Alter von sechs oder acht Jahren häufiger negativer gestimmt erschienen als ihre Altersgenossen (Guerin & Gottfried, 1994; Rothbart, Derryberry & Hershey, 2000). Kinder, die im Vorschulalter sehr gut in der Lage waren, ihre Aufmerksamkeit zu fokussieren, konnten dies auch besonders gut im Alter von elf oder zwölf Jahren (Murphy et al., 1999). Einige Aspekte des Temperaments zeigen sogar beim Übergang von der pränatalen zur postnatalen Phase ein gewisses Maß an Konsistenz. In einer Längsschnittstudie beispielsweise erwiesen sich Feten, die in der 20. Schwangerschaftswoche sehr aktiv im Mutterleib waren, im Alter von drei und sechs Monaten als aktiver, schwieriger, unvorhersagbarer und weniger anpassungsfähig (DiPietro, Hodgson, Costigan & Johnson, 1996).

Es ist jedoch wichtig anzumerken, dass einige Temperamentsaspekte typischerweise stabiler sind als andere. Im Verlauf der Säuglingszeit kann zum Beispiel das Aktivationsniveau weniger stabil sein als die positive Emotionalität, Angst und Wut/Missgestimmtheit (Lemery, Goldsmith, Klinnert & Mrazek, 1999), und es gibt während der Kindheit beträchtliche Veränderungen in dem Ausmaß, in dem Kinder extrem stark oder schwach reagieren, wenn sie sich mit unvertrauten Situationen, Menschen oder Objekten konfrontiert sehen (Kagan, Snidman & Arcus, 1998).

Das Aktivitätsniveau eines Fetus im Mutterleib scheint mit einigen Aspekten seines postnatalen Temperaments zusammenzuhängen. Aktivere Feten neigen dazu, in den ersten sechs Lebensmonaten aktiv, schwierig und unangepasst zu sein.

Die Rolle des Temperaments für soziale Fertigkeiten und die Anpassungsfähigkeit von Kindern

Einer der Gründe für das tief greifende Interesse der Forscher am Temperament besteht darin, dass es eine wichtige Rolle bei der Bestimmung der sozialen Anpassungsfähigkeit der Kinder spielt. Betrachten wir einen Jungen, der zu negativen Emotionen wie Wut neigt und oft Schwierigkeiten hat, sie zu kontrollieren. Im Vergleich zu anderen Jungen ist er leicht eingeschnappt, schreit andere an, ist gegenüber Erwachsenen trotzig und aggressiv gegenüber Gleichaltrigen. Solche Verhaltensweisen führen oft zu lang anhaltenden Problemen bei der Anpassung und im Umgang mit anderen. Folglich überrascht es nicht, dass Unterschiede zwischen Kindern hinsichtlich Temperamentsaspekten wie Wut/Reizbarkeit, positiver Emotion und der Fähigkeit, Verhalten zu unterdrücken – Aspekte, die sich im Unterschied zwischen schwierigem und einfachem Temperament widerspiegeln – mit Unterschieden in der sozialen Kompetenz und Anpassungsfähigkeit der Kinder in Verbindung gebracht wurden (Eisenberg, Fabes, Guthrie & Reiser, 2000; Guerin, Gottfried & Thomas, 1997; Rothbart & Bates, 1998).

Solche Unterschiede wurden in einer großen Langzeitstudie in Neuseeland thematisiert, die von Avshalom Caspi, Terrie Moffitt und ihren Kollegen durchgeführt wurde. Diese Forscher fanden heraus, dass Kinder, die in jungen Jahren negativ, impulsiv und unreguliert waren, als Jugendliche oder junge Erwachsene häufiger Anpassungsprobleme hatten und zum Beispiel nicht mit anderen zurechtkamen als Gleichaltrige mit einem anderen Temperament. Sie zeigten auch häufiger illegales Verhalten und gerieten eher mit dem Gesetz in Schwierigkeiten (Caspi, Henry, McGee, Moffitt & Silva, 1995; Caspi & Silva, 1995; Henry, Caspi, Moffitt & Silva, 1994). Weiterhin berichteten sie im Alter von 21 Jahren, dass sie schlechter mit anderen auskamen, mit denen sie zusammenlebten (zum Beispiel Zimmergenossen), und häufiger

Kasten 10.2 Näher betrachtet

Die Messung des Temperaments

Derzeit wird eine Vielzahl von verschiedenen Methoden angewandt, um Temperament zu messen. Bei einer Methode, ähnlich der von Thomas und Chess, berichten Eltern oder andere Erwachsene (oft Lehrer oder Beobachter) in regelmäßigen Abständen über Aspekte des kindlichen Temperaments wie Ängstlichkeit, Wut/Frustration und positiven Affekt. Diese Berichte, die auf den Beobachtungen der Kinder in verschiedenen Kontexten basieren, sind im Allgemeinen recht stabil im Zeitverlauf und sagen die allgemeine spätere Entwicklung in Bereichen wie Verhaltensproblemen, Angststörungen und sozialer Kompetenz vorher (siehe Tabelle) (Rothbart, Ahadi & Evans, 2000; Rothbart & Bates, 1998).

Laborbeobachtungen wurden ebenfalls zur Messung des Temperaments angewandt, oft hinsichtlich einer Dimension der **Verhaltenshemmung**. Verhaltensgehemmte Kinder neigen dazu, angstbesetzte Besorgnis zu erleben, und sind besonders ängstlich und verhalten, wenn sie mit neuen oder stressreichen Situationen umgehen müssen. In einer Längsschnittstudie, die von Jerome Kagan durchgeführt wurde, beobachteten die Forscher die Reaktionen kleiner Kinder auf eine Vielzahl von neuen Dingen und Erfahrungen. Die Beobachtungen wurden in der frühen Kindheit, mit zwei und mit viereinhalb Jahren, durchgeführt. Etwa 20 Prozent der Kinder waren durchgehend recht gehemmt und passiv, wenn sie einem unbekannten Reiz ausgesetzt wurden. Als Säuglinge weinten diese Kinder und schlugen um sich, wenn sich grell-bunte Spielzeuge vor ihren Augen hin und her bewegten oder wenn ein Wattebausch, der in verdünnten Alkohol getaucht war, vor ihre Nase gehalten wurde. Im Alter von zwei Jahren war ein Drittel dieser gehemmten Kinder in unvertrauten Laborsituationen – in denen sie einem lauten Geräusch, dem Geruch von Alkohol oder einer unbekannten Frau in einem Clownkostüm ausgesetzt waren – hoch ängstlich, und fast alle Kinder zeigten in diesen Situationen zumindest ein wenig Angst.

Andere Kinder waren weniger reaktiv: Als Säuglinge waren sie selten aufgeregt, wenn sie neue Erfahrungen machten, und im Alter von zwei Jahren zeigten die meisten wenig oder keine Angst in unbekannten Situationen. Im Alter von viereinhalb Jahren waren die Kinder, die auf unbekannte Situationen heftig reagiert hatten, gedämpfter, weniger sozial und weniger positiv in ihrem Verhalten als die ungehemmten Kinder, die relativ spontan waren, Fragen über die Forscher stellten, als sie beurteilt wurden, die Ereignisse kommentierten, die um sie herum passierten, und mehr lächelten und lachten (Kagan, 1997; Kagan, Snidman & Arcus, 1998). Laborbeobachtungen scheinen somit gute Messgrößen für die Reaktionen von Kindern auf Unbekanntes zu sein – ein bei einigen Kindern recht offensichtlicher Aspekt ihres Temperaments.

Auch physiologische Messungen erwiesen sich bei der Einschätzung einiger Aspekte des kindlichen Temperaments als hilfreich. Kagan (1998) fand zum Beispiel Unterschiede in den Veränderungen der Pulsfrequenz bei hoch reaktiven und wenig reaktiven Kindern. Die Pulsvariabilität – die normale Schwankungsbreite der individuellen Pulsfrequenz – gilt als Indikator dafür, wie das zentrale Nervensystem auf neue Situationen reagiert und welche Fähigkeiten das Individuum hat, seine Emotionen zu regulieren (Porges, 1991; Porges, Doussard-Roosevelt & Maiti, 1994). Kinder, die einen konstant hohen Puls haben, der in Abhängigkeit von der Atmung wenig variiert, sind häufig gegenüber neuartigen Situationen hoch reaktiv und gehemmt. Hingegen neigen Kinder, die eine variable und meistens niedrigere Pulsfrequenz

---

Verhaltenshemmung – eine auf dem Temperament beruhende Art des Reagierens. Verhaltensgehemmte Kinder neigen zu starkem angstvollem Unwohlsein und sind besonders ängstlich und zurückhaltend, wenn sie mit einer neuen oder stressigen Situation umgehen müssen.

Individuelle Unterschiede bei Emotionen und ihrer Regulierung   557

Kasten 10.2

besitzen, in Stresssituationen zu sehr positiven Emotionen und wenig negativen Reaktionen, beispielsweise wenn Laufkinder mit Hindernissen konfrontiert sind, die sie davon abhalten, begehrte Objekte zu erreichen (Calkins, 1997; Porges et al., 1994).

Die emotionalen Reaktionen von Kindern auf neue Situationen und ihre negative und positive Emotionalität scheinen sich auch in den elektroenzephalographischen Gehirnwellenmustern widerzuspiegeln, die vom rechten und linken Lappen des frontalen Cortex produziert werden (siehe Kapitel 3) (Davidson & Fox, 1982; Fox, 1994). Die Aktivierung des linken Frontallappens, wie sie mit dem Elektroenzephalogramm (EEG) gemessen wird, wurde mit Annäherungsverhalten, positivem Affekt, Exploration und Geselligkeit in Verbindung gebracht. Die Aktivierung des rechten Frontallappens wurde mit Rückzugsverhalten, negativem Affekt, Furcht und Ängstlichkeit in Beziehung gesetzt. Besonders interessant ist, dass Kleinkinder, die bei neuen Reizen sehr reaktiv sind (also ein hohes Maß an negativen Emotionen und motorischer Aktivität zeigen), in neuartigen Situationen eine stärkere Aktivierung des rechten Frontalcortex zeigen als weniger reaktive Kinder (Calkins, Fox & Marshall, 1996). Die EEG-Muster der Aktivierung des Frontallappens wurden auch mit Emotionalität und sozialer Kompetenz bei Vorschulkindern in Verbindung gebracht. So hatten in einer Untersuchung mit Vierjährigen, die mit drei Gleichaltrigen desselben Geschlechts interagierten, diejenigen Kinder, die soziale Initiative und positiven Affekt zeigten, eine stärkere relative Aktivierung der linken Hemisphäre. Im Gegensatz dazu zeigten Kinder, die sich von sozialen Interaktionen eher zurückziehen – allein spielen oder während des Spiels mit Altersgenossen selbst nichts tun – eine stärkere Aktivierung des rechten Frontallappens (Fox et al., 1995). Derartige Forschungen deuten darauf hin, dass Aspekte des kindlichen Temperaments mit ihrer Gehirnaktivität zusammenhängen.

Jede Art der Temperamentsmessung hat Vor- und Nachteile, und es besteht eine erhebliche Debatte hinsichtlich der Vorzüge der verschiedenen Methoden (Kagan, 1998; Rothbart & Bates, 1998). Der entscheidende Vorteil elterlicher Berichte über das Temperament besteht darin, dass die Eltern ein beträchtliches Wissen über das Verhalten der Kinder in vielen verschiedenen Situationen besitzen. Ein wichtiger Nachteil der elterlichen Berichte liegt darin, dass sie wohl nicht immer objektiv sind, wie aus der Tatsache erkennbar wird, dass sie manchmal nicht dem entsprechen, was bei Labormessungen gefunden wurde (Seifer, Sameroff, Barrett & Krafchuk, 1994). Ein weiterer Nachteil ist, dass viele Eltern kein großes Wissen über das Verhalten anderer Kinder haben, das sie als Vergleichsbasis heranziehen könnten, wenn sie über ihre eigenen Kinder berichten (was für manche Eltern Gereiztheit ist, kann für andere zum Beispiel fast Gelassenheit gegenüber anderen bedeuten).

Der Hauptvorteil von Daten aus Laborbeobachtungen liegt darin, dass solche Daten mit geringerer Wahrscheinlichkeit Verzerrungen aufweisen als die persönliche Sicht eines Erwachsenen auf das Kind. Ein wichtiger Nachteil besteht darin, dass das Verhalten der Kinder für gewöhnlich nur in einer eingeschränkten Anzahl von Randbedingungen beobachtet wird. Folglich kön-

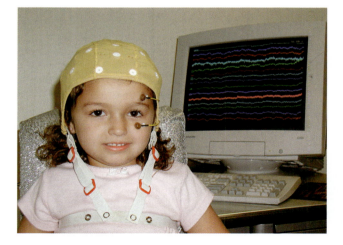

Nathan Fox und seine Mitarbeiter fanden, dass Kinder, die dazu neigen, positive Emotionen zu erleben und auf neue Situationen zuzugehen, ein anderes Muster der EEG-Aktivität zeigen als Kinder, die eher negative Emotionen erleben und in ihrem Verhalten gehemmt sind. Es bleibt jedoch unklar, ob sich die EEG-Muster als Funktion des kindlichen Verhaltens verändern oder ob die Gehirnwellen einen physiologischen Funktionsaspekt anzeigen, der die Verhaltensmuster verursacht.

Kasten 10.2 Näher betrachtet

nen Maße aus Laborbeobachtungen die Stimmung oder das Verhalten des Kindes in einem bestimmten Moment und in einem besonderen Kontext wiedergeben, aber weniger das allgemeine Temperament des Kindes erfassen.

Physiologische Messungen wie das EEG sind ebenfalls relativ objektiv und kaum zu verzerren, aber man kann nicht angeben, ob der durch physiologische Messungen reflektierte Prozess die Ursache oder die Folge der Emotion und des Verhaltens des Kindes in der spezifischen Situation ist. Es bleibt beispielsweise unklar, ob die Aktivität im linken und rechten Frontallappen eine bestimmte emotionale Reaktion auslöst oder durch diese emotionale Reaktion ausgelöst wird. Keine Messung des Temperaments ist vollkommen sicher, und man ist gut damit beraten, das Temperament mit einer Vielzahl von verschiedenen Methoden zu erfassen.

Beispielitems aus den Temperamentsskalen von Mary Rothbart (*Infant Behavior Questionnaire* und *Child Behavior Questionnaire*, beide unveröffentlicht).

Antwortskala für die Items:

1	2	3	4	5	6	7	X
niemals	sehr selten	weniger als die Hälfte der Zeit	ungefähr die Hälfte der Zeit	mehr als die Hälfte der Zeit	fast immer	immer	Item trifft nicht zu

Temperamentsdimension	Beispielitems in der Kleinkind-Skala	Beispielitems in der Kinder-Skala
Angstvolles Unbehagen	Wie oft während der letzten Woche: – schrie das Baby oder zeigte Unbehagen bei einem lauten Geräusch (Mixer, Staubsauger usw.)? – schrie das Baby oder zeigte Unbehagen bei Veränderungen im Aussehen der Eltern (ohne Brille, mit Duschhaube usw.)?	– Hat keine Angst vor großen Hunden und/oder anderen Tieren. – Fürchtet sich vor lauten Geräuschen.
Reizbarkeit (oder Unbehagen bei Einschränkungen in der Säuglingszeit und Wut/Frustration in der Kindheit)	Wenn es während der letzten Woche auf Essen oder Getränk warten musste, wie oft: – schien das Baby nicht verärgert? – zeigte es ein wenig Aufregung? – weinte es laut?	– Hat Wutanfälle, wenn es nicht bekommt, was es will. – Rastet schon aus, wenn es leicht kritisiert wird.
Aufmerksamkeitsspanne	Wie oft während der letzten Woche: – schaute das Baby fünf Minuten oder länger Bilder in Büchern und/oder in Zeitschriften an? – spielte es zehn Minuten oder länger mit einem Spielzeug oder einem Gegenstand?	– Zeigt große Konzentration beim Zeichnen oder Ausmalen. – Beim Bauen oder Zusammenbauen von etwas ist es ganz vertieft in sein Tun und arbeitet lange daran.
Aktivitätsniveau	Wie oft beim Füttern (während der letzten Woche): – lag oder saß das Baby ruhig? – wandte es sich oder trat? – fuchtelte es mit den Armen herum?	– Rennt eher von Zimmer zu Zimmer, statt zu gehen. – Wenn es draußen ist, sitzt es oft ruhig da.
Bereitschaft zu positiven Affekten	Wenn das Baby zum Spaß herumgewirbelt wird, wie oft (während der letzten Woche): – lächelte es? – lachte es?	– Lächelt und lacht beim Spielen mit den Eltern. – Hat für gewöhnlich einen ernsten Gesichtsausdruck, sogar während des Spielens.

arbeitslos waren. Sie gaben außerdem an, dass sie mit engen Freunden beziehungsweise Freundinnen im Alter von 21 Jahren weniger Interessen teilten und häufiger ein ungleiches Machtverhältnis hatten. Gleichzeitig war die Freundschaft von weniger Intimität und Vertrauen gekennzeichnet. Als Erwachsene hatten sie oft nur wenige Menschen, von denen sie soziale Unterstützung bekommen konnten (Caspi, 2000).

Forscher fanden ebenfalls heraus, dass verhaltensgehemmte Kinder im späteren Alter eher als andere Kinder Probleme wie Ängstlichkeit, Depression, Phobien und sozialen Zurückzug haben (Biederman et al., 1990; Rothbart & Bates, 1998). Somit scheinen verschiedene Anpassungsprobleme mit verschiedenen Temperamenten verbunden zu sein.

Wie sich Kinder jedoch letztendlich anpassen, hängt nicht nur von ihrem Temperament ab, sondern auch davon, wie ihr Temperament zu der spezifischen Umwelt passt, in der sie sich befinden – was zuweilen als **Anpassungsgüte** bezeichnet wird. Wenn Kinder mit einem schwierigen Temperament zum Beispiel Eltern haben, die in ihrem Verhalten unterstützend und beständig sind, sind die Resultate günstiger, als wenn das elterliche Erziehungsverhalten durch Strafen, Zurückweisung oder Widersprüchlichkeit gekennzeichnet ist. Aus dem empirischen Fundus der New Yorker Längsschnittstudie beschrieben Chess und Thomas (1990, S. 214–215) einen Fall, in dem ein Mädchen mit schwierigem Temperament Eltern hatte, die anfänglich nicht gut mit ihrem Temperament umgehen konnten, aber dies mit Hilfe der Forscher lernten.

Anpassungsgüte – das Ausmaß, in dem das Temperament eines Individuums mit den Anforderungen und Erwartungen seiner sozialen Umwelt übereinstimmt.

> Ellen ... hatte als Kind ein schwieriges Temperament. Ihre Eltern waren intelligent und meinten es gut, aber sie verstanden Ellens Verhalten nicht und reagierten auf sie unbeständig und mit häufigem Schimpfen. Als Ergebnis dieser schlechten Passung entwickelte das Kind eine leichte Verhaltensstörung mit einem übermäßigen Widerstand und Geschrei gegenüber jeglicher Kritik, auch wenn sie freundlich geäußert wurde, eine Überreaktion mit lautem Gebrüll und Schreien wie „lass mich im Ruhe", wenn ihre jüngere Schwester sie ärgerte, ähnliche intensive negative Reaktionen bei Veränderungen der Familienpläne und eine starke Tendenz, pessimistisch und ängstlich zu sein. Die Eltern baten um Rat, waren schnell an einer Erklärung für Ellens Verhalten interessiert und kamen der Notwendigkeit eines entschlossenen, aber ruhigen, geduldigen und beständigen Umgangsstils nach. Die Symptome des Mädchens verschwanden innerhalb eines Jahres, und ihre soziale und schulische Entwicklung schritt anschließend kontinuierlich voran. Als wir sie neulich in unserer laufenden Nachbefragung interviewten, begann sie gerade eine erfolgreiche berufliche Karriere, war glücklich verheiratet und fügte sich sozial gut ein. Sie war weiterhin sehr ausdrucksstark und heftig, aber das war nun überwiegend positiv statt negativ. Ellen erklärte, dass sie Angst habe, Wut auszudrücken. „Ich habe Angst, dass es brutal herauskommt. Ich mache den Korken drauf und es köchelt."... Zusammengefasst behält Ellen als junge Erwachsene einige Merkmale ihres schwierigen Temperaments bei, einschließlich der Intensität ihres Ausdrucks. Sie fühlt sich mit neuen Situationen auch immer noch unwohl („Das war bei mir immer so"), aber sie lässt sich dadurch nicht bei ihrer Beteiligung an und Bewältigung von wichtigen Situationen oder Anforderungen stören.

Die Anpassungsfähigkeit und die soziale Kompetenz der Kinder lassen sich also durch die Kombination aus ihrem Temperament und den elterlichen Erziehungsmethoden vorhersagen. Weiterhin scheinen sich das Temperament des Kindes und die elterlichen Sozialisierungsbemühungen im Verlauf der Zeit wechselseitig zu beeinflussen (Cook, Kenny & Goldstein, 1991; Eisenberg, Fabes et al., 1999). Zum Beispiel werden die Eltern von negativen, unregulierten Kindern vielleicht mit der Zeit weniger geduldig und bestrafen ihre Kinder mehr, und diese Verstärkung von Disziplinarmaßnahmen kann dazu führen, dass ihre Kinder noch negativer und unregulierter werden. Das Temperament spielt somit eine Rolle bei der Entwicklung der Fähigkeit von Kindern, sich sozial und psychisch anzupassen, aber diese Rolle ist komplex und variiert als Funktion der sozialen Umwelt des Kindes.

IN KÜRZE

Temperament bezieht sich auf individuelle Unterschiede bei verschiedenen Aspekten der kindlichen emotionalen Reaktivität, Regulierung und anderer Merkmale wie Verhaltenshemmung und Aktivitätsniveau. Dem Temperament wird eine veranlagungsbedingte Grundlage zugeschrieben, aber es wird auch durch Umwelterfahrungen beeinflusst, wozu vor allem soziale Interaktionen gehören. Das Temperament scheint im Zeitverlauf stabil zu sein, wiewohl das Ausmaß dieser Stabilität über Temperamentsdimensionen und Individuen hinweg variiert.

Temperament spielt eine wichtige Rolle bei der Anpassungsfähigkeit. Ein schwieriges und nicht zu zügelndes Temperament während der Kindheit sagt häufig Verhaltensprobleme in der Kindheit und im Erwachsenenleben vorher. Kinder, die als Kleinkinder ängstlich und passiv gegenüber neuen Objekten, Orten und Menschen waren, haben später manchmal Schwierigkeiten bei ihren Interaktionen mit anderen – auch gleichaltrigen – Menschen. Kinder, die aufgrund ihres Temperaments für eine geringe Anpassungsfähigkeit anfälliger sind, entwickeln sich jedoch oft gut, wenn sie eine vernünftige und geeignete Erziehung erhalten und wenn eine gute Passung zwischen ihrem Temperament und ihrer sozialen Umwelt besteht.

Die emotionale Entwicklung von Kindern in der Familie

Persönlichkeit – das Muster verhaltensbezogener und emotionaler Neigungen, Überzeugungen und Interessen sowie der intellektuellen Fähigkeiten, die ein Individuum charakterisieren. Die Wurzeln der Persönlichkeit liegen im Temperament (sie ist also veranlagungsbedingt), aber sie wird durch die Interaktionen mit der sozialen und physikalischen Welt geformt.

Eindeutig hängen die Temperamentsdimensionen, die sich auf die emotionale Entwicklung beziehen, mit der Vererbung zusammen. Zwillings- und Adoptionsstudien zeigen, dass sich eineiige Zwillinge hinsichtlich der Intensität ihrer emotionalen Reaktionen, ihrer Schüchternheit und Geselligkeit ähnlicher sind als zweieiige Zwillinge, ebenso wie hinsichtlich weiterer Aspekte der **Persönlichkeit**. Weiterhin sind sich biologische Geschwister in einigen Temperamentsaspekten tendenziell ähnlicher als Geschwister, die biologisch nicht miteinander verwandt sind. Auf der Basis solcher Studien wird geschätzt, dass die Gene einen beträchtlichen Anteil der Variation bei verschiedenen Temperamentsaspekten erklären (McCrae et al., 2000; Robinson, Kagan, Reznick & Corley, 1992; Saudino, McGuire, Reiss, Hetherington & Plomin, 1995).

Einige Aspekte des Temperaments könnten jedoch stärker auf genetischen Einflüssen beruhen als andere. Studien an Zwillingen im Krabbelalter lassen beispielsweise erkennen, dass die Vererbung eine gewisse Rolle bei der individuellen Variation von negativen Emotionen wie Wut und sozialer Ängstlichkeit spielt, aber eine sehr viel geringere Rolle bei positiven Emotionen (Emde et al., 1992; Goldsmith, Buss & Lemery, 1997).

Die Befunde verhaltensgenetischer Forschungen lassen ebenfalls darauf schließen, dass bestimmte Umweltfaktoren eine wichtige Rolle bei der Ausbildung individueller Temperamentsunterschiede spielen, einschließlich derjenigen, die sich auf die Emotionalität beziehen (Caspi, 1998; Goldsmith et al., 1997). Die wichtigsten dieser Faktoren haben etwas mit der Beziehung der Kinder zu ihren Eltern und deren Erziehungspraktiken zu tun.

Die Qualität der Eltern-Kind-Beziehungen

Die Qualität der Beziehung von Kindern zu ihren Eltern kann die emotionale Entwicklung auf verschiedene Weise beeinflussen. Wie in Kapitel 11 noch ausführlich diskutiert wird, scheint die Beziehungsqualität das kindliche Sicherheitsgefühl sowie Empfindungen gegenüber der eigenen Person und anderen Menschen zu beeinflussen. Diese Gefühle beeinflussen wiederum die Emotionalität der Kinder. So zeigen beispielsweise Kinder mit einer sicheren Bindung zu ihren Eltern im Allgemeinen mehr positive Emotionen und weniger soziale Ängstlichkeit als Kinder mit unsicherer Bindung (zum Beispiel Bohlin, Hagekull & Rydell, 2000). Weiterhin sind Kinder mit einer engen, sicheren Beziehung zu ihren Eltern tendenziell in ihrem Emotionsverstehen weiter fortgeschritten, vielleicht weil ihre Eltern mehr als die Eltern von weniger sicher gebundenen Kindern dazu neigen, mit ihnen über Gefühle zu sprechen (Laible & Thompson, 1998, 2000). Das größere Verständnis von Emotionen hilft diesen Kindern wahrscheinlich zu erkennen, wann und wie ihre Emotionen zu regulieren sind. Letztendlich vermittelt die Qualität der frühen Beziehung von Kindern zu ihren Eltern prototypisch, wie Beziehungen geführt werden, und beeinflusst auf diese Weise emotionale Reaktionen der Kinder gegenüber Menschen und Ereignissen in ihrer Umwelt.

Die elterliche Sozialisation der emotionalen Reaktionen von Kindern

Sozialisation – die Prozesse, durch die Individuen aufgrund von Erfahrung mit anderen Menschen Fähigkeiten sowie Denk- und Gefühlswelten entwickeln, ebenso wie Normen und Werte, mit deren Hilfe sie sich einer Gruppe anpassen und mit anderen Menschen leben können. Eltern, Lehrer und andere Erwachsene sind wichtige Sozialisationsinstanzen für Kinder, wobei allerdings auch andere Kinder, die Medien und soziale Institutionen eine wichtige Rolle bei der Sozialisation spielen können.

Die **Sozialisation** der Kinder durch die Eltern – ihr direkter und indirekter Einfluss auf die Normen, Werte und die Art zu denken und zu fühlen – beinhaltet auch die Sozialisation der emotionalen Reaktionen ihrer Kinder. Eltern sozialisieren die emotionale Entwicklung ihrer Kinder durch (1) ihren Ausdruck von Emotion gegenüber ihren Kindern und anderen Personen, (2) ihre Reaktionen auf den kindlichen Ausdruck von Emotionen und (3) die Diskussionen, die sie mit ihren Kindern über Emotionen und emotionale Regulierung führen.

Der elterliche Ausdruck von Emotionen

Der Ausdruck von Emotionen seitens der Eltern kann die soziale Kompetenz und das psychische Wohlbefinden der Kinder auf verschiedene Art beeinflussen. Erstens können die Emotionen, die zu Hause gezeigt werden, die Sicht der Kinder auf sich selbst und andere in ihrer sozialen Umwelt beeinflussen (Dunsmore & Halberstadt, 1997). Zum Beispiel können Kinder, die viel Wut und Feindseligkeit ausgesetzt sind, sich schließlich selbst als Individuum sehen, das Menschen wütend macht, und zu der Überzeugung gelangen, dass die meisten Menschen ihnen feindselig gesinnt sind. Zweitens dient der elterliche Ausdruck von Emotionen den Kindern als Modell, wann und wie man Emotionen ausdrückt (Denham, Zoller & Couchoud, 1994; Dunn & Brown, 1994), und kann auch das kindliche Verständnis davon beeinflussen, welche Formen des Emotionsausdrucks in zwischenmenschlichen Beziehungen angemessen und effektiv sind (Halberstadt, Cassidy, Stifter, Parke & Fox, 1995). Wenn Eltern nicht über Emotionen sprechen, aber ihre Gefühle nonverbal ausdrücken, können Kinder beispielsweise zu der Überzeugung gelangen, dass es nicht angemessen ist, seine Gefühle direkt mit anderen zu diskutieren. Sie könnten es auch so verstehen, dass Emotionen an sich etwas Schlechtes sind und vermieden oder unterdrückt werden sollen. Letztlich können die Emotionen, denen Kinder ausgesetzt sind, ihr Niveau an Besorgnis und Erregung beeinflussen, was sich wiederum darauf auswirkt, wie sie Informationen über laufende soziale Interaktionen verarbeiten.

Welcher Prozess auch immer dahinterliegt: Auf jeden Fall hat der beständige und offene Ausdruck von positiven oder negativen Emotionen zu Hause spezifische Konsequenzen. In einer Übersicht über vorliegende Untersuchungen fanden Amy Halberstadt und ihre Kollegen, dass Kinder häufig selbst positive Emotionen ausdrücken, wenn zu Hause positive Emotionen vorherrschen. Sie sind sozial kompetent, können die Emotionen anderer verstehen (zumindest in der Kindheit), sind wenig aggressiv und gut angepasst und besitzen meistens eine hohe Selbstachtung (Halberstadt, Crisp & Eaton, 1999). Wenn hingegen negative Emotionen in der Familie vorherrschen, im Besonderen intensive und feindselige Emotionen, zeigen Kinder häufig ein geringes

Maß an sozialer Kompetenz und neigen dazu, selbst negative Emotionen auszudrücken (Eisenberg et al., 2001; Halberstadt et al., 1999). Sogar wenn der Konflikt und die Wut zu Hause die Erwachsenen betreffen und nicht direkt die Kinder, besteht eine erhöhte Wahrscheinlichkeit, dass die Kinder Verhaltensprobleme und Defizite in ihrer sozialen Kompetenz entwickeln (Davies & Cummings, 1994; Grych & Fincham, 1990). Die Entwicklung solcher Probleme ist auch dann wahrscheinlicher, wenn Kinder einem hohen Maß an elterlicher Depressivität ausgesetzt sind (Downey & Coyne, 1990; Spieker, Larson, Lewis, Keller & Gilchrist, 1999).

Kinder, die aus ihrer Familie ein relativ hohes Maß an positiven Emotionen kennen, neigen dazu, selbst mehr positive Emotionen zum Ausdruck zu bringen, besitzen mehr soziale Fähigkeiten und Anpassungsfähigkeit als Kinder, die sehr viel mit negativen Emotionen konfrontiert sind.

Natürlich ist der elterliche Ausdruck von Emotionen nicht immer die Ursache für positive oder negative Entwicklungen bei den Kindern; zweifellos beeinflussen auch die Kinder den Ausdruck von Emotionen in der Familie. So rufen Kinder, die ein schwieriges Temperament besitzen oder schwer zu bändigen sind, eher negative Emotionen bei ihren Eltern hervor. Darüber hinaus können genetische Faktoren die Beziehungen zwischen der elterlichen Emotion und den Emotionen und dem Verhalten des Kindes moderieren, etwa wenn die Eltern oder das Kind anlagebedingt zu Wut und impulsivem Verhalten neigen. Insgesamt sind sowohl Vererbung als auch die Art der Emotionen, die Kinder zu Hause sehen und erleben, zweifellos von Bedeutung für die emotionale und soziale Entwicklung des Kindes.

Die Reaktionen der Eltern auf die Emotionen des Kindes

Die Reaktionen der Eltern auf die negativen Emotionen des Kindes scheinen auch die emotionale Expressivität der Kinder zu beeinflussen, ebenso wie ihre soziale Kompetenz und Angepasstheit. Betrachten wir die verschiedenen Botschaften, die ein Kind erhält, wenn die Eltern sich so verhalten, als ob seine traurigen oder ängstlichen Emotionen sinnvoll sind und Aufmerksamkeit verdienen, oder wenn sie das emotionale Erleben ihres Kindes kritisieren und herabsetzen:

> Jeremy ... sah gegen den Rat seiner Mutter den Film *Der weiße Hai*. Ängstlich und erregt stellte er im Nachhinein viele Fragen über den Film und diskutierte ihn voller Furcht in großer Ausführlichkeit (zum Beispiel „Was war das rote Zeug?"). Seine Mutter und sein Vater beantworteten alle Fragen und unterstützen ihn dabei, diese Dinge im Kopf zu bewältigen. Jeremys Emotionen wurden akzeptiert, und er war fähig, sie zu regulieren, ebenso wie zu lernen, was Dinge „gruselig" macht. (Denham, 1998, S. 106.)

> Scotts Eltern, die bei der Erziehung bestrafen, zeigen Geringschätzung und sogar Verachtung, als sein bester Freund wegzieht. Die Eltern ziehen Scott mit seinen zarten Gefühlen auf, so dass er sich letzten Endes

> nicht nur durch das Weggehen seines Freundes im Stich gelassen fühlt, sondern auch durch ihre Reaktionen ... (Er) ist sehr einsam und fühlt sich immer noch sehr schlecht. (Denham, 1998, S 120.)

Eltern, welche die Traurigkeit und Ängstlichkeit ihrer Kinder abtun oder deren Gefühle kritisieren, geben ihnen zu verstehen, dass ihre Gefühle nicht berechtigt sind. Als Folge sind diese Kinder im Allgemeinen weniger emotional und sozial kompetent als Kinder, deren Eltern sie emotional unterstützen. Sie besitzen beispielsweise weniger Sympathie für andere, können weniger gut mit Stress umgehen und neigen mehr zu negativen Emotionen und Verhaltensproblemen wie Aggression (Eisenberg, Cumberland & Spinrad, 1998; Eisenberg, Fabes et al., 1999; McDowell & Parke, 2000). Im Gegensatz dazu helfen Eltern, die auf unterstützende Weise reagieren, wenn ihre Kinder durcheinander oder aufgewühlt sind, ihren Kindern, ihre emotionale Erregung zu regulieren und Wege zu finden, um ihre Emotionen konstruktiv auszudrücken. Diese Kinder sind wiederum meistens kompetenter sowohl bei den schulischen Leistungen als auch im Umgang mit Gleichaltrigen (Gottman, Katz & Hooven, 1996).

Wie Eltern Emotionen besprechen

Wie wir gleich sehen werden, ist das emotionale Verständnis der Kinder ein wichtiger Teil ihrer emotionalen Entwicklung und Selbst-Regulation. Daher sind Familiengespräche über Gefühle ein wichtiger Aspekt der emotionalen Sozialisierung der Kinder. Eltern, die mit ihren Kindern Gefühle besprechen, bringen ihnen etwas über die Bedeutung von Emotionen bei, über die Umstände, unter denen sie ausgedrückt werden sollten oder nicht, und über die Folgen, die der Ausdruck von Emotionen – oder ihre Unterdrückung – nach sich ziehen kann (Eisenberg, Cumberland et al., 1998). Sie können ihre Kinder auch dabei anleiten, welche Art von Emotionen bewältigt werden können und wie man sie angemessen ausdrückt (Gottman et al., 1996). Als Ergebnis zeigen die Kinder solcher Eltern im Allgemeinen ein besseres emotionales Verständnis als Kinder, deren Eltern nicht mit ihnen über Emotionen sprechen. Eine Längsschnittstudie von Judy Dunn und ihren Kolleginnen zeigt zum Beispiel, dass das Ausmaß, in dem Kinder im Alter von zwei und drei Jahren Diskussionen über Gefühle mit Familienmitgliedern mitbekommen und daran teilnehmen, ihr Emotionsverstehen bei anderen Menschen sieben Monate später und im Alter von sechs Jahren vorhersagt (Brown & Dunn, 1996; Dunn, Brown & Beardsall, 1991; Dunn, Brown, Slomkowski, Tesla & Youngblade, 1991).

Es ist nicht überraschend, dass Familiendiskussionen über Gefühle besonders dann auftreten, wenn ein Familienmitglied eine negative Emotion erlebt, und sie fördern das Verständnis der Kinder von Gefühlen mit größerer Wahrscheinlichkeit, wenn sie unterstützend und nicht feindselig ablaufen (Dunn & Brown, 1994; Eisenberg, Cumberland et al., 1998). Es begünstigt ebenfalls das emotionale Verständnis der Kinder, wenn die Eltern Gefühle mit ihren Kindern anhand alltäglicher Situationen besprechen und nicht nur über Emotionen in solchen Situationen reden, die Konflikte und Ärger enthalten (Dunn & Brown, 1994; Laird, Pettit, Mize, Brown & Lindsey, 1994). Zum Beispiel können Eltern mit ihrem Kind darüber sprechen, wie ein jüngeres Geschwisterchen in Rage gerät, wenn es sehr müde ist oder zu viel geärgert wird, oder sie besprechen, wie das Kind sich fühlt und reagiert, nachdem es vom Spiel Gleichaltriger ausgeschlossen wurde.

Natürlich können die eigenen Merkmale der Kinder eine Rolle dabei spielen, in welchem Ausmaß die Familienmitglieder über Emotionen sprechen. Eltern besprechen Gefühle eher mit solchen Kindern, die ein beginnendes Verständnis von Emotionen besitzen und Interesse dafür zeigen. Außerdem besprechen Familienmitglieder Gefühle wohl mehr mit Kindern, die Probleme hinsichtlich ihrer sozialen Kompetenz oder Ängstlichkeit haben (Denham & Auerbach, 1995; Denham, Mitchell-Copeland, Strandberg, Auerbach & Blair, 1997). So können, wie zuvor beim elterlichen Ausdruck von Emotionen, die individuellen Charakteristika der Kinder – von denen einige erblich bedingt sind (siehe Kasten 10.3) – auch einen Einfluss auf die Art der elterlichen Diskussion über Emotionen haben.

IN KÜRZE

Die emotionale Entwicklung der Kinder wird durch ihre Beziehung zu ihren Eltern beeinflusst: Kinder, die eine sichere Bindung an ihre Eltern haben, haben tendenziell mehr positive Emotionen und mehr emotionales Verständnis als Kinder, deren Beziehung zu ihren Eltern unsicher ist. Ein weiterer Einflussfaktor auf die Gefühlsentwicklung von Kindern ist die elterliche Sozialisation emotionaler Reaktionen; dazu gehört auch, welche Emotionen Eltern gegenüber ihren Kindern und anderen ausdrücken und wie sie dies tun, wie Eltern auf negative Emotionen ihrer Kinder reagieren und ob und wie Eltern Gefühle mit ihren Kindern besprechen.

Kultur und die emotionale Entwicklung von Kindern

Obwohl Menschen in allen Kulturen wahrscheinlich ähnliche Emotionen erleben, zeigt die Forschung, dass das Ausmaß, in dem verschiedene Emotionen ausgedrückt werden, erheblich zwischen den Kulturen variiert. Ein Grund für die kulturellen Unterschiede im emotionalen Ausdruck kann genetisch sein, insofern Menschen verschiedener rassischer oder ethnischer Gruppen, durchschnittlich gesehen, zu verschiedenen Temperamenten neigen. Einige Forschungsarbeiten mit Kleinkindern deuten darauf hin, dass dies der Fall ist. Es gibt zum Beispiel Belege dafür, dass elf Monate alte euro-amerikanische Säuglinge allgemein reaktiver sind als chinesische oder chinesisch-amerikanische Babys und als Reaktion auf besonders erregende Ereignisse (zum Bei-

Kasten 10.3 Individuelle Unterschiede

Geschlechterunterschiede beim Ausdruck von Emotionen

Heutzutage wird die Vorstellung, dass Mädchen emotionaler sind als Jungen – die sich in dem Ausdruck „Jungen weinen nicht" zeigt – von vielen als ein überholtes Geschlechtsrollenstereotyp betrachtet. Doch steckt in diesem Stereotyp wahrscheinlich ein Stück Wahrheit. In bestimmter Hinsicht drücken Mädchen und Jungen unterschiedliche Emotionen aus und erleben sie wahrscheinlich sogar unterschiedlich (Brody & Hall, 1993). Obwohl es nur wenige konsistente Unterschiede im Emotionsausdruck von Mädchen und Jungen im Säuglingsalter gibt (Brody, 1999), zeigt sich ab etwa dem Kindergartenalter häufig das Muster, dass Jungen mehr Zorn und Wut ausdrücken als Mädchen (Birnbaum & Croll, 1984; Fabes, Eisenberg, Nyman & MicheaLieu, 1991; Kochanska, 2001). Es gibt auch einige Belege dafür, dass Mädchen mehr Angst, Besorgnis und Verlegenheit zeigen als Jungen (Cummings, Iannotti & Zahn-Waxler, 1985; Kochanska, 2001; Lewis, Sullivan, Stanger & Weiss, 1989), jedoch sicher nicht in sämtlichen Kontexten.

Wie können wir Geschlechterunterschiede dieser Art erklären? Beruhen sie hauptsächlich auf biologischen Unterschieden zwischen Männern und Frauen? Auch wenn Geschlechterunterschiede im Säuglingsalter, sofern überhaupt welche existieren, nur sehr subtil ausfallen (Brody, 1985), weisen einige Daten darauf hin, dass männliche Neugeborene reizbarer und reaktiver sind als weibliche Neugeborene (zum Beispiel Phillips, King & DuBois, 1978). Solche Geschlechterunterschiede im frühesten Kindesalter lassen vermuten, dass die Unterschiede in der Emotionalität von Mädchen und Jungen auf die Biologie zurückzuführen sind. Wenn jedoch die biologischen Unterschiede den größten Einfluss auf die Unterschiede im emotionalen Ausdruck von Jungen und Mädchen hätten, würde man bei diesen Unterschieden beträchtliche kulturübergreifende Übereinstimmungen erwarten. Stattdessen variieren die Unterschiede im emotionalen Ausdruck von Jungen und Mädchen ein wenig über die Kulturen hinweg. Beispielsweise erzielen Mädchen in den USA bei Maßen des emotionalen Ausdrucks etwas höhere Werte für Traurigkeit als Jungen, während der Unterschied in China in umgekehrter Richtung besteht (Ahadi, Rothbart & Ye, 1993). Es ist somit sehr wahrscheinlich, dass Unterschiede in der Sozialisation auf vielen Ebenen – zu Hause, in der Schule, in der Gruppe Gleichaltriger und der größeren Gemeinschaft – eine wichtige Rolle beim Ausdruck von Emotionen spielen.

Der Einfluss der Familie wird deutlich durch die Tatsache, dass Eltern in den USA berichten, ältere Söhne eher als Töchter dazu anzuhalten, keine Angst zu zeigen (Casey & Fuller, 1994). In ähnlicher Weise berichten Eltern von Jungen in den USA und in einigen nordeuropäischen Ländern, dass sie ihre Söhne eher als ihre Töchter dazu erziehen, nicht zu weinen oder ihre Gefühle auszudrücken (Block, 1978), und Eltern in westlichen Kulturen erlauben ihren Söhnen eher, Wut auszudrücken, als sie es ihren Töchtern erlauben (Birnbaum & Croll, 1984). Entsprechend erwarten Mädchen und Jungen in diesen Kulturen unterschiedliche Reaktionen von ihren

spiel Angst einflößende Spielzeuge oder ein verschwindendes Objekt) mehr weinen oder lächeln (Freedman & Freedman, 1969). Amerikanische Säuglinge reagieren auch schneller als chinesische Babys auf emotionsauslösende Ereignisse, etwa wenn ihre Arme festgehalten werden (Kisilevsky, Hains et al., 1998).

Kasten 10.3

Eltern, wenn sie Emotionen zeigen. Im Schulalter erwarten Jungen eher als Mädchen Missbilligung, wenn sie Traurigkeit erkennen lassen (Fuchs & Thelen, 1988), während Mädchen eher als Jungen die Missbilligung der Erwachsenen und negative Konsequenzen erwarten, wenn sie sich zornig zeigen (Perry, Perry & Weiss, 1989; Zeman & Shipman, 1996).

Eltern zeigen ihre Emotionen gegenüber Söhnen und Töchtern auch in unterschiedlicher Weise. Bei Mutter-Kind-Interaktionen zeigen nordamerikanische Mütter mehr Emotionen im Umgang mit Töchtern, besonders positive Emotionen (Brody, 1993; Garner, Robertson & Smith, 1997; Malatesta et al., 1989). Es gibt auch einige Belege dafür, dass nordamerikanische Eltern mehr Zorn oder allgemein negative Emotionen gegenüber ihren Söhnen ausdrücken (zum Beispiel Garner et al., 1997).

Schließlich besprechen Mütter Emotionen mit Söhnen anders als mit Töchtern. Judy Dunn und ihre Kollegen fanden, dass Mütter gegenüber 18 Monate alten Mädchen Gefühle häufiger erwähnten als gegenüber Jungen in diesem Alter, und im Alter von 24 Monaten sprachen die Mädchen häufiger über Gefühle als Jungen (Dunn, Bretherton & Munn, 1987). Ähnliche Ergebnisse fand man in einer anderen Längsschnittstudie an Kindern im Alter zwischen 40 und 70 Monaten (Kuebli, Butler & Fivush, 1995) sowie in einer Untersuchung an vierjährigen amerikanischen Kindern mexikanischer Abstammung und ihren Müttern (Eisenberg, 1999). Im gewissen Maß sprechen Mütter mit Söhnen und Töchtern wahrscheinlich auch über verschiedene Emotionen, sie besprechen positive Emotionen und Traurigkeit mehr mit ihren Töchtern und bestimmte negative Emotionen wie Wut und Ekel mehr mit ihren Söhnen (Brody & Hall, 1993; Fivush, 1989; Kuebli & Fivush, 1992; Kuebl et al., 1995). Aufgrund solcher Unterschiede könnten Mädchen lernen, dass sie keine Wut ausdrücken sollen, und mehr als Jungen auf Emotionen wie Traurigkeit eingestellt werden.

Ein weiterer Faktor wurde von Leslie Brody (1993) thematisiert, die behauptet, dass Geschlechterunterschiede im Ausdruck von negativen Emotionen teilweise auf die frühere und überlegene Sprachentwicklung der Mädchen zurückgeführt werden könnten. Da Mädchen früher die Sprache gebrauchen als Jungen und mehr der elterlichen Diskussion über Gefühle ausgesetzt sind, könnte es sein, dass sie früher als Jungen lernen, Verhaltensausdrücke hinsichtlich negativer Emotionen zu zügeln und ihre negativen Emotionen durch verbale und mimische Kommunikation auszudrücken. Tatsächlich berichten Mädchen, dass sie Sprache gebrauchen, um negative Gefühle zu kommunizieren, während Jungen für denselben Zweck leichte Aggression angeben (Zeman & Shipman, 1996).

Es ist somit wahrscheinlich, dass sowohl biologische Faktoren als auch Sozialisationsfaktoren zu den Unterschieden beitragen, wie und wann Jungen und Mädchen Emotionen ausdrücken. Diese Unterschiede tragen bei Kindern dann wiederum zu Unterschieden in der Qualität ihres sozialen Verhaltens und vielleicht auch in ihrer sozialen Angepasstheit bei.

Kulturelle Unterschiede bei den Erziehungsmethoden können ebenfalls zu kulturübergreifenden Unterschieden im Emotionsausdruck von Kleinkindern beitragen. In Zentralafrika sind die Kleinkinder in der Volksgruppe der Ngandu aufgeregter und weinen mehr als die Kleinkinder bei den Aka. Dies könnte den Unterschieden in der Art der Fürsorge, die sich aus den gegensätzlichen

Lebensstilen dieser beiden Gruppen ergeben, zugeschrieben werden. Die Akas sind Jäger und Sammler; bei ihrer täglichen Nahrungssuche, die von den Frauen und Kindern gemeinsam betrieben wird, sind die Kinder fast immer in Reichweite von jemandem, der sie füttern oder halten kann, wenn es nötig ist. Die Ngandu dagegen sind Bauern; ihre Kinder werden häufiger allein gelassen. Somit weinen die Kleinkinder der Akas wahrscheinlich weniger und sind weniger aufgeregt, weil sie mehr Körperkontakt mit ihren Versorgern haben und ihren Bedürfnissen schneller entsprochen wird. Natürlich könnten auch genetische Faktoren, die mit dem Temperament zusammenhängen, zu den Unterschieden beitragen (Hewlett, Lamb, Shannon, Leyendecker & Scholmerich, 1998).

Der Einfluss kultureller Faktoren auf den emotionalen Ausdruck wird deutlich erkennbar durch einen Vergleich japanischer und amerikanischer Kinder. In einer Untersuchung sollten japanische und amerikanische Vorschüler angeben, was sie in hypothetischen Konflikt- oder Stresssituationen tun würden, etwa wenn sie geschlagen werden, die Eltern streiten hören oder sehen, wie ein Gleichaltriger einen Turm, den sie gerade gebaut haben, kaputtmacht. Amerikanische Vorschüler drückten mehr Wut und Aggression als Reaktion auf diese Szenarien aus als japanische Kinder. Dieser Unterschied könnte mit der Tatsache zu tun haben, dass amerikanische Mütter ihre Kinder mehr zu emotionaler Expressivität zu ermutigen scheinen als japanische Mütter (Zahn-Waxler, Friedman, Cole, Mizuta & Hiruma, 1996). Dies stimmt mit dem hohen Wert überein, den die euro-amerikanische Kultur der Selbstbehauptung und dem emotionalen Ausdruck, sogar dem Ausdruck negativer Emotionen, beimisst (Zahn-Waxler et al., 1996). Die japanische Kultur betont im Gegensatz dazu die wechselseitige Abhängigkeit, die Unterordnung des Individuums unter die Gruppe und dementsprechend die Wichtigkeit, harmonische zwischenmenschliche Beziehungen zu erhalten. Daher bringen japanische Mütter ihre Kinder wahrscheinlich häufig davon ab, negative Emotionen auszudrücken (Markus & Kitayama, 1991; Matsumoto, 1996; Mesquita & Frijda, 1992).

Kulturen unterscheiden sich auch in dem Ausmaß, in dem sie spezifische Emotionen wertschätzen und unterstützen, und diese Unterschiede zeigen sich oftmals in der elterlichen Emotionserziehung sowie in dem emotionalen Verhalten der Kinder und ihrer Angepasstheit. Ein deutliches Beispiel hierfür geben die Tamang im ländlichen Nepal. Die Tamang sind Buddhisten, die großen Wert darauf legen, ihr *sem* (Geist/Herz) ruhig und rein von Emotionen zu halten, und sie glauben, dass Menschen nicht viele negative Emotionen ausdrücken sollen, da diese störende Wirkungen auf die interpersonalen Beziehungen haben. Folglich – obwohl die Tamang-Eltern auf Missempfindungen ihrer Kinder reagieren – ignorieren oder schelten sie ihre Kinder, wenn sie älter als zwei Jahre alt sind und negative Emotionen zeigen, und sie bieten selten Erklärungen oder Unterstützung, um die negative emotionale Erregung der Kinder zu reduzieren. Trotz der Tatsache, dass vergleichbares nicht unterstützendes Verhalten bei US-amerikanischen Eltern mit geringer sozialer Kompetenz der Kinder in Zusammenhang gebracht wurde, scheint es keinen negativen

Effekt auf die soziale Kompetenz der Tamang-Kinder zu haben. Wegen des hohen Wertes, der in der Kultur der Tamang auf die Kontrolle des Emotionsausdrucks gelegt wird, hat das elterliche Verhalten, das amerikanischen Eltern als ablehnend und bestrafend erscheinen mag, eine andere Bedeutung für die Eltern und Kinder der Tamang und hat wahrscheinlich auch andere Folgen (Cole & Dennis, 1998).

Die Ansichten der Eltern über den Nutzen verschiedener Emotionen unterscheiden sich auch in verschiedenen Subkulturen innerhalb der USA. In einer Untersuchung afro-amerikanischer Mütter, die in einer gefährlichen Gegend lebten, schätzten und unterstützten die Mütter die Bereitschaft ihrer Töchter, Wut und Aggressivität in Situationen auszudrücken, die Selbstschutz erfordern, weil sie wollten, dass ihre Töchter schnell und entschlossen handeln, um sich, wenn nötig, zu verteidigen. Eine Maßnahme bestand darin, ein Rollenspiel inmitten der alltäglichen Interaktionen zu inszenieren, in dem sie einen Gegner spielten, der ihre Tochter ‚blöd anmacht', beleidigt oder herausfordert. Ein Beispiel hierfür gibt die Mutter von Beth, die eine Situation vom Typ „blöde Anmache" initiiert und Beth (27 Monate alt) zum Kampf herausfordert:

Anhand von Interviews mit Kindern in entlegenen Dörfern Nepals konnten Pamela Cole und ihre Mitarbeiter untersuchen, wie die Werte von Buddhisten und Hindu sowie die soziale Klasse zum kindlichen Verstehen von Emotionen beitragen.

> „Hahahaha. Hahaha. Hahahahah. (Provokativer Ton:) Willste Krach?" Beth lachte. Die Mutter lachte. Die Mutter wiederholt zweimal die Herausforderung und gibt Beth dann einen beleidigenden Namen, „Komm schon, Feigling." Beth erwiderte dies, indem sie ihre Mutter auch Feigling nennt. Die beiden fuhren fort, Beleidigungen in den nächsten 13 Wortwechseln auszutauschen, in deren Ablauf Beth drei der Äußerungen mit ärgernder Singsang-Intonation versah und ihrer Mutter eine „Ätsch"-Geste vorführte (beide Zeigefinger reiben gegeneinander). Der Höhepunkt war nach weiteren spöttischen Provokationen der Mutter erreicht, als Beth schließlich ihre Fäuste erhob (woraufhin beide lachen) und auf die Mutter zustürmte, um einen stilisierten Boxkampf auszutragen. (Miller & Sperry, 1987, S. 20–21.)

Es ist unwahrscheinlich, dass Mütter aus einer weniger schwierigen und gefährlichen Wohngegend versuchen würden, die Bereitschaft ihrer Kinder und besonders ihrer Töchter zu fördern, Aggressionen auszudrücken. Die Normen, Werte und Umstände einer kulturellen oder subkulturellen Gruppe dürften somit wesentlich zu den Unterschieden zwischen den Gruppen beitragen, was ihren Emotionsausdruck betrifft.

IN KÜRZE

Die Emotionalität und emotionale Regulierung der Kinder sind nicht nur durch Vererbung beeinflusst, sondern auch durch die Qualität der Eltern-Kind-Beziehung und durch die emotionale Sozialisation der Eltern. Weiterhin werden die emotionalen Funktionen von Kindern durch Erwartungen und Wahrnehmungen von sich selbst und anderen beeinflusst, die sie dadurch entwickeln, dass sie die Emotionen anderer Menschen sehen, dass andere Menschen auf ihre eigenen Emotionen reagieren und dass Emotionen im Gespräch auf bestimmte Weise behandelt werden.

Tendenzen von Kindern, Emotionen in spezifischer Weise zu erleben und zu regulieren, können durch Temperamentsunterschiede beeinflusst sein, wie sie zwischen verschiedenen Gruppen von Menschen bestehen, ebenso durch kulturelle Unterschiede in den Überzeugungen, welche Emotionen einen hohen Wert besitzen und wann beziehungsweise wo Emotionen ausgedrückt werden sollen. Weiterhin unterscheiden sich Mädchen und Jungen ein wenig in ihrem Ausdruck von Emotionen, und diese Unterschiede sind wahrscheinlich auf die Sozialisation in der Familie und Kultur zurückzuführen.

Das Emotionsverständnis von Kindern

Ein weiterer wichtiger Faktor, der emotionale Reaktionen von Kindern und die Regulierung von Gefühlen beeinflusst, ist das Verständnis von Emotionen – das Verständnis davon, wie man Emotionen identifiziert, was sie bedeuten, welche sozialen Funktionen sie besitzen und was sie beeinflusst. Weil diese Art von Verständnis Auswirkungen auf das soziale Verhalten hat, ist es für die Entwicklung sozialer Kompetenz entscheidend. Das kindliche Emotionsverständnis ist im Säuglingsalter noch sehr einfach, entwickelt sich aber schnell im Laufe der Kindheit.

Emotionen bei anderen identifizieren

Der erste Schritt bei der Entwicklung des emotionalen Wissens besteht im Erkennen verschiedener Gefühle bei anderen. Im Alter von vier bis sieben Monaten können Kleinkinder bestimmte emotionale Ausdrücke wie Freude und Überraschung unterscheiden (Serrano, Iglesias & Loeches, 1993; Walker-Andrews & Dickson, 1997). Wenn sie beispielsweise an Bilder mit fröhlichen Gesichtern gewöhnt werden (= Habituation) und man ihnen anschließend das Bild eines überraschten Gesichts präsentiert, zeigen sie oft erneutes Interesse (= Dishabituation); sie betrachten das neue Bild länger. Aber erst ab einem Alter von ungefähr sieben Monaten beginnen sie, den Emotionsausdrücken von anderen Personen eine Bedeutung zuzuschreiben. Wenn Kinder dieses Alters ein Videoband sehen, auf dem die Stimme und der Gesichtsausdruck einer Person in ihrem emotionalen Ausdruck übereinstimmen (zum Beispiel ein lächelndes Gesicht und eine lebendige Stimme), und ein anderes Videoband, auf dem Gesichtsausdruck und Stimme einer Person emotional diskrepant sind (zum Beispiel ein trauriges Gesicht und eine lebendige Stimme), schenken sie der übereinstimmenden Darstellung mehr Aufmerksamkeit (Walker-Andrews & Dickson, 1997). Kinder deutlich unter sieben Monaten scheinen den Unterschied zwischen den beiden Präsentationen im Allgemeinen nicht zu bemerken.

Im Alter von acht bis zwölf Monaten beginnen die Kinder zu zeigen, dass sie emotionalen Gesichtsausdrücken und emotionalen Stimmungen Ereignisse in der Umwelt zuordnen können. Diese Fähigkeiten sind offenkundig beim **sozialen Referenzieren** der Kinder – ihre Nutzung von mimischen und stimmlichen Anhaltspunkten bei den Eltern, um zu entscheiden, wie sie mit neuartigen, mehrdeutigen oder potenziell bedrohlichen Situationen umgehen sollen (siehe Kapitel 5). Wenn sich beispielsweise ein unbekannter Hund nähert, kann ein kleines Kind vom Gesicht der Mutter ablesen, ob diese glaubt, man solle den Hund begrüßen oder besser meiden. In Laboruntersuchungen dieses Phänomens kommen Kleinkinder typischerweise mit unbekannten Personen oder Spielzeugen in Kontakt, während ihre Mutter auf Anweisung des Versuchsleiters ein fröhliches, ängstliches oder neutrales Gesicht macht. In Untersuchungen dieser Art tendieren zwölf Monate alte Kinder dazu, in der Nähe ihrer Mutter zu bleiben, wenn diese Angst zeigt; sie gehen zu der unbekannten Person oder dem unbekannten Objekt, wenn die Mutter eine positive Emotion ausdrückt; und bei einem neutralen Gesichtsausdruck bewegen sie sich ein Stück weit auf das unbekannte Objekt oder die unbekannte Person zu (Moses, Baldwin, Rosicky & Tidball, 2001; Saarni et al., 1998). In einer Untersuchung, in der das neue Ereignis die (in Kapitel 5 beschriebene) visuelle Klippe war, überquerten 74 Prozent der zwölf Monate alten Kinder die Klippe zu ihrer Mutter hin, wenn diese Freude zeigte, hingegen wagte sich keines der Kinder hinüber, wenn die Mutter Angst zeigte (Sorce, Emde, Campos & Klinnert, 1985). Eine verwandte Studie zeigte die Fähigkeit zwölf Monate alter Kinder, den Ton der mütterlichen Stimme zu lesen: Wenn Kleinkindern, die das Gesicht der Mutter nicht sehen konnten, neue Spielzeuge präsentiert wurden, waren sie vorsichtiger und zeigten mehr Angst, wenn die Stimme der Mutter ängstlich war, als wenn sie neutral war (Mumme, Fernald & Herrera, 1996). Am Ende ihres ersten Lebensjahres nutzen Kinder also im Allgemeinen die emotionalen Signale der Eltern, um sich bei der Interpretation und den Reaktionen auf potenziell unangenehme oder gefährliche Ereignisse und Objekte daran zu orientieren.

Im Alter von drei Jahren zeigen Kinder in Laborstudien die elementare Fähigkeit, eine schmale Bandbreite von Emotionen zu benennen, die auf Bildern oder Puppengesichtern gezeigt werden (Bullock & Russell, 1985; Denham, 1986; Russel & Bullock, 1986). Kleine Kinder erkennen am besten Freude. Ihre Fähigkeit, verschiedene negative Emotionen – Wut, Angst und Traurigkeit – zu unterscheiden, tritt nach und nach im späten Vorschulalter und in den ersten Schuljahren auf (Eisenberg, Murphy & Shepard, 1997; Smith & Walden, 1998; Wiggers & van Lieshout, 1985). (Afro-amerikanische Kinder aus benachteiligten Familien scheinen Ausdrücke von Angst früher zu erkennen als euro-amerikanische Kinder, vielleicht weil sie in ihrem täglichen Leben mehr Angst induzierenden Situationen ausgesetzt sind [Smith & Walden,

Soziales Referenzieren – die Verwendung mimischer, gestischer oder stimmlicher Hinweise der Eltern, um zu entscheiden, wie mit neuen, mehrdeutigen oder potenziell bedrohlichen Situationen umzugehen ist.

1998]). Die meisten Kinder können komplexere Emotionen wie Stolz, Scham und Schuld bis zur mittleren Grundschule nicht benennen.

Interessanterweise sind kleine Kinder auch relativ gut darin, die Emotionen anderer allein auf der Basis ihrer expressiven Körperbewegungen zu identifizieren. In einer Studie, an der Vier-, Fünf- und Achtjährige teilnahmen, sahen die Kinder Erwachsene tanzen. Einige tanzten auf eine Art, die Traurigkeit ausdrückte, andere auf eine Art, die Angst, Wut oder Freude widerspiegelte. Die Vierjährigen hatten eine gewisse Vorstellung davon, dass Tänzer, die den traurigen Tanz darstellten, trauriger waren als andere Tänzer. Fünfjährige konnten überzufällig häufig traurige, ängstliche und fröhliche Tänzer korrekt identifizieren, wobei sie am besten Traurigkeit erkannten. Die Achtjährigen konnten alle vier Emotionen identifizieren, die in den Tänzen dargestellt wurden (Boone & Cunningham, 1998).

Die Fähigkeit, verschiedene Emotionen zu unterscheiden und zu benennen, hilft den Kindern, angemessen auf ihre eigenen Emotionen und die Emotionen anderer zu reagieren. Wenn ein Kind versteht, dass es zum Beispiel Schuld empfindet, kann das Kind das Bedürfnis verstehen, es wieder gutzumachen, um die Schuld zu vermindern. Ähnlich kann sich ein Kind, das den Ärger eines Gleichaltrigen erkennt, Wege ausdenken, diesen Altersgenossen zu meiden oder ihn zu beruhigen. Tatsächlich besitzen Kinder, denen es besser als ihren Altersgenossen gelingt, die Emotionsdarstellungen anderer zu interpretieren, auch eine höhere soziale Kompetenz (Feldman, Philippot & Custrini, 1991; Walden & Field, 1990).

Das Verständnis von Emotionsauslösern

Das Wissen über die Ursachen von Emotionen ist auch wichtig, um Verhalten und Motive bei sich selbst und bei anderen zu verstehen. Es bildet gleichermaßen den Schlüssel zur Regulierung des eigenen Verhaltens. Betrachten wir zum Beispiel ein Kind, das von einem Freund zurückgewiesen oder beleidigt wird, den das Kind zuvor bei einem Spiel oder einer Prüfung überflügelt hat. Wenn das Kind versteht, dass sich der Freund auf diese Weise vielleicht Luft verschafft, weil er sich als bedroht oder unzureichend empfindet und nicht, weil der Freund böse oder ein schlechter Verlierer ist, könnte das Kind seine eigene Reaktion besser steuern.

Eine Vielzahl von Untersuchungen hat die schnelle Entwicklung des kindlichen Verständnisses von der Art von Situationen, die typischerweise bei anderen Personen unterschiedliche Emotionen hervorrufen, im Vorschul- und Schulalter gezeigt. In einer typischen Untersuchung dieses Verständnisses hörten Kinder kurze Geschichten, oft zusammen mit Bildern, über Personen in bestimmten Situationen – etwa der Situation, eine Geburtstagsfeier zu geben oder ein Haustier zu verlieren. Die Kinder wurden dann gefragt, wie sich die Person in der Geschichte fühlt. Sogar Zweijährige konnten relativ genau die fröhlichen Situationen identifizieren, was sie durch die Auswahl des Bildes mit einem fröhlichen Gesicht aus einer Reihe von Gesichtern, die ganz unterschiedliche Emotionen darstellen, anzeigen konnten (Abbildung 10.5) (Michalson & Lewis, 1985). Im Alter von drei Jahren sind Kinder recht gut darin, fröhliche Situationen zu identifizieren. Entsprechend ihrer anfänglich begrenzten Fähigkeit, negative Emotionen zu erkennen, können sie jedoch traurige Situationen bis zum Alter von vier Jahren nicht sehr genau identifizieren (Borke, 1971; Denham & Couchoud, 1990). Noch mehr Schwierigkeiten haben kleine Kinder bei der Identifikation von Angst und Wut auslösenden Situationen, wobei ihre diesbezüglichen Kompetenzen mit dem Vorschul- und Schulalter ansteigen (Eisenberg, Murphy et al., 1997; Smith & Walden, 1998). Die Fähigkeit von Kindern, die Umstände zu verstehen, die komplexe soziale Emotionen wie Stolz, Schuld, Scham und Eifersucht hervorrufen, entsteht oft erst nach dem siebten Lebensjahr. Folgt man kulturübergreifenden Studien, die Kinder aus westlichen Nationen und

Abbildung 10.5: Zeichnungen für die Messung der kindlichen Fähigkeit, die Emotionen anderer zu benennen. Bilder wie diese werden in Aufgaben verwendet, bei denen Kindern kurze Geschichten erzählt werden und sie die Emotionen anderer Personen identifizieren sollen. Mit zunehmendem Alter gelingt es den Kindern besser, die Emotion anzugeben, welche die Personen in der Geschichte empfinden. (Nach Michalson & Lewis, 1985.)

Geburtstagsfeier

Mutter mit pink gefärbten Haaren

Hund läuft weg

Furchtbar schmeckendes Essen

Schwester stolpert über Bauklötze

Beim Einkaufen verloren gehen

einem abgelegenen Dorf im Himalaya einbezogen, ist sie jedoch im späten Grundschulalter und in der frühen Jugend besonders stark ausgeprägt (Harris, Olthof, Terwogt & Hardman, 1987; Thompson, 1987; Wiggers & van Lieshout, 1985).

Es ist jedoch nicht ganz klar, wie präzise diese Methode des Geschichten-Erzählens die Fähigkeit der Kinder misst, Gefühle anderer anhand situationaler Hinweise zu identifizieren. Die korrekte Identifikation der Emotionen könnte einfach wiedergeben, wie sich die Kinder selbst in der gegebenen Situation fühlen würden, und nicht ihre Fähigkeit, die Gefühlslage anderer Personen einzuschätzen (Chandler & Greenspan, 1972).

Eine andere Möglichkeit, das Verständnis von Kindern über die Auslöser von Emotionen zu erfassen, liegt in der Dokumentation dessen, was sie in ihren alltäglichen Gesprächen über Emotionen sagen, und sie zu bitten, die Emotionen anderer verbal zu beschreiben und zu erklären. Schon 28 Monate alte Kinder erwähnen Emotionen wie Freude, Trauer, Wut, Angst, Weinen und Verletzt-Sein in ihren Gesprächen auf angemessene Weise (zum Beispiel „Bist du traurig, Papa?" oder „Sei nicht sauer."), und manchmal benennen sie sogar die Auslöser (zum Beispiel „Der Weihnachtsmann wird glücklich sein, wenn ich in den Topf mache." oder „Großmutter ist sauer. Ich habe die Wand bemalt.") (Bretherton & Beeghly, 1982). Mit vier bis sechs Jahren sind die Erklärungen der Kinder, warum Gleichaltrige negative Emotionen in realen Situationen im Kindergarten erleben, denen der Erwachsenen recht ähnlich (Fabes et al., 1988). Im Verlauf der Kindergarten- und Schulzeit werden die Kinder besser darin, die Auslöser von Emotionen zu erklären (Fabes, Eisenberg, Nyman & Michealieu, 1991; Strayer, 1986). Zum Beispiel glauben Dritt- und Sechstklässler eher als Kindergartenkinder, dass jemand, der beim Lügen ertappt wurde, erschrocken sein wird (Barden, Zelko, Duncan & Masters, 1980).

Ältere Kinder verstehen auch, dass Menschen Gefühle beim Erinnern vergangener Ereignisse haben können. In einer Untersuchung wurden Drei- bis Fünfjährigen Geschichten über Kinder erzählt, die ein negatives Ereignis erleben und sich dann an dieses Ereignis erinnern. Eine Geschichte handelte von einem Mädchen namens Mary, das ein Kaninchen als Haustier besitzt, welches in einem typischen Kaninchenkäfig lebt (Abbildung 10.6). Eines Tages wird Marys Kaninchen von einem Hund weggejagt und bleibt verschwunden. In verschiedenen

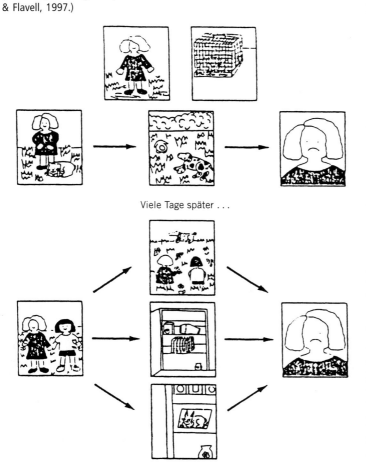

Abbildung 10.6: Bilder einer Aufgabe zum Test des kindlichen Verständnisses, dass Erinnerungen Gefühle auslösen können. Diese Geschichte handelt von einem Mädchen namens Mary, das ein Kaninchen als Haustier besitzt, welches in einem typischen Kaninchenkäfig lebt. Eines Tages wird Marys Kaninchen von einem Hund weggejagt und ward nicht mehr gesehen. (Nach Lagattuta, Wellman & Flavell, 1997.)

Versionen der Geschichte begegnet Mary einem der Dinge, die sie an ihren Verlust erinnern – demselben Hund, ihrem Kaninchenkäfig oder einer Photographie ihres Kaninchens. An diesem Punkt erzählte man den Kindern, dass Mary traurig wurde, und man fragte: „Warum wurde Mary gerade jetzt traurig?" 39 Prozent der Dreijährigen, 83 Prozent der Vierjährigen und 100 Prozent der Fünfjährigen verstanden, dass die Protagonisten der verschiedenen Geschichten deshalb traurig wurden, weil ein Erinnerungsstück sie dazu veranlasst hatte, an ein früheres unglückliches Ereignis zu denken (Lagattuta, Wellman & Flavell, 1997). Das Verständnis, dass Erinnerungen Emotionen auslösen können, die mit vergangenen Ereignissen zusammenhängen, hilft Kindern, die emotionalen Reaktionen bei sich und bei anderen in Situationen zu verstehen, die an sich emotionsneutral erscheinen.

Das Verständnis echter und falscher Emotionen

Eine wichtige Komponente bei der Entwicklung des emotionalen Verständnisses ist die Erkenntnis, dass die Emotionen, die Menschen ausdrücken, nicht unbedingt ihren wahren Gefühlen entsprechen (Abbildung 10.7). Die Anfänge dieser Erkenntnis werden bei Dreijährigen deutlich, wenn sie gelegentlich (und für gewöhnlich ziemlich offensichtlich) versuchen, ihre Emotionen zu verbergen, wenn sie ein Geschenk oder einen Preis bekommen, von dem sie enttäuscht sind. Jedoch beziehen sich Drei- und Vierjährige selten auf

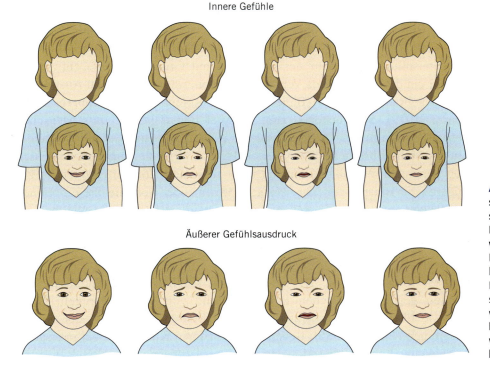

Abbildung 10.7: Bilder mit Gesichtsausdrücken, die bei Untersuchungen zur Steuerung des Emotionsausdrucks verwendet werden. Die Bilder auf der Brust des Mädchens zeigen, wie es sich innerlich fühlt. Die Kinder wählen aus den Bildern mit den verschiedenen Gesichtsausdrücken dasjenige aus, welches das Mädchen nach außen hin (also auf ihrem Gesicht) zeigen würde. (Nach Jones, Abbey & Cumberland, 1998.)

die Kontrolle von emotionalen Gesichtsausdrücken, wenn man sie über ähnliche enttäuschende Situationen befragt, an denen hypothetische Kinder beteiligt sind (Cole, 1986).

Im Alter von fünf Jahren hat sich das Verständnis von den Unterschieden zwischen wahren und falschen Emotionen erheblich verbessert, wie in einer Untersuchung gezeigt wurde, in der sechs Geschichten folgender Art zum Einsatz kamen:

> Michelle schläft heute bei ihrem Cousin Johnny. Michelle hat ihren Lieblingsteddybär zu Hause vergessen. Michelle ist sehr traurig, dass sie ihren Teddybären vergessen hat. Aber sie will nicht, dass Johnny sieht, wie traurig sie ist, weil Johnny sie dann ein Baby nennen wird. Daher versucht Michelle, zu verbergen, wie sich fühlt. (Banerjee, 1997.)

Nachdem über Befragungen sichergestellt wurde, dass die Kinder die Geschichte verstanden hatten, wurden ihnen Fragen gestellt wie: „Zeig mir das Bild, auf dem man sieht, wie sich Michelle wirklich fühlt. Wie fühlt sich Michelle wirklich?" „Zeig mir das Bild, auf dem man sieht, welches Gesicht Michelle zu machen versucht. Wie möchte Sie gern aussehen?" Während ungefähr die Hälfte der Drei- und Vierjährigen bei vier oder mehr der Geschichten korrekte Antworten gab, konnten über 80 Prozent der Fünfjährigen die richtigen Antworten geben. Untersuchungen mit japanischen wie auch mit westlichen Kindern bestätigen weiterhin, dass sich das kindliche Verständnis, dass Menschen durch die Gesichtsausdrücke anderer fehlgeleitet werden können, im Alter zwischen vier und sechs Jahren verbessert (Gardner, Harris, Ohmoto & Hamazaki, 1988; Gross & Harris, 1988).

Ein Teil der Verbesserung des Verständnisses von falschen Emotionen betrifft eine verbesserte Kenntnis von **Ausdrucksregeln** – informellen Normen einer sozialen Gruppe darüber, wann und wie viel man Emotionen zeigen und wann und wo der Ausdruck von Emotionen unterdrückt oder maskiert werden sollte. Im Verlauf der Vorschul- und Grundschuljahre entwickeln Kinder ein differenzierteres Verständnis davon, wann und warum Ausdrucksregeln gebraucht werden (Banerjee, 1997; Rotenberg & Eisenberg, 1997; Saarni, 1979). Sie verstehen zum Beispiel immer besser, dass Menschen verbale und mimische Ausdrucksregeln gebrauchen, um Gefühle bei anderen und sich selbst zu schützen, beispielsweise wenn sie vorgeben, das Essen von jemandem zu mögen, um ihn nicht in seinen Kochfertigkeiten zu beleidigen (als Beispiel für ein *prosoziales Motiv*), oder wenn sie ihre Emotionen verstecken, nachdem sie selbst geärgert wurden oder einen Wettbewerb verloren haben (als Beispiel für ein *Selbstschutzmotiv*) (Gnepp & Hess, 1986). (Abbildung 10.8 zeigt altersbezogene Veränderungen bei diesen Motiven.)

Diese altersbezogene Verbesserung des kindlichen Verständnisses von wahren gegenüber falschen Emotionen und von Ausdrucksregeln hängt offensichtlich mit den wachsenden kognitiven Möglichkeiten der Kinder zusammen (Flavell, 1986). Beispielsweise zeigen Kinder, die bei prä-operationalen und konkret-operationalen Erhaltungsaufgaben Piaget'scher Prägung

---

Ausdrucksregeln – informelle Normen einer sozialen Gruppe darüber, wann, wo und wie viel man Emotionen zeigen und wann und wo der Ausdruck von Emotionen unterdrückt oder maskiert werden sollte, indem man andere Emotionen zur Schau stellt.

(siehe Kapitel 4) zu besseren logischen Denkleistungen in der Lage sind als ihre Altersgenossen, ein besseres Emotionsverständnis (Carroll & Steward, 1984).

Auch soziale Faktoren scheinen das kindliche Verständnis von Ausdrucksregeln zu beeinflussen. So bestehen geringe Unterschiede zwischen den Ausdrucksregeln für Männer und Frauen, welche die gesellschaftlichen Überzeugungen widerspiegeln, wie Männer und Frauen fühlen und sich verhalten sollen. Grundschülerinnen in den USA glauben häufiger als ihre männlichen Mitschüler, dass es akzeptabel ist, Emotionen wie Schmerz zu erkennen zu geben (Zeman & Garber, 1996). Mädchen sind auch ein wenig mehr als Jungen auf die Notwendigkeit eingestellt, Emotionsausdrücke zu unterdrücken, welche die Gefühle anderer verletzen könnten (Cole, 1986; Saarni, 1984). Dies zeigt sich besonders bei Mädchen aus Kulturen wie Indien, in denen von Frauen erwartet wird, ehrerbietig zu sein und stark darauf zu achten, nur sozial angemessene Emotionen zu zeigen (Joshi & MacLean, 1994). Diese Befunde stimmen offensichtlich mit den Geschlechtsstereotypen überein, denen zufolge Mädchen mit größerer Wahrscheinlichkeit versuchen, die Gefühle anderer zu schützen, und selbst auch emotionaler sind als Jungen.

Die Überzeugungen und Verhaltensweisen der Eltern – die oftmals die kulturellen Überzeugungen widerspiegeln – tragen sicherlich zum Verständnis und Gebrauch der Ausdrucksregeln durch ihre Kinder bei. Verschiedene nepalesische Subkulturen unterscheiden sich zum Beispiel hinsichtlich der Betonung, die sie der Kontrolle des Gefühlsausdrucks beimessen. Entsprechend variiert das Ausmaß, in dem nepalesische Kinder angeben, ihre negativen Emotionen zu maskieren, mit dem Ausmaß, in dem die Mütter in den verschiedenen nepalesischen Subkulturen angeben, dass sie ihren Kindern den Umgang mit Emotionen beibringen (Cole & Tamang, 1998). Weiterhin scheinen kulturelle Überzeugungen, die vom sozialen Status und der Religion abhängen und zweifellos teilweise von den Eltern gelernt werden, das Ausmaß zu beeinflussen, in dem nepalesische Kinder Emotionen wie Wut und Scham ausdrücken (Cole, Bruschi & Tamang, 2002). Ein weniger positives Beispiel des elterlichen Einflusses auf das kindliche Verständnis und den Gebrauch von Ausdrucksregeln ist die Tatsache, dass US-amerikanische Kinder mit größerer Wahrscheinlichkeit Wissen über Ausdrucksregeln zum Selbstschutz besitzen, wenn sie in der Familie häufig Feindseligkeit ausgesetzt sind (Jones et al., 1998). Kinder scheinen sich also besonders dann auf Ausdrucksregeln einstellen zu können, wenn diese in ihrer Kultur wertgeschätzt werden oder wenn ihre Beachtung eine wichtige Funktion in der Familie erfüllt.

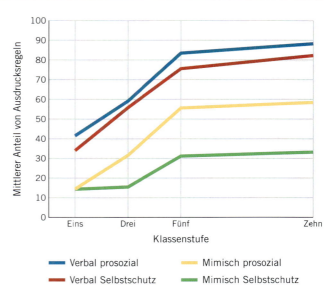

Abbildung 10.8: Der durchschnittliche Anteil von Ausdrucksregeln als Funktion der Art des Ausdrucks (verbal oder mimisch), der Art der Geschichte (prosozial oder Selbstschutz) und der Klassenstufe. Kinder in der ersten, dritten, fünften und zehnten Klasse hörten sich Geschichten an, in denen Ausdrucksregeln zur Anwendung kamen. Dann sollten sie vorhersagen und erklären, was die Hauptpersonen der Geschichte sagen und welchen Gesichtsausdruck sie in der emotionsgeladenen Situation zeigen würden. Das Wissen der Kinder, wie und wann Emotionsausdrücke kontrolliert werden müssen, stieg zwischen der ersten und fünften Klasse und blieb dann auf diesem Niveau. Ihr Verständnis war größer bei verbalen Ausdrucksregeln, bei denen die Kinder das, was sie sagen, überwachen, verfälschen und unterdrücken, als bei mimischen Ausdrucksregeln. Außerdem verstanden die Kinder prosoziale Ausdrucksregeln (mit dem Ziel, die Gefühle anderer zu schützen) besser als Ausdrucksregeln zum Selbstschutz (mit dem Ziel, selbst besser dazustehen).

Das Verständnis von gleichzeitigen und ambivalenten Emotionen

Etwas, das Kinder nur sehr schwer begreifen können, ist der Umstand, dass Menschen mehrere – und zum Teil auch ambivalente – Gefühle zugleich haben können. Die meisten kleinen Kinder neigen dazu, in einer gegebenen Situation nur Emotionen jeweils derselben Art – nur positive oder nur negative Emotionen – anzugeben (Harter, 1999). Vier- und Fünfjährige neigen dazu, entweder nicht zu erkennen, dass mehrere Gefühle zugleich existieren können, oder konfligierende Emotionen so zu sehen, dass sie zu unterschiedlichen Zeitpunkten als Reaktion auf verschiedene Ereignisse auftreten (Donaldson & Westerman, 1986; Reissland, 1985).

Irgendwann zwischen fünf und sieben Jahren kommen Kinder zu der Erkenntnis, dass sie zwei miteinander vereinbare Emotionen gleichzeitig empfinden können: „Ich bin glücklich und aufgeregt, wenn ich eine Geburtstagsparty gebe und Geschenke erwarte." (Harter, 1999). In den nächsten Jahren erkennen sie außerdem, dass sie gleichzeitig zwei positive Emotionen oder zwei negative Emotionen gegenüber derselben Person haben können – zum Beispiel dass sie sich gegenüber einem Elternteil oder einem Lehrer ängstlich und wütend fühlen können. Sie verstehen auch, dass sie gleichzeitig positive und negative Emotionen erleben können, die auf verschiedene Auslöser bezogen sind (Harter & Buddin, 1987; Wintre & Vallance, 1994). Dieses Verständnis zeigte ein Kind, indem es sagte: „Ich saß in der Schule und machte mir Sorgen wegen all der Pflichten, die ich mit meinem neuen Haustier hatte, aber ich war glücklich, dass ich lauter Einsen im Zeugnis hatte." (Harter, 1998, S. 51).

In der mittleren und späten Kindheit erkennen Kinder, dass sie (und andere) gleichzeitig positive und negative Emotionen erleben können, die sich auf denselben Auslöser beziehen. Zum Beispiel könnte ein Mädchen, das ein Geschenk bekam, welches ihr aber nicht gefiel, bemerken: „Ich war glücklich, dass ich ein Geschenk bekam, aber ich war sauer, dass es nicht das war, was ich wollte." (Harter, 1999, S. 52). Im Alter von ungefähr zehn Jahren beginnen Kinder auch, emotionale Ambivalenzen zu verstehen, indem sie merken, dass positive und negative Emotionen interagieren und dass Menschen gemischte Gefühle haben können (Donaldson & Westerman, 1986; Reissland, 1985). Auf diese Weise verstehen Kinder mit zunehmendem Alter die Komplexität von Emotionen bei sich selbst und bei anderen immer besser; diese Fähigkeit dürfte sich sowohl in ihrem Selbstverständnis als auch in ihren sozialen Interaktionen mit anderen widerspiegeln.

IN KÜRZE

Das Verständnis von Emotionen spielt bei Kindern eine wichtige Rolle in ihrem emotionalen Leben. Obwohl Kleinkinder Unterschiede bei verschiedenen Emotionsausdrücken wie Freude und Überraschung schon im Alter von vier bis sieben Monaten entdecken können, beginnen sie erst mit ungefähr sieben Monaten, den emotionalen Ausdrücken anderer Bedeutung zuzuschreiben. Im Alter von acht bis zwölf Monaten beginnen Kinder, den emotionalen Gesichtsausdruck oder emotionalen Ton der Stimme mit anderen Ereignissen der Situation in Verbindung zu bringen, was in ihrem Gebrauch des sozialen Referenzierens sichtbar wird. Im Alter von drei Jahren zeigen Kinder elementare Fähigkeiten, Gesichtsausdrücke zu benennen und einfache Situationen zu verstehen, die Freude auslösen sollten.

Wenn Kinder die Vor- und Grundschule durchlaufen, wächst ihr Verständnis von Emotionen und Situationen, die Emotionen hervorrufen, hinsichtlich Ausmaß und Komplexität. Sie werden sich zunehmend darüber bewusst, dass die Emotionen, die Menschen zeigen, nicht ihre wahren Gefühle widerspiegeln müssen. Außerdem verstehen die Kinder mit zunehmendem Alter besser, dass sie und andere mehr als eine Emotion zur selben Zeit empfinden können und dass verschiedene Emotionen miteinander interagieren und einander beeinflussen können.

Zusammenfassung

Die Entwicklung von Emotionen im Laufe der Kindheit

- Nach der Theorie diskreter Emotionen wird angenommen, dass jede Emotion mit einem spezifischen Set von körperlichen und mimischen Reaktionen einhergeht und dass verschiedene Emotionen von früher Kindheit an erkennbar sind. Im Gegensatz dazu glauben Funktionalisten, dass Emotionen das widerspiegeln, was Individuen in spezifischen Situationen zu tun versuchen – ihre momentanen Sorgen und Ziele –, und dass es nicht eine einzige Menge von angeborenen, unterscheidbaren Emotionen gibt, sondern viele Emotionen, die auf vielen verschiedenen Interaktionen der Menschen mit der sozialen Welt beruhen.
- Von Geburt an spielen Emotionen beim Überleben und bei der sozialen Kommunikation eine wichtige Rolle. Zwar zeigen Kleinkinder von Geburt an negative und positive Affekte, doch ist nicht klar, ob sie verschiedene Arten von negativen Emotionen wie Wut, Angst und Trauer erleben.
- Emotionen unterliegen in den ersten Lebensmonaten und -jahren deutlichen Veränderungen. Das Lächeln wird im zweiten bis dritten Lebensmonat sozial, und mit der kognitiven Entwicklung ändern sich die Auslöser für das Lächeln und Lachen der Kinder.
- Neugeborene zeigen Unwohlsein und Hunger als Missempfindungen. Im Alter von sechs bis sieben Monaten sind sie oft beunruhigt, wenn Fremde sich ihnen nähern, und im Alter von ungefähr acht Monaten zeigen sie negative Empfindungen, wenn sie von ihren Eltern getrennt sind.
- Die sozialen Emotionen – Verlegenheit, Stolz, Scham und Schuld – entstehen im zweiten Lebensjahr. Ihr Auftreten ist Teil der Entwicklung eines

ersten Selbst-Bewusstseins und des ersten Erkennens der Reaktionen anderer auf die eigene Person.
- In der Kindheit werden die emotionalen Reaktionen der Kinder mehr und mehr durch das wachsende kognitive Verständnis von Ereignissen und Emotionen beeinflusst. Bei einigen Kindern wird das Erleben von negativen Emotionen im Jugendalter gegenüber der der Kindheit häufiger. Die Raten von klinischer und vorklinischer Depression sind in der Pubertät viel höher als zuvor, besonders bei Mädchen.

Die Regulierung von Emotionen

- Die emotionale Selbst-Regulation umfasst den Prozess, innere Gefühlszustände, emotionsbezogene physiologische Prozesse, emotionsbezogene Kognitionen und emotionsbezogenes Verhalten einzuleiten, zu unterdrücken oder zu verändern, um die eigenen Ziele zu erreichen.
- Kleine Kinder können sich selbst noch schlecht regulieren, und sie müssen sich auf Erwachsene verlassen, die mit Emotionen umzugehen wissen. Die Selbstregulation der Kinder verbessert sich jedoch mit dem Alter, wenn sie vermehrt kognitive Strategien und geeignete und effektive Mittel einsetzen, um mit ihren Emotionen und ihrem Verhalten zurechtzukommen.
Die Verbesserungen des kindlichen Regulierungsvermögens basieren auf den erhöhten Fähigkeiten, den eigenen Körper und die kognitive Entwicklung zu steuern, ebenso wie auf Veränderungen in den Erwartungen der Erwachsenen.
- Emotionale Selbst-Regulierung geht im Allgemeinen mit höherer sozialer Kompetenz und geringem Problemverhalten einher.

Individuelle Unterschiede bei Emotionen und ihrer Regulierung

- Sowohl biologische als auch Umweltfaktoren tragen zu den Unterschieden bei, die in den Emotionen der Kinder und dem damit verknüpften Verhalten erkennbar sind. Das Temperament, von dem man annimmt, dass es von Erbanlagen abhängt, aber auch durch soziale Erfahrungen beeinflusst wird, sagt die Anpassungsfähigkeit in der Kindheit und im Erwachsenenalter vorher. Kinder mit schwierigem Temperament zeigen oft eine positive Entwicklung, wenn sie eine einfühlsame und geeignete Erziehung erfahren.

Die emotionale Entwicklung von Kindern in der Familie

- Die emotionale Entwicklung der Kinder wird durch die Qualität ihrer frühen sozialen Beziehungen beeinflusst; günstig ist auch, wenn die Eltern über Emotionen sprechen. Ein hohes Maß an positiven Emotionen in der Familie geht mit günstigen Entwicklungsresultaten der Kinder einher, während häufiges Auftreten von negativen Emotionen und bestrafende Reaktionen, wenn das Kind negative Emotionen zeigt, oft mit ungünstigen Entwicklungsergebnissen verbunden sind. Es kann das kindliche Verständnis von Emotionen und ihre soziale Kompetenz fördern, wenn die Eltern Emotionen mit ihren Kindern besprechen.
- Mädchen und Jungen unterscheiden sich ein wenig in ihrem Ausdruck von Emotionen, wobei diese Unterschiede wahrscheinlich auf die Sozialisation in der Familie und Kultur zurückzuführen sind.

Kultur und emotionale Entwicklung von Kindern

- Es können zwischen verschiedenen Kulturen Temperamentsunterschiede bestehen, welche sich auf Neigungen der Kinder auswirken, Emotionen zu erleben und zu regulieren.
- Es gibt kulturelle Unterschiede in den Überzeugungen, welche Emotionen wertvoll sind und wann Emotionen ausgedrückt werden sollten, und diese formen den Ausdruck von Emotionen bei Kindern.

Das Emotionsverständnis von Kindern

- Um mit anderen effektiv zu interagieren, muss eine Person fähig sein, die Emotionen anderer zu identifizieren, und Wissen über deren Auslöser und Bedeutung besitzen. Im Alter von etwa sieben Monaten beginnen Kinder, dem emotionalen Ausdruck anderer eine Bedeutung zuzuschreiben. Mit acht bis zwölf Monaten beginnt bei Kindern das soziale Referenzieren.
- Im Alter von zwei bis drei Jahren zeigen Kinder elementare Fähigkeiten, Gesichtsausdrücke und einfache Situationen zu benennen, die mit Freude verbunden sind. Das Verständnis der Kinder von Gesichtsausdrücken, emotionsauslösenden Situationen, Ausdrucksregeln und gemischten Emotionen wächst in den Vorschul- und Grundschuljahren.

Fragen und Denkanstöße

1. Wie könnten Unterschiede in der Intelligenz der Kinder (a) Emotionen, die sie zeigen, und (b) ihr Verständnis von Emotionen mit erklären? Welche weiteren Faktoren könnten zum Verständnis der eigenen Emotionen und der Emotionen anderer beitragen?
2. Zählen Sie mindestens fünf Temperamentsaspekte auf. Welche Aspekte der Persönlichkeit eines Erwachsenen könnte jeder von ihnen vorhersagen?
3. Angenommen, Sie möchten altersabhängige Veränderungen bei der Regulierung von Emotionen bestimmen. Denken Sie sich fünf verschiedene Aufgaben aus, mit deren Hilfe Sie altersbezogene Veränderungen erfassen könnten. Welche würden am besten im frühen Kindesalter einsetzbar sein, und welche könnten die Veränderungen bei älteren Kindern besser erkennen lassen?
4. Erinnern Sie sich an die Entwicklung der subjektiven Theorie des menschlichen Geistes (*theory of mind*) aus Kapitel 7. Wie könnten Fortschritte im kindlichen Verständnis der *theory of mind* mit ihrem Verständnis von Emotionen zusammenhängen?

Bindung und die Entwicklung des Selbst

11

- Die Bindung zwischen Kindern und ihren Bezugspersonen
- Konzeptionen des Selbst
- Ethnische Identität
- Sexuelle Orientierung als Teil der Identität
- Selbstwertgefühl
- Zusammenfassung

Zwischen 1937 und 1943 beschrieben zahlreiche Personen, die beruflich mit Kindeserziehung und -fürsorge zu tun hatten, sowohl in den Vereinigten Staaten als auch in Europa ein beunruhigendes Phänomen: Kinder, deren Gefühle und Sorgen sich ausschließlich um sich selbst zu drehen schienen. Einige dieser Kinder waren zurückgezogen und isoliert; andere waren überaktiv, ablenkbar und verhielten sich beleidigend gegenüber anderen Kindern. Schon als Jugendliche war ihre Lebensgeschichte häufig von wiederholten Diebstählen, Gewalt und sexuellen Vergehen gekennzeichnet. Viele dieser Kinder waren in Einrichtungen groß geworden, in denen sie angemessene physische Betreuung, aber wenig soziale Kontakte hatten. Andere waren im Säuglingsalter und in früher Kindheit von Pflegeheim zu Pflegeheim gereicht worden (Bowlby, 1953).

Ungefähr zur selben Zeit wurden ähnliche Störungen bei Kindern beobachtet, die verwaist waren oder von ihren Eltern im Zweiten Weltkrieg getrennt wurden und in Flüchtlingslagern oder ähnlichen Einrichtungen lebten. John

Bowlby, ein englischer Psychoanalytiker, der mit vielen dieser Kinder arbeitete, beschrieb sie als sehr teilnahmslos, depressiv oder anderweitig emotional gestört und geistig unterentwickelt. Ältere Flüchtlingskinder schienen häufig jedes Interesse am Leben verloren zu haben und wurden von Gefühlen der Leere beherrscht (Bowlby, 1953). Diese Kinder neigten dazu, keine normalen emotionalen Bindungen zu anderen Menschen aufzubauen.

Auf der Basis solcher Beobachtungen führte der französische Psychoanalytiker René Spitz, der auch mit Freud zusammengearbeitet hatte, eine Reihe von Untersuchungen über die Effekte des Entzugs mütterlicher Fürsorge durch (Spitz, 1945, 1946, 1949). Er filmte Kleinkinder (was damals eine methodische Innovation war), die in Waisenhäusern lebten und von denen die meisten unehelich geboren waren und auf eine Adoption warteten. Die Filme anzusehen war äußerst ergreifend und schmerzlich. Sie dokumentierten die Tatsache, dass die Kleinkinder, obwohl sie eine gute institutionelle Pflege erfuhren, allgemein kränklich und in ihrer Entwicklung zurückgeblieben waren. In vielen Fällen schienen die Kinder wenig Motivation zum Leben zu besitzen: Ihre Sterblichkeitsrate lag über zwei Jahre hinweg bei circa 37 Prozent, im Vergleich zu keinen Todesfällen in einer Einrichtung, in der die Kinder täglich Kontakt mit ihren Müttern hatten. Der wichtigste Beitrag dieser Filme war jedoch der Nachweis intensiver und lang anhaltender Trauer und depressiver Reaktionen bei Kleinkindern, die von ihren Müttern getrennt worden waren, nachdem sie eine liebevolle Beziehung zu ihnen aufgebaut hatten. Entwicklungspsychologen jener Zeit konnten nicht glauben, dass Kleinkinder an derartigen Trauersyndromen leiden können (Emde, 1994).

Diese frühen Beobachtungen bildeten auch eine Herausforderung für die allgemeine Überzeugung, die damals viele professionelle Betreuungspersonen von Kindern besaßen: Kinder würden sich normal entwickeln, wenn sie in Einrichtungen wie Waisenhäusern eine gute physische Pflege bekämen, die eine angemessene Ernährung und Gesundheitsfürsorge umfasst. Diese Berufsgruppen legten wenig Wert auf die emotionalen Dimensionen der Kindesbetreuung. Aus solchen Untersuchungen an Kindern, die ihre Eltern in den 1940er Jahren verloren hatten, schloss man, dass Babys in Einrichtungen wie Waisenhäusern, unabhängig davon, wie hygienisch und kompetent diese geführt werden, einem hohen Entwicklungsrisiko ausgesetzt sind, weil sie nicht die Art von Fürsorge erhalten, die sie dazu befähigt, enge sozio-emotionale Bande zu knüpfen. Eine Adoption – je früher desto besser – wurde mit der Zeit als eine weit bessere Option angesehen.

Noch wichtiger war, dass die Beobachtungen und Schriften von John Bowlby und anderen, die sich mit Kindern in Pflegeeinrichtungen befassten, Anlass zu systematischeren Studien darüber gaben, wie die Qualität der Eltern-Kind-Interaktionen die Entwicklung der Kinder in ihren Familien, besonders ihre Entwicklung emotionaler Bindungen zu anderen Menschen, beeinflusst. Diese Arbeiten, die bis heute fortgeführt werden, ermöglichen tief greifende Einsichten, wie die frühe emotionale Bindung zwischen Eltern und Kind die soziale und emotionale Entwicklung von Kindern beeinflussen kann. Tatsächlich glauben mittlerweile viele Forscher, dass die frühe Beziehung der Kinder zu ihren Eltern die Art ihrer Interaktionen mit anderen Menschen vom Kleinkindalter bis zum Erwachsenenalter beeinflusst; dasselbe gilt auch für ihr Selbstwertgefühl.

In diesem Kapitel werden wir uns zunächst damit befassen, wie Kinder **Bindungen** entwickeln – enge und dauerhafte emotionale Beziehungen zu ihren Eltern oder anderen wichtigen Bezugspersonen. Anschließend werden wir untersuchen, auf welche Weise die Entwicklung von Bindungen den Grundstock für die unmittelbare und langfristige Entwicklung des Kindes legt. Wir werden sehen, dass der Bindungsprozess eine biologische Grundlage zu haben scheint, sich aber in Abhängigkeit vom familiären und kulturellen Kontext auf verschiedene Weise entfaltet. Daher werden die Leitthemen *Anlage und Umwelt* sowie der *sozio-kulturelle Kontext* in diesem Zusammenhang wichtig sein. Wir werden außerdem sehen, dass zwar unter normalen sozialen Umständen die meisten Kinder Bindungen zu ihren Eltern aufbauen, diese allerdings von ganz unterschiedlicher Qualität sein können, was sich auf die soziale und emotionale Entwicklung des einzelnen Kindes auswirkt. Das Thema der *individuellen Unterschiede* wird deshalb in diesem Kapitel eine wichtige Rolle spielen.

In Anschluss daran werden wir ein verwandtes Thema untersuchen – die Entwicklung des kindlichen Bewusstseins des Selbst, also ihr Selbst-Verständnis, ihre Selbst-Identität und ihr Selbstwertgefühl. Obwohl viele Faktoren diese Entwicklungsbereiche beeinflussen, bildet die Qualität der frühen Bindungen die Grundlage dafür, wie sich Kinder fühlen, was sie selbst betrifft, einschließlich ihres Erlebens von Sicherheit und Wohlbefinden. Mit der Zeit werden Selbst-Verständnis, Selbstwertgefühl und Selbst-Identität von Kindern auch dadurch geformt, wie sie von anderen wahrgenommen und behandelt werden, weiterhin durch biologisch angelegte Eigenschaften des Kindes (zum Beispiel seine Attraktivität) sowie durch die Entwicklung der Fähigkeit, über die soziale Umwelt zu reflektieren und sie zu interpretieren. Auf diese Weise treten bei der Behandlung der Entwicklung des kindlichen Selbst die Themen *Anlage und Umwelt*, *individuelle Unterschiede*, der *sozio-kulturelle Kontext* und das *aktive Kind* in Erscheinung.

> **Bindung** – eine emotionale Beziehung zu einer bestimmten Person, die räumlich und zeitlich Bestand hat. Meistens werden Bindungen im Hinblick auf die Beziehung zwischen Kleinkindern und speziellen Betreuungspersonen diskutiert; sie können aber ebenfalls im Erwachsenenalter auftreten.

Die Bindung zwischen Kindern und ihren Bezugspersonen

Nach den sehr verstörenden Beobachtungen der 1930er und 40er Jahre an Kindern, die sehr früh von ihren Eltern getrennt wurden, begannen Forscher, das Phänomen der Bindung systematisch zu untersuchen. Ein Großteil der frühen Forschungsarbeiten, wie sie zum Beispiel von Spitz durchgeführt wurden, konzentrierten sich darauf, wie die Entwicklung verwaister oder anderweitig von ihren Eltern getrennter Säuglinge durch die Qualität der Fürsorge beeinflusst wurde, die sie von da an erhielten.

Harlows Affenweibchen, die isoliert aufgezogen wurden, waren als Erwachsene schlechte Mütter. Dieses Ergebnis spricht dafür, dass „Mutterliebe" für eine normale soziale und emotionale Entwicklung entscheidend ist.

Eine Gruppe von Forschern führte experimentelle Arbeiten mit Affen durch. In einigen der bekanntesten psychologischen Untersuchungen überhaupt zogen Harry Harlow und seine Mitarbeiter (Harlow & Harlow, 1965; Young, Suomi, Harlow & McKinney, 1973; Harlow & Zimmerman, 1959) kleine Rhesusäffchen von Geburt an isoliert auf und verglichen ihre Entwicklung mit jungen Affen, die auf normale Weise mit ihren Müttern aufwuchsen. Die isolierten Babys wurden alle gut ernährt und ärztlich versorgt, aber sie hatten keinen Kontakt mit anderen Affen. Wenn sie schließlich nach sechs Monaten mit anderen Affen zusammengebracht wurden, zeigten sie schwere soziale Störungen. Sie bissen zwanghaft um sich, warfen sich hin und her und gingen anderen Affen völlig aus dem Weg, offenbar unfähig, mit anderen zu kommunizieren oder von ihnen zu lernen. Als Erwachsene hatten isoliert aufgewachsene Affenweibchen kein Interesse an Geschlechtsverkehr. Wenn sie künstlich befruchtet wurden, konnten sie nichts mit ihren Babys anfangen. Im besten Falle neigten sie dazu, sie zu ignorieren oder zurückzuweisen; im schlimmsten Fall griffen sie ihre Babys an und töteten sie. Zwar wurde in diesen Forschungsarbeiten das generelle Fehlen früher sozialer Interaktionen (und nicht nur der Interaktion mit den Eltern) untersucht; dennoch fand sich starke Unterstützung für die Annahme, dass eine gesunde soziale und emotionale Entwicklung in den frühen sozialen Interaktionen mit Erwachsenen wurzelt.

Bindungstheorie

Die Ergebnisse der Beobachtungen von Kindern und Affen, die von ihren Eltern getrennt waren, erwiesen sich als so dramatisch, dass Psychiater und Psychologen sich gezwungen sahen, ihre Vorstellungen von der frühen Entwicklung zu überdenken. Führend bei diesen Bemühungen waren John Bowlby, der die **Bindungstheorie** entwickelte, und seine Studentin Mary Ainsworth, die seine Ideen erweiterte und wissenschaftlich prüfte.

Bindungstheorie – die auf John Bowlbys Arbeiten zurückgehende Theorie, welche die biologische Veranlagung von Kindern postuliert, Bindungen zu Versorgungspersonen zu entwickeln, um die eigenen Überlebenschancen zu erhöhen.

Bowlbys Bindungstheorie

Bowlbys Bindungstheorie ist stark durch einige zentrale Lehren Freuds beeinflusst, im Besonderen jedoch durch die Idee, dass die frühesten Beziehungen der Säuglinge zu ihren Müttern ihre spätere Entwicklung formen. Bowlby ersetzte jedoch die psychoanalytische Ansicht eines „bedürftigen, abhängigen Kleinkindes, das durch Triebreduzierung motiviert wird" durch die Idee eines "kompetenzmotivierten Kleinkindes", das seine engste Betreuungsperson als **sichere Basis** nutzt (Waters & Cummings, 2000). Die allgemeine Vorstellung einer sicheren Basis besteht darin, dass die Anwesenheit einer vertrauten Bezugsperson dem Säugling oder Kleinkind eine Form der Sicherheit bietet, auf deren Grundlage das Kind seine Umwelt erforschen kann und dadurch allgemein Wissen und Kompetenzen erwirbt. Weiterhin dient die primäre Bezugsperson als sicherer Hafen, wenn sich das Kind bedroht oder unsicher fühlt, und das Kind erfährt durch die Nähe zu dieser Person Wohlbehagen und Freude.

Sichere Basis – Bowlbys Begriff dafür, dass die Anwesenheit einer Bindungsperson dem Säugling oder Kleinkind ein Gefühl von Sicherheit bietet, das es ihm ermöglicht, die Umwelt zu erforschen.

Bowlbys Idee einer primären Versorgungsperson als sichere Basis für den Nachwuchs wurde direkt durch die Ethologie beeinflusst, insbesondere durch die Ideen von Konrad Lorenz (vergleiche Kapitel 9). Bowlby postulierte die Existenz eines Bindungsprozesses zwischen Kleinkind und Bezugsperson, dessen Wurzeln in der Evolution liegen. Wie bei der Prägung entwickelt sich dieser Bindungsprozess aus der Interaktion artspezifischer Lernpräferenzen (wie der starken Tendenz des Kleinkindes, Gesichter zu betrachten) und der Erfahrung des Kindes mit der Bezugsperson. Und wie die Prägung erhöht auch die Bindung die Überlebenschancen des Kindes. Dem Bindungsprozess wird also eine angeborene Grundlage unterstellt, wobei die Entwicklung und Qualität der kindlichen Bindungen stark von der Art ihrer Erfahrungen mit den Betreuungspersonen abhängen.

Nach Bowlby findet die anfängliche Entwicklung von Bindung in vier Phasen statt.

1. *Vorphase der Bindung* (Geburt bis 6 Wochen). In dieser Phase zeigt das Kind angeborene Signale, meistens Schreien, das andere zu sich ruft, und durch die darauf folgenden Interaktionen fühlt sich das Kind getröstet.
2. *Entstehende Bindung* (6 Wochen bis 6–8 Monate). Während dieser Phase beginnen die Kinder, bevorzugt auf vertraute Personen zu reagieren. Typischerweise lächeln, lachen oder plappern sie häufiger bei Anwesenheit ihrer primären Bezugsperson und lassen sich leichter von ihr beruhigen. Wie Freud und Erikson verstand auch Bowlby diese Phase als eine Zeit, in der Kleinkinder Erwartungen entwickeln, wie ihre Fürsorger auf ihre Bedürfnisse reagieren, und ein Gefühl dafür entwickeln, wie sehr sie ihnen vertrauen können (oder nicht).
3. *Ausgeprägte Bindung* (zwischen 6–8 Monaten und 1½–2 Jahren). In dieser Phase suchen Kleinkinder aktiv Kontakt zu ihren Bezugspersonen. Sie begrüßen ihre Mutter bei ihrem Erscheinen freudig und können, wenn sie weggehen will, entsprechend *Unbehagen* zeigen oder in *Protestgeschrei* ausbrechen (siehe Kapitel 10). Für die meisten Kinder dient die Mutter nun als sichere Basis, die dem Kind die Erkundung und Beherrschung der Umwelt erleichtert.
4. *Reziproke Beziehungen* (von 1½ oder 2 Jahren an). Während dieser letzten Phase ermöglichen die rapide ansteigenden kognitiven und sprachlichen Fähigkeiten den Kindern, die Gefühle, Ziele und Motive der Eltern zu ver-

stehen. Dieses Verständnis können sie nun nutzen, um ihre Anstrengungen darauf auszurichten, in der Nähe der Eltern zu sein. Als Ergebnis geht der Trennungsstress zurück, und allmählich entsteht eine mehr wechselseitig geregelte Beziehung, wenn das Kind eine zunehmend aktive Rolle beim Aufbau einer funktionierenden Beziehung zu seinen Eltern einnimmt (Bowlby, 1969).

Inneres Arbeitsmodell der Bindung – die kindliche mentale Repräsentation des Selbst, der Bindungsperson(en) und der Beziehungen im Allgemeinen, die als Ergebnis der Erfahrungen mit den Betreuungspersonen entstehen. Das Arbeitsmodell leitet die Interaktionen der Kinder mit den Versorgern und anderen Personen in der Kindheit und im späteren Alter.

Das Ergebnis dieser Phasen ist normalerweise eine andauernde emotionale Verknüpfung, die das Kind und seine Betreuungsperson verbindet. Zusätzlich entwickelt das Kind ein **inneres Arbeitsmodell von Bindung**, eine mentale Repräsentation des Selbst, der Bindungspersonen und der Beziehungen im Allgemeinen. Dieses innere Arbeitsmodell basiert auf den frühen Erfahrungen des Kindes mit seiner Betreuungsperson, in deren Verlauf das Kind das Ausmaß an Zuverlässigkeit entdeckte, mit dem seine Bedürfnisse befriedigt wurden, um so die Empfindung von Sicherheit zu ermöglichen. Bowlby glaubte, dass dieses innere Arbeitsmodell die Erwartungen des Individuums hinsichtlich sozialer Beziehungen das ganze Leben hindurch leitet. Wenn die Versorgungspersonen zugänglich und interessiert sind, werden kleine Kinder erwarten, dass zwischenmenschliche Beziehungen etwas Erfreuliches sind, und das Gefühl haben, dass sie selbst der Fürsorge und Liebe wert sind. Als Erwachsene suchen sie nach befriedigenden und sicherheitssteigernden Beziehungen von der Art, die sie mit ihren primären Bezugspersonen in der Kindheit hatten, und erwarten diese auch zu finden. Wenn die Bezugspersonen der Kinder nicht erreichbar sind oder nicht reagieren, entwickeln Kinder negative Auffassungen von Beziehungen zu anderen Menschen und von sich selbst (Bowlby, 1973, 1980; Bretherton & Munholland, 1999). Somit nimmt man an, dass das innere Arbeitsmodell von Bindung bei Kindern ihre allgemeine Einstellung, ihr soziales Verhalten sowie die Entwicklung ihres Selbstwertgefühls und ihres Bewusstseins vom Selbst beeinflusst (Thompson, 2000).

Ainsworths Forschungen

Mary Ainsworth arbeitete seit 1950 mit John Bowlby zusammen und lieferte empirische Evidenz für Bowlbys Theorie, die sie zugleich in entscheidender Hinsicht erweiterte. Ihre erste 1954 in Uganda durchgeführte Studie enthielt umfassende naturalistische Beobachtungen von täglichen Mutter-Kind-Interaktionen in 28 Familien. Sie beobachtete zum Beispiel, wie Kinder in Uganda ihre Mütter als sichere Basis für die Erkundung der Umwelt nutzten und wie sie auf die Trennung von ihren Müttern reagierten (Ainsworth, 1967). Auf der Basis ihrer Untersuchungen in Uganda und späteren Beobachtungen von Familien in Baltimore (Maryland) kam Ainsworth zu dem Schluss, dass das Ausmaß der kindlichen Fähigkeit, seine engste Bezugsperson als sichere Basis zu nutzen, und die Art der Reaktion des Kindes auf eine kurze Trennung von der Bezugsperson und das erneute Zusammentreffen mit ihr einen Einblick in die Qualität der Bindung zwischen Kleinkind und Betreuer bieten.

Die Messung der Bindungssicherheit

Zusätzlich zu ihren Beobachtungsstudien entwickelte Ainsworth einen Labortest, um die Sicherheit der Bindung eines Kindes an einen Elternteil zu messen. Diese Testsituation wird **Fremde Situation** genannt, weil der Test in einem für das Kind unvertrauten Kontext durchgeführt wird und daher wahrscheinlich das Bedürfnis des Kindes nach seiner Mutter oder seinem Vater erhöht. Typischerweise wird das Kind in Begleitung eines Elternteils (meistens der Mutter) in ein Spielzimmer des Labors gesetzt, das mit interessantem Spielzeug ausgestattet ist. Nachdem der Versuchsleiter das Kind und dessen Mutter beziehungsweise Vater mit dem Raum vertraut gemacht hat, wird das Kind in einzelnen Episoden mit insgesamt sieben Situationen konfrontiert. Dabei wird es zweimal vom Elternteil getrennt und wieder mit ihm zusammengeführt, und es kommt zu Interaktionen mit einer Fremden, einmal wenn das Kind allein im Raum ist und ein anderes Mal in Anwesenheit seiner Mutter beziehungsweise seines Vaters (siehe Tabelle 11.1). Die Episoden dauern jeweils ungefähr drei Minuten, können aber gegebenenfalls abgekürzt

Fremde Situation – ein von Mary Ainsworth entwickeltes Verfahren, um die Bindung von Kleinkindern an ihre primären Bezugspersonen zu beurteilen.

Tabelle 11.1: Die Episoden in Ainsworths Fremde-Situation-Test.

Episode	Ereignisse	Aspekte des beurteilten Bindungsverhaltens
1	Vl. macht Bp. und Kleinkind mit dem unbekannten Raum vertraut, weist der Bp. einen Sitzplatz an und zeigt dem Baby die Spielsachen; dann geht Vl.	Keine
2	Bp. und Kind sind allein; Bp. soll keine Interaktionen initiieren, aber auf das Baby angemessen reagieren.	Exploration und Nutzung der Bp. als sichere Basis
3	Eine Fremde betritt den Raum und setzt sich eine Minute lang ruhig hin; dann spricht sie eine Minute lang mit der Bp.; in der letzten Minute versucht sie, mit dem Baby zu interagieren.	Reaktion auf den Fremden
4	Bp. lässt das Kind mit der Fremden allein, die das Baby spielen lässt, es bei Bedarf aber beruhigt. Diese Phase wird abgekürzt, wenn das Baby zu unruhig wird.	Trennungsstress und Reaktion auf die Tröstung des Fremden
5	Bp. ruft das Baby von draußen; betritt den Raum und bleibt in der Tür stehen. Die Fremde geht. Bp. lässt das Kind spielen oder beruhigt es, wenn es sich fürchtet.	Reaktion auf das Wiedersehen mit der Bp.
6	Bp. lässt das Kind allein im Raum. Diese Phase wird beendet, wenn das Kind zu beunruhigt ist.	Trennungsangst
7	Fremde Person betritt den Raum, begrüßt das Kind und hält inne. Sie setzt sich oder beruhigt das Kind, wenn es weint. Diese Phase wird beendet, wenn das Kind zu beunruhigt ist.	Fähigkeit, sich von jemand Fremden beruhigen zu lassen
8	Bp. ruft von draußen, betritt den Raum, begrüßt das Kind und hält inne. Bp. setzt sich, wenn das Kind ruhig ist, kann es aber trösten, wenn es sich unwohl fühlt. Bp. erlaubt dem Kind, weiter zu spielen, wenn es will.	Reaktion auf das Wiedersehen mit der Bp.

(Nach Ainsworth et al., 1978.) Vl. = Versuchsleiter(in), Bp. = Bezugsperson (in der Regel Mutter oder Vater).

werden, wenn das Kind allzu beunruhigt ist. Beobachter beurteilen das Verhalten des Kindes, beispielsweise seine Versuche, Nähe und Kontakt zum Elternteil zu suchen, seinen Widerstand oder seine Meidung von Mutter oder Vater und seine Interaktionen mit dem Elternteil aus größerer Entfernung mit Hilfe von Sprache oder Gesten.

Obwohl es sich bei diesem kleinen Melodram um eine sehr künstliche Situation handelt, erwies sie sich als äußerst brauchbar, um die Art und Bedeutung der frühen Eltern-Kind-Beziehungen zu verstehen. Jay Belsky skizzierte die Fremde Situation folgendermaßen:

> Sie mag zwar künstlich sein, aber das ist auch ein Belastungs-EKG. Das eine ist ein Test der körperlichen Belastbarkeit, das andere ein Test der emotionalen Belastbarkeit. Beide sind artifiziell, aber beide besitzen auch diagnostischen Wert. (Zitiert in Talbot, 1998, S. 46.)

In ihrer Arbeit mit dem Fremde-Situation-Test entdeckte Ainsworth (1973) drei unterscheidbare Verhaltensmuster bei Kindern, aus denen sich auf die Qualität oder Sicherheit ihrer Bindung schließen lässt. Diese Muster – die sich im Verhalten der Kinder in der Fremden Situation, aber besonders beim *Wiedersehen* mit der Mutter zeigten – wurden viele Male in der Forschung mit Müttern repliziert, manchmal auch mit Vätern. Auf der Basis dieser Muster identifizierte Ainsworth drei Bindungskategorien.

Die erste Bindungskategorie – zu der die Mehrzahl der Kinder gehört – ist die der **sicher gebundenen** Kinder. Babys dieser Kategorie nutzen ihre Eltern als sichere Basis während der Anfangsphase der Untersuchung und weichen von ihrer Seite, um die vielen Spielzeuge im Raum zu inspizieren. Wenn sie mit den Spielsachen spielen, blicken diese Kinder gelegentlich zurück, um sich der Mutter beziehungsweise des Vaters zu versichern, oder sie bringen ein Spielzeug und zeigen es dem Elternteil. Diese Kinder sind meistens, aber keineswegs immer in gewissem Ausmaß beunruhigt, wenn der Elternteil den Raum verlässt, besonders wenn sie völlig allein gelassen werden. Wenn ihre Bezugsperson zurückkehrt, vermitteln sie jedoch deutlich, dass sie sich freuen, sie zu sehen: Sie begrüßen sie mit einem fröhlichen Lächeln oder gehen beziehungsweise krabbeln zu ihr, um hochgenommen und getröstet zu werden, falls sie während ihrer Abwesenheit beängstigt waren. In diesem

Sichere Bindung – ein Bindungsmuster, bei dem ein Kind eine qualitativ hochwertige, relativ eindeutige Beziehung zu seiner Bindungsperson hat. In der Fremden Situation weint ein sicher gebundenes Kind vielleicht, wenn die Bezugsperson weggeht, freut sich aber, wenn sie zurückkehrt, und erholt sich schnell von seinem Unbehagen. Wenn Kinder sicher gebunden sind, können sie ihre Bezugsperson als sichere Basis für die Erkundung ihrer Umwelt nutzen.

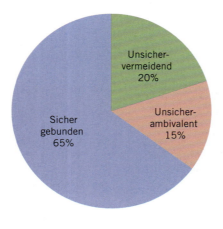

Abbildung 11.1: Anteile amerikanischer Mittelschicht-Kinder in sicheren und unsicheren Bindungen. Ungefähr zwei Drittel der amerikanischen Mittelschicht-Kinder sind sicher gebunden. Zusätzlich zu den abgebildeten unsicher gebundenen Kindern werden weniger als 5 Prozent der Kinder neuerdings als desorganisiert klassifiziert – zuvor wurden diese als unsicher-vermeidend oder unsicher-ambivalent klassifiziert oder konnten keiner Kategorie zugeordnet werden (nach Thompson, 1998.)

Im Fremde-Situation-Test erkundet dieses sicher gebundene Kind seine Umgebung, solange die Mutter im Zimmer ist. Es weint und hört auf zu spielen, wenn die Mutter den Raum verlässt, und lässt sich schnell beruhigen, wenn sie zurückkommt.

Fall beruhigt sie die Anwesenheit von Mutter beziehungsweise Vater und ermöglicht ihnen häufig, den Raum erneut zu erkunden. Ungefähr 65 Prozent der Mittelschicht-Kinder in den USA gehören zu dieser Kategorie (siehe Abbildung 11.1); bei Kindern aus sozio-ökonomisch schwächeren Gruppen ist dieser Anteil signifikant geringer (Thompson, 1998).

Die anderen beiden Bindungskategorien, die Ainsworth ursprünglich identifizierte, betreffen Kinder, die als **unsicher gebunden** eingeschätzt werden. Unsicher gebundene Kinder haben weniger positive Bindungen zu ihren Bezugspersonen als sicher gebundene Kinder. Ein Typ der unsicher gebundenen Kinder wird als **unsicher-ambivalent** klassifiziert. Diese Kinder klammern in der Fremden Situation oft von Beginn an und bleiben nahe bei ihrem Elternteil, statt sich die Spielzeuge anzusehen. Wenn die Bezugsperson den Raum verlässt, sind sie im Allgemeinen sehr aufgeregt und weinen oft heftig. Beim Wiedersehen stellt das Kind typischerweise erneut Kontakt zur Mutter beziehungsweise zum Vater her, nur um sich dann gegen die tröstenden Bemühungen des Elternteils zu wehren. Zum Beispiel eilt das Kind heulend und mit ausgestreckten Armen auf die Bezugsperson zu und signalisiert damit, dass es hochgenommen werden will, und sobald es auf den Arm genommen wurde,

Unsichere Bindung – ein Bindungsmuster, bei dem Kinder eine weniger positive Bindung zu ihrer Bezugsperson haben als sicher gebundene Kinder. Unsicher gebundene Kinder können eingeteilt werden in unsicher-ambivalent, unsicher-vermeidend oder desorganisiert.

Unsicher-ambivalente Bindung – ein Typ unsicherer Bindung, bei dem Säuglinge oder kleine Kinder klammern und nahe bei der Bezugsperson bleiben, statt ihre Umwelt zu erkunden. In der Fremden Situation werden unsicher-ambivalent gebundene Kinder häufig ängstlich, wenn die Bezugsperson sie allein im Raum lässt, und können von Fremden nicht leicht beruhigt werden. Wenn die Bezugsperson zurückkehrt, lassen sie sich nur schwer beruhigen; einerseits suchen sie Trost, andererseits widersetzen sie sich den Bemühungen, sie zu trösten.

sperrt es sich oder beginnt, sich aus ihrer Umarmung zu winden. Ungefähr 15 Prozent der typischen amerikanischen Mittelschicht-Kinder fallen in diese Klasse der unsicher-ambivalent gebundenen Kinder.

Der andere Typ von unsicher gebundenen Kindern, den Ainsworth beschreibt, wird als **unsicher-vermeidend** klassifiziert. Unsicher-vermeidend gebundene Kinder neigen dazu, ihre Eltern in der Fremden Situation zu meiden. Zum Beispiel begrüßen sie ihre Bezugsperson beim Wiedersehen nicht einmal und ignorieren sie oder drehen sich weg, während sie im Raum ist. Ungefähr 20 Prozent der typischen Mittelschicht-Kinder fallen in die Kategorie der unsicher-vermeidend gebundenen Kinder (Thompson, 1998).

Im Anschluss an Ainsworths ursprüngliche Forschungsarbeiten fanden Bindungsforscher heraus, dass sich die Reaktionen eines kleinen Anteils der Kinder in der Fremden Situation in keine der drei Kategorien von Ainsworth gut einfügten. Um diesen Reaktionen gerecht zu werden, entwickelten sie eine vierte Kategorie – die **desorganisierte-desorientierte Bindung** (Main & Solomon, 1990). Kinder dieser Kategorie scheinen keine konsistente Stressbewältigungsstrategie in der Fremden Situation zu besitzen. Ihr Verhalten ist oft konfus oder sogar widersprüchlich. Sie zeigen zum Beispiel ängstliches Lächeln und schauen weg, wenn sie sich ihrer Bezugsperson nähern, oder sie scheinen sehr ruhig und zufrieden zu sein und zeigen dann plötzlich wütende Erregung. Sie wirken häufig benommen oder desorientiert und erstarren in ihren Bewegungen oder zeigen ungerichtete und unvollständige Bewegungen. Diese Kinder scheinen ein unlösbares Problem zu haben – sie wollen sich dem Elternteil nähern, aber sie scheinen ihn auch als Quelle von Angst zu sehen, von der sie sich zurückziehen wollen (Main & Hesse, 1990). Weniger als fünf Prozent der amerikanischen Mittelschicht-Kinder fallen in diese Kategorie. Dieser Prozentsatz könnte jedoch in Bevölkerungsausschnitten, in denen die Eltern große Schwierigkeiten mit ihrem eigenen Arbeitsmodell von Bindung haben, beträchtlich höher ausfallen (van IJzendoorn, 1995; siehe Kasten 11.1).

Die Interpretation der unterschiedlichen Bindungsmuster im Hinblick auf ihre Angemessenheit wird durch Befunde aus psycho-biologischen Studien unterstützt. So konnten bei Kindern mit unsicherer Bindungsqualität beziehungsweise mit desorganisierter Bindung – im Gegensatz zu Kindern mit einer sicheren Bindung – in bindungsrelevanten Situationen wiederholt Cortisolreaktionen festgestellt werden (zum Beispiel Spangler & Grossmann, 1993; Hertsgaard et al., 1995; Spangler & Schieche, 1998), die auf eine physiologische Belastung hindeuten. Diese Befunde belegen, dass diesen Kindern die emotionale Regulation auf der Verhaltensebene nur eingeschränkt gelingt. Die Regulationsfunktion einer sicheren Bindungsstrategie kommt dabei insbesondere bei Kindern mit ungünstigen Temperamentsdispositionen zum Ausdruck (Nachmias et al., 1996; Spangler & Schieche, 1998). Eine sichere Bindung befähigt Kinder also zu einer autonomen Organisation ihrer Bindungs-Explorations-Balance, die durch individuelle (temperamentsabhängige) Regulationsdispositionen nicht eingeschränkt wird (Schieche & Spangler, im Druck).

Unsicher-vermeidende Bindung – ein Typ unsicherer Bindung, bei dem Säuglinge oder kleine Kinder gleichgültig gegenüber ihrer Bezugsperson erscheinen und diese gegebenenfalls sogar meiden. In der Fremden Situation erscheinen sie der Bezugsperson gegenüber gleichgültig, bevor diese den Raum verlässt, und gleichgültig oder vermeidend, wenn sie zurückkehrt. Wenn sie weinen, nachdem die Bezugsperson sie allein gelassen hat, können sie von einem Fremden ebenso leicht beruhigt werden wie von der Mutter oder dem Vater.

Desorganisiert-desorientierte Bindung – ein Typ unsicherer Bindung, bei dem die Kinder in der Fremden Situation keine konsistente Stressbewältigungsstrategie zeigen. Ihr Verhalten ist oft konfus oder sogar widersprüchlich, und sie erscheinen oft benommen oder desorientiert.

Individuelle Unterschiede
Kasten 11.1

Bindungsstatus der Eltern

Den Bindungstheoretikern zufolge besitzen Eltern „Arbeitsmodelle" von Bindungsbeziehungen, die ihre Handlungen gegenüber ihren Kindern leiten und dadurch die Bindungssicherheit der Kinder beeinflussen. Diese **Bindungsmodelle bei Erwachsenen** basieren auf den Wahrnehmungen der Erwachsenen hinsichtlich ihrer eigenen Beziehungen zu ihren Eltern in der Kindheit und der anhaltenden Einflüsse dieser Beziehungen (Main, Kaplan & Cassidy, 1985).

Die elterlichen Bindungsmodelle der Eltern werden im Allgemeinen mit dem *Adult Attachment Interview* (AAI) gemessen, das von Mary Main, Carol George und ihren Kollegen entwickelt wurde. In diesem Interview sollen die Erwachsenen ihre frühen Kindheitsbindungen besprechen und aus ihrer heutigen Perspektive bewerten (Hesse, 1999). Zum Beispiel sollen sie ihre Beziehung zu jedem Elternteil während der Kindheit beschreiben: was ihre Eltern für sie taten, wenn sie verletzt oder ängstlich waren, ob sie sich an Trennungen von ihren Eltern erinnern, ob sie sich jemals von ihren Eltern zurückgewiesen fühlten und wie ihre erwachsene Persönlichkeit durch diese Erfahrungen geformt wurde. Mit Hilfe dieser Beschreibungen werden die Erwachsenen vier Bindungsgruppen zugeordnet – autonome oder sichere, abweisende, verstrickte und ungelöst-desorientierte Erwachsene.

Erwachsene, die als *autonom* oder *sicher* eingeschätzt wurden, sind jene, deren Beschreibungen kohärent, konsistent und hinsichtlich der Fragen relevant waren. Allgemein beschreiben autonome Erwachsene ihre Vergangenheit in einer ausgeglichenen Weise und erinnern sowohl positive als auch negative Eigenschaften ihrer Eltern und ihrer Beziehungen zu ihnen. Sie berichten auch, dass ihre frühen Bindungen ihre Entwicklung beeinflusst hätten. Autonome Erwachsene sprechen über ihre Vergangenheit in einer konsistenten und kohärenten Weise, auch wenn sie keine unterstützenden Eltern hatten.

Erwachsene der drei anderen Kategorien werden in ihrem Bindungsstatus als unsicher eingeschätzt. *Abweisende* Erwachsene bestehen häufig darauf, dass sie sich nicht an Interaktionen mit ihren Eltern, die sich auf die Bindung beziehen, erinnern können, oder sie spielen den Einfluss dieser Erfahrungen herunter. Sie können auch sich selbst widersprechen, wenn sie ihre Bindungserfahrungen beschreiben, und scheinen sich der Widersprüchlichkeiten nicht bewusst zu sein. Sie können zum Beispiel ihre Mutter in leuchtenden Farben schildern und später davon erzählen, wie sie jedes Mal wütend wurde, wenn sich ihr Kind weh getan hat (Hesse, 1999). *Verstrickte* Erwachsene sind intensiv auf ihre Eltern konzentriert und neigen dazu, eine Reihe von verwirrenden und wutgeladenen Bindungserfahrungen zu liefern. Eine prototypische Antwort ist: „Ich wurde so wütend [auf meine Mutter], dass ich die Suppenschüssel nahm und sie nach ihr warf." (Hesse, 1999, S. 403). Verstrickte Erwachsene scheinen oft derart in ihren Bindungserinnerungen gefangen zu sein, dass ihnen keine zusammenhängende Beschreibung möglich ist. *Ungelöst-desorganisierte* Erwachsene scheinen unter den Folgen posttraumatischer Erfahrungen von Verlust oder Missbrauch zu leiden. Ihre Kindheitsbeschreibungen weisen auffällige Fehler in der Argumentation auf und ergeben keinen Sinn. Beispielsweise könnte ein ungelöst-desorganisierter Erwachsener angeben, dass er glaube, ein toter Elternteil sei noch am Leben oder sei an den negativen Gedanken gestorben, welche die befragte Person über diesen Elternteil hegte (Hesse, 1999).

Bindungsmodelle bei Erwachsenen – Arbeitsmodelle von Bindung im Erwachsenenalter, von denen man annimmt, dass sie auf den Wahrnehmungen der eigenen Kindheitserfahrungen – besonders der Beziehungen zu den Eltern – sowie auf der Wahrnehmung des Einflusses dieser Erfahrungen auf das Erwachsenenalter basieren. Die vier wichtigen Bindungskategorien im Erwachsenenalter sind autonome oder sichere, abweisende, verstrickte und ungelöst-desorganisierte Erwachsene.

| Kasten 11.1 | Individuelle Unterschiede |

Die Klassifikation der Eltern als autonom, abweisend oder verstrickt sagt sowohl ihr Einfühlungsvermögen gegenüber ihren eigenen Kindern als auch die Bindung ihrer Kinder an sie vorher. Autonome (sichere) Eltern sind in der Regel sensible und warmherzige Eltern, und ihre Kinder sind für gewöhnlich sicher gebunden (Magai, Hunziker, Mesias & Culver, 2000; Steele, Steele & Fonagy, 1996; van IJzendoorn, 1995). Entsprechend haben verstrickte und abweisende Eltern eher unsicher gebundene Kinder, wobei dieser Zusammenhang bei verstrickten Eltern nicht so stark ist (siehe Abbildung). Dieses allgemeine Befundmuster wurde in Untersuchungen an mehreren unterschiedlichen westlichen Kulturen bestätigt (Hesse, 1999). Darüber hinaus hingen die Bindungswerte der Mütter nicht nur mit denen ihrer Kinder zusammen, sondern auch mit den Werten ihrer eigenen Mütter im AAI (Benoit & Parker, 1994).

Obwohl es einen deutlichen Zusammenhang zwischen elterlichen Bindungsmodellen und der Bindungssicherheit ihrer Kinder gibt, ist der Grund für diesen Zusammenhang nicht klar. Es besteht kaum Zweifel daran, dass autonome Eltern sensibler auf ihre Kinder eingehen und dass dies zur sicheren Bindung ihrer Kinder beiträgt (Pederson, Gleason, Moran & Bento, 1998). Und es kann durchaus so sein, dass autonome Erwachsene, die in der Regel selbst im Säuglings- oder Kindesalter sicher gebunden waren (Hamilton, 2000; Waters, Merrick, Treboux, Crowell & Albersheim, 2000), aufgrund ihrer eigenen frühen Erfahrungen mit sensiblen Eltern nun selbst einfühlsame Eltern sind. Allerdings ist nicht klar, wofür die Antworten der Erwachsenen im AAI tatsächlich stehen. Obwohl Bindungstheoretiker behaupten, dass Inhalt und Kohärenz der verbalen Darlegungen von Erwachsenen über ihre frühen Kindheitserfahrungen die Effekte dieser Erfahrungen widerspiegeln, gibt es keine Belege, mit denen sich diese Theorie bestätigen oder widerlegen ließe (Fox, 1995; Thompson, 1998). Statt die eigenen Kindheitserfahrungen zu reflektieren, könnten die Ausführungen der Erwachsenen nämlich auch ihre persönlichen Theorien über Entwicklung und Kindererziehung zum Ausdruck bringen oder die Güte ihrer aktuellen psychischen Funktionen oder ihre Persönlichkeit; all diese Faktoren können ihr Erziehungsverhalten beeinflussen. Aus welchem Grund auch immer legt der Zusammenhang zwischen den elterlichen Bindungsmodellen und der Bindung ihrer Kinder nahe, dass die Ansichten der Eltern über Erziehung und Beziehungen einen großen Einfluss auf die Bindung zwischen ihnen und ihren Kindern haben (Thompson, 1998).

Eine entscheidende Frage ist natürlich, ob zwischen dem Verhalten der Kinder in der Fremden Situation und ihrem Verhalten zu Hause eine Ähnlichkeit besteht. Die Antwort ist positiv (Solomon & George, 1999). Im Vergleich zu unsicher gebundenen Kindern zeigen zwölf Monate alte sicher gebundene Kinder zum Beispiel mehr Freude an Körperkontakt und weniger aufgeregtes oder schwieriges Verhalten, und sie können ihre Eltern besser als sichere Basis nutzen, um zu Hause auf Entdeckungsreise zu gehen (Pederson & Moran, 1996). Somit können sie eher etwas über ihre Umgebung lernen und dies auch genießen. Wie wir gleich sehen werden, korrelieren die Bindungsmaße, die aus der Fremden Situation abgeleitet werden, auch mit späteren Verhaltensmustern.

Kasten 11.1

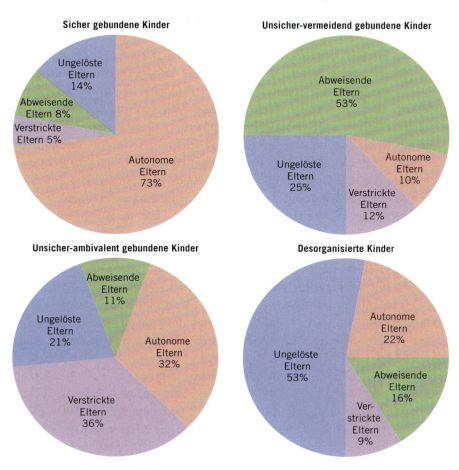

Eltern mit sicheren Bindungen als Erwachsene haben in der Regel sicher gebundene Kinder (nach van IJzendoorn, 1995).

Kulturelle Unterschiede bei der Bindung

Da man annimmt, dass Säuglinge eine biologische Prädisposition besitzen, Bindungen zu ihren primären Bezugspersonen aufzubauen, könnte man erwarten, dass das Bindungsverhalten in verschiedenen Kulturen ähnlich ist. Tatsächlich ist das Verhalten von Säuglingen in der Fremden Situation über zahlreiche Kulturen hinweg im Großen und Ganzen vergleichbar, sei es in China, Westeuropa oder verschiedenen Teilen Afrikas. In all diesen Kulturen gibt es sicher, unsicher-ambivalent und unsicher-vermeidend gebundene Kinder (van IJzendoorn & Sagi, 1999). Verhältnismäßig wenig weiß man über desorganisiert-desorientierte Babys in anderen Kulturen, da diese selten untersucht wurden und relativ untypisch zu sein scheinen.

Einige interessante und wichtige kulturelle Verhaltensunterschiede in der Fremden Situation wurden jedoch registriert (van IJzendoorn & Kroonenberg, 1988; Zevalkink, Riksen-Walraven & Van Lieshout, 1999). Beispielsweise wiesen japanische Kleinkinder in einer Studie in der Fremden Situation zwar ungefähr den gleichen Anteil an sicheren Bindungen auf wie US-amerikanische Mittelschicht-Kinder (etwa 68 Prozent), aber es gab einen bemerkenswerten Unterschied in der Art, wie sie unsichere Bindung zeigten. Alle unsicher gebundenen japanischen Kinder wurden als unsicher-ambivalent klassifiziert; keines zeigte das Verhalten unsicher-vermeidender Bindung (Takahashi, 1986). Dieser Unterschied könnte darauf zurückgeführt werden, dass die japanische Kultur der Vorstellung einer Einheit von Mutter und Kind großen Wert beimisst und dass die Erziehungsmethoden in Japan im Vergleich zu denen in den USA nicht nur größere Nähe und körperliche Intimität zwischen Mutter und Kind fördern, sondern auch die Abhängigkeit der Kinder von ihren Müttern (Rothbaum, Pott, Azuma, Miyake & Weisz, 2000). So könnten die japanischen Kinder in der Fremden Situation mehr Körperkontakt und Rückversicherung wünschen als US-amerikanische Kinder und daher eher Wut und Widerstand gegenüber ihrer Mutter zeigen, nachdem ihnen der Kontakt mit ihr verwehrt wurde (Mizuta, Zahn-Waxler, Cole & Hiruma, 1996). Die japanische Betonung von Abhängigkeit und Nähe zwischen Kind und Mutter könnte auch die Tatsache erklären, dass japanische Kinder in der Fremden Situation weniger Explorationsverhalten zeigen (Rothbaum et al., 2000).

Erziehungsmethoden scheinen auch einen faszinierenden kulturellen Unterschied zwischen israelischen Kindern zu erklären, die eine Tagesbetreuung haben und zu Hause schlafen, und solchen, die in einem Kibbuz aufwachsen – einer kommunalen Einrichtung, in der Kinder von verschiedenen Familien zusammen aufwachsen und manchmal gemeinsam in einem Schlafsaal schlafen. Obwohl die Kinder, die in einem Kibbuz mit gemeinsamen Schlafeinrichtungen aufwachsen, täglich mit ihren Eltern Kontakt haben, sind sie etwas seltener sicher gebunden und zeigen eher unsicher-ambivalentes Verhalten als israelische Kinder in einer Tagesbetreuung oder selbst als Kibbuz-Kinder, die nur bei ihren eigenen Familien schlafen. Dies könnte daran liegen, dass Kinder, die von ihren Eltern getrennt schlafen, von den Nachtwachen weniger konsistente und sensible Fürsorge erhalten als Kinder, die nachts zu Hause bei ihren Eltern sind (van IJzendoorn & Kroonenberg, 1988; van IJzendoorn & Sagi, 1999).

Man darf aber nicht vergessen, dass die Art und Weise, wie kleine Kinder in der Fremden Situation auf Trennungen von ihren Bezugspersonen und das anschließende Wiedersehen reagieren, auch durch ihre früheren Erfahrungen mit unvertrauten Situationen und Menschen beeinflusst sein kann. Kinder, die in einer Tagesstätte sind, neigen zum Beispiel dazu, in der Fremden Situation weniger negativ zu reagieren und weniger Trost zu suchen als Kinder, die

Das Ausmaß, in dem Kinder zur Unabhängigkeit ermutigt werden, unterscheidet sich von Kultur zu Kultur und kann sich darauf auswirken, ob Kinder als unsicher-ambivalent oder sicher gebunden klassifiziert werden.

jeden Tag mit der gleichen Betreuungsperson zu Hause sind. Ein Teil des Unterschieds in der Reaktion von japanischen und US-amerikanischen Kindern in der Fremden Situation kann somit auf die Tatsache zurückgeführt werden, dass nur sehr wenige Kinder in Japan in einer Tagesbetreuung untergebracht sind. Folglich können Gruppenunterschiede im Verhalten der Kinder in der Fremden Situation nicht nur echte Unterschiede in der Sicherheit ihrer Bindungen widerspiegeln, sondern auch Unterschiede hinsichtlich ihrer täglichen Erfahrungen.

Einflussfaktoren auf die kindliche Bindungssicherheit

Eine offensichtliche Frage bei dem Versuch, Unterschiede bei den Bindungsmustern zu erklären, besteht darin, ob sich die Eltern von sicher und unsicher gebundenen Kindern in der Art der Interaktion mit ihren Kindern unterscheiden. Es gibt Hinweise darauf, dass dies der Fall ist und dass die Unterschiede in den Interaktionen mit ihren Kindern in aller Regel mit Unterschieden in der Bindungsqualität der kleinen Kinder zusammenhängen. Obwohl man viel weniger über Vater-Kind-Interaktionen als über Mutter-Kind-Interaktionen weiß, scheint dies für Väter und Mütter gleichermaßen zu gelten.

Das Einfühlungsvermögen der Eltern

Bindungstheoretiker haben behauptet, dass das **Einfühlungsvermögen der Eltern** bei der Erziehung des Kindes der entscheidende elterliche Faktor ist, der zur Entwicklung einer sicheren Bindung beiträgt (Ainsworth, Blehar, Waters & Wall, 1978). Ein wichtiger Aspekt des Einfühlungsvermögens der Eltern ist die mitfühlende Fürsorge, wenn die Kinder beängstigt oder aufgeregt sind. Die Mütter von sicher gebundenen einjährigen Kindern können die Signale ihrer Kinder im Allgemeinen präzise lesen und reagieren schnell auf die Bedürfnisse eines weinenden Babys, so wie sie gern und glücklich zurücklächeln, wenn das Baby lächelt. Positiver Austausch zwischen Mutter und Kind – so wie Lächeln und Lachen, abwechselnd produzierte Laute oder koordiniertes Spielen – kann ein besonders wichtiger Aspekt einfühlsamer Erziehung sein, der sichere Bindungen begünstigt (De Wolff & van IJzendoorn, 1997).

Im Gegensatz dazu erwiesen sich Mütter von ängstlich-ambivalent gebundenen Kindern bei ihrer frühen Kindesfürsorge als unbeständig; mal reagieren sie prompt auf das Weinen ihrer Kinder, manchmal gar nicht. Diese Mütter scheinen oft selbst hoch ängstlich und von ihren Gefühlen überwältigt zu sein. Die Mütter von ängstlich-vermeidend gebundenen Kindern sind häufig gleichgültig und emotional unzugänglich; manchmal weisen sie den Wunsch ihrer Babys nach körperlicher Nähe zurück (Isabella, 1993). Desorganisierte Kinder erscheinen durch das Verhalten ihrer Mütter oft verwirrt oder verängs-

Einfühlungsvermögen der Eltern – ein wichtiger Faktor, der zur Sicherheit der kindlichen Bindung beiträgt. Das Einfühlungsvermögen der Eltern kann auf verschiedene Weise gezeigt werden, zum Beispiel durch aufmerksame Fürsorge, wenn Kinder beängstigt oder aufgeregt sind, oder durch Hilfestellungen in Lernsituationen, indem sie gerade genug, aber nicht zu viel Anleitung und Überwachung bieten.

Die Mütter sicher gebundener Kinder reagieren in der Regel warm auf ihre Kinder und achten auf ihre Bedürfnisse.

tigt, vermutlich weil diese Bindungskategorie häufig mit elterlichen Misshandlungen in der Vergangenheit einhergeht (Carlson, 1998; Cicchetti & Toth, 1998).

Das mütterliche Einfühlungsvermögen wurde mit der Qualität der kindlichen Bindung in mehreren Untersuchungen und in zahlreichen kulturellen Gruppen in Verbindung gebracht. In diesen Untersuchungen zeigen nur 38 Prozent der Kleinkinder, deren Mütter wenig einfühlsam sind, eine sichere Bindung, was deutlich unter dem typischen Anteil von 68 Prozent bei US-amerikanischen Mittelschicht-Kindern liegt (Posada et al., 1999; van IJzendoorn & Sagi, 1999; Valenzuela, 1997). Ein ähnlicher, aber etwas schwächerer Zusammenhang ergab sich zwischen dem Einfühlungsvermögen der Väter und der Bindungssicherheit ihrer Kinder (van IJzendoorn & De Wolff, 1997).

In allen oben beschriebenen Arbeiten untersuchten die Forscher die Korrelationen zwischen dem elterlichem Einfühlungsvermögen und dem Bindungsstatus der Kinder. Deshalb kann man anhand dieser Studien nicht entscheiden, ob das elterliche Einfühlungsvermögen tatsächlich für die Bindungssicherheit ihrer Kinder verantwortlich ist; beide könnten auch durch einen anderen Faktor verbunden sein, beispielsweise durch das Temperament des Kindes (siehe nächsten Abschnitt), das sich sowohl auf das Einfühlungsvermögen der Eltern als auch auf die Bindungssicherheit des Kindes ausgewirkt hat. Belege dafür, dass das elterliche Einfühlungsvermögen in der Tat einen kausalen Effekt auf die Bindung der Kinder hat, ergaben sich jedoch aus kurzzeitigen experimentellen Interventionen, mit denen das Einfühlungsvermögen bei der mütterlichen Fürsorge erhöht wurde. Diese (in Kasten 11.2 dargestellten) Interventionsmaßnahmen erhöhten nicht nur das Einfühlungsvermögen der Mütter für ihre Kinder, sondern auch die Sicherheit der kindlichen Bindung (Bakermans-Kranenburg, van IJzendoorn & Juffer, im Druck; van IJzendoorn, Juffer & Duyvesteyn, 1995).

Das Temperament des Kindes

Wie in Kapitel 10 dargestellt, sind manche Kinder warmherzig, freundlich und responsiv gegenüber Erwachsenen, während andere eher gereizt, widerspenstig oder schwer zu trösten sind. Von derartigen Temperamentsunterschieden könnte man erwarten, dass sie sowohl das Verhalten der Eltern gegenüber ihren Kindern als auch die Sicherheit der kindlichen Bindung beeinflussen. Bei einem schwierigen Kind beispielsweise können die Eltern mit der Zeit frustriert und in ihrer Fürsorge weniger sensibel werden. In ähnlicher Weise rufen Kinder, deren Fähigkeiten oder Reaktionen auf Erwachsene ungewöhnlich problematisch sind, wahrscheinlich auch mehr negative Reaktionen bei ihren Eltern hervor und sind im Vergleich zu anderen Kindern

Anwendungen
Kasten 11.2

Interventionen und Bindung

Um bestimmen zu können, ob das elterliche Einfühlungsvermögen *kausal* mit den Unterschieden in der Bindungssicherheit zusammenhängt, haben Forscher spezielle Interventionsstudien geplant. In diesen Studien werden die Eltern in einer Experimentalgruppe zunächst trainiert, sich bei der Erziehung sensibler zu verhalten. Später wird der Bindungsstatus ihrer Kinder mit dem anderer Kinder verglichen, deren Eltern als Mitglieder der Kontrollgruppe kein Training erhalten hatten (van IJzendoorn, Juffer & Duyvesteyn, 1995).

Eine solche Interventionsstudie wurde in den Niederlanden von Daphna van den Boom (1994) durchgeführt. Für diese Studie wurden Kleinkinder ausgewählt, die kurz nach ihrer Geburt als reizbar eingeschätzt wurden; bei reizbaren Säuglingen besteht nämlich das Risiko unsicherer Bindungen. Als diese Kinder ungefähr sechs Monate alt waren, wurde die Hälfte ihrer Mütter zufällig für die drei Monate dauernde experimentelle Maßnahme ausgewählt. Den Müttern dieser Gruppe wurde beigebracht, auf die Signale ihrer Kinder einzugehen und so darauf zu reagieren, wie es einem positiven Austausch zwischen Mutter und Kind förderlich ist.

Am Ende der Intervention waren die Mütter der Experimentalgruppe aufmerksamer, gingen stärker auf ihre Kinder ein und stimulierten sie häufiger als die Mütter, die kein Interventionstraining erhalten hatten. Im Gegenzug waren ihre Kinder geselliger, erforschten ihre Umwelt stärker, waren besser in der Lage, sich von selbst zu beruhigen, und weinten weniger als die Kinder, deren Mütter nicht an der Intervention teilgenommen hatten. Von besonderer Bedeutung ist, dass der Anteil sicherer Bindungen bei den Kindern, deren Mütter der Interventionsgruppe angehörten, deutlich höher war als bei den Kindern von Kontrollgruppen-Müttern – 62 Prozent im Vergleich zu 22 Prozent.

In einer Längsschnitt-Nachuntersuchung wurden die Kinder und Mütter erneut beurteilt, als die Kinder 18 Monate, 24 Monate und 3½ Jahre alt waren. Im Alter von 18 Monaten waren 72 Prozent der Kinder der Interventionsgruppe sicher gebunden, verglichen mit 26 Prozent der Kontrollgruppen-Kinder. Als ihre Kinder 24 Monate alt waren, waren die Mütter der Interventionsgruppe wie schon zuvor akzeptierender, zugänglicher, kooperativer und sensibler im Umgang mit ihren Kindern als die Mütter der Kontrollgruppe, und ihre Kinder waren kooperativer. Ähnliche Ergebnisse fanden sich, als die Kinder 3½ Jahre alt waren. Einige, aber nicht alle Effekte schienen darauf zurückzugehen, dass die Intervention die Qualität der Mutter-Kind-Bindung im Alter von ein oder zwei Jahren beeinflusst hat. Dies wiederum beeinflusste die Qualität des mütterlichen Verhaltens gegenüber ihren Kindern auch noch mehr als sechs Monate später (van den Boom, 1995). Auf der Grundlage der Befunde aus experimentellen Untersuchungen wie dieser scheint deutlich geworden zu sein, dass das elterliche Einfühlungsvermögen zur Bindungssicherheit der Kinder beiträgt.

---

häufiger unsicher gebunden (Mangelsdorf et al., 1996; Vaughn et al., 1994). Dennoch legen zahlreiche Untersuchungen die Annahme nahe, dass das Temperament für die Bindungssicherheit der Kinder eine vergleichsweise geringe Rolle spielt (Seifer, Schiller, Sameroff, Resnick & Riordan, 1996; Solomon & George, 1999).

Gibt es Langzeitwirkungen der Bindungssicherheit?

Der Grund, warum Entwicklungspsychologen sich so sehr für die Bindungssicherheit von Kindern interessieren, liegt darin, dass sicher gebundene Kinder ausgeglichener (psychisch stabiler) und sozial kompetenter aufwachsen als unsicher gebundene Kinder. Eine Erklärung hierfür könnte lauten, dass Kinder mit einer sicheren Bindung eher ein positives und konstruktives inneres Arbeitsmodell von Bindung entwickeln. (Man erinnere sich, dass das Arbeitsmodell von Bindung bei Kindern angenommenermaßen ihre Selbstwahrnehmung, ihre Erwartungen an andere Menschen und ihr soziales Verhalten formt.) Zusätzlich lernen Kinder, die eine sensible, unterstützende Erziehung erleben, wie sie mit einer sicheren Bindung einhergeht, in der Regel, dass es akzeptabel ist, Emotionen in angemessener Weise auszudrücken, und dass emotionale Kommunikation mit anderen wichtig ist (Cassidy, 1994; Sroufe, 1995). Hingegen lernen unsicher-vermeidend gebundene Kinder, deren Eltern auf ihre Signale von Unwohlsein häufig nicht reagieren, ihre emotionale Ausdrucksstärke einzuschränken und keinen Trost bei anderen Menschen zu suchen (Bridges & Grolnick, 1995).

In Übereinstimmung mit diesen Mustern scheinen Kinder, die als Säuglinge sicher gebunden waren, engere, harmonischere Beziehungen zu Gleichaltrigen zu haben als unsicher gebundene Kinder. Zum Beispiel sind sie mit zwei bis vier Jahren ausgeglichener, kontaktfreudiger und sozial kompetenter im Umgang mit Gleichaltrigen (Fagot, 1997; Troy & Sroufe, 1987; Vondra, Shaw, Swearingen, Cohen & Owens, 2001). Auch können sie die Emotionen anderer besser verstehen (Laible & Thompson, 1998; Steele, Steele, Croft & Fonagy, 1999), zeigen gegenüber Gleichaltrigen mehr Hilfeleistungen, Anteilnahme und die Bereitschaft zu teilen (Iannotti, Cummings, Pierrehumbert, Milano & Zahn-Waxler, 1992; Kestenbaum, Farber & Sroufe, 1989; van IJzendoorn, 1997) und sind weniger aggressiv und antisozial (DeMulder, Denham, Schmidt & Mitchell, 2000; Lyons-Ruth, Easterbrooks & Cibelli, 1997). Kinder, die in ihrer frühen Kindheit sicher gebunden waren, haben häufig mehr und qualitativ höhere enge Freundschaften und sind etwas kontaktfreudiger und beliebter, sogar noch in der mittleren Kindheit und im Jugendalter (Schneider, Atkinson & Tardif, 2001). Es gibt einige Belege dafür, dass sicher gebundene Kinder in der Schule bessere Noten erzielen als unsicher gebundene Kinder sowie aufmerksamer und stärker beteiligt sind (Jacobsen & Hofmann, 1997), auch wenn sich sicher und unsicher gebundene Kinder nicht im Hinblick auf ihre Intelligenz unterscheiden (Thompson, 1998).

Eindeutig hängt die Bindungssicherheit von Kindern jedoch mit ihren späteren psychischen, sozialen und kognitiven Fertigkeiten zusammen. Doch sind sich die Experten über die Bedeu-

Sicher gebundene Säuglinge verhalten sich als Kleinkinder mit höherer Wahrscheinlichkeit prosozial als unsicher gebundene Säuglinge; beispielsweise versuchen sie, ein anderes, trauriges Kind zu trösten.

tung dieser Beziehung nicht einig. Während man durchaus anerkennt, dass Entwicklung immer ein Produkt der gegenwärtigen Umstände des Kindes *und* seiner Entwicklungsgeschichte ist, glauben manche Theoretiker, dass die Bindungssicherheit in den frühen Jahren wichtige Effekte auf die spätere Entwicklung hat (Bowlby, 1973; Sroufe, Egeland & Kreutzer, 1990). Andere glauben, dass die Bindungssicherheit in den frühen Jahren die spätere Entwicklung *nur* so weit vorhersagt, wie sich die Umwelt des Kindes – einschließlich der Qualität der Eltern-Kind-Interaktionen – nicht verändert (Lamb, Thompson, Gardner & Charnov, 1985). Nach dieser Ansicht sagt die frühe Bindungssicherheit die kindliche Entwicklung im höheren Alter deshalb vorher, weil „gute" Eltern gute Eltern und „schlechte" Eltern schlechte Eltern bleiben. Wenn sich die Eltern-Kind-Beziehung und die familiären Umstände aufgrund von Scheidung, finanziellem Stress oder anderen Faktoren (zu denen auch positive Faktoren gehören können) verändern, werden sich die Bindung und Entwicklung des Kindes wahrscheinlich auch verändern.

Empirische Befunde unterstützen beide Perspektiven in gewissem Maße. Eine Untersuchung berichtete, dass Kinder mit einer sicheren Bindung und einer guten Anpassung im Säuglings- und Krabbelalter auch dann, wenn sie im Kindergartenalter keine besonders guten psychischen Qualitäten zeigten, im mittleren Kindesalter sozial und emotional kompetenter waren als ihre Altersgenossen, die als Baby unsicher gebunden waren (Sroufe et al., 1990). Dies spricht dafür, dass die frühe Bindung eines Kindes einige lang anhaltende Wirkungen hat. Es gibt jedoch auch Belege dafür, dass sich die Bindungssicherheit der Kinder verändert, wenn sich ihre Umwelt verändert – zum Beispiel bei Belastungen und Konflikten in der Familie (Frosch, Mangelsdorf & McHale, 2000; Lewis, Feiring & Rosenthal, 2000) –, und dass die Eltern-Kind-Interaktionen oder das Erziehungsverhalten in einem bestimmten Alter die soziale und emotionale Kompetenz des Kindes in diesem Alter besser vorhersagen als Bindungsmaße aus früheren Jahren (Thompson, 1998; Youngblade & Belsky, 1992). Daher lässt sich die Entwicklung der Kinder wahrscheinlich besser durch die Kombination aus ihrem frühen Bindungsstatus und der Qualität der anschließenden Erziehung vorhersagen als durch jeden der beiden Faktoren allein. Abschließend darf man nicht vergessen, dass die meisten Bindungsstudien korrelativer Natur sind, so dass sich kausale Zusammenhänge schwer ableiten lassen.

IN KÜRZE

Belege für die schlechte Entwicklung von Kleinkindern, denen liebevolle, beständige Beziehungen zu einem Erwachsenen vorenthalten wurden, bedingten ein starkes Interesse an den frühen Bindungen von Kleinkindern. John Bowlby nahm an, dass eine sichere Bindung den Kindern eine gute Basis für die Erkundung ihrer Umwelt bietet und ganz allgemein zu einem positiven inneren Arbeitsmodell von Beziehungen beiträgt. Nach der von Mary Ainsworth stimulierten Bindungsforschung können die Bindungsbeziehungen von Kindern mit ihren Bezugspersonen als sicher, unsicher-vermeidend, unsicher-ambivalent und desorganisiert-desorientiert klassifiziert werden. Die Kinder der ersten drei Kategorien sind sich kulturübergreifend ähnlich, wobei der Anteil der Kinder in den verschiedenen Bindungsgruppen zwischen Kulturen oder Subkulturen manchmal variiert.

Faktoren, welche die Bindungssicherheit beeinflussen, umfassen das Einfühlungsvermögen der Bezugspersonen und ihr Eingehen auf die Bedürfnisse des Kindes, den Bindungsstatus der Eltern und in geringerem Umfang das Temperament des Kindes. Die Bindungssicherheit der Kinder an ihre Bezugsperson sagt die Qualität ihrer Beziehungen zu Familienmitgliedern und Gleichaltrigen sowie ihre schulischen Fähigkeiten vorher; all diese Aspekte dürften Auswirkungen darauf haben, wie Kinder sich fühlen und einschätzen. Diese Zusammenhänge bestehen nicht nur deshalb, weil das Einfühlungsvermögens bei der Erziehung in den ersten Lebensjahren Langzeiteffekte hat, sondern auch, weil sensible Eltern für gewöhnlich weiterhin eine effektive Erziehung bieten, während weniger sensible Eltern mit ihren Kindern auch weiterhin in einer Weise interagieren, welche die optimale Entwicklung der Kinder schwächt.

Konzeptionen des Selbst

Wie bereits angemerkt, beeinflusst die Sicherheit der Bindungen von Kindern zu ihren Bezugspersonen ihre Gefühle über sich selbst, insbesondere was ihre Beziehungen zu anderen Menschen betrifft. Daher beeinflussen die Bindungserfahrungen in den ersten Lebensjahren das Selbstgefühl, das im Kleinkindalter entsteht. Die Entwicklung eines Selbstgefühls ist jedoch ein fortwährender, sehr komplexer Prozess, der viel mehr beinhaltet als nur die Vorstellungen vom Selbst.

Selbst – ein Konzeptsystem, das aus den Gedanken und Einstellungen über sich selbst besteht.

Wenn wir vom **Selbst** sprechen, beziehen wir uns auf ein Konzeptsystem, das aus den Gedanken und Einstellungen über sich selbst besteht. Zu der Vorstellung des Individuums von sich selbst können Gedanken über das eigene materielle Sein (Körper, Eigentum), soziale Merkmale (zum Beispiel Beziehungen, Persönlichkeit, soziale Rollen) und „spirituelle" oder innere Merkmale (zum Beispiel Gedanken und psychische Vorgänge) gehören. Sie können auch Annahmen darüber enthalten, wie sich das Selbst im Zeitverlauf verändert oder aber unverändert bleibt, Annahmen über die eigene Rolle bei der Gestaltung dieser Prozesse und sogar Reflexionen über die eigene Bewusstheit des Selbst (Damon & Hart, 1988). Die Entwicklung des Selbst ist wichtig, weil die Selbstkonzepte des Individuums, einschließlich seiner Selbstsicht und seines Selbstgefühls, alle Gefühle von Wohlbefinden und Kompetenz zu beeinflussen scheinen.

Die Entwicklung der Vorstellungen vom Selbst

Die Vorstellung der Kinder vom Selbst entsteht in den ersten Lebensjahren, besonders in Interaktionen mit anderen, für sie wichtigen Menschen, und entwickelt sich weiter bis ins Erwachsenenalter, wobei sie mit zunehmender emotionaler und kognitiver Entwicklung des Individuums komplexer wird.

Das Selbst im Kleinkindalter

Es gibt zwingende Belege dafür, dass Säuglinge schon in den ersten Lebensmonaten eine rudimentäre Vorstellung vom Selbst besitzen. Wie wir in Kapitel 5 gesehen haben, haben Säuglinge im Alter von zwei bis vier Monaten eine Vorstellung von ihrer Fähigkeit, Objekte außerhalb ihrer selbst zu kontrollieren. Dies wurde anhand ihrer enthusiastischen Reaktionen gezeigt, wenn sie die Bewegung eines Mobiles kontrollieren konnten, indem sie an einer an ihrem Arm befestigten Schnur zogen, und anhand ihrer Wut, wenn sie keine Kontrolle mehr besaßen (Lewis, Alessandri & Sullivan, 1990). Sie scheinen auch ein gewisses Verständnis von ihren eigenen Körperbewegungen zu haben. Zum Beispiel schauten drei bis fünf Monate alte Kinder, wenn sie Videobilder ihrer eigenen aktuellen Beinbewegungen sahen, länger hin und bewegten ihre Beine mehr, wenn das Video diese Beinbewegungen aus einer für sie ungewohnten Perspektive zeigte (spiegelverkehrt), als wenn die Liveaufnahme ihre eigenen Beinbewegungen aus der Perspektive zeigte, aus der sie sie ohnehin immer sahen (Rochat & Morgan, 1995). Vielleicht spiegelte die längere Blickzuwendung ihre Überraschung oder ihr Interesse daran wider, ihre Gliedmaßen vertauscht zu sehen (Rochat & Striano, 2002).

Die Vorstellung der Kleinkinder vom Selbst wird im Alter von ungefähr acht Monaten viel deutlicher erkennbar, wenn die Kinder auf die Trennung von ihrer Mutter mit Trennungsangst reagieren. Weitere Anzeichen dafür, dass Kinder andere Menschen als Wesen betrachten, die von ihnen selbst verschieden sind, zumindest was ihre Handlungen betrifft, werden im Alter von einem Jahr ersichtlich. Wie in Kapitel 4 dargelegt, beginnen Kinder um ihren ersten Geburtstag herum, mit anderen zusammen geteilte Aufmerksamkeit auf Objekte in ihrer Umgebung zu richten. Zum Beispiel folgen sie der Richtung des Zeigefingers mit den Augen, um das Objekt, auf das eine andere Person deutet, zu finden, und wenden sich dieser Person danach wieder zu, um sich zu vergewissern, dass sie tatsächlich auf das richtige Objekt blicken (Harter, 1998; Stern, 1985). Manchmal geben sie einen Gegenstand an einen Erwachsenen in der offenkundigen Absicht, ihn in ihre Aktivitäten einzubinden (West & Rheingold, 1978).

Die sich entwickelnde Erkenntnis des Selbst tritt im Alter von 18 bis 20 Monaten deutlicher hervor, wenn viele Kinder in einen Spiegel schauen können und erkennen, dass das Bild, das sie sehen, ihr eigenes ist (Asendorpf, Warkentin & Baudonniere, 1996; Lewis & Brooks-Gunn, 1979). In Untersu-

Das Kind erkennt, dass das Kind im Spiegel niemand anderes ist als es selbst.

chungen, welche diese Fähigkeit testen, wird dem Kind heimlich ein roter Punkt ins Gesicht geschminkt, und anschließend wird es vor einen Spiegel gestellt. Das Kind wird dann gefragt, wer die Person mit dem roten Punkt sei, oder es wird aufgefordert, den Punkt bei der Person im Spiegel wegzuwischen. Kinder unter 18 Monaten versuchen häufig, das Kind im Spiegel zu berühren, oder sie tun gar nichts. Im Alter von ungefähr 18 Monaten machen viele Kinder Bewegungen in Richtung auf den roten Punkt in ihrem eigenen Gesicht, so dass man annehmen kann, dass sie das Spiegelbild als Reflexion ihrer selbst erkennen.

Es gibt weitere Anhaltspunkte dafür, dass sich Kinder im Alter von zwei Jahren selbst erkennen. In einer Untersuchung wählten 63 Prozent der Kinder einer Gruppe von 20 bis 25 Monate alten Kindern das eigene Bild aus, wenn ihnen dieses zusammen mit den Bildern zweier gleichgeschlechtlicher und gleichaltriger Kinder gezeigt wurde. Mit ungefähr 30 Monaten wählten 97 Prozent der Kinder sofort ihr eigenes Photo (Bullock & Lutkenhaus, 1990).

Während des dritten Lebensjahres wird die Selbst-Bewusstheit der Kinder sehr deutlich. Wie wir in Kapitel 10 gesehen haben, zeigen Zweijährige Verlegenheit und Scham – Emotionen, an denen die Sorge darüber beteiligt ist, wie man von anderen gesehen wird (Lewis, 1995, 1998). Die Stärke der Selbst-Bewusstheit der Zweijährigen wird noch deutlicher in ihren berüchtigten Tendenzen zur Selbstbehauptung, wie sie für das so genannte Trotzalter kennzeichnend sind. Während dieser Zeit versuchen Kinder häufig, ihre Aktivitäten und Ziele unabhängig von den Eltern zu bestimmen, oftmals im direkten Gegensatz zu dem, was diese (und andere Erwachsene) von ihnen wollen (Bullock & Lutkenhaus, 1990). Sie sind häufig frustriert und wütend, wenn sie erkennen, dass sie nicht bekommen können, was sie wollen, und ihre Betreuer nicht kontrollieren können.

Die Selbst-Bewusstheit der Zweijährigen wird weiterhin im Gebrauch der Sprache deutlich und dadurch noch weiter verstärkt. Sie können beispielsweise Personalpronomina gebrauchen („ich", „mein") und sich selbst beim Namen nennen (zum Beispiel „Papa nimmt Julias Buch.") (Bates, 1990). Kleine Kinder können die Sprache auch verwenden, um ihre Erfahrungen und ihr Verhalten im Gedächtnis zu speichern, was ihnen einen Zugang zu Informationen über sich selbst und ihre Vergangenheit ermöglicht. Auf diese Weise können Kinder mit Hilfe der Sprache eine Erzählung ihrer eigenen „Lebensgeschichte" konstruieren und ein dauerhaftes Bild von sich selbst entwickeln (Harter, 1998).

Eltern tragen zu der Entwicklung des kindlichen Selbstbildes bei, indem sie beschreibende Informationen über das Kind liefern („Du bist ein großer Junge."), wertende Beschreibungen des Kindes abgeben („Du bist so schlau.") und Informationen über das Ausmaß, in dem das Kind Regeln und Normen beachtet hat, bereitstellen („Große Mädchen hauen ihre kleine Schwester nicht."). Eltern arbeiten auch an der kindlichen Konstruktion eines autobiographischen Gedächtnisses mit, indem sie die Kinder an ihre vergangenen Erlebnisse erinnern (Snow, 1990).

Das Selbst in der Kindheit

Mit dem Alter wird die Konzeption von sich selbst – die Merkmale, anhand derer sich ein Kind selbst definiert – zunehmend komplexer und umfassender. Dieses Entwicklungsmuster des Selbstverständnisses hat Susan Harter anschaulich illustriert; sie ist eine führende Forscherin, was die Entwicklung der kindlichen Selbstwahrnehmung betrifft. Durch die Kombination von Aussagen, die von einer großen Anzahl von Kindern aus zahlreichen empirischen Untersuchungen stammen, konstruierte Harter Beispiele typischer Selbstbeschreibungen für unterschiedliche Altersstufen. Das folgende Beispiel ist nach dem Muster zusammengesetzt, wie sich Drei- bis Vierjährige selbst beschreiben.

> Ich bin drei Jahre alt und ich wohne in einem großen Haus mit meiner Mutter und meinem Vater und meinem Bruder Jason und meiner Schwester Lisa. Ich habe blaue Augen und eine orangefarbene Katze und einen Fernseher in meinem Zimmer. Ich kenne das ganze ABC, hör' mal: A, B, C, D, E, F, G, H, J, L, K, O, M, P, Q, X, Z. Ich kann ganz schnell laufen. Ich mag Pizza und ich habe einen netten Lehrer in der Vorschule. Ich kann bis zehn zählen, willst du mal hören? Ich liebe meinen Hund Skipper. Ich kann die Kletterwand bis ganz nach oben klettern – ich habe keine Angst! Ich habe nie Angst! Ich bin immer fröhlich ... Ich bin richtig stark. Ich kann diesen Stuhl hochheben, schau her! (Harter, 1999, S. 37.)

Bei Selbstbeschreibungen beziehen sich jüngere Kinder oft auf das, was sie gern mögen oder besitzen, zum Beispiel ein Haustier.

Wie dieses zusammengestellte Beispiel zeigt, verstehen sich Kinder im Alter von drei bis vier Jahren anhand konkreter, beobachtbarer Eigenschaften, die sich auf körperliche Attribute („Ich habe blaue Augen"), körperliche Aktivitäten und Fähigkeiten („Ich kann ganz schnell laufen"), soziale Beziehungen („mein Bruder Jason und meine Schwester Lisa") und psychische Zustände („Ich bin immer fröhlich") beziehen (Damon & Hart, 1988; Harter, 1999). Ihr Fokus auf beobachtbare Merkmale kommt auch in der Tatsache zum Ausdruck, dass das typische Kind im obigen, aus mehreren Aussagen kompilierten Beispiel mit einzelnen Fähigkeiten wie schnell laufen können prahlt, jedoch keine Verallgemeinerungen über seine sportlichen Fähigkeiten vornimmt. Selbst wenn das Kind allgemeine Aussagen über sich selbst macht („Ich bin richtig stark"), ist diese Aussage eng an das tatsächliche Verhalten geknüpft (einen Stuhl heben). Kleine Kinder beschreiben sich auch anhand ihrer Vorlieben („Ich liebe meinen Hund Skipper") und Besitztümer („Ich habe ... eine Katze ... und einen Fernseher").

Das Musterbeispiel spiegelt ein weiteres Merkmal wider, das für das Selbstkonzept von Kindern im vorschulischen Alter typisch ist: Ihre Selbstbewertungen sind unrealistisch positiv. Jüngere Kinder scheinen zu denken, dass sie tatsächlich das sind, was sie sein wollen (Harter & Pike, 1984; Stipek, Roberts & Sanborn, 1984). Zum Beispiel behauptet das Kind in dem Beispiel, es beherrsche das Alphabet, hat jedoch große Lücken beim Aufsagen. Es ist für kleine Kinder relativ einfach, positive Illusionen über sich aufrecht zu halten, weil sie ihre Leistung im Allgemeinen nicht mit anderen vergleichen und daher die relativen Defizite ihrer Fähigkeiten nicht erkennen. Außerdem ziehen sie für gewöhnlich ihre eigenen früheren Erfolge und Misserfolge nicht heran, wenn sie ihre Fähigkeiten einschätzen. Sogar wenn ihnen eine Aufgabe mehrere Male missglückt ist, glauben sie immer noch, dass sie ihnen beim nächsten Versuch gelingen wird (Ruble, Grosovsky, Frey & Cohen, 1992).

Kinder beginnen ihre Vorstellungen vom Selbst in der Grundschule zum Teil deshalb zu verfeinern, weil sie verstärkt **soziale Vergleiche** vornehmen, was ihre Eigenschaften, Verhaltensweisen und Besitzstände betrifft („Er kann den Ball weiter schießen als ich"), und sie achten bei Aufgaben verstärkt auf Diskrepanzen zwischen ihren eigenen Leistungen und denen anderer („Sie hat eine Eins im Test und ich nur eine Drei") (Frey & Ruble, 1985). Mitte bis Ende der Grundschule werden die Vorstellungen der Kinder vom Selbst allmählich integrierter und umfassender, wie anhand der folgenden (wiederum kompilierten) Selbstbeschreibung illustriert wird, die typisch für ein Kind zwischen acht und elf Jahren ist:

Sozialer Vergleich – der Prozess, die eigenen psychischen, verhaltensbezogenen oder körperlichen Eigenschaften mit anderen zu vergleichen, um die eigene Tüchtigkeit zu bewerten.

> Ich bin sehr beliebt, zumindest bei den Mädchen. Das ist so, weil ich nett und hilfsbereit zu den Menschen bin und Geheimnisse für mich behalten kann. Meistens bin ich zu meinen Freundinnen nett, obwohl, wenn ich schlechte Laune habe, sage ich manchmal etwas, das ein bisschen gemein sein kann. ... In der Schule bin ich in bestimmten Fächern wie Sprachen und Sozialkunde recht gut. ... Aber ich schätze mich in Mathe und Naturwissenschaften als ziemlich schlecht ein, besonders wenn ich sehe, wie gut viele der anderen Kinder sind. Auch wenn ich in diesen Fächern nicht gut bin, mag ich mich als Person, weil Mathe und Naturwissenschaften nicht so wichtig für mich sind. Wie ich aussehe und wie beliebt ich bin, ist wichtiger. Ich mag mich auch, weil ich weiß, dass meine Eltern und andere Kinder mich mögen. Das hilft, sich selbst zu mögen. (Harter, 1999, S. 48.)

Die Entwicklungsveränderungen im Selbstkonzept älterer Kinder spiegeln kognitive Fortschritte ihrer Fähigkeit wider, Konzepte höher Ordnung zu bilden und spezifische Verhaltensmerkmale des Selbst in ihnen zu integrieren. Zum Beispiel war das Kind in der obigen Selbstbeschreibung in der Lage, „beliebt" mit verschiedenen Verhaltensweisen zu verknüpfen: „nett zu anderen", „hilfsbereit" und „Geheimnisse behalten". Die nun erreichte kognitive Kapazität, höherwertige Vorstellungen vom Selbst zu bilden, erlaubt älteren Kindern die Konstruktion umfassenderer Ansichten über sich selbst und eine umfassende Bewertung der eigenen Person.

Weiterhin können ältere Kinder gegensätzliche Selbst-Repräsentationen (in der Schule „gut" und „schlecht" zu sein) koordinieren, die sie früher als sich gegenseitig ausschließend betrachtet hätten (Harter, 1999; Marsh, Craven &

Debus, 1998). Ältere Kinder neigen auch dazu, sich selbst mit anderen auf der Basis objektiver Leistungsinformationen (zum Beispiel Testergebnisse) zu vergleichen, um ihre Selbstbewertungen zu vorzunehmen (Ruble & Flett, 1988; Ruble & Frey, 1991). Aus diesen Fähigkeiten resultiert eine ausgeglichene und realistische Einschätzung des Selbst, obwohl sich auch Gefühle von Minderwertigkeit und Hilflosigkeit einstellen können (siehe Kasten 11.3).

In der Grundschule basieren die Selbstkonzepte der Kinder verstärkt auf ihren Beziehungen zu anderen, insbesondere zu Gleichaltrigen, und auf den Bewertungen der eigenen Person durch andere. Im Ergebnis enthalten ihre Selbstbeschreibungen oft ein ausgeprägtes soziales Element und konzentrieren sich auf alle Persönlichkeitseigenschaften oder Körpermerkmale, die ihren Platz in sozialen Netzwerken beeinflussen könnten (Damon & Hart, 1988, S. 60):

> WIE BIST DU? Ich bin freundlich. WARUM IST DAS WICHTIG? Andere Kinder würden dich nicht mögen, wenn du es nicht wärst.
> WAS FÜR EIN MENSCH BIST DU? Ich bin sehr gescheit. WARUM IST DAS WICHTIG? Meine Freunde mögen nur kluge Kinder.

Da die Selbstkonzepte bei älteren Schulkindern stark von den Meinungen anderer beeinflusst werden, sind Kinder dieses Alters für ein geringes Selbstwertgefühl anfällig, falls andere sie als negativ oder weniger kompetent als ihre Altersgenossen sehen.

Das Selbst in der Adoleszenz

Die Vorstellungen der Kinder vom Selbst verändern sich im Laufe der Adoleszenz grundlegend, was zum Teil darauf zurückgeht, dass in diesem Entwicklungsabschnitt das abstrakte Denken entsteht (siehe Kapitel 4). Die Fähigkeit zum abstrakten Denken erlaubt es Jugendlichen, sich selbst anhand abstrakter Eigenschaften vorzustellen, die eine Vielzahl von konkreten Aspekten und Verhaltensweisen umfassen. Betrachten wir die folgende, prototypisch zusammengefügte Selbstbeschreibung eines Heranwachsenden:

> Gegenüber meinen Freunden bin ich ein extravertierter Mensch: Ich bin gesprächig, recht laut und witzig ... Im Großen und Ganzen bin ich unter Leuten, die ich gut kenne, super; zumindest glaube ich, dass meine Freunde glauben, dass ich super bin. Ich bin meistens fröhlich, wenn ich mit meinen Freunden zusammen bin, und fühle mich glücklich und begeistert, etwas mit ihnen zu unternehmen ... Gegenüber meinen Eltern ... fühle ich mich ebenso traurig wie sauer und habe wenig Hoffnung, es ihnen jemals recht machen zu können. In der Schule bin ich recht gescheit, ich weiß das, weil ich clever bin, wenn es darum geht, wie ich in der Schule abschneide, ich bin neugierig, Neues zu lernen, und ich bin auch kreativ, wenn es ans Problemlösen geht. Mein Lehrer behauptet das ... Ich kann sehr introvertiert sein, wenn ich unter Menschen bin, die ich nicht gut kenne – ich bin schüchtern, fühle mich unwohl und nervös. Manchmal bin ich einfach ein Idiot, mache was ziemlich Blödes und sage Dinge, die einfach nur bescheuert sind ... (Harter, 1999, S. 60.)

Kasten 11.3 Näher betrachtet

Selbstkonzept und Leistungsmotivation

Wie Kinder über sich selbst denken und fühlen, spielt eine wichtige Rolle bei ihrer Reaktion auf Erfolge und Misserfolge. Einige Kinder zeigen, wenn sie bei einer Aufgabe versagen, ein Verhalten, das als **hilfloses Motivationsmuster** bezeichnet wird: Sie fühlen sich schlecht, machen sich selbst für das Versagen verantwortlich und bemühen sich nicht weiter, die Aufgabe zu lösen. Hingegen zeigen andere Kinder ein **bewältigungsorientiertes Motivationsmuster**, wenn sie bei einer Aufgabe versagen: Sie bewerten sich selbst nicht negativ und erhöhen ihre Anstrengungen, die Aufgabe erfolgreich zu lösen. Hilflose Reaktionen auf Aufgaben fanden sich bei Kindern schon im Alter von vier bis fünf Jahren; bei Kindern im mittleren bis späten Grundschulalter werden sie recht deutlich erkennbar (Cain & Dweck, 1995; Harter, 1983).

Was trägt zu diesem Unterschied in der Leistungsmotivation bei? Carol Dweck nahm an, dass die Unterschiede die unterschiedlichen persönlichen Theorien der Kinder über Intelligenz und Erfolgsursachen widerspiegeln. Ältere Kinder, die auf Versagen hilflos reagieren, neigen zu der Überzeugung, dass Intelligenz eine stabile Eigenschaft ist und nicht verändert werden kann. Wenn sie ihre Leistung bewerten, konzentrieren sie sich eher auf die Ergebnisse (also Erfolg oder Versagen) und weniger auf die Prozesse (wie Anstrengung), die zum Erfolg führen (Heyman & Dweck, 1998). Daher denken sie im Fall von Misserfolg, dass sie einfach nicht schlau genug sind und dass man nichts dagegen tun kann. Da sie glauben, dass ihr Versagen außerhalb ihrer Kontrolle liegt, werden sie ihre Herangehensweise wahrscheinlich nicht ändern oder verstärkt versuchen, in Zukunft erfolgreich zu sein. Im Gegensatz dazu schreiben Kinder mit einer bewältigungsorientierten Reaktion ihren Misserfolg veränderbaren Faktoren wie unzureichender Anstrengung oder einem Mangel an Vorbereitung zu. Sie konzentrieren sich auf am Lernen beteiligte Prozesse und nicht auf die unmittelbaren Ergebnisse und neigen zu der Annahme, dass sie erfolgreich sein können, wenn sie sich nur mehr anstrengen.

Bei jüngeren Kindern, welche die Bedeutung von überdauernden Persönlichkeitseigenschaften noch nicht ganz verstehen, braucht es für die Entwicklung einer hilflosen Orientierung nicht mehr als die Neigung, sich selbst auf der Basis von Erfolgen und Misserfolgen bei Aufgaben (zum Beispiel die Note bei einer Klassenarbeit) und anhand der Bewertungen der eigenen Leistungsergebnisse durch andere einzuschätzen (Burhans & Dweck, 1995). Kinder mit diesen Tendenzen entwickeln seltener einen inneren oder intrinsischen Wunsch zu lernen als Kinder, die sich auf Anstrengung und andere Lernprozesse konzentrieren (Harter, 1983).

Ob Kinder eine hilflose oder bewältigungsorientierte Einstellung gegenüber dem Lernen entwickeln, hängt zum Teil von den Reaktionen der Eltern auf die Erfolge und

---

Hilfloses Motivationsmuster – eine Reaktion auf Misserfolg, bei der sich die Individuen schlecht fühlen, sich für ihr Versagen selbst die Schuld geben und die Aufgabe nicht weiter verfolgen, weil sie denken, dass sie nicht erfolgreich sein können.

Bewältigungsorientiertes Motivationsmuster – eine Reaktion auf Misserfolg, bei der sich die Individuen nicht negativ bewerten und ihre Anstrengungen verstärken, um die Aufgabe zu bewältigen.

Wie an diesem Beispiel deutlich wird, verstärken sich die Sorgen junger Menschen über ihre soziale Kompetenz und ihre soziale Akzeptanz, besonders bei Gleichaltrigen, in der frühen Adoleszenz (Damon & Hart, 1988). Das Beispiel illustriert auch die Fähigkeit von Heranwachsenden, auf einem höheren Niveau abstrakte Selbstbeschreibungen wie „extravertiert" durch die Kombination von Persönlichkeitseigenschaften wie „gesprächig", „laut" und „witzig" zu geben.

Kasten 11.3

Misserfolge der Kinder ab. So neigen Kinder, die regelmäßig wegen ihrer Intelligenz gelobt werden, wenn sie eine Aufgabe erfolgreich bewältigt haben („Du musst ja sehr klug sein, wenn du solche Aufgaben lösen kannst"), zu dem Gedanken, Intelligenz als etwas Unveränderliches zu betrachten, und werden bei Misserfolg wahrscheinlich eine hilflose Reaktion zeigen. Hingegen denken Kinder, die regelmäßig für ihre Anstrengung oder den Gebrauch von effektiven Strategien gelobt werden, wenn sie eine Aufgabe erfolgreich bewältigt haben („Du musst dich bei diesen Aufgaben ja sehr angestrengt haben"), dass Intelligenz wohl eher eine Eigenschaft ist, die sich durch Anstrengung verbessern lässt, und sie werden mit größerer Wahrscheinlichkeit motiviert sein, schwierige Aufgaben zu meistern, an denen sie zunächst gescheitert waren (Kamins & Dweck, 1999; Mueller & Dweck, 1998).

Untersuchungen an depressionsgefährdeten Kindern sprechen dafür, dass es möglich ist, die hilflosen Reaktionen der Kinder zu verändern. Depressionsgefährdete Kinder neigen ebenso wie Kinder mit hilfloser Orientierung dazu, pessimistisch zu sein, die Gründe für ihr Versagen auf internale Faktoren zu attribuieren und sich gegenüber negativen Ereignissen machtlos zu fühlen. In einer Untersuchung trafen sich depressionsgefährdete 13-Jährige in Gruppen von zehn bis zwölf Kindern über zwölf Wochen verteilt für insgesamt 18 Stunden. Ihnen wurde beigebracht, negative Überzeugungen über sich selbst zu identifizieren, diese zu bewerten, indem sie Belege dafür und dagegen prüften, und realistischere und optimistischere alternative Ansichten zu generieren. Um sie zu einer positiveren und aktiven Herangehensweise an die zu bewältigenden Ereignisse zu ermutigen, wurde ihnen auch beigebracht, wie man – als soziale Fähigkeit – die Perspektive anderer Menschen einnimmt (so dass sie in angemessener Weise reagieren und die gewünschte Wirkung erzielen konnten), wie man sich vor dem Handeln Ziele setzt, wie man eine Vielzahl von Lösungsmöglichkeiten für Probleme und Aufgaben entwickelt und dass man bei Entscheidungen Pro und Contra gegeneinander abwägen muss. Kinder, die dieses Training erhielten, zeigten nach sechs Monaten weniger Verhaltensprobleme und waren sechs Monate und zwei Jahre später weniger depressiv als Kinder, die vergleichbar gefährdet waren für Depressionen, aber nicht an den Gruppen teilgenommen hatten (Jaycox, Reivich, Gillham & Seligman, 1994). Am wichtigsten für die Frage der Prävention oder Überwindung der hilflosen Leistungsorientierungen der Kinder war die Tatsache, dass diese Verbesserungen in großem Maße von Veränderungen darin abhängen, wie optimistisch sich die Kinder ihre positiven und negativen Erfahrungen erklären (Gillham, Reivich, Jaycox & Seligman, 1995). Daher scheint es für Kinder mit hilfloser Orientierung hilfreich zu sein, wenn man sie dazu bringt, ihre Ansichten über die Gründe für ihren Misserfolg zu ändern, so dass sie beginnen, eine bewältigungsorientierte Einstellung zu entwickeln.

Besonders bemerkenswert ist die Tatsache, dass das Selbstkonzept von Jugendlichen je nach Kontext weit mehr als ein einziges Selbst umfassen kann. Der Jugendliche in dem Beispiel beschreibt sich zum Beispiel gegenüber Freunden und gegenüber Eltern als eine jeweils etwas andere Person, ebenso als unterschiedlich in vertrauten und fremden Umgebungen. Die meisten Jugendlichen scheint es nicht besonders zu irritieren, wenn sie sich darüber bewusst werden, dass sich ihr Erscheinungsbild je nach Kontext verändern kann.

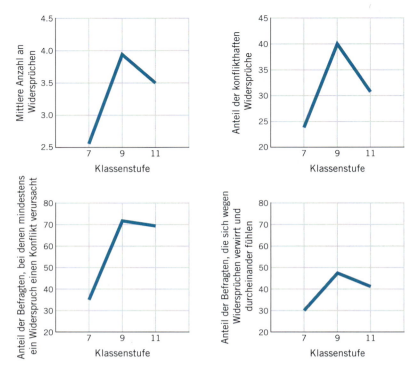

Abbildung 11.2: Entwicklungsunterschiede bei der Wahrnehmung gegensätzlicher und widersprüchlicher Selbstbeschreibungen von Jugendlichen. Wenn Siebtklässler nach ihren Eigenschaften gefragt werden, geben sie viel seltener als ältere Jugendliche an, dass sie widersprüchliche Eigenschaften besitzen und dass diese Widersprüche bei ihnen innere Konflikte wie Verwirrung oder negative Emotionen verursachen (nach Harter & Monsour, 1992).

Das mag daran liegen, dass sie sich in der Regel jede ihrer abstrakten Repräsentationen des Selbst getrennt von anderen Abstraktionen vorstellen und sie nicht integrieren können (Higgins, 1991). Was ihren Gesamteindruck von sich selbst betrifft, sind die Jugendlichen folglich nicht allzu sehr darüber beunruhigt, dass sie sowohl intelligent als auch idiotisch, sowohl extravertiert als auch introvertiert sein können (siehe Abbildung 11.2). Ein Heranwachsender, der erklären sollte, warum er sich gleichzeitig als „einfühlsam" und als „unhöflich" beschrieben hat, stellte es so dar:

> Also man ist einfühlsam mit seinen Freunden und unhöflich zu Leuten, die einen nicht gut behandeln. Wo ist das Problem? Ich glaube, ich denke in einem Moment immer nur an eine Sache, die meine Person betrifft, und über was anderes denke ich erst beim nächsten Mal wieder nach. (Zitiert in Harter, 1999, S. 64.)

Persönliche Fabel – eine Geschichte von Jugendlichen über sich selbst, die den Glauben an die Einzigartigkeit ihrer Gefühle und an ihre Unsterblichkeit beinhaltet.

Nach David Elkind (1967) ist das Nachdenken über das Selbst in der frühen Adoleszenz durch eine Form von Egozentrismus gekennzeichnet, die er die **persönliche Fabel** nennt. In dieser ‚sagenhaften' Selbstbeschreibung unterscheiden Jugendliche ihre Gefühle in übertriebener Weise von denen anderer und gelangen zu der Ansicht, sich und vor allem ihre Gefühle für einzigartig und besonders zu halten. Sie mögen glauben, dass nur sie das Elend oder das Entzücken oder die Verwirrung erleben können, die sie gerade empfinden. Diese Annahme tritt typischerweise in Behauptungen wie „Aber du weißt nicht, wie sich das anfühlt" oder „Meine Eltern verstehen mich nicht, was wissen *sie* schon davon, wie es ist, ein Teenager zu sein?" zu Tage (Elkind, 1967; Harter, 1999, S. 76).

Die Art von Egozentrismus, auf deren Grundlage die persönliche Fabel von Jugendlichen erzählt wird, bringt auch viele Jugendliche dazu, sich permanente Gedanken darüber zu machen, was andere über sie denken (Elkind, 1967; Harter, 1999; Rosenberg, 1979). Diese gedankliche Besessenheit zeigt sich in dem, was David Elkind (1967) als den Glauben der Jugendlichen an ein **imaginäres Publikum** genannt hat; damit ist die Überzeugung gemeint, dass jeder andere Mensch seine Aufmerksamkeit auf die Erscheinung und das Verhalten des Jugendlichen richtet. Nach Elkind nehmen die Jugendlichen an, dass alle Augen auf sie gerichtet sind, wo immer sie sich auch befinden, und jeder Makel oder soziale Fehltritt genauestens beobachtet wird, weil sie selbst so stark mit ihrer Erscheinung und ihrem Verhalten beschäftigt sind.

Imaginäres Publikum – die im Egozentrismus von Jugendlichen begründete Überzeugung, dass jeder andere Mensch seine Aufmerksamkeit auf die Erscheinung und das Verhalten des Jugendlichen richtet.

Im mittleren Jugendalter beginnen die Heranwachsenden oft damit, sich wegen der Widersprüche in ihrem Verhalten und ihren Eigenschaften zu quälen. Sie hören in sich hinein und befassen sich mit der Frage „Wer bin ich?" (Broughton, 1978). Man betrachte diese typische Selbstbeschreibung eines 15-Jährigen:

> Wie bin ich als Mensch? Das wirst du wahrscheinlich nicht verstehen. Ich bin kompliziert! Mit meinen wirklich *engen* Freunden bin ich sehr tolerant, ich meine, verständnisvoll und lieb. In einer *Gruppe* von Freunden bin ich eher mal rowdymäßig drauf. Ich bin meistens freundlich und vergnügt, aber ich kann recht unausstehlich und intolerant sein, wenn ich es nicht mag, wie sie sich benehmen. Ich *wäre* gern immer freundlich und tolerant, das ist die Art von Mensch, die ich sein *will*, und ich bin von mir enttäuscht, wenn ich es nicht bin. In der Schule bin ich ernst, sogar hin und wieder fleißig, aber auf der anderen Seite schwänze ich auch und hänge rum, denn wenn man *zu* fleißig ist, ist man selten beliebt ... Ich verstehe echt nicht, wie ich so schnell umschalten kann, wenn ich mit meinen Freunden vergnügt bin, dann nach Hause komme und mich ängstlich fühle und dann frustriert bin und sarkastisch gegenüber meinen Eltern. Welches ist das *wahre* Ich? (Zitiert in Harter, 1999, S. 67.)

Obwohl Jugendliche mit 15, 16 Jahren besser in der Lage sind als in den Jahren davor, Widersprüche bei sich zu erkennen (vergleiche Abbildung 11.3), und sich wegen dieser Unstimmigkeiten häufig im Konflikt befinden, besitzen die meisten noch nicht die kognitiven Fähigkeiten, die es braucht, um das Erkennen dieser Widersprüche zu einem kohärenten Selbstkonzept zu integrieren. Als Folge daraus fühlen sich Jugendliche dieses Alters häufig verwirrt und besorgt darüber, wer sie wirklich sind. Ein Teenager sagte: „Es ist nicht richtig, es sollte alles zu einem Stück zusammenpassen!" (Harter, 1999, S. 71; Harter, Bresnick, Bouchey & Whitsell, 1998).

In der späten Adoleszenz und im frühen Erwachsenenalter wird die Vorstellung des Individuums vom Selbst sowohl stärker integriert als auch weniger dadurch bestimmt, was andere denken. Beide Änderungsrichtungen finden sich in Harters musterhafter Darstellung eines Oberschülers:

> Ich möchte eine moralische Person sein, die andere Menschen fair behandelt. Das ist auch die Art von Anwalt, die ich sein möchte. Ich entspreche nicht immer diesem Standard; manchmal tue ich nämlich etwas, das sich nicht so moralisch anfühlt. Wenn das passiert, werde ich ein

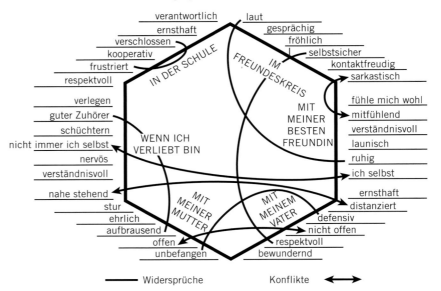

Abbildung 11.3: Die vielen Formen des Selbst bei einem prototypischen 15-jährigen Mädchen. Das Mädchen nimmt sich in verschiedenen Kontexten oder mit anderen Menschen als unterschiedlich wahr. Zum Beispiel beschreibt sie sich als offen gegenüber ihrer Mutter, aber nicht gegenüber ihrem Vater, und als ruhig zusammen mit ihrer besten Freundin, aber laut in einer Gruppe von Freunden (nach Harter, 1999).

bisschen deprimiert, weil ich mich selbst als Mensch nicht mag. Aber ich sage mir dann, dass es natürlich ist, Fehler zu machen, so dass ich nicht wirklich die Tatsache in Frage stelle, dass tief in mir drin das wahre Ich eine moralische Person ist. Grundsätzlich mag ich, wie ich bin. ... Sportlich zu sein steht nicht so weit oben auf meiner Wichtigkeitsliste, obwohl es für viele Schüler in unserer Schule wichtig ist. Aber es kümmert mich nicht mehr wirklich, was sie sagen. *Früher* war das so, aber jetzt zählt, was ich denke. Zusammen genommen muss ich mit mir als Mensch leben und diese Person respektieren, was ich mittlerweile tue, mehr als vor ein paar Jahren. (Zitiert in Harter, 1999, S. 78.)

Wie im Falle dieses Schülers reflektieren die Vorstellungen älterer Jugendlicher vom Selbst häufig ihre verinnerlichten persönlichen Werte, Überzeugungen und Normen (Damon & Hart, 1988). Viele dieser Werte, Überzeugungen und Normen wurden durch andere im Leben des Kindes etabliert, aber sie sind nun innerlich akzeptiert und entwickelt. So messen ältere Jugendliche dem, was andere Menschen denken, weniger Bedeutung bei als in früheren Jahren und sind mehr damit beschäftigt, ihren eigenen Standards gerecht zu werden und ihr zukünftiges Selbst zu konzipieren – was sie werden wollen und einmal sein werden (Harter, 1999; Higgins, 1991).

Wie der Oberschüler in dem Musterbeispiel besitzen ältere Jugendliche auch eher die kognitive Fähigkeit, Gegensätze oder Widersprüche, die in verschiedenen Kontexten oder zu verschiedenen Zeitpunkten auftreten, in ihr Selbst zu integrieren (Higgins, 1991). Sie können widersprüchliche Eigenschaften damit erklären, dass man flexibel sein muss, und betrachten Unterschiede in ihrem Verhalten gegenüber anderen Menschen als „adaptiv", weil man nicht mit allen gleich umgehen kann. Auf ähnliche Weise können sie emotionale Veränderungen unter die Eigenschaft „launisch" integrieren. Weiterhin werden Widersprüche eher als ein normaler Bestandteil des menschlichen Daseins gesehen. Jugendliche, die ihre gegensätzlichen Eigenschaften in dieser Form integrieren können, finden sie weniger beunruhigend.

Ob ältere Jugendliche jedoch in der Lage sind, Widersprüche in sich selbst erfolgreich zu integrieren, hängt wahrscheinlich nicht nur von ihren eigenen kognitiven Fähigkeiten ab, sondern auch von der Hilfe von Eltern, Lehrern und anderen Menschen bei dem Verständnis für die Komplexität von Persönlichkeiten. Die Unterstützung und Anleitung von anderen in diesem Zusammenhang erlaubt es den Jugendlichen, Werte, Überzeugungen und Normen zu verinnerlichen, denen sie sich verpflichtet fühlen, und sich mit dem, was sie sind, wohl zu fühlen (Hart & Fegley, 1995; Harter, 1999).

Selbstwertgefühle entwickeln sich auch daraus, dass sich Kinder in der Familie akzeptiert fühlen.

Identität im Jugendalter

Eindeutig ist die Frage „Wer bin ich?" für viele Jugendliche zentral und oft beunruhigend. Diese Frage erstreckt sich für viele ältere Heranwachsende weit über das Problem mehrerer Formen des Selbst und des widersprüchlichen Verhaltens hinaus. Wenn sie sich allmählich dem Erwachsensein nähern, müssen Jugendliche anfangen, eine Vorstellung von ihrer persönlichen Identität zu entwickeln, die zahlreiche Aspekte des Selbst enthält und vereinigt, einschließlich ihrer Werte und Ziele für die Zukunft. Jugendliche in den heutigen Gesellschaften sind zum Beispiel damit konfrontiert, über mögliche Karriereentscheidungen nachzudenken und sich auf diese vorzubereiten, so dass sie eine Vorstellung davon entwickeln müssen, wer sie in der Arbeitswelt der Erwachsenen sein werden. Für einige beinhaltet dies die Entscheidung, ob Arbeit oder eine andere Beschäftigung – Kindererziehung oder Weiterbildung oder Abenteuersuche – der Faktor sein wird, der das Leben im frühen Erwachsenenalter bestimmt.

Außerdem neigen Jugendliche verstärkt dazu, über politische oder religiöse Wertesysteme und die zugehörigen Überzeugungen und Glaubenshaltungen nachzudenken, und verspüren häufig das Bedürfnis herauszufinden, wo sie hinsichtlich dieser Überzeugungs- und Wertesysteme stehen. Viele Jugendliche und junge Erwachsene binden sich an religiöse oder politische Ideologien,

Im späten Jugendalter erfolgt häufig eine Überprüfung des eigenen Wertesystems; einerseits kann dies zu einer erneuten Festlegung auf vorhandene Überzeugungen führen, andererseits aber auch auf deren vollständige Ablehnung.

nachdem sie verschiedene Optionen erkundet haben. Anderen fällt es vielleicht schwer herauszufinden, an was sie glauben, und sie ringen mit den Glaubenssystemen, die sie als Kind unhinterfragt übernommen haben. Jugendliche müssen auch die Ansichten und Werte überprüfen, die das sexuelle Verhalten leiten, zum Beispiel ob vorehelicher Geschlechtsverkehr akzeptabel ist. Einige Jugendliche und junge Erwachsene müssen sich mit ihrer sexuellen Identität auseinander setzen – sie müssen erkennen, ob sie heterosexuell, homosexuell oder bisexuell sind. Eine Vorstellung von Identität in all diesen Bereichen zu erreichen, ist in modernen „vernetzten" Kulturen besonders schwierig, in denen die Jugend zu weit mehr Informationen und Rollenalternativen Zugang hat, als es in der Vergangenheit jemals der Fall war.

Eriksons Theorie der Identitätsbildung

Wie schon in Kapitel 9 kurz angesprochen wurde, nahm Erik Erikson an, dass die Lösung dieser vielen Identitätsfragen die zentrale Entwicklungsaufgabe der Adoleszenz darstellt. Er beschrieb die Lösung dieser Fragen als die Krise von **Identität versus Rollendiffusion**. Seiner Ansicht nach ist die Aufgabe so beschaffen, dass die Person aus allen möglichen und vorstellbaren Beziehungen eine immer enger werdende Auswahl trifft, was die persönlichen, beruflichen, sexuellen und ideologischen Festlegungen betrifft (Erikson, 1981). Eine erfolgreiche Lösung dieser Krise impliziert die Konstruktion einer kohärenten Identität – einer Identität als Integration verschiedener Aspekte des Selbst zu einem stimmigen Ganzen, das über die Zeit und über Ereignisse hinweg Stabilität besitzt.

Nach Erikson müssen Jugendliche, denen die Entwicklung einer Identität nicht gelingt, mit negativen Konsequenzen rechnen. Ein mögliches Resultat einer misslungenen Identitätssuche ist die **Rollendiffusion**, eine unvollständige und manchmal inkohärente Vorstellung vom Selbst. Jugendliche im Zustand der Rollendiffusion fühlen sich häufig verloren, isoliert und deprimiert sowie unsicher darüber, wer sie sind. Erikson nahm an, dass eine Rollendiffusion in gewisser Ausformung sehr häufig in der Adoleszenz vorkommt und dass sie im Allgemeinen nur relativ kurz andauert, obwohl sie auch anhalten und sich zu einer schwereren psychischen Störung entwickeln kann.

Ein anderes negatives Ergebnis beim Ringen um die eigene Identität kann entstehen, wenn sich Jugendliche voreilig auf eine Identität festlegen, ohne ihre Möglichkeiten angemessen auszuloten. Dieser Zustand wird als **übernommene Identität** bezeichnet. Zu dieser Kategorie könnte ein 17-Jähriger gehören, der die Schule verlässt und einen Job ohne Aufstiegschancen annimmt, weil er sich keine anderen Möglichkeiten vorstellen kann, oder ein Jugendlicher, der sich entscheidet, Arzt zu werden, nur weil eines seiner Elternteile Arzt ist, und im Verlauf von Schule und Studium keine andere Alternative in Betracht zieht.

Ein anderes, eher verzweifeltes Resultat der Identitätssuche ist eine **negative Identität**, die das Gegenteil von dem darstellt, was die Menschen im Umfeld des Jugendlichen schätzen. Ein typisches Beispiel wäre die Tochter eines

---

Identität versus Rollendiffusion – Eriksons psychosoziale Entwicklungsphase, die während der Adoleszenz auftritt. In dieser Phase entwickeln Jugendliche oder junge Erwachsene entweder eine Identität oder erfahren ein unvollständiges und manchmal inkohärentes Selbstgefühl.

Rollendiffusion – eine unvollständige und manchmal inkohärente Vorstellung vom Selbst, die in Eriksons Phase von Identität versus Rollendiffusion häufig entsteht.

Übernommene Identität – die voreilige Festlegung auf eine Identität, ohne andere Optionen angemessen betrachtet zu haben.

Negative Identität – eine Form der Identität, die im Gegensatz zu dem steht, was von den Menschen im Umfeld des Jugendlichen wertgeschätzt wird, und die manche Jugendliche in Eriksons Phase von Identität versus Rollendiffusion ausbilden.

Ministers, die wiederholt in Konflikt mit dem Gesetz gerät oder mit häufig wechselnden Sexualpartnern verkehrt, oder ein Professorenkind, das auf dem Gymnasium scheitert und kein berufliches Ziel hat. Erikson nahm an, dass für einige Jugendliche das Annehmen einer negativen Identität ein Weg ist, um von den Eltern oder anderen wichtigen Menschen Aufmerksamkeit zu erhalten, wenn konventionellere Versuche fehlgeschlagen sind.

Da es in der heutigen Gesellschaft kompliziert ist, eine Identität aufzubauen, und weil es negative Folgen hat, wenn einem dies nicht gelingt, sprach sich Erikson für die Bedeutung eines **psychosozialen Moratoriums** aus – eine Auszeit, während der vom Jugendlichen nicht erwartet wird, eine Erwachsenenrolle zu übernehmen, und er deshalb Aktivitäten nachgehen kann, die ihm Selbsterfahrung ermöglichen. In dieser Phase können Jugendliche neue Kleidungsstile, neue Verhaltensweisen, neue Ansichten darüber, was sie in ihrem Leben tun wollen, und Ähnliches ausprobieren.

Psychosoziales Moratorium – eine Auszeit, während der vom Jugendlichen nicht erwartet wird, eine Erwachsenenrolle zu übernehmen, und er Aktivitäten nachgehen kann, die ihm Selbsterfahrung ermöglichen.

Obwohl Erikson behauptete, dass diese Experimentierphase wichtig sei, damit Jugendliche die für sie beste Identität finden können, ist ein Moratorium dieser Art nur in einigen Kulturen möglich oder akzeptabel. Sogar dann ist es oft ein Luxus, welcher der mittleren und oberen Schicht vorbehalten bleibt (zum Beispiel denjenigen, die sich das Moratorium einer verlängerten Ausbildungszeit leisten können). Wenn Jugendliche einer Vollzeitbeschäftigung nachgehen müssen, um zu ihrem eigenen Lebensunterhalt und dem ihrer Familien beizutragen, stehen ihnen viele Identitätsoptionen nicht mehr offen, weil ihre Zeit und Ausbildung Restriktionen unterliegen. Außerdem ist das Moratorium in traditionellen Gesellschaften unbekannt und unnötig: Kinder wissen von frühester Kindheit an, was ihre Erwachsenenidentität sein wird, denn die Rollenauswahl ist beschränkt, und die Menschen setzen ihr Leben im Allgemeinen genauso fort, wie es ihre Eltern vorgelebt haben.

Das Ausprobieren verschiedener Stile in Kleidung und Aussehen gehört in einigen Kulturen zum Prozess der Selbsterfahrung von Jugendlichen.

Forschung zur Identitätsbildung

In der Nachfolge von Eriksons Darstellung der Identitätsentwicklung suchten einige Forscher nach neuen Wegen, um den Identitätsstatus von Jugendlichen zu messen und das Ergebnis der verschiedenen von Erikson behaupteten Zustände zu beschreiben. Das am häufigsten verwendete Verfahren zu diesem Zweck wurde von James Marcia (1980) entwickelt. Bei dieser Methode erhalten Jugendliche oder junge Erwachsene typischerweise Fragen, die entwickelt wurden, um das Ausmaß ihrer Erkundungen und Festlegungen in den Bereichen von Beruf, Ideologie (Religion, Politik) und Sexualverhalten zu erfassen. Anhand der Antworten auf diese Fragen wird das Individuum einer der folgenden vier Kategorien zugeordnet, die jeweils einen Identitätsentwicklungs-Status darstellen (deren Kriterien in Tabelle 11.2 aufgeführt sind):

Identitätsdiffusion – ein Identitätsstatus, bei dem das Individuum keine stabilen Festlegungen getroffen hat und sich solchen Festlegungen auch nicht annähert.

Übernommene Identität – ein Identitätsstatus, bei dem sich das Individuum bei seiner Identität auf keinerlei Experimente einlässt, sondern eine berufliche oder ideologische Identität etabliert hat, die darauf basiert, was andere gewählt haben oder für wichtig halten.

Moratorium – ein Identitätsstatus, bei der sich das Individuum in der Phase des Ausprobierens befindet, was die beruflichen und ideologischen Wahlmöglichkeiten betrifft, bis jetzt aber noch keine klaren Festlegungen getroffen hat.

Erarbeitete Identität – ein Identitätsstatus, bei dem das Individuum nach einer Phase des Ausprobierens eine kohärente und gefestigte Identität erreicht hat, die auf persönlichen Entscheidungen hinsichtlich Beruf, Ideologie und Ähnlichem beruht. Das Individuum glaubt, dass diese Entscheidungen eigenständig getroffen wurden, und fühlt sich ihnen verpflichtet.

1. **Identitätsdiffusion.** Das Individuum besitzt keine stabilen Festlegungen in den fraglichen Bereichen und macht auch keine Fortschritte in diese Richtung.
2. **Übernommene Identität.** Das Individuum hat mit Blick auf seine Identität nichts ausprobiert, sondern eine berufliche und ideologische Identität entwickelt, die auf der Auswahl oder den Werten anderer beruht.
3. **Moratorium.** Das Individuum erkundet verschiedene berufliche und ideologische Wahlmöglichkeiten, hat sich aber auf keine davon bereits festgelegt.
4. **Erarbeitete Identität.** Das Individuum hat eine kohärente und gefestigte Identität erreicht, die auf persönlichen Entscheidungen über Beruf, Ideologie und Ähnlichem beruht. Das Individuum glaubt, dass diese Entscheidungen eigenständig getroffen wurden, und fühlt sich ihnen verpflichtet.

Tabelle 11.2: Kriterien für die Zuordnung zu einem Identitätsstatus.

Stellung zu Beruf und Ideologie	Identitätsstatus			
	Übernommene Identität	Identitätsdiffusion	Moratorium	Erarbeitete Identität
Krise	keine Krise	mit oder ohne Krise	in der Krise	ist aufgetreten
Festlegung	vorhanden	keine	vorhanden, aber vage	ist aufgetreten

(Nach Marcia, 1980.)

Forscher haben allgemein herausgefunden, dass der Identitätsstatus von Jugendlichen und jungen Erwachsenen zumindest in modernen westlichen Gesellschaften mit ihrer Angepasstheit, ihrem sozialen Verhalten und ihrer Persönlichkeit zusammenhängt. Insgesamt sind Jugendliche und junge Erwachsene, die den Status der erarbeiteten Identität erreicht haben, sozial reifer und leistungsmotivierter als ihre Altersgenossen. Im Gegensatz dazu neigen Individuen im Zustand der Identitätsdiffusion zur Gleichgültigkeit, sie haben keine engen Beziehungen zu Gleichaltrigen und tragen das höchste Risiko für Drogenkonsum (Damon, 1983; Grotevant, 1998; Jones, 1992; Marcia, 1980). Individuen im Status der übernommenen Identität sind am autoritärsten in ihren Einstellungen (sie glauben stark daran, Autoritäten gehorchen zu müssen) (Damon, 1983; Marcia & Friedman, 1970; Podd, Marcia & Rubin, 1970) und verlassen sich eher darauf, dass andere wichtige Lebensentscheidungen für sie treffen (Orlofsky, 1978; Waterman & Waterman, 1971). Jugendliche im Zustand des Moratoriums besitzen ein relativ positives Selbstwertgefühl, sind hoch ängstlich und haben kaum autoritäre Einstellungen. Vielleicht

In einigen traditionellen Kulturen besitzen Jugendliche nur wenige Rolleoptionen und wissen deshalb schon recht bald, welche Identität sie als Erwachsene haben werden.

weil sie sich in einer Phase des Experimentierens befinden, haben sie häufiger ungeschützten Geschlechtsverkehr gehabt oder Drogen wie Marihuana ausprobiert (Damon, 1983; Hernandez & DiClemente, 1992; Jones, 1992; Marcia, 1980). Im Laufe der Adoleszenz und des jungen Erwachsenenalters gehen Menschen im Status der Identitätsdiffusion und des Moratoriums meistens in den Status der erarbeiteten Identität über, während diejenigen im Status der übernommenen Identität oftmals dort bleiben (Berzonsky & Adams, 1999; Meeus, Iedema, Helsen & Vollebergh, 1999).

Einflüsse auf die Identitätsbildung

Zahlreiche Faktoren beeinflussen die Identitätsentwicklung von Jugendlichen. Ein wichtiger Faktor ist die Art, wie sich die Eltern gegenüber ihrem Nachwuchs verhalten. Eine übernommene Identität bei Jugendlichen ist wahrscheinlicher, wenn Eltern ihre Kinder übermäßig behüten oder einen *autoritären* Erziehungsstil ausüben (ein kalter und kontrollierender Stil; siehe Kapitel 12) (Berzonsky & Adams, 1999). Hingegen erkunden Jugendliche eher ihre Identitätsoptionen, wenn sie zumindest ein Elternteil haben, der sie darin bestärkt, sowohl mit den Eltern in Beziehung zu bleiben als auch nach Autonomie und Individualität zu streben (Grotevant, 1998).

Ein anderer Faktor, der die Identitätsbildung beeinflusst, ist das eigene Verhalten des Individuums. Der frühe Gebrauch von Drogen beispielsweise scheint die Fähigkeit von Jugendlichen zu schwächen, eine gesunde Identität zu entwickeln, vielleicht weil das ihre Aufmerksamkeit von der Schule oder anderen Aktivitäten wie Hobbys oder Vereinen ablenkt, welche die Gelegenheit zum Lernen und zur Selbsterfahrung bieten würden (Jones, 1992).

Identitätsentwicklung wird auch durch das weitere soziale Umfeld und den historischen Kontext beeinflusst (Bosma & Kunnen, 2001). Jugendliche aus armen Vierteln beispielsweise haben weniger Karrieremöglichkeiten aufgrund einer qualitativ minderwertigeren Ausbildung, ihrer finanziellen Einschränkungen und eines Mangels an Karriereinformationen und Rollenvorbildern. Solche Einschränkungen wirken sich wahrscheinlich auch auf einige Aspekte der Identitätsentwicklung dieser Jugendlichen aus.

Die Rolle des historischen Kontextes bei der Identitätsbildung wird am deutlichsten an den Veränderungen von Identitätsoptionen im Laufe der Geschichte sichtbar. Bis vor wenigen Jahrzehnten konzentrierten sich beispielsweise die meisten jungen Mädchen bei ihrer Suche nach Identität auf das Ziel, zu heiraten und eine Familie zu gründen. Sogar in höher entwickelten Gesellschaften waren für Frauen nur wenige Karrieremöglichkeiten zugänglich, und junge Frauen, die den Karriereweg wählten, statt sich um die Familie zu kümmern (oder beides parallel verfolgten), wurden im Allgemeinen von einem Großteil der Gesellschaft als „egoistisch" betrachtet. Heute gründen Frauen in vielen Kulturen ihre Identität mit größerer Wahrscheinlichkeit sowohl auf die Familie als auch auf die Berufsausübung, wobei der Grad der gesellschaftlichen Akzeptanz einer Doppelrolle als Mutter und Karrierefrau – zumindest in Deutschland – bis heute noch eher gering ist. Dies kommt nicht zuletzt darin zum Ausdruck, dass gesellschaftliche Rahmenbedingungen (zum Beispiel fehlende Kinderbetreuungsmöglichkeiten, häufige Schul- und Kindergartenferien) eine Realisierung beider Identitätsoptionen faktisch massiv erschweren. Insgesamt tragen also familiäre, individuelle, sozio-ökonomische, historische und kulturelle Faktoren zur Identitätsentwicklung bei.

IN KÜRZE

Das Selbstkonzept von Kindern verändert sich stark mit dem Alter. Im Laufe der Kindheit ist es zunächst sehr konkret und beruht auf körperlichen Merkmalen sowie offenem Verhalten und verändert sich hin zur Berücksichtigung innerer Qualitäten und der Art von Beziehungen zu anderen. Kleine Kinder neigen dazu, sich selbst ausnahmslos positiv zu sehen und ihre Fähigkeiten zu überschätzen. Ältere Kinder bewerten sich im Vergleich mit jüngeren Kindern eher anhand ihres allgemeinen Fähigkeitsniveaus und schätzen ihre eigenen Stärken und Schwächen realistisch ein. In der späteren Kindheit nehmen Kinder verstärkt die Wahrnehmungen anderer in ihr Selbstbild auf, und ihre Vorstellungen von der eigenen Person werden mit dem Alter viel komplexer und sind besser integriert.

Jugendliche denken über sich selbst in abstrakteren Begriffen nach als jüngere Kinder und sind besser in der Lage, sich verschiedene Formen des Selbst in unterschiedlichen Kontexten vorzustellen. Wenn Jugendliche kontextabhängige Unterschiede in ihrem Verhalten und ihren Eigenschaften wahrnehmen, sind sie davon für gewöhnlich nicht beunruhigt. Nach Elkind entwickeln viele Jugendliche zunächst eine Form von Egozentrismus, der sich in Form der „persönlichen Fabel" und des „imaginären Publikums" ausdrückt. Im mittleren Jugendalter empfinden Teenager die Widersprüche, die sie bei sich selbst erkennen, als quälend und befassen sich mit der Frage „Wer bin ich?" und damit, was andere über sie denken. In der späteren Adoleszenz und im frühen Erwachsenenalter werden die Selbstkonzepte stärker integriert und enthalten häufiger auch persönliche Eigenschaften, die internalisierte persönliche Werte, Überzeugungen und Normen widerspiegeln.

Nach Erikson ist die Adoleszenz die Zeit der Krise zwischen Identität und Rollendiffusion, in deren Verlauf der junge Mensch eine Identität entwickeln muss, indem er eine Reihe von zunehmend genauer ausgewählten persönlichen, beruflichen, sexuellen und ideologischen Verbindlichkeiten eingeht. Ein psychisches Moratorium, eine Zeit des Experimentierens mit verschiedenen Identitäten, scheint in westlichen Kulturen gesund zu sein, während es in anderen Kulturen und Subkulturen als Möglichkeit nicht in Frage kommt. Die voreilige Festlegung auf eine Identität, wie im Fall der übernommenen Identität, kann das Individuum davon abhalten, sein volles Potenzial auszuschöpfen; Gleiches gilt für die Identitätsdiffusion und das Annehmen einer negativen Identität. Wie und wann junge Menschen ihre Identität konstruieren, wird durch eine Vielzahl von Faktoren beeinflusst, die von persönlichen und familiären Faktoren bis zu kulturellen und historischen Faktoren reichen.

Ethnische Identität

Die Entwicklung einer Identität kann für Jugendliche, die einer Minderheit angehören, eine besondere Herausforderung darstellen, weil sie häufig Komplikationen aufweist, die sich auf ihre ethnische Herkunft *und/oder* ihre Rasse beziehen. In bestimmten Kontexten lässt sich eine begründete Unterscheidung zwischen dem Konzept von Ethnizität (das sich auf gemeinsame kulturelle Traditionen bezieht) (Spencer & Markstrom-Adams, 1990) und dem Konzept von Rasse (das sich auf gemeinsame biologische Vorfahren bezieht) getroffen werden. Im Kontext der Identitätsbildung sind die beiden Konzepte jedoch recht ähnlich, was ihre praktische Bedeutung betrifft. Für die vorliegende Diskussion verwenden wir daher den Begriff der **ethnischen Identität**, um uns auf die Vorstellung des Individuums zu beziehen, einer ethnischen oder rassischen Gruppe anzugehören, was auch das Ausmaß einschließt, in dem das Individuum seine Gedanken, Wahrnehmungen, Gefühle und Verhaltensweisen mit der Mitgliedschaft in dieser ethnischen oder rassischen Gruppe verbindet (Rotheram & Phinney, 1987).

Ethnische Identität – die Vorstellung von Individuen, zu einer ethnischen Gruppe zu gehören, einschließlich des Ausmaßes, in dem sie ihre Gedanken, Wahrnehmungen, Gefühle und Verhaltensweisen mit der Mitgliedschaft in dieser ethnischen Gruppe verbinden.

Ethnische Identität in der Kindheit

Bei der ethnischen Identität von Kindern werden fünf Komponenten unterschieden (Bernal, Knight, Ocampo, Garza & Cota, 1993):

1. *Ethnisches Wissen*. Das Wissen der Kinder, dass ihre Volksgruppe bestimmte Unterscheidungsmerkmale aufweist, die sie von anderen Gruppen abgrenzen – Verhaltensweisen, Persönlichkeitseigenschaften, Werte, Gebräuche, Stile und Sprache.
2. *Ethnische Selbst-Identifikation*. Kinder kategorisieren sich selbst als Mitglieder ihrer ethnischen Gruppe.
3. *Ethnische Beständigkeit*. Das Verständnis der Kinder, dass sich die besonderen Merkmale ihrer ethnischen Gruppe, die sie in sich tragen, unabhängig von Zeit und Raum nicht verändern und dass sie immer ein Mitglied ihrer ethnischen Gruppe sein werden.
4. *Ethnisches Rollenverhalten*. Die Beteiligung der Kinder an Verhaltensweisen, die charakteristische Merkmale ihrer ethnischen Gruppe widerspiegeln.
5. *Ethnische Gefühle und Vorlieben*. Die Gefühle der Kinder gegenüber ihrer Zugehörigkeit zu einer ethnischen Gruppe und ihre Vorlieben für deren charakteristische Merkmale und Mitglieder.

Vieles über die ethnische Gruppe, der sie angehören, lernen Kinder in der Familie. Eltern lehren ihre Kinder die speziellen Praktiken, die mit ihrer Gruppe verknüpft sind, und können ihnen beibringen, auf die eigene Abstammung und ihr kulturelles Erbe stolz zu sein.

Die ethnische Identität entwickelt sich Schritt für Schritt im Laufe der Kindheit, wobei sie sich aber nicht bei allen Kindern aus ethnischen Minderheiten entwickelt. Vor-

Tabelle 11.3: Beispiele für die Komponenten von ethnischer Identität im Kindergarten- und Grundschulalter.

Komponenten ethnischer Identität	Kindergartenniveau	Grundsschulniveau
Ethnisches Wissen	Einfaches, allgemeines Wissen.	Komplexeres und spezifischeres Wissen, einschließlich kultureller Eigenschaften.
Ethnische Selbst-Identifikation	Inhaltsleere Etiketten. „Ich bin mexikanisch, weil meine Mutter das gesagt hat."	Bedeutungshaltige Bezeichnungen. „Ich bin mexikanisch, weil meine Eltern aus Mexiko kommen."
Ethnische Beständigkeit	Wird nicht verstanden.	Verstehen die Beständigkeit ihrer Ethnizität.
Ethnisches Rollenverhalten	Praktizieren und beschreiben Verhaltensweisen; wissen vielleicht nicht, warum die Verhaltensweisen ethnisch sind.	Zeigen mehr Rollenverhalten; wissen mehr über seine ethnische Relevanz.
Ethnische Gefühle und Vorlieben	Unentwickelt; tun das, was die Eltern tun.	Haben Gefühle und Vorlieben.

(Nach Bernal, Knight, Ocampo, Garza & Cota, 1993.)

schulkinder verstehen nicht wirklich, was es bedeutet, Mitglied einer ethnischen Gruppe zu sein, obwohl sie in der Lage sein können, ihren Ursprung als „mexikanisch", „indianisch" oder „afro-amerikanisch" beziehungsweise „türkisch" oder „ukrainisch" zu bezeichnen. Auch wenn sie Verhaltensweisen zeigen, die für ihre ethnische Gruppe kennzeichnend sind, und Wissen über diese Gruppe haben, verstehen sie nicht, dass die Ethnizität ein dauerhaftes Merkmal ihres Selbst ist (Bernal et al., 1993) (siehe Tabelle 11.3).

In den ersten Schuljahren kennen Kinder aus ethnischen Minderheiten die üblichen Merkmale ihrer Volksgruppe. Sie entwickeln ein Gefühl dafür, ein Mitglied dieser Gruppe zu sein, und haben vielleicht schon angefangen, ethnisch begründete Vorlieben hinsichtlich Essen, traditionellen Festtagsbräuchen, Sprachgebrauch und Ähnlichem auszubilden (Ocampo, Bernal & Knight, 1993). Kinder identifizieren sich anhand ihrer ethnischen Gruppe meistens im Alter von sieben bis zehn Jahren (Ocampo, et al., 1993), und mit etwa zehn bis elf Jahren beginnen sie zu verstehen, dass ihre Herkunft ein konstantes, unveränderliches Merkmal ihrer selbst ist.

Die Familie und das weitere soziale Umfeld spielen eine wichtige Rolle bei der Entwicklung der ethnischen Identität. Eltern, andere Familienmitglieder und Erwachsene können dazu beitragen, ihren Kindern die Stärken und einzigartigen Merkmale ihrer ethnischen Gruppe beizubringen und ihren ethnischen Stolz zu prägen. Eine solche Unterweisung kann für die Entwicklung einer positiven ethnischen Identität dann besonders wichtig sein, wenn die rassische oder ethnische Gruppe des Kindes in ihrer Gesamtgesellschaft das Ziel von Vorurteilen und Diskriminierung bildet (Spencer & Markstrom-Adams, 1990).

Ethnische Identität in der Adoleszenz

Die Frage der ethnischen Identität wird in der Adoleszenz oft noch viel zentraler, wenn die jungen Menschen versuchen, ihrer gesamten Identität Gestalt zu geben. Insbesondere die Mitglieder von Minoritäten können schwierigen und schmerzhaften Entscheidungen gegenüberstehen, wenn sie sich entschließen müssen, in welchem Ausmaß sie die Werte ihrer ethnischen Minderheitengruppe oder aber die Werte der dominanten Kultur übernehmen wollen (Phinney, 1993a; Spencer & Markstrom-Adams, 1990).

Eine Schwierigkeit für die Jugendlichen aus ethnischen Minderheiten besteht darin, dass sie sich nun wahrscheinlich stärker als früher der Diskriminierung ihrer Gruppe bewusst sind und entsprechend ambivalente Gefühle gegenüber der Gruppe und ihrem eigenen ethnischen Status hegen. Kinder aus ethnischen Minderheiten können auch mit grundsätzlichen Konflikten zwischen den Werten ihrer Volksgruppe und denen der dominanten Kultur konfrontiert sein (Parke & Buriel, 1998). Zum Beispiel legen viele ethnische Gruppen großen Wert auf Respekt gegenüber Älteren und auf Einsatz und Unterstützung für die Familie. Diese Werte können in direktem Gegensatz zu den Werten von Autonomie und Eigeninteresse stehen, die in den westlichen Kulturen betont werden. Von den Jugendlichen aus traditionellen mexikanisch-amerikanischen Familien wird zum Beispiel erwartet, dass sie nach der Schule Zeit darauf verwenden, sich um ältere oder jüngere Familienmitglieder zu kümmern oder Geld für den Familienunterhalt zu verdienen. Gleichzeitig kann aus der „Leitkultur" der Mehrheit der Anspruch kommen, sich an schulischen oder außerschulischen Aktivitäten wie Lerngruppen oder Sportvereinen zu beteiligen, was erweiterte Chancen und Alternativen eröffnen kann. Ein solches Aufeinandertreffen von Werten kann Konflikte in der Familie und innerhalb der Jugendlichen hervorrufen, wenn diese versuchen, eine Identität aufzubauen und ihre Werte und Ziele für die Zukunft zu entwickeln.

Die Jugend in einer ethnischen Minderheit kann auch besonderem Druck durch die Altersgenossen der eigenen Bezugsgruppe unterliegen. Beispielsweise werden amerikanische Schüler afrikanischer oder hispanischer Herkunft, die in der Schule gut sind, manchmal von ihrer Bezugsgruppe negativ als Streber wahrgenommen, die versuchen, sich der euro-amerikanischen Kultur zuzuwenden; deshalb könnten sie sich dazu gedrängt fühlen, in der Schule nachzulassen. Auf ähnliche Weise werden in den USA manchmal Jugendliche aus ethnischen Minderheiten, deren Kleidung, Sprechweise, Ambitionen und Freundeskreis von ihrer ethnischen Bezugsgruppe als Ausdruck der dominanten (in den USA: weißen) Kultur wahrgenommen werden, mit Namen wie „oreo" (einem Schokoladengebäck mit Cremefüllung), „Banane" oder „Apfel" beschimpft: außen schwarz (afrikanische), gelb (asiatische) oder rot (indianische Abstammung), aber innen weiß. Diese Jugendlichen fühlen sich oft gezwungen, sich entweder den Gewohnheiten ihrer ethnischen Gruppe anzupassen oder aus ihrer Bezugsgruppe ausgestoßen zu werden (Spencer & Markstrom-Adams, 1990). Der Druck, der von der Familie oder den Gleichaltrigen ausgeübt wird, kann zur Erklärung beitragen, warum die Rate der Jugendlichen mit übernommener Identität innerhalb der ethnischen Minderheiten höher ist als bei der kulturell dominanten Gruppe (Spencer & Markstrom-Adams, 1990; Streitmatter, 1988). In der Tat können in einigen Minderheitengruppen wie in bestimmten indianischen Stämmen die traditionellen Werte und Handlungsweisen so viel Wertschätzung erfahren, dass Jugendliche am besten durchkommen, wenn sie einfach daran festhalten, ohne ihre Identität in irgendeiner Weise zu problematisieren (Parke & Buriel, 1998; Spencer & Markstrom-Adams, 1990). Für diese jungen Menschen würde das Aufgeben der gewohnten Traditionen der Familie und Gemeinschaft, um es in einer wenig vertrauten Kultur „zu etwas zu bringen", ein hohes Risiko bedeuten, Einsamkeit und Depression zu erfahren.

Im Gegensatz dazu ist für einige Jugendliche aus Minderheiten, welche zuvor ihre ethnische Identität ohne viel Nachdenken akzeptiert hatten, die Adoleszenz eine Zeit, in der sie beginnen, sich mit der Bedeutung ihrer Ethnizität und deren Rolle bei ihrer Identität auseinander zu setzen. Bei der Weiterführung von Eriksons Arbeiten identifizierte Jean Phinney (Phinney & Kohatsu, 1997) drei Phasen der Entwicklung ethnischer Identität, die viele dieser Individuen durchlaufen. In der ersten Phase, der *Diffusion/Übernahme ethnischer Identität*, haben viele Jugendliche ethnischer Minderheiten ihre Ethnizität nicht überprüft und sind auch nicht besonders daran interessiert. Andere, die wenigsten allerdings, haben die negative Sicht der Mehrheit der Gesellschaft auf ihre ethnische Gruppe internalisiert. Die zweite Phase, *Suche nach der ethnischen Identität/Moratorium*, ist durch das Interesse charakterisiert, etwas über die eigene ethnische oder rassische Kultur zu lernen, außerdem durch die Berücksichtigung der Effekte der Ethnizität auf das eigene gegenwärtige und zukünftige Leben und häufig auch durch das Bewusstsein der Vorurteile und ihrer Auswirkungen. In einigen Fällen führt diese Exploration schließlich zur dritten Phase, der *erarbeiteten ethnischen Identität*, die durch ein bewusstes Erkennen und die Verbindlichkeit gegenüber der eigenen ethnischen Gruppe und ethnischen Identität charakterisiert ist (Spencer & Markstrom-Adams, 1990). Diese Phase geht mit einem hohen Selbstwertgefühl, Optimismus und Kompetenzerleben einher (Phinney, Cantu & Kurtz, 1997; Roberts et al., 1999). Ein asiatisch-amerikanischer Junge drückt es folgendermaßen aus: „Meine Kultur ist wichtig und ich bin stolz auf das, was ich bin. Japanische Menschen haben so viel zu bieten" (zitiert in Phinney, 1993b, S. 72).

Die Entdeckungsreise der ethnischen Identität folgt jedoch nicht immer diesem Muster. Bei einigen Jugendlichen aus ethnischen Minderheiten führt die Identitätssuche zu einer Exploration von Identitätsmodellen der Mehrheit, was die wahrgenommene Verpflichtung gegenüber der eigenen ethnischen Gruppe schwächt. In wieder anderen Fällen entwickeln Jugendliche aus ethnischen Minderheiten eine *bikulturelle Identität*, die eine reibungslose Identifikation sowohl mit der mehrheitlichen Kultur als auch mit der eigenen ethnischen Kultur einschließt. Es gibt erste Untersuchungen, die darauf hindeuten, dass jene Mitglieder einer Minderheitengruppe, die sich bikulturell entwickelt haben, eine bessere physische und psychische Gesundheit aufweisen als die anderen (LaFromboise, Coleman & Gerton, 1993).

> **IN KÜRZE**
>
> Die Identitätsentwicklung kann für viele Jugendliche aus ethnischen Minderheiten besonders kompliziert sein, weil sie Ansichten und Gefühle über ihre Ethnizität und/oder Rasse dabei integrieren müssen. Die Entwicklung einer ethnischen Identität beginnt in der Kindheit und umfasst den Erwerb von Wissen über die eigene ethnische Gruppe, die Identifikation als Mitglied dieser Gruppe, den Aufbau eines Verständnisses von ethnischer Beständigkeit, die Beteiligung an ethnischem Rollenverhalten und die Entwicklung von Gefühlen und Vorlieben im Hinblick auf die Zugehörigkeit zur eigenen ethnischen Gruppe. Die Familie und die soziale Gemeinschaft beeinflussen diese Entwicklungsaspekte.
>
> Der Aufbau einer Identität während der Adoleszenz kann für Jugendliche aus Minderheiten aufgrund der Bewusstheit von Vorurteilen gegenüber ihrer Gruppe und des möglichen Kollidierens von Werten und Zielen der Gruppe mit denen der Mehrheitskultur schwierig und schmerzhaft sein. In der Adoleszenz beginnen Jugendliche aus Minderheiten, die zuvor ihre ethnische Identität ohne viel Nachdenken akzeptiert hatten, häufig damit, die Bedeutung ihrer Ethnizität und deren Rolle für ihre Identität zu erkunden. Als Ergebnis dieser Exploration akzeptieren einige Jugendliche ihre Ethnizität und machen sie sich sogar zu Eigen (erarbeitete ethnische Identität), andere werden von der mehrheitlichen Kultur angezogen, und wieder andere werden bikulturell.

Sexuelle Orientierung als Teil der Identität

In der Kindheit und besonders in der Adoleszenz gehört zur Identität eines Individuums auch seine **sexuelle Orientierung** – die Bevorzugung von Männern oder Frauen als die Objekte erotischer Gefühle. Die Mehrzahl der Jugendlichen fühlt sich von Individuen des jeweils anderen Geschlechts angezogen; eine nicht unerhebliche Minderheit jedoch nicht. Mit neuen Gefühlen von Sexualität umzugehen, kann für viele Jugendliche eine schwierige Erfahrung darstellen, wobei das Thema der Etablierung einer sexuellen Identität manchen Jugendlichen sehr viel schwerer fällt als anderen.

Sexuelle Orientierung – die Vorliebe einer Person für Männer oder Frauen als Objekte erotischer Gefühle.

Die Ursprünge der sexuellen Identität Jugendlicher

In der Pubertät, wenn die Ausschüttung von Keimdrüsenhormonen stark ansteigt (Buchanan, Eccles & Becker, 1992; Halpern, Udry & Suchindran, 1997), fühlen sich Jugendliche häufiger als in jüngerem Alter sexuell zu anderen hingezogen. Die meisten derzeitigen Theoretiker glauben, dass es primär auf biologischen Faktoren basiert, ob diese Gefühle durch Mitglieder des anderen oder des eigenen Geschlechts hervorgerufen werden, wobei auch die Umwelt dazu beitragen kann. Zwillings- und Adoptionsstudien sowie DNA-Untersuchungen lassen darauf schließen, dass die sexuelle Orientierung einer Person zumindest teilweise erblich ist: Eineiige Zwillinge besitzen beispielsweise häufiger dieselben sexuellen Orientierungen als zweieiige Zwillinge (Bailey & Pillard, 1991; Bailey, Pillard, Neale & Agyes, 1993; Hamer, Hu, Magnuson, Hu & Pattatucci, 1993). Die biologischen Faktoren bestimmen die sexuelle Orientierung eines Individuums jedoch vielleicht nicht auf direktem Wege; vielmehr können sie Kinder für Erfahrungen empfänglich machen, die zu ihrer sexuellen Orientierung beitragen (Bem, 1996).

Sexuelle Identität bei Jugendlichen aus sexuellen Minderheiten

Jugendliche sexueller Minderheiten (homosexuelle Jugendliche) – Menschen, die sich vom gleichen Geschlecht angezogen fühlen und für die die Frage nach der persönlichen sexuellen Identität oft verwirrend und schmerzhaft ist.

Für die Mehrheit der Jugendlichen stellt sich zu keinem Zeitpunkt die Frage nach der persönlichen sexuellen Orientierung, zumindest nicht auf einer bewussten Ebene. Sie fühlen sich ohne Zweifel heterosexuell. Für eine Minderheit der Jugendlichen ist die Frage nach der persönlichen sexuellen Identität jedoch von essenzieller Bedeutung und wird, zumindest am Anfang, häufig als verwirrend und schmerzhaft erlebt. Dies sind die **homosexuellen Jugendlichen**, die sich vom gleichen Geschlecht angezogen fühlen.

Genaue Angaben darüber, wie viele Jugendliche dieser Kategorie angehören, sind schwierig. Obwohl nach derzeitigen Schätzungen nur ein bis zwei Prozent der US-amerikanischen High-School-Schülerschaft sich selbst als schwul, lesbisch oder bisexuell bezeichnen (Rotheram-Borus & Langabeer, 2001), ist die Zahl Jugendlicher mit gleichgeschlechtlicher sexueller Attraktion beträchtlich höher, weil viele ihre diesbezügliche Orientierung erst mit Eintritt in das junge Erwachsenenalter oder später erkennen. Asendorpf (1999) berichtet für Deutschland bei den über 15-Jährigen Homosexualitätsraten von vier Prozent bei Männern und zwei Prozent bei Frauen, während etwa drei Prozent der Männer und vier Prozent der Frauen angeben, bisexuell zu sein.

In den meisten Hinsichten unterscheiden sich Kinder und Jugendliche aus sexuellen Minderheiten nicht von ihren heterosexuellen Altersgenossen. Sie beschäftigen sich in der Adoleszenz mit vielen ähnlichen familiären und identitätsbezogenen Angelegenheiten und kommen im Allgemeinen genauso gut zurecht. Sie sehen sich jedoch einigen besonderen Herausforderungen gegenüber. Da viele Mitglieder der Gesellschaft es als negativ ansehen, schwul, lesbisch oder bisexuell zu sein, ist es für solche Jugendliche oft schwierig, ihre eigenen sexuellen Vorlieben zu erkennen oder zu akzeptieren und diese Informationen anderen gegenüber zu enthüllen – also sich zu „outen" beziehungsweise ihr „Coming-out" zu haben. Durch die zunehmende Aufmerksamkeit der Medien und die positiven Darstellungen von homosexuellen Menschen outen sich heute jedoch mehr homo- und bisexuelle Jugendliche in den USA und tun dies immer früher als jede Alterskohorte zuvor (Savin-Williams, 1998a).

Der Prozess des Coming-out

Für viele Jugendliche aus sexuellen Minderheiten umfasst der Outing-Prozess mehrere gravierende Entwicklungsschritte. Er beginnt mit einem *ersten Anerkennen* – der vorläufigen kognitiven und emotionalen Einsicht, dass man anders ist als die anderen, was mit einem Gefühl der Entfremdung von sich und anderen einhergeht. An dieser Stelle besteht im Allgemeinen eine gewisse Ahnung, dass die Anziehung durch das gleiche Geschlecht das entscheidende Thema sein könnte, aber das Individuum lässt dieses Bewusstsein nicht voll zu. Viele homosexuelle Jugendliche ahnen ab der mittleren Kindheit etwas von ihren sexuellen Neigungen. Nach einer neueren Studie zeigen sich die ersten Gefühle gleichgeschlechtlicher Anziehung typischerweise mit etwa acht oder neun Jahren (siehe Tabelle 11.4). Ein schwuler Mann berichtet:

> Es war vielleicht in der dritten Klasse und ich las eine Annonce in der Zeitung über ein Film-Casting nur für Männer. Das verwirrte mich, faszinierte mich aber auch, so dass ich die Bibliothekarin fragte, und sie schaute mich nervös an, sogar beschämt, und murmelte dann, ich sollte meine Eltern fragen. (Zitiert in Savin-Williams, 1998a, S. 24.)

Das Alter, in dem die Anziehung durch das gleiche Geschlecht zum ersten Mal bemerkt wird, variiert jedoch stark. Bei einigen gehört diese Anziehung zu ihren ersten Erinnerungen, während sich andere nicht daran erinnern, dass ihnen dieses Gefühl vor dem frühen Erwachsenenalter bereits bewusst gewesen wäre (Savin-Williams & Diamond, 2000). Während sich außerdem die meisten Männer aus sexuellen Minderheiten schon immer als schwul und bereits als schwul geboren empfinden, meinen etliche homosexuelle Frauen (16 Prozent einer Studie), dass sie zunächst heterosexuell gewesen seien und in ihrer Lebensmitte, nachdem sie sich in eine Frau verliebt hatten, lesbisch wurden (Schneider, 2001).

Der nächste entwicklungsbezogene Meilenstein ist das *Testen und Erkunden*, eine Zeitspanne, in der sich das Individuum ambivalent fühlt, was seine Anziehung durch das gleiche Geschlecht betrifft. Doch schließlich hat es einen begrenzten Kontakt zu homosexuellen Personen oder Gruppen und fängt an, sich der Heterosexualität entfremdet zu fühlen. Beim dritten Meilenstein, der *Akzeptanz der Identität*, besteht eine Vorliebe für soziale Interaktionen mit

Tabelle 11.4: Das Alter bei wichtigen Schritten der Identitätsentwicklung von schwulen/bisexuellen männlichen Jugendlichen in der Studie von Savin-Williams.

Ereignis	Durchschnittliches Alter in Jahren	Spannbreite des Alters	Anteil derjenigen, die das Ereignis nicht erlebt haben
Bewusstheit der gleichgeschlechtlichen Neigungen	8	3–17	0 %
Kannte die Bedeutung von *Homosexualität*	10	4–19	0 %
Bezog den Begriff *homosexuell* auf die eigenen Neigungen	13	5–20	0 %
Erster schwuler Sex	14	5–24	7 %
Erster heterosexueller Sex	15	5–22	48 %
Erkennt sich selbst als schwul/bisexuell	17	8–24	0 %
Erstes Outing gegenüber einem anderen	18	13–25	0 %
Erste gleichgeschlechtliche Liebesbeziehung	18	11–25	29 %
Erstes Outing gegenüber:			
Geschwister	19	13–25	38 %
Vater	19	13–25	44 %
Mutter	19	13–25	31 %
Entwickelte eine positive sexuelle Identität	19	10–25	23 %

(Die Stichprobe umfasst nur schwule Jugendliche, die ihre Identität als sexuelle Minderheit anerkannt haben. Die Zahlen beziehen sich nicht auf junge Männer, die ihre gleichgeschlechtliche Attraktion nicht anerkannt haben. Nach Tabelle 1.2 aus Savin-Williams, 1998a, S. 15.)

anderen Personen aus sexuellen Minderheiten. In dieser Phase erlebt sich die Person mit Blick auf ihre sexuelle Identität immer positiver und enthüllt diese erstmals gegenüber Heterosexuellen (zum Beispiel Familienmitgliedern oder Freunden).

Das durchschnittliche Alter, in dem sich Jugendliche aus sexuellen Minderheiten im Privatleben als schwul, lesbisch oder bisexuell bezeichnen, liegt zwischen 15 und 18 Jahren (D'Augelli, 1996; D'Augelli & Hershberger, 1993; Savin-Williams, 1998a). Männer neigen zu sexuellen Aktivitäten mit gleichgeschlechtlichen Partnern, bevor sie sich als schwul identifizieren, während sich Frauen als lesbisch erkennen, bevor sie sexuelle Kontakte mit Partnerinnen eingehen (Savin-Williams & Diamond, 2000). Viele schwule, lesbische und bisexuelle Jugendliche und junge Erwachsene, besonders Frauen, haben vor ihren homosexuellen Kontakten oder zeitgleich mit ihnen heterosexuelle Kontakte; manchmal deshalb, um ihre gleichgeschlechtlichen Neigungen zu verstecken oder zu leugnen (Diamond, Savin-Williams & Dube, 1999). In der Tat berichten viele Frauen, die sich als lesbisch bezeichnen, dass sie sich immer noch ein Stück weit sexuell zu Männern hingezogen fühlen (Diamond, 1998).

Der letzte Schritt ist die *Identitätsintegration*, bei der sich schwule, lesbische und bisexuelle Individuen entschieden als homo- oder bisexuell sehen können, auf sich und ihre besondere sexuelle Gemeinschaft stolz sind und sich öffentlich gegenüber vielen Leuten outen. Oftmals ist mit dem Erreichen dieses Meilensteins eine Wut auf die Vorurteile der Gesellschaft gegenüber Mitgliedern sexueller Minderheiten verbunden (Savin-Williams, 1996; Sophie, 1985–1986).

Natürlich durchlaufen nicht alle Individuen alle diese Schritte; einige akzeptieren ihre eigene Sexualität niemals vollständig oder besprechen sie nicht mit anderen. Andere – in einer Untersuchung ungefähr ein Drittel – werden durch ihre Eltern „enttarnt" und haben ihre sexuelle Identität nicht freiwillig enthüllt (Rotheram-Borus & Langabeer, 2001).

Konsequenzen des Coming-out

Jugendliche aus sexuellen Minderheiten enthüllen ihre Vorlieben für das gleiche Geschlecht gegenüber ihren Altersgenossen oder Geschwistern typischerweise frühestens im Alter von 16$^{1}/_{2}$ bis 19 Jahren (D'Augelli & Hershberger, 1993; Herdt & Boxer, 1993; Savin-Williams, 1998; Savin-Williams & Diamond, 2000); ihre Eltern erfahren es, wenn überhaupt, erst ein oder zwei Jahre später (Savin-Williams, 1998b). Wenn sie aus Gemeinschaften mit einem religiösen oder ethnischen Hintergrund kommen, die wenig Akzeptanz für Homosexualität zeigen, werden sie ihre sexuellen Vorlieben den Familienmitgliedern wahrscheinlich seltener eröffnen. Zum Beispiel gibt es Hinweise darauf, dass amerikanische Familien hispanischer oder asiatischer Abstammung Homosexualität weniger akzeptieren als euro-amerikanische Familien (Dube, Savin-Williams & Diamond, 2001). Die Effekte einer solch geringen kulturellen Akzeptanz spiegeln sich in dieser Aussage eines jungen asiatisch-amerikanischen Mannes wider:

> Ich gehöre zur ersten Generation aus Südostasien. Ich bin noch sehr kulturell verbunden und meine ... Mutter kann Homosexualität nicht begreifen, und viele meiner Freunde sind genauso. So kann ich mich meiner Kultur oder meiner Familie nicht offenbaren. Das hat mein Coming-out wahrscheinlich verzögert. Ich wünschte, ich hätte es auf der High School haben können wie andere Kinder. (Zitiert in Savin-Williams, 1998, S. 216f.)

Jugendliche aus sexuellen Minderheiten beschäftigen sich vielfach mit denselben Fragen von Familie und Identität wie andere Jugendliche und sind im Allgemeinen auch genauso gut sozial angepasst. Sie sind jedoch mit besonderen Herausforderungen konfrontiert, wenn ihre Freunde und Familien ihre sexuelle Identität nicht ohne weiteres akzeptieren.

Es gibt gute Gründe für viele Jugendliche sexueller Minderheiten, die Enthüllung ihrer sexuellen Identität gegenüber ihrer Familie zu fürchten: Viele Eltern reagieren anfänglich mit Wut und insbesondere mit Enttäuschung. Häufig denken Eltern, dass sie in irgendeiner Weise für die gleichgeschlechtliche Neigung ihrer Kinder verantwortlich sind und dass diese Vorlieben gegen ihre religiösen Prinzipien verstoßen (Savin-Williams, 2001). Umfragen haben gezeigt, dass ungefähr 20 bis 40 Prozent der homosexuellen oder bisexuellen Jugendlichen von Verwandten beleidigt oder bedroht werden, nachdem sie ihre sexuelle Identität offenbart haben, und ungefähr 5 Prozent erleben körperliche Gewalt (Berrill, 1990; D'Augelli, 1998). Mütter neigen stärker als Väter dazu, die gleichgeschlechtlichen Neigungen ihres Kindes zu akzeptieren (D'Augelli, Hershberger & Pilkington, 1998), was erklären könnte, warum homosexuelle Jugendliche ihren Müttern eher ihre gleichgeschlechtlichen Neigungen offenbaren als ihren Vätern. Jugendliche sexueller Minderheiten, die ihre sexuelle Identität in einem frühen Alter enthüllen, und diejenigen, die offen in der Öffentlichkeit mit diesem Thema umgehen, sind in der Familie oder der Gemeinschaft am häufigsten Misshandlungen ausgesetzt (Pilkington & D'Augelli, 1995).

Die Befürchtung, außerhalb der Familie schikaniert oder zurückgewiesen zu werden, veranlasst viele dieser Jugendlichen, ihre sexuelle Identität vor ihren Altersgenossen zu verstecken. Tatsächlich können die meisten heterosexuellen Jugendlichen die gleichgeschlechtlichen Neigungen ihrer Altersgenossen nicht akzeptieren, und viele homosexuelle Jugendliche berichten davon, in der Folge der Enthüllung ihrer sexuellen Orientierung mindestens einen Freund verloren zu haben (Pilkington & D'Augelli, 1995). In den meisten Fällen vertrauen sich die Jugendlichen zunächst einem Freund an, der ebenfalls einer sexuellen Minderheit angehört. Viele dieser Jugendlichen berichten, dass es wichtig ist, einen oder mehr Freunde aus der Gruppe der sexuellen Minderheit zu haben, um soziale Unterstützung und Akzeptanz zu bekommen (Savin-Williams, 1994, 1998a).

Vermutlich aufgrund des Drucks, mit ihrer Sexualität zurechtzukommen, finden sich bei Jugendlichen aus sexuellen Minderheiten höhere Raten von Selbstmordversuchen als bei anderen Jugendlichen; die geschätzte Rate von Suizidversuchen reicht von 20 Prozent bis über 50 Prozent (D'Augelli, 1998; D'Augelli, Hershberger & Pilkington, 2001; Rotheram-Borus & Langabeer, 2001). Diese hohen Raten sind unter Umständen nicht repräsentativ, da sie meistens aus Studien mit gefährdeten Jugendlichen stammen und nicht an typischen homosexuellen Jugendlichen gewonnen wurden. Obwohl es Belege dafür gibt, dass Jugendliche aus sexuellen Minderheiten häufiger als andere Jugendliche Schul-, Drogen- und Gesetzeskonflikte haben (Savin-Williams, 1994), lässt sich auch bei diesen Daten darüber diskutieren, wie repräsentativ sie wirklich sind (Rotheram-Borus & Langabeer, 2001). Unabhängig von der Gültigkeit der Statistiken wird deutlich, dass es für Jugendliche nicht gerade leicht ist, sich auf ihre schwule, lesbische oder bisexuelle Existenz einzustellen, wenn sie versuchen, ihre persönliche und soziale Identität herauszubilden.

IN KÜRZE

Obwohl sich Jugendliche aus sexuellen Minderheiten in den meisten Aspekten nicht von anderen Jugendlichen unterscheiden, können sie mit Blick auf ihre Identität und die Offenlegung ihrer gleichgeschlechtlichen Präferenzen vor besonderen Herausforderungen stehen. Typischerweise, aber nicht immer, durchlaufen sie die Phasen *erstes Anerkennen*, *Testen und Erkunden*,

Akzeptanz der Identität und *Identitätsintegration*. Viele Jugendliche aus sexuellen Minderheiten haben im mittleren Kindesalter bereits eine gewisse Ahnung von ihren sexuellen Präferenzen, wobei einige Individuen ihre gleichgeschlechtliche sexuelle Anziehung nicht vor dem mittleren Erwachsenenalter berichten. Da es vielen dieser Jugendlichen schwer fällt, ihre Sexualität zu akzeptieren, und da sie die Enthüllung ihrer Neigungen gegenüber anderen fürchten, erzählen sie bis zum Alter von 16 bis 19 Jahren oft niemandem von ihren gleichgeschlechtlichen Neigungen.

Eltern fällt es manchmal schwer, die gleichgeschlechtliche Orientierung ihrer Kinder zu akzeptieren, und eine Minderheit der Eltern misshandelt ihre Kinder oder weist sie aus diesem Grund zurück. Obwohl Jugendliche sexueller Minderheiten sich für gewöhnlich zuerst einem Freund anvertrauen, fürchten sie oft Schikanen durch Altersgenossen. Vielleicht liegt es an den Zurückweisungen oder Schikanierungen durch die Familie und durch Gleichaltrige, dass homosexuelle Jugendliche häufiger als andere Jugendliche Selbstmordversuche unternehmen.

Selbstwertgefühl

Ein wichtiges Element des Selbstkonzepts ist das **Selbstwertgefühl** – die allgemeine Bewertung des Selbst und die Gefühle, die durch diese Bewertung erzeugt werden (Crocker, 2001). Das Selbstwertgefühl ist wichtig, weil es sich darauf bezieht, wie zufrieden Menschen mit ihrem Leben und ihren Zukunftsaussichten sind. Individuen mit hohem Selbstwertgefühl fühlen sich im Allgemeinen gut, was sie selbst betrifft, und sind hoffnungsvoll. Individuen mit niedrigem Selbstwertgefühl neigen dazu, sich wertlos, deprimiert und hoffnungslos zu fühlen (Harter, 1999). Das Selbstwertgefühl beginnt sich früh zu entwickeln, wiewohl eine Reihe von Faktoren das individuelle Niveau des Selbstwertgefühls im weiteren Lebensverlauf beeinflussen kann.

Selbstwertgefühl – die allgemeine Einschätzung der Wertigkeit des Selbst und die Gefühle, die dadurch erzeugt werden.

Quellen des Selbstwertgefühls

Eine Vielzahl von Faktoren steht in Zusammenhang mit dem Selbstwertgefühl von Kindern. Dazu gehören ihr genetisches Erbe, die Qualität ihrer Beziehungen, ihr Aussehen und ihre Fähigkeiten, ihre Schule, ihr Wohnviertel und verschiedene kulturelle Faktoren, die sich auf ihr Leben auswirken. Weiterhin trägt zum Selbstwertgefühl bei, wie Kinder über sich selbst denken. Daher bietet die Entwicklung des Selbstwerts ein hochgradig transparentes Beispiel für die Interaktion von *Anlage und Umwelt* einschließlich des *sozio-kulturellen Kontexts*. Weiterhin handelt es sich beim Selbstwertgefühl um einen psychischen Funktionsbereich, der durch große *individuelle Unterschiede* gekennzeichnet ist.

Tabelle 11.5: Beispielitems aus Susan Harters Selbstwahrnehmungsprofil für Kinder, einem häufig verwendeten Messinstrument für Selbstwertgefühl und Selbstwahrnehmung.

Trifft auf mich völlig zu	Trifft auf mich teilweise zu				Trifft auf mich teilweise zu	Trifft auf mich völlig zu
		\multicolumn{3}{c}{**Schulische Fähigkeit**}		
☐	☐	Manche Kinder haben das Gefühl, dass sie ihre Hausaufgaben sehr *gut* erledigen.	ABER	Andere Kinder machen sich *Sorgen*, ob sie ihre Hausaufgaben schaffen.	☐	☐
		\multicolumn{3}{c}{**Soziale Akzeptanz**}		
☐	☐	Manche Kinder finden es *schwierig*, Freunde zu finden.	ABER	Andere Kinder finden es sehr *leicht*, Freunde zu finden.	☐	☐
		\multicolumn{3}{c}{**Sportliche Fähigkeit**}		
☐	☐	Manche Kinder sind sehr *gut* bei allen Sportarten.	ABER	Andere Kinder finden sich *nicht* besonders gut, wenn es um Sport geht.	☐	☐
		\multicolumn{3}{c}{**Körperliches Aussehen**}		
☐	☐	Manche Kinder sind *glücklich* darüber, wie sie aussehen.	ABER	Andere Kinder sind *nicht* glücklich mit ihrem Aussehen.	☐	☐
		\multicolumn{3}{c}{**Verhalten und Betragen**}		
☐	☐	Manche Kinder finden es oft *nicht* gut, wie sie sich benehmen.	ABER	Andere Kinder finden es meistens *gut*, wie sie sich benehmen.	☐	☐
		\multicolumn{3}{c}{**Allgemeiner Selbstwert**}		
☐	☐	Manche Kinder sind oft *unglücklich* mit sich.	ABER	Andere Kinder sind recht *zufrieden* mit sich.	☐	☐

(Nach Harter, 1985.)

Um das Selbstwertgefühl von Kindern zu messen, befragen Forscher die Kinder mündlich oder in Form eines Fragebogens über ihre Selbstwahrnehmungen. Wie Tabelle 11.5 zeigt, erheben sie die kindliche Vorstellung der eigenen physischen Attraktivität, der sportlichen Kompetenz, der sozialen Akzeptanz, der schulischen Fähigkeiten und der Angemessenheit ihres Verhaltens. Zusätzlich fragen sie die Kinder nach ihrem Gesamt-Selbstwert – wie sie sich so im Allgemeinen fühlen (Harter, 1998).

Vererbung

Die Vererbung trägt zu den Unterschieden in den Selbstwertvorstellungen von Kindern auf verschiedene Weise bei. Am deutlichsten wird das natürlich beim körperlichen Aussehen und den sportlichen Fähigkeiten, die beide stark mit dem Selbstwert zusammenhängen. Außerdem spielen ohne Zweifel auch genetisch basierte intellektuelle Fähigkeiten und Persönlichkeitsaspekte wie Geselligkeit und die Neigung zu negativen Emotionen eine Rolle für das schulische und soziale Selbstwertgefühl. Der Beitrag der Vererbung zum Selbstwert wird dadurch unterstrichen, dass das Selbstwertgefühl auf all diesen Dimensionen zwischen Geschwistern, die sich genetisch ähnlicher sind, ebenfalls ähnlicher ausfällt (zum Beispiel sind sich eineiige Zwillinge in ihrem Selbstwert ähnlicher als zweieiige Zwillinge, und Geschwister sind sich ähnlicher als Stiefgeschwister) (McGuire, Neiderhiser, Reiss, Hetherington & Plomin, 1994).

Der soziale Beitrag zum Selbstwert

Einer der wichtigsten Einflüsse auf den Selbstwert von Kindern ist die Anerkennung und Unterstützung, die sie von anderen erhalten. Diese Idee geht ein ganzes Jahrhundert zurück auf Charles Cooley (1902) und dessen Annahme des „Spiegel-Selbstbilds", der zufolge das Selbstwertgefühl eines Menschen eine Reflexion dessen ist, was andere von ihm denken (siehe Abbildung 11.4). Genauer betrachtet behauptete Cooley, dass der Selbstwert die verinnerlichte Bewertung durch andere Menschen ist, die dem Individuum wichtig sind. Ähnliche Ansichten wurden von Erikson (1950) und Bowlby (1969) vertreten, die behaupteten, dass sich das Selbstgefühl der Kinder auf die Qualität ihrer Beziehungen zu anderen gründet. Wenn sich Kinder in jungem Alter geliebt fühlen, gelangen sie zu dem Glauben, dass sie liebenswert sind und die Liebe anderer verdienen. Wenn sie sich hingegen als Kinder ungeliebt fühlen, glauben sie am Ende das Gegenteil. Diese Ansicht wird durch die Befunde unterstützt, die wir in der vorherigen Diskussion der Bindung vorgestellt haben (Verschueren, Marcoen & Schoefs, 1996).

Abbildung 11.4: Faktoren, die zum Selbstwert von Kindern beitragen. Das Selbstwertgefühl von Kindern wird durch die Anerkennung und Unterstützung beeinflusst, die sie von ihren Eltern, Freunden und anderen Menschen ihrer Gemeinschaft bekommen, und außerdem durch ihre körperlichen, sozialen, verhaltensbezogenen und schulischen Fähigkeiten, welche wiederum von Umweltfaktoren und genetischen Faktoren abhängen (nach Harter, 1999).

Kinder beginnen sich ungefähr im Alter von zwei Jahren darum zu sorgen, die Liebe und Anerkennung ihrer Eltern zu gewinnen (Stipek, Recchia & McClinc, 1992). Ob und wie die Eltern ihre Liebe und Anerkennung kommunizieren oder vorenthalten, wirkt sich in der Folge darauf aus, ob sich Kinder als kompetent und liebenswert oder als inkompetent und nicht liebenswert betrachten. Eltern, die dazu neigen, gegenüber ihrem Kind anerkennend und interessiert zu sein, und die unterstützende und doch strenge Erziehungsmethoden anwenden, haben meistens auch Kinder mit hohem Selbstwertgefühl (Feiring & Taska, 1996; Lamborn, Mounts, Steinberg & Dornbusch, 1991). Eltern, die regelmäßig ihre *Kinder* für inakzeptables Verhalten herabsetzen oder sie zurückweisen – anstatt das jeweilige *Verhalten* zu verurteilen –, bringen ihren Kindern dagegen eher ein Gefühl von Wertlosigkeit bei und die Erfahrung, nur in dem Maße geliebt zu werden, in dem sie den elterlichen Normen entsprechen (Harter, 1999).

Im Laufe der Kindheit wird der Selbstwert der Kinder immer mehr durch die Akzeptanz der Gleichaltrigen beeinflusst (Harter, 1999). So können die Kompetenzgefühle der Kinder hinsichtlich ihres Aussehens, ihrer sportlichen Fähigkeiten und ihrer Liebenswürdigkeit in der späten Kindheit mehr vom Urteil der Altersgenossen als von der Bewertung der Eltern abhängen. Gleichzeitig wird der Selbstwert der Kinder nicht nur durch die Reaktion der Gleichaltrigen

Die Art und Qualität der Interaktionen mit den Eltern und anderen Bezugspersonen gehört zu den wichtigen Einflüssen auf das Selbstwertgefühl von Kindern.

auf sie beeinflusst, sondern wirkt sich auch selbst auf diese Reaktionen aus. Beispielsweise ist ein Kind mit niedrigem Selbstwertgefühl ein bevorzugter Kandidat, um aufgezogen, gehänselt, zurückgewiesen oder ignoriert zu werden. Hingegen ist ein Kind mit hohem Selbstwert wahrscheinlich recht beliebt.

Obwohl die Anerkennung durch andere ein wichtiger Faktor für den Selbstwert von Kindern ist, verlassen sich die meisten Kinder, wenn sie auf die Adolszenz zugehen, verstärkt auf internalisierte Normen, um sich selbst zu bewerten (Connell & Wellborn, 1991; Higgins, 1991). Auf diese Weise wird ihr Selbstwert weniger an die Anerkennung durch andere geknüpft. Experten stimmen darin überein, dass Jugendliche, die nicht diesem Muster folgen, sondern weiterhin ihre Selbstbewertungen auf den Standards und der Anerkennung anderer aufbauen, für psychische Probleme anfällig sind. Dies gilt zumindest in westlichen Industriekulturen, wo eine internalisierte, relativ stabile Vorstellung vom Selbst die Basis für eine gesunde Identitätsbildung liefert (Damon & Hart, 1988; Higgins, 1991).

Aussehen und Fähigkeit

Während der Kindheit und Adoleszenz geben attraktive Individuen viel eher ein hohes Selbstwertgefühl an als weniger attraktive (Erkut, Marx, Fields & Sing, 1998; Harter, 1993; Verkuyten, 1990). Das erstaunt nicht, wenn man bedenkt, dass attraktive Menschen von anderen positiver gesehen und besser behandelt werden als unattraktive Menschen. Vielleicht folgt allein schon daraus, dass sie sich auch sozial kompetenter verhalten und mehr wünschenswerte Eigenschaften besitzen (zum Beispiel ausgeglichen und beliebt zu sein), was wiederum Anklang bei anderen findet (Langlois et al., 2000). Dieser Zusammenhang zwischen Selbstwert und Attraktivität ist bei Mädchen wohl etwas stärker als bei Jungen, besonders in der späten Kindheit und Adoleszenz, denn Mädchen machen sich viel mehr Sorgen über ihr Aussehen (siehe Abbildung 11.5). Dieser Geschlechtsunterschied kann zur Erklärung beitragen, warum Männer etwas höhere Selbstwertausprägungen aufweisen als Frauen, besonders in der späten Adoleszenz (Kling, Hyde, Showers & Buswell, 1999).

Wie man erwarten könnte, neigen schulisch erfolgreiche Kinder zu höherem Selbstwert im Hinblick auf ihre geistigen und schulischen Fähigkeiten als ihre weniger erfolgreichen Altersgenossen, und sie sind optimistischer, was die Ergebnisse ihrer zukünftigen Anstrengungen betrifft (Harter, 1983; Skinner, Zimmer-Gembeck & Connell, 1998). Obwohl die Befundlage nicht schlüssig ist (Byrne, 1996), scheint der Schulerfolg den Selbstwert der Kinder stärker zu beeinflussen, als das Selbstwertgefühl die schu-

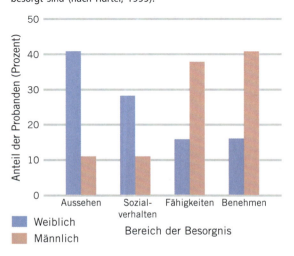

Abbildung 11.5: Geschlechtsunterschiede bei den Sorgen Jugendlicher über ihr Aussehen, ihr Sozialverhalten, ihre Fähigkeiten und ihr Benehmen. Mädchen berichten mehr Sorgen über ihr Aussehen und ihr Sozialverhalten, während Jungen mehr um ihre Fähigkeiten und ihr Benehmen besorgt sind (nach Harter, 1999).

lischen Leistungen beeinflusst (Harter, 1983). Schulische und sportliche Fähigkeiten zu besitzen scheint ein besonders wichtiger Aspekt des Selbstwertgefühls von Jungen zu sein (Harter, 1999).

Schule und Wohngegend

Das Selbstwertgefühl von Kindern und Jugendlichen kann auch durch ihr schulisches und nachbarschaftliches Umfeld beeinflusst werden. Die Effekte des schulischen Umfeldes werden am deutlichsten in dem sinkenden Selbstwert, der mit dem Übergang von der Grundschule zur weiterführenden Schule verbunden ist (Eccles et al., 1989; Seidman, Allen, Aber, Mitchell & Feinman, 1994). Wie in Kapitel 1 angesprochen, entspricht die Umgebung der weiterführenden Schule oftmals nicht der Entwicklung der 11- und 12-Jährigen, da es für Kinder dieses Alters schwierig ist, sich von einem Lehrer, den sie gut kennen und der mit ihren Fähigkeiten und Schwächen vertraut ist, auf viele Lehrer, die wenig von ihnen wissen, umzustellen. Weiterhin zwingt der Übergang zur weiterführenden Schule die Schüler, einer neuen Gruppe von Gleichaltrigen beizutreten und von der obersten Ebene der Hackordnung einer Schule auf die unterste einer anderen zu kommen. Besonders in armen, überfüllten städtischen Schulen bekommen Jugendliche häufig nicht die Aufmerksamkeit, Unterstützung und Freundschaft, die sie brauchen, um etwas leisten zu können und von sich überzeugt zu sein (Eccles & Midgley, 1989; Seidman et al., 1994).

Dass der Selbstwert von Kindern durch ihr nachbarschaftliches Umfeld beeinflusst werden kann, lässt sich daraus ablesen, dass das Leben in Armut in einer städtischen Umgebung mit einem geringeren Selbstwertgefühl US-amerikanischer Jugendlicher einhergeht (Paschall & Hubbard, 1998). Dies könnte auf das große Ausmaß an Stress zurückgeführt werden, das die Erziehungsqualität beeinträchtigt, sowie auf Vorurteile durch wohlhabendere Jugendliche und Erwachsene sowie unangemessene materielle und psychische Ressourcen (Walker, Taylor, McElroy, Phillip & Wilson, 1995).

Ärmliche Umweltbedingungen stellen ein Risiko für die Entwicklung eines niedrigen Selbstwertgefühls dar.

Schlechte Schüler besitzen meistens ein geringeres Selbstwertgefühl als ihre erfolgreicheren Mitschüler. Die Wahrnehmung ihrer schulischen Fähigkeiten scheint sich bei Kindern jedoch weniger gravierend auf den allgemeinen Selbstwert auszuwirken als die Wahrnehmung ihres Aussehens.

Selbstwertgefühl bei Kindern aus Minderheiten

Kinder aus Minderheiten leben in den Vereinigten Staaten in der Regel mit höherer Wahrscheinlichkeit in „unerwünschten", verarmten Gegenden als Kinder der mehrheitlichen (euro-amerikanischen) Kultur und sind eher Vorurteilen von Erwachsenen und Jugendlichen ausgesetzt. Da der Selbstwert von Kindern stark durch die Bewertungen anderer beeinflusst ist, wird häufig angenommen, dass Minoritätenkinder, besonders afrikanischen und hispanischen Ursprungs, einen geringeren Selbstwert aufweisen als euro-amerikanische Kinder.

Tatsächlich trifft dies jedoch nicht immer zu. Bei jüngeren euro-amerikanischen Kindern ist der Selbstwert im Allgemeinen höher als bei ihren afro-amerikanischen Altersgenossen, aber ab dem Alter von zehn Jahren kehrt sich dieser Trend langsam um. Diese Veränderung dürfte darauf beruhen, (1) dass sich Afro-Amerikaner meistens stärker mit ihrer rassischen Gruppe identifizieren als Euro-Amerikaner und (2) dass die afro-amerikanische Kultur mehr als die euro-amerikanische Kultur die wünschenswerten Aspekte der Besonderheit der Gruppe unterstreicht (wie sich in dem bekannten Slogan der 1960er und 70er Jahre „Black is beautiful" zeigt). Da die ethnische Identität für viele Afro-Amerikaner einen wichtiger Aspekt des Selbstkonzepts darstellt, kann die Betonung der positiven Eigenschaften, die es mit sich bringt, afro-amerikanischer Abstammung zu sein, das Selbstwertgefühl der dieser Gruppe zugehörigen Jugendlichen und Erwachsenen erhöhen (Gray-Little & Hafdahl, 2000).

Weniger ist über den Selbstwert der Kinder von Latinos und der Kinder anderer Minderheiten bekannt. Aufgrund der Armut und der Vorurteile, die viele Latinos (Amerikaner hispanischer, insbesondere mexikanischer Abstammung) erleben, könnte man erwarten, dass ihr Selbstwertgefühl durchgängig und auf allen Altersstufen weit niedriger ausgeprägt ist als bei Euro-Amerikanern. Zwar weisen Latinos in der Tat bei Messungen des Selbstwerts in der Grundschule signifikant niedrigere Werte auf als Euro-Amerikaner, doch dieser Unterschied verringert sich in der Adoleszenz (Twenge & Crocker, 2002). Diese Veränderung kann teilweise auf die Tatsache zurückgeführt werden, dass Latino-Eltern die Identifikation ihrer Kinder mit der Familie und der größeren ethnischen Gruppe fördern (Parke & Buriel, 1998), was einige negative Effekte, die Armut und Vorurteile auf den Selbstwert haben, abpuffern kann. Besonders in Gegenden, in denen die Latinos die Mehrheit bilden, besitzen ihre Jugendlichen, sofern sie sich mit ihrer ethnischen Gruppe identifizieren, ein stärker ausgeprägtes Selbstwertgefühl (Umana-Taylor, Diversi & Fine, 2002).

Andere Minderheitengruppen in den Vereinigten Staaten zeigen unterschiedliche Selbstwert-Muster. Zum Beispiel geben Kinder asiatischer Abstammung in der Grundschule höhere Selbstwertausprägungen an als euro- und afro-amerikanische Kinder, aber in der High-School ist ihr Selbstwert dann geringer als der von Euro-Amerikanern (Twenge & Crocker, 2002). Wie wir im nächsten Abschnitt sehen werden, können kulturelle Faktoren zu dem geringen Niveau an Selbstachtung beitragen, das in einigen Gruppen ethnischer Minderheiten besteht.

Was Kinder und Jugendliche von sich selbst halten, wird sehr viel stärker durch die Akzeptanz ihrer Familie, Nachbarn und Freunde beeinflusst als durch Reaktionen von Fremden und der Gesellschaft im Allgemeinen. Aus diesem Grund können Eltern aus Minderheitengruppen ihren Kindern helfen, einen hohen Selbstwert und ein Gefühl des Wohlbefindens zu entwickeln, indem sie sie unterstützen, ihnen Stolz über ihre Kultur beibringen und ihnen helfen, mit Vorurteilen umzugehen. Das Vorhandensein positiver gleichaltriger und erwachsener Rollenvorbilder der eigenen ethnischen Gruppe trägt ebenfalls zu den positiven Gefühlen der Kinder über sich und ihre Ethnizität bei (Fischer & Shaw, 1999; Walker et al., 1995).

Kultur und Selbstwert

In den verschiedenen Kulturen können sich die Quellen des Selbstwertgefühls ebenso wie seine Form und Funktion unterscheiden, und entsprechend können auch die Kriterien variieren, anhand derer sich Kinder bewerten und einschätzen. Es verwundert daher nicht, dass sich die Ausprägungen von Standardmessungen des Selbstwertgefühls zwischen den Kulturen beträchtlich unterscheiden. Abgesehen vielleicht vom Bereich der sozialen Kompetenzen fallen die Selbstwertausprägungen in China, Japan und Korea meistens niedriger aus als in den USA, Kanada, Australien und einigen Teilen Europas (Harter, 1999; Sakurai, 1983; Stigler, Smith & Mao, 1985). Der Verweis auf die Tatsache, dass diese Unterschiede teilweise auf die stärkere Betonung des Wertes von Bescheidenheit und Zurückhaltung in der asiatischen Kultur zurückgehen könnten, leistet wahrscheinlich noch nicht die ganze Erklärung. Es scheint grundsätzliche Unterschiede zwischen der asiatischen und westlichen Kultur zu geben, welche die Bedeutung des Selbstwertgefühls beeinflussen.

In westlichen Kulturen und insbesondere in den USA hängt der Selbstwert mit individuellen Fähigkeiten und Selbstdarstellung zusammen. In asiatischen Gesellschaften wie Japan und China hingegen, die traditionell kollektivistisch oder gruppenorientiert sind, steht der Selbstwert im Zusammenhang mit dem eigenen Beitrag zum Wohlergehen der größeren Gruppe und der Unterwerfung unter die Normen der wechselseitigen sozialen Abhängigkeit. In diesem kulturellen Kontext werden Selbstkritik und das Bemühen um Selbstverbesserung als Beleg für die Verpflichtung gegenüber der Gruppe gesehen, und Selbstkritik kann tatsächlich zu positiven Gefühlen hinsichtlich des Selbst führen (Heine, Lehman, Markus & Kitayama, 1999). Unter der Voraussetzung dieser Motivation zur Selbstkritik zeigen chinesische und japanische Kinder wahrscheinlich eine niedrigere Selbstbewertung als westliche Kinder, wenn man Messskalen des Selbstwertgefühls zugrunde legt, die in den USA entwickelt wurden. Aus diesem Grund kann man nicht davon ausgehen, dass Faktoren, die in den USA oder anderen westlichen Ländern zu höherem Selbstwertgefühl führen, notwendigerweise auch in nicht-westlichen Gesellschaften mit einem hohen Selbstwert einhergehen. Dasselbe gilt für die Subkulturen in den USA, die traditionelle, nicht-westliche Ansichten über das Selbst und seine Beziehungen zu anderen Menschen beibehalten haben.

IN KÜRZE

Viele Faktoren beeinflussen das Selbstwertgefühl von Kindern und Jugendlichen. Genetische Veranlagung, die Unterstützung und Anerkennung der Eltern und Altersgenossen, körperliche Attraktivität, schulische Leistungsfähigkeit und soziale Faktoren wie das nachbarschaftliche und schulische Umfeld wirken sich darauf aus, wie Kinder und Jugendliche sich selbst einschätzen. Obwohl Minoritätenkinder in den USA häufig Vorurteilen und Armut ausgesetzt sind, können unterstützende Familien und Gemeinschaften einen Puffer bilden und ihr Selbstwertgefühl sogar erhöhen. Die Quellen des Selbstwerts, ebenso wie seine Form und Funktion, können zwischen Kulturen variieren, was mit unterschiedlichen Selbsteinschätzungen einhergehen kann.

Zusammenfassung

Die Bindungsbeziehung zwischen Kindern und ihren Betreuungspersonen

- Nach der Theorie von Bowlby ist Bindung ein biologisch basierter Prozess, dessen Wurzeln in der Evolution liegen und der die Überlebenschancen des hilflosen Kleinkinds erhöht. Eine sichere Bindung bietet dem Kind außerdem eine sichere Basis zur Exploration. Ein Ergebnis der frühen Eltern-Kind-Interaktionen ist ein inneres Arbeitsmodell von Beziehungen.
- Die Qualität der kindlichen Bindung an ihre primäre Bezugsperson wurde durch die Fremde Situation von Ainsworth gemessen. Die Kinder werden typischerweise nach sicher gebunden oder unsicher gebunden (unsicher-ambivalent, unsicher-vermeidend oder desorganisiert-desorientiert) eingeteilt. Kinder sind eher sicher gebunden, wenn ihre Betreuungspersonen sensibel sind und auf ihre Bedürfnisse reagieren.
- Es bestehen über viele Kulturen hinweg Ähnlichkeiten zwischen den Bindungen der Kinder, wobei die Anteile der Kinder in den einzelnen Bindungskategorien manchmal zwischen Kulturen oder Subkulturen variieren.
- Der Bindungsstatus der Eltern und ihr Arbeitsmodell von Beziehungen hängen mit der Qualität ihrer Bindung zu ihren Kindern zusammen. Es scheint eine gewisse Kontinuität von der Bindung in der Kindheit zur Bindung im Erwachsenenalter zu geben, solange zwischen der Kindheit und der Elternschaft keine gravierenden Ereignisse wie Scheidung, Krankheit, Kindesmisshandlung oder mütterliche Depression auftreten.
- Interventionsprogramme zeigen, dass man mit Eltern ein sensibleres, aufmerksameres und stimulierenderes Erziehungsverhalten einüben kann,

was bei ihren Kindern mit einer Zunahme an Geselligkeit, Explorationsverhalten, Bindungssicherheit und der Fähigkeit, sich selbst zu beruhigen, einhergeht.
- Die Bindungssicherheit der Kinder zu ihren Eltern sagt zwischenmenschliche Beziehungen und Anpassungsfähigkeit vorher.

Konzeptionen des Selbst

- Die Vorstellungen kleiner Kinder von sich selbst sind sehr konkret – sie beruhen auf körperlichen Merkmalen und offenem Verhalten – und ausnahmslos positiv. Mit zunehmendem Alter basieren Selbstkonzepte verstärkt auf inneren Qualitäten und der Qualität der Beziehungen zu anderen; sie sind realistischer, integrierter, abstrakter und komplexer.
- Nach Elkind stellen sich Jugendliche ein „imaginäres Publikum" vor und entwickeln „persönliche Fabeln", weil sie sich auf das konzentrieren, was andere über sie denken.
- Nach Erikson tritt in der Pubertät die Krise von Identität versus Rollendiffusion auf. Der Versuch eines Individuums, eine Identität zu entwickeln, wird durch persönliche Eigenschaften sowie familiäre und kulturelle Faktoren beeinflusst; dasselbe gilt für die Frage, ob und wann sich ein Individuum im Zustand des psychischen Moratoriums, der übernommenen Identität, der Identitätsdiffusion oder der erarbeiteten Identität befindet.

Ethnische Identität

- In der Kindheit umfasst die Entwicklung einer ethnischen Identität, sich selbst als ein Mitglied der ethnischen Gruppe zu erkennen, ein Verständnis der ethnischen Beständigkeit zu entwickeln, ethnisches Rollenverhalten zu zeigen, Wissen über die eigene ethnische Gruppe zu erwerben und ein Zugehörigkeitsgefühl zur ethnischen Gruppe zu entwickeln. Familie und Gemeinschaft beeinflussen diese Prozesse der Entwicklung.
- In der Adoleszenz beginnen Jugendliche aus Minderheiten häufig, die Bedeutung ihrer Ethnizität und deren Rolle für ihre Identität zu erforschen, auch wenn sie zuvor ihre ethnische Identität ohne viel Nachdenken akzeptiert hatten. Viele Jugendliche ethnischer Minderheiten neigen anfänglich zur diffusen oder übernommenen Identität. Dann interessieren sie sich zunehmend für das Erkunden ihrer eigenen Ethnizität (Suche/Moratorium). Einige Jugendliche werden ihre Ethnizität akzeptieren und sich sogar für sie begeistern (erarbeitete ethnische Identität), andere fühlen sich von der mehrheitlichen Kultur angezogen, und wieder andere werden bikulturell.

Sexuelle Orientierung als Teil der Identität

- Jugendliche sexueller Minderheiten (Schwule, Lesben, Bisexuelle) sind anderen Jugendlichen in ihrer Identitäts- und Selbstentwicklung ähnlich, obwohl sie sich besonderen Schwierigkeiten gegenübersehen. Viele, aber nicht alle, sind sich der Anziehung durch Gleichgeschlechtliche schon ab der mittleren Kindheit bewusst. Entwicklungsmeilensteine in dem Prozess der Selbstetikettierung und Offenlegung bei homosexuellen Jugendlichen sind (1) erstes Anerkennen, (2) Testen und Exploration, (3) Identitätsakzeptanz und (4) Identitätsidentifikation. Jedoch nicht alle Individuen durchlaufen alle diese Stufen, und vielen fällt es schwer, ihre Sexualität zu akzeptieren und sie gegenüber anderen offen zu legen.

Selbstwertgefühl

- Der Selbstwert von Kindern wird durch viele Faktoren beeinflusst: genetische Veranlagung, die Qualität der Beziehungen des Kindes zu Eltern und Gleichaltrigen, körperliche Attraktivität, schulische Fähigkeiten und verschiedene soziale Faktoren.
- Obwohl Minoritätenkinder in den USA häufig Vorurteilen und Armut ausgesetzt sind, können unterstützende Familien und Gemeinschaften ihre Selbstachtung schützen und sogar erhöhen.
- Vorstellungen, wie eine Person sein sollte, variieren zwischen Kulturen, was zur Folge hat, dass sich die Messwerte von Selbstbewertung und Selbstwertgefühl zwischen verschiedenen Kulturen unterscheiden.
- Wenn Kinder bei einer Aufgabe versagen, zeigen einige von ihnen ein „hilfloses" Motivationsmuster, während andere ein an der Bewältigung der Aufgabe orientiertes Reaktionsmuster zeigen. Kinder, die auf Misserfolg hilflos reagieren, stellen sich Menschen häufig anhand stabiler Persönlichkeitseigenschaften vor; ihnen droht weiterer Misserfolg und Depression. Der erfolgsbezogene Denkstil von Kindern kann durch Präventionsprogramme beeinflusst werden.

Fragen und Denkanstöße

1. Einige Theoretiker glauben, dass die frühen Bindungsbeziehungen dauerhafte Langzeitwirkungen haben. Andere nehmen an, dass solche Effekte von der Qualität der jeweils aktuellen Eltern-Kind-Beziehung abhängen, welche in der Regel mit der Sicherheit der frühen Bindungen der Kinder an ihre Eltern korreliert. Wie könnten Forscher vorgehen, um diese alternativen theoretischen Vorstellungen zu untersuchen und zu prüfen?

2. Worin könnten – unter Berücksichtung der Lektüre über Bindung und die Entwicklung des Selbst – einige der negativen Effekte bestehen, wenn Kinder nacheinander mehrere Kinder- und Pflegeheime durchlaufen? Wie könnten diese Effekte mit dem Alter des Kindes variieren?
3. Was sind die Ähnlichkeiten und Unterschiede in den angenommenen Stufen oder Phasen der Identitätsentwicklung, wie sie bei Erikson oder Marcia (allgemeine Identitätsentwicklung), Phinney (ethnische Identität) und Savin-Williams (Identität sexueller Minderheiten) diskutiert werden? Welche Faktoren könnten zu Ähnlichkeiten und Unterschieden beitragen? Welche Variablen könnten für die ethnische Identität und für die Identität hinsichtlich der sexuellen Orientierung besonders relevant sein?
4. Worin bestehen einige der praktischen und konzeptuellen Schwierigkeiten, wenn man herausfinden will, wann Kinder zum ersten Mal erkennen, dass sie Individuen des gleichen oder des anderen Geschlechts bevorzugen (sich körperlich von ihnen angezogen fühlen)?
5. Denken Sie an Eriksons psychosoziale Stufen der Entwicklung (Kapitel 9). Wie könnte das Selbstwertgefühl einer Person durch Ereignisse und Ergebnisse beeinflusst werden, die mit den jeweiligen Stufen zusammenhängen?

Die Familie

12

- Struktur und Funktion der Familie
- Der Einfluss der elterlichen Sozialisation
- Mütter, Väter, Geschwister
- Wie sich US-amerikanische Familien verändert haben
- Mütterliche Berufstätigkeit und Kinderbetreuung
- Zusammenfassung

1979 kündigte die Volksrepublik China eine einschneidend neue Politik an, die sich dramatisch auf chinesische Familien auswirken sollte. Infolge der tausendfachen Probleme, die mit der Übervölkerung des Landes zusammenhingen, entschied die chinesische Regierung, eine Obergrenze von einem Kind pro Familie einzurichten und ihre Einhaltung strikt durchzusetzen, insbesondere in der städtischen Bevölkerung. Dieses System ging mit ökonomischen Belohnungen für diejenigen einher, die sich an die neue Regel hielten, und mit finanziellen und sozialen Sanktionen gegen diejenigen, die dagegen verstießen. Auf diese Weise war die Politik sehr wirksam, besonders in städtischen Gegenden. In Schanghai beispielsweise handelte es sich 1985 bei 98 Prozent der Geburten um Erstgeburten; landesweit betrug dieser Anteil 68 Prozent (Poston & Falbo, 1990).

Lässt man die grundsätzliche Fragwürdigkeit dieser Politik einmal außer Acht, stellt sich für Entwicklungspsychologen vor allem ein natürliches Experiment dar, anhand dessen man untersuchen kann, wie sich die Familienstruktur auf die Kindesentwicklung auswirkt. Man denke an die Unterschiede des Aufwachsens, die eintreten können, wenn Eltern nur ein Kind und nicht zwei oder mehrere Kinder haben. Ein einziges Kind wird wahrscheinlich mehr individuelle Aufmerksamkeit von den Eltern erhalten und bekommt auch mehr von den Ressourcen der Familie ab. Es kommt hinzu, dass ein Einzelkind nicht mit Geschwistern kooperieren oder etwas mit ihnen teilen muss. Wegen derartiger Unterschiede sagten viele Menschen vorher, dass die neue Generation von Einzelkindern, die in der Volksrepublik China aufwuchs, zu verhätschelt wäre und wenig Erfahrung hätte, Kompromisse einzugehen und mit anderen zu kooperieren. Somit bestand die Sorge, dass diese Einzelkinder (im Englischen *onlies* genannt) zu verdorbenen „kleinen Prinzen" werden würden (Falbo & Poston, 1993). Eine solche Sorge blieb nicht auf China beschränkt. Der Anstieg von Ein-Kind-Familien in den USA ließ ebenfalls die Besorgnis aufkommen, dass Einzelkinder verwöhnte Gören werden könnten (Falbo & Polit, 1986).

Insgesamt gibt es jedoch keine durchgehende Unterstützung für diese Befürchtungen. Tatsächlich schnitten die Einzelkinder in China, insbesondere in städtischen Gebieten, bei schulischen Leistungstests und Intelligenztests besser ab als Kinder aus Familien mit mehr als einem Kind (Falbo & Poston, 1993; Falbo, Poston & Jiao, 1989; Jiao, Ji & Jing, 1996). Und obwohl einige der frühen Untersuchungen zeigten, dass die Einzelkinder in China von ihren Gleichaltrigen als selbstbezogener und weniger kooperativ wahrgenommen wurden als Kinder mit Geschwistern und auch weniger gemocht wurden (zum Beispiel Jiao, Ji & Jing, 1986), fanden neuere Untersuchungen wenig Hinweise darauf, dass Einzelkinder mehr Verhaltensprobleme haben als andere (Wang et al., 2000; Zhang, 1997). So scheinen tatsächlich nur geringe Unterschiede zwischen Einzelkindern und anderen Kindern zu bestehen, was ihre Persönlichkeit oder ihr Sozialverhalten betrifft, einschließlich positiver Verhaltensweisen, die man benötigt, um mit anderen Menschen zurecht zu kommen, und negativer Verhaltensweisen wie Aggression und Lügen (Falbo & Poston, 1993; Poston & Falbo, 1990). Der Unterschied zwischen den frühen und den späteren Befunden könnte damit zusammenhängen, dass sich das Verhalten der Eltern gegenüber Einzelkindern verändert hat, sobald Ein-Kind-Familien häufiger und erwartbarer wurden, was zur Folge hatte, dass Einzelkinder mit geringerer Wahrscheinlichkeit verwöhnt wurden. Die neueren Befunde in China gleichen denen in den USA und anderen Ländern (Doh & Falbo, 1999; Falbo & Polit, 1986).

Eine unbeabsichtigte negative Konsequenz der Ein-Kind-Politik bestand im deutlichen Rückgang der nachgewiesenen Geburtenrate für Mädchen – von den normalerweise vorkommenden 100 Mädchen auf 106 Jungen auf die Rate von 100 Mädchen zu 117 Jungen (BBC News Online, 2001). Dieser Rückgang hängt mit dem höheren Wert zusammen, der in der chinesischen

Die Ein-Kind-Politik in China bot eine Gelegenheit zu untersuchen, was es mit sich bringt, ein Einzelkind zu sein. Im Allgemeinen sind Einzelkinder in China genauso gut angepasst wie Kinder aus größeren Familien und neigen dazu, in der Schule besser zu sein.

Kultur Söhnen zukommt, und geht weitestgehend auf selektive Abtreibung, Tötung oder Aussetzung weiblicher Säuglinge zurück.

Die Ein-Kind-Politik macht deutlich, wie sich die Beschaffenheit von Familien ändern kann und welche Konsequenzen das allgemeine Gesellschaftssystem darauf haben kann, was innerhalb der Familien passiert; diese Prozesse sind im Rahmen des Modells von Bronfenbrenner beschreibbar, das in Kapitel 9 behandelt wurde. Sowohl die Kultur als auch soziale und ökonomische Ereignisse können gravierende Auswirkungen auf die Beschaffenheit von Familien und die Interaktionen zwischen Familienmitgliedern haben. Auch in den industrialisierten westlichen Gesellschaften hat eine Vielzahl von sozialen Veränderungen in den vergangenen 50 Jahren beträchtliche Effekte auf die Familienstruktur gehabt. Zum Beispiel sind die Familien kleiner als früher, und viele Menschen entscheiden sich für Kinder, ohne verheiratet zu sein (Ventura, Martin, Curtin & Mathews, 1997). Außerdem ist es heutzutage nicht selten, dass Kinder nur bei einem biologischen Elternteil leben oder Familien angehören, in denen es eine oder mehrere Scheidungen gegeben hat. Solche familiären Änderungen können sich auf die Ressourcen auswirken, die dem Kind zur Verfügung stehen, wie auch auf die Erziehungspraktiken und das Verhalten der Eltern.

In diesem Kapitel untersuchen wir viele entwicklungsrelevante Aspekte der familiären Interaktionen, einschließlich der Frage, wie der elterliche Erziehungsansatz die Entwicklung von Kindern beeinflussen kann, wie Kinder die Erziehungspraktiken ihrer Eltern beeinflussen und wie sich Geschwister wechselseitig beeinflussen können. Außerdem betrachten wir eine Reihe von sozialen Veränderungen, die in den USA in den letzten 50 Jahren eingetreten sind – vom Alter der ersten Elternschaft bis zu einem erhöhten Anteil an Scheidungen, Wiederverheiratungen und mütterlicher Berufstätigkeit –, und untersuchen ihre Implikationen für das Familienleben und die Entwicklung der Kinder. Weiterhin werden wir uns damit befassen, wie sich Armut,

Zu den vielen Veränderungen, die in den vergangenen 50 Jahren in amerikanischen und anderen westlichen Familien eingetreten sind, gehört die Erhöhung des Alters, in dem Menschen zum ersten Mal heiraten.

Kultur und ähnliche Faktoren auf die Entwicklungsergebnisse auswirken können.

Das Thema von *Anlage und Umwelt* wird sich für die Untersuchung der Rolle der Familie als zentral erweisen, weil die Erbanlagen eines Kindes und seine Erziehung sich wechselseitig beeinflussen und gemeinsame Wirkungen auf die Entwicklung des Kindes haben. Bei der Diskussion, wie Kinder die Art und Weise beeinflussen, in der sie von ihren Eltern erzogen werden, wird das Thema des *aktiven Kindes* erkennbar. Das Thema des *sozio-kulturellen Kontextes* ist insofern zentral, als die Erziehungspraktiken der Eltern stark von kulturellen Überzeugungen, Präferenzen und Zielen abhängen und für die Kinder in unterschiedlichen Kulturen mit unterschiedlichen Entwicklungsfolgen verknüpft sind. Außerdem bildet die Frage nach *interindividuellen Unterschieden* ein wichtiges Thema, weil verschiedene elterliche Erziehungsstile, Interaktionsstrategien und Familienstrukturen mit Unterschieden zwischen den Kindern einhergehen, was ihre sozialen und emotionalen Skills betrifft. Schließlich erweist sich Information über Familien und Erziehungsverhalten auch für die Frage nach dem Zusammenhang von *Forschung und Kindeswohl* als relevant, weil das elterliche Verhalten die Qualität der Alltagserfahrung der Kinder, ihre Überzeugungen und Verhaltensweisen beeinflusst.

Struktur und Funktion der Familie

Was unter einer Familie verstanden wird, unterscheidet sich zwischen Individuen und Kulturen. An manchen Orten beispielsweise umfasst eine typische Familie mehrere Generationen und verheiratete Geschwister, die alle zusammen leben; in Deutschland oder den USA besteht eine Familie häufig nur aus einem einzelnen Elternteil, der allein mit seinem Kind zusammenlebt. Was sind, weltweit gesehen, die Kennzeichen der meisten Familien, und wie sind die meisten Familien organisiert?

Funktionen von Familien

In allen Gesellschaften dienen Familien, auch wenn ihre Struktur oder Größe im Einzelnen unterschiedlich beschaffen ist, mehreren Funktionen, die mit der Aufzucht von Kindern zusammenhängen (LeVine, 1988):

Überleben des Nachwuchses – eine Funktion der Familie; durch die Versorgung der kindlichen Bedürfnisse stellt sie das Überleben des Nachwuchses sicher.

Ökonomische Funktion – eine Funktion der Familie; sie sorgt für die Mittel, mit deren Hilfe Kinder die Fähigkeiten und andere Ressourcen erwerben können, mit deren Hilfe sie als Erwachsene selbst ökonomische Erträge erwirtschaften können.

1. Überleben des Nachwuchses. Familien tragen dazu bei, dass das Überleben der Kinder bis zur Reife sichergestellt ist, indem sie auf ihre körperlichen Bedürfnisse, gesundheitlichen Erfordernisse und ihre allgemeine Sicherheit achten.
2. Ökonomische Funktion. Familien stellen die Mittel bereit, mit denen Kinder die Fähigkeiten und anderen Ressourcen erwerben können, die sie benötigen, um als Erwachsene ökonomische Erträge erwirtschaften zu können.

3. **Kulturelles Training.** Familien bringen den Kindern die grundlegenden Werte ihrer Kultur bei.

Kulturelles Training – eine Funktion der Familie; sie bringt den Kindern die grundlegenden Werte ihrer Kultur bei.

Die erste Funktion ist offensichtlich die grundlegendste; die Ziele, die auf die wirtschaftlichen und kulturellen Funktionen gerichtet sind, spielen keine große Rolle, wenn die Kinder nicht überleben. Wenn es den Kindern jedoch grundsätzlich gut geht, müssen sie danach die Fähigkeiten lernen, mit denen sie ihr Leben bestreiten können, sowie die Werte und Normen, die in der Gesellschaft, in der sie leben, gelten. Familien übernehmen also Funktionen von grundlegender Bedeutung für die Entwicklung ihrer Kinder.

Familiendynamik

Wie gut eine Familie ihren grundsätzlichen Funktionen bei der Aufzucht von Kindern gerecht wird, hängt von sehr vielen Faktoren ab, zu denen vor allem die **Familiendynamik** gehört, also die Art und Weise, wie die Familie als Ganzes funktioniert. In den nachfolgenden Abschnitten behandeln wir die Frage, wie die einzelnen Familienmitglieder zur Entwicklung eines Kindes beitragen. Man muss in diesem Zusammenhang aber zunächst darauf hinweisen, wie wichtig der Gesamteinfluss der Familiendynamik ist. Kein einzelnes Familienmitglied funktioniert isoliert. Familien sind komplexe soziale Einheiten, deren Mitglieder alle voneinander abhängen und sich wechselseitig beeinflussen. Man beachte in der folgenden Skizze die unterschiedlichen Arten und Weisen, auf die sich die Familienmitglieder wechselseitig beeinflussen können.

Familiendynamik – die Art und Weise, in der die Familie als Ganzes funktioniert.

Ein Mann verliert seinen Arbeitsplatz, weil seine Firma Einsparungen vornehmen muss. Er erlebt großen Stress und verhält sich gegenüber seiner Frau und seinen Kindern sehr gereizt. Seine Frau wiederum muss länger arbeiten, damit das Geld reicht, und wird gegenüber ihren Kindern ungeduldig. Die erhöhte Arbeitsbelastung der Mutter bedeutet auch, dass von der achtjährigen Tochter Therese mehr Mithilfe im Haushalt erwartet wird; und Therese ist wütend, weil man von ihrem Bruder Thomas nicht verlangt, ihr zu helfen. Therese verhält sich also sowohl gegenüber ihren Eltern als auch gegenüber Thomas feindselig. Als Reaktion darauf beginnt Thomas, sich über Therese zu beschweren und mit ihr zu streiten, was die Eltern nur noch stärker aufregt. Mit der Zeit steigen Spannungen und Konflikte zwischen allen Familienmitgliedern, und das steigert den Stress noch einmal, den die wirtschaftliche Situation der Familie ohnehin schon erzeugt.

Nachdem die Forscher die Komplexität der Familiendynamiken immer besser erkannt haben, kamen sie zu einer Reihe von Schlussfolgerungen (Parke & Buriel, 1998). Wie in dem vorigen Beispiel deutlich wurde, beeinflussen sich alle Familienmitglieder – Mütter, Väter und Kinder – wechselseitig durch ihr Verhalten, sowohl direkt als auch indirekt. Zweitens werden die Funktionen innerhalb der Familie durch die soziale Unterstützung beeinflusst, die die Eltern von Verwandten, Freunden, Nachbarn und sozialen Einrichtungen wie Schulen und Kirchen erhalten (Parke & Kellam, 1994; Taylor & Roberts,

| Kasten 12.1 | Näher betrachtet |

Eltern-Kind-Beziehungen im Jugendalter

Wir haben in Kapitel 1 bereits auf das weit verbreitete Stereotyp hingewiesen, dass Konflikte zwischen Eltern und ihren Kindern in der Adoleszenz in unvermeidbarer Weise drastisch eskalieren und dass sich Eltern und ihre heranwachsenden Kinder in der Regel entfremden. Es gibt jedoch sehr viele Forschungsergebnisse, die zeigen, dass dies auf die meisten Familien nicht zutrifft (Laursen & Collins, 1994). Beispielsweise fand sich in einer Untersuchung von etwa 1000 US-amerikanischen Jugendlichen aus heimischen oder eingewanderten Familien mit mexikanischem, chinesischem, philippinischem und europäischem Hintergrund, dass die berichteten Konflikte mit den Eltern zwischen der sechsten und der zehnten Klasse nur wenig zunahmen (Fuligni, 1998). Dieses Muster besteht trotz der Tatsache, dass die Bereitschaft der Kinder im Verlauf der Adoleszenz steigt, ihren Eltern offen zu widersprechen, und dass sie der Ansicht sind, ihre Eltern sollten, was ihre persönlichen Angelegenheiten betrifft, weniger Autorität über sie haben (Fuligni, 1998; Youniss & Smollar, 1985). Die Meinungsverschiedenheiten zwischen Eltern und Jugendlichen betreffen jedoch, auch wenn sie recht häufig auftreten, typischerweise nur solche profanen Themen wie Kleidung oder Haarschnitt. Außerdem folgt auf den Anstieg mäßiger Konflikte und Streiterein zwischen Jugendlichen und ihren Eltern in der frühen Adoleszenz typischerweise die Entwicklung einer Beziehung, die weniger kontrovers und instabil, dafür aber gleichberechtigter ist (Steinberg, 1990; Steinberg & Morris, 2001).

1995). Der sozio-kulturelle Kontext ist also wichtig, um die Familiendynamik und ihre möglichen Auswirkungen auf die Kinder zu verstehen. Schließlich muss man die Familiendynamik auch unter einem Entwicklungsaspekt betrachten. Wenn die Kinder älter werden, ändert sich die Art der Eltern-Kind-Interaktionen. Beispielsweise haben wir in Kapitel 5 gesehen, dass die Eltern ihre Kinder, sobald diese zu laufen beginnen, stärker disziplinieren, weil sie sich stärker in Gefahr bringen können und sich den Wünschen und Anweisungen ihrer Eltern leichter widersetzen. Wenn die Kinder also zunehmend mobil werden, werden Ärger und Wut im emotionalen Austausch zwischen Eltern und Kindern häufiger (Campos, Kermoian & Zumbahlen, 1992). In ähnlicher Weise geraten manchmal Jugendliche in häufigere Konflikte mit ihren Eltern, was die Wahl ihrer Freunde oder ihrer Aktivitäten betrifft (Steinberg, 1988). (Siehe Kasten 12.1.)

Die Familiendynamik kann sich auch dann verändern, wenn sich bei den Eltern etwas verändert (zum Beispiel hinsichtlich ihrer Überzeugungen, was die Erziehung und die Familie betrifft), wenn die eheliche Beziehung nicht stabil bleibt (zum Beispiel hinsichtlich des Verständnisses zwischen den Elternteilen) oder wenn sich Beziehungen zwischen anderen Familienmitgliedern wandeln (zum Beispiel wenn sich Geschwister häufiger miteinander streiten). Auch Veränderungen in der Familienstruktur, die auf Geburt, Tod,

Kasten 12.1

In der Minderzahl von Familien wird der Eltern-Kind-Konflikt in der Adoleszenz heftig und tiefer gehend ausgetragen und bezieht sich häufig auf Fragen wie Sexualität, Drogen und die Wahl der Freunde (Arnett, 1999; Papini & Sebby, 1988). Stärkere Konflikte sind besonders wahrscheinlich, wenn Kinder früher als ihre Altersgenossen in die Pubertät kommen (Hill, 1988; Steinberg, 1987, 1988). Dies könnte daran liegen, dass im Falle frühreifer Jugendlicher mit größerer Wahrscheinlichkeit ein stärkerer Widerspruch besteht, wie viel Autonomie die Eltern ihren Kindern zugestehen wollen und wie viel Autonomie die Jugendlichen als angemessen erachten.

Obwohl sich die meisten Eltern von ihren Jugendlichen nicht wirklich entfremden, reduzieren sich die Gefühle von Vertrautheit und Unterstützung zwischen Eltern und Kindern häufig mit Eintritt in die Pubertät (Collins, 1990; Fuligni, 1998; Steinberg, 1988; Stemmler & Petersen, 1999). Jugendliche verbringen auch weniger Zeit mit ihren Eltern als jüngere Kinder (Larson & Richards, 1991). Der Rückgang in den Vertrautheitsgefühlen dürfte zum Teil auf den Wunsch der Jugendlichen nach mehr Autonomie und auf ihre zunehmenden Aktivitäten außerhalb der Familie zurückzuführen sein. Doch auch wenn nun die Gleichaltrigen wichtige Vertrauenspersonen für Jugendliche darstellen (siehe Kapitel 13), bleiben die Eltern doch die primäre Unterstützungsquelle.

Die meisten Jugendlichen und ihre Eltern erleben keine allzu stark ausgeprägten Konflikte.

Scheidung, Wiederverheiratung oder andere Faktoren zurückgehen, können sich auf das Verhältnis der Familienmitglieder auswirken und die familiären Routinen, Normen und Aktivitäten beeinflussen. In vielen Fällen sorgt die Familiendynamik für fortwährende, mehr oder weniger sprunghafte Veränderungen in der Umwelt eines Kindes; doch kann auch ein einzelnes Ereignis wie eine traumatische Scheidung oder der Tod eines Elternteils eine ziemlich drastische Änderung im Verhalten und der emotionalen Ausgeglichenheit eines Kindes hervorrufen.

Beim Blick auf die Familiendynamik darf man auch nicht vergessen, dass sowohl die biologischen Eigenschaften der Kinder (zum Beispiel ihre Attraktivität und ihr Temperament) als auch das Verhalten der Eltern zur Beschaffenheit der Eltern-Kind-Interaktionen beiträgt (Collins, Maccoby, Steinberg, Hetherington & Bornstein, 2000; Deater-Deckard, 2000). Die Familiendynamik wird also sowohl von den erblichen Eigenschaften der verschiedenen Familienmitglieder als auch von den sozialen Verhaltensweisen und Einstellungen beeinflusst, welche die Eltern und die Kinder durch Lernprozesse erworben haben.

Auf der Grundlage dieser umfassenderen Rahmenkonzeption der Familiendynamik wenden wir uns nun der Rolle zu, welche die Eltern bei der Erziehung und Sozialisation ihrer Kinder spielen.

> **IN KÜRZE**
>
> Familien sind komplexe soziale Einheiten, die verschiedene Funktionen haben; vor allem tragen sie zum Überleben des Nachwuchses bei, lehren ihn Fähigkeiten, um als Erwachsene wirtschaftlich produktiv zu sein, und vermitteln ihm die kulturellen Werte. Die Verhaltensweisen der Familienmitglieder beeinflussen sich wechselseitig und können die Dynamik der gesamten Familie verändern. Weiterhin wird die Familiendynamik von mehreren Faktoren beeinflusst, beispielsweise durch Veränderungen seitens der Eltern, durch entwicklungsbedingte Veränderungen beim Kind und die jeweiligen familiären Umstände.

Der Einfluss der elterlichen Sozialisation

Sozialisation – den Prozess, durch den Kinder die Werte, Normen, Fähigkeiten, Wissensbestände und Verhaltensweisen erwerben, die für ihre gegenwärtige und zukünftige Rolle in ihrer jeweiligen Kultur als angemessen betrachtet werden.

Als **Sozialisation** bezeichnet man den Prozess, durch den Kinder die Werte, Normen, Fähigkeiten, Wissensbestände und Verhaltensweisen erwerben, die für ihre gegenwärtige und zukünftige Rolle in ihrer jeweiligen Kultur als angemessen betrachtet werden. Es gibt – vor allem in der deutschen Pädagogik – theoretische Kontroversen darüber, ob und in welcher Weise sich Erziehung von Sozialisation dadurch unterscheidet, dass sie die intendierte Beeinflussung der Kindesentwicklung auf bestimmte Ziele hin betont. Im vorliegenden Zusammenhang wird Sozialisation als der umfassendere Begriff verwendet, der erzieherische Interventionen im engeren Sinne mit einschließt. Eltern können die Entwicklung ihrer Kinder durch Sozialisationsprozesse auf mindestens dreierlei Weise beeinflussen (Parke & Buriel, 1998):

1. *Eltern als direkte Lehrer.* Eltern können ihren Kindern auf direktem Wege Fähigkeiten, Regeln und Strategien beibringen und sie über verschiedene Angelegenheiten explizit informieren oder beraten.
2. *Eltern als indirekte Sozialisationsinstanzen.* Eltern sozialisieren ihre Kinder indirekt im Rahmen alltäglicher Interaktionen. Durch ihr eigenes Verhalten fungieren sie beispielsweise als Vorbilder und vermitteln Fertigkeiten, Informationen sowie Regelwissen. Sie dienen auch als Modell für Einstellungen und Verhaltensweisen gegenüber anderen, beispielsweise in Form von Hilfsbereitschaft oder Aggression.
3. *Eltern als Anbieter von Gelegenheiten.* Eltern sind die Manager und Arrangeure der Erfahrungen und des sozialen Lebens ihrer Kinder, einschließlich der Konfrontation mit positiven und negativen Erlebnissen, mit Spielsachen und mit anderen Kindern sowie des Zugangs zu Informationen unterschiedlichster Art. Diese Managerrolle fällt besonders ins Gewicht, solange die Kinder noch klein sind. Wenn sich Eltern beispielsweise entschließen, ihre Kinder tagsüber betreuen zu lassen, wird sich deren täg-

liche Erfahrung mit Gleichaltrigen und erwachsenen Betreuern sicher deutlich von den Erfahrungen anderer Kinder unterscheiden, die tagsüber von einem Elternteil zu Hause versorgt werden.

Eltern sozialisieren das Verhalten und die Entwicklung ihrer Kinder auf allen genannten Wegen. Es wird sich jedoch zeigen, dass sich Eltern beträchtlich darin unterscheiden, auf welche Weise sie dies jeweils tun.

Erziehungsstile und Erziehungspraktiken

Jeder weiß zweifellos aus seiner eigenen Erfahrung, dass die Eltern verschiedener Familien recht unterschiedliche **Erziehungsstile** praktizieren. Darunter versteht man elterliche Verhaltensweisen und Einstellungen, die das emotionale Klima für die Eltern-Kind-Interaktionen bestimmen. Manche Eltern zum Beispiel stellen strikte Regeln auf und erwarten von ihren Kindern deren vollständige und sofortige Einhaltung. Andere geben ihren Kindern eher einen gewissen Spielraum, in dem sie den gesetzten Standards nachkommen können. Wieder andere Eltern scheinen gar nicht zu bemerken, was ihre Kinder machen. Auch unterscheiden sich Eltern in der allgemeinen emotionalen Tonlage der Erziehung, insbesondere was die Wärme und Unterstützung betrifft, die sie ihren Kindern vermitteln.

Erziehungsstile – elterliche Verhaltensweisen und Einstellungen, die das emotionale Klima der Eltern-Kind-Interaktionen bestimmen, zum Beispiel die Ansprechbarkeit der Eltern und ihr Anforderungsniveau.

Um den Einfluss zu verstehen, den Eltern auf die Entwicklung von Kindern nehmen können, haben Forscher zwei Dimensionen des Erziehungsstils identifiziert, die sich als besonders wichtig erweisen: (1) das Ausmaß an elterliche Wärme, Unterstützung und Akzeptanz versus elterliche Zurückweisung und Gleichgültigkeit, und (2) das Ausmaß an elterlicher Kontrolle und Anforderung (Maccoby & Martin, 1983). Es wird sich zeigen, dass diese Aspekte der elterlichen Erziehung – die zugleich interindividuelle Unterschiede zwischen Eltern zum Ausdruck bringen – eine wichtige Rolle bei der Ausbildung interindividueller Unterschiede zwischen Kindern zu spielen scheinen.

Pionierarbeiten über Erziehungsstile wurden von Diana Baumrind vorgelegt, die anhand der Dimensionen von Unterstützung und Kontrolle vier Erziehungsstile unterschied: autoritativ, autoritär, permissiv und vernachlässigend-zurückweisend (Baumrind, 1973, 1991b) (Abbildung 12.1). Die Unterschiede zwischen diesen Erziehungsstilen zeigen die folgenden Beispiele, in denen vier verschiedene Kinder einem anderen Kind ein Spielzeug wegnehmen.

Abbildung 12.1: Elterliche Anforderung und Ansprechbarkeit. Die Beziehungen der elterlichen Anforderung und Ansprechbarkeit zu Baumrinds Typologie der Erziehungsstile.

- *Autoritativ.* Als Klaus Timos Spielzeug wegnimmt, nimmt ihn seine Mutter beiseite, weist darauf hin, dass das Spielzeug Timo gehört und dass Klaus Timo verärgert hat. Sie sagt außerdem: „Denk an unsere Regel über das Wegnehmen von Sachen, die anderen gehören. Jetzt überleg dir, wie du das mit Timo wieder in Ordnung bringen kannst." Ihr Tonfall ist streng, aber nicht feindlich, und sie wartet, ob Klaus das Spielzeug zurückgibt.

- *Autoritär*. Als Helene das Spielzeug von Mark wegnimmt, kommt ihre Mutter dazu, nimmt ihren Arm und sagt mit wütender Stimme: „Hab ich dich nicht gewarnt, anderer Leute Sachen wegzunehmen? Gib das Spielzeug sofort zurück, oder es gibt heute Abend kein Fernsehen. Ich hab es satt, dass du mir nicht gehorchst!"
- *Permissiv*. Als Jörg das Spielzeug von Angela wegnimmt, greift seine Mutter nicht ein. Sie mag es nicht, ihren Sohn zu bestrafen, und versucht meistens nicht, seine Handlungen zu steuern, auch wenn sie mit ihm in anderen Situationen sehr liebevoll umgeht.
- *Zurückweisend-vernachlässigend*. Als Heike das Spielzeug von Alfred wegnimmt, achtet Heikes Mutter nicht darauf, so wie sie es in den meisten Situationen tut. Sie ist generell nicht sehr an ihrem Kind interessiert und hätte es lieber, dass ihr Mann damit befasst wäre, Heike Grenzen zu setzen. Selbst wenn sich Heike anständig benimmt, umarmt sie ihre Tochter selten oder spricht ihr oder ihrem Verhalten Anerkennung aus.

Autoritativer Erziehungsstil – ein Erziehungsstil, der hohe Anforderungen stellt und viel Unterstützung bietet. Autoritative Eltern setzen ihren Kindern klare Normen und Grenzen und achten streng auf deren Einhaltung; gleichzeitig gestehen sie ihren Kindern innerhalb dieser Grenzen beträchtliche Autonomie zu, sind aufmerksam, reagieren auf die Sorgen und Bedürfnisse ihrer Kinder, deren Perspektive sie respektieren und berücksichtigen.

Autoritärer Erziehungsstil – ein Erziehungsstil, der hohe Anforderungen stellt, aber wenig auf die Kinder eingeht. Autoritäre Eltern reagieren nicht auf die Bedürfnisse ihrer Kinder und neigen dazu, ihre Anforderungen durch die Ausübung elterlicher Gewalt und den Einsatz von Drohungen und Strafen durchzusetzen. Sie orientieren sich an Gehorsam und Autorität und erwarten, dass sich ihre Kinder ihren Anforderungen ohne Wenn und Aber, ohne Fragen und Erklärungen fügen.

Nach der Typologie von Baumrind neigen **autoritative** Eltern wie die Mutter von Klaus dazu, Anforderungen zu stellen, aber auch auf das Kind einzugehen und warmherzig zu sein. Sie setzen ihren Kindern klare Regeln und Grenzen, überwachen ihr Verhalten und achten bei wichtigen Grenzen streng darauf, dass sie eingehalten werden. Innerhalb dieser Grenzen geben sie ihren Kindern jedoch beträchtliche Autonomie, schränken sie nicht ein oder drängen ihnen etwas auf und sind dazu in der Lage, mit ihren Kindern ruhig und vernünftig zu sprechen. Sie achten auf die Sorgen und Nöte ihrer Kinder, sprechen mit ihren Kindern offen darüber und sind, was ihre Strafen betrifft, maßvoll und konsequent, ohne barsch und willkürlich zu sein. Autoritative Eltern wollen im Allgemeinen, dass ihre Kinder sozial verantwortlich, durchsetzungsfähig und beherrscht sind. Baumrind fand, dass die Kinder autoritativer Eltern häufig kompetent, selbstbewusst und bei ihren Altersgenossen beliebt sind; sie können ihr eigenes Verhalten in Übereinstimmung mit den Erwartungen der Erwachsenen steuern und zeigen wenig unsoziale Verhaltensweisen. Als Jugendliche besitzen sie in der Regel relativ hohe soziale und schulische Fähigkeiten, Selbstvertrauen und positive Verhaltensweisen; es findet sich selten Drogenkonsum und Problemverhalten (Baumrind, 1991a, 1991b; Lamborn, Mounts, Steinberg & Dornbusch, 1991).

Autoritäre Eltern verhalten sich ähnlich wie Helenes Mutter. Sie sind oft kalt und reagieren nicht auf die Bedürfnisse ihrer Kinder. Weiterhin üben sie starke Kontrolle aus und stellen hohe Anforderungen, wobei sie erwarten, dass ihre Kinder Anweisungen ohne Fragen oder Erklärungen nachkommen. Autoritäre Eltern erzwingen ihre Forderungen oft durch die Ausübung ihrer elterlichen Macht, und sie setzen Drohungen und Strafen ein. Kinder autoritärer Eltern besitzen im Allgemeinen relativ geringe soziale und schulische Kompetenzen, sie sind unglücklich und unfreundlich und besitzen geringes Selbstvertrauen, wobei Jungen in der frühen Kindheit stärker negativ betroffen sind als Mädchen (Baumrind, 1991b). Im Jugendalter besitzen Kinder autoritärer Eltern in der Regel geringere soziale und schulische Kompetenzen als Kinder autoritativer Eltern (Lamborn et al., 1991):

In den Untersuchungen von Baumrind und vielen anderen wurde die elterliche Kontrolle des Verhaltens ihrer Kinder meistens daran gemessen, ob und wie sie Grenzen setzen und durchsetzen. Ein anderer Kontrolltyp ist die psychologische Kontrolle – eine Kontrolle, die das psychische und emotionale Erleben und den entsprechenden Ausdruck der Kinder einschränkt, entwertet und manipuliert. Dazu gehört beispielsweise, dass die Eltern die Kinder unterbrechen, wenn sie sich mitteilen wollen, mit dem Entzug von Liebe und Aufmerksamkeit drohen, wenn sie sich nicht so verhalten, wie man es von ihnen erwartet, Schuldgefühle der Kinder ausnutzen, sie herabsetzen und ihre Gefühle als unwichtig abtun oder falsch interpretieren. Diese Arten der psychologischen Kontrolle werden besonders häufig von Kindern aus relativ armen Familien berichtet. Der elterliche Einsatz dieser Mittel ist ein Prädiktor für die Depression der Kinder am Ende der mittleren Kindheit und in der Adoleszenz sowie für kriminelles Verhalten im frühen Jugendalter (Barber, 1996; Pettit, Laird, Dodge, Bates & Criss, 2001).

Positive soziale und schulische Leistungen werden wahrscheinlicher, wenn die Eltern auf den beiden Dimensionen von Wärme und Kontrolle hohe Ausprägungen besitzen.

Permissive Eltern reagieren auf die Bedürfnisse und Wünsche ihrer Kinder und sind nachsichtig mit ihnen. Sie sind, wie die Mutter von Jörg, nicht konservativ und verlangen von ihren Kindern nicht, sich selbst zu regulieren oder in angemessener Weise zu handeln. Ihre Kinder sind häufig impulsiv, es fehlt ihnen an Selbstbeherrschung, und sie zeigen schwache schulische Leistungen (Baumrind, 1973, 1991a, 1991b). Als Jugendliche fallen sie häufiger durch schlechtes Benehmen in der Schule und Drogenkonsum auf als Jugendliche mit autoritativen Eltern (Lamborn et al., 1991).

Permissiver Erziehungsstil – ein Erziehungsstil, der stark auf die Kinder eingeht, aber wenig Anforderungen stellt. Permissive Eltern reagieren auf die Bedürfnisse ihrer Kinder und verlangen nicht, dass sie sich selbst regulieren oder sich angemessen oder vernünftig verhalten.

Zurückweisend-vernachlässigende Eltern wie Heikes Mutter im obigen Beispiel sind uninteressierte Eltern, die wenige Anforderungen an ihre Kinder stellen und auch wenig auf sie reagieren. Sie setzen ihrem Verhalten keine Grenzen und kontrollieren es auch nicht; ihren Kindern bieten sie keine Unterstützung. Solche Eltern sind auf ihre eigenen Bedürfnisse konzentriert und nicht auf die ihrer Kinder. Kinder, die einen zurückweisend-vernachlässigenden Erziehungsstil erfahren, haben als Säugling und Kleinkind häufig gestörte Bindungsbeziehungen und in der späteren Kindheit Probleme in den Beziehungen zu ihren Altersgenossen (Parke & Buriel, 1998; Thompson, 1998). Als Jugendliche zeigen sie häufig unsoziales Verhalten und schlechte Selbstregulation, sie verinnerlichen ihre Probleme (zum Beispiel in Form von Depression oder sozialem Rückzug), neigen zu Drogenmissbrauch, riskantem oder wahllosem sexuellem Verhalten und besitzen relativ geringe schulische und soziale Kompetenz (Baumrind, 1991a, 1991b; Lamborn et al., 1991). Die negativen Effekte dieses Erziehungsstils häufen und verstärken sich im Verlauf der Adoleszenz (Steinberg, Lamborn, Darling, Mounts & Dornbusch, 1994).

Zurückweisend-vernachlässigender Erziehungsstil – ein Erziehungsstil, der durch geringe Anforderungen und geringe Ansprechbarkeit gekennzeichnet ist. Zurückweisend-vernachlässigende Eltern setzen dem Verhalten ihrer Kinder keine Grenzen und kontrollieren es auch nicht, bieten keine Unterstützung und weisen ihre Kinder manchmal zurück oder vernachlässigen sie. Die Eltern sind auf ihre eigenen Bedürfnisse konzentriert und nicht auf die des Kindes.

Außer den breiten Wirkungen, welche die verschiedenen Erziehungsstile auf die Kinder zu haben scheinen, schaffen diese auch ein emotionales Klima, das die Wirkung jedweder Erziehungspraxis, welche die Eltern einsetzen, beeinflussen kann (Darling & Steinberg, 1993). Zum Beispiel betrachten Kinder Strafen eher als gerechtfertigt und als Indikator für ein schwer wiegendes Verhalten, wenn sie von einem autoritativen Elternteil ausgesprochen werden, als wenn der Elternteil ohnehin immer straft und feindlich gesonnen ist. Außerdem beeinflusst der Erziehungsstil die kindliche Empfänglichkeit für die Maßnahmen der Eltern. Kinder hören häufiger auf die Prioritäten und Wünsche ihrer Eltern und richten sich danach, wenn ihre Eltern unterstützend und in der Regel verständig sind, als wenn diese unnahbar und nachlässig sind und in allen Situationen Gehorsam erwarten. Die konkreten elterlichen Erziehungspraktiken und die allgemeinen Erziehungsstile wirken sich also gemeinsam auf das Verhalten und die Entwicklung der Kinder aus.

Ethnische und kulturelle Einflüsse

Im Zusammenhang mit unserem Leitthema des sozio-kulturellen Kontextes muss darauf hingewiesen werden, dass die Auswirkungen der verschiedenen Erziehungsstile und Erziehungspraktiken in den USA in Abhängigkeit von den ethnischen oder rassischen Gruppen ein wenig variieren. In der ursprünglichen Untersuchung von Baumrind (1972) war ein autoritärer Erziehungsstil zum Beispiel nicht mit negativen Entwicklungsergebnissen bei heranwachsenden afro-amerikanischen Mädchen verknüpft, was jedoch bei euro-amerikanischen Mädchen im Jugendalter der Fall war. Ähnliche Ergebnisse fanden sich in einer neueren Untersuchung. Darin ging bei afro-amerikanischen Jugendlichen aus Familien aller Einkommensklassen das einseitige Treffen von Entscheidungen durch die Eltern, was einen Aspekt autoritärer Kontrolle darstellt, mit positiven Folgen wie einem geringeren Niveau an abweichendem Verhalten und höherer schulischer Leistungsfähigkeit einher (Lamborn, Dornbusch & Steinberg, 1996). Eine mögliche Erklärung für diesen Befund könnte darin bestehen, dass die fürsorglichen Eltern afro-amerikanischer Jugendlicher mehr als andere Eltern das Bedürfnis nach autoritärer Kontrolle verspüren, um ihre Kinder vor Gefahren zu beschützen, gleich ob diese Gefahren von den Vorurteilen der vorwiegend weißen, reichen Gemeinden ausgehen oder von den Risiken, die das Leben in einem heruntergekommenen Wohnviertel mit sich bringt. Afro-amerikanische Jugendliche mögen erkennen, dass die Kontrollpraktiken ihrer Eltern aus der Sorge um ihr Wohlergehen heraus motiviert sind, und folglich relativ positiv auf die Anforderungen und Wünsche ihrer Eltern reagieren.

Besondere Erziehungsstile und Erziehungspraktiken können in verschiedenen Kulturen auch unterschiedliche Bedeutung besitzen und sich unterschiedlich auswirken. Ein autoritativer Erziehungsstil beispielsweise scheint in euro-amerikanischen Familien mit einer engen Beziehung zwischen Eltern und Kind und mit höherem Schulerfolg einherzugehen, aber bei Kindern chinesischer Abstammung der ersten Migrantengeneration (allerdings nicht bei der zweiten Generation) scheinen diese Ergebnisse nicht mit einem autoritativen Erziehungsstil zusammenzuhängen. Das liegt vielleicht daran, dass chinesisch-amerikanische Mütter im Vergleich zu euro-amerikanischen Müttern häufiger glauben, Kinder müssten ihren Eltern unhinterfragt gehorchen, und ihre Kinder deshalb unter Einsatz von Schimpfen und Schuldvorwürfen kontrollieren (Chao, 1994). Ein solches Muster elterlicher Kontrolle gilt im Allgemeinen als autoritär, doch scheint es auf chinesisch-amerikanische Kinder wenige negative Effekte zu haben, zumindest im Vorfeld der Adoleszenz. Eine mögliche Erklärung dafür lautet, dass Kinder in der chinesischen Kultur – aber wohl nicht Jugendliche (Yau & Smetana, 1996) – die elterliche Strenge und Betonung von Gehorsam als Zeichen elterlicher Zuwendung und Fürsorge betrachten, was für die familiäre Harmonie wichtig ist (Chao, 1994). Im Gegensatz dazu zeigen Forschungsarbeiten in der Volksrepublik China, dass ein autoritärer Erziehungsstil dann mit negativen Auswirkungen auf Kinder wie Aggressivität, geringe soziale Kompetenz und schlechte schulische Leistungen einhergeht, wenn er grobe körperliche Bestrafung und Züchtigung einschließt (Chen, Dong & Zhou, 1997; Zhou, 2001).

Die Bedeutung der elterlichen Strenge und Disziplinierung ist je nach Kultur oder Subkultur verschieden. Zum Beispiel scheinen autoritäre Praktiken der Kindeserziehung bei chinesischen Familien und bei in den USA lebenden chinesischen Migrantenfamilien der ersten Generation weniger negative Folgen zu haben als bei euro-amerikanischen Familien.

Wegen derartiger Befunde können die Ergebnisse über Erziehungsstile in US-amerikanischen Familien nicht ohne weiteres auf andere Kulturen oder Subkulturen übertragen werden, insbesondere wenn die Ergebnisse vorrangig von euro-amerikanischen Mittelschicht-Familien stammen. Das Verhältnis zwischen Erziehungsstilen und der Entwicklung von Kindern muss deshalb unbedingt im Rahmen des jeweiligen kulturellen Kontextes betrachtet werden.

Wie Kinder das elterliche Verhalten beeinflussen

Zu den stärksten Einflüssen auf den elterlichen Erziehungsstil und die zugehörigen Praktiken gehören Eigenschaften ihrer Kinder wie Aussehen, Verhalten und Einstellungen. Die interindividuellen Unterschiede zwischen Kindern tragen also zu der Art der Erziehung bei, die sie erhalten, was umgekehrt wiederum zu den Unterschieden in ihrem Verhalten und ihren Persönlichkeiten beiträgt.

Attraktivität

Es mag zwar unfair erscheinen, aber ein Teil des Einflusses, den Kinder auf ihre Eltern ausüben, geht auf das Ausmaß ihrer körperlichen Attraktivität zurück. Zum Beispiel sind die Mütter sehr attraktiver Säuglinge zärtlicher und neckischer im Umgang mit ihnen als die Mütter von Säuglingen mit unattraktiven Gesichtern. Mütter unattraktiver Kleinkinder kümmern sich häufiger um andere Menschen in der Nachbarschaft statt um ihre Kinder und geben an, ihre Kinder würden ihr Leben stören (Langlois, Ritter, Casey & Sawin, 1995). Unattraktive Säuglinge können also schon von den ersten Monaten ihres Lebens an eine etwas andere Art des Umgangs erfahren als attraktive Kinder. Und dieses Muster setzt sich fort, indem attraktive Erdenbürger auch im späteren Kindesalter meistens positivere Reaktionen bei Erwachsenen auslösen (Langlois et al., 2000).

Es ist nicht klar, warum attraktive Kinder eine bevorzugte Behandlung erfahren. Eine evolutionäre Erklärung würde jedoch davon ausgehen, dass Eltern motiviert sind, mehr Zeit und Energie in Nachwuchs zu investieren, der gesund und genetisch fit ist und damit eine hohe Überlebenswahrscheinlichkeit besitzt, und es könnte sein, dass die Attraktivität als ein Indikator für diese Eigenschaften gesehen wird (Langlois et al., 2000).

Verhalten und Temperament des Kindes

Der Einfluss, den Kinder aufgrund ihres Aussehens auf das elterliche Verhalten haben, ist ein lediglich passiver Beitrag. In Übereinstimmung mit dem Leitthema des *aktiven Kindes* tragen Kinder aber auch aktiv zum Verhalten ihrer Eltern bei. Beispielsweise machen ungehorsame, zornige und herausfordernde Kinder ihren Eltern den Einsatz eines autoritativen Erziehungsstils schwerer als fügsame Kinder, die sich meistens positiv verhalten (Brody & Ge, 2001; Cook, Kenny & Goldstein, 1991).

Unterschiede im Verhalten von Kindern gegenüber ihren Eltern – einschließlich des Ausmaßes, in dem sie emotional negativ, unausgeglichen und ungehorsam sind – können verschiedene Ursachen haben. Die auffälligsten Gründe sind genetische Faktoren, die mit dem Temperament zusammenhängen (Emde et al., 1992; Goldsmith, Buss & Lemery, 1997). Kinder können Widerspenstigkeit auch durch solche Interaktionen mit ihren Eltern lernen, die ihr negatives Verhalten verstärken. Um sich den Wünschen ihrer Eltern zu widersetzen, können sie beispielsweise so weinerlich, aggressiv oder hysterisch werden, dass ihre Eltern nachgeben, was die Kinder dazu bringt, zur Abwehr zukünftiger Forderungen auf dasselbe Verhalten zurückzugreifen (Patterson, 1982). Ein zusätzlicher Komplikationsfaktor besteht darin, dass das Verhalten von Kindern gegenüber ihren Eltern dadurch beeinflusst ist, wie sie die Einstellungen ihrer Eltern ihnen gegenüber *wahrnehmen*. So führt die Wahrnehmung, dass sich ihre Eltern feindlich verhalten, unabhängig davon, ob diese Wahrnehmung den Tatsachen entspricht oder nicht, zu einer erhöhten Wahrscheinlichkeit für unsoziales oder deprimiertes Verhalten auf Seiten des Kindes (Neiderhiser, Pike, Hetherington & Reiss, 1998). Kinder lösen bei den Eltern also nicht nur positives oder negatives Verhalten aus, sondern filtern elterliche Verhaltensweisen danach aus, wie sie sie selbst wahrnehmen, und reagieren entsprechend darauf.

Mit der Zeit wird das Verhalten beider Seiten durch die **Bidirektionalität der Eltern-Kind-Beziehungen** verstärkt und aufrechterhalten. In einer Untersuchung fand sich beispielsweise, dass man aus einer niedrigen Selbstregulation von Kindern im Alter von sechs bis acht Jahren (welche durch das mütterliche Verhalten in den Jahren davor beeinflusst sein kann) vorhersagen kann, wie die strafenden Reaktionen der Mütter (zum Beispiel Schimpfen und Zurückweisung) auf den kindlichen Ausdruck negativer Gefühle zwei Jahre später (im Alter von acht bis zehn Jahren) beschaffen sein werden. Die strafenden Reaktionen der Mütter, wenn das Kind zwischen acht und zehn Jahren alt ist, erlauben wiederum die Vorhersage eines niedrigen Selbstregulationsniveaus zwei Jahre später, wenn die Kinder zehn bis zwölf Jahre alt sind (Eisenberg et al., 1999) (siehe Abbildung 12.2). Ein ähnliches selbstverstärkendes und zunehmend negativeres Muster zeigt sich häufig, wenn die Eltern bei der Durchsetzung von Benimmregeln unfreundlich und inkonsequent sind, worauf die Kinder wiederum gleichgültig, störend und stur im Umgang mit ihren Eltern werden (Rueter & Conger, 1998). Einen weiterführenden Aspekt beschreibt Kasten 12.2.

Bidirektionalität der Eltern-Kind-Interaktionen – die Vorstellung, dass Eltern die Eigenschaften und Verhaltensweisen ihrer Kinder genauso beeinflussen wie umgekehrt die Kinder das Verhalten der Eltern; beide Prozesse treten in den Eltern-Kind-Interaktionen auf.

Abbildung 12.2: Bidirektionale Eltern-Kind-Interaktionen. In einer Untersuchung an Grundschulkindern konnte man aus der Selbstregulation mit sechs bis acht Jahren die Bestrafungshandlungen der Eltern zwei Jahre später vorhersagen, als die Kinder acht bis zehn Jahre alt waren, woraus sich wiederum die Selbstregulation der Kinder mit zehn bis zwölf Jahren vorhersagen ließ. Beide Informationsquellen, das elterliche Bestrafungsverhalten und die Selbstregulation der Kinder im Alter von zehn bis zwölf Jahren, sagten – zusammen mit dem kindlichen Problemverhalten in früheren Jahren – das äußerlich erkennbare Problemverhalten der Kinder im Alter von zehn bis zwölf Jahren voraus. (Nach Eisenberg et al., 1997.)

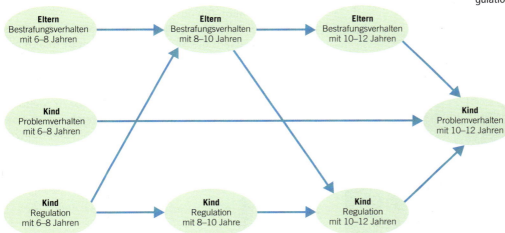

Sozio-ökonomische Einflüsse auf das elterliche Verhalten

Auch der sozio-ökonomische Status ist ein Faktor, der mit Erziehungsstilen und Erziehungspraktiken zusammenhängt. Eltern mit niedrigem sozio-ökonomischem Status erziehen ihre Kinder häufiger autoritär und strafend als einkommensstärkere Eltern, die eine akzeptierendere und demokratischere Erziehung bieten (Hoff-Ginsberg & Tardif, 1995; Kelley, Sanchez-Hucles & Walker, 1993). Mütter mit höherem sozio-ökonomischen Status setzen beispielsweise bei den Interaktionen mit ihren kleineren Kindern seltener Kontrolle, Einschränkung und Missbilligung ein. Außerdem sprechen sie mehr mit

Kasten 12.2 Anwendungen

Kindesmisshandlung durch die Eltern

Eine der schlimmsten Bedrohungen für die Entwicklung von Kindern ist die *Kindesmisshandlung*, definiert als Vernachlässigung oder absichtlicher Missbrauch, die das Wohlbefinden von Menschen bis zu 18 Jahren gefährden. 1999 wurden den Jugendschutzbehörden allein in den USA 2,9 Millionen Kinder als mutmaßliche Opfer von Kindesmisshandlung gemeldet. Etwa ein Drittel dieser Fälle wurde bestätigt, was einer Rate von 11,8 auf 1000 Kinder entspricht. Viele weitere Fälle erscheinen glaubhaft, erbrachten aber nicht genügend Belege, um ein Eingreifen der Behörden zu rechtfertigen (Department of Health and Human Services, 1999; Wang & Daro, 1997). In etwas mehr als der Hälfte der Fälle handelte es sich um vernachlässigte Kinder, die keine ausreichende materielle Fürsorge erhielten; bei den verbleibenden Fällen ging es um körperlichen, sexuellen oder emotionalen Missbrauch und andere Misshandlungstypen wie Im-Stich-Lassen und erzieherische oder medizinische Verwahrlosung (Department of Health and Human Services, 1999; siehe nebenstehende Abbildung). Noch tragischer mag es empfunden werden, dass über 1000 Kinder – die meisten davon unter sechs Jahren – jedes Jahr von einem Elternteil oder einer Person in Elternrolle getötet werden (Department of Health and Human Services, 1999; Emery & Laumann-Billings, 1998).

In etwa 75 Prozent der Misshandlungsfälle sind die Täter die Eltern, meistens die Mütter (Department of Health and Human Services, 1999). Man mag sich dazu verführen lassen, diese Fälle von Kindesmisshandlung allein mit psychisch gestörten Eltern zu begründen, doch kann eine Vielzahl von Faktoren ihr Vorkommen begünstigen. Dazu gehören Eigenschaften der Eltern, der sozialen Umgebung und des Kindes selbst. Eltern, die ihre Kinder misshandeln, besitzen oft eine schwache Impulskontrolle, ein niedriges Selbst-

Kindesmisshandlung – Vernachlässigung oder absichtlicher Missbrauch, die das Wohlbefinden von Kindern und Jugendlichen unter 18 Jahren gefährden.

Körperlicher Missbrauch von Kindern geht mit familiärem und ökonomischem Stress einher sowie mit Gewalt im breiteren sozialen Umfeld.

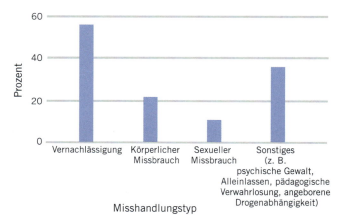

Typen nachgewiesener Kindesmisshandlung. Die Prozentangaben summieren sich zu mehr als 100 Prozent auf, weil die Kinder Opfer von mehr als einer Misshandlungsart gewesen sein können (U.S. Department of Health and Human Services, The Administration of Children and Families, 1997).

Kasten 12.2

wertgefühl und ein hohes Ausmaß an negativen Gefühlen und negativen Reaktionen auf Stress; all diese Faktoren erhöhen die Wahrscheinlichkeit familiärer Gewalt (Emery & Laumann-Billings, 1998). Häufig haben solche Eltern auch das Gefühl, dass sie relativ wenig Kontrolle über ihre Kinder besitzen; dieses Gefühl kann – besonders bei Müttern – zu physiologischer Erregung und Bestrafungsverhalten führen (Bugental & Johnston, 2000; Bugental, Mantyla & Lewis, 1989). Auch Alkohol- und Drogenabhängigkeit der Eltern erhöhen die Wahrscheinlichkeit für Missbrauch; Gleiches gilt für den Missbrauch der Mutter durch ihren Partner (Emery & Laumann-Billings, 1998; McCloskey, Figueredo & Koss, 1995).

Wenn Misshandlungen auftreten, finden sich solche Persönlichkeitseigenschaften meistens zusammen mit weiteren Faktoren, von denen viele mit einem geringem Familieneinkommen zusammenhängen: ein hohes Ausmaß an elterlichem Stress, Arbeitslosigkeit, schlechte Wohnverhältnisse und Gewalt im Wohnviertel (Emery & Laumann-Billings, 1998; Lynch & Cicchetti, 1998). Tatsächlich hängt das Misshandlungsrisiko direkt mit der Höhe des Familieneinkommens zusammen (siehe Abbildung).

Weitere Faktoren, die zur Kindesmisshandlung beitragen, sind soziale Isolation und fehlende soziale Unterstützung der Familie. Typischerweise resultiert eine solche Isolation aus einem Misstrauen gegenüber anderen Menschen, dem Fehlen sozialer Kompetenzen, um positive Beziehungen aufrechtzuerhalten, häufigen Umzügen von Ort zu Ort aus wirtschaftlichen Gründen oder aus dem Umstand, in einer von Gewalt und Fluktuation gekennzeichneten Gegend zu leben. Die Wichtigkeit sozialer Unterstützung zeigt sich daran, dass verarmte Eltern ihre Kinder seltener misshandeln, wenn sie in einer Gegend wohnen, in der die Nachbarn selten wechseln, in der ein gewisser Gemeinschaftssinn herrscht und in der sich die Nachbarn umeinander kümmern (Belsky, 1993; Coulton, Korbin, Su & Chow, 1995; Garbarino & Kostelny, 1992).

In bestimmten Fällen können die Persönlichkeit oder das Verhalten des Kindes zur Misshandlung beitragen. Das soll natürlich nicht heißen, dass misshandelte Kinder in irgendeiner Weise selbst daran schuld wären. Missbrauchsopfer scheinen jedoch

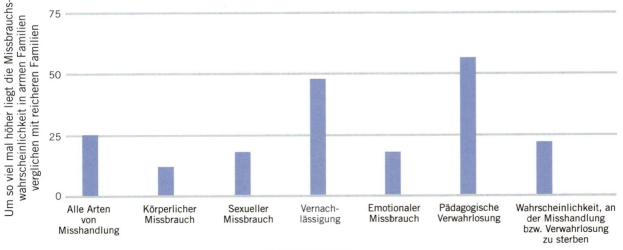

Wahrscheinlichkeit von Kindesmisshandlung in Abhängigkeit vom Einkommen. Für Kinder aus Familien mit einem Jahreseinkommen von unter 15.000 Dollar ist – verglichen mit Familien, deren Jahreseinkommen 30.000 Dollar oder mehr beträgt – die Wahrscheinlichkeit 25-mal höher, alle Arten von Missbrauch zu erleiden; bei Vernachlässigung ist die Wahrscheinlichkeit sogar um den Faktor 48 erhöht.

Kasten 12.2　　Anwendungen

einige typische Merkmale zu besitzen, beispielsweise schlechte körperliche oder geistige Gesundheit und ein schwieriges Temperament (Belsky, 1993; Cicchetti & Toth, 1998). Die Kombination eines in irgendeiner Weise „schwierigen" Kindes mit einem Elternteil, der nicht über die psychischen Ressourcen verfügt, um mit Stress fertig zu werden, ist besonders gefährlich.

Misshandlungen müssen Kinder in ihrer Entwicklung häufig teuer bezahlen, wobei man oft nicht sagen kann, ob die bei misshandelten Kindern häufig beobachtbaren negativen Eigenschaften und Verhaltensweisen eine Folge der Misshandlung sind oder dieser vielmehr vorangingen. Verglichen mit anderen Kindern haben misshandelte Kinder häufiger unsichere Bindungen an ihre Bezugspersonen, insbesondere vom Typ desorganisiert-desorientierter Bindung. Sie neigen auch zu Ablenkbarkeit, Aggressivität, Anfälligkeit für negative Gefühle und niedrigem Selbstwert (Cicchetti & Toth, 1998; Smith & Walden, 1999).

Es kommt hinzu, dass misshandelte Kinder keine besonders gut ausgeprägten pro-sozialen Verhaltensweisen besitzen, zum Beispiel etwas mit anderen zu teilen oder Empathie zu empfinden. Wenn sie in jüngerem Alter beispielsweise ein anderes Kleinkind sehen, das weint oder sich fürchtet, dann reagieren sie häufig mit unangemessenen Gefühlen wie Wut und Aggression (George & Main, 1979; Main & George, 1985). In der Grundschule geraten misshandelte Kinder häufiger als ihre Altersgenossen in Konflikte mit ihren Freunden und verhalten sich aggressiv (Bolger & Patterson, 2001; McCloskey & Stuewig, 2001); im Jugend- und Erwachsenenalter tragen sie ein Risiko für die Entwicklung psychischer Störungen wie Depression, Angst, Drogenmissbrauch, Essstörungen, Potenzstörungen, Hyperaktivität und Autoritätsprobleme (Cicchetti & Toth, 1998; Keiley, Howe, Dodge, Bates & Pettit, 2001; Kilpatrick et al., 2000). Angesichts dieses Musters aus Eigenschaften und Verhaltensweisen ist es nicht verwunderlich, dass misshandelte Kinder – insbesondere solche, die schon sehr früh und über viele Jahre hinweg misshandelt wurden – mit relativ hoher Wahrscheinlich-

ihren Kindern und rufen auch bei den Kindern mehr Gesprächsbeteiligung hervor als sozio-ökonomisch schwache Mütter; sie benennen mehr Objekte für ihre Kinder und gehen direkter auf das ein, was ihre Kinder sagen. Diese ausgeprägtere Sprachverwendung von Müttern mit hohem sozio-ökonomischen Status kann die Kommunikation zwischen Eltern und Kind und damit auch die verbalen Fähigkeiten des Kindes fördern (Hart & Risley, 1992; Hoff-Ginsberg & Tardif, 1995).

Einige der vom sozio-ökonomischen Status abhängigen Unterschiede in der elterlichen Erziehung hängen mit unterschiedlichen Überzeugungen und Werten der Eltern zusammen (Skinner, 1985). In den USA wie auch in anderen westlichen Ländern legen Eltern aus einkommensschwachen Familien beim Verhalten ihrer Kinder häufig viel Wert auf Konformität, während Eltern mit höherem Sozialstatus eher wollen, dass ihre Kinder selbstgesteuert und autonom reagieren (Alwin, 1984; Luster, Rhoades & Haas, 1989). Einige Forscher haben die Annahme vertreten, dass Erwachsene diejenigen Eigenschaften positiv bewerten, die sie selbst an ihrem Arbeitsplatz benötigen, und ihren

Kasten 12.2

keit Schwierigkeiten in Beziehungen zu Gleichaltrigen und bei der Aufrechterhaltung von Freundschaften haben (Parker & Herrera, 1996; Rogosch, Cicchetti & Aber, 1995; Salzinger, Feldman, Ng-Mak, Mojica & Stockhammer, 2001).

Misshandelte Kinder haben auch in der Schule Schwierigkeiten. Verglichen mit anderen Kindern zeigen misshandelte Kinder in der Schule die meisten Disziplinprobleme (Eckenrode, Laird & Doris, 1993); vernachlässigte und sexuell missbrauchte Kinder sind oft ängstlich und unaufmerksam, verstehen ihre Hausaufgaben nicht richtig und hängen sehr stark von ihren Lehrern ab, was Hilfe, Anerkennung und Unterstützung betrifft (Erickson et al., 1989). Fast folgerichtig bekommen misshandelte Kinder oft vergleichsweise schlechte Noten und bleiben mehr als zweimal so häufig sitzen wie ihre Mitschüler (Eckenrode et al., 1993).

Es wurde eine große Vielfalt an Interventionsmöglichkeiten ausprobiert, um der Kindesmisshandlung vorzubeugen oder sie zu stoppen. Leider weiß man wenig über die Wirksamkeit dieser Maßnahmen, weil ihre Ergebnisse nicht systematisch evaluiert wurden. Es gibt jedoch Hinweise darauf, dass eine frühzeitige Intervention, die den Eltern Training und Fähigkeiten zur Stressbewältigung vermittelt, hilfreich sein kann. Ein viel versprechender Typ der Frühprophylaxe besteht in Hausbesuchsprogrammen, die für einkommensschwache, oft unverheiratete Mütter von Neugeborenen entwickelt wurden, weil man hier ein Risiko für Kindesmisshandlungen erkannt hat. Diese Programme helfen den Eltern bei der Bewältigung ihrer physischen, psychischen und materiellen Bedürfnisse; sie gingen in einigen Fällen mit einem Rückgang der Raten chronischer Misshandlungen einher (Eckenrode et al., 2001; Emery & Laumann-Billings, 1998; Olds, Henderson & Tatelbaum, 1986), was die Hoffnung steigen lässt, wirksame Ansätze zu finden. Solange das Problem nicht unter Kontrolle ist, sollte es sowohl für Forscher als auch für Politiker größte Priorität besitzen, erfolgreiche Vorbeugungsmaßnahmen gegen Kindesmisshandlung zu entwickeln.

Kindern dementsprechend beibringen, sich so zu verhalten, wie es mit ihrer eigenen Joberfahrung übereinstimmt. Unqualifizierte Arbeiter üben Tätigkeiten aus, die wenig Selbststeuerung erfordern und Konformität belohnen, während man von Angestellten und Fachkräften erwartet, sich weiter zu entwickeln, und sie für Eigeninitiative belohnt (Kohn, 1969). Es bleibt jedoch unklar, ob die beruflichen Werte oder andere Faktoren, die mit niedrigem sozio-ökonomischem Status einhergehen (so wie Stress, der die elterliche Geduld einschränkt), zu dem Ausmaß an Kontrollbedürfnis beitragen, das diese Eltern gegenüber ihren Kindern an den Tag legen (Alwin, 1989; Hoff-Ginsberg & Tardif, 1995).

Wahrscheinlich stellt auch das Ausbildungsniveau einen wichtigen Aspekt des sozio-ökonomischen Status dar, der mit den unterschiedlichen Wertkonzepten der Eltern zusammenhängt. Eltern mit guter Ausbildung haben im Allgemeinen eine differenziertere Vorstellung über Erziehung als wenig gebildete Eltern. Beispielsweise sehen sie Kinder eher als aktive Beteiligte an Lern- und Entwicklungsprozessen (Johnson & Martin, 1985; Skinner, 1985). Eine solche Sichtweise kann Eltern mit hohem sozio-ökonomischem Status eher dazu veranlassen, ihren Kindern ein Mitspracherecht einzuräumen, wenn es beispielsweise um die Festlegung von Familienregeln geht und um mögliche Konsequenzen ihrer Nichtbeachtung. Gebildete Eltern befassen sich meistens auch mehr mit den Gedanken und Gefühlen ihrer Kinder und ermutigen sie, diese zu zeigen.

Man darf nicht übersehen, dass die Unterschiede in Stil und Praxis der Erziehung, die mit dem sozio-ökonomischen Status zusammenhängen, teilweise auch Unterschiede in den Umwelten widerspiegeln können, in denen die Familien leben. Insbesondere der kontrollierende, autoritäre Erziehungsstil, der eher für einkommensschwache Eltern typisch ist, könnte in einigen Fällen durchaus zielführend sein, um die Kinder in armen Vierteln mit hohen Raten an Gewalt, Drogenmissbrauch und anderen unsicheren Lebensbedingungen vor schädlichen Einflüssen zu schützen (Parke & Buriel, 1998). Gleichzeitig kann es sein, dass Eltern höherer sozio-ökonomischer Schichten weniger Stress infolge wirtschaftlicher Verhältnisse haben und sich weniger darum sorgen müssen, wie sie ihre Kinder vor Gewalt schützen können, und deshalb mehr Zeit und Energie aufbringen, um komplexere Fragen der Kindeserziehung zu überdenken, und mit ihren Kindern eher in einer zwar kontrollierten, aber doch stimulierenden Weise interagieren können (Hoff-Ginsberg & Tardif, 1995).

Ökonomischer Stress und elterliches Verhalten

Anhaltender ökonomischer Stress ist ein starker Prädiktor für Erziehungsqualität, Familieninteraktionen und die Angepasstheit der Kinder – und das alles in der Regel mit negativem Vorzeichen (McLoyd, 1998; Valenzuela, 1997). Beispielsweise erhöht wirtschaftlicher Druck häufig die Wahrscheinlichkeit von Ehekonflikten, was wiederum die Wahrscheinlichkeit erhöht, dass sich die Eltern gegenüber ihren Kindern uninteressiert oder feindlich verhalten (Conger et al., 1993; Conger, Ge, Elder, Lorenz & Simons, 1994; Conger et al., 2002). Ehekonflikte senken auch die Wahrscheinlichkeit, dass die Eltern bei ihrer Erziehung kooperieren und sich gegenseitig unterstützen (Floyd, Gilliom & Costigan, 1998; Margolin, Gordis & John, 2001). Bei Kindern und Jugendlichen korreliert fehlende Unterstützung und Konsequenz seitens der Eltern, zusammen mit wirtschaftlicher Not, mit einem erhöhten Risiko für Depression, Einsamkeit, regelloses Verhalten, Straffälligkeit und Drogenkonsum (Brody et al., 1994; Conger et al., 1994; Lempers, Clark-Lempers & Simons, 1989).

Die Qualität von Erziehung und familiärer Interaktion ist insbesondere bei Familien, die an der Armutsgrenze leben, stark beeinträchtigt, wozu 1997 in den USA 32 Prozent der allein erziehenden Mütter und 5 Prozent der Familien mit verheirateten Ehepartnern gehörten (U.S. Bureau of the Census, 1998). Alles in allem leben in den USA etwa 17 Prozent der Kinder unter 18 Jahren in Armut; das ist die höchste Kinderarmut aller industrialisierten westlichen Länder (U.S. Bureau of the Census, 2000) (siehe Abbildungen 12.3 und 12.4).

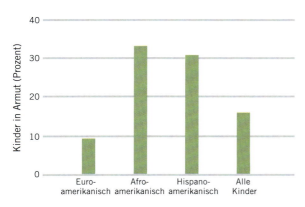

Abbildung 12.3: Kinderarmut in den USA 1999. Kinder aus Minderheiten – insbesondere afrikanischer und hispanischer Abstammung – leben mehr als dreimal so häufig in Armut als euro-amerikanische Kinder (U.S. Bureau of the Census, 2000).

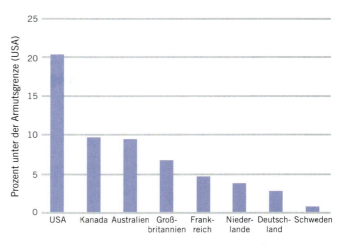

Abbildung 12.4: Kinderarmut in ausgewählten westlichen Industrienationen Mitte der 1980er Jahre. Trotz des relativ hohen Lebensstandards zahlreicher Familien in den USA leben mehr amerikanische Kinder in Familien an der Armutsgrenze als in den meisten anderen Industrieländern (nach McLoyd, 1998).

Früher oder später wird eine beträchtliche Anzahl der in Armut lebenden Familien obdachlos, was ein wirksames Erziehungsverhalten offensichtlich extrem erschwert (siehe Kasten 12.3).

Was kann dazu beitragen, die potenzielle Beeinträchtigung des elterlichen Erziehungsverhaltens durch finanziellen Stress zu mildern? Ein Faktor sind unterstützende Beziehungen zu Verwandten, Freunden, Nachbarn oder anderen, die materielle Hilfen, Kinderbetreuung, Rat, Anerkennung oder ein verständnisvolles Zuhören beisteuern können. Solche positiven Kontakte können dazu beitragen, dass sich Menschen als Eltern erfolgreich fühlen und tatsächlich bessere Eltern sein können. In einer Untersuchung an einkommensschwachen amerikanischen Eltern kleiner Kinder, die verschiedenen Subkulturen angehören (Latinos, Indianer, Weiße), hatten diejenigen, die angaben, ausreichende soziale Unterstützung zu bekommen, mehr Vertrauen in ihre elterlichen Fähigkeiten und erlebten mehr Zufriedenheit in ihrer Rolle als Eltern, verglichen mit Eltern ohne hinreichende soziale Unterstützung. Und im Weiteren setzten sie auch mehr vorteilhafte Erziehungspraktiken ein (etwa beim Setzen von Grenzen mit wenig Strafen auszukommen) als Eltern, die mit ihrer sozialen Unterstützung weniger zufrieden waren (MacPhee, Fritz & Miller-Heyl, 1996).

IN KÜRZE

Erziehungsstile haben wichtige Konsequenzen für die Entwicklung von Kindern. Die Forscher haben vier Grundkategorien von Erziehungsstilen beschrieben, die anhand der elterlichen Wärme und Kontrolle variieren: autoritativ (relativ starke Kontrolle, aber viel Unterstützung), autoritär (starke Kontrolle, aber wenig Herzlichkeit), permissiv (viel Wärme und geringe Kontrolle) und zurückweisend-vernachlässigend (wenig Wärme und wenig Kontrolle). Die jeweiligen Erziehungsstile können die Bedeutung und die Wirksamkeit einzelner Erziehungspraktiken sowie die Empfänglichkeit der Kinder für diese Maßnahmen beeinflussen. Zudem können sich die

Kasten 12.3 Näher betrachtet

Obdachlosigkeit

Die genaue Anzahl von obdachlosen Kindern und Familien lässt sich weder für die USA noch für die ganze Welt angeben. In einigen Ländern wie Indien und Brasilien reicht die Zahl in die Millionen (Diversi, Filho & Morelli, 1999; Verma, 1999). Für die USA wird geschätzt, dass pro Nacht über 700.000 Menschen obdachlos sind und dass 2 Millionen Menschen im Verlauf eines Jahres irgendwann einmal obdachlos sind. Ein Viertel dieser geschätzten Obdachlosen in den USA sind Kinder (U.S. Conference of Mayors, 1998). Viele dieser Kinder leben zumindest mit einem Elternteil zusammen, meistens der Mutter.

Obdachlose Kinder sind vielfachen Risiken ausgesetzt. Sie sind oft schlecht ernährt, und es fehlt ihnen an medizinischer Versorgung. Sie unterliegen zahlreichen weiteren Gefahren für ihr Wohlbefinden, einschließlich der chaotischen und unsicheren Bedingungen in ihren improvisierten Unterkünften. Obdachlose Kinder weisen häufig Verzögerungen in ihrer sprachlichen und motorischen Entwicklung auf und neigen zu kognitiven und sozialen Defiziten wie kurze Aufmerksamkeitsspannen, Aggression und unangemessenes Sozialverhalten (Rafferty & Shinn, 1991). Wie man erwarten kann, sind bei obdachlosen Kindern schlechte Schulleistungen und häufige Abwesenheit vom Unterricht nicht selten; auch treten in der Schule häufig schwer wiegende Verhaltensprobleme auf (Masten et al., 1997). Obdachlose Kinder verinnerlichen ihre Probleme in Form von Depression, sozialem Rückzug und niedrigem Selbstwertgefühl häufiger als arme Kinder, die nicht obdachlos sind (Buckner, Bassuk, Weinreb & Brooks, 1999; DiBiase & Waddell, 1995; Rafferty & Shinn, 1991). Die schlimmsten kognitiven, schulischen und verhaltensbezogenen Probleme treten bei obdachlosen Kindern auf, deren Eltern – abgesehen von der Obdachlosigkeit – sehr viel Stress im Hinblick auf ihre Elternschaft erleben und deren Leben in den Jahren zuvor von stressreichen Ereignissen gekennzeichnet war (Danseco & Holden, 1998).

Kindern aus obdachlosen Familien drohen Depression, Verhaltensprobleme und Schulversagen.

Obdachlose Jugendliche haben häufig mit Drogen und Prostitution zu tun.

Kasten 12.3

Im jüngeren Alter erlebten die Mütter von obdachlosen Familien oft Stressoren wie körperlichen und sexuellen Missbrauch; manchmal lebten sie auf der Straße, in einer Pflegefamilie oder in einem Heim (Shinn, Knickman & Weitzman, 1991). Viele obdachlose Männer scheinen einen ähnlichen Hintergrund zu besitzen (Interagency Council on the Homeless, 1999). Nun sehen sich auch ihre Kinder einem erhöhten Risiko gegenüber, sowohl sexuell missbraucht zu werden (Buckner et al., 1999) als auch in einer Pflegeeinrichtung zu landen (Zlotnick, Kronstadt & Klee, 1998). Der Teufelskreis aus Entbehrung, Missbrauch und Störung der sozialen Beziehungen, der zur Obdachlosigkeit beiträgt, hält sich somit von selbst problemlos aufrecht.

In der Pubertät entscheiden sich zahlreiche Jugendliche dafür, ihr Zuhause zu verlassen, oder werden hinausgeworfen, und viele von ihnen leben auf der Straße. Die Schätzungen von obdachlosen, weggelaufenen oder „rausgeworfenen" Jugendlichen in den USA reichen von etwa 575.000 bis zu über einer Million (Wolfe, Toro & McCaskill, 1999). Viele von ihnen sind in der Obdachlosenstatistik wahrscheinlich nicht einmal enthalten. Diese obdachlosen Jugendlichen geben im Allgemeinen an, dass sie – verglichen mit Jugendlichen aus derselben Wohngegend, die zu Hause leben – von ihren Eltern mehr Konflikte und Zurückweisung und auch mehr Misshandlungen erfahren haben, einschließlich körperlichen Missbrauch. Diese Erfahrungsunterschiede scheinen zum Teil auf Unterschieden im elterlichen Verhalten oder im häuslichen Stressniveau zu beruhen; sie scheinen nicht allein darauf zurückzugehen, dass die obdachlosen Kinder größere Probleme mit ihrer Anpassung und ihrem Alkoholkonsum haben (Wolfe et al., 1999). Sobald sie einmal auf der Straße angekommen sind, schließt sich über ein Drittel der Jugendlichen einer Bande an und beteiligt sich an illegalen Aktivitäten wie Drogenhandel, Diebstahl und Prostitution (Unger et al., 1998).

In vielen Ländern der dritten Welt leben obdachlose Kinder häufig zusammen mit anderen Kindern auf der Straße und geben an, sie hätten ihre Eltern verloren oder wären zu Hause sexuell, psychisch oder physisch missbraucht worden (Aptehar & Ciano-Federoff, 1999). In vielen Fällen wohnen Kinder, die auf der Straße leben, zumindest zeitweilig bei einem Elternteil oder einem anderen Verwandten (Diversi et al., 1999; Verma, 1999). Einige Jugendliche berichten, dass sie auf der Straße bleiben, um die Freiheit mit ihren Freunden zu genießen (Campos et al., 1994; Sampa, 1997).

Das Leben auf der Straße ist in den meisten Ländern der dritten Welt noch riskanter als in den USA. In einer Untersuchung an brasilianischen Straßenkindern hatten 75 Prozent mit illegalen Aktivitäten wie Diebstahl und Prostitution zu tun (Campos et al., 1994). Je länger diese Kinder auf der Straße lebten, desto wahrscheinlicher war es, dass sie in illegale Aktivitäten verwickelt waren. Straßenkinder waren auch für Drogenmissbrauch prädestiniert und hatten früher mit sexuellen Aktivitäten angefangen als ihre Altersgenossen, die zwar auch auf der Straße herumhingen, aber normalerweise zu Hause schliefen. Insgesamt ist es eindeutig so, dass Obdachlosigkeit, wo immer sie auftritt, sowohl für das Wohlergehen der Kinder als auch für die Gesellschaft im weiteren Sinne mit immensen Kosten einhergeht.

Bedeutsamkeit und die Wirkungen der verschiedenen Erziehungsstile und -praktiken von Kultur zu Kultur ein wenig unterscheiden.

Bildung und Einkommen hängen mit Variationen des elterlichen Verhaltens zusammen. Ökonomischer Stress kann die Beziehungsqualität zwischen den Eltern und zwischen Eltern und Kind schwächen. Kinder aus armen und obdachlosen Familien tragen ein erhöhtes Risiko für schwer wiegende Anpassungsprobleme wie Depression, schulisches Versagen, permanentes Stören in der Schule und Drogenkonsum.

Mütter, Väter, Geschwister

Im Rahmen ihrer Konzentration auf die Familiendynamik haben Entwicklungsforscher die Unterschiede in den kindlichen Interaktionen mit Müttern, Vätern und Geschwistern untersucht. Dabei stellten sich zwei Fragen von besonderem Interesse heraus: Wie unterscheiden sich Mütter und Väter in ihrem elterlichen Verhalten? Und wie beeinflussen sich Geschwister gegenseitig?

Mütter und Väter: Unterschiede in den Interaktionen mit ihren Kindern

Väter neigen häufiger zu körperbetonten Spielen mit ihren Kindern als Mütter.

Es dürfte keine besondere Überraschung bereiten zu erfahren, dass zwischen den mütterlichen und väterlichen Interaktionen mit ihren Kindern in quantitativer wie qualitativer Hinsicht sehr viele Unterschiede bestehen. Zwar teilen sich die Partner in den meisten westlichen Kulturen heutzutage die Verantwortung für die Betreuung ihrer Kinder in gewissem Ausmaß, doch in der Mehrzahl der Familien sind es die Mütter, die – auch wenn sie einer außerhäuslichen Arbeit nachgehen – immer noch beträchtlich mehr Zeit mit ihren Kindern verbringen als die Väter (Parke & Buriel, 1998). In den USA gilt dies für Familien hispanischer, afrikanischer und europäischer Abstammung, und zwar von den ersten Jahren bis zur Adoleszenz (Parke & Buriel, 1998).

Die Beteiligung der Väter an der Kindesbetreuung unterscheidet sich nicht nur im Umfang, sondern auch in der Art. Die Väter in westlichen Industrieländern verbringen im Säuglingsalter und in der Kindheit mehr Zeit als die Mütter, um mit ihren Kindern zu spielen, und sie machen auch andere Arten von Spielen als die Mütter (Parke & Buriel, 1998). In einer australischen Untersuchung beispielsweise beteiligten sich Väter häufiger an körperbetonten Spielen (wie raufen und herumtollen) und an Spielen im Freien (wie Ballspiele) als Mütter (Russell & Russell, 1987) (Tabelle 12.1). Im Gegensatz dazu neigen Mütter mehr

Tabelle 12.1: Selbstauskünfte über die Interaktionshäufigkeit von Müttern und Vätern mit ihren Jungen und Mädchen.

Die Beteiligung der Eltern an Aufgaben im Zusammenhang mit den kindlichen Bedürfnissen wurde auf einer fünfstufigen Skala von „nie" bis „immer" eingeschätzt. Eltern-Kind-Interaktionen wurden auf einer fünfstufigen Skala von „nie" bis „fast täglich" eingeschätzt. Bei den mit einem Stern markierten Kategorien gab es signifikante Unterschiede zwischen den Eltern.

	Jungen		Mädchen	
	Väter	Mütter	Väter	Mütter
Beteiligung an Aufgaben zur Versorgung kindlicher Bedürfnisse im Zusammenhang mit				
... Schlafenszeiten *	4,4	4,8	4,4	4,5
... Gesundheit *	3,5	4,9	2,9	4,6
... täglicher Schulbesuch *	1,5	4,9	1,8	5,0
... Ankleiden *	1,9	4,9	2,1	4,9
Eltern-Kind-Interaktion				
... Schularbeiten durchsehen *	4,2	4,8	4,1	4,8
... dem Kind vorlesen *	4,0	4,3	4,1	4,8
... im Haus spielen	3,6	3,9	3,2	3,7
... körperbetonte Spiele wie raufen *	4,2	3,1	3,7	2,8
... zu Sportveranstaltungen gehen oder Sport gucken	2,9	2,8	1,7	2,0
... den Tag des Kindes durchgehen *	4,7	5,0	4,4	4,7
... sitzen und miteinander reden	4,6	4,9	4,6	4,7
... in den Park oder zum Strand gehen	3,3	3,5	3,3	3,4

(Nach Russell & Russell, 1987.)

zu zurückhaltenderen Spielen (wie Guck-Guck), bringen ihren Kindern etwas bei, lesen ihnen vor und spielen mehr mit Spielsachen im Haus (Parke, 1996; Russell & Russell, 1987).

Obwohl dieses allgemeine Muster in vielen Kulturen das vorherrschende ist, gibt es auch einige kulturelle Variationen. Väter aus Schweden, Malaysia und Indien geben beispielsweise generell nicht an, viel mit ihren Kindern zu spielen (Hwang, 1987; Roopnarine, Lu & Ahmeduzzaman, 1989). In einigen Kulturen spielen Mütter und Väter schlichtweg weniger mit ihren Kindern als amerikanische Eltern (Goncu, Mistry & Mosier, 2000; Roopnarine & Hossain, 1992). In einer Untersuchung bei den Kindern und Eltern der Gusii aus Kenia kamen die Väter selten näher als zwei Meter an ihre Kinder heran, und die Mütter wandten 60 Prozent weniger Zeit für das Spielen mit ihren Kindern auf als die typische amerikanische Mutter (LeVine et al., 1996). Das Ausmaß der mütterlichen und väterlichen Beteiligung an den Erziehungsaufgaben und die Art der elterlichen Interaktionen mit ihren Kindern variieren zweifelsohne als Funktion der Kulturpraktiken und weiterer Faktoren wie der Zeit, die Eltern außerhäusig arbeiten und die Kinder zu Hause verbringen.

Geschwisterbeziehungen

Geschwister beeinflussen wechselseitig ihre Entwicklung sowie die Funktionen des weiteren Familiensystems auf vielfache, sowohl positive als auch negative Weise. Sie dienen einander nicht nur als Spielkameraden, sondern auch als Quellen der Unterstützung, Anleitung, Sicherheit, Hilfe und Fürsorge (Brody, Stoneman, MacKinnon & MacKinnon, 1985; Herrera & Dunn, 1997; Whiting & Edwards, 1988). Andererseits können sie auch miteinander rivalisieren und die Quelle für wechselseitige Konflikte und Verärgerungen sein (Vandell, 1987); außerdem können sie dazu beitragen, dass ihre Geschwister unerwünschte Verhaltensweisen entwickeln, beispielsweise die Regeln der Eltern nicht zu befolgen, Alkohol zu trinken oder strafbare Handlungen auszuführen (Bank, Patterson & Reid, 1996; McGue, Sharma & Benson, 1996; Slomkowski, Rende, Conger, Simons & Conger, 2001). Das Ausmaß, in dem die Geschwisterbeziehungen in den genannten Hinsichten positiv oder negativ sind, hat natürlich einen starken Einfluss auf eine mögliche Depression oder auf Verhaltensprobleme der Geschwister (Stocker, Burwell & Briggs, 2002) sowie auf die Familie als Ganzes.

Zahlreiche Faktoren wirken sich darauf aus, ob Geschwister gut miteinander auskommen oder nicht. Im Großen und Ganzen sind Geschwisterbeziehungen meistens anfangs eher schwierig; viele Kinder zeigen ein paar negative Reaktionen auf die Geburt eines Geschwisterchens, besonders wenn sie, nachdem das neue Baby angekommen ist, sehr viel weniger Aufmerksamkeit erhalten. Eltern können ihren älteren Kindern jedoch dabei helfen, den Neuankömmling zu akzeptieren, indem sie sie auf dessen Ankunft vorbereiten, ihnen die Versorgung erklären, die ein neugeborenes Kind benötigt, und die Veränderungen skizzieren, die im familiären Alltag auftreten werden. Eltern können die Akzeptanz des Kindes noch weiter fördern, indem sie es in Aktivitäten mit dem Neugeborenen einbinden, beispielsweise es zu tragen oder zu füttern (Vandell, 1987).

Mit der Qualität der elterlichen Beziehungen zu ihren Kindern hängt zusammen, wie gut Geschwister miteinander auskommen.

Ein zentraler Faktor dafür, wie gut Geschwister miteinander auskommen, ist die Ähnlichkeit ihres Temperaments. In der frühen und mittleren Kindheit scheinen sich Geschwister besser zu vertragen, wenn sie ein ähnliches Temperament besitzen – es sei denn, sie hätten beide ein schwieriges Temperament (Munn & Dunn, 1989; Stoneman & Brody, 1993). Wenn nämlich jedes der Geschwister ein schwieriges Temperament besitzt – zum Beispiel sehr aktiv ist, starke Emotionen zeigt und im Umgang schwierig ist –, wird die Geschwisterbeziehung wahrscheinlich darunter leiden (Boidy, Stoneman & McCoy, 1994).

Geschwisterbeziehungen sind im Allgemeinen weniger feindlich und bieten mehr Unterstützung, wenn ihre Eltern ihnen gegenüber warmherzig sind und sie unbedingt akzeptieren (Ingoldsby, Shaw & Garcia, 2001; MacKinnon-Lewis, Starnes, Volling & Johnson, 1997). Die Geschwister haben auch engere, positivere Beziehungen untereinander, wenn ihre Eltern sie genauso behandeln (Brody, Stoneman, McCoy & Forehand, 1992; McHale, Crouter, McGuire & Updegraff, 1995). Wenn Eltern ihre Kinder unterschiedlich behandeln, kann das für das am wenigsten bevorzugte Kind sehr ärgerlich sein (O'Connor, Hetherington & Reiss, 1998) und mit Anpassungsproblemen einhergehen, besonders wenn das weniger bevorzugte Kind keine positive Beziehung zu seinen Eltern hat (Feinberg & Hetherington, 2001). Betrachten wir die folgende Situation, an der ein 30 Monate alter Junge und seine 14 Monate alte Schwester beteiligt sind:

> Andy war ein eher ängstliches und empfindliches Kind, vorsichtig, wenig selbstsicher und fügsam. Seine jüngere Schwester Susie war das krasse Gegenteil – durchsetzungsfähig, entschlossen und eine Plage für ihre Mutter, die gleichwohl von ihrer wilden Tochter begeistert war. ... Susie versuchte dauernd, nach einem verbotenen Gegenstand auf der hohen Arbeitsplatte in der Küche zu greifen, trotz wiederholter Verbote ihrer Mutter. Schließlich war sie erfolgreich, und Andy bekam mit, wie seine Mutter Susies Handlung herzlich und liebevoll kommentierte: „Susie, was bist du doch für ein verdammter kleiner Teufel." Traurig sagte Andy zu seiner Mutter: „Ich bin kein verdammter kleiner Teufel." Lachend erwiderte seine Mutter: „Nein! Was bist du? Ein armer alter Junge!" (Dunn, 1992, S. 6.)

Wiederholte Vorkommnisse dieser Art werden Andy wahrscheinlich eifersüchtig auf seine Schwester machen und können seine Beziehung zu ihr verletzen, ganz davon zu schweigen, dass sich Andy deshalb selbst schlecht fühlen wird. Eine unterschiedliche Behandlung durch die Eltern hat in der frühen und mittleren Kindheit einen stärkeren Einfluss, wobei die weniger bevorzugten Kinder häufiger beunruhigt, ängstlich oder deprimiert sind als ihre bevorzugten Geschwister (Dunn, 1992). Ab der frühen Adoleszenz betrachten Kinder jedoch eine unterschiedliche Behandlung durch ihre Eltern oft als gerechtfertigt, weil sie ja auch selbst Unterschiede zwischen sich und ihren Geschwistern wahrnehmen, was Alter, Bedürfnisse und Persönlichkeitseigenschaften betrifft. Wenn Kinder die unterschiedliche Behandlung ihrer Eltern als gerechtfertigt betrachten, beschreiben sie ihre Beziehungen zu ihren Geschwistern positiver, als wenn sie das Gefühl haben, die unterschiedliche Behandlung der Eltern sei unfair (Kowal & Kramer, 1997).

Ein weiterer Faktor, der die Qualität der Interaktionen zwischen Geschwistern beeinflussen kann, ist die Art der Beziehung zwischen ihren Eltern. Geschwister vertragen sich besser, wenn sich ihre Eltern gut miteinander verstehen (McGuire, McHale & Updegraff, 1996). Das kann zum Teil daran liegen, dass die Eltern positives Verhalten vormachen. Entsprechend sind Eltern, die miteinander streiten, ein negatives Vorbild für ihre Kinder. Sie können sich auch weniger einfühlsam und angemessen verhalten, wenn sie sich darum bemühen, die Interaktionen der Geschwister untereinander zu vermitteln, was sich dann häufig auf das Ausmaß an Feindlichkeit in den Geschwisterinteraktionen auswirkt (Howe, Aquan-Assee & Bukowski, 2001).

Rivalität und Konflikte zwischen Geschwistern sind in Scheidungsfamilien und in wiederverheirateten Familien im Allgemeinen höher als in der Erstfamilie, und das gilt auch zwischen biologischen Geschwistern. Zwar wenden sich manche Geschwister aneinander, um sich zu unterstützen, wenn sich ihre Eltern scheiden lassen oder wieder heiraten (Jenkins, 1992), aber sie können auch gegeneinander um die Zuneigung und Aufmerksamkeit der Eltern kämpfen, die in solchen Situationen oft nicht allzu üppig ausfällt. Als Mitglieder einer neuen Familie sind biologisch verwandte Geschwister im Allgemeinen stärker miteinander verbunden als nicht miteinander verwandte Stiefgeschwister; sie unterstützen sich mehr, haben aber auch mehr Konflikte und Rivalität untereinander. Die Beziehungen zwischen Halbgeschwistern können emotional besonders gespannt sein, weil das ältere Kind dem jüngeren vielleicht übel nimmt, dass es das Kind beider Elternteile in der neuen ehelichen Beziehung ist (Hetherington, 1999).

Die Qualität der Geschwisterbeziehungen unterscheidet sich also zwischen Familien je nach den Persönlichkeiten der Geschwister, der Art, in der die Eltern mit jedem Kind und miteinander interagieren, und den Wahrnehmungen der Kinder darüber, wie sie von den anderen Familienmitgliedern behandelt werden. Solche Unterschiede heben die Tatsache hervor, dass Familien komplexe, dynamische soziale Systeme sind, deren Mitglieder alle dazu beitragen, wie es allen anderen in der Familie ergeht.

IN KÜRZE

Mütter interagieren mit ihren Kindern typischerweise weitaus mehr als Väter. Auch haben Mütter und Väter meistens andere Arten von Interaktionen mit ihren Kindern, wobei die Väter sich eher auf körperbetonte Spiele mit ihren Kindern einlassen. Eltern-Kind-Interaktionen sind kulturabhängig; in manchen Kulturen spielen die Eltern zum Beispiel nur wenig oder gar nicht mit ihren Kindern.

Geschwister leisten wichtige Beiträge zu ihrer wechselseitigen Sozialisation und Entwicklung. Sie lernen voneinander und unterstützen sich gegenseitig, sind aber auch die Quelle für Rivalität und Konflikte. Geschwister vertragen sich besser, wenn sie gute Beziehungen zu ihren Eltern haben und wenn sie nicht das Gefühl haben, dass ihre Eltern sie unterschiedlich behandeln. Durchschnittlich gesehen sind Geschwisterbeziehungen in geschiedenen und wiederverheirateten Familien feindseliger und konfliktreicher als in intakten Erstfamilien. Man muss die Geschwisterbeziehungen also, wie alle anderen Familienbeziehungen auch, im Kontext des weiteren Familiensystems betrachten.

Wie sich US-amerikanische Familien verändert haben

In der zweiten Hälfte des 20. Jahrhunderts hat sich die Familie in den USA drastisch verändert. Zum einen erhöhte sich zwischen 1950 und dem Ende des Jahrhunderts das mittlere Alter, in dem Menschen erstmals heiraten, bei Frauen von 20 auf 25 Jahre und bei Männern von 23 aus 26,7 Jahre (Coltrane, 1996; U.S. Bureau of the Census, 1999). Auch die wirtschaftlichen Arrangements der amerikanischen Familien veränderten sich recht auffällig. 1940 war in 52 Prozent der Familien – sofern es nicht bäuerliche Existenzen waren – der Vater der Geldverdiener, und die Mutter führte in Vollzeit den Haushalt. 1989 passen nur noch 25 Prozent der amerikanischen Familien (wiederum mit Ausnahme von Bauernfamilien) in diese Beschreibung (Abbildung 12.5). Nun waren in den meisten Familien Vater und Mutter außerhäusig beschäftigt.

Eine dritte Veränderung, die in den Familien auftrat und zum Teil aus den beiden schon erwähnten Veränderungen resultierte, bestand in einer Erhöhung des Gebäralters von Frauen, insbesondere innerhalb von Ehen. Ende der 1970er Jahre kam weniger als eine von fünf Geburten von Frauen über 30. 1990 war es eine von drei Geburten, die Frauen von 30 Jahren und darüber betraf (Coltrane, 1996; U.S. Bureau of the Census, 1991), und diese Quote blieb während der 1990er Jahre bestehen (U.S. Bureau of the Census, 1998).

Die für amerikanische Familien berichteten allgemeinen Trends bezüglich des späteren Heiratsalters, der vermehrten Berufstätigkeit und der Erhöhung des Gebäralters von Frauen gelten auch für das Deutschland der Nachkriegszeit, wobei hier deutliche Unterschiede zwischen Ost- und Westdeutschland zu verzeichnen sind, die insbesondere die Zeit vor der Wiedervereinigung betreffen. So gründete man in der ehemaligen DDR deutlich früher eine Familie, und es waren wesentlich mehr Frauen mit Kindern berufstätig als im Westen. Diese Unterschiede gleichen sich nach der Wende zunehmend aneinander an.

Zwei der weitestreichenden Veränderungen in den Familien im Verlauf des letzten halben Jahrhunderts waren die starke Zunahme der Scheidungen und die erhöhte Anzahl von unehelich geborenen Kindern. Die Scheidungsrate hat sich zwischen 1960 und 1980 mehr als verdoppelt, so dass etwa jede zweite Ehe wieder geschieden wird. Diese Rate blieb seitdem ziemlich konstant (Coltrane, 1996; Monthly Vital Statistics Report, 1995, 1999; Youth Indicators, 2001). In Deutschland schwankte die Scheidungsrate in der Nachkriegszeit zunächst zwischen 10 und 15 Prozent, während sie im Jahr 2003 bei knapp 56 Prozent lag (Statistisches

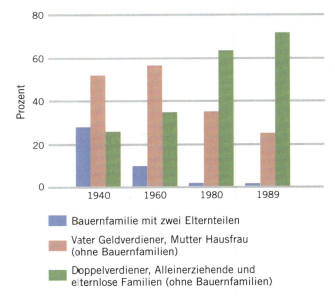

Abbildung 12.5: Das wirtschaftliche Arrangement der amerikanischen Familie von 1940 bis 1989. Im Verlauf von etwa 50 Jahren (angefangen 1940) reduzierte sich der Anteil an Zwei-Eltern-Familien mit einer ausschließlich im Haushalt tätigen Mutter oder zwei im bäuerlichen Betrieb tätigen Eltern beträchtlich, während der Anteil von Doppelverdienern, Alleinerziehenden und elternlosen Familien auf über 70 Prozent stieg (nach Hernandez, 1993).

Bundesamt). Auch wenn im Hinblick auf andere Daten zur Familienentwicklung, die nachfolgend noch beschrieben werden, zum Teil größere Unterschiede zwischen amerikanischen und deutschen Familien bestehen, sind die allgemeinen Trends und die daraus erwachsenden Konsequenzen für das Familienleben in der Regel dennoch vergleichbar. Es wird daher auf eine parallele Beschreibung der deutschen Datenlage verzichtet.

In den USA hat sich die Zahl der Alleinerziehenden-Haushalte zwischen 1970 und 1990 mehr als verdoppelt. Im Jahre 2000 lebten nur 69 Prozent der Kinder mit zwei Elternteilen (nicht notwendigerweise ihren biologischen Eltern), davon 75 Prozent der euro-amerikanischen Kinder, 35 Prozent der afro-amerikanischen Kinder und 63 Prozent der Kinder aus Familien hispanischer Abstammung (Latinos) (ChildStats, 2001; U.S. Bureau of the Census, März 1998). Somit lebten 1998 etwa 20 Millionen Kinder unter 18 Jahren mit nur einem Elternteil zusammen (U.S. Census Bureau, 1998). Wenn sich die derzeitigen Trends fortsetzen, wird etwa die Hälfte der Kinder, die in den 1990er Jahren geboren sind, bis zum Alter von 18 Jahren zumindest zeitweise in einer Ein-Eltern-Familie leben, wobei die Anzahl der Haushalte mit einem allein erziehenden Vater steigt (Coltrane, 1996).

Obwohl sich die Menschen häufiger scheiden lassen als in der Vergangenheit, heiraten die meisten geschiedenen Menschen erneut. Bei etwa 40 Prozent der Hochzeiten in den USA ist zumindest ein Partner beteiligt, der schon einmal verheiratet war, und oft hat diese Person auch bereits Kinder. Somit ist auch die Anzahl der Familien, zu denen Kinder aus früheren Ehen eines Elternteils oder beider Elternteile gehören, beträchtlich gestiegen (Coltrane, 1996).

Alle diese Veränderungen in der Struktur und Zusammensetzung von Familien besitzen umfangreiche Implikationen für das Verständnis der Kindesentwicklung und des Familienlebens. In den folgenden Abschnitten werden wir im Einzelnen betrachten: den Einfluss des Alters auf die Kindeserziehung, die Auswirkungen von Scheidung und Wiederverheiratung auf die Entwicklung von Kindern sowie Fragen im Zusammenhang mit der mütterlichen Berufstätigkeit und der Kinderbetreuung. Wir werden auch eine zusätzliche Veränderung der Familienstruktur berücksichtigen, die in jüngster Zeit sehr viel öffentliche Aufmerksamkeit erfahren hat: die wachsende Zahl lesbischer und schwuler Elternpaare.

Eltern im höheren Alter

Das Alter, in dem Eltern Kinder bekommen, kann ihr elterliches Verhalten auf mehrere Weise beeinflussen. Kinder in höherem Alter zu bekommen, hat innerhalb bestimmter Grenzen deutliche Erziehungsvorteile. Wie in Kasten 12.4 dargelegt, sind Jugendliche, gleich ob verheiratet oder nicht, im Allgemeinen psychisch oder finanziell schlechter ausgestattet, um mit Kindern umzugehen, als Menschen, die das Jugendalter hinter sich haben. Die elterlichen Fähigkeiten von Jugendlichen sind denen von älteren Eltern oft unterlegen; sie wissen beispielsweise nicht, wie man an medizinische und ausbildungsbezogene Ressourcen gelangt und diese einsetzt, und ihre Kinder sehen folglich in vielen Aspekten einer riskanten Entwicklung entgegen.

Selbst Eltern Anfang 20 fehlen die Ressourcen älterer Menschen, die zum ersten Mal Eltern werden; diese haben im Allgemeinen eine bessere Ausbildung, einen höheren beruflichen Status und ein höheres Einkommen. Ältere Eltern haben die Geburt ihrer Kinder mit größerer Wahrscheinlichkeit geplant und haben insgesamt auch eher weniger Kinder. Insgesamt verfügen sie somit über größere finanzielle Ressourcen, um eine Familie großzuziehen. Ein zusätzlicher Vorteil für Mütter, die das Kinderkriegen hinauszögern, besteht darin, dass sie meistens nicht so viel im Haushalt arbeiten müssen, entweder weil sie sich eine Haushaltshilfe leisten können oder weil ihre Ehemänner, die ebenfalls älter sind und deren sozio-ökonomischer Status gleich oder höher ist, im Vergleich zu den Ehemännern jüngerer Mütter öfter der Überzeugung sind, dass die Hausarbeit geteilt werden sollte (Coltrane, 1996). Zusammen genommen tragen diese Faktoren dazu bei, den allgemeinen Stress der Kindeserziehung für die Mütter zu reduzieren.

Ältere Eltern sind häufig auch kompetenter als jüngere Eltern, was ihre Erziehung von Kleinkindern betrifft – sofern sie nicht bereits mehrere Kinder haben. In einer Studie mit Müttern zwischen 16 und 38 Jahren, die kürzlich ein Kind bekommen haben, waren die Mütter umso zufriedener mit ihrer Elternschaft, je älter sie waren, und auch das Engagement für die Elternrolle war mit dem Alter höher. Ältere Mütter erlebten auch eine stärkere Befriedigung aus ihren Interaktionen mit dem Baby, zeigten mehr positive Gefühle gegenüber ihrem Baby und erwiesen sich gegenüber den Signalen des Babys als einfühlsamer. Diese positiven Befunde erstreckten sich jedoch nicht auf Mütter, die bereits zwei oder mehr Kinder hatten. Diese Mütter ließen im Umgang mit ihren Kindern in der Regel weniger positive Gefühle und verständnisvolles Verhalten erkennen als jüngere Mütter mit zwei oder mehr weiteren Kindern, wahrscheinlich weil die älteren Mütter nicht so viel Energie besaßen, um mit so vielen Kindern umzugehen (Ragozin, Basham, Crnic, Greenberg & Robinson, 1982).

Männer, die ihre Elternschaft bis zum Alter von etwa 30 Jahren oder später hinauszögern, sind ebenfalls positiver bezüglich ihrer Elternrolle als jüngere Väter (Cooney, Pedersen, Indelicato & Palkovitz, 1993; NICHD Early Child Care Research Network, 2000a). Auch wenn sie sich mit geringerer Wahrscheinlichkeit als jüngere Väter an körperlich aufregenden Aktivitäten beteiligen, zum Beispiel ihre Kinder durchs Zimmer jagen oder auf den Knien schaukeln (MacDonald & Parke, 1986), reagieren ältere Väter im Durchschnitt stärker auf ihre Kinder, sie sind zärtlicher, bieten ihren Kindern mehr

Ältere Väter haben durchschnittlich mehr verbale Interaktion mit ihren Kindern im vorschulischen Alter als jüngere Väter.

Kasten 12.4 Individuelle Unterschiede

Jugendliche als Eltern

Es kommt in den USA häufig vor, dass Jugendliche Kinder bekommen. Bei den 15- bis 19-Jährigen betrug die Geburtenrate im Jahre 1998 39 von 1000 Mädchen. Sicherlich lag diese Quote beträchtlich unter der von 1960, als in dieser Altersspanne auf 1000 Mädchen 89 Geburten kamen (ChildStats, 2001; Ventura et al., 1997). Das liegt zum Teil daran, dass Schwangerschaftsverhütung heute leichter verfügbar und Abtreibung eher möglich ist. Dennoch ist die aktuelle Geburtenrate immer noch weit höher als in anderen Industrieländern. Zum Beispiel ist die Geburtenrate in den USA doppelt so hoch wie in Großbritannien (das die zweithöchste Geburtenrate aufweist), etwa sieben Mal höher als in Dänemark und den Niederlanden, und 15 Mal höher als in Japan (Coley & Chase-Lansdale, 1998). Im Gegensatz zu der Geburtenrate aller jugendlicher Mädchen stieg die Rate bei unverheirateten Jugendlichen zwischen 15 und 17 Jahren von 1980 bis 1994 über 50 Prozent, reduzierte sich dann aber zwischen 1994 und 1998 um 16 Prozent (ChildStats, 2001; Ventura et al., 1997). In der jüngeren Vergangenheit sind die Geburten bei Teenagern also zurückgegangen.

Es gibt eine Reihe von Faktoren, die das Risiko von amerikanischen Teenagern, schon als Jugendliche Kinder zu bekommen, beeinflussen. Zwei Faktoren, die das Risiko verringern, sind das Zusammenleben mit beiden biologischen Elternteilen und die Beteiligung an schulischen Aktivitäten und religiösen Vereinigungen (Moore, Manlove, Glei & Morrison, 1998). Zu den Faktoren, die das Risiko beträchtlich erhöhen, gehört das Aufwachsen in Armut bei einer allein stehenden oder selbst noch heranwachsenden Mutter (Coley & Chase-Lansdale, 1998; Hardy, Astone, Brooks-Gunn, Shapiro & Miller, 1998) oder ein älteres Geschwisterteil, das sexuell aktiv ist oder trotz seiner Jugend schon ein Kind hat (East & Jacobson, 2001; Miller, Benson & Galbraith, 2001). Bei jungen heranwachsenden Mädchen kann eine emotional kalte und wenig interessierte Mutter das Risiko für eine Schwangerschaft in der späteren Adoleszenz erhöhen. Das könnte zum Teil daran liegen, dass Mädchen, auf deren Mütter dieses Muster zutrifft, häufig schlecht in der Schule sind und mit anderen Jugendlichen herumhängen, die öfter mal in Schwierigkeiten geraten, was zu riskantem Verhalten und Schwangerschaft führen kann (Scaramella, Conger, Simons & Whitbeck, 1998). So haben Mädchen, bei denen das Risiko besteht, dass sie als Teenager schwanger werden, meistens viele Freunde, die bereits sexuell aktiv sind (East, Felice & Morgan, 1993; Scaramella et al., 1998). Mit großer Wahrscheinlichkeit wird die Bereitschaft der Mädchen, sich sexuell zu betätigen, durch die Akzeptanz dieses Verhaltens in ihrem Freundeskreis beeinflusst.

Als Jugendliche bereits ein Kind zu haben, hat sowohl für die heranwachsende Mutter als auch für das Kind viele negative Folgen (Jaffee, 2002). Eine Mutterschaft schränkt die Ausbildungsmöglichkeiten, die berufliche Entwicklung und die normalen Beziehungen zu Gleichaltrigen ein. Selbst wenn jugendliche Mütter heiraten,

kognitive und sprachliche Anregung und bringen mit höherer Wahrscheinlichkeit eine gewisse Menge an Versorgungsleistungen auf (Neville & Parke, 1997; NICHD Early Child Care Research Network, 2000a; Volling & Belsky, 1991). Diese Unterschiede können zum Teil daran liegen, dass ältere Väter in

Kasten 12.4

werden sie mit hoher Wahrscheinlichkeit geschieden und verbringen viele Jahre als allein erziehende Mutter (Coley & Chase-Lansdale, 1998; Lamb & Teti, 1991). Außerdem besitzen jugendliche Mütter oft geringe erzieherische Fähigkeiten und bieten ihren Säuglingen häufiger als ältere Mütter nur ein niedriges Niveau an verbaler Anregung. Sie erwarten oft, dass sich ihre Kinder erwachsener verhalten, als sie wirklich sind, und vernachlässigen und misshandeln sie (Culp, Appelbaum, Osofsky & Levy, 1988; Lamb & Ketterlinus, 1991).

Angesichts dieser Defizite im elterlichen Verhalten überrascht es nicht, dass die Kinder jugendlicher Mütter mit höherer Wahrscheinlichkeit als die Kinder von älteren Müttern eine niedrige Impulskontrolle, Problemverhalten und kognitive Entwicklungsverzögerungen in den Vorschuljahren und danach zeigen. Wenn sie selbst im Jugendalter sind, haben die Kinder von Teenagern höhere Raten an Schulversagen, Kriminalität, Inhaftierung und früher sexueller Aktivität als Jugendliche, die von älteren Müttern geboren wurden (Coley & Chase-Lansdale, 1998; Wakschlag et al., 2001). Das bedeutet nicht, dass sich alle Kinder von jugendlichen Müttern in ungünstiger Weise entwickeln. Jugendliche Mütter, die im Vergleich zu ihren weniger erfahrenen Gleichaltrigen ein größeres Wissen über Kindesentwicklung und elterliches Verhalten besitzen, haben Kinder, die in ihrer frühen Kindheit weniger Verhaltensprobleme und eine bessere intellektuelle Entwicklung aufweisen (Miller, Miceli, Whitman & Borkowski, 1996).

Häufig sind jugendliche Mütter selbst Töchter jugendlicher Mütter und haben sexuell aktive Schwestern und Freunde.

Bei männlichen Jugendlichen ist das Risiko, Vater zu werden, erhöht, wenn sie arm sind, zu Drogenmissbrauch und Verhaltensproblemen neigen und polizeilich bereits erfasst sind (Fagot, Pears, Capaldi, Crosby & Leve, 1998; Lerman, 1993; Moore & Florsheim, 2001). Viele der jungen unverheirateten oder abwesenden Väter sehen ihre Kinder regelmäßig, zumindest in den ersten paar Jahren, wobei die Kontakthäufigkeit mit der Zeit jedoch abnimmt (Coley & Chase-Lansdale, 1998). In einer Untersuchung hatten 40 Prozent der Zweijährigen keinen Kontakt mit ihrem jugendlichen Vater (Fagot et al., 1998). Väter bleiben interessierter an ihren Kindern, wenn sie in den Wochen nach der Geburt eine herzliche, unterstützende Beziehung zur Mutter haben und wenn die Mutter während der Schwangerschaft und kurz danach keine Stress erzeugenden Lebensereignisse (insbesondere finanzielle Probleme) erfahren muss (Cutrona, Hessling, Bacon & Russell, 1998). In ihrer eigenen Jugend geht es den Kindern von jugendlichen Müttern besser, wenn sie eine starke Bindung zu ihrem biologischen Vater oder einem Stiefvater haben, besonders wenn dieser mit dem Kind zusammenlebt. Das Vorhandensein einer Vaterfigur muss jedoch dann, wenn die Vater-Kind-Beziehung negativ ist, nicht notwendigerweise einen förderlichen Effekt auf die Kinder von jugendlichen Müttern haben (Furstenberg & Harris, 1993).

---

ihrer Berufslaufbahn besser etabliert sind, weshalb sie sich auf ihre Rolle als Vater konzentrieren und in ihren Überzeugungen, was akzeptable Rollen und Aktivitäten für Väter sind, flexibler sein können (Coltrane, 1996; Parke & Buriel, 1998).

Scheidung

Jedes Jahr erleben in den USA etwa eine Million Kinder die Scheidung ihrer Eltern (U.S. Bureau of the Census, 1992). Etwa die Hälfte dieser Kinder bekommt innerhalb von vier Jahren, nachdem sich ihre biologischen Eltern getrennt haben, ein Stiefelternteil, und zehn Prozent der Kinder erleben bis zum Alter von 16 Jahren mindestens zwei Scheidungen (Furstenberg, 1988). Die Auswirkungen von Scheidung und Wiederverheiratung auf Kinder sollten also auf jeden Fall von großem Interesse sein.

Die potenziellen Auswirkungen von Scheidung

Die meisten Experten stimmen darin überein, dass Scheidungskinder ein höheres Risiko für kurz- und langfristige Probleme in den Bereichen von Psyche, Verhalten, Schule und Beziehungen tragen als die meisten Kinder, die mit ihren beiden biologischen Eltern zusammenleben. Verglichen mit der Mehrheit der Gleichaltrigen aus intakten Familien leiden sie zum Beispiel häufiger an Depression und Traurigkeit, besitzen ein geringeres Selbstwertgefühl und sind in sozialen Dingen weniger verantwortlich und kompetent (Amato, 2001; Amato & Keith, 1991; Hetherington, Bridges & Insabella, 1998). Jugendliche, deren Eltern sich scheiden lassen, neigen häufiger zum Schulabbruch, beteiligen sich häufiger an kriminellen Aktivitäten und Drogenmissbrauch und bekommen öfter uneheliche Kinder (Amato & Keith, 1991; Hetherington et al., 1998; Simons & Associates, 1996).

Geschiedene, allein stehende Eltern müssen oft mit einem erhöhten Maß an Stress zurechtkommen, was die Qualität ihrer Erziehung beeinträchtigen kann.

Als Erwachsene besitzen Kinder aus geschiedenen und wiederverheirateten Familien selbst ein höheres Scheidungsrisiko (Bumpass, Martin & Sweet, 1991; Rodgers, Power & Hope, 1997). Da sie mit geringerer Wahrscheinlichkeit die High-School oder das College absolviert haben, verdienen sie im frühen Erwachsenenalter auch häufig weniger als vergleichbare Personen aus intakten Familien (Hetherington, 1999). Sie besitzen auch ein leicht erhöhtes Risiko für schwere emotionale Störungen wie Depression, Angst und Phobien (Chase-Lansdale, Cherlin & Kiernan, 1995).

Eindeutig kann eine Scheidung bei manchen Kindern negative Auswirkungen haben. Dennoch geraten die meisten Kinder in der Folge der Scheidung ihrer Eltern nicht in größere, dauerhafte Schwierigkeiten. Einige Experten schätzen zwar, dass 20 bis 25 Prozent der Scheidungskinder schwerere Probleme zeigen, verglichen mit 10 Prozent der Kinder aus intakten Familien (Hetherington et al., 1998); andere Experten kommen jedoch zu niedrigeren Schätzungen (Amato & Keith, 1991). So ist eine Scheidung für Kinder meistens eine sehr schmerzhafte Erfahrung, doch sind die Unterschiede zwischen Kindern aus Scheidungsfamilien und Kindern aus intakten Familien insgesamt recht klein, was das psychische und soziale Befinden betrifft.

Es kommt hinzu, dass diese Unterschiede häufig eine Ausweitung derjenigen Unterschiede widerspiegeln, die im psychischen Leben der Kinder und/oder ihrer Eltern auch schon viele Jahre vor der Scheidung bestanden haben (Clarke-Stewart, Vandell, McCartney, Owen & Booth, 2000; Emery & Forehand, 1994).

Was beeinflusst die Auswirkung von Scheidungen?

Eine Vielzahl interagierender Faktoren scheint zur Vorhersage nötig zu sein, ob die schmerzlichen Erfahrungen von Scheidung und Wiederheirat bei den Kindern bedeutsame oder andauernde Probleme verursachen. Es handelt sich hier um die Frage nach *interindividuellen Unterschieden*: Warum verkraften manche Kinder eine Scheidung besser als andere?

Elterliche Konflikte Eine Einflussgröße darauf, wie gut sich Kinder auf eine Scheidung einstellen können, ist das Ausmaß der Konflikte zwischen den Eltern vor, während und nach einer Scheidung. So kann das Ausmaß der Konflikte die Folgen für die Kinder sogar besser vorhersagen als die Tatsache der Scheidung selbst. Es ist für Kinder nicht nur anstrengend und unangenehm, Konflikte zwischen ihren Eltern zu beobachten; sie können bei den Kindern auch Unsicherheitsgefühle über ihre eigenen Beziehungen zu den Elternteilen auslösen (Davies & Cummings, 1994; Grych & Fincham, 1997). Zum Beispiel können Kinder befürchten, dass ihre Eltern sie verlassen oder nicht mehr lieb haben werden. Die Konflikte zwischen den Eltern werden oft noch stärker, wenn die Bedingungen der Scheidung ausgehandelt werden, und können sich noch Jahre nach der Scheidung hinziehen. Insbesondere wenn die Kinder im Rahmen der elterlichen Streitereien Zeuge von Gewaltanwendung wurden, kann das für die Kinder nicht nur äußerst schlimm sein, sondern auch die Wahrscheinlichkeit erhöhen, dass sie selbst als Erwachsene Gewalt gegenüber ihren Partnern einsetzen werden (Andrews, Foster, Capaldi & Hops, 2000; Wallerstein & Blakeslee, 1989).

Die elterlichen Konflikte haben besonders dann negative Auswirkungen für Kinder, wenn diese sich mitten hineingezogen fühlen, so dass sie in die Rolle des Vermittlers zwischen den Eltern gezwungen werden oder einen Elternteil darüber informieren müssen, was der andere jeweils tut. Ein ähnlicher Druck kann entstehen, wenn die Kinder das Gefühl haben, vor dem einen Elternteil Information über den anderen oder die eigene Loyalität gegenüber dem anderen verbergen zu müssen. Jugendliche, die das Gefühl haben, in die Konflikte ihrer geschiedenen Eltern hineingeraten zu sein, besitzen ein erhöhtes Risiko für die Ausbildung von Depression und Angst und für die Entstehung von Problemverhalten wie trinken, klauen, in der Schule betrügen, schwänzen, sich prügeln, eine Waffe tragen oder Drogen nehmen (Buchanan, Maccoby & Dornbusch, 1991).

Stress Ein zweiter Faktor, der sich darauf auswirkt, wir gut sich Kinder auf eine Scheidung einstellen können, ist der Stress, den der sorgeberechtigte Elternteil und das Kind selbst in der neuen Familienordnung erleben. Der beim Kind gebliebene Elternteil muss nicht nur mit all dem irgendwie zurechtkommen, was sich normalerweise beide Eltern teilen – Haushalt, Kinderbetreuung und finanzielle Verantwortung –, sondern dies oft auch noch isoliert von anderen Menschen, die unter anderen Umständen geholfen hätten. Diese Isolation tritt typischerweise auf, wenn der Elternteil mit dem Kind umziehen muss und damit den Zugang zu dem vorher vorhandenen sozialen Netz verliert oder wenn Freunde und – insbesondere angeheiratete – Verwandte bei der Scheidung Partei ergreifen und sich gegen ihn stellen. Es kommt hinzu, dass die betreuenden Mütter meistens einen beträchtlichen Einkommensverlust erleiden, und nur eine Minderheit der Mütter erhält die vollen Alimente (U.S. Bureau of the Census, 1998, 1991). All das kann sich auf die oben beschriebenen Konflikte noch auflagern. So ist es geradezu vorhersagbar, dass der sorgeberechtigte Elternteil, in der Regel die Mutter, meistens nicht nur getresst ist, sondern zugleich auch wütend, verletzt oder deprimiert.

In der Folge all dieser Faktoren ist das Erziehungsverhalten der frisch geschiedenen Mütter häufig, verglichen mit Müttern in Zwei-Eltern-Familien, durch erhöhte Reizbarkeit und äußere Zwänge gekennzeichnet sowie durch geringere Wärme, Konsequenz und Überwachung der Kinder (Hetherington, 1993; Hetherington et al., 1998; Simons & Johnson, 1996). Das ist ein besonders unglücklicher Umstand, weil Kinder während und nach einer Scheidung meistens dann am besten zurechtkommen, wenn der betreuende Elternteil Unterstützung bietet und einen autoritativen Erziehungsstil ausübt (Hetherington, 1993; Simons & Associates, 1996; Simons & Johnson, 1996). Das Erziehungsverhalten wird für die Mütter außerdem noch dadurch erschwert, dass die nicht erziehungsberechtigten Väter häufig permissiv und nachgiebig gegenüber ihren Kindern sind (Hetherington, 1989; Parke & Buriel, 1998), was die Wahrscheinlichkeit erhöht, dass sich die Kinder über die mütterlichen Versuche, ihrem Verhalten Regeln und Grenzen zu setzen, aufregen und sich widersetzen.

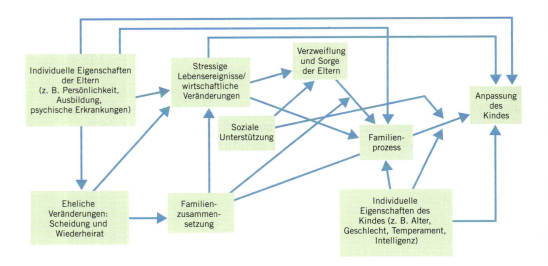

Abbildung 12.6: Ein Modell der Prädiktoren für kindliche Anpassung nach Scheidung und Wiederheirat. Die Anpassung eines Kindes an die elterliche Scheidung hängt von vielen miteinander verknüpften Faktoren ab. Dazu gehören die Eigenschaften von Eltern und Kind, Faktoren wie die Wiederverheiratung und finanzielle Veränderungen, die Zusammensetzung der Familie (zum Beispiel, wer zu Hause wohnen bleibt), das Ausmaß an sozialer Unterstützung, die Verzweiflung der Eltern als Reaktion auf stressige Ereignisse sowie Familienprozesse, welche diese Dynamiken zum Ausdruck bringen.

Stressige Lebenserfahrungen während und nach einer Scheidung beeinträchtigen somit oft die Qualität des Erziehungsverhaltens und der familiären Interaktionen, was sich auf die Anpassung der Kinder auswirkt. Die stressigen Lebenserfahrungen können sich direkt darauf auswirken, wie gut sich die Kinder auf die veränderten Umstände einstellen können (Abbildung 12.6). Wenn man beispielsweise wegen des schmaler gewordenen Haushaltseinkommens umziehen muss, kann das bedeuten, dass das Kind in Zeiten von ohnehin erhöhter emotionaler Verletzlichkeit auch noch den schmerzlichen Wechsel von Wohnung, Wohnviertel, Schule, Mitschülern und Freunden durchmachen muss.

Das Alter des Kindes Ein weiterer Faktor, der die Auswirkungen einer Scheidung beeinflusst, ist das Alter des Kindes zum Zeitpunkt der Scheidung. Im Vergleich zu älteren Kindern und Jugendlichen kann es jüngeren Kindern schwerer fallen, die Ursachen und Folgen der Scheidung zu verstehen, sie können die stärkere Befürchtung haben, von den Eltern verlassen zu werden, und geben sich häufiger selbst die Schuld an der Scheidung (Hetherington, 1989). Ein achtjähriger Junge erklärte ein Jahr nach der Scheidung seiner Eltern (Wallerstein & Blakeslee, 1989, S. 73):

> Meine Eltern haben sich nicht gut verstanden. ... Sie stritten sich dauernd wegen mir, als sie noch verheiratet waren. Ich glaube, ich habe ihnen eine Menge Ärger gemacht, weil ich nicht in die Schule gehen wollte und so. Ich wollte sie nicht zum Streiten bringen. ...

Dieser Junge glaubte fest, dass er die Scheidung verursacht hätte.

Der folgende klinische Bericht gibt ein Bild davon, wie sich eine Scheidung auf jüngere Kinder auswirken kann (Wallerstein & Blakeslee, 1989, S. xvi):

> Als wir den sieben Jahre alten Ned zum ersten Mal sahen, brachte er sein Familienalbum mit in die Praxis. Er zeigte uns ein Bild nach dem anderen von sich mit seinem Vater, seiner Mutter und seiner kleinen Schwester. Mit breitem Lächeln sagte er: „Alles wird gut werden. Alles wird wirklich gut werden." Ein Jahr später war Ned ein trauriges Kind. Sein geliebter Vater besuchte ihn fast nie, und seine zuvor aufmerksame Mutter war wütend und deprimiert. Ned tat sich in der Schule schwer, prügelte sich auf dem Spielplatz und sprach nicht viel mit seiner Mutter.

Ältere Kinder und Jugendliche können zwar eine Scheidung besser nachvollziehen als jüngere Kinder, aber dennoch besteht auch bei ihnen ein besonderes Risiko für Anpassungsprobleme, beispielsweise schlechte Schulleistungen und negative Beziehungen zu ihren Eltern. Jugendliche, die in einer Gegend mit hoher Verbrechensrate, schlechten Schulen und vielen unsozialen Halbstarken wohnen, sind besonders gefährdet (Hetherington et al., 1998), vor allem weil sich die Gelegenheiten, in Schwierigkeiten zu geraten, vervielfachen, wenn es nur einen – häufig auch noch berufstätigen – Elternteil gibt, der kontrollieren und überwachen kann, was das Kind so tut. College-Schüler reagieren nicht so stark auf die Scheidung ihrer Eltern, weil sie wohl schon reifer und weniger abhängig von der Familie sind (Amato & Keith, 1991).

Von einer Wiederverheiratung der Eltern scheinen Jugendliche am Anfang der Adoleszenz negativer betroffen zu sein als jüngere Kinder. Das könnte daran liegen, dass ihre Auseinandersetzung mit Fragen der Autonomie und Sexualität durch das Auftreten eines neuen Elternteils verstärkt wird, zumal dieser die Kontrollgewalt über sie besitzt und auch noch der Sexualpartner ihres biologischen Elternteils ist (Hetherington, 1993; Hetherington et al., 1992). Ein weiteres Problem für männliche Jungendliche, deren Eltern wieder heiraten, besteht darin, dass sie meistens von ihren Eltern weniger überwacht werden als ihre Altersgenossen aus intakten Familien, was zur Erklärung der erhöhten Kriminalitätsrate bei diesen Jungen beitragen kann (Pagani, Tremblay, Vitaro, Kerr & McDuff, 1998).

Kontakt mit dem Vater Entgegen der Alltagsmeinung ist die Häufigkeit des Kontakts mit dem – nicht mehr mit dem Kind zusammenlebenden – Vater als solche noch kein entscheidender Faktor für die Anpassung der Kinder nach einer Scheidung (Amato & Keith, 1991). Bedauerlicherweise ist das eine gute Nachricht, weil die Datenlage so aussieht, dass weniger als 50 Prozent der nicht sorgeberechtigten Väter mehr als einmal pro Jahr Kontakt mit ihren Kindern haben (Parke & Buriel, 1998). Was die Anpassung der Kinder nach der Scheidung beeinflusst, ist die Qualität des Kontakts mit dem Vater: Kinder, die mit einem kompetenten, unterstützenden, autoritativen Vater in Kontakt geblieben sind, sind besser angepasst als Kinder, die mit ihrem Vater zwar häufige, aber oberflächliche oder gestörte Kontakte haben (Hetherington, 1989; Hetherington et al., 1998; Whiteside & Becker, 2000).

Der Beitrag der elterlichen Eigenschaften Wie schon an früherer Stelle bemerkt, darf man nicht vergessen, dass die erhöhte Häufigkeit von Verhaltensproblemen bei Kindern aus geschiedenen und wieder verheirateten Familien nicht ausschließlich auf die Scheidung und Wiederverheiratung selbst zurückgeht. Vielmehr hängen die Probleme manchmal mit Eigenschaften der Eltern zusammen, die schon lange vor der Scheidung vorhanden waren und die Wahrscheinlichkeit von Erziehungsdefiziten erhöht haben. Zum Beispiel mag es den Eltern schwer fallen, mit Stress umzugehen oder soziale Beziehungen einzugehen, die dem Wohlbefinden dienlich sind. Für eine solche Annahme spricht die Tatsache, dass Scheidungseltern häufiger als nicht geschiedene Eltern neurotisch, depressiv, alkoholkrank oder soziopathisch sind, gestörte Beziehungsansichten haben oder nicht die notwendigen Fähigkeiten besitzen, um mit Konflikten und negativen Emotionen zielführend umgehen zu können (Emery, Waldron, Kitzmann & Aaron, 1999; Jochlin, McGue & Lykken, 1996; Kurdek, 1993). Jede einzelne dieser Eigenschaften würde die Qualität des elterlichen Verhaltens wahrscheinlich verschlechtern. Natürlich tragen viele Faktoren dazu bei, ob sich Menschen scheiden lassen oder nicht; dysfunktionale Verhaltensweisen und Persönlichkeitseigenschaften bilden nur einen Faktor, der zu den Schwierigkeiten von Scheidungskindern beitragen kann.

Der Beitrag der Eigenschaften der Kinder Die erhöhte Häufigkeit von Verhaltensproblemen bei Scheidungskindern kann auch mit Eigenschaften der Kinder selbst zusammenhängen. Kinder, deren Eltern sich scheiden lassen, sind in ihrem Verhalten auch vor der Scheidung häufig schon schlechter angepasst als Kinder aus intakten Familien (Amato & Keith, 1991; Block, Block & Gjerde, 1986). Dieser Unterschied kann auf häuslichen Stress zurückgehen, auf schlechte Erziehung oder auf Konflikte zwischen Eltern im Vorfeld der Scheidung. Alternativ oder zusätzlich dazu können auch vererbte Eigenschaften wie mangelnde Selbstregulierung oder eine Veranlagung zu negativen Gefühlen verantwortlich sein (O'Connor, Caspi, DeFries & Plomin, 2000). Solche Eigenschaften dürften nicht nur den Anpassungsproblemen der Kinder zugrunde liegen, sondern auch die Wahrscheinlichkeit einer Scheidung erhöhen, wenn sie sowohl bei den Kindern als auch bei Eltern zum Ausdruck kommen (Hetherington et al., 1998; Jochlin et al., 1996). Im Sinne der Vorstellung des *aktiven Kindes* können Kinder mit schwieriger Persönlichkeit und eingeschränkter Bewältigungsfähigkeit auch ungünstiger als andere Kinder auf die negativen Ereignisse reagieren, die mit einer Scheidung einhergehen.

Positive Scheidungsfolgen Schließlich darf man nicht vergessen, dass die Scheidung der Eltern für das Kind auch positive Folgen haben kann, insbesondere wenn es dadurch nicht mehr dem Konflikt zwischen den Eltern ausgesetzt ist. Tatsächlich werden einige Töchter im Zusammenleben mit ihrer allein erziehenden Mutter zu außerordentlich widerstandsfähigen Individuen, die mit Widrigkeiten und Problemen sehr gut umgehen können, nachdem sie offenbar den Veränderungen und Verantwortlichkeiten im Anschluss an die Scheidung erfolgreich begegnen konnten (Hetherington, 1989; Hetherington et al., 1998).

Sorgerecht nach der Scheidung

1998 lebten Kinder, die bei einem geschiedenen Elternteil wohnten, mehr als viermal so häufig bei ihrer Mutter als bei ihrem Vater (U.S. Bureau of the Census, März 1998). Manchmal besitzen die Eltern jedoch ein gemeinsames Sorgerecht für ihre Kinder. Ein gemeinsames Sorgerecht kann sich auf juristische Entscheidungen und/oder auf den tatsächlichen Wohnort des Kindes beziehen; im zweitgenannten Fall spricht man vom Aufenthaltsbestimmungsrecht. In Sorgerechtsbelangen teilen sich die Eltern die Verantwortung für Entscheidungen, die das Leben des Kindes betreffen. Mit Blick auf den Aufenthalt des Kindes kann beispielsweise vereinbart werden, dass das Kind nach einem regelmäßigen Plan abwechselnd bei den beiden Elternteilen lebt.

Kinder, für die auch nach der Scheidung ein gemeinsames Sorgerecht vereinbart wurde, sind im Allgemeinen besser angepasst als Kinder mit nur einem Erziehungsberechtigten (Bauserman, 2002). Die Auswirkungen des gemeinsamen Sorgerechts hängen aber wahrscheinlich zum Großteil von der Kooperation der beiden Ex-Partner ab. Wenn Eltern zusammenarbeiten und das

Beste für ihr Kind im Sinn haben, werden Kinder kaum das Gefühl haben, zwischen ihren Eltern zu stehen, wenn diese Konflikte miteinander austragen (Maccoby, Buchanan, Mnookin & Dornbusch, 1993). Leider ist die gegenseitige Hilfe bei der Erziehung nicht die Regel. In einer Untersuchung zeigte sich, dass Eltern nach einer Trennung von eineinhalb Jahren oder länger meistens miteinander stritten oder nicht mehr viel miteinander zu tun hatten (Maccoby et al., 1993).

Eine Alternative zur Scheidung: fortwährender Ehestreit

Angesichts der öffentlichen Diskussion über die negativen Folgen, die eine Scheidung für Kinder haben kann, haben manche Leute behauptet, es wäre besser für die Familien, wenn Eltern sich nicht so leicht scheiden lassen könnten. Wenn man dieses Argument in Erwägung zieht, muss man sich vor Augen führen, dass sich ein anhaltender Konflikt zwischen Eltern, die sich nicht getrennt haben, auf Kinder jeglichen Alters negativ auswirkt (Emery, 1982). Säuglinge können durch Ehekonflikte Schaden nehmen, weil die Mütter deswegen weniger herzlich und unterstützend werden können, was die Sicherheit der Eltern-Kind-Bindung gefährdet (Frosch, Mangelsdorf & McHale, 2000). Jüngere Kinder fühlen sich besonders oft bedroht und hilflos, wenn sich die Eltern andauernd streiten – und dies umso stärker, wenn mit den Streitereien ein hohes Maß an verbaler und körperlicher Aggression verbunden ist (Grych, 1998). Kinder und Jugendliche, die mit anhaltenden Ehekonflikten konfrontiert sind, neigen zu höherer Aggressivität und häufigerem kriminellem Verhalten als ihre Altersgenossen aus weniger zerstrittenen Familien. Permanenter Streit zwischen den Eltern kann die Kinder auch feindselig, deprimiert und ängstlich machen, besonders wenn der Streit – was häufig der Fall ist – dazu führt, dass die Eltern auch gegenüber ihren Kindern unfreundlich sind (Buehler et al., 1997; Harold & Conger, 1997).

Stiefelternschaft

1996 lebten ungefähr sechs Prozent der US-amerikanischen Kinder in einem Haushalt mit einem Stiefelternteil – in 80 Prozent der Fälle einem Stiefvater (ChildStats.gov, 2001). Da viele Kinder, die im Erhebungsjahr nicht mit einem Stiefelternteil zusammenlebten, in der Vergangenheit bereits einmal einen Stiefvater oder eine Stiefmutter gehabt hatten oder zukünftig haben werden, schätzt man die Zahl der Kinder, die im Alter von 18 Jahren das Zusammenleben mit einem Stiefelternteil erlebt haben, tatsächlich weit höher ein, vielleicht auf 17 Prozent (Hetherington et al., 1998).

Der Eintritt eines Stiefelternteils in die Familie stellt für Kinder oft ein sehr bedrohliches Ereignis dar. Wie in einer Langzeitstudie beschrieben wurde, ist die Welt plötzlich voll von Angst erregenden Fragen (Wallerstein & Blakeslee, 1989, S. 246):

Was wird dieser neue Mann für mich bedeuten? Wird er meine Position in der Familie streitig machen? Wird er meine Beziehung zu Mama und Papa stören? ... Ist er gut für meine Mutter? Wird sie bessere Laune haben? Wird sie mich besser behandeln? ... Wird mein Vater wütend sein? Wird mich mein Vater, nachdem ich einen Stiefvater habe, häufiger oder seltener besuchen wollen? Wird er aus dem Blickfeld verschwinden? Wird Mama jetzt netter zu Papa sein? Werden Mama und Papa jemals wieder heiraten, nachdem jetzt jemand anderes mitspielt?

Die Antworten auf einzelne Fragen dieser Art fallen von Fall zu Fall natürlich anders aus. Dennoch fanden die Forscher einige allgemeine Muster, was die Anpassungsleistungen betrifft, die bei einer Wiederheirat sowohl den Kindern als auch den Erwachsenen abverlangt werden.

Stiefväter

Stiefväter finden es häufig schwer, die Rolle eines Vaters gegenüber ihren Stiefkindern einzunehmen. Auch wenn die meisten Stiefväter wollen, dass ihre neue Familie gut gedeiht, fühlen sie sich ihren Stiefkindern in der Regel doch weniger nah als Väter in Erstfamilien (Hetherington, 1993). Zunächst versuchen sie, gegenüber ihren Stiefkindern höflich und einschmeichelnd zu sein, und haben nicht so viel mit ihrer Überwachung und Kontrolle zu tun wie die Väter in den Ursprungsfamilien (Kurdek & Fine, 1993). Vielleicht weil sie mit ihren Stiefkindern Konflikte bekommen oder nicht von ihnen akzeptiert werden, werden viele Stiefväter mit der Zeit zu einem emotional distanzierten und abgekoppelten Elternteil, selbst nach fünf oder mehr Jahren (Hetherington, Henderson & Reiss, 1999; Mekos, Hetherington & Reiss, 1996).

Konflikte zwischen Stiefvätern und Stiefkindern sind in der Regel stärker ausgeprägt als zwischen Vätern und ihren biologischen Nachkommen (Bray & Berger, 1993; Hetherington et al., 1992, 1999). Im extremen Fall ist die Gewaltanwendung von Stiefvätern gegen ihre Stiefkinder um ein Vielfaches höher als Gewalt, die von biologischen Vätern verübt wird (Daly & Wilson, 1996). Stiefkinder tragen oft zum Konflikt mit ihren Stiefvätern bei, indem sie sich gegen sie auflehnen und ihnen feindlich gegenüberstehen. Wegen der in Stieffamilien häufigen Konflikte und dem daraus folgenden Stress ist es nur erwartbar, dass Kinder mit Stiefvätern zu höheren Depressionsraten, Rückzug und störendem Verhalten neigen als Kinder aus intakten Familien (Hetherington & Stanley-Hagan, 1995).

Die Einstellung eines Jugendlichen zu einem Stiefelternteil hängt zum Teil von der Art der wiederhergestellten Familie ab und davon, wie lange die neue Familie bereits existiert. In einfachen Stieffamilien, zu denen nur Kinder von einem Elternteil gehören, unterscheidet sich die Anpassung Jugendlicher kaum von der in intakten Familien, sofern der Stiefvater bereits einige Jahre lang zur Familie gehört. Im Gegensatz dazu machen Jugendliche häufiger, was sie wollen, und lassen es an sozialer Verantwortung fehlen, wenn sie sich in **komplexen Stieffamilien** befinden, die auch Stiefgeschwister oder Halbgeschwister umfassen (Hetherington et al., 1999).

Komplexe Stieffamilien – Familien mit Stiefgeschwistern oder Halbgeschwistern.

Es kann einige Vorteile mit sich bringen, einen interessierten und engagierten Stiefvater zu haben. Die Wiederheirat kann die finanzielle Lage der Familie entscheidend verbessern und für den verbliebenen leiblichen Elternteil eine Quelle der emotionalen Hilfe und Unterstützung bieten. Ein neuer Stiefvater kann besonders dazu beitragen, den Stiefsohn zu kontrollieren und ein männliches Rollenmodell zu bieten (Parke & Buriel, 1998). Der Beitrag von Stiefvätern zur Überwachung ihrer Stiefsöhne ist vor allem deshalb wichtig, weil die erziehungsberechtigten, nunmehr wiederverheirateten Mütter dazu neigen, bei der Überwachung des Verhaltens ihrer Söhne lasch zu werden (Hetherington & Stanley-Hagen, 1995, 2002).

Stiefmütter

Weil es deutlich weniger Stiefmütter gibt als Stiefväter, wurden Stiefmütter weit seltener beforscht, so dass man weniger über sie weiß. Es sieht jedoch so aus, dass Stiefmütter im Allgemeinen viel mehr Schwierigkeiten mit ihren Stiefkindern haben als Stiefväter. Väter erwarten oft von Stiefmüttern, dass sie bei der Erziehungsarbeit eine aktive Rolle übernehmen, wozu auch die Überwachung und Disziplinierung des Kindes gehört. Die Kinder nehmen es der Stiefmutter aber häufig übel, dass sie die Rolle der „Zuchtmeisterin" übernimmt. Dennoch können sich die Stiefkinder dann besser auf die Situation einstellen, wenn es Stiefmüttern gelingt, einen autoritativen Erziehungsstil erfolgreich einzusetzen (Hetherington et al., 1998).

Einflussfaktoren auf die Anpassung von Kindern in Stieffamilien

Die Anpassung von Kindern, die mit einem Stiefelternteil zusammenleben, wird durch eine Reihe weiterer Faktoren beeinflusst, zum Beispiel das Alter des Kindes zum Zeitpunkt der erneuten Heirat und das Geschlecht des Kindes. Sehr junge Kinder akzeptieren Stiefeltern in der Regel leichter als ältere Kinder und Jugendliche, und das Vorhandensein eines kompetenten, unterstützenden Stiefvaters kann – verglichen mit der Situation, keinen Vater verfügbar zu haben – bei jüngeren Söhnen die Wahrscheinlichkeit senken, dass Probleme auftreten. Mädchen neigen häufiger als Jungen dazu, Probleme mit ihren Stiefeltern zu haben, wobei Anpassungsprobleme und schlechte Leistungen auftreten (Amato & Keith, 1991; Hetherington, 1989; Hetherington et al., 1998). Oft ergeben sich die Schwierigkeiten, die Mädchen mit ihren Stiefvätern haben, aus der Tatsache, dass die geschiedenen Mütter vor ihrer Wiederverheiratung häufig eine enge, vertrauensvolle Beziehung zu ihren Töchtern hatten, die durch den Eintritt des Stiefvaters in die Familie gestört wurde. Diese Veränderungen können zu einer Verärgerung der Tochter und zu Konflikten mit ihrer Mutter und dem Stiefvater führen (Hetherington et al., 1992; Hetherington & Stanley-Hagen, 1995).

Kinder beiderlei Geschlechts können sich am besten auf eine Stieffamilie einstellen, wenn der sorgeberechtigte Elternteil einen autoritativen Erziehungsstil pflegt. Auch kommen Kinder in der Regel besser mit ihrer Stieffamilie zurecht, wenn der Stiefelternteil herzlich und interessiert ist und die Entscheidungen des erziehungsberechtigten Elternteils unterstützt, statt in eigener Regie erzieherische Kontrolle über die Kinder ausüben zu wollen (Bray & Berger, 1993; Hetherington et al., 1998).

Schließlich hängt die Leichtigkeit oder Schwierigkeit, mit der sich ein Stiefelternteil in die Familie integriert, nicht nur von seinem eigenen Verhalten und dem Verhalten der Stiefkinder ab, sondern auch von den Einstellungen und Verhaltensweisen des leiblichen Elternteils. Zum Beispiel kann die Unterstützung des leiblichen Vaters bei den Erziehungsbemühungen der Stiefmutter wichtig sein, um ein erfolgreiches pädagogisches Verhalten der Stiefmutter zu fördern (Brand, Clingempeel & Bowen-Woodward, 1988). Die Einstellung des anderen biologischen Elternteils, der nicht der neuen Familie angehört, zum Stiefelternteil spielt wahrscheinlich auch eine Rolle. Wenn der nicht anwesende Elternteil feindliche Gefühle gegenüber dem Stiefelternteil hegt und diese Gefühle dem Kind zu erkennen gibt, wird sich das Kind wahrscheinlich hin und her gerissen fühlen, was seine Anpassungsprobleme erhöht (Buchanan et al., 1991). Die feindlichen Gefühle des externen Elternteils können das Kind auch dazu ermutigen, sich selbst gegenüber dem Stiefelternteil feindlich oder distanziert zu verhalten. Der Erfolg oder Misserfolg von Stieffamilien hängt also vom Verhalten und den Einstellungen aller Beteiligten Parteien ab.

Lesbische und schwule Eltern

Ein anderer Aspekt, unter dem sich US-amerikanische Familien in den vergangenen Jahrzehnten verändert haben, besteht darin, dass mehr lesbische und schwule Erwachsene nunmehr Eltern sind. Die Anzahl lesbischer und schwuler Eltern lässt sich nicht zuverlässig schätzen, weil viele ihre sexuelle Orientierung verbergen. Die vorliegenden Schätzungen für die USA reichen bei lesbischen Müttern von einer bis fünf Millionen und bei schwulen Vätern von einer bis drei Millionen (Gottman, 1990). Es wird angenommen, dass es nicht weniger als sechs Millionen Kinder gibt, die bei lesbischen oder schwulen Eltern leben (Patterson, 1995b).

Die meisten Kinder von lesbischen oder schwulen Eltern wurden geboren, als ihre Eltern sich in einer heterosexuellen Beziehung oder Ehe befanden. In vielen Fällen lassen sich die Eltern scheiden, wenn sich ein Elternteil als schwul oder lesbisch zu erkennen gibt; in anderen Fällen entscheiden sich die Eltern dafür, keine Scheidung durchzuführen. Zusätzlich entscheidet sich eine zunehmende Anzahl von allein stehenden oder in Paarbeziehung befindlichen lesbischen Frauen, Kinder zu bekommen, häufig mit Hilfe künstlicher Befruchtung. Andere lesbische Frauen entscheiden sich dafür, Pflege- oder Adoptivmütter zu werden. Für schwule Männer ist es wegen rechtlicher Hürden meistens ziemlich schwierig, Adoptiveltern oder Pflegeeltern zu werden; in vielen Bundesstaaten bestehen zudem Vorurteile gegenüber Schwulen;

Es bedarf zwar noch weiterer Untersuchungen, doch lassen die vorliegenden Forschungsergebnisse darauf schließen, dass sich Kinder aus lesbischen oder schwulen Elternhäusern kaum anders entwickeln als Kinder, die in einem heterosexuellen Elternhaus leben.

die Probleme sind etwas geringer, wenn es sich um ältere, kranke oder behinderte Kinder handelt, die anderweitig schwer unterzubringen sind. In manchen Fällen haben schwule Männer die Gelegenheit, für die biologischen Kinder ihrer Partner den Stiefvater zu geben (Patterson & Chan, 1997).

Die Frage, die viele Menschen umtreibt, richtet sich darauf, ob sich Kinder, die von homosexuellen Eltern erzogen werden, von anderen Kindern unterscheiden. Auf der Grundlage zunehmender Daten und Erkenntnisse kann man sagen, dass die Kinder homosexueller Eltern in ihrer Entwicklung den Kindern heterosexueller Eltern recht ähnlich sind, was ihre Anpassung, ihre Persönlichkeit und ihre Beziehung zu Gleichaltrigen betrifft (Flaks, Ficher, Masterpasqua & Joseph, 1995; Golombok, Spencer & Rutter, 1983; Patterson, 1997). Sie sind sich auch in dem Ausmaß ähnlich, in dem ihr Verhalten geschlechtstypisch ist, sowie in ihrer sexuellen Orientierung (Bailey, Bobrow, Wolfe & Mikach, 1995; Gottman, 1990; Patterson, Fulcher & Wainright, im Druck). Es verwundert vielleicht, dass die Kinder von lesbischen Eltern nicht mehr gehänselt werden als andere Kinder (Tasker & Golombok, 1995). Dies kann jedoch zum Teil daran liegen, dass die Kinder homosexueller Eltern ihren Freunden gegenüber die sexuelle Orientierung ihrer Eltern nicht offen zu erkennen geben. Tatsächlich versuchen die Kinder von schwulen Männern oft, die sexuellen Vorlieben ihrer Väter vor ihren Freunden zu verheimlichen, weil sie wohl befürchten, von ihren Altersgenossen selbst als schwul oder lesbisch bezeichnet zu werden (Bozett, 1980, 1987; Crosbie-Burnett & Helmbrecht, 1993).

Ob die Kinder von lesbischen und schwulen Eltern sich gut entwickeln oder nicht, scheint genauso wie in Familien mit heterosexuellen Eltern von der Familiendynamik abzuhängen. Die Kinder von lesbischen Eltern sind besser angepasst, wenn ihre Mutter und deren Partnerin sich gut verstehen und nicht sehr unter Stress stehen (Chan, Raboy & Patterson, 1998), wenn die Pflichten der Kinderbetreuung in der Beziehung gleichmäßig verteilt sind (Patterson, 1995a) und wenn sie mit der häuslichen Arbeitsteilung zufrieden sind (Chan, Brooks, Raboy & Patterson, 1998). In Familien mit einem schwulen Vater und seinem Lebenspartner hängt die Zufriedenheit der Söhne mit ihrer Familie davon ab, ob der Partner in die Familienaktivitäten eingebunden ist und ob der Sohn nicht nur mit seinem Vater, sondern auch mit dessen Partner eine gute Beziehung hat (Crosbie-Burnett & Helmbrecht, 1993).

IN KÜRZE

Familien in den USA und auch in anderen westlichen Nationen waren in den vergangenen Jahrzehnten drastischen Veränderungen unterworfen. Erwachsene heiraten später und bekommen ihre Kinder später; immer mehr Kinder werden von Alleinerziehenden in die Welt gesetzt; und Scheidung und Wiederverheiratung sind häufige Ereignisse.

Jugendliche Eltern stammen überproportional häufig aus ärmlichen Verhältnissen und haben mit größerer Wahrscheinlichkeit als andere Teenager Schul- und Verhaltensprobleme. Jugendliche Mütter sind in der Regel weniger erfolgreiche Eltern als ältere Mütter, und ihren Kindern drohen Schul- und Verhaltensprobleme sowie eine verfrühte sexuelle Aktivität. Im Gegensatz dazu sind Mütter, die das Kinderkriegen ein wenig hinauszögern, in der Regel einfühlsamer mit ihren Kindern als Mütter, die ihr erstes Kind schon in jungem Alter bekommen.

Scheidung und Wiederheirat der Eltern konnten nur für eine kleine Zahl von Kindern mit anhaltend negativen Folgen wie Verhaltensproblemen in Zusammenhang gebracht werden. Der Hauptfaktor, der zu negativen Scheidungsfolgen bei Kindern beiträgt, sind dysfunktionale Familieninteraktionen, bei denen die Eltern feindlich miteinander umgehen und die Kinder sich hin und her gerissen fühlen. Depression und Verärgerung seitens der Eltern sowie ökonomischer Druck und andere Arten von Stress, die das Alleinerziehen mit sich bringt, senken oft die Qualität der elterlichen Interaktionen untereinander und mit ihren Kindern.

Stieffamilien stehen vor besonderen Aufgaben. Konflikte sind in Stieffamilien häufig, besonders wenn die Kinder schon im Jugendalter sind; die Stiefelternteile sind häufig weniger an ihren Stiefkindern interessiert als die biologischen Eltern. Die Kinder entwickeln sich am besten, wenn alle beteiligten Elternteile Unterstützung bieten und einen autoritativen Erziehungsstil einsetzen.

Eine wachsende Zahl von Kindern lebt in Familien, in denen zumindest ein Elternteil auch nach außen hin lesbisch oder schwul ist. Es gibt keine Hinweise darauf, dass Kinder, die von schwulen oder lesbischen Eltern erzogen werden, selbst mit größerer Wahrscheinlichkeit homosexuell werden oder sich in ihrer sozialen Anpassung von Kindern heterosexueller Eltern unterscheiden.

Mütterliche Berufstätigkeit und Kinderbetreuung

Neben den vielen anderen Veränderungen, welche die Familie in den vergangenen 50 Jahren in den USA erfahren hat, hat sich die Rate berufstätiger Mütter mehr als vervierfacht. 1955 standen nur 17 Prozent der Mütter mit Kindern unter 18 Jahren in Beschäftigungsverhältnissen, 1998 waren es 72 Prozent. Unter Entwicklungsaspekten dürfte noch eine größere Rolle spielen, dass

1955 nur 18 Prozent der Mütter von Kindern unter sechs Jahren außerhäusig beschäftigt waren, 1998 aber 64 Prozent, darunter 58 Prozent der Mütter, deren Kinder noch kein Jahr alt waren (Bureau of Labor Statistics, 1999). Derzeit kehrt die Mehrzahl der Erstgebärenden, die während ihrer Schwangerschaft berufstätig waren, wieder an ihren Arbeitsplatz zurück, bevor ihr Kind ein Jahr alt ist, wobei die meisten drei Monate nach der Geburt ihre Tätigkeit in Vollzeit wieder aufnehmen (Bureau of Labor Statistics, 1999; Coltrane, 1996). In diesen Veränderungen der mütterlichen Beschäftigungsraten kommt eine Vielzahl von Faktoren zum Vorschein, zum Beispiel die höhere Akzeptanz mütterlicher Berufstätigkeit, mehr Chancen am Arbeitsplatz für Frauen und ein erhöhter Finanzbedarf, der oft dadurch verursacht ist, dass Frauen ihre Kinder allein erziehen oder geschieden sind.

Erwartungsgemäß hat der drastische Anstieg in der Anzahl der außerhäusig berufstätigen Mütter eine Vielzahl von Befürchtungen über die möglichen Auswirkungen der mütterlichen Berufstätigkeit auf die Kindesentwicklung ausgelöst. Einige Entwicklungsexperten und manche Sozialkritiker sagten voraus, dass eine Berufstätigkeit der Mütter die Qualität der mütterlichen Fürsorge schwer wiegend vermindern würde und dass die Mutter-Kind-Beziehung entsprechend darunter zu leiden hätte. Andere waren besorgt, dass Schlüsselkinder, die nach der Schule sich selbst überlassen bleiben, in ernsthafte Schwierigkeiten geraten könnten, sowohl schulisch als auch sozial. Im Verlauf der letzten 20 Jahre haben sich viele Forschungsarbeiten diesen Fragen und Befürchtungen gewidmet. Zum größten Teil waren die Ergebnisse jedoch beruhigend.

Die Auswirkungen mütterlicher Berufstätigkeit

Im Ganzen gesehen erbrachte die Forschung kaum Belege dafür, dass die mütterliche Berufstätigkeit als solche negative Auswirkungen auf die Kindesentwicklung hätte. Es gibt zum Beispiel kaum stabile Hinweise darauf, dass die Qualität oder auch nur die Quantität der mütterlichen Interaktionen in Folge ihrer Berufstätigkeit notwendigerweise zurückgeht (Hoffman, 1989; Paulson, 1996). Einige berufstätige Mütter verbringen weniger Zeit mit ihren Kindern als Mütter, die den ganzen Tag zu Hause sind; anderen berufstätigen Müttern ist es wichtig, zusätzliche Zeit mit ihren Kindern zu verbringen. Tatsächlich lässt die Befundlage erkennen, dass die Berufstätigkeit von Müttern unter bestimmten Umständen negative Folgen für die Kinder nach sich ziehen kann und unter anderen Umständen mit positiven Folgen einhergeht. Wenn berufstätige Mütter zum Beispiel Engagement für ihre Kinder zeigen und wenn die Kinder nach der Schule beaufsichtigt werden, sind die Kinder in der Schule genauso gut wie die Kinder von Müttern, die nicht außer Haus arbeiten gehen (Beyer, 1995). Wenn die Kinder nach der Schule jedoch nicht hinreichend beaufsichtigt und überwacht werden, können ihre Schulleistungen darunter leiden (Muller, 1995).

Neuere Forschungen weisen darauf hin, dass vielleicht eine wichtige Ausnahme von diesem allgemeinen Befundmuster besteht. Diese Forschungsarbeiten dokumentieren, dass Säuglinge, deren Mütter berufstätig waren, als sie neun Monate alt waren, mit 36 Monaten bei einem Test zur Aufnahme in die *preschool* (die dem deutschen Kindergarten entspricht) schlechter abschnitten. Dieses Befundmuster war besonders ausgeprägt, wenn die Mütter viele Stunden lang (30 Stunden oder mehr pro Woche) arbeiteten und bei der Kindesbetreuung nicht besonders einfühlsam waren. Das Muster war außerdem bei Kindern verheirateter Eltern ausgeprägter als bei den Kindern von Alleinerziehenden; weiterhin besonders bei Jungen. Auch wenn sich die Mütter, die sich für eine Berufstätigkeit entschieden haben, als ihr Baby neun Monate alt war, von den Müttern, die zu Hause blieben, in weiteren Eigenschaften unterschieden haben könnten, die in den Untersuchungen nicht erfasst wurden, lassen diese Befunde darauf schließen, dass eine zeitlich umfangreiche Berufstätigkeit der Mütter in den frühen Jahren eines Kindes negative Auswirkungen auf die frühe kognitive Entwicklung haben kann (Brooks-Gunn, Han & Waldfogel, 2002).

Eine Kontextabhängigkeit bei den Auswirkungen der mütterlichen Berufstätigkeit auf die Kindesentwicklung wird auch in Untersuchungen an älteren Kindern erkennbar. In einer umfangreichen Studie an Grundschulkindern zeigten die Söhne und Töchter der berufstätigen Mütter höhere schulische Fähigkeiten als die Kinder von Nur-Hausfrauen; sie hatten zum Beispiel bessere Noten bei Mathematik- und Lesetests (Hoffman & Youngblade, 1999). Sie waren auch etwas durchsetzungsfähiger und unabhängiger. Außerdem zeigten die Mädchen der berufstätigen Mütter eine ausgeprägte Anpassung und Kompetenz im sozialen Bereich. Diese positiven Folgen scheinen zum Teil darauf zurückzugehen, dass die berufstätigen Mütter – insbesondere wenn sie der Arbeiterklasse angehören – bessere Erziehungspraktiken einsetzen: Sie waren weniger permissiv oder autoritär, übten weniger Zwang aus und waren in ihrem Erziehungsstil dafür autoritativer. Es fand sich jedoch auch ein negatives Ergebnis: Jungen aus Mittelschicht-Familien, in denen beide Eltern berufstätig waren, zeigten mehr Problemverhalten wie beispielsweise Aggression als Mittelschicht-Jungen mit Müttern, die zu Hause blieben – vielleicht, weil sie weniger beaufsichtigt wurden.

Auch für einkommensschwache Familien scheint die mütterliche Berufstätigkeit, je nach den vorliegenden Umständen, Kosten und Nutzen mit sich zu bringen. Jugendliche aus einkommensschwachen Familien mit einer allein stehenden Mutter geben mehr positive Emotionen und ein höheres Selbstwertgefühl an, wenn ihre Mütter einer Vollzeitbeschäftigung nachgehen (Duckett & Richards, 1995). Das liegt vielleicht daran, dass die Berufstätigkeit der Mutter ein wichtiger Faktor ist, um arme Familien mit der Mutter als Haushaltsvorstand aus der Armut herauszubringen (Harvey, 1999; Lichter & Lansdale, 1995). Außerdem bleiben afro-amerikanische Töchter von berufstätigen Müttern mit höherer Wahrscheinlichkeit in der Schule als afro-amerikanische Töchter nicht berufstätiger Mütter, die der Arbeiterklasse angehören (Wolfer & Moen, 1996). Es gibt jedoch auch Belege dafür, dass unverheiratete Mütter mit schlecht bezahlten Jobs ihre Kinder weniger unterstützen und eine weniger anregende häusliche Umwelt bieten, nachdem sie ihre Arbeit aufgenommen haben, verglichen mit der Zeit, in der sie ganztags zu Hause waren (Menaghan & Parcel, 1995). Diese sinkende Unterstützung hängt sicherlich mit der Tatsache zusammen, dass allein stehende Mütter mit schlecht bezahlten Jobs sehr häufig gestresst sind, mit ihrer Arbeit unglücklich sind und sich keine Kinderbetreuung oder andere Dienste leisten können, die ihnen bei der Erziehung helfen.

Die Berufstätigkeit der Mutter kann besonders für Mädchen vorteilhaft sein. Die Kinder berufstätiger Mütter weisen solche Aspekte der traditionellen Geschlechterrollen, die sie einengen, häufiger zurück als Kinder von nicht berufstätigen Müttern, und sie glauben häufiger, dass Frauen genauso wie Männer kompetent sein können (Hoffman, 1984, 1989). Die Kinder berufstätiger Mütter finden in ihren Familien auch häufiger gleichberechtigte Elternrollen vor, und diese Erfahrung scheint sich bei den Töchtern auf ihr Gefühl der eigenen Effektivität auszuwirken (Hoffman & Youngblade, 1999).

Die Auswirkungen, welche die – ausgeübte oder vielleicht auch fehlende – Berufstätigkeit der Mutter auf Kinder haben kann, hängen zum Teil auch davon ab, wie die Mutter zu ihrem Beschäftigungsstatus steht. Im Allgemeinen sind die Folgen sowohl für die Mütter als auch für die Kinder besser, wenn der Beschäftigungsstatus der Mutter mit ihrem Wunsch übereinstimmt, entweder berufstätig oder Hausfrau zu sein (Beyer, 1995; Parke & Buriel, 1998). Mütter, die gern arbeiten würden, aber faktisch zu Hause sind, sind beispielsweise manchmal deprimiert (Gove & Zeiss, 1987), was die Qualität ihrer Kindeserziehung beeinträchtigen kann. Bei Müttern, die gern arbeiten wollen und auch Arbeit haben, kann die Berufstätigkeit positive Effekte auf ihre Selbstwahrnehmung haben. In einer Untersuchung an Müttern aus der Arbeiterklasse waren diejenigen, die einen Arbeitsplatz hatten, weniger deprimiert als diejenigen ohne Beschäftigung; offensichtlich hat die Arbeit ihre Stimmung und ihr Gefühl der Effektivität gesteigert (Hoffman & Youngblade, 1999). Mütter, die sich effektiv fühlen und deren Lebensmoral positiv ist, sind in ihrem Erziehungsverhalten meistens weniger strafend und dafür mehr unterstützend als demoralisierte Mütter (Bugental & Johnston, 2000).

Ein weiterer Faktor, der sich für die Auswirkung der mütterlichen Berufstätigkeit auf die Entwicklung der Kinder als entscheidend erweist, ist die Art und Qualität der Kinderbetreuung. Aber auch in diesem Bereich variieren die Wirkungen, wie wir sehen werden, in Abhängigkeit vom Kontext und den beteiligten Personen.

Die Wirkungen von Kinderbetreuung

Weil so viele Mütter außer Haus arbeiten, wird eine große Zahl von Säuglingen und Kleinkindern regelmäßig von jemand anderem als den Eltern betreut und versorgt. 1995 wurden in den USA 45 Prozent der Kinder unter einem Jahr und 78 Prozent der Vierjährigen regelmäßig fremdbetreut. Kinderbetreuung gibt es in vielfältigen Formen. 1995 zum Beispiel wurden 21 Prozent der Kinder unter sechs Jahren von Verwandten betreut; 18 Prozent waren bei einer nicht verwandten Person (zum Beispiel einer Tagesmutter), und 31 Prozent besuchten eine Kindertagesstätte (National Center for Education Statistics, 1996).

Von allen Befürchtungen, die im Zusammenhang mit den möglichen Auswirkungen der Berufstätigkeit von Müttern auf die Entwicklung von Kindern vorgebracht wurden, gab es die heißesten Debatten um die Kinderbetreuung. Einige Experten behaupteten, dass die Betreuung in Gruppen mit ihrem breiten Spektrum an Aktivitäten besonders für Kinder aus unterprivilegierten Schichten eine bessere kognitive Anregung bieten kann als die häusliche Betreuung (Consortium for Longitudinal Studies, 1983). Weiterhin wurde vorgebracht, dass Kinder in der Gruppenbetreuung durch die Interaktion mit Gleichaltrigen wichtige soziale Fertigkeiten lernen können (Clarke-Stewart, 1981; Volling & Feagans, 1995). Kritiker halten dagegen, dass eine angereicherte kognitive Stimulation nur bei einer qualitativ sehr guten Betreuung gewährleistet sei, während ein großer Teil der derzeit angebotenen Betreuungsmöglichkeiten weniger Anregung bietet als die häusliche Betreuung. Die Kritiker weisen auch darauf hin, dass Interaktionen mit Gleichaltrigen Kinder zwar in ihren sozialen Fähigkeiten fördern können, dass sie aber auch negative Verhaltensweisen wie Aggressivität vermitteln, weil die Kinder sich in der Gruppe behaupten müssen (Bates et al., 1994; Haskins, 1985).

Etwas mehr als drei Viertel der vierjährigen Kinder in den USA erhalten regelmäßig Kinderbetreuung.

Die wahrscheinlich größte Sorge bezüglich der Kinderbetreuung bestand darin, dass sie die frühe Mutter-Kind-Beziehung gefährden könnte (zum Beispiel Belsky, 1986). Auf der Grundlage der Bindungstheorie (siehe Kapitel 11) wurde beispielsweise behauptet, dass Kleinkinder, die regelmäßig von ihren Müttern getrennt werden, mit größerer Wahrscheinlichkeit unsichere Bindungen an ihre Mütter entwickeln als Kinder, die tagsüber von der eigenen Mutter versorgt werden.

Bindung und die Eltern-Kind-Beziehung

Die Frage, ob die Tagesbetreuung von Kindern in den ersten Lebensjahren, wenn sie nicht von den eigenen Eltern wahrgenommen wird, die Bindung der Kinder an ihre Eltern – insbesondere an die primäre Versorgungs- und Bezugsperson – beeinträchtigt, wurde in etlichen Studien untersucht. Einige der frühesten diesbezüglichen Forschungsarbeiten deuteten darauf hin, dass Kinder in Tagespflege zu einer unsicheren Bindung neigen könnten (Belsky, 1986). Eine Vielzahl von Folgeuntersuchungen mit Säuglingen und Vorschulkindern liefert jedoch keine durchgängigen Belege dafür, dass Kinder in Tagesbetreuung weniger sicher gebunden wären als andere Kinder oder bei den Interaktionen mit ihren Müttern weniger positive Verhaltensweisen zeigten (Erel, Oberman & Yirmiya, 2000). Andere Forschungsergebnisse lassen darauf schließen, dass eine umfassende Fremdversorgung in einer sehr kleinen Minderzahl von Fällen negative Konsequenzen für die Bindung hat, wobei in diesen Fällen aber meistens andere Risikofaktoren eine Rolle spielen, beispielsweise ein häufiger Wechsel der Fremdbetreuer und eine schlechtere häusliche Fürsorge (Lamb, 1998).

Ähnliche Befunde ergaben sich aus einer umfangreichen Studie im Auftrag des *National Institute of Child Health and Development* (NICHD), in der die Entwicklung von etwa 1300 Kindern in verschiedenen Betreuungsmodellen und in der Grundschule verfolgt wurde. Diese Untersuchung begann 1991 und richtete sich auf Familien aus zehn verschiedenen Orten in den USA, die sich nach ihrem ökonomischen Status, ihrer ethnischen Abstammung und ihrer Rasse sehr breit gefächert zusammensetzten. In der Studie wurden (1) Eigenschaften der Familien und der Art der Kinderbetreuung sowie (2) die Bindung der Kinder an die Mutter und ihre Interaktionen erhoben, außerdem das Sozialverhalten, die kognitive Entwicklung und der Gesundheitszustand der Kinder.

Bis zum heutigen Zeitpunkt sind primär Ergebnisse für das Säuglingsalter und die frühe Kindheit verfügbar. Das wichtigste Ergebnis besteht darin, dass es viel stärker von Eigenschaften der Familie abhängt – Höhe des Einkommens, Ausbildung der Mutter, Einfühlungsvermögen der Mutter und Ähnlichem –, wie gut sich Kinder entwickeln, die nicht von der eigenen Mutter betreut werden, als von der Art der Kinderbetreuung selbst. Außerdem scheinen jegliche Wirkungen der Kinderbetreuung auf die Entwicklung, gleich ob positiver oder negativer Art, bestenfalls sehr geringe Ausmaße zu haben. Die Untersuchung fand beispielsweise, dass die Bindungssicherheit in den ersten 15 Monaten weder durch die Qualität oder Menge der Fremdbetreuung noch durch das Alter, in dem die Betreuung anfing, die betreuende Instanz (eine Verwandte, eine bezahlte Kraft als Tagesmutter oder Kindermädchen, eine Tagesstätte) oder die Fluktuation der Betreuungspersonen vorhergesagt werden konnte. Unsichere Bindungen in nennenswertem Ausmaß ließen sich nur dann vorhersagen, wenn zwei Bedingungen gleichzeitig vorlagen: (1) wenn das Kind eine Betreuung von schlechter Qualität erfuhr, mehr als zehn Stunden pro Woche fremdbetreut wurde oder in mehr als einer Weise fremdbetreut wurde, und (2) wenn die Mütter nicht sehr verständnisvoll oder einfühlsam mit ihren Kindern umgingen (NICHD Early Child Care Research Network, 1997a). Als die Kinder 24 und 36 Monate alt waren, ließ sich die Qualität der Mutter-Kind-Interaktionen in geringfügigem Ausmaß durch die Anzahl der Stunden vorhersagen, die das Kind fremdbetreut wurde. Mütter, deren Kinder mehrere Stunden von Dritten betreut wurden, waren tendenziell weniger einfühlsam gegenüber ihren Kindern und ihre Kinder weniger positiv bei ihren Interaktionen mit der Mutter, verglichen mit Müttern, die keine Fremdbetreuung in Anspruch nahmen oder ihre Kinder nur für kürzere Zeit betreuen ließen (NICHD Early Child Care Research Network, 1999). Selbst unter diesen Umständen war die Größe der Effekte gering.

Selbstregulation und soziales Verhalten

Die möglichen Effekte der Tagesbetreuung auf die Selbstkontrolle, die Regelbeachtung und das Sozialverhalten von Kindern bildeten eine weitere Quelle von Befürchtungen und gaben Anlass zu entsprechender Forschung. Die Ergebnisse waren gemischt. Eine Reihe von Forschern fand, dass sich Kinder, die Tagesbetreuung erhalten, in ihrem Problemverhalten nicht von den ausschließlich zu Hause aufwachsenden Kindern unterscheiden (Erel et al., 2000; Lamb, 1998). Befunde aus der NICHD-Studie deuten jedoch darauf hin, dass in Abhängigkeit von ihrem Alter Kinder, die mehrere Stunden am Tag fremdbetreut werden oder deren Betreuungspersonal häufiger wechselte, häufiger zu Problemverhalten neigen. Insbesondere die Fremdbetreuungszeit und die personelle Fluktuation in den ersten beiden Lebensjahren sagten geringere soziale Kompetenzen und stärkeres Problemverhalten oder fehlenden Gehorsam gegenüber Erwachsenen voraus; dies aber nur im Alter von zwei Jahren und nicht mehr im Alter von drei Jahren (NICHD Early Child Care Research Network, 1998a). Im Alter von viereinhalb Jahren hatten Kinder mit umfangreicher Tagesbetreuung jedoch mehr äußerlich wahrnehmbare Probleme wie Aggressivität und Ungehorsam, insbesondere wenn sie eine Kindertagesstätte besuchten. Von den untersuchten Kindern, die mehr als 30 Stunden pro Woche außer Haus betreut wurden, zeigten 17 Prozent aggressives Verhalten zwischen viereinhalb und sechs Jahren, während von den Kindern, die weniger als zehn Stunden pro Woche Betreuung erhielten, nur sechs Prozent ein solches Verhalten zeigten (Douglas, 2001). In ähnlicher Weise ging das zeitliche Ausmaß an Fremdbetreuung auch mit nach innen gerichteten Problemen wie Ängstlichkeit und sozialem Rückzug einher. Dieses Befundmuster war auch in der Vorschule noch erkennbar (NICHD Early Child Care Research Network, 2001b, 2001c).

Obwohl viele tagesbetreute Kinder zu keinem Zeitpunkt bedeutsame Verhaltensprobleme entwickeln, steigt also das Risiko für den Ausdruck von Problemverhalten, je länger sie eine Betreuung wahrnehmen, insbesondere in einer Tagesstätte. Man darf jedoch nicht vergessen, dass sich die familiären Umstände dieser Kinder, die große Teile des Tages zur Betreuung weggegeben werden, wahrscheinlich in vielfältiger Hinsicht (unter anderem Einkommen, Bildung der Eltern, Persönlichkeit der Eltern) von den Umständen derjenigen Kinder unterscheiden, die nur stundenweise betreut werden, so dass man hier keine Ursache-Wirkungs-Beziehung an-

Die Ausbildung und die Stabilität des Personals in Betreuungseinrichtungen sind wichtige Faktoren für die Entwicklung von Kindern.

nehmen darf (Bolger & Scarr, 1995; NICHD Early Child Care Research Network, 1997b). Außerdem können Kinder in Tagesstätten zwar negative Verhaltensweisen lernen, aber sie erwerben oft auch positive soziale Fähigkeiten, insbesondere wenn ihr Betreuungspersonal einfühlsam ist und auf ihre Belange reagiert (NICHD Early Child Care Research Network, 2001a).

Kognitive und sprachliche Entwicklung

Die möglichen Auswirkungen der Tagesbetreuung auf die kognitiven und sprachlichen Leistungen von Kindern sind für Pädagogen und Eltern gleichermaßen von großem Belang. Größtenteils sind die Befunde in diesem Bereich über einzelne Untersuchungen hinweg nicht sehr einheitlich und können in Abhängigkeit vom Alter der untersuchten Kinder sowie von der Qualität der Betreuungsleistung variieren. Die NICHD-Studie fand, dass insgesamt die Anzahl der Stunden in Betreuungsmaßnahmen nicht mit der kognitiven oder sprachlichen Entwicklung korreliert, wenn man dabei demographische Variablen wie das Familieneinkommen berücksichtigt. Eine hochwertige Kinderbetreuung, die auch spezielle Maßnahmen für die Anregung der Sprachentwicklung enthält, ging jedoch mit einer besseren kognitiven und sprachlichen Entwicklung in den ersten drei Lebensjahren einher (NICHD Early Child Care Research Network, 2000b). Mit viereinhalb Jahren erbrachten Kinder aus qualitativ hochwertigen Kinderbetreuungseinrichtungen (insbesondere Tagesstätten) bessere Testleistungen bei vorschulischen Fähigkeiten und bei sprachlichen Aufgaben als Kinder, die qualitätsbezogen schlechter untergebracht waren (NICHD Early Child Care Research Network, 2001b).

Weitere Forschungsarbeiten deuten darauf hin, dass Kinderbetreuung positive Auswirkungen auf die kognitiven Fähigkeiten der Kinder auch über die frühen Jahre hinaus haben kann. In Schweden und den USA beispielsweise fanden mehrere Forscher, dass Kinder, die außerhäusige Betreuungseinrichtungen besuchen, bei kognitiven Aufgaben besser abschneiden, und dies sogar noch in der Grundschule (Erel et al., 2000; Lamb, 1998). Qualitativ hochwertige Kinderbetreuung, die auch Vorschulprogramme umfasst, um den späteren Schulerfolg der Kinder zu fördern, kann besonders für benachteiligte Kinder von großem Nutzen sein. Wie im Fall von *Head Start* (einem in Kapitel 8 beschriebenen Förderprogramm) zeigen Kinder, die an solchen Fördermaßnahmen teilnehmen, Verbesserungen ihrer sozialen Kompetenzen und einen Rückgang ihrer Verhaltensprobleme (Lamb, 1998; Reynolds, Mavrogenes, Bezruczko & Hagemann, 1996; Webster-Stratton, 1998).

Qualität der Kinderbetreuung

Es kommt nicht überraschend, dass die Qualität der Kinderbetreuung, die Kinder erhalten, mit einigen Aspekten ihrer Entwicklung zusammenhängt. Unglücklicherweise entsprechen die meisten Tageskrippen in den USA nicht den empfohlenen Mindeststandards, die von Organisationen wie der

American Academy of Pediatrics und der *American Public Health Association* aufgestellt wurden. Zu diesen Minimalanforderungen gehört:

1. Eine Betreuungsquote von 3:1 (eine Person auf drei Kinder) für Kinder zwischen 6 und 15 Monaten, 4:1 bei Zweijährigen und 7:1 bei Dreijährigen.
2. Eine maximale Gruppengröße von sechs Kindern bei Kindern zwischen 6 und 15 Monaten, von acht Kindern bei Zweijährigen und von 14 Kindern bei Dreijährigen.
3. Ordentliche Ausbildung für das Betreuungspersonal (einschließlich Abschlusszeugnis oder, bei Studiengängen, Graduierung) in Entwicklungspsychologie, Früherziehung oder einem verwandten Gebiet.

Bei Schülern aus einkommensschwachen Familien ergab sich, dass einige positive intellektuelle Leistungen, die mit einer hochwertigen Vorschulbetreuung einhergehen, bis in die Grundschulklassen anhielten.

In der NICHD-Studie war es so, dass Kinder in einer Art von Betreuungseinrichtung, die mehreren dieser Richtlinien entsprach, meistens höhere Testleistungen beim Sprachverstehen und bei der Schulbereitschaft erzielten und im

---

Tabelle 12.2: Eigenschaften guter Kinderbetreuungseinrichtungen.
Experten im Bereich der Früherziehung schlagen vor, dass Eltern die Kinderbetreuungseinrichtungen besuchen, bevor sie eine für ihre Kinder auswählen. Hier sind einige Indikatoren für hochwertige Kinderbetreuung, aufgestellt von der *National Association for the Education of Young Children* (1986).

Eigenschaften des Personals

1. Die Erwachsenen, die für die Kinder sorgen, beobachten gern und verstehen, wie kleine Kinder lernen und sich entwickeln. Sie sind rücksichtsvoll gegenüber Kindern, und ihre Erwartungen passen sich dem Alter und den Interessen der Kinder an. Die Beschäftigten bilden sich durch Kongresse und andere Formen der Ausbildung in ihren Kenntnissen über Kinder weiter.

2. Die Beschäftigten fördern ständig die emotionale und soziale Entwicklung der Kinder. Sie hören zu und sprechen mit den Kindern; in Fragen der Disziplin sind sie konsequent und sanft, aber doch streng. Sie helfen den Kindern dabei, die Gefühle und Rechte anderer berücksichtigen zu lernen; sie helfen ihnen zu lernen, wie man mit negativen Gefühlen konstruktiv umgeht.

3. Es sind genügend Erwachsene vorhanden, um in Gruppen zu arbeiten und den individuellen Bedürfnissen zu entsprechen. Bei Säuglingen sollten sich nicht mehr als acht Kinder in der Obhut von zwei Erwachsenen befinden. Zwei- und Dreijährige sollten sich in Gruppen von höchstens 16 Kindern befinden, für die zwei Erwachsene zuständig sind. Die maximale Gruppengröße bei Vier- und Fünfjährigen beträgt 20 Kinder auf mindestens zwei Erwachsene.

4. Alle Mitarbeiter arbeiten kooperativ zusammen. Sie treffen sich regelmäßig, um ihr Programm zu planen und zu evaluieren, und sie passen das Tagesprogramm so an, dass es den individuellen Bedürfnissen und Interessen der Kinder entgegenkommt.

5. Die Beschäftigten beobachten und dokumentieren die Fortschritte und die Entwicklung eines jeden Kindes. Sie betonen die Fähigkeiten der Kinder, unterrichten die Eltern mit Hilfe ihrer Aufzeichnungen und reagieren positiv auf die elterliche Sorge über die Fortschritte ihres Kindes.

Tabelle 12.2: Eigenschaften guter Kinderbetreuungseinrichtungen. (Forts.)

Aktivitäten und Ausstattung

1. Die Umgebung fördert die Zusammenarbeit und das Zusammenspiel der Kinder. Die Mitarbeiter bieten Gelegenheiten sowohl zum lebhaften Spiel im Freien als auch zum ruhigen Spiel im Hause; sie sorgen dafür, dass die Kinder ihre Aktivitäten selbst auswählen können; sie bieten Gelegenheiten zur alleinigen Aufgabenbearbeitung oder zur Arbeit in Kleingruppen. Die Kinder werden ermutigt, Fähigkeiten zur Selbsthilfe zu entwickeln, wenn sie dazu bereit sind.

2. Eine Qualitätseinrichtung bietet Gelegenheiten für ein breites Spektrum an Aktivitäten und weist eine hinreichende Ausstattung mit Spielmaterialien auf, die für Kinder leicht zugänglich sind. Es gibt vielfältige Materialien wie Klettergerüste, Bauklötze, Bälle, Requisiten zum Theaterspielen, Material für künstlerische Projekte (zum Beispiel Sand, Ton, Holz, Farbe), Puzzles, kleine Spielzeuge zum Zusammenstecken, Bücher sowie Pflanzen oder Tiere oder andere naturwissenschaftliche Objekte, für die die Kinder sorgen oder die sie beobachten können. Außerdem gibt es Möglichkeiten für Aktivitäten mit Musik und Bewegung, beispielsweise Tanz.

3. Kinder bekommen Hilfestellungen bei der Erweiterung ihrer sprachlichen Fähigkeiten und ihres Verständnisses von der Welt. Die Kinder können untereinander und mit den Erwachsenen frei reden, und die Beschäftigten sprechen mit den Kindern über Gegenstände, Gefühle, Erfahrungen und Ereignisse. Die Kinder werden ermutigt, ihre eigenen Probleme zu lösen und unabhängig zu denken. Ausflüge und Besucher erhöhen die Lernerfahrungen der Kinder.

4. Die Gesundheit der Kinder, der Mitarbeiter und der Eltern wird gefördert und geschützt. Die Mitarbeiter achten auf Gesundheitsbelange – zum Beispiel hinsichtlich von Nahrungsmitteln, Zimmertemperatur und Sauberkeit – und führen für jedes Kind eine Gesundheitsakte und Notfallinformationen.

5. Die Einrichtung ist für Kinder und Mitarbeiter sicher; es bestehen zum Beispiel keine Gefährdungen, giftige Stoffe werden verschlossen, und die Oberflächen im Innen- und Außenbereich sind mit Materialien wie Teppichboden oder Holzspänen gepolstert.

6. Das Gelände ist groß genug für vielfältige Aktivitäten und Gestaltungsmöglichkeiten. Pro Kind sollten im Hause mindestens drei Quadratmeter freie benutzbare Spielfläche und im Freien mindestens sieben Quadratmeter Spielfläche vorhanden sein. Es ist auch Platz vorhanden, damit die Erwachsenen zwischen den Kinderbetten hindurchgehen können, und Platz für persönliche Gegenstände der Kinder.

Die Beziehungen der Mitarbeiter zur Gemeinde

1. Eine gute Einrichtung berücksichtigt und unterstützt die Bedürfnisse der gesamten Familie. Die Eltern dürfen gern den Kindern zusehen, die Grundsätze diskutieren und an den Aktivitäten der Einrichtung teilnehmen. Die Mitarbeiter lassen die Eltern an den Höhepunkten der Erlebnisse ihrer Kinder teilhaben und achten auf familiäre Belange, die sich auf das Kind auswirken könnten. Die Mitarbeiter respektieren Familienmitglieder unterschiedlichster Kultur und Herkunft.

2. Die Mitarbeiter sind sich der kommunalen Ressourcen bewusst und tragen dazu bei. Zum Beispiel weisen sie Familienmitglieder auf passende Dienstleistungen hin, wenn diese benötigt werden, verbreiten Informationen über Erholungs- und Weiterbildungsmöglichkeiten ihrer Gemeinde und arbeiten mit anderen Berufsgruppen zusammen, um eine hochwertige Kinderbetreuung zu ermöglichen.

Gute Einrichtungen ermutigen die interessierten Eltern, zuzuschauen und Fragen zu stellen, welche die Ausstattung, die Mitarbeiter, das pädagogische Programm und die durchgeführten Aktivitäten betreffen. Wenn die Mitarbeiter in dieser Hinsicht keine Offenheit zeigen, kann man davon ausgehen, dass die Einrichtung keine optimale Betreuung leistet. (Man beachte, dass die im Haupttext behandelten Standards noch strikter sind als die hier aufgelisteten Standards der Berufsorganisation.)

Alter von 36 Monaten weniger Verhaltensprobleme aufwiesen. Je mehr dieser Standards eingehalten wurden, umso besser schnitten die Kinder mit drei Jahren ab (NICHD Early Child Care Research Network, 1998b). (Tabelle 12.2 beschreibt die Standards einer Ausbildungsorganisation für hochwertige Kinderbetreuung.)

In einigen Forschungsuntersuchungen in mehreren anderen Ländern wie auch in den USA fanden sich jedoch nur geringe Wirkungen der Qualität der Kinderbetreuung auf die Entwicklung von Kindern aus typischen Familien (Scarr, 1998). Die einzelnen Untersuchungen können unterschiedliche Ergebnisse hervorgebracht haben, weil sie nicht alle ein gleichermaßen breites Spektrum berücksichtigen, was die Qualität von Betreuungseinrichtungen betrifft, weil sie sich in der Art der Familien unterscheiden, die in die Untersuchung einbezogen wurden, oder weil sie sich darin unterscheiden, in welchem Umfang sich die besorgteren Eltern ohnehin für qualitativ bessere Einrichtungen entschieden haben.

IN KÜRZE

Der Großteil der aktuellen Forschungen weist darauf hin, dass Kinder und Mütter häufig von der Berufstätigkeit der Mutter profitieren; mütterliche Berufstätigkeit hat wenig negative Effekte auf Kinder, wenn diese qualitativ hochwertig betreut werden und wenn man sie bei dem, was sie tun, beaufsichtigt. Leider ist die Bereitstellung einer angemessenen Tagespflege und Betreuung in einkommensschwachen Familien, insbesondere in Alleinerziehenden-Haushalten, nicht immer möglich.

Da so viele Mütter arbeiten, wird ein großer Teil der Kinder von anderen Erwachsenen als den eigenen Eltern betreut. Neuere Forschungen zur Tagesbetreuung zeigen, dass eine Fremdbetreuung im Großen und Ganzen keine oder nur geringe Effekte auf die Qualität der Mutter-Kind-Beziehung oder auf das Sozialverhalten und die kognitive und sprachliche Entwicklung der Kinder hat. Die Forschungen lassen außerdem erkennen, dass sich die Erfahrung einer Tagesbetreuung auf keinen Aspekt der Kindesentwicklung schädigend auswirken muss, wenngleich sie unter bestimmten Umständen negative Effekte haben kann. Ob eine Tagesbetreuung positive oder negative Auswirkungen auf die Persönlichkeitsentwicklung hat, hängt vermutlich von den Eigenschaften des Kindes, von seiner Beziehung zur Mutter und von der Betreuungssituation ab.

Zusammenfassung

Struktur und Funktion der Familie

- Familien ziehen Kinder mit Blick auf mindestens drei Ziele groß: Sie helfen dem Nachwuchs zu überleben, bringen ihm die Fähigkeiten bei, um als Erwachsene ökonomisch produktiv sein zu können, und vermitteln die Werte ihrer Kultur.
- Wie gut eine Familie ihre Funktionen erfüllt, hängt von der Familiendynamik ab: Alle Familienmitglieder beeinflussen sich wechselseitig, und die Art ihrer Interaktionen formt die Entwicklung der Kinder.

Der Einfluss der elterlichen Sozialisation

- Eltern sozialisieren ihre Kinder durch direkte Unterweisung, als Modelle für Fähigkeiten, Einstellungen und Verhalten sowie dadurch, dass sie die Erfahrungen und das soziale Leben der Kinder organisieren.
- Forscher haben mehrere Typen von Erziehungsstilen identifiziert, die auf den Dimensionen von Wärme und Kontrolle variieren. Autoritative Eltern unterstützen ihre Kinder bei relativ starker Kontrolle; ihre Kinder sind im Allgemeinen sozial und schulisch-intellektuell kompetent. Autoritäre Eltern kontrollieren ebenfalls stark, geben aber wenig Wärme; ihre Kinder besitzen häufig geringe soziale und schulisch-intellektuelle Kompetenzen, sind unglücklich und haben wenig Selbstvertrauen. Permissive Eltern reagieren auf die Bedürfnisse und Wünsche ihrer Kinder bei geringer Kontrolle; ihre Kinder besitzen häufig wenig Selbstkontrolle und erbringen schlechtere Schulleistungen. Zurückweisend-vernachlässigende Eltern stellen wenig Anforderungen, geben wenig Unterstützung und kontrollieren wenig; ihre Kinder haben meistens im Säuglingsalter gestörte Bindungsbeziehungen, in der Kindheit wenig attraktive Beziehungen zu Gleichaltrigen und als Jugendliche eine schlechte Anpassung.
- Die Bedeutung und die Auswirkungen der verschiedenen Erziehungsstile oder Erziehungspraktiken können sich von Kultur zu Kultur ein wenig unterscheiden.
- Die Überzeugungen und Werte von Eltern unterscheiden sich meistens entlang der sozialen Schichten, so dass ein niedriger sozio-ökonomischer Status oft mit einem autoritären Erziehungsstil einhergeht (mit Ausnahme vielleicht von afro-amerikanischen Familien mit niedrigem Sozialstatus).
- Wirtschaftliche Stressoren können die Qualität der Interaktionen zwischen den Eltern und zwischen Eltern und Kind verschlechtern sowie das Risiko der Kinder für Depression, Schulversagen, Störverhalten und Drogenkonsum erhöhen.
- Die Misshandlung von Kindern durch die Eltern hängt meistens mit einer Kombination aus mehreren Faktoren zusammen, angefangen mit elterli-

chen Eigenschaften wie schwacher Impulskontrolle, geringem Selbstwertgefühl und einem hohen Maß an negativen Emotionen. Weitere Beiträge leisten ein hohes Stressniveau, Arbeitslosigkeit, schlechte Wohnverhältnisse, Drogenmissbrauch und Gewalt in der Wohngegend. Kinder mit schwierigem Temperament, mit schlechter Gesundheit oder mit untypischem Verhalten werden häufiger misshandelt. Misshandelte Kinder haben häufig Probleme mit ihrer Regulation und Anpassung sowie mit ihren Schulleistungen.
- Obdachlose Kinder zeigen häufiger als andere Kinder Verzögerungen ihrer kognitiven und sprachlichen Entwicklung, haben Schwierigkeiten in der Schule und haben eher Anpassungsprobleme.

Mütter, Väter, Geschwister

- Mütter interagieren mit ihren Kindern typischerweise viel mehr als Väter, und das Spiel der Väter mit ihren Kindern ist körperbetonter als das der Mütter. Die Art der Eltern-Kind-Interaktionen hängt jedoch von der Kultur ab.
- Geschwister lernen voneinander, können sich gegenseitig Unterstützung geben und haben manchmal Streit miteinander. Sie kommen besser miteinander zurecht, wenn sie gute Beziehungen zu ihren Eltern haben und wenn sie nicht den Eindruck haben, dass ihre Eltern sie schlechter behandeln als ihre Geschwister.

Wie sich US-amerikanische Familien verändert haben

- Zum heutigen Zeitpunkt heiraten Erwachsene später, und mehr Kinder werden von allein stehenden Müttern geboren; Scheidungen und Wiederverheiratungen sind häufige Vorkommnisse.
- Mütter, die bei ihrem ersten Kind schon etwas älter sind, reagieren häufig einfühlsamer auf ihre Kinder und genießen ihre Mutterschaft mehr als Mütter, die schon in jungen Jahren ihr erstes Kind bekommen.
- Jugendliche Eltern stammen überproportional häufig aus ärmlichen Verhältnissen und aus Familien mit emotional wenig engagierten, an den Kindern wenig interessierten Eltern. Jugendliche Mütter sind im Allgemeinen weniger effektive Eltern als ältere Mütter, und ihren Kindern drohen Schul- und Verhaltensprobleme, Kriminalität und verfrühte sexuelle Aktivitäten. Die Kinder von jugendlichen Müttern gedeihen besser, wenn ihre Mütter mehr über Erziehung wissen und wenn die Kinder selbst eine warme, engagierte Beziehung zu ihren Vätern haben.
- Scheidung und Wiederheirat der Eltern wurden in einigen wenigen Fällen mit anhaltenden negativen Folgen seitens der Kinder – zum Beispiel Ver-

haltensproblemen – in Verbindung gebracht. Der zentrale Faktor, der zu negativen Folgen bei Scheidungskindern beiträgt, sind feindliche, dysfunktionale Familieninteraktionen, wozu ein anhaltender Konflikt zwischen den ehemaligen Partnern gehört.

- Elterliche Depression und Verärgerung sowie andere Arten von Stress, die Alleinerziehende häufig erleben, schaden oft der Qualität der Interaktion zwischen Eltern und Kind.
- Konflikte sind in Stieffamilien häufig. Kinder verhalten sich oft feindlich gegenüber Stiefeltern, und Stiefeltern sind häufig weniger an ihren Stiefkindern interessiert als biologische Eltern. Am besten kommen Kinder zurecht, wenn alle Elternteile sich unterstützend verhalten und einen autoritativen Erziehungsstil pflegen.
- Es gibt keine Belege dafür, dass sich Kinder, die bei lesbischen oder schwulen Eltern aufwachsen, von Kindern heterosexueller Eltern unterscheiden, was ihre Anpassung oder ihre sexuelle Orientierung betrifft.

Mütterliche Berufstätigkeit und Kinderbetreuung

- Kinder und Mütter ernten einige Vorteile von der Berufstätigkeit der Mütter, welche nur wenige negative Auswirkungen auf die Kinder hat, wenn sich diese in einer qualitativ akzeptablen Kinderbetreuung befinden und von ihren Eltern angeleitet und überwacht werden.
- Die Erfahrung, von anderen Personen als der Mutter versorgt und betreut zu werden, hat keine oder allenfalls geringe Effekte auf die Qualität der Mutter-Kind-Beziehung. Kinderbetreuung geht mit einer geringen Zunahme an Problemverhalten einher. Fremdbetreuung hängt nicht einheitlich mit der kognitiven und sprachlichen Entwicklung zusammen, wobei allerdings Säuglinge, die im Alter von bis zu neun Monaten viele Stunden am Tag in der Kinderkrippe sind, mit 36 Monaten bei einem Test zur Schulbereitschaft schlechter abschneiden können. Kinder in qualitativ hochwertigen Betreuungseinrichtungen weisen eine günstigere kognitive und sprachliche Entwicklung auf als Kinder in weniger guten Einrichtungen. Ob die Unterbringung des Kindes gute oder schlechte Auswirkungen hat, hängt vermutlich zum Teil von Eigenschaften des Kindes ab, von seiner Beziehung zur Mutter und von der Qualität der Betreuungssituation.

Fragen und Denkanstöße

1. Es wird häufig angenommen, dass die Sozialisation des kindlichen Verhaltens ein bidirektionaler Prozess ist, in dessen Verlauf die Eltern das Verhalten des Kindes beeinflussen und dieses Verhalten wiederum einige Sozialisationspraktiken oder Verhaltensweisen der Eltern fördert. Beschreiben Sie Beispiele für die bidirektionale Verursachung im Hinblick auf (a) die Beziehung zwischen dem Bestrafungsverhalten der Eltern und der Aggression des Kindes, und (b) die Beziehung zwischen dem elterlichen Einsatz von Strafen als Kontrollinstrument und der Selbstregulation der Kinder.
2. In einigen Kulturen wird auf den Respekt vor Autoritätspersonen, einschließlich der Eltern, und auf die Autorität der Eltern allgemein größerer Wert gelegt als in vielen westlichen Industrieländern. Wie könnte sich diese kulturelle Variation auf die Interaktionen zwischen Eltern und Kindern und auf die Beziehung zwischen Erziehungsstilen und der sozialen und emotionalen Entwicklung der Kinder auswirken? Wie könnte – bei analoger Fragestellung – das Leben in einer Kultur, in der Männer und Frauen häufig getrennt sind (zum Beispiel nicht zusammen essen) und Frauen davon abgehalten werden, sich in der Öffentlichkeit zu zeigen, die Beziehungen und Interaktionen zwischen Eltern und Kind beeinflussen?
3. Erinnern Sie sich daran, wie Ihre Eltern mit Ihnen umgingen, als Sie noch ein Kind waren. Wenn man Baumrinds Erziehungsstil-Klassifikation zugrunde legt: Welchen Typ von Erziehung haben Ihre Mutter beziehungsweise Ihr Vater verfolgt? Anhand welcher spezifischer Verhaltensweisen kommen Sie zu der Klassifikation ihres Erziehungsstils?
4. Stellen Sie eine Liste der Vorteile und Nachteile eines gemeinsamen Sorgerechts für Scheidungskinder auf. Wie würden sich die Vor- und Nachteile ändern mit Blick auf Familien, in denen die Eltern (a) viel streiten versus nicht viel streiten, und (b) nach der Scheidung 50 Kilometer versus 5 Kilometer voneinander weg wohnen?
5. Welche Faktoren könnten die Untersuchung der Kindesentwicklung in Familien mit schwulen Eltern erschweren?

Beziehungen zu Gleichaltrigen

13

- Was ist das Besondere an Peer-Beziehungen?
- Freundschaften
- Das Kind und seine Peer-Gruppe
- Status in der Peer-Gruppe
- Die Rolle der Eltern bei den Peer-Beziehungen der Kinder
- Zusammenfassung

In den Kapiteln 1 und 11 haben wir die schreckliche Lage von Kindern in Waisenhäusern beschrieben, die soziale, emotionale und kognitive Defizite entwickelten, nachdem es ihnen an regelmäßigen Interaktionen mit einem fürsorglichen Erwachsenen fehlte. Nach dem Zweiten Weltkrieg bemerkten Anna Freud – die Tochter von Sigmund Freud – und Sophie Dann (1972/1951) eine interessante Ausnahme von diesem Muster. Sie beobachteten sechs junge deutsch-jüdische Kinder, die Opfer des Hitler-Regimes geworden waren. Kurz nach der Geburt dieser Kinder wurden ihre Eltern nach Polen deportiert und ermordet. Die Kinder wurden danach von einem Zufluchtsort zum nächsten geschoben, bevor sie, zwischen sechs und zwölf Monate alt, auf eine Station für mütterlose Kinder in einem Konzentrationslager verbracht wurden. Die Versorgung, die sie auf dieser Station erhielten, war zweifellos sehr eingeschränkt, weil sich das Pflegepersonal selbst aus unterernährten und überarbeiteten Gefangenen zusammensetzte. Außerdem waren die Deportationsraten und die Todesfälle unter den Gefangenen sehr hoch, so dass die Betreuungspersonen der Kinder wohl recht häufig gewechselt haben dürften.

1945, etwa zwei bis drei Jahre, nachdem die Kinder in das Konzentrationslager gekommen waren, wurde das Lager befreit, und innerhalb eines Monats schickte man die sechs Kinder nach England. Dort verbrachten sie zwei Monate in einer Auffangstation, von wo aus die Gruppe in verschiedene Unterkünfte geschickt wurde. Schließlich gelangten sie in ein Landhaus, das für die Unterbringung von Waisenkindern umgebaut worden war.

Gemessen an ihren jungen Lebensschicksalen ist es nicht überraschend, dass diese Kinder in ihrer neuen Heimstätte am Anfang viele problematische Verhaltensweisen zeigten:

> Während der ersten Tage nach ihrer Ankunft machten sie alle Spielsachen kaputt und beschädigten einen Großteil der Möbel. Gegenüber dem Personal verhielten sie sich entweder mit kalter Gleichgültigkeit oder mit aktiver Feindlichkeit, dabei war auch die junge Assistentin Maureen keine Ausnahme, welche die Kinder von Windermeere begleitet hatte und ihre einzige Verbindung zu ihrer unmittelbaren Vergangenheit war. Zeitweise ignorierten sie die Erwachsenen so vollständig, dass sie nicht einmal aufblickten, wenn einer von ihnen den Raum betrat. ... Im Zustand der Wut schlugen sie die Erwachsenen, bissen oder spuckten ... brüllten, schrien und benutzten die übelsten Schimpfwörter. (Freud & Dann, 1972, S. 452.)

Diese Kinder verhielten sich untereinander jedoch ganz anders. Sie waren offenbar aufs Tiefste aneinander gebunden, verständnisvoll für die Gefühle des anderen und ließen praktisch keine Anzeichen von Neid, Eifersucht und Rivalität erkennen. Sie teilten Eigentum und Essen, halfen und beschützten einander und bewunderten die Fähigkeiten und Leistungen der anderen. Die Vertrautheit dieser Kinder zeigt sich in der folgenden kurzen Auswahl aus den täglichen Beobachtungen von Freud und Dann:

> November 1945 – John weint, weil kein Kuchen übrig ist, als er sich ein zweites Mal welchen nehmen will. Ruth und Miriam bieten ihm an, was von ihren Portionen noch übrig ist. Während John ihre Kuchenstücke aufisst, streicheln sie ihn und äußern sich zufrieden darüber, was sie ihm gegeben haben. ...
>
> Dezember 1945 – Paul verliert während eines Spaziergangs seine Handschuhe. John gibt ihm seine eigenen Handschuhe, ohne sich darüber zu beklagen, dass er kalte Hände hat. ...
>
> April 1946 – Am Strand von Brighton wirft Ruth Kieselsteine ins Wasser. Peter fürchtet sich vor den Wellen und traut sich nicht, ihnen näher zu kommen. Trotz seiner Angst rennt er plötzlich zu Ruth, ruft „Wasser kommt, Wasser kommt" und zieht sie zurück in Sicherheit. ...

Anna Freuds Untersuchung von Kindern, die in einem Konzentrationslager zusammenlebten, lieferte Hinweise auf die Bedeutung von frühen Beziehungen zu Gleichaltrigen.

Freud und Dann kamen zu dem Schluss, dass die Kinder, obwohl sie aggressiv und für Erwachsene schwer zu handhaben waren, „weder behindert, noch kriminell oder psychotisch" sind (S. 473). Ihre Beziehungen untereinander würden ihnen helfen, mit ihrer Angst zurechtzukommen und die Fähigkeit zu sozialen Beziehungen zu entwickeln.

Dieses natürlich eingetretene Experiment lieferte erste Hinweise darauf, dass die Beziehungen zu Gleichaltrigen sehr kleinen Kindern dabei helfen können, einige der sozialen und emotionalen Fähigkeiten zu entwickeln, die normalerweise im Kontext der Bindungsbeziehungen zwischen Erwachsenen und Kindern entstehen. 20 Jahre später ergaben sich bei Forschungen mit Affen ähnliche Befunde. In Kapitel 10 wurde bereits dargestellt, dass Stephen Suomi und Harry Harlow Laboraffen aufzogen, die von ihrer Geburt bis zum Alter von sechs Monaten von anderen Affen isoliert wurden. Am Ende dieser Phase hatten die isolierten Affen deutliche Verhaltensauffälligkeiten entwickelt; beispielsweise schaukelten sie zwanghaft hin und her und vermieden es, ihre Umgebung zu erkunden. Einige der isolierten Affen wurden danach mit ein oder zwei normalen, verspielten Affen zusammengetan, die drei Monate jünger waren. Im Verlauf der folgenden Monate verringerten sich die abnormen Verhaltensweisen der isolierten Affen deutlich, und sie fingen an, ihre Umgebung zu erforschen und sich an sozialen Interaktionen zu beteiligen, was den Nachweis lieferte, dass Gleichaltrige einige der sozialen und emotionalen Erfahrungen bieten können, die für eine normale Entwicklung notwendig sind – zumindest bei Affen (Suomi & Harlow, 1972).

Derartige Befunde bedeuten nicht, dass eine optimale Entwicklung jüngerer Kinder allein durch Gleichaltrige hervorgerufen werden könnte. Die Befunde weisen jedoch darauf hin, dass Gleichaltrige in bedeutsamer Weise zur Entwicklung von Kindern beitragen können. So spielen in westlichen Gesellschaften die Beziehungen der Kinder zu anderen Kindern – ihren Freunden und Bekannten in der Schule und in der Nachbarschaft – für gewöhnlich eine sehr wichtige Rolle in ihrem Leben. In der mittleren Kindheit beispielsweise beziehen sich in den USA mehr als 30 Prozent der sozialen Interaktionen von Kindern auf andere Kinder (Rubin, Bukowski & Parker, 1998). Wenn sie älter werden, verbringen Kinder immer mehr Zeit mit Gleichaltrigen und haben auch mit einer größeren Anzahl von Gleichaltrigen zu tun. Solche Interaktionen bieten einen Kontext, in dem die Kinder soziale Fähigkeiten entwickeln und neue Verhaltensweisen ausprobieren können – sowohl zum Guten als auch zum Schlechten.

In diesem Kapitel betrachten wir die besondere Beschaffenheit der Interaktionen mit Gleichaltrigen und ihre Implikationen für die soziale Entwicklung von Kindern. Zuerst besprechen wir theoretische Perspektiven auf die besondere Rolle der Interaktionen mit Gleichaltrigen. Danach betrachten wir Freundschaften, die engste Form solcher Beziehungen, und stellen uns folgende Fragen: Wie unterscheiden sich die Interaktionen mit Freunden von denen mit anderen Gleichaltrigen? Wie verändern sich Freundschaften mit dem Alter? Was beziehen Kinder aus Freundschaften und wie denken sie über ihre Freundschaften?

Danach betrachten wir die Interaktionen von Kindern innerhalb der größeren Gruppe von Gleichaltrigen. Diese Beziehungen werden nicht zusammen mit Freundschaften behandelt, weil sie für die Entwicklung von Kindern eine etwas andere Rolle zu spielen scheinen, besonders was das Ausmaß der Vertrautheit zwischen den Kindern betrifft. Hierbei stellen wir uns die folgenden Fragen: Worin unterscheiden sich Kinder, die von ihrer Bezugsgruppe gemocht, nicht gemocht oder gar nicht bemerkt werden? Wirken sich die Akzeptanz oder Ablehnung von Kindern durch ihre Bezugsgruppe langfristig auf ihr Verhalten und ihre psychische Anpassung aus?

Bei unserer Diskussion von Freundschaften und allgemeineren Beziehungen zu Gleichaltrigen untersuchen wir *individuelle Unterschiede* zwischen Kindern bei ihren Beziehungen zu Gleichaltrigen und die Art und Weise, in der diese Unterschiede Entwicklungsunterschiede verursachen können. Außerdem konzentrieren wir uns auf den Einfluss des *sozio-kulturellen Kontextes* auf Beziehungen zwischen Kindern, auf die Beiträge von *Anlage und Umwelt* zur Qualität von Beziehungen mit Gleichaltrigen, auf die Rolle des *aktiven Kindes*, was die Auswahl von Freunden und Aktivitäten betrifft, und die Frage, ob die Veränderungen im kindlichen Denken über Freundschaften *kontinuierlich oder diskontinuierlich* verlaufen. Und schließlich werden, als Beispiel für den Zusammenhang von *Forschung und Kindeswohl*, Interventionen untersucht, mit deren Hilfe die Interaktionen von Kindern mit anderen Kindern verbessert werden sollen.

Was ist das Besondere an Peer-Beziehungen?

Peers – Menschen von etwa gleichem Alter und Status.

Viele Theoretiker haben behauptet, dass Peer-Beziehungen für die Kindesentwicklung besondere Chancen bieten. In der Psychologie werden **Peers** als Individuen definiert, die ungefähr gleichen Alters sind; die Altersschwankung ist in der Regel geringer als die zwischen Geschwistern. Im Gegensatz zu ihrem Status in den meisten anderen Beziehungen, insbesondere gegenüber Erwachsenen, sind Kinder im Umgang mit ihren Peers relativ gleichberechtigt, was ihre Macht und ihren sozialen Status betrifft (Furman & Buhrmester, 1985).

Piaget (1932/1965) nahm an, dass Kinder, wenn sie ihre Gedanken und Überzeugungen ausdrücken, wegen dieser relativen Statusgleichheit gegenüber Peers im Allgemeinen offener und spontaner sind als in der Gegenwart Erwachsener. Piaget bemerkte, dass Kinder die Überzeugungen und Regeln der Erwachsenen häufig nur auf der Basis reinen Gehorsams akzeptieren und nicht auf der Grundlage von Verständnis oder Zustimmung (Youniss, 1980). Mit Gleichaltrigen dagegen ist es wahrscheinlicher, dass Kinder die Vorstellungen anderer offen kritisieren, ihre eigenen Ideen erläutern und um Rückmeldung bitten (Kruger & Tomasello, 1986). Auf diese Weise entwickeln Peers gemeinsam ihre eigenen Regeln, Auffassungen und Erklärungen dafür, warum oder auf welche Weise Dinge funktionieren oder funktionieren sollten.

In ähnlicher Weise ging auch Wygotski (1978) davon aus, dass Kinder in ihren Interaktionen mit Gleichaltrigen neue Fertigkeiten lernen und ihre kognitiven Fähigkeiten entwickeln. Anders als Piaget betonte Wygotski jedoch die Rolle der Kooperation zwischen Peers. Besondere Bedeutung maß er den Möglichkeiten bei, wie die Zusammenarbeit der Kinder ihnen hilft, neue Fähigkeiten aufzubauen und die Wissensbestände und Fähigkeiten, die in ihrer Kultur Wert und Bedeutung besitzen, einander zu vermitteln.

Nicht nur Kooperation, sondern auch Meinungsverschiedenheiten im Rahmen von Peer-Beziehungen gelten als wichtige Beiträge zur kognitiven Entwicklung von Kindern.

Andere Forscher haben die sozialen und emotionalen Gewinne betont, die sich aus Peer-Interaktionen ziehen lassen. In den Jahren vor und während der Schule bilden Gleichaltrige eine wichtige Quelle der Begleitung und Hilfe im Umgang mit Problemen und Aufgaben (Youniss, 1980). Wenn Kinder älter werden, können die Peers als Quelle der emotionalen Unterstützung an Bedeutung gewinnen. Harry Stack Sullivan (1953) nahm an, dass Freundschaften bei älteren Kindern für ihr Wohlbefinden unerlässlich sind. Er wies darauf hin, dass Kinder im frühen Jugendalter damit anfangen, enge, intime Beziehungen mit gleichgeschlechtlichen Peers einzugehen – in der Art, die man früher als Busenfreundschaften bezeichnet hätte. Nach Sullivan bieten solche kameradschaftliche Beziehungen den Kindern ihre erste Erfahrung einer intimeren zwischenmenschlichen Beziehung, die auf Gegenseitigkeit und den Austausch zwischen Gleichgestellten und Ebenbürtigen aufbaut. In solchen Beziehungen können sich die jungen Heranwachsenden Gedanken darüber machen, was sie tun können, damit sich ihr Gegenüber wohl und glücklich fühlt. Sullivan nahm an, dass Kinder, die von ihren Peers nicht gemocht werden, Gefühle der Minderwertigkeit und Einsamkeit entwickeln und über ihre eigenen Fähigkeiten besorgt und verunsichert sind. Wir werden später darauf zurückkommen, dass es für Sullivans Annahmen einige Unterstützung gibt, wobei der Beitrag der Freunde zur Entwicklung von Kindern etwas komplizierter ist, als es Sullivans Beschreibung nahe legt.

Zusammen genommen haben Theoretiker wie Piaget, Wygotski und Sullivan behauptet, dass Peer-Beziehungen einen einzigartigen Kontext für die kognitive, soziale und emotionale Entwicklung darstellen. Ihrer Ansicht nach erhöhen sich die Denkfähigkeit der Kinder und ihre Berücksichtigung der Belange anderer in Folge der Gleichberechtigung, Gegenseitigkeit, Kooperation und Vertrautheit, die sich in Peer-Beziehungen entwickeln können. Die Gleichberechtigung und Vertrautheit zwischen Gleichaltrigen, die von den Theoretikern ins Feld geführt wird, findet sich am häufigsten in den Freundschaften der Kinder. Wir werden deshalb zuerst die Freundschaften der Kinder untersuchen und uns besonders darauf konzentrieren, wie Freundschaften beschaffen sind, wie sie sich mit dem Alter verändern und welche möglichen Kosten und Nutzen sie mit sich bringen.

Freundschaften

„Kay und Sarah sind meine *besten* Freundinnen – wir besprechen und teilen geheime Dinge ... und manchmal machen wir Sachen mit Jo und Kerry und Sue. Und dann gibt es noch die restlichen Mädchen – manche sind nett. Aber die Jungen – igitt!" (Annie, 8 Jahre alt, nach einer persönlichen Mitteilung von Dunn, 1999).

Annie, die obige Sprecherin, eine typische Achtjährige, zeichnete das Diagramm in Abbildung 13.1, um ihre Beziehungen mit den Kindern in ihrer Klasse zu beschreiben. Mit den Mädchen im inneren Kreis, Kay und Sarah, ist sie sehr gut befreundet. Sie spielen zusammen und teilen ihre Spielsachen, Probleme, Geheimnisse und auch Zwistigkeiten. Die drei Mädchen im nächsten Kreis gehören zu einer größeren Gruppe von Freundinnen, die Annie und ihre engsten Freundinnen einschließt. Dann gibt es die anderen Kinder in der Klasse, die in den beiden äußeren Kreisen dargestellt sind. Wie ihre Kommentare eindeutig erkennen lassen, ist Annie den Mädchen in dieser Gruppe näher als den Jungen und spielt und spricht mit den Mädchen mit Sicherheit mehr als mit den Jungen. Zwar hat Annie keine engen Beziehungen zu diesen Mädchen, aber es ist ihr nicht gleichgültig, was sie über sie denken; auch interessieren sich Annie und ihre engen Freundinnen dafür, was in der größeren Gruppe passiert, und tratschen wahrscheinlich darüber.

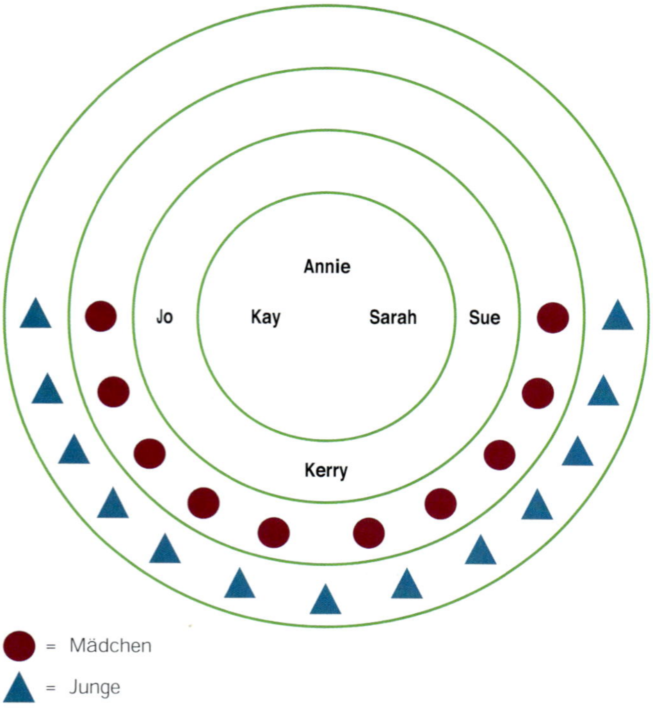

Die Kinder in Annies innerem Kreis besitzen sicherlich gemeinsame Eigenschaften, wie es zwischen den meisten engeren Freunden üblich ist. Die Forscher stimmen im Allgemeinen darin überein, dass Freunde Menschen sind, die gern Zeit miteinander verbringen und Zuneigung füreinander empfinden. Außerdem sind ihre Interaktionen wesentlich durch *Reziprozität* gekennzeichnet; das bedeutet, dass die Beziehung auf Wechselseitigkeit angelegt ist: Freunde nehmen Rücksicht aufeinander, machen Kompromisse bei ihrem Verhalten (etwa in Form von Kooperation und Aushandlung) und ziehen aus ihrem sozialen Austausch vergleichbare Vorteile (Bukowski, Newcomb & Hartup, 1996). Kurz gesagt, ist eine **Freundschaft** eine enge, auf Gegenseitigkeit angelegte positive Beziehung zwischen zwei Menschen.

Das Ausmaß, in dem die Bedingungen einer Freundschaft in den Peer-Interaktionen ersichtlich werden, steigt im Verlauf der Kindheit mit dem Alter nach und nach an. Wir werden sehen, dass man anhand der oben formulierten Definition von Freundschaft nicht eindeutig sagen kann, ob sehr kleine Kinder bereits Beziehungen führen, die man als Freundschaft bezeichnen könnte. In

● = Mädchen
▲ = Junge

Abbildung 13.1: Eine graphische Darstellung von Annies sozialer Welt der Peers. Annies enge Freunde sind allesamt Mädchen, und fast alle Kinder, mit denen sie Kontakte pflegt, sind ebenfalls Mädchen. In diesem Alter zeigen die meisten Mädchen ähnliche Beziehungsmuster.

Freundschaften – enge, auf Gegenseitigkeit angelegte positive Beziehungen zwischen zwei Menschen.

den Jahren vor Schuleintritt verkünden Kinder jedoch häufig, wer ihre Freunde sind, und das Zutreffen ihrer Behauptung wird aus ihren Interaktionen mit diesen Kindern deutlich erkennbar. Wir beginnen unsere Diskussion der Freundschaft mit der Untersuchung der Beschaffenheit von Beziehungen zwischen kleinen Kindern und betrachten dann, wie Freundschaften in den Schuljahren aussehen.

Frühe Peer-Interaktionen und Freundschaften

Sehr kleine Kinder können im Allgemeinen nicht mit Worten angeben, wen sie mögen, so dass die Forscher aus der Beobachtung ihres Verhaltens mit Gleichaltrigen auf die Freundschaften der Kinder schließen müssen. Dabei haben sich Forscher besonders auf solche Fragen konzentriert wie das Alter, in dem sich Freundschaften erstmals entwickeln, die Beschaffenheit der frühen Freundschaften und die altersbezogenen Veränderungen der Freundschaften.

Haben sehr kleine Kinder bereits Freunde?

Einige Forscher haben behauptet, dass Kinder im Alter von zwei Jahren oder früher bereits Freunde haben können (Howes, 1996). Betrachten wir das folgende Beispiel (Howes, 1996, S. 66):

Manche Forscher glauben, dass Freundschaften schon mit zwei Jahren oder früher beginnen können.

> Anne und Suzanne sind noch keine zwei Jahre alt. Ihre Mütter haben sich während der Schwangerschaft kennen gelernt, und die kleinen Mädchen haben sich von ihren ersten Lebenswochen an wechselseitig zu Hause besucht. Im Alter von fünf Monaten besuchten die Mädchen dieselbe Tageskrippe. Jetzt sind sie häufige Spielpartner, und manchmal bestehen sie darauf, dass ihre Kinderbettchen beim Mittagsschlaf nebeneinander stehen. Ihre Begrüßungen und ihr Spiel sind oft durch gemeinsames Lächeln gekennzeichnet. Für Annas und Suzannes Eltern und Lehrer gelten sie als Freundinnen.

Schon zwölf bis 18 Monate alte Kinder scheinen manche Kinder auszuwählen und gegenüber anderen zu bevorzugen, sie zu berühren, sie anzulachen und sich auf positive Interaktionen mit ihnen einzulassen, mehr als sie es mit anderen Gleichaltrigen tun (Howes, 1983). Wenn sich ein bevorzugter Altersgenosse unwohl fühlt, ist die Wahrscheinlichkeit außerdem dreimal so hoch, dass ein Kind darauf reagiert, indem es Trost anbietet oder einen Erwachsenen darauf aufmerksam macht, als wenn ein Kind traurig ist, das nicht zu den Lieblingskindern gehört (Howes & Farver, 1987). Ab einem Alter von etwa 20 Monaten initiieren Kinder auch zunehmend mehr Interaktionen mit bestimmten Kindern und engagieren sich beim Spiel mit diesen Kindern stärker als mit anderen (Ross & Lollis, 1989).

Unterschiede in den Interaktionen mit Freunden und Nicht-Freunden

Im Alter von zwei Jahren beginnen Kinder mit der Entwicklung mehrerer Fähigkeiten, die ihnen eine höhere Komplexität ihrer sozialen Interaktionen ermöglichen, zum Beispiel die Nachahmung des Sozialverhaltens anderer Menschen, die Beteiligung an kooperativen Problemlösungen und der Rollentausch beim Spielen (Howes, 1996; Howes & Matheson, 1992). Diese komplexeren Fähigkeiten lassen sich im Spiel mit Freunden meistens stärker nachweisen als im Spiel mit loseren Bekannten (= Nicht-Freunden) (Werebe & Baudonniere, 1991).

Insbesondere mit Freunden nehmen Kooperation und Koordination der Interaktionen ab dem zweiten Lebensjahr beträchtlich und kontinuierlich zu (Howes & Phillipsen, 1998). Dies wird besonders im gemeinsamen Als-ob-Spiel erkennbar, das zwischen Freunden häufiger gespielt wird als zwischen Nicht-Freunden (Howes & Unger, 1989). Wie in den Kapiteln 6 und 7 bereits dargestellt, sind am Als-ob-Spiel symbolische Handlungen beteiligt, welche die Spielpartner wechselseitig als solche verstehen müssen, wie im folgenden Beispiel:

> Johnny, 30 Monate alt, trifft seinen Freund Kevin, der vorgibt, zu einem Picknick zu gehen. Auf Anweisung des dreijährigen Kevin tankt Johnny das Auto auf, „fährt" das Auto, lädt dann das Essen aus, tut so, als ob er isst, und sagt, dass es ihm nicht schmeckt! Beide Jungen tun so, als ob sie das Essen ausspucken, und sagen „igitt!", lachen. ... (Dunn, persönliche Mitteilung, 1999.)

Als-ob-Spiele können unter Freunden häufiger vorkommen, weil die Erfahrungen, die Freunde miteinander besitzen, das Vertrauen darin ermöglichen, dass ihr Partner sich anstrengen wird, die Bedeutung der symbolischen Handlungen zu interpretieren und sich daran zu beteiligen (Howes, 1996).

Zwischen jungen Freunden ist nicht nur die Menge an Kooperation und positiver Interaktion höher als zwischen Nicht-Freunden, sondern auch das Ausmaß an Konflikten. Im Vorschulalter streiten sich Freunde genauso häufig oder häufiger als Nicht-Freunde und bringen auch häufiger feindselige Handlungen in Form von körperlichen Angriffen, Drohungen und der Zurückweisung von Bitten zum Ausdruck (Fabes, Eisenberg, Smith & Murphy, 1996; Hartup, Laursen, Stewart & Eastenson, 1988). Die höhere Konfliktrate zwischen Freunden dürfte zum Teil daran liegen, dass sie auch mehr Zeit miteinander verbringen.

Freunde im Vorschulalter kämpfen häufiger miteinander als Nicht-Freunde, sie lösen ihre Konflikte aber auch häufiger auf kontrollierte Weise, beispielsweise indem sie verhandeln, sich ohne Aggression durchsetzen, nachgeben oder einfach mit dem, was den Konflikt ausgelöst hat, aufhören (Fabes et al., 1996; Hartup et al., 1988) (siehe Tabelle 13.1). Außerdem gelingt es Freunden häufiger als Nicht-Freunden, ihre Konflikte so zu lösen, dass für beide etwas dabei herausspringt und nicht nur ein Kind gewinnt und das andere verliert. Nach einem Konflikt ist bei Freunden also die Wahrscheinlich-

Tabelle 13.1: Strategien, die Schulkinder verfolgen, wenn jemand etwas Gemeines zu ihnen oder über sie sagt.

Anteil der Kinder, welche die jeweilige Strategie wählen, wenn die Gemeinheit stammt von:

	ihrem besten Freund	einem Klassenkamerad (weder Freund noch Feind)
Mit dem Betreffenden reden	43 %	19 %
Nachdenken, was zu tun ist	24 %	14 %
Schlagen, treten, anbrüllen	9 %	10 %
Den Ärger für sich behalten	8 %	5 %
Aufhören, darüber nachzudenken	6 %	20 %
Vor dem Geschehenen weglaufen	4 %	17 %
Mit jemand anderem darüber sprechen	4 %	11 %
Nichts tun	1 %	4 %

(Nach Whitesell & Harter, 1996.)

keit höher, dass sie ihre Interaktionen fortsetzen und positiven Respekt füreinander beibehalten.

Entwicklungsbedingte Veränderungen in Freundschaften

In der Schulzeit setzen sich viele der Muster, die in den vorschulischen Interaktionen zwischen Freunden und Nicht-Freunden erkennbar waren, fort und bekommen deutlichere Konturen. Wie schon zuvor kommunizieren Freunde im Vergleich zu Nicht-Freunden häufiger und besser miteinander und können effektiver zusammenarbeiten und kooperieren (Hartup, 1996). Sie kämpfen auch häufiger miteinander, schaffen es aber wiederum mit größerer Wahrscheinlichkeit, Konflikte auf dem Verhandlungsweg beizulegen (Laursen, Finkelstein & Betts, 2001). Außerdem verfügen sie jetzt über die Reife, um für Konflikte Verantwortung zu übernehmen und zu begründen, warum sie mit Diesem und Jenem nicht einverstanden sind, was die Wahrscheinlichkeit erhöht, eine Freundschaft aufrechtzuerhalten (Fonzi, Schneider, Tani & Tomada, 1997; Hartup, French, Laursen, Johnston & Ogawa, 1993; Whitesell & Harter, 1996).

Während sich die Freundschaften unter Kindern in vielen Aspekten ähnlich bleiben, wenn die Kinder älter werden, verändern sie sich doch auf einer wichtigen Dimension: dem Ausmaß und der Bedeutung von Vertrautheit beziehungsweise Intimität. Diese Veränderung spiegelt sich sowohl in der Art der Interaktionen zwischen Freunden wider als auch darin, wie Kinder sich Freundschaft vorstellen. Zwischen sechs und acht Jahren zum Beispiel definieren Kinder Freundschaft vorwiegend auf der Basis ihrer tatsächlichen Ak-

Tabelle 13.2: Dimensionen, auf denen Grundschulkinder häufig ihre Freundschaften bewerten.

Bestätigung und Fürsorge
  Gibt mir ein gutes Gefühl bei meinen Ideen.
  Sagt mir, dass ich Sachen gut mache.

Konfliktlösung
  Hören schnell auf, wenn wir kämpfen.
  Sprechen darüber, wie wir es schaffen, nicht mehr sauer aufeinander zu sein.

Streit und Enttäuschung
  Streitet sich dauernd.
  Hört mir nicht zu.

Hilfe und Anleitung
  Helfen einander viel bei den Hausaufgaben.
  Leihen sich dauernd Sachen aus.

Kameradschaft und Freizeit
  Sitzen beim Essen immer zusammen.
  Machen viele witzige Sache zusammen.

Vertraulicher Austausch
  Erzählen uns immer unsere Probleme.
  Erzählen sich ihre Geheimnisse.

tivitäten mit ihren Peers und halten diejenigen im Allgemeinen für ihre „besten" Freunde, mit denen sie die meiste Zeit spielen und alles gemeinsam tun (Youniss, 1980). In diesem Alter tendieren Kinder auch dazu, Freunde anhand von Kosten und Nutzen einzuschätzen (Bigelow, 1977). Mit Freunden zusammen zu sein ist belohnend: Sie sind in der Nähe, besitzen interessante Spielsachen und haben ähnliche Erwartungen bezüglich der Tätigkeiten beim Spielen. Nicht-Freunde sind häufig uninteressant, oder man versteht sich nicht gut mit ihnen. In den ersten Schuljahren haben Kinder also eine instrumentelle und konkrete Sicht von Freundschaft (Rubin et al., 1998) (vergleiche Tabelle 13.2).

Zwischen den ersten Schuljahren und der Adoleszenz erfahren und definieren Kinder ihre Freundschaften jedoch zunehmend anhand wechselseitiger Zuneigung, emotionaler Nähe und Treue beziehungsweise Loyalität (Newcomb & Bagwell, 1995; Furman & Buhrmester, 1992). Mit etwa neun Jahren scheinen Kinder für die Bedürfnisse anderer Menschen und für die Ungleichheit und Unterschiede zwischen ihnen empfindlicher zu werden. Nun definieren Kinder Freunde danach, ob sie auf die körperlichen und materiellen Bedürfnisse des anderen achten, Hilfe bei den Hausaufgaben und in allgemeinen Dingen bieten, das Gefühl des Ausgeschlossenseins oder der Einsamkeit reduzieren und ihre Gefühle miteinander teilen. Die folgenden Beschreibungen von Freunden sind typisch (Youniss, 1980, S. 177f.):

Weiblich, 10 Jahre: Wenn du verletzt bist, kommen sie vorbei und besuchen dich.

Männlich, 9 Jahre: Jemandem helfen. Wenn die Person nicht weiterkommt, zeig ihr die Lösung, aber sag ihr auch, warum das die Lösung ist.

Weiblich, 9 Jahre: Freundlich zueinander sein. Wenn dir etwas passiert, kommen sie schnell und helfen dir.

Männlich, 9 Jahre: Du bist allein, und dein Freund leistet dir auf seinem Fahrrad Gesellschaft. Du fühlst dich deutlich besser, weil er dazugekommen ist.

Wenn Kinder etwa zehn Jahre alt sind, treten Treue, wechselseitiges Verständnis und Selbstoffenbarung zu den wichtigen Komponenten hinzu, wie sich Kinder eine Freundschaft vorstellen (Bigelow, 1977). Außerdem legen ältere Kinder und Jugendliche Wert auf kooperative Reziprozität (dass man gegenseitig dasselbe füreinander tut), Gleichberechtigung und Vertrauen zwischen Freunden (Youniss, 1980). Die folgenden Beschreibungen zeigen, wie Kinder in diesem Altersbereich ihre Freunde sehen (Youniss, 1980, S. 180–182):

Männlich, 10 Jahre: Du bist für lange Zeit freundlich zueinander, nicht nur für einen Tag.

Weiblich, 10 Jahre: Jemand, mit dem du deine Geheimnisse teilen kannst. Zwei Menschen, die wirklich gut zueinander sind.

Männlich, 12 Jahre: Eine Person, der du vertrauen und dich anvertrauen kannst. Erzähl ihnen, wie es dir geht, und du kannst bei ihnen ganz du selbst sein.

Weiblich, 13 Jahre: Sie werden deine Probleme verstehen. Sie wollen nicht immer der Chef sein. Manchmal lassen sie dich entscheiden; sie wechseln sich ab. Wenn du etwas Falsches getan hast, fühlen sie sich mitverantwortlich.

Männlich, 14 Jahre: Sie haben etwas gemeinsam. Du hängst mit ihm rum. ... Wir sind mehr oder weniger gleich; die gleichen Persönlichkeiten.

Jugendliche Freunde nutzen Freundschaft mehr denn jüngere Kinder als einen Rahmen für die Selbsterfahrung und die Bearbeitung persönlicher Probleme (Gottman & Mettetal, 1986). Freundschaften werden so mit dem Alter zunehmend eine Quelle der Vertrautheit und der persönlichen Offenbarung sowie eine Quelle aufrichtiger Rückmeldung. Vielleicht haben Freundschaften deshalb bei Jugendlichen so viel Wertschätzung und werden von Psychologen für so wichtig gehalten.

Wie kann man die verschiedenen altersbezogenen Veränderungen erklären, die Kinder insbesondere hinsichtlich ihrer Vorstellung über Freundschaft durchlaufen? Einige Forscher behaupten, dass die Veränderungen im kindlichen Denken über Freundschaft qualitativer oder *diskontinuierlicher* Art sind. Selman (1980) beispielsweise nahm an, dass sie eine Folge altersbezogener qualitativer Veränderungen im Hinblick auf die Fähigkeit zur Perspektivenübernahme sind (siehe Kapitel 9). Nach Ansicht Selmans, die auch von Piaget und anderen geteilt wird, sind sich jüngere Kinder nur begrenzt bewusst, dass andere Menschen über bestimmte Dinge anders denken und fühlen mögen als sie selbst. Folglich bleibt ihr Denken über Freundschaften hinsichtlich des Umfangs begrenzt, in dem sie Aspekte berücksichtigen können, die jenseits ihrer eigenen Bedürfnisse liegen. Sobald Kinder damit anfangen, die Gedanken und Gefühle anderer zu verstehen, erkennen sie, dass zu einer Freundschaft die Beachtung der Bedürfnisse beider Parteien gehört, wenn die Beziehung wechselseitig zufriedenstellend sein soll.

Andere Forscher behaupten, dass die altersabhängigen Veränderungen bezüglich der Vorstellung, die Kinder von Freundschaften haben, eher Unterschiede deutlich machen, wie Kinder denken und ihre Vorstellungen ausdrücken, und weniger altersabhängige Unterschiede in der grundlegenden Art und Weise, Freundschaften zu verstehen. Hartup und Stevens (1997) vertreten die Auffassung, dass Kinder aller Altersstufen Freundschaften ähnlich interpretieren, nämlich als „gekennzeichnet durch Gegenseitigkeit und Wechselseitigkeit – das Geben und Nehmen und Zurückgeben nach Art oder Ausmaß"

Jugendliche Freundinnen tauschen häufiger Vertraulichkeiten miteinander aus als Freundinnen im Kindesalter.

(S. 356). Was sich mit dem Alter verändert, ist lediglich die Komplexität, mit der Kinder Freundschaften betrachten und ihre Dimensionen beschreiben. Gleichwohl haben diese Unterschiede wahrscheinlich wichtige Auswirkungen auf das Verhalten der Kinder gegenüber Freunden und auch darauf, welche Reaktionen das Verhalten ihrer Freunde hervorruft. Weil Sechstklässler beispielsweise häufiger als Zweitklässler angeben, dass Vertrautheit und Unterstützung wichtige Merkmale von Freundschaften sind (Furman & Bierman, 1984), bewerten sie ihre eigenen Verhaltensweisen und diejenigen ihrer Freunde mit größerer Wahrscheinlichkeit anhand der angegebenen Dimensionen.

Die Funktionen von Freundschaften

Aus den Äußerungen über das Verständnis von Freundschaften wurde deutlich, dass es Kindern zahlreiche potenzielle Vorteile bringt, Freunde zu haben. Wie Piaget, Wygotski, Sullivan und andere bereits angeführt haben, gehört zu den wichtigsten Vorteilen die emotionale Unterstützung und die Bestätigung der eigenen Gedanken, der eigenen Gefühle und des eigenen Wertes sowie die Bereitstellung von Rahmenbedingungen, um wichtige soziale und kognitive Fähigkeiten zu entwickeln.

Unterstützung und Bestätigung

Freunde können eine Quelle von emotionaler Unterstützung und Sicherheit darstellen, sogar schon in jungen Jahren. Betrachten wir das folgende Phantasiespiel zwischen Eric und Naomi, zwei vier Jahre alten Kindern, die seit einiger Zeit eng befreundet sind. Im Verlauf des Spiels gibt Eric seine latente Furcht zu erkennen, dass andere Kinder ihn nicht leiden können und glauben, er sei dumm:

> *Eric*: Ich bin das Skelett! Huuh! [schreit] Ein Skelett, aufgepasst! Ein Skelett!
>
> *Naomi*: Ich bin dein Freund, der Dinosaurier.
>
> *Eric*: Oh, hallo Dinosaurier. [gedämpft] Du weißt, keiner mag mich.
>
> *Naomi*: [beruhigend] Aber ich mag dich. Du bist mein Freund.
>
> *Eric*: Aber keiner von meinen anderen Freunden mag mich. Sie mögen mein neues Kostüm nicht. Sie können mein Skelettkostüm nicht leiden. Ich bin es nur. Sie glauben, ich bin bescheuert.
>
> *Naomi*: Ich weiß was. Er ist ein gutes Skelett.
>
> *Eric*: [laut schreiend] Ich bin nicht bescheuert!
>
> *Naomi*: Ich sage nicht, dass du bescheuert bist. Ich sage, du bist ein freundliches Skelett.
>
> (Parker & Gottman, 1989, S. 95)

In dieser Situation eines Phantasiespiels dient Naomi eindeutig als Quelle der Unterstützung und Bestätigung für Eric. Sie beruhigt Eric nicht nur, als er seine Besorgnis zum Ausdruck bringt, dass andere ihn nicht mögen, sondern sie richtet den Brennpunkt von ihm zu der Figur des Phantasieskeletts, als Eric zugab, dass die anderen Kinder ihn und nicht das Skelett für bescheuert halten. Sie lobte die Figur des Phantasieskeletts sogar, um Eric ein Gefühl der Kompetenz zu vermitteln („Er ist ein gutes Skelett") (Gottman, 1986).

Freunde können auch Unterstützung bieten, wenn sich ein Kind einsam fühlt. Kinder im Schulalter, die einen besten Freund oder eine beste Freundin besitzen und über enge, unterstützende Freundschaften verfügen, erleben weniger Einsamkeit als Kinder ohne einen besten Freund oder mit Freunden, die weniger vertraut und weniger fürsorglich sind (Erdley, Nangle, Newman & Carpenter, 2001; Parker & Asher, 1993).

Die Unterstützung von Freunden kann besonders in schwierigen Übergangsphasen wichtig sein, an denen Gleichaltrige beteiligt sind. Zum Beispiel besitzen jüngere Kinder am Anfang positivere Einstellungen gegenüber der Schule, wenn sie bei Schulbeginn mit vielen bereits vorhandenen Freunden in einer Klasse sind (Ladd & Coleman, 1997; Ladd & Kochenderfer, 1996). Das kann zum Teil daran liegen, dass die Anwesenheit der schon bekannten Freunde in den ersten Schulwochen die Fremdartigkeit der neuen Umgebung verringert. Wenn Sechstklässler in die Junior-High-School wechseln, werden sich ihre Geselligkeit und Führungsbereitschaft ebenfalls erhöhen, wenn sie in dieser Phase über stabile, hochwertige und enge Freundschaften verfügen (Berndt, Hawkins & Jiao, 1999).

Freundschaften können auch als Puffer gegen unangenehme Erfahrungen dienen, etwa wenn Lehrer einen anschreien oder Peers auf einem herumhacken (Ladd & Kochenderfer, 1996; Ladd, Kochenderfer & Coleman, 1996). Dieser Puffereffekt wurde in einer Untersuchung an Grundschulkindern besonders deutlich, die von ihren Mitschülern verbal oder körperlich schikaniert wurden. Aus dieser Gruppe waren jene Kinder, bei denen ein Jahr später ein Zuwachs an Anpassungsproblemen (zum Beispiel Traurigkeit, Einsamkeit, Ängstlichkeit, Aggression und Lügen oder Stehlen) beobachtet wurde, zugleich diejenigen, die keine **erwiderte beste Freundschaft** hatten, also eine Freundschaft, bei der zwei Kinder sich wechselseitig als ihre besten

Erwiderte beste Freundschaft – eine Freundschaft, in der sich zwei Kinder wechselseitig als ihre besten oder engsten Freunde betrachten.

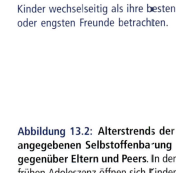

Abbildung 13.2: Alterstrends der angegebenen Selbstoffenbarung gegenüber Eltern und Peers. In der frühen Adoleszenz öffnen sich Kinder mehr gegenüber Freunden als gegenüber ihren Eltern. Bei jungen Erwachsenen ist das noch genauso, aber im College-Alter vertrauen sie sich am meisten den Partnern an, mit denen sie eine romantische Beziehung verbindet.

Freunde betrachten (Hodges, Boivin, Vitaro & Bukowski, 1999). Den schikanierten Kindern ergeht es auch besser, wenn sie eine Reihe von Freundschaften besitzen und wenn ihre Freunde bei den Peers beliebt sind und die Macht besitzen, sie zu verteidigen (Hodges, Malone & Perry, 1997). Weiterhin werden Kinder mit frühen Verhaltensproblemen – die Gefahr laufen, von den Peers abgelehnt zu werden – von den anderen Kindern mit geringerer Wahrscheinlichkeit schlecht behandelt, wenn sie eine gegenseitige Freundschaft aufweisen können, verglichen mit Kindern ohne eine erwiderte beste Freundschaft (Schwartz, McFadyen-Ketchum, Dodge, Pettit & Bates, 1999).

Es wurde zuvor bereits erwähnt, dass das Ausmaß, in dem sich Freunde Fürsorge und Unterstützung geben, von der Kindheit bis zum Jugendalter in der Regel ansteigt (Hunter & Youniss, 1982). Jugendliche betrachten Freunde als vertrauenswürdige Menschen und als eine sehr wichtige Quelle von emotionaler Unterstützung und Verständnis (Youniss, 1980). So geben Jugendliche an, dass Freunde ihnen wichtigere Vertraute und Unterstützungsgeber sind als die Eltern (Furman & Buhrmester, 1992; Hunter & Youniss, 1982) (Abbildung 13.2).

Interaktionen mit Freunden bieten Kindern die Möglichkeit, konstruktive Rückmeldung über ihr Verhalten und ihre Vorstellungen zu bekommen.

Auch wenn Freunde Unterstützung hinsichtlich der Erfahrungen in der Schule und des allgemeinen Gefühls der Einsamkeit bieten, bleibt doch unklar, ob ihre Pufferwirkung so weit reicht, dass sich Kinder besser auf größere stressende Lebensereignisse wie die Scheidung der Eltern, den Tod eines Elternteils oder ein Zerwürfnis mit einem Freund oder einer Freundin einstellen können (Windle, 1992; Wolchik, Ruehlman, Braver & Sandler, 1989). In sehr viel Stress erzeugenden Situationen kann die Unterstützung durch Erwachsene für das Wohlbefinden von Kindern wichtiger sein als die Unterstützung von Freunden (Wolchik et al., 1989).

Die Entwicklung sozialer und kognitiver Fähigkeiten

Freundschaften bieten einen Kontext für die Entwicklung von sozialen Fähigkeiten und Kenntnissen, welche die Kinder benötigen, um Beziehungen mit anderen Menschen positiv gestalten zu können. Wie bereits erwähnt, scheinen jüngere Kinder komplexere Spiele zuerst in ihren Interaktionen mit Freunden zu entwickeln, und im gesamten Verlauf der Kindheit treten Kooperation, Verhandlungen und ähnliche Prozesse zwischen Freunden durchgehend häufiger auf als zwischen Nicht-Freunden. Außerdem entwickeln jüngere Kinder, die ihre Gefühle mit ihren Freunden besprechen und auf positive Weise mit ihnen interagieren, ein besseres Verständnis für die geistigen und emotionalen Zustände des anderen als Kinder, deren Peer-Beziehungen weniger eng sind (Hughes & Dunn, 1998; Maguire & Dunn, 1997).

Freundschaften bieten aber auch auf anderem Wege Gelegenheiten zur sozialen und kognitiven Entwicklung. Beispielsweise lernen Kinder durch den Tratsch mit Freunden über andere Kinder etwas über die Normen, die in ihrer Peer-Gruppe gelten, und sie lernen auch, wie, warum und wann man Gefühle zeigen darf oder sie besser kontrollieren sollte (Gottman, 1986; Ladd & Kochenderfer, 1996). Piaget hatte darauf hingewiesen, dass Freunde ihre Ideen und Vorstellungen häufiger gegenseitig kritisieren, elaborieren, weiterentwickeln und präzisieren als Nicht-Freunde (Azmitia & Montgomery, 1993; Nelson & Aboud, 1985). Diese Art der Offenheit fördert kognitive Fähigkeiten und steigert die Leistungen bei kreativen Aufgaben (Miell, 2000). Einen Nachweis dafür erbrachte eine Untersuchung, in der Gruppen von Zehnjährigen im Team eine Geschichte über den Regenwald schreiben sollten. Die Hälfte der Gruppen bestand aus Freunden, die andere Hälfte aus Nicht-Freunden. Die aus Freunden zusammengesetzten Teams führten mehr konstruktive Gespräche (zum Beispiel führten sie häufiger alternative Ansätze ein und gaben Erklärungen) und konzentrierten sich stärker auf die Aufgabe als die Teams, die sich aus Nicht-Freunden zusammensetzten. Zudem waren die von den Freunden geschriebenen Geschichten qualitativ besser als die Geschichten der Nicht-Freunde (Hartup, 1996).

Geschlechtsunterschiede bei den Funktionen von Freundschaften

Sobald Kinder älter werden, ergeben sich Geschlechtsunterschiede dahingehend, dass Jungen und Mädchen glauben, Unterschiedliches aus ihren Freundschaften zu beziehen. Zum Ende der Grundschule haben Mädchen das Gefühl, dass ihre Freundschaften enger sind und mehr Bestätigung, Fürsorge, Hilfe und Anleitung bieten, als dies Jungen empfinden (Eisenberg, Martin & Fabes, 1996; Lempers & Clark-Lempers, 1993; Parker & Asher, 1993). Zum Beispiel geben Mädchen häufiger als Jungen an, dass sie sich auf ihre Freunde verlassen, was Ratschläge und Hilfe bei den Hausaufgaben betrifft, dass sie und ihre Freunde einander Vertraulichkeiten mitteilen und füreinander eintreten und dass ihre Freunde ihnen sagen, dass sie ihre Sache gut machen und ihnen das Gefühl geben, etwas Wichtiges und Besonderes zu sein.

Seltener unterscheiden sich Mädchen und Jungen mit Blick auf die Menge an Konflikten und Enttäuschungen in ihren besten Freundschaften; sie geben beispielsweise an, sich ähnlich häufig zu streiten, zu anderen Menschen etwas Gemeines über den Freund zu sagen oder einander zu nerven. Mädchen berichten jedoch über geringere Schwierigkeiten, Konflikte mit Freundinnen zu lösen, besonders was die Fähigkeit betrifft, darüber zu sprechen, wie man darüber hinwegkommen kann, aufeinander sauer zu sein. Keine großen Unterschiede zwischen den Freundschaften von Jungen und Mädchen bestehen im Zusammenhang mit der Kameradschaft und den Möglichkeiten zur Freizeitbeschäftigung, die sie bieten (zum Beispiel etwas gemeinsam unternehmen oder sich wechselseitig besuchen) (Parker & Asher, 1993), wobei sich die Zeiten, die Jungen und Mädchen bei bestimmten Aktivitäten (zum Beispiel beim Sport) miteinander verbringen, unterscheiden können.

Die längerfristigen Wirkungen von Freundschaften auf Psyche und Verhalten

Weil Freundschaften wichtige Bedürfnisse von Kindern erfüllen, könnte man erwarten, dass Freunde die soziale und emotionale Gesundheit von Kindern fördern. Tatsächlich wurde das Vorhandensein enger, wechselseitiger Freundschaften in der Grundschule mit einer Vielzahl von positiven psychischen und verhaltensbezogenen Folgen für Kinder in Zusammenhang gebracht, und zwar nicht nur während der Schulzeit, sondern auch noch Jahre später im frühen Erwachsenenalter. Es kann jedoch auch Nachteile mit sich bringen, Freunde zu haben, falls diese negative Verhaltensweisen an den Tag legen.

Die möglichen Langzeitvorteile von Freunden

Längsschnittuntersuchungen bieten die besten Daten, was mögliche Langzeiteffekte von Schulfreundschaften betrifft. Weil solche Forschungsarbeiten jedoch im Allgemeinen korrelativer Art sind, kann man nicht eindeutig bestimmen, ob das Vorhandensein von Freunden langfristige Folgen wie eine gute psychische Anpassung hat oder ob Eigenschaften des Kindes wie eine gute psychische Anpassungsleistung dazu führen, dass das Kind Freunde hat.

In einer Langzeitstudie über die Auswirkungen von Freundschaften untersuchten Forscher Kinder in der fünften Klasse und dann wieder als junge Erwachsene. Sie fanden heraus, dass Fünftklässler mit einem besten Freund von ihren Klassenkameraden als reifer und kompetenter, als weniger aggressiv und als sozial auffälliger eingeschätzt wurden als Fünftklässler ohne entsprechenden Freund (sie wurden zum Beispiel von allen gemocht oder wurden als Klassensprecher oder Mannschaftskapitän gewählt). Mit etwa 23 Jahren erbrachten diejenigen Individuen, die in der fünften Klasse reziproke beste Freundschaften führten, bessere Leistungen im College und kamen mit ihrer Familie und ihrem sozialen Leben besser zurecht als Individuen ohne solche Freundschaften. Sie gaben auch weniger Probleme mit dem Gesetz an und zeigten weniger psychische Auffälligkeiten (zum Beispiel Depression). Und schließlich besaßen jene mit besten Freunden in der fünften Klasse ein stärkeres Selbstwertgefühl (Bagwell, Newcomb & Bukowski, 1998). Die Existenz einer engen Freundschaft in der Kindheit hängt also nicht nur mit den Konsequenzen einer positiven sozialen Entwicklung in der mittleren Kindheit zusammen, sondern auch mit der Wahrnehmung der eigenen Kompetenz und Anpassung im Erwachsenenalter.

Die möglichen Nachteile von Freundschaften

Zwar gehen Freundschaften normalerweise mit positiven Folgen einher, manchmal aber auch nicht. Freunde mit Verhaltensproblemen können einen schädlichen Einfluss ausüben und dazu beitragen, dass ein Kind oder ein Jugendlicher mit größerer Wahrscheinlichkeit gewalttätig wird, Drogen nimmt oder andere negative Verhaltensweisen zum Ausdruck bringt.

Aggression und Störverhalten Zum Ende der Grundschule oder im frühen Jugendalter neigen Kinder mit unsozialen und aggressiven Freunden dazu, selbst unsoziale und aggressive Tendenzen erkennen zu lassen (Berndt et al., 1999; Brendgen, Vitaro & Bukowski, 2000; Tremblay, Masse, Vitaro & Dobkin, 1995). Weil dieser Befund jedoch auf korrelativen Belegen beruht, kann man nicht eindeutig sagen, in welchem Ausmaß aggressive Freunde das aggressive Verhalten von Kindern und Jugendlichen tatsächlich verursachen oder ob es sich bei einer entsprechenden Freundeswahl lediglich um ein Korrelat des eigenen Aggressivseins handelt (welches aggressives Verhalten nicht notwendigerweise hervorrufen muss). Wie in Kapitel 3 dargestellt, können sich die Eigenschaften von Kindern, beispielsweise ihr Aktivitätsniveau oder ihre Wutschwelle, darauf auswirken, welche Umwelten sie wählen, und dazu gehören auch ihre Freunde. Aggressive Kinder könnten sich also zu aggressiven Peers hingezogen fühlen, wenn es um Freundschaften geht, und dabei eine aktive Rolle bei der Herstellung ihrer eigenen Bezugsgruppe spielen. Ein solcher Effekt könnte auch in beide Richtungen verlaufen: Durch die Art, wie sie sprechen und sich verhalten, können aggressive Jungen ihre Aggression und ihr abweichendes Verhalten wechselseitig fördern und belohnen, indem sie so tun, als ob diese Verhaltensweisen akzeptabel sind (Dishion, Eddy, Haas, Li & Spracklen, 1997; Greenberger, Chen, Beam, Whang & Dong, 2000).

Ob die Tatsache, einen aggressiven Freund zu haben, das Verhalten eines Kindes mit der Zeit beeinflusst, kann davon abhängen, welche Grundtendenz zur Aggression das Kind besitzt. Diese Möglichkeit legte eine Langzeitstudie nahe, die drei Gruppen von Jungen über längere Zeit untersuchte, die als *nicht störend*, *sehr störend* oder *mäßig störend* eingestuft wurden (wobei die letzte Kategorie bedeutet, dass die Jungen leicht überdurchschnittliche Ausprägungen im Hinblick auf ihr Aggressions- und Störverhalten hatten; „stören" ist im vorliegenden Zusammenhang auch als „Unruhe stiften" zu verstehen). Die Jungen, die als mäßig störend eingestuft wurden *und* die außerdem im Alter von elf und zwölf Jahren aggressive, störende Freunde hatten, gaben mit 13 Jahren mehr kriminelle Handlungen an als Jungen, die ebenfalls als mäßig störend klassifiziert wurden, aber keine entsprechenden Freunde hatten. Gleichzeitig veränderten diejenigen Jungen, die als hoch aggressiv und störend beziehungsweise als nicht aggressiv und nicht störend klassifiziert worden waren, ihr Verhalten nicht, unabhängig davon, wie sich ihre Freunde verhielten (Vitaro, Tremblay, Kerr, Pagani & Bukowski, 1997). Zu Beginn des Jugendalters scheinen Kinder, die ein wenig aggressiv und störend sind,

> **Kasten 13.1** **Individuelle Unterschiede**

Kultur und die Peer-Erfahrung von Kindern

Weltweit bestehen große Unterschiede darin, welche Kontakte jüngere Kinder zu Peers außerhalb ihrer Familie haben. In Gemeinden wie beispielsweise im japanischen Okinawa fanden Beatrice Whiting und Carolyn Edwards (1988), dass Kinder uneingeschränkt durch die Straßen und öffentlichen Gebiete der Stadt gehen konnten und ausgiebig mit Peers in Kontakt kamen. In einigen südlich der Sahara gelegenen afrikanischen Gesellschaften blieben Kinder dagegen vorrangig auf den Hinterhof beschränkt und hatten deshalb außer mit ihren Geschwistern relativ wenig Kontakt zu anderen Kindern.

Erwartungsgemäß fanden Whiting und Edwards, dass der Zugang von Kindern zu der weiteren sozialen Umwelt, einschließlich der Peers, mit dem Alter größer wurde. Doch selbst im Alter von sechs bis zehn Jahren bestanden noch markante Unterschiede darin, wie weit ihre sozialen Interaktionen über die eigene Familie hinausgingen. Solche Unterschiede beruhten größtenteils auf den Einstellungen der Eltern gegenüber Peer-Beziehungen in der Kindheit. In Gesellschaften wie in Kenia, die sehr stark auf Verwandtschaftsverhältnissen aufbauen, werden Peer-Interaktionen nicht unterstützt:

> Eltern fürchteten das inhärente Potenzial für Konkurrenz und Konflikt; sie wollten nicht, dass ihre Kinder mit Außenstehenden kämpfen und böses Blut schaffen oder für Aggression und Magie anfällig werden. Da ihre Kinder außerdem nicht zur Schule gingen, gab es keinen Grund, warum sie schnell die Fähigkeit erwerben sollten, sich anderen anzuschließen, zu verhandeln und sich mit Altersgenossen außerhalb der eigenen Familie zu messen. (Edwards, 1992, S. 305.)

Edwards beobachtete jedoch, dass sich die Situation in Kenia ändert, seitdem sich die Wirtschaft modernisiert und die Fähigkeit, lesen und schreiben zu können, höher bewertet wird. Normalerweise wollen die Eltern, dass ihre Kinder Bildung bekommen, und das erfordert den Kontakt mit Peers.

Selbst zwischen den Industrienationen bestehen Unterschiede in der Art der Peer-Interaktionen. Zum Beispiel beteiligen sich koreanisch-amerikanische Kinder im Kin-

---

aber bei solchen Verhaltensweisen noch keine hohen Ausprägungen aufweisen, für die negativen Einflüsse aggressiver und störender Freunde am anfälligsten zu sein.

Alkohol und Drogenmissbrauch Wie im Fall von Aggressivität haben auch Jugendliche, die mit Alkohol oder Drogen in Kontakt kommen, häufig Freunde, für die dasselbe gilt (Mounts & Steinberg, 1995; Urberg, Degirmencioglu & Pilgrim, 1997). Und wie im Fall der Aggressivität ist es nicht klar, ob der Substanzmissbrauch der Freunde eine Ursache oder nur ein Korrelat des eigenen Drogenmissbrauchs der Jugendlichen ist oder ob die Beziehung zwischen den beiden Aspekten in beide Richtungen verläuft. Auf der einen Seite gibt es einige Belege dafür, dass Jugendliche, die dem Druck durch die Peers, sich schlecht zu benehmen, besonders unterliegen, sich solche Freunde aussuchen, die trinken und Drogen nehmen, was dann wiederum zu ihrem eigenen Alko-

Kasten 13.1

dergarten seltener als euro-amerikanische Kinder an direkten sozialen Interaktionen mit Peers wie miteinander reden, sich anlächeln oder Als-ob-Spielen. Selbst wenn sie bei einer gemeinsamen Aktivität mitmachen, tun sie das häufiger, ohne mit anderen zu reden oder sie anzusehen. Dieser Unterschied dürfte deshalb auftreten, weil euro-amerikanische Mütter, anders als Mütter koreanischer Abstammung, Spielen für besonders wichtig halten, was Lernen und Entwicklung betrifft, und direktere Interaktionen zwischen Peers bestärken (Farver, Kim & Lee, 1995).

Es bestehen auch Kulturunterschiede in dem Ausmaß, in dem Eltern erwarten, dass ihre Kinder solche sozialen Fähigkeiten entwickeln wie verhandeln, die Initiative ergreifen und seine Rechte durchsetzen. Euro-amerikanische und euro-australische Mütter beispielsweise erwarten früher, dass ihre Kinder solche Fähigkeiten entwickeln, als japanische Mütter (Hess, Kashiwagi, Azuma, Price & Dickson, 1980) und in Australien lebende Mütter libanesischer Herkunft (Goodnow, Cashmore, Cotton & Knight, 1984). Das liegt wahrscheinlich daran, dass euro-amerikanische und euro-australische Mütter in einer Kultur geprägt wurden, die persönliche Autonomie und Unabhängigkeit betont, und deshalb zu der Überzeugung gelangt sind, dass die genannten Fähigkeiten wichtig sind, um im Leben erfolgreich zu sein. Japanische Mütter und australische Mütter libanesischer Abstammung sind durch die in ihrer jeweiligen Kultur besonders betonte wechselseitige Abhängigkeit von Familienmitgliedern wahrscheinlich analog beeinflusst, weshalb sie die Abhängigkeit jüngerer Kinder akzeptieren oder vielleicht sogar fördern (Johnson, 1993; White & LeVine, 1986). Die Unterschiede in den elterlichen Erwartungen, welche sozialen Fähigkeiten ihre Kinder entwickeln sollen und zu welchem Zeitpunkt, wirken sich somit darauf aus, was die Eltern ihren Kindern mit Blick auf die sozialen Interaktionen mit Peers beibringen.

In einigen Gruppen Kenias werden die Kinder davon abgehalten, Beziehungen mit Peers einzugehen, mit denen sie nicht verwandt sind. Diese Kinder haben also vorwiegend mit Geschwistern und erwachsenen Verwandten zu tun.

---

hol- und Drogenkonsum beiträgt (Schulenberg et al., 1999). Es gibt aber auch Hinweise auf eine direktere kausale Verknüpfung: Jugendliche, die im Verlauf eines Schuljahres mit dem Trinken oder Rauchen anfangen, haben häufig einen engen Freund, der bereits Alkohol oder Tabak konsumierte (Urberg et al., 1997; Windle, 1994). Es gibt auch Belege dafür, dass sich die Trinkgewohnheiten von Jugendlichen und der Alkoholkonsum ihrer Freunde im Verlauf der Zeit wechselseitig zu beeinflussen scheinen, so dass das Trinken unter Freunden oft eskaliert (Curran, Stice & Chassin, 1997). Gleich, wie die genaue Abfolge der Ereignisse beschaffen ist: Mit Freunden zu tun zu haben, die Alkohol und andere Drogen zu sich nehmen, scheint Jugendliche zu gefährden.

Das Ausmaß, in dem der Drogen- und Alkoholgebrauch von Freunden einen Jugendlichen gefährden kann, scheint zum Teil davon abzuhängen, wie die Beziehung des Kindes zu seinen Eltern beschaffen ist. Ein Jugendlicher mit einem Drogen konsumierenden engen Freund ist besonders dann gefährdet, wenn die Eltern des Jugendlichen kalt und distanziert sind und wenig Interesse daran zeigen, die Aktivitäten des Jugendlichen zu kontrollieren und zu beaufsichtigen (Mounts & Steinberg, 1995; Pilgrim, Luo, Urberg & Fang, 1999). Wenn die Eltern des Jugendlichen einen autoritativen Erziehungsstil praktizieren, das Verhalten ihres Kindes überwachen und strenge Grenzen setzen, aber auch herzlich und offen für die Perspektive des Jugendlichen sind, ist dieser mit höherer Wahrscheinlichkeit dagegen geschützt, unter Druck von seinen Peers selbst Drogen zu nehmen (Mounts, 2002).

Wie Kinder Freunde wählen

Welche Faktoren sind dafür verantwortlich, mit welchen ihrer Peers sich Kinder befreunden? Bei jüngeren Kindern ist die Nähe offensichtlich sehr entscheidend. Im Vorschulalter befreunden sie sich häufig mit Peers, die ihnen physisch nahe sind, also mit Nachbarn oder Spielkameraden. (Kasten 13.1 weist darauf hin, dass sich der Zugang jüngerer Kinder zu ihren Peers von Kultur zu Kultur unterscheiden kann.) Mit zunehmendem Alter wird der Faktor der Nähe zwar weniger wichtig, spielt aber auch noch bei der Freundeswahl im Jugend- und Erwachsenenalter eine Rolle (Clarke-McLean, 1996; Dishion, Andrews & Crosby, 1995).

In den meisten Industrieländern ist auch die Altersähnlichkeit ein wichtiger Faktor in Freundschaften, wobei die meisten Kinder dazu neigen, sich mit Gleichaltrigen anzufreunden (Aboud & Mendelson, 1996; Dishion et al., 1995). Das dürfte zum Teil daran liegen, dass Kinder in den meisten industrialisierten Gesellschaften in der Schule nach ihrem Alter getrennt werden: In Gesellschaften, in denen Kinder nicht zur Schule gehen und auch nicht anderweitig nach ihrem Alter getrennt werden, entwickeln sie häufiger Freundschaften mit Kindern unterschiedlichen Alters.

Einen weiteren starken Einfluss auf die Freundeswahl nimmt das Geschlecht: Mädchen befreunden sich mit Mädchen und Jungen mit Jungen (Maccoby, 2000; siehe Kapitel 9). Die Bevorzugung gleichgeschlechtlicher Freunde entsteht im Kindergarten und besteht im Verlauf der Kindheit fort (Hartup, 1983), wenn auch die Zuwendung zu Gleichaltrigen des jeweils anderen Geschlechts von der Kindheit bis zum frühen Jugendalter steigt (Sippola, Bukowski & Noll, 1997). In geringerem Ausmaß neigen Kinder auch dazu, sich mit Peers derselben Rasse anzufreunden, wobei diese Tendenz aber gruppenabhängig variiert (Graham & Cohen, 1997). In den USA zum Beispiel fühlen sich Kinder afro-amerikanischer Abstammung und anderer Minderheiten häufiger zu euro-amerikanischen Kindern freundschaftlich hingezogen als umgekehrt, besonders wenn die Euro-Amerikaner in der jeweiligen Gemeinde die Mehrheit bilden (Aboud & Mendelson, 1996).

Über diese grundlegenden Faktoren hinaus bildet die Ähnlichkeit der Interessen und des Verhaltens eine zentrale Determinante für Zuneigung und Freundschaft. Mit sieben Jahren mögen Kinder häufig solche Peers, die ihnen hinsichtlich der kognitiven Reife ihres Spielverhaltens gleichen (Rubin,

Lynch, Coplan, Rose-Krasnor & Booth, 1994); dasselbe gilt für das Ausmaß an aggressivem Verhalten (Poulin et al., 1997). Zwischen der vierten und der achten Klasse sind sich Freunde im Hinblick auf eine Reihe von Eigenschaften ähnlicher als Nicht-Freunde: Kooperativität, Hilfeverhalten, unsoziales Verhalten, Anerkennung bei den Peers, Schüchternheit (Haselager, Hartup, van Lieshout & Riksen-Walraven, 1998); außerdem im Ausmaß ihrer Schulmotivation (Kindermann, 1993). Jugendliche Freunde besitzen häufig ähnliche Interessen, Einstellungen und Verhaltensweisen (Gavin & Furman, 1996). Jugendliche verbringen ihre Zeit und befreunden sich gern mit Peers, die eine ähnliche Anfälligkeit für die Erfahrung negativer Emotionen wie Kummer und Depression aufweisen wie sie selbst (Haselager et al., 1998; Hogue & Steinberg, 1995).

Es bewahrheitet sich also auch hier: Gleich und gleich gesellt sich gern! Ähnlichkeit macht Kinder wahrscheinlich erst einmal füreinander attraktiv und trägt dann dazu bei, ihre Freundschaft zu erhalten. Die Tatsache, dass Freunde häufig auf mehreren Dimensionen ähnliche Ausprägungen besitzen, unterstreicht die Schwierigkeit, angeben zu können, ob sich Freunde tatsächlich in ihrem Verhalten wechselseitig beeinflussen oder ob sich Kinder einfach nur diejenigen Peers aussuchen, die genauso denken, handeln und fühlen wie sie selbst.

IN KÜRZE

Peers, besonders Freunde, bieten Vertrautheit, Unterstützung und vielfältige Gelegenheiten für die Entwicklung des Spiels und den Austausch von Ideen. Mit Freunden beschäftigen sich Kinder mit komplexeren und kooperativeren Spielen, geraten aber auch häufiger in Streit als mit Nicht-Freunden, wobei sie ihre Konflikte mit Freunden meistens angemessener zu lösen wissen. Im Laufe des Alters ändern sich die Dimensionen ein wenig, nach denen Kinder Freundschaften eingehen. Während jüngere Kinder Freundschaft vorwiegend auf der Basis ihrer tatsächlichen Aktivitäten mit ihren Peers und der damit verbundenen Kosten-Nutzen-Bilanz definieren, verlassen sich ältere Kinder zunehmend darauf, dass ihre Freunde ihnen einen Rahmen für Selbstoffenbarung, Vertrautheit, Selbsterfahrung und Problemlösungen bieten. Piaget und Wygotski hatten bereits darauf hingewiesen, dass Freunde auch Gelegenheiten für die Entwicklung wichtiger sozialer und kognitiver Fähigkeiten eröffnen. Freunde können sich aber auch negativ auf Kinder auswirken, wenn sie problematische Verhaltensweisen wie Aggressivität oder Drogenkonsum an den Tag legen.

Kinder befreunden sich bevorzugt mit Peers, deren Alter, Geschlecht, Rasse und Sozialverhalten ihrem eigenen gleicht. Gerade deshalb lassen sich die Eigenschaften, die Kinder zu Freundschaften führen, und die gegenseitigen Wirkungen von Freunden nur schwer unterscheiden.

Das Kind und seine Peer-Gruppe

Gehen wir noch einmal kurz zu Annie zurück. Sie hatte nicht nur zwei enge Freundinnen, Kay und Sarah, sondern auch eine Gruppe von Freundinnen – Jo, Kerry und Sue –, mit denen sie „manchmal Sachen machte" (siehe Abbildung 13.1) und denen sie sich näher fühlte als den anderen Kindern in ihrer Peer-Gruppe. Dieses Muster sozialer Beziehungen ist typisch. Wie Annie haben Kinder meistens einen oder ein paar wenige enge Freunde und ein paar weniger nahe zusätzliche Freunde, mit denen sie Zeit verbringen und etwas zusammen unternehmen. Diese Gruppen bestehen im Allgemeinen innerhalb eines größeren sozialen Netzes von Peers, das lose geknüpft ist. Entwicklungsforscher haben sich besonders dafür interessiert, wie diese Peer-Gruppen entstehen, wie sie sich mit dem Alter verändern und wie sie sich auf die Entwicklung ihrer Mitglieder auswirken.

Wie die Gruppen jüngerer Kinder beschaffen sind

In Situationen, in denen eine Anzahl von Altersgenossen beisammen ist, schließen sich sehr junge Kinder, auch schon ab dem ersten Lebensjahr, manchmal zu kleinen Interaktionsgruppen zusammen. Ein auffälliges Merkmal dieser ersten Peer-Gruppen ist das frühe Auftreten von Statusmustern, so dass einige Kinder für die Aktivitäten der Gruppe dominanter und zentraler sind als andere (Rubin et al., 1998).

Wenn Kinder im Kindergartenalter sind, gibt es zwischen den Mitgliedern einer Peer-Gruppe eine klare Dominanzhierarchie. Es ist offensichtlich, welche Kinder sich im Falle eines Konflikts gegen die anderen Gruppenmitglieder durchsetzen werden, und bei körperlichen Auseinandersetzungen gibt es ein gleich bleibendes Muster von Gewinnern und Verlierern. Manche Ethologen glauben, dass Dominanzhierarchien eine wichtige Funktion haben, weil sie die offen ausgetragene Aggression zwischen Kindern reduzieren. Tatsächlich ziehen sich Kinder, die bei Streitereien über Gegenstände verlieren, meistens zurück und vermeiden weitere Konflikte mit dem siegreichen Kind (Strayer & Strayer, 1976).

Wir werden in Kürze darauf zu sprechen kommen, dass ab der mittleren Kindheit zum Status in einer Peer-Gruppe weit mehr gehört als Dominanz und dass die Kinder über ihr Ansehen und ihren Status in der Gruppe sehr besorgt werden. Bevor wir uns mit dem Status in Peer-Gruppen befassen, müssen wir zunächst jedoch untersuchen, wie soziale Gruppen in der mittleren Kindheit und im frühen Jugendalter beschaffen sind.

Cliquen und soziale Netze in der mittleren Kindheit und frühen Adoleszenz

Ab der mittleren Kindheit gehören die meisten Kinder zu einer stabilen sozialen Gruppe oder Clique. **Cliquen** sind Freundesgruppen, welche Kinder freiwillig bilden oder ihnen beitreten. In der mittleren Kindheit besteht eine Clique meistens aus drei bis neun Kindern, die in der Regel alle demselben Geschlecht und derselben Rasse angehören (Rubin et al., 1998). Ab einem Alter von etwa elf Jahren laufen viele der sozialen Interaktionen eines Kindes in der Clique ab – vom Treffen im Speisesaal bis zu Ausflügen in die Stadt (Crockett, Losoff & Petersen, 1984). Zwar sind Freunde häufig auch Mitglieder derselben Clique, doch würden viele Cliquenmitglieder nicht alle anderen als enge Freunde bezeichnen (Cairns, Leung, Buchanan & Cairns, 1995).

Ein zentrales Merkmal, das Cliquen zugrunde liegt und ihre Mitglieder verbindet, sind die Ähnlichkeiten zwischen den Beteiligten. Ähnlich wie Freunde gleichen sich auch Cliquenmitglieder häufig in ihrem Ausmaß an Schulmotivation (Cairns, Cairns & Neckerman, 1989; Kindermann, 1993), in ihrem Aggressionsverhalten (Cairns, Cairns, Neckerman, Gest & Gariepy, 1988) und in ihrer Schüchternheit, Attraktivität und Beliebtheit sowie hinsichtlich ihres Festhaltens an traditionellen Werten wie Höflichkeit und Kooperativität (Leung, 1996).

Trotz des sozialen Bandes der Ähnlichkeit bleibt die Zusammensetzung der Mitglieder einer Clique häufig nur ein paar Wochen lang stabil (Cairns et al., 1995). Eine Untersuchung an Viert- und Fünftklässlern fand beispielsweise eine Fluktuationsrate von etwa 50 Prozent im Verlauf von acht Monaten (Kindermann, 1993). Im Jahresverlauf behielten nur etwa 30 Prozent der sozialen Gruppen von Viertklässlern und Siebtklässlern zumindest die Hälfte ihrer Mitglieder; die personelle Stabilität der Gruppen war viel höher, wenn den Kindern im darauf folgenden Jahr wieder dasselbe Klassenzimmer zugewiesen wurde (Neckerman, 1996).

Wie schon in der frühen Kindheit spielen auch jetzt einige Kinder eine wichtigere Rolle in der sozialen Gruppe als andere. Während die zentralen Figuren in den Gruppen der jüngeren Kinder jedoch meistens die dominanten waren, sind es in der Schulzeit sowohl bei Jungen als auch bei Mädchen eher die beliebten, sportlichen und kooperativen Kinder, die im Zentrum einer Peer-Gruppe stehen; sie werden als Leitfigur gesehen und sind vergleichsweise fleißig (Farmer & Rodkin, 1996). Besonders im Fall von Jungen sind sie manchmal aber auch aggressiv und werden von ihren Peers als „tough" oder „cool" angesehen (Estell, Cairns, Farmer & Cairns, 2002; Rodkin, Farmer, Pearl & Van Acker, 2000).

Cliquen in der mittleren Kindheit haben vielfältige Funktionen; sie bieten für die eigene Sozialisation einen schon vorhandenen Pool von Peers; sie bieten Bestätigung für die Eigenschaften, die den Gruppenmitgliedern gemeinsam sind; und – was vielleicht am wichtigsten ist – sie bieten ein Gefühl der Zugehörigkeit. In der mittleren Kindheit achten die Kinder sehr darauf, von

Cliquen – Freundesgruppen, die Kinder freiwillig bilden oder ihnen beitreten.

ihren Peers akzeptiert zu werden, und die Frage des Status in der Gruppe bildet ein häufiges Thema ihrer Gespräche und Tratschereien (Gottman, 1986; Kanner, Feldman, Weinberger & Ford, 1987; Rubin et al., 1998). Von anderen akzeptiert zu werden, die einem selbst in mehrerer Hinsicht ähnlich sind, erlaubt ein Gefühl der persönlichen Bestätigung; man fühlt sich als willkommenes Mitglied der umfassenderen Gruppe Gleichaltriger.

Cliquen und soziale Netze im Jugendalter

Zwischen elf und 18 Jahren gibt es einen deutlichen Rückgang in der Anzahl von Schülerinnen und Schülern, die nur einer einzigen Clique angehören, und einen Zuwachs an Jugendlichen, die mit mehreren Cliquen oder mit Schülern am Rand von Cliquen in Verbindung stehen (Shrum & Cheek, 1987). Auch erhöht sich die Stabilität der Cliquen. In einer Untersuchung an Sechst-, Acht- und Zehntklässlern waren 60 Prozent der Cliquenmitglieder im Winterhalbjahr auch im Frühling noch zusammen (Degirmencioglu, Urberg, Tolson & Richard, 1998).

Die Dynamik von Cliquen ändert sich auch in verschiedenen Altersabschnitten der Adoleszenz. Im frühen und mittleren Jugendalter geben die Kinder an, dass es ihnen wichtig ist, in einer beliebten Gruppe zu sein und mit deren Normen übereinzustimmen, was Kleidungsstil und Verhalten betrifft. Ein Konformitätsfehler – und mag er noch so trivial erscheinen wie das Tragen der falschen Jeansmarke oder die Mitgliedschaft in einem Verein, der als „uncool" gilt – kann dazu führen, von der Gruppe verspottet oder gemieden zu werden. Verglichen mit älteren Jugendlichen geben jüngere Heranwachsende auch mehr zwischenmenschliche Konflikte mit Mitgliedern der eigenen Gruppe und anderer Gruppen an. In der späteren Adoleszenz scheint die Bedeutung der Zugehörigkeit zu einer Clique und der Übereinstimmung mit ihren Normen zurückzugehen, was auch für die Reibereien und Feindseligkeiten innerhalb und zwischen den Gruppen gilt. Mit zunehmendem Alter sind Jugendliche nicht nur unabhängiger, sondern sie befassen sich mehr mit individuellen Beziehungen als mit Beziehungen in der Gruppe, um ihre sozialen Bedürfnisse zu befriedigen (Gavin & Furman, 1989; Rubin et al., 1998).

Kinder und Jugendliche in Cliquen verbringen häufig viel Zeit miteinander und kleiden sich ähnlich.

Auch wenn ältere Jugendliche weniger an Cliquen gebunden erscheinen, fühlen sie sich doch noch häufig bestimmten Gruppierungen verpflichtet. Solche Gruppierungen vereinen Jugendliche, die einen ähnlichen stereotypen Ruf besitzen, zum Beispiel die „Sportler", die „Streber", die „Punks", die „Kiffer", die „Loser", die „Ökos" oder die „Freaks" (Brown, 1990; Eckert, 1989; La Greca, Prinstein & Fetter, 2001). Jugendliche wählen sich oft nicht selbst aus, welcher Gruppe sie als zugehörig betrachtet werden; die Zuordnung des Individuums erfolgt durch den Konsens der Peer-Gruppe, auch wenn die betreffende Person selbst tatsächlich wenig Zeit mit anderen Mitgliedern dieser zugedachten Bezugsgruppe verbringt (Brown, 1990).

Einer solchen größeren Gruppe zugerechnet zu werden, kann das Ansehen der Jugendlichen steigern oder beeinträchtigen und sich darauf auswirken, wie sie von ihren Peers behandelt werden. Einer, der als „Öko" gilt, dürfte von der Gruppe der „Punks" verspottet oder bestenfalls ignoriert werden. Die Möglichkeiten, seine Identität zu erforschen (siehe Kapitel 11), können dadurch, dass man einer bestimmten Gruppierung zugeordnet wird, eingeschränkt werden, weil eine entsprechende Klassifikation Jugendliche in Beziehungen mit anderen „hineinkanalisieren" kann, die derselben sozialen Gruppe zugerechnet werden, und den Weg zu anderen Peer-Gruppen versperren (Eckert, 1989; Rubin et al., 1998). So können Jugendliche im Einzugsbereich des einen Stils beobachten müssen, wie ihre Peers Gewalt oder Drogen akzeptieren, während Jugendliche in anderer sozialer Umgebung feststellen, dass ihre Peers schulische oder sportliche Erfolge höher schätzen als die Beteiligung an illegalen oder gewalttätigen Handlungen (La Greca et al., 2001).

Jungen und Mädchen in Cliquen

In der Pubertät sind Mädchen mit größerer Wahrscheinlichkeit als Jungen in Cliquen eingebunden und beziehen einen Großteil ihrer Freundschaften aus der eigenen Clique (Urberg, Degirmencioglu, Tolson & Halliday-Scher, 1995). Vielleicht infolge ihrer engeren Verbindung mit einer einzigen Peer-Gruppe scheinen sich Mädchen mehr als Jungen über die Auseinandersetzungen und negativen Interaktionen aufzuregen, die manchmal innerhalb einer Clique „abgehen" (Gavin & Furman, 1989). Und vielleicht wegen ihrer loseren Verbindung zu einer einzigen Peer-Gruppe scheinen Jungen eine größere Vielfalt an Freunden zu besitzen (Urberg et al., 1995).

Wie zuvor diskutiert, neigen Kinder in der Kindheit und bis zum Eingang der Adoleszenz dazu, sich mit gleichgeschlechtlichen Peers zusammenzutun (Benenson, 1990; siehe Kapitel 9). In der siebten Klasse jedoch umfassen etwa zehn Prozent der Cliquen sowohl Jungen als auch Mädchen (Cairns et al., 1995). Danach treffen sich Mädchen und Jungen häufiger miteinander, und Verabredungen zu zweit nehmen immer mehr zu (Dunphy, 1963; Richards, Crowe, Larson & Swarr, 1998). Folglich bestehen die Freundescliquen in der High-School dann oft aus Jugendlichen beiderlei Geschlechts (Fischer, Sollie & Morrow, 1986).

Negative Einflüsse von Cliquen und sozialen Netzen

Wie bei engen Freunden können auch die Mitglieder der Clique oder des größeren Peer-Netzes Kinder oder Jugendliche manchmal auf Abwege führen. In der späten Kindheit und im Jugendalter steigt beispielsweise die Wahrscheinlichkeit zu rauchen, zu trinken oder andere Drogen zu nehmen, wenn dies die Mitglieder der Peer-Gruppe tun oder wenn man mit Peers Umgang hat, die bereits in Schwierigkeiten waren (Dishion, Capaldi, Spracklen & Li, 1995; Rose, Chassin, Presson & Sherman, 1999; Urberg et al., 1995). Jugendliche, die sich in extremer Weise auf ihre Peers ausrichten – die also bereit sind, alles zu tun, um ihren Peers zu gefallen –, sind besonders in Gefahr, aggressiv zu werden, illegale Substanzen oder Alkohol zu konsumieren und in der Schule schlechte Leistungen zu erbringen, falls ein solches Verhalten die Anerkennung der Peers garantiert (Fuligni, Eccles, Barber & Clements, 2001).

Banden – locker organisierte Gruppen von Jugendlichen oder jungen Erwachsenen, die sich als Gruppe identifizieren und häufig an illegalen Aktivitäten beteiligt sind.

Das vielleicht stärkste Potenzial für negative Einflüsse der Peer-Gruppe besitzt die Mitgliedschaft in einer **Bande**, einer locker organisierten Gruppe von Jugendlichen oder jungen Erwachsenen, die sich als Gruppe identifizieren und häufig illegale Aktivitäten ausüben. Bandenmitglieder geben häufig an, dass sie einer Bande beitreten oder weiterhin angehören, um sich gegen andere Banden zu schützen. Ein männliches Bandenmitglied erklärte, dass „mit einer Bande klar zu kommen" („*to be cool with a gang*") bedeute, dass man sich keine Sorgen darüber machen muss, dass jemand über einen herfällt. Man brauche keine Angst zu haben, zusammengeschlagen zu werden (Decker, 1996, S. 253). Banden geben ihren Mitgliedern auch ein Gefühl der Zugehörigkeit und bieten ihnen einen Zeitvertreib. Bandenmitglieder geben oft an, dass die häufigste Aktivität der Bande darin bestehe, gemeinsam „rumzuhängen" und sich ziemlich harmlosen Verhaltensweisen hinzugeben (zum Beispiel Bier trinken, Sport treiben, Herumfahren, nach Mädchen schauen und Party machen) (Decker & van Winkle, 1996). Gleichwohl beteiligen sich viele Bandenmitglieder oft an unsozialen und illegalen Aktivitäten, zum Beispiel Drogenhandel, Autodiebstahl und Schlägereien (siehe Kapitel 14). Tatsächlich neigen jugendliche Mädchen und Jungen häufiger zu illegalen Aktivitäten wie Kriminalität und Drogenmissbrauch, wenn sie einer Bande angehören (Bjerregaard & Smith, 1993; Esbensen & Huizinga, 1993).

Negative Einflüsse von Peer-Gruppen können auch zwischen College-Studenten bestehen. Zum Beispiel beteiligen sich Studenten, die in der Leichtathletik und in Burschenschaften oder Studentinnenvereinigungen aktiv sind, häufiger als andere Studenten an Besäufnissen, wahrscheinlich weil ein solches Verhalten in diesen Gruppen als fester Bestandteil der sozialen Aktivitäten positive Zustimmung findet (Carter & Kahnweiler, 2000; Meilman, Leichliter & Presley, 1999). Tatsächlich versuchen Interventionsprogramme, mit denen das „Kampftrinken" auf dem Campus reduziert werden soll, manchmal gerade die Rolle dieser Peer-Gruppen beim individuellen Umgang mit Alkohol anzusprechen (Bishop, 2000; Nelson & Wechsler, 2001).

Das Potenzial, das Peer-Gruppen besitzen, indem sie Problemverhalten fördern, hängt von der Familie und von kulturellen Einflüssen ab. Wie im Zusammenhang mit der Freundschaft bereits dargestellt, tragen autoritative, engagierte Eltern dazu bei, Jugendliche vor dem Druck zu schützen, durch den die Peers zum Drogenkonsum animieren, während autoritäre, distanzierte Eltern die Anfälligkeit für solchen sozialen Druck erhöhen. Jugendliche, die nicht mit ihrem Vater oder einem Stiefvater zusammenleben und eine schlechte Beziehung zu ihrer Mutter haben, können für solchen Druck besonders anfällig sein (Farrell & White, 1998). Drogenkonsum in der Peer-Gruppe kann bei Jugendlichen indianischer Abstammung, die in einem Reservat leben, eine etwas geringere Wirkung auf den eigenen Drogengebrauch haben als bei euroamerikanischen Jugendlichen, weil bei den indianischen Jugendlichen die familiären Sanktionen wegen der Einnahme von Alkohol und Drogen eine stärkere Rolle dabei spielen, ob sie selbst Drogen einnehmen oder nicht (Swain, Oetting, Thurman, Beauvais & Edwards, 1993). In ähnlicher Weise scheinen bei Jugendlichen in China und Taiwan die Einflüsse der Peer-Gruppe eine etwas schwächere Rolle zu spielen, was die Förderung von Problemverhalten betrifft (einschließlich Trinken, unsozialem Verhalten und schlechtem Benehmen in der Schule), als es bei amerikanischen Jugendlichen europäischer und chinesischer Abstammung der Fall ist (Chen, Greenberger, Lester, Dong & Guo, 1998).

Obwohl die genauen Ursachen für all diese Unterschiede bei den Peer-Gruppen-Einflüssen noch nicht bekannt sind, wird aus den Befunden der genannten Art deutlich, dass familiäre und kulturelle Faktoren das Ausmaß beeinflussen können, in dem das Verhalten der Peers mit dem Problemverhalten von Jugendlichen zusammenhängt.

IN KÜRZE

Sehr kleine Kinder interagieren mit Gleichaltrigen häufig schon in Gruppen, wobei sich in solchen Gruppen Dominanzhierarchien bereits im Kindergartenalter entwickeln. Bis zur mittleren Kindheit gehören die meisten Kinder Cliquen aus gleichgeschlechtlichen Peers an, die sich hinsichtlich ihrer Aggressivität und ihrer Orientierung gegenüber der Schule oft ähnlich sind.

Im Jugendalter verringert sich die Bedeutung von Cliquen im Allgemeinen, und die Jugendlichen gehören typischerweise mehr als einer Gruppe an. Das Ausmaß an Konformität mit den Normen der Peer-Gruppe, was Kleidung, Sprechweise und Verhalten betrifft, nimmt im Verlauf der High-School-Jahre ab. Dennoch gehören Jugendliche oft zu Gruppen wie den „Strebern", „Punks" oder „Computerfreaks", deren Mitglieder ein ähnliches (positives oder negatives) Ansehen genießen. Auch wenn die Jugendlichen oft gar nicht wählen, welcher Gruppierung sie zugerechnet werden, kann sich eine entsprechende Zuordnung darauf auswirken, welches Ansehen sie genießen, wie sie von ihren Peers behandelt werden und welche Möglichkeiten zum Erforschen ihrer Identität sie nutzen können.

> Peer-Gruppen tragen manchmal zur Entwicklung von unsozialem Verhalten, zum Alkoholkonsum und Drogenmissbrauch bei. Besonders die Mitgliedschaft in einer Bande ruft häufig Problemverhalten hervor. Das Ausmaß, in dem die Peer-Gruppe sich auf das unsoziale Verhalten oder den Drogenkonsum eines Jugendlichen auswirkt, scheint in Abhängigkeit von familiären und kulturellen Faktoren zu variieren.

Status in der Peer-Gruppe

Wie im vorigen Abschnitt angeführt, machen sich ältere Kinder und Jugendliche oft sehr viele Gedanken über ihren Status bei den Gleichaltrigen: Beliebt zu sein ist von größter Wichtigkeit, und die Zurückweisung durch die Peers kann eine verheerende Erfahrung sein. Von den Peers abgelehnt zu werden, geht mit einer Menge an Entwicklungsfolgen einher, beispielsweise mit Schulabbruch und problematischem Verhalten, wobei diese Zusammenhänge unabhängig davon bestehen können, ob jemand enge Freunde besitzt oder nicht (Gest, Graham-Bermann & Hartup, 2001). Wegen der zentralen Rolle, die Peer-Beziehungen im Leben von Kindern spielen, haben Entwicklungsforscher sehr viel Mühen darauf verwandt, die sofortigen und langfristigen Effekte zu untersuchen, die der Peer-Status mit sich bringt.

In diesem Abschnitt untersuchen wir den Status von Kindern in ihrer Peer-Gruppe, einschließlich der Fragen, wie man den Status messen kann, wie stabil er ist, welche Eigenschaften dafür verantwortlich sind und was es auf die Dauer bedeutet, bei den Peers beliebt zu sein oder von ihnen abgelehnt zu werden.

Die Messung des Peer-Status

Die häufigste Methode, die Entwicklungsforscher einsetzen, um den Peer-Status zu erheben, besteht darin, die Kinder einschätzen zu lassen, wie gut sie jeden ihrer Klassenkameraden leiden können. Alternativ kann man die Kinder bitten, einige der Peers zu nennen, die sie am besten beziehungsweise am wenigsten leiden können oder mit denen sie gern oder eben nur ungern spielen. Mit Hilfe der Information, die man mit solchen Verfahren erhält, wird der **soziometrische Status** eines Kindes berechnet, der das Ausmaß bezeichnet, in dem ein Kind von seinen Peers als Gesamtgruppe gemocht wird. Das am häufigsten verwendete soziometrische System teilt die Kinder in fünf Gruppen ein (Coie & Dodge, 1988): beliebt, abgelehnt, ignoriert, durchschnittlich und kontrovers (siehe Tabelle 13.3).

Soziometrischer Status – ein Messwert für das Ausmaß, in dem Kinder von der gesamten Gruppe ihrer Peers mehr oder weniger gemocht werden.

> **Tabelle 13.3: Häufige soziometrische Kategorien.**
>
> *Beliebt* – Kinder werden als *beliebt* oder *populär* bezeichnet, wenn sie viele positve Nominierungen bekommen (zum Beispiel gemocht zu werden) und einige negative Nominierungen (nicht gemocht zu werden).
>
> *Abgelehnt* – Kinder werden als *abgelehnt* klassifiziert, wenn sie viele negative Nominierungen und wenige positive Nominierungen bekommen.
>
> *Ignoriert* – Kinder werden als *ignoriert* klassifiziert, wenn sie einen geringen sozialen Einfluss haben, also wenige positive oder negative Nominierungen erhalten. Diese Kinder werden von den Peers weder besonders gemocht noch nicht gemocht; sie bleiben einfach unbemerkt.
>
> *Durchschnittlich* – Kinder werden als *durchschnittlich* klassifiziert, wenn sie eine durchschnittliche Anzahl von sowohl positiven als auch negativen Nominierungen erhalten.
>
> *Kontrovers* – Kinder werden als *kontrovers* klassifiziert, wenn sie viele positive und gleichzeitig viele negative Nominierungen erhalten. Sie werden von den Peers wahrgenommen und von etlichen Kindern gemocht, aber auch von vielen Kindern nicht gemocht.

Eigenschaften im Zusammenhang mit dem soziometrischen Status

Warum werden manche Kinder mehr gemocht als andere? Ein offensichtlicher Faktor ist ihre körperliche Attraktivität. Attraktive Kinder sind mit weit größerer Wahrscheinlichkeit beliebt als unattraktive Kinder (Langlois et al., 2000). Dieses Muster, das bereits in der frühen Kindheit entsteht, ist in der Adoleszenz besonders offensichtlich. So kann die körperliche Attraktivität im Jugendalter wichtiger sein als die Geselligkeit, wenn es darum geht, in einer neuen Umgebung bei den Peers Anerkennung zu finden und positive Freundschaften zu entwickeln (Hanna, 1998). Ein weiterer körperlicher Faktor, der zum Peer-Status beiträgt, sind die sportlichen Fähigkeiten, besonders bei Jungen. Sportler werden von den Peers im Allgemeinen als beliebt wahrgenommen (Rodkin et al., 2000). Der Peer-Status hat auch mit dem Status der eigenen Freunde zu tun: Beliebte Freunde zu haben verleiht auch der eigenen Beliebtheit Auftrieb (Eder, 1985; Sabongui, Bukowski & Newcomb, 1998). Über diese einfachen Bestimmungsgrößen hinaus scheint der soziometrische Status auch durch eine Vielzahl von weiteren Faktoren beeinflusst zu sein; dazu gehören das Sozialverhalten des Kindes, seine Persönlichkeit, die Kognitionen über sich selbst und andere sowie die Ziele bei der Interaktion mit Peers.

So unfair es auch klingen mag: Körperlich attraktive Kinder und Jugendliche sind meistens beliebter als ihre weniger attraktiven Altersgenossen.

Beliebte Kinder

Beliebter Peer-Status – eine Kategorie des soziometrischen Status, die sich auf Kinder oder Jugendliche bezieht, die von vielen Peers positiv (gemocht) und von wenigen Peers negativ (nicht gemocht) gesehen werden.

Beliebte Kinder besitzen meistens eine Reihe von sozialen Fähigkeiten, die dazu beitragen, dass sie gern gemocht werden. So sind sie, um damit anzufangen, häufig recht gut darin, Interaktionen mit Peers zu beginnen und positive Beziehungen zu anderen aufrechtzuerhalten (Rubin et al., 1998). Wenn beliebte Kinder beispielsweise zu einer Gruppe von Kindern hinzukommen, die gerade miteinander reden oder spielen, dann versuchen sie zuerst abzuschätzen, was in der Gruppe gerade los ist, um sich dann der Gruppe anzuschließen, indem sie über dasselbe Thema sprechen oder sich an derselben Aktivität beteiligen wie die Gruppe (Putallaz, 1983). Indem sie diese Strategie verfolgen, wird es beliebten Kindern relativ selten passieren, dass sie unangebrachte Aufmerksamkeit auf sich ziehen, wenn sie einer Gruppe beitreten (Dodge, Schlundt, Schocken & Delugach, 1983). In breiterem Zusammenhang sind beliebte Kinder meistens kooperativ, freundlich, gesellig und verständnisvoll gegenüber anderen, und sie werden von ihren Peers, von Lehrern und von erwachsenen Beobachtern in dieser Weise wahrgenommen (Dodge, Lochman, Harnish, Bates & Pettit, 1997; Newcomb, Bukowski & Pattee, 1993; Rubin et al., 1998). Auch neigen sie nicht zu starken negativen Gefühlen und können sich gut selbst regulieren (Eisenberg et al., 1993).

Kinder, die von ihren Peers akzeptiert werden, finden meistens einen Weg, um einer Gruppe beizutreten, ohne deren momentane Aktivitäten zu stören.

Obwohl beliebte Kinder häufig insgesamt weniger aggressiv sind als abgelehnte Kinder (Newcomb et al., 1993), sind sie im Vergleich zu den als *durchschnittlich* klassifizierten Kindern (die bei soziometrischen Gruppenurteilen sowohl einige positive als auch einige negative Nominierungen erhalten) nur dann weniger aggressiv, wenn die Aggression durch allgemeine Wut, Rachsucht oder Genugtuung an der Verletzung anderer motiviert ist (Dodge, Coie, Pettit & Price, 1990). Mit Blick auf Aggressivität, die der Durchsetzungsfähigkeit dient, einschließlich schubsen und kämpfen, unterscheiden sich beliebte Kinder oft nicht von durchschnittlichen Kindern (Newcomb et al., 1993).

Abgelehnte Kinder

Abgelehnter Peer-Status – eine Kategorie des soziometrischen Status, die sich auf Kinder oder Jugendliche bezieht, die von wenigen Peers gemocht und von vielen nicht gemocht werden.

Aggressiv-abgelehnte Kinder – eine Kategorie des soziometrischen Status, die sich auf Kinder bezieht, die besonders zu körperlicher Aggression, zu störendem Verhalten, zu Kriminalität und negativen Verhaltensweisen wie Feindlichkeit und Bedrohungen neigen.

Ein großer Teil der **abgelehnten** Kinder ist einer von zwei Kategorien zuzurechnen: den übermäßig aggressiven oder den verschlossenen Kindern.

Aggressiv-abgelehnte Kinder Den Angaben von Peers, Lehrern und erwachsenen Beobachtern zufolge sind 40 bis 50 Prozent der abgelehnten Kinder häufig aggressiv. Diese **aggressiv-abgelehnten** Kinder neigen besonders zu feindlichem, drohendem, störendem und kriminellem Verhalten sowie zu körperlicher Aggression (Hinshaw, Zupan, Simmel, Nigg & Melnick, 1997; Kupersmidt, Burchinal & Patterson, 1995; Newcomb et al., 1993). Wenn sie wütend sind oder ihren Willen durchsetzen wollen, betreiben viele abgelehnte Kinder **Beziehungsaggression**, indem sie Gerüchte über Peers verbreiten, Freundschaft vorenthalten, um Verletzung zuzufügen, und andere Kinder ignorieren oder ausschließen (Crick, Casas & Mosher, 1997; Tomada & Schneider, 1997).

Die meisten Forschungsarbeiten über die Rolle der Aggression beim Peer-Status sind korrelativer Art, so dass man nicht mit Sicherheit angeben kann, ob Aggression die Ablehnung der Peers verursacht oder von ihr verursacht wird. Einige Forschungsbefunde sprechen jedoch für die Sichtweise, dass aggressives Verhalten der Zurückweisung durch die Peers häufig zugrunde liegt. Die Beobachtung von miteinander unbekannten Peers beispielsweise, die sich gerade kennen lernen, hat gezeigt, dass die Aggressiven unter ihnen mit der Zeit abgelehnt werden (Coie & Kupersmidt, 1983). Andere Langzeituntersuchungen haben gezeigt, dass aggressive, negative und störende Kinder von ihren Peers im Verlauf eines Schuljahres meistens immer weniger gemocht werden (Little & Garber, 1995; Maszk, Eisenberg & Guthrie, 1999).

Gleichwohl werden nicht alle aggressiven Kinder von ihren Peers abgelehnt: Manche bilden ein Netzwerk aus aggressiven Freunden und erfahren in ihrer Peer-Gruppe keine Zurückweisung. Wie schon gesagt, werden manche Jugendliche, die Schlägereien anfangen und in Schwierigkeiten geraten, als „cool" betrachtet und stehen im Zentrum der sozialen Aktivitäten ihrer eigenen und der breiteren Peer-Gruppe (Rodkin et al., 2000). Viele dieser Jungen gehören zur Kategorie der *kontroversen* Kinder – die von manchen Kindern gemocht und von anderen aber gerade nicht besonders gemocht werden. Auch einige aggressive Jugendliche fallen unter diese Kategorie, und obwohl sie insgesamt weniger beliebt sein mögen als andere Kinder, besitzen sie doch genauso häufig wie ihre nicht aggressiven Peers Freunde in ihrem eigenen sozialen Zirkel (Cairns et al., 1988).

Verschlossen-abgelehnte Kinder Die zweite Gruppe der abgelehnten Kinder, die **verschlossen-abgelehnten**, bilden etwa 10 bis 20 Prozent der abgelehnten Kategorie. Diese Kinder sind sozial zurückgezogen und argwöhnisch sowie, einigen Forschungsarbeiten zufolge, häufig schüchtern und ängstlich (Cillessen, van IJzendoorn, van Lieshout & Hartup, 1992; Rubin et al., 1998). Viele fühlen sich isoliert und einsam.

Die Forschungsergebnisse deuten jedoch darauf hin, dass nicht alle sozial verschlossenen Kinder abgelehnt werden. In einer Untersuchung verschiedener Typen sozial zurückgezogener Kinder dokumentierten die Beobachter, wie oft Kindergartenkinder allein spielten oder ziellos umhergingen

Beziehungsaggression – eine Art der Aggression, bei der man sich von der sozialen Gruppe ausschließt oder versucht, die Beziehung einer anderen Person zu einer Gruppe zu beschädigen. Dazu gehört, Gerüchte über Peers zu streuen, Freundschaft vorzuenthalten, um Verletzungen zuzufügen, sowie andere Peers zu ignorieren und auszuschließen, wenn man selbst gerade wütend ist oder seinen Willen durchsetzen will.

Verschlossen-abgelehnte Kinder – eine Kategorie des soziometrischen Status, die sich auf abgelehnte Kinder bezieht, die sich sozial zurückziehen, argwöhnisch und häufig schüchtern und ängstlich sind.

Kinder, die sozial zurückgezogen sind, verpassen viele Gelegenheiten, soziale Fähigkeiten zu lernen, und können am Ende von ihren Peers abgelehnt werden, besonders wenn sie sich negativ verhalten.

oder anderen Kindern einfach nur zusahen (Harrist, Zaia, Bates, Dodge & Pettit, 1997). Zusätzlich gaben die Erzieherinnen Informationen über die Neigung der Kinder, sich zu isolieren und negative Gefühle sowie eine Reihe negativer Verhaltensweisen zum Ausdruck zu bringen. Bei der Messung des soziometrischen Status der Kinder im Kindergarten und im Verlauf der folgenden Jahre fanden die Forscher, dass *aktiv isolierte* Kinder – die sozial isoliert waren und unreifes, unreguliertes oder zorniges, aufsässiges Verhalten wie Bullying, Prahlerei oder Gehässigkeit zeigten – besonders häufig von ihren Peers abgelehnt wurden. Im Kindergarten waren 59 Prozent dieser Kinder abgelehnt, und nur etwa 14 Prozent waren beliebt. Im Gegensatz dazu wurden Kinder, die selten mit ihren Peers interagierten, aber von den Erzieherinnen als sozial relativ kompetent betrachtet wurden, einfach ignoriert – sie wurden bei der soziometrischen Messung weder positiv noch negativ nominiert. Und schließlich wurden Kinder, die ein sehr stark isoliertes Verhalten zeigten und die ihre Erzieherinnen als schüchtern und ängstlich beschrieben, mit Blick auf ihren soziometrischen Status häufig als durchschnittlich eingeschätzt. Verschlossenes, zurückgezogenes Verhalten als solches ging also nicht mit einer Ablehnung durch die Peers einher; es war verschlossenes Verhalten in Kombination mit negativen Handlungen oder Gefühlen, das mit Zurückweisung korrelierte. Wir werden jedoch in Kürze sehen, dass sich dieses Muster mit dem Alter verändern kann.

Soziale Kognition und soziale Ablehnung Abgelehnte Kinder, besonders wenn sie aggressiv sind, unterscheiden sich von beliebten Kindern in der Regel hinsichtlich ihrer sozialen Motive und ihrer Verarbeitung von Informationen, die sich auf soziale Situationen beziehen. Zum Beispiel sind abgelehnte Kinder häufiger als ihre beliebteren Peers von Zielen wie „jemandem etwas heimzahlen" oder „jemanden bloßstellen" geleitet (Crick & Dodge, 1994; Rubin et al., 1998). Wie in Kapitel 9 diskutiert, neigen sie auch relativ häufig dazu, anderen in negativen sozialen Situationen böswillige Absicht zu unterstellen, auch wenn die tatsächliche Absicht der anderen ungewiss ist (Crick & Dodge, 1994). Auf die Frage, wie sie reagieren würden, wenn ein Peer mit ihnen zusammenstieße, neigen abgelehnte Kinder zu Antworten wie „ich würde ihn schlagen, weil er es mit Absicht gemacht hat" oder „ich würde mich an den Lehrer werden, weil er gemein zu mir war" – auch wenn kein Anzeichen dafür besteht, dass der Zusammenstoß absichtlich erfolgte.

Abgelehnte Kinder haben auch mehr als andere Kinder Probleme damit, für schwierige soziale Situationen konstruktive Lösungen zu finden, zum Beispiel eine Runde schaukeln zu wollen, wenn gerade jemand anderes auf der Schaukel sitzt. Auf die Frage, wie sie mit solchen Situationen umgehen würden, schlagen abgelehnte Kinder insgesamt weniger – und weniger freundliche – Strategien vor als ihre beliebteren Peers (Rubin et al., 1998). In der oben zitierten Untersuchung mit verschlossen-abgelehnten Kindern (Harrist et al., 1997) zum Beispiel enthielten die Strategien, welche die aktiv isolierten Kinder vorschlugen, kaum einmal konstruktive Ansätze wie eine höfliche Anfrage, ob man auch mal schaukeln dürfe, sondern meistens Forderungen und Drohungen. (Kasten 13.2 beschreibt Programme, mit deren Hilfe abgelehnte Kinder bei ihren Peers mehr Akzeptanz gewinnen sollen.)

Soziale Ablehnung und Selbst-Bewertungen Wahrscheinlich wegen ihrer Defizite im Sozialverhalten setzen verschlossen-abgelehnte Kinder im Vergleich zu anderen Kindern weniger Vertrauen in ihre sozialen Fähigkeiten und geben an, im Kontext ihrer Peers ängstlicher zu sein (Hymel, Bowker & Woody, 1993). Aggressiv-abgelehnte Kinder, denen ebenfalls wichtige soziale Fähigkeiten fehlen, neigen hingegen dazu, ihre sozialen Kompetenzen im Umgang mit Peers zu überschätzen (Hymel, Bowker & Woody, 1993; Patterson, Kupersmidt & Griesler, 1990). Diese Tendenz könnte für sie zusätzliche Probleme aufwerfen, indem sie sich in soziale Situationen hinein begeben, mit denen sie dann nicht umzugehen wissen und es nicht schaffen, die Folgen ihres Verhaltens zu überprüfen.

Ignorierte Kinder

Es wurde schon erwähnt, dass manche der zurückgezogenen Kinder als **ignorierte Kinder** klassifiziert werden, weil sie von ihren Peers weder als positiv (gemocht) noch als negativ (nicht gemocht) nominiert werden. Diese Kinder sind häufig weniger gesellig, aggressiv und störend als durchschnittliche Kinder (Rubin et al., 1998) und halten sich von aggressiven Peer-Interaktionen meistens fern (Coie & Dodge, 1988). Obwohl diese Kinder mit ihren Peers weniger interagieren als Kinder mit einem durchschnittlichen soziometrischen Status, fürchten sie sich nicht besonders vor sozialen Interaktionen (Hatzichristou & Hopf, 1996; Rubin et al., 1998). Vielmehr zeigen ignorierte Kinder relativ wenige Verhaltensweisen, die sich von denen der anderen Kinder großartig unterscheiden würden (Bukowski, Gauze, Hoza & Newcomb, 1993). Sie scheinen vor allem deshalb ignoriert zu werden, weil sie von ihren Peers einfach nicht bemerkt werden.

Ignorierter Peer-Status – eine Kategorie des soziometrischen Status, die sich auf Kinder oder Jugendliche bezieht, die selten als gemocht oder nicht gemocht erwähnt werden; sie scheinen von den Peers einfach nicht besonders bemerkt zu werden.

Kontroverse Kinder

In gewisser Weise ist die interessanteste Gruppe von Kindern die der **kontroversen** Kinder, die von manchen Peers explizit gemocht und von anderen aber gerade nicht gemocht werden. Kontroverse Kinder besitzen oft Eigenschaften sowohl von beliebten als auch von abgelehnten Kindern (Rubin et al., 1998). Zum Beispiel sind sie häufig aggressiv, störend und schnell wütend, aber neigen auch dazu, kooperativ, gesellig, sportlich und humorvoll zu sein (Bukowski et al., 1993; Coie & Dodge, 1988). Sie sind sozial sehr aktiv und gerne auch Gruppenführer (Coie, Dodge & Kupersmidt, 1990). Kontroverse Kinder werden von ihren Peers oft auch als arrogant und snobistisch erlebt (Hatzichristou & Hopf, 1996), was erklären könnte, warum sie von einigen Peers nicht besonders gemocht werden.

Kontroverser Peer-Status – eine Kategorie des soziometrischen Status, die sich auf Kinder oder Jugendliche bezieht, die von einigen Peers gemocht, von einer Reihe anderer Peers aber nicht gemocht werden.

Kasten 13.2 Anwendungen

Förderung der Akzeptanz bei den Peers

Angesichts der schwierigen und häufig schmerzhaften Folgen, die meistens damit verbunden sind, wenn ein Kind aggressiv oder verschlossen abgelehnt ist, haben mehrere Forscher Programme entwickelt, um solchen Kindern zu einer höheren Akzeptanz bei ihren Peers zu verhelfen. Die Ansätze unterscheiden sich danach, was jeweils als Ursache für die soziale Zurückweisung angesehen wird. Einige davon erwiesen sich in einem gewissen Ausmaß als hilfreich.

Ein häufiger Programmtyp setzt auf das **Training von sozialen Fähigkeiten**. Hinter solchen Ansätzen steht die Annahme, dass abgelehnten Kindern soziale Fähigkeiten fehlen, die positivere Peer-Beziehungen fördern würden. Es wird angenommen, dass diese Defizite auf drei Ebenen bestehen (Mize & Ladd, 1990):

1. *Fehlendes soziales Wissen* – Abgelehnten Kindern fehlt soziales Wissen in Bezug auf die Ziele, Strategien und normativen Erwartungen, die in bestimmten Peer-Kontexten gelten. Zum Beispiel erwarten Kinder, die gerade gemeinsam etwas tun, dass sich ein neu zur Gruppe Hinzukommender langsam einfügt und nicht schlagartig seine Vorstellungen oder Wünsche durchsetzen will. Da es ihnen am entsprechenden Verständnis fehlt, drängen sich aggressiv-abgelehnte Kinder häufig in ein Gespräch oder versuchen, die Entscheidungen der Gruppe über ihre Aktivitäten zu kontrollieren. Im Gegensatz dazu weiß ein verschlossen-abgelehntes Kind vielleicht nicht, wie es ein Gespräch beginnen soll oder wie man zu den Aktivitäten einer Gruppe beiträgt, wenn sich die Möglichkeit ergibt.
2. *Ausführungsprobleme* – Manche abgelehnte Kinder verfügen über das soziale Wissen, das man braucht, um in verschiedenen Peer-Situationen erfolgreich zu sein, aber sie verhalten sich dennoch unangemessen, weil sie unfähig oder unmotiviert sind, ihr Wissen in konkrete Handlungen umzusetzen.
3. *Mangel an angemessener Beobachtung und Selbstbewertung* – Um sich so zu verhalten, wie es den Interessen und Handlungen der Peers entspricht, müssen Kinder sowohl ihr eigenes Sozialverhalten als auch das soziale Verhalten der anderen beobachten. Dabei müssen sie die sozialen Signale korrekt interpretieren, die erkennen lassen, was gerade abläuft, was andere fühlen oder denken und wie das eigene Verhalten wahrgenommen wird. Abgelehnte Kinder können solche Beobachtungsprozesse häufig nicht durchführen und somit ihr Verhalten auch nicht in angemessener Weise modifizieren.

Um Kindern dabei zu helfen, solche Defizite zu überwinden, wird ihnen in einigen Trainingsprogrammen für soziale Kompetenzen beigebracht, besser aufzupassen, was in einer Gruppe von Peers passiert, Fähigkeiten zur Beteiligung an den Aktivitäten anderer einzuüben, zu kooperieren und auf positive Weise zu kommunizieren. Bei solchen Interventionen trainieren Kinder zum Beispiel, wie man mit einem frem-

Kasten 13.2

den Peer ein Gespräch beginnt, einem Peer etwas Nettes sagt, lächelt und Hilfe anbietet, wie man sich abwechselt und Materialien teilt (Oden & Asher, 1977). Bei manchen Interventionen liegt die Betonung darauf, den Kindern beizubringen, sich alternative Wege zur Erreichung eines Ziels auszudenken, die Konsequenzen jeder Alternative abzuschätzen und dann eine passende Strategie auszuwählen. So sollen sich Kinder etwa eine Situation vorstellen oder nachspielen, in der sie von Peers ausgeschlossen oder provoziert wurden, und sich mehrere Strategien überlegen, wie man mit dieser Situation umgehen könnte. Danach erhalten die Kinder Hilfen, um die Strategien zu bewerten und ihre jeweiligen Kosten und Vorteile zu verstehen (zum Beispiel Coleman, Wheeler & Webber, 1993).

Bei aggressiv-abgelehnten Kindern konzentrieren sich einige Trainingsprogramme auch auf problematische Wahrnehmungen. Wie zuvor bereits dargestellt, neigen aggressiv-abgelehnte Kinder dazu, den Peers zu misstrauen und ihre Handlungen als feindlich zu interpretieren, auch wenn die Absichten der Peers gar nicht eindeutig waren. So werden in einigen Interventionen die Kinder darin trainiert, sich ein Spektrum möglicher Ursachen für das Verhalten eines Peers zu überlegen und möglichst genau zu beurteilen, ob negative Handlungen absichtlich ausgeführt wurden. Oft sollen die Kinder hypothetische Situationen, die negative soziale Begegnungen mit einem Peer betreffen, im Rollenspiel bearbeiten oder besprechen (etwa wenn sich ein Peer vordrängelt oder einem auf den Fuß tritt). Diese Art des Trainings trägt dazu bei, dass die Kinder lernen, die Absicht eines Peers anhand seiner mimischen Signale zu erkennen (zum Beispiel ein überraschter oder verlegener Blick, ein gleichgültiges oder herausforderndes Gesicht) (Hudley & Graham, 1993).

Nicht alle Interventionen sind erfolgreich, aber einige verbessern auf jeden Fall das Sozialverhalten der Kinder und ihre Beziehungen zu Peers (Asher & Rose, 1997; Coleman et al., 1993). Ein wirksames Programm zur Förderung bewusster, überlegter Problemlösungen bei aggressiv-abgelehnten Kindern führte zu einem Rückgang des aggressiven Verhaltens und zu einer Erhöhung der Akzeptanz bei den Peers unmittelbar nach der Intervention und auch noch nach einem Jahr (Lochman, Coie, Underwood & Terry, 1993). Andere Interventionen zur Förderung der Problemlösefähigkeit und der Verwendung sozial angemessener Strategien waren dahingehend erfolgreich, dass sie den Umgang mit devianten Peers reduzierten (Vitaro, Brendgen, Pagani, Tremblay & McDuff, 1999). Wieder andere Maßnahmen sollten bei Jugendlichen die feindlichen Interpretationen der Absichten ihrer Peers senken; auch diese waren erfolgreich und führten zu einem Rückgang des feindseligen verbalen Verhaltens von Jungen (Hudley & Graham, 1993). Weil Freundschaften und die Akzeptanz der Peers für das soziale und psychische Wohlbefinden von Kindern so wichtig sind, suchen Forscher auch weiterhin nach Möglichkeiten, wie man den abgelehnten Kindern dabei helfen kann, von ihren Peers besser akzeptiert zu werden.

Die Stabilität des soziometrischen Status

Bleiben beliebte Kinder immer am oberen Ende der sozialen Leiter? Kommen für abgelehnte Kinder Zeiten, in denen sie mehr gemocht werden? Anders gefragt: Wie stabil ist der soziometrische Status eines Kindes in der Peer-Gruppe? Die Beantwortung dieser Frage hängt zum Teil davon ab, um welchen Zeitraum es geht und welcher soziometrische Status gemeint ist.

Über relativ kurze Abschnitte wie Wochen oder ein paar Monate bleiben beliebte oder abgelehnte Kinder meistens in ihrer Kategorie, während ignorierte und kontroverse Kinder ihren Status mit großer Wahrscheinlichkeit ändern (Asher & Dodge, 1986; Chen, Rubin & Li, 1995b; Newcomb & Bukowski, 1984). Die ausbleibende Stabilität bei ignorierten und kontroversen Kindern kann daran liegen, dass diese Kinder, besonders die ignorierten, in ihrem Verhalten vielen ihrer Peers gleichen.

Im Verlauf größerer Zeitabschnitte ändert sich der soziometrische Status von Kindern häufiger. In einer Untersuchung, in der die Kinder von ihren Peers in der fünften Klasse und dann wieder zwei Jahr später eingeschätzt wurden, behielten nur diejenigen Kinder ihren Gesamtstatus, die am Anfang als durchschnittlich beurteilt wurden; demgegenüber erhielten fast zwei Drittel der Kinder, die als beliebt, abgelehnt oder kontrovers eingeschätzt wurden, nach zwei Jahren ein anderes Urteil (Newcomb & Bukowski, 1984). Im Zeitverlauf ist die soziometrische Stabilität bei abgelehnten Kindern in der Regel höher als bei beliebten, ignorierten oder kontroversen Kindern (Harrist et al., 1997; Parke et al., 1997) und kann sich sogar noch verstärken, wenn die Kinder älter werden (Coie & Dodge, 1983; Rubin et al., 1998).

Entwicklungstrends bei den Prädiktoren des soziometrischen Status

Wird der Peer-Status auf jeder Altersstufe von denselben Eigenschaften und Verhaltensaspekten vorhergesagt? Oder unterscheiden sich die Prädiktoren des Peer-Status eines Kindes mit dem Alter? Forscher fanden drei Befundmuster, die für diese Frage relevant sind (Coie et al., 1990; Rubin et al., 1998).

Erstens scheinen sich die wichtigsten Prädiktoren für Beliebtheit mit dem Alter nicht besonders zu verändern. In allen Altersstufen werden Kinder, die von ihren Peers als beliebt gewählt werden, als hilfreich, freundlich und rücksichtsvoll beschrieben. Interessanterweise zeigen einige der Kinder, die als beliebt klassifiziert werden, dieses Verhalten mit der Zeit gar nicht mehr. In den mittleren Schuljahren fangen Kinder, die im Ruf stehen, beliebt zu sein, manchmal an, weniger beliebte Peers zu meiden. In der Folge gelten sie als eingebildet und werden von ihren Peers mit gemischten Gefühlen betrachtet, manchmal werden sie sogar richtiggehend gehasst (Eder, 1985; Merton, 1997). Mit der Zeit würden solche Kinder wahrscheinlich nicht mehr den Status der Beliebtheit erhalten, wenn man mit soziometrischen Verfahren vorgeht, wiewohl sie von ihren Peers unter Umständen weiterhin als beliebt beschrieben und typisiert werden (LaFontana & Cillessen, 1998).

Ein zweiter Entwicklungstrend besteht darin, dass Aggressivität zwar ein häufiger Prädiktor für die Ablehnung durch Peers in der Kindheit ist, dass offene Aggression im Jugendalter jedoch keine so wichtige Rolle mehr für die Ablehnung zu spielen scheint (Coie et al., 1990). Das mag daran liegen, dass offene Aggression unter Jugendlichen und älteren Kindern sehr viel seltener auftritt als zwischen jüngeren Kindern.

Der dritte Entwicklungstrend besagt, dass verschlossenes, zurückgezogenes Verhalten mit zunehmendem Kindheitsalter ein wichtiger Prädiktor für die Ablehnung durch Peers wird. Wie wir schon dargestellt haben, werden viele der jüngeren Kinder, die einfach nicht gesellig oder schüchtern und ängstlich sind, von ihren Peers deshalb nicht notwendigerweise abgelehnt. In den mittleren und späten Jahren der Grundschulzeit fallen sehr zurückgezogene Kinder jedoch auf und erfahren mehr Ablehnung als umgängliche Kinder. Außerdem scheinen sich verschlossene Kinder mit der Zeit immer mehr von der Gruppe zu entfremden.

Im Verlauf der Schuljahre können manche Kinder auch in die soziale Isolation gedrängt werden (Bowker, Bukowski, Zargarpour & Hoza, 1998). Das bedeutet, dass sich Kinder, die von ihren Peers – oft wegen ihres störenden oder aggressiven Verhaltens – nicht gemocht und zurückgewiesen werden, immer weiter von der Gruppe isolieren, auch wenn sie ursprünglich gar nicht verschlossen oder zurückgezogen waren (Coie et al., 1990; Rubin et al., 1998).

Über die Entwicklungsveränderungen bei den Eigenschaften und im Verhalten von kontroversen und ignorierten Kindern ist wenig bekannt, weil diese Kinder überwiegend zwischen acht und zwölf Jahren untersucht wurden (Coie et al., 1990). Dennoch erscheint es wahrscheinlich, dass einige der kontroversen Kinder Mitglieder von aggressiven Jugendgruppen werden und mit anderen Peers sowie mit Erwachsenen, beispielsweise Lehrern, in Konflikt geraten (Cairns et al., 1988).

Einflussfaktoren des Peer-Status: Kulturvergleichende Aspekte

Der größte Teil der Forschungen über Verhaltensweisen, die damit zusammenhängen, ob man von seinen Peers gemocht wird oder nicht, wurde in den USA durchgeführt, doch ergaben sich ähnliche wie die hier dargestellten Befunde auch in anderen Ländern. In Ländern von Kanada, Italien und Griechenland bis zu Indonesien und China neigen beispielsweise sozial abgelehnte Kinder dazu, aggressiv zu sein und zu stören; in den meisten Ländern werden beliebte Kinder in der Regel so beschrieben, dass sie sich prosozial verhalten und Führungsqualitäten besitzen (Attili, Vermigli & Schneider, 1997; Chen, Rubin & Li, 1995a; Chen, Rubin & Sun, 1992; French, Setiono & Eddy, 1999; Hatzichristou & Hopf, 1996; Tomada & Schneider, 1997). Ähnliche kulturübergreifende Parallelen fanden sich im Hinblick auf sozialen Rückzug und soziale Ablehnung. Mehrere Untersuchungen an Schulkindern in Deutschland und Italien zeigten zum Beispiel, dass genau wie in den USA Rückzug und Verschlossenheit in der Grundschule mit der Ablehnung durch die Peers einhergehen (Asendorpf, 1990; Attili et al., 1997; Casiglia, Lo Coco & Zappulla, 1998).

In den Forschungen wurde auch nachgewiesen, dass es bestimmte Kulturunterschiede bei den Eigenschaften gibt, die mit dem soziometrischen Status von Kindern einhergehen. Ein bemerkenswertes Beispiel ist der Status, der bei chinesischen Kindern mit Schüchternheit assoziiert wird. In den westlichen Ländern werden schüchterne Kinder ignoriert oder abgelehnt; chinesische Kinder, die schüchtern sind, verletzliche Gefühle besitzen, vorsichtig sind und gehemmte Verhaltensweisen zeigen, werden von ihren Lehrern als sozial kompetent und als Führungsfiguren gesehen, und sie werden von ihren Peers gemocht (Chen et al., 1995a, 1995b; Chen, Rubin, Li & Li, 1999; Chen et al., 1992). Eine wahrscheinliche Erklärung für diesen Unterschied besteht darin, dass in der chinesischen Kultur bescheidenes, zurückhaltendes Verhalten geschätzt wird, und chinesische Kinder werden angehalten, sich entsprechend zu verhalten (Ho, 1986). Im Gegensatz dazu legen westliche Kulturen sehr viel Wert auf Unabhängigkeit und Durchsetzungsvermögen. In diesen Kulturen werden verschlossene Kinder dann eher als schwach, bedürftig und sozial inkompetent angesehen. Kulturelle Normen spielen also eine wichtige Rolle, wenn man angeben will, welche Verhaltensweisen und Eigenschaften Kinder bei ihren Peers positiv oder negativ bewerten.

Der Peer-Status als Prädiktor von Entwicklungsrisiken

Die Tatsache, dass jemand einen wenig wünschenswerten Peer-Status hat, wurde mit einer Vielzahl von kurz- und langfristigen Risiken und negativen Folgen für Kinder in Zusammenhang gebracht, einschließlich Faktoren wie schlechte schulische Leistungen, Einsamkeit, Kriminalität und schlechte Anpassung.

Schulleistung

Untersuchungen an einer Vielzahl von Orten, einschließlich Nordamerika, China und Indonesien, weisen darauf hin, dass abgelehnte Kinder, besonders wenn sie aggressiv sind, häufiger als ihre Peers Schwierigkeiten im schulischen Bereich aufweisen (Chen, Rubin & Li, 1997; French et al., 1999). Sie haben höhere Fehlzeiten als ihre Peers (DeRosier, Kupersmidt & Patterson, 1994) und niedrigere Durchschnittsnoten (Wentzel & Caldwell, 1997). Die aggressiven unter den abgelehnten Kindern sind besonders häufig uninteressiert an der Schule und werden von ihren Peers und ihren Lehrern als schlechte Schüler eingeschätzt (Hymel et al., 1993; Wentzel & Asher, 1995).

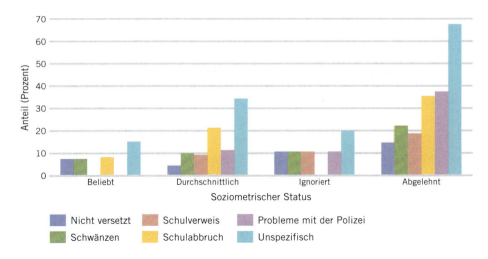

Abbildung 13.3: Soziometrischer Status und Schul- und Verhaltensprobleme bei Kindern. Der soziometrische Status von Kindern hängt mit ihren zukünftigen Verhaltensproblemen zusammen. Abgelehnte Kinder bleiben weit häufiger sitzen oder werden der Schule verwiesen, schwänzen die Schule, brechen sie ab und haben Probleme mit der Polizei. „Unspezifisch" bedeutet in der Abbildung, dass mindestens eines dieser Probleme auftritt. (Nach Kupersmidt & Coie, 1990.)

Langzeituntersuchungen lassen erkennen, dass die Tendenz abgelehnter Kinder, in der Schule schlechter abzuschneiden, mit der Zeit noch stärker wird (Coie, Lochman, Terry & Hyman, 1992; Ollendick, Weist, Borden & Greene, 1992). In einer Untersuchung, in der die Kinder von der fünften Klasse bis zur High-School begleitet wurden, mussten abgelehnte Kinder viel häufiger als andere Kinder, insbesondere beliebte Kinder, eine Klassenstufe wiederholen oder wurden von der Schule verwiesen, sie schwänzten häufiger und brachen die Schule häufiger ab (Kupersmidt & Coie, 1990) (Abbildung 13.3). Auch hatten sie mit größerer Wahrscheinlichkeit Schwierigkeiten mit dem Gesetz, was in vielen Fällen sicherlich ihre schulischen Schwierigkeiten noch erhöhte. Insgesamt brechen etwa 25 bis 30 Prozent der abgelehnten Kinder die Schule ab, verglichen mit etwa acht Prozent oder weniger aller anderen Kinder (Parker & Asher, 1987; Rubin et al., 1998). Kinder, die sich in der Schule isoliert und einsam fühlen und glauben, dass sie sich deshalb so fühlen, weil sie von ihren Peers nicht akzeptiert werden, können besonders leicht Gefahr laufen, die Schule abzubrechen (Hymel, Comfort, Schonert-Reichl & McDougall, 1996).

Anpassungsprobleme

Kinder, die in den Grundschuljahren abgelehnt werden, besonders aggressiv-abgelehnte Jungen, laufen Gefahr, nach außen verlagerte – externalisierte – Symptome zu bekommen, also Verhaltensprobleme wie Aggression, Kriminalität, Hyperaktivität und Aufmerksamkeitsstörungen, schlechtes Betragen und Drogenmissbrauch (Bierman & Wargo, 1995; Coie, Terry, Lenox, Lochman & Hyman, 1995; Ollendick et al., 1992). In einer Untersuchung wurden über 1000 Kinder von der dritten bis zur zehnten Klasse begleitet (Coie et al., 1995). Diejenigen Jungen und Mädchen, die in der dritten Klasse als abgelehnt eingestuft wurden, hatten drei Jahre später nach Angabe ihrer Eltern mehr äußere Symptome als ihre Peers. Außerdem nahmen bei aggressiven Jungen (gleich ob sie abgelehnt waren oder nicht) zwischen der sechsten und der

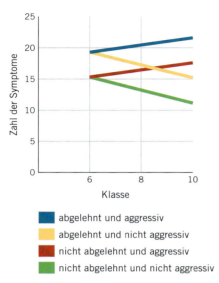

Abbildung 13.4: Anzahl externalisierter Symptome bei männlichen Jugendlichen als Funktion ihrer Ablehnung und Aggressivität in der dritten Klasse. Jungen, die in der dritten Klasse als abgelehnt eingeschätzt wurden, hatten ihren Eltern zufolge Jahre später mehr externalisierte Symptome als ihre Peers. Bei aggressiven Jungen (abgelehnt und nicht abgelehnt) besteht ein Zuwachs an solchen Symptomen zwischen Klassenstufe sechs und zehn, nicht aber bei anderen Jungen. In der zehnten Klasse hatten aggressiv-abgelehnte Jungen besonders viele externalisierte Symptome. (Nach Coie et al., 1995.)

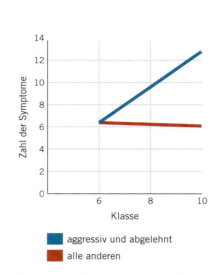

Abbildung 13.5: Anzahl externalisierter Symptome nach Selbstauskunft der Jungen als Funktion ihrer Ablehnung und Aggressivität in der dritten Klasse. Obwohl sich aggressiv-abgelehnte Jungen in der sechsten Klasse nicht von anderen Jungen unterscheiden, was die Zahl der angegebenen externalisierten Symptome betrifft, berichten sie in der zehnten Klasse mehr als doppelt so viele Symptome wie die anderen Jungen. (Nach Coie et al., 1995.)

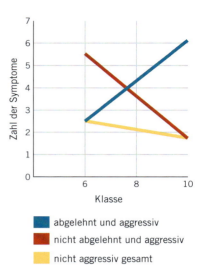

Abbildung 13.6: Anzahl internalisierter Symptome nach Selbstauskunft der Jungen als Funktion ihrer Ablehnung und Aggressivität in der dritten Klasse. Aggressiv-abgelehnte Jungen geben in der zehnten Klasse mehr internalisierte Probleme an als in der sechsten Klasse, während die Zahl bei allen anderen Jungen im gleichen Zeitraum sank. (Nach Coie et al., 1995.)

zehnten Klasse die externalisierten Symptome (wiederum nach Angabe der Eltern) zu, was bei anderen Jungen nicht der Fall war; besonders stark waren die Symptome in der zehnten Klasse bei aggressiv-abgelehnten Jungen (Abbildung 13.4). In der zehnten Klasse gaben die aggressiv-abgelehnten Jungen auch selbst im Durchschnitt mehr als zwei Mal so viele Symptome an als alle anderen Jungen (Abbildung 13.5).

Aus derselben Untersuchung lässt sich ablesen, dass die Zurückweisung durch Peers auch mit nach innen gerichteten – internalisierten – Symptomen einhergehen kann, also solchen Problemen wie Einsamkeit, Depression, Rückzugsverhalten und zwanghaftem Verhalten. Mädchen und Jungen, die in der dritten Klasse abgelehnt wurden, hatten in der sechsten und in der zehnten Klasse mehr internalisierte Symptome als ihre Peers. Außerdem erhöhten sich auch bei den aggressiv-abgelehnten Jungen von der sechsten bis zur zehnten Klasse die internalisierten Symptome, während bei allen anderen Jungen in dieser Zeit ein Rückgang solcher Symptome zu verzeichnen war (Abbildung 13.6). Die stärkste Neigung zu internalisierten Problemen zeigten aggressiv-abgelehnte Mädchen nach Angaben ihrer Eltern in der zehnten Klasse. Somit besaßen Jungen und Mädchen, die in der dritten Klasse als abgelehnt klassifiziert wurden, ein erhöhtes Risiko für die Entwicklung internalisierter Probleme in den Jahren danach – besonders wenn die Ablehnung durch die Peers mit eigener Aggressivität einherging.

Ein Risiko für internalisierte Probleme besteht in westlichen Kulturen auch bei Kindern, die sehr zurückgezogen sind, ohne ihren Peers gegenüber aggressiv zu sein. Diese Kinder werden, wie wir schon gesehen haben, Mitte und Ende der Grundschulzeit im Allgemeinen abgelehnt, sie sind aber dennoch nicht durch solche Arten von psychischen und verhaltensbezogenen Problemen gefährdet, wie sie aggressiv-abgelehnte Kinder oft erfahren. Doch geht ein stabiles Muster aus sozialem Rückzug, kommunikativer Passivität, sozialer Ängstlichkeit und Argwohn gegenüber bekannten Menschen, einschließlich der Peers, mit Symptomen wie Depression, geringem Selbstwert und Einsamkeit in der Kindheit sowie im späteren Alter einher (Bowker et al., 1998; Hoza, Molina, Bukowski & Sippola, 1995). Ein solches Muster tritt auch zusammen mit wenig Unterstützung der Peers auf (La Greca & Lopez, 1998). So kann es sein, dass Kinder, die sich von ihren Peers zurückziehen, zum Teil deshalb an ihren Gefühlen von Isolation und Unsicherheit leiden, weil sie nicht das Gefühl haben, dass sie sich auf ihre Peers verlassen könnten, wenn sie Unterstützung benötigen (Rubin, Chen, McDougall, Bowker & McKinnon, 1995).

Kinder, die sich von ihren vertrauten Peers sozial zurückziehen, können sich selbst im Erwachsenenalter noch deutlich von ihren Peers unterscheiden. In einer Langzeitstudie amerikanischer Kinder, die Ende der 20er Jahre des letzten Jahrhunderts geboren wurden, zeigte sich, dass Jungen, die von ihren Lehrern als reserviert und ungesellig eingeschätzt wurden, mit geringerer Wahrscheinlichkeit heirateten und Kinder bekamen als die weniger reservierten Jungen. Sie begannen ihre beruflichen Karrieren häufig auch später, hatten dabei weniger Erfolg und waren seltener fest angestellt. Sozial zurückhaltende Männer, die erst später im Leben ein stabiles berufliches Beschäftigungsverhältnis eingingen, waren im mittleren Lebensalter doppelt so häufig geschieden oder von ihren Partnerinnen getrennt als ihre weniger zurückhaltenden Peers. Im Gegensatz dazu pflegten die reservierten Mädchen häufiger als ihre weniger zurückhaltenden Peers einen konventionellen Lebensstil von Heirat und Elternschaft, der eher durch ein Hausfrauendasein als durch eine außerhäusige Berufstätigkeit gekennzeichnet war. Ein reservierter Interaktionsstil, den man als Kind in der Schulzeit hatte, ging also für Männer mit negativeren Folgen einher als für Frauen, vielleicht weil in den USA, insbesondere zu jener Zeit, ein reservierter Stil mit der weiblichen Hausfrauenrolle besser vereinbar war als mit den Anforderungen an Leistungserfolge außerhalb des Hauses (Caspi, Elder & Bem, 1988).

Eine letzte Gruppe abgelehnter Kinder, die besonders gefährdet sind, an Einsamkeit und anderen

Kindern, die sich gegenüber bekannten Peers schüchtern verhalten, drohen Einsamkeit und Unsicherheitsgefühle. Bei Jungen kann kontaktscheues Verhalten gegenüber Peers negative Folgen bis ins Erwachsenenalter haben.

Schikanierter Peer-Status – im Rahmen von Peer-Beziehungen eine Bezeichnung für Kinder, die das Ziel von Aggression und Erniedrigung sind.

internalisierten Problemen zu leiden, sind **schikanierte Kinder** – Kinder, die das Ziel von Aggressionen und Erniedrigungen ihrer Peers sind. Diese Kinder können sowohl aggressiv als auch verschlossen und ängstlich sein (Hodges et al., 1997; Schwartz, McFadyen-Ketchum, Dodge, Pettit & Bates, 1998). Obwohl die Abfolge der Ereignisse nicht völlig geklärt ist, scheinen Kinder aus dieser Gruppe zuerst abgelehnt und dann schikaniert zu werden und nicht umgekehrt (Hanish & Guerra, 2000a; Schwartz et al., 1999). Diese Diskriminierung durch die Peers erhöht bei den betroffenen Kindern dann wiederum Aggressivität, Rückzug, Depression und Einsamkeit (Hanish & Guerra, 2002; Hodges & Perry, 1999; Schwartz et al., 1998), was zu Problemen in der Schule führt, die dann auch gern ganz gemieden wird (Juvonen, Nishina & Graham, 2000; Kochenderfer & Ladd, 1996).

Leider sind Schikanen durch Peers kein seltenes Ereignis. Etwa ein Fünftel der Kindergartenkinder, die in einer US-amerikanischen Studie untersucht wurden, litten unter wiederholten Schikanen (Kochenderfer & Ladd, 1996). Zwar scheint dieser Anteil bei älteren Kindern niedriger zu liegen (Olweus, 1994), doch bleibt die Erniedrigung durch Peers ein ernst zu nehmendes Problem, das Anlass zur Sorge geben sollte, insbesondere weil dieselben Kinder häufig immer wieder schikaniert und gedemütigt werden (Hanish & Guerra, 2000b).

Wege ins Risiko

Eindeutig tragen Kinder, die von ihren Peers abgelehnt werden, ein erhöhtes Risiko für Schulprobleme und psychische Anpassungsschwierigkeiten. Die zentrale Frage hierbei lautet, ob die Ablehnung der Peers tatsächlich die feststellbaren Probleme verursacht oder ob das schlecht angepasste Verhalten der Kinder (zum Beispiel Aggressivität) sowohl zur Ablehnung durch die Peers als auch zu Problemen mit der weiteren Anpassung führt (Parker, Rubin, Price & DeRosier, 1995; Woodward & Fergusson, 1999). Es gibt hierzu noch keine eindeutige Befundlage, doch lassen die vorhandenen Ergebnisse darauf schließen, dass sich der Peer-Status und die Qualität des Sozialverhaltens der Kinder zum Teil unabhängig voneinander auf die anschließende Anpassung auswirken (Coie et al., 1992; DeRosier et al., 1994). Es verhält sich also wahrscheinlich so, dass das unangepasste Verhalten von Kindern und ihr Peer-Status beide eine kausale Rolle für ihre zukünftige psychische und soziale Einstellung spielen – jeder Faktor für sich und beide zusammen (Fergusson, Woodward & Horwood, 1999).

Sobald Kinder von ihren Peers erst einmal abgelehnt werden, können ihnen Gelegenheiten für positive Peer-Interaktionen und für das Erlernen sozialer Fähigkeiten verbaut sein. Abgeschnitten von den Peers, mit denen ein Umgang wünschenswert wäre, können sie sich gezwungen sehen, sich mit anderen abgelehnten Kindern zusammenzutun, so dass sich die abgelehnten Kinder gegenseitig abweichende Normen und Verhaltensweisen beibringen und sich darin wechselseitig verstärken. Das Ausbleiben sozialer Unterstützung durch die Peers kann abgelehnte Kinder auch besonders anfällig für die

Wirkungen stressiger Lebensereignisse (wie Armut, Konflikte der Eltern oder Scheidung) werden lassen, was ihr Sozialverhalten zusätzlich negativ beeinflusst und dadurch ihren Peer-Status und ihre soziale Anpassung noch mehr beeinträchtigt.

IN KÜRZE

Der soziometrische Status von Peers wird dadurch erfasst, dass man die Peers wechselseitig angeben lässt, wen sie mögen und wen nicht. Auf der Basis solcher Auskünfte wurden Kinder typischerweise in die Kategorien beliebt, abgelehnt, durchschnittlich, ignoriert und kontrovers eingeteilt.

Beliebte Kinder sind meistens attraktiv, sozial geschickt, prosozial, ausgeglichen und zeigen wenig Aggression, die sich aus Wut, Rachsucht oder Befriedigung an der Verletzung anderer speist. Einige der abgelehnten Kinder sind häufig relativ aggressiv, stören viel und besitzen geringe soziale Fähigkeiten; sie neigen dazu, anderen negative Absichten zuzuschreiben, und es fällt ihnen schwer, mit schwierigen sozialen Situationen konstruktiv umzugehen. Verschlossene Kinder, die dazu noch aggressiv und feindselig sind, werden ab dem Kindergartenalter ebenfalls von ihren Peers abgelehnt. Im Gegensatz dazu sind die meisten der gegenüber ihren Peers zurückgezogenen Kinder, sofern sie nicht feindselig und aggressiv sind, etwas weniger gefährdet; aber auch sie werden später in der Grundschule manchmal abgelehnt.

Ignorierte Kinder interagieren seltener mit ihren Peers als Kinder mit durchschnittlichem soziometrischem Status und zeigen kaum Verhaltensweisen, die sich von denen vieler anderer Kinder nennenswert unterscheiden. Kontroverse Kinder zeigen Eigenschaften sowohl von beliebten als auch von abgelehnten Kindern und sind sozial meistens sehr aktiv. Im Gegensatz zu abgelehnten Kindern kann sich der Status von ignorierten und kontroversen Kindern leicht verändern, und dies sogar binnen kürzerer Zeitabschnitte.

Die Ablehnung durch die Peers – insbesondere auf Grund von Aggressivität – ist prädikativ für spätere schulische Probleme und nach außen verlagerte Verhaltensprobleme. Auch neigen abgelehnte Kinder zu weiterem sozialem Rückzug, zu Einsamkeit und zur Depression. Vermutlich tragen sowohl ihr schlecht angepasstes Verhalten als auch ihr schlechter Status bei den Peers zu diesen negativen Konsequenzen bei.

Die Rolle der Eltern bei den Peer-Beziehungen der Kinder

> Cliff hat es gerade schwer, ... er hat halt keine guten Freunde und sagt, er hätte niemanden, mit dem er was unternehmen könne ... er gehört halt nicht zur Clique. ... Es tut mir weh zu sehen, dass er mit den anderen Kindern Probleme hat – ich frage mich, ob ich was dagegen unternehmen sollte, oder ob er halt selbst damit klarkommen muss. ... Und es erinnert mich an meine Probleme in der Schule. (Zitiert in Dunn, unveröffentlichtes Manuskript.)

Die Sprecherin, die Mutter des acht Jahre alten Cliff, macht sich nicht nur Sorgen wegen Cliffs Problemen mit seinen Peers, sondern glaubt auch, dass sie dazu beigetragen haben könnte – eine häufige Reaktion von Eltern einsamer und abgelehnter Kinder. Die Vorstellung, dass die Eltern die Fähigkeit ihrer Kinder beeinflussen, Beziehungen mit Peers einzugehen, hat eine lange Geschichte, angefangen mit Freuds Betonung der Mutter-Kind-Beziehung als Fundament für die spätere Persönlichkeitsentwicklung sowie die Gestaltung zwischenmenschlicher Beziehungen. Außerdem machten sowohl die Bindungstheorie (siehe Kapitel 11) als auch die soziale Lerntheorie (siehe Kapitel 9) geltend, dass die frühen Eltern-Kind-Beziehungen mit den Peer-Interaktionen im späteren Alter zusammenhängen. Es dürfte durchaus auch der Fall sein, dass die laufenden Beziehungen der Kinder mit ihren Eltern ihre Beziehungen mit Altersgenossen beeinflussen können.

Zusammenhänge zwischen Bindung und sozialer Kompetenz

Die Bindungstheorie behauptet, dass es von der sicheren oder unsicheren frühen Bindung eines Kindes an die Eltern abhängt, wie seine zukünftige soziale Kompetenz und die Qualität seiner Beziehungen mit anderen, einschließlich Gleichaltrigen, beschaffen sein wird. Bindungstheoretiker nahmen an, dass eine sichere Bindung zwischen Elternteil und Kind die Kompetenz im Umgang mit Peers auf mindestens dreierlei Art fördert (Elicker, Englund & Sroufe, 1992): Erstens entwickeln sicher gebundene Kinder positive soziale Erwartungen. Somit sind sie leicht bereit, mit anderen Kindern zu interagieren, und erwarten, dass diese Interaktionen positiv und belohnend sein werden. Wegen ihrer Erfahrungen mit einer verständnisvollen und interessierten Bezugsperson entwickeln sie zweitens die Basis, um das Prinzip der Wechselseitigkeit in Beziehungen zu verstehen. Folglich lernen sie, in Beziehungen zu geben und zu nehmen und auf andere einzugehen. Schließlich sind sicher gebundene Kinder mit großer Wahrscheinlichkeit zuversichtlich, begeisterungsfähig und emotional positiv eingestellt – Eigenschaften, die für andere Kinder attraktiv sind und soziale Begegnungen erleichtern.

Bindungstheoretiker behaupten umgekehrt, dass eine unsichere Bindung die Kompetenz eines Kindes im Umgang mit seinen Peers höchstwahrscheinlich beeinträchtigt. Wenn Eltern zurückweisend und unfreundlich oder nachlässig sind, werden jüngere Kinder häufig selbst unfreundlich und erwarten von anderen Menschen wenig Gutes. Damit sind sie prädestiniert, ihre Peers als feindlich wahrzunehmen und sich ihnen gegenüber aggressiv zu verhalten. Solche Kinder können von anderen Menschen auch Zurückweisung erwarten und versuchen, diese Erfahrung zu vermeiden, indem sie Peer-Interaktionen von vornherein umgehen (Furman, Simon, Shaffer & Bouchey, 2002; Renken, Egeland, Marvinney, Sroufe & Mangelsdorf, 1989).

Es gibt sehr viele Befunde, die diese theoretischen Annahmen unterstützen. Kinder, die keine verständnisvolle, interessierte Erziehung erfahren und nicht sicher gebunden sind, neigen tatsächlich zu Schwierigkeiten in ihren Peer-Beziehungen (Fagot, 1997; Pastor, 1981). Im Kleinkind- und Vorschulalter sind Kinder, die als Säuglinge unsicher gebunden waren, häufig aggressiv, weinerlich und sozial zurückgezogen; in der Grundschule sind sie später wenig beliebt (Bohlin, Hagekull & Rydell, 2000; Erickson, Sroufe & Egeland, 1985; LaFreniere & Sroufe, 1985). Im Verlauf der Kindheit bringen diese Kinder, verglichen mit sicher gebundenen Kindern, im Umgang mit Peers weniger positive Gefühle und auch weniger Sympathie und prosoziales Verhalten zum Ausdruck; sie lassen geringere Fähigkeiten erkennen, wenn es um die Lösung von Konflikten geht (Elicker et al., 1992; Fox & Calkins, 1993; Kestenbaum, Farber & Sroufe, 1989).

Kinder, die sichere Bindungen zu ihren Eltern haben, entwickeln bessere soziale Fähigkeiten als unsicher gebundene Kinder.

Auf der anderen Seite erwies sich, dass sicher gebundene Kinder positive Emotionen und gute soziale Fähigkeiten an den Tag legen; erwartungsgemäß sind sie bei ihren Peers relativ beliebt, und zwar sowohl im Vorschulalter (LaFreniere & Sroufe, 1985) als auch in der Grundschule (Elicker et al., 1992; Kerns, Klepac & Cole, 1996; Schneider, Atkinson & Tardif, 2001). Selbst gegen Ende der Grundschule sind die Kinder, die eine größere Zahl an engen, unterstützenden und andauernden Freundschaften besitzen, in der Regel diejenigen, die auf eine sichere Bindungsgeschichte mit ihren Eltern zurückblicken können (Freitag, Belsky, Grossmann, Grossmann & Scheuerer-Englisch, 1996; Kerns et al., 1996; Schneider et al., 2001).

Die Sicherheit der Eltern-Kind-Beziehung hängt also mit der Qualität der Peer-Beziehungen zusammen. Dieser Zusammenhang ergibt sich sowohl aus den frühen als auch aus den anhaltenden Effekten, welche die Eltern-Kind-Bindung auf die Qualität des allgemeinen Sozialverhaltens eines Kindes hat. Es könnte aber auch sein, dass Eigenschaften der Kinder, zum Beispiel ihre Geselligkeit, sowohl die Qualität ihrer Bindungen als auch die Qualität ihrer Beziehungen zu Peers beeinflussen.

Peer-Beziehungen und die Qualität der laufenden Eltern-Kind-Interaktionen

Wie zu erwarten, hängen die laufenden Eltern-Kind-Beziehungen mit den Peer-Beziehungen in ähnlicher Weise zusammen wie die soeben dargestellten Bindungsmuster. Die Mütter von sozial kompetenten und beliebten Kindern sprechen beispielsweise häufiger als die Mütter weniger kompetenter Kinder mit ihrem Kind über Gefühle und sind dabei warmherzig kontrollierend, benutzen eine positive Wortwahl, argumentieren logisch und geben Erklärungen (Denham & Grout, 1992; Hart, DeWolf, Wozniak & Burts, 1992; Leve & Fagot, 1997). Unbeliebte Kinder erleben dagegen häufig strenge, autoritäre Vorschriften, und ihre Aktivitäten werden meistens relativ wenig beaufsichtigt (Dishion, 1990; Hart, Ladd & Burleson, 1990).

Im Allgemeinen scheinen die väterlichen Erziehungspraktiken etwas weniger eng mit der sozialen Kompetenz und dem soziometrischen Status der Kinder zusammenzuhängen als die der Mütter (Eisenberg, Fabes & Murphy, 1996; Hart et al., 1992). Doch sagt das Ausmaß, in dem Väter liebevoll mit ihren Kindern umgehen und positive statt negative Gefühle zum Ausdruck bringen, die positive Beschaffenheit der Interaktionen voraus, die Vorschulkinder mit ihren engen Freunden haben (Kahen, Katz & Gottman, 1994; Youngblade & Belsky, 1992). Es kommt hinzu, dass Jungen, deren Väter mit ihnen spielen, von den Peers lieber gemocht werden als Jungen, deren Väter nicht mit ihnen spielen; vielleicht hilft ihnen die körperbetonte Art der typischen Vater-Sohn-Spiele dabei, die Gefühle der anderen interpretieren zu lernen und ihre eigenen Gefühle zu regulieren (MacDonald & Parke, 1984; Pettit, Brown, Mize & Lindsey, 1998).

Bei der Durchsicht von Befunden wie diesen wird im Allgemeinen angenommen, dass sich die Qualität der elterlichen Erziehung darauf auswirkt, wie sozial kompetent sich Kinder verhalten, was wiederum Auswirkungen darauf hat, ob die Kinder von ihren Peers akzeptiert werden oder nicht. Aber wie im Falle der Bindung lässt sich schlecht nachweisen, dass die Qualität der Erziehung tatsächlich eine Kausalwirkung auf das Sozialverhalten im Umgang mit Peers hat. Es könnte sein, dass Kinder, die veranlagungsbedingt (zum Beispiel in Folge genetischer oder pränataler Einflüsse) zu unreguliertem und Unruhe stiftendem Verhalten neigen, sowohl negatives Erziehungsverhalten als auch negative Peer-Reaktionen hervorrufen (Rubin, Nelson, Hastings & Asendorpf, 1999) (siehe die Kapitel 3 und 12); oder es könnte sein, dass sowohl ein strenger Erziehungsstil als auch das negative Verhalten von Kindern im Umgang mit ihren Peers vererbt sind. Die wahrscheinlichste Möglichkeit sind Kausalverknüpfungen, die in beide Richtungen wirken – das Verhalten der Eltern beeinflusst die Kompetenz der Kinder mit den Peers und umgekehrt; und wahrscheinlich spielen sowohl biologische Faktoren als auch Faktoren, die in der Umwelt liegen, eine Rolle bei der Entwicklung der sozialen Kompetenzen im Umgang mit Peers.

Überzeugungen und Verhaltensweisen der Eltern

Die Eltern von sozial kompetenten Kindern, was den Umgang mit ihren Peers betrifft, haben etwas andere Vorstellungen von Erziehung als die Eltern von Kindern mit geringer Sozialkompetenz. Zum einen sind sie häufiger der Überzeugung, dass sie eine aktive Rolle dabei spielen sollten, ihre Kinder soziale Fähigkeiten zu lehren und für Gelegenheiten zu sorgen, bei denen Peer-Interaktionen stattfinden können. Weiterhin neigen sie zu der Ansicht, dass ihre Kinder manchmal deshalb unangemessene oder schlecht angepasste Verhaltensweisen im Umgang mit einem Peer (zum Beispiel Aggression, Unfreundlichkeit, sozialen Rückzug) zeigen, weil die *spezielle Situation* in bestimmter Weise beschaffen ist (etwa weil der andere provoziert hat oder ein gegenseitiges Missverständnis vorliegt). Im Gegensatz dazu neigen Eltern von sozial weniger kompetenten Kindern zu der Überzeugung, dass im Falle eines sozial unangebrachten Verhaltens ihrer Kinder die Ursache für das problematische Verhalten im Wesen des Kindes liegt, weshalb sich das Verhalten des Kindes wohl nur schwer verändern ließe (Rubin et al., 1998). Sie scheinen davon auszugehen, dass das Kind „schon so geboren wurde". Natürlich kann man schwerlich abschätzen, in welchem Ausmaß die elterlichen Überzeugungen über die sozialen Kompetenzen ihrer Kinder auf realistischen Wahrnehmungen ihres Nachwuchses beruhen oder eher auf ihren eigenen Überzeugungssystemen und ihrer persönlichen Geschichte (so wie die Probleme, die Cliffs Mutter selbst als Schulkind hatte).

Elterliche Überzeugungen über die sozialen Kompetenzen ihrer Kinder spiegeln sich oft darin wider, wie sie auf ihre Kinder reagieren. Die Mütter von Kindern, die gegenüber ihren Peers verschlossen sind, attribuieren das Rückzugsverhalten ihrer Kinder häufig auf fehlende Reife oder Charaktereigenschaften, und sie reagieren damit, dass sie ihre Kinder in Schutz nehmen und versuchen, deren soziale Probleme für sie zu lösen (Mills & Rubin, 1993). Wenn beispielsweise ein Peer versucht, ihrem Kind ein Spielzeug wegzunehmen, schimpfen sie mit dem Peer oder entfernen ihr eigenes Kind aus der Spielsituation. Im Gegensatz dazu würden Mütter von sozial kompetenten Kindern ihren Kindern wahrscheinlich die Chance lassen, selbst mit dem Peer zurechtzukommen. Eltern fördern also oft die sozial angebrachten oder eben auch weniger geeigneten Verhaltensweisen im Umgang mit Peers als Folge ihrer Ansichten und Überzeugungen, was die sozialen Kompetenzen ihrer Kinder betrifft.

Eltern können zur Entwicklung der sozialen Kompetenzen ihrer Kinder beitragen, indem sie für Gelegenheiten sorgen, bei denen ihre Kinder mit anderen Kindern zusammenkommen.

Eltern als Modelle, Trainer und soziale Türsteher

Viele weitere Dimensionen der Eltern-Kind-Interaktionen können die Kompetenzen von Kindern mit ihren Peers beeinflussen. Dazu gehören die „Türsteherrolle" der Eltern für das soziale Leben ihrer Kinder, ihr **Training sozialer Fähigkeiten** und ihre Vorbildfunktion für soziales Verhalten.

Training sozialer Fähigkeiten – Trainingsprogramme zur Förderung der Akzeptanz abgelehnter Kinder durch ihre Peers; sie beruhen auf der Annahme, dass abgelehnten Kindern wichtige Wissensbestände und Fähigkeiten fehlen, welche für positive Interaktionen mit Peers hilfreich sind.

Eltern als soziale Türsteher

Wie in Kapitel 12 dargestellt, fungieren Eltern – insbesondere gegenüber ihren jüngeren Kindern – als Kontrollinstanz dafür, wohin ihre Kinder gehen, mit wem sie zu tun haben und wie viel Zeit sie mit Peers bei den verschiedenen Aktivitäten verbringen. Manche Eltern füllen diese Rolle aber sorgfältiger und aktiver aus als andere (Mounts, 2002). Kindergartenkinder, deren Eltern ihnen Gelegenheiten verschaffen, mit Altersgenossen zusammenzutreffen, und sie dabei beaufsichtigen, sind im Umgang mit Peers häufig positiver und sozialer, haben eine große Anzahl an Spielpartnern, tun sich leichter damit, soziale Interaktionen mit Peers zu initiieren, und verfügen über eine stabilere Gruppe von Spielkameraden als andere Kinder – so lange ihre Eltern bei ihren Interaktionen nicht allzu kontrollierend eingreifen (Ladd & Golter, 1988; Ladd & Hart, 1992).

Eltern als Trainer

Kindergartenkinder sind beliebter, wenn ihre Eltern wirksam mit ihnen einüben, wie man mit unbekannten Peers umgeht. Mütter akzeptierter Kinder neigen dazu, ihren Kindern Strategien beizubringen, wie man in eine Gruppe von Peers Eingang findet: Sie machen beispielsweise Vorschläge, was man sagen kann, wenn man zu der Gruppe dazustößt, oder sie raten ihren Kindern davon ab, die gerade laufenden Aktivitäten der Gruppe zu stören. Im Gegensatz dazu versuchen Mütter von Kindern mit geringem soziometrischem Status häufig selbst, die Gruppenaktivität zu bestimmen oder ihr Kind dazu zu drängen, mit Aktivitäten zu beginnen, die nicht gut mit dem zusammenpassen, was die Gruppe gerade tut (Finnie & Russell, 1988; Russell & Finnie, 1990). Aus bislang noch unbekannten Gründen scheint das mütterliche Training besonders wichtig zu sein, um die sozialen Fähigkeiten von Mädchen zu verbessern.

Eltern als Modelle

Ein anderer Weg, auf dem Eltern die Kompetenzen ihrer Kinder im Umgang mit Peers beeinflussen, besteht darin, selbst sozial kompetente oder inkompetente Verhaltensweisen – beispielsweise wie man andere Menschen beeinflusst oder wie man mit Konflikten umgeht – vorzumachen (Russell, Pettit & Mize, 1998). Durch die Art, wie sie mit ihren Kindern kommunizieren, scheinen Eltern beispielsweise den Kommunikationsstil zu beeinflussen, den die Kinder mit ihren Peers pflegen. So neigen die Eltern abgelehnter Kinder dazu, ausführlich auf ihre Kinder einzureden, selbst zu sprechen, wenn das Kind gerade etwas sagen möchte, und Antworten zu geben, die sich nicht auf das beziehen, was das Kind gerade gesagt hat. Ein solcher Elternteil fragt vielleicht: „Wollen wir heute in den Park gehen?", um dann auf die Antwort des Kindes mit etwas völlig anderem zu reagieren – „Hat dem Lehrer dein Bild gefallen?" Abgelehnte Kinder scheinen sich wiederum mit ihren Peers in ähnlicher Weise zu unterhalten, sprechen gleichzeitig wie ihre Peers und sagen Dinge, die den Gesprächsfaden nicht beibehalten. Im Gegensatz dazu wechseln sich beliebte Kinder – wie ihre Eltern – bei Gesprächen mit ihren Peers ordentlich ab und bleiben beim Thema (Black & Logan, 1995). Die Nachahmung des Gesprächsstils ihrer Eltern kann sich also auf die Qualität der Interaktionen von Kindern mit ihren Peers – und damit auch ihre Akzeptanz – auswirken. Die Tatsache, dass Kinder die Verhaltensweisen ihrer Eltern im Umgang mit ihren Freunden imitieren, kann erklären, warum die Qualitäten der Freundschaften der Eltern und der Freundschaften ihrer Kinder häufig ähnlich beschaffen sind (Simpkins & Parke, 2001).

Kinder, die ihre Eltern häufig beim Ausdruck negativer – insbesondere feindlicher oder rücksichtsloser – Gefühle beobachten, neigen später selbst zu mehr negativen Emotionen und sind sozial weniger geschickt als ihre Peers.

Familiärer Stress und die Sozialkompetenz von Kindern

Wie in Kapitel 12 bereits dargestellt, sind Eltern, die von ihren Problemen und Sorgen im Zusammenhang mit ihrer Armut stark eingenommen sind, seltener warmherzig und unterstützend und beaufsichtigen das Verhalten ihrer Kinder weniger (McLoyd, 1998; McLoyd, Jayaratne, Ceballo & Borquez, 1994). Deshalb kommt es nicht überraschend, dass Kinder aus Familien mit geringeren wirtschaftlichen Ressourcen und hohem Stressniveau (etwa durch Arbeitslosigkeit oder Krankheit) mit größerer Wahrscheinlichkeit von ihren Peers abgelehnt werden als andere Kinder (Dishion, 1990; Patterson, Griesler, Vaden & Kupersmidt, 1992). Dieses Befundmuster illustrieren die in Abbildung 13.7 dargestellten Daten, die aus einer Längsschnittstudie stammen. In dieser Studie

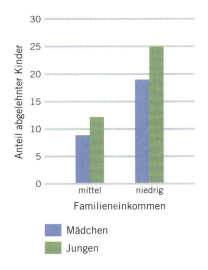

Abbildung 13.7: **Anteil der abgelehnten Kinder als Funktion von Geschlecht und Familieneinkommen**. Diese Daten aus einer Langzeituntersuchung zeigen, dass Grundschulkinder aus einkommensschwachen Familien beträchtlich häufiger von ihren Peers abgelehnt werden als Kinder aus Familien mit mittlerem Einkommen. (Nach Patterson, Griesler, Vaden & Kupermidt, 1992.)

erwiesen sich Grundschulkinder aus einkommensschwachen Familien als beträchtlich öfter sozial abgelehnt, verglichen mit Kindern aus Mittelschichtfamilien. Jungen wurden außerdem häufiger abgelehnt als Mädchen. Ein ähnlicher Zusammenhang zwischen dem wirtschaftlichen Status der Familie und der sozialen Kompetenz von Kindern im Umgang mit Peers wurde in China beobachtet (Chen & Rubin, 1994). Natürlich können Vorurteile gegenüber Kindern aus niedrigeren sozialen Schichten dieses Befundmuster zum Teil erklären (Eder, 1985). Es erscheint jedoch ebenso wahrscheinlich, dass sich die Auswirkungen von Armut und Stress auf die Erziehung in der eingeschränkten Sozialkompetenz der Kinder widerspiegeln.

IN KÜRZE

Obwohl die Unterschiede im Sozialverhalten von Kindern wahrscheinlich zum Teil auf Veranlagungen beruhen, die sich auf Temperament und Persönlichkeit auswirken, scheinen auch Eltern die Kompetenz ihrer Kinder im Umgang mit Peers zu beeinflussen. Bindungstheorien zufolge fördert eine sichere Bindung zwischen Elternteil und Kind die Kompetenz im Umgang mit Peers, weil sicher gebundene Kinder positive soziale Erwartungen entwickeln, welche die Grundlage dafür sind, das Prinzip der Gegenseitigkeit in Beziehungen zu verstehen. Sicher gebundene Kinder entwickeln außerdem ein Gefühl ihres Selbstwerts und ihrer Selbstwirksamkeit. So sind sicher gebundene Kinder in der Regel positiver in ihrem Verhalten und ihren Gefühlen, sind sozial geschickter und werden lieber gemocht als unsicher gebundene Kinder. Die laufenden Eltern-Kind-Interaktionen weisen ähnliche Zusammenhänge mit Peer-Beziehungen auf.

Eltern können die Kompetenzen ihrer Kinder im Umgang mit Peers auch durch ihre Überzeugungen beeinflussen sowie durch ihre Rolle als soziale Türsteher und durch die sozialen Verhaltensweisen, die sie ihren Kindern beibringen beziehungsweise vorleben.

Zusammenfassung

Was ist das Besondere an Peer-Beziehungen?

- Theoretiker wie Piaget, Wygotski und Sullivan haben behauptet, dass die Aspekte der Gleichberechtigung, Reziprozität, Kooperation und Vertrautheit, die viele Peer-Beziehungen kennzeichnen, die kindlichen Fähigkeiten zum logischen Denken und zur Sorge um andere Menschen verbessern.

Freundschaften

- In Übereinstimmung mit den theoretischen Annahmen bieten Peers, insbesondere Freunde, Vertrautheit, Unterstützung und vielfältige Möglichkeiten zur Entwicklung des Spiels und zum Austausch von Ideen und Vorstellungen.
- Schon sehr kleinen Kindern sind manche Kinder lieber als andere. Kaum dass sie laufen können, spielen Kinder mit Freunden komplexere und kooperativere Spiele als mit Nicht-Freunden, und wenn sich Kinder an solchen Spielen beteiligen, zeigen sie in späteren Jahren positivere und sozialere Verhaltensweisen.
- Mit zunehmendem Alter verlassen sich Freunde aufeinander und bieten einen Kontext für die Offenlegung innerer Zustände und Vertraulichkeiten. Jugendliche Freunde nutzen Freundschaften als einen Rahmen für die Selbsterkundung und für die Lösung persönlicher Probleme sowie als Quelle aufrichtiger Rückmeldung.
- Die Vorstellung von Freunden ändert sich bei Kindern mit dem Alter. Jüngere Kinder definieren Freundschaft vorwiegend auf der Basis der tatsächlichen Aktivitäten mit ihren Peers. Mit zunehmendem Alter werden auch Aspekte wie Treue, gegenseitiges Verständnis, Vertrauen, kooperative Gegenseitigkeit und Selbstoffenbarung wichtige Komponenten von Freundschaften.
- Wie Piaget, Wygotski und Sullivan angenommen haben, bieten Freunde emotionale Unterstützung, Bestätigung für die eigenen Gedanken, Gefühle und den eigenen Wert sowie Gelegenheiten für die Entwicklung wichtiger sozialer und kognitiver Fähigkeiten.
- Freunde zu haben wirkt sich positiv auf die Entwicklung sozialer Kompetenz und auf Anpassungsleistungen aus. Freunde können sich jedoch auch negativ auf Kinder auswirken, wenn sie problematische Verhaltensweisen wie Gewalt oder Drogenmissbrauch zeigen.
- Interventionsprogramme können dazu beitragen, Kindern soziale Fähigkeiten beizubringen. Ein verbreiteter Ansatz, das Training sozialer Fähigkeiten, umfasst die Einübung von Fähigkeiten, die sich auf drei Typen von Defiziten beziehen: fehlendes soziales Wissen, Probleme bei der Ausführung angemessener Verhaltensweisen und Defizite bei der Überwachung und Selbstbewertung.
- Kinder befreunden sich in der Regel mit Peers, die hinsichtlich von Alter, Geschlecht und Rasse mit ihnen übereinstimmen und die sich hinsichtlich ihrer Aggressivität, Geselligkeit und Kooperativität ähnlich verhalten.
- Das Ausmaß, in dem Erwachsene Kinder zum Spielen mit unbekannten Peers ermutigen, unterscheidet sich stark zwischen Kulturen; Gleiches gilt für das Ausmaß, in dem Eltern erwarten, dass ihre Kinder soziale Fähigkeiten im Umgang mit Peers (wie verhandeln, Initiative ergreifen, für seine Rechte einstehen) entwickeln.

Das Kind und seine Peer-Gruppe

- Mit dem Alter werden die Spielgruppen jüngerer Kinder immer größer; ab dem Kindergartenalter bilden sich Dominanzhierarchien.
- In der mittleren Kindheit gehören die meisten Kinder Cliquen aus gleichgeschlechtlichen Peers an, deren Mitglieder oft ähnliche Ausprägungen in ihrer Aggressivität und ihrer Einstellung zur Schule haben. Die Mitgliedschaft in solchen Cliquen ist im Zeitverlauf nicht sehr stabil.
- Im Jugendalter verringert sich die Bedeutung von Cliquen meistens, und Jugendliche gehören oft zu mehr als einer Gruppe. Mit zunehmendem Alter sind Jugendliche nicht nur autonomer, sondern orientieren sich, wenn es um die Befriedigung ihrer sozialen Bedürfnisse geht, mehr an individuellen Beziehungen als an sozialen Gruppen. In der Adoleszenz treffen Jungen und Mädchen häufiger zusammen, sowohl im Rahmen sozialer Gruppen als auch in Zweierbeziehungen.
- Unter bestimmten Umständen kann die Peer-Gruppe zur Entwicklung von unsozialem Verhalten, Alkoholkonsum und Drogenmissbrauch beitragen.

Status in der Peer-Gruppe

- Auf der Basis soziometrischer Urteile wurden Kinder typischerweise in die Kategorien beliebt, abgelehnt, ignoriert, durchschnittlich und kontrovers eingeteilt.
- Der Status von Kindern in der größeren Peer-Gruppe variiert als Funktion ihres Sozialverhaltens und ihres Denkens über soziale Interaktionen sowie bezüglich ihrer körperlichen Attraktivität.
- Beliebte Kinder sind meistens sozial geschickt, prosozial und in ihrem Ausdruck von Emotion und Verhalten gut reguliert.
- Kinder, die von ihren Peers abgelehnt werden, sind häufig (aber nicht immer) aggressiv und/oder sozial verschlossen. Abgelehnt-aggressive Kinder besitzen geringe soziale Fähigkeiten, unterstellen anderen oft feindliche Absichten und verfügen über keine konstruktiven Strategien für den Umgang mit schwierigen sozialen Situationen. Verschlossene Kinder, die im Kindergartenalter abgelehnt werden, sind meistens aggressiv und feindlich. Im Gegensatz dazu sind Kinder, die sich zwar von ihren Peers zurückziehen, aber weder feindlich noch aggressiv sind, weniger gefährdet, in den ersten Schuljahren abgelehnt zu werden, obwohl sie später in der Grundschule tatsächlich häufig abgelehnt werden.
- Ignorierte Kinder – welche von ihren Peers weder positiv noch negativ nominiert werden – sind meistens weniger gesellig, aggressiv und störend als durchschnittliche Kinder. Sie zeigen kaum Verhaltensweisen, die sich von denen vieler anderer Kinder auffallend unterscheiden.
- Kontroverse Kinder besitzen meistens die Eigenschaften sowohl beliebter als auch abgelehnter Kinder: Sie neigen zu Aggressivität und störendem

- Verhalten und werden leicht wütend, sind häufig aber auch hilfreich, kooperativ, gesellig, sportlich und witzig.
- Obwohl sich der Status von Kindern bei ihren Peers im Zeitverlauf häufig ändert, bleiben abgelehnte Kinder meistens abgelehnt. Ignorierte oder kontroverse Kinder ändern ihren Status mit besonders hoher Wahrscheinlichkeit, sogar innerhalb kurzer Zeitabstände.
- Die wichtigsten Prädiktoren der Beliebtheit scheinen sich mit dem Alter nicht sehr zu verändern. Offene Aggression scheint in der Adoleszenz eine geringere Rolle für die Ablehnung durch die Peers zu spielen als in jüngeren Jahren. Zurückgezogenes Verhalten scheint mit Fortschreiten der Kindheit ein wichtigerer Prädiktor der Ablehnung zu werden.
- Im Allgemeinen besitzen beliebte oder abgelehnte Kinder in zahlreichen Kulturen ähnliche Eigenschaften. Ein sehr zurückhaltendes Verhalten erfährt in einigen ostasiatischen Kulturen jedoch Wertschätzung, und chinesische Kinder, die sich empfindlich und schüchtern verhalten, werden von Lehrern und Peers als sozial kompetent angesehen.
- Die Ablehnung durch die Peers in der Kindheit – besonders aufgrund von Aggressivität – erlaubt Vorhersagen auf spätere Schulprobleme, auf Kriminalität, Drogenmissbrauch, sozialen Rückzug, Einsamkeit und Depression. Kinder, die auch mit vertrauten Menschen einschließlich ihrer Peers durchgehend verschlossen, zurückhaltend und argwöhnisch sind, erfahren mit größerer Wahrscheinlichkeit als weniger verschlossene Kinder internalisierte Probleme wie Depression, geringen Selbstwert und Einsamkeit, und zwar sowohl zum Zeitpunkt der Erfassung als auch im späteren Alter. Es ist gut möglich, dass sowohl das unzureichend angepasste Verhalten von Kindern als auch ihr Peer-Status eine kausale Rolle für ihre zukünftige Anpassung spielen.

Die Rolle der Eltern bei den Peer-Beziehungen der Kinder

- In Übereinstimmung mit den Vorhersagen der Bindungstheorie sind sicher gebundene Kinder in ihrem Verhalten und ihrem Affekt meistens positiver; sie sind sozial geschickter und werden mehr gemocht als unsicher gebundene Kinder.
- Die Eltern von sozial kompetenten und beliebten Kindern verwenden bei den Interaktionen mit ihren Kindern häufiger als die Eltern weniger kompetenter Kinder warmherzige Kontrolle, positive Verbalisierungen, logische Argumente und Erklärungen; sie besitzen positivere Überzeugungen über die Fähigkeiten ihrer Kinder. Wahrscheinlich verlaufen die kausalen Verknüpfungen zwischen der Qualität der Erziehung und der sozialen Kompetenz der Kinder in beide Richtungen; sowohl umweltbedingte als auch biologische Faktoren spielen bei der Entwicklung der sozialen Kompetenzen von Kindern im Umgang mit ihren Peers wahrscheinlich eine Rolle.

- Eltern sind die sozialen Türsteher der Peer-Interaktionen jüngerer Kinder in dem Sinne, dass sie die sozialen Erfahrungen ihrer Kinder organisieren und beaufsichtigen.
- Eltern lehren und zeigen explizit Verhaltensweisen, welche die Kinder für ihre sozialen Interaktionen mit Peers übernehmen können – beispielsweise Methoden zur Beeinflussung anderer und zur Bearbeitung von Konflikten.
- Stressoren wie Armut scheinen die Qualität der Erziehung negativ zu beeinflussen, was sich wiederum auf die peer-bezogenen Kompetenzen von Kindern auswirkt.

Fragen und Denkanstöße

1. Vergleichen Sie Peer-Beziehungen zwischen Gleichaltrigen und Beziehungen mit älteren oder jüngeren Geschwistern. Wie könnten sich diese unterscheiden? Auf welchen Dimensionen sind beide Arten von Beziehungen üblicherweise gleich beschaffen? Was würden Piaget und Wygotski über die unterschiedlichen Kosten und Vorteile von Interaktionen mit gleichaltrigen Freunden und mit Geschwistern unterschiedlichen Alters sagen?
2. Mit welchen Verfahren und Methoden könnte man erfassen, welche zweijährigen Spielkameraden in einer Gruppe eng befreundet sind? Inwiefern würden sich diese Methoden davon unterscheiden, wenn man enge Freundschaften im Alter von sechs, elf oder 17 Jahren erfassen möchte? Inwiefern wären sie ähnlich?
3. Zählen Sie mindestens fünf Aspekte auf, in denen sich Interaktionen zwischen Jungen und zwischen Mädchen in der Grundschule wahrscheinlich unterscheiden (zum Beispiel Typ von Aktivitäten, Interaktionsstil). In welcher Weise könnten solche Unterschiede, sofern sie wirklich existieren, die sozio-emotionale Entwicklung von Kindern beeinflussen?
4. Stellen Sie sich ein Kind vor, das in einer abgelegenen Gegend mit wenigen Peers in der Nachbarschaft aufwächst und das zu Hause unterrichtet wird. Wie würde sich die tägliche Erfahrung dieses Kindes von der anderer Kinder, die zur Schule gehen, unterscheiden? Wie würde das die Entwicklung beeinflussen, positiv oder negativ? Welche Faktoren könnten diese Effekte abschwächen oder verstärken?

Moralentwicklung

14

- Moralisches Denken und Urteilen
- Die frühe Entwicklung des Gewissens
- Prosoziales Verhalten
- Antisoziales Verhalten
- Zusammenfassung

Im April 1999 töteten Eric Harris und Dylan Klebold, zwei Schüler der Columbine High-School in Littleton im Staat Colorado, ein Dutzend Schüler und einen Lehrer und verletzten 23 weitere Personen. So schrecklich dieser Vorfall war: Es hätte noch viel schlimmer kommen können. Die beiden Jugendlichen, die das Massaker monatelang sorgfältig geplant hatten, hatten tatsächlich 95 Sprengladungen vorbereitet, die wegen eines elektronischen Fehlers nicht hochgegangen waren. Ein Satz Sprengkörper war ein paar Meilen von der Schule entfernt platziert und sollte explodieren, um die Polizei abzulenken, während Harris und Klebold den Angriff auf die Schule ausführten. Der zweite Sprengsatz sollte in der Cafeteria hochgehen, viele Schülerinnen und Schüler töten und andere zwingen, auf den Schulhof zu fliehen, wo Harris und Klebold in ihrem Versteck warten und sie niederschießen wollten. Der dritte Sprengsatz war in den Autos der Mörder auf dem Schulparkplatz angebracht. Er war so eingestellt, dass er explodieren sollte, nachdem Polizei und Sanitäter eingetroffen waren, um Chaos und noch mehr Tote zu verursachen. Auf Videobändern, die Wochen vor dem Überfall gemacht wurden, sagten die Jungen übermütig vorher, dass sie 250 Menschen töten würden, und prahlten mit der öffentlichen Aufmerksamkeit, die sie für ihre Handlungen auf sich ziehen würden. Auch machten sie deutlich, dass ihr Überfall die Rache dafür war, dass sie von ihren Peers gedemütigt und zurückgewiesen worden waren: Auf einem Videoband hielt Harris eine abgesägte Schrotflinte in der Hand und erklärte: „Ist es nicht witzig, am Ende den Respekt zu bekommen, den wir uns verdient haben?" (zitiert nach Aronson, 2000, S. 86).

Man könnte denken, dass Harris und Klebold schreckliche Kindheiten erlebt hätten. Doch nach allem, was man weiß, waren ihre Eltern vermutlich überdurchschnittlich unterstützend. Und obwohl sie in Columbine die starke Ablehnung ihrer Peers ertragen mussten, war Harris, bevor er nach Littleton umzog, ein ziemlich beliebter Schüler in seiner Schule in Plattsburgh im Staat New York. Erklärungen dafür, warum Harris und Klebold das taten, was sie getan haben, sind nicht so einfach, wie es zunächst scheinen mag.

Im auffallenden Gegensatz zu den tödlich egozentrischen Handlungen von Harris und Klebold blieben mitten in dem Blutbad einige Schüler bei einem Lehrer und anderen Schülern, die erschossen wurden, und versuchten ihnen zu helfen. Ein Junge, der um sein Leben lief, half einem schwer verwundeten Mädchen zum Ausgang. Ein anderer Junge legte sich über seine Schwester und ihre Freundin, so dass er derjenige wäre, der erschossen würde (Gibbs, 1999). Diese Schüler waren um das Leben der anderen besorgt, obwohl sie selbst in Gefahr waren.

Die Tragödie von Columbine und ähnliche Vorfälle in der Folgezeit – man denke in Deutschland nur an die Ereignisse in Erfurt – sind nur die neuesten Einträge in eine Liste von Vorkommnissen, welche die Frage aufwerfen, warum manche Jugendliche in unsoziale und illegale Verhaltensweisen verwickelt sind, von Vandalismus und anderen Formen der Kriminalität bis zu entsetzlichen Gewaltverbrechen. Der Ausgangspunkt für Antworten auf diese Frage besteht darin, einige Aspekte im Denken und Verhalten von Kindern zu verstehen, die zur ihrer moralischen Grundhaltung beitragen.

Viele der Faktoren, die zu der Columbine-Tragödie beigetragen haben, konnten identifiziert werden; doch die exakten Gründe für die Handlungen von Harris und Klebold wird man wohl niemals kennen. In diesem Kapitel wird sich zeigen, dass die moralische Entwicklung – ob ein Individuum eher zu prosozialem oder eher zu antisozialem, aggressivem Verhalten neigt – vom Zusammenspiel sehr vieler Variablen abhängt.

Um regelmäßig moralisch zu handeln, müssen Kinder das Richtige vom Falschen unterscheiden können und verstehen, warum Handlungen moralisch oder unmoralisch sind. Außerdem müssen sie ein Gewissen haben; es muss ihnen also etwas bedeuten, auf moralische Weise zu handeln, und sie müssen sich schuldig fühlen, wenn sie es nicht tun. Bei der Untersuchung der Moralentwicklung haben sich die Forscher auf eine Reihe verschiedener Fragen konzentriert, die mit diesen Voraussetzungen verbunden sind. Wie denken Kinder über moralische Angelegenheiten und wie verändert sich dieses Denken mit dem Alter? Hängt bei Kindern das Denken über Moral mit ihrem Verhalten zusammen? Wann treten Sorge und Anteilnahme oder Aggression und Grausamkeit bei Kindern erstmals auf? Welche Faktoren tragen zu den Unterschieden zwischen Kindern bei, was ihr Ausmaß an helfendem, fürsorglichem Verhalten beziehungsweise an aggressivem Verhalten sowie die Ausprägung ihres Gewissens betrifft? Gibt es Maßnahmen, mit denen man dazu beitragen kann, dass Kinder Hilfe und Anteilnahme entwickeln, und mit denen man die Wahrscheinlichkeit senken kann, dass sie unmoralisches und unsoziales Verhalten entwickeln?

Wir beginnen unsere Diskussion der Moralentwicklung mit der Untersuchung des moralischen Urteils von Kindern – wie Kinder über Situationen denken, an denen moralische Entscheidungen beteiligt sind. Danach betrachten wir Befunde über die frühe Entstehung des Gewissens und die Entwicklung *prosozialen* Verhaltens – das sind Verhaltensweisen wie Hilfe und Anteilnahme, die anderen zu Gute kommen. Danach wenden wir uns der Aggression und anderen unsozialen beziehungsweise *antisozialen* Verhaltensweisen (als psychologisch-fachlicher Gegenbegriff zum prosozialen Verhalten) zu wie beispielsweise dem Stehlen. Wir werden erkennen, dass die moralische Entwicklung von Kindern von Fortschritten ihrer sozialen und kognitiven Fähigkeiten beeinflusst wird, aber auch von genetischen Faktoren und Faktoren der Umwelt, einschließlich familiärer und kultureller Bedingungen. Deshalb stehen die Rahmenthemen *individuelle Unterschiede, Anlage und Umwelt* sowie *sozio-kultureller Kontext* im Vordergrund. Außerdem gründen sich Theorie und Forschung zur Moralentwicklung auf Piagets Arbeiten zu diesem Thema, welche – wie seine Theorie der kognitiven Entwicklung (siehe Kapitel 4) – Entwicklungsstufen vorsehen und davon ausgehen, dass Kinder aktiv versuchen, ihre Umwelt zu verstehen. Folglich zeigen sich bei unserer Betrachtung der Entwicklung des moralischen Denkens auch die Themen *Kontinuität/Diskontinuität, Mechanismen von Entwicklungsveränderungen* und *das aktive Kind*.

Moralisches Denken und Urteilen

Ob eine bestimmte Handlung moralisch ist oder nicht, lässt sich nicht einfach durch oberflächliche Betrachtung entscheiden. Denken wir an ein Mädchen, das Lebensmittel klaut, um seine hungernde Schwester zu versorgen. Diebstahl wird normalerweise als unsoziales Verhalten betrachtet, aber offenbar ist die moralische Bewertung beim Verhalten dieses Mädchens nicht ganz so einfach. Oder nehmen wir einen Jugendlichen, der einem anderen Jungen anbietet, ihm bei der Reparatur seines Fahrrads zu helfen, aber nur, weil er wissen möchte, wo das Fahrrad steht, damit er es später klauen kann. Obwohl das Verhalten dieses Jugendlichen altruistisch (uneigennützig) erscheinen mag, ist es das natürlich nicht. Diese Beispiele illustrieren, dass die Moral eines Verhaltens zum Teil auf den Kognitionen – einschließlich der bewussten Absichten und Ziele – beruht, die dem Verhalten zugrunde liegen.

So nehmen einige Psychologen (und im Übrigen auch Philosophen und Pädagogen) an, dass die Überlegungen, die hinter einer Handlung stehen, entscheidend sind, um angeben zu können, ob ein bestimmtes Verhalten moralisch oder unmoralisch ist, und dass Veränderungen im moralischen Denken die Grundlage für die Moralentwicklung darstellen. Folglich hat sich ein Großteil der Forschungsarbeiten über die kindliche Moralentwicklung darauf konzentriert, wie Kinder moralische Konflikte lösen und wie sich ihr begründetes Denken über moralische Fragestellungen mit dem Alter ändert. Die wichtigsten Beiträge zu unseren heutigen Erkenntnissen über die Entwicklung des moralischen Denkens bei Kindern stammen von Piaget und von Lawrence Kohlberg; beide untersuchten die Moralentwicklung aus der Perspektive der kognitiven Entwicklung.

Piagets Theorie des moralischen Urteils

Die Grundlage für kognitive Theorien über den Ursprung des Moralempfindens ist Piagets Buch *Das moralische Urteil beim Kinde* (1983; Original: *Le jugement moral chez l'enfant*, 1932). In diesem Buch beschrieb Piaget, wie sich das moralische Denken von Kindern wandelt, und zwar von der starren Übernahme der Gebote und Regeln von Autoritätspersonen zu dem Verständnis, dass moralische Regeln ein Produkt sozialer Interaktionen und deshalb veränderbar sind. Piaget glaubte, dass die Interaktionen mit den Peers mehr als der Einfluss von Erwachsenen für den Fortschritt im moralischen Denken von Kindern verantwortlich seien.

Anfänglich untersuchte Piaget das moralische Denken von Kindern, indem er sie beim Spielen beobachtete, zum Beispiel beim Spiel mit Murmeln, bei dem es oft um Fragen von Regeln und Fairness geht. Außerdem führte Piaget offene Interviews mit Kindern durch, um ihr Denken über Fragen wie die Übertretung von Regeln, die Rolle der Absicht beim moralischen Handeln, die Gerechtigkeit von Strafen und die Fairness bei der Verteilung von Gütern zu untersuchen. In diesen Interviews gab er den Kindern typischerweise jeweils zwei kurze Situationsschilderungen der folgenden Art vor (Piaget, 1983, S. 122):

> Ein kleiner Junge namens Hans ist in seinem Zimmer. Man ruft ihn zum Essen. Er geht ins Speisezimmer. Aber hinter der Tür stand ein Stuhl. Auf dem Stuhl war ein Tablett, und auf dem Tablett standen fünfzehn Tassen. Hans konnte nicht wissen, daß all dies hinter der Tür war. Er tritt ein: die Tür stößt an das Tablett und bums!, die fünfzehn Tassen sind zerbrochen.

> Es war einmal ein kleiner Junge, der hieß Heinz. Eines Tages war seine Mama nicht da, und er wollte Marmelade aus dem Schrank nehmen. Er stieg auf einen Stuhl und streckte den Arm aus. Aber die Marmelade war zu hoch, und er konnte nicht darankommen. Als er doch versuchte, daran zu kommen, stieß er an eine Tasse. Die Tasse ist heruntergefallen und zerbrochen.

Nachdem die Kinder diese Geschichten gehört hatten, sollten sie angeben, welcher Junge schlimmer (ungezogener, böser, schuldiger) war und warum. Kinder unter sechs Jahren sagten typischerweise, dass das Kind, das die 15 Tassen zerbrach, das bösere war. Im Gegensatz dazu glaubten die älteren Kinder, das Kind, das versucht hatte, Marmelade zu naschen, sei ungezogener, obwohl es nur eine Tasse zerbrochen hatte. Unter Heranziehung der kindlichen Reaktionen auf solche Situationsskizzen kam Piaget zu dem Schluss, dass es beim moralischen Denken von Kindern zwei Entwicklungsstufen gibt sowie eine Übergangsphase zwischen den beiden Stufen.

Piaget (1932/1983) behauptete, dass Kinder bei Spielen von der Art des Murmelspiels lernen, dass Regeln von Menschen geschaffen werden – dass sie nicht absolut gelten, sondern der Interpretation bedürfen und im Einvernehmen mit der Gruppe geändert werden können.

Das Stadium der heteronomen Moral

Das erste Stadium des moralischen Denkens, die *heteronome* – an den von anderen Menschen aufgestellten Geboten orientierte – Moral ist für Kinder kennzeichnend, die noch nicht das kognitive Stadium der konkreten Operationen erreicht haben, also für Kinder unter sieben oder acht Jahren (siehe Kapitel 4). In diesem Stadium betrachten Kinder Regeln und Pflichten gegenüber anderen als unveränderbare, gegebene Tatsachen. Ihrer Ansicht nach herrscht Gerechtigkeit immer dann, wenn Autoritätsinstanzen (Erwachsene, Regeln oder Gesetze) etwas für richtig befinden, und die Strafen von Autoritäten sind immer gerechtfertigt. Handlungen, die nicht mit den Regeln und Geboten der Autoritäten übereinstimmen, sind „böse" (schlecht, schlimm); Handlungen, die den Vorgaben entsprechen, sind „gut". In diesem Stadium glauben Kinder, dass die Folgen einer Handlung darüber entscheiden, ob sie gut oder schlecht ist, und nicht die Motive oder Absichten, die zu der Handlung geführt haben.

Piaget nahm an, dass die Überzeugung jüngerer Kinder, Regeln seien unveränderbar, auf zwei Faktoren zurückgehe, einen sozialen und einen kognitiven. Erstens behauptete Piaget, dass die elterliche Kontrolle der Kinder auf Zwang aufbaue und einseitig sei, was dazu führe, dass die Kinder die Erwachsenen und ihre Regeln bedingungslos respektierten. Zweitens bringe ihre kognitive Unreife die Kinder zu der Überzeugung, dass Regeln „wirkliche" Dinge seien wie Stühle oder die Schwerkraft, die außerhalb von Menschen existieren und nicht (nur) als Produkt des menschlichen Geistes.

Die Übergangsphase

Nach Piaget stellt die Phase von etwa sieben oder acht Jahren bis zum zehnten Lebensjahr eine Übergangsphase von der heteronomen Moral zum nächsten Stadium dar. In dieser Übergangsphase haben Kinder typischerweise mehr mit

Peers zu tun als zuvor, und diese Interaktionen sind gleichberechtigter und stärker von wechselseitigem Geben und Nehmen gekennzeichnet als ihre Interaktionen mit Erwachsenen. Bei Spielen mit Gleichaltrigen lernen Kinder, dass Regeln von der Gruppe aufgestellt und verändert werden können. Sie lernen auch zunehmend, die Perspektive des anderen einzunehmen und zu kooperieren. In der Folge beginnen Kinder, auf Gerechtigkeit und Gleichberechtigung Wert zu legen, und werden in ihrem Denken über moralische Fragen allmählich autonomer. In der Sicht Piagets spielen Kinder bei diesem Übergang eine aktive Rolle und setzen die Informationen, die sie aus ihren sozialen Interaktionen beziehen, dafür ein herauszufinden, wie man moralische Entscheidungen trifft und Regeln konstruiert.

Das Stadium der autonomen Moral

Mit etwa elf oder zwölf Jahren erreichen Kinder Piagets zweites Stadium des moralischen Denkens, das Stadium der *autonomen* Moral (oder des *moralischen Relativismus*). Nun akzeptieren sie nicht mehr den blinden Gehorsam gegenüber Autoritäten als Grundlage moralischer Entscheidungen. Sie verstehen völlig, dass Regeln das Produkt sozialer Interaktionen und Übereinkünfte sind, und wissen, dass sie geändert werden können, wenn sich die Mehrheit einer Gruppe darauf verständigt. Außerdem betrachten sie Gerechtigkeit und Gleichberechtigung als wichtige Faktoren, die berücksichtigt werden müssen, wenn man Regeln aufstellt. Auch glauben Kinder in diesem Stadium, dass Bestrafung dem Vergehen angemessen sein soll und dass Strafen nicht notwendigerweise gerecht sind, nur weil sie von Erwachsenen kommen. Auch berücksichtigen sie die Motive und Absichten einer Person, wenn sie deren Verhalten bewerten; sie finden es also schlimmer, wenn jemand eine Tasse kaputtmacht, weil er Marmelade naschen will, als wenn jemand unabsichtlich fünfzehn Tassen herunterwirft.

Piaget zufolge gehen alle normalen Kinder von der heteronomen Moral zum autonomen moralischen Denken über. Individuelle Unterschiede im Ausmaß ihrer Fortschritte gehen auf zahlreiche Faktoren zurück, zum Beispiel auf Unterschiede in der kognitiven Reife von Kindern, auf die bisherigen Gelegenheiten zur Interaktion mit Peers und zur gegenseitigen Perspektivenübernahme sowie auf die autoritären und strafenden Elemente im Erziehungsstil ihrer Eltern.

Die Bewertung von Piagets Theorie

Piagets allgemeine Vorstellung von der moralischen Entwicklung fand in der empirischen Forschung Unterstützung. Untersuchungen an Kindern aus vielen Ländern und unterschiedlichen rassischen oder ethnischen Gruppen belegen, dass Jungen und Mädchen mit zunehmendem Alter immer häufiger die Motive und Absichten der Handelnden berücksichtigen, wenn sie die moralische Qualität von Handlungen beurteilen (Berg & Mussen, 1975; Lickona, 1976). Außerdem zeigte sich, dass die elterliche Bestrafungshäufigkeit, von der man eine Verstärkung der heteronomen Moral erwarten sollte, mit einem weniger gereiften moralischen Denken und moralischen Verhalten einhergeht (Hoffman, 1983). In Übereinstimmung mit Piagets Überzeugung, dass die Kognition bei der Entwicklung des moralischen Urteils eine Rolle spielt, fanden sich zwischen den Leistungen bei Tests zur Perspektivenübernahme, bei Piaget'schen Logikaufgaben und bei IQ-Tests stets positive Zusammenhänge mit dem erreichten Niveau des moralischen Urteils (Berg & Mussen, 1975; Lickona, 1976).

Einige Aspekte von Piagets Theorie erfuhren jedoch substanzielle Kritik und konnten einer Überprüfung nicht gut standhalten. Zum Beispiel gibt es wenig Belege dafür, dass die Interaktion mit Peers von sich aus die Moralentwicklung anregt (Lickona, 1976), und es erscheint plausibel, dass die Qualität der Peer-Interaktionen – zum Beispiel, ob sie kooperative Elemente enthalten – wichtiger ist als die reine Häufigkeit von Interaktionen mit Peers. Außerdem unterschätzte Piaget die Fähigkeit jüngerer Kinder, die Rolle der Handlungsabsicht für die Beurteilung der Moralität zu verstehen. Wenn Piagets moralische Szenarien so dargeboten werden, dass die Absichten der Individuen offensichtlicher werden – zum Beispiel in Form von Videoaufzeichnungen –, dann erkennen Kinder schon im Kindergarten- und frühen Grundschulalter, dass Personen mit schlechten Absichten schlimmer sind als jene mit gutartigen Absichten (Chandler, Greenspan & Barenboim, 1973; Grueneich, 1982; Yuill & Perner, 1988). In Piagets ursprünglichen Forschungsarbeiten haben sich die Kinder wahrscheinlich vorrangig auf die Folgen der Handlungen der Protagonisten konzentriert, weil diese in seinen Geschichten stark betont wurden und sehr auffällig waren. Außerdem werden wir in diesem Kapitel noch sehen, dass jüngere Kinder bei einigen Handlungen, zum Beispiel wenn andere verletzt werden, definitiv nicht glauben, dass sie richtig sind, selbst wenn Erwachsene das sagen.

Piagets Ansatz und seine Annahme verschiedener Stadien der Moralentwicklung bildete die Grundlage für neuere Überlegungen und Forschungen zur Entwicklung des moralischen Urteilens. Den wichtigsten Beitrag leistete die komplexere und differenziertere Theorie der Moralentwicklung von Lawrence Kohlberg.

Kohlbergs Theorie des moralischen Urteils

Da sein Denken sehr stark von den Ideen Piagets beeinflusst war, interessierte sich Kohlberg (1976; Colby & Kohlberg, 1987a) vor allem für die Stufenfolge, in der sich das moralische Denken und Urteilen von Kindern entwickelt. Auf der Basis einer Langzeitstudie, in der er das begründete moralische Denken von Kindern unterschiedlichen Alters erfasste, nahm Kohlberg an, dass die Moralentwicklung eine spezifische Abfolge diskontinuierlicher und hierarchischer Stufen durchläuft. Das bedeutet, dass jede Stufe eine qualitativ andersartige, angemessenere Denkweise zum Ausdruck bringt als die jeweils vorangegangene Stufe (siehe Tabelle 14.1)

Kohlberg erfasste das moralische Urteil dadurch, dass er Kindern hypothetische moralische Dilemmata präsentierte und sie dann über Aspekte befragte, die diese Dilemmata kennzeichneten. Das bekannteste Dilemma bezieht sich auf eine Person namens Heinz, dessen Frau an einer bestimmten Krebsart stirbt. Ein örtlicher Apotheker hatte ein Medikament entdeckt, das sie retten könnte, aber er verlangte dafür das Zehnfache vom Herstellungspreis, was die finanziellen Möglichkeiten von Heinz bei weitem überstieg.

Heinz borgte von allen Bekannten Geld, brachte aber nur etwa die Hälfte des Preises zusammen. Er erzählte dem Apotheker, dass seine Frau sterben würde, und bat ihn, das Medikament billiger zu verkaufen oder ihm eine spätere Bezahlung zu ermöglichen. Aber der Apotheker sagte: „Nein, ich habe das Medikament entdeckt und will damit Geld verdienen." Das machte Heinz ganz verzweifelt, und er brach in die Apotheke ein und stahl das Medikament für seine Frau.

Lawrence Kohlberg behauptete wie schon Piaget, dass die Stufen der Moralentwicklung eine qualitative Veränderung des Denkens implizieren und dass jede Stufe eine neue Denkweise darstellt, welche das Denken des Kindes auf den vorangegangenen Ebenen ersetzt.

Tabelle 14.1: Kohlbergs Niveaus und Stufen des moralischen Urteils.

Präkonventionelles Niveau

Stufe 1: Orientierung an Strafe und Gehorsam. Auf Stufe 1 wird das als richtig angesehen, was dem Gehorsam gegenüber der Autorität entspricht. Das „Gewissen" der Kinder (was sie zwischen richtig und falsch entscheiden lässt) ist die Furcht vor Strafe, und ihr moralisches Handeln ist dadurch motiviert, Strafe zu vermeiden. Das Kind berücksichtigt nicht die Interessen von anderen oder erkennt, dass diese sich von den eigenen Interessen unterscheiden können. Beispiele für Gedankengänge für (pro) und gegen (kontra) den Diebstahl des Medikaments, den Heinz für seine Frau begeht, sind die folgenden:

Pro: Wenn du deine Frau sterben lässt, bekommst du Schwierigkeiten. Man wird dir die Schuld geben, dass du nicht das Geld ausgegeben hast, um sie zu retten, und es wird eine Untersuchung geben wegen des Todes deiner Frau, und zwar bei dir und bei dem Apotheker.

Kontra: Du solltest das Medikament nicht stehlen, weil man dich schnappt und ins Gefängnis steckt, wenn du das machst. Wenn du davonkommst, wird dein Gewissen dich plagen; du denkst, jede Minute kann dich die Polizei drankriegen (Kohlberg, 1969, S. 381).

Stufe 2: Orientierung an Kosten-Nutzen und Reziprozität. Auf Stufe 2 wird das als richtig angesehen, was im eigenen Interesse liegt oder einen gleichwertigen Austausch zwischen Menschen impliziert (Austausch von Nutzen nach dem Prinzip „wie du mir, so ich dir").

Pro: Wenn du erwischt wirst, könntest du das Medikament zurückgeben und würdest keine hohe Strafe bekommen. Es wäre nicht schlimm, kurzzeitig im Gefängnis zu sein, wenn du deine Frau hast, wenn du wieder rauskommst.

Kontra: Er wird nicht lange ins Gefängnis kommen, wenn er das Medikament stiehlt, aber seine Frau wird wahrscheinlich sterben, bevor er wieder rauskommt, deshalb wird es ihm nicht viel nützen. Wenn seine Frau stirbt, sollte er sich keine Schuld daran geben, er konnte nichts dafür, dass sie Krebs hat (Kohlberg, 1969, S. 381).

Tabelle 14.1: Kohlbergs Niveaus und Stufen des moralischen Urteils. (Forts.)

Konventionelles Niveau

Stufe 3: Orientierung an wechselseitigen zwischenmenschlichen Erwartungen, Beziehungen und zwischenmenschlicher Übereinstimmung („gutes Mädchen, lieber Junge"). Auf Stufe 3 bedeutet gutes Verhalten, dasjenige zu tun, was von den Menschen erwartet wird, die der Person nahe stehen, oder was Menschen allgemein von jemandem in einer bestimmten Rolle erwarten (zum Beispiel von einem „Sohn"). „Gut" zu sein ist an sich wichtig und bedeutet, gute Absichten zu haben, sich um andere zu sorgen und gute Beziehungen zu anderen aufrechtzuerhalten.

Pro: Keiner wird glauben, dass du schlecht bist, wenn du das Medikament stiehlst, aber deine Familie wird dich für einen unmenschlichen Ehemann halten, wenn du es nicht tust. Wenn du deine Frau sterben lässt, wirst du nie wieder jemandem in die Augen sehen können.

Kontra: Es ist nicht nur der Apotheker, der dich für kriminell halten wird, sondern auch jeder andere. Nachdem du es gestohlen hast, wirst du dich bei dem Gedanken schlecht fühlen, Schande über deine Familie und über dich gebracht zu haben; du wirst keinem mehr in die Augen sehen können (Kohlberg, 1969, S. 381).

Stufe 4: Orientierung am sozialen System und am Gewissen („Recht und Ordnung"). Richtiges Verhalten auf Stufe 4 bedeutet, seine Pflicht zu erfüllen, Gesetze zu achten und zur Gesellschaft oder der eigenen Gruppe beizutragen. Das Individuum ist daran interessiert, das soziale System zu bewahren und einen Zusammenbruch seiner Funktionstüchtigkeit zu vermeiden.

Pro: In den meisten Ehen akzeptierst du die Verantwortung, dich um die Gesundheit des anderen zu kümmern und um ihr Leben und wenn du mit jemandem zusammenlebst, bist du verantwortlich dafür, das zu versuchen und ein glückliches Leben daraus zu machen (Colby & Kohlberg, 1987b, S. 43).

In ihrem revidierten Kodiermanual geben Colby und Kohlberg (1987b) praktisch keine Beispiele für das Denken auf Stufe 4, welches die Entscheidung unterstützt, dass Heinz das Medikament nicht für seine Frau stehlen sollte. Sie geben jedoch Gründe, warum man das Medikament nicht für ein Haustier stehlen sollte: Heinz sollte nicht für ein Haustier stehlen, weil Tiere nichts zur Gesellschaft beitragen können (S. 37).

Postkonventionelles Niveau (prinzipientreues Niveau)

Stufe 5: Orientierung am sozialen Vertrag oder an individuellen Rechten. Auf Stufe 5 bedeutet richtiges Verhalten, die Regeln zu beachten, die im besten Interesse der Gruppe liegen („das größte Wohl für die meisten"), die unparteiisch sind oder auf die sich die Gruppe geeinigt hat. Manche Werte und Rechtsprinzipien wie Leben und Freiheit sind jedoch universelles Recht und müssen in jeder Gesellschaft beachtet werden, unabhängig von der Mehrheitsmeinung. Es ist schwierig, auf Stufe 5 einen Grund zu konstruieren, warum man das Medikament nicht stehlen sollte.

Pro: Heinz sollte das Medikament stehlen, weil das Recht auf Leben das Recht auf Eigentum ersetzt oder übertrifft (Colby & Kohlberg, 1987b, S. 11).

Pro: Heinz geht von einer Wertehierarchie aus, in der das Leben (zumindest das Leben seiner Frau) höher ist als Ehrlichkeit. ... Das menschliche Leben und seine Erhaltung – so wie es hier dargestellt ist – muss Vorrang gegenüber den anderen Werten haben, wie Heinz' Wunsch, ehrlich und gesetzestreu zu sein, oder des Apothekers Bevorzugung von Geld und seinen Rechten. Alle Werte leiten sich aus dem ultimativen Wert des Lebens ab (Colby & Kohlberg, 1987b, S. 54).

Stufe 6: Orientierung an universellen ethischen Prinzipien. Richtiges Verhalten auf Stufe 6 ist die Verpflichtung gegenüber selbstgewählten ethischen Prinzipien, in denen universelle Gerechtigkeitsprinzipien zum Ausdruck kommen (zum Beispiel die Gleichheit der Rechte des Menschen, Respekt für die Würde eines jeden menschlichen Wesens). Wenn Gesetze diese Prinzipien verletzen, sollte das Individuum im Einklang mit den universellen Prinzipien handeln und sich nicht am Gesetz orientieren.

Nachdem er den Kindern dieses Dilemma erzählte, stellte Kohlberg Fragen wie diese: Hätte Heinz das tun sollen? War es am Ende richtig oder falsch? Warum? Ist es die Pflicht eines Ehemanns, das Medikament für seine Frau zu stehlen, wenn er es anders nicht bekommen kann? Kohlberg ging es nicht darum, für welche Handlung sich die Kinder bei diesem Dilemma entscheiden würden, sondern um die Gedankengänge, die ihren Entscheidungen zugrunde lagen, weil diese die Qualität ihres moralischen Denkens reflektieren. Zum Beispiel wurde die Antwort „Heinz sollte das Medikament stehlen, weil er wahrscheinlich nicht erwischt und eingesperrt wird" als weniger fortgeschritten eingestuft als die Antwort „Heinz sollte das Medikament stehlen, weil er will, dass es seiner Frau besser geht und sie überlebt."

Kohlbergs Stufen

Auf der Basis der Denkprozesse, die den Antworten der Kinder zugrunde liegen, unterschied Kohlberg drei Ebenen des moralischen Urteils – das präkonventionelle, das konventionelle und das postkonventionelle (oder prinzipientreue) Niveau. Präkonventionelles moralisches Denken ist selbstbezogen: Es konzentriert sich darauf, Belohnung zu bekommen und Strafe zu vermeiden. Konventionelles moralisches Denken ist an sozialen Beziehungen orientiert: Es konzentriert sich auf die Übereinstimmung mit sozialen Pflichten und Gesetzen. Postkonventionelles moralisches Denken ist an Idealen ausgerichtet: Es konzentriert sich auf moralische Prinzipien. Jedes dieser drei Niveaus umfasst zwei Stufen des moralischen Urteils (siehe Tabelle 14.1). So wenige Personen erreichten jedoch jemals die Stufe 6 (universelle ethische Prinzipien), dass Kohlberg (1978) schließlich aufhörte, sie als eine eigene Stufe zu werten, und viele Theoretiker betrachten sie als eine Elaboration von Stufe 5.

Kohlberg behauptete, dass Menschen überall auf der Welt diese Stufen in derselben Reihenfolge durchlaufen, wobei sie sich allerdings danach unterscheiden, wie weit sie dabei vorankommen. Wie in Piagets Theorie sind es die altersabhängigen Fortschritte der kognitiven Fähigkeiten, insbesondere die Perspektivenübernahme, die der Entwicklung der höheren moralischen Urteilsebenen zugrunde liegen sollen. In Übereinstimmung mit Kohlbergs Theorie findet sich, dass Menschen mit besser ausgeprägten kognitiven Fähigkeiten und besserer Ausbildung moralische Urteile auf höherer Ebene abgeben (Colby, Kohlberg, Gibbs & Lieberman, 1983; Mason & Gibbs, 1993; Rest, 1983; Walker, 1980). Kinder mit höheren Ausprägungen der Fähigkeit zur Perspektivenübernahme als ihre Peers weisen auch höhere Ausprägungen ihres moralischen Urteils auf.

In ihren ursprünglichen Arbeiten untersuchten Kohlberg und seine Mitarbeiter (Colby et al., 1983) nur Jungen, die sie bis ins Erwachsenenalter begleiteten. Abbildung 14.1 zeigt, wie sich das mo-

Jugendliche Straftäter – wie der in Deutschland immer wieder aufgefallene Mehmet – neigen im Vergleich zu unbescholtenen Menschen zu moralischem Denken auf niedrigerem Niveau (Nelson, Smith & Dodd, 1990). Zum Beispiel rechtfertigen sie die Wahl ihrer Handlungen in moralischen Konfliktsituationen häufig mit Gedankengängen, die sich auf die Strafe fürs „Erwischt-Werden" oder den eigenen Vorteil beziehen.

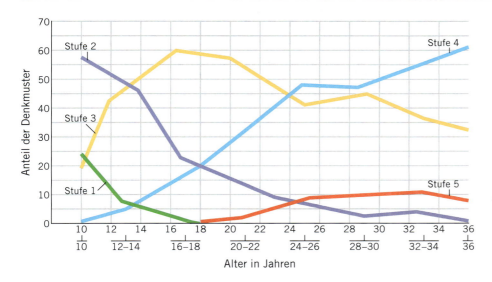

Abbildung 14.1: Anteil der moralischen Denkweisen auf jeder Stufe für jede Altersgruppe. Die Kurven zeigen Alterstrends beim moralischen Denken in Kohlbergs Langzeitstudie.

ralische Denken systematisch mit dem Alter verändert. Im Alter von zehn Jahren verwendeten die Jungen vorwiegend Denkmuster auf Stufe 1 (blinder Gehorsam gegenüber Autoritäten) und Stufe 2 (Eigeninteresse). Danach gingen die Überlegungen auf diesen Stufen deutlich zurück. Für die meisten Jugendlichen mit 14 Jahren oder älter war moralisches Denken auf Stufe 3 („gut" zu sein, um Anerkennung zu bekommen oder Beziehungen zu erhalten) die bevorzugte Art des Denkens, wobei einige Jugendliche gelegentlich auch auf Stufe 4 argumentierten (Pflichten erfüllen und Gesetze befolgen, um die soziale Ordnung zu erhalten). Nur sehr wenige Untersuchungsteilnehmer erreichten jemals, selbst mit 36 Jahren, die Stufe 5 (die Interessen der Gruppe bestmöglich wahren und dabei Leben und Freiheit als universelle Werte anzuerkennen).

Zwischen dem Niveau des moralischen Denkens von Menschen und der tatsächlichen Moralität ihres Verhaltens scheint ein Zusammenhang in mittlerer Höhe zu bestehen. Zum Beispiel neigen Menschen mit moralischem Denken auf höherer Ebene häufiger dazu, anderen zu helfen (Blasi, 1980), sind seltener an kriminellen Aktivitäten beteiligt (Jurkovic, 1980; Lee & Prentice, 1988; Palmer & Hollin, 1998) und verhalten sich mit höherer Wahrscheinlichkeit auf moralische Weise (Kohlberg & Candee, 1984).

Kritik an Kohlbergs Theorie

Kohlbergs Arbeiten erwiesen sich als sehr wichtig, weil sie den Nachweis erbrachten, dass es relativ systematische altersabhängige Veränderungen im moralischen Denken und Urteilen von Kindern gibt. Da außerdem das jeweilige Niveau des moralischen Urteilens mit dem tatsächlichen moralischen Verhalten in Zusammenhang gebracht wurde, insbesondere bei Menschen, die auf den höheren Niveaustufen denken und urteilen (zum Beispiel Kutnick, 1985; Underwood & Moore, 1982), erwies sich Kohlbergs Denken als hilfreich für das Verständnis, wie kognitive Prozesse zum moralischen Verhalten beitragen. Vor Kohlberg galt Moral für viele als ein Verhaltensbereich, der sich vor allem aus sozialen und emotionalen Faktoren entwickelt und nicht aus einer Kombination kognitiver, sozialer und emotionaler Entwicklungsaspekte.

Kohlbergs Theorie und Befunde riefen aber auch zahlreiche Kontroversen und Kritiken hervor. Eine kontrovers diskutierte Frage bezieht sich auf kulturelle Unterschiede. Zwar beginnen Kinder in vielen nicht-westlichen, nicht-industrialisierten Kulturen ihr Denken überwiegend so, wie es in Kohlbergs Klassifikationssystem für westliche Kinder gilt, doch schreiten ihre moralischen Denkmuster im Allgemeinen nicht so weit voran wie bei ihren westlichen Peers (zum Beispiel Kohlberg, 1969; Nisan & Kohlberg, 1982; Snarey, 1985). Dieser Befund führte zu der Kritik, dass Kohlbergs Geschichten und sein Einschätzungssystem eine verzerrte, intellektualisierte westliche Auffassung von Moral widerspiegeln, die für nicht-westliche Kulturen keine Gültigkeit besitzt (Simpson, 1974). In Gesellschaften, in denen die meisten Interessenskonflikte von Angesicht zu Angesicht ausgetragen werden und das Ziel, die Gruppenharmonie zu erhalten, von entscheidender Bedeutung ist, werden Fragen der individuellen Rechte und der zivilen Freiheiten vielleicht als nicht so besonders relevant angesehen. Außerdem wird in einigen Gesellschaften der Gehorsam gegenüber Autoritäten, Älteren und religiösen Geboten höher bewertet als die Prinzipien der Freiheit und der individuellen Rechte.

Ein weiterer Kritikpunkt richtet sich auf Kohlbergs Behauptung, dass die Veränderungen des moralischen Denkens diskontinuierlich verlaufen. Da jede Stufe fortschrittlicher ist als die vorangegangene, ging Kohlberg davon aus, dass Individuen, sobald sie eine neue Stufe erreicht haben, selten die Denkmuster einer niedrigeren Stufe anwenden. Die Forschung zeigte jedoch, dass Kinder und Erwachsene häufig höhere und niedrigere Stufen gleichzeitig heranziehen. Ihr Denken folgt also nicht einem geordneten Fortschritt entlang der Stufen, sondern weist auch Rückschritte zu niedrigeren Denkstufen auf (Rest, 1979). Folglich kann man nicht eindeutig sagen, dass die Entwicklung des moralischen Denkens diskontinuierlich (qualitativ) verläuft. Vielmehr kann es sein, dass Kinder und Erwachsene die kognitiven Fähigkeiten, mit denen sie höhere Stufen des moralischen Denkens nutzen können, zwar nach und nach erwerben, aber auch niedrigere Stufen verwenden, wenn diese mit ihren Zielen, Motiven oder Überzeugungen in einer bestimmten Situation übereinstimmen. Zum Beispiel kann selbst ein Erwachsener, der zum Denken auf Stufe 4 fähig ist, seine Entscheidung, für seinen eigenen Vorteil gegen ein Gesetz zu verstoßen, mit Argumenten auf Ebene 2 rechtfertigen.

Die umstrittenste Frage im Zusammenhang mit Kohlbergs Theorie richtet sich darauf, ob es beim moralischen Urteil Geschlechtsunterschiede gibt. Wie oben angeführt, entwickelte Kohlberg seine Stufen auf der Grundlage von Interviews mit einer rein männlichen Stichprobe. Carol Gilligan (1977, 1982) behauptete, dass Kohlbergs Klassifikation des moralischen Urteils unausgewogen sei, und zwar zu Ungunsten von Frauen, weil sie nicht angemessen den Unterschieden zwischen dem männlichen und dem weiblichen moralischen

Denken Rechnung trägt. Gilligan nahm an, dass Männer wegen ihrer unterschiedlichen Sozialisation dazu neigen, Prinzipien von Recht und Gerechtigkeit hoch zu bewerten, während Frauen mehr Wert auf Fürsorge, Verantwortlichkeit für andere und die Vermeidung der Ausbeutung oder Verletzung anderer legen (Gilligan & Attanucci, 1988). Dieser Unterschied in der moralischen Orientierung führt nach Gilligan dazu, dass Männer beziehungsweise Jungen bei den Kohlberg-Dilemmata höhere Werte erreichen als Frauen oder Mädchen.

Im Gegensatz zu Gilligans Theorie gibt es wenig Anhaltspunkte dafür, dass Jungen und Mädchen oder Männer und Frauen auf Kohlbergs Moralstufen unterschiedliche Werte erreichen (Turiel, 1998; Walker, 1984, 1991). In Übereinstimmung mit Gilligans Annahmen konzentrieren sich allerdings Frauen als Jugendliche und im Erwachsenenalter bei ihren moralischen Urteilen etwas stärker auf Aspekte, welche die Sorge für andere Menschen betreffen (Garmon, Basinger, Gress & Gibbs, 1996; Jaffee & Hyde, 2000; Wark & Krebs, 1996). Geschlechtsunterschiede im moralischen Denken scheinen am deutlichsten hervorzutreten, wenn Personen über moralische Dilemmata in ihrem eigenen Leben berichten (Jaffee & Hyde, 2000). Gilligans Arbeiten waren somit dahingehend bedeutsam, dass sie die Forschungsperspektive auf das moralische Denken erweitert haben und den Nachweis erbrachten, dass sich Männer und Frauen ein wenig bei den Aspekten unterscheiden, auf die sie sich bei der Auseinandersetzung mit moralischen Fragen konzentrieren.

Obwohl Kohlbergs Stufen wahrscheinlich in ihrer Abfolge nicht so invariant und auch insgesamt nicht so universell sind, wie er behauptete, beschreiben sie doch Veränderungen im moralischen Denken von Kindern, die in vielen westlichen Gesellschaften beobachtbar sind. Diese Veränderungen sind wichtig, weil sich Menschen, die auf höheren Stufen urteilen, mit etwas größerer Wahrscheinlichkeit auch selbst moralisch verhalten – zum Beispiel anderen helfen. Das bessere Verständnis der altersabhängigen Veränderungen beim moralischen Denken erlaubt somit Erkenntnisse darüber, warum Kinder, wenn sie älter werden, zu einem verstärkten Ausmaß an prosozialem Verhalten neigen.

Prosoziales moralisches Urteilsvermögen

Wenn Kinder auf die von Kohlberg entwickelten Dilemmata reagieren, müssen sie zwischen zwei Handlungen wählen, die beide nicht richtig sind, zum Beispiel zu stehlen oder jemanden sterben lassen. Es gibt jedoch andere Arten moralischer Dilemmata, bei denen die Entscheidung zwischen Vorteil oder Bequemlichkeit für einen selbst und Gerechtigkeit oder Wohlergehen für andere getroffen werden muss (Damon, 1977; Eisenberg, 1986; Eisenberg, Carlo, Murphy & Van Court, 1995; Skoe, 1998).

Um herauszufinden, wie Kinder solche Dilemmata lösen, geben ihnen die Forscher Geschichten vor, in denen die Personen wählen müssen, ob sie je-

Prosoziales Verhalten – freiwilliges Verhalten, von dem andere profitieren sollen, beispielsweise Helfen, Teilen oder Trösten.

mandem helfen oder ihren eigenen Bedürfnissen nachgehen. Diese Dilemmata werden *prosoziale* moralische Dilemmata genannt; sie beziehen sich auf **prosoziales Verhalten** – freiwilliges Verhalten, das anderen nützen soll, zum Beispiel jemandem helfen, etwas mit jemandem teilen oder jemanden trösten. Die folgende Geschichte illustriert die Art von Dilemma, die bei Kindern ab vier Jahren verwendet wurde (Eisenberg-Berg & Hand, 1979, S. 358):

> Eines Tages wollte ein Junge namens Eric zur Geburtstagsfeier eines Freundes gehen. Unterwegs sah er einen Jungen, der hingefallen war und sich am Bein verletzt hatte. Der Junge bat Eric, zu seiner Wohnung zu gehen und seine Eltern zu holen, so dass diese kommen und ihn zum Arzt bringen können. Wenn Eric aber loslaufen und die Eltern des Kindes holen würde, käme er erst später zur Geburtstagsfeier und würde Eis, Kuchen und alle Spiele verpassen. Was sollte Eric tun? Warum?

Tabelle 14.2: Ebenen des prosozialen Verhaltens.

Ebene 1: Hedonistische, selbstbezogene Orientierung. Das Individuum befasst sich mit seinen eigenen Interessen statt mit moralischen Überlegungen. Gründe, warum man anderen hilft oder nicht, sind unter anderem direkter persönlicher Vorteil, zukünftige Gegenleistung oder Sorge um den anderen auf der Grundlage von Bedürfnissen oder Zuneigung. (Vorherschende Denkweise vor allem bei Kindern vor dem Schulalter und jüngeren Grundschulkindern.)

Ebene 2: Orientierung an Bedürfnissen. Das Individuum berücksichtigt die körperlichen, materiellen und psychischen Bedürfnisse anderer, auch wenn diese mit den eigenen Bedürfnissen konfligieren. Diese Sorge wird auf einfachste Weise ausgedrückt, ohne erkennbare Hinweise auf selbstreflexive Rollenübernahme, verbale Ausdrücke von Sympathie oder Bezug zu Gefühlen wie Stolz oder Schuld. (Vorherschende Denkweise bei vielen Kindern im Vorschul- und Grundschulalter.)

Ebene 3: Orientierung an Anerkennung und/oder Stereotyp: Das Individuum rechtfertigt die Ausführung oder Unterlassung des prosozialen Verhaltens auf der Grundlage von Anerkennung oder Akzeptanz durch andere und/oder von stereotypen Vorstellungen von guten und schlechten Personen beziehungsweise Verhaltensweisen. (Vorherschende Denkweise bei einigen Grundschulkindern und bei Schülern der High-School.)

Ebene 4a: Selbstreflexive empathische Orientierung. Die Beurteilungen des Individuums enthalten Hinweise auf selbstreflexive verständnisvolle Reaktionen oder Rollenübernahmen, auf die Berücksichtigung der Tatsache, dass es sich um einen Menschen handelt, und/oder auf Schuld oder positive Gefühle, die sich auf die Folgen des eigenen Handelns beziehen. (Vorherschende Denkweise bei wenigen älteren Grundschulkindern und vielen Schülern der High-School.)

Ebene 4b: Übergangsniveau. Die Rechtfertigungen dafür, warum das Individuum hilft oder nicht hilft, umfassen internalisierte Werte, Normen, Pflichten oder Verantwortlichkeiten. Sie können auch die Berücksichtigung des Zustands der Gesellschaft im weiteren Sinne zum Ausdruck bringen oder sich auf die Notwendigkeit beziehen, die Rechte und Würde anderer Personen zu schützen. Diese Ideale werden jedoch nicht eindeutig oder nachdrücklich genannt. (Vorherschende Denkweise bei einer Minderheit von Menschen im High-School-Alter oder darüber.)

Ebene 5: Stark internalisiertes Stadium. Die Rechtfertigungen dafür, warum das Individuum hilft oder nicht hilft, beruhen auf internalisierten Werten, Normen oder Verantwortlichkeiten; dem Wunsch, individuell und gesellschaftlich vereinbarte Verpflichtungen zu erfüllen oder den Zustand der Gesellschaft zu verbessern; und auf dem Glauben an Rechte, Würde und Gleichheit aller Individuen. Diese Ebene ist auch durch positive oder negative Emotionen gekennzeichnet, die sich darauf beziehen, ob es einem gelingt oder nicht, den eigenen Werten und den akzeptierten Normen zu entsprechen. (Vorherschende Denkweise bei einer nur kleinen Minderheit von Schülern der High-School.)

(Nach Eisenberg, 1986)

Bei solchen Tests bringen Kinder und Jugendliche nach der Beschreibung Eisenbergs (1986) fünf Stufen des prosozialen moralischen Denkens zur Anwendung, die den Kohlberg'schen Stufen ähnlich sind (siehe Tabelle 14.2). Kindergartenkinder zeigen vorwiegend hedonistische Denkmuster (Ebene 1), die um ihre eigenen Bedürfnisse kreisen. Typischerweise sagen sie, Eric sollte zu der Feier gehen, weil er das will. Doch erwähnen Kinder in diesem Alter häufig auch die körperlichen Bedürfnisse anderer, woraus man schließen kann, dass sich einige Kinder im Vorschulalter bereits Sorgen über das Wohlergehen anderer machen (Ebene 2). Zum Beispiel geben sie an, dass Eric helfen sollte, weil der andere Junge blutet oder verwundet ist. Solche Verweise auf die Bedürfnisse anderer mehren sich in den Grundschuljahren. Außerdem ist es den Kindern in der Grundschule zunehmend ein Anliegen, dass man soziale Anerkennung bekommt und so handelt, wie es andere Menschen und die Gesellschaft „gut" oder „nett" finden. Zum Beispiel sollte Eric helfen, um „freundlich zu sein" (Ebene 3). In der späten Kindheit und im Jugendalter beruhen die Auffassungen der Kinder dann, in unterschiedlichem Ausmaß, auch auf der Perspektivenübernahme (Ebene 4a; zum Beispiel „Eric sollte sich überlegen, wie es ihm in dieser Situation ergehen würde") und auf moralisch relevanten Affekten wie Sympathie, Schuld oder positiven Gefühlen wegen der tatsächlichen oder phantasierten Folgen von wohltätigen oder nützlichen Handlungen (zum Beispiel „Eric würde sich schlecht fühlen, wenn er nicht hilft und der Junge Schmerzen hat"). Die Auffassungen einer Minderheit der älteren Jugendlichen (Ebenen 4b und 5) bringen internalisierte Werte zum Ausdruck und die Gefühle, die auftreten können, wenn man diesen Werten nicht gerecht wird (zum Beispiel schlechtes Gewissen).

Dieses Muster an Veränderungen im prosozialen moralischen Denken fand sich bei Kindern aus Brasilien, Deutschland, Israel und Japan (Carlo, Koller, Eisenberg, Da Silva & Frohlich, 1996; Eisenberg, Boehnke, Schuhler & Silbereisen, 1985; Fuchs, Eisenberg, Hertz-Lazarowitz & Sharabany, 1986; Munekata & Ninomiya, 1985). Zwischen Kindern aus unterschiedlichen Kulturen gibt es beim prosozialen moralischen Denken jedoch auch eine gewisse Variation. Ältere Kinder (und Erwachsene) in einigen traditionellen Gesellschaften auf Papua Neuguinea zeigen beispielsweise seltener moralische Abwägungen auf höherer Ebene als Angehörige westlicher Kulturen. Die Denkweisen, die sie häufig zum Einsatz bringen – Denkmuster, die sich auf die Bedürfnisse anderer und die Beziehung zwischen Menschen richten –, stimmen jedoch mit den Werten einer Kultur überein, in der die Menschen in Face-to-face-Interaktionen miteinander kooperieren müssen, um zu überleben (Tietjen, 1986). In fast allen Kulturen treten Gedankengänge, welche die Bedürfnisse anderer Menschen und globale Konzepte von gutem und schlechtem Verhalten widerspiegeln (Kohlbergs Stufe 3 und Eisenbergs

Auf die Frage des Versuchsleiters, was ein Kind tun wird, das auf dem Weg zu einer Geburtstagsparty auf ein verletztes Kind trifft, antworteten viele Neun- und Zehnjährige: „Helfen, weil das Bein des Jungen verletzt ist und er zum Arzt gehen muss."

Ebene 3), bei den prosozialen Dilemmata bereits in etwas jüngerem Alter auf als bei Kohlbergs moralischen Dilemmata.

Mit zunehmendem Alter wird das prosoziale moralische Urteilen von Kindern, genau wie ihr Denken über moralische Dilemmata Kohlberg'scher Prägung, abstrakter und beruht stärker auf internalisierten Prinzipien und Werten (Eisenberg, 1986; Eisenberg et al., 1995; Eisenberg, Miller, Shell, McNalley & Shea, 1991). Außerdem – auch dies wieder analog zum moralischen Denken bei Kohlberg – sind Kinder, die prosoziales moralisches Denken auf höheren Ebenen praktizieren, häufig mitfühlender und prosozialer in ihrem Verhalten als Kinder, die anhand prosozialer moralischer Denkmuster auf niedrigerer Ebene urteilen (Eisenberg, 1986; Eisenberg et al., 1991; Janssens & Dekovic, 1997).

Bereiche sozialer Urteile

Im täglichen Leben treffen Kinder Entscheidungen über viele Arten von Handlungen: ob sie Regeln und Gesetze befolgen oder dagegen verstoßen, ob sie kämpfen oder einem Konflikt aus dem Weg gehen, ob sie sich förmlich oder leger anziehen, ob sie nach der Schule noch lernen oder nur herumhängen, und so weiter. An einigen dieser Entscheidungen sind moralische Urteile beteiligt, andere haben mit sozialen Konventionen zu tun, wieder andere beziehen sich auf persönliche Urteile (Nucci, 1981; Turiel, 1978, 1998).

Moralische Urteile – Entscheidungen, die sich auf Fragen von Richtig und Falsch, Fairness und Gerechtigkeit beziehen.

Sozial-konventionale Urteile – Entscheidungen, die sich auf Sitten oder Regeln beziehen, mit denen die soziale Koordination und die soziale Organisation gesichert werden sollen.

Persönliche Urteile – Entscheidungen, die sich auf Handlungen beziehen, bei denen vor allem persönliche Präferenzen berücksichtigt werden.

Moralische Urteile betreffen Fragen von Richtig und Falsch, Fairness und Gerechtigkeit. **Sozial-konventionale Urteile** beziehen sich auf Sitten oder Regelungen, die darauf abzielen, die soziale Koordination und Organisation zu sichern, zum Beispiel Fragen der angemessenen Kleidung, Tischmanieren und Formen des Grüßens (zum Beispiel seine Lehrer nicht zu duzen). **Persönliche Urteile** beziehen sich auf Handlungen, bei denen es hauptsächlich um die Berücksichtigung persönlicher Präferenzen geht. Zum Beispiel gilt in der westlichen Kultur die Wahl von Freunden oder von Freizeitaktivitäten normalerweise als persönliche Angelegenheit (Nucci & Weber, 1995; Turiel, 1998). Ob Kinder bestimmte Entscheidungen als moralische, sozial-konventionale oder persönliche Urteile wahrnehmen, wirkt sich auf die Bedeutung aus, die sie ihnen zuweisen.

Wie Kinder soziale Urteile anwenden

In vielen Kulturen fangen Kinder schon in frühem Alter damit an, zwischen Angelegenheiten moralischer Art und solchen, die soziale Konventionen betreffen, zu unterscheiden (Miller & Bersoff, 1992; Nucci, Camino & Sapiro, 1996; Tisak, 1995). Mit drei Jahren glauben sie im Allgemeinen, dass moralische Verfehlungen (zum Beispiel das Eigentum eines anderen Kindes zu stehlen oder ein Kind zu schlagen) schlimmer sind als Verstöße gegen soziale Konventionen (zum Beispiel nicht „bitte" zu sagen, wenn man etwas haben möchte, oder wenn ein Junge Nagellack trägt). Mit vier Jahren glauben sie, dass moralische Übertretungen, aber nicht Übertretungen sozialer Konventionen auch dann falsch sind, wenn ein Erwachsener nichts davon weiß und selbst wenn erwachsene Autoritäten nicht explizit gesagt haben, dass sie falsch sind (Smetana & Braeges, 1990). Diese Unterscheidung zeigt sich im folgenden Ausschnitt aus einem Interview mit einem fünfjährigen Jungen (Turiel, 1987, S. 101):

> *Interviewer*: Dies ist eine Geschichte über die Park-Schule. In der Park-Schule dürfen sich die Kinder schlagen und schubsen, wenn sie wollen. Es ist in Ordnung, andere zu schlagen und zu schubsen. Denkst du, dass es in Ordnung ist, wenn die Park-Schule sagt, Kinder dürfen schlagen und schubsen, wenn sie wollen?
>
> *Junge*: Nein. Es ist nicht in Ordnung.
>
> *Interviewer*: Warum nicht?
>
> *Junge*: Weil das ist so wie andere Leute unglücklich machen. Man kann sie auf diese Weise verletzen. Es tut anderen Menschen weh, wehtun ist nicht gut.

Dieser Junge ist der festen Überzeugung, dass es falsch ist, andere zu verletzen, selbst wenn Erwachsene sagen, dass es akzeptabel sei. Vergleichen wir diesen Gedankengang mit der Reaktion des Jungen auf eine Frage über die Annehmbarkeit einer Schulpolitik, die den Kindern erlaubt, bei warmem Wetter die Kleidung auszuziehen.

> *Interviewer*: Ich kenne eine andere Schule in einer anderen Stadt. ... Die Groove-Schule. ... In der Groove-Schule dürfen die Kinder ihre Kleider ausziehen, wenn sie es wollen. Ist das in Ordnung oder nicht, wenn die Groove-Schule sagt, dass Kinder ihre Kleider ausziehen dürfen, wenn sie wollen?
>
> *Junge*: Ja. Weil das die Regel ist.
>
> *Interviewer*: Warum haben sie eine solche Regel?
>
> *Junge*: Wenn es das ist, was der Chef machen will, kann er es tun. ... Er trägt die Verantwortung für die Schule.

Im Hinblick auf sowohl moralische als auch sozial-konventionale Angelegenheiten in der Familie glauben Kinder und sogar Jugendliche, dass die Eltern die Autorität besitzen, wenn auch etwas weniger Autorität über die Jugendlichen (Smetana, 1988, 1995). Was Angelegenheiten der persönlichen Beurteilung betrifft, neigen jedoch schon Kindergartenkinder zu der Überzeugung, dass sie selbst die Kontrolle besitzen sollten, und ältere Kinder sowie Jugendliche sind sich ihrer Überzeugung sehr sicher, dass sie die Entscheidungen in ihrem persönlichen Bereich (zum Beispiel wie sie aussehen, wofür sie ihr Geld ausgeben und welche Freunde sie wählen) zu Hause und in der Schule selbst treffen sollten. Weil Eltern oft glauben, sie sollten eine gewisse Autorität auch über die persönlichen Entscheidungen ihrer Kinder haben, bekämpfen sich Eltern und Jugendliche häufig in diesem Bereich – und die Eltern verlieren meistens (Smetana, 1988; Smetana & Asquith, 1994).

Kulturelle und sozio-ökonomische Unterschiede

Menschen in den verschiedenen Kulturen unterscheiden sich manchmal darin, ob sie Entscheidungen als moralisch, sozialen Konventionen folgend oder persönlich ansehen (Shweder, Mahapatra & Miller, 1987). Nehmen wir die Frage, ob der Einzelne verpflichtet ist, sich um die kleineren Bedürfnisse der Eltern oder die mittelgroßen Bedürfnisse von Freunden oder Fremden zu kümmern. Für indische Hindus gehört diese Frage eindeutig in den Bereich der moralischen Pflichten (Miller, Bersoff & Harwood, 1990). Im Gegensatz dazu scheinen Amerikaner das als eine Frage der persönlichen Präferenz oder als Kombination aus moralischer und persönlicher Entscheidung zu betrachten. Dieser Unterschied in den Wahrnehmungen könnte auf die starke Betonung der individuellen Rechte in den USA und auf die Betonung der Pflichten gegenüber anderen Menschen in Indien zurückgehen (Killen & Turiel, 1998; Miller & Bersoff, 1995).

Auch religiöse Überzeugungen können den Unterschieden innerhalb von Kulturen und zwischen Kulturen zugrunde liegen, welche Ereignisse als Frage der Moral, der sozialen Konvention oder der persönlichen Entscheidung angesehen werden (Turiel, 1998; Wainryb & Turiel, 1995). Zum Beispiel glauben die Hindus in Indien, dass eine Witwe, die Fisch isst, eine unmoralische Handlung begangen hat. In der Hindu-Gesellschaft gilt Fisch als „heißes" Lebensmittel, und der Verzehr „heißer" Lebensmittel soll den sexuellen Appetit anregen. Folglich nehmen traditionelle Hindus an, dass sich eine Witwe, die Fisch isst, unmoralisch benehmen und den Geist ihres Ehemanns kränken oder beleidigen wird. Diesem Glauben liegt die Verpflichtung zugrunde, welche der Hinduismus einer Witwe auferlegt; sie soll Erlösung suchen und sich mit der Seele ihres Ehemanns wiedervereinigen und nicht eine andere Beziehung eingehen (Shweder et al., 1987). Natürlich würden die meisten anderen Menschen auf der Welt die Frage, ob eine Witwe Fisch isst oder nicht, als eine persönlich zu entscheidende Angelegenheit betrachten. Glaubensakte und Überzeugungen, welche die Bedeutung und die Folgen von bestimmten Handlungen in verschiedenen Kulturen betreffen, können somit die Qualifikation von Verhaltensweisen als moralische, sozial-konventionale oder persönliche Angelegenheit beeinflussen.

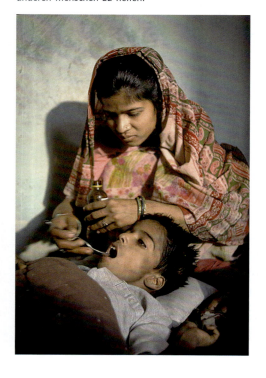

In Indien sagen Kinder mit weit größerer Wahrscheinlichkeit als in den USA, dass es eine moralische Verpflichtung und nicht eine Frage der persönlichen Entscheidung ist, anderen Menschen zu helfen.

Auch die sozio-ökonomische Schicht kann das Ausmaß beeinflussen, in dem Kinder zwischen moralischen, konventionalen und persönlichen Entscheidungen unterscheiden. Forschungen in den USA und in Brasilien lassen erkennen, dass Kinder aus Familien mit niedrigerem Einkommen moralische und sozialkonventionale Handlungen nicht so genau unterscheiden wie Mittelschicht-Kinder. Außerdem betrachten Kinder aus Familien mit einem niedrigeren sozio-ökonomischen Status im Vergleich zu Mittelschicht-Kindern vor Beginn der Adoleszenz persönliche Angelegenheiten seltener als einen Bereich der Wahlfreiheit.

Diese Schichtunterschiede könnten auf die Tendenz von Menschen mit niedrigem sozio-ökonomischem Status zurückgehen, dem Gehorsam gegenüber Autoritäten größere Bedeutung beizumessen und ihren Kindern geringere Autonomie zuzugestehen (Nucci, 1997).

IN KÜRZE

Wie Kinder über moralische Angelegenheiten denken, bildet eine Grundlage ihres moralischen oder unmoralischen Verhaltens. Piaget beschrieb zwei moralische Stadien – die heteronome und die autonome Moral – und eine dazwischenliegende Übergangsphase. Auf der ersten Stufe betrachten Kinder Regeln als festgelegt und gewichten bei der Bewertung von Handlungen die Folgen stärker als die Absichten. Nach Piaget ist es die Kombination aus kognitiver Entwicklung und gleichberechtigter, kooperativer Interaktion mit Peers, die Kinder ins autonome Stadium bringt, in dem sie erkennen, dass Regeln im Einvernehmen der Gruppe geändert werden können, und die moralische Qualität von Handlungen auf der Basis ihrer Absichten und weniger ihrer Folgen beurteilen. Einige Aspekte von Piagets Theorie haben Kritikpunkten nicht gut standgehalten – zum Beispiel nutzen Kinder Handlungsabsichten viel früher, als er glaubte, um Verhalten zu bewerten –, doch lieferte seine Theorie die Grundlage für Kohlbergs Arbeiten über die Stufen des moralischen Denkens und Urteilens.

Kohlberg umschrieb drei Niveaus des moralischen Urteils – präkonventionelle, konventionelle und postkonventionelle Moral –, die jeweils zwei Stufen umfassen (Stufe 6 wurde schließlich aufgegeben). Er nahm an, dass seine Stufenfolge diskontinuierliche (qualitative) Veränderungen im altersabhängigen moralischen Denken widerspiegelt und dass Kinder weltweit dieselben Stufen durchlaufen (auch wenn sie in ihrer Entwicklung jeweils an bestimmten Stellen stehen bleiben). Es wird kritisch diskutiert, ob das moralische Denken von Kindern diskontinuierliche Entwicklungsstufen durchläuft, ob Kohlbergs Ansatz für alle Kulturen Gültigkeit besitzt und ob es im moralischen Denken Geschlechterunterschiede gibt. Forschungsarbeiten über andere Typen von moralischen Urteilen, etwa prosoziale moralische Urteile, weisen darauf hin, dass die Berücksichtigung der Bedürfnisse anderer Menschen schon in früherem Alter auftritt, als Kohlbergs Arbeiten andeuten. Doch scheint das prosoziale moralische Denken, so wie Kohlbergs gerechtigkeitsorientiertes moralisches Denken, mit dem Alter abstrakter zu werden und stärker auf internalisierten Prinzipien zu beruhen.

Es gibt wichtige Unterschiede zwischen den moralischen, sozial-konventionalen und persönlichen Bereichen von Verhalten und Beurteilung – die auch Kinder schon kennen. Zum Beispiel glauben jüngere Kinder, dass moralische Verfehlungen, aber nicht konventionale oder persönliche Regelverletzungen grundsätzlich falsch sind, gleich ob Erwachsene sie für inakzeptabel halten oder nicht. Es gibt kulturelle Unterschiede darin, ob einem bestimmten Verhalten moralische Implikationen zugeschrieben werden, aber wahrscheinlich machen Menschen in allen Kulturen einen Unterschied zwischen moralischen, auf sozialen Konventionen beruhenden und persönlichen Handlungs- und Lebensbereichen.

Die frühe Entwicklung des Gewissens

> **Gewissen** – ein innerer Regulationsmechanismus, der die Fähigkeit eines Individuums erhöht, Verhaltensstandards zu entsprechen, die in seiner Kultur als verbindlich gelten.

Wir kennen alle die Vorstellung eines Gewissens – die innere Stimme, die uns dazu bringt, uns moralisch zu verhalten, und die uns Schuldgefühle macht, wenn wir es nicht tun. Etwas formeller ausgedrückt, ist das **Gewissen** ein innerer Regulationsmechanismus, der die Fähigkeit des Individuums erhöht, Verhaltensstandards zu entsprechen, die in seiner Kultur anerkannt sind. In Übereinstimmung mit Freuds Theorie (Kapitel 9) ist es wahrscheinlich so, dass das Gewissen eines jüngeren Kindes vorwiegend die internalisierten elterlichen Standards reflektiert (allerdings vermutlich die Standards beider Eltern, nicht nur die des gleichgeschlechtlichen Elternteils). Das Gewissen schränkt unsoziales Verhalten und destruktive Impulse ein und sorgt dafür, dass sich das Kind an die Regeln und Normen der Erwachsenen gebunden fühlt, auch wenn gerade niemand das Verhalten des Kindes beaufsichtigt (Kochanska, 1993, 2002). Das Gewissen kann auch prosoziales Verhalten fördern, indem es beim Kind Schuldgefühle auslöst, wenn es sich gleichgültig verhält oder den verinnerlichten Werten, anderen zu helfen, nicht gerecht wird (Eisenberg, 1986, 2000; Hoffman, 1982).

Faktoren, welche die Gewissensentwicklung beeinflussen

Zwar behauptete Freud, dass das Gewissen als Resultat der Identifikation mit dem gleichgeschlechtlichen Elternteil mit etwa vier bis sechs Jahren auftritt, doch tatsächlich entwickeln Kinder ihr Gewissen langsam und mit der Zeit. Mit zwei Jahren fangen Kleinkinder an, ein Verständnis für moralische Normen und Regeln zu zeigen, und lassen erste Anzeichen von Schuldgefühlen erkennen, wenn sie etwas Falsches tun (Kopp, 2001; Zahn-Waxler & Kochanska, 1990; Zahn-Waxler & Robinson, 1995). Im Zuge ihrer weiteren Entwicklung übernehmen Kinder mit größerer Wahrscheinlichkeit die moralischen Werte ihrer Eltern, wenn diese solche Disziplinierungsmaßnahmen einsetzen, bei denen die elterliche Gewalt nicht dauernd wieder betont wird, zum Beispiel rationale Erklärungen, mit deren Hilfe die Kinder die elterlichen Werte verstehen und lernen können (Hoffman, 1983; Kochanska, Padavich & Koenig, 1996). Die Übernahme der elterlichen Werte durch die Kinder wird auch durch eine sichere, positive Eltern-Kind-Beziehung erleichtert, zum Teil deshalb, weil eine solche Beziehung die Kinder für die elterliche Vermittlung ihrer Werte öffnet (Bretherton, Golby & Cho, 1997; Kochanska & Murray, 2000; Thompson, 1998).

Kinder können ein Gewissen je nach ihrem Temperament auf unterschiedliche Weise entwickeln. Bei Kindern, die zur Furcht neigen (die sich zum Beispiel vor fremden Menschen oder unbekannten Situationen ängstigen), scheint die Entwicklung des Gewissens gefördert zu werden, wenn die Mutter behutsame Disziplinierungspraktiken einsetzt, indem sie vernünftig mit dem Kind redet, höflich Vorschläge macht und nicht-materielle Anreize für gehorsames Verhalten anbietet. Wenn Mütter derart behutsam vorgehen, werden die zarter besaiteten Kinder nicht so ängstlich und besorgt, dass sie die Botschaften ihrer Mütter über das erwünschte Verhalten ignorieren. Behutsame Disziplinierung erregt ängstliche Kinder gerade so viel, dass sie aufpassen, was ihre Mutter ihnen sagt, und sich das auch merken (Kochanska, 1993). Im Gegensatz dazu scheint eine derart behutsame Regelerziehung nicht mit der Entwicklung des Gewissens bei furchtlosen jüngeren Kindern zusammenzuhängen, weil sie nicht ausreicht, um deren Aufmerksamkeit zu erregen (Kochanska, 1995, 1997a). Was die Gewissensentwicklung bei furchtlosen Kindern zu fördern scheint, ist eine positive Eltern-Kind-Beziehung, in der Kooperation und sichere Bindung herrscht. Furchtlose Kinder scheinen mehr durch den Wunsch motiviert zu sein, ihrer Mutter zu gefallen, als dass sie sich vor ihr fürchten (Kochanska, 1997b). Leider wurde bei diesem Thema selten die Rolle der Väter erforscht, so dass man nicht weiß, ob die Befunde zur mütterlichen Regelerziehung auch für die väterliche Art der Disziplinierung gelten.

Wann man Kinder, die von ihrem Temperament her ängstlich sind, zu schroff diszipliniert, sind sie wahrscheinlich so mitgenommen, dass sie die eigentliche Botschaft der Eltern gar nicht erfassen. Bei solchen Kindern lässt sich die Entwicklung von Schuldgefühlen und der verinnerlichten (bereitwilligen) Befolgung der elterlichen Regeln und Anforderungen wohl eher durch vernünftiges Zureden fördern.

Die frühe Entwicklung des Gewissens trägt zweifellos dazu bei, ob Kinder die Werte der Eltern und der Gesellschaft, die sich auf moralisches und unmoralisches Verhalten beziehen, letztlich akzeptieren. Deshalb bereitet die Art der frühen Eltern-Kind-Interaktionen in Fragen der Disziplin und Regelbefolgung die Grundlage für die weitere Moralentwicklung der Kinder.

IN KÜRZE

Das Gewissen gilt als eine Instanz, die internalisierte moralische Normen reflektiert; es hält das Kind davor zurück, sich unmoralisch zu verhalten, und bringt im Falle des Fehlverhaltens Schuldgefühle mit sich. Im Gegensatz zu den Annahmen Freuds entwickelt sich das Gewissen, beginnend schon vor dem zweiten Lebensjahr, langsam im Laufe der Zeit. Kinder internalisieren die elterlichen Normen eher, wenn sie sichere Bindungen an ihre Eltern haben und wenn ihre Eltern bei ihrer Disziplinierung vernünftige Erklärungen abgeben und nicht nur auf ihre elterliche Gewalt setzen. Je nach Temperament des Kindes wird die Gewissensentwicklung durch etwas andere Faktoren gefördert.

Prosoziales Verhalten

Wir haben schon darauf hingewiesen, dass moralisches Verhalten für die Moralentwicklung genauso wichtig ist wie moralische Kognitionen (wie sie sich etwa in moralischen Urteilen widerspiegeln) und moralische Gefühle (beispielsweise Schuldempfinden). Dasselbe gilt für prosoziales Verhalten; alle Kinder sind zu prosozialen Verhaltensweisen fähig, aber sie unterscheiden sich darin, wie häufig sie diese auch tatsächlich ausüben und warum sie dies tun. Betrachten wir das Verhalten der folgenden drei Kindergartenkinder (aus Laborbeobachtungen von Eisenberg):

> Sara malt ein Bild und hat eine Schachtel mit Buntstiften. Erin sitzt ihr gegenüber und möchte malen. Aber Erin hat nur einen einzigen Stift, und alle anderen werden von anderen Kindern benutzt. Sie schaut sich nach andersfarbigen Buntstiften um. Nach kurzer Zeit sieht sie etwas angestrengt aus. Sara bemerkt, dass Erin nach Buntstiften sucht und verzweifelt ist, weshalb sie lächelt und Erin ein paar von ihren eigenen Buntstiften gibt und sagt: „Hier, willst du diese benutzen?"

> Marc sitzt an einem Tisch und malt mit Buntstiften, als Manuel herüberkommt und malen will. Manuel kann keine Stifte finden und zeigt Anzeichen von Traurigkeit. Marc blickt zu Manuel hinüber und widmet sich wieder seiner eigenen Zeichnung. Schließlich frage Manuel den Marc: „Kann ich ein paar Buntstifte haben?" Zuerst ignoriert Marc Manuel. Nachdem Manuel noch einmal um Buntstifte bittet, gibt ihm Marc drei Stifte ohne jeglichen Kommentar oder irgendeine Gefühlsregung.

Die meisten Zweijährigen teilen Dinge mit ihren Eltern und mit anderen Kindern (Hay, Castle, Stimson & Davies, 1995).

> Sakina malt, da kommt Darren an den Tisch, nimmt sich ein Blatt Papier und schaut sich nach Stiften um. Nachdem er keine finden kann, ist er ein wenig verzweifelt und bittet dann Sakina um ein paar Stifte. Sakina ignoriert ihn einfach nur. Als Darren versucht, einen Stift zu nehmen, den Sakina gerade nicht benutzt, stößt sie ihn wütend weg.

Als Reaktion auf die Beobachtung, dass ein anderer traurig oder verzweifelt ist, teilt Sara, ohne auch nur gefragt worden zu sein, und zeigt ihren guten Willen. Marc teilt erst, nachdem er mehrfach gebeten wurde. Sakina teilt überhaupt nicht und scheint sich nicht darum zu scheren, ob andere Kinder verzweifelt sind. Erlauben diese unterschiedlichen Verhaltensmuster die Vorhersage von gleich bleibenden Unterschieden zwischen Sara, Marc und Sakina, was ihr positives moralisches Verhalten betrifft, wenn sie größer werden?

Die Antwort lautet: Ja. Es gibt eine gewisse Entwicklungskonsistenz bei der Bereitschaft von Kindern, sich auf prosoziale Verhaltensweisen wie teilen, helfen und trösten einzulassen (Eisenberg & Fabes, 1998; Eisenberg, Miller et al., 1991). So neigen Kinder wie Sara, die spontan mit ihren Peers teilen, auch während ihrer Kindheit und Jugend und sogar bis ins frühe Erwachsenenalter zu einer stärkeren Besorgnis um die Bedürfnisse anderer. Im Vergleich zu ihren Peers helfen sie beispielsweise anderen Menschen sogar dann, wenn das für sie selbst mit Kosten verbunden ist; und von ihren Müttern werden sie in der Adoleszenz als hilfsbereit erlebt. Als junge Erwachsene geben sie an, dass sie sich für das Wohlergehen anderer verantwortlich fühlen und dass sie versuchen, Aggression gegenüber anderen zu unterdrücken, wenn sie sich geärgert haben (Eisenberg, Guthrie et al., 1999, 2002). Im Gegensatz dazu werden sich Kinder wie Sakina wohl kaum um die Bedürfnisse und Gefühle anderer kümmern, wenn sie älter sind.

Natürlich besitzen nicht alle prosozialen Verhaltensweisen denselben Wert. Vergleichen wir Qing, die ebenfalls ihre Stifte teilt, mit Sara aus dem vorigen Beispiel (aus Laborbeobachtungen von Eisenberg):

> Qing malt und hat viele Buntstifte. Michael setzt sich, will malen und sucht nach Stiften. Er ist traurig, weil er keine finden kann. Als er Qing um einige ihrer Stifte bittet, sagt sie: „Ich geb dir ein paar Stifte, wenn du mir was von deinem Papier gibst."

Qing ist bereit zu teilen, aber nur für eine Gegenleistung. In ähnlicher Weise helfen oder teilen manche Kinder vielleicht nur deshalb, um bei ihren Peers soziale Anerkennung zu finden oder ihren Ärger zu vermeiden („Du darfst mit meiner Puppe spielen, wenn du dann meine beste Freundin bist."). Die meisten Eltern und Lehrer wollen Kinder nicht darin bestärken, sich vorwiegend im Austausch für Belohnungen oder soziale Anerkennung prosozial zu verhalten. Vielmehr wollen Erwachsene im Allgemeinen, dass Kinder anderen aus altruistischen (selbstlosen) Motiven helfen. **Altruistische Motive** umfassen zunächst Einfühlungsvermögen und Mitleid mit anderen und im höheren Alter den Wunsch, sich in Übereinstimmung mit dem eigenen Gewissen und seinen moralischen Prinzipien zu verhalten (Eisenberg, 1992).

Altruistische Motive – das Bedürfnis, anderen zu helfen; zunächst nur auf Grund von Mitgefühl und Sympathie; im höheren Alter geleitet von dem Wunsch, sich in Übereinstimmung mit dem eigenen Gewissen und seinen moralischen Prinzipien zu verhalten.

Die Entwicklung des prosozialen Verhaltens

Die Ursprünge des altruistischen prosozialen Verhaltens liegen in der Fähigkeit begründet, Empathie und Mitleid zu empfinden. **Empathie** ist eine emotionale Reaktion auf den Gefühlszustand oder die Situation eines anderen, welche dem Zustand des anderen ähnlich ist – ich kann mich in den anderen einfühlen (Eisenberg, 1986; Feshbach, 1978). Wenn ein Mädchen beispielsweise ein anderes Kind sieht, welches traurig ist, und sie fühlt sich deshalb selber traurig, reagiert sie empathisch.

Mitleid ist eine häufige Folge, wenn man sich in die negativen Gefühle oder Lebenslagen einer anderen Person hineinversetzen kann. Es ist das Gefühl der Sorge und Anteilnahme für eine andere Person als Reaktion auf deren inneren oder äußeren Zustand; Mitleid kann auch Tieren gelten. Was Mitleid von Empathie unterscheidet, ist das Element der Sorge und Anteilnahme: Menschen, die mit jemandem Mitleid haben, empfinden nicht lediglich dieselbe Emotion wie die andere Person (sondern fühlen sich beispielsweise zu Hilfeleistungen aufgerufen).

Empathie (Einfühlungsvermögen) – die Fähigkeit, sich in andere hineinzuversetzen; eine emotionale Reaktion auf den Zustand eines anderen Menschen, die der Gefühlslage des anderen ähnelt.

Mitleid – Anteilnahme und Sorge um eine andere Person (oder ein Tier) als Reaktion auf deren Zustand; oft das Resultat des Verständnisses für die negativen Gefühle des anderen oder dessen ungünstige Situation.

Diese Gruppe von Jungen ließ sich eine Glatze schneiden, um für ihren Freund (Mitte), der sich einer Krebsbehandlung unterziehen musste, Mitgefühl, Unterstützung und Solidarität zu bekunden. Die Fähigkeit von Kindern, Mitleid mit anderen zu haben, scheint sich im Verlauf der frühen und mittleren Kindheit mit dem Alter zu erhöhen.

Kleine Kinder, die das Unwohlsein eines anderen Kindes sehen, reagieren manchmal mit besorgten Blicken oder Versuchen, dem anderen Kind zu helfen oder es zu trösten – etwa in 20 Prozent der Zeit bei einer Untersuchung von Kindern zwischen 16 und 33 Monaten (Howes & Farver, 1987). Selbst kleine Säuglinge zeigen manchmal Interesse am Unbehagen anderer Säuglinge.

Ein wichtiger Faktor, der zu Mitgefühl und Mitleid beiträgt, ist natürlich die Fähigkeit, die Perspektive des anderen einzunehmen. Zwar glaubten frühe Theoretiker wie Piaget, dass Kinder vor sechs oder sieben Jahren dazu nicht in der Lage sind (Piaget & Inhelder, 1956), aber mittlerweile wurde deutlich, dass Kinder schon viel früher über eine gewisse Fähigkeit verfügen, die Perspektive anderer zu verstehen. Manche Kinder zeigen schon mit sechs Monaten Interesse am Unbehagen eines anderen Säuglings, indem sie sich zu diesem Kind hinbeugen, darauf zeigen oder es berühren (Hay, Nash & Pedersen, 1981). Mit zehn bis 14 Monaten werden Kinder manchmal beunruhigt und betroffen, wenn sie andere Menschen sehen, die aufgeregt sind:

> Jenny (14 Monate alt) beobachtete ein sechs Monate altes weinendes Baby. Sie sah zu; ihr kamen die Tränen; sie fing an zu weinen. (Radke-Yarrow & Zahn-Waxler, 1984.)

Natürlich kann es sein, dass Säuglinge nicht wirklich über das Unbehagen anderer besorgt sind; vielleicht regt es sie nur auf, wenn sie andere traurig, verzweifelt oder ängstlich sehen, weil sie nicht deutlich zwischen dem emotionalen Missempfinden anderer und ihren eigenen Gefühlen unterscheiden können (Hoffman, 1990). So suchen kleine Kinder wie Jenny tatsächlich manchmal bei einem Erwachsenen Trost, wenn sie jemand anderen weinen sehen. Oder die Kinder sind sowohl um die andere Person als auch um sich selbst besorgt. Als beispielsweise ein zwölf Monate alter Junge eine andere unglückliche Person sah, berührte er abwechselnd zärtlich die unglückliche Person und sich selbst (Zahn-Waxler, Radke-Yarrow & King, 1979).

Wenn Kinder annähernd zwei Jahre alt sind, unterscheiden sie allmählich deutlicher zwischen den negativen Gefühlen anderer und ihren eigenen. Sie werden seltener selbst bekümmert, wenn andere emotional beeinträchtigt sind, und versuchen häufiger, sie zu trösten, was darauf hinweist, dass sie wissen, wer der Leidende ist. Betrachten wir folgendes Beispiel (Radke-Yarrow & Zahn-Waxler, 1984, S. 89):

> Das Baby eines Nachbarn weint. Jenny (18 Monate alt) schaute erschrocken, ihr Körper verkrampfte sich. Sie näherte sich und versuchte, dem Baby Kekse zu geben. Sie ging ihm nach und fing selbst an zu jammern. Dann versuchte sie, ihm übers Haar zu streichen, aber es wich aus. Später ging sie zu ihrer Mutter, führte sie zu dem Baby und versuchte, ihre Hand auf den

Kopf des Babys zu legen. Es beruhigte sich ein wenig, aber Jenny schaute immer noch besorgt. Sie brachte ihm weiterhin Spielsachen und tätschelte ihm Kopf und Schultern.

Martin Hoffman (1990, 2000) behauptete, dass jüngere Kinder zwar fähig sein können, die Perspektive anderer einzunehmen, was deren negative Gefühle betrifft, dass ihre Bemühungen zu helfen oder zu trösten aber oft egozentrisch seien. Das bedeutet, dass es Kindern schwer fällt, zwischen ihren eigenen Gedanken und den Gedanken anderer zu unterscheiden, so dass es ihnen gut gelingt, anderen so zu helfen, wie sie es selbst gern hätten, und nicht so, wie es für die andere Person am nützlichsten wäre. So mag ein Junge, dessen Freund sich nicht wohl fühlt, seine eigene Mutter zur Hilfe holen, auch wenn die Mutter des Freundes greifbar wäre. Wenn die Kinder jedoch besser dazu in der Lage sind, das Denken und Fühlen anderer zu verstehen, wird ihr Hilfeleistungsverhalten einfühlsamer und richtet sich zunehmend nach den Bedürfnissen der anderen Person.

Im zweiten und dritten Lebensjahr erhöht sich die Häufigkeit und Vielfalt der prosozialen Verhaltensweisen. Kinder trösten einander nicht nur (siehe Tabelle 14.3) und teilen Dinge miteinander, sondern helfen auch Erwachsenen bei verschiedenen Aufgaben im Haushalt wie den Boden fegen, die Kehrschaufel halten oder den Tisch decken (Dunn & Munn, 1986; Levitt, Weber, Clark & McDonnell, 1985; Rheingold, 1982). Außerdem scheinen ihre prosozialen Verhaltensweisen zu Hause oft durch die Sorge um andere motiviert zu sein, weil sie häufig Besorgnis ausdrücken, wenn sie anderen helfen oder sie trösten (Radke-Yarrow & Zahn-Waxler, 1984; Zahn-Waxler, Radke-Yarrow, Wagner & Chapman, 1992). Wie Tabelle 14.3 auflistet, zeigten 25 Prozent der 23 bis 25 Monate alten Kinder Besorgnis, wenn sie jemanden in einem verzweifelten oder unangenehmen Zustand beobachteten, den sie nicht selbst verursacht hatten.

Tabelle 14.3: Angaben von Müttern, wie oft (relative Häufigkeit) ihre Kinder im Verlauf ihres zweiten Lebensjahrs auf das Unbehagen anderer Personen reagierten.

	Wenn das Kind das Unbehagen anderer nur beobachtet			Wenn das Kind das Unbehagen anderer ausgelöst hat		
	13-15 Monate	18-20 Monate	23-25 Monate	13-15 Monate	18-20 Monate	23-25 Monate
Prosoziales Verhalten	.09	.21	.49	.07	.10	.52
Empathie oder Mitleid	.09	.10	.25	.03	.03	.14
Aggressives Verhalten	.01	.01	.03	.01	.04	.19
Eigene Bekümmerung	.15	.12	.07	.34	.41	.33

(Nach Zahn-Waxler, Radke-Yarrow, Wagner & Chapman, 1992.)

Jüngere Kinder reagieren auf das Unbehagen anderer Kinder manchmal mit Bekümmerung oder Angst, die auf sie selbst gerichtet ist. Kinder, die einen solchen persönlichen Kummer erleben, handeln häufig aus der Motivation heraus, sich selbst – und gar nicht primär der anderen Person – wieder ein gutes Gefühl zu verschaffen.

Aus der Tabelle sollte deutlich werden, dass jüngere Kinder nicht regelmäßig auf prosoziale Weise handeln (Lamb & Zakhireh, 1997). Zwischen zwei und drei Jahren ignorieren Kinder meistens das Unbehagen oder Bedürfnis ihrer Geschwister, oder sie schauen einfach zu, ohne einzugreifen. Gelegentlich machen sie die Situation durch Sticheln oder Aggression sogar noch schlimmer (Dunn, 1988; siehe die Zeile „aggressives Verhalten" in Tabelle 14.3). In einer Untersuchung von Kindern in einer Spielgruppe reagierten 16 bis 33 Monate alte Kinder nur in 22 Prozent der Fälle auf negative Befindlichkeiten ihrer Spielkameraden, meistens indem sie versuchten, zugunsten des Betreffenden einzugreifen, ihn zu trösten oder die Betreuungsperson auf die Situation aufmerksam zu machen. Wie es die Diskussion in Kapitel 13 erwarten lässt, halfen diese Kinder mit größerer Wahrscheinlichkeit einem Freund beziehungsweise einer Freundin als einem Kind, mit dem sie nicht näher befreundet waren (Howes & Farver, 1987).

Die prosozialen Verhaltensweisen von Kindern in Form von helfen, teilen oder etwas abgeben werden von den Vorschuljahren bis zur Adoleszenz häufiger. Ältere Jugendliche (zum Beispiel 16-Jährige) teilen und spenden Spielsachen oder Geld häufiger als jüngere Kinder auf ihre eigenen Kosten (Eisenberg & Fabes, 1998). Im Allgemeinen wird das prosoziale Verhalten von Kindern also mit dem Alter häufiger.

Die Ursprünge individueller Unterschiede beim prosozialen Verhalten

Auch wenn sich die prosozialen Verhaltensweisen von Kindern und die Faktoren, die zu ihnen beitragen, mit dem Alter verändern, gibt es – dem Leitthema der *interindividuellen Unterschiede* entsprechend – eine große Variationsbreite auch zwischen Kindern desselben Alters, was ihre Neigung betrifft, zu helfen, mit anderen zu teilen und sie zu trösten. Erinnern wir uns an die Verhaltensweisen von Sara, Marc und Sakina, den drei weiter oben im Kapitel beschriebenen Kindern. Warum unterscheiden sich Kinder gleichen Alters so sehr in ihrem prosozialen Verhalten? Um die Quellen dieser individuellen Unterschiede zu identifizieren, müssen wir uns den Fragen von Anlage und Umwelt sowie dem sozio-kulturellen Kontext zuwenden.

Biologische Faktoren

Viele Biologen und Psychologen nahmen an, dass Menschen biologisch dafür prädisponiert seien, sich prosozial zu verhalten. Sie glauben, dass Menschen die Fähigkeit zu Empathie und Altruismus entwickelt haben, weil diese Eigenschaften die Wahrscheinlichkeit erhöhen, dass die Gene eines Individuums an die nächste Generation weitergegeben werden (Hoffman, 1981). Dieser Ansicht zufolge können Menschen, die anderen helfen, häufiger als weniger hilfsbereite Menschen erwarten, dass sie selbst geholfen bekommen, wenn sie sich in Not befinden, und somit mit größerer Wahrscheinlichkeit überleben und sich reproduzieren (Trivers, 1983). Außerdem besitzen Menschen, die denjenigen helfen, mit denen sie Gene teilen, häufiger als weniger hilfsbereite Menschen Verwandte, die sich ebenfalls reproduzieren und somit auch den eigenen Teil der Gene an die nächste Generation weitergeben (Wilson, 1975). Evolutionäre Erklärungen für prosoziales Verhalten beziehen sich jedoch auf die Spezies Mensch als Ganze und erklären nicht die individuellen Unterschiede bei den Ausprägungen von Empathie, Mitleid und prosozialem Verhalten.

Gleichwohl scheinen auch genetische Faktoren zu den individuellen Unterschieden dieser Eigenschaften beizutragen. In Zwillingsstudien erwiesen sich die Angaben eineiiger Zwillinge über ihre eigene Empathie und ihr prosoziales Verhalten als einander wesentlich ähnlicher als die Angaben zweieiiger Zwillinge (Matthews, Batson, Horn & Rosenman, 1981; Rushton, Fulker, Neale, Nias & Eysenck, 1986). In einer der wenigen Zwillingsstudien über das prosoziale Verhalten von Kindern beobachteten die Forscher in der häuslichen Umgebung und im Labor die Reaktionen junger Zwillingspaare auf vorgebliche negative Befindlichkeiten von Erwachsenen. Außerdem machten die Mütter der Zwillinge Angaben über deren prosoziales Verhalten. Aus dieser Untersuchung wurden Erblichkeitsschätzungen abgeleitet; diese weisen auf einen moderaten Beitrag genetischer Faktoren zu den prosozialen Handlungen der Kleinkinder und zu dem Ausmaß, in dem sie sich um andere kümmerten, hin. Die Erblichkeit schien für das prosoziale Verhalten und Mitleid der Kleinkinder jedoch eine kleinere Rolle zu spielen, als es bei Erwachsenen der Fall ist (Zahn-Waxler, Robinson & Emde, 1992).

Auf welche Weise beeinflussen genetische Faktoren Empathie, Mitleid und prosoziales Verhalten? Mit großer Wahrscheinlichkeit hängen die Wirkungen mit Temperamentsunterschieden zusammen. Zum Beispiel gibt es einen Zusammenhang zwischen der Empathie und dem Mitleid der Kinder einerseits und ihrer Tendenz zu negativen Emotionen sowie ihrer Fähigkeit, ihre Emotionen zu regulieren, andererseits. Kinder, die Gefühle bewusst erleben können, ohne völlig überwältigt zu sein, sind besonders häufig zur Empathie fähig (Eisenberg, Fabes et al., 1996, 1998). Ein weiterer zum Teil genetischer Faktor, der sich auf die Ausführung prosozialer Handlungen bei Kindern auswirkt, ist ihr Durchsetzungsvermögen: Perspektivenübernahme führt häufiger zu einer prosozialen Handlungsweise, wenn Kinder durchsetzungsfähig genug sind, um aktiv zu werden, sobald sie erkennen, dass eine andere Person Hilfe benötigt. Wenn ein Kind zum Beispiel versteht, dass ein Peer es nicht schafft, seinen Malkittel ordentlich zuzubinden, muss das beobachtende Kind hinreichend selbstsicher sein, um auf das andere Kind zuzugehen und seine Hilfe anzubieten. Wenig durchsetzungsfähige Kinder handeln vielleicht nicht prosozial, obwohl sie das Problem des anderen erkannt haben und gern helfen würden (Barrett & Yarrow, 1977; Denham & Couchoud, 1991). Hier haben wir ein schönes Beispiel dafür, wie die kognitiven Funktionen von Kindern und ihre Persönlichkeitseigenschaften zusammen ihr Sozialverhalten beeinflussen.

Die Sozialisation prosozialen Verhaltens

Der wichtigste Umweltfaktor, der Einfluss auf die Entwicklung des prosozialen Verhaltens nimmt, ist vermutlich die Sozialisation in der Familie. Forscher konnten drei Erziehungsarten identifizieren, mit denen Eltern das prosoziale Verhalten ihrer Kinder fördern: (1) Sie sind Vorbild und bringen ihren Kindern prosoziales Verhalten bei. (2) Sie arrangieren Gelegenheiten, bei denen sich ihre Kinder prosozial verhalten können. (3) Sie erziehen und disziplinieren ihre Kinder so, dass sie bei ihnen prosoziales Verhalten hervorrufen. Ein weiterer Sozialisationseinfluss stammt von anderen Menschen, deren Verhalten Kinder nachahmen, einschließlich der Modelle aus dem Fernsehen.

Vorbild-Sein und die Vermittlung von Werten Kinder imitieren viele Verhaltensweisen, und so auch das Helfen und Teilen anderer Menschen, und zwar sogar auch bei ihren Peers und bei unbekannten Erwachsenen (Eisenberg & Fabes, 1998; Rushton, 1975). Mit besonders hoher Wahrscheinlichkeit imitieren Kinder das prosoziale Verhalten von Erwachsenen, zu denen sie in einer positiven Beziehung stehen (Hart & Fegley, 1995; Yarrow, Scott & Zahn-Waxler, 1973). Dies mag zur Erklärung der Tatsache beitragen, dass Eltern und Kinder häufig ein ähnliches Niveau an Anteilnahme und prosozialem Verhalten aufweisen (Clary & Miller, 1986; Eisenberg, Fabes, Schaller, Carlo & Miller, 1991; Rheingold, 1982), wobei natürlich auch Vererbung zu der Ähnlichkeit zwischen Eltern und Kind in diesem Verhaltensbereich beitragen kann.

In einer besonders interessanten Untersuchung wurden Menschen interviewt, die während des Zweiten Weltkriegs ihr Leben riskiert hatten, um Juden vor den Nazis zu retten, und außerdem passive „Zuschauer" aus denselben Gemeinden, die sich nicht an Rettungsaktionen beteiligt hatten (Oliner & Oliner, 1988). Beide Gruppen sollten sich an die Werte erinnern, die sie von ihren Eltern und anderen einflussreichen Erwachsenen gelernt hatten. Von den Rettern erwähnten 44 Prozent Großzügigkeit und die Sorge für andere Menschen; von den Passiven wurden diese Werte nur in 21 Prozent der Fälle erwähnt. Wie Tabelle 14.4 zeigt, berufen sich die Zuschauer fast zweimal so häufig auf die Fähigkeit, mit Geld umzugehen, als Wert, den sie von ihren Eltern gelernt hatten. Retter und Zuschauer

Kinder spenden häufiger für wohltätige Zwecke, wenn sie andere spenden sehen und wenn Erwachsene ihnen erklären, wie und warum Spenden anderen Menschen helfen.

Tabelle 14.4: Werte, die Retter und Zuschauer von ihren Eltern gelernt haben. Die Zahlen bedeuten Prozentsätze von Rettern und Zuschauern, die angeben, eine bestimmte Kategorie von Werten von ihren Eltern gelernt zu haben.

Wertekategorie	Retter	Zuschauer
Mit Geld umgehen können	19%	34%
Unabhängigkeit	6%	8%
Fairness/Gerechtigkeit (einschließlich Reziprozität)	44%	48%
Fairness/Gerechtigkeit als universelles Prinzip	14%	10%
Sorge für andere	44%	21%
Sorge für andere als universelles Prinzip	28%	4%

(Nach Oliner & Oliner, 1988.)

unterschieden sich nur wenig hinsichtlich ihrer Werte von Gerechtigkeit, die sich darauf bezieht, dass jeder das bekommt, was ihm zusteht (Fairness).

Die Nur-Zuschauer gaben auch an, dass ihre Eltern ethische Verpflichtungen gegenüber Familie, Gemeinde, Kirche und Land betonten, aber nicht gegenüber anderen Gruppen von Menschen. Im Gegensatz dazu gaben die Retter sieben Mal häufiger an, dass ihre Eltern ihnen vermittelt hatten, die Werte der Fürsorge sollten gegenüber allen Menschen zur Anwendung kommen (28 Prozent der Retter, 4 Prozent der Zuschauer) (Oliner & Oliner, 1988, S. 165):

> „Sie lehrten mich, alle menschlichen Wesen zu respektieren."
>
> „Er lehrte mich, meinen Nachbarn zu lieben – ihn als gleich zu betrachten, ungeachtet seiner Nationalität oder Religion."

Die Werte, welche die Eltern ihren Kindern vermitteln, können sich also nicht nur darauf auswirken, ob ihre Kinder überhaupt prosozial werden, sondern auch, wem gegenüber sie sich prosozial verhalten.

Eine wirksame Methode für Eltern, ihren Kindern prosoziale Werte und Verhaltensweisen beizubringen, besteht in Gesprächen mit ihnen, die an ihre Fähigkeit zum Mitgefühl appellieren. In Laboruntersuchungen hörten Grundschulkinder, wie Erwachsene explizit auf die positiven Folgen prosozialer Handlungen für andere hinwiesen (zum Beispiel „arme Kinder ... wären so glücklich und begeistert, wenn sie sich Essen und Spielzeug kaufen könnten"). Danach waren sie relativ häufig bereit, Geld anonym zu spenden, um anderen Menschen zu helfen (Eisenberg-Berg & Geisheker, 1979; Perry, Bussey & Freiberg, 1981). Kinder waren seltener zu anonymen Spenden bereit, wenn die Erwachsenen einfach nur sagten, dass Helfen „gut" oder „nett" sei, ohne Gründe fürs Helfen oder Teilen anzugeben, die das Gefühl von Mitleid erregen (Bryan & Walbek, 1970).

Gelegenheiten für prosoziale Aktivitäten Es kann sich auf die Bereitschaft von Kindern, sich in späteren Jahren prosozialen Aufgaben zuzuwenden, positiv auswirken, wenn man ihnen Gelegenheiten zur Beteiligung an hilfeleistenden Aktivitäten gibt (Eisenberg, Cialdini, McCreath & Shell, 1987; Staub, 1979). Zu Hause gehören zu solchen Gelegenheiten Haushaltspflichten, die routinemäßig zum Nutzen der anderen ausgeführt werden (Richman, Berry, Bittle & Himan, 1988; Whiting & Whiting, 1975), wobei die Erledigung haushaltlicher Aufgaben vorwiegend prosoziale Handlungen gegenüber Familienmitgliedern fördern kann (Grusec, Goodnow & Cohen, 1996). Bei Jugendlichen können freiwillige soziale Dienste einen Weg bieten, Erfahrungen im helfenden Tun zu gewinnen, und ihr Gefühl für prosoziale Pflichten und prosoziales Engagement steigern (Johnson, Beebe, Mortimer & Snyder, 1998; Yates & Youniss, 1996). Die Beteiligung an prosozialen Aktivitäten kann Kindern und Jugendlichen die Gelegenheit verschaffen, für ihre Hilfeleistungen emotionale Belohnung zu erfahren, sich in andere hineinzuversetzen und ihr Vertrauen darauf zu steigern, dass sie selbst kompetent genug sind, um anderen zu helfen.

Disziplin und Erziehungsstil Eltern, die einen konstruktiven, unterstützenden Erziehungsstil pflegen, haben in der Regel Kinder mit hohen Ausprägungen in prosozialem Verhalten und Mitgefühl (Eisenberg & Fabes, 1998; Spinrad et al., 1999). Im Gegensatz dazu geht ein Erziehungsstil, der auf körperliche Bestrafung, Drohungen und einen insgesamt autoritären Ansatz setzt (siehe Kapitel 12), häufig mit einem Mangel an Mitgefühl und prosozialem Verhalten seitens der Kinder einher (Dekovic & Janssens, 1992; Hastings, Zahn-Waxler, Robinson, Usher & Bridges, 2000; Krevans & Gibbs, 1996; Robinson, Zahn-Waxler & Emde, 1994).

Auch die Art, wie Eltern versuchen, das prosoziale Verhalten ihrer Kinder direkt hervorzurufen, ist wichtig. Wenn Kinder regelmäßig dafür bestraft werden, dass sie sich nicht prosozial engagieren, können sie mit der Zeit anfangen zu glauben, dass der Grund, anderen zu helfen, vorrangig darin besteht, Strafe zu vermeiden (Dix & Grusec, 1983; Hoffman, 1983). In analoger Weise mögen materielle Belohnungen für prosoziales Verhalten die Kinder in der unmittelbaren Situation zwar zur Hilfeleistung veranlassen, können auf lange Sicht aber ihre Bereitschaft verringern, Menschen generell zu helfen (Fabes, Fultz, Eisenberg, May-Plumlee & Christopher, 1989; Szynal-Brown & Morgan, 1983). Kinder, die für prosoziale Handlungen belohnt werden, können annehmen, dass sie nur um der Belohnung willen geholfen haben, und deshalb weniger motiviert sein zu helfen, wenn keine Belohungen angeboten werden.

Im Gegensatz zu strenger Disziplinierung oder materiellen Anreizen fördert eine auf Begründungen und Argumenten fußende Erziehung freiwilliges prosoziales Verhalten, insbesondere wenn dabei auf die Folgen hingewiesen wird, die das Verhalten des Kindes für andere hat (Krevans & Gibbs, 1996; Mil-

Wenn Erwachsene auf die Folgen hinweisen, die der Übergriff eines Kindes für andere hat, reagieren die Kinder in anderen Situationen eher mit Anteilnahme und prosozialem Verhalten (Eisenberg & Fabes, 1998; Krevans & Gibbs, 1996).

ler, Eisenberg, Fabes & Shell, 1989); diese Art der Erziehung kennzeichnet Eltern, die allgemein warmherzig und unterstützend sind (Hoffman, 1963). Vernünftige Argumente können Kindern dabei helfen, die Folgen ihres Verhaltens zu verstehen, und geben ihnen Gründe an die Hand, an denen sie ihr Verhalten in zukünftigen Situationen orientieren können; auch erfahren Kinder auf diese Weise eine Förderung zur Anteilnahme an anderen (Henry, Sager & Plunkett, 1996; Hoffman, 1983). Der mütterliche Einsatz vernünftiger Argumente (zum Beispiel „Siehst du, dass Tim verletzt ist?") scheint prosoziales Verhalten sogar schon bei Ein- und Zweijährigen zu fördern, solange die Mütter ihre Gründe in einem gefühlsbetonten Tonfall vorbringen (Zahn-Waxler et al., 1979). Gefühlsausdruck in der mütterlichen Stimme ruft meistens die Aufmerksamkeit eines Kleinkinds hervor und vermittelt, dass es ihr ernst ist mit dem, was sie sagt.

Die Kombination aus elterlicher Wärme und geeigneten Erziehungspraktiken – noch nicht die elterliche Wärme allein – scheint besonders wirksam zu sein, um die prosozialen Verhaltenstendenzen von Kindern zu fördern. Kinder sind also meistens dann prosozialer, wenn ihre Eltern nicht nur Wärme und Unterstützung bieten, sondern bei ihrer Erziehung auch selbst prosoziales Verhalten vorleben, einschließlich der zugehörigen Begründungen und Verweise auf moralische Werte und Verantwortung, und ihren Kindern die Gelegenheit geben, mit prosozialen Modellen und Aktivitäten in Kontakt zu kommen (Dekovic & Janssens, 1992; Janssens & Dekovic, 1997; Yarrow et al., 1973).

Weil der größte Teil der Forschungen über die Sozialisation prosozialer Reaktionen korrelativer Art ist, kann man meistens keine sicheren Schlüsse über die Beziehungsrichtung zwischen Ursache und Wirkung ziehen. Einige schulische Interventionen erwiesen sich jedoch als wirksam für die Förderung prosozialen Verhaltens bei Kindern. Umweltfaktoren müssen also bei der Entwicklung solcher Verhaltensweisen eine Rolle spielen (siehe Kasten 14.1). Interventionsforschung lieferte Belege dafür, dass Erfahrungen im Umgang mit Hilfe und Kooperation, Kontakt mit prosozialen Werten und Verhaltensweisen sowie die Verwendung von vernünftigen Begründungen bei der Regelerziehung durch Erwachsene gemeinsam zur Entwicklung prosozialen Verhaltens beitragen.

Fernsehen Angesichts der Vorliebe von Kindern, dasjenige nachzumachen, was sie bei anderen sehen, gab es beträchtliche Besorgnis über die Sozialisationswirkungen des Fernsehens, besonders weil Kinder so viel Zeit vor dem Fernseher verbringen und dabei so viel des Gesehenen Gewaltdarstellungen enthält. Wir werden bei der Besprechung des antisozialen Verhaltens sehen, dass diese Sorge durchaus begründet ist. Manche Inhalte im Fernsehen – wenn auch wenige – zeigen jedoch prosoziales Verhalten, das Kinder zuweilen nachahmen (Hearold, 1986; Huston & Wright, 1998). Kinder, die prosoziales Verhalten in entsprechend gestalteten Kinderprogrammen sehen (in Deutschland zum Beispiel Sesamstraße oder Rappelkiste), neigen sofort danach und manchmal auch noch zu späteren Zeitpunkten zu verstärktem prosozialem Verhalten (Friedrich & Stein, 1973). Die prosozialen Effekte des Se-

Kasten 14.1 Anwendungen

Schulische Interventionen zur Förderung prosozialen Verhaltens

Das Wissen über die Sozialisation des Helfens und Teilens wurde dazu verwendet, schulische Interventionsmaßnahmen zu gestalten, die solche Verhaltensweisen fördern sollen. Die wohl ambitionierteste Interventionsmaßnahme war das *Child Development Project* im Bereich der East Bay von San Francisco (Battistich, Solomon, Watson & Schaps, 1997; Battistich, Watson, Solomon, Schaps & Solomon, 1991). Die wichtigste Komponente dieser Langzeitmaßnahme, mit der Kinder durch ihre Grundschulzeit begleitet wurden, bestand darin, Lehrer zu trainieren, wie sie den Kindern Gelegenheiten bieten können, eine prosoziale Orientierung gegenüber ihren Klassenkameraden und ihrer allgemeinen sozialen Umwelt zu entwickeln. Das Training war darauf konzentriert, die Kinder zu Folgendem anzuhalten:

1. mit anderen zusammenzuarbeiten, um gemeinsame schulische und soziale Ziele zu verfolgen;
2. wichtige soziale Kompetenzen wie das Erkennen und Verstehen der Gedanken und Gefühle anderer zu entwickeln und einzuüben;
3. anderen in sinnvoller Weise zu helfen und Hilfe zu erhalten, wenn es notwendig war;
4. das Ausmaß zu besprechen und darüber zu reflektieren, in dem im eigenen Verhalten und im Verhalten anderer Gerechtigkeit, Sorge und Respekt für andere sowie soziale Verantwortung zum Ausdruck kommen;
5. an Entscheidungen über die Regeln, Normen und Aktivitäten im Klassenzimmer teilzuhaben und die Verantwortung für eine angemessene Gestaltung des Klassenlebens wahrzunehmen.

Die Lehrer verwendeten oft tägliche Ereignisse und Personen aus Geschichten, um die Motive, Gefühle und Bedürfnisse sowie prosoziale Werte und Verhaltensweisen zu

---

hens prosozialer Fernsehsendungen halten jedoch häufig nicht lange an. Eltern können die Nachahmung prosozialen Verhaltens, das ihre Kinder im Fernsehen gesehen haben, unterstützen, wenn sie sie dazu anhalten, die gesehenen prosozialen Situationen im Rollenspiel zu wiederholen (Friedrich & Stein, 1975), oder wenn die Kinder über Spielsachen verfügen, mit denen sie die prosozialen Themen der Fernsehsendungen nachspielen können (Friedrich-Cofer, Huston-Stein, Kipnis, Susman & Clewett, 1979).

IN KÜRZE

Prosoziales Verhalten entsteht im zweiten Lebensjahr und tritt in den Kleinkindjahren immer häufiger auf. In den Vorschul- und Grundschuljahren erhöhen sich die Häufigkeit und Einfühlsamkeit des prosozialen Verhaltens weiter. Aus den frühen individuellen Unterschieden im prosozialen Verhalten lassen sich entsprechende Verhaltensunterschiede in den späteren Jahren bereits vorhersagen.

Kasten 14.1

besprechen. Sie versuchten auch, bei ihren Disziplinarmaßnahmen möglichst häufig Begründungen und Argumente einzusetzen. Außerdem regten die Lehrer die Schüler dazu an, sich an sozialen Diensten in der Schule und in der Gemeinde zu beteiligen sowie ihren Altersgenossen zu helfen.

Das Programm führte zu einem Anstieg des spontanen prosozialen Verhaltens, der Fähigkeiten zur Konfliktlösung und des prosozialen moralischen Denkens von Schülern der Grundschulklassen (Solomon, Battistich & Watson, 1993; Solomon, Watson, Delucchi, Schaps & Battistich, 1988). Anfänglich wurde das Programm vorrangig bei privilegierten euro-amerikanischen Kindern eingesetzt, so dass man über seine Nützlichkeit bei eher benachteiligten Kindern wenig wusste. Ähnliche Interventionsprogramme, die seitdem bei Kindern aus ärmlichen Verhältnissen eingesetzt wurden, zeigten jedoch ähnliche Erfolge (Solomon, Battistich, Watson, Schaps & Lewis, 2000).

In den vergangenen Jahren wurde das Konzept der Schule als fürsorglicher Gemeinschaft zu einem zentralen Teil ähnlicher Interventionen. In einer fürsorglichen Schulgemeinschaft achten Lehrer und Schüler aufeinander und unterstützen sich gegenseitig; sie besitzen gemeinsame Werte, Normen, Ziele und ein Gefühl der Zugehörigkeit; sie beteiligen sich an Gruppenentscheidungen und nehmen darauf Einfluss. Programme, die zur Förderung fürsorglicher Schulen gestaltet wurden, enthielten viele Komponenten des ursprünglichen *Child Development Project*. Erste Befunde wiesen darauf hin, dass sich die Betonung des Gemeinschaftssinns förderlich auswirkt auf die wechselseitige Sorge der Kinder füreinander, auf ihr prosoziales Verhalten, auf ihre Konfliktlösefähigkeiten, ihre ethischen Einstellungen und Werte, ihre Schulmotivation und allgemein darauf, wie sehr sie die Schule mögen; ein starkes Gemeinschaftsgefühl geht mit weniger Problemverhalten und geringerem Drogenkonsum einher (Battistich, Schaps, Watson, Solomon & Lewis, 2000; Battistich et al., 1997; Solomon et al., 2000).

Das prosoziale Verhalten wird mit dem Alter zum Teil deshalb häufiger, weil sich bei den Kindern die Fähigkeiten zur Anteilnahme und zur Perspektivenübernahme entwickeln. Unterschiede zwischen Kindern, was ihr Einfühlungsvermögen, ihr Mitleid, ihr persönliches Unbehagen und ihre Perspektivenübernahme betrifft, tragen zu den individuellen Unterschieden im prosozialen Verhalten von Kindern bei. Außerdem wirken sich wahrscheinlich biologische Faktoren, die zu den Temperamentsunterschieden zwischen Kindern beitragen, darauf aus, wie empathisch und prosozial Kinder werden.

Die Entwicklung des prosozialen Verhaltens hängt auch damit zusammen, wie die Kinder erzogen werden. Im Allgemeinen geht eine positive Beziehung zwischen Eltern und Kind mit einer prosozialen Moralentwicklung einher, besonders wenn unterstützende Eltern effektive Erziehungsstile und Erziehungspraktiken einsetzen. Eine autoritative, positive Regelerziehung, einschließlich des Einsatzes vernünftiger Erklärungen seitens der Eltern und der Lehrer, sowie der Kontakt mit prosozialen Modellen, Werten und Tätigkeiten gehen mit der Entwicklung von Mitgefühl und prosozialem

Kasten 14.2 Näher betrachtet

Kulturelle Beiträge zu den prosozialen und antisozialen Verhaltenstendenzen von Kindern

Die Kultur wirkt sich darauf aus, wie viele prosoziale und antisoziale Verhaltensweisen Kinder an den Tag legen (Graves & Graves, 1983; Rohner, 1975; Turnbull, 1972). Zum Beispiel kooperieren Kinder aus traditionellen Gemeinschaften und Subkulturen (zum Beispiel mexikanischer und mexikanisch-amerikanischer Provenienz) bei im Untersuchungslabor gestellten Aufgaben häufiger als Kinder aus städtischen, verwestlichten Gruppen (Eisenberg & Mussen, 1989; Knight, Cota & Bernal, 1993). Als man Kinder außerdem beobachtete, wie sie sich zu Hause und in ihrer Nachbarschaft im Umgang mit anderen verhalten, konnte man bei Kindern aus traditionellen Gesellschaften in Kenia, Mexiko und den Philippinen beobachten, dass sie einander in ihren Familien und sozialen Gemeinschaften mehr halfen und unterstützten und mehr miteinander teilten als Kinder in den USA, in Indien oder auf Okinawa (einer Insel im Süden Japans). In den stärker prosozial ausgerichteten Kulturen lebten die Kinder häufiger in vielköpfigen Familien mit vielen Verwandten. Im jungen Alter wurden ihnen Aufgaben im Haushalt übertragen, die für das Wohlergehen anderer Familienmitglieder sehr wichtig waren, etwa sich um kleinere Kinder zu kümmern oder Viehherden zu hüten (Whiting & Edwards, 1988; Whiting & Whiting, 1975). Infolge der Übernahme dieser Pflichten dürften die Kinder gelernt haben, dass sie für andere verantwortlich sind und dass ihr Hilfeleistungsverhalten von den Erwachsenen erwartet und wertgeschätzt wird.

Dieselbe Untersuchung ließ auch Kulturunterschiede bei der Aggression erkennen. Die Neigung der Kinder, andere anzugreifen und zu beschimpfen, ging vorwiegend mit der Familienstruktur und den Interaktionen zwischen den Eltern einher. Kinder mit geringen Häufigkeiten an körperlichen und verbalen Angriffen lebten meistens in Kulturen, in denen die Väter stark an ihren Frauen und Kindern interessiert waren, ihren Frauen bei der Kindesbetreuung halfen und sie in der Regel nicht schlugen. Unter solchen familiären Umständen können die Kinder von ihren Vätern aggressionsfreie Wege der sozialen Interaktion gelernt haben, und es ist relativ unwahrscheinlich, dass sie mit erwachsenen aggressiven Modellen zu tun hatten.

Selbst in den verschiedenen heutigen Industriegesellschaften gibt es Unterschiede bei den kulturellen Werten, was prosoziales und antisoziales Verhalten betrifft. Beispielsweise tritt teilendes, helfendes und tröstendes Verhalten bei Kindergartenkindern in Taiwan und Japan häufiger auf als in den USA (Stevenson, 1991). Die chinesische und die japanische Kultur legen traditionell großen Wert darauf, Kinder das Miteinander-Teilen zu lehren und für die Bedürfnisse der anderen Gruppenmitglieder (in der Familie, Klasse oder Gemeinde) verantwortlich zu sein. In Japan wird auch Wert darauf gelegt, in den Grundschulklassen eine „Lerngemeinschaft" zu bilden – dabei wird den Kindern beigebracht, unterstützend auf die Gedanken und Gefühle der anderen zu reagieren (Lewis, 1995). Die traditionelle Betonung des prosozialen Verhaltens in vielen asiatischen Kulturen scheint jedoch im Abnehmen begriffen (Lee & Zhan, 1991), vielleicht wegen der zunehmenden Industrialisierung und dem Kontakt mit der westlichen Kultur und ihrem Wertesystem, in dem das Wohlergehen der größeren Gruppe mit geringerer Wahrscheinlichkeit betont wird.

Kulturvergleichende Forschungen haben gezeigt, dass Mädchen, die in Gesellschaften leben, in denen von ihnen erwartet wird, sich um kleinere Kinder zu kümmern, prosozialer sind als Mädchen aus Gesellschaften, in denen es keine vergleichbaren Erwartungen gibt.

Verhalten einher. Außerdem kann das Sehen prosozialer Sendungen im Fernsehen prosoziales Verhalten fördern. Kulturen unterscheiden sich in dem Ausmaß, in dem sie prosoziales Verhalten lehren und wertschätzen, und diese Unterschiede spiegeln sich darin wider, wie häufig Kinder anderen Menschen helfen, mit ihnen teilen und sich um sie kümmern.

Schulische Interventionsprogramme zur Förderung prosozialen Verhaltens hatten einen steigernden Einfluss auf das prosoziale Verhalten und das prosoziale moralische Denken der Kinder. Solche Befunde liefern den überzeugenden Nachweis, dass soziale Faktoren (wie auch die Vererbung) zur Entwicklung prosozialer Verhaltenstendenzen beitragen.

Antisoziales Verhalten

Man kann kaum die Zeitung aufschlagen, ohne auf die Gewalt aufmerksam zu werden, die bei Jugendlichen an der Tagesordnung ist; insbesondere in städtischen Umgebungen westlicher Industriegesellschaften. 1998 stellten in den USA Jugendliche unter 18 Jahren hohe Anteile der Verhaftungen: 12 Prozent bei Mord, 14 Prozent bei schwerer Körperverletzung, 27 Prozent bei Raubüberfall und 24 Prozent bei Waffendelikten (Snyder, 1999). Derartige Statistiken, zusammen mit Vorfällen wie den Tragödien von Columbine oder Erfurt, auf die wir am Anfang dieses Kapitels schon hingewiesen haben, werfen einige Fragen auf: Sind Jugendliche, die kriminelle Handlungen begehen, schon als Kinder aggressiv? Wie verändert sich das Aggressionsniveau im Entwicklungsverlauf? Welche Faktoren tragen zu den individuellen Unterschieden im antisozialen Verhalten von Kindern bei? Bei der Behandlung dieser Fragen haben wir insbesondere mit unseren Leitthemen *individuelle Unterschiede*, *Anlage und Umwelt*, *sozio-kultureller Kontext* sowie der *praktischen Anwendung von Forschungsergebnissen* zu tun.

Die Entwicklung von Aggression und anderen antisozialen Verhaltensweisen

Aggression ist Verhalten, das darauf abzielt, andere zu schädigen oder zu verletzen (Parke & Slaby, 1983); und solche Verhaltensweisen treten schon recht früh auf. Wie früh? Konflikte zwischen Kleinkindern im Alter von zwölf bis 18 Monaten sind zwar recht häufig, doch werden sie meistens noch ohne Aggression ausgetragen (Coie & Dodge, 1998; Hay & Ross, 1982). Mit etwa anderthalb Jahren jedoch beginnen körperliche Aggressionen wie Schlagen und Stoßen und werden bis zum Alter von etwa zwei Jahren häufiger. Danach sinkt die Häufigkeit dieser Aggressionsformen, und mit wachsenden sprachlichen Fähigkeiten steigt das Auftreten verbaler Aggression in Form von Hohn, Spott und Beleidigungen (Coie & Dodge, 1998).

Aggression – Verhalten, das darauf abzielt, andere zu schädigen oder zu verletzen.

Aggressive Auseinandersetzungen über Gegenstände treten bei jüngeren Kindern häufig auf.

Instrumentelle Aggression – Aggression, die durch den Wunsch motiviert ist, ein konkretes Ziel zu erreichen.

Beziehungsaggression – Aggression, die andere dadurch verletzt, dass sie ihre Peer-Beziehungen schädigt.

Zu den häufigsten Ursachen der Aggression in den Jahren vor Schuleintritt gehören Konflikte zwischen Gleichaltrigen darüber, was wem gehört (Fabes & Eisenberg, 1992; Shantz, 1987), und Streitereien zwischen Geschwistern über alles Mögliche (Abramovitch, Corter & Lando, 1979). Auseinandersetzungen über Eigentumsverhältnisse können häufig als ein Beispiel für **instrumentelle Aggression** gelten; darunter versteht man Aggression, die durch den Wunsch motiviert ist, ein konkretes Ziel zu erreichen, etwa ein Spielzeug zu bekommen oder in einer Reihe weiter vorne zu stehen. Manchmal setzen Kinder in diesem Alter auch **Beziehungsaggression** ein, um ihre Peers zu beherrschen oder zu verletzen (Crick, Casas & Mosher, 1997; siehe Kapitel 13). Darunter versteht man Aggression, die andere dadurch beeinträchtigt, dass man ihre Peer-Beziehungen schädigt, indem man sie von einem Spiel oder einer sozialen Gruppe ausschließt oder negative Gerüchte über sie verbreitet.

Das Absinken der körperlichen Aggression über die Vorschulzeit hinweg geht wahrscheinlich auf unterschiedliche Faktoren zurück, zu denen nicht nur die steigende Fähigkeit der Kinder gehört, verbale und auf Beziehungen gerichtete Aggression einzusetzen, sondern auch die zunehmende Fähigkeit zum Sprachgebrauch beim Lösen von Konflikten und zur Kontrolle der eigenen Gefühle und Handlungen (Coie & Dodge, 1998). Offene physische Aggression wird bei den meisten Kindern somit im Verlauf der Grundschule immer seltener, wobei allerdings manche Kinder in diesem Alter häufige und schwer wiegende Probleme mit ihrer Aggression und ihrem antisozialen Verhalten entwickeln (Cairns, Cairns, Neckerman, Ferguson & Gariepy, 1989; Loeber & Hay, 1993).

Während aggressives Verhalten bei jüngeren Kindern in der Regel durch den Wunsch motiviert ist, instrumentelle Ziele zu erreichen, beruht die Aggression von Grundschulkindern häufig auf Feindschaft, auf dem Wunsch, den anderen zu verletzen, oder auf dem Bedürfnis, sich gegen eine wahrgenommene Bedrohung des eigenen Selbstwerts zu schützen (Dodge, 1980; Hartup, 1974). In diesem Alter treten verdeckte Formen antisozialen Verhaltens – wie stehlen, lügen oder betrügen – mit beträchtlicher Häufigkeit auf und werden für manche Kinder mit Verhaltensproblemen bereits kennzeichnend (Loeber & Schmaling, 1985).

In der Adoleszenz sinkt die Häufigkeit offener Aggression bei den meisten Teenagern (Loeber, 1982), wobei allerdings schwere Gewaltanwendungen deutlich ansteigen. Abbildung 14.2 zeigt, dass Gewaltverbrechen bei Jugendlichen mit 17 Jahren ihr Maximum erreichen; in diesem Alter geben 29 Prozent der Jungen und 12 Prozent der Mädchen an, zumindest eine schwere strafbare Gewalthandlung begangen zu haben. Wie die Abbildung außerdem zeigt, sind männliche Jugendliche und Erwachsene weit häufiger in gewalttätige Handlungen und Verbrechen verwickelt als weibliche Personen (Coie & Dodge, 1998; Elliott, 1994) (siehe Kasten 14.3).

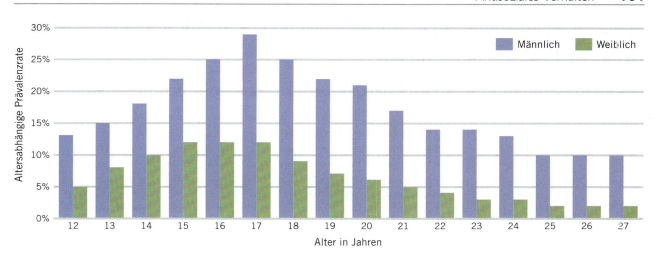

Abbildung 14.2: Prävalenz von Gewalt (nach Selbstauskünften) bei männlichen und weiblichen Personen unterschiedlicher Altersstufen. Auf allen Altersstufen geben Männer mehr Gewalthandlungen an als Frauen (nach Coie & Dodge, 1998).

Die Beständigkeit aggressiven und antisozialen Verhaltens

Die Aggression bei Mädchen wie bei Jungen bleibt über ihre Kindheit und Jugend hinweg erstaunlich konsistent. Kinder, die in der mittleren Kindheit aggressiv sind und zu Verhaltensproblemen wie Diebstahl neigen, sind häufig auch in der Adoleszenz aggressiv und kriminell (Olweus, 1979; White, Moffitt, Earls, Robins & Silva, 1990), und zwar auch häufiger als Kinder, die erst in höherem Alter Verhaltensstörungen entwickeln (Lahey, Goodman et al., 1999). In einer Untersuchung hatten Kinder, die im Alter von acht Jahren von ihren Peers als aggressiv eingeschätzt wurden, im Alter von 30 Jahren mehr kriminelle Vorstrafen und waren häufiger an schweren kriminellen Handlungen beteiligt als Kinder, die seinerzeit als nicht aggressiv bezeichnet wurden (siehe Abbildung 14.3; Eron, Huesmann, Dubow, Romanoff & Yarmel, 1987).

Das größte Risiko für schwer wiegende Verhaltensprobleme besitzen diejenigen Jugendlichen, die in der Grundschule *sowohl* aggressives *als auch* anderes antisoziales Verhalten wie Lügen und Stehlen gezeigt haben (Loeber, 1982). Aggression ist jedoch kein notwendiger Bestandteil zukünftiger Verhaltensprobleme. Manche Kinder zeigen in der Kindheit keine offene Aggression und gehen von Lügen, Diebstahl und Sachbeschädigung in der Kindheit einfach zu schlimmeren Verbrechen wie Autodiebstahl, Raub und Drogenhandel in der Jugend über (Loeber et al., 1993).

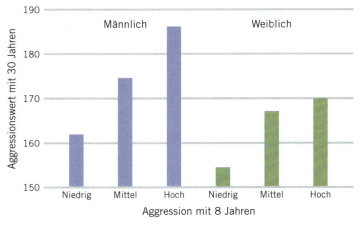

Abbildung 14.3: Aggressions-Einschätzungen durch Peers im Alter von acht Jahren im Verhältnis zu Selbstauskünften über Aggression mit 30 Jahren. Jungen und Mädchen, denen im Alter von acht Jahren eine starke Aggression nachgesagt wurde, beschrieben sich mit 30 Jahren selbst als aggressiver, verglichen mit denen, deren Peers sie mit acht Jahren nicht als aggressiv eingestuft hatten (nach Eron, Huesmann, Dubow, Romanoff & Yarmel, 1987).

Kasten 14.3 Näher betrachtet

Geschlechterunterschiede im prosozialen und antisozialen Verhalten

Ein häufiges Geschlechterstereotyp besagt, dass weibliche Wesen empathischer, fürsorglicher, prosozialer und weniger aggressiv sind als männliche Wesen. Entspricht dieses Vorurteil der Wahrheit? Die Antwort muss „ja" lauten, wobei die tatsächlichen Geschlechterunterschiede allerdings nicht so groß sind, wie die meisten Menschen glauben. Zum Beispiel helfen und teilen Mädchen mehr als Jungen und scheinen sich mehr um andere Menschen zu kümmern. In Laboruntersuchungen jedoch, bei denen sie Filmszenen sahen, die Mitgefühl erregten (zum Beispiel ein verletztes Kind, das verspottet wird, oder ein trauriges Kind im Krankenhaus), unterschieden sich Jungen und Mädchen weder in ihren physiologischen Reaktionen (zum Beispiel Pulsfrequenz) noch in ihren mimischen Reaktionen (zum Beispiel besorgte Blicke oder betroffene Aufmerksamkeit) (Eisenberg & Fabes, 1998; Eisenberg, Fabes, Schaller & Miller, 1989). Es könnte somit sein, dass Jungen ihre Gefühlsregungen angesichts des Leidens anderer häufiger unterdrücken, ignorieren oder abstreiten als Mädchen.

Die Neigung von Mädchen, mehr Mitgefühl und Anteilnahme zu erleben oder zuzugeben als Jungen, könnte einer der vielen Faktoren sein, die zu der Tatsache beitragen, dass Jungen im Allgemeinen höhere Raten sowohl an verbaler als auch an körperlicher Aggression aufweisen als Mädchen (Knight, Fabes & Higgins, 1996). Dieser Geschlechterunterschied, der schon in den Kindergartenjahren zu Tage tritt, ist in ganz unterschiedlichen Kulturen und sozio-ökonomischen Gruppen vorfindbar (Hyde, 1984; Whiting & Whiting, 1975) und wird im Verlauf der Kindheit größer (Knight et al., 1996). Biologische Faktoren wie die Menge an Testosteron im Blut können ebenfalls dazu beitragen, dass die Geschlechter unterschiedlich aggressiv sind (Coie & Dodge, 1998; Collaer & Hines, 1995). Gleichzeitig kann die Geschlechtertrennung bei den Peer-Gruppen der Kinder (siehe Kapitel 9) den aggressionsbezogenen Geschlechterunterschied verstärken, weil die Interaktionen der Jungen rauer und stärker auf Dominanz und Wettkampf ausgerichtet sind als diejenigen der Mädchen (Leaper, 1994; Maccoby, 1988).

Es gibt jedoch einen Aggressionstypus, der bei Mädchen häufiger auftritt als bei Jungen – die Beziehungsaggression (Crick & Bigbee, 1998; Crick, Casas & Ku, 1999). Sowohl vor Schuleintritt als auch in der Grundschule betätigen sich Mädchen häufiger in beziehungsaggressiver Weise und sind auch häufiger davon betroffen; dabei geht es um den Ausschluss aus der sozialen Gruppe oder darum, zum Ziel gemeiner Gerüchte zu werden. Ein Grund, warum sich Mädchen mehr der Beziehungsaggression zuwenden, könnte darin bestehen, dass enge Beziehungen mit Peers für Mädchen ganz besonders wichtig sind (Crick & Grotpeter, 1995). Wenn sie sich bedroht oder beleidigt fühlen, versuchen Mädchen also, sich dadurch zu verletzen, dass sie diese engen Beziehungen zerstören (Crick, Bigbee & Howes, 1996; Galen & Underwood, 1997).

Beziehungsaggression ist sowohl im Kindergarten als auch in der Grundschule bei Mädchen häufiger als bei Jungen. Kinder, die Beziehungsaggression zum Opfer fallen, werden häufiger als ihre Peers aus der Bezugsgruppe ausgeschlossen und bekommen Anpassungsprobleme wie Depression und Einsamkeit (Crick & Grotpeter, 1996).

Viele Kinder, die schon früh in ihrem Leben aggressiv sind, haben neurologische Defizite (also Funktionsstörungen im Gehirn), die Aufmerksamkeitsstörungen, Hyperaktivität und ähnlichen Problemen zugrunde liegen (Moffitt, 1993a; Speltz, DeKlyen, Calderon, Greenberg & Fisher, 1999). Diese Defizite können zu problematischen Beziehungen zu Eltern, Gleichaltrigen und Lehrern führen, was das aggressive, antisoziale Verhaltensmuster der Kinder noch weiter nährt. Bei Aufmerksamkeitsstörungen ist dieser Effekt besonders wahrscheinlich, weil sie es diesen Kindern erschweren, alle relevanten Informationen in einer sozialen Situation sorgfältig zu berücksichtigen, bevor sie sich für eine Handlungsweise entscheiden; ihr Verhalten erweist sich somit häufig als situationsunangemessen.

Es muss darauf hingewiesen werden, dass diese Muster nicht mit dem allgemeinen Problem der „Jugendkriminalität" identisch sind. Jugendliche mit einer langen Kindheitsgeschichte problematischen Verhaltens stellen nur eine Minderheit derjenigen Jungendlichen dar, die sich antisozial verhalten (Hamalainen & Pulkkinen, 1996). Die meisten Jugendlichen, die kriminelle Handlungen begehen, besitzen keine Geschichte von Aggression oder antisozialem Verhalten, die vor ihr elftes Lebensjahr zurückreicht (Elliott, 1994). Diese Jugendlichen können als Reaktion auf den normalen Außendruck der Adoleszenz auf antisoziales Verhalten verfallen; zum Beispiel kann es sich dabei um den Versuch handeln, ihre Autonomie gegenüber den Eltern zu behaupten oder von ihren Peers akzeptiert zu werden. Diese Jugendlichen hören typischerweise in ihrer späteren Jugend oder im frühen Erwachsenenalter damit auf, sich antisozial zu verhalten (Moffitt, 1990, 1993a).

Kennzeichen aggressiver und/oder antisozialer Kinder und Jugendlicher

Aggressive beziehungsweise antisoziale Kinder und Jugendliche unterscheiden sich im Durchschnitt von ihren nicht aggressiven Altersgenossen in einer Vielzahl von Eigenschaften. Diese beziehen sich auf ihr Temperament, ihre Persönlichkeit und ihre Verarbeitung sozialer Informationen.

Temperament und Persönlichkeit

Kinder, die Probleme im Zusammenhang mit Aggression und antisozialem Verhalten entwickeln, legen häufig schon von sehr frühem Alter an ein schwieriges Temperament an den Tag (Rothbart & Bates, 1998). Langzeituntersuchungen haben beispielsweise gezeigt, dass Säuglinge und Kleinkinder, die häufig intensive negative Emotionen zum Ausdruck bringen und viel Aufmerksamkeit erfordern, im Vor- und Grundschulalter und auch später noch zu einem größeren Ausmaß an Problemverhalten – zum Beispiel Aggression – neigen (Bates, Bayles, Bennett, Ridge & Brown, 1991; Olson, Bates, Sandy & Lanthier, 2000). In ähnlicher Weise neigen Kinder, denen es in den Jahren vor

Schuleintritt an Selbstkontrolle fehlt, die Impulsivität und ein hohes Aktivierungsniveau zeigen sowie sehr reizbar und ablenkbar sind, im Alter zwischen neun und 15 Jahren zu Schlägereien, Kriminalität und anderen antisozialen Verhaltensweisen, im späteren Jugendalter zu Aggressivität und kriminellem Verhalten und im Fall von Männern als Erwachsene zu Gewaltverbrechen (Caspi, Henry, McGee, Moffitt & Silva, 1995; Caspi & Silva, 1995; Tremblay, Pihl, Vitaro & Dobkin, 1994). Einige dieser Kinder und Jugendlichen scheinen gegenüber anderen keine Schuldgefühle, kein Mitgefühl und keine Anteilnahme zu empfinden. Sie sind häufig charmant, aber unehrlich und herzlos (Cohen & Strayer, 1996; Hastings et al., 2000). Die Kombination aus Impulsivität, Aufmerksamkeitsproblemen und Verlogenheit in der Kindheit bietet eine besonders gute Vorhersage für antisoziales Verhalten und Zusammenstöße mit der Polizei in der Adoleszenz (Christian, Frick, Hill, Tyler & Frazer, 1997; Frick, 1998) und vielleicht auch im Erwachsenenalter (Lynam, 1996, 1997).

Soziale Kognition

Zusätzlich zu ihren Temperamentsunterschieden sind aggressive Kinder auch hinsichtlich ihrer sozialen Kognitionen anders als nicht aggressive Kinder. Dieser Unterschied ist deshalb wichtig, weil sich soziale Kognitionen darauf auswirken, wie Kinder ihre Interaktionen mit anderen interpretieren und wie sie auf diese reagieren.

Wie in Kapitel 9 bereits dargestellt, neigen aggressive Kinder dazu, die Welt durch eine „aggressive" Linse zu betrachten. Sie schreiben anderen häufiger als nicht aggressive Kinder feindselige Motive zu, wenn die Situationen so beschaffen sind, dass die tatsächlichen Motive und Absichten der anderen Person uneindeutig bleiben (der „feindliche Attributionsfehler") (Graham & Hudley, 1994; Shahinfar, Kupersmidt & Matza, 2001). Außerdem sind bei sozialen Begegnungen die Ziele aggressiver Kinder, verglichen mit denen nicht aggressiver Kinder, häufiger feindlich und situationsunangemessen. Folglich entwickeln sie bei bestimmten Begegnungen häufig negative, feindselige Ziele wie die Bedrohung von Peers oder den Versuch, es dem anderen heimzuzahlen (Crick & Dodge, 1994; Slaby & Guerra, 1988). Bei der Ableitung möglicher Reaktionen in einer negativen sozialen Reaktion fallen aggressiven Kindern außerdem weniger Alternativen ein als nicht aggressiven Kindern, und diese wenigen Alternativen enthalten mit größerer Wahrscheinlichkeit aggressive oder störende, Unruhe stiftende Verhaltensweisen (Deluty, 1985; Slaby & Guerra, 1988).

Es passt zu diesen Tendenzen, dass aggressive Kinder auch dazu neigen, aggressive Reaktionen vorteilhafter zu bewerten als nicht aggressive Kinder, während sie kompetente, prosoziale Reaktionen als weniger günstig ansehen (Crick & Dodge, 1994; Dodge, Pettit, McClaskey & Brown, 1986; Quiggle, Garber, Panak & Dodge, 1992). Das tun sie zum Teil deshalb, weil sie erwarten, dass aggressives Verhalten positive Folgen hat (zum Beispiel ihren Willen durchzusetzen) und eine negative Behandlung durch andere verringert (Dodge et al., 1986; Perry, Perry & Rasmussen, 1986). Außerdem ist bei aggressiven

Kindern das Vertrauen größer, das sie in ihre Fähigkeit setzen, körperlich und verbal aggressive Handlungen auszuführen (Quiggle et al., 1992), was wiederum die Wahrscheinlichkeit dafür erhöhen kann, dass sie sich für aggressive Reaktionen entscheiden. Unter all den genannten Voraussetzungen überrascht es nicht, dass aggressive Kinder für die Wahl aggressiver Verhaltensweisen prädisponiert sind (Crick & Dodge, 1994; Waldman, 1996).

Man muss jedoch beachten, dass zwar all diese Funktionsaspekte zur Vorhersage der Aggressivität von Kindern beitragen, dass aber deshalb nicht alle aggressiven Kinder dieselben Defizite aufweisen. Kinder mit der Neigung zur emotionsgesteuerten, feindseligen Aggression – so genannter **reaktiver Aggression** – nehmen die Motive der anderen besonders häufig als feindselig wahr (Crick & Dodge, 1996), reagieren auf Provokationen häufig aggressiv und bewerten ihre Reaktionen eher als moralisch akzeptabel (Dodge, Lochman, Harnish, Bates & Pettit, 1997). Im Gegensatz dazu erwarten Kinder, deren Aggression nicht emotional begründet ist, wenn es darum geht, einem Bedürfnis nachzukommen oder sich einen Wunsch zu erfüllen (so genannte **proaktive Aggression**), dass ihre Aggression eher positive soziale Folgen hat (Crick & Dodge, 1996; Dodge et al., 1997).

Proaktive Aggression (vorsätzliche Aggression, die nicht durch aktuelle Gefühle hervorgerufen ist) wird von Kindern dazu eingesetzt, andere einzuschüchtern und von ihnen zu bekommen, was man will.

Reaktive Aggression – emotionsgesteuerte, als Gegenreaktion gedachte Aggression, die dadurch ausgelöst wird, dass man die Motive der anderen als feindselig wahrnimmt.

Proaktive Aggression – nicht gefühlsbasierte Aggression, die auf die Erfüllung von Wünschen und Zielen gerichtet ist.

Die Ursprünge der Aggression

Was sind die Ursachen für Aggression bei Kindern? Wichtige Beiträge leisten die genetische Ausstattung, die Sozialisation durch Familienmitglieder, die Einflüsse der Gleichaltrigen sowie kulturelle Faktoren.

Biologische Faktoren

Biologische Faktoren tragen zweifelsfrei zu den interindividuellen Aggressionsunterschieden bei, doch ist ihre exakte Rolle noch nicht geklärt. Zwillingsstudien zeigen, dass antisoziales Verhalten in der Familie liegt und zum Teil auf genetische Faktoren zurückgeht (Coie & Dodge, 1998; Lahey, Waldman & McBurnett, 1999; Slutske et al., 1997), besonders wenn ein solches Verhalten bereits in der Kindheit und nicht erst in der Adoleszenz auftritt (Taylor, Iacono & McGue, 2001). Auf eine Erscheinungsform genetischer Wirkungen bei der Aggression haben wir bereits hingewiesen – die Tatsache, dass viele aggressive Kinder ein schwieriges Temperament besitzen. Auch hormonelle Faktoren sollen eine Rolle bei der Aggressivität spielen. Zum Beispiel scheint der Testosteronspiegel mit dem Aktivitätsniveau und den Reaktionen auf Provokation zusammenzuhängen, und ein hoher Testosteronspiegel wurde manchmal mit aggressivem Verhalten in Verbindung gebracht (Archer,

1991). Wie schon angeführt, können auch neurologische Defizite, die sich auf die Aufmerksamkeit und die Fähigkeit zur Regulation auswirken, zu Aggression und antisozialem Verhalten beitragen (Moffitt, 1993b): Kinder ohne gute Regulationsfähigkeit haben häufig Schwierigkeiten damit, ihre Wutausbrüche zu kontrollieren und aggressive Impulse zu unterdrücken.

Biologische Korrelate der Aggression bilden wahrscheinlich, wie ihre spezielle Rolle auch beschaffen sein mag, weder notwendige noch hinreichende Ursachen für das aggressive Verhalten der meisten Kinder. Genetische, neurologische oder hormonelle Eigenschaften können für ein Kind Risikofaktoren sein, aggressives und antisoziales Verhalten zu entwickeln, aber ob das Kind tatsächlich aggressiv wird oder nicht, wird von zahlreichen Faktoren abhängen, zu denen auch Erfahrungen aus der sozialen Welt gehören (Coie & Dodge, 1998). Außerdem hängt die Vererbung nicht mit allen Typen von Aggression und antisozialem Verhalten gleichermaßen zusammen. Zum Beispiel scheint die Vererbung für die Aggression in der frühen Kindheit und im Erwachsenenalter eine stärkere Rolle zu spielen als für Aggression im Jugendalter, in dem Umweltfaktoren den wichtigsten Beitrag leisten (Miles & Carey, 1997; Rende & Plomin, 1995).

Die Sozialisation von Aggression und antisozialem Verhalten

Viele Menschen, einschließlich einiger Gesetzgeber und Richter, glauben, dass die Entwicklung von Aggression beziehungsweise Aggressivität auf die Erziehung und Sozialisation in der Familie zurückgeführt werden kann. So ist die erfahrene Erziehungsqualität bei antisozialen Kindern tatsächlich schlechter als bei anderen Kindern (Scaramella, Conger, Spoth & Simmons, 2002). Jedoch ist das Ausmaß nicht bekannt, in dem schlechte Erziehung für antisoziales Verhalten verantwortlich ist und nicht andere Faktoren.

Elterliche Bestrafung Viele der Kinder, deren Eltern sie häufig streng, aber nicht misshandelnd körperlich bestrafen, neigen zu Problemverhalten in den frühen Lebensjahren, zu Aggression in der Kindheit und zu Kriminalität im Jugend- und Erwachsenenalter (DeKlyen, Biernbaum, Speltz & Greenberg, 1998; McCord, 1991; Rothbaum & Weisz, 1994). Das gilt besonders dann, wenn die Eltern generell kaltherzig und strafend erziehen (Deater-Deckard & Dodge, 1997). – Nicht jede Gesellschaft ist zivilisatorisch so fortgeschritten wie die deutsche, welche die körperliche Züchtigung von Kindern unter Strafe gestellt hat.

Es bedarf jedoch des Hinweises, dass die Beziehung zwischen körperlicher Strafe und dem antisozialen Verhalten der Kinder von Gruppe zu Gruppe variiert. Wie in Kapitel 12 dargestellt, werden körperliche Strafen und kontrollierendes Elternverhalten in manchen Kulturen und Subkulturen als Ausdruck einer verantwortlichen Erziehung betrachtet, wenn sie mit elterlicher Unterstützung und normalen Gehorsamsanforderungen verknüpft sind. Ist dies gegeben, gehen elterliche Bestrafungstendenzen im Allgemeinen nicht mit antisozialem Verhalten einher. Das kann eine Teilerklärung dafür sein, warum der Zusammenhang zwischen körperlicher Bestrafung und antisozialem Verhalten bei afro-amerikanischen Kindern schwächer ist als bei euro-amerikanischen Kindern (Deater-Deckard & Dodge, 1997; Deater-Deckard, Dodge, Bates & Pettit, 1996); afro-amerikanische Kinder neigen nämlich vielleicht dazu, autoritäre Erziehung als Schutzmaßnahme aufzufassen.

Im Gegensatz dazu besteht eine hohe Wahrscheinlichkeit, dass misshandelnde Bestrafung mit der Entwicklung antisozialer Verhaltenstendenzen einhergeht, unabhängig von der Frage nach Rasse, Ethnie oder Kulturgruppe (Coie & Dodge, 1998; Deater-Deckard, Dodge, Bates & Pettit, 1995; Luntz & Widom, 1994; Weiss, Dodge, Bates & Pettit, 1992). Eine sehr strenge körperliche Disziplinierung scheint zu der Art von sozialen Kognitionen zu führen, die mit Aggression verknüpft ist; dazu gehören die Annahme, dass andere feindliche Absichten haben, die Erzeugung aggressiver Problemlösungen und die Erwartung, dass aggressives Verhalten positive Folgen hat (Dodge, Pettit, Bates & Valente, 1995).

Es kommt hinzu, dass misshandelnd strafende Eltern für ihre Kinder auffällige Modelle aggressiven Verhaltens sind und zur Nachahmung anregen. Ironischerweise sind Kinder, die einer solchen Bestrafung unterliegen, häufig ängstlich oder wütend und werden deshalb kaum auf die Anweisungen oder Wünsche ihrer Eltern achten oder motiviert sein, sich so zu verhalten, wie ihre Eltern es gern hätten (Hoffman, 1983).

Wahrscheinlich besteht eine reziproke Beziehung zwischen dem Verhalten der Kinder und dem strafenden Erziehungsverhalten ihrer Eltern (Cohen & Brook, 1995; Eisenberg, Fabes et al., 1999). Das bedeutet, dass Kinder mit hohen Ausprägungen an antisozialem Verhalten oder geringer Selbstregulation häufig mit strengen Erziehungsmaßnahmen konfrontiert sind; umgekehrt steigert eine strenge Erziehung das Problemverhalten der Kinder. Obwohl die Forschungsbefunde für Jugendliche nicht ganz so einheitlich ausfallen (Cohen & Brook, 1995; Feldman & Weinberger, 1994; Stice & Barrera, 1995), dürfte es wahrscheinlich so sein, dass sich das strafende Verhalten der Eltern und das antisoziale Verhalten von Jugendlichen ebenfalls gegenseitig so beeinflussen, dass der Teufelskreis aufrechterhalten bleibt.

Man muss sich dessen bewusst sein, dass genetische Faktoren einen Beitrag zu der Beziehung zwischen Strafe in der Erziehung und der Aggression von Kindern leisten. Eltern, die genetisch zu Wut und Gewalt neigen, werden wahrscheinlich Kinder mit einer genetischen Prädisposition für dieselben Eigenschaften haben, und dieselben Eltern sind es, die häufiger als andere Eltern streng und strafend erziehen. Man kann somit die Effekte von Genetik und Sozialisation nur schwer voneinander trennen, wenn man die Ursachen der kindlichen Aggressivität bestimmen will.

Unwirksame Erziehungsmaßnahmen Ein weiterer Faktor, der das antisoziale Verhalten von Kindern steigern kann, sind unwirksame Erziehungsmaßnahmen. Eltern, die beim Einsatz ihrer Disziplinarmittel und bei der Durchführung von Strafen nicht konsequent sind, haben häufiger als andere Eltern aggressive und kriminelle Kinder (Dumka, Roosa & Jackson, 1997; Frick, Christian & Wooten, 1999; Sampson & Laub, 1994). Im Gegensatz dazu haben Eltern, die das Verhalten und die Aktivitäten ihrer Kinder überwachen und beaufsichtigen, im Allgemeinen Kinder mit relativ wenigen Verhaltensproblemen (Frick et al., 1999; Pettit, Laird, Dodge, Bates & Criss, 2001). In einer Untersuchung an heranwachsenden mexikanischen Amerikanern waren die akkulturierten Jugendlichen – diejenigen, deren Familien seit mehr als einer Generation bereits in den USA lebten und zu Hause Englisch sprachen – häufiger kriminell als ihre nicht akkulturierten Peers, und eine eingeschränkte elterliche Beaufsichtigung und inkonsequente Erziehung schienen zum Teil für die Beziehung zwischen Akkulturation und Kriminalität verantwortlich zu sein (Samaniego & Gonzales, 1999). Ein Grund, warum die elterliche Aufsicht wichtig sein könnte, besteht darin, dass sich dadurch die Wahrscheinlichkeit verringert, dass sich ältere Kinder und Jugendliche mit antisozialen, außerhalb der Norm stehenden Peers zusammentun (Barrera, Biglan, Ary & Li, 2001; Patterson, Capaldi & Bank, 1991). Auch erhöht die elterliche Beaufsichtigung die Wahrscheinlichkeit, dass sie davon Kenntnis haben, wenn ihre Kinder sich antisozial verhalten.

Eine unwirksame Erziehung zur Disziplin ist oft in dem Muster familiärer Interaktionen erkennbar, das Patterson (1982, 1995) beschreibt und das in Kapitel 1 dargestellt wurde. Bei diesem Muster wird die Aggression von Kindern, die außer Kontrolle geraten sind, oft von den Eltern unbeabsichtigt verstärkt, wenn diese den Wutausbrüchen und Wünschen ihrer Kinder nachgeben (Snyder & Patterson, 1995). Dies kann besonders für problematische Jungen gelten, die viel häufiger als andere Jungen negativ auf das Schimpfen ihrer Mutter und deren Disziplinierungsversuche reagieren (Patterson, Reid & Dishion, 1992). Ob die mütterlichen Vorschriften bei Mädchen dasselbe Reaktionsmuster hervorrufen wie bei Jungen, ist noch nicht bekannt, weil der größte Teil der einschlägigen Forschung mit Jungen durchgeführt wurde; es gibt aber Gründe für die Annahme, dass Mädchen anders reagieren (McFadyen-Ketchum, Bates, Dodge & Pettit, 1996).

Konflikte zwischen den Eltern Kinder, die häufig Zeuge von verbaler und physischer Gewalt zwischen ihren Eltern werden, neigen dazu, antisozialer und aggressiver zu sein als andere Kinder (Davies & Cummings, 1994; Fantuzzo et al., 1991; Ingoldsby, Shaw, Owens & Winslow, 1999). Ein offensichtlicher Grund dafür besteht darin, dass streitende Eltern oft als Modelle für aggressives Verhalten wirken. Ein weiterer Grund besteht darin, dass Kinder, deren Mütter körperlich misshandelt werden, zu der Überzeugung neigen, dass Gewalt einen akzeptablen und sogar notwendigen Teil der Familieninteraktionen darstellt (Graham-Bermann & Brescoll, 2000). Verglichen mit Ehepartnern, die gut miteinander auskommen, besitzen zerstrittene Elternpaare oft auch geringere Erziehungsfähigkeiten und gehen unfreundlicher mit ihren Kindern um; ihre Kinder neigen zu Verhaltensproblemen und Depression (Emery, 1989; Gonzales, Pitts, Hill & Roosa, 2000).

In Kapitel 12 wurde bereits erwähnt, dass die Probleme auch dann nicht aufhören, wenn die Ehekonflikte zu einer Scheidung führen: Je mehr die Kinder mit familiären Veränderungen wie Scheidung und Wiederheirat fertig werden müssen, desto eher legen sie antisoziales und kriminelles Verhalten an den Tag (Capaldi & Patterson, 1991; Pagani, Tremblay, Vitaro, Kerr & McDuff, 1998). Außerdem neigen Mütter in einem bestimmten Zeitraum nach der Scheidung dazu, ihre Kinder weniger zu unterstützen und bei der Beaufsichtigung und Kontrolle ihrer Kinder inkonsequent und autoritär zu sein, dabei aber weniger effektiv. Solche unwirksamen Erziehungsmaßnahmen können zu einem negativen Kreislauf des Erziehungsverhaltens führen (Hetherington, Hagen & Anderson, 1989). Elterliche Konflikte und ihre Nachwirkungen können also das antisoziale Verhalten von Kindern auf mehrere unterschiedliche Weisen erhöhen.

Sozio-ökonomischer Status und antisoziales Verhalten bei Kindern Kinder aus einkommensschwachen Familien sind in der Regel antisozialer und aggressiver als Kinder aus wohlhabenderem Hause (Bolger, Patterson, Thompson & Kupersmidt, 1995; Keiley, Bates, Dodge & Pettit, 2000). Was könnte für diesen Unterschied verantwortlich sein? Es gibt viele Gründe.

Kinder entwickeln häufiger aggressives und antisoziales Verhalten, wenn sie Zeuge elterlicher Konflikte werden, insbesondere von Gewalt. Eltern, die in ihren Ehen unglücklich sind, neigen dazu, sich von ihren Kindern zurückzuziehen und sie nicht zu unterstützen, was zu deren Anpassungsproblemen beizutragen scheint.

Ein wichtiger Grund liegt in der größeren Menge der Stressoren, welche Kinder aus armen Familien erleben müssen, wozu Stress in der Familie (Krankheit, häusliche Gewalt, Scheidung, Schwierigkeiten mit dem Gesetz) und Gewalt in der Wohngegend gehören. Stressoren dieser Art hängen mit gesteigerter Aggression und antisozialem Verhalten zusammen (Dodge, Pettit & Bates, 1994; Guerra, Huesmann, Tolan, Van Acker & Eron, 1995; Halliday-Boykins & Graham, 2001; Linares et al., 2001). Außerdem hängt ein niedriger sozio-ökonomischer Status damit zusammen, in einer Ein-Eltern-Familie zu leben oder das ungeplante Kind von selbst noch nicht erwachsenen Eltern zu sein; beide Faktoren sind mit dem aggressiven Verhalten von Kindern verknüpft (Deater-Deckard, Dodge, Bates & Pettit, 1998).

Wegen der vielen mit Armut verbundenen Stressoren, die ihre Eltern erleben, sind Kinder, die in Armut leben, auch häufig Erziehungsdefiziten und -unzulänglichkeiten ausgesetzt, die antisoziales und aggressives Verhalten vorhersagen. Ihre Eltern setzen häufiger als andere Eltern launenhafte, bedrohende und strenge Erziehungsmaßnahmen ein und tendieren zu einer laschen Beaufsichtigung ihrer Kinder. Sie geben häufiger Vorbilder für Aggression und weisen ihre Kinder öfter zurück als Eltern, die nicht dem Armutsstress ausgesetzt sind (Conger, Ge, Elder, Lorenz & Simons, 1994; Dodge et al., 1994; Sampson & Laub, 1994).

Zusätzlich zu all diesen Risikofaktoren tragen wahrscheinlich viele weitere Faktoren zum antisozialen Verhalten vieler Jugendlicher in armen Wohnvierteln bei: die Existenz und Präsenz von Banden, das Fehlen von Jobs für Jugendliche, und wenige Gelegenheiten wie Vereine und Jugendhäuser, um sich an konstruktiven Aktivitäten zu beteiligen.

Der Einfluss der Peers

Die Peers stellen einen wichtigen Einfluss auf die Aggressivität und andere antisoziale Verhaltensweisen von Kindern dar. Antisoziale Freunde zu haben oder Teil einer antisozialen Peer-Gruppe zu sein, insbesondere einer Bande, kann dazu beitragen, sich selbst antisozial zu betätigen.

Freunde und die Peer-Gruppe Wir haben in Kapitel 13 schon erwähnt, dass sich aggressive Kinder gern mit anderen aggressiven Kindern zusammentun, und Jungen, die zunächst nur mäßig aggressiv sind, werden mit der Zeit krimineller, wenn ihre engen Freunde aggressiv sind. Auch wenn sehr aggressive Freunde das aggressivere Verhalten anderer vielleicht nicht unmittelbar verursachen, geben sie sich sicherlich gegenseitig Ansporn.

Die größere Gruppe Gleichaltriger, mit der sich ältere Kinder und Jugendliche zusammentun, kann sich sogar noch stärker auf die Aggressivität auswirken als die engeren Freunde (Coie & Dodge, 1998). In einer Untersuchung war die Wahrscheinlichkeit bei Jungen, deren Kumpel an verdeckten Straftaten wir Diebstahl und Drogenhandel beteiligt waren, um mehr als das Vierfache erhöht, selbst ähnliche kriminelle Verhaltensweisen auszuüben, verglichen mit Jungen ohne antisoziale Kumpanen. Auch wenn sie sich bislang noch nicht entsprechend betätigt hatten, war die Wahrscheinlichkeit immer noch doppelt so hoch, mit verdeckten antisozialen Verhaltensweisen zu beginnen. Ähnlich verhält es sich mit Jungen, deren Peers *offene* antisoziale Verhaltensweisen wie Gewalt und Waffengebrauch zeigen; hier war die Wahrscheinlichkeit dreimal so hoch wie bei anderen Jungen, dass sie sich selbst entsprechend betätigen (Keenan, Loeber, Zhang, Stouthamer-Loeber & Van Kammen, 1995). Sich mit kriminellen Peers zu verbünden, erhöht meistens die eigene Kriminalität, weil diese Peers in der Peer-Gruppe antisoziales Verhalten vormachen und verstärken. Zugleich bringt auch die Beteiligung an kriminellen Aktivitäten die Jugendlichen in Kontakt mit anderen kriminellen Peers (Thornberry, Lizotte, Krohn, Farnworth & Jang, 1994).

Insgesamt variieren die Forschungsbefunde zwar ein wenig; es sieht aber so aus, dass die Anfälligkeit von Kindern gegenüber dem Druck von Peers, sich an antisozialem Verhalten zu beteiligen, in den Grundschuljahren wächst, um die achte, neunte Klasse ihren Höhepunkt erreicht und danach wieder sinkt (Berndt, 1979; Brown, Clasen & Eicher, 1986; Steinberg & Silverberg, 1986). Es gibt jedoch Ausnahmen von diesem Muster, die mit kulturellen Faktoren zusammenhängen dürften. Mexikanisch-amerikanische Immigranten beispielsweise, die sich der neuen Kultur noch nicht sehr angepasst haben und auch die englische Sprache nicht flüssig verwenden können, scheinen dem Peer-Druck zu antisozialem Verhalten weniger zu unterliegen als stärker akkulturierte mexikanisch-amerikanische Kinder. Für Jugendliche, die in eine traditionelle Kultur eingebettet sind, die sich an den Erwartungen der Erwachsenen orientiert (zum Beispiel in Form von Respekt und Höflichkeit gegenüber Erwachsenen und Übernahme ihrer Werte), können die Peers eine geringere Rolle bei der Förderung antisozialen Verhaltens spielen.

Banden Einen wichtigen Peer-Einfluss auf das antisoziale Verhalten kann die Mitgliedschaft in einer Bande bedeuten. Für die USA wurde geschätzt, dass 1998 etwa 28.700 Banden mit 780.000 Mitgliedern existierten (Moore & Cook, 1999). Diese Banden waren meistens aus jungen – überwiegend männlichen – Menschen mit ähnlichem ethnischem und rassischem Hintergrund zusammengesetzt. Die meisten Banden sind locker organisiert, und die meisten Mitglieder treten nicht vor dreizehn, vierzehn Jahren bei. Bandenaktivitäten hängen in den USA zwar eng mit Konflikten zwischen ethnischen Gruppen zusammen, doch findet viel Bandengewalt auch zwischen Banden derselben Volksgruppe (in den USA in der Regel afro-amerikanische oder hispanische Gruppen) und weniger zwischen Banden verschiedener ethnischer Gruppen statt. Drogenkonsum oder Drogenhandel sind in vielen Banden üblich, aber in manchen Banden spielen Drogen auch keine Rolle, und nur eine Minderheit der Bandenmitglieder sind im Drogenhandel aktiv (Decker & van Winkle, 1996; Esbensen & Huizinga, 1993; Short, 1996).

Jugendliche, die einer Bande beitreten, sind in der Regel an antisozialen Verhaltensweisen beteiligt und haben auch vorher schon kriminelle Freunde gehabt. Die Mitgliedschaft in einer Bande scheint das kriminelle Verhalten der Jugendlichen aber noch darüber hinaus zu steigern, dass sie ohnehin vorher schon kriminell waren und mit kriminellen Peers zu tun hatten (Battin, Hill, Abbott, Catalano & Hawkins, 1998; Lahey, Gordon, Loeber, Stouthamer-Loeber & Farrington, 1999). Erwartungsgemäß erhöht sich die Wahrscheinlichkeit, dass sich Jugendliche kriminell und aggressiv verhalten, je länger sie einer Bande angehören (Craig, Vitaro, Gagnon & Tremblay, 2002).

Die Gewalt in Banden wurde im Verlauf der Jahre immer tödlicher, auch wenn innerhalb der Banden und zwischen ihnen eine beträchtliche Variabilität im Ausmaß an Gewalt besteht. Bei einem großen Teil der Gewaltanwendungen geht es darum, dass Bandenmitglieder versuchen, in der Gruppe einen bestimmten Status zu erreichen oder ihren Status zu bewahren. Häufig tritt Gewalt auch im Wettstreit mit anderen Banden oder im Rahmen von Vergeltungsmaßnahmen auf. Es kommt hinzu, dass Bandenmitglieder manchmal auch gemeinsam Gewalttaten begehen, um damit die Gruppensolidarität zu erhöhen (Decker, 1996; Short, 1996).

Weil viele Bandenmitglieder keine höhere Schule besuchen oder schlecht in der Schule sind, haben sie im Allgemeinen wenige Möglichkeiten, auf le-

Banden geben Jugendlichen oft ein Gefühl der Zugehörigkeit, was durch spezielle Bandensymbole unterstrichen wird.

gale Weise Geld zu verdienen. Die Beteiligung an illegalen Bandenaktivitäten könnte somit das attraktivste Mittel zur Geldbeschaffung sein, das die Mitglieder kennen. In der Folge behalten viele Mitglieder innerstädtischer Banden ihre Mitgliedschaft bei, statt mit der Zeit konventionelle Erwachsenenrollen anzunehmen (Short, 1996). So werden die finanziellen Vorteile aus illegalen Aktivitäten wie Überfällen und Drogenhandel von vielen Bandenmitgliedern gar als Grund dafür angegeben, in der Bande zu bleiben (Decker & van Winkle, 1996).

Fernsehen und Videospiele

Die Populärkultur von Kindern ist in den USA wie überhaupt in der westlichen, aber auch östlich-industrialisierten Welt mit Gewalt überschwemmt, besonders das Fernsehprogramm. In den USA enthielten zwischen 1973 und 1993 71 Prozent der Programme zur Hauptsendezeit und 92 Prozent der Filme am Samstagvormittag, die an Kinder gerichtet waren, Gewaltszenen, die von kleineren Vorkommnissen wie Schlägen in Zeichentrickfilmen bis zu blutigen Morden reichten. Die durchschnittliche Anzahl gewalthaltiger Szenen pro Stunde betrug 5,3 zur Hauptsendezeit und 23 am Samstagvormittag (Huston & Wright, 1998). Außerdem sehen Kinder oft Gewalt enthaltende Sendungen im Abendprogramm, die eigentlich nur für Erwachsene gedacht sind. Wirken sich all diese Kontakte mit Gewalt im Fernsehen auf Kinder aus? Die Antwort heißt „ja".

Es gibt starke Belege dafür, dass die Wahrscheinlichkeit, gewalttätig zu werden, damit zusammenhängt, wie viel Kinder fernsehen und insbesondere Gewalt im Fernsehen sehen (Hearold, 1986; Huston & Wright, 1998; Wood, Wong & Chachere, 1991). In einer groß angelegten Längsschnittstudie beispielsweise, die Kinder vom achten Lebensjahr bis ins Erwachsenenalter begleitete, konnte aus dem Fernsehkonsum mit acht Jahren bei den Jungen (aber nicht bei den Mädchen) die Aggressivität und die Schwere der kriminellen Verhaftungen im Erwachsenenalter vorhergesagt werden. Das galt auch dann noch, wenn die Effekte von Intelligenz und elterlicher Erziehung sowie das Aggressionsniveau in der Kindheit statistisch berücksichtigt wurden (Eron, Huesmann, Lefkowitz & Warler, 1972; Huesmann, 1986). In Längsschnittuntersuchungen, die jedoch über kürzere Zeitspannen liefen, ergaben sich ähnliche Befunde auch in anderen Ländern und nicht nur bei Jungen, sondern auch bei Mädchen (Huesmann & Eron, 1986). Weil das Sehen gewalthaltiger Sendungen die spätere Aggressivität auch dann vorhersagt, wenn man das ursprüngliche Aggressionsniveau der Kinder mit berücksichtigt, kann man Gewalt im Fernsehen wohl als einen kausalen Faktor für die spätere Aggression betrachten. Gleichzeitig sehen aggressive Kinder aber auch mehr Gewalt enthaltende Sendungen, so dass es ebenso wahrscheinlich ist, dass sich ein Kreislauf entwickelt, in dem Gewaltfernsehen die Aggression der Kinder steigert und aggressive Kinder mehr Gewalt im Fernsehen konsumieren (Huston & Wright, 1998).

Die Wirkungen von Gewalt im Fernsehen können sich durch den Kontakt mit Gewalt in Kinofilmen, Videospielen und populären Liedern noch verschlimmern. In Übereinstimmung mit dem allgemeinen Befund, dass das Spielen von Gewaltvideospielen mit einem Anstieg an Aggression und aggressivem Denken und Fühlen einhergeht (Anderson & Bushman, 2001), ist erwähnenswert, dass Harris und Klebold, die Mörder von Columbine, von dem Videospiel Doom besessen waren und es täglich spielten; dabei müssen die Spieler versuchen, eine möglichst hohe Anzahl an Getöteten zu erzielen (Bai, 1999). Es ist nur folgerichtig, dass eine Gesellschaft, die Gewalt für kommerzielle Zwecke fördert und verherrlicht, bei ihren Jugendlichen hohe Gewaltraten zu verzeichnen hat.

Biologie und Sozialisation: ihr gemeinsamer Einfluss auf das antisoziale Verhalten von Kindern

Es sollte bis hierhin deutlich geworden sein, dass es äußerst schwierig ist, die speziellen biologischen, kulturellen, sozialen und familiären Faktoren auseinander zu dividieren, welche die Entwicklung des antisozialen Verhaltens von Kindern beeinflussen (Van den Oord, Boomsma & Verhulst, 2000). Wir haben zum Beispiel schon angeführt, dass antisoziale Kinder manchmal biologisch fundierte Persönlichkeitseigenschaften besitzen, die häufiger negative Reaktionen anderer Menschen hervorrufen, was wiederum die Wahrscheinlichkeit erhöht, dass die Kinder selbst unsozial werden; dies gilt vor allem dann, wenn das negative Verhalten der Kinder harte Bestrafung nach sich zieht.

Die Beziehung zwischen Sozialisation beziehungsweise Erziehung und Biologie wird durch die Tatsache weiter kompliziert, dass die Eltern antisozialer und aggressiver Kinder häufig selbst genauso sind und zu einem strafenden Erziehungsstil neigen. Außerdem variieren die Auswirkungen des Erziehungsverhaltens auf die Aggressivität der Kinder manchmal in Abhängigkeit vom kindlichen Temperament – zum Beispiel danach, wie schwierig, aktiv oder unkontrollierbar die Kinder sind (Bates, Pettit, Dodge & Ridge, 1998; Colder, Lochman & Wells, 1997).

Nichtsdestotrotz wirkt sich die Art, wie Eltern ihre Kinder behandeln, auf das antisoziale Verhalten der Kinder aus. Direkte Belege für die Rolle der elterlichen Effekte finden sich in Interventionsstudien. Wenn man mit den Eltern einübt, wie sie effektiv mit ihren Kindern umgehen können, gibt es Verbesserungen bei den Verhaltensproblemen der Kinder (Dishion & Andrews, 1995; Kazdin, Siegel & Bass, 1992). Ähnliche Wirkungen ergaben sich in Interventionsstudien an Schulen (siehe Kasten 14.4). Es kommt hinzu, dass aggressive Kinder, die einer unbeholfenen, strengen Erziehung ausgesetzt sind, mit der Zeit oft mehr antisoziales Verhalten zeigen. Derartige Effekte lassen darauf schließen, dass die Sozialisation nicht nur im Verein mit der Biologie, sondern auch für sich genommen eine Rolle bei der Entwicklung des antisozialen Verhaltens spielt.

Kasten 14.4 — Anwendungen

Das Interventionsprogramm *Fast Track*

Psychologen, die sich für die Prävention von antisozialem Verhalten und Gewalt interessieren, haben zahlreiche Interventionsprogramme entwickelt, die in der Schule ansetzen. Eines der intensivsten Programme ist *Fast Track* (auf Deutsch: *Sprungbrett*) – eine große, bundesstaatlich geförderte Maßnahme, die derzeit an Risikoschulen in vier amerikanischen Städten getestet wird (Conduct Problems Prevention Research Group, 1999a, b). Dieses Programm wurde ursprünglich für drei aufeinander folgende Jahre mit fast 400 ersten Schulklassen konzipiert, von denen die Hälfte die Inventionsmaßnahme erhielt und die andere Hälfte als Kontrollgruppe diente. Die Kinder in beiden Gruppen kamen überwiegend aus einkommensschwachen Familien; etwa die Hälfte kam aus Minderheitenfamilien.

Bei der Intervention gab es zwei Hauptteile. Im ersten Teil wurden alle Kinder der Interventionsklassen mit einem speziellen Curriculum trainiert, das zur Förderung von Verständnis und Kommunikation von Gefühlen, positivem Sozialverhalten, Selbstbeherrschung und sozialem Problemlösen entwickelt wurde (Greenberg, Kusche, Cook & Quamma, 1995). Den Kindern wurde beigebracht, emotionale Anhaltspunkte bei sich zu erkennen und angemessene von unangemessenen Verhaltensreaktionen auf Emotionen hin zu unterscheiden. Auch lehrte man sie, wie man Freunde gewinnt und behält, wie man teilt, wie man anderen zuhört und wie man sich selbst beruhigt und aggressives Verhalten unterdrückt, wenn man sich aufregt oder frustriert ist.

Im zweiten Teil des Programms nahmen die Kinder mit den schwersten Verhaltensproblemen (etwa zehn Prozent der Gruppe) an einer intensiveren Maßnahme teil. Zusätzlich zur Schulintervention nahmen sie übers Jahr hinweg an speziellen Treffen teil, wo sie ein Training in sozialen Fertigkeiten erhielten, das dem aus der Klasse bekannten Training ähnlich war. Auch wurden sie bei ihren Hausaufgaben betreut. Ihre Eltern nahmen an Gruppensitzungen teil und erhielten Training, das ihre Selbstbeherrschung aufbauen und sie dabei fördern sollte, Erwartungen über das Verhalten ihrer Kinder zu formulieren, die für die Entwicklung ihrer Kinder angemessen sind. Außerdem versuchte das Programm, solche elterliche Erziehungsfähigkeiten zu entwickeln, welche die Eltern-Kind-Interaktion verbessern, das störende Verhalten der Kinder verringern und eine positive Beziehung zwischen den Eltern und der Schule des Kindes etablieren.

IN KÜRZE

Aggressives Verhalten tritt im zweiten Lebensjahr erstmals auf und wird in der Folge häufiger. Körperliche Aggression geht im Kindergartenalter zurück; in der Grundschule zeigen Kinder meistens mehr nicht-körperliche Aggression (zum Beispiel Beziehungsaggression) als in jüngeren Jahren, und einige Kinder üben zunehmend antisoziale Verhaltensweisen aus, zum Beispiel Stehlen. Frühe interindividuelle Unterschiede bei Aggressivität und Verhaltensproblemen sagen antisoziales Verhalten in der späteren Kindheit, im Jugend- und Erwachsenenalter vorher. Kinder, die mit ihren aggressiven, antisozialen Handlungen erst im frühen bis mittleren Jugendalter be-

Kasten 14.4

Das Programm war ziemlich erfolgreich. In den Klassen als Ganzen gab es weniger Aggression und Störverhalten sowie eine positivere Klassenatmosphäre als in den Kontrollklassen. Wichtiger noch: Die Kinder in der Interventionsgruppe verbesserten ihre sozialen und emotionalen Fähigkeiten (zum Beispiel seine Gefühle zu erkennen und mit ihnen umzugehen) sowie auch ihre schulischen Leistungen. Die Kinder hatten positivere Interaktionen mit ihren Peers, wurden von ihren Klassenkameraden stärker gemocht und zeigten weniger Verhaltensprobleme als die Kontrollgruppenkinder. Die Eltern konnten ihre Erziehungsfähigkeit verbessern und waren mehr an Schulaktivitäten ihres Kindes interessiert.

In einer jüngeren Folgeuntersuchung zum Ende der dritten Klasse erwiesen sich 37 Prozent der Kinder aus der Interventionsgruppe frei von ernsteren Problemen im Betragen und Verhalten; eine solche Problemfreiheit hatten nur 27 Prozent der Kinder ohne damalige Intervention (Conduct Problems Prevention Research Group, 2002). Die Berichte von Lehrern und Eltern sowie Informationen aus den Schulakten weisen darauf hin, dass es einen leichten Effekt sowohl zu Hause als auch in der Schule gab. Im weiteren Verlauf der Studie wird es wichtig sein abzuschätzen, ob die positiven Effekte anhalten, wenn die Kinder in die frühe Adoleszenz übergehen. Außerdem ist dieses Interventionsprogramm ziemlich teuer, so dass man diejenigen Teile der Maßnahme identifizieren muss, die sich am wirksamsten erwiesen haben.

Auch in Deutschland gibt es inzwischen Interventionsprogramme zur Förderung prosozialen und antiaggressiven Verhaltens. Das wohl bekannteste Programm ist FAUSTLOS, ein für die Grundschule und den Kindergarten entwickeltes Curriculum, das impulsives und aggressives Verhalten von Kindern vermindern und ihre sozialen Kompetenzen erhöhen soll. Es ist die deutsche Version eines von Grossman et al. (1997) in Amerika entwickelten sehr erfolgreichen Programms (*Second Step*), das zahlreiche Auszeichnungen erhalten hat. Die deutschsprachige Version (Cierpka, 2001; Schick & Cierpka, 2004) vermittelt in 51 beziehungsweise 28 Lektionen Kompetenzen in den Bereichen Empathie, Impulskontrolle und Umgang mit Ärger und Wut.

Risikoschulen ausfindig machen
Erstklässler mit starken Verhaltensproblemen auswählen

Kompetenzen fördern in:
Schulischen Leistungen
Mit Stress umgehen
Problemlösen
Peer-Beziehungen
Erziehung und Sozialisation
Partnerschaft Familie-Schule
Klassenatmosphäre

Bei den Jugendlichen die Häufigkeit reduzieren von:
Antisozialen Aktivitäten
Drogenmissbrauch
Psychischen Problemen
Schulabbruch

Die Ziele des *Fast-Track*-Projektes.

---

ginnen, setzen ihr antisoziales Verhalten mit geringerer Wahrscheinlichkeit über die Adoleszenz hinaus fort, verglichen mit Kindern, die schon in jüngerem Alter aggressiv und antisozial sind.

Biologische Faktoren, einschließlich derer, die mit dem Temperament und mit neurologischen Störungen zu tun haben, wirken sich wahrscheinlich darauf aus, wie aggressiv ein Kind wird. Auch die soziale Kognition hängt auf vielfältige Weise mit Aggressivität zusammen; hierzu gehört die Unterstellung feindseliger Motive bei anderen, das eigene Verfolgen feindseliger Ziele, die Entwicklung und Ausführung aggressiver Reaktionen in schwierigen Situationen und die Bewertung aggressiver Reaktionen als vorteilhaft. Die Aggression von Kindern wird durch ein ganzes Spektrum an Umweltfaktoren beeinflusst, außerdem auch durch Vererbung. Im Allgemeinen gehen geringe elterliche Unterstützung, schlechte Beaufsichtigung und der Einsatz misshandelnder oder inkonsequenter Disziplinierungsmaßnahmen mit hohen Graden an antisozialem Verhalten der Kinder einher. Elterliche Konflikte in der Familie und viele der Stressoren, die mit familiären Veränderungen (zum Beispiel Scheidung) und Armut einhergehen, können die Wahrscheinlichkeit kindlicher Aggressivität erhöhen. Außerdem trägt es wahrscheinlich auch zum antisozialen Verhalten bei, mit antisozialen Peers zu tun zu haben und im Fernsehen viel Gewalt zu sehen; allerdings ist es auch umgekehrt so, dass sich aggressive Kinder antisoziale Peers und gewalthaltige Sendungen aussuchen. Mit Hilfe von Interventionsprogrammen lässt sich die Aggression verringern, was als Beleg für die Rolle von Umweltfaktoren bei der Aggression von Kindern gelten kann.

Es gibt starke individuelle Unterschiede bei der Aggression und bei anderen Formen antisozialen Verhaltens. Vom Kindergarten an sind Jungen körperlich aggressiver als Mädchen und zeigen häufiger kriminelles Verhalten. Bei einem Aggressionstyp finden sich jedoch die Mädchen mit größerer Wahrscheinlichkeit wieder – bei Versuchen, die sozialen Beziehungen anderer Menschen zu verletzen (= Beziehungsaggression). Kulturelle Werte und Praktiken, so wie sie in der sozialen Umwelt des Kindes kommuniziert werden, tragen ebenfalls dazu bei, dass sich Menschen hinsichtlich ihres aggressiven Verhaltens unterscheiden.

Zusammenfassung

Moralisches Denken und Urteilen

- Piaget beschrieb zwei altersabhängige moralische Stadien und eine Übergangsphase. Im ersten Stadium, der heteronomen Moral, neigen jüngere Kinder zu der Überzeugung, dass Regeln unabänderlich sind, und sie gewichten die Folgen von Handlungen stärker als die Absichten, wenn sie die Moralität von Handlungen beurteilen. Im autonomen Stadium erkennen die Kinder, dass Regeln soziale Produkte und als solche veränderbar sind, und sie berücksichtigen Motive und Absichten, wenn sie Verhalten bewerten. Mehrere Aspekte der Theorie Piagets konnten der Kritik nicht gut standhalten, doch erwies sich seine Theorie als die Grundlage der folgenden Arbeiten über das moralische Denken.
- Kohlberg entwarf drei Ebenen des moralischen Urteils – die präkonventionelle, konventionelle und postkonventionelle Moral –, die jeweils zwei Stufen umfassen (wobei Stufe 6 bei dem Einstufungsverfahren schließlich aufgegeben wurde). Kohlberg nahm an, dass seine Stufenfolge altersabhängige, diskontinuierliche (qualitative) Veränderungen im moralischen Denken und Urteilen widerspiegelt, die universell gültig sind. Nach Kohlberg resultieren diese Veränderungen aus kognitiven Fortschritten, insbesondere in der Fähigkeit zur Übernahme von Perspektiven. Zwar gibt es

Unterstützung für die Vorstellung, dass moralisches Denken auf höherer Ebene mit kognitiver Entwicklung zusammenhängt, aber es ist nicht erkennbar, dass sich das moralische Denken aller Kinder durch diese diskontinuierlichen Entwicklungsstufen bewegt oder in allen Kulturen und für alle Arten von moralischen Fragen (zum Beispiel prosoziales moralisches Denken) in derselben Weise entwickelt.
- Es bestehen wichtige Unterschiede zwischen den moralischen, sozial-konventionalen und persönlichen Bereichen des Verhaltens und der Verhaltensbeurteilung. Jüngere Kinder treffen, wie ältere Kinder, Unterschiede zwischen verschiedenen Bereichen des sozialen Urteilens. Welche Verhaltensbereiche als Fragen von Moral, sozialer Konvention oder persönlicher Einschätzung angesehen werden, variiert ein wenig zwischen den Kulturen.

Die frühe Entwicklung des Gewissens

- Das Gewissen umfasst internalisierte moralische Normen und Schuldgefühle für Fehlverhalten: Es hält das Individuum davon ab, unakzeptables Verhalten auszuführen. Das Gewissen entwickelt sich langsam im Zeitverlauf, beginnend schon vor dem zweiten Geburtstag. Kinder internalisieren die elterlichen Normen eher, wenn sie sicher gebunden sind und wenn sich ihre Eltern bei ihrer Erziehung nicht zu sehr auf ihre elterliche Gewalt verlassen.

Prosoziales Verhalten

- Prosoziales Verhalten ist freiwilliges Verhalten zu Gunsten anderer, zum Beispiel helfen, teilen und trösten. Jüngere Kinder, die sich prosozial verhalten, insbesondere wenn sie von sich aus von etwas abgeben, was für sie selbst wertvoll ist, sind in der Regel auch in höherem Alter prosozial.
- Prosoziales Verhalten tritt im zweiten Lebensjahr auf und wird mit dem Alter häufiger, wahrscheinlich infolge altersabhängiger Erhöhungen der Fähigkeit zur Anteilnahme und zur Übernahme der Perspektive anderer. Unterschiede zwischen Kindern bei diesen Fähigkeiten tragen zu den individuellen Unterschieden im prosozialen Verhalten der Kinder bei.
- Die Vererbung, die zu Temperamentsunterschieden zwischen Kindern beiträgt, wirkt sich wahrscheinlich darauf aus, wie empathisch und prosozial Kinder sind.
- Eine positive Eltern-Kind-Beziehung, ein autoritativer Erziehungsstil, der Einsatz vernünftiger Argumente durch Eltern und Lehrer sowie der Kontakt mit prosozialen Modellen, Werten, Aktivitäten und Fernsehsendungen gehen mit der Entwicklung von Mitgefühl und prosozialem Verhalten einher.

- Schulische Interventionsprogramme zur Förderung von Kooperation, Perspektivenübernahme, Hilfeverhalten, prosozialen Werten und der Einübung von Autonomie hängen mit verstärkten prosozialen Tendenzen der Kinder zusammen.

Antisoziales Verhalten

- Aggressives Verhalten tritt im zweiten Lebensjahr auf und wird in den Folgejahren häufiger; die Häufigkeit körperlicher Aggressionen nimmt im Kindergartenalter langsam wieder ab. In der Grundschule neigen Kinder mehr zu nicht körperlicher Aggression (zum Beispiel Beziehungsaggression) als in ihren früheren Jahren, und einige Kinder begehen zunehmend antisoziale Handlungen wie Stehlen.
- Vom Kindergartenalter an sind Jungen körperlich aggressiver als Mädchen und häufiger an kriminellem Verhalten beteiligt, während Mädchen häufiger als Jungen Beziehungsaggression praktizieren.
- Frühe interindividuelle Unterschiede bei der Aggression und bei Verhaltensproblemen sagen das antisoziale Verhalten in der späteren Kindheit, in der Adoleszenz und im Erwachsenenalter voraus.
- Biologische Faktoren, die zu den Unterschieden zwischen Kindern in den Bereichen von Temperament und neurologischen Störungen beitragen, wirken sich wahrscheinlich darauf aus, wie aggressiv Kinder werden. Auch die sozialen Kognitionen beeinflussen die Aggressivität: Aggressive Kinder attribuieren anderen gern feindselige Motive und verfolgen selbst feindselige Ziele.
- Die Aggression von Kindern wird durch eine Reihe von Umweltfaktoren gefördert; dazu gehören geringe Unterstützung durch die Eltern, schlechte Beaufsichtigung, missbräuchliche, auf Zwang beruhende oder inkonsequente Erziehung sowie Stress oder Konflikte in der Familie. Außerdem tragen der Umgang mit antisozialen Peers und der Kontakt mit gewalthaltigen Fernsehsendungen und Videospielen zum antisozialen Verhalten bei, wobei es aber auch so sein kann, dass sich aggressive Kinder antisoziale Peers und Gewalt in ihren Unterhaltungsmedien aussuchen.
- Interventionen in Risikoschulen wurden zur Förderung des Verstehens und der Kommunikation von Emotionen, positivem Sozialverhalten, Selbstbeherrschung und sozialem Problemlösen entwickelt; sie können die Wahrscheinlichkeit verringern, dass Kinder Verhaltensprobleme ausbilden, einschließlich Aggression.

Fragen und Denkanstöße

1. Denken Sie an ein aktuelles moralisches Dilemma in Ihrem eigenen Leben. Mit welchen Argumenten und Implikationen haben Sie über dieses Dilemma nachgedacht? Auf welchen Dimensionen unterscheidet es sich vom Heinz-Dilemma Kohlbergs? Wie könnten sich diese Unterschiede darauf auswirken, wie Sie Ihr Dilemma geistig rekonstruiert haben?
2. Wie würden Sie eine Untersuchung gestalten, mit der Sie herausfinden wollen, warum aggressive Kinder und Jugendliche aggressive Freunde haben? Wie würden Sie feststellen, ob aggressive Jugendliche sich einfach aggressive Freunde aussuchen oder ob die aggressiven Freunde dazu neigen, junge Menschen aggressiver zu machen?
3. Angenommen, Sie wollen das Hilfeleistungsverhalten von Kindern erfassen, das altruistisch war und nicht auf andere Faktoren zurückging, beispielsweise dass die Kinder persönliche Gewinne erwartet haben oder um die Anerkennung des anderen bemüht waren. Wie würden Sie eine Untersuchung gestalten, die das altruistische Helfen bei Fünfjährigen erfasst? Würde sich das Verfahren ändern, wenn Sie das altruistische Helfen bei 16-Jährigen erheben wollten?
4. Freud war der Überzeugung, dass Moral nicht auftritt, bevor das Kind mit vier bis sechs Jahren ein Über-Ich entwickelt. Welche Erkenntnisse sprechen gegen seine Theorie?
5. Wenn man die Lehren der sozialen Lerntheorie (siehe Kapitel 9) heranzieht: Skizzieren Sie Wege, auf denen Eltern die Entwicklung von Aggression bei ihren Kindern unterbinden könnten.

Fazit

15

- Thema 1: Anlage und Umwelt: alle Interaktionen zu allen Zeitpunkten
- Thema 2: Kinder spielen bei ihrer Entwicklung eine aktive Rolle
- Thema 3: Entwicklung verläuft kontinuierlich und diskontinuierlich
- Thema 4: Mechanismen entwicklungsbedingter Veränderungen
- Thema 5: Der sozio-kulturelle Kontext formt die Entwicklung
- Thema 6: Warum werden Kinder so unterschiedlich?
- Thema 7: Entwicklungsforschung kann das Leben der Kinder verbessern

In den vorangegangenen 14 Kapiteln haben wir eine große Menge an Informationen über die Entwicklung von Kindern dargeboten. Die Leserinnen und Leser konnten viel lernen über die Entwicklung von Wahrnehmung, Bindung, Konzeptverstehen, Sprache, Intelligenz, Gefühlsregulation, Peer-Beziehungen, Aggression, Moralität und eine Vielzahl anderer wichtiger menschlicher Eigenschaften. Bei allem handelt es sich um wichtige Anteile der Kindesentwicklung, doch kann die schiere Informationsmenge entmutigend erscheinen; es besteht tatsächlich die Gefahr, vor lauter einzelnen Bäumen jegliche Vorstellung des Waldes zu verlieren. Dieses abschließende Kapitel ist deshalb einem Überblick über den Wald gewidmet, indem die vielen Einzelheiten und Spezifika, die bislang gelernt wurden, in ein integratives Rahmenkonzept eingebunden werden. Als positiver Nebeneffekt dürfte der Leser dieses Kapitels entdecken, dass man nach der Lektüre des Buches schon viel mehr über die Kindesentwicklung weiß und versteht, als man zunächst gedacht hatte.

Das integrative Rahmenkonzept, nach dem dieses Kapitel aufgebaut ist, besteht aus den sieben Leitthemen, die im ersten Kapitel eingeführt und im weiteren Verlauf des Buches immer wieder hervorgehoben wurden. Wie wir dargelegt haben, zielen die meisten Forschungen zur Kindesentwicklung letztendlich darauf ab, grundlegende Fragen zu verstehen, die mit diesen Leitthemen zusammenhängen. Dies gilt unabhängig von der Art der Entwicklung, auf die sich die jeweilige Forschung richtet, und unabhängig davon, ob sich die Forschung auf pränatale Ereignisse, Säuglinge, Kleinkinder, Kindergartenkinder, Schulkinder oder Jugendliche konzentriert. Unter einer Schicht unzähliger Details kommen die sieben Themen immer und immer wieder zum Vorschein.

Thema 1: Anlage und Umwelt: alle Interaktionen zu allen Zeitpunkten

Säuglinge und Kleinkinder lehnen sich nicht einfach zurück und warten darauf, dass ihre Eltern und andere Menschen ihnen etwas beibringen; sie erkunden die Welt auf aktive Weise. Selbst die banalsten Untersuchungen bieten ihnen nicht nur Unterhaltung, sondern auch Information über ihre Umgebung.

Wenn Menschen an die vererbten Anlagen von Kindern denken, konzentrieren sie sich typischerweise auf die biologischen Eigenschaften, mit denen das Kind auf diese Welt kommt. Beim Gedanken an die Umwelt konzentrieren sie sich auf die Erziehung, die dem Kind durch Eltern, Betreuer und andere Erwachsene zuteil wird. Im Rahmen dieser Sichtweise wirkt die Umwelt wie ein Bildhauer, der das von den Anlagen des Kindes bereitgestellte Rohmaterial seiner endgültigen Form immer näher bringt.

So attraktiv diese Metapher sein mag: Die Wirklichkeit ist doch viel komplexer. Eine Quelle der Komplexität liegt in der aktiven Beteiligung der Kinder an ihrer eigenen Entwicklung. Anders als Marmor oder Ton suchen sie sich, auf der Grundlage ihrer Neigungen und Interessen, ihre eigenen Erfahrungen. Auch haben sie einen Einfluss darauf, wie sich andere Menschen ihnen gegenüber verhalten; von der Geburt an wirken sich ihre Anlagen darauf aus, wie ihre Umwelt beschaffen ist und welche Erziehung sie erhalten. Eine weitere Quelle der Komplexität ist das Timing. Es ist nämlich nicht so, dass die Anlagen vor der Geburt wirksam werden und die Umwelt erst danach das Ihrige tut; vielmehr bestehen Umwelteinflüsse schon vor der Geburt, und die Vererbung ist in der Adoleszenz und im Erwachsenenalter mindestens so einflussreich wie in den Jahren davor. In diesem Abschnitt geht es darum, wie Anlage und Umwelt zusammenspielen und dadurch zur Entwicklung führen.

Anlage und Umwelt interagieren schon vor der Geburt

Eine normal verlaufende pränatale Entwicklung kann man sich leicht als die einfache Entfaltung angeborener Potenziale vorstellen, bei der die Umwelt kaum eine Rolle spielt. Wenn alles aber nicht so gut verläuft, wird die Interaktion zwischen Anlage und Umwelt allzu deutlich. Betrachten wir die Effekte der Teratogene. Diesen potenziell schädlichen Substanzen – Zigaretten, Alkohol, Drogen und andere – ausgesetzt zu sein, kann eine große Vielfalt an körperlichen und kognitiven Beeinträchtigungen sowie Behinderungen verursachen. Ob ein bestimmtes Baby jedoch tatsächlich betroffen sein wird, hängt von unzähligen Interaktionen zwischen der genetischen Ausstattung der Mutter, der genetischen Ausstattung des Fetus und einer Menge an Umweltfaktoren ab, etwa um welches spezielle Teratogen es sich handelt und welcher Menge das Baby zu welchem Zeitpunkt ausgesetzt ist.

Die Interaktion zwischen Anlage und Umwelt während der pränatalen Phase wird auch im Lernen des Fetus erkennbar. Feten im Mutterleib hören die Stimme ihrer Mutter; dies führt dazu, dass sie lernen, diese Stimme gegenüber den Stimmen anderer Frauen zu bevorzugen, was vom Tag ihrer Geburt an offensichtlich ist. Feten entwickeln auch Geschmackspräferenzen aufgrund der Ernährung ihrer Mutter während der Schwangerschaft. Also auch Eigenschaften, die bei der Geburt schon vorhanden sind und deren Determination wir normalerweise ausschließlich in den vererbten Anlagen zu erkennen meinen, sind manchmal schon der Ausdruck der Umwelterfahrungen eines Fetus.

Die Anlagen des Säuglings provozieren seine Erziehung

Die Anlagen statten Babys mit einer Vielzahl von Eigenschaften aus, die bei ihren Eltern und anderen Betreuungspersonen die passenden Erziehungsmaßnahmen auslösen. Ein wichtiger Faktor zu Gunsten der Babys besteht darin, dass sie süß und niedlich sind; die meisten Menschen haben Freude daran, mit Babys umzugehen und ihnen zuzuschauen. Babys blicken andere Menschen an und lächeln ihnen zu und bewirken damit, dass die Menschen ihnen gegenüber die wärmsten Gefühle entwickeln und sich um sie kümmern. Ihre Formen des Gefühlsausdrucks – weinen, gurren, lächeln – helfen ihren Betreuern dabei herauszufinden, was sie tun müssen, damit sie sich wohl und glücklich fühlen. Außerdem regt ihre Aufmerksamkeit gegenüber sichtbaren und hörbaren Reizen die Menschen in ihrer Umgebung dazu an, mit ihnen zu sprechen und ihnen die Anregung zu verschaffen, mit der sie weiter lernen können.

Auf den Zeitpunkt kommt es an

Die Auswirkungen einer bestimmten Art der Umwelt und Erziehung, gleich ob hilfreich oder schädlich, hängen davon ab, wie der Organismus zum Zeitpunkt der Einwirkung gerade von seinen Anlagen her beschaffen ist. Wie bereits erwähnt, haben Teratogene je nachdem, wann sie auf den Fetus einwirken, sehr unterschiedliche Effekte auf die pränatale Entwicklung. Wenn eine Schwangere zum Beispiel sehr früh in der Schwangerschaft an Röteln erkrankt, kann ihr Baby blind oder gehörlos auf die Welt kommen, weil am Schwangerschaftsanfang eine sehr empfindliche Phase für die Entwicklung des visuellen und akustischen Systems liegt. Dieselbe Erkrankung zu einem späteren Zeitpunkt in der Schwangerschaft wird in aller Regel keine Schädigungen nach sich ziehen.

Der Zeitpunkt beeinflusst auch die Wirkungen von zahlreichen Erfahrungen in den Monaten und Jahren nach der Geburt. Die Wahrnehmungsfähigkeit bietet viele Illustrationen für die Bedeutsamkeit der richtigen Erfahrungen zum richtigen Zeitpunkt. Für einen normalen Entwicklungsverlauf müssen Kinder in einem bestimmten Zeitfenster mit den relevanten Erfahrungen in Kontakt kommen, um bestimmte Fähigkeiten zu erwerben; andernfalls kann das jeweilige Potenzial gegebenenfalls sogar völlig verloren gehen.

Ein gutes Beispiel ist die binokulare Tiefenwahrnehmung. Für eine normale Tiefenwahrnehmung müssen beide Augen denselben Punkt fokussieren. Mit vier Monaten sind die Augen der meisten Kinder dazu in der Lage; einige Kinder sind jedoch mit Strabismus (Schielen) auf die Welt gekommen, und jedes ihrer Augen fokussiert einen anderen Punkt, was verhindert, dass sie über binokulare Tiefenindikatoren verfügen. Schielen kann operativ behoben werden, aber die Tiefenwahrnehmung entwickelt sich nur dann normal, wenn die Operation sehr früh erfolgt. Eine Operation vor dem vierten Lebensmonat garantiert praktisch die Entwicklung einer normalen Tiefenwahrnehmung, weil sie die normale Entwicklung der relevanten Nervenbahnen im Gehirn ermöglicht. Im Gegensatz dazu hilft es gar nichts mehr, wenn die Operation nach dem dritten Geburtstag durchgeführt wird.

An der auditiven Entwicklung sind ähnliche sensible Phasen beteiligt. Bis zum achten Lebensmonat können Säuglinge Phoneme auch dann unterscheiden, wenn sie in der täglichen sprachlichen Umgebung des Kindes gar nicht vorkommen. Mit zwölf Monaten verlieren Kinder jedoch die Fähigkeit, Unterschiede zwischen ähnlichen Lauten zu hören, mit denen sie normalerweise nicht in Kontakt kommen oder die in ihrer Muttersprache keinen Bedeutungsunterschied ausmachen.

Ähnliche sensible Phasen gibt es auch bei der grammatischen Entwicklung. Kinder aus Ostasien, die vor dem Alter von sieben Jahren damit anfangen, Englisch als Zweitsprache zu lernen, erwerben im Englischen eine grammatische Kompetenz, die schließlich das Niveau von amerikanischen Muttersprachlern erreicht. Kinder, die in höherem Alter in ein Englisch sprechendes Land emigrieren, bringen es selten zu einer vergleichbaren Beherrschung der englischen Grammatik, auch nachdem sie die Sprache in ihrer neuen Heimat viele Jahre lang gehört und gesprochen haben. Bei gehörlosen Kindern zeigt das Erlernen der amerikanischen Gebärdensprache ASL (*American Sign Language*) ein ähnliches Muster: Früher Kontakt führt zu einer vollständigeren grammatischen Beherrschung.

Die Bedeutung normaler Früherfahrungen wird auch bei der sozialen und emotionalen Entwicklung erkennbar. Säuglingen und Kleinkindern, die von keiner ihrer Bezugspersonen Liebe und Zuwendung erfahren haben – wir haben als Beispiel die Kinder erwähnt, die ihre ersten Lebensjahre in den schrecklichen rumänischen Waisenhäusern der 1980er Jahre oder während des Zweiten Weltkriegs in Konzentrationslagern verbringen mussten –, fehlt es im Umgang mit anderen Menschen oft auch dann noch an Normalität, wenn sie in liebevolle Familien gegeben wurden. Bei vielen Aspekten der Entwicklung von Wahrnehmung, Sprache, Gefühlen und Sozialverhalten ist also der Zeitpunkt der Erfahrung entscheidend: Eine normale Früherfahrung ist für eine erfolgreiche spätere Entwicklung essenziell.

Die Anlagen kommen nicht alle auf einmal zum Vorschein

Viele der genetisch beeinflussten Eigenschaften treten nicht vor der mittleren Kindheit, der Adoleszenz oder dem Erwachsenenalter zu Tage. Ein offensichtliches Beispiel sind die körperlichen Veränderungen, die mit der Pubertät einsetzen. Ein weniger offenkundiges Beispiel betrifft die Kurzsichtigkeit. Viele Kinder kommen mit Genen zur Welt, die sie dazu prädisponieren, kurzsichtig zu werden, wobei die Kurzsichtigkeit selbst erst in der späten Kindheit oder im frühen Jugendalter eintritt. Die genetische Veranlagung kommt schließlich zum Vorschein, wenn die Kinder anfangen, Arbeiten nahe vor ihren Augen zu verrichten.

Die Entwicklung der Schizophrenie folgt einem ähnlichen Weg. Schizophrenie ist stark durch die bei der Befruchtung vererbten Gene beeinflusst, doch kommt eine Schizophrenie bei den meisten Menschen erst im späten Jugend- oder frühen Erwachsenenalter zum Ausbruch. Wie bei anderen Entwicklungsaspekten spiegelt das Auftreten der Schizophrenie ein komplexes Zusammenspiel zwischen Anlage und Umwelt wider. Kinder mit einem schizophrenen biologischen Elternteil, die bei nicht schizophrenen Eltern aufwachsen, werden häufiger selbst schizophren als die biologischen Kinder von nicht schizophrenen Eltern. Aber auch Kinder, die in Problemfamilien aufwachsen, bekommen häufiger eine Schizophrenie als andere Kinder. In einer

Unterschiede in der Laufgeschwindigkeit lassen sich zum Teil auf genetische Unterschiede zurückführen, die bereits bei Geburt vorliegen, doch lässt sich die Natur Zeit, bis sie sich zu erkennen gibt: Wer könnte diesen Kindern, als sie gerade auf der Welt waren, schon angesehen haben, wer einmal die besten Läuferinnen und Läufer sein werden?

Untersuchung an Adoptivkindern waren die einzigen Kinder mit einer nennenswerten Wahrscheinlichkeit, an Schizophrenie zu erkranken, diejenigen mit schizophrenen biologischen Müttern, die gleichzeitig in Problemfamilien aufwuchsen. Entscheidend war also die Interaktion zwischen den vererbten Anlagen des Kindes und den Umweltbedingungen, unter denen es aufwuchs.

Alles beeinflusst alles

Wenn man von den komplexen Interaktionen zwischen Anlage und Umwelt erfährt, lautet eine häufige Reaktion: „Es sieht so aus, als ob sich alles auf alles andere auswirkt." Dieser Schluss ist im Wesentlichen zutreffend. Betrachten wir einige Faktoren, die sich auf das Selbstwertgefühl von Kindern und Jugendlichen auswirken. Die Gene spielen eine Rolle; je enger die biologische Beziehung zwischen zwei Kindern oder Jugendlichen ist, desto ähnlicher werden die Ausprägungen ihres Selbstwertgefühls wahrscheinlich sein. Ein Großteil der Ursachen für diesen genetischen Einfluss auf den Selbstwert besteht darin, dass die Gene ein breites Spektrum anderer Eigenschaften beeinflussen, die sich selbst wiederum auf das Selbstwertgefühl auswirken. Zum Beispiel haben die Gene einen starken Effekt auf die Attraktivität, auf das sportliche Talent und den Schulerfolg, und all das trägt zum Selbstwertgefühl bei.

Auch andere als die genetischen Faktoren spielen bei der Entwicklung des Selbstwerts eine wichtige Rolle. Einen positiven Beitrag leistet die Unterstützung, die man von der Familie und den Peers erfährt, negative Beiträge leisten Armut und die Tatsache, unbeliebt zu sein. Auch gesellschaftliche Werte im weiteren Sinne nehmen Einfluss. Ostasiatische Gesellschaften betonen die Bedeutung der Selbstkritik, und Kinder und Jugendliche aus diesen Gesellschaften bringen weniger Selbstwertgefühl zum Ausdruck als ihre Peers in den westlichen Gesellschaften. Auch die Art und Weise, in der Institutionen strukturiert sind, interagiert mit den Eigenschaften des Kindes. Zum Beispiel zeigen in den USA körperlich reife Mädchen auf der Junior-High-School erhöhte Widerstände gegen Autorität, offenbar weil sie unter der strengen Disziplin leiden, die in diesem Schultyp verlangt wird. Die Anlagen von Kindern – ihre Gene, Persönlichkeitseigenschaften und Verhaltenstendenzen – interagieren mit den Umwelt- und Erziehungsbedingungen, die ihre Eltern, Lehrer, Peers und die weitere Gesellschaft ihnen angedeihen lassen, und aus der Art dieser Interaktion formen sich ihr Selbstwertgefühl und andere individuelle Eigenschaften.

Thema 2: Kinder spielen bei ihrer Entwicklung eine aktive Rolle

Kinder sind körperlich auch schon aktiv, bevor sie den Mutterleib verlassen; das Treten von innen, das die zukünftigen Eltern so entzückt, ist dafür nur das offensichtlichste Beispiel. Weniger offensichtlich ist, wie früh Kinder geistig aktiv werden: Schon als Neugeborene konzentrieren sie sich selektiv auf Gegenstände und Ereignisse, die sie interessieren; es ist beileibe nicht so, dass sie nur passiv auf alles schauen, was vor ihren Augen erscheint. Die Handlungen von Säuglingen und älteren Kindern rufen auch bei anderen Menschen Reaktionen hervor, welche die Entwicklung der Kinder weiter formen. In diesem Abschnitt untersuchen wir vier Wege, auf denen Kinder zu ihrer eigenen Entwicklung beitragen: durch die physischen Interaktionen mit der Umwelt, durch die Interpretation ihrer Erfahrungen, durch die Regulation ihres Verhaltens und durch die Reaktionen, die sie bei anderen Menschen auslösen.

Aktivitäten in Eigeninitiative

Schon im Mutterleib hängt die normale Entwicklung davon ab, dass der Fetus aktiv ist. Feten müssen die Finger bewegen, um ihre Muskeln zu stärken; mit Atembewegungen stärken sie ihre Lungen; sie drücken gegen die Gebärmutter, um die Kontraktionen auszulösen, die sie in die Welt hinausbefördern; und Ähnliches mehr.

Vom Tag ihrer Geburt an wird das aktive Wesen der Kinder darin erkennbar, dass sie sich dafür entscheiden, manche Dinge anzuschauen und andere nicht. Gern blicken sie in Gesichter, insbesondere ins Gesicht ihrer Mutter. Sie betrachten lieber Gegenstände als leere Flächen. Sie betrachten lieber Objekte, die sich bewegen, als ortsfeste Gegenstände, und sie schauen lieber auf die Ecken und Kanten von Objekten als auf die Innenflächen. Diese Blickpräferenzen lenken die Aufmerksamkeit der Babys auf diejenigen Aspekte ihrer Umwelt, welche die meiste Information enthalten, und unterstützen damit ihre Lernprozesse.

Die Fähigkeit von Säuglingen, mit ihrer Umwelt zu interagieren, erweitert sich während des ersten Jahres erheblich. Mit etwa drei Monaten sind die meisten Säuglinge in der Lage, Objekte, die sich bewegen, recht geschmeidig mit den Augen zu verfolgen, was ihre Fähigkeit erhöht, den Handlungen zu folgen, die um sie herum passieren. Mit etwa sechs, sieben Monaten können die meisten auf dem Bauch krabbeln und kurz danach auch auf Händen und Knien; das hat zur Folge, dass sie nicht mehr darauf warten müssen, bis die Welt zu ihnen kommt. Mit acht oder neun Monaten können sie die Hände in die Höhe strecken, wodurch sie nun zielsicher nach Gegenständen greifen

Die Wahl ihrer Aktivitäten formt die Entwicklung von Kindern. Das Interesse dieses Kindes an Gedrucktem ließ es mit drei Jahren schon lesen und schreiben lernen; die Tatsache, dass es sich um das Kind eines der Autoren handelt, hatte vermutlich auch etwas mit dem frühen Interesse an diesen Fähigkeiten zu tun.

können, auch wenn man ihnen nicht dabei hilft. Und mit 13 oder 14 Monaten fangen die meisten Kinder an, unabhängig zu laufen, was noch einmal einen neuen Abschnitt ihrer Erkundung der Welt einläutet.

Mit fortschreitender Entwicklung gehen die Aktivitäten, denen sich die Kinder in Eigeninitiative zuwenden können, auch auf neue Bereiche wie den der Sprache über. Kinder im zweiten Lebensjahr lieben es, ihren Eltern die Namen von Gegenständen aufzusagen, ohne erkennbaren Grund außer dem blanken Spaß an der Freud. Auch üben sie in ihrem Bettchen das Sprechen, auch wenn gar niemand da ist, der ihnen zuhört. Sie erfinden, wie auch noch ältere Kinder, Gesten und Wörter, um Objekte und Ereignisse zu symbolisieren; das tun übrigens nicht nur hörende, sondern auch gehörlose Kinder. Mit der Entwicklung ihrer Sprachkenntnisse erwerben Kinder die Fähigkeit, Gespräche zu beginnen, die ihnen Informationen einbringen, in denen sie ihre Gefühle und Wünsche äußern können und mit deren Hilfe sie ihre Gefühle regulieren.

Ähnliche Muster finden sich im späteren Alter in anderen Bereichen wie im antisozialen Verhalten. In der späten Kindheit und Adoleszenz beispielsweise bekommt die Wahl von Freunden und Peer-Gruppen einen zunehmend stärkeren Einfluss auf ihre Aggressivität, ihren Umgang mit Alkohol und Drogen und so weiter. Von der Geburt bis zum Jugendalter tragen somit die in Eigeninitiative ergriffenen Aktivitäten der Kinder zu ihrer Entwicklung bei.

Die aktive Interpretation von Erfahrungen

Kinder tragen auch dadurch zu ihrer Entwicklung bei, dass sie all das, was sie sehen und hören, zu verstehen versuchen. Schon in ihrem ersten Lebensjahr bilden Säuglinge eine Vorstellung von dem, was möglich ist. Sie lassen also Überraschung erkennen, wenn ein unmögliches Ereignis einzutreten scheint, etwa wenn sich ein fester Körper durch einen anderen Gegenstand hindurchzubewegen scheint. Die andauernden „Warum"-Fragen von Kindern ab dem Zeitpunkt, an dem sie zu sprechen beginnen, können als deutlicher Beweis für ihren Eifer gelten, die Welt zu verstehen.

Der Wunsch nach Verständnis motiviert jüngere Kinder auch, informelle Theorien über unbelebte Objekte, Lebewesen und Menschen zu bilden. Mit Hilfe dieser Theorien können sie über die Daten hinausgehen, die ihnen ihre Sinne liefern, und auf zugrunde liegende Ursachen schließen. Zum Beispiel kommen Kinder im Kindergartenalter zu der vernünftigen Überlegung, dass es in den Tieren etwas geben muss, das sie wachsen, atmen, Babys kriegen und krank werden lässt, auch wenn sie nicht wissen, worum genau es sich dabei handelt. Sie kommen auch zu dem Schluss, dass unbelebte Objekte im Inneren aus anderem Material bestehen müssen als Lebewesen. Kinder bilden auch informelle Theorien über ganz profane Aktivitäten: Man denke an den jungen Angler, der behauptete, dass die Fische besser beißen, wenn man selbst beim Angeln keinen hungrigen Eindruck macht.

Die Interpretation von Erfahrungen bei Kindern und Jugendlichen erweitert sich auf Schlussfolgerungen über sich selbst sowie über die äußere Welt. Wenn manche Kinder eine Aufgabe beispielsweise nicht lösen können, fühlen sie sich traurig und stellen ihre Fähigkeit in Frage. Andere Kinder, die bei derselben Aufgabe versagen, interpretieren dies als eine Herausforderung und sehen darin eine Gelegenheit, ihre Leistungen zu verbessern. Ein ähnliches Muster gibt es in negativen Situationen, wo aggressive Kinder dazu neigen, anderen auch dann feindselige Absichten zu unterstellen, wenn ihre Motive nicht eindeutig sind; diese Interpretation bringt die aggressiven Kinder dazu, um sich zu schlagen, bevor die andere Person sie verletzen kann. Die subjektiven Interpretationen der eigenen Erfahrungen formen die Entwicklung also genauso wie die objektive Wirklichkeit.

Selbstregulation

Eine weitere Art, wie Kinder zu ihrer Entwicklung beitragen, besteht in der Regulation ihres Verhaltens. Nehmen wir die Regulation ihrer Gefühle. In den ersten Monaten nach der Geburt sind Säuglinge fast völlig auf ihre Eltern und andere Betreuungspersonen angewiesen, die ihnen dabei helfen, mit Angst und Frustration zurechtzukommen. Mit sechs Monaten lernen sie, ihre Angst dadurch zu bewältigen, dass sie sich von Szenen, die sie fürchten, abwenden und sich am Körper reiben, um sich zu beruhigen. Ab dem zweiten Lebensjahr werden Kinder immer geschickter im Einsatz verschiedener Strategien, zum Beispiel sich abzulenken, wenn sie mit Stressoren oder Versuchungen konfrontiert sind. Während der Grundschulzeit regulieren sie den Ausdruck ihrer Gefühle immer besser und bewältigen negative Situationen mit Hilfe von kognitiven Strategien. Während der Adoleszenz können sie mit emotionalem Stress immer besser umgehen, indem sie ihre Probleme mit Peers besprechen. In jedem Alter sind diejenigen Kinder, die ihre Gefühle erfolgreich zu regulieren wissen, in der Regel die beliebteren und die sozial kompetenteren, verglichen mit Kindern, denen die Gefühlsregulation weniger gut gelingt.

Im Entwicklungsverlauf gibt es auch eine beträchtliche Erweiterung der Bereiche, in denen Kinder ihre eigenen Aktivitäten regulieren und sie nicht mehr von anderen regulieren lassen. Ob Kinder mit sechs Jahren zum Beispiel auf den Fußballplatz oder ins Kino oder in die Bücherei oder sonntags in den Gottesdienst gehen, hängt vor allem davon ab, ob ihre Eltern mit ihnen hingehen. Ob man mit 16 Jahren einer dieser Aktivitäten nachgeht, hängt hauptsächlich davon ab, ob man das selbst will oder nicht. Die Übernahme moralischer Werte, die Wahl eines Beziehungspartners, die Ausübung eines Berufs oder die Entscheidung für oder gegen eigene Kinder sind nur einige der wichtigen Entscheidungen, denen Jugendliche und junge Erwachsene gegenüberstehen. Wie Sternbergs Intelligenztheorie feststellt: Die Weisheit, mit der Menschen solche Wahlen und Entscheidungen treffen, ist eine wichtige Determinante ihres Lebenserfolgs.

Reaktionen bei anderen Menschen hervorrufen

Von den ersten Tagen ihres Lebens an verhalten sich Kinder unterschiedlich und rufen bei anderen Menschen jeweils andere Reaktionen hervor. Babys mit einfachem Temperament beispielsweise entlocken ihren Eltern positivere Reaktionen als schlecht gelaunte oder quengelnde Babys. In ähnlicher Weise erhalten attraktive Babys eine zärtlichere und verspieltere mütterliche Zuwendung als weniger attraktive Babys. Mit der weiteren Entwicklung fangen auch die Interessen und Fähigkeiten der Kinder an, die Eltern in ihrem Verhalten ihnen gegenüber zu beeinflussen. Zum Beispiel vertrauen Mütter einem Kind eher die Aufgabe an, auf ein jüngeres Geschwister aufzupassen, wenn sich dieses gegenüber dem jüngeren Kind relativ verantwortlich und verständnisvoll verhält.

Die Wirkungen, welche die frühen Vorlieben der Kinder auf das Verhalten ihrer Eltern haben, steigern sich mit der Zeit um ein Vielfaches. Die meisten Eltern von Kindern, die ungehorsam, zornig und anstrengend sind, versuchen am Anfang, unterstützend, aber streng zu sein. Wenn sich das schlechte Benehmen und die Aufsässigkeit ihrer Kinder jedoch fortsetzen, geben viele Eltern auf und werden im Gegenzug unfreundlich und strafend. Andere Eltern, die mit Streitlust und Aggression ihrer Kinder konfrontiert sind, machen bei Konfrontationen einen Rückzieher und geben den Wünschen der Kinder immer mehr nach. Wenn sich solche negative Kreisläufe einmal etabliert haben, lassen sie sich schwer wieder anhalten. Wenn Teenager stören und Unruhe stiften und die Eltern mit Ablehnung und Feindseligkeit reagieren, verschlimmern sich die Probleme in der Regel im Verlauf der Adoleszenz.

Die Eigenschaften und das Verhalten von Kindern beeinflussen nicht nur die Reaktionen ihrer Eltern, sondern auch die ihrer Peers. Auf allen Altersstufen sind kooperative, freundliche, gesellige und verständnisvolle Kinder bei ihren Peers meistens beliebt, während die aggressiven Unruhestifter meistens nicht gemocht und abgelehnt werden. Diese Reaktionen der Peers haben sowohl kurz- als auch langfristige Folgen. Abgelehnte Kinder haben häufiger als beliebte Kinder später Schwierigkeiten in der Schule und sind stärker gefährdet, zukünftig kriminelle Handlungen zu begehen. Kinder üben einen aktiven Einfluss auf ihre Entwicklung also nicht nur dadurch aus, dass sie körperlich mit der Umwelt interagieren, ihre Erfahrungen interpretieren und ihr Verhalten regulieren, sondern auch, indem sie bei anderen Menschen unterschiedliche Reaktionen auslösen.

Nur zu leicht geraten die Beziehungen zwischen Eltern und ihren Kindern in eine Abwärtsspirale, in deren Verlauf Ungehorsam und Zorn seitens der Kinder Wut und Feindseligkeit seitens der Eltern hervorrufen, was bei den Kindern dann wieder zu verstärktem Ungehorsam und Zorn führt.

Thema 3: Entwicklung verläuft kontinuierlich und diskontinuierlich

Lange bevor es eine eigene wissenschaftliche Disziplin gab, die sich mit der Erforschung der Kindesentwicklung befasste, stritten sich Philosophen und andere am Wesen des Menschen Interessierte schon darüber, ob die Entwicklung kontinuierlich oder diskontinuierlich verläuft. Die heutigen Dispute zwischen denen, welche die Entwicklung für kontinuierlich halten, beispielsweise soziale Lerntheoretiker, und den Verfechtern einer diskontinuierlichen Entwicklung, beispielsweise Stufentheoretiker, stehen in derselben Tradition. Es gibt einen guten Grund, warum beide Positionen so lange überdauert haben: Die Frage nach Kontinuität versus Diskontinuität umfasst zwei spezifischere Frageaspekte: die Kontinuität/Diskontinuität der individuellen Unterschiede und die Kontinuität/Diskontinuität des normalen, altersgemäßen Entwicklungsverlaufs.

Die Kontinuität/Diskontinuität individueller Unterschiede

Eine Lesart der Frage nach Kontinuität versus Diskontinuität bezieht sich auf die Stabilität interindividueller Unterschiede im Zeitverlauf. Die Grundfrage lautet, ob Kinder, die auf einem Merkmal am Anfang eine höhere oder niedrigere Ausprägung besitzen als die meisten Gleichaltrigen, auch in späteren Jahren noch höhere oder niedrigere Ausprägungen dieses Merkmals aufweisen. Es zeigt sich, dass viele individuelle Unterschiede bei psychischen Eigenschaften im Entwicklungsverlauf eine mittlere Stabilität aufweisen, die jedoch immer weit unter 100 Prozent bleibt.

Betrachten wir die Entwicklung der Intelligenz. Eine gewisse Stabilität ist hier von der frühsten Kindheit an gegeben. Je schneller Säuglinge beispielsweise auf die wiederholte Darbietung derselben Reizanordnung habituieren, desto höher ist meistens ihr IQ nach zehn oder mehr Jahren. Auch hängen die Muster der elektrischen Hirnaktivitäten von Säuglingen (wie sie im EEG erscheinen) mit ihrer Verarbeitungsgeschwindigkeit und Aufmerksamkeitsregulierung im Alter von zwölf Jahren zusammen. Das Ausmaß der Stabilität erhöht sich mit den Jahren. Die IQ-Werte zeigen eine gewisse Stabilität zwischen dem dritten und dem 13., eine erhebliche Stabilität zwischen dem fünften und dem 15. und eine hohe Stabilität zwischen dem achten und dem 18. Lebensjahr. Selbst in höherem Alter variiert der IQ jedoch ein wenig von Messzeitpunkt zu Messzeitpunkt. Wenn dasselbe Kind zum Beispiel mit acht und mit 17 Jahren einem IQ-Test unterzogen wird, unterscheiden sich die beiden Testergebnisse um durchschnittlich 9 Punkte. Ein Teil dieser Variabilität bringt lediglich zufällige Fluktuationen zum Ausdruck, wie scharfsinnig die Person am jeweiligen Tag der Testung gerade ist und ob sie bestimmte Fragen des einen oder anderen Tests kennt oder die Antworten weiß. Ein anderer Teil der Variabilität reflektiert die Tatsache, dass auch dann, wenn zwei Kinder ursprünglich gleich intelligent sind, das eine im Verlauf der Zeit ein schnelleres Intelligenzwachstum aufweisen kann als das andere.

Auch individuelle Unterschiede bei sozialen Eigenschaften und Persönlichkeitsmerkmalen zeigen über die Zeit hinweg eine gewisse Kontinuität. Schüchterne Kleinkinder werden meistens zu schüchternen Kindern, aggressive Kinder wachsen häufig zu aggressiven Jugendlichen heran, und großzügige Kinder sind in der Regel auch als Erwachsene großzügig. Auch wenn die individuellen Unterschiede bei der sozialen, emotionalen und persönlichkeitsbezogenen Entwicklung ein Stück weit stabil sind, ist das Ausmaß dieser Stabilität jedoch im Allgemeinen geringer als bei der intellektuellen Entwicklung. Zum Beispiel sind Kinder mit guten Leistungen in Lesen und Mathematik in der fünften Klasse in der Regel auch noch in der siebten Klasse gut in diesen Fächern, während Kinder, die in der fünften Klasse beliebt sind, in der siebten Klasse immer noch beliebt sein können oder aber auch nicht. Außerdem ändern sich Temperamentsaspekte wie Ängstlichkeit oder Schüchternheit oft beträchtlich im Verlauf der frühen und mittleren Kindheit.

Gleich ob das Interesse der intellektuellen, sozialen oder emotionalen Entwicklung gilt, die Stabilität interindividueller Unterschiede wird durch die Stabilität der relevanten Umweltaspekte beeinflusst. Zum Beispiel korreliert die Bindung eines Säuglings an seine Mutter positiv mit seiner langfristigen Sicherheit, aber die Korrelation fällt höher aus, wenn die familiäre Umwelt gleich bleibt, als wenn gravierende Störungen eintreten. Analog ist der IQ stabiler, wenn die häusliche Umwelt stabil bleibt. Gleich bleibende individuelle Unterschiede sind also der Ausdruck sowohl gleich bleibender Umwelten der Kinder als auch der Kontinuität ihrer genetischen Ausstattung.

Kontinuität/Diskontinuität im Altersverlauf: die Frage der Stufen

Viele der prominentesten Entwicklungstheorien unterteilen die Kindheit und Jugend in eine kleine Anzahl diskreter Stufen oder Stadien: Piaget und Case in ihren Theorien der kognitiven Entwicklung, Freud mit seiner Theorie der psychosexuellen Entwicklung, Erikson und die Theorie der psychosozialen Entwicklung sowie Kohlberg mit der Theorie der Moralentwicklung beschreiben Entwicklung auf diese Weise. Die anhaltende Popularität dieser Stufenansätze ist leicht zu verstehen: Sie vereinfachen den außerordentlich komplizierten Prozess der Entwicklung, indem sie ihn in ein paar wenige, voneinander abgegrenzte Perioden untergliedern. Sie betonen wichtige Verhaltenscharakteristika in jeder dieser Phasen. Und sie vermitteln dem Entwicklungsprozess eine allgemeine Bedeutung von Zusammenhang.

Auch wenn sich Stufentheorien in ihren Einzelheiten unterscheiden, besitzen sie fünf gemeinsame Hauptannahmen: (1) Entwicklung schreitet durch eine Reihe qualitativ unterschiedlicher Stadien voran; (2) wenn sich Kinder in einem bestimmten Stadium befinden, bringt ein recht breites Spektrum ihres Verhaltens diejenigen Merkmale zum Ausdruck, die für dieses Stadium charakteristisch sind; (3) alle Kinder durchlaufen alle Stadien; (4) die Stadien treten bei allen Kindern in derselben Reihenfolge auf; (5) die Übergänge zwischen den Stadien erfolgen schnell.

Doch scheint Entwicklung beträchtlich weniger geordnet zu sein, als dies die Stufenansätze voraussetzen. Kinder, die bei einigen Aufgaben auf der voroperatorischen Stufe denken, sind bei anderen Aufgaben häufig schon zu konkret-operatorischem Denken fähig; Kinder, die bei manchen moralischen Dilemmata präkonventionell argumentieren, können andere Dilemmata konventionell durchdenken. Selten wird über ein breites Spektrum von Aufgaben hinweg ein plötzlicher Wechsel erkennbar.

Außerdem zeigen Entwicklungsprozesse häufig ein großes Maß an Kontinuität. Im Verlauf von Kindheit und Adoleszenz gibt es gleichmäßige Zuwächse in der Fähigkeit, Emotionen zu regulieren, Freundschaften zu schließen, soziale Normen zu verstehen, die Perspektive anderer Menschen einzunehmen, körperliche Aggression zu unterdrücken, Sprache zu verwenden, sich an Ereignisse zu erinnern, Probleme zu lösen und sich an vielen anderen Aktivitäten zu beteiligen.

Das bedeutet nicht, dass es keine plötzlichen Sprünge geben würde. Wenn wir spezielle Aufgaben und Prozesse betrachten und nicht breite Bereiche, erkennen wir eine Reihe von Diskontinuitäten. Drei Monate alte Kinder haben praktisch keine binokulare Tiefenwahrnehmung, erreichen aber binnen ein oder zwei Wochen das Niveau von Erwachsenen. Vor dem siebten Lebensmonat fürchten sich Säuglinge selten vor Fremden; danach entwickelt sich das Misstrauen schnell. Viele Kinder können an einem Tag noch keinen Schritt ohne fremde Hilfe laufen und am nächsten Tag plötzlich mehrere Schritte von sich aus gehen. Nachdem Kinder zwischen zwölf und 18 Monaten etwa ein neues Wort pro Woche lernen, gibt es eine Wortschatzexplosion, in deren Verlauf sie über Jahre hinweg etwa zehn neue Wörter pro Tag lernen. Mädchen menstruieren bis zum Monat ihrer Menarche überhaupt nicht, aber von da an 35 oder 40 Jahre lang jeden Monat. Obwohl also breit gefasste Bereiche selten diskontinuierliche Veränderungen aufweisen, ist dies bei spezifischen Aktivitäten relativ oft der Fall.

Ob Entwicklung kontinuierlich oder diskontinuierlich erscheint, variiert oft in Abhängigkeit davon, ob es vorrangig um das Verhalten oder um die zugrunde liegenden Prozesse geht. Erinnern wir uns an den Fall des Schreitreflexes bei Säuglingen. In den ersten beiden Monaten nach der Geburt heben Kinder erst das eine und dann das andere Bein, so als ob sie gehen würden, wenn man sie in einer aufrechten Position hält und ihre Füße den Untergrund berühren. Mit etwa zwei Monaten verschwindet dieser Reflex jedoch schlagartig. Dieser abrupten Veränderung im Verhalten gehen jedoch graduelle Veränderungen auf zwei Dimensionen voraus – dem Körpergewicht und der Muskelstärke der Beine. Wenn die Babys wachsen, überholt der Gewichtszuwachs die Zunahme der Stärke ihrer Beine, und irgendwann können sie ihre Beine ohne

Hilfe nicht mehr anheben. Wenn die Babys, die mit dem reflexhaften Schreiten aufgehört haben, in ein Wasserbassin gehalten werden, in dem sie ihre Beine wieder leichter emporheben können, tritt der Schreitreflex wieder in Erscheinung.

Ob Entwicklung kontinuierlich oder diskontinuierlich erscheint, hängt auch von der Zeitskala ab, die man berücksichtigt. Wenn man die Körpergröße eines Kindes ab der Geburt bis zum 18. Lebensjahr alle sechs Monate misst, sieht das Wachstum recht gleichmäßig aus (siehe Abbildung 1.2). Misst man die Größe aber täglich, dann erscheint die Entwicklung diskontinuierlich, wobei gelegentliche „Wachstumstage" zwischen viele Tagen ohne messbares Wachstum eingestreut sind.

Um die Kontinuitäten und Diskontinuitäten der Entwicklung in einen einheitlichen theoretischen Rahmen zu integrieren, kann man sich die Entwicklung als eine Reise durch mehrere separate Gebiete vorstellen. Angenommen, man fährt mit dem Auto von New York nach San Francisco quer durch die USA. In gewisser Weise ist die Fahrt ein kontinuierlicher Fortschritt in westlicher Richtung entlang der Bundesstraße 80. In anderer Lesart beginnt die Fahrt im Osten und verläuft dann (in unveränderlicher Reihenfolge, ohne eine Region überspringen zu können) durch den Mittleren Westen und die Rocky Mountains, bevor man das Ziel in Kalifornien erreicht. Zum Osten gehören die Atlantikküste und die Appalachen, und hier ist es meistens hügelig, bewölkt und grün. Der Mittlere Westen ist in der Regel flacher, trockener und sonniger. Die Staaten der Rocky Mountains sind noch trockener und noch sonniger, mit ausgedehnten Gebirgszügen. Und der größte Teil Kaliforniens ist trocken und sonnig und enthält sowohl flache als auch gebirgige Bereiche in großer Ausdehnung. Die Unterschiede zwischen den Regionen hinsichtlich ihres Klimas, ihrer Farbe und ihrer Topographie sind groß und real, aber die Grenzen zwischen ihnen sind willkürlich. Ist Ohio der westlichste Staat des Ostens oder der östlichste Staat des Mittleren Westens? Gehört der Osten Colorados zum Mittleren Westen, oder ist er schon Teil des Gebiets um die Rocky Mountains?

Mit den Kontinuitäten und Diskontinuitäten der Entwicklung verhält es sich in vielfacher Hinsicht genauso wie mit dieser Reise. Betrachten wir die Vorstellungen der Kinder von ihrem Selbst. Auf einer Analyseebene verläuft die Entwicklung des Selbst kontinuierlich. Im Verlauf ihrer Entwicklung verstehen Kinder (und Erwachsene) immer mehr von sich selbst. Auf einer anderen Analyseebene ist jede Entwicklungsphase durch Meilensteine gekennzeichnet. Im Säuglingsalter gelingt es den Kindern, zwischen sich und anderen Menschen zu unterscheiden, aber sie nehmen selten beziehungsweise überhaupt nicht die Perspektive ein, die andere Menschen auf sie haben. Im Verlauf des Kleinkindalters sehen sich die Kinder zunehmend so, wie sie von anderen gesehen werden könnten, was ihnen zu solchen Gefühlen wie Scham und Verlegenheit verhilft. Später erkennen Kinder, dass einige ihrer Persönlichkeitsmerkmale, etwa ihr Geschlecht, grundlegend und dauerhaft sind, und sie nutzen dieses Wissen, um ihr Verhalten daran auszurichten. In den Grundschuljahren konzipieren Kinder sich selbst zunehmend anhand ihrer Fähigkeiten relativ zu anderen Kindern (Intelligenz, sportliche Fähigkeiten, Beliebtheit und so weiter). In der Adoleszenz kommen sie schließlich zu der Erkenntnis, dass es in gewissem Ausmaß in unseren Wahlen und Entscheidungen zum Ausdruck kommt, wer und was wir als Individuum sind.

Jede Aussage darüber, wann eine bestimmte Fähigkeit erstmals auftritt, ist also ein Stück weit willkürlich, so wie die Festlegung, wo ein geographisches Gebiet genau anfängt. Dennoch trägt die Identifikation von Meilensteinen dazu bei, dass wir wissen, wo wir uns auf der Landkarte befinden.

Thema 4: Mechanismen entwicklungsbedingter Veränderungen

Wie so vieles verdankt auch das heutige Denken über entwicklungsbedingte Veränderungen den Ideen von Jean Piaget außerordentlich viel. Im Rahmen der Theorie Piagets treten Veränderungen durch die Interaktion von Assimilation und Akkomodation ein. Im Prozess der Assimilation interpretieren Kinder neue Erfahrungen anhand der schon vorhandenen geistigen Strukturen; im Prozess der Akkomodation revidieren sie die vorhandenen mentalen Strukturen und bringen sie in Einklang mit den neuen Erfahrungen. Wenn wir also eine uns völlig unbekannte Art von Musik hören (für westliche Ohren beispielsweise so etwas wie javanesische Zwölftonmusik), assimilieren wir die Klänge zu bekannteren musikalischen Mustern, soweit es uns möglich ist. Gleichzeitig akkomodiert unser Verständnis an die Erfahrung, so dass wir die unbekannte Musik bei der nächsten Begegnung etwas leichter erfassen können und sie uns nicht mehr ganz so fremd erscheint.

Seit Piaget seine Theorie formulierte, wurden Erkenntnisse über Entwicklungsmechanismen in größerem Umfang gewonnen. Einige der Fortschritte bestanden darin, Veränderungen auf biologischer Ebene zu verstehen, andere waren auf die Verhaltensebene gerichtet, und wieder andere führten dazu, Veränderungen auf der Ebene kognitiver Prozesse zu verstehen.

Biologische Veränderungsmechanismen

Biologische Veränderungsmechanismen kommen von dem Moment an ins Spiel, an dem sich ein Spermium mit einer Eizelle vereinigt. Jede dieser Zellen enthält die Hälfte der DNS, die den lebenslangen Genotyp des Kindes bilden wird. Der Genotyp enthält Anweisungen, die den groben Entwurf des Entwicklungsverlaufs spezifizieren, wobei alle Einzelheiten erst durch die anschließenden Interaktionen zwischen Genotyp und Umwelt ausgefüllt werden.

Die Art, wie sich das Gehirn im Anschluss an die Befruchtung bildet, illustriert die Komplexität von Veränderung auf biologischer Ebene. Der erste zentrale Prozess bei der Gehirnentwicklung ist die *Neurogenese*, in deren Verlauf in der dritten oder vierten Woche nach der Befruchtung etwa 10.000 Gehirnzellen *pro Minute* neu gebildet werden. Etwa 100 Tage später enthält das Gehirn fast alle Neurone, die es jemals besitzen wird. Wenn sich die Neurone bilden, veranlasst der Prozess der *Zellmigration*, dass viele von ihnen vom Ort ihrer Entstehung an den Ort wandern, für den sie langfristig vorgesehen sind.

Sobald die Neurone ihren Bestimmungsort erreicht haben, durchlaufen sie einen Prozess der *Differenzierung*, bei dem aus dem ursprünglichen Zellkörper Dendriten und Axone wachsen. Im späteren Verlauf der pränatalen Phase werden viele Axone durch den Prozess der *Myelinisierung* isoliert, was die Übertragungsgeschwindigkeit der elektrischen Signale entlang dieser Axone erhöht. Die Myelinisierung setzt sich in einigen Teilen des Gehirns auch noch während der Kindheit und bis ins Jugendalter fort.

Ein anderer Prozess, die *Synaptogenese*, betrifft die Bildung von Synapsen am Ende von Axonen und am Anfang von Dendriten, so dass Neurotransmitter Signale von einem Neuron zum anderen übertragen können. Von der pränatalen Phase an wächst die Zahl der Synapsen mit großer Geschwindigkeit; dieser Prozess dauert je nach der interessierenden Gehirnregion bis zur frühen oder mittleren Kindheit. Bis zum Ende dieser Phase explosiven Wachstums übersteigt die Zahl der Synapsen in einem Areal die Anzahl von Synapsen im Gehirn von Erwachsenen bei weitem. Ein weiterer Prozess der *Eliminierung* reduziert die Anzahl von Synapsen in einem Areal, so wie die Triebe einer Pflanze zurückgestutzt werden. Der stärkste Synapsenrückgang erfolgt in jedem Teil des Gehirns zu einem definierten Zeitpunkt, wobei sich diese Zeitpunkte bei den verschiedenen Teilen des Gehirns unterscheiden. Diejenigen Synapsen, die häufig gebraucht werden, werden beibehalten; die anderen werden eliminiert. (*Use it or lose it* heißt dieses Prinzip im Englischen.) Das Zurückstutzen der nicht benötigten Synapsen macht die Informationsverarbeitung effektiver.

Das Gehirn umfasst eine Reihe von Bereichen, die auf bestimmte psychische Aufgaben spezialisiert sind. Diese Spezialisierung ermöglicht eine schnelle und universelle Entwicklung dieser Funktionen. Einige davon hängen eng mit sensorischen und motorischen Prozessen zusammen. Der visuelle Cortex und die seitlichen Kniehöcker sind besonders aktiv bei der Verarbeitung von visueller Information, der auditorische Cortex ist bei der Verarbeitung von Geräuschen besonders aktiv, der motorische Cortex ist bei motorischer Aktivität besonders aktiv, und so weiter.

Andere Bereiche des Gehirns sind auf andere Funktionen spezialisiert. Das limbische System ist an der Entstehung von Gefühlen besonders beteiligt. Bestimmte Areale des Okzipital- und Temporallappens sind für die Gesichtererkennung besonders entscheidend. Broca- und Wernicke-Zentrum sind bei der Verarbeitung von Sprache besonders aktiv. Bestimmte Areale im Bereich der rechten hinteren Hemisphäre zeigen die stärkste Aktivität bei der Verarbeitung räumlicher Konfigurationen. Jedes dieser Areale ist an zahlreichen anderen Arten der Informationsverarbeitung beteiligt, und alle Arten von Verarbeitung erstrecken sich über zahlreiche Gehirnareale, aber jedes der er-

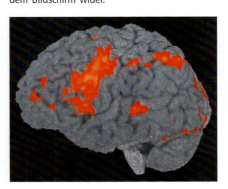

Dieses fMRI-Bild wurde aufgenommen, während eine Person in einer Scannerröhre einen Satz las, der auf einen Bildschirm projiziert wurde. Es zeigt, dass verschiedene Bereiche des Gehirns am Leseverstehen beteiligt sind. Der große rote Bereich in Richtung der Vorderseite des Gehirns (links von der Mitte der Aufnahme) umschließt das Broca-Areal, welches bei der Verarbeitung von Grammatik und Bedeutung in der Regel besonders aktiv ist. Die kleineren roten Flecken am hinteren Ende des Gehirns (auf dem Bild ganz rechts) sind wahrscheinlich an der visuellen Verarbeitung des Texts beteiligt. Der rote Bereich in der unteren Mitte der Aufnahme entspricht dem Wernicke-Areal, welches besonders an der Verarbeitung der Bedeutung von Wörtern und Sätzen beteiligt ist. Das rote Feld oben rechts spiegelt wahrscheinlich die Verarbeitung der räumlichen Position des Texts auf dem Bildschirm wider.

wähnten Gebiete ist bei der Verarbeitung einer definierten Art von Information besonders aktiv. Biologische Mechanismen unterliegen also sowohl sehr speziellen als auch sehr allgemeinen Veränderungen.

Veränderungsmechanismen im Verhaltensbereich

Verhaltensbezogene Veränderungsmechanismen beschreiben Regelhaftigkeiten in der Umwelt und die Reaktionen darauf, insofern sie zur Entwicklung beitragen. Diese Mechanismen formen das Verhalten schon ab einem sehr frühen Entwicklungszeitpunkt.

Habituation und Konditionierung

Die Fähigkeit, auf vertraute Reize zu habituieren, setzt ein, bevor der Fetus den Mutterleib verlässt. Wenn einfache Silben wie „ba-by" in ein Mikrophon gesprochen und nah am Bauch einer Frau im neunten Schwangerschaftsmonat ausgesendet werden, schlägt das Herz ihres Fetus schneller. Die Pulsfrequenz des Fetus ändert sich immer weniger, wenn dasselbe Silbenpaar mehrere Male in derselben Reihenfolge wiederholt wird. Wenn die Reihenfolge jedoch umgedreht und „by-ba" dargeboten wird, steigt der Puls des Fetus wieder an, wodurch nachgewiesen werden kann, dass der Fetus auf das ursprüngliche „Wort" habituierte und auf das neuartige Wort dishabituierte. Ähnliche Habituationsprozesse lassen sich auch nach der Geburt beobachten; wenn zum Beispiel das Bild eines Gesichts wiederholt dargeboten wird, schauen Säuglinge mit der Zeit nicht mehr so lange hin; sie zeigen aber erneutes Interesse, wenn ein anderes Gesicht erscheint. Die Habituation hilft den Babys beim Lernen, indem sie motiviert sind, neue Anregungen zu suchen, wenn sie das Interesse an bekannten Anblicken und Geräuschen verloren haben.

Von ihren ersten Tagen in der Außenwelt an können Säuglinge auch durch klassisches Konditionieren lernen. Wenn ein ursprünglich neutraler Reiz wiederholt kurz vor einem unkonditionierten Reiz dargeboten wird, löst er mit der Zeit eine ähnliche Reaktion aus wie der unkonditionierte Reiz. Man erinnere sich an den kleinen Albert, der mehrmals hintereinander eine harmlose weiße Ratte sah und unmittelbar danach ein beängstigendes lautes Geräusch hörte; am Ende fürchtete er sich vor der weißen Ratte (und vor Ärzten und Krankenschwestern in weißen Kitteln).

Die Tatsache, dass ein kleines Kind nicht nur vor der weißen Ratte, sondern auch vor den Ärzten und Schwestern Angst bekam, illustriert die Funktionsweise einer weiteren zentralen Lernfähigkeit, die von Anfang an vorhanden ist: die Generalisierung. Auch wenn das Lernen von Säuglingen tendenziell weniger allgemein ist als das Lernen älterer Kinder, bleibt es nie ausschließlich auf genau den einen Fall beschränkt. Kinder übertragen und verallgemeinern die Lehren ihrer früheren Erfahrungen auf neue Situationen, die sich von der ursprünglichen Situation zumindest in bestimmten Details unterscheiden.

Wie ältere Kinder lernen Säuglinge auch durch instrumentelle Konditionierung; Verhaltensweisen, die Belohnung nach sich ziehen, werden häufiger, und Verhaltensweisen, die nicht belohnt werden, treten seltener auf. In den ersten Monaten nach der Geburt lernen Kinder nach dem Prinzip des instrumentellen Konditionierens nur, wenn die Verstärkung unmittelbar nach dem relevanten Verhalten eintritt; im Verlauf der weiteren Monate erwerben Kinder die Fähigkeit, auch dann zu lernen, wenn zwischen Verhalten und Verstärkung eine gewisse Verzögerung eintritt. Grundlegende verhaltensbezogene Lernmechanismen – Habituation, Generalisierung, klassisches und instrumentelles Konditionieren – versetzen Kinder also in die Lage, vom ersten Tag ihres Lebens an aus ihren Interaktionen mit der Umwelt zu lernen.

Soziales Lernen

Kinder (und Erwachsene) lernen sehr viel dadurch, dass sie andere Menschen beobachten und mit ihnen interagieren. Dieses soziale Lernen durchdringt unser Leben in einem solchen Ausmaß, dass man es sich schwerlich als eine gesonderte Lernfähigkeit vorstellen kann. Wenn wir Menschen jedoch mit Tieren vergleichen, selbst mit engen Verwandten wie Schimpansen und anderen Menschenaffen, wird die Allgegenwärtigkeit des sozialen Lernens im Leben von Menschen offensichtlich. Menschen sind weit geschickter als jedes andere Lebewesen, das zu lernen, was andere ihnen beizubringen versuchen, und sie neigen auch viel stärker dazu, andere das zu lehren, was sie selbst wissen. Zu den entscheidenden Funktionen des sozialen Lernens gehören die Nachahmung oder Imitation, das soziale Referenzieren, die Sprache und die gelenkte Partizipation.

Die erste erkennbare Form des sozialen Lernens ist die Imitation. Zunächst scheint die Nachahmung auf Verhaltensweisen begrenzt zu sein, die Säuglinge ab und zu von selbst produzieren, beispielsweise das Herausstrecken der Zunge. Mit sechs Monaten imitieren Säuglinge manchmal neuartige Verhaltensweisen, die sie niemals spontan hervorbringen. Mit 15 Monaten können Kinder nicht nur neue Verhaltensweisen lernen, sondern sie auch behalten und mindestens nach einer Woche noch produzieren. Diese Imitation ist nicht nur ein blindes Nachmachen. Wenn Kinder in diesem Alter sehen, wie ein Modell etwas zu tun versucht, was ihm aber nicht gelingt, dann imitieren sie das, was das Modell zu tun versuchte, und nicht das, was es tatsächlich getan hat.

Das soziale Lernen beeinflusst die soziale und emotionale Entwicklung sowie den Erwerb von Handlungen und Wissen. Wenn eine unbekannte Person den Raum betritt, blicken zwölf Monate alte Kinder zu ihrer Mutter, um Anleitung für ihre Reaktion zu bekommen. Wenn das Gesicht der Mutter oder ihre Stimme Furcht verrät, bleibt das Baby meistens eng in ihrer Nähe; wenn die Mutter lächelt, ist es wahrscheinlicher, dass sich das Baby dem Fremden nähert. Ähnlich ist es in diesem Alter mit der visuellen Klippe, welche das Baby überquert, wenn die Mutter lächelt, aber sich nicht zu überqueren traut, wenn sie besorgt dreinblickt. Das soziale Lernen formt auch die Normen und Werte der Kinder. Ab ihrem zweiten Lebensjahr internalisieren sie die Werte und Normen ihrer Eltern und benutzen sie, um ihr eigenes Benehmen zu steuern und zu bewerten.

Später in der Entwicklung beeinflussen auch Peers, Lehrer und andere Erwachsene die Normen und Werte von Kindern auf dem Weg des sozialen Lernens. Insbesondere die Peers spielen eine ständig wachsende Rolle im Verlauf von Kindheit und Adoleszenz.

Die Menge des sozialen Lernens variiert mit der Qualität der Beziehung zwischen dem Kind und der anderen Person. Kinder imitieren häufiger das Verhalten von Erwachsenen, mit denen sie eine positive Beziehung unterhalten, als das Verhalten anderer Erwachsener. Auch imitieren sie eher das Verhalten von Freunden als das Verhalten anderer Kinder, die sie dasselbe tun sehen; schon Einjährige ahmen bevorzugt ihre Freunde nach.

Häufig kommt es in Familien vor, dass das ältere Kind seiner Puppe die Windeln wechselt, während die Mutter dasselbe bei dem kleinen Baby tut. Solche Nachahmungen des elterlichen Tuns sind meistens der Ausdruck einer positiven Eltern-Kind-Beziehung.

Nachahmung ist nicht der einzige Mechanismus des sozialen Lernens. Ein anderer weit verbreiteter und effektiver Ansatz ist die soziale Stützung. Bei diesem Ansatz bietet eine ältere und kompetentere Person einem Lerner einen Überblick über die Aufgabe, zeigt, wie sich die schwierigsten Teile der Aufgabe bewältigen lassen, und gibt Hinweise darauf, was der Lernende als Nächstes tun sollte. Eine solche Stützung versetzt einen Anfänger in die Lage, mehr zu tun, als ihm von sich aus möglich wäre. Wenn der Lernende dann die Grundzüge der Aufgabe beherrscht, überträgt die stützende Person ihm immer mehr Verantwortung, bis die gesamte Aufgabe ohne äußere Hilfe gelingt. Erwachsene und Kinder arbeiten hierbei zusammen, um soziales Lernen zu bewirken.

Kognitive Veränderungsmechanismen

Viele überzeugende Analysen von entwicklungsbedingten Veränderungen beziehen sich auf die Ebene kognitiver Prozesse. Sowohl allgemeine als auch spezielle Mechanismen der Informationsverarbeitung spielen dabei eine wichtige Rolle.

Allgemeine Mechanismen der Informationsverarbeitung

Viele Mechanismen der kognitiven Verarbeitung lassen sich auf alle Arten von Information anwenden. Diese allgemeinen Informationsverarbeitungsmechanismen können in vier Hauptklassen untergliedert werden: Basisprozesse, Strategiebildung, Metakognition und Inhaltswissen.

Basisprozesse sind die einfachsten, am breitesten anwendbaren Informationsverarbeitungsmechanismen, die sich zugleich als erste entwickeln. Ein wichtiger Basisprozess ist die Automatisierung. Wenn Kinder mentale Prozesse immer öfter ausführen, dann tun sie das mit steigender Effizienz. Wenn ein Kleinkind beispielsweise zu sprechen beginnt, ist das Aussprechen eines Wortes ein langsamer, mühevoller Prozess. Durch Übung wird die Aussprache automatisiert, so dass Kinder Wörter schnell und mühelos sagen können. Dies entlastet ihre mentalen Ressourcen, die sie für die Erzeugung längerer, komplexerer Sätze benötigen. Ein anderer Basisprozess, die Enkodierung, umfasst die Identifikation der zentralen Merkmale einer Situation und deren mentale Repräsentation. Die Tatsache, dass wir neue Kunst- und Musikrichtungen so verwirrend finden, liegt zum großen Teil daran, dass wir nicht wissen, was wir enkodieren müssen, damit das Ganze einen Sinn ergibt. Sobald wir lernen, die entscheidende Information zu enkodieren, rücken die zuvor unzusammenhängenden visuellen und akustischen Merkmale in den Mittelpunkt, und wir erleben sie als nachvollziehbar, denkwürdig und vielleicht sogar schön.

Auch die Strategiebildung trägt auf vielfältige Weise zur Entwicklung bei. Kinder, die gerade laufen können, bilden beispielsweise Strategien für solche Ziele wie das Erreichen eines Spielzeugs, das sich außer Reichweite befindet, oder den Abstieg auf einer steilen Fläche; im Kindergartenalter bilden sie Strategien für das Zählen und die Lösung von Rechenaufgaben; Kinder im Schulalter bilden Strategien dafür, wie man Spiele spielt und wie man mit anderen auskommt, und so weiter. Oft bilden Kinder mehrere Strategien zur Lösung eines einzigen Aufgabentyps – zum Beispiel Strategien für die Annäherung an fremde Kinder auf dem Spielplatz, um mitspielen zu dürfen, oder für die Lösung von Rechenaufgaben. Wenn Kinder mehrere Strategien kennen, können sie sich an die Erfordernisse unterschiedlicher Aufgaben und Situationen anpassen.

Außergewöhnliches Inhaltswissen kann all die intellektuellen Vorteile wettmachen, die Erwachsene gegenüber Kindern normalerweise besitzen. Am Tag der Aufnahme dieses Photos wurde dieser achtjährige Junge die jüngste Person, die jemals einen Schachgroßmeister geschlagen hat.

Metakognition ist der dritte allgemeine Prozess, der in großem Ausmaß zur Entwicklung beiträgt. So besteht ein Grund, warum sich Kinder zunehmend auf Gedächtnisstrategien verlassen, in der Erkenntnis, dass es ihnen kaum gelingen wird, große Mengen an Lernstoff ohne den Einsatz solcher Strategien wörtlich zu erinnern. Zu den wichtigsten Anwendungen der Metakognition gehört die situationsangemessene Wahl zwischen alternativen Strategien. Ein anschauliches Beispiel ist die Gedächtnisstrategie des Rehearsal. Kinder sagen sich etwas immer wieder vor, wenn sie sich die Information wörtlich merken müssen, etwa beim Behalten einer Telefonnummer oder einer Zahlenschlosskombination. Sie bringen die Strategie des Rehearsal aber praktisch niemals zur Anwendung, wenn die wörtliche Information keine Rolle spielt, etwa bei der Zusammenfassung einer Geschichte.

Inhaltswissen leistet einen vierten allgemeinen Beitrag zur kognitiven Veränderung. Je mehr Kinder über ein bestimmtes Thema wissen, gleich ob es sich um Schach, Fußball, Dinosaurier oder

Sprache handelt, desto leichter fällt es ihnen, neue Informationen über dieses Thema zu lernen und zu behalten.

Domänenspezifische Lernmechanismen

Manche komplexe Fähigkeiten erwerben Kinder erstaunlich schnell. Zum Beispiel werden praktisch alle Kleinkinder innerhalb der ersten sechs Monate zu hervorragenden Wahrnehmern, obwohl die visuelle Wahrnehmung extrem schwierige Probleme aufwirft, die bis heute auch von hoch entwickelten Computersystemen noch nicht gelöst wurden. Was diejenigen komplexen Fähigkeiten, die Kinder besonders schnell erwerben – Wahrnehmung, Sprache, die Produktion und Interpretation von Gefühlen sowie die Bindung an Betreuungspersonen –, gemeinsam haben, ist ihre eindeutige evolutionäre Bedeutung. Die Evolution scheint uns mit spezialisierten Lernmechanismen ausgestattet zu haben, die dafür sorgen, dass fast jeder diejenigen Fähigkeiten, die fürs Überleben wichtig sind, schnell und leicht erwirbt.

Ein Mechanismus, der das Lernen in diesen Bereichen unterstützt, sind richtige Vorannahmen über jene Erfahrungen, die die Welt bieten wird. Schon Säuglinge in ihrem ersten Lebensjahr scheinen anzunehmen, dass größere sich bewegende Objekte stärkere Wirkungen hervorrufen werden als kleinere Objekte, die sich bewegen. In ähnlicher Weise hilft dem Kleinkind beim Lernen von Wörtern die Annahme, dass sich ein neues Wort bevorzugt auf das ganze Objekt bezieht und nicht nur auf einen Teil davon (*whole-object constraint* im Englischen), sowie die Annahme der wechselseitigen Exklusivität (*mutual exclusivity*), derzufolge jedes Objekt nur einen Namen besitzt. Diese Annahmen treffen normalerweise auf die Wörter zu, die kleine Kinder hören, und helfen ihnen somit, die Bedeutung dieser Wörter zu lernen und sich mit anderen zu verständigen.

Die informellen Theorien von Kindern über die wichtigsten globalen Kategorien der Welt – unbelebte Objekte, Menschen und andere Lebewesen – erleichtern ebenfalls ihr diesbezügliches Lernen. Der Wert, den es mit sich bringt, schnell etwas über die Eigenschaften von Menschen, Pflanzen und Tieren zu lernen, liegt wiederum auf der Hand; wenn man zum Beispiel zu einer anderen Person „mehr Saft!" sagt, ist dies mit höherer Wahrscheinlichkeit von Erfolg gekrönt, als wenn man es zu seinem Hund sagt. Wie bei den formalen Theorien von Wissenschaftlern sind auch bei den informellen Theorien von Kindern die kausalen Beziehungen entscheidend, die eine große Menge an Beobachtungen anhand von wenigen Basiskonzepten erklären. Es hilft Kindern, in neuen Situationen angemessen zu handeln, wenn sie über ein grundlegendes Verständnis der zentralen Konzepte verfügen: Kräfte und Festigkeit bei unbelebten Objekten, zielgerichtete Bewegung und Wachstum bei lebenden Dingen, Überzeugungen und Wünsche bei Menschen. Wenn Kinder beispielsweise im Kindergartenalter auf ein fremdes Kind treffen, nehmen sie an, dass dieses Kind Wünsche und Überzeugungen besitzt, was ihnen dabei hilft, die Handlungen des anderen Kindes zu verstehen und sich selbst angemessen zu verhalten. Autistischen Kindern, die oft nicht verstehen, dass sie und andere Menschen Überzeugungen und Wünsche besitzen, fällt es weitaus schwerer, mit anderen Menschen angemessen umzugehen. Sowohl allgemeine als auch bereichsspezifische kognitive Lernprozesse helfen Kindern also dabei, die Welt um sie herum zu verstehen.

Thema 5: Der sozio-kulturelle Kontext formt die Entwicklung

Kinder entwickeln sich im Rahmen eines persönlichen Umfelds aus anderen Menschen: Familien, Freunden, Nachbarn, Lehrern und Klassenkameraden. Sie entwickeln sich auch im nicht an einzelne Personen gebundenen Kontext historischer, ökonomischer, technologischer und politischer Kräfte sowie gesellschaftlicher Überzeugungen, Einstellungen und Werte. Der Kontext, der nicht auf einzelne Personen zurückgeht, ist bei der Formung der Entwicklung genauso wichtig wie die Personen im Umfeld. Es gibt keinen Grund zu der Annahme, dass sich Eltern in den heutigen entwickelten Gesellschaften mehr um die Entwicklung ihrer Kinder kümmern als Eltern in der Vergangenheit. Aber ihre Kinder sterben seltener als Säuglinge, haben weniger Krankheiten, ernähren sich abwechslungsreicher und nahrhafter, gehen länger zur Schule und sehen mehr von der Welt als die Kinder selbst aus den wohlhabendsten Familien vor 200 Jahren. Es hat also einen nachhaltigen Einfluss auf das Leben von Kindern, wann und wo sie aufwachsen.

Aufwachsen in Gesellschaften mit unterschiedlichen Werten

Werte und Praktiken, welche die Menschen in einer Gesellschaft ganz selbstverständlich als „normal" ansehen, variieren erheblich von Gesellschaft zu Gesellschaft. Diese Variationen beeinflussen das Tempo und die Form der Entwicklung beträchtlich. In den vorangegangenen Kapiteln gab es bei jedem Entwicklungsaspekt Beispiele dafür, einschließlich der Bereiche, die man gemeinhin als durch Reifungsprozesse gesteuert betrachtet. Zum Beispiel wird im Allgemeinen angenommen, dass der Zeitpunkt des Laufenlernens und anderer motorischer Fähigkeiten im Kleinkindalter allein durch die Biologie bestimmt ist. Doch können Babys, die in afrikanischen Stämmen aufwachsen, in denen die motorische Entwicklung von Kindern stark unterstützt wird, meistens früher laufen und erwerben auch andere wichtige motorische Fähigkeiten früher als Kinder in den USA. Umgekehrt erreichen Babys, die in südamerikanischen Stämmen aufwachsen, in denen frühe motorische Aktivitäten unterbunden werden, die motorischen Entwicklungsschritte später als die Kinder in den USA.

Emotionale Reaktionen bilden ein anderes Beispiel dafür, wie kulturelle Einstellungen und Werte das Verhalten auch dort beeinflussen, wo wir es nicht erwarten würden. Kinder in allen Gesellschaften, die diesbezüglich untersucht wurden, zeigen dieselben Bindungsmuster, doch die Häufigkeit jedes Musters variiert mit den Werten der jeweiligen Gesellschaft. Im Vergleich zu US-amerikanischen und deutschen Babys beispielsweise sind japanische Babys in der Fremden Situation viel häufiger sehr aufgeregt, was für das unsicher-ambivalente Bindungsmuster spricht. Andererseits ignorieren Babys aus Norddeutschland viel häufiger als Babys aus den USA oder Japan ihre Mutter, wenn sie in der Fremden Situation den Raum wieder betritt, was dem unsicher-vermeidenden Bindungsmuster entspricht. Diese Unterschiede bei den Bindungsmustern scheinen auf unterschiedliche kulturelle Werte und Praktiken zurückzugehen. Japanische Mütter fördern bei den Kindern Abhängigkeit und lassen ihre Babys selten allein, was dazu führen kann, dass diese besonders erregt werden, wenn sie in der Fremden Situation allein gelassen werden. Im Gegensatz dazu betonen norddeutsche Eltern eine frühe Unabhängigkeit und Selbstgenügsamkeit, was die Babys in der Fremden Situation dazu veranlassen kann, sich ihrer Mutter nicht gleich zu nähern, wenn sie nach der Trennung den Raum wieder betritt.

Die Kultur mexikanischer Dörfer unterstützt erfolgreich die Kooperation und die wechselseitige Fürsorge zwischen Kindern.

Kulturelle Einflüsse wie diese reichen weit über das Kleinkindalter hinaus. Die japanische Kultur zum Beispiel legt einen höheren Wert auf das Verbergen negativer Gefühle als die amerikanische Kultur; entsprechend bringen japanische Kindergartenkinder negative Emotionen seltener zum Ausdruck. Amerikanische Mütter ermutigen ihre Kinder in diesem Alter zu mehr Interaktionen mit Peers als koreanische Mütter; entsprechend interagieren amerikanische Kinder im Kindergartenalter mehr mit Gleichaltrigen als koreanische Kinder. Kinder in mexikanischen Dörfern werden zur Kooperation und Fürsorge gegenüber anderen erzogen; Kinder, die in diesen Gegenden aufwachsen, teilen das, was sie haben, häufiger als Kinder aus mexikanischen Städten oder aus den USA. Dieses Muster setzt sich bei mexikanisch-amerikanischen Kindern fort, deren Eltern aus mexikanischen Dörfern in die USA auswanderten.

Auch wenn ein autoritärer Erziehungsstil im Allgemeinen bei Jugendlichen in den USA mit negativen Folgen einhergeht, treffen diese negativen Folgen nicht durchgängig auch auf afro-amerikanische Jugendliche zu.

Die Kultur beeinflusst nicht nur die Handlungen von Eltern, sondern auch die Interpretationen der Handlungen durch die Kinder. Chinesisch-amerikanische Mütter zum Beispiel arbeiten sehr viel mit Schimpfen und Schuldgefühlen, um ihre Kinder zu kontrollieren. In der breiteren Bevölkerung der USA ist der Einsatz eines solchen Disziplinierungsansatzes mit negativen Folgen assoziiert, aber dieser Zusammenhang ist bei chinesisch-amerikanischen

Kindern der ersten Generation nicht gegeben. In ähnlicher Weise geht ein autoritärer Erziehungsstil im Allgemeinen mit negativen Folgen für Jugendliche einher, aber dieser Effekt scheint nicht auf afro-amerikanische Jugendliche zuzutreffen. In beiden Fällen könnte die unterschiedliche Wirksamkeit der Erziehungsansätze die Tatsache zum Ausdruck bringen, dass die Kinder das Verhalten der Eltern unterschiedlich interpretieren. Wenn die Kinder glauben, dass Schimpfen oder ein autoritärer Erziehungsstil in ihrem besten Interesse erfolgt, dann können diese Verhaltensweisen ihre Wirkung erzielen. Wenn Kinder solche Disziplinierungsversuche jedoch als Ausdruck negativer elterlicher Gefühle ihnen gegenüber betrachten, werden die Maßnahmen unwirksam bleiben oder sogar schaden.

Sozio-kulturelle Unterschiede üben auf die kognitive Entwicklung einen ähnlichen Einfluss aus. Sie tragen dazu bei, welche Fähigkeiten und Wissensbestände Kinder erwerben – ob sie beispielsweise mit einem Rechenbrett oder einem Taschenrechner umzugehen lernen. Sie wirken sich auch darauf aus, wie gut Kinder Fähigkeiten erlernen, die jeder in gewissem Ausmaß erwirbt; die Kinder australischer Aborigines, deren Leben letztlich von ihrer Fähigkeit abhängen wird, die Wüste zu weit entfernten Oasen zu durchqueren, entwickeln räumliche Fähigkeiten, die denen städtischer australischer Kinder überlegen sind. Schließlich beeinflussen kulturelle Werte auch das Erziehungssystem, welches sich wiederum darauf auswirkt, was Kinder lernen und in welcher Tiefe sie es lernen. Zum Beispiel behandeln Schüler in Klassen, die nach dem Prinzip der Lernergemeinschaft organisiert sind, weniger naturwissenschaftliche Themen als Kinder in traditionellen Klassen, aber ihr Lernen über die behandelten Themen geht tiefer.

Aufwachsen an verschiedenen Orten zu verschiedenen Zeitpunkten

Wann und wo Kinder aufwachsen, wirkt sich nachhaltig auf ihre Entwicklung aus. Es wurde schon darauf hingewiesen, dass sich in heutigen Gesellschaften viele Aspekte im Leben von Kindern gegenüber früheren Gesellschaften stark verbessert haben. Doch nicht alle historischen Veränderungen haben den Kindern geholfen. Zum Beispiel gibt es in Nordamerika und Europa weit mehr Scheidungskinder als früher, und diese Kinder sind vielen Problemen und Risiken ausgesetzt. Im Durchschnitt neigen sie mehr zur Traurigkeit und Depression, besitzen ein niedrigeres Selbstwertgefühl und sind sozial weniger kompetent als Peers aus intakten Familien. Obwohl die meisten Kinder aus Scheidungsfamilien keine ernsten Schwierigkeiten aufweisen, ist dies doch bei etwa 20 bis 25 Prozent der Fall: Beteiligung an kriminellen Aktivitäten, Schulabbruch und uneheliche Kinder findet man bei Scheidungskindern häufiger.

Andere historische Veränderungen können dazu führen, dass sich das Leben der Kinder einfach nur verändert, ohne dass dies zum Besseren oder Schlechteren führt. Die starke Ausweitung der außerhäusigen Unterbringung und Betreuung von Kindern stellt einen solchen Fall dar. In den USA werden derzeit etwa die Hälfte der Säuglinge und drei Viertel der Vierjährigen außer Haus betreut, fünf Mal so viel wie 1965. Als diese Veränderung eintrat, waren viele Menschen darüber besorgt, dass eine solche Art der Betreuung die Bindung zwischen Babys und ihren Müttern schwächen würde. Andere brachten die Hoffnung zum Ausdruck, dass Fremdbetreuung die kognitive Entwicklung immens stimulieren würde, besonders bei Kindern aus ärmlichem Hintergrund, wegen der besseren Gelegenheiten zur Interaktion mit anderen Kindern und Erwachsenen. Tatsächlich weisen die Fakten darauf hin, dass weder die Befürchtungen noch die übertriebenen Hoffnungen gerechtfertigt waren. Insgesamt entwickeln sich Kinder, die außerhalb der Familie betreut werden, sowohl emotional als auch kognitiv sehr ähnlich wie die Kinder, die zu Hause bleiben. Einige der Effekte, die darauf zurückgehen, dass ein Kind heute aufwächst und nicht früher, sind also positiv, andere sind negativ, und wieder andere führen zwar zu veränderten Lebensumständen, aber weder zum Guten noch zum Schlechten.

Aufwachsen unter verschiedenen Umständen innerhalb einer Gesellschaft

Selbst bei Kindern, die zur selben Zeit in derselben Gesellschaft aufwachsen, führen Unterschiede der wirtschaftlichen Umstände, der Familienbeziehungen und der Peer-Gruppen zu großen Unterschieden im Leben der Kinder.

Wirtschaftliche Einflüsse

In jeder Gesellschaft wirken sich die ökonomischen Umstände der Familie, in der ein Kind lebt, entscheidend auf das Leben des Kindes aus. Das Ausmaß der Einkommensunterschiede in einer Gesellschaft bewirkt jedoch nur, wie groß die Unterschiede sind, die durch die wirtschaftlichen Umstände bestimmt sind. In Gesellschaften mit großen Einkommensunterschieden wie in den USA sind die Schulleistungen von armen Kindern weitaus schlechter als die Leistungen von Kindern aus wohlhabenderen Familien. In Gesellschaften mit einem geringeren Einkommensgefälle wie in Japan oder Schweden schneiden die Kinder aus reichen Familien in der Schule ebenfalls besser ab als die Kinder ärmerer Eltern, aber die Unterschiede sind geringer.

Es sind aber nicht nur die Schulleistungen, die durch die wirtschaftlichen Umstände beeinflusst werden; alle Aspekte der Entwicklung sind betrof-

Dieses erinnerungsträchtige Bild aus der Zeit der großen wirtschaftlichen Depression wirft die Frage auf, wie sich die schlimme Armut, der solche Familien ausgesetzt waren, auf das spätere Leben der Kinder ausgewirkt hat.

fen. Die Säuglinge aus armen Familien sind häufiger unsicher an ihre Mütter gebunden. Kinder und Jugendliche aus armen Familien werden als Freunde häufiger abgelehnt und geben häufiger an, einsam zu sein. Drogenkonsum, Verbrechen und Depression sind bei armen Jugendlichen häufiger als bei ihren Peers aus wohlhabenderen Elternhäusern.

Ein Hauptgrund für diese Schwierigkeiten ist der Druck, den die Armut auf die Eltern ausübt. Armut geht mit ehelichen Konflikten einher, was Eltern häufig dazu bringt, sich für ihre Kinder nicht zu interessieren oder ihnen sogar feindselig gegenüber zu stehen und ihre Erziehungsmaßnahmen wechselseitig nicht zu unterstützen. Armut hängt auch damit zusammen, dass Kinder autoritär und strafend erzogen werden. In armen Familien herrscht eine beträchtlich erhöhte Scheidungsrate, wodurch sich die wirtschaftlichen Umstände der Kinder in der Regel noch weiter verschlechtern. So rührt ein Großteil der schädlichen Auswirkungen von Scheidungen auf Kinder von dem wirtschaftlichen Druck her, den Scheidungen erzeugen.

Die Einflüsse von Familie und Peers

Jedes Kind besitzt eine ganz spezielle Familie und Peer-Gruppe, und die Art, wie sich Familien und Peer-Gruppen unterscheiden, hat einen beträchtlichen Einfluss auf die Entwicklung. In manchen Familien sind die Eltern unabhängig von ihrem Einkommen aufmerksam für die Bedürfnisse ihrer Babys und gehen mit ihnen enge Bindungen ein; in anderen Familien ist dies nicht gegeben. In manchen Familien, wiederum unabhängig vom Einkommen, lesen die Eltern ihren Kindern jeden Abend etwas vor, in anderen Familien nicht.

Freunde, andere Peers, Lehrer und andere Erwachsene bilden ebenfalls einen wichtigen Teil der sozio-kulturellen Umwelt eines Kindes. Freunde spielen eine besonders große Rolle. Sie können Gesellschaft und Rückmeldung bieten, zum Selbstwertgefühl beitragen und als Puffer gegen Stress wirken. Im Verlauf der Adoleszenz werden Freunde oft zu besonders wichtigen Quellen von Anteilnahme und Unterstützung. Andererseits haben Freunde manchmal auch negative Einflüsse und ziehen Kinder und Jugendliche in unbesonnene und aggressive Aktivitäten wie Verbrechen, Alkohol- und Drogenkonsum hinein. Persönliche Beziehungen spielen also genauso wie die wirtschaftlichen Umstände, die Geschichte und die Kultur eine entscheidende Rolle bei der Gestaltung von Entwicklungsprozessen – mal zum Guten, mal zum Schlechten.

Thema 6: Warum werden Kinder so unterschiedlich?

Kinder unterscheiden sich auf einer unendlichen Anzahl von Dimensionen voneinander: demographische Eigenschaften (Geschlecht, Rasse, ethnische Zugehörigkeit, sozio-ökonomischer Status), psychische Charakteristika (Intellekt, Persönlichkeit, künstlerische Fähigkeit), Erfahrungen (wo sie aufwachsen, ob ihre Eltern geschieden sind, ob sie Mitglied in Sportvereinen sind), und so weiter. Wie können wir wissen, welche individuellen Unterschiede die entscheidenden sind?

Wie in Abbildung 15.1 illustriert ist, scheinen es drei Eigenschaften zu sein, die am wichtigsten sind, wenn man die Bedeutung einer Dimension interindividueller Unterschiede bestimmen möchte. (1) Wie die gepunkteten Pfeile zeigen, hängt die Ausprägung von Kindern auf den wichtigsten Dimensionen mit ihren Ausprägungen zum gleichen Zeitpunkt auf anderen wichtigen Dimensionen zusammen. Ein Kind, das in einem bestimmten Alter einen hohen IQ besitzt, weist in der Regel zur selben Zeit auch gute Schulnoten, hohe Leistungstestwerte und ein gutes Allgemeinwissen auf. (2) Eine zweite zentrale Eigenschaft ist die Stabilität im Zeitverlauf (die durchgezogenen Pfeile). Eine Dimension individueller Unterschiede ist dann interessant, wenn die höhere oder niedrigere Ausprägung, die Kinder früh in ihrer Entwicklung auf der betreffenden Dimension besitzen, auch zu einem späteren Entwicklungszeitpunkt entsprechend höher oder niedriger ausfällt. Der IQ ist also interessant, weil Kinder mit einem hohen IQ meistens auch zu Erwachsenen mit einem hohen IQ heranwachsen. (3) Eine weitere Eigenschaft von wichtigen Dimensionen interindividueller Unterschiede besteht darin, dass die Ausprägung eines Kindes auf dieser Dimension die zukünftigen Ausprägungen auf anderen wichtigen Dimensionen vorhersagen kann (gestrichelte Pfeile). Interesse an den IQ-Werten von Kindern besteht also deshalb, weil sie das Einkommen, den beruflichen Status und die Dauer der Ausbildung als Erwachsene vorhersagen.

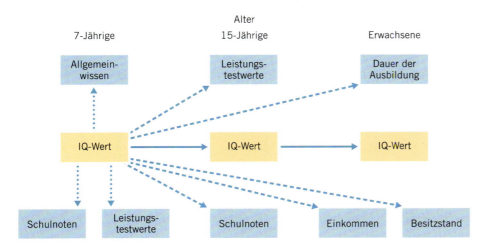

Abbildung 15.1: **Intelligenz und individuelle Unterschiede**. Intelligenz wird als entscheidende Dimension individueller Unterschiede angesehen, weil IQ-Werte (a) eine beträchtliche Stabilität über die Altersstufen hinweg aufweisen (durchgezogene Pfeile), (2) mit anderen Dimensionen korrelieren, die konzeptuell ähnlich sind, beispielsweise das Allgemeinwissen und die Schulnoten in jeder Klassenstufe (gepunktete Pfeile, die im Alter von sieben Jahren vom IQ auf andere Leistungsergebnisse verweisen), und (3) zukünftige Resultate vorhersagen, etwa die Dauer der Ausbildung und das Einkommen im Erwachsenenalter (die gestrichelten Pfeile, die den IQ im Alter von sieben Jahren mit späteren Ausprägungen verbinden).

Diese drei Kriterien verdeutlichen, warum demographische Variablen wie Geschlecht, Rasse, ethnische Zugehörigkeit und sozio-ökonomischer Status so häufig untersucht werden. Derartige Variablen hängen mit einem breiten Spektrum anderer Unterschiede zum Messzeitpunkt zusammen, sie sind weitgehend oder völlig stabil im Zeitverlauf, und sie sagen zukünftige individuelle Unterschiede auf anderen Dimensionen vorher. Betrachten wir zum Beispiel die Unterschiede, die mit dem Geschlecht zusammenhängen. Jungen sind in der Regel größer, stärker, körperlich aktiver und aggressiver; sie spielen meistens in größeren Gruppen; sie sind besser im räumlich-visuellen Denken; sie leiden häufiger am Aufmerksamkeitsdefizitsyndrom (ADS) – das oft mit Hyperaktivität einhergeht (ADHS) – und an Rechen- und Lesestörungen. Mädchen sind im Allgemeinen verbaler, schneller in der Wahrnehmung, besser im Schreiben, sie trösten andere eher und bringen gegenüber Menschen, denen es nicht gut geht, häufiger Mitgefühl und Anteilnahme zum Ausdruck. Die Gründe für diese Unterschiede liegen zum Teil darin, dass sich das Geschlecht der Kinder darauf auswirkt, wie sich andere Menschen ihnen gegenüber verhalten. Zum Beispiel ermutigen sowohl Väter als auch Mütter ihre Töchter dazu, mit Puppen zu spielen und den Abwasch zu machen, und sie halten ihre Söhne häufiger dazu an, mit Werkzeug zu spielen und das Auto zu waschen. Das Geschlecht wirkt sich auch darauf aus, wie Kinder auf eine bestimmte Erfahrung reagieren. Wenn sich zum Beispiel ein geschiedener Elternteil wieder verheiratet, haben Mädchen meistens mehr Konflikte mit den Stiefeltern als Jungen.

Im Folgenden betrachten wir das Ausmaß, in dem verschiedene andere Variablen die drei Eigenschaften wichtiger individueller Unterschied aufweisen – Zusammenhänge mit einem breiten Spektrum von Eigenschaften zum selben Messzeitpunkt, zeitliche Stabilität und langfristige Zusammenhänge mit anderen Verhaltenseigenschaften.

Der Umfang individueller Unterschiede zum jeweiligen Zeitpunkt

Individuelle Unterschiede sind auf den verschiedenen Dimensionen nicht zufällig verteilt. Kinder mit hohen Ausprägungen auf der einen Dimension haben meistens auch auf anderen, konzeptionell ähnlichen Dimensionen hohe Ausprägungen. Kinder, die bei einem intellektuellen Maß gut abschneiden – Sprache, Gedächtnis, Konzeptverstehen, Problemlösen, Lesen oder Mathematik –, sind meistens auch bei den anderen Maßen im Vorteil. In gleicher Weise sind Kinder, die bei einem Maß der sozialen oder emotionalen Funktion hohe Werte erzielen – Beziehung zu den Eltern, Beziehungen mit Peers, Beziehungen zu Lehrern, Selbstwertgefühl, prosoziales Verhalten, wenig Aggression, keine Lügen –, meistens auch bei den anderen Aspekten im positiven Bereich. Manchmal sind die Zusammenhänge sehr stark, wie bei Intelligenz und Schulleistung. Häufiger sind die Beziehungen aber von mittlerer Stärke. Kinder, die mit ihren Eltern gut auskommen, kommen also im Allgemeinen auch mit ihren Peers gut aus, wobei es aber viele Ausnahmen gibt.

Bestimmte Dimensionen psychischer Funktionen scheinen für ein besonders breites Spektrum von Entwicklungsresultaten entscheidend zu sein. Intelligenz ist eine solche Dimension, wie oben bereits beschrieben wurde. Zwei weitere entscheidende Dimensionen interindividueller Unterschiede sind Bindung und Selbstwertgefühl. Kleinkinder, die sicher an ihre Mütter gebunden sind, neigen dazu, begeisterter und positiver zu sein, wenn es darum geht, sich mit ihren Müttern an die Lösung von Aufgaben zu wagen, öfter ihren Anweisungen Folge zu leisten und ihren Bitten zu gehorchen, selbst wenn die Mutter gerade nicht anwesend ist. Solche Kinder kommen auch besser mit anderen Kindern im gleichen Alter zurecht und sind umgänglicher und sozial kompetenter. In ähnlicher Weise neigen Kinder und Jugendliche, die über ein hohes Selbstwertgefühl verfügen, dazu, sich selbst als schlau, beliebt und attraktiv anzusehen; sie haben meistens viele Freunde, besitzen eine gute Beziehung zu ihren Eltern und sind in der Schule, im Sport und in sozialen Dingen relativ erfolgreich.

Stabilität im Zeitverlauf

Viele individuelle Unterschiede sind über die Zeit hinweg halbwegs stabil. Zum Beispiel weisen Säuglinge mit einem einfachen Temperament meistens auch in der mittleren und späten Kindheit ein einfaches Temperament auf. Kinder, die im Vergleich zu ihren Peers im Alter von einem Jahr sehr gewissenhaft sind, sind dies meistens auch bis zum Alter von fünf Jahren. Grundschulkinder mit Aufmerksamkeitsstörung, Leseschwierigkeiten oder Rechenschwäche haben die Schwierigkeiten in diesen Bereichen normalerweise auch bis ins Erwachsenenalter.

Die Gründe für eine solche Stabilität psychischer Eigenschaften lassen sich sowohl in der Stabilität der Gene als auch in der Stabilität der Umwelt finden. Der Genotyp eines Kindes bleibt im Entwicklungsverlauf stabil (wobei sich allerdings bestimmte Gene zu verschiedenen Zeitpunkten an- und abschalten). Die Umwelten der meisten Kinder bleiben ebenfalls ziemlich stabil: Familien, die der Mittelschicht angehören, wenn ein Kind geboren wird, bleiben meistens Angehörige der Mittelschicht; Familien, die Bildung wichtig finden, wenn ein Kind geboren wird, bringen der Bildung normalerweise auch weiterhin Wertschätzung entgegen; verständnisvolle und unterstützende Familien bleiben im Allgemeinen so, wie sie sind. Größere Veränderungen wie Scheidung und Arbeitslosigkeit können zwar auftreten, und sie wirken sich auf die Fröhlichkeit, den Selbstwert und andere Variablen der Kinder aus. Gleichwohl trägt die relative Stabilität der Umwelt von Kindern wie auch die Stabilität ihrer Gene dazu bei, dass ihre psychischen Funktionen über die Zeit hinweg stabil bleiben und sich wenig verändern.

Die Vorhersage individueller Unterschiede auf anderen Dimensionen

Individuelle Unterschiede auf manchen Dimensionen hängen nicht nur mit den zukünftigen Ausprägungen auf diesen Dimensionen zusammen, sondern auch mit zukünftigen Ausprägungen auf anderen Dimensionen. Zum Beispiel neigen Säuglinge, die sicher gebunden sind, in den späteren Jahren dazu, mehr soziale Bande zu ihren Peers zu haben als unsicher gebundene Kinder. Wenn sie das Schulalter erreichen, verstehen sie die Gefühle anderer Kinder relativ gut und sind vergleichsweise gut darin, Konflikte zu lösen. In der Adoleszenz und im Erwachsenenalter neigen sie zu engen Bindungen an Partner im Rahmen von Liebesbeziehungen. Alle diese Entwicklungsfolgen stimmen mit der Annahme überein, dass eine frühe sichere Bindung ein Arbeitsmodell bereitstellt, welches die nachfolgenden Beziehungen mit anderen Menschen prägt und formt.

Wie bei der Zeitstabilität einzelner Dimensionen trägt auch die relative Stabilität in der Umwelt der meisten Kinder zu diesen langfristigen Zusammenhängen bei. Wenn sich die Umwelt der Kinder in entscheidender Hinsicht verändert, können auch die typischen Kontinuitäten unterbrochen werden. Stressreiche Ereignisse wie eine Scheidung verringern also die Wahrscheinlichkeit, dass Kinder, die als Säuglinge sicher gebunden waren, auch weiterhin die positiven Beziehungen zu Gleichaltrigen aufweisen, die normalerweise mit einer sicheren Bindung einhergehen.

Genetische Ähnlichkeiten verursachen manchmal eine auffallende äußerliche Ähnlichkeit zwischen Eltern und Kind.

Determinanten individueller Unterschiede

Interindividuelle Unterschiede lassen sich letztlich, wie alle Aspekte der Entwicklung, auf die Gene der Kinder und auf die Umwelten, mit denen sie in Kontakt kommen, zurückführen.

Genetische Determinanten

Bei einer Reihe wichtiger Eigenschaften – einschließlich dem IQ, prosozialen Verhalten und Einfühlungsvermögen – können etwa 50 Prozent der Unterschiede zwischen Individuen auf Unterschiede im genetischen Erbe zurückgeführt werden. Das Ausmaß des genetischen Einflusses auf die individuellen Unterschiede wird im Entwicklungsverlauf in der Regel größer. Zum Beispiel erhöhen sich die Korrelationen zwischen dem IQ von Adoptivkindern und ihren biologischen Eltern, welche die Kinder nie zu Gesicht bekommen, im Verlauf von Kindheit und Adoleszenz stetig. Ein Grund dafür besteht darin, dass viele Gene ihre Wirkungen nicht vor der späten

Kindheit oder Adoleszenz ausüben. Ein weiterer Grund liegt darin, dass Kinder im Verlauf ihrer Entwicklung immer freier darin werden, sich Umwelten auszusuchen, die mit ihren genetischen Vorlieben übereinstimmen.

Erfahrungen

Individuelle Unterschiede sind ein Spiegel sowohl der Erfahrungen von Kindern als auch ihrer Gene. Betrachten wir nur einen wichtigen Umwelteinfluss: die eigenen Eltern. Je mehr die Eltern mit ihren Kleinkindern sprechen, desto schneller lernen diese neue Wörter. Je mehr Eltern ihren Kindern vorlesen, desto bessere Leser werden die Kinder. Je mehr die häusliche Umgebung auf das Kind reagiert und es stimuliert, desto höher fallen meistens IQ und Schulleistungen der Kinder aus. Eltern üben auf die soziale und emotionale Entwicklung ihrer Kinder einen mindestens so großen Einfluss aus wie auf ihre intellektuelle Entwicklung. Zum Beispiel scheint die Wahrscheinlichkeit, dass Kinder die Normen und Werte ihrer Eltern übernehmen, dadurch beeinflusst zu sein, wie die Eltern die Kinder erziehen und disziplinieren. Auch beeinflussen die Eltern die Bereitschaft ihrer Kinder, mit anderen zu teilen, besonders wenn die Eltern die Gründe für solche prosozialen Verhaltensweisen mit den Kindern besprechen und eine gute Beziehung zu ihnen haben.

Erziehung erfolgt, wie auch alle anderen Erfahrungen der Kinder, nicht in einem Vakuum; bei verschiedenen Kindern funktionieren unterschiedliche Arten der Erziehung am besten. Das wird in der Entwicklung des Gewissens erkennbar. Bei ängstlichen Kindern ist der entscheidende Faktor, von dem es abhängt, ob das Kind die moralischen Werte der Eltern internalisiert, eine sanfte, behutsame Erziehung. Ängstliche Kinder können in der Konfrontation mit strengen Erziehungsmaßnahmen so viel Angst bekommen, dass sie sich gar nicht auf die moralischen Werte konzentrieren können, welche die Eltern ihnen beizubringen versuchen. Bei furchtlosen Kindern besteht der entscheidende Faktor demgegenüber in einer positiven Beziehung zu den Eltern. Solche furchtlosen Kinder reagieren oft gar nicht auf sanfte Erziehungsmaßnahmen; sie verinnerlichen die Werte der Eltern meistens nur dann, wenn sie sich ihnen positiv verbunden fühlen. Ein altes Sprichwort sagt: Kluge Eltern kennen ihr Kind.

Thema 7: Entwicklungsforschung kann das Leben der Kinder verbessern

Eines der wenigen Ziele, die von praktisch allen geteilt werden, besteht darin, dass Kinder so gesund und glücklich wie möglich sein sollen. Verständnis für die Entwicklung von Kindern kann zu Fortschritten bei der Umsetzung dieses Ziels führen. Entwicklungstheorien bieten allgemeine Prinzipien für die Interpretation des Verhaltens von Kindern und für die Analyse ihrer Probleme und Schwierigkeiten. Empirische Untersuchungen erbringen spezielle Erkenntnisse darüber, wie man das körperliche Wohlergehen, die Beziehungen zu anderen Menschen und das Lernen von Kindern fördern kann. In diesem Abschnitt untersuchen wir praktische Folgerungen der Entwicklungsforschung für die Erziehung, Ausbildung und Unterstützung von Kindern.

Folgerungen für die Kindeserziehung

Mehrere Prinzipien guter elterlicher Erziehung sind so offensichtlich, dass man annehmen könnte, man bräuchte nicht gesondert darauf hinzuweisen. Doch die Zahl der Kinder, die in Schwierigkeiten geraten, die mit ihrer schlechten Erziehung zusammenhängen, macht deutlich, dass man solche Prinzipien nicht genügend betonen kann.

Einen guten Partner auswählen

Die praktischen Lektionen für Eltern, die aus der Forschung zur Kindesentwicklung ableitbar sind, beginnen schon vor der eigentlichen Elternschaft. Angesichts der Bedeutsamkeit der Genetik sollte man einen Partner auswählen, dessen körperliche, intellektuelle und emotionale Eigenschaften darauf schließen lassen, dass er das Kind mit guten Genen ausstatten wird. Angesichts der Wichtigkeit der Umwelt sollte man einen Partner auswählen, der eine gute Mutter oder ein guter Vater sein wird. Hinsichtlich der Langzeitwirkung auf das Kind handelt es sich bei dieser Auswahl sicherlich um die wichtigste Entscheidung, die man jemals trifft.

Eine gesunde Schwangerschaft gewährleisten

Eine werdende Mutter sollte sich gesund ernähren, regelmäßige Vorsorgeuntersuchungen durchführen lassen und das Ausmaß an Stress möglichst niedrig halten, um die Wahrscheinlichkeit einer erfolgreichen Schwangerschaft zu erhöhen. Genauso wichtig ist der Verzicht auf Teratogene wie Tabak, Alkohol und illegale Drogen.

Wissen, welche Entscheidungen sich wahrscheinlich langfristig auswirken

Neben der Freude, die sie bei der Geburt ihres Babys empfinden, stehen neue Eltern vor einer beängstigenden Anzahl an Entscheidungen. Zum Glück sind Babys relativ widerstandsfähig. Im Kontext eines liebevollen und unterstützenden Heims wirkt sich ein breites Spektrum an Entscheidungen ungefähr gleich gut aus. Manche Entscheidungen jedoch, die zunächst unbedeutend aussehen, können wichtige Auswirkungen haben. Eine solche Entscheidung betrifft die Schlafstellung des Babys: Es verringert die Wahrscheinlichkeit eines plötzlichen Kindestods, wann man ein Baby zum Schlafen auf den Rücken legt und nicht auf den Bauch.

In anderen Fällen besteht die Lektion der Entwicklungsforschung darin, dass frühe Probleme oft vorübergehender Natur sind, so dass es keinen Grund zur Besorgnis gibt. Ein solches Problem ist das fortwährende Schreien, das etwa zehn Prozent der Babys betrifft (die so genannten Schreibabys). Eltern können die häufigen, schrillen, nervtötenden und krank klingenden Schreie nur schwer ertragen, aber sie wirken sich nicht langfristig auf das Kind aus. Hat man ein solches Schreibaby, ist es für die Eltern das Beste, sich zu entspannen, soziale Unterstützung aufzusuchen und sich einen Babysitter zuzulegen, damit man die Betreuung des Babys für kurze Zeit auch einmal los ist. In Deutschland gibt es mittlerweile in immer mehr Städten spezielle Sprechstunden für entnervte Eltern mit Säuglingen, die überdurchschnittlich viel schreien.

Eine sichere Bindung aufbauen

Den meisten Eltern fällt es nicht schwer, eine sichere Bindung zu ihren Kindern aufzubauen. Manche Eltern und ihre Babys bilden jedoch keine solche Bande. Eltern können die Wahrscheinlichkeit maximieren, dass ihr Baby sicher gebunden wird, indem sie bei ihrer Fürsorge und Betreuung einen positiven Ansatz beibehalten und auf die Bedürfnisse des Babys reagieren. Das ist natürlich leichter gesagt als getan, und das Temperament des Babys beeinflusst, zusammen mit der Einstellung und Ansprechbarkeit der Eltern, die Wahrscheinlichkeit einer sicheren Bindung. Selbst wenn Babys jedoch zunächst gereizt und schwierig sind, gibt es Programme, die den Eltern beibringen, wie man positiv auf solche Kinder reagiert, was letztlich zu sichereren Bindungen führen kann.

Ältere Geschwister auf die Ankunft des Babys vorbereiten

Ein weiteres kompliziertes Problem, das sich vielen Eltern stellt, ist die Art der Behandlung der schon vorhandenen Kinder, nachdem ein neues Baby angekommen ist. Ältere Geschwister sind von der Anwesenheit des Eindringlings oft wenig begeistert. Dieser Übergang lässt sich jedoch vereinfachen, wenn die Eltern schon während der Schwangerschaft mit den zukünftigen Brüdern und Schwestern darüber sprechen, wo das Baby schlafen wird, welche Art von Aufmerksamkeit Säuglinge benötigen und wie sich die Routinen der Familie verändern werden. Wenn das Baby einmal auf der Welt ist, können Eltern den älteren Geschwistern dabei helfen, eine positive Einstellung aufzubauen, indem sie sie daran beteiligen, das Baby zu halten, zu schaukeln und zu füttern, und indem sie dafür sorgen, dass sie sich nicht vernachlässigt fühlen.

Ein stimulierendes Umfeld bieten

Die häusliche Umwelt hat sehr viel mit dem Lernen des Kindes zu tun, besonders in der frühen Kindheit. Ein gutes Beispiel ist der Erwerb der Lesefähigkeit. Kindern schon von frühester Kindheit an Geschichten erzählen, aufmerksam zuhören, wenn sie selbst Geschichten erzählen, und ihnen vorlesen – all dies hängt mit der späteren Leseleistung zusammen. Ein Grund dafür besteht darin, dass solche Aktivitäten die phonologische Bewusstheit fördern; das ist die Fähigkeit, die lautlichen Komponenten in Wörtern zu identifizieren. Kinderreime und Kinderlieder scheinen in dieser Hinsicht besonders effektiv zu sein; jedes Kind, das *Hoppe, hoppe Reiter* hinreichend oft hört, lernt die Ähnlichkeiten und Unterschiede von Reimwörtern wie *Raben* und *Graben* zu erkennen und wird sich dieser sprachlichen Merkmale bewusst. Die phonologische Bewusstheit hilft den Kindern, Wörter genauer kennen zu lernen, was ihnen dann wiederum dabei hilft, die Identität eines Wortes schnell und mühelos aus dem Gedächtnis abzurufen. Frühes erfolgreiches Lesen bringt Kinder dazu, mehr zu lesen, wodurch sie ihr Lesen im Verlauf der Schulzeit noch stärker verbessern können. Allgemeiner ausgedrückt, wird ein Kind umso begieriger lernen wollen, je stimulierender sein Umfeld beschaffen ist.

Gemeinsame Familienaktivitäten – beispielsweise Photoalben betrachten und sich an die dargestellten Personen und Ereignisse erinnern – vermitteln vielen Kindern nicht nur Anregungen, sondern auch warme, positive Gefühle.

Folgerungen für Bildung und Ausbildung

Theorien und Forschung zur Kindesentwicklung halten eine Reihe weiterer Lektionen bereit, wie man Kinder am wirksamsten ausbildet. Jede der Haupttheorien der kognitiven Entwicklung enthält nützliche Implikationen für den Unterricht.

Piagets Theorie betont die Bedeutung der aktiven – sowohl körperlichen als auch geistigen – Beteiligung von Kindern am Lernprozess. Diese aktive Beteiligung ist besonders wichtig, um Kindern dabei zu helfen, kontraintuitive Vorstellungen zu bewältigen. Zum Beispiel erlaubt die körperliche Erfahrung, um einen Pfosten herum zu laufen, während man eine Metallstange nahe am Aufhängepunkt oder in größerer Entfernung davon festhält, den Kindern die Überwindung der weit verbreiteten Fehleinschätzung, welche der übliche Physikunterricht im Klassenzimmer nicht zu korrigieren vermochte – die Vorstellung, dass sich alle Teile eines Objekts mit derselben Geschwindigkeit bewegen müssen. Selbst der naturwissenschaftliche Unterricht an höheren Schulen scheitert hier normalerweise, wo die eigenhändige Erfahrung erfolgreich ist.

Informationsverarbeitungstheorien schlagen Methoden vor, um die Quellen der falschen Vorstellungen von Kindern zu identifizieren. Die Grundidee besteht darin, solche Aufgaben und Probleme zu wählen, bei denen die Kinder mit systematischen Fehlverständnissen charakteristische Fehlermuster generieren. Wenn ein Kind dann ein bestimmtes Fehlverständnis an den Tag legt, kann man die Instruktionen direkt auf die Quelle der Schwierigkeit richten. (Man erinnere sich an das Beispiel der Fehlerquellen bei der Subtraktion mehrstelliger Zahlen.)

In den Ansätzen zum Kernwissen werden die informellen oder subjektiven Theorien der Kinder betont. Die Kenntnis dieser Theorien kann Lehrern dabei helfen, die Kommentare der Kinder zu interpretieren und ihre Verwirrung richtig zu stellen. Zum Beispiel spielt das relativ weit fortgeschrittene Wissen jüngerer Kinder über menschliche Lebewesen eine zentrale Rolle bei ihren ersten biologischen Theorien und bringt sie dazu, sowohl korrekte als auch falsche Schlüsse über Pflanzen und Tiere zu ziehen. Erst- und Zweitklässler glauben beispielsweise oft, dass Wasser für Pflanzen die Ernährung ist, so wie Essen für Menschen. Mit dieser Sichtweise können sie nur schwer verstehen, dass Pflanzen ihre Nahrung tatsächlich auf dem Weg der Photosynthese herstellen. Wenn Lehrer verstehen, worin die Verwirrung der Kinder besteht, können sie sowohl die Ähnlichkeiten als auch die Unterschiede zwischen Menschen und Pflanzen erklären, was die Art der Nahrungsbeschaffung und Nahrungsaufnahme betrifft.

Sozio-kulturelle Theorien betonen die Notwendigkeit, Klassen in Lerngemeinschaften zu verwandeln, in denen die Kinder bei ihrem Streben nach Wissen miteinander kooperieren. Statt dem traditionellen Instruktionsmodell zu folgen, bei dem die Lehrer unterrichten und die Schüler mitschreiben, verfolgen Klassen im Stil von Lerngemeinschaften einen alternativen Ansatz, bei dem die Lehrer die minimale Anleitung bieten, welche die Kinder zum Lernen benötigen, und ihre eigene Rolle relativ zu der Rolle der Kinder nach und nach zurückschrauben. Solche Programme regen die Kinder auch dazu an, die Ressourcen der breiteren sozialen Gemeinschaft zu nutzen – Kinder und Lehrer anderer Schulen, Experten von außen, Internetseiten, Nachschlagewerke und so weiter. Dieser Ansatz kann nicht nur dafür effektiv sein, intellektuelle Fähigkeiten aufzubauen, sondern auch für die Förderung erstrebenswerter Werte wie persönliche Verantwortung und gegenseitigen Respekt.

Gefährdeten Kindern helfen

Verschiedene Prinzipien, die aus der empirischen Forschung hervorgegangen sind, bieten wertvolle Leitlinien, um gefährdeten Kindern bei schweren Entwicklungsproblemen zu helfen.

Die Wichtigkeit des richtigen Zeitpunkts

Es ist entscheidend, Behandlungen und Interventionen zum optimalen Zeitpunkt anzubieten, und zwar nicht nur im oben genannten Fall des Schielens, sondern auch in einer Vielzahl anderer Entwicklungskontexte. Ein wichtiges Beispiel ist die Behandlung von Babys mit geringem Geburtsgewicht. Etwa sechs Prozent der Babys in den USA und bis zu 50 Prozent der Babys in armen Ländern wie Bangladesh kommen mit einem Gewicht von 2500 Gramm oder darunter zur Welt. Im Vergleich zu Babys von normaler Größe weisen solche kleinen Babys bei vielen Problemen höhere Raten auf, darunter Schwerhörigkeit, Sprachbehinderungen, Hyperaktivität und Lernschwierigkeiten. Die Zahl der untergewichtigen Babys, die solche Probleme entwickeln, kann jedoch durch Stimulationsverfahren wie Massagen, Streicheln und Bewegen der Arme und Beine verringert werden. Für den Erfolg dieses Ansatzes ist es entscheidend, dass man sehr bald nach der Geburt mit solchen sanften Stimulationen beginnt.

Der Zeitpunkt ist auch wichtig, um Kindern zu helfen, denen Lernschwierigkeiten drohen. Alle Theorien der kognitiven Entwicklung weisen darauf hin, dass man Lernschwierigkeiten früh angehen sollte, bevor die Kinder das Vertrauen in ihre Lernfähigkeit verlieren oder gegenüber Schule und Lehrern verbittern. Diese Erkenntnis, zusammen mit Forschungsarbeiten, welche die Schwierigkeiten dokumentieren, die viele Kinder aus ärmlichem Hintergrund in der Schule haben, legte den Grundstein für das Projekt *Head Start* und eine Vielzahl von kleineren experimentellen Vorschulprogrammen. Die Evaluation der Wirksamkeit dieser Programme weist darauf hin, dass sowohl die experimentellen Maßnahmen als auch *Head Start* den IQ und die Leistungstestwerte von Kindern erhöhen können, und zwar sowohl am Ende der Maßnahmen als auch noch mehrere Jahre danach. In der Folgezeit verschwinden die positiven Wirkungen auf den IQ und die Schulleistung meistens wieder, aber andere positive Effekte halten an. Weniger Kinder, die an solchen Programmen teilnehmen, bleiben jemals sitzen oder werden in spezielle Förderklassen verwiesen, und mehr Kinder schaffen den Abschluss einer höheren Schule.

Noch größere positive Effekte sind bei frühen Bildungsprogrammen möglich, wie das *Abecedarian Project* illustriert. Dieses Projekt sollte zeigen, was man mit einem personell optimal ausgestatteten, sorgfältig geplanten Programm erreichen kann, das im Säuglingsalter beginnt und bis zum Alter von fünf Jahren andauert. Das Programm erbrachte Zuwächse sowohl bei schulischen Leistungen als auch bei sozialen Fähigkeiten, die über Kindheit und Adoleszenz hinweg anhielten. Die Ergebnisse lassen erkennen, dass es mit intensiven, früh einsetzenden Programmen möglich ist, substanzielle, anhaltende Vorteile bei den schulischen Leistungen von Schülern aus armen Verhältnissen hervorzurufen.

Eine frühe Entdeckung von Kindesmisshandlung ist ebenfalls entscheidend, zusammen mit Maßnahmen, um dieser ein Ende zu setzen. In den USA werden pro Jahr etwa vier Prozent der Kinder bis zu 17 Jahren missbraucht oder vernachlässigt. Unzureichende Versorgung, körperlicher und sexueller Missbrauch sind die drei häufigsten Probleme. Eltern, die aus wirtschaftlichen Gründen gestresst sind, eine schwache Impulskontrolle besitzen, Alkohol und illegale Drogen konsumieren, sozial isoliert sind und von ihren Partnern selbst missbraucht werden, besitzen die höchste Wahrscheinlichkeit, ihre eigenen Kinder zu misshandeln.

Die Kenntnis der Merkmale missbrauchter und vernachlässigter Kinder kann Lehrern und anderen Menschen, die mit solchen Kindern in Kontakt kommen, dabei helfen, potenzielle Probleme früh zu erkennen und soziale Fürsorgeeinrichtungen einzuschalten, so dass die Probleme untersucht und gegebenenfalls beseitigt werden können. Misshandelte oder missbrauchte Kinder besitzen häufig ein schwieriges Temperament, sind schlecht in der Schule und zeigen ungewöhnliche Aggressivität oder Passivität. Jugendliche, die misshandelt wurden, können depressiv oder hyperaktiv sein, konsumieren Drogen oder Alkohol und haben sexuelle Probleme wie Promiskuität oder ungewöhnliche Ängstlichkeit. Eine frühe Erkennung der Anzeichen von Missbrauch kann das Leben eines Kindes im wörtlichen Sinne retten.

Biologie und Umwelt arbeiten zusammen

Ein weiteres Prinzip mit wichtigen praktischen Implikationen besteht darin, dass Biologie und Umwelt bei der Produktion aller Verhaltensweisen zusammenarbeiten. Dieses Prinzip hat sich bei der Gestaltung von Behandlungsmethoden für das Aufmerksamkeits-Defizitsyndrom (ADS) als wichtig erwiesen. Zwar sind stimulierende Medikamente wie Ritalin die bekannteste Behandlungsmethode für dieses Problem, aber die Forschung hat gezeigt, dass der Vorteil solcher Medikamente – sofern keine andere Therapie erfolgt – in der Regel gleich wieder aufhört, sobald die Kinder sie nicht mehr einnehmen. Länger anhaltende Vorteile erfordern eine Kombination aus Medikamenten und verhaltenstherapeutischen Maßnahmen. Eine wirksame verhaltenstherapeutische Behandlung besteht darin, den Kindern Strategien beizubringen, mit denen sie Ablenkungen ausblenden können. Die Medikamente beruhigen Kinder mit ADS so weit, dass sie von der Therapie profitieren können; die Therapie hilft ihnen, wirksame Wege zu erlernen, wie sie mit ihren Problemen umgehen und mit anderen Menschen interagieren können.

Zusätzlich zu ihrer traditionellen Aufgabe, Kindern beim Lernen zu helfen, müssen Lehrer in den heutigen Klassen auch ein Bewusstsein für die Anzeichen misshandelter Kinder besitzen, so dass sie die zuständigen Behörden auf potenzielle Fälle von missbrauchten oder vernachlässigten Kindern aufmerksam machen können.

Jedes Problem hat viele Ursachen

Ein zusätzliches Prinzip, das sich als nützlich erwiesen hat, um Kindern mit Entwicklungsproblemen zu helfen, besteht darin, dass es zwecklos ist, für irgendein bestimmtes Problem die *eine* Ursache herausfinden zu wollen; Probleme haben grundsätzlich mehrere Ursachen. Entsprechend erfordert eine wirksame Behandlung den Umgang mit vielen verschiedenen Schwierigkeiten. Dieses Prinzip führte zu sinnvollen Leitlinien für die Intervention bei Kindern, die von anderen Kindern abgelehnt werden. Um diesen Kindern zu helfen, bessere soziale Fähigkeiten zu erwerben, muss man ihr Verständnis für andere Menschen verbessern. Man muss ihnen außerdem helfen, neue Strategien zu lernen, etwa wie man bei einer laufenden Gruppeninteraktion hinzutritt, ohne die Gruppe zu stören, und wie man Konflikte löst, ohne auf Gewalt zurückzugreifen. Weiterhin muss man den Kindern helfen, aus ihrer eigenen Erfahrung zu lernen, beispielsweise indem sie den Erfolg der verschiedenen Strategien, die sie ausprobieren, beobachten und kontrollieren. Insgesamt können diese Ansätze abgelehnten Kindern helfen, Freunde zu gewinnen und mehr soziale Akzeptanz zu bekommen.

Die Sozialpolitik verbessern

Selbst wenn man keine eigenen Kinder hat und selten mit Kindern in Kontakt kommt, kann auch das politische Handeln als Bürger das Leben von Kindern beeinflussen. Die Stimmen, die man bei Wahlen abgibt, Meinungen, die man in informellen Diskussionen äußert, und die Beteiligung an Interessensgemeinschaften und Verbänden können Auswirkungen auf die Gestaltung der Lebensumstände haben. Das Wissen über die Forschungsergebnisse zur Kindesentwicklung kann den Standpunkt, den man in Fragen, die für Kinder relevant sind, einnimmt, durch Information unterstützen und prägen. Die Schlussfolgerungen, zu denen man dabei gelangt, werden und sollten der Ausdruck der persönlichen Werte, aber auch der vorliegenden Befunde sein. Zum Beispiel weist die Forschung darauf hin, dass in Kalifornien eine landesweite Verringerung der maximalen Klassenstärke von 33 auf 20 Kinder die durchschnittlichen Testwerte bei einem national normierten Leistungstest vom 50. auf das 53. Perzentil erhöhte (Carlos & Howell, 1999). Die Forschung kann jedoch nicht angeben, ob dieser Zuwachs die Kosten rechtfertigt, so viele Lehrer neu einzustellen, wie benötigt wurden, um die Zahl der Schüler pro Klasse entsprechend zu verringern. Dieser Schluss hängt nicht nur von Daten, sondern auch von Werturteilen ab. Dennoch kann, wie das Beispiel zeigt, die Kenntnis wissenschaftlicher Befunde uns als Bürgern helfen, besser begründete Entscheidungen zu treffen.

Mutterschutz und Erziehungszeit

Sollte die Gesellschaft – wie es in Deutschland rechtlich bereits geregelt ist – von den Arbeitgebern verlangen, in den Monaten nach der Geburt eines Babys den Müttern (beziehungsweise aus Gründen der Gleichberechtigung auch den Vätern) eine Erziehungszeit zu garantieren? Das Wissen, dass viele Stunden der mütterlichen Berufstätigkeit, bevor ein Säugling neun Monate alt ist, negative Effekte auf die frühe kognitive Entwicklung haben kann, ist ein Argument, das dafür spricht, dass die Gesellschaft Eltern tatsächlich eine entsprechende Erziehungszeit ermöglichen sollte. Doch sind auch andere Aspekte wie die wirtschaftlichen Kosten von Bedeutung; wie schon erwähnt, können die wissenschaftlichen Befunde und Belege für sich genommen niemals allein entscheidend sein.

Tagesbetreuung

Ähnliche Debatten gab es darüber, ob die allgemeine Gesellschaft die Betreuungskosten für Eltern von Kleinkindern subventionieren soll. Ein Argument gegen eine solche Politik war die Behauptung, dass sich Kinder mit größerem Erfolg gut entwickeln, wenn sie zu Hause bleiben, statt tagsüber in Einrichtungen betreut zu werden. Dieses Argument erwies sich jedoch als falsch. Kinder, die eine Tagesbetreuung erhalten, entwickeln sich sehr ähnlich wie Kinder, die zu Hause von ihren Eltern betreut werden.

Zeugenaussagen

Das Verständnis der Kindesentwicklung ist auch für die Entscheidung bedeutsam, ob man Kinder vor Gericht Aussagen machen lassen sollte und wie man von Kindern möglichst genaue Aussagen erhält. Jedes Jahr machen in den USA mehr als 100.000 Kinder Aussagen vor Gericht, davon viele in Gerichtsverfahren, bei denen es um Missbrauchsanschuldigungen geht. Oftmals sind das Kind und der Angeklagte die einzigen Augenzeugen der Ereignisse. Die Forschung weist darauf hin, dass die Genauigkeit von Zeugenaussagen generell mit dem Alter ansteigt; Achtjährige erinnern mehr als Sechsjährige, und Sechsjährige erinnern mehr als Vierjährige. Wenn die Kinder jedoch vor irreführenden und wiederholten Fragen abgeschirmt werden, liefern normalerweise sogar vier- und fünfjährige Kinder genaue Aussagen über die Art von Angelegenheiten, die in Gerichtsverfahren entscheidend sind. Wenn man Kinder zeichnen lässt, was geschah, erhöht das die Menge an relevanter Information, die sie korrekt erinnern können. Gibt man ihnen anatomisch korrekt geformte Puppen vor, sinkt die Aussagegenauigkeit, und falsche Behauptungen werden häufiger, vielleicht weil die Grenzen zwischen Tatsachen und Phantasie durch solche Puppen verwischt werden. Angesichts der großen Tragweite solcher Fälle ist es für eine möglichst weit reichende Gerechtigkeit unabdingbar, die Erkenntnisse aus der Forschung heranzuziehen, um bei Kindern die genauest möglichen Aussagen abzurufen.

Die Erforschung der Kindesentwicklung hält auch für zahlreiche weitere soziale Probleme Lektionen bereit. Forschungen über die Ursachen der Aggression haben zu Programmen wie *Fast Track* oder *Faustlos* geführt, die entwickelt wurden, um aggressiven Kindern beizubringen, mit ihrer Wut

Kinder sind von Natur aus neugierig, was die Welt betrifft; es gehört zu den wichtigsten Zielen, denen Eltern wie auch gleichermaßen die Gesellschaft gegenüberstehen, diese Neugier zu unterstützen und sie in fruchtbare Richtungen zu kanalisieren.

umzugehen und Gewalt zu vermeiden. Forschungen über die Wurzeln des Moralempfindens haben zu Programmen wie dem *Child Development Project* geführt, mit dem Schüler dazu angehalten werden sollen, anderen, die in Not sind, zu helfen. Forschungen über die Auswirkungen von Armut haben die Grundlage für das *Abecedarian Project* und für andere frühe Erziehungs- und Bildungsmaßnahmen bereitet. Ein Ende der sozialen Probleme, die einer Behandlung bedürfen, ist nicht abzusehen. Das Verständnis der Kindesentwicklung kann uns dabei helfen, diese Probleme effektiver anzugehen.

Fragen und Denkanstöße

1. Welche Eigenschaften von Kindern beeinflussen die Art und Weise, wie andere Menschen mit ihnen umgehen, und wie wirken sich diese Handlungen auf ihre Entwicklung aus?
2. Interindividuelle Unterschiede zeigen eine gewisse Stabilität im Zeitverlauf. Wie tragen Gene und Umwelt zu dieser Stabilität bei?
3. Wie würde das Aufwachsen in einer bestimmten fortschrittlichen, industrialisierten Gesellschaft und nicht in einer anderen – zum Beispiel in den USA statt in Deutschland – die Entwicklung eines Kindes beeinflussen?
4. Wie haben die Veränderungen, die im letzten Jahrhundert stattgefunden haben, die Entwicklung von Kindern beeinflusst? War der Gesamteffekt dieser Veränderungen überwiegend vorteilhaft oder überwiegend schädlich?
5. Welche praktischen Lektionen haben Sie aus diesem Lehrbuch gezogen, die Ihre Art, Ihre Kinder zu erziehen, später einmal beeinflussen werden?

Glossar

Im Glossar werden die Fachbegriffe und ihre Definitionen zusammengeführt, die in den einzelnen Kapiteln hervorgehoben wurden. Ausführlichere Definitionen und weitere Bedeutungsfacetten finden sich in psychologischen Wörterbüchern. Den Glossarbegriffen werden in Klammern jeweils ihre englischen Entsprechungen beigefügt, damit sie auch beim Studium englischsprachiger Texte erkannt und zugeordnet werden können.

A-/nicht-B-Suchfehler (*A-Not-B error*) – die Tendenz, dorthin zu greifen, wo man ein Objekt zuvor gefunden hatte, und nicht dorthin, wo es zuletzt versteckt wurde.

Abgelehnter Peer-Status (*rejected peer status*) – eine Kategorie des → soziometrischen Status, die sich auf Kinder oder Jugendliche bezieht, die von wenigen → Peers gemocht und von vielen nicht gemocht werden.

Abhängige Variable (*dependent variable*) – das Verhalten, das daraufhin untersucht wird, ob es von der → unabhängigen Variablen beeinflusst wird.

Abwartender Stil (*wait-and-see style*) – Kinder mit dieser Strategie fangen oft sehr spät zu sprechen an, besitzen dann aber einen großen Wortschatz und erwerben schnell weitere Wörter.

Adaptation (*adaptation*) – die Tendenz, auf die Anforderungen der Umwelt so zu reagieren, wie es den eigenen Zielen entspricht.

ADHS → Aufmerksamkeitsdefizit-/Hyperaktivitätsstörung

Affordanzen (*affordances*) – Handlungsanregungen; die Handlungsmöglichkeiten, die Gegenstände und Situationen von sich aus anbieten.

Aggression (*aggression*) – Verhalten, das darauf abzielt, andere zu schädigen oder zu verletzen.

Aggressiv-abgelehnte Kinder (*aggressive-rejected children*) – eine Kategorie des → soziometrischen Status, die sich auf Kinder bezieht, die besonders zu körperlicher Aggression, zu störendem Verhalten, zu Kriminalität und negativen Verhaltensweisen wie Feindlichkeit und Bedrohungen neigen.

Akkomodation (*accomodation*) – der Prozess, durch den Menschen vorhandene Wissensstrukturen als Reaktion auf neue Erfahrungen anpassen.

Aktivierungszustand (*state of activation*) – das Erregungsniveau eines Kindes und das Ausmaß seiner Beteiligung an der Umwelt, vom tiefen Schlaf bis zur intensiven Aktivität. Der Aktivierungszustand ist eine wichtige Vermittlungsinstanz für die Erfahrung des Kleinkinds mit der Welt.

Akustische Lokalisation (*auditory localization*) – die Wahrnehmung des Ortes einer Schallquelle.

Alkoholembryopathie (*fetal alcohol syndrom*) – die Effekte des mütterlichen Alkoholismus auf einen Fetus. Dazu gehören Deformationen des Gesichtsausdrucks, geistige Retardierung in variierendem Ausmaß, Aufmerksamkeitsstörungen, Hyperaktivität und Organschäden.

Allele (*alleles*) – zwei oder mehr verschiedene Formen eines → Gens für ein bestimmtes Merkmal.

Allgemeine Intelligenz (g) (*general intelligence*) – der Teil der Intelligenz, der allen geistigen Aufgaben gemeinsam ist.

Als-ob-Spiel (Symbolspiel) (*pretend play*) – Phantasie-Handlungen, bei denen Kinder oft neue Symbolbeziehungen erschaffen, zum Beispiel einen Besen als ein Pferd zu verwenden.

Altruistische Motive (*altruistic motives*) – das Bedürfnis, anderen zu helfen; zunächst nur auf Grund von Mitgefühl und Sympathie; im höheren Alter geleitet von dem Wunsch, sich in Übereinstimmung mit dem eigenen Gewissen und seinen moralischen Prinzipien zu verhalten.

Amnion → Fruchtblase

An Kinder gerichtete Sprache (*infant-directed speech*) – die besondere Art des Sprechens, die Erwachsene oder ältere Kinder annehmen, wenn sie zu Babys und Kleinkindern sprechen.

Anale Phase (*anal stage*) – die zweite Phase in Freuds Theorie, etwa zwischen dem ersten und dem dritten Lebensjahr, in der die Körperausscheidungen die primäre Lustquelle darstellen.

Analytischer Stil → referenzieller Stil

Anlage (*nature*) – unsere biologische Grundausstattung; die von den Eltern übertragenen Gene.

Anorexie (*anorexia nervosa*) – eine Essstörung, bei der die Betroffenen infolge eines stark verzerrten Körperbildes extrem hungern.

Anpassungsgüte (*goodness of fit*) – das Ausmaß, in dem das → Temperament eines Individuums mit den Anforderungen und Erwartungen seiner sozialen Umwelt übereinstimmt.

Apoptose (*apoptosis*) – programmierter Zelltod.

Äquilibration (*equilibration*) – der Prozess, durch den Kinder (und andere Menschen) → Assimilation und → Akkomodation ausbalancieren, um stabiles Verstehen zu schaffen.

Assimilation (*assimilation*) – der Prozess, durch den Menschen eintreffende Information in eine Form überführen, die sie verstehen können.

Assoziationsfelder (*association areas*) – Teile des Gehirns, die zwischen den wichtigsten sensorischen und motorischen Feldern liegen und den Input aus diesen Feldern verarbeiten und integrieren.

Auf-einen-Blick-Erfassen (*subitizing*) – ein Prozess, mit dessen Hilfe Erwachsene und Kinder eine kleine Menge von Objekten betrachten können und unmittelbar wissen, um wie viele Objekte es sich handelt.

Aufgabenanalyse (*task analysis*) – eine Forschungstechnik, bei der für eine Aufgabe die Ziele, die relevante Umgebungsinformation und die möglichen Verarbeitungsstrategien identifiziert werden.

Aufgabentyp „Aussehen und Wirklichkeit" (*appearance-reality problems*) – Aufgaben, bei denen der äußere Anschein und die Wirklichkeit voneinander abweichen.

Aufgabentyp „falsche Überzeugung" (*false-belief problems*) – Aufgaben, mit denen getestet wird, ob ein Kind versteht, dass andere Menschen in Übereinstimmung mit ihren eigenen Überzeugungen handeln, auch wenn das getestete Kind weiß, dass diese Annahmen falsch sind.

Aufmerksamkeitsdefizit-/Hyperaktivitätsstörung (*attention-deficit hyperactivity disorder*) – ein Syndrom, das durch die Schwierigkeit gekennzeichnet ist, die Aufmerksamkeit auf eine Sache aufrechtzuerhalten.

Ausdrucksregeln (*display rules*) – informelle Normen einer sozialen Gruppe darüber, wann, wo und wie viel man Emotionen zeigen und wann und wo der Ausdruck von Emotionen unterdrückt oder maskiert werden sollte, indem man andere Emotionen zur Schau stellt.

Autismus (*autism*) – ein Syndrom, das meistens eine Reihe intellektueller und emotionaler Probleme hervorruft, insbesondere beim Verstehen anderer Menschen und beim Knüpfen sozialer Beziehungen.

Autoritärer Erziehungsstil (*authoritarian parenting*) – ein → Erziehungsstil, der hohe Anforderungen stellt, aber wenig auf die Kinder eingeht. Autoritäre Eltern reagieren nicht auf die Bedürfnisse ihrer Kinder und neigen dazu, ihre Anforderungen durch die Ausübung elterlicher Gewalt und den Einsatz von Drohungen und Strafen durchzusetzen. Sie orientieren sich an Gehorsam und Autorität und erwarten, dass sich ihre Kinder ihren Anforderungen ohne Wenn und Aber, ohne Fragen und Erklärungen fügen.

Autoritativer Erziehungsstil (*authoritative parenting*) – ein → Erziehungsstil, der hohe Anforderungen stellt und viel Unterstützung bietet. Autoritative Eltern setzen ihren Kindern klare Normen und Grenzen und achten streng auf deren Einhaltung; gleichzeitig gestehen sie ihren Kindern innerhalb dieser Grenzen beträchtliche Autonomie zu, sind aufmerksam, reagieren auf die Sorgen und Bedürfnisse ihrer Kinder, deren Perspektive sie respektieren und berücksichtigen.

Autostimulationstheorie (*autostimulation theory*) – die Annahme, dass die Gehirnaktivität beim → REM-Schlaf den natürlichen Mangel an externer Stimulation beim Fetus und Neugeborenen ausgleicht und die frühe Entwicklung des visuellen Systems damit erleichtert.

Axone (*axons*) – Nervenfasern, die elektrische Signale vom → Zellkörper weg zu den Verbindungsstellen mit anderen → Neuronen leiten.

Banden (*gangs*) – locker organisierte Gruppen von Jugendlichen oder jungen Erwachsenen, die sich als Gruppe identifizieren und häufig an illegalen Aktivitäten beteiligt sind.

Basisebene (*basic level*) – die mittlere und oft als erste gelernte Ebene einer → Klassenhierarchie; zum Beispiel „Hund" in der Hierarchie Tier/Hund/Pudel.

Basis-Emotionen → Theorie der diskreten Emotionen

Basisprozesse (*basic processes*) – die einfachsten und am häufigsten eingesetzten geistigen Aktivitäten.

Befruchtung (*fertilization*) – die Vereinigung von Eizelle und Spermium.

Beliebter Peer-Status (*popular peer status*) – eine Kategorie des → soziometrischen Status, die sich auf Kinder oder Jugendliche bezieht, die von vielen Peers positiv (gemocht) und von wenigen Peers negativ (nicht gemocht) gesehen werden.

Bewältigungsorientiertes Motivationsmuster (*mastery-oriented pattern of motivation*) – eine Reaktion auf Misserfolg, bei der sich die Individuen nicht negativ bewerten und ihre Anstrengungen verstärken, um die Aufgabe zu bewältigen.

Beziehungsaggression (*relational aggression*) – eine Art der → Aggression, bei der man sich von der sozialen Gruppe ausschließt oder versucht, die Beziehung einer anderen Person zu einer Gruppe zu beschädigen. Dazu gehört, Gerüchte über Peers zu streuen, Freundschaft vorzuenthalten, um Verletzungen zuzufügen, sowie andere Peers zu ignorieren und auszuschließen, wenn man selbst gerade wütend ist oder seinen Willen durchsetzen will.

Bidirektionalität der Eltern-Kind-Interaktionen (*bidirectionality of parent-child interactions*) – die Vorstellung, dass Eltern die Eigenschaften und Verhaltensweisen ihrer Kinder genauso beeinflussen wie umgekehrt die Kinder das Verhalten der Eltern; beide Prozesse treten in den Eltern-Kind-Interaktionen auf.

Bilingualismus (Zweisprachigkeit) (*bilingualism*) – die Fähigkeit, zwei Sprachen zu beherrschen.

Bindung (*attachment*) – eine emotionale Beziehung zu einer bestimmten Person, die räumlich und zeitlich Bestand hat. Meistens werden Bindungen im Hinblick auf die Beziehung zwischen Kleinkindern und speziellen Betreuungspersonen diskutiert; sie können aber ebenfalls im Erwachsenenalter auftreten.

Bindungsmodelle bei Erwachsenen (*adult attachment models*) – Arbeitsmodelle von → Bindung im Erwachsenenalter, von denen man annimmt, dass sie auf den Wahrnehmungen der eigenen Kindheitserfahrungen – besonders der Beziehungen zu den Eltern – sowie auf der Wahrnehmung des Einflusses dieser Erfahrungen auf das Erwachsenenalter basieren. Die vier wichtigen Bindungskategorien im Erwachsenenalter sind autonome oder → sichere, abweisende, verstrickte und ungelöst-desorganisierte Erwachsene.

Bindungstheorie (*attachment theory*) – die auf John Bowlbys Arbeiten zurückgehende Theorie, welche die biologische Veranlagung von Kindern postuliert, Bindungen zu Versorgungspersonen zu entwickeln, um die eigenen Überlebenschancen zu erhöhen.

Binokulare Disparität (*binocular disparity*) – der Unterschied zwischen den retinalen Abbildern in den beiden Augen, der zu zwei leicht unterschiedlichen Signalen führt, die an das Gehirn weitergeleitet werden.

Blastozyste (*blastocyst*) – eine Hohlkugel aus Zellen, zu der sich die → Zygote um den vierten Tag ihrer Entwicklung formt.

Blickpräferenz (*preferential-looking technique*) – ein Verfahren zur Untersuchung der visuellen Aufmerksamkeit bei Säuglingen, denen gleichzeitig zwei Muster oder Objekte gezeigt werden, um herauszufinden, ob die Kinder eines davon bevorzugen.

Bulimie (*bulimia nervosa*) – eine Essstörung, gekennzeichnet durch Fressanfälle, auf die selbst herbeigeführtes Erbrechen, Fasten und andere drastische Maßnahmen zur Gewichtsabnahme folgen.

Carolina-Abecedarian-Projekt (*Carolina Abecedarian Project*) – ein umfassendes und erfolgreiches Unterstützungsprogramm für Kinder aus einkommensschwachen Familien.

Cephalo-caudale Entwicklung (*cephalocaudal development*) – das Wachstumsmuster, bei dem sich die Bereiche in der Umgebung des Kopfes früher entwickeln als die weiter entfernt liegenden Körperbereiche.

Cerebrale Hemisphären (*cerebral hemispheres*) – die beiden Hälften des Cortex. In den meisten Fällen gelangt der sensorische Input von der einen Körperhälfte in die gegenüberliegende Hirnhemisphäre.

Cerebrale Lateralisation (*cerebral lateralization*) – das Phänomen, dass die beiden → Hemisphären des Gehirns für unterschiedliche Verarbeitungsmodalitäten spezialisiert sind.

Cerebraler Cortex (*cerebral cortex*) – die „graue Substanz" des Gehirns, die bei all dem die wesentliche Rolle spielt, was man sich unter den Funktionen vorstellt, die den Menschen besonders auszeichnen – vom Sehen und Hören bis zum Schreiben und zum Gefühlserleben.

Chromosomen (*chromosomes*) – lange, fadenartige Moleküle, die die genetische Information übertragen. Chromosomen bestehen aus → DNS.

Chronosystem (*chronosystem*) – in der bio-ökologischen Theorie die historischen Veränderungen, sie sich auf die anderen Systeme auswirken.

Cliquen (*cliques*) – Freundesgruppen, die Kinder freiwillig bilden oder ihnen beitreten.

Corpus callosum (*corpus callosum*) – ein dichter Bereich von Nervenfasern, durch den die beiden → Hemisphären miteinander kommunizieren können.

Cortex → cerebraler Cortex

Crossing-over – der Prozess, bei dem → DNS-Abschnitte von einem → Chromosom auf das andere eines Paares überwechseln. Das Crossing-over befördert die → Variation zwischen Individuen.

Dendriten (*dendrites*) – Nervenfasern, die Input von anderen Zellen erhalten und in Form von elektrischen Impulsen zum → Zellkörper weiterleiten.

Desorganisiert-desorientierte Bindung (*disorganized/disoriented attachment*) – ein Typ → unsicherer Bindung, bei dem die Kinder in der Fremden Situation keine konsistente Stressbewältigungsstrategie zeigen. Ihr Verhalten ist oft konfus oder sogar widersprüchlich, und sie erscheinen oft benommen oder desorientiert.

Differenzierung (*differentiation*) – das Herausfiltern derjenigen Elemente aus dem sich ständig verändernden Reizangebot der Umwelt, die stabil und unverändert bleiben.

Diskontinuierliche Entwicklung (*discontinuous development*) – die Vorstellung, dass altersbedingte Veränderungen mit gelegentlichen größeren Wandlungen einhergehen, so wie eine Raupe sich verpuppt und dann als Schmetterling schlüpft.

Diskrete Emotionen → Theorie der diskreten Emotionen

DNS (**Desoxyribonucleinsäure**; auch **DNA** von *deoxyribonucleic acid*) – Moleküle, die alle biochemischen Anweisungen tragen, die an der Bildung und der Funktion eines Organismus beteiligt sind.

Domänenspezifisch (*domain specific*) – begrenzt auf einen bestimmten Gegenstandsbereich, beispielsweise Lebewesen oder Menschen.

Dominantes Allel (*dominant allele*) – dasjenige → Allel, das bei Vorhandensein zum Ausdruck kommt.

Drei-Schichten-Modell der Intelligenz (*three-stratum theory of intelligence*) – ein Intelligenzstrukturmodell von Carroll mit der allgemeinen Intelligenz g an der Spitze, acht Fähigkeiten mittlerer Allgemeinheit in der Mitte und vielen spezifischen Prozessen am unteren Ende der Hierarchie.

Dynamische Systeme → Theorie dynamischer Systeme

Dyslexie (*dyslexia*) – die Unfähigkeit, flüssig zu lesen trotz normal ausgeprägter Intelligenz.

Egozentrische Repräsentation (*egocentric representation*) – die Kodierung eines Ortes relativ zum eigenen Körper, unabhängig von der Umgebung.

Egozentrismus (*egocentrism*) – die Tendenz, die Welt ausschließlich aus der eigenen Perspektive wahrzunehmen.

Eineiige Zwillinge (*identical twins*) – Zwillinge, die aus der hälftigen Teilung der inneren Zellmasse im Stadium der → Zygote entstehen, was den beiden Zygoten exakt dieselbe genetische Ausstattung gibt.

Einfühlungsvermögen der Eltern (*parental sensitivity*) – ein wichtiger Faktor, der zur Sicherheit der kindlichen → Bindung beiträgt. Das Einfühlungsvermögen der Eltern kann auf verschiedene Weise gezeigt werden, zum Beispiel durch aufmerksame Fürsorge, wenn Kinder beängstigt oder aufgeregt sind, oder durch Hilfestellungen in Lernsituationen, indem sie gerade genug, aber nicht zu viel Anleitung und Überwachung bieten.

Elektra-Komplex (*Electra complex*) – Freuds Bezeichnung für den Konflikt, den Mädchen in der → phallischen Phase erleben, wenn sie unakzeptable Liebesgefühle für ihren Vater entwickeln und ihre Mutter als Rivalin sehen.

Elterliche Investition → Theorie der elterlichen Investition

Embryo (*embryo*) – der sich entwickelnde Organismus von der dritten bis zur achten Woche der pränatalen Entwicklung.

Embryologie (*embryology*) – die Lehre von der pränatalen Entwicklung.

Emotion (*emotion*) – Emotion ist durch eine motivationale Kraft oder Handlungstendenz gekennzeichnet und durch Veränderungen der Physiologie, der subjektiven Erfahrung und des beobachtbaren Verhaltens. Von Funktionalisten wird sie als der Versuch oder die Bereitschaft definiert, eine Beziehung mit der Umwelt hinsichtlich relevanter Aspekte herzustellen, zu erhalten oder zu verändern.

Emotionale Intelligenz (*emotional intelligence*) – eine Reihe von Fähigkeiten, die zur Kompetenz im sozialen und emotionalen Bereich beitragen und die Fähigkeit umfassen, sich selbst zu motivieren, trotz Frustration, Kontrollimpulsen und Belohnungsaufschub hartnäckig zu bleiben, eigene Gefühle und die Gefühle anderer zu erkennen und zu verstehen, eigene Stimmungen und den Gefühlsausdruck in sozialen Interaktionen zu regulieren und sich in die Emotionen anderer hineinzuversetzen.

Emotionale Selbst-Regulation (*emotional self-regulation*) – der Prozess der Initiierung, Hemmung oder Modulierung innerer Gefühlszustände, emotionsbezogener physiologischer Prozesse und Kognitionen sowie des Verhaltens im Dienste der Zielerreichung.

Empathie (Einfühlungsvermögen) (*empathy*) – die Fähigkeit, sich in andere hineinzuversetzen; eine emotionale Reaktion auf den Zustand eines anderen Menschen, die der Gefühlslage des anderen ähnelt.

Empfindung (*sensation*) – die Verarbeitung basaler Information aus der äußeren Welt durch Rezeptoren in Sinnesorganen (Augen, Ohren, Haut etc.) und neuronale Verbände im Gehirn.

Enkodierung (*encoding*) – die Bildung einer Repräsentation von Information, die Aufmerksamkeit erregt oder für wichtig erachtet wird, im Gedächtnis.

Entwicklungsresilienz (*developmental resilience*) – die erfolgreiche Entwicklung trotz mehrfacher und scheinbar überwältigender Entwicklungsrisiken.

Epigenese (*epigenesis*) – die Vorstellung, dass sich neue Strukturen und Funktionen allmählich herausbilden und dass die Strukturen nicht am Anfang einfach nur klein sind und mit der Zeit größer werden.

Erarbeitete Identität (*identity-achievement status*) – ein Identitätsstatus, bei dem das Individuum nach einer Phase des Ausprobierens eine kohärente und gefestigte Identität erreicht hat, die auf persönlichen Entscheidungen hinsichtlich Beruf, Ideologie und Ähnlichem beruht. Das Individuum glaubt, dass diese Entscheidungen eigenständig getroffen wurden, und fühlt sich ihnen verpflichtet.

Erblichkeit (*heritability*) – eine statistische Schätzung desjenigen Anteils der gemessenen Variabilität eines bestimmten Persönlichkeitsmerkmals zwischen den Individuen einer bestimmten Population, der sich auf genetische Unterschiede zwischen diesen Individuen zurückführen lässt.

Erfahrungsabhängige Plastizität (*experience-dependent plasticity*) – der Prozess, durch den Nervenverbindungen im Verlauf des Lebens als Funktion der Erfahrungen eines Individuums hergestellt und restrukturiert werden.

Erfahrungserwartende Plastizität (*experience-expectant plasticity*) – der Prozess, durch den die normale Verdrahtung des Gehirns teilweise als Resultat derjenigen Arten allgemeiner Erfahrungen eintritt, die jeder Mensch macht, sofern er in einer halbwegs vernünftigen Umgebung lebt.

Erfolgreiche Intelligenz → Theorie der erfolgreichen Intelligenz

Erogene Zonen (*erogenous zones*) – in der Freud'schen Theorie diejenigen Körperbereiche, die in den einzelnen Entwicklungsphasen erotisch empfindlich werden.

Erwartungsverletzung (*violation-of-expectancy*) – ein Verfahren zur Untersuchung des kindlichen Denkens. Dabei wird Kindern ein Ereignis gezeigt, das Überraschung oder Interesse auslösen sollte, falls es gegen etwas verstößt, was das Kind weiß oder für zutreffend hält.

Erwiderte beste Freundschaft (*reciprocated best friendship*) – eine Freundschaft, in der sich zwei Kinder wechselseitig als ihre besten oder engsten Freunde betrachten.

Erzählungen (*narratives*) – Beschreibungen zurückliegender Ereignisse, die der Grundstruktur einer Geschichte folgen.

Erziehungsstile (*parenting styles*) – elterliche Verhaltensweisen und Einstellungen, die das emotionale Klima der Eltern-Kind-Interaktionen bestimmen, zum Beispiel die Ansprechbarkeit der Eltern und ihr Anforderungsniveau.

Es (*id*) – in der psychoanalytischen Theorie von Freud die früheste und primitivste Persönlichkeitsstruktur. Das Es ist unbewusst und folgt dem Ziel des Lustgewinns.

Essenzialismus (*essentialism*) – die Ansicht, dass lebende Dinge im Inneren ein Wesen besitzen, das sie zu dem macht, was sie sind.

Ethnische Identität (*ethnic identity*) – die Vorstellung von Individuen, zu einer ethnischen Gruppe zu gehören, einschließlich des Ausmaßes, in dem sie ihre Gedanken, Wahrnehmungen, Gefühle und Verhaltensweisen mit der Mitgliedschaft in dieser ethnischen Gruppe verbinden.

Ethologie (*ethology*) – die Untersuchung der evolutionären Grundlagen des Verhaltens.

Exosystem (*exosystem*) – in der bio-ökologischen Theorie Umweltbedingungen, die eine Person nicht direkt erfährt, welche die Person aber indirekt beeinflussen können.

Experimentaldesigns (*experimental designs*) – eine Gruppe von Forschungsansätzen, die Schlussfolgerungen über Ursachen und Wirkungen zulassen.

Experimentalgruppe (*experimental group*) – die Gruppe von Kindern in einem Experiment, welche die interessierende Bedingungsmanipulation erfährt.

Experimentelle Kontrolle (*experimental control*) – die Möglichkeit des Forschers, die Bedingungen zu bestimmen, denen die Kinder im Verlauf eines Experiments ausgesetzt sind.

Expressiver (holistischer) Stil (*expressive [holistic] style*) – Kinder mit dieser Strategie achten mehr auf den Gesamtklang der Sprache, ihre rhythmischen und intonatorischen Muster, und weniger auf die phonetischen Elemente, aus denen sie sich zusammensetzt.

Externe Validität (*external validity*) – das Ausmaß, in dem sich die Befunde über die Besonderheiten der jeweiligen Untersuchung hinaus verallgemeinern lassen.

Familiendynamik (*family dynamics*) – die Art und Weise, in der die Familie als Ganzes funktioniert.

Feindlicher Attributionsfehler (*hostile attributional bias*) – in Dodges Theorie die Tendenz, mehrdeutigen Handlungen anderer eine feindliche Absicht zu unterstellen.

Flüssige Intelligenz (*fluid intelligence*) – die Fähigkeit zu spontanen Denkleistungen, um neuartige Probleme zu lösen.

Formal-operatorisches Stadium (*formal operational stage*) – die Phase in Piagets Theorie (12 Jahre und älter), in der Menschen die Fähigkeit erwerben, über Abstraktionen und hypothetische Situationen nachzudenken.

Fovea (*fovea*) – die zentrale Region der → Retina; der Bereich des schärfsten Sehens.

Fremde Situation (*strange situation*) – ein von Mary Ainsworth entwickeltes Verfahren, um die → Bindung von Kleinkindern an ihre primären Bezugspersonen zu beurteilen.

Freundschaften (*friendships*) – enge, auf Gegenseitigkeit angelegte positive Beziehungen zwischen zwei Menschen.

Frontallappen (*frontal lobe*) – der Teil des Gehirns, der für die Verhaltensorganisation zuständig ist und der für die menschliche Fähigkeit des Vorausplanens als verantwortlich gilt.

Fruchtblase (*amniotic sac*) – eine mit einer klaren, wässrigen Flüssigkeit gefüllte Membran, in der der Fetus schwimmt und die den Fetus auf mehrerlei Weise beschützt.

Frühgeborene (*premature*) – Babys, die im Gegensatz zur normalen Schwangerschaftsdauer von 38 Wochen in der 35. Schwangerschaftswoche oder davor zur Welt kommen.

Funktionalistischer Ansatz (*functionalist approach*) – eine von Campos und anderen vorgeschlagene Emotionstheorie, nach der die Grundfunktion von → Emotionen darin besteht, zielgerichtete Handlungen zu fördern. Nach diesem Ansatz sind Emotionen nicht gegeneinander abgegrenzt und können je nach sozialer Umwelt in bestimmtem Ausmaß variieren.

Gastrulation (*gastrulation*) – der Prozess, in dem sich die Zellen zu differenzieren beginnen, nachdem sich die → Zygote in die Gebärmutterschleimhaut einnistet; die innere Zellmasse wird zum Embryo, und der Rest der Zellen wird zu dessen Unterstützungssystem.

Gelber Fleck → Fovea

Gelenkte Partizipation (*guided participation*) – ein Prozess, bei dem informierte Individuen (Experten) Situationen so gestalten, dass Personen mit weniger Kenntnissen und Fähigkeiten etwas lernen können.

Gene (*genes*) – Abschnitte auf den → Chromosomen, die die Grundeinheiten der Vererbung bei allen lebenden Dingen darstellen.

Generativität (*generativity*) – die Idee, dass wir durch die Verwendung der endlichen Menge an Wörtern unseres Wortschatzes eine unendliche Anzahl an Sätzen zusammenbauen und eine unendliche Anzahl an Ideen ausdrücken können.

Genitale Phase (*genital stage*) – die fünfte und letzte Phase in Freuds Theorie. Sie beginnt im Jugendalter, wenn die sexuelle Reifung abgeschlossen ist und Geschlechtsverkehr zu einem Hauptziel wird.

Genom (*genome*) – der komplette Satz von → Genen, den ein Organismus besitzt.

Genoytp (*genotype*) – das genetische Material, das ein Individuum erbt.

Geschlechtertrennung (*gender segregation*) – die Neigung von Kindern, sich mit gleichgeschlechtlichen Gleichaltrigen zusammenzutun und denen des anderen Geschlechts aus dem Weg zu gehen.

Geschlechtsbezogene Selbstsozialisation (*gender self-socialization*) – der Prozess, durch den Kinder in Folge ihrer Tendenz, sich in Übereinstimmung mit ihrer → Geschlechtsidentität zu verhalten, mehr Wissen und Expertise im Umgang mit solchen Gegebenheiten erwerben, die ihrem eigenen Geschlecht entsprechen.

Geschlechtschromosomen (*sex chromosomes*) – die → Chromosomen, die das Geschlecht eines Individuums bestimmen.

Geschlechtsidentität (*gender identity*) – das Bewusstsein des eigenen Geschlechts.

Geschlechtskonstanz (*gender constancy*) – die Erkenntnis, dass das Geschlecht auch gegenüber äußeren Änderungen der Erscheinung oder Tätigkeit invariant bleibt.

Geschlechtsschemata (*gender schema*) – strukturierte mentale Repräsentationen (Konzepte, Überzeugungen, Erinnerungen) über die Geschlechter, einschließlich der zugehörigen Stereotype.

Geschlechtsstabilität (*gender stability*) – das Bewusstsein, dass das Geschlecht über die Zeit hinweg stabil bleibt.

Geteilte Aufmerksamkeit (*joint attention*) – ein Prozess, bei dem soziale Partner ihre Aufmerksamkeit bewusst auf einen gemeinsamen Gegenstand in der äußeren Umwelt richten. Oft begeben sich die Eltern dazu unter die Führung ihres Babys und schauen immer dahin und kommentieren das, was ihre Kinder gerade betrachten.

Gewissen (*conscience*) – ein innerer Regulationsmechanismus, der die Fähigkeit eines Individuums erhöht, Verhaltensstandards zu entsprechen, die in seiner Kultur als verbindlich gelten.

Gliazellen (*glial cells*) – Zellen im Gehirn, die eine Vielzahl von entscheidenden Stützfunktionen ausüben.

Gültigkeit → Validität

Habituation (*habituation*) – eine einfache Form des Lernens, die sich in einem Abnehmen der Reaktion auf wiederholte oder andauernde Reizung zeigt.

Hamburg-Wechsler-Intelligenztest für Kinder (HAWIK-III) (*Wechsler Intelligence Scale for Children*) – ein weit verbreiteter Intelligenztest für Kinder zwischen sechs und 16 Jahren.

Hemisphären → cerebrale Hemisphären

Heterozygot (*heterozygous*) – die Bezeichnung einer Person, die hinsichtlich eines Merkmals zwei verschiedene → Allele geerbt hat.

Hilfloses Motivationsmuster (*helpless pattern of motivation*) – eine Reaktion auf Misserfolg, bei der sich die Individuen schlecht fühlen, sich für ihr Versagen selbst die Schuld geben und die Aufgabe nicht weiter verfolgen, weil sie denken, dass sie nicht erfolgreich sein können.

Hinterhauptslappen → Okzipitallappen

Holistischer Stil → expressiver Stil

Holophrasische Phase (*holophrastic period*) – die Phase, in der die Kinder die Wörter ihres Produktionswortschatzes so einsetzen, dass ihre Äußerungen aus einem einzigen Wort bestehen.

Homosexuelle Jugendliche → Jugendliche sexueller Minderheiten

Homozygot (*homozygous*) – die Bezeichnung einer Person, die hinsichtlich eines Merkmals zweimal dasselbe → Allel geerbt hat.

Hypothese (*hypothesis*) – eine begründete Vermutung.

Ich (*ego*) – in der psychoanalytischen Theorie die zweite Persönlichkeitsstruktur, die sich entwickelt. Diese ist die rationale, logische, problemlösende Komponente der Persönlichkeit.

Identität versus Rollendiffusion (*identity versus identity confusion*) – Eriksons psychosoziale Entwicklungsphase, die während der Adoleszenz auftritt. In dieser Phase entwickeln Jugendliche oder junge Erwachsene entweder eine Identität oder erfahren ein unvollständiges und manchmal inkohärentes Selbstgefühl.

Identitätsdiffusion (*identity-diffusion status*) – ein Identitätsstatus, bei dem das Individuum keine stabilen Festlegungen getroffen hat und sich solchen Festlegungen auch nicht annähert.

Ignorierter Peer-Status (*neglected peer status*) – eine Kategorie des → soziometrischen Status, die sich auf Kinder oder Jugendliche bezieht, die selten als gemocht oder nicht gemocht erwähnt werden; sie scheinen von den Peers einfach nicht besonders bemerkt zu werden.

Imaginäres Publikum (*imaginary audience*) – die im → Egozentrismus von Jugendlichen begründete Überzeugung, dass jeder andere Mensch seine Aufmerksamkeit auf die Erscheinung und das Verhalten des Jugendlichen richtet.

Innere Zellmasse (Embryoblast) (*inner cell mass*) – der Zellhaufen im Inneren der → Blastozyste, aus dem sich schließlich der Embryo entwickeln wird.

Inneres Arbeitsmodell der Bindung (*internal working model of attachment*) – die kindliche mentale Repräsentation des → Selbst, der Bindungsperson(en) und der Beziehungen im Allgemeinen, die als Ergebnis der Erfahrungen mit den Betreuungspersonen entstehen. Das Arbeitsmodell leitet die Interaktionen der Kinder mit den Versorgern und anderen Personen in der Kindheit und im späteren Alter.

Instrumentelle Aggression (*instrumental aggression*) – → Aggression, die durch den Wunsch motiviert ist, ein konkretes Ziel zu erreichen.

Instrumentelles Lernen → operantes Konditionieren

Intelligenzquotient (IQ) (*intelligence quotient*) – ein zusammenfassendes Maß, mit dem die Intelligenz eines Kindes relativ zu anderen Kindern gleichen Alters angegeben wird.

Intention (**Absicht**) (*intention*) – das Ziel, in einer bestimmten Weise zu handeln.

Intermodale Wahrnehmung (*intermodal perception*) – die Kombination von Informationen aus zwei oder mehreren Sinnessystemen.

Internalisierung (*internalization*) – der Prozess der Übernahme (Verinnerlichung) der Eigenschaften, Überzeugungen und Normen einer anderen Person.

Interne Validität (*internal validity*) – das Ausmaß, in dem sich die im Experiment beobachteten Effekte auf die Variablen zurückführen lassen, die intendiert manipuliert wurden.

Interrater-Reliabilität (*interrater reliability*) – das Ausmaß an Übereinstimmung zwischen den Beobachtungen mehrerer Beurteiler, die dasselbe Verhalten einschätzen.

Intersubjektivität (*intersubjectivity*) – das Bestehen eines gemeinsamen Aufmerksamkeitszentrums zwischen zwei oder mehreren Personen.

Jugendliche sexueller Minderheiten (homosexuelle Jugendliche) (*sexual minority youth*) – Menschen, die sich vom gleichen Geschlecht angezogen fühlen und für die die Frage nach der persönlichen sexuellen Identität oft verwirrend und schmerzhaft ist.

Kategoriale Wahrnehmung (*categorical perception*) - die Wahrnehmung von Sprachlauten als Repräsentanten diskreter Kategorien.

Keimblase → Blastozyste

Keimzellen (Gameten) (*gametes*) – Fortpflanzungszellen, die nur die Hälfte des genetischen Materials aller anderen normalen Zellen im Körper enthalten.

Kernwissen → Theorie des Kernwissens

Kindesmisshandlung (*child maltreatment*) – Vernachlässigung oder absichtlicher Missbrauch, die das Wohlbefinden von Kindern und Jugendlichen unter 18 Jahren gefährden.

Klassenhierarchie (*category hierarchy*) – Klassen oder Kategorien, die durch Ober-Unterbegriffs-Relationen verknüpft sind, wobei die Unterbegriffe Teilmengen der Oberbegriffe bilden, zum Beispiel Tier/Hund/Pudel.

Klassisches Konditionieren (*classical conditioning*) – eine Form des Lernens, bei der ein ursprünglich neutraler Reiz mit einem Reiz assoziiert wird, der einen → Reflex auslöst.

Klinisches Interview (*clinical interview*) – ein Verfahren, bei dem die Fragen in Abhängigkeit von den Antworten des Befragten angepasst werden.

Kollektive Monologe (*collective monologues*) – Gespräche jüngerer Kinder untereinander, die oft nicht mehr als eine Folge unzusammenhängender Äußerungen sind, ohne dass sich die Redebeiträge wechselseitig aufeinander beziehen.

Komplexe Stieffamilien (*complex stepfamilies*) – Familien mit Stiefgeschwistern oder Halbgeschwistern.

Konditionierte Reaktion (CR) (*conditioned response*) – beim → klassischen Konditionieren der ursprüngliche → Reflex, der nun auch durch den → konditionierten Reiz ausgelöst wird.

Konditionierter Reiz (CS) (*conditioned stimulus*) – beim → klassischen Konditionieren ein neutraler Reiz, der wiederholt mit dem → unkonditionierten Reiz gemeinsam auftritt.

Konkret-operatorisches Stadium (*concrete operational stage*) – die Phase in Piagets Theorie (7 bis 12 Jahre), in der die Kinder fähig werden, über konkrete Objekte und Ereignisse logisch nachzudenken.

Konnektionistische Theorien (*connectionist theories*) – eine Unterart des Informationsverarbeitungsansatzes, der die gleichzeitige Aktivität zahlreicher, eng vernetzter Verarbeitungseinheiten betont.

Kontinuierliche Entwicklung (*continuous development*) – die Vorstellung, dass altersbedingte Veränderungen allmählich und in kleinen Schritten eintreten, so wie ein Baum höher und höher wächst.

Kontrastempfindlichkeit (*contrast sensitivity*) – die Fähigkeit, Unterschiede zwischen den hellen und dunklen Bereichen eines optischen Musters zu erkennen.

Kontrollgruppe (*control group*) – die Gruppe von Kindern in einem Experiment, welche die interessierende Bedingungsmanipulation nicht erfährt.

Kontroverser Peer-Status (*controversial peer status*) – eine Kategorie des → soziometrischen Status, die sich auf Kinder oder Jugendliche bezieht, die von einigen Peers gemocht, von einer Reihe anderer Peers aber nicht gemocht werden.

Konzept der Erhaltung (Invarianzkonzept) (*conservation concept*) – die Vorstellung, dass bei einer Veränderung der bloßen Erscheinung von Objekten ihre Schlüsseleigenschaften erhalten bleiben.

Konzepte (*concepts*) – allgemeine Vorstellungen oder Auffassungen, mit deren Hilfe man Gegenstände, Ereignisse, Eigenschaften oder abstrakte Sachverhalte, die sich auf irgendeine Art ähnlich sind oder etwas gemeinsam haben, zu Klassen zusammenfassen kann.

Koppelung (*dead reckoning*) – die Fähigkeit, die eigene Position relativ zum Ausgangspunkt kontinuierlich zu repräsentieren, so dass man auf direktem Weg zurückfindet.

Körperbild (*body image*) – die Art und Weise, wie ein Individuum seine körperliche Erscheinung wahrnimmt und sich dabei fühlt.

Körperschema → Körperbild

Korrelation (*correlation*) – der Zusammenhang zwischen zwei → Variablen.

Korrelationsdesigns (*correlational designs*) – Untersuchungen, die auf die Beziehung zwischen → Variablen gerichtet sind.

Korrelationskoeffizient (*correlation coefficient*) – ein statistischer Kennwert für die Richtung und Stärke einer → Korrelation.

Krippentod → plötzlicher Tod im Kindesalter

Kristalline Intelligenz (*crystallized intelligence*) – Faktenwissen über die Welt.

Kritische Phase (*critical period*) – der Zeitabschnitt, in dem sich Sprache leicht entwickelt und nach dem (irgendwann zwischen fünf Jahren und der Pubertät) der Spracherwerb viel schwieriger und letztlich auch weniger erfolgreich ist.

Kulturelles Training (*cultural training*) – eine Funktion der Familie; sie bringt den Kindern die grundlegenden Werte ihrer Kultur bei.

Kulturwerkzeuge (*cultural tools*) – die zahllosen Produkte der menschlichen Erfindungskraft, die die Denkleistungen erhöhen.

Kwashiorkor (*kwashiorkor*) – eine Form von (qualitativer) Mangelernährung infolge unzureichender Proteinaufnahme.

Längsschnittdesign (*longitudinal design*) – eine Forschungsmethode, bei der dieselben Kinder über längere Zeit hinweg zweimal oder mehrmals untersucht werden.

Lappen (*lobes*) – die größeren Bereiche des → cerebralen Cortex.

Latenzphase (*latency period*) – die vierte Phase in Freuds Theorie zwischen dem sechsten und dem zwölften Lebensjahr, in der sich sexuelle Energie zu sozial akzeptablen Handlungen kanalisiert.

Makrosystem (*macroystem*) – in der bio-ökologischen Theorie der größere kulturelle und soziale Kontext, in den die anderen Systeme eingebettet sind.

Marasmus (*marasmus*) – eine Form von (quantitativer) Mangelernährung infolge zu geringer Kalorienaufnahme.

Mathematische Gleichheit (*mathematical equality*) – das Konzept, dass sich die Werte auf beiden Seiten des Gleichheitszeichens entsprechen müssen.

Meiose (*meiosis*) – eine für die Fortpflanzung erforderliche besondere Form der Zellteilung (auch Reifeteilung genannt), bei der Keimzellen (Gameten) produziert werden, die nur die Hälfte des normalen Chromosomensatzes besitzen.

Menarche (*menarche*) – das erstmalige Einsetzen der Menstruation.

Mentales Modell (*mental model*) – das Ergebnis von Prozessen der Repräsentation einer Situation oder Ereignisfolge, zum Beispiel anhand gelesener Information.

Mesosystem (*mesosystem*) – in der bio-ökologischen Theorie die Verbindungen zwischen den unmittelbaren Rahmenbedingungen des Mikrosystems.

Metalinguistisches Wissen (*metalinguistic knowledge*) – das Verstehen der Eigenschaften und Funktionen der Sprache, also das reflexive Verstehen der Sprache als Sprache.

Mikrogenetisches Design (*microgenetic design*) – eine Forschungsmethode, bei der dieselben Kinder während eines kurzen Zeitabschnitts wiederholt untersucht werden.

Mikrosystem (*microsystem*) – in der bio-ökologischen Theorie die unmittelbare Umgebung, die ein Individuum persönlich erfährt.

Mitleid (*sympathy*) – Anteilnahme und Sorge um eine andere Person (oder ein Tier) als Reaktion auf deren Zustand; oft das Resultat des Verständnisses für die negativen Gefühle des anderen oder dessen ungünstige Situation.

Mittel-Ziel-Analyse beim Problemlösen (*means-end problem solving*) – der Prozess, eine Handlung (das Mittel) zu finden und einzusetzen, um ein Ziel zu erreichen.

Modularitätshypothese (*modularity hypothesis*) – die Idee, dass das menschliche Gehirn ein angeborenes, unabhängiges Sprachmodul enthält, das von anderen Aspekten des kognitiven Funktionierens getrennt ist.

Monokulare oder **Bild-Indikatoren** (*monocular or pictorial cues*) – → Tiefenindikatoren der Wahrnehmung, die mit einem Auge wahrgenommen werden können. Dazu gehören die relative Größe und die Verdeckung.

Moralische Urteile (*moral judgments*) – Entscheidungen, die sich auf Fragen von Richtig und Falsch, Fairness und Gerechtigkeit beziehen.

Moratorium (*moratorium status*) – ein Identitätsstatus, bei der sich das Individuum in der Phase des Ausprobierens befindet, was die beruflichen und ideologischen Wahlmöglichkeiten betrifft, bis jetzt aber noch keine klaren Festlegungen getroffen hat.

Morpheme (*morphemes*) – die kleinsten bedeutungstragenden Einheiten einer Sprache, die aus einem oder mehreren Phonemen zusammengesetzt sind.

Multifaktoriell (*multifactorial*) – die Beteiligung vielfältiger Faktoren an jeglichem Verhaltensresultat.

Multiple Intelligenzen → Theorie der multiplen Intelligenzen

Mutation (*mutation*) – eine Veränderung in einem → DNS-Abschnitt. Mutationen können zur genetischen → Variation zwischen Menschen beitragen, gehen für das Individuum aber meistens mit einer schädlichen Wirkung einher.

Myelinisierung (*myelination*) – die Bildung von Myelin (einer fetthaltigen Schicht) um die → Axone von Neuronen herum, was die Informationsleitung verbessert und beschleunigt.

Myelinscheide (*myelin sheath*) – eine fetthaltige Schicht, die sich um bestimmte → Axone im Körper bildet und die Geschwindigkeit und Effizienz der Informationsübertragung im Nervensystem erhöht.

Nabelschnur (*umbilical cord*) – eine Röhre, die die Blutgefäße enthält, die von der → Plazenta zu dem sich entwickelnden Organismus führen und zurück.

Naive Psychologie (*naive psychology*) – das Alltagsverständnis von sich selbst und anderen Menschen.

Naturalistische Beobachtung (*naturalistic observation*) – die Untersuchung des kindlichen Verhaltens in seiner üblichen Umgebung (in der Schule, auf dem Spielplatz, zu Hause ...).

Naturalistische Experimente (*naturalistic experiments*) – → Experimentaldesigns, bei denen die Daten in Alltagssituationen erhoben werden.

Negative Identität (*negative identity*) – eine Form der Identität, die im Gegensatz zu dem steht, was von den Menschen im Umfeld des Jugendlichen wertgeschätzt wird, und die manche Jugendliche in Eriksons Phase von → Identität versus Rollendiffusion ausbilden.

Netzhaut → Retina

Neuralrohr (*neural tube*) – eine U-förmige Furche, die sich aus der oberen Schicht der differenzierten Zellen des Embryos bildet und die schließlich zum Gehirn und Rückenmark wird.

Neurogenese (*neurogenesis*) – die Vermehrung von → Neuronen durch Zellteilung.

Neuronale Netze → Theorien neuronaler Netze, → konnektionistische Theorien

Neurone (*neurons*) – spezialisierte Zellen für das Senden und Empfangen elektrischer Botschaften zwischen dem Gehirn und allen Teilen des Körpers sowie innerhalb des Gehirns.

Non-REM-Schlaf (*non-REM sleep*) – ein ruhiger oder tiefer Schlafzustand, gekennzeichnet durch das Fehlen von motorischer Aktivität oder Augenbewegungen und regelmäßige und langsame Gehirnwellen, Atmung und Pulsrate.

Normalverteilung (*normal distribution*) – ein Datenmuster, bei dem alle Messwerte symmetrisch um einen Mittelwert verteilt sind, wobei die meisten Messwerte in dessen Nähe liegen und mit zunehmender Entfernung vom Mittelwert immer weniger Messwerte existieren.

Numerische Gleichheit (*numerical equality*) – die Erkenntnis, dass alle Mengen von *N* Objekten etwas gemeinsam haben.

Objektausdehnung (*optical expansion*) – ein → Tiefenindikator, bei dem ein Gegenstand immer größere Anteile vom Hintergrund verdeckt, was anzeigt, dass sich das Objekt nähert.

Objektpermanenz (*object permamence*) – das Wissen darüber, dass Objekte auch dann weiter existieren, wenn sie sich außerhalb des Wahrnehmungsfelds befinden.

Objektsubstitution (*object substitution*) – eine Form des → Als-ob, bei der ein Gegenstand als etwas anderes gilt.

Objekttrennung (*object segregation*) – die Identifikation einzelner Objekte in einer sichtbaren Anordnung.

Ödipus-Komplex (*Oedipus complex*) – Freuds Bezeichnung für den Konflikt, den Jungen in der → phallischen Phase erleben, weil sie ihre Mutter sexuell begehren und sich vor der Vergeltung durch ihren Vater fürchten.

Ökonomische Funktion (*economic function*) – eine Funktion der Familie; sie sorgt für die Mittel, mit deren Hilfe Kinder die Fähigkeiten und andere Ressourcen erwerben können, mit deren Hilfe sie als Erwachsene selbst ökonomische Erträge erwirtschaften können.

Okzipitallappen (*occipital lobe*) – der Teil des Gehirns, der vorrangig an der Verarbeitung visueller Information beteiligt ist.

Operantes Konditionieren (*operant conditioning*) – das Erlernen der Beziehung zwischen dem eigenen Verhalten und den Folgen, die eintreten.

Orale Phase (*oral stage*) – die erste Phase in Freuds Theorie im ersten Lebensjahr, in der die primäre Quelle für Befriedigung und Lust in oralen Aktivitäten besteht.

Parallele Verarbeitung (*parallel processing*) – kognitive Prozesse, die gleichzeitig ablaufen.

Parietallappen (*parietal lobe*) – der Teil des Gehirns, der die räumliche Verarbeitung und die Integration des Sinnesinputs mit den im Gedächtnis gespeicherten Informationen steuert.

Peers (*peers*) – Menschen von etwa gleichem Alter und Status.

Permissiver Erziehungsstil (*permissive parenting*) – ein → Erziehungsstil, der stark auf die Kinder eingeht, aber wenig Anforderungen stellt. Permissive Eltern reagieren auf die Bedürfnisse ihrer Kinder und verlangen nicht, dass sie sich selbst regulieren oder sich angemessen oder vernünftig verhalten.

Personifizierung (*personification*) – die Zuschreibung menschlicher Eigenschaften an Tiere oder Dinge.

Persönliche Fabel (*personal fable*) – eine Geschichte von Jugendlichen über sich selbst, die den Glauben an die Einzigartigkeit ihrer Gefühle und an ihre Unsterblichkeit beinhaltet.

Persönliche Urteile (*personal judgments*) – Entscheidungen, die sich auf Handlungen beziehen, bei denen vor allem persönliche Präferenzen berücksichtigt werden.

Persönlichkeit (*personality*) – das Muster verhaltensbezogener und emotionaler Neigungen, Überzeugungen und Interessen sowie der intellektuellen Fähigkeiten, die ein Individuum charakterisieren. Die Wurzeln der Persönlichkeit liegen im → Temperament (sie ist also veranlagungsbedingt), aber sie wird durch die Interaktionen mit der sozialen und physikalischen Welt geformt.

Perspektivenübernahme (*role taking*) – das Bewusstsein über die Perspektive einer anderen Person, wodurch das Verhalten, Denken und Fühlen dieser Person besser verstanden werden kann.

Phallische Phase (*phallic stage*) – die dritte Phase in Freuds Theorie zwischen dem dritten und dem sechsten Lebensjahr, in der sich der sexuelle Lustgewinn auf die Genitalien richtet.

Phänotyp (*phenotype*) – der beobachtbare Ausdruck des → Genotyps, der sowohl die körperlichen Merkmale als auch das Verhalten im Erscheinungsbild eines Individuums umfasst.

Phenylketonurie (PKU) (*phenylketonuria*) – eine Störung, die auf ein defektes rezessives → Gen auf Chromosom 12 zurückgeht, das den Umbau von Phenylalanin verhindert. Ohne Frühdiagnose und eine strenge Diät kann PKU zu schwerer geistiger Behinderung führen.

Phoneme (*phonemes*) – die elementaren lautlichen Einheiten einer Sprache, deren Veränderung mit Bedeutungsunterschieden einhergeht.

Phonologische Bewusstheit (*phonemic awareness*) – die Fähigkeit, die lautliche Struktur von Wörtern zu identifizieren.

Phonologische Entwicklung (*phonological development*) – der Erwerb des Wissens über das Lautsystem einer Sprache.

Phonologische Rekodierung (*phonological recoding skills*) – die Fähigkeit, Buchstaben in Laute zu übersetzen und diese zu Wörtern zu verbinden.

Phonologische Verarbeitung (*phonological processing*) – die Fähigkeit, Laute innerhalb von Wörtern zu unterscheiden und zu erinnern.

Phylogenetische Kontinuität (*phylogenetic continuity*) – die Vorstellung, dass Menschen wegen ihrer gemeinsamen Evolutionsgeschichte einige Eigenschaften und Entwicklungsprozesse mit anderen Tieren teilen, insbesondere mit Säugetieren.

Plastizität (*plasticity*) – die Fähigkeit des Gehirns, sich durch Erfahrung beeinflussen zu lassen.

Plazenta (*placenta*) – ein Organ mit einem außergewöhnlich reichen Netzwerk von Blutgefäßen, die den Austausch von Stoffen zwischen den Blutkreisläufen der Mutter und des Fetus ermöglichen, wobei beide Kreisläufe dennoch separat bleiben.

Plötzlicher Tod im Kindesalter (*sudden infant death syndrome*) – der überraschende Tod eines weniger als ein Jahr alten Kindes ohne erkennbare Ursache.

Polygenetische Vererbung (*polygenic inheritance*) – Vererbung, bei der Eigenschaften oder Wesenszüge von mehr als einem → Gen bestimmt werden.

Positive Verstärkung (*positive reinforcement*) – eine Belohnung, die zuverlässig auf ein Verhalten folgt und die Wahrscheinlichkeit erhöht, dass dieses Verhalten zukünftig wiederholt wird.

Pragmatische Entwicklung (*pragmatic development*) – der Erwerb des Wissens darüber, wie Sprache verwendet wird.

Pragmatische Hinweise (*pragmatic cues*) – Aspekte des sozialen Kontextes, die für das Lernen von Wörtern herangezogen werden.

Prägung (*imprinting*) – eine Form des Lernens, die bei manchen Vogel- und Säugetierarten auftritt; bei der Bindungsprägung binden sich die Neugeborenen fest an einen erwachsenen Vertreter ihrer Art (meistens ihre Mutter) und folgen ihm überall hin.

Prereaching movements – die ungelenken, ausschlagenden Bewegungen von Säuglingen in die grobe Nähe von Objekten, die sie sehen; eine Vorform des Greifens (daher *pre-reaching*).

Primärfaktoren (*primary mental abilities*) – sieben Fähigkeiten, die nach Thurstone entscheidend zur Intelligenz beitragen.

Proaktive Aggression (*proactive aggression*) – nicht gefühlsbasierte → Aggression, die auf die Erfüllung von Wünschen und Zielen gerichtet ist.

Problem der dritten Variable (*third-variable problem*) – die Tatsache, dass eine → Korrelation zwischen zwei → Variablen durch eine dritte Variable beeinflusst oder verursacht werden kann.

Problem der Verursachungsrichtung (*direction-of-causation problem*) – die Tatsache, dass eine → Korrelation zwischen zwei → Variablen nicht angibt, welche (und ob überhaupt eine) Variable die Ursache für die andere ist.

Problemlösen (*problem solving*) – der Prozess, ein Ziel durch Anwendung einer Strategie zu verfolgen, mit der ein Hindernis überwunden werden kann.

Projekt Rightstart (*Project Rightstart*) – ein Curriculum, um Kindergartenkinder mit einkommensschwachem familiärem Hintergrund auf die Grundschulmathematik vorzubereiten.

Prosodie (*prosody*) – die charakteristischen Muster, mit denen eine Sprache gesprochen wird: Rhythmus, Tempo, Tonfall, Melodie, Intonation und so weiter.

Prosoziales Verhalten (*prosocial behavior*) – freiwilliges Verhalten, von dem andere profitieren sollen, beispielsweise Helfen, Teilen oder Trösten.

Psychische Energie (*psychic energy*) – Freuds Ausdruck für die biologisch begründeten instinktiven Triebe, die Verhalten, Gedanken und Gefühle seiner Ansicht nach antreiben.

Psychologische Konstrukte (*psychological constructs*) – Vorstellungen, anhand derer man menschliches Verhalten versteht, zum Beispiel Wünsche, Überzeugungen und Handlungen.

Psychosoziales Moratorium (*psychosocial moratorium*) – eine Auszeit, während der vom Jugendlichen nicht erwartet wird, eine Erwachsenenrolle zu übernehmen, und er Aktivitäten nachgehen kann, die ihm Selbsterfahrung ermöglichen.

Pubertät (*puberty*) – die Entwicklungsphase, die durch die einsetzende Fähigkeit des Körpers markiert ist, sich zu reproduzieren. Diese Phase geht mit einschneidenden körperlichen Veränderungen einher.

Querschnittdesign (*cross-sectional design*) – eine Forschungsmethode, bei der Kinder verschiedenen Alters zu einem Messzeitpunkt hinsichtlich bestimmter Eigenschaften oder Verhaltensweisen verglichen werden.

Randomisierung (*random assignment*) – ein Verfahren, bei dem jedes Kind dieselbe Chance besitzt, einer der Gruppen in einem Experiment zugeordnet zu werden.

Reaktionsnorm (*norm of reaction*) – das Konzept, das alle → Phänotypen umfasst, die sich theoretisch aus einem bestimmten → Genotyp in seiner Beziehung zu allen Umwelten, in denen er überleben und sich entwickeln kann, herausbilden können.

Reaktive Aggression (*reactive aggression*) – emotionsgesteuerte, als Gegenreaktion gedachte → Aggression, die dadurch ausgelöst wird, dass man die Motive der anderen als feindselig wahrnimmt.

Referenz (*reference*) – in der Linguistik die Beziehung zwischen Wörtern und dem, was sie bedeuten.

Referenzieller Stil (*referential [analytic] style*) – eine sprachliche Strategie, bei der der Sprachstrom in seine einzelnen phonetischen Elemente und Wörter analysiert wird; die ersten Äußerungen von Kindern mit dieser Strategie sind für gewöhnlich isolierte, oft einsilbige Wörter.

Reflexe (*reflexes*) – angeborene, festgefügte Handlungsmuster, die als Reaktion auf eine bestimmte Art der Reizung auftreten.

Regulatorgene (*regulator genes*) – Gene, die die Aktivität anderer → Gene steuern.

Rehearsal (*rehearsal*) – der Prozess der andauernden Wiederholung von Information als Gedächtnisstütze.

Reliabilität (*reliability*) – das Ausmaß, in dem unabhängige Messungen eines Verhaltens übereinstimmen.

REM-Schlaf (*REM sleep*) – ein aktiver Schlafzustand, der bei Erwachsenen mit Träumen einhergeht, gekennzeichnet durch schnelle, ruckartige Augenbewegungen unter geschlossenen Lidern (daher *Rapid-Eye-Movement*-Schlaf).

Resilienz (*resilience*) – (wörtlich: Unverwüstlichkeit, Widerstandsfähigkeit) die Fähigkeit, trotz negativer Umstände und Einflüsse seine körperliche und geistige Gesundheit aufrechtzuerhalten.

Retina (*retina*) – die Schicht im Augenhintergrund, welche die lichtempfindlichen → Neurone enthält, die Stäbchen und Zapfen, die das einfallende Licht in Botschaften übersetzen, die an das Gehirn weitergeleitet werden.

Rezessives Allel (*recessive allele*) – dasjenige → Allel, das nicht zum Ausdruck kommt, falls ein → dominantes Allel vorhanden ist.

Reziproker Determinismus (*reciprocal determinism*) – die Vorstellung Banduras, dass Einflüsse zwischen Kindern und ihrer Umwelt in beide Richtungen verlaufen; Kinder werden durch Umweltaspekte beeinflusst, beeinflussen aber auch selbst ihre Umwelt.

Rollendiffusion (*identity confusion*) – eine unvollständige und manchmal inkohärente Vorstellung vom → Selbst, die in Eriksons Phase von → Identität versus Rollendiffusion häufig entsteht.

Scheitellappen → Parietallappen

Schema (*schema*) – eine Strategie, die sich bei der Lösung jeder Aufgabe aus einer Klasse von Problemstellungen anwenden lässt.

Schikanierter Peer-Status (*victimized peer status*) – im Rahmen von Peer-Beziehungen eine Bezeichnung für Kinder, die das Ziel von Aggression und Erniedrigung sind.

Schläfenlappen → Temporallappen

Schnelle Bedeutungsabbildung (*fast mapping*) – der Prozess, in dem ein neues Wort aus der bloßen kontrastiven Verwendung eines bekannten und eines unbekannten Wortes schnell gelernt wird.

Schreibabys (*colic*) – Babys, die ohne erkennbaren Grund exzessiv, regelmäßig und lang anhaltend schreien.

Schreitreflex (Schreit-Phänomen) (*stepping reflex*) – ein frühkindlicher → Reflex, bei dem das Kind in einem koordinierten Muster das eine und dann das andere Bein hebt, so dass der Eindruck des Gehens entsteht.

Sehschärfe (*visual acuity*) – die Fähigkeit zur Unterscheidung visueller Reize.

Selbst (*self*) – ein Konzeptsystem, das aus den Gedanken und Einstellungen über sich selbst besteht.

Selbst-bewusste Emotionen (*self-conscious emotions*) – Emotionen wie Schuld, Scham, Verlegenheit und Stolz, die auf die Wahrnehmung unseres → Selbst bezogen sind und auf unser Bewusstsein, wie andere auf uns reagieren.

Selbstsozialisation (*self-socialization*) – die Vorstellung, dass Kinder zum Beispiel durch ihre präferierten Tätigkeiten oder ihre Auswahl von Freunden eine sehr aktive Rolle bei ihrer eigenen → Sozialisation spielen.

Selbstwertgefühl (*self-esteem*) – die allgemeine Einschätzung der Wertigkeit des → Selbst und die Gefühle, die dadurch erzeugt werden.

Selektion (*selection*) – das häufigere Überleben und die größere Reproduktionsrate von Organismen mit guter Anpassung an die Umwelt.

Selektive Aufmerksamkeit (*selective attention*) – der Prozess der intendierten Konzentration auf die Information, die für das aktuelle Ziel am relevantesten ist.

Semantische Entwicklung (*semantic development*) – das Erlernen des Systems, mit dem in einer Sprache Bedeutung ausgedrückt wird, einschließlich des Erlernens von Wörtern.

Sensible Phase (*sensitive period*) – der Zeitabschnitt, in dem ein sich entwickelnder Organismus gegenüber schädigenden äußeren Einflüssen am anfälligsten ist.

Sensumotorisches Stadium (*sensorimotor stage*) – die Phase in Piagets Theorie (von der Geburt bis zu 2 Jahren), in der die Intelligenz durch sensorische und motorische Fähigkeiten zum Ausdruck kommt.

Sequentielle Verarbeitung (*sequential processing*) – kognitive Prozesse, die nacheinander ablaufen.

Sexuelle Orientierung (*sexual orientation*) – die Vorliebe einer Person für Männer oder Frauen als Objekte erotischer Gefühle.

Sichere Basis (*secure basis*) – Bowlbys Begriff dafür, dass die Anwesenheit einer Bindungsperson dem Säugling oder Kleinkind ein Gefühl von Sicherheit bietet, das es ihm ermöglicht, die Umwelt zu erforschen.

Sichere Bindung (*secure attachment*) – ein Bindungsmuster, bei dem ein Kind eine qualitativ hochwertige, relativ eindeutige Beziehung zu seiner Bindungsperson hat. In der → Fremden Situation weint ein sicher gebundenes Kind vielleicht, wenn die Bezugsperson weggeht, freut sich aber, wenn sie zurückkehrt, und erholt sich schnell von seinem Unbehagen. Wenn Kinder sicher gebunden sind, können sie ihre Bezugsperson als sichere Basis für die Erkundung ihrer Umwelt nutzen.

Skript (*script*) – der übliche Ablauf bestimmter Typen von Alltagsereignissen.

Soziale Kompetenz (*social competence*) – die Fähigkeit, persönliche Ziele in sozialen Situationen zu erreichen und gleichzeitig positive Beziehungen zu anderen aufrechtzuerhalten.

Soziale Stützung (*social scaffolding*) – ein Prozess, bei dem eine kompetentere Person zeitweilig ein Rahmengerüst bietet, welches das Denken des Kindes auf einer höheren Ebene ermöglicht, als das Kind von selbst bewältigen könnte.

Sozialer Vergleich (*social comparison*) – der Prozess, die eigenen psychischen, verhaltensbezogenen oder körperlichen Eigenschaften mit anderen zu vergleichen, um die eigene Tüchtigkeit zu bewerten.

Soziales Lächeln (*social smiles*) – Lächeln, das an Menschen gerichtet ist. Es tritt ab dem Alter von sechs oder sieben Wochen auf.

Soziales Referenzieren (*social referencing*) – die Verwendung mimischer, gestischer oder stimmlicher Hinweise der Eltern, um zu entscheiden, wie mit neuen, mehrdeutigen oder potenziell bedrohlichen Situationen umzugehen ist.

Sozialisation (*socialization*) – der Prozess durch den Kinder die Werte, Normen, Fähigkeiten, Wissensbestände und Verhaltensweisen erwerben, die für ihre gegenwärtige und zukünftige Rolle in ihrer jeweiligen Kultur als angemessen betrachtet werden. Eltern, Lehrer und andere Erwachsene sind wichtige Sozialisationsinstanzen für Kinder, wobei allerdings auch andere Kinder, die Medien und soziale Institutionen eine wichtige Rolle bei der Sozialisation spielen können.

Sozial-konventionale Urteile (*social conventional judgments*) – Entscheidungen, die sich auf Sitten oder Regeln beziehen, mit denen die soziale Koordination und die soziale Organisation gesichert werden sollen.

Sozio-kulturelle Theorien (*socio cultural theories*) – Ansätze, die den Beitrag anderer Menschen und der umgebenden Kultur zur Entwicklung von Kindern betonen.

Sozio-kultureller Kontext (*socio-cultural context*) – die materiellen, sozialen, kulturellen, ökonomischen und zeitgeschichtlichen Umstände, welche die Umwelt eines jeden Kindes bilden.

Soziometrischer Status (*sociometric status*) – ein Messwert für das Ausmaß, in dem Kinder von der gesamten Gruppe ihrer → Peers mehr oder weniger gemocht werden.

Sozio-ökonomischer Status (*socioeconomic status*) – ein Maß der sozialen Klassenzugehörigkeit auf der Basis von Bildung und Einkommen.

Sprache-Gesten-Widerspruch (*gesture-speech mismatches*) – ein Phänomen, bei dem die Handbewegungen und die verbalen Aussagen verschiedene Ideen vermitteln.

Sprachproduktion (*language production*) – das tatsächliche Sprechen (oder Gebärden oder Schreiben) gegenüber anderen.

Sprachverstehen (*language comprehension*) – das Verstehen, was andere sagen (oder gebärden oder schreiben).

Stacheln (*spines*) – Auswüchse auf den → Dendriten der Neurone, welche die Fähigkeit der Dendriten erhöhen, Verbindungen mit anderen Neuronen einzugehen.

Standardabweichung (*standard deviation*) – ein Maß für die Variabilität von Messwerten in einer Verteilung; in einer → Normalverteilung liegen 68 Prozent der Messwerte innerhalb einer Standardabweichung links und rechts vom Mittelwert und 95 Prozent innerhalb von zwei Standardabweichungen.

Stellvertretende Verstärkung (*vicarious reinforcement*) – die Beobachtung, wie jemand anderes eine Belohnung oder Bestrafung erhält.

Stereopsie (*stereopsis*) – der Prozess, in dem der visuelle Cortex die durch die → binokulare Disparität verursachten unterschiedlichen Nervensignale kombiniert, was zur Wahrnehmung räumlicher Tiefe führt.

Stil (*style*) – die Strategien, die Kleinkinder anwenden, wenn sie anfangen zu sprechen.

Stirnlappen → Frontallappen

Strategiewahlprozess (*strategy-choice process*) – ein Verfahren für die Wahl zwischen verschiedenen Wegen, ein Problem zu lösen.

Strukturierte Beobachtung (*structured observation*) – ein Verfahren, bei dem jedem Kind dieselbe Situation dargeboten und das Verhalten aufgezeichnet wird.

Strukturiertes Interview (*structured interview*) – ein Forschungsverfahren, bei dem alle Teilnehmer dieselben Fragen beantworten sollen.

Strukturierung (*organization*) – die Tendenz, einzelne Beobachtungen in kohärente Wissensstrukturen zu integrieren.

Stufentheorien (*stage theories*) – Annahmen, die die Entwicklung als eine Reihe von diskontinuierlichen, altersgebundenen Stadien sehen.

Symbole (*symbols*) – Systeme, mit denen unsere Gedanken, Gefühle und Wissensbestände repräsentiert und anderen Menschen mitgeteilt werden können.

Symbolische Repräsentation (*symbolic representation*) – die Verwendung eines Objekts in der Funktion, für ein anderes Objekt zu stehen.

Synapsen (*synapses*) – mikroskopisch kleine Verbindungsstellen zwischen dem → Axonende des einen Neurons und den → Dendriten-Verzweigungen oder dem → Zellkörper eines anderen → Neurons. An den Synapsen erfolgt die Kommunikation zwischen Neuronen.

Synaptogenese (*synaptogenesis*) – der Prozess der Bildung von → Synapsen mit anderen Neuronen, der in Billionen von Nervenverbindungen resultiert.

Syntaktische Entwicklung (*syntactic development*) – das Erlernen der → Syntax einer Sprache.

Syntaktische Selbsthilfe (*syntactic bootstrapping*) – die Strategie, die grammatische Struktur ganzer Sätze zu verwenden, um die Bedeutung herauszufinden.

Syntax (*syntax*) – die Regeln einer Sprache, die spezifizieren, wie Wörter verschiedener Wortklassen (Nomen, Verben, Adjektive etc.) kombiniert werden können.

Systematische Desensibilisierung (*systematic desensitization*) – eine Therapieform, die auf dem → klassischen Konditionieren aufbaut; besonders nützlich bei der Behandlung von Ängsten und Phobien. Dabei werden positive Reaktionen nach und nach auf Reize konditioniert, die anfänglich eine sehr negative Reaktion hervorrufen.

Telegrammstil (*telegraphic speech*) – die Charakterisierung der ersten Sätze von Kindern, die im Allgemeinen Zweiwortäußerungen sind.

Temperament (*temperament*) – veranlagungsbedingte individuelle Unterschiede in der emotionalen, motorischen und aufmerksamkeitsbezogenen Reagibilität und in der Selbstregulierung, die über Situationen hinweg konsistent sowie über die Zeit hinweg stabil sind.

Temporallappen (*temporal lobe*) – der Teil des Gehirns, der mit Gedächtnis, visueller Erkennung und deren Verarbeitung von Emotion und akustischer Information verknüpft ist.

Teratogene (*teratogens*) – Umwelteinflüsse mit dem Potenzial, während der pränatalen Entwicklung Schädigungen hervorzurufen. Die Schädigungen reichen von leicht behebbaren Problemen bis zum Tod.

Test-Retest-Reliabilität (*test-retest reliability*) – das Ausmaß der Ähnlichkeit von Leistungsmessungen bei mehreren Gelegenheiten.

Theorie der diskreten Emotionen (*discrete emotions theory*) – eine von Tomkins, Izard und anderen diskutierte Emotionstheorie, in der → Emotionen als angeboren und seit frühester Kindheit voneinander abgegrenzt betrachtet werden. Weiter wird angenommen, dass jede Emotion mit einem spezifischen und unverwechselbaren Satz körperlicher und mimischer Reaktionen einhergeht.

Theorie der elterlichen Investition (*parental-investment theory*) – eine Theorie, welche die evolutionäre Grundlage vieler Aspekte des elterlichen Verhaltens betont, einschließlich der umfangreichen Investitionen von Eltern in ihren Nachwuchs.

Theorie der erfolgreichen Intelligenz (*theory of successful intelligence*) – Sternbergs Theorie des menschlichen Intellekts, die auf der Annahme beruht, dass Intelligenz die Fähigkeit bedeutet, im Leben erfolgreich zu sein.

Theorie der multiplen Intelligenzen (*multiple intelligence theory*) – Gardners Theorie des menschlichen Intellekts, die auf der Annahme beruht, dass es mindestens acht Typen von Intelligenz gibt.

Theorie des Geistes (*theory of mind*) – ein grundlegendes Verständnis davon, wie der Verstand funktioniert und wie er das Verhalten beeinflusst.

Theorie des Kernwissens (*core-knowledge theory*) – ein Ansatz, der die Differenziertheit des Denkens von Säuglingen und Kleinkindern in Bereichen hervorhebt, die im Verlauf der menschlichen Evolutionsgeschichte von Bedeutung waren.

Theorie dynamischer Systeme (*dynamic-systems theory*) – ein Informationsverarbeitungsansatz, der besonders darauf abhebt, wie unterschiedliche Aspekte des Kindes als ein einziges, integriertes Ganzes funktionieren.

Theorie überlappender Wellen (*overlapping-waves theory*) – ein Informationsverarbeitungsansatz, der die Variabilität im Denken des Kindes betont.

Theorien neuronaler Netze (*neural-network approach*) – ein Synonym für → konnektionistische Theorien.

Theory-of-mind-Modul (*theory of mind module*) – ein hypothetischer Gehirnmechanismus, der das Verstehen anderer Menschen ermöglichen soll.

Tiefenindikator – eine Informationsquelle für räumliche Tiefe beim Sehen.

Training sozialer Fähigkeiten (*social skills training*) – Trainingsprogramme zur Förderung der Akzeptanz abgelehnter Kinder durch ihre → Peers; sie beruhen auf der Annahme, dass → abgelehnten Kindern wichtige Wissensbestände und Fähigkeiten fehlen, welche für positive Interaktionen mit Peers hilfreich sind.

Trennungsangst (*separation anxiety*) – negative Gefühle, die Kinder, im Besonderen Säuglinge und Kleinkinder, erfahren, wenn sie von Individuen, an denen sie hängen, getrennt sind oder eine solche Trennung erwarten.

Überdehnung (*overextension*) – die Verwendung eines bestimmten Wortes in einem weiteren Kontext, als es der Bedeutung angemessen ist.

Übergeneralisierung (*overregularization*) – sprachliche Fehler, bei denen die Kinder unregelmäßige Wortformen so behandeln, als ob sie regelmäßig wären.

Übergeordnete Ebene (*superordinate level*) – die allgemeinste Ebene einer → Klassenhierarchie; zum Beispiel „Tier" in der Hierarchie Tier/Hund/Pudel.

Über-Ich (*superego*) – in der psychoanalytischen Theorie die dritte Persönlichkeitsstruktur, die verinnerlichte moralische Normen umfasst.

Überlappende Wellen → Theorie überlappender Wellen

Überleben des Nachwuches (*survival of offspring*) – eine Funktion der Familie; durch die Versorgung der kindlichen Bedürfnisse stellt sie das Überleben des Nachwuchses sicher.

Übernommene Identität (*identity foreclosure*) – ein Identitätsstatus, bei dem sich das Individuum bei seiner Identität auf keinerlei Experimente einlässt, sondern eine berufliche oder ideologische Identität etabliert hat, die darauf basiert, was andere gewählt haben oder für wichtig halten.

Umwelt (*environment*) – die materielle und soziale Umgebung, die unsere Entwicklung beeinflusst.

Unabhängige Variable (*independent variable*) – die manipulierte Bedingung, die sich für die Kinder der → Experimentalgruppe und die Kinder der → Kontrollgruppe unterscheidet.

Universalgrammatik (*universal grammar*) – eine Reihe hoch abstrakter, unbewusster Regeln, die allen Sprachen gemeinsam sind.

Unkonditionierte Reaktion (UCR) (*unconditioned response*) – beim → klassischen Konditionieren ein → Reflex, der durch den → unkonditionierten Reiz ausgelöst wird.

Unkonditionierter Reiz (UCS) (*unconditioned stimulus*) – beim → klassischen Konditionieren der Reiz, der einen → Reflex auslöst.

Unsichere Bindung (*insecure attachment*) – ein Bindungsmuster, bei dem Kinder eine weniger positive → Bindung zu ihrer Bezugsperson haben als → sicher gebundene Kinder. Unsicher gebundene Kinder können eingeteilt werden in → unsicher-ambivalent, → unsicher-vermeidend oder → desorganisiert.

Unsicher-ambivalente Bindung (*insecure/resistant attachment*) – ein Typ → unsicherer Bindung, bei dem Säuglinge oder kleine Kinder klammern und nahe bei der Bezugsperson bleiben, statt ihre Umwelt zu erkunden. In der → Fremden Situation werden unsicher-ambivalent gebundene Kinder häufig ängstlich, wenn die Bezugsperson sie allein im Raum lässt, und können von Fremden nicht leicht beruhigt werden. Wenn die Bezugsperson zurückkehrt, lassen sie sich nur schwer beruhigen; einerseits suchen sie Trost, anderseits widersetzen sie sich den Bemühungen, sie zu trösten.

Unsicher-vermeidende Bindung (*insecure/avoidant attachment*) – ein Typ → unsicherer Bindung, bei dem Säuglinge oder kleine Kinder gleichgültig gegenüber ihrer Bezugsperson erscheinen und diese gegebenenfalls sogar meiden. In der → Fremden Situation erscheinen sie der Bezugsperson gegenüber gleichgültig, bevor diese den Raum verlässt, und gleichgültig oder vermeidend, wenn sie zurückkehrt. Wenn sie weinen, nachdem die Bezugsperson sie allein gelassen hat, können sie von einem Fremden ebenso leicht beruhigt werden wie von der Mutter oder dem Vater.

Untergeordnete Ebene (*subordinate level*) – die spezifischste Ebene einer → Klassenhierarchie; zum Beispiel „Pudel" in der Hierarchie Tier/Hund/Pudel.

Untergewichtige Neugeborene (*low birth weight*) – Babys mit einem Geburtsgewicht von unter 2500 Gramm (*low birth weight infants*).

Validität (*validity*) – das Ausmaß, in dem ein Test das misst, was er messen soll.

Variablen (*variables*) – Eigenschaften, die von Person zu Person variieren, so wie Alter, Geschlecht oder Erwartungen.

Variation (*variation*) – Unterschiede im Denken und Verhalten innerhalb und zwischen Individuen.

Verhaltensgenetik (*behavioral genetics*) – die Wissenschaft davon, wie sich → Variation im Verhalten und in der Entwicklung aus der Kombination von genetischen Faktoren und Umweltfaktoren ergibt.

Verhaltenshemmung (*behavioral inhibition*) – eine auf dem → Temperament beruhende Art des Reagierens. Verhaltensgehemmte Kinder neigen zu starkem angstvollem Unwohlsein und sind besonders ängstlich und zurückhaltend, wenn sie mit einer neuen oder stressigen Situation umgehen müssen.

Verhaltensmodifikation (*behavior modification*) – eine Therapieform, die auf Prinzipien des → operanten Konditionierens beruht. Dabei werden Verstärkungskontingenzen verändert, um ein angepassteres Verhalten zu fördern.

Verschlossen-abgelehnte Kinder (*withdrawn-rejected children*) – eine Kategorie des → soziometrischen Status, die sich auf → abgelehnte Kinder bezieht, die sich sozial zurückziehen, argwöhnisch und häufig schüchtern und ängstlich sind.

Verständniskontrolle (*comprehension monitoring*) – der Prozess, das eigene Verstehen eines gelesenen Textes zu kontrollieren.

Verteilungscharakteristik (*distributional properties*) – das Phänomen, dass in jeder Sprache bestimmte Laute mit höherer Wahrscheinlichkeit zusammen auftreten als andere.

Verwendungsdefizit (*utilization deficiency*) – das Phänomen, dass die anfängliche Anwendung von Strategien die Gedächtnisleistung nicht so stark verbessert wie der spätere Einsatz.

Visuell gestützter Abruf (*visually based retrieval*) – das direkte Übergehen von der visuellen Form eines Wortes zu seiner Bedeutung; ein möglicher Prozess der Worterkennung.

Voice onset time (VOT) – die Zeit zwischen dem Ausströmen der Luft durch die Lippen und dem Einsetzen der Vibration der Stimmbänder.

Vor-operatorisches Stadium (*preoperational stage*) – die Phase in Piagets Theorie (2 bis 7 Jahre), in der Kinder dazu fähig werden, ihre Erfahrungen in Form von Sprache, geistigen Vorstellungen und symbolischem Denken zu repräsentieren.

Wahrnehmung (*perception*) – der Prozess der Strukturierung und Interpretation sensorischer Information.

Wahrnehmungsbasierte Klassifikation (*perceptual categorization*) – die Gruppierung von Objekten mit ähnlichem Erscheinungsbild.

Wahrnehmungskonstanz (*perceptual constancy*) – die Wahrnehmung von Objekten in konstanter Größe, Form, Farbe etc., trotz der physikalischen Unterschiede in ihrem retinalen Abbild.

Wickeln (*swaddling*) – ein in vielen Kulturen angewandtes Beruhigungsverfahren, bei dem ein Baby fest in Tücher oder eine Decke eingewickelt wird, so dass es seine Arme und Beine kaum mehr bewegen kann.

Wissenschaftliche Methode (*scientific method*) – ein Ansatz zur Prüfung von Annahmen, bei dem zunächst eine Fragestellung gewählt und dazu eine → Hypothese formuliert wird, die man prüft, um danach auf der Basis der Ergebnisse dieser Prüfung eine Schlussfolgerung zu ziehen.

Zeitlich verzögerte Nachahmung (*deferred imitation*) – die Wiederholung des Verhaltens anderer Menschen zu einem Zeitpunkt, der deutlich nach dem ursprünglichen Auftreten des Verhaltens liegt.

Zellkörper (*cell body*) – ein Bestandteil des → Neurons, der das grundlegende biologische Material enthält, mit dessen Hilfe die Nervenzelle funktioniert.

Zentrierung (*centration*) – die Tendenz, sich auf ein einzelnes, perzeptuell auffälliges Merkmal eines Objekts oder Ereignisses zu konzentrieren.

Zone proximaler Entwicklung (*zone of proximal development*) – der Bereich der Leistungsfähigkeit zwischen dem, was das Kind ohne Hilfestellung kann, und dem, was es mit optimaler Unterstützung bewältigt.

Zurückweisend-vernachlässigender Erziehungsstil (*rejecting-neglecting parenting*) – ein → Erziehungsstil, der durch geringe Anforderungen und geringe Ansprechbarkeit gekennzeichnet ist. Zurückweisend-vernachlässigende Eltern setzen dem Verhalten ihrer Kinder keine Grenzen und kontrollieren es auch nicht, bieten keine Unterstützung und weisen ihre Kinder manchmal zurück oder vernachlässigen sie. Die Eltern sind auf ihre eigenen Bedürfnisse konzentriert und nicht auf die des Kindes.

Zuverlässigkeit → Reliabilität

Zweieiige Zwillinge (*fraternal twins*) – Zwillinge, die aus der gleichzeitigen Freisetzung zweier Eizellen in den Eileiter entstehen, die von zwei verschiedenen Spermien befruchtet werden. Zweieiige Zwillinge stimmen nur in der Hälfte ihrer genetischen Ausstattung überein.

Zweifache (duale) Repräsentation (*dual representation*) – die Vorstellung, dass die Verwendung eines symbolischen Artefakts nur gelingen kann, wenn dieses mental gleichzeitig auf zweifache (duale) Weise repräsentiert ist: als reales Objekt und als Symbol, das für etwas anderes steht als sich selbst.

Zygote (*zygote*) – das befruchtete Ei, das aus der Vereinigung einer Ei- und einer Spermienzelle entsteht.

Literaturverzeichnis

Aboud, F. E. & Mendelson, M. J. (1996). Determinants of friendship selection and quality: Developmental perspectives. In W. M. Bukowski, A. F. Newcomb & W. W. Hartup (Eds.), *The company they keep: Friendship in childhood and adolescence* (pp. 87–112). Cambridge, England: Cambridge University Press.

Abramovitch, R., Corter, C. & Lando, B. (1979). Sibling interaction in the home. *Child Development, 4,* 997–1003.

Achenbach, T. M., Phares, V., Howell, C. T., Rauh, V. A. & Nurcombe, B. (1990). Seven-year outcome of the Vermont intervention program for low-birthweight infants. *Child Development, 61,* 1672–1681.

Acredolo, C. & Schmidt, J. (1981). The understanding of relative speeds, distances, and durations of movement. *Developmental Psychology, 17,* 490–493.

Acredolo, L. P. (1978). The development of spatial orientation in infancy. *Developmental Psychology, 14,* 224–234.

Acredolo, L. P., Adams, A. & Goodwin, S. W. (1984). The role of self-produced movement and visual tracking in infant spatial orientation. *Journal of Experimental Child Psychology, 38,* 312–327.

Acredolo, L. P. & Goodwyn, S. W. (1990). Sign language in babies: The significance of symbolic gesturing for understanding language development. In R. Vasta (Ed.), *Annals of child development: A research annual* (Vol. 7) (pp. 1–42). London: Kingsley.

Adams, M. J. (1990). *Beginning to read: Thinking and learning about print.* Cambridge, MA: MIT Press.

Adams, M. J., Treiman, R. & Pressley, M. (1998). Reading, writing, and literacy. In W. Damon (Series Ed.) and I. E. Sigel & K. A. Renninger (Vol. Eds.), *Handbook of child psychology: Vol. 4. Child psychology in practice.* (5th ed.) (pp. 275–355). New York: Wiley.

Adams, R. J. (1995). Further exploration of human neonatal chromatic-achromatic discrimination. *Journal of Experimental Child Psychology, 60,* 344–360.

Adamson, L. B. & Bakeman, R. (1991). The development of shared attention during infancy. In R. Vasta (Ed.), *Annals of child development* (Vol. 8) (pp. 1–41). London: Kingsley.

Adolph, K. E. (1997). Learning in the development of infant locomotion. *Monographs of the Society for Research in Child Development, 62* (3, Serial No. 251).

Adolph, K. E. (2000). Specificity of learning: Why infants fall over a veritable cliff. *Psychological Science, 11,* 290–295.

Adolph, K. E., Eppler, M. & Gibson, E. (1993). Crawling versus walking infants' perception of affordances for locomotion over sloping surfaces. *Child Development, 64,* 1158–1174.

Adolph, K. E., Vereijken, B. & Denny, M. A. (1998). Learning to crawl. *Child Development, 69,* 1299–1312.

Aguiar, A. & Baillargeon, R. (2000). Perseveration and problem solving in infancy. In H. W. Reese (Ed.), *Advances in child development and behavior* (Vol. 27) (pp. 135–180). San Diego, CA: Academic Press.

Ahadi, S. A., Rothbart, M. K. & Ye, R. (1993). Children's temperament in the U. S. and China: Similarities and differences. *European Journal of Personality, 7,* 359–377.

Ahmed, A. & Ruffman, T. (1998). Why do infants make A not B errors in a search task, yet show memory for the location of hidden objects in a nonsearch task? *Developmental Psychology, 34,* 441–453.

Ainsworth, M. D. S. (1967). *Infancy in Uganda: Infant care and the growth of attachment.* Baltimore, MD: Johns Hopkins Press.

Ainsworth, M. D. S. (1973). The development of infant-mother attachment. In B. Caldwell & H. Ricciuti (Eds.), *Review of child development research* (Vol. 3) (pp. 1–94). Chicago: University of Chicago Press.

Ainsworth, M. D. S., Blehar, M. C., Waters, E. & Wall, S. (1978). *Patterns of attachment: A psychological study of the strange situation.* Hillsdale, NJ: Erlbaum.

Alexander, K. L. & Entwistle, D. R. (1996). Schools and children at risk. In A. Booth & J. F. Dunn (Eds.), *Family-school links: How do they affect educational outcomes?* (pp. 67–88). Mahwah, NJ: Erlbaum.

Alibali, M. W. (1999). How children change their minds: Strategy change can be gradual or abrupt. *Developmental Psychology, 35,* 127–145.

Allison, D. B. & Pi-Sunyer, F. X. (1994, May/June). Fleshing out obesity. *The Sciences,* 38–43.

Altermatt, E. R., Jovanovic, J. & Perry, M. (1998). Bias or responsivity? Sex and achievement-level effects on teachers' classroom questioning practices. *Journal of Educational Psychology, 90,* 516–527.

Altshuler, J. L., Genevro, J. L., Ruble, D. N. & Bornstein, M. H. (1995). Children's knowledge and use of coping strategies during hospitalization for elective surgery. *Journal of Applied Developmental Psychology, 16,* 53–76.

Alwin, D. F. (1984). Trends in parental socialization: Detroit, 1958–1983. *American Journal of Sociology, 90,* 359–381.

Alwin, D. F. (1989). Social stratification, conditions of work, and parental socialization values. In N. Eisenberg, J. Reykowski & E. Staub (Eds.), *Social and moral values: Individual and societal perspectives* (pp. 327–346). Hillsdale, NJ: Erlbaum.

Amato, P. R. (2001). Children of divorce in the 1990s; An update of the Amato and Keith (1991) meta-analysis. *Journal of Family Psychology, 15*, 355–370.

Amato, P. R. & Keith, B. (1991). Parental divorce and the well-being of children: A meta-analysis. *Psychological Bulletin, 110*, 26–46.

American Psychiatric Association. (1994). *Diagnostic and statistical manual of mental disorders*. Washington, DC: Author.

Anderman, E. M. & Midgley, C. (1997). Changes in achievement goal orientations, perceived academic competence, and grades across the transition to middle-level schools. *Contemporary Educational Psychology, 22*, 269–298.

Anderson, C. A. & Bushman, B. J. (2001). Effects of violent video games on aggressive behavior, aggressive cognition, aggressive affect, physiological arousal, and prosocial behavior: A meta-analytic review of the scientific literature. *Psychological Science, 12*, 353–359.

Anderson, J. R. & Lebiere, C. (1998). *Atomic components of thought*. Mahwah, NJ: Erlbaum.

Anderson, M. (1992). *Intelligence and development: A cognitive theory*. Oxford, England: Blackwell.

Anderson, R. C., Wilson, P. T. & Fielding, L. G. (1988). Growth in reading and how children spend their time outside school. *Reading Research Quarterly, 23*, 285–303.

Andrews, J., Foster, S., Capaldi, D. & Hops, H. (2000). Adolescent and family predictors of physical aggression, communication, and satisfaction in young adult couples: A prospective analysis. *Journal of Consulting and Clinical Psychology, 68*, 195–208.

Anglin, J. M. (1993). Vocabulary development: A morphological analysis. *Monographs of the Society for Research in Child Development, 58* (10, Serial No. 238).

Anisfeld, M., Turkewitz, G., Rose, S. A., Rosenberg, F. R., Sheiber, F. J., Couturier-Fagan, D. A. et al. (2001). No compelling evidence that newborns imitate oral gestures. *Infancy, 1*, 111–122.

Aptehar, L. & Ciano-Federoff, L. M. (1999). Street children in Nairobi: Gender differences in mental health. *New Directions in Child Development, 85*, 35–46.

Archer, J. (1991). The influence of testosterone on human aggression. *British Journal of Psychology, 81*, 1–28.

Arduini, D., Rizzo, G. & Romanini, C. (1995). Fetal behavioral states and behavioral transitions in normal and compromised fetuses. In J. Lecanuet, W. P. Fifer, N. A. Krasnegor & W. P. Smotherman (Eds.), *Fetal development: A psychobiological perspective* (pp. 83–99). Hillsdale, NJ: Erlbaum.

Aristoteles. (1979). *Nikomachische Ethik. Übersetzt und kommentiert von Franz Dirlmeier* (7. Auflage). Darmstadt: Wissenschaftliche Buchgesellschft.

Arnett, J. J. (1999). Adolescent storm and stress, a reconsideration. *American Psychologist, 54*, 317–328.

Aronson, E. (2000). *Nobody left to hate: Teaching compassion after Columbine*. New York: Worth.

Asendorpf, J. B. (1990). Development of inhibition during childhood: Evidence for situational specificity and a two-factor model. *Developmental Psychology, 26*, 721–730.

Asendorpf, J. B. (1999). *Psychologie der Persönlichkeit*. Berlin: Springer.

Asendorpf, J. B., Warkentin, V. & Baudonniere, P.-M. (1996). Self-awareness and other-awareness: II. Mirror self-recognition, social contingency awareness, and synchronic imitation. *Developmental Psychology, 32*, 313–321.

Ashcraft, M. H., Kirk, E. P & Hopko, D. (1998). On the cognitive consequences of mathematics anxiety. In C. Donlan (Ed.), *The development of mathematical skills* (pp. 175–196). East Sussex: Psychology Press.

Asher, S. R. & Dodge, K. A. (1986). Identifying children who are rejected by their peers. *Developmental Psychology, 22*, 444–449.

Asher, S. R. & Rose, A. J. (1997). Promoting children's social-emotional adjustment with peers. In P. Salovey & D. J. Sluyter (Eds.), *Emotional development and emotional intelligence* (pp. 196–224). New York: Basic Books.

Aslin, R. N. (1981). Development of smooth pursuit in human infants. In D. F. Fisher, R. A. Monty & J. W. Senders (Eds.), *Eye movements: Cognition and visual perception* (pp. 31–51). Hillsdale, NJ: Erlbaum.

Aslin, R. N., Jusczyk, P. W. & Pisoni, D. B. (1998). Speech and auditory processing during infancy: Constraints on and precursors to language. In W. Damon (Series Ed.) and D. Kuhn & R. S. Siegler (Vol. Eds.), *Handbook of child psychology: Vol. 2. Cognition, perception, and language* (5th ed.) (pp. 147–198). New York: Wiley.

Aslin, R. N., Saffran, J. R. & Newport, E. L. (1998). Computation of conditional probability statistics by 8-month-old infants. *Psychological Science, 9*, 321–324.

Astington, J. W. (1993). *The child's discovery of the mind*. Cambridge, MA: Harvard University Press.

Atran, S. (1990). *Cognitive foundations of natural history*. Cambridge, England: Cambridge University Press.

Atran, S. (1994). Causal constraints on categories and categorical constraints on biological reasoning across cultures. In S. Sperber, D. Premack & A. J. Premack (Eds.), *Causal cognition: A multidisciplinary debate* (pp. 205–233). New York: Oxford University Press.

Attie, I., Brooks-Gunn, J. & Petersen, A. C. (1990). A developmental perspective on eating disorders and eating problems. In M. Lewis & S. Miller (Eds.), *Handbook of developmental psychopathology* (pp. 409–420). New York: Plenum Press.

Attili, G., Vermigli, P & Schneider, B. H. (1997). Peer acceptance and friendship patterns among Italian schoolchildren within a cross-cultural perspective. *International Journal of Behavioral Development, 21*, 277–288.

Augusta, D. & Hakuta, K. (1998). *Educating language-minority children*. Washington, DC: National Academy Press.

Avis, J. & Harris, P. L. (1991). Belief-desire reasoning among Baka children: Evidence for a universal conception of mind. *Child Development, 62*, 460–467.

Ayduk, O., Mendoza-Denton, R., Downey, G., Peake, P. K. & Rodriguez, M. (2000). Regulating the interpersonal self: Strategic self-regulation for coping with rejection sensitivity. *Journal of Personality and Social Psychology, 79*, 776–792.

Azmitia, M. & Montgomery, R. (1993). Friendship, transactive dialogues, and the development of scientific reasoning. *Social Development, 2*, 202–221.

Backscheider, A. G., Shatz, M. & Gelman, S. A. (1993). Preschoolers' ability to distinguish living kinds as a function of regrowth. *Child Development, 64*, 1242–1257.

Baenninger, M. & Newcombe, N. (1989). The role of experience in spatial test performance: A meta-analysis. *Sex Roles, 20*, 327–344.

Baffes, E & Mooney, R. (1996). Refinement-based student modeling and automated bug library construction. *Journal of Artificial Intelligence in Education, 7*, 75–116.

Bagwell, C. L., Newcomb, A. F. & Bukowski, W. M. (1998). Preadolescent friendship and peer rejection as predictors of adult adjustment. *Child Development, 69*, 140–153.

Bahrick, L. E. (1994). The development of infants' sensitivity to arbitrary intermodal relations. *Ecological Psychology, 6*, 111–123.

Bahrick, L. E. & Watson, J. S. (1985). Detection of intermodal proprioceptive-visual contingency as a potential basis of self-perception in infancy. *Developmental Psychology, 21*, 963–973.

Bai, D. & Bertenthal, B. I. (1992). Locomotor status and the development of spatial search skills. *Child Development, 63*, 215–226.

Bai, M. (1999, May 3). Anatomy of a massacre. *Newsweek*.

Bailey, J. M., Bobrow, D., Wolfe, M. & Mikach, S. (1995). Sexual orientation of adult sons and gay fathers. *Developmental Psychology, 31*, 124–129.

Bailey, J. M. & Pillard, R. C. (1991). A genetic study of male sexual orientation. *Archives of General Psychiatry, 43*, 808–812

Bailey, J. M., Pillard, R. C., Neale, M. C. & Agyes,Y. (1993). Heritable factors influence sexual orientation in women. *Archives of General Psychiatry, 50*, 217–223.

Baillargeon, R. (1987a). Object permanence in 3.5- and 4.5-month-old infants. *Developmental Psychology, 23*, 655–664.

Baillargeon, R. (1987b). Representing the existence and the location of hidden objects: Object permanence in 6- and 8-month old infants. *Cognition, 23*, 21–41.

Baillargeon, R. (1991). Reasoning about the height and location of a hidden object in 4.5- and 6.5-month-old infants. *Cognition, 38*, 13–42.

Baillargeon, R. (1993). The object concept revisited: New directions in the investigation of infants' physical knowledge. In C. E. Granrud (Ed.), *Visual perception and cognition in infancy* (pp. 265–315). Hillsdale, NJ: Erlbaum.

Baillargeon, R. (1994). How do infants learn about the physical world? *Current Directions in Psychological Science, 3*, 133–140.

Baillargeon, R. (1995). A model of physical reasoning in infancy. In C. Rovee-Collier & L. P Lipsitt (Eds.), *Advances in Infancy Research* (Vol. 9). Norwood, NJ: Ablex.

Baillargeon, R. (1998). Infants' understanding of the physical world. In F. Craik & M. Sabourin (Ed.), *Advances in psychological science. Vol. 2: Biological and cognitive aspects* (pp. 503–529). Hove: Psychology Press.

Baillargeon, R. & DeVos, J. (1991). Object permanence in 3.5- and 4.5-month-old infants: Further evidence. *Child Development, 62*, 1227–1246.

Baillargeon, R., DeVos, J. & Graber, M. (1989). Location memory in 8- month-old infants in a non-search AB task: Further evidence. *Cognitive Development, 4*, 345–367.

Baillargeon, R. & Graber, M. (1987). Where's the rabbit? 5.5-month-old infants' representation of the height of a hidden object. *Cognitive Development, 2*, 375–392.

Baillargeon, R., Kotovsky, L. & Needham, A. (1995). The acquisition of physical knowledge in infancy. In S. Sperber, D. Premack & A. J. Premack (Eds.), *Causal cognition: A multidisciplinary debate* (pp. 79–116). Oxford, England: Oxford University Press.

Baillargeon, R., Needham, A. & DeVos, J. (1992). The development of young infants' intuitions about support. *Early Development and Parenting, 1*, 69–78.

Baillargeon, R., Spelke, E. S. & Wasserman, S. (1985). Object permanence in 5-month-old infants. *Cognition, 20*, 191–208.

Baker, L. (1994). Fostering metacognitive development. In H. Reese (Ed.), *Advances in child development and behavior* (Vol. 25) (pp. 201–239). San Diego, CA: Academic Press.

Bakermans-Kranenburg, M. J., van IJzendoorn, M. H. & Juffer, F. (2003). Less is more: Meta-analyses of sensitivity and attachment interventions in early childhood. *Psychological Bulletin, 129*, 195–215.

Balaban, M. T., Anderson, L. M. & Wisniewski, A. B. (1998). Lateral asymmetries in infant melody perception. *Developmental Psychology, 34*, 39–48.

Baldwin, D. A. (1991). Infants' contribution to the achievement of joint reference. *Child Development, 62*, 875–890.

Baldwin, D. A. (1993a). Early referential understanding: Infants' ability to recognize referential acts for what they are. *Developmental Psychology, 29*, 832–843.

Baldwin, D. A. (1993b). Infants' ability to consult the speaker for clues to word reference. *Journal of Child Language, 20*, 395–419.

Baldwin, D. A., Markman, E. M. & Mellartin, R. L. (1993). Infants' ability to draw inferences about nonobvious object properties: Evidence from exploratory play. *Child Development, 64*, 711–728.

Baldwin, D. A. & Moses, L. J. (1994). Early understanding of referential intent and attentional focus: Evidence from language and emotion. In C. Lewis & P. Mitchell (Eds.). *Children's early understanding of mind* (pp. 133–156). Hove, England: Erlbaum.

Ball, W. & Tronick, E. (1971). Infant responses to impending collision: Optical and real. *Science, 171*, 818–820.

Bandura, A. (1965). Influence of models: Reinforcement contingencies on the acquisition of imitative behaviors. *Journal of Personality and Social Psychology, 1*, 589–595.

Bandura, A. (1979). Sozial-kognitive Lerntheorie. Stuttgart: Klett-Cotta. [Original 1977: *Social learning theory*. Upper Saddle River, NJ: Prentice-Hall.]

Bandura, A. (1986). *Social foundations of thought and action*. Upper Saddle River, NJ: Prentice-Hall.

Bandura, A., Ross, D. & Ross, S. A. (1963). Imitation of film-mediated aggressive models. *Journal of Abnormal Social Psychology, 66*, 3–11.

Bandura, A. & Walters, R. H. (1963). *Social learning and personality development*. New York: Holt, Rinehart & Winston.

Banerjee, M. (1997). Hidden emotions: Preschoolers' knowledge of appearance-reality and emotion display rules. *Social Cognition, 15*, 107–132.

Banich, M. T. (1997). *Neuropsychology: The neural bases of mental function*. New York: Houghton Mifflin.

Banich, M. T., Levine, S., Kim, H. & Huttenlocher, P. (1990). The effects of developmental factors on IQ in hemiplegic children. *Neuropsychologia, 28,* 35–47.

Banigan, R. L. & Mervis, C. B. (1988). Role of adult input in young children's category evolution: An experimental study. *Journal of Child Language, 15,* 493–504.

Bank, L., Patterson, G. R. & Reid, J.B. (1996). Negative sibling interaction patterns as predictors of later adjustment problems in adolescent and young adult males. In G. H. Brody (Ed.), *Sibling relationships: Their causes and consequences* (pp. 197–229). Norwood, NJ: Ablex Press.

Banks, M. S. & Dannemiller, J. L. (1987). Infant visual psychophysics. In P. Salapatek & L. Cohen (Eds.), *Handbook of infant perception. Vol. 1. From sensation to perception* (pp. 115–184). Orlando, FL: Academic Press.

Banks, M. S. & Shannon, E. S. (1993). Spatial and chromatic visual efficiency in human neonates. In C. Granrud (Ed.), *Visual perception and cognition in infancy* (pp. 1–46). Hillsdale, NJ: Erlbaum.

Barber, B. K. (1996). Parental psychological control: Revisiting a neglected construct. *Child Development, 67,* 3296–3319.

Barden, R. C., Zelko, F. A., Duncan, S. W. & Masters, J. C. (1980). Children's consensual knowledge about the experiential determinants of emotion. *Journal of Personality and Social Psychology, 39,* 968–976.

Barinaga, M. (2000). A new clue to how alcohol damages brains. *Science, 287,* 947–948.

Barkley, R. A. (1994). Impaired delayed responding: A unified theory of attention-deficit hyperactivity disorder. In R. A. Barkley (Ed.), *Disruptive behavior disorders in childhood* (pp. 11–57). New York: Plenum Press.

Barkley, R. A. (1997). Behavioral inhibition, sustained attention, and executive functions. Constructing a unifying theory of ADHD. *Psychological Bulletin, 121,* 65–94.

Barnard, K. E., Bee, H. L. & Hammond, M. A. (1984). Home environment and cognitive development in a healthy, low-risk sample: The Seattle study. In A. W. Gottfried (Ed.), *Home environment and early cognitive development* (pp. 117–150). New York: Academic Press.

Baron-Cohen, S. (1991). The development of a theory of mind in autism: Deviance and delay? *Psychiatric Clinics of North America, 14,* 33–51.

Baron-Cohen, S. (1993). From attention-goal psychology to belief-desire psychology: The development of a theory of mind, and its dysfunction. In S. Baron-Cohen, H. Tager-Flusberg & D. J. Cohen (Eds.), *Understanding other minds: Perspectives from autism.* Oxford, England: Oxford University Press.

Barr, R., Dowden, A. & Hayne, H. (1996). Developmental changes in deferred imitation by 6- to 24-month-old infants. *Infant Behavior and Development, 19,* 159–170.

Barr, R. & Hayne, H. (1999). Developmental changes in imitation from television during infancy. *Child Development, 70,* 1067–1081.

Barr, R. G., Quek, V. S., Cousineau, D., Oberlander, T. F., Brian, J. A. & Young, S. N. (1994). Effects of intra-oral sucrose on crying, mouthing and hand-mouth contact in newborn and six-week-old infants. *Developmental Medicine & Child Neurology, 36,* 608–618.

Barr, R. G., Rotman, A., Yaremko, J., Leduc, D. & Francoeur, T. E. (1992). The crying of infants with colic: A controlled empirical description. *Pediatrics, 90,* 14–21.

Barrera, M., Jr., Biglan, A., Ary, D. & Li, F. (2001). Replication of a problem behavior model with American Indian, Hispanic, and Caucasian youth. *Journal of Early Adolescence, 21,* 133–157.

Barrett, D. E. & Yarrow, M. R. (1977). Prosocial behavior, social inferential ability, and assertiveness in young children. *Child Development, 48,* 475–481.

Barrett, K. C., Zahn-Waxler, C. & Cole, P. M. (1993). Avoiders versus amenders – implication for the investigation of guilt and shame during toddlerhood? *Cognition and Emotion, 7,* 481–505.

Bartsch, K. & Wellman, H. M. (1995). *Children talk about the mind.* New York: Oxford University Press.

Bates, E. (1990). Language about me and you: Pronominal reference and the emerging concept of self. In D. Cicchetti & M. Beeghly (Eds.), *The self in transition: Infancy to childhood* (pp. 165–182). Chicago: University of Chicago Press.

Bates, E., Dale, P. S. & Thal, D. (1995). Individual differences and their implications for theories of language development. In P. Fletcher & B. MacWhinney (Eds.), *The handbook of child language* (pp. 96–151). Oxford, England: Basil Blackwell.

Bates, E. & Elman, J. L. (1993). Connectionism and the study of change. In M. H. Johnson (Ed.), *Brain development and cognition: A reader* (pp. 623–642). Cambridge, MA: Blackwell.

Bates, J. E., Bayles, K., Bennett, D. S., Ridge, B. & Brown, M. M. (1991). Origins of externalizing behavior problems at eight years of age. In D. Pepler & K. Rubin (Eds.), *Development and treatment of childhood aggression* (pp. 93–120). Hillsdale, NJ: Erlbaum.

Bates, J. E., Marvinney, D., Kelly, T., Dodge, K. A., Bennett, D. S. & Pettit, G. S. (1994). Child-care history and kindergarten adjustment. *Developmental Psychology, 30,* 690–700.

Bates, J. E., Pettit, G. S., Dodge, K. A. & Ridge, B. (1998). Interaction of temperamental resistance to control and restrictive parenting in the development of externalizing behavior. *Developmental Psychology, 34,* 982–995.

Battin, S. R., Hill, K. G., Abbott, R. D., Catalano, R. E. & Hawkins, J. D. (1998). The contribution of gang membership to delinquency beyond delinquent friends. *Criminology, 36,* 93–115.

Battistich, V., Schaps, E., Watson, M., Solomon, D. & Lewis, C. (2000). Effects of the Child Development Project on students' drug use and other problem behaviors. *Journal of Primary Prevention, 21,* 75–99.

Battistich, V., Solomon, D., Watson, M. & Schaps, E. (1997). Caring school communities. *Educational Psychologist, 32,* 137–151.

Battistich, V., Watson, M., Solomon, D., Schaps, E. & Solomon, J. (1991). The Child Development Project: A comprehensive program for the development of prosocial character. In W. M. Kurtines & J. L. Gerwirtz (Eds.), *Handbook of moral behavior and development. Vol. 3. Application* (pp. 1–34). New York: Erlbaum.

Bauer, P. J. (1995). Recalling past events: From infancy to early childhood. *Annals of Child Development, 11,* 25–71.

Bauer, P. J. & Fivush, R. (1992). Constructing event representations: Building on a foundation of variation and enabling relations. *Cognitive Development, 7*, 381–401.

Baumrind, D. (1972). An exploratory study of socialization effects on black children: Some black-white comparisons. *Child Development, 43*, 261–267.

Baumrind, D. (1973). The development of instrument competence through socialization. In A. D. Pick (Ed.), *Minnesota symposia on child psychology* (Vol. 7) (pp. 3–46). Minneapolis: University of Minnesota Press.

Baumrind, D. (1991a). The influence of parenting style on adolescent competence and substance use. *Journal of Early Adolescence, 11*, 56–95.

Baumrind, D. (1991b). Parenting styles and adolescent development. In R. M. Lerner, A. C. Petersen & J. Brooks-Gunn (Eds.), *Encyclopedia of adolescence. Vol. 11* (pp. 746–758). New York: Garland.

Bauserman, R. (2002). Child adjustment in joint-custody versus sole-custody arrangements: A meta-analytic review. *Journal of Family Psychology, 16*, 91–102.

Bayley, N. (1993). *Bayley scales of infant development: Birth to two years* (2nd ed.). New York: The Psychological Corporation.

BBC News Online. (2001, March 28). China's population growth „slowing." [news.bbc.co.uk/1/hi/world/asia-pacific/1246731.stm]

Beal, C. R. (1994). *Boys and girls: The development of gender roles.* New York: McGraw-Hill.

Beal, C. R., Garrod, A. C. & Bonitatibus, G. J. (1990). Fostering children's revision skills through training in comprehension monitoring. *Journal of Educational Psychology, 82*, 275–280.

Beardsall, L. & Dunn, J. (1989). *Life events in childhood. Shared and non-shared experiences of siblings.* Unveröffentlichtes Manuskript.

Becker, H. J. (2000). Who's wired and who's not: Children's access to and use of computer technology. *The Future of Children, 10*, 44–75.

Becker-Bryant, J. & Polkosky, M. D. (2001, April). *Parents' responses to preschoolers' lexical innovations.* Vortrag, Biennial Meeting of the Society for Research in Child Development, Minneapolis, MN.

Beckwith, L. & Rodning, C. (1991). Intellectual functioning in children born preterm: Recent research. In L. Okagaki & R. J. Sternberg (Eds.), *Directors of development: Influences on the development of children's thinking* (pp. 25–58). Hillsdale, NJ: Erlbaum.

Behl-Chadha, G. (1996). Basic-level and superordinate-like categorical representations in early infancy. *Cognition, 60*, 105–141.

Behrend, D. A., Rosengren, K. S. & Perlmutter, M. (1992). The relation between private speech and parental interactive style. In R. M. Diaz & L. E. Berk (Eds.), *Private speech: From social interaction to self-regulation* (pp. 85–100). Hillsdale, NJ: Erlbaum.

Bell, S. M. & Ainsworth, M. D. S. (1972). Infant crying and maternal responsiveness. *Child Development, 43*, 1171–1190.

Bellugi, U., Poizner, H. & Klima, E. S. (1989). Language, modality and the brain. *Trends in Neurosciences, 12*, 380–388.

Belsky, J. (1986). Infant day care: A cause for concern? *Zero to Three, 6*, 1–9.

Belsky, J. (1993). Etiology of child maltreatment: A developmental-ecological analysis. *Psychological Bulletin, 114*, 413–433.

Belsky, J., Rosenberger, K. & Crnic, K. (1995). Maternal personality, marital quality, social support and infant temperament: Their significance for infant-mother attachment in human families. In C. R. Pryce & R. D. Martin (Eds.), *Motherhood in human and nonhuman primates: Biosocial determinants* (pp. 115–124). Basel: Karger.

Bem, D. (1996). Exotic becomes erotic: A developmental theory of sexual orientation. *Psychological Review, 103*, 320–335.

Bem, S. I. (1981). Gender schema theory: A cognitive account of sex typing. *Psychological Review, 88*, 354–364.

Bem, S. I. (1989). Genital knowledge and gender constancy in preschool children. *Child Development, 60*, 649–662.

Benbow, C. P. (1988). Sex differences in mathematical reasoning ability in intellectually talented preadolescents: Their nature, effects, and possible causes. *Behavioral and Brain Sciences, 11*, 169–183.

Benbow, C. P. (1992). Academic achievement in mathematics and science of students between ages 13 and 23: Are there differences among students in the top one percent of mathematical ability? *Journal of Educational Psychology, 84*, 51–61.

Benbow, C. P. & Minor, L. L. (1990). Cognitive profiles of verbally and mathematically precocious students: Implications for identification of the gifted. *Gifted Child Quarterly, 34*, 21–26.

Benedict, H. (1979). Early lexical development: Comprehension and production. *Journal of Child Language, 6*, 183–200.

Benedict, R. (1934). *Patterns of culture.* Boston: Houghton Mifflin.

Benenson, J. F. (1990). Gender differences in social networks. *Journal of Early Adolescence, 10*, 472–495.

Benoit, D. & Parker, K. C. H. (1994). Stability and transmission of attachment across three generations. *Child Development, 65*, 1444–1456.

Benson, J. B. & Uzgiris, I. C. (1985). Effect of self-initiated locomotion on infant search activity. *Developmental Psychology, 21*, 923–931.

Bereiter, C. & Scardamalia, M. (1982). From conversation to composition: The role of instruction in a developmental process. In R. Glaser (Ed.), *Advances in instructional psychology* (Vol. 2) (pp. 1–64). Mahwah, NJ: Erlbaum.

Berg, C. A. (1989). Knowledge of strategies for dealing with everyday problems from childhood through adolescence. *Developmental Psychology, 25*, 607–618.

Berg, C. A., Strough, J., Calderone, K., Meegan, S. P. & Sansone, C. (1997). Planning to prevent everyday problems from occurring. In S. L. Friedman & E. K. Scholnick (Eds.), *The developmental psychology of planning: Why, how and when do we plan?* (pp. 209–236). Mahwah, NJ: Erlbaum.

Berg, N. E. & Mussen, P. (1975). Origins and development of concepts of justice. *Journal of Social Issues, 31*, 183–201.

Berg, W. K. & Berg, K. M. (1987). Psychophysiologic development in infancy: State, startle and attention. In J. Osofsky (Ed.), *Handbook of infancy* (2nd ed.) (pp238–317). New York: Wiley.

Berko, J. (1958). The child's learning of English morphology. *Word, 14,* 150–177.

Bernal, M. E., Knight, G. P., Ocampo, K. A., Garza, C.A. & Cota, M. K. (1993). Development of Mexican American identity In M. E. Bernal & G. P Knight (Eds.), *Ethnic identity: Formation and transmission among Hispanics and other minorities* (pp. 31–46). Albany: State University of New York Press.

Berndt, T. J. (1979). Developmental changes in conformity to peers and parents. *Developmental Psychology, 15,* 608–616.

Berndt, T. J., Hawkins, J. A. & Jiao, Z. (1999). Influences of friends and friendships on adjustment to junior high school. *Merrill-Palmer Quarterly, 45,* 13–41.

Bernier, J. C. & Siegel, D. H. (1994). Attention-deficit hyperactivity disorder: A family ecological systems perspective. *Families in Society, 75,* 142–150.

Berrill, K. T. (1990). Anti-gay violence and victimization in the United States: An overview. *Journal of Interpersonal Violence, 5,* 274–294.

Bertenthal, B. I. (1993). Infants' perception of biomechanical motions: Intrinsic image and knowledge-based constraints. In C. Granrud (Ed.), *Visual perception and cognition in infancy* (pp. 175–214). Hillsdale, NJ: Erlbaum.

Bertenthal, B. I. & Campos, J. J. (1990). A systems approach to the organizing effects of self-produced locomotion during infancy. In C. Rovee-Collier & L. P. Lipsitt (Eds.), *Advances in infancy research* (pp. 1–60). Norwood, NJ: Ablex.

Bertenthal, B. I., Campos, J. J. & Haith, M. M. (1980). Development of visual organization: The perception of subjective contours. *Child Development, 51,* 1077–1080.

Bertenthal, B. I., Campos, J. J. & Kermoian, R. (1994). An epigenetic perspective on the development of self produced locomotion and its consequences. *Current Directions in Psychological Science, 5,* 140–145.

Bertenthal, B. I. & Clifton, R. K. (1998). Perception and action. In W. Damon (Series Ed.) and D. Kuhn & R. Siegler (Vol. Eds.), *Handbook of child psychology: Vol. 2. Cognition, perception and language* (5th ed.) (pp. 51–102). New York: Wiley.

Bertenthal, B. I., Proffitt, D. R. & Kramer, S. J. (1987). Perception of biomechanical motions by infants: Implementation of various processing constraints. *Journal of Experimental Psychology, 13,* 577–585.

Bertsch, F. (2002). Familien- und Kinderarmut in Deutschland. *Aus Politik und Zeitgeschichte, B 22–23.* Bundeszentrale für Politische Bildung. [www.bpb.de]

Berzonsky, M. D. & Adams, G. R. (1999). Reevaluating the identity status paradigm: Still useful after 35 years. *Developmental Review, 19,* 557–590.

Beyer, S. (1995). Maternal employment and children's academic achievement: Parenting styles as mediating variables. *Developmental Review, 15,* 212–253.

Bialystok, E., Shenfield, T. & Codd, J. (2000). Languages, scripts, and the environment: Factors in developing concepts of print. *Developmental Psychology, 36,* 66–76.

Biederman, J., Rosenbaum, J. F., Hirshfeld, D. R., Faraone, S. V, Bolduc, E. A., Gersten, M. et al. (1990). Psychiatric correlates of behavioral inhibition in young children of parents with and without psychiatric disorders. *Archives of General Psychiatry, 47,* 21–26.

Bierman, K. L. & Wargo, J. B. (1995). Predicting the longitudinal course associated with aggressive-rejected, aggressive (nonrejected), and rejected (nonaggressive) status. *Development and Psychopathology, 7,* 669–682.

Bigelow, B. J. (1977). Children's friendship expectations: A cognitive developmental study. *Child Development, 48,* 246–253.

Birch, L. L. & Fisher, J. A. (1996). The role of experience in the development of children's eating behavior. In E. D. Capaldi (Ed.), *Why we eat what we eat: The psychology of eating* (pp. 113–141). Washington, DC: American Psychological Association.

Biringen, Z., Emde, R. N., Campos, J. J. & Appelbaum, M. I. (1995). Affective reorganization in the infant, the mother, and the dyad: The role of upright locomotion and its timing. *Child Development, 66,* 499–514.

Birnbaum, D. W. & Croll, W. L. (1984). The etiology of children's stereotypes about sex differences in emotionality. *Sex Roles, 10,* 677–691.

Bisanz, J., Morrison, F. J. & Dunn, M. (1995). Effects of age and schooling on the acquisition of elementary quantitative skills. *Developmental Psychology, 31,* 221–236.

Bishop, J. B. (2000). An environmental approach to combat binge drinking on college campuses. *Journal of College Student Psychotherapy, 15,* 15–30.

Bithoney, W. G. & Newberger, E. H. (1987). Child and family attributes of failure-to-thrive. *Journal of Developmental and Behavioral Pediatrics, 8,* 32–36.

Bjerregaard, B. & Smith, C. (1993). Gender differences in gang participation, delinquency, and substance use. *Journal of Quantitative Criminology, 9,* 329–355.

Bjorklund, D. F. (1997). The role of immaturity in human development. *Psychological Bulletin, 122,* 153–169.

Bjorklund, D. F., Miller, P H., Coyle, T. R. & Slawinsky, J. L. (1997). Instructing children to use memory strategies: Evidence of utilization deficiencies in memory training studies. *Developmental Review, 17,* 411–442.

Bjorklund, D. & Shackelford, T. K. (1999). Differences in parental investment contribute to important differences between men and women. *Current Directions in Psychological Science, 8,* 86–89.

Black, B. & Logan, A. (1995). Links between communication patterns in mother-child, father-child, and child-peer interactions and children's social status. *Child Development, 66,* 255–271.

Blasi, A. (1980). Bridging moral cognition and moral action: A critical review of the literature. *Psychological Bulletin, 88,* 1–45.

Blass, E. M. (1990). Suckling: Determinants, changes, mechanisms, and lasting impressions. *Developmental Psychology, 26,* 520–533.

Blass, E. M. & Ciaramitaro, V. (1994). A new look at some old mechanisms in human newborns: Taste and tactile determinants of state, affect, and action. *Monographs of the Society for Research in Child Development, 59,* v–81.

Blass, E. M., Ganchrow, J. R. & Steiner, J. E. (1984). Classical conditioning in newborn humans 2–48 hours of age. *Infant Behavior and Development, 7,* 223–235.

Blass, E. M. & Hoffmeyer, L. B. (1991). Sucrose as an analgesic in newborn humans. *Pediatrics, 87,* 215–218.

Blass, E. M. & Teicher, M. H. (1980). Suckling. *Science, 210,* 15–22.

Block, J. H. (1978). Another look at sex differentiation in the socialization behaviors of mothers and fathers. In J. Sherman & F. L. Denmark (Eds.), *Psychology of women: Future of research* (pp. 29–87). New York: Psychological Dimensions.

Block, J. H., Block, J. & Gjerde, P. F. (1986). The personality of children prior to divorce: A prospective study. *Child Development, 57,* 827–840.

Bloom, L. (1970). *Language development: Form and function in emerging grammars.* Cambridge, MA: MIT Press.

Bloom, L. (1975). Language development. In F. Horowitz (Ed.), *Review of child development research* (Vol. 4) (pp. 245–303). Chicago: University of Chicago Press.

Bloom, L. (1991). *Language development from two to three.* Cambridge, England: Cambridge University Press.

Bloom, L. (1998). Language acquisition in its developmental context. In D. Kuhn & R. S. Siegler (Eds.), *Handbook of child psychology,. Vol. 2. Cognition, perception, and language.* (5th ed.) (pp. 309–370). New York: Wiley.

Bloom, L., Rocissano, L. & Hood, L. (1976). Adult-child discourse: Developmental interaction between information processing and linguistic knowledge. *Cognitive Psychology, 8,* 521–552.

Bloom, L. & Tinker, E. (2001). The intentionality model and language acquisition: Engagement, effort, and the essential tension in development. *Monographs of the Society for Research in Child Development, 66* (4, Serial No. 267).

Bohlin, G., Hagekull, B. & Rydell, A.-M. (2000). Attachment and social functioning: A longitudinal study from infancy to middle childhood. *Social Development, 9,* 24–39.

Boismeyer, J. D. (1977). Visual stimulation and wake-sleep behavior in human neonates. *Developmental Psychobiology, 10,* 219–227.

Bolger, K. E. & Patterson, C. J. (2001). Developmental pathways from child maltreatment to peer rejection. *Child Developmental, 72,* 549–568.

Bolger, K. E., Patterson, C. J., Thompson, W. W. & Kupersmidt, J. B. (1995). Psychosocial adjustment among children experiencing persistent and intermittent family economic hardship. *Child Development, 66,* 1107–1129.

Bolger, K. E. & Scarr, S. (1995). Not so far from home: How family characteristics predict child care quality. *Early Development and Parenting, 4,* 103–112.

Boone, R. T & Cunningham, J. G. (1998). Children's decoding of emotion in expressive body movement: The development of cue attunement. *Developmental Psychology, 34,* 1007–1016.

Borke, H. (1971). Interpersonal perception of young children: Egocentrism or empathy? *Developmental Psychology, 5,* 263–269.

Bornstein, M. H. (1975). Qualities of color vision in infancy *Journal of Experimental Child Psychology, 19,* 401–419.

Bornstein, M. H., Kessen, W. & Weiskopf, S. (1976). Color vision and hue categorization in young human infants. *Journal of Experimental Psychology: Human Perceptions and Performance, 2,* 115–129.

Bornstein, M. H. & Sigman, M. D. (1986). Continuity in mental development from infancy *Child Development, 57,* 251–274.

Borstelmann, L. J. (1983). Children before psychology: Ideas about children from antiquity to the late 1800s. In P. H. Mussen (Series Ed.) and W. Kessen (Vol. Ed.), *Handbook of child psychology: Vol. 1. History, theory, and methods* (4th ed.) (pp. 1–40). New York: Wiley.

Boscolo, P (1995). The cognitive approach to writing and writing instruction: A contribution to a critical appraisal. *Current Psychology of Cognition, 14,* 343–366.

Bosma, H. A. & Kunnen, E. S. (2001). Determinants and mechanisms in ego identity development: A review and synthesis. *Developmental Review, 21,* 39–66.

Bouchard, T. J., Jr., Lykken, D. T., McGue, M., Segal, N. L. & Tellegen. A. (1990). Sources of human psychological differences: The Minnesota Study of Twins Reared Apart. *Science, 250,* 223–228.

Bound, J., Duncan, G. J., Laren, D. S. & Oleinick, L. (1991). Poverty dynamics in widowhood. *Journals of Gerontology, 46,* S115–S124.

Bower, T. G. R. & Wishart, J. G. (1972). The effects of motor skill on object permanence. *Cognition, 1,* 165–172.

Bowerman, M. (1978). The acquisition of word meaning: An investigation into some current conflicts. In N. Waterson & C. Snow (Eds.), *The development of communication.* Chichester, England, Wiley.

Bowerman, M. (1979). The acquisition of complex sentences. In P. Fletcher & M. Garman (Eds.), *Language acquisition* (pp. 285–306). Cambridge: Cambridge University Press.

Bowker, A., Bukowski, W. M., Zargarpour, S. & Hoza, B. (1998). A structural and functional analysis of a two-dimensional model of social isolation. *Merrill-Palmer Quarterly, 44,* 447–463.

Bowlby, J. (1953). *Child care and the growth of love.* London: Penguin Books.

Bowlby, J. (1969). *Attachment and loss: Vol. 1. Attachment.* New York: Basic Books.

Bowlby, J. (1973). *Attachment and loss: Vol. 2. Separation.* New York: Basic Books.

Bowlby, J. (1980). *Attachment and loss: Vol. 3. Loss: Sadness and depression.* New York: Basic Books.

Boysson-Bardies, B. de (1999). *How language comes to children: From birth to two years.* Cambridge, MA: MIT Press. [Original 1996: Comment la parole vient aux enfants.]

Boysson-Bardies, B. de, Sagart, L. & Durant, C. (1984). Discernable differences in the babbling of infants according to target language. *Journal of Child Language, 11,* 1–15.

Bozett, F. W. (1980). *A secure base: Parent-child attachment and healthy human development.* New York: Basic Books.

Bozett, F. W. (1987). Children of gay fathers. In F. W. Bozett (Ed.), *Gay and lesbian parents* (pp. 39–57). New York: Praeger.

Brachfeld, S., Goldberg, S. & Sloman, J. (1980). Parent-infant interaction in free play at 8 and 12 months: Effects of prematurity and immaturity. *Infant Behavior and Development, 3,* 289–305.

Brackbill, Y., McManus, K. & Woodward, L. (1985). *Medication in maternity: Infant exposure and maternal information.* Ann Arbor: University of Michigan Press.

Bradbard, M. R., Martin, C. L., Endsley, R. C. & Halverson, C. F. (1986). Influence of sex stereotypes on children's exploration and memory: A complete versus performance distinction. *Developmental Psychology, 22,* 481–486.

Bradley, L. & Bryant, P. E. (1983). Categorizing sounds and learning to read – a causal connection. *Nature, 301,* 419–421.

Bradley, R. H. (1989). The use of the HOME inventory in longitudinal studies of child development. In M. H. Bornstein & N. A. Krasnegor (Eds.), *Stability and continuity in mental development: Behavioral and biological perspectives* (pp. 191–215). Mahwah, NJ: Erlbaum.

Bradley, R. H. (1994). The HOME Inventory: Review and reflections. In H. W. Reese (Ed.), *Advances in child development and behavior* (Vol. 25) (pp. 241–288). San Diego, CA: Academic Press.

Bradley, R. H. & Caldwell, B. M. (1984). The relation of infants' home environments to achievement test performance in first grade: A follow-up study. *Child Development, 55,* 803–809.

Braine, M. D. S. (1963). The ontogeny of English phrase structure. *Language, 39,* 1–13.

Braine, M. D. S. (1976). Review of *The acquisition of phonology* by N. V. Smith. *Language, 52,* 489–498.

Brand, E., Clingempeel, W. G. & Bowen-Woodward, K. (1988). Family relationships and children's psychosocial adjustment in stepmother and stepfather families. In E. M. Hetherington & J. D. Arasteh (Eds.), *Impact of divorce, single parenting, and stepparenting on children* (pp. 299–324). Hillsdale, NJ: Erlbaum.

Brasington, R. (1990). Nintendinitis. *New England Journal of Medicine, 322,* 1473–1474.

Bray, J. H. & Berger, S. H. (1993). Developmental issues in Stepfamilies Research Project: Family relationships and parent-child interactions. *Journal of Family Psychology, 7,* 76–90.

Brazelton, T. B. (1990). Saving the bathwater. *Child Development, 61,* 1661–1671.

Brazelton, T. B., Nugent, J. K. & Lester, B. M. (1987). Neonatal Behavioral Assessment Scale. In J. D. Osofsky (Ed.), *Handbook of infant development* (2nd ed.) (pp. 780–817). New York: Wiley.

Bremner, J. G. (1978). Spatial errors made by infants: Inadequate spatial cues or evidence of egocentrism? *British Journal of Psychology, 69,* 77–84.

Bremner, J. G. & Knowles, L. S. (1984). Piagetian stage 4 search errors with an object that is directly accessible both visually and manually. *Perception, 13,* 307–314.

Bremner, J. G., Knowles, L. & Andreasen, G. (1994). Processes underlying young children's spatial orientation during movement. *Journal of Experimental Child Psychology, 57,* 355–376.

Brendgen, M., Vitaro, F. & Bukowski, W. M. (2000). Deviant friends and early adolescents' emotional and behavioral adjustment. *Journal of Research on Adolescence, 10,* 173–189.

Brendgen, M., Vitaro, F., Bukowski, W. M., Boyle, A. B. & Markiewicz, C. (2001). Developmental profiles of peer social preference over the course of elementary school: Associations with trajectories of externalizing and internalizing behavior. *Developmental Psychology, 37,* 308–320.

Brenner, E. M. & Salovey, P. (1997). Emotion regulation during childhood: Developmental, interpersonal, and individual considerations. In P. Salovey & D. Sluyter (Eds.), *Teaching in the heart of the classroom: Emotional development, emotional literacy, and emotional intelligence* (pp. 168–192). New York: Basic Books.

Bretherton, I. & Beeghly, M. (1982). Talking about internal states: The acquisition of an explicit theory of mind. *Developmental Psychology, 18,* 906–921.

Bretherton, I., Golby, B. & Cho, E. Y. (1997). Attachment and the transmission of values. In J. E. Grusec & L. Kuczynski (Eds.), *Parenting and children's internalization of values* (pp. 103–134). New York: Wiley.

Bretherton, I. & Munholland, K. A. (1999). Internal working models in attachment relationships: A construct revisited. In J. Cassidy & P. R. Shaver (Eds.), *Handbook of attachment: Theory, research, and clinical implications* (pp. 89–111). New York: Guilford Press.

Bridges, L. J. & Grolnick, W. S. (1995). The development of emotional self-regulation in infancy and early childhood. In N. Eisenberg (Ed.), *Review of personality and psychology: Vol. 15. Social development* (pp. 185–211). Thousand Oaks, CA: Sage.

Bril, B. & Sabatier, C. (1986). The cultural context of motor development: Postural manipulations in the daily life of Bambara babies (Mali). *International Journal of Behavioral Development, 9,* 439–453.

Brody, G. H. & Ge, X. (2001). Linking parenting processes and self-regulation to psychological functioning and alcohol use during early adolescence. *Journal of Family Psychology, 15,* 82–94.

Brody, G. H., Stoneman, Z., Flor, D., McCrary, C., Hastings, L. & Conyers, O. (1994). Financial resources, parent psychological functioning, parent co-caregiving, and early adolescent competence in rural two-parent African-American families. *Child Development, 65,* 590–605.

Brody, G. H., Stoneman, Z., MacKinnon, C. E. & MacKinnon, R. (1985). Role relationships and behavior between preschool-aged and school-aged sibling pairs. *Developmental Psychology, 21,* 124–129.

Brody, G. H., Stoneman, Z. & McCoy, J. K. (1994). Forecasting sibling relationships in early adolescence from child temperament and family processes in middle childhood. *Child Development, 65,* 771–784.

Brody, G. H., Stoneman, Z., McCoy, J. K. & Forehand, R. (1992). Contemporaneous and longitudinal associations of sibling conflict with family relationship assessments and family discussions about sibling problems. *Child Development, 63,* 391–400.

Brody, L. R. (1985). Gender differences in emotional development: A review of theories and research. *Journal of Personality, 53,* 102–149.

Brody, L. R. (1993). On understanding gender differences in the expression of emotion. In S. L. Ablon, D. Brown, E. J. Khantzian & J. E. Mack (Eds.), *Human feelings: Explanations in affect development and meaning* (pp. 87–121). Hillsdale, NJ: Analytic Press.

Brody, L. R. (1999). *Gender, emotion, and the family.* Cambridge, MA: Harvard University Press.

Brody, L. R. & Hall, J. A. (1993). On understanding gender differences in the expression of emotion: Gender roles, socialization, and language. In S. L. Ablon, D. Brown, E. J. Khantzian & J. E. Mack (Eds.), *Human feelings: Explorations in affect development and meaning* (pp. 87–121). Hillsdale, NJ: Analytic Press.

Brody, N. (1992). *Intelligence* (2nd ed.). San Diego, CA: Academic Press.

Bronfenbrenner, U. (1979). *The ecology of human development: Experiments by nature and design.* Cambridge, MA: Harvard University Press. (Deutsch 1989, Die Ökologie der menschlichen Entwicklung: natürliche und geplante Experimente. Frankfurt/M.: Fischer.)

Bronfenbrenner, U. (1993). The ecology of cognitive development: Research models and fugitive findings. In R. H. Wozniak & K. W. Fisher (Eds.), *Development in context* (pp. 3–44). Hillsdale, NJ: Erlbaum.

Bronfenbrenner, U. & Morris, P. A. (1998). The ecology of developmental processes. In R. M. Lerner (Ed.), *Handbook of child psychology: vol. 1. Theoretical models of human development* (5th ed.) (pp. 535–584). New York: Wiley.

Bronson, G. W. (1972). Infants' reactions to unfamiliar persons and novel objects. *Monographs of the Society for Research in Child Development, 37* (3, Serial No. 148).

Brooks-Gunn, J. (1987). Pubertal processes and girls' psychological adaptation. In R. M. Lerner & T. L. Foch (Eds.), *Biological psychosocial interactions in early adolescence* (pp. 123–153). Hillsdale, NJ: Erlbaum.

Brooks-Gunn, J., Han, W.-J. & Waldfogel, J. (2002). Maternal employment and child cognitive outcomes in the first three years of life: The NICHD study of early child care. *Child Development, 73,* 1052–1072.

Broughton, J. M. (1978). The development of the concepts of self, mind, reality, and knowledge. In W. Damon (Ed.), *New directions for child development: Social cognition* (pp. 75–100). San Francisco: Jossey-Bass.

Brown, A. L. (1997). Transforming schools into communities of thinking and learning about serious matters. *American Psychologist, 52,* 300–413.

Brown, A. L., Kane, M. J. & Echols, K. (1986). Young children's mental models determine analogical transfer across problems with a common goal structure. *Cognitive Development, 1,* 103–122.

Brown, B. B. (1990). Peer groups and peer cultures. In S. S. Feldman & G. R. Elliott (Eds.), *At the threshold: The developing adolescent* (pp. 171–196). Cambridge, MA: Harvard University Press.

Brown, B. B., Clasen, D. R. & Eicher, S. A. (1986). *Developmental Psychology, 22,* 521–530.

Brown, J. L. & Pollitt, E. (1996, February). Malnutrition, poverty, and intellectual development. *Scientific American,* 38–43.

Brown, J. R. & Dunn, J. (1996). Continuities in emotion understanding from three to six years. *Child Development, 67,* 789–802.

Brown, J. S. & Burton, R. B. (1978). Diagnostic models for procedural bugs in basic mathematical skills. *Cognitive Science, 2,* 155–192.

Brown, R. (1957). Linguistic determinism and the part of speech. *Journal of Abnormal and Social Psychology, 55,* 1–5.

Brown, R. (1973). *A first language: The early stages.* Cambridge, MA: Harvard University Press.

Brown, R. & Fraser, C. (1963). The acquisition of syntax. In C. N. Cofer & B. S. Musgrave (Eds.), *Verbal behavior and learning* (pp. 158–196). New York: McGraw-Hill.

Brown, R. & Hanlon, C. (1970). Derivational complexity and order of acquisition in child speech. In J. R. Hayes (Ed.), *Cognition and the development of language* (pp. 11–53). New York: Wiley.

Bruck, M. (1992). Persistence of dyslexics' phonological awareness deficits. *Developmental Psychology, 28,* 874–886.

Bruck, M., Ceci, S. J., Francoeur, E. & Renick, A. (1995). Anatomically detailed dolls do not facilitate preschoolers' reports of a pediatric examination involving genital touching. *Journal of Experimental Psychology, 1,* 95–109.

Bruner, J. S. (1973). *Beyond the information given: Studies in the psychology of knowing.* New York: Norton.

Bruner, J. S. (1975). The ontogenesis of speech acts. *Journal of Child Language, 2,* 1–19.

Bruner, J. S. (1977). Early social interaction and language acquisition. In H. R. Schaffer (Ed.), *Studies in mother-infant interaction* (pp. 271–289). London: Academic Press.

Bruner, J. S. (1996). *The culture of education.* Cambridge, MA: Harvard University Press.

Bryan, J. H. & Walbek, N. H. (1970). Preaching and practicing generosity: Children's actions and reactions. *Child Development, 41,* 329–353.

Bryant, B. K. (1987). Mental health, temperament, family, and friends: Perspectives on children's empathy and social perspective taking. In N. Eisenberg & J. Strayer (Eds.), *Empathy and its development* (pp. 245–270). Cambridge, England: Cambridge University Press.

Bryant, P (1974). *Perception and understanding in young children: An experimental approach.* London: Methuen.

Buchanan, C. M., Eccles, J. S. & Becker, M. B. (1992). Are adolescents the victims of raging hormones: Evidence for activational effects of hormones on moods and behavior at adolescence. *Psychological Bulletin, 111,* 62–107.

Buchanan, C. M., Maccoby, E. E. & Dornbusch, S. M. (1991). Caught between parents: Adolescents' experience in divorced families. *Child Development, 62,* 1008–1029.

Buckner, J. C., Bassuk, E. L., Weinreb, L. E & Brooks, M. G. (1999). Homelessness and its relation to the mental health and behavior of low-income school-age children. *Developmental Psychology, 35,* 246–257.

Buehler, C., Anthony, C., Krishnakumar, A., Stonge, G., Gerard, J. & Pemberton, S. (1997). Interparental conflict and youth problem behaviors: A meta-analysis. *Journal of Child and Family Studies, 6,* 233–247.

Bugental, D. B. & Johnston, C. (2000). Parental and child cognitions in the context of the family. In S. T. Fiske, D. L. Schacter & C. Zahn-Waxler (Eds.), *Annual Review of Psychology, 51,* 315–344.

Bugental, D. B., Mantyla, S. M. & Lewis, J. (1989). Parental attributions as moderators of affective communication to children at risk for physical abuse. In D. Cicchetti & V Carlson (Eds.), *Child maltreatment: Theory and research on the causes and consequences of child abuse and neglect* (pp. 254–279). New York: Cambridge University Press.

Bukowski, W. M., Gauze, C., Hoza, B. & Newcomb, A. F. (1993). Differences and consistency between same-sex and other-sex peer relationships during early adolescence. *Developmental Psychology, 29,* 255–263.

Bukowski, W. M., Newcomb, A. F. & Hartup, W. W. (1996). Friendship and its significance in childhood and adolescence: Introduction and comment. In W. M. Bukowski, A. R. Newcomb & W. W. Hartup (Eds.), *The company they keep: Friendship in childhood and adolescence* (pp. 1–15). Cambridge, England: Cambridge University Press.

Bullock, M. & Lutkenhaus, P. (1990). Who am I? Self-understanding in toddlers. *Merrill-Palmer Quarterly, 36,* 217–238.

Bullock, M. & Russell, J. A. (1985). Further evidence on preschoolers' interpretation of facial expressions. *International Journal of Behavioral Development, 8,* 15–38.

Bumpass, L. L., Martin, T. C. & Sweet, J. A. (1991). The impact of family background and early marital factors on marital disruption. *Journal of Family Issues, 12,* 22–42.

Burchinal, M. R., Campbell, F. A., Bryant, D. M., Wasik, B. H. & Ramey, C. T. (1997). Early intervention and mediating processes in cognitive performance of children of low-income African American families. *Child Development, 68,* 935–954.

Bureau of Labor Statistics (1999). *Labor force statistics from the Current Population Survey.* Washington, DC: U.S. Department of Labor. [www.stats.lbs.gov/news.release/famee.t06.htm]

Burhans, K. K. & Dweck, C. S. (1995). Helplessness in early childhood: The role of contingent worth. *Child Development, 66,* 1719–1738.

Burmeister, D. (1996). Need fulfillment, interpersonal competence, and the developmental contexts of early adolescent friendship. In W. M. Bukowski, A. F. Newcomb & W. W. Hartup (Eds), *The company they keep. Friendship in childhood and adolescence* (pp. 66–86). Cambridge, England: Cambridge University Press.

Bus, A. & van IJzendoorn, M. (1999). Phonological awareness and early reading: A meta-analysis of experimental training studies. *Journal of Educational Psychology, 91,* 403–414.

Bus, A. G., van IJzendoorn, M. H. & Pellegrini, A. D. (1995). Joint book reading makes for success in learning to read: A meta-analysis on intergenerational transmission of literacy. *Review of Educational Research, 65,* 1–21.

Bushman, B. J. & Huesmann, L. R. (2001). Effects of televised violence on aggression. In D. G. Singer & J. L. Singer (Eds.), *Handbook of children and the media* (pp. 223–254). Thousand Oaks, CA: Sage.

Bushnell, E. W. & Boudreau, J. P. (1991). The development of haptic perception during infancy. In M. A. Heller & W. Schiff (Eds.), *The psychology of touch* (pp. 139–161). Hillsdale, NJ: Erlbaum.

Bushnell, E. W., McKenzie, B. E., Lawrence, D. A. & Connell, S. (1995). The spatial coding strategies of 1-year-old infants in a locomotor search task. *Child Development, 66,* 937–958.

Bushnell, I. W. R. (1998). The origins of face perception. In F. Simion & G. Butterworth (Eds.), *The development of sensory, motor, and cognitive capacities in early infancy: From perception to cognition* (pp. 69–86). Hove, England: Psychology Press.

Bushnell, I. W. R., Sai, F. & Mullin, J. T. (1989). Neonatal recognition of the mother's face. *British Journal of Developmental Psychology, 7,* 3–15.

Buss, D. M. (1994). *The evolution of desire.* New York: Basic Books.

Bussey, K. & Bandura, A. (1984). Gender constancy, social power, and sex-linked modeling. *Journal of Personality and Social Psychology, 47,* 1292–1302.

Bussey, K. & Bandura, A. (1992). Self-regulatory mechanisms governing gender development. *Child Development, 63,* 1236–1250.

Bussey, K. &, Perry, D. G. (1982). Same-sex imitation: The avoidance of cross-sex models or the acceptance of same-sex models? *Sex Roles, 8,* 773–784.

Butterworth, G. E. (1998). What is special about pointing in babies? In F. Simion & G. Butterworth (Eds.), *The development of sensory, motor and cognitive capacities in early infancy: From perception to cognition* (pp. 171–190). Hove, England: Psychology Press/Erlbaum.

Butterworth, G. E. & Grover, L. (1988). The origins of referential communication in human infancy. In L. Weiskrantz (Ed.), *Thought without language* (pp. 5–24). Oxford, England: Clarendon Press.

Byrne, B. M. (1996). Academic self-concept: Its structure, measurement, and relation to academic achievement. In B. A. Bracken (Ed.), *Handbook of self-concept. Developmental, social, and clinical considerations* (pp. 287–316). New York: Wiley.

Byrne, B. & Fielding-Barnsley, R. (1995). Evaluation of a program to teach phonemic awareness to young children: A 2- and 3-year follow-up and a new preschool trial. *Journal of Educational Psychology, 87,* 488–503.

Cahan, S. & Cahan, N. (1989). Age versus schooling effects on intelligence development. *Child Development, 60,* 1239–1249.

Cain, K. M. & Dweck, C. S. (1995). The relation between motivational patterns and achievement cognitions through the elementary school years. *Merrill-Palmer Quarterly, 41,* 25–52.

Cairns, R. B., Cairns, B. D. & Neckerman, H. J. (1989). Early school dropout: Configurations and determinants. *Child Development, 60,* 1437–1452.

Cairns, R. B., Cairns, B. D., Neckerman, H. J., Ferguson, L. L. & Gariepy, J. L. (1989). Growth and aggression: 1. Childhood to early adolescence. *Developmental Psychology, 25,* 320–330.

Cairns, R. B., Cairns, B. D., Neckerman, H. J., Gest, S. D. & Gariepy, J. L. (1988). Social networks and aggressive behavior: Peer support or peer rejection. *Developmental Psychology, 24,* 815–823.

Cairns, R. B., Leung, M.-C., Buchanan, L. & Cairns, B. D. (1995). Friendships and social networks in childhood and adolescence: Fluidity, reliability, and interrelations. *Child Development, 66,* 1330–1345.

Caldera, Y. M., Huston, A. C. & O'Brien, M. (1989). Social interactions and play patterns of parents and toddlers with feminine, masculine, and neutral toys. *Child Development, 60,* 70–76.

Caldwell, B. M. & Bradley, R. (1979). *Home observation for measurement of the environment*. Unveröffentlichtes Manuskript, University of Arkansas, Little Rock.

Calkins, S. D. (1997). Cardiac vagal tone indices of temperamental reactivity and behavioral regulation in young children. *Developmental Psychobiology, 31,* 125–135.

Calkins, S. D. & Dedmon, S. E. (2000). Physiological and behavioral regulation in two-year-old children with aggressive/destructive behavior problems. *Journal of Abnormal Child Psychology, 28,* 103–118.

Calkins, S. D., Fox, N. A. & Marshall, T. R. (1996). Behavioral and physiological antecedents of inhibited and uninhibited behavior. *Child Development, 67,* 523–540.

Callanan, M. A. (1985, April). *Object labels and young children's acquisition of categories*. Vortrag, Society for Research in Child Development Conference, Toronto, Ontario (Kanada).

Callanan, M. A. (1990). Parents' descriptions of objects: Potential data for children's inferences about category principles. *Cognitive Development, 5,* 101–122.

Calvert, S. L. & Huston, A. C. (1987). Television and children's gender schemata. In L. S. Liben & M. L. Signorella (Eds.), *Children's gender schemata* (pp. 75–88). San Francisco: Jossey-Bass.

Campbell, F. A. & Ramey, C. T. (1994). Effects of early intervention on intellectual and academic achievement: A follow-up study of children from low-income families. *Child Development, 65,* 684–698.

Campbell, F. A. & Ramey, C. T. (1995). Cognitive and school outcomes for high risk African-American students at middle adolescence: Positive effects of early intervention. *American Educational Research Journal, 32,* 743–772.

Campbell, S. B., Cohn, J. F. & Meyers, T. (1995). Depression in first-time mothers: Mother-infant interaction and depression chronicity. *Developmental Psychology, 31,* 349–357.

Campos, J. J., Anderson, D. I., Barbu-Roth, M. A., Hubbard, E. M., Hertenstein, M. J. & Witherington, D. (2000). Travel broadens the mind. *Infancy, 1,* 149–220.

Campos, J. J., Bertenthal, B. I. & Kermoian, R. (1992). Early experience and emotional development: The emergence of wariness of heights. *Psychological Science, 3,* 61–64.

Campos, J. J., Kermoian, R. & Zumbahlen, M. R. (1992). Socioemotional transformations in the family system following infant crawling onset. In N. Eisenberg & R. A. Fabes (Eds.), *New directions for child development: No. 55. Emotion and its regulation in early development* (pp. 25–40). San Francisco: Jossey-Bass.

Campos, J. J., Langer, A. & Krowitz, A. (1970). Cardiac responses on the visual cliff in prelocomotor human infants. *Science, 170,* 196–197.

Campos, J. J., Mumme, D. L., Kermoian, R. & Campos, R. G. (1994). A functionalist perspective on the nature of emotion. *Monographs of the Society for Research in Child Development, 59* (2–3, Serial No. 240), 284–303.

Campos, J. J. & Stenberg, C. R. (1981). Perception, appraisal, and emotion: The onset of social referencing. In M. E. Lamb & L. R. Sherrod (Eds.), *Infant social cognition: Empirical and theoretical considerations* (pp. 273–374). Hillsdale, NJ: Erlbaum.

Campos, R. G. (1989). Soothing pain-elicited distress in infants with swaddling and pacifiers. *Child Development, 60,* 781–792.

Campos, R., Raffaelli, M., Ude, W., Greco, M., Ruff, A., Rolf, J. et al. (1994). Social networks and daily activities of street youth in Belo Horizonte, Brazil. *Child Development, 65,* 319–330.

Camras, L. A. (1992). Expressive development and basic emotions. *Cognition and Emotion, 6,* 269–283.

Camras, L. A., Oster, H., Campos, J. J., Miyake, K. & Bradshaw, D. (1992). Japanese and American infants' responses to arm restraint. *Developmental Psychology, 28,* 578–583.

Canfield, R. L. & Haith, M. M. (1991). Active expectations in 2- and 3-month-old infants: Complex event sequences. *Developmental Psychology, 27,* 198–208.

Cantwell, D. P (1996). Attention deficit disorder: A review of the past 10 years. *Journal of the American Academy of Child and Adolescent Psychiatry, 35,* 978–987.

Capaldi, D. M. & Patterson, G. R. (1991). Relation of parental transitions to boys' adjustment problems: I. A linear hypothesis. II. Mothers at risk for transitions and unskilled parenting. *Developmental Psychology, 27,* 489–504.

Cardoso-Martins, C. (1991). Awareness of phonemes and alphabetic literacy acquisition. *British Journal of Educational Psychology, 61,* 164–173.

Carey, S. (1978). The child as a word learner. In M. Halle, J. Bresnan & G. A. Miller (Eds.), *Linguistic theory and psychological reality* (pp. 264–293). Cambridge, MA: MIT Press.

Carey, S. (1985). *Conceptual change in childhood*. Cambridge, MA: MIT Press.

Carey, S. (1999). Sources of conceptual change. In E. K. Scholnick, K. Nelson, S. A. Gelman & P. H. Miller (Eds.), *Conceptual development: Piaget's legacy* (pp. 293–326). Mahwah, NJ: Erlbaum.

Carey, S. & Bartlett, E. (1978). Acquiring a single new word. *Papers and Reports on Child Language Development, 15,* 17–29.

Carey, S. & Spelke, E. S. (1994). Domain-specific knowledge and conceptual change. In L. S. Hirschfeld & S. A. Gelman (Eds.), *Mapping the mind: Domain specificity in cognition and culture* (pp. 169–220). Cambridge, England: Cambridge University Press.

Carlo, G., Koller, S. H., Eisenberg, N., Da Silva, M. S. & Frohlich, C. B. (1996). A cross-national study on the relations among prosocial moral reasoning, gender role orientations, and prosocial behaviors. *Developmental Psychology, 32,* 231–240.

Carlos, L. & Howell, P. (1999). *Class size reduction in California 1996–98: Early findings signal promise and concerns.* CSR Research Consortium. [www.classize.org]

Carlson, E. A. (1998). A prospective longitudinal study of attachment disorganization/disorientation. *Child Development, 69,* 1107–1128.

Carlson, S., Hyvarinen, L. & Raninen, A. (1986). Persistent behavioral blindness after early visual deprivation and active visual rehabilitation: A case report. *British Journal of Ophthalmology, 70,* 607–611.

Carpenter, M., Nagell, K. & Tomasello, M. (1998). Social cognition, joint attention, and communicative competence from 9 to 15 months of age. *Monographs of the Society for Research in Child Development, 63* (4, Serial No. 255).

Carpenter, P. A., Just, M. A. & Shell, P. (1990). What one intelligence test measures: A theoretical account of the processing in the Raven Progressive Matrices Test. *Psychological Review, 97,* 404–431.

Carroll, J. B. (1993). *Human cognitive abilities: A survey of factor-analytic studies.* New York: Cambridge University Press.

Carroll, J. J. & Steward, M. S. (1984). The role of cognitive development in children's understandings of their own feelings. *Child Development, 55,* 1486–1492.

Carter, C. A. & Kahnweiler, W. M. (2000). The efficacy of the social norms approach to substance abuse prevention applied to fraternity men. *Journal of American College Health, 49,* 66–71.

Carter, D. B. & McCloskey, L. A. (1984). Peers and maintenance of sex-typed behavior: The development of children's conceptions of cross-gender behavior in their peers. *Social Cognition, 2,* 294–314.

Case, R. (1992). The role of the frontal lobes in the regulation of cognitive development. *Brain and Cognition, 20,* 51–73.

Case, R., Griffin, S. & Kelley, W. M. (1999). Socioeconomic gradients in mathematical ability and their responsiveness to intervention during early childhood. In D. P. Keating & C. Hertzman (Eds.), *Developmental health and the wealth of nations: Social, biological, and educational dynamics* (pp. 125–149). New York: Guilford Press.

Casey, B. J., Cohen, J. D., Jezzard, P., Turner, R., Noll, D. C., Trainor, R. J. et al. (1995). Activation of prefrontal cortex in children during a non-spatial working memory task with functional MRI. *NeuroImage, 2,* 221–229.

Casey, R. J. & Fuller, L. L. (1994). Maternal regulation of children's emotions. *Journal of Nonverbal Behavior, 18,* 57–89.

Casiglia, A. C., Lo Coco, A. & Zappulla, C. (1998). Aspects of social reputation and peer relationships in Italian children: A cross-cultural perspective. *Developmental Psychology, 34,* 723–730.

Caspi, A. (1998). Personality development across the life course. In W. Damon (Series Ed.) and N. Eisenberg (Vol. Ed.), *Handbook of child psychology*: Vol. 3. *Social, emotional, and personality development* (5th ed.) (pp. 311–388). New York: Wiley.

Caspi, A. (2000). The child is father of the man: Personality continuities from childhood to adulthood. *Journal of Personality and Social Psychology, 78,* 158–172.

Caspi, A., Elder, G., Jr. & Bem, D. (1988). Moving away from the world: Lifecourse patterns of shy children. *Developmental Psychology, 24,* 824–831.

Caspi, A., Henry, B., McGee, R. O., Moffitt, T. E. & Silva, P. A. (1995). Temperamental origins of child and adolescent behavior problems: From age three to age fifteen. *Child Development, 66,* 55–68.

Caspi, A. & Silva, P.A. (1995). Temperamental qualities at age 3 predict personality traits in adulthood: Longitudinal evidence from a birth cohort. *Child Development, 66,* 486–498.

Cassidy, J. (1994). Emotion regulation: Influences of attachment relationships. *Monographs of the Society for Research in Child Development, 59* (2–3, Serial No. 240), 228–249.

Cattell, R. B. (1987). *Intelligence: Its structure, growth and action.* Amsterdam: North-Holland.

Caudill, W. & Plath, D. (1966). Who sleeps by whom? Parent-child involvement in urban Japanese families. *Psychiatry, 29,* 344–366.

Ceci, S. J. (1991). How much does schooling influence general intelligence and its cognitive components? A reassessment of the evidence. *Developmental Psychology, 27,* 703–722.

Ceci, S. J. (1993). Contextual trends in intellectual development. *Developmental Review, 13,* 403–435.

Ceci, S. J. (1996). *On intelligence: A biological treatise on intellectual development.* Cambridge, MA: Harvard University Press.

Ceci, S. J. & Bruck, M. (1998). Children's testimony: Applied and basic issues. In W. Damon (Series Ed.) and I. E. Sigel & K. A. Renninger (Vol. Eds.), *Handbook of child psychology: Vol. 4. Child psychology in practice* (5th ed.) (pp. 713–774). New York: Wiley.

Ceci, S. J., Leichtman, M. & White, T. (1999). Interviewing preschoolers: Remembrance of things planted. In D. P. Peters (Ed.), *The child witness in context: Cognitive, social, and legal perspectives.* Dordrecht, The Netherlands: Kluwer.

Chabris, C. F. & Kosslyn, S. M. (1998). How do the cerebral hemispheres contribute to encoding spatial relations? *Current Directions in Psychological Science, 7,* 8–14.

Chall, J. S. (1979). The great debate: Ten years later, with a modest proposal for reading stages. In L. B. Resnick & P. A. Weaver (Eds.), *Theory and practice of early reading* (Vol. 1) (pp. 29–55). Mahwah, NJ: Erlbaum.

Chalmers, D. & Lawrence, J. (1993). Investigating the effects of planning aids on adults' and adolescents' organization of a complex task. *International Journal of Behavioral Development, 16,* 191–214.

Chan, R. W., Brooks, R. C., Raboy, B. & Patterson, C. J. (1998). Division of labor among lesbian and heterosexual parents: Associations with children's adjustment. *Journal of Family Psychology, 12,* 402–419.

Chan, R. W., Raboy, B. & Patterson, C. J. (1998). Psychosocial adjustment among children conceived via donor insemination by lesbian and heterosexual mothers. *Child Development, 69,* 443–457.

Chandler, M., Fritz, A. S. & Hala, S. (1989). Small-scale deceit: Deception as a marker of two-, three-, and four-year-olds' early theories of mind. *Child Development, 60,* 1263–1277.

Chandler, M. J. & Greenspan, S. (1972). Ersatz egocentrism: A reply to H. Borke. *Developmental Psychology, 7,* 104–106.

Chandler, M. J., Greenspan, S. & Barenboim, C. (1973). Judgments of intentionality in response to videotaped and verbally presented moral dilemmas: The medium is the message. *Child Development, 44,* 315–320.

Chang, H. W. & Trehub, S. E. (1977). Auditory processing of relational information by young infants. *Journal of Experimental Child Psychology, 24,* 324–331.

Changeux, J. P. (1985). *Neuronal man: The biology of mind.* Princeton, NJ: Princeton University Press.

Changeux, J. P. & Danchin, A. (1976). Selective stabilization of developing synapses as a mechanism for the specification of neuronal networks. *Nature, 264,* 705–712.

Changeux, J.-P. & Dehaene, S. (1989). Neuronal models of cognitive functions. *Cognition, 33,* 63–109.

Chao, R. K. (1994). Beyond parental control and authoritarian parenting style: Understanding Chinese parenting through the

cultural notion of training. *Child Development, 65,* 1111–1119.
Chao, R. K. (2001). Extending research on the consequences of parenting style for Chinese Americans and European Americans. *Child Development, 72,* 1832–1843.
Chase-Lansdale, P. L., Cherlin, A. J. & Kiernan, K. E. (1995). The long-term effects of parental divorce on the mental health of young adults: A developmental perspective. *Child Development, 66,* 1614–1634.
Chen, C., Greenberger, E., Lester, J., Dong, Q. & Guo, M.-S. (1998). A cross-cultural study of family and peer correlates of adolescent misconduct. *Developmental Psychology, 34,* 770–781.
Chen, X. & Rubin, K. H. (1994). Family conditions, parental acceptance, and social competence and aggression in Chinese children. *Social Development, 3,* 269–290.
Chen, X., Rubin, K. H. & Li, B. (1995a). Social functioning and adjustment in Chinese children: A longitudinal study. *Developmental Psychology, 31,* 531–539.
Chen, X., Rubin, K. H. & Li, B. (1995b). Social and school adjustment of shy and aggressive children in China. *Development and Psychopathology, 7,* 337–349.
Chen, X., Rubin, K. H. & Li, D. (1997). Relations between academic achievement and social adjustment: Evidence from Chinese children. *Developmental Psychology, 33,* 518–525.
Chen, X., Rubin, K. H., Li, B. & Li, D. (1999). Adolescent outcomes of social functioning in Chinese children. *International Journal of Behavioral Development, 23,* 199–223.
Chen, X., Rubin, K. H. & Sun, Y. (1992). Social reputation and peer relationships in Chinese and Canadian children: A cross-cultural study. *Child Development, 63,* 1336–1343.
Chen, Z., Dong, Q. & Zhou, H. (1997). Authoritative and authoritarian parenting practices and social and school performance in Chinese children. *International Journal of Behavioral Development, 21,* 855–873.
Chen, Z., Sanchez, R. P. & Campbell, T. (1997). From beyond to within their grasp: The rudiments of analogical problem solving in 10- and 13-month olds. *Developmental Psychology 33,* 790–801.
Chen, Z. & Siegler, R. S. (2000). Across the great divide: Bridging the gap between understanding of toddlers' and older children's thinking. *Monographs of the Society for Research in Child Development, 65* (2, Serial No. 261).
Chess, S. & Thomas, A. (1990). Continuities and discontinuities in temperament. In L. Robins & M. Rutter (Eds.), *Straight and devious pathways from childhood to adulthood* (pp. 182–220). Cambridge, England: Cambridge University Press.
Chi, M. T. H. (1978). Knowledge structures and memory development. In R. S. Siegler (Ed.), *Children's thinking: What develops?* (pp. 73–96).Hillsdale, NJ: Erlbaum.
Chi, M. T. H. (1981). Knowledge development and memory performance. In J. P. Das & N. O'Conner (Eds.), *Intelligence and learning.* New York: Plenum Press.
Chi, M., Hutchinson, J. & Robin, A. (1989). How inferences about novel domain-related concepts can be constrained by structured knowledge. *Merrill-Palmer Quarterly, 35,* 27–62.
ChildStats. (2001). *America's children 2001.* [www.ChildStats.gov]

Chisolm, J. S. (1963). *Navajo infancy: An ethological study of child development.* New York: Aldine.
Chomsky, N. (1957). *Syntactic structures.* The Hague: Mouton. (Deutsch 1973, Strukturen der Syntax. Frankfurt/M.: Suhrkamp.)
Chomsky, N. (1959). Review of B. F. Skinner's *Verbal Behavior. Language, 35,* 26–129.
Chomsky, N. (1988). *Language and problems of knowledge.* Cambridge, MA: MIT Press.
Christian, R. E., Frick, P. J., Hill, N. L., Tyler, L. & Frazer, D. R. (1997). Psychopathy and conduct problems in children: II. Implications for subtyping children with conduct problems. *Journal of the American Academy of Child and Adolescent Psychiatry, 36,* 233–241.
Chugani, H. T., Phelps, M. E. & Mazziotta, J. C. (1987). Positron emission tomography study of human brain functional development. *Annals of Neurology, 22,* 487–497.
Church, R. B. (1999). Using gesture and speech to capture transitions in learning. *Cognitive Development, 14,* 313–342.
Cicchetti, D. & Toth, S. L. (1998). Perspectives on research and practice in developmental psychopathology. In W. Damon (Series Ed.) and I. E. Sigel & K. A. Renninger (Vol. Eds.), *Handbook of child psychology, Vol. 4: Child psychology in practice* (5th ed.) (pp. 479–583). New York: Wiley.
Cierpka, M. (Hrsg.). (2001). FAUSTLOS. *Ein Curriculum zur Prävention von aggressivem und gewaltbereitem Verhalten bei Kindern der Klassen 1 bis 3.* Göttingen: Hogrefe.
Cillessen, A. H., van IJzendoorn, H. W., van Lieshout, C. F. & Hartup, W. W. (1992). Heterogeneity among peer-rejected boys: Subtypes and stabilities. *Child Development, 63,* 893–905.
Clahsen, H. (1982). *Spracherwerb in der Kindheit: Eine Untersuchung zur Entwicklung der Syntax bei Kleinkindern.* Tübingen: Narr.
Clark, E. V. (1979). Building a vocabulary: Words for objects, actions, and relations. In P Fletcher & M. Garman (Eds.), *Language acquisition* (pp. 149–160). Cambridge, England: Cambridge University Press.
Clark, E. V. (1993). *The lexicon in acquisition.* Cambridge, England: Cambridge University Press.
Clark, J. E. & Phillips, S. J. (1993). A longitudinal study of interlimb coordination in the first year of independent walking: A dynamical system analysis. *Child Development, 64,* 1143–1157.
Clarke-McLean, J. (1996). Social networks among incarcerated juvenile offenders. *Social Development, 5,* 203–217.
Clarke-Stewart, K. A. (1981). Observation and experiment: Complementary strategies for studying day care and social development. In S. Kilmer (Ed.), *Advances in early education and day care* (Vol. 2) (pp. 227–250). Greenwich, CT: JAI Press.
Clarke-Stewart, K. A., Vandell, D. L., McCartney, K., Owen, M. T. & Booth, C. (2000). Effects of parental separation and divorce on very young children. *Journal of Family Psychology, 14,* 304–326.
Clarkson, M. G. & Clifton, R. K. (1991). Acoustic determinants of newborn orienting. In M. J. S. Weiss & P. R. Zelazo (Eds.), *Newborn attention: Biological constraints and the influence of experience* (pp. 99–119). Stamford, CT: Ablex.

Clary, E. G. & Miller J. (1986). Socialization and situational influences on sustained altruism. *Child Development, 57,* 1358–1369.

Clearfield, M. W. & Mix, K. S. (1999). Number versus contour length in infants' discrimination of small visual sets. *Psychological Science, 10,* 408–411.

Clement, J. (1982). Algebra word problem solutions: Thought processes underlying a common misconception. *Journal for Research in Mathematics Education, 13,* 16––30.

Clifton, R. K., Muir, D. W., Ashmead, D. H. & Clarkson, M. G. (1993). Is visually guided reaching in early infancy a myth? *Child Development, 64,* 1099–1110.

Clifton, R. K., Rochat, P., Litovsky, R.Y. & Perris, E. E. (1991). Object representation guides infants' reaching in the dark. *Journal of Experimental Psychology: Human Perception and Performance, 17,* 323–329.

Clore, G. (1981). *The wit and wisdom of Benjamin Clore.* Unveröffentlichtes Manuskript.

Cohen, D. & Strayer, J. (1996). Empathy in conduct-disordered and comparison youth. *Developmental Psychology, 32,* 988–998.

Cohen, L. B. & Oakes, L. M. (1993). How infants perceive a simple causal event. *Developmental Psychology, 29,* 421–433

Cohen, P. & Brook, J. S. (1995). The reciprocal influence of punishment and child behaviour disorder. In J. McCord (Ed.), *Coercion and punishment in long-term perspectives* (pp. 154–164). Cambridge University Press.

Coie, J. D. & Dodge, K. A. (1983). Continuities and changes in children's social status: A five-year longitudinal study. *Merill-Palmer Quarterly, 29,* 261–282.

Coie, J. D. & Dodge, K. A. (1988). Multiple sources of data on social behavior and social status in the school: A cross-age comparison. *Child Development, 59,* 815–829.

Coie, J. D. & Dodge, K. A. (1998). Aggression and antisocial behavior. In W. Damon (Series Ed.) and N. Eisenberg (Vol. Ed.), *Handbook of child psychology. Vol. 3. Social, emotional, and personality development* (pp. 779–862). New York: Wiley.

Coie, J. D., Dodge, K. A. & Kupersmidt, J. B. (1990). Peer group behavior and social status. In S. R. Asher & J. D. Coie (Eds.), *Peer rejection in childhood* (pp. 17–59). Cambridge, England: Cambridge University Press.

Coie, J. D. & Kupersmidt, J. (1983). A behavioral analysis of emerging social status in boys' groups. *Child Development, 54,* 1400–1416.

Coie, J. D., Lochman, J. E., Terry, R. & Hyman, C. (1992). Predicting early adolescent disorder from childhood aggression and peer rejection. *Journal of Consulting and Clinical Psychology, 60,* 783–792.

Coie, J. D., Terry, R., Lenox, K., Lochman, J. & Hyman, C. (1995). Childhood peer rejection and aggression as predictors of stable patterns of adolescent disorder. *Development and Psychopathology, 7,* 697–713.

Colby, A. & Kohlberg, L. (1987a). *The measurement of moral judgment. Vol. 1.* Cambridge, England: Cambridge University Press.

Colby, A. & Kohlberg, L. (1987b). *The measurement of moral judgment. Vol. 2.* Cambridge, England: Cambridge University Press.

Colby, A., Kohlberg, L., Gibbs, J. & Lieberman, M. (1983). A longitudinal study of moral judgment. *Monographs of the Society for Research in Child Development, 48* (Serial No. 200), 1–124.

Colder, C. R., Lochman, J. E. & Wells, K. C. (1997). The moderating effects of children's fear and activity level of relations between parenting practices and childhood symptomatology. *Journal of Abnormal Child Psychology, 25,* 251–263.

Cole, M. (1996). *Cultural psychology: A once and future discipline.* Cambridge, MA: Harvard University Press.

Cole, P. M. (1986). Children's spontaneous control of facial expression. *Child Development, 57,* 1309–1321.

Cole, P. M., Bruschi, C. J. & Tamang, B. L. (2002). Cultural differences in children's emotional reactions to difficult situations. *Child Development, 73,* 983–996.

Cole, P. M. & Dennis, T. A. (1998). Variations on a theme: Culture and the meaning of socialization practices and child competence. *Psychological Inquiry, 9,* 276–278.

Cole, P. M. & Tamang, B. L. (1998). Nepali children's ideas about emotional displays in hypothetical challenges. *Developmental Psychology, 34,* 640–646.

Coleman, M., Wheeler, L. & Webber, J. (1993). Research on interpersonal problem-solving training: A review. *Remedial and Special Education, 14,* 25–37.

Coley, J. D. (1993). *Emerging differentiation of folkbiology and folkpsychology: Similarity judgments and property attributions.* Dissertation, University of Michigan, Department of Psychology, Ann Arbor.

Coley, R. L. & Chase-Lansdale, P. L. (1998). Adolescent pregnancy and parenthood: Recent evidence and future directions. *American Psychologist, 53,* 152–166.

Collaer, M. L. & Hines, M. (1995). Human behavioral sex differences: A role for gonadal hormones in early development? *Psychological Bulletin, 118,* 55–107.

Collie, R. & Hayne, H. (1999). Deferred imitation by 6- and 9-month-old infants: More evidence for declarative memory. *Developmental Psychobiology, 35,* 83–90.

Collins, W. A. (1990). Parent-child relationships in the transition to adolescence: Continuity and change in interaction, affect, and cognition. In R. Montemayor, G. R. Adams & T. P. Gullotta (Eds.), *From childhood to adolescence: A transitional period?* (pp. 85–106). Newbury Park, CA: Sage.

Collins, W. A. (1997). Relationships and development during adolescence: Interpersonal adaptation to individual change. *Personal Relationships, 4,* 1–14.

Collins, W. A., Maccoby, E. E., Steinberg, L., Hetherington, E. M. & Bornstein, M. H. (2000). Contemporary research on parenting: The case for nature and nurture. *American Psychologist, 55,* 218–232.

Colombo, J. (1993). *Infant cognition: Predicting childhood intellectual function.* Newbury Park, CA: Sage.

Colombo, J. (1995). On the neural mechanisms underlying developmental and individual differences in visual fixation in infancy: Two hypotheses. *Developmental Review, 15,* 97–135.

Coltrane, S. (1996.) *Family man.* New York: Oxford University Press.

Colwell, J., Grady, C. & Rhiati, S. (1995). Computer games, self esteem, and gratification of needs in adolescents. *Journal of Community and Applied Social Psychology, 5,* 195–206.

Compas, B. E., Connor, J. K., Saltzman, H., Thomsen, A. H. & Wadsworth, M. E. (2001). Coping with stress during childhood and adolescence: Problems, progress, and potential in theory and research. *Psychological Bulletin, 127,* 87–127.

Conduct Problems Prevention Research Group. (1999a). Initial impact of the Fast Track Prevention Trial for conduct problems: I. The high-risk sample. *Journal of Consulting and Clinical Psychology, 67,* 619–647.

Conduct Problems Prevention Research Group. (1999b). Initial impact of the Fast Track Prevention Trial for conduct problems: II. Classroom effects. *Journal of Consulting and Clinical Psychology, 67,* 648–657.

Conduct Problems Prevention Research Group. (2002). Evaluation of the first 3 years of the Fast Track Prevention trial with children at high risk for adolescent conduct problems. *Journal of Abnormal Child Psychology, 30,* 19–35.

Conger, R. D., Conger, K. J., Elder, G. H., Jr., Lorenz, F. O., Simons, R. L. & Whitbeck, L. B. (1993). Family economic stress and adjustment of early adolescent girls. *Developmental Psychology, 29,* 206–219.

Conger, R. D., Ge, X., Elder, G. H. Jr., Lorenz, F. O. & Simons, R. L. (1994). Economic stress, coercive family process, and developmental problems of adolescents. *Child Development, 65,* 541–561.

Conger, R. D., Wallace, L. E., Sun, Y., Simmons, R. L., McLoyd, V. C. & Brody, G. H. (2002). Economic pressure in African American families: A replication and extension of the family stress model. *Developmental Psychology, 38,* 179–193.

Connell, J. P. & Wellborn, J. G. (1991). Competence, autonomy, and relatedness: A motivational analysis of self-system processes. In M. R. Gunnar & L. A. Sroufe (Eds.), *The Minnesota Symposium on Child Development: Vol. 23. Self processes and development* (pp. 43–78). Hillsdale, NJ: Erlbaum.

Conner, D. B., Knight, D. K. & Cross, D. R. (1997). Mothers' and fathers' scaffolding of their 2-year-olds during problem solving and literacy interactions. *British Journal of Developmental Psychology, 15,* 323–338.

Consortium for Longitudinal Studies (1983). *As the twig is bent: Lasting effects of preschool programs.* Hillsdale, NJ: Erlbaum.

Cook, W. L., Kenny, D. A. & Goldstein, M. J. (1991). Parental affective style risk and the family system: A social relations model analysis. *Journal of Abnormal Psychology, 100,* 492–501.

Cooley, C. H. (1902). *Human nature and the social order.* New York: Scribner's.

Cooney, T. M., Pedersen, F. A., Indelicato, S. & Palkovitz, R. (1993). Timing of fatherhood: Is „on-time" optimal? *Journal of Marriage and the Family, 55,* 205–215.

Cooper, G. & Sweller, J. (1987). Effects of schema acquisition and rule automation on mathematical problem-solving transfer. *Journal of Educational Psychology, 79,* 347–362.

Cooper, H. M., Charlton, K., Valentine, J. C. & Muhlenbruck, L. (2000). Making the most of summer school: A meta-analytic and narrative review. *Monographs of the Society for Research in Child Development, 65* (1, Serial No. 260), 1–11.

Cooper, R. P. & Aslin, R. N. (1994). Developmental differences in infant attention to the spectral properties of infant-directed speech. *Child Development, 65,* 1663–1677.

Corballis, M. C. (1999). The gestural origins of language. *American Scientist, 87,* 138–145.

Cornell, E. H., Herth, C. D., Kneubuhler, Y. & Sehgal, S. (1995). Serial position effects in children's route reversal errors: Implications for police search operations. *Applied Cognitive Psychology, 10,* 301–326.

Corrigan, R. & Denton, R (1996). Causal understanding as a developmental primitive. *Developmental Review, 16,* 162–202.

Coulton, C. J., Korbin, J. E., Su, M. & Chow, J. (1995). Community level factors and child maltreatment rates. *Child Development, 66,* 1262–1276.

Cowan, P. A., Powell, D. & Cowan, C. P (1998). Parenting interventions: A family systems perspective. In I. E. Sigel & K. A. Renninger (Eds.), *Handbook of child psychology: Vol. 4. Child psychology in practice* (5th ed.) (pp. 3–72). New York: Wiley.

Cowan, W. M. (1979). The development of the brain. *Scientific American, 241,* 112–133.

Cox, M. J., Owen, M. T., Lewis, J. M. & Henderson, V. K. (1989). Marriage, adult adjustment, and early parenting. *Child Development, 60,* 1015–1024.

Craig, W. M., Vitaro, F., Gagnon, G. & Tremblay, R. E. (2002). The road to gang membership: Characteristics of stable and unstable male gang members from ages 10 to 14. *Social Development, 11,* 53–68.

Crain, W. C. (1985). *Theories of development. Concepts and applications* (2nd ed.). Upper Saddle River, NJ: Prentice-Hall.

Cramer, P & Steinwert, T. (1998). Thin is good, fat is bad: How early does it begin? *Journal of Applied Developmental Psychology, 19,* 429–451.

Crawford, J. (1997). *Best evidence: Research foundations of the Bilingual Education Act.* Washington, DC: National Clearinghouse for Bilingual Education.

Crick, N. R. & Bigbee, M. A. (1998). Relational and overt forms of peer victimization: A multiinformant approach. *Journal of Consulting and Clinical Psychology, 66,* 337–347.

Crick, N. R., Bigbee, M. A. & Howes, C. (1996). Gender differences in children's normative beliefs about aggression: How do I hurt thee? Let me count the ways. *Child Development, 67,* 1003–1014.

Crick, N. R., Casas, J. F. & Ku, H.-C. (1999). Relational and physical forms of peer victimization in preschool. *Developmental Psychology, 35,* 376–385.

Crick, N. R., Casas, J. F. & Mosher, M. (1997). Relational and overt aggression in preschool. *Developmental Psychology, 33,* 579–588.

Crick, N. R. & Dodge, K. A. (1994). A review and reformulation of social information-processing mechanisms in children's social adjustment. *Psychological Bulletin, 115,* 74–101.

Crick, N. R. & Dodge, K. A. (1996). Social information-processing mechanisms in reactive and proactive aggression. *Child Development, 67,* 993–1002.

Crick, N. R. & Grotpeter, J. K. (1995). Relational aggression, gender, and social-psychological adjustment. *Child Development, 66,* 710–722.

Crick, N. R. & Grotpeter, J. K. (1996). Children's treatment by peers: Victims of relational and overt aggression. *Development and Psychopathology, 8,* 367–380.

Crocker, J. (2001). Self-esteem in adulthood. In N. Smelser & P Baltes (Eds.), *International Encyclopedia of the Social and Behavioral Sciences.* Oxford, England: Elsevier.

Crockett, L., Losoff, M. & Petersen, A. C. (1984). Perceptions of the peer group and friendship in early adolescence. *Journal of Early Adolescence, 4,* 155–181.

Crosbie-Burnett, M. & Helmbrecht, L. (1993). A descriptive empirical study of gay male stepfamilies. *Family Relations, 42,* 256–262.

Crowley, K., Callanan, M. A., Tenenbaum, H. R. & Allen, E. (2001). Parents explain more often to boys than to girls during shared scientific thinking. *Psychological Science, 12,* 258–261.

Culp, R. E., Appelbaum, M. I., Osofsky, J. D. & Levy, J. A. (1988). Adolescent and older mothers: Comparison between prenatal maternal variables and newborn interaction measures. *Infant Behavior and Development, 11,* 353–362.

Cummings, E. M., Iannotti, R. J. & Zahn-Waxler, C. (1985). Influence of conflict between adults on the emotions and aggression of young children. *Developmental Psychology, 21,* 495–507.

Curran, P. J., Stice, E. & Chassin, L. (1997). The relation between adolescent alcohol use and peer alcohol use: A longitudinal random coefficients model. *Journal of Consulting and Clinical Psychology, 65,* 130–140.

Curtiss, S. (1977). *Genie: A psycholinguistic study of a modern-day „wild child."* London: Academic Press.

Curtiss, S. (1989). The independence and task-specificity of language. In M. H. Bornstein & J. S. Bruner (Eds.), *Interaction in human development* (pp. 105–138). Hillsdale, NJ: Erlbaum.

Cutrona, C. E., Hessling, R. M., Bacon, P. L. & Russell, D. W. (1998). Predictors and correlates of continuing involvement with the baby's father among adolescent mothers. *Family Psychology, 12,* 369–387.

Daly, M. & Wilson, M. I. (1996). Violence against stepchildren. *Current Directions in Psychological Science, 5,* 77–81.

Damasio, A. (1999). *The feeling of what happens: Body and emotion in the making of consciousness.* New York: Harcourt Brace & Company.

Damon, W. (1977). *The social world of the child.* San Francisco: Jossey-Bass.

Damon, W. (1983). *Social and personality development. Infancy through adolescence.* New York: Norton.

Damon, W. & Hart, D. (1988). *Self-understanding in childhood and adolescence.* Cambridge, England: Cambridge University Press.

Danseco, E. R. & Holden, E. W. (1998). Are there different types of homeless families? A typology of homeless families based on cluster analysis. *Family Relations, 47,* 159–165.

Dantzig, T. (1967). *Number: The language of science.* New York: Free Press.

Darling, N. & Steinberg, L. (1993). Parenting style as context: An integrative model. *Psychological Bulletin, 113,* 487–496.

Darwin, C. (1877). A biographical sketch of an infant. *Mind, 2,* 285–294.

Darwin, C. (2000). *Der Ausdruck der Gemütsbewegungen bei dem Menschen und den Tieren.* Frankfurt/M.: Eichborn. [Original 1872, *The expression of emotion in man and animals.* New York: Philosophical Library.]

D'Augelli, A. R. (1996). Lesbian, gay, and bisexual development during adolescence. In R. P. Cabaj & T. S. Stein (Eds.), *Textbook of homosexuality and mental health* (pp. 267–288). Washington, DC: American Psychiatric Press.

D'Augelli, A. R. (1998). Developmental implications of victimization of lesbian, gay, and bisexual youth. In G. M. Herek (Ed.), *Stigma and sexual orientation: Understanding prejudice against lesbians, gay men, and bisexuals* (pp. 187–210). Thousand Oaks, CA: Sage.

D'Augelli, A. R. & Hershberger, S. L. (1993). Lesbian, gay, and bisexual youth in community settings: Personal challenges and mental health problems. *American Journal of Community Psychology, 21,* 421–448.

D'Augelli, A. R., Hershberger, S. L. & Pilkington, N. W. (1998). Lesbian, gay, and bisexual youth and their families: Disclosure of sexual orientation and its consequences. *American Journal of Orthopsychiatry, 68,* 361–371.

D'Augelli, A. R., Hershberger, S. L. & Pilkington, N. W. (2001). Suicidality patterns and sexual orientation-related factors among lesbian, gay, and bisexual youth. *Suicide and Life-threatening Behavior, 31,* 250–265.

Davidson, R. J. & Fox, N. A. (1982). Asymmetrical brain activity discriminates between positive and negative affective stimuli in human infants. *Science, 218,* 1235–1237.

Davies, P. T. & Cummings, E. M. (1994). Marital conflict and child adjustment: An emotional security hypothesis. *Psychological Bulletin, 116,* 387–411.

Davis, B. E., Moon, R. Y., Sachs, H. C. & Ottolini, M. C. (1998). Effects of sleep position on infant motor development. *Pediatrics, 102,* 1135–1140.

Dawkins, R. (1996). *The blind watchmaker.* New York: Norton.

Dawson, G., Klinger, L. G., Panagiotides, H., Spieker, S. & Frey, K. (1992). Infants of mothers with depressive symptoms: Electrophysiological and behavioral findings related to attachment status. *Development and Psychopathology, 4,* 67–80.

Deary, I. J. (1995). Auditory inspection time and intelligence: What is the direction of causation? *Developmental Psychology, 31,* 237–250.

Deater-Deckard, K. (2000). Parenting and child behavioral adjustment in early childhood: A quantitative genetic approach to studying family processes. *Child Development, 71,* 468–484.

Deater-Deckard, K. & Dodge, K. A. (1997). Externalizing behavior problems and discipline revisited: Nonlinear effects and variation by culture, context, and gender. *Psychological Inquiry, 8,* 161–175.

Deater-Deckard, K., Dodge, K. A., Bates, J. E. & Pettit, G. S. (1995, March-April). *Risk factors for the development of externalizing behavior problems: Are there ethnic group differences in process?* Vortrag, Biennial Meeting of the Society for Research in Child Development, Indianapolis, IN.

Deater-Deckard, K., Dodge, K. A., Bates, J. E. & Pettit, G. S. (1996). Physical discipline among African American and European American mothers: Links to children's externalizing behaviors. *Developmental Psychology, 32,* 1065–1072.

Deater-Deckard, K., Dodge, K. A., Bates, J. E. & Pettit, G. S. (1998). Multiple risk factors in the development of externalizing behavior problems: Group and individual differences. *Development and Psychopathology, 10,* 469–493.

Deater-Deckard, K. & O'Connor, T. G. (2000). Parent-child mutuality in early childhood: Two behavioral genetic studies. *Developmental Psychology, 36,* 1–10.

DeCasper, A. J. & Fifer, W. P. (1980). Of human bonding: Newborns prefer their mothers' voices. *Science, 208,* 1174–1176.

DeCasper, A. J., Lecanuet, J. P., Busnel, M. C., Granier-Deferre, C. & Maugeais, R. (1994). Reactions to recurrent maternal speech. *Infant Behavior and Development, 17,* 159–164.

DeCasper, A. J. & Spence, M. J. (1986). Prenatal maternal speech influences newborns' perception of speech sounds. *Infant Behavior and Development, 9,* 133–150.

Decker, S. H. (1996). Collective and normative features of gang violence. *Justice Quarterly, 13,* 243–264.

Decker, S. H. & van Winkle, B. (1996). *Life in the gang: Family, friends, and violence.* Cambridge, England: Cambridge University Press.

DeFries, J. C. & Gillis, J. J. (1993). Genetics of reading disability. In R. Plomin & G. E. McClearn (Eds.), *Nature, nurture, and psychology* (pp. 121–145). Washington, DC: American Psychological Association.

DeFries, J. C., Plomin, R. & LaBuda, M. C. (1987). Genetic stability of cognitive development from childhood to adulthood. *Developmental Psychology, 23,* 4–12.

Degirmencioglu, S. M., Urberg, K. A., Tolson, J. M & Richard, P. (1998). Adolescent friendship networks: Continuity and change over the school year. *Merrill-Palmer Quarterly, 44,* 313–337.

deHouwer, A. (1995). Bilingual language acquisition. In P. Fletcher & B. MacWhinney (Eds.), *The handbook of child language* (pp. 219–250). Oxford, England: Basil Blackwell.

DeKlyen, M., Biernbaum, M. A., Speltz, M. L. & Greenberg, M. T. (1998). Fathers and preschool behavior problems. *Developmental Psychology, 34,* 264–275.

Dekovic, M. & Janssens, J. M. A. M. (1992). Parents' child-rearing style and children's sociometric status. *Developmental Psychology, 28,* 925–932.

Delaney, C. (2000). Making babies in a Turkish village. In J. S. DeLoache & A. Gottlieb (Eds.), *A world of babies: Imagined childcare guides for seven societies.* New York: Cambridge University Press.

DeLoache, J. S. (1987). Rapid change in the symbolic functioning of very young children. *Science, 238,* 1556–1557.

DeLoache, J. S. (1995). Early understanding and use of symbols. *Current Directions in Psychological Science, 4,* 109–113.

DeLoache, J. S. (2000). Dual representation and young children's use of scale models. *Child Development, 71,* 329–338.

DeLoache, J. S. (2002). The symbol-mindedness of young children. In W. Hartup & R. Weinberg (Eds.), *The Minnesota Symposium on Child Psychology* (Vol. 32). Mahwah, NJ: Erlbaum.

DeLoache, J. S., Cassidy, D. J. & Carpenter, C. J. (1987). The three bears are all boys: Mothers' labelling of gender-neutral picture book characters. *Sex Roles, 17,* 163–178.

DeLoache, J. S. & Gottlieb, A. (Eds.). (2000). *A world of babies. Imagined childcare guides for seven societies.* Cambridge, England: Cambridge University Press.

DeLoache, J. S. & Marzolf, D. P. (1995). The use of dolls to interview young children. *Journal of Experimental Child Psychology, 60,* 155–173.

DeLoache, J. S., Miller, K. E & Rosengren, K. S. (1997). The credible shrinking room: Very young children's performance with symbolic and non-symbolic relations. *Psychological Science, 8,* 308–313.

DeLoache, J. S., Pierroutsakos, S. L., Uttal, D. H., Rosengren, K. S. & Gottlieb, A. (1998). Grasping the nature of pictures. *Psychological Science, 9,* 205–210.

DeLoache, J. S. & Smith, C. M. (1999). The early understanding and use of symbolic representations. In I. E. Sigel (Ed.), *Theoretical perspectives in the development of representational (symbolic) thought* (pp. 61–86). Hillsdale, NJ: Erlbaum.

DeLoache, J. S., Strauss, M. S. & Maynard, J. (1979). Picture perception in infancy. *Infant Behavior and Development, 2,* 77–89.

Deluty, R. H. (1985). Cognitive mediation of aggressive, assertive, and submissive behavior in children. *International Journal of Behavioral Development, 8,* 355–369.

DeMarie-Dreblow, D. & Miller, P. H. (1988). The development of children's strategies for selective attention: Evidence for a transitional period. *Child Development, 59,* 1504–1513.

Dempster, F. N. (1993). Resistance to interference: Developmental changes in a basic processing mechanism. In R. Pasnak & M. L. Howe (Eds.), *Emerging themes in cognitive development* (Vol. 1). New York: Springer.

Dempster, F. N. (1995). Interference and inhibition in cognition: An historical perspective. In F. N. Dempster &C. J. Brainerd (Eds.), *Interference and inhibition in cognition* (pp. 3–26). San Diego, CA: Academic Press.

DeMulder, E. K., Denham, S., Schmidt, M. & Mitchell, J. (2000). Q-sort assessment of attachment security during the preschool years: Links from home to school. *Developmental Psychology, 36,* 274–282.

Denham, S. A. (1986). Social cognition, prosocial behavior, and emotion in preschoolers: Contextual validation. *Child Development, 57,* 194–201.

Denham, S. A. (1998). *Emotional development in young children.* New York: Guilford Press.

Denham, S. A. & Auerbach, S. (1995). Mother-child dialogue about emotions and preschoolers' emotional competence. *Genetic, Social, and General Psychology Monographs, 121,* 311–337.

Denham, S. A. & Burton, R. (1996). A social-emotional intervention program for at-risk four-year-olds. *Journal of School Psychology, 34,* 225–245.

Denham, S. A. & Couchoud, E. A. (1990). Young preschoolers' understanding of emotions. *Child Study Journal, 20,* 171–192.

Denham, S. A. & Couchoud, E. A. (1991). Social-emotional predictors of preschoolers' responses to adult negative emotion. *Journal of Child Psychology and Psychiatry, 32,* 595–608.

Denham, S. A. & Grout, L. (1992). Mothers' emotional expressiveness and coping: Relations with preschoolers' social-emotional competence. *Genetic, Social, and General Psychology Monographs, 118,* 73–101.

Denham, S. A., Mitchell-Copeland, J., Strandberg, K., Auerbach, S. & Blair, K. (1997). Parental contributions to preschoolers' emotional competence: Direct and indirect effects. *Motivation and Emotion, 21,* 65–86.

Denham, S. A., Zoller, D. & Couchoud, E. A. (1994). Socialization of preschoolers' emotion understanding. *Developmental Psychology, 30,* 928–936.

Dennis, S. (1992). Stage and structure in the development of children's spatial representations. In R. Case (Ed.), *The mind's staircase: Exploring the conceptual underpinnings of children's thought and knowledge.* Hillsdale, NJ: Erlbaum.

Dennis, W. & Najarian, P. (1957). Infant development under environmental handicap. *Psychological Monographs, 71* (7, Whole No. 436).

Department of Health and Human Services. (1999). *Highlights of findings.* [www/acf.dhhs.gov/programs/cb/publications/cm99]

DeRosier, M. E., Kupersmidt, J. B. & Patterson, C. J. (1994). Children's academic and behavioral adjustment as a function of the chronicity and proximity of peer rejection. *Child Development, 65,* 1799–1813.

Detterman, D. K. (1993). Giftedness and intelligence: One and the same. In G. R Bock & K. Ackrill (Eds.), *The origins and development of high ability* (pp. 22–31). New York: Wiley.

deVilliers, J. G. & deVilliers, P. A. (1973). A cross-sectional study of the acquisition of grammatical morphemes in child speech. *Journal of Psycholinguistic Research, 2,* 267–278.

De Vries, J. I. P., Visser, G. H. A. & Prechtl, H. F. R. (1982). The emergence of fetal behavior: I. Qualitative aspects. *Early Human Development, 7,* 301–322.

DeVries, M. W. (1984). Temperament and infant mortality among the Masai of East Africa. *American Journal of Psychiatry, 141,* 1189–1194.

De Wolff, M. S. & van IJzendoorn, M. H. (1997). Sensitivity and attachment: A meta-analysis on parental antecedents of infant attachment. *Child Development, 68,* 571–591.

Diamond, A. (1985). Development of the ability to use recall to guide action, as indicated by the infant's performance on AB. *Child Development, 56,* 868–883.

Diamond, A. (1991). Neuropsychological insights into the meaning of object concept development. In S. Carey & R. Gelman (Eds.), *The epigenesis of mind: Essays on biology and cognition* (pp. 67–110). Hillsdale, NJ: Erlbaum.

Diamond, A. & Gilbert, J. (1989). Development as progressive inhibitory control of action: Retrieval of a contiguous object. *Cognitive Development, 4,* 223–249.

Diamond, L. M. (1998). Development of sexual orientation among adolescent and young adult women. *Developmental Psychology, 34,* 1085–1095.

Diamond, L. M., Savin-Williams, R. C. & Dube, E. M. (1999). Sex, dating, passionate friendships and romance: Intimate peer relations among lesbian, gay, and bisexual adolescents. In W. Furman, B. B. Brown & C. Feiring (Eds.), *The development of romantic relationships in adolescence* (pp. 175–210). Cambridge, England: Cambridge University Press.

DiBiase, R. & Waddell, S. (1995). Some effects of homelessness on the psychological functioning of preschoolers. *Journal of Abnormal Child Psychology, 23,* 783–792.

Dichtelmiller, M., Meisels, S. J., Plunkett, J. W., Bozynski, M. E. & Mangelsdorf, S. (1992). The relationship of parental knowledge to the development of extremely low birth weight infants. *Journal of Early Intervention, 16,* 210–220.

Diener, M. (2000). Gift from the Gods: A Balinese guide to early child rearing. In J. DeLoache & A. Gotlieb (Eds.), *A world of babies: Imagined childcare guides for seven societies.* Cambridge, England: Cambridge University Press.

Dijkstra, T. & Kempen, G. (1993). *Einführung in die Psycholinguistik.* Bern: Huber.

DiPietro, J. A., Costigan, K. A., Shupe, A. K., Pressman, E. K. & Johnson, T. R. B. (1998). Fetal neurobehavioral development: Associations with socioeconomic class and fetal sex. *Developmental Psychobiology, 33,* 79–91.

DiPietro, J. A., Hodgson, D. M., Costigan, K. A. & Johnson, T. R. B. (1996). Fetal antecedents of infant temperament. *Child Developznent, 67,* 2568–2583.

DiPietro, J. A., Hodgson, D. M., Costigan, K., Hilton, S. & Johnson, T. R. (1996). Fetal neurobehavioral development. *Child Development, 67,* 2553–2567.

DiPietro, J. A., Suess, P. A., Wheeler, J. S., Smouse, P. H. & Newlin, D. B. (1995). Reactivity and regulation in cocaine-exposed infants. *Infant Behavior and Development, 18,* 407–414.

Dirks, J. & Gibson, E. (1977). Infants' perception of similarity between live people and their photographs. *Child Development, 48,* 124–130.

Dishion, T. J. (1990). The family ecology of boys' peer relations in middle childhood. *Child Development, 61,* 874–892.

Dishion, T. J. & Andrews, D. W. (1995). Preventing escalation in problem behaviors with high-risk young adolescents: Immediate and 1-year outcomes. *Journal of Consulting and Clinical Psychology, 63,* 538–548.

Dishion, T. J., Andrews, D. W. & Crosby, L. (1995). Antisocial boys and their friends in early adolescence: Relationship characteristics, quality and interactional process. *Child Development, 66,* 139–151.

Dishion, T. J., Capaldi, D., Spracklen, K. M. & Li, F. (1995). Peer ecology of male adolescent drug use. *Development and Psychopathology, 7,* 803–824.

Dishion, T. J., Eddy, J. M., Haas, E., Li, F. & Spracklen, K. (1997). Friendships and violent behavior during adolescence. *Social Development, 6,* 207–223.

Diversi, M., Filho, N. M. & Morelli, M. (1999). Daily reality on the streets of Campinas, Brazil. *New Directions in Child Development, 55,* 19–34.

DiVitto, B. & Goldberg, S. (1979). The effects of newborn medical status on early parent-infant interaction. In T. M. Field, A. M. Sostch, S. Goldberg & H. H. Shuman (Eds.), *Infants born at risk: Behavior and development* (pp. 311–332). New York: Spectrum.

Dix, T. & Grusec, J. E. (1983). Parental influence techniques: An attributional analysis. *Child Development, 54,* 645–652.

Dobson, V. (1983). Clinical applications of preferential looking measures of visual acuity. *Behavioral Brain Research, 10,* 25–38.

Dobzhansky, T. (1955). *Evolution, genetics, and man.* New York: Wiley.

Dodge, K. A. (1980). Social cognition and children's aggressive behavior. *Child Development, 51,* 162–170.

Dodge, K. A. (1986). A social information processing model of social competence in children. In M. Perlmutter (Ed.), *Minnesota Symposium on Child Psychology: Vol. 18. Cognitive perspectives on children's social and behavioral development* (pp. 77–125). Mahwah, NJ: Erlbaum.

Dodge, K. A., Coie, J. D., Pettit, G. S. & Price, J. M. (1990). Peer status and aggression in boys' groups: Developmental and contextual analyses. *Child Development, 61,* 1289–1309.

Dodge, K. A., Lochman, J. E., Harnish, J. D., Bates, J. E. & Pettit, G. S. (1997). Reactive and proactive aggression in school children and psychiatrically impaired chronically assaultive youth. *Journal of Abnormal Psychology, 106,* 37–51.

Dodge, K. A., Murphy, R. R. & Buchsbaum, K. (1984). The assessment of intention-cue detection skills in children: Implications for developmental psychopathology. *Child Development, 55,* 163–173.

Dodge, K. A., Pettit, G. S. & Bates, J. E. (1994). Socialization mediators of the relation between socioeconomic status and child conduct problems. *Child Development, 65,* 649–665.

Dodge, K. A., Pettit, G. S., Bates, J. E. & Valente, E. (1995). Social information processing patterns partially mediate the effect of early physical abuse on later conduct problems. *Journal of Abnormal Psychology, 104,* 632–643.

Dodge, K. A., Pettit, G. S., McClaskey, C. L. & Brown, M. M. (1986). Social competence in children. *Monographs of the Society for Research in Child Development, 51* (2, Serial No. 213), 1–85.

Dodge, K. A., Schlundt, D. G., Schocken, L & Delugach, J. D. (1983). Social competence and children's social status: The role of peer group entry strategies. *Merrill-Palmer Quarterly, 29,* 309–336.

Doh, H. S. & Falbo, T (1999). Social competence, maternal attentiveness, and overprotectiveness: Only children in Korea. *International Journal of Behavioral Development, 23,* 149–162.

Donaldson, S. K. & Westerman, M. A. (1986). Development of children's understanding of ambivalence and causal theories of emotions. *Developmental Psychology, 22,* 655–662.

Dorval, B. & Eckerman, C. O. (1984). Developmental trends in the quality of conversation achieved by small groups of acquainted peers. *Monographs of the Society for Research in Child Development, 49* (Serial No. 206).

Dougherty, T. M. & Haith, M. M. (1997). Infant expectations and reaction time as predictors of childhood speed of processing and IQ. *Developmental Psychology, 33,* 146–155.

Douglas, E. (2001, July/August). The ABCs of early child care research: Keeping Congress accurately informed. *Psychological Science Agenda, 14,* 10–17.

Downey, G. & Coyne, J. C. (1990). Children of depressed parents: An integrative review. *Psychological Bulletin, 108,* 50–76.

Drillien, C. M. (1964). *The growth and development of the prematurely born infant.* Edinburgh: Livingstone.

Dromi, E. (1987). *Early lexical development.* London: Cambridge University Press.

Drotar, D. (1992). Personality development, problem solving, and behavior problems among preschool children with early histories of nonorganic failure-to-thrive: A controlled study. *Developmental and Behavioral Pediatrics, 13,* 266–273.

Drotar, D., Eckerle, D., Satola, J., Pallotta, J. & Wyatt, B. (1990). Maternal interactional behavior with nonorganic failure-to-thrive infants: A case comparison study. *Child Abuse and Neglect, 74,* 47–51.

Dube, E. M., Savin-Williams, R. C. & Diamond, L. M. (2001). Intimacy development, gender, and ethnicity among sexual-minority youth. In A. R. D'Augelli & C. Patterson (Eds.), *Lesbian, gay and bisexual identities among youth: Psychological perspectives* (pp. 129–152). New York: Oxford University Press.

Duckett, E. & Richards, M. H. (1995). Maternal employment and the quality of daily experience for young adolescents of single mothers. *Journal of Family Psychology, 9,* 418–432.

Dumka, L. E., Roosa, M. W. & Jackson, K. M. (1997). Risk, conflict, mothers' parenting, and children's adjustment in low-income, Mexican immigrant and Mexican American families. *Journal of Marriage and the Family, 59,* 309–323.

Duncan, G. J. (1991). The economic environment of children. In A. C. Huston (Ed.), *Children in poverty: Child development and public policy* (pp. 23–50). New York: Cambridge University Press.

Duncan, G. J. & Brooks-Gunn, J. (2000). Family poverty: Welfare reform, and child development. *Child Development, 71,* 188–196.

Duncan, G. J., Brooks-Gunn, J. & Klebanov, P. K. (1994). Economic deprivation and early childhood development. *Child Development, 65,* 296–318.

Duncan, O. D., Featherman, D. L. & Duncan, B. (1972). *Socioeconomic background and achievement.* New York: Seminar Press.

Dunn, J. (1988). *The beginnings of social understanding.* Cambridge, MA: Harvard University Press.

Dunn, J. (1992). Siblings and their development. *Current Directions in Psychological Science, 1,* 6–9.

Dunn, J. & Brown, J. (1994). Affect expression in the family, children's understanding of emotions, and their interactions with others. *Merrill-Palmer Quarterly, 40,* 120–137.

Dunn, J., Bretherton, I. & Munn, P. (1987). Conversations about feeling states between mothers and their young children. *Developmental Psychology, 23,* 132–139.

Dunn, J., Brown, J. & Beardsall, L. (1991). Family talk about feeling states and children's later understanding of others' emotions. *Developmental Psychology, 27,* 448–455.

Dunn, J., Brown, J., Slomkowski, C., Tesla, C. & Youngblade, L. (1991). Young children's understanding of other people's feelings and beliefs: Individual differences and their antecedents. *Child Development, 62,* 1352–1366.

Dunn, J. & Munn, P. (1986). Siblings and the development of prosocial behavior. *International Journal of Behavioral Development, 9,* 265–284.

Dunphy, D. C. (1963). The social structure of urban adolescent peer groups. *Sociometry, 26,* 230–246.

Dunsmore, J. C. & Halberstadt, A. G. (1997). How does family emotional expressiveness affect children's schemas? *New Directions for Child Development, 77,* 45–68.

Durkin, K. (1995). *Developmental social psychology: From infancy to old age.* Malden, MA: Blackwell.

Eagly, A. H. & Wood, W. (1999). The origins of sex differences in human behavior: Evolved dispositions versus social roles. *American Psychologist, 54,* 408–423.

East, P. L., Felice, M. E. & Morgan, M. C. (1993). Sisters' and girl-friends' sexual and childbearing behavior: Effects on early girls' sexual outcomes. *Journal of Marriage and the Family, 55,* 953–963.

East, P. L. & Jacobson, L. J. (2001). The younger siblings of teenage mothers: A follow-up of their pregnancy risk. *Developmental Psychology, 37,* 254–264.

Easterbrooks, M. A., Davidson, C. E. & Chazan, R. (1993). Psychosocial risk, attachment, and behavior problems among school-aged children. *Developmental and Psychopathology, 5,* 389–402.

Eaton, W. O. & Enns, L. R. (1986). Sex differences in human motor activity level. *Psychological Bulletin, 100,* 19–28.

Eaton, W. O. & Ritchot, K. F. M. (1995). Physical maturation and information processing speed in middle childhood. *Developmental Psychology, 31,* 967–972.

Eaton, W. O. & Saudino, K. J. (1992). Prenatal activity level as a temperament dimension? Individual differences and developmental functions in fetal movement. *Infant Behavior and Development, 15,* 57–70.

Eccles, J. S., Jacobs, J. E. & Harold, R. D. (1990). Gender role stereotypes, expectancy effects, and parents' socialization of gender differences. *Journal of Social Issues, 46,* 183–201.

Eccles, J. S., Lord, S. & Buchanan, C. M. (1996). School transitions in early adolescence: What are we doing to our young people? In J. A. Graber, T. Brooks-Gunn & A. C. Petersen (Eds.), *Transitions through adolescence* (pp. 251–284). Mahwah, NJ: Erlbaum.

Eccles, J. S. & Midgley, C. (1989). Stage/environment fit: Developmentally appropriate classrooms for early adolescents. In R. Ames & C. Ames (Eds.), *Research on motivation in education* (Vol. 3) (pp. 139–181). Orlando, FL: Academic Press.

Eccles, J. S., Midgley, C., Wigfield, A., Buchanan, C. M., Reuman, D., Flanagan, C. & MacIver, D. (1993). Development during adolescence: The impact of stage-environment fit on young adolescents' experiences in schools and in families. *American Psychologist, 48,* 90–101.

Eccles, J. S., Wigfield, A., Flanagan, C., Miller, C., Reuman, D. & Yee, D. (1989). Self-concepts, domain values, and self-esteem: Relations and changes at early adolescence. *Journal of Personality, 57,* 283–310.

Eckenrode, J., Laird, M. & Doris, J. (1993). School performance and disciplinary problems among abused and neglected children. *Developmental Psychology, 29,* 53–62.

Eckenrode, J., Zielinski, D., Smith, E., Marcynyszyn, L. A., Henderson, C. R., Jr., Kitzman, H. et al. (2001). Child maltreatment and the early onset of problem behaviors: Can a program of nurse home visitation break the link? *Development and Psychopathology, 13,* 873–890.

Eckert, P. (1989). *Jocks and burnouts: Social categories and identity in the high school.* New York: Teachers' College Press.

Edelman, G. M. (1987). *Neural Darwinism: The theory of neuronal group selection.* New York: Basic Books.

Eder, D. (1985). The cycle of popularity: Interpersonal relations among female adolescents. *Sociology of Education, 58,* 154–165.

Edwards, C. P. (1992). Cross-cultural perspective on family-peer relations. In R. D. Parke & G. W. Ladd (Eds.), *Family peer relationships: Modes of linkage* (pp. 285–316). Hillsdale, NJ: Erlbaum.

Ehri, L. C. (1986). Sources of difficulty in learning to spell and read. In M. L. Wolraich & D. Routh (Eds.), *Advances in developmental and behavioral pediatrics* (Vol. 7) (pp. 121–195). Greenwich, CT: JAI Press.

Eimas, P. D. & Quinn, P. C. (1994). Studies on the formation of perceptually based basic-level categories in young infants. *Child Development, 65,* 903–917.

Eimas, P. D., Siqueland, E. R., Jusczyk, P. & Vigorito, J. (1971). Speech perception in infants. *Science, 177,* 303–306.

Eisenberg, A. R. (1999). Emotion talk among Mexican American and Anglo American mothers and children from two social classes. *Merrill-Palmer Quarterly, 45,* 267–284.

Eisenberg, N. (1986). *Altruistic emotion, cognition, and behavior.* Hillsdale, NJ: Erlbaum.

Eisenberg, N. (2000). Emotion, regulation, and moral development. In S. T. Fiske, D. L. Schacter & C. Zahn-Waxler (Eds.), *Annual review of psychology* (Vol. 51) (pp. 665–697). Palo Alto, CA: Annual Reviews.

Eisenberg, N., Boehnke, K., Schuhler, P. & Silbereisen, R. K. (1985). The development of prosocial behavior and cognitions in German children. *Journal of Cross-Cultural Psychology, 16,* 69–82.

Eisenberg, N., Carlo, G., Murphy, B. & Van Court, P. (1995). Prosocial development in late adolescence: A longitudinal study. *Child Development, 66,* 911–936.

Eisenberg, N., Cialdini, R., McCreath, H. & Shell, R. (1987). Consistency-based compliance: When and why do children become vulnerable? *Journal of Personality and Social Psychology, 52,* 1174–1181.

Eisenberg, N., Cumberland, A. & Spinrad, T. L. (1998). Parental socialization of emotion. *Psychological Inquiry, 9,* 241–273.

Eisenberg, N. & Fabes, R. A. (1998). Prosocial development. In W. Damon (Series Ed.) and N. Eisenberg (Vol. Ed), *Handbook of child psychology: Vol. 3. Social, emotional, and personality development* (5th ed.) (pp. 701–778). New York: Wiley.

Eisenberg, N., Fabes, R. A., Bernzweig, J., Karbon, M., Poulin, R. & Hanish, L. (1993). The relations of emotionality and regulation to preschoolers' social skills and sociometric status. *Child Development, 64,* 1418–1438.

Eisenberg, N., Fabes, R. A., Guthrie, I. K. & Reiser, M. (2000). Dispositional emotionality and regulation: Their role in predicting quality of social functioning. *Journal of Personality and Social Psychology, 78,* 136–157.

Eisenberg, N., Fabes, R. A. & Murphy, B. C. (1996). Parents' reactions to children's negative emotions: Relations to children's social competence and comforting behavior. *Child Development, 67,* 2227–2247.

Eisenberg, N., Fabes, R. A., Murphy, B., Karbon, M., Smith, M. & Maszk, P. (1996). The relations of children's dispositional empathy-related responding to their emotionality, regulation, and social functioning. *Developmental Psychology, 32,* 195–209.

Eisenberg, N., Fabes, R. A., Schaller, M., Carlo, G. & Miller, P. A. (1991). The relations of parental characteristics and practices to children's vicarious emotional responding. *Child Development, 62,* 1393–1408.

Eisenberg, N., Fabes, R. A., Schaller, M. & Miller, P. A. (1989). Sympathy and personal distress: Development, gender differences, and interrelations of indexes. *New Directions in Child Development, 44,* 107–126.

Eisenberg, N., Fabes, R. A., Shepard, S. A., Guthrie, I. K., Murphy, B. C. & Reiser, M. (1999). Parental reactions to children's negative emotions: Longitudinal relations to quality of children's social functioning. *Child Development 70*, 513–534.

Eisenberg, N., Fabes, R. A., Shepard, S. A., Murphy, B. C., Jones, J. & Guthrie, I. K. (1998). Contemporaneous and longitudinal prediction of children's sympathy from dispositional regulation and emotionality. *Developmental Psychology, 34*, 910–924.

Eisenberg, N., Gershoff, E. T., Fabes, R. A., Shepard, S. A., Cumberland, A. J. et al. (2001). Mothers' emotional expressivity and children's behavior problems and social competence: Mediation through children's regulation. *Developmental Psychology, 37*, 475–490.

Eisenberg, N., Guthrie, I. K., Murphy, B. C., Shepard, S. A., Cumberland, A. & Carlo, G. (1999). Consistency and development of prosocial dispositions: A longitudinal study. *Child Development, 70*, 1360–1372.

Eisenberg, N., Martin, C. L. & Fabes, R. A. (1996). Gender development and gender differences. In D. C. Berliner & R. C. Calfee (Eds.), *The handbook of educational psychology* (pp. 358–396). New York: Macmillan.

Eisenberg, N., Miller, P. A., Shell, R., McNalley, S. & Shea, C. (1991). Prosocial development in adolescence: A longitudinal study. *Developmental Psychology, 27*, 849–857.

Eisenberg, N., Murphy, B. & Shepard, S. (1997). The development of empathic accuracy. In W. Ickes (Eds.), *Empathic accuracy* (pp. 73–116). New York: Guilford Press.

Eisenberg, N., Murray, E. & Hite, T. (1982). Children's reasoning regarding sex-typed toy choices. *Child Development, 53*, 81–86.

Eisenberg, N. & Mussen, P. (1989). *The roots of prosocial behavior in children*. Cambridge, England: Cambridge University Press.

Eisenberg-Berg, N. & Geisheker, E. (1979). Content of preachings and power of the model/preacher: The effects on children's generosity. *Developmental Psychology, 15*, 168–175.

Eisenberg-Berg, N. & Hand, M. (1979). The relationship of preschooler's reasoning about prosocial moral conflicts to prosocial behavior. *Child Development, 50*, 356–363.

Elbert, T, Pantev, C., Wienbruch, C., Rockstroh, B. & Taub, E. (1995). Increased cortical representation of the fingers of the left hand in string players. *Science, 270*, 305–307.

Elder, G. H., Jr., Van Nguyen, T. & Caspi, A. (1985). Linking family hardship to children's lives. *Child Development, 56*, 361–375.

Elicker, J., Englund, M. & Sroufe, L. A. (1992). Predicting peer competence and peer relationships in childhood from early parent-child relationships. In R. D. Parke & G. W. Ladd (Eds.), *Family peer relationships: Modes of linking* (pp. 77–106). Hillsdale, NJ: Erlbaum.

Elkind, D. (1967). Egocentrism in adolescence. *Child Development, 38*, 1025–1034.

Ellemberg, D., Lewis, T. L., Maurer, D. & Brent, H. P (2000). Influence of monocular deprivation during infancy on the later development of spatial and temporal vision. *Vision Research, 40*, 3283–3295.

Elliott, D. S. (1994). Serious violent offenders: Onset, developmental course, and termination: The American Society of Criminology 1993 Presidential Address. *Criminology, 32*, 1–21.

Ellis, S. A. & Rogoff, B. (1986). Problem solving in children's management of instruction. In E. Mueller & C. Cooper (Eds.), *Process and outcome in peer relationships*. Orlando, FL: Academic Press.

Ellis, S. A. & Siegler, R. S. (1997). Planning as a strategy choice. Why don't children plan when they should? In S. Friedman & E. Scholnick (Eds.), *Why, how, and when do we plan? The developmental psychology of planning* (pp. 183–208). Hillsdale, NJ: Erlbaum.

Ellsworth C., Muir, D. & Hains, S. (1993). Social competence and person-object differentiation: An analysis of the still-face effect. *Developmental Psychology, 29*, 63–73.

Elman, J. L., Bates, E. A., Johnson, M. H., Karmiloff-Smith, A., Parisi, D. & Plunkett, K. (1996). *Rethinking innateness: A connectionist perspective on development*. Cambridge, MA: MIT Press.

Ely, R. & McCabe, A. (1994). The language play of kindergarten children. *First Language, 14*, 19–35.

Emde, R. N. (1994). Individual meaning and increasing complexity: Contributions of Sigmund Freud and Rene Spitz to developmental psychology. In R D. Parke, P. A. Ornstein, J. J. Rieser & C. Zahn-Waxler (Eds.), *A century of developmental psychology* (pp. 203–231). Washington, DC: American Psychological Association.

Emde, R. N., Plomin, R., Kobinson, J., Corley, R., Dehries, J. Fulker, D. W. et al. (1992). Temperament, emotion, and cognition at fourteen months: The MacArthur Longitudinal Twin Study. *Child Development 63*, 1437–1455.

Emery, R. E. (1982). Interparental conflict and the children of discord and divorce. *Psychological Bulletin, 92*, 310–330.

Emery R. E. (1989). Family violence. *American Psychologist, 44*, 321–3328.

Emery R. E. & Forehand, R. (1994). Parental divorce and children's well-being: A focus on resilience. In R. J. Haggerty, L. R. Sherrod, N. Garmezy & M. Rutter (Eds.), *Stress, risk, and resilience in children and adolescents: Processes, mechanisms, and interventions* (pp. 64–99). Cambridge, England: Cambridge University Press.

Emery R. E & Laumann-Billings, L. (1998). An overview of the nature, causes, and consequences of abusive family relationships. *American Psychologist, 53*, 121–135.

Emery R. E., Waldron, M., Kitzmann, K. M. & Aaron, J. (1999). Delinquent behavior, future divorce or nonmarital childrearing, and externalizing behavior among offspring: A 14-year prospective study. *Journal of Family Psychology, 13*, 568–579.

Entwistle, D. & Alexander, K. (1992). Summer setback: Pace, poverty, school composition, and mathematics achievement in the first two years of school. *American Sociological Review, 57*, 72–84.

Eppler, M. A., Adolph, K. E. & Weiner, T. (1996). The developmental relationship between infants' exploration and action on sloping surfaces. *Infant Behavior and Development, 19*, 259–264.

Epstein, L. H., Valoski, A., Wing, R. R. & McCurley, J. (1994). Ten-year outcomes of behavioral family-based treatment for childhood obesity. *Health Psychology, 13*, 373–383.

Erdley, C. A., Nangle, D. W., Newman, J. E. & Carpenter, E. M. (2001). Children's friendship experiences and psychological adjustment: Theory and research. *New Directions for Child and Adolescent Development, 91,* 5–24.

Erel, O., Oberman, Y. & Yirmiya, N. (2000). Maternal versus nonmaternal care and seven domains of children's development. *Psychological Bulletin, 126,* 727–747.

Erickson, M., Egeland, B. & Pianta, R. (1989). The effects of maltreatment on the development of young children. In D. Cicchetti & V. Carlson (Eds.), *Child maltreatment: Theory and research on the causes and consequences of child abuse and neglect* (pp. 647–684). New York: Cambridge University Press.

Erickson, M. F., Sroufe, L. A. & Egeland, B. (1985). The relationship between quality of attachment and behaviour problems in preschool in a high-risk sample. In I. Bretherton & E. Waters (Eds.), *Growing points of attachment theory and research. Monographs of the Society of Research in Child Development, 50* (1–2, Serial No. 209), 147–166.

Erikson, E. H. (1950). *Childhood and society.* New York: Norton.

Erikson, E. H. (1959). Identity and the life cycle. *Psychological issues* (Monograph 1). New York: International Universities Press.

Erikson, E. H. (1969). *Gandhi's truth.* New York: Norton.

Erikson, E. H. (1976). Reflections on Dr. Borg's life cycle. *Daedalus, 105,* 1–28.

Erikson, E. H. (1977). *Identität und Lebenszyklus.* Frankfurt/M.: Suhrkamp. [Original: *Identity and life cycle.*]

Erikson, E. H. (1981). *Jugend und Krise: Die Psychodynamik im sozialen Wandel.* Berlin: Ullstein. [Original: *Identity: Youth and crisis.*]

Erkut, S., Marx, F., Fields, J. P. & Sing, R. (1998). Raising confident and competent girls: One size does not fit all. In L. A. Peplau, S. C. DeBro, R. Veniegas & P. L. Taylor (Eds.), *Gender, culture, and ethnicity: Current research about women and men.* Mountain View, CA: Mayfield.

Eron, L. D., Huesmann, L. R., Dubow, E., Romanoff, R. & Yarmel, P. W. (1987). Aggression and its correlates over 22 years. In D. H. Crowell, I. M. Evans & C. R. O'Donnell (Eds.), *Childhood aggression and violence: Sources of influence, prevention, and control* (pp. 249–262). New York: Plenum Press.

Eron, L. D., Huesmann, L. R., Lefkowitz, M. M. & Warler, L. O. (1972). Does television violence cause aggression? *American Psychologist, 27,* 253–263.

Esbensen, F.-A. & Huizinga, D. (1993). Gangs, drugs, and delinquency in a survey of urban youth. *Criminology, 31,* 565–589.

Esser, C. (1990). Epidemiology and course of psychiatric disorders in school aged children: Results of a longitudinal study. *Journal of Child Psychology and Psychiatry, 31,* 243–263.

Estell, D. B., Cairns, R. B., Farmer, T. W. & Cairns, B. D. (2002). Aggression in inner-city early elementary classrooms: Individual and peer group configurations. *Merrill-Palmer Quarterly, 48,* 52–76.

Eveleth, P. B. & Tanner, J. M. (1990). *Worldwide variation in human growth* (2nd ed.). Cambridge, England: Cambridge University Press.

Fabes, R. A. & Eisenberg, N. (1992). Young children's coping with interpersonal anger. *Child Development, 63,* 116–128.

Fabes, R. A., Eisenberg, N., McCormick, S. E. & Wilson, M. S. (1988). Preschoolers' attributions of the situational determinants of others' naturally occurring emotions. *Developmental Psychology, 24,* 376–385.

Fabes, R. A., Eisenberg, N., Nyman, M. & Michealieu, Q. (1991). Young children's appraisals of others' spontaneous emotional reactions. *Developmental Psychology, 27,* 858–866.

Fabes, R. A., Eisenberg, N., Smith, M. C. & Murphy, B. (1996). Getting angry at peers: Associations with liking of the provocateur. *Child Development, 67,* 942–956.

Fabes, R. A., Fultz, J., Eisenberg, N., May-Plumlee, T. & Christopher, F. S. (1989). The effects of reward on children's prosocial motivation: A socialization study. *Developmental Psychology, 25,* 509–515.

Fagot, B. I. (1985). Stages in thinking about early sex role development. *Developmental Review, 5,* 8.3–98.

Fagot, B. I. (1997). Attachment, parenting, and peer interactions of toddler children. *Developmental Psychology, 33,* 489–499.

Fagot, B. I. & Hagan, R.I. (1991). Observations of parent reactions to sex-stereotyped behaviors: Age and sex effects. *Child Development, 62,* 677–628.

Fagot, B. I. & Leinbach, M. D. (1989). The young child's gender schema: Environmental input, internal organization. *Child Development, 60,* 663–672.

Fagot, B. I. & Leinbach, M. D. (1993). Gender-role developments in young children: From discrimination to labeling. *Developmental Review, 13,* 205–224.

Fagot, B. I., Pears, K. C., Capaldi, D. M., Crosby, L. & Leve, C. S. (1998). Becoming an adolescent father: Precursors and parenting. *Developmental Psychology, 34,* 1209–1219.

Fairburn, C. O., Welch, S. L., Doll, H. A., Davies, B. A. 6 O'Connor, M. E. (1997). Risk factors for bulimia nervosa: A community-based case control study. *Archives of General Psychiatry, 54,* 509–517.

Falbo, T. & Polit, D. F. (1986). A quantitative review of the only-child literature: Research evidence and theory development. *Psychological Bulletin, 100,* 176–189.

Falbo, T. & Poston, D. L. (1993). The academic, personality, and physical outcomes of only children in China. *Child Development, 64,* 18–35.

Falbo, T., Poston, D. L. & Jiao, S. (1989). Physical achievement and personality characteristics of Chinese children. *Journal of Biosocial Science, 21,* 483–495.

Fantuzzo, J. W., DePaola, L. M., Lambert, L., Martino, T., Anderson, G. & Sutton, S. (1991). Effects of interparental violence on the psychological adjustment and competencies of young children. *Journal of Consulting and Clinical Psychology, 59,* 258–265.

Fantz, R. L. (1961). The origin of form perception. *Scientific American, 204,* 66–72.

Fantz, R. L., Fagan, J. F., III & Miranda, S. B. (1975). Early visual selectivity as a function of pattern variables, previous exposure, age from birth and conception, and expected cognitive deficit. In L. B. Cohen & P. Salapatek (Eds.), *Infant perception: From sensation to cognition: Vol 1. Basic visual processes* (pp. 249–345). New York: Academic Press.

Farmer, T. W. & Rodkin, P. C. (1996). Antisocial and prosocial correlates of classroom social positions: The social network centrality perspective. *Social Development, 5,* 174–188.

Farrant, K. & Reese, E. (2002). *Attachment security and mother-child reminiscing: Reflections on a shared past.* Unveröffentlichtes Manuskript.

Farrell, A. D. & White, K. S. (1998). Peer influences and drug use among urban adolescents: Family structure and parent-adolescent relationship as protective factors. *Journal of Consulting and Clinical Psychology, 66,* 248–258.

Farver, J. A., Kim, Y. K. & Lee, Y. (1995). Cultural differences in Korean- and Anglo-American preschoolers' social interaction and play behaviors. *Child Development, 66,* 1088–1099.

Farver, J. A. & Wimbarti, S. (1995). Indonesian children's play with their mothers and older siblings. *Child Development, 66,* 1493–1503.

Feierabend, S. & Windgasse, T. (1997). Was Kinder sehen. Eine Analyse der Fernsehnutzung 1996 von 3- bis 13jährigen. *Media Perspektiven, 4,* 186–197.

Feigenson, L., Carey, S. & Spelke, E. (2002). Infants' discrimination of number vs. continuous extent. *Cognitive Psychology, 44,* 33–66.

Feinberg, M. & Hetherington, E. M. (2001). Differential parenting as a within-family variable. *Journal of Family Psychology, 15,* 22–37.

Feingold, A. (1988). Cognitive gender differences are disappearing. *American Psychologist, 43,* 95–103.

Feingold, A. (1994). Gender differences in personality: A meta-analysis. *Psychological Bulletin, 116,* 429–456.

Feiring, C. & Taska, L. S. (1996). Family self-concept: Ideas on its meaning. In B. A. Bracken (Ed.), *Handbook of self-concept: Developmental, social, and clinical considerations* (pp. 317–373). New York: Wiley.

Feitelson, D. & Goldstein, Z. (1986). Patterns of book ownership and reading to young children in Israeli school-oriented and nonschool-oriented families. *The Reading Teacher, 39,* 924–930.

Feldman, D. H. (1986). *Nature's gambit: Child prodigies and the development of human potential.* New York: Basic Books.

Feldman, H., Goldin-Meadow, S. & Gleitman, L. R. (1978). Beyond Herodotus: The creation of language by linguistically deprived deaf children. In A. Locke (Ed.), *Action, gesture, and symbol: The emergence of language* (pp. 351–414). London: Academic Press

Feldman, R. S., Philippot, P & Custrini, R. J. (1991). Social competence and nonverbal behavior. In R. S. Feldman & B. Rime (Eds.), *Fundamentals of nonverbal behavior* (pp. 329–350). Cambridge, England: Cambridge University Press.

Feldman, S. S. & Weinberger, D. A. (1994). Self-restraint as a mediator of family influences on boys' delinquent behavior. *Child Development, 65,* 195–211.

Felsman, J. K. & Vaillant, G. E. (1987). Resilient children as adults: A 40-year study. In E. J. Anderson & B. J. Cohler (Eds.), *The invulnerable child* (pp. 211–228). New York: Guilford.

Fenson, L., Dale, P S., Reznick, J. S., Bates, E., Thal, D. J. & Pethick, S. J. (1994). Variability in early communicative development. *Monographs of the Society for Research in Child Development, 59* (Serial No. 242).

Fergusson, D. M., Woodward, L. J. & Horwood, L. J. (1999). Childhood peer relationship problems and young people's involvement with deviant peers in adolescence. *Journal of Abnormal Child Psychology, 27,* 357–370.

Fernald, A. (1985). Four-month-old infants prefer to listen to motherese. *Infant Behavior and Development, 8,* 181–195.

Fernald, A. (1989). Intonation and communicative intent in mothers' speech to infants: Is the melody the message? *Child Development, 60,* 1497–1510.

Fernald, A. & McRoberts, G. (1995). Infants' developing sensitivity to language-typical word order patterns. Vortrag, 20th Annual Boston University Conference on Child Language Development, Boston.

Fernald, A. & Morikawa, H. (1993). Common themes and cultural variations in Japanese and American mothers' speech to infants. *Child Development, 64,* 637–656.

Fernald, A., Taeschner, T., Dunn, J., Papousek, M., Boysson-Bardies, B. de & Fukui, I. (1989). A cross-language study of modifications in mothers' and fathers' speech to preverbal infants. *Journal of Child Language, 16,* 477–501.

Ferrier, L. J. (1978). Some observations of error in context. In N Waterson & C. Snow (Eds.), *The development of communication* (pp. 301–309). Chichester: Wiley.

Feshbach, N. D. (1978). Studies of empathic behavior in children. In B. A. Maher (Ed.), *Progress in experimental personality research* (Vol. 8) (pp. 1–47). New York: Academic Press.

Field, D. (1987). A review of preschool conservation training: An analysis of analyses. *Developmental Review, 7,* 210–251.

Field, T. M. (1990). Alleviating stress in newborn infants in the intensive care unit. In B. M. Lester & E. Z. Tronick (Eds.), *Stimulation and the preterm infant: The limits of plasticity.* Philadelphia: Saunders.

Field, T. M., Grizzle, N., Scafidi, E, Abrams, S., Richardson, S., Kuhn, C. & Schanberg, S. (1996). Massage therapy for infants of depressed mothers. *Infant Behavior and Development, 19,* 107–112.

Field, T. M., Scafidi, R. & Schanberg, S. (1987). Massage of preterm newborns to improve growth and development. *Pediatric Nursing, 13,* 385–387.

Fifer, W. P & Moon, C. M. (1995). The effects of fetal experience with sound. In J. P. Lecanuet, W. P. Fifer, N. A. Krasnegor & W. P. Smotherman (Eds.), *Fetal development: A psychobiological perspective.* Hillsdale, NJ: Erlbaum.

Finnie, V & Russell, A. (1988). Preschool children's social status and their mothers' behavior and knowledge in the supervisory role. *Developmental Psychology, 24,* 789–801.

Fischer, A. R. & Shaw, C. M. (1999). African Americans' mental health and perceptions of racist discrimination: The moderating effects of racial socialization experiences and self-esteem. *Journal of Counseling Psychology, 46,* 395–407.

Fischer, J. L., Sollie, D. L. & Morrow, K. B. (1986). Social networks in male and female adolescents. *Journal of Adolescent Research, 1,* 1–14.

Fisher, C. (2000). From form to meaning: A role for structural alignment in the acquisition of language. *Advances in Child Development and Behavior, 27,* 1–53.

Fisher, C., Gleitman, H. & Gleitman, L. R. (1991). On the semantic content of subcategorization frames. *Cognitive Psychology, 23,* 331–392.

Fisher, E. P. (1992). The impact of play on development: A meta-analysis. *Play and Culture, 5,* 159–181.

Fisher-Thompson, D. (1993). Adult toy purchase for children: Factors affecting sex-typed toy selection. *Journal of Applied Developmental Psychology, 14,* 385–406.

Fitzgerald, J. (1992). Variant views about good thinking during composing: Focus on revision. In M. Pressley, K. R. Harris & J. T. Guthrie (Eds.), *Promoting academic competence and literacy in school* (pp. 337–358). San Diego, CA: Academic Press.

Fivush, R. (1989). Exploring sex differences in the emotional content of mother-child conversations about the past. *Sex Roles, 20,* 675–691.

Fivush, R. (1991). The social construction of personal narratives. *Merrill-Palmer Quarterly, 37,* 59–81.

Fivush, R. & Hammond, N. R. (1990). Autobiographical memory across the preschool years: Toward reconceptualizing childhood amnesia. In R. Fivush & J. A. Hudson (Eds.) *Knowing and remembering in young children* (pp. 223–248). Cambridge, England: Cambridge University Press.

Flaks, D. E., Ficher, L, Masterpasqua, F. & Joseph, G. (1995). Lesbians choosing motherhood: A comparative study of lesbian and heterosexual parents and their children. *Developmental Psychology, 31,* 105–114.

Flavell, J. H. (1971). Stage-related properties of cognitive development. *Cognitive Psychology, 2,* 421–453.

Flavell, J. H. (1982). On cognitive development. *Child Development, 53,* 1–10.

Flavell, J. H. (1986). The development of children's knowledge about the appearance-reality distinction. *American Psychologist, 41,* 418–425.

Flavell, J. H., Flavell, E. R. & Green, F. L. (1983). Development of the appearance-reality distinction. *Cognitive Psychology, 15,* 95–120.

Flavell, J. H., Zhang, X.-D., Zou, H., Dong, Q. & Qi, S. (1983). A comparison between the development of the appearance-reality distinction in the People's Republic of China and the United States. *Cognitive Psychology, 15,* 459–466.

Floyd, F. J., Gilliom, L. A. & Costigan, C. L. (1998). Marriage and the parenting alliance: Longitudinal prediction of change in parenting perceptions and behavior. *Child Development, 69,* 1461–1479.

Fodor, J. A. (1992). A theory of the child's theory of mind. *Cognition, 44,* 283–296.

Fodor, J. A. (1983). *The modularity of mind.* Cambridge, MA: MIT Press.

Fonzi, A., Schneider, B. H., Tani, F. & Tomada, G. (1997). Predicting children's friendship status from their dyadic interaction in structured situations of potential conflict. *Child Development, 68,* 496–506.

Fox, N. A. (1994). Dynamic cerebral processes underlying emotion regulation. *Monographs of the Society for Research in Child Development, 59* (2–3, Serial No. 240), 152–166.

Fox, N. A. (1995). Of the way we were: Adult memories about attachment experiences and their role in determining infant-parent relationships: A commentary on van IJzendoorn (1995). *Psychological Bulletin, 117,* 404–410.

Fox, N. A. & Calkins, S. D. (1993). Pathways to aggression and social withdrawal: Interactions among temperament, attachment, and regulation. In K. H. Rubin & J. Asendorpf (Eds.), *Social withdrawal, inhibition, and shyness in childhood* (pp. 81–100). Hillsdale, NJ: Erlbaum.

Fox, N. A., Rubin, K. H., Calkins, S. D., Marshall, T. R., Coplan, R. J. et al. (1995). Frontal activation asymmetry and social competence at four years of age. *Child Development, 66,* 1770–1784.

Fraiberg, S. (1975). The development of human attachments in infants blind from birth. *Merill-Palmer Quarterly, 21,* 315–334.

Fraisse, P. (1982). The adaptation of the child to time. In W. J. Friedman (Ed.), *The developmental psychology of time.* New York: Academic Press.

Frazier, J. A. & Morrison, F. J. (1998). The influence of extended-year schooling on growth of achievement and perceived competence in early elementary school. *Child Development, 69,* 495–517.

Freedman, D. G. & Freedman, N. C. (1969). Behavioral differences between Chinese-American and European-American newborns. *Nature, 224,* 1227.

Freitag, M. K., Belsky, J., Grossmann, K., Grossmann, K. E. & Scheuerer-Englisch, H. (1996). Continuity in parent-child relationships from infancy to middle childhood and relations with friendship competence. *Child Development, 67,* 1437–1454.

French, D. C., Setiono, K. & Eddy, J. M. (1999). Bootstrapping through the cultural comparison minefield: Childhood social status and friendship in the United States and Indonesia. In W. A. Collins & B. Laursen (Eds.), *Relationships as developmental contexts: The Minnesota Symposia on Child Psychology. Vol. 30* (pp. 109–131). Mahwah, NJ: Erlbaum.

French, L. A., Lucariello, J., Seidman, S. & Nelson, K. (1985). The influence of discourse content and context on preschoolers' use of language. In L. Galda & A. Pellegrini (Eds.), *Play, language and stories.* Norwood, NJ: Albex.

Frenkiel, N. (1993, November 11). Planning a family, down to a baby's sex. *New York Times,* B1, B4.

Freud, A. & Dann, S. (1951/1972). An experiment in group upbringing. In U. Bronfenbrenner (Ed.), *Influences on human development* (pp. 449–473). Hinsdale, IL: Dryden Press. (Original veröffentlicht 1951 in *The Psychoanalytic Study of the Child,* Vol. 6, pp. 127–168.)

Freud, S. (1920/1999). *Vorlesungen zur Einführung in die Psychoanalyse.* Frankfurt/M.: S. Fischer. (Original 1920. Leipzig: Internationaler Psychoanalytischer Verlag.)

Freud, S. (1923/1960). *The ego and the id.* New York: W. W. Norton & Co. (Original 1923.)

Freud, S. (1926/1992). Hemmung, Symptom und Angst. Frankfurt/M.: Fischer TB. [Original 1926: Leipzig: Internationaler Psychoanalytischer Verlag.]

Freud, S. (1933/1969). *Neue Folge der Vorlesungen zur Einführung in die Psychoanalyse* (Studienausgabe, Band I). Frankfurt/M.: Suhrkamp.

Freud, S. (1940). An outline of psychoanalysis. *International Journal of Psychoanalysis, 21,* 27–84. (Deutsch 1995, Abriss der Psychoanalyse: einführende Darstellungen. Frankfurt/M.: Fischer.

Freund, L. S. (1990). Maternal regulation of children's problem-solving behavior and its impact on children's performance. *Child Development, 61,* 113–126.

Frey, K. S. & Ruble, D. N. (1985). What children say when the teacher is not around: Conflicting goals in social comparison and performance assessment in the classroom. *Journal of Personality and Social Psychology, 48,* 550–562.

Frick, P. J. (1998). Callous-unemotional traits and conduct problems: Applying the two-factor model of psychopathy to children. In D. J. Cooke et al. (Eds.), *Psychopathy: Theory, research and implications for society* (pp. 161–187). Amsterdam: Kluwer.

Frick, P. .J., Christian, R. E. & Wooten, J. M. (1999). Age trends in the association between parenting practices and conduct problems. *Behavior Modification, 23,* 106–128.

Friedman, M. A. & Brownell, K. D. (1995). Psychological correlates of obesity: Moving to the next research generation. *Psychological Bulletin, 117,* 3–20.

Friedman, S. L. & Scholnick, E. K. (1997). An evolving „Blueprint" for planning: Psychological requirements, task characteristics, and social-cultural influences. In S. L. Friedman & E. K. Scholnick (Eds.), *The developmental psychology of planning: Why, how, and when do we plan?* (pp. 3–22). Mahwah, NJ: Erlbaum.

Friedman, W. J. (1991). The development of children's memory for the time of past events. *Child Development, 62,* 139–155.

Friedman, W. J. (2000). The development of children's knowledge of the times of future events. *Child Development, 71,* 913–-932.

Friedman, W. J., Gardner, A. G. & Zubin, N. R. E. (1995). Children's comparisons of the recency of two events from the past year. *Child Development, 66,* 970–983.

Friedrich, L. K. & Stein, A. H. (1973). Aggressive and prosocial television programs and the natural behavior of preschool children. *Monographs of the Society for Research in Child Development, 38* (4, Serial No. 151), 1–64.

Friedrich, L. K. & Stein, A. H. (1975). Prosocial television and young children: The effects of verbal labeling and role playing on learning and behavior. *Child Development, 46,* 27–38.

Friedrich, M., Weber, C. & Friederici, A. D. (2004). Electrophysiological evidence for delayed mismatch response in infants at risk for specific language impairment. *Psychophysiology, 41,* 772–782.

Friedrich-Cofer, L., Huston-Stein, A., Kipnis, D. M., Susman, E. J. & Clewett, A. S. (1979). Environmental enhancement of prosocial television content: Effects on interpersonal behavior, imaginative play, and self-regulation in a natural setting. *Developmental Psychology, 15,* 637–646.

Frith, U. (1989). *Autism: Explaining the enigma.* Oxford, England: Basil Blackwell.

Frodi, A. M. & Lamb, M. E. (1980). Child abusers' responses to infant smiles and cries. *Child Development, 51,* 238–241.

Frosch, C. A., Mangelsdorf, S. C. & McHale, J. L. (2000). Marital behavior and the security of preschooler-parent attachment relationships. *Journal of Family Psychology, 14,* 144–161.

Frye, D., Braisby, N., Lowe, J., Maroudas, C. & Nicholls, J. (1989). Young children's understanding of counting and cardinality. *Child Development, 60,* 1158–1171.

Frye, D., Zelazo, P. D., Brooks, P. J. & Samuels, M. C. (1996). Inference and action in early causal reasoning. *Developmental Psychology, 32,* 120–131.

Fuchs, D. & Thelen, M. H. (1988). Children's expected interpersonal consequences of communicating their affective state and reported likelihood of expression. *Child Development, 58,* 1314–1322.

Fuchs, L, Eisenberg, N., Hertz-Lazarowitz, R. & Sharabany, R. (1986). Israeli city and American children's moral reasoning about prosocial moral conflicts. *Merrill-Palmer Quarterly, 32,* 37–50.

Fuligni, A. J. (1998). Authority, autonomy, and parent-adolescent conflict and cohesion: A study of adolescents from Mexican, Chinese, Filipino, and European backgrounds. *Developmental Psychology, 34,* 782–792.

Fuligni, A. J., Eccles, J. S., Barber, B. L. & Clements, P. (2001). Early adolescent peer orientation and adjustment during high school. *Developmental Psychology, 37,* 28–36.

Furman, W. & Bierman, K. L. (1984). Children's conceptions of friendship: A multimethod study of developmental changes. *Developmental Psychology, 20,* 925–931.

Furman, W. & Buhrmester, D. (1985). Children's perceptions of the personal relationships in their social networks. *Developmental Psychology, 21,* 1016–1024.

Furman, W. & Buhrmester, D. (1992). Age and sex differences in perceptions of networks of personal relationships. *Child Development, 63,* 103–115.

Furman, W., Simon, V. A., Shaffer, L. & Bouchey, H. A. (2002). Adolescents' working models and styles for relationships with parents, friends, and romantic partners. *Child Development, 73,* 241–255.

Furstenberg, F. F., Jr. (1988). Child care after divorce and remarriage. In E. M. Hetherington & J. D. Arasteh (Eds.), *Impact of divorce, single parenting, and stepparenting on children* (pp. 245–261). Hillsdale, NJ: Erlbaum.

Furstenberg, F. F., Jr. & Harris, K. M. (1993). When and why fathers matter: Impacts of father involvement on children of adolescent mothers. In R. I. Lerman & T. J. Ooms (Eds.), *Young unwed mothers* (pp. 117–138). Philadelphia: Temple University Press.

Gable, S., Belsky, J. & Crnic, K. (1993). *Coparenting in the child's second year: Stability and change from 15 to 21 months.* Vortrag, Biennial Meeting of the Society for Research in Child Development, New Orleans, LA.

Galen, B. R. & Underwood, M. K. (1997). A developmental investigation of social aggression among children. *Developmental Psychology, 33,* 589–600.

Gallistel, C. R. (1990). *The organization of learning.* Cambridge, MA: MIT Press.

Gallistel, C. R., Brown, A. L., Carey, S., Gelman, R. & Keil, F. C. (1991). Lessons from animal learning for the study of cognitive development. In S. Carey & R Gelman (Eds.), *The epigenesis of mind: Essays on biology and cognition.* Hillsdale, NJ: Erlbaum.

Gallup, G. H. & Newport, F. (1991). Belief in paranormal phenomena among adult Americans. *Skeptical Inquirer, 15,* 137–146.

Galton, F. (1962). *Hereditary genius: An inquiry into its laws and consequences.* London: Macmillan. Cleveland, OH: World. (Original 1869. Deutsch 1910, Genie und Vererbung. Leipzig: Klinkhardt.)

Gandelman, R. (1992). *The psychobiology of behavioral development.* Oxford: Oxford University Press.

Garbarino, J. (1992). The meaning of poverty in the world of children. *American Behavioral Scientist, 35,* 220–237.

Garbarino, J. & Kostelny, K. (1992). Child maltreatment as a community problem. *Child Abuse and Neglect, 16,* 455–467.

Garber, J., Keiley, M. K. & Martin, N. C. (2002). Developmental trajectories of adolescents' depressive symptoms: Predictors of change. *Journal of Consulting and Clinical Psychology, 70,* 79–95.

Gardner, D., Harris, P. L., Ohmoto, M. & Hamazaki,T (1988). Japanese children's understanding of the distinction between real and apparent emotion. *International Journal of Behavioral Development, 11,* 203–218.

Gardner, H. (1993). *Multiple intelligences: The theory in practice.* New York: Basic Books.

Gardner, R. A. & Gardner, B. T. (1969). Teaching sign language to a chimpanzee. *Science, 165,* 664–672.

Garmezy, N. (1983). Stressors of childhood. In N. Garmezy & M. Rutter (Eds.), *Stress, coping, and development in children* (pp. 43–84). New York: McGraw-Hill.

Garmon, L. C., Basinger, K. S., Gress, V. R. & Gibbs, J. C. (1996). Gender differences in stage and expression of moral judgment. *Merrill-Palmer Quarterly, 42,* 418–437.

Garner, P. W., Robertson, S. & Smith, G. (1997). Preschool children's emotional expressions with peers: The roles of gender and emotional socialization. *Sex Roles, 36,* 675–691.

Gaub, M. & Carlson, C. L. (1997). Gender differences in ADHD: A meta-analysis and critical review. *Journal of the American Academy of Child and Adolescent Psychiatry, 36,* 1036–1045.

Gauvain, M. (2001). *The social context of cognitive development.* New York: Guilford Press.

Gavin, L. A. & Furman, W. (1989). Age differences in adolescents' perceptions of their peer groups. *Developmental Psychology, 25,* 827–834.

Gavin, L. A. & Furman, W. (1996). Adolescent girls' relationships with mothers and best friends. *Child Development, 67,* 375–386.

Ge, X., Conger, R. D. & Elder, G. H., Jr. (1996). Coming of age too early: Pubertal influences on girls' vulnerability to psychological distress. *Child Development, 67,* 3386–3400.

Geary, D. C. (1993). Mathematical disabilities: Cognitive, neuropsychological, and genetic components. *Psychological Bulletin, 114,* 345–362.

Geary, D. C. (1994). *Children's mathematical development: Research and practical implications.* Washington, DC: American Psychological Association.

Geary, D. C. (1996). International differences in mathematical achievement: Their nature, courses, and consequences. *Current Directions in Psychological Science, 5,* 133–137.

Geary, D. C. (1998). *Male, female: The evolution of human sex differences.* Washington, DC: American Psychological Association.

Geary, D. C. (1999). Evolution and developmental sex differences. *Current Directions in Psychological Science, 8,* 115–120.

Geary D. C. & Bjorklund, D. F. (2000). Evolutionary developmental psychology. *Child Development, 71,* 57–65.

Geary, D. C. & Brown, S. C. (1991). Cognitive addition: Strategy choice and speed-of-processing differences in gifted, normal, and mathematically disabled children. *Developmental Psychology, 27,* 398–406.

Gelman, R. & Gallistel, C. R. (1978). *The child's understanding of number.* Cambridge, MA: Harvard University Press.

Gelman, R., Meck, E. & Merkin, S. (1986). Young children's numerical competence. *Cognitive Development, 1,* 1–29.

Gelman, R. & Williams, E. (1998). Enabling constraints for cognitive development and learning: Domain specificity and epigenesis. In W. Damon (Series Ed.) and D. Kuhn & R. Siegler (Vol. Eds.), *Handbook of child psychology: Vol. 2. Cognition, perception, and language* (5th ed) (pp. 575–630). New York: Wiley

Gelman, S. A. (2003). *The essential child: Origins of essentialism in everyday thought.* London: Oxford University Press.

Gelman, S. A., Coley, J. D. & Gottfried, G. M. (1994). Essentialist beliefs in children: The acquisition of concepts and theories. In L. A. Hirschfeld & S. A. Gelman (Eds.) *Mapping the mind. Domain specificity in cognition and culture.* New York: Cambridge University Press.

Gelman, S. A., Coley, J. D., Rosengren, K. S., Hartman, E. & Pappas, A., (1998). Beyond labeling: The role of maternal input in the acquisition of richly structured categories. *Monographs of the Society for Research in Child Development, 63* (1, Serial No. 253).

Gelman, S. & Gottfried, G. M. (1996). Children's causal explanations of animate and inanimate motion. *Child Development, 67,* 1970–1987.

Gentner, D. (1982). Why nouns are learned before verbs: Linguistic relativity versus natural partitioning. In S. A. Kuczaj (Ed.), *Language development: Syntax and semantics.* Hillsdale, NJ: Erlbaum.

Gentner, D. (1989). The mechanisms of analogical transfer. In S. Vosniadou & A. Ortony (Eds.), *Similarity and analogical reasoning.* London: Cambridge University Press.

Gentner, D., Ratterman, M. J., Markman, A. & Kotovsky, L. (1995). Two forces in the development of relational similarity. In T. J. Simon & G. S. Halford (Eds.), *Developing cognitive competence: New approaches to process modeling* (pp. 263–313). Hillsdale, NJ: Erlbaum.

George, C. & Main, M. (1979). Social interactions of young abused children: Approach, avoidance, and aggression. *Child Development, 50,* 306–318.

Gerken, L. A. (1994). Child phonology: Past research, present questions, future directions. In M. A. Gernsbacher (Ed.), *Handbook of psycholinguistics* (pp. 781–820). New York: Academic Press.

Gesell, A. & Thompson, H. (1938). *The psychology of early growth including norms of infant behavior and a method of genetic analysis.* New York: Macmillan.

Gest, S. D., Graham-Bermann, S. A. & Hartup, W. W. (2001). Peer experience: Common and unique features of number of friendships, social network centrality, and sociometric status. *Social Development, 10,* 23–40.

Gewirtz, J. L. & Boyd, E. F. (1977). Does maternal responding imply reduced infant crying? A critique of the 1972 Bell and Ainsworth report. *Child Development, 48,* 1200–1207.

Ghim, H.-R. (1990). Evidence for perceptual organization in infants: Perception of subjective contours by young infants. *Infant Behavior and Development, 13,* 221–248.

Gianino, A. & Tronick, E. Z. (1988). The mutual regulation model: The infant's self and interactive regulation, coping, and defense. In T. Field, P. McCabe & N. Schneiderman (Eds.), *Stress and coping* (pp. 47–68). Hillsdale, NJ: Erlbaum.

Gibbs, N. (1999, May 3). In sorrow and disbelief. *Time.*

Gibson, E. J. (1988). Exploratory behavior in the development of perceiving, acting, and the acquiring of knowledge, *Annual Review of Psychology, 39,* 1–41.

Gibson, E. J. (1994). Has psychology a future? *Psychological Science, 5,* 69–76.

Gibson, E. J. & Schmuckler, M. A. (1989). Going somewhere: An ecological and experimental approach to the development of mobility. *Ecological Psychology, 1,* 3–25.

Gibson, E. J., Riccio, G., Schmuckler, M. A., Stoffgren, T. A., Rosenberg, D. & Taormina, J. (1987). Detection of the traversability of surfaces by crawling and walking infants. *Journal of Experimental Psychology: Human Perception and Performance, 13,* 533–544.

Gibson, E. J. & Walk, R. D. (1960). The „visual cliff". *Scientific American, 202,* 64–71.

Gillham, J. E., Reivich, K. J., Jaycox, L. H. & Seligman, M. E. P. (1995). Prevention of depressive symptoms in schoolchildren: Two-year follow-up. *Psychological Science, 6,* 343–350.

Gilligan, C. (1977). In a different voice: Women's conceptions of self and morality. *Harvard Educational Review, 47,* 481–517.

Gilligan, C. (1982). *In a different voice: Psychological theory and women's development.* Cambridge, MA: Harvard University Press.

Gilligan, C. & Attanucci, J. (1988). Two moral orientations: Gender differences and similarities. *Merrill-Palmer Quarterly, 34,* 223–238.

Gilliom, M., Shaw, D. S., Beck, J. E., Schonberg, M. A. & Lukon, J. L. (2002). Anger regulation in disadvantaged preschool boys: Strategies, antecedents, and the development of self-control. *Developmental Psychology, 38,* 222–235.

Ginsburg, H. P & Opper, S. (1988). *Piaget's theory of intellectual development* (3rd ed.). Englewood Cliffs, NJ: Prentice Hall.

Gleitman, L., Gleitman, H., Landau, B. & Wanner, E. (1988). Where the learning begins: Initial representations for language learning. In F. Newmeyer (Ed.), *The Cambridge Linguistic Survey* (Vol. 3) (pp. 150–193). Cambridge, MA: Harvard University Press.

Gnepp, J. & Hess, D. L. R. (1986). Children's understanding of verbal and facial display rules. *Development Psychology, 22,* 103–108.

Goldfield, B. A. & Reznick, J. S. (1990). Early lexical acquisition: Rate, content, and the vocabulary spurt. *Journal of Child Language, 17,* 171–184.

Goldin-Meadow, S. (1999). The role of gesture in communication and thinking. *Trends in Cognitive Sciences, 3,* 419–429.

Goldin-Meadow, S. (2001). Giving the mind a hand: The role of gesture in cognitive change. In J. L. McClelland & R. S. Siegler (Eds.), *Mechanisms of cognitive development: Behavioral and neural perspectives* (pp. 5–31). Mahwah, NJ: Erlbaum.

Goldin-Meadow, S., Alibali, M. W. & Church, R. B. (1993). Transitions in concept acquisition: Using the hand to read the mind. *Psychological Review, 100,* 279–297.

Goldin-Meadow, S. & Mylander, C. (1998). Spontaneous sign systems created by deaf children in two cultures. *Nature, 391,* 279–281.

Goldin-Meadow, S., Seligman, M. E. P. & Gelman, R. (1976). Language in the two-year-old. *Cognition, 4,* 189–202.

Goldman, S. R., Pellegrino, J. W. & Mertz, D. L. (1988). Extended practice of basic addition facts: Strategy changes in learning disabled students. *Cognition and Instruction, 5,* 223–265.

Goldsmith, H. H., Buss, K. A. & Lemery, K. S. (1997). Toddler and childhood temperament: Expanded content, stronger genetic evidence, new evidence for the importance of environment. *Developmental Psychology, 33,* 891–905.

Goldson, E. (1996). Prematurity: Discussion. *International Journal of Behavioral Development, 19,* 465–475.

Goleman, D. (1995). *Emotional intelligence.* New York: Bantam Books.

Golinkoff, R. M. & Alioto, A. (1995). Infant-directed speech facilitates lexical learning in adults hearing Chinese: Implications for language acquisition. *Journal of Child Language, 22,* 703–726.

Golinkoff, R. M., Alioto, A. & Hirsh-Pasek, K. (1996). Infants' word learning is facilitated when novel words are presented in infant-direct speech and in either sentence-medial or sentence-final position. In D. Cahana-Arnitay, L. Hughes, A. Stringfellow & A. Zukowske (Eds.), *Proceedings of the 20th Boston University Conference on Language Development.* Somerville, MA: Cascadilla Press.

Golinkoff, R. M., Mervis, C. B. & Hirsh-Pasek, K. (1994). Early object labels: The case for a developmental lexical principles framework. *Journal of Child Language, 21,* 125–156.

Golombok, S., Spencer, A. & Rutter, M. (1983). Children in lesbian and single-parent households: Psychosexual and psychiatric appraisal. *Journal of Child Psychology and Psychiatry, 24,* 551–572.

Goncu, A. (1993). Development of intersubjectivity in the dyadic play of preschoolers. *Early Childhood Research Quarterly, 8,* 99–116.

Goncu, A., Mistry, J. & Mosier, C. (2000). Cultural variations in the play of toddlers. *International journal of Behavioral Development, 24,* 321–329.

Gonzales, N. A., Pitts, S. C., Hill, N. E. & Roosa, M. W. (2000). A mediational model of the impact of interparental conflict on child adjustment in a multiethnic, low-income sample. *Journal of Family Psychology, 14,* 365–379.

Good, T. L. & Brophy, J. E. (1996). *Looking in classrooms* (7th ed.). New York: Addison-Wesley.

Goodenough, F. C. (1931). *Anger in young children.* Minneapolis: University of Minnesota Press.

Goodglass, H. (1979). Effect of aphasia on the retrieval of lexicon and syntax. In. C. J. Fillmore, D. Kempler &W. S.-Y. Wang (Eds.), *Individual differences in language ability and language behavior* (pp. 253–260). New York: Academic Press.

Goodglass, H. (1993). *Understanding aphasia.* San Diego, CA: Academic Press.

Goodman, G. S. & Aman, C. (1990). Children's use of anatomically detailed dolls to recount an event. *Child Development, 61,* 1859–1871.

Goodman, R. & Stevenson, J. (1989). A twin study of hyperactivity: II. The aetiological role of genes, family relationships, and perinatal adversity. *Journal of Child Psychology and Psychiatry, 30,* 691–709.

Goodnow, J. J. (1977). *Children drawing.* Cambridge, MA: Harvard University Press.

Goodnow, J. J., Cashmore, J., Cotton, S. & Knight, R. (1984). Mothers' developmental timetables in two cultural groups. *International Journal of Psychology, 19,* 193–205.

Goodwyn, S. W., Acredolo, L. P. & Brown, C. A. (2000). Impact of symbolic gesturing on early language development. *Journal of Nonverbal Behavior, 24,* 81–103.

Gopnik, A. & Astington, J. W. (1988). Children's understanding of representational change and its relation to the understanding of false belief and the appearance-reality distinction. *Child Development, 59,* 26–37.

Gopnik, A. & Meltzoff, A. N. (1997). *Words, thoughts, and theories.* Cambridge, MA: MIT Press.

Gopnik, A. & Slaughter, V. (1991). Young children's understanding of changes in their mental states. *Child Development, 62,* 98–110.

Gortmaker, S. L., Must, A., Perrin, J. M., Sobol, A. M. & Dietz, W. H. (1993). Social and economic consequences of overweight in adolescence and young adulthood. *New England Journal of Medicine, 329,* 1008–1012.

Gortmaker, S. L., Must, A., Sobol, A. M., Peterson, K., Colditz, G. A. & Dietz, W. H. (1996). Television viewing as a cause of increasing obesity among children in the United States, 1986–1990. *Archives of Pediatrics & Adolescent Medicine, 150,* 356–362.

Goswami, U. (1995). Transitive relational mappings in 3- and 4-year olds: The analogy of Goldilocks and the Three Bears. *Child Development, 66,* 877–892.

Gottesman, I. I. (1991). *Schizophrenia genesis: The origins of madness.* New York: Freeman.

Gottesman, I. I. & Goldsmith, H. H. (1994). Developmental psychopathology of antisocial behavior: Inserting genes into its ontogenesis and epigenesis. In C. Nelson (Ed.), *Minnesota Symposium on Child Psychology: Vol. 27. Threats to optimal development: Integrating biological, psychological, and social risk factors* (pp. 69–104). Hillsdale, NJ: Erlbaum.

Gottlieb, A. (2000). Luring your child into this life: A Beng path for infant care. In J. S. DeLoache & A. Gottlieb (Eds.), *A world of babies: Imagines childcare guide for seven societies.* Cambridge, England: Cambridge University Press.

Gottlieb, G. (1992). *Individual development and evolution.* New York: Oxford University Press.

Gottlieb, G., Wahlsten, D. & Lickliter, R. (1997). The significance of biology for human development: A developmental psychobiological systems view. In W. Damon (Series Ed.) and R. M. Lerner (Vol. Ed.), *Handbook of child psychology: Vol. 1. Theoretical models of human development* (5th ed.) (pp. 233–273). New York: Wiley.

Gottman, J. M. (1986). The world of coordinated play: same- and cross-sex friendship in young children. In J. M. Gottman & J. G. Parker (Eds.), *Conversations of friends: Speculations on affective development* (pp. 139–191). Cambridge University Press: Cambridge, England.

Gottman, J. M., Katz, L. F. & Hooven, C. (1996). Parental meta-emotion philosophy and the emotional life of families: Theoretical models and preliminary data. *Journal of Family Psychology, 10,* 243–268.

Gottman, J. M. & Mettetal, G. (1986). Speculations about social and affective development: friendship and acquaintanceship through adolescence. In J. M. Gottman & J. G. Parker (Eds.), *Conversations of friends: Speculations on affective development* (pp. 192–237). Cambridge University Press: Cambridge, England.

Gottman, J. S. (1990). Children of gay and lesbian parents. In F. W. Bozett & M. B. Sussman (Eds.), *Homosexuality and family relations* (pp. 177–196). New York: Harrington Park Press.

Goubet, N. & Clifton, R. K. (1998). Object and event representation in 6-$1/2$-month-old infants. *Developmental Psychology, 34,* 63–76.

Gould, J. (1978). Sociobiology: The art of story telling. *New Scientist, 80,* 530–533.

Gould, S. J. (1992, February). Mozart and modularity. *Natural History,* pp. 8–14.

Gove, W. R. & Zeiss, C. (1987). Multiple roles and happiness. In F. Crosby (Ed.), *Spouse, parent, worker* (pp. 125–137). New Haven, CT: Yale University Press.

Graber, J. A., Brooks-Gunn, J., Paikoff, R. L. & Warren, M. P. (1994). Prediction of eating problems: An 8-year study of adolescent girls. *Developmental Psychology, 30,* 823–834.

Graham, J. A. & Cohen, R. (1997). Race and sex as factors in children's sociometric ratings and friendship choices. *Social Development, 6,* 355–372.

Graham, S. & Harris, K. R (1992). Self regulated strategy development: Programmatic research in writing. In B. Y. L. Wong (Ed.), *Contemporary intervention research in learning disabilities: An international perspective* (pp. 47–64). New York: Springer.

Graham, S. & Hudley, C. (1994). Attributions of aggressive and non-aggressive African-American male early adolescents: A study of construct accessibility. *Developmental Psychology, 28,* 731–740.

Graham, T. & Perry, M. (1993). Indexing transitional knowledge. *Developmental Psychology, 29,* 779–788.

Graham-Bermann, S. A. & Brescoll, V. (2000). Gender, power, and violence: Assessing the family stereotypes of the children of batterers. *Journal of Family Psychology, 74,* 600–612.

Granrud, C. E. (1987). Size constancy in newborn human infants. *Investigative Ophthalmology and Visual Science, 28* (Suppl.), 5.

Graves, N. B. & Graves, T. D. (1983). The cultural context of prosocial development: An ecological model. In D. L. Bridgeman (Ed.), *The nature of prosocial development* (pp. 243–264). New York: Academic Press.

Gray, E. (1993). *Unequal justice: The prosecution of child sexual abuse.* New York: Macmillan.

Gray-Little, B. & Hafdahl, A. R. (2000). Factors influencing racial comparisons of self-esteem: A quantitative review. *Psychological Bulletin, 126,* 26–54.

Green, J. A., Jones, L. E. & Gustafson, G. F. (1987). Perception of cries by parents and nonparents: Relation to cry acoustics. *Developmental Psychology, 23,* 370–382.

Green, R. W., Biederman, J., Faraone, S. V., Sienna, M. & Garcia-Jetton, J. (1997). Adolescent outcome of boys with attention-deficit/hyperactivity disorder and social disability: Results from a 4-year longitudinal follow-up study. *Journal of Consulting and Clinical Psychology, 65,* 758–767.

Greenberg, M. T., Kusche, C. A., Cook, E. T. & Quamma, J. P. (1995). Promoting emotional competence in school-aged children: The effects of the PATHS curriculum. *Development and Psychopathology, 7,* 117–136.

Greenberger, E., Chen, C., Beam, M., Whang, S-M. & Dong, Q. (2000). The perceived social context of adolescents' misconduct. A comparative study of youths in three cultures. *Journal of Research on Adolescence, 10,* 365–388.

Greenberger, E., O'Neil, R. & Nagel, S. K. (1994). Linking workplace and homeplace: Relations between the nature of adults' work and their parenting behaviors. *Developmental Psychology, 30,* 990–1002.

Greene, A. L. (1990). Patterns of affectivity in the transition to adolescence. *Journal of Experimental Child Psychology, 50,* 340–356.

Greene, J. G., Fox, N. A. & Lewis, M. (1983). The relationship between neonatal characteristics and three-month mother-infant interaction in high risk infants. *Child Development, 54,* 1286–1296.

Greenfield, P. M., deWinstanley, P., Kilpatrick, H. & Kaye, D. (1994). Action video games and informal education: Effects on strategies for dividing visual attention. *Journal of Applied Developmental Psychology, 15,* 105–123.

Greenough, W. T. & Black, J. E. (1992). Induction of brain structure by experience: Substrates for cognitive development. In M. Gunnar & C. Nelson (Eds.), *Minnesota Symposia on Child Psychology: Vol. 24. Developmental behavioral neuroscience* (pp. 155–200). Hillsdale, NJ: Erlbaum.

Greenough, W. T., Larson, J. R. & Withers, G. S. (1985). Effects of unilateral and bilateral training in a reaching task on dendritic branching of neurons in the rat motor-sensory forelimb cortex. *Behavioral and Neural Biology, 44,* 301–314.

Griffin, S. A. (in press). Evaluation of a program designed to reach number sense to children at risk for school failure. *Journal of Research in Mathematics Education.*

Griffin, S. A. & Case, R. (1996). Evaluating the breadth and depth of training effects, when central conceptual structures are taught. In R. Case & Y. Okamoto (Eds.), The role of central conceptual structures in the development of children's thought. *Monographs of the Society for Research in Child Development, 61* (1/2, Serial No. 246).

Grilo, C. M. & Pogue-Geile, M. F. (1991). The nature of environmental influences on weight and obesity: A behavior genetic analysis. *Psychological Bulletin, 10,* 520–537.

Grimm, H. & Weinert, S. (2002). Sprachentwicklung. In R. Oerter & L. Montada (Hrsg.), *Entwicklungspsychologie* (S. 517–550). Weinheim: Beltz.

Grolnick, W. S., Bridges, L. J. & Connell, J. P. (1996). Emotion regulation in two-year-olds: Strategies and emotional expression in four contexts. *Child Development, 67,* 928–941.

Groome, L. J., Swiber, M. J., Atterbury, J. L., Bentz, L. S. & Holland, S. B. (1997). Similarities and differences in behavioral state organization during sleep periods in the perinatal infant before and after birth. *Child Development, 68,* 1–11.

Gross, D. & Harris, P. L. (1988). False beliefs about emotion: Children's understanding of misleading emotional displays. *International Journal of Behavioral Development, 11,* 475–488.

Gross, R. T., Spiker, D. & Haynes, C. W. (1997). *Helping low birth weight, premature babies: The infant health and development program.* Stanford, CA: Stanford University Press.

Grossman, D. C., Neckerman, H. J., Koepsell, T. D., Liu, P., Asher, K. N., Beland, K., Frey, K. & Rivera, F. P. (1997). Effectiveness of a violence prevention curriculum among children in elementary school. *Journal of the American Medical Association, 277,* 1605–1611.

Grotevant, H. D. (1998). Adolescent development in family contexts. In W. Damon (Series Ed.) and N. Eisenberg (Vol. Ed.), *Handbook of child psychology: Vol. 3. Social, emotional, and personality development* (5th ed.) (pp. 1097–1149). New York: Wiley.

Grueneich, R. (1982). Issues in the developmental study of how children use intention and consequence information to make moral evaluations. *Child Development, 53,* 29–43.

Grusec, J. E., Goodnow, J. J. & Cohen, L. (1996). Household work and the development of concern for others. *Developmental Psychology, 32,* 999–1007.

Grych, J. H. (1998). Children's appraisals of interparental conflict: Situational and contextual influences. *Journal of Family Psychology, 12,* 437–453.

Grych, J. H. & Fincham, F. D. (1990). Marital conflict and children's adjustment: A cognitive-contextual framework. *Psychological Bulletin, 108,* 267–290.

Grych, J. H. & Fincham, F. D. (1997). Children's adaptation to divorce: From description to explanation. In S. A. Wolchik & I. N. Sandler (Eds.), *Handbook of children's coping: Linking theory and intervention* (pp. 159–193). New York: Plenum Press.

Guerin, D. W. & Gottfried, A. W. (1994). Developmental stability and change in parent reports of temperament: A ten-year longitudinal investigation from infancy through preadolescence. *Merrill-Palmer Quarterly, 40,* 334–355.

Guerin, D. W., Gottfried, A. W. & Thomas, C. W. (1997). Difficult temperament and behaviour problems: A longitudinal study from 1.5 to 12 years of age. *International Journal of Behavioral Development, 21,* 71–90.

Guerra, N. G., Huesmann, L. R., Tolan, P. H., Van Acker, R. & Eron, L. D. (1995). Stressful events and individual beliefs as correlates of economic disadvantage and aggression among urban children. *Journal of Consulting and Clinical Psychology, 63,* 518–528.

Gustafson, G. (1984). Effects of the ability to locomote on infants' social and exploratory behaviors: An experimental study. *Developmental Psychology, 20,* 397–405.

Gustafson, G. E. & Green, J. A. (1988, April). *A role of crying in the development of prelinguistic communicative competence.* Vortrag, International Conference on Infant Studies, Washington, DC.

Guthrie, J. T, Wigfield, A., Metsala, J. L. & Cox, K. E. (1999). Motivational and cognitive predictors of text comprehension and reading amount. *Scientific Studies of Reading 3,* 231–256.

Guttentag, R. E. (1984). The mental effort requirement of cumulative rehearsal: A developmental study. *Journal of Experimental Child Psychology, 37,* 92–106.

Guttentag, R. E. (1985). Memory and aging: Implications for theories of memory development during childhood. *Developmental Review, 5,* 56–82.

Guyer B., Hoyer D. L., Martin J. A., Ventura S. J., MacDorman M. R. & Strobino D. (1999, December). Annual summary of vital statistics – 1998. *Pediatrics, 104,* 1229–1246.

Gwiazda, J., Brill, S., Mohindra, I. & Held, R. (1980). Preferential looking acuity in infants from 2–58 weeks of age. *American Journal Optometry and Physiological Optics, 57,* 428–432.

Haith, M. M. (1980). *Rules that babies look by: The organization of newborn visual activity.* Hillsdale, NJ: Erlbaum.

Haith, M. M. & Benson, J. B. (1998). Infant cognition. In W. Damon (Series Ed.) and D. Kuhn & R. S. Siegler (Vol. Eds.), *Handbook of child psychology: Vol. 2. Cognition, perception, and language* (5th ed.) (pp. 199–254). New York: Wiley.

Haith, M. M., Bergman, T. & Moore, M. J. (1977). Eye contact and face scanning in early infancy. *Science, 198,* 853–855.

Haith, M. M., Hazen, C. & Goodman, G. S. (1988). Expectation and anticipation of dynamic visual events by 3.5-month-old babies. *Child Development, 59,* 467–479.

Haith, M. M., Wentworth, N. & Canfield, R. L., (1993). The formation of expectations in early infancy In C. Rovee-Collier & L. P. Lipsitt (Eds.), *Advances in infancy research.* Norwood, NJ: Ablex.

Hakuta, K. (1999). The debate on bilingual education. *Journal of Developmental & Behavioral Pediatrics, 20,* 36–37.

Hakuta, K., Ferdman, B. M. & Diaz, R. M. (1987). Bilingualism and cognitive development: Three perspectives. In S. Rosenberg (Ed.), *Advances in applied psycholinguistics: Vol. 2. Reading writing, and language learning* (pp. 284–319). New York: Cambridge University Press.

Halberstadt, A. G., Cassidy, J., Stifter, C. A., Parke, R. D. & Fox, N. A. (1995). Self-expressiveness within the family context: Psychometric support for a new measure. *Psychological Assessment, 7,* 93–103.

Halberstadt, A. G., Crisp, V. W. & Eaton, K. L. (1999). Family expressiveness: A retrospective and new directions for research. In P. Philippot, R. S. Feldman & E. Coats (Eds.), *The social context of nonverbal behavior.* New York: Cambridge University Press.

Halberstadt, A. G., Denham, S. A. & Dunsmore, J. C. (2001). Affective social competence. *Social Development, 10,* 79–119.

Hale, S., Frye, A. F. & Jessie, K. A. (1993). Effects of practice on speed of information processing in children and adults: Age sensitivity and age invariants. *Developmental Psychology, 29,* 880–892.

Halford, G. S., Smith, S. B., Dickson, J. C., Maybery, M. T., Kelly, M. E., Bain, J. D. & Stewart, J. E. M. (1995). Modeling the development of reasoning strategies: The roles of analogy, knowledge, and capacity. In T. J. Simon & G. S. Halford (Eds.), *Developing cognitive competence: New approaches to process modeling* (pp. 77–156). Hillsdale, NJ: Erlbaum.

Hall, D. G., Waxman, S. R. & Hurwitz, W. R. (1993). How two- and four-year-old children interpret adjectives and count nouns. *Child Development, 64,* 1651–1664.

Halliday-Boykins, C. A. & Graham, S. (2001). At both ends of the gun: Testing the relationship between community violence exposure and youth violent behavior. *Journal of Abnormal Child Psychology, 29,* 383–402.

Halpern, C. T., Udry, J. R. & Suchindran, C. M. (1997). Testosterone predicts initiation of coitus in adolescent females. *Psychosomatic Medicine, 50,* 161–171.

Halpern, D. F. (1992). *Sex differences in cognitive abilities* (2nd ed.). Mahwah, NJ: Erlbaum.

Halpern, D. F. (1997). Sex differences in intelligence: Implications for education. *American Psychologist, 52,* 1091–1102.

Halpern, L. F., Anders, T. F., Garcia-Coll, C. & Hua, J. (1994). Infant temperament: Is there a relation to sleep-wake states and maternal nighttime behavior? *Infant Behavior and Development, 17,* 255–263.

Hamalainen, M. & Pulkkinen, L. (1996). Problem behavior as a precursor of male criminality. *Development and Psychopathology, 8,* 443–455.

Hamer, D. H., Hu, S., Magnuson, V. L., Hu, N. & Pattatucci, A. M. L. (1993). A linkage between DNA markers on the X chromosome and male sexual orientation. *Science, 261,* 311–327.

Hamilton, C. E. (2000). Continuity and discontinuity of attachment from infancy through adolescence. *Child Development, 71,* 690–694.

Hanish, L. D. & Guerra, N. G. (2000a). Predictors of peer victimization among urban youth. *Social Development, 9,* 521–543.

Hanish, L. D. & Guerra, N. G. (2000b). The roles of ethnicity and school context in predicting children's victimization by peers. *American Journal of Community Psychology, 28,* 201–223.

Hanish, L. D. & Guerra, N. G. (2002). A longitudinal analysis of patterns of adjustment following peer victimization. *Development and Psychopathology, 14,* 69–89.

Hankin, B. L. & Abramson, L. Y. (1999). Development of gender differences in depression: description and possible explanations. *Annals of Medicine, 31,* 372–379.

Hankin, B. L., Abramson, L. Y., Moffitt, T. E., Silva, P. A., McGree, R. & Angell, K. E. (1998). Development of depression from preadolescence to young adulthood: Emerging gender differences in a 10-ycar-longitudinal study. *Journal of Abnormal Psychology, 107,* 128–140.

Hanna, E. & Meltzoff, A. N. (1993). Peer imitation by toddlers in laboratory, home, and day-care contexts: Implications for social learning and memory. *Developmental Psychology, 29,* 701–710.

Hanna, N. A. (1998). Predictors of friendship quality and peer group acceptance at summer camp. Journal *of Early Adolescence, 18,* 291–318.

Hardy, J. B., Astone, N. M., Brooks-Gunn, J., Shapiro, S. & Miller, T. L. (1998). Like mother, like child: Intergenerational patterns of age at first birth and association with childhood and adolescent characteristics and adult outcomes in the second generation. *Developmental Psychology, 34,* 1220–1232.

Harkness, S. & Super, C. (1995). Culture and parenting. In M. Bornstein (Ed.), *Handbook of parenting* (Vol. 2) (pp. 211–234). Hillsdale, NJ: Erlbaum.

Harkness, S., Super, C., Keefer, C. H., Raghavan, C. S. & Campbell, E. K. (1996). Ask the doctor: The negotiation of cultural models in American parent-pediatrician discourse. In S. Harkness & C. M. Super (Eds.), *Parents' cultural belief systems: Their origins, expressions, and consequences.* New York: Guilford.

Harlow, H. F. & Harlow, M. K. (1965). The affectional systems. In A. M. Schrier, H. F. Harlow & F. Stollnitz (Eds.), *Behavior of nonhuman primates: Vol 2.* New York: Academic Press.

Harlow, H. F. & Zimmerman, R. (1959). Affectional responses in the infant monkey. *Science, 130,* 421–432.

Harman, C., Rothbart, M. K. & Posner, M. I. (1997). Distress and attention interactions in early infancy. *Motivation & Emotion, 21,* 27–43.

Harnishfeger, K. K. & Bjorklund, D. F. (1993). The ontogeny of inhibition mechanisms: A renewed approach to cognitive development. In M. L. Howe & R. Pasnak (Eds.), *Emerging themes in cognitive development: Vol. 1. Foundations.* New York: Springer.

Harold, G. T. & Conger, R. D. (1997). Marital conflict and adolescent distress: The role of adolescent awareness. *Child Development, 68,* 333–350.

Harris, F. R., Wolf, M. M. & Baer, D. M. (1967). Effects of adult social reinforcement on child behavior. In W. W. Hartup and N. L. Smothergill (Eds.), *The young child: Reviews of research.* Washington, DC: National Association for the Education of Young Children.

Harris, J. F. (1995). Where is the child's environment? A group socialization theory of development. *Psychological Review, 102,* 458–489.

Harris, K. R. & Graham, S. (1992). Self-regulated strategy development: A part of the writing process. In M. Pressley, K. R. Harris & J. T. Guthrie (Eds.), *Promoting academic competence and literacy in school* (pp. 277–309). San Diego, CA: Academic Press.

Harris, P. L. (1974). Perseverative search at a visibly empty place by young infants. *Journal of Experimental Child Psychology, 18,* 535–542.

Harris, P. L. (1991). The work of the imagination. In A. Whiten (Ed.), *Natural theories of mind.* Oxford, England: Basil Blackwell.

Harris, P. L. (1992). From simulation to folk psychology: The case for development. *Mind & Language, 7,* 120–144.

Harris, P. L., Olthof, T., Terwogt, M. M. & Hardman, C. E. (1987). Children's knowledge of the situations that provoke emotion. *International Journal of Behavioral Development, 10,* 319–343.

Harris, R. T. (1991, March–April). Anorexia nervosa and bulimia nervosa in female adolescents. *Nutrition Today, 26,* 30–34.

Harrist, A. W., Zaia, A. R, Bates, J. E., Dodge, K. A. & Pettit, G. S. (1997). Subtypes of social withdrawal in early childhood: Sociometric status and social-cognitive differences across four years. *Child Development, 68,* 278–294.

Hart, B. & Risley, T. R. (1992). American parenting of language-learning children: Persisting differences in family-child interactions observed in natural home environments. *Developmental Psychology, 28,* 1096–1105.

Hart, B. & Risley, T. R. (1994). *Meaningful differences in the everyday experience of young American children.* Baltimore: Paul H. Brookes.

Hart, C. H., DeWolf, D. M., Wozniak, P. & Burts, D. C. (1992). Maternal and paternal disciplinary styles: Relations with preschoolers' playgroup behavioral orientations and peer status. *Child Development, 63,* 879–892.

Hart, C. H., Ladd, G. W. & Burleson, B. R. (1990). Children's expectations of the outcomes of social strategies: Relations with sociometric status and maternal disciplinary styles. *Child Development, 61,* 127–137.

Hart, D. & Fegley, S. (1995). Altruism and caring in adolescence: Relations to self-understanding and social judgment. *Child Development, 66,* 1346–1359.

Harter, S. (1983). Developmental perspectives on the self system. In P. H. Mussen (Series Ed.) and E. M. Hetherington (Vol. Ed.), *Handbook of child psychology: Vol. 4. Socialization, personality, and social development* (pp. 275–385). New York: Wiley.

Harter, S. (1985). *Manual for the self-perception profile for children.* Unveröffentlichtes Manuskript, University of Denver, Denver, CO.

Harter, S. (1993). Causes and consequences of low self-esteem in children and adolescents. In R. F. Baumeister (Ed.), *Self-esteem: The puzzle of low self-regard* (pp. 87–116). New York: Plenum Press.

Harter, S. (1998). The development of self representations. In W. Damon (Series Ed.) and N. Eisenberg (Vol. Ed.), *Handbook of child psychology: Vol. 3. Social, emotional, and personality development* (5th ed.) (pp. 553–617). New York: Wiley.

Harter, S. (1999). *The cognitive and social construction of the developing self.* New York: Guilford Press.

Harter, S., Bresnick, S., Bouchey, H. A. & Whitsell, N. R. (1998). The development of multiple role-related selves during adolescence. *Development and Psychopathology, 9,* 835–854.

Harter, S. & Buddin, B. J. (1987). Children's understanding of the simultaneity of two emotions: A five-stage developmental acquisition sequence. *Developmental Psychology, 23,* 388–399.

Harter, S. & Monsour, A. (1992). Developmental analysis of conflict caused by opposing attributes in the adolescent self-portrait. *Developmental Psychology, 28,* 251–260.

Harter, S. & Pike, R. (1984). The Pictorial Scale of Perceived Competence and Social Acceptance for young children. *Child Development, 55,* 1969–1982.

Hartshorn, K. & Rovee-Collier, C. (1997). Infant learning and long-term memory at 6 months: A confirming analysis. *Developmental Psychology, 30,* 71–85.

Hartup, W. W. (1974). Aggression in childhood: Developmental perspectives. *American Psychologist, 27,* 336–341.

Hartup, W. W. (1983). Peer relations. In P. H. Mussen (Ed.), *Handbook of child development: Vol. 4. Socialization personality and social development* (4th ed.) (pp. 103–196). New York: Wiley.

Hartup, W. W. (1996). The company they keep: Friendships and their developmental significance. *Child Development, 67,* 1–13.

Hartup, W. W. & Stevens, N. (1997). Friendships and adaptation in the life course. *Psychological Bulletin, 121,* 355–370.

Hartup, W. W., French, D. C., Laursen, B., Johnston, M. K. & Ogawa, J. R. (1993). Conflict and friendship relations in middle childhood: Behavior in a closed-field situation. *Child Development, 64,* 445–454.

Hartup, W. W., Laursen, B., Stewart, M. A. & Eastenson, A. (1988). Conflicts and the friendship relations of young children. *Child Development, 59,* 1590–1600.

Harvey, E. (1999). Short-term and long-term effects of early parental employment on children of the National Longitudinal Survey of youth. *Developmental Psychology, 35,* 445–459.

Haselager, G. J. T., Hartup, W. W., van Lieshout, C. F. M. & Riksen-Walraven, J. M. A. (1998). Similarities between friends and nonfriends in middle childhood. *Child Development, 69,* 1198–1208.

Hasher, L. & Zacks, R. T (1984). Automatic processing of fundamental information: The case of frequency of occurrence. *American Psychologist, 39,* 1372–1388.

Haskins, R. (1985). Public school aggression among children with varying day care experience. *Child Development, 56,* 689–703.

Haskins, R. (1989). Beyond metaphor: The efficacy of early childhood education. *American Psychologist, 44,* 274–282.

Hastings, P. D., Zahn-Waxler, C., Robinson, J., Usher, B. & Bridges, D. (2000). The development of concern for others in children with behavior problems. *Developmental Psychology, 35,* 531–546.

Hatano, G. & Inagaki, K. (1996). Cognitive and cultural factors in the acquisition of intuitive biology. In D. R. Olson & N. Torrance (Eds.), *Handbook of educational and human development: New models of learning, teaching and schooling.* Cambridge, England: Blackwell.

Hatano, G. & Osawa, K. (1983). Digit memory of grand experts in abacus-derived mental calculation. *Cognition, 15,* 95–110.

Hatano, G., Siegler, R. S., Richards, D. D., Inagaki, K., Stavy, R. & Wax, N. (1993). The development of biological knowledge: A multinational study. *Cognitive Development, 8,* 47–62.

Hatzichristou, C. & Hopf, D. (1996). A multiperspective comparison of peer sociometric status groups in childhood and adolescence. *Child Development, 67,* 1085–1102.

Hawley, T. L. & Disney, E. R. (1992, Winter). Crack's children: The consequences of maternal cocaine abuse. *Social Policy Report: Society for Research in Child Development, 6.*

Hay, D. F., Castle, J., Stimson, C. A. & Davies, L. (1995). The social construction of character in toddlerhood. In M. Killen & D. Hart (eds.), *Moral in everyday life* (pp. 23–51). Cambridge, England: Cambridge University Press.

Hay, D. F., Nash, A. & Pedersen, J. (1981). Responses of six-month-olds to the distress of their peers. *Child Development, 52,* 1071–1075.

Hay, D. F. & Ross, H. S. (1982). The social nature of early conflict. *Child Development, 53,* 105–113.

Hayes, K. J. & Hayes, C. (1951). The intellectual development of a home-raised chimpanzee. *Proceedings of the American Philosophical Society, 95,* 105–109.

Hearold, S. (1986). A synthesis of 1043 effects of television on social behavior. In G. Comstock (Ed.), *Public communication and behavior* (Vol. 1) (pp. 65–133). New York: Academic Press.

Hedges, L. V. & Nowell, A. (1995). Sex differences in mental test scores, variability, and numbers of high-scoring individuals. *Science, 269,* 41–45.

Heine, S. J., Lehman, D. R., Markus, H. R. & Kitayama, S. (1999). Is there a universal need for positive self-regard? *Psychological Review, 106,* 766–794.

Held, R., Birch, E. E. & Gwiazda, J. (1980). Stereoacuity of human infants. *Proceedings of the National Academy of Sciences of the USA, 77,* 5572–5574.

Henry, B., Caspi, A., Moffitt, T. E. & Silva, P. A. (1994). Temperamental and familial predictors of violent and non-violent criminal convictions: From age 3 to age 18. *Developmental Psychology, 32,* 614–623.

Henry, C. S., Sager, D. W. & Plunkett, S. W. (1996). Adolescents' perceptions of family system characteristics, parent-adolescent dyadic behaviors, adolescent qualities, and adolescent empathy. *Family Relations, 45,* 283–292.

Hepper, P (1988). Adaptive fetal learning: Prenatal exposure to garlic affects postnatal preferences. *Animal Behaviour, 36,* 935–936.

Herdt, G. & Boxer, A. M. (1993). *Child of horizons: How gay and lesbian teens are leading a new way out of the closet.* Boston: Beacon Press.

Hernandez, D. J. (1993). *America's children: Resources for family, government and the economy.* New York: Russell Sage Foundation.

Hernandez, J.T. & DiClemente, R. J. (1992). Self control and ego identity development as predictors of unprotected sex in late adolescent males. *Journal of Adolescence, 15,* 437–447.

Herrera, C. & Dunn, J. (1997). Early experiences with family conflict: Implications for arguments with a close friend. *Developmental Psychology 33,* 869–881.

Hertsgaard, L. & Bauer, P. (1990). *Thirteen- and sixteen-month olds' long-term recall of event sequences.* Poster, Society for Research in Child Development, Seattle.

Hertsgaard, L., Gunnar, M., Erickson, M. F. & Nachmias, M. (1995). Adrenocortical responses to the strange situation in infants with disorganized/disoriented attachment relationships. *Child Development, 66,* 1100–1106.

Hess, R. D., Kashiwagi, K., Azuma, H., Price, G. G. & Dickson, W. P. (1980). Maternal expectations for mastery of developmental tasks in Japan and the United States. *International Journal of Psychology, 15,* 259–271.

Hesse, E. (1999). The adult attachment interview: Historical and current perspectives. In J. Cassidy & P. R. Shaver (Eds.), *Handbook of attachment: Theory, research, and clinical applications* (pp. 395–433). New York: Guilford Press.

Hetherington, E. M. (1989). Coping with family transitions: Winners, losers, and survivors. *Child Development, 60,* 1–14.

Hetherington, E. M. (1993). An overview of the Virginia Longitudinal Study of Divorce and Remarriage with a focus on early adolescent. *Journal of Family Psychology, 7,* 39–56.

Hetherington, E. M. (1999). Social capital and the development of youth from nondivorced, divorced, and remarried families. In W. A. Collins & B. Laursen (Eds.), *Relationships as developmental contexts. The Minnesota Symposia on Child Psychology* (Vol. 30) (pp. 177–209). Mahwah, NJ: Erlbaum.

Hetherington, E. M., Bridges, M. & Insabella, G. M. (1998). What matters? What does not? Five perspectives on the association between marital transitions and children's adjustment. *American Psychologist, 53,* 167–184.

Hetherington, E. M. & Clingempeel, W. G. (1992). Coping with marital transitions: A family systems perspective. *Monographs of the Society for Research in Child Development, 57* (Serial No. 227), 1–242.

Hetherington, E. M., Clingempeel, W. G., Anderson, E. R., Deal, J. E., Stanley-Hagen, M., Hollier, E. A. & Lindner, M. S. (1992). Coping with marital transitions: A family systems perspective. *Monographs of the Society for Research in Child Development, 57* (2–3, Serial No. 227).

Hetherington, E. M., Hagan, M. S. & Anderson, E. R. (1989). Marital transitions: A child's perspective. *American Psychologist, 44,* 303–312.

Hetherington, E. M., Henderson, S. H. & Reiss, D. (1999). Adolescent siblings in stepfamilies: Family functioning and adolescent adjustment. *Monographs of the Society for Research in Child Development, 64* (4, Serial No. 259), iv–209.

Hetherington, E. M. & Stanley-Hagan, M. S. (1995). Parenting in divorced and remarried families. In M. Bornstein (Ed.), *Handbook of parenting* (Vol. 3) (pp. 233–255). Hillsdale, NJ: Erlbaum.

Hetherington, E. M. & Stanley-Hagan, M. S. (2002). Parenting in divorced and remarried families. In M. Bornstein (Ed.), *Handbook of Parenting,* Vol. 3 (2nd ed.) (pp. 287–315). Mahwah, NJ: Erlbaum.

Hewlett, B. S., Lamb, M. E., Shannon, D., Leyendecker, B. & Scholmerich, A. (1998). Culture and early infancy among central African foragers and farmers. *Developmental Psychology, 34,* 651–661.

Heyman, G. D. & Dweck, C. S. (1998). Children's thinking about traits: Implications for judgments of the self and others. *Child Development, 64,* 391–403.

Heyns, B. (1978). *Summer learning and the effects of schooling.* San Diego, CA: Academic Press.

Hiatt, S. W., Campos, J. J. & Emde, R. N. (1979). Facial patterning and infant emotional expression: Happiness, surprise, and fear. *Child Development, 50,* 1020–1035.

Hickling, A. K. & Gelman, S. A. (1995). How does your garden grow? Early conceptualization of seeds and their place in the plant growth cycle. *Child Development, 66,* 856–876.

Higgins, E. T. (1991). Development of self-regulatory and self-evaluative processes: Costs, benefits, and tradeoffs. In M. R. Gunnar & L. A. Sroufe (Eds.), *The Minnesota Symposia on Child Development: Vol. 23. Self processes and development* (pp. 125–166). Hillsdale, NJ: Erlbaum.

Hill, J. O. & Peters, J. C. (1998). Environmental contributions to the obesity epidemic. *Science, 280,* 1371–1373.

Hill, J. P. (1988). Adapting to menarche: Familial control and conflict. In M. R. Gunnar & W. A. Collins (Eds.), *Minnesota symposia on child psychology* (Vol. 21) (pp. 43–77). Hillsdale, NJ: Erlbaum.

Hinshaw, S. P., Zupan, B. A., Simmel, C., Nigg, J. T. & Melnick, S. (1997). Peer status in boys with and without attention-deficit hyperactivity disorder: Predictions from overt and covert antisocial behavior, social isolation, and authoritative parenting beliefs. *Child Development, 68,* 880–896.

Hirsh-Pasek, K. & Golinkoff, R. M. (1991). Language comprehension: A new look at some old themes. In N. A. Krasnegor, D. M. Rumbaugh, R. T. Schiefelbusch & M. Studdert-Kennedy (Eds.), *Biological and behavioral determinants of language development* (pp. 301–320). Hillsdale, NJ: Erlbaum.

Hitch, G. J. & McAuley, E. (1991). Working memory in children with specific arithmetical learning disabilities. *British Journal of Psychology, 82,* 375–386.

Ho, D.Y. F. (1986). Chinese patterns of socialization: A critical review. In M. H. Bond (Ed.), *The psychology of Chinese people* (pp. 1–37). New York: Oxford University Press.

Hoard, M. K., Geary, D. C. & Hamson, C. O. (1999). Numerical and arithmetical cognition: Performance of low- and average-IQ children. *Mathematical Cognition, 5,* 65–91.

Hochberg, J. & Brooks, V. (1962). Pictorial recognition as an unlearned ability: A study of one child's performance. *American Journal of Psychology, 75,* 624–628.

Hodges, E. V. E., Boivin, M., Vitaro, F. & Bukowski, W. M. (1999). The power of friendship: Protection against an escalating cycle of peer victimization. *Developmental Psychology, 35,* 94–101.

Hodges, E. V. E., Malone, M. J. & Perry, D. G. (1997). Individual risk and social risk as interacting determinants of victimization in the peer group. *Developmental Psychology, 33,* 1032–1039.

Hodges, E. V. E. & Perry, D. G. (1999). Personal and interpersonal antecedents and consequences of victimization by peers. *Journal of Personality and Social Psychology, 76,* 677–685.

Höhle, B. & Weissenborn, J. (2000) The origins of syntactic knowledge: Recognition of determiners in one year old German children. In C. Howell, S. Fish & Th. Keth-Lucas (Eds.) *Proceedings of the 24th Annual Boston Conference on Language Development* (pp. 418–429). Somerville, MA: Cascadilla Press.

Hoff, E. (2001). *Language development* (2nd ed.). Belmont, CA: Wadsworth.

Hofferth, S. (1996). Child care in the United States today. *The Future of Children, 6,* 41–61.

Hoff-Ginsberg, E. (1993). *Early syntax is robust, but learning object labels depends on input.* Vortrag, 6th International Congress for the Study of Child Language, Triest, Italien.

Hoff-Ginsberg, E. (1994). Influences of mother and child on maternal talkativeness. *Discourse Processes, 18,* 105–117.

Hoff-Ginsberg, E. & Tardif, T. (1995). Socioeconomic status and parenting. In M. H. Bornstein (Ed.), *Handbook of parenting. Vol. 2. Biology and ecology of parenting* (pp. 161–188). Mahwah, NJ: Erlbaum.

Hoffman, C. D. & Teyber, E. C. (1985). Naturalistic observations of sex differences in adult involvement with girls and boys of different ages. *Merrill-Palmer Quarterly, 31,* 93–97.

Hoffman, L. W. (1984). Work, family, and the socialization of the child. In R. D. Parke (Ed.), *The family: Review of child development research* (Vol. 7) (pp. 223–282). Chicago: University of Chicago Press.

Hoffman, L. W. (1989). Effects of maternal employment in the two-parent family. *American Psychologist, 44,* 283–292.

Hoffman, L. W. & Youngblade, L. (1999). *Mothers at work: Effects on children's well-being*. Cambridge England: Cambridge University Press.

Hoffman, M. L. (1963). Parent discipline and the child's consideration for others. *Child Development, 34,* 573–588.

Hoffman, M. L. (1981). Is altruism part of human nature? *Journal of Personality and Social Psychology, 40,* 121–137.

Hoffman, M. L. (1982). Development of prosocial motivation: Empathy and guilt. In N. Eisenberg (Ed.), *The development of prosocial behavior* (pp. 281–313). New York: Academic Press.

Hoffman, M. L. (1983). Affective and cognitive processes in moral internalization. In E. T. Higgins, D. N. Ruble & W. W. Hartup (Eds.), *Social cognition and social development: A sociocultural perspective* (pp. 236–274). Cambridge, MA: Cambridge University Press.

Hoffman, M. L. (1990). Empathy and justice motivation. *Motivation and Emotion, 14,* 151–171.

Hoffman, M. L. (1998). Varieties of empathy-based guilt. In J. Bybee (Ed.), *Guilt and children* (pp. 91–112). San Diego, CA: Academic Press.

Hoffman, M. L. (2000). *Empathy and moral development: Implications for caring and justice*. Cambridge, England: Cambridge University Press.

Hoffner, C. (1993). Children's strategies for coping with stress: Blunting and monitoring. *Motivation and Emotion, 17,* 91–106.

Hofstadter, M. & Reznick, J. S. (1996). Response modality affects human infant delayed-response performance. *Child Development, 67,* 646–658.

Hogue, A. & Steinberg, L. (1995). Homophily of internalized distress in adolescent peer groups. *Developmental Psychology, 31,* 897–906.

Holden, C. (1980). Identical twins reared apart. *Science, 207,* 1323–1325.

Honzik, M. P., MacFarlane, J. W. & Allen, L. (1948). The stability of mental test performance between two and eighteen years. *Journal of Experimental Education, 17,* 309–329.

Hood, B. & Willatts, P. (1986). Reaching in the dark to an objects' remembered position: Evidence for object permanence in 5-month-old infants. *British Journal of Developmental Psychology, 4,* 57–65

Hopkins, B. & Westra, T. (1988). Maternal handling and motor development: An intracultural study. *Genetic, Social, and General Psychology Monographs, 14,* 377–420.

Horn, J. L., Donaldson, G. & Engstrom, R. (1981). Apprehension, memory and fluid intelligence decline in adulthood. *Research on Aging, 3,* 33–84.

Howe, M. L. & Courage, M. L. (1997). The emergence and early development of autobiographical memory. *Psychological Review, 104,* 499–523.

Howe, N., Aquan-Assee, J. & Bukowski, W. M. (2001). Predicting sibling relations over time: Synchrony between maternal management styles and sibling relationship quality. *Merrill - Palmer Quarterly, 47,* 121–141.

Howes, C. (1983). Patterns of friendship. *Child Development, 54,* 1041–1053.

Howes, C. (1996). The earliest friendships. In W. M. Bukowski, A. F. Newcomb & W. W. Hartup (Eds.), *The company they keep. Friendship in childhood and adolescence* (pp. 66–86). Cambridge, England: Cambridge University Press.

Howes, C. & Farver, J. (1987). Toddlers' responses to the distress of their peers. *Journal of Applied Developmental Psychology, 8,* 441–452.

Howes, C. & Matheson, C. C. (1992). Sequences in the development of competent play with peers: Social and social pretend play. *Developmental Psychology, 28,* 961–974.

Howes, C. & Phillipsen, L. (1998). Continuity in children's relations with peers. *Social Development, 7,* 340–349.

Howes, C. & Unger, O. A. (1989). Play with peers in child care settings. In M. Bloch & A. Pelligrini (Eds.), *The ecological contexts of children's play* (pp. 104–119). Norwood, NJ: Ablex.

Hoza, B., Molina, B. S. G., Bukowski, W. M. & Sippola, L. K. (1995). Peer variables as predictors of later childhood adjustment. *Development and Psychopathology, 7,* 787–802.

Hrdy, S. B. (1999). *Mother nature: A history of mothers, infants, and natural selection*. New York: Pantheon.

Hubbard, F. O. A. & van IJzendoorn, M. H. (1991). Maternal unresponsiveness and infant crying across the first 9 months: A naturalistic longitudinal study. *Infant Behavior and Development, 14,* 299–312.

Hudley, C. & Graham, S. (1993). An attributional intervention to reduce peer-directed aggression among African-American boys. *Child Development, 64,* 124–138.

Hudson, J. A., Sosa, B. B. & Shapiro, L. R. (1997). Scripts and plans: The development of preschool children's event knowledge and event planning. In S. L. Friedman & E. K. Scholnick (Eds.), *The developmental psychology of planning: Why, how, and when do we plan?* (pp. 77–102). Mahwah, NJ: Erlbaum.

Huebner, R. R. & Izard, C. E. (1988). Mothers' responses to infants' facial expressions of sadness, anger, and physical distress. *Motivation and Emotion, 12,* 185–196.

Huesmann, L. R. (1986). Psychological processes promoting the relation between exposure to media violence and aggressive behavior by the viewer. *Journal of Social Issues, 42,* 125–139.

Huesmann, L. R. & Eron, L. D. (1986). *Television and the aggressive child: A cross-national perspective*. Hillsdale, NJ: Erlbaum.

Hughes, C. & Dunn, J. (1998). Understanding mind and emotion: Longitudinal associations with mental-state talk between young friends. *Developmental Psychology, 34,* 1026–1037.

Humphreys, L. G. (1989) Intelligence: Three kinds of instability and their consequences for policy. In R. L. Linn (Ed.), *Intelligence* (pp. 193–216). Urbana: University of Illinois Press.

Hunt, E. (1978). Mechanics of verbal ability. *Psychological Review, 85,* 109–130.

Hunt, E., Streissguth, A. P., Kerr, B. & Olson, H. C. (1995). Mothers' alcohol consumption during pregnancy: Effects on spatial-visual reasoning in 14-year-old children. *Psychological Science, 6,* 339–342.

Hunt, J. (1961). *Intelligence and experience*. New York: Ronald Press.

Hunter, F. T. & Youniss, J. (1982). Changes in functions of three relationships during adolescence. *Developmental Psychology, 18,* 806–811.

Hunter, J. E. (1986). Cognitive ability, cognitive aptitudes, job knowledge, and job performance. *Journal of Vocational Behavior, 29*, 340–362.

Hunziker, U. A. & Barr, R. G. (1986). Increased carrying reduces infant crying: A randomized control trial. *Pediatrics, 77*, 641–648.

Huston, A. C. (1983). Sex-typing, In P. H. Mussen (Ed.), *Handbook of child psychology: Vol. 4. Socialization, personality, and social development* (4th ed.) (pp. 387–467). New York: Wiley.

Huston, A. C. & Wright, J. C. (1998). Mass media and children's development. In W. Damon (Series Ed.) and I. E. Sigel & K. A. Renninger (Vol. Eds), *Handbook of child psychology. Vol. 4. Child psychology in practice* (5th ed.) (pp. 999–1058). New York: Wiley.

Huttenlocher, J., Haight, W., Bryk, A., Seltzer, M. & Lyons, T. (1991). Early vocabulary growth: Relation to language input and gender. *Developmental Psychology, 27*, 236–248.

Huttenlocher, J. & Higgins, E. T. (1978). Issues in the study of symbolic development. In W. A. Collins (Ed.), *Minnesota Symposia on Child Psychology* (Vol. 11, pp. 98–140). Hillsdale, NJ: Erlbaum.

Huttenlocher, J., Jordan, N. C. & Levine, S. C. (1994). A mental model for early arithmetic., *Journal of Experimental Psychology: General, 123*, 284–296.

Huttenlocher, J., Levine, S. & Vevea, J. (1998). Environmental input and cognitive growth: A study using time-period comparisons. *Child Development, 69*, 1012–1029.

Huttenlocher, P. R. (1994). Synaptogenesis in human cerebral cortex. In G. Dawson & K. W. Fischer (Eds.), *Human behavior and the developing brain* (pp. 137–152). New York: Guilford Press.

Huttenlocher, P. R. & Dabholkar, A. S. (1997). Regional differences in synaptogenesis in human cerebral cortex. *Journal of Comparative Neurology, 387*, 167–178.

Huttunen, M. & Niskanen, P. (1978). Prenatal loss of father and psychiatric disorders. *Archives of General Psychiatry, 35*, 429–431.

Hwang, P. (1987). The change role of Swedish fathers. In M. E. Lamb (Ed.), *The father's role: Cross-cultural perspectives* (pp. 197–226). Hillsdale, NJ: Erlbaum.

Hyde, J. S. (1984). How large are gender differences in aggression? A developmental meta-analysis. *Developmental Psychology, 20*, 722–736.

Hyde, J. S. & McKinley, N. M. (1997). Gender differences in cognition: Results from meta-analyses. In P. J. Caplan, M. Crawford, J. S. Hyde & J. T. E. Richardson (Eds.), *Gender differences in human cognition* (pp. 30–51). New York: Oxford University Press.

Hymel, S., Bowker, A. & Woody, E. (1993). Aggressive versus withdrawn unpopular children: Variations in peer and self-perceptions in multiple domains. *Child Development, 64*, 879–896.

Hymel, S., Comfort, C., Schonert-Reichl, K. & McDougall, P. (1996). Academic failure and school dropout: The influence of peers. In J. Juvonen & K. R. Wentzel (Eds.), *Social motivation: Understanding children's social adjustment* (pp. 313–345). New York: Cambridge University Press.

Hynd, G. W., Horn, K. L., Voeller, K. K. & Marshall, R. M. (1991). Neurobiological basis of attention-deficit hyperactivity disorder (ADHD). *School Psychology Review, 20*, 174–186.

Iannotti, R. J., Cummings, E. M., Pierrehumbert, B., Milano, M. J. & Zahn-Waxler, C. (1992) Parental influences on prosocial behavior and empathy in early childhood. In J. M. A. M. Janssens & R. M. Gerris (Eds.), *Child rearing: Influence on prosocial and moral development* (pp. 77–100). Amsterdam: Swets & Zeitlinger.

Inagaki, K. & Hatano, G. (1991). Constrained person analogy in young children's biological inference. *Cognitive Development, 6*, 219–231.

Inagaki, K. & Hatano, G. (1993). Young children's understanding of the mind-body distinction. *Child Development, 64*, 1534–1549.

Inagaki, K. & Hatano, G. (1996). Young children's recognition of commonalities between animals and plants. *Child Development, 67*, 2823–2840.

Ingoldsby, E. M., Shaw, D. S. & Garcia, M. M. (2001). Intrafamily conflict in relation to boys' adjustment at school. *Development and Psychopathology, 13*, 35–52.

Ingoldsby, E. M., Shaw, D. S., Owens, E. B. & Winslow, E. B. (1999). A longitudinal study of interparental conflict, emotional and behavioral reactivity, and preschoolers' adjustment problems among low-income families. *Journal of Abnormal Child Psychology, 27*, 343–356.

Inhelder, B. & Piaget, J. (1958). *The growth of logical thinking from childhood to adolescence.* New York: Basic Books.

Interagency Council on the Homeless (Department of Housing and Urban Development). (1999). *Homelessness: Programs and the people they serve.* The Urban Institute. [www.huduser.org/publications/homeless/homelessness]

Isabella, R. A. (1993). Origins of attachment: Maternal interactive behavior across the first year. *Child Development, 64*, 605–621.

Iverson, J. M. & Goldin-Meadow, S. (1998). Why people gesture when they speak. *Nature, 396*, 228.

Izard, C. E. (1991). *The psychology of emotions.* New York: Plenum Press.

Izard, C. E., Fantauzzo, C. A., Castle, J. M., Haynes, O.M., Rayias, M. E & Putnam, P. H. (1995). The ontogeny and significance of infants' facial expressions in the first 9 months of life. *Developmental Psychology, 31*, 997–1013.

Izard, C. E., Hembree, E. A. & Huebner, R. R. (1987). Infants' emotional expressions to acute pain: Developmental change and stability of individual differences. *Developmental Psychology, 23*, 105–113.

Jacklin, C. N., DiPietro, J. A. & Maccoby, E. E. (1984). Sex-typing behavior and sex-typing in pressure in child/parent interactions. *Archives of Sexual Behavior, 13*, 413–425.

Jacobs, J. E., Lanza, S., Osgood, D. W., Eccles, J. S. & Wigfield, A. (2002). Changes in children's self-competence and values: Gender and domain differences across grades one through twelve. *Child Development, 73*, 509–527.

Jacobsen, T. & Hofmann, V. (1997). Children's attachment representations: Longitudinal relations to school behavior and academic competency in middle childhood and adolescence. *Developmental Psychology, 33,* 703–710.

Jacobson, J. L. & Jacobson, S. W. (1996). Intellectual impairment in children exposed to polychlorinated biphenyls in utero. *New England Journal of Medicine, 335,* 783–789.

Jacobson, J. L., Jacobson, S. W., Padgett, R. J., Brumitt, G. A. & Billings, R. L. (1992). Effects of prenatal PCB exposure on cognitive processing efficiency and sustained attention. *Developmental Psychology, 28,* 297–306.

Jaffee, S. R. (2002). Pathways to adversity in young adulthood among early childbearers. *Journal of Family Psychology, 16,* 38–49.

Jaffee, S. & Hyde, J. S. (2000). Gender differences in moral orientation: A meta-analysis. *Psychological Bulletin, 126,* 703–726.

Jakobson, R. (1941). *Child language, aphasia and phonological universals.* The Hague: Mouton. (Deutsch 1969, Kindersprache, Aphasie und allgemeine Lautgesetze. Frankfurt/M.: Suhrkamp.)

James, D., Pillai, M. & Smoleniec, J. (1995). Neurobehavioral development in the human fetus. In J. Lecanuet, W. P. Fifer, N. A. Krasnegor & W. P. Smotherman (Eds.), *Fetal development: A psychobiological perspective.* Hillsdale, NJ: Erlbaum.

Janssens, J. M. A. M. & Dekovic, M. (1997). Child rearing, prosocial moral reasoning, and prosocial behaviour. *International Journal of Behavioral Development, 20,* 509–527.

Jaswal, V. K. & Fernald, A. (2002). Learning to communicate. In A. Slater & M. Lewis (Eds.), *Introduction to Infant Development* (pp. 244–265). Oxford: Oxford University Press.

Jaycox, L. H., Reivich, K. J., Gillham, J. & Seligman, M. E. (1994). Prevention of depressive symptoms in school children. *Behavior Research and Therapy, 32,* 801–816.

Jegalian, K. & Lahn, B. T. (2001, February). Why the Y is so weird. *Scientific American, 284,* 56–61.

Jencks, C. (1979). *Who gets ahead? The determinants of economic success in America.* New York: Basic Books.

Jenkins, J. (1992). Sibling relationships in disharmonious homes: Potential difficulties and protective effects. In F. Boer & J. Dunn (Eds.), *Children's sibling relationships: Developmental and clinical issues* (pp. 125–138). Hillsdale, NJ: Erlbaum.

Jenkins, J. M. & Astington, J. W. (1996). Cognitive factors and family structure associated with theory of mind development in young children. *Developmental Psychology, 32,* 70–78.

Jensen, A. R. (1973). *Educability and group differences.* New York: Harper & Row.

Jiao, S., Ji, G. & Jing, Q. (1986). Comparative study of behavioral qualities of only children and sibling children. *Child Development, 57,* 367–361.

Jiao, S., Ji, G. & Jing, Q. (1996). Cognitive development of Chinese urban only children and children with siblings. *Child Development, 67,* 387–395.

Jochlin, V., McGue, M. & Lykken, D. T. (1996). Personality and divorce: A genetic analysis. *Journal of Personality and Social Psychology, 71,* 288–299.

Johnson, F. A. (1993). *Dependence and Japanese socialization: Psychoanalytic and anthropological investigation into amae.* New York: New York University Press.

Johnson, J. E. & Martin, C. (1985). Parents' beliefs and home learning environments: Effects on cognitive development. In I. E. Sigel (Ed.), *Parental belief systems: The psychological consequences for children* (pp. 25–50). Hillsdale, NJ: Erlbaum.

Johnson, J. & Newport, E. L. (1989). Critical period effects in second language learning: The influence of maturational state on the acquisition of English as a second language. *Cognitive Psychology, 21,* 60–99.

Johnson, K. E., Mervis, C. B. & Boster, J. S. (1992). Developmental changes within the structure of the mammal domain. *Developmental Psychology, 28,* 74–83.

Johnson, M., Beebe, T., Mortimer, J. & Snyder, M. (1998). Volunteerism in adolescence: A process perspective. *Journal of Research on Adolescence, 8,* 309–330.

Johnson, M. H. (1992). Imprinting and the development of face recognition: From chick to man. *Current Directions in Psychological Science, 1,* 52–55.

Johnson, M. H. (1998). The neural basis of cognitive development. In W. Damon (Series Ed.) and D. Kuhn & R. S. Siegler (Vol. Eds.), *Handbook of child psychology: Vol. 2. Cognition, perception, and language* (5th ed.) (pp. 1–49). New York: Wiley.

Johnson, M. H., Dziurawiec, S., Ellis, H. D. & Morton, J. (1991). Newborns' preferential tracking of face-like stimuli and its subsequent decline. *Cognition, 40,* 1–19.

Johnson, M. H. & Morton, J. (1991). *Biology and cognitive development: The case of face recognition.* Oxford, England: Blackwell.

Johnson, S. C. & Solomon, G. E. A. (1996). Why dogs have puppies and cats have kittens: The role of birth in young children's understanding of biological origins. *Child Development, 68,* 404–419.

Johnson, S. L. & Birch, L. L. (1994). Parents' and children's adiposity and eating style. *Pediatrics, 94,* 653–661.

Johnson, S. P. & Aslin, R. N. (1995). Perception of object unity in 2-month-old infants. *Developmental Psychology, 31,* 739–745.

Johnson-Laird, P. N. (1983). *Mental models: Towards a cognitive science of language, inference, and consciousness.* Cambridge, England: Cambridge University Press.

Jones, D. C., Abbey, B. B. & Cumberland, A. (1998). The development of display rule knowledge: Linkages with family expressiveness and social competence. *Child Development, 69,* 1209–1222.

Jones, K. L. & Smith, D. W. (1973). Recognition of the fetal alcohol syndrome in early infancy. *Lancet, 2,* 99–100.

Jones, M. (1990). Children's writing. In R. Grieve and M. Hughes (Eds.), *Understanding children: Essays in honor of Margaret Donaldson* (pp. 94–120). Oxford, England: Blackwell.

Jones, M. C. (1924). A laboratory study of fear: The case of Peter. *Pedagogical Seminary, 31,* 308–315.

Jones, R. M. (1992). Ego identity and adolescent problem behavior. In G. R. Adams, T. P. Gulotta & R. Montemayor (Eds.), *Advances in adolescent development: Vol. 4. Adolescent identity formation* (pp. 216–233). Newbury Park, CA: Sage.

Jordan, N. C., Levine, S. C. & Huttenlocher, J. (1995). Calculation abilities in young children with different patterns of cognitive functioning. *Journal of Learning Disabilities, 28,* 53 – 64.

Joshi, M. S. & MacLean, M. (1994). Indian and English children's understanding of the distinction between real and apparent emotion. *Child Development, 65,* 1372 – 1384.

Juel, C. (1988). Learning to read and write: A longitudinal study of 54 children from first through fourth grades. *Journal of Educational Psychology, 80,* 417 – 447.

Juel, C. (1994). *Learning to read and write in one elementary school.* New York: Springer.

Juraska, J. M., Henderson, C. &. Muller, J. (1984). Differential rearing experience, gender and radial maze performance. *Developmental Psychobiology, 17,* 209 – 215.

Jurkovic, G. J. (1980). The juvenile delinquent as a moral philosopher: A structural-developmental perspective. *Psychological Bulletin, 88,* 709 – 727.

Jusczyk, P. W. (1997). *The discovery of spoken language.* Cambridge, MA: MIT Press.

Jusczyk, P. W. & Aslin, R. N. (1995). Infants' detection of sound patterns of words in fluent speech. *Cognitive Psychology, 29,* 1 – 23.

Jusczyk, P. W., Cutler, A. & Redanz, N. (1993). Preference for the predominant stress patterns of English words. *Child Development, 64,* 675 – 687.

Jusczyk, P. W. & Hohne, E. A. (1997). Infants' memory for spoken words. *Science, 277,* 1984 – 1986.

Juvonen, J., Nishina, A. & Graham, S. (2000). Peer harassment, psychological adjustment, and school functioning in early adolescence. *Journal of Educational Psychology, 92,* 349 – 359.

Kagan, J. (1972). Do infants think? *Scientific American, 226,* 74 – 82.

Kagan, J. (1976). Emergent themes in human development. *American Scientist, 64,* 186 – 196.

Kagan, J. (1996). Three pleasing ideas. *American Psychologist, 51,* 901 – 908.

Kagan, J. (1997). Temperament and the reactions to unfamiliarity. *Child Development, 68,* 139 – 143.

Kagan, J. (1998). Biology and the child. In W. Damon (Series Ed.) and N. Eisenberg (Vol. Ed.), *Handbook of child psychology: Vol. 3. Social, emotional, and personality development* (5th ed.) (pp. 177 – 235). New York: Wiley.

Kagan, J., Kearsley, R. B. & Zelazo, P. (1978). *Infancy: Its place in human development.* Cambridge, MA: Harvard University Press.

Kagan, J., Snidman, N. & Arcus, D. (1998). Childhood derivatives of high and low reactivity in infancy. *Child Development, 69,* 1483 – 1493.

Kahen, V., Katz, L. F. & Gottman, G. M. (1994). Linkages between parent-child interaction and conversations of friends. *Social Development, 3,* 238 – 254.

Kail, R. (1984). *The development of memory in children* (2nd ed.). New York: Freeman. (Deutsch 1992, Gedächtnisentwicklung bei Kindern. Heidelberg: Spektrum Akademischer Verlag.)

Kail, R. (1991). Developmental changes in speed of processing during childhood and adolescence. *Psychological Bulletin, 109,* 490 – 501.

Kail, R. (1997). Processing time, imagery, and spatial memory. *Journal of Experimental Child Psychology, 64,* 67 – 78.

Kalish, C. W. (1996). Preschoolers' understanding of germs as invisible mechanism. *Cognitive Development, 11,* 83 – 106.

Kalish, C. W. (1997). Preschoolers' understanding of mental and bodily reactions to contamination: What you don't know can hurt you, but cannot sadden you. *Developmental Psychology, 33,* 79 – 91.

Kalmar, M. (1996). The course of intellectual development in preterm and fullterm children: An 8-year longitudinal study. *International Journal of Behavioral Development, 19,* 491 – 516.

Kamins, M. L. & Dweck, C. S. (1999). Person versus process praise and criticism: Implications for contingent self-worth and coping. *Developmental Psychology, 35,* 835 – 847.

Kanner, A. D., Feldman, S. S., Weinberger, D. A. & Ford, M. E. (1987). Uplifts, hassles, and adaptational outcomes in early adolescents. *Journal of Early Adolescence, 7,* 371 – 394.

Kaplan, H. & Dove, H. (1987). Infant development among the Ache of Eastern Paraguay. *Developmental Psychology, 23,* 190 – 198.

Kaplan, P. S., Zarlengo-Strouse, P., Kirk, L. S. & Angel, C. L. (1997). Selective and nonselective associations between speech segments and faces in human infants. *Developmental Psychology, 33,* 990 – 999.

Karmel, B. Z. & Gardner, J. M. (1996). Prenatal cocaine exposure effects on arousal-modulated attention during the neonatal period. *Developmental Psychobiology, 19,* 463 – 480.

Kaye, K. L. & Bower, T. G. R. (1994). Learning and intermodal transfer of information in newborns. *Psychological Science, 5,* 286 – 288.

Kazdin, A. E., Siegel, T. C. & Bass, D. (1992). Cognitive problem-solving skills training and parent management training in the treatment of antisocial behavior in children. *Journal of Consulting and Clinical Psychology, 60,* 733 – 747.

Kearins, J. M. (1981). Visual spatial memory in Australian aboriginal children of desert regions. *Cognitive Psychology, 13,* 434 – 460.

Keating, D. & Clark, L. V. (1980). Development of physical and social reasoning in adolescence. *Developmental Psychology, 16,* 23 – 30.

Keating, D. P & Hertzman, C. (Eds.) (1999). *Developmental health and the wealth of the nations: Social, biological, and educational dynamics.* New York: Guilford Press.

Kee, D. W. & Howell, S. (1988). *Mental effort and memory development.* Vortrag, American Educational Research Association, New Orleans, LA.

Keel, P. K. & Mitchell, J. E. (1997). Outcome in bulimia nervosa. *American Journal of Psychiatry, 154,* 313 – 321.

Keenan, K., Loeber, R., Zhang, Q., Stouthamer-Loeber, M. & Van Kammen, W. B. (1995). The influence of deviant peers on the development of boys' disruptive and delinquent behavior: A temporal analysis. *Development and Psychopathology, 7,* 715 – 726.

Keil, F. C. (1979). *Semantic and conceptual development: An ontological perspective.* Cambridge, MA: Harvard University Press.

Keil, F. C. (1992). The origins of an autonomous biology. *Minnesota Symposium on Child Psychology, 25,* 103 – 138.

Keil, F. C. (1995). The birth and nurturance of concepts by domains: The origins of concepts of living things. In L. A. Hirschfeld & S. Gelman (Eds.), *Mapping the mind: Domain specificity in cognition and culture* (pp. 234–254). Cambridge, England: Cambridge University Press.

Keil, F. C. (1998). Cognitive science and the origins of thought and knowledge. In W. Damon (Series Ed.) and R. M. Lerner (Vol. Ed.), *Handbook of child psychology: Vol 1. Theoretical models of human development* (5th ed.) (pp. 341–414.). New York: Wiley.

Keiley, M. K., Bates, J. E., Dodge, K. A. & Pettit, G. S. (2000). A cross-domain growth analysis: Externalizing and internalizing behaviors during 8 years of childhood. *Journal of Abnormal Child Psychology, 28*, 161–179.

Keiley, M., Howe, T. R., Dodge, K. A., Bates, J. E. & Pettit, G. S. (2001). The timing of child physical maltreatment: A cross-domain growth analysis of impact on adolescent externalizing and internalizing problems. *Development and Psychopathology, 13*, 891–912.

Kelley, M. L., Sanchez-Hucles, J. & Walker, R. (1993). Correlates of disciplinary practices in working- to middle-class African-American mothers. *Merrill-Palmer Quarterly, 39*, 252–264.

Kellman, P. J. & Arterberry, M. E. (1998). *The cradle of knowledge: Development of perception in infancy.* Cambridge, MA: MIT Press.

Kellman, P. J. & Banks, M. S. (1997). Infant visual perception. In W. Damon (Series Ed.) and R. Siegler & D. Kuhn (Vol. Eds.), *Handbook of child psychology: Vol. 2. Cognition, perception, and language* (5th ed.) (pp. 103–146). New York: Wiley.

Kellman, P. J. & Spelke, E. S. (1983). Perception of partly occluded objects in infancy. *Cognitive Psychology, 15*, 483–524.

Kellman, P. J., Spelke, E. S. & Short, K. (1986). Infant perception of object unitary from translatory motion in depth and vertical translation. *Child Development, 57*, 72–86.

Kellogg, R. T. (1994). *The psychology of writing.* New York: Oxford University Press.

Kerkman, D. D. & Siegler, R. S. (1993). Individual differences and adaptive flexibility in lower-income children's strategy choices. *Learning and Individual Differences, 5*, 113–136.

Kerns, K. A., Klepac, L. & Cole, A. (1996). Peer relationships and preadolescents' perceptions of security in the child-mother relationship. *Developmental Psychology, 32*, 457–466.

Kessen, W. (1965). *The child.* New York: Wiley.

Kestenbaum, R., Farber, E. A. & Sroufe, L.A. (1989). Individual differences in empathy among preschoolers: Relation to attachment history. In N. Eisenberg (Ed.), *Empathy and related emotional responses: New directions for child development: Vol. 44* (pp. 51–64). San Francisco: Jossey-Bass.

Kety, S. S., Wender, P. H., Jacobsen, B., Ingraham, L. J., Jansson, L., Faber, B. & Kinney, D. K. (1994). Mental illness in the biological and adoptive relatives of schizophrenic adoptees: Replication of the Copenhagen study in the rest of Denmark. *Archives of General Psychiatry, 51*, 442–455.

Killen, M. & Turiel, E. (1998). Adolescents' and young adults' evaluations of helping and sacrificing for others. *Journal of Research on Adolescence, 8*, 355–375.

Kilpatrick, D. G., Acierno, R., Saunders, B., Resnick, H. S., Best, C. L. & Schnurr, P. P. (2000). Risk factors for adolescent substance abuse and dependence: Data from a national sample. *Journal of Consulting and Clinical Psychology, 68*, 19–30.

Kim, K. & Spelke, E.S. (1992). Infants' sensitivity to effects of gravity on visible object motion. *Journal of Experimental Psychology: Human Perception and Performance, 18*, 385–393.

Kimura, D. & Hampson, E. (1994). Cognitive pattern in men and women is influenced by fluctuations in sex hormones. *Psychological Science, 3*, 57–61.

Kindermann, T. A. (1993). Natural peer groups as contexts for individual development: The case of children's motivation in school. *Developmental Psychology, 29*, 970–977.

Kisilevsky, B. S., Fearon, I. & Muir, D. W. (1998). Fetuses differentiate vibroacoustic stimuli. *Infant Behavior and Development, 21*, 25–46.

Kisilevsky, B. S., Hains, S. M. J., Leen, K., Muir, D. W., Xu, E., Fu, G. et al. (1998). The still-face effect in Chinese and Canadian 3- and 6-month-old infants. *Developmental Psychology, 34*, 629–639.

Kisilevsky, B. S. & Muir, D. W. (1991). Human fetal and subsequent newborn responses to sound and vibration. *Infant Behavior and Development, 14*, 1–26.

Klahr, D. (1978). Goal formation, planning, and learning by preschool problem solvers or: „My socks are in the dryer." In R. S. Siegler (Ed.), *Children's thinking: What develops?* (pp. 181–212). Hillsdale, NJ: Erlbaum.

Klahr, D. & MacWhinney, B. (1998). Information processing. In W. Damon (Series Ed.) and D. Kuhn & R. S. Siegler (Vol. Eds.), *Handbook of child psychology: Vol. 2. Cognition, perception, and language.* (5th ed.) (pp. 631–678.) New York: Wiley.

Klima, E. S. & Bellugi, U. (1967). Syntactic regularities in the speech of children. In J. Lyons & R. Wales (Eds.), *Psycholinguistic papers. Proceedings of the Edinburgh Conference* (pp. 183–208). Edinburgh: Edinburgh University Press.

Klimes-Dougan, B. & Kopp, C. B. (1999). Children's conflict tactics with others: A longitudinal investigation of the toddler and preschool years. *Merrill-Palmer Quarterly, 45*, 226–241.

Kling, K. C., Hyde, J. S., Showers, C. J. & Buswell, B. N. (1999). Gender differences in self-esteem: A meta-analysis. *Psychological Bulletin, 125*, 470–500.

Klonoff-Cohen, H. S., Edelstein, S. L., Lefkowitz, E. S., Srinivasan, I. P, Kaegi, D., Chang, J. C. & Wiley, K. J. (1995). The effect of passive smoking and tobacco exposure through breast milk on sudden infant death syndrome. *Journal of the American Medical Association, 273*, 795–798.

Kluender, K. R., Diehl, R. L. & Killeen, P. R. (1987). Japanese quail can learn phonetic categories. *Science, 237*, 1195–1197.

Knight, G. E, Cota, M. K. & Bernal, M. E. (1993). The socialization of cooperative, competitive, and individualistic preferences among Mexican American children: The mediating role of ethnic identity. *Hispanic Journal of Behavioral Sciences, 15*, 291–309.

Knight, G. P, Fabes, R. A. & Higgins, D. A. (1996). Concerns about drawing causal inferences from meta-analyses: An example in the study of gender differences in aggression. *Psychological Bulletin, 119,* 410–421.

Kobasigawa, A., Ransom, C. C. & Holland, C. J. (1980). Children's knowledge about skimming. *Alberta Journal of Educational Research, 26,* 169–182.

Kochanska, G. (1993). Toward a synthesis of parental socialization and child temperament in early development of conscience. *Child Development, 64,* 325–347.

Kochanska, G. (1995). Children's temperament, mothers' discipline, and security of attachment: Multiple pathways to emerging internalization. *Child Development, 66,* 597–615.

Kochanska, G. (1997a). Multiple pathways to conscience for children with different temperaments: From toddlerhood to age five. *Developmental Psychology, 33,* 228–240.

Kochanska, G. (1997b). Mutually responsive orientation between mothers and their young children: Implications for early socialization. *Child Development, 68,* 94–112.

Kochanska, G. (2001). Emotional development in children with different attachment histories: The first three years. *Child Development, 72,* 474–490.

Kochanska, G. (2002). Committed compliance, moral self, and internalization: A mediational model. *Developmental Psychology, 38,* 339–351.

Kochanska, G., Coy, K. C. & Murray, K. T. (2001). The development of self-regulation in the first four years of life. *Child Development, 72,* 1091–1111.

Kochanska, G. & Murray, K. T. (2000). Mother-child mutually responsive orientation and conscience development: From toddler to early school age. *Child Development, 71,* 417–431.

Kochanska, G., Murray, K. T. & Harlan, E. T. (2000). Effortful control in early childhood: Continuity and change, antecedents, and implications for social development. *Developmental Psychology, 36,* 220–232.

Kochanska, G., Padavich, D. L. & Koenig, A. L. (1996). Children's narratives about hypothetical moral dilemmas and objective measures of their conscience: Mutual relations and socialization antecedents. *Child Development, 67,* 1420–1436.

Kochenderfer, B. J. & Ladd, G. W. (1996). Peer victimization: Cause or consequence of school maladjustment? *Child Development, 67,* 1305–1317.

Kodama, H., Shinagawa, F. & Motegi, M. (1978). *WISC-R manual: Standardized in Japan.* New York: Psychological Corporation.

Koedinger, K. R., Anderson, J. R., Hadley, W. H. & Mark, M. (1997). Intelligent tutoring goes to school in the big city. *International Journal of Artificial Intelligence in Education, 8,* 30–43.

Kohlberg, L. (1966). A cognitive-developmental analysis of children's sex-role concepts and attitudes. In E. E. Maccoby (Ed.), *The development of sex differences* (pp. 82–173). Stanford, CA: Stanford University Press.

Kohlberg, L. (1969). Stage and sequence: The cognitive-developmental approach to socialization. In D. A. Goslin (Ed.), *Handbook of socialization theory and research* (pp. 325–480). New York: Rand McNally.

Kohlberg, L. (1976). Moral stage and moralization: The cognitive-developmental approach. In T Lickona (Ed.), *Moral development and behavior: Theory, research, and social issues* (pp. 84–107). New York: Holt, Rinehart & Winston.

Kohlberg, L. (1978). Revisions in the theory and practice of moral development. *New Directions for Child Development, 2,* 83–88.

Kohlberg, L. & Candee, D. (1984). The relationship of moral judgment to moral action. In W. M. Kurtines & J. L. Gewirtz (Eds.), *Morality, moral behavior, and moral development* (pp. 52–73). New York: Wiley. (Deutsch 1995. In W. Althof (Hrsg.), Die Psychologie der Moralentwicklung. Frankfurt/M.: Suhrkamp.)

Kohn, M. L. (1969). *Class and conformity: A study in values* Homewood, IL: Dorsey Press.

Kolata, G. (1987). Associations or rules in learning language? *Science, 237,* 133–134.

Kolb, B. (1995). *Brain plasticity and behavior.* Hillsdale, NJ: Erlbaum.

Kolb, B. & Whishaw, I. Q (1996). *Fundamentals of human neuropsychology* (4th ed.). New York: Freeman. (Deutsch 1996, *Neuropsychologie.* Heidelberg: Spektrum Akademischer Verlag.)

Kopp, C. B. (1990). Risks in infancy: Appraising the research. *Merrill-Palmer Quarterly, 36,* 117–139.

Kopp, C. B. (1992). Emotional distress and control in young children. In N. Eisenberg & R. A. Fabes (Eds.), *Emotion and its regulation in early development (New Directions in Child Development)* (pp. 41–56). San Francisco: Jossey-Bass.

Kopp, C. B. (2001). Self regulation in childhood. *International Encyclopedia of the Social and Behavioral Sciences.* London: Elsevier.

Kopp, C. B. & Kaler, S. R. (1989). Risk in infancy: Origins and implications. *American Psychologist, 44,* 224–230.

Koren, G., Nulman, I., Rovet, J., Greenbaum, R., Loebstein, M. & Einarson, T. (1998). Long-term neurodevelopmental risks in children exposed in utero to cocaine. The Toronto Adoption Study. *Annals of the New York Academy of Sciences, 846,* 306–313.

Korner, A. R & Thoman, E. (1970). Visual alertness in neonates as evoked by maternal care. *Journal of Experimental Child Psychology, 10,* 67–78.

Korner, M. (1991). Universals of behavioral development in relation to brain myelination. In K. R. Gibson & A. C. Petersen (Eds.), *Brain maturation and cognitive development: Comparative and cross-cultural perspectives.* New York: de Gruyter.

Kortenhaus, C. M. & Demorest, J. (1993). Gender role stereotyping in children's literature: An update. *Sex Roles, 28,* 219–232.

Kotovsky, L. & Baillargeon, R. (1994). Calibration-based reasoning about collision events in 11-month-old infants. *Cognition, 51,* 107–129.

Kowal, A. & Kramer, L. (1997). Children's understanding of parental differential treatment. *Child Development, 68,* 113–126.

Krascum, R. M. & Andrews, S. (1998). The effects of theories on children's acquisition of family-resemblance categories. *Child Development, 69,* 333–346.

Krevans, J. & Gibbs, J. C. (1996). Parents' use of inductive discipline: Relations to children's empathy and prosocial behavior. *Child Development, 67,* 3263–3277.

Kruger, A. C. & Tomasello, M. (1986). Transactive discussions with peers and adults. *Developmental Psychology, 22,* 681–685.

Krumhansl, C. L. & Jusczyk, P. W. (1990). Infants' perception of phrase structure in music. *Psychological Science, 1,* 70–73.

Kuczaj, S. A., II (1977). The acquisition of regular and irregular past tense forms. *Journal of Verbal Learning and Verbal Behavior, 16,* 589–600.

Kuebli, J., Butler, S. & Fivush, R. (1995). Mother-child talk about past emotions: Relations of maternal language and child gender over time. *Cognition and Emotion, 9,* 265–283.

Kuebli, J. & Fivush, R. (1992). Gender differences in parent-child conversations about past emotions. *Sex Roles, 27,* 683–698.

Kuhl, P. K. (1991). Human adults and human infants show a „perceptual magnet effect" for the prototypes of speech categories, monkeys do not. *Perception and Psychophysics, 50,* 93–107.

Kuhl, P. K. & Meltzoff, A. N. (1982). The bimodal perception of speech in infancy. *Science, 218,* 1138–1141.

Kuhl, P. K. & Meltzoff, A. N. (1984). The intermodal representation of speech in infants. *Infant Behavior and Development, 7,* 361–381.

Kuhl, P. K. & Miller, J. D. (1978). Speech perception by the chinchilla: Identification functions for synthetic VOT stimuli. *Journal of the Acoustical Society of America, 63,* 905–917.

Kuhl, P. K. & Padden, D. M. (1983). Enhanced discriminability at the phonetic boundaries for the place feature in macaques. *Journal of the Acoustical Society of America, 73,* 1003–1010.

Kuhl, P. K., Williams, K. A., Lacerda, F., Stevens, K. N. & Lindbloom, B. (1992). Linguistic experiences alter phonetic perception in infants by 6 months of age. *Science, 255,* 606–608.

Kuhn, D. (1995). Microgenetic study of change: What has it told us? *Psychological Science, 6,* 133–139.

Kuhn, D., Garcia-Mila, M., Zohar, A. & Andersen, C. (1995). Strategies of knowledge acquisition. *Monographs of the Society for Research in Child Development, 60* (4, Serial No. 245).

Kunzinger, E. L. & Wittryol, S. L. (1984). The effects of differential incentives on second-grade rehearsal and free recall. *Journal of Genetic Psychology, 144,* 19–30.

Kupersmidt, J. B., Burchinal, M. & Patterson, C. J. (1995). Developmental patterns of childhood peer relations as predictors of externalizing behavior problems. *Development and Psychopathology, 7,* 825–843.

Kupersmidt, J. B. & Coie, J. D. (1990). Preadolescent peer status, aggression, and school adjustment as predictors of externalizing problems in adolescence. *Child Development, 61,* 1350–1362.

Kurdek, L. A. (1993). Predicting marital dissolution: A 5-year prospective longitudinal study of newlywed couples. *Journal of Personality and Social Psychology, 64,* 221–242.

Kurdek, L. A. & Fine, M. A. (1993). Parent and nonparent residential family members as providers of warmth, support, and supervision to young adolescents. *Journal of Family Psychology 7,* 245–249.

Küspert, P. & Schneider, W. (2003). *Hören, lauschen, lernen – Sprachspiele für Vorschulkinder* (4. Aufl.). Göttingen: Vandenhoeck & Ruprecht.

Kutnick, P. (1985). The relationship of moral judgement and moral action: Kohlberg's theory, criticism and revision. In S. Modgil & C. Modgil (Eds.), *Lawrence Kohlberg: Consensus and controversy* (pp. 125–148). Philadelphia: Falmer Press.

La Greca, A. M. & Lopez, N. (1998). Social anxiety among adolescents: Linkages with peer relations and friendships. *Journal of Abnormal Child Psychology, 26,* 83–94.

La Greca, A. M., Prinstein, M. J. & Fetter, M. D. (2001). Adolescent peer crowd affiliation: Linkages with health-risk behaviors and close friendships. *Journal of Pediatric Psychology, 26,* 131–143.

Ladd, G. W. & Coleman, C. C. (1997). Children's classroom peer relationships and early school attitudes: Concurrent and longitudinal associations. *Early Education and Development, 8,* 51–66.

Ladd, G. W. & Golter, B. S. (1988). Parents' management of preschooler's peer relations: Is it related to children's social competence? *Developmental Psychology, 24,* 109–117.

Ladd, G. W. & Hart, C. H. (1992). Creating informal play opportunities: Are parents' and preschoolers' initiations related to children's competence with peers? *Developmental Psychology, 28,* 1179–1187.

Ladd, G. W. & Kochenderfer, B.J. (1996). Linkages between friendship and adjustment during early school transition. In W. M. Bukowski, A. F. Newcomb & W. W. Hartup (Eds.), *The company they keep. Friendship in childhood and adolescence* (pp. 322–345). Cambridge, England: Cambridge University Press.

Ladd, G. W., Kochenderfer, B. J. & Coleman, C. C. (1996). Friendship quality as a predictor of young children's early school adjustment. *Child Development, 67,* 1103–1118.

LaFontana, K. M. & Cillessen, A. H. N. (1998). The nature of children's stereotypes of popularity. *Social Development, 7,* 301–320.

LaFreniere, P., Strayer, F. F. & Gauthier, R. (1984). The emergence of same-sex affiliative preferences among preschool peers: A developmental ethological perspective. *Child Development, 55,* 1958–1965.

LaFreniere, P. J. & Sroufe, L. A. (1985). Profiles of peer competence in the preschool: Interrelations between measures, influence of social ecology, and relations to attachment history. Developmental psychology, 21, 1958–1965.

LaFromboise, T., Coleman, H. L. K. & Gerton, J. (1993). Psychological impact of biculturalism: Evidence and theory. *Psychological Bulletin, 125,* 470–500.

Lagattuta, K. H., Wellman, H. M. & Flavell, J. H. (1997). Preschoolers' understanding of the link between thinking and feeling: Cognitive cuing and emotional change. *Child Development, 68,* 1081–1104.

Lagercrantz, H. & Slotkin, T. A. (1986). The "stress" of being born. *Scientific American,* 100–107.

Lahey, B. B., Goodman, S. H., Waldman, I. D., Bird, H., Canino, G., Jensen, P. et al. (1999). Relation of age of onset to the type and serverity of child and adolescent conduct problems. *Journal of Abnormal Child Psychology, 27,* 247–260.

Lahey, B. B., Gordon, R. A., Loeber, R., Stouthamer-Loeber, M. & Farrington, D. P. (1999). Boys who join gangs: A prospective study of predictors of first gang entry. *Journal of Abnormal Child Psychology, 27,* 261–276.

Lahey, B. B., Waldman, I. D. & McBurnett, K. (1999). Annotation: The development of antisocial behavior: An integrative causal model. *Journal of Child Psychology and Psychiatry, 40,* 669–682.

Laible, D. J. & Thompson, R. A. (1998). Attachment and emotional understanding in preschool children. *Developmental Psychology, 24,* 1038–1045.

Laible, D. J. & Thompson, R. A. (2000). Mother-child discourse attachment security, shared positive affect, and early conscience development. *Child Development, 71,* 1424–1440.

Laird, R. D., Pettit, G. S., Mize, J., Brown, E. G. & Lindsey, E. (1994). Mother-child conversations about peers: Contributions to competence. *Family relations, 43,* 425–532.

Lamb, B. & Lang, R. (1992) Aetiology of cerebral palsy. *British Journal of Obstetrics and Gynecology, 99,* 176–178.

Lamb, M. E. (1998). Nonparental child care: Context, quality, correlates, and consequences. In W. Damon (Series Ed.) and I. E. Sigel & K. A. Renninger (Vol. Eds.), *Handbook of child psychology: Vol. 4. Child psychology in practise* (5th ed.) (pp. 73–133). New York: Wiley.

Lamb, M. E. & Ketterlinus, R. D. (1991). Parental behavior, adolescent. In R. M. Lerner, A.C. Petersen & J. Brooks-Gunn (Eds.), *Encyclopedia of adolescence* (pp. 735–738). New York: Garland.

Lamb, M. E. & Teti, D. M. (1991). Parenthood and marriage in adolescence: Associations with educational and occupational attainment. In R. M. Lerner, A.C. Petersen & J. Brooks-Gunn (Eds.), *Encyclopedia of adolescence* (pp.742–745). New York: Garland.

Lamb, M. E., Thompson, R. A., Gardner, W. & Charnov, E. L. (1985). *Infant-mother attachment: The origins and developmental significance of individual differences in Strange Situation behavior.* Hillsdale, NJ: Erlbaum.

Lamb, S. & Zakhireh, B. (1997). Toddlers' attention to the distress of peers in a daycare setting. *Early Education and Development, 8,* 105–118.

Lamborn, S. D., Dornbusch, S. M. & Steinberg, L. (1996). Ethnicity and community context as moderators or the relations between family decision making and adolescent adjustment. *Child Development, 67,* 283–301.

Lamborn, S. D., Mounts, N. S., Steinberg, L. & Dornbusch, S. M. (1991). Patterns of competence and adjustment among adolescents from authoritative, authoritarian, indulgent, and neglectful families. *Child Development, 62,* 1049–1065.

Lampl, M., Veldhuis, J. D. & Johnson, M. L. (1992). Saltation and stasis: A model of human growth. *Science, 258,* 801–803.

Landau, B. & Gleitman, L. R. (1985). *Language and experience: Evidence from the blind child.* Cambridge, MA: Harvard University Press.

Landau, B., Smith, L. B. & Jones, S. S. (1988). The importance of shape in early lexical learning. *Cognitive Development, 3,* 299–321.

Landau, B., Smith, L. B. & Jones, S. (1998). Object perception and object naming in early development. *Trends in Cognitive Sciences, 2,* 19–24.

Landau, S., Lorch, E. P. & Milich, R. (1992). Visual attention to and comprehension of television in attention-deficit hyperactivity disordered and normal boys. *Child Development, 63,* 928–937.

Landry, S. H., Chapieski, M. L., Richardson, M. A., Palmer, J. & Hall, S. (1990). The social competence of children born prematurely: Effects of medical complications. *Child Development, 61,* 1605–1616.

Lane, H. (1976). *The wild boy of Aveyron.* Cambridge, MA: Harvard University Press.

Langlois, J. H., Kalakanis, L., Rubenstein, A. J., Larson, A., Hallam, M. & Smoot, N.(2000). Maxims or myths of beauty? A meta-analytic and theoretical review. *Psychological Bulletin, 126,* 390–423.

Langlois, J. H., Ritter, J. M., Casey, R. J. & Sawin, D. B. (1995) Infant attractiveness predicts maternal behaviors and attitudes. *Developmental Psychology, 341,* 464–472.

Langlois, J. H., Ritter, J. M., Roggman, L. A. & Vaughn, L. S. (1991). Facial diversity and infant preferences for attractive faces. *Developmental Psychology, 27,* 79–84.

Langlois, J. H., Roggman, L.A., Casey, R. J., Ritter, J. M., Rieser-Danner, L. A. & Jenkins, V. Y. (1987). Infant preferences for attractive faces: Rudiments of a stereotype? *Developmental Psychology, 23,* 363–369.

Langlois, J. H., Roggman, L. A. & Rieser-Danner, L. A. (1990). Infants' differential social responses to attractive and unattractive faces. *Developmental Psychology, 26,* 153–159.

Largo, R. H., Pfister, D., Molinari, L., Kundu, S., Lipp, A. & Duc, G. (1989). Significance of prenatal, perinatal and postnatal factors in the development of AGA preterm infants at five to seven years. *Developmental Medicine and Child Neurology, 31,* 440–456.

Larson, R. & Lampman-Petraitis, C. (1989). Daily emotional states as reported by children and adolescents. *Child Development, 60,* 1250–1260.

Larson, R. & Richards, M. H. (1991). Daily companionship in late childhood and early adolescence: Changing developmental contexts. *Child Development, 62,* 284–300.

Larson, R. W. & Richards, M. H. (1994). *Divergent realities: The emotional lives of mothers, fathers, and adolescents.* New York: Basic Books.

Laub, J. H. & Sampson, R. J. (1988). Unraveling families and delinquency: A reanalysis of the Glueck's data. *Criminology, 26,* 355–379.

Laursen, B. & Collins, W. A. (1994). Interpersonal conflict during adolescence. *Psychological Bulletin, 115,* 197–209.

Laursen, B., Finkelstein, B. D. & Betts, N. T. (2001). A developmental meta-analysis of peer conflict resolution. *Developmental Review, 21,* 423–449.

Lazar, I., Darlington, R., Murray, H., Royce, J. & Snipper, A. (1982). Lasting effects of early education: A report from the Consortium for Longitudinal Studies. *Monographs of the Society for Research in Child Development, 47* (Serial No. 195).

Le, H. N. (2000). Never leave your little one alone: Raising an Ifaluk child. In J. S. DeLoache & A. Gottlieb (Eds.). *A world of babies: Imagined childcare guides for seven societies.* Cambridge, England: Cambridge University Press.

Leaper, C. (1994). Exploring the correlates and consequences of gender segregation: Social relationships in childhood, adolescence, and adulthood. In W. Damon (Series Ed.) and C. Leaper (Vol. Ed.), *New directions for child development. The development of gender relationships.* San Francisco: Jossey-Bass.

Leaper, C., Anderson, K. J. & Sanders, P. (1998). Moderators of gender effects on parents' talk to their children. *Developmental Psychology, 34,* 3–27.

Lecanuet, J. P., Granier-Deferre, C. & Busnel, M. C. (1995). Human fetal auditory perception. In J. P. Lecanuet, W. P. Fifer, N. A. Krasnegor & W. P. Smotherman (Eds.), *Fetal development: A psychobiological perspective.* Hillsdale, NJ: Erlbaum.

Lecours, A. R. (1975). Myelogenetic correlates of the development of speech and language. In E. H. Lenneberg & E. Lenneberg (Eds.), *Foundations of language development: A multidisciplinary approach.* New York: Academic Press.

Lee, H. & Barratt, M. (1993). Cognitive development of preterm low birth weight children at 5 to 8 years old. *Journal of Developmental and Behavioral Pediatrics, 14,* 242–249.

Lee, L. C. & Zhan, G. Q. (1991). Political socialization and parental values in the People's Republic of China. *International Journal of Behavioral Development, 14,* 337–373.

Lee, M. & Prentice, N. M. (1988). Interrelations of empathy, cognition, and moral reasoning with dimensions of juvenile delinquency. *Journal of Abnormal Child Psychology, 16,* 127–139.

Lee, V. E., Brooks-Gunn, J., Schnur, E. & Liaw, F.-R. (1990). Are Head Start effects sustained? A longitudinal follow-up comparison of disadvantaged children attending Head Start, no preschool, and other preschool programs. *Child Development, 61,* 495–507.

Lemaire, P. & Siegler, R. S. (1995). Four aspects of strategic change: Contributions to children's learning of multiplication. *Journal of Experimental Psychology: General, 124,* 83–97.

Lemery, K. S., Essex, M. J. & Smider, N. A. (2002). Revealing the relationship between temperament and behavior problem symptoms by elimination measurement confounding: Expert ratings and factor analyses. *Child Development, 73,* 867–882.

Lemery, K. S., Goldsmith, H. H., Klinnert, M. D. & Mrazek, D. A. (1999). Developmental models of infant and childhood temperament. *Developmental Psychology, 35,* 189–204.

Lempers, J. D. & Clark-Lempers, D. S. (1993). A functional comparison of same-sex and opposite-sex friendships during adolescence. *Journal of Adolescent Research, 8,* 89–108.

Lempers, J. D., Clark-Lempers, D. & Simons, R. L. (1989). Economic hardship, parenting, and distress in adolescence. *Child Development, 60,* 25–39.

Lengua, L. J. (2002). The contribution of emotionality and self-regulation to the understanding of children's response to multiple risk. *Child Development, 73,* 144–161.

Lenneberg, E. H. (1967). *Biological foundations of language.* New York: Wiley.

Lerman, R. I. (1993). A national profile of young unwed fathers. In R. I. Lerma & T. J. Ooms (Eds.), *Young unwed fathers* (pp. 27–51). Philadelphia: Temple University Press.

Lerner, I. M. & Libby, W. J. (1976). *Heredity, evolution, and society* (2nd ed.). San Francisco: Freeman.

Lerner, R. (1995). The limits of biological influence: Behavioral genetics as the Emperor's New Clothes. *Psychological Inquiry, 6,* 145–156.

Leslie, A. M. (1987). Pretense and representation: The origins of "theory of mind." *Psychological Review, 94,* 412–426.

Leslie, A. M. (1991). The theory of mind impairment in autism: Evidence for a modular mechanism of development? In A. Whiten (Ed.), *Natural theories of mind: Evolution, development and simulation of everyday mindreading.* Oxford, England: Basil Blackwell.

Leslie, A. M. (1994). ToMM, ToBy, and agency: Core architecture and domain specificity in cognition and culture. In L. Hirschfeld & S. Gelman (Eds.), *Mapping the mind: Domain specificity in cognition and culture.* New York: Cambrigde University Press.

Lester, B. M. (1998). The maternal lifestyles study. *Annals of the New York Academy of Sciences, 846,* 296–305.

Lester, B. M. & Tronick, E. Z. (1994). The effect of prenatal cocaine exposure and child outcome. *Infant Mental Health Journal, 15,* 107–120.

Lester, B. M. & Zeskind, P. S. (1978). Brazelton scale and physical size correlates of neonatal cry features. *Infant Behavior and Development, 49,* 589–599.

Lester, B. M., Anderson, L. T., Boukydis, C. F. Z., Garcia-Coll, C. T., Vohr, B. & Peucker, M. (1989). Early detection of infants at risk for later handicap through acoustic cry analysis. *Birth Defects: Original Article Series, 26,* 99–118.

Lester, B. M., Boukydis, C. F. Z., Garcia-Coll, C. T., Hole, W. & Peucker, M. (1992). Infantile colic: Acoustic cry characteristics, maternal perception of cry, and temperament. *Infant Behavior and Development, 15,* 15–26.

Leung, M.-C. (1996). Social networks and self enhancement in Chinese children: A comparison of self reports and peer reports of group membership. *Social Development, 5,* 146–157.

Leve, L. D. & Fagot, B. I. (1997a). Gender-role socialization and discipline process in one- and two-parent families. *Sex Roles, 36,* 1–21.

Leve, L. D. & Fagot, B. I. (1997b). Prediction of positive peer relations from observed parent-child interactions. *Social Development, 6,* 254–269.

Levin, I. (1982). The nature and development of time concepts in children: The effects of interfering cues. In W. J. Friedman (Ed.), *The developmental psychology of time.* New York: Academic Press.

Levin, I. (1989). Principles underlying time measurement: The development of children's constraints on counting time. In I. Levin & D. Zakay (Eds.), *Time and human cognition: A lifespan perspective.* Amsterdam: Elsevier.

Levin, I. & Korat, O. (1993). Sensitivity to phonological, morphological, and semantic cues in early reading and writing in Hebrew. *Merrill-Palmer Quarterly, 39,* 213–232.

Levin, I., Siegler, R. S. & Druyan, S. (1990). Misconception about motion: Development and training effects. *Child Development, 61,* 1544–1557.

Levine, J. & Suzuki, D. (1993) *The secret of life.* Boston: WGBH Educational Foundation.

LeVine, R. A. (1988). Human parental care: Universal goals, cultural strategies, individual behavior. In R. A. LeVine, P. M. Miller & M. M. West (Eds.), *Parental behavior in diverse societies: New directions for child development, Vol. 40* (pp. 3–12). San Francisco: Jossey-Bass.

LeVine, R. A., Dixon, S., LeVine, S., Leiderman, P. H., Keefer, C. H. & Brazelton, T. B. (1996). *Childcare and culture: Lessons from Africa.* Cambridge, England: Cambridge University Press.

Levitt, M. J., Weber, R. A., Clark, M. C. & McDonnell, P. (1985). Reciprocity of exchange in toddler sharing behavior. *Developmental Psychology, 21,* 122–123.

Lewis, C. C. (1995). *Educating hearts and minds.* Cambridge, England: Cambridge University Press.

Lewis, M. (1992). *Shame: The exposed self.* New York: The Free Press.

Lewis, M. (1995). Embarrasment: The emotion of self-exposure and evaluation. In J. P. Tangney & K. W. Fischer (Eds.), *Self-conscious emotions* (pp. 198–218). New York: Guilford Press.

Lewis, M. (1998). Emotional competence and development. In D. Pushkar, W. M. Bukowski, A. E. Schwartzman, D. M. Stack & D. R. White (Eds.), *Improving competence across the lifespan* (pp. 27–36). New York: Plenum Press.

Lewis, M., Alessandri, S. M. & Sullivan, M. W., (1990). Violation of expectancy, loss of control, and anger expressions in young infants. *Developmental Psychology, 26,* 745–751.

Lewis, M., Alessandri, S. M. & Sullivan, M. W. (1992), Differences in shame and pride as a function of children's gender and task difficulty. *Child Development, 63,* 630–638.

Lewis, M. & Brooks-Gunn, J. (1979). *Social cognition and the acquisition of self.* New York: Plenum Press.

Lewis, M., Feiring, C. & Rosenthal, S. (2000). Attachment over time. *Child Development, 71,* 707–720.

Lewis, M., Sullivan, M. W., Stanger, C. & Weiss, M. (1989). Self-development and self-conscious emotions. *Child Development, 60,* 146–156.

Lewkowicz, D. J., Karmel, B. Z. & Gardner, J. M. (1998). Effects of prenatal cocaine exposure on responsiveness to multimodal information in infants between 4 and 10 months of age. *Annals of the New York Academy of Sciences, 846,* 408–411.

Lewontin, R. (1982). *Human diversity.* New York: Scientific American Books.

Liaw, F.-R. & Brooks-Gunn, J. (1993). Patterns of low birth weight on children's cognitive development. *Developmental Psychology, 29,* 1021–1035.

Liben, L. S. (1999). Developing an understanding of external spatial representations. In I. E. Sigel (Ed.), *Development of mental representation: theories and applications* (pp. 398–321). Mahwah, NJ: Erlbaum.

Liben, L. S. & Signorella, M. L. (1993). Gender schematic processing in children: The role of initial interpretations of stimuli. *Developmental Psychology, 29,* 141–149.

Lichter, D. T. & Lansdale, N. S. (1995). Parental work, family structure, and poverty among Latino children. *Journal of Marriage and the Family, 57,* 346–354.

Lickona, T. (1976). Research on Piaget's theory on moral development. In T. Lickona (Ed.), *Moral development and behavior: Theory, research and social issues* (pp. 219–240). New York: Holt, Rinehart & Winston.

Liebert, R. M. & Sprafkin, J. (1998). *The early window: Effects of television on children and youth* (3rd ed.). New York: Pergamon Press.

Lieven, E. V. M. (1994). Crosslinguistic and crosscultural aspects of language addressed to children. In C. Gallaway & B. J Richards (Eds.), *Input and interaction in language acquisition* (pp.56–73). Cambridge, England: Cambridge University Press.

Lillard, A. S. (1998). Wanting to be it: Children's understanding of intentions underlying pretense. *Child Development, 69,* 981–993.

Lillard, A. S. & Flavell, J. H. (1992). Young Children's understanding of different mental states. *Developmental Psychology, 28,* 626–634.

Limber, J. (1973). The genesis of complex sentences. In T. Moore (Ed.), *Cognitive development and the acquisition of language* (pp. 169–186). New York: Academic Press.

Linares, L. O., Heeren, T., Bronfman, E., Zuckerman, B., Augustyn, M. & Tronick, E. (2001). A mediational model for the impact of exposure to community violence on early child behavior problems. *Child Development, 72,* 639–652.

Lindberg, M. A. (1980). Is knowledge base development a necessary and sufficient condition for memory development? *Journal of Experimental Child Psychology, 30,* 401–410.

Lindberg, M. A. (1991). A taxonomy of suggestibility and eyewitness memory: Age, memory process, and focus of analysis. In J. L. Doris (Ed.), *The suggestibility of children's recollections.* Washington, DC: American Psychological Association.

Lindell, S. G. (1988). Education for childbirth: A time for change. *Journal of Obstetrics, Gynecology, and Neonatal Nursing, 17,* 108–112.

Linkletter, A. (1957). *Kids say the darndest things.* Englewood Cliffs, NJ: Prentice-Hall.

Lipsitt, L. P. (1977). Taste in human neonates: Its effect on sucking and heart rate. In J. M. Weiffenbach (Ed.), *Taste and development: The genesis of sweet preference* (DHEW Publication No. NIH 77-1068, pp. 125–141). Washington, DC: U.S. Government Printing Office.

Little, S. A. & Garber, J. (1995). Aggression, depression, and stressful life events prediction peer rejection in children. *Development and Psychopathology, 7,* 845–856.

Lochman, J. E., Coie, J. D., Underwood, M. K. & Terry, R. (1993). Effectiveness of a social relations intervention program for aggressive and nonaggressive, rejected children. *Journal of Consulting and Clinical Psychology, 61,* 1053–1058.

Locke, J. L. (1983). *Phonological acquisition and change.* New York: Academic Press.

Lockheed, M. & Harris, A. M. (1984). Cross-sex collaborative learning in elementary classrooms. *American Educational Research Journal, 21,* 275–294.

Lockman, J. H. (1984). The development of detour ability during infancy. *Child Development, 55,* 482–491.

Lockman, J. H., Ashmead, D. & Bushnell, E. (1984). The development of anticipatory hand orientation during infancy. *Journal of Experimental Child Psychology, 37,* 176–186.

Lockman, J. H. & McHale, J. P. (1989). Object manipulation in infancy: Developmental and contextual determinants. In J. J. Lockman & N. L. Hazen (Eds.), *Action in social context: Perspectives on early development* (pp. 129–167). New York: Plenum Press.

Lockman, J. H. & Thelen, E. (1993). Developmental biodynamics: Brain, body, behavior connections. *Child Development, 64*, 953–959.

Loeber, R. (1982). The stability of antisocial and delinquent child behavior: A review. *Child Development, 53*, 1431–1446.

Loeber, R. & Hay, D. F. (1993). Developmental approaches to aggression and conduct problems. In M. Rutter & D. F. Hay (Eds.), *Development through life: A handbook for clinicians* (pp. 488–516). Oxford, England: Blackwell.

Loeber, R. & Schmaling, K. B. (1985). Empirical evidence for overt and covert patterns of antisocial conduct problems: A meta-analysis. *Journal of Abnormal Child Psychology, 13*, 315–336.

Loeber, R., Wung, P., Keenan, K., Giroux, B., Stouthamer-Loeber, M., Van Kammen, W. B. & Maughan, B. (1993). Developmental pathways in disruptive child behavior. *Development and Psychopathology, 5*, 103–133.

Loehlin, J. C. (1989). Partitioning environmental and genetic contributions to behavioral development. *American Psychologist, 44*, 1285–1292.

Loomis, J. M., Klatzky, R. L., Golledge, R. G., Cicinelli, J. G., Pellegrino, J. W. & Fry, P. A. (1993). Nonvisual navigation by blind and sighted: Assessment of path integration ability. *Journal of Experimental Psychology: General, 122*, 73–91.

Lorenz, K. Z. (1935). Der Kumpan in der Umwelt des Vogels. *Journal of Ornithology, 83*, 137–213.

Lorenz, K. Z. (1952). *King Solomon's ring.* New York: Crowell.

Lovett, M. W., Borden, S. L., DeLuca, T., Lacerenza, L., Benson, N. J. & Blackstone, D. (1994). Treating the core deficits of developmental dyslexia: Evidence of transfer of learning after phonologically- and strategy-based reading training programs. *Developmental Psychology, 30*, 805–822.

Lozoff, B. (1989). Nutrition and behavior. *American Psychologist, 44*, 231–236.

Lubinski, D. & Humphreys, L. G. (1997). Incorporating general intelligence into epidemiology and the social sciences. *Intelligence, 24*, 159–202.

Lundberg, I., Frost, J. & Petersen, O. (1988). Effects of an extensive program stimulating phonological awareness in preschool children. *Reading Research Quarterly, 23*, 253–284.

Luntz, B. K. & Widom, C. S. (1994). Antisocial personality disorders in abused and neglected children grown up. *American Journal of Psychiatry, 151*, 670–674.

Luster, T. & Dubow, E. (1992). Home environment and maternal intelligence as predictors of verbal intelligence: A comparison of preschool and preschool-age children. *Merrill Palmer Quarterly, 38*, 151–175.

Luster, T. & McAdoo, H. (1996). Family and child influences on educational attainment: A secondary analysis of the High/Scope Perry Preschool data. *Developmental Psychology, 32*, 26–39.

Luster, T., Rhoades, K. & Haas, B. (1989). The relation between parental values and parenting behavior. A test of the Kohn hypothesis. *Journal of Marriage and the Family, 51*, 139–147.

Lynam, D. R. (1996). Early identification of chronic offenders: Who is the fledgling psychopath? *Psychological Bulletin, 120*, 209–234.

Lynam, D. R. (1997). Pursuing the psychopathy: Capturing the fledgling psychopath in a nomological net. *Journal of Abnormal Psychology, 106*, 425–438.

Lynch, M. & Cicchetti, D. (1998). An ecological-transactional analysis of children and contents: The longitudinal interplay among child maltreatment, community violence, and children's symptomatology. *Development and Psychopathology, 10*, 235–257.

Lynn, R. & Hampson, S. L. (1986). The rise of national intelligence: Evidence from Britain, Japan, and the USA. *Personality and Individual Differences, 7*, 323–332.

Lyon, G. R. (1995). Toward a definition of dyslexia. *Annals of Dyslexia, 45*, 20–45.

Lyons-Ruth, K., Easterbrooks, M. A. & Cibelli, C. D. (1997). Infant attachment strategies, infant mental lag, and maternal depressive symptoms: Predictors of internalizing and externalizing problems at age 7. *Developmental Psychology, 33*, 681–692.

Lytton, H. (2000). Toward a model of family-environmental and child-biological influences on development. *Developmental Review, 20*, 150–179.

Lytton, H. & Romney, D. M. (1991). Parents' differential socialization of boys and girls: A meta-analysis. *Psychological Bulletin, 109*, 267–296.

Maccoby, E. E. (1988). Gender as a social category. *Developmental Psychology, 24*, 755–765.

Maccoby, E. E. (1998). *The two sexes: Growing up apart, coming together.* Cambridge, MA: Harvard University Press.

Maccoby, E. E. (2000). Perspectives on gender development. *International Journal of Behavioral Development, 24*, 398–496.

Maccoby, E. E. (2002). Gender and group process: A developmental perspective. *Current Directions in Psychological Science, 11*, 54–58.

Maccoby, E. E., Buchanan, C. M., Mnookin, R. H. & Dornbusch, S. M. (1993). Postdivorce roles of mothers and fathers in the lives of their children. *Journal of Family Psychology, 7*, 24–38.

Maccoby, E. E. & Jacklin, C. N. (1974). *The psychology of sex differences.* Stanford, CA: Stanford University Press.

Maccoby, E. E. & Jacklin, C. N. (1987). Gender segregation. In H. W. Reese (Ed.), *Advances in child development and behavior* (Vol. 20). Orlando, FL: Academic Press.

Maccoby, E. E. & Martin, J. A. (1983). Socialization in the context of the family: Parent-child interaction. In P. H. Mussen (Series Ed.) and E. M. Hetherington (Vol. Ed.), *Handbook of child psychology. Vol 4. Socialization, personality, and social development* (pp. 1–101). New York: Wiley.

MacDonald, K. & Parke, R. D. (1984). Bridging the gap: Parent-child play interaction and peer interactive competence. *Child Development, 55*, 1265–1277.

MacDonald, K. & Parke, R. D. (1986). Parent-child physical play: The effects of sex and age of children and parents. *Sex Roles, 15*, 367–378.

MacFarlane, A. (1975). Olfaction in the development of social preferences in the human neonate. *Parent-infant interaction* (CIBA Foundation Syposium, N. 33) (pp. 103–117). Amsterdam: Elsevier.

Mack, W. (2002). Die Wahrnehmung kleiner Anzahlen und die Entwicklung des Zahlenverständnisses beim Kleinkind. *Habilitationsschrift, Fachbereich Psychologie und Sportwissenschaften der Johann Wolfgang Goethe-Universität Frankfurt am Main.*

MacKinnon-Lewis, C., Starnes, R., Volling, B. & Johnson, S. (1997). Perceptions of parenting as predictors of boys' sibling and peer relations. *Developmental Psychology, 33,* 1024–1031.

Maclean, M., Bryant. P. & Bradley, L. (1987). Rhymes, nursery rhymes and reading in early childhood. *Merrill-Palmer Quarterly, 33,* 255–281.

MacPhee, D., Fritz, J. & Miller-Heyl, J. (1996). Ethnic variations in personal social networks and parenting. *Child Development, 67,* 3278–3295.

MacWhinney, B. & Chang, F. (1995). Connecionism and language learning. In C. Nelson (Ed.), *The Minnesota Symposium on Child Psychology: Vol. 28. Basic and applied perspectives on learning, cognition, and development* (pp. 33–57). Mahwah, NJ: Erlbaum.

Madole, K. L. & Cohen, L. B. (1995). The role of object parts in infants' attention to form-function correlations. *Developmental Psychology, 31,* 637–648.

Magai, C., Hunziker, J., Mesias, W. & Culver, L. C. (2000). Adult attachment styles and emotional biases. *International Journal of Behavioral Development, 24,* 301–309.

Maguire, M. C. & Dunn, J. (1997). Friendships in early childhood and social understanding. *International Journal of Behavioral Development, 21,* 669–686.

Mahler, M. S., Pine, F. & Bergman, A. (1975). *The psychological birth of the human infant: Symbiosis and individuation.* New York: Basic Books.

Mahoney, J. L. (2000). School extracurricular activity participation as a moderator in the development of antisocial patterns. *Child Development, 71,* 502–516.

Main, M. & George, C. (1985). Responses of abused and disadvantaged toddlers to distress in agemates: A study in the day care setting. *Developmental Psychology, 21,* 407–412.

Main, M. & Hesse, E. (1990). Parents' unresolved traumatic experiences are related to infant disorganized attachment status: Is disorganized and/or frightening parental behavior the linking mechanism? In M. T. Greenberg, D. Cicchetti & E. M. Cummings (Eds.), *Attachment in the preschool years* (pp. 161–182). Chicago: University of Chicago Press.

Main, M., Kaplan, N. & Cassidy, J. (1985). Security infancy, childhood and adulthood: A move to the level of representation. *.Monographs of the Society for Research in Child Development, 50* (1–2, Serial No. 209).

Main, M. & Solomon, J. (1990). Procedures for identifying infants as disorganized/disoriented during the Ainsworth Strange Situation. In M. T. Greenberg, D. Chiccetti & E. M. Cummings (Eds.), *Attachment in the preschool years* (pp.121–160). Chicago: University of Chicago Press.

Malatesta, C. Z., Culver, C., Tesman, J. R. & Shepard, B. (1989). The development of emotion expression during the first two years of life. *Monographs of the Society for Research in Child Development, 54,* (1–2, Serial No. 219), 1–104.

Malatesta, C. Z. & Haviland, J. M. (1982). Learning display rules: The socialization of emotion expression in infancy. *Child Development, 53,* 991–1003.

Maldonado-Duran, J. M. (2000). A new perspective on failure to thrive. *Bulletin of Zero to Three, 21,* 14.

Malina, R. M. (1975). *Growth and development: The first twenty years in man.* Minneapolis: Burgess Publishing.

Malina, R. M. & Bouchard, C. (1991). *Growth, maturation, and physical activity.* Champaign, IL: Human Kinetics Academic.

Mandel, D. R., Jusczyk, P. W. & Pisoni, D. B. (1995). Infants' recognition of the sound patterns of their own names. *Psychological Science, 6,* 315–318.

Mandler, J. & McDonough, L. (1993). Concept formation in infancy. *Cognitive Development, 8,* 237–264.

Mandler, J. M. & McDonough, L. (1998). Studies in inductive inference in infancy. *Cognitive Psychology, 37,* 60–96.

Mangelsdorf, S. C., Plunkett, J. W., Dedrick, C. F., Berlin, M., Meisels, S. J., McHale, J. L. & Dichtellmiller, M. (1996). Attachment security in very low birth weight infants. *Developmental Psychology, 32,* 914–920.

Mangelsdorf, S. C., Shapiro, J. R. & Marzolf, D. (1995). Developmental and temperamental differences in emotion regulation in infancy. *Child Development, 66,* 1817–1828.

Manis, F. R., Seidenberg, M. S., Doi, L. M., McBride-Chang, C. & Peterson, A. (1996). On the bases of two subtypes of developmental dyslexia. *Cognition, 58,* 157–195.

Maratsos, M. (1998). The acquisition of grammar. In D. Kuhn & R. S. Siegler (Eds.), *Handbook of child psychology: Vol. 2. Cognition, perception, and language* (5th ed.) (pp. 421–466). New York: Wiley.

Marchman, V. (1992). Constraint on plasticity in a connectionist model of the English past tense. *Journal of Cognitive Neuroscience, 5,* 215–234.

Marcia, J. E. (1980). Identity in adolescence. In J. Adelson (Ed.), *Handbook of adolescent psychology* (pp. 159–187). New York: Wiley.

Marcia, J. E. & Friedman, M. L. (1970). Ego identity status in college women. *Journal of Personality, 38,* 249–263.

Marcovitch, S. & Zelazo, P. D. (1999). The A-not-B error: Results from a logistic meta-analysis. *Child Development, 70,* 1297–1313.

Marcus, D. E. & Overton, W. F. (1978). The development of cognitive gender constancy and sex role preferences. *Child Development, 49,* 434–444.

Marcus, G. F. (1996). Why do children say "breaked"? *Current Directions in Psychological Science, 5,* 81–85.

Marcus, G. G., Pinker, S., Ullman, M., Hollander, M., Rosen, T. J. & Zu, F. (1992). Overregularization in language acquisition. *Monographs of the Society for Research in Child Development, 57* (4, Serial No. 228).

Margolin, G., Gordis, E. B. & John, R. S. (2001). Coparenting: A link between marital conflict and parenting in two-parent families. *Journal of Family Psychology, 15,* 3–21.

Mark, M. A. & Greer, J. E. (1995). The VCR tutor: Effective instruction for device operation. *Journal of the Learning Sciences, 4,* 209–246.

Markman, E. M. (1989). *Categorization and naming in children.* Cambridge, MA: MIT Press.

Markman, E. M. & Hutchinson, J. E. (1984). Children's sensitivity to constraints on word meaning: Taxonomic vs. thematic relations. *Cognitive Psychology, 16,* 1–27.

Markman, E. M. & Wachtel, G. A. (1988). Children's use of mutual exclusivity to constrain the meanings of words. *Cognitive Psychology, 20,* 121–157.

Markus, H. R. & Kitayama, S. (1991). Culture and the self: Implications for cognition, emotion, and motivation. *Psychological Review, 98,* 224–253.

Marler, P. (1970). Birdsong and speech development: Could there be parallels? *American Scientist, 58,* 669–673.

Marler, P. (1991). The instinct to learn. In S. Cary & R. Gelman (Eds.), *The epigenesis of mind: Essays on biology and cognition.* Hillsdale, NJ: Erlbaum.

Marlier, L., Schaal, B. & Soussignon, R. (1998). Neonatal responsiveness to the odor of amniotic and lacteal fluids: A test of perinatal chemosensory continuity. *Child Development, 69,* 611–623.

Marsh, H. W., Craven, R. & Debus, R. (1998). Structure, stability, and development of young children's self-concepts: A multicohort-multioccasion study. *Child Development, 69,* 1030–1053.

Martin, C. L. (1993). New directions of investigating children's gender knowledge. *Developmental Review, 13,* 184–204.

Martin, C. L. & Halverson, C. F., Jr. (1981). A schematic processing model of sex typing and stereotyping in children. *Child Development, 52,* 1119–1134.

Martin, C. L. & Halverson, C. F., Jr. (1983). The effects of sex-typing schemas on young children's memory. *Child Development, 54,* 563–574.

Martin, C. L. & Halverson, C. F. (1987). The roles of cognition in sex role acquisition. In B. Carter (Ed.), *Current conceptions of sex roles and sex typing: Theory and research* (pp. 123–137). New York: Praeger.

Martin, C. L., Eisenbud, L. & Rose, H. (1995). Children's genderbased reasoning about toys. *Child Development, 66,* 1453–1471.

Martin, G. B. & Clark, R. D., III. (1982). Distress crying in neomates: Species and peer specificity. *Developmental Psychology, 38,* 3–9.

Martin, M.O., Mullis, I. V. A., Beaton, A. E., Gonzalez, E. J., Smith, T. A. & Kelly, D. L. (1997). *Science achievement in the primary school years: IEA's third international mathematics and sciences study (TIMSS).* Bosten, MA: Center for the Study of Testing, Evaluation, and Education Policy, Boston College.

Masataka, N. (1992). Motherese in a signed language. *Infant Behavior and Development, 15,* 453–460.

Mason, M. G. & Gibbs, J. C. (1993). Social perspective taking and moral judgement among college students. *Journal of Adolescent Research, 8,* 109–123.

Masten, A., Best, K. & Garmezy, N. (1990). Resilience and development: Contributions from the study of children who overcame adversity. *Development and Psychopathology, 2,* 425–444.

Masten, A. S. & Coatsworth, J. D. (1998). The development of competence in favorable and unfavorable environments: Lessons from research on successful children. *American Psychologist, 53,* 205–220.

Masten, A. S., Sesma, A., Si-Asar, R., Lawrence, C., Miliotis, D. & Dionne, J. A. (1997). Educational risks for children experiencing homelessness. *Journal of School Psychology, 35,* 27–46.

Masters, M. S. & Sanders, B. (1993). Is the gender difference in mental rotation disappearing? *Behavior Genetics, 23,* 337–341.

Masur, E. (1982). Mothers' responses to infants' object-related gestures: Influences on lexical development. *Journal of Child Language, 9,* 23–30.

Maszk, P., Eisenberg, N. & Guthrie, I. K. (1999). Relations of children's social status to their emotionality and regulation: A short-term longitudinal study. *Merrill-Palmer Quarterly, 45,* 468–492.

Matheny, A. P., Jr. (1990). Developmental behavior genetics: Contributions from the Louisville Twin Study. In M. E. Hahn, J. K. Hewitt, N. D. Henderson & R. H. Benno (Eds.), *Developmental behavior genetics: Neural biometrical, and evolutionary approaches* (pp. 25–39). New York: Oxford University Press.

Matheny, A. P., Jr., Wilson, R. S., Dolan, A. B. & Krantz, J. Z. (1981). Behavioral contrasts in twinships: Stability and patterns of differences in childhood. *Child Development, 52,* 579–598.

Mathews, T. J., MacDorman, M. F. & Menacker, F. (2002). Infant mortality statistics from the 1999 period linked birth/infant death data set. *National Vital Statistics Reports, 50,* 1–27.

Matsumoto, D. (1996). *Unmasking Japan.* Stanford, CA: Stanford University Press.

Matthews, K. A., Batson, C.D., Horn, J. & Rosenman, R. H. (1981). Principles in his nature which interest him in the fortune of others: The heritability of empathic concern for others. *Journal of Personality, 49,* 237–247.

Mattson, S. N., Riley, E. P., Delis, D. C. & Jones, K. L. (1998). Neuropsychological comparison of alcohol-exposed children with or without physical features of fetal alcohol syndrome. *Neuropsychology, 12,* 146–153.

Maurer, D. (1985). Infant's perception of facedness. In T. M. Field & N. A. Fox (Eds.), *Social perception in infants.* Norwood, NJ: Ablex.

Maurer, D., Lewis, T. L., Brent, H. P. & Levin, A. V. (1999). Rapid improvement in the acuity of infants after visual input. *Science, 286,* 108–110.

Maurer, D. & Maurer C. (1988). *The world of the newborn.* New York: Basic Books.

Maurer, D. & Salapatek, P. (1976). Developmental changes in the scanning of faces by young infants. *Child Development, 47,* 523–527.

McCabe, A. & Peterson, C. (1991). Getting the story: A longitudinal study of parental styles in eliciting narratives and developing narrative skill. In A. McCabe & C. Peterson (Eds.), *Developing narrative structure* (pp.217–253). Hillsdale, NJ: Erlbaum.

McCall, R. B., Appelbaum, M. I. & Hogarty, P. S. (1973). Developmental changes in mental performance. *Monographs of the Society for Research in Child Development, 38* (Serial No. 150).

McCall, R. B. & Carriger, M. S. (1993). A meta-analysis of infant habituation and recognition memory performance as predictors of later IQ. *Child Development, 64,* 57–79.

McCall, R. B., Eichorn, D. H. & Hogarty, P. S. (1977). Transitions in early mental development. *Monographs of the Society for Research in Child Development, 42* (3, Serial No. 171).

McCarton, C. M., Brooks-Gunn, J., Wallace, I. F. & Bauer, C. R. (1997). Results at age 8 years of intervention for low-birth-weight premature infants: The infant health and development program. *Journal of the American Medical Association, 277,* 126–132.

McClelland, J. L., Rumelhart, D. E. & The PDP Research Group. (1986). *Parallel distributed processing: Explorations in the microstructure of cognition: Vol. 2. Psychological and biological models.* Cambridge, MA: MIT Press.

McClintock, M. K. & Herdt, G. (1996). Rethinking puberty: The development of sexual attraction. *Current Directions, 5,* 178–183.

McCloskey, L. A., Figueredo, A. J. & Koss, M. P. (1995). The effects of systematic family violence on children's mental health. *Child Development, 66,* 1239–1261.

McCloskey, L. A. & Stuewig, J. (2001). The quality of peer relationships among children exposed to family violence. *Development and Psychopathology, 13,* 83–96.

McCord, J. (1991). The cycle of crime and socialization practices. *Journal of Criminal Law and Criminology, 82,* 211–228.

McCrae, R. R., Costa, P. T., Jr., Ostendorf, F., Angleitner, A., Hrebickova, M., Avia, M. D. et al (2000). Nature over nurture: Temperament, personality, and life-span development. *Journal of Personality and Social Psychology, 78,* 173–186.

McCune, L. (1995). A normative study of representational play in the transition to language. *Developmental Psychology, 31,* 198–206.

McDowell, D. J. & Parke, R. D. (2000). Differential knowledge of display rules for positive and negative emotions: Influences from parents, influences on peers. *Social Development, 9,* 415–432.

McEwen, B. S. & Schmeck, H. M. (1994). *The hostage brain.* New York: Rockefeller University Press.

McFadyen-Ketchum, S. A., Bates, J. E., Dodge, K. A. & Pettit, G. S. (1996). Patterns of change in early childhood aggressive-disruptive behavior: Gender differences in predictions from early coercive and affectionate mother-child interactions. *Child Development, 67,* 2417–2433.

McGhee, P. E. & Frueh, T. (1980). Television viewing and the learning of sex-role stereotypes. *Sex Roles, 6,* 179–188.

McGilly, K. & Siegler, R. S. (1990). The influence of encoding and strategic knowledge on children's choices among serial recall strategies. *Developmental Psychology, 26,* 931–941.

McGraw, M. B. (1943). *Neuromuscular maturation of the human infant.* New York: Hafner.

McGue, M, Bouchard, T. J., Jr., Iacono, W. G. & Lykken, D. T. (1993). Behavioral genetics of cognitive ability: A life-span perspective. In R. Plomin & G. E. McClearn (Eds.), *Nature, nurture and psychology* (pp.59–76). Washington, DC: American Psychological Association.

McGue, M. & Lykken, D. T. (1992). Genetic influence on risk of divorce. *Psychological Science, 3,* 268–373.

McGue, M., Sharma, A., Benson, P. (1996). Parent and sibling influences on adolescent alcohol use and misuse: Evidence in a U.S. adoption cohort. *Journal of Studies on Alcohol, 57,* 8–18.

McGuire, S., McHale, S. M. & Updegraff, K. (1996). Children's perceptions of the sibling relationship in middle childhood: Connections within and between family relationships. *Personal Relationships, 3,* 229–239.

McGuire, S., Neiderhiser, J. M., Reiss, D., Hetherington, E. M. & Plomin, R. (1994). Genetic and environmental influences on perceptions of self-worth and competence in adolescence: A study of twins, full siblings and step-siblings. *Child Development, 65,* 785–799.

McHale, S. M., Crouter, A. C., McGuire, S. A. & Updegraff, K. A. (1995). Congruence between mothers and fathers differential treatment of siblings: Links with family relations and children's well being. *Child Development, 66,* 116–128.

McKey, R. H., Condelli, L., Ganson, H., Barrett, B. J., McConkes, C. & Plantz, M. C. (1985). *The impact of Head Start on children, families, and communities.* Washington, DC: U.S. Government Printing Office.

McLoyd, V. C. (1998). Children in poverty: Development, public policy, and practice. In W. Damon (Series Ed.) &andI. E. Sigel & K. A. Renninger (Vol. Eds), *Handbook of child psychology: Vol. 4. Child psychology in practice* (5th ed.) (pp. 135–208). New York: Wiley.

McLoyd, V.C., Jayaratne, T. E., Ceballo, R. & Borquez, J (1994). Unemployment and work interruption among African American single mothers: Effects on parenting and adolescent socioemotional functioning. *Child Development, 65,* 562–589.

Meece, J. L., Parsons, J. E., Kaczala, C. M., Goff, S. B. & Futterman, R. (1982). Sex differences in math achievement: Toward a model of academic choice. *Psychological Bulletin, 91,* 324–348.

Meeus, W., Iedema, J., Helsen, M. & Vollebergh, W. (1999). Patterns of adolescent identity development: Review of literature and longitudinal analyses. *Developmental Review, 19,* 419–461.

Mehler, J., Jusczyk, P., Lambertz, G., Halsted, N., Bertoncini, J. & Amiel-Tison, C. (1998). A precursor of language acquisition in young infants. *Cognition, 29,* 143–178.

Meilman, P., Leichliter, J. S. & Presley, C. A. (1999). Greeks and athletes: Who drinks more? *Journal of American College Health, 47,* 187–190.

Meisels, S. J. & Plunkett, J. W. (1988). Developmental consequences of preterm birth: Are there long-term effects? In P. B. Baltes, D. L. Featherman & R. M. Lerner (Eds.), *Life-span development and behavior* (Vol. 9). Hillsdale, NJ: Erlbaum.

Mekos, D., Hetherington, E. M. & Reiss, D. (1996). Sibling differences in problem behavior and parental treatment in nondivorced and remarried families. *Child Development, 67,* 2148–2165.

Meltzoff, A. N. (1988a). Imitation of televised models by infants. *Child Development, 59,* 1221–1229.

Meltzoff, A. N. (1988b). Infant imitation and memory: Nine-month-olds in immediate and deferred tests. *Child Development, 59,* 217–225.

Meltzoff, A. N. (1995a). Apprehending the intentions of others: Re-enactment of intended acts by 10-month-old children. *Developmental Psychology, 31,* 838–850.

Meltzoff, A. N. (1995b). What infant memory tells us about infantile amnesia: Long-term recall and deferred imitation. *Journal of Experimental Child Psychology, 59,* 497–515.

Meltzoff, A. N. & Borton, R. W. (1979). Intermodal matching by human neonates. *Nature, 198,* 75–78.

Meltzoff, A. N. & Moore, M. K. (1977). Imitation of facial and manual gestures by human neonates, *Science, 198,* 75–78

Meltzoff, A. N. & Moore, M. K. (1983). Newborn infants imitate adult facial gestures. *Child Development, 54,* 702–709.

Meltzoff, A. N. & Moore, M. K. (1994). Imitation, memory, and the representation of persons. *Infant Behavior and Development, 17,* 83–99.

Menaghan, E. G. & Parcel, T. L. (1995). Social sources of change in children's home environments: The effects of parental occupational experiences and family conditions. *Journal of Marriage and the Family, 57,* 69–84.

Mennella, J. A. & Beauchamp, G. K. (1993a). Beer, breast feeding, and folklore. *Developmental Psychobiology, 36,* 459–466.

Mennella, J. A. & Beauchamp, G. K. (1993b). The effects of repeated exposure to garlic-flavored milk on the nursling's behavior. *Pediatric Research, 34,* 805–808.

Mennella, J. A. & Beauchamp, G. K. (1996). The human infant's response to vanilla flavor in mother's milk and formula. *Infant Behavior and Development, 19,* 13–19.

Mennella, J. A., Jagnow, C. P. & Beauchamp, G. K. (2001). Prenatal and postnatal flavor learning by human infants. *Pediatrics, 107,* e88.

Mennella, J. A., Johnson, A. & Beauchamp, G. K. (1995). Garlic ingestion by pregnant women alters the odor of amniotic fluid. *Chemical Senses, 20,* 207–209.

Merton, D. E. (1997). The meaning of meanness: Popularity, competition, and conflict among junior high school girls. *Sociology of Education, 70,* 175–191.

Mervis, C. B. (1987). Child-basic object categories and early lexical development, In U. Neisser (Ed.), *Concepts and conceptual development: Ecological and intellectual factors in categorization.* Cambridge, MA: Cambridge University Press.

Merzenrich, M. M. (2001). Cortical plasticity contributing to child development. In J. L. McClelland & R. S. Siegler (Eds.), *Mechanisms of cognitive development: Behavioral and neural perspectives* (pp. 67–96). Mahwah, NJ: Erlbaum.

Mesquita, B. & Frijda, N. H. (1992). Cultural variations in emotions: A review. *Psychological Bulletin, 112,* 179–204.

Michalson, L. & Lewis, M. (1985). What do children know about emotions and when do they know it. In M. Lewis & C. Saarni (Eds.), *The socialization of emotions* (pp.117–139). New York: Plenum.

Miell, D. (2000). Children's creative collaborations: The importance of friendship when working together on a musical composition. *Social Development, 9,* 348–369.

Miles, D. R. & Carey, G. (1997). Genetic and environmental architecture of human aggression. *Journal of Personality and Social Psychology, 72,* 207–217.

Milewski, A. E. (1976). Infants' discrimination of internal and external pattern elements. *Journal of Experimental Child Psychology, 22,* 229–246.

Millar, W. S. (1990). Span of integration for delayed-reward contingency learning in 6- to 8-month-old infants. In A. Diamond (Ed.), *The development and neural bases of higher cognitive functions* (pp. 239–259). New York: New York Academy of Science.

Miller, B. C., Benson, B. & Galbraith, K. A. (2001). Family relationships and adolescent pregnancy risk: A research synthesis. *Developmental Review, 21,* 1–38.

Miller, C. L., Miceli, P. J., Whitman, T. L. & Borkowski, J. G. (1996). Cognitive readiness to parent and intellectual-emotional development in children of adolescent mothers. *Developmental Psychology, 32,* 533–541.

Miller, G. A. (1977). *Spontaneous apprentices: Children and language.* New York: Seabury.

Miller, J. G. & Bersoff, D. M. (1992). Culture and moral judgment: How are conflicts between justice and interpersonal responsibilities resolved? Journal of Personality and Social Psychology, 62, 541–554.

Miller, J. G. & Bersoff, D. M. (1995). Development in the context of everyday family relationships: Culture, interpersonal morality, and adaptation. In M. Killen & D. Hart (Eds.), *Morality in everyday life: Developmental perspectives* (pp. 259–282.) Cambridge, England: Cambridge University Press.

Miller, J. G., Bersoff, D. M. & Harwood, R. L. (1990). Perceptions of social responsibilities in India and in the United States: Moral imperatives or personal decisions? *Journal of Personality and Social Psychology, 58,* 33–47.

Miller, K. (1989). Measurement as a tool for thought: The role of measuring procedures in children's understanding of quantitative invariance. *Developmental Psychology, 25,* 589–600.

Miller, K. F., Smith, C. M., Zhu, J. & Zhang, H. (1995). Preschool origins of cross-national differences in mathematical competence: The role of number-naming systems. *Psychological Science, 6,* 56–60.

Miller, L. C., Putcha-Bhagavatula, A. & Pedersen, W. C. (2002). Men's and women's mating preferences: Distinct evolutionary mechanisms? *Current Directions in Psychological Science, 11,* 88–93.

Miller, L. T. & Vernon, P. A. (1997). Developmental changes in speed of information processing in young children. *Developmental Psychology, 33,* 549–554.

Miller, P. A. & Eisenberg, N. (1988). The relation of empathy to aggression and externalizing/antisocial behavior. *Psychological Bulletin, 103,* 324–344.

Miller, P. A., Eisenberg, N., Fabes, R. A. & Shell, R. (1989). Socialization of empathic and sympathetic responding. In N. Eisenberg (Ed.), *The development of empathy and related vicarious responses. New Directions in Child Development* (pp.65–83). San Francisco: Jossey-Bass.

Miller, P. H. (2002). *Theories of developmental psychology* (4th ed.). New York: Worth. (Deutsch 1993, Theorien der Entwicklungspsychologie. Heidelberg: Spektrum Akademischer Verlag.)

Miller, P. H. & Coyle, T. R. (1999). Developmental change: Lessons from microgenesis. In E. K. Scholnick, K. Nelson, S. A. Gelman & P. H. Miller (Eds), *Conceptual development: Piaget's legacy* (pp. 209–239). Mahwah, NJ: Erlbaum.

Miller, P. H. & Seier, W. (1994). Strategy utilization deficiencies in children: When, where and why. In H. Reese (Ed.), *Advances in child development and behavior* (Vol. 25). New York: Academic Press.

Miller, P. J. & Sperry, L. L. (1987). The socialization of anger and aggression. *Merrill-Palmer Quarterly, 33,* 1–31.

Miller, P. J. & Sperry, L. L. (1988). Early talk about the past: The origins of conversational stories of personal experience. *Journal of Child Language, 15*, 293–315.

Mills, D. L., Coffey-Corina, S. & Neville, H. J. (1997). Language comprehension and cerebral specialization from 13 to 20 months. *Developmental Neuropsychology, 13*, 397–445.

Mills, R. S. L. & Rubin, K. H. (1993). Socialization factors in the development of social withdrawal. In K. H. Rubin & J. Asendorpf (Eds.), *Social withdrawal, inhibition and shyness in childhood* (pp. 117–150). Hillsdale, NJ: Erlbaum.

Minde, K. (1993). Prematurity and illness in infancy: Implications for development and intervention. In C. H. Zeanah Jr. (Ed.), *Handbook of infant development*. New York: Guilford Press.

Mischel, H. N. & Mischel, W. (1983). The development of children's knowledge of self-control strategies. *Child Development, 54*, 603–619.

Mischel, W. (1970). Sex typing and socialization. In P. H. Mussen (Ed.), *Carmichael's handbook of child psychology* (Vol. 2) (pp. 3–72) New York: Wiley.

Mischel, W. (1981). Metacognition and the rules of delay. In J. H. Flavell & L. Ross (Eds.), *Social cognitive development* (pp. 240–271). Cambridge, England: Cambridge University Press.

Mischel, W. (2000). *Attention control in the service of the self: Harnessing willpower in goal pursuit*. Vortrag, Self Workshop, National Institutes of Mental Health, Bethesda, MD.

Mischel, W., Shoda, Y. & Peake, P. K. (1988). The nature of adolescent competencies predicted by preschool delay of gratification. *Journal of Personality and Social Psychology, 54*, 687–696.

Mitchell, E. (1985). The dynamics of family interaction around home video games. *Marriage and Family Review, 8*, 121–135.

Mize, J. & Ladd, G. W. (1990). Toward the development of successful skills training for preschool children. In S. R. Asher & J. D. Coie (Eds.), *Peer rejection in childhood* (pp. 338–361). Cambridge, England: Cambridge University Press.

Mizuta, I., Zahn-Waxler, C., Cole, P. M. & Hiruma, N. (1996). A cross-cultural study of preschoolers' attachment: Security and sensitivity in Japanese and US Dyads. *International Journal of Behavioral Development, 19*, 141–159.

Moffitt, T. E. (1990). Juvenile delinquency and attention deficit disorder: Boys' developmental trajectories from age 3 to age 15. *Child Development, 61*, 893–910.

Moffitt, T. E. (1993a). Adolescence-limited and life-course-persistent antisocial behavior: A developmental taxonomy. *Psychological Review, 100*, 674–701.

Moffitt, T. E. (1993b). The neuropsychology of conduct disorder. *Development and Psychopathology, 5*, 134–151.

Molfese, D. L. & Betz, J. (1988). Electrophysiological indices of the early development of lateralization for language and cognition, and their implications for predicting later development. In D. L. Molfese & S. J. Segalowitz (Eds.), *Brain lateralization in children: Developmental implications* (pp. 171–190). New York: Guildford Press.

Molfese, D. L. & Molfese, C. J. (1994). Short-term and long-term developmental outcomes: The use of behavioral and electrophysiological measures in early infancy as predoctors. In G. Dawson & K. W. Fischer (Eds.), *Human behavior and the developing brain* (pp.493–517). New York: Guildford Press.

Molfese, D. L., Freeman, R. B. & Palermo, D. S. (1975). The ontogeny of brain lateralization for speech and nonspeech stimuli. *Brain and Language, 2*, 356–368.

Monthly Vital Statistics Report (National Center for Health Statistics). (1995, March 22). Vol. 43, No. 9.

Moon, C., Cooper, R. P. & Fifer, W. P. (1993). Two-day-olds prefer their native language. *Infant Behavior and Development, 16*, 495–500.

Moore, C. & D'Entremont, B. (2001). Developmental changes in pointing as a function of attentional focus. *Journal of Cognition and Development, 2*, 109–129.

Moon, C. & Fifer, W. (1990) *Newborns prefer a prenatal version of mother's voice*. Vortrag, Biannual Meeting of the International Society of Infant Studies, Montreal, Canada.

Moore, D. R. & Florsheim, P. (2001). Interpersonal processes and pPsychopathology among expectant and nonexpectant adolescent couples. *Journal of Consulting and Clinical Psychology, 69*, 101–111.

Moore, J. P. & Cook, I. L. (1999, December). Highlights of the 1998 National Young Gang Survey. Office of Juvenile Justice and Delinquency Prevention. *OJJDP Fact Sheet*. [www.ncjrs.org/txtfiles1/ojjdp/fs99123.txt]

Moore, K. A., Manlove, J., Glei, D. & Morrison, D. R. (1998) Nonmarital school-age motherhood: Family individual, and school characteristic. *Journal of Adolescent Research, 13*, 433–457.

Moore, K. L. & Persaud, T. V. N. (1993). *Before we are born* (4th ed.). Philadelphia: Saunders.

Morelli, G. A., Rogoff, B., Oppenheim, D. & Goldsmith, D. (1992). Cultural Variation in infants' sleeping arrangements: Questions of independence. *Developmental Psychology, 28*, 604–613.

Morrongiello, B. A., Fenwick, K. D., Hillier, L. & Chance, G. (1994). Sound localization in newborn human infants. *Developmental Psychobiology, 27*, 519–538.

Moses, L. J., Baldwin, D. A., Rosicky, J. G. & Tidball, G. (2001). Evidence for referential understanding in the emotions domain at twelve and eighteen months. *Child Development, 72*, 555–948.

Moskowitz, S. (1983). *Love despite hate*. New York: Schocken.

Mounts, N. S. (2002). Parental management of adolescent peer relationships in context: The role of parenting style. *Journal of Family Psychology, 16*, 58–69.

Mounts, N. S. & Steinberg, L. (1995). An ecological analysis of peer influence on adolescent grade point average and drug use. *Developmental Psychology, 31*, 915–922.

Mueller, C. M. & Dweck, C. S. (1998). Praise for intelligence cam undermine children's motivation and performance. *Journal of Personality and Social Psychology, 75*, 33–52.

Muller, C. (1995). Maternal employment, parent involvement, and mathematics achievement among adolescents. *Journal of Marriage and the Family, 57*, 85–100.

Muller, M. & Wehner, R. (1988). Path integration in desert ants Cataglyphis fortis. *Proceedings of the National Academy of Sciences, 85*, 5287–5290.

Mumme, D. L., Fernald, A. & Herrera, C. (1996). Infants' responses to facial and vocal emotional signals in a social referencing paradigm. *Child Development, 67,* 3219–3237.

Munakata, Y., McClelland, J. L., Johnson, M. H. & Siegler, R. S. (1997). Rethinking infant knowledge: Toward an adaptive process account of successes and failures in object permanence tasks. *Psychological Review, 104,* 686–713.

Munekata, H. & Ninomiya, K. (1985). Development of prosocial moral judgments. *Japanese Journal of Educational Psychology, 33,* 157–164.

Munn, D. & Dunn, J. (1989). Temperament and the developing relationship between siblings. *International Journal of Behavioral Development, 12,* 433–451.

Munroe, R. H., Shimmin, H. S. & Munroe, R. L. (1984). Gender understanding and sex role preference in four cultures. *Developmental Psychology, 20,* 673–682.

Murphy, B. C., Eisenberg, N., Fabes, R. A., Shepard, S. & Guthrie, I. K. (1999). Consistency and change in children's emotionality and regulation: A longitudinal study. *Merrill-Palmer Quarterly, 45,* 413–444.

Murray, L. & Trevarthen, C. (1985). Emotional regulation of interactions between two-month-olds and their mothers. In T. M. Field & N. A. Fox (Eds.), *Social perception in infants* (pp. 177–197) Norwood, NJ: Ablex.

Myers, B. J., Olson, H. C. & Kaltenbach, K. (1992). Cocaine-exposed infants: Myths and misunderstandings. *Zero-to-Three, 13,* 1–5.

Myers, J., Jusczyk, P. W., Kemler-Nelson, D. G., Luce, J. C., Woodward, A. L. & Hirsh-Pasek, K. (1996). Infants' sensitivity to word boundaries in fluent speech. *Journal of Child Language, 23,* 1–30.

Nachmias, M., Gunnar, M. R., Mangelsdorf, S., Parritz, R. H. & Buss, K. (1996). Behavioral inhibition and stress reactivity: The moderating role of attachment security. *Child Development, 67,* 508–522.

Naigles, L. (1990). Children use syntax to learn verb meanings. *Journal of Child Language, 17,* 357–374.

Naigles, L. & Gelman, S. A. (1995). Overextensions in comprehension and production revisited: Preferential looking in a study of dog, cat, and cow. *Journal of Child Language, 22,* 19–46.

Namy, L. L. (2001). What's in a name when it isn't a word? 17-month-olds' mapping of nonverbal symbols to object categories. *Infancy, 2,* 73–86.

Namy, L. L. & Waxman, S. R. (1998). Words and gestures: Infants' interpretations of different forms of symbolic reference. *Child Development, 69,* 295–308.

Nanez, J., Sr. & Yonas, A. (1994). Effects of luminance and texture motion on infant defensive reactions to optical collision. *Infant Behavior and Development, 17,* 165–174.

Nathanielsz, P. W. (1994). *A time to be born.* Oxford: Oxford University Press.

National Center for Children in Poverty. (2001). *Child Poverty Fact Sheet.* [cpmcnet.columbia.edu/dept/nccp/ycpf01.html]

National Center for Health Statistics. (1998). *Health, United States, 1998: With socioeconomic status and health chartbook.* [www.cdc.gov/nchs/data/hus/hus98.pfd]

National Center for Health Statistics.(1999a). *America's children 1999. Part 1. Population and family characteristics.* [www/childstats.gov/ac1999/poptxt.asp]

National Center for Health Statistics. (1999b). *Prevalence of overweight among children and adolescents: United States, 1999.* Washington, DC: U.S. Department of Health and Human Services.

National Center for Health Statistics.(2001). *Smoking during pregnancy – rates drop steadily in the 1990's, but among teen mothers progress has stalled.* [www.cdc.gov/nchs/releases/01news/smokpreg.htm]

National Clearinghouse for Alcohol and Drug Information. (1995). *Birth defects and adverse birth outcomes.* [www.quitsmoking.about.com]

Neckerman, H. J. (1996). The stability of social groups in childhood and adolescence: The role of the classroom social environment. *Social Development, 5,* 131–145.

Needham, A. (1997). Factors affecting infants' use of featural information in object segregation. *Current Directions in Psychological Science, 6,* 26–33.

Needham, A. & Baillargeon, R. (1993). Intuitions about support in 4.5-month-old infants. *Cognition, 47,* 121–148.

Needham, A. & Baillargeon, R. (1997). Object segregation in 8-month-old infants. *Cognition, 62,* 121–149.

Needham, A., Baillargeon, R. & Kaufman, L. (1997). Object segregation in infancy. In C. Rovee-Collier & L. Lipsitt (Eds.), *Advances in infancy research* (Vol. 11) (pp.1–44). Norwood, NJ: Ablex.

Neiderhiser, J. M., Pike, A., Hetherington, E. M. & Reiss, D. (1998). Adolescent perceptions as mediators of parenting: Genetic and environmental contributions. *Developmental Psychology, 34,* 1459–1469.

Nelson, C. A. (1987). The recognition of facial expressions in the first two years of life: Mechanisms of development. *Child Development, 58,* 889–909.

Nelson, C. A. & de Haan, M. (1996). Neural correlates of infants' visual responsiveness to facial expressions of emotion. *Developmental Psychobiology, 29,* 577–595.

Nelson, J. & Aboud, F. E. (1985). The resolution of social conflict between friends. *Child Development, 56,* 1009–1017.

Nelson, J. R., Smith, D. J. & Dodd, J. (1990). The moral reasoning of juvenile delinquents: A meta-analysis. *Journal of Abnormal Child Psychology, 18,* 231–239.

Nelson, K. E. (1973). Structure and strategy in learning to talk. *Monographs of the Society for Research in Child Development, 38* (1–2, Serial No. 149).

Nelson, K. E. (1993). The psychological and social origins of autobiographical memory. *Psychological Science, 5,* 7–14.

Nelson, K. E., Denninger, M. M., Bonvillian, J. D., Kaplan, B. J. & Baker, N. D. (1984). Maternal input adjustments and nonadjustments as related to children's linguistic advances and to language acquisition theories. In A. D. Pellegrini & T. D. Yawkey (Eds.), *The development of oral and written languages: Readings in developmental and applied linguistics* (pp. 31–56). New York: Ablex.

Nelson, K. E. & Gruendel, J. M. (1979). At morning it's lunchtime: A scriptal view of children's dialogues. *Discourse Processes, 2,* 73–94.

Nelson, K. E. & Hudson, J. (1988). Scripts and memory: Functional relationships in development. In F. E. Weinert & M. Perlmutter (Eds.), *Memory development: Universal changes and individual differences* (pp. 147–167). Hillsdale, NJ: Erlbaum.

Nelson, T. F. & Wechsler, N. (2001). Alcohol and college athletes. *Medicine and Science in Sports and Exercise, 33*, 43–47.

Neville, B. & Parke, R. D. (1997). Waiting for paternity: Interpersonal and contextual implications of the timing of fatherhood. *Sex Roles, 37*, 45–89.

Neville, H. J. (1990). Intermodal competition and compensation in development: Evidence from studies of the visual system in congenitally deaf adults. *Annals of the New York Academy of Sciences, 608*, 71–91.

Neville, H. J. & Bavelier, D. (1999). Specificity and plasticity in neurocognitive development in humans. In M. S. Gazzaniga (Ed.), *The cognitive neurosciences* (2nd ed.) (pp. 83–98). Cambridge, MA: MIT Press.

Newcomb, A. F. & Bagwell, C. L. (1995). Children's friendship relations: A meta-analytic review. *Psychological Bulletin, 117*, 306–347.

Newcomb, A. F. & Bukowski, W. M. (1984). A longitudinal study of the utility of social preference and social impact sociometric classification schemes. *Child Development, 55*, 1434–1447.

Newcomb, A. F., Bukowski, W. M. & Pattee, L. (1993). Children's peer relations: A meta-analytic review of popular, rejected, neglected, controversial, and average sociometric status. *Psychological Bulletin, 113*, 99–128.

Newcombe, N. S. & Huttenlocher, J. (2000). *Making space: The development of spatial representation and reasoning.* Cambridge, MA: MIT Press.

Newell, K. M., Scully, D. M., McDonald, P. V. & Baillargeon, R. (1989). Task constraints and infant grip configurations. *Developmental Psychobiology, 22*, 817–832.

Newman, J. (1995, December). How breast milk protects newborns. *Scientific American, 273*(6), 76–79.

Newport, E. L. (1990). Maturational constraints on language learning. *Cognitive Science, 14*, 11–28.

Newport, E. L. (1991). Contrasting concepts of the critical period for language. In S. Cary & R. Gelman (Eds.), *The epigenesis of mind: Essays on biology and cognition. The Jean Piaget Symposium series* (pp. 111–130). Hillsdale, NJ: Erlbaum.

Newport, E. L., Gleitman, H. & Gleitman, L. (1977). Mother, I'd rather do it myself: Some effects and noneffects of maternal speech style. In C. E. Snow & C. A. Ferguson (Eds.), *Talking to children: Language input and acquisition* (pp. 109–150). Cambridge, England: Cambridge University Press.

NICHD Early Child Care Research Network. (1997a). The effects of infant child care on infant-mother attachment security: Results of the NICHD study of early child care. *Child Development, 68*, 860–879.

NICHD Early Child Care Research Network. (1997b). Familial factors associated with the characteristics of nonmaternal care for infants. *Journal of Marriage and the Family, 59*, 389–408.

NICHD Early Child Care Research Network. (1998a). Early child care and self-control, compliance, and problem behavior at 24 and 36 months. *Child Development, 69*, 1145–1170.

NICHD Early Child Care Research Network. (1998b). *When child-care classrooms meet recommended guidelines for quality.* Unveröffentlichtes Manuskript.

NICHD Early Child Care Research Network. (1999). Child care and mother-child interaction in the first three years of life. *Developmental Psychology, 35*, 1399–1413.

NICHD Early Child Care Research Network. (2000a). Factors associated with fathers' caregiving activities and sensitivity with young children. *Journal of Family Psychology, 14*, 200–219.

NICHD Early Child Care Research Network. (2000b). The relation of child care to cognitive and language development. *Child Development, 71*, 960–980

NICHD Early Child Care Research Network. (2001a). Child care and children's peer interactions at 24 and 36 months: The NICHD Study of Early Child Care. *Child Development, 72*, 1478–1500.

NICHD Early Child Care Research Network. (2001b, April). *Early child care and children's development prior to school entry.* Vortrag, Biennial Meeting of the Society for Research in Child Development, Minneapolis.

NICHD Early Child Care Research Network. (2001c, April). *Further explorations of the detected effects of quantity of early child care on socioemotional development.* Vortrag, Biennial Meeting of the Society for Research in Child Development, Minneapolis.

Nisan, M. & Kohlberg, L. (1982). Universality and variation in moral judgment: A longitudinal and cross-sectional study in Turkey. *Child Development, 53*, 865–876.

Nisbett, R. E. & Wilson, T. D. (1977). Telling more than we can know: Verbal reports on mental processes. *Psychological Review, 84*, 231–259.

Nolen-Hoeksema, S. (1990). *Sex differences in depression.* Stanford, CA: Stanford University Press.

Nolen-Hoeksema, S. (2001). Gender differences in depression. *Current Directions in Psychological Science, 10*, 173–176.

Nolen-Hoeksema, S. & Girgus, J. S. (1994). The emergence of gender differences in depression during adolescence. *Psychological Bulletin, 115*, 424–443.

Nolen-Hoeksema, S., Larson, J. & Grayson, C. (1999). Explaining the gender differences in depressive symptoms. *Journal of Personality and Social Psychology, 77*, 1061–1072.

Nord, C. W. & Zill, N. (1997). Noncustodial parents' participation on their children's lives. Washington, DC: Department of Health and Human Services. [www.dhhs-gov/programsscse/new/csr9708.htm#9708a]

Nucci, L. P. (1981). Conceptions of personal issues: A domain distinct from moral or societal concepts. *Child Development, 52*, 114–121.

Nucci, L. P. (1997). Culture, universals, and the personal. *New Directions in Child Development, 76*, 5–22.

Nucci, L. P., Camino, C. & Sapiro, C. M. (1996). Social class effects on northeastern Brazilian children's conceptions of areas of personal choice and social regulation. *Child Development, 67*, 1223–1242.

Nucci, L. P. & Weber, E. K. (1995). Social interactions in the home and the development of young children's conceptions of the personal. *Child Development, 66,* 1438–1452.

Nunes, T. & Bryant, P. (1996). *Children doing mathematics.* Cambridge, MA: Blackwell.

Nunes, T., Schliemann, A.-L. & Carraher, D. (1993). *Street mathematics and school mathematics.* New York: Cambridge University Press.

Oakes, L. M. & Cohen, L. B. (1995). Infant causal perception, In C. Rovee-Collier & L. P. Lipsitt (Eds.), *Advances in infancy research* (Vol. 9). Norwood, NJ: Ablex.

Oakhill, J. V. & Cain, K. E. (2000). Children's difficulties in text comprehension: Assessing casual issues. *Journal of Deaf Studies & Deaf Education, 5,* 51–59.

Oakhill, J. V. & Cain, K. E. (2003). The development of comprehension skills. In P. E. Bryant & T. Nunes (Eds.), *Handbook of children's literacy.* Dordrecht: Kluwer.

Ocampo, K. A., Bernal, M. E. & Knight, G. P. (1993). Gender, race, and ethnicity: The sequencing of social constancies. In M. E. Bernal & G. P. Knight (Eds.), *Ethnic identity: Formation and transmission among Hispanics and other minorities* (pp. 11–30). Albany: State University of New York Press.

O'Connor, T. G., Caspi, A., DeFries, J. C. & Plomin, R. (2000). Are associations between parental divorce and children's adjustment genetically mediated? An adoption study. *Developmental Psychology, 36,* 429–437.

O'Connor, T. G., Hetherington, E. M. & Reiss, D. (1998). Family systems and adolescent development: Shared and nonshared risk and protective factors in nondivorced and remarried families. *Development and Psychopathology, 10,* 353–375.

O'Connor, T. G., Rutter, M. (2000). Attachment disorder behavior following early severe deprivation: Extension and longitudinal follow-up. *Journal of the American Academy of Child and Adolescent Psychiatry, 39,* 703–712.

O'Connor, T. G., Rutter, M., Beckett, C., Keaveney, L., Kreppner, J. M. & The English and Romanian Adoptees Study Team. (2000). The effects of the global severe privation on cognitive competence: Extension and longitudinal follow-up. *Child Development, 71,* 376–390.

O'Reilly, A. W. & Bornstein, M. H. (1993). Caregiver-child interaction in play. In M. H. Bornstein & A. W. O'Reilly (Eds.), *The role of play in the development of thought* (New Directions for Child Development, No. 59). San Francisco: Jossey-Bass.

Oden, S. & Asher, S. R. (1977). Coaching children in social skills for friendship making. *Child Development, 48,* 498–506.

Okagaki, L. & Frensch, P. A. (1996). Effects of video game playing on measures of spatial performance: Gender effects in late adolescence In P. M. Greenfield & R. R. Cocking (Eds.), *Interacting with video* (pp.115–140). Norwood, NJ: Ablex.

Olds, D. L., Henderson, C. R. & Tatelbaum, R. (1986). Preventing abuse and child neglect: A randomized trial of nurse home visit. *Pediatrics, 78,* 65–78.

Oliner, S. P. & Oliner, P. M. (1988). *The altruistic personality: Rescuers of Jews in Nazi Europe.* New York: Free Press.

Ollendick, T. H., Weist, M. D., Borden, M. C. & Greene, R. W. (1992). Sociometric status and academic, behavioral, and psychological adjustment: A five-year longitudinal study. *Journal of Consulting and Clinical Psychology, 60,* 80–87.

Oller, D. K. & Eilers, R. E. (1988). The role of audition in infant babbling. *Child Development, 59,* 441–449.

Oller, D. K. & Pearson, B. Z. (2002). Assessing the effects of bilingualism. In D. K. Oller (Ed.), *Language and literacy in bilingual children.* Clevedon, UK: Multilingual Matters.

Olson, R. K., Forsberg, H. & Wise, B. (1994). Genes, environment, and the development of orthographic skills. In V. W. Berninger (Ed.), *The varieties of orthographic knowledge I: Theoretical and developmental issues.* Dordrecht: Kluwer.

Olson, S. L., Bates, J. E. & Kaskie, B. (1992). Caregiver-infant interaction antecedents of children's schoolage cognitive ability. *Merrill-Palmer Quarterly, 38,* 309–330.

Olson, S. L., Bates, J. E., Sandy J. M. & Lanthier, R. (2000). Early developmental precursors of externalizing behavior in middle childhood and adolescence. *Journal of Abnormal Child Psychology, 28,* 119–133.

Olson, S. L., Schilling, E. M. & Bates, J. E. (1999). Measurement of impulsivity: construct coherence, longitudinal stability, and relationship with externalizing problems in middle childhood and adolescence. *Journal of Abnormal Child Psychology, 27,* 151–165.

Olweus, D. (1979). Stability and aggressive reaction patterns in males: A review. *Psychological Bulletin, 86,* 852–875.

Olweus, D. (1994). Annotation: Bullying at school: Basic facts and effects of a school based intervention program. *Journal of Child Psychology and Psychiatry, 35,* 1171–1190.

Opfer, J. E. (2001). *Teleological action speaks louder than words: A microgenetic analysis of conceptual change in naive biology.* Poster, Biennial Meeting of the Cognitive Development Society, Virginia Beach, VA.

Opfer, J. E. & Gelman, S. A. (2001). Children's and adults' models of teleological action: The development of biology-based models. *Child Development, 72,* 1367–1381.

Orlofsky, J. L. (1978). Identity formation: Achievements and fear of success in college mean and women. *Journal of Youth and Adolescence, 7,* 49–62.

Ornstein, P. A. & Naus, M. J. (1985). Effects of the knowledge base on children's memory strategies. In H. W. Reese (Ed.), *Advances in child development and behavior* (Vol. 19). New York: Academic Press.

Ornstein, P. A., Shapiro, L. R., Clubb, P. A., Follmer, A. & Baker-Ward, L. (1997). The influence of prior knowledge on children's memory for salient medical experiences. In N. L. Stein, P. A. Ornstein, B. Tversky & C. Brainerd (Eds.), *Memory for everyday and emotional events.* Mahwah, NJ: Erlbaum

Osborne, L. (1999, October 24). A linguistic big bang. *The New York Times Magazine,* pp. 84–89.

Ostad, S. A. (1998). Developmental differences in solving simple arithmetic word problems and simple number-fact problems: A comparison of mathematically normal and mathematically disabled children. *Mathematical Cognition, 4,* 1–19.

Oster, H., Hegley, D. & Nagel, L. (1992). Adult judgments and fine-grained analysis of infant facial expressions: Testing the validity of a priory coding formulas. *Developmental Psychology, 28,* 1115–1131.

Otake, M. & Schull, W. J. (1984). In utero exposure to A-bomb radiation and mental retardation: A reassessment. *British Journal of Radiology, 57,* 409–414.

Overman, W. H., Pate, B. J., Moore, K. & Peleuster, A. (1996). Ontogeny of place learning in children as measured in the radial arm maze, Morris search task, and open field task. *Behavioral Neuroscience, 110,* 1205–1228.

Pacifici, C. & Bearison, D. J. (1991). Development of children's self-regulations in idealized and mother-child interactions. *Cognitive Development, 6,* 261–277.

Pagani, L., Tremblay, R. E., Vitaro, F., Kerr, M. & McDuff, P. (1998). The impact of family transition on the development of delinquency in adolescent boys: A 9-year longitudinal study. *Journal of Child Psychology and Psychiatry, 39,* 489–499.

Paley, V.G. (1981). *Wally's stories.* Cambridge, MA: Harvard University Press.

Palincsar, A. S. & Magnusson, S. J. (2001). The interplay of first-hand and text-based investigations to model and support the development of scientific knowledge and reasoning. In D. Klahr & S. Carver (Eds.), *Cognition and instruction: 25 years of progress.* Mahwah, NJ: Erlbaum.

Palmer, C. F. (1989). The discriminating nature of infants' exploratory actions. *Developmental Psychology, 25,* 885–893.

Palmer, E. J. & Hollin, C. R. (1998). A comparison of patterns of moral development in young offenders and non-offenders. *Legal and Criminological Psychology, 3,* 225–235.

Papert, S. (1996). *The connected family: Bridging the digital generation gap.* Atlanta: Longstreet Press.

Papini, D. R. & Sebby, R .A. (1988). Variations in conflictual family issues by adolescent pubertal status, gender, and family member. *Journal of Early Adolescence, 8,* 1–15.

Parke, R. D. (1996). *Fatherhood.* Cambridge, MA: Harvard University Press.

Parke, R. D. & Buriel, R. (1998). Socialization in the family: Ethnic and ecological perspectives. In W. Damon (Series Ed.) and N. Eisenberg (Vol. Ed.), *Social, emotional and personality development. Vol. 3. Handbook of child psychology* (pp. 463–553). New York: Wiley.

Parke, R. D. & Collmer, C. (1975). Child abuse: An interdisciplinary review. In E.M. Hetherington (Ed.), *Review of child development research* (Vol. 5). Chicago: University of Chicago Press.

Parke, R. D. & Kellam, S. (Eds.). (1994). *Advances in family research. Vol. 4. Family relationships with other social systems.* Hillsdale, NJ: Erlbaum.

Parke, R. D., O'Neil, R., Spitzer, S., Isley, S., Welsh, N., Wang, S. et al. (1997). A longitudinal assessment of sociometric stability and the behavioral correlates of children's social status. *Merrill-Palmer Quarterly, 43,* 635–662.

Parke, R. D. & Slaby, R. G. (1983). The development of aggression. In P. H. Mussen (Series Ed.) and E. M. Hetherington (Vol. Ed.), *Handbook of child psychology, Vol.4. Socialization, personality, and social development* (pp.547–641). New York: Wiley.

Parker, J. G. & Asher, S. R. (1987). Peer relations and later personal adjustment: Are low-accepted children at risk. *Psychological Bulletin, 102,* 357–389.

Parker, J. G. & Asher, S. R. (1993). Friendship and friendship quality in middle childhood: Links with peer group acceptance and feelings of loneliness and social dissatisfaction. *Developmental Psychology, 29,* 611–621.

Parker, J. G. & Gottman, J. M. (1989). Social and emotional development in a relational context. In R. J. Verndt & G. W. Ladd (Eds.), *Peer relationships in child development* (pp. 95–131). New York: Wiley.

Parker, J. G. & Herrera, C. (1996). Interpersonal processes in friendship: A comparison of maltreated and nonmaltreated children's experience. *Developmental Psychology, 32,* 1025–1038.

Parker, J. G., Rubin, K. H., Price, J. M. & DeRosier, M. E. (1995). Peer relationships, child development, and adjustment: A developmental psychopathology perspective. In D. Ciccetti & D. Cohen (Eds.), *Developmental psychopathology. Vol.2: risk, disorder, and adaptation* (pp. 96–161). New York: Wiley.

Parmelee, A. H., Sigman, M., Garbanati, J., Cohen, S., Beckwith, L. & Asarnow, R. (1994). Neonatal encephalographic organization and attention in early adolescence. In G. Dawson & K. W. Fischer (Eds.), *Human behavior and the developing brain* (pp. 537–554). New York Guilford Press.

Parritz, R. H. (1996). A descriptive analysis of toddler coping in challenging circumstances. *Infant Behavior and Development, 19,* 171–180.

Paschall, M. J. & Hubbard, M. L. (1998). Effects of neighborhood and family stressors on African American male adolescents' self-worth and propensity for violent behavior *Journal of Consulting and Clinical Psychology, 66,* 825–831.

Pascual-Leone, A., Cammarota, A., Wasserman, E. M., Brasil-Neto, J. P., Cohen, L. G. & Hallett, M. (1993). Modulation of motor cortical outputs to the reading hand of braille readers. *Annals of Neurology, 34,* 33–37.

Pastor, D. (1981). The quality of mother-infant attachment and its relationship to toddler's initial sociability with peers. *Developmental Psychology, 17,* 326–355.

Patterson, C. J. (1995a). Families of the lesbian baby boom: Parents' division of labor and children's adjustment. *Developmental Psychology, 31,* 115–123.

Patterson, C. J. (1995b). Lesbian and gay parenthood. In M. H. Bornstein (Ed.), *Handbook of parenting. Vol.3. Status and social conditions of parenting* (pp. 255–274). Mahwah, NJ: Erlbaum.

Patterson, C. J. (1997). Children of lesbian and gay parents. In T. H. Ollendick & R. J. Prinz (Eds.), *Advances in clinical child psychology* (Vol. 19) (pp. 235–282). New York: Plenum Press.

Patterson, C. J. & Chan, R. W. (1997). Gay fathers. In M. Lamb (Ed.), *The role of the father in child development* (3rd ed.) (pp. 245–260). New York: Wiley

Patterson, C. J., Fulcher, M. & Wainright, J. (2002). Children of lesbian and gay parents: Research, law and policy. In B. L. Bottoms, M. B. Kovera & B. D. McAuliff (Eds.), *Children, social science, and the law* (pp. 176–199). Cambridge, England: Cambridge University Press.

Patterson, C .J., Griesler, P. C., Vaden, N. A. & Kupersmidt, J. B. (1992). Family economic circumstances, life transitions, and children's peer relations. In R. D. Parke & G. W. Ladd (Eds.),

Family-peer relationships: Modes of linkage. Hillsdale, NJ: Erlbaum.

Patterson, C. J., Kupersmidt, J. B. & Griesler, P. C. (1990). Children's perceptions of self and of relationships with others as as function of sociometric status. *Child Development, 61,* 1335–1349.

Patterson, F. & Linden, E. (1981). *The education of Koko.* New York: Holt, Rinehart & Winston.

Patterson, G. R. (1982). *Coercive family processes.* Eugene, OR: Castilla Press.

Patterson, G. R. (1995). Coercion – A basis for early age of onset for arrest. In J. McCord (Ed.), *Coercion and punishment in long-term perspective* (pp.81–105). New York: Cambridge University Press.

Patterson, G. R., Capaldi, D. & Bank, L. (1991). An early starter model for predicting delinquency. In D. J. Pepler & K. H. Rubin (Eds.), *The development and treatment of childhood aggression* (pp.139–168). Hillsdale, NJ: Erlbaum.

Patterson, G. R., Reid, J. B. & Dishion, T. J. (1992). *A social learning approach: Vol.4. Antisocial boys.* Eugene, OR: Castalia Press.

Patteson, D. M. & Barnard, K. E. (1990). Parenting of low birth weight infants: A review of issues and interventions. *Infant Mental Health Journal, 11,* 37–56.

Pauen, S. (1999). *Are humans something special? Early differentiation within the animate domain.* Vortrag, Biennial Meeting of the Society for Research in Child Development, Alburquerque (NM).

Pauen, S. (2000). Early differentiation within the animate domain: Are humans something special? *Journal of Experimental Child Psychology, 75,* 134–151.

Pauen, S. (2002). Evidence for knowledge-based categorization in infancy. *Child Development, 73,* 116–133.

Pauen, S. & Träuble, B. (under review). Knowledge-based reasoning about the animate-inanimate distinction at 7 months of age. What makes the ball go round? *Science.*

Paulson, S. E. (1996). Maternal employment and adolescent achievement revisited: An ecological perspective. *Family Relations, 45,* 201–208.

Peake, P. K., Hebl, M. & Mischel, W. (2002). Strategic attention deployment for delay of gratification in working and waiting situations. *Developmental Psychology, 38,* 313–326.

Peake, P. K. & Mischel, W. (2000). *Adult correlates of preschool delay of gratification.* Unpublished data. Smith College, Northampton, MA.

Peal, E. & Lambert, W. E. (1962). The reaction of bilingualism to intelligence. *Psychological Monographs, 76* (546), 1–23.

Pearson, B. Z. & Fernández, S. C. (1994). Patterns of interaction in the lexical growth in two languages of bilingual infants and toddlers. *Language Learning, 44,* 617–653.

Pedersen, N. L., Plomin, R., Nesselroade, J. R. & McClearn, G. E. (1992). A quantitative genetic analysis of cognitive abilities during the second half of the life span. *Psychological Science, 3,* 346–353.

Pedersen, P. A. & Blass, E. M. (1982). Prenatal and postnatal determinants of the 1st suckling episode in albino rats. *Developmental Psychobiology, 15,* 349–355.

Pederson, D. R., Gleason, K. E., Moran, G. & Bento, S. (1998). Maternal attachment representations, maternal sensitivity, and the infant-mother attachment relationships. *Developmental Psychology, 34,* 925–933.

Pederson, D. R. & Moran, G. (1996). Expressions of attachment relationship outside of the Strange Situation. *Child Development, 67,* 915–927.

Pegg, J. E., Werker, J. F. & McLeod, P. J. (1992). Preference for infant-directed over adult-directed speech: Evidence from 7-week-old infants. *Infant Behavior and Development, 15,* 325–345.

Pelaez-Nogueras, M., Field, T. M., Hossain, Z. & Pickens, J. (1996). Depressed mothers' touching increases infants' positive affect and attention in still-face interactions. *Child Development, 67,* 1780–1792.

Pelham, W. E. & Hoza, B. (1996). Intensive treatment: A summer treatment program for children with ADHD. In E. D. Hibbs & P. S. Jensen (Eds.), *Psychosocial treatments for child and adolescent disorders: Empirically based strategies for clinical practice* (pp. 311–340). Washington, DC: American Psychological Association.

Pellegrini, A. D. & Smith, P. K. (1998). Physical activity play: The nature and function of a neglected aspect of play. *Child Development, 69,* 577–598.

Perner, J., Ruffman, T. & Leekham, S. R. (1994). Theory of mind is contagious: You catch it from your sibs. *Child Development, 65,* 1228–1238.

Perris, E. E. & Clifton, R. K. (1988). Reaching in the dark toward sound as a measure of auditory localization in infants. *Infant Behavior and Development, 11,* 473–492.

Perry, D. G. & Bussey, K. (1979). The social learning theory of sex differences: Imitation is alive and well. *Journal of Personality and Social Psychology, 37,* 1699–1712.

Perry, D. G. & Bussey, K. (1984). *Social development.* Upper Saddle River, NJ: Prentice-Hall.

Perry, D. G., Bussey, K. & Freiberg, K. (1981). Impact of adults' appeals for sharing on the development of altruistic dispositions in children. *Journal of Experimental Child Psychology, 32,* 127–138.

Perry, D. G., Perry, L. C. & Rasmussen, P. (1986). Cognitive social learning mediators of aggression. *Child Development, 57,* 700–711.

Perry, D. G., Perry, L. C. & Weiss, R. (1989). Sex differences in the consequences that children anticipate for aggression. *Developmental Psychology, 25,* 312–319.

Perry, M., Church, R. B. & Goldin-Meadow, S. (1988). Transitional knowledge in the acquisition of concepts. *Cognitive Development, 3,* 359–400.

Perry, M. & Elder, A. D. (1997). Knowledge in transition: Adults' developing understanding of a principle of physical causality. *Cognitive Development, 12,* 131–157.

Petersen, A. C., Compas, B. E., Brooks-Gunn, J., Stemmler, M., Ey, S. & Grant, K. E. (1993). Depression in adolescence. *American Psychologist, 48,* 155–168.

Petersen, A. C., Sarigiani, P. A. & Kennedy, R. E. (1991). Adolescent depression: Why more girls? *Journal of Youth and Adolescence, 20,* 247–271.

Peterson, C. L. & McCabe, A. (1988). The connective "and" as discourse glue. *First Language, 8,* 19–28.

Petitto, L. A., Holowka, S., Sergio, L. E. & Ostry, D. (2001). Language rhythms in baby hand movements. *Nature, 413,* 35–36.

Petitto, L. A. & Marentette, P. F. (1991). Babbling in the manual mode: Evidence for the ontogeny of language. *Science, 251,*1493–1496.

Pettit, G. S., Brown, E. G., Mize, J. & Lindsey, E. (1998). Mothers' and fathers' socializing behavior in three contexts: Links with children's peer competence. *Merrill-Palmer Quarterly, 44,* 173–193.

Pettit, G. S., Laird, R. D., Dodge, K. A., Bates, J. E. & Criss, M. M. (2001). Antecedents and behavior-problem outcomes of parental monitoring and psychological control in early adolescence. *Child Development, 72,* 583–598.

Phillips, A. T., Wellman, H. M., & Spelke, E. S. (2002). Infants' ability to connect gaze and emotional expression to intentional action. *Cognition, 85,* 53–78.

Phillips, S., King, S. & DuBois, L. (1978). Spontaneous activities of female versus male newborns. *Child Development, 49,* 590–597.

Phinney, J. S. (1993a). Multiple group identities: Differentiation, conflict, and integration. In J. Kroger (Ed.), *Discussions on ego identity* (pp.47–73). Hillsdale, NJ: Erlbaum.

Phinney, J.S. (1993b). A three-stage model of ethnic identiy development in adolescence. In M. E. Bernal & G. P. Knight (Eds.), *Ethnic identity: Formation and transmission among Hispanics and other minorities.*(pp. 61–79). Albany: State University of New York Press.

Phinney, J. S., Cantu, C. L. & Kurtz, D. A. (1997). Ethnic and American identity as predictors of self-esteem among African American, Latino, and White adolescents. *Journal of Youth and Adolescence, 26,* 165–185.

Phinney, J. S. & Kohatsu, E. L. (1997). Ethnic and American identity as predictors of self-esteem among African American, Latino, and White adolescents. *Journal of Youth and Adolescence, 26,* 165–185.

Piaget, J. (1946). *The development of children's concept of time.* Paris: Presses Universitaires de France.

Piaget, J. (1969). *Nachahmung, Spiel und Traum.* Stuttgart: Klett. [Original 1945: La formation du symbole chet l'enfant. Neuchâtel: Delachaux & Niestlé.]

Piaget, J. (1970). *Psychology and epistemology.* New York: W.W. Norton.

Piaget, J. (1973). *Einführung in die genetische Erkenntnistheorie.* Frankfurt/M.: Suhrkamp.

Piaget, J. (1974). *Die Bildung des Zeitbegriffs beim Kinde.* Frankfurt/M.: Suhrkamp. [Original: La genèse du temps chez l'enfant.]

Piaget, J. (1981). *Urteil und Denkprozeß beim Kind.* Frankfurt/M.: Ullstein. [Original 1928: Le jugement et le raisonnement chez l'enfant. Neuchâtel: Delachaux & Niestlé.]

Piaget, J. (1983). *Sprechen und Denken des Kindes.* Frankfurt/M.: Ullstein. [Original 1923: Le language et la pensée chez l'enfant.]

Piaget, J. (1990). *Das moralische Urteil beim Kinde.* München: dtv. (Original: 1932, *Le jugement moral chez l'enfant.* Paris: Alcan.)

Piaget, J. (1994. *Die Entwicklung des Zahlbegriffs beim Kinde.* Stuttgart: Klett-Cotta. [Original 1941: La genese du nombre chez l'enfant. Neuchâtel: Delachaux & Niestlé.]

Piaget, J. (1996). *Das Erwachen der Intelligenz beim Kinde.* Stuttgart: Klett-Cotta. [Original 1948: *La naissance de l'intelligence chez l'enfant.* Neuchâtel: Delachaux & Niestlé.)

Piaget, J. (1998). *Der Aufbau der Wirklichkeit beim Kinde.* Stuttgart: Klett-Cotta. [Original 1937: La construction du reel chez l'enfant.]

Piaget, J. & Inhelder, B. (1956). *The child's conception of space.* Atlantic Highlands, NJ: Humanities Press. [Wiederabdruck in H. E. Gruber & J. J. Voneche (Eds.), *The essential Piaget: An interpretive reference and guide* (pp. 576–642). New York: Basic Books.]

Piaget, J. & Inhelder, B. (1973). *Die Entwicklung der elementaren logischen Strukturen.* Düsseldorf: Schwann. [Original 1959: La genèse des structures logiques élémentaires: classifications et sériations. Neuchâtel: Delachaux & Niestlé.]

Pierroutsakos, S. L. & DeLoache, J. S. (2002). Why do infants grasp pictured objects? *Infancy, 3.*

Pilgrim, C., Luo, Q., Urberg, K. A. & Fang, Y. (1999). Influence of peers, parents, and individual characteristics on adolescent drug use in two cultures. *Merrill-Palmer Quarterly, 45,* 85–107.

Pilkington, N. W. & D'Augelli, A. R. (1995). Victimization of lesbian, gay, and bisexual youth in community settings. *Journal of Community Psychology, 23,* 33–56.

Pillow, B. H. (1988). The development of children's beliefs about the mental word. *Merrill-Palmer Quarterly, 34,* 1–32.

Pine, J. M. (1994). Environmental correlates of variation in lexical style and the structure of the input. *Applied Psycholinguistics, 15,* 355–370.

Pinker, S. (1996). *Der Sprachinstikt. Wie der Geist die Sprache bildet.* München: Kindler. [Original 1994: The language instinct: The new science of language and mind. Harmondsworth, Middlesex: Alan Lane, Penguin.]

Pinker, S. (1997). *How the mind works.* New York: W. W. Norton.

Platon (1977). *Werke in acht Bänden. Gesetze (Achter Band, zweiter Teil). Herausgegeben von Gunther Eigler.* Darmstadt: Wissenschaftliche Buchgesellschaft.

Plomin, R. (1990). *Nature and nurture.* Belmont, CA: Brooks/Cole.

Plomin, R. & Bergeman, C. S. (1991). The nature of nurture: Genetic influence on „environmental" measures. *Behavioral and Brain Sciences, 14,* 373–427.

Plomin, R., Corley, R., Caspi, A., Fulker, D. W. & DeFries, J. (1998). Adoption results for self-reported personality: Evidence for nonadditive genetic effects? *Journal of Personality and Social Psychology, 75,* 211–218.

Plomin, R., Corley, R., DeFries, J. C. & Fulker, D. W. (1990). Individual differences in television viewing in early childhood: Nature as well as nurture. *Psychological Science, 6,* 371–377.

Plomin, R. & Daniels, D. (1987). Why are children in the same family so different from each other? *Behavioral and Brain Sciences, 10,* 1–16.

Plomin, R., DeFries, J. C., McClearn, G. E. & Rutter, M. (1997). *Behavioral genetics* (3rd. ed). New York: Freeman.

Plumert, J. M. (1995). Relation between children's overestimation of their physical abilities and accident proneness. *Developmental Psychology, 31,* 866–876.

Podd, M. H., Marcia, J. E. & Rubin, B. M. (1970). The effects of ego identity and partner perception on a prisoner's dilemma game. *Journal of Social Psychology, 82,* 117–126.

Polka, L. & Werker, J. F. (1994). Developmental changes in perception of non-native vowel contrasts. *Journal of Experimen-*

tal *Psychology: Human Perception and Performance, 20,* 421–435.

Pollak, S. D., Cicchetti, D., Klorman, R. & Brumaghim, J. T. (1997). Cognitive brain event-related potentials and emotion processing in maltreated children. *Child Development, 68,* 773–787.

Pollitt, E., Golub, M., Grantham-McGregor, S., Levitsky, D., Schurch, B., Strupp, B. & Wachs, T. (1996). A reconceptualization of the effects of undernutrition on children's biological, psychosocial, and behavioral development. *SRCD Social Policy Report, 10*(5), 1–21.

Pollitt, E., Gorman, K. S., Engle, P., Martorell, R. & Rivera, J. (1993). Early supplementary feeding and cognition: Effects over two decades. *Monographs of the Society for Research in Child Development, 58* (7, Serial No. 238), 1–99.

Pomerleau, A., Bolduc, D., Malcuit, G. & Cossette, L. (1990). Pink or blue: Environmental gender stereotypes in the first two years of life. *Sex Roles, 22,* 359–367.

Poole, D. A. & Lindsay, D. S. (1995). Interviewing preschoolers: Effects of nonsuggestive techniques, parental coaching, and leading questions on reports of nonexperienced events. *Journal of Experimental Child Psychology, 60,* 129–154.

Popkin, B. M. & Doan, R. M. (1990). Women's roles, time allocation and health. In J. Caldwell, S. Fildey, P. Caldwell, G. Santow, W. Cosford, J.Braid & D. Broers-Freeman (Eds.), *What we know about health transition: The Cultural, social, and behavioral determinants of health transition* (Vol. 2) (pp. 683–706). Canberra: Australian National University Press.

Porges, S. W. (1991). Vagal tone: An autonomic mediator of affect. In J. Garber & K. A. Dodge (Eds.), *The development of emotion regulation and dysregulation* (pp. 111–128). Cambridge, England: University of Cambridge Press.

Porges, S. W., Doussard-Roosevelt, J. A. & Maiti, A. K. (1994). Vagal tone and the physiological regulation of emotion. *Monographs of the Society for Research in Child Development, 59* (2–3, Serial No. 240), 167–186.

Porter, R. H., Makin, J. W., Davis, L. B. & Christensen, K. M. (1991). An assessment of the salient olfactory environment of formula-fed infants. *Physiology & Behavior, 50,* 907–911.

Porter, R. H., Makin, J. W., Davis, L. B. & Christensen, K. M. (1992). Breast-fed infants respond to olfactory cues from their own mother and unfamiliar lactating females. *Infant Behavior & Development, 15,* 85–93.

Posada, G., Jacobs, A., Carbonell, O., Azate, G., Bustemante, M. & Arenas, A. (1999). Maternal care and attachment security in ordinary emergency contexts. *Developmental Psychology, 35,* 1379–1388.

Posner, M. I., Rothbart, M. K., Farah, M. & Bruer, J. (Eds.). (2001). The developing human brain [Special issue]. *Developmental Science, 4*(3).

Poston, D. L., Jr. & Falbo, T. (1990). Academic performance and personality traits of Chinese children: "Onlies" versus others. *American Journal of Sociology, 96,* 433–451.

Poulin, F., Cillessen, A. H. N., Hubbard, J. A., Coie, J. D., Dodge, K. A. & Schwartz, D. (1997). Children's friends and behavioral similarity in two social contexts. *Social Development, 6,* 224–236.

Poulin-Dubois, D. (1999). Infants' distinction between animate and inanimate objects: The origins of naive psychology. P. Rochat (Ed.), *Early social cognition: Understanding others in the first months of life* (pp. 257–280). Mahwah, NJ: Erlbaum.

Powell, G. F., Brasel, J. A. & Blizzard, R. M. (1967). Emotional deprivation and growth retardation simulating idiopathic hypopituitarism: I. Clinical evaluation of the syndrome. *New England Journal of Medicine, 276,* 1272–1278.

Powlishta, K. K., Serbin, L. A. & Moller, L. C. (1993). The stability of individual differences in gender typing: Implications for understanding gender segregation. *Sex Roles, 29,* 723–737.

Pratt, M. W., Kerig, P., Cowan, P. A. & Cowan, C. P. (1988). Mothers and fathers teaching 3-year-olds: Authoritative parenting and adult scaffolding of young children's learning. *Developmental Psychology, 24,* 832–839.

Pressley, M., El-Dinary, P. B., Stein, S., Marks, M. B. & Brown, R. (1992). Good strategy instruction is motivating and interesting. In A. Renninger, S. Hiddi & A. Krapp (Eds.), *The role of interest in learning and development* (pp. 333–358). Mahwah, NJ: Erlbaum.

Pressley, M., Levin, J. R. & McDaniel, M. A. (1987). Remembering versus inferring what a word means: Mnemonic and contextual approaches. In M. G. McKeown & M. E. Curtis (Eds.), *The nature of vocabulary acquisition* (pp. 107–128). Cambridge, MA: MIT Press.

Putallaz, M. (1983). Predicting children's sociometric status from their behavior. *Child Development, 54,* 1417–1426.

Querleu, D., Renard, Y., Boutteville, C. & Crèpin, G. (1989). Hearing by the human fetus? *Seminars in Perinatology, 13*(5), 409–420.

Quiggle, N. L., Garber, J., Panak, W. F. & Dodge, K. A. (1992). Social information processing in aggressive and depressed children. *Child Development, 63,* 1305–1320.

Quine, W. V. O. (1960). *Word and object.* Cambridge, England: Cambridge University Press.

Quinn, P. C. & Eimas, P. D. (1996). Peceptual organization and categorization. In C. Rovee-Collier & L. P. Lipsitt (Eds.), *Advances in infancy research: Vol. 10* (pp. 1–36). Norwood, NJ: Ablex.

Quinn, P. C., Johnson, M. H., Mareschal, D., Rakison, D. H. & Younger, B. A. (2000). Understanding early categorization: One process or two? *Infancy, 1,* 111–122.

Radke-Yarrow, M. & Kochanska, G. (1990). Anger in young children. In N. L. Stein, B. Leventhal & T. Trabasso (Eds.), *Psychological and biological approaches to emotion* (pp. 297–310). Hillsdale, NJ: Erlbaum.

Radke-Yarrow, M. & Zahn-Waxler, C. (1984). Roots, notices, and patterns in children's prosocial behavior. In E. Staub, D. Bar-Tal, J. Karylowski & J. Reykowski (Eds.), *Development and maintenance of prosocial behavior: International perspectives on positive behavior* (pp. 81–99). New York: Plenum Press.

Radziszewska, B. & Rogoff, B. (1988). Influence of adult and peer collaborators on the development of children's planning skills. *Developmental Psychology, 24,* 840–848.

Rafferty, Y. & Shinn, M. (1991). The impact of homelessness on children. *American Psychologist, 46,* 1170–1179.

Ragozin, A. S., Basham, R. B., Crnic, K. A., Greenberg, M. T. & Robinson, N. M. (1982). Effects of maternal age on parenting roles. *Developmental Psychology, 18,* 627–634.

Rakic, P. (1995). Corticogenesis in human and nonhuman primates. In M. S. Gazzaniga (Ed.), *The cognitive neurosciences* (pp. 127–145). Cambridge, MA: MIT Press.

Rakison, D. H. & Butterworth, G. (1998). Infants' use of parts in early categorization. *Developmental Psychology, 34,* 49–62.

Rakison, D. H. & Poulin-Dubois, D. (2001). The developmental origin of the animate-inanimate distinction. *Psychological Bulletin, 2,* 209–238.

Ramey, C. T. & Campbell, F. A. (1992). Poverty, early childhood education, and academic competence: The Abecedarian experiment. In A. C. Huston (Ed.), *Children in poverty: Child development and public policy.* Cambridge, England: Cambridge University Press.

Ramey, C. T., Campbell, F. A., Burchinal, M., Skinner, M. L., Gardner, D. M. & Ramey, S. L. (2000). Persistent effects of early childhood education on high-risk children and their mothers. *Applied Developmental Science, 4,* 2–14.

Ramey, C. T., Yeates, K. O. & Short, E. J. (1984). The plasticity of cognitive performance: Insights from preventive intervention. *Child Development, 55,* 1913–1925.

Ratner, N. & Bruner, J. S. (1978). Games, social exchange and the acquisition of language. *Journal of Child Language, 5,* 391–401.

Rayner, K. & Pollatsek, A. (1989). *The psychology of reading.* Englewood Cliffs, NJ: Prentice-Hall.

Reardon, P. & Bushnell, E. W. (1988). Infants' sensitivity to arbitrary pairings of color and taste. *Infant Behavior and Development, 11,* 245–250.

Reed, M. A., Pien, D. P. & Rothbart, M. K. (1984). Inhibitory self-control in preschool children. *Merrill-Palmer Quarterly, 30,* 131–147.

Reese, E. & Fivush, R. (1993). Parental styles of talking about the past. *Developmental Psychology, 29,* 596–606.

Reinisch, J. M. & Sanders. S. A. (1992). Prenatal hormonal contributions to sex differences in human cognitive and personality development. In A. A. Gerall, M. Moltz & I. I. Ward (Eds.), *Sexual differentiation: Vol. 11. Handbook of behavioral neurobiology* (pp. 221–243). New York: Plenum Press.

Reissland, N. (1985). The development of concepts of simultaneity in children's understanding of emotions. *Journal of Child Psychology and Psychiatry, 26,* 811–824.

Rende, R. & Plomin, R. (1995). Nature, nurture, and the development of psychopathology. In D. Ciccetti & D. J. Cohen (Eds.), *Developmental psychopathology. Vol.1 Theory and methods* (pp. 291–314). New York: Wiley.

Renken, B., Egeland, B., Marvinney, D., Sroufe, L. A. & Mangelsdorf, S. (1989). Early childhood antecedents of aggression and passive-withdrawal in early elementary school. *Journal of Personality, 57,* 257–281.

Rescorla, L. A. (1980). Overextention in early language. *Journal of Child Language, 7,* 321–335.

Rest, J. R. (1979). *Development in judging moral issues.* Minneapolis: University of Minnesota Press.

Rest, J. R. (1983). Morality. In P. Mussen (Ed.). , *Handbook of child psychology. Vol. 3. Cognitive development* (pp. 556–629). New York: Wiley.

Reynolds, A. J., Mavrogenes, M. A., Bezruczko, M. & Hagemann, M. (1996). Cognitive and family-support mediators of preschool effectiveness: A confirmatory analysis. *Child Development, 67,* 1119–1140.

Rheingold, H. L. (1982). Little children's participation in the work of adults, a nascent prosocial behavior. *Child Development, 53,* 114–125.

Rheingold, H. L. & Cook, K. (1975). The contents of boys' and girls' rooms as an index of parents' behavior. *Child Development, 46,* 459–463.

Rheingold. H. L. & Eckerman, C. O. (1970). The infant separates himself from his mother. *Science, 168,* 78–90.

Ricard, M. & Allard, L. (1993). The reaction of 9- to 10-month-old infants to an unfamiliar animal. *Journal of Genetic Psychology, 154,* 5–16.

Riccio, C. A., Hynd, G. W., Cohen, M. J. & Gonzalez, J. J. (1993). Neurological basis of attention deficit hyperactivity disorder. *Exceptional Children, 60,* 118–124.

Richards, D. D. & Siegler, R. S. (1984). The effects of task requirements on children's life judgments. *Child Development, 55,* 1686–1696.

Richards, M. H., Crowe, P. A., Larson, R. & Swarr, A. (1998). Developmental patterns and gender differences in the experience of peer companionship during adolescence. *Child Development, 69,* 154–163.

Richman, C. L., Berry, C., Bittle, M. & Himan, M. (1988). Factors related to helping behavior in preschool-age children. *Journal of Applied Developmental Psychology, 9,* 151–165.

Ridderinkhof, K. R. & Molen, M. W. (1997). Mental resources, processing speed, and inhibitory control: A developmental perspective. *Biological Psychology, 45,* 241–261.

Roberts, D. F., Foehr, U. G., Rideout, V. J. & Brodie, M. (1999). *Kids and media at the new millennium.* Menlo Park, CA: Kaiser Family Foundation.

Roberts, R. E., Phinney, J. S., Masse, L. C., Chen, Y. R., Roberts, C. R. & Romero, A. (1999). The structure of ethnic identity of young adolescents from diverse ethnocultural groups. *Journal of Early Adolescence, 19,* 301–322.

Robertson, J & Robertson, J. (1971). *Young children in brief separation: Thomas, 2 years 4 months, in fostercare for 10 days* [Film]. London: Tavistock Institute of Human Relations.

Robertson, S. S. (1990). Temporal organization in fetal and newborn movement. In H. Bloch & B. I. Bertenthal (Eds.), *Sensory-motor organizations and development in infancy and early childhood* (pp. 105–122). Dordrecht, The Netherlands: Kluwer Academic Publishers.

Robin, D. J., Berthier, N. E. & Clifton, R. K. (1996). Infants' predictive reaching for moving objects in the dark. *Developmental Psychology, 32,* 824–835.

Robinson, C. C. & Morris, J. T. (1986). The gender-stereotyped nature of Christmas toys received by 38-, 48-, and 60-month-old-children: A comparison between nonrequested vs. requested toys. *Sex Roles, 15,* 21–32.

Robinson, J. L., Kagan, J., Reznick, J. S. & Corley R. (1992). The heritability of inhibited behavior. A twin study. *Developmental Psychology, 28,* 1030–1037.

Robinson, J. L., Zahn-Waxler, C. & Emde, R. N. (1994). Patterns of development in early empathic behavior: Environmental and child constitutional influences. *Social Development, 3,* 125–145.

Robinson, N. M. & Robinson, H. B. (1992). The use of standardized tests with young gifted children. In P. S. Klein & A. Tannenbaum (Eds.), *To be young and gifted* (pp. 141–170). Norwood, NJ: Ablex.

Rochat, P. (1989). Object manipulation and exploration in 2- to 5- month-old infants. *Developmental Psychology, 25,* 871–884.

Rochat, P. (1992). Self-sitting and reaching in 5- to 8-month-old infants: The impact of posture and its development on early eye-hand coordination. *Journal of Motor Behavior, 24,* 210–220.

Rochat, P. & Goubet, N. (1995). Development of sitting and reaching in 5- to 6-month-old infants. *Infant Behavior and Development, 18,* 53–68.

Rochat, P. & Morgan, R. (1995). Spatial determinants in the perception of self-produced leg movements by 3- to 5-month-old infants. *Developmental Psychology, 31,* 626–636.

Rochat, P. & Striano, T. (2002). Who's in the mirror? Self-other discrimination in specular images by four-and nine-month-old infants. *Child Development, 73,* 35–46.

Rodgers, B., Power, C. & Hope, S. (1997). Parental divorce and adult psychological distress: Evidence from am national birth cohort: A research note. *Journal of Child Psychology and Psychiatry, 38,* 867–872.

Rodkin, P. C., Farmer, T. W., Pearl, R. & Van Acker, R. (2000). Heterogeneity of popular boys: Antisocial and prosocial configurations. *Developmental Psychology, 36,* 14–24.

Rodriguez, M. L., Mischel, W. & Shoda, Y. (1989). Cognitive person variables in the delay of gratification of older children at risk. *Journal of Personality and Social Psychology, 57,* 358–367.

Röber-Siekmeyer, C. (2004). Schrifterwerb. In K. Knapp, G. Antos, M. Becker-Mrotzek, A. Deppermann, S. Göpferich, J. Grabowski, M. Klemm & C. Villiger (Hrsg.), *Angewandte Linguistik* (S. 5–25). Tübingen: Narr.

Roebers, C. M. (2002). Confidence judgments in children's and adults' event recall and suggestibility. *Developmental Psychology, 38,* 1052–1067.

Roffwarg, H. P., Muzio, J. N. & Dement, W. C. (1966). Ontogenetic development of the human sleep-dream cycle. *Science, 152,* 604–619.

Rogers, F. (1996). *Dear Mr. Rogers, does it ever rain in your neighborhood? Letters to Mister Rogers.* New York: Penguin Books.

Rogoff, B. (1990). *Apprenticeship in thinking.* New York: Oxford University Press.

Rogoff, B. (1998). Cognition as a collaborative process. In W. Damon (Series Ed.) and D. Kuhn & R. S. Siegler (Vol. Eds.), *Handbook of child psychology: Vol. 2. Cognition, perception, and language* (5th ed.) (pp. 679–744). New York: Wiley.

Rogosch, F. Cicchetti, D. & Aber, J. L. (1995). The role of child maltreatment in early deviations in cognitive and affective processing abilities and later relationship problems. *Development and Psychopathology, 7,* 591–609.

Rohner, R. P. (1975). *They love me, they love me not.* HRAF Press.

Rommetveit, R. (1985). Language acquisition as increasing linguistic structuring of experience and symbolic behavior control. In J. V. Wertsch (Ed.), *Culture, communication, and cognition: Vygotskian perspectives* (pp. 183–204.) Cambridge, England: Cambridge University Press.

Roopnarine, J. L. (1986). Mothers' and fathers' behaviors toward the toy play of their infant sons and daughters. *Sex Roles, 14,* 59–68.

Roopnarine, J. L. & Hossain, Z. (1992). Parent-child interaction patterns in urban Indian families in New Delhi: Are they changing? In J. L. Roopnarine & D. B. Carter (Eds.), *Parent-child socialization in diverse cultures. Annual advances in applied developmental psychology.* (Vol. 5) (pp. 1–16.). Norwood, NJ: Ablex Publishing.

Roopnarine, J. L., Lu, M. & Ahmeduzzaman, M. (1989). Parental reports of early patterns of caregiving play and discipline in India and Malaysia. *Early Child Development and Care, 50,* 109–120.

Rosch, E., Mervis, C. B., Gray, W. D., Johnson, D. M. & Boyes-Braem, P. (1976). Basic objects in natural categories. *Cognitive Psychology, 8,* 382–439.

Rose, J. S., Chassin, L., Presson, C. C. & Sherman, S. J. (1999). Peer influences on adolescent cigarette smoking: A prospective sibling analysis. *Merrill-Palmer Quarterly, 45,* 62–84.

Rose, S. A. & Feldman, J. F. (1995). Prediction of IQ and specific cognitive abilities at 11 years from infancy measures. *Developmental Psychology, 31,* 531–539.

Rose, S. A. & Feldman, J. F. (1997). Memory and speed: Their role in the relation of infant information processing to later IQ. *Child Development, 68,* 630–641.

Rosen, W. D., Adamson, L. B. & Bakeman, R. (1992). An experimental investigation of infant social referencing: Mothers' messages and gender differences. *Developmental Psychology, 28,* 1172–1178.

Rosenberg, M. (1979). *Conceiving the self.* New York: Basic Books.

Rosengren, K. S., Gelman, S. A., Kalish, C. W. & McCormick, M. (1991). As time goes by: Children's early understanding of growth in animals. *Child Development, 62,* 1302–1320.

Rosengren, K. S. & Hickling, A. K. (1994). Seeing is believing: Children's explorations of commonplace, magical, and extraordinary transformation. *Child Development, 65,* 1605–1626.

Rosengren, K. S., Kalish, C. W., Hickling, A. K. & Gelman, S. A. (1994). Exploring the relation between preschool children's magical beliefs and causal thinking. *British Journal of Developmental Psychology, 12,* 69–82.

Rosenshine, B. & Meister, C. (1994). Reciprocal teaching: A review of nineteen experimental studies. *Review of Educational Research, 64,* 479–530.

Rosenstein, D. & Oster, H. (1988). Differential facial responses to four basic tastes in newborns. *Child Development, 59,* 1555–1568.

Ross, H. S. & Lollis, S. (1989). A social relations analysis of toddler peer relations. *Child Development, 60,* 1082–1091.

Rossi, A. S. (1977). A biosocial perspective on parenting. *Daedalus, 106,* 1–31.

Rotenberg, K. & Eisenberg, N. (1997). Developmental differences in the understanding of and reaction to others' inhibition of emotional expression. *Developmental Psychology, 33,* 526–537.

Rothbart, M. K. & Bates, J. E. (1998). Temperament. In W. Damon (Series Ed.) and N. Eisenberg (Vol. Ed.), *Handbook of child psychology: Vol. 3 Social, emotional, and personality development* (5th ed.) (pp105–176). New York: Wiley.

Rothbarth, M. K., Ahadi, S. A. & Evans, D. E. (2000). Temperament and personality: Origins and outcomes. *Journal of Personality and Social Psychology, 78,* 122–135.

Rothbarth, M. K., Derryberry, D. & Hershey, K. (2000). Stability of temperament in childhood: Laboratory infant assessment to parent report at seven years. In V. J. Molfese & D. L. Molfese (Eds.), *Temperament and personality development across the life span* (pp. 85–119). Hillsdale, NJ: Erlbaum.

Rothbaum, F. & Weisz, J. R. (1994). Parental caregiving and child externalizing behavior in nonclinical samples: A meta-analysis. *Psychological Bulletin, 116,* 55–74.

Rothbaum, F., Pott, M., Azuma, H., Miyake, K. & Weisz, J. (2000). The development of close relationships in Japan and the United States: Paths of symbiotic harmony and generative tension. *Child Development, 71,* 1121–1142.

Rotheram, M. J. & Phinney, J. S. (1987). Introduction: Definitions and perspectives in the study of children's ethnic socialization. In J. S. Phinney & M. J. Rotheram (Eds.), *Children's ethnic socialization* (pp. 10–28). Newbury Park: CA: Sage.

Rotheram-Borus, M. J. & Langabeer, K. A. (2001). Developmental trajectories of gay, lesbian, and bisexual youths. In A. R. D'Augelli & C. Patterson (Eds.), *Lesbian, gay and bisexual identities among youth: Psychological perspectives* (pp. 97–128). New York: Oxford University Press.

Rovee-Collier, C. (1997). Dissociations in infant memory: Rethinking the development of implicit and explicit memory. *Psychological Review, 104,* 467–498.

Rowe, D. C. (1994). *The limits of family influence: Genes, experience, and behavior.* New York: Guilford Press.

Rubenstein, A. J., Kalakanis, L. & Langlois, J. H. (1999). Infant preferences for attractive faces: A cognitive explanation. *Developmental Psychology, 35,* 848–855.

Rubin, K. B., Bukowski, W. & Parker, J. G. (1998). Peer interactions, relationships, and groups. In W. Damon (Series Ed.) and N. Eisenberg (Vol. Ed.), *Handbook of Child Psychology: Vol. 3. Social, emotional, and personality development* (5th ed.). New York: Wiley.

Rubin, K. H., Chen, X., McDougall, P., Bowker, A. & McKinnon, J. (1995). The Waterloo Longitudinal Project: Predicting internalizing and externalizing problems in adolescence. *Development and Psychopathology, 7,* 751–764.

Rubin, K. H., Lynch, D., Coplan, R., Rose-Krasnor, L. & Booth, C. L. (1994). "Birds of a feather...": Behavioral concordances and preferential personal attraction in children. *Child Development, 65,* 1778–1785.

Rubin, K. H., Nelson, L. J., Hastings, P. & Asendorpf, J. (1999). The transaction between parents' perceptions of their children's shyness and their parenting styles. *International Journal of Behavioral Development, 23,* 937–957.

Ruble, D. N. & Flett, G. L. (1988). Conflicting goals in self-evaluative information seeking: Developmental and ability level analyses. *Child Development, 59,* 97–106.

Ruble, D. N. & Frey, K. S. (1991). Changing patterns of comparative behavior as skills are acquired. A functional model of self-evaluation. In J. Suls & T. A. Wills (Eds.), *Social comparison: Contemporary theory and research* (pp. 70–112). Hillsdale, NJ: Erlbaum.

Ruble, D. N., Grosovsky, E. H., Frey, K. S. & Cohen, R. (1992). Developmental changes in competence assessment. In A. K. Boggiano & T. S. Pittman (Eds.), *Achievement and motivation: A social developmental perspective.* New York: Cambridge University Press.

Ruble, D. N. & Martin, C. L. (1998). Gender development. In M. Eisenberg (Ed.), *Handbook of child psychology: Vol. 3, Social emotional, and personality development* (5th ed.) (pp. 933–1016.). New York: Wiley.

Rudolph, L. D., Dennig, M. D. & Weisz, J. R. (1995). Determinants and consequences of children's coping in the medical setting: Conceptualization, review, and critique. *Psychological Bulletin, 118,* 328–357.

Rueter, M. A. & Conger, R. D. (1998). Reciprocal influences between parenting and adolescent problem-solving behavior. *Developmental Psychology, 34,* 1470–1482.

Ruff, H. A. (1986). Components of attention during infants' manipulative exploration. *Child Development, 57,* 105–114.

Ruffman, T., Perner, J., Naito, M., Parkin, L. & Clements, W. A. (1998). Older (but not younger) siblings facilitate false belief understanding. *Developmental Psychology, 34,* 161–174.

Rumelhardt, D. E. & McClelland, J. L. (1986). On learning the past tense of English verbs. In J. L. McClelland, D. E. Rumelhardt & the PDP Research Group (Eds.), *Parallel distributed processing: Explorations in the microstructure of cognition: Vol. 2. Psychological and biological models.* Cambridge. MA: Bradford Books /MIT Press.

Rushton, J. P. (1975). Generosity in children: Immediate and long term effects of modeling, preaching, and moral judgment. *Journal of Personality and Social Psychology, 31,* 459–466.

Rushton, J. P., Fulker, D. W., Neale, M. C., Nias, D. K. B. & Eysenck, H. J. (1986). Altruism and aggression: The heritability of individual differences. *Journal of Personality and Social Psychology, 50,* 1192–1198.

Russell, A. & Finnie, V. (1990). Preschool children's social status and maternal instructions to assist group entry. *Developmental Psychology, 26,* 603–611.

Russell, A., Pettit, G. S. & Mize, J. (1998). Horizontal qualities in parent-child relationships: Parallels with and possible consequences for children's peer relationships. *Developmental Review, 18,* 313–352.

Russell, G. & Russell, A. (1987). Mother-child and father-child relationships in middle childhood. *Child Development, 58,* 1573–1585.

Russell, J. A. & Bullock, M. (1986). On dimensions preschoolers use to interpret facial expressions of emotion. *Developmental Psychology, 22,* 97–102.

Rutter, M. (1979). Protective factors in children's responses to stress and disadvantage. In M. W. Kent & J. E. Rolf (Eds.), *Primary prevention of psychopathology: Social competence in children* (Vol.3). Hanover: University of New England.

Rutter, M. (1987). Psychosocial resilience and protective mechanisms. *American Journal of Orthopsychiatry, 57,* 316–331.

Rutter, M. & The English and Romanian Adoptees Study Team. (1998). Developmental catch-up, and deficit, following adoption after severe global early privation. *Journal of Child Psychology and Psychiatry, 39,* 465–476.

Rymer, R. (1993). *Genie: An abused child's flight from silence.* New York: HarperCollins.

Saarni, C. (1979). Children's understanding of display rules for expressive behavior. *Developmental Psychology, 15,* 424–429.

Saarni, C. (1984). An observational study of children's attempts to monitor their expressive behavior. *Child Development, 55,* 1504–1513.

Saarni, C. (1990). Emotional competence: How emotions and relationships become integrated. In R. A. Thompson (Ed.), *Socioemotional development* (pp. 115–182). Lincoln, NE: University of Nebraska Press.

Saarni, C., Mumme, D. L. & Campos, J. J. (1998). Emotional development: Action, communication, and understanding. In W. Damon (Series Ed.) and N. Eisenberg (Vol. Ed.), *Handbook of child psychology: Vol. 3. Social, emotional, and personality development* (5th ed.) (pp. 239–309). New York: Wiley.

Saarnio, D. A., Oka, E. R. & Paris, S. G. (1990). Developmental predictors of children's reading comprehension. In T. H. Carr & V. A. Levy (Eds.), *Reading comprehension difficulties: Processes and intervention.* Mahwah, NJ: Erlbaum.

Sabongui, A. G., Bukowski, W. M. & Newcomb, A. F. (1998). The peer ecology of popularity: The network embeddedness of a child's friend predicts the child's subsequent popularity. In W. M. Bukowski & A. H. Cillessen (Eds.), *Sociometry then and now: Building on six decades of measuring children's experiences with the peer group* (pp. 83–91). San Francisco, CA: Jossey-Bass.

Sachs, J. & Devin, J. (1976). Young children's use of age appropriate speech styles in social interaction and role-playing. *Journal of Child Language, 3,* 81–98.

Sadker, M & Sadker, D. (1994). *Failing at fairness: How America's schools cheat girls.* New York: Scribner.

Saffran, J. R., Aslin, R. N. & Newport, E. L. (1996). Statistical learning by 8-month-old-infants. *Science, 274,* 1926–1928.

Saffran, J. R., Johnson, E. K., Aslin, R. N. & Newport, E. L. (1999). Statistical learning of tone sequences by human infants and adults. *Cognition, 70,* 27–52.

Sakurai, S. (1983). Development of the Japanese version of Harter's Perceived Competence Scale for Children. *Japanese Journal of Educational Psychology, 31,* 245–249.

Salapatek, P. & Kessen, W. (1966). Visual scanning of triangles by the human newborn. *Journal of Experimental Child Psychology, 3,* 155–167.

Salzinger, S. Feldman, R. S., Ng-Mak, D. S., Mojica, E. & Stockhammer, T. F. (2001). The effect of physical abuse on children's social and affective status: A model of cognitive and behavioral processes explaining the association. *Developmental and Psychopathology, 13,* 805–825.

Samaniego, R. Y. & Gonzales, N. A. (1999). Multiple mediators of the effects of acculturation status on delinquency for Mexican American adolescents. *American Journal of Community Psychology, 27,* 189–210.

Sameroff, A. J. (1986). Environmental context of child development. *Journal of Pediatrics, 109,* 102–200.

Sameroff, A. J. & Chandler, M. J. (1975). Reproductive risk and the continuum of caretaking casualty. In F. Horowitz (Ed), *Review of child development research* (Vol.4). Chicago: University of Chicago Press.

Sameroff, A. J., Seifer, R., Baldwin, A. & Baldwin, C. (1993). Stability of intelligence from preschool to adolescence: The influence of social and family risk factors. *Child Development, 64,* 80–97.

Sameroff, A. J., Seifer, R., Zax, M. & Barocas, R. (1987). Early indicators of developmental risk: The Rochester Longitudinal Study. *Schizophrenia Bulletin, 13,* 383–394.

Sampa, A. (1997). Street children of Lusaka. "A case of the Zambia Red Cross drop-in centre." *Journal of Psychology in Africa; South of the Sahara, the Caribbean and Afro-Latin-America, 2,* 1–23.

Sampson, R. J. & Laub, J. H. (1994). Urban poverty and the family context of delinquency: A new look at structure and process in a classic study. *Child Development, 65,* 523–540.

Sandman, C. A., Wadhwa, P., Hetrick, W., Porto, M. & Peeke, H. V. S. (1997). Human fetal heart rate dishabituation between thirty and thirty-two weeks gestation. *Child Development, 68,* 1031–1040.

Santrock, John. (1998). *Child development.* New York: McGraw-Hill.

Saudino, K. J. & Eaton, W. O. (1991). Infant temperament and genetics: An objective twin study of motor activity level. *Child Development, 62,* 1167–1174.

Saudino, K., McGuire, S., Reiss, D., Hetherington, E. M. & Plomin, R. (1995). Parent ratings of EAS temperaments in twins, full siblings, half siblings, and step siblings. *Journal of Personality and Social Psychology, 68,* 723–733.

Savage-Rumbaugh, E. S., Murphy, J., Sevcik, R. A., Brakke, K. E., Williams, S. L. & Rumbaugh, D. M. (1993). Language comprehension in ape and child. *Monographs of the Society for Research in Child Development, 58* (3–4, Serial No. 233).

Savin-Williams, R. C. (1994). Verbal and physical abuse as stressors in the lives of lesbian, gay male, and bisexual youths: Associations with school problems, running away, substance abuse, prostitution, and suicide. *Journal of Consulting and Clinical Psychology, 62,* 261–269.

Savin-Williams, R. C. (1996). Self-labeling and disclosure among gay, lesbian, and bisexual youths. In J. Laird & R-J. Green (Eds.), *Lesbians and gays in couples and families* (pp. 153–182). San Francisco: Jossey-Bass.

Savin-Williams, R. C. (1998a). *"…And then I became gay": Young men's stories.* New York: Routledge.

Savin-Williams, R. C.(1998b). The disclosure to families of same-sex attractions by lesbian, gay, and bisexual youths. *Journal of Research on Adolescence, 8,* 49–68.

Savin-Williams, R. C. (2001). *Mom, Dad, I'm gay: How families negotiate coming out.* Washington, DC: American Psychological Association Press.

Savin-Williams, R. C. & Diamond, L. M. (2000). Sexual identity trajectories among sexual-minority youths: Gender comparisons. *Archives of Sexual Behavior, 29,* 419–440.

Saxe, G. B., Guberman, S. R. & Gearhart, M. (1987). Social processes in early number development. *Monographs of the Society for Research in Child Development, 52* (2, Serial No. 216).

Scaife, M. & Bruner, J. S. (1975). The capacity for joint visual attention in the infant. *Nature, 253,* 265–266.

Scaramella, L. V., Conger, R. D., Simons, R. L. & Whitbeck, L. B. (1998). Predicting risk for pregnancy by late adolescence: A social contextual perspective. *Developmental Psychology, 34,* 1233–1245.

Scaramella, L. V., Conger, R. D., Spoth, R. & Simons, R. L. (2002). Evaluation of a social contextual model of delinquency: A cross-study replication. *Child Development, 73,* 175–195.

Scarborough, H. S. & Dobrich, W. (1994). On the efficacy of reading to preschoolers. *Development Review, 14,* 245–302.

Scardamalia, M. & Bereiter, C. (1984). Written composition. In M. Wittrock, (Ed.), *Handbook of research on teaching* (3rd. ed). New York: Macmillan.

Scarr, S. (1992). Developmental theories for the 1990s: Development and individual differences. *Child Development, 63,* 1–19.

Scarr, S. (1998). American child care today. *American Psychologist, 53,* 95–108.

Scarr, S. & McCartney, K. (1983). How people make their own environments: A theory of genotype-environment effects. *Child Development, 54,* 424–435.

Scarr, S. & Salapatek, P. (1970). Patterns of fear development during infancy. *Merrill-Palmer Quarterly, 16,* 53–90.

Scarr, S. & Weinberg, R. A. (1976). I. Q. test performance of black children adopted by white families. *American Psychologist, 31,* 726–739.

Scarr, S. & Weinberg, R. A. (1983). The Minnesota Adoption Studies: Genetic differences and malleability. *Child Development, 54,* 260–267.

Schaal, B., Orgeur, P. & Rognon, C. (1995). Odor sensing in the human fetus: Anatomical, functional, and chemoecological bases. In J. P. Lecanuet, W. P. Fifer, N. A. Krasnegor & W. P. Smotherman (Eds.), *Fetal development: A psychobiological perspective* (pp.205–237). Hillsdale, NJ: Erlbaum.

Schauble, L. (1996). The development of scientific reasoning in knowledge-rich contexts. *Developmental Psychology, 32,* 102–119.

Schellenberg, E. G. & Trehub, S. E. (1996). Natural musical intervals: Evidence from infant listeners. *Psychological Science, 7,* 272–277.

Scheper-Hughes, N. (1992). *Death without weeping: The violence of everyday life in Brazil.* Los Angeles: University of California Press.

Schick, A. & Cierpka, M. (2003). Faustlos: Evaluation eines Curriculums zur Förderung sozial-emotionaler Kompetenzen und zur Gewaltprävention in der Grundschule. *Kindheit und Entwicklung, 12,* 100–110.

Schick, A. & Cierpka, M. (2004). „FAUSTLOS" – Ein Gewaltpräventions-Curriculum für Grundschulen und Kindergärten. In W. Melzer & H.-D. Schwind (Hrsg.), *Gewaltprävention in der Schule* (S. 54–66). Baden-Baden: Nomos.

Schieche, M. & Spangler, G. (im Druck). Individual differences in biobehavioral organization during problem-solving in toddlers: The influence of maternal behavior, infant-mother attachment and behavioral inhibition on the attachment-exploration balance. *Developmental Psychobiology, 46.*

Schieffelin, B. B. & Ochs, E. (1987). *Language socialization across cultures.* New York: Cambridge University Press.

Schmuckler, M. A. (1996). Visual-proprioceptive intermodal perception in infancy. *Infant Behavior and Development, 19,* 221–232.

Schneider, B. H., Atkinson, L. & Tardif, C. (2001). Child-parent attachment and children's peer relations: A quantitative review. *Developmental Psychology, 37,* 86–100.

Schneider, M. S. (2001). Toward a reconceptualization of the coming-out process for adolescent females. In A. R. DÁugelli & C. Patterson (Eds.), *Lesbian, gay and bisexual identities among youth: Psychological perspectives* (pp.71–96). New York: Oxford University Press.

Schneider, W. (1998). Performance prediction in young children: Effects of skill, metacognition and wishful thinking. *Developmental Science, 1,* 291–297.

Schneider, W., Korkel, J. & Weinert, F. E. (1989). Domain-specific knowledge and memory performance: A comparison of high- and low-aptitude children. *Journal of Educational Psychology, 81,* 306–312.

Schneider, W. & Küspert, P. (2003). Frühe Prävention der Lese-Rechtschreib-Störungen. In W. von Suchodoletz (Hrsg.), *Therapie der Lese-Rechtschreib-Störung* (S. 108–128). Stuttgart: Kohlhammer.

Schneider, W., Küspert, P., Roth, E., Visé, M. & Marx, H. (1997). Short- and long-term effects of training phonological awareness in kindergarten: Evidence from two German studies. *Journal of Experimental Child Psychology, 66,* 311–340.

Schneider, W. & Pressley, M. (1997). *Memory development between 2 and 20* (2nd ed.). New York: Springer-Verlag.

Schoeber-Peterson, D. & Johnson, C. J. (1991). Non-dialogue speech during preschool interactions. *Journal of Child Language, 18,* 153–170.

Scholl, B. J. & Leslie, A. M. (1999). Modularity, development and theory of mind. *Mind & Language, 14,* 131–153.

Scholnick, E. K., Friedman, S. L. & Wallner-Allen, K. E. (1997). What do they really mean? A comparative analysis of planning tasks. In S. L. Friedman & E. K. Scholnick (Eds.), *The developmental psychology of planning: Why, how, and when do we plan?* (pp.127–156). Mahwah, NJ: Erlbaum

Schulenberg, J., Maggs, J. L., Dielman, T. E., Leech, S. L., Kloska, D. D., Shope, J. T. & Laetz, V. B. (1999). On peer influences to get drunk: A panel study of young adolescents. *Merrill-Palmer Quarterly, 45,* 108–142.

Schult, C. A. & Wellman, H. M.(1997). Explaining human movements and actions. *Cognition, 62,* 291–324.

Schwartz, D., McFadyen-Ketchum, S. A., Dodge, K. A., Pettit, G. S. & Bates, J. E. (1998). Peer group victimization as a predictor of children's behavior problems at home and in school. *Development and Psychopathology, 10,* 87–99

Schwartz, D. McFadyen-Ketchum, S., Dodge, K. A., Pettit, G. S. & Bates, J. E. (1999). Early behavior problems as a predictor of later peer group victimization: Moderators and mediators in the pathways of social risk. *Journal of Abnormal Child Psychology, 27,* 191–201.

Schwartz, S. & Johnson, J. J. (1985). *Psychopathology of childhood.* New York: Pergamon.

Sedlak, A. J. & Broadhurst, D. D. (1996, September). Executive summary of the third national incidence study of child abuse and neglect. National Clearinghouse on Child Abuse and Neglect Information. U.S. Department of Health and Human Services. [www.calib.com/nccanch/pubs/statinfo/nis3.cfm]

Seidman, E., Allen, L., Aber, J. L., Mitchell, C. & Feinman, J. (1994). The impact of school transitions in early adolescence on the self-system and perceived social context of poor urban youth. *Child Development, 65,* 507–522.

Seifer, R., Sameroff, A. J., Barrett, L. C. & Krafchuk, E. (1994). Infant temperament measured by multiple observations and mother report. *Child Development, 65,* 1478–1490.

Seifer, R., Schiller, M., Sameroff, A. J., Resnick, S. & Riordan, K. (1996). Attachment, maternal sensitivity, and infant temperament during the first year of life. *Developmental Psychology, 32,* 12–25.

Selfe, L. (1995). Nadia reconsidered. In C. Golomb (Ed.), *The development of artistically gifted children: Selected case studies* (pp. 197–236). Hillsdale, NJ: Erlbaum.

Selman, R. L. (1980). *The growth of interpersonal understanding: Developmental and clinical analysis.* New York: Academic Press.

Senghas, A. & Coppola, M. (2001). Children creating language: How Nicaraguan sign language acquired a spatial grammar. *Psychological Science, 12,* 323–328.

Serbin, L. A., Moller, L. C., Gulko, J., Powlishta, K. K. & Colburne, K. A. (1994). The emergence of gender segregation in toddler playgroups. In C. Leaper (Ed.), *Childhood gender segregation: Causes and consequences. New direction for child development* (Vol. 65) (pp. 7–17). San Francisco, CA: Jossey-Bass.

Serbin, L. A. Powlishta, K. K. & Gulko, J.(1993). The development of sex typing in middle childhood. *Monographs of the Society for Research in Child Development, 58* (2, Serial No. 232).

Serbin, L. A., Tonick, I. J. & Sternglanz, S. H. (1977). Shaping cooperative cross-sex play. *Child Development, 48,* 924–929.

Serrano, J. M., Iglesias, J. & Loeches, A. (1993). Visual discrimination and recognition of facial expressions of anger, fear and surprise in four- to six-month-old infants. *Developmental Psychobiology, 25,* 411–425.

Seyfarth, R. M. & Cheney, D. L. (1993). Meaning, reference, and intentionality in the natural vocalizations of monkeys. In H. L. Roitblat, L. M. Herman & P. E. Nachtigall (Eds.), *Language and communication: Comparative perspectives* (pp. 195–220). Hillsdale, NJ: Erlbaum

Shahinfar, A., Kupersmidt, J. B. & Matza, L. S. (2001). The relation between exposure to violence and social information processing among incarcerated adolescents. *Journal of Abnormal Psychology, 110,* 136–141.

Shankweiler, D., Crain, S., Katz, L., Fowler, A. E., Liberman, A. M., Brady, S. A. et al. (1995). Cognitive profiles of reading-disabled children: Comparison of language skills in phonology, morphology, and syntax. *Psychological Science, 6,* 149–156.

Shantz, C. U. (1987). Conflicts between children. *Child Development, 58,* 283–305.

Shapiro, L. R. & Hudson, J. A. (1991). Tell me a make-believe story: Coherence and cohesion in youth children's picture-elicited narratives. *Developmental Psychology, 27,* 960–974.

Shatz, M. & Gelman, R. (1973). The development of communication skills: Modifications in the speech of young children as a function of listener. *Monographs of the Society for Research in Child Development, 38,* 1–37.

Shaywitz, B. A., Shaywitz, S. E., Pugh, K. R., Constable, R., Skudlarski, P. & Fulbright, R. K. (1995). Sex differences in the functional-organization of the brain for language. *Nature, 373,* 607–609.

Shaywitz, S. E., Shaywitz, B. A., Pubh, K. R., Fulbright, R. K., Constable. R. T., Mencl, W. E., Shankweiler, D. P., Liberman, A. M., Skudlarski, P., Fletcher, J. M., Katz, L., Marchione, K. E., Lacadie, C., Gatenby, C. & Gore, J. C. (1998). Functional disruption in the organization of the brain for reading in dyslexia. *Proceedings of the National Academy of Science USA, 95,* 2636–2641.

Shell, R. & Eisenberg, N. (1990). The role of peers' gender in children's naturally occurring interest in toys. *International Journal of Behavioral Development, 13,* 373–388.

Shiller, V., Izard, C. E. & Hembree, E. A. (1986). Patterns of emotion expression during separation in the Strange Situation. *Developmental Psychology, 22,* 378–382.

Shinn, M., Knickman, J. R. & Weitzman, B. C. (1991). Social relationships and vulnerability to becoming homeless among poor families. *American Psychologist, 46,* 1180–1187.

Shoda, Y., Mischel, W. & Peake, P. K. (1990). Predicting adolescent cognitive and self-regulatory competencies from preschool delay of gratification: Identifying diagnostic conditions. *Journal of Personality and Social Psychology, 26,* 978–986.

Short, J. (1996). Personal, gang, and community careers. In: C. R. Huff (Ed.), *Gangs in Amerika* (pp. 3–11). Thousand Oaks, CA: Sage.

Shrager, J. & Siegler, R. S. (1998). SCADS: A model of children's strategy choices and strategy discoveries. *Psychological Science, 9,* 405–410.

Shrum, W. & Cheek, N. H. (1987). Social structure during the school years: Onset of the degrouping process. *American Sociological Review, 52,* 218–223.

Shulman, S., Elicker, J. & Sroufe, L. A. (1994). Stages of friendship growth in preadolescence as related to attachment history. *Journal of Social and Personal Relationships, 11,* 341–361.

Shultz, T. R., Schmidt, W. C., Buckingham, D. & Mareschal, D. (1995). Modeling cognitive development with a generative connectionist algorithm. In R. Simon & G. Halford (Eds.), *Developing cognitive competence: New approaches to process modeling.* Hillsdale, NJ: Erlbaum.

Shweder, R. A., Balle-Jensen, L. & Goldstein, W. (1995). Who sleeps by whom revisited: A method for extracting the moral goods implicit in praxis. In J. J. Goodnow, P. J. Miller & F. Kessell (Eds.), *Cultural practices as contexts for development: New directions for child development.* San Francisco: Jossey-Bass.

Shweder, R. A., Mahapatra, M. & Miller, J. G. (1987). Culture and moral development. In J. Kagan & S. Lamb (Eds.), *The emergence of morality in young children* (pp. 1–83). Chicago: University of Chicago Press.

Siegal, M. (1991). *Knowing children: Experiments in conversation and cognition.* Hove, England: Erlbaum.

Siegel, L. S. (1984). Home environment influences on cognitive development in preterm and full term children during the first 5 years. In A. W. Gottfried (Ed), *Home environment and early cognitive development.* New York: Academic Press.

Siegel, L. S. (1993). The cognitive basis of dyslexia. In R. Pasnak & M. L. Howe (Eds.), *Emerging themes in cognitive development: Vol. 2. Competencies.* New York: Springer-Verlag.

Siegel, L. S. (1985). A risk index to predict learning problems in preterm and fullterm children. In W. K. Frankenburg, R. N. Emde & J. W. Sullivan (Eds.), *Early identification of children at-risk: An international perspective* (pp. 231–244). New York: Plenum Press.

Siegler, R. S. (1976). The effects of simple necessity and sufficiency relationships on children's causal inferences. *Child Development, 47,* 1058–1063.

Siegler, R. S. (1981). Developmental sequences within and between concepts. *Society for Research in Child Development Monographs, 46* (2, Serial No. 189)

Siegler, R. S. (1986). Unities in strategy choices across domains. In M. Perlmutter (Ed.), *Minnesota symposium on child psychology* (Vol. 19) (pp. 1–48). Mahwah, NJ: Erlbaum.

Siegler, R. S. (1987a). Strategy choices in subtraction. In J. Sloboda and D. Rogers (Eds.), *Cognitive process in mathematics* (pp. 81–106). Oxford: Oxford University Press.

Siegler, R. S. (1987b). The perils of averaging data over strategies: An example from children's addition. *Journal of Experimental Psychology: General, 116* (3), 250–264.

Siegler, R. S. (1988a). Individual differences in strategy choices: Good students, not-so-good students, and perfectionists. *Child Development, 59,* 833–851.

Siegler, R. S. (1988b). Strategy choice procedures and the development of multiplication skill. *Journal of Experimental Psychology: General, 117,* 258–275.

Siegler, R. S. (1994). Cognitive variability: A key to understanding cognitive development. *Current Directions in Psychological Science, 3,* 1–5.

Siegler, R. S. (1995). How does change occur: A microgenetic study of number conservation. *Cognitive Psychology, 28,* 225–273.

Siegler, R. S. (1996). *Emerging minds: The process of change in children's thinking.* New York: Oxford University Press

Siegler, R. S. (2000). The rebirth of children's learning. *Child Development, 71,* 26–35.

Siegler, R. S. & Jenkins, E. A. (1989). *How children discover new strategies.* Hillsdale, NJ: Erlbaum.

Siegler, R. S. & McGilly, K. (1989). Strategy choices in children's time-telling. In I. Levin and D. Zakay (Eds) *Time and human cognition: A life span perspective* (pp. 185–218). Amsterdam: Elsevier.

Siegler, R. S. & Robinson, M. (1982). The development of numerical understandings. In J. W. Reese & L. P. Lipsitt (Eds.), *Advances in child development and behavior* (Vol. 16). New York: Academic Press.

Siegler, R. S. & Shrager, J. (1984). Strategy choices in addition and subtraction: How do children know what to do? In C. Sophian (Ed.), *The origins of cognitive skills* (pp. 229–293). Mahwah, NJ: Erlbaum.

Sigman, M. (1995). Nutrition and child development: More food for thought. *Current Directions in Psychological Science, 4,* 52–55.

Sigman, M., Cohen, S. E. & Beckwith, L. (1997). Why does infant attention predict adolescent intelligence? *Infant Behavior and Development, 20,* 133–140.

Signorella, M. L., Bigler, R. S. & Liben, L. S. (1997). A meta-analysis of children's memories for own-sex and other-sex information. *Journal of Applied Developmental Psychology, 18,* 429–445.

Signorielli, N. (1993). Television, the portrayal of women, and children's attitudes. In G. Berry & J. K. Asmen (Eds.), *Children and television: Images in a changing sociocultural world.* Newbury Park, CA: Sage.

Signorielli, N. & Lears, M. (1992). Children, television, and conceptions about chores: Attitudes and behaviors. *Sex Roles, 27,* 157–170.

Signorielli, N., McLeod, D. & Healy, E. (1994). Gender stereotypes in MTV commercials: The beat goes on. *Journal of Broadcasting & Electronic Media, 38,* 91–101.

Silver, L. B. (1992). *Attention-deficit hyperactivity disorder* Washington, DC: American Psychiatric Association.

Silverman, W. K., La Greca, A. M. & Wasserstein, S. (1995). What do children worry about? Worries and their relation to anxiety. *Child Development, 66,* 671–686.

Simion, F., Valenza, E., Umilta, C. & Barba, B. D. (1998). Preferential orienting to faces in newborns: A temporal-nasal asymmetry. *Journal of Experimental Psychology: Human Perception and Performance. 24,* 1399–1405.

Simmons, R. G. & Blyth, D. A. (1987). *Moving into adolescence: The impact of pubertal change and school context.* Hawthorne, NY: De Gruyter.

Simon, T. J. (1997). Reconceptualizing the origins of number knowledge: A "non-numerical" account. *Cognitive Development, 12,* 349–372.

Simon, T. J., Hespos, S. J. & Rochat, P. (1995). Do infants understand simple arithmetic: A replication of Wynn (1992). *Cognitive Development, 10,* 253–269.

Simons, R. L. & Associates (Eds.). (1996). *Understanding differences between dirocced and intact families: Stress, interaction, and child outcome.* Thousand Oaks, CA: Sage.

Simons, R. L. & Johnson, C. (1996). Mother's parenting. In R. L. Simons & Associates (Eds.), *Understanding differences between divorced and intact families: Stress, interaction, and child outcome* (pp. 81–93). Thousand Oaks. CA : Sage

Simonton, D. K. (1991). Emergence and realization of genius: The lives and works of 120 classical composers. *Journal of Personality and Social Psychology, 61,* 829–840.

Simpkins, S. D. & Parke, R. D. (2001). The relations of parental friendships and children's friendships: Self-report and observational analysis. *Child Development, 72,* 569–582.

Simpson, E. L. (1974). Moral development research: A case study of scientific cultural bias. *Human Development, 17,* 82–206.

Singer, J. L. & Singer, D. G.(1981). *Television, imagination, and aggression. A study of preschoolers.* Mahwah, NJ: Erlbaum

Singleton, J. L. & Newport, E. L. (2004). When learners surpass their models: The acquisition of American Sign Language from inconsistent input. *Cognitive Psychology, 49,* 370–407..

Sippola, L. K., Bukowski, W. M. & Noll, R. B. (1997). Dimensions of liking and disliking underlying the same-sex preferences in childhood and early adolescence. *Merrill-Palmer Quarterly, 43,* 591–609.

Siqueland, E. R. & DeLucia, C. A. (1969). Visual reinforcement of non-nutritive sucking in human infants. *Science, 165,* 1144–1146.

Siqueland, E. R. & Lipsitt, L. P. (1966). Conditioned head-turning in the human newborn. *Journal of Experimental Child Psychology, 3*, 356–376.

Skinner, B. F. (1953). *Science and human behavior.* New York: Macmillan.

Skinner, B. F. (1971). *Beyond freedom and dignity.* New York: Bantam. [Deutsch 1973, Jenseits von Freiheit und Würde. Reinbek: Rowohlt.]

Skinner, E. A. (1985). Determinants of mother-sensitive and contingent-responsive behavior: The role of childbearing beliefs and socioeconomic status. In I.E. Sigel (Ed.), *Parental belief systems: The psychological consequences for children* (pp. 51–82). Hillsdale, NJ: Erlbaum.

Skinner, E. A., Zimmer-Gembeck, M. J. & Connell, J. P. (1998). Individual differences and the development of perceived control. *Monographs of the Society for Research in Child Development, 63,* (2–3, Serial No. 254).

Skoe, E. E. A. (1998). The ethic of care: Issues in moral development, In E. E. A. Skoe & A. L. von der Lippe (Eds.), *Personality development in adolescence: A cross national and life span perspective* (pp. 143–171). London: Routledge.

Slaby, R. G. & Frey, K. S. (1975). Development of gender constancy and selective attention to same-sex models. *Child Development, 46,* 849–856.

Slaby, R. G. & Guerra, N. G. (1988). Cognitive mediators of aggression in adolescent offenders: Assessment. *Developmental Psychology, 24,* 580–588.

Slater, A. M., Bremner, G., Johnson, S. P., Sherwood, P., Hayes, R. & Brown, E. (2000). Newborn infants' preference for attractive faces: The role of internal and external facial features. *Infancy, 1,* 265–274.

Slater, A. M., Johnson, S. P., Brown, E. & Badenoch, M. (1996). Newborn infants' perception of partly occluded objects. *Infant Behavior and Development, 19,* 145–148.

Slater, A. M., Mattock, A. & Brown, E.(1990). Size constancy at birth: Newborn infants' responses to retinal and real size. *Journal of Experimental Child Psychology, 49,* 314–322.

Slater, A. M. & Morison, V. (1985). Shape constancy and slant perception at birth. *Perception, 14,* 337–344.

Slater, A. M., Rose, D. & Morison, V. (1984). New-born infants' perception of similarities and differences between two-and three-dimensional stimuli. *British Journal of Developmental Psychology, 2,* 287–294.

Slater, A. M., Von der Schulenburg, C., Brown, E., Badenoch, M., Butterworth, G., Parsons, S. & Samuels, C. (1998). Newborn infants prefer attractive faces. *Infant Behavior and Development, 21,* 345–354.

Slaughter, V., Jaakkola, R. & Carey, S. (1999). Constructing a coherent theory: Children's biological understanding of life and death. In M. Siegal & C. C. Peterson (Eds.), *Children's understanding of biology and health* (pp.71–96). Cambridge, England: Cambridge University Press.

Slobin, D. I. (Ed.). (1985). *The crosslinguistic study of language acquisition* (Vols. 1–2). Hillsdale, NJ: Erlbaum.

Slomkowski, C., Rende, R., Conger, K. J., Simons, R. L. & Conger, R. D. (2001). Sisters, brothers, and delinquency: Evaluating social influence during early and middle adolescence. *Child Development, 72,* 271–283.

Slutske, W. S., Heath, A. C., Dinwiddie, S. H., Madden, P. A. F., Bucholz, K. K., Dunne, M. P., Statham, D. J. & Martin, N. G. (1997). Modeling genetic and environmental influences in the etiology of conduct disorder: A study of 2.682 adult twin pairs. *Journal of Abnormal Psychology, 106,* 266–279.

Smetana, J. G. (1988). Adolescents' and parents' conceptions of parental authority. *Child Development, 59,* 321–335.

Smetana, J. G. (1995). Context, conflict, and constraint in adolescent-parent authority relationships. In M. Killen & D. Hart (Eds.), *Morality in everyday life: Developmental perspectives* (pp. 225–255). Cambridge, England: Cambridge University Press.

Smetana, J. G. & Asquith, P. (1994). Adolescents' and parents' conceptions of parental authority and personal autonomy. *Child Development 65,* 1147–1162.

Smetana, J. G. & Braeges, J. L. (1990). The development of toddlers' moral and conventional judgments. *Merrill-Palmer Quarterly, 36,* 329–346.

Smith, B. A. & Blass, E. M. (1996). Taste-mediated calming in premature, preterm and full-term human infants. *Developmental Psychology, 32,* 1084–1089.

Smith, L. B. (1999). Do infants possess innate knowledge structures? The con side. *Developmental Science, 2,* 133–144.

Smith, L. B., Jones, S. & Landau, B. (1992). Count nouns, adjectives and perceptual properties in novel word interpretations. *Developmental Psychology, 28,* 273–288.

Smith, L. B., Thelen, E., Titzer, R. & McLin, D. (1999). Knowing in the context of acting: The task dynamics of the A-not-B error. *Psychological Review, 106,* 235–260.

Smith, M. & Walden, T. (1998). Developmental trends in emotion understanding among a diverse sample of African-American preschool children. *Journal of Applied Developmental Psychology, 19,* 177–197.

Smith, M. & Walden, T. (1999). Understanding feelings and coping with emotional situations: A comparison of maltreated and nonmaltreated preschoolers. *Social Development, 8,* 93–116.

Smotherman, W. P. & Robinson, S. R. (1987). Psychobiology of fetal experience in the rat. In N. A. Krasnegor, E. M. Blass, M. A. Hofer & W. P. Smotherman (Eds.), *Perinatal development: A psychobiological perspective* (pp.39–60). Orlando, FL: Academic Press.

Snarey, J. R. (1985). Cross-cultural universality of socio-moral development: A critical review of Kohlbergian review. *Psychological Bulletin, 97,* 202–232.

Snow, C. (1999). Social perspectives on the emergence of language. In B. MacWhinney (Ed.), *The emergence of language* (pp.257–276). Mahwah, NJ: Erlbaum.

Snow, C. E. (1990). Building memories: The ontogeny of autobiography. In D. Ciccetti & M. Beeghly (Eds.), *The self in transition: Infancy to childhood* (pp. 213–242). Chicago: University of Chicago Press.

Snow, M. E., Jacklin, C. N. & Maccoby, E. E. (1983). Sex-of-child differences in father-child interaction at one year of age. *Child Development, 54,* 227–232.

Snyder, H. N. (1999). *Juvenile Justice Bulletin: Juvenile arrests 1998.* Washington, DC: Office of Juvenile Justice and Delinquency Prevention.

Snyder, J. J. & Patterson, G. R. (1995). Individual differences in social aggression: A test of a reinforcement model of socialization in the natural environment. *Behavior Therapy, 26,* 371–391.

Society for Research in Child Development. (1999). *Directory of members, 1999–2000.* Ann Arbor, MI: Author.

Sodian, B. (2005). Theory of mind – the case for conceptual development. In W. Schneider, R. Schumann-Hengsteler & B. Sodian (Eds.). *Young children's cognitive development. Interrelationships among executive functioning, working memory, verbal ability, and theory of mind* (pp. 95–130). Hillsdale, NJ: Erlbaum.

Sodian, B. & Thoermer, C. (2004). Infants' understanding of looking, pointing and reaching as cues to goal-directed action. *Journal of Cognition and Development, 5,* 289–316.

Soken, N. H. & Pick, A. D. (1992). Intermodal perception of happy and angry expressive behaviors by seven-month-old infants. *Child Development, 63,* 787–795.

Solomon, D., Battistich, V. & Watson, M. (1993). *A longitudinal investigation of the effects of a school intervention program on children's social development.* Vortrag, Biennial Meeting of the Society for Research in Child Development. New Orleans, LA.

Solomon, D., Battistich, V., Watson, M., Schaps, E. & Lewis, C. (2000). A six-district study of educational change: Direct and mediated effects of the child development project. *Social Psychology of Education, 4,* 3–51.

Solomon, D., Watson, M. S., Delucchi, K. L., Schaps, E. & Battistich, V. (1988). Enhancing children's prosocial behavior in the classroom. *American Educational Research Journal, 25,* 527–554.

Solomon, J. & George, C. (1999). The measurement of attachment security in infancy and childhood. In J. Cassidy & P. R. Shaver (Eds.), *Handbook of attachment: Theory, research, and clinical applications* (pp. 287–316). New York: Guilford.

Sophian, C. & Yengo, L. (1985). Infants' search for visible objects: Implications for the interpretation of early search errors. *Journal of Experimental Child Psychology, 40,* 260–278.

Sophie, J. (1985–1986). A critical examination of stage theories of lesbian identity development. *Journal of Homosexuality, 12,* 39–51.

Sorce, J. F., Emde, R. N., Campos, J. J. & Klinnert, M. D. (1985). Maternal emotional signaling. Its effect on the visual cliff behavior of 1-year-olds. *Developmental Psychology, 21,* 195–200.

Spangler, G. & Grossmann, K. E. (1993). Biobehavioral organization in securely and insecurely attached infants. *Child Development, 64,* 1439–1450.

Spangler, G. & Schieche, M. (1998). Emotional and adrenocortical responses of infants to the strange situation: The differential function of emotional expression. *International Journal of Behavioral Development, 22,* 681–706.

Spearman, C. (1927). *The abilities of man: Their nature and measurement.* New York: Macmillan.

Spelke, E. S. (1976). Infants' intermodal perception of events. *Cognitive Psychology, 8,* 553–560.

Spelke, E. S. (1979). Perceiving bimodally specified events in infancy. *Developmental Psychology, 15,* 626–636.

Spelke, E. S. (1988). The origins of physical knowledge. In L. Weiskrantz (Ed.), *Thought without language.* New York: Oxford University Press.

Spelke, E. S. (1994). Initial knowledge: Six suggestions. *Cognition, 50,* 431–455.

Spelke, E. S .(2000). Core knowledge. *American Psychologist 55,* 1233–1243.

Spelke, E. S., Breinlinger, K., Macomber, J. & Jacobson, K (1992). Origins of knowledge. *Psychological Review, 99,* 605–632.

Spelke, E. S.& Cortelyou, A. (1980). Perceptual aspects of social knowing: Looking and listening in infancy. In M. E. Lamb & L. R. Sherod (Eds.), *Infant social cognition* (pp. 61–84). Hillsdale, NJ: Erlbaum

Spelke, E. S. & Newport, E. L. (1998). Nativism, empiricism, and the development of knowledge. In W. Damon (Series Ed.) and R. M. Lerner (Vol. Ed.), *Handbook of child psychology: Vol. 1. Theoretical models of human development* (5th ed.) (pp. 275–340). New York: Wiley.

Spelke, E. S. & Owsley, C. (1979). Intermodal exploration and knowledge in infancy. *Infant Behavior and Development, 2,* 13–17.

Speltz, M. L., DeKlyen, M., Calderon, R., Greenberg, M. T. & Fisher, P. A. (1999). Neuropsychological characteristic and test behaviors of boys with early onset conduct problems. *Journal of Abnormal Psychology, 198,* 315–325.

Spence, M. J. & Freeman, M. S. (1996). Newborn infants prefer the maternal low-pass filtered voice, but not the maternal whispered voice. *Infant Behavior and Development, 19,* 199–212.

Spencer, J. P., Smith, L. B. & Thelen, E. (2001). Tests of a dynamic systems account of the A-not-B error: The influence of prior experience on the spatial memory abilities of two-year-olds. *Child Development, 72,* 1327–1326.

Spencer, J. P. & Thelen, E. (2000). Spatially specific changes in infants' muscle coactivity as they learn to reach. *Infancy, 1,* 275–301.

Spencer, J. P., Vereijken, B., Diedrich, F. J. & Thelen, E. (2000). Posture and the emergence of manual skills. *Developmental Science, 3,* 216–233.

Spencer, M. B. & Markstrom-Adams, C. (1990). Identity processes among racial and ethnic minority children in America. *Child Development, 61,* 290–310.

Spieker, S. J., Larson, N. C., Lewis, S. M., Keller, T. E. & Gilchrist, L. (1999). Developmental trajectories of disruptive behavior problems in preschool children of adolescent mothers. *Child Development, 70,* 443–458.

Spinrad, T., Losoya, S. H., Eisenberg, N., Fabes, R. A. Shepard, S. A., Cumberland, A. et al. (1999). The relations of parental affect and encouragement to children's moral emotions and behavior. *Journal of Moral Education, 28,* 323–337.

Spitz, R. A. (1945). Hospitalism: An inquiry into the genesis of psychiatric conditions in early childhood. *The Psychoanalytic Study of the Child, 1,* 53–74.

Spitz, R. A. (1946). Hospitalism, a follow-up report. *The Psychoanalytic Study of the Child, 2,* 113–117.

Spitz, R. A. (1949). Motherless infants. *Child Development, 20,* 145–155.

Springer, K. (1996). Young children's understanding of a biological basis for parent-offspring relations. *Child Development, 67,* 2841–2856.

Springer, K. (1999). How a naive theory of biology is acquired. In M. Siegal & C. C. Peterson (Eds.), *Children's understanding of biology and health* (pp.45–70). Cambridge, England: Cambridge University Press.

Springer, K. & Keil, F. C. (1991). Early differentiation of causal mechanisms appropriate to biological and nonbiological kinds. *Child Development, 62,* 767–781.

Springer, K., Nguyen, T. & Samaniego, R. (1996). Early understanding of age- and environment-related noxousness in biological kinds: Evidence for a naive theory. *Cognitive Development, 11,* 65–82.

Sroufe, L. A. (1979). Socioemotional development. In J. Osofsky (Ed.), *The handbook of infant development* (pp. 462–516). New York: Wiley.

Sroufe, L.A. (1995). *Emotional development: The organization of emotional life in the early years.* Cambridge, England: Cambridge University Press.

Sroufe, L. A., Egeland, B. & Kreutzer, T. (1990). The fate of early experience following developmental change: Longitudinal approaches to individual adaptation in childhood. *Child Development, 61,* 1363–1373.

Sroufe, L. A. & Waters, E. (1976). The ontogenesis of smiling and laughter: A perspective on the organization of development in infancy. *Psychological Review, 83,* 173–189.

St. James-Roberts, I., Conroy, S. & Wilsher, K. (1991). Infant crying patterns in the first year: Normal community and clinical findings. *Journal of Child Psychology and Psychiatry, 32,* 951–968.

St. James-Roberts, I., Conroy S. & Wilsher, C. (1998). Stability and outcome of persistent infant crying. *Infant Behavior and Development, 21,* 411–435.

St. James-Roberts, I. & Halil, T. (1991). Infant crying patterns in the first year: Normal community and clinical findings. *Journal of Child Psychology and Psychiatry, 32,* 951–968.

Stack, D. M. & Arnold, S. L. (1998). Changes in mothers' touch and hand gestures influence infant behavior during face-to-face interchanges. *Infant Behavior and Development, 21,* 451–468.

Stack, D. M. & Muir, D. W. (1990). Tactile stimulation as a component of social interchange: New interpretations for the still-face effect. *British Journal of Developmental Psychology, 8,* 131–145.

Stack, D. M. & Muir, D. W. (1992). Adult tactile stimulation during face-to-face interactions modulates five-month-olds' affect and attention. *Child Development, 63,* 1509–1525.

Stack, D., Muir, D., Sherriff, F. & Roman, J. (1989). Development of infant reaching in the dark to luminous objects and "invisible sounds." *Perception, 18,* 69–82.

Stanger, J. D. & Gridina, N. (1999). *Media in the home 1999: The fourth annual survey of parents and children.* Philadelphia: Annenberg Public Policy Center, University of Pennsylvania.

Stangor, C. & McMillan, D. (1992). Memory for expectancy-congruent and expectancy-incongruent information: A review of the social and social developmental literatures. *Psychology Bulletin, 111,* 42–61.

Stangor, C. & Ruble, D. N. (1989). Differential influences of gender schemata and gender constancy on children's information processing and behavior. *Social Cognition, 7,* 353–372.

Stanovich, K. E. (1992). Speculations on the causes and consequences of individual differences in early reading acquisitions. In P. B.Gough, L. C. Ehri & R. Treiman (Eds.), *Reading acquisition* (pp. 307–342). Mahwah, NJ: Erlbaum.

Stanovich, K. E. & Siegel, L. S. (1994). Phenotypic performance profile of children with reading disabilities: A regression-based test of the phonological-core variable-difference model. *Journal of Educational Psychology, 86,* 24–53.

Stark, R. I. & Myers, M. M. (1995). Breathing and hiccups in the fetal baboon. In J. P. Lecanuet, W. P. Fifer, N. A. Krasnegor & W. P. Smotherman (Eds.), *Fetal development: A psychobiological perspective.* Hillsdale. NJ: Erlbaum.

Starkey, P. (1992). The early development of numerical reasoning. *Cognition, 43,* 93–126.

Starkey, P., Spelke, E. S. & Gelman, R. (1990). Numerical abstraction by human infants. *Cognition, 36,* 97–128.

Staub, E. (1979). *Positive social behavior and morality: Vol 2: Socialization and development,* New York: Academic Press.

Steele, J., Steele, M., Croft, C. & Fonagy, P. (1999). Infant-mother attachment at one year predicts children's understanding of mixed emotions at six years. *Social Development, 8,* 161–178.

Steele, J., Steele, M. & Fonagy, P. (1996). Associations among attachment classifications of mothers, fathers, and their infants. *Child Development, 67,* 541–555.

Stein, N. L. (1988). The development of children's storytelling skill. In M. B. Franklin & S. Barten (Eds.), *Child language: A book of readings* (pp. 282–297). New York: Oxford University Press.

Stein, U., Susser, M., Saenger, G. & Marolla, F. (1975). *Famine and human development: The Dutch hunger winter of 1944–1945.* New York: Oxford University Press.

Steinberg, L. (1987). Impact of puberty on family relations: Effects of pubertal status and pubertal timing. *Developmental Psychology, 23,* 451–460.

Steinberg, L. (1988). Reciprocal relation between parent-child distance and pubertal maturation. *Developmental Psychology, 24,* 122–128.

Steinberg, L. (1990). Autonomy, harmony, and conflict in the family relationship. In S. S. Feldman & G. R. Elliot (Eds.), *At the threshold: The developing adolescent* (pp. 54–89). Cambridge, MA: Harvard University Press.

Steinberg, L. D., Darling, N. E. & Fletcher, A. C. (1995). Autoritative parenting and adolescent development: An ecological journey. In P. Moen, G. H. Elder & K. Luscher (Eds.), *Examining lives in context* (pp.423–466). Washington, DC: American Psychological Association.

Steinberg, L., Lamborn, S. D., Darling, N., Mounts , N. S. & Dornbusch, S., (1994). Over-time changes in adjustment and competence among adolescents from authoritative, authoritarian, indulgent, and neglectful families. *Child Development, 65,* 754–770.

Steinberg, L. & Morris, A. S. (2001). Adolescent development. *Annual Review of Psychology, 52,* 83–110.

Steinberg, L., Mounts, N. S., Lamborn, S. D. & Dornbush, S. M. (1991). Authoritative parenting and adolescent adjustment across varied ecological niches. *Journal of Research on Adolescence, 1*, 19–36.

Steinberg, L. & Silverberg, S. B. (1986). The vicissitudes of autonomy in early adolescence. *Child Development, 57*, 841–851.

Steiner, J. E. (1979). Human facial expressions in response to taste and smell stimulation. In H. Reese & L. Lipsitt (Eds.), *Advances in child development and behavior* (Vol. 13) (pp. 257–295). New York: Academic Press.

Stemmler, M. & Petersen, A. C. (1999). Reciprocity and change within the affective family environment in early adolescence. *International Journal of Behavioral Development, 23*, 185–198.

Stenberg, C., Campos, J. & Emde, R. (1983). The facial expression of anger in seven-month-old infants. *Child Development, 54*, 178–184.

Stern, D (1985). *The interpersonal world of the infant*. New York: Basic Books.

Sternberg, R. J. (2000). The theory of successful intelligence. *Review of General Psychology, 3*, 292–316.

Steuer, F. B., Applefield, J. M. & Smith, R. (1971). Televised aggression and the interpersonal aggression of preschool children. *Journal of Experimental Child Psychology, 11*, 442–447.

Stevenson, H. W. (1991). The development of prosocial behavior in large-scale collective societies: China & Japan. In R. A. Hinde & J. Groebel (Eds.), *Cooperation and prosocial behavior* (pp. 89–105). Cambridge: Cambridge University Press.

Stevenson, H. W. Chen, C. & Lee, S-Y. (1993). Mathematics achievement of Chinese, Japanese, and American children: Ten years later. *Science, 259*, 53–58.

Stevenson, H. W. & Stigler, J. W. (1992). *The learning gap: Why our schools are failing and what we can learn from Japanese and Chinese education*. New York: Summit Books.

Stice, E. & Barrera, M. (1995). A longitudinal examination of the reciprocal relations between perceived parenting and adolescents' substance use and externalizing behavior. *Developmental Psychology, 31*, 322–334.

Stifter, C. A. & Braungart, J. (1992). Infant colic: A transient condition with no apparent effects. *Journal of Applied Developmental Psychology., 13*, 447–462.

Stigler, J. W. (1984). „Mental abacus": The effect of abacus training on Chinese children's mental calculation. *Cognitive Psychology, 16*, 145–176.

Stigler, J. W. & Hiebert, J. (1999). *The teaching gap*. New York: Free Press.

Stigler, J. W., Smith, S. & Mao, L.-W. (1985). The self-perception of competence by Chinese children. *Child Development, 56*, 1259–1270.

Stipek, D. J., Gralinski, H. & Kopp, C. (1990). Self-concept development in the toddler years. *Developmental Psychology, 26*, 972–977.

Stipek, D. J., Recchia, S. & McClinic, S. (1992). Self-evaluation in young children. *Monographs of the Society for Research in Child Development, 57* (1, Serial No. 226), 1–79.

Stipek, D. J., Roberts, T. A. & Sanborn, M. E. (1984). Preschool-age children's performance expectations for themselves and another child as function of the incentive value of success and the salience of past performance. *Child Development, 55*, 1982–1989).

Stocker. C. M., Burwell, R. A. & Briggs, M. L. (2002). Sibling conflict in middle childhood predicts children's adjustment in early adolescence. *Journal of Family Psychology, 16*, 50–57.

Stone, J. L. & Church, J. (1957). *Childhood and adolescence: A psychology of the growing person*. New York: Random House.

Stoneman, Z. & Brody, G. H. (1993). Sibling temperaments, conflict, warmth, and role asymmetry. *Child Development, 64*, 1786–1800.

Strauss, M. S. & Curtis, L. E. (1984). Development of numerical concepts in infancy. In C. Sophian (Ed.), *Origins of cognitive skills* (pp. 131–155). Mahwah, NJ: Erlbaum.

Strayer, F. F. & Strayer, J. (1976). An ethological analysis of social agonism and dominance relations among preschool children. *Child Development, 47*, 980–989.

Strayer, J. (1986). Children's attributions regarding the situational determinants of emotion in self and others. *Developmental Psychology, 22*, 649–654.

Streeter, L. A. (1976). Language perception of 2-month old infants shows effects of both innate mechanisms and experience. *Nature, 259*, 39–41.

Streissguth, A. P., Barr, J. M. & Martin, D. C. (1983). Maternal alcohol use and neonatal habituation assessed with the Brazelton scale. *Child Development, 54*, 1109–1118.

Streissguth, A. P., Bookstein, F. L., Sampson, P. D. & Barr, H. M. (1993). *The enduring effects of prenatal alcohol exposure on child development: Birth through seven years, a partial least squares solution*. Ann Arbor: University of Michigan Press.

Streitmatter, J. L. (1988). Ethnicity as a mediating variable of early adolescent identity development. *Journal of Adolescence, 11*, 334–346.

Streri, A. & Spelke, E. S. (1988). Haptic perception of objects in infancy. *Cognitive Psychology, 20*, 1–23.

Stunkard, A. J., Foch, T. T. & Hrubeck, Z. (1986). A twin study of human obesity. *Journal of the American Medical Association, 256*, 51–54.

Stunkard, A. J., Sorenson, T. I. A., Hanis, C., Teasdale, T. W., Chakraborty R., Schull, W. J. & Schulsinger, F. (1986). An adoption study of human obesity. *New England Journal of Medicine, 314*, 193–198.

Subbotsky, E. B. (1993). *Foundations of the mind: Children's understanding of reality*. Cambridge, MA: Harvard University Press.

Subbotsky, E. B. (1994). Early rationality and magical thinking in preschoolers: Space and time. *British Journal of Developmental Psychology, 12*, 97–108.

Subrahmanyam, K. & Greenfield, P. M. (1994). Effect of video game practice on spatial skills in girls and boys. *Journal of Applied Developmental Psychology, 15*, 13–32.

Subrahmanyam, K. & Greenfield, P. M. (1996). Effect of video game practice on spatial skills in girls and boys. In P. M. Greenfield & R. R. Cocking (Eds.), *Interacting with video* (pp.95–114.). Norwood, NJ: Ablex.

Subrahmanyam, K., Kraut, R. E., Greenfield, P. M. & Gross, E. F. (2000). The impact of home computer use on children's activities and development. *The Future of Children, 10*, 123–144.

Sue, S. & Okazaki, S. (1990). Asian-American educational achievements: A phenomenon in search of an explanation. *American Psychologist, 45*, 913–920.

Sullivan, H. S. (1953). *The interpersonal theory of psychiatry.* New York: Norton.

Sullivan, K. & Winner, E. (1993). Three-year-olds' understanding of mental states: The influence of trickery. *Journal of Experimental Child Psychology, 56,* 135–148.

Sullivan, M. W., Lewis, M. & Alessandri, S. M. (1992). Cross-age stability in infant emotional expressions during learning and extinction. *Developmental Psychology, 28,* 58–63.

Sulloway. F. J. (1996). *Born to rebel: Birth order, family dynamics, and creative lives.* New York: Pantheon Books.

Suomi, S. & Harlow, H. F. (1972). Social rehabilitation of insolate-reared monkeys. *Developmental Psychology, 6,* 487–496.

Super, C. (1976). Environmental effects on motor development: The case of "African infant precocity." *Developmental Medicine and Child Neurology, 18,* 561–567.

Super, C. M. & Harkness, S. (1986). The developmental niche: A conceptualization at the interface of child and culture. *International Journal of Behavioral Development, 9,* 545–569.

Sutton S. K. & Davidson, R. J. (1997). Prefrontal brain asymmetry: A biological substrate of the behavioral approach and inhibition systems. *Psychological Science, 8,* 204–210.

Suzuki, L. A. & Valencia, R. R. (1997). Race-ethnicity and measured intelligence: Educational implications. *American Psychologist, 52,* 1103–1114.

Swain, R. C., Oetting, E. R., Thurman, P. J., Beauvais, F. & Edwards, R. (1993). American Indian adolescent drug use and socialization characteristics. *Journal of Cross-Cultural Psychology, 24,* 53–70.

Szynal-Brown, C. & Morgan, R. R. (1983). The effects of reward on tutor's behaviors in a cross-age tutoring context. *Journal of Experimental Child Psychology, 36,* 196–208.

Tager-Flusberg, H. (1992). Autistic children's talk about psychological states: Deficits in the early acquisition of a theory of mind. *Child Development, 63,* 161–172

Takahashi, K. (1986). Examining the Strange-Situation procedure with Japanese mothers and 12-month-old infants. *Developmental Psychology, 22,* 265–270.

Talbot, M. (1998, May 24). Attachment theory :The ultimate experiment. *New York Times Magazine,* 24–30, 38, 46, 50, 54.

Tallal, P., Miller, S. L., Bedi, G., Byma, G., Wang, X., Nagarajan, S. S. et al. (1996). Language comprehension in language-learning impaired children improved with acoustically modified speech. *Science, 271,* 81–84.

Tamis-LeMonda, C. S. & Bornstein, M. H. (1994). Specificity in mother-toddler language-play relations across the second year. *Developmental Psychology, 30,* 283–292.

Tangney, J. P. (1998). How does guilt differ from shame? In J. Bybee (Ed.), *Guilt and children* (pp. 1–17). San Diego, CA: Academic Press.

Tagney, J. & Dearing, R. (2002). *Shame and guilt.* New York: Guilford Press.

Tannenbaum, A. J. (1986). Giftedness: A psychosocial approach. In J. Sternberg. & J. E. Davidson (Eds.). *Conceptions of giftedness* (pp.21–52). Cambridge, England: Cambridge University Press.

Tanner, J. M. (1961). *Education and physical growth: Implications of the study of children's growth for educational theory and practice.* New York: International Universities Press.

Tasker, F. & Golombok, S. (1995). Adults raised as children in lesbian families. *American Journal of Orthopsychiatry, 65,* 203–215.

Taylor, J., Iacono, W. G. & McGue, M. (2001). Evidence for a genetic etiology of early-onset delinquency. *Journal of Abnormal Behavior, 109,* 634–643.

Taylor, M. (1999). *Imaginary companions and the children who create them.* New York: Oxford University press.

Taylor, M. & Carlson, S. M. (1997). The relation between individual differences in fantasy and theory of mind. *Child Development, 68,* 436–455.

Taylor, M., Cartwright, B. S. & Carlson, S. M. (1993). A developmental investigation of children's imaginary companions. *Developmental Psychology, 29,* 276–285.

Taylor, M. & Gelman, S. A. (1989). Incorporating new words into the lexicon: Preliminary evidence for language hierarchies in two-year-old children. *Cognitive Development, 60,* 625–636.

Taylor, M. G. (1993). *Children's beliefs about the biological and social origins of gender differences.* Unveröffentliche Dissertation, University of Michigan, Ann Arbor.

Taylor, R. D. & Roberts, D. (1995). Kinship support and maternal and adolescent well-being in economically disadvantaged African-American families. *Child Development, 66,* 1585–1597.

Taylor, R. L. & Richards, S. B. (1991). Patterns of intellectual differences of Black, Hispanic, and White children. *Psychology in the Schools. 28,* 5–8.

Teasdale, T. W. & Owen, O. R. (1984). Heredity and familial environment in intelligence and educational level: A sibling study. *Nature, 309,* 620–622.

Teller, D. Y., McDonald, M. A., Preston, K., Sebris, S. L. & Dobson, V. (1986). Assessment of visual acuity in infants and children: The acuity card procedure. *Developmental Medicine and Child Neurology, 28,* 779–789.

Temple, E. & Posner, M. I. (1998). Brain mechanisms of quantity are similar in 5-year-old children and adults. *Proceedings of the National Academy of Sciences of the USA, 95,* 7836–7941.

Terrace, H. S., Petitto, L. A., Sanders, R. J. & Bever, T. G. (1979). Can an ape create a sentence? *Science, 206,* 891–902.

Tesman, J. R. & Hills, A. (1994). Developmental effects of lead exposure in children. *Social Policy Report, Society for Research in Child Development,* 8(3).

Tewes, U., Schallberger, U. & Rossmann, K. (2000). *Hamburg-Wechsler-Intelligenztest für Kinder III* (HAWIK-III). Göttingen: Hogrefe.

Thatcher, R. W. (1992). Cyclic cortical reorganization during childhood. *Brain & Cognition, 20,* 24–50.

Thelen, E. (1986). Treadmill-elicited stepping in seven-month-old infants. *Child Development, 57,* 1498–1506.

Thelen, E. (1995). Motor development: A new synthesis. *American Psychologist, 50,* 79–95.

Thelen, E. (2001). Dynamic mechanisms of change in early perceptual motor development. In J. L. McClelland & R. S. Siegler, (Eds.), *Mechanisms of cognitive development: Behavioral and neural perspectives* (pp. 161–184). Mahwah, NJ: Erlbaum.

Thelen, E., Corbetta, D., Kamm, K., Spencer, J. P., Schneider, K. & Zernicke, R. F. (1993). The transition to reaching: Mapping intention and intrinsic dynamics. *Child Development, 64,* 1058–1098.

Thelen, E. & Fisher, D. M. (1982). Newborn stepping: An explanation for the „disappearing reflex." *Developmental Psychology, 18,* 760–775.

Thelen, E., Fisher, D. M. & Ridley Johnson, R. (1984). The relationship between physical growth and a newborn reflex. *Infant Behavior and Development, 7,* 479–493.

Thelen, E. & Smith, L. B. (1994)., *A dynamic systems approach to the development of cognition and action.* Cambridge, MA: MIT Press/Bradford Books.

Thelen, E. & Smith, L. B. (1998). Dynamic systems theory. In W. Damon (Series Ed.) and R. M. Lerner (Vol. Ed.), *Handbook of child psychology: Vol. 1. Theoretical models of human development* (5th ed.) (pp. 563–634). New York: Wiley.

Theokas, C., Ramsey, P. G. & Sweeney, B. (1993). *The effects of classroom interventions on young children's cross-sex contacts and perceptions.* Vortrag, Biennial Meeting of the Society for Research in Child Development, New Orleans, LA.

Thinus-Blanc, C. & Gaunet, F. (1997). Representation of space in blind persons: Vision as a spatial sense? *Psychological Bulletin, 121,* 20–42.

Thomas, A. & Chess, S. (1977). *Temperament and development.* New York: Brunner/Mazel.

Thomas, A., Chess, S. & Birch, H. G. (1963) *Temperament and behavior disorders in children.* New York: New York University Press.

Thomas, A., Chess, S. & Birch, H. G. (1970). The origin of personality. *Scientific American, 223*(2), 102–109.

Thompson, J. R. & Chapman, R. S. (1977). Who is „Daddy" revisited: The status of two-year-olds' over-extended words in use and comprehension. *Journal of Child Language, 4,* 359–375.

Thompson, R. A. (1987). Development of children's inferences of the emotions of others. *Developmental Psychology, 23,* 124–131.

Thompson, R. A. (1998). Early sociopersonality development. In W. Damon (Series Ed.) and N. Eisenberg (Vol. Ed), *Handbook of child psychology: Vol. 3. Social, emotional, and personality development* (5th ed.) (pp. 23–104). New York: Wiley.

Thompson, R. A. (2000). The legacy of early attachments. *Child Development, 71,* 145–152.

Thompson, R. F. (2000). *The brain: A neuroscience primer* (3rd ed.). New York: Worth.

Thompson, R. F. & Spencer, W. A. (1966). Habituation: A model for the study of neuronal substrates of behavior. *Psychological Review, 73,* 16–43.

Thornberry, T. P., Lizotte, A. J., Krohn, M. D., Farnworth, M. & Jang, S. J. (1994). Delinquent peers beliefs and delinquent behavior: A longitudinal test of interactional theory. *Criminology, 32,* 47–83.

Thorne, B. (1986). Girls and boys together ... but mostly apart: Gender arrangements in elementary schools. In W. W. Hartup & Z. Rubin (Eds.), *Relationships and development.* Mahwah, NJ: Erlbaum.

Thurstone L. L. (1938). *Primary mental abilities.* Chicago: University of Chicago Press.

Tienari, P. L., Lahti, I., Sorri, A., Naarala, M., Moring, J., Kaleva, M. et al. (1990). Adopted away offspring of schizophrenics and controls. In L. Robins & M. Rutter (Eds.), *Straight and devious pathways from childhood to adulthood.* Cambridge, England: Cambridge University Press.

Tietjen, A. (1986). Prosocial reasoning among children and adults in a Papua New Guinea society. *Developmental Psychology, 22,* 861–868.

Time. (1998, 1. Juni). *The boy who loved bombs.*

Tincoff, R. & Jusczyk, P. W. (1999). Some beginnings of word comprehension in 6-month-olds. *Psychological Science, 10,* 172–175.

Tisak, M. S. (1995). Domains of social reasoning and beyond. In R. Vista (Ed.), *Annals of child development* (Vol. 11) (pp. 95–130). London: Jessica Kingsley.

Tognoli, J., Pullen, J. & Lieber, J. (1994). The privilege of place: Domestic and work locations of characters in children's books. *Children's Environments Quarterly, 11,* 272–280.

Tolchinsky-Landsmann, L. & Levin, I. (1985). Writing in preschoolers: An age-related analysis. *Applied Psycholinguistics, 6,* 319–339.

Tomada, G. & Schneider, B. H. (1997). Relational aggression, gender, and peer acceptance: Invariance across culture, stability over time, and concordance among informants. *Developmental Psychology, 33,* 601–609.

Tomasello, M. (1988). Learning to use prepositions: A case study. *Journal of Child Language, 14,* 79–98.

Tomasello, M. (1992). The social bases of language acquisition. *Social Development, 1,* 68–87.

Tomasello, M. (1994). Can an ape understand a sentence? A review of *Language comprehension in ape and child* by E. S. Savage-Rumbaugh et al. *Language & Communication, 14,* 377–390.

Tomasello, M. (1995). Language is not an instinct. *Cognitive Development, 10,* 131–156.

Tomasello, M. (1999). *The cultural origins of human cognition.* Cambridge, MA: Harvard University Press.

Tomasello, M. & Barton, M. (1994). Learning words in non-ostensive context. *Developmental Psychology, 30,* 639–650.

Tomasello, M. & Farrar, M. J. (1986). Joint attention and early language. *Child Development, 57,* 1454–1463.

Tomasello, M., Kruger, A. C. & Ratner, H. H. (1993). Cultural learning. *Behavioral and Brain Sciences, 16,* 495–511.

Tomasello, M., Strosberg, R. & Akhtar, N. (1996). Eighteen-month-old children learn words in non-ostensive contexts. *Journal of Child Language, 23,* 157–176.

Tomie, J. & Whishaw, I. Q. (1990). New paradigms for tactile discrimination studies with the rat: Methods for simple, conditional, and configural discriminations. *Physiology and Behavior, 48,* 225–231.

Tomkins, S. S. (1962). *Affect, imagery, consciousness: Vol. 1. The positive emotions.* New York: Springer.

Trainor, L. J. & Heinmiller, B. M. (1998). The development of evaluative responses to music: Infants prefer to listen to consonance over dissonance. *Infant Behavior and Development, 21,* 77–88.

Trehub, S. E. (1993). Temporal auditory processing in infancy. *Annals of the New York Academy of Sciences, 682,* 137–149.

Trehub, S. E. & Schellenberg, E. G. (1995). Music: Its relevance to infants. *Annals of Child Development, 11,* 1–24.

Tremblay, R. E., Masse, L. C., Vitaro, F. & Dobkin, P. (1995). The impact of friends' deviant behavior on early onset of delinquency: Longitudinal data from 6 to 13 years of age. *Development and Psychopathology, 7,* 649–667.

Tremblay, R. E., Pihl, R., Vitaro, F. & Dobkin, P. L. (1994). Predicting early onset of male antisocial behavior from preschool behavior. *Archives of General Psychiatry, 51,* 732–739.

Trivers, R. (1972). Parental investment and sexual selection. In B. Campbell (Ed.), *Sexual selection and the descent of man 1871–1971* (pp. 136–179). New York: Aldine de Gruyter.

Trivers, R. L. (1983). The evolution of cooperation. In D. L. Bridgeman (Ed.), *The nature of prosocial development* (pp. 95–112). NY: Academic Press.

Tronick, E. Z., Thomas, R. B. & Daltabuit, M. (1994). The Quechua manta pouch: A caretaking practice for buffering the Peruvian infant against the multiple stressors of high altitude. *Child Development, 65,* 1005–1013.

Troy, M. & Sroufe, L. A. (1987). Victimization among preschoolers: Role of attachment relationship history. *Journal of the American Academy of Child and Adolescent Psychiatry, 26,* 166–172.

Tunmer, W. E. & Nesdale, A. R. (1985). Phonemic segmentation skill and beginning reading. *Journal of Educational Psychology, 77,* 417–427.

Turiel, E. (1978). Social regulation and domains of social concepts. In W. Damon (Ed.), *Social cognition: New directions for child development* (pp. 45–74). San Francisco: Jossey-Bass.

Turiel, E. (1987). Potential relations between the development of social reasoning and childhood aggression. In D. H. Crowell, I. M., Evans & C. R. O'Donnell (Eds.), *Childhood aggression and violence: Sources of influence, prevention, and control* (pp. 95–114). New York: Plenum Press.

Turiel, E. (1998). The development of morality. In W. Damon (Series Ed.) and N. Eisenberg (Vol. Ed.), *Handbook of child psychology. Vol. 3. Social, emotional, and personality development* (pp. 863–932). New York: Wiley.

Turkheimer, E. (2000). Three laws of behavior genetics and what they mean. *Current Directions in Psychological Science, 9,* 160–164.

Turnbull, C. M. (1972). *The mountain people.* New York: Simon & Schuster.

Turner, P. J. & Gervai, J. (1995). A multidimensional study of gender typing in preschool children and their parents: Personality, attitudes, preferences, behavior, and cultural differences. *Developmental Psychology, 31,* 759–772.

Turner-Bowker, D. M. (1996). Gender stereotyped descriptions in children's picture books: Does „curious Jane" exist in the literature? *Sex Roles, 35,* 461–488.

Tversky, B. & Hemenway, D. (1984). Objects, parts, and categories. *Journal of Experimental Psychology: General, 113,* 169–193.

Twain, M. (1985). *Gesammelte Werke in fünf Bänden. Band 5* (2. Auflage). München: Hanser.

Twenge, J. M. & Crocker, J. (2002). Race and self-esteem: Meta-analyses comparing Whites, Blacks, Hispanics, Asians, and American Indians and comment on Gray-Little and Hafdahl (2000). *Psychological Bulletin, 128*(3), 371–408.

Tyrka, A. R., Graber, J. A. & Brooks-Gunn, J. (2000). The development of disordered eating: Correlates and predictors of eating problems in the context of adolescence. In A. J. Sameroff, M. Lewis et al. (Eds.), *Handbook of developmental psychopathology* (2nd ed.) (pp. 607–624). New York: Kluwer Academic/Plenum Press.

Uller, C. & Huntley-Fenner, G. (1995). *Infant numerical representations.* Vortrag, Society for Research in Child Development Conference, Indianapolis.

Umana-Taylor, A., Diversi, M. & Fine, M. (2002). Ethnic identity and self-esteem among Latino adolescents: Distinctions among Latino populations. *Journal of Adolescent Research, 17,* 303–327.

Underwood, B. & Moore, B. (1982). Perspective-taking and altruism. *Psychological Bulletin, 91,* 143–173.

Unger, J. B., Simon, T. R., Newman, T. L., Montgomery, S. B., Kipke, M. D. & Albornoz, M. (1998). Early adolescent street youth: An overlooked population with unique problems and service needs. *Journal of Early Adolescence, 18,* 325–348.

Ungerer, J. A., Zelazo, P. R., Kearsley, R. B. & O'Leary, K. (1981). Developmental changes in the representation of objects in symbolic play from 18 to 34 months of age. *Child Development, 52,* 186–195.

UNICEF Statistics. (ohne Datum). *Low birthweight.* [www.childinfo.org/eddb/lbw/index.htm]

Urberg, K. A., Degirmencioglu, S. M. & Pilgrim, C. (1997). Close friend and group influence on adolescent cigarette smoking and alcohol use. *Developmental Psychology, 33,* 834–844.

Urberg, K. A., Degirmencioglu, S. M., Tolson, J. M. & Halliday-Scher, K. (1995). The structure of adolescent peer networks. *Developmental Psychology, 31,* 540–547.

U. S. Bureau of the Census. (1991). Fertility of American woman. *Current Population Reports,* Series P-20, No. 454, Washington, DC: U. S. Government Printing Office.

U. S. Bureau of the Census. (1992). *Marital status and living arrangements: March, 1992: Current population reports,* Series P-20, No. 468, Tables G. & 5. Washington, DC: U. S. Government Printing Office.

U. S. Bureau of the Census. (1998). *1998 Current population reports.* Washington, DC: U. S. Government Printing Office.

U. S. Bureau of the Census. (1998, October 29). *Marital status and living arrangements, March 1998 (update). Current population reports.* Washington, DC: U. S. Government Printing Office.

U. S. Bureau of the Census. (2001). *Statistical abstract of the United States* (121st ed.). Washington, DC: U. S. Government Printing Office.

U.S. Bureau of the Census. (2002). Percent of people in poverty by definition of income and selected characteristics: 1998. [www.census.gov/hhes/poverty/prevdetailtabs.html]

U. S. Conference of Mayors. (1998). *fl status report on hunger and homelessness in America 's cities.* (Available from the U. S. Conference of Mayors, 1620 Eye St., NW, Washington DC 20006–4005.)

U. S. Department of Health and Human Services. (2001). *2001 federal poverty guidelines.* [aspe.hhs.gov/poverty/01poverty.htm]

Uttal, D. H., Liu, L. L. & DeLoache, J. S. (1999). Taking a hard look at concreteness: Do real objects help children learn? In C. Tamis-LeMonda & L. Batter (Eds.), *Child psychology: A handbook of contemporary issues* (pp. 177–192). Hamden, CT: Garland.

Valdez-Menchaca, M. C. & Whitehurst, G. J. (1992). Accelerating language development through picture book reading: A systematic extension to Mexican day care. *Developmental Psychology, 28,* 1106–1114.

Valenzuela, M. (1997). Maternal sensitivity in a developing society: The context of urban poverty and infant chronic undernutrition. *Developmental Psychology, 33,* 845–855.

Valeski, T. N. & Stipek, D. J. (2001). Young children's feelings about school. *Child Development, 72,* 1198–1213.

Valleroy, L. A., Harris, J. R. & Way, P. O. (1990). The impact of HIV infection on child survival in the developing world. *AIDS, 4,* 667–672.

van den Boom, D. C. (1994). The influence of temperament and mothering on attachment and exploration: An experimental manipulation of sensitive responsiveness among lower-class mothers with irritable infants. *Child Development, 65,* 1457–1477.

van den Boom, D. C. (1995). Do first-year intervention effects endure? Follow-up during toddlerhood of a sample of Dutch irritable infants. *Child Development, 66,* 1798–1816.

van den Boom, D. C. & Hoeksma, J. B. (1994). The effect of infant irritability on mother-infant interaction: A growth curve analysis. *Developmental Psychology, 30,* 581–590.

Van den Oord, E. J. C. G., Boomsma, D. I. & Verhulst, F. C. (2000). A study of genetic and environmental effects on the co-occurrence of problem behaviors in three-year-old twins. *Journal of Abnormal Psychology, 109,* 360–372.

van Geert, P (1997). Que sera sera: Determinism and nonlinear dynamic model building in development. In A. Fogel, M. C. D. P. Lyra & J. Valsiner (Eds.), *Dynamics and indeterminism in developmental and social processes* (pp. 13–38). Mahwah, NJ: Erlbaum.

van IJzendoorn, M. H. (1995). Adult attachment representations, parental responsiveness, and infant attachment: A meta-analysis on the predictive validity of the adult attachment interview. *Psychological Bulletin, 117,* 387–403.

van IJzendoorn, M. H. (1997). Attachment, emergent morality, and aggression: Toward a developmental socioemotional model of antisocial behaviour. *International Journal of Behavioral Development, 21,* 703–727.

van IJzendoorn, M. H. & De Wolff, M. S. (1997). In search of the absent father-Meta-analyses of infant-father attachment: A rejoinder to our discussants. *Child Development, 68,* 604–609.

van IJzendoorn, M. H., Juffer, R & Duyvesteyn, M. G. C. (1995). Breaking the intergenerational cycle of insecure attachment: A review of the effects of the effects of attachment-based interventions on maternal sensitivity and infant security. *Journal of Child Psychology and Psychiatry, 36,* 225–248.

van IJzendoorn, M. H. & Kroonenberg, P. M. (1988). Cross-cultural patterns of attachment: A meta-analysis of the strange situation. *Child Development, 59,* 147–156.

van IJzendoorn, M. H. & Sagi, A. (1999). Cross-cultural patterns of attachment: Universal and contextual dimensions. In J. Cassidy & P. R. Shaver (Eds.), *Handbook of attachment: Theory, research, and clinical applications* (pp. 713–734). New York: Guilford Press.

Van Loosbroek, E. & Smitsman, A. W. (1990). Visual perception of numerosity in infancy. *Developmental Psychology, 26,* 916–922.

Vance, H. B., Hankins, N. & McGee, H. (1979). A preliminary study of Black and White differences on the revised Wechsler Intelligence Scale for Children. *Journal of Clinical Psychology, 35,* 815–819.

Vandell, D. L. (1987). Baby sister/baby brother: Reactions to the birth of a sibling and patterns of early sibling relations. *Journal of Children in Contemporary Society, 19,* 13–37.

Vasek, M. E. (1986). Lying as a skill: The development of deception in children. In R. W. Mitchell & N. S. Thompson (Eds.), *Deception: Perspectives on human and non-human deceit* (pp. 271–292). New York: SUNY Press.

Vaughn, B. E., Goldberg, S., Atkinson, L., Marcovith, S., MacGregor, D. & Seifer, R. (1994). Quality of toddler-mother attachment in children with Down syndrome: Limits to interpretation of Strange Room behavior. *Child Development, 65,* 95–108.

Vaughn, C. (1996). *How life begins.* New York: Times Books.

Vellutino, F. R. (1991). Introduction to three studies on reading acquisition: Convergent findings on theoretical foundations of code-oriented versus whole-language approaches to reading instruction. *Journal of Educational Psychology, 83,* 437–443

Vellutino, F. R. & Scanlon, D. M. (1987). Phonological coding, phonological awareness, and reading ability: Evidence from a longitudinal and experimental study. *Merrill-Palmer Quarterly, 33,* 321–363.

Vellutino, F. R., Scanlon, D. M. & Spearing, D. (1995). Semantic and phonological coding in poor and normal readers. *Journal of Experimental Child Psychology, 59,* 76–123.

Ventura, S. J., Martin, J. A., Curtin, S. C. & Mathews, T. J. (1997). Report of final natality statistics, 1995. *Monthly Vital Statistics Report, 45* (11, Suppl. 2). Hyattsville, MD: National Center for Health Statistics.

Verkuyten, M. (1990). Self-esteem and the evaluation of ethnic identity among Turkish and Dutch adolescents in the Netherlands. *Journal of Social Psychology, 130,* 285–297.

Verma, S. (1999). Socialization for survival: Developmental issues among working street children in India. *New Directions in Child Development, 85,* 5–18.

Vernon, P. A. (1993). Intelligence and neural efficiency. In D. K. Detterman (Ed.), *Current topics in human intelligence* (Vol. 3) (pp. 171–187). Norwood, NJ: Ablex.

Verschueren, K., Marcoen, A. & Schoefs, V. (1996). The internal working model of the self, attachment, and competence in five-year-olds. *Child Development, 67,* 2493–2511.

Vikan, A. & Clausen, S. E. (1993). Freud, Piaget, or neither? Beliefs in controlling other by wishful thinking and magical behavior in young children. *Journal of Genetic Psychology, 154,* 297–314.

Vitaro, F., Brendgen, M., Pagani, L., Tremblay, R. E. & McDuff, P. (1999). Disruptive behavior, peer association, and conduct disorder: Testing the developmental links through early intervention. *Development and Psychopathology, 11,* 287–304.

Vitaro, F., Tremblay, R. E., Kerr, M., Pagani, L. & Bukowski, W. M. (1997). Disruptiveness, friends' characteristics, and delinquency in early adolescence: A test of two competing models of development. *Child Development, 68,* 676–689.

Vogel, G. (1996). School achievement: Asia and Europe top in world, but reasons are hard to find. *Science, 274,* 1296.

Vohr, B. R. & Garcia-Coll, C. T. (1988). Follow-up studies of high risk low-birthweight infants: Changing trends. In H. E. Fitzgerald, B. M. Lester & M. W. Yogman (Eds.), *Theory and research in behavioral pediatrics* (Vol. 4). New York: Plenum Press.

Volling, B. L. & Belsky, J. (1991). Multiple determinants of father involvement during infancy in dual-earner and single-earner families. *Journal of Marriage and the Family, 53,* 461–474.

Volling, B. L. & Feagans, L. V. (1995). Infant day care and children's social competence. *Infant Behavior and Development, 18,* 177–188.

von Hofsten, C. (1979). Development of visually guided reaching: The approach phase. *Journal of Human Movement Studies, 5,* 160–178.

von Hofsten, C. (1980). Predictive reaching for moving objects by human infants. *Journal of Experimental Child Psychology, 30,* 369–382.

von Hofsten, C. (1982). Eye-hand coordination in the newborn. *Developmental Psychology, 18,* 450–461.

von Hofsten, C. (1991). Structuring of early reaching movements: A longitudinal study. *Journal of Motor Behavior, 23,* 280–292.

von Hofsten, C. & Spelke, E. S. (1985). Object perception and object-directed reaching in infancy *Journal of Experimental Psychology: General, 114,* 198–212.

von Hofsten, C., Vishton, P., Spelke, E. S., Feng, Q. & Rosander, K. (1998). Predictive action in infancy: Tracking and reaching for moving objects. *Cognition, 67,* 255–285.

von Senden, M. (1960). *Space and sight. The perception of space and shape in the congenitally blind before and after operations.* Glencoe, IL: Free Press.

Vondra, J. I., Shaw, D. S., Swearingen, L., Cohen, M. & Owens, E. B. (2001). Attachment stability and emotional and behavioral regulation from infancy to preschool age. *Development and Psychopathology, 13*(1), 13–33.

Voyer, D., Voyer, S. & Bryden, M. P. (1995). Magnitude of sex differences in spatial abilities: A meta-analysis and consideration of critical variables. *Psychological Bulletin, 117,* 250–270.

Vraniak, D. (1994). Native Americans. In R. J. Sternberg (Ed.) *Encyclopedia of human intelligence* (pp. 747–754). New York: Macmillan.

Wadhwa, P. D. (1998). Prenatal stress and life-span development. In H. S. Friedman (Ed.), *Encyclopedia of mental health* (Vol. 3) (pp. 265–280). San Diego, CA: Academic Press.

Wagner, R. K., Torgesen, J. K., Rashotte, C. A., Hecht, S. A., Barker, T. A., Burgess, S. R. et al. (1997). Changing relations between phonological processing abilities and word-level reading as children develop from beginning to skilled readers: A 5-year longitudinal study. *Developmental Psychology, 33,* 468–479.

Wainryb, C. & Turiel, E. (1995). Diversity of social development: Between and within cultures? In M. Killen & D. Hart (Eds.), *Morality in everyday life: Developmental perspectives* (pp. 283–313). Cambridge, England: Cambridge University Press.

Wakeley, A., Rivera, S. & Langer, J. (2000). Can young infants add and subtract? *Child Development, 71,* 1525–1534

Wakschlag, L. S., Gordon, R. A., Lahey, B. B., Loeber, R., Green, S. M. & Leventhal, B. L. (2001). Maternal age at first birth and boys' risk for conduct disorder. *Journal of Research on Adolescence, 10,* 417–441.

Walden, T. A. & Baxter, A. (1989). The effect of context and age on social referencing. *Child Development, 60,* 1511–1518.

Walden, T. A. & Field, T. M. (1990). Preschool children's social competence and production and discrimination of affective expressions. *British Journal of Developmental Psychology, 8,* 65–76.

Waldman, I. D. (1996). Aggressive boys' hostile perceptual and response biases: The role of attention and impulsivity. *Child Development, 67,* 1015–1033.

Walker, A. S. (1982). Intermodal perception of expressive behaviors by human infants. *Journal of Experimental Child Psychology, 33,* 514–535.

Walker, B. E. & Quarles, J. (1962). Palate development in mouse fetuses after tongue removal. *Archives of Oral Biology, 21,* 405–412.

Walker, K., Taylor, E., McElroy, A., Phillip, D.-A. & Wilson, M. N. (1995). Familial and ecological correlates of self-esteem in African American children. *New Directions in Child Development, 68,* 23–34.

Walker, L. J. (1980). Cognitive and perspective-taking prerequisites for moral development. *Child Development, 51,* 131–139.

Walker, L. J. (1984). Sex differences in the development of moral reasoning: A critical review. *Child Development, 55,* 677–691.

Walker, L. J. (1991). Sex differences in moral reasoning. In W. M. Kurtines & J. L. Gewirtz (Eds.), *Handbook of moral behavior and development: Vol. 2. Research* (pp. 333–364). Hillsdale, NJ: Erlbaum.

Walker-Andrews, A. S. (1997). Infants' perception of expressive behaviors: Differentiation of multimodal information. *Psychological Bulletin, 121,* 437–456.

Walker-Andrews, A. S. & Dickson, L. R. (1997). Infants' understanding of affect. In S. Hala (Ed.), *The development of social cognition* (pp. 161–186). West Sussex, England: Psychology Press.

Wall, J. A., Power, T. G. & Arbona, C. (1993). Susceptibility to antisocial peer pressure and its relation to acculturation in Mexican-American adolescents. *Journal of Adolescent Research, 8,* 403–418.

Wallerstein, J. S. & Blakeslee, S. (1989). *Second changes: Men, women and children a decade after divorce.* New York: Ticknor & Fields.

Wallman, J. (1992). *Aping language.* Cambridge, England: Cambridge University Press.

Walton, G. E., Bower, N. J. & Bower, T. G. (1992). Recognition of familiar faces by newborns. *Infant Behavior and Development, 15,* 265–269.

Wang, C-T. & Daro, D. (1997). *Current trends in child abuse reporting and fatalities: The results of the 1997 annual fifty state survey.* The Center on Child Abuse Prevention Research. (Working paper number 808.) [www.join-hands.com/welfare/1997castats.html]

Wang, D., Kato, N., Inaba, Y., Tango, T., Yoshida, Y., Kusaka, Y. et al. (2000). Physical and personality traits of preschool children in Fuzhou, China: Only child vs sibling. *Child: Care, Health and Development, 26,* 49–60.

Wark, G. R. & Krebs, D. L. (1996). Gender and dilemma differences in real-life moral judgment. *Developmental Psychology, 32,* 220–230.

Warren, S. L., Huston, L., Egeland, B. & Sroufe, L. A. (1997). Child and adolescent anxiety disorders and early attachment. *Journal of the American Academy of Child and Adolescent Psychiatry, 36,* 637–641.

Waterman, A. S. & Waterman, C. K. (1971). A longitudinal study of changes in ego identity status during the freshman year at college. *Developmental Psychology, 5,* 167–173.

Waters, E. & Cummings, E. M. (2000). A secure base from which to explore close relationships. *Child Development, 71,* 164–173.

Waters, E., Merrick, S., Treboux, D., Crowell, J. & Albersheim, L. (2000). Attachment security in infancy and early adulthood: A twenty-year longitudinal study. *Child Development, 71,* 684–689.

Waters, H. S. (1980). Class news: A single subject longitudinal study of prose production and schema formation during childhood. *Journal of Verbal Learning and Verbal Behavior 19,* 152–167.

Waters, H. S. (1989, April). *Problem-solving at two: A year-long naturalistic study of two children.* Vortrag, Society for Research in Child Development Conference, Kansas City, MO.

Watson, J. & Crick, F. (1953). A structure for Deoxyribose Nucleic Acid. *Nature, 171,* 737.

Watson, J. B. (1924). *Behaviorism.* New York: Norton.

Watson, J. B. (1929). *Psychische Erziehung im frühen Kindesalter.* Leipzig: Meiner. [Original 1928: *Psychological care of infant and child.* New York: Norton.]

Watson, J. B. & Rayner, R. (1920). Conditioned emotional reactions. *Journal of Experimental Psychology, 3,* 1–14.

Watson, J. S. & Ramey, C.T. (1972). Reactions to response-contingency stimulation in early infancy. *Merrill-Palmer Quarterly, 18,* 219–227.

Watson-Gegeo, K. A. & Gegeo, D. W. (1986). Calling-out and repeating routines in Kwara'ae children's language socialization. In B. B. Schieffelin & E. Ochs (Eds.), *Language socialization across cultures. Studies in the social and cultural foundations of language, No. 3* (pp. 17–50). New York: Cambridge University Press.

Waxman, S. R. (1990). Linguistic biases and the establishment of conceptual hierarchies: Evidence from preschool children. *Cognitive Development, 5,*123–150.

Waxman, S. R. & Hall, D. G. (1993). The development of a linkage between count nouns and object categories: Evidence from 15- to 21-month-old infants. *Child Development, 64,* 1224–1241.

Waxman, S. R. & Markow, D. B. (1995). Words as invitations to form categories: Evidence from 12- to 13-month-old infants. *Cognitive Psychology, 29,* 257–302.

Waxman, S. R. & Markow, D. B. (1998). Object properties and object kind: Twenty-one-month-old infants' extension of novel adjectives. *Child Development, 69,* 1313–1329.

Waxman, S. R. & Senghas, A. (1992). Relations among word meanings in early lexical development. *Developmental Psychology, 28,* 862–873.

Weber, C., Hahne, A., Friedrich, M. & Friederici, A. D. (2004). Discrimination of word stress in early infant perception: Electrophysiological evidence. *Cognitive Brain Research, 18,* 149–161.

Weber-Fox, C. & Neville, H. J. (1996). Maturational constraints on functional specializations for language processing: ERP and behavioral evidence in bilingual speakers. *Journal of Cognitive Neuroscience, 8,* 231–256.

Webster-Stratton, C. (1998). Preventing conduct problems in Head Start children: Strengthening parenting competencies. *Journal of Consulting and Clinical Psychology, 66,* 715–730.

Weems, C. F., Silverman, W. K. & La Greca, A. M. (2000). What do youth referred for anxiety problems worry about? Worry and its relation to anxiety and anxiety disorders in children and adolescents. *Journal of Abnormal Child Psychology, 28,* 63–72.

Weinberg, M. K. & Tronick, E. Z. (1994). Beyond the face: An empirical study of infant affective configurations of facial, vocal, gestural, and regulatory behaviors. *Child Development, 65,* 1503–1515.

Weir, R. H. (1962). *Language in the crib.* The Hague: Mouton.

Weiss, B., Dodge, K. A., Bates, J. E. & Pettit, G. S. (1992) Some consequences of early harsh discipline: Child aggression and a maladaptive social information processing style. *Child Development, 63,* 1321–1335.

Weist, R. M. (1989). Time concepts in language and thought: Filling the Piagetian void between two to five years. In I. Levin & D. Zakay (Eds.), *Time and human cognition: A life - span perspective* (pp. 63–118). Amsterdam: North-Holland.

Wellman, H. M. (1990). *Children's theories of mind.* Cambridge, MA: MIT Press.

Wellman, H. M., Cross, D. & Bartsch, K. (1987). Infant search and object permanence: A meta-analysis of the A-not-B error. *Monographs of the Society for Research in Child Development, 51* (3, Serial No. 214).

Wellman, H. M. & Gelman, S. (1998). Knowledge acquisition in foundational domains. In W. Damon (Series Ed.) and D. Kuhn & R. S. Siegler (Vol. Eds.), *Handbook of child psychology: Vol. 2: Cognition, Perception & Language* (5th ed.). New York: Wiley.

Wellman, H. M. & Inagaki, K. (Eds.). (1997). The emergence of core domains of thought: Children's reasoning about physical, psychological, and biological phenomena. *New Directions for Child Development, No. 75.* San Francisco: Jossey-Bass.

Wellman, H. M. & Woolley, J. D. (1990). From simple desires to ordinary beliefs: The early development of everyday psychology. *Cognition, 35,* 245–275.

Wender, P. H. (1995). *Attention-deficit hyperactivity disorder in adults.* New York: Oxford University Press.

Wentzel, K. R. & Asher, S. R. (1995). The academic lives of neglected, rejected, popular, and controversial children. *Child Development, 66,* 754–773.

Wentzel, K. R. & Caldwell, K. (1997). Friendships, peer acceptance, and group membership: Relations to academic achievement in middle school. *Child Development, 68,* 1198–1209.

Werebe, M. J. & Baudonniere, P.-M. (1991). Social pretend play among friends and familiar peers. *International Journal of Behavioral Development, 14,* 411–428.

Werker, J. F. (1989). Becoming a native listener. *American Scientist, 77,* 54–69.

Werker, J. F. & Lalonde, C. E. (1988). Cross-language speech perception: Initial capabilities and developmental change. *Developmental Psychology, 24,* 672–683.

Werker, J. F., Pegg, J. E. & McLeod, P. J. (1994). A cross-language investigation of infant preference for infant-directed communication. *Infant Behavior and Development, 17,* 323–333.

Werker, J. F. & Tees, R. C. (1984). Cross-language speech perception: Evidence for perceptual reorganization during the first year of life. *Infant Behavior and Development, 7,* 49–63.

Werner, E. E. (1989). Children of the Garden Island. *Scientific American, 260,* 106–111.

Werner, E. E. (1993). Risk, resilience, and recovery: Perspectives from the Kauai Longitudinal Study. *Development and Psychopathology, 5,* 503–515.

Wertheimer, M. (1961). Psychomotor coordination of auditory and visual space at birth. *Science, 134,* 1692.

Wessel, M. A., Cobb, J. C., Jackson, E. B., Harris, G. S. & Detwiler, A. C. (1954). Paroxysmal fussing in infancy, sometimes called "colic." *Pediatrics, 14,* 421–433.

West, M. J. & Rheingold, H. L. (1978). Infant stimulation of maternal instruction. *Infant Behavior and Development, 1,* 205–215.

Westinghouse Learning Center (1969). *The impact of Head Start: An evaluation of the effects of Head Start on children's cognitive and affective development.* Washington, DC: Clearinghouse for Federal Scientific and Technical Information.

Weston, D. R., Ivins, B., Zuckerman, B., Jones, C. & Lopez, R. (1989). Drug exposed babies: Research and clinical issues. *Zero-to-Three, 9,* 1–7.

White, B. L. (1985). *The first three years of life.* New York: Prentice-Hall.

White, J. L., Moffitt, T. E., Earls, E, Robins, L. & Silva, P. (1990). How early can we tell? Predictors of childhood conduct disorder and adolescent delinquency. *Criminology, 28,* 507–533.

White, M. L & LeVine, R. A. (1986). What is an ii do (good child)? In H. Stevenson, H. Azuma & K. Hakuta (Eds.), *Child development and education in Japan* (pp. 55–62). New York: W. H. Freeman.

Whitehurst, G. J., Epstein, N. J., Angell, A. L., Payne, A. C., Crone, D. A. & Fischel, J. E. (1994). Outcomes of an emergent literacy intervention in Head Start. *Journal of Educational Psychology, 86,* 542–555.

Whitesell, N. R. & Harter, S. (1996). The interpersonal context of emotion: Anger with close friends and classmates. *Child Development, 67,* 1345–1359.

Whiteside, M. F. & Becker, B. J. (2000). Parental factors and the young child's postdivorce adjustment; A meta-analysis with implications for parenting arrangements. *Journal of Family Psychology, 14,* 5–26.

Whiting, B. B. & Edwards, C. (1988). *Children of different worlds: The formation of social behavior.* Cambridge, MA: Harvard University Press.

Whiting, B. B. & Whiting, J. W. M. (1975). *Children of six cultures: A psychocultural analysis.* Cambridge, MA: Harvard University Press.

Whitney, M. P. & Thoman, E. B. (1994). Sleep in premature and full-term infants from 24-hour home recordings. *Infant Behavior and Development, 17,* 223–234.

Wichstrom, L. (1999). The emergence of gender difference in depressed mood during adolescence: The role of intensified gender socialization. *Developmental Psychology, 35,* 232–245.

Wideman, J. E. (1987). *Bruder und Hüter.* Frankfurt/M.: Suhrkamp. [Englische Originalversion z- B. 1995, *Brothers and keepers.* New York: Vintage Books.]

Wigfield, A. & Eccles, J. S. (1994). Children's competence beliefs, achievement values, and general self esteem change across elementary and middle school. *Journal of Early Adolescence, 14,* 107–138.

Wiggers, M. & van Lieshout, C. F. M. (1985). Development of recognition of emotions: Children's reliance on situational and facial expressive cues. *Developmental Psychology, 21,* 338–349.

Wilk, S. L., Desmarais, L. B. & Sackett, P. R. (1995). Gravitation to jobs commensurate with ability: Longitudinal and cross-sectional tests. *Journal of Applied Psychology, 80,* 79–85.

Willatts, P. (1985). Adjustment of means-ends coordination and the representation of spatial relations in the production of search errors by infants. *British Journal of Developmental Psychology, 3,* 259–272.

Willatts, P. (1990). Development of problem solving strategies in infancy. In D. Bjorklund (Ed.), *Children's strategies: Contemporary views of cognitive development* (pp. 23–66). Hillsdale, NJ: Erlbaum.

Willatts, P. (1999). Development of means-end behavior in young infants: Pulling a support to retrieve a distant object. *Developmental Psychology, 35,* 651–667.

Williams, B. R., Ponesse, J. S., Schachar, R. J., Logan, G. D. & Tannock, R. (1999). Development of inhibitory control across the life span. *Developmental Psychology, 35,* 205–213.

Williams, T. (Ed.). (1986). *The impact of television: A natural experiment in three communities.* Orlando, FL: Academic Press.

Willinger, M. (1995). SIDS prevention. *Pediatric Annals, 24,* 358–364.

Wilson, E. O. (1975). *Sociobiology: The new synthesis.* Cambridge, MA: Harvard University Press.

Wimmer, H. & Perner, J. (1983). Beliefs about beliefs: Representation and constraining function of wrong beliefs in young children's understanding of deception. *Cognition, 13,* 103–128.

Windle, M. (1992). A longitudinal study of stress buffering for adolescent problem behaviors. *Developmental Psychology, 28,* 522–530.

Windle, M. (1994). A study of friendship characteristics and problem behaviors among middle adolescents. *Child Development, 65,* 1764–1777.

Winner, E. (1996). *Gifted children: Myths and realities.* New York: Basic Books.

Wintre, M. G. & Vallance, D. D. (1994). A developmental sequence in the comprehension of emotions: Intensity, multiple emotions, and valence. *Developmental Psychology, 30,* 509–514.

Witelson, S. E (1987). Neurobiological aspects of language in children. *Child Development, 58,* 653–688.

Witherington, D. C., Campos, J. J. & Hertenstein, M. J. (2001). Principles of emotion and its development in infancy. In G. Bremner & A. Fogel (Eds), *Blackwell handbook of infant development: Handbooks of developmental psychology* (pp. 427–464). Malden, MA: Blackwell Publishers.

Wittelson, S. F. & Swallow, J. A. (1988). Neuropsychological study of the development of spatial cognition. In J. Stiles-Davis, M. Kritchevsky & U. Bellugi (Eds.), *Spatial cognition: Brain bases and development.* Mahwah, NJ: Erlbaum.

Wolchik, S. A., Ruehlman, L. S., Braver, S. & Sandler, I. N. (1989). Social support of children of divorce: Direct and stress buffering effects. *American Journal of Community Psychology, 17,* 485–501.

Wolf, D., Rygh, J. & Altshuler, J. (1984). Agency and experience: Actions and states in play narratives. In I. Bretherton (Ed.), *Symbiotic play* (pp. 195–217). New York: Academic Press.

Wolfe, S. M., Toro, P. A. & McCaskill, P. A. (1999). A comparison of homeless and matched housed adolescents on family environment variables. *Journal of Research on Adolescence, 9,* 53–66.

Wolfer, L. T. & Moen, P. (1996). Staying in school: Maternal employment and the timing of black and white daughters' school exit. *Journal of Family Issues, 17,* 540–560.

Wolff, P (1987). *The development of behavioral states and expression of emotions in early infancy.* Chicago: University of Chicago Press.

Wolpert, L. (1991). *The triumph of the embryo.* Oxford, England: Oxford University Press.

Wood, C. C. (1976). Discriminability, response bias, and phoneme categories in discrimination of voice onset time. *Journal of the Acoustical Society of America,* 1381–1389.

Wood, D. (1986). Aspects of teaching and learning. In M. Richards & P. Light (Eds.), *Children of social worlds.* Cambridge, England: Polity Press.

Wood, D. J., Bruner, J. S. & Ross, G. (1976). The role of tutoring in problem-solving. *Journal of Child Psychology and Psychiatry, 17,* 89–100.

Wood, W., Wong, F. Y. & Chachere, G. (1991). Effects of media violence on viewers' aggression in unconstrained social interaction. *Psychological Bulletin, 109,* 371–383.

Woodward, A. L. & Hoyne, K. L. (1999). Infants' learning about words and sounds in relation to objects. *Child Development 70,* 65–77.

Woodward, A. L. & Markman, E. M. (1998). Early word learning. In D. Kuhn & R. S. Siegler (Eds.), *Handbook of child psychology: Vol. 2. Cognition, perception, and language* (5th ed.) (pp. 371–420). New York: Wiley.

Woodward, A. L., Markman, E. M. & Fitzsimmons, C. M. (1994). Rapid word learning in 13- and 18-month-olds. *Developmental Psychology, 30,* 553–566.

Woodward, L. J. & Fergusson, D. M. (1999). Childhood peer relationship problems and psychosocial adjustment in late adolescence. *Journal of Abnormal Child Psychology, 27,* 87–104.

Woolley, J. D. (1997). Thinking about fantasy: Are children fundamentally different thinkers and believers from adults? *Child Development, 68,* 991–1011.

Woolley, J. D. & Phelps, K. E. (1994). Young children's practical reasoning about imagination. *British Journal of Developmental Psychology, 12,* 53–67.

Wurmser, H. & Papousek, M. (2004). Zahlen und Fakten zu frühkindlichen Regulationsstörungen: Datenbasis aus der Münchner Spezialambulanz. In M. Papousek, M. Schieche & H. Wurmser (Hrsg.), *Regulationsstörungen der frühen Kindheit* (S. 49–76). Bern: Huber.

Wygotski, L. (1962). *Thought and language.* Cambridge, MA: MIT Press. (Original 1934. Deutsch 2002, Denken und Sprechen. Weinheim: Beltz.)

Wygotski, L. S. (1978). *Mind in society: The development of higher mental processes.* Cambridge, MA: Harvard University Press. (Originalarbeiten 1930, 1933, 1935.)

Wynn, K. (1992). Addition and subtraction by human infants. *Nature, 358,* 749–750.

Wynn, K. (1995). Infants possess a system of numerical knowledge. *Current Directions in Psychological Science, 4,* 172–177.

Xu, F. & Pinker, S. (1995). Weird past tense forms. *Journal of Child Language, 22,* 531–556.

Yamagata, K (1997). Representational activity during mother-child interaction: The scribbling stage of drawing. *British Journal of Developmental Psychology, 15,* 355–366.

Yaniv, L & Shatz, M. (1988). Children's understanding of perceptibility. In J. W. Astington, P. L. Harris & D. R. Olson (Eds.), *Developing theories of mind* (pp. 93–107). New York: Cambridge University Press.

Yarrow, M. R., Scott, P. M. & Zahn-Waxler, C. (1973). Learning concern for others. *Developmental Psychology, 8,* 240–260.

Yates, M. & Youniss, J. (1996). A developmental perspective on community service in adolescence. *Social Development, 5,* 85–111.

Yau, J. & Smetana, J. G. (1996). Adolescent-parent conflict among Chinese adolescents in Hong Kong. *Child Development, 67,* 1262–1275.

Yeates, K. O. & Selman, R. L. (1989). Social competence in the schools: Toward an integrative developmental model for intervention. *Developmental Review, 9,* 64–100.

Yonas, A. (1981). Infants' responses to optical information for collision. In R. N. Aslin, J. Alberts & M. Petersen (Eds.), *Development of perception: Psychobiological perspectives: The visual system.* New York: Academic Press.

Yonas, A., Arterberry, M. E. & Granrud, C. E. (1987). Space perception in infancy. In R. Vasta (Ed.), *Annals of child development* (pp. 1–34). Greenwich, CT: JAI Press.

Yonas, A., Cleaves, W. T. & Pettersen, L. (1978). Development of sensitivity to pictorial depth. *Science, 200,* 77–79.

Young, L. D., Suomi, S. J., Harlow, H. F. & McKinney, W. T (1973). Early stress and later response to separation in rhesus monkeys. *American Journal of Psychiatry, 130,* 400–405.

Youngblade, L. M. & Belsky, J. (1992). Parent-child antecedents of 5-year-olds' close friendships: A longitudinal analysis. *Developmental Psychology, 28,* 700–713.

Youngblade, L. M. & Dunn, J. (1995). Individual differences in young children's pretend play with mother and siblings: Links to relationships and understanding of other people's feelings and beliefs. *Child Development, 66,* 1472–1492.

Youniss, J. (1980). *Parents and peers in social development: A Sullivan-Piaget perspective.* Chicago: University of Chicago Press.

Youniss, J. & Smollar, J. (1985). *Adolescents' relations with mothers, fathers, and friends.* Chicago: University of Chicago Press.

Youth Indicators. (2001). *Marriage and divorce rates.* [www.ed.gov/pubs/YouthIndicators/indtaP5.html]

Yuill, N. & Perner, J. (1988). Intentionality and knowledge in children's judgments of actor's responsibility and recipient's emotional reaction. *Developmental Psychology, 24,* 358–365.

Zahn-Waxler, C., Friedman, R. J., Cole, P. M., Mizuta, I. & Hiruma, N. (1996). Japanese and United States preschool children's responses to conflict and distress. *Child Development, 67,* 2462–2477.

Zahn-Waxler, C. & Kochanska, G. (1990). The origins of guilt. In R. Thompson (Ed.), *The 36th annual Nebraska symposium on motivation: Socioemotional development* (pp. 183–258). Lincoln, NE: University of Nebraska Press.

Zahn-Waxler, C., Radke-Yarrow, M. & King, R. A. (1979). Child rearing and children's prosocial initiations toward victims of distress. *Child Development, 50,* 319–330.

Zahn-Waxler, C., Radke-Yarrow, M., Wagner, E. & Chapman, M. (1992). Development of concern for others. *Developmental Psychology 28,* 126–136.

Zahn-Waxler, C. & Robinson, J. (1995). Empathy and guilt: Early origins of feelings of responsibility. In J. P. Tangney & K. W. Fischer (Eds.), *Self-conscious emotions: The psychology of shame, guilt, embarrassment, and pride* (pp. 143–174). New York: Guilford Press.

Zahn-Waxler, C., Robinson, J. & Emde, R. N. (1992). The development of empathy in twins. *Developmental Psychology, 28,* 1038–1047.

Zametkin, A. J. (1995). Attention-deficit disorder: Born to be hyperactive? *Journal of the American Medical Association, 273,* 1871–1874.

Zawaiza, T. R. & Gerber, M. (1993). Effects of explicit instruction on math word-problem solving by community college students with learning disabilities. *Learning Disability Quarterly, 16,* 64–79.

Zelazo, P. D., Kearsley, R. B. & Stack, D. M. (1995). Mental representation for visual sequences: Increased speed of central processing from 22 to 32 months. *Intelligence, 20,* 41–63.

Zelazo, P. R., Zelazo, N. A. & Kolb, S. (1972). „Walking" in the newborn. *Science, 117,* 1058–1059.

Zeman, J. & Garber, J. (1996). Display rules for anger, sadness, and pain: It depends on who is watching. *Child Development, 67,* 957–973.

Zeman, J. & Shipman, K. (1996). Expression of negative affect: Reasons and methods. *Developmental Psychology, 32,* 842–849.

Zentall, S. S. & Ferkis, M. A. (1993). Mathematical problem solving for youth with ADHD, with and without learning disabilities. *Learning Disability Quarterly, 16,* 6–18.

Zentner, M. R. & Kagan, J. (1996). Perception of music by infants. *Nature, 383,* 29.

Zentner, M. R & Kagan, J. (1998). Infants' perception of consonance and dissonance in music. *Infant Behavior and Development, 21,* 483–492.

Zeskind, P. S. & Barr, R. G. (1997). Acoustic characteristics of naturally occurring cries of infants with „colic." *Child Development, 68,* 394–403.

Zevalkink, J., Riksen-Walraven, J. M. & van Lieshout, C. F. M. (1999). Attachment in the Indonesian caregiving context. *Social Development, 8,* 21–40.

Zhang, S. (1997). Investigation of behaviour problem of only child in kindergarten children in a Beijing urban area. *International Medical Journal, 4,* 117–118.

Zhou, Q, (2001). *Parental socialization of children's emotion-related regulation in the People's Republic of China.* Unveröffentliche master thesis. Arizona State University, Tempe.

Zigler, E. F. & Styfco, S. J. (Eds.). (1993). *Head Start and beyond: A national plan for extended childhood intervention.* New Haven, CT: Yale University Press.

Zimmer, E. Z., Chao, C. R., Guy, G. P, Marks, R & Fifer, W. P (1993). Vibroacoustic stimulation evokes human fetal micturition. *Obstetrics and Gynecology, 81,* 178–180.

Zlotnick, C., Kronstadt, D. & Klee, L. (1998). Foster care children and family homelessness. *American Journal of Public Health, 88,* 1368–1370.

Zukow-Goldring, P (1995). Sibling caregiving. In M. H. Bornstein (Ed.), *Handbook of parenting: Vol. 3: Status and social conditions of parenting* (pp. 177–208). Mahwah, NJ: Erlbaum.

Abbildungsnachweis

Kapitel 1
1: Bernadette Berg **3:** Jeff Greenberg/Photoedit **5:** Laura Dwight **7:** Jim Pickerell/Stock Boston, LLC **12:** © Bettman/CORBIS **16:** Bernadette Berg **17:** Bernadette Berg **19:** © Peter Turnley/CORBIS **20:** © Ed Bock/CORBIS **22:** Bernadette Berg **27:** Ellen B. Senisi/The Image Works **29:** Bernadette Berg **33:** Rip Griffith/Photo Researchers, Inc.

Kapitel 2
40: Bernadette Berg **43:** Courtesy of Suwanna and David Siegler **49:** Peter Byron **52:** Tom McCarthy/Photoedit **53:** Bernadette Berg

Kapitel 3
59: Sabina Pauen **62:** Courtesy of Alma Gottlieb **64 (unten):** Photo Lennart Nilsson/Albert Bonniers Förlag AB **69:** © Karen Huntt/CORBIS **72:** Photo Lennart Nilsson/Albert Bonniers Förlag AB **73 (oben):** Photo Lennart Nilsson/Albert Bonniers Förlag AB **73 (unten):** Biophoto Associates/Photo Researchers, Inc. **74:** Photo Lennart Nilsson/Albert Bonniers Förlag AB **75:** Courtesy Janet Dipietro **82:** Melanie Spence, University of Texas at Dallas **86:** © Mug Shots/CORBIS **87:** © David H. Wells/CORBIS **88:** CJ Foundation for SIDS **96:** Harriet Gans/The Image Works **98:** Bernadette Berg **100:** Terry Wild Studio **101:** Bernadette Berg **107:** Sabina Pauen **108:** Stevie Grand/SciencePhoto Library/Photo Researchers, Inc. **115:** Bernadette Berg **121:** Leonard Lessin/Photo Researchers, Inc. **122:** © Reuters/CORBIS **126:** Levine & Suzuki, 1993 **127:** Richard Hutchings/Science Source/Photo Researchers, Inc. **129:** Courtesy of Judy DeLoache **135:** © 2005 Bob Sacha **146 und 147 (8 Abb.):** Courtesy of Adele Diamond **147 (oben):** Harry T. Chugani, M.D., Children's Hospital of Michigan, Wayne State University, Detroit **148:** From Chugani, Phelps, & Mazziota, 1987 **149:** Sabina Pauen **150:** Sabina Pauen **155 (links):** Caleb Rayne/Bangor Daily News/The Image Works **155 (rechts):** Dave Zajac, The Herald/Wide World Photos **158:** Data from Banichi et al., 1990; figure from Kolb, 1995 **162:** © Raoul Minsart/CORBIS **164:** Courtesy of Jacob E. Steiner, The Hebrew University-Hadassah School of Dental Medicine, Jerusalem **167:** National Gallery of Canada, Ottawa: Jacob Jordaens, *As the old sing, so the young, so the young pipe*, 1638

Kapitel 4
177: Bernadette Berg **180:** Yves DeBraine/Stockphoto.com **186:** Bernadette Berg **188:** Courtesy of Adele Diamond **189:** Courtesy of Judy DeLoache **204:** Courtesy of Peter Willatts, University of Dundee, Scottland **205:** Photos by Jodie Plumert **211:** © Larry Williams/CORBIS **226:** Bernadette Berg **227:** Bob Daemmrich/Stock Boston, LLC **228:** © Ariel Skelley/CORBIS Stock Market **229:** Bernadette Berg

Kapitel 5
239: Sabina Pauen **240:** Bernadette Berg **243 (oben):** David Linton/Scientific American (204), pp. 66–72 **247:** Courtesy of Judy DeLoache **251:** Beide: Albert Jonas **253:** Alle: Courtesy of DeLoache, Pierroutsakos, Uttal, Rosengren, and Gottlieb **260 (a):** Christopher Briscoe/Photo Researchers, Inc. **260 (b):** Elizabeth Crews/The Image Works **260 (c):** Laurent/Ravonison/BSIP/Science Source/Photo Researchers, Inc. **260 (d):** Laura Dwight/Peter Arnold, Inc. **261 (unten):** C. M. Super **264:** Courtesy of Esther Thelen **266 (oben):** Courtesy of Dexter Gormley and Esther Thelen **266 (unten):** © **Hannah und Valentin Neuser** **269:** Courtesy of Professor Joseph Campos, University of California, Berkeley **270:** © Owen Franken/CORBIS **271:** Beide: Courtesy of Karen Adolph **273:** Alle: Copyright © Charles E. Maurer **278:** Michael Newman/Photoedit **287:** Beide: Courtesy of Dr. Linda B. Smith **290:** Beide: Courtesy of Peter Willatts, University of Dundee, Scotland

Kapitel 6
295: Sabina Pauen **296:** Bernadette Berg **300:** Courtesy of the Language Research Center, Georgia State University, Photo by Liz Pugh **304:** Courtesy of Helen Neville, Psychology Department, University of Oregon **307 (oben):** Elizabeth Crews/The Image Works **307 (unten):** Bernadette Berg **308:** Bob and Ira Spring/Stock Connection/Picturequest **313:** Beide: Adapted from Werker, J. F. (1989). "Becoming a native Listener." American Scientist, 77:59. Reprinted with Permission of American Scientist, Journal of Sygma Xi, The Scientific Research Society. Photos Courtesy of Peter McLeod, Acadia University **317:** Photos by Jeffrey Debelle/© Dr. Laura Ann Petitto **324:** Courtesy of Jean L. Briggs **325:** Courtesy of Judy DeLoache **327:** Letitia R. Naigles, University of Connecticut **334:** Myrleen Ferguson Cate/Photoedit **338:** Susan Goodwyn **339:** Susan Meiselas/Magnum Photos, Inc. **343:** Bernadette Berg **346:** Alle: Courtesy of Judy DeLoache **347:** Bernadette Berg **348:** Courtesy of Judy DeLoache **349:** Oben: Compiled from Several Figures and Reprinted by Permission of the Publisher from *Children Drawing* by Jacqueline Goodnow. PP. 22, 24, 28, Cambridge, MA/Harvard Univ. Press © 1977 **349:** Unten: Reprinted by Permission of the Publisher from *Children Drawing* by Jacqueline Goodnow, Cambridge, MA/Harvard Univ. Press © 1977

Kapitel 7

355: Sabina Pauen **357:** © Hannah und Valentin Neuser **361 (1. Reihe, li.):** Creszentia and Ted Allen **361 (1. Reihe, re.):** Jal Duncan **361 (2. Reihe, li.):** Herve Chanmeton Chamaliers **361 (2. Reihe, re.):** Creszentia and Ted Allen **361 (3. Reihe, li.):** Creszentia and Ted Allen **361 (3. Reihe, re.):** Guide to Cats, Gino Pugnetti © 1983 by Arnold Mondadori S.P.A. Milano **361 (4. Reihe, li.):** Photo by Marc Henrie, ASC **361 (4. Reihe, re.):** Karl Wolffram **362:** Sabina Pauen **363:** Sabina Pauen **369:** Bernadette Berg **371:** Michael Newman/Photoedit **373:** Bernadette Berg **377:** Superstock/mauritius images **378:** Jan Sonnenmair/Aurora **379:** Courtesy of Beth and Aaron Siegler **380 (oben):** Courtesy of Suwanna and David Siegler **380 (unten):** Beide: Courtesy of Diane Poulin-Dubois. **384:** Tony Freeman/Photoedit **388:** Alle: Photos taken by Janette B. Benson **390:** Robin Sachs/Photoedit **392:** Alle: Courtesy of Patricia Bauer

Kapitel 8

409: Sabina Pauen **416:** Sabina Pauen **419:** Bernadette Berg **421:** Bernadette Berg **439:** Mark Richards/Photoedit **444:** Bernadette Berg **453:** Mit freundlicher Genehmigung von Prof. Dr. Christa Röber **457:** David Young-Wolff/Photoedit **461:** Michael Newman/Photoedit **462:** David Frazier/The Image Works

Kapitel 9

469: Sabina Pauen **470:** Beide: Courtesy of Judy DeLoache **473:** © CORBIS **476 (oben):** Bernadette Berg **476 (unten):** © Ted Streshinsky/CORBIS **477:** © Hannah und Valentin Neuser **481:** © Bettmann/CORBIS **485:** Courtesy of Albert Bandura, Stanford University **489:** Mary Kate Denny/Photoedit **495:** Thomas D. Mcavoy/Timepix **504:** Everett Collection, Inc. **507:** © CORBIS **512:** Beide: Sabina Pauen **515 (links):** Anja Groth **515 (rechts):** Bernadette Berg **516:** Beide: Bernadette Berg **521:** © 2005 Susie Fitzhugh

Kapitel 10

527: Sabina Pauen **528:** Based on Mischel, W., Ebbeson, E. B., & Zeiss, A. R. (1972). Cognitive & Attentional Mechanisms in Delay of Gratification. *Journal of Personality and Social Psychology, 21,* 204–218 **532:** Superstock/mauritius images **534:** Bernadette Berg **535:** © Hannah und Valentin Neuser **540:** Ellen B. Senisi **542:** © Ariel Skelley/CORBIS Stock Market **546:** Laura Dwight **553:** Alfred Eisenstaedt/Timepix **555:** © Jim Craigmyle/CORBIS **557:** Courtesy of Sean Flanagan & Stacey Barton, Child Development Laboratory, University of Maryland, College Park **563:** © Ariel Skelley/CORBIS **569:** © Pamela Cole

Kapitel 11

583: Sabina Pauen **586:** Harlow Primate Laboratory, University of Wisconsin **591:** Alle: Courtesy of Mary Ainsworth **596:** Don Stevenson/Index Stock Imagery/Picturequest **598:** Bernadette Berg **600:** Bernadette Berg **604:** Bernadette Berg **605:** Bernadette Berg **613 (oben):** Superstock/mauritius images **613 (unten):** Tony Freeman/Photoedit **615:** Michael Newman/Photoedit **616:** © Dave Bartruff/CORBIS **619:** Laura Zito **627:** H. Vincent DeWitt/Stock Boston, LLC **632:** Bernadette Berg **633 (oben):** © Nathan Benn/CORBIS **633 (unten):** Bernadette Berg

Kapitel 12

641: Sabina Pauen **642:** © Wally McNamee/CORBIS **643 (links):** Eyewire/Getty Images **643 (rechts):** Monika Graff/The Image Works **647:** Monika Graff/The Image Works **651:** Bernadette Berg **653:** Michael Newman/Photoedit **656:** Bob Kalman/The Image Works **662 (links):** © Joel Stettenheim/CORBIS **662 (rechts):** © Tony Arruza/CORBIS **664:** Bernadette Berg **666:** Bernadette Berg **671:** Bernadette Berg **673:** © Bryn Colton/Assignments Photographers/CORBIS **674:** © Ariel Skelley/CORBIS **684:** Sabina Pauen **689:** Laura Dwight **691:** Bernadette Berg **693:** Greenberg/Folio/Inc.

Kapitel 13

701: Sabina Pauen **702:** © Bettmann/CORBIS **705:** Bernadette Berg **707:** Sabina Pauen **711:** Bernadette Berg **714:** Bernadette Berg **719:** © Morton Beebe/CORBIS **724:** Donna Day/Image State **729:** Keri Pickett/Timepix **730:** Elizabeth Senisi **731:** Elizabeth Crews **741:** Superstock/mauritius images **745:** Sabina Pauen **747:** Bernadette Berg **749:** © Good Shoot/CORBIS

Kapitel 14

755: Bernadette Berg **756:** © Reuters/CORBIS **759:** Bernadette Berg **762:** Lee Lockwood/Timepix **764:** picture alliance/dpa **769:** Michael Newman/Photoedit **772:** Mark Downey/Lucid Images/Picturequest **775:** © 2005 Susie Fitzhugh **776:** Elizabeth Crews **778 (oben):** Rick Rickman/Matrix **778 (unten):** Andy Cox/Getty Images **780:** © John Henley/CORBIS **782:** Bernadette Berg **784:** © 2005 Susie Fitzhugh **788:** Catherine Ursillo/Photo Researchers, Inc. **790:** Laura Dwight **792:** SW Production/Index Stock Market Imagery/Picturequest **795:** © William Gottlieb/CORBIS **799:** Bob Daemmrich/The Image Works **801:** © Daniel Lainé/CORBIS

Kapitel 15

811: Getty Images, München **812:** Bernadette Berg **815:** David Young-Wolff/Photoedit **817:** Courtesy of Beth & Aaron Siegler **820:** Johnathan Nourok/Photoedit/Picturequest **826:** Courtesy of Drs. Sharlene Newman and Marcel Just **829:** Bernadette Berg **830:** Topham/The Image Works **833 (oben):** Wesley Bocxe/Photo Researchers, Inc. **833 (unten):** David Harry Stewart/Stone/Getty Images **835:** Dorothea Lange/FSA/Archive Photos **840:** Bernadette Berg **844:** Bernadette Berg **847:** Elizabeth Crews **849:** © Hannah und Valentin Neuser

Namensindex

A

Aaron, J. 678
Abbey, B. B. 575
Abbott, R. D. 801
Aber, J. L. 633, 659
Aboud, F. E. 715, 720
Abramovitch, R. 790
Abramson, L. Y. 542f
Achenbach, T. M. 107
Acredolo, C. 394
Acredolo, L. P. 338, 387, 389
Adams, A. 389
Adams, G. R. 617
Adams, M. J. 445, 450, 452
Adamson, L. B. 229, 269
Adolph, K. E. 216, 266, 270f, 274
Aguiar, A. 287
Agyes, Y. 624
Ahadi, S. A. 556, 566
Ahmed, A. 286
Ahmeduzzaman, M. 665
Ainsworth, M. D. S. 102, 586, 588–593, 597, 601, 636
Akhtar, N. 326
Albersheim, L. 594
Alessandri, S. M. 101, 278, 533, 539, 603
Alexander, K. L. 429
Alibali, M. W. 215, 459, 461
Alioto, A. 309
Allard, L. 380
Allen, E. 507
Allen, L. 424, 633
Allison, D. B. 167f
Altermatt, E. R. 514
Altshuler, J. L. 547f
Alwin, D. F. 658f
Aman, C. 346
Amato, P. R. 674, 677–679, 682
Anderman, E. M. 15
Anders, T. F. 100
Anderson, C. 215
Anderson, C. A. 483, 803
Anderson, D. I. 261, 268
Anderson, E. R. 799

Anderson, J. R. 463f
Anderson, K. J. 507
Anderson, L. M. 255
Anderson, M. 411
Anderson, R. C. 451
Andreasen, G. 391
Andrews, D. W. 720, 803
Andrews, J. 675
Andrews, S. 367
Angel, C. L. 277
Anglin, J. M. 323, 336
Anisfeld, M. 279
Appelbaum, M. I. 270, 419, 673
Applefield, J. M. 49
Aptehar, L. 663
Aquan-Assee, J. 668
Archer, J. 795
Arcus, D. 555f
Arduini, D. 76
Aristoteles 9f, 13, 56
Arnett, J. J. 647
Arnold, S. L. 102
Aronson, E. 756
Arterberry, M. E. 242, 244, 251
Ary, D. 798
Asendorpf, J. B. 603, 624, 738, 746
Ashcraft, M. H. 460
Asher, S. R. 713, 715, 735f, 738f
Ashmead, D. H. 266, 386
Aslin, R. N. 207, 244, 249, 254, 308, 312, 314, 319
Asquith, P. 771
Astington, J. W. 374f, 378
Astone, N. M. 672
Atkinson, L. 600, 745
Atran, S. 382f
Attanucci, J. 767
Atterbury, J. L. 77
Attie, I. 169
Attili, G. 737f
Auerbach, S. 565
Augusta, D. 307
Avis, J. 376
Ayduk, O. 528

Azmitia, M. 715
Azuma, H. 596, 719

B

Backscheider, A. G. 381, 383
Bacon, P. L. 673
Badenoch, M. 249
Baenninger, M. 425
Baer, D. M. 482
Baffes, E. 218
Bagwell, C. L. 710, 716
Bahrick, L. E. 257
Bai, D. 387
Bai, M. 803
Bailey, J. M. 624, 684
Baillargeon, R. 178, 199, 222f, 249, 266, 282–285, 287f, 395
Bakeman, R. 229, 269
Baker, L. 450
Baker, N. D. 332
Bakermans-Kranenburg, M. J. 598
Baker-Ward, L. 211
Balaban, M. T. 255
Baldwin, A. 110, 434
Baldwin, C. 110, 434
Baldwin, D. A. 229, 325, 364, 369f, 571
Ball, W. 250
Balle-Jensen, L. 29
Bandura, A. 482–484, 486, 502, 507, 524
Banerjee, M. 576
Banich, M. T. 143, 158
Banigan, R. L. 366
Bank, L. 666, 798
Banks, M. S. 244
Barba, B. D. 246
Barber, B. K. 651
Barber, B. L. 726
Barbu-Roth, M. A. 261, 268
Barden, R. C. 574
Barenboim, C. 761
Baringa, M. 89
Barkley, R. A 456f
Barnard, K. E. 106, 426

Baron-Cohen, S. 377
Barr, H. M. 87
Barr, J. M. 87
Barr, R. G. 102f, 280
Barratt, M. 110
Barrera, M., Jr. 797f
Barrett, D. E. 782
Barrett, K. C. 540
Barrett, L. C. 557
Barrington 440
Bartlett, E. 324
Barton, M. 326
Bartsch, K. 286, 375
Basham, R. B. 671
Basinger, K. S. 767
Bass, D. 803
Bassuk, E. L. 662
Bates, E. 320f, 340, 604
Bates, J. E. 32, 426, 550, 554–557, 559, 651, 689, 714, 730, 732, 742, 793, 795, 797–799, 803
Bates, J. G. 658
Batson, C. D. 781
Battin, S. R. 801
Battistich, V. 786f
Baudonniere, P.-M. 603, 708
Bauer, I. F. 108
Bauer, P. J. 392f, 396
Baumrind, D. 649–652
Bausermann, R. 679
Bavelier, D. 304
Baxter, A. 269
Bayles, K. 793
Bayley, N. 420
Beal, C. R. 425, 455
Beam, M. 717
Beardsall, L. 33, 564
Bearison, D. J. 230
Beauchamp, G. K. 78, 81, 165
Beauvais, F. 727
Beck, J. E. 548
Becker, B. J. 344, 678
Becker, M. B. 624
Becker-Bryant, J. 332
Beckwith, L. 105, 107, 273
Bee, H. L. 426
Beebe, T. 784
Beeghly, M. 574
Behl-Chadha, G. 360
Behrend, D. A. 333
Bell, S. M. 102
Bellugi, U. 303, 332
Belsky, J. 493, 506, 590, 601, 657f, 672, 689, 745f
Bem, D. 624, 741
Bem, S. I. 509f
Benoit, D. 594

Benbow, C. P. 421, 425
Benedict, H. 323
Benedict, R. 540
Benenson, J. F. 725
Bennett, D. S. 793
Benson, B. 672
Benson, J. B. 282, 360, 388, 402
Benson, P. 666
Bento, S. 594
Bentz, L. S. 77
Bereiter, C. 454f
Berg, C. A. 204, 548
Berg, K. M. 100
Berg, W. K. 100
Bergeman, C. S. 129
Berger, S. H. 681, 683
Bergman, A. 270
Bergman, T. 244
Berko, J. 331
Bernal, M. E. 619f, 788
Berndt, T. J. 713, 717, 800
Bernier, J. C. 457
Berrill, K. T. 628
Berry, C. 784
Bersoff, D. M. 770, 772
Bertenthal, B. I. 245, 264–268, 270f, 387f
Berthier, N. E. 266
Bertsch, F. 30, 431
Berzonsky, M. D. 617
Best, K. 111
Betts, N. T. 709
Betz, J. 302
Bever, T. G. 301
Beyer, S. 686, 688
Bezruczko, M. 692
Bialystok, E. 306
Biederman, J. 456, 559
Bierman, K. L. 712, 739
Biernbaum, M. A. 796
Bigbee, M. A. 792
Bigelow, B. J. 710
Biglan, A. 798
Bigler, R. S. 513
Binet, A. 410, 414, 465
Birch, E. E. 251
Birch, H. G. 551f
Birch, L. L. 165f
Biringen, Z. 270
Birnbaum, D. W. 566
Bisanz, J. 26
Bishop, J. B. 726
Bithoney, W. G. 163
Bittle, M. 784
Bjerregaard, B. 726
Bjorklund, D. F. 26f, 205, 209f, 496

Black, B. 749
Black, J. E. 154, 156
Blair, K. 565
Blakeslee, S. 675, 677, 680
Blasi, A. 765
Blass, E. M. 69, 102, 276–278
Blehar, M. C. 597
Blizzard, R. M. 163
Block, J. 679
Block, J. H. 566, 679
Bloom, L. 320, 323, 329, 334, 340
Blyth, D. A. 15
Bobrow, D. 684
Boehnke, K. 769
Bohlin, G. 561, 745
Boismeyer, J. D. 99
Boivin, M. 714
Bolduc, D. 513
Bolger, K. E. 658, 692, 799
Bonitatibus, G. J. 455
Bonvillian, J. D. 332
Bookstein, F. L. 87
Boomsma, D. I. 803
Boone, R. T. 572
Booth, C. L. 675, 721
Borden, M. C. 739
Borke, H. 573
Borkowski, J. G. 673
Bornstein, M. H. 273, 347, 371, 547, 647
Borquez, J. 749
Borstelmann, L. J. 10
Borton, R. W. 257
Boscolo, P. 453
Bosma, H. A. 617
Boster, J. S. 381
Bouchard, C. 161
Bouchard, T. J. Jr. 133–135, 424
Bouchey, H. A. 611, 745
Boudreau, J. P. 256
Boukydis, C. F. Z. 103
Bound, J. 431
Boutteville, C. 78
Bowen-Woodward, K. 683
Bower, N. J. 246
Bower, T. G. R. 178, 246, 257
Bowerman, M. 323, 329
Bowker, A. 733, 737, 741
Bowlby, J. 27, 539, 583f, 586–588, 601, 631, 636
Boxer, A. M. 627
Boyd, E. F. 102
Boyes-Braem, P. 365
Boysson-Bardies, B. de 307f, 316f, 320f, 329
Bozett, F. W. 684
Bozynski, M. E. 107

Brachfeld, S. 106
Brackbill, Y. 93
Bradbard, M. R. 511
Bradley, L. 445f
Bradley, R. 426
Bradley, R. H. 426
Bradshaw, D. 538
Braeges, J. L. 771
Braine, M. D. S. 329
Braisby, N. 403
Brakke, K. E. 301
Brasel, J. A. 163
Brasil-Neto, J. P. 156
Brasington, R. 344
Braungart, J. 103
Braver, S. 714
Bray, J. H. 681, 683
Brazelton, T. B. 93, 106
Brecht, B. 205
Breinlinger, K. 223
Bremner, J. G. 286, 391
Brendgen, M. 51, 717, 735
Brenner, E. M. 547
Brent, H. P. 33f
Brescoll, V. 798
Bresnick, S. 611
Bretherton, I. 506, 567, 574, 588, 774
Brian, J. A. 102
Bridges, D. 784
Bridges, L. J. 545f, 600
Bridges, M. 674
Briggs, M. L. 666
Bril, B. 262
Brill, S. 243
Broca, P. 301
Brodie, M. 343
Brody, G. H. 419, 654, 660, 666f
Brody, L. R. 566f
Brody, N. 412, 418, 420, 433
Bronfenbrenner, U. 423, 491–493, 497, 513f, 516f, 519, 524, 643
Bronson, G. W. 537
Brook, J. S. 797
Brooks, M. G. 662
Brooks, P. J. 378
Brooks, R. C. 684
Brooks, V. 252
Brooks-Gunn, J. 30, 108, 161f, 169, 370, 439, 603, 672, 687
Brophy, J. E. 32
Broughton, J. M. 611
Brown, A. L. 48, 220, 232
Brown, B. B. 724f, 800
Brown, C. A. 338
Brown, E. G. 248f, 746
Brown, J. 562, 565

Brown, J. L. 170f
Brown, J. R. 564
Brown, J. S. 217
Brown, M. M. 793f
Brown, R. 326, 328–330, 332, 450
Brown, S. C. 460
Brownell, K. D. 168
Bruck, M. 5, 7, 346, 445
Bruer, J. 150
Brumaghim, J. T. 150
Bruner, J. S. 229f, 232, 317f, 334
Bruschi, C. J. 577
Bryan, J. H. 783
Bryant, B. K. 549
Bryant, P. E. 256, 445f, 461
Bryden, M. P. 425
Bryk, A. 322
Buchanan, C. M. 15, 624, 675, 680, 683
Buchanan, L. 723
Buchsbaum, K. 542
Buckingham, D. 202
Buckner, J. C. 662f
Buddin, B. J. 578
Buehler, C. 680
Bugental, D. B. 657, 688
Buhrmester, D. 704, 710, 714
Bukowski, W. 703, 706
Bukowski, W. M. 520, 668, 703, 706, 714, 716f, 720, 729f, 733, 736f, 741
Bullock, M. 571, 604
Bumpass, L. L. 674
Burchinal, M. R. 437, 731
Burhans, K. K. 608
Buriel, R. 621f, 634, 645, 648, 651, 660, 664, 673, 676, 678, 682, 688
Burleson, B. R. 746
Burton, R. B. 4, 217
Burts, D. C. 746
Burwell, R. A. 666
Bus, A. G. 446, 451
Bushman, B. J. 483, 803
Bushnell, E. W. 256, 266, 274, 390
Bushnell, I. W. R. 17, 246
Busnel, M. C. 78, 80
Buss, D. M. 518
Buss, K. A. 136, 561, 654
Bussey, K. 502, 507, 783
Buswell, B. N. 632
Butler, S. 506, 567
Butterworth, G. E. 318, 361
Byrne, B. M. 445, 632

C
Cahan, N. 429
Cahan, S. 429

Cain, K. E. 450
Cain, K. M. 608
Cairns, B. D. 723, 790
Cairns, R. B. 723, 725, 731, 737, 790
Caldera, Y. M. 508
Calderon, R. 793
Calderone, K. 204
Caldwell, B. 426
Caldwell, K. 738
Calkins, S. D. 548, 557, 745
Callanan, M. A. 366, 383, 507
Calvert, S. L. 504
Camino, C. 770
Cammarota, A. 156
Campbell, F. A. 108, 436
Campbell, S. B. 279
Campbell, T. 206
Campos, J. J. 101, 229, 245, 261, 268–270, 387f, 530f, 535f, 538, 546, 571, 646, 663
Campos, R. G. 531
Camras, L. A. 535f, 538
Candee, D. 765
Canfield, R. L. 275, 393
Cantu, C. L. 622
Cantwell, D. P. 457
Capaldi, D. M. 673, 675, 726, 798f
Cardoso-Martins, C. 446
Carey, G. 796
Carey, S. 220f, 224, 282, 323f, 380, 400
Carlo, G. 767, 769, 782
Carlos, L. 858
Carlson, C. L. 456
Carlson, E. A. 598
Carlson, S. M. 373, 389, 398
Carocas, R. 110
Carpenter, C. J. 505
Carpenter, E. M. 713
Carpenter, M. 230, 340
Carpenter, P. A. 413
Carraher, D. 461
Carriger, M. S. 273
Carroll, J. J. 413f, 577
Carter, C. A. 726
Carter, D. B. 507f
Cartwright, B. S. 398
Casas, J. F. 731, 790, 792
Case, R. 192, 208, 431, 460
Casey, B. J. 149
Casey, R. J. 566, 654
Cashmore, J. 719
Casiglia, A. C. 738
Caspi, A. 516, 555, 559, 561, 679, 741, 794
Cassidy, D. J. 505

Cassidy, J.   562, 593, 600
Castle, J.   776
Catalano, R. E.   801
Cattell, R. B.   412
Caudill, W.   29
Ceballo, R.   749
Ceci, S. J.   5–7, 346, 422, 429, 442
Chabris, C. F.   386
Chachere, G.   802
Chall, J. S.   444, 468
Chalmers, D.   205
Chan, R. W.   684
Chance, G.   253
Chandler, M. J.   108, 218, 574, 761
Chang, F.   213
Chang, H. W.   255
Changeux, J. P.   26, 141, 153
Chao, C. R.   79
Chao, R. K.   653
Chapman, M.   779
Chapman, R. S.   322
Charlton, K.   430
Charnov, E. L.   601
Chase-Lansdale, P. L.   672–674
Chassin, L.   719, 726
Chazan, R.   8
Cheek, N. H.   724
Chen, C.   493, 717, 727
Chen, X.   736–738, 741, 750
Chen, Z.   206, 215, 396f, 653
Cheney, D. L.   300
Cherlin, A. J.   674
Chess, S.   551f, 556, 559
Chi, M. T. H.   208, 211, 383
Chisolm, J. S.   102
Cho, E. Y.   774
Chomsky, N.   220, 336f, 340, 342, 353
Chow, J.   657
Christensen, K. M.   255
Christian, R. E.   794, 798
Christopher, F. S.   784
Chugani, H. T.   148, 152
Church, J.   333
Church, R. B.   216, 461
Cialdini, R.   784
Ciano-Federoff, L. M.   663
Ciaramitaro, V.   102
Cibell, C. D.   600
Cicchetti, D.   150, 598, 657f
Cierpka, M.   5, 805
Cillessen, A. H. N.   731, 737
Claeves, W. T.   251
Clahsen, H.   332
Clark, E. V.   321, 331
Clark, J. E.   267
Clark, L. V.   488

Clark, M. C.   779
Clarke-McLean, J.   720
Clarke-Stewart, K. A.   675, 689
Clark-Lempers, D. S.   660, 715
Clarkson, M. G.   253, 386
Clary, E. G.   782
Clasen, D. R.   800
Clausen, S. E.   398
Clearfield, M. W.   400, 402
Clemant, J.   463
Clemants, W. A.   378
Clements, P.   726
Clewett, A. S.   786
Clifton, R. K.   253, 264–267, 271, 283, 386
Clingempeel, W. G.   140, 494, 683
Clore, G.   296
Clubb, P. A.   211
Coatsworth, J. D.   31
Cobb, J. C.   103
Cocchetti, D.   659
Codd, J.   306
Cofer   786
Coffey-Corina, S.   302
Cohen, D.   794
Cohen, L. B.   360, 395, 784
Cohen, L. G.   156
Cohen, M. J.   457, 600
Cohen, P.   797
Cohen, R.   606, 720
Cohen, S. E.   273
Cohn, J. F.   279
Coie, J. D.   728, 730f, 733, 735–737, 739f, 742, 789–792, 795–797, 800
Colburne, K. A.   520
Colby, A.   761, 763f
Colder, C. R.   803
Cole, A.   745
Cole, M.   227
Cole, P. M.   568f, 576f, 596
Coleman, C. C.   713
Coleman, H. L. K.   623
Coleman, M.   735
Coley, J. D.   381f, 384
Coley, R. L.   672f
Collaer, M. L.   425, 792
Collie, R.   229
Collins, W. A.   15, 542, 646f
Collmer, C.   107
Colombo, J.   273, 420
Coltrane, S.   669–671, 673, 686
Colwell, J.   344
Comfort, C.   739
Compas, B. E.   549
Conger, K. J.   666

Conger, R. D.   543, 655, 660, 666, 672, 680, 796, 799
Connell, J. P.   545, 632
Connell, S.   390
Conner, D. B.   231
Connor, J. K.   549
Conroy, S.   103
Cook, E. T.   5, 804
Cook, I. L.   801
Cook, K.   513
Cook, W. L.   560, 654
Cooley, C.   631
Cooney, T. M.   671
Cooper, G.   463
Cooper, H. M.   430
Cooper, R. P.   81, 308
Coplan, R.   721
Coppola, M.   339
Corballis, M. C.   338
Corbetta, D.   265
Corley, R.   137, 561
Cornell, E. H.   391
Corrigan, R.   395
Cortelyou, A.   258
Corter, C.   790
Cossette, L.   513
Costigan, C. L.   660
Costigan, K. A.   76, 92, 555
Cota, M. K.   619f, 788
Cotton, S.   719
Couchoud, E. A.   562, 573, 782
Coulton, C. J.   657
Courage, M. L.   7
Cousineau, D.   102
Cowan, C. P.   230, 493
Cowan, P. A.   230, 493
Cowan, W. M.   150
Cox, K. E.   44, 451
Cox, M. J.   493
Coy, K. C.   42
Coyle, T. R.   52f, 210, 215
Coyne, J. C.   563
Craig, W. M.   801
Crain, W. C.   472, 494
Cramer, P.   161
Craven, R.   606
Crawford, J.   307
Crepin, G.   78
Crick, F.   118
Crick, N. R.   488f, 731f, 790, 792, 794f
Crisp, V. W.   562
Criss, M. M.   651, 798
Crnic, K.   493, 506, 671
Crocker, J.   629, 634
Crockett, L.   723
Croft, C.   600

Croll, W. L. 566
Crosbie-Burnett, M. 684
Crosby, L. 673, 720
Cross, D. R. 231, 286
Crouter, A. C. 667
Crowe, P. A. 725
Crowell, J. 594
Crowley, K. 507
Culp, R. E. 673
Culver, C. 533
Culver, L. C. 594
Cumberland, A. 564, 575
Cummings, E. M. 563, 587, 600, 675, 798
Cunningham, J. G. 572
Curran, P. J. 719
Curtin, S. C. 643
Curtis, L. E. 8, 401, 404
Curtiss, S. 304
Custrini, R. J. 572
Cutler, A. 314
Cutrona, C. E. 673

D

Da Silva, M. S. 769
Dabholkar, A. S. 151f
Dale, P. S. 320
Daltabuit, M. 102
Daly, M. 496, 681
Damasio, A. 440
Damon, W. 602, 605, 607f, 612, 616f, 767
Danchin, A. 153
Daniels, D. 139, 428
Dann, S. 701f
Dannemiller, J. L. 244
Danseco, E. R. 662
Dantzig, T. 400
Darling, N. E. 493, 651f
Darlington, R. 436
Daro, D. 656
Darwin, C. 11–13, 26, 117, 307, 524, 530
D'Augelli, A. R. 626–628
Davidson, C. E. 8
Davidson, R. J. 149, 557
Davies, L. 776
Davies, P. T. 563, 675, 798
Davis, B. E. 267
Davis, L. B. 255
Dawson, G. 149
Dearing, R. 540
Deary, I. J. 412
Deater-Deckard, K. 130, 647, 796f, 799
Debus, R. 607
DeCasper, A. J. 60, 80f

Decker, S. H. 726, 801f
Dedmon, S. E. 548
DeFries, J. C. 14, 136f, 139, 424, 428, 679
Degirmencioglu, S. M. 51, 718, 724f
Dehaene, S. 26
deHouwer, A. 306
DeKlyen, M. 793, 796
Dekovic, M. 770, 784f
Delaney, C. 102, 516
Delis, D. C. 87
DeLoache, J. S. 61, 252f, 296, 342, 345f, 505
Delucchi, K. L. 787
Delugach, J. D. 730
Deluty, R. H. 794
DeMarie-Dreblow, D. 210
Dement, W. C. 99
Demorest, J. 505
Dempster, F. N. 204, 209
DeMulder, E. K. 600
Denham, S. A. 4f, 528, 550, 562–565, 571, 573, 600, 746, 782
Dennig, M. D. 548
Denninger, M. M. 332
Dennis, S. 190
Dennis, T. A. 569
Dennis, W. 435
Denny, M. A. 266
Denton, R. 395
D'Entremont, B. 318
DeRosier, M. E. 738, 742
Derryberry, D. 554
Desmarais, L. B. 420
DeSnoo 77f
Detterman, D. K. 421
Detwiler, A. C. 103
deVilliers, J. G. 329
deVilliers, P. A. 329
Devin, J. 306
DeVos, J. 285, 287f
De Vries, J. I. P. 75
DeVries, M. W. 101
deWinstanley, P. 505
DeWolf, D. M. 746
De Wolff, M. S. 597f
Diamond, A. 146, 179, 286f, 289, 387
Diamond, L. M. 625–627
Diaz, R. M. 306
DiBiase, R. 662
Dichtelmiller, M. 107
Dickson, L. R. 570f
Dickson, W. P. 719
DiClemente, R. J. 617
Diedrich, F. J. 265

Diehl, R. L. 312
Diener, M. 95
Dietz, W. H. 168
Dijkstra, T. 302f
DiPietro, J. A. 76, 89, 92, 506, 555
Dirks, J. 252
Dishion, T. J. 717, 720, 726, 746, 749, 798, 803
Disney, E. R. 89, 109
Diversi, M. 634, 662f
DiVitto, B. 106
Dix, T. 784
Doan, R. M. 164
Dobkin, P. 717, 794
Dobrich, W. 451
Dobson, V. 34
Dobzhansky, T. 127
Dodd, J. 764
Dodge, K. A. 487–490, 542, 651, 658, 714, 728, 730, 732f, 736, 742, 789–792, 794–800, 803
Doh, H. S. 642
Doi, L. M. 448
Dolan, A. B. 425
Donaldson, G. 412
Donaldson, S. K. 578
Dong, Q. 377, 653, 717, 727
Doris, J. 659
Dornbusch, S. M. 631, 650–652, 675, 680
Dorval, B. 335
Dougherty, T. M. 275
Douglas, E. 691
Doussard-Roosevelt, J. A. 556
Dove, H. 261
Dowden, A. 280
Downey, G. 528, 563
Drillien, C. M. 110
Dromi, E. 365
Drotar, D. 163
Druyan, S. 198
Dube, E. M. 626f
DuBois, L. 566
Dubow, E. 426, 791
Duckett, E. 687
Dumka, L. E. 798
Duncan, B. 420
Duncan, G. J. 30, 430f
Duncan, O. D. 420, 422
Duncan, S. W. 574
Dunn, J. 33, 308, 372, 506, 541, 562, 564f, 567, 666f, 706, 708, 714, 744, 779f
Dunn, M. 26
Dunphy, D. C. 725
Dunsmore, J. C. 528, 562
Durant, C. 317

Durkin, K. 515
Duyvesteyn, M. G. C. 598f
Dweck, C. S. 608f
Dziurawiec, S. 246

E

Eagly, A. H. 518
Earls, E. 791
East, P. L. 672
Eastenson, A. 708
Easterbrooks, M. A. 8, 600
Eaton, K. L. 562
Eaton, W. O. 75, 136, 208, 499
Eccles, J. S. 15, 514, 624, 633, 726
Echols, K. 48
Eckenrode, J. 659
Eckerle, D. 163
Eckerman, C. O. 335, 538
Eckert, P. 724f
Eddy, J. M. 717, 737
Edelman, G. M. 153
Eder, D. 729, 736, 750
Edwards, C. 29, 520, 666, 718, 788
Edwards, R. 727
Egeland, B. 8, 601, 745
Ehri, L. C. 445
Eicher, S. A. 800
Eichorn, D. H. 415
Eilers, R. E. 316
Eimas, P. D. 310f, 360f
Einarson, T. 89
Einstein, A. 192
Eisenberg, A. R. 567
Eisenberg, N. 503, 507, 540, 542, 555, 560, 563f, 566, 571, 573f, 576, 655, 708, 715, 730f, 746, 767, 769f, 774, 776f, 780–782, 784f, 788, 790, 792, 797
Eisenberg-Berg, N. 768, 783
Eisenbud, L. 511
Elbert, T. 156
Elder, A. D. 461
Elder, G. H., Jr. 516, 543, 660, 741, 799
El-Dinary, P. B. 450
Elicker, J. 8, 744f
Elkind, D. 610f, 637
Ellemberg, D. 33
Elliott, D. S. 790, 793
Ellis, H. D. 246
Ellis, S. A. 204, 230
Ellsworth, C. 533
Elman, J. L. 23, 340
Ely, R. 335
Emde, R. N. 101, 269f, 535, 571, 584, 654, 781, 784

Emery, R. E. 493, 656f, 659, 675, 678, 680, 798
Endsley, R. C. 511
Engle, P. 171
Englund, M. 744
Engstrom, R. 412
Enns, L. R. 499
Entwistle, D. R. 429
Eppler, M. 271
Epstein, L. H. 168
Erdley, C. A. 713
Erel, O. 690–692
Erickson, M. 659
Erikson, E. 23, 471f, 476–479, 523, 587, 614f, 631, 637, 639
Erkut, S. 632
Erockson, M. 745
Eron, L. D. 791, 799, 802
Esbensen, F. A. 726, 801
Esser, C. 542
Essex, M. J. 548
Estell, D. B. 723
Evans, D. E. 556
Eveleth, P. B. 162
Eysenck, H. J. 781

F

Fabes, R. A. 542, 555, 560, 564, 566, 574, 708, 715, 746, 776, 780–782, 784f, 790, 792, 797
Fagan, J. F. 243
Fagot, B. I. 503, 507, 509, 514, 600, 673, 745f
Fairburn, C. O. 169
Falbo, T. 641f
Fang, Y. 720
Fantuzzo, J. W. 798
Fantz, R. 242f
Farah, M. 150
Faraone, S. V. 456
Farber, E. A. 600, 745
Farmer, T. W. 723
Farnworth, M. 800
Farrant, K. 334
Farrar, M. J. 229, 324
Farrell, A. D. 727
Farrington 801
Farver, J. A. 347, 707, 719, 780
Feagans, L. V. 689
Fearon, I. 79
Featherman, D. L. 420
Fegley, S. 613, 782
Feierabend 343
Feigenson, L. 400
Feinberg, M. 667
Feingold, A. 425, 499
Feinman, J. 633

Feiring, C. 601, 631
Feitelson, D. 451
Feldman, D. H. 422
Feldman, H. 338
Feldman, J. F. 273
Feldman, R. S. 572, 659
Feldman, S. S. 724, 797
Felice, M. E. 572
Felsman, J. K. 5289
Feng, Q. 266
Fenson, L. 319, 322
Fenwick, K. D. 253
Ferdman, B. M. 306
Ferguson, L. L. 790
Fergusson, D. M. 742
Ferkis, M. A. 460
Fernald, A. 305, 307f, 322, 328, 571
Fernandez, S. C. 306
Ferrier, L. J. 319
Feshbach, N. D. 777
Fetter, M. D. 724
Field, D. 199
Field, T. M. 102, 108, 572
Fielding, L. G. 451
Fielding-Barnsley, R. 445
Fields, J. P. 632
Fifer, W. P. 79, 81
Figueredo, A. J. 657
Filho, N. M. 662
Fincham, F. D. 563, 675
Fine, M. A. 634, 681
Finkelstein, B. D. 709
Finnie, V. 748
Fischer, A. R. 635
Fischer, J. L. 725
Fischer, L. 684
Fisher, C. 327
Fisher, D. M. 263f
Fisher, E. P. 372
Fisher, J. A. 165f
Fisher, P. A. 793
Fisher-Thompson, D. 503
Fitzgerald, J. 454
Fitzsimmons, C. M. 325
Fivush, R. 211, 335, 396, 506, 567
Flaks, D. E. 684
Flavell, E. R. 376
Flavell, J. H. 23, 197, 374, 376f, 574–576
Fletcher, A. C. 493
Flett, G. L. 607
Florsheim, P. 673
Floyd, F. J. 660
Foch, T. T. 168
Fodor, J. A. 337, 378
Foehr, U. G. 343

Folmer, A. 211
Fonagy, P. 594, 600
Fonzi, A. 709
Ford, M. E. 724
Forehand, R. 667, 675
Forsberg, H. 445
Foster, S. 675
Fox, N. A. 106, 557, 562, 594, 745
Fraiberg, S. 538
Fraisse, P. 393
Francoeur, E. 346
Francoeur, T. E. 103
Fraser, C. 328
Frazer, P. R. 794
Frazier, J. A. 430
Freedman, D. G. 566
Freedman, N. C. 566
Freeman, M. S. 81
Freeman, R. B. 302
Freiberg, K. 783
Freitag, M. K. 745
French, D. C. 709, 737f
French, L. A. 334
Frenkiel, N. 516
Frensch, P. A. 505
Freud, A. 701f
Freud, S. 12f, 23, 471–479, 500, 518, 523, 525, 584, 586f, 701
Freund, L. S. 231
Frey, K. 149
Frey, K. S. 509, 606f
Frick, P. J. 794, 798
Friederici, A. D. 34, 314
Friedman, M. A. 168
Friedman, M. L. 616
Friedman, R. J. 568
Friedman, S. L. 204f
Friedman, W. J. 393f
Friedrich, L. K. 785f
Friedrich, M. 34, 314
Friedrich-Cofer, L. 786
Frijda, N. H. 568
Frith, U. 377
Fritz, A. S. 218
Fritz, J. 661
Frodi, A. M. 107
Frohlich, C. B. 769
Frosch, C. A. 601, 680
Frost, J. 445
Frueh, T. 504
Frye, A. F. 208
Frye, D. 378, 403
Fuchs, D. 567
Fuchs, L. 769
Fukui, I. 308
Fulcher, M. 684
Fuligni, A. J. 646f, 726

Fulker, D. W. 137, 781
Fuller, L. L. 566
Fultz, J. 784
Furman, W. 704, 710, 712, 714, 721, 724f, 745
Furstenberg, F. F., Jr. 673f
Futterman, R. 514

G
Gable, S. 506
Gagnon, G. 801
Galbraith, K. A. 672
Galen, B. R. 792
Gallistel, C. R. 220, 386, 391, 402
Gallup, G. H. 399
Galton, F. 117f, 131
Ganchrow, J. R. 276
Gandelman, R. 77
Garbarino, J. 31, 657
Garber, J. 543, 577, 731, 794
Garcia, M. M. 667
Garcia-Coll, C. T. 100, 103, 108
Garcia-Jetton, J. 456
Garcia-Mila, M. 215
Gardner, A. G. 393
Gardner, B. T. 300
Gardner, D. 576
Gardner, H. 440–443, 468
Gardner, J. M. 89
Gardner, R. A. 300
Gardner, W. 601
Gariepy, J. L. 723, 790
Garmezy, N. 111
Garmon, L. C. 767
Garner, P. W. 567
Garrod, A. C. 455
Garza, C. A. 619f
Gaub 456
Gaunet, F. 390
Gauthier, R. 520
Gauvain, M. 225, 229–231
Gauze, C. 733
Gavin, L. A. 721, 724f
Ge, X. 543, 654, 660, 799
Gearhart, M. 230
Geary, D. C. 26f, 413, 430, 455, 460, 495, 517
Gegeo, D. W. 309
Geisheker, E. 783
Gelman, R. 8, 219f, 282, 297, 306, 400–403
Gelman, S. A. 183, 221–223, 322, 359f, 366, 368, 373, 381f, 384, 398
Genevro, J. L. 547
Gentner, D. 202, 206, 322
George, C. 593f, 599, 658
Gerber, M. 460

Gerken, L. A. 320
Gerton, J. 623
Gervai, J. 507
Gesell, A. 263
Gest, S. D. 723, 728
Gewirtz, J. L. 102
Ghim, H.-R. 245
Gianino, A. 545
Gibbs, J. 764, 767, 784
Gibbs, N. 756
Gibson, E. J. 26, 252, 257, 268, 270f, 273f
Gilbert, J. 290
Gilchrist, L. 563
Gillham, J. 609
Gilligan, C. 767
Gilliom, L. A. 660
Gilliom, M. 548
Gillis, J. J. 136
Ginsburg, H. P. 198
Girgus, J. S. 543
Gjerde, P. F. 679
Gleason, K. E. 594
Glei, D. 672
Gleitman, H. 306, 327, 329
Gleitman, L. R. 306, 327, 329, 338
Gnepp, J. 576
Goff, S. B. 514
Golby, B. 774
Goldberg, S. 106
Goldfield, B. A. 323
Goldin-Meadow, S. 216, 297, 338, 459, 461
Goldman, S. R. 460
Goldsmith, D. 29
Goldsmith, H. H. 136, 139, 555, 561, 654
Goldson, E. 107
Goldstein, M. J. 560, 654
Goldstein, W. 29
Goldstein, Z. 451
Goleman, D. 528
Golinkoff, R. M. 309, 325, 328
Golombok, S. 684
Golter, B. S. 748
Goncu, A. 230, 665
Gonzales, N. A. 798
Gonzalez, J. J. 457
Good, T. L. 32
Goodenough, F. C. 538f
Goodman, G. S. 275, 346
Goodman, R. 456
Goodman, S. H. 791
Goodnow, J. J. 350, 719, 784
Goodwin, S. W. 389
Goodwyn, S. W. 338
Gopnik, A. 221, 374f

Gordis, E. B.   660
Gordon, R. A.   801
Gorman, K. S.   171
Gortmaker, S. L.   168
Goswami, U.   205
Gottesman, I. I.   136, 139
Gottfried, A. W.   542, 554f
Gottfried, G. M.   223, 382
Gottlieb, A.   61f, 252f
Gottlieb, G.   137
Gottman, G. M.   746
Gottman, J. M.   564, 711–713, 715, 724
Gottman, J. S.   683f
Goubet, N.   265, 283
Gould, S. J.   440, 497
Gove, W. R.   688
Graber, J. A.   161, 169
Graber, M.   285, 287
Grady, C.   344
Graham, J. A.   720
Graham, S.   454, 489, 735, 742, 794, 799
Graham, T.   459, 461
Graham-Bermann, S. A.   728, 798
Gralinski, H.   539
Granier-Deferre, C.   78, 80
Granrud, C. E.   248, 251
Graves, N. B.   788
Graves, T. D.   788
Gray, E.   5
Gray, W. D.   365
Gray-Little, B.   634
Grayson, C.   543
Green, F. L.   376
Green, J. A.   101
Green, R. W.   456
Greenbaum, R.   89
Greenberg, M. T.   5, 671, 793, 796, 804
Greenberger, E.   493, 717, 727
Greene, A. L.   542
Greene, J. G.   106
Greene, R. W.   739
Greenfield, P. M.   343, 505
Greenough, W.   154, 156
Greenspan, S.   574, 761
Greer, J. E.   218
Gress, V. R.   767
Gridina, N.   343
Griesler, P. C.   733, 749
Griffin, S. A.   431, 460
Grilo, C. M.   168
Grimm, H.   328
Grolnick, W. S.   545f, 600
Groome, L. J.   77
Grosovsky, E. H.   606

Gross, E. F.   343, 505
Gross, P. L.   576
Gross, R. T.   108, 110
Grossman, D. C.   805
Grossmann, K.   745
Grossmann, K. E.   592, 745
Grotevant, H. D.   15, 616f
Grotpeter, J. K.   792
Grout, L.   746
Grover, L.   318
Gruendel, J. M.   334
Grueneich, R.   761
Grusec, J. E.   784
Grych, J. H.   563, 675, 680
Guberman, S. R.   230
Guerin, D. W.   542, 554f
Guerra, N. G.   742, 794, 799
Gulko, J.   514, 520
Guo, M. S.   727
Gustafson, G. F.   101
Guthrie, I. K.   542, 555, 731, 777
Guthrie, J. T.   44, 451
Guttentag, R. E.   210
Guy, G. P.   79
Gwiazda, J.   243, 251

H
Haan, M. de   150
Haas, B.   658
Haas, E.   717
Hadley, W. H.   463
Hafdahl, A. R.   634
Hagan, R. I.   503
Hagekull, B.   561, 745
Hagemann, M.   692
Hagen, M. S.   799
Hahne, A.   314
Haight, W.   322
Hains, S. M. J.   533, 566
Haith, M. M.   242, 244f, 275, 282, 360, 393, 402
Hakuta, K.   306f
Hala, S.   218
Halberstadt, A. G.   528, 562f
Hale, S.   208
Halford, G. S.   202
Halil, T.   101
Hall, D. G.   326
Hall, J. A.   566f
Hallett, M.   156
Halliday-Boykins, C. A.   799
Halliday-Scher, K.   51, 725
Halpern, C. T.   624
Halpern, D. F.   425, 499
Halpern, L. F.   100
Halverson, C. F., Jr.   510–513
Hamalainen, M.   793

Hamazaki, T.   576
Hamer, D. H.   624
Hamilton, C. E.   594
Hammond, M. A.   426
Hammond, N. R.   211
Hampson, E.   425
Hampson, S. L.   433
Hamson, C. O.   460
Han, W.-J.   687
Hand, M.   768
Hanish, L. D.   742
Hankin, B. L.   542f
Hankins, N.   433
Hanlon, C.   332
Hanna, E.   281
Hanna, N. A.   729
Hardman, C. E.   574
Hardy, J. B.   672
Harkness, S.   100f
Harlan, E. T.   546
Harlow, H.   703
Harlow, M. K.   586
Harman, C.   102
Harnish, J. D.   730, 795
Harnishfeger, K. K.   109
Harold, G. T.   680
Harold, R. D.   514
Harris, A. M.   521
Harris, F. R.   482
Harris, G. S.   103
Harris, J. F.   140, 425
Harris, J. R.   85
Harris, K. M.   673
Harris, K. R.   454
Harris, P. L.   286, 369, 376, 378, 574, 576
Harris, R. T.   169
Harrist, A. W.   732, 736
Harry, H. F.   586
Hart, B.   322, 658
Hart, C. H.   746, 748
Hart, D.   602, 607f, 612f, 782
Harter, S.   578, 603f, 606–608, 610–613, 629–633, 635, 709
Hartman, E.   384
Hartup, W. W.   706, 708f, 711, 715, 720f, 728, 731, 790
Harvey, E.   687
Harwodd, R. L.   772
Haselager, G. J. T.   721
Hasher, L.   207
Haskins, R.   438, 689
Hastings, P. D.   746, 784
Hastings, P. O.   794
Hatano, G.   183, 222–224, 228, 380f, 383
Hatzichristou, C.   733, 737

Haviland, J. M. 533
Hawkins, J. A. 713
Hawkins, J. D. 801
Hawley, T. L. 89, 109
Hay, D. F. 776, 778, 789f
Hayes, C. 300
Hayes, K. J. 300
Hayne, H. 229, 280
Haynes, C. W. 108
Hazen, C. 275
Healy, E. 504
Hearold, S. 785, 802
Hebl, M. 528
Hedges, L. V. 425
Hegley, D. 536
Heine, S. J. 635
Heinmiller, B. M. 254
Held, R. 243, 251
Helmbrecht, L. 684
Helsen, M. 617
Hembree, E. A. 532, 539
Hemenway, D. 366
Henderson, C. R. 156, 659
Henderson, S. H. 681
Henderson, V. K. 493
Henry, B. 555, 794
Henry, C. S. 785
Hepper, P. 69
Herdt, G. 161, 627
Hernandez, J. T. 617
Herrera, C. 571, 659, 666
Hershberger, S. L. 626–628
Hershey, K. 554
Hertenstein, M. J. 261, 268, 536
Hertsgaard, L. 396, 592
Hertz-Lazarowitz, R. 769
Hertzman, C. 431
Hespos, S. J. 402
Hess, D. L. R. 576
Hess, R. D. 719
Hesse, E. 592–594
Hessling, R. M. 673
Heth, C. D. 391
Hetherington, E. M. 140, 494, 561, 631, 647, 654, 667f, 674, 676–683, 799
Hetrick, W. 80
Hewlett, B. S. 568
Heyman, G. D. 608
Heyns, B. 429
Hiatt, S. W. 535
Hickling, A. K. 381, 397f
Hiebert, J. 462
Higgins, D. A. 792
Higgins, E. T. 347, 610, 612, 632
Hill, J. O. 167f
Hill, J. P. 647

Hill, K. G. 801
Hill, N. E. 798
Hill, N. L. 794
Hillier, L. 253
Hills, A. 90
Hilton, S. 92
Himan, M. 784
Hines, M. 425, 792
Hinshaw, S. P. 457, 731
Hirsh-Pasek, K. 309, 325, 328
Hiruma, N. 568, 596
Hitch, G. J. 460
Hite, T. 507
Ho, D. Y. F. 738
Hoard, M. K. 460
Hochberg, J. 252
Hodges, E. V. E. 714
Hodgson, D. M. 92, 555
Hoeksma, J. B. 32
Hoff, E. 322f
Hoff-Ginsberg, E. 322, 655, 658–660
Hoffman, C. D. 502
Hoffman, L. W. 686–688
Hoffman, M. L. 539f, 761, 774, 778, 781, 784f, 797
Hoffmann, L. W. 687
Hoffmeyer, L. B. 102
Hoffner, C. 548, 760f
Hofmann, V. 600
Hofstadter, M. 286
Hogarty, P. S. 415, 419
Hogue, A. 721
Höhle, B. 315
Hohne, E. A. 319
Holden, C. 134
Holden, E. W. 662
Hole, W. 103
Holland, C. J. 450
Holland, S. B. 77
Hollin, C. R. 765
Holowka, S. 317
Honzik, M. P. 424
Hood, B. 283
Hood, L. 334
Hooven, C. 564
Hope, S. 674
Hopf, D. 733, 737
Hopkins, B. 262
Hopko, D. 460
Hops, H. 675
Horn, J. L. 412, 781
Horn, K. L. 457
Horwood, L. J. 742
Hossain, Z. 102, 665
Howe, M. L. 7
Howe, N. 668

Howe, T. R. 658
Howell, C. T. 107
Howell, P. 858
Howell, S. 210
Howes, C. 19, 372, 707f, 780, 792
Hoyne, K. L. 328
Hoza, B. 457, 733, 737, 741
Hrdy, S. B. 515
Hrubeck, Z. 168
Hu, N. 624
Hu, S. 624
Hua, J. 100
Hubbard, E. M. 261, 268
Hubbard, F. O. A. 102
Hubbard, M. L. 633
Hudley, C. 489, 735, 794
Hudson, J. A. 204, 211, 334
Huebner, R. R. 532f, 536
Huesmann, L. R. 791, 799, 802
Hughes, C. 714
Huizinga, D. 726, 801
Hume, D. 394
Humphreys, L. G. 412, 418
Hunt, E. 87, 413
Hunt, J. 435
Hunter, F. T. 714
Hunter, J. E. 420
Huntley-Fenner, G. 402
Hunziker, J. 594
Hunziker, U. A. 102
Hurwitz, W. R. 326
Huston, A. C. 457, 504, 507f, 514, 785, 802
Huston, L. 8
Huston-Stein, A. 786
Hutchinson, J. E. 326, 383
Huttenlocher, J. 322, 324, 347, 386, 390, 402, 429, 460
Huttenlocher, P. R. 151–153, 158
Huttunen, M. 92
Hwang, P. 665
Hyde, J. S. 425, 632, 767, 792
Hyman, C. 739
Hymel, S. 733, 738f
Hynd, G. W. 457
Hyvarinen, L. 389

I

Iacono, W. G. 133, 135, 424, 795
Iannotti, R. J. 600
Iedema, J. 617
Iglesias, J. 570
Inagaki, K. 222–224, 381
Indelicato, S. 671
Ingoldsby, E. M. 667, 798
Inhelder, B. 190, 192, 195f, 778
Insabella, G. M. 674

Isabella, R. A.   597
Iverson, J. M.   338
Ivins, B.   109
Izard, C. E.   530, 532f, 535, 539

J

Jaakkola, R.   380
Jacklin, C. N.   499, 506–508, 520
Jackson, E. B.   103
Jackson, K. M.   798
Jacobs, J. E.   514
Jacobsen, T.   600
Jacobson, J. L.   90
Jacobson, K.   223
Jacobson, L. J.   672
Jacobson, S. W.   90
Jaffee, S. R.   672, 767
Jagnow, C. P.   81
Jakobson, R.   316
James, D.   76f
James, W.   241
Jang, S. J.   800
Janssens, J. M. A. M.   770, 784f
Jaswal, V. K.   305
Jayaratne, T. E.   749
Jaycox, L. H.   609
Jegalian, K.   120
Jencks, C.   420
Jenkins, E. A.   52
Jenkins, J. M.   378, 668
Jensen, A. R.   411, 436
Jessie, K. A.   208
Ji, G.   642
Jiao, S.   642
Jiao, Z.   713
Jing, Q.   642
Jochlin, V.   678f
Joeseph, G.   684
John, R. S.   660
Johnson, A.   78
Johnson, C. J.   333, 676
Johnson, D. M.   365
Johnson, E. K.   254
Johnson, F. A.   719
Johnson, J. E.   305, 659
Johnson, J. J.   40
Johnson, K. E.   381
Johnson, M. H.   178, 213, 220, 246, 282, 304, 365, 495, 784
Johnson, M. L.   25
Johnson, S. C.   382, 667
Johnson, S. L.   165
Johnson, S. P.   249
Johnson, T. R. B.   76, 92, 555
Johnson-Laird, P. N.   450
Johnston, C.   657, 688
Johnston, M. K.   709

Jones, C.   109
Jones, D. C.   575, 577
Jones, K. L.   87
Jones, L. E.   101
Jones, M. C.   452, 480
Jones, R. M.   616f
Jones, S. S.   327, 364
Jordan, N. C.   402, 460
Joshi, M;. S.   577
Jovanovic, J.   514
Juel, C.   445f, 453
Juffer, F.   598f
Juraska, J. M.   156
Jurkovic, G. J.   765
Jusczyk, P. W.   255, 310, 312, 314, 319
Just, M. A.   413
Juvonen, J.   742

K

Kaczala, C. M.   514
Kagan, J.   9, 31, 254, 281, 534, 537f, 555–557, 561
Kahen, V.   746
Kahnweiler, W. M.   726
Kail, R.   208f, 211
Kalakanis, L.   247
Kaler, S. R.   104, 107–109
Kalish, C. W.   224, 382f, 398
Kalmar, M.   110
Kaltenbach, K.   109
Kamins, M. L.   609
Kamm, K.   265
Kane, M. J.   48
Kanner, A. D.   724
Kant, I.   336
Kaplan, B. J.   332
Kaplan, H.   261
Kaplan, N.   593
Kaplan, P. S.   277
Karmel, B. Z.   89
Kashiwagi, K.   719
Kaskie, B.   426
Katz, L. F.   564, 746
Kaye, D.   505
Kaye, K. L.   257
Kazdin, A. E.   803
Kearsley, R. B.   208, 347, 534, 538
Keating, D. P.   431, 488
Kee, D. W.   210
Keel, P. K.   169
Keenan, K.   800
Keil, F. C.   220, 222, 359, 380, 382
Keiley, M. K.   543, 658, 799
Keith, B.   674, 677–679, 682
Kellam, S.   645
Keller, T. E.   563

Kelley, M. L.   655
Kelley, W. M.   431
Kellman, P. J.   242, 244, 249
Kellogg, R. T.   454
Kempen, G.   302f
Kennedy, R. E.   543
Kenny, D. A.   560, 654
Kerig, P.   230
Kerkman, D. D.   459
Kermoian, R.   268, 270, 387f, 531, 546, 646
Kerns, K. A.   745
Kerr, B.   87
Kerr, M.   678, 717, 799
Kessen, W.   11, 245
Kestenbaum, R.   600, 745
Ketterlinus, R. D.   673
Kety, S. S.   14, 139
Kiernan, K. E.   674
Killeen, P. R.   312
Killen, M.   772
Kilpatrick, D. G.   658
Kilpatrick, H.   505
Kim, H.   158
Kim, K.   288
Kim, Y. K.   719
Kimura, D.   425
Kindermann, T. A.   721, 723
King, R. A.   778
King, S.   566
Kipnis, D. M.   786
Kirk, L.   277
Kisilevsky, B. S.   79f, 566
Kitayama, S.   568, 635
Kitzmann, K. M.   678
Klahr, D.   23, 201–203, 212
Klee, L.   663
Klepac, L.   745
Klima, E. S.   303, 332
Klimes-Dougan, B.   546
Kling, K. C.   632
Klinger, L. G.   149
Klinnert, M. D.   269, 555, 571
Klorman, R.   150
Kluender, K. R.   312
Kneubuhler, Y.   391
Knickman, J. R.   663
Knight, D. K.   231
Knight, G. E.   788
Knight, G. P.   619f, 792
Knight, R.   719
Knowles, L. S.   286, 391
Kobasigawa, A.   450
Kochanska, G.   42, 538, 546, 566, 774f
Kochenderfer, B. J.   713, 715, 742

Kodama, H. 433
Koedinger, K. R. 463f
Koenig, A. L. 774
Kohatsu, E. L. 622
Kohlberg, L. 23, 487, 508, 510, 525, 761–766, 770, 773, 806
Kohn, M. L. 659
Kolata, G. 296
Kolb, B. 141, 143, 152, 157
Kolb, S. 263
Koller, S. H. 769
Kopp, C. 539
Kopp, C. B. 104, 107–110, 546, 774
Korat, O. 452
Korbin, J. E. 657
Koren, G. 89
Korkel, J. 211
Korner, A. R. 101
Korner, M. 208
Kortenhaus, C. M. 505
Koss, M. P. 657
Kosslyn, S. M. 386
Kostelny, K. 657
Kotovsky, L. 202, 282, 395
Kovaleski, B. 326
Kowal, A. 667
Krafchuk, E. 557
Kramer, L. 667
Kramer, S. J. 245
Krantz, J. Z. 425
Krascum, R. M. 367
Kraut, R. E. 343, 505
Krebs, D. L. 767
Kreutzer, T. 601
Krevans, J. 784
Krik, E. P. 460
Krohn, M. D. 800
Kronstadt, D. 663
Kroonenberg, P. M. 596
Krowitz, A. 268
Kruger, A. C. 227, 704
Krumhansl, C. L. 255
Ku, H.-C. 792
Kuczaj, S. A. 331
Kuebli, J. 506, 567
Kuhl, P. K. 258, 312f, 316
Kuhn, D. 52, 215
Kunnen, E. S. 617
Kunzinger, E. L. 210
Kupersmidt, J. B. 731, 733, 738f, 749, 794, 799
Kurdek, L. A. 678, 681
Kurtz, D. A. 622
Kusche, C. A. 5, 804
Küspert, P. 446
Kutnick, P. 765

L
LaBuda, M. C. 424
Lacerda, E. 313
Ladd, G. W. 713, 715, 734, 742, 746, 748
LaFontana, K. M. 737
LaFreniere, P. 520, 745
LaFromboise, T. 623
Lagattuta, K. H. 574f
Lagercrantz, H. 94
La Greca, A. M. 541f, 724f, 741
Lahey, B. B. 791, 795, 801
Lahn, B. T. 120
Laible, D. J. 561, 600
Laird, M. 659
Laird, R. D. 565, 651, 798
Lalonde, C. E. 313
Lamb, B. 82
Lamb, M. E. 107, 568, 601, 673, 690–692
Lamb, S. 780
Lambert, W. E. 306
Lamborn, S. D. 631, 650–652
Lampl, M. 25
Lampman-Petraitis, C. 542
Landau, B. 327, 329, 364
Landau, S. 456
Lando, B. 790
Landry, S. H. 107
Lane, H. 302
Lang, R. 82
Langabeer, K. A. 624, 627f
Langer, A. 268
Langer, J. 402
Langlois, J. H. 247, 632, 654, 729
Lansdale, N. S. 687
Lanthier, R. 793
Lanza, S. 514
Laren, D. S. 431
Largo 110
Larson, J. R. 156, 543
Larson, N. C. 563
Larson, R. W. 15, 542, 647, 725
Laub, J. H. 798f
Laumann-Billings, L. 493, 656f, 659
Laursen, B. 646, 708f
Lawrence, D. A. 390
Lawrence, J. 205
Lazar, I. 436, 4381
Leaper, C. 507, 792
Lears, M. 504
Lebiere, C. 464
Lecanuet, J. P. 78–80
Lecin, I. 452
Lecours, A. R. 208
Leduc, D. 103

Lee, H. 110
Lee, L. C. 788
Lee, M. 765
Lee, S. Y. 493
Lee, V. E. 439
Lee, Y. 719
Leekham, S. R. 378
Lefkowitz, M. M. 802
Lehman, D. R. 635
Leichliter, J. S. 726
Leichtman, M. 6
Leinbach, M. D. 507, 509
Lemaire, P. 215
Lemery, K. S. 136, 548, 555, 561, 654
Lempers, J. D. 660, 715
Lengua, L. J. 548
Lenneberg, E. H. 316
Lenox, K. 739
Lerman, R. I. 673
Lerner, R. 137
Leslie, A. M. 282, 377f, 395
Lester, B. M. 89, 93, 103, 106
Lester, J. 727
Leung, M.-C. 723
Leve, C. S. 673
Leve, L. D. 507, 746
Levin, A. V. 34
Levin, I. 198, 393f
Levin, J. R. 335
Levine, J. 120, 125, 135, 137
LeVine, R. A. 644, 665, 719
Levine, S. 158, 402, 429, 460
Levitt, M. J. 779
Levy, J. A. 673
Lewis, C. 787
Lewis, J. M. 493, 6577
Lewis, M. 101, 106, 278, 370, 533, 535, 539, 541, 566, 573, 601, 603f, 788
Lewis, S. M. 563
Lewis, T. L. 33f
Lewkowicz, D. J. 89
Lewontin, R. 128, 137
Leyendecker, B. 568
Li, B. 736–738
Li, D. 738
Li, F. 717, 726, 798
Liaw, F.-R. 108, 439
Liben, L. S. 346, 513
Lichter, D. T. 687
Lickliter, R. 137
Lickona, T. 760f
Lieber, J. 505
Lieberman, M. 764
Lieven, E. V. M. 309
Lillard, A. S. 347, 374

Limber, J. 329
Linares, L. O. 799
Lindberg, M. A. 210
Lindbloom, B. 313
Lindell, S. G. 96
Linden, E. 300
Lindsay, D. S. 7
Lindsey, E. 565, 746
Linkletter, A. 191, 379
Lipsitt, L. P. 164
Litovsky, R. Y. 266, 283
Little, S. A. 731
Lizotte, A. J. 800
Lo Coco, A. 738
Lochman, J. E. 730, 735, 739, 795, 803
Locke, J. 10f, 13, 56, 479
Locke, J. L. 316
Lockheed, M. 521
Lockman, J. H. 256, 264, 266, 271
Loeber, R. 790f, 800f
Loebstein, M. 89
Loeches, A. 570
Loehlin, J. C. 424
Logan, A. 749
Logan, G. D. 546
Lollis, S. 707
Loomis, J. M. 391
Lopez, N. 741
Lopez, R. 109
Lorch, E. P. 456
Lord, S. 15
Lorenz, F. O. 660, 799
Lorenz, K. 494f, 524, 587
Losoff, M. 723
Lovett, M. W. 449
Lowe, J. 403
Lozoff, B. 91
Lu, M. 665
Lubinski, D. 412
Lucariello, J. 334
Lui, L. L. 346
Lukon, J. L. 548
Lundberg, I. 445
Luntz, B. K. 797
Luo, Q. 720
Luster, T. 426, 493, 658
Lutkenhaus, P. 604
Lyk, D. T. 424
Lykken, D. T. 133–135, 137, 678
Lynam, P. R. 794
Lynch, D. 721
Lynch, M. 657
Lynn, R. 433
Lyon, G. R. 449
Lyons, T. 322

Lyons-Ruth, K. 600
Lytton, H. 425, 503, 507f

M
Maccoby, E. E. 27, 499, 502, 506–508, 519–522, 525, 647, 649, 675, 680, 720, 792
MacDonald, K. 671, 746
MacDorman, M. F. 104
MacFarlane, A. 255
MacFarlane, J. W. 424
Mack, W. 8
MacKinnon, C. E. 666
MacKinnon, R. 666
MacKinnon-Lewis, C. 667
Maclean, M. 446
MacLean, M. 577
Macomber, J. 223
MacPhee, D. 661
MacWhinney, B. 23, 202, 213
Madole, K. L. 360
Magai, C. 594
Magnuson, V. L. 624
Magnusson, S. J. 451
Maguire, M. C. 714
Mahapatra, M. 772
Mahler, M. S. 270
Mahoney, J. L. 19
Main, M. 592f, 658
Maiti, A. K. 556
Makin, J. W. 255
Malatesta, C. Z. 533, 567
Malcuit, G. 513
Maldonado-Duran, J. M. 163
Malina, R. M. 160f
Malone, M. J. 714
Mandel, D. R. 319
Mandler, J. M. 364f
Mangelsdorf, S. C. 107, 545, 599, 601, 680, 745
Manis, F. R. 448
Manlove, J. 672
Mantyla, S. M. 657
Mao, L. W. 635
Maratsos, M. 337
Marchman, V. 213
Marcia, J. E. 615–617, 639
Marcoen, A. 631
Marcovitch, S. 286f
Marcus, D. E. 510
Marcus, G. F. 331
Marentette, P. F. 316
Mareschal, D. 202, 365
Margolin, G. 660
Mark, M. A. 218, 463
Markman, A. 202
Markman, E. M. 324–326, 364

Markow, D. B. 326
Marks, M. B. 450
Marks, R. 79
Markstrom-Adams, C. 619–622
Markus, H. R. 568, 635
Marler, P. 220, 300
Marlier, L. 81
Maroudas, C. 403
Marsh, H. W. 606
Marshall, R. M. 457
Marshalt, T. R. 557
Martin, C. L. 499, 503, 507, 510–513, 520, 659, 715
Martin, D. C. 87
Martin, J. A. 643, 649
Martin, M. O. 462
Martin, N. C. 543
Martin, T. C. 674
Martorell, R. 171
Marvinney, D. 745
Marx, F. 632
Marx, H. 446
Marzolf, D. P. 346, 545
Masataka, N. 308
Mason, M. G. 764
Masonheimer 445
Masse, L. C. 717
Masten, A. 111
Masten, A. S. 31, 662
Masterpasqua, F. 684
Masters, J. C. 574
Masters, M. S. 425
Masur, E. 324
Maszk, P. 731
Matheny, A. P., Jr. 167, 425
Matheson, C. C. 19, 372, 708
Mathews, T. J. 104, 643
Matsumoto, D. 568
Matthews, K. A. 781
Mattock, A. 248
Mattson, S. N. 87
Matza, L. S. 794
Maugeais, R. 80
Maurer, C. 77, 94, 101, 243, 253, 273
Maurer, D. 33f, 77, 94, 101, 243, 245, 253, 273
Mavrogenes, M. A. 692
Max-Plumlee, T. 784
Maynard, J. 252
Mazziotta, J. C. 148
McAdoo, H. 493
McAuley, E. 460
Mcbride-Chang, C. 448
McBurnett, K. 795
McCabe, A. 334f
McCall, R. B. 273, 415, 419

Namensindex

McCartney, K. 19, 33, 130, 135, 675
McCarton, C. M. 108, 110
McCaskill, P. A. 663
McClaskey, C. L. 794
McClearn, G. E. 14, 135, 139, 428
McClelland, J. L. 178, 213, 282, 341
McClinic, S. 631
McClintock, M. K. 161
McCloskey, L. A. 507f, 657f
McCord, J. 796
McCormick, M. 382
McCoy, J. K. 667
McCrae, R. R. 561
McCreath, H. 784
McCune, L. 347
McCurley, J. 168
McDaniel, M. A. 335
McDonald, P. V. 266
McDonnell, P. 779
McDonough, L. 364f
McDougall, P. 739, 741
McDowell, D. J. 564
McDuff, P. 678, 735, 799
McElroy, A. 633
McEwen, B. S. 143
McFadyen-Ketchum, S. A. 714, 742, 798
McGee, H. 433
McGee, R. O. 555, 794
McGhee, P. E. 504
McGilly, K. 216
McGraw, M. B. 263
McGue, M. 133–135, 137, 424, 666, 678, 795
McGuire, S. 561, 631, 667
McHale, J. L. 601, 680
McHale, J. P. 256
McHale, S. M. 667
McKenzie, B. E. 390
McKey, R. H. 436, 439
McKinley, N. M. 425
McKinney, W. T. 586
McKinnon, J. 741
McLeod, D. 504
McLeod, P. J. 308
McLin, D. 213, 286
McLoyd, V. C. 31, 438f, 660f, 749
McManus, K. 93
McMillan, D. 513
McNalley, S. 770
McRoberts, G. 328
Meck, E. 403
Meece, J. L. 514
Meegan, S. P. 204
Meeus, W. 617

Mehler, J. 81
Meilman, P. 726
Meisels, S. J. 106–108, 110
Meister, C. 451
Mekos, D. 681
Mellartin, R. L. 364
Melnick, S. 731
Meltzoff, A. N. 221, 257f, 279–281, 316, 369
Menacker, F. 104
Menaghan, E. G. 688
Mendel, G. 118
Mendelson, M. J. 720
Mendoza-Denton, R. 528
Mennella, J. A. 78, 81, 165
Merkin, S. 403
Merrick, S. 594
Merton, D. E. 736
Mertz, D. L. 460
Mervis, C. B. 325, 365f, 381
Merzenich 34f
Mesias, W. 594
Mesquita, B. 568
Metsala, J. L. 44, 451
Mettetal, G. 711
Meyers, T. 279
Micelli, P. J. 673
Michalson, L. 573
Michealieu, Q. 566, 574
Midgley, C. 15, 633
Miell, D. 715
Mikach, S. 684
Milano, M. J. 600
Miles, D. R. 796
Milewski, A. E. 245
Milich, R. 456
Mill, J. S. 117f
Millar, W. S. 278
Miller, B. C. 672
Miller, C. L. 673
Miller, G. A. 336
Miller, J. 782
Miller, J. D. 312
Miller, J. G. 770, 772
Miller, K. 393, 403
Miller, K. E. 345
Miller, K. F. 404
Miller, L. C. 518
Miller, L. T. 208
Miller, P. A. 770, 776, 782, 784, 792
Miller, P. H. 52f, 197, 210f, 215
Miller, P. J. 334, 569
Miller, T. L. 672
Miller-Heyl, J. 661
Mills, D. L. 302
Mills, R. S. L. 747

Minde, K. 110
Minor, L. L. 421
Miranda, S. B. 243
Mischel, H. N. 547
Mischel, W. 502, 527–529, 547
Mistry, J. 665
Mitchell, C. 633
Mitchell, E. 344
Mitchell, J. 169, 600
Mitchell-Copeland, J. 565
Mix, K. S. 400, 402
Miyake, K. 538, 596
Mize, J. 565, 734, 746, 748
Mizuta, I. 568, 596
Mnookin, R. H. 680
Moen, P. 687
Moffitt, T. E. 555, 791, 793f, 795
Mohindra, I. 243
Mojica, E. 659
Molen, M. W. 204
Molfese, C. J. 150
Molfese, D. L. 150, 302
Molina, B. S. G. 741
Moller, L. C. 507, 520
Monsour, A. 610
Montgomery, R. 715
Moon, C. M. 79, 81
Moon, R. Y. 267
Mooney, R. 218
Moore, B. 765
Moore, C. 318
Moore, D. R. 673
Moore, J. P. 801
Moore, K. 391
Moore, K. A. 672
Moore, K. L. 63, 70, 82, 84f, 87
Moore, M. J. 244
Moore, M. K. 279f
Moran, G. 594
Morelli, G. A. 29
Morelli, M. 662
Morgan, M. C. 672
Morgan, R. 257, 603, 784
Morikawa, H. 322
Morison, V. 248, 252
Morris, A. S. 646
Morris, J. T. 503
Morris, P. A. 491
Morrison, D. R. 672
Morrison, F. J. 26, 430
Morrongiello, B. A. 253
Morrow, K. B. 725
Mortimer, J. 784
Morton, J. 246
Moses, L. J. 369, 571
Mosher, M. 731, 790
Mosier, C. 665

Moskowitz, S. 9
Motegi, M. 433
Mounts, N. S. 631, 650f, 718, 720, 748
Mozart, W. A. 440
Mrazek, D. A. 555
Mueller, C. M. 609
Muhlenbruck, L. 430
Muir, D. W. 79f, 102, 283, 386, 533
Mullin, J. T. 17, 246
Muller, C. 156, 686
Muller, M. 391
Mumme, D. L. 530f, 571
Munakata, Y. 178, 213, 282
Munekata, H. 769
Munholland, K. A. 588
Munn, D. 666
Munn, P. 506, 567, 779
Munroe, R. H. 510
Munroe, R. L. 510
Murphy, B. C. 542, 554, 571, 573, 708, 746, 767
Murphy, J. 301
Murphy, R. R. 542
Murray, E. 507
Murray, K. T. 42, 546, 774
Murray, L. 229
Murry, H. 436
Mussen, E. 760f
Mussen, P. 788
Must, A. 168
Muzio, J. N. 99
Myers, B. J. 109
Myers, J. 315
Myers, M. M. 75
Mylander, C. 338

N
Nachmias, M. 592
Nagel, L. 536
Nagel, S. K. 493
Nagell, K. 230, 340
Naigles, L. 322, 327
Naito, M. 378
Najarian, P. 435
Namy, L. L. 328
Nanez, J. Sr. 250
Nangle, D. W. 713
Nash, A. 778
Nathanielsz, P. W. 71, 76, 94, 105
Naus, M. J. 210
Neale, M. C. 624, 781
Neckerman, H. J. 723, 790
Needham, A. 282, 288
Needham, L. 249f
Neiderhiser, J. M. 631, 654
Nelson, C. A. 150, 246, 715

Nelson, J. R. 764
Nelson, K. E. 211, 320f, 332, 334, 379
Nelson, L. J. 746
Nelson, T. F. 726
Nesdale, A. R. 446
Nesselroade, J. R. 135
Neville, B. 672
Neville, H. J. 302, 304
Nevilles, H. 155
Newberger, E. H. 163
Newcomb, A. F. 706, 710, 716, 729f, 733, 736
Newcombe, N. S. 386, 390, 425
Newell, K. M. 266
Newlin, D. B. 89
Newman, J. 163
Newman, J. E. 713
Newport, E. L. 207, 241, 248, 254, 290, 304, 306, 314, 332, 339
Newport, F. 399
Newton, I. 227
Ng-Mak, D. S. 659
Nguyen, T. 381
Nias, D. K. 781
Nicholls, J. 403
Nigg, J. T. 731
Ninomiya, K. 769
Nisan, M. 766
Nisbett, R. E. 41
Nishina, A. 742
Niskanen, P. 92
Nolen-Hoeksema, S. 543
Noll, R. B. 520, 720
Nowell, A. 425
Nucci, L. P. 770, 773
Nugent, J. K. 93
Nulman, L. 89
Nunes, T. 461
Nurcombe, B. 107
Nyman, M. 566
Nyman, Q. 574

O
Oakes, L. M. 395
Oakhill, J. V. 450
Oberlander, T. F. 102
Oberman, Y. 690
O'Brien, M. 508
Ocampo, K. A. 619f
Ochs, E. 309
O'Connor, T. G. 18f, 130, 667, 679
Oden, S. 735
Oetting, E. R. 727
Ogawa, J. R. 709
Ohmoto, M. 576
Oka, E. R. 450

Okagaki, L. 505
Okazaki, S. 433
Olds, D. L. 659
O'Leary, K. 347
Oleinick, L. 431
Oliner, P. M. 782f
Oliner, S. P. 782f
Ollendick, T. H. 739
Oller, D. K. 306, 316
Olson, H. C. 87, 109
Olson, R. K. 445
Olson, S. L. 426, 793
Olthof, T. 574
Olweus, D. 742, 791
O'Neil, R. 493
Opper, S. 198
Opfer, J. E. 183, 224, 381
Oppenheim, D. 29
O'Reilly, A. W. 371
Orgeur, P. 78
Orlofsky, J. L. 616
Ornstein, P. A. 210f
Osawa, K. 228
Osborne, L. 339
Osgood, D. W. 514
Osofsky, J. D. 673
Oster, H. 164, 532, 536, 538
Ostry, D. 317
Otake, M. 157
Ottolini, M. C. 267
Overman, W. H. 391
Overton, W. F. 510
Owen, M. T. 493, 675
Owen, O. R. 428
Owens, E. B. 600, 798
Owsley, C. 274

P
Pacifici, C. 230
Padavich, D. L. 774
Padden, D. M. 312
Pagani, L. 678, 717, 735, 799
Paikoff, R. L. 169
Palermo, D. S. 302
Paley, V. G. 398
Palincsar, A. S. 451
Palkovitz, R. 671
Pallotta, J. 163
Palmer, C. F. 256
Panagiotides, H. 149
Panak, W. F. 794
Pantev, C. 156
Papert, S. 343
Papini, D. R. 647
Papousek 103
Papousek, M. 308
Pappas, A. 384

Parcel, T. L. 688
Paris, S. G. 450
Parke, R. D. 107, 562, 564, 621f, 634, 645, 648, 651, 660, 664f, 671–673, 676, 678, 682, 688, 736, 746, 749, 789
Parker, J. G. 703, 712f, 715, 739, 742
Parker, K. C. H. 594
Parker, R. S. 669
Parkin, L. 378
Parlane, W. Reverend 11
Parmelee, A. H. 149
Parritz, R. H. 545
Parsons, J. E. 514
Paschall, M. J. 633
Pascual-Leone, A. 156
Pastor, D. 745
Pate, B. J. 391
Pattatucci, A. M. L. 624
Pattee, L. 730
Patterson, C. J. 658, 683f, 731, 733, 738, 749, 799
Patterson, F. 300
Patterson, G. R. 41f, 654, 666, 798f
Patteson, D. M. 106
Pauen, S. 221, 362f, 367, 380
Paulson, S. E. 686
Pawlow 275
Peake, P. K. 528
Peal, E. 306
Pearl, R. 723
Pears, K. C. 673
Pearson, B. Z. 306
Pedersen, F. A. 671
Pedersen, J. 778
Pedersen, N. L. 135
Pedersen, P. A. 69
Pedersen, W. C. 518
Pederson, D. R. 594
Peeke, H. V. S. 80
Pegg, J. E. 308
Peláez-Nogueras, M. 102
Peleuster, A. 391
Pelham, W. E. 457
Pellegrini, A. D. 27, 451
Pellegrino, J. W. 460
Perlmutter, M. 333
Perner, J. 375, 378, 761
Perrin, J. M. 168
Perris, E. E. 266, 283
Perry, D. G. 502, 507, 567, 714, 742, 783, 794
Perry, L. C. 567, 794
Perry, M. 216, 459, 461, 514
Persaud, T. V. N. 63, 70, 82, 84f, 87
Peters, J. C. 167f

Petersen, A. C. 15, 169, 543, 647, 723
Petersen, O. 445
Peterson, A. 448
Peterson, C. 334f
Petitto, L. A. 301, 316f
Petterson, L. 251
Pettit, G. S. 565, 651, 658, 714, 730, 732, 742, 746, 748, 794f, 797–799, 803
Peucker, M. 103
Phares, V. 107
Phelps, K. E. 399
Phelps, M. E. 148
Philippot, P. 572
Phillip, D.-A. 633
Philipps, A. T. 370
Phillips, S. J. 267, 566
Phillipsen, L. 708
Phinney, J. S. 619, 621f, 639
Piaget, J. 23, 177–179, 203, 214f, 219, 221, 225, 227, 233f, 237, 256, 282f, 286, 289, 292f, 333, 356, 371, 387, 394, 435, 472, 488, 508f, 577, 704f, 712, 715, 721, 750f, 758–761, 778, 806
Pick, A. D. 246
Pickens, J. 102
Pien, D. P. 546
Pierrehumbert, E. A. 600
Pierroutsakos, S. L. 252f
Pihl, R. 794
Pike, A. 654
Pike, R. 606
Pilgrim, C. 718, 720
Pilkington, N. W. 628
Pillai, M. 76
Pillard, R. C. 624
Pillow, B. H. 375
Pine, F. 270
Pine, J. M. 322
Pinker, S. 27, 296, 331, 337, 342
Pisoni, D. B. 312, 319
Pi-Sunyer, F. X. 167f
Pitts, S. C. 798
Plamer, E. J. 765
Plath, D. 29
Platon 9f, 13, 56, 336
Plomin, R. 14, 129, 131, 135–137, 139, 167, 424, 428, 561, 631, 679, 796
Plumert, J. M. 205
Plunkett, J. W. 106–108, 110
Plunkett, S. W. 785
Podd, M. H. 616
Pogue-Geile, M. F. 168
Poizner, H. 303

Polit, D. 642
Polka, L. 313
Polkosky, M. D. 332
Pollak, S. D. 150
Pollatsek, A. 448
Pollitt, E. 91, 169–171
Pomerleau, A. 513
Ponesse, J. S. 546
Poole, D. A. 7
Popkin, B. M. 164
Porges, S. W. 556f
Porter, R. H. 255
Porto, M. 80
Posada, G. 598
Posner, M. I. 102, 149f
Poston, D. L., Jr. 641f
Pott, M. 596
Poulin, F. 721
Poulin-Dubois, D. 361, 380
Powell, D. 493
Powell, G. F. 163
Power, C. 674
Powlishta, K. K. 507, 514, 520
Pratt, M. W. 230f
Prechtl, H. F. R. 75
Prentice, N. M. 765
Presley, C. A. 726
Pressley, M. 210, 335, 450
Pressman, E. K. 76
Presson, C. C. 726
Price, G. G. 719
Price, J. M. 730, 742
Prinstein, M. J. 724
Proffitt, D. R. 245
Pulkkinen, L. 793
Pullen, J. 505
Putallaz, M. 730
Putcha-Bhagavatula, A. 518

Q
Qi, S. 377
Quamma, J. P. 5, 804
Quarles, J. 76
Quek, V. S. 102
Querleu, D. 78
Quiggle, N. L. 794f
Quine, W. V. O. 319
Quinn, P. C. 360f, 365

R
Raboy, B. 684
Radke-Yarrow, M. 538, 778f
Radziszewska, B. 231
Rafferty, Y. 662
Ragozin, A. S. 671
Rakic, P. 150, 152
Rakison, D. H. 361, 365

Ramey, C. T. 108, 279, 436f
Ramsey, P. G. 521
Raninen, A. 389
Ransom, C. C. 450
Rasmussen, P. 794
Ratner, H. H. 227
Ratner, N. 317
Ratterman, M. J. 202
Rauh, V. A. 107
Rayner, K. 448
Rayner, R. 276, 480
Reardon, P. 274
Recchia, S. 631
Redanz, N. 314
Reed, M. A. 546
Reese, E. 334f
Reid, J. B. 666, 798
Reinisch, J. M. 425
Reiser, M. 555
Reiss, D. 561, 631, 654, 667, 681
Reissland, N. 578
Reivich, K. J. 609
Renard, Y. 78
Rende, R. 666, 796
Renick, A. 346
Renken, B. 745
Rescorla, L. A. 323
Resnick, S. 599
Rest, J. R. 764, 766
Reynolds, A. J. 692
Reznick, J. S. 286, 323, 561
Rheingold, H. L. 513, 538, 603, 779, 782
Rhiati, S. 344
Rhoades, K. 658
Ricard, M. 380
Riccio, C. A. 457
Riccio, G. 270
Richard, P. 724
Richards, D. D. 381
Richards, M. H. 15, 647, 687, 725
Richards, S. B. 433
Richman, C. L. 784
Ridderinkhof, K. R. 204
Rideout, V. J. 343
Ridge, B. 793, 803
Ridley-Johnson, R. 264
Rieser-Danner, L. A. 247
Riksen-Walraven, J. M. A. 596, 721
Riley, E. P. 87
Riordan, K. 599
Risley, T. R. 322, 658
Ritchot, K. F. M. 208
Ritter, J. M. 247, 654
Rivera, J. 171
Rivera, S. 402

Rizzo, G. 76
Roberts, D. 645
Roberts, D. F. 343f
Roberts, R. E. 622
Roberts, T. A. 606
Robertson, J. 539
Robertson, S. 76, 567
Robin, A. 383
Robin, J. 266
Robins, L. 791
Robinson, C. C. 503
Robinson, H. B. 421
Robinson, J. L. 539, 561, 774, 781, 784
Robinson, M. 405, 455
Robinson, N. M. 421, 671
Robinson, S. R. 69
Rochat, P. 256f, 265f, 283, 402, 603
Rocissano, L. 334
Rockstroh, B. 156
Rodgers, B. 674
Rodkin, P. C. 723, 729, 731
Rodning, C. 105, 107
Rodriguez, M. L. 528
Roebers, C. M. 7
Röber-Siekmeyer, C. 453
Roffwarg, H. P. 99
Rogers, F. 22
Roggman, L. A. 247
Rognon, C. 78
Rogoff, B. 23, 29, 225, 227, 229–231
Rogosch, F. 659
Rohner, R. P. 788
Roman, J. 283
Romanini, C. 76
Romanoff, R. 791
Rommetveit, R. 229
Romney, D. M. 425, 503, 507
Roopnarine, J. L. 503, 665
Roosa, M. W. 798
Rosander, K. 266
Rosch, E. 365
Rose, A. J. 735
Rose, D. 252
Rose, H. 511
Rose, J. S. 726
Rose, S. A. 273
Rose-Krasnor, L. 721
Rosen, W. D. 269
Rosenberg, D. 270
Rosenberg, M. 611
Rosenberger, K. 493
Rosengren, K. S. 252f, 333, 345, 382, 384, 397f
Rosenman, R. H. 781

Rosenshine, B. 451
Rosenstein, D. 164, 532
Rosenthal, S. 601
Rosicky, J. G. 571
Ross, D. 484
Ross, G. 230
Ross, H. S. 707, 789
Ross, S. A. 484
Rossi, A. S. 502
Rossmann, K. 415
Rotenberg, K. 576
Roth, E. 446
Rothbart, M. K. 32, 102, 150, 546, 550, 554–559, 566, 793
Rothbaum, F. 596, 796
Rotheram, M. J. 619
Rotheram-Borus, M. J. 624, 627f
Rotman, A. 103
Rousseau, J.-J. 10f, 13, 56
Rovee-Collier, C. 277
Rovet, J. 89
Rowe, D. C. 139
Royce, J. 436
Rubenstein, A. J. 247
Rubin, B. M. 616
Rubin, K. B. 548, 710, 722–725, 730–733, 736f, 739, 747
Rubin, K. H. 703, 720, 736–738, 741f, 746f, 750
Ruble, D. N. 499, 503, 510, 513, 520, 547, 606f
Rudolph, L. D. 548
Ruehlman, L. S. 714
Rueter, M. A. 655
Ruff, H. A. 256
Ruffman, T. 287, 378
Rumbaugh, D. M. 301
Rumelhart, D. E. 213, 341
Rushton, J. P. 781f
Russell, A. 664f, 748
Russell, D. W. 673
Russell, G. 664f
Russell, J. A. 571
Rutter, M. 14, 18f, 110, 139, 428, 549, 684
Rydell, A.-M. 561, 745
Rymer, R. 304

S

Saarni, C. 528, 530, 571, 576f
Saarnio, D. A. 450
Sabatier, C. 262
Sabongui, A. G. 729
Sachs, H. C. 267
Sachs, J. 306
Sackett, P. R. 420
Sadker, D. 514

Sadker, M.   514
Saffran, J. R.   207, 254, 314
Sagart, L.   317
Sager, D. W.   785
Sagi, A.   595f, 598
Sai, F.   17, 246
Sakurai, S.   635
Salapatek, P.   245, 537
Salovey, P.   547
Saltzman, H.   549
Salzinger, S.   659
Samaniego, R.   381
Samaniego, R. Y.   798
Sameroff, A. J.   108, 110, 434f, 557, 599
Sampa, A.   663
Sampson, P. D.   87
Sampson, R. J.   798f
Samuels, M. C.   378
Sanborn, M. E.   606
Sanchez, R. P.   206
Sanchez-Hucles, J.   655
Sanders, B.   425
Sanders, P.   507
Sanders, R. J.   301
Sanders, S. A.   425
Sandler, I. N.   714
Sandman, C. A.   80
Sandy, J. M.   793
Sansone, C.   204
Santrock   261
Sapiro, C. M.   770
Sarigiani, P. A.   543
Satola, J.   163
Saudino, K. J.   75, 136, 561
Savage-Rumbaugh, E. S.   301
Savin-Williams, R. C.   625–628, 639
Sawin, D. B.   654
Saxe, G. P.   230
Scafidi, R.   108
Scaife, M.   229
Scanlon, D. M.   445, 448
Scaramella, L. V.   672, 796
Scarborough, H. S.   451
Scardamalia, M.   454f
Scarr, S.   19, 32f, 130, 135, 424, 428, 433, 537, 692, 695
Schaal, B.   78, 81
Schachar, R. J.   546
Schallberger, U.   415
Schaller, M.   782, 792
Schanberg, S.   108
Schaps, E.   786f
Schauble, L.   205, 215
Schellenberg, E. G.   252, 254f
Scheper-Hughes, N.   105

Scheuerer-Englisch, H.   745
Schick, A.   5, 805
Schieche, M.   592
Schieffelin, B. B.   309
Schiller, M.   599
Schlieman, A.-L.   461
Schlundt, D. G.   730
Schmaling, K. B.   790
Schmeck, H. M.   143
Schmidt, J.   394
Schmidt, M.   600
Schmidt, W. C.   202
Schmuckler, M. A.   257, 270, 274
Schneider, B. H.   600, 709, 731, 737, 745
Schneider, K.   265
Schneider, M. S.   625
Schneider, W.   205, 210f, 445
Schnur, E.   439
Schocken, L.   730
Schoeber-Peterson, D.   333
Schoefs, V.   631
Schofield   519
Scholl, B. J.   282
Scholmerich, A.   568
Scholnick, E. K.   204f
Schonberg, M. A.   548
Schonert-Reichl, K.   739
Schuhler, P.   769
Schulenberg, J.   719
Schull, W. J.   157
Schult, C. A.   381
Schwartz, D.   714, 742
Schwartz, S.   40
Scott, P. M.   782
Scully, D. M.   266
Sebby, R. A.   647
Segal, N. L.   134
Sehgal, S.   391
Seidenberg, M. S.   448
Seidman, E.   633
Seidman, S.   334
Seier, W.   210f
Seifer, R.   110, 434, 557, 599
Selfe, L.   351
Seligman, M. E. P.   297, 609
Selman, R.   524
Selman, R. L.   487f, 490, 711
Seltzer, M.   322
Senghas, A.   339, 366
Serbin, L. A.   507, 514, 520f
Sergio, L. E.   317
Serrano, J. M.   570
Setiono, K.   737
Seuss, Dr.   80
Sevcik, R. A.   301
Seyfarth, R. M.   300

Shackelford, T. K.   496
Shaffer, L.   745
Shaftesbury, Earl of   11f
Shahinfar, A.   794
Shankweiler, D.   448
Shannon, D.   568
Shannon, E. S.   244
Shantz, C. V.   790
Shapiro, J. R.   545
Shapiro, L. R.   204, 211, 334
Shapiro, S.   672
Sharabany, R.   769
Sharma, A.   666
Shatz, M.   306, 381
Shaw, C. M.   635
Shaw, D. S.   548, 600, 667, 798
Shaywitz, B. A.   425, 448
Shea, C.   770
Shell, P.   413
Shell, R.   503, 770, 784f
Shenfield, T.   305
Shepard, B.   533
Shepard, S.   542, 571
Sherman, S. J.   726
Sherriff, F.   283
Shiller, V.   539
Shimmin, H. S.   510
Shinagawa, F.   433
Shinn, M.   662f
Shipman, K.   567
Shoda, Y.   528
Short, E. J.   436
Short, J.   801f
Short, K.   249
Showers, C. J.   632
Shrager, J.   202, 455
Shrum, W.   724
Shulman, S.   8
Shultz, T. R.   202
Shupe, A. K.   76
Shweder, R. A.   29, 772
Siegal, M.   378
Siegel, D. H.   457
Siegel, L. S.   110, 426, 448f
Siegel, T. C.   803
Siegler, R. S.   26f, 52, 178, 198f, 202, 204, 208, 213, 215f, 282, 381, 396f, 405, 447, 455, 458f, 461
Sienna, M.   456
Sigman, M.   91, 169, 171, 273
Signorella, M. L.   513
Signorielli, N.   504
Silbereisen, R. K.   769
Silva, P. A.   555, 791, 794
Silver, L. B.   456f
Silverman, W. K.   541f
Simion, F.   246

Simmel, C.   731
Simmons, R. G.   15
Simmons, R. L.   796
Simon, T. J.   402, 410, 465
Simon, V. A.   745
Simons, R. L.   660, 666, 672, 674, 676, 799
Simonton, D. K.   421
Simpkins, S. D.   749
Simpson, E. L.   766
Sing, R.   632
Singer, D. G.   373
Singer, J. L.   373
Singleton, J. L.   339
Sippola, L. K.   520, 720, 741
Siqueland, E. R.   310
Skinner, B. F.   481f, 486, 523
Skinner, E. A.   632, 658f
Skoe, E. E. A.   767
Slaby, R. G.   509, 789, 794
Slater, A. M.   247–249, 252
Slaughter, V.   374, 380
Slawinsky, J. L.   210
Slobin, D. I.   337
Sloman, J.   106
Slomkowski, C.   564, 666
Slotkin, T. A.   94
Slutske, W. S.   795
Smetana, J. G.   653, 771
Smider, N. A.   548
Smith, B. A.   102
Smith, C.   726
Smith, C. M.   346, 403
Smith, D. J.   764
Smith, D. W.   87
Smith, G.   567
Smith, L. B.   26, 213f, 282, 286f, 327, 364
Smith, M.   571, 573, 658
Smith, M. C.   708
Smith, P. K.   27
Smith, R.   49
Smith, S.   635
Smitsman, A. W.   8, 400
Smoleniec, J.   76
Smollar, J.   646
Smotherman, W. P.   69
Smouse, P. H.   89
Snarey, J. R.   766
Snidman, N.   555f
Snipper, A.   436
Snow, C.   340
Snow, C. E.   605
Snow, M. E.   508
Snyder, J. J.   798
Sobol, A. M.   168
Sodian, B.   370

Soken, N. H.   246
Sollie, D. L.   725
Solomon, D.   786f
Solomon, G. E. A.   382
Solomon, J.   592, 594, 599, 786
Sophian, C.   286
Sophie, J.   627
Sorce, J. F.   269, 571
Sorenson, T. I. A.   168
Sosa, B. B.   204
Soussigon, R.   81
Spangler, G.   592
Spearing, D.   448
Spearman, C.   411
Spelke, E. S.   8, 221–223, 241, 248f, 257f, 266, 274, 282f, 288, 290, 370, 386, 400
Speltz, M. L.   793, 796
Spence, M. J.   60, 80f
Spencer, A.   684
Spencer, J. P.   214, 265
Spencer, M. B.   619–622
Spencer, W. A.   79
Sperry, L. L.   334, 569
Spieker, S. J.   149, 563
Spiker, D.   108
Spinger, K.   380
Spinrad, T. L.   564, 784
Spitz, R.   584f
Spoth, R.   796
Spracklen, K. M.   717, 726
Springer, K.   224, 381f
Sroufe, L. A.   8, 530f, 533, 600f, 744f
St. James-Roberts, I.   101, 103
Stack, D. M.   102, 208, 283
Stanger, C.   566
Stanger, J. D.   343
Stangor, C.   513
Stanley-Hagan, M. S.   681f
Stanovich, K. E.   413, 448
Stark, R. I.   75
Starkey, P.   402
Starnes, R.   667
Staub, E.   784
Steele, J.   594, 600
Steele, M.   594, 600
Stein, A. H.   785f
Stein, N. L.   334
Stein, S.   450
Stein, U.   91
Steinberg, L.   16, 493, 631, 646f, 650–652, 718, 720f
Steiner, J. E.   164, 276
Steinwert, T.   161
Stemmler, M.   647
Stenberg, C. R.   101, 229, 269

Stern, D.   603
Sternberg, R. J.   422, 440–443, 468
Sternglanz, S. H.   521
Steuer, F. B.   49
Stevens, K. N.   313
Stevens, N.   711
Stevenson, H. W.   430, 493, 788
Stevenson, J.   456
Steward, M. S.   577
Stewart, M. A.   708
Stice, E.   719, 797
Stifter, C. A.   103, 562
Stigler, J. W.   228, 430, 462, 635
Stimson, C. A.   776
Stipek, D. J.   40, 539, 606, 631
Stocker, C. M.   666
Stockhammer, T. F.   659
Stoffgren, T. A.   270
Stone, J. L.   333
Stoneman, Z.   666f
Stouthamer-Loeber, M.   800f
Strakey, P.   8, 400f
Strandberg, K.   565
Strauss, M. S.   8, 252, 401, 404
Strayer, F. F.   520, 722
Strayer, J.   574, 722, 794
Streeter, L. A.   312
Streissguth, A. P.   87
Streitmatter, J. L.   622
Streri, A.   257
Striano, T.   603
Strosberg, R.   326
Strough, J.   204
Stuewig, J.   658
Stunkard, A. J.   168
Styfco, S. J.   439
Su, M.   657
Subbotsky, E. B.   399
Subrahmanyam, K.   343, 505
Suchindran, C. M.   624
Sue, S.   433
Suess, P. A.   89
Sullivan, H. S.   705, 712, 750f
Sullivan, K.   376
Sullivan, M. W.   101, 278, 533, 539, 566, 603
Sulloway, F. J.   140
Sun, Y.   737
Suomi, S. J.   586, 703
Super, C.   100, 261
Susman, E. J.   786
Sutton, S. K.   149
Suzuki, D.   120, 125, 135, 137
Suzuki, L. A.   432f
Swain, R. C.   727
Swallow, J. A.   386

Swarr, A. 725
Swearingen, L. 600
Sweeney, B. 521
Sweet, J. A. 674
Sweller, J. 463
Swiber, M. J. 77
Synder, H. N. 789
Synder, M. 784
Szynal-Brown, C. 784

T
Taeschner, T. 308
Tager-Flusberg, H. 377
Takahashi, K. 596
Talbot, M. 590
Tallal, P. 34f
Tamang, B. L. 577
Tamis-Le-Monda, C. S. 347
Tangney, J. P. 540
Tani, F. 709
Tannenbaum, A. J. 422
Tanner, J. M. 24, 162
Tannock, R. 546
Taormina, J. 270
Tardif, C. 600, 745
Tardif, T. 655, 658–660
Taska, L. S. 631
Tasker, F. 684
Tatelbaum, R. 659
Taub, E. 156
Taylor, E. 633
Taylor, J. 795
Taylor, M. 366, 372f, 382, 398
Taylor, R. D. 645
Taylor, R. L. 433
Teasdale, T. W. 428
Tees, R. C. 313
Teicher, M. H. 69
Tellegen, A. 134
Teller, D. Y. 34
Temple, E. 149
Tenenbaum, H. R. 507
Terrace, H. S. 301
Terry, R. 735, 739
Terwogt, M. M. 574
Tesla, C. 564
Tesman, J. R. 90, 533
Teti, D. M. 673
Tewes, U. 415
Teyber, E. C. 502
Thal, D. 320
Thatcher, R. W. 424
Thelen, E. 26, 213f, 263–266, 286, 461
Thelen, M. H. 567
Theokas, C. 521
Thinus-Blanc, C. 390

Thoermer, C. 370
Thoman, E. B. 99, 101
Thomas, A. 551f, 556, 559
Thomas, C. W. 555
Thomas, R. B. 102
Thompson, H. 263
Thompson, J. R. 322
Thompson, R. A. 561, 574, 588, 590–592, 594, 600f, 651, 774
Thompson, R. F. 79, 141
Thompson, W. W. 799
Thomson, A. H. 549
Thornberry, T. P. 800
Thorne, B. 520
Thurman, P. J. 727
Thurstone, L. L. 412, 465
Tidball, G. 571
Tienari, P. L. 14
Tietjen, A. 769
Tincoff, R. 319
Tinker, E. 340
Tisak, M. S. 770
Titzer, R. 213, 286
Tognoli, J. 505
Tolan, P. H. 799
Tolchinsky-Landsmann, L. 452
Tolson, J. M. 51, 724f
Tomada, G. 709, 731, 737
Tomasello, M. 227, 229f, 301, 324, 326, 329, 340, 704
Tomie, J. 156
Tomkins, S. S. 530
Tonieck, I. J. 521
Toro, P. A. 663
Toth, S. L. 598, 658
Trainor, L. J. 254
Träuble, B. 367
Treboux, D. 594
Trehub, S. E. 252, 254f
Treiman, R. 450
Tremblay, L. 678
Tremblay, R. E. 717, 735, 794, 799, 801
Trevarthen, C. 229
Trivers, R. L. 496, 781
Tronick, E. Z. 89, 102, 250, 534, 545
Troy, M. 600
Tunmer, W. E. 446
Turiel, E. 767, 770–772
Turkheimer, E. 131
Turnbull, C. M. 788
Turner, P. J. 507
Turner-Bowker, D. M. 505
Tversky, B. 366
Twain, M. 32
Twenge, J. M. 634

Tyler, L. 794
Tyrka, A. R. 161

U
Udry, J. R. 624
Uller, C. 402
Umana-Taylor, A. 634
Umilta, C. 246
Underwood, B. 765
Underwood, M. K. 735, 792
Unger, J. B. 663
Unger, O. A. 708
Ungerer, J. A. 347
Updegraff, K. A. 667
Urberg, K. A. 51, 718–720, 724–726
Usher, B. 784
Uttal, D. H. 252f, 346
Uzgiris, I. C. 388

V
Vaden, N. A. 749
Vaillant, G. E. 529
Valdez-Menchaca, M. C. 451
Valencia, R. R. 432f
Valente, E. 797
Valentile, J. C. 430
Valenza, E. 246
Valenzuela, M. 170, 598, 660
Valeski, T. N. 40
Vallance, D. D. 578
Valleroy, L. A. 85
Valoski, A. 168
Van Acker, R. 723, 799
Van Court, P. 767
van den Boom, D. C. 32, 599
Van den Oord, E. J. C. G. 803
van Geert, P. 213
van IJzendoorn, H. W. 731
van IJzendoorn, M. H. 102, 446, 451, 592, 594–600
Van Kammen, W. B. 800
van Lieshout, C. F. M. 571, 574, 596, 721, 731
van Loosbroek, E. 8, 400
Van Nguyen, T. 516
Vance, H. B. 433
Vandell, D. L. 666, 675
van Winkle, B. 726, 801f
Vasek, M. E. 217
Vaughn, B. E. 599
Vaughn, C. 67, 71, 79
Vaughn, L. S. 247
Veldhuis, J. D. 25
Vellutino, F. R. 445, 448, 450
Ventura, S. J. 643, 672
Vereijken, B. 265f

Verhulst, F. C.   803
Verkuyten, M.   632
Verma, S.   662f
Vermigli, P.   737
Vernon, P. A.   208, 412
Verschueren, K.   631
Vevea, J.   429
Vigorito, J.   310
Vikan, A.   398
Visé, M.   446
Vishton, E.   266
Visser, G. H. A.   75
Vitaro, F.   678, 714, 717, 735, 794, 799, 801
Voeller, K. K.   457
Vogel, G.   425
Vohr, B. R.   108
Vollebergh, W.   617
Volling, B. L.   667, 672, 689
Vondra, J. I.   600
von Hofsten, C.   265f, 386
von Senden, M.   389
Voyer, D.   425
Voyer, S.   425
Vraniak, D.   433

W

Wachtel, G. A.   325
Waddell, S.   662
Wadhwa, P. D.   80, 92
Wadsworth, M. E.   549
Wagner, E.   779
Wagner, R. K.   37, 445, 448
Wahlstein, D.   137
Wainright, J.   684
Wainryb, C.   772
Wakeley, A.   402
Walbek, N. H.   783
Walden, T. A.   269, 571–573, 658
Waldfogel, J.   687
Waldman, F. D.   795
Waldron, M.   678
Walk, R.   268
Walker, A. S.   258
Walker, B. E.   76
Walker, K.   633, 635
Walker, L. J.   764, 767
Walker, R.   655
Walker-Andrews, A. S.   246, 570f
Wall, S.   597
Wallace, I. F.   108
Wallerstein, J. S.   675, 677, 680
Wallman, J.   301
Wallner-Allen, K. E.   204
Walschlag, L. S.   673
Walters, R. H.   502
Walton, G. E.   246

Wang, C. T.   656
Wang, D.   642
Wanner, E.   329
Wargo, J. B.   739
Wark, G. R.   767
Warkentin, V.   603
Warler, L. D.   802
Warren, M. P.   169
Warren, S. L.   8
Wasserman, E. M.   156
Wasserman, S.   283
Wasserstein, S.   541
Waterman, A. S.   616
Waterman, C. K.   616
Waters, E.   533, 587, 594, 597
Waters, H. S.   203, 453f
Watson, J.   118
Watson, J. B.   12f, 276, 479f, 486, 523
Watson, J. S.   257, 279
Watson, M.   786f
Watson-Gegeo, K. A.   309
Waxman, S. R.   326, 328, 366
Way, P. O.   85
Webber, J.   735
Weber, C.   34, 314
Weber, E. K.   770
Weber, R. A.   779
Weber-Fox, C.   304
Webster-Stratton, C.   692
Wechsler, N.   726
Weems, C. F.   542
Wehner, R.   391
Weinberg, M. K.   534
Weinberg, R. A.   428, 433
Weinberger, D. A.   724, 797
Weinert, F. E.   211
Weinert, S.   328
Weinreb, L. E.   662
Weir, R. H.   330
Weiss, B.   797
Weiss, M.   566
Weiss, R.   567
Weissenborn, J.   315
Weist, M. D.   739
Weisz, J. R.   548, 596, 796
Weitzman, B. C.   663
Wellborn, J. G.   632
Wellman, H. M.   221–223, 286, 368, 370, 373–375, 381, 574f
Wellman, W.   359f
Wells, K. C.   803
Wender, P. H.   456
Wentworth, N.   275, 393
Wentzel, K. R.   738
Werebe, M. J.   708
Werker, J. F.   308, 313

Werner, E. E.   1–3, 31, 431
Werners, E.   111
Wertheimer, M.   253
Wessel, M. A.   103
West, M. J.   603
Westerman, M. A.   578
Weston, D. R.   109
Westra, T.   262
Whang, S.-M.   717
Wheeler, J. S.   89
Wheeler, L.   735
Whishaw, I. Q.   156
Whitbeck, L. B.   672
White, B. L.   533
White, J. L.   791
White, K. S.   727
White, M. L.   719
White, T.   6
Whitehurst, G. J.   451f
Whitesell, N. R.   709
Whiteside, M. F.   678
Whiting, B. B.   29, 520, 666, 718, 784, 788, 792
Whiting, J. W. M.   784, 788, 792
Whitman, T. L.   673
Whitney, M. P.   99
Whitsell, N. R.   611
Wichstrom, L.   542f
Wideman, J. E.   32
Widom, C. S.   797
Wienbruch, C.   156
Wigfield, A.   15, 44, 451, 514
Wiggers, M.   571, 574
Wilk, S. L.   420
Willatts, P.   203f, 283, 289
Williams, B. R.   546
Williams, E.   219f, 282, 401
Williams, K. A.   313
Williams, S. L.   301
Williams, T.   505
Wilsher, C.   103
Wilson, E. O.   781
Wilson, M. I.   496, 681
Wilson, M. N.   633
Wilson, P. T.   451
Wilson, R. S.   425
Wilson, T. D.   41
Wimbarti, S.   347
Wimmer, H.   375
Windgasse   343
Windle, M.   714, 719
Wing, R. R.   168
Winner, E.   376, 421
Winslow, E. B.   798
Wintre, M. G.   578
Wise, B.   445
Wishart, J. G.   178

Wishaw, I. Q.   140, 144
Wisniewski, A. B.   255
Witelson, S. E.   302
Witherington, D. C.   261, 268, 536
Withers, G. S.   156
Wittelson, S. F.   386
Wittryol, S. L.   210
Wolchik, S. A.   714
Wolf, M. M.   482
Wolfe, M.   684
Wolfe, S. M.   663
Wolfer, L. T.   687
Wolff, P.   533
Wolpert, L.   61, 68
Wong, F. Y.   802
Wood, C. C.   311
Wood, D. J.   230
Wood, W.   518, 802
Woodward, A. L.   324f, 328
Woodward, L. J.   93, 742
Woody, E.   733
Woolley, J. D.   374, 398f
Wooten, J. M.   798
Wozniak, P.   746
Wright, J. C.   457, 504, 785, 802
Wurmser   103
Wyatt, B.   163
Wygotski, L. S.   226–228, 231, 333, 371, 705, 712, 721, 750f
Wynn, K.   400–402

X
Xu, F.   331

Y
Yamagata, K.   349
Yaremko, J.   103
Yarmel, P. W.   791
Yarrow, M. R.   782, 785
Yates, M.   784
Yau, J.   653
Ye, R.   566
Yeates, K. O.   436, 487
Yengo, L.   286
Yirmiya, N.   690
Yonas, A.   250f
Young, L. D.   586
Young, S. N.   102
Youngblade, L. M.   372, 564, 601, 687f, 746
Younger, B. A.   365
Youniss, J.   646, 704f, 710, 714, 784
Yuill, N.   761

Z
Zacks, R. T.   207
Zahn-Waxler, C.   539, 568, 596, 600, 774, 778f, 781f, 784f
Zaia, A. R.   732
Zakhireh, B.   780
Zametkin, A. J.   457
Zappulla, C.   738
Zargarpour, S.   737
Zarlengo-Strouse, P.   277
Zeiss, C.   688
Zelazo, N. A.   263
Zelazo, P.   534, 538
Zelazo, P. D.   208, 286f, 378
Zelazo, P. R.   263, 347
Zelko, F. A.   574
Zeman, J.   567, 577
Zentall, S. S.   460
Zentner, M. R.   254
Zernicke, R. F.   265
Zeskind, P. S.   103, 106
Zevalkink, J.   596
Zhan, G. Q.   788
Zhang, H.   403
Zhang, Q.   800
Zhang, S.   642
Zhang, X.-D.   377
Zhou, H.   653
Zhu, J.   403
Zigler, E. F.   439
Zimmer, E. Z.   79
Zimmer-Gembeck, M. J.   632
Zimmerman, R.   586
Zlotnick, C.   663
Zohar, A.   215
Zoller, D.   562
Zou, H.   377
Zubin, N. R. E.   393
Zuckerman, B.   109
Zukow-Goldring, P.   347
Zumbahlen, M. R.   270, 546, 646
Zupan, B. A.   731

Sachindex

A

A-/nicht-B-Suchfehler **188**, 213f, 286f
Abgelehnte Kinder **730**–735
Abhängige Variable **47f**
Abort 82
Abtreibung 672
Abwartender Stil **320f**
Abweisende Erwachsene 593
Adaptation **182**
ADHS s. Aufmerksamkeitsdefizit-/Hyperaktivitätsstörung
Adipositas 167f
Adoleszenz
– Cliquen und soziale Netze 724f
– Eltern-Kind-Konflikt 646f
– Geschwisterbeziehungen 667
– Identität 613–618
– Schwangerschaft 672f
– Selbst 607–613
Adoption 584
Adoptionsstudie 132
Adult Attachment Interview (AAI) 593
Affordanzen **274**
Aggression **789f**, 795–803
– Kulturunterschiede 788
– proaktive **795**
– reaktive **795**
Aggressiv-abgelehnte Kinder **730f**, 735
Akkomodation **182**, 199
Aktivierungszustand **97f**
Akustische Lokalisation **253**
Alkohol und Embryonalentwicklung 86f
Alkoholembryopathie 68, **87**
Allein Erziehende 670
– Väter 670
Allel **123f**
– dominantes **123f**
– rezessives **123f**, 128
Allgemeine Intelligenz **411**–414
Als-ob-Spiel **347f**, 371f
Ältere Eltern 670–673

Altruistische Motive **777**
Ambivalente Emotionen 578
Ambylopie 153
American Sign Language 155, 305
Ammensprache s. an Kinder gerichtete Sprache
Amnion s. Fruchtblase
An Kinder gerichtete Sprache 306–309
Anale Phase **475**
Analytischer Stil s. referenzieller Stil
Androgene 522
Angst 658, 674
– bei Kleinkindern 536–533
Anlage und Umwelt 14–16, 117–140, 182, 822–826
Anorexie **169**
Anpassungsgüte **559**
Antisoziales Verhalten 136, 789–806
– Einflüsse der Peers 800–802
– Entwicklung 789f
– Fernsehen 802f
– Geschlechtsunterschiede 792
– kulturelle Beiträge 788
– soziale Kognition 794f
– sozio-ökonomischer Status 799
Aphasie 157, 302f
– Broca-Aphasie 302
– Wernicke-Aphasie 302f
Apoptose **68f**
Äquilibration **182f**, 199
ASL s. American Sign Language
Assimilation **182**, 199
Assoziationsfelder **145**
Attraktivität 653, 632, 729
Attribution von Misserfolg 514, 608f
Auf-einen-Blick-Erfassen **402**
Aufenthaltsbestimmungsrecht 679
Aufgabenanalyse **202**
Aufgabentyp „Aussehen und Wirklichkeit" **376f**
Aufgabentyp „falsche Überzeugung" **375f**

Aufmerksamkeitsdefizit-/Hyperaktivitätsstörung 125, **456f**, 658
Ausdrucksregeln **576**
Autismus 349f, 377f
Autonome Erwachsene 593f
Autonome Moral 760
Autoritärer Erziehungsstil 649, **650**, 651–653
Autoritativer Erziehungsstil 649, **650**, 652f, 676, 682, 687
Autoritätsprobleme 658
Autostimulationstheorie **99**
Axone **142f**, 150f

B

Babymassage 108
Balkenwaage 192, 195
Banden **726**, 801f
Basisebene 359, **365f**
Basis-Emotionen s. Theorie der diskreten Emotionen
Basisprozesse **206**–209, 211
Befruchtung 63, **64f**
Behaviorismus **480**–482
Beliebte Kinder **730**
Belohnungsaufschub **527f**, 547
Beobachtungslernen s. soziales Lernen
Berufstätigkeit der Mutter 669, 685–688
– Geschlechterrollen der Kinder 688
Bewältigungsorientiertes Motivationsmuster **608**
Beziehungsaggression **731**, **790**, 792
Bidirektionalität der Eltern-Kind-Interaktionen **655**
Bikulturelle Identität 622
Bild-Indikatoren s. monokulare Tiefenindikatoren
Bilingualismus **306f**
Bindung 583–602, **585**
– bei Tagesbetreuung 689–691
– desorganisiert-disorientierte **592**

– Interventionen 599
– sichere **590**, 600f
– unsichere **591**
– unsicher-ambivalente **591**
– unsicher-vermeidende **592**
– kulturelle Unterschiede 595–597
– und soziale Kompetenz 744f
– und Temperament 598f
Bindungsmodelle bei Erwachsenen **593**
Bindungssicherheit
– Messung s. Fremde Situation
– Langzeitwirkungen 600f
Bindungstheorie 586–588
– Phasen der Entwicklung von Bindung 587f
Binokulare Disparität **251**
Bio-ökologisches Modell 491–494
– Geschlechterentwicklung 513–517
Blastozyste **70**
Blickpräferenz 34, 242f
Bluterkrankheit s. Hämophilie
Broca-Aphasie 302
Bulimie **168**f

C

Carolina-Abecedarian-Projekt 436f
Cephalo-caudale Entwicklung **72**, 160
Cerebrale Hemisphären **145**
Cerebrale Lateralisation **145**, 301–303, 386
Cerebraler Cortex 143–145
Child Behavior Questionnaire 558
Chromosomen **119**–122
– diploider Satz 63
– haploider Satz 63
Chronosystem 492, **493**, 516
Cliquen **723**–728
Columbine High-School 755f
Coming-out 625–628
Computeranalogie 202
Cooing 316
Corpus callosum **145**
Cortex s. cerebraler Cortex
CR s. konditionierte Reaktion
Crossing-over **122**
CS s. konditionierter Reiz

D

Dendriten **142**f, 150f
Depression 542, 584, 609, 658, 662, 664, 666, 674, 741, 798
– Geschlechtsunterschiede 543f
Desorganisiert-disorientierte Bindung **592**, 658
Desoxyribonucleinsäure s. DNS
Differenzierung 273f
Diploider Chromosomensatz 63
Diskontinuierliche Entwicklung **21**–**25**
Diskrete Emotionen s. Theorie der diskreten Emotionen
Dizygote Zwillinge s. zweieiige Zwillinge
DNS 14, 118, **119**–122
Domänenspezifität **221**
Dominantes Allel **123**f
Down-Syndrom 126f
Drei-Schichten-Modell der Intelligenz **413**f
Drogenmissbrauch 658, 663f, 674f, 718f
Duchenne-Muskeldystrophie 125
Dynamische Systeme s. Theorie dynamischer Systeme
Dyskalkulie 460
Dyslexie 425, **448**f

E

EEG s. Elektroenzephalogramm
Egozentrische Repräsentation **387**
Egozentrismus **190**–192, 371
Eineiige Zwillinge **70**, 132–135
Einfache Babys 553
Einfühlungsvermögen der Eltern 597–599
Ein-Kind-Familien 66, 642
Einzelkinder 642
– Verhaltensprobleme 642
EKP s. ereigniskorrelierte Potenziale
Elektra-Komplex **501**
Elektroenzephalogramm 149f
Elterliche Investition s. Theorie der elterlichen Investition
Elterliche Konflikte 680
– und Aggression 798f
Elterliche Kontrolle 651f
Eltern-Kind-Beziehungen
– Konflikte in der Adoleszenz 646f
– und emotionale Entwicklung 561f
Embryo 65, 67, **70**–72
Embryoblast s. innere Zellmasse
Embryologie 63
Emergente Strukturen 60f
Emotion **529**
– ambivalente 578
– Ausdrucksregeln **576**
– elterlicher Ausdruck 562f
– Entstehung 530–543
– Entwicklung 527–582
– funktionalistischer Ansatz **531**
– Kultureinflüsse 565–570
– negative 535–539, 541f, 547, 557, 571, 781
– positive 533, 557f
– Regulierungsstrategien 547f, 781
– selbst-bewusste 539–541
Emotionale Intelligenz **528**f
Emotionale Selbst-Regulation 544–560
Emotionstypen 531
Emotionsverständnis 570–579
Empathie **777**–**779**, 781
Empfindung 242
Empirismus 10, 248
Enkodierung **206**–**208**
Entwicklungsaufgabe 614
Entwicklungsresilienz **111**
Entwicklungsrisiken
– Messung 434
– multiple 109f
– Peer-Status als Prädiktor 738–743
Epigenese **61**
Erarbeitete Identität **616**
Erblichkeit **136**
Ereigniskorrelierte Potenziale 150
Erfahrungsabhängige Plastizität **156**
Erfahrungserwartende Plastizität **154**–**156**
Erfolgreiche Intelligenz s. Theorie der erfolgreichen Intelligenz
Erogene Zonen **473**
Erwartungsverletzung **283**–**285**
Erwiderte beste Freundschaft **713**
Erzählungen 334
Erziehungsstil **649**, 650–653
– autoritärer 649–651
– autoritativer 649f, 676, 682, 687
– Einfluss des Kindes 653–655
– elterliche Kontrolle 651f
– ethnische und kulturelle Einflüsse 652f
– permissiver 649, 651
– prosoziales Verhalten 784f
– sozio-ökonomische Einflüsse 655, 658–660
– zurückweisend-vernachlässigender 649, 651
Es **473**

Essenzialismus **382**
Essstörungen 165–169, 658
Ethnische Identität **619**
– Entwicklungsphasen 622
– in der Adoleszenz 621–623
– in der Kindheit 619f
Ethnische Minderheiten 620–622
Ethologie **494**f
Evolutionspsychologie 495f
– Geschlechterentwicklung 517f
– prosoziales Verhalten 781
Exosystem 492, **493**, 515
Experimentaldesigns **46**–50
Experimentalgruppe **47**
Experimentelle Kontrolle **47**–49
Expressiver Stil 320f
Externe Validität **39**

F
Familie 641–699
– Dynamik **645**–648
– Funktionen 644f
– – Überleben des Nachwuchses **644**,
– – Ökonomie **644**,
– – Kulturelles Training **645**,
– Struktur 641, 642, 643
– Veränderungen in den USA 669–673
Fehlgeburt s. Abort
Feindlicher Attributionsfehler **489**, 794
Fernsehen
– prosoziales Verhalten 785f
– Aggression 802f
– Erblichkeit 137
Fetales Atmen 76
Fetales Lernen 68f
Fettsucht s. Adipositas
Fetus 65, 71–82
Fiktive Begleiter 372f
Flüssige Intelligenz 412–414
fMRT s. funktionale Magnet-Resonanz-Tomographie
Formal-operatorisches Stadium **185**, 195–197
Fremde Situation **589**, 590–594
Freundschaften **706**–721
– entwicklungsbedingte Veränderungen 709–712
– erwiderte beste Freundschaft **713**
– Funktionen 712–716
– Geschlechtsunterschiede 715f
– langfristige Wirkungen 716–720
– Nachteile 717–720

Frontallappen 144
Fruchtblase 64, **71**
Frühgeborene **105**–107
Funktionale Magnet-Resonanz-Tomographie 149
Funktionalistischer Ansatz **531**

G
g s. allgemeine Intelligenz
Gameten s. Keimzellen
Gastrulation **70**
Gebärdensprache 155, 299, 305, 338f
Gebärmutter s. Uterus
Geburtenrate 672
Geburtspraktiken 95f
Gedeihstörung 163
Gelenkte Partizipation **225**f
Gene **119**
Generativität **298**
Genexpression 122–127
Genitale Phase **475**
Genom **118**
Genotyp **119**
Geschlechterentwicklung 498–523
– im bio-ökologischen Modell 513–517
– in der Evolutionspsychologie 517f
– in der psychoanalytischen Theorie 500f
– in der sozialen Lerntheorie 502–508
Geschlechtertrennung 519–522
Geschlechtertypisierung 506f
Geschlechtsbezogene Selbstsozialisation **511**
Geschlechtschromosomen 120f, 124
Geschlechtsidentität **509**
Geschlechtskonstanz **509**
Geschlechtsschemata **510**–513
Geschlechtsstabilität **509**
Geschlechtsunterschiede 499
– beim antisozialen Verhalten 792
– beim Emotionsausdruck 566f
– bei Freundschaften 715f
– beim moralischen Urteil 766f
– beim prosozialen Verhalten 792
Geschwister 139f, 666–668
Geteilte Aufmerksamkeit **229**, 318
Gewissen 774f
Gleichaltrige s. Peers
Gliazellen **142**
Greifreflex 259f
Gültigkeit s. Validität

H
Habituation **79**f, 243, 272f
Hamburg-Wechsler-Intelligenztest für Kinder **415**f
Hämophilie 124f
Haploider Chromosomensatz 63
Head-Start-Projekt 438f, 451
Head-turn-Paradigma 314
Heinz-Dilemma 762–764
Hemisphären s. cerebrale Hemisphären
Heteronome Moral 759, 761
Heterozygot **123**
Hilfloses Motivationsmuster **608**
Hinterhauptslappen s. Occipitallappen
Hochbegabung 421
Holistischer Stil s. expressiver Stil
Holophrasische Phase 322
Home Observation for Measurement of the Environment (HOME) 426–428
Homosexuelle Eltern 683f
Homosexuelle Jugendliche s. Jugendliche sexueller Minderheiten
Homozygot **123**
Hören 252–255
Huntington-Chorea 125
Hypothese **36**
Hypoxie 93

I
Ich **474**
Identität versus Rollendiffusion 478, **614**
Identitätsbildung 614–618
Identitätsdiffusion **616**
Ignorierte Kinder **733**
Imaginäres Publikum **611**
Infant Behavior Questionnaire 558
Informationsverarbeitungsansatz 201–217
Informelle Theorien 221–223
Innere Zellmasse **70**
Inneres Arbeitsmodell der Bindung **588**, 592, 600
Instrumentelle Aggression **790**
Instrumentelles Lernen s. operantes Konditionieren
Intelligenz 409–443
– allgemeine **411**–414
– Einflüsse des Schulbesuchs 429f
– Einflüsse der Gesellschaft 430–432
– Familieneinflüsse 426–429

– flüssige **412**–414
– genetische Beiträge **423**–425
– Geschlechtsunterschiede **425**f
– kristalline **412**–414
– Risikofaktoren **433**–435
Intelligenzquotient **417**–419
Intelligenztests 410, **414**–420
– Binet-Simon-Intelligenztest 410, 415
– Stanford-Binet-Intelligenztest 415
– Hamburg-Wechsler-Inteligenztest **415**f
– bei Kleinkindern **419**f
Intention **369**
Intermittierende Verstärkung **481**
Intermodale Wahrnehmung **256**–258
Internalisierung **475**
Interne Validität **38**f
Interneurone **142**
Interrater-Reliabilität **37**–39
Intersubjektivität **229**f, **318**
Interventionsprojekte
– Carolina-Abecedarian-Projekt 436f
– Fast Track **804**f
– FAUSTLOS 805
– Head-Start-Projekt 438f, 451
– Infant Health and Development Project 108f
– Rightstart-Projekt 460
Interview **40**f
– klinisches **40**
– strukturiertes **40**
Intuitive Theorien s. informelle Theorien
Invarianzkonzept s. Konzept der Erhaltung

J

Jugendliche Mütter **672**f
Jugendliche sexueller Minderheiten **624**–628
– Suizidversuche **628**

K

Karyogramm **121**
Kastrationsangst **501**
Kategoriale Wahrnehmung **310**–312
Kategorienbildung **360**–368
– wahrnehmungsbasiert **360**
Keimblase s. Blastozyste
Keimzellen **63**
Kernwissen s. Theorie des Kernwissens

Kinderarmut 30f, **661**–664, 430f, 435, 799
– Hilfsprogramme **435**–439
Kinderbetreuung s. Tagesbetreuung
Kindesmisshandlung **656**–658
– Prophylaxe **659**
Kindestötungen **496**
Klassenhierarchie **359**
Klassisches Konditionieren **275**–277
Klinefelter-Syndrom **126**
Klinisches Interview **40**
Kollektive Monologe **333**
Komplexe Stieffamilien **681**
Konditionierte Reaktion **276**
Konditionierter Reiz **276**
Konkret-operatorisches Stadium **185**, 193–195, 197
Konnektionistische Theorien **212**f, 340f
Kontinuierliche Entwicklung **21**–25
Kontrastempfindlichkeit **244**
Kontrollgruppe **47**
Kontroverse Kinder **733**
Konventionelles Niveau des moralischen Urteils **763**f
Konzentrationslager **701**f
Konzept der Erhaltung 22, **193**f
Konzepte **356**–406
Kontingenz **277**–279
Koppelung **391**
Körperbild **161**, 169
Körperschema s. Körperbild
Korrelation **44**, 418
Korrelationsdesigns **44**f, 50
Korrelationskoeffizient **44**f
Krabbeln **266**–271
Kreativität **440**, 442
Kriminelle Aktivitäten **674**
Krippentod s. plötzlicher Tod im Kindesalter
Kristalline Intelligenz **412**–414
Kritische Phase s. sensible Phase
Kulturelles Training **645**
Kulturwerkzeuge **226**, 228
Kwashiorkor **169**

L

Langsam auftauende Babys **553**
Längsschnittdesign **51**f, 54
Lappen **144**f
Latenzphase **475**
Lateralisation s. cerebrale Lateralisation
Lebensbeginn **61**f
Leistungsmotivation **608**f

Lernergemeinschaft **232**f
Lerntheorien **479**–486
Lesen **443**–452
Leseverstehen **450**f
Little Albert 276, 480

M

Magisches Denken **398**f
Makrosystem 492, **493**, 515
Marasmus **169**
Marker-X-Syndrom **124**
Mathematische Gleichheit **459**
Meiose **63**, 122
Menarche **161**
Mentales Modell **450**
Mesosystem 492, **493**, 514
Metalinguistisches Wissen **299**
Mikrogenetische Designs **52**–54
Mikrosystem **491**f, 513f
Missbrauch **656**f
Mitleid **777**–779, 781
Mittel-Ziel-Analyse beim Problemlösen **289**f
Modularitätshypothese **337**
Monokulare Tiefenindikatoren **251**
Monozygote Zwillinge s. eineiige Zwillinge
Moralentwicklung **755**–809
Moralische Urteile **757**–**770**
– bei Piaget **758**–761
– – heteronome Moral 759, 761
– – autonome Moral **760**
– bei Kohlberg **761**–767
– – präkonventionelles Niveau 762, 764
– – konventionelles Niveau **763**f
– – postkonventionelles Niveau 763f
– Geschlechtsunterschiede **766**f
Moralischer Relativismus **760**
Moratorium **616**
Morpheme **298**
Motorische Neurone **142**
Mukoviszidose **125**
Multiple Intelligenzen s. Theorie der multiplen Intelligenzen
Mutation **121**f
Myelinisierung **151**, 208
Myelinscheide **142**f

N

Nabelschnur **71**
Naive Psychologie **368**–370
Nativismus 248, **336**f
Naturalistische Beobachtung **41**–44

Naturalistische Experimente **49f**
Negative Identität **614**
Netzhaut s. Retina
Neuralrohr **70f**
Neurogenese 150f
Neuronale Netze s. Theorien neuronaler Netze, s. konnektionistische Theorien
Neurone **142f**, 150f
Non-REM-Schlaf **98f**
Normalverteilung **417**
Numerische Gleichheit **400**

O
Obdachlosigkeit 662f
Objektausdehnung **250**
Objektpermanenz **187f**, 199, 292–286, 387
Objektsubstitution **347**
Objekttrennung **248–250**
Objektwahrnehmung **247–250**
Ödipus-Komplex **500f**
Ökonomische Funktion von Familien **644**
Ökonomischer Stress 660f
Okzipitallappen **144**
Operantes Konditionieren **277–279**, 481f
Orale Phase **474**

P
Parallele Verarbeitung **212**
Parietallappen **144**
Peerbeziehungen **701–754**
– antisoziales Verhalten 800–802
– Freundschaften **706–721**,
– Kulturabhängigkeit 718f
– Status in der Gruppe 728–743
Peers **704**
Peer-Status **728–743**
– „abgelehnt" **730–735**
– – aggressiv-abgelehnt **730f**, 735
– – verschlossen-abgelehnt **731f**
– „beliebt" **730**
– Entwicklungsrisiken 738–743
– „ignoriert" **733**
– „kontrovers" **733**
– Kulturvergleich 737f
– Messung **728**
– „schikaniert" **742**
Pendelproblem **196**
Penisneid 500
Permissiver Erziehungsstil 649f, **651**,
Personifizierung **224**, 379f
Persönliche Fabel **610**

Persönliche Urteile **770**
Persönlichkeit **560**
– antisoziales Verhalten 793f
Perspektivenübernahme **487**, 781
PET s. Positronen-Emissions-Tomographie
Phallische Phase **475**, 501
Phänotyp **119**
Phenylketonurie 125, **128f**
Phobien 674
Phoneme **298**
Phonologische Bewusstheit **444–446**
Phonologische Entwicklung **298f**
Phonologische Rekodierung **444**, 446–450
Phonologische Verarbeitung **448f**
Phylogenetische Kontinuität **68f**
PKU s. Phenylketonurie
Planen 203f
Plappern 316f
Plastizität **153–158**
– erfahrungserwartende **154–156**
– erfahrungsabhängige **156**
Plazenta 64, **71**
Plötzlicher Tod im Kindesalter 86, **88**
Polygenetische Vererbung **127**, 131
Positive Verstärkung 277
Positronen-Emissions-Tomographie **147–149**, 152
Postkonventionelles Niveau des moralischen Urteils 763f
Potenzstörungen 658
Practical Algebra Tutor 463f
Präformation 61, 63
Pragmatische Entwicklung **299**
Pragmatische Hinweise **325**
Prägung **494**, 587
Präkonventionelles Niveau des moralischen Urteils 762, 764
Prereaching movements **265**
Primäre Bezugsperson 587f, 595,
Primärfaktoren **412f**
Primaten 300f
Proaktive Aggression **795**
Problem der dritten Variable **46**
Problem der Verursachungsrichtung **46**
Problemlösen **203f**, 289f, 397
Problemverhalten
– bei Tagesbetreuung 691
Prosodie **309**, 314
Prosoziales Verhalten **768–770**, 776–788
– Entwicklung 777–780

– Erziehungsstil 784f
– evolutionäre Erklärungen 781
– Fernsehen 785f
– Förderung 786f
– Geschlechtsunterschiede 792
– individuelle Unterschiede 780–786
– kulturelle Beiträge 788
– Sozialisation 782–786
Pseudowörter 448
Psychische Energie **473**
Psychische Störungen 658
Psychoanalytische Theorien **471–478**
– Geschlechterentwicklung **500f**
Psychologische Konstrukte **368**
Psychosexuelle Entwicklung **472–476**
Psychosoziales Moratorium **615**
Psychosoziale Entwicklung 476–478
Pubertärer Wachstumsschub 160
Pubertät 15f, 159–**161**

Q
Querschnittdesign **50f**, 54

R
Randomisierung **46–47**
Rauchen und Embryonalentwicklung 86
Reaktionsnorm **127f**
Reaktive Aggression **795**
Rechenschwäche s. Dyskalkulie
Rechnen 455, 458f
Recklinghausen-Krankheit 125
Referenz **319**
Referenzieller Stil 320f
Reflexe **186f**, **259f**, 275
Regulatorgene **123**, 126
Regulierungsstrategien 547f
– individuelle Unterschiede 549–560
Rehearsal **209–211**
Reifung 159–162
Reliabilität **37–39**
REM-Schlaf 77, **98f**, 533
Resilienz **2f**, 31, **111**, 431
Retina **244**
Rezessives Allel **123f**, 128
Reziproker Determinismus **483**
Reziprozität 706
Rightstart-Projekt 460
Ritalin 457
Rollendiffusion **614**
Rollenspiel 371
Rot-grün-Blindheit 124f

S

Säuglingssterblichkeit 103–105
Saugreflex 259f
Scham 539f
Scheidung 674–680
– Alter des Kindes 677f
– Aufenthaltsbestimmungsrecht 679
– Auswirkungen 674–679
– Sorgerecht 679f
Scheidungsfamilien 668
Scheidungsrate 669
Scheidungsstress 675–678
Scheitellappen s. Parietallappen
Schema 463
Schikanierte Kinder 742
Schikanierter Peer-Status
Schizophrenie 14f
Schläfenlappen s. Temporallappen
Schlüsselkinder 686
Schnelle Bedeutungsabbildung 324
Scholastic Aptitude Test (SAT) 528
Schreibabys 103
Schreiben 452–455
– Low-level-Ziele 453
– High-level-Ziele 453
Schreitreflex 263f
Schuld 539f
Schulversagen 664
Schwangerschaftsverhütung 672
Schwierige Babys 553
Sehen 242–252
Sehschärfe 243f
Selbst 370, 602, 603–613
– in der Adoleszenz 607–613
– in der Kindheit 605–607
– im Kleinkindalter 603–605
Selbst-bewusste Emotionen 539–541
Selbstkontrolle
– bei Tagesbetreuung 691
Selbstkonzept 604–607, 609–613
Selbstsozialisation 487
– geschlechtsbezogene 511
Selbstwertgefühl 629–635
– Rolle der Attraktivität 632f
– Rolle der Vererbung 630f
– Rolle der Wohngegend 633
– soziale Beiträge 631f
Selektion 26f
Selektive Aufmerksamkeit 210
Semantische Entwicklung 298f
Sensible Phase 83f, 155f, 303–305
Sensorische Neurone 142

Sensumotorisches Stadium 184–190, 197
Sequentielle Verarbeitung 212
Sexuelle Orientierung 623–628
Sichelzellenanämie 125
Sichere Basis 587, 588
Sichere Bindung 590, 594
Skript 211
Sorgerecht 679
Soziale Entwicklung 469–526
Soziale Kognition 486–490
– bei antisozialem Verhalten 794f
Soziale Kompetenz 528, 548, 562, 572
– und Bindung 744f
– und familiärer Stress 749f
– bei Tagesbetreuung 691
Soziale Stützung 230f, 334f
Soziale Urteile 770–773
– kulturelle Unterschiede 772
Sozialer Rückzug 662
Sozialer Vergleich 606,
Soziales Lächeln 533f
Soziales Lernen 482–485
– Geschlechterentwicklung 502–508
– in der frühen Kindheit 279–281
Soziales Referenzieren 229, 269f, 571
Sozialisation 562, 648f
Sozial-konventionale Urteile 770
Sozio-kulturelle Theorien 225–232
Sozio-kultureller Kontext 28–31
Soziometrischer Status 30, 728, 736f
Sozio-ökonomischer Status 30f
– Aggression 799
Spezifische Sprachentwicklungsstörung 34f
Sprache-Gesten-Widerspruch 461
Sprachentwicklung 220, 295–342
– bei Primaten 300f
– Spezifische Sprachentwicklungsstörung 34f
Spracherwerb s. Sprachentwicklung
Sprachlicher Kontext 326
Sprachproduktion 297
Sprachverstehen 297
Sprachwahrnehmung 309–315
Stacheln 151
Standardabweichung 417, 418
Stellvertretende Verstärkung 484
Stereopsie 251
Stiefeltern 680–683
Stiefgeschwister 668, 681

Stil bei der Sprachentwicklung
– abwartender 320f
– expressiver 320f
– referenzieller 320f
Stirnlappen s. Frontallappen
Strabismus 153f
Strategiewahlprozess 27, 447, 458
Strukturierte Beobachtung 42–44
Strukturiertes Interview 40
Strukturierung 182
Stufentheorien 23f
Subitizing s. Auf-einen-Blick-Erfassen
Suchreflex 259f
Symbole 296
Symbolische Repräsentation 190
Synapsen 142f
Synaptogenese 151f
Syntaktische Entwicklung 299
Syntaktische Selbsthilfe 327f
Syntax 299
Systematische Desensibilisierung 481

T

Tagesbetreuung 688–695
– Eltern-Kind-Beziehung 689–691
– im Säuglingsalter 690
– kognitive und sprachliche Entwicklung 691
– Qualitätskriterien 692–695
– Selbstkontrolle 691
Tay-Sachs-Syndrom 125
Telegrammstil 328f
Temperament 136, 550–558, 654, 666
– Anpassungsgüte 559
– antisoziales Verhalten 793f
– und Bindung 598f
– Messung 556–558
– schwieriges 658, 666
Temporallappen 144
Teratogene 83–85
Testosteron 69, 120
Test-Retest-Reliabilität 38f
Theorie der diskreten Emotionen 530
Theorie der elterlichen Investition 496
Theorie der erfolgreichen Intelligenz 442f
– analytische Fähigkeiten 442
– praktische Fähigkeiten 442
Theorie der multiplen Intelligenzen 440f

Theorie des Geistes 370, **373**–379
Theorie des Kernwissens 217, **218**–224
Theorie dynamischer Systeme **213f**
Theorie überlappender Wellen **214**–216
Theorien neuronaler Netze **212f**
Theory of mind s. Theorie des Geistes
Theory-of-mind-Modul **378**
Tiefenindikatoren 250–252, 268
TIMMS-Studie 462
Tonischer Halsreflex 259f
Training sozialer Fähigkeiten 734f, **748**
Trennungsangst **538**
Trisomie-21 126
Trotzalter 604
Turner-Syndrom 126
Turn-taking 317f

U
Überdehnung **322f**
Übergeneralisierung **331**
Übergeordnete Ebene 359, **365f**
Übergewicht 167f
Über-Ich **475**
Überlappende Wellen s. Theorie überlappender Wellen
Überleben des Nachwuchses **644**
Übernommene Identität **614**, 616
UCR s. unkonditionierte Reaktion
UCS s. unkonditionierter Reiz
Umwelt **119**; s. Anlage und Umwelt
Unabhängige Variable **47f**
Ungelöst-desorganisierte Erwachsene 593
Universalgrammatik **336f**
Unkonditionierte Reaktion **275**

Unkonditionierter Reiz **275**
Unsicher-ambivalente Bindung **591**
Unsichere Bindung **591**
Unsicher-vermeidende Bindung **592**
Untergeordnete Ebene 359, **365f**
Untergewichtige Neugeborene **105**–107
Untersuchungsdesigns
– Experimentaldesigns **46**–50
– Korrelationsdesigns **44f**, 50
– Längsschnittdesigns **51f**, 54
– mikrogenetische Designs **52**–54
– Querschnittsdesigns **50f**, 54
Uterus 64

V
Validität **38f**
Variablen **44**
Variation **26f**
Väterliche Interaktionen 664–666
– Kontakt nach Scheidung 678
Verhaltensgenetik **131**–140
Verhaltenshemmung **556**
Verhaltensmodifikation **482**
Vernachlässigung 656
Verschlossen-abgelehnte Kinder **731f**
Verständniskontrolle **450**
Verstrickte Erwachsene 593
Verteilungscharakteristik 314f
Verwendungsdefizit **210**
Visuell gestützter Abruf beim Lesen **447**–449
Visuelle Klippe 268f, 537, 571
Voice onset time **310f**
Vokabelspurt 323f
Vor-operatorisches Stadium **185**, 190–193, 197, 394

W
Wahrnehmung **242**–258
– Geschmack und Geruch 255
– Hören **252**–255
– intermodale **256**–258
– Sehen **242**–252
– Sprache **309**–315
Wahrnehmungsbasierte Klassifikation **360**
Wahrnehmungskonstanz **248**
Wernicke-Aphasie 302f
Wickeln **101f**
Wiederheirat 675f
Wissenschaftliche Methode **36**–39
Wolfskinder 303f
Worterkennung **446**–450

Z
Zappelphilipp 456
Zeitlich verzögerte Nachahmung **189f**
Zellkörper **142**
Zellmigration 67
Zellteilung 65
Zentrales Nervensystem **141**–145
Zentrierung **192f**
ZNS s. Zentrales Nervensystem
Zone proximaler Entwicklung **231**
Zurückweisend-vernachlässigender Erziehungsstil 649f, **651**
Zuverlässigkeit s. Reliabilität
Zweieiige Zwillinge **70**, 132f, 135
Zweifache (duale) Repräsentation 345
Zweiwortäußerungen **328f**
Zwillingsstudien 132, 781
Zygote **65f**, 120, 126